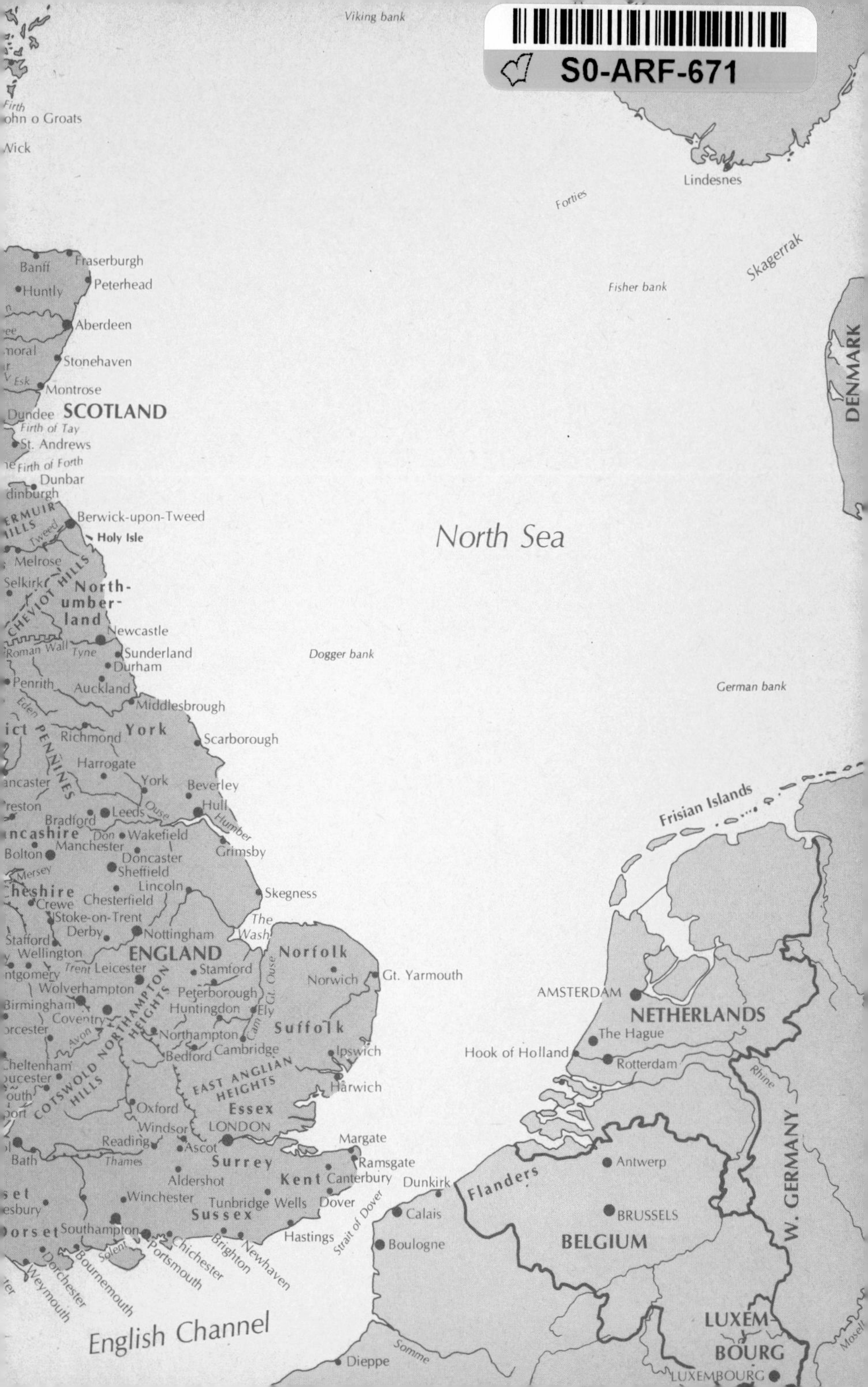

Viking bank
Lindesnes
Forties
Skagerrak
Fisher bank
DENMARK
North Sea
Dogger bank
German bank
Frisian Islands
Banff
Fraserburgh
Huntly
Peterhead
Aberdeen
Stonehaven
Esk
Montrose
Dundee
SCOTLAND
Firth of Tay
St. Andrews
Firth of Forth
Dunbar
Berwick-upon-Tweed
Holy Isle
Tweed
Melrose
Selkirk
CHEVIOT HILLS
North-
umber-
land
Newcastle
Roman Wall
Tyne
Sunderland
Durham
Penrith
Auckland
Eden
Middlesbrough
PENNINES
Richmond
York
Scarborough
Harrogate
York
Beverley
Bradford
Leeds
Ouse
Hull
Humber
Don
Wakefield
Manchester
Grimsby
Bolton
Doncaster
Mersey
Sheffield
Lincoln
Chesterfield
Skegness
Crewe
Stoke-on-Trent
The
Wash
Derby
Nottingham
Stafford
Wellington
ENGLAND
Norfolk
Trent
Leicester
Stamford
Gt. Ouse
Norwich
Gt. Yarmouth
Wolverhampton
Peterborough
Birmingham
Huntingdon
Ely
Coventry
NORTHAMPTON HEIGHTS
Cam
Suffolk
Avon
Northampton
Ipswich
Bedford
Cambridge
COTSWOLD HILLS
EAST ANGLIAN HEIGHTS
Harwich
Oxford
Essex
Windsor
LONDON
Reading
Ascot
Margate
Bath
Thames
Surrey
Ramsgate
Aldershot
Kent
Canterbury
Winchester
Tunbridge Wells
Dover
Sussex
Southampton
Hastings
Solent
Portsmouth
Chichester
Brighton
Newhaven
Dorchester
Bournemouth
Weymouth
English Channel
Strait of Dover
AMSTERDAM
NETHERLANDS
The Hague
Hook of Holland
Rotterdam
Rhine
Dunkirk
Flanders
Antwerp
Calais
BRUSSELS
Boulogne
BELGIUM
W. GERMANY
LUXEM-
BOURG
LUXEMBOURG
Somme
Dieppe
Mosel

Engelsk–Norsk blå ordbok

VED BJARNE BERULFSEN
OG TORKJELL K. BERULFSEN

KUNNSKAPSFORLAGET
ASCHEHOUG – GYLDENDAL

FEMTE UTGAVE, FJERDE OPPLAG

PRINTED IN NORWAY

NORBOK A.S, GJØVIK 1993

ISBN 82-573-0277-5

FORORD

Engelsk-norsk ordbok ble første gang utgitt i serien Gyldendals blå ordbøker i 1933. I 1975 ble utgivelsen overtatt av Kunnskapsforlaget og serien skiftet navn til Kunnskapsforlagets blå ordbøker. Med jevne mellomrom er boken kommet i nye opplag og reviderte utgaver. Den har flere ganger vært gjenstand for gjennomgripende forandringer hvor det særlig har vært lagt vekt på å ta inn et nytt, moderne ordtilfang, uten helt å gi slipp på det gamle, som stadig kan finnes i litterære tekster. Mange ord har fått utvidet eller endret betydning gjennom årene, dette er det også tatt hensyn til.

Femte utgave er revidert på grunnlag av fjerde utgave, nye ord og betydninger er kommet med, samtidig som det er foretatt en del omorganisering av større artikler, for at disse skal være lettere å finne frem i og boken få et mer enhetlig preg.

Oslo, april 1989 *Kunnskapsforlaget*

UTTALEBETEGNELSEN

(Uttalebetegnelsen står i skarpe klammer [ ] i begynnelsen av artikkelen.)

[ˈ] betegner trykk (aksent); det settes foran begynnelsen av den sterke aksentuerte stavelse, f. eks. *city* [ˈsiti] med trykk på første, *insist* [inˈsist] med trykk på andre stavelse. Står tegnet to ganger, betyr det likelig eller vaklende aksentuasjon, som *inside* [ˈinˈsaid] med trykk på første eller andre stavelse (eller på begge)
[:] betegner lydlengde; f. eks. *seat* [si:t] mens *sit* [sit] uttales med kort vokal
[ɑ] som i *far* [fɑ:]
[e] som i *let* [let]
[ə] som i *china* [ˈtʃainə], *cathedral* [kəˈθi:drəl]
[ə:] som i *hurt* [hə:t], *her* [hə:]
[i] som i *fill* [fil]
[i:] som i *feel* [fi:l]
[ɔ] som i *cot* [kɔt]
[ɔ:] som i *caught* [kɔ:t], *saw* [sɔ:]
[u] som i *full* [ful]
[u:] som i *fool* [fu:l]
[æ] som i *hat* [hæt]
[ʌ] som i *cut* [kʌt]
[ai] som i *eye* [ai]
[au] som i *how* [hau]
[ei] som i *hate* [heit]
[əu] som i *no* [nəu]
[ɔi] som i *boy* [bɔi]
[iə] som i *hear, here* [hiə]
[ɛə] som i *hair* [hɛə], *there* [ðɛə]
[uə] som i *sure* [ʃuə]
[b] som i *bed* [bed], *ebb* [eb]
[d] som i *do* [du:], *bed* [bed]
[ð] som i *then* [ðen]
[θ] som i *thin* [θin]
[f] som i *find* [faind]
[g] som i *go* [gəu]
[h] som i *hat* [hæt]
[j] som i *you* [ju:]
[k] som i *can* [kæn]
[l] som i *low* [ləu], *ell* [el]
[m] som i *man* [mæn]
[n] som i *no* [nəu]
[ŋ] som i *singer* [ˈsiŋə], *finger* [fiŋge]
[p] som i *pea* [pi:]
[r] som i *red* [red], *vary* [ˈvɛəri]
[s] som i *so* [səu]
[ʃ] som i *she* [ʃi:]
[tʃ] som i *chin* [tʃin]
[ʒ] som i *measure* [ˈmeʒə]
[dʒ] som i *join* [dʒɔin]
[t] som i *toe* [təu]
[v] som i *vivid* [ˈvivid]
[w] som i *we* [wi:]
[z] som i *zeal* [zi:l]
¯ over en vokal betegner nasal uttale
() omslutter tegn for lyd som kan tas med eller utelates, f. eks. *empty* [em(p)ti]
(:) angir vaklende lengde, f. eks. *soft* [sɔ(:)ft] med lang eller kort [ɔ]

Hvor et ord blir oppført med to eller flere uttaler, er den første i alminnelighet den som anses for den vanligste

Liste over tegn og forkortinger

ɔ: det vil si.
≈ kan gjengis med.
– (lang strek) betegner at ordet gjentas: *account; on – of.*
- (kort strek) betegner at ordet gjentas som del av et sammensatt ord uten bindestrek eller foran en avledningsending: *any, -body (= anybody), approach, -ing (= approaching).*
– - (lang og kort strek) betegner at ordet gjentas med bindestrek: *air, – -conditioned (= air-conditioned).*
| (loddrett strek) betegner at bare den del av ordet som står foran streken, gjentas i det følgende ved - eller – -, f. eks. *water|melon, -pipe, -proof, – -soluble (= watermelon, water pipe, waterproof, water-soluble), whim|sey, -sical, -sicality (= whimsical, whimsicality).*

adj. adjektiv
adv. adverb
alm. alminnelig
amr. amerikansk
anat. anatomi
ark. arkitektur
ass. forsikring
astr. astronomi
bet. betydning, betegnelse
bil. billedlig
bl. a. blant annet
brit. britisk
dial. dialekt
d. s. s. det samme som
EDB elektronisk databehandling
egl. egentlig
eks. eksempel
el. eller
e. l. eller lignende
eng. engelsk
etc. et cetera
f. for
fig. figurlig
fk. forkortet
flgd. følgende
forb. forbindelsen
fr. fransk
fys. fysikk
gld. gammeldags
gml. gammelt
hist. historie
imperf. imperfektum, preteritum
ind. indikativ
inf. infinitiv
interj. interjeksjon
iron. ironisk
istf. istedenfor
jfr. jevnfør, jamfør
jur. juridisk uttrykk
kjem. kjemi
lat. latin
lign. lignende
m. med
mar. sjøuttrykk
med. medisin
merk. handelsuttrykk
m.h.t. med hensyn til
mil. militært
mots. motsatt
mus. musikk
myt. mytologi
nml. nemlig
ogs. også
o.l. og lignende
osv. og så videre
ovf. ovenfor
oppr. opprinnelig
p. på; person
perf. perfektum
pl. pluralis, flertall
poet. poetisk
prep. preposisjon
pres. presens
pts. partisipp
relig. religiøs(t)
s. som, substantiv
sb. somebody
s. d. se dette
sg. singularis, entall
skot. skotsk
sl. slang (daglig uttrykk med vulgært anstrøk)
smnl. sammenlign
smstn. sammensetning(er)
spø. spøkefull(t)
srl. særlig
st. something
sup. superlativ
sv. svarende
t. til
tal. uhøytidlig dagligtale
tidl. tidligere
TV fjernsyn
typ. typografi
US amerikansk
v. verb; ved
varem. varemerke
vulg. vulgært
årh. århundre

A, a [ei] A, a.

A fk. f. **Academician; Academy; America; Anno; Associate; army.**

A 1 [ei wʌn] **(first-class, No. 1)** (mar.) høyeste klasse (i Lloyd's skipsregister); (tal.) tipp topp, flott; (film) forbudt for barn under 16 uten i følge med voksne; (US) ≈ beste karakter.

a. fk. f. **about; acre(s); adjective; ampère; anonymous; answer.**

a [ei, oftest ubetont ə], **an** [æn, oftest ubetont ən], en, et, av og til én, ett; på; pr.; om; **an apple a day** et el. ett eple pr. dag; **two at a time** to på én gang; **in a word** med ett ord, kort sagt; **many a day** mang en dag, mange dager; **2 pounds a day** 2 pund om dagen; **at a blow** med ett slag; **a shilling a day** en shilling om dagen.

a(-) [ə] på, i, til; oftest skrevet sammen med det følgende ord; **aflame** i flammer, i lys lue; **go a-hunting** gå på jakt.

A.A. fk. f. **Alcoholics Anonymous; American Academy; anti-aircraft; Automobile Association.**

A.A.A. fk. f. **American Automobile Association.**

A.A.F. fk. f. **Auxiliary Air Force.**

AAM fk. f. **air-to-air missile.**

aardvark [ˈɑ:dwɑ:k] jordsvin.

aardwolf [ˈɑ:dwulf] dverghyene.

Aaron [ˈɛərən] Aron; **Aaron's rod** Arons stav; kongelys.

A. B. fk. f. **able-bodied (seaman)**; (US) **Bachelor of Arts.**

aback [əˈbæk] bakover, bakk; **take –** bakke seil; forvirre, forfjamse, klumse, gjøre målløs.

abacus [ˈæbəkəs], pl. **abaci** [ˈæbəsai] abakus (øverste del av søylekapitél); kuleramme, regnebrett.

abaft [əˈbɑ:ft] akter(ut); aktenfor, bak.

abandon [əˈbændən] forlate, svikte; oppgi; frafalle, gi avkall på; avstå (skip); løssloppenhet, overgivenhet, villskap. **-ed** [əˈbændənd] forlatt, herreløs; forvorpen, ryggesløs, umoralsk. **-ment** [əˈbændənmənt] oppgivelse, forlatthet; avståelse.

abase [əˈbeis] ydmyke, fornedre, nedsette. **-ment** [əˈbeismənt] ydmykelse, fornedrelse.

abash [əˈbæʃ] gjøre skamfull, bringe ut av fatning.

abate [əˈbeit] nedslå, minske, sløve, døyve; få slutt på, stanse; slå av (om prisen); (jur.) omstøte, gjøre ugyldig, vrake; avta, minke. **-ment** [-mənt] minking, reduksjon; avslag, rabatt.

abatis [sg. ˈæbətis, pl. ˈæbətiz] (mil.) forhogning; piggtrådsperring.

abattoir [ˈæbətwɑ:] slakteri, slaktehus.

abb [æb] renning (i en vev).

abbacy [ˈæbəsi] abbedverdighet, abbedi.

abbatial [əˈbeiʃəl] abbed-, som hører til en abbed.

abbé [ˈæbei] pastor. **abbess** [ˈæbis] abbedisse; bordellvertinne.

abbey [ˈæbi] abbedi; **-church** klosterkirke.

abbot [ˈæbət] abbed. **abbotship** [ˈæbətʃip] abbedverdighet.

abbr. fk. f. **abbreviated, abbreviation.**

abbreviate [əˈbri:vieit] forkorte. **abbreviation** [əˈbri:viˈeiʃn] forkorting, forkortelse; abbreviatur.

ABC abc, alfabet; (fig.) begynnelses-, grunn-, fk. f. **American Broadcasting Company.**

A. B. C. fk. f. **Aerated Bread Company,** se **aerate;** (alfabetisk) rutebok.

A. B. C. warfare fk. f. **atomic-biological-chemical warfare.**

abdicate [ˈæbdikeit] frasi seg (trone el. embete), nedlegge, abdisere. **abdication** [æbdiˈkeiʃən] fratredelse, tronfrasigelse.

abdomen [ˈæbdəmən] underliv, buk. **abdominal** [æbˈdɔminəl] buk-, underlivs-.

abduct [æbˈdʌkt] bortføre, kidnappe. **abduction** [æbˈdʌkʃən] bortføring. **abductor** [æbˈdʌktə] bortfører; abduktor.

abeam [əˈbi:m] (mar.) tvers, tverrskips.

abecedarian [eibisiˈdɛəriən] alfabetisk; elementær; nybegynner.

abed [əˈbed] i seng.

abele [əˈbi:l] sølvpoppel.

Aberd|een [æbəˈdi:n] Aberdeen. **-onian** [æbəˈdounjən] (en) som er fra Aberdeen.

aberrance [æˈberəns] avvik, villfarelse. **aberrant** [æˈberənt] avvikende, villfarende; variant, varietet. **aberration** [æbəˈreiʃən] avvik, villfarelse, forvirring.

Aberystwyth [æbəˈristwiθ].

abet [əˈbet] tilskynde, hjelpe, medvirke. **-ment** [əˈbetmənt] tilskynding, medvirkning, delaktighet. **-ter, -tor** [əˈbetə] tilskynder, medskyldig (**of** i).

abeyance [əˈbeiəns] (jur.) midlertidig herreløs; **in –** i bero, i ro så lenge, midlertidig herreløs.

abhor [əbˈhɔ:] avsky, se på med forakt. **-rence** [əbˈhɔrəns] avsky, vemmelse. **-rent** [əbˈhɔrənt] avskyelig, ekkel, vemmelig; uforenelig (**to** med).

abide [əˈbaid] bli; (gml.) bo; holde fast (**by** ved), stå ved; underkaste seg, rette seg (**by** etter); vente på, avvente; utstå, tåle. **abiding** [əˈbaidiŋ] vedvarende, permanent, varig; **law- –** lovlydig.

Abigail [ˈæbigeil] (kvinnenavn); **abigail** (gml.) kammerpike.

ability [əˈbiliti] evne, dugelighet, dyktighet; (pl.) **abilities** talenter, (ånds)evner.

abject [ˈæbdʒekt] lav, foraktelig, ynkelig, nedrig, ussel, krypende. **-ion** [æbˈdʒekʃən] ydmykelse; ynkelighet, usselhet. **-ness** [ˈæbdʒektnis] nedrighet, lavhet, servilitet.

abjuration [æbdʒuˈreiʃn] avsverging.

abjure [æbˈdʒuə] avsverge.

ablactation [æblækˈteiʃən] avvenning.

ablate [æbˈleit] fjerne; avsmelte. **ablation** [æbˈleiʃən] fjerning; avsmelting.

ablative [ˈæblətiv] ablativ; **– absolute** dobbelt ablativ.

ablaut [ˈæblaut] avlyd, lydsprang.

ablaze [əˈbleiz] i lys lue, flammende; (fig.) blussende, strålende.

able [eibl] dugelig, dyktig, habil; sterk; **be – to** kunne, være i stand til.

able-bodied [ˈeiblˈbɔdid] rask, rørig, arbeidsfør, fullbefaren (om sjømann).
abloom [əˈblu:m] (gml.) i blomst.
ablution [æbˈlu:ʃən] rensing, tvetting, vask (ofte religiøst).
ably [ˈeibli] dyktig; – **edited** godt redigert.
ABM fk. f. **anti-ballistic missile.**
abnegate [ˈæbnigeit] nekte, fornekte. **abnegation** [æbniˈgeiʃən] fornektelse, selvfornektelse; avkall.
abnormal [æbˈnɔ:ml] abnorm, uregelmessig; vanskapt, unaturlig, sykelig. **abnormality** abnormitet. **abnormity** [æbˈnɔ:miti] (gml.) uregelmessighet; vanskapthet.
aboard [əˈbɔ:d] om bord; om bord på.
abode [əˈbəud] bolig, bosted, opphold; **take up one's** – slå seg ned.
abode [əˈbəud] imperf. og perf. pts. av **abide.**
abolish [əˈbɔliʃ] avskaffe, oppheve. **abolishment** [əˈbɔliʃmənt], **abolition** [æbəˈliʃən] avskaffelse, opphevelse, nedleggelse. **abolitionist** [æbəˈliʃənist] abolisjonist (tilhenger av opphevelse av slaveri, dødsstraff o.l.).
A-bomb [ˈeibɔm] atombombe.
abominable [əˈbɔminəbl] avskyelig, fæl, motbydelig. **abominate** [əˈbɔmineit] avsky. **abomination** [əbɔmiˈneiʃən] avsky, avskyelighet; styggedom.
aboriginal [æbəˈridʒinəl] opprinnelig, opphavlig; urinnvåner. **aborigines** [æbəˈridʒini:z] opprinnelige innbyggere, urinnvånere, urfolk.
abort [əˈbɔ:t] abortere, nedkomme for tidlig med; avbryte, stanse, **the mission was -ed** oppdraget ble oppgitt, el. avbrutt; **-icide** svangerskapsavbrytelse, (jur.) fosterdrap; middel som fremkaller abort. **-ion** [əˈbɔ:ʃən] abort; misfoster. **-ionist** [əˈbɔ:ʃənist] kvaksalver, klok kone. **-ive** [əˈbɔ:tiv] som fremkaller abort; for tidlig født, mislykt, forgjeves, forfeilet; **an -ive attempt** et feilslått forsøk.
abound [əˈbaund] være rik på; ha overflod **(in** el. **with** av, på).
about [əˈbaut] omkring; på, hos; omtrent; i nærheten, ved hånden; omkring i el. på; omtrent ved; angående, om; **all** – overalt; **be** – **to** være i begrep med, være i ferd med, skulle til å; **go** – baute; **how** – hvordan går (er) det med? hva med?
about|-face helomvending; (fig.) kuvending; snuoperasjon; vende, snu. – **hammer** forhammer. – **-turn** gjøre helomvending, snu.
above [əˈbʌv] over, ovenfor; ovenpå; (fig.) over, mer enn; – **all** framfor alt; **he was** – **suspicion** han var hevet over mistanke; **hardly** – **his breath** neppe hørlig.
above|board [əˈbʌvˈbɔ:d] uten fusk, åpen, ærlig. – **deck** på dekk; ærlig. – **-mentioned** [əˈbʌvˈmenʃənd] ovennevnt, førnevnt. – **stairs** ovenpå.
abr. fk. f. **abridged; abridgement.**
abrade [əbˈreid] skrape av, gnure, slipe, slite.
Abraham [ˈeibrəhæm]
abrasion [æbˈreiʒən] (hud)avskrapning; slitasje, slit; skramme. – **resistance** slitasjemotstand.
abrasive [əˈbreisiv] slipemiddel; slipe-; – **paper** sandpapir, slipepapir. – **powder** slipepulver.
abreact [æbriˈækt] avreagere. **abreaction** [æbriˈækʃən] avreagering.
abreast [əˈbrest] ved siden av hverandre, side om side; – **of** à jour med, på høyde med; **keep** – **of** (el. **with) the times** følge med tiden.
abridge [əˈbridʒ] forkorte, sammendra.
abridgement [-mənt] forkorting; utdrag, sammendrag.
abroach [əˈbrəutʃ] anstikke (om tønne); sette i gang, sette i omløp, utbre.
abroad [əˈbrɔ:d] ute, ut; utenlands; **at home and** – hjemme og ute; **from** – fra utlandet.
abrogate [ˈæbrəgeit] oppheve, avskaffe. **abrogation** [-ˈgeiʃən] opphevelse, avskaffelse.
abrupt [əbˈrʌpt] avbrutt; (stup)bratt, steil; brå, plutselig; springende, usammenhengende. **-ness** [-nis] bratte, bryskhet.
abs. fk. f. **absent; absolute; abstract.**
abscess [ˈæbsis] svull, svulst, byll.
abscission [æbˈsiʒən] avskjæring.
abscond [æbˈskɔnd] lure seg unna, rømme, stikke av.
absence [ˈæbsəns] fravær; uteblivelse; mangel, skort; åndsfraværelse; **lawful** – lovlig forfall; **in the** – **of proof** i mangel av bevis. **absent** [ˈæbsənt] fraværende, borte; atspredt, åndsfraværende, distré; – **without leave** på tjuvperm; **be** – mangle, ikke være til stede. **absent** [æbˈsent] holde seg borte. **absentee** [æbsənˈti:] (embetsmann) som er mye borte fra sitt embete, (godseier) som ikke bor på sitt gods. – **ballot** (US) brevstemme (ved valg). **absenteeism** [æbsənˈti:izm] forsømmelse(r), skoft; varamanns-styre.
absent-minded [ˈæbsəntˈmaindid] åndsfraværende, distré. **-ly** i distraksjon. **-ness** åndsfraværelse, uoppmerksomhet, distraksjon.
absinth [ˈæbsinθ] malurt; absint.
absolute [ˈæbsəl(j)u:t] absolutt, uinnskrenket; egenmektig; fullstendig, hel, ubetinget, kategorisk; gjennomført. **-ly** aldeles, plent, ubetinget. – **monarch** enevoldskonge; enehersker. **absolution** [æbsəˈl(j)u:ʃən] frikjenning; absolusjon; tilgivelse. **absolutism** [ˈæbsəl(j)u:tizm] enevelde; predestinasjonslæren. **absolutist** [ˈæbsəl(j)u:tist] tilhenger av eneveldet; absolutistisk.
absolve [əbˈzɔlv] frikjenne **(from** fra), gi absolusjon, løse.
absorb [əbˈsɔ:b] suge inn, sluke, oppta (i seg), absorbere; tilegne seg; dempe. **-ed in** (el. **with** el. **by)** helt opptatt av; **-ed in thoughts** i dype tanker; **of -ing interest** som helt opptar ens interesse. **absorbent** [əbˈsɔ:bənt] absorberende, som suger opp (el. i seg). **absorber** demper.
absorption [əbˈsɔ:pʃən] innsuging, absorpsjon, absorbering, opptatthet.
absquatulate [əbˈskwɔtjuleit] (spø.) stikke av.
abstain [æbˈstein] avholde seg, holde seg borte **(from** fra); unnlate å stemme.
abstainer [æbˈsteinə] avholdsmann; hjemmesitter (ved valg).
abstemious [æbˈsti:mjəs] måteholden, edruelig.
abstention [æbˈstenʃən] avholdenhet, avhold; det å stå utenfor noe, ikke bruke sin stemme.
abstinence [ˈæbstinəns] avhold; **total** – totalavhold. **abstinent** [ˈæbstinənt] avholdende.
abstract [ˈæbstrækt] abstrakt begrep; utdrag; abstrakt; **in the** – in abstracto, i sin rene alminnelighet; **an** – **of the accounts** et utdrag av regnskapene, kontoutdrag; – **number** ubenevnt tall.
abstract [æbˈstrækt] utdra, fradra; abstrahere, skille ut, resymere; stjele, kvarte. – **from** ta fra. **-ed** [æbˈstræktid] fradratt; abstrakt; lutret, forfi-

net; atspredt. **-ion** [æbˈstrækʃən] avsondring, abstraksjon; atspredthet, distraksjon.
abstractor [æbˈstræktə] kalkulatør, kostnadsberegner.
abstruse [æbˈstru:s] dunkel, uforståelig, dyp.
absurd [əbˈsə:d] absurd, urimelig, meningsløs, tåpelig. **-ity** [əbˈsə:diti] urimelighet, meningsløshet.
abt. fk. f. **about.**
Abukir [æbuˈkiə].
abundance [əˈbʌndəns] mengde, overflødighet, overflod (**of** på). **abundant** [əˈbʌndənt] rikelig, rik; som det er nok el. mer enn nok av, overveldende.
abusage [əˈbju:sidʒ] feilaktig språkbruk, forvansking.
abuse v [əˈbju:z] misbruke, skjelle ut; skade; voldta.
abuse s [əˈbju:s] misbruk; skjellsord. **abusive** [əˈbju:siv] uriktig; korrupt; grov, vulgær f. eks. **– language** ukvemsord, grovheter.
abut [əˈbʌt] støte el. grense (**on** til); ligge an mot.
abysm [əˈbizm] avgrunn. **-al** [əˈbizməl] bunnløs, avgrunnsdyp.
abyss [əˈbis] avgrunn, bunnløst dyp. **-al** [əˈbisəl] dypvanns-.
Abyssinia [æbiˈsinjə] Abessinia (= Etiopia).
A. C. fk. f. **Aero Club; Alpine Club; alternating current** vekselstrøm; **ante Christum** før Kristi fødsel; **Athletic Club; Atlantic Charter.**
A/C fk. f. **account; account current.**
acacia [əˈkeiʃə] akasie.
academic [ækəˈdemik] akademisk; akademiker; teoretiker. **-al health science centre** universitetsklinikk. **-als** akademisk drakt. **academician** [əkædəˈmiʃən] akademiker, medlem av et akademi, især av **the Royal Academy of Fine Arts; Royal Academician** medlem av **the Royal Academy.**
academy [əˈkædəmi] akademi, høyskole, høyere fagskole f. eks. **Royal Military A.;** selskap for vitenskap el. kunst; **business –** handelshøgskole; **– of music** musikkonservatorium.
acanthus [əˈkænθəs] akantus.
acarid [ˈækərid] midd.
acc. fk. f. **according (to); account; acceptance.**
A/CC fk. f. **Aircraft Carrier** hangarskip.
accede [ækˈsi:d] tiltre, overta (ogs. **accede to an office**); bestige (tronen); gå inn på; samtykke, innvilge (**to** i).
accelerate [ækˈseləreit] fremskynde, påskynde; sette opp farten, akselerere, gi gass.
accelerating capacity akselerasjonsevne.
acceleration [ækseləˈreiʃən] akselerasjon. **– lane** akselerasjonsfelt.
accelerator [ækˈseləreitə] gasspedal.
accent [ˈæksnt] aksent, trykk; tonelag, uttale; tonefall; uttrykk; hovedvekt, ettertrykk.
accent [ækˈsent] aksentuere, betone, markere, fremheve.
accentuate [ækˈsentjueit] betone, fremheve.
accentuation [æksentjuˈeiʃən] aksentuering, betoning.
accept [ækˈsept] motta; godta; godkjenne; finne seg i; ta imot, si ja (til); akseptere. **-ability** [ækseptəˈbiliti] antakelighet. **-able** [ækˈseptəbl] antakelig, akseptabel. **-ance** [ækˈseptəns] mottaking; godtaking, bifall; (merk.) aksept; akseptert veksel; **find -ance** vinne bifall; **-ance trials** opptakingsprøve. **acceptation** [æksəpˈteiʃən] betydning, mening (et ords); = **acceptance. accepted** [ækˈseptid] hevdvunnen, gjengs; **duly –** i akseptert stand. **acceptor** [ækˈseptə] (merk.) akseptant.
access [ˈækses, ækˈses] adgang; vei (til); tilgjengelighet; anfall, ri; **easy of –** lett tilgjengelig; lett å få i tale.
accessary [ækˈsesəri] medskyldig, f. eks. **– to a crime.**
accessibility [æksesiˈbiliti] tilgjengelighet; mottakelighet; omgjengelighet.
accessible [ækˈsesibl] tilgjengelig; mottakelig (**to** for); omgjengelig.
accession [ækˈseʃən] tiltredelse, overtakelse; tronbestigelse; tilgang, forøkelse, tilvekst; adgang, inntreden; **new -s** nyervervelser.
accessory [ækˈsesəri] underordnet, bi-; delaktig, medskyldig (**to** i); pl. **accessories** tilbehør, rekvisita, ekstrautstyr.
access road tilkjørselsvei, adgangsvei.
accidence [ˈæksidəns] formlære, bøyningslære.
accident [ˈæksidənt] tilfelle, slump, uhell, ulykkestilfelle; **railway –** jernbaneulykke; **by –** tilfeldigvis; **– insurance** ulykkesforsikring; **accidental** [æksiˈdentl] tilfeldig; uvesentlig. **accidentally** [æksiˈdentəli] tilfeldigvis.
accident-prone (som ofte er) utsatt for ulykker; ulykkesfugl.
accipiter [ækˈsipitə] spurvehauk, hønsehauk.
acclaim [əˈkleim] hilse med bifallsrop, tiljuble, hylle. **acclamation** [ækləˈmeiʃən] akklamasjon, bifallsrop, håndklapp. **carried by –** vedtatt ved akklamasjon. **acclamatory** [əˈklæmətəri] bifalls-.
acclimatization [əklaimət(a)iˈzeiʃən] akklimatisering. **-ize** [əˈklaimətaiz] akklimatisere.
acclivity [əˈkliviti] motbakke, stigning.
accolade [ækəˈleid] ridderslag, seremoniell hilsen; (fig.) anerkjennelse; (i musikk) klamme.
accommodate [əˈkɔmədeit] tillempe, tilpasse; bilegge, forlike; hjelpe, tjene; forsyne; huse, skaffe husrom. **accommodating** [əˈkɔmədeitiŋ] imøtekommende, hjelpsom, medgjørlig, føyelig. **accommodation** [əkɔməˈdeiʃən] elskverdighet, imøtekommenhet; forlik; tilpassing, innretning, bekvemmelighet, husrom, losji. **– address** postadresse (hvor man ikke bor). **– bill** akkommodasjonsveksel, proformaveksel. **– ladder** fallrepstrapp. **– train** somletog.
accommodative [əˈkɔmədətiv] adj. føyelig, medgjørlig.
accompaniment [əˈkʌmpənimənt] ledsagende omstendighet; ledsagelse, akkompagnement; tilbehør, pynt. **accompanist** [əˈkʌmp(ə)nist] akkompagnatør. **accompany** [əˈkʌmpəni] ledsage, følge, akkompagnere; vedlegge.
accomplice [əˈkʌmplis] medskyldig (**in, of** i).
accomplish [əˈkʌmpliʃ] fullføre, utføre, utrette; oppnå; tilbakelegge (om distanse). **-ed** [əˈkʌmpliʃt] dannet, talentfull, fullendt; fullført; **an -ed fact** en fullbyrdet kjensgjerning. **-ment** [-mənt] fullføring, fullending; utrettelse, resultat, bedrift; (pl.) talenter; ferdigheter, selskapelige evner (især i musikk, sang, dans).
accord [əˈkɔ:d] samklang, akkord; overensstemmelse, samsvar; forlik, overenskomst; **of his own –** av egen fri vilje, av seg selv. **accord** [əˈkɔ:d] stemme; forsone; stemme overens; tilstå, innvilge i. **-ance** [-əns] overensstemmelse, samsvar; **in – with** ifølge. **according** [əˈkɔ:diŋ] **to** etter, i

samsvar med, ifølge; **the Gospel — to Saint John** Johannes evangelium; **according as** liksom, etter, alt etter som. **accordingly** [ə'kɔ:diŋli] i samsvar med det, deretter; følgelig, altså.
accordion [ə'kɔ:djən] trekkspill; trekkspill-.
accost [ə'kɔst] henvende seg til; snakke til; antaste.
accoucheur [æku'ʃə:] fødselslege. **accoucheuse** [æku'ʃə:z] jordmor.
account [ə'kaunt] beregning, regning, utregning; konto, regnskap, mellomværende, avregning; redegjørelse, forklaring, beretning; grunn; hensyn; omsyn, kunde; **call to —** kreve til regnskap; **find one's — in** se sin fordel i; **give an —** gjøre rede for, avlegge regnskap for; **render an —** avlegge regnskap; **as per —** ifølge regning; **pay to —** betale à konto, betale i avdrag; **settle an —** gjøre opp et mellomværende; **turn to —** dra fordel av; **on that —** derfor, av den grunn; **on our —** for vår skyld; **on — of** på grunn av; **on no —** på ingen måte; **to his —** på hans konto; **take into —** ta i betraktning, ta omsyn til, regne med.
account v [ə'kaunt] beregne, regne; gjøre avregning; mene; **— for** gjøre regnskap for, gjøre greie for; forklare seg. **accountability** [əkauntə'biliti] ansvar, ansvarlighet; tilregnelighet; forklarlighet. **accountable** [-əbl] ansvarlig. **accountancy** [ə'kauntənsi] regnskapsføring, bokføring (faget).
accountant [-ənt] regnskapsfører, revisor, bokholder. **—-general** hovedbokholder.
account|book regnskapsbok. **— holder** kontoinnehaver.
accounting [ə'kauntiŋ] regnskapsføring, bokholderi; oppgjør. **— clerk** regnskapsassistent. **— machine** bokholderimaskin; hullkortmaskin.
account sales salgsregning, mellomregning.
accouplement [ə'kʌplmənt] forening, sammenslutning.
accoutre [ə'ku:tə] ruste ut, stase opp. **-ments** [-mənts] utrustning, utstyr, mundering.
accredit [ə'kredit] akkreditere, bemyndige, gi fullmakt, godkjenne, autorisere. **-ed** ansatt, offisielt godkjent. **letter of accreditation** [ækredi'teiʃən] kreditiv.
accretion [ə'kri:ʃən] tilvekst, forøkelse, tilføyelse; sammenvoksing.
accrue [ə'kru:] (til)flyte, tilfalle; samle sammen, akkumulere; **-d interest** påløpende renter; **advantages accruing from this** derav tilflytende fordeler; **-d reserves** oppsparte reserver. **— to** tilfalle, tilhøre.
accumulate [ə'kju:mjuleit] dynge sammen, hope opp; samle, spare (sammen), lagre; ta flere universitetsgrader samtidig; tilta. **accumulation** [əkju:mju'leiʃən] opphoping, samling, lagring. **accumulative** [ə'kju:mjulətiv] ivrig etter å erverve; kumulativ. **accumulator** [ə'kju:mjuleitə] en som samler sammen; akkumulator, batteri.
accuracy ['ækjurəsi] nøyaktighet, presisjon, treffsikkerhet.
accurate ['ækjurət] nøyaktig, presis, omhyggelig, treffsikker.
accursed [ə'kə:sid, ə'kə:st] forbannet, nederdrektig, avskyelig.
accusable [ə'kju:zəbl] lastverdig, som kan anklages. **accusation** [ækju'zeiʃən] beskyldning, anklage, klagemål. **accusative** [ə'kju:zətiv] akkusativ. **accusatory** [ə'kju:zətəri] anklagende, klage-. **accuse** [ə'kju:z] anklage, beskylde (**of** for); **the accused** anklagede. **accuser** [ə'kju:zə] anklager.
accustom [ə'kʌstəm] venne. **-ed** vant; tilvant, vanlig, sedvanlig. **he is -ed to** han pleier å, han er vant til å.
ace [eis] ess (i kortspill); fremragende; mesterflyger; sportshelt, stjerne-; **— of diamonds** ruter ess; **— high** meget høyt (i aktelse); **within an —** på et hengende hår, nær ved; **not an —** ikke det minste.
acephalous [ə'sefələs] hodeløs; som mangler første staving.
acerbate[ə'sə:beit] gjøre bitter; ergre, irritere.
acerbity [ə'sə:biti] bitterhet, skarphet.
acetic [ə'si:tik] sur.
acetone ['æsitəun] aceton.
acetose ['æsitous], **acetous** ['æsitəs] sur, eddik-.
acetylene [ə'setəli:n] acetylen.
ache [eik] smerte, -pine, -smerter, -verk; være øm, verke, gjøre vondt; lengte voldsomt etter, være helt syk etter å; **my head aches** jeg har vondt i hodet; **with an aching heart** med sorg i hjertet.
achievable [ə'tʃi:vəbl] som kan utføres, oppnåelig. **achieve** [ə'tʃi:v] utføre, fullende; oppnå. **-ment** [-mənt] utførelse; bedrift, storverk, dåd, bragd.
Achilles [ə'kili:z] Akilles. **Achilles' heel** akilleshæl. **Achilles' tendon** akilles-sene.
achromatic [ækrə'mætik] akromatisk, fargeløs.
acid ['æsid] syre; sur, syrlig; (fig.) skarp, bitende. **— gravity** syrevekt. **acidiferous** syreholdig. **acidity** [ə'siditi] surhet, syreinnhold. **—-resisting** syrefast. **— test** syreprøve; (fig.) avgjørende prøve.
acidulate [ə'sidjuleit] gjøre syrlig. **acidulous** [ə'sidjuləs] syrlig; sur, gretten.
aciform ['æsifɔ:m] nålformet.
ack [æk] (signaleringsspråk) a; **ack-ack gun** (for **anti-aircraft gun**) luftvernkanon.
acknowledge [ək'nɔlidʒ] anerkjenne, erkjenne, tilstå, godta, innrømme, vedgå, gå med på; kvittere for, besvare (et brev), takke for. **-d!** forstått! **acknowledgement** [-mənt] innrømmelse; anerkjennelse, erkjennelse, erkjentlighetsbevis; besvarelse, bekreftelse; takk.
acme ['ækmi] topp; kulminasjon; topp-punkt; krise.
acne ['ækni] filipenser, finner, kviser.
acock [ə'kɔk] på skrå, på skakke.
acolyte ['ækəlait] akolytt, messehjelper, korgutt; følgesvenn, hjelper.
aconite ['ækənait] stormhatt (en giftplante).
acorn ['eikɔ:n] eikenøtt. **— nut** blindmutter.
acoustic [ə'ku:stik] akustisk, lyd-, høre-. **— feedback** akustisk tilbakekopling, runddans. **acoustics** [ə'ku:stiks] akustikk, (læren om) lydforhold.
acquaint [ə'kweint] gjøre kjent, underrette, sette seg inn i, lære å kjenne. **acquaintance** [-əns] bekjentskap, kjennskap; kunnskap; bekjent, kjenning. **acquaintanceship** [-ʃip] kjennskap. **acquainted** [-id] bekjent.
acquest [æ'kwest] vinning, ervervelse.
acquiesce [ækwi'es] akkviescere (**in** ved), slå seg til ro (**in** med), samtykke, finne seg (**in** i). **acquiescence** [-əns] innvilgning, samtykke; føyelighet. **acquiescent** [-nt] føyelig.
acquirable [ə'kwaiərəbl] oppnåelig.
acquire [ə'kwaiə] erverve (seg), oppnå, få, tilegne seg, samle; **-d** tillært, ervervet; **— knowledge** lære

noe; – **a taste for** lære å sette pris på; **an -d habit** en vane man har lagt seg til. **-ment** [-mənt] ervervelse, tilegnelse; ferdighet, kunnskap. **-ments** kunnskaper; talenter.
acquisition [ækwi'ziʃən] ervervelse, tilegnelse; vinning, akkvisisjon. **acquisitive** [ə'kwizitiv] ivrig etter å erverve, havesyk, begjærlig; foretaksom.
acquit [ə'kwit] frikjenne, frita, frigjøre; betale, innfri; – **oneself** skille seg ved el. fra **(of)**; sikre seg for **(from)**. **-tal** [ə'kwit] frikjenning. **-tance** [ə'kwitəns] klarering, betaling (av gjeld), kvittering.
acrawl [ə'krɔ:l] kravlende; **be – with** vrimle av.
acre ['eikə] acre (engelsk flatemål 4046,9 m^2); **broad acres** stor eiendom; **God's –** kirkegård; **-s** eiendom, jorder; **-s of** ≈ kilometervis av.
acreage ['eikəridʒ] flateinnhold (målt i acres); tilliggende jord(areal).
acrid ['ækrid] skarp, bitende, besk. **-ity** [æ'kriditi] skarphet, beskhet; (fig.) eiter, galle.
acrimonious [ækri'məunjəs] skarp, bitter.
acrimony ['ækriməni] skarphet; bitterhet.
acrobat ['ækrəbæt] akrobat. **-ic** [ækrə'bætik] akrobatisk. **-ics** akrobatikk.
acronym ['ækrə(u)nim] bokstavord, kortord (dannet av forbokstaver f. eks. NATO).
Acropolis [ə'krɔpəlis] Akropolis.
across [ə'krɔ(:)s] på tvers; tvers over, over; tvers for, overfor; på den andre siden (av); (i kryssord) vannrett; **come – one** treffe en, støte på.
acrostic [ə'krɔstik] akrostikon.
act [ækt] v virke, fungere; handle, opptre; innvirke **(on** på); spille, opptre (som skuespiller), forstille seg; fremstille (på scenen), oppføre; s handling, gjerning; forordning, vedtak, lov; akt; nummer (i skuespill); avhandling, disputas; dokument; – **a part** spille en rolle; **-ing** skuespillkunst; fungerende; **-ing copy** eksemplar til bruk for skuespillerne, rollehefte; **-ing manager** fungerende direktør; – **on** rette seg etter, følge, virke på; – **on your advice** rette seg etter ditt råd; **caught in the –** grepet på fersk gjerning; **put on an –** spille komedie, simulere; **that's not in the –** det hører ikke med; **Act of God** uforutsett hending, force majeure; **the Acts of the Apostles** Apostlenes Gjerninger; **Act of Parliament** lov. **act-drop** ['æktdrɔp] mellomaktsteppe.
actinia [æk'tinjə] aktinie, sjøanemone.
actinic [æk'tinik] aktinisk, kjemisk virksom.
action ['ækʃən] handling, gjerning; virkning, påvirkning; bevegelse, gang; trefning, slag; prosess, klage, søksmål; **take –** skride til handling, ta affære; anlegge sak; – **for damages** erstatningssøksmål; **in –** i gang, i funksjon; i kamp; **the – taken by the Cabinet** regjeringens avgjørelse; **put out of –** sette ut av funksjon, (fig.) sette ut av spillet; **this is where the – is** (tal.) det er her det foregår. **actionable** [-əbl] som kan påtales, som det kan reises sak om. – **station(s)** (mil.) klart skip, klar til kamp.
activate ['æktiveit] aktiv(is)ere; (mil.) gjøre operasjonsklar. **activation** [ækti'veiʃən] aktivering.
active ['æktiv] virksom, sprek; rask, flink; praktisk; aktiv. **activity** [æk'tiviti] virksomhet; raskhet; aktivitet, drift, tak.
actor ['æktə] skuespiller; deltaker, utfører; gjerningsmann.
actress ['æktris] skuespillerinne.
actual ['æktjuəl] virkelig, egentlig, faktisk, reell, selve; foreliggende, nåværende, aktuell; **in – fact** i virkeligheten. **-ity** [æktju'æliti, æktʃu'æliti] virkelighet, aktualitet. **actualize** ['æktjuəlaiz] realisere, virkeliggjøre. **actually** virkelig, i virkeligheten.
actuary ['æktjuəri, 'æktʃuəri] aktuar, forsikringsmatematiker.
actuate ['æktjueit, 'æktʃueit] drive, sette i gang, påvirke, utløse, tilskynde.
acuity [ə'kju:iti] skarphet, kvasshet.
aculeate [ə'kju:liit] med brodd; spiss, skarp.
acumen [ə'kju:mən] skarpsindighet, gløggskap.
acute [ə'kju:t] spiss; fin, gløgg, skarpsindig; intens, inderlig, hissig; akutt. – **accent** accent aigu. – **angle** spiss vinkel. **-ness** [-nis] skarphet; skarpsindighet; gløggskap; heftighet.
ad [æd] annonse; **small -s** rubrikkannonser.
ad. [æd] fk. f. **advertisement.**
ad [æd] (lat.) ad, til; **ad libitum** etter behag.
A. D. fk. f. **Anno Domini** etter Kristi fødsel, i det Herrens år.
adage ['ædidʒ] ordspråk, ordtak.
adagio [ə'dɑ:dʒiəu] adagio.
Adam ['ædəm] Adam; **I don't know him from –** jeg aner ikke hvordan han ser ut. **-'s ale** vann. **-'s apple** adamseple.
adamant ['ædəmənt] steinhard, ubøyelig; (gml.) diamant. **adamantine** [ædə'mæntain] av diamant; hard som flint.
adapt [ə'dæpt] avpasse, innrette etter, tillempe, tilpasse, gjøre egnet til, tilrettelegge, bearbeide **(from** etter). **-ability** [ədæptə'biliti] tilpasningsevne, anvendelighet, smidighet. **-able** [ə'dæptəbl] anvendelig, som kan tilpasses; smidig. **-ation** [ædæp'teiʃən] tillemping, avpassing; bearbeiding; brukbarhet. **-ed** [ə'dæptid] egnet **(for** til). **adapter** tilrettelegger; elektrisk overgangskontakt; mellomstykke, adapter.
A. D. C. fk. f. **aide-de-camp** adjutant.
add [æd] tilføye, legge til, tilsette, bygge til, skjøte på; legge sammen, addere; – **in** medregne, inkludere; – **to** forøke, øke, auke, utvide; – **together** forene, forenes; – **up** addere, legge sammen; **it -s up right** det stemmer.
addendum [ə'dendəm], i pl. **addenda** [ə'dendə] addend, tilføyelse, tillegg.
adder ['ædə] hoggorm. – **fly** gullsmed, libelle.
addict [ə'dikt] hengi, overgi, vie **(to** til), gjøre henfallen, tilvenne, gjøre til narkoman; narkoman, en som er henfallen til; – **oneself to** hengi seg til, slå seg på; **-ed to** især; henfallen til (f. eks. **whisky** el. **drink**). **-edness** [-idnis], **-ion** [ə'dikʃən] tilbøyelighet, henfallenhet, sykelig hang til.
addition [ə'diʃən] tilføyelse, forøkelse, utvidelse; tilsetning, iblanding, tillegg; addisjon; **in –** dessuten, i tillegg, attpå. **-al** [-əl] forøkt, ekstra, ny, tilleggs-, mer-. **-ally** [-əli] som tilføyelse, i tilgift, attpå.
additive ['æditiv] tilsetningsstoff, additiv.
addle ['ædl] fordervet; tom, hul; gold; forderve. **-brain, -heads** fehode, tosk. **-d egg** råttent egg.
address v [ə'dres] henvende, vende seg til; tale til, tiltale, adressere, anrope; titulere; – **oneself to** gi seg i kast med, legge i vei med.
address s [ə'dres] henvendelse, adresse; (høytidelig) tale; bopel; behendighet; vesen, kur; **pay**

one's addresses to gjøre kur til. **addressee** [ædre'si:] adressat.
adduce [ə'dju:s] legge fram, føre fram, anføre.
adduction [ə'dʌkʃən] framføring, anførsel.
Adelaide ['ædileid].
ademption [æ'dem(p)ʃ(ə)n] (jur.) tilbakekalling.
Aden ['eidn].
adenoids ['ædinɔidz] adenoide vegetasjoner, polypper.
adept [ə'dept] adept, mester; kunsterfaren, helt innvidd (**in** i), mesterlig.
adequacy ['ædikwəsi] fyllestgjørende beskaffenhet; tilstrekkelighet, tjenlighet.
adequate ['ædikwət] tilstrekkelig, som holder mål, passende, formålstjenlig, fullgod; egnet, adekvat.
adhere [əd'hiə] henge fast, henge ved, klebe (**to** til); fastholde, vedstå; overholde; være tilhenger av. **adherence** [əd'hiərəns] gripeevne, det å henge fast, det å holde fast; troskap. **adherent** [əd'hiərənt] vedhengende, fastsittende; tilhenger.
adhesion [əd'hi:ʒən] vedheng, adhesjon, det å holde (fast) på; sammenklebing, fastklebing; **give one's – to** gi sin tilslutning til. **adhesive** [əd'hi:siv] klebemiddel, lim; vedhengende, klebrig; **– plaster** heftplaster; **– tape** klebebånd, limbånd, tape; **– envelope** gummiert konvolutt.
ad hoc [æd hɔk] til dette, med dette for øye.
adiaphora [ædi'æfərə] adiafora.
adieu [ə'dju:] far vel; farvel, avskjed.
adipose ['ædipəus] fet, fetladen, fettholdig; fett; **– tissue** fettvev. **adiposity** [ædi'pɔsiti] fedme.
adit ['ædit] adgang, gang, inngang, (gruve)stoll.
Adj. (mil.) fk. f. **Adjutant. adj.** fk. f. **adjective; adjourned; adjustable; adjusted.**
adjacency [ə'dʒeisənsi] beliggenhet like ved, nærliggenhet. **adjacent** [ə'dʒeisənt] tilgrensende, nærliggende, sammenstøtende; **– angle** nabovinkel.
adjective ['ædʒektiv] adjektiv; adjektivisk.
adjoin [ə'dʒɔin] legge el. sette til, tilføye; grense til, støte til; **the -ing room** værelset ved siden av.
adjourn [ə'dʒə:n] oppsette, utsette, heve møtet. **– to** begi seg til.
adjournment [ə'dʒə:nmənt] utsettelse; mellomtid mellom parlamentsmøter, tingferie.
adjudge [ə'dʒʌdʒ], **adjudicate** [ə'dʒu:dikeit] tildømme, tilkjenne; dømme. **adjudgment** [ə'dʒʌdʒmənt], **adjudication** [ədʒu:di'keiʃən] tilkjennelse; dom, kjennelse, avgjørelse. – **order** konkurskjennelse.
adjunct ['ædʒʌŋkt] tilføyd, tilleggs-; tillegg; tilbehør, medhjelper, hjelpesmann. **-ion** [æ'dʒʌŋkʃən] tilføyelse. **-ive** [æ'dʒʌŋktiv] tilføyd, tilleggs-; tillegg.
adjuration [ædʒu'reiʃən] besvergelse.
adjure [ə'dʒuə] besverge, bønnfalle.
adjust [ə'dʒʌst] beriktige; ordne; bringe i overensstemmelse; stille, innstille, justere; korrigere, rette; utjevne; **– things to our point of view** ordne forholdene slik at de tilfredsstiller våre synspunkter. **-able** [ə'dʒʌstəbl] som kan avpasses; stillbar, regulerbar, justerbar; **-able spanner** skiftenøkkel. **-er** [ə'dʒʌstə] beriktiger; skadetakstmann. **-ing** stille-, innstillings-. **-ment** [-mənt] beriktigelse; innstilling, tilpasning; justering, rettelse, korreksjon; ordning, bilegging.
adjutancy ['ædʒutənsi] adjutantpost. **adjutant** ['ædʒutənt] adjutant; marabustork (også kalt **adjutant bird**).
adjuvant ['ædʒuvənt] hjelpende, hjelpes-; medhjelp, hjelpemiddel.
ad lib [æd'lib] fk. f. **ad libitum** [æd'libitəm] etter behag; improvisasjon. **ad-lib** improvisere.
adman ['ædmæn] reklamemann, reklameagent, tekstforfatter (av annonser).
admeasure [æd'meʒə] tilmåle, fordele. **admeasurement** [-mənt] tilmåling; mål, størrelse, omfang.
adminicle [əd'minikl] hjelpemiddel, hjelp, (jur.) supplerende bevis.
administer [əd'ministə] administrere, forvalte, styre, utdele, meddele, gi, yte; bruke, nytte; **– the oath** la avlegge ed; **– the Sacrament** gi sakramentet; **– to** bidra til, avhjelpe, **administration** [ədmini'streiʃən] styre, styring, forvaltning, ledelse; tildeling; regjering; **the –** myndighetene. **administrative** [əd'ministrətiv] forvaltende, styrings-. **administrator** [əd'ministreitə] bestyrer, administrator; (jur.) ≈ bobestyrer.
admirable ['ædmirəbl] beundringsverdig, fortreffelig, fremragende.
admiral ['ædmirəl] admiral (de 4 grader ovenfra: **A. of the Fleet, Admiral, Vice-A., Rear-A.**). **admiralship** [-ʃip] admiralsverdighet. **Admiralty** [-ti] admiralitet, marineministerium, bestående av 7 Lords Commissioners, hvorav **the First Lord of the Admiralty** er marineminister; (jur.) sjørett, sjøretts-; **A. Court** (eng.) sjørett (domstolen). **A. knot** engelsk sjømil: 5900 fot.
admiration [ædmi'reiʃən] beundring (**of** for); **note of –** utropstegn; **do it to –** gjøre det utmerket. **admire** [əd'maiə] beundre. **admirer** [əd'maiərə] beundrer, tilhenger, ynder.
admissible [əd'misibl] tillatelig, tilstedelig, antakelig; som har adgangsrett.
admission [əd'miʃən] adgang; innrømmelse; innlegging (på sykehus); opptak (på skole etc); inngangspenger, **pay –** betale inngangspenger; **– of failure** fallitterklæring. **– card** adgangskort. **– charge** inngangspenger, entré. **– examination** adgangseksamen, opptaksprøve. **– fee** inngangspenger, entré. **– port** tilførselsåpning.
admit [əd'mit] gi adgang, slippe inn; innrømme, vedgå, tilstå; gi rom for, romme. **admittance** [əd'mitəns] adgang; **no –** adgang forbudt. **admittedly** [əd'mitidli] riktignok, ganske visst, sannelig, nok, vel.
admix [əd'miks] tilsette, blande.
admixture [əd'mikstʃə] blanding, tilsetning.
admonish [əd'mɔniʃ] påminne; formane, advare. **admonition** [ædmə'niʃən] påminning, advarsel. **admonitory** [əd'mɔnitəri] advarende, formanings-.
ado [ə'du:] ståk, kluss, bry, besvær; ståhei; **much – about nothing** stor ståhei for ingenting.
adobe [ə'dəubi] (US) ubrent soltørket leirstein.
adolescence [ædə'lesəns] ungdomsalder, oppvekst.
adolescent [ædə'lesənt] i oppveksten, halvvoksen, ungdommelig.
Adolphus [ə'dɔlfəs] Adolf.
Adonais [ædə'neiis]. **Adonis** [ə'dəunis].
adopt [ə'dɔpt] adoptere, ta til seg, ta i barns sted; anta, velge; ta i bruk, benytte, vedta. **-ion** [ə'dɔpʃən] adopsjon; antakelse; vedtakelse, godkjenning. **-ive** [ə'dɔptiv] adoptiv-, foster-.
adorable [ə'dɔ:rəbl] tilbedelsesverdig, guddommelig, henrivende. **adoration** [ædə'reiʃən] tilbedelse. **adore** [ə'dɔ:] tilbe, dyrke, forgude, (i daglig tale) elske. **adorer** [ə'dɔ:rə] tilbeder.

adorn [ə'dɔ:n] smykke, pryde, være en pryd for. **-ment** [-mənt] prydelse, smykke.
adrenal [ə'dri:nl] binyre-.
adrenaline [ə'drenəlin] adrenalin.
Adriatic [eidri'ætik, æd-]; **the –** Adriaterhavet.
adrift [ə'drift] i drift, drivende for vind og vær; på lykke og fromme; **turn –** la seile sin egen sjø.
adroit [ə'drɔit] behendig, dyktig, smidig.
adscript ['ædskript] livegen, stavnsbunden.
adsmith ['ædsmiθ] (US) annonseforfatter, tekstforfatter.
adulate ['ædjuleit] smigre grovt, smiske for. **adulation** [ædju'leiʃən] smiger, smisking. **adulator** ['ædjuleitə] smigrer. **adulatory** ['ædjulətəri] smigrende, slesk, krypende.
adult [ə'dʌlt] voksen, moden, myndig; voksen person.
adulter|ate [ə'dʌltəreit] forfalske. **-ation** [ədʌltə'reiʃən] forfalsking. **-er** [ə'dʌltərə] ekteskapsbryter, horkar. **-ess** [ə'dʌlt(ə)res] ekteskapsbryterske, horkvinne. **-ous** [ə'dʌlt(ə)rəs] skyldig i hor. **-y** [ə'dʌltəri] ekteskapsbrudd, utroskap, hor.
adumbral [ə'dʌmbrəl] overskyggende, skyggefull.
adumbrat|e ['ædʌmbreit] ymte om, slå på, skissere. **-ion** [ædʌm'breiʃən] ymt, løst henkastet bilde, utkast.
adust [ə'dʌst] mørk, trist; svidd, brent.
Adv. fk. f. **Advent; Advocate.**
advance [əd'vɑ:ns] fremskritt, framsteg, framgang; fremrykning; avansement, forfremmelse; forskudd; avanse, stigning, pristillegg. **-s** pl. tilnærmelser; **in –** på forhånd. **advance** gå fremad, rykke fram; (om pris) stige; heve; forfremme, framskynde; nærme seg; framføre; gi på forskudd, forstrekke. **advanced** fremskreden, tilårskommen; fremskutt; ultramoderne, ytterliggående; fremmelig, bråmoden. **– ignition** høy tenning. **advance|guard** forspiss, avantgarde. **-ment** [-mənt] forfremmelse, avansement; fremme, framhjelp. **– money** forskudd. **– sheets** prøveark. **– warning** forvarsel.
advantage [əd'vɑ:ntidʒ] fordel, fortrinn; overlegenhet; nytte; gunstig leilighet; gagne, hjelpe; **something greatly to her –** noe meget fordelaktig for henne; **– of the ground** gunstige terrengforhold; **take – of** benytte seg av; snyte; **you have the – of me** De kjenner meg, og jeg kjenner ikke Dem; **sell to –** selge med fordel; **to the best –** med størst fordel, i det fordelaktigste lys; **turn to –** utnytte, dra fordel av. **advantageous** [ædvən'teidʒəs] fordelaktig.
advene [æd'vi:n] komme (til).
advent ['ædvent] komme, tilkomst; advent.
Adventist ['ædvəntist] adventist.
adventitious [ædven'tiʃəs] som kommer til, ekstra, ytterlig(ere), attpå-; tilfeldig.
adventur|e [əd'ventʃə] hending; vågestykke; eventyr, opplevelse; dristig foretagende; spekulasjon; våge seg ut på, sette på spill. **-er** [əd'ventʃərə] vågehals; eventyrer; lykkeridder. **-ess** [əd'ventʃəris] eventyrerske. **-ism** eventyrlyst. **-ous** [əd'ventʃərəs] dristig, spennende; farefull; eventyrlig.
adverb ['ædvə:b] adverbium, adverb.
adverbial [əd'və:bjəl] adverbiell.
advers|ary ['ædvəsəri] motstander; motspiller; fiende; **the Adversary** djevelen. **-ative** [əd'və:sətiv] motsetnings-, mot-. **-e** ['ædvə:s] motsatt, som er imot; fiendtlig, ugunstig, skadelig, uheldig; **-e fortune** motgang. **-ity** [æd'və:siti] motgang, ulykke.
advert ['ædvə:t] annonse, reklame.
advert [əd'və:t] henvise, antyde, hentyde (**to** til); beskjeftige seg med. **-ence** [əd'və:təns], **-ency** [əd'və:tənsi] oppmerksomhet.
advertise ['ædvətaiz] bekjentgjøre, kunngjøre, reklamere, avertere, lyse ut; **– for** avertere etter; **– oneself** gjøre reklame for seg selv.
advertisement [əd'və:tismənt] avertering, reklamering; avertissement, annonse, reklame. **advertiser** ['ædvətaizə] annonsør. **advertising** ['ædvətaiziŋ] reklame. **– agency** reklamebyrå. **– artist** reklametegner. **– copy** reklametekst. **– drive** reklamekampanje. **– stunt** reklameknep. **– tape** limbånd med påtrykt tekst.
advice [əd'vais] råd; advis, melding; etterretning; **a piece** (el. **bit**) **of –** et råd; **obtain medical –** søke legehjelp. **– of claim** skademelding.
advis|ability [ədvaizə'biliti] tilrådelighet. **-able** [əd'vaizəbl] rådelig. **advis|e** [əd'vaiz] underrette (**of** om); råde; advisere, gi melding om; overlegge; **– with** rådføre seg med; **be advised** ta imot råd. **-edly** [əd'vaizidli] med vilje, med velberådd hu. **-edness** [əd'vaizidnis] betenksomhet. **-er** [əd'vaizə] rådgiver, konsulent; **legal –** juridisk konsulent. **-ement** veiledning, råd. **-ory** [əd'vaizəri] rådgivende.
advocacy ['ædvəkəsi] advokatvirksomhet; prosedyre, forsvar. **advocate** ['ædvəkət] talsmann; advokat, forsvarer; **Lord Advocate** (i Skottland) riksadvokat. **advocate** ['ædvəkeit] være talsmann for, forsvare, forfekte.
advowee [ədvau'i:] innehaver av kallsrett, kallsberettiget.
advowson [əd'vauzn] kallsrett.
adynamic [ædai'næmik] kraftløs, veik.
adytum ['æditəm] helligdom, det aller helligste (i tempel).
adz(e) [ædz] teksel, tverrøks, bile.
A.E.C. fk. f. **Atomic Energy Commission.**
aegis ['i:dʒis] (myt. og fig.) egide; skjold, vern.
Aeneid ['i:niid, 'injid] Eneiden.
Aeolian [i'əuljən] eolisk; **– harp** eolsharpe.
aeon ['i:ən] evighet.
aerate ['eiəreit, 'ɛəreit] forbinde med kullsyre, gjennomlufte. **-d bread** kullsyrehevet brød. **Aerated Bread Company** selskap som driver **A.B.C. shops** billige restauranter. **-d concrete** lettbetong. **-d water** kullsyreholdig vann, mineralvann.
aeration [e(i)ə'reiʃ(ə)n] utlufting, gjennomlufting.
aerial ['ɛəriəl] luftig; eterisk; høy; luft-, fly-; lett; antenne. **– contact wire** kjøreledning (luftledning). **– ladder** motorstige.
aerial railway luftbane, ogs. løypestreng.
aerie ['ɛəri, 'iəri] ørnereir; (ogs. fig.) rovfuglreir.
aeriform [ɛərifɔ:m] luftformig; uvirkelig. **aerify** ['ɛərifai] forvandle til luft; forbinde med luft.
aero- ['ɛərə] i smstn. luft- (jfr. **air-**).
aerobatics [ɛərə'bætiks] kunstflyvning, luftakrobatikk.
aerodrome ['ɛərədrəum] flyplass, lufthavn.
aerodynamics [ɛərədai'næmiks] aerodynamikk.
aerofoil ['ɛərəfɔil] bæreflate (på fly).
aerogram ['ɛərəgræm] aerogram.
aerogun ['ɛərəgʌn] antiluftkanon.
aerolite ['ɛərəlait] meteorstein.
aerology [ɛə'rɔlədʒi] luftlære.
aerometer [ɛə'rɔmitə] luftmåler.

aeronaut [ˈɛərənɔ:t] luftskipper, flyver.
aeronautical [ɛərəˈnɔ:tikl] som har med luftseilas å gjøre, luftfarts-.
aeronautics [ɛərəˈnɔ:tiks] flyteknikk; flyging, luftfart.
aeroplane [ˈɛərəplein] fly.
aerosol [ˈɛərəsɔl] **can** sprayboks, sprayflaske.
aerostat [ˈɛərəstæt] luftballong.
aerostatics [ɛərəˈstætiks] aerostatikk.
aeruginous [iəˈru:dʒinəs] irrgrønn, irret. **aerugo** [iəˈru:gəu] irr.
aery [ˈɛəri] d. s. s. **aerie.**
Aesop [ˈi:sɔp] Æsop.
aesthete [ˈi:sθi:t] estetiker. **aesthetic** [i:sˈθetik] estetisk. **aesthetics** [i:sˈθetiks] estetikk.
aestival [i:sˈtaivəl] sommer-, sommerlig.
afar [əˈfɑ:] (gml., poet.) fjernt, langt borte.
AFC fk. f. **automatic frequency control.**
affability [æfəˈbiliti] vennlighet, nedlatenhet.
affable [ˈæfəbl] omgjengelig, hyggelig, forekommende; nedlatende.
affair [əˈfɛə] forretning, sak, greie, affære, anliggende, ting; historie; løs forbindelse, forhold; **that is my –** det blir min sak; **have an – with** ha et forhold til.
affect [əˈfekt] strebe etter, virke på, angripe, affisere; berøre; like; foretrekke, ynde; affektere, hykle. **-ation** [æfekˈteiʃən] affektasjon; påtatt vesen. **-ed** [-id] affektert, kunstlet, jålet; påtatt; stemt, innstilt. **-ing** [-iŋ] gripende.
affection [əˈfekʃən] affeksjon; sinnsbeskaffenhet; sinnsbevegelse; kjærlighet, ømhet, hengivenhet; **demonstrative of –** som viser sin hengivenhet.**-ate** [əˈfekʃənit] kjærlig, hengiven; **Yours affectionately** Deres hengivne.
affiance [əˈfaiəns] forlove; forlovelse.
affiche [əˈfi:ʃ] oppslag, plakat.
affidavit [æfiˈdeivit] beediget erklæring.
affiliate [əˈfilieit] ta til seg, knytte (**to** til); tilsluttet organisasjon, filial.
affiliation [əfiliˈeiʃən] opptakelse, tilslutning. **– case** farskapssak.
affinity [əˈfiniti] svogerskap, slektskap; likhet; affinitet; samhørighet(sfølelse).
affirm [əˈfə:m] påstå; bekrefte, erklære, sanne, stadfeste. **-ance** [-əns] stadfesting. **-ation** [æfəˈmeiʃən] bekreftelse; stadfesting, forsikring. **-ative** [əˈfə:mətiv] bekreftende; **in the –** bekreftende. **-atory** [əˈfə:mətəri] stadfestings-.
affix [əˈfiks] tilføye, feste, knytte til, vedføye; affiks, prefiks, suffiks.
afflatus [əˈfleitəs] guddommelig inspirasjon.
afflict [əˈflikt] bedrøve; hjemsøke, plage, tynge.
affliction [əˈflikʃən] sorg, lidelse.
afflu|ence [ˈæfluəns] tilstrømming; overflod; rikdom. **-ent** [ˈæfluənt] overflødig; sideelv, tverrelv; velstående,rik; **The Affluent Society** velstandssamfunnet.
afflux [ˈæflʌks] tilstrømning.
afford [əˈfɔ:d] frembringe, yte, gi, levere; makte, greie, ha råd til; kunne selge (for en viss pris); **cannot – it** har ikke råd til det.
afforest [əˈfɔrist] plante til med skog. **-ation** skogplanting, nyplanting.
affranchise [æˈfræntʃaiz] frigjøre, gi fri, løse.
affray [əˈfrei] slagsmål, tumult, oppløp.
affreight [əˈfreit] befrakte, chartre.
affright [əˈfrait] skremme; skrekk, støkk.
affront [əˈfrʌnt] fornærme, krenke; fornærmelse, krenkelse.
affusion [əˈfju:ʒ(ə)n] overøsing,overhelling.
Afghan [ˈæfgæn] afghansk; afghaner. **-istan** [æfˈgænistæn] Afghanistan.
afield [əˈfi:ld] i el. ut på marken, i felten; på villstrå; **far –** langt borte.
afire [əˈfaiə] i brann; **set –** sette fyr på.
A. F. L. fk. f. **American Federation of Labor.**
aflame [əˈfleim] i flammer, i lys lue.
A flat (mus.) Ass.
afloat [əˈfləut] flytende, flott; om bord, til sjøs; i fart; i drift; i full gang.
afoot [əˈfut] til fots; i gjære, på bena, på ferde.
afore [əˈfɔ:] før; foran. **-mentioned** [-menʃənd] førnevnt. **-said** [-sed] førnevnt, omtalt. **-thought** [-θɔ:t] overtenkt. **-time** [-taim] før i tiden.
a fortiori [ˈeifɔ:tiˈɔ:rai] (latin) med så mye mer grunn, så meget desto mer.
afraid [əˈfreid] redd (**of** for); **– for** engstelig, bekymret for; **– of death** redd for å dø; **– of doing it** el. **to do it** redd for å gjøre det; **– for his life** redd for livet sitt; **I'm – you are right** jeg frykter for at du har rett, du har rett, dessverre.
afresh [əˈfreʃ] på ny, på nytt lag, igjen.
Africa [ˈæfrikə] Afrika.
African [ˈæfrikən] afrikansk; afrikaner.
Afrikaans [æfriˈkɑ:ns] afrikaans, boerspråket.
Afrikander [æfriˈkændə] afrikander (etterkommer av hollandske kolonister i Sør-Afrika).
aft [ɑ:ft] akter, akterut.
aft. fk. f. **afternoon.**
after [ˈɑ:ftə] etter, etterat; baketter, senere; nest etter. **– all** når alt kommer til alt, egentlig, men likevel; **be –** være ute etter, være i ferd med å; **– that** dernest, deretter. **-birth** etterbyrd. **-body** akterende. **-brain** bakhjerne, den forlengede marg. **-burner** etterbrenner. **-care** ettervern, etterbehandling. **-clap** baksmell, etterspill. **-cost** senere utgift; etterveer. **-crop** etterhøst. **-damp** gruvegass etter sprengning. **-day** senere tid. **– -dinner speech** skåltale, bordtale. **-effect** ettervirkning; etterveer. **– -fire** ha glødetenning. **– firing** ettertenning, glødetenning. **-glow** etterglød; aftenrøde; gjenskinn. **-grass** etterslått. **– -hours** som foregår etter normal stengetid; fritid. **-life** livet etter døden; **in -life** senere i livet. **-math** etterslått; ettervirkning, følger. **-most** akterst. **-noon** ettermiddag. **-pains** etterveer. **-s** dessert, etterrett. **– -sales service** kundeservice. **– shave (lotion)** etterbarbering(svann). **-thought** ettertanke; senere tilføyelse. **-treat** etterbehandle. **-ward(s)** etterpå, senere, baketter. **-wisdom** etterpåklokskap. **the – world** livet etter døden, neste verden.
aftosa [æfˈtəuzə] munn- og klovsyke.
again [əˈgen] igjen, atter; på den annen side; dessuten; **as much –** dobbelt så mye. **half as much –** halvannen gang så mye. **– and –** gang på gang, om og om igjen; **now and –** nå og da; **ring –** gi gjenlyd, lyde sterkt, ljome, drønne.
against [əˈgenst] mot, imot; overfor; inntil, opptil; **over –** like overfor; sammenlignet med.
agape [əˈgeip] gapende, måpende, kopende.
agate [ˈægət, ˈægit] agat.
agave [əˈgeivi] agave.
agaze [əˈgeiz] stirrende.
AGC fk. f. **automatic gain control.**

age [eidʒ] elde; bli gammel, eldes; få til å se gammel ut; lagre, modne.
age [eidʒ] alder, menneskealder, alderstrinn; alderdom, tidsavsnitt; tidsalder, tid; hundreår; lang tid, evighet; **full –** myndighetsalder; **be of –** være myndig; **come of –** bli myndig; **be your –** oppfør deg som et voksent menneske; **of an –** jevngamle; **live to a great –** leve meget lenge; **under –** umyndig, mindreårig; **the Middle Ages** middelalderen, mellomalderen; **the present –** nåtiden; **I have not seen you for ages** jeg har ikke sett deg på lange tider, på år og dag; **– -composition** aldersfordeling.
age|d [ˈeidʒid] gammel, til års. [ˈeidʒd] **-d twenty** 20 år gammel; (vel)lagret, modnet. **-ing** [ˈeidʒiŋ] aldring; aldrende. **-less** tidløs, evig, uten noen alder. **– limit** aldersgrense. **-long** uendelig, evig. **– -mate** av samme årsklasse el. årskull.
agency [ˈeidʒensi] virksomhet; middel; agentur, representasjon; kontor, organ (innen staten); **Reuter's Agency** Reuters byrå.
agenda [əˈdʒendə] notisbok; dagsorden.
agent [ˈeidʒənt] agent, forretningsfører, fullmektig; handlende (den som handler); **he is a free –** han står fritt til å gjøre hva han vil; virkemiddel.
agglomerate [əˈglɔməreit] hauge opp, klumpe sammen, bli sammendynget, klumpe seg sammen. **agglomeration** [əglɔməˈreiʃən] sammenhopning.
agglutinat|e [əˈglu:tinit] sammenlimt; agglutinerende. [əˈglu:tineit] lime sammen, klumpe i hop; bli til lim el. klister. **-ion** [əglutiˈneiʃən] sammenliming, agglutinasjon. **-ive** [əˈglu:tinətiv] agglutinerende.
aggrandize [əˈgrændaiz] forstørre, utvide. **-ment** [əˈgrændizmənt] forstørrelse, utvidelse.
aggravate [ˈægrəveit] forverre; skjerpe; ergre. **aggravating** ergerlig, harmelig; irriterende; **– circumstances** skjerpende omstendigheter. **aggravation** [ægrəˈveiʃən] forverring; skjerpelse.
aggregat|e v [ˈægrigeit] samle; samlet. s [ˈægrigət] samling, aggregat; samlet sum. **-ion** [ægriˈgeiʃən] samling.
aggress|ion [əˈgreʃən] angrep. **-ive** [əˈgresiv] angripende, pågående, uteskende. **-or** [əˈgresə] angriper.
aggrieved [əˈgri:vd] forurettet, krenket.
aghast [əˈgɑ:st] forferdet, forstøkt, fælen.
agile [ˈædʒail] rask, kvikk, lett og ledig.
agility [əˈdʒiliti] raskhet, smidighet, sprekhet.
Agincourt [ˈædʒinkɔ:t].
agio [ˈædʒiəu] (merk.) agio, kursgevinst.
agiotage [ˈædʒətidʒ] børsspill, børsspekulasjoner.
agitat|e [ˈædʒiteit] bevege, ryste; opphisse, skake opp; agitere, propagandere; drøfte. **-ion** [ædʒiˈteiʃən] bevegelse; diskusjon; sinnsbevegelse, opphisselse, oppskaking. **-or** [ˈædʒiteitə] agitator, urostifter; trommel (i vaskemaskin).
agitprop [ˈædʒitprɔp] agitasjon og propaganda.
aglare [əˈglɛə] strålende.
aglet [ˈæglit] dobbe på frynse eller snor, aiguillette, adjutantsnor.
agley [əˈgli:] (skot.) skjevt, galt, på skjeve.
aglitter [əˈglitə] funklende, strålende.
aglow [əˈgləu] glødende, opphisset.
agnail [ˈægneil] neglerot.
agnate [ˈægneit] beslektet på farssiden; agnat. **agnation** [ægˈneiʃən] slektskap på mannssiden.
Agnes [ˈægnis].
agnomen [ægˈnəumən] oppnavn, tilnavn.
agnostic [ægˈnɔstik] agnostisk; agnostiker.
agnosticism [ægˈnɔstisizm] agnostisisme.
ago [əˈgəu] for ... siden; **long –** for lenge siden; **as long – as 1935** allerede i 1935.
agog [əˈgɔg] ivrig, oppsatt, spent (**on** på).
agone [əˈgɔn] (gml., poet.) = **ago.**
agonize [ˈægənaiz] pines, pine; **-d** forpint; **agonizing** [ˈægənaiziŋ] pinefull; (fig.) opprivende.
agony [ˈægəni] dødsangst, sjeleangst; kval, pine, smerte; **A. Column** del av avis hvor det blir innrykket kunngjøringer om savnede pårørende, private meldinger, anmodning om hjelp osv., svarende omtrent til «Personlig»; **an – of tears** en fortvilet gråt.
agoraphobia [ægərəˈfəubiə] plassangst.
agrarian [əˈgrɛəriən] agrarisk, landbruks-; agrar.
agree [əˈgri:] stemme overens; passe sammen; bli enig (**upon** om), være enig; samtykke, forlikes, gå med (**to** på). **-able** [-əbl] overensstemmende; behagelig. **-ably** [-əbli] i overensstemmelse, i samsvar (**to** med). **-ment** [-mənt] overensstemmelse, samsvar, enighet; avtale, forlik, overenskomst; **come to an -ment** slutte forlik.
agrestic [əˈgrestik] landlig; bondsk.
agricultur|al [ægriˈkʌltʃərəl] jordbruks-. **-e** [ˈægrikʌltʃə] jordbruk, landbruk. **-ist** [ægriˈkʌltʃərist] jordbruker, bonde, agronom.
aground [əˈgraund] på grunn.
agt. fk. f. **agent.**
ague [ˈeigju] koldfeber, malaria; kuldegysning, kulsing.
ah [ɑ:] ah! akk! **aha** [ɑˈhɑ:] aha!
Ahab [ˈeihæb] Akab.
Ahasuerus [əhæzjuˈiərəs] Ahasverus.
ahead [əˈhed] forut; fremad, fram, framover; **be –** være forut; være forestående; **go –** gå på, klem i vei; gå i forveien; **plan –** legge planer for fremtiden.
ahem [mˈmm] hm!
aheap [əˈhi:p] i én haug, opphopet, under ett.
ahoy [əˈhɔi] ohoi!
aid [eid] hjelpe; hjelp, bistand, tilskudd, støtte, hjelpemiddel; hjelper, assistent; **hearing –** høreapparat. **by (the) – of** med hjelp av (el. fra), takket være.
aide-de-camp [ˈeiddəkɑŋ] adjutant (hos general).
AIDS fork. f. **acquired immunodeficiency syndrome.**
aid station forbindingsplass.
aigrette [ˈeigret] heire; hodepynt av fjær, blomster eller edelsteiner; fjærbusk.
aiguillette [eigwiˈlet] aiguillette, adjutantsnor.
ail [eil] plage; være syk, hangle; **what ails you?** hva feiler deg? hva er det i veien med deg?
aileron [ˈeilərɔn] aileron, balanseror anbrakt på flyets bæreflater.
ailing [ˈeiliŋ] skrantende, skral, utilpass, syk.
ailment [ˈeilmənt] lidelse, (mindre alvorlig) sykdom.
aim [eim] sikte (**at** på); trakte, strebe (**at** etter); sikte; mål, formål, hensikt.
aimless formålsløs, ørkesløs.
ain't [eint] fk.f. **am not, is not, are not, have not, has not.**
air [ɛə] luft, luftning; lufte (ut), gi luft, tørke; komme med, diske opp med; **open –** fri luft; **castles in the –** luftkasteller, luftslott; **go by –**

reise med fly; **it would be beating the –** det ville være et slag i luften; **take the –** trekke frisk luft; **– oneself** få seg frisk luft, gå (kjøre, ri) en tur.
air [ɛə] melodi, arie.
air [ɛə] mine, utseende, holdning; pl. **airs** viktig vesen; **give oneself airs** el. **put on airs** gjøre seg viktig; skape seg.
air | activity flyvirksomhet. **– alert** flyalarm. **– attaché** flyattaché. **– attack** flyangrep. **– base** flybase, luftbase. **– bends** dykkersyke. **– bladder** svømmeblære. **– blast gas** trykkluft. **-borne** flybåren, som føres gjennom luften. **– brake** stupbrems, luftbrems; trykkluftbrems. **– bubble** luftblære. **– cleaner** luftrenser, luftfilter. **– command** flykommando. **– -conditioned** luftkondisjonert. **– conditioning** luftkondisjonering. **– course** ventilasjonskanal. **– cover** flybeskyttelse. **-craft** fly, luftfartøy. **-craft carrier** hangarskip. **– control** flyledelse. **-craft engine** flymotor. **– cushion** luftpute. **– dam** spoiler (på bil). **– drag** luftmotstand. **– duct** luftkanal, luftavtrekk. **– -escape valve** utluftingsventil. **– exhauster** utsugingsvifte. **-field** (mindre) flyplass. **– force** luftvåpen, flyvåpen. **– freight** godstransport med fly. **– gun** luftgevær; trykklufthammer. **– hostess** flyvertinne.
airily [ˈɛərili] luftig, flyktig; nonchalant; tilgjort.
airing [ˈɛəriŋ] utlufting, gjennomlufting; det å ta en luftetur, spasertur.
air|-land landsette fra luften. **– letter** aerogram; luftpostbrev. **-line** flyrute; flyselskap. **– lock** luftsluse. **– -mail** luftpost. **-man** flyger; flysoldat. **– marshal** flymarskalk. **– -minded** flyinteressert. **– minister** luftfartsminister. **– pocket** lufthull; luftsekk. **-port** lufthavn, flyplass. **– pressure** lufttrykk. **– raid** luftangrep. **– -raid shelter** tilfluktsrom. **– scoop** luftinntak. **-screw** propell. **– service** flyrute; luftfart; luftvåpen. **– space** luftterritorium; hulrom. **-strip** start og landingsbane. **-tight** lufttett. **– tool** trykkluftverktøy. **– trap** vannlås; lufthull. **-worthiness** flydyktighet, luftdyktighet.
airy [ˈɛəri] luft-, flyktig, luftig, lett, tom.
aisle [ail] sideskip (i en kirke); gang, midtgang, korridor.
ait [eit] liten øy, holme (srl. i en elv).
aitch [eitʃ] (bokstaven) h; **drop one's aitches** tale halvemål, snakke cockney.
aitch-bone [ˈeitʃbəun] halestykke.
Aix-la-Chapelle [ˈeiksla:ʃæˈpel] Aachen.
ajar [əˈdʒa:] på klem, på gløtt.
ajoint [əˈdʒɔint] smidig; svingbar.
a.k.a. fk. f. **also known as** alias.
akimbo [əˈkimbəu] med hendene i siden.
akin [əˈkin] beslektet, skyldt (**to** med).
Alabama [æləˈbæmə].
alabaster [ˈæləba:stə] alabast.
alack [əˈlæk] akk!
alacrity [əˈlækriti] livlighet, sprekhet, djervskap, iver, raskhet.
alarm [əˈla:m] alarm; skrekk, angst; uro, bekymring; vekker (i et ur), vekkerur; alarmere; forurolige, uroe, engste, skremme; **give** (el. **sound**) **the –** slå alarm; **take** (el. **catch**) **–** bli urolig.
alarm | bell alarmklokke. **– clock** vekkerur.
alarming [əˈla:miŋ] foruroligende, alarmerende.
alarmist [əˈla:mist] ulykkesprofet.
alarum [əˈlærəm] vekkerur; hurlumhei; kamptummel.
alas [əˈla:s] akk! dessverre!
Alaska [əˈlæskə].
alb [ælb] (katolsk) messeserk.
Albania [ælˈbeinjə]. **-n** albaner, albansk.
albatross [ˈælbətrɔs] albatross.
albeit [ɔ:lˈbi:it] enskjønt, om enn.
albert [ˈælbət] kort klokkekjede.
Albert [ˈælbət].
albinism [ˈælbinizm] albinisme.
albino [ælˈbinəu] albino.
Albion [ˈælbjən] Albion, England.
album [ˈælbəm] stambok; album.
albumen [ælˈbju:mən] eggehvite. **albumin** [ˈælbjumin] eggehvitestoff.
alchem|ist [ˈælkimist] alkymist. **-istic** [ælkiˈmistik] alkymistisk. **-y** [ˈælkimi] alkymi, gullmakeri.
alcohol [ˈælkəhɔl] alkohol, sprit. **-ic** [ælkəˈhɔlik] alkoholisk, alkoholholdig; alkoholiker. **-ism** [ˈælkəhɔlizm] alkoholisme. **-ization** [ælkəhɔlaiˈzeiʃən] alkoholisering. **-ize** [ˈælkəhɔlaiz] alkoholisere. **-ometer** [ˈælkəhɔˈlɔmitə] alkoholometer.
alcove [ˈælkəuv] alkove, kleve, nisje; lysthus.
alder [ˈɔ:ldə] older, or.
alderman [ˈɔ:ldəmən] rådmann, formannskapsmedlem.
Aldershot [ˈɔ:ldeʃɔt].
Aldgate [ˈɔ:ldg(e)it].
Aldwych [ˈɔ:ldwitʃ].
ale [eil] øl.
alee [əˈli:] i le.
alembic [əˈlembik] (gml.) destillerkolbe.
alert [əˈlə:t] rask, årvåken; **red –** høyeste beredskap; alarmere, sette i beredskap; beredskap, alarm, flyalarm; **on the –** på post, årvåken.
A level fk. f. **advanced level.**
alevin [ˈæləvin] (nyklekket) fiskeyngel.
Alexandria [æligˈza:ndriə] Alexandria. **alexandrine** [æligˈzændrain] aleksandriner.
alfa [ˈælfə] alfagras.
alga [ˈælgə] alge; **freshwater alga** grønske; **sea** (el. **maritime**) **alga** tang og tare (pl. **algae**).
algebra [ˈældʒibrə] algebra.
algebraic [ældʒiˈbreiik] algebraisk.
Algeria [ælˈdʒiəriə] Algerie.
Algiers [ælˈdʒiəz] Alger.
algorithm [ˈælgo-] (EDB) algoritme. **-ic language** algoritmespråk.
alias [ˈeiljəs] alias, dekknavn; påtatt navn.
alibi [ˈælibai] alibi; unnskyldning; **a cast-iron –** et vanntett alibi.
Alice [ˈælis].
alien [ˈeiljən] fremmed, utenlandsk; utlending, innflytter; **– from** forskjellig fra; som ikke vedkommer. **-able** [-əbl] avhendelig. **-ate** [-eit] avhende; skille seg med; støte fra seg. **-ation** [eiljəˈneiʃən] avhending; fremmedgjøring. **– of mind** galskap.
alienist [ˈeiljənist] psykiater.
alight [əˈlait] stige ned, stige av (hesten), stige ut av (vognen); dale, falle ned.
alight [əˈlait] opplyst; i brann.
align [əˈlain] stille opp i linje, rette inn. **-ment** oppstilling, innretting; hjulinnstilling, sporing (om bil).
alike [əˈlaik] på samme måte, ens, lik, i samme grad, like mye.
aliment [ˈælimənt] nære, ernære; næring, føde, livsnødvendighet; underholdningsbidrag. **alimental** [æliˈmentl] nærende. **alimentary** [æli-

ˈmentəri] nærings-, ernærings-; fordøyelses-. **alimentation** [ælimenˈteiʃən] næring; ernæring.
alimony [ˈæliməni] underhold(sbidrag).
alive [əˈlaiv] i live, levende; mottakelig; oppmerksom; yrende full; strømførende (ledning); **be – to** være klar over, innse; **be – and kicking** leve i beste velgående; **come –** sette liv i; **look –** skynd deg.
alkal|escent [ælkəˈlesənt] lett alkalisk. **-i** [ˈælkəlai] alkali. **-ine** [ˈælkəlain] alkalisk. **-oid** [ˈælkəlɔid] alkaloid.
Alkoran [ælkɔˈrɑ:n] Koranen.
all [ɔ:l] all, hel; helt; ganske, aldeles; alt; **it is – one** det kommer ut på ett; **above –** framfor alt; **after –** når alt kommer til alt; **at –** i det hele tatt; **first of –** først og fremst; **not at –** slett ikke; ingen årsak; **in –** alt iberegnet; **– about** overalt; **– the same** likevel; **it is – the same to me** det er det samme for meg; **– but** nesten; på ... nær; **– day, – the day** hele dagen; **– at once** med en eneste gang; **– of us** alle vi; **– in** helt utkjørt, dødstrett; **be – that is amiable** være ytterst elskverdig; **be – affability** være lutter elskverdighet; **– over** overalt (i); **by – means** framfor alt, for all del, absolutt; **– right** i orden, ferdig; riktig; ja vel; det er godt; **I am – right** jeg har det godt; **– set** fiks og ferdig, startklar; **– that** alt det som; **– the better** så mye bedre; **– too** altfor; **it was – up** spillet var slutt, alt var over; **with – his eyes** med store øyne; alt hva han kunne.
Allah [ˈælə].
allay [əˈlei] dempe, lindre; legge seg, stilne av.
all-clear [ˈɔ:lˈkliə] faren over (etter flyalarm).
all-day heldags-.
allegation [æləˈgeiʃən] påstand, beskyldning.
allege [əˈledʒ] anføre; hevde; påstå; vise til.
alleged [əˈledʒd] påstått, angivelig; såkalt.
Allegheny [ˈæligeini].
allegiance [əˈli:dʒəns] troskap, lydighet.
allegor|ic(al) [æliˈgɔrik(l)] allegorisk. **-ize** [ˈæligəraiz] forklare el. fremstille allegorisk; allegorisere. **-y** [ˈæligəri] allegori.
allegr|etto [æliˈgretəu] allegretto. **-o** [əˈleigrəu] allegro.
all-embracing altomfattende.
Allen key sekskantnøkkel.
allergic [əˈlə:dʒik] allergisk; **be – to** være allergisk overfor; (fig.) avsky.
allergy [ˈælədʒi] allergi.
alleviate [əˈli:vieit] lette, lindre.
alleviation [əli:vi:ˈeiʃən] lettelse, lindring.
alley [ˈæli] allé; smug; **skittle- –** kjeglebane; **blind –** blindgate, blindvei; **– cat** herreløs (vill) katt.
alleyway [ˈæliwei] gang, passasje.
All Fools' Day 1. april.
alliance [əˈlaiəns] forbund, forbindelse, allianse; giftermål; slektskap, svogerskap.
allied [əˈlaid, (attributivt) ˈælaid] alliert, beslektet, forbundet.
alligation [æliˈgeiʃən] forbindelse, legering.
alligator [ˈæligeitə] alligator, kaiman.
all-important (som er) av den største viktighet, altoverskyggende.
all|-in [ˈɔ:lˈin] alt innbefattet, samlet, universal-; gjennomført. **– -inclusive tour** pakketur. **– -in wrestling** fribryting.
alliterat|e [əˈlitəreit] allitterere. **-ion** [əlitəˈreiʃən] allitterasjon, bokstavrim.
allocate [ˈæləkeit] tildele, anvise, allokere; gi; fordele; dele ut. **allocation** [æləˈkeiʃən] tildeling, anvisning, utdeling, allokering.
allocution [æləˈkju:ʃən] tale, henvendelse.
allodi|al [əˈləudiəl] odels-. **– farm** odelsgård. **– law** odelsrett. **-um** [-əm] odel, odelsjord.
allot [əˈlɔt] tildele ved lott; dele ut; skifte ut; tilstå, skjenke. **-ment** [-mənt] tildeling ved lott; del; lott; tilskikkelse; jordlott, parsell.
all-out [ˈɔ:lˈaut] for full kraft, av alle krefter, total.
allow [əˈlau] tillate; innrømme; tilstå; gi; godkjenne, ta til følge; **– for** ta omsyn til, regne med; **– of** åpne mulighet for, tillate; **be -ed** få lov til, ha lov til. **-able** [-əbl] tillatelig; rettmessig. **-ance** [-əns] innrømmelse; tilståelse; det som innrømmes til underhold; understøttelse; tildeling, rasjon, porsjon; lønn; rabatt; toleranse, spillerom; **make – for** ta hensyn til.
alloy [ˈælɔi] legering, tilsetning; blande. – **rod** loddestang.
all|-points generell-, general-. **– -powerful** allmektig. **– -purpose** som kan brukes til alle formål, universal-. **– right** i orden, som det skal være; utmerket, fint; **he fell – right** han falt, det skal være sikkert og visst; **it's – right with me** gjerne for meg.
All Risks Insurance kombinert forsikring, alt-i-ett forsikring.
All Saints' Day allehelgensdag, helgemess (1. november).
All Souls' Day allesjelesdag (2. november).
allspice [ˈɔ:lspais] allehånde.
all-time alle tiders, toppmål; lavmål.
allude [əˈlju:d] hentyde, alludere (**to** til), ymte (**to** om), slå (**to** på).
allure [əˈljuə] lokke; forlokke. **-ment** [-mənt] tillokking; lokkemiddel, lokkemat, fristelse.
allusion [əˈlju:ʒən] hentydning, ymt, allusjon.
allusive [əˈlju:siv] hentydende, ymtende.
alluvial [əˈlju:vjəl] oppskylt, alluvial.
all|-welded helsveiset. **– -wool** helull(s). **– -year** helårs-.
ally [əˈlai] forbinde, forene, alliere; [ˈælai] forbundsfelle, alliert.
almanac(k) [ˈɔ:lmənæk] almanakk.
almighty [ɔ:lˈmaiti] allmektig.
almond [ˈɑ:mənd] mandel.
almoner [ˈælmənə, ˈɑ:mnə] almisse-utdeler.
almost [ˈɔ:lməust] nesten.
alms [ɑ:mz] (pl. = sg.) almisse.
alms|house [ˈɑ:mzhaus] fattighus, stiftelse. **-man** fattiglem.
aloe [ˈæləu] aloe.
aloft [əˈlɔft] høyt, i været; til værs, til topps.
alone [əˈləun] alene; **let me – el. leave me –** la meg være; **let –** enn si, for ikke å tale om.
along [əˈlɔŋ] langs, langs med; av sted, fram; **all –** hele veien, hele tiden, helt igjennom; **come –** kom med! kom nå! **– with** sammen med, med.
alongside [əˈlɔŋsaid] side om side.
aloof [əˈlu:f] på avstand, langt borte; reservert.
aloofness [əˈlu:fnis] reserverthet.
aloud [əˈlaud] lytt, høyt; **read –** lese høyt.
alow [əˈləu] nede; ned.
alp [ælp] berg, fjell; **the Alps** Alpene.
alpen|horn [ˈælpinhɔ:n] lur, alpehorn. **-stock** [-stɔk] alpestokk, fjellstav.
alpestrian [ælˈpestriən] fjellklatrer.

alpha [ˈælfə] alfa; **– plus** av høyeste kvalitet.
alphabet [ˈælfəbet] alfabet; abc, skriftsystem. **-ic(al)** [ælfəˈbetik(l)] alfabetisk.
Alpine [ˈælpain] alpe-. **a. combined** de alpine grener (i sport). **a. garden** steinbed.
alpinist [ˈælpinist] fjellklatrer, alpinist.
already [ɔ:lˈredi] allerede, alt.
Alsace [ˈælsæs].
also [ˈɔ:lsəu] også, og.
alt. fk. f. **alternate; alternative; altitude.**
altar [ˈɔ:ltə] alter. **– cloth** alterduk; **-piece** altertavle. **– rail** alterring. **– vessels** alterkar.
alter [ˈɔ:ltə] forandre, endre, brigde, forandre seg; sy om. **-able** foranderlig. **-ability** [ɔ:ltərəˈbiliti] foranderlighet. **-ation** [ɔ:ltəˈreiʃən] forandring.
altercate [ˈɔ:ltəkeit] krangle, trette.
altercation [ɔ:ltəˈkeiʃən] trette, ordstrid, krangel.
alternate [ˈɔ:ltəneit] alternere, skifte, veksle, avveksle; skiftes.
alternate [ɔ:lˈtə:nit] vekselvis, gjensidig; vekslende. **– angles** vekselvinkler; **on – nights** annenhver aften.
altern|ately [ɔlˈtə:nitli] skiftevis; **-ateness** avveksling. **-ation** [ɔltəˈneiʃən] omskifting, avveksling; vekselspill.**-ative** [ɔlˈtə:nətiv] vekslende; alternativ; valg; **there was no -ative left to us** vi hadde ikke noen annen utvei.
alternating current vekselstrøm.
alternator [ˈɔ:ltəneitə] vekselstrømgenerator.
althea [ælˈθi:ə] altea, vill kattost.
although [ɔ:lˈðəu] skjønt, enskjønt, selv om.
altitude [ˈæltitju:d] høyde.
alto [ˈæltəu] alt (stemme).
altogether [ɔ(:)ltəˈgeðə] aldeles, ganske; i det hele tatt, alt i alt.
altruism [ˈæltruizm] altruisme, uegennytte. **altruist** [ˈæltruist] altruist. **altruistic, altruistically** [ˈæltruˈistik(əli)] altruistisk, uegennyttig.
alum [ˈæləm] alun.
aluminium [æljuˈminjəm] aluminium.
aluminous [əˈlju:minəs] alunaktig, alunholdig.
aluminum [əˈlu:minəm] (US) aluminium.
alumnus [əˈlʌmnəs], fl. **alumni** [əˈlʌmnai] alumnus.
always [ˈɔ:lwiz] alltid, støtt, stadig.
am [æm, əm] 1. person presens av **to be; I –** jeg er; **I – to say nothing** jeg skal ikke si noe; **I – not one to** (med infinitiv) jeg hører ikke til dem som ...
AM fk. f. **amplitude modulation.**
A. M. [ˈeiˈem] fk. f. **anno mundi** (i året ...) etter verdens skapelse; (i Skottland) **Master of Arts** (egl. artium magister; i England: M. A.).
a. m. [ˈeiˈem] fk. f. **ante meridiem**[ˈænti miˈridjəm] før middag, om formiddagen.
A.M.A. fk. f. **American Medical Association.**
amadou [ˈæmədu:] knusk, sopp.
amain [əˈmein] av alle krefter, av all makt.
A major (mus.) A-dur.
amalgam [əˈmælgəm] amalgam. **-ate** [-eit] amalgamere, blande, blande seg; (fig.) sammensmelte, sammenslutte. **-ation** [əmælgəˈmeiʃən] amalgamasjon, sammenslutning. **-ator** [əˈmælgəmeitə] sammensmelter.
amanuens|is [əmænjuˈensis] pl. **-es** [-i:z] privatsekretær, skriver, amanuensis.
amaranth [ˈæmərænθ] amarant.
amass [əˈmæs] dynge sammen, hauge opp, samle.
amateur [ˈæmətə:] kunstelsker, dilettant, amatør; **he is an – musician** han er amatørmusiker; **– photographer** amatørfotograf.
amateurish [æməˈtə:riʃ] dilettantisk, amatørmessig.
amative [ˈæmətiv] erotisk.
amaze [əˈmeiz] forbause, forbløffe, forstøkke. **-ment** [-mənt] bestyrtelse, forbauselse, undring.
Amazon [ˈæməzən] amasone; **the –** Amasonas.
ambassador [æmˈbæsədə] ambassadør; **– -at-large** reisende ambassadør.
amber [ˈæmbə] rav; (om trafikklys) gult lys. **-gris** [ˈæmbəgri:s] ambra.
ambidextrous [ˈæmbiˈdekstrəs] som bruker begge hender like godt; allsidig; (fig.) svikefull.
ambience [ˈæmbiəns] omgivelser, atmosfære, miljø.
ambient [æmbjənt] omgivende, omsluttende.
ambiguity [æmbiˈgju:iti] tvetydighet.
ambiguous [æmˈbigjuəs] tvetydig, dunkel.
ambit [ˈæmbit] område, virkefelt; omkrets.
ambition [æmˈbiʃən] ambisjon, ærgjerrighet. **ambitious** [æmˈbiʃəs] ærgjerrig; begjærlig (**of** etter).
ambivalence [ˈæmbiˈveiləns] ambivalens, motstridende følelser; usikkerhet.
amble [ˈæmbl] passgang; gå (el. ri) i passgang; slentre. **ambler** [ˈæmblə] passgjenger.
ambulance [ˈæmbjuləns] ambulanse. **– unit** sanitetskorps.
ambulatory [ˈæmbjulətəri] vandrende, flakkende, omgangs-; som kan flyttes. **– patient** oppegående pasient.
ambuscade [æmbəˈskeid] = **ambush** [ˈæmbuʃ] bakhold, bakholdsangrep; ligge (legge) i bakhold, lokke i bakhold.
ameer [əˈmiə] emir.
ameliorate [əˈmi:ljəreit] bedre, forbedre.
amelioration [əˈmi:ljəˈreiʃən] forbedring, bedring.
amen [ˈɑ:ˈmen, eiˈmen] amen.
amenability [əmi:nəˈbiliti] ansvarlighet; medgjørlighet, føyelighet. **amenable** [əˈmi:nəbl] ansvarlig; medgjørlig; **– to reason** mottagelig for, tilgjengelig for fornuft.
amend [əˈmend] rette på, forbedre; endre; forbedre seg, bli bedre. **-able** [-əbl] forbederlig. **-ment** [-mənt] forbedring; rettelse, tilføyelse, endring, endringsforslag.
amends [əˈmendz] erstatning, oppreisning; skadebot; **make – for** gjøre godt igjen.
amenity [əˈmeniti] behagelighet, skjønnhet, elskverdighet; **amenities** bekvemmeligheter, behageligheter; høfligheter, formaliteter.
ament [ˈæmənt] rakle.
amerce [əˈmə:s] bøtelegge, mulktere. **-ment** [-mənt] pengebot, mulkt.
America [əˈmerikə] Amerika.
American [əˈmerikən] amerikansk; amerikaner.
Americanism [əˈmerikənizm] amerikanisme.
amethyst [ˈæmiθist] ametyst.
AMGOT fk. f. **Allied Military Government of Occupied Territory** alliert militærstyre av besatt område.
amiability [eimjəˈbiliti] elskverdighet, vennlighet.
amiable [ˈeimjəbl] elskverdig, vennlig.
amicable [ˈæmikəbl] vennskapelig; fredelig.
amicably [ˈæmikəbli] i minnelighet.
amice [ˈæmis] (prests) skulderklede, akselklede.
amid [əˈmid], **amidst** [-st] midt; midt iblant.
amigo [æˈmi:gəu] venn (fra spansk).
a minor (mus.) a-moll.

amir [əˈmiə] emir.
amiss [əˈmis] uriktig; feil; galt; **not –** ikke av veien; **to do –** handle uriktig; **take –** ta ille opp.
amity [ˈæmiti] vennskap.
ammeter [ˈæmitə] ampèremeter.
ammo [ˈæməu] ammunisjon.
ammonia [əˈməunjə] ammoniakk.
ammunition [æmjuˈniʃən] ammunisjon. **– belt** patronbelte. **– boots** militærstøvler.
amnesia [æmˈni:ziə] hukommelsestap.
amnesty [ˈæmnisti] amnesti.
amoeba [əˈmi:bə], pl. **amoebae** [əˈmi:bi:] amøbe.
amok [əˈmɔk] amok; **run –** gå amok.
among [əˈmʌŋ], **amongst** [-st] iblant, blant, mellom.
amoral [æˈmɔrəl] amoralsk.
amorce [əˈmɔ:s] knallhette, tennladning; kruttlapp.
amorous [ˈæmərəs] forelsket; som lett blir forlibt; kjærlighets-, elskovs-, erotisk.
amortizable [əˈmɔ:tizəbl] amortisabel.
amortization [əmɔ:tiˈzeiʃən] amortisasjon.
amortize [əˈmɔ:tiz] amortisere.
amount [əˈmaunt] beløp, mål, sum; mengde, omfang; beløpe seg, stige; bety; **this – of confidence** denne store tillit; **– to** beløpe seg til.
amperage [ˈæmpəridʒ] strømstyrke.
ampere [æmˈpɛə] ampère.
ampersand [æmpəˈsænd] tegnet &.
amphibious [æmˈfibjəs] amfibisk. **amphibium** [æmˈfibjəm], pl. **amphibia** [æmˈfibiə] amfibium.
amphitheatre [æmfiˈθi:ətə] amfiteater. **amphitheatrical** [æmfiθiˈætrikl] amfiteatralsk.
amphora [ˈæmfərə] amfora.
ample [ˈæmpl] vid, stor, utførlig; rikelig, fyldig, raus.
amplification [æmplifiˈkeiʃən] utviding; utførlig skildring; forsterking. **amplifier** forsterker. **amplify** [ˈæmplifai] utvide; øke; være vidløftig; forøkes, forsterke.
amplitude [ˈæmplitju:d] vidde, utstrekning; rommelighet; rikelighet, fylde; evne; amplityde.
amply [ˈæmpli] rikelig.
ampulla [æmˈpulə] ampulle.
amputate [ˈæmpjuteit] amputere.
amputation [æmpjuˈteiʃən] amputasjon.
AM receiver AM-mottaker.
amtrack [ˈæmtræk] pansret amfibielandstigningsfartøy.
amuck [əˈmʌk] amok.
amulet [ˈæmjulət] amulett.
amuse [əˈmju:z] more, underholde; oppholde (med løfter). **-ment** [-mənt] underholdning, tidsfordriv, morskap, fornøyelse; **– park** fornøyelsespark. **amusing** [əˈmju:ziŋ] underholdende, morsom.
an [ən, æn] (ubestemt artikkel foran vokallyd) en, et.
anabaptism [ænəˈbæptizm] anabaptisme.
anabaptist [ænəˈbæptist] anabaptist.
anachronism [əˈnækrənizm] anakronisme. **anachronistic** [ənækrəˈnistik] anakronistisk.
anaconda [ænəˈkɔndə] anakonda.
anaemia [əˈni:mjə] anemi, blodmangel.
anaemic [əˈni:mik] anemisk.
anaesthesia [ænisˈθi:ziə] bedøvelse, anestesi, narkose. **anaesthetize** [æˈni:sθitaiz] bedøve.
anagram [ˈænəgræm] anagram, bokstavgåte.
analgesia [ænælˈdʒi:ziə] smertefrihet, analgesi.
analgesic [ænælˈdʒi:sik, -dʒes-] smertestillende (middel).
analog|ic(al) [ænəˈlɔdʒik(l)] analogisk. **-ism** [əˈnælədʒizm] analogisk slutning. **-ous** [əˈnæləgəs] analog. **-y** [əˈnælədʒi] analogi, overensstemmelse.
analy|se [ˈænəlaiz] analysere; spalte, oppløse. **-sis** [əˈnælisis] analyse. **-st** analytiker, psykoanalytiker; kommentator. **-tic** [ænəˈlitik] analytisk.
anapaest [ˈænəpi:st] anapest.
anarch [ˈænɑ:k] anarkist; tyrann.
anarchic(al) [əˈnɑ:kik(l)] anarkisk, lovløs.
anarchist [ˈænəkist] anarkist.
anarchy [ˈænəki] anarki.
anastrophe [əˈnæstrəfi] anastrofe.
anat. fk. f. **anatomical, anatomy.**
anathema [əˈnæθimə] bann; bannstråle, bannlysing; forbannelse. **anathematize** [əˈnæθimətaiz] bannlyse.
anatomic(al) [ænəˈtɔmik(l)] anatomisk.
anatomist [əˈnætəmist] anatom, dissekerer.
anatomy [əˈnætəmi] anatomi; legeme; oppbygning.
ancestor [ˈænsistə] stamfar; (pl.) forfedre, aner. **ancestral** [ænˈsestrəl] fedrene, nedarvet; **– estate** fedregård. **ancestry** [ˈænsistri] aner; ætt, herkomst, byrd.
anchor [ˈæŋkə] anker; ankre; **drop –** kaste anker; **weigh –** lette anker. **-age** [ˈæŋkəridʒ] ankerplass; festepunkt; (fig.) holdepunkt; ankringsavgift. **– man** ankermann; (TV) nyhetsoppleser.
anchorite [ˈæŋkərait] anakoret, eremitt, eneboer.
anchovy [ænˈtʃəuvi] ansjos.
ancient [ˈeinʃənt] gammel, fra gamle tider, oldtids-; **the -s** de gamle, folk i oldtiden; klassikerne.
ancillary [ænˈsiləri] (underordnet) hjelper. **– science** hjelpevitenskap.
and [ænd, ən] og.
Andalusia [ændəˈlu:ziə].
andante [ænˈdænti] andante.
andiron [ˈændaiən] bukk(til et stekespidd).
Andrew [ˈændru:] Andreas. **St. Andrew's Cross** andreaskors: X.
anecdote [ˈænekdəut] anekdote.
anelastic [æniˈlæstik] uelastisk.
anemia [əˈni:mjə] anemi.
anemometer [æniˈmɔmitə] vindmåler.
anemone [əˈneməni] anemone; symre; **blue –** blåveis; **white –** hvitveis.
anent [əˈnent] (dial.) like overfor; (gml.) angående, om.
anew [əˈnju:] på ny, på nytt, igjen.
anfractuosity [ænfræktjuˈɔsiti] buktning, krok.
angel [ˈeindʒəl] engel. **– food** (US) luftig bløtkake.
angelic [ænˈdʒelik] engleaktig, engle-.
angelus [ˈændʒiləs] angelus, bedeklokke.
anger [ˈæŋgə] vrede, sinne; gjøre sint.
angina [ænˈdʒainə] angina.
angle [ˈæŋgl] vinkel, hjørne, synsvinkel; gi en viss dreining, fordreie.
angle [ˈæŋgl] angel; fiske med snøre, angle.
angler [ˈæŋglə] fisker, stangfisker.
Angles [ˈæŋglz] angler (folkenavn).
Anglican [ˈæŋglikən] som hører til den engelske statskirke, høykirkelig. **Anglicanism** [ˈæŋglikənizm] anglikanisme. **anglicism** [ˈæŋglisizm] anglisisme. **anglicize** [ˈæŋglisaiz] anglisere.
Anglo-Indian anglo-inder; anglo-indisk.
Anglo-Norse [ˈæŋgləuˈnɔ:s] norsk-britisk.

Anglo-Saxon [ˈæŋgləu-ˈsæksən] angelsaksisk; angelsakser.
angry [ˈæŋgri] sint (**at** over, **with** på); truende; øm, betent (om sår).
anguish [ˈæŋgwiʃ] angst, kval, pine, smerte.
angular [ˈæŋgjulə] vinkelformet; kantet; knoklet; vinkel-. **-ity** [æŋgjuˈlæriti] kantethet. **angulate** [-lət] kantet.
anile [ˈeinail] senil (om kvinne); kjerringaktig.
aniline [ˈænilain] anilin.
animadversion [ænimədˈvəːʃən] irettesetting, kritikk, daddel. **animadvert** [ænimədˈvəːt] dadle, laste, kritisere.
animal [ˈæniməl] dyr; dyrisk; **– husbandry** krøtterhold, feavl; **the – kingdom** dyreriket; **– spirits** livskraft, livsglede.
animate [ˈænimeit] besjele, gjøre levende, oppildne, animere. **-d** ivrig, livlig.
animate [ˈænimət] levende; livlig, munter; dyre-.
animation [æniˈmeiʃən] levendegjøring; liv; livlighet; tegnefilm.
animosity [æniˈmɔsiti] hat, fiendskap, voldsom uvilje.
animus [ˈæniməs] ånd; drivkraft; hensikt, vilje, uvilje, agg, nag.
anise [ˈænis] anis. **aniseed** [ˈænisiːd] anis (frukten). **anisette** [æniˈzet] anislikør.
anker [ˈæŋkə] anker (som mål); kagge, dunk.
ankle [ˈæŋkl] ankel; **– boot** halvstøvel. **– -deep** opp til anklene.
anklet [ˈæŋklit] ankelring; ankelsokk.
ankus [ˈænkəs] piggstav (til elefant).
annalist [ˈænəlist] annalist, årbokforfatter.
annals [ˈænəlz] årbøker, annaler.
Anne [æn].
anneal [əˈniːl] utgløde (om metall); avkjøle (om glass); (fig.) stålsette, herde.
annelid worm [ˈænəlid wəːm] leddorm.
annex [əˈneks] knytte til; legge ved; forene, annektere. **-ation** [ænekˈseiʃən] tilknytting, vedlegging; forening, innlemming.
annex(e) [ˈæneks] anneks, tilbygg; tillegg, bilag.
Annie Oakley [ˈæni ˈəukli] (US) fribillett.
annihilate [əˈnaiəleit] tilintetgjøre, utslette. knuse. **annihilation** [ənaiəˈleiʃən] tilintetgjøring.
anniversary [æniˈvəːsəri] årsdag, årsfest; årlig.
Anno Domini [ˈænəu ˈdɔminai] Anno Domini.
annot|ate [ˈænəteit] skrive merknader til, kommentere. **-ation** [ænəˈteiʃən] anmerkning, merknad, kommentar.
announce [əˈnauns] forkynne, tilkjennegi, melde, kunngjøre, gjøre kjent. **-ment** [-mənt] tilkjennegivelse, bekjentgjørelse, kunngjøring, bud, melding. **-r** hallomann (i radio).
annoy [əˈnɔi] plage, bry; erte, ergre; irritere; sjenere, forulempe. **-ance** [-əns] plage; bry. **annoyed** [əˈnɔid] ergerlig, misnøyd, irritert.
annual [ˈænjuəl] årlig, års-; årsskrift, årbok.
annuitant [əˈnjuːitənt] livrenteeier, pensjonist.
annuity [əˈnjuːiti] livrente.
annul [əˈnʌl] tilbakekalle, oppheve, annullere.
annular [ˈænjulə] ringformet, ring-.
annulated [ˈænjuleitid] forsynt med ringer.
annulment [əˈnʌlmənt] opphevelse, annullering, tilbakekalling, omstøting.
annum [ˈænəm] år; **per –** om året.
annunciate [əˈnʌnʃieit] forkynne, bebude, melde.
annunciation [ənʌnsiˈeiʃən] bebudelse; **the A.** Marias budskapsdag, marimess (25. mars). **annunciator** [əˈnʌnsieitə] forkynner; nummertavle.
anode [ˈænəud] anode, positiv pol.
anodize [ˈænə(u)daiz] anodisere, eloksere.
anodyne [ˈænədain] smertestillende; smertestillende middel; (fig.) trøst, beroligende.
anoint [əˈnɔint] salve, smøre. **-ment** [-mənt] salving.
anomalous [əˈnɔmələs] uregelmessig, uregelrett, avvikende. **anomaly** [əˈnɔməli] anomali, uregelmessighet, avvik.
anon [əˈnɔn] (gml.) snart, straks, øyeblikkelig; **ever and –** nå og da; i ett vekk.
anon. fk. f. **anonymous.**
anonymity [ænəˈnimiti] anonymitet.
anonymous [əˈnɔniməs] unevnt, anonym.
anopheles [əˈnɔfəliːz] malariamygg.
anorak [ˈænəræk] anorakk.
anormal [əˈnɔːməl] anormal.
another [əˈnʌðə] en annen, en ny; en til, enda en; **one –** hinannen, hverandre; **many – battle** mange flere slag; **you are an Englishman, ... I am another** De er engelskmann, ... det er jeg også; **you are –** det kan du selv være.
answer [ˈɑːnsə] svar; svare; svare seg; svare på, besvare; reflektere på; passe til, egne seg for; svare til; stå til ansvar for; **a plain –** klar beskjed; **in – to** som svar på; **– to the name of** lyde navnet; **– the bell** lukke opp når det ringer; **– the helm** lystre roret; **– for** svare for, innestå for.
answerable [ˈɑːnsərəbl] ansvarlig (**to** overfor); som kan besvares.
ant [ænt] maur; **have -s in one's pants** ha lopper i blodet.
antagon|ism [ænˈtægənizm] strid, motsetningsforhold, motvilje, fiendtlig holdning. **-ist** [ænˈtægənist] motstander. **-ize** [ænˈtægənaiz] motvirke, motarbeide; støte fra seg, gjøre til sin fiende.
antarctic [ænˈtɑːktik] antarktisk, sydpols-.
the Antarctic, Antarctica Antarktis, sydpolsområdet.
ant | bear [ænt bɛə] maurbjørn, maursluker. **– cow** bladlus.
ante [ˈænti] foran, før; forhåndsinnbetaling; **– up** bidra med; betale. **-act** [-ˈækt] foregående handling. **-cedence** [æntiˈsiːdəns] det å gå forut; presedens. **-cedent** [æntiˈsiːdənt] foregående; det foregående; forsetning; korrelat; forgjenger, forløper. **-cessor** [æntiˈsesə] forgjenger; tidligere eier. **-chamber** [ˈæntitʃeimbə] forværelse. **-date** [ˈæntideit] forutdatere, antedatere, gå forut for, foregripe. **-diluvian** [æntidiˈljuːvjən] antediluviansk, fra før syndfloden.
antelope [ˈæntiləup] antilope.
antemeridian [æntiməˈridjən] formiddags-.
ante meridiem [ˈænti miˈridjəm] før middag, formiddags-, om formiddagen.
antemundane [æntiˈmʌndein] som var før verden ble skapt.
antenatal [æntiˈneitl] som er forut for fødselen.
antenna [ænˈtenə], pl. **-e** [-iː] følehorn; antenne.
antepenult(imate) [ˈæntipiˈnʌlt(imit)] tredje siste stavelse.
anterior [ænˈtiəriə] foregående, tidligere, forrest, for-.
anteroom [ˈæntiru(ː)m] forværelse.
anthem [ˈænθem] kirkesang; hymne; **the national –** nasjonalsangen.

anther [ˈænθə] støvknapp; **-dust** blomsterstøv.
anthill [ˈænthil] maurtue.
anthology [ænˈθɔlədʒi] antologi.
Anthony [ˈæntəni]; **St. -'s fire** rosen.
anthracite [ˈænθrəsait] antrasitt.
anthrax [ˈænθræks] brannbyll; miltbrann.
anthropology [ænθrəˈpɔlədʒi] antropologi.
anti [ˈænti] imot, mot. **antiaircraft** luftvern-.
antibiotic [ˈæntibaiˈɔtik] antibiotikum; antibiotisk.
antibody [ˈæntibɔdi] antistoff.
antic [ˈæntik] grotesk, fantastisk.
Antichrist [ˈæntikraist] Antikrist.
anticipate [ænˈtisipeit] antesipere, foregripe; ta på forskudd; komme i forkjøpet; regne med, imøtese; fremskynde; forutføle; glede seg til.
anticipation [æntisiˈpeiʃən] antesipering, foregriping; forutfølelse, forsmak, forutnyting.
anticlimax [ˈæntiˈklaimæks] antiklimaks.
anticlockwise mot urviseren.
anticorrosive [ˈæntikəˈrəusiv] rusthindrende.
antics [ˈæntiks] narrestreker, krumspring, fakter.
antidotal [ˈæntidəutl] som inneholder motgift.
antidote [ˈæntidəut] motgift.
antifouling paint (mar.) antigromaling.
antifreeze [ˈæntiˈfri:z] frostfri, frosthindrende; frysevæske.
Antilles [ænˈtil(i:)z]; **the –** Antillene.
antimacassar [æntiməˈkæsə] antimakassar.
antimony [ˈæntiməni] antimon.
antipathetic [æntipəˈθetik] antipatisk.
antipathy [ænˈtipəθi] antipati.
antiphony[ænˈtifəni] vekselsang.
antipodal [ænˈtipədəl] antipodisk, motsatt. **antipodes** [ænˈtipədi:z] antipoder; motsetning.
antipyretic [ˈæntipaiˈretik] feberstillende (middel).
antiquarian [æntiˈkwɛəriən] som angår oldgransking; arkeolog, oldgransker; antikvar-. **antiquarianism** interesse for oldsaker. **antiquary** [ˈæntikwəri] oldgransker.
antiquated [ˈæntikweitid] antikvert, foreldet.
antique [ænˈti:k] fra oldtiden, antikk; gammeldags; kunstverk fra oldtiden; i pl. oldsaker.
antiquity [ænˈtikwiti] elde; oldtid; antikvitet.
anti-roll bar krengningsstabilisator.
anti-Semite [æntiˈsi:mait] antisemitt. **anti-Semitic** [æntisiˈmitik] antisemittisk. **anti-Semitism** [æntiˈsemitizm] antisemittisme.
antiseptic [æntiˈseptik] antiseptisk.
antiskid [ˈæntiˈskid]; **– chain** snøkjetting.
antithesis [ænˈtiθisis] motsetning, antitese.
antitype [ˈæntitaip] motbilde, den til bildet svarende virkelighet, som svarer til bildet.
antler [ˈæntlə] hjortetakk, takk på horn.
anvil [ˈænvil] ambolt.
anxiety [æŋˈzaiiti] iver; engstelse, uro, bekymring.
anxious [ˈæŋkʃəs] ivrig (**for** etter; **to do** etter å gjøre); engstelig, urolig (**about** for); engstende, urovekkende; **– bench** botsbenk, (fig.) pinebenk.
any [ˈeni] noen, noen som helst, hvilken som helst; enhver, enhver som helst; eventuell; **hardly –** nesten ingen; **at – rate** i hvert fall; **–way** på noen måte, i hvert fall; **– longer** lenger; **– more** mer; **-body** [-bɔdi] noen, noen som helst; enhver, enhver som helst; hvem som helst; **-how** [-hau] på enhver el. noen som helst måte, i ethvert tilfelle; likevel; **-one** [-wʌn] noen som helst; enhver som helst; **– one** en (hvilken som helst) enkelt; **-thing** [-θiŋ] noe; alt (**anything but** alt annet enn); **-way** [-wei] på noen måte; på hvilken som helst måte; i ethvert tilfelle; **-where** [-wɛə] hvor som helst, alle steder, overalt; **-wise** [-waiz] på noen måte, overhodet.
Anzac [ˈænzæk] fk. f. **Australian and New Zealand Army Corps;** (soldat) i hæren fra Australia el. New Zealand.
a.o. fk. f. **and others, among others, account of.**
aorta [eiˈɔ:tə] aorta.
apace [əˈpeis] (adv.) raskt, snøgt, hurtig.
Apache [əˈpætʃi] apasjeindianer.
apache [əˈpɑ:ʃ] apasje, utskudd og forbrytere i Paris' underverden.
apanage se **appanage.**
apart [əˈpɑ:t] avsides, avsondret; atskilt fra hverandre; for seg; **– from** bortsett fra; **come –** gå fra hverandre; **tell them –** skjelne mellom dem, skjelne dem fra hverandre.
apartheid [əˈpɑ:thait] apartheid.
apartment [əˈpɑ:tmənt] værelse, rom, (US) leilighet; **-s** leilighet; husvære. **– house** leiegård.
apathetic [æpəˈθetik] følelsesløs, kald; sløv.
apathy [ˈæpəθi] apati.
ape [eip] ape; etteraper; ape, ape etter, herme; **go –** bli helt spenna gærn.
apeak [əˈpi:k] (rett) opp og ned, loddrett.
Apennines [ˈæpinainz]; **the –** Apenninene.
aperient [əˈpiəriənt] avføringsmiddel. **aperitive** [əˈperitiv] avføringsmiddel.
aperture [ˈæpətʃə] åpning; hull; blenderåpning.
apex [ˈeipeks] topp, spiss, toppunkt.
aphasia [æˈfeiziə] afasi.
aphis [ˈæfis] bladlus.
aphorism [ˈæfərizm] aforisme.
aphoristic [æfəˈristik] aforistisk, fyndig.
aphrodisiac [æfrə(u)ˈdiziæk] afrodisiakum, elskovsmiddel.
A.P.I. fk. f. **American Petroleum Institute** (et standardiseringsorgan for petroleumsindustrien).
apian [ˈeipiən] bie-. **-rian** [eipiˈɛəriən] birøkter. **-ry** bigård, bikube.
apical [ˈæpik(ə)l] topp-, spiss-; tungespiss.
apiculture [ˈeipikʌltʃə] biavl.
apiece [əˈpi:s] for stykket; til hver person,hver.
apish [ˈeipiʃ] ape-; etterapende; narraktig.
aplenty [əˈplenti] rikelig, flust med.
aplomb [æˈplɔm] selvbeherskelse, sikkerhet, aplomb.
apocalypse [əˈpɔkəlips] åpenbaring, apokalypse.
apocope [əˈpɔkəpi] apokope.
apocryphal [əˈpɔkrifəl] apokryfisk.
apod(e)ictic [æpəuˈdaiktik] overbevisende, uimotsigelig.
apogee [ˈæpədʒi:] punkt fjernest fra jorda; høyde, topp.
apologetic [əpɔləˈdʒetik] forsvarende, unnskyldende. **-etically** [əpɔləˈdʒetikəli] til sin unnskyldning, unnskyldende. **-ia** apologi, forsvarsskrift, forsvarstale. **–ize** [əˈpɔlədʒaiz] gjøre, be om unnskyldning. **-y** [əˈpɔlədʒi] forsvar, unnskyldning; surrogat, nødhjelp, som skal gjelde for.
apophthegm [ˈæpəθem] fyndord, tankespråk.
apoplectic [æpəˈplektik] apoplektisk.
apoplexy [ˈæpəpleksi] apopleksi.
aport [əˈpɔ:t] til babord.
apostasy [əˈpɔstəsi] frafall. **apostate** [əˈpɔstit] apostat, frafallen.
apostle [əˈpɔsl] apostel. **apostolic** [æpəˈstɔlik] apostolisk.

apostrophe [ə'pɔstrəfi] apostrof; apostrofe. **apostrophize** [ə'pɔstrəfaiz] apostrofere.
apothecary [ə'pɔθikəri] (gml.) apoteker (som også har lov til å ordinere medisin); **-'s shop** apotek.
apotheosis [əpɔθi'əusis] apoteose, forherligelse.
app. fk. f. **appendix; appointed.**
appal [ə'pɔ:l] forskrekke, skremme, forferde.
appanage ['æpənidʒ] apanasje; privilegium.
apparatus [æpə'reitəs] apparat, innretning, hjelpemidler, instrument, mekanisme; apparatsamling; **teaching –** undervisningsmateriell.
apparel [ə'pærəl] kledning, drakt; klede; kle.
apparent [ə'pærənt] øyensynlig; tilsynelatende; åpenbar, tydelig; **heir –** nærmeste arving; tronarving. **-ly** tilsynelatende; øyensynlig.
apparition [æpə'riʃən] tilsynekomst; syn, skikkelse; gjenferd, skrømt.
appeal [ə'pi:l] påberope seg; henvende seg til; appellere, innanke (**to** til); henvendelse; appell; innanking, anke, kjæremål; **notice of –** ankestevning; **– to the country** (appellere til velgerne ved å) skrive ut nye valg; **does it – to you?** liker du det?
appealable [ə'pi:ləbl] appellabel.
appealing tiltalende, tiltrekkende; bedende, bønnlig.
appear [ə'piə] vise seg, komme fram; møte opp, stille; opptre; komme ut, offentliggjøre (om en bok); bli tydelig, finnes; stå (i en avis); synes, forekomme; **it -s that** det fremgår at, det viser seg at; **to – in court** å møte for retten.
appearance [ə'piərəns] tilsynekomst, fremkomst, opptreden; nærvær, tilstedeværelse; møte (for retten); syn, åpenbaring; utseende; skinn, sannsynlighet; **make one's –** vise seg, tre inn, komme til stede; **put in an –** komme til stede, møte; **save -s** redde skinnet; **judge from –** dømme etter utseendet; **keep up -s with** holde gode miner til; **to all –** etter alt å dømme.
appease [ə'pi:z] berolige, formilde, forsone, pasifisere, dempe, døyve, stille.
appeasement [ə'pi:zmənt] fredeliggjøring, pasifisering, formildelse; ettergivenhet.
appeaser [ə'pi:zə] ettergivenhetspolitiker.
appell|ant [ə'pelənt] appellant. **-ation** [æpe'leiʃən] benevnelse. **-ative** [ə'pelətiv] felles-; fellesnavn, appellativ. **-ee** [æpe'li:] innstevnte.
append [ə'pend] henge på, feste ved, tilføye, vedlegge. **-age** [ə'pendidʒ] vedheng, tillegg, tilbehør, underbruk (under **to**). **-ant** [ə'pendənt] som følger med. **-icitis** [əpendi'saitis] blindtarmbetennelse. **-ix** [ə'pendiks] bilag, tillegg; vedheng; **the vermiform –** det ormeformede vedheng, blindtarmen.
appertain [æpə'tein] tilhøre, høre til, vedrøre.
appetence, appetency ['æpitəns, -si] begjær, lyst.
appetise ['æpitaiz] gi appetitt. **appetising** appetittlig, fristende. **appetite** ['æpitait] begjærlighet, begjær, lyst, hug; appetitt.
applaud [ə'plɔ:d] klappe i hendene, applaudere; rose, prise. **applause** [ə'plɔ:z] applaus, bifall; ros.
apple ['æpl] eple; **– of the eye** øyeeple; øyestein; **– of discord** stridens eple. **– core** epleskrott. **– dumpling** innbakt eple. **-jack** (US) eplebrennevin. **- knocker** fruktplukker; nybegynner; bondetamp. **– -pie bed** seng med laken lagt dobbelt, så en ikke kan få strakt ut bena. **– -pie order** skjønneste orden. **-sauce** eplemos; (US) vrøvl.
appli|able [ə'plaiəbl] anvendelig. **-ance** [ə'plaiəns] anvendelse; innretning, redskap, materiell.
applic|ability [æplikə'biliti] anvendelighet. **-able** ['æplikəbl] anvendelig. **-ant** ['æplikənt] ansøker; reflekterende. **-ation** [æpli'keiʃən] anvendelse; anbringelse; omslag; søknad; flid; åndsanstrengelse; økning, pålegg; strøk (maling). **-ation form** søknadsskjema. **-ation program** (EDB) brukerprogram. **-ative** ['æplikeitiv] anvendelig, praktisk. **-atory** ['æplikətəri] utøvende.
applied [ə'plaid] anvendt. **– art** brukskunst. **– research** anvendt forskning.
apply [ə'plai] sette el. legge på, anbringe; bruke; anvende; (hen)vende seg (**to** til); søke; gjelde, ha gyldighet (**to** for); pålegge, påføre; stryke på (maling); passe (**to** på); **– for** søke; **– oneself to** legge seg etter; **– to me for help** be meg om hjelp; **– myself to her assistance** tilby henne min hjelp.
appoint [ə'pɔint] bestemme, fastsette, velge ut; tilsette, ansette, utnevne; anvise; utruste. **-ee** [əpɔin'ti:] (den) utnevnte. **-ment** [ə'pɔintmənt] bestemmelse, avtale, anordning, tilvisning; utnevning; ansettelse, oppnevning; foranstaltning; avtale; forslag; utrustning, utstyr; lønning; **by –** etter avtale; **purveyor by –** hoffleverandør; **when you make an –, keep it** når du gjør en avtale, så hold den.
apportion [ə'pɔ:ʃən] fordele; tilmåle. **-ment** [-mənt] fordeling; tilmåling.
apposite ['æpəzit] passende, skikket, velanbrakt, treffende.
apposition [æpə'ziʃən] tillegg, økning; apposisjon.
appraisal [ə'preizl] vurdering, taksering, besiktigelse. – **well** avgrensings(olje)brønn. **appraise** [ə'preiz] vurdere, taksere, besiktige. **-r** takstmann.
appreci|able [ə'pri:ʃjəbl] merkbar, kjennelig, vesentlig. **-ate** [ə'pri:ʃieit] vurdere, skatte; sette pris på; forstå å verdsette, gutere; være takknemlig for; forstå, være klar over. **-ation** [ə-'pri:ʃi'eiʃən] vurdering, verdsetting; skjønn; forståelse; påskjønnelse. **-ative** [ə'pri:ʃiətiv] el. **-atory** [ə'pri:ʃiətəri] som påskjønner; skjønnsom; takknemlig.
appre|hend [æpri'hend] ta fatt på; gripe; pågripe, anholde; fatte, oppfatte, forstå, skjønne, begripe; frykte for, frykte; anta, mene. **-hensible** [æpri'hensibl] begripelig, fattelig. **-hension** [-ʃən] pågripelse, fatteevne, begrep; frykt, engstelse. **-hensive** [-siv] redd, fryktsom; intelligent; **– faculty** oppfattelse(sevne).
apprentice [ə'prentis] lærling, elev, læregutt; sette i lære; **bind one – to** sette en i lære hos. **-ship** [ə'prentisʃip] lære, læretid, læreår.
apprise [ə'praiz] underrette (**of** om).
apprize [ə'praiz] (gml.) prise, verdsette.
approach [ə'prəutʃ] nærme seg, komme nær; bringe nær; henvende seg til; det å nærme seg; anmarsj; adgang; innkjørsel; tilnærming; fremgangsmåte, grep; innstilling, holdning. **-es** tilnærmelser. **-ing** forestående, nær.
approach | lane tilkjørselsvei (til motorvei). **– light** innseilingsbøye; innflygingslys.
approbat|e ['æprəbeit] godta, gå med på. **-ion** [æprə'beiʃən] bifall, samtykke; bekreftelse. **-ive** ['æprəbeitiv] som billiger, samtykker.
appropriat|e [ə'prəuprieit] tilegne seg, annektere; overdra, bestemme (til et visst bruk); gjøre særegen; særegen, egen; passende, skikket, hensiktsmessig. **-ion** [əprəupri'eiʃən] tilegnelse; anvendelse; henleggelse, hensettelse, bestemmelse; be-

vilgning. **-ive** [əˈprəupriətiv] det som kan tilegnes.
approval [əˈpru:vəl] bifall, billigelse, samtykke, godkjenning, approbasjon; **on –** til prøve, til gjennomsyn.
approve [əˈpru:v] billige; bifalle; approbere, godkjenne, vedta; **– of** bifalle.
approximate [əˈprɔksimət] omtrentlig; **-ly** tilnærmelsesvis, omtrent. **approximate** [əˈprɔksimeit] nærme, bringe nær; nærme seg. **approximation** [əprɔksiˈmeiʃən] tilnærming. **approximative** [əˈprɔksimətiv] som nærmer seg (sannheten), nesten nøyaktig.
appulse [əˈpʌls] sammenstøt, berøring.
appurtenance [əˈpə:tinəns] tilbehør; (jur.) tilliggende herlighet.
apricot [ˈeiprikɔt] aprikos.
April [ˈeipril]; **– fool** aprilsnarr.
a priori [ˈei-praiˈɔ:rai] a priori.
apron [ˈeiprən] forkle; fangskinn; skvettlær (på en vogn); forscene (på teater); parkeringsplass for fly. **– string** [-striŋ] forklebånd.
apropos [ˈæprəpəu] apropos, beleilig, passende, forresten; det faller meg inn; hva jeg vil si; **– of** angående.
apt [æpt] skikket,høvelig, passende (**for** til, **to** m. inf.: til å); (om bemerkning) treffende; lærenem, dyktig, flink (**at** i, **to** m. inf.: til å); tilbøyelig (**to** m. inf.: til å); **– to forget** glemsom. **-itude** [-itju:d]. **-ness** [-nəs] skikkethet; tilbøyelighet; hang; anlegg; dugelighet.
aqua [ˈækwə] vann. **– fortis** [-ˈfɔ:tis] salpetersyre. **-lung** vannlunge (oksygenapparat for undervannssvømming). **– marine** [-məˈri:n] akvamarin, beryll (sjøgrønn edelsten). **– planing** vannplaning. **– regia** [-ˈri:dʒə] kongevann. **– vitae** [-ˈvaiti:] akevitt.
aquarelle [ækwəˈrel] akvarell.
aquarium [əˈkwɛəriəm] akvarium.
aqueduct [ˈækwidʌkt] vannledning, akvadukt.
aqueous [ˈeikwiəs] vannrik; vannaktig.
aquiline [ˈækwilain] ørne-.
A. R. A. fk. f. **Associate of the Royal Academy.**
Arab [ˈærəb] araber; (især om befolkningen) arabisk; **– sheikh** a. sjeik; **– horse** a. hest; **city** (el. **street**) **Arabs** hjemløse gategutter.
arabesque [ærəˈbesk] arabesk.
Arabia [əˈreibjə].
Arabian [əˈreibjən] arabisk; araber. **– bird** føniks; **– nights** tusen og én natt.
Arabic [ˈærəbik] arabisk (om språk, skrift og litteratur); arabisk.
arable [ˈærəbl] som kan pløyes; oppdyrket.
Aragon [ˈærəgən] Aragonia.
arbiter [ˈɑ:bitə] voldgiftsmann; dommer; enerådig hersker.
arbitrage [ˈɑ:bitridʒ] arbitrasje, kursspekulasjon.
arbit|ral [ˈɑ:bitr(ə)l] meklings-, voldgifts-. **-rariness** [ˈɑ:bitrərinis] vilkårlighet. **-rary** [ˈɑ:bitrəri] arbitrær, vilkårlig; egenmektig; skjønnsmessig. **-rate** [ˈɑ:bitreit] avgjøre, dømme. **-ration** [ɑ:biˈtreiʃən] voldgift. **-rator** [ˈɑ:bitreitə] voldgiftsmann, makthaver. **-ress** [ˈɑ:bitris] kvinnelig voldgiftsdommer.
arboreal [ɑ:ˈbɔ:riəl] som lever på trær, tre-.
arboreous [ɑ:ˈbɔ:riəs] treaktig; skogkledd.
arboretum [ɑ:bəˈri:təm] arboretum.
arbour [ˈɑ:bə] løvhytte, lysthus.
arc [ɑ:k] bue; **– light** buelys.
arcade [ɑ:ˈkeid] buegang.
Arcadian [ɑ:ˈkeidjən] arkadisk; landlig.
arcanum [ɑ:ˈkeinəm] arkanum, hemmelighet; vidundermiddel.
arch [ɑ:tʃ] bue; hvelving; bue, hvelve, bue seg, hvelve seg. **(Court of) Arches** høyeste geistlige rett.
arch [ɑ:tʃ] erke-, hoved-; skjelmsk.
arch. fk. f. **archaic; archipelago; architect(ure).**
archaeological [ɑ:kiəˈlɔdʒikl] arkeologisk.
archaeologist [ɑ:kiˈɔlədʒist] arkeolog.
archaeology [ɑ:kiˈɔlədʒi] arkeologi.
archaic [ɑ:ˈkeiik] foreldet, gammeldags, arkaisk.
archaism [ˈɑ:keiizm] gammeldags uttrykk.
archaistic [ɑ:keiˈistik] arkaiserende.
archangel [ˈɑ:kˈeindʒəl] erkeengel.
arch|bishop [ˈɑ:tʃˈbiʃəp] erkebiskop. **-bishopric** erkebispedømme. **-deacon** erkedegn, -diakon (i geistlig rang nærmest under bispene). **-duchess** erkehertuginne. **-duke** erkehertug.
arched [ɑ:tʃt] med buer; krum, buet.
archer [ˈɑ:tʃə] bueskytter.
archery [ˈɑ:tʃəri] bueskyting.
archetype [ˈɑ:kitaip] grunntype, mønster, original.
archipelago [ɑ:kiˈpeləgəu] arkipel; **the Archipelago** Egeerhavet.
architect [ˈɑ:kitekt] byggmester, arkitekt. **-onic** [ɑ:kitekˈtɔnik] arkitektonisk. **-ure** [ˈɑ:kitektʃə] bygningskunst, arkitektur. **-ural** [ɑ:kiˈtektʃurəl] arkitektonisk.
archives [ˈɑ:kaivz] arkiv; dokumenter. **archival** [ɑ:ˈkaivl] arkiv-.
archivist [ˈɑ:kivist] arkivar.
archness [ˈɑ:tʃnis] lureri, skjelmskhet.
arch support innleggssåle.
archway [ˈɑ:tʃwei] overhvelvet gang, hvelv, portrom, æresport.
arc lamp [ˈɑ:klæmp] buelampe.
arc light [ˈɑ:klait] buelys.
arctic [ˈɑ:ktik] arktisk, nordlig, nord-, polar-. **the Arctic Circle** den nordlige polarsirkel.
arc welding buesveising.
ardency [ˈɑ:dnsi] varme, inderlighet; iver.
ardent [ˈɑ:dnt] het, brennende, fyrig, ivrig; **– spirits** brennevin.
ardour [ˈɑ:də] hete; varme; iver; begjærlighet.
arduous [ˈɑ:djuəs] bratt, steil; vanskelig, besværlig; iherdig, energisk.
are [ɑ:, ə; foran vokal ɑ:r, (ə)r] er (pl. og 2. person sg. av **to be** å være).
area [ˈɛəriə] flateinnhold, areal; innhegnet plass; lite inngjerdet rom mot gaten foran et hus (lavere enn gatelegemet); område, egn, felt. **– bell** kjøkkenklokke. **– steps** trapp ned til kjøkkenet.
arena [əˈri:nə] kampplass, arena.
aren't [ɑ:nt] sammentrukket av **are not.**
Argand [ˈɑ:gənd] argandbrenner, rundbrenner.
argent [ˈɑ:dʒənt] (gml., poet.) sølv-; sølvklar.
Argentin|a [ɑ:dʒənˈti:nə, -ˈtainə] Argentina. **-e** [ˈɑ:dʒəntain] argentinsk; argentiner; **the -e** Argentina.
argentine [ˈɑ:dʒəntain] sølv-; av sølv.
argil [ˈɑ:dʒil] pottemakerleire.
argillaceous [ɑ:dʒiˈleiʃəs] leiret.
argon [ˈɑ:gən] argon.
argonaut [ˈɑ:gənɔ:t] eventyrer.
argosy [ˈɑ:gəsi] rikt lastet skip.
argot [ˈɑ:gəu] argot, slang, fagsjargong.
argu|e [ˈɑ:gju] bevise; strides om; drøfte; gjøre innvendinger, si imot, hevde, påstå. **-ment** [ˈɑ:-

gjumənt] bevis, prov, argument, slutning; drøfting; strid. **-mentation** [ɑ:gjumenˈteiʃən] bevisføring, argumentasjon. **-mentative** [ɑ:gjuˈmentətiv] som skal bevise el. som tjener til bevis (**of** for); stridslysten.
Argyle [ɑ:ˈgail] Argyle (skotsk grevskap).
aria [ˈɑ:riə] arie.
Arian [ˈɑ:riən] arier; arisk.
arid [ˈærid] tørr, skrinn, uttørret, tørrlendt; (fig.) gold, åndløs. **-ity** [əˈriditi] tørrhet, tørke.
aright [əˈrait] riktig, rett, korrekt.
arise [əˈraiz] reise seg, stå opp; oppstå (fra de døde); opptre; framtre; komme opp; komme av, skyldes.
arisen [əˈrizn] perf. pts. av **arise.**
aristocracy [æriˈstɔkrəsi] aristokrati.
aristocrat [ˈæristəkræt] aristokrat.
aristocratic [æristəˈkrætik] aristokratisk.
Aristotle [ˈæristɔtl] Aristoteles.
arithmetic [əˈriθmitik] regning; aritmetikk.
arithmetical [æriθˈmetikl] aritmetisk. **– progression** aritmetisk rekke.
Ariz. fk. f. **Arizona.**
ark [ɑ:k] ark; (amerikansk) flodbåt; **Noah's –** Noas ark; også et slags leketøy med dyr i en ark; **the Ark of the Covenant** paktens ark.
arm [ɑ:m] arm; kraft, velde; **infant in -s** spedbarn som ennå må bæres, også reivebarn; **keep at -'s length** holde seg fra livet.
arm [ɑ:m] (oftest i pl.) våpen, våpenart, våpenskjold; bevæpne, væpne; ruste ut; forsyne; ruste seg, gripe til våpen; armere, bestykke; **small -s** håndvåpen; **in -s** væpnet, kampberedt; **under -s** under våpen; **companion in -s** våpenbror; **coat of -s** våpenskjold; **-ed neutrality** væpnet nøytralitet.
armada [ɑ:ˈmɑ:də] krigsflåte, armada.
armadillo [ɑ:məˈdiləu] beltedyr.
Armageddon [ɑ:məˈgedn] Harmageddon, ragnarokk.
armament [ˈɑ:məmənt] krigsmakt, utrustning, bestykning; kampstyrke; **-s race** rustningskappløp.
armature [ˈɑ:mətʃə] bevæpning, våpen; beslag; armatur, armering, anker (i dynamo).
armchair [ˈɑ:mˈtʃεə] armstol, lenestol.
armed [ɑ:md] væpnet, utrustet. **– forces** væpnede styrker. **– robbery** væpnet ran.
Armenian [ɑ:ˈmi:njən] armensk; armener.
armistice [ˈɑ:mistis] våpenstillstand. **Armistice Day** dagen for våpenstillstanden (11. nov. 1918).
armlet [ˈɑ:mlit] liten arm, f. eks. fjordarm, vik; armbånd, armbind, armring.
armoire [ɑ:mˈwɑ:] (stort) klesskap, linnetskap.
armorial [ɑ:ˈmɔ:riəl] våpen-, heraldisk; **– bearings** våpenmerke.
armory [ˈɑ:məri] heraldikk, vitenskapen om våpenmerker; (US) våpenfabrikk, arsenal.
armour [ˈɑ:mə] bevæpning; hærbunad, harnisk; rustning; panser (et skips); panserstyrke, tanks. **– -clad** pansret; panser(skip). **-er** [ˈɑ:mərə] våpensmed, våpenfabrikant; bøssemaker.
armoury [ɑ:məri] rustkammer, arsenal.
arm|pit [ˈɑ:mpit] armhule; **– rest** armlene.
army [ˈɑ:mi] hær; (fig.) sverm, hærskare; armé-, hær-. **– chaplain** feltprest. **– corps** armékorps. **– list** liste over offiserene i hæren. **– officer** offiser i hæren. **(Royal) Army Service Corps** trenkorpset.
aroma [əˈrəumə] aroma, duft, ange. **-tic** [ærəˈmætik] aromatisk.
arose [əˈrəuz] imperf. av **arise.**
around [əˈraund] rundt, rundt omkring; om; i nærheten (av).
arousal [əˈrauz(ə)l] vekkelse.
arouse [əˈrauz] vekke.
arow [əˈrəu] i rekke, på rad.
A. R. P. fk. f. **Air Raid Precautions** luftvern.
arr. fk. f. **arranged; arrangement; arrival.**
arrack [ˈæræk] arak.
arrah [ˈærə] (irsk utrop) kjære! ja så!
arraign [əˈrein] stevne for retten; sikte; anklage; beskylde. **-ment** anklage.
arrange [əˈreindʒ] ordne, bringe i orden, stille opp, arrangere; bestemme, avtale; bilegge; bearbeide. **-ment** [-mənt] ordning; avtale, overenskomst, forlik; akkord; bestemmelse, foranstaltning; **make -ments for** treffe foranstaltninger til, få i stand.
arrant [ˈærənt] åpenbar, vitterlig; notorisk; beryktet; erke-, toppmålt.
array [əˈrei] kle, smykke; stille i orden, fylke, stille opp; kledEdrakt; orden, slagorden, fylking; jury.
arrears [əˈriəz] restanse, etterskudd.
arrest [əˈrest] stanse; arrestere, fengsle; ta arrest i; arrestasjon; arrest, beslag; **– of judgment** innsigelse mot dom (etter at lagretten har sagt skyldig. Er dommeren enig i innsigelsene, blir det ikke avsagt dom); **put under –** arrestere.
arresting [əˈrestiŋ] fengslende, interessant.
arrival [əˈraivəl] ankomst (NB. med påstedspreposisjon). **an –** en (noen) som kommer.
arrive [əˈraiv] komme (**at, in** til).
arrogance [ˈærəgəns] hovmod, arroganse, overmot.
arrogant [ˈærəgənt] hovmodig, hoven, stolt.
arrogate [ˈærəgeit] tilta seg; kreve, tilskrive seg (med urette).
arrogation [ærəˈgeiʃən] anmasselse, uberettiget krav.
arrow [ˈærəu] pil; **the broad –** den brede pil (statens merke på dens eiendeler, også på fangetøy). **– head** pilspiss.
arrowroot [ˈærəuru:t] salep.
arrowy [ˈærəui] pile-; pilsnar.
arse [ɑ:s] (vulg.) ræv, rumpe.
arsenal [ˈɑ:sənəl] arsenal.
arsenic [ˈɑ:snik] arsenikk. **arsenic** [ɑ:ˈsenik] som inneholder arsenikk, arsenikkholdig. **arsenicate** [ɑ:ˈsenikeit] blande med arsenikk.
arson [ˈɑ:sən] brannstiftelse, ildpåsetting. **-ist** [ˈɑ:-] ildspåsetter, brannstifter.
art [ɑ:t]: **thou –** du er (høyere, religiøs el. bibelsk stil), av **to be.**
art [ɑ:t] kunst; kunstferdighet; list, knep; **the -s** de skjønne kunster, kunst(en); **the – of ...ing** kunsten å ...; **have the – to** være listig nok til; **have no – nor part in it** ha ingen som helst andel i det; **master of -s** magister (også om lag svarende til cand. philol.). **– dealer** kunsthandler. **– director** kunstnerisk leder, formsjef.
arterial [ɑ:ˈtiəriəl] arteriell, pulsåre-.
artery [ˈɑ:təri] pulsåre, arterie; hovedtrafikkåre.
Artesian [ɑ:ˈti:ʒən] artesisk.
artful [ˈɑ:tful] kunstig; sinnrik, listig, slu.
art handicraft kunsthåndverk, kunstindustri.
arthritic [ɑ:ˈθritik] giktbrudden, artritisk.

arthritis [ɑ:ˈθraitis] (ledd)gikt, artritt.
artichoke [ˈɑ:titʃəuk] artisjokk.
article [ˈɑ:tikl] ledd, del; vare; punkt; artikkel, gjenstand, ting, (pl.) vilkår, betingelser; kontrakt, overenskomst; beskylde, anklage; sette i lære; **-d clerk** advokatfullmektig.
articular [ɑ:ˈtikjulə] ledd-; **– rheumatism** leddgikt.
articulate [ɑ:ˈtikjulət] ledd-; tydelig, distinkt; veltalende; [ɑ:ˈtikjuleit] uttale tydelig; artikulere; forbinde; koordinere. **-d vehicle** leddet kjøretøy, trailer.
articulation [ɑ:tikjuˈleiʃən] tydelig uttale; artikulasjon; leddannelse; koordinasjon, forbindelse.
artifact [ˈɑ:tifækt] artifakt, kulturgjenstand.
artifice [ˈɑ:tifis] kunstgrep, list, knep; kunst, ferdighet, håndverk. **artificial** [ɑ:tiˈfiʃəl] kunstig; kunstlet. **artificiality** [ɑ:tifiʃiˈæliti] kunstighet; kunstprodukt; kunstlethet.
artillerist [ɑ:ˈtilərist] artillerist. **artillery** [ɑ:ˈtiləri] artilleri.
artisan [ɑ:tiˈzæn, ˈɑ:tizən] håndverker. **artist** [ˈɑ:tist] kunstner; **– -craftsman** kunsthåndverker. **artiste** [ɑ:ˈti:st] artist. **artistic** [ɑ:ˈtistik] kunstnerisk.
artless [ˈɑ:tlis] ukunstlet, naturlig; som mangler kunst. **-ness** [-nis] naturlighet, naivitet.
art master [ˈɑ:tmɑ:stə] tegnelærer, formingslærer.
arty [ˈɑ:ti] (forskrudd) kunstnerisk, kunstlet; overdrevent bohemaktig. **– -crafty** forlorent modernistisk.
Aryan [ˈɛəriən, ˈɑ:riən] arier; arisk, indoeuropeisk.
A. S. [ei es] fk. f. **Anglo-Saxon.**
as [æz, əz] liksom, som, da, idet; ettersom; så sant; etter hvert som; som om; likså; **as soon as, as well as** etc. så snart som, så vel som osv.; **– from** fra og med; **– if** som om; **– if to** som for å; **– it were to meet** som for å møte; **as for, as to** hva angår, med hensyn til; **as it were** så å si; **as though** som om; **as yet** ennå, hittil; **fool – he was** tosk som han var; **help such – are poor** hjelp dem som er fattige; **so kind – to** så vennlig å; **– I live** så sant jeg lever.
asafoetida [æsəˈfetidə] dyvelsdrek.
asbestos [æzˈbestɔs] asbest.
ascend [əˈsend] stige opp; heve seg; stige opp etter el. på, bestige. **-ancy** overtak, overherredømme. **-ant** [əˈsendənt] oppstigende, oppgående; overlegen, overveiende; overlegenhet, innflytelse, overmakt; ascendent, slektning i oppstigende linje. **-ency** [əˈsendənsi] overlegenhet, innflytelse, makt.
ascension [əˈsenʃən] oppstigning; himmelfart; **A. (Day)** [-dei] Kristi himmelfartsdag.
ascent [əˈsent] oppstigning; oppgang, opptur; motbakke; høyde, høyt sted; **a steep –** en drøy stigning; **in the direct line of –** i oppstigende linje.
ascertain [æsəˈtein] bringe på det rene; forvisse seg om, konstatere, få full greie på, få fastslått. **-ment** [-mənt] bestemmelse, det å få noe fastslått, konstatering.
ascetic [əˈsetik] asketisk; asket.
asceticism [əˈsetisizm] askese.
Ascot [ˈæskət] (eng. veddeløpsbane).
ascribable [əˈskraibəbl] som kan tilskrives.
ascribe [əˈskraib] tilskrive, henføre (**to** til).
asdic [ˈæzdik] fk. f. **Anti Submarine Detection Investigation Control** undervannslytteapparat.
asexual [eiˈsekʃuəl] kjønnsløs, ukjønnet.
ash [æʃ] ask; asketre.
ash [æʃ] oftest i pl. **ashes** aske. **ashes to ashes, dust to dust** av jord er du kommet, til jord skal du bli; **in sack-cloth and ashes** i sekk og aske; **the Ashes** om seier i cricketkamp mellom England og Australia.
ashamed [əˈʃeimd] skamfull; **be –** skamme seg (**of** over).
A sharp (mus.) Aiss.
ash-bin søppelbøtte, bossbøtte. **– box** askeskuff.
ashlar [ˈæʃlə] kvaderstein; støtte under loftsbjelke.
ashore [əˈʃɔ:] i land; **run –** sette på grunn.
ashpan [ˈæʃpæn] askeskuff.
ashtray [ˈæʃtrei] askebeger.
Ash Wednesday askeonsdag.
ashy [ˈæʃi] askegrå, aske-.
Asia [ˈeiʃə] Asia. **– Minor** [-mainə] Lilleasia.
Asiatic [eiʃiˈætik] asiatisk; asiat.
aside [əˈsaid] til side; avsides; avsides replikk; **joking –** spøk til side; **set –** fjerne; **put –** legge på hylla, oppsette; **stand –** stå utenfor; **– from** bortsett fra.
asinine [ˈæsinain] eselaktig, dum, tåpelig.
ask [ɑ:sk] forlange; spørre om; be om; innby; be; spørre; **– about** forhøre seg om; **– for** be om, spørre etter, spørre om; **he -ed for it** han ville det slik, det har han fortjent; **– for trouble** være ute etter bråk; **– a question** stille et spørsmål; **– someone's leave** be en om lov; **– one's way** spørre seg fram; **– the banns** lyse til ekteskap; **they were -ed in church** det ble lyst for dem i kirken.
askance [əˈskæns, əˈskɑ:ns] på skjeve, til siden; **look –** skotte; **look – at** se skjevt til.
askew [əˈskju:] skjevt, på skrå, på snei; **hang –** henge skjevt.
aslant [əˈslɑ:nt] på skrå, på snei.
asleep [əˈsli:p] i søvn; sovende; **fall (fast) –** falle i (dyp) søvn; **go –** falle i søvn; **be –** sove.
aslope [əˈsləup] hellende, på hall, skrånende.
asocial [æˈsəuʃəl] asosial.
asp [æsp] (poet.) poppel; osp.
asp [æsp] giftslange (srl. egyptisk brilleslange).
asparagus [əˈspærəgəs] asparges.
aspect [ˈæspekt] utseende; aspekt; side (av en sak), synspunkt; beliggenhet; **have a southern –** vende mot sør.
aspen [ˈæspən] poppel; osp; ospe-; **– leaf** ospeløv.
asperge [əsˈpə:dʒ] skvette, vanne, srl. med vievann.
aspergillum [æspəˈdʒiləm] vievannskost.
asperity [əˈsperiti] ujevnhet; barskhet.
asperse [əˈspə:s] stenke; bakvaske. **aspersion** [əˈspə:ʃən] overstenkning; bakvasking, nedrakking.
aspersorium [æspəˈsɔ:riəm] vievannskar.
asphalt [ˈæsfælt] asfalt; alfaltere.
asphyxiate [æsˈfiksieit] kvele; gass- el. røykforgifte; **-d** kvalt; skinndød; **asphyxiating gas** giftig gassart.
aspic [ˈæspik] gelé; **– of eggs** egg i gelé.
aspirant [ˈæspirənt] aspirant, streber.
aspiration [æspiˈreiʃən] aspirasjon, (inn)ånding; lengsel, attrå, streben, forhåpning. **aspire** [əˈspaiə] hige, trakte, strebe, stunde (**to** etter); stige; gjøre krav (**to** på).
aspirin [ˈæspərin] aspirin (varemerke).

asquint [əˈskwint] skjevt, skjelende.
ass [ɑ:s, æs] esel; (fig.) esel; tosk; (US vulg.) ræv, rass.
ass. fk. f. **assistant; associated.**
assagai [ˈæsəgai] assagai.
assail [əˈseil] angripe, overfalle. **-ant** [-ənt] angriper, voldsmann.
assassin [əˈsæsin] (snik)morder. **-ate** [-eit] (snik)myrde. **-ation** [əsæsiˈneiʃən] (snik)mord, attentat.
assault [əˈsɔ:lt] angripe; overfalle; angrep; overfall; storm; **carry by —** ta med storm. **-er** overfallsmann. **— party** stormtropp.
assay [əˈsei] prøve; probere; prøve; probering; justering. **-er** [əˈseiə] myntguardein.
assembl|age [əˈsemblidʒ] samling; sammenkomst; sammensetting, montering. **-e** [əˈsembl] samle (seg); komme sammen til møte; montere.
assembly [əˈsembli] forsamling, møte, sammensetting, montering; ferdig sammensatt enhet f. eks. **steering —** styreenhet. **— hall** forsamlingssal, festsal. **— line** samlebånd. **— plant** samlefabrikk. **— point** samlingssted.
assent [æˈsent] samtykke, bifall; samtykke; **the royal —** kongelig sanksjon; **— to** samtykke i, være med på.
assert [əˈsə:t] påstå; forfekte, hevde; forsvare; **— oneself** gjøre seg gjeldende. **-ion** [əˈsə:ʃən] påstand, bedyrelse, forsvar. **-ive** [əˈsə:tiv] påståelig.
assess [əˈses] pålegge skatt, ligne, beskatte, skattlegge, vurdere, taksere, avgjøre; **-able to tax** skattepliktig. **-ment** [-mənt] beskatning, skattlegging; skatteligning; vurdering, taksering. **-or** [-ə] dommer, bisitter, ligningsmann.
asset [ˈæsit] aktivum; (oftest i pl.); en persons (et firmas, selskaps) bruttoformue; **-s and liabilities** aktiva og passiva; (ofte i bet.) fordel, verdi, nyttig egenskap. **— management** aktiva|forvaltning, -disposisjon.
asseverate [əˈsevəreit] høytidelig forsikre. **asseveration** [əˈsevəˈreiʃən] høytidelig forsikring.
assiduity [æsiˈdju:iti] stadig flid, iherdighet, iver; i pl. oppmerksomhet, ære, hyllest.
assiduous [əˈsidjuəs] flittig, iherdig.
assign [əˈsain] anvise; utpeke; pålegge, tildele; foreskrive; anføre; bestemme, overdra; avhende; en som en fordring er overdratt til; **— motives** tillegge motiver. **-able** [əˈsainəbl] som kan anvises, utpekes. **-ation** [æsigˈneiʃən] avtale å møtes, stevnemøte; anvisning; avhending; overdragelse; tildeling. **-ee** [æsiˈni:] befullmektiget; assignatar, den som noe er overdratt til. **-ment** tildeling, anvisning; utnevnelse; oppgave, oppdrag, lekse. **-or** [əˈsainə] den som anviser el. overdrar; avhender.
assimilable [əˈsimiləbl] som kan assimileres; fordøyelig. **assimilate** [əˈsimileit] assimilere, oppta; assimilere seg. **assimilation** [əsimiˈleiʃən] assimilasjon; fordøyelse; likhet.
assist [əˈsist] hjelpe, støtte, bistå, medvirke; **— at** være til stede ved. **-ance** [əˈsistəns] hjelp, bistand; **lend-ance** yte hjelp. **-ant** [əˈsistənt] medhjelper, assistent. **-ant nurse** hjelpepleier. **-ant professor** universitetslektor.
assize [əˈsaiz] sesjon, rett, lagrett; forordning; pris el. takst (på matvarer); i flertall: assiserett, (distrikts-)ting, rett(smøte) (som holdes på regelmessige tingreiser rundt om i England av dommere i High Court of Justice). **assizor** [əˈsaizə] jurymann, lagrettemann.
assn. fk. f. **association.**
associable [əˈsəuʃəbl] forenlig; omgjengelig.
associate [əˈsəuʃieit] knytte til, assosiere; forbinde, forene; slutte seg sammen (**with** med).
associate [əˈsəuʃiət] tilknyttet, med-; kamerat, felle, medhjelper; medlem; **— judge** meddommer; **— professor** dosent.
association [əsəuʃiˈeiʃən] forening; selskap, klubb; forbund; idéassosiasjon; **— football** vanlig fotball (som i Norge, i motsetning til rugby).
associative [əˈsəuʃjətiv] som fremkaller assosiasjoner.
assoil [əˈsɔil] frita, tilgi, frikjenne.
assonance [ˈæsənəns] assonans, halvrim.
assort [əˈsɔ:t] ordne, sortere; assortere, forsyne med varesorter; stemme overens; egne seg. **-ment** [-mənt] sortering; forråd av mange slag, utvalg, kolleksjon.
assuage [əˈsweidʃ] lindre. **-ment** [-mənt] lindring.
assume [əˈs(j)u:m] anta, tro, mene; tilta seg; påta seg; anmasse seg; være anmassende, være stor på det. **assumption** [əˈsʌmʃən] antakelse, tro; påtatthet; viktighet; forutsetning; opptakelse, (jomfru Marias) himmelfart; **with an — of indifference** med påtatt likegyldighet.
assur|ance [əˈʃuərəns] forsikring, trygd; forvissning; tillit; selvtillit, suffisanse. **-e** [əˈʃuə] forsikre, trygde; forvisse; sikre; tilsikre. **-edly** [əˈʃuəridli] sikkert. **-er** [əˈʃuərə] assurandør; livsforsikret person.
Assyria [əˈsiriə].
aster [ˈæstə] asters.
asterisk [ˈæstərisk] stjerne (*).
asterism [ˈæstəriz(ə)m] stjernebilde, stjerneklynge.
astern [əˈstə:n] akterut.
asthma [ˈæsmə] astma. **-tic** [æsˈmætik] astmatisk.
astir [əˈstə:] i bevegelse, på bena.
astonish [əˈstɔniʃ] forbause, overraske, gjøre bestyrtet. **-ment** [-mənt] forbauselse, bestyrtelse, undring.
astound [əˈstaund] gjøre forbauset, forfjamset, forbløffet, målløs.
astraddle [əˈstrædl] skrevs over.
astrakhan [æstrəˈkæn] astrakan(skinn).
astral [ˈæstrəl] stjerneformig; stjerne-, astral-.
astray [əˈstrei] på villstrå; på avveier; galt, feilaktig; **go —** fare vill, komme bort; **lead —** føre på villspor.
astriction [əˈstrikʃən] sammentrekning.
astride [əˈstraid] på skrevs, skrevs over.
astringe [əˈstrindʒ] trekke sammen. **astringent** [-ənt] sammensnerpende; astringerende middel.
astrologer [əˈstrɔlədʒə] astrolog, stjernetyder. **astrological** [æstrəˈlɔdʒikl] astrologisk. **astrology** [əˈstrɔlədʒi] astrologi.
astronaut [ˈæstrənɔ:t] astronaut, romfarer.
astronomer [əˈstrɔnəmə] astronom. **astronomical** [æstrəˈnɔmikl] astronomisk. **astronomy** [əˈstrɔnəmi] astronomi.
astrophysics [ˈæstrəuˈfiziks] astrofysikk.
astute [əˈstju:t] slu, dreven, listig, skarpsindig.
asunder [əˈsʌndə] i stykker, i sund; atskilt.
asylum [əˈsailəm] asyl, fristed, tilfluktssted; **orphan —** barnehjem; **lunatic —** sinnssykehus.
asymmetrical [æsiˈmetrikl] asymmetrisk.
At [æt] bet. for **A.T.S.** (s. d.); **an — secretary** en sekretær som tilhører **A.T.S.**
at [æt, ət] til, ved, i, hos, på; **at best** i beste fall; **he is at it** han holder på med det, opptatt

av; **at last** til sist; **at least** i det minste; **at length** omsider, til sist; **at once** på én gang, straks; **at worst** i verste fall.
ate [et, eit] imperf. av **to eat.**
atelier [ˈætəliei] atelier.
atheism [ˈeiθiizm] ateisme. **atheist** [ˈeiθiist] ateist. **atheistic** [eiθiˈistik] ateistisk.
Athena, Athene [æˈθi:nə, -ni] Atene.
Athenian [æˈθi:njən] atensk; atener.
Athens [ˈæθinz] Athen.
athirst [əˈθə:st] tørst (**for** etter).
athlete [ˈæθli:t] bryter, atlet, idrettsmann. **–'s foot** fotsopp.
athletic [æθˈletik] atletisk; sports-, idretts-.
athletics [æθˈletiks] legemsøvelser, (fri-)idrett, gymnastikk.
at-home [ətˈhəum] åpent hus, mottakelse(sdag).
athwart [əˈθwɔ:t] tvers over; tvers for.
atilt [əˈtilt] på skrå, hellende.
Atkins [ˈætkinz] Atkins; **Tommy –** den britiske soldat.
Atlantic [ætˈlæntik] atlantisk; **the –, the – ocean** Atlanterhavet.
atlas [ˈætləs] atlas.
atmosphere [ˈætməsfiə] atmosfære; luft; stemning. **atmospheric(al)** [ætməsˈferik(l)] atmosfærisk. **atmospherics** atmosfæriske forstyrrelser (i radio).
atoll [əˈtɔl] atoll, ringøy, korallrev.
atom [ˈætəm] atom; (fig.) **not an – of** ikke en antydning (el. snev) av.
atomic [əˈtɔmik] atom-. **– age** atomalderen. **– bomb** atombombe. **– nucleus** atomkjerne. **– pile** atom-mile. **– power plant** atomkraftverk. **– structure** atombygning. **– submarine** atomdrevet undervannsbåt. **– theory** atomteori. **– war** atomkrig. **– weapon** atomvåpen. **– weight** atomvekt.
atomization [ætəmaiˈzeiʃən] forstøvning.
atomize [ˈætɔmaiz] forstøve; pulverisere. **-r** (trykk)-forstøver, aerosol-, atomisør.
atom smasher (fys.) akselerator.
atomy [ˈætəmi] prikk, fnugg, minigjenstand; (fig.) mygg, dverg.
atonal [æˈtəunl] atonal.
atone [əˈtəun] sone; **– for** bøte for, utsone. **-ment** [-mənt] soning, utsoning; **make -ment for** gjøre godt igjen.
atrocious [əˈtrəuʃəs] fryktelig, avskyelig, opprørende; redselsfull.
atrocity [əˈtrɔsiti] avskyelighet, grusomhet. **– propaganda** skrekkpropaganda.
atrophy [ˈætrəfi] atrofi, svinn.
A. T. S. fk. f. **Auxiliary Territorial Service** bet. for de britiske lotter som er tilknyttet hæren, flåten og luftvåpnet; lottekorps.
att. fk. f. **attorney; attention.**
attaboy [ˈætəbɔi] flott! glimrende! gå på!
attach [əˈtætʃ] sette fast, beslaglegge; feste, knytte; fengsle, tiltrekke, vinne.
attaché [əˈtæʃei] attaché. **– case** attachémappe, liten håndkoffert, stresskoffert. **-ship** attachépost.
attachment [əˈtætʃmənt] hengivenhet, sympati; fastgjøring, festing; beslaglegging, arrest; **-s** pl. tilbehør, utstyr.
attack [əˈtæk] angripe; anfalle; angrep; fremgangsmåte; tilfelle, anfall.
attain [əˈtein] nå til; oppnå.
attainable [əˈteinəbl] oppnåelig.
attainder [əˈteində] skamplett, vanære, ærestap.
attainment [əˈteinmənt] oppnåelse; talent, ferdighet; resultat.
attaint [əˈteint] besmitte, sette en skamplett på.
attar [ˈætə] rosenolje.
attempt [əˈtem(p)t] prøve, forsøke; gjøre attentat på; forsøk; prøve (**at** på); attentat; **– his life** strebe ham etter livet; **– upon his life** attentat mot ham.
attend [əˈtend] legge merke til; varte opp; passe; pleie; betjene; besørge; forrette; ledsage, følge; være til stede ved; vente på; skjenke oppmerksomhet, gi akt; innfinne seg, besøke, frekventere; vente; **– on** oppvarte; **– to** høre etter; vareta; ekspedere. **-ance** [-əns] oppmerksomhet, pleie; oppvartning, betjening; fremmøte, tilslutning, nærvær; følge, oppvartende personer; møte (for retten). **-ant** [-ənt] oppvarter, tjener; deltager; ledsager; tilstedeværende. **-ants** betjening.
attention [əˈtenʃən] oppmerksomhet; omsorg; aktpågivenhet; **he was all –** han var lutter øre; **call** el. **draw one's – to** gjøre en oppmerksom på; **pay one's – to** gjøre kur til; **stand at –** stå rett. **attentive** [əˈtentiv] oppmerksom, aktpågivende.
attenuate [əˈtenjueit] fortynne, pulverisere; svekke.
attest [əˈtest] bevitne; ta til vitne; ta i ed; vitnemål. **-ation** [ætesˈteiʃən] vitnesbyrd; vitnemål, bevitnelse.
Attic [ˈætik] attisk.
attic [ˈætik] kvist; kvistværelse; loft.
attire [əˈtaiə] kle; pynte, smykke; klær, drakt; **change of –** sett tøy.
attitude [ˈætitju:d] stilling, holdning; innstilling (**to** til); **strike an –** innta en teatralsk stilling, gjøre seg til.
attorney [əˈtə:ni] sakfører, advokat. **–-at-law** (amr.) advokat, sakfører. **Attorney-General** (eng.) regjeringsadvokat (regjeringsmedlem som er regjeringens juridiske rådgiver og opptrer som statens advokat); (US) justisminister.
attract [əˈtrækt] tiltrekke, samle, tiltrekke seg; (fig.) henrive. **-ion** [əˈtrækʃən] tiltrekning(skraft); tillokking, tiltrekkende egenskap. **-ive** [əˈtræktiv] tiltrekkende, tiltalende, vakker.
attributable [əˈtribjutəbl] som kan tilskrives el. tillegges. **attribute** [əˈtribjut] tilskrive, tillegge. **attribute** [ˈætribjut] egenskap; attributt, kjennetegn. **attribution** [ætriˈbju:ʃən] tillagt egenskap. **attributive** [əˈtribjutiv] som tillegg, attributiv.
attrition [əˈtriʃən] slit, nedsliting; nedslitthet; naturlig avgang; sønderknusing, anger.
attune [əˈtju:n] stemme, stille, bringe i harmoni.
A. T. V. fk. f. **Associated Television.**
auburn [ˈɔ:bən] brun, kastanjebrun.
auction [ˈɔ:kʃən] auksjon. **– bridge** auksjonsbridge. **auctioneer** [ɔ:kʃəˈniə] auksjonarius; selge ved auksjon.
audacious [ɔ:ˈdeiʃəs] dristig, vågsom, vågal; frekk.
audacity [ɔ:ˈdæsiti] dristighet; frekkhet.
audible [ˈɔ:dibl] hørlig, tydelig, lydelig.
audience [ˈɔ:djəns] audiens; tilhørere, tilskuere, publikum.
audio-visual aids [ˈɔ:diəu ˈviʒuəl ˈeidz] audiovisuelle hjelpemidler.
audit [ˈɔ:dit] revisjon; revidert regnskap. **-or** [ˈɔ:ditə] tilhører; revisor. **-ory** [ˈɔ:ditəri] høre-; tilhørere; auditorium.

Audrey [ˈɔ:dri].
Aug. fk. f. **August.**
Augean [ɔ:ˈdʒi:ən]: **cleanse the – stables** rense augiasstallen.
auger [ˈɔ:gə] bor, naver.
aught [ɔ:t] (gml.) noe; **for – I know** for alt det jeg vet.
augment [ɔ:gˈment] forøke; øke, vokse. **augment** [ˈɔ:gmənt] forøkelse, økning, tilvekst, auke. **-ation** [ɔ:gmənˈteiʃən] forøkelse, økning, auke.
augur [ˈɔ:gə] augur, spåmann; forutsi ved tegn; spå, varsle. **-y** [ˈɔ:gjuri] spådom, varsel.
August [ˈɔ:gəst] august (måned).
august [ɔ:ˈgʌst] ærverdig, opphøyd.
Augustan [ɔˈgʌstən] augusteisk (som angår keiser Augustus); augsburgsk; **the – Confession** den augsburgske bekjennelse.
Augustin(e) [ɔ:ˈgʌstin] Augustin(us); augustinermunk.
Augustus [ɔ:ˈgʌstəs] August(us).
auk [ɔ:k] alke; **great –** geirfugl.
aula [ˈɔ:lə] aula.
auld [ɔ:ld] (skot.) gammel; **– lang syne** [læŋ sain] de gode gamle dager, for lenge siden.
aunt [ɑ:nt] tante, faster, moster; **Aunt Sally** en markedslek (man kaster til måls mot et kvinnehode av tre).
auntie, aunty [ˈɑ:nti] kjære (gode, søte, snille) tante; **Auntie** kjælenavn på B.B.C.
aura [ˈɔ:rə] aura, nimbus; luftning, utstråling, lysning; utdunstning.
aural [ˈɔ:rəl] øre-. **– surgeon** ørelege.
aureate [ˈɔ:riit] strålende, flott, gyllen.
aureola [ɔˈri:ələ], **aureole** [ˈɔ:riəul] glorie, ring.
auricula [ɔˈrikjulə] aurikkel.
auricular [ɔˈrikjulə] øre-; muntlig.
aurist [ˈɔ:rist] ørelege.
Aurora [ɔ:ˈrɔ:rə] morgenrøde. **– borealis** nordlys; **– australis** sydlys.
auscultate [ˈɔ:skəlteit] (med.) avlytte, auskultere.
auscultation [ɔ:skəlˈteiʃən] (med.) auskultasjon.
auspice [ˈɔ:spis] varsel, auspisium; **under his -s** under hans auspisier. **auspicious** [ɔˈspiʃəs] lykkevarslende; gunstig, heldig.
Aussie [ˈɔsi] australsk soldat.
austere [ɔˈstiə] streng, barsk. **austerity** [ɔˈsteriti] strenghet, barskhet.
austral [ˈɔ:strəl] sydlig, sørlig.
Australasia [ɔ:strəlˈeiʃə] Australasia (ɔ: fastland med omliggende øyer). **Australia** [ɔˈstreiljə] Australia (fastlandet).
Austria [ˈɔ:striə] Østerrike. **Austrian** [ˈɔ:striən] østerriksk, østerriker.
authentic [ɔˈθentik] pålitelig, autentisk; ekte. **-ate** [ɔˈθentikeit] stadfeste, lovfeste; bekrefte ektheten av. **-ation** [ɔθentiˈkeiʃən] stadfesting, legalisering.
authenticity [ɔ:θənˈtisiti] ekthet, pålitelighet.
author [ˈɔ:θə] opphavsmann; forfatter. **-ess** [-res] forfatterinne. **-itative** [ɔˈθɔritətiv] autoritativ, som har autoritet, offisiell; myndig, bydende. **-ity** [ɔˈθɔriti] autoritet, myndighet; anseelse, innflytelse; vitnesbyrd; kilde; gyldighet; hjemmel; bemyndigelse, fullmakt. **-ize** [ˈɔ:θəraiz] bemyndige, gi fullmakt, tillate; gjøre rettsgyldig, autorisere; **authorized version** autorisert oversettelse, **the A. V.** den eng. bibeloversettelsen av 1611. **-ship** [ˈɔ:θəʃip] forfatterskap; opphav, opprinnelse.
auto [ˈɔ:təu] automobil, bil.
auto-bike [ˈɔ:təubaik] knallert, moped.
autobiography [ɔ:təbaiˈɔgrəfi] selvbiografi.
autocar [ˈɔ:təukɑ:] automobil, bil.
autochthon [ɔ:ˈtɔkθən] autokton; urinnbygger, innfødt.
autocracy [ɔˈtɔkrəsi] autokrati, enevelde. **-crat** [ˈɔ:təkræt] selvhersker, enevoldsherre. **-cratic** [ɔ:təˈkrætik] uinnskrenket, autokratisk. **-cycle** moped.
auto-da-fé [ɔ:tədəˈfei, au-] autodafé.
autogenous [ɔˈtɔdʒənəs] autogen-. **– welding** autogen-sveising.
autograph [ˈɔ:təgrɑ:f] autograf, egen håndskrift, egenhendig skrivelse; egenhendig. **-ic** [ɔ:təˈgræfik] egenhendig. **-y** [ɔˈtɔgrəfi] egenhendig skrift, original; litografering; litografi.
automatic [ɔ:təˈmætik] automatisk; automatisk pistol. **– rifle** selvladende el. automatisk rifle. **– ticket machine** billettautomat. **– transmission** automatgir.
automation [ɔ:təˈmeiʃən] automasjon, automatisering.
automaton [ɔ:ˈtɔmətən], i pl. også **automata** automat.
automobile [ˈɔ:təməbi:l] automobil, bil; bile.
autonomy [ɔ:ˈtɔnəmi] autonomi, selvstyre.
autopsy [ˈɔ:təpsi] obduksjon, autopsi.
autumn [ˈɔ:təm] høst.
autumnal [ɔ:ˈtʌmnəl] høst-, høstlig.
aux. fk. f. auxiliary.
auxiliary [ɔgˈziljəri] hjelpe-; hjelper; ekstra-. **auxiliaries** hjelpetropper.
Av. fk. f. **Avenue. av.** fk. f. **average.**
avail [əˈveil] nytte, være til nytte, gagne, hjelpe; nytte, fordel, gagn, hjelp; **of no –** til ingen nytte; **– oneself of** benytte seg av. **-ability** [-əˈbiliti] anvendelighet, nytte. **-able** [-əbl] disponibel, ledig, tilgjengelig; anvendelig, gyldig, som gjelder; **make -able** stille til rådighet, frigjøre.
avalanche [ævəˈlɑ:nʃ] lavine, snøskred.
avarice [ˈævəris] griskhet; gjerrighet. **avaricious** [ævəˈriʃəs] gjerrig; havesyk.
avast [əˈvɑ:st] stopp! hold an!
avaunt [əˈvɔ:nt] bort! gå fra meg!
Ave. fk. f. **Avenue.**
avenge [əˈvendʒ] hevne.
avenue [ˈævənju] vei; allé; (US) bulevard.
aver [əˈvə:] erklære, forsikre.
average [ˈævəridʒ] beregne gjennomsnitt av; utlikne, utjevne; middeltall, gjennomsnitt; (mar.) havari; gjennomsnittlig, gjennomsnitts-; **on an –** i gjennomsnitt, gjennomsnittlig; **– marks** hovedkarakter; **general** (el. **gross) –** grosshavari; **particular –** partielt havari; **statement of –** dispasje; **state -s** dispasjere.
averment [əˈvə:mənt] erklæring, påstand.
averruncator [ævərʌŋˈkeitə] toppsaks.
averse [əˈvə:s] utilbøyelig, uvillig. **-ness** [-nəs] uvilje. **aversion** [əˈvə:ʃən] uvilje, avsky; gjenstand for avsky.
avert [əˈvə:t] vende bort; avvende; forhindre.
aviary [ˈəivjəri] fuglehus, stort fuglebur.
aviate [ˈeivieit] drive flyvning, fly (med fly).
aviation [eiviˈeiʃən] flyvning, flyteknikk, luftfart; fly-.
aviator [ˈeivieitə] flyver, (gml.) aviatiker.
avid [ˈævid] grisk, begjærlig **(for, of** etter).
avidity [əˈviditi] griskhet, begjærlighet.
avocation [ævəˈkeiʃən] yrke, (bi)beskjeftigelse, hobby.

avoid [əˈvɔid] sky, unngå, unnvike. **-able** [-əbl] unngåelig. **-ance** [-əns] unngåelse; ledighet (srl. av presteembete).
avoirdupois [ævədəˈpɔiz] handelsvekt.
Avon [ˈeivən]; **the Swan of –** Shakespeare.
avouch [əˈvautʃ] erklære, påstå; stadfeste.
avow [əˈvau] erklære åpent, tilstå, vedkjenne seg. **-al** [-əl] åpen erklæring, tilståelse. **-edly** [-idli] åpent, uforbeholdent.
avuncular [əˈvʌŋkjulə] som hører til en onkel, onkel-.
await [əˈweit] bie, vente på, avvente, oppebie; vente, forestå.
awake [əˈweik] vekke; våkne; våken; **wide –** lys våken; **awaken** [əˈweikn] vekke.
award [əˈwɔ:d] tilkjenne, tildømme; tildele; kjennelse; bedømmelse; karakteristikk; pris, premie, diplom.
aware [əˈwɛə] vitende (**of** om), oppmerksom, merksam (**of** på); **be –** vite; **be – of** kjenne; **become – of** bli oppmerksom på. **-ness** bevissthet, viten, forståelse.
awash [əˈwɔʃ] i vannskorpen, overskylt.
away [əˈwei] bort; unna; borte; av sted! bort!
awe [ɔ:] ærefrykt, age, hellig redsel; respekt; inngyte ærefrykt; imponere.
awe-inspiring [ˈɔ:inspaiəriŋ] ærefryktinngytende.
awe-stricken [ˈɔ:strikən], **awe-struck** [ˈɔ:strʌk] redselslagen, fylt av ærefrykt.
awful [ˈɔ:ful] fryktinngytende, imponerende; fryktelig; [ˈɔ:fl] skrekkelig, fæl.
awfully [ˈɔ:fuli] fryktelig; [ˈɔ:fli] meget; **– nice** forferdelig hyggelig.
awhile [əˈwail] en stund, litt.
awkward [ˈɔ:kwəd] keitet, ubehendig, klosset; vanskelig, ubekvem, flau; kjedelig. **-ness** [-nəs] keitethet; klossethet.
awl [ɔ:l] syl.
A. W. L. fk. f. **absence with leave.**
awn [ɔ:n] snerp (på korn).
awning [ˈɔ:niŋ] solseil, markise.
awoke [əˈwəuk] imperf. og perf. pts. av **awake.**
A. W. O. L., awol fk. f. **absent without leave** tjuvperm(isjon).
awry [əˈrai] skjevt, skeivt, til siden, på skakke.
axe [æks] øks. **-head** økseblad, øksehammer.
axial [ˈæksiəl] aksial, akse-. **– movement** aksialbevegelse, aksialvandring, slaglengde.
axiom [ˈæksiəm] aksiom.
axis [ˈæksis] akse; **the A. Powers** aksemaktene.
axle [ˈæksl] aksel, hjulaksel.
ay(e) [ai] ja; **the ayes** (i Parlamentet) stemmene for; **the ayes have it** forslaget er vedtatt.
aye [ei] bestandig, alltid.
azalea [əˈzeiljə] asalea.
azimuth [ˈæzimʌθ] asimut.
Azores [əˈzɔ:z]: **the –** Azorene.
azure [ˈeiʒə, ˈæʒə] asur-, himmelblå.

B

B, b [bi:] B, b.
B. A. fk. f. **Bachelor of Arts,** laveste akademiske grad i England. **B A** fk. f. **British Airways.**
baa [bɑ:] breke; breking, brek.
Baal [ˈbeiəl] (guden) Baal.
Babbit [ˈbæbit] amerikansk besteborger. **babbitt** babbit(metall), lagermetall.
babble [ˈbæbl] bable, pludre; pjatte.
babe [beib] pattebarn, spedbarn, (US) pike.
Babel [ˈbeibl] Babel, Babylon.
baboo [ˈbɑ:bu:] (indisk) herr.
baboon [bəˈbu:n] bavian; idiot.
baby [ˈbeibi] pattebarn, spebarn; (US) pike, skatt. **– -battering** barnemishandling. **– buggy** (US) barnevogn. **– -calf** spekalv. **– car** minste biltype. **– carriage** (US) barnevogn. **– farm** barnehjem, **– farmer** en som tar barn i pleie for betaling; englemaker. **-hood** første barndom. **-ish** barnaktig. **– linen** barnetøy.
Babylon [ˈbæbilən] Babylon. – **Babylonian** [bæbiˈləunjən] babylonsk; babylonier.
baby-sit [ˈbeibisit] være baby-sitter.
babysitter [ˈbeibisitə] baby-sitter; barnevakt.
baccalaureate [bækəˈlɔ:riit] universitetsgrad som bachelor.
bacchanal [ˈbækənəl] bakkant, bakkantinne; bakkantisk; bakkanal, svirelag. **bacchant** [ˈbækənt] bakkant. **bacchante** [bəˈkænt(i)] bakkan tinne.
baccy [ˈbæki] for **tobacco** tobakk.
bachelor [ˈbætʃələ] ungkar; kandidat (den laveste akademiske grad); **– girl, – woman** ugift, selververvende kvinne.
bacillus [bəˈsiləs], pl. **bacilli** [bəˈsilai] basill.
back [bæk] bak, rygg, bakside, bakdel, baktropp; akterkant; back (i fotball); bak-, bakre, tilbake-; etterliggende; bevege (skyve, trekke) tilbake, rygge, hope (en hest); bakke (maskin, seil); kaste (anker); stige opp på (en hest); hamle, skåte. **-bite** [-bait] baktale. **-biter** [-baitə] baktaler. **-board** [-bɔ:d] ryggstøe. **-bone** [-bəun] ryggrad; fasthet; **to the -bone** helt igjennom, gjennomført. **-bone animal** hvirveldyr. **-breaking** oppslitende. **-comb** tupere. **-country** bakland. **– -date** antedatere; gi tilbakevirkende kraft.
backer [ˈbækə] hjelper, beskytter.
backfire [ˈbækfaiə] tilbakeslag (i motor); motild; gå i vasken.
backgammon [bækˈgæmən] trikktrakk (brettspill).
background [-graund] bakgrunn; miljø; utdannelse, forutsetninger. **-hand, -handed** bakvendt, med handbaken, indirekte. **-house** do. **– kitchen** oppvaskrom. **-lash** dødgang, slark; bakslag, tilbakeslag; knute på oppspolet fiskesnøre. **-log** ugjort arbeid, ordrebeholdning; reserve, fond. **– lot**

(US) bakhage. **– number** eldre nummer (av avis); foreldet metode o. l. **-pay** etterbetaling. **-pedal** bremse. **– rent** resterende avgift. **– -room** (om politikere) som arbeider bak kulissene. **– seat** baksete; **take a – seat** tre i bakgrunnen. **– -seat driver** bilpassasjer som gir føreren råd om hvordan han skal kjøre. **– settlements** grensekolonier.
backside [ˈbækˈsaid] bakdel, ende, rumpe.
back|slide [ˈbækˈslaid] falle fra. **-slider** frafallen. **-stairs** [-stɛəz] baktrapp. **-stay** [-stei] bardun. **-ward** [ˈbækwəd] bakvendt; som slår tilbake; tungnem, langsom, sein,uvillig; unnselig.
backwards [ˈbækwədz] tilbake, baklengs.
backwash [ˈbækwɔʃ] motsjø, dragsug, kjølvannsbølger.
backwater [ˈbækwɔ:tə] stillestående vann, bakevje, høl; stagnasjon, dødvann; hamle, skåte.
backwoods [ˈbækwudz] urskog (i det vestl. Nord-Amerika); (fig.) fra bondelandet; hinsides folkeskikken.
backwoodsman [ˈbækwudzmən] rydningsmann, nybrottsmann, pioner; overhusmedlem som sjelden tar del i møtene.
backyard bakgård; (US) bakhage.
bacon [ˈbeikn] bacon, sideflesk; **bring home the –** tjene til maten.
bacteria [bækˈtiəriə] pl. av **bacterium.**
bacteriology [bækˈtiəriˈɔlədʒi] bakteriologi.
bacterium [bækˈtiəriəm] bakterie.
bad [bæd] vond, slett, slem; skadelig; syk, dårlig; råtten; falsk; **a – cheque** en sjekk uten dekning; **– language** skjellsord, banning.
bade [bæd] imperf. av **bid.**
Baden [ˈbɑ:dn].
badge [bædʒ] kjennetegn, merke, ordenstegn, emblem, skilt.
badger [ˈbædʒə] grevling; pensel av grevlinghår; erte, forfølge, plage. **– -legged** [-legd] låghalt.
badinage [bædiˈnɑ:ʒ] skjemt, spøk.
badly [ˈbædli] slett; slemt; dårlig; **– wounded** hardt såret; **I want it –** jeg trenger det sårt.
badminton [ˈbædmintən] badminton.
badness [ˈbædnis] sletthet, ondskap.
bad-tempered [ˈbædtempəd] oppfarende, sur.
Baedeker [ˈbeidikə] Baedeker. **– raids** (slang) tyske luftangrep våren 1942 som hevn for Lübeck, fortrinnsvis rettet mot de engelske byer med to stjerner i Baedekers reisehåndbok.
baffle [ˈbæfl] lydskjerm (i høyttaler); narre, drive gjøn med; forvirre, forbløffe; avlede, snu; forpurre; trosse.
bag [bæg] sekk; pose; veske; taske; legge i sekk; skyte (vilt), nedlegge; svulme opp, pose; pose seg.
bagasse [bəˈgæs] bagasse, utpressede sukkerrør.
bagatelle [bægəˈtel] bagatell, småting.
baggage [ˈbægidʒ] tross; tøyte; bagasje, reisetøy; **bag and –** (med) rubb og stubb, med pikk og pakk; **– (claim) check** bagasjebevis, bagasjekvittering.
bagging [ˈbægiŋ] sekkestrie.
bagging [ˈbægiŋ] svulmende.
baggy [ˈbægi] poset, pløset; **his trousers were – at the knees** han hadde knær i buksene, folder.
bagman [ˈbægmən] handelsreisende.
bagpipe [ˈbægpaip] sekkepipe.
bagpiper [ˈbægpaipə] sekkepiper.
bag snatcher [ˈbægˈsnætʃə] veskenapper.
bah [bɑ:] pytt! blås! snakk!
Bahamas [bəˈhɑ:məz]: **the –.**
bail [beil] kausjon; kausjonist; løslate mot kausjon; gå god for; **– out** få løslatt ved å stille kausjon; (fig.) hjelpe ut av en knipe.
bail [beil] øse; **– out** hoppe ut i fallskjerm.
bailer [ˈbeilə] øsekar.
Bailey [ˈbeili]: **the Old –** rettslokale i London.
bailiff [ˈbeilif] lensmann, foged, fut, stevnevitne, rettsbetjent, underordnet gårdsbestyrer.
bailiwick [ˈbeiliwik] område, jurisdiksjon.
bailment [ˈbeilmənt] løslating mot kausjon.
bail-rod papirholder (på skrivemaskin).
bailsman [ˈbeilzmən] kausjonist.
bairn [bɛən] (skotsk) barn.
bait [beit] lokkemat, beite, agn, åte; sette agn på, agne, egne; egge, terge; **swallow the –** bite på kroken.
baiter [ˈbeitə] plageånd, ertekrok.
baize [beiz] bai (slags flanell).
bake [beik] bake; steke; brenne.
baker [ˈbeikə] baker; **–'s dozen** tretten. **– -legged** [ˈbeikəlegd] kalvbeint.
baking [ˈbeikiŋ] baking; bakst, bake-; stekende. **– tin** kakeform. **– tray** stekeplate.
baksheesh, bakshish [ˈbækʃi:ʃ] drikkepenger, gave; bestikkelse.
balalaika [bæləˈlaikə] balalaika.
balance [ˈbæləns] vektskål; likevekt; balanse; motvekt; sammenligning; overskudd, saldo; svinghjul (i et ur); veie; holde i likevekt; gjøre opp, saldere (regnskap); overveie; være rådvill; **a pair of balances** en vekt. **– sheet** status(oppgjør).
balcony [ˈbælkəni] altan, balkong.
bald [bɔ:ld] skallet; naken; fargeløs, fattig.
baldachin [ˈbɔ:ldəkin] baldakin, tronhimmel.
baldly [ˈbɔ:ldli] uten omsvøp, likefrem, endefram.
baldness [ˈbɔ:ldnis] skallethet, nakenhet.
balderdash [ˈbɔ:ldədæʃ] lapskaus; tøv, tull, vrøvl.
baldric [ˈbɔ:ldrik] belte, bandolær.
Baldwin [ˈbɔ:ldwin].
bale [beil] balle; pakke inn, emballere.
bale [beil] øse (en båt), lense.
bale [beil] kval, elendighet.
baleen [bəˈli:n] barde (på hval), fiskebein. **– whale** bardehval.
baleful [ˈbeilf(u)l] ødeleggende, dødbringende.
Balfour [ˈbælfuə].
Baliol [ˈbeiljəl].
balk [bɔ:k] skuffe, narre; spotte; bjelke, ås; åkerrenne; hindring, sperre; tabbe, feil.
Balkan [ˈbɔ:lkən].
ball [bɔ:l] ball, kule; nøste; klode; ball (selskap); ball (på fot, hånd); **-s** pl. (testikler) baller (som interj. uttrykk for misbilligelse) **-s!** tull! sprøyt! forme som en ball, el. kule; **have a –** ha det kjempegøy; **be on the –** være med på leken; **keep the – going** (el. **rolling**) holde det (f.eks. samtalen) gående; **– up** rote til, ødelegge, forkludre; **he's all -ed up** han har rotet seg helt bort, han er helt utafor.
ballad [ˈbæləd] ballade, folkevise; gatevise. **– -monger** [ˈmʌŋgə] viseselger, visedikter. **-ry** [ri] visediktning.
ballast [ˈbæləst] ballast; gruslag, grusing (på jernbanelinjen); ballaste, gruse.
ball bearing kulelager.
ballet [ˈbælei] ballett.
ballistics [bəˈlistiks] ballistikk.

balloon [bə'lu:n] ballong. – **barrage** ballongsperring. – **car** ballongkurv.
ballot ['bælət] stemmeseddel, skriftlig avstemning; stemmetall; loddtrekning; stemme med sedler; **vote by** – stemme med sedler. – **box** valgurne. – **rigging** valgfusk.
ball | pen, – -point (pen) kulepenn.
ballroom ['bɔ:lrum] ballsal.
balls-up (sl.) rot, kaos, skjære galskapen.
bally ['bæli] fordømt, helvetes.
ballyhoo ['bælihu:] reklamebrøl, larm, bråk, ballade.
ballyrag ['bæliræg] pøbelstreker.
balm [bɑ:m] balsam; balsamere; lindre.
Balmoral [bæl'mɔrəl].
balmy ['bɑ:mi] balsamisk, velluktende; legende; (sl.) sprø, skrullet.
baloney, balony [bə'ləuni] (sl.) tull, vrøvl, tullprat; (egl.) Bologna pølse.
balsam ['bɔ:lsəm] balsam. **-ic** [bɔ:l'sæmik, bæl-] balsamisk.
Baltic [bɔ:ltik] baltisk; **the** – Østersjøen.
Baltimore ['bɔ:ltimɔ:].
baluster ['bæləstə] sprosse i rekkverk. **balustrade** [bælə'streid] rekkverk, gelender.
bamboo [bæm'bu:] bambus.
bamboozle [bæm'bu:zl] snyte, jukse, bedra.
ban [bæn] bann; lysing, kunngjøring, forbannelse, forbud; forby, bannlyse.
banal [bə'nɑ:l] banal.
banality [bə'næliti] banalitet.
banana [bə'nɑ:nə] banan.
band [bænd] bånd; bind; flokk, bande; glatt ring; forbindelse, forening; band, musikk-korps.
bandage ['bændidʒ] bind, bandasje, forbinding; forbinde.
Band-Aid (US varemerke) (heft)plaster, ≈ Norgesplaster.
bandbox ['bændbɔks] hatteske, pappeske.
bandeau [bæn'dəu] (hår)bånd, pannebånd.
banderole ['bændərəl] vimpel, banderole.
bandicoot ['bændiku:t] punggrevling, punghare.
bandit ['bændit] banditt, røver. **banditti** [bæn'diti] røvere, røverfølge.
bandmaster ['bændmɑ:stə] dirigent (særlig for danseork. el. jazzband).
bandog ['bændɔg] båndhund.
bandoleer [bændə'liə] skulderreim, bandolær.
band | saw båndsag. **-sman** musiker, orkestermedlem.
bandwagon ['bændwægən] orkestervogn i et opptog; **join the –, jump on the** – slutte seg til en populær bevegelse.
bandy ['bændi] bandykølle; bandy, et ballspill; kaste fram og tilbake; diskutere; utveksle.
bandy-legged ['bændilegd] hjulbeint.
bane [bein] bane, banesår; undergang; (gml) gift.
baneful skjebnesvanger, skadelig, giftig.
bang [bæŋ] banke, slå; dundre med; denge; pryle; slag, dunder, smell, brak. **bang!** bang!
banger ['bæŋə] knallfyrverkeri; skranglekasse (om bil); pølse, **-s' n mash** pølser og potetstappe.
Bangkok ['bæŋkɔk].
bangle ['bæŋgl] armring; ankelring.
bang-on ['bæŋɔn] i orden; rett på.
banian ['bæniən] kjøpmann (i India); (indisk) kjortel; indisk fikentre. – **day** fastedag. – **hospital** dyrehospital.
banish ['bæniʃ] bannlyse; forvise. **-ment** [-mənt] bannlysing, forvisning, utlegd.
banister ['bænistə] se **baluster.**
banjo ['bændʒəu] banjo.
bank [bæŋk] banke, haug, bakke, voll; kant, bredd; bank. – **account** bankkonto. – **bill** [-bil] bankveksel; (US) pengeseddel. **-book** bankbok. – **deposit** bankinnskudd. **-draft** bankanvisning, bankremisse. **banker** ['bæŋkə] bankier. **banker's| acceptance** bankaksept. – **bank** sentralbank. – **cheque** reisesjekk. – **credit** remburs.
bank holiday ['bæŋk'hɔlədi] alminnelig fridag (dager da bankene er lukket, i England: 2. påskedag, 2. pinsedag, siste mandag i august, 1. og 2. juledag; i Skottland: nyttårsdag, første mandag i mai og første mandag i august).
banking ['bæŋkiŋ] bankvesen, bankforretninger, bank-.
bank|note ['bæŋknəut] pengeseddel. – **rate** diskonto, bankrente.
bankrupt ['bæŋkrəpt] fallent. **bankruptcy** ['bæŋkrəpsi] bankerott, fallitt. – **act** konkurslov. – **petition** konkursbegjæring.
bank|roll pengesum; reise et beløp (for et spesielt formål), betale (gildet). – **safe** bankboks.
banner ['bænə] banner, merke, fane; (US) veldig fin.
bannock ['bænək] (skot.) lefse, flatbrød.
banns [bænz] lysing (til ekteskap); **ask the** – ta ut lysning.
banquet ['bænkwit] bankett, festmiddag, fest; beverte, feste. **-ing hall** festsal.
banquette (bæŋ'ket] skyteavsats; fotgjengerbru.
banshee ['bænʃi:] spøkelse, draug.
bant [bænt] ta avmagringskur, slanke seg.
bantam ['bæntəm] dverghøne; (i boksing) vektklasse som ikke overstiger 116 pounds; liten, kvikk fyr.
banter ['bæntə] spøke med; erte; godmodig gjøn, erting.
banzai ['bɑ(:)n'zai] (orientalsk) hurra. – **attack** voldsomt (selvmorderisk) angrep.
baptism ['bæptizm] dåp; – **of fire** ilddåp. **baptismal** [bæp'tizməl] dåps-, døpe-. **baptist** ['bæptist] baptist, døper. **St. John the Baptist** døperen Johannes. **baptistery** ['bæptistəri] dåpskapell, (bl. baptister) baptisterium. **baptize** [bæp'taiz] døpe.
bar s [bɑ:] stang, slå, bom, skranke; tverrtre; sprosse; stengsel, hindring, skille; sandbanke; rettsskranke; skjenk, disk; bar, skjenkestue; taktstrek; tverrbjelke (heraldisk); spak. v stenge, sette slå for; hindre, forby; stenge ute; unnta; underbinde; unntatt, så nær som; **below the** – nedenfor skranken (i Underhuset); **a – of soap** en stykke såpe; **examination for the** – juridisk eksamen; **go to (study for) the** – studere jus; **be admitted (be called** el. **go) to the bar** bli advokat; **-s and studs** lærknotter under fotballstøvler; – **none** uten unntak; – **one** på én nær.
Barabbas [bə'ræbəs].
barb [bɑ:b] skjegg el. snerp (på plantedeler); stråle (på fjær); mothake, pigg (på en krok el. pil), brodd; **barbed wire fence** piggtrådgjerde.
Barbados [bɑ:'beidəuz].
barbarian [bɑ:'bɛəriən] barbarisk; barbar. **barbaric** [bɑ:'bærik] barbarisk. **barbarism** ['bɑ:bərizm) barbari. **barbarous** ['bɑ:bərəs] barbarisk.
Barbary ['bɑ:bəri] Berberiet (i Nord-Afrika).

barbecue [ˈbɑ:bikju:] friluftsgrill (til steking), stekerist, hagegrill, barbecue(-mat).
barbel [ˈbɑ:bəl] skjeggkarpe; haketråd (hos fisk).
barber [ˈbɑ:bə] barber. **barber's block** parykkblokk. **barber's pole** barberskilt (en rød- og hvitstripet stang).
barberry [ˈbɑ:bəri] berberiss.
bar code EAN-kode, stripekode.
bard [bɑ:d] barde, skald.
bare [bɛə] bar, naken, snau; barhodet; blottet; **lay –** blotte. **-backed** uten sal. **– -bones** skjelett, beinrangel; (fig.) sakens kjerne. **– conductor** uisolert ledning. **-faced** frekk; skjeggløs; åpen og utilslørt. **-foot(ed)** barbeint. **barely** neppe, med nød og neppe.
bargain [ˈbɑ:gin] handel, kjøp; god handel, godtkjøp; spottpris; tinge, kjøpslå; bli enig; selge, avhende; forhandle; **– for** regne med; **into the –** attpå kjøpet; **make, strike a –** gjøre en handel, slutte en overenskomst. **– away** handle bort, tinge bort; **that is a –** det er en avtale; **-ing power** sterk forhandlingsposisjon.
barge [bɑ:dʒ] sjefsbåt (på orlogsskip), lystbåt; pram, lekter. **bargee** [ˈbɑ:dʒi:] lektermann.
barge pole stag; **I wouldn't touch him with a –** jeg ville ikke ta på ham med en ildtang.
bar iron [ˈbɑ:raiən] stangjern.
baritone [ˈbæritəun] baryton.
bark [bɑ:k] bark; barkskip.
bark [bɑ:k] gjø, bjeffe, søke; gjøing, glam.
bark [bɑ:k] bark; kinabark; avbarke.
barkeeper [ˈbɑ:ki:pə] barkeeper, vertshusholder.
barker [ˈbɑ:kə] (sl.) pistol; utroper.
barley [ˈbɑ:li] bygg. **-corn** [-kɔ:n] byggkorn; **John Barleycorn** whisky. **– sugar** brystsukker, maltsukker.
barm [bɑ:m] berme, gjær.
barmaid [ˈbɑ:meid] oppvartningspike, barpike.
barman [ˈbɑ:mən] bartender.
barmy [ˈbɑ:mi] gjærende, skummende; gal, vill, sprø.
barn [bɑ:n] lade, løe, låve; (US) stall, fjøs; rønne.
barnacle [ˈbɑ:nəkl] andeskjell (langhals); fagergås; pl. nesejern, grime (til hest), (sl.) neseklemmer.
barnstormer omreisende skuespiller, foredragsholder.
barnyard tun, plass rundt låve. **– humour** drengestuehistorier. **– fowl** fjærfe, høns.
barometer [bəˈrɔmitə] barometer.
baron [ˈbærən] baron (laveste grad av nobility); (US) (industri)magnat. **-ess** [-nis] baronesse. **-et** [-net] baronett (høyeste grad av gentry).
baroque [bəˈrɔk] barokk.
barouche [bəˈru:tʃ] firhjult kalesjevogn.
barrack(s) [ˈbærək(s)] kaserne, brakke.
barrage [ˈbærɑ:ʒ, ˈbæridʒ] demning, stengsel; sperreild. **– balloon** sperreballong.
barratry [ˈbærətri] svik, forfalskning; baratteri.
barred [bɑ:d] stripet, tverrstripet; tilgitret.
barrel [ˈbærəl] tønne, fat (159 l), hul ting; løp (på en børse); trommel; valse; legge el. pakke i tønne. **-led** med løp. (f.eks.) **single -led** enkeltløpet (om gevær); i tønner, i fat. **– organ** lirekasse.
barren [ˈbærən] gold; ufruktbar; tørr; **– of** blottet for.
barricade [bæriˈkeid] barrikade; barrikadere.
barrier [ˈbæriə] barriere; bom; grense; skranke; hindring. **– wall** brystning.
barring [ˈbɑ:riŋ] unntatt; **– accidents** om ikke noe uforutsett hender.
barrister [ˈbæristə] advokat, sakfører.
barroom skjenkestue.
barrow [ˈbærəu] trillebår, dragkjerre; kjempehaug.
barrowman gateselger.
bartender bartender.
barter [ˈbɑ:tə] tuske, bytte; tuskhandel, byttehandel.
Bartholomew [bɑ:ˈθɔləmju:] Bartolomeus.
bartizan [bɑ:tiˈzæn) hjørnetårn.
barytone [ˈbæritəun] baryton.
basal [ˈbeisl] fundamental, basal, grunn-.
basalt [ˈbæsəlt] basalt.
base [beis] lav; dyp (om toner); uedel (om metaller); lav, simpel; nedrig, foraktelig.
base [beis] basis; grunnflate; fotstykke; nederste ende; base; basere, grunnlegge; gjøre ringere. **-ment** [-mənt] kjelleretasje; sokkel, basis. **-ness** [-nəs] dybde (en tones); ringhet; nedrighet, sletthet, gemenhet.
baseball [ˈbeisbɔ:l] baseball, amerikansk ballspill.
base | camp hovedleir. **– metal** uedelt metall; sveiseemne; hovedbestanddel i en legering. **– model** grunnmodell. **– plate** underlagsplate.
bash [bæʃ] slå, dra til.
bashful [ˈbæʃful] skamfull, unnselig, sjenert.
basic [ˈbeisik] basisk; grunn-; **Basic English** et forenklet engelsk. **– industries** råvareindustrier. **– research** grunnforskning.
basilisk [ˈbæzilisk] basilisk (et fabeldyr).
basin [ˈbeisn] kum; vannfat, basseng, bekken.
basis [ˈbeisis] basis; fotstykke; (fig.) grunnvoll, grunnlag.
bask [bɑ:sk] bake, varme seg; sole, varme.
basket [ˈbɑ:skit] kurv, ballongkurv; pakke i kurv. **– chair** kurvstol. **basketry, basketwork** kurvarbeid, kurvfletting.
Basque [bæsk] basker; baskisk.
bas-relief [ˈbæsrili:f] basrelieff.
bass [beis] bass. – [bæs] havåbor.
Bass [bæs] (varem.) (mørk øltype).
bassinet [bæsiˈnet] barnevogn, babykurv.
bassoon [bəˈsu:n] fagott.
basswood [ˈbeiswud] amerikansk lind.
bast [bæst] bast.
bastard [ˈbæstəd] uekte barn, bastard; slubbert; imitert, uekte.
baste [beist] dryppe (en stek).
baste [beist] neste, tråkle, folde, rynke (om søm).
baste [beist] pryle, smøre opp.
bastinado [bæstiˈneidəu] bastonade; stokkeslag, pryl; pryle.
bastion [ˈbæstiən] bastion.
bat [bæt] balltre; stykke (murstein); kølle (i cricket, baseball); slå med et balltre.
bat [bæt] flaggermus.
bat [bæt]; **– the eyes** blunke; **without batting an eyelid** uten å blunke, uten å fortrekke en mine.
batata [bæˈtɑ:tə] søtpotet.
Batavia [bəˈteivjə].
batch [bætʃ] bakning, bakst; samling; flokk; lag; sleng, slump.
batchy [ˈbætʃi] tosket.
bate [beit] forminske, minke på, slå av.
bath [bɑ:θ] bad; badekar; badeværelse; badean-

stalt; badested; **to have a –** ta et bad, bade (i badekar).
Bath [bɑ:θ]; **– brick** pussestein; **– chair** rullestol.
bathe [beið] bade; bade seg; bad (i det fri).
bathing | costume badedrakt. **– machine** [ˈbeiðiŋmə-ˈʃi:n] badevogn. **– suit** badedrakt. **– wrap** badekåpe.
bathos [ˈbeiθɔs] antiklimaks, flau avslutning.
bath|robe badekåpe; slåbrok. **-room** baderværelse; (US ofte også) toalett. **-tub** badekar.
batiste [bəˈtist] batist (slags stoff).
batman [ˈbætmən] (mil.) opp-passer.
baton [ˈbætən] taktstokk; kommandostav; politikølle; stafett(pinne).
batsman [ˈbætsmən] forsvarer i cricket.
battalion [bəˈtæljən] bataljon.
batten [ˈbætn] meske, gjø, fete, meske seg.
batten [ˈbætn] planke; skalke.
batter [ˈbætə] slå; skamslå; beskyte; røre, deig; **battered** medtatt (bulet), ramponert, ødelagt.
batterpudding [ˈbætəpudiŋ] en slags pudding laget av mel, egg og melk.
battery [ˈbætəri] batteri; gruppe, sett; (jur.) overfall, vold.
battle [ˈbætl] slag; kamp; kjempe, stride; **fight a –** kjempe et slag; **lose the –** tape slaget, forspille seieren; **pitched –** regulært slag; **recover the –** gjenvinne seieren. **– array** [-əˈrei] slagorden. **– axe** [-æks] stridsøks; sint kvinnfolk, gammelt rivjern. **– -bowler** (sl.) soldats stålhjelm. **– cruiser** slagkrysser. **-dore** [-dɔ:] racket. **– fatigue** kamptretthet. **-field** [-fi:ld] slagmark. **-ment** [-mənt] murtind; brystvern. **– piece** slagmaleri. **-plane** stort kampfly. **– royal** kamp der flere parter deltar; voldsom kamp. **-ship** slagskip. **-some** stridslysten. **-wise** krigstrent. **– -worthy** slagkraftig.
battue [bəˈtu:] klappjakt; nedslakting.
batty [ˈbæti] skrullet, dum, skjør.
bauble [ˈbɔ:bl] barneleke; tufs; flitterstas, tant.
bauxite [ˈbɔ:ksait] bauxitt.
Bavaria [bəˈvɛəriə] Bayern. **Bavarian** [bəˈvɛəriən] bayersk, bayrer.
bawbee [bɔ:ˈbi:] halvpenny (skot.); pl. penger, gryn.
bawd [bɔ:d] rufferske.
bawdy [ˈbɔ:di] slibrig. **-house** horehus.
bawl [bɔ:l] skråle, skrike, vræle; skrål, skrik,vræl.
bay [bei] bukt, vik; kverndam; rom, avdeling, bås (i restaurant); dør- el. vindusåpning; mave.
bay [bei] rødbrun; rødbrun hest.
bay [bei] gjø; halse; gjøing; nødverge; nød; **be** (el. **stand) at –** gjøre fortvilet motstand (om vilt, som vender seg mot hundene); **keep at –** holde unna, holde fra seg, holde fra livet.
bay [bei] laurbærtre, laurbær.
bayadere [bɑ:jəˈdiə] bajadere.
bayonet [ˈbeiənit] bajonett.
bay | window [ˈbeiˈwindəu] karnappvindu. **– yarn** [-jɑ:n] ullgarn.
bazaar [bəˈzɑ:] basar.
bazooka [bəˈzu:kə] bazooka, rekylfri panservernrakettkaster.
B. B. C. fk. f. **British Broadcasting Corporation.**
bbl(s) fk. f. **barrel(s).**
B. C. fk. f. **before Christ; British Council; British Canada; British Columbia.**
BCD fk. f. **barrels per calendar day.**
B. C. L. fk. f. **Bachelor of Civil Law.**
B. D. fk. f. **Bachelor of Divinity.**
b/d fk. f. **barrels per day.**
be [bi:] være, være til; skje, finne sted; koste; bli (srl. til å danne passiv); **– in** være hjemme; **– in for it** ha innlatt seg på det; **– right, wrong** ha rett, urett; **I must – off** jeg må av sted.
B. E. fk. f. **British Empire.**
B. E. A. fk. f. **British East Africa; British European Airways.**
beach [bi:tʃ] strand, strandbredd, fjære; sette på land, legge til land, hale i land. **– buggy** strandloppe (biltype med store dekk for kjøring i sand), strandbil. **-comber** [ˈbi:tʃkəumə] stor, lang bølge som ruller inn fra havet mot stranden; løsgjenger som lever av å bomme sjøfolk i havnebyer, strandboms; en som samler vraktømmer etc. **– grass** marehalm. **-head** fotfeste, bruhode.
beach-la-mar [bi:tʃlɑˈmɑ:] (engelsk-malayisk pidgin).
beacon [ˈbi:kən] sjømerke, båke; baun; varde; fyr; trafikkfyr; veilede; lyse for.
bead [bi:d] liten kule; perle; rosenkrans; knopp; siktekorn; vulst, bead (i bildekk); **tell one's -s** lese sin rosenkrans; **draw a – on** sikte på, ta på kornet; **string -s** træ perler. **– base** beadfot. **– core** trådkjerne.
beadle [ˈbi:dl] kirketjener; universitetspedell.
beadroll [ˈbi:drəul] liste, fortegnelse.
beadsman [ˈbi:dzmən] fattiglem, tigger.
beadwork [ˈbi:dwə:k] perlebroderi; perlebrodert.
beady [ˈbi:di] perleaktig, perlebrodert; perlende.
beagle [ˈbi:gl] liten harehund; (fig.) snushane.
beak [bi:k] nebb; snabel; snyteskaft; tut.
beaker [ˈbi:kə] beger.
beam [bi:m] bjelke; ås; veverbom; vektstang; vognstang; skåk; dekksbjelke, dekksbredde; stråle, lysstråle; **high –** fjernlys (bil); **kick the –** vippe i været, bli funnet for lett; **on the weather –** tvers til lovart; **– on** se på med et strålende smil.
beam end bjelkehode, skipsside; **on her –** på siden, ligge helt over; (fig.) være nedfor, på knærne.
beamy [ˈbi:mi] bred, brei, svær; strålende.
bean [bi:n] bønne; **-s** (sl.) gryn, penger; **full of -s** ellevill, full av liv; **give him -s** (sl.) straffe ham, skjenne på ham. **-feast** personalfest. **-less** pengelens, blakk. **– stalk** bønnestengel.
bear [bɛə] bjørn; baissespekulant; **the Great Bear** (stjernebildet) Store bjørn.
bear [bɛə] bære; bringe; føre; støtte; utholde, tåle; oppføre seg; føde (perf. pts. **borne;** i betydn. født: **born,** unntatt etter **have** og foran **by); I was born in 1914** jeg er født i 1914; **born of, borne by** født av; **– one a grudge** bære nag til en; **– a part in** ha del i; **– witness to** vitne om; **– one company** holde en med selskap; **he bore himself** han førte seg, hans holdning var; **– against** ligge an mot; **– down** overvelde, overvinne; renne i senk; kom igjen! press på! **– down upon** seile mot; **– in mind** huske på; **– on** vedrøre, angå; **– out** støtte; stadfeste; **– up** holde oppe, ikke fortvile; **– up under afflictions** holde seg oppe i motgang; **– with** bære over med.
bearable [ˈbɛərəbl] utholdelig.
beard [ˈbiəd] skjegg (især om hakeskjegg; også

om skjegg på aks, snerp); trosse. **-ed** [-id] skjegget. **-less** [-lis] skjeggløs.
bearer [ˈbɛərə] bærer (f.eks. av kiste); overbringer (f.eks. av brev el. anvisning), ihendehaver.
bear garden [ˈbɛəgɑ:dən] rabaldermøte.
bearing [ˈbɛəriŋ] holdning; retning; peiling; avling; lager (i maskin); **the question in all its -s** saken fra alle sider; **have lost my -s** kan ikke orientere meg.
bearish [ˈbɛəriʃ] grov, plump; pessimistisk.
bear leader [ˈbɛəˈli:də] bjørnetrekker.
beast [bi:st] dyr (firbent); best, udyr. **– fable** dyrefabel. **-ings** råmelk. **-liness** [-linəs] råskap. **-ly** dyrisk, bestialsk; avskyelig; **-ly drunk** full som et svin.
beat [bi:t] v slå; pryle; banke; bane (sti el. vei). overvinne; slå på; gjennomstreife; treske; hamre ut; snyte, komme i forkjøpet; (fig.) gjennomtråle, søke. s slag; taktslag; tikking (av klokke); distrikt (en politimanns), runde. **– a way** bane seg vei; **– about** prøve på forskjellige måter; **– the air** fekte i luften; **– one's brains out** vri hjernen; **– about the bush** gå som katten om den varme grøten; søke høyt og lavt; **– down** slå til jorda, slå over ende; **beaten down** nedslått; **the sun was beating down on my head** solen stekte på hodet mitt; **– into** innprente; **– time** slå takt; **that -s me** jeg skjønner ikke, det der begriper jeg ikke; **– it!** forsvinn! stikk av!
beat [bi:t] slått, utkjørt; **I'm dead –** jeg er helt ferdig, utkjørt.
beaten [ˈbi:tn] perf. pts. av **beat;** pisket, slått; hamret; opptråkket; **the – track** den slagne landevei; **– -up** ødelagt, ramponert.
beater [ˈbi:tə] klapper (på jakt); eggepisker.
beatify [biˈætifai] gjøre lykkelig; erklære (en avdød) for salig.
beating [ˈbi:tiŋ] banking; bank; drakt pryl; nederlag; **take a –** få bank, lide nederlag.
beatitude [biˈætitju:d] salighet; saligprisning.
beatnik [ˈbi:tnik] (US) bohemungdom (bevegelse med en viss samfunnsfiendtlig innstilling).
beau [bəu] laps, sprett, motenarr; kjæreste.
beauteous [ˈbju:tiəs] skjønn, fager.
beautician [bju:ˈtiʃən] skjønnhetsekspert, skjønnhetssalong.
beautiful [ˈbju:tiful] skjønn, fager, deilig, fin.
beautify [ˈbju:tifai] forskjønne, smykke.
beauty [ˈbju:ti] skjønnhet; praktgjenstand, prakteksemplar. **– culture** skjønnhetspleie. **– parlour** skjønnhetssalong. **– preparation** skjønnhetsmiddel. **– sleep** skjønnhetssøvn (før midnatt). **– spot** skjønnhetsplett; naturskjønt sted.
beaver [ˈbi:və] bever; beverskinn; kastorhatt (av beverhår); hjelmgitter, visir; fullskjegg; mann med fullskjegg. **– lodge** beverhytte.
beavery [ˈbi:vəri] beverhytte.
bebop [ˈbi:bɔp] en slags jazzmusikk, bebop.
becalm [biˈkɑ:m] berolige; **be -ed** få vindstille.
became [biˈkeim] imperf. av **become.**
because [biˈkɔz] fordi, da, ettersom; **– of** på grunn av.
beck [bek] bekk.
beck [bek] vink.
becket [ˈbekit] knebel; stropp.
beckon [ˈbekən] vinke, vinke til. **-ing** dragende.
become [biˈkʌm] bli; sømme seg; kle; passe seg. **becoming** [-iŋ] passende; kledelig.
bed [bed] seng; bed; elvefar, leie; lag; vange (i dreiebenk); underlag; plante i bed; **– and board** kost og losji; **in –** i sengen; **go to –** gå til sengs; **keep one's –** holde sengen; **take to one's –** gå til sengs (om en syk); **make a –** re opp en seng; **you must lie in the – you have made** som man reder, så ligger man; **be brought to – of** bli forløst med; nedkomme med; **the – of the sea** havbunnen; **– of coal** kull-leie; **– of ashes** askelag.
bedaub [biˈdɔ:b] søle til, smøre til.
bed|bug [ˈbedbʌg] vegglus. **-cap** nattlue. **-chamber** soveværelse. **– chart** temperaturkurve ved sykeseng. **-clothes** sengeklær. **– cot** køye. **-cover** sengeteppe.
bedding [ˈbediŋ] sengklær; underlag; bedding.
Bede [bi:d] Beda.
bedeck [biˈdek] pynte, pryde, utstaffere.
bedevil [biˈdevl] forhekse; plage; forkludre.
bedew [biˈdju:]dogge, dugge.
bed|fast sengeliggende. **-fellow** sengekamerat; (fig.) medarbeider. **-head** hodegjerde.
bedim [biˈdim] fordunkle, dimme.
bedizen [biˈdaizn] utstaffere, spjåke ut.
bedlam [ˈbedləm] sinnssykeanstalt, galehus; kaos, skrik og skrål.
bedlamite [ˈbedləmait] sinnssyk, forrykt person.
bed|maker rengjøringskone. **-mate** sengekamerat. **-pan** (syke)bekken. **-post** sengestokk; **in the twinkling of a -post** på røde rappet.
bedraggle [biˈdrægl] søle til, rakke til.
bed|ridden sengeliggende. **-rock** grunnfjell, fjellgrunn; det faste grunnlag. **-room** soveværelse, soverom. **-room town** soveby. **-side** sengekant; **at the -side** ved sengen. **-sore** liggesår. **-spread** sengeteppe. **-stead** [ˈbedsted] seng. **-straw** (plante) sengehalm. **-strings** stropper (som bærer madrassen). **-tick** dynetrekk. **-time** sengetid. **– wetter** sengevæter.
bee [bi:] bie; (US) sammenkomst til felleshjelp (dugnad, doning) el. i velgjørende øyemed; **have a – in one's bonnet** ha en skrue løs; ha dilla. **-bread** biebrød.
beech [bi:tʃ], **-tree** bøk.
beef [bi:f] oksekjøtt, okseslakt; okse; futt og kraft; slakte; **– up** forsterke, styrke.
beefeater [ˈbi:fi:tə] oppsynsmann (i Tower), livgardist.
beefsteak [ˈbi:fsteik] biff.
beef tea [ˈbi:fˈti:] kjøttekstrakt, sodd, buljong.
beehive [ˈbi:haiv] bikube.
beeline [ˈbi:ˈlain] luftlinje, beinvei; **make a – for** sette kursen rett mot.
Beelzebub [biˈelzibʌb] Beelsebul.
beemaster birøkter.
been [bi:n, bin] perf. pts. av**be.**
beeper [ˈbi:pə] piper, personsøker.
beer [biə] øl; **small –** tynt øl; småting.
beestings [ˈbi:stiŋz] råmelk.
beeswax [ˈbi:zwæks] bivoks; bone (med boks).
beet [bi:t] bete (plante).
beetle [ˈbi:tl] bille, tordivel; kølle; jomfru (til brulegging); liten bil, asfaltblemme; rage fram, true. **-browed** med buskete øyenbryn.
Beeton [ˈbi:tən] **Mrs –** (forfatterinnen av Englands mest kjente kokebok) ≈ Schønberg Erken, **look it up in Mrs –** se etter i S.E.
beet|radish alm. bete (plante). **-root** rødbete. **– sugar** roesukker.
B. E. F. fk. f. **British Expeditionary Force.**
befall [biˈfɔ:l] tilstøte, times, hende, vederfares.

befit [bi'fit] passe for, sømme seg.
befog [bi'fɔg] omtåke; forvirre.
befool [bi'fu:l] holde for narr.
before [bi'fɔ:] før, foran; i nærvær av; overfor; fram for; førenn; **– Christ** før Kristi fødsel; **– God** ved Gud; **sail – the mast** være menig matros; **– long** om en liten stund; **come – the House** tre fram for tinget; **this war which is – Europe** denne krig, som Europa står overfor.
beforehand [bi'fɔhænd] på forhånd; i forveien; på forskudd; tidligere; **be – with** komme i forkjøpet.
beforementioned [bi'fɔ:menʃənd] før nevnt.
befoul [bi'faul] besudle, grise til, gjøre uren.
befriend [bi'frend] vise velvilje imot; hjelpe.
befuddle [bi'fʌdl] gjøre omtåket.
beg [beg] be om, anmode om, utbe seg; tigge; **– off** be seg fritatt, trekke seg tilbake; **– one's leave** be en om tillatelse; **I – you a thousand pardons** jeg ber Dem tusen ganger om forlatelse; **(I) – your pardon** unnskyld; hva behager? **– the question** ta som selvsagt nettopp det som skulle bevises; **I – to ...** jeg tillater meg å ...
begad [bi'gæd] min santen, sannelig.
began [bi'gæn] imperf. av **begin.**
beget [bi'get] avle.
beggar ['begə] tigger; bringe til tiggerstaven; **-s can't be choosers** fattigfolk får ta hva de får; **lucky –** heldiggris; **poor little –** stakkars liten; **– all description** være over all beskrivelse. **-ly** fattig, ussel.
beggary ['begəri] armod, tigging; bosted for tiggere.
begin [bi'gin] begynne, begynne på, ta til med. **-ner** begynner. **-ning** begynnelse, førstning.
begird [bi'gə:d] omgjorde, omgi.
begone [bi'gɔn] ut! gå med deg! forsvinn!
begonia [bi'gəunjə] begonia.
begot [bi'gɔt] imperf. av **beget.**
begrime [bi'graim] grime til, søle til.
begrudge [bi'grʌdʒ] misunne.
beguile [bi'gail] lokke, forlokke, friste, narre; fordrive (tiden).
begum ['bi:gəm] (indisk) fyrstinne.
begun [bi'gʌn] perf. pts. av **begin.**
behalf [bi'hɑ:f] nytte, beste; vegne; **in his –** til hans beste; **on his –** på hans vegne.
behave [bi'heiv] oppføre seg, oppføre seg skikkelig; **ill-behaved** uoppdragen; **well-behaved** veloppdragen. **behaviour** [bi'heivjə] oppførsel, atferd; holdning. **behaviourism** [bi'heivjərizm] behaviorisme, atferdspsykologi.
behead [bi'hed] halshogge.
beheld [bi'held] imperf. og perf. pts. av **behold.**
behest [bi'hest] bud, påbud, befaling.
behind [bi'haind] bak, bakdel, ende; bakpå, bakved, baketter, tilbake; **be – with** være på etterskudd med; **leave –** la bli tilbake; **from –** bakfra.
behindhand [bi'haindhænd] tilbake, i etterhånden; tilbakestående; på etterskudd i pengesaker.
behold [bi'həuld] se, skue, betrakte, iaktta.
beholden [bi'həuldn] forbunden, takk skyldig.
behoof [bi'hu:f] gagn, nytte, beste, interesse.
behove [bi'həuv] behøves, sømme seg.
being ['bi:iŋ] være, tilværelse, tilvære, liv, skapning, vesen; nærværende; **call into –** skape, fremkalle.
bejesus [bi'dʒi:zəs] ved Gud!
bejewelled [bi'dʒu:əld] juvelbehengt.
belabour [bi'leibə] bearbeide, slå løs på, overfalle, angripe.
belated [bi'leitid] sent ute, forsinket.
belaud [bi'lɔ:d] lovprise.
belay [bi'lei] gjøre fast.
belch [beltʃ] rape, (fig.) utspy; rap, oppstøt, utbrudd. **-er** (prikket) halstørkle.
beldam ['beldəm] heks, gammel hurpe.
beleaguer [bi'li:gə] beleire, kringsette; plage.
Belfast [bel'fɑ:st].
belfry ['belfri] klokketårn, støpul.
Belgian ['beldʒiən] belgisk; belgier.
Belgium ['beldʒiəm] Belgia.
Belial ['bi:ljəl].
belie [bi'lai] lyve på en, gi et feilaktig inntrykk av, gjøre til skamme; **it does not – its name** det svarer til sitt navn.
belief [bi'li:f] tro; tiltro; trossetning, lære; **beyond –** utrolig.
believable [bi'li:vəbl] trolig.
believe [bi'li:v] tro; mene, anta; tro, tenke; **I – you** det skulle jeg mene; **– in** tro på (eksistensen, tilrådeligheten, virkningen av, f.eks. **– in God: – in ghosts).**
belittle [bi'litl] forkleine, gjøre dårligere enn det er, redusere.
bell [bel] klokke; bjelle; (mar.) glass, halvtime; henge bjelle på; **-s** pl. klokkespill; **ring the –** ringe; **the – rings** det ringer; **answer the –** lukke opp (når det ringer); **with -s on** så det forslår, etter alle kunstens regler; **with – book and candle** etter alle kunstens regler.
belladonna [belə'dɔnə] belladonna.
bell|boy pikkolo. **– buoy** klokkebøye. **– cord** klokkestreng.
belle [bel] skjønnhet (ɔ: skjønn kvinne).
belles-lettres ['bel'letr] skjønnlitteratur.
bell|flower klokkeblom. **– glass** glassklokke. **-hop** pikkolo.
bellicose ['belikəus] krigersk, stridbar.
belligerent [be'lidʒərənt] krigførende, krigersk.
bellman ['belmən] utroper.
bellow ['beləu] brøle; raute, larme; brøl, raut.
bellows ['beləuz] blåsebelg, puster.
bell|pull ['belpul] klokkestreng, klokkesnor. **– push** trykknapp, ringeknapp. **-rope** klokketau. **– shape** klokkeform. **-wether** bjellesau; (fig.) leder, anfører.
belly ['beli] buk, mage, underliv; svulme. **-ache** mageknip; klage, syte. **-band** bukgjord. **– dancer** magedanserinne. **– laughter** hjertelig latter.
belong [bi'lɔŋ] **to** tilhøre, vedkomme; høre til.
belongings [bi'lɔŋiŋz] eiendeler, habengut; pårørende.
beloved [bi'lʌv(i)d] elsket; avholdt.
below [bi'ləu] under, nedenunder, nede; i underverdenen, i helvete; ned under dekket, ned i kahytten.
belt [belt] belte; drivreim, reim; omgjorde; spenne; fare, løpe; **strike below the –** slå nedenfor beltestedet, bruke uhederlige kampmidler. **– conveyor** samlebånd, transportbånd. **– drive** remdrift. **-ed tyre** beltedekk, radialdekk.
belvedere ['belvidiə] utsiktstårn, -værelse.
B. E. M. fk. f. **British Empire Medal.**
bemire [bi'maiə] søle til, tilsmusse.
bemoan [bi'məun] gråte for, jamre over.
bemuse [bi'mju:z] forvirre, omtåke.

Ben fk. f. Benjamin. **Big Ben** tårnklokken i parlamentsbygningen.
Benares [biˈnɑ:riz].
bench [ben(t)ʃ] benk; høvelbenk; drivhusbenk; dommersete; dommere, domstol; biskoper; benke; **Queen's Bench Division** hovedavdelingen av overretten. **bencher** [ˈben(t)ʃə] ledende medlem av juristkollegium.
bend [bend] spenne (en bue); bøye, krøke; rette; bøye el. bukke seg; bøyning, krumning; kurve, veisving; **the -s** dykkersyke; **bent on** oppsatt på, ivrig etter; **– over backwards** (fig.) være altfor ivrig, gjøre sitt ytterste.
bender [ˈbendə] (sl.) sixpence; fyllefest, sjøslag.
beneath [biˈni:θ] under; nede; nedenunder.
Benedictine [beniˈdikti:n] benediktinermunk; benediktinerlikør.
benediction [beniˈdikʃən] velsignelse, signing, vigsel.
benefaction [beniˈfækʃən] velgjerning. **benefactor** [ˈbenifæktə] velgjører. **benefactress** [beniˈfæktris] velgjørerinne.
benefice [ˈbenifis] prestekall. **-ence** [biˈnefisəns] godgjørenhet. **-ent** [biˈnefisənt] godgjørende. **-ial** [beniˈfiʃəl] velgjørende, heldig, gagnlig.
benefit [ˈbenifit] velgjerning, gagn, fordel, nytte, beste; benefise; stønad; gagne; **for the – of** til beste for; **have the – of** nyte godt av; **give sb. the – of the doubt** la tvilen komme en tilgode; **– by** dra fordel av.
Benelux [ˈbeniˈlʌks] Beneluxlandene Belgia, Nederland, Luxembourg.
benet [biˈnet] besnære.
benevolence [biˈnevələns] velvilje; velgjerning; **benevolent** [biˈnevələnt] velvillig, menneskekjærlig; **– society** veldedighetsforening, understøttelsesforening.
Bengal [beŋˈgɔ:l, benˈgɔ:l] Bengal. **Bengalee** el. **Bengali** [beŋˈgɔ:li, benˈgɔ:li] bengalsk; bengaleser; bengali.
benighted [biˈnaitid] overrasket av natten, sent ute; uopplyst, i åndelig mørke.
benign [biˈnain] mild, kjærlig; gunstig; godartet. **benignity** [biˈnigniti] mildhet, vennlighet; velgjørende virkning.
benison [ˈbenisən] (poet.) velsignelse.
Benjamin [ˈbendʒəmin].
bent [bent] imp. og perf. pts. av **bend;** retning, tilbøyelighet, dragning; **follow one's –** følge sin lyst; **– on** oppsatt på.
bent [bent] stritt gras, kvein.
benumbed [biˈnʌmd] valen, nummen, stivnet; avstumpet, lammet.
benzine [ˈbenzi:n] bensin, srl. rensebensin.
benzoin [ˈbenzəuin] bensoe.
bepraise [biˈpreiz] lovprise.
bequeath [biˈkwi:ð, biˈkwi:θ] testamentere.
bequest [biˈkwest] testamente, arv, legat.
berate [biˈreit] rakke ned på, kritisere voldsomt.
Berber [ˈbə:bə] berber; berberspråk.
bere [biə] bygg.
bereave [biˈri:v] berøve; **the -d parents** de sørgende foreldre. **-ment** smertelig tap, sorg; **owing to -ment** på grunn av dødsfall (i familien).
bereft [biˈreft] imperf. og perf. pts. av **bereave.**
beret [ˈberit, ˈberei, bəˈrei] baskerlue, alpelue.
berg [bə:g] isfjell.
bergamot [ˈbə:gəmɔt] bergamott-pære (-tre, -olje).
beriberi [ˈberiˈberi] beriberi.
Berks [bɑ:ks] fk. f. **Berkshire** [ˈbɑ:kʃiə].
Berlin [bə:ˈlin, ˈbə:lin] Berlin; en slags vogn; limousin; **– blue** [ˈbə:linˈblu:] berlinerblått.
Bermuda [bəˈm(j)u:də]: **the -s** Bermudaøyene.
berry [ˈberi] bær; fiskeegg; hente, plukke bær.
berserk(er) [bə(:)ˈsə:kə] berserk, **run –** gå berserk.
berth [bə:θ] ankerplass; lugar; køyeplass; (fig.) plass, stilling; klappe til kai; anbringe på plass; **give a wide –** gå langt utenom.
beryl [ˈberil] beryll.
beseech [biˈsi:tʃ] be innstendig, bønnfalle (om).
beseem [biˈsi:m] sømme seg for.
beset [biˈset] beleire; kringsette, omringe; pryde, dekke med; **– by** plaget av; **-ting** altoverskyggende; **-ting sin** hovedsynd.
beshrew [biˈʃru:]: **– me if** Gud straffe meg om ...
beside [biˈsaid] ved siden av, ved; utenfor; **be – oneself** være fra seg selv; **that is – the point** det vedkommer ikke saken.
besides [biˈsaidz] dessuten; foruten; **something –** dessuten noe annet.
besiege [biˈsi:dʒ] beleire, kringsette.
besmear [biˈsmiə] smøre til, kline til.
besmirch [biˈsmə:tʃ] søle til, grise til.
besom [ˈbi:zəm] kost, sopelime; feie, sope.
besot [biˈsɔt] sløve (ved drikk); fordumme.
besought [biˈsɔ:t] imperf. og perf. pts. av **beseech.**
bespangled [biˈspæŋgld] besatt med paljetter.
bespatter [biˈspætə] overstenke, søle til; overfuse, skjelle ut; bakvaske.
bespeak [biˈspi:k] bestille, tinge; betinge seg, reservere; tyde på, bære vitne om. **– -night** benefiseforestilling. **bespoke department** bestillingsavdeling.
bespoke imperf. av **bespeak. bespoken** perf. pts. av **bespeak.**
bespoke [biˈspəuk] laget el. sydd etter mål, skreddersydd.
Bess [bes] fk. f. **Elisabeth.**
best [best] best; mest, høyest; vinne over, lure; **to the – of my ability** etter beste evne; **at – i** beste fall; **like –** like best; **make the – of** nytte på beste måte, utnytte; **– man** forlover.
bestial [ˈbestjəl] dyrisk. **-ity** [bestiˈæliti] dyriskhet. **-ize** [ˈbestjəlaiz] gjøre til et dyr; brutalisere.
bestir [biˈstə:] **oneself** ta seg sammen.
bestow [biˈstəu] overdra, skjenke; gi; vise. **-al** [-əl] overdragelse.
bestride [biˈstraid] skreve over, ri på.
bestrode [biˈstrəud] imperf. av **bestride.**
bet [bet] veddemål; vedde; **you –** det kan du banne på.
betake [biˈteik] **oneself** begi seg; ty, ta fatt på.
betaken [biˈteikn] perf. pts. av **betake.**
betel [ˈbi:tl] betelpepper.
bethel [ˈbeθəl] bedehus; møtelokale.
bethink [biˈθiŋk] **oneself of** komme til å tenke på, huske.
Bethlehem [ˈbeθlihem].
betide [biˈtaid] times, hende; **woe – him** ve ham.
betimes [biˈtaimz] i tide, betids, tidlig.
betoken [biˈtəukn] antyde, betegne, varsle.
betook [biˈtuk] imperf. av **betake.**
betray [biˈtrei] forråde, svike, røpe; forlede.
betrayal [biˈtreiəl] forræderi; avsløring.
betroth [biˈtrəuð] (gml.) trolove, forlove seg med.
betrothal [biˈtrəuðəl] (gml.) troloving, forlovelse.
better [ˈbetə] bedre; mer; overhånd, overtak; forbedre, bedre, overgå, forbedres; overtreffe; i

pl. overmenn; **had –** gjør best i å; gjorde best i å; **like –** like bedre; **be – off** stå seg bedre; **be – than one's word** gjøre mer enn man har lovet; **get the – of** beseire, ta ved nesen; **for – for worse** i medgang og i motgang, hvordan det enn går; **be the – for it** ha godt av det; **think – of it** ombestemme seg; **– oneself** slå seg opp.
better [ˈbetə] en som vedder.
betterment [ˈbetəmənt] forbedring.
betting [ˈbetiŋ] veddemål. **– tax** totalisatoravgift.
between [biˈtwi:n] imellom, mellom; **– them** i forening, ved felles hjelp; **– ourselves** el. **– you and me (and the gatepost)** mellom oss sagt; **they are far –** de forekommer sjelden; **– the devil and the deep sea** mellom barken og veden.
betwixt [biˈtwikst] (gml. el. dial.) imellom; **– and between** midt imellom.
bevel [ˈbevl] skjev vinkel; skråkant, fas; skjevmål; skjev, skeiv; gi skrå retning. **– gear** konisk tannhjul. **-led glass** glass med fasettkanter.
beverage [ˈbevəridʒ] drikk. **-s** pl. drikkevarer.
bevy [ˈbevi] flokk, skare.
bewail [biˈweil] begråte, klage over, jamre over.
beware [biˈwɛə] passe seg **(of** for).
bewilder [biˈwildə] føre vill; forvirre; **-ed** fortumlet, forfjamset, uforstående. **-ment** forvirring.
bewitch [biˈwitʃ] forhekse, trylle, forgjøre.
beyond [biˈjɔnd] hinsides, på den andre siden, forbi; over, utover, mer enn; **– belief** ikke til å tro; **– measure** over all måte; **– me** over min forstand; **the –** the hinsidige.
B. F. A. fk. f. **Bachelor of Fine Arts.**
B. F. B. S. fk. f. **British and Foreign Bible Society.**
B flat major (mus.) B-dur.
B flat minor (mus.) b-moll.
B. H. P. fk. f. **brake horsepower.**
bi [bai] som forstaving: to, to ganger, dobbelt; annen hver.
biannual [baiˈænjuəl] halvårs-; som skjer to ganger om året.
bias [baiəs] skråsnitt; skjevhet, avvikende retning; hang, tilbøyelighet; partiskhet; dra til en eller annen side; påvirke; forutinnta. **– (belted) tyre** diagonal (belte)dekk. **– binding** kanting med skråbånd. **– strips** skråbånd.
biathlon [baiˈæθlɔn] skiskyting.
bib [bib] smekke, siklesmekke.
bib [bib] pimpe, supe.
bibacious [biˈbeiʃəs] fordrukken, drikkfeldig.
Bible [ˈbaibl] bibel. **biblical** [ˈbiblikl] bibelsk.
bibliograph|er [bibliˈɔgrəfə] bibliograf. **-ic** [bibliəˈgræfik] bibliografisk. **-y** [bibliˈɔgrəfi] bibliografi.
bibliomania [bibliəˈmeinjə] galskap etter bøker.
bibliophile [ˈbibliəfail] bibliofil, bokelsker.
bibulous [ˈbibjuləs] drikkfeldig; porøs.
bicameral [baiˈkæmərəl] tokammer-.
biceps [ˈbaiseps] biceps; muskel i overarmen.
bicker [ˈbikə] kjeftes; kjekle; risle, blaffe; kjekl.
bicycle [ˈbaisikl] sykkel; sykle.
bicyclist [ˈbaisiklist] syklist.
bid [bid] by, byde, befale; be; tilby, gjøre bud; ønske; bud, tilbud; bønn, anmodning; **– fair** tegne godt, være lovende; **– welcome** by velkommen; **– defiance** by tross; **make a – for** gjøre bud på; **no –** (i bridge) pass.
biddable [ˈbidəbl] meldbar; medgjørlig.
bidden perf. pts. av **bid.**
bidder [ˈbidə] byder. **bidding** bud, befaling.
bide [baid] forbli; bero, bie på, tåle, bære; **– one's time** se tiden an; vente og se.
bidet [biˈdei] bidet.
bid price kjøperkurs.
biennial [baiˈenjəl] toårig (plante).
bier [biə] likbåre, båre.
B. I. F. fk. f. **British Industries Fair.**
biff [bif] slå hardt; meget hardt slag.
biffin [ˈbifin] (eplesort); tørket eple.
bifurcate [ˈbaifə:keit] togrent; todelt; sidespor.
big [big] stor, tykk, svær; svanger; oppblåst; viktig.
bigamy [ˈbigəmi] bigami.
the Big Dipper (US) Karlsvognen.
biggish [ˈbigiʃ] temmelig stor.
big | gun en av de store gutta, kakse. **-head** innbilskhet, egoisme. **– -hearted** storsinnet, edelmodig.
bight [bait] bukt, kveil (av et tau); havbukt.
bigot [ˈbigət] blind tilhenger, fanatiker. **bigoted** [ˈbigətid] bigott. **bigotry** [ˈbigətri] religiøs forblindelse, bigotteri.
bigwig [ˈbigwig] storkar, kakse.
bike [baik] sykkel; sykle.
bilateral [baiˈlætərəl] tosidet, tosidig; på begge sider.
bilberry [ˈbilberi] blåbær.
bile [bail] galle.
bilge [bildʒ] bunn (av et fat el. skipsskrog); springe lekk, bli lekk i bunnen.
bilge water [ˈbildʒwɔ:tə] slagvann, bunnvann, grunnvann.
bilgy [ˈbildʒi] vemmelig, råtten.
bilingual [baiˈliŋgwəl] bilingval, tospråklig.
bilious [ˈbiljəs] gallesyk, grinete; galle-.
bilk [bilk] snyte, jukse; snyter.
Bill [bil] fk. f. **William.**
bill [bil] nebb; lueskygge; nebbes; **– and coo** kysse og kjæle hverandre.
bill [bil] øks; hakke.
bill [bil] sende regning til, føre på regning; småtrette; hogge; **– a case** beramme en sak.
bill [bil] seddel; dokument; regning; veksel; spisekart, meny; plakat; fortegnelse; lovforslag; **find a true –** finne klagen berettiget; **– of exchange** veksel; **– of fare** spiseseddel; **– of health** helsepass; **– of lading** konnossement; **– of parcels** faktura; **the B. of Rights** den lov som sikret engelskmennene en fri forfatning etter at stuartene var fordrevet; **– of sale** skjøte. **-board** oppslagstavle. **– broker** vekselmekler. **– collector** regningsbud, inkassator.
billet [ˈbilit] billett, innkvarteringsseddel; kvarter; stilling, stykke arbeid; innkvartere.
billet [ˈbilit] vedtre, vedskie.
billet-doux [ˈbileiˈdu:] kjærlighetsbrev.
billfold [ˈbilfəuld] (US) lommebok (for sedler).
billiard ball [ˈbiljədbɔ:l] biljardkule.
billiard marker [-ˈmɑ:kə] markør.
billiard|s [ˈbiljədz] biljard. **– stick** [-stik] kø. **– table** [-ˈteibl] biljard(bord).
Billingsgate [ˈbiliŋzgeit] fisketorg; pøbelspråk, skjellsord.
billion [ˈbiljən] billion; (US) milliard.
billow [ˈbiləu] bølge, båre. **-y** bølgende, båret.
bill|poster [ˈbilpəustə]; **-sticker** [-ˈstikə] plakatklistrer.
Billy [ˈbili] forkortelse for William. **-can** (enkelt-

manns)kokekar. – **cock** [-kɔk] bløt hatt. – **goat** geitebukk.
bimetallism [baiˈmetəlism] bimetallisme.
bimonthly [ˈbaiˈmʌnθli] som skjer (finner sted, kommer ut) to ganger i måneden.
bin [bin] binge, bøle, beholder, søppelkasse.
binary [ˈbainəri] binær-, dobbel-, to-tall-.
bind [baind] binde; forbinde; binde inn; kante (med bånd); forplikte; forstoppe; – **off** felle (av) strikketøy; – **up** binde; forbinde. **binder** bokbinder; bind, bindemiddel. **binding** bind; innbinding; bokbind; skibinding.
binnacle [ˈbinəkl] natthus, kompasshus.
binocle [ˈbinɔkl] dobbeltkikkert.
binocular [biˈnɔkjulə] kikkert.
biochemistry [ˈbaiəuˈkemistri] biokjemi.
biodegradable [ˈbaiədiˈgreidəbl] biologisk nedbrytbar.
biographer [baiˈɔgrəfə] biograf, levnetsskildrer.
biographical [baiəˈgræfikl] biografisk.
biography [baiˈɔgrəfi] biografi.
biologic(al) [baiəˈlɔdʒik(l)] biologisk.
biology [baiˈɔlədʒi] biologi, læren om livet.
biovular [baiˈəuvjulə] toegget.
biped [ˈbaiped] tobeint dyr.
birch [bə:tʃ] bjerk; ris; gi ris. **-en** [ˈbə:tʃən] bjerke-.
bird [bə:d] fugl, fuglevilt; fyr, krabat; jente, rype, kjei; fange fugler; **early** – morgenfugl, en som står tidlig opp; **a – in the hand is worth two in the bush** en fugl i hånden er bedre enn ti på taket. **-bander** en som ringmerker fugler. – **bath** fuglebad. – **box** fuglekasse. **-brain** (fig.) hønsehjerne. **-cage** fuglebur. – **droppings** fuglemøkk. **-er** fugleelsker; fuglefanger. – **font** fuglebad. **-lime** fuglelim. **-'s eye view** fugleperspektiv. – **shot** fuglehagl. **-'s nest** fuglereir. **-s-nest** plyndre fuglereir. – **walk** hønsetrapp. – **watcher** fugleiakttaker.
Birmingham [ˈbə:miŋəm].
biro [ˈbairəu] (varem.) kulepenn.
birth [bə:θ] byrd, fødsel; herkomst; **a man of** – en fornem mann, av god ætt.
birth | certificate fødselsattest. – **control** fødselsregulering, barnebegrensning. **-day** fødselsdag. **-mark** føflekk. – **pangs** fødselsveer. **-place** fødested. **-rate** fødselshyppighet.
Biscay [ˈbiskei] Biscaya.
biscuit [ˈbiskit] kjeks; (skips)kjeks; beskøyt; (US) bolle, ofte laget m. maismel.
bisect [baiˈsekt] halvere; skjære gjennom.
bisexual [baiˈsekʃuəl] biseksuell, tvekjønnet.
bishop [ˈbiʃəp] biskop, bisp; løper (i sjakk); bisp (drikk). **-ric** [ˈbiʃəprik] bispedømme.
bismuth [ˈbizməθ] vismut.
bison [ˈbaisn] bison(okse).
bissextile [biˈsekstil] skuddår.
bistoury [ˈbistəri] skalpel.
bistre [ˈbistə] sotfarge, mørkebrunt.
bit [bit] bit, bete, stump; stykke; smule; munnstykke (på pipe); munnbitt, kjeft (på tang); bissel; skjær (på nøkkel); borkrone; (US) **two -s** 25 cent; **a** – litt; **be a – on** (sl.) være litt pussa; **take the – between one's teeth** løpe løpsk; **not a** – ikke det spor.
bit [bit] (EDB) fk. f. **binary digit,** bit, binærsiffer.
bit [bit] imperf. av **bite.**
bitch [bitʃ] tispe; kjerring, merr, hore.
bitchy [ˈbitʃi] spydig, infam, ondskapsfull.
bite [bait] bite; stikke (insekt); etse; svi; narre, snyte; bitt, insektstikk; (mat)bit; etsing; **the biter (has been) bit** han er blitt fanget i sitt eget garn; **what is biting you?** hva går det av deg? – **the dust** bite i gresset.
bitten [ˈbitn] perf. pts. av **bite.**
bitter [ˈbitə] bitter; bitende, barsk; **a – cold** en bitende kulde; bitter ting, bitter drikk.
bitterness [ˈbitənəs] bitterhet, skarphet.
bitumen [biˈtju:mən] jordbek, asfalt.
bituminous [biˈtju:minəs] **coal** fete kull.
bivalve [ˈbaivælv] toskallet skalldyr, musling.
bivouac [ˈbivuæk] bivuakk; bivuakere.
biweekly [ˈbaiˈwi:kli] hver 14. dag; to ganger i uken.
biz fk. f. **business.**
bizarre [biˈzɑ:] bisarr, underlig.
B/L fk. f. **bill of lading.**
blab [blæb] sladre, plapre, buse ut med. **-ber** sladderhank.
black [blæk] sort, svart, mørk; svart farge, sørgedrakt; neger; sverte; mørk, dyster; makaber, ond. **the Black Country** kulldistriktene i Staffordshire; **the Black Death** svartedauden; **be operating in the** – arbeide med overskudd; **in – and white** svart på hvitt. **-amoor** morian; dunkjevle. **– -and-tan** især en art terrier (svart og rødfarget); **the Black and Tans,** styrke sendt til Irland 1920–21 for å slå ned Sinn Fein (korpset brukte khaki- og svarte uniformer). **-ball** svart kule (ved ballotering), nei-stemme; stemme mot ens opptakelse; (fig.) bakvaske, boikotte. **– -bellied dipper** fossekall. – **belt** område med meget fruktbar jord; område med stor negerbefolkning. **-berry** bjørnebær. **-bird** svarttrost. **-board** veggtavle. – **book** svartebok. **-cap** munk (fuglen). – **cap** svart lue som dommeren bærer, når han avsier dødsdommen. – **currant** solbær. – **draught** et avføringsmiddel.
blacken [ˈblæk(ə)n] sverte; besudle, bakvaske.
blacketeer [blækiˈtiə] svartebørshandler.
black | eye «blått» øye. **the Black Forest** Schwarzwald. – **frost** barfrost. **-guard** [ˈblægɑ:d] skarv, slyngel; skjelle ut, bruke seg på; pøbelaktig; – **-heads** hudormer. – **hole** «hullet», arresten. – **ice** tynn isfilm på veibanen. **-ie** [ˈblæki] svarting, neger. **-ing** sverte. **-jack** (US) kølle, batong; blackjack (kortspill, et slags «tjueett»). **-leg** spillefugl, falskspiller; streikebryter. **-list** svarteliste (over firmaer som det ikke må handles med); sette på svarteliste. **-mail** brannskatt; avgift til røvere; pengeutpressing; utpresse penger. **Black Maria** Svartemarja (vogn til fangetransport). – **market** svartebørs. – **marketeer** [mɑ:kəˈtiə] svartebørshandler. **-out** mørklegging; mørklegge; plutselig bevisstløshet; (fig.) jernteppe. **-out curtain** blendingsgardin. – **pudding** blodpølse. **Black Rod: Gentleman usher of the Black Rod** kongelig overseremonimester i Overhuset (som har en svart embetsstav). **-shirt** svartskjorte (fascist). **-smith** grovsmed. **-thorn** slåpetorn.
bladder [ˈblædə] blære (også om person); belg.
blade [bleid] blad (på gress, kniv, åre o.l.); turbinskovl; klinge; en «løve» (kjekk kar).
blade angle skovlvinkel (på turbin).
blague [blɑ:g] skryt; skryte.
blah [blɑ:] sludder, bla-bla.
blain [blein] blemme, blære, vable.
blamable [ˈbleiməbl] lastverdig, daddelverdig.

blame [bleim] daddel; skyld; dadle, laste, gi skylden. **-less** ulastelig, daddelfri. **-worthy** daddelverdig.
blanch [blɑ:nʃ] gjøre hvit; bleke; skålde (f.eks. mandler); koke ut (f.eks. sølv); bli hvit, blekne.
blancmange [blə'ma:nʒ] blancmange (en slags dessertfromasj.
bland [blænd] mild, blid, innsmigrende høflig.
blandish ['blændiʃ] smigre, kjærtegne.
blank [blæŋk] blank, ubeskrevet, ikke utfylt; utelatt fornavn el. forbokstav; rimfri (om vers); ren, fullstendig; forbløffet, forstyrret, forvirret; ubeskrevet papir; åpent rom, tomrom; blankett; blanko; nitte; – **cartridge** løs patron; **point** – rett ut, rettlinjet; på kort hold; **in** – in blanco; – **verse** urimede vers, især 5-fotede jambiske; **eighteen hundred** – atten hundre og den tid.
blanket ['blæŋkit] allmenn, altomfattende; – **term** fellesbetegnelse.
blanket ['blæŋkit] ullteppe, teppe, dekken; lag, dekke; legge teppe i; leke himmelsprett med; **put a wet** – **on** legge en demper på, være lyseslokker. – **chest** utstyrskiste. – **pile** lo på ullteppe. – **stitch** (åpne) knapphullssting.
blare [blɛə] gjalle, skingre (om trompet); brøl.
Blarney ['blɑ:ni] Blarney; **have kissed the** – **stone** ha store talegaver. **blarney** innsmigrende tale; smigre.
blasé ['blɑ:zei] blasert.
blasphem|e [blæs'fi:m, blɑ:s-] spotte; spotte Gud, banne. **-ous** ['blæsfiməs, 'blɑ:s-] bespottelig. **-y** ['blæsfimi, 'blɑ:s-] gudsbespottelse.
blast [blɑ:st] vindkast; blåst; støt (i blåseinstrument); sprengning, lufttrykkbølge; sott, landeplage; smitte; svie, brenne; ødelegge, sprenge; **at full** – for full fres; – **it!** pokker ta det! **-ed** helvetes, fordømt. – **cleaning** sandblåsing. – **effect** sprengvirkning. – **furnace** masovn. – **lamp** blåselampe. – **-off** start, rakettutskytning.
blat [blæt] mekre, raute, breke.
blatant ['bleitənt] høyrøstet; vulgær, grov.
blather ['blæðə] skravle, pjatte.
blatherskite ['blæðəskait] vrøvlekopp.
blaze [bleiz] flamme, kraftig brann; utbrudd; sterkt lys; lysning; blink (på tre); bles (på hest); **like blazes** som bare pokker. **blaze** blusse, flamme; lyse, skinne; utbasunere; merke; blinke; – **away!** brenn løs! klem på!
blazer ['bleizə] blazer, flanellsjakke.
blazon ['bleizən] kolorere; vise fram, skildre; pryde; utbasunere; tyde (heraldiske figurer); heraldikk; våpenskjold, våpenmerke. **-ry** våpenkunst; heraldikk.
bldg. fk. f. **building.**
bleach [bli:tʃ] bleke, bleike; blekne, bleikne.
bleak [bli:k] kald, råkald, trist, ødslig; naken, bar, forblåst. **-ness** kulde, tristhet.
blear [bliə] rennende, sløret, sløv (om øyne); – **-eyed** rødøyd, med rennende øyne.
bleat [bli:t] breke, mekre, raute (om kalv); brek, rauting.
bleb [bleb] blemme, blære, vable.
bled [bled] imperf. og perf. pts. av **bleed.**
bleed [bli:d] blø; årelate; (fig.) tappe; smitte av i vask (om farger); lufte (et væskesystem) – **the brakes** lufte bremsene. **-er** bløder; årelater. **-ing** blødning; årelating; (ut)lufting (av væskesystem); blødende; fordømt, helvetes.
blemish ['blemiʃ] lyte, skavank; plett, skjønnhetsfeil; sette plett på, vanære.
blench [blenʃ] vike tilbake; blekne.
blend [blend] blande; blande seg; gå over i hverandre; avstemme (om farger); blanding.
Blenheim ['blenim].
blenny ['bleni] tangål.
bless [bles] velsigne, prise, love; korse seg; også: forbanne; – **me!** el. **God** – **my soul!** herregud! **without a sixpence to** – **oneself with** uten så mye som en rød øre. **-ed** ['blesid] velsignet, hellig, salig; **the -ed** de salige; **the whole -ed night** hele den lange natt. **-edness** lykksalighet; **single -edness** den lykksalige ugifte stand. **-ing** velsignelse, signing; **a mixed** – noe som er både godt og vondt; **a -ing in disguise** en uvelkommen, men gagnlig opplevelse, hell i uhell; **by the -ing of God** med Guds hjelp.
blew [blu:] imperf. av **blow.**
blight [blait] sykdom på planter som: meldugg, rust, brann; (fig.) skade, ødeleggelse; forderve, visne, ødelegge.
blighter ['blaitə] (sl.) fjols; luring, fyr, krabat.
blighty (soldaterslang) hjemmet, England; **a** – et sår som en blir sendt hjem for.
blimey ['blaimi] gubevars.
blimp [blimp] lite luftskip.
Blimp: Colonel – stokk konservativ person.
blind [blaind] blind; skjult; matt; døddrukken; formørke, skjule; overstråle; blinde; forblinde; blende; – **of** blind på; – **to** blind for; – **drunk** pære full; – **coal** antrasitt; – **door** blinddør (tilmurt, tildekt).
blind [blaind] rullegardin, persienne, sjalusi, skylapp, skalkeskjul; villspor; lokkedue.
blind | alley blindgate, blindvei. – **date** stevnemøte med en ukjent (arrangert av en tredje person). – **flying** blindflyvning.
blind|fold ['blaindfəuld] med bind for øynene; binde for øynene. **-man's buff** [-mənz'bʌf] blindebukk. **-man's holiday** tusmørke. **-ness** blindhet. – **wall** vegg uten vinduer. **-worm** stålorm.
blink [bliŋk] blinke; blunke, glippe med øynene; lyse svakt; blink; glimt; øyeblikk.
blinker ['bliŋkə] skylapp; blinksignal.
blinking ['bliŋkiŋ] forbannet, hersens.
bliss [blis] lykksalighet. **-ful** lykksalig, sæl.
blister ['blistə] vable, blære, blemme; (gml.) trekkplaster, spansk flue; trekke vabler; legge trekkplaster på; heve seg i vabler, slå, (fig.) hudflette.
blithe [blaið] livsglad, fornøyd, sorgløs.
blither ['bliðə] lalle; **-ing idiot** kjempeidiot.
blithesome ['blaiðsəm] livsglad, fornøyd, sorgløs.
blitz [blits] (tysk ord) lynkrig; også brukt om den tyske bombingen av England høsten 1940; bombe.
blizzard ['blizəd] snøstorm.
bloat [bləut] blåse opp; bli tykk, svulme opp; **-ed** svullen; oppblåst, mesket.
bloat [bləut] røyke (sild); (med.) trommesyke; (sl.) fyllefant, svamp. **-er** røykt sild.
blob [blɔb] blære, perle, dråpe, klatt.
block [blɔk] blokk, hoggestabbe, retterblokk, parykkblokk, hatteblokk, støvelblokk, skriveblokk; kloss; heiseblokk, trisse; tretavle utskåret til trykning; blokkintervall (på jernbane); kvartal, bygningskompleks, avdeling, fløy; sperring, hindring (av ferdsel); melding om at et lovfor-

slag vil møte motstand; blokke ut; sperre, innelukke, blokkere.
blockade [blɔ'keid] blokade; blokkere.
block | book bok trykt med utskårne tretavler. **-buster** kjempebombe (som kan ødelegge et kvartal). **– calendar** avrivningskalender. **-head** dumrian, tosk. **-house** blokkhus. **– letters** blokkbokstaver, store bokstaver.
bloke [bləuk] (sl.) fyr.
Blokes [bləuks]: **Mr. –** herr N. N., herr noksagt.
blond [blɔnd] lys, blond. **blonde** [blɔnd] blondine; blonde. **blonde lace** [-leis] blonder.
blood [blʌd] blod; slekt, ætt; venne til blod; gi blod på tann; **her flesh-and- – life** hennes jordiske liv.
blood|-and-thunder bloddryppende. **– cancer** leukemi. **– cell** blodlegeme. **– -curdling** hårreisende. **– group** blodtype. **– horse** fullblodshest. **-hound** blodhund; detektiv. **-less** blodløs, ublodig; ufølsom. **-letting** årelating; blodsutgytelse. **-lusting** blodtørstig. **– money** blodpenger; mannebot. **– poisoning** blodforgiftning. **– poor** lutfattig. **-shed** blodsutgytelse. **-shot** blodsprengt. **– -stained** blodflekket, blodig. **-stone** blodstein (mineral). **-sucker** blodsuger, igle. **-thirst** blodtørst. **– -type** blodtypebestemme. **– vessel** blodkar.
bloody ['blʌdi] blodig; fandens, helvetes, fordømt. **Bloody Mary** Maria den blodige; drink (av vodka og tomatsaft). **bloody-minded** blodtørstig, ondskapsfull.
bloom [blu:m] blomst, blomster, blomsterflor; frisk dåm; rødme, glød, friskhet, dun på hud el. frukt; blomstre; **in the – of youth** i ungdommens vår; **the – of health** sunnhetsroser.
bloom [blu:m] smijernsblokk.
bloomer ['blu:mə] kjempetabbe, brøler; **-s** pl. gammeldagse (lange) dameunderbenklær med strikk under knærne.
blooming ['blu:miŋ] blomstring; blomstrende; velsignet, forbannet (sl.).
Bloomsbury ['blu:mzbəri] (strøk i London).
bloomy ['blu:mi] blomstrende.
blossom ['blɔsəm] blomst, blomstring; blomstre.
blot [blɔt] klatt, flekk; plett; flekke, plette, skjemme; bruke trekkpapir på, stryke ut; slå igjennom (om blekk); **– out** utslette.
blotch [blɔtʃ] blemme, kvise; plett, flekk. **blotchy** ['blɔtʃi] flekkete, kvisete; skjoldet.
blotter ['blɔtə] løsjer, trekkpapir.
blotting | book ['blɔtiŋ'buk] skrivemappe. **– pad** underlag av trekkpapir. **– paper** trekkpapir.
blouse [blauz] bluse; uniformsjakke.
blow [bləu] slag, støt; **at a –** med ett slag; **come to -s** komme i slagsmål.
blow [bləu] springe ut, blomstre; blomstring.
blow [bləu] blåse; blåse på (et instrument); pusse nesen; røpe, utspre; sprenge i lufta, eksplodere; spandere, rive i; gi blaffen; gjennomhegle; forspille (en sjanse); **– ashore** drive på land; **– a fuse** (el. **gasket**) (fig.) få et raserianfall; **– in** komme dumpende; **– a kiss** sende slengkyss; **– one's lid** (el. **top**) (fig.) fly i flint, få hetta; **– out** blåse ut; punktere. **-er** blåser; (tal.) telefon; (spø.) lommetørkle; (US) skrythals.
blow|fly ['bləuflai] spyflue. **-gun** sprøytepistol. **-hole** blåsterhull, sprøytehull; **-lamp** blåselampe.
blown [bləun] perf. pts. av **blow.**
blow|off cock utblåsningskran. **-out** eksplosjon, ukontrollert olje-/gassutblåsning; punktering; raseriutbrudd; spise- og drikkekalas, jubelfest; elektrisk sikringsbrudd; motorstopp i jetmotor. **-pipe** blåserør, pusterør; utblåsningsrør; sveisebrenner. **-torch** blåselampe. **-up** (raseri)utbrudd; eksplosjon; (foto) forstørrelse; oppkopiere.
blowzy ['blauzi] rødmusset og trivelig; sjusket.
blubber ['blʌbə] hvalspekk; sutre, sippe, tute.
bludgeon ['blʌdʒən] kort kølle; lurk, svolk, påk.
blue [blu:] blå; (fig.) nedtrykt, melankolsk; som hører til torypartiet, konservativ; høyintellektuell (om kvinne f. eks. **-stocking);** puritansk; blåfarge; politimann; en som representerer sitt universitet i idrettskonkurranse; farge blå; blåne; ødsle; **feel –** føle seg nedtrykt; **things look –** alt ser håpløst ut. **– anemone** blåveis. **B. beard** Ridder Blåskjegg. **-bell** blåklokke. **– book** blåbok. **-bottle** kornblomst; politimann; spyflue. **– cheese** ≈ roquefort(ost). **– chips** blå jetonger; godt (verdi)papir; verdifullt aktivum. **– -collar worker** industriarbeider, arbeider som bruker spesielle arbeidsklær (mots. hvitsnipparbeider). **– devils** delirium; nedtrykthet, melankoli. **– -eyed** blåøyd, også fig. troskyldig, naiv. **– flag** blå iris. **– fox** blårev. **– funk** (sl.) «hetta», stor redsel, skjelven. **-grass** rappgress. **B.grass Country** (US) område i Kentucky. **-ing** blåne, blåtone. **-jacket** blåkrage, orlogsgast. **– jeans** (blå) dongeribukser. **– light** blålys. **-ly** blålig. **– Monday** blåmandag. **– moon: once in a – moon** meget sjelden, hvert jubelår. **– movie** pornofilm. **– murder** ≈ ramaskrik. **B. Peter** (mar.) avgangssignal (et blått flagg). **– plate** tallerkenrett, grilltallerken. **– print** blåkopi, lyskopi; planleggingsstadiet; lyskopiere; planlegge. **– ribbon** blått bånd, tegn for hosebåndsordnen; avholdsmerke; ≈ førstepremie. **– -ribbon** førsteklasses, nøye utvalgt. **– ruin** bare elendighet. **-s** bluesmusikk; **the -s** tungsinn, dårlig humør. **– sky: promise the – sky** love gull og grønne skoger. **-stocking** blåstrømpe. **-stone** blåstein. **– streak: run like a – streak** løpe som et oljet lyn. **– tit** blåmeis. **– vitriol** blåstein, kobbervitriol. **– -water school** om dem som mente flåten var tilstrekkelig vern for Storbritannia. **– whale** blåhval.
bluff [blʌf] steil, bratt; djerv, endefram; morsk, barsk; bratt skrent, ufs; påtatt selvsikkerhet, skryt, bløff; skremmeskudd; bløffe, skremme.
bluish ['blu:iʃ] blålig.
blunder ['blʌndə] forseelse, bommert, tabbe; gjøre en bommert; famle seg fram, vase, tumle (av sted). **-buss** muskedunder.
blunt [blʌnt] skjemt, sløv; likefram, endefram; brysk, avvisende; grov; sløve; døyve. **-ness** sløvhet; usjenerthet.
blur [blə:] plette, sette plett på; dimme, sløre, gjøre uklar, viske ut; plett; uklarhet, tåke.
blurb [blə:b] omslagstekst, forlagsreklame, vaskeseddel (på bok).
blurt [blə:t] **out** buse ut med.
blush [blʌʃ] rødme, bli rød; rødme; skamme seg; flyktig blikk, øyekast. **-less** skamløs.
bluster ['blʌstə] bruse, suse; larme; skryte; brus, sus; larm; skryt. **-er** ['blʌstərə] storskryter.
blvd. fk. f. **boulevard.**
B major (mus.) B-dur.
B minor (mus.) B-moll.
B.O. fk. f. **buyer's option.**

bo, boh! [bəu] bø! **cannot say – to a goose** tør ikke si kiss til katten, er en stakkar.
boa [ˈbəuə, bɔ:] kjempeslange; boa (pelskrage).
B.O.A.C. fk. f. **British Overseas Airways Corporation.**
boar [bɔ:] galte; villsvin.
board [bɔ:d] (s.) bord, brett, fjel, planke; oppslagstavle, (vegg)tavle; (spise-)bord; kost, kostpenger; kollegium, råd, utvalg, kommisjon, nemnd; styre; (i pl.) scenen; (skips)side; slag, baut; papp, kartong, perm; (v.) bordkle; ha i kost; sette i kost, sette bort på fôr; være i kost; borde, entre (et fiendtlig skip); **bed and –** bord og seng (ekteskapelig forhold); **– and lodging** kost og losji; **above –** åpent og ærlig; **on –** ombord, (US) med toget; **B. of Agriculture** landbruksdepartement; **– of appeal** ankenemnd. **– of directors** direksjon, styre. **B. of Education** (eng. hist.) undervisningsdepartement. **– of governers** representantskap. **B. of Trade** (merk.) handelskammer; (eng.) handelsdepartement; **Local Government B.** ≈ kommunestyre; **School B.** skolestyre; **– of management** styre. **-er** kostelev, pensjonær; entregast. **– ceiling** plankeloft. **– game** brettspill. **-ing home** pleiehjem for barn. **-ing house** pensjonat. **-ing school** kostskole (mots. **day school**). **– room** direksjonsværelse; børssal. **– school** folkeskole (under School Board). **– wages** kostpenger.
boarish [ˈbɔ:riʃ] grisete; plump, rå.
boast [bəust] skryte, kyte; rose seg av, være kry av; kyt, skryt; stolthet. **boaster** storskryter. **boastful** skrytende. **boasting** skryt.
boat [bəut] båt, fartøy; sausenebbe; **be in the same –** være i samme båt. **– drill** livbåtmanøver. **-hook** båtshake. **-house** båthus. **-ing** båtsport, seiling, roing. **-man** ferjemann, båtutleier. **– race** kapproing. **-swain** [ˈbəusn] båtsmann.
Bob [bɔb] kjælenavn for Robert.
bob [bɔb] rykke (i, med); slå, dulte til; stubbe, stusse, stutte; rykke; dingle; duppe; duve; neie; hile, pilke; **– a curtsey** neie; **– one's head in the door** stikke hodet kjapt gjennom døra; **-bed hair** pasjehår, «cutting». **bob** [bɔb] noe som henger og dingler, f.eks. lodd på en loddline; dingeldangel; agn, mark; omkved; rykk, kast, støt; (sl.) shilling.
bobbery [ˈbɔbəri] ballade, hurlumhei.
bobbin [ˈbɔbin] snelle; spole; kniplepinne; håndtak; klinkesnor; tynn snor.
bobbish [ˈbɔbiʃ] rask, sprek, kry.
Bobby [ˈbɔbi] kjælenavn for Robert; konstabel.
bobby| pin hårklemme. **– socks** (US) ankelsokker.
bobcat (US) rødgaupe.
bobsleigh [ˈbɔbslei] bobsleigh.
bobtail [ˈbɔbteil] kort hale, kupert hale; **ragtag and –** pøbel. **bobtailed** korthalet.
boche [bɔʃ] (sl.) tysker.
bod [bɔd] fyr.
bode [bəud] varsle.
bodice [ˈbɔdis] snøreliv, korsett; kjoleliv.
bodily [ˈbɔdili] legemlig; fysisk; korporlig; fullstendig.
boding [ˈbəudiŋ] varsel; (ille)varslende.
bodkin [ˈbɔdkin] syl; ål; trekkenål; **sit –** sitte inneklemt mellom to andre.
Bodleian [bɔdˈli:ən, ˈbɔdliən]: **the – Library** bibliotek i Oxford.
body [ˈbɔdi] legeme; kropp; lik; person; substans, konsistens; korps; samling, samlet masse; samfunn; gruppe, flokk; karosseri (bil); hele, helhet; hovedstyrke; stamme (på et tre el. bildekk); skrog (et skips); fating; forme, danne. **– colour** dekkfarge. **-guard** livvakt. **– odour** svettelukt, kroppslukt. **– pillar** karosseristolpe. **– plant** karosserifabrikk. **– rumble** karosseristøy. **– servant** personlig tjener. **– shop** karosseriverksted. **– snatcher** likrøver. **– work** karosseri(arbeid).
Boer [buə] boer.
bog [bɔg] myr, myrlende; do, dass; søkke ned i en myr, kjøre seg fast, strande.
bogey [ˈbəugi] busemann, skremsel.
boggle [ˈbɔgl] fare sammen, skvette, støkke, kvekke; tvile, nøle.
boggy [ˈbɔgi] myrlendt.
bogie [ˈbəugi] boggi.
bog iron (ore) myrmalm.
bogle [bəugl] spøkelse, skremsel, busemann.
bogus [ˈbəugəs] uekte, falsk, jukse-.
Bohemia [bəuˈhi:mjə] Böhmen. **Bohemian** [bəuˈhi:mjən] bøhmisk; bøhmer; bohem.
boil [bɔil] byll.
boil [bɔil] koke, syde. **-ed shirt** (US) stiveskjorte; (fig.) stiv og avmålt person. **-er** dampkjele; varmtvannsbeholder; kjele-. **-er suit** kjeledress. **-ing** kokende; **keep the pot -ing** holde det gående; **the whole -ing** (sl.) hele stasen; **it all -s down to** når alt kommer til alt, i bunn og grunn; **-ing point** kokepunkt.
boisterous [ˈbɔistərəs] voldsom; framfus(ende); larmende, bråkende, vill, vilter, **-ness** voldsomhet; høyrøstethet.
bold [bəuld] dristig, djerv, kjekk; frimodig, freidig; frekk; fri; **make –** fordriste seg. **– -faced** frekk. **-ness** dristighet.
bole [bəul] trestamme, bol.
bolero [bəˈlɛərəu] bolero (spansk dans); kort jakke.
Boleyn [ˈbulin].
boll [ˈbəul] frøhus, skolm.
bollard [ˈbɔləd] puller, påle; trafikkfyr, blinkfyr.
Bologna [bəˈləunjə].
Bolshev|ik [ˈbɔlʃəvik] bolsjevik. **-ism** [ˈbɔlʃəvizm] bolsjevisme. **-ist** [ˈbɔlʃəvist] bolsjevik, bolsjevikisk, bolsjevistisk.
bolshie, bolshy [ˈbɔlʃi] (sl.) bolsjevik.
bolster [ˈbəulstə] bolster, underdyne; pute, underlag; salpute; kompress (på sår); legge pute under; støtte oppunder, hjelpe fram.
bolt [bəult] bolt; slå; lyn; sluttstykke (i gevær); stenge (med slå el. skåte); lenke, legge i bolt og jern; buse ut med; sluke (uten å tygge); styrte fram el. ut; stikke av.
bolt [bəult] adv.; **– upright** rett opp og ned.
bolt [bəult] sælde, sikte (korn, mel); (fig.) drøfte, prøve. **-er** siktemaskin.
bolus [ˈbəuləs] (med.) stor pille.
bomb [bɔm] bombe; brøler, kjempetabbe; sensasjon; slippe bomber ned på.
bombard [bɔmˈbɑ:d] bombardere. **-ier** [bɔmbəˈdiə] bombarder, artillerisersjant. **-ment** [bɔmˈbɑ:dmənt] bombardement.
bombardon [bɔmˈbɑ:dn] (mus.) bombardon.
bombast [ˈbɔmbəst] svulst, ordbram. **bombastic** [bɔmˈbæstik] svulstig, høyttravende.
Bombay [bɔmˈbei].
bombazine [bɔmbəˈzi:n, ˈbɔm-] bombasin.
bomber [ˈbɔmə] bombefly.

bomb blast [ˈbɔmˈblɑ:st] lufttrykk fra bombeeksplosjon.
bomb disposal [ˈbɔm diˈspəuzel] uskadeliggjøring av bombe.
bomb|proof [ˈbɔmpru:f] bombesikker. – **raid** bombeangrep. **-shell** bombe. **-site** utbombet hus.
bonafide [ˈbəunəˈfaidi] i god tro, ekte.
bonanza [bəˈnænzə] (spansk ord) lykke; rikt malmfunn, rik gullgruve; rik, fordelaktig, lønnsom.
Bonaparte [ˈbəunəpɑ:t].
bond [bɔnd] s bånd; forband; obligasjon, forskrivning; gjeldsbrev; forpliktelse; tollopplag, frilager; bunden, fangen; v binde, forplikte, forskrive; kausjonsforsikre; legge i tollopplag. **-age** trelldom. **-ed goods** transittgods. **-ed warehouse** tollopplag, frilager. **-man** [ˈbɔndmən] trell. **-sman** [ˈbɔndzmən] slave; kausjonist.
bone [bəun] bein, ben, knokkel; fiskeben (i kjoleliv), fribillett; (i pl.) spiler (i paraply); kastanjetter; terninger; renske for ben; sette fiskeben el. spiler i; kvarte, redde; sikte inn, nivellere; arbeide intenst, pugge; **bred in the** – medfødt; **have a – to pick with** ha en høne å plukke med; **he made no -s about it** han la ikke skjul på det; han gjorde ingen opphevelser. – **of contention** stridens eple. – **-dry** knastørr. – **flour** beinmel. – **head** tosk, pappskalle. **-less** benfri. **-setter** ledd-doktor. **-shaker** gammeldags sykkel med massive ringer. – **-tired** dødstrett.
bonfire [ˈbɔnfaiə] festbluss, bål.
bonkers [ˈbɔŋkəz] omtåket; spenna gal, tett i pappen.
bonnet [ˈbɔnit] lue; damehatt; kyse; motorpanser, motordeksel; ta hatt på; **keep it under one's** – tie stille om det.
bonny [ˈbɔni] (skot.) vakker, deilig, søt; frisk.
bonus [ˈbəunəs] bonus; gratiale, tillegg.
bony [ˈbəuni] beinet, knoklet.
boo [bu:] bø! bu! pytt! raut; si bø, raute; si bø til, true; pipe ut.
boob [bu:b] (US) tosk, tulling; **-s** pl. (sl.) pupper, mugger.
booby [ˈbu:bi] havsule; tosk; fuks (i en klasse). – **prize** trøstepremie. – **trap** (mine)felle; ubehagelig overraskelse.
boodle [bu:dl] bande, flokk, bunt; falske penger; bestikkelse.
boogeyman [ˈbu:gimæn] busemann.
book [buk] bok; hefte, billetthefte; 6 stikk (i whist); skrive, føre til boks, bokføre, engasjere; løse billett til, tinge på; **bring to** – kreve til regnskap; **speak by the** – tale som en bok. **-binder** bokbinder. **-case** bokreol, bokskap. – **end** bokstøtte. **-ie** [ˈbuki] (sl.) veddemålsagent. **-ing office** billettkontor. **-ish** [ˈbukiʃ] pedantisk, stuelærd. **-keeper** bokholder. **-keeping** bokføring. – **-learned** stuelærd. **-let** [ˈbuklit] liten bok, brosjyre. **-maker** veddemålsagent, profesjonell veddemålsspekulant (ved hesteveddeløp). **-man** litterat. **-mark** bokmerke. – **post** korsbånd; **by – post** som korsbånd, «trykksaker». **-seller** bokhandler. **-shelf** bokhylle. **-stall** åpent bokutsalg, kiosk. **-stand** liten bokhylle. **-store** (US) bokhandel. – **value** bokført verdi. **-worm** bokorm, lesehest.
boom [bu:m] bom; dønn, drønn; reklame; prisstigning, oppsving, høykonjunktur; drønne; reklamere for, drive prisen opp; blomstre opp.
boomerang [ˈbu:məræŋ] bumerang; (fig.) som slår tilbake; ha ettervirkninger.
boon [bu:n] gave, velgjerning; velsignelse; gunst; lystig, glad; **a – companion** svirebror, kompis.
boondoggle [ˈbu:ndɔgl] (US) gjenstand, prosjekt som er mer imponerende enn nyttig, «hvit elefant».
boor [buə] tølper, bondeslamp. **-ish** [ˈbuəriʃ] bondsk, tølperaktig, uhøflig, grov.
boost [bu:st] reklamere for; hjelpe; øke, forsterke (batteris spenning).
booster [ˈbu:stə] forsterker; igangsetter; startmagnet; startrakett; hjelpe-, tilleggs-.
boot [bu:t] gagne, hjelpe; fordel, gagn; **to** – attpå, på kjøpet.
boot [bu:t] støvel; bagasjerom (i bil), vognskrin (under kuskesetet); skvettlær; (pl.) skopusser, hotellgutt; sparke, avskjedige; trekke støvler på. **-ee** [ˈbu:ti] damestøvel; barnesokk.
booth [bu:θ] bod, bu, markedstelt; telefonboks; avlukke.
bootjack [ˈbu:tdʒæk] støvelknekt.
bootlace [ˈbu:tleis] støvelreim, støvellisse.
bootleg [ˈbu:tleg] støvelskaft; smuglersprit; smugle, gauke.
bootless [ˈbu:tləs] unyttig, gagnløs, fåfengt.
bootmaker [ˈbu:tmeikə] skomaker.
boot tree [ˈbu:t-tri:] støvelblokk.
booty [ˈbu:ti] bytte, rov, hærfang; (gml.) **to play** – tape med forsett; drive avtalt spill.
booze [bu:z] (sl.) svire; fyll, drikkevarer, «børst». **boozer** (sl.) (eng.) vertshus, pub; (US) fyllebøtte, drukkenbolt. **boozy** (sl.) omtåket, full.
bopeep [bəuˈpi:p] tittelek, gjemsel.
boracic [bɔˈræsik] bor-; – **acid** borsyre.
borax [ˈbɔ:ræks] boraks.
border [ˈbɔ:də] rand, kant; bord; grense(land); kante; avgrense; grense **(on** til). **-er** grenseboer.
border | case grensetilfelle. **-line** grense, skjæringslinje; grense-. – **state** randstat.
bore [bɔ:] imperf. av **bear.**
bore [bɔ:] bore; utbore; plage, kjede; (bore)-hull; boring (i motor); plageånd, plage; løp (på børse), kaliber; **it is a** – det er ergerlig, kjedelig.
bore [bɔ:] flodbølge, springflo.
boreal [ˈbɔ:riəl] nordlig, norda-.
bore|dom [ˈbɔ:dəm] kjedsommelighet, plage. **-some** kjedelig, trettende.
born [bɔ:n] født, perf. pts. av **bear.**
borne [bɔ:n] båret, perf. pts. av **bear.**
Borneo [ˈbɔ:njəu].
borough [ˈbʌrə] kjøpstad, by, bykommune; valgkrets; **close** – eller **pocket** – valgkrets, der velgerne var i godseierens makt (før 1832); **rotten** – valgkrets som, enda velgertallet var ganske lite, sendte egen representant til Parlamentet (før 1832).
borrow [ˈbɔrəu] låne (av andre). **-er** låntaker.
Borstal [ˈbɔ:stl]: – **Institution** forbedringsanstalt for unge lovovertredere, ≈ skolehjem.
boscage [ˈbɔskidʒ] kratt, tykning.
bosh [bɔʃ] vrøvl, sludder.
bosky [ˈbɔski] skog-, skogkledd.
bosom [ˈbuzəm] barm; bryst; (fig.) skjød. – **friend** hjertevenn, bestevenn.
boss [bɔs] mester, sjef, prinsipal, bas; leder, pamp; bestemme, styre, rå.
boss [bɔs] bule, kul; knott, knapp; bossere.
B. O. T. fk. f. **Board of Trade.**

bot [bɔt] bremslarve.
botanic(al) [bɔ'tænik(l)] botanisk. **botanist** ['bɔtənist] botaniker. **botanize** ['bɔtənaiz] botanisere. **botany** ['bɔtəni] botanikk.
botch [bɔtʃ] svulst; slurv, lapp, lappverk; makkverk; befenge med svulster; slurve, lappe i hop, sjuske, forkludre; skjemme bort. **-er** lappeskredder; fusker.
both [bəuθ] begge; **we ... both of us** vi ... begge to; **– ... and** både ... og.
bother ['bɔðə] plage, bry; umake, bry(deri); **– to** gjøre seg den uleilighet å; **oh –!** det var da som bare! **– him!** gid pokker hadde ham! **be bothered** ha ubehageligheter. **-ation** [bɔðə'reiʃən] plage, mas, kav. **-some** ['bɔðəsəm] brysom, plagsom.
Bothnia ['bɔθniə]: **Gulf of –** Bottenvika.
bothy ['bɔθi] (skot.) bu, hytte.
bottle ['bɔtl] bunt; **look for a needle in a – of hay** lete etter en nål i en høystakk.
bottle ['bɔtl] flaske; fylle på flasker; **– up** stenge inne, holde tilbake.
bottle | fly spyflue. **-holder** flaskeholder; (en boksers) sekundant. **– message** flaskepost. **-neck** flaskehals, innsnevring, hindring. **-nose** potetnese; fyllepære; bottlenose (hval). **– party** fyllefest; spleisefest.
bottom ['bɔtəm] bunn, botn; grunn; nederste del; bakdel, ende; dal; skip; kjøl; (fig.) kraft, utholdenhet; sette bunn i; grunne, basere, grunnlegge; lavest, nederst, bunn-; **at the –** på bunnen; ved foten (av en bakke); nedenfor; **he is at the – of it** han står bak det; **-s up!** skål! bånski. **– drawer** utstyrskiste. **– dump truck** lastebil med bunntømming. **-less** bunnløs. **-line** sum, resultat, det saken dreier seg om, sakens kjerne. **-ry** ['bɔtəmri] bodmeri; pantsette.
botulism ['bɔtjulizm] botulisme.
boudoir ['bu:dwɑ:] budoar.
bough [bau] grein.
bought [bɔ:t] imperf. og perf. pts. av **buy.**
boulder ['bəuldə] rullestein, kampestein.
Boulogne [bu'lɔin].
bounce [bauns] spring, byks, sprett; støt; skryt, overdrivelse; trusel; løgn; sprette, bykse, komme settende; bråke; skryte; avvise (om sjekk uten dekning). **bouncer** stor, svær rusk; storskryter; utkaster; diger skrøne.
bound [baund] bykse, hoppe; sprett, byks.
bound [baund] grense, skranke; begrense; **out of -s** forbudt område.
bound [baund] bestemt **(for** til), reiseferdig, på veien; **homeward –** på hjemveien.
bound [baund] imperf. og perf. pts. av **bind.**
boundary ['baundəri] grense.
bounden ['baundən]: **my – duty** min simple plikt.
bounder ['baundə] (sl.) simpel person.
boundless ['baundləs] grenseløs.
bounteous ['bauntjəs, -tiəs] gavmild, raus. **bountiful** ['bauntiful] gavmild; rundhåndet, rikelig.
bounty ['baunti] gavmildhet; gave; barmhjertighet; premie.
bouquet ['bukei] bukett; aroma, buké.
bourbon ['buəbən, 'bə:bən] (US) en slags whisky.
bourgeois ['buəʒwɑ:] bursjoa, spissborger.
bourgeois [bə:'dʒɔis] borgis (trykktype).
bout [baut] tur, tak, dyst, tørn; drikkelag; anfall; omgang.
bovine ['bəuvain] hornkveg, okse-.
bovril ['bɔvril] kjøttkraft, buljong.
bow [bau] bøye; bukke; bukke seg; bukke under for, lide nederlag; bukk; baug, forskip (på skip); **– one to the door, carriage** følge en bukkende til døren, vognen.
bow [bəu] bue; sløyfe; bøye, krumme, krøke.
Bow bells ['bəubelz] klokkene i **Bow Church** ['bəutʃə:tʃ] Bowkirken omtrent midt i London; **he is born within the sound of –** han er en ekte londoner.
bowdlerize ['baudləraiz] sensurere sterkt (bok), rense for alt upassende.
bowel ['bauəl] tarm;**-s** pl. innvoller, indre; medlidenhet, sympati; **have your – moved?** har De hatt avføring? **– of the earth** jordens indre.
bower ['bauə] løvhytte, løvsal, lysthus; (jomfru)-bur; kabinett; kove.
bowhead whale grønlandshval.
bowie knife ['bəuinaif] (US) jaktkniv.
bowl [bəul] ball, kule, bowlingball; flottørkasse, bolle, kum, skål; terrin; pipehode; skjeblad; trille; slå (i spill); spille ball, bowle (spille bowling), spille kjegler. **-er** bowlingspiller, ballspiller; stiv hatt. **-ing alley** kjeglebane, ballplass, bowlingbane. **-ing green** ballplass.
bowlder ['bəuldə] se **boulder.**
bowlegged ['bəulegd] hjulbeint.
bowler hat ['bəuləhæt] rund, stiv hatt, skalk.
bowline ['bəulain] boline. **– knot** pålestikk.
bowsprit ['bəusprit] baugspryd.
Bow Street ['bəustri:t] gate i London, tidligere sete for politiets hovedkontor; **– officer** el. **– runner** (i gamle dager) oppdagelsesbetjent.
bowstring ['bəustriŋ] buestreng. **– bridge** hengebru.
bow tie sløyfe (slips).
bow window ['bəu'windəu] karnappvindu (i rundt karnapp).
bow-wow ['bau'wau] vovvov.
box [bɔks] buksbom.
box [bɔks] eske, boks, skrin; kasse; koffert; julegave **(Christmas –)**; bukk, kuskesete; sparebøsse; skilderhus; losje; avlukke; kove; spiltau; jakthytte **(hunting –)**; bøssing; legge i eske el. kasse; klemme, presse; **– in** stenge inne; bringe i vanskeligheter; **go a -ing** gå omkring og ønske gledelig jul; **– the compass** lese (gå) kompasset rundt.
box [bɔks] bokse, fike, slå; slag, fik, lusing; **– on the ear** ørefik.
box | bed alkoveseng. **-board** eskekartong. **– calf** bokskalv. **– car** lukket godsvogn, kuvogn.
boxer ['bɔksə] bokser.
box girder kassebjelke, kanalbjelke.
boxhaul ['bɔkshɔ:l] bakke for.
Boxing Day ['bɔksiŋdei] annen juledag.
box | kite kasseformet drage. **– lunch** (US) matpakke. **– office** billettkontor (på teater), **a – office success** et kassastykke, en suksess. **-room** pulterkammer. **– seat** kuskebukk; losjeplass i teater. **– spanner** pipenøkkel. **– stall** spiltau. **-tree** buksbom(tre).
boy [bɔi] gutt, guttunge; tjener.
boyar [bɔ'jɑ:, 'bɔiə] bojar.
boycott ['bɔikət] boikotte; boikott.
boyhood ['bɔihud] gutteår, barndom.
boyish ['bɔiiʃ] guttaktig, gutte-. **-ness** guttaktighet. **boy scout** speider(gutt).
boysenberry ['bɔi-] bjørnebringebær.

Boz [bɔz] pseudonym for Charles Dickens.
Bp fk. f. **bishop.**
B/P fk. f. **bills payable.**
B. R. fk. f. **British Railways.**
B/R fk.f. **bills receivable.**
brabble [ˈbræbl] kjekle; kjekl.
brace [breis] bånd, reim; gjord, belte; støtte, forsterkning, knekt; bøyle (tannregulering); borsveiv; parentes, klamme; bras; par (i jaktspr.); binde, gjorde, styrke, stramme, støtte, avstive, spenne; brase; **-s** seler; **– his feet against** ta spenntak i; **– oneself up** stramme seg opp, samle mot.
bracelet [ˈbreislət] armbånd.
brachycephalic [brækiseˈfælik] kortskallet.
bracing [ˈbreisiŋ] forfriskende, nervestyrkende; avstiving. **– ply** stabiliseringsbelte (bildekk).
bracken [ˈbrækn] bregne, ormegress.
bracket [ˈbrækit] konsoll; liten benk (som er gjort fast i veggen); lampett; hylleknekt; klamme (parentes); støtte med konsoll; sette i klammer; sammenstille. **square –** [ ], **round –** ( ).
brackish [ˈbrækiʃ] brakk. **– water** brakkvann.
brad [bræd] nudd, dykkert. **-s** (sl.) penger. **-awl** [-ɔ:l] spissbor.
brae [brei] (skot.) bakke, hall, skrent.
brag [bræg] prale, skryte, braute; kyt, skryting; et slags kortspill. **-gadocio** [brægəˈdəutʃiəu] skryt. **-gart** [brægət], **bragger** [ˈbrægə] storskryter.
Brahma [ˈbrɑ:mə] Brama.
Brahman [ˈbrɑ:mən], **Brahmin** [ˈbrɑ:min] brahman, brahmin.
braid [breid] flette, tvinne, sno; besette med snorer; snor; flette, fletning; hårbånd.
brail [breil] gitau, håv; håve inn; gi opp.
braille [breil] blindeskrift.
brain [brein] hjerne; hode, vett, forstand (også **brains**); slå hodet inn på; **rack** (el. **puzzle) one's brains** legge hodet i bløt. **– cell** hjernecelle. **– child** fiks idé. – **drain** hjerneflukt, kunnskapstapping. **– fag** hjernetretthet. **– fever** hjernebetennelse. **– insurance** forsikring mot tap av verdifulle (med)arbeidere. **-less** ubegavet. **-pan** hjerneskalle. **-sick** sinnsforvirret. **-storm** sinnsforvirring; vill idé. **-storming** rabaldermøte; «tenkehøyt-møte» (for å løse et bestemt problem), boblemøte, idédugnad. **-wash** hjernevask; hjernevaske. **– wave** lys idé. **-work** åndsarbeid.
brainy [ˈbreini] intelligent, begavet, gløgg, skarp.
braise [breiz] steke i gryte.
brake [breik] (lin)bråk; bremse; bråke, bremse.
brake [breik] kratt; bregne; einstape.
brake | band bremsebånd. **– disk** bremseskive. **– drum** bremsetrommel. **– fluid** bremsevæske. **– lining** bremsebånd, bremsebelegg.
braking distance bremselengde.
bramble [ˈbræmbl] klunger(kjerr), bjørnebær(ris).
brambly [ˈbræmbli] tornet.
bramling [ˈbræmliŋ] bjørkefink.
bran [bræn] kli.
branch [brɑ:nʃ] grein; gren; arm; avsnitt; avdeling, bransje; læregrein, fag; filial; greine seg, grene seg; **– line** sidelinje. **– office** filial, avdelingskontor. **-y** [ˈbrɑ:nʃi] greinet.
brand [brænd] brann (et brennende stykke tre); sverd; brennemerke, skamplett; (merk.) stempel; merke, kvalitet, kvalitetsmerke, fabrikat; brennemerke; merke, stemple. **-ed goods** merkevarer. **– image** merke, produktforestilling, symbol. **-ing iron** brennjern.
brandish [ˈbrændiʃ] svinge (f. eks. sverd).
brand name varemerke.
brand-new [ˈbrændnju:] splinterny.
brandy [ˈbrændi] brennevin, konjakk; blande med konjakk. **– -and-water** grogg. **– pawnee** (i angloindisk) grogg.
bran-new [ˈbrænnju:] = **brand-new.**
brash [bræʃ] kvist, kvas, rusk; issørpe; freidig, frekk.
brass [brɑ:s] messing; messingtøy; messinginstrument; mynt, penger; pryd, ornament; uforskammethet; **get down to – tacks** komme til saken; høytstående offiserer, sjefer. **-band** musikk-korps med blåseinstrumenter, hornorkester. **– check** (US) bestikkelse, smøring. **– farthing** en døyt. **– hat** (soldatslang) høytstående offiser.
brassiere [ˈbræsiə] brystholder.
brass | knuckles ≈ slåsshanske. **– -mounted** messingbeslått. **– plate** messingplate, navneplate (på dør). **-y** messingaktig; messinggul; frekk.
brat [bræt] unge.
bravado [brəˈvɑ:dəu] skryt, dumdristighet.
brave [breiv] modig, tapper; gjev; storartet; gild; vågehals, slåsskjempe; trosse, sette seg opp imot. **-ly** tappert, modig; prektig; til gagns, dyktig. **bravery** [ˈbreivəri] tapperhet, mot; prakt.
bravo [ˈbrɑ:vəu] bravo! bravorop; banditt, leiemorder.
bravura [brəˈv(j)uərə] bravur, bravurnummer.
brawl [brɔ:l] larme, krangle; ståk, klammeri, batalje; kjempefest, orgie, veiv.
brawn [brɔ:n] grisesylte; muskelkraft, svære muskler. **brawny** [ˈbrɔ:ni] sterk, muskuløs.
bray [brei] støte, finstøte; rive.
bray [brei] skrall, drønn; skryting (et esels); drønne, skralle; skryte.
braze [breiz] lodde; beslå med messing; (fig., gml.) forherde; herde.
brazen [ˈbreizən] messing-, malm-, bronse-; frekk, uforskammet. **-faced** [-feist] uforskammet.
brazier [ˈbreizjə] messingsmed, gjørtler; fyrfat, varmebekken (med glør).
Brazil [brəˈzil] Brasil. **brazil** brasiltre, rødtre. **Brazilian** [brəˈziljən] brasilianer; brasiliansk. **– rosewood** jakaranda, palisander. **Brazils** [brəˈzilz]: **the –** Brasil.
breach [bri:tʃ] brudd; bresje; gjennombryte; **– of promise** løftebrudd.
bread [bred] brød; levebrød; (US sl.) penger, stål; griljere; panere; **– and butter** smørbrød (tynne brødsnitter med smør); **– and butter letter** takkebrev; **know which side one's – is buttered** vite hva man selv har fordel av; **quarrel with one's – and butter** spolere sitt levebrød. **-basket** brødkurv; (fig.) spiskammer; mage. **-crumb** brødsmule. **-line** brødkø; eksistensminimum. **– pan** brødboks. **-stuff** pl. **-stuffs** brødkorn; brød.
breadth [bredθ] bredde.
breadthways [ˈbredθweiz] i bredden.
breadwinner [ˈbredwinə] familieforsørger.
break [breik] brekke, bryte, nedbryte, bryte i stykker; ruinere, ramponere, ødelegge; sprenge; springe, briste; bryte løs, bryte fram; gry; ri inn, temme (en hest); avbryte; åpne; begynne; gå fallitt; svekkes, avta; ikke holde seg; bryte ut av fengsel; **– the news to a person** meddele

lempelig, forberede en på et budskap; – **one's heart** knuse ens hjerte; skjære en i hjertet; – **down** bryte ned; mislykkes, slå feil; miste fatningen; **-down** uhell, nederlag; – **even** i økonomisk balanse; verken vinne eller tape; – **in** falle inn (i talen), utbryte; – **in upon** avbryte; – **into** bryte seg inn i; avbryte. – **off** bryte av, avbryte. – **up** bryte opp; oppløse, splitte; hogge opp; klarne (om været); – **with** bryte med; – **oneself of a habit** venne seg av med noe; – **short** stanse, bringe til opphør.
break [breik] brudd; frambrudd; avbrytelse, stans, opphold; friminutt; avsats. **-able** [ˈbreikəbl] skrøpelig. **-age** [ˈbreikidʒ] brudd, beskadigelse; erstatning for ramponert gods. **-away** utbryter, løsrivelse; skrens, sladd, slipp. **-down** [ˈbreikdaun] sammenbrudd, motorstopp; uhell; fullstendig gjennomgåelse, analyse. **-down product** nedbrytningsprodukt. **-er** [ˈbreikə] en som bryter osv.; brottsjø, skavl, brenning.
breakfast [ˈbrekfəst] frokost; spise frokost.
break-in innbrudd; innkjøring, prøvekjøring.
breaking point bruddgrense; bristepunkt.
break line [ˈbreiklain] linjeutgang.
breakneck [ˈbreiknek] halsbrekkende, farlig.
breakthrough [ˈbreikθru:] gjennombrudd.
breakup [ˈbreikʌp] oppløsning, sammenbrudd, oppbrudd.
breakwater [ˈbreikwɔ:tə] bølgebryter, molo.
bream [bri:m] brasen, brasme (fisk).
breast [brest] bryst, bringe, barm; hjerte; sette brystet imot; stemme imot; trosse; **make a clean –** tilstå. **-stroke** brysttak (i svømming). **-work** brystvern.
breath [breθ] ånde; åndedrag, åndedrett; pust; luftning; liv; pusterom; munnsvær; **at a –** i samme åndedrett; **out of –** andpusten; **half under one's –** halvt dempet, halvhøyt; **draw one's –** puste. **breathalyser** [ˈbreθəlaisə] «ballong» (apparat til måling av alkoholkonsentrasjon i pusten ved promilleprøve). **breathe** [bri:ð] ånde, puste, trekke pusten; hvile litt; innånde; blåse inn; puste ut; hviske, kviskre; – **one's last** dra sitt siste sukk. **breather** [ˈbri:ðə] en som ånder; en som innånder, innblåser; hvilepause. **breathing** [ˈbri:ðiŋ] ånde; gust, luftning; hvisking, ytring; hvilepause. **breathless** [ˈbreθlis] åndeløs, andpusten.
breath-taking [ˈbreθteikiŋ] som tar pusten fra en; spennende, betagende.
bred [bred] avlet; – **in the bone** medfødt.
breech [bri:tʃ] bakstykke (på skytevåpen); bak, bakdel; (gml.) sette bukser på. **-es** [ˈbritʃiz] pl. slags knebukser; **she (the wife) wears the -es** det er kona som har buksene på, som styrer. **-ing** [ˈbri:tʃiŋ] bakreim; bakstykke. – **loader** bakladningsgevær el. -kanon.
breed [bri:d] avle; ale, fostre; oppdra; frambringe; yngle, formere seg; avkom, rase; yngel; ætt; art, slag. **-er** oppdretter, dyrker. **-er reactor** avlsreaktor, formeringsreaktor. **-ing** avl, al, oppdrett; formering; utklekking; oppdragelse. **-ing ground** yngleplass; (fig.) utklekningssted. **-ing society** avlslag.
breeze [bri:z] bris; slagg, kullavfall; (tal.) småkrangel, sammenstøt; blåse lett; – **in** komme feiende inn; **he -d through the book** han feide raskt gjennom boken. **breezy** [ˈbri:zi] luftig, frisk.
brethren [ˈbreðrin] (høyere stil) brødre.
Breton [ˈbretn] bretagner, bretagnsk.
brevet [ˈbrevit] titulær rang; gi titulær rang.
breviary [ˈbri:viəri] breviar(ium).
brevity [ˈbreviti] korthet.
brew [bru:] brygge; trekke opp (om uvær); være i gjære. **-age** [-idʒ] brygg, blanding. **-er** [ˈbru:ə] brygger. **-ery** [-əri] bryggeri.
briar [ˈbraiə] se **brier.**
bribe [braib] bestikkelse, judaspenger; lokkemiddel; bestikke, lokke. **bribery** [ˈbraibəri] bestikkelse.
bric-a-brac [ˈbrikəbræk] nips, snurrepiperier, jugl.
brick [brik] murstein; teglstein; brikke; byggekloss; blokk, klump; kjernekar; mure; **drop a –** gjøre en brøler, fadese. **-bats** stykke murstein. **-burner** teglbrenner. **-field** teglverk. **-kiln** teglovn. **-layer** murer. **-maker** teglbrenner. **-nogging** bindingsverk. **-yard** teglverk.
bridal [ˈbraidl] brude-, bryllups-.
bride [braid] brud. **-groom** [-gru:m] brudgom.
bridesmaid [ˈbraidzmeid] brudepike. **-man** brudesvenn.
bridewell [ˈbraidwəl] tukthus, fengsel, arbeidsanstalt.
bridge [bridʒ] bru, kommandobru; neserygg; åskam; rygg; stol (fiolin); bygge bru over; fylle ut, danne overgang; **burn one's -s** bryte (el.) brenne bruer; **a gold (el.) silver** – en lett utvei.
bridge [bridʒ] bridge.
bridgeboard trappevange. – **floor** brudekk; brubane. **-head** bruhode, bruskanse. **-ing** overgangs-; danne overgang.
bridle [ˈbraidl] bissel; tømme, tom, tøyle; bisle; tøyle, legge bånd på; steile, kneise. – **path,** – **way** ridevei.
bridoon [briˈdu:n] bridon.
brief [bri:f] kort, kortfattet; kort utdrag av en rettssak, resymé utarbeidet av the solicitor til bruk for the barrister; rettsordre; diplom; bevilling til innsamling; låneseddel; resymere, sammendra; orientere, briefe; instruere, underrette. **-case** dokumentmappe, liten koffert for papirer, stresskoffert. **-ing** orientering, underretning. **-s** juridiske saker; truser. **briefless** uten praksis (jur.). **briefly** kort, i korthet.
brier [ˈbraiə] vill rose; tornebusk; briar; snadde.
brig [brig] brigg; (US) arrest.
brigade [briˈgeid] brigade; gruppe.
brigadier [brigəˈdiə], – **general** brigadesjef, brigadegeneral.
brigand [ˈbrigənd] røver.
brigantine [ˈbrigəntain, -ti:n] brigantin, skonnertbrigg.
bright [brait] blank, klar, funklende; lys; sterk; strålende; kvikk, opplyst; gløgg; **honour –!** på ære! **– red** høyrød. **-en** [ˈbraitn] lysne, gjøre lysere, blankpusse; live opp; **as the day -ened** ettersom det lysnet. **-ness** klarhet, glans; skarpsindighet.
Brighton [ˈbraitn].
brightwork [ˈbraitwə:k] messinggreier osv. som skal holdes blanke; lakkert treverk.
brilliance [ˈbriljəns] glans; åndrikhet, intelligens. **brilliancy** [ˈbriljənsi] glans, lysstyrke. **brilliant** [ˈbriljənt] glimrende, skinnende; strålende, fremragende; briljant (diamant).
brim [brim] rand, kant; brem (på hatt); fylle til randen, være breddfull. **-ful** breddfull.

brimstone [ˈbrimstən] svovel. **brimstony** [ˈbrimstəni] svovelaktig, svovel-.
brinded [ˈbrindid], **brindled** [ˈbrindld] spettet, stripet, brandet, droplet.
brine [brain] saltvann; salt vann; saltlake, lake; (fig.) hav; tårer; legge i saltlake, salte.
bring [briŋ] bringe (især til den talende); skaffe; innbringe; ta, bringe med, ha med; **to – word** bringe bud el. etterretning; **– about** få i stand, utvirke, volde; **– down the house** høste stormende applaus; **– one down a peg** legge en demper på en, jekke en ned; **– forth** frembringe, føde; **– forward** fremlegge, fremsette; **– home** overbevise, gjøre det klart; **– in** innføre, innbringe; sette fram; **– over** få til å skifte mening; **– to** dreie bi; **– to mind** gjenkalle i minnet; **– up** bringe opp; oppdra; bringe på bane; stanse; forankre.
bringer [ˈbriŋə] overbringer, budbærer.
brink [briŋk] stup, kant, brink, rand; **on the – of** på randen av.
briny [ˈbraini] salt; **the –** havet.
briquet [ˈbrikət], **briquette** [briˈket] brikett.
brisk [brisk] frisk, livlig, rask, sprek.
brisket [ˈbriskit] bryst, bringe.
brisling [ˈbrizliŋ] brisling.
bristle [ˈbrisl] bust; reise seg, stritte, strutte, stå stivt; **set up the -s** reise bust.
Brit. fk. f. **Britain; Britannia; British.**
Britain [ˈbritn], **Great Britain** Storbritannia.
Britannia [briˈtænjə] Britannia; britanniametall.
Britannic [briˈtænik] britisk.
Brit|ish [ˈbritiʃ] britisk; **the British Commonwealth of Nations** Det britiske samvelde; **-isher** [-iʃə] brite.
Brit. Mus. fk. f. **British Museum.**
Briton [ˈbritən] brite. **North –** skotte.
Brittany [ˈbritəni] Bretagne.
brittle [ˈbritl] skjør, sprø, skrøpelig; (fig.) usikker; irritabel, hissig.
brl. fk. f. **barrel.**
broach [brəutʃ] stekespidd; stikke an; ta hull på, begynne å bruke; begynne å diskutere.
broad [brɔ:d] bred, brei, vid, stor; grov, drøy; liberal, romslig; allmenn, alminnelig; (sl.) kvinnfolk, skreppe, ludder; **– awake** lysvåken; **– daylight** høylys dag; **B. Church** frisinnet retning i den engelske kirke.
broad|cast [ˈbrɔ:dkɑ:st] håndsådd, strødd vidt og bredt; kringkaste, radio-. **– -chested** bredbringet. **-cloth** (en type fint klede). **– jump** (US) lengdesprang. **-ly speaking** stort sett. **– -minded** frisinnet, liberal; som ser stort på det. **-sheet** ark trykt på den ene side, plakat. **-side** bredside; glatt lag. **-sword** huggert. **broaden** [ˈbrɔ:dn] gjøre bred; utvide seg. **broadness** bredde, vidde.
broadwise [ˈbrɔ:dwaiz] etter bredden.
Brobdingnag [ˈbrɔbdiŋnæg] kjempelandet i Swifts **Gulliver's Travels.**
brocade [brəˈkeid] brokade.
brochure [ˈbrəuʃuə] brosjyre.
brock [brɔk] grevling.
brocket [ˈbrɔkit] spisshjort (toårig hjort).
brogan [ˈbrəugən, ˈbrɔgən] tykk sko.
brogue [brəug] irsk uttale av engelsk; slags sko.
broil [brɔil] steke, riste; stekes; griljert rett; bråk, klammeri. **-er** broilerkylling; stekeovn.
broke [brəuk] imperf. av **break.**
broke [brəuk] blakk, fant; **go –** gå fallitt.
broken [ˈbrəukn] perf. pts. av **break. – -down** nedbrutt; ødelagt. **-hearted** med knust hjerte, nedslått. **-ly** avbrutt, rykkvis. **-spirited** nedbrutt, motløs. **– -winded** stakkåndet.
broker [ˈbrəukə] mekler; marsjandiser; auksjonarius, inkassator; mellommann. **-age** [ˈbrəukəridʒ] meklerlønn, kurtasje, provisjon; meklervirksomhet.
brolly [ˈbrɔli] (tal.) paraply.
brome [brəum] brom. **bromide** [ˈbrəumaid] bromid; **– of potassium** bromkalium.
bronchia [ˈbrɔŋkiə] **bronchiae** [ˈbrɔŋkii:] bronkier, luftveier. **bronchitis** [brɔŋˈkaitis] bronkitt.
bronco [ˈbrɔŋkəu] (US) liten halvvill hest.
Brontë [ˈbrɔnti].
bronze [brɔnz] bronse; figur av bronse; bli brun, bronsere; forherde, barke.
brooch [brəutʃ] brosje, brystnål; smykke.
brood [bru:d] unger, yngel; avkom; ruge; ruge ut, klekke ut; tenke, sture.
brooder [ˈbru:də] grubler; rugemaskin.
broody [ˈbru:di] (om høne) liggesyk, klukk; humørsyk.
brook [bruk] tåle, finne seg i.
brook [bruk] bekk, å. **-let** [ˈbruklit] liten bekk.
broom [bru:m] (slags) lyng, gyvel; sopelime, feie, koste, sope.
broomstick [ˈbru:mstik] kosteskaft; **marry over the –** samliv uten inngått ekteskap.
Bros. [ˈbrʌðəz] brødrene (i firmanavn).
broth [brɔθ] sodd, kjøttsuppe; **– of a boy** flott fyr.
brothel [ˈbrɔθl, ˈbrɔðl] bordell, horehus. **– -creepers**(sl. en slags herresko med rågummisåler).
brother [brʌðə] bror; (fig.) kollega; svoger. **– -in-arms** krigskamerat. **– -in-law** [ˈbrʌðərinˈlɔ] svoger. **-hood** [-hud] brorskap. **-ly** broderlig.
brougham [bru:m] lett landauer; biltype.
brought [brɔ:t] imperf. og perf. pts. av **bring.**
brow [brau] bryn, kant; ås; (fig.) panne; mine; **knit one's -s** rynke pannen.
browbeat [ˈbraubi:t] skremme, hundse.
brown [braun] brun; brunt, brun farge; brune, brunsteke; **– bread** brød av usiktet hvetemel, grovbrød; **– paper** gråpapir; **– study** dype tanker.
brownie [ˈbrauni] nisse; (lite, billig) kamera; liten pikespeider, meise; brun kake.
Browning [ˈbrauniŋ].
browse [brauz] gnage, bite av; gresse, beite. (fig.) kikke el. smålese ibøker.
Bruges [bru:ʒ] Brugge.
Bruin [ˈbru:in] bamse, bjørn.
bruise [bru:z] kveste, skade; forslå, støte; knuse; skrubbsår; kvestelse; støt, slag, skramme.
bruit [bru:t] (gml.) gjøre kjent, utspre; **the word is -ed about that** det går det rykte at.
Brummagem [ˈbrʌmədʒəm] Birmingham; imitasjon, juks; uekte; **– buttons** falske penger.
brunch [brʌnʃ] kombinasjon av **breakfast** og **lunch** frokostlunsj.
brunette [bru:ˈnet] brunette.
Brunswick [ˈbrʌnzwik] Braunschweig.
brunt [brʌnt] hissighet, hete; støt, strid; **bear the –** ta støyten, ta ubehagelighetene.
brush [brʌʃ] børste; kost; pensel; hale (på en rev); kamp; kratt; kvas; børste, koste, streife; stryke; **– away** viske bort, jage fra seg; **– off** børste av; **it -ed off on her** (fig.) det smittet over på henne; **– up** pusse opp, friske opp på. **– fire**

brann i underskog; (fig.) ild i tørt gress. **-wood** kratt; kvas.
brusque [brusk, brʌsk] brysk, brå, morsk.
Brussels [ˈbrʌslz] Brussel. **– sprouts** rosenkål.
brutal [ˈbru:təl] dyrisk; brutal. **-ity** [bru:ˈtæliti] dyriskhet, råskap, brutalitet.
brute [bru:t] dyrisk; rå; dyr; rått menneske, umenneske. **brutish** [ˈbru:tiʃ] dyrisk, rå.
bryony [ˈbraiəni] gallbær.
B/S fk. f. **bill of sale.**
B. S. A. fk. f. **British South Africa.**
B. Sc. fk. f. **Bachelor of Science.**
B. S. T. fk. f. **British Summer Time.**
B. T. fk. f. **Board of Trade.**
Bt. fk. f. **baronet.**
BTU fk. f. **British Thermal Unit** = 0,252 kcal.
bubble [ˈbʌbl] boble; humbug; boble; putre; snyte; **blow -s** blåse såpebobler.
bubo [ˈbju:bəu] byll.
buccaneer [bʌkəˈniə] sjørøver; drive sjørøveri.
Buchanan [bju(:)ˈkænən].
buck [bʌk] hannen av forskj. dyr, geite-, sau-, reins-bukk; sprett, sprade; (US) sagkrakk; dollar; parre seg, løpe, gjøre bukkesprett; steile; **– up** ta seg sammen; **– off** kaste (rytter av); **pass the –** sende regningen (videre).
buckaroo [bʌkəˈru:] cowboy.
buckbean [ˈbʌkbi:n] bukkeblad.
bucket [ˈbʌkit] bøtte, spann, pøs, vassbøtte; øse; slå vann på; skamri; ro ujevnt, plaske. **– brigade** bøttekjede (av personer) for å slokke brann; bøtteballett. **– elevator** paternosterverk. **– seat** konturformet sete i bil el. fly; bøttesete.
buckeye [ˈbʌkai] (US) (heste)kastanje; amatøraktig.
Buckingham [bʌkiŋəm].
buckle [ˈbʌkl] spenne; spenne fast, gjorde på; krøke, krummet; bulke; krølle seg; **– to** legge seg i selen, ta fatt for alvor.
buckler [ˈbʌklə] skjold; beskytter.
buckling zone deformasjonsområde.
buckram [ˈbʌkrəm] stivt lerret, innleggsstrie.
Bucks. fk. f. **Buckinghamshire.**
buckshot [ˈbʌkʃɔt] dyrehagl. **– rule** (hist.) styre av Irland ved væpnet politi.
buckskin [ˈbʌkskin] hjorteskinn.
buck teeth [ˈbʌk ˈti:θ] hestetenner, utstående tenner.
buckwheat [ˈbʌkwi:t] bokhvete.
bucolic [bjuˈkɔlik] bukolisk, som hører til hyrdelivet; hyrdedikt.
bud [bʌd] knopp; kamerat, kompis; spire, springe ut, skyte knopper; inokulere; **nip in the –** kvele i fødselen.
Buddha [ˈbudə] Buddha. **buddhism** [ˈbudizm] buddhisme. **buddhist** [ˈbudist] buddhist.
buddy [ˈbʌdi] kompis, kamerat, romkamerat.
budge [bʌdʒ] røre seg av stedet, lee på seg; **he won't –** (ogs. fig.) han er ikke til å rokke.
budgerigar [ˈbʌdʒərigɑ:] undulat.
budget [ˈbʌdʒit] budsjett, overslag, finanslov(forslag); samling, mengde; (dial.) pose; planlegge økonomisk, budsjettere. **-ary** budsjett-, budsjettmessig.
Buenos Aires [ˈbwenəs ˈaiəriz].
buff [bʌf] bøffellær, semsklær; lærbrynje; lærfarget, brungul; polere; slipe; **in the –** naken; **-coat** lærbrynje.
buffalo [ˈbʌfələu] bøffel; (US) bison.
buffer [ˈbʌfə] støtpute, buffer; stabeis, fysak; **– state** bufferstat.
buffet [ˈbʌfit] puff, støt; puffe, støte; skubbe.
buffet [ˈbʌfit] buffet, skjenk, framskap.
buffet [ˈbufei] slags restaurant f.eks. på jernbanestasjon, buffet. **– car** spisevogn.
buffoon [bʌˈfu:n] bajas. **-ery** [bʌˈfu:nəri] narrestreker.
bug [bʌg] veggelus; (US) insekt, bille; mikrobe, basill; tyverialarm, hemmelig mikrofon; mindre feil, barnesykdom, mangel; sprøyte mot utøy; avlytte ved hemmelig mikrofon; **he is bitten by the car –** han har bildilla; **what -s me** det som ergrer meg; **it'll take hours to iron the -s out of this** det vil ta timesvis å få orden på disse (små)feilene; **what's -ging you?** hva går det av deg?
bugbear [ˈbʌgbɛə] busemann, skremsel.
bugger [ˈbʌgə] (vulg.) sodomitt, soper (om homoseksuell); (sl.) fyr, type (om person); vanskelig situasjon, klemme; begå sodomi; forkludre, ødelegge; **I'm -ed** jeg er helt skutt, dødstrett; **that -ed my plan** det ødela hele planen; **in a –** i en real klemme; **– off!** stikk av!
bugging skjult avlytting med mikrofon.
buggy [ˈbʌgi] slags lett vogn, karjol; barnevogn.
buggy [ˈbʌgi] full av veggelus.
bugle [ˈbju:gl] jakthorn, valthorn, signalhorn.
Buhl [bu:l] Boulle-arbeid (i møbler).
build [bild] bygge, anlegge, oppføre; bygningsform, bygning; form, skikkelse, fasong, snitt (på klær); **-er** byggmester.
building bygning; bygging. **– code** byggeforskrifter. **– kit** byggesett. **– lease** (jur.) tomtefeste. **– manager** (US) vaktmester. **– society** boligbyggelag.
built [bilt] imperf. og perf. pts. av **build.**
built-in innebygd.
built-up bebygd, utbygd; sammensatt.
bulb [bʌlb] rund innretning; elektrisk pære; løk, svibel; svelle ut.
Bulgaria [bʌlˈgɛəriə] Bulgaria. **-n** [bʌlˈgɛəriən] bulgar(sk).
bulge [bʌldʒ] kul; buk (av et fat el. en tønne); stigning, økning; bulne ut; øke, stige. **bulgy** [ˈbʌldʒi] oppsvulmet.
bulk [bʌlk] framstikkende del, utbygg, sval; hovedmasse, størstedel; mengde, volum, storhet, majoritet; last; ruve; **break –** brekke lasten (for å losse). **– cargo** styrtegods, gods i løs masse. **-head** skott (på skip). **-y** svær, stor.
bull [bul] tyr, stut, okse; hausse-spekulant.
bull [bul] bulle, pavebrev.
bull [bul] meningsløshet, drittprat, tull.
bulldog [ˈbuldɔg] bulldogg.
bulldoze [ˈbuldəuz] tvinge, true, hundse; rydde, planere.
bulldozer [ˈbuldəuzə] bulldozer.
bullet [ˈbulit] (liten) kule, prosjektil; **– -proof** skuddsikker.
bulletin [ˈbulitin] bulletin, melding.
bullfight [ˈbulfait] tyrefektning.
bullfinch [ˈbulfinʃ] dompap; høy hekk.
bullhead [ˈbulhed] stabukk, stribukk.
bullhorn [ˈbulhɔ:n] (US) megafon.
bullion [ˈbuljən] umyntet gull el. sølv; sølvbarre; gullbarre.
bullock [ˈbulək] stut, okse, gjeldokse.
bull's eye [ˈbulzai] skipsvindu, kuøye; blindlykt,

blink (i skive), blinkskudd; slags stripet sukkerkule.
bullshit [ˈbulʃit] tull, sludder, drittprat.
bully [ˈbuli] dominere; tyrannisere; rå, hoven person; tyrann; bølle; grepa, kjempefin.
bulrush [ˈbulrʌʃ] siv.
bulwark [ˈbulwək] bolverk, bastion; skansekledning; (fig.) forsvar, vern, sikkerhet.
Bulwer [ˈbulwə].
bum [bʌm] rumpe, ende; boms, landstryker; streife omkring, loffe.
bumbailiff [bʌmˈbeilif] underlensmann, lensmannsbetjent.
bumble [bʌmbl] liten skittviktig kommunal funksjonær; buldre; forkludre.
bumblebee [ˈbʌmbl-bi:] humle (insekt).
bumboat [ˈbʌmbəut] bombåt, kadreierbåt.
bump [bʌmp] støt, slag, dask, dult; bule; støte; dunke; **– of locality** stedsans; **– off** rydde av veien, drepe.
bumper [ˈbʌmpə] breddfullt glass; fullt hus (teater); støtfanger; dørstopper; rik, rekord-; **– -to- – driving** køkjøring. **– crop** rekordavling. **– guard** støtfangerhorn.
bumping race kapproing på elv, der det gjelder for hver båt å innhente og røre den båten som ligger foran.
bumpkin [ˈbʌm(p)kin] slamp, kloss, naiv fyr.
bumptious [ˈbʌmpʃəs] viktig, innbilsk, selvgod.
bumpy [ˈbʌmpi] humpet, ujevn.
bump-you car radiobil (i fornøyelsespark).
bun [bʌn] bolle (ofte med korinter i); knute i nakken (om frisyre); **have a – in the oven** (sl.) være gravid, «være på tjukken». **– fight** (tal.) teselskap, kaffeslaberas.
bunch [bʌn(t)ʃ] pukkel; bunt, knippe; bukett; klase, klynge. **-backed** pukkelrygget, krylrygget.
bunco [ˈbʌŋkəu] (US) jukse, svindle; svindel, juks.
buncombe [ˈbʌŋkəm] se **bunkum**
bundle [ˈbʌndl] bunt, bylt, knytte, pakke; samling, kolleksjon; bunte; pakke sammen; pakke seg (**off** bort).
bung [bʌŋ] spuns; spunse. **-hole** spunshull.
bungalow [ˈbʌŋgələu] bungalow.
bungle [ˈbʌŋgl] klusse, kludre, forkludre, skjemme bort; fusk; mistak. **bungler** fusker.
bunion [ˈbʌnjən] ilke, betennelse.
bunk [bʌŋk] slagbenk; fast køye; køye, loppekasse; tøys, sludder; stikke av.
bunker [ˈbʌŋkə] kistebenk; binge; kullboks; bunker; grop, hindring (på golfbane); bunkre.
bunkum [ˈbʌŋkəm] floskler, valgflesk.
bunny [ˈbʌni] kanin, «harepus».
bunt [bʌnt] meldugg.
bunting [ˈbʌntiŋ] flaggduk, flaggskrud.
bunting [ˈbʌntiŋ] (gul)spurv, snøspurv.
Bunyan [ˈbʌnjən].
buoy [bɔi] bøye, merke; legge ut bøyer, merke opp; holde flott; svømme, flyte. **-ancy** [ˈbɔiənsi] evne til å flyte; oppdrift; (fig.) letthet, livlighet. **-ant** [ˈbɔiənt] flytende, svømmende; livfull.
bur [bə:] se **bur(r).**
burberry [ˈbə:bəri] et vanntett stoff, frakk av dette.
burble [ˈbə:bl] putre, boble, klukke; plapre.
burbot [ˈbə:bət] lake (fisk).
burbs [bə:bs]: **the –** (US sl.) forstedene, sovebyene.
burden [ˈbə:dn] byrde, bør, last; drektighet; omkved, etterstev, ettersleng; lesse, legge på, tynge ned. **-some** tyngende, byrdefull.
burdock [ˈbə:dɔk] borre.
bureau [bjuˈrəu] byrå, kontor; (US) kommode, skrivepult. **-cracy** [bjuˈrɔkrəsi] byråkrati. **-crat** [ˈbjuərəukræt] byråkrat. **-cratic** [bjuərəuˈkrætik] byråkratisk.
burgeon [ˈbə:dʒən] knopp; springe ut.
burger [ˈbə:gə] (US) d. s. s. **hamburger.**
burgess [ˈbə:dʒis] borger; tingmann for en kjøpstad.
burgh [ˈbʌrə] (skot.) by (jvf. **borough). -er** [ˈbə:gə] borger. **-master** [ˈbə:gmɑ:stə] borgermester.
burglar [ˈbə:glə] innbruddstyv.**-y** [ˈbə:gləri] innbrudd. **burglarious** [bə:ˈglɛəriəs] innbrudds-. **burglarize** rane, stjele, begå innbrudd.
burgle [ˈbə:gl] gjøre innbrudd, bryte seg inn.
Burgundy [ˈbə:gəndi] Burgund, Bourgogne; burgunder.
burial [ˈberiəl] begravelse, gravferd. **– ground** begravelsesplass, kirkegård. **– mound** gravhaug. **– service** begravelsesritual. **– vault** gravkjeller.
Burke [bə:k] Burke. **burke** [bə:k] myrde ved kvelning, snikmyrde; stikke unna, skrinlegge.
burlesque [bə:ˈlesk] overdrevent komisk; burlesk; parodi, travesti; varieté-, (ofte:) striptease; gjøre latterlig, travestere.
burly [ˈbə:li] tykk, svær, røslig.
Burma [ˈbə:mə].
burn [bə:n] bekk; låg (srl. i brygging).
burn [bə:n] brenne, forbrenne, svi; brannsår; brennemerke; **– the lights** kjøre mot rødt lys. **-ed-out** utkjørt; utbrent. **-er** brenner, forbrenningsovn.
burner [ˈbə:nə] brenner, ovn; **put on the back** – (fig.) sette til side, utsette, nedprioritere.
burnish [ˈbə:niʃ] polere, bli blank; skinne; glans, polering; **-er** polerstål.
Burns [bə:nz].
burnt [bə:nt] imperf. og perf. pts. av **burn. – offering** (relig.) brennoffer.
burp [bə:p] rap; rape.
bur(r) [bə:] borre; ru kant; brynestein; skarre.
burrow [ˈbʌrəu] hule; revehi, gang (i jorda); grave ganger i jorda, grave seg ned.
bursar [ˈbə:sə] kasserer, universitetskvestor; stipendiat. **bursary** kvestur, kassererkontor; stipendium.
burst [bə:st] briste, springe; fare, springe (fram, ut); sprenge, eksplodere; sprengning, utbrudd; brak; revne, brudd; rangel; **– out laughing** briste i latter. **-ing** bristeferdig, sprekkeferdig; spreng-; **-ing with pride** sprekkeferdig av stolthet.
burthen [ˈbə:ðən] se **burden.**
Burton [ˈbə:tən] (type sterkt, mørkt øl); **go for a –** (tal.) bli drept; falle, gå på trynet; gå i stykker.
bury [ˈberi] begrave, nedsenke, glemme; **-ing** begravelse.
bus [bʌs] buss. **– boy** ryddegutt (i restaurant).
busby [ˈbʌzbi] husarlue, skinnlue.
bush [buʃ] bøssing, fôring.
bush [buʃ] busk, kjerr; dusk, kvast; (i Australia og Sør-Afrika) villmark, utbygg; (US) småskog; **beat about the –** bruke kroker, gå krokveier.
bushel [ˈbuʃəl] bushel, engelsk skjeppe (i Storbr. og Irl. = 36,368 l, i USA og Canada = 35,24 l).
bushman [ˈbuʃmən] buskmann; nybygger (i Australia).

bushranger [ˈbuʃreindʒə] forbryter (i villmarka).
bushy [ˈbuʃi] busket; som gror tett.
business [ˈbiznis] forretning, forretninger, butikk, foretagende; beskjeftigelse; sak, historie, affære; oppgave, arbeid, yrke; greie; **this is no – of theirs** dette raker ikke dem; **mind your own –** pass deg selv; **– equipment** driftsmidler. **it's an expensive –** det er en dyr fornøyelse; **official –** tjenstlig anliggende; **hours of –** arbeidstid, åpningstid. **– acumen** forretningssans. **– economics** bedriftsøkonomi. **– education** handelsutdannelse. **– hours** forretningstid, arbeidstid. **-like** forretningsmessig. **– management** bedriftsledelse.
busker [ˈbʌskə] gatesanger, -musikant.
buskin [ˈbʌskin] koturne; halvstøvel.
buss [bʌs] kyss, smask; kysse.
bust [bʌst] byste; fiasko; slå, brekke, ødelegge; (US) arrestere; (mil.) degradere.
bustard [ˈbʌstəd] trappgås.
buster [ˈbʌstə] (real) kraftkar, branne; (tal. tiltaleform) kamerat, kompis; (noe) som sprenger, ødelegger.
bustle [ˈbʌsl] ha det travelt, fare omkring, mase, vimse om; travelhet, mas, hastverk; røre.
busy [ˈbizi] beskjeftige, sysselsette; travel, beskjeftiget, opptatt; urolig; **be –** ha det travelt; **– oneself with** beskjeftige seg med, gi seg av med, ta vare på. **-body** vims, geskjeftig person, klåfinger.
but [bʌt, bət] men; unntagen, uten, så nær som, bare; at; **– for him** hadde det ikke vært for ham; **the last – one** den nest siste.
butane [ˈbju:tein, bju:ˈtein] butan.
butcher [ˈbutʃə] slakter; slakte. **-y** slakteri, nedslakting.
butler [ˈbʌtlə] kjellermester, hovmester. **-y** anretningsrom.
butt [bʌt] skyteskive; merke, mål; skive; fat, tønne; sigarettstump; geværkolbe; tykkende, skaft, kolv; støt (med hode eller horn); støt (i fektning); støte, stange; stumpe (en sigarett); **come full – against** løpe rett på; **– in** trenge seg på.
butter [ˈbʌtə] smør; smiger; lage til med smør, smøre smør på; være smørblid mot, smigre, smiske, sleske; **bread and –** smørbrød. **-boat** smørnebbe, sausenebbe. **-cup** smørblomst. **-fingered** klosset, slepphendt. **-fingers** klodrian. **-fly** sommerfugl. **-fly nut** vingemutter. **-milk** kjernemelk. **– muslin** osteklede. **-print** smørstempel; smørformer. **-scotch** ≈ (fløte)karamell.
buttery [ˈbʌtəri] vinkjeller; matbu; matutsalg.
butt joint (butt)skjøt.
buttock [ˈbʌtək] rumpeball, seteball; **-s** rumpe, sete.
button [ˈbʌtn] knapp; jakkemerke, knappemerke; kneppe. **-hole** knapphull(sblomst); klenge seg på, hekte seg fast i.
buttons [ˈbʌtnz] (pl. av **button)** pikkolo.
buttress [ˈbʌtris] framspring, støttepilar, murstiver, støtte; avstive, støtte.

buxom [ˈbʌksəm] trivelig, ferm; livlig, rask; yppig; føyelig.
buy [bai] kjøpe; tro, akseptere; **– off** bestikke; kjøpe fri; **-er** kjøper. **-ing department** innkjøpsavdeling. **-ing price** innkjøpspris, kjøpesum.
buzz [bʌz] summe, surre, hviske om; drikke ut (siste slanten); surr, summing; telefonoppringning; sirkulerende rykte; **– off** stikke av.
buzzard [ˈbʌzəd] musvåk.
buzz|bomb [ˈbʌzbɔm] flygende bombe (om V-bombene under 2. verdenskrig). **-er** brummer, summer. – **phrase** (US) slagord, moteord. – **saw** rundsag.
B.V.M. fk. f. **Blessed Virgin Mary.**
by [bai] ved siden av, ved, langs(med), forbi; innen, i, etter, gjennom, med; etter, ifølge; av; **– oneself** for seg selv, alene; **– 6 o'clock** innen kl. 6. **– the sack** i sekkevis; **– the score** i snesevis; **little – little** litt etter litt; smått om senn; **day – day** dag for dag; **– railway, steamer** med jernbane, dampskip; **– telegram, telegraph** telegrafisk; **multiply – three** multiplisere med tre; **– forced marches** i ilmarsj; **a novel – Dickens** en roman av D.; **– all means** ja visst; **– no means** på ingen måte; **– chance** tilfeldig; **– heart** utenat; **– and –** snart; **– land** til lands; **– sea** til sjøs, sjøveien; **– the by(e)** el. **– the way** i parentes bemerket, apropos; **– this time** nå el. imidlertid; **– now** iallfall, nå om ikke før; **– day (night)** om dagen (natten); **larger – a half** en halv gang til så stor; **taller – three inches = three inches taller; six – two is three** to i seks er tre; **six feet – three** seks fot lang og tre fot bred; **younger – years** yngre av år; **all – himself** ganske for seg selv, alene.
by-blow slengeslag, slumpeslag; løsunge.
by(e) [bai] i smstn. bi-, side-, omfram-, ekstra-;
bye-bye [ˈbaiˈbai] farvel! ha det; (til barn) na-na; bye, bysse, seng, søvn.
by-election [ˈbaiiˈlekʃən] suppleringsvalg.
bye-law, by-law [ˈbailɔ:] vedtekt, statutt.
bygone [ˈbaigɔn] forbigangen, framfaren; **let bygones be bygones!** la det være glemt.
by-name [ˈbaineim] økenavn, utnavn.
bypass [ˈbaipɑ:s] sidevei, omvei, omkjøringsvei; omgå, lede utenom.
by-path [ˈbaipɑ:θ] tverrvei, sidevei; privat vei.
byplay [ˈbaiplei] (på teater) stumt spill.
by-product [ˈbaiprɔdəkt] biprodukt.
byre [ˈbaiə] (skot.) fjøs.
byroad [ˈbairəud] sidevei.
Byron [ˈbairən].
Byronic [baiˈrɔnik] byronsk.
Bysshe [biʃ].
bystander [ˈbaistændə] hosstående, tilstedeværende, tilskuer.
bystreet [ˈbaistri:t] sidegate, bakgate.
byte [bait] (EDB) bitegruppe, byte.
byword [ˈbaiwə:d] ordspråk, ordtak, fabel, dårlig eksempel.
Byzantine [biˈzæntain, baiˈzænti:n] bysantinsk; bysantiner.

C, c [si:] C, c.
C. fk. f. **Centrigrade, Congress, Conservative.**
c. fk. f. **caught, cent, cents, century, chapter, circa, cost, cubic.**
C.A. fk. f. **Central America, Chartered Accountant.**
cab [kæb] drosje, taxi; førerhus (i bil etc.); ta taxi; stjele, rappe.
cabal [kəˈbæl] kabal; klikk; intrige; bruke renker, intrigere.
cabala [kəˈbɑ:lə, ˈkæbələ] kabbala.
cabaret [ˈkæbərei] kabaret.
cabbage [ˈkæbidʒ] kål, kålhode.
cabby [ˈkæbi] (tal.) drosjekusk.
cab driver (US) taxisjåfør.
cabin [ˈkæbin] kahytt, lugar; hytte; hyttekabin. **– court** motell. **– cruiser** kabinkrysser.
cabinet [ˈkæbinit] kabinett, kove, kammer; skap; ministerium, statsråd. **– council** statsråd. **-maker** møbelsnekker.
cable [ˈkeibl] kabel; trosse; kabellengde (kabel)telegram; telegrafere (pr. kabel). **– address** telegramadresse. **– car** taubanestol. **-gram** telegram. **– release** snorutløser. **– rib** flettmønster (i strikking).
cabman [ˈkæbmən] drosjekusk, vognmann.
caboodle [kəˈbu:dl] rubb og stubb, hele greia.
caboose [kəˈbu:s] kabyss, bysse; konduktørvogn (tog).
cab rank drosjeholdeplass; drosjekø.
cabriolet [kæbriəuˈlei] kabriolet.
cab stand [ˈkæbstænd] drosjeholdeplass.
ca'canny (kəˈkæni] se **canny.**
cacao [kəˈkɑ:əu] kakaotre; kakaobønne.
cachalot [ˈkæʃəlɔt] kaskelott.
cache [kæʃ] depot, skjulested for matvarer, ulovlige våpen o.l.; forråd; magasinere; skjule.
cachet [ˈkæʃei] stempel; fornemt særpreg; (med.) kapsel.
cachinnate [ˈkækineit] skoggerle.
cachinnation [kækiˈneiʃən] skoggerlatter.
cackle [ˈkækl] kakle; fnise, knegge, skratte; kakling; skravling. **cackler** kakler; skravlekopp.
cacophony [kæˈkɔfəni] kakofoni, mislyd.
cactus [ˈkæktəs] fl. **cacti** [ˈkæktai] kaktus.
cad [kæd] tarvelig fyr, pøbel.
cadaver [kəˈdeivə] kadaver, lik. **cadaverous** [kəˈdævərəs] lik-; likblek.
caddie [ˈkædi] køllebærer (for golfspiller), caddie.
caddis [ˈkædis] vårfluelarve. **– fly** vårflue.
caddish [ˈkædiʃ] simpel, ufin, pøbelaktig.
caddy [ˈkædi] tedåse; trillevogn (i butikk); d. s. s. **caddie.**
cade [keid] dunk, kagge.
cadence [ˈkeidəns] kadens; tonefall.
cadet [kəˈdet] yngste, yngre bror; kadett.
cadge [kædʒ] tigge; luske omkring; fiske (**for** etter); **– on** snylte på. **cadger** [ˈkædʒə] snylter, snik; kramkar, gateselger; plattenslager.
Cadiz [ˈkeidiz].
caducity [kəˈdju:siti] forgjengelighet; senilitet; (jur.) foreldelse.
Caesar [ˈsi:zə] Cæsar; keiser. **Caesarean** [si(:)ˈzεəriən] cæsarisk, keiserlig; **– operation** keisersnitt.
c.a.f. fk. f. **cost and freight.**
café [ˈkæfei] kafé; restaurant (uten rettigheter).
cafeteria [kæfəˈti:riə] kafeteria, spisesal, matsal.
caff [kæf] (tal.) = **café.**
caffeine [ˈkæfii:n] koffein.
caftan [ˈkæftən] kaftan.
cage [keidʒ] bur; fangebur; heisekupé; sette i bur. **-y** lur, slu, mistenksom.
cahoots [kəˈhu:ts] (US): **go –** gå i kompaniskap med, gå i ledtog med.
caiac [ˈkeijæk, ˈkaiak] kajakk.
caiman [ˈkeimən] kaiman.
Cain [kein] Kain; **raise –** lage bråk.
cairn [kεən] steinrøys, steindysse.
Cairo [ˈkaiərəu] Kairo.
caitiff [ˈkeitif] skurk, usling.
cajole [kəˈdʒəul] smigre, snakke rundt. **cajolery** [-(ə)ri] smiger, smisking.
cake [keik] kake, stykke; (fig.) godbit; presset, fast pudder, mascara; **sell like hot -s** gå som varmt hvetebrød; **– of soap** såpestykke; **you cannot eat your – and have it** en kan ikke få både i pose og sekk.
cake [keik] bake sammen; kline til. **– -eater** (US) damevenn.
cakewalk [ˈkeikwɔ:k] (gml., livlig negerdans i 3/4 takt; de beste danserne ble opprinnelig belønnet med en kake, derav navnet).
Cal. fk. f. **California.**
calabash [ˈkæləbæʃ] flaskegresskar; kalebass.
calaboose [kæləˈbu:z] kasjott.
Calais [ˈkælei].
calamitous [kəˈlæmitəs] ulykkelig, bedrøvelig, sørgelig, katastrofal.
calamity [kəˈlæmiti] ulykke, elendighet, katastrofe.
calanus [ˈkælənəs] rødåte.
calash [kəˈlæʃ] kalesje, kalesjevogn; (gml.) kalesje(hatt).
calcareous [kælˈkεəriəs] kalkholdig, kalk-.
calcination [kælsiˈneiʃən] utglødning; røsting (av malm). **calcine** [ˈkælsain] utgløde; røste.
calcium [ˈkælsiəm] kalsium, kalk.
calculable [ˈkælkjuləbl] beregnelig. **calculate** [ˈkælkjuleit] beregne, regne ut. **calculated** beregnet, skikket; egnet; **calculating machine** regnemaskin; kalkulator. **calculation** [kælkjuˈleiʃən] regning, beregning. **calculator** [ˈkælkjuleitə] beregner, regnskapsfører; regnemaskin; kalkulator.
calculus [ˈkælkjuləs] stein (f. eks. nyrestein); regnemetode, -regning (f.eks. integralregning).
Calcutta [kælˈkʌtə].
caldron [ˈkɔ:ldrən] se **cauldron.**
Caledonia [kæliˈdəunjə] Skottland.
Caledonian [kæliˈdəunjən] skotsk; skotte.

calefactory [kæliˈfæktəri] varmende, varme-.
calendar [ˈkæləndə] kalender, almanakk; tidsregning; føre inn, bokføre; lage liste over.
calender [ˈkæləndə] kalander; (damp)presse, glatte.
calf [kɑ:f] kalv; kalveskinn; kalve; tykklegg. **– bound** innbundet i kalveskinn. **– love** barneforelskelse. **-'s foot** [ˈkɑ:vzfut] kalvedans.
Caliban [ˈkælibæn].
caliber [ˈkælibə] (US) = **calibre.**
calibrate [ˈkælibreit] justere, fininnstille, korrigere.
calibre [ˈkælibə] kaliber, størrelse, format; kvalitet.
calico [ˈkælikəu] kaliko, kattun, tett lerretsvevd bomullstøy. **– printer** kattuntrykker.
calif [ˈkeilif] se **caliph.**
California [kæliˈfɔ:njə] California. **-n** kalifornisk; kalifornier.
caliph [ˈkeilif] kaliff. **-ate** [ˈkeilifit] kalifat.
calk [kɔ:k] kalkere.
calk [kɔ:k] kalfatre; grev el. hake (på hestesko); brodd; sette haker (grev, brodder) på; skarpsko. **calker** [ˈkɔ:kə] kalfatrer; driver.
call [kɔ:l] kalle, kalle på; rope; skrike; tilkalle, påkalle; henvende seg; nevne, benevne, kalle; besøke, se innom; gjøre et kort besøk; ringe til, ringe opp; **– one names** skjelle en ut; **– after** kalle (opp) etter; **– at** besøke (et sted), gå innom, anløpe; **– down** nedkalle; utskjelle; **– for** kalle på; la spørre etter (en); forlange; hente; **– forth** fremkalle, oppby; **– in** kalle inn; kreve inn; tilbakekalle; invitere, samle; **– off** avblåse, avlyse; **– on** besøke (en person); oppfordre; **– over** lese opp; **– out** rope; utfordre; **– to** rope til; **– to mind** huske, minnes; **– upon (on)** kalle på; påkalle, anrope; besøke; **the military have been called out** kommandert ut, alarmert; **to be left till called for** poste restante.
call [kɔ:l] rop; kalling; kall; navneopprop; fordring, krav; oppfordring, innkalling; befaling; kort (regelmessig) besøk; signal, hornsignal; båtsmannspipe; lokkepipe; **– of the house** sammenkalling av Parlamentet (ved særlige anledninger); **to give one a –** besøke en; **telephone –** telefonoppringning, -samtale. **-ing** roping, kalling; kall; stand, håndtering, yrke; **money at (on) –** penger på anfordring; **on –** parat, i beredskap.
call | bird lokkefugl. **– box** telefonkiosk; brannmelder. **-boy** pikkolo, visergutt. **– button** ringeknapp. **– down** overhaling, skyllebøtte. **-er** besøkende, telefonerende. **– girl** call girl, prostituert som tilkalles pr. telefon.
calligraphy [kæˈligrəfi] kalligrafi.
calling kall; yrke, profesjon. **– card** visittkort. **– -up notice** innkallingsordre (til det militære).
Calliope [kəˈlaiəpi:] Kalliope.
calliper [ˈkælipə]: **– compasses** el. **callipers** krumpasser, hullpasser.
callisthenic [kælisˈθenik] som gir ynde og styrke. **-s** taktmessige legemsøvelser, mellomting mellom dans og gymnastikk.
callosity [kæˈlɔsiti] hard hud, trell; følelsesløshet.
callous [ˈkæləs] hard, forherdet; ufølsom.
callow [ˈkæləu] bar, naken, fjærløs; myrlendt.
call-up verneplikt, innkalling til militærtjeneste.
calm [kɑ:m] stille, rolig; klar; stillhet, ro; stille vær, havblikk; berolige, roe, formilde. **-ness** stillhet, mildhet, ro.
caloric [kəˈlɔrik] hete-, varme-; varmestoff. **calorifier** [kəˈlɔrifaiə] varmeveksler. **calorific** [kæləˈrifik] som gir varme el. varmer, varme-. **calory** [ˈkæləri] kalori.
calque [kælk] oversettelseslån.
caltrop [ˈkæltrəp] (gml.) fotangel.
calumet [ˈkæljumət] indiansk fredspipe.
calumn|iate [kəˈlʌmnieit] baktale. **-iator** [kəˈlʌmnieitə] baktaler. **-ious** [kəˈlʌmniəs] bakvaskende, baktalerisk. **-y** [ˈkæləmni] baktaling.
Calvary [ˈkælvəri] Golgata.
calve [kɑ:v] bære, kalve (også om isbre).
calves [kɑ:vz] flertall av **calf.**
Calvinism [ˈkælvinizm] kalvinisme. **Calvinist** [ˈkælvinist] kalvinist.
calypso [kəˈlipsəu] calypso.
calyx [ˈkæliks, ˈkeiliks] beger.
cam [kæm] kam, knast (på hjul).
camaraderie [kæməˈrɑ:dəri(:)] kameratskap, kameraderi.
camarilla [kæməˈrilə] klikk, sammensveiset gruppe.
camber [ˈkæmbə] bue, bøy, krumning, runding, veidossering; hjulhelling.
cambist [ˈkæmbist] bankier, vekselér.
Cambrian [ˈkæmbriən] kambrisk.
cambric [ˈkeimbrik] kammerduk (fint tøy).
Cambridge [ˈkeimbridʒ].
Camb. fk. f. **Cambridge.**
came [keim] imperf. av **come.**
camel [ˈkæməl] kamel. **-back** camelback (bane til regummiering av dekk).
cameleer [kæməˈliə] kameldriver, kamelrytter.
camellia [kəˈmi:liə] kamelia.
camelopard [ˈkæmiləpɑ:d] sjiraff.
camelry [ˈkæməlri] tropper som rir på kameler.
Camembert [ˈkæməmbɛə] camembertost.
cameo [ˈkæmiəu] kamé, gemme.
camera [ˈkæmərə] kamera, fotografiapparat.
cami-knickers combination, (dame)kombinasjon.
camion [ˈkæmiən] lastebil.
camisole [ˈkæmisəul] underliv (alm. brodert).
camlet [ˈkæmlət] kamelott.
camomile [ˈkæməmail] kamille. **– tea** kamillete.
camouflage [ˈkæmuflɑ:ʒ] kamuflasje; kamuflere.
camp [kæmp] leir; slå leir; ligge i leir; **strike –** bryte opp.
campaign [kæmˈpein] kampanje, felttog; ligge i felten. **campaigner** [kæmˈpeinə] gammel kriger.
camp bed [ˈkæmpˈbed] feltseng.
Campbell [ˈkæmbl].
camp chair [ˈkæmpˈtʃɛə] feltstol.
Campeachy [kæmˈpi:tʃi] Campeche, blåtre.
camp follower medløper; soldatertøs.
camphor [ˈkæmfə] kamfer.
camping [ˈkæmpiŋ] leirliv, camping. **– ground** leirplass, campingplass.
camp | meeting [ˈkæmpmi:tiŋ] (US) religiøst friluftsmøte. **– stool** [-stu:l] feltstol.
campus [ˈkæmpəs] (US) universitetsområde.
camshaft [ˈkæmʃɑ:ft] registeraksel, kamaksel.
can [kæn] kanne, (hermetikk)dåse, eske, boks, dunk, spann, sylteglass; (amr.) do, dass; konservere, legge, koke ned (hermetisk).
can [kæn, kən] kan; få lov.
Can. fk. f. **Canada.**
Canaan [ˈkeinən, ˈkeiniən] Kanaan.

Canada [ˈkænədə].
Canadian [kəˈneidjən] kanadisk; kanadier.
canal [kəˈnæl] kanal (kunstig); kanal (i legemet), gang, rør. – **dues** kanalpenger.
canalise [ˈkænəlaiz] kanalisere; lede.
Canaries [kəˈnɛəriz]: **the** – Kanariøyene.
canary [kəˈnɛəri] kanarifugl; kanarivin.
cancel [ˈkænsəl] streke ut, stryke; kassere; oppheve, avlyse, avbestille, annullere, tilbakekalle ordre. **-lation** [kænsəˈleiʃən] opphevelse, annullering.
cancer [ˈkænsə] kreft; Krepsen (stjernetegn); **the Tropic of Cancer** Krepsens vendekrets. **-ous** [ˈkænsərəs] kreft-.
cancroid [ˈkæŋkrɔid] kreftlignende, kreftsyk; krepsaktig.
candelabrum [kændiˈleibrəm] kandelaber.
candescent [kænˈdesnt] hvitglødende.
C. and F. fk. f. **cost and freight.**
candid [ˈkændid] oppriktig, åpen, ærlig.
candidate [ˈkændidit] ansøker, kandidat.
candidature [ˈkændiditʃə] kandidatur.
candid camera spionkamera, skjult kamera.
candle [ˈkændl] lys; **he is not fit to hold a – to you** han kan slett ikke måle seg med deg; **burn the – at both ends** (fig.) brenne sitt lys i begge ender (ɔ: leve sterkt); **the game is not worth the** – det er ikke umaken verd. – **end** lysestump. **-light** levende lys.
Candlemas [ˈkændlməs] kyndelsmess (2. februar).
candle power (lysstyrkeenhet) lys.
candlestick [ˈkændlstik] lysestake.
candour [ˈkændə] oppriktighet, åpenhet.
candy [ˈkændi] kandis; (US) konfekt, sukkertøy, godter; glassere, kandisere, sukre; krystalliseres. – **floss, cotton** – spunnet sukker. – **store** godtebutikk.
cane [kein] rør; sukkerrør; spanskrør; stokk; pryle med stokk. – **bottom** rørsete. – **chair** rørstol. – **sugar** rørsukker. – **trash** sukkerrøravfall, bagasse. **-work** rørfletning.
Canicula [kəˈnikjulə] Sirius, Hundestjernen. **canicular** [kəˈnikjulə]: – **days** hundedager.
canine [ˈkænain] hundeaktig, hunde-. – **tooth** hjørnetann.
caning [ˈkeiniŋ] drakt pryl.
canister [ˈkænistə] blikkdåse, boks; sylinder, beholder. – **shot** kardeske.
canker [ˈkæŋkə] kreft (også på trær); sår, etsende væske; kreftskade; ete; tære på; forderves.
cannabis [ˈkænəbis] indisk hamp; hasjisj.
canned [kænd] hermetisk, bokse-. – **music** musikk som er spilt inn på bånd eller plate.
canner [ˈkænə] hermetikkfabrikant. **cannery** [ˈkænəri] hermetikkfabrikk.
cannibal [ˈkænibəl] kannibal, menneskeeter. **-ism** [-izm] menneskeeteri; grusomhet. **-ize** (fig.) slakte (hogge opp, f.eks. en bil for å benytte delene på nytt).
cannon [ˈkænən] karambolasje; karambolere.
cannon [ˈkænən] kanon; artilleri; skyts. **-ade** [kænəˈneid] skyte med kanoner; kanonade. **-ball** [ˈkænənbɔ:l] kanonkule. **-eer** [kænəˈniə] kanonér. – **fodder** kanonføde. – **tube** kanonrør.
cannot [ˈkænɔt] kan ikke; – **but** kan ikke annet enn; – **help** kan ikke annet enn.
canny [ˈkæni] slu, var; forsiktig; trygg. **ca'canny** (skot.) gå sakte (om fagforeningspolitikk som går ut på å innskrenke produksjonen).
canoe [kəˈnu:] kano; padle i kano.
canon [ˈkænən] kirkelov; norm, kriterium; kanon; fortegnelse over helgener; kannik, korsbror.
canon|ical kanonisk, kirkelig; anerkjent. **-icals** geistlig ornat. **-ize** kanonisere, opphøye til helgen. – **law** kanonisk rett, kirkerett.
can opener boksåpner, hermetikkåpner.
canopy [ˈkænəpi] tronhimmel, baldakin; soltak, hvelving; cockpit-tak (i fly).
canorous [kəˈnɔ:rəs] velklingende, sanglig, melodiøs.
can't [kɑ:nt] d. s. s. **cannot.**
cant [kænt] helling, hall, snei; hjørne, vinkel, skråtak; sette på hall, på kant, på snei; velte; endevende; hogge en kant av; helle, vippe over på siden; svinge rundt.
cant [kænt] affektert tale; hyklerisk tale, frasemakeri, fraser; dialekt; (fag)sjargong; slang; pøbelspråk, gatespråk; tale affektert.
Cantab. [ˈkæntæb] fk. f. **Cantabrigian** [kæntəˈbridʒiən] akademiker fra Cambridge universitet.
cantankerous [kænˈtæŋkərəs] trettekjær, kranglevoren, stri, krakilsk.
cantata [kænˈtɑ:tə] kantate.
canteen [kænˈti:n] marketenteri, kantine; feltflaske, lommelerke.
canter [ˈkæntə] kort galopp; gå, ri i kort galopp.
Canterbury [ˈkæntəbəri].
cantharides [kænˈθæridi:z] (med.) spansk flue.
cant hook tømmerhake.
canticle [ˈkæntikl] kort sang, salme, en av salmene i Prayer Book; i pl. Salomos høysang.
cantilever [ˈkæntili:və] (ark.) utkravning, utligger, utstikker.
canto [ˈkæntəu] sang (avdeling av et epos).
canton [ˈkæntɔn] distrikt, kanton; avdeling.
canton [kænˈtu:n] innkvartere (soldater).
cantonment [kænˈtu:nmənt] kantonnement.
Canuck [kəˈnʌk] (sl.) kanadier, kanadisk.
Canute [kəˈnju:t] Knut.
canvas [ˈkænvəs] lerret; strie, seilduk, teltduk; seil, telt, maleri. – **chute** redningsseil. – **cover** presenning.
canvass [ˈkænvəs] drøfte, undersøke, prøve, verve stemmer, agitere; drøfting, undersøkelse, agitasjon, srl. husagitasjon. **canvasser** [ˈkænvəsə] stemmeverver; annonsesamler; kolportør; (hus-)agitator. **canvassing** [ˈkænvəsiŋ] agitasjon, stemmeverving; husagitasjon.
canyon [ˈkænjən] dyp, trang elvedal i fjellgrunn med nesten loddrette vegger, elvegjel.
caoutchouc [ˈkautʃuk] kautsjuk, viskelær.
cap. fk. f. **chapter.**
cap [kæp] kappe; hue, lue, skyggelue; hette; dekke, deksel; fenghette, knallperle; toppgummiering; bedekke; sette hette, lue osv. på; ta hatten av; overgå; sette kronen på; **the – fitted** bemerkningen rammet; **set her – at** legge an på, søke å erobre; – **and bells** narrelue; – **and gown** akademisk drakt; – **in hand** ydmykt; **to – it all** på toppen av det hele; som kronen på verket.
capability [keipəˈbiliti] evne; dugelighet, dyktighet.
capable [ˈkeipəbl] mottagelig (**of** for); i stand (**of** til); dugelig, dyktig.
capacious [kəˈpeiʃəs] rommelig; omfattende.
capacitate [kəˈpæsiteit] sette i stand til. **capacitor** [kəˈpæsitə] elektrisk kondensator. **capacity** [kəˈpæ-

siti] vidde; rom, lasteevne, evne, kapasitet; dugelighet; fag; egenskap, stand; karakter.
cap-a-pie [kæpəˈpi:] fra topp til tå.
caparison [kəˈpærisən] saldekken, skaberakk; legge saldekken på.
cape [keip] cape, overstykke, slag (på kappe).
cape [keip] forberg, nes, odde; **the Cape** Kapp.
cape jasmine gardenia.
capelin [ˈkæplin] lodde (fisk).
caper [ˈkeipə] bukkesprang, kast, sprett; varp, kupp; danse, hoppe; **cut -s** springe, hoppe, gjøre bukkesprett.
capercailzie [kæpəˈkeilzi] tiur.
capers [ˈkeipəz] kapers.
Capetown [ˈkeiptaun] Kappstaden.
capgun kruttlappistol.
capias [ˈkeipiæs] arrestordre.
capillary [kəˈpiləri] hår-, hårfin; kapillar; hårrør.
capital [ˈkæpitəl] hoved-, viktigst; fortreffelig; kriminell; hovedstad; kapital, formue; kapitél; stor bokstav; **a – crime** en forbrytelse som straffes med døden; **– letters** store bokstaver; **– punishment** dødsstraff; **the – point** hovedpunktet, det vesentlige; **– sentence** dødsdom; **capital!** storartet!
capitalism [ˈkæpitəlizm] kapitalisme.
capitalist [ˈkæpitəlist] kapitalist.
capitalize [ˈkæpitəlaiz] kapitalisere; finansiere; skrive med stor bokstav.
capitation [kæpiˈteiʃən] skatt på hver enkelt person; koppskatt.
Capitol [ˈkæpitl] Kapitol; (US) kongressbygning, parlamentsbygning.
capitulary [kəˈpitjuləri] samling lovbud, lovbok.
capitulate [kəˈpitjuleit] kapitulere. **capitulation** [kəpitjuˈleiʃən] kapitulasjon, overgivelse.
cap nut kapselmutter.
capon [ˈkeipən] kapun.
capote [kəˈpəut] slags lang kappe med hette.
cap peak lueskygge.
caprice [kəˈpri:s] grille, lune, kaprise.
capricious [kəˈpriʃəs] lunefull, lunet.
Capricorn [ˈkæprikɔ:n] Steinbukken (stjernebildet); **the Tropic of –** S.s vendekrets.
capriole [ˈkæpriəul] kapriol, bukkesprang; gjøre krumspring.
capsicum [ˈkæpsikəm]spansk pepper.
capsize [kæpˈsaiz] kantre, kullseile; kantring.
capstan [ˈkæpstən] gangspill, spill; drivaksel, kapstan (i båndopptaker).
capstone [ˈkæpstən] dekkstein, sluttstein; (fig.) kronen på verket.
capsular [ˈkæpsjulə] kapselformet, kapsel-.
capsule [ˈkæpsjul] kapsel; kapsle; innkapsle; (fig.) sammenpresse i et nøtteskall.
Capt. fk. f. **Captain.**
captain [ˈkæptin] kaptein; feltherre, skipskaptein, skipper; fører, bas; leder, direktør, bestyrer; duks. **-cy** kapteins grad el. stilling.
caption [ˈkæpʃən] overskrift; billedtekst; undertekst (på film).
captious [ˈkæpʃəs] vrang, vrien; kritikksyk, smålig.
captivate [ˈkæptiveit] fengsle, fortrylle; bedåre.
captive [ˈkæptiv] fanget; fange; **lead –** føre bort som fange; **– balloon** fastgjort ballong. **captivity** [kæpˈtiviti] fangenskap. **capture** [ˈkæptʃə] pågripelse; tilfangetakelse; fange, kapre (skip).
capuchin [kæpjuˈ(t)ʃi:n] kåpe med hette; kapusiner.
car [kɑ:] vogn, bil; gondol (på luftballong); (US) jernbanevogn; **the Car** Karlsvognen.
carabineer, carabinier [kærəbiˈniə] karabinier.
caracole [ˈkærəkəul] halvsving; halvvending.
carafe [kəˈrɑ:f, kəˈræf] (vann)karaffel.
caramel [ˈkærəmel] karamell.
carat [ˈkærət] karat.
caravan [kærəˈvæn, ˈkærəvæn] karavane; husvogn, sirkusvogn; campingvogn.
caravanserai [kærəˈvænsərai] karavanserai, herberge for karavanereisende.
caraway [ˈkærəwei] karve.
carbide [ˈkɑ:baid] karbid; hardmetall.
carbine [ˈkɑ:bain] karabin.
carbolic [kɑ:ˈbɔlik] karbol-; **– acid** [-ˈæsid] karbolsyre; **solution of – acid** karbolvann.
carbon [ˈkɑ:bən] karbon (kullstoff); kullspiss.
carbonate [kɑ:bənit] karbonat, kullsurt salt. **-d water** kullsyrevann, selters, sodavann.
carbonize [ˈkɑ:bənaiz] karbonisere, forkulle.
carbon paper karbonpapir, blåpapir.
carborundum [kɑ:bəˈrʌndəm] karborundum.
carboy [ˈkɑ:bɔi] syreballong, syreflaske.
carbuncle [ˈkɑ:bʌŋkl] karbunkel; brannbyll.
carburetted [ˈkɑ:bjuretid] forbundet med karbon (kullstoff).
carburettor [ˈkɑ:bjuretə] karburator; forgasser. **– butterfly** forgasserspjeld. **– float** flottør.
carcajou [ˈkɑ:kədʒu:] jerv.
carcass [ˈkɑ:kəs] død kropp, skrott; åtsel; korpus, skrog; stumper, rester; (bildekk)stamme, karkass. **– plies** (dekk)stammelag.
card [kɑ:d] (s. og v.) karde.
card [kɑ:d] kort, spillkort, visittkort; **a big –** matador; **give him his -s** gi ham kurven; **lucky at -s** heldig i spill; **on the -s** ikke urimelig, ikke utenkelig; **play -s** spille kort; **speak by the –** veie hvert ord; **tell fortunes by -s** spå i kort; **leave one's –** gi sitt kort (visittkort), legge sitt kort; **it is a sure –** det er et sikkert middel.
cardamom [ˈkɑ:dəmɔm] kardemomme.
cardan [ˈkɑ:dæn] kardang. **– shaft** kardangaksel.
card|board [ˈkɑ:dbɔ:d] kartong, papp. **-case** [ˈkɑ:dkeis] visittkortbok. **-file** kartotek. **-holder** partimedlem, foreningsmedlem.
cardiac [ˈkɑ:diæk, -djək] hjerte-; hjertestyrkende, opplivende; hjertestyrkning.
cardialgia [kɑ:diˈældʒiə] kardialgi.
cardigan [ˈkɑ:digən] ullvest; cardiganjakke.
cardinal [ˈkɑ:dinəl] viktigst, fornemst, hoved-; kardinal. **– numbers** grunntall.
card index kartotek. **card-index** kartotekføre.
cardoon [kɑ:ˈdu:n] artisjokk.
cardsharper [ˈkɑ:dʃɑ:pə] falskspiller.
card trick kortkunst.
care [kɛə] sorg, sut, bekymring; omsorg, pleie, omhu; omhyggelighet; **– of** (el. fk. **c/o**) adressert; **take –** passe på; ta seg i akt; **take – of** sørge for; ta vare på. **care** [kɛə] bekymre seg, syte, bry seg (**for** om); dra omsorg; **not –** være likeglad; **– about** ha interesse for; **cared for** pleiet, velholdt.
careen [kəˈri:n] kjølhale; krenge, ligge over.
career [kəˈriə] bane; løp; løpebane, karriere, livsløp; renne, ruse, fare, ha stor fart. **-ism** karrierejag.
careful omhyggelig; forsiktig, varsom. **careless**

[ˈkɛəlis] likegyldig; skjødesløs; likeglad. **carelessness** skjødesløshet.
caress [kəˈres] kjæle for; kjærtegn.
caret [ˈkærit] innskuddstegn (∧ i korrektur).
caretaker [ˈkɛəteikə] oppsynsmann, tilsynsmann, vaktmester. – **government** forretningsministerium.
careworn [ˈkɛəwɔ:n] forgremmet, sorgtynget.
carfare [ˈkɑ:fɛə] takst, billettpris (på buss og trikk).
cargo [ˈkɑ:gəu] ladning, last. – **boat** lastedamper, lastebåt. – **compartment** lasterom (i fly). – **hold** lasterom. – **liner** lasteskip i fast rute.
car hire service bilutleie.
Caribbean [kæriˈbi:ən] karibisk; kariber. **the** – Karibia.
caribou [ˈkæribu:] amerikansk reinsdyr.
caricature [kærikəˈtjuə] karikatur; karikere.
caries [ˈkɛərii:z] karies, tannråte.
carillon [ˈkæriljən] klokkespill.
carious [ˈkɛəriəs] angrepet av karies, råtten.
Carlisle [ˈkɑ:ˈlail].
Carlton [ˈkɑ:ltn].
Carlyle [ˈkɑ:ˈlail].
carman [ˈkɑ:mən] vognmann, vognfører.
carminative [ˈkɑ:minətiv] vinddrivende (middel).
carmine [ˈkɑ:main] karmin, høyrød.
carnage [ˈkɑ:nidʒ] blodbad, nedslakting.
carnal [ˈkɑ:nəl] kjødelig; sanselig.
carnation [kɑ:ˈneiʃən] kjøttfarge; nellik.
Carnegie [kɑ:ˈnegi, -ˈneigi] Carnegie; **the – Endowment** Carnegiefondet.
carnelian [kɑ:ˈni:ljən] karneol (en rødlig stein).
Carniola [kɑ:niˈəulə] Krain.
carnival [ˈkɑ:nivəl] karneval; (omreisende) tivoli.
carnivorous [kɑ:ˈnivərəs] kjøttetende.
carol [ˈkærəl] lovsang, sang; lovsynge; synge; **Christmas** – julesang.
Carolina [kærəˈlainə].
Caroline [ˈkærəlain] Karoline (kvinnenavn).
carotid [kəˈrɔtid]: – **artery** halspulsåre.
carousal [kəˈrauzəl] fyllefest, rangel, kalas.
carouse [kəˈrauz] svire, drikke, ture; drikkelag.
carp [kɑ:p] karpe.
carp [kɑ:p] klandre, dadle, utsette, hakke (på).
Carpathians [kɑ:ˈpeiθjənz]: **the** – Karpatene.
carpenter [ˈkɑ:pəntə] tømrer. **-'s level** vaterpass. **-'s square** vinkelhake. **carpentry** [ˈkɑ:pəntri] tømmerhåndverk; tømmerarbeid.
carpet [ˈkɑ:pit] teppe, løper; veidekke; legge teppe på. **-bag** vadsekk. **-bagger** (politisk) lykkeridder, en fremmed som valgkandidat. – **dance** uformell dans. – **beater** teppebanker. **-ing** (gulv)tepper. – **knight** soldat som holder seg hjemme fra krigen. – **rod** stang til å feste trappeløper med.
carport [ˈkɑ:pɔ:t] carport, (åpen) garasje, bilbås.
carriage [ˈkæridʒ] transport; kjøretøy, vogn; lavett; atferd, holdning; frakt, jernbanefrakt; – **and four** vogn med fire hester; – **forward** frakt ubetalt; – **-paid** frakt betalt. – **release** vognutløser (på skrivemaskin). **-way** kjørefelt, kjørebane.
carrier [ˈkæriə] bærer, bybud, bud, overbringer; kommisjonær; kasse, emballasje; lasteplan; hangarskip, transportmiddel, transportselskap. – **bag** bærepose. – **-based** hangarskipsbasert (om fly). – **bike** varesykkel. – **frequency** bærefrekvens. – **pigeon** brevdue. – **wave** bærebølge.
carrion [ˈkæriən] åtsel.
carronade [kærəˈneid] kort grovkalibret skipskanon.
carrot [ˈkærət] gulrot. **-y** [ˈkærəti] rødhåret.
carry [ˈkæri] føre, bære, bringe; transportere, overføre; laste; utføre; oppnå; oppføre seg, bære seg at; medføre, føre med seg; erobre; føre igjennom; vedta; rekke, nå; – **a bill** vedta en lov; – **his point** sette sin vilje igjennom; – **into effect** gjennomføre, virkeliggjøre; – **off** bortføre; rive bort; – **on** fremme; føre; drive (f. eks. forretning); fortsette; – **out** utføre, følge (instrukser); sette igjennom; – **through** gjennomføre.
carrying | capacity lasteevne. – **case** bæreveske. – **charge** omkostninger (på avbetalingskontrakt); i pl. faste utgifter på en eiendom. – **figure** mente (i regning). – **forward** transport (i bokføring). – **trade** fraktfart. – **traffic** godstrafikk. – **value** bokført verdi.
carryings-on [ˈkæriiŋzˈɔn] atferd, framferd; mas, bråk.
cart [kɑ:t] kjerre; arbeidsvogn, vogn; føre på vogn; frakte; slepe, dra av sted. **cartage** [ˈkɑ:tidʒ] kjøring, vognleie, transportomkostninger, frakt-.
carte blanche [kɑ:tˈblɑnʃ] carte blanche.
carte de visite [ˈkɑ:tdəviˈzi:t] visittkort; fotografi i visittkortformat.
cartel [ˈkɑ:təl] utvekslingskontrakt angående krigsfanger; kartell; sammenslutning av fabrikanter, syndikat.
carter [ˈkɑ:tə] kjører, vognmann.
Cartesian [kɑ:ˈti:zjən] kartesiansk.
Carthage [ˈkɑ:θidʒ] Kartago.
cart horse [ˈkɑ:thɔ:s] arbeidshest, bryggerhest.
Carthusian [kɑ:ˈθ(j)u:zjən] karteuser.
cartilage [ˈkɑ:tilidʒ] brusk. **cartilaginous** [kɑ:tiˈlædʒinəs] bruskaktig.
cart load [ˈkɑ:tləud] vognlass.
carton [ˈkɑ:tən] kartong, pappeske.
cartoon [kɑ:ˈtu:n] mønstertegning, kartong, karikaturtegning, tegneserie, tegnefilm; tegne, karikere. **cartoonist** [kɑ:ˈtu:nist] karikaturtegner, tegner av tegneserier.
cartridge [ˈkɑ:tridʒ] kardus, patron, filmpatron; grammofon pick-up; kassett; **blank** – patron uten kule, løspatron. – **box** patrontaske. – **paper** karduspapir.
cart('s) tail baksiden av kjerre; **flog at the** – binde bak en kjerre og piske.
cartwheel [ˈkɑ:twi:l] vognhjul; (US) sølvdollar; slå hjul (gymnastikk).
cartwright [ˈkɑ:trait] vognmaker.
carve [kɑ:v] skjære ut, snitte, hogge ut; skjære til.
carvel-built [ˈkɑ:vəlbilt] kravellbygd.
carver [ˈkɑ:və] billedskjærer; forskjærer.
carve-up oppdeling; svindel (satt i scene av flere).
carving billedskjæring; utskåret arbeid, billedskjærerarbeid. – **knife** forskjærkniv. – **table** anretningsbord.
caryatid [kæriˈætid] karyatide.
cascade [kæˈskeid] (liten) foss, kaskade; (fig.) brus; bruse, strømme.
case [keis] tilfelle; høve; stilling; sak, rettssak; kasus; **have a strong** – stå sterkt; **you have no** –

against him du har ingen beviser mot ham; **that being the –** av den grunn, da dette er tilfellet; **if the – should arise** i påkommende tilfelle; **in any –** likevel; **in – of** i tilfelle av.
case [keis] kasse; stiv håndkoffert, veske, skrin; hylster; stikke i et futteral, overtrekke.
casein [ˈkeisiin] kasein, ostestoff.
case knife bordkniv (med treskaft); slirekniv.
casemate [ˈkeismeit] kasematt.
casement [ˈkeismənt] vindusramme; vindu (sidehengslet).
caseous [ˈkeisiəs] osteaktig, oste-.
casern [kəˈzə:n] kaserne, brakke.
cash [kæʃ] kontanter; kasse; innkassere; innløse, heve penger; betale; **– in on** slå mynt på, utnytte; **– on delivery** kontant ved levering; **hard –** klingende mynt; **– down** mot kontant betaling; **– a cheque** heve penger på en sjekk; **balance the –** gjøre opp kassen; **be in –** ha penger for hånden; **out of –** pengelens. **– balance** kassabeholdning. **-book** kassebok. **– credit** kassekreditt. **– discount** kontantrabatt.
cashier [kəˈʃiə] kasserer(ske).
cashier [kəˈʃiə] avskjedige, kassere, vrake.
cashmere [ˈkæʃmiə] kasjmir, kasjmirsjal.
cash | meter taksameter. **– order** pengeanvisning. **– register** kasseapparat.
casing [ˈkeisiŋ] hylster, futteral, overtrekk; bekledning; brønnrør, fôringsrør; karm, innfatning; karkass, (dekk)stamme. **– ply** stammelag (bildekk).
casino [kəˈsi:nəu] kasino.
cask [kɑ:sk] fat, tønne; fylle på fat.
casket [ˈkɑ:skit] skrin, smykkeskrin, kiste; likkiste.
casque [kɑ:sk] hjelm.
cassation [kæˈseiʃən] kassasjon; **court of –** øverste ankedomstol, kassasjonsrett.
casserole [ˈkæsərəul] ildfast form.
cassette [kəˈset] kassett. **– player** kassettspiller.
Cassiopeia [kæsiəˈpi:ə] Kassiopeia.
cassock [ˈkæsək] prestekjole, samarie.
cassowary [ˈkæsəwεəri] kasuar (en fugl).
cast [kɑ:st] kaste, kaste av, felle; overvinne; støpe, forme; beregne, gjøre overslag; overveie; la seg forme; slå seg; fordele (rollene i et stykke); kast; rollebesetning; støpning, avstøpning; gipsbandasje; beregning; karakter, form, preg; anstrøk; farge; blingsing; **be –** tape saken; **be – away** lide skibbrudd; **– down** nedslå, gjøre motløs; **– in one's lot with** gjøre felles sak med; **– loose** kaste loss; **– up** beregne, kalkulere.
castanet [kæstəˈnet] kastanjett.
castaway [ˈkɑ:stəwei] forstøtt, utstøtt, skibbrudden, paria.
caste [kɑ:st] kaste; **lose –** bli utstøtt av sin kaste; gjøre seg umulig.
castellated [ˈkæsteleitid] utstyrt med tinder og tårn, krenelert.
caster [ˈkɑ:stə] kaster, støper; pepper- el. sukkerbøsse; kingboltens helling bakover (i bil); trinse (under bordbein); (US) oppsats; **(a set of) -s** bordoppsats. **– sugar** finkornet farin.
castigate [ˈkæstigeit] refse, tukte. **castigation** [kæstiˈgeiʃən] tukting, refsing. **castigator** [ˈkæstigeitə] tukter, refser.
casting [ˈkɑ:stiŋ] kasting; støpning; rollebesetning. **-s** pl. støpegods. **– ladle** støpeskje. **– vote** avgjørende stemme.
cast iron [ˈkɑ:stˈaiən] støpejern; (fig.) jern-; **cast iron evidence** vanntett, bombesikkert bevis.
castle [ˈkɑ:sl] befestet slott, borg; herregård; tårn (sjakk); rokere (i sjakk); **build -s in the air, -s in the clouds, -s in Spain** bygge luftslott, dagdrømme.
Castlereagh [ˈkɑ:slrei].
cast list rolleliste.
cast-off [ˈkɑ:stɔ:f] avlagt, kassert.
castor [ˈkɑ:stə] bever; hatt; oppsatsflaske; strøeske (saltbøsse o.l.); møbelhjul, trinse.
castor | oil [ˈkɑ:stərɔil] lakserolje. **– sugar** finkornet farin, strøsukker.
castrate [ˈkæstreit] kastrere, skjære, gjelde. **castration** [kæˈstreiʃən] kastrering, gjelding. **castrato** [kæˈstrɑ:təu] kastrat (kastrert sanger).
casual [ˈkæʒuəl] tilfeldig, flyktig; overlegen; uformell, ubesværet; behagelig, løs og ledig; løsarbeider; **– ward** natteherberge (for husville, i fattighus).
casualty [ˈkæʒuəlti] tilfelle; ulykkestilfelle, skadet, offer for ulykke; **– ward** mottakelsesstue på hospital, legevakt; **list of casualties** tapsliste, liste over falne.
casuist [ˈkæzjuist] kasuist. **-ry** [-ri] kasuistikk.
cat [kæt] katt, kjette; dobbelt trefot; (mar.) katt; katte (ankeret); kvinnfolk, katte; brekke seg, kaste opp; **let the – out of the bag** plumpe ut med hemmeligheten; **– -o'nine-tails** tamp, nihalet katt (til å piske med); **see which way the – jumps** (fig.) se hvilken vei vinden blåser; **rain cats and dogs** høljregne.
cat. fk. f. **catalogue; catechism.**
cataclysm [ˈkætəklizm] oversvømmelse, storflom, syndflod, naturkatastrofe.
catacomb [ˈkætəkəum] katakombe.
catafalque [ˈkætəfælk] katafalk.
catalectic [kætəˈlektik] katalektisk.
catalepsy [ˈkætəlepsi] katalepsi.
catalogue [ˈkætəlɔg] katalog, alfabetisk fortegnelse, liste; lage fortegnelse over.
cata|lysis [kəˈtælisis] katalyse. **-lyst** katalysator. **-lytic converter, catalyzer** katalysator.
catamaran [kætəməˈræn] tømmerflåte, katamaran, seilbåt med dobbeltskrog; arrig kvinnfolk, troll, hurpe.
catamount [ˈkætəmaunt] gaupe; puma.
cataplasm [ˈkætəplæzm] grøtomslag.
catapult [ˈkætəpʌlt] katapult, slynge; sprettert.
cataract [ˈkætərækt] vannfall, foss; grå stær (sykdom).
catarrh [kəˈtɑ:, kæˈtɑ:] snue, katarr.
catastrophe [kəˈtæstrəfi] katastrofe.
cat burglar klatretyv.
catcall [ˈkætkɔ:l] piping, pipekonsert, utpiping.
catch [kætʃ] fange, gripe, ta, fatte; innhente; nå, rekke, komme med **(the train);** overraske; fengsle; (opp)fatte; pådra seg; smitte; gripe inn, få tak, hake seg fast; treffe, råke, ramme; stjele, rappe; snike seg til; **– a cold** forkjøle seg; **– me doing it** det skal jeg passe meg vel for å gjøre; **– the chairman's (the speaker's) eye** få ordet; **the lock has caught** døren er gått i baklås; **the play never caught on** stykket gjorde ikke lykke; **– sight of** få øye på, få se; **– up** innhente, nå igjen. **catch** [kætʃ] grep, fangst; tak; hake, hekte; lås, klinke, hasp; lyte; rykk; fordel; felle; listig spørsmål; flerstemmig veksel-

sang; **there is a – to it** det ligger noe under, det er noe lureri (en hake) ved det.
catch|all oppsamlingssted. **– -as-catch-can** fribrytning; (fig.) alle knep tillatt.
catcher [ˈkætʃə] fanger, håv; mottaker (i baseball).
catching [ˈkætʃiŋ] smittsom; fengende.
catchpenny godtkjøps-, anlagt på (el. laget for) å tjene penger.
catch phrase slagord.
catchpole (gml.) pantefut, rettsbetjent, lensmannsbetjent.
catchword (i boktrykk) kustode; slagord; moteord; stikkord; oppslagsord.
catchy [ˈkætʃi] iøynefallende, ørefallende, som man lett legger merke til; farlig, lumsk.
catechetic(al) [kætiˈketik(l)] kateketisk. **catechise** [ˈkætikaiz] katekisere; spørre ut. **catechism** [ˈkætikizm] katekisme.
categorical [kætiˈgɔrikl] kategorisk. **category** [ˈkætigəri] kategori, gruppe.
catena [kəˈti:nə] kjede, serie. **catenary** [kəˈti:nəri] kjede-, serie-.
cater [ˈkeitə] firer (på kort og terninger).
cater [ˈkeitə] skaffe mat, levere **(for** til), sørge for underholdning til selskaper osv.; (fig.) søke å tilfredsstille, imøtekomme, eks. **this film -s to youth** er beregnet på.
cater-corner(ed) på skrå, diagonal(t).
caterer [ˈkeitərə] proviantmester, skaffer, leverandør (av mat).
caterpillar [ˈkætəpilə] larve, åme, kålorm; tank på larveføtter, beltetraktor. **– treads** larveføtter, belter.
caterwauling [ˈkætəwɔ:liŋ] katteskrik; kattemusikk, hyling.
catfish [ˈkætfiʃ] steinbitt; malle.
catgut [ˈkætgʌt] katgut, tarmstreng.
Catharine [ˈkæθərin] Katrine.
catharsis [kəˈθɑ:sis] katarsis, renselse.
cathartic [kəˈθɑ:tik] avførende, rensende; avføringsmiddel.
Cathay [kæˈθei] gammelt navn for Kina.
cathedral [kəˈθi:drəl] katedral, domkirke; dom; katedral-, dom-.
Catherine [ˈkæθərin] Katrine.
Catherine wheel [ˈkæθərinwi:l] ildhjul, sol (fyrverkeri); rosevindu; **turn -s** slå hjul.
cathode [ˈkæθəud] katode.
catholic [ˈkæθəlik] mangesidig, omfattende; liberal, fordomsfri.
Catholic [ˈkæθəlik] katolsk; katolikk. **Catholicism** [kəˈθɔlisizm] katolsk religion, katolisisme.
cat-house (US sl.) bordell.
Catilinarian [kætiliˈnɛəriən] katilinarisk.
Catiline [ˈkætilain] Catilina.
catkin [ˈkætkin] rakle.
catlap [ˈkætlæp] skvip; sprøyt.
catlike [ˈkætlaik] kattaktig.
catnap [ˈkætnæp] liten lur, høneblund.
Cato [ˈkeitəu] Cato. **-nian** [keiˈtəuniən] katonisk, streng.
cat-o'nine-tails [ˈkætəˈnainteilz] nihalet katt, se **cat.**
cat's | eye(s) kattøye (refleksglass, ofte nedstøpt i veibanen for å skille kjørebaner). **– pyjamas, – whiskers** (tal.) supert, kjempeflott.
catsup [ˈkætsəp] ketchup.
cattle [ˈkætl] fe, kveg, hornkveg, krøtter, naut. **– breeding** feavl. **– dealer** fekar, kveghandler. **– grating, – grid** ferist. **-man** kvegoppdretter; røkter, sveiser. **– plague** kvegpest. **– show** dyrskue, fesjå. **– truck** kuvogn.
catty [ˈkæti] katteaktig; ondskapsfull, infam.
catwalk [ˈkætwɔ:k] løpebru (på skip), smal gangbru.
Caucasian [kɔ:ˈkeiziən] kaukasisk; kaukasier; europeer, hvit. **Caucasus** [ˈkɔ:kəsəs] Kaukasus.
caucus [ˈkɔ:kəs] forberedende partimøte; pampevelde, partistyre.
caudal [ˈkɔ:dl] hale-.
caudle [ˈkɔ:dl] (varm havresuppe m. øl el. vin for syke).
caught [kɔ:t] imperf. og perf. pts. av **catch.**
caul [kɔ:l] tarmnett; seierskjorte; **be born with a –** være født med seierskjorte.
cauldron [ˈkɔ:ldrən] (stor) kjele, gryte; (fig.) heksegryte.
cauliflower [ˈkɔliflauə] blomkål.
caulk [kɔ:k] se **calk** kalfatre.
caus|al [ˈkɔ:zəl] kausal. **-ality** [kɔ:ˈzæliti] kausalitet, årsakssammenheng. **-ation** [kɔ:ˈzeiʃən] forårsaking; årsaksforhold.
'cause [kɔz] fk. f. **because** fordi.
cause [kɔ:z] årsak, grunn; sak; rettssak; forårsake, la, medføre, føre til, bevirke. **-less** ugrunnet, grunnløs.
causeway [ˈkɔ:zwei] landevei, chaussé, vei på demning el. bygget opp gjennom sumpig område.
caustic [ˈkɔ:stik] kaustisk, etsende; bitende, skarp; (fig.) sarkastisk, spydig; etsemiddel; **lunar –** helvetesstein.
cauter [ˈkɔ:tə] brennjern. **cauterization** [kɔ:təraiˈzeiʃən] kauterisasjon, etsing. **cauterize** [ˈkɔ:təraiz] kauterisere, etse.
caution [ˈkɔ:ʃən] forsiktighet, varsomhet; advarsel; (US) kausjon; kausjonist; advare.
cautionary [ˈkɔ:ʃənəri] advarende, til skrekk og advarsel; (US) kausjonist.
cautious [ˈkɔ:ʃəs] forsiktig, varsom.
cavalcade [kævəlˈkeid] kavalkade; festopptog.
cavalier [kævəˈliə] rytter, ridder; kavalér; ridderlig; anmassende; hoven; **cavalry** [ˈkævəlri] kavaleri. **-man** kavalerist.
cave [keiv] hule, grotte; hule ut, grave ut; ligge i en hule; falle sammen; **– in** falle sammen, styrte sammen; gå over styr.
caveat [ˈkeiviæt] protest; (US) foreløpig patentanmeldelse; advarsel.
cavern [ˈkævən] hule, heller. **-ous** [ˈkævənəs] full av huler.
caviar(e) [ˈkæviɑ:] kaviar; **– to the general** ≈ perler for svin.
cavil [ˈkævil] sjikanere, kritisere; sofisteri, spissfindighet, sjikane. **-ler** sofist, kverulant.
cavity [ˈkæviti] hulhet, kløft, grop, kavitet, hull (i tann).
cavort [kəˈvɔ:t] gjøre krumspring, danse; tumle seg.
caw [kɔ:] skrike (som en ravn eller kråke); ravneskrik, kråkeskrik, skrik.
Caxton [ˈkækstən].
cayenne [keiˈen] el. **Cayenne pepper** [ˈkeienˈpepə] kajennepepper.
cayman [ˈkeimən] kaiman, alligator.
C. B. fk. f. **citizens' band; Companion of the**

Bath; confinement to barracks; construction battalion.
C. B. E. fk. f. **Commander of the Order of the British Empire.**
C. B. S. fk. f. **Columbia Broadcasting System.**
C. C. fk. f. **Country Council(lor); cricket club.**
cc. fk. f. **chapters; cubic centimetre.**
C. C. C. fk. f. **Corpus Christi College.**
C. C. S. fk. f. **casualty clearing station.**
CD fk. f. **compact disc.**
C. D. fk. f. **Civil Defence; Coast Defence.**
C. D. Acts fk. f. **contagious-diseases Acts.**
C. E. fk. f. **Church of England; Civil Engineer; counter-espionage.**
cease [si:s] opphøre, holde opp; la være, holde opp med; **– fire** stoppe (skytingen); våpenhvile. **without –** uten opphør. **ceaseless** [ˈsi:slis] uopphørlig, uavlatelig.
Cecil [ˈsesl, ˈsesil, ˈsisl] Cecil. **Cecilia** [siˈsiljə] Cecilia. **Cecily** [ˈsesili] Cecilia.
cedar [ˈsi:də] seder.
cede [si:d] avstå, oppgi, overdra.
cedilla [siˈdilə] cedille.
cee-spring [ˈsi:spriŋ] vognfjær (formet som en c).
ceil [si:l] kle et loft, himling; pusse.
ceiling [ˈsi:liŋ] loft, tak, himling; øverste grense, maksimal-; **hit the –** fly i flint. **– price** maksimalpris.
Celebes [seˈli:biz].
celebrate [ˈselibreit] prise; feire, feste, høytideligholde, gjøre ære på. **-d** berømt. **celebration** [seliˈbreiʃən] høytideligholdelse; lovprising; feiring, fest. **celebrity** [siˈlebriti] berømthet; berømt menneske, kjendis.
celerity [siˈleriti] hurtighet.
celery [ˈseləri] selleri.
celestial [siˈlestjəl] himmelsk, himmel-; guddommelig; himmelboer.
celibacy [ˈselibəsi] sølibat, ugift stand.
celibate [ˈselibit] ungkar, ugift kvinne.
cell [sel] celle, arrest; hytte; grav; (batteri)celle, element. **the condemned –** de dødsdømtes celle.
cellar [ˈselə] kjeller. **-age** [ˈseləridʒ] kjellerplass; lagringskostnader. **-er** vintapper.
cellist [ˈtʃelist] cellist. **-o** [ˈtʃeləu] cello.
cellophane [ˈseləfein] cellofan.
cellular [ˈseljulə] celle-, inndelt i celler.
celluloid [ˈseljulɔid] celluloid; film.
cellulose [ˈseljuləus] cellulose; cellestoff.
Cels. fk. f. **Celsius.**
Celsius [ˈselsjəs].
Celt [selt, kelt] kelter. **Celtic** [ˈseltik, ˈkeltik] keltisk.
cement [siˈment] bindemiddel, lim; sement; (fig.) bånd; sammenkitte; sementere. **-ation** [simenˈteiʃən] sementering; stålherding.
cemetery [ˈsemitri] kirkegård. **– plot** gravsted.
cenotaph [ˈsenətɑ:f] kenotaf, tom grav.
cence [sens] brenne røkelse for (el. i).
censor [ˈsensə] sensor; sensurere. **censorious** [senˈsɔ:riəs] kritikksyk, kritisk. **censorship** [ˈsensəʃip] sensorstilling; sensur.
censure [ˈsenʃə] daddel, klander, kritikk; laste, klandre, dømme; **vote of –** mistillitsvotum.
census [ˈsensəs] telling, folketelling. **– paper** manntallsliste.
cent [sent] hundre; (US) cent, 1/100 dollar; **per –** prosent.
Cent. fk. f. **Centigrade.**
centaur [ˈsentɔ:] kentaur.
centenarian [sentiˈnɛəriən] hundreårig. **centenary** [ˈsentinəri] hundreår; hundreårsfest.
centennial [senˈtenjəl] hundreårsfest; det som skjer hvert hundrede år.
centigrade [ˈsentigreid] som er inndelt i hundre grader; celsius. **centimeter** [ˈsentiˈmi:tə] centimeter.
centipede [ˈsentipi:d] tusenbein.
central [ˈsentrəl] sentral, midt-; viktigst; **– exchange** sentral; **– heating** sentralvarme.
centralization [sentrəlaiˈzeiʃən] sentralisering. **-ize** [ˈsentrəlaiz] sentralisere, konsentrere. **– reservation** midtrabatt (på vei).
centre [ˈsentə] midtpunkt, sentrum, senter-, midt-; sette i sentrum, konsentrere; samle seg (om). **– board** (mar.) senkekjøl. **-fold** utbrettbar midtside (i trykksak). **– line** midtlinje. **– parting** midtskill. **-piece** bordoppsats. **– punch** kjørner. **– strip** midtrabatt (på vei).
centrifugal [senˈtrifjugəl] sentrifugal. **– machine** sentrifuge, separator.
centripetal [senˈtripitəl, ˈsentripi:tl] sentripetal.
centroid [ˈsentrɔid] geometrisk tyngdepunkt.
centuple [ˈsentjupl] hundredoble.
century [ˈsentʃuri] århundre, hundreår.
'cept (except) unntagen.
ceramic [siˈræmik] keramisk, keramikk-, pottemaker-. **ceramics** [siˈræmiks] keramikk. **ceramist** keramiker.
cereal [ˈsiəriəl] korn-; kornslag; cornflakes, ristet mais, ris etc. særlig brukt til frokost.
cerebellum [seriˈbeləm] lillehjernen.
cerebral [ˈseribrəl] hjerne-. **– haemorrhage** hjerneblødning. **– inflammation** hjernebetennelse. **cerebration** [seriˈbreiʃən] hjernevirksomhet.
cerebrum [ˈseribrəm] storhjernen.
cerecloth [ˈsiəklɔθ] (gml.) voksduk, vokslaken.
cerement [ˈsiəmənt] (gml.) voksklede, likklede.
ceremonial [seriˈməunjəl] seremoniell, høytidelig; seremoniell. **ceremonious** [seriˈməunjəs] seremoniell, seremoniøs; formell, stiv.
ceremony [ˈseriməni] seremoni; høytidelighet; formaliteter, omstendigheter; **on occasions of –** ved høytidelige anledninger; **with all due –** med fullt seremoniell; **without –** uten videre.
cert. fk. f. **certificate, certified.**
certain [ˈsə:tn, ˈsə:tin] viss, sikker, bestemt; gitt, avgjort; **I feel –** jeg føler meg overbevist om; **he is – to come** han kommer sikkert; **for –** sikkert. **-ly** sikkert, ganske visst, visselig, ja vel, ja.
certainty [ˈsə:tnti] visshet, bestemthet; **for a –, of a –, to a –** sikkert.
certifiable [ˈsə:tifaiəbl] påviselig; som kan attesteres.
certificate [səˈtifikit] bevis, attest, vitnemål, erklæring; kvittering; sertifikat. **certificate** [səˈtifikeit] bevitne. **certification** [sə:tifiˈkeiʃən] attestering; attest, pass. **certify** [ˈsə:tifai] bevitne, bekrefte, garantere, godkjenne; **this is to –** herved bevitnes.
certitude [ˈsə:titju:d] visshet, visse, sikkerhet.
cerulean [siˈru:liən] himmelblå.
ceruse [ˈsiəru:s, siˈru:s] blyhvitt.
cervical [ˈsə(:)vik(ə)l] hals-, cervikal.
cervine [ˈsə:vain] hjorte-.
cessation [seˈseiʃən] opphør, ende, stans.

cession [ˈseʃən] avståelse. **-ary** [ˈseʃənəri] befullmektiget.
cesspool [ˈsespu:l] kloakk-kum, septiktank; (fig.) kloakk, sump.
cestode [ˈsestəud] bendelorm.
Ceylon [siˈlɔn] Ceylon. **Ceylonese** [siləˈni:z] ceyloneser; ceylonesisk.
cf. fk. f. **confer** (= **compare**); jfr., kfr., sml.
C. F. fk. f. **Chaplain of the Forces; cost and freight** kostfrakt.
C flat (mus.) cess.
cg. fk. f. **centigram.**
C. H. fk. f. **Companion of Honour.**
ch., chap. fk. f. **chapter; chaplain.**
chafe [tʃeif] gni for å varme, varme; gni sår; opphisse; bli forbitret; skure, gnage; tirre, ergre; rase; fnyse; gnidning; gnagsår, skrubbsår; skuring; varme; hissighet, forbitrelse.
chafer [ˈtʃeifə] tordivel.
chaff [tʃɑ:f] agner; hakkelse; skjemt, skøy, ap; skjemte, ape, erte, drive gjøn (med).
chaffer [ˈtʃæfə] prutte; kjøpslå; tinge; tinging.
chaffinch [ˈtʃæfintʃ] bokfink.
chafing dish [ˈtʃeifiŋdiʃ] glopanne, fyrfat; varmefat (med spritbrenner).
chagrin [ˈʃægri:n] ergrelse; ulag; ergre.
chain [tʃein] kjede, lenke; (fig.) rekke; kjetting; lenke; sperre med lenker; (fig.) fengsle; **– of events** handlingsrekke, handlingsforløp. **– armour** ringbrynje; **– bridge** hengebru. **– gang** lenkegjeng, tukthusfanger. **– reaction** kjedereaksjon. **– smoker** kjederøyker. **– store** kjedeforretning.
chair [tʃɛə] stol; talerstol; lærestol; professorat; dommersete; forsete; bærestol; president, dirigent, ordstyrer; **take the –** være formann.
chairman [ˈtʃɛəmən] formann; styreformann; dirigent, ordstyrer. **-ship** [ˈtʃɛəmənʃip] formannsverv; dirigentverv.
chaise [ʃeiz] lett vogn, gigg.
chaldron [ˈtʃɔ:ldrən] kullmål (36 bushels).
chalet [ˈʃæl(e)i] sveitserhytte; fjellhytte, fjellstue.
chalice [ˈtʃælis] beger, kalk.
chalk [tʃɔ:k] kritt; poeng; regning; kritte, tegne med kritt; kalke; **– out** skissere, risse opp; **– up** føre opp, skrive opp (i regnskap). **– pit** krittbrudd. **-stone** forkalkninger (hos giktpasienter), giktknute. **chalky** [ˈtʃɔ:ki] krittaktig.
challenge [ˈtʃælən(d)ʒ] utfordre; oppfordre; uteske; fordre, kreve; gjøre innsigelse; utfordring; oppfordring; utesking; fordring. **– cup** vandrepokal.
challenging utfordrende; (fig.) fengslende.
chalybeate [kəˈlibiit] jernholdig.
cham [kæm] (gml.) khan.
chamade [ʃəˈmɑ:d] signal til underhandling el. overgivelse, parlamentærsignal.
chamber [ˈtʃeimbə] kammer, værelse, stue; kontor; rettssal, rett; huse, gi husly; **– of horrors** redselskabinett; **-s** pl. ungkarsleilighet. **– concert** kammerkonsert.
chamberlain [ˈtʃeimbəlin] kammerherre; kemner; **the Lord C.** hoffmarskalk, sensor.
chamber|maid [ˈtʃeimbəmeid] kammerpike, stuepike. **– music** kammermusikk. **– pot** nattpotte.
chamelon [kəˈmi:ljən] kameleon.
chamfer [ˈtʃæmfə] skråkant; (skrå)fase; fure, rille; sette skråkant på, skråslipe, fure.
chamois [ˈʃæmwɑ:] gemse; vaskeskinn, pusseskinn, semsket skinn.
champ [tʃæmp] tygge, bite, smaske, gumle; = **champion.**
champagne [ʃæmˈpein] champagne.
champaign [ˈtʃæmpein] slette.
champignon [tʃæmˈpinjən] sjampinjong.
champion [ˈtʃæmpiən] kjemper; forkjemper, forsvarer, ridder; (i sport) champion, mester, 1. premie på utstilling; forsvare; forfekte, ta seg av; være ens ridder. **-ship** mesterskap, tittel.
chance [tʃɑ:ns] sjanse, tilfelle; slump; høve, anledning, leilighet; mulighet; risiko; utsikt; utsikter; tilfeldig; hende, treffe seg, bære til; **by –** tilfeldig; **our only – was** vår eneste sjanse var; **on –** på måfå, på det uvisse; **see one's – to** se sitt snitt til å; **stand a good –** ha en god anledning.
chancel [ˈtʃɑ:nsəl] kor (del av kirke).
chancellery [ˈtʃɑ:nsələri] kanslerembete el. -verdighet; kanselli; ambassadekontor.
chancellor [ˈtʃɑ:nsələ] kansler; **C. of the Exchequer** finansminister; **Lord (High) Chancellor** lordkansler (justisminister, president i Overhuset og i kanslerretten).
chancel | rail korskranke. **– table** alterbord.
chance-medley [ˈtʃɑ:nsˈmedli] (gml.) uaktsomt drap; drap i nødverge.
chancery [ˈtʃɑ:nsəri] kanslerretten (avdeling av the High Court of Justice); **in –** i klemme (om bokser, hvis hode er under motstanderens arm, slik at denne, så lenge det skal være, kan hamre løs på det).
chancre [ˈʃæŋkə] sjanker.
chancy [ˈtʃɑ:nsi] usikker, uberegnelig, risikabel; heldig.
chandelier [ʃændiˈliə] lysekrone.
chandler [ˈtʃɑ:ndlə] lysestøper, lyseselger; detaljhandler, småhandler, høker.
'change [tʃein(d)ʒ] børs (d. s. s. **exchange**).
change [tʃein(d)ʒ] forandring, omskifte, skifte, omslag; bytte; småpenger, vekslepenger; børs, (måne)fase; omkledning; forandre, bytte, skifte, veksle; kle seg om, bytte; forandre seg, skifte; **– of attire** klær til skift, klesskift; **– for** ombytte med; **get –** få penger igjen.
changeable [ˈtʃein(d)ʒəbl] foranderlig.
changeling [ˈtʃein(d)ʒliŋ] bytting.
change-over [ˈtʃein(d)ʒəuvə] overgang, omstilling; skifte; omslag; **the company has a 5% –** firmaet har 5% gjennomtrekk (i arbeidsstokken).
channel [ˈtʃænəl] (naturlig) kanal; renne; **the Channel** Kanalen (mellom England og Frankrike). **– bar** u-jern.
chant [tʃɑ:nt] synge; messe; besynge, synge om; sang; messe.
chantey el. **chanty** [ˈtʃɑ:nti] oppsang.
chanticleer [ˈtʃɑ:ntikliə] hane, kykeliky (i dyrefabel).
chantry [ˈtʃɑ:ntri] sjelegave (til sjelemesser); kapell; alter (for sjelemesser).
chaos [ˈkeiɔs] kaos. **chaotic** [keiˈɔtik] kaotisk.
chap [tʃæp] sprekke, kløvne, revne; få til å sprekke; sprekk.
chap [tʃæp] kjeve, kinn, kjake; **-s** kjeft.
chap [tʃæp] fyr (gutt el. mann).
chapel [ˈtʃæpəl] mindre kirke, dissenterkirke, kirke knyttet til en institusjon, f. eks. slottskirke;

– -of-ease hjelpekirke, annekskirke. **-ry** [ˈtʃæpəlri] anneks.
chaperon [ˈʃæpərəun] chaperone, anstandsdame; ledsage (som anstandsdame).
chapfallen [ˈtʃæpfɔ:ln] lang i fjeset; motfallen.
chaplain [ˈtʃæplin] prest (ved en institusjon); feltprest, skipsprest; hoffprest.
chaplet [ˈtʃæplit] krans; rosenkrans.
chapman [ˈtʃæpmən] kramkar.
chap-stick (US) leppepomade.
chapter [ˈtʃæptə] kapittel (i bok); domkapittel, ordenskapittel. **– house** kapittelbygning, kapittelhus.
char [tʃɑ:] brenne (tre) til kull; svi; svartne.
char [tʃɑ:] sjaue, ha løsarbeid; vaskekone; jobb, arbeid.
char-a-banc [ˈʃærəbæŋ] turistbuss.
character [ˈkæriktə] skrifttegn, bokstav; eiendommelighet, særmerke, egenskap; karakter; rolle; person; ry, rykte; vitnesbyrd, vitnemål, skussmål; **he has the – of a miser** han har ord på seg for å være en gnier; **a street –** en gatefigur; **I know him only by –** bare av omtale; **in the – of the King** i kongens rolle; **a girl of –** en selvstendig, karakterfast pike; **strength of –** karakterstyrke. **characteristic** [kæriktəˈristik] karakteristisk; eiendommelighet. **characterize** [ˈkæriktəraiz] karakterisere, betegne; prege, særprege.
charade [ʃəˈrɑ:d] charade, stavelsesgåte; **act -s** leke ordspråkslek.
charcoal [ˈtʃɑ:kəul] trekull. **– furnace** kullmile.
charge [tʃɑ:dʒ] v. **1** lesse, belesse, pålegge; **2** forlange (som betaling), beregne; debitere, føre opp; ilikne (om skatt); **3** lade(et batteri, et skytevåpen); **4** overdra; **5** beskylde; **6** angripe. s. **1** ladning, last, lass; **2** pålegg; befaling; **3** omsorg, varetekt; **4** omkostning; betaling, pris, takst, gebyr; **5** pleiebarn; protesjé; **6** siktelse, beskyldning, anklage; **7** angrep; **8** ladning (sprengstoff); **what's your –?** hva er Deres pris? **without –** gratis; **have – of** ha i forvaring; **who had – of these things** hvem hadde å gjøre med dette; **make the – that** anføre, gjøre gjeldende at; hevde; **sound the –** blåse til angrep; **at a certain –** til en viss betaling; **be in –** ha kommando; **in – of** under oppsyn av; **give in – of a policeman** overlevere til en konstabel, la anholde (av en konstabel); **– at, – on** rette angrep på, angripe. **-able** [ˈtʃɑ:dʒəbl] som kan pålegges, tilskrives, anklages; debiteres.
charge account kundekonto.
chargé d'affaires [ˈʃɑ:ʒeidæˈfɛə]chargé d'affaires.
charge plate (US) kredittkort.
charger [ˈtʃɑ:dʒə] ganger, stridshest; batterilader.
charges account omkostningskonto, utgiftskonto.
charge sheet rulleblad; oversikt over arresterte personer (og evt. siktelse).
charging current ladestrøm.
charily [ˈtʃɛərili] forsiktig, sparsomt, varsomt.
chariness [ˈtʃɛərinəs] forsiktighet, sparsommelighet.
Charing Cross [ˈtʃæriŋˈkrɔs].
chariot [ˈtʃæriət] stridsvogn, lett herskapsvogn.
charisma [kəˈrizmə] nådegave, spesielle evner, (personlig) utstråling.
charitable [ˈtʃæritəbl] godgjørende; barmhjertig.
charity [ˈtʃæriti] kjærlighet (til nesten); kjærlighetsgjerning, velgjerning; miskunn, sælebot; godgjørenhet; medlidenhet; godhet; velvilje; almisse, veldedighet; **it would be quite a –** det ville være en ren velgjerning; **– begins at home** enhver er seg selv nærmest; hva du evner, kast av i de nærmeste krav; **– school** fattigskole; **bread of –** nådensbrød.
charivari [ˈtʃɑ:riˈvɑ:ri] kattemusikk; pipekonsert.
charlady [ˈtʃɑ:leidi] rengjøringskone.
charlatan [ˈʃɑ:lətæn] sjarlatan. **-ry** sjarlataneri, svindel.
Charlemagne [ˈʃɑ:ləˈmein] Karl den store.
Charles [tʃɑ:lz] Karl. **-'s Wain** Karlsvognen.
Charley, Charlie [ˈtʃɑ:li].
charlie [ˈtʃɑ:li] tosk, tulling.
charlock [ˈtʃɑ:lɔk] åkersennep.
Charlotte [ˈʃɑ:lɔt].
charm [tʃɑ:m] tryllemiddel, trylleri, trylleformel; yndighet, elskverdighet, sjarm, tiltrekning(skraft); amulett, sjarm (vedheng til armbånd); fortrylle, henrive, henrykke, dåre, vinne; **the -ed circle** tryllesirkel; **he bears a -ed life** han er usårlig. **charmer** sjarmør; trollmann; en som tryller. **-ing** elskverdig, henrivende, yndig.
charnel(-house) [ˈtʃɑ:nəl(haus)] likhus.
Charon [ˈkɛərɔn] Kharon.
chart [tʃɑ:t] sjøkart; kart; tabell; diagram, plansje; planlegge; illustrere ved diagram; kartlegge.
charta se **Magna Charta.**
charter [ˈtʃɑ:tə] dokument; frihetsbrev, privilegium; befraktning; fraktbrev; privilegere; frakte; chartre, befrakte; **the Atlantic –** Atlanterhavserklæringen (mellom Churchill og Roosevelt 1941); **the Great Charter** d. s. s. **Magna Carta; the people's –** chartistenes program. **-ed accountant** autorisert revisor.
charterer [ˈtʃɑ:tərə] befrakter.
Charterhouse [ˈtʃɑ:təhaus].
chartering (mar.) befraktning, chartring.
charter party [ˈtʃɑ:təpɑ:ti] certeparti, fraktbrev.
Chartism [ˈtʃɑ:tizm] chartisme. **Chartist** [ˈtʃɑ:tist] chartist.
charwoman [ˈtʃɑ:wumən] kone som arbeider for daglønn; skurekone, vaskekone.
chary [ˈtʃɛəri] forsiktig; sparsom, økonomisk; kresen.
chase [tʃeis] drive, siselere; skjære gjenge på.
chase [tʃeis] jage, forfølge; jakt; forfølgelse; jaktdistrikt.
chaser [ˈtʃeisə] jeger, forfølger; drikk til å skylle ned med: **they drank rye with ginger ale -s.**
chasing [ˈtʃeisiŋ] siselering.
chasm [kæzm] kløft, gap, avgrunn.
chassis [ˈʃæsi] chassis, understell til bil.
chaste [tʃeist] kysk, ærbar; (om stilart) renslig, ren.
chasten [ˈtʃeisn], **chastise** [tʃæˈstaiz] tukte, refse. **chastisement** [ˈtʃæstizmənt] tukt, refsing.
chastity [ˈtʃæstiti] kyskhet; renhet, ærbarhet. **– belt** kyskhetsbelte.
chasuble [ˈtʃæzjubl] messehakel.
chat [tʃæt] passiar, snakk, prat; passiare, prate, snakke.
Chatham [ˈtʃætəm].
chattels [ˈtʃætlz] løsøre. **– real** bruksrettigheter.
chatter [ˈtʃætə] pjatte, skravle, klapre; skvaldre, pludre; skravl, klapring. **-box** [ˈtʃætəbɔks] skravlebøtte. **chatty** [ˈtʃæti] snakksom, pratsom.
Chaucer [ˈtʃɔ:sə].
chauffer [ˈtʃɔ:fə] fyrfat, liten mobil ovn.
chauffeur [ˈʃəufə] (privat)sjåfør.

chauvinism [ˈʃəuvinizm] sjåvinisme.
chaw [tʃɔ:] tygge, gumle, knaske; gumling, tygging; skrå, buss.
cheap [tʃi:p] billig; lettkjøpt, godtkjøps-; simpel; **feel –** føle seg liten el. flau; **hold –** ringeakte; **– Jack** (el. **John)** godtkjøpshandler ved marked el. l.; **to do it on the –** leve på billigste måte. **-en** [ˈtʃi:pn] by på, prute; slå av, (fig.) nedsette. **--jack** kramkar, fant; tarvelig. **– skate** (US) gjerrigknark.
cheat [tʃi:t] bedrageri; snyter, bedrager; bedra, jukse, snyte. **cheater** bedrager.
check [tʃek] subst. **1** hindring, stansing, stans, brems; **2** kontroll; **3** kassalapp; regning; **4** merke; garantiseddel; **5** utgangsbillett; **6** rute (i tøy); **7** (US) anvisning, sjekk; **8** sjakk; v. **1** hindre, stanse, stagge, tøyle, legge bånd på; **2** krysse av, sjekke; kontrollere; **3** irettesette; **4** sette i sjakk; **put a – upon** legge en demper på; **keep him in –** holde ham i sjakk; **– in** ankomme, skrive seg inn (på hotell el. flyplass); **– off** krysse av; **– up on** kontrollere, undersøke.
checkbook (US) sjekkhefte.
checker [ˈtʃekə] gjøre rutet (se **chequer**).
checkmate [ˈtʃekˈmeit] matt (i sjakk), nederlag; gjøre sjakkmatt, tilføye nederlag.
check|-out [ˈtʃekaut] betaling av hotellregning; kasse (i selvbetjeningsforretning). **– pattern** sjakkbrettmønster. **-point** kontrollpost. **-room** (US) garderobe. **--up** kontroll, undersøkelse, ettersyn.
Cheddar [ˈtʃedə] cheddarost.
cheek [tʃi:k] kinn; (sl.) frekkhet, freidighet, uforskammethet; **– by jowl** kinn mot kinn, tett sammen. **cheeky** [ˈtʃi:ki] frekk, nesevis, nebbet.
cheep [tʃi:p] pip, pistring; kvitring; pipe, pistre.
cheer [tʃiə] (sinns)stemning, mot, lag, hug; glede, munterhet; hurra, bifallsrop; oppmuntre; tiljuble; rope hurra for; **give three -s for** utbringe et leve for; **-io** [ˈtʃiəriˈəu] hallo, hei på deg! **– up** fatte mot; **– up!** opp med humøret! friskt mot! **-ful** [ˈtʃiəful] glad, munter, fornøyd. **-fulness** munterhet, lystighet. **-ing section** heiagjeng. **-less** [ˈtʃiəlis] gledeløs; bedrøvelig. **-y** [ˈtʃiəri] munter, glad.
cheese [tʃi:z] ost; **– it!** hold opp! hold kjeft! stikk av! **-burger** hamburger m. ost. **-cake** ≈ vannbakkels med ostefyll; pin-up bilde. **– cutter** ostehøvel. **– finger** ostestang. **-monger** [-mʌŋgə] ostehandler, fetevarehandler. **-paring** [-pεəring] osteskorpe; flisespikkeri; knussel; smålig, knuslet. **– rind** osteskorpe. **– spread** smøreost.
cheetah [ˈtʃi:tə] jaktleopard, gepard.
chef [ʃef] overkokk, kjøkkensjef.
chela [ˈtʃeilə] disippel; [ˈki:lə] krepseklo.
Chelsea [ˈtʃelsi].
chemical [ˈkemikl] kjemisk. **-s** kjemikalier.
chemis|e [ʃiˈmi:z] chemise, linnet, serk. **-ette** [ʃemiˈzet] chemisette, underliv, livstykke.
chemist [ˈkemist] kjemiker; apoteker; **chemist's (shop)** apotek. **-ry** [ˈkemistri] kjemi.
cheque [tʃek] sjekk. **– -book** sjekkbok, sjekkhefte.
chequer [ˈtʃekə] gjøre ternet el. rutet; gjøre avvekslende; firkant, rute. **-ed** rutet, sjakkbrettmønstret; skiftende, variert.
cherish [ˈtʃeriʃ] kjæle for; pleie; oppelske, nære; verne om, beskytte; holde av.
cheroot [ʃəˈru:t] cheroot, (mindre) sigar som er tvert avskåret i begge ender.
cherry [ˈtʃeri] kirsebær(tre); kirsebærfarget. **– brandy** kirsebærlikør. **– pit** kirsebærstein.
cherub [ˈtʃerəb] kjerub; **cherubs** el. **cherubim** [ˈtʃerubim] kjeruber.
chervil [ˈtʃə:vil] kjørvel.
Cheshire [ˈtʃeʃə] Cheshire. **– cat** person med stivt smil.
chess [tʃes] sjakk. **-board** sjakkbrett. **-man** sjakkbrikke. **-player** sjakkspiller.
chest [tʃest] kiste, boks, skrin; bringe, bryst; **get it off one's –** si det som det er, lette sitt hjerte, gi følelsene luft; **thump one's –** slå seg for brystet; **– of drawers** dragkiste, kommode.
chesterfield [ˈtʃestəfi:ld] chesterfield (sofa el. frakk).
chest note [ˈtʃestnəut] brysttone.
chestnut [ˈtʃes(t)nʌt] kastanje; kastanjetre; kastanjebrun hest.
cheval glass [ʃəˈvæl] toalettspeil, dreiespeil.
chevalier [ʃevəˈliə] ridder, kavalér.
cheviot [ˈtʃevjət] sjeviot (slags tøy).
chevron [ˈʃevr(ə)n] v-formet ermedistinksjon, vinkel.
chevy [ˈtʃevi] jakt; jaktrop; Chevrolet (bilmerket); jage, springe omkring; ergre, tirre.
chew [tʃu:] tygge; (fig.) tygge på; pønske på; gi en overhaling; tygging, en bit, skrå, buss; **– the cud** tygge drøv.
chewing | gum [ˈtʃu:iŋgʌm] tyggegummi. **– tobacco** skrå.
chic [ʃi:k] chic, elegant, fiks.
Chicago [ʃiˈkɑ:gəu].
chicane [ʃiˈkein] sjikane, knep, (i bridge) hånd uten trumf; sjikanere, bruke knep. **chicaner** [ʃiˈkeinə] sjikanør. **chicanery** [ʃiˈkeinəri] sjikane.
Chichester [ˈtʃitʃistə].
chick [tʃik] kylling; unge, pjokk; (ung pike) skreppe, rype.
chicken [ˈtʃikin] kylling; unge, småbarn; reddhare, feiging; bli redd. **– feed** kyllingfôr; ubetydelighet; småpenger. **--hearted** forsagt, stakkarslig. **– pox** brennkopper. **– wire** hønsenetting.
chick-pea bukkeert.
chickweed vassarv.
chicory [ˈtʃikəri] sikori; endivie.
chid [tʃid] imperf. og perf. pts. av **chide.**
chidden [ˈtʃidn] perf. pts. av **chide.**
chide [tʃaid] irettesette, laste, skjenne på.
chief [tʃi:f] først, fornemst, viktigst, høyest, øverst; hode; høvding, sjef, anfører, overhode; **– friends** nærmeste venner; **Lord Chief Justice** justitiarius (rettsformann) i Queen's Bench Division; **in –** øverst, først og fremst; **commander-in- –** øverstbefalende; **editor-in- –** sjefredaktør. **– assistant surgeon** første reservelege. **– clerk** kontorsjef. **– education officer** skoledirektør. **– engineer** førstemaskinist; overingeniør. **– inspector** politiførstebetjent. **– justice** høyesterettsjustitiarius.
chiefly [ˈtʃi:fli] især, først og fremst, hovedsakelig; høvdingaktig.
chief| of staff stabssjef. **– petty officer** flaggkvartermester.
chieftain [ˈtʃi:ftin, ˈtʃi:ftən] høvding, fører.
chiffon [ˈʃifɔn] chiffon.
chiffonier [ʃifəˈniə] chiffoniere.
chignon [ˈʃi:njɔŋ] nakkepute, oppsatt nakkehår.
chilblain [ˈtʃilblein] frostknute.
child [tʃaild] barn (i poesi: junker); produkt;

with – gravid. **-bearing** barnefødsel. **-bed** barselseng. **-birth** barnefødsel, barsel; fødselstall.
childe [tʃaild] junker.
Childermas [ˈtʃildəmæs] barnedag (28. desember).
childhood [ˈtʃaildhud] barndom.
childish [ˈtʃaildiʃ] barnlig, barnslig, barnaktig.
childless [ˈtʃaildlis] barnløs.
childlike [ˈtʃaildlaik] barnlig, barnslig.
children [ˈtʃildrən] pl. av **child** barn; **the C. Act** ≈ barnevernloven.
child's play barnelek; (bare) barnemat.
child | welfare barnevern. – **welfare centre** pleiestasjon for barn.
Chile [ˈtʃili] Chile. **Chilian** [ˈtʃiliən] chilener; chilensk.
chill [tʃil] kald, sval, kjølig; kulsen; nedslått; kulde, kjølighet; kuldegysning; lett forkjølelse; gjøre kald, få til å fryse; nedslå; dempe, berolige; **take the – off** kuldslå, temperere. **-ed** forfrossen, forkommen; gjennomkald. **-iness** [ˈtʃilinis] kulde.
chilly [ˈtʃili] kjølig, kald. **– -body** frysepinne.
Chiltern Hundreds [ˈtʃiltən ˈhʌndrədz] engelsk kronland i Buckinghamshire, hvor styret formelt som embete overdras til dem som vil oppgi sitt sete i parlamentet; **to take** (el. **to accept) the –** trekke seg som parlamentsmedlem.
chime [tʃaim] samklang; kiming, klokkeringing; stemme sammen; ringe, kime, lyde, klinge; – **in** bryte inn (i en samtale); – **in with** harmonere med. – **clock** slagur.
chimera [kiˈmiərə, kaiˈmierə] kimære, hjernespinn, drømmeri, fantasifoster.
chimere [tʃiˈmiə] bispesamarie.
chimerical [kiˈmerikl, kaiˈmerikl] fantasifull, fantastisk, uvirkelig.
chimney [ˈtʃimni] skorstein; peis, kamin; røykkanal; lampeglass; fjellrevne. – **piece** kaminstykke, kamingesims, kaminhylle. – **pot** skorsteinspipe; ovnsrør (høy hatt). – **stack** murblokk med en rad av skorsteinsrør; skorsteinspipe. – **sweep(er)** skorsteinsfeier.
chimpanzee [tʃimpænˈzi:] sjimpanse.
chin [tʃin] hake.
China [ˈtʃainə] Kina. – **clay** kaolin.
china [ˈtʃainə] porselen.
Chinaman [ˈtʃainəmən] kineser; kinafarer.
chinaware [ˈtʃainəwεə] porselen.
chin-chin [ˈtʃntʃin] skål! adjø! prat, hilsen; prate, hilse.
chine [tʃain] ryggrad; ryggstykke, kam; åsrygg; skjære eller hogge ryggraden i stykker.
Chinee [ˈtʃaini:] (sl.) kineser.
Chinese [ˈtʃaiˈni:z] kineser; kinesisk.
chink [tʃiŋk] revne, sprekk; (fig.) sårbart punkt; smutthull; sprekke.
chink [tʃiŋk] klirre; ringle (med); klirring; småpenger.
Chink [tʃiŋk] (sl.) kineser.
chinky [ˈtʃiŋki] sprukken, full av sprekker.
chintz [tʃints] trykt kretong, (møbel)sirs.
chip [tʃip] snitte, flise opp, hogge; slå småstykker av; hogge, skave, telgje til el. av; sprekke; miste småstykker; spon; flis, skår, hakk, snitt; sjetong; brikke; (sl.) mynt; tømmermann; **'tis a – of the old block** det er faren opp av dage; **to hand in one's -s** (sl.) å vandre heden, å dø; **when the -s are down** (US) når det kommer til stykket; **-s** pl. pommes frites.
chip | basket sponkurv. **-board** tykk papp; sponplate.
chipmunk (US) (korthalet) stripeekorn.
Chippendale [ˈtʃipəndeil].
chipper [ˈtʃipə] kvitre; munter, kvikk; – **up** kvikke opp.
chippie [ˈtʃipi] (US) hore, gatetøs, ludder.
chippy [ˈtʃipi] (US) gatetøs; knastørr; som har tømmermenn.
chips [tʃips] pommes frites.
chiromancer [ˈkairəmænsə] kiromant. **chiromancy** [-si] kiromanti, kunsten å spå i hendene.
chiropodist [kaiˈrɔpədist] fotpleier.
chiro|practic [kairəˈpræktik] kiropraktikk. **-practor** [kairəˈpræktə] kiropraktor.
chirp [tʃə:p] kvitre, pipe; kvitring, pip; riksing. **chirpy** [ˈtʃə:pi] livlig, munter, kipen, kåt.
chirrup [ˈtʃirəp] kvitring, piping; hypp; kvitre, pipe; si hypp.
chisel [ˈtʃizəl] meisel, beitel, stemjern, hoggjern; meisle; snyte, bedra, misbruke; **welfare -(l)er** trygdemisbruker.
Chiswick [ˈtʃizik].
chit [tʃit] barn, unge (foraktel.); taske; kort melding; seddel; gjeldsbevis.
chitchat [ˈtʃit-tʃæt] småsnakk, prat.
chivalrous [ˈʃivəlrəs, ˈtʃ-] ridderlig. **chivalry** [ˈʃivəlri, ˈtʃ-] ridderskap; ridderverdighet; ridderlighet.
chives [tʃaivz] gressløk.
chlor|al [ˈklɔ:rəl] kloral. **-ic** [ˈklɔ:rik] klor-. **-inated hydrocarbons** klorerte hydrokarboner. **-ine** [ˈklɔ:r(a)in] klor. **-odyne** [ˈklɔ:rədain] smertestillende middel. **-oform** [ˈklɔ:rəfɔ:m] kloroform. **-ophyll** [ˈklɔrəfil] klorofyll.
chlorosis [klɔˈrəusis] bleksott, anemi.
chock [tʃɔk] kile, klampe, kloss, props; krabbe, krakk (under båt, vannfat); kile fast; sette krabbe under.
chockablock [ˈtʃɔkəˈblɔk] stappfull, tettpakket.
chocolate [ˈtʃɔkəlit] sjokolade; sjokoladebrun.
choice [tʃɔis] valg; utvalg; (fig.) kjerne; utsøkt, delikat; velvalgt. **make – of** velge; **for –** fortrinnsvis; **men of –** utsøkte folk.
choir [ˈkwaiə] sangkor (i kirke); kor (i domkirker); synge i kor. – **leader** forsanger. – **loft** pulpitur. **-master** kordirigent. – **screen** korgitter.
choke [tʃəuk] kvele; holde på å kveles, få i vrangstrupen; tette igjen; stoppe, undertrykke, døyve; kveles; kovne; kvelning; choke (i bil). – **back** undertrykke, bite i seg. **choker** [ˈtʃəukə] kveler; stort halstørkle; fadermorder (høy snipp).
choler [ˈkɔlə] (gml.) galle; sinne. **cholera** [ˈkɔlərə] kolera. **choleric** [ˈkɔlərik] hissig, kolerisk.
cholesterol [kəˈlestərɔl] kolesterol.
choose [tʃu:z] velge (ut); kåre; foretrekke; ha lyst, ønske, ville, finne for godt, skjøtte om; **I cannot – but** jeg kan ikke annet enn; **beggars can't be -rs** tiggere må ikke være kresne, man får ta det man får. **-y** kresen, fordringsfull.
chop [tʃɔp] hogge, kutte, hakke; kappe; slå om, vende seg (om vind); avhugget stykke; kotelett;. – **down** hugge ned, felle; – **in** hogge inn i (et ordskifte); – **up** hogge opp; hogg, hakk, avhugget stykke; kotelett; **get the –** (sl.) få sparken, bli drept; **-s** krappe bølger, krapp sjø.
chop [tʃɔp] ordskifte; – **logic** disputere; – **and change** være vinglete.
chop [tʃɔp] kinn, kjake; (pl.) kjeft; munning; **the**

Chops of the Channel Kanalgapet (mot Atlanterhavet).
chop [tʃɔp] (i India) kvalitet, sort, slag.
chophouse [ˈtʃɔphaus] billigrestaurant, spiseforretning.
chopper [ˈtʃɔpə] øks, kjøttøks; (US) helikopter; maskingevær; stor delvis selvbygget motorsykkel.
chopping | block [ˈtʃɔpiŋblɔk] hoggestabbe. **– knife** [ˈtʃɔpiŋnaif] kjøttkniv, hakkekniv.
choppy [ˈtʃɔpi] krapp (om havet); vinglet, ustø, ustadig, skiftende, usammenhengende.
chopstick [ˈtʃɔpstik] (kinesisk) spisepinne.
chop suey [tʃɔp ˈsu:i] chop suey (kinesisk lapskaus).
choral [ˈkɔ:rəl] kor-; koral, salmemelodi.
chord [kɔ:d] streng; akkord; korde; spenn.
chore [ˈtʃɔ:] arbeid; husstell, rutinearbeid.
chorea [kɔˈri:ə] sanktveitsdans.
chorister [ˈkɔristə] korsanger.
chortle [ˈtʃɔ:tl] klukklatter; klukke.
chorus [ˈkɔ:rəs] kor (i drama); korverk; rope i kor; stemme i med. **– girl** korpike; sparkepike.
chose [tʃəuz] imperf. av **choose.**
chosen [ˈtʃəuzn] perf. pts. av **choose**; utvalgt.
chouse [tʃaus] snyte, narre; svindel.
chow [tʃau] mat.
chow-chow [ˈtʃauˈtʃau] ≈ lapskaus; krydret kinesisk rett; chow-chow (kinesisk hunderase).
chowder [ˈtʃaudə] en slags tykksuppe med fisk og muslinger.
chrism [krizm] hellig olje; salving.
Christ [kraist] Kristus.
Christabel [ˈkristəbəl].
christen [ˈkrisn] døpe. **-dom** [ˈkrisndəm] kristenhet, kristendom. **-ing** [ˈkrisniŋ] dåp.
Christian [ˈkristjən, -tʃən] kristelig; kristen; **– name** døpenavn, fornavn. **-ism, -ity** [ˈkristjənizm, kristiˈæniti] kristendom. **-ize** [ˈkristjənaiz] kristne.
Christmas [ˈkrisməs] jul. **– box** julegave. **– card** julekort. **– carol** julesang. **– Day** første juledag. **– Eve** [-i:v] julaften. **– flower** julestjerne; julerose. **– pudding** plumpudding. **– tree** juletre; blinkende kontrollpanel.
Christopher [ˈkristəfə].
chromatic [krəˈmætik] kromatisk.
chrome [krəum] krom. **chromic** [ˈkrəumik] krom-.
chromium [ˈkrəumiəm] krom. **– -plating** forkromming.
chromosome [ˈkrəuməsəum] kromosom.
chronic [ˈkrɔnik] evig, stadig, kronisk, langvarig; fryktelig, forferdelig.
chronicle [ˈkrɔnikl] krønike, årbok; nedskrive, opptegne; **the Chronicles** Krønikebøkene (i Bibelen). **chronicler** [ˈkrɔniklə] krønikeskriver, kronikør. **chronological** [krɔnəˈlɔdʒikl] kronologisk. **chronology** [krəˈnɔlədʒi] kronologi, tidsregning.
chronometer [krəˈnɔmitə] kronometer.
chrysalis [ˈkrisəlis] puppe.
chrysanthemum [kriˈsænθəməm] krysantemum.
chs. fk. f. **chapters.**
chubby [ˈtʃʌbi] buttet, tykk, lubben.
chuck [tʃʌk] kakle, lokke på; klappe, daske (under haken); kaste, slenge, oppgi; kakling; lett dask, klapp; sleng, kast; **get the –** (vulg.) få avskjed, «sparken». **– farthing** kaste på stikka.
chucker-out [ˈtʃʌkərˈaut] utkaster.
chuckle [tʃʌkl] klukke, le innvendig; innvendig latter, klukklatter.
chuckle-head [ˈtʃʌklhed] stut, tosk.
chuck wagon (US) kjøkkenvogn, feltkjøkken.
chug [tʃʌg] tøffe, dunke (om et tog, båt).
chum [ˈtʃʌm] venn, kamerat, busse, kontubernal; være gode venner, dele værelse; **new –** nyinnvandret i Australia; **– together** bo sammen.
chummy [ˈtʃʌmi] kameratslig; kamerat.
chump [tʃʌmp] trekloss; kubbe; hode, skolt; kjøtthue, naut; **– end** tykkende; **off one's –** gal, toskete.
chunk [tʃʌŋk] tykk stump, skive, klump.
chunky [ˈtʃʌŋki] liten og tykk, tett, undersetsig; grovskåren; grovstrikket.
Chunnel [ˈtʃʌnəl] **the** – tunnelen under Den eng. kanal.
church [tʃə:tʃ] kirke; **be at –** være i kirke; **go to –** gå i kirke; **as safe as a –** fullstendig sikker. **– guild** menighetsforening, kirkering.
Churchill [ˈtʃə:tʃil].
church|ing [ˈtʃə:tʃiŋ] kirkegang (etter barsel). **-man** [ˈtʃə:tʃmən] tilhenger av statskirken; geistlig. **-mouse: as poor as a – mouse** så fattig som en kirkerotte. **-rate** kirkeskatt. **– register** kirkebok. **– service** gudstjeneste. **– time** kirketid.
churchwarden [ˈtʃə:tʃˈwɔ:dn] kirkeverge; lang krittpipe.
churchyard [ˈtʃə:tʃˈja:d] kirkegård.
churl [tʃə:l] bonde; tølper, slamp; gnier, lus. **-ish** [-iʃ] bondeaktig; tølperaktig.
churn [tʃə:n] kjerne; spann, kjerne; mølje, kverning, malstrøm; kjerne, piske opp, male; **– out** spy ut.
churr [tʃə:] knarr; knarre, surre, svirre.
chute [ʃu:t] stryk; vann-, tømmerrenne; akebakke, fallrenne; fallskjerm.
C. I. fk. f. **Channel Islands.**
CIA fk. f. **Central Intelligence Agency.**
cicada [siˈkeidə, siˈka:də] sikade.
cicatrice [ˈsikətris], **cicatrix** [ˈsikətriks] pl. **cicatrices** [sikəˈtraisi:z] arr, merke.
Cicero [ˈsisərəu]. **Ciceronian** [sisəˈrəuniən] ciceroniansk.
C. I. D. fk. f. **Criminal Investigation Department** kriminalpolitiets etterforskningsavdeling.
cider [ˈsaidə] sider, eplemost (alkoholholdig), eplevin; (US) (ugjæret) eplemost. **– brandy** eplebrennevin. **– vinegar** mosteddik.
C. I. E. fk. f. **Companion of the Indian Empire.**
c. i. f. [sif] cif, fritt levert (fk. f. **cost, insurance and freight** ɔ: kostnader, assuranse og frakt betalt).
cigar [siˈga:] sigar. **– case** sigarfutteral.
cigarette [sigəˈret] sigarett.
cigar holder [siˈga:həuldə] sigarmunnstykke.
cilia [ˈsiljə] øyehår, randhår.
cilice [ˈsilis] hårskjorte.
Cimbric [ˈsimbrik] kimbrisk.
C.-in-C. fk. f. **Commander-in-Chief.**
cinch [sintʃ] salgjord; fast grep, godt tak; legge gjord om, snøre inn, få tak på; **it is a –** det er ingen sak, grei skuring.
Cincinnati [sinsiˈna:ti, -ˈnæti].
cincture [ˈsiŋktjuə-, -tʃə] belte.
cinder [ˈsində] slagg; glødende kull; sinders.
Cinderella [sindəˈrelə] Askepott.
cinema [ˈsinimə] kino, kinematograf; **-goer** kinogjenger. **– star** filmstjerne. **-tic** [siniˈmætik] film-, filmaktig; filmkunst.

cinematograph [sinəˈmætəgrɑ:f] kinematograf.
cinerary [ˈsiniræri] aske-. **cinerator** [ˈsinəreitə] krematorieovn.
Cingalese [siŋgəˈli:z] singaleser; singalesisk.
cinnabar [ˈsinəbɑ:] sinober.
cinnamon [ˈsinəmən] kanel.
cinque [siŋk] femmer (i kort og på terninger). **C. Ports** fem havner på Englands kyst: Hastings, Dover, Hythe, Romney, Sandwich.
C. I. O. fk. f. **Congress of Industrial Organizations** (amerikansk fagforbund).
cipher [ˈsaifə] sifferskrift, kode; monogram, navnesiffer; null, tall, siffer; regne, chifrere. **-ing** [ˈsaifəriŋ] regning. **– machine** kryptograf, kodemaskin.
Circassian [sə:ˈkæsiən] tsjerkessisk; tsjerkesser.
circle [ˈsə:kl] sirkel, ring; krets; ringe, ringe inn, inneslutte; gå rundt i ring, kretse; slå ring rundt. **circlet** [ˈsə:klit] liten sirkel, ring.
circuit [ˈsə:kit] kretsløp; omkrets; runde, rundtur; landingsrunde; strømkrets, strøm; en dommers reise i sitt distrikt for å holde rett, tingferd; rettsdistrikt; omvei. **– breaker** strømbryter, relé.
circuitous [sə:ˈkjuitəs] som går omveier; vidløftig; ugrei. **– road** omvei, krokvei.
circular [ˈsə:kjulə] sirkelrund, ring-, rund-; sirkulære, rundskriv. **-ity** kretsgang; sirkelform. **– -knitted** rundstrikket. **– needle** rundpinne. **– note** pengeanvisning, anvisning. **– saw** sirkelsag. **– stairs** vindeltrapp. **– tour** rundtur.
circulate [ˈsə:kjuleit] sirkulere, være i omløp; la sirkulere, bringe i omløp; **circulating library** leiebibliotek. **circulation** [sə:kjuˈleiʃən] omløp, sirkulasjon; utbredelse. **– desk** utlånsskranke (i bibliotek). **– manager** distribusjonssjef.
circum|ambient [sə:kəmˈæmbiənt] som går rundt, i ring. **-ambulate** [sə:kəmˈæmbjuleit] gå rundt, i ring. **-bendibus** [sə:kəmˈbendibəz] omsvøp; utenomsnakk.
circumcise [ˈsə:kəmsaiz] omskjære.
circumference [sə:ˈkʌmfərəns] periferi, omkrets; sirkel.
circumjacent [ˈsə:kəmˈdʒeisənt] omliggende.
circumlocution [sə:kəmləˈkju:ʃən] omskrivning; omsvøp.
circumnavigat|e [sə:kəmˈnævigeit] seile rundt. **-ion** [sə:kəmnæviˈgeiʃən] (verdens)omseiling.
circum|scribe [sə:kəmˈskraib] omskrive; (fig.) innskrenke, begrense. **-scription** [sə:kəmˈskripʃən] omskrivning; begrensning, innskrenkning; omriss. **-spect** [ˈsə:kəmspekt] omtenksom, forsiktig, varsom. **-spection** [sə:kəmˈspekʃən] omsikt, forsiktighet. **-spective** [sə:kəmˈspektiv] omtenksom, var, gløgg.
circumstance [ˈsə:kəmstəns] omstendighet, tilfelle; tilstand; kår; bringe i visse omstendigheter; seremoniell, stas; **be in easy (good) -s** (pl.) sitte godt i det, være velhavende; **-s alter cases** alt avhenger av forholdene. **circumstantial** [sə:kəmˈstænʃəl] som ligger i omstendighetene; som beror på enkelthetene; omstendelig, detaljert. **– evidence** indisiebevis.
circumvent [sə:kəmˈvent] gå rundt om, omringe, inneslutte; omgå; overliste, bedra. **-ion** [səkəmˈvenʃən] bedrageri.
circumvolution [sə:kəmvəˈljuʃ(ə)n] kretsløp, omdreining.
circus [ˈsə:kəs] sirkus; samling, gruppe; fest, heisafest; runding, rund plass i en by (**Oxford –, Piccadilly –** i London). **– performer** sirkusartist.
Cirencester [ˈsairənsestə , ˈsisi(s)tə].
cirrhosis [siˈrəusis] cirrhose, skrumpning.
cirrus [ˈsirəs] fjærsky.
cist [sist] steingrav; kiste for hellige kar.
cistern [ˈsistən] sisterne (beholder).
cit [sit] spissborger.
citadel [ˈsitədel] citadell.
citation [siˈteiʃən, saiˈteiʃən] stevning; innkallelse; anføring, sitat, henvisning; (US) hedrende omtale. **cite** [sait] stevne; sitere.
citizen [ˈsitizən] borger; samfunnsborger; statsborger; innbygger. **C-'s Advice Bureau** (sosial) rådgivningskontor. **– rights** borgerrettigheter **-s' band** (nær)kommunikasjonsradio. **-ship** borgerskap, borgerrett.
citron [ˈsitrən] sitron; sukat.
city [ˈsiti] stad, (stor) by, by-, storby; **of this –** her; **of your –** der; **of that –** der (i omtale); **the City** den opprinnelige del av London, forretningskvarteret der. **– article** artikkel om forretningslivet. **– editor** (US) nyhetsredaktør for lokalstoff; **C. editor** (eng.) finansredaktør (i avis). **the – fathers** byens fedre, samfunnets støtter. **– hall** rådhus. **– hub** sentrum, bykjerne. **– treasurer** kemner.
civet cat [ˈsivitkæt] desmerkatt.
civic [ˈsivik] borger; by-, borger-, kommunal. **– duty** borgerplikt. **– guards** borgervæpning.
civil [ˈsivil] by-, borger-, borgerlig; sivil; sivilisert, høflig; **– engineer** sivilingeniør; (ofte) bygningsingeniør; **– list** (den kongelige) sivilliste; appanasje; **– marriage** borgerlig vielse; **– servant** sivil embetsmann; **C. Service** statsadministrasjonen (bortsett fra hær, luftforsvar og flåte); **– war** borgerkrig.
civilian [siˈviljən] sivilist, sivil person. **in -s** i sivil.
civility [siˈviliti] høflighet; folkeskikk.
civil|ization [sivil(a)iˈzeiʃən] sivilisasjon; dannelse; kultur. **-ize** [ˈsivilaiz] sivilisere; oppdra; kultivere.
civvies [ˈsiviz] sivile klær, siviltøy.
civvy street (mil. sl.) det sivile liv.
C. J. fk. f. **Chief Justice.**
C. L. fk.f. **carload** vognlast.
cl. fk. f. **centilitre; class.**
clabber [ˈklæbə] bli tykk, tykne; mudder, gjørme.
clack [klæk] klapring, skramling; smelle, klapre, skravle.
clad [klæd] -kledd, kledd, av **clothe.**
claim [kleim] fordring, krav, påstand; lodd; skjerpe; fordre, gjøre krav på, kreve; hevde; **advance a –** reise et krav; **dismiss a –** avvise et krav; **– damages** kreve erstatning. **-ant** [ˈkleimənt] en som gjør fordring; fordringshaver; pretendent. **– -free** (ass.) skadefri. **-s department** (ass.) skadeavdeling.
clairvoyance [klɛəˈvɔiəns] clairvoyance.
clam [klæm] (mat)skjell, spiselig musling; **– up** holde tett; holde kjeft.
clamant [ˈklæmənt] bråkende, høymælt, høyrøstet.
clamber [ˈklæmbə] klavre, klyve, klatre.
clammy [ˈklæmi] klam, kaldvåt.
clamorous [ˈklæmərəs] skrikende, larmende.
clamour [ˈklæmə] skrik; skrike, larme, ståke.
clamp [klæmp] klamp; krampe; klemme; hasp; klemskrue; skruestikke; feste med klamp osv.
clamp [klæmp] haug, kule.

clan [klæn] klan, stamme.
clandestine [klænˈdest(a)in] hemmelig; smug-.
clang [klæŋ] gi klang, klemte, klirre, single, rasle; klirre med, rasle med; klang, klirr, rasling. **-er** brøler, fadese, kjempetabbe. **clangour** [ˈklæŋ(g)ə]klang, skrall. **clangorous** [ˈklæŋgərəs] klingende.
clank [klæŋk] klirre, skrangle; klirr.
clannish [ˈklæniʃ] med sterk slektsfølelse, med sterkt samhold.
clap [klæp] slå sammen, klappe; sette, stikke, lukke i en fart; gripe; klappe for; klapre; banke (på en dør); fare av sted; klapp, slag, smell, skrall, brak; **the –** dryppert, gonoré; **– eyes on** få øye på; **– them in(to) prison** sette dem i fengsel; **– a pistol to his breast** sette pistolen for brystet på ham; **– one's hands** klappe i hendene.
clapboard [ˈklæpbɔ:d] (US) panelbord, veggspon.
clapper [ˈklæpə] klapper, klakør; kolv.
claptrap [ˈklæptræp] forberedt teatereffekt, effektjageri; fraser, slagord, store ord.
Clara [ˈklɛərə], **Clare** [klɛə].
Clarence [ˈklærəns].
Clarendon [ˈklærəndən] Clarendon; halvfet skrift.
claret [ˈklærət] rødvin, srl. bordeauxvin.
clarification [klærifiˈkeiʃən] klaring, avklaring.
clarify [ˈklærifai] klare, klare opp, avklare; klares.
clarinet [klæriˈnet] klarinett.
clarion [ˈklæriən] trompet. **– call** kampsignal, fanfare.
clarity [ˈklæriti] klarhet, renhet.
clash [klæʃ] klaske; klirre; støte sammen med; klirring, smell, brak; sammenstøt.
clasp [klɑ:sp] hekte, spenne; omfavnelse; fangtak; hekte; folde (hendene); holde fast, omfavne.
clasp|knife [ˈklɑ:spˈnaif] follekniv. **– lock** smekklås.
class [klɑ:s] klasse, sort, slag; klasse, -time; dele i klasser, klassifisere, ordne, sette i klasse med.
classic [ˈklæsik] klassisk; klassiker. **classical** [ˈklæsikl] klassisk. **classicism** [ˈklæsisizm] klassisisme. **classification** [klæsifiˈkeiʃən] klassifikasjon. **classified** klassifisert; gradert, fortrolig; **– advertisement** rubrikkannonse. **classify** [ˈklæsifai] klassifisere, inndele i klasser; klassifisere (av sikkerhetshensyn).
classy [ˈklɑ:si] av høy klasse, fremragende, fin, stilig.
clatter [ˈklætə] klapre, skrangle, plapre; klapring, plapring, skrangling.
clause [klɔ:z] klausul, paragraf; setning.
claustrophobia [klɔ:strəˈfəubiə] klaustrofobi.
clave [kleiv] imperf. av **cleave.**
clavecin [ˈklævisin] klavecin.
clavichord [ˈklævikɔ:d] klavikord.
clavicle [ˈklævikl] nøklebein, kragebein.
claviform [ˈklævifɔ:m] kølleformet.
claw [klɔ:] klo; krasse; krafse.
clay [klei] leire, leirjord; kline; dekke med leire. **clayey** [ˈkleii] leiret, leiraktig; leir-.
claymore [ˈkleimɔ:] (gml., skot. tveegget sverd.
clean [kli:n] ren; pen, feilfri; rent, ganske; fullstendig, helt, fullkommen; blakk, pengelens; uplettet, uskyldig; rense, gjøre ren, pusse; **to make a – confession** komme med full tilståelse; **make a – sweep** gjøre rent bord, kvitte seg med – **and jerk** støt (i vektløfting). **cleaner** [ˈkli:nə] rengjøringshjelp; rensemiddel; **send clothes to the -s . . .**på renseri . . .til rensing; **dry-clean** rense kjemisk. **cleanliness** [ˈklenlinis] renslighet; **– is next to godliness** ren i skinn, ren i sinn. **cleanly** [ˈklenli] (adj.) renslig. **cleanly** [ˈkli:nli] (adv.) rent, renslig. **cleanness** [ˈkli:nnis] renhet. **cleanse** [klenz] rense; renske; pusse.
clean|-shaven glattbarbert. **-sing cream** rensekrem. **-up** opprydding, opprensking, utrensking.
clear [kliə] (adj.) **1** klar, lys; ren; **2** ryddig; **3** tydelig; **4** fullkommen; (adv.) **1** ganske; helt; **2** klart; tydelig; (v) **1** gjøre klar, klare; **2** renvaske, frikjenne; gå klar av, unngå; **3** betale gjeld; **4** rense; få bort, ta bort; **5** rømme, rydde; **6** selge ut, realisere; **7** klarne; klare; **8** cleare, avregne; klarere, tollbehandle; **– away** ta bort, fjerne; rydde bort. **– -cut** klar, tydelig, opplagt; **– up** klare opp, oppklare, opplyse; forklare. **-ance** [ˈkliərəns] klarering; opprydning; godkjenning, tillatelse; fri høyde, klaring; **-ance sale** utsalg, realisasjon; **-ing** rydning; ryddet land; avregning srl. av veksler. **-ing house** clearingkontor.
clearness [ˈkliənis] klarhet.
clear|-sighted [ˈkliəˈsaitid] klarsynt. **-way** hovedvei, riksvei, vei med stoppforbud.
cleavage [ˈkli:vidʒ] kløving, spalting.
cleave [kli:v] (imperf.: **cleaved** el. **clave,** perf. pts. **cleaved)** kleve, henge ved, henge fast, holde fast **(to** på, ved).
cleave [kli:v] (imperf.: **clove** el. **cleft;** perf. pts.: **cloven** el. **cleft)** kløyve, spalte, splitte.
clef [klef] nøkkel (i musikk).
cleft [kleft] imperf. og perf. pts. av **cleave; in a – stick** i klemme.
cleft [kleft] kløft; **– palate** åpen gane, hareskår.
clematis [ˈklemətis, kliˈmeitis] klematis.
clemency [ˈklemənsi] mildhet, skånsel, nåde.
clench [klenʃ] klinke; nøve; fatte fast, stramme; knuge, klemme sammen, knytte; slå fast; fast tak, hold, grep; **– -built** klinkbygd; **– one's fist** knytte neven; **– the teeth** bite tennene sammen.
Cleopatra [kliəˈpɑ:trə] Kleopatra.
clergy [ˈklə:dʒi] geistlighet, presteskap. **clergyman** [ˈklə:dʒimən] geistlig, prest; **clergyman's sore throat** prestesyke.
clerical [ˈklerikl] geistlig; **– error** skrivefeil.
clerisy [ˈklerisi]: **the –** presteskapet, de lærde.
clerk [klɑ:k, US klə:k] skriver; kontorist; sekretær; fullmektig; klokker, kirkesanger; (US) ekspeditør, ekspeditrise; **– of works** byggeleder.
clever [ˈklevə] dyktig, flink, kvikk, begavet, kløktig, evnerik; dreven, behendig, durkdreven; (US) elskverdig; **too – by half** altfor smart. **-dick** skarping. **-ness** dyktighet osv.
clevis [ˈklevis] sjakkel, gaffel. **– pin** splittpinne, gaffelbolt.
clew [klu:] nøste; ledetråd; (fig.) nøkkel; lede, anvise.
cliché [ˈkliʃei] klisjé; forslitt frase.
click [klik] tikke, smekke, smelle, klikke med; knepp, smekk, klikk; sperrhake.
client [ˈklaiənt] klient, kunde.
cliff [klif] fjellskrent, hammer, stup.
climacteric [klaimækˈterik] klimakterium, overgangsalder; (fig.) kritisk periode; klimakterisk, kritisk.
climate [ˈklaimit] klima, værlag; himmelstrøk; (fig.) klima, atmosfære. **climatic(al)** [klaiˈmætik(l)] klimatisk.

climax [ˈklaimæks] klimaks.
climb [klaim] klatre, entre, bestige, kjøre oppover bakke, stige; arbeide seg fram; klatretur, oppstigning, stigning; **– down** klatre ned, gå ned etc.; (fig.) ro seg i land, stikke pipen i sekken. **– -down** retrett, tilbaketog. **-er** [ˈklaimə] klatrer, tindebestiger; (tal.) streber, statusjeger; slyngplante.
clime [klaim] (poet.) himmelstrøk, egn.
clinch [klinʃ] gjøre fast, klinke; avgjøre endelig; gå i clinch (i boksing); omfavne. **– -built** klinkbygd.
clincher [ˈklinʃə] svar, ord som avgjør saken.
cling [kliŋ] klynge seg, henge fast; holde fast.
clinic [ˈklinik] klinikk. **clinical** [ˈklinikl] klinisk; (fig.) strengt objektiv, nøktern.
clink [kliŋk] klinge, klirre; klang, klirring.
clink [kliŋk] fengsel, «hullet».
clinker [ˈkliŋkə] klinke (sl. hardbrent murstein); størknet slagg.
clinker [ˈkliŋkə] grepa kar, kløpper.
clip [klip] klemme, papirklype, binders; klype, klemme sammen; klippe; beklippe; stekke; stusse; klipp; klipping. **– -board** skriveplate med papirholder. **-fish** klippfisk. **– joint** svindlerbule. **-per** klipper, saks, tang. **-per, -per-ship** klipperskip. **-ping** klipping; avklipt stykke, stump; utklipp.
clippie [ˈklipi] kvinnelig buss- og trikkekonduktør, billettrise.
clique [kli:k] klikk; slutte seg sammen.
Clive [klaiv].
cloak [kləuk] kappe, kåpe; (fig.) skalkeskjul, påskudd; dekke med kappe; (fig.) skjule. **– -and-dagger** kappe-og-dolk (brukes om f. eks. røverromaner).
cloakroom [ˈkləukrum] garderobe; oppbevaringssted (for reisegods på jernbanestasjon); (ogs.) toalett; (US) møtested for uformelle samtaler og sladder (i Kongressen). **– talk** korridorpolitikk. **– ticket** garderobemerke.
clobber [ˈklɔbə] rundjule, banke; klær, klesplagg.
clock [klɔk] silkemønster på siden av strømpe.
clock [klɔk] stueur, tårnur, ur, klokke, måler, taksameter, stemplingsur; ta tiden på, stemple inn på kontrollur; **what o'clock is it?** hva er klokken? **it is two o'clock** klokken er to; **there goes four o'clock** nå slår klokken fire; **– in** stemple inn (på stemplingsur). **– card** stemplingskort. **-face** urskive, tallskive. **-maker** urmaker. **-wise** med urviseren. **-work** urverk; telleverk; trekkopp-motor.
clod [klɔd] klump; jordklump; slamp, tulling, kloss(major); kaste jordklumper på. **– crusher** jordfreser. **-dish** sløv, dum.
clog [klɔg] tynge, bebyrde, hindre; klatte seg sammen; bli hindret; stappe, stoppe til; byrde, hemsko, hindring; tresko; kloss, klamp (om foten).
cloister [ˈklɔistə] kloster; klostergang, søylegang (dekt gang langs kloster, kollegium eller domkirke); innesperre i et kloster; **– oneself** gå i kloster, lukke seg inne. **-ed** innestengt; kloster-.
close [kləus] lukket, tillukket; sluttet, tettsluttet, tett; nøye, nøyaktig, streng; skjult; lummer; nær; **come to – quarters** komme inn på livet, komme i håndgemeng; **– by** nær ved, tett ved, i nærheten av.
close [kləus] innhegning, inngjerdet plass.
close [kləuz] slutning, avslutning, ende, slutningsord; avgjørelse.
close [kləuz] lukke, stenge; slutte, ende; inneslutte; lukke seg; slutte seg sammen, samle seg; nærme seg, rykke sammen; komme overens med **(with)**; gå løs på; **– down** lukke, nedlegge; **– in on** omringe.
close | action nærkamp. **– -clipped** tettklipt. **– combat** nærkamp. **– -cropped** snauklipt, kortklipt. **-d-circuit television** internt fjernsynsanlegg. **– -fisted** påholden, knipen. **– -fitting** tettsittende. **– -lipped** med sammenpressede lepper; taus.
close|ly [ˈkləusli] tett, kloss; nøye, nøyaktig; hemmelig. **-ness** [ˈkləusnis] tillukkethet; tetthet; lummerhet; hemmelighet; tilbakeholdenhet; fasthet; forbindelse.
close | season fredningstid. **– shave** glattbarbering; (fig.) på nære nippet. **– shot** nærbilde. **-stool** potte, nattmøbel.
closet [ˈklɔzit] lite værelse, kammer, skap (i veggen); do, klosett; lukke inne; **be -ed with** holde hemmelig rådslagning med.
close time fredningstid.
close-up [ˈkləusʌp] **(view)** nærbilde.
closure [ˈkləuʒə] lukning; lukke; slutning, ende.
clot [klɔt] størknet masse, klump; klumpe seg, levre seg, størkne.
cloth [klɔθ, klɔ:θ] klede, stoff, tøy; duk; bordduk; (fig.) geistlig stand. **– back** sjirtingrygg. **– cap** sikspenslue; (fig.) arbeidsmanns-.
clothe [kləuð] kle (på), dekke, bekle.
clothes [kləuðz] klær; klesplagg. **– brush** klesbørste. **– -peg** (el. **-pin**) klesklype. **– press** klesskap. **– tree** stumtjener. **clothier** [ˈkləuðiə] tøyfabrikant; kleshandler. **clothing** [ˈkləuðiŋ] kledning, tøy, plagg. **cloths** [klɔθs, klɔ:θs, klɔðz] tøyer; tøystykker; duker.
cloud [klaud] sky; skye, skye for, formørke, fordunkle; skye over, bli overskyet; **under a –** i unåde, under mistanke. **– burst** skybrudd. **– cover** skydekke. **-less** [ˈklaudlis] skyfri. **-y** [ˈklaudi] skyfull, overskyet, uklar.
clough [klʌf] fjellkløft, gjel.
clout [klaut] klut, lapp; lusing; (US fig.) innflytelse, vekt, gjennomslagskraft; lappe; slå, dra til.
clove [kləuv] imperf. av **cleave.**
clove [kləuv] kryddernellik, nellik; kløft av løk.
clove hitch dobbelt halvstikk.
cloven [ˈkləuvən] kløyvd, spaltet; se **cleave; the – foot** hestehoven; **show the – foot** stikke hestehoven fram.
clover [ˈkləuvə] kløver; **live in –, be in –** ha det som kua i en grønn eng.
clown [klaun] klovn, bajas; bonde, slamp; dumme seg ut, spille klovn. **-ish** [ˈklauniʃ] bondsk; klovneaktig.
cloy [klɔi] overmette, overfylle, stappe.
club [klʌb] klubbe; kløver (i kort); klubb; slå, klubbe; slå, skyte sammen, spleise; slå seg sammen. **-by** hyggelig. **– foot** klumpfot. **-haul** vende ved hjelp av anker.
clubland [ˈklʌblænd] klubbstrøket (i London).
club law [ˈklʌbˈlɔ:] neverett; selvtekt.
cluck [klʌk] klukke; smekke med tungen.
clue [klu:] holdepunkt, spor (for en undersøkelse), nøkkel (til forståelse), tråden (i en fremstilling); **I haven't a –** jeg har ikke peiling, anelse.
clump [klʌmp] klump, kloss; klynge, gruppe.

clumsy [ˈklʌmzi] klosset; tung.
clung [klʌŋ] imperf. og pf. pts. av **cling.**
cluster [ˈklʌstə] klynge; klase; knippe; sverm; samle i klynge; vokse i klaser, vokse i klynge; flokkes.
clutch [klʌtʃ] gripe; grep, tak, kopling, clutch.
clutter [ˈklʌtə] forvirring, røre, larm, ståk, støy; støye; ståke, lage rot i; **– up** tilstoppe, fylle opp, blokkere.
Clyde [klaid].
clyster [ˈklistə] klystér.
cm fk. f. **centimetre.**
C major (mus.) C-dur.
cmd fk. f. **command.**
C. M. G. fk. f. **Companion of the Order of St. Michael and St. George.**
C minor (mus.) c-moll.
C. N. D. fk. f. **Campaign for Nuclear Disarmament.**
C. O. fk. f. **Colonial Office; Commanding Officer; conscientious objector.**
Co. [kəu] fk. f. **Company, County.**
C/O fk. f. **cash order. c/o** fk. f. **care of.**
coach [kəutʃ] karét; postvogn, diligence; turistbuss, rutebil; jernbanevogn; manuduktør, trener, idrettsinstruktør; kjøre; manudusere; trene; få manuduksjon; **– box** bukk, kuskesete. **– fare** takst. **– house** vognskjul, vognskur. **-man** kusk. **– office** skyss-skifte; stasjon. **-work** karosseriarbeid.
coaction [kəuˈækʃ(ə)n] samarbeid.
coadjutor [kəuˈædʒutə] medhjelper.
coadventure [kəuədˈventʃə] fellesforetagende.
coagency [kəuˈeidʒənsi] samvirke. **coagent** [kəuˈeidʒənt] medarbeider.
coagulate [kəuˈægjuleit] koagulere, løpe sammen, størkne; få til å løpe sammen el. størkne.
coak [kəuk] metallbøssing (i en blokk); lås.
coal [kəul] kull, kol; forsyne med kull; fylle kull; kulle; **carry -s to Newcastle** gi bakerens barn brød. **haul** el. **call over the -s** skjelle ut, irettesette. **– bed** kull-leie, kull-lag. **– bin** kullbinge.
coalesce [kəuəˈles] vokse sammen, forene seg.
coalfield [ˈkəulfiːld] kullfelt.
coalheaver [ˈkəulhiːvə] kull-lemper, kullsjauer.
coalition [kəuəˈliʃən] forening; forbund.
coal | measures kull-leier. **-pit** kullgruve. **– scuttle** kullboks. **– trimmer, – whipper** kull-lemper. **-y** kull-lignende, kullholdig.
coaming [ˈkəumiŋ] lukekarm.
coarse [kɔːs] grov; rå, plump. **– -grained** [-greind] grovkornet, grovskåren. **coarsen** [ˈkɔːsn] forgrove, forråe. **coarseness** grovhet, råhet.
coast [kəust] kyst; seile langs kysten; gå i kystfart; gli, rutsje, skli. **-al** [ˈkəustəl] kyst-. **-er** [ˈkəustə] kystbåt; flaskebrikke, ølbrikke; (US) kjelke, slede. **– guard** kystvakt. **-ing** [ˈkəustiŋ] kyst-. **-wise** [ˈkəustwaiz] kyst-, som foregår langs kysten.
coat [kəut] frakk; jakke, trøye; kittel; bekledning; pels, skinn, hud, hinne, ham, dekke; strøk (maling); (be)kle; dekke, overtrekke, stryke (m. maling); **cut one's – according to one's cloth** sette tæring etter næring. **– hanger** kleshenger. **– collar** frakkekrage. **– of arms** våpenskjold. **– of mail** ringbrynje, panserskjorte.
coating bedekning, overtrekk; hinne.
coattail [ˈkəutteil] frakkeskjøt.
coax [kəuks] smigre; godsnakke for, lirke med, lokke, overtale.
cob [kɔb] klump, kule, ball; knapp, rund topp; slags ridehest; hode; maiskolbe; blanding av leir og halm (til bygging); måse, havmåke.
cobalt [kəˈbɔːlt] kobolt.
cobber [ˈkɔbə] kamerat.
cobble [ˈkɔbl] lappe, flikke, reparere.
cobble [ˈkɔbl] rullestein, brustein; brulegge; reparere på, flikke på. **-s** større kull.
cobbler [ˈkɔblə] lappeskomaker; fusker; leskedrikk, f. eks. **sherry –.**
cobby [ˈkɔbi] undersetsig, liten og kraftig.
cobnut [ˈkɔbnʌt] hasselnøtt (av dyrket hassel).
cobra [ˈkəubrə] brilleslange, kobra.
cobweb [ˈkɔbweb] spindelvev, kingelvev.
cocaine [kəˈkein] kokain.
coccus [ˈkɔkəs] kokke, kuleformet bakterie.
Cochin-China [ˈkɔtʃinˈtʃainə] Cochinkina.
cochineal [ˈkɔtʃiniːl] kochenille.
cochlea [ˈkɔkliə] ørets sneglegang.
cochleary [ˈkɔkliεəri], **cochleate(d)** [ˈkɔklieitid] skrueformet, snegleformet.
cock [kɔk] s **1.** hane; hann (av forskj. fugler); **2.** hane (på børse); **3.** værhane; **4.** høysåte, stakk; **5.** tunge (på vekt); **6.** tapp, kran (på tønne); **7.** oppbrett (på hatt); **8.** pliring med øynene, blink; **9.** spenn (av geværhane); **10.** kast, kneising; **11.** biks, bas, førstemann. v. **1.** spenne hanen på; **2.** brette opp (en hatteskygge); dreie, vende; **3.** være stor på det; rynke på nesen, kaste med nakken; **4.** spisse ører; **5.** sette hatten på snurr; plire; **6.** såte; **– -and-bull (-story)** røverhistorie; **– of the walk** eneste hane i kurven; **-ed hat** tresnutet hatt.
cockade [kɔˈkeid] kokarde.
cockadoodledoo [ˈkɔkəduːdlˈduː] kykeliky.
Cockaigne [kɔˈkein] slaraffenland.
cockatoo [kɔkəˈtuː] kakadu; vaktpost, speider.
cockatrice [ˈkɔkətr(a)is] basilisk.
cockboat [ˈkɔkbəut] liten båt, pram, jolle.
cockchafer [ˈkɔktʃeifə] oldenborre.
Cocker [ˈkɔkə] : **according to –** helt riktig, etter boka.
cocker [kɔkə] fø godt; gjø; forkjæle.
cockerel [ˈkɔkərəl] hanekylling.
cockeyed [ˈkɔkaid] skjeløyd; skjev; pussa.
cockfight [ˈkɔkfait] hanekamp.
cockhorse [ˈkɔkˈhɔːs] kjepphest, gyngehest.
cockle [ˈkɔkl] hjertemusling; klinte; krølle(s).
cockleshell muslingskall; nøtteskall (båt).
cockloft [ˈkɔklɔft] øverste loft, kvist.
cockney [ˈkɔkni] ekte londoner; londonerspråk.
cockpit [ˈkɔkpit] hanekampplass; (på krigsskip gml.) lasarett; cockpit, førerkabin.
cockroach [ˈkɔkrəutʃ] kakerlakk.
cockscomb [ˈkɔkskəum] hanekam.
cockshy [ˈkɔkʃai] kaste til måls; mål som man kaster mot.
cocksure [ˈkɔkˈʃuə] skråsikker, brennsikker.
cokswain [ˈkɔkswein, ˈkɔksən] se **coxswain.**
cocktail [ˈkɔkteil] ikke helt raseren hest; hest med avskåret hale; halvdannet person; cocktail, drink av forskj. slags bittere, konjakk, gin m. m.
cocky [ˈkɔki] viktig, kjepphøy, hoven.
coco [ˈkəukəu] kokospalme; **-nut** kokosnøtt.
cocoa [ˈkəukəu] kakao.
cocoon [kɔˈkuːn] kokong, puppehylster.

cod [kɔd] torsk; belg, skolm; testikkelpung; fyr, kar.
C. O. D. fk. f. **cash on delivery** etterkrav.
coddle [ˈkɔdl] forkjæle; forkjælet person.
code [kəud] lovbok; kodeks; system; kode; **business –** forretningsmoral. **– of behaviour** (uskrevne) lover for skikk og bruk.
codetermination [ˈkəuditə:minˈeiʃən] medbestemmelse.
co-defendant [ˈkəudiˈfendənt] (jur.) medanklaget, medtiltalt (i sivilsak).
codex [ˈkəudeks] pl. **codices** [ˈkəudisi:z] kodeks.
codfish [ˈkɔdfiʃ] torsk.
codger [ˈkɔdʒə] (gammel) særling; gnier, knark.
codices se **codex.**
codicil [ˈkɔdisil] kodisill (tilleggsbestemmelse i testamente).
codification [kɔdifiˈkeiʃən] kodifikasjon. **codify** [ˈkɔdifai] kodifisere.
codling [ˈkɔdliŋ] småtorsk; mateple.
cod|-liver oil [ˈkɔdlivərˈɔil] levertran, medisintran. **– roe** torskerogn.
co(-)ed [ˈkəuˈed] (US) kvinnelig student ved skole m. fellesundervisning; felles-.
co-education [ˈkəuedjuˈkeiʃən] fellesundervisning, fellesskole.
coefficient [ˈkəuiˈfiʃənt] medvirkende; koeffisient.
coequal [kəuˈi:kwəl] likemann, likestilt.
coerce [kəuˈɔ:s] tvinge. **coercion** [kəuˈɔ:ʃən] tvang. **coercive** [kəuˈɔ:siv] tvingende.
Coeur de Lion [kə:dəˈlaiən] Løvehjerte.
coeval [kəuˈi:vəl] samtidig, jevnaldrende.
coexist [ˈkəuigˈzist] være til på samme tid.
coexistence [ˈkəuigˈzistəns] sameksistens.
C. of F. fk. f. **Cost of Freight.**
coffee [ˈkɔfi] kaffe. **– bean** kaffebønne. **– berry** kaffebær. **– cakes** (US) wienerbrød. **– grounds** (pl.) kaffegrut. **-house** kafé. **– klatsch** (US) kaffeslabberas. **– maker** kaffetrakter. **-pot** kaffekanne. **-room** kafé (i hotell).
coffer [ˈkɔfə] kiste, (penge)skrin; kassett.
coffin [ˈkɔfin] likkiste; legge i kiste, skrinlegge.
cog [kɔg] tann, kam (på hjul); sette tenner på; fuske, narre; **– a die** forfalske en terning.
cogency [ˈkəudʒənsi] tvingende kraft, styrke; overbevisende kraft.
cogent [ˈkəudʒənt] tvingende; overbevisende.
cogitate [ˈkɔdʒiteit] tenke. **cogitation** [kɔdʒiˈteiʃən] ettertanke; tenking.
cognac [ˈkəunjæk, ˈkɔnjæk] konjakk.
cognate [ˈkɔgneit] beslektet, skyldt; slektning; beslektet språk.
cognition [kɔgˈniʃən] erkjennelse; viten.
cognizance [ˈkɔgnizəns] kunnskap; kompetanse, jurisdiksjon; forhør, undersøkelse for retten.
cognomen [kɔgˈnəumən] tilnavn, etternavn.
cogwheel [ˈkɔgwi:l] tannhjul, kamhjul.
cohabit [kəuˈhæbit] bo sammen; leve sammen som ektefolk. **-ation** [kəuhæbiˈteiʃən] samliv.
coheir [kəuˈɛə] medarving.
cohere [kəuˈhiə] henge sammen, i hop.
coherence [kəuˈhiərəns], **cohesion** [kəuˈhi:ʒən] sammenheng; kohesjon. **coherent** [kəuˈhiərənt] sammenhengende; konsekvent, logisk, **cohesive** [kəuˈhi:siv] sammenhengende. **cohesiveness** [kəuˈhi:sivnis] sammenheng; kohesjon.
cohort [ˈkəuhɔ:t] kohort; gruppe.
coif [kɔif] lue; advokatlue.
coign [kɔin] hjørne; **– of vantage** fordelaktig stilling.
coil [kɔil] legge sammen i ringer el. bukter, rulle sammen; kveile; rulle seg sammen (også **– up**); ring, spiral,rull, bukt, kveil; spole, vikling.
coin [kɔin] mynt; pengestykke; prege, mynte; slå; dikte opp, lage, finne på. **-age** [ˈkɔinidʒ] mynting; mynt; myntsystem; oppdikting, påfunn, nydannelse.
coincide [kəuinˈsaid] treffe sammen, falle sammen. **coincidence** [kəuˈinsidəns] sammentreff.
coincident [kəuˈinsidənt] sammentreffende. **-al** samtidig; tilfeldig.
coiner [ˈkɔinə] mynter; falskmyntner; løgnhals.
coinsurance [kəuinˈʃu:rəns] medforsikring, koassuranse.
coir [ˈkɔiə] kokosbast.
coke [kəuk] koks; kokain; (varem.) coca cola; brenne til koks. **– breeze** koksgrus. **– hod** koksboks.
col [kɔl] skar (i fjell).
Col. fk. f. **colonel; colonial; Columbia; Colorado; Colossians; column.**
colander [ˈkʌləndə] dørslag, sil.
cold [kəuld] kald; kaldblodig; rolig; bevisstløs, besvimt; kulde; forkjølelse, snue; **I am –** jeg fryser; **catch –, get a –** forkjøle seg, bli forkjølet; **– in the head** snue; **common –** forkjølelse; **– feet** kalde føtter; (fig.) få betenkeligheter; **give the – shoulder to one** vise noen en kald skulder; **it leaves me –** det gjør ikke noe inntrykk på meg; **– -blooded** kaldblodig; hardhjertet; frøsen. **– cream** koldkrem. **– cuts** oppskåret pålegg og ost. **-ness** [ˈkəuldnis] kulde. **– -short** kaldskjør. **– sore** forkjølelsessår. **– storage** fryserom.
Coleridge [ˈkəulridʒ].
coleslaw [ˈkəulslɔ:] salat laget med kål.
colibri [ˈkɔlibri] kolibri.
colic [ˈkɔlik] kolikk, magekrampe.
collaborate [kɔˈlæbəreit] være medarbeider; samarbeide. **collaboration** [kɔlæbəˈreiʃən] samarbeid. **collaborationist** [kɔlæbəˈreiʃənist] kollaboratør, samarbeidsmann (med fienden). **collaborator** [kɔˈlæbəreitə] kollaboratør, medarbeider.
collage [kəˈlɑ:ʒ] fotomontasje; collage.
collapse [kɔˈlæps] falle sammen, bryte sammen. synke sammen; sammenbrudd.
collar [ˈkɔlə] halsbånd; krage, snipp; bogtre (på seletøy); gripe i kragen; koble; legge halsbånd på; få fatt i.
collarbone [ˈkɔləbəun] kragebein.
collar stud [ˈkɔləstʌd] krageknapp.
collate [kɔˈleit] sammenlikne (om tekster); utnevne, kalle (som prest).
collateral [kɔˈlætərəl] som løper jamsides med; side-, tilleggs-; parallell; slektning i en sidelinje; (jur.) kausjon, sikkerhet. **– loan** lombardlån. **– reading** kursorisk lesning. **– subject** støttefag.
colleague [ˈkɔli:g] embetsbror, kollega.
collect [kəˈlekt] samle (inn); kreve opp; samle seg; **send –** sende mot oppkrav; **– on delivery** pr. postoppkrav. **– call** (US) noteringsoverføring (telefon).
collect [ˈkɔlekt] kollekt, alterbønn.
collected [kəˈlektid] fattet, rolig, med sinnsro.
collect|ion [kəˈlekʃən] innsamling; samling; innkreving; **-ion fee** inkassogebyr. **-ive** [kəˈlektiv]

samlet, sam-, felles, kollektiv. **-or** [kəˈlektə] samler; innkassator; innsamler.
college [ˈkɔlidʒ] kollegium; fakultet; universitetsavdeling; høyere skole; gymnas(ium), college.
collegian [kəˈli:dʒən] student i et college.
collegiate [kəˈli:dʒiit] kollegial, akademisk; kollegie-, universitets-; medlem av et kollegium; **non –** som ikke bor på et college.
collet [ˈkɔlit] krage, ring; flange [uttal: flændsj], flens.
collide [kəˈlaid] støte sammen, kollidere.
collie [ˈkɔli] (skot.) fårehund.
collier [ˈkɔljə] kullgruvearbeider; kullskip. **colliery** [ˈkɔljəri] kullgruve.
colligate [ˈkɔligeit] forbinde, samordne.
collision [kəˈliʒən] sammenstøt, kollisjon. **– appraisal** skadetakst (etter kollisjon).
collocate [ˈkɔləkeit] sette sammen, stille opp, ordne.
collodion [kəˈləudjən] kollodium.
collop [ˈkɔləp] kjøttskive; snei, remse.
colloq. fk. f. **colloquial.**
colloquial [kəˈləukwiəl] som hører til hverdagsspråket el. alminnelig samtale, i dagligtale, dagligdags. **colloquialism** [kəˈləukwiəlizm] hverdagsuttrykk. **colloquy** [ˈkɔləkwi] samtale.
collotype [ˈkɔlətaip] kollotypi, lystrykk.
collude [kəˈlju:d] være i hemmelig forståelse, spille under dekke. **collusion** [kəˈlju:ʒən] hemmelig forståelse. **collusive** [kəˈlju:siv] avtalt i hemmelighet.
collywobbles [ˈkɔliwɔblz] rumling i magen, mageknip.
Colo. fk. f. **Colorado.**
colocynth [ˈkɔləsinθ] kolokvint.
Cologne [kəˈləun] Köln; eau-de-cologne.
colon [ˈkəulən] kolon; tykktarm.
Colombia [kəˈlɔmbiə] Colombia. **-ian** colombiansk; colombianer.
colonel [ˈkə:nl] oberst; **Colonel Commandant,** en offiserspost, som trådte istedenfor Brigadier General; **lieutenant-colonel** oberstløytnant. **colonelcy** [ˈkə:nlsi] oberstrang, oberststilling.
colonial [kəˈləunjəl] innbygger i koloni; kolonial, koloni-; **Colonial Office** kolonidepartementet.
colonist [ˈkɔlənist] kolonist, nybygger. **colonization** [kɔlənaiˈzeiʃən] kolonisasjon. **colonize** [ˈkɔlənaiz] kolonisere, anlegge kolonier; slå seg ned som kolonist.
colonnade [kɔləˈneid] søylegang, kolonnade.
colony [ˈkɔləni] koloni, nybygd.
colophon [ˈkɔləfɔn] kolofon.
color (US) = **colour.**
Colorado [kɔləˈrɑ:dəu] Colorado. **– beetle** koloradobille.
coloration [kʌləˈreiʃən] fargelegging.
coloratura [kɔlərəˈtuərə] koloratur.
colorcast [ˈkɔləkɑ:st] (US) fjernsynssending i farger.
colorific [kɔləˈrifik] som setter farge; farge-.
colossal [kəˈlɔsəl] kolossal. **colossus** [kəˈlɔsəs] koloss.
colour [ˈkʌlə] farge, kulør; ansiktsfarge, teint; rødme; pynt; påskudd; skinn; beskaffenhet; **-s** pl. kjennemerke, emblem, fane, flagg; **off –** av mindre verdi (især om edelsteiner); **lend – to** gjøre sannsynlig; **under – of** under påskudd av; **show his true -s** vise sitt sanne jeg. **colour** [ˈkʌlə] farge; kolorere; sette preg på; smykke; rødme; **-able** rimelig, berettiget; plausibel. **– bar** raseskille. **– -blind** fargeblind. **-ed** farget, fargerik; neger; tendensiøs. **-fast** fargeekte. **– hoist** flaggheising. **-ing** [ˈkʌləriŋ] fargegivning, koloritt. **-ist** [ˈkʌlərist] kolorist. **-less** [ˈkʌləlis] fargeløs; gjennomsiktig. **-man** fargehandler. **– print** fargetrykk; fargebilde (papir). **– slide** fargelysbilde. **– transparency** fargediapositiv. **-y** [ˈkʌləri] som har en farge, som viser god kvalitet, kvalitets-.
colt [kəult] føll; (ung)fole; folunge; (fig.) ung narr, nybegynner; tamp (til sjøs).
colter [kəultə] (US) plogjern, ristel (i plog).
colt | evil føllsyke. **-ish** vilter, kåt som en fole.
coltsfoot [ˈkəultsfut] hestehov (blomsten).
columbary [ˈkɔləmbəri] dueslag; urnehall.
Columbia [kəˈlʌmbjə].
columbine [ˈkɔləmbain] akeleie.
Columbine [ˈkɔləmbain].
Columbus [kəˈlʌmbəs].
column [ˈkɔləm] søyle; kolonne; spalte (i en bok). **-ist** spaltist, journalist som har en fast spalte i en avis.
coma [ˈkəumə] koma, bevisstløshet; tåke (om en komet).
comb [kəum] kam; vokskake; kjemme, greie.
combe [ku:m] se **coomb.**
combat [ˈkɔmbət] kamp; kjempe; bekjempe. **-ant** [ˈkɔmbətənt] stridsmann; forkjemper. **-ive** [ˈkɔmbətiv] stridslysten. **– troops** kamptropper, feltsoldater.
combination [kɔmbiˈneiʃən] forbindelse, samband, forening, sammenstilling, kombinasjon; komplott; **-s** kombination (undertøy).
combine [kəmˈbain] forbinde, forene; forbinde seg, forene seg. **combine** [ˈkɔmbain] sammenslutning, syndikat; skurtresker. **– harvester** skurtresker.
comb-out [ˈkəumaut] finkjemming.
combustibility [kəmbʌstiˈbiliti] brennbarhet.
combustible [kəmˈbʌstibl] brennbar; brennbar ting. **combustion** [kəmˈbʌstʃən] forbrenning.
come [kʌm] komme; spire (om malt); hende, skje; leveres, kunne fås; **– to pass** hende, skje, gå til; **– and see** se innom til, besøke; **the years to –** de kommende år; **– about** vende seg; skje; forandre seg, vende om; **– across** møte; punge ut; falle inn, slå (om idè); **– again!** (tal.) hva sa? hørte ikke! **– along** skynde seg; bli med; dukke opp; **– apart** gå fra hverandre; gå i stykker; **– at** få fatt på; oppnå; **– away** skilles; **– by** komme forbi; komme til, få fatt på; komme med (f. eks. fly); kikke innom; **– down** komme ned, falle ned; ydmykes; **– down handsomely** være rundhåndet, flotte seg; **he has – down with a cold** han ligger til sengs med forkjølelse; **– forward** melde seg; **– in** komme inn; komme til målet; komme opp, bli mote; bli valgt; **– in for** komme med en fordring på; få andel i; **– into a fortune** arve en formue; **– of** komme av, nedstamme fra; **– of age** bli myndig; **– off** komme bort fra; slippe fra (noe); gå av; foregå, finne sted; falle ut (godt el. dårlig); **– off it!** slutt med det! hold opp! **she would have – off worse** det ville ha gått henne dårligere; **– on** komme fram; komme på, falle på; trives, lykkes; **– over** gå over; gå over til et annet parti; gjøre seg til herre over; **– out** komme ut, bli kjent; komme fram, bli oppdaget; debutere i selskapslivet; **– out no. 1** komme inn som nr.

1; – **round** vende seg (om vinden); overtale; komme på bedre tanker; komme seg; komme til seg selv; stikke innom; – **short** komme til kort, ikke nå; ikke være lik; – **through** innløpe (melding); komme for dagen; – **to** innvilge; beløpe seg til; falle ut, ende; komme til bevissthet; – **to hand** (an)komme (om brev); – **to nothing** ikke bli noe av, slå feil; **it -s to the same thing** det kommer ut på ett; – **true** gå i oppfyllelse; – **under** komme inn under; – **up** komme på mote; dukke opp; – **up to** nærme seg til, komme hen til; komme opp imot; beløpe seg til; – **up with** nå, innhente; kunne måle seg med; – **upon** treffe på; komme over; falle over, overfalle; **he had it coming to him** det kan han takke seg selv for; **oh, – now!** nei, vet du hva! ærlig talt!

come [kʌm] perf. pts. av **come.**

come-back [ˈkʌmbæk] tilbakekomst, comeback; kvikt svar.

comedian [kəˈmi:djən] skuespiller, komiker.

come-down [ˈkʌmˈdaun] fall, tilbakegang, forandring til det verre.

comedy [ˈkɔmədi] lystspill, komedie.

comeliness [ˈkʌmlinis] tekkelighet. **comely** [ˈkʌmli] tekkelig, nett, tiltalende.

come-off [ˈkʌmɔ:f] unnskyldning, utflukter; avslutning.

come-on [ˈkʌmɔn] fristing, lokking; agn, lokkemat.

comestible [kəˈmestibl] spiselig; **-s** matvarer.

comet [ˈkɔmit] komet.

comfit [ˈkʌmfit] sukkertøy, søte saker, konfekt.

comfort [ˈkʌmfət] trøst, hjelp, støtte, velvære; bekvemmelighet, behagelighet, hygge; styrke; komfort; hjelpe, trøste, opplive. **-able** [ˈkʌmf(ə)təbl] trøstende; behagelig, makelig, hyggelig, koselig; **be -able** ha det koselig, føle seg vel, ha et sorgfritt utkomme; **make yourself -able** gjør Dem det bekvemt. **-er** [ˈkʌmfətə] trøster; skjerf; stukket teppe; narresmokk. **-less** [ˈkʌmfətlis] trøsteløs; ubehagelig, ubekvem. – **room,** – **station** (US) toalett.

comfrey [ˈkʌmfri] valurt.

comfy [ˈkʌmfi] fk. f. **comfortable.**

comic [ˈkɔmik] komiker; komisk. **-al** [ˈkɔmikl] komisk, morsom. **-ality** [kɔmiˈkæliti] morsomhet. – **book** tegneseriehefte el. -bok. – **paper** vittighetsblad. **-s** tegneserier.

Cominform [ˈkɔminfɔ:m] Kominform.

coming [ˈkʌmiŋ] kommende, tilkommende, framtidig; komme. **– -of-age** oppnåelse av myndighetsalder; (fig.) bli voksen. **– -on** imøtekommende; ettergivende. – **out** debut (i selskapslivet). **-s and goings** trafikk, ferdsel, tråkk.

Comintern [ˈkɔmintə:n] Komintern.

comity [ˈkɔmiti] høflighet; – **of nations** vennskapelig forståelse mellom nasjonene, mellomfolkelig skikk og bruk.

comm. fk. f. **commander; commentary; committee; commonwealth; communication.**

comma [ˈkɔmə] komma; **inverted commas** anførselstegn, hermetegn, gåseøyne.

command [kəˈmɑ:nd] befale, by; påby; forlange; føre, kommandere; styre; beherske; ha utsikt over; befaling; anførsel, kommando; makt, herredømme. **-ant** [kɔmənˈdænt] kommandant. **-eer** [kɔmənˈdiə] rekvirere, utskrive. **-er** [kəˈmɑ:ndə] befalingsmann; kaptein (i marinen), kommandør (av en orden); rambukk. **-er-in-chief** [kəˈmɑ:ndərinˈtʃi:f] øverstbefalende. **-ment** [kəˈmɑ:ndmənt] bud; **the ten -ments** de ti bud.

commando [kəˈmɑ:ndəu] kommando, troppestyrke under en kommando, angrepsstyrke.

commemorate [kəˈmeməreit] feire; minnes; være et minne om. **commemoration** [kəmeməˈreiʃən] ihukommelse; minnefest. **commemorative** [kəˈmemərətiv] minne-, til minne (**of** om), jubileums-.

commence [kəˈmens] begynne, ta til; ta en (universitets)grad. **-ment** [kəˈmensmənt] begynnelse, opphav; (universitets)promosjon.

commend [kəˈmend] overgi, betro; rose, prise; anbefale; – **me to** hils fra meg. **-able** [kəˈmendəbl] prisverdig; verd å anbefale. **-atory** [kəˈmendətəri] anbefalende; rosende.

commensal [kəˈmensəl] bordkamerat, bordfelle.

commensurability [kəˈmenʃərəˈbiliti] kommensurabilitet. **-able** [kəˈmenʃərəbl] kommensurabel. **-ate** [kəˈmenʃərit] som er i samsvar med.

comment [ˈkɔment] (kritisk) bemerkning, merknad; folkesnakk; kommentar, tolking, tyding; gjøre bemerkninger, skumle; skrive kommentar (**on** til).**-ary** [ˈkɔməntəri] fortolkning, kommentar. **-ator** [ˈkɔməntəitə] kommentator.

commerce [ˈkɔməs] handel; omgang, samkvem.

commercial [kəˈmə:ʃəl] kommersiell, handels-; salgsrepresentant; reklameinnslag (i radio el. fjernsyn); – **artist** reklametegner; – **college** handels(høy)skole; – **correspondence** handelskorrespondanse; – **traveller** handelsreisende. **-ize** utnytte kommersielt.

commie [ˈkʌmi] kommunist.

comminate [ˈkɔmineit] true, fordømme.

commingle [kəˈmiŋgl] blande (seg).

comminute [ˈkɔminju:t] krase, smuldre, dele i småstykker, pulverisere.

commiserate [kəˈmizəreit] ynke, synes synd på, ha medlidenhet med. **commiseration** [kəmizəˈreiʃən] medlidenhet, medynk.

commissariat [kɔmiˈsɛəriət] intendantur; kommissariat.

commissary [ˈkɔmisəri] kommissær, ombudsmann; intendant. – **general** generalintendant.

commission [kəˈmiʃən] oppdrag, verv, fullmakt, ærend; ombud; bestilling, utnevning; offiserspost; kommisjon; provisjon; utøving; tjeneste; utstyre med fullmakt; gi et verv, pålegge, gi i kommisjon; sette i tjeneste; **-ed officer** offiser; **non-commissioned officer** underoffiser.

commissioner [kəˈmiʃənə] kommissær; kommisjonsmedlem; kommandør (i Frelsesarméen); **High C.** øverste representant for den britiske regjering i visse kolonier e.l., høykommissær.

commit [kəˈmit] betro, overgi, prisgi; utsette (for f. eks. fare); utøve, begå; – **for trial** sette under tiltale. – **to memory** innprente i hukommelsen, lære utenat; – **to prison** fengsle; – **to writing** skrive ned; – **oneself** avsløre seg, kompromittere seg. **-ment** tilsagn, forpliktelse; overgivelse, overdragelse; (jur.) fengslingskjennelse.

committee [kəˈmiti] komité, nemnd, utvalg; – **of the whole House** underhuset som komité (under en særlig ordstyrer, ikke the speaker) til vedtak av innstillinger (ikke lover); **the House went into** – underhuset gikk over til komitémessig behandling.

commix [kɔˈmiks] blande sammen.

commodious [kə'məudjəs] bekvem; rommelig.
commodity [kə'mɔditi] vare, handelsvare. – **market** varemarked. – **price** varepris. – **study** varekunnskap.
commodore ['kɔmədɔ:] eskadresjef; kommandør.
common ['kɔmən] alminnelig, vanlig, sedvanlig; simpel; menig; sams, felles; allmenning, fellesareal; **in** – sammen, felles; **in** – **with** i fellesskap med, liksom; – **denominator** fellesnevner; – **gender** felleskjønn; – **law** sedvanerett; – **sense** sunn sans, folkevett.
commonage ['kɔmənidʒ] allmenningsrett; (jord)-fellesskap. **the** – almuen, de borgerlige.
commoner ['kɔmənə] borgerlig; underhusmedlem; (i Oxford) student som ikke har stipendium.
Common Market: the – Fellesmarkedet.
commonplace ['kɔmənpleis] trivialitet; hverdagslig, banal, fortersket.
common | pleas sivilt søksmål. – **prayer** fellesbønn. – **property** allmenning; sameie. – **room** oppholdsrom, lærerværelse.
commons ['kɔmənz] borgerlige folk, borgere, almue; kost; **on short** – på smal kost; **the (House of) Commons** underhuset.
commonwealth ['kɔmənwelθ] stat, republikk; **the Commonwealth (of England)** republikken (under Cromwell); **the Commonwealth of Australia** Australia; **the British Commonwealth of Nations** Det britiske samvelde.
commorant ['kɔmərənt] beboer; boende.
commotion [kə'məuʃən] bevegelse; røre, oppstyr.
communal ['kɔmjunəl, kə'mju:nəl] kommunal, offentlig, felles, felles-. – **aerial** fellesantenne.
commune ['kɔmju:n] kommune; **The Commune** Pariserkommunen.
commune [kə'mju:n, 'kɔmju:n] samtale.
communicable [kə'mju:nikəbl] meddelelig.
communicant [kə'mju:nikənt] nattverdgjest; hjemmelsmann.
communicate [kə'mju:nikeit] melde, meddele **(this to him** ham dette); stå i forbindelse; henvende seg **(with** til); gå til alters. **communication** [kəmju:ni'keiʃən] meddelelse; henvendelse; forbindelse, samband; overføring, overførelse; samferdsel. **communicative** [kə'mju:nikətiv] meddelsom; åpen.
communion [kə'mju:njən] forbindelse; omgang; samfunn, fellesskap, samhørighet; kommunion, altergang. – **cup** alterkalk. – **rail** alterring.
communiqué [kə'mju:nikei] kommuniké.
communism ['kɔmjunizm] kommunisme.
communist ['kɔmjunist] kommunist; kommunistisk. **-ic** [kɔmju'nistik] kommunistisk.
community [kəm'ju:niti] fellesskap; samfunn.
commutable [kə'mju:təbl] som kan ombyttes; avhendelig. **commutation** [kɔmju'teiʃən] forandring; bytte; – **of tithes** tiendeavløsning.
commutator [-'tei-] strømvender, strømfordeler.
commute [kəm'ju:t] ombytte, gjøre om, lage om; formilde (en straff); (US) reise regelmessig fram og tilbake mellom to byer, pendle.
commuter [kə'mju:tə] sesongkortreisende, pendler, drabantbyboer som reiser over lengre avstander. – **ticket** (US) sesongkort, månedskort.
comp. fk. f. **company; complete; composer; comprehensive.**
compact [kəm'pækt] tett, kompakt; kortfattet, sammentrengt; – **ice** pakkis.
compact ['kɔmpækt] overenskomst, pakt; pudderdåse; kompaktbil.
companion [kəm'pænjən] kamerat; ledsager (-inne); ridder (av en orden); kahyttskappe; ledsage, følge. **-able** kameratslig, omgjengelig. **-ship** kameratskap.
company ['kʌmpəni] selskap, forening, lag, kompani, aksjeselskap; gjester, selskap; **a ship's** – et skipsmannskap; **keep** – **with** være kjæreste med; omgås (stadig); **keep** (eller **bear) me** – holde meg med selskap. – **law** selskapsrett (jur.). – **sport** bedriftsidrett.
comparable ['kɔmpərəbl] som kan sammenlignes.
comparative [kəm'pærətiv] forholdsmessig; sammenlignende; komparativ. **-ly** forholdsvis, relativt.
compare [kəm'pɛə] sammenligne; kunne sammenlignes med; komparere, gradbøye.
comparison [kəm'pærisən] sammenligning; komparasjon, gradbøyning; **bear** – **with** tåle sammenligning med.
compartment [kəm'pɑ:tmənt] avdeling, fag, rom; kupé; felt.
compass ['kʌmpəs] omgi; omfatte; inneslutte; oppnå, bringe i stand; fatte, forstå; pønske ut; volde; legge plan til; omfang; omkrets; rom; omvei; kompass; passer; **a pair of -es** en passer. – **card** kompassrose. – **error** kompassfeil, misvisning.
compassion [kəm'pæʃən] medlidenhet **(on** med).
compassionate [kəm'pæʃənit] medlidende; [kəm'pæʃəneit] ha medlidenhet, synes synd på.
compatibility [kəmpæti'biliti] forenelighet, samsvar. **compatible** [kəm'pætibl] forenelig, overensstemmende.
compatriot [kəm'pætriət] landsmann.
compeer [kɔm'piə] likemann, like; kamerat.
compel [kəm'pel] tvinge; tiltvinge seg. **compelling** [kəm'peliŋ] tvingende; uimotståelig.
compendious [kəm'pendjəs] kort, kortfattet.
compendium [kəm'pendjəm] utdrag; liste; brevmappe.
compensate ['kɔmpenseit] erstatte, godtgjøre; gi erstatning, oppveie. **compensation** [kɔmpən'seiʃən] erstatning, godtgjørelse, vederlag, dekning.
compete [kəm'pi:t] konkurrere, tevle **(for** om).
competence ['kɔmpitəns], **competency** ['kɔmpitənsi] tilstrekkelighet; utkomme; kompetanse. **competent** ['kɔmpitənt] tilstrekkelig, fullgod; passende; kvalifisert; flink; sakkyndig; kompetent.
competitive [kəm'petitiv] konkurransedyktig; konkurrerende, konkurranse-.
competitor [kəm'petitə] konkurrent, medbeiler.
compilation [kɔmpi'leiʃən] kompilasjon, samlerarbeid, utdrag (av forskjellige bøker). **compile** [kəm'pail] samle; kompilere. **compiler** [kəm'pailə] samler, kompilator.
complacence [kəm'pleisəns], **complacency** [kəm'pleisənsi] velbehag; tilfredshet; selvtilfredshet; elskverdighet. **complacent** [kəm'pleisənt] tilfreds, selvtilfreds; vennlig forekommende.
complain [kəm'plein] klage; beklage seg **(of, about** over). **-ant** [-ənt] klager. **complaint** [kəm'pleint] klage, klagemål, reklamasjon; anke; lidelse, sykdom, feil.
complaisance [kəm'pleizəns] føyelighet, elskverdighet. **complaisant** [kəm'pleizənt] føyelig; elskverdig.
complement ['kɔmplimənt] fullendelse, utfylling;

komplement; oppfylle; utfylle (et skjema)); fullstendig bemanning (av et skip). **-ary** [kɔmpliˈmentəri] utfyllende, supplerende.
complete [kəmˈpli:t] fullstendig, komplett; fullende, fullstendiggjøre; oppfylle; utfylle (et skjema). **completion** [kəmˈpli:ʃən] fullendelse; fullstendiggjøring.
complex [ˈkɔmpleks] innviklet, sammensatt. – **fraction** brudden brøk.
complexion [kəmˈplekʃən] ansiktsfarge, hudfarge, utseende; gemytt, lynne, temperament.
complexity [kəmˈpleksiti] innviklet beskaffenhet, floke, forvikling.
compliance [kəmˈplaiəns] overensstemmelse, samsvar; innvilgelse; ettergivenhet, føyelighet; **in – with** i samsvar med, etter, ifølge. **compliant** [kəmˈplaiənt] føyelig, ettergivende.
complicate [ˈkɔmplikeit] sammenfiltre, gjøre floket. [ˈkɔmplikət] floket, innviklet. **complication** [kɔmpliˈkeiʃən] forvikling, floke.
complicity [kəmˈplisiti] medskyld; medvirkning.
compliment [ˈkɔmplimənt] kompliment; høflighet; hilsen; **give** (eller **take) my compliments to** bring min hilsen til. **compliment** [ˈkɔmpliment] komplimentere, lykkønske **(on** med), si komplimenter.
complimentary [kɔmpliˈmentəri] komplimenterende; høflig, smigrende. – **copy** gratiseksemplar. – **ticket** fribillett.
complot [ˈkɔmplɔt] sammensvergelse, komplott. **complot** [kəmˈplɔt] rotte seg sammen.
comply [kəmˈplai] føye seg **(with** etter); samtykke, innvilge **(with** i), etterkomme.
compo [ˈkɔmpəu] fk. f. **composition,** især om en blanding av sand og sement, sementmørtel.
component [kəmˈpəunənt] som utgjør en del; bestanddel; emne; – **parts** bestanddeler.
comport [kəmˈpɔ:t] stemme overens, passe; høve; – **oneself** oppføre seg. **comportment** [kəmˈpɔ:tmənt] oppførsel, framferd.
compose [kəmˈpəuz] sette sammen; danne, utgjøre; utarbeide, forfatte; komponere; berolige; sette (typ.). **composed** [kəmˈpəuzd] fattet, rolig. **composer** [kəmˈpəuzə] forfatter; setter; komponist.
composing [kəmˈpəuziŋ] bl. a. komposisjon; sats-(typ.). – **powder** beroligende pulver. – **room** setteri (typ.). – **stick** vinkelhake (typ.).
composite [ˈkɔmpəzit] sammensatt; sammensetning. **composition** [kɔmpəˈziʃən] sammensetning; komposisjon; stil; verk; skrift; konsept; tonediktning; oppsetning; sats (typ.); forlik, akkord; sammenheng. **compositor** [kəmˈpɔzitə] setter.
compost [ˈkɔmpɔst] kompost, blandingsgjødsel; gjødsle med kompost.
composure [kəmˈpəuʒə] ro, fatning.
compote [ˈkɔmpəut] kompott.
compound [ˈkɔmpaund] sammensatt; blanding; sammensetning; kjemisk forbindelse; (i India og Kina) innhegnet gård med beboelsesleilighet; – **interest** rentes rente.
compound [kəmˈpaund] sette sammen; blande; bilegge; avfinne seg med; forlike seg. **-er** en som blander; akkordsøkende. – **fraction** brudden brøk.
compregnate [kɔmˈpregneit] trykkimpregnere.
comprehend [kɔmpriˈhend] innbefatte; begripe; fatte. **comprehensible** [kɔmpriˈhensibl] begripelig, forståelig. **comprehensibly** omfattende; fattelig.
comprehension [kɔmpriˈhenʃən] innbegrep; oppfatning, forståelse; fatteevne.
comprehensive [kɔmpriˈhensiv] omfattende, storstilt, utstrakt; sammentrengt. – **school** ≈ enhetsskole (høyere).
compress [kəmˈpres] presse sammen; trenge sammen. **compress** [ˈkɔmpres] kompress. **-ion** [kəmˈpreʃən] kompresjon, sammentrykning. **-or** [kəmˈpresə] kompressor. **-ure** [kəmˈpreʃə] sammentrykning, fortetning.
comprise [kəmˈpraiz] innbefatte, omfatte; utgjøre, bestå av.
compromise [ˈkɔmprəmaiz] kompromiss, overenskomst, forlik; bilegge, avgjøre i minnelighet; gå på akkord, gjøre innrømmelser; avsløre, kompromittere, binde (til en bestemt framgangsmåte); **no compromising step had been taken** ikke noe avgjørende skritt var tatt.
comptroller [kənˈtrəulə] kontrollør, revisor (i visse titler); **the C. and Auditor General** leder av riksrevisjonen.
compulsion [kəmˈpʌlʃən] tvang, tvangstanke, fiks idé.
compulsive [-ˈpʌlsiv] tvangs-, tvingende.
compulsory [kəmˈpʌlsəri] tvungen; obligatorisk. – **sale** tvangsauksjon. – **service** tvungen krigstjeneste.
compunction [kəmˈpʌŋkʃən] samvittighetsnag.
computation [kɔmpjuˈteiʃən] beregning; overslag. **compute** [kəmˈpju:t] beregne, anslå.
computer [kəmˈpju:tə] beregner; regnemaskin, datamaskin. – **graphics** infografi: – **network** datamaskinnett. – **oriented language** maskinorientert språk. – **science** informatikk. – **word** maskinord.
comrade [ˈkɔmrid, -reid] kamerat.
con [kɔn] lære, studere; svindle, snyte; (som forkorting av det latinske contra) imot; **the pros and cons** hva det kan sies for og imot, fordeler og ulemper; fk. f. **convict** straffange, forbryter.
con [kɔn] fk. f. **confidence; convict; conclusion; connection; consolidated; continued.**
Conan [ˈkəunən].
conation [kəuˈneiʃən] viljestyrke.
concatenate [kɔnˈkætineit] sammenkjede. **concatenation** [kɔnkætiˈneiʃən] sammenkjeding.
concave [ˈkɔnkeiv, ˈkɔnˈkeiv] hul, konkav; hulhet; hvelv. **concavity** [kɔnˈkæviti] hulhet.
conceal [kənˈsi:l] skjule, gjemme. **-ment** [-mənt] hemmeligholdelse; skjul; tilfluktssted.
concede [kənˈsi:d] innvilge, innrømme, tilstå; avstå.
conceit [kənˈsi:t] idé, forestilling; innfall, grille; innbilskhet, selvtilfredshet; **be out of – with** være misnøyd med. **-ed** [kənˈsi:tid] innbilsk.
conceivable [kənˈsi:vəbl] mulig, tenkelig. **conceive** [kənˈsi:v] unnfange; komme på, fatte; tenke seg; avfatte.
concentrate [ˈkɔnsəntreit] konsentrere, samle, fortette; konsentrat. **-d feed** kraftfôr. **-d milk** kondensert melk.
concentration [kɔnsenˈtreiʃən] sammendraging, konsentrasjon; – **camp** konsentrasjonsleir. **concentrative** [ˈkɔnsəntreitiv] samlings-, konsentrerende.
concentric [kɔnˈsentrik] konsentrisk (som har felles midtpunkt).

concept [ˈkɔnsept] begrep, forestilling. **conception** [kənˈsepʃən] unnfangelse; begrep, forestilling.

concern [kənˈsə:n] angå, vedkomme, vedrøre, berøre; engste, forurolige, bekymre; andel; sak, ting, anliggende; viktighet, betydning; deltakelse, interesse, bekymring; forretning, bedrift, foretagende, bruk, verk, konsern, firma; **be -ed** være bekymret; ha å gjøre (med **with**); være interessert (i); **as far as good fighting was -ed** hva dyktig kamp angikk, med hensyn til å kjempe godt; **– oneself** bekymre seg; **– oneself with** bry seg med, interessere seg for; **it is no – of mine** det raker ikke meg, det er ikke min sak; **the whole –** hele historien, hele herligheten. **concerning** angående.

concert [kənˈsə:t] innrette, ordne, planlegge, avtale. **concert** [ˈkɔnsət] konsert; forståelse, forbindelse; avtale. **the European Concert** de européiske makters enighet, de enige makter.

concertina [kɔnsəˈti:nə] trekkspill; uttrekkbar. **– wire** (transportabel) piggtrådsperring.

concerto [kənˈtʃə:təu] konsertstykke, stykke for solo instrument med orkesterledsagelse.

concession [kənˈseʃən] innrømmelse; bevilling, konsesjon. **-ionary** [kənˈseʃənəri] konsesjons-. **-ive** [kənˈsesiv] innrømmende.

conch [kɔŋk] konkylie.

conchie, conchy [ˈkɔntʃi] (sl.) fk. f. **conscientious objector** militærnekter (av samvittighetsgrunner).

conciliate [kənˈsilieit] vinne; forsone, forlike. **conciliation** [kənsiliˈeiʃən] forsoning, mekling, forlik. **conciliator** [kənˈsilieitə] fredsmekler. **conciliatory** [kənˈsiljətəri] meklende, forsonende.

concise [kənˈsais] kortfattet, konsis.

conclave [ˈkɔnkleiv] konklave.

conclude [kənˈklu:d] slutte, ende, avslutte, fullføre; utlede, dra en slutning; beslutte. **conclusion** [kənˈklu:ʒən] slutning, ende; avslutning; **try -s** gjøre el. våge et forsøk. **conclusive** [kənˈklu:siv] slutnings-, avgjørende, endelig; følgeriktig.

concoct [kənˈkɔkt] sette el. lage sammen, mikse, koke i hop; finne på, utspekulere; **-ion** [kənˈkɔkʃən] utklekking, påfunn, plan; oppdiktet historie; brygg, drikk.

concomitant [kənˈkɔmitənt] ledsagende, medvirkende (omstendighet); ledsager.

concord [ˈkɔŋkɔ:d, ˈkɔn-] enighet; samsvar; samhold; overensstemmelse; samklang. **-ance** [kənˈkɔ:dəns] samsvar, overensstemmelse; konkordans (alfabetisk ordnet fortegnelse over de enkelte ord i et verk med angivelse av de steder hvor de fins). **-ant** [-ənt] overensstemmende; enstemmig.

concourse [ˈkɔŋkɔ:s, ˈkɔn-] sammenstimling. tilstrømmende masse, forsamling, sverm; plass der flere gater møtes. ≈ hall, jernbanehall.

concrescence [kənˈkresəns] sammenvoksing.

concrete [kənˈkri:t] bli hard, størkne; herde, gjøre til en masse. **concrete** [ˈkɔnkri:t, ˈkɔŋ-] sammenvokst, hard, fast; konkret; sammensatt fast masse; konkret begrep; betong; dekke med betong; **reinforced –** armert betong; **prestressed –** forspent betong. **concretion** [kɔnˈkri:ʃən] størkning; masse.

concubinage [kənˈkju:binidʒ] konkubinat. **concubine** [ˈkɔŋkjubain] konkubine, elskerinne.

concupiscence [kənˈkju:pisəns] lystenhet, kjønnsdrift. **concupiscent** [-ənt] lysten.

concur [kənˈkə:] stemme overens; hende samtidig; falle sammen; medvirke. **-rence** [kənˈkʌrəns] sammentreff; forening, overensstemmelse; medvirkning, tilslutning; bifall; konkurranse. **-rent** [kənˈkʌrənt] medvirkende; samtidig.

concussion [kənˈkʌʃən] rysting, skaking, sjokk, (hjerne)rystelse. **concussive** [kənˈkʌsiv] rystende, skakende.

condemn [kənˈdem] dømme; fordømme; forkaste; kondemnere. **-ed** dødsdømt. **condemnable** [kənˈdemnəbl] forkastelig. **condemnation** [kɔndemˈneiʃən] fordømming, domfellelse; forkasting. **condemnatory** [kənˈdemnətəri] fordømmende, fellende; **– sentence** dødsdom.

condensable [kənˈdensəbl] som lar seg fortette. **condensation** [kɔndənˈseiʃən] fortetting. **condense** [kənˈdens] fortette, kondensere; kondensere seg, fortettes; **-ed milk** kondensert melk. **condenser** [kənˈdensə] kondensator.

condescend [kɔndiˈsend] nedlate seg. **-ing** [kɔndiˈsendiŋ] nedlatende. **condescension** [kɔndiˈsenʃən] nedlatenhet.

condign [kənˈdain] passende, velfortjent.

condiment [ˈkɔndimənt] krydder.

condition [kənˈdiʃən] forhandle om betingelser; betinge; omskolere; kondisjonere, tilpasse; betingelse, vilkår; tilstand, forfatning; stand, rang; pl. **-s** forhold, betingelser, vilkår,; **she is in no – to** hun er ute av stand til å; **on – of** på betingelse av; **on – that** på den betingelse at.

conditional [kənˈdiʃənəl] betingelses-, betinget. **-ly** betingelsesvis; med forbehold.

condole [kənˈdəul] bevitne sin deltakelse; **– with one on** kondolere en i anledning av. **condolence** [kənˈdəuləns] kondolanse.

condom [ˈkɔndəm] kondom.

condominium [-ˈminiəm] fellesstyre, kondominat; (US) selveierleilighet.

condonation [kɔndəˈneiʃən] tilgivelse. **condone** [kənˈdəun] tilgi; la gå utpåtalt hen.

condor [ˈkɔndɔ:] kondor.

conduce [kənˈdju:s] bidra, tjene, virke (**to** til). **-ive** [kənˈdju:siv] tjenlig, som bidrar (**to** til).

conduct [ˈkɔndəkt] føring; bestyrelse, ledelse; atferd, vandel, oppførsel, framferd. **conduct** [kənˈdʌkt] føre, lede; føre an, dirigere, styre; **– oneself** oppføre seg; **-ed tour** selskapsreise, fellesreise. **-ible** [kənˈdʌktibəl] som leder, har ledningsevne. **-ion** [kənˈdʌkʃən] ledelse. **-ive** [kənˈdʌktiv] som leder, lednings-. **-or** [kənˈdʌktə] fører, leder, anfører; styrer; konduktør; orkesterdirigent; (i fysikk) leder, konduktør; lynavleder.

conduct sheet strafferegister, rulleblad.

conduit [ˈkɔndit, ˈkɔndjuit] vannledning, rør, kanal; **– of pipes** rørledning.

cone [kəun] kjegle; lyskjegle; kile; kongle; kjeglesnegl; (meteorologisk) signal for styggvær; kremmerhus til iskrem; flombelyse, fange et fly inn i lyskjeglen. **– tree** nåletre.

coney [ˈkəuni] kanin, kaninskinn.

confab [ˈkɔnfæb] (US tal.) prat, uformell samtale; prate. **-ulate** [kənˈfæbjuleit] snakke, prate.

confabulation [kənfæbjuˈleiʃən] passiar, snakk.

confection [kənˈfekʃən] sukkertøy, konfekt; sylting; ferdigsydde klær.

confectioner [kənˈfekʃənə] konditor.

confectionery [kənˈfekʃənəri] konditorvarer; sukkertøy, konfekt; konditori. **– sugar** (US) melis.

confederacy [kən'fedərəsi] forbund; samlag. **confederate** [kən'fedəreit] forbinde; forene seg, slutte forbund. **confederate** [kən'fedərit] forbundet, forbunds-; forbundsfelle; medskyldig; **C.** hørende til de konfødererte amerikanske sydstater, sørstats- (motsatt **Federal** nordstats-). **confederation** [kənfədə'reiʃən] forbund.

confer [kən'fə:] jamføre, konferere; rådslå, rådlegge; meddele, overdra, gi. **conferee** [kɔnfə'ri:] konferansedeltaker. **conference** ['kɔnfərəns] overveielse; underhandling, drøfting, konferanse.

confess [kən'fes] bekjenne, tilstå; vedgå, innrømme; skrifte. **-edly** [kən'fesidli] åpenbart, ubestridelig. **-ion** [kən'feʃən] konfesjon, bekjennelse, tilståelse; skriftemål, skrifte; trosbekjennelse. **-onal** [kən'feʃənəl] konfesjons-; bekjennelses-; skriftestol. **-or** [kən'fesə] bekjenner; skriftefar.

confetti [kən'feti] konfetti.

confidant, confidante [kɔnfi'dænt] fortrolig (venn, venninne).

confide [kən'faid] stole, lite (**in** på), ha tillit (**in** til); betro (**to** til). **confidence** ['kɔnfidəns] tillit; tillitsfullhet, fortrolighet; hemmelighet; selvtillit; **repose – in** feste lit til; **take him into my –** betro meg til ham, skjenke ham min fortrolighet; **in –** i fortrolighet, konfidensielt; **vote of no –** mistillitsvotum. **– trick** bondefangeri. **confident** ['kɔnfidənt] overbevist; tillitsfull; selvtillitsfull, sikker, trygg; **– of** stolende på, i tillit til. **confidential** [kɔnfi'denʃəl] fortrolig; betrodd; **– clerk** prokurist.

confiding [kən'faidiŋ] tillitsfull; **too –** godtroende.

configuration [kənfigjə'reiʃən] fasong, stilling, form.

confine [kən'fain] grense, avgrense, begrense, innskrenke; inneslutte, innesperre; holde fanget, fengsle; **be confined** være syk; ligge i barselseng. **-ment** [kən'fainmənt] innesperring; innskrenkning, fangenskap, arrest; sykdom; barselseng, nedkomst. **confines** ['kɔnfainz] grenser.

confirm [kən'fə:m] sikre, befeste; sanne, bekrefte, stadfeste; bestyrke; konfirmere. **-ation** [kɔnfə'meiʃən] stadfesting, bekreftelse; konfirmasjon; (EDB) klarsvar. **confirmed** ogs. forherdet, uforbederlig, inngrodd; f. eks. **a confirmed bachelor.**

confiscable ['kɔnfiskəbl] konfiskabel. **-ate** [-eit] konfiskere, beslaglegge. **-ation** [kɔnfi'skeiʃən] konfiskasjon, inndraing, beslagleggelse.

confiteor [kɔn'fitiɔ:] syndsbekjennelse.

conflagration [kɔnflə'greiʃən] (stor)brann.

conflict [kən'flikt] kjempe, stride.

conflict ['kɔnflikt] kamp, strid, sammenstøt.

conflicting [kən'fliktiŋ] motstridende.

confluence ['kɔnfluəns] sammenløp; tilstrømning, konfluks. **confluent** ['kɔnfluənt] sammenflytende.

conflux ['kɔnflʌks] sammenløp.

conform [kən'fɔ:m] føye, tilpasse, tillempe; rette seg (etter), handle etter (**to**). **-able** [kən'fɔ:məbl] overensstemmende, passende; lydig, føyelig. **-ation** [kɔnfɔ:'meiʃən] struktur, skikkelse, bygning; overensstemmelse, samsvar. **-ist** [kən'fɔ:mist] konformist (tilhenger av den engelske kirke). **-ity** [kən'fɔ:miti] overensstemmelse, samsvar.

confound [kən'faund] blande sammen; forvirre, forvildre; gjøre til skamme. **confound it!** pokker også! **-ed** [kən'faundid] forbistret, forbasket, skammelig.

confraternity [kɔnfrə'tə:niti] brorskap.

confrère ['kɔnfrɛə] kollega.

confront [kən'frʌnt] stå el. stille seg ansikt til ansikt med; stå like overfor; kontrontere.

confuse [kən'fju:z] forvirre, forveksle, blande sammen. **confused** forvirret, rotet. **confusion** [kən'fju:ʒən] uorden, forvirring; sammenblanding, forveksling; forlegenhet, bestyrtelse; ødeleggelse; **– worse confounded** verre og verre.

confutable [kən'fju:təbl] som kan gjendrives. **confutation** [kənfju:'teiʃən] gjendriving. **confute** [kən'fju:t] gjendrive.

Cong. fk. f. **Congress; Congressional.**

congé ['kɔnʒei] avskjed.

congeal [kən'dʒi:l] få til å fryse; få til å størkne, stivne; fryse, størkne, stivne.

congelation [kɔndʒi'leiʃən] frysning, stivning, størkning.

congener ['kɔndʒinə] jevnbyrdig, skylding, slektning; av samme slag.

congenial [kɔn'dʒi:njəl] likeartet, av samme natur, beslektet; åndsbeslektet; sympatisk; høvelig, tekkelig, hyggelig. **-ity** [kəndʒi:ni'æliti] ensartethet, åndsslektskap; sympati.

congenital [kɔn'dʒenitəl] medfødt.

conger eel ['kɔŋgə'ri:l] havål.

congeries [kɔn'dʒiəri:z] rot, virvar.

congestion [kən'dʒestʃən] kongestion, blodstigning; overfylling, opphopning, trafikkork.

conglobate ['kɔŋgləbeit] lage til kule.

conglomerate [kən'glɔməreit] rulle sammen, dynge sammen; dynge, hop. **conglomerate** [kən'glɔmərit] sammenklumpet; blanding av ulike ting; konglomerat. **conglomeration** [kənglɔmə'reiʃən] sammenklumping; konglomerat.

conglutinate [kən'glu:tineit] klistre sammen, klebe sammen; limes sammen, vokse sammen.

conglutination [kənglu:ti'neiʃən] sammenliming; sammenvoksing.

Congo ['kɔŋgəu] Kongo. **-lese** [kɔŋgə(u)'li:z] kongoleser; kongolesisk.

congratulate [kən'grætjuleit] lykkønske, gratulere ((**up)on** med). **-ion** [kəngrætju'leiʃən] lykkønskning. **-ory** [kən'grætjulətəri] lykkønsknings-, gratulasjons-.

congregate ['kɔŋgrigeit] samle; samle seg.

congregation [kɔŋgri'geiʃən] kongregasjon, samling; forsamling; menighet. **-al** [kɔŋgri'geiʃənəl] menighets-, forsamlings-. **-alism** [kɔŋgri'geiʃənəlizm] kongregasjonalisme, den kirkelige retning som gjør de enkelte menigheter uavhengige.

congress ['kɔŋgres] møte; kongress. **the Congress of the US** USA's lovgivende forsamling. **C. gaiter** (US) type skaftestøvler. **congressman** kongressmedlem; tingmann.

Congreve ['kɔŋgri:v]

congruence ['kɔŋgruəns] overensstemmelse; kongruens, samfall, samsvar. **-gruent** ['kɔŋgruənt] overensstemmende; kongruent. **-gruity** [kɔŋ'gru:iti] overensstemmelse, samsvar; kongruens; følgeriktighet. **-gruous** ['kɔŋgruəs] passende, samsvarende; fornuftig.

conic(al) ['kɔnik(l)] kjegle-; kjegleformet, konisk; **conics** kjeglesnitt, læren om kjeglesnitt.

conifer ['kəunifə] nåletre, bartre.

conjectural [kən'dʒektʃərəl] bygd på gjetning, uviss. **conjecture** [kən'dʒektʃə] gjetting, antakelse, formodning; konjektur; anta, gjette, gjette seg til.

conjoin [kən'dʒɔin] forbinde; **-t** forent.

conjugal [ˈkɔndʒugəl] ekteskapelig.
conjugate [ˈkɔndʒugeit] konjugere. **conjugate** [ˈkɔndʒugit] par-, parvis sammenstilt. **conjugation** [kɔndʒuˈgeiʃən] konjugasjon, bøyning.
conjunction [kənˈdʒʌŋkʃən] forbindelse, samsvar, forening, konjunksjon. **conjunctive** [kənˈdʒʌŋktiv] nær forbundet; binde-; konjunktivisk; konjunktiv.
conjunctivitis [kəndʒʌŋktiˈvaitis] konjunktivitt.
conjuncture [kənˈdʒʌŋktʃə] konjunktur, tidspunkt; sammentreff, omstendigheter, forhold.
conjuration [kɔndʒuˈreiʃən] besvergelse.
conjure [kənˈdʒuə] besverge. **conjure** [ˈkʌndʒə] mane; hekse, trolle, gjøre tryllekunster, trylle.
conjurer [ˈkʌndʒərə] taskenspiller, tryllekunstner.
conjuror d.s.s. **conjurer.**
conk [kɔŋk] nese, snyteskaft; (US) knoll, hode, nøtt; **– out** gå i stykker, krepere.
conker [ˈkɔŋkə] kastanje.
conman [ˈkɔnmæn] bondefanger, svindler.
connate [ˈkɔneit] medfødt; beslektet.
connect [kəˈnekt] forbinde, sette sammen; stå i forbindelse med.
connectedly [kəˈnektidli] i sammenheng.
Connecticut [kəˈnetikət].
connection [kəˈnekʃən] forbindelse, sammenheng, tilslutning, koplingsskjema; klientel, slektskap, bekjentskap. **– box** koplingsboks. **– diagram** koplingsskjema. **connective** [kəˈnektiv] forbindende; bindeledd, bindeord. **connector** forbindelsesledd, koplingsstykke; stikkontakt; **earth –** jordledning.
connexion se **connection.**
conning bridge [ˈkɔniŋbridʒ] kommandobru.
conning tower [ˈkɔniŋtauə] kommandotårn (f. eks. på ubåt).
conniption [kəˈnipʃən]: **– fit** (tal.) anfall, raseri; **throw a –** få et raserianfall, få «hetta».
connivance [kəˈnaivəns] det å se igjennom fingrene med, stilltiende samtykke, medviten, overbærenhet. **connive** [kəˈnaiv] være medviter, se igjennom fingrene (**at** med).
connoisseur [kɔniˈsə:] skjønner, kjenner.
connot|ation [kɔnəˈteiʃən] bibetydning; **-e** [kɔˈnəut] også betegne, dessuten bety; inneholde; antyde; innebære.
connubial [kəˈnju:bjəl] ekteskapelig.
conoid [ˈkəunɔid] kjegleformet, halvkuleformet, sfærisk.
conquer [ˈkɔŋkə] erobre, beseire; seire, vinne. **-able** [ˈkɔŋkərəbl] overvinnelig, inntagelig. **-or** [ˈkɔŋkərə] erobrer, seierherre.
conquest [ˈkɔŋkwist] erobring, seier; **the Conquest** især **the Norman Conquest** (1066).
cons. fk. f. **consolidated; consonant; constitution.**
consanguin|e [kɔnˈsæŋgwin] skyldt, blodsbeslektet. **-eous** [kɔnsæŋˈgwinjəs] nærbeslektet, nærskyldt. **-ity** [kɔnsæŋˈgwiniti] blodsslektsskap; skyldskap.
conscience [ˈkɔnʃəns] samvittighet; **in all –, on one's –** på ære og samvittighet. **have the – to** være frekk nok til å, ha hjerte til å; **the voice of –** samvittighetens stemme; **– -stricken** med samvittighetsnag. **conscientious** [kɔnʃiˈenʃəs] samvittighetsfull; samvittighets-; **– objector** militærnekter (av samvittighetsgrunner).
conscionable [ˈkɔnʃənəbl] samvittighetsfull, billig, rett, rettvis.
conscious [ˈkɔnʃəs] bevisst, ved bevissthet, selvbevisst, sjenert; **be – of** være seg bevisst.
consciousness [ˈkɔnʃəsnis] bevissthet.
con|scribe [kənˈskraib] skrive ut. **-script** [ˈkɔnskript] utskreven (soldat). **-scription** [kənˈskripʃən] utskrivning, verneplikt.
consecrate [ˈkɔnsikreit] innvie, vigsle. **consecration** [kɔnsiˈkreiʃən] innvielse, vigsel. **consecratory** [ˈkɔnsikreitəri] innvielses-.
consecutive [kənˈsekjutiv] som følger på hinannen, kommer etter hverandre; følgende; sammenhengende. **– clause** følgebisetning.
consent [kənˈsent] samtykke, tilslutning; overenskomst; **– to** samtykke i, innvilge i, finne seg i; **-ing party** medviter. **-aneous** [kɔnsenˈteinjəs] overensstemmende.
consequence [ˈkɔnsikwəns] følge, resultat, konsekvens; innflytelse, viktighet, betydning; **in –** som følge av det, følgelig; **in – of** som følge av.
consequent [ˈkɔnsikwənt] følgende; slutning, følge. **-ly** følgelig, altså.
consequential [kɔnsiˈkwenʃəl] følgende; indirekte; følgeriktig, konsekvent; innbilsk, viktig, høytidelig. **– loss** avbrudd, driftstap.
conservable [kənˈsə:vəbl] som kan oppbevares, som holder seg.
conserv|ancy [kənˈsə:vənsi] vern, vedlikehold, tilsyn; tilsynsråd, -vern. **-ation** [kɔnsə:ˈveiʃən] vedlikehold, bevaring. **-ationist** naturverntilhenger.
conservatism [kənˈsə:vətizm] konservatisme.
conservative [kənˈsə:vətiv] bevarende; konservativ; høyremann.
conservatoire [kənˈsə:vətwɑ] musikk-konservatorium. **conservator** [ˈkɔnsə(:)veitə] bevarer, vedlikeholder; konservator; verge, tilsynsrådsmedlem.
conservatory [kənˈsə:vətəri] drivhus; konservatorium.
conserve [kənˈsə:v] **-s** pl. syltet frukt, syltetøy; bevare, sylte, legge ned.
consider [kənˈsidə] betrakte, overveie, betenke, granske, ta i betraktning, anse for, holde for; tro, anta, mene; tenke seg om, betenke seg. **-able** [kənˈsidərəbl] anselig, betydelig; **a – heiress** en rik arving. **-ate** [kənˈsidərit] hensynsfull, omtenksom. **-ation** [kənsidəˈreiʃən] betraktning; overveielse; synspunkt, hensyn(sfullhet); viktighet; erkjentlighet, vederlag, lønn; **take into -ation** ta i betraktning. **-ed** [kənˈsidəd] veloverveid. **-ing** [kənˈsidəriŋ] i betraktning av, med tanke på.
consign [kənˈsain] overdra; betro; konsignere. **-ation** [kɔnsigˈneiʃən] overdragelse; konsignasjon. **-ee** [kɔnsaiˈni:] (vare-)mottaker, konsignatar. **-er** [kənˈsainə] (vare-)avsender, overdrager. **-ment** [kənˈsainmənt] overdragelse; konsignasjon, sending. **-ment note** fraktbrev. **-or** [kənˈsainə] d.s.s. **consigner.**
consist [kənˈsist] bestå (**in** i, **of** av); stemme overens (**with** med).**-ence** [kənˈsistəns] tetthet. **-ency** [kənˈsistənsi] tetthet, fasthet; konsekvens; overensstemmelse, samsvar. **-ent** [kənˈsistənt] overensstemmende; følgeriktig, konsekvent, gjennomført; ensartet.
consistory [kənˈsistəri] konsistorium, kirkeråd.
consol|able [kənˈsəuləbl] som lar seg trøste. **-ation** [kɔnsəˈleiʃən] trøst. **-atory** [kənˈsɔlətəri] trøstende, til trøst. **-e** [kənˈsəul] trøste.
console [ˈkɔnsəul] konsoll, styrepult.
consolid|ate [kənˈsɔlideit] gjøre fast, grunnfeste, befeste, underbygge; trygge; forene, samle; forene seg, bli fast. **-ation** [kənsɔliˈdeiʃən] fast foren-

ing, grunnfesting, styrking, sammensveising; konsolidering.
consols [ˈkɔnsɔlz] fk. f. **consolidated annuities** konsoliderte (engelske) statsobligasjoner.
consonance [ˈkɔnsənəns] samklang; overensstemmelse. **consonant** [ˈkɔnsənənt] medlyd, konsonant; samsvarig, overensstemmende.
consort [ˈkɔnsɔ:t] kamerat; ektefelle, make, gemal, gemalinne; medfølgende skip; **prince –** prinsgemal, regjerende dronnings ikke-regjerende gemal. **consort** [kənˈsɔ:t] omgås, leve sammen (**with** med); følge, ledsage.
conspectus [kənˈspektəs] sammenfattende oversikt.
conspicuous [kənˈspikjuəs] klar, tydelig, iøynefallende; ansett, velkjent, fremtredende; fremragende; **make oneself –** gjøre seg bemerket; **be – by one's absence** glimre ved sitt fravær. **– consumption** ≈ (overdrevent) bruk-og-kast forbruk, velstandssløsing.
conspiracy [kənˈspirəsi] sammensvergelse. **conspirator** [kənˈspirətə] sammensvoren, konspiratør. **conspiratorial** [kənspirəˈtɔ:riəl] konspiratorisk; medvitende. **conspire** [kənˈspaiə] sammensverge seg; legge planer mot; samvirke. **conspirer** d.s.s. **conspirator.**
constable [ˈkʌnstəbl] politibetjent, konstabel; **chief –** (fylkes) politimester; **Lord High Constable** riksmarskalk (nå bare en tittel). **special –** borgersoldat; **outrun the –** komme i gjeld.
constabulary [kənˈstæbjuləri] politistyrke, politikorps, ordensmakt; politidistrikt.
Constance [ˈkɔnstəns] Konstanz; Constanţa; **Lake of –** Bodensjøen.
constancy [ˈkɔnstənsi] trofasthet; standhaftighet. **constant** [ˈkɔnstənt] bestandig, stadig, varig; standhaftig, stø, fast.
Constantine [ˈkɔnstəntain] Konstantin.
Constantinople [kɔnstæntiˈnəupl] Konstantinopel = Istanbul.
constantly [ˈkɔnstəntli] støtt, stadig, bestandig.
constellation [kɔnsteˈleiʃən] stjernebilde: (fig.) sammenstilling, konstellasjon.
consternation [kɔnstə(:)ˈneiʃən] bestyrtelse, forskrekkelse, støkk.
constipate [ˈkɔnstipeit] forstoppe.
constipation [kɔnstiˈpeiʃən] forstoppelse.
constituency [kənˈstitjuənsi] valgkrets; velgere. **-ent** [kənˈstitjuənt] utgjørende; velgende; grunnlovgivende; bestanddel; velger, mandant; **-ent assembly** grunnlovgivende forsamling.
constitute [ˈkɔnstitju:t] utgjøre; innrette; fastsette; forordne; stifte, utnevne, velge; **he constituted himself her protector** han oppkastet seg til hennes beskytter.
constitution [kɔnstiˈtju:ʃən] innretning, beskaffenhet; legemsbeskaffenhet, natur; opprettelse, stiftelse; helsetilstand, helbred; forfatning, statsforfatning, grunnlov; konstitusjon, forordning.
constitutional [kɔnstiˈtju:ʃənəl] naturlig; forfatningsmessig, konstitusjonell; lovmessig; spasertur for sunnhetens skyld, mosjon; **– law** statsrett. **constitutionalist** [-ist] grunnlovsmann. **constitutive** [ˈkɔnstitju:tiv] vesentlig; fastsettende, grunnleggende.
constrain [kənˈstrein] tvinge; nøde; innskrenke, hemme; sperre inne; gjøre forlegen. **constraint** [kənˈstreint] tvang, ufrihet; forlegenhet, reserverthet.
constrict [kənˈstrikt] trekke sammen, presse sammen, snøre sammen. **-ion** [kənˈstrikʃən] sammentrekning, sammensnøring. **-or** [kənˈstriktə] ringmuskel; kvelerslange.
constringe [kənˈstrindʒ] trekke sammen. **constringent** [-ənt] bindende, sammentrekkende.
construct [kənˈstrʌkt] oppføre, bygge, sette sammen, konstruere. **construction** [kənˈstrʌkʃən] oppførelse, bygging; konstruksjon, byggverk, bygning; forklaring, mening. **– battalion** marinens ingeniørtropper. **constructive** [kənˈstrʌktiv] ordnende; bygnings-, konstruktiv.
construe [kɔnˈstru:] konstruere, utlegge, tolke, tyde; analysere.
consul [ˈkɔnsəl] konsul. **-ar** [ˈkɔnsjulə] konsulær, konsular, konsul-. **-ate** [ˈkɔnsjulit] konsulat. **-ate general** generalkonsulat. **– general** generalkonsul. **-ship** [ˈkɔnsəlʃip] konsulrang, konsuls ombud.
consult [kənˈsʌlt] rådslå, rådlegge, rådføre seg med, rådspørre, ta hensyn til.
consultant [-ˈsʌlt-] rådgivende (lege f. eks.); en som søker råd; konsulent; **senior –** første reservelege. **consultation** [kɔnsʌlˈteiʃən] rådlegging; rådslagning. **consultative** [kɔnˈsʌltətiv] rådslående; rådgivende.
consume [kənˈsju:m] tære opp; forbruke, øde, konsumere. **-r** [kənˈsju:mə] forbruker, konsument. **-r advisor** forbrukerrådgiver, forbrukerkonsulent. **– durables** forbruksgoder. **– protection** forbrukervern. **-r's goods** pl. forbruksartikler, forbruksvarer.
consummate [ˈkɔnsəmeit] fullende; fullbyrde.
consummate [kənˈsʌmit] fullendt. **consummation** [kɔnsəˈmeiʃən] fullending, fullbyrdelse, fullføring; ende.
consumption [kənˈsʌm(p)ʃən] fortæring; forbruk; tæring; **articles of household –** husholdningsartikler; **– taxes** forbruksavgifter. **consumptive** [kənˈsʌm(p)tiv] fortærende, ødeleggende; tæringssyk, tuberkulosepasient.
contact [ˈkɔntækt] berøring, kontakt. **– area** kontaktflate. **– lens** kontaktlinse; **– point** fordelerstift (i bil).
contagion [kənˈteidʒən] smitte; smittestoff.
contagious [kənˈteidʒəs] smittsom.
contain [kənˈtein] inneholde, romme; **– oneself** beherske seg, styre seg. **container** [kənˈteinə] beholder.
contaminate [kənˈtæmineit] besmitte, søle til, forurense. **contamination** [kəntæmiˈneiʃən] besmittelse; sammenblanding; forurensning.
contemn [kənˈtem] forakte.
contemplate [ˈkɔntəmpleit] granske; betrakte; overveie, studere på; gruble. **contemplation** [kɔntəmˈpleiʃən] betraktning; beskuelse. **contemplative** [kənˈtemplətiv] ettertenksom, dypsinding, tankefull; **– faculty** tenkeevne. **contemplator** [ˈkɔntəmpleitə] iakttaker, betrakter; tenker.
contemporaneity [kəntempərəˈni:iti] samtidighet.
contemporaneous [kəntempəˈreinjəs] samtidig.
contemporary [kənˈtempərəri] samtidig, jevnaldrende; nåtids-, moderne.
contempt [kənˈtem(p)t] forakt. **-ible** [kənˈtem(p)tibl] foraktelig; elending. **-uous** [kənˈtem(p)tjuəs] hånlig, foraktelig.
contend [kənˈtend] stride, slåss, kjempe for; forfekte; påstå, hevde, holde på.
content [ˈkɔntent] (rom-)innhold, volum, areal; **-s** pl. innbo, effekter.

content [kən'tent] tilfreds; (ved avstemning i overhuset) ja (motsetning: non-content eller not content); tilfredsstillelse, tilfredshet; tilfredsstille; stemme for (et forslag i overhuset); **be – with** la seg nøye med, slå seg til tåls med; **to his heart's –** av hjertens lyst; **– oneself** la seg nøye (**with** med); **– clause** (gram.) at-bisetning.
contented [kən'tentid] tilfreds. **-ness** tilfredshet.
contention [kən'tenʃən] strid, tvist; stridspunkt, påstand; **bone of –** stridens eple.
contentious [kən'tenʃəs] trettekjær, kranglevoren; omstridt; **– issues** stridsspørsmål.
contentment [kən'tentmənt] tilfredshet.
contents ['kɔntents, kən'tents] pl. innhold; **table of –** innholdsfortegnelse.
conterminous [kən'tə:minəs] med samme grenser; tilgrensende.
contest [kən'test] bestride; gjøre stridig; strides. **contest** ['kɔntest] strid, konkurranse. **-able** [kən'testəbl] omtvistelig, tvilsom, omstridt.
context ['kɔntekst] sammenheng. **contexture** [kən'tekstjuə, -tʃə] forbindelse, bygning, system.
contiguity [kɔnti'gju:iti] berøring, nærhet.
contiguous [kən'tigjuəs] tilstøtende, nær; sammenhengende; umiddelbart påfølgende.
continence ['kɔntinəns] måtehold; avholdenhet; selvbeherskelse. **continent** ['kɔntinənt] måteholdende; avholdende, kysk; fastland, kontinent, verdensdel; **on the Continent** på Europas fastland, på kontinentet (mots. England). **continental** [kɔnti'nentəl] som hører til fastlandet, kontinental, utenlandsk; utlending. **– breakfast** kontinental frokost, kaffefrokost. **– shelf** kontinentalsokkel.
contingen|cy [kən'tindʒənsi] mulighet; tilfelle; slump. **-cy plan** beredskapsplan. **-cies** uforutsette utgifter.
contingent [kən'tindʒənt] tilfeldig, mulig; eventuell, foreløpig; avhengig av (**upon**); fremtidsmulighet; tilskudd; troppekontingent; **be paid for – services** få betaling for eventuelle tjenester.
continual [kən'tinjuəl] uavbrutt, bestandig, stadig, uopphørlig. **continuance** [kən'tinjuəns] vedvarenhet, varighet; vedvarende opphold. **continuation** [kəntinju'eiʃən] fortsettelse, videreføring; **– school** framhaldsskole.
continue [kən'tinju] fortsette, videreføre, la vedvare; bli, vedbli; vedvare, vare. **-d fraction** kjedebrøk. **continuity** [kɔntin'ju:iti] sammenheng, kontinuitet; handlingsforløp (i bok el. film). **continuous** [kən'tinjuəs] nøye forbundet, sammenhengende, uavbrutt, samlet; fortsatt.
contort [kən'tɔ:t] forvri; forvrenge. **-ion** [kən'tɔ:ʃən] forvridning, vridning. **contortioner** [kən'tɔ:ʃənə], **contortionist** [kən'tɔ:ʃənist] slangemenneske.
contour ['kɔntuə] omriss, kontur, profil. **– interval** ekvidistanse. **– line** høydekurve, kote.
contra ['kɔntrə] mot-, kontra-.
contraband ['kɔntrəbænd] ulovlig, forbudt; smuglergods. **-ist** ['kɔntrəbændist] smugler.
contrabass ['kɔntrə'beis] kontrabass.
contraception [kɔntrə'sepʃ(ə)n] prevensjon, fødselskontroll. **contraceptive** [kɔntrə'septiv] befruktningshindrende middel. **– sheath** kondom.
contract [kən'trækt] trekke sammen, forkorte; pådra seg; venne seg til; bringe i stand, slutte; forlove; forlove seg; trekke seg sammen; slutte forlik, kontrahere; sammentrukket. **contract** ['kɔntrækt] overenskomst, kontrakt, akkord, entreprise; forlovelse; **place a – for** kontrahere; **under – to** kontraktmessig forpliktet til å. **-ible** [kən'træktibl] som kan trekkes sammen. **-ion** [kən'trækʃən] sammentrekning; forkorting; inngåelse, stiftelse. **– note** sluttseddel. **-or** [kən'træktə] kontrahent; entreprenør, byggmester.
contradict [kɔntrə'dikt] motsi, dementere, gå mot. **-ion** [kɔntrə'dikʃən] motsigelse, uoverensstemmelse; **– in terms** selvmotsigelse. **-ory** [kɔntrə'diktəri] motsigende, selvmotsigende.
contradistinction [kɔntrədi'stinkʃən] motsetning, atskillelse ved motsatte egenskaper.
contrail ['kɔntreil] kondensstripe (etter fly).
contradistinguish [kɔntrədi'stiŋgwiʃ] atskille ved motsatte egenskaper.
contralto [kən'træltəu] kontra-alt, kontralto (dyp kvinnestemme).
contraposition [kɔntrəpə'ziʃən] motsetning.
contraption [kən'træpʃən] innretning, ting, greie, dings; påfunn, påhitt.
contrapuntal [kɔntrə'pʌntl] kontrapunktisk.
contrariety [kɔntrə'raiity] uforenelighet, motsetning, motstrid.
contrary ['kɔntrəri] motsatt; forskjellig; imot; det motsatte; motsetning; **– to** stridende imot, imot; **on the –** tvert imot, tvert om; **to the –** i motsatt retning; tvert imot.
contrast ['kɔntrɑ:st] kontrast, motsetning. **contrast** [kən'trɑ:st] stille i motsetning.
contravene [kɔntrə'vi:n] handle imot, overtre, motvirke; bestride, imøtegå.
contravention [kɔntrə'venʃən] overtredelse, strid; **in – of** i strid med, stikk imot.
contretemps ['kɔ:ntrətɑ:ŋ] uhell; strek i regningen.
contribute [kən'tribjut] bidra, medvirke. **contribution** [kɔntri'bju:ʃən] bidrag, tilskudd, skatt; krigsskatt. **contributive** [kən'tribjutiv] som hjelper til, som medvirker. **contributor** [kən'tribjutə] skattyter, bidragsyter. **contributory** [kən'tribjutəri] som gir tilskudd; en som bidrar.
contrite ['kɔntrait] angerfull, sønderknust.
contrition [kən'triʃən] anger, sønderknuselse.
contrivance [kən'traivəns] oppfinnelse; påfunn, påhitt; innretning. **contrive** [kən'traiv] oppfinne; tenke ut; finne på, pønske ut, finne middel til, oppnå, klare; lage det så; **I – to** det lykkes meg. **contriver** [kən'traivə] oppfinner; opphavsmann.
control [kən'trəul] kontroll, tilsyn; innskrenkning, tvang; makt, herredømme, myndighet; foranstaltning, regulering; kontrollere, styre, beherske; regulere; tøyle. **-lable** [kən'trəuləbl] som kan beherskes, kontrollerbar, styrbar. **-ler** [kən'trəulə] kontrollør, kontrollenhet.
controversial [kɔntrə'və:ʃəl] polemisk; omstridt, strids-. **controversy** ['kɔntrəvə:si] strid, polemikk. **controvert** ['kɔntrəvə:t] bestride, bekjempe, nekte. **controvertible** [kɔntrə'və:tibl] omtvistelig.
contumacious [kɔntju'meiʃəs] hardnakket, halsstarrig, trassig, ulydig. **contumacy** ['kɔntjuməsi] gjenstridighet, trass; uteblivelse tross lovlig varsel, ringeakt for retten.
contumelious [kɔntju'mi:ljəs] fornærmelig; hånlig.
contumely ['kɔntjumili] hån, fornærmelse.
contuse [kən'tju:z] støte, kveste. **contusion** [kən'tju:ʃən] kvestelse, kontusjon, støt.
conundrum [kə'nʌndrəm] ordspill, gåte.

convalesce [kɔnvəˈles] friskne til, komme seg (av sykdom). **convalescense** [kɔnvəˈlesəns] bedring, rekonvalesens. **convalescent** [-ənt] som er i bedring; rekonvalesent.
convection [kɔnˈvekʃən] overføring, ledning.
convenance [ˈkɔ:nvinɑ:ns] sed, skikk.
convene [kənˈvi:n] komme sammen; kalle sammen, forsamle; innkalle.
convenience [kənˈvi:njəns] bekvemmelighet, behagelighet, fordel; egnet beskaffenhet, letthet; **at your earliest –** så snart det passer for Dem. **public -s** offentlige toalettrom, «underjordisk». **convenient** [kənˈvi:njənt] høvelig; bekvem, passende, skikket.
convent [ˈkɔnvənt] (nonne)kloster.
conventicle [kənˈventikl] forsamling, religiøs sammenkomst (især av dissentere).
convention [kənˈvenʃən] sammenkomst, forsamling; møte, stevne, kongress; skikk og bruk; overenskomst. **-al** [kənˈvenʃənəl] avtalt, bestemt, vedtatt, konvensjonell, alminnelig, tradisjonell. **-al tire** (US) diagonaldekk. **-alism** [kənˈvenʃənəlizm] vedtekt, sedvanlig bruk. **-ality** [kənvenʃəˈnæliti] skikk og bruk, konveniens. **-ary** kontraktfast, etter avtale; leilending.
conventual [kənˈventʃuəl] kloster-, klosterlig; munk; klosterbror; nonne.
converge [kənˈvə:dʒ] løpe sammen, konvergere. **convergence** [kənˈvə:dʒəns] konvergens. **convergent** [-ənt] konvergerende, sammenløpende.
convers|able [kənˈvə:səbl] omgjengelig, selskapelig, konversabel. **-ance** kjennskap, fortrolighet. **-ant** [kənˈvə:sənt] bevandret, kyndig; fortrolig **(with** med). **-ation** [kɔnvəˈseiʃən] samtale; konversasjon. **-ational** [kɔnvəˈseiʃənəl] samtale-; underholdende, pratsom, selskapelig. **-azione** [kɔnvəsætsiˈəuni] aftenselskap, soaré.
converse [kənˈvə:s] underholde seg, konversere, samtale.
converse [ˈkɔnvə:s] omgang; samtale, konversasjon; (matematisk) omvendt forhold; omvendt. **conversely** omvendt. **conversion** [kənˈvə:ʃən] forvandling, omdannelse, omvendelse, konvertering; veksling, ombygging, omlegging, overgang; **– table** omregningstabell.
convert [ˈkɔnvə:t] omvendt, konvertitt, proselytt.
convert [kənˈvə:t] forvandle; omvende; konvertere; omregne; veksle; ombygge. **-er** [kənˈvə:tə] omdanner, omformer. **-ibility** [kənvə:tiˈbiliti] evne til å kunne forvandles. **-ible** [kənˈvə:tibl] som kan forvandles, som kan byttes om; konvertibel; **– husbandry** vekselbruk.
convex [ˈkɔnveks] konveks, utbuet.
convey [kənˈvei] føre, bringe, frakte, føre bort, transportere; overdra, tilskjøte; bibringe, meddele, uttrykke, gjengi. **-ance** [kənˈveiəns] befordring, transport; befordringsmiddel, vogn; befordringsvei; leilighet; overlevering; overdragelse; bevilling, overdragelsesdokument, skjøte. **-ancer** [kənˈveiənsə] dokumentskriver, skjøteskriver. **-er, -or** [kənˈveiə] overbringer, overfører; transportbånd.
convict [kənˈvikt] overbevise; erklære for skyldig, dømme.
convict [ˈkɔnvikt] domfelt; straff-fange.
conviction [kənˈvikʃən] overbevisning; domfelling.
convince [kənˈvins] overbevise, overtyde.
convivial [kənˈvivjəl] selskapelig, festlig.
con|vocation [kɔnvəˈkeiʃən] sammenkalling; prestemøte; geistlig synode (i England); akademisk forsamling. **-voke** [kənˈvəuk] kalle sammen.
convolute(d) [ˈkɔnvəlu:t(id)] sammenrullet. **convolution** [kɔnvəˈl(j)u:ʃən] sammenrulling.
convolvulus [kənˈvɔlvjuləs] konvolvulus, vindel.
convoy [ˈkɔnvɔi] ledsagelse, eskorte, konvoi.
convoy [kənˈvɔi] eskortere, konvoiere.
convuls|e [kənˈvʌls] volde krampetrekninger; bringe i opprør, skake voldsomt, bringe i krampelatter. **-ion** [kənˈvʌlʃən] krampetrekning; omveltning. **-ary** krampe-. **-ive** [kənˈvʌlsiv] krampaktig.
coo [ku:] kurre, kurring; **-ing** [ˈku:iŋ] kurring.
cook [kuk] kokk, kokkepike; tilberedning, koking; tilberede, lage (mat); (fig.) lage i stand, finne på, dikte opp; forfalske, fingre med; skje, hende, foregå; **what's -ing?** hva er i gjære? **too many -s spoil the broth** jo flere kokker jo mer søl; **– up** finne på, dikte opp.
cooker [ˈkukə] stekeovn, komfyr, kokeapparat; frukt som er lett å koke; en som dikter sammen noe.
cookery [ˈkukəri] kokekunst, matlaging. **– book** kokebok.
cookie [ˈkuki] kokk; søt jente; smart fyr; (US) tørr småkake. **– pusher** slikkemons; mammadalt, pyse; fløtegutt; (US sl.) ≈ (selskapelig) gallionsfigur (med ren vert(inne)funksjon). **– sheet** (US) stekeplate.
cooking [ˈkukiŋ] matlaging; mat-.
cook|maid kokkepike. **-room** kjøkken, kabyss. **-shop** spisekvarter.
cool [ku:l] kjølig, sval; kald, rolig, følelseskald; usjenert, uforskammet; kjølighet; kjøle, svale; kjølne, bli kjølig, avkjøles; bli rolig; **a – customer** en frekk fyr, en ordentlig sleiping; **it cost me a – two thousand** det kostet meg to tusen raske (spenn); **– one's heels** måtte vente.
coolant [ˈku:lənt] kjølevæske.
cooler [ˈku:lə] kjøler, kjølerom.
cool-headed kald, rolig.
coolie [ˈku:li] kuli.
cool|ly [ˈku:li] kjølig, kaldblodig, rolig, sindig; usjenert. **-ness** [ˈku:lnis] kjølighet; kaldt blod, ro; kulde; kaldblodighet; usjenerthet; selvsikkerhet, frekkhet.
coomb, combe [ku:m] dyp, trang dal.
coon [ku:n] (US fork. f. **racoon)** vaskebjørn; **a gone –** en som er oppgitt, ferdig.
coop [ku:p] hønsebur, hønsekorg; teine; sperre inne, sette i bur.
co-op, coop [ˈkəuɔp] samvirkelag, kooperativ.
cooper [ˈku:pə] bøkker, lagger; blanding av øl og porter. **-'s knife** båndkniv. **-age** [ˈku:pəridʒ] bøkkerlønn; bøkkerverksted; bøkkerarbeid.
co-operate [kəuˈɔpəreit] medvirke; samvirke. **co-operation** [kəuɔpəˈreiʃən] medvirkning; samarbeid, samvirke, kooperasjon; **committee of –** kontaktutvalg. **co-operative** [kəuˈɔpərətiv] medvirkende; samarbeidsvillig, hjelpsom, samvirkende; samvirke-; **– association** forbruksforening, samvirkelag; **– bakery** fellesbakeri; **– society** forbruksforening; samvirkelag; **– stores** utsalg for samvirkelag. **co-operator** [kəuˈɔpəreitə] medarbeider, medlem av samvirkelag.
co-opt [kəuˈɔpt] supplere seg med, velge inn.
co-ordinate [kəuˈɔ:dinit] sideordnet, jamstilt. **coordination** [kəuɔ:diˈneiʃən] sideordning, likestilling, koordinasjon.
coot [ku:t] blisshøne, sothøne; narr.

co-owner [ˈkəuˈəunə] medeier, medreder.
cop [kɔp] topp; spole; (sl.) polis, purk; ta, fange, huke, arrestere; knabbe, rappe, stjele; sikre seg; (tal.) få seg, eks. **he -ped a five-pound fine; to – it** (mil. sl.) å bli drept, «ta repern»; **– out** (US) stikke av (fra en forpliktelse), svikte, forråde.
copal [ˈkəupəl] kopal (et slags harpiks).
copartner [ˈkəuˈpɑ:tnə] deltager, kompanjong, partner. **-ship** kompaniskap.
cope [kəup] korkåpe; hvelving; dekke.
cope [kəup] kappes (**with** med), prøve å klare, prøve krefter med, hamle opp med, klare, greie, mestre. **copelessness** hjelpeløshet, avmakt.
Copenhagen [kəupnˈheigən] København.
coper [ˈkəupə] hestehandler; brennevinsfartøy (i Nordsjøen).
Copernican [kəuˈpə:nikən] kopernikansk.
copestone [ˈkəupstəun] mønestein, toppstein, sluttstein; kronen på verket.
copier [ˈkɔpiə] avskriver, kopist; etterligner.
co-pilot [kəuˈpailət] annenflyger, annenpilot.
coping [ˈkəupiŋ] murtak, (mur-)avdekning. **– saw** løvsag. **– stone** d. s. s. **copestone.**
copious [ˈkəupjəs] rik, flus, i overflod, rikelig; vidløftig. **-ness** mengde, overflødighet; vidløftighet.
co-plaintiff (jur.) medsaksøker.
copper [kɔpə] kobber; bryggepanne, kobberkjel; kobbermynt; (sl.) polis, purk; forkobre; **hot coppers** tørr hals (etter rangel).
copperas [ˈkɔpərəs] jernvitriol.
copper | beech blodbøk. **– bit** loddebolt med kobberegg. **– -bottomed** kobberforhudet; (tal.) gjennomført, grundig eks. **a – -bottomed bastard.**
Copperfield [ˈkɔpəfi:ld].
copperhead [ˈkɔpəhed] nordamerikansk giftslange; sørstatssympatisør.
copper|plate kobberplate, kobberstikk. **– print** kobberstikk. **– sheathing** kobberforhudning. **-smith** kobbersmed. **-works** kobberverk.
coppice [ˈkɔpis] krattskog, kratt.
copra [ˈkɔprə] kopra, kokoskjerner.
copse [kɔps] d. s. s. **coppice;** frede, beskjære, plante småskog. **copsy** [ˈkɔpsi] bevokst med småskog.
cop shop (sl.) politistasjon.
Copt [kɔpt] kopter. **-ic** [ˈkɔptik] koptisk.
copul|a [ˈkɔpjulə] kopula, bindeledd. **-ate** [ˈkɔpjuleit] pare (seg). **-ation** [kɔpjuˈleiʃən] paring, samleie; kopulasjon. **-ative** [ˈkɔpjulətiv] binde-; sideordnet konjunksjon.
copy [ˈkɔpi] avskrift; kopi, etterlikning, gjenpart; reklametekst, annonsetekst; manuskript; eksemplar; avtrykk; forskrift; skrive av, kopiere; etterlikne; **fair** (el. **clean) –** renskrift; **foul** (el. **rough) –** kladd.
copy|book skrivebok. **-book writing** skjønnskrift. **-cat** apekatt, etteraper. **-head** forskrift. **-hold** arvefeste (-gård), bygseljord, leilendingsjord. **-holder** arvefester, leilending. **-ing ink** kopiblekk. **-ing press** kopipresse.
copyist [kɔpiist] avskriver; plagiator.
copy | paper konseptpapir. **-right** forlagsrett, opphavsrett; **-right reserved** ettertrykk forbudt.
copywriter [ˈkɔpiraitə] (reklame)tekstforfatter.
coquet [kəuˈket] kokettere. **coquetry** [ˈkəukitri] koketteri. **coquette** [kəuˈket] kokette. **coquettish** [kəˈketiʃ] kokett.

coral [ˈkɔrəl] korall; tannring (for småbarn til å bite i). **-laceous** [kɔrəˈleiʃəs] korallaktig. **-line** [ˈkɔrəlain] korall-; korallmose. **– reef** korallrev.
cor anglais [ˈkɔrənˈglei] engelsk horn.
cord [kɔ:d] strikke, reip, snor, streng, bånd, hyssing; (US) (elektrisk) ledning; favn (ved); binde, snøre; stable i favner (om ved); **-s** kordfløyelsbukser.
cordage [ˈkɔ:didʒ] snøre; tauverk.
corded [ˈkɔ:did] randet, stripet; senet; festet med snor; besatt med snorer.
Cordelia [kɔ:ˈdi:ljə].
cordial [ˈkɔ:djəl] hjertelig, inderlig, sterk; hjertestyrkende; hjertestyrkning, forfriskning, styrkedrikk, oppstiver; angstfordriver. **-ity** [kɔ:diˈæliti] hjertelighet. **-ly** [ˈkɔ:djəli] hjertelig.
cordon [ˈkɔ:dən] snor; kordong, sperring; **– off** sperre av.
corduroy [ˈkɔ:djurɔi] korderoy, kordfløyel, et slags tykt og sterkt, stripet bomullsfløyel; **-s** pl. kordfløyelsbukser.
cordwain [ˈkɔ:dwein] korduan (et slags tykt skinn). **-er** [ˈkɔ:dweinə] (gml.) skomaker.
cordwood [ˈkɔ:dwud] favneved.
core [kɔ:] det innerste, indre del, kjerne, marg; (fig.) hjerterot; ta kjernehuset ut av; **to the –** helt igjennom, til margen. **– drill** kjernebor. **– sample** kjerneprøve.
co-regent [kəuˈri:dʒənt] medregent.
corespondent [ˈkəuriˈspɔndənt] medinnstevnet ved skilsmisseprosess.
corf [kɔ:f] fiskebrønn, fiskekiste.
Corfu [kɔ:ˈfu:] Korfu.
coriaceous [kɔriˈeiʃəs] lær-; læraktig.
Corinth [ˈkɔrinθ] Korint.
Corinthian [kəˈrinθjən] korinter; korintisk.
Coriolanus [kɔriəˈleinəs].
cork [kɔ:k] kork; flaskekork; korke; sverte med en brent kork; få korksmak. **-age** [ˈkɔ:kidʒ] korkpenger; korking. **-er** korkemaskin; siste ord, sluttargument; skrøne. **-screw** korketrekker. **-screw staircase** vindeltrapp. **– tile** korkparkett. **– -tipped** med korkmunnstykke. **corky** [ˈkɔ:ki] kork-; korkaktig; med korksmak; lystig, livlig.
cormorant [ˈkɔ:mərənt] skarv, storskarv; (fig.) umettelig el. grådig person.
corn [kɔ:n] korn; i US især mais; i Skottland især havre, i England især hvete; liktorn; **– on the cob** kokte maiskolber.
corn [kɔ:n] salte, sprenge; **corned beef** saltsprengt, preservert kjøtt.
corn|bread maisbrød. **-cob** maiskolbe. **-crake** åkerrikse (fugl).
corncutter [ˈkɔ:nkʌtə] skjæremaskin; fotspesialist, liktornoperatør.
cornea [ˈkɔ:niə] hornhinne (i øyet).
cornel [ˈkɔ:nəl] kornelltre.
corneous [ˈkɔ:niəs] hornaktig, hornet.
corner [ˈkɔ:nə] vinkel, hjørne, krok; kant, ytterste ende; avkrok; hjørnespark; oppkjøperspekulasjon; oppkjøperkonsortium, ring; sette til veggs, sette i klemme; sneie hjørner (med bil); kjøpe opp. **-ing force** sentrifugalkraft. **-ing stability** kurvestabilitet. **– iron** vinkeljern. **– post** hjørnestolpe. **-stone** hjørnestein; grunnstein. **-wise** på skrå.
cornet [ˈkɔ:nit] kornett; sekondløytnant i kavaleriet; kremmerhus. **-cy** [ˈkɔ:nitsi] kornettpost ≈ fenrik.

corn|field kornåker, maisåker. **-flakes** cornflakes. **-flour** mais|mel, -stivelse, -jevning. **-flower** kornblomst.
cornice [ˈkɔ:nis] karniss, gesims; gardinbrett.
Cornish [ˈkɔ:niʃ] fra Cornwall.
corn|juice (US) (mais)brennevin. **– killer** liktornmiddel. **– pad** liktorn|ring, -pute. **– pone** (US) maisbrød. **-stalk** maisstengel; (fig.) lang, tynn person, bønnestengel. **-starch** (US) = -flour.
cornucopia [kɔ:njuˈkəupjə] overflødighetshorn.
Cornwall [ˈkɔ:nwəl, ˈkɔ:nwɔ:l].
corny [ˈkɔ:ni] korn-; liktorn-; forloren, forlorent sentimental; billig, forslitt, gammeldags; forskrudd, sprø.
corolla [kəˈrɔlə] krone (på blomst).
corollary [kəˈrɔləri] logisk konsekvens.
corona [kəˈrəunə] korona, krone, krans; isse.
coronary [ˈkɔrənəri] hjertesvikt, hjerteattakk.
coronation [kɔrəˈneiʃən] kroning.
coroner [ˈkɔrənə] kronbetjent (embetsmann, som med en jury på åstedet anstiller undersøkelser og avholder likskue i anledning av dødsfall, hvis årsak er ukjent). **-'s inquest** likskue.
coronet [ˈkɔrənit] liten krone, adelskrone.
corporal [ˈkɔ:pərəl] korporal.
corporal [ˈkɔ:pərəl] legemlig, kroppslig, korporlig. **-ity** [kɔ:pəˈræliti] legemlighet.
corporate [ˈkɔ:pərit] innlemmet, opptatt (i en korporasjon), felles-; **– assembly** bedriftsforsamling. **– body** samfunn, lag, korporasjon; person.
corporation [kɔ:pəˈreiʃən] korporasjon, lag, selskap, firma; juridisk person; kommunestyre, bystyre; kommune-. **– law** selskapsrett.
corporeal [kɔ:ˈpɔ:riəl] legemlig, materiell. **-ist** [kɔ:ˈgpɔ:riəlist] materialist. **corporeity** [kɔ:pəˈri:iti] legemlighet, legemlig tilværelse.
corposant [ˈkɔ:pəzænt] elmsild; nålys.
corps [kɔ:, i pl. kɔ:z] korps.
corpse [kɔ:ps] lik.
corpulence [ˈkɔ:pjuləns] førhet, korpulens. **corpulent** [ˈkɔ:pjulənt] før, tykkfallen, korpulent.
corpus [ˈkɔ:pəs] legeme; masse, mengde.
corpuscle [ˈkɔ:pʌsl] blodlegeme.
corral [kəˈrɑ:l] kve, hestehage, innhegning til kveg; vognborg; drive inn i en innhegning, sette i kve.
correct [kəˈrekt] forbedre, bedre, rette, korrigere; tukte, straffe; bøte på; riktig, rett, korrekt. **correction** [kəˈrekʃən] forbedring; retting; irettesetting; tuktelse, straff; korrektiv; **house of –** tukthus. **corrective** [kəˈrektiv] forbedrende, rettende; korrigerende, nøytraliserende; straffende; forbedringsmiddel, korrektiv. **correctness** [kəˈrektnis] riktighet; nøyaktighet. **corrector** [kəˈrektə] forbedrer; refser; korrekturleser; korrektiv.
correlat|e [ˈkɔrileit] korrelat, motstykke; svare til; sette i forbindelse, sette i sammenheng. **-ion** [kɔriˈleiʃən] gjensidig forhold, vekselvirkning, sammenheng, korrelasjon. **-ive** [kɔˈrelətiv] korrelativ, samsvarende.
correspond [kɔriˈspɔnd] svare (til); veksle brev, korrespondere. **-ence** [kɔriˈspɔndəns] overensstemmelse, samsvar; korrespondanse, brevveksling, brevbytte; forbindelse; **-ence school** brevskole, korrespondanseskole. **-ent** [-ənt] svarende (til); motstykke; brevskriver, korrespondent, medarbeider.
corridor [ˈkɔridɔ:] gang, korridor. **– carriage** gjennomgangsvogn.
corrigenda [kɔriˈdʒendə] rettelser.
corrigible [ˈkɔridʒibl] forbederlig.
corrobor|ant [kəˈrɔbərənt] styrkende; styrkemiddel. **-ate** [kəˈrɔbəreit] bekrefte, stadfeste. **-ation** [kərɔbəˈreiʃən] bekreftelse, stadfesting. **-ative** [kəˈrɔbərətiv] styrkende; bekreftende; styrkemiddel.
corrode [kəˈrəud] gnage, ete på, tære på, etse, ruste, fortære. **corrodent** [kəˈrəudənt] etende, gnagende, etsende; etsende middel. **corrosion** [kəˈrəuʒən] oppløsning, korrosjon, opptæring. **corrosive** [kəˈrəusiv] som tærer, gnager el. løser opp, etsende, fortærende; etsende middel; (fig.) etsende, sviende, skadelig.
corrugate [ˈkɔrugeit] rynke, falde, rifle. **-d cardboard** bølgepapp. **-d iron** bølgeblikk. **-d wood grips** riflete trehåndtak. **corrugation** [kɔruˈgeiʃən] rynking, rifling, bølgedannelse.
corrupt [kəˈrʌpt] skjemme, forderve; forfalske; forføre; korrumpere, bestikke; forvanske; forderves, bli skjemt, råtne; fordervet, råtten; lastefull; forført; bestukket, korrupt, bestikkelig. **-er** forderver, forfalsker; bestikker. **-ibility** [kərʌptiˈbiliti] bestikkelighet. **-ible** [kəˈrʌptibl] forkrenkelig, forgjengelig; bestikkelig; **-ibleness** forkrenkelighet osv. **-ion** [kəˈrʌpʃən] fordervelse; forråtnelse; bestikkelse; forfalskning; korrupsjon. **-ive** [kəˈrʌptiv] fordervende, korrumperende.
corsage [kɔ:ˈsɑ:ʒ] kjoleliv; brystbukett.
corsair [ˈkɔ:sɛə] sjørøver, viking, korsar; sjørøverskip.
corselet [ˈkɔ:slit] brynje, kyrass; korselett.
corset [ˈkɔ:sit] korsett, snøreliv.
Corsica [ˈkɔ:sikə] Korsika. **Corsican** [-kən] korsikansk; korsikaner.
cortege [kɔ:ˈteiʒ] opptog, følge, kortesje.
cort|ex [ˈkɔ:teks] bark; hjernebark. **-ical** [ˈkɔ:tikl] barkaktig; bark-, kortikal; ytre.
corundum [kəˈrʌndəm] korund.
coruscate [ˈkɔrəskeit] glimte, glitre. **coruscation** [kɔrəˈskeiʃən] funkling, glimting.
corvette [kɔ:ˈvet] korvett.
coryphaeus [kɔriˈfi:əs] fører, koryfé.
coryza [kəˈraizə] snue.
cos [kɔs] slags salat.
C. O. S. fk. f. **Charity Organization Society.**
cosh [kɔʃ] batong, gummikølle; slå med batong.
cosher [ˈkɔʃə] forkjæle, fagne, gjøre krus for; snylte, leve på andres bekostning; = **kosher.**
cosignatory [ˈkəuˈsignətəri] medunderskriver.
cosily [ˈkəuzili] hyggelig, koselig.
cosine [ˈkəusain] cosinus.
cosmetic [kɔzˈmetik] kosmetisk, forskjønnende; ofte pl. **-s** kosmetikk, skjønnhetsmiddel. **-ian** [kɔzmeˈtiʃən] skjønnhetsekspert.
cosmic(al) [ˈkɔzmik(l)] kosmisk, verdens-.
cosmogony [kɔzˈmɔgəni] læren om verdens opprinnelse, kosmogoni.
cosmographer [kɔzˈmɔgrəfə] verdensbeskriver.
cosmographical [kɔzməˈgræfikl] kosmografisk.
cosmography [kɔzˈmɔgrəfi] verdensbeskrivelse.
cosmonaut [ˈkɔzmənɔ:t] romfarer, kosmonaut.
cosmopolitan [kɔzməˈpɔlitən] kosmopolitisk; kosmopolitt, verdensborger. **cosmopolite** [kɔzˈmɔpəlait] kosmopolitt.
cosmorama [kɔzməˈrɑ:mə] kosmorama.
cosmos [ˈkɔzmɔs] kosmos.
Cossack [ˈkɔsæk] kosakk.

cosset [ˈkɔsit] deggelam, kjæledegge; forkjæle, skjemme bort.
cost [kɔst] omkostning, kostnad, kost, pris; innkjøpspris; koste; **count the -s** beregne kostnadene; **I know it to my –** det har jeg fått føle; **at all -s** for enhver pris; **at less – of life** med oppofring av færre menneskeliv; **– me dear** blir meg en dyr lek, får jeg svi for. **– accountant** kostnadsberegner. **– benefit analysis** rentabilitetsanalyse (i den private sektor), samfunnsøkonomisk analyse (i den offentlige sektor).
costal [ˈkɔstl] bryst-, ribbeins-.
coster [ˈkɔstə] fk. f. **costermonger.**
costermonger [ˈkɔstəmʌŋgə] gateselger.
costing [ˈkɔstiŋ] kalkulasjon, kostnadsberegning.
costive [ˈkɔstiv] forstoppet, som har treg mage. **-ness** [-nis] forstoppelse, treg mage.
costliness [ˈkɔstlinis] kostbarhet. **costly** [ˈkɔstli] kostbar, dyr, dyrebar.
cost | of living levekostnader. **– -plus** produksjonskostnad pluss beregnet fortjeneste. **– price** [ˈkɔstprais] produksjonspris, kostpris. **– sheet** kalkyle, kostnadsoverslag.
costume [ˈkɔstju:m] kostyme, drakt; bunad; kostymere, ikle. **– jewellery** bijouteri.
cosy [ˈkəuzi] koselig, hyggelig; tevarmer.
cot [kɔt] hytte, bu; kve, skjul; (US) feltseng, køye; (eng.) barneseng, vogge; hengekøye.
cotangent [ˈkəuˈtændʒənt] cotangens.
cote [kəut] skur, hus, skjul, kve.
cotenant [kəuˈtenənt] medeier, medforpakter.
coterie [ˈkəutəri] koteri, klikk.
cothurnus [kəˈθə:nəs] koturne; svulstig stil.
cotill(i)on [kəˈtiljən] kotiljong.
cottage [ˈkɔtidʒ] hytte; landsted, sommerhus; stue. **– farming** hobbyjordbruk. **– industry** husflid, hjemmeindustri. **– organ** husorgel. **– piano** lite piano. **cottager** [ˈkɔtidʒə] hytteboer; (US) feriegjest el. sommergjest (som eier el. leier hytte); husmann. **cottar** [ˈkɔtə], **cotter** [ˈkɔtə], **cottier** [ˈkɔtiə] husmann.
cotton [ˈkɔtn] bomull; bomullstøy; bomullstråd; bli ullen, reise lo; stemme; passe sammen; være enig; bli godvenner; kjæle for. **– cake** bomullsfrøkake. **– candy** spunnet sukker. **– gin** egreneringsmaskin. **-lord** bomullsmagnat. **– mill** bomullsspinneri. **printed cotton** el. **cotton-print** sirs.
cotton wool [ˈkɔtnwul] råbomull, vatt.
cotty [kɔti] innfiltret.
couch [kautʃ] legge ned (srl. **be -ed** være nedlagt, ligge), legge malt til spiring; felle (en lanse); fjerne, operere vekk (**– a cataract** operere vekk stær); uttrykke, avfatte, fremsette; kle, svøpe, tilsløre; legge seg, krøke seg, huke seg ned; legge seg på lur.
couch [kautʃ] sofa, sjeselong; behandlingsbenk (hos lege, massør o.l.); lag; grunn (i maleri); kveke (plante).
couchette [ku:ˈʃet] liggesete (på tog).
couch/hammock hengekøye; hagesofa. **– potato** stuegris.
cougar [ˈkuˈgɑ:, -gə] kuguar, puma.
cough [kɔf] hoste. **– drop** [-drɔp] hostepastill. **– syrup** hostesaft.
could [kud, kəd] imperf. av **can.**
couldn't [ˈkudnt] fk. f. **could not.**
coulisse [kuˈli:s] kulisse.
council [ˈkaunsl] rådsmøte, rådsforsamling; konsil, kirkemøte; **borough –** kommunestyre; **city –** bystyre; **county –** formannskap, fylkesstyre, grevskapsråd. **Privy C.** geheimråd (med over 400 medlemmer, og blant dem har **the Cabinet** regjeringen sete); **the Council of Europe** Europarådet.
council | board rådsbord, rådsmøte, råd. **– flat** el. **– house** kommunal leilighet el. hus (bygget av kommunen); ogs. ≈ sosialbolig el. arbeiderbolig.
councillor [ˈkaunsilə], **councilman** [ˈkaunslmən] rådsherre; bystyremedlem, rådsmedlem.
counsel [ˈkaunsəl] råd, tilrådning; rådslagning; hensikt; plan, beslutning; juridisk konsulent; advokat; juridisk bistand; gi råd, råde; rådlegge; **a piece of –** et råd; **keep one's –** holde noe hemmelig, holde tann for tunge. **Counsel for the Plaintiff** saksøkerens advokat; **Counsel for the Defendant** saksøktes advokat; **Counsel for the Crown** el. **Counsel for the Prosecution** aktor (i kriminalsaker); **Counsel for the Defence** forsvarer (i kriminalsaker); **Queen's Counsel** (fork. **Q. C.**) kongelig advokat, kronadvokat.
counsellor [ˈkaunsələ] rådgiver, konsulent; advokat; (US) «onkel» (på feriekoloni).
count [kaunt] greve (i utlandet, sv. til **earl**).
count [kaunt] tall, telling, opptelling; regning; klagepunkt; telle, regne; regne med, inkludere; være av betydning; anse for; tilskrive; **– oneself lucky** prise seg heldig; **– out** ikke regne med; **– on** gjøre regning med.
countdown [ˈkauntdaun] nedtelling.
countenance [ˈkauntinəns] ansikt, mine; yndest; understøttelse, beskyttelse, billigelse; fatning, kontenanse; **change –** skifte farge; **put out of –** bringe ut av fatning, forfjamse. **countenance** [ˈkauntinəns] oppmuntre, støtte; begunstige; billige, tolerere, akseptere. **countenancer** [-ə] befordrer, velynder; beskytter.
counter [ˈkauntə] regnepenger, tellepenger, sjetong; disk, skranke, luke; telleverk, teller.
counter [ˈkauntə] motsatt, imot; mot-; parere; imøtegå, motsette seg.
counteract [kauntəˈrækt] motvirke, motarbeide; utlikne. **-ion** [-ˈækʃən] motvirkning, motstand, hindring; [ˈkauntərækʃən] mottrekk, svar. **-ive** [-ˈæktiv] motvirkende.
counterbalance [ˈkauntəbæləns] motvekt; [kauntəˈbæləns] veie opp, oppveie, være motvekt mot.
counterblast [ˈkauntəblɑ:st] mottrekk, motstøt; motskrift.
countercharge [ˈkauntətʃɑ:dʒ] motangrep, motbeskyldning; [kauntəˈtʃɑ:dʒ] gjøre motangrep.
counterclockwise mot urviseren.
counterfeit [ˈkauntəfit] etterlikne, ettergjøre; forfalske; hykle; ettergjort, forfalsket, oppdiktet, falsk; etterlikning; bilde; forfalsket ting. **-er** ettergjører, forfalsker; hykler.
counterfoil [ˈkauntəfɔil] talong i sjekkbok.
counterfort [ˈkauntəfɔ:t] støttemur, strebepilar, kontrefort.
counter|girl diskedame. **– hopper** [ˈkauntəhɔpə], **– jumper** [ˈkauntədʒʌmpə] diskenspringer. **-man** ekspeditør.
countermand [ˈkauntəˈmɑ:nd] gi kontraordre, avlyse, avbestille, annullere. **countermand** [ˈkauntəmɑ:nd] kontraordre, avbestilling.
countermarch [ˈkauntəmɑ:tʃ] kontramarsj; marsjere tilbake.
countermeasure [ˈkauntəmeʒə] mottiltak, motforholdsregel, mottrekk.

countermessage ['kauntəmesidʒ] avbud.
countermine ['kauntəmain] kontramine.
countermine [kauntə'main] kontraminere.
counterpane ['kauntəpein] sengeteppe; åkle; **patchwork –** lappeteppe.
counterpart ['kauntəpɑ:t] gjenpart; tilsvarende stykke, motstykke.
counterpoint ['kauntəpɔint] kontrapunkt.
counterpoise ['kauntəpɔiz] motvekt; veie opp.
counterpoison ['kauntəpɔizn] motgift.
counterscarp ['kauntəskɑ:p] kontreskarpe, ytre vollgravside.
countershaft ['kauntəʃɑ:ft] mellomaksel.
countersign ['kauntəsain] kontrasignere; løsen; feltrop; kontrasignatur.
countersink [kauntə'siŋk] forsenke (bore hull til skruehode osv.).
counterstroke ['kauntəstrəuk] mottrekk, mottiltak.
countertenor ['kauntə'tenə] alt (altstemme).
countervail ['kauntə'veil] veie opp, utlikne.
countess ['kauntis] grevinne (gift med **earl** eller **count).**
counting | frame kuleramme. **-house** ['kauntiŋhaus] kontor(bygning).
countless ['kauntlis] utallig.
countrified ['kʌntrifaid] rustifisert, landlig.
country ['kʌntri] land; egn, område, distrikt; land (motsatt by); fedreland; terreng, lende; **in the –** på landet; **into the –** ut på landet; **throw** (el. **put) oneself upon the –** kreve å bli stilt for en jury; **go** (el. **appeal) to the –** appellere til velgerne. **– beam** fjernlys på bil. **– -bred** oppvokst på landet. **– cousin** slektning fra landet; gudsord fra landet. **cross – race** terrengløp; langrenn (om skisport). **– dance** turdans, folkedans. **-folk** landsens folk, bygdefolk. **– gentleman** landadelsmann, godseier. **– house** landsted; gods. **– justice** ≈ sorenskriver. **-man** jordbruker, bonde; landsmann. **– seat** landsted. **-side** land, egn, omegn; landsbygd. **– town** kjøpstad, provinsby. **-trade** innenrikshandel. **– -wide** landsomfattende.
countship ['kauntʃip] grevskap; rang av greve.
county ['kaunti] grevskap (betegnelsefor de provinser som England er oppdelt i, til vanlig det samme som **shire**), ≈ fylke. **– agent** fylkesagronom. **– borough** by som administrativt utgjør et **county. – council** se **council. – court** lokal rett (for sivile småsaker). **– family** godseierfamilie, adelsætt med ættegods i fylket. **– town** hovedstaden i et grevskap. **the Midland Counties** de mellomengelske grevskaper.
coup [ku:] kupp. **– d'état** ['ku:dei'tɑ:] statskupp.
coupé ['ku:pei] kupé.
couple ['kʌpl] koppel; par, ektepar; kople; pare; forbinde; pare seg; **a – of days** et par dager. **couplet** ['kʌplit] par; verspar. **coupling** ['kʌpliŋ] kopling, kupling. **coupling | pin** [-pin] eller **– rod** [-rɔd] koplingsjern.
coupon ['ku:pɔn] kupong.
courage ['kʌridʒ] mot, tapperhet; **have the – of one's conviction** ha sine meningers mot.
courageous [kə'reidʒəs] modig, tapper.
courier ['kuriə] ilbud, kurér.
course [kɔ:s] løp; løpebane; kurs; gang, fremskritt; kursus; rekke; vandel, fremgangsmåte, sedvane, skikk, måte; naturmessig virkemåte, naturens gang; rett (ved et måltid), anretning; **-s** menstruasjon; **of –** naturligvis, selvsagt; **in due –** i rette tid; **in the – of** i løpet av, under; **a matter of –** en selvfølgelighet; **a – of lectures** forelesningsrekke. **course** [kɔ:s] forfølge, jage; gjennomstrømning. **courser** ['kɔ:sə] hest, ganger.
court [kɔ:t] gård, tun, gårdsplass; veit, smug; samling småhus el. hytter, motell; krokketplass, tennisbane; hoff; oppvartning, kur; rett; rettssal, rettsmøte; kurtisere, fri, beile til; søke å oppnå, trakte etter; rett; **the Law Courts** tinghuset; **at –** ved hoffet; **have a friend at –** ha fanden til morbror; **before the –** for retten; **in –** i retten; **in the –** i rettssalen; **bring into the –** bringe for retten; **make – to** gjøre kur til. **– calendar** ['kælində] rettsliste, sakliste. **– card** billedkort. **– circular** nytt fra hoffet (daglig pressemelding). **– day** rettsdag; tingdag. **– dress** hoffdrakt.
courteous ['kə:tiəs, 'kɔ:tiəs] høflig; vennlig. **-ness** høflighet, elskverdighet, vennlighet.
courtesan ['kɔ:tizæn] kurtisane, skjøge.
courtesy ['kə:tisi] høflighet, elskverdighet; oppmerksomhet; belevenhet; høflighets-, oppmerksomhets-, gratis-. **– call** høflighetsvisitt. **– car** (US) gratisskyss (f. eks. i regi av et hotell til og fra flyplass o. l.). **– copy** dedikasjonseksemplar. **– light** (US) innvendig belysning (i bil).
court | guide ['kɔ:tgaid] hoff- og statskalender. **– hand** kanselliskrift. **-house** tinghus, rettsbygning.
courtier ['kɔ:tjə] hoffmann; beiler.
court jester hoffnarr.
courtly ['kɔ:tli] høflig, høvisk, beleven.
court|-martial ['kɔ:t'mɑ:ʃəl] krigsrett; dømme ved krigsrett. **– mourning** hoffsorg. **– of appeal** appellrett. **– of arbitration** voldgiftsdomstol. **– of claims** (US) klagerett. **– of inquiry** undersøkelsesdomstol. **– of justice** domstol. **– order** rettskjennelse. **– plaster** heftplaster.
courtship ['kɔ:tʃip] kur, frieri.
courtyard ['kɔ:tjɑ:d] gårdsplass.
cousin ['kʌzn] fetter, kusine, søskenbarn; slektning. **– -german** el. **first –** (kjødelig) søskenbarn, kjødelig fetter el. kusine; **second –** tremenning. **cousinship** ['kʌznʃip] fetterskap.
cove [kəuv] bukt, fjord, vik, våg; hvelve.
cove [kəuv] kar, fyr.
coven ['kʌvn] heksesabbat.
covenant ['kʌvinənt] pakt, overenskomst, avtale, kontrakt; slutte pakt, inngå en avtale; **– in a contract** bestemmelse i en kontrakt.
Covent Garden ['kɔvənt'gɑ:dn] (teater og opera i London); (tidligere et blomster- og grønnsaktorg).
coventrate ['kɔvəntreit], **coventrize** ['kɔvəntraiz] terrorbombe, utslette ved bombing.
Coventry ['kɔvəntri]; **send a man to –** ikke ville ha omgang med en mann, boikotte en person, fryse ut en person.
cover ['kʌvə] v. **1** dekke, dekke til; skjule; beskytte; **2** bedekke (pare seg med); **3** tilbakelegge; reise gjennom; **4** sikte rett på; **5** holde i sjakk, holde dekket; **6** referere, dekke, gi spalteplass; s. **1** dekke; kuvert; **2** deksel; lokk; skjul; **3** påskudd, skinn; **4** perm, bind; forside, **5** konvolutt; **6** beskyttelse, ly, dekning; **7** kratt, tykning; **8** et dyrs leie; **covered-in** tildekt, overdekt; **under separate –** særskilt, med særskilt post; **– up** dekke til, beskytte eks. **– up against the cold.**
coverage ['kʌvəridʒ] dekning; omtale, behandling; reportasje, presseomtale.
cover|-all altomfattende, universell. **-alls** (US) pl.

kjeledress. – **charge** kuvertpris. – **girl** forsidepike.
covering [ˈkʌvəriŋ] bedekning; ly, skjul; deksel, overtrekk, dekke; dekk-. – **fire** dekningsild. – **letter** følgeskriv.
coverlet [ˈkʌvəlit] sengeteppe, åkle.
Coverly [ˈkʌvəli].
cover note (ass.) dekningsnota.
covert [ˈkʌvət] skjul, ly, tilfluktssted, smutthull; tykning; standplass; dekt, skjult; forblomme; (jur.) gift (under en ektemanns beskyttelse).
covert coat [ˈkʌvətˈkəut] kappe, lett frakk.
cover title omslagstittel.
coverture [ˈkʌvətʃuə, -tʃə] dekke, skjul, vern; (jur.) gift kvinnes juridiske stilling.
cover-up [ˈkʌvəˈrʌp] dekkhistorie, skalkeskjul.
covet [ˈkʌvət] begjære, trakte etter, attrå. **-ous** [ˈkʌvətəs] begjærlig (**of** etter). **-ousness** begjærlighet, griskhet, lyst.
covey [ˈkʌvi] yngel; flokk, kull.
cow [kau] ku.
cow [kau] kue, forkue, gjøre motløs.
coward [ˈkauəd] kujon, reddhare; feig, forsagt. **-ice** [ˈkauədis] feighet, forsagthet. **-ly** [ˈkauədli] feig.
cowbane [ˈkaubein] selsnepe.
cowboy [ˈkaubɔi] gjeter, cowboy; svart arbeider, skomaker.
cowcatcher [ˈkaukætʃə] kufanger, skinnerydder.
cower [ˈkauə] sitte på huk, sette seg på huk, huke seg ned, krype sammen (av kulde el. frykt).
cowherd [ˈkauhə:d] røkter, gjeter.
cowhide [ˈkauhaid] kuhud; pisk, piske.
cowhouse [ˈkauhaus] fjøs.
cowl [kaul] munkehette, munkekutte; røykhette; kjølerkappe; torpedo (på bil); **engine -(ing)** motorpanser.
cowlick [ˈkaulik] pannelokk, kusleik, dårelokk.
co-worker [ˈkəuˈwə:kə] medarbeider.
Cowper [ˈku:pə, ˈkaupə].
cow|pox [ˈkaupɔks] kukopper. **-puncher** (US) cowboy.
cowslip [ˈkauslip] kusymre, marinøklebånd.
cox [kɔks] d. s. s. **coxswain;** styre; være kvartermester el. båtstyrer.
coxcomb [ˈkɔkskəum] hanekam; narrelue; narr, laps. **coxcombical** [kɔksˈkəumikl] lapset, narraktig. **coxcombry** [ˈkɔkskəmri] lapsethet, narraktighet.
coxswain [ˈkɔkswein, ˈkɔksn] kvartermester (i marinen); styrmann (på robåt).
coy [kɔi] bluferdig, blyg, unnselig; kokett, knipsk. **-ish** [ˈkɔiiʃ] litt tilbakeholden, blyg.
coyote [ˈkɔiəut] prærieulv.
coz [kʌz] fetter, kusine; forkortet av **cousin.**
coze [kəuz] småprat, passiar; småprate.
cozen [ˈkʌzn] narre, lure, bedra.
cozy [ˈkəuzi] se **cosy.**
cp. fk. f. **compare.**
c. p. fk. f. **candle power.**
cpd. fk. f. **compound.**
Cpl. fk. f. **corporal.**
cpt fk. f. **captain.**
CQ fk. f. **call to quarters** kallesignal for radioamatører.
cr. fk. f. **credit(or).**
crab [kræb] krabbe; villeple, sureple; tverrdriver; sur; gretten; klore; rakke ned på, plukke i stykker. **the Crab** Krepsen (stjernebilde); **catch** (eller **cut) a –** gjøre et galt åretak.
crab apple villeple; paradiseple.
crabbed [ˈkræbid] sur, gretten; uklar, ugrei, floket; gnidret.
crabby [ˈkræbi] sur, gretten.
crab louse [ˈkræblaus] flatlus.
crab pot teine (fiskeredskap).
crack [kræk] knaking, braking, brak, slag, smell; knekk; brudd, brott, sprekk, brist, revne; skryt; innbrudd, innbruddstyv; forsøk; knake, brake, smelle; knekke; knalle med, smelle med; sprekke, revne, sprenge; gå i stykker, ødelegge; åpne på gløtt; skryte; førsteklasses, elite-; **have a – at** gjøre et forsøk; – **down** slå ned; **get -ing** ta fatt, komme igang; **a – shot** mesterskytter; **a – regiment** eliteregiment; – **a bottle** knekke (halsen på) en flaske; **a -ed voice** en sprukken stemme; – **jokes** rive vittigheter av seg.
crackbrained [ˈkrækbreind] tomset, skrullet.
cracked [krækt] revnet, sprukken; forrykt.
cracker [ˈkrækə] nøtteknekker; smellbonbon; skrythals; (tynn, hard) kjeks; piskesnert; (sl.) plate, løgn; (i oljeraffineri) ≈ molekyl|spalter, -knuser. **– -barrel politician** ≈ politisk kannestøper.
crackjaw [ˈkrækdʒɔ:] som er uråd å uttale.
crackle [ˈkrækl] knitre, sprake; slå gnister. **crackling** [ˈkrækliŋ] spraking; brunstekt fleskesvor.
cracknel [ˈkræknəl] kjeks.
crackpot [ˈkrækpɔt] rar, sprø; raring, tulling.
cracksmann [ˈkræksmən] innbruddstyv.
Cracow [ˈkrɑ:kəu] Kraków.
cradle [ˈkreidl] vogge; rede, reir; skinne, spjelk; bøyle (over sår); avløpningspute; sl. renske el. skilletrau (for malm); meiebøyle (på en ljå); legge i vogge; vogge; ale opp, fostre. **-song** voggesang.
craft [krɑ:ft] hendighet; håndverk, yrke, kunst; list, bedrageri, kunstgrep; skip, fartøy, farkost. **-sman** [ˈkrɑ:ftsmən] håndverker; fagmann. **-iness** [ˈkrɑftinis] behendighet, snedighet, list. **-y** [ˈkrɑ:fti] listig, slu.
crag [kræg] fjellknaus, berghammer. **-ged** [ˈkrægid] d. s. s. **craggy.**
craggy [ˈkrægi] ujevn, knudret; knauset, berglendt.
cragsman [ˈkrægzmən] fjellklatrer.
crake [kreik] åkerrikse.
cram [kræm] stappe, proppe, presse inn; fylle seg, stappe seg, proppe seg; fylle med løgner; proppe (med kunnskaper), manudusere; terpe, pugge; eksamenslesning; terping; løgn, skrøne.
crambo [ˈkræmbəu] rimlek, rimord.
crammer [ˈkræmə] pugghest; manuduktør; løgn, skrøne; løgnhals.
cramp [kræmp] krampe (sykdom); krampe (i mur osv.); skruestikke; hindring, innskrenkning; volde krampe; gjøre stiv; tvinge, innskrenke; gjøre fast, klemme fast; gjøre det trangt, vanskelig for. – **iron** [ˈkræmpaiən] jernkrampe.
crampon [ˈkræmpən] klo, hake; brodd (under sko).
cran [kræn] mål for sild = $37^1/_2$ gallons.
cranage [ˈkreinidʒ] kranleie, kranpenger.
cranberry [ˈkrænbəri] tranebær.
crane [krein] trane; kran; løfte med en kran;

tøye seg, strekke halsen, strekke; **– at** betenke seg før man forsøker. **– operator** kranfører.
crane's bill [ˈkreinzbil] storkenebb.
cranial [ˈkreiniəl] kranie-.
cranium [ˈkreiniəm] kranium, hodeskalle.
crank [kræŋk] krok, krumtapp, krank, veivaksel, sveiv, veiv; bukt, krok; påhitt; ordspill; særling, skrue, gærning, tulling; livlig; rank; krank, skrøpelig; vende og dreie seg; sveive, dreie, starte (om) bilmotor. **– arm** veivarm, sveiv. **– brace** borvinde. **– handle** håndsveiv. **crankle** [ˈkræŋkl] sno seg; krumme; krok, krumning.
cranky [ˈkræŋki] vaklevoren; urolig, ustyrlig; tverr; merkelig, rar.
crannied [ˈkrænid] full av sprekker.
cranny [ˈkræni] revne, sprekk; få revner.
crap [kræp] terningspill; kram, krimskrams; dritt, avføring.
crape [kreip] krepp, (sørge-)flor; kruse; kreppe.
crapulence [ˈkræpjuləns] fyllesyke; fyll, drikkfeldighet.
crash [kræʃ] knak, brak, bulder, krasj; flykrasj, nedstyrtning; krakk, fallitt; brake, styrte sammen; krasje, kollidere; gå fallitt; hurtig-, lyn-. **– course** lynkurs, innføringskurs. **– charge** hurtiglading. **– dive** hurtig dykking (av ubåt). **– helmet** styrthjelm. **– wagon** utrykningsbil.
crass [kræs] tykk, grov, drøy, dryg, krass. **-itude** [ˈkræsitju:d] drøyhet, grovhet.
crate [kreit] pakk-korg, sprinklekasse; gammel skranglekasse (bil el. fly).
crater [ˈkreitə] krater.
cravat [krəˈvæt] (gammeldags) halsbind, (også om:) slips; **hempen –** bøddels reip.
crave [kreiv] kreve, forlange; be om; hige (**for** etter); **a craving appetite** en glupende appetitt.
craven [ˈkreivən] kujon, kryster, stakkar; feig.
craving [ˈkreiviŋ] begjærlighet, attrå, lyst (**for** til).
craw [krɔ:] kro, krås.
crawfish [ˈkrɔ:fiʃ] kreps; bakke ut, trekke seg.
crawl [krɔ:l] kravle, krabbe; ha krypende fornemmelser; crawle; kravling; crawl; **– with** myldre av.
crawler [ˈkrɔ:lə] kryp, lus; ledig drosje (som kjører langsomt for å få passasjer). **– lane** krabbefelt (på motorvei).
crayfish [ˈkreifiʃ] kreps.
crayon [ˈkreiən] tegnekritt, fargeblyant, stift; tegning.
craze [kreiz] gjøre gal, skrullet, være gal; sprekke, slå sprekker, krakelere; sprekk, revne; mani, dille, galskap, grille, fiks idé; **the latest –** siste skrik (om f. eks. moter); **power -d** maktsyk. **craziness** [ˈkreizinis] vanvittighet, forrykthet. **crazy** [ˈkreizi] falleferdig, avfeldig; skrullet, sprø, tullet, gal,vanvittig.
creak [kri:k] knirke, knake; knirk.
cream [kri:m] fløte; rømme; krem; det beste. **– cake** bløtkake. **– cheese** fløteost. **– of tartar** renset vinstein, kremor-tartari. **cream** sette fløte; skumme fløte; ha fløte i; (US sl.) pulverisere, knuse, utslette (ogs. fig.) eks. **our football team was -ed.**
creamer [ˈkri:mə] separator; fløtemugge.
creamery [ˈkri:məri] meieri; melkehandel.
crease [kri:s] fold, fald, brett, rynke; brette, folde. **creasy** [ˈkri:si] foldet, rynket.
create [kriˈeit] skape; frembringe; kreere, utnevne. **creation** [kriˈeiʃən] skapelse; det skapte, skapning; utnevnelse. **creative** [kriˈeitiv] idérik, (ny)skapende. **creator** [kriˈeitə] skaper. **creatress** [kriˈeitris] skaperinne.
creature [ˈkri:tʃə] skapning, menneske, vesen; dyr; kreatur.
crèche [kreiʃ] barnekrybbe, julekrybbe; daghjem, småbarnhjem.
credence [ˈkri:dəns] tro, tillit, tiltro; **letter of –** kreditiv. **credenda** [kriˈdendə] trosartikler. **credentials** [kriˈdenʃəls] kreditiver, anbefalingsbrev, legitimasjonsskrivelse. **credibility** [krediˈbiliti] troverdighet. **credible** [ˈkredibl] trolig, troverdig, pålitelig.
credit [ˈkredit] tillit, tiltro; kreditt; godt navn, anseelse, anerkjennelse, ære; troverdighet; innflytelse; (US) kurspoeng; tro, lite på, skjenke tiltro; kreditere. **-able** [ˈkreditəbl] aktverdig; ærefull, hederlig. **– advice** kredittopplysning. **-or** [ˈkreditə] kreditor. **– restraint, – squeeze** kredittilstramming.
credo [ˈkri:dəu] credo, trosbekjennelse.
credulity [kriˈdju:liti] lett-troenhet.
credulous [ˈkredjuləs] lett-troende, godtroende.
creed [kri:d] tro, trosbekjennelse.
creek [kri:k] krik; vik; bukt; (US) sideelv, bekk.
creel [kri:l] kurv, korg, kipe, teine.
creep [kri:p] krype, liste seg; være krypende; kryping; ekkel fyr, snik; **the -s** pl. grøssing, gåsehud. **-er** [ˈkri:pə] kryper; kryp; slyngplante; trekryper; **Virginia creeper** villvin. **-y** [ˈkri:pi] uhyggelig.
crees [kri:s] kris (malayisk dolk); dolke.
cremate [kriˈmeit] brenne, kremere.
cremation [kriˈmeiʃən] likbrenning, kremasjon.
crematorium [kreməˈtɔ:riəm] krematorium.
Cremona [kriˈməunə] Cremona; kremoneserfiolin.
crenated [kriˈneitid] takket, tagget.
crenelated [ˈkrenileitid] krenelert, forsynt med skyteskår.
Creole [ˈkri:əul] kreol.
creosote [ˈkri:əsəut] kreosot.
crêpe, crep [kreip], krepp, crêpe; kreppe.
crepitate [ˈkrepiteit] sprake, knitre. **crepitation** [krepiˈteiʃən] knitring, spraking.
crépon [ˈkrepɔ:ŋ, ˈkrepɔn] krepong.
crept [krept] imperf. og perf. pts. av **creep.**
crepuscule [ˈkrepəskju:l] tusmørke. **crepuscular** [kriˈpʌskjulə] tusmørke-, demrende.
crescendo [kriˈʃendəu] crescendo.
crescent [ˈkresənt] voksende; månesigd, halvmåne; halvrund plass.
cress [kres] karse; **water-** brønnkarse.
cresset [ˈkresit] bekgryte.
crest [krest] kam, topp; fjærtopp, hjelmbusk; hjelm (over et våpenskjold), våpenmerke. **-fallen** motfallen, slukøret.
Crete [kri:t] Kreta.
cretin [ˈkretin] kretiner (vanskapt idiot). **-ism** [ˈkretinizm] kretinisme, idioti.
cretonne [kreˈtɔn, ˈkretɔn] kretong.
crevice [ˈkrevis] sprekk.
crew [kru:] (skips-)mannskap, besetning, arbeidsgjeng, flokk, bande; bemanne.
crib [krib] krybbe, bås, spiltau; julekrybbe; lekegrind, barneseng; binge; hus, leilighet; stilling; oversettelse (av klassikere, som brukes til å fuske med i skolen); sperre inne; stjele, naske; stimle sammen; være stuet sammen; fuske (i skolen).

cribbage [ˈkribidʒ] pukk, et slags kortspill.
cribbing [ˈkribiŋ] krybbebit; fusk (i skolen).
crib-biter [ˈkribbaitə] krybbebiter; grinebiter.
crib tin matdåse.
crick [krik] kink (i ryggen el. nakken); forstrekke.
cricket [ˈkrikit] siriss.
cricket [ˈkrikit] cricketspill; spille cricket; **not –** ikke ærlig spill. **-er** [ˈkrikitə] cricketspiller. **– match** cricketkamp.
cried [kraid] imperf. og perf. pts. av **cry.**
crier [ˈkraiə] roper, utroper; skrikhals.
crime [kraim] forbrytelse, kriminalitet; ulovlighet.
Crimea [kraiˈmi:ə]: **the –** Krim. **Crimean** [kraiˈmi:ə n] Krim-, krimsk.
criminal [ˈkriminəl] forbrytersk, kriminell, straffbar; forbryter. **– assault** voldtekt(sforsøk). **-ity** [krimiˈnæliti] forbrytersk beskaffenhet; straffskyldighet; kriminalitet.
criminate [ˈkrimineit] anklage, beskylde. **crimination** [krimiˈneiʃən] beskyldning, anklage.
crimp [krimp] verver; hyrebas; verve.
crimp [krimp] kruse, krølle.
crimple [ˈkrimpl] krympe; kruse, krølle.
crimson [ˈkrimzn] karmosinrød; høyrød; farge karmosinrød, blodrød; rødme. **– rambler** rød slyngrose.
cringe [krin(d)ʒ] kryperi, smisking; bøye seg, krype sammen; krype (for en). **cringer** [ˈkrin(d)ʒə] kryper. **cringing** kryping, servilitet.
cringle [ˈkriŋgl] (mar.) løyert.
crinkle [kriŋkl] bøye; sno, tvinne; kruse; bøye seg; sno seg; kruse seg; tvinning; krusing; krøll.
crinoline [ˈkrinəli:n, krinəˈli:n] krinoline.
cripple [ˈkripl] krøpling, vanfør; gjøre til krøpling; lemleste, skamfere, helseslå.
crises [ˈkraisi:z] pl. av **crisis.**
crisis [ˈkraisis] vendepunkt, krise, krisis.
crisp [krisp] kruset; brunet; stekt; skjør, sprø; fast; skarp, klar, tydelig; musserende; kruse, krølle; flette; kruse seg; **-s** pl. franske poteter, potetløv.
crispate(d) [ˈkrispeit(id)] kruset, krøllet.
crisscross [ˈkriskrɔs] på kryss og tvers; kors, nettverk.
criterion [kraiˈtiəriən] kriterium, kjennemerke, særkjenne.
critic [ˈkritik] kritiker, anmelder, dommer, klandrer. **-al** [ˈkritikl] kritisk; klandresyk; avgjørende; betenkelig, farlig; kriserammet. **criticism** [ˈkritisizm] kritikk. **criticize** [ˈkritisaiz] kritisere, bedømme; klandre. **critique** [kriˈti:k] kritikk, anmeldelse, melding.
croak [krəuk] kvekke (som frosk); skrike (som ravn); knurre (om innvollene); knurre; brumme; kvekking, skriking, knurring. **croaker** [ˈkrəukə] griner; brumlebasse; tverrpomp; ulykkesprofet.
Croat [ˈkrəuət] kroat. **Croatia** [krəuˈeiʃ(i)ə] Kroatia. **Croatian** [krəuˈeiʃ(i)ən] kroatisk.
crochet [ˈkrəuʃei] hekle; hekling; hekletøy.
crochet hook [ˈkrəuʃeihuk] heklenål.
crocheting [ˈkrəuʃeiiŋ] hekling; hekletøy.
crock [krɔk] krukke; potteskår; skranglekasse, gammel bil; skarveøyk, skottgamp; svak (utslitt el. udyktig) person; sot. **crockery** [ˈkrɔkəri] leirvarer, steintøy; servise.
crocky [ˈkrɔki] skrøpelig, skral, skranglete.
crocodile [ˈkrɔkədail] krokodille.
crocus [ˈkrəukəs] krokus; safran.
Croesus [ˈkri:səs] Krøsus.
croft [krɔft] tun, tuft, husmannsplass. **crofter** [ˈkrɔftə] husmann, leilending.
cromlech [ˈkrɔmlek] dolmen, steindysse.
Cromwell [ˈkrɔmwel] Cromwell. **-ian** cromwellsk.
crone [krəun] gammel kjerring, gamlemor.
crony [ˈkrəuni] gammel venn, busse.
crook [kruk] hake, krok; krumstav; krumning, bukt; uærlig person, svindler, kjeltring. **by hook or by –** med rett el. urett, på enhver måte. **crook** krumme, krøke; fordreie; snyte, stjele.
crooked [ˈkrukid] kroket, skjev, skeiv, fordreid, uærlig. **-ness** krumhet; forkjærthet, uærlighet.
croon [kru:n] trall, nynning; tralle, nynne. **-er** vokalist, refrengsanger.
crop [krɔp] kro, krås; topp (f. eks. på plante); høst, avling, grøde; mengde, samling, snauklipt hår, snauklipping; skjære av, stusse; gresse, beite, gnage; drive jakt på, beskatte (f. eks. om dyreart); gi avling, dyrke; **– up** dukke opp. **– -eared** [ˈkrɔpiəd] med stussede ører, øremerket; snauklipt. **– failure** avlingssvikt.
cropper [ˈkrɔpə] slåmaskin; kroppdue; fall; fiasko; **to go a –** falle, styrte; gjøre fiasko.
crop rotation vekselbruk, vekseldrift.
croquet [ˈkrəukei] krokket; krokere. **– mallet** krokketkølle.
croquette [krəˈket] krokett.
crore [krɔ:] 10 mill. rupi (indisk).
crosier [ˈkrəuʒə] bispestav.
cross [krɔs] kors; kryss; krysning (av dyr); (fig.) kors, lidelse; bedrageri, svindel; **take up the –** bære sitt kors med tålmodighet; **a – between a plane and a missile** en mellomting, el. blanding av ...; **the Southern Cross** Sydkorset.
cross [krɔs] på tvers, skrå, skjev; forkjært; tverr; gretten; sint; **– questions and crooked answers** spørsmål og svar (selskapslek).
cross [krɔs] krysse, gå tvers over; gå over, gå igjennom, dra over, dra igjennom (på en eller annen måte; gående, kjørende osv.); sette over, komme over, komme igjennom; motvirke, motarbeide, hindre; motsi; sette kors ved; slå kors over (stryke); legge over kors; **– one's arms** legge armene over kors; **– one's mind** falle en inn; **be -ed in love** ha uhell i kjærlighet; **– one's palm** gi en (spåmann) penger; bestikke noen; **– my heart!** æresord! kors på halsen!
cross action [ˈkrɔsˈækʃən] motsøksmål. **– arm** tverrarm. **-bar** tverrtre, tverrstang. **– beam** tverrbjelke, tverrås. **-bearer** korsbærer. **– bearings** krysspeiling. **-bench** tverrbenk (i det engelske underhus de nederste tverrbenker, der de uavhengige el. nøytrale sitter). **– bencher** partiløs, nøytral.
crossbill [ˈkrɔsbil] korsnebb (fugl).
crossbones korslagte dødningeben. **-bow** armbrøst. **-breed** krysning, blanding. **-bun** korsbolle, langfredagsbolle. **– -country** tvers over landet el. markene, som ikke holder seg til veiene; terrengløp, langrenn. **-cut** snarvei, beinvei. **– -examine** kryssforhøre. **– -eyed** skjeløyd. **– fire** kryssild. **– -grained** vrien (om ved); vanskelig, tverr, gretten. **– guard** parérstang. **– hairs** trådkors.
crossing [ˈkrɔsiŋ] korsvei; gatekryss, overgang; kryssing, overfart. **– sweeper** gatefeier.
cross-legged [ˈkrɔslegd] med beina over kors.
crosslet [ˈkrɔslit] lite kors.

cross|light dobbelt belysning; gransking fra forskjellige synspunkter. **-line** tverrlinje.
crossness [ˈkrɔsnis] vranghet, tverrhet, grettenhet.
crossover filter delefilter.
crosspatch [ˈkrɔspætʃ] grinebiter, sinnatagg, vriompeis.
cross|piece tverrstykke, tverrbjelke. **– -ply tyre** diagonaldekk. **– purpose** formål som kommer på tverke; motsetning; misforståelse **(be at cross purposes** komme på tverke for hverandre, komme til å motvirke hverandre). **– -question** kryssforhøre. **– reference** krysshenvisning. **-road** korsvei. **-row** tverr-rad. **– stitch** korssting. **– street** tverrgate. **– talk** kryssnakk, uønsket overgang av lyd fra en (stereo)kanal til en annen, overhøring. **– talk attenuation** overhøringsdemping. **-tie** (US) skinnesville. **-trader** skip(sreder) som ikke seiler på hjemlandet. **-trees** tverrsaling, tverrstang.
crosswise [ˈkrɔswaiz] over kors, på kryss.
crossword [ˈkrɔswə:d] kryssord. **– puzzle** kryssordoppgave.
crotch [krɔtʃ] kløft, gaffel; skritt (i benklær).
crotchet [ˈkrɔtʃit] stiver; fjerdedelsnote; klammer (i trykte el. skrevne ting); grille, innfall. **crotchety** [ˈkrɔtʃiti] full av griller, sær, vimet.
crouch [krautʃ] bukke seg, huke, bøye seg ned, bøye seg sammen, legge seg ned, krype sammen, ligge sammenkrøpet; krype, smiske.
croup [kru:p] kryss, korsrygg, lend (på hest); strupehoste, krupp.
croupier [ˈkru:piə] croupier, bankholderens medhjelper i spillehus; visepresident (ved festmåltid).
crow [krəu] kråke; galing, hanegal; brekkjern, kubein; **as the – flies** i rett linje; luftlinje; **eat (boiled) –** bite i det sure eple; **pluck** (el. **pull) a –** slåss om bagateller; **have a – to pluck** (el. **pull** el. **pick) with one** ha en høne å plukke med en.
crow [krəu] gale; pludre; braute; hovere.
crow|bar [ˈkrəubɑ:] kubein, spett, brekkjern. **-berry** krekling. **-bill** slags doktortang til å trekke ut kuler med.
crowd [kraud] hop, mengde, oppløp, flokk; klikk, gjeng; dytte, skubbe; plage; fylle, trenge sammen, trenge seg, flokkes, stimle; **– all sail** sette alle seil til. **crowded** [ˈkraudid] stuvende full, overfylt, overlesset, fyldig, rikholdig; begivenhetsrik.
crowfoot [ˈkrəufut] smørblomst, soleie.
crown [krəun] perf. prs. av **crow.**
crown [kraun] krone, krans; engelsk mynt = fem shillings; isse, topp; pull; **the C.** kongemakten; påtalemyndigheten; krone, kranse, dekke, bedekke; sette kronen på verket; gjøre dam; **– king** krone til konge; **– the achievement** sette kronen på verket; **to – it all** dessuten, på toppen av det hele. **– cap** crownkork, flaskekapsel.
Crown Colony kronkoloni.
crown imperial keiserkrone (blomst).
crown | land doméne, krongods. **– law** straffelov. **– officer** kronbetjent. **– prince** kronprins (i andre land enn England).
crow's-foot [ˈkrəuzfut] rynke ved øynene, smilerynke; ogs. soleie, smørblom.
crow's nest [ˈkrəuznest] utkikkstønne (ved mastetopp).
crozier [ˈkrəuʒə] krumstav, bispestav.
crucial [ˈkru:ʃəl] korsdannet; kors-; kryss-; streng, gjennomtrengende; avgjørende, kritisk, vanskelig.
crucian carp [ˈkru:ʃən kɑ:p] karuss.
crucible [ˈkru:sibl] smeltedigel.
cruciferous [kruˈsifərəs] korsbærende; korsblomstret. **crucifier** [ˈkru:sifaiə] korsfester. **crucifix** [ˈkru:sifiks] krusifiks. **crucifixion** [kru:siˈfikʃən] korsfesting. **cruciform** [ˈkru:sifɔ:m] korsdannet. **crucify** [ˈkru:sifai] korsfeste.
crud [krʌd] sølekake; tosk, tufs.
crude [kru:d] rå, rå-; uferdig, umoden, uøvet; primitiv, grov, plump; kraftig, grell, brutal. **– oil** råolje, jordolje. **crudity** [ˈkru:diti] råhet, grovhet, umodenhet; (i pl **crudities)** ufordøyde rester.
cruel [ˈkru:əl] grusom, ubarmhjertig, hjerteløs. **-ty** [ˈkru:əlti] grusomhet, ubarmhjertighet.
cruet [ˈkru:it] flakong, flaske (i bordoppsats). **– stand** [-stænd] bordoppsats, platmenage.
Cruikshank [ˈkrukʃæŋk].
cruise [kru:z] krysse, være på krysstokt, sjøreise, seiltur; krysstokt. **cruiser** [ˈkru:zə] krysser. **cruising | radius** aksjonsradius. **– speed** marsjhastighet.
crumb [krʌm] (brødsmule); rusk; bestrø med smuler, panere; smuldre; **to a –** helt nøyaktig, på en prikk; **pick up one's -s** begynne å komme seg. **crumble** [ˈkrʌmbl] smuldre, smuldre bort; smule. **crumbly** [ˈkrʌbli] som lett smuldrer.
crumbs [krʌmz] du store allverden! pokker!
crumby [ˈkrʌmi] bløt; smulet.
crummy [ˈkrʌmi] dårlig, elendig, tarvelig; tullet, sprø.
crumpet [ˈkrʌmpit] slags bolle, tebrød; hode, knoll; (sl.) jente, skreppe. **-face** kopparret ansikt.
crumple [ˈkrʌmpl] krympe, krølle; bli krøllet, skrukne. **– zone** deformasjonssone (på bil). **crumpling** [ˈkrʌmpliŋ] slags skrukket eple.
crunch [krʌntʃ] knase; knasing.
crupper [ˈkrʌpə] korsrygg; lend; bakol, bakreim.
crural [ˈkru:rəl] bein-, lår-.
crusade [kruˈseid] korstog; (fig.) kampanje, kamp; være el. dra på korstog. **crusader** [kruˈseidə] korsfarer.
crush [krʌʃ] støt; sammenstøt; knusing; trengsel; soaré; drikk av presset frukt; (tal.) svermeri; knuse, mase; presse; tilintetgjøre; presses sammen. **have a – on** sverme for, være helt på knærne etter. **– barrier** sperring (mot folkemengder). **-er** [ˈkrʌʃə] støter; knuser; fall; slag; (mar.) havnepolitimann.
crush hat [ˈkrʌʃˈhæt] bløt hatt; chapeau claque.
crush-room [krʌʃrum] garderobe, teaterfoajé.
Crusoe [ˈkru:səu].
crust [krʌst] skorpe; skare (på snø); bunnfall (i vinflaske); frekkhet; overtrekke med skorpe, skorpelegge; sette skorpe; **-ed port** gammel, vel avlagret portvin. **-acea** [krʌˈsteiʃiə] krepsdyr. **-aceous** [krʌˈsteiʃəs] **animal** krepsdyr. **-ated** [krʌˈsteitid] med skorpe, med skall. **-ation** [krʌˈsteiʃən] skorpedannelse. **-ily** [ˈkrʌstili] grinet. **-iness** grettenhet. **-y** [ˈkrʌsti] med skorpe; vellagret (om vin); gretten, sur, grinet.
crutch [krʌtʃ] krykke; bomgaffel; (anat.) skritt.
crux [krʌks] (fig.) kors; floke, knute; **the – of the matter** sakens kjerne; **the C.** Sydkorset.
cry [krai] skrike, rope; utbryte; gråte; gi los (om

jakthunder); rope ut (på gata); etterlyse; kunngjøre; – **down** rakke ned på; – **off** si seg løs fra, si pass; – **out** rope ut, klage høyt; skrike; – **up** rose, heve til skyene.
cry [krai] skrik, rop; gråt, klage; los, gjøing; utroping, kunngjøring; **a far** – et drøyt stykke vei; **have a – over** gråte for el. over; **in full** – i vill jakt; **within** – innen rekkevidde.
crybaby [ˈkraibeibi] skrikerunge, sutrekopp.
cryogen [ˈkraiədʒen] frysevæske, kuldeblanding.
cryolite [ˈkraiəlait] kryolitt.
crypt [kript] krypt (kapell under kirke); gravhvelving. **-ic** [ˈkriptik] skjult, hemmelig; gåtefull; i kodeskrift. **-ogram** [ˈkriptəgræm] kryptogram, sifferskrift. **-ography** [kripˈtɔgrəfi] hemmelig skrift.
crystal [ˈkristəl] krystall; krystallglass. **-line** [ˈkristəl(a)in] krystallinsk, krystallklar. **-lization** [kristəlaiˈzeiʃən] krystallisasjon, krystallisering. **-ize** [ˈkristəlaiz] krystallisere; krystallisere seg. **-lography** [kristəˈlɔgrəfi] krystall-lære.
cs. fk. f. **case(s).**
c/s fk. f. **cycles per second.**
CS gas ≈ tåregass.
C sharp major (mus.) C-dur.
C sharp minor (mus.) C-moll.
CST fk. f. **central standard time.**
ct. fk. f. **cent.**
C. U. fk. f. **Cambridge University.**
cub [kʌb] hvalp, unge; yngle, hvalpe.
Cuba [ˈkju:bə].
cubage [ˈkju:bidʒ] kubikkberegning, rominnhold.
Cuban [ˈkju:bən] kubansk; kubaner.
cubature [ˈkju:bətʃə] utregning av kubikkinnhold; kubikkinnhold.
cube [kju:b] kubus, terning; kubikktall. – **root** kubikkrot. – **sugar** (US) sukkerbiter. **cubic(al)** [ˈkju:bik(l)] kubisk; tredjegrads-.
cubic capacity kubikkinnhold; sylindervolum.
cubicle [ˈkju:bikl] sovekammer, sengekove; lite avlukke, prøverom, omkledningsrom.
cubiform [ˈkju:bifɔ:m] terningdannet, kubisk.
cubism [ˈkju:bizm] kubisme.
cubist [ˈkju:bist] kubist.
cubit [ˈkju:bit] underarm; engelsk alen (18 til 22 tommer).
cub | reporter journalistspire, -elev. – **scout** ulvunge.
cucking stool [ˈkʌkiŋstu:l] (gml.) stol som forbrytere ble bundet til og dukket i vannet.
cuckold [ˈkʌkəld] hanrei; gjøre til hanrei.
cuckoo [ˈkuku:] gjøk; tulling, tosk; tullete, sprø. – **flower** engkarse.
cucumber [ˈkju:kəmbə] agurk.
cucurbit(e) [kjuˈkə:bit] gresskar; destillerkolbe.
cud [kʌd] drøv; (sl.) skråtobakk, **chew the** – tygge drøv, jorte; (fig.) tygge drøv på.
cudbear [ˈkʌdbɛə] rød indigo.
cuddle [ˈkʌdl] omfavne, kjæle, ligge lunt og godt; omfavnelse, kjæling. **-some** søt, kjælen.
cuddy [ˈkʌdi] kahytt; kott, skap; sei; (skot.) esel.
cudgel [ˈkʌdʒəl] svær stokk, påk, knortekjepp; **cross the -s** erklære seg for overvunnet; **take up the -s** ta parti, gripe til våpen; – **the brains** bryte hodet, legge hodet i bløt.
cue [kju:] hale; pisk (i nakken); stikkord (f. eks. på teatret); vink; lune; kø (biljard). – **card** fuskelapp, dumpapp.
cuff [kʌf] slag, dask, klaps; slå, daske; slåss.
cuff [kʌf] oppslag (på erme); mansjett; **off the** – på stående fot; **on the** – på kreditt. – **links** mansjettknapper.
cuibono [ˈkwi:ˈbɔnəu] til hva nytte? hvortil?
cuirass [kwiˈræs] harnisk, kyrass, brynje.
cuirassier [kwirəˈsiə] kyrasér.
cuisine [kwiˈzi:n] kjøkken, matstell, kokekunst.
culinary [ˈkju:linəri] som hører til kokekunsten, kulinarisk.
cull [kʌl] søke ut, velge ut; samle, plukke (ut).
cullender [ˈkʌlində] dørslag.
cullet [ˈkʌlit] glasskår (til omsmelting).
cullis [ˈkʌlis] buljong; gelé; renne, takrenne.
Culloden [kəˈlɔdn, kəˈləudn].
cully [ˈkʌli] fyr, kompis; troskyldig fyr, godfjott.
culm [kʌlm] kullstøv; stengel, halmstubb, helme.
culminate [ˈkʌlmineit] kulminere.
culmination [kʌlmiˈneiʃən] kulminasjon.
culpability [kʌlpəˈbiliti] straffskyld, straffbarhet.
culpable [ˈkʌlpəbl] straffskyldig, straffbar.
culprit [ˈkʌlprit] den tiltalte; skyldig, forbryter; synder, misdeder.
cult [kʌlt] kultus, kult, gudsdyrking; sekt.
cultch [kʌltʃ] underlag for østersyngel.
cultivable [ˈkʌltivəbl] som kan dyrkes; som kan pløyes. **cultivate** [ˈkʌltiveit] dyrke; avle; utvikle, utdanne; foredle, rendyrke; sivilisere. **cultivation** [kʌltiˈveiʃən] dyrking; utdannelse; dannelse; kultur. **cultivator** [ˈkʌltiveitə] dyrker, jordbruker; utdanner; foredler; kultivator (en slags harv).
cultural [ˈkʌltʃərəl] kultur-, kulturell.
culture [ˈkʌltʃə] dyrking, åkerdyrking; dannelse, kultur; dyrke; danne, sivilisere.
culver [ˈkʌlvə] skogdue, blådue.
culvert [ˈkʌlvət] avløpsrenne, stikkrenne.
cumbent [ˈkʌmbənt] tilbakelent, liggende.
cumber [ˈkʌmbə] bebyrde, besvære; overlesse.
Cumberland [ˈkʌmbələnd].
cumbersome [ˈkʌmbəsəm] tungvint, besværlig.
Cumbrian [ˈkʌmbriən] kumberlandsk, kumbrisk.
cumbrous [ˈkʌmbrəs] besværlig, tung. **-ness** bry, brysomhet.
cum d. (el.) **cum div.** fk. f. **cum dividend** iberegnet dividenden.
cumin [ˈkʌmin] karve.
cummer [ˈkʌmə] gudmor, skravlekjerring, kjerring.
cummerbund [ˈkʌməbʌnd] livskjerf, smokingbelte.
cumshaw [ˈkʌmʃɔ:] dusør, drikkepenger.
cumulate [ˈkju:mjuleit] dynge opp, dynge sammen. **cumulation** [kju:mjuˈleiʃən] oppdynging, sammendynging. **cumulative** [ˈkju:mjulətiv] sammendynget, opphopet; som øker i styrke.
cumulus [ˈkju:mjuləs] haug; cumulus, haugsky.
Cunard [kju:ˈnɑ:d].
cuneal [ˈkju:njəl] kiledannet.
cun(e)iform [ˈkju:n(i)ifɔ:m] kiledannet, kile-.
cunette [kjuˈnet] grøft, renne.
cunning [ˈkʌniŋ] kyndig; listig, forslagen, slu; listighet, list, sluhet.
cup [kʌp] kopp, beger, pokal, kalk; blomsterbeger, skålformet gjenstand, skål; pris, gevinst (ved veddeløp og annen sport); kopp (til koppsetting); kald punsj; skål (i brystholder); (som rommål: US 8 oz, eng. 10 oz); koppsette, koppe; **be in one's -s** være beruset. – **and ball** bilboquet. **– -and-ball joint** kuleledd. **-bearer** munnskjenk. **-board** [ˈkʌbəd] skap, matskap; **the skele-**

ton in the -board den uhyggelige familiehemmelighet. **cupboard love** matfrieri, pengefrieri.
cupel [ˈkju:pəl] prøvedigel; skille ut.
cupholder [ˈkʌphəuldə] tittelforsvarer, pokalinnehaver.
Cupid [ˈkju:pid] Amor, Cupido; **-s** amoriner.
cupidity [kjuˈpiditi] begjærlighet, griskhet.
cupola [ˈkju:pələ] kuppel; lanterne.
cuppa [ˈkʌpə] (tal.) = **a cup of** (f.eks. te).
cupping [ˈkʌpiŋ] fordypning; koppsetting.
cupreous [ˈkju:priəs] kobberaktig, kobber-.
cupriferous [kjuˈprifərəs] kobberholdig.
cur [kə:] kjøter.
cur. fk. f. **current.**
curability [kjuərəˈbiliti] helbredelighet; botevon.
curable [ˈkjuərəbl] helbredelig.
curaçao [k(j)uərəˈsəu] curaçao (likør).
curacy [ˈkjuərəsi] kapellani.
curate [ˈkjuərit] kapellan. **-ship** kapellani.
curative [ˈkjuərətiv] legende, helbredende, helse-.
curator [kjuˈreitə] verge, verje, kurator; konservator, direktør (for en samling f. eks.).
curb [kə:b] stang i stangbissel; tømmer, tom; tøyle, hindring; brønninnfatning; kant(stein), fortauskant.
curb [kə:b] holde i tømme, temme, styre, dempe.
curbstone [ˈkə:bstəun] kantstein, randstein.
curd [kə:d] sammenløpet melk, opplagt melk, ost, ystel; i pl. dravle, haglette; **curds and cream** tykkmelk. **curdle** [ˈkə:dl] løpe sammen; oste seg; kjørne; størkne; stivne; la løpe sammen; bringe til å stivne. **curdy** [ˈkə:di] sammenløpet.
cure [kjuə] kur, helbredelse; sjelepleie; helbrede, lege, kurere; salte, salte ned, konservere; tørke, herde (om maling).
cure [kjuə] underlig skrue, raring.
curfew [ˈkə:fju:] portforbud, sperretid; aftenklokke.
curio [ˈkjuəriəu] kuriositet. **curiosity** [kjuəriˈɔsiti] nysgjerrighet; vitebegjærlighet; sjeldenhet, merkverdighet, raritet, kuriositet.
curious [ˈkjuəriəs] nysgjerrig, vitebegjærlig; nøyeregnende; kunstig; merkelig, besynderlig, rar.
curl [kə:l] krøll, fall; krusning; kruse, krølle; sno seg; kruse seg; **– oneself up** rulle seg sammen; **– one's moustache** snurre bartene; **-ed hair** krøllet hår.
curler [ˈkə:lə] krøllspenne, papiljott.
curlew [ˈkə:l(j)u:] storspove, spove.
curling [ˈkə:liŋ] curling. **– iron** krølltang. **– paper** papiljott. **– pin** krøllnål.
curlpaper papiljott.
curly [ˈkə:li] krøllet.
curmudgeon [kə:ˈmʌdʒən] gjerrigknark, gnier.
curr [kə:] kurre.
currant [ˈkʌrənt] korint; **red –** rips; **black –** solbær.
currency [ˈkʌrənsi] løp (f. eks. tidens); omløp, sirkulasjon; gangbarhet, kurs; verdi; papirpenger; valuta, myntsort, gangbar mynt; letthet (i tale).
current [ˈkʌrənt] løpende; gangbar, gyldig, allmenn, gjengs; inneværende, løpende (år, måned); løp; strøm, strømstyrke; strømning. **– account** kontokurant.
curricle [ˈkʌrikl] tohjult vogn.
curriculum [kəˈrikjuləm] kursus (på skole el. ved universitet); fagkrets; pensum, studieplan.
currier [ˈkʌriə] fellbereder (hvitgarver).
currish [ˈkə:riʃ] kjøteraktig, gemen; bisk.
curry [ˈkʌri] tilberede (skinn); skrape, strigle; gjennompryle; **– favour** innsmigre seg.
curry [ˈkʌri] karri; tillage med karri.
currycomb [ˈkʌrikəum] strigle, hesteskrape.
curse [kə:s] forbannelse, ed; forbanne, banne.
cursed [ˈkə:sid] forbannet.
cursedly [ˈkə:sidli] forbannet, nederdrektig.
cursive [ˈkə:siv] hurtig, flytende; kursiv.
cursor [ˈkə:sə] skyver (på regnestav); (EDB) markør.
cursory [ˈkə:səri] hurtig, flyktig, løselig.
curst [kə:st] forbannet.
cursus [ˈkə:səs] kurs; pensum; ritual.
curt [kə:t] mutt, kort på det.
curt. fk. f. **current.**
curtail [kə:ˈteil] forkorte, innskrenke, beskjære; **-ed of** berøvet. **-ment** [kə:ˈteilmənt] avkorting; beskjæring.
curtain [ˈkə:tn] forheng; gardin; teppe (i teater); portiere; (fig.) slør; forsyne med gardiner, dekke; **draw the –** trekke forhenget for; **drop the –** la teppet falle; **– rises** teppet går opp; **-s** pl. døden, slutten, finito; **iron –** el. **fireproof –** jernteppe (i teater). **– call** fremkallelse (i teater). **– fire** sperreild. **– lecture** gardinpreken. **– raiser** forspill (kort innledende skuespill). **– rod** gardinstang.
curts(e)y [ˈkə:tsi] neiing, kniks; **make** el. **drop a –** neie.
curvaceous [kəˈveiʃəs] buet, kurverik; velskapt, «veldreid» (om kvinner).
curvation [kə:ˈveiʃən], **curvature** [ˈkə:vətʃə] krumming, bøyning; krok.
curve [kə:v] krum; krumning, kurve; veisving; svinge, krumme, bøye; krøke seg.
curvet [ˈkə:vit, kəˈvet] gjøre krumspring; kurbettere; la kurbettere; krumspring; lystighet.
curvilineal [kə:viˈliniəl] kroklinjet, buet.
cushion [ˈkuʃən] pute; bande (biljard); legge på puter; legge puter på, polstre; berolige; dempe (f. eks. et støt); stikke under stolen. **cushionet** [ˈkuʃənət] liten pute.
cushy [ˈkuʃi] makelig, bekvem, lett.
cusk [kʌsk] brosme.
cusp [kʌsp]spiss; horn (månens).
cuspidor [ˈkʌspidɔ:] spyttebakke.
cuss [kʌs] fyr, fysak, knekt; banne.
cussed [ˈkʌsid] forbistret, forbasket, ondskapsfull, utgjort. **-ness** ondskap, forkjærthet.
cussword [ˈkʌswə:d] ed, skjellsord.
custard [ˈkʌstəd] vaniljepudding, eggekrem.
custodian [kəˈstəudjən] oppsynsmann, vokter, vaktmester, bestyrer; bevarer, konservator. **custody** [ˈkʌstədi] forvaring; arrest; oppsyn, bevoktning, varetekt; foreldremyndighet.
custom [ˈkʌstəm] sedvane, skikk, bruk; søkning; kunder; toll; laget på bestilling. **-ary** [ˈkʌstəməri] brukelig, sedvanlig. **-ary law** sedvanerett. **-er** [ˈkʌstəmə] kunde; fyr. **-house** [ˈkʌstəmhaus] tollbu. **-house broker** tollklarerer. **-house officer** tollbetjent.
customs [ˈkʌstəmz] toll; tollvesen.
custom-tailored skreddersydd.
cut [kʌt] skjære, skjære til; felle; meie; såre, krenke; ignorere; klippe; hogge; ta av (i kortspill); slipe (glass osv.); løpe sin vei, stikke av, gjøre seg usynlig, skulke; løse opp, fortynne, tynne ut; **– down** ogs. skjære ned (utgifter); **–**

teeth få tenner; – **short** gjøre kort, avbryte, knappe av, gjøre kortfattet; – **one's acquaintance** avbryte omgangen med en; – **a man** ignorere en mann; – **away** hogge bort, skjære bort; – **and run** løpe sin vei, stikke av, gjøre seg usynlig; – **in** falle inn, bryte i talen; – **in pieces** hogge i stykker, hogge ned; – **off** skjære av; avspise; – **out** skjære til; komme fram (om tann); stikke av; **he is – out for the job** han er som skapt for jobben.

cut [kʌt] imperf. og perf. pts. av **cut.**

cut [kʌt] snitt, hogg, skramme; slag; kritisk bemerkning; fornærmelse, tilsidesettelse; innsnitt; kanal; stykke; skive, bit; andel (i bytte); nedskjæring, nedsettelse (lønn); kutt (en melodi el. avsnitt på en grammofonplate); lodd (som trekkes); tresnitt; illustrasjon; avtaing (i kortspill); måte, mote, snitt, art; **short** – beinvei, snarvei; – **back** redusere, beskjære; – **short** avbryte, gjøre en slutt på.

cutaneous [kjuˈteinjəs] hud-.

cutaway [ˈkʌtəwei] sjakett; tegning der en del av gjenstandens indre er synlig.

cute [kju:t] søt, yndig; skarp, gløgg, klok; fk. f. **acute.**

cut flower snittblomst.

cut glass [ˈkʌtglɑ:s] slipt glass, krystallglass.

cuticle [ˈkju:tikl] overhud, neglebånd. **cuticular** [kjuˈtikjulə] hud-.

cutlass [ˈkʌtləs] huggert.

cutler [ˈkʌtlə] knivsmed. **cutlery** [ˈkʌtləri] knivsmedhandel; knivsmedvarer; spisebestikk.

cutlet [ˈkʌtlit] kotelett.

cutoff [ˈkʌtɔf] avbrytelse, avskjæring; snarvei.

cutout [ˈkʌtaut] papirdokke; utstansning.

cut price nedsatt pris, tilbudspris.

cutpurse [ˈkʌtpə:s] lommetyv.

cut-rate [ˈkʌtˈreit] til nedsatt pris, rabatt-.

cutter [ˈkʌtə] tilskjærer (hos skredder); filmklipper; freser (skjæreapparat); fortann; kutter; **paper** – papirkniv.

cutthroat [ˈkʌtθrəut] snikmorder; barberkniv; morderisk, hard.

cutting [ˈkʌtiŋ] skjærende; skarp, bitende; hogging, klipping, fresing; skjæring; gjennomskjæring; innsnitt; strimmel; utklipp; stikling; skurd, kornskurd; **a – wind** en bitende kald vind; – **of the teeth** tennenes frambrudd, tannsprett. – **edge** egg, skjærekant. – **pliers** avbitertang. – **torch** skjærebrenner.

cuttle [ˈkʌtl], **cuttlefish** blekksprut (tiarmet).

cutty [ˈkʌti] (skot.) kort; jentunge, tøyte, tøs, jåle; snadde, kort pipe.

cut-up opprørt, opphisset, urolig.

cutwater [ˈkʌtwɔ:tə] skjegg (på skip); nese, nebb.

cutworm [ˈkʌtwə:m] åme, knoppvikler.

C. V. O. fk. f. **Commander of the Victorian Order.**

c. w. o. fk. f. **cash with order.**

cwt. [ˈhʌndrədweit] fk. f. **hundredweight.**

cy. fk. f. **capacity; currency; cycles.**

cyanic [saiˈænik] cyan-.

cyanide [ˈsaiənaid] **of potassium** cyankalium.

cyanosis [saiəˈnəusis] blåsott.

Cybele [ˈsibili:] (myt.) Kybele.

cybernetic [saibə:ˈnetik] kybernetisk.

cyclamen [ˈsikləmən] alpefiol.

cycle [ˈsaikl] krets; periode; syklus; sykkel; sykle. **cyclist** [ˈsaiklist] syklist.

cyclone [ˈsaikləun] syklon, virvelstorm; sentrifuge.

cyclopedia [saikləˈpi:djə] encyklopedi.

cyclops [ˈsaiklɔps] kyklop.

cyclotron [ˈsaiklətrɔn] syklotron.

cygnet [ˈsignit] ung svane.

cylinder [ˈsilində] vals, sylinder. – **cover** sylinderdeksel. – **head** topplokk. **cylindric(al)** [siˈlindrik(l)] sylindrisk.

cymbal [ˈsimbəl] cymbal; bekken.

Cymbeline [ˈsimbili:n].

Cymri [ˈkimri, ˈs-] kymrere, valisere. **Cymric** [ˈkimrik, ˈs-] kymrisk, valisisk.

cynic [ˈsinik] kynisk; kyniker. **-al** [ˈsinikl] kynisk. **cynicism** [ˈsinisizm] kynisme.

cynosure [ˈsinəzjuə] midtpunkt, ledestjerne; **the Cynosure** Den lille bjørn, Polarstjernen.

cypress [ˈsaipris] sypress.

Cyprus [ˈsaiprəs] Kypros.

Cyrene [saiˈri:ni] Kyrene. **Cyrenian** [saiˈri:njən] kyrenaisk; kyrenaiker, epikureer.

cyst [sist] blære, cyste, svulst. **cystocele** [ˈsistəsi:l] blæresvulst. **cystostomy** [siˈstɔstəmi] blæresnitt.

czar [zɑ:] tsar.

czardas [ˈzɑ:dæs] czardas (ungarsk folkedans).

Czech [tʃek] tsjekker; tsjekkisk. **Czechoslovak** [ˈtʃekəuˈsləuvæk] tsjekkoslovak; tsjekkoslovakisk. **Czechoslovakia** [ˈtʃekəusləuˈvækiə] Tsjekkoslovakia.

D, d [di:] D, d.: tegn for **denarius, denarii** = **penny, pence; 5 d.** ɔ: 5 pence, (om gamle pence).

D. fk. f. **David; Deus; division; Doctor; Domini; dose; Dowager; Dublin; duchess; duke; Dutch.**

D. el. **d.** fk. f. **date; daughter; day; degree; deputy; died.**

d- fk. f. **damn.**

D.A. fk. f. **District Attorney.**

D/A fk. f. **Documents Attached; Deposit Account.**

dab [dæb] slå lett el. bløtt; daske, puffe; dynke, væte; stryke lett over; lett slag, klapp; pikking; skvett, stenk; våt klut el. fille; kløpper, mester; ising (fisk).

dabber [ˈdæbə] svertepute el. -ball.

dabble [ˈdæbl] dynke, skvette til; plaske, susle;

– **in** (el. **at**) fuske med. **dabbler** [ˈdæblə] fusker, amatør.
dabster [ˈdæbstə] kløpper, mester, adept.
da capo [dɑːˈkɑːpəu] dakapo.
dace [deis] to pence.
dactyl [ˈdæktil] daktyl; finger el. tå.
dad [dæd] pappa.
daddle [ˈdædl] skjage, sjangle, stavre.
daddy-longlegs [dædiˈlɔŋlegz] stankelbein, myhank.
dado [ˈdeidəu] pl.: **-es** brystpanél; midtstykke.
Daedal|us [ˈdiːdələs] Daidalos. **-ian** [diˈdeiljən] innviklet, labyrintisk.
daffadowndilly [ˈdæfədaunˈdili] (poet.) ≈ **daffodil** [ˈdæfədil], påskelilje.
daffy [ˈdæfi] tosket, tåpelig.
daft [dɑːft] fjollet, tullet, sprø. **-ness** toskeskap.
dagger [ˈdægə] daggert, dolk; kors; **look -s** se forbitret ut; **look -s at one** se på en med mord i blikket.
daggle [ˈdægl] søle til, skitne ut.
dago [ˈdeigəu] (US sl.) søreuropeer, dago. – **red** billig rødvin.
daguerreotype [dəˈgerətaip] daguerreotypi; daguerreotypere.
dahlia [ˈdeiljə] georgine (plante).
Dahomey [dəˈhəumei] Dahomé.
daily [ˈdeili] daglig; dagsavis, blad; daghjelp.
daintiness [ˈdeintinis] finhet; lekkerhet; kresenhet. **dainty** [ˈdeinti] fin; lekker; kresen; lekkerbisken, godbit.
daiquiri [ˈdaikəri] romcocktail.
dairy [ˈdɛəri] melkeutsalg; meieri. – **farm** meieri. **-maid** meierske; budeie. **-man** meieribestyrer, meierist; **mountain** – seter.
dais [deis] forhøyning, podium, pall, tram, estrade; tronhimmel; høysete.
daisy [ˈdeizi] tusenfryd, margeritt; super, flott, noe som er førsteklasses; **oxeye** – hvit prestekrage. – **cutter** (om ball) markkryper.
Dakota [dəˈkəutə].
dale [deil] dal.
dalliance [ˈdæliəns] fjas, sommel. **dally** [ˈdæli] fjase; dryge, somle, drunte.
Dalmatia [dælˈmeiʃə] Dalmatia. **-n** [dælˈmeiʃən] dalmatisk; dalmatiner. **Dalmatic** [dælˈmætik] dalmatisk; dalmatika (katolsk messehakel).
Daltonism [ˈdɔːltənizm] fargeblindhet.
dam [dæm] mor (om dyr); **the devil and his** – fanden og hans oldemor.
dam [dæm] dam, demning, dike; demme (**in** el. **up** opp).
damage [ˈdæmidʒ] skade, mén, havari; skadesløsholdelse, erstatning; tilføye skade, ska, beskadige, ta skade; **estimate -s** fastsette skadeserstatning; **lay one's -s at £ 200** kreve 200 pund i skadeserstatning.
damascene [dæməˈsiːn] damascere; damascener-.
damask [ˈdæməsk] damask; damaskere (veve med opphøyde figurer; etse inn figurer i stål).
dame [deim] (foreld.) dame; (fornem) frue (tittel for hustruen til en **knight** el. **baronet,** nå alm. **lady**); husmor (husfar el. husmor ved Eton pensjonatskole); kvinnfolk, fruentimmer.
damn [dæm] pokker, død og pine; fordømme; forbanne; forkaste; hysse ut, pipe ut (om skuespill); banne. **damnability** [dæmnəˈbiliti] fordømmelighet; forkastelighet. **damnable** [ˈdæmnəbl] fordømt, forbannet; fordømmelig; forkastelig.
damn-all ingenting, ikke noe i det hele tatt.
damnation [dæmˈneiʃən] fordømmelse. **damnatory** [ˈdæmnətəri] fordømmende; fellende (om bevis). **damned** [dæmd, poet. og relig. ˈdæmnid] fordømt. **damnedest** [ˈdæmdist]: **do one's** – gjøre sitt ytterste. **damnify** [ˈdæmnifai] gjøre skade på.
damning [ˈdæm(n)iŋ] fellende.
Damocles [ˈdæməkliːz] Damokles.
damp [dæmp] tåke; fuktighet; (fig.) demper; rå, fuktig, klam; fukte, væte; nedslå, dempe.
dampen [ˈdæmpən] bli fuktig, fukte; dempe, nedslå; legge en demper på.
damper [ˈdæmpə] sordin; spjeld; støtdemper.
dampstained [ˈdæmpsteind] jordslått.
damsel [ˈdæmzəl] jomfru, ungmøy, terne.
damson [ˈdæmzən] damaskusplomme.
Dan [dæn] fk. f. **Daniel.**
Danaides [dæˈneidiːz] (myt.) danaider.
dance [dɑːns] dans; ball; danse; la danse; **I'll lead you a pretty** – du skal få med meg å bestille. **St. Vitus's** – sanktveitsdans. **dancer** [ˈdɑːnsə] danser, danserinne.
dancing [ˈdɑːnsiŋ] dansing, dans. – **master** dansélærer.
D and D (sl.) fk. f. **drunk and disorderly.**
dandelion [ˈdændilaiən] løvetann.
dander [ˈdændə] sinne; **he got his – up** sinnet tok ham, han ble fly forbanna.
dandie [ˈdændi] (sl.) terrier.
dandify [ˈdændifai] gjøre lapset.
dandle [ˈdændl] gynge, ri ranke med; leke med; kjæle for, fjase. **dandler** [ˈdændlə] barnevenn.
dandruff [ˈdændrʌf] flass (i hodebunnen).
dandy [ˈdændi] laps, spradebasse; fin, nydelig; spretten. **-ism** [ˈdændiizm] lapseri.
Dane [dein] danske; dane; **great** – grand danois. **-lagh, -law** [ˈdeinlɔː] Danelag.
danger [ˈdein(d)ʒə] fare. – **light** faresignal; signallanterne. – **money** risikotillegg. **dangerous** [ˈdein(d)ʒərəs] farlig.
dangle [ˈdæŋgl] dingle; la dingle; følge ydmyk. **dangler** kvinnejeger.
Daniel [ˈdænjəl].
Danish [ˈdeiniʃ] dansk; dansk (språket). – **pastry** wienerbrød.
dank [dæŋk] rå, fuktig. **-ish** [-iʃ] noe fuktig.
Danube [ˈdænju(ː)b]: **the** – Donau.
dap [dæp] kaste smutt; pilke; brådykke.
dapper [ˈdæpə] livlig, vever; nett, sirlig.
dapple [ˈdæpl] spettet, droplet; gjøre spettet. **– -bay** rødskimlet. **– -gray** gråskimlet.
darbies [ˈdɑːbiz] (sl.) håndjern.
Dardanelles [dɑːdəˈnelz]: **the** – Dardanellene.
dare [dɛə]tore, våge, driste seg til; trosse; utfordre; **he – not do it** eller **he does not – to do it** han tør ikke gjøre det; **I – say** jeg tror nok; visstnok; uten tvil, utvilsomt; – **somebody to do something** utfordre en til å gjøre noe; **I – you to** ja, våg du bare å.
daredevil [ˈdɛədevl] våghals.
daring [ˈdɛəriŋ] djervskap, dristighet; våget, dristig, djerv.
dark [dɑːk] mørke; mørk; mørk(e)-; **in the** – i mørke, hemmelig; **he was left in the** – han ble holdt utenfor el. uvitende; **utter – threats** komme med forblommede trusler; **the – side** (fig.) nattsiden, skyggesiden; **the – ages** (pl. hist.) den mørke middelalder; **the – continent** det mørke fastland (ɔ: Afrika).

darken [ˈdɑ:kn] mørkne, skumre, formørke, gjøre mørk; **– one's doors** trå ned dørstokkene hos en.
darkish [ˈdɑ:kiʃ] noe mørk, mørkladen.
dark lantern blendlykt.
darkling [ˈdɑ:kliŋ] i mørke.
darkness [ˈdɑ:knis] mørke; **prince of –** mørkets fyrste, djevelen; **deeds of –** synd.
darky [ˈdɑ:ki] (tal., sl.) neger, svarting; svart.
darling [ˈdɑ:liŋ] yndling, kjæledegge, elskling, skatt, kjæreste, øyestein; søt, yndig; som adj. yndlings-.
darn [dɑ:n] d. s. s. **damn.**
darn [dɑ:n] stoppe (huller); stopping. **-ing needle** stoppenål. **-ing yarn** stoppegarn.
dart [dɑ:t] kastespyd, kastepil; skyte, kaste, sende (plutselig), trive; fare, sette av sted. **-board** skive (til pilkasting).
darting [ˈdɑ:tiŋ] lynsnar.
Dartmoor [ˈdɑ:tmuə, -mɔ:].
Dartmouth [ˈdɑ:tməθ].
Darwin [ˈdɑ:win] Darwin. **Darwinism** [ˈdɑ:winizm] darwinisme. **Darwinist** [ˈdɑ:winist] darwinist.
dash [dæʃ] splintre, knuse, slå i knas; daske til; slynge, kyle; skvette, stenke, fortynne, blande; tilintetgjøre; fare, styrte av sted; kaste seg; **– out** fare ut; **make a – for** skynde seg, spurte.
dash [dæʃ] støt, slag, klask; skvett; tilsetning, iblanding; stenk; anstrøk, snev; dråpe, skvett; fart, futt; plutselig bevegelse, anfall; flotthet; tankestrek.
dashboard [ˈdæʃbɔ:d] skvettskjerm; dashbord, instrumentbord.
dashing [ˈdæʃiŋ] flott, feiende, sveisen, rask.
dastard [ˈdæstəd] kryster, reddhare, kujon. **dastardly** [ˈdæstədli] feig, stakkarslig.
dat. fk. f. **dative.**
data [ˈdeitə] data, pl. av **datum. – base** database. **– communication** datakommunikasjon. **– file** fil, datasett. **– library** datatek, databibliotek. **– network** datanett. **– processing** databehandling.
date [deit] daddel.
date [deit] dato; tid, år, årstall; termin, frist; avtale, stevnemøte; **– as postmark** poststemplets dato; **out of –** foreldet; **up to –** moderne, tidsmessig; **bring up to –** føre à jour.
date [deit] datere; regne; datere seg fra, skrive seg fra; ha stevnemøte med.
date|less [ˈdeitləs] udatert; endeløs, tidløs; eldgammel; uten partner. **-line** datolinje. **– stamp** datostempel. **– -stamp** datostemple.
dative [ˈdeitiv] dativ.
datum [ˈdeitəm], pl.: **data** kjensgjerning, faktum. **datum line** null-linje (ved landmåling).
daub [dɔ:b] søle til; smøre sammen; smøreri; oversmøring; smisking. **-er** [ˈdɔ:bə] smører, klattmaler. **-ery** [ˈdɔ:bəri] smøreri.
daughter [ˈdɔ:tə] datter. **– -in-law** [ˈdɔ:tərinlɔ:] svigerdatter. **-ly** [ˈdɔ:təli] datterlig.
daunt [dɔ:nt] kue; gjøre redd, skremme; **nothing -ed** uforferdet. **-less** [-lis] uforferdet.
davenport [ˈdævənpɔ:t] skrivepult; (US) divan.
David [ˈdeivid].
davit [ˈdævit] davit.
Davy [ˈdeivi].
Davy Jones's locker [ˈdeiviˈdʒəunziz ˈlɔkə] havsens bunn; **go to –** drukne på havet, gå nedenom og hjem.
Davy lamp [ˈdeivi læmp] sikkerhetslampe.
daw [dɔ:] kaie; slamp.
dawdle [ˈdɔ:dl] nøle, somle, spille tiden, drive.
dawdler [ˈdɔ:dlə] somlekopp.
dawn [dɔ:n] gry, dages, lysne; daggry, dagning, grålysning; frembrudd, begynnelse; **it -ed upon him** det gikk opp for ham.
day [dei] dag, døgn; dagslys; tid; **the – after tomorrow** i overimorgen; **for -s on end** i dagevis; **– off** fridag; **by –** om dagen; **– by –** dag for dag; hver dag; **today** i dag; **today's paper** avisen for i dag; **the – before yesterday** i forgårs; **nowadays** nå til dags; **the other –** forleden dag; her om dagen; **this – week** åttedageri dag; **one of these -s** en av dagene; en vakker dag, snart; **those were the -s!** det var andre tider! **he is fifty years if he is a –** han er minst 50 år; **carry (gain, win) the –** vinne seier; **lose the –** tape slaget, forspille seieren; **make a – of it** ta seg en glad dag; **it is a fine –** været er fint.
day | bed ≈ sjeselong. **– boarder** elev som spiser på skolen, men ikke bor der. **-book** journal, kladdebok. **– boy** elev som ikke bor på skolen. **-break** daggry, dagning. **-dream** dagdrøm; luftslott. **– dress** daglig antrekk. **– duty** dagvakt. **– labour** dagarbeid. **– labourer** dagarbeider, leiekar. **– letter** ≈ brevtelegram.
daylight [ˈdeilait] dagslys; **broad –** høylys dag. **– saving time** (US) sommertid (når klokken skrus én time fram).
daylong [ˈdeilɔŋ] dagen lang.
day | nursery daghjem, barnehage. **– school** dagskole, skole der elevene bor hjemme (mots. **boarding school). -sman** (gml.) voldgiftsmann. **– spring** dagning. **– star** morgenstjerne.
daytime [ˈdeitaim] dag; **in the –** om dagen.
day-to-day daglig; **the – work** det daglige arbeid.
daze [deiz] forvirre, fortumle; fortumlethet.
dazzle [ˈdæzl] blende; blendende glans.
db fk. f. **decibel.**
D. B. fk. f. **Day Book; Doomesday Book.**
dbl. fk. f. **double.**
d. c., D. C. fk. f. **direct current** likestrøm.
D. C. fk. f. **District of Columbia.**
D. C. L. [di:si:ˈel] fk. f. **Doctor of Civil Law** dr. juris.
D. C. M. fk. f. **Distinguished Conduct Medal.**
D. D. [ˈdi:ˈdi:] fk. f. **Doctor of Divinity** dr. theol.
d-d fk. f. **damned.**
d/d fk. f. **days after date; dated; delivered.**
D-Day [ˈdi:dei] D-dagen, invasjonsdagen 6. juni 1944.
deacon [ˈdi:kn] diakon, i den eng. statskirke: hjelpeprest; i Skottland: fattigforstander. **deaconess** [ˈdi:kənis] diakonisse.
dead [ded] død, døds-, avdød, livløs; følelsesløs, nummen; oppbrukt; gold, ufruktbar; sloknet; som ikke gjelder lenger; mørk, glansløs. maktløs, dempet, stagget; uvirksom, ufølsom; glemt, forbigangen; ørkesløs, doven; øde; fullstendig; sørgelig; vissen, flau, matt; dødsstillhet; **the –** de døde; **– against** stikk imot; **a – bargain** spottpris; **– beat** dødstrett; dovenpeis, snylter; **– body** lik; **over my – body!** over mitt lik! **– calm** blikkstille; **– capital** død kapital; **it is a – certainty** det er skråsikkert; **– drunk** døddrukken, pærefull; **– fire** (sankt)elmsild, nålys; **– hand,** se **mortmain; – heat** dødt løp, kappløp hvor to el. flere vinnere kommer til målet samtidig; **– language** dødt språk; **– letter** ubesørget post (som en ikke finner adressaten til); lov som

det ikke lenger blir tatt hensyn til; **– level** vannrett plan, uavbrutt slette; alminnelig middelmådighet; **– loss** rent tap; **be a – man** være dødsens; **– march** sørgemarsj; **step into a – man's shoes** tiltre en arv; **at the – of night** i nattens mulm og mørke; **– pull** el. **lift** altfor tung byrde; **the D. Sea** Dødehavet; **a – shot** blinkskudd; **– stock** uselgelig vare; **come to a – stop** gå helt i stå; **stop –** bråstoppe; **– on the target** rett i blinken; **– tired of** inderlig lei av; **flog a – horse** skvette vann på gåsa, spilt møye; **cut one –** ignorere en, behandle en som luft.
dead|-alive livløs; kjedelig. **– centre** dødpunkt. **– -colouring** grunnfarge.
deaden [ˈdedn] avdempe, forminske, døyve (f. eks. smerte), gjøre flau; avdempes, miste kraft el. følelse.
dead end (ogs. fig.) blindvei, blindgate.
dead|eye (mar.) jomfru; mesterskytter; god biljardspiller. **-head** gratispassasjer el. -tilskuer, fribillett. **– heat** dødt løp. **– letter** ubesørget brev; død paragraf el. bestemmelse. **– letter office** (post)avdeling for brev m. mangelfull adresse, returpostkontor. **– light** (mar.) blindventil. **-line** grense som ikke må overskrides; siste frist; tidsfrist, stoppdag. **– load** egenvekt; ikke utført arbeid. **-lock** stillstand; uavgjort (idretts)kamp; **be at a -lock** være kjørt fast, stå i stampe.
deadly [ˈdedli] dødelig, dødbringende; uforsonlig, død-, dødsens-; nitrist.
deadness [ˈdednis] livløshet, dødhet.
dead|pan tomt ansikt; pokerfjes. **-pan** tom, uttrykksløs, alvorlig. **– point** dødpunkt.
dead | reckoning (mar.) bestikkregning; ren gjetting. **– soldier** tomflaske. **– stock** redskaper; ukurante varer. **– water** dødvann, blikkstille. **-weight** dødvekt. **-wind** motvind. **-wood** tørrved; (fig.) dødkjøtt.
deaf [def] døv; tunghørt; **– as a post** stokkdøv; **– and dumb** døvstum. **– aid** høreapparat. **deafen** [ˈdefən] gjøre døv, døve, bedøve. **deafening** [ˈdefəniŋ] øredøvende; lydisolering. **deaf-mute** [ˈdefmjuːt] døvstum. **deafness** [ˈdefnis] døvhet.
deal [diːl] furu- el. grantre.
deal [diːl] del; antall; kortgivning; forretning, handel; avtale; dele ut; tildele; fordele; gi (kort); handle; mekle; oppføre seg, handle; **a good –, a great –** en hel del; **big –!** jasså gitt! tullprat! **– by** eller **with** behandle; **– in** handle med; gi seg av med; **– with** oppføre seg imot; ha å gjøre med; ta seg av, ordne med, behandle; stri med; **it is your –** det er deg til å gi. **-er** en som gir seg av med noe; handlende, kjøpmann, forhandler (i en bransje); en som gir kort; **plain dealer** ærlig mann; **double dealer** bedrager. **-ing** [ˈdiːliŋ] handlemåte, ferd; handel; behandling; omgang.
dealt [delt] imperf. og perf. pts. av **deal.**
dean [diːn] dekan; domprost, stiftsprost; prost; doyen. **-ery** [ˈdiːnəri] prosteembete, prosti; prostebolig.
dear [diə] dyr; dyrebar; søt, snill; kjær; kjære, elskede. **O –!** bevares vel! å, du verden! **– me!** du store min! **do it, that's (there's) a –** gjør det, så er du snill; **it cost him –** det ble dyrt for ham. **Dear John** (US) Kjære John (brev som en pike skriver når hun vil slå opp med kjæresten sin). **– -bought** dyrekjøpt. **-ly** [ˈdiəli] dyrt; ømt, inderlig. **-ness** [ˈdiənis] dyrhet; ømhet, kjærlighet.

dearth [dəːθ] dyrtid; uår; mangel.
deary [ˈdiəri] kjær; elsket.
death [deθ] død; dødsfall; dødsmåte; **Death** døden; **put to –** slå i hjel; **it was the – of him** han tok sin død av det. **– agony** dødskamp. **-bed** dødsleie. **– benefit** (ass.) utbetaling ved død(sfall). **-blow** dødsstøt. **– certificate** dødsattest. **– chamber** dødscelle (i fengsel); dødsværelse. **– cord** strikke, galgetau. **– -dealing** drepende. **– duty** arveavgift. **-less** [ˈdeθlis] uforgjengelig, udødelig. **-ly** [ˈdeθli] dødlignende; dødelig. **– rate** dødelighet, dødelighetsprosent. **– rattle** dødsralling. **– ray** dødsstråle. **-'s head** dødninghode. **– roll** dødsliste, liste over falne. **– sentence** dødsdom. **– warrant** dødsdom. **-watch** dødningur; veggesmed (insekt). **– wound** banesår.
débâcle [deiˈbɑːkl] forvirring, katastrofe, (stort) nederlag; isgang.
debar [diˈbɑː] utelukke, stenge ute, forby.
debark [diːbɑːk] gå i land; utskipe. **-ation** [diːbɑːˈgkeiʃən] landgang; utskiping.
debase [diˈbeis] nedverdige; forfalske; gjøre ringere. **-ment** [-mənt] nedverdigelse; forfalskning; forringelse.
debatable [diˈbeitəbl] omtvistelig, tvilsom; diskutabel, omtvistet.
debat|e [diˈbeit] ordskifte, debatt; drøfte, debattere. **-ing society** diskusjonsklubb.
debauch [diˈbɔːtʃ] forføre; svire; svir; rangel; utsvevelse. **debauchee** [debɔːˈtʃiː] svirebror; utsvevende menneske. **debauchery** [diˈbɔːtʃəri] utsvevelse, utskeielser.
debenture [diˈbentʃə, dəˈb-] gjeldsbrev, obligasjon, debenture; tollrefusjonsattest.
debilitate [diˈbiliteit] svekke, utarme. **debilitation** [dibiliˈteiʃən] svekkelse. **debility** [diˈbiliti] svakhet, svekkelse.
debit [ˈdebit] debet; gjeld; debetside; debitere.
debonair [debɔˈnɛə] vennlig; høflig, snill; munter.
debouch [diˈbuːʃ, diˈbautʃ] munne ut; rykke ut, marsjere ut; utmunning.
debrief [diˈbriːf] avhøre (en pilot etter fullført oppdrag).
debris [ˈdebriː] biter, rester, søppel, ruiner.
debt [det] gjeld; **run into –, contract -s** stifte gjeld; **petty** (el. **small) -s** klattgjeld. **debtless** [ˈdetlis] gjeldfri. **debtor** [ˈdetə] debitor, skyldner.
debug [ˈdibʌg] avluse; (EDB) finne feil, luke.
debunk [diːˈbʌŋk] rive ned av pidestallen; berøve glorien, avsløre.
debut [ˈdeibjuː] debut, første opptreden.
Dec. fk. f. **December.**
decade [ˈdekəd, ˈdekeid] dekade; tiår.
decadence [ˈdekədəns], decadens, forfall. **decadent** [ˈdekədənt] som er i tilbakegang, i forfall.
decaffeinated [diˈkæfiːneitid] koffeinfri.
decagon [ˈdekəgən] tikant.
decal [ˈdekəl] overføringsbilde, skyvemerke.
Decalogue [ˈdekələg]; **the –** de ti bud.
decamp [diˈkæmp] bryte (opp) leir; forsvinne, fortrekke. **-ment** [-mənt] oppbrudd.
decant [diˈkænt] avklare, helle forsiktig, dekantere. **-ation** [dikænˈteiʃən] avhelling, dekantering, avklaring. **decanter** [diˈkæntə] vinkaraffel.
decapitate [diˈkæpiteit] halshogge. **decapitation** [dikæpiˈteiʃən] halshogging.
decarbon|ate [diˈkɑːbəneit] fjerne kullsyre fra. **-ize** avkarbonisere, fjerne sot.
decathlon [diˈkæθlən] tikamp (sport).

decay [di'kei] forfalle; gå tilbake, avta; visne; forråtne; tannråte; forarmes; forfall; tilbakegang, nedgang, oppløsning; forarming.
decease [di'si:s] bortgang, død; avgå ved døden; dø. **the deceased** den avdøde.
decedent [di'si:dənt] avdød; **– estate** (US) dødsbo.
deceit [di'si:t] bedrageri, svik. **-ful** [-f(u)l] bedragersk, falsk, uærlig. **-fulness** [-f(u)lnis] svikaktighet.
deceivable [di'si:vəbl] lett å bedra.
deceive [di'si:v] bedra, svike, skuffe, narre.
deceiver [di'si:və] bedrager; forfører.
decelerate [di'seləreit] sette ned farten.
December [di'sembə] desember.
decency ['di:sənsi] sømmelighet; anstendighet; **in common –** i anstendighetens navn; for skams skyld. **decencies** takt og tone; akseptabel standard.
decennial [di'seniəl] tiårs-. **decennium** [di'seniəm] tiår.
decent ['di:sənt] sømmelig, anstendig; passende, rimelig; hyggelig, snill.
decentralization [di:'sentrəlai'zeiʃən] desentralisering. **decentralize** [di:'sentrəlaiz] desentralisere.
deceptible [di'septibl] som lar seg narre. **deception** [di'sepʃən] bedrag; skuffelse. **deceptive** [di'septiv] skuffende; villedende; **appearances are –** skinnet bedrar.
dechristianize [di'kristʃənaiz] avkristne.
decide [di'said] avgjøre; beslutte; bestemme seg, beslutte seg. **decided** [di'saidid] avgjort, bestemt, klar.
deciduous [di'sidjuəs] som faller av. **– forest** løvskog. **– tooth** melketann.
decimal ['desiməl] desimal; desimal-.
decimate ['desimeit] desimere; ta bort hver tiende av; herje voldsomt blant, tynne ut. **decimation** [desi'meiʃən] desimering.
decimetre ['desimi:tə] desimeter.
decipher [di'saifə] dechiffrere, tyde.
decision [di'siʒən] avgjørelse; vedtak; beslutning; kjennelse; dom; bestemthet. **decisive** [di'saisiv] avgjørende; bestemt.
deck [dek] dekke, kle, smykke, pynte.
deck [dek] dekk, skipsdekk; **– of cards** kortstokk; **below –** under dekk, i kahytten; **on –** på dekket. **– hook** båtshake. **– house** ruff, dekkshus.
deckle [dekl] bøtterand, skjegg (på papirark). **deckle-edged paper** bøttepapir.
declaim [di'kleim] tale ivrig; deklamere; **– against** protestere mot, ivre mot. **-er** [di'kleimə] ivrig taler; deklamator. **declamation** [deklə'meiʃən] deklamasjon. **declamatory** [di'klæmətəri] deklamatorisk, stortalende, retorisk.
declaration [deklə'reiʃən] erklæring, kunngjøring, deklarasjon, angivelse (f. eks. av skatt); klageskrift. **declarative** [di'klærətiv], **declaratory** [di'klærətəri] forklarende; erklærende. **declare** [di'klεə] erklære; kunngjøre; melde (i kort); deklarere, angi (til fortolling); erklære seg; **I –** det må jeg si! **I -d to myself** jeg sa til meg selv. **declared** [di'klεəd] åpenlys, erklært.
declassify [di'klæsifai] frigi (gjøre offentlig tilgjengelig hittil hemmeligstemplet dokument).
declension [di'klenʃən] forfall; nedgang; avslag; deklinasjon, bøyning av substantiver.
declination [dekli'neiʃən] bøyning; forfall; avvik; misvisning, deklinasjon. **decline** [di'klain] helle, avvike; avta, forfalle, være i forfall; bøye; vende seg bort fra; avslå; avvikelse, avvik, helling; daling; tilbakegang; forfall; tæring; **– all responsibility** fralegge seg ethvert ansvar; **the sun is declining** solen holder på å gå ned; **his business had been a declining one** det var gått tilbake med hans forretning.
declivity [di'kliviti] skråning, helling, hall. **declivous** [di'klaivəs] skrå, hellende.
declutch [di:'klʌtʃ] kople fra, kople ut.
decoct [di'kɔkt] koke, avkoke; fordøye. **-ion** [di'kɔkʃən] avkoking; avkokt, dekokt.
decode ['di:'kəud] dechiffrere, dekode. **-r** dekoder.
décolleté [dei'kɔltei] nedringning.
decoloration [dikʌlə'reiʃən] avfarging; falmethet; skjold. **decolour** [di'kʌlə] avfarge; falme.
decompose [di:kəm'pəuz] oppløse, spalte, bryte ned, dekomponere; oppløse seg. **decomposite** [di'kɔmpəzit] dobbelt sammensatt. **decomposition** [di:kɔmpə'ziʃən] oppløsning, nedbrytning; forråtnelse.
deconcentration [di:kɔnsən'treiʃən] spredning, desentralisering.
decompression [di:kəm'preʃən] dekompresjon. **– sickness** dykkersyke.
decontaminate [di:kən'tæmineit] avgasse, rense.
decorate ['dekəreit] pryde, smykke, dekorere; maling og tapetsering, oppussing. **decoration** [dekə'reiʃən] prydelse; dekorasjon. **decorative** ['dekərətiv] dekorativ; prydende. **decorator** ['dekəreitə] husmaler (som pusser opp innendørs), tapetserer.
decorous ['dekərəs] sømmelig, passende.
decorum [di'kɔ:rəm] sømmelighet, dekorum.
decoupling ['di:'kʌpliŋ] avkopling.
decoy [di'kɔi] lokke; forlokke; lokking; lokkemat; lokkefugl; felle.
decrease [di'kri:s] avta, minke; forminske.
decrease ['di:kri:s] minking, reduksjon, nedgang; felling (i strikking).
decree [di'kri:] forordne, bestemme; forordning, dekret; kjennelse; **– nisi** ≈ foreløpig skilsmissebevilling.
decrement ['dekrimənt] forminsking, nedgang, minking; svinn.
decrepit [di'krepit] utlevd, avfeldig, falleferdig, utslitt.
decrepitude [di'krepitju:d] avfeldighet; alderdomssvakhet; forfall.
decrescent [di'kresənt] avtakende, minkende; avtakende måne.
decrial [di'kraiəl] nedriving, nedrakking, dårlig rykte. **decrier** [di'kraiə] en som rakker ned.
decrustation ['di:krʌs'teiʃən] fjerning av skorpe.
decry [di'krai] rakke ned på, nedsette, fordømme; inndra (penger).
decumbent [di'kʌmbənt] liggende.
decuple ['dekjupl] tidobbelt; tidoble.
dedicate ['dedikeit] innvie; hellige; tilegne. **dedication** [dedi'keiʃən] innvielse, vigsel, helligelse, helging; tilegning, dedikasjon.
deduce [di'dju:s] utlede, slutte. **deducible** [di'dju:sibl] som kan utledes el. sluttes.
deduct [di'dʌkt] ta ifra, trekke fra. **-ible** fradragsberettiget. **-ion** [di'dʌkʃən] utledelse, slutning; avdrag; rabatt. **-ive** [di'dʌktiv] som kan utledes og sluttes, deduktiv.
deed [di:d] dåd, gjerning; udåd; dokument, skjøte, tilskjøte, overdra; **by word and –** med råd og dåd.

deed poll [ˈdi:dpəul] deklarasjon; **change one's name by –** få navneforandring.
dee jay [di:dʒei] fk. f. **disc jockey** plateprater.
deem [di:m] tenke, mene; anse for.
de-emphasize [ˈdi:ˈemfəsaiz] legge mindre vekt på, nedtone (betydningen av).
deemster [ˈdi:mstə] dommer (på øya Man).
deep [di:p] dyp; dypt; dypttenkende, dypsindig; grundig; listig; mørk (om farge); **the men came, four –** mennene kom, fire i rekken. **deepen** [ˈdi:pn] utdype, gjøre dyp; formørke; bli dypere og dypere.
deep-drawn [ˈdi:pdrɔ:n]; **a – sigh** et dypt sukk.
deep|fry frityr. **-freeze** dypfryse. **–-laid** klokt uttenkt, utpønsket. **–-mouthed** grovmælt (om hund). **-read** belest. **–-rooted** inngrodd. **–-sea** dypvanns-, dyphavs-. **–-seated** dyptgående, inngrodd. **– six** (US) død (og begravet); drepe, ekspedere.
deer [diə] dyr (av hjorteslekten). **-lick** saltstein. **-stalker** jaktlue (à la Sherlock Holmes). **-stalking** jakt (på hjort).
deface [deˈfeis] skjemme, vansire; gjøre uleselig; ødelegge. **-ment** [-mənt] beskadigelse, ødelegging.
de facto [di:ˈfæktəu] faktisk.
defalcate [ˈdifælˈkeit] dra fra, trekke fra; underslå, begå underslag. **defalcation** [difælˈkeiʃən] fradrag; underslag, kassasvik.
defamation [di:fəˈmeiʃn, def-] injurie, ærekrenkelse, baktalelse, bakvaskelse. **defamatory** [diˈfæmətəri] ærekrenkende. **defame** [diˈfeim] baktale. **defamer** [diˈfeimə] baktaler.
default [diˈfɔ:lt] forseelse; forsømmelse, etterlatenhet; mangel; uteblivelse (fra retten); ikke holde sitt ord, ikke oppfylle en plikt; misligholde; utebli; **in – of** i mangel av. **-er** [-ə] en som ikke møter; bedrager, kassasviker, dårlig betaler, fallent.
defeasance [diˈfi:zəns] opphevelse. **defeasible** [diˈfi:zibl] som kan oppheves el. omstøtes.
defeat [diˈfi:t] overvinne; slå; tilintetgjøre; nederlag; tilintetgjørelse. **-ism** [diˈfi:tizm] defaitisme, nederlagsstemning.
defecate [ˈdefikeit] ha avføring; rense. **defecation** [defiˈkeiʃən] avføring; rensing.
defect [diˈfekt] mangel, lyte, feil; flykte, hoppe av; **he has the -s of his qualities** han har de feil som (ofte) følger med hans gode egenskaper.
defect|ion [diˈfekʃən] frafall, avhopping; svikt. **-ive** [diˈfektiv] mangelfull, ufullstendig. **-iveness** [diˈfektivnis] mangelfullhet, ufullstendighet.
defector [diˈfektə] overløper, avhopper.
defence [diˈfens] forsvar; vern; defensorat; **appear for the –** møte som defensor; **in – of** til forsvar for; **Counsel for the Defence** forsvarer, defensor (i kriminalsak). **Minister of Defence** forsvarsminister.
defenceless [diˈfenslis] forsvarsløs.
defence months fredningstid.
defend [diˈfend] forsvare, verne; være forsvarer. **-ant** [diˈfendənt] innstevnte, saksøkte. **-er** [diˈfendə] forsvarer.
defensible [diˈfensibl] som kan forsvares; forsvarlig. **defensive** [diˈfensiv] forsvars-, defensiv; **the –** defensiven; **stand on the –** stå ferdig til forsvar, stå rede til å møte et angrep.
defer [diˈfə:] utsette; overlate, henstille (til en annens avgjørelse); **– to** bøye seg for. **deference** [ˈdefərəns] aktelse; hensynsfullhet, ettergivenhet. **deferential** [defəˈrenʃəl] ærbødig.
deferment [diˈfə:mənt] utsettelse (f. eks. av militærtjeneste).
deferrable [diˈfə:rəbl] som kan utsettes.
deferred [diˈfə:d] utsatt. **– payment system** ratesystem. **– terms** på rate- (el. avbetalings)vilkår.
defiance [diˈfaiəns] utfordring; tross; **bid –** by tross, yte motstand; **he sets all rules at –** han trosser alle regler; **in – of** til tross for, trass i. **defiant** [diˈfaiənt] trossig; utfordrende.
deficiency [diˈfiʃənsi] mangel; ufullkommenhet; underskudd, manko; (fig.) hull. **– disease** mangelsykdom. **deficient** [diˈfiʃənt] mangelfull, utilstrekkelig; manglende; **mentally –** mangelfullt utviklede sjelsevner, evneveik.
deficit [ˈdefisit, ˈdi:-] defisit, underskudd.
defier [di:ˈfaiə] en som trosser; en som utfordrer.
defilade [defiˈleid] beskytte mot ild fra siden.
defile [diˈfail] pass, trang sti, skar, defilé; marsjere rotevis, defilere.
defile [diˈfail] besmitte, skjemme, vanhellige; forurense; besudle. **-ment** [diˈfailmənt] forurensning, besmittelse; besudling.
definable [diˈfainəbl] som kan bestemmes. **define** [diˈfain] forklare, definere; begrense. **definite** [ˈdefinit, ˈdefnit] bestemt; begrenset; tydelig. **definition** [defiˈniʃən] skarphet; bestemmelse, forklaring, definisjon. **definitive** [diˈfinitiv] bestemt; avgjørende, endelig.
deflagrate [ˈdefləgreit] forbrenne, brenne opp. **deflagration** [defləˈgreiʃən] forbrenning.
deflate [diˈfleit] slippe luften ut av; senke, redusere. **deflation** [diˈfleiʃən] uttømming av luft; deflasjon.
deflect [diˈflekt] avvike, bøye av, avlede. **deflection** [diˈflekʃən] avvikelse; avbøyning; avdrift.
defloration [defləˈreiʃən] det å ta blomsten av; det å ta møydommen, krenking, forførelse.
deflower [diˈflauə] rive blomsten av; krenke, forføre.
Defoe [diˈfəu].
defoliate [di:ˈfəulieit] fjerne blad- (el. løv)verk.
deforest [di:ˈfɔrist] rydde for skog. **-ation** [-ˈei-] skogrydding; skogødeleggelse.
deform [diˈfɔ:m] misdanne, vanskape, vansire. **-ed** [diˈfɔ:md) vanskapt. **-ation** [difɔ:ˈmeiʃən] misdannelse; vansiring. **-ity** [diˈfɔ:miti] misdannelse, vanskapthet; feil, lyte.
defoul [diˈfaul] rense, fjerne avleiringer.
defraud [diˈfrɔ:d] svike, snyte. **-er** [-ə] bedrager.
defray [diˈfrei] bestride (omkostninger, utgifter). **defrayal** [diˈfreiəl] bestriding. **defrayer** [-ə] en som bestrider (omkostningene). **defrayment** [diˈfreimənt] bestridelse (av betaling).
defrost [di:ˈfrɔst] avise. **defroster** [di:ˈfrɔstə] defroster, aviser (på bil).
deft [deft] flink, hendig, netthendt. **-ness** [ˈdeftnis] flinkhet, hendighet, netthet.
defunct [diˈfʌŋkt] avdød.
defy [diˈfai] utfordre, uteske, trosse; **I – him** jeg byr ham tross; jeg tiltror ham det ikke; **I – him to do that** jeg vedder på at han ikke tør gjøre det.
deg. fk. f. **degree.**
degauss [di:ˈgaus] avmagnetisere.
degeneracy [diˈdʒenərəsi] degenerasjon; utarting, vanslekting. **degenerate** [diˈdʒenəreit] utarte, vanslekte; som adjektiv: [diˈdʒenərit] degenerert,

vanslektet. **degeneration** [didʒenəˈreiʃən] degenerasjon, utarting. **degenerative** [diˈdʒenərətiv] vanslektende, degenerasjons-.
deglutinate [diˈglu:tineit] løse, la gå opp i limingen, oppløse.
deglutition [di:gluˈtiʃən] svelging.
degradation [degrəˈdeiʃən] nedverdigelse; avsetting, degradering; tilbakegang; nedgang, forfall; forminskelse; utarting.
degrade [diˈgreid] nedverdige; avsette, degradere; utarte, forsimple.
degrease [ˈdiˈgri:s] avfette.
degree [diˈgri:] grad; rang, verdighet; klasse, orden; eksamen (ved universitetet); **by -s** gradvis, litt etter litt; **doctor's –** doktorgrad; **murder in the first –** overlagt drap.
dehisce [diˈhis] sprette opp (om skolm).
dehortative [diˈhɔ:tətiv] som fraråder.
dehydrate [diˈhaidreit] tørke, dehydrere.
deice [ˈdi:ˈais] avise. **-r** frosthindrer, aviser.
deicide [ˈdi:isaid] gudedrap; gudedreper.
deification [di:(i)fiˈkeiʃən] guddommeliggjøring, forherliggjørelse; apoteose. **deify** [ˈdi:ifai] gjøre til gud, oppta blant gudene.
deign [dein]; **– to** verdiges, nedlate seg til, være så nådig å.
Dei gratia [ˈdi:aiˈgreiʃə] av Guds nåde.
deism [ˈdi:izm] deisme. **deist** [ˈdi:ist] deist. **deistic(al)** [di:ˈistik(l)] deistisk. **deity** [ˈdi:iti] guddom, guddommelighet.
deject [diˈdʒekt] nedslå, ta motet fra. **-ed** [diˈdʒektid] nedslått, motløs. **-edness, -ion** [diˈdʒekʃən] motløshet, melankoli.
de jure [di:ˈdʒuəri] etter loven.
dekko [ˈdekəu] (tal.) blikk, titt; **have a – at** ta en kikk på.
Del. fk. f. **Delaware.**
del. fk. f. **delete; delegate.**
delapse [diˈlæps] falle, sige, dale ned.
delate [diˈleit] anklage, angi; berette, melde. **delation** [diˈleiʃən] angiveri, angivelse; anklage; **– of the sound** lydens forplantning.
Delaware [ˈdeləwɛə].
delay [diˈlei] oppsette, utsette, forhale; forsinke; somle; vente med å; oppholde; nøle, dryge, oppsetting, forhaling; forsinkelse; sommel; opphold; **without –** uten å nøle, uoppholdelig.
delayed-action bomb [diˈleid ˈækʃən bɔm] tidsinnstilt bombe. **delaying policy** forhalingspolitikk.
del credere [delˈkreidərə] delkredere (at en agent garanterer for riktig oppfylling av en annens forpliktelser).
dele [ˈdi:li] ta ut, stryke ut, utelate.
delectable [diˈlektəbl] yndig, liflig. **delectation** [di:lekˈteiʃən] lyst, fornøyelse, fryd.
delegacy [ˈdeligəsi] beskikkelse, representasjon; utvalg, delegasjon.
delegate [ˈdeligeit] sende ut, gi fullmakt, beskikke. **delegate** [ˈdeligit] beskikket; utsending, representant, befullmektiget. **delegation** [deliˈgeiʃən] utsending, utnevning; beskikkelse; delegasjon, sendelag; delegerte.
delete [diˈli:t] stryke ut; **– as required** stryk det som ikke passer.
deleterious [deliˈtiəriəs] ødeleggende, skadelig.
deletion [diˈli:ʃən] utsletting, utskraping.
delf(t) [delf(t)] delftfajanse.
Delhi [ˈdeli].
deliberate [diˈlibəreit] overveie; betenke seg.
deliberate [diˈlibərit] betenksom, forsiktig; overlagt, veloverveid, bevisst, tilsiktet, rolig. **-ly** med fullt overlegg, bevisst, med forsett. **-ness** [diˈlibəritnis] betenksomhet, forsiktighet; ro. **deliberation** [dilibəˈreiʃən] overveielse, betenkning; forhandling. **deliberative** [diˈlibərətiv] overveiende; rådslående.
delicacy [ˈdelikəsi] finhet; finfølelse; kjælenhet; kresenhet; lekkerbisken; svakhet, skrøpelighet.
delicate [ˈdelikit] fin; fintfølende; sart, svak, svakelig; vanskelig; delikat, lekker.
delicatessen [delikəˈtesn] matvareforretning, delikatesseforretning.
delicious [diˈliʃəs] delikat, liflig, deilig; yndig; lekker.
delict [ˈdi:likt] lovbrudd.
delight [diˈlait] glede, fryd; behag; fryde, glede; glede seg (**in** ved, over).
delighted [diˈlaitid] glad, lykkelig, henrykt; **he will be – with it** han vil være henrykt over det; **he will be – to come** det vil være ham en glede å komme; **I shall be – !** ja, med fornøyelse!
delightful [diˈlaitf(u)l] deilig, herlig, yndig, fornøyelig, inntagende; morsom, interessant.
delimit [diˈlimit] avgrense, sette grenser for.
delineate [diˈlinieit] tegne; skildre. **delineation** [diliniˈeiʃən] tegning; skildring. **delineator** [diˈlinieitə] tegner; skildrer.
delinquency [diˈliŋkwənsi] forseelse, lovovertredelse; **juvenile –** ungdomskriminalitet. **delinquent** [diˈliŋkwənt] som forser seg; skyldig, delinkvent, forbryter.
delirious [diˈliriəs] delirisk, fantaserende.
delirium [diˈliriəm] fantasering, ørske, villelse, delirium. **– tremens** [diˈliriəmˈtri:menz] delirium tremens, drankergalskap, dilla.
delitescence [deliˈtesəns] skjul; bortgjemthet.
deliver [diˈlivə] levere, overlevere, avlevere, overgi; utlevere; slynge ut; befri; redde; forløse; si fram, holde (en tale f. eks.); **– us from evil** fri oss fra det onde; **– oneself** si sin mening; **she was -ed of a son** hun fødte en sønn.
deliver|ance [diˈlivərəns] befrielse, redning; forløsning. **-er** [diˈlivərə] befrier, frelser. **-y** [diˈlivəri] overlevering, overdragelse; levering; overgivelse; befordring, ombæring (av post); ekspedisjon; befrielse; forløsning, nedkomst; foredrag; **give –** levere; **forward –** senere levering; **make –** levere, effektuere levering.
delivery | charges leveringskostnader. **– date** leveringsdato. **– desk** utlånsskranke. **-man** varebud. **– note** følgeseddel. **– van** varebil, lastevogn.
dell [del] liten dal; dalsøkk.
Delos [ˈdi:lɔs].
delouse [ˈdi:ˈlaus] avluse.
Delphi [ˈdelfai] Delfi. **Delphian** [ˈdelfiən], **Delphic** [ˈdelfik] delfisk.
delta [ˈdeltə] delta; øyr.
delude [diˈl(j)u:d] bedra, villede, narre. **deluder** bedrager.
deluge [ˈdelju:dʒ] oversvømmelse; syndflod; oversvømme; **the Deluge** syndfloden (bibelsk).
delusion [diˈl(j)u:ʒən] blendverk; illusjon, villfarelse; forblindelse, synkverving; **optical –** synsbedrag. **delusive** [diˈl(j)u:siv], **delusory** [diˈl(j)u:səri] villedende, illusorisk.
delve [delv] grave, spa opp; granske; **– deeply** (fig.) gå i dybden.
dely fk. f. **delivery.**

Dem. fk. f. **Democrat(ic).**
demagnetize [di:ˈmægnətaiz] avmagnetisere.
demagogic(al) [deməˈgɔdʒik(l), -ˈgɔgik(l)] demagogisk. **demagogue** [ˈdeməgɔg] demagog.
demand [diˈmɑ:nd] fordring, krav; behov, etterspørsel; spørsmål; fordre, kreve, forlange; etterspørre, kreve å få vite; **make a –** reise et krav; **payable on –** (merk.) betalbar ved sikt; **supply and –** tilbud og etterspørsel; **much in –** meget etterspurt (el. søkt).
demarcation [di:mɑ:ˈkeiʃən] avgrensing, grense; **line of –** grenselinje, demarkasjonslinje.
demean [diˈmi:n] **oneself** oppføre seg uverdig; nedverdige seg, nedlate seg.
demeanour [diˈmi:nə] oppførsel, atferd; ytre.
demented [diˈmentid] avsindig, tullet.
dementia [diˈmenʃiə] sinnssykdom, sløvsinn.
Demerara [deməˈrɑ:rə]. **d. (sugar)** demerarasukker (brunt).
demerit [diˈmerit] mangel, feil; **merits and -s** fordeler og mangler.
demesne [diˈmi:n] doméne, selveiendom, gods; selveie; **royal –** krongods.
demi [ˈdemi] halv-. **-god** halvgud. **-john** [ˈdemidʒɔn] damejeanne, demisjang, glassballong med kurvfletning. **-monde** [ˈdemiˈmɔnd] demimonde.
demirep [ˈdemirep] demimonde.
demise [diˈmaiz] bortgang, død (fyrstelig); overdraging; tronskifte; avgå ved døden; overdra.
demise charter (merk.) totalbefraktning.
demission [diˈmiʃən] (gml.) nedlegging; fratredelse.
demister [ˈdi:ˈmistə] defroster, aviser.
demit [diˈmit] oppgi, nedlegge.
demitasse [ˈdemitæs] mokkakopp.
demiurge [ˈdemiə:dʒ, ˈdi:m-] verdensskaper.
demo [ˈdemou] (tal.) (politisk) demonstrasjon.
demob fk. f. **demobilize.**
demobilization [ˈdi:məubilaiˈzeiʃən] hjemsending. demobilisering. **demobilize** [diˈməubilaiz] demobilisere, hjemsende.
democracy [diˈmɔkrəsi] demokrati. **democrat** [ˈdeməkræt] demokrat. **democratic(al)** [deməˈkrætik(l)] demokratisk. **democratic republic** folkerepublikk. **democratize** [diˈmɔkrətaiz] demokratisere.
demoded [di:ˈməudid] foreldet, umoderne.
demography [diˈmɔgrəfi] demografi.
demol|ish [diˈmɔliʃ] rive ned, sløyfe; ødelegge, gjøre ende på. **-ition** [deməˈliʃən] nedriving, sløyfing; ødelegging; sprengningsarbeid. **-ition squad** sprengningskommando; pionertropp.
demon [ˈdi:mən] demon, vette, ond ånd, djevel.
demonetize [diˈmɔnitaiz] sette penger ut av kurs, inndra.
demoniac [diˈməuniæk], **demoniacal** [di:məˈnaiəkl], **demonic(al)** [diˈmɔnik(l)] demonisk, djevelsk; besatt. **demonolatry** [di:məˈnɔlətri] demondyrking, djevledyrking. **demonology** [di:məˈnɔlədʒi] læren om demoner, om djevler.
demonstrable [diˈmɔnstrəbl] bevislig. **demonstrate** [ˈdemənstreit] bevise, forevise. **demonstration** [demənˈstreiʃən] bevisføring; bevis; forevisning; tilkjennegivelse av stemning, (offentlig) demonstrasjon. **demonstrative** [diˈmɔnstrətiv] klargjørende, som påviser; bevisende; som viser sine følelser, demonstrativ, åpen; påpekende; **not –** tilbakeholdende; **a little too – of affection** som viser sin hengivenhet litt for mye. **demonstrator** [ˈdemənstreitə] demonstrant; prosektor.
demoralization [dimɔrəlaiˈzeiʃən] demoralisering. **demoralize** [diˈmɔrəlaiz] demoralisere.
Demosthenes [diˈmɔsθini:z] Demostenes.
demote [diˈməut] degradere.
demotic [diˈmɔtik] folkelig.
demount [di:ˈmaunt] demontere, ta av, skille at. **-able** avtakbar.
demulcent [diˈmʌlsənt] beroligende, lindrende (legemiddel).
demulsify [diˈmʌlsifai] demulgere.
demur [diˈmə:] gjøre innsigelse; nære betenkeligheter; nøle, tvile; betenkelighet; tvil, innsigelse; oppsettelse.
demure [diˈmjuə] dydig, dydsiret, ærbar, uskyldig, from (ofte om disse egenskaper, når de er påtatt).
demurrage [diˈmə:ridʒ] (mar.) (over)liggedager; overliggedagspenger.
demurrer [diˈmə:rə] (jur.) innsigelse.
demy [diˈmai] stipendiat (ved Magdalen College, Oxford); papirformat.
den [den] hule, hi (dyrs); hybel (om værelse).
denarius [diˈnɛəriəs] pl. **denarii** [-riai] denar, romersk mynt; (gammel) penny (fork. **d.).**
denary [ˈdi:nəri] titalls-, tifold.
denationalize [diˈnæʃənəlaiz] denasjonalisere.
denature [diˈneitʃə] denaturere (om sprit).
dendrology [denˈdrɔlədʒi] trærnes naturhistorie.
dene [di:n] dyne, sandhaug, klitt, sandbanke.
dengue [ˈdeŋgi] denguefeber (tropefeber).
deniable [diˈnaiəbl] som kan nektes. **denial** [diˈnaiəl] avslag, benektelse; fornektelse.
denigrate [ˈdenigreit] rakke ned, sverte.
denim [ˈdenim] kipret bomullstøy, denim.
denizen [ˈdenizən] naturalisert utlending; borger; naturalisere. **-ship** borgerskap.
Denmark [ˈdenmɑ:k] Danmark. **– Strait** Grønlandstredet.
denomin|ate [diˈnɔmineit] benevne, betegne, kalle, peke ut. **-ation** [dinɔmiˈneiʃən] benevnelse; sekt; klasse, gruppe; trosretning; pålydende, verdienhet; myntsort. **-ational** hørende til en sekt el. klasse. **-ative** [diˈnɔminətiv] benevnende. **-ator** [diˈnɔmineitə] navngiver; nevner (i brøk).
denote [diˈnəut] betegne, merke ut; tyde på; bety.
denounce [diˈnauns] forkynne truende, true med; fordømme, si opp; dra voldsomt til felts mot, rette anklager mot; angi. **-ment** forkynnelse; anklage; fordømmelse. **denouncer** [diˈnaunsə] forkynner; angiver.
dense [dens] tett, kompakt; tykkhodet, dum. **density** [ˈdensiti] tetthet; dumhet; egenvekt.
dent [dent] hakk, hull, grop, hult merke, bulk, bunk; gjøre hakk (merke) i, slå bule i.
dental [ˈdentəl] dental, tann-; tannlyd. **dentate(d)** [ˈdenteit(id)] tannet, takket. **dentifrice** [ˈdentifris] tannpulver (-krem, -pasta, -vann).
dentist [ˈdentist] tannlege. **dentistry** [ˈdentistri] tannlegevitenskap. **dentition** [denˈtiʃən] tennenes frambrudd, tannsprett; tannsystem, tanngard.
denture [ˈdentʃə] (tann)protese, gebiss.
denudation [di:njuˈdeiʃən] blotting, avdekking. **denude** [diˈnju:d] blotte, gjøre naken; ribbe, plyndre.
denunciation [dinʌnsiˈeiʃən] fordømming; trussel; hard daddel; oppsigelse; angivelse. **denunciator** [diˈnʌnsieitə, -ˈnʌnʃi-] fordømmer, streng dom-

mer; angiver. **denunciatory** [diˈnʌnsiətəri, -ˈnʌnʃi-] truende; anklagende.
deny [diˈnai] nekte; avslå; fornekte; bestride.
deodorant [di:ˈəudərənt] luktfjernende middel.
deodorization [di:əudəraiˈzeiʃən] luktfjerning. **deodorize** [di:ˈəudəraiz] gjøre luktfri, fjerne lukt fra.
Deo volente [ˈdi:əuvəˈlenti] om Gud vil.
dep. fk. f. **department; depart; deposit; depot; deputy.**
depart [di:ˈpɑ:t] gå bort, reise bort; gå bort, dø; **we cannot – from our rules** avvike fra; **– with** avstå fra. **departed** avdød.
department [diˈpɑ:tmənt] avdeling; krets; fag; bransje; departement. **– store** varehus, stormagasin.
departure [diˈpɑ:tʃə] bortgang; avreise; avvik; død; **a new –** noe ganske nytt, ny framgangsmåte; **next –** neste avgående skip, tog; **arrivals and -s** ankomst- og avgangstider. **– platform** avgangsperrong.
depasture [diˈpɑ:stʃə] (v.) beite.
depend [diˈpend] være uavgjort, komme an på; være henvist til; henge ned; **– on** avhenge av, bero på; stole på; være henvist til. **dependability** driftssikkerhet, pålitelighet. **dependant** [diˈpendənt] = **dependent. dependence** [diˈpendəns] avhengighet; sammenheng; tillit; støtte. **dependency** [diˈpendənsi] avhengighet; forbindelse; tillit; tilbehør; biland, besittelse. **dependent** [diˈpendənt] person som står i avhengighetsforhold til en annen; avhengig; underordnet; (ned)hengende; **he has four -s** han forsørger fire personer.
depict [diˈpikt] male, avbilde; tegne, skildre.
depiction [diˈpikʃən] bilde, skildring, fremstilling.
depilation [depiˈleiʃən] fjerning av hår. **depilatory** [diˈpilətəri] hårfjerningsmiddel.
deplete [diˈpli:t] tømme, tappe; bruke opp.
depletion [diˈpli:ʃən] tømming, uttømming, overdreven utnyttelse, utpining.
deplorable [diˈplɔ:rəbl] beklagelig; sørgelig; elendig.
deplore [diˈplɔ:] beklage, synes synd på.
deploy [diˈplɔi] utfolde, deployere; deployering. **deployment** [-mənt] deployering; utvikling; (fig.) utnytting, utvidelse.
deplume [diˈplu:m] plukke, ribbe.
depone [diˈpəun] bevitne; vitne.
depopulate [diˈpɔpjuleit] avfolke. **depopulation** [dipɔpjuˈleiʃən] avfolking.
deport [diˈpɔ:t] deportere; **– oneself** oppføre seg, opptre, forholde seg. **-ee** [dipɔ:ˈti:] en som er el. skal deporteres. **-ment** [diˈpɔ:tmənt] holdning; oppførsel; vesen, opptreden; **lessons in –** anstandsøvelser.
deposable [diˈpəuzəbl] avsettelig.
depose [diˈpəuz] avsette; avgi forklaring; vitne.
deposit [diˈpɔzit] nedlegge; avsette, avleire, bunnfelle; deponere, anbringe; sette inn (penger); betro; avleiring, grums, berme, bunnfall; betrodd gods, depositum; pant; innskudd. **– account** sparekonto. **depositary** [diˈpɔzitəri] en som mottar noe i forvaring. **deposition** [di:pəˈziʃən] avsetning; avleiring; avsettelse; vitneforklaring. **depositor** [diˈpɔzitə] innskyter, sparer. **depository** [diˈpɔzitəri] gjemmested, oppbevaringssted.
depot [ˈdepəu] depot; (US) jernbanestasjon; busstasjon; flyterminal.
depravation [diprəˈveiʃən, dep-] fordervelse; utarting. **deprave** [diˈpreiv] forderve. **depravity** [diˈpræviti] fordervelse; utarting.
deprecate [ˈdiprikeit] be seg fri for, be om befrielse fra; avverge; være meget imot; fraråde; frabe seg. **deprecation** [depriˈkeiʃən] bønn om befrielse, om tilgivelse; innvending; misbilligelse. **deprecative** [ˈdeprikeitiv] bedende; unnskyldende. **deprecator** [ˈdeprikeitə] en s. ber seg fri el. er imot. **deprecatory** [ˈdeprikeitəri] bedende, bønnlig; avvergende.
depreciate [diˈpri:ʃieit] nedsette, forringe; undervurdere; falle i verdi. **depreciation** [dipri:ʃiˈeiʃən] verdiforringelse; avskrivning, nedsetting, forringelse; undervurdering. **depreciative** [diˈpri:ʃiətiv] nedsettende. **depreciatory** [diˈpri:ʃiətəri] nedsettende, nedvurderende.
depredate [ˈdeprideit] plyndre; herje. **depredation** [depriˈdeiʃən] plyndring. **depredator** [ˈdeprideitə] plyndrer. **depredatory** [diˈpredətəri] plyndrende, herjende, rans-.
depress [diˈpres] trykke ned; trykke; nedslå, minske; svekke; tynge ned. **-ed** flattrykt; nedtrykt, deprimert; presset. **-ion** [diˈpreʃən] nedtrykking; fordypning, senkning; depresjon. **-ive** [diˈpresiv] trykkende, tyngende. **-or** [diˈpresə] nedtrykker, undertrykker.
deprivable [diˈpraivəbl] som kan berøves. **deprivation** [depriˈveiʃən] berøvelse; forsakelse, savn; tap, avsetting. **deprive** [diˈpraiv] berøve; avsette; **– him of it** berøve ham for det. **deprived** berøvet; fattig, uheldig stilt.
dept. fk. f. **department; deputy.**
depth [depθ] dybde; dyp; **in the – of night** midt på natten; **in the – of winter** midt på vinteren, på svarteste vinteren; **swim beyond one's –** svømme lenger ut enn man kan bunne. **– charge** dypvannsbombe. **– psychology** dybdepsykologi.
depurate [diˈpjuəreit, ˈdepjureit] lutre, rense, renske. **depuration** [depjuˈreiʃən] lutring. **depuratory** [diˈpjuərətəri] rensende.
deputation [depjuˈteiʃən] beskikkelse; sending med fullmakt, sendelag, deputasjon; beskikke. **depute** [diˈpju:t] velge, kåre, gi fullmakt; beskikke. **deputize** [ˈdepjutaiz] overdra et verv (el. oppdrag); være stedfortreder, vikariere. **deputy** [ˈdepjuti] representant, stedfortreder, vikarierende; deputert; varamann, (i smstn. vara-, vise-); fullmektig. **– manager** forretningsfører.
De Quincey [diˈkwinsi].
deracinate [diˈræsineit] utrydde, dra opp med rot.
derail [diˈreil] avspore; gå av sporet. **-ment** avsporing.
derange [diˈrein(d)ʒ] forvirre, forstyrre; gjøre sinnsforvirret. **-ment** [diˈrein(d)ʒmənt] forvirring, forstyrrelse; sinnsforvirring.
Derby [ˈdɑ:bi] Derby; **the – races** Derby-veddeløpene (ved Epsom, sør for London, innstiftet av en jarl av Derby).
derby [ˈdɑ:bi, (US) ˈdə:bi] bowlerhatt; stiv rund filthatt.
derelict [ˈderilikt] forlatt, folketom; herreløst gods; menneskevrak. **-ion** [deriˈlikʃən] oppgivelse; **– of duty** pliktforsømmelse.
derestrict [di:riˈstrikt] frigi; opphevelse av hastighetsbegrensning.
deride [diˈraid] håne, spotte, gjøre narr av. **derider** spotter. **derision** [diˈriʒən] bespottelse, latterliggjørelse, hån. **derisive** [diˈraisiv], **derisory** [diˈraisəri] spottende; spotsk; latterlig.

derivable [di'raivəbl] som kan avledes. **derivation** [deri'veiʃən] avledning; utledning. **derivative** [di'rivətiv] avledet; noe avledet; avledning. **derive** [di'raiv] avlede, utlede; stamme fra; utvinne, motta, få.
derm [də:m] hud, underhud.
dermatology [də:mə'tɔlədʒi] dermatologi.
derogate ['derəgeit] svekke, innskrenke; handle uverdig; minske, nedsette; utarte; **– from oneself** nedverdige seg. **derogation** [derə'geiʃən] innskrenkning; forkleinelse, nedsetting. **derogatory** [di'rɔgətəri] innskrenkende; forkleinende, nedsettende.
derrick ['derik] lastebom, lastekran; boretårn, oljetårn. **– man** tårnmann, derrikmann. **– post** samsonpost.
derring-do ['deriŋ 'du:] dumdristighet.
derringer ['derin(d)ʒə] lommepistol.
dervish ['də:viʃ] dervisj.
descant ['deskænt] diskant, overstemme; melodi; vidløftig kommentar, utredning. **descant** [di'skænt] synge variasjoner over; utbre seg, legge (omstendelig) ut.
descend [di'send] gå ned; synke; flyte, strømme ned; komme ned, dale, stige ned; gjøre landgang; nedlate seg; nedstamme; **– on** hjemsøke, ramle inn hos; **– to** nedverdige seg til; **– upon** slå ned på, angripe voldsomt; **be -ed from** nedstamme fra, ætte fra. **-ant** [di'sendənt] etterkommer. **-ent** [di'sendənt] nedstigende; nedstammende. **-ibility** [disendi'biliti] arvelighet. **-ible** [di'sendibl] framkommelig; arvelig. **descension** [di'senʃən] nedstigning; forfall. **descent** [di'sent] landing, nedstigning; landgang; (fiendes) overfall; herkomst, avstamning, ætt; avkom; grad, trinn.
describable [di'skraibəbl] beskrivelig.
describe [di'skraib] beskrive, fremstille; betegne. **description** [di'skripʃən] beskrivelse; beskaffenhet; art, slag. **descriptive** [di'skriptiv] beskrivende.
descry [dis'krai] øyne; oppdage.
Desdemona [dezdi'məunə].
desecrate ['desikreit] vanhellige. **desecration** [desi'kreiʃən] vanhelligelse, skjending.
desert ['dezət] øde; ørken, ubebodd sted.
desert [di'zə:t] forlate; falle fra; desertere; svikte.
desert [di'zə:t] fortjeneste, fortjent belønning.
deserted [di'zə:tid] folketom, forlatt, øde.
deserter [di'zə:tə] frafallen; rømling, desertør.
desertion [di'zə:ʃən] frafall; desertasjon, desertering.
deserve [di'zə:v] fortjene; gjøre seg fortjent; ha krav på. **deservedly** [di'zə:vidli] fortjent, med rette. **deserving** [di'zə:viŋ] fortjent; verdig; fortjenstfull.
deshabille ['dezæbi:l] neglisjé.
desiccate ['desikeit] tørre; tørke. **desiccation** [desi'keiʃən] uttørring, tørk. **desiccative** [de'sikətiv] tørrende, tørke-; tørrende middel.
desiderate [di'zidəreit] savne; ønske, søke, (fig.) etterlyse. **desideratum** [dizidə'reitəm] savn; ønske; noe som var å ønske.
design [di'zain] gjøre utkast, tegne; skissere; formgi, konstruere; legge plan til; tenke ut; bestemme; spekulere; tegning; konstruksjon; formgivning; plan, utkast, riss, mønster; forehavende, hensikt; **by** (el. **with) –** med vilje, med forsett. **-able** [di'zainəbl] bestemmelig, påviselig, kjennelig; merkelig.
designate ['dezigneit] betegne, bestemme, merke ut, utse; angi, utpeke **(to, for** til). **designate** ['dezignit] utpekt, utvalt. **designation** [dezig'neiʃən] betegnelse, bestemmelse. **designative** ['dezigneitiv] betegnende; bestemmende. **designedly** [di'zainidli] med vilje.
designer [di'zainə] tegner, konstruktør, formgiver; dekoratør, en som legger planer; renkesmed. **designing** [di'zainiŋ] listig, renkefull, lumsk, falsk, slu; konstruksjon, tegning.
design patent ≈ mønsterbeskyttelse.
desirability [dizairə'biliti] ønskelighet. **desirable** [di'zaiərəbl] attråverdig, ønskelig. **-ness** [di'zaiərəblnis] ønskelighet. **desire** [di'zaiə] forlangende, begjæring, ønske; attrå; bønn; forlange, begjære, be, ønske, attrå, lyste. **desirous** [di'zaiərəs] begjærlig **(of** etter); ønskende, oppsatt på.
desist [di'zist] avstå **(from** fra); stanse opp **(from** med).
desk [desk] pult; kateter; lesepult; prekestol; skranke. **– bound** (fig.) lenket til skrivebordet. **– job** kontorjobb. **– jobber** grossist uten varelager. **– pad** skriveunderlag. **-top publishing** skrivebordssetting, grafisk tekstbehandling.
desolate ['desəleit] ubebodd, øde, forlatt; ensom; ulykkelig. **desolate** ['desəleit] avfolke, herje, ødelegge. **desolation** [desə'leiʃən] avfolking; ødelegging; ørken; trøstesløshet; forlatthet, ensomhet.
despair [di'spεə] fortvilelse; fortvile; oppgi håpet **(of** om). **-ingly** [di'spεəriŋli] fortvilet.
despatch [di'spætʃ] se **dispatch.**
desperado [despə'reidəu] våghals, banditt, røver.
desperate ['desp(ə)rit] fortvilet, desperat; dumdristig; uvøren. **desperation** [despə'reiʃən] fortvilelse.
despicable ['despikəbl] foraktelig, ussel.
despise [di'spaiz] forakte. **despiser** forakter.
despite [di'spait] ondskap; nag, hat; tross; **in – of** til tross for, trass i; **in one's own –** mot ens egen vilje. **despite** [di'spait] (prep.) tross, trass i.
despoil [di'spɔil] plyndre. **-er** [di'spɔilə] plyndrer. **despoliation** [dispəuli'eiʃən] plyndring.
despond [di'spɔnd] fortvile, oppgi håpet. **-ency** [di'spɔndənsi] håpløshet, fortvilelse; motfallenhet. **-ent** [di'spɔndənt] fortvilet; motfallen.
despot ['despɔt] enevoldshersker, despot. **despotic(al)** [de'spɔtik(l)] despotisk. **despotism** ['despətizm] despotisme, tyranni.
desquamation [deskwə'meiʃən] avskalling.
dessert [di'zə:t] dessert. **– wine** hetvin.
destination [desti'neiʃən] bestemmelse; bestemmelsessted. **destine** ['destin] bestemme, destinere. **destined** ['destind] bestemt **(for** til). **destiny** ['destini] skjebne, lagnad; **the Destinies** (pl.) skjebnegudinnene.
destitute ['destitju:t] blottet **(of** for), fattig. **destitution** [desti'tju:ʃən] (stor) fattigdom, armod, mangel, nød.
destroy [di'strɔi] ødelegge, tilintetgjøre; drepe. **-er** [di'strɔiə] ødelegger; torpedojager, destroyer.
destructible [di'strʌktibl] forgjengelig, som kan ødelegges. **destruction** [di'strʌkʃən] ødelegging; undergang. **destructive** [di'strʌktiv] ødeleggende, skadelig, nedbrytende. **-ness** ødeleggelseslyst; ødeleggende virkning. **destructor** [di'strʌktə] forbrenningsovn.
desudation [dis(j)u'deiʃən] svetting.
desuetude ['deswitju:d, 'di:switju:d] glemsel, det å gå av bruk; **fall into –** gå av bruk.

desultoriness [ˈdesəltərinis] planløshet. **-y** [ˈdesəltəri] planløs, springende, spredt; flyktig.
det. fk. f. **detachment.**
detach [diˈtætʃ] skille, avsondre, løsrive, skille fra; sende, detasjere. **detached** avsondret, frittliggende; upartisk, objektiv. **– house** enebolig. **detachment** [diˈtætʃmənt] atskillelse; avsondring; løsrivelse; fri stilling; detasjement.
detail [diˈteil] fortelle omstendelig, berette inngående om; beordre til særtjeneste. **detail** [ˈdi:teil] detalj, enkelthet; omstendelig beretning; soldater uttatt til særtjeneste; **in –** punkt for punkt; **go into -s** gå i detaljer. **-ed** [diˈteild] omstendelig, utførlig, detaljert.
detain [diˈtein] holde tilbake; hefte, forsinke; oppholde; holde i forvaring, holde fengslet. **-ee** [diteinˈi:] internert person (f. eks. politisk fange); varetektsfange. **-er** [diˈteinə] en som holder tilbake; tilbakeholdelse. **-ment** [diˈteinmənt] tilbakeholdelse.
detect [diˈtekt] oppdage; spore opp; påvise. **-ion** [diˈtekʃən] oppdagelse, påvisning; oppsporing. **-ive** [diˈtektiv] detektiv, kriminalbetjent, oppdager; oppdagelses-. **-or** [diˈtektə] oppdager, detektor.
detent [diˈtent] stopper.
détente (fr.) politisk avspenning.
detention [diˈtenʃən] tilbakeholdelse; forvaring, arrest; **– under guard** (mil.) vaktarrest. **– camp** flyktningeleir, interneringsleir. **– centre, – home** ≈ ungdomsfengsel.
deter [diˈtə:] avskrekke, skremme; hindre, forhindre.
detergent [diˈtə:dʒənt] (syntetisk) vaskemiddel, vaskepulver; rensemiddel.
deteriorate [diˈtiəriəreit] forringe, svekke(s); bli forringet. **deterioration** [diˈtiəriəˈreiʃən] forringelse, svekkelse.
determinable [diˈtə:minəbl] som kan bestemmes. **determinant** [diˈtə:minənt] bestemmende. **determinate** [diˈtə:minit] bestemt. **determination** [ditə:minˈeiʃən] bestemmelse; avgjørelse, mening, forsett; bestemthet. **determine** [diˈtə:min] bestemme, fastslå, avgjøre; beslutte; slutte, opphøre. **determined** [diˈtə:mind] bestemt, målbevisst, energisk. **determinism** [diˈtə:minizm] determinisme. **determinist** [-ist] determinist.
deterrent [diˈterənt] avskrekkende; avskrekkende middel.
detersive [diˈtə:siv] rensende.
detest [diˈtest] avsky. **-able** [-əbl] avskyelig. **-ation** [di:tesˈteiʃən] avsky.
dethrone [deˈθrəun] styrte fra tronen; avsette. **-ment** [diˈθrəunmənt] detronisering; avsetting.
detonate [ˈdetəneit] eksplodere; knalle; la eksplodere. **detonating | charge** tennsats. **– fuse** detonerende lunte. **detonation** [detəˈneiʃən] detonasjon, eksplosjon; knall. **detonator** [ˈdetəneitə] tennhette, tennladning; knallsignal.
detour [diˈtuə] omvei, omkjøring, krok, avstikker.
detract [diˈtrækt] ta bort, avlede; **– from** nedsette, forringe. **-ion** [diˈtrækʃən] forringelse; baktalelse. **detractor** [diˈtræktə] bakvasker. **-ory** [diˈtræktəri] nedsettende, baktalersk.
detrain [di:ˈtrein] få ut av toget; gå av toget.
detriment [ˈdetrimənt] skade. **detrimental** [detriˈmentl] skadelig, ugunstig **(to** for).
detrition [diˈtriʃən] avsliting, avskuring.
de trop [dəˈtrəu]: **be – –** være til overs.
detruncate [di:ˈtrʌŋkeit] avkorte, avkappe; forkorte.
deuce [dju:s] toer (i spill); stå likt (i tennis); fanden, pokker. **deuced** [ˈdju:sid] fandens, pokkers.
Deut. fk. f. **Deuteronomy.**
Deuteronomy [dju:təˈrɔnəmi] femte mosebok.
devaluate [di:ˈvæljueit] devaluere. **devaluation** [di:væljuˈeiʃən] devaluering.
devastate [ˈdevəsteit] ødelegge, herje. **devastation** [devəˈsteiʃən] ødeleggelse, herjing.
develop [diˈveləp] utvikle, utfolde; fremkalle (et fotografi); utnytte; oppstå; utvikle seg; bli synlig. **country** utviklingsland. **-ingment** [diˈveləpmənt] utvikling, utfolding; (fotografisk) fremkalling.
deviate [ˈdi:vieit] avvike; forse seg. **deviation** [di:viˈeiʃən] avvikelse; avvik; villfarelse; deviasjon.
device [diˈvais] oppfinnelse, påfunn, greie, sak, innretning; plan; list; motto, valgspråk; fyndord; devise, merke; **leave him to his own -s** la ham seile sin egen sjø.
devil [devl] djevel, demon; ondskapsfull, ondsinnet, snedig, listig menneske (el. dyr); forkommen stakkar; volfemaskin; sterkt krydret kjøttrett, sterkt krydder; visergutt (i trykkeri) (ogs. **printer's –**); **– a bit** aldri det grann; **the – you did** (nei) så fanden om du gjorde; **between the – and the deep sea** mellom barken og veden; **the – looks after his own** ≈ ukrutt forgår ikke så lett; **there'll be the – to pay** nå er fanden løs; **give the – his due** gjøre rett og skjel; **beat the -'s tattoo** tromme (el. trampe) som besatt; **a – of a fellow** en fandens fyr; **– a one** ikke en eneste (sjel); **every man for himself and the – take the hindmost** ≈ redde seg den som kan; **the – on two sticks** djevlespill, haltefaen; **play the – with** gjøre kål på; **– -dodger** (felt)prest; **– -may-care** [ˈdevlmeiˈkɛə] fandenivoldsk. **devil** krydre sterkt og finhakke; rive, findele. **-ish** [ˈdevliʃ] djevelsk, fandens. **-ment** [ˈdevilmənt] djevelskap; djevelsk strek. **-ry** [ˈdevlri] djevelskap. **-'s mirror** hovmesterspeil. **the -'s picture book** kortstokk.
devious [ˈdi:vjəs] avsides; som går på ville veier, ad omveier; villsom, upålitelig.
devise [diˈvaiz] finne opp, opptenke, tenke ut; overveie; testamentere; testamente, arv, legat. **devisee** [divaiˈzi:] arving (etter testamente). **devisor** [deviˈzɔ:] arvelater, testator.
devitalization [di:vaitəlaiˈzeiʃən] nervebehandling (av tann); visning.
devitalize [di:ˈvaitəlaiz] ta livslysten fra; drepe (nerve).
devoid [diˈvɔid] fri, blottet **(of** for).
devoir [dəvˈwɑ:] plikt, oppgave; **pay one's –** gjøre noen sin oppvartning.
devolution [devəˈl(j)u:ʃən] overgang **(on** til), overdragelse, overføring, hjemfall. **devolve** [diˈvɔlv] rulle fram, rulle ned; overdra **(on** til); gå i arv **(on** til), tilfalle; **it -s upon me to** det påhviler (el. faller på) meg å.
Devon [ˈdevn] Devon. **Devonian** [diˈvəunjən] devonisk.
Devonshire [ˈdevnʃə].
devote [diˈvəut] hellige, hengi, vie. **devoted** [diˈvəutid] ivrig, pasjonert; hengiven, trofast, lojal; selvoppofrende. **devotedness** [diˈvəutidnis] hengivenhet, oppofring. **devotee** [devəuˈti:] en som

helliger seg til noe; hengehode, svermer, tilbeder. **devotion** [ˈdivəuʃən] innvielse; hengivelse, oppofrelse; hengivenhet; fromhet; andakt, gudsfrykt. **devotional** [diˈvəuʃənl] andektig, gudelig, oppbyggelig; andakts-. **devotionalism** [diˈvəuʃənəlizm] tilbøyelighet til overdreven hengivelse, skinnhellighet. **devotions** [diˈvəuʃənz] andaktsøvinger, andakt.
devour [diˈvauə] sluke, kjøre i seg; fortære; oppglødd av.
devout [diˈvaut] from, gudfryktig, religiøs; andektig; oppriktig.
D. E. W. fk. f. **Distant Early Warning** (radarvarslingskjede).
dew [dju:] dugg, dogg; dugge, dogge; **mountain** – (hjemmebrent) whisky. **-berry** en slags bjørnebær. **-fall** doggfall. **-lap** kjøttlapp, hudfold. – **point** doggpunkt.
dewy [ˈdju:i] duggvåt, dogget; **– -eyed** med store uskyldige øyne; naiv.
dexterity [deksˈteriti] hendighet, ferdighet, godt lag. **dexterous** [ˈdekst(ə)rəs] hendig, god, øvet; listig.
dextral [ˈdekstrəl] høyredreid; høyrevendt; høyrehendt.
dextrin(e) [ˈdekstrin] dekstrin.
dextrose [ˈdekstrəus] druesukker.
dey [dei] dei (tyrkisk guvernør).
D. F. fk. f. **damage free; dead freight; Dean of the Faculty; Defender of the Faith.**
D. F. C. fk. f. **Distinguished Flying Cross.**
D flat (mus.) Dess.
D. F. M. fk. f. **Distinguished Flying Medal.**
dg fk. f. **decigram.**
diabetes [daiəˈbi:tiz] sukkersyke. **diabetic** [daiəˈbetik] sukkersykepasient, diabetiker; diabetisk.
diabolic(al) [daiəˈbɔlik(l)] djevelsk.
diabolo [diˈæbələu] djevlespill.
diadem [ˈdaiədem] diadem.
diagnose [daiəgˈnəuz] diagnostisere. **diagnosis** [daiəgˈnəusis] diagnose. **diagnostic** [daiəgˈnɔstik] diagnostisk; kjennetegn (på en sykdom), symptom.
diagonal [daiˈægənəl] diagonal.
diagram [ˈdaiəgræm] diagram, riss, figur.
dial [ˈdaiəl] solskive, solur; urskive, skive (f.eks. på telefon); skala (på radioapparat); (sl.) ansikt; måle, vise med en skive; slå (et telefonnummer); stille inn (en stasjon).
dialect [ˈdaiəlekt] dialekt, målføre. **dialectal** [daiəˈlektl] dialektisk. **dialectic(al)** [daiəˈlektik(l)] dialektisk, som hører til en dialekt el. til dialektikken. **dialectician** [daiəlekˈtiʃən] dialektiker. **dialectics** [daiəˈlektiks] dialektikk.
dial lock kombinasjonslås, kodelås.
dialogue [ˈdaiəlɔg] samtale, dialog.
dial | plate urskive; tallskive. – **telephone** automatisk telefon.
diamat [ˈdaiəmæt] dialektisk materialisme.
diamb [ˈdaiæm] dijambe (i metrikk).
diameter [daiˈæmitə] diameter, tverrmål. **diametral** [daiˈæmitrəl] diametral. **diametrical** [daiəˈmetrikl] diametrisk; diametral. **diametrically opposed** diametralt motsatt.
diamond [ˈdai(ə)mənd] diamant; ruter (i kortspill); – **cut** – hauk over hauk; **black -s** svarte diamanter: steinkull; **king of -s** ruter konge. **-cutter** diamantsliper. – **wedding** diamantbryllup.
Diana [daiˈænə].
dianthus [daiˈænθəs] nellik.
diapason [daiəˈpeizən] oktav; omfang (av stemme, instrument); tonehøyde, kammertone; stemmegaffel.
diaper [ˈdaiəpə] rutet mønster; bleie; gi et rutet mønster; ta bleie på.
diaphanous [daiˈæfənəs] gjennomsiktig.
diaphragm [ˈdaiəfræm] mellomgulv; skillevegg; hinne; membran; pessar. **-atic** [daiəfrægˈmætik] mellomgulvs-.
diarist [ˈdaiərist] dagbokforfatter.
diarrhoea [daiəˈri:ə] diaré, magesyke.
diary [ˈdaiəri] dagbok.
diastole [daiˈæstəli] utvidning (av hjertet).
diathermy [ˈdaiəθə:mi] diatermi.
diatonic [daiəˈtɔnik] diatonisk.
diatribe [ˈdaiətraib] vidløftig avhandling, lang lekse; heftig utfall.
dib [dib] (v.) pilke (fiske).
dibble [ˈdibl] plantepinne; gjøre huller i; plante.
dice [dais] (pl. av **die**) terninger; spille med terninger. – **box** terningbeger. – **pattern** sjakkbrettmønster. **dicer** [ˈdaisə] terningspiller.
dicey [ˈdaisi] risikabel.
dichotomy [daiˈkɔtəmi] tvedeling, dikotomi.
Dick [dik] fk. f. **Richard.**
dick [dik]; **take one's** – sverge (**to** på); **up to** – med på notene, gløgg; (US tal.) detektiv.
Dickens [ˈdikinz].
dickens [ˈdikinz] fanden, pokker.
dickey el. **dicky** [ˈdiki] tjenersete på en vogn; baksete; løst skjortebryst; liten fugl; dårlig; ussel.
dictaphone [ˈdiktəfəun] diktafon.
dictate [dikˈteit] diktere; si til; befale, foreskrive; kreve. **dictate** [ˈdikteit] befaling, påbud. **dictation** [dikˈteiʃən] diktat. **dictator** [dikˈteitə] diktator. **dictatorial** [diktəˈtɔ:riəl] diktatorisk. **dictatorship** [dikˈteitəʃip] diktatur.
diction [ˈdikʃən] stil, språk, diksjon.
dictionary [ˈdikʃənəri] ordbok, leksikon.
dictograph [ˈdiktəgrɑ:f] diktograf, diktafon.
dictum [ˈdiktəm] utsagn; sentens, maksime; (jur.) betenkning.
did [did] imperf. av **do.**
didactic [diˈdæktik] belærende, didaktisk. – **poem** læredikt. **didactics** pedagogikk.
diddle [ˈdidl] dingle, vakle, stavre; skake, riste; søle; snyte; snyteri. **– -daddle** snikk-snakk, preik. **diddler** [ˈdidlə] plattenslager.
didie [ˈdaidi] bleie; blei, kile.
didn't [didnt] **did not.**
Dido [ˈdaidəu].
dido [ˈdaidəu] puss, spikk, strek; **cut -es** gjøre mudder, holde leven, trikse.
die [dai] dø; omkomme; visne; dø bort, opphøre; forsvinne; **be dying** holde på å dø, ligge for døden, være døden nær; – **from illness** dø av sykdom; – **off** dø ut, dø en etter en; – **by the sword** falle for sverdet; **be dying for** lengte seg i hjel etter; – **in harness** dø mens man er i full virksomhet, dø med støvlene på; **do and** – handle og dø; **never say** – friskt mot! gi ikke opp!
die [dai] (i pl.: **dice**) terning; (i pl.: **dies**) myntstempel; **the** – **is cast** terningen er kastet.
die-hard [ˈdaihɑ:d] stri, en som motstår tvang til det ytterste; stokk konservativ.
diesel [ˈdi:zəl] diesel. – **engine** dieselmotor.
diet [ˈdaiət] kost, diett; holde med kosten; sette

på diett; spise; holde diett. **dietary** [ˈdaiətəri] forpleinings-, diett-; kost, diett. **dietetic** [daiəˈtetik] dietetisk. **dietetics** dietetikk. **dietician** [daiiˈtiʃən] dietetiker; ernæringsfysiolog.

differ [ˈdifə] være forskjellig, være ulik, avvike; være av forskjellig mening **(from** fra).

difference [ˈdif(ə)rəns] forskjell, forskjellighet, ulikskap; avvikelse; uenighet; stridspunkt.

different [ˈdif(ə)rənt] forskjellig **(from** fra), ulik.

differentia [difəˈrenʃiə] egenskap, karakteristikum.

differential [difəˈrenʃəl] differensial.

differentiate [dif(ə)ˈrenʃieit] differensiere.

difficile [ˈdifisi:l] vanskelig, umedgjørlig.

difficult [ˈdifikəlt] vanskelig, vrang. **difficulty** [ˈdifikəlti] vanskelighet, vanske; forlegenhet.

diffidence [ˈdifidəns] mistro, mistillit; fryktsomhet, mangel på selvtillit. **diffident** [ˈdifidənt] mistroisk **(of** like overfor); forknytt, redd av seg, nølende.

difform [diˈfɔ:m] uregelmessig.

diffraction [diˈfrækʃən] diffraksjon, brytning.

diffuse [diˈfju:z] utbre; spre. **diffuse** [diˈfju:s] spredt, utspredt; vidløftig; snakkesalig. **diffusible** [diˈfju:zibl] flyktig. **diffusion** [diˈfju:ʒən] spredning; utbredelse. **diffusive** [diˈfju:siv] spredende seg; utbredt; vidløftig. **diffusiveness** [diˈfju:sivnis] utstrakthet; utbredelse; vidløftighet.

dig [dig] i uttrykket **infra dig.** fk. f. infra dignitatem (latin), under ens verdighet.

dig [dig] grave; terpe; graving; støt; dult; terping; hint, stikk; oppfatte, forstå, begripe; (sl.) like, sette pris på. **– in** grave ned; gå igang; hive innpå (spise); **– up** grave opp; skrape sammen penger.

digest [ˈdaidʒest] oversikt, forkortet gjengivelse; lovsamling.

digest [d(a)iˈdʒest] fordøye, fordøyes, la seg fordøye; tilegne seg; finne seg i, tåle. **digester** [d(a)iˈdʒestə] en som ordner; fordøyelsesmiddel; digestor; Papins gryte. **digestible** [d(a)iˈdʒestibl] fordøyelig. **digestion** [d(a)iˈdʒestʃən] ordning; fordøyelse; digestion, digerering; modning; forståelse. **digestive** [d(a)iˈdʒestiv] som fremmer, er god for fordøyelsen; (i kjemi) digererende; digestiv, middel som fremmer fordøyelsen, modningen.

digger [ˈdigə] graver; gravemaskin; gullgraver. **digging** [ˈdigiŋ] utgraving, gullgraving. **– fork** greip. **– ladder** paternosterverk. **diggings** utgraving, utgravingssted; bolig, losji.

dight [dait] sette i stand; smykke.

digit [ˈdidʒit] tå, finger (i zoologi); fingerbredde; siffer, tall; ener. **-al** digital, siffer-. **digitalis** [didʒiˈteilis] revebjelle, digitalis. **digitigrade** [ˈdidʒitigreid] tågjenger.

dignification [dignifiˈkeiʃən] opphøyelse. **dignified** [ˈdignifaid] opphøyd; verdig. **dignify** [ˈdignifai] opphøye; utmerke, hedre, beære. **dignitary** [ˈdignitəri] høy geistlig, høy embetsmann, dignitar. **dignity** [ˈdigniti] høyhet; verdighet, rang, embete.

digraph [ˈdaigrɑ:f, ˈdaigræf] to bokstaver for en lyd (f. eks. ph for f).

digress [diˈgres, dai-] avvike; komme bort fra emnet; skeie ut. **digression** [diˈgreʃən, dai-] digresjon, avvikelse, sidesprang. **digressive** [diˈgresiv, dai-] vikende bort fra, skeiende ut fra, side-.

digs [digz] bolig, losji, hybel.

dike [daik] dike, dam, demning; (jord)voll, grav, grøft; åre (i mineralogi); (US sl.) lesbisk kvinne; demme inn; grøfte ut.

dilapidat|e [diˈlæpideit] (la) forfalle, forsømme, vanskjøtte. **-ed** [diˈlæpideitid] forsømt, forfallen, skrøpelig. **-ion** [dilæpiˈdeiʃən] forfallen tilstand, ruin, forfall.

dilatability [d(a)ileitəˈbiliti] utvidningsevne. **dilatable** [d(a)iˈleitəbl] utvidelig. **dilatation** [dailəˈteiʃən] utvidelse, utviding. **dilate** [d(a)iˈleit] utvide, spile opp, sperre opp, tøye; utvide seg; tøye seg; utvikle vidløftig; forstørre. **dilation** [d(a)iˈleiʃən] utvidelse. **dilatory** [ˈdilətəri] nølende, treg, sen, forhalende.

dilemma [d(a)iˈlemə] dilemma; forlegenhet, knipe.

dilettante [ˈdiliˈtænti] pl. **dilettantes** [-tiz] dilettant. **dilettantism** [diliˈtæntizm] dilettanteri.

diligence [ˈdilidʒəns] flid, arbeidsomhet; diligensplikt. **diligent** [ˈdilidʒənt] flittig, arbeidsom; grundig.

dill [dil] dill.

dilly-dally [ˈdiliˈdæli] fjase; somle, gå og slenge.

diluent [ˈdiljuənt] fortynnende; fortynnende middel; tilsetningsstoff. **dilute** [diˈl(j)u:t] fortynne, spe opp, vanne ut; la seg fortynne; fortynnet. **dilution** [diˈl(j)u:ʃən, dai-] fortynning, uttynning; (fig.) utvanning.

diluvi|al [d(a)iˈl(j)u:vjəl] diluvial, oversvømmelses-, flom-. **-an** [d(a)iˈl(j)u:vjən] storflod-, syndflods-.

dim [dim] dim, mørk, dunkel, matt, svak; kjedelig; dum, sløv; formørke, dimme, dempe.

dim. fk. f. **diminuendo; diminutive.**

dimber [ˈdimbə] livlig; pen, søt.

dime [daim] tiendedel av en dollar, ticent; **they are a – a dozen** ≈ det går tretten av dem på dusinet. **– novels** (US) billigbøker, røverromaner.

dimension [d(a)iˈmenʃən] dimensjon, omfang, vidde, mål; dimensjonere.

dimidiate [d(a)iˈmidiit] halvert, halvt.

diminish [diˈminiʃ] forminske, minke på, redusere; forminskes, minke. **-able** [diˈminiʃəbl] som kan forminskes.

diminuendo [diminjuˈendəu] diminuendo.

diminution [dimiˈnju:ʃən] forminskelse; svinn; minking. **diminutive** [diˈminjutiv] ørliten; forminskelsesord, diminutiv; svært liten, ørsmå.

dimissory [diˈmisəri] dimisjons-, avgangs-.

dimity [ˈdimiti] slags blomstret bomullstøy.

dimmer [ˈdimə] lysdemper; **-s** parkeringslys.

dimout [ˈdimaut] nedblending.

dimple [ˈdimpl] liten fordypning, dokk, smilehull, kløft i haken; krusning; danne små fordypninger; kruse; kruse seg. **dimpled** med smilehull. **dimply** [ˈdimpli] med små fordypninger, med smilehull; kruset.

dimwit [ˈdimwit] treskalle, dust, fjols. **-ted** dustet, dum.

din [din] larm, drønn, brak; bedøve ved støy; dønne, brake. **– st. into sb.** hamre noe inn i en.

Dinah [ˈdainə].

dine [dain] spise middag; **– off (on)** få ... til middag. **diner** [ˈdainə] middagsgjest; spisevogn; (US) billig restaurant, kafé (med disken som bord). **diner-out** en som ofte spiser ute, selskapsmann.

dinette [daiˈnet] spisekrok (i kjøkken).

ding [diŋ] slå, kaste; banke; larme; ringe. **--bat** (US tal.) tulling, skrulling, koko.
dingdong [diŋˈdɔŋ] klingklang, dingdang; heisafest, veiv. **– fight** (sports)kamp hvor snart den ene, snart den andre har overtaket; forrykende slagsmål.
dinge [dindʒ] bulk, søkk; skitt; bulke, skade; skitne til.
dingey el. **dinghy** [ˈdiŋgi] jolle.
dinginess [ˈdin(d)ʒinis] mørke, mørk farge, mørkebrunt; skitt, smussighet.
dingle [ˈdiŋgl] dal, dalsøkk.
dingo [ˈdiŋgəu] vill hund (i Australia).
dingy [ˈdin(d)ʒi] mørk, mørkebrun, skitten.
dingy [ˈdiŋgi] jolle.
dining | alcove [ˈdainiŋ ˈælkəuv] spisekrok (i stue). **– area** spiseplass, spisekrok. **– car** spisevogn. **– chair** spisestuestol. **– hall** spisesal. **– recess** spisekrok. **--room** spisestue. **--table** spisebord.
DINK (US fork.) **Double-Income, No-Kids.**
dinky [ˈdiŋki] nett, pen, fin, lekker, søt; (US) puslet, liten.
dinner [ˈdinə] middag, middagsmat; bankett, festmiddag; **ask sb. to –** invitere noen til middag. **– dress** ≈ aftenkjole; **– jacket** smoking; **– party** middagsselskap. **– wagon** rullebord. **--ware** spisebestikk og servise.
dinosaur [ˈdainəsɔ:] dinosaurus.
dint [dint] merke av slag el. støt, hakk, bunk; gjøre bulet; **by – of** ved hjelp av.
diocesan [daiˈɔsisən] som hører til bispedømme, stifts-, sogne-. **diocese** [ˈdaiəsis] stift, bispedømme.
Dionysus [daiəˈnaisəs] Dionysos.
dioptric [daiˈɔptrik] dioptrisk. **dioptrics** [daiˈɔptriks] dioptrikk, læren om lysets brytning.
diorama [daiəˈrɑ:mə, ˈdaiərɑ:mə] diorama.
dip [dip] dyppe; øse; farge; støpe lys; senke flagg, dukke, ta en dukkert; synke, skråne, helle ned; kikke på, bla igjennom, trenge inn i; dukkert; dypping; helling, hall, magnetnålens inklinasjon; talglys. **– of the horizon (needle)** kimmingdaling. **– into** gripe ned i; forgripe seg på; ta en titt på; **– the (head)lights** blende ned (bil)-lysene.
diphtheria [difˈθiəriə] difteri. **diphtheritic** [difθeˈritik] difterittisk.
diphthong [ˈdifθɔŋ] tvelyd, diftong. **diphthongize** [ˈdifθɔŋgaiz] diftongere.
diploma [diˈpləumə] diplom; vitnemål, eksamensbevis. **diplomacy** [diˈpləuməsi] diplomati. **diplomat** [ˈdipləmæt] diplomat. **diplomatic** [dipləˈmætik] diplomatisk. **diplomatics** diplomatikk, diplomvitenskap. **diplomatist** [diˈpləumətist] diplomat.
dip needle inklinasjonsnål.
dip net synkenot, bunngarn; hov.
dipper [ˈdipə] dykker; dimbryter (i bil); sleiv, øse; grabb; fossekall (fuglen); lommetyv; (US) **the Big D.** Storebjørn, Karlsvognen; **the Little D.** Lillebjørn.
dipsomania [dipsəˈmeinjə] drikkesyke, periodedrikking.
dipstick peilepinne, oljestandsmåler.
dipswitch avblendingskontakt, dimbryter (i bil).
dipterous [ˈdiptərəs] tovinget (om insekt).
dire [daiə] skrekkelig, sørgelig; fæl; **in – need** i stor nød. **-ful** [ˈdaiəf(u)l] skrekkelig, sørgelig. **-ness** [ˈdaiənis] skrekkelighet, gru.
direct [diˈrekt, dai-] rette, styre, rettlede, dirigere; adressere; henlede (oppmerksomheten); anvise, befale, beordre, pålegge; direkte; umiddelbar; straks, øyeblikkelig. **--acting** direktevirkende. **– current** likestrøm. **– distance dialling** fjernvalg (pr. telefon). **– earth** direkte jordet. **– grant school** ≈ privatskole (statsstøttet til 1975). **– hit** fulltreffer.
direction [diˈrekʃən, dai-] retning; ledelse; direksjon, styre, styring; anvisning, veiledning, bruksanvisning; direktiv; instruksjon; adresse. **– post** veiviser. **directive** [diˈrektiv, dai-] ledende, som rettleier; direktiv. **directly** [diˈrektli, dai-] direkte; umiddelbart, straks; så snart som, med det samme. **directness** [diˈrektnis, dai-] umiddelbarhet, gå rett på; **– of purpose** målbevissthet.
director [diˈrektə] leder; veileder; bestyrer, direktør, styremedlem, direksjonsmedlem; film-, teaterinstruktør; **D. of Public Prosecutions** (eng.) ≈ riksadvokat. **directorate** [ˈdiˈrektərit] direktorat, styre. **directorial** [direkˈtɔ:riəl, dai-] ledende; direktorial-. **directory** [diˈrektəri] veiledende; adressebok, katalog, veiviser; veiledning, bruksanvisning; **– inquiry** ≈ opplysningen (på telegrafverket). **directress** [diˈrektris], **directrix** [diˈrektriks] bestyrerinne, direktrise.
direful [ˈdaiəful] (gml.) sørgelig, forferdelig, skrekkelig.
dirge [də:dʒ] klagesang, sørgesang.
dirigible [ˈdiridʒəbl] styrbar; luftskip.
dirk [də:k] dolk; dolke.
dirt [də:t] søle, gjørme; smuss, skitt, lort; boss. **– cheap** latterlig billig. **– farmer** gårdbruker. **-iness** [ˈdə:tinis] smussighet; skittenhet, tarvelighet. **– road** grusvei, vei uten fast dekke. **– track** «sølebane» (til motorsykkelløp). **dirty** [ˈdə:ti] skitten, sølet; lurvet, nedrig, sjofel; radioaktivt forurenset; skitne, rakke til; bli sølet; **do the – on sb.** spille noen et pek; **the – end of the stick** den verste jobben. **– money** smusstillegg.
dis. fk. f. **distance; distribute.**
Dis. el. **Disct.** fk. f. **discount.**
dis|ability [disəˈbiliti] svakhet; udugelighet, mangel på evne; inhabilitet; handikap, lyte. **-ability pension** uførhetstrygd. **-able** [disˈeibl] gjøre udugelig, gjøre ufør til strid, gjøre til krøpling; handikappe, invalidisere; avkrefte, lamme; **-abled soldier** krigsinvalid, stridsudyktig. **-ablement** [disˈeiblmənt] udyktiggjøring; hjelpeløshet; vanførhet; kampudyktighet.
disabuse [disəˈbju:z] bringe ut av villfarelse.
disaccustom [disəˈkʌstəm] venne av.
disacknowledge [disəkˈnɔlidʒ] fornekte.
disadvantage [disədˈvɑ:ntidʒ] ufordelaktighet; skade, lyte, mangel, ulempe, uheldig forhold; tap; **be at a –** være ugunstig stilt. **disadvantageous** [disædvənˈteidʒəs] ufordelaktig, ugunstig, uheldig.
disaffect [disəˈfekt] gjøre utilfreds, vekke misnøye; fiendtlig stemt. **-ion** [disəˈfekʃən] utilfredshet, misnøye, opprørsånd.
disaffirm [disəˈfə:m] nekte, si mot, avsanne; kullkaste.
disagree [disəˈgri:] være uenig, ikke stemme overens; bekomme ille, ikke ha godt av (om mat og drikke). **disagreeable** [disəˈgri:əbl] ubehagelig. **disagreement** [disəˈgri:mənt] uoverensstemmelse; uenighet; meningsforskjell.
disallow [disəˈlau, ˈdisəˈlau] forkaste, misbillige;

annullere. **-ance** [disə'lauəns] forkasting; misbilligelse.
disappear [disə'piə] forsvinne, komme bort. **disappearance** [disə'piərəns] forsvinning.
disappoint [disə'pɔint] skuffe **(in** i), svike, narre **(of** for). **disappointment** [disə'pɔintmənt] feilslått håp, skuffelse.
disappreciate [disə'pri:ʃieit] undervurdere.
disapprobation [disæprə'beiʃən] misbilligelse. **disapprobatory** ['disæprə'beitəri] misbilligende.
disapproval [disə'pru:vəl] misbilligelse, uvilje. **disapprove** [disə'pru:v] misbillige, mislike.
disarm [dis'ɑ:m, diz-] avvæpne, desarmere, uskadeliggjøre; nedruste.
disarmament [dis'ɑ:məmənt] avvæpning, desarmering, uskadeliggjøring, nedrusting.
disarmer [dis'ɑ:mə] tilhenger av (atom)nedrustning.
disarrange [disə'rein(d)ʒ] bringe i uorden, forstyrre. **-ment** [disə'rein(d)ʒmənt] uorden, ugreie, forvirring.
disarray [disə'rei] avkle; løse opp, bringe i uorden; uorden, forvirring, rot.
disassemble [disə'sembl] ta fra hverandre, demontere.
disassociate [disə'səuʃieit] atskille.
disaster [diz'ɑ:stə] ulykke, katastrofe. **disastrous** [diz'ɑ:strəs] ulykkelig, katastrofal.
disavow [disə'vau, 'disə'vau] desavouere; fragå, miskjenne; avslå, nekte. **disavowal** [disə'vauəl] desavouering.
disband [dis'bænd] gi avskjed, avskjedige; sende hjem; oppløse seg. **-ment** hjemsending.
disbelief ['disbi'li:f] vantro, tvil. **disbelieve** [disbi'li:v, 'disbi'li:v] ikke tro, tvile på. **-r** [-ə] en som ikke tror; vantro.
disbranch [dis'brɑ:nʃ] brekke greinene av; hogge av.
disburden [dis'bə:dn] fri for en byrde; lette; kvitte seg med.
disburse [dis'bə:s] betale ut. **disbursement** [dis'bə:smənt] utbetaling, uttelling.
disc [disk] flat, rund skive; plate; diskos; grammofonplate, tallerken (på harv).
discard [dis'kɑ:d] kaste (i kortspill); kassere, vrake; avsette, avskjedige; **-ed theory** forlatt teori.
disc | brake skivebrems. **– clutch** platekopling.
discern [di'sə:n] skjelne; skjønne; oppdage, bli var. **discernible** [di'sə:nibl] som kan skjelnes, merkbar. **discerning** [di'sə:niŋ] forstandig; skarpsindig, gløgg. **discernment** [di'sə:nmənt] skjelning; dømmekraft; skarpsindighet, gløgghet.
discharge [dis'tʃɑ:dʒ] (v.) **1** lesse av; losse; **2** avfyre; gi fra seg; la strømme ut, avgi; **3** frikjenne; frigi; løslate; **4** gi avskjed; dimittere; **5** utlade; **6** utføre; oppfylle; **7** betale; kvittere; **8** bortskaffe, fjerne; avkaste en byrde, lette seg; (s.) **1** avlessing; lossing; **2** utstrømming, avløp; utladning; **3** avfyring, salve; **4** fjerning; avskjedigelse; **5** befrielse, løslating, frikjenning; frigivelse, avmønstring; **6** oppfylling; **7** betaling; kvittering. **– current** utladningsstrøm. **– rate** utladningshastighet; avkastningshastighet. **– water** spillvann.
disciple [di'saipl] disippel. **discipleship** [di'saiplʃip] disiplers stilling el. forhold.
disciplinable ['disiplinəbl] mottagelig, lærvillig; straffskyldig. **disciplinarian** [disipli'nɛəriən] disiplinær; læremester, tuktemester. **disciplinary** ['disiplinəri] disiplinær. **discipline** ['disiplin] undervisning; kunst; disiplin, mannstukt; fag; undervise; disiplinere; tukte; holde i age.
disc jockey plateprater.
disclaim [dis'kleim] ikke erkjenne; benekte, dementere; fralegge seg; forkaste; frasi seg. **disclaimer** [dis'kleimə] forkaster; fraleggelse; avkall; fornekting, dementi, beriktigelse.
disco ['diskəu] disko, diskotek; disko-.
disclose [dis'kləuz] åpne; bringe for dagen; oppdage; åpenbare; åpne seg. **disclosure** [dis'kləuʒə] åpning, avsløring, utgreiing; åpenbaring; oppdaging.
disc memory (EDB) platehukommelse .
discoid ['diskɔid] skiveformet.
discoloration [diskʌlə'reiʃən] fargeskifte, misfarging, skjold, flekk. **discolour** [dis'kʌlə] gi annen farge, forandre fargen; farge av; sette flekker på; bleke, falme.
discomfit [dis'kʌmfit] (gml.) slå på flukt; skuffe; gjøre det av med; forpurre; gjøre motløs, gjøre ulykkelig, forfjamse. **-ure** [dis'kʌmfitʃə] nederlag; forvirring; forstyrrelse; skuffelse, uhell.
discomfort [dis'kʌmfət] ubehagelighet, bry, sorg, plage; gjøre urolig; sjenere.
discommend [diskə'mend] dadle, misbillige, laste.
discommode [diskə'məud] volde besvær, plage. **discommodity** [diskə'mɔditi] plage, besvær, bry.
discompose [diskəm'pəuz] bringe i uorden, forstyrre; forurolige, uroe, bringe ut av fatning. **discomposure** [diskəm'pəuʒə] uorden, ulag, forvirring, forstyrrelse.
disconcert ['diskən'sə:t] gjøre forlegen, forfjamse, bringe ut av fatning; tilintetgjøre, forpurre, uroe. **disconcerting** som virker forvirrende; forbløffende.
disconnect ['diskə'nekt] atskille; kople fra, kople ut; løsrive. **-ed** usammenhengende; springende.
disconsolate [dis'kɔnsəlit] trøstesløs, utrøstelig.
discontent ['diskən'tent] misnøye, utilfredshet. **-ed** misfornøyd, utilfreds.
dis|continuance [diskən'tinjuəns], **-continuation** [diskəntinju'eiʃən] avbrytelse; stans, opphør. **-continue** [diskən'tinju] holde opp med, avbryte, nedlegge, gjøre ende på. **-continuous** [diskən'tinjuəs] usammenhengende, avbrutt.
discophile ['diskəfail] diskofil, en som samler på grammofonplater.
dis|cord ['diskɔ:d] disharmoni, dissonans, mislyd; splid, uoverenstemmelse. **-cord** [dis'kɔ:d] være uenig, disharmonere. **-cordance** [dis'kɔ:dəns], **-cordancy** [dis'kɔ:dənsi] disharmoni, mislyd; uoverensstemmelse. **-cordant** [dis'kɔ:dənt] uharmonisk; uoverensstemmende.
discount [dis'kaunt] diskontere, slå av på, trekke fra, gjøre fradrag i; selge til redusert pris; se bort fra. **discount** ['diskaunt] avslag, rabatt, diskonto; **cash –** kasserabatt, kontantrabatt; **be at a –** stå under pari; ogs. være billig til salgs; **take it at a –** ≈ ta det med en klype salt.
discounter [dis'kauntə] diskontør.
discountenance [dis'kauntinəns] bringe ut av fatning, forfjamse, ikke støtte; motarbeide; gjøre til skamme.
discount rate bankrente, diskonto.
discourage [dis'kʌridʒ] ta motet fra; gjøre motløs; avskrekke; søke å hindre, motvirke, forhindre. **-ment** [dis'kʌridʒmənt] avskrekkelse; motløshet; hindring, motvirking.

discourse [ˈdiskɔ:s, disˈkɔ:s] samtale; tale; foredrag; preken; samtale, tale, fremføre, holde foredrag om; forhandle, tale om.
discourteous [disˈkɔ:tjəs, -kə:-] uhøflig. **discourtesy** [disˈkɔ:tisi, -kə:-] uhøflighet.
discover [disˈkʌvə] oppdage, vise, åpenbare; **discoverable** [disˈkʌv(ə)rəbl] som kan oppdages; synlig. **discoverer** [disˈkʌvərə] oppdager, oppdagelsesreisende. **discovery** [disˈkʌvəri] oppdaging, oppdagelse.
discredit [disˈkredit] vanry, skam, miskreditt, disfavør; bringe i miskreditt; dra i tvil. **discreditable** [disˈkreditəbl] vanærende, beskjemmende.
discreet [disˈkri:t] forsiktig, var, betenksom; taktfull, diskret. **-ly** på en fin måte.
discrepancy [disˈkrepənsi] uoverensstemmelse, avvikelse. **discrepant** [disˈkrepənt] uoverensstemmende, motsigende, stridende.
discrete [disˈkri:t] avsondret, atskilt; særskilt; atskillende.
discretion [disˈkreʃən] betenksomhet, påpasselighet, forsiktighet, varsomhet, klokskap, forstand, skjønn; diskresjon, takt; **years of –** skjels år og alder; **to pay at –** betale når det passer; etter eget skjønn; **by –, on –** etter skjønn; **– is the better part of valour** forsiktighet er en dyd; **follow his own –** handle etter eget skjønn. **discretional** [disˈkreʃənəl], **discretionary** [disˈkreʃənəri] etter skjønn, vilkårlig.
discriminate [disˈkrimineit] skjelne; diskriminere, atskille; gjøre forskjell på; skille. **discriminate** [disˈkriminit] atskilt; særskilt. **discrimination** [diskrimiˈneiʃən] skjelning, diskriminering; forskjell; takt, skjønn; skillemerke. **discriminative** [disˈkriminətiv] karakteristisk; skjelnende, kritisk.
disc sander (pussemaskin med) slipeskive.
discursion [disˈkə:ʃən] digresjon, sidesprang.
discursive [disˈkə:siv] springende, spredt, ujevn; resonnerende, slutnings-.
discus [ˈdiskəs] pl. **disci** [ˈdiskai] diskos. **– thrower** diskoskaster.
discuss [disˈkʌs] drøfte, forhandle om, diskutere, debattere; spise, fortære, nyte. **discussion** [disˈkʌʃən] drøfting, forhandling, debatt.
disdain [disˈdein] forakt, ringeakt; forsmå, forakte. **-ful** [-f(u)l] ringeaktende, foraktelig, hånlig.
disease [diˈzi:z] sykdom; sykelighet; gjøre syk; smitte. **diseased** [diˈzi:zd] syk; sykelig; avdød.
disembark [ˈdisimˈbɑ:k] skipe ut, landsette; gå i land, gå fra borde. **disembarkation** [disembɑ:ˈkeiʃən] utskiping, landsetting.
disembarass [ˈdisimˈbærəs] befri, frigjøre **(of** for). **-ment** [disimˈbærəsmənt] befrielse, frigjøring.
disembody [ˈdisimˈbɔdi] frigjøre fra legemet; oppløse, sende hjem (en hæravdeling).
disembogue [disimˈbəug] utgyte; løpe ut, el. munne ut (i havet f. eks.).
disembowel [disimˈbauəl] ta innvollene ut av; sprette magen opp på.
disembroil [disimˈbrɔil] utrede, greie ut.
disenchant [disinˈtʃɑ:nt] løse fra fortryllelse; desillusjonere. **-ment** desillusjonering.
disencumber [ˈdisinˈkʌmbə] befri (fra en byrde). **disencumbrance** [disinˈkʌmbrəns] befrielse.
disendow [disinˈdau] ta gavene fra.
disenfranchise [ˈdisinˈfræn(t)ʃaiz] ta borgerrett el. stemmerett fra.
disengage [ˈdisinˈgeidʒ] gjøre fri, gjøre løs, befri, utløse, ta ut av funksjon. **disengaged** [disinˈgeidʒd] fri, ledig, ikke opptatt; uforlovet. **disengagement** [disinˈgeidʒmənt] befrielse; frigjøring; frigjorthet; heving av forlovelse.
disentangle [ˈdisinˈtæŋgl] utrede, greie ut; vikle løs; frigjøre; komme seg ut av. **disentanglement** [disinˈtæŋglmənt] utredning, utgreiing; befrielse.
disenthral(l) [disinˈθrɔ:l] befri, løse fra trelldom.
disentitle [disinˈtaitl] berøve en rettighet.
disentomb [disinˈtu:m] ta opp av graven; grave fram.
disestablish [disiˈstæbliʃ] oppløse, oppheve. **-ment** [disiˈstæbliʃmənt] oppløsning, opphevelse; atskillelse av stat og kirke.
disesteem [disiˈsti:m] ringeakte; gjøre ringeaktet; ringeakt; miskreditt. **disestimation** [disestiˈmeiʃən] ringeakt; miskreditt.
disfavour [disˈfeivə] ugunst; unødige, disfavør, mishag, motvilje.
disfeature [disˈfi:tʃə] skamfere, vansire.
disfiguration [disfigjuˈreiʃən] vansiring, skamfering, lyte; beskadigelse. **disfigure** [disˈfig(j)ə] vansire, skjemme, lyte, beskadige, ødelegge.
disfranchise [ˈdisˈfræn(t)ʃaiz] ta borgerrett, stemmerett el. representasjonsrett fra.
disgorge [disˈgɔ:dʒ] spy ut; gulpe opp; gi fra seg. **-ment** [-mənt] utspying, oppgulping.
disgrace [disˈgreis] unåde, skam, skjensel; skandale; bringe i unåde; vanære. **-ful** [-f(u)l] vanærende; skjendig, skammelig, skandaløs.
disgruntled [disˈgrʌntld] misfornøyd, mellomfornøyd, lei.
disguise [disˈgaiz] forkle, kle ut; maskere, skjule; forkledning, utkledning; forstillelse; **-d as** eller **-d like** eller **in the – of** forkledd som; **-d in liquor** beruset; **-d hand** fordreid håndskrift.
disgust [disˈgʌst] avsmak, usmak, vemmelse, motbydelighet; avsky; volde vemmelse, vekke motbydelighet. **disgusting** [disˈgʌstiŋ] motbydelig, vemmelig; frastøtende.
dish [diʃ] fat, skål; rett (mat); hulhet, hulning; (sl.) lekker liten sak; legge på fat, servere, anrette; skravle, småprate: ødelegge; gjøre hul; **to do the -es** vaske opp; **– of meat** en kjøttrett; **– out** dele ut, servere; **– up** diske opp med.
dishabille [disəˈbi:l] neglisjé.
disharmonious [dis(h)ɑ:ˈməunjəs] uharmonisk. **disharmony** [disˈhɑ:məni] disharmoni.
dish|cloth [ˈdiʃklɔ(:)θ] oppvaskklut, vaskeklut; (eng. ogs.) kjøkkenhåndkle. **-clout** [-klaut] vaskeklut, oppvaskklut.
dishearten [disˈhɑ:tn] ta motet fra; gjøre motløs. **-ed** [disˈhɑ:tnd] forsagt, motløs, nedtrykt.
dished [diʃt] konkav; formet etter kroppen (om møbler).
dishevel [diˈʃevəl] ruske opp (håret), bringe i uorden; **-led** oppløst, utslått, i uorden, pjusket.
dish gravy sjy.
dish mop ≈ oppvaskkost.
dishonest [disˈɔnist] uærlig, uhederlig, uredelig. **dishonesty** [disˈɔnisti] uærlighet, uredelighet.
dishonour [disˈɔnə] skam; vanære; ikke honorere, la protestere (en veksel f. eks.). **dishonourable** [disˈɔnərəbl] vanærende; vanæret, æreløs.
dish|pan (US) oppvaskbalje. **-pan hands** (US) oppvaskhender. **-rag** vaskefille. **-towel** kjøkkenhåndkle. **-washer** oppvasker; oppvaskmaskin. **-water** oppvaskvann; tynt skvip.
disillusion [disiˈl(j)u:ʒən] desillusjonering; desillusjonere, befri for illusjoner.

disincentive [disinˈsentiv] hindring, ulempe, hemsko.
disinclination [disinkliˈneiʃən] utilbøyelighet, ulyst, motvilje. **disincline** [disinˈklain] gjøre utilbøyelig til.
disincorporate [disinˈkɔ:pəreit] oppløse (et samfunn); utelukke (av et samfunn).
disinfect [disinˈfekt] rense, desinfisere. **disinfectant** [disinˈfektənt] desinfeksjonsmiddel. **disinfection** [disinˈfekʃən] desinfeksjon.
disinfestation [disinfesˈteiʃən] bekjempelse av skadedyr.
disinflationary [disinˈfleiʃnəri] inflasjonshemmende.
disingenuous [disinˈdʒenjuəs] falsk, uærlig, uoppriktig, perfid, underfundig.
disinherit [disinˈherit] gjøre arveløs.
disintegrate [disˈintigreit] oppløse, smuldre opp. **disintegration** [disintiˈgreiʃən] oppløsning. **disintegrator** [disˈintigreitə] knusemaskin, disintegrator.
disinter [disinˈtə:] grave opp, bringe for dagen.
disinterested [disˈintərestid] uegennyttig, uselvisk, uhildet, upartisk.
disinterment [disinˈtə:mənt] oppgraving.
disjoin [disˈdʒɔin] splitte, atskille.
disjoint [disˈdʒɔint] vri av ledd; dele opp, skille at; **-ed** atskilt; usammenhengende; av ledd.
disjunction [disˈdʒʌŋkʃən] atskillelse.
disjunctive [disˈdʒʌŋktiv] atskillende; disjunktiv.
disk [disk] se **disc.**
dislike [disˈlaik] mishag; avsky, ubehag, uvilje; ikke like, ikke kunne like, misbillige, avsky; **-d** ille likt, mislikt; **likes and -s** sympatier og antipatier.
dislocate [ˈdisləkeit] forrykke, forskyve, bringe forvirring i, bringe i uorden; bringe av ledd, vrikke. **dislocation** [disləˈkeiʃən] forrykkelse, forskyvning, forvridning.
dislodge [disˈlɔdʒ] fordrive, drive bort, drive ut, jage opp (vilt); flytte; ta ut (kule av sår); gå løs, løsne; **-d** landsforvist, uten hjemstavnsrett.
disloyal [disˈlɔiəl] illojal; utro, troløs, ulydig. **disloyalty** [-ti] illojalitet; utroskap, troløshet, svik.
dismal [ˈdizməl] trist, sørgelig, bedrøvelig; uhyggelig, nifs.
dismantle [disˈmæntl] demontere; kle av; rive ned, ramponere; (mil.) sløyfe; **— a gun** gjøre en kanon ubrukelig; **— a ship** avtakle; avrigge et skip.
dismast [disˈmɑ:st] avmaste.
dismay [disˈmei] forferde, gjøre redd, gjøre fælen, nedslå; forferdelse, skrekk; motløshet; sorg.
dismember [disˈmembə] sønderlemme, skille at; lemleste; stykke ut. **-ment** [-mənt] sønderlemming; lemlesting; oppdeling, demontering.
dismiss [disˈmis] sende bort, la gå; avvise; avslå; forkaste; skaffe seg av med, bli av med; avskjedige; ikke tenke mer på. **dismissal** [disˈmisəl], **dismission** [disˈmiʃən] fjerning; avskjedigelse, bortvising; avvising.
dismount [disˈmaunt] kaste av hesten; demontere, avmontere; stige av hesten, stige av; stige ned.
disobedience [disəˈbi:djəns] ulydighet. **disobedient** [disəˈbi:djənt] ulydig **(to** imot). **disobey** [disəˈbei] være ulydig, ikke adlyde, ikke lystre.
disobligation [disɔbliˈgeiʃən] uvillighet, tverrhet, mangel på forekommenhet, uvennlighet, fornærmelse. **disoblige** [disəˈblaidʒ] nekte å gjøre noen en tjeneste, vise seg uvillig mot, være tverr mot, fornærme. **disobliging** uvillig, uelskverdig, mutt.
disorder [disˈɔ:də] uorden, forvirring, forstyrrelse; sykdom (ofte funksjonell); bringe i uorden; gjøre syk; påvirke. **-ed** i uorden; syk. **-ly** uordentlig; i uorden; udisiplinert; syk; **-ly conduct** (jur.) gateuorden, støtende oppførsel.
disorganization [disɔ:gənaiˈzeiʃən] oppløsning. **disorganize** [disˈɔ:gənaiz] oppløse, bringe i uorden.
disorient(ate) [disˈɔ:riənt(eit)] desorientere.
disown [disˈəun] fornekte, ikke ville vite av, forstøte.
disparage [disˈpæridʒ] nedsette, laste, nedvurdere, forkleine. **-ment** nedsettelse, forkleinelse.
disparate [ˈdispərit] ganske forskjellig, uensartet, uforenelig; ulik; **-s** ganske forskjellige ting.
disparity [disˈpæriti] ulikhet, ulikskap, forskjell.
dispart [disˈpɑ:t] skille, kløyve.
dispassionate [disˈpæʃənit] rolig, sindig.
dispatch [disˈpætʃ] avsendelse, sending, ekspedisjon, hurtig besørgelse, fortgang, hurtighet, hast; depesje, ilbrev, telegram; sende; ekspedere; utferdige; gjøre det av med, ta av dage. **— box** dokumentskrin. **— carrier** kurér. **— case** dokumentmappe. **— fee** ekspedisjonsgebyr. **— rider** rytterordonnans. **— money** godtgjørelse som et skip betaler en varemottaker for å få lasten losset på kortere tid enn de liggedager som er bestemt i certepartiet, fremskyndingspenger. **— note** adressekort.
dispel [diˈspel] spre, fordrive, drive bort.
dispensable [diˈspensəbl] som kan unnværes, unnværlig, uviktig.
dispensary [diˈspensəri] reseptur i apotek.
dispensation [dispenˈseiʃən] tildeling, utdeling; tilskikkelse; ordning, verdensorden; fritakelse, dispensasjon. **dispensative** [diˈspensətiv] fritakende. **dispensator** [ˈdispenseitə] utdeler; fritager. **dispensatory** [diˈspensətəri] fritakende; farmakopø.
dispense [diˈspens] utdele, tildele, fordele; frita **(from** for), gi dispensasjon; **— with** unnvære, se bort fra, komme utenom. **dispenser** dispenser, utdeler; provisor; beholder for barberblader o.l. **soap —** såpeautomat.
dispeople [disˈpi:pl] avfolke.
dispersal [disˈpə:səl] spredning; utbredelse; splittelse. **dispersant** sprøytemiddel. **disperse** [diˈspə:s] spre, splitte; spre seg. **dispersedly** [diˈspə:sidli] spredt. **dispersion** [diˈspə:ʃən] spredning; utbredthet. **dispersive** [diˈspə:siv] spredende.
dispirit [diˈspirit] berøve motet, nedslå. **-ed** motløs. **-edness** motløshet.
displace [disˈpleis] flytte, fjerne, forskyve, forkaste; avsette, forjage. **-d persons** forviste personer; flyktninger. **-ment** [disˈpleismənt] flytting, forskyvning; deplasement; slagvolum (i en motor).
display [disˈplei] fremstilling, fremsyning, skue, fremvisning, pranging; utfolde; vise fram, bre ut, stille ut, legge fram, vise; **— to view** vise fram. **— advertising** annonsering med iøynefallende layout. **— artist** (vindus)dekoratør. **— cabinet** kjøledisk. **— case** utstillingsmonter. – **device** (EDB) dataskjerm. **— window** utstillingsvindu.
displease [disˈpli:z] mishage. **displeased** misfornøyd. **displeasure** [disˈpleʒə] misnøye, mishag.
displume [disˈplu:m] ribbe, plukke.
disport [diˈspɔ:t] forlystelse; forlyste seg, more seg, tumle seg, boltre seg; vise fram.

disposable [dis'pəuzəbl] som står til rådighet, disponibel; som kan kastes etter bruk, engangs-.
disposal [di'spəuzəl] rådighet, disposisjon, arrangement; oppstilling, ordning; avhending, overdragelse; bortkasting; **at one's –** til ens disposisjon. **dispose** [di'spəuz] oppstille, ordne, innrette, bestemme; gjøre tilbøyelig til; lede, styre; disponere; råde, herske. **– of** ha rådighet over; skille seg av med, kvitte seg med; gjøre ferdig, ekspedere; gjøre av, gjøre ende på. **disposer** ordner; leder, styrer; kjøkkenkvern. **disposition** [dispə'ziʃən] ordning; anordning; anlegg; tilbøyelighet, stemning, humør, gemytt; tenkemåte; natur.
dispossess [dispə'zes] berøve, ta fra, fordrive fra. **dispossessed** berøvet alt man eier; hjemløs. **dispossession** [dispə'zeʃən] fordrivelse; berøving.
dispraise [dis'preiz] daddel, last; laste, klandre.
disproof [dis'pru:f] gjendrivelse, motbevis.
disproportion [disprə'pɔ:ʃən] misforhold; uforholdsmessighet; utilstrekkelighet; bringe i misforhold. **disproportional** [disprə'pɔ:ʃənəl] uforholdsmessig; utilstrekkelig. **disproportionality** [disprəpɔ:ʃə'næliti] misforhold, uforholdsmessighet; utilstrekkelighet. **disproportionate** [disprə'pɔ:ʃənit] uforholdsmessig, i et urimelig forhold (**to** til).
disprovable [dis'pru:vəbl] som kan gjendrives. **disprove** [dis'pru:v] motbevise, gjendrive, avkrefte riktigheten av.
disputable ['dispjutəbl, di'spju:təbl] omtvistelig, diskutabel. **disputant** ['dispjutənt] disputator; **the -s** de stridende parter. **disputation** [dispju'teiʃən] strid; disputas. **disputatious** [dispju'teiʃəs] trettekjær, kranglet, kontroversiell. **dispute** [di'spju:t] strides, disputere; drøfte; bestride; ordstrid, konflikt, feide, uenighet; **in –** omtvistet. **disputer** [dis'pju:tə] disputant.
disqualification [diskwɔlifi'keiʃən] diskvalifikasjon, diskvalifisering; inhabilitet; uskikkethet, uheldig egenskap. **disqualify** [dis'kwɔlifai] diskvalifisere; gjøre uskikket, gjøre inhabil.
disquiet [dis'kwaiət] uro, engstelse; urolig; forurolige, uroe, engste. **disquieting** foruroligende, urovekkende.
disquisition [diskwi'ziʃən] undersøkelse, avhandling.
Disraeli [diz'reili].
disrate [dis'reit] degradere, sette ned.
disregard ['disri'gɑ:d] ringeakt; ringeakte, overse, forbigå, se bort fra.
disrelish [dis'reliʃ] ulyst, utilbøyelighet, ha avsmak for; gjøre ekkel.
disrepair ['disri'pεə] forfall, dårlig tilstand.
disreputable [dis'repjutəbl] skammelig; sjofel, simpel; redselsfull, lurvet; beryktet, ille omtalt. **disrepute** ['disri'pju:t] vanry, slett rykte.
disrespect [disri'spekt] mangel på aktelse, uærbødighet; vise manglende respekt, blåse av. **-ful** [-f(u)l] uærbødig.
disrobe [dis'rəub] kle av.
disrupt [dis'rʌpt] avbryte, splitte, rive opp. **disruption** [dis'rʌpʃən] brudd, sammenbrudd, sprengning. **disruptive** [dis'rʌptiv] sprengnings-; nedbrytende.
dissatisfaction [dis(s)ætis'fækʃən] utilfredshet; misfornøyelse, misnøye. **dissatisfactory** [dis(s)ætis'fæktəri] utilfredsstillende. **dissatisfied** [di(s)-'sætisfaid] misfornøyd, misnøgd, utilfreds. **dissatisfy** [di(s)'sætisfai] gjøre misfornøyd.
dissect [di'sekt] sønderlemme, dissekere; obdusere, analysere. **dissection** [di'sekʃən] sønderlemmelse; disseksjon; obduksjon. **dissector** [di'sektə] dissektor; prosektor; obdusent.
dissemble [di'sembl] skjule, dølge; forstille seg. **dissembler** hykler. **dissembling** forstilt; hyklersk.
disseminate [di'semineit] så, strø ut. **dissemination** [disemi'neiʃən] utstrøing, utbredelse, spredning.
dissension [di'senʃən] tvist, splid, uenighet, uoverensstemmelse. **dissent** [di'sent] være av en annen mening; avvike (særlig i relig. henseende); dissentere; meningsforskjell; avvikelse fra statskirken; **memorandum of –** mindretallsbetenkning. **dissenter** [di'sentə] dissenter. **dissentient** [di'senʃənt] avvikende, uenig; annerledes tenkende.
dissert [di'sə:t] skrive en avhandling, komme med en utgreiing. **-ation** [disə'teiʃən] (doktor)avhandling, utgreiing, undersøkelse.
disservice [dis'sə:vis] bjørnetjeneste.
dissever [di'sevə] skille, rive fra hverandre.
dissidence ['disidəns] uenighet. **dissident** ['disidənt] uenig; dissenter-.
dissimilar [di'similə] ulik, forskjellig, uensartet. **dissimilarity** [disimi'læriti], **dissimilitude** [disi'militjud] ulikhet, forskjellighet, uensartethet.
dissimulate [di'simjuleit] forstille seg, skape seg, simulere. **-ion** [disimju'leiʃən] forstillelse. **dissimulator** [-'sim-] hykler.
dissipate ['disipeit] splitte, atspre; forøde, sette til, spre seg. **dissipated** ['disipeitid] utsvevende, forranglet. **dissipation** [disi'peiʃən] atspredelse, spredning; sløsing; utsvevelser, turing, rangling.
dissociate [di'səuʃieit] skille, atskille, løse opp. **dissociation** [disəuʃi'eiʃən] atskillelse.
dissolubility [di'sɔlju'biliti] oppløselighet. **dissoluble** ['disəljubl, di'sɔljubl] oppløselig.
dissolute ['disəljut] utsvevende, lastefull; tøylesløs. **-ness** utsvevelser. **dissolution** [disə'l(j)u:ʃən] oppløsning; opphevelse.
dissolvability [dizɔlvə'biliti] oppløselighet. **dissolvable** [di'zɔlvəbl] oppløselig. **dissolve** [di'zɔlv] løse opp; løse seg opp; smelte; oppheve; (film) overtone. **dissolvent** [di'zɔlvənt] oppløsende; oppløsende middel. **dissolver** oppløser; oppløsningsmiddel.
dissonance ['disənəns] mislyd, dissonans. **dissonant** ['disənənt] skurrende, illelydende; uharmonisk; uoverensstemmende.
dissuade [di'sweid] fraråde. **dissuasion** [di'sweiʒən] fraråding. **dissuasive** [di'sweisiv] frarådende.
dissyllabic [disi'læbik] tostavings-. **dissyllable** [di'siləbl] tostavingsord.
dist. fk. f. **discount; distance; distinguished; district.**
distaff ['distɑ:f] håndtein; rokkehode; **on the – side** på spinnesiden, på morssiden.
distance ['distəns] avstand, frastand, distanse; (vei)stykke; fjernhet; tidsrom; tilbakeholdenhet; **at a –** langt borte; et stykke borte; **in the –** i det fjerne; **keep one's –** holde seg unna, være reservert; **within easy – of** i passende avstand fra. **distance** ['distəns] fjerne, rykke fra hverandre; la tilbake, distansere; **be -d** bli distansert.
distant ['distənt] fjern, fjerntliggende; borte; fjernt beslektet; grissen; tilbakeholdende; **at this – period** nå så lang tid etterpå. **– control** fjernstyring. **– effect** fjernvirkning.
distaste [dis'teist] avsmak, vemmelse; motvilje,

utilbøyelighet. **distasteful** [disˈteistf(u)l] ubehagelig, usmakelig.
distemper [disˈtempə] sykdom, især hvalpesyke; gjøre syk; bringe i uorden; opphisse.
distemper [disˈtempə] limfarge, vannfarge (til kalkvegger).
distend [disˈtend] strekke, spile ut, utvide; utvide seg. **distensive** [disˈtensiv] utvidende; som kan utvides. **distension** [disˈtenʃən] utstrekning, utvidelse; vidde.
distich [ˈdistik] distikon.
distichous [ˈdistikəs] toradet.
distil [diˈstil] dryppe, falle i dråper; sildre; destillere, brenne. **distillable** [diˈstiləbl] som kan destilleres. **distillate** [ˈdistilit] destillat. **distillation** [distiˈleiʃən] drypp, destillat; essens; destillasjon. **distillatory** [diˈstilətəri] destillasjons-. **distiller** [diˈstilə] destillatør, brennevinsbrenner; destillasjonsapparat. **distillery** [diˈstiləri] destillasjonslokale; spritfabrikk; whiskyfabrikk.
distinct [diˈstiŋ(k)t] forskjellig; tydelig atskilt; særskilt; uttalt, utpreget; uttrykkelig; distinkt; tydelig, avgjort. **distinction** [diˈstiŋkʃən] forskjell; atskillelse, sondering; særpreg; betydning, utmerkelse, anseelse. **distinctive** [diˈstiŋ(k)tiv] eiendommelig; utpreget, markant, særs, særlig. **distinctly** tydelig, bestemt. **distinctness** tydelig atskillelse; tydelighet.
distinguish [diˈstiŋgwiʃ] atskille; skjelne; utmerke. **distinguishable** [diˈstiŋgwiʃəbl] som kan skilles el. skjelnes. **distinguished** [-t] utmerket, fremragende, fornem, stilfull, distingvert; navngjeten.
distort [disˈtɔ:t] fordreie, forvri, forvrenge. **distortion** [disˈtɔ:ʃən] fordreiing, forvridning, forvrengning.
distract [diˈstrækt] avlede, forvirre; plage; drive fra vettet, gjøre gal. **-ed** [diˈstræktid] forstyrret, urolig, ute av seg, forrykt, gal, rasende. **distraction** [diˈstrækʃən] atspredelse, forvirring, forstyrrelse; sinnsforvirring.
distrain [diˈstrein] (jur.) ta utlegg i; pante ut; legge beslag på. **distraint** [diˈstreint] utpanting, utleggsforretning.
distrait [diˈstrei] distré, fortenkt.
distraught [diˈstrɔ:t] vanvittig (av sorg etc.); forstyrret, forvirret.
distress [diˈstres] nød, ulykke, bedrøvelse, lidelse; sorg; (jur.) utpanting; bringe i nød; pine; bedrøve; pante. **– call** nødsignal. **-ed** ulykkelig; nødstedt, kriserammet. **distressful** [diˈstresful] ulykkelig; (som volder ulykke).
distribute [diˈstribjut] dele ut, fordele; bringe omkring, distribuere; sortere. **distribution** [distriˈbju:ʃən] utdeling; fordeling; utbredelse; ombæring; gruppering. **distributive** [diˈstribjutiv] utdelende, fordelende. **distributor** [diˈstribjutə] fordeler (i bil); utdeler; ombærer.
district [ˈdistrikt] distrikt, egn. **– attorney** (US) statsadvokat, offentlig anklager. **– medical officer** distriktslege. **– visitor** ≈ sosialkurator.
distrust [disˈtrʌst] mistro, ikke tro, mistenke, ha mistillit til; mistro, mistillit **(of** til). **-ful** mistroisk; fryktsom.
disturb [diˈstə:b] forstyrre; forvirre; forurolige, uroe; bringe uorden i. **disturbance** [diˈstə:bəns] forstyrrelse; forvirring; opphisselse; oppløp, opprør, tumult, oppstyr. **disturber** [diˈstə:bə] fredsforstyrrer, urostifter, bråkmaker.
disunion [disˈju:njən] atskillelse, splittelse, løsriving, uenighet. **disunite** [disjuˈnait] skille, splitte; skilles.
disusage [disˈju:zidʒ] det å gå av bruk. **disuse** [disˈju:z] ikke bruke mer, slutte å bruke, holde opp med, avvenne; nedlegge. **disuse** [disˈju:s] det å gå av bruk; ledighet; avskaffelse; ubrukelighet; opphør.
disyllabic [ˈdisiˈlæbik] tostavelses(-), tostavings(-). **disyllable** [diˈsiləbl] tostavelsesord.
ditch [ditʃ] grøft, veit, grav; grøfte, grave, forsyne med grøft; kjøre i grøften; kvitte seg med. **-digger** grøftegraver. **ditcher** [ˈditʃə] grøftegraver.
dither [ˈdiðə] skjelve; gyse; skjelving; gysning; **be all of a –** være helt fra seg.
dithyramb [ˈdiθiræm] dityrambe; drikkevise. **dithyrambic** [diθiˈræmbik] dityrambisk; oppglødd.
dittany [ˈditəni] bredbladet karse, askrot.
ditto [ˈditəu] ditto; det omtalte, det samme; **I say – to him** (spøkende) jeg er enig med ham; **a suit of -es, a – suit** hel drakt av samme stoff.
ditty [ˈditi] vise, stubb.
ditty bag [ˈditibæg] el. **– box** [-bɔks] sypose, skrin, sy-skrin.
diuresis [daijuˈri:sis] urinavsondring. **diuretic** [daijuˈretik] urindrivende; urindrivende middel.
diurnal [daiˈə:nəl] dag-, daglig, døgn-, døgnfast.
div. fk. f. **dividend.**
diva [ˈdi:və] stor sangerinne, diva.
divagation [daivəˈgeiʃən] digresjon, avvik(else).
divan [diˈvæn] divan, tyrkisk statsråd; divan (løybenk); røykeværelse. **– bed** sovesofa.
dive [daiv] dukke, stupe; trenge inn i, trenge ned; hopp, stup, dukking, dukkert, bad; svipptur; (US) kneipe, bule. **– board** stupebrett. **– bomber** stupbombefly, stupbomber. **– brake** stupbrems. **diver** [ˈdaivə] dykker, stuper; lom (fuglen).
diverge [diˈvə:dʒ, dai-] gå til forskjellige sider, gå fra hverandre, vike av, divergere. **divergence** [diˈvə:dʒəns, dai-], **divergency** [diˈvə:dʒənsi] divergens, avvikelse. **divergent** [-ənt] divergerende, avvikende.
divers [ˈdaivəz] forskjellige, atskillige; flere.
diverse [d(a)iˈvə:s, ˈdaivəs] forskjellig, ulik, mangfoldig. **diversification** [d(a)ivə:sifiˈkeiʃən] forandring, avveksling; forskjellighet, variasjon; spredning. **diversify** [diˈvə:sifai, dai-] forandre, variere, skape variasjon. **diversion** [diˈvə:ʃən, dai-] avledning; omlegging; bortdraging; fornøyelse, atspredelse; diversjon. **diversity** [diˈvə:siti, dai-] forskjellighet; mangfoldighet, uensartethet.
divert [diˈvə:t, dai-] avlede, vende bort; omdirigere, omlegge, bortlede; atspre, distrahere; more.
divertisement [diˈvə:tismənt] **-s** (pl.) forlystelser, moro.
divest [diˈvest, dai-] kle av, avføre; blotte, berøve.
dividable [diˈvaidəbl] delelig.
divide [diˈvaid] vannskille; (fig.) skille.
divide [diˈvaid] dele, kløyve; skille, spre, utskille; dele ut; oppdele; inndele; dividere; være uenig; stemme; **– the House** la foreta avstemning i underhuset. **dividend** [ˈdividənd] dividende, utbytte; resultat; dividend. **divider** [diˈvaidə] deler, utdeler.
dividers [diˈvaidəz] passer; **a pair of –** enpasser.
dividing | box koplingsboks. **– line** skillestrek; skillelinje.
divination [diviˈneiʃən] spådom, varsel; anelse.

divinator [ˈdivineitə] spåmann. **divine** [diˈvain] spå; ane, gjette; guddommelig; gudbenådet; vidunderlig; teologisk; **– right** guddommelig rett (om Kongens rett til å regjere); **– service** gudstjeneste. **divine** geistlig, teolog. **diviner** [diˈvainə] spåmann. **divineress** [diˈvainəris] spåkvinne.

diving | beetle vasskalv. **– bell** dykkerklokke. **– board** stupebrett. **– goggles** dykker|briller, -maske. **– plane, – rudder** dybderor.

divining rod ønskekvist (til å vise vann).

divinity [diˈviniti] guddommelighet; guddom; guddomskraft; teologi. **Doctor of Divinity** dr. theol.

divisibility [diviziˈbiliti] delelighet. **divisible** [diˈvizibl] delelig.

division [diˈviʒən] divisjon; skille; deling; inndeling; (administrativ) avdeling; uenighet, splittelse, stridighet; avstemning.

divisional [diˈviʒənl] skille-, delings-, divisjons-. **– court** domstolavdeling. **– engineer** avdelingsingeniør. **– surgeon** politilege.

division | bar vindussprosse; skillestolpe. **– chief, – head, – manager** avdelingssjef. **– wall** skilleveg. **– lobby** forhall i parlamentet, som blir brukt ved avstemning. **– of labour** arbeidsdeling.

divisor [diˈvaizə] divisor.

divorce [diˈvɔ:s] skilsmisse; løsrivelse; skilsmissedom; skille (ektefolk); løsrive; la seg skille fra; skilles; løsrives. **-able** [diˈvɔ:səbl] som kan skilles. **– decree** skilsmissedom. **divorcee** [divɔ:ˈsi] fraskilt. **divorcement** [diˈvɔ:smənt] (gml.) skilsmisse.

divorce | proceedings (pl.), **– suit** skilsmisseprosess, -søksmål, -sak.

divulge [diˈvʌl(d)ʒ, dai-] åpenbare, bekjentgjøre, kunngjøre, la sive ut, avsløre. **divulgement** [-mənt] bekjentgjøring, nyhetslekkasje.

divvy [ˈdivi] andel; fordeling av bytte.

DIY fk. f. **do-it-yourself.**

Dixie Land [ˈdiksi lænd] (US) sørstatene.

dizen [ˈdaizn] spjåke til, stase til, pynte.

dizziness [ˈdizinis] svimmelhet. **dizzy** [ˈdizi] svimmel; gjøre svimmel.

D. L. fk. f. **Doctor of Law** dr. juris.

dl fk. f. **decilitre.**

D. L. O. fk. f. **Dead Letter Office.**

D. Lit. fk. f. **Doctor of Literature.**

dly fk. f. **daily; delivery.**

D major (mus.) D-dur.

D minor (mus.) d-moll.

d-n fk. f. **damn.**

do [du:] (imperf. **did;** perf. pts. **done;** 3. p. sg. pres.: **does). 1.** (transitivt selvstendig v.) gjøre, utføre, bevirke, fullføre; drive (handel); sone, lide, sitte; tilberede, ordne; snyte. **2.** (intransitivt, selvstendig v.) gjøre, handle; klare, greie seg, gå an, være nok, passe; leve, ha det. **3.** (hjelpeverb) brukt i usammensatte tider i setninger benektet med «not», i spørrende hovedsetninger unntatt hvor et spørrende ord står som subjekt, og for å gi ettertrykk. **4.** brukt som stedfortreder for et verbum eller lengre uttrykk. Eksempler: **1. – oneself well** godgjøre seg; **– one's best** gjøre sitt beste, gjøre seg umak; **– credit** gjøre ære; **– one's duty** gjøre sin plikt; **– me a service** gjøre meg en tjeneste; **– good; – harm; – wrong; – right; – me the honour; – me the favour; – justice to** yte rettferdighet; **the work is done** arbeidet er ferdig; **I have done eating** jeg er ferdig med å spise; **done!** la gå; så er det en avtale; **– bills** drive vekselforretninger; **– one's hair** stelle håret; **– one's lessons** lære leksene sine; **a well done chop** en godt stekt kotelett; **– a room** gjøre et værelse i stand; **– a sum** regne et stykke; **– the town** se (severdighetene i) en by; **they will – you** de kommer til å snyte deg; **he does himself very well** han holder seg selv med kost, og det går meget godt; **– away with** avskaffe; vrake; **– down** snyte; baktale, sverte; **– by others as you would be done by** gjør imot andre som du vil at de skal gjøre imot deg; **– in** gjøre det av med; snyte; **– into Norwegian** oversette til norsk; **– out** gjøre i stand; **– up** sette i stand; sette opp; pakke inn; **– well** trives, ha det godt; gjøre det godt. **make – with** klare, el. greie seg med. **2. there is nothing doing** det foregår ingenting; det blir det ikke noe av; **he did well to refuse** det var best om han sa nei; **– or die** seire eller falle; **be up and doing** være i full virksomhet; **have to – with** ha å gjøre med; **a great to –** et stort spetakkel; **that will –** det er nok; **that won't –** den går ikke; **will this – ?** kan De bruke denne? **this will – for him** dette vil gjøre det av med ham; **I am done for** det er ute med meg; **how – you – ?** god dag! god aften! god morgen! (hilsen, når man møtes; svaret er likelydende: how – you – ?); sjeldnere, hvordan har du det? (som alm. uttrykkes ved: how are you?); **a well-to-– man** en velstående mann; **– without** unnvære. **3. I – not like it** jeg liker det ikke; **he did not see me** han så meg ikke; **he does not smoke** han røyker ikke; **don't – it** ikke gjør det; **don't** la være; **– you speak English?** snakker (kan) du engelsk? **did he speak with you?** talte han med deg? **I – like London** jeg liker godt London; **I – think he is crying** jeg tror virkelig at han gråter; **– come** å, kom nå; vær så snill å komme; **don't you know** du forstår nok (det brukes også som fylleord uten noen egentlig betydning). **4. did you see him? – Yes, I did** så du ham? – ja jeg gjorde det; **you like him, don't you?** du liker ham, ikke sant? **you don't smoke, – you?** du røyker ikke vel?

do [du:] narrestrek; svindel(foretagende); fest, veiv.

do. fk. f. **ditto.**

do-all [ˈdu:ˈɔ:l] (gml.) altmuligmann, faktotum.

dobbin [ˈdɔbin] øyk, arbeidsgamp.

doc fk. f. **doctor.**

docile [ˈdəusail] lærvillig; lærenem; føyelig. **docility** [dɔˈsiliti] lærvillighet; føyelighet.

dock [dɔk] syre (plante).

dock [dɔk] dokk; tiltaltes plass i en rettssal, anklagebenk. **dock** dokke; gå i dokk.

dock [dɔk] stump, avhogd hale, stubberumpe; skjære av, stusse; trekke fra (i lønn o.l.).

dockage [ˈdɔkidʒ] dokkplass; dokkpenger.

docker [ˈdɔkə] dokkarbeider, havnearbeider, sjauer.

docket [ˈdɔkit] innholdsliste, sakliste; merke(lapp); resymé, utdrag (av dom, el. protokoll); dagsorden; kjøpetillatelse, løyve. **docket** [ˈdɔkit] merke, sette merkelapp på; gjøre utdrag av, sette opp liste over.

dockland [ˈdɔklænd], **dockside** [ˈdɔksaid] dokkområde, havnekvarter. **dockyard** [ˈdɔkjɑ:d] dokk, verft.

doctor [ˈdɔktə] doktor, lege; doktor (innehaver av en universitetsgrad); vinblander, vinforfalsker; doktorere, praktisere; fikse, pynte på, forfalske (vin), forgifte; **send for the –** sende bud etter legen; **who shall decide when -s disagree** hvem skal avgjøre det, når de lærde er uenige. **doctoral** [ˈdɔktərəl] doktor-. **doctorate** [ˈdɔktərit] doktorat, doktorgrad.
doctor's | bill legeregning. **– certificate** legeattest.
doctrinaire [dɔktriˈnɛə] doktrinær, dogmefast; prinsipprytter.
doctrinal [ˈdɔktrinəl] lære-, tros-.
doctrine [ˈdɔktrin] doktrine, læresetning.
document [ˈdɔkjumənt] skriftlig bevis; dokument, aktstykke; forsyne med bevis, med papirer; dokumentere, bevise. **documental** [dɔkjuˈmentl] dokument-, brev-, som bygger på brev. **documentary** [dɔkjuˈmentəri] dokument-, brev-; dokumentarfilm. **– credit** remburs. **– stamp** stempelmerke.
documentation [-ˈtei-] dokumentering, dokumentasjon.
dodder [ˈdɔdə] sniketråd, cuscuta.
dodder [ˈdɔdə] skjelve, vakle, rave, sjangle; **-ing** senil, avfeldig.
dodge [dɔdʒ] springe til side, skvette unna; sno seg, gjøre krumspring; unngå behendig, lure seg unna; krumspring, list, knep.
dodgem [ˈdɔdʒəm] **(car)** radiobil (på tivoli).
dodger [ˈdɔdʒə] snyter, rev, lurendreier.
dodgy [ˈdɔdʒi] vrien, risikabel (situasjon, ofte lovlig!).
dodo [ˈdəudəu] dronte (fugl); **as dead as the –** stein død, utdødd.
doe [dəu] då; kolle; ku, hunn-.
doer [ˈdu:ə] gjerningsmann; handlingens mann.
does [dʌz] 3. p. sg. pres. ind. av **do.**
doeskin [ˈdəuskin] hjorteskinn, dåskinn.
doest [ˈdu:ist] (gml.) 2. p. sg. pres. ind. av **do.**
doff [dɔ(:)f] ta av, avføre seg; kvitte seg med.
dog [dɔg] hund, bikkje; han (av flere dyr); fyr, type; krampe; dogg; forfølge, følge hakk i hæl, lure seg etter; **the -s** (pl.) hundeveddeløp; undersåtter, føtter; **a lucky –** en heldig gris; **an odd –** en underlig skrue; **a sly –** en luring, rev; **give** el. **send to the -s** kaste bort; **go to the -s** gå i hundene; **let sleeping -s lie** ikke rippe opp i gamle stridsspørsmål; **put on (the) -s** (sl.) blære seg; **a -'s age** en hel evighet; **not a -'s chance** ikke nubbetjangs; **– his heels** løpe i hælene på ham; **– it** fikse saken, ordne; stikke av.
dogate [ˈdəugeit] (hist.) dogeverdighet.
dog|berry rød kornell. **– biscuit** hundekjeks. **– box** hundevogn (på jernbane). **-cart** dogcart, lett jaktvogn. **-catcher** hundefanger. **– -cheap** latterlig billig. **– collar** hundehalsbånd; flerradet halskjede; (sl.) prestekrave, prest. **the – days** hundedager; den døde periode.
doge [dəudʒ] doge.
dog|-ear eseløre, brett (i en bok). **– end** sigarettstump. **-face** soldat, infanterist. **-fight** bikkjeslagsmål; nærkamp.
dogged [ˈdɔgid] egensindig; trassig; sta.
dogger [ˈdɔgə] doggerbåt.
doggerel [ˈdɔg(ə)rəl] slett, uregelmessig (om vers), knittelvers; burlesk; burlesk vers.
doggery [ˈdɔgəri] rampestrek; ramp, pøbel.
doggie [ˈdɔgi] bisken (kjælenavn for **dog).**
doggish [ˈdɔgiʃ] hundeaktig; morsk; feiende, flott.
doggo [ˈdɔgəu]: **lie –** vente ubevegelig.
doggy [ˈdɔgi] = **doggie;** som liker hunder.
dog | grass kveke. **– hole** hundehull (dårlig værelse). **– hutch** hundehus. **– Latin** dårlig latin, klosterlatin. **– lead** hundelenke.
dogma [ˈdɔgmə] trossetning, dogme. **dogmatic** [dɔgˈmætik], **dogmatical** [dɔgˈmætikl] dogmatisk; selvsikker. **dogmatics** [dɔgˈmætiks] dogmatikk. **dogmatism** [ˈdɔgmətizm] selvsikkerhet, dogmatisme. **dogmatist** [ˈdɔgmətist] dogmatiker. **dogmatize** [ˈdɔgmətaiz] tale med selvsikkerhet, være skråsikker, dogmatisere.
dog | nail spiker. **– nap** liten lur.
do-good blåøyd idealistisk, naiv; **do-gooder** blåøyd idealist.
dog | rose [ˈdɔgrəuz] nyperose. **-s'-ear** eseløre, brett (på blad i bok); legge bretter i. **a -'s breakfast** et herlig rot. **-sleep** urolig søvn. **lead one a -'s life** plage en. **-'s meat** hundemat. **-'s nose** blanding av brennevin og øl. **the D. Star** Sirius, Hundestjernen. **– tag** hundetegn; dødsmerke, identifikasjonsmerke. **– -tired** dødstrett. **-tooth** hjørnetann; (sl.) ornament i gammel engelsk bygningskunst. **-trot** dilt. **– watch** kort ettermiddagsvakt på skip (kl 16 – 18 el. 18 – 20) ≈ plattfotvakten (NB ikke hundevakten). **– whip** hundepisk. **-wood** rød kornell, trollhegg.
doily [ˈdɔili] dessertserviett (under skylleskål), mellomleggsserviett; (flaske)brikke.
doing [ˈdu:iŋ] gjerning, handling, verk, dåd. **-s** gjerninger, handlinger; oppførsel, atferd, gjøren og laten; stas, festligheter.
doit [dɔit] døyt, grann.
Dolby [ˈdɔlbi] (varemerke) Dolby (system for å redusere båndsus på lydbånd).
doldrums [ˈdɔldrəmz]: **the –** det stille belte i Atlanterhavet, kalmebeltet; **be in the –** være i dårlig humør, i ulag, nedtrykt; kjede seg.
dole [dəul] arbeidsløshetsunderstøttelse, forsorg, gave, skjerv; dele ut (i småporsjoner); **on the –** leve på (arbeidsløshets)trygd.
dole [dəul] (gml.) sorg, sut, kvide.
doleful [ˈdəulful] sorgfull; sørgelig; sturen.
dolichocephalic [ˈdɔlikəuseˈfælik] langskallet.
doll [dɔl] dukke, dokke; søt liten sak (men dum); **– up** stase opp, kle fint.
dollar [ˈdɔlə] dollar.
doll|house [ˈdɔlhaus] (US). **-'s house** (eng.) dukkestue.
dollop [ˈdɔləp] stykke, bit, klump, klatt; porsjon (av pudding e. l.).
Dolly [ˈdɔli] = **Dorothy.**
dolly [ˈdɔli] dukkeaktig; dukke. **– -bird; – -girl** (sl.) nydelig jente (med mye sex appeal og lite omløp), ≈ gallarype. **– shop** klutehandel; ulovlig pantelånerforretning.
dolman [ˈdɔlmən] dolman; husarjakke. **– sleeve** ≈ flaggermuserme.
dolo(u)r [ˈdəulə] (poet.) kval, smerte, sorg.
dolorous [ˈdɔlərəs] smertelig, sørgelig.
dolphin [ˈdɔlfin] delfin.
dolt [dəult] tosk, dåsemikkel. **doltish** [ˈdəultiʃ] dum, klosset, tosket.
domain [dəˈmein] område; besittelse; egn; maktområde; fagkrets, gebet, domene.
domal [ˈdəuməl] kuppelformet.
Dombey [ˈdɔmbi].
dome [dəum] dom, kuppel; kuple seg; knoll, hode.
domesday [ˈdu:mzdei] dommedag; **Domesday**

Book Englands jordebok fra Vilhelm Erobreren.
domestic [dəˈmestik] hus-, hjemlig, huslig; hjemmegjort; slags bomullstøy; indre; innenlandsk, indrepolitisk, innenriks-; tam; tjener, hushjelp; **the – drama** det borgerlige drama. **– animal** husdyr. **– appliances** husholdnings|artikler, -apparater. **domesticate** [dəˈmestikeit] venne til huset, gjøre husvant; temme. **domesticated** (især:) huslig. **domestication** [dəmestiˈkeiʃən] tilvenning; temming; lag til å stelle i huset. **domesticity** [dəumeˈstisiti] husvanthet; huslighet; familieliv; husstell.
domestic | balance husholdningsvekt. **– building** bolighus. **– industry** husflid, hjemmeindustri. **– relations** familierett. **– science** husholdningslære, husstell. **– staff** tjenerpersonale.
dome tweeter kulekalott, diskanthøyttaler.
domicile [ˈdɔmisail, -sil] bopel; hjemsted; domisil; bosette. **domiciliary** [dɔmiˈsiljəri] hus-; domisil-; **– visit** husundersøkelse. **domiciliate** [dɔmiˈsilieit] bosette; domisiliere.
dominance [ˈdɔminəns] dominering, overherredømme.
dominant [ˈdɔminənt] herskende, fremherskende; dominant (i musikk). **dominate** [ˈdɔmineit] herske, rå; beherske. **domination** [dɔmiˈneiʃən] herredømme, rådvelde. **dominator** [ˈdɔmineitə] hersker, behersker.
domineer [dɔmiˈniə] herske, dominere.
dominical [dəˈminikəl] som angår Herren, søndags-.
Dominican [dəˈminikən] dominikansk; dominikaner.
dominie [ˈdɔmini] (skot.) skolemester, lærer; (US) prest.
dominion [dəˈminjən] herredømme, makt; maktområde; selvstyrende, likeberettighet medlem av det britiske statssamfunn (om: Canada, Australia, New Zealand, Ceylon).
domino [ˈdɔminəu] domino; dominospill.
don [dɔn] don, herre (spansk); spanjer; storborger; ved engelske universiteter kalles magistre og kandidater **the dons.**
don [dɔn] ta på, iføre seg (motsatt **doff).**
Donald [ˈdɔnəld].
donate [dəuˈneit] gi, skjenke, donere. **donation** [dəˈneiʃən] gave, donasjon. **donative** [ˈdɔnətiv] skjenket; gave-.
done [dʌn] perf. pts. av **do,** gjort, utført; ferdig, forbi; la gå! så er det en avtale; **it isn't –** denslags gjør man ikke; **get – with** bli ferdig med; **I am –** jeg er ferdig; **– up** lagt sammen, pakket inn; gjort i stand; ruinert; utmattet; **I am – for** jeg er ferdig, fortapt; **I have – Italy** jeg har reist gjennom hele Italia; **– with you!** la gå! **a well – steak** godt (gjennom-)stekt biff.
donee [dəuˈni:] mottager av en gave, donatar.
donjon [ˈdɔndʒən, ˈdʌn-] slottstårn, fangetårn.
Don Juan [dɔnˈdʒu:ən].
donkey [ˈdɔŋki] esel, asen. **– engine** donkeymaskin (liten dampmaskin til heising). **-man** donkeymann. **-work** det tyngste arbeidet.
Donnybrook [ˈdɔnibruk] irsk by; **– Fair** slagsmål, hurlumhei.
donor [ˈdəunə, -nɔ:] giver, donator; blodgiver.
do-nothing [ˈdu:nʌθiŋ] dagdriver, døgenikt, giddeløs.
Don Quixote [dɔn ˈkwiksət].
don't [dəunt] fk. f. **do not; do's and -s** ≈ råd og advarsler.
doodle [ˈdu:dl] dåsemikkel, tosk; fk. f. **doodlebug.**
doodle [ˈdu:dl] tegne kruseduller; slentre.
doodlebug [ˈdu:dlbʌg] tingest, dings; flyvende bombe (brukt om V-bombene under 2. verdenskrig).
dooly [ˈdu:li] bærestol. **– box** bærestol.
doom [du:m] dom; lov; skjebne; lodd; ulykke; undergang; dømme; fordømme. **doomed** fortapt; dødsdømt, dødsens. **doomsday** [ˈdu:mzdei] se **domesday.**
door [dɔ:] dør; lokk, klaff; **next –** huset ved siden av; **the fault lies wholly at my –** det er utelukkende min skyld; **in -s** innendørs; inne; **out of -s** ut av huset, ute, utenfor; utendørs. **-bell** dørklokke. **-case** dørkarm. **– chain** sikkerhetskjede. **– frame** dørkarm. **-keeper** dørvokter, portner. **– knob** dørhåndtak (rundt). **-man** dørvokter, portner. **-nail** den knapp som dørhammeren slår på; **as dead as a -nail** så død som en sild. **-plate** dørskilt. **-post** dørstolpe. **-sill** dørterskel. **-step** trappetrinn (utenfor huset); dørterskel, dørstokk. **-way** døråpning; portåpning; **in the doorway** i døra, i porten. **– window** fransk vindu.
dope [dəup] saus, smurning; vognsmøring; oppsugingsmiddel; modellflylakk; bedøvende middel; narkotikum, opium; narkoman; tosk, fe; behandle med, (ta) noe bedøvende, ta el. gi narkotika, dope. **– fiend** narkoman. **– pusher** narkotikalanger.
doper [ˈdəupə], **dopper** [ˈdɔpə] dykker (fugl); gjendøper.
dope runner narkotikasmugler.
dopey [ˈdəupi] sløvet, sløv.
dor [dɔ:] tordivel.
Dora [ˈdɔ:rə].
Dora = D. O. R. A. fk. f. **Defence of the Realm Act** forsvarsloven av 1914.
dorado [dəˈrɑ:dəu] dorade (fisk).
dorbeetle [ˈdɔ:bi:tl] tordivel.
Dorcas [ˈdɔ:kəs] Dorcas; godgjørende kvinne, derav mange sammensetninger som: **– association, – society** kvinneforening i velgjørende øyemed.
Dorian [ˈdɔ:riən] dorisk; dorer. **Doric** [ˈdɔrik] dorisk.
Dorking [ˈdɔ:kiŋ] Dorking, en by i Surrey, kjent for sine høns. **dorking** dorking-høne.
dorm fk. f. **dormitory.**
dormancy [ˈdɔ:mənsi] hvile, dvale. **dormant** [ˈdɔ:mənt] slumrende, hvilende; sovende; sløv; i dvale. **– partner** passiv kompanjong, stille medinteressent.
dormer [ˈdɔ:mə] ark (på hus), takvindu. **– window** (fremspringende) takvindu, kvistvindu.
dormice [ˈdɔ:mais] pl. av **dormouse.**
dormitive [ˈdɔ:mitiv] søvndyssende; sovemiddel.
dormitory [ˈdɔ:mitəri] (eng.) sovesal; (US) (student)internat. **– suburb** soveby.
dormouse [ˈdɔ:maus] sjusover; hasselmus.
dornick [ˈdɔ:nik] damask(stoff).
Dorothea [dɔrəˈθi:ə], **Dorothy** [ˈdɔrəθi].
dorothy [ˈdɔrəθi] **bag** pompadur(veske).
dorsal [ˈdɔ:səl] rygg-, på ryggsiden, rygglene; fondteppe.
Dorset [ˈdɔ:sit]. **-shire** [-ʃiə].
dory [ˈdɔ:ri] dory, slags jolle.

dosage [ˈdəusidʒ] dosering; dosis; tilsetning.
dose [dəus] dosis, porsjon; foreskrive legemidler; dosere, gi en dosis; forgi en med legemidler.
doss [dɔs] seng, køye; søvn, blund; sove, losjere. **– house** (simpelt og billig) losjihus; **– up** pynte, stase opp.
dossier [ˈdɔsiei] sakspapirer; rulleblad.
dossy [ˈdɔsi] oppstaset, smart, fiks.
dost [dʌst] 2. p. pres. sg. i høyere stil av **do.**
dot [dɔt] prikk, punkt; desimaltegn; multiplikasjonstegn; prikke, punktere; sette prikk over; bestrø; **describe him to a –** beskrive ham på en prikk; **off his –** forrykt, tett i knollen; **in the year –** i atten hundre og den tid; **– and go one** halte; **people dotted the fields** rundt omkring på markene så man folk; **a landscape dotted with cottages** oversådd med.
dot [dɔt] (jur.) medgift.
dotage [ˈdəutidʒ] alderdomssløvhet; **he is in his –** han går i barndommen.
dotal [ˈdəutəl] som hører til medgift.
dotard [ˈdəutəd] mann som går i barndommen, jubelolding.
dotation [dəˈteiʃən] gave; medgift, utstyr.
dote [dəut] soppråte; gå i barndommen; **– (up)on** forgude.
doth [dʌθ] (gml.) = **does.**
doting [ˈdəutiŋ] som går i barndommen; forgudende; som begynner å råtne.
dotted [ˈdɔtid] prikket; bestrødd, oversådd.
dott(e)rel [ˈdɔtrəl] boltit, fjell-lo; tosk.
dottle [ˈdɔtl] urøykt tobakksrest (i en pipe).
dotty [ˈdɔti] prikket; forrykt, bløt, sløv.
double [dʌbl] (v.) **1** fordoble, doble; **2** folde, legge dobbelt; **3** dublere (en rolle); **4** (mil.) gå i rask marsj; **5** snu og fortsette i motsatt retning; (s.) **1** det dobbelte; **2** motstykke, kopi, dublett; stedfortreder el. stand-in (ved filmopptak); **3** (mil.) rask marsj; **4** fold, legg; (adv., adj.) dobbelt, dobbelt-; **on the –** i springmarsj, brennkvikt; **– back** brette, folde; snu og vende tilbake; **– up** folde sammen, krumme; **– up in laughter** knekke sammen av latter. **– axe** tveegget øks. **– bar** dobbeltstrek (i musikk). **– -barrelled** dobbeltløpet; tvetydig; dobbelt. **– bass** kontrabass. **– -bitted** tveegget. **– -breasted** dobbeltknappet, -spent. **– check** dobbelt kontroll. **– chin** dobbelthake. **– cross** svindel, snyteri. **– -cross** narre, svindle. **– cuff** dobbelt mansjett. **– dealer** en som spiller falsk, el. dobbeltspill. **– -decker** todekker; tobinds roman. **– Dutch** labbelensk, kaudervelsk. **– -dyed** farget to ganger; durkdreven, erke-. **– eagle** dobbeltørn, amerikansk 20-dollarmynt av gull. **– edged** tveegget. **– entry** dobbelt bokføring. **– exposure** dobbelteksponering. **– -faced** falsk; tosidig; tvetydig. **-ganger** dobbeltgjenger, vardøger. **– -glazed windows** dobbeltvinduer. **– image** dobbeltbilde på TV. **– -lock** låse forsvarlig. **– -minded** vinglet; tvesinnet. **– -park** dobbeltparkere. **– play** dobbeltspill; dobbel spilletid. **– postal card** (US) brevkort med betalt svar. **– -quick** hurtig marsj, springmarsj.
doublet [ˈdʌblit] dublett, tvillingform; to like; (hist.) vams; dipol.
double | talk labbelensk, kaudervelsk; dobbeltspill. **– -throw switch** topolet bryter. **– time** dobbeltbetaling. **– -tongued** tvetunget, falsk. **– track** dobbeltspor.
doubling [ˈdʌbliŋ] fordobling; kunstgrep.
doubloon [dʌˈblu:n] dublon (spansk gullmynt).
doubly [ˈdʌbli] dobbelt.
doubt [daut] tvile; tvile på; frykte for; tvil, uvisshet, betenkelighet; mistanke; **no –** uten tvil, utvilsomt, ganske visst. **doubted** [ˈdautid] tvilsom. **doubter** [ˈdautə] tviler. **doubtful** [ˈdautf(u)l] tvilrådig; tvilsom, uviss. **doubting** [ˈdautiŋ] tvil; tvilende. **doubtingly** tvilsomt. **doubtless** [ˈdautlis] utvilsom, uten tvil; utvilsomt.
douceur [du:ˈsə:] dusør; mildhet, sødme.
douche [du:ʃ] styrtebad, dusj; dusje; skylle ut.
dough [dəu] deig; (sl.) penger. **-baked** dødstekt. **-boy** kokt bolle; amerikansk soldat (især infanterist). **-face** godfjott, dott. **-faced** dottet. **-nut** (US) smultring; (eng.) ≈ berlinerbolle.
doughtiness [ˈdautinis] mandighet, tapperhet.
doughty [ˈdauti] tapper, mandig; djerv, gjev.
doughy [ˈdəui] deiget, blekfet; **– complexion** gråblek hudfarge.
Douglas [ˈdʌgləs].
dour [duə] (skotsk) hard, ubøyelig, seig, trassig; innesluttet, stri.
douse [daus] se **dowse.**
dove [dʌv] due. **-cot, -cote** [-kɔt] dueslag; **flutter the -cots** bringe uro i leiren, sette støkk i godtfolk. **dovelet** [ˈdʌvlit] liten due, ung due.
Dover [ˈdəuvə]; **– court** støyende forsamling, polsk riksdag.
dovetail [ˈdʌvteil] svalehaleskjøt, sinketapp; sinke sammen; passe sammen.
dowager [ˈdauidʒə] fornem el. rik enke, enkefrue; **Queen Dowager** enkedronning.
dowdy [ˈdaudi] gammeldags el. sjusket kledd kvinne; slusket, slurvet.
dowel [ˈdauəl] blindnagle, dimling; feste med blindnagle osv.; **-ling** fordypning.
dower [ˈdauə] enkes boslodd, enkesete; medgift; begavelse; begave **(with** med).
dowlas(s) [ˈdauləs] slags grovt lerret.
down [daun] dun, hy, fnugg, fnokk.
down [daun] klitt, dyne, sandbanke; banke; **the Downs** dynene, sandbankene (høydedrag i Kent og Surrey).
down [daun] nedgang; ned; nede; nedad; ned igjennom; slå ned; legge ned; **– here** her nede(e); **-stairs** ned trappa; ned; nedenunder, nede; **– there** der ned(e); **come –** komme ned, falle ned; **cut –** hogge ned, felle; meie; **go –** gå under; synke, falle (i kamp), velte; **lie –** legge seg (ned); **sit –** sette seg (ned); **be – on one** være etter en; **be – for** være tegnet for; ha i vente; **– in the world** redusert, forkommen; **be – and out** ute av stand til å gjenoppta boksekampen, beseiret i livskampen; helt på knærne; gjort av med; **– the hatch!** skål! bånnski! **-beat** nedslag (musikk); nedgang, depresjon (merk.). **-cast** nedslått, motfallen. **-draught** nedslag. **-er** (sl.) medikament med depressiv bivirkning. **-fall** fall, undergang; kraftig nedbør. **-grade** fall, helling; nedvurdere; degradere. **-hearted** motfallen. **-hill** hellende; unnabakke; skrent; utfor(renn) på ski.
Downing [ˈdauniŋ]: **– Street,** gate i London hvor statsministeren bor; regjeringen.
down|land gresskledde bakker. **-most** nederst. **– payment** (kontant ut)betaling; kontantbeløp (ved avbetaling). **-pour** [ˈdaunpɔ:] regnskyll, øsregn. **-right** likefram, endefram; fullstendig. **-stairs** ned trappene, ned, i stua, nedenunder.

– -the-line helt igjennom. **-throw** fall, omstyrtning. **-thrust** trykk. **– -to-earth** jordbunden, realistisk, nøktern; enkel. **-town** (ned) til el. i byens sentrum. **– -train** tog fra London. **-trodden** nedtråkket; tråkket under fot; underkuet. **-ward** [ˈdaunwəd] nedadgående. **-wards** [ˈdaunwədz] nedad, nedover.
downy [ˈdauni] dunet; dunbløt; listig, sleip; bølget, kupert.
dowry [ˈdauəri] medgift; talent, naturgave.
dowse [daus] skvette vann på; dyppe (seg) ned i vann; slokke (lys), fire (seil) ned; nytte ønskekvist til å finne vann; **– the glim** (gml.) slokke lyset. **dowser** [ˈdauzə] en som bruker ønskekvist til å finne vann. **dowsing rod** ønskekvist.
doxology [dɔkˈsɔlədʒi] lovprisning, lovsang.
doxy [ˈdɔksi] kjæreste; tøyte, tøs, ludder.
doxy [ˈdɔksi] religiøs overbevisning.
doyen [ˈdwaiɛŋ, ˈdɔiən] eldstemann i det diplomatiske korps, doyen.
Doyle [dɔil].
doz. fk. f. **dozen.**
doze [dəuz] døse, dorme, slumre; døs, blund, lur.
dozen [ˈdʌzn] dusin, tylft; **baker's –** tretten; **half a –** et halvt dusin, fem-seks; **-s of** dusinvis av.
doziness [ˈdəuzinis] døsighet. **dozy** [ˈdəuzi] døsig.
D. P. fk. f. **displaced person; documents against payment.**
D. P. I. fk. f. **Director of Public Instruction.**
dept. fk. f. **department.**
D. R. fk. f. **District Railway.**
Dr. fk. f. **doctor; debtor.**
dr. fk. f. **drachm; dram.**
drab [dræb] sjuske, slurve; skjøge, tøs.
drab [dræb] et slags gulbrunt klede; gulbrun farge; kjedelig, trist, trøstesløs.
drabbet [ˈdræbit] slags grovt ubleket lerret.
drabble [ˈdræbl] søle, skitne til.
drachm [dræm], **drachma** [ˈdrækmə] drakme.
drachm [dræm] medisinalvekt = 3,888 g.
Draconian [drəˈkəunjən], **Draconic** [drəˈkɔnik] drakonisk, meget streng.
draff [dræf] bunnfall, berme, avfall, utskudd. **draffish** [ˈdræfiʃ], **draffy** [ˈdræfi] bermet; slett.
draft [drɑ:ft] trekning; tapning; veksel, tratte; utkast, konsept, kladd; detasjement, (US) verneplikt; grunnriss, plan, tegning (se **draught);** avsette, tegne; gjøre utkast til; innkalle, utskrive; detasjere. **-able** (US) vernepliktig. **– board** ≈ sesjon. **– dodger** en som forsøker å unndra seg militærtjeneste, militærnekter (ofte ved å reise utenlands). **draftee** [drɑfˈti:] (US) innkalt soldat. **draftsman** [-smən] tegner.
drag [dræg] dra, trekke, drasse, slepe (bortover bakken); sakke akterut; sokne; harve; slepe, dra seg; **– on** trekke ut. **drag** [dræg] harv; vogn; dregg; sokn; dragnot; muddermaskin; drass, hindring; motstand; slep; slepjakt; hemsko, bremsekloss (ogs. fig.), plage; drag, trekk, blås (på sigarett).
dragée [dræˈʒei] drops, sukkertøy.
dragged-out langtrukken.
draggle [ˈdrægl] dra i sølen; søle til; skitne; slepes, sølestil, skitnes til. **-tail** sjuske. **-tailed** sjusket, slurvet.
drag link styrestag (i bil).
dragnet [ˈdrægnet] dragnot, trål.
dragoman [ˈdrægəmən] dragoman, orientalsk tolk; fører, guide, tolk.
dragon [ˈdrægən] drake. **dragonet** [ˈdrægənit] liten drake; fløyfisk. **dragonfly** øyestikker, libelle.
dragoon [drəˈgu:n] dragon; tvinge ved dragoner, bruke soldatervold.
dragster [ˈdrægstə] ombygd •bil som brukes til akselerasjonskonkurranser.
drain [drein] lede bort noe flytende; tørre ut; drenere; tømme; filtrere, sile; tappe; grave, grøfte; flyte, renne, sige bort; tømming; avledningskanal, avløpsrør, kloakkledning; tapping; **the money went down the –** pengene gikk rett i vasken, rett ut av vinduet. **drainage** [ˈdreinidʒ] bortledning; uttapping; drenering; rørlegging; kloakksystem. **drain board** tørkebrett, oppvaskbrett. **drainer** oppvaskstativ. **drainpipe** [ˈdreinpaip] drensrør, avløpsrør.
drake [dreik] andrik; andestegg.
dram [dræm] drakme; smule; dram, støyt, knert; handelsvekt = 1,772 g; supe, pimpe.
drama [ˈdrɑ:mə] drama. **– critic** teaterkritiker. **dramatic(al)** [drəˈmætik(l)] dramatisk. **dramatis personae** [ˈdrɑ:mətis pə:ˈsəunai] de opptredende personer. **dramatist** [ˈdræmətist, ˈdrɑ:-] dramatisk forfatter. **dramatize** [ˈdræmətaiz, ˈdrɑ:-] dramatisere. **dramaturgy** [ˈdræmətə:dʒi, ˈdrɑ:-] dramaturgi.
drank [dræŋk] imperf. av **drink.**
drape [dreip] drapering; fall; snitt; **-s** (pl.) (US) (ugjennomsiktige) gardiner; bekle, drapere; pryde. **draper** [ˈdreipə] kleshandler, manufakturist. **drapery** [ˈdreip(ə)ri] drapering, draperi; forheng; kleshandel; klær; manufakturvarer.
draping [ˈdreipiŋ] drapering; draperi.
drastic [ˈdræstik] drastisk; kraftig virkende middel.
drat [dræt]: **– it** så for pokker; **– him** pokker ta ham.
drattle [ˈdrætl] se **drat.**
draught [drɑ:ft] trekking, dragning; tapping; trekk, trekkvind; slurk, drikk; fiskefangst; varp, kast; grunnriss; veksel; (se **draft);** dybde; **-s** damspill; **beasts of –** trekkdyr; **– beer** fatøl. **-board** dambrett. **– horse** arbeidshest. **– mark** dypgangsmerke. **-sman** tegner, planlegger; dambrikke. **-smanship** tegnekunst, avfattingskunst. **-y** [ˈdrɑ:fti] trekkfull.
drave [dreiv] sjelden imperf. av **drive.**
draw [drɔ:] dra, trekke; tegne; avfatte, sette opp skriftlig; oppebære, heve (penger); strekke, tøye; utlede, utvinne; suge; øse; tømme; tappe; erverve; lokke; fordreie; ta ut, renske innvollene; trekke for; bevege seg; trekke blank; trekke, trassere; trekkes for; trekkes til side; trekking, trekk; drag, blås; trekkplaster; gevinst; skuff; kassestykke (om skuespill el. lign. som går godt); uavgjort (om en kamp), eks. **the game ended in a –; the ship -s too much water** skipet stikker for dypt; **– back** trekke seg tilbake; **– down** fremkalle, forårsake; pådra seg; **– near** nærme seg; **– off** utdra; avlede; **– on** nærme seg; trekke veksler på; ha til disposisjon; gjøre bruk av; ty til, ta tilflukt til; trekke blank imot; **– out** trekke ut, utlede; forhale; velge ut; **– up** stille opp, fylke; stanse; sette opp; trekke nærmere; avfatte, utferdige; **– upon one** trekke (en veksel) på en. **-back** [ˈdrɔ:bæk] avbrekk, hindring; ulempe, ubehagelighet, lyte, skyggeside; tilbakebetaling av innførselstollen når varene utføres igjen. **-bridge** vindebru. **-card** (fig.) trekkplaster. –

curtain fortrekksgardin. **drawee** [drɔ:ˈi] trassat. **drawer** [ˈdrɔ:ə] trekker; tegner; tapper; trassent; skuff; – **of a cheque** sjekkutsteder. **drawers** underbukser; kommode (egtl. **chest of drawers).**
drawing [ˈdrɔ:iŋ] trekning; trassering; tegning; **out of** – fortegnet; -**s** inntekter. – **board** tegnebrett. – **card** (fig.) trekkplaster. – **cloth** kalkérduk. – **master** tegnelærer. – **pen** tegnepenn; rissefjær. – **pin** tegnestift. – -**room** sal, salong, dagligstue, bestestue; selskap; mottakelse; tegnekontor.
drawl [drɔ:l] være langsom, tale el. lese slepende; langsom uttale, gnag.
drawloom [ˈdrɔ:lu:m] vevstol.
drawn [drɔ:n] perf. pts. av **draw;** dradd; fortrukket; stram, skarp (i ansiktet); smeltet (smør); – **battle** uavgjort slag; – **game** uavgjort spill.
drawnwork [ˈdrɔ:nwə:k] hullsøm.
draw well [ˈdrɔ:wel] heisebrønn.
dray [drei] sluffe; slodde; ølvogn. – **horse** bryggerihest. -**man** ølkjører.
dread [dred] skrekk, redsel, frykt; skrekkelig, fryktelig; mektig, høy, fryktinngytende; frykte, grue for, reddes. **dreadful** [ˈdredf(u)l] fryktelig; **a penny** – el. **a shilling** – en røverroman.
dreadnought [ˈdrednɔ:t] vågehals; tykt frakketøy, tykk frakk; stort krigsskip, slagskip.
dream [dri:m] drømme; drøm; – **up** dikte opp; innbille seg; drømme-; **a** – **of a face** et nydelig ansikt. **dreamer** [ˈdri:mə] drømmer, fantast.
dreaminess [ˈdri:minis] drømmerier.
dreamt [dremt] imperf. og perf. pts. av **dream.**
dreamy [ˈdri:mi] drømmende.
dreary [ˈdriəri] sørgelig, trist, uhyggelig; kjedelig, monoton.
dredge [dredʒ] dregg; østersskrape; bunnskrape; muddermaskin; fiske opp, rote fram; skrape (østers); mudre opp; drysse, bestrø. **dredger** [ˈdredʒə] skraper; muddermaskin; strø. **dredging box** strøboks.
dredging-machine muddermaskin.
dree [dri:] (skot.) tåle; – **my weird** finne meg i min skjebne.
dregginess [ˈdreginis] gjørmethet, uklarhet, mudrethet; bunnfall. **dreggish** [ˈdregiʃ], **dreggy** [ˈdregi] mudret, uklar, gjørmet. **dregs** [dregz] berme, bunnfall.
drench [drenʃ] gjennombløte, gjøre dyvåt; mette med drikk; gi medisin inn med makt; stor dose; drikk; lægedrikk. **drencher** [ˈdrenʃə] øsregn; skyllebøtte.
dress [dres] kledning, drakt, tøy, kjole; **full** – galla; kle på, ta på seg, kle seg om; dekorere, pynte; kultivere, gjødsle, beskjære; bandasjere, forbinde; berede (skinn); strigle (hest); sette opp, ordne (hår); rense og gjøre i stand, tilberede (salat, mat etc.); – **down** skjelle ut, jule opp, slå; – **up** pynte seg, stase opp.
dressage [dreˈsɑ:ʒ] dressur (srl. hester).
dress | allowance klesgodtgjørelse, uniformspenger. – **cap** uniformslue. – **circle** (teater)balkong. – **clothes** (pl.) selskapsklær. – **coat** (snipp)kjole. – **designer** motetegner.
dresser [ˈdresə] en som kler på osv. (se **dress);** påklederske; anretningsbord, kjøkkenbenk, kjøkkenskap; (US) toalettkommode; vindusdekoratør; forbinder (på sykehus).
dress | establishment kjolesalong. – **improver** kø (på kjole).
dressing [ˈdresiŋ] påkledning, bandasje, forbinding; marinade, salatsaus; appretur, stivelse; farse, fyll (i mat); refselse, overhaling, juling. – **case** toalett|skrin, -veske; forbindingseske. – -**down** overhaling, bank, juling. – **glass** toalettspeil. – **gown** morgenkåpe, morgenkjole, slåbrok. – **jacket** frisérjakke. – **roll** forbindingspakke. – **room** påkledningsværelse, skuespillergarderobe. – **set** forbindingspakke; toalettgarnityr. – **station** førstehjelpsstasjon. – **table** toalettbord.
dress|maker dameskredder, sydame. -**making** kjolesøm, dameskredderi. -**marker** rissehjul. – **parade** parade i gallauniform. – **preserver** (erme)preserver. – **regulations** uniformsreglement. – **rehearsal** kost og mask(prøve), generalprøve. – **shield** (erme)preserver. – **shirt** stiveskjorte. – **suit** (snipp)kjole. – **uniform** gallauniform.
dressy [ˈdresi] pyntesyk; pyntelig, fjong, fiks, elegant.
drew [dru:] imperf. av **draw.**
dribble [ˈdribl] dryppe; sikle; drible (i fotball); drypp; sikl; støvregn, duskregn. **driblet** [ˈdriblit] drypp; liten smule; liten sum penger; **by driblets** i småpartier, dråpevis.
drier [ˈdraiə] tørrer, hårtørrer, tørremiddel; se **dry.**
drift [drift] strøm; retning, tendens; avdrift; drift; drivkraft; retning; snødrive, snødrev; snøfonn, drivis; drivgarn; hensikt, øyemed. **drift** [drift] drive; fyke; dynge sammen.
driftage [ˈdriftidʒ] avdrift, drift; drivgods.
drifter [ˈdriftə] løsgjenger, dagdriver; drivgarnsfisker.
drill [dril] drille, bore, gjennombore; plante i rader, radså; øve, eksersere, drille inn; drill, drillbor; (rad)såmaskin, rille, rad, fure; øvelse, eksersis, mekanisk innøving, rutine. – **chuck** borpatron, borchuck, spennpatron. -**er** borer. – **harrow** drillharv. – **husbandry** radkultur, radsåing.
drilling boring, drilling; radsåing. – **mud** borevæske, boreslam. – **platform** boreplattform. – **plan** boreunderlag, spennbord. -**s** borespon; dreiel. – **table** = – **plan.**
drill | jig borstang, jigg. -**master** eksersisinstruktør, drillsjef. – **string** borestreng, borestang.
drily [ˈdraili] tørt.
drink [driŋk] drikk, tår, slurk; drikke, drikke en skål for; -**s** drikkevarer; **in** – full, i fullskap; **have a** –, **take a** – drikke et glass, få seg et glass; – **from** drikke av; – **to** drikke på, skåle på; – **in** suge inn, sluke; – **to one** skåle med en, for en. **drinkable** [ˈdriŋkəbl] drikkelig. **drinkables** drikkevarer, flaskefôr. **drinker** [ˈdriŋkə] en som drikker; dranker. **drinking** [ˈdriŋkiŋ] drikking, nidrikking; **drinking-bout** drikkegilde, drikkelag, rangel; **drinking-song** drikkevise.
drink offering [ˈdriŋkɔfəriŋ] drikkoffer.
drinky [ˈdriŋki] drikkfeldig; påvirket.
drip [drip] dryppe; drypp; gesims. – **coffee** traktemalt el. snusmalt kaffe. – -**dry** drypptørke. -**stone** kransliste; gesims. **dripping** [ˈdripiŋ] drypping; stekefett.
dripple [ˈdripl] dryppe; (nese)drypp.
drivage [ˈdraividʒ] gruvegang, stoll.
drive [draiv] drive; jage; tvinge, presse, ramme

ned, slå i; kjøre; styre, føre; kjøre omkring, jage med, fare hurtig av sted, ile; **– a bargain** gjøre en handel; **– at** sikte til; ha i sinne, ha i kikkerten, gå løs på. **drive** [draiv] driving, drift, fedrift, tømmerdrift osv.; kjøretur, kjøring; oppkjørsel, kjørevei; fremstøt, kampanje; drivkraft, energi.

drive-in [ˈdraivin] friluftskino, restaurant osv. hvor man kan kjøre inn med bilen.

drivel [ˈdrivl] sikle, sleve; vrøvle; sikl; vrøvl. **driveller** [ˈdrivlə] siklesvin; vrøvlekopp.

driven [ˈdrivn] perf. pts. av **drive; – snow** nysnø.

driver [ˈdraivə] kjører, kusk, sjåfør, vognfører, lokomotivfører; driver (av dyr etc.); drivverk, drivhjul; driver (golfkølle).

drive | shaft drivaksel. – **train** drivlinje. **– unit** drivaggregat; høyttalerelement.

driveway [ˈdraivwei] oppkjørsel, innkjørsel.

drizzle [ˈdrizl] duskregne, småregne, duske; stenke; duskregn.

drogue [drəug] drivanker; vindpose.

droit [drɔit] avgift, sportel, rett, rettighet, krav.

droll [drəul] pussig, snodig, rar; spøkefugl, spasmaker; klovn; farse; marionettspill. **drollery** [ˈdrəul(ə)ri] pussighet, morsomt påfunn.

dromedary [ˈdrɔmədəri, ˈdrʌm-] dromedar.

drone [drəun] drone; lat person, tverrblei; brumming, dur; basspipe; brumme, surre, dure; mulle; lire av seg; dovne seg; lure seg unna.

drool [dru:l] sikl; sikling, tøys, pjatt.

droop [dru:p] henge ned; lute; henge slapt; la henge; falle sammen; synke, segne, helle. **-ing** [ˈdru:piŋ] hellende, lut, slut.

drop [drɔp] dråpe; slurk, slant; øredobbe; drops, snop, bonbon; teppe (for scenen); fall, fallhøyde, senkning, nedgang; fall-lem; **takes a – sometimes** er ikke fri for å drikke; **has taken a – too much** tatt en tår over tørsten; **a – in the ocean** en dråpe i havet.

drop [drɔp] dryppe, la falle; forkaste; falle; slippe seg ned; synke, sige; sakke; holde opp; kaste, føde unger; komme uventet; tape, miste; senke; ytre, ymte; forlate, utelate; sende med posten; drive (f. eks. av vann); falle fra, dø; forgå, forsvinne; **– an acquaintance** oppgi et bekjentskap; **let us – the subject** la oss ikke snakke mer om den ting; **– a curts(e)y** neie; **– across** møte tilfeldig; **– away** falle fra; **– in** komme uventet, stikke innom; **– off** falle ned; avta; falle fra, dø; **– through** ikke bli til noe, falle fra. **– centre rim** brønnfelg. **– curtain** mellomaktsteppe, forteppe. **– keel** senkekjøl.

droplet [ˈdrɔplit] liten dråpe.

dropped egg pochert egg.

dropping noe som er kastet vekk, falt ned osv.; **bird -s** fuglemøkk; **horse -s** hestepærer.

drop out [ˈdrɔpaut] en som har avbrutt sine studier, en som har falt fra; frafall; inn- og avspillingsbrudd på båndspiller.

drop scene [ˈdrɔpsi:n] mellomaktsteppe.

dropsical [ˈdrɔpsikl], **dropsied** [ˈdrɔpsid] vatersottig. **dropsy** [ˈdrɔpsi] vatersott.

drop-tank dropptank (til fly). **– tube** dråpeteller, pipette. **– zone** slippsted, nedslippsområde.

drosometer [drəˈsɔmitə] doggmåler.

dross [drɔs] slagg; avfall, skrap; berme. **drossy** [ˈdrɔsi] slaggaktig; slett; uren.

drought [draut] tørke; (gml.) tørst. **droughty** [ˈdrauti] tørr; tørst.

drove [drəuv] drift, flokk (fe); stime; driftevei, buvei, sti. **drover** [ˈdrəuvə] fekar, driftekar.

drove [drəuv] imperf. av **drive.**

drown [draun] drukne (intransitivt bare i formen **drowning);** døyve; overdøyve; **he was -ed** han druknet.

drowse [drauz] slumre, døse; dorme; gjøre døsig, sløve. **drowsiness** [ˈdrauzinis] søvnighet, døsighet. **drowsy** [ˈdrauzi] søvnig, døsig; søvndyssende.

drub [drʌb] banke, denge, pryle, jule; **– something into one** banke noe inn i en. **drub** [drʌb] slag, støt. **drubbing** [ˈdrʌbiŋ] drakt pryl; juling, bank.

drudge [drʌdʒ] flittig arbeider, arbeidstrell; slite og slepe. **drudgery** [ˈdrʌdʒəri] trellearbeid; slavearbeid; slit og slep.

drug [drʌg] kjemikalium, medisin, medikament, rusgift; apotekervare, drogeri; vare som det er vanskelig å bli av med; **-s** narkotika, rusgift; blande med et bedøvende stoff el. gift; forfalske; bedøve; svimeslå; **– in the market** uavsettelig vare; **– oneself with morphine** bedøve seg med morfin. **– addict, – fiend** narkoman, narkotiker, stoffmisbruker, knarker.

drugget [ˈdrʌgit] grovt ulltøy, golvteppetøy, teppeskåner.

druggist [ˈdrʌgist] drogist; apoteker (US). **drugstore** [ˈdrʌgstɔ:] (US) apotek, hvor det også selges iskrem, leketøy, parfyme, illustrerte blad osv.

druid [ˈdru:id] druide, keltisk prest.

drum [drʌm] tromme; trommeslager; trommehule (i øret); fat, oljetønne; valse, sylinder; larmende aftenselskap; tromle; valse; tromme; tromme på; tromme sammen, verve (rekrutter, politiske partifeller); gjenta; **beat the –** slå på tromme; **– something into one's ears** banke noe inn i hodet på en.

drum|fire [ˈdrʌmfaiə] trommeild (voldsom artilleriild forut for infanteriangrep). **-head** [ˈdrʌmhed] trommeskinn; trommehinne; standrett; spillhode. **– major** [-ˈmeidʒə] korpstambur, regimentstambur.

drummer [ˈdrʌmə] trommeslager, tambur; en som fanger kunder, handelsreisende.

drumstick [ˈdrʌmstik] trommestikke; lårbein (av fjærfe).

drum washer vaskemaskin, trommelmaskin.

drunk [drʌŋk] perf. pts. av **drink;** drukken, full; rangel, rus, fyll; full mann. **drunkard** [ˈdrʌŋkəd] dranker. **drunken** [ˈdrʌŋkən] drukken, full (bare som tilføyd adjektiv); drikkfeldig. **– drivel** fyllepraț. **– driver** promillekjører, fyllekjører.

drunk|enness [ˈdrʌŋkə(n)nis] drukkenskap, drikkfeldighet. **– tank** fyllearrest.

drupe [dru:p] steinfrukt.

Drury [ˈdruəri] **Lane** gate (og teater) i London.

dry [drai] tørr; gjeld (om ku); tørst; tørre; tørke; **– up** tørke ut, gå tørr; opphøre helt; holde kjeft.

dryad [ˈdraiəd] dryade, skognymfe.

dry as dust [ˈdraiəzdʌst] knusktørr; tørr, stuelærd, pedant.

Dryden [ˈdraidn].

dry | cell tørrelement. **– -clean** rense kjemisk. **– dock** tørrdokk. **– goods** [ˈdraigudz] manufakturvarer. **– nurse** amme som passer, men ikke gir barnet bryst; flaske opp; (fig.) være barnepike

for. – **pile** tørrelement. – **point** kaldnål, kaldnålsstikk. – **rot** tørråte. – **-salter** [ˈdraisɔ:ltə] drogist, fargehandler; materialist. – **-shod** [ˈdraiʃɔd] tørrskodd.
D. S. C. fk. f. **Distinguished Service Cross.**
D. Sc. fk. f. **Doctor of Science.**
D. S. M. fk. f. **Distinguished Service Medal.**
D sharp (mus.) Diss-dur. – **minor** (mus.) diss-moll.
D. S. O. fk. f. **Distinguished Service Order.**
D. S. T. fk. f. **daylight saving time.**
d. t. fk. f. **doubletime; delirium tremens.**
dual [ˈdjuəl] dobbelt; dualis. – **carriageway** vei med to atskilte kjørebaner, motorvei. **-ism** [ˈdju:əlizm] dualisme. **-istic** [djuəˈlistik] dualistisk. – **monarchy** dobbeltmonarki. – **personality** spaltet personlighet.
dub [dʌb] slå; slå til ridder; betitle, utnevne; kalle, betegne; pusse, stelle til; smøre inn; ettersynkronisere, dubbe, spille over.
dubbin [ˈdʌbin] støvelsmøring, lærolje.
dubiety [dju(:)ˈbaiəti] tvil, tvilrådighet, uvisshet.
dubious [ˈdju:bjəs] tvilende; tvilsom, uviss.
dubitation [ˈdju:biˈteiʃən] tvil, tvilrådighet.
dubitative [ˈdju:biteitiv] tvilende.
Dublin [ˈdʌblin].
ducal [ˈdju:kəl] hertugelig; hertug-.
ducat [ˈdʌkət] dukat.
duchess [ˈdʌtʃis] hertuginne. – **satin** duchesse (silkestoff). **duchy** [ˈdʌtʃi] hertugdømme.
duck [dʌk] dukke (kjæleord), engel, skatt.
duck [dʌk] seilduk; (pl.) lerretsbukser.
duck [dʌk] and; **make** (el. **play) -s and drakes** kaste smutt; **play -s and drakes with money** øse ut penger.
duck [dʌk] dukke, væte, bløte. **-ing** [ˈdʌkiŋ] dukkert; dåp (første gang man passerer linjen).
duckbill [ˈdʌkbil] andenebb; skygge(lue).
duckboards [ˈdʌkbɔ:dz] plankebro, gangplanker.
ducket [ˈdʌkit] (US) billett.
duck-legged [ˈdʌklegd] kortbeint.
duckling [ˈdʌkliŋ] andunge.
duckmeat [ˈdʌkmi:t], **duckweed** [ˈdʌkwi:d] andemat.
duck soup sjauerarbeid (godt betalt).
ducky [ˈdʌki] yndig, søt, god; skatt, engel, elskling.
duct [dʌkt] kanal, rør, gang.
ductile [ˈdʌkt(a)il] tøyelig, smidig. **ductility** [dʌkˈtiliti] tøyelighet, smidighet.
dud [dʌd] granat som ikke springer, blindgjenger; fiasko, flause; unyttig forehavende, unyttig person; unyttig, ubrukelig; – **cheque** sjekk uten dekning. **duds** (gamle) klær, filler.
dude [dju:d] laps, snobb, sprett; (US sl.) turist, svekling (person uvant til hardt arbeid), fyr, person. **-d-up** (US sl.) staset opp, utspjåket. – **ranch** gjesteranch, landsens gård som tar imot gjester.
dudgeon [ˈdʌdʒən] vrede, sinne, forbitrelse, harme; **take in** – ta ille opp.
due [dju:] skyldig; passende, tilbørlig; nøyaktig, riktig; punktlig; forfalt til betaling, betalbar; skyldighet; rett; avgift; **the amount** – det skyldige beløp; **come (fall)** – forfalle til betaling; **give him his** – gi ham det han fortjener; **in – time** betimelig, i rette tid; **the plane is – at 5** flyet kommer kl. 5; – **to** (US) på grunn av; **be – to** skyldes; **be – for** stå for tur til; **membership -s** medlemskontingent(er); – **north** rett nord. – **care** rimelig aktsomhet, nødvendig forsiktighet. – **date** forfallsdag.
duel [ˈdju:əl] tvekamp, duell; duellere; **fight a – with pistols** duellere med pistoler. **duellist** [ˈdju:əlist] duellant.
duenna [djuˈenə] duenna, anstandsdame.
duet [djuˈet] duett.
duff [dʌf] deig; melpudding; bløt skogbunn; snyte i handel (med dårlige varer); spolere; forfalske; dårlig, verdiløs.
duffel [ˈdʌfl] dyffel; utstyr, saker. – **bag** skipssekk.
duffer [ˈdʌfə] (gml.) kramkar; en som handler med innsmuglede eller stjålne varer, svindler; idiot; fusker; pedant, filister; uektestas; falsk mynt.
dug [dʌg] patte, spene.
dug [dʌg] imperf. og perf. pts. av **dig.**
dugong [ˈdu:gɔŋ] sjøku.
dugout [ˈdʌgaut] utgravd; jordhytte, oppholdssted for tropper under jorda; uthult tre, eike; avskjediget offiser som blir kalt til tjeneste igjen.
duke [dju:k] hertug; doge. **dukedom** [ˈdju:kdəm] hertugdømme.
dulcamara [dʌlkəˈmɛərə] søtvier.
dulcet [ˈdʌlsit] søt, liflig, blid.
dulcify [ˈdʌlsifai] forsøte; formilde, tine opp.
dulcimer [ˈdʌlsimə] hakkebrett, cymbal.
Dulcinea [dʌlsiˈni:ə].
dull [dʌl] dunkel, dim, matt, dump; stump; sløv; dum; langsom, treg, kjedsommelig; flau; trist; gjøre uklar; sløve; sløves; – **of hearing** tunghørt. **dullard** [ˈdʌləd] dumrian, staur. – **-minded** åndssløv, halvfjollet, innskrenket. **dullness** [ˈdʌlnis] dunkelhet; sløvhet; dumhet; søvnighet; kjedsommelighet. **dull-witted** dum, enfoldig.
dully [ˈdʌli] matt, sløvt, tregt, kjedelig.
duly [ˈdju:li] tilbørlig, passende, i rett tid.
dumb [dʌm] taus, målløs, stum; (US) dum, idiotisk. – **barge** lekter, pram. **-bells** manual. **-found** gjøre forvirret, paff, forfjamse, gjøre målløs. – **show** pantomime. – **-waiter** stumtjener.
dumdum [ˈdʌmdʌm] dumdumkule.
dum(b)found [dʌmˈfaund] gjøre målløs.
Dumfries [dəmˈfri:s].
dummy [ˈdʌmi] stum person; statist; etterlikning, imitasjon; utkast; øvelses-; dumming, fehode; falsk, uekte, attrapp; blindvindu, blinddør; utstillingsfigur, dukke; fugleskremsel; parykkblokk; stumtjener; blindmann (i kortspill); stråmann; narresmokk. – **bottle** narreflaske. – **cartridge** øvelsespatron. – **egg** narreegg. – **head** kunsthode.
dump [dʌmp] klinkeskilling; skilling, slant; fyll, avfall, søppelhaug, søppelplass; styrte ut, velte, tømme ut; kvitte seg med; dumpe, kaste ut på markedet til en lav pris; (i pl.) melankoli. – **the responsibility on to** velte ansvaret over på.
dumper [ˈdʌmpə] tippvogn; lastebiltipp.
dumpish [ˈdʌmpiʃ] nedtrykt, sturen, motfallen.
dumpling [ˈdʌmpliŋ] innbakt frukt, eplekake; bolle.
dumps [dʌmps] (pl. av **dump)** melankoli; **in the –** nedtrykt, sturen.
Dumpty se **Humpty Dumpty.**
dumpy [ˈdʌmpi] liten og tykk; nedtrykt.
dumpy bottle engangsflaske.
dun [dʌn] gråbrun, mørkebrun; mørk, trist.

dun [dʌn] plage, kreve, rykke; rykker(brev).
Dunbar [dʌnˈbɑ:].
dunce [dʌns] dumrian, fe, tosk; fuks (i en klasse). **-('s) cap** narrelue.
Dundee [dʌnˈdi:].
dunderhead [ˈdʌndəhed] kjøtthue, naut.
Dundreary [dʌnˈdri:əri] **whiskers** langt kinnskjegg.
dune [dju:n] sandklett, sandbanke.
dung [dʌŋ] møkk, gjødsel; gjødsle.
dungaree [dʌŋgəˈri:] dongeri.
dung beetle [ˈdʌŋbi:tl] tordivel.
dungeon [ˈdʌndʒən] fangetårn, fengsel, fangehull; innesperre i et fangehull.
dung | fork [ˈdʌŋfɔ:k] møkkgreip. **-hill** [ˈdʌŋhil] møkkdynge.
dungy [ˈdʌŋi] møkket, skitten.
dunk [dʌŋk] dyppe, duppe.
dunlin [ˈdʌnlin] strandvipe, myrsnipe (fugl).
dunnage [ˈdʌnidʒ] underlag, garnering, bedding; personlige eiendeler, bagasje.
dunner [ˈdʌnə] rykker.
dunning letter rykkerbrev.
dunnish [ˈdʌniʃ] mørklaten.
dunnock [ˈdʌnək] jernspurv.
duo [ˈdju(:)əu] duo, duett.
duodecimo [dju(:)əuˈdesiməu] duodes (bokformat hvor arket deles i 12 blad).
duodenum [dju(:)əˈdi:nəm] tolvfingertarmen.
dupe [dju:p] narre, bedra, føre bak lyset; en som lar seg narre, narr, lettroende menneske, fjols.
duple [ˈdju:pl] dobbelt; **-ratio** 2:1; **-time** 2/4 takt.
duplex [ˈdju:pleks] dobbelt, som består av to deler. **– apartment** (US) leilighet i to etasjer. **– flat** (eng.) leilighet i tomannsbolig. **– house** tomannsbolig.
duplicate [ˈdju:plikeit] fordoble; legge sammen; ta gjenpart av, stensilere, mangfoldiggjøre. **duplicate** [ˈdju:plikit] dobbelt; dublett; gjenpart; pantelånerseddel. **duplicating paper** stensilpapir. **duplication** [dju:pliˈkeiʃən] fordobling; gjentakelse; stensilering; sammenlegging.
duplicator [ˈdju:plikeitə] stensilmaskin, duplikator.
duplicity [djuˈplisiti] dobbelthet, tvetydighet; dobbeltspill; falskhet.
durability [djuərəˈbiliti] varighet, holdbarhet. **durable** [ˈdjuərəbl] varig, holdbar. **-s** (pl.) varige forbruksgoder.
duramen [dju(ə)ˈreimen] kjerneved.
durance [ˈdjuərəns] varighet; uslitelig bekledningsstoff; fangenskap, fengsling; **in – vile** i forsmedelig fangenskap.
duration [djuˈreiʃən] varighet, vedvarenhet.
durbar [ˈdə:bɑ:] audienssal (i Ostindia); audiens.
duress [djuˈres] fengsling, frihetsberøvelse, urettmessig tvang, press.
Durham [ˈdʌrəm].
during [ˈdjuəriŋ] i løpet av, under, i.
durmast [ˈdə:mɑ:st] **oak** vintereik.
durned [də:nd] fordømt, forbannet.
durra [ˈdurə, ˈdʌrə] durra, indisk hirse.
durst [də:st] torde, imperf. av **dare.**
dusk [dʌsk] dunkel, mørk, skum; halvmørk; mørk farge; skumring, tusmørke.
dusky [ˈdʌski] mørk, dunkel, dyster.
dust [dʌst] støv, pudder, pulver, føyke; (sl.) penger, mynt; gullstøv; søppel; støve til, støve av, rense for støv; gjennombanke; bestrø; **bite the – bite** i gresset; **kick up a –** gjøre spetakkel; **throw – in someone's eyes** kaste en blår i øynene. **-bin** søppelkasse. **– bowl** område der sand og støv lett virvles opp i storm. **– brush** støvekost. **– cart** søppelkjerre. **– cloak** støvkappe. **– coat** støvfrakk, støvkåpe. **– contractor** [-kənˈtræktə] entreprenør som besørger dagrenovasjonen bortkjørt. **– cover** varebind, smussomslag; varetrekk. **– devil** støvvirvel. **-er** støveklut, støvekost; forkle, huskjole; forstøver, strøboks. **– jacket = – cover. -man** søppelkjører. **-pan** søppelbrett.
dust-up krangel, trette, oppgjør.
dusty [ˈdʌsti] støvet, pulveraktig, støv-; dårlig; **not so –** el. **none so –** ikke så galt, ikke så ueffent.
dutch [dʌtʃ] (US tal.) problemer, knipe; **get in –** komme ut å kjøre, være i knipe.
Dutch [dʌtʃ] nederlender, nederlandsk; (US ogs.) tysker, tysk; (eng.) kone; hollandsk; hollandsk (språket); **go –** spleise, holde spleiselag; **the –** nederlenderne. **– auction** hollandsk auksjon, hvor varer ropes opp til høye priser, som reduseres til det blir gjort bud. **– clinker** hardbrent teglstein. **– clock** schwarzwalderur; varmedunk. **– comfort, – consolation** dårlig trøst. **– concert** konsert hvor alle synger eller spiller, men hver sin melodi. **– courage** kunstig mot (især tildrukket). **– door** dør som horisontalt er delt i to. **– feast** et gilde hvor verten blir full før gjestene. **– gold** bladgull; flittergull. **-man** [ˈdʌtʃmən] nederlender; (US ogs.) tysker, skandinav; **I'm a -man if...** du kan kalle meg en krakk hvis... **the Flying -man** den flygende hollender. **– toys** nürnbergerkram. **– treat** spleiselag. **– uncle** ubehagelig moralpredikant; faderlig venn; «slektning» el. «fetter» i forbindelser som: hun har vært ute med «fetteren» sin.
duteous [ˈdju:tiəs] lydig, ærbødig; plikttro.
dutiable [ˈdju:tiəbl] tollpliktig, avgiftspliktig.
dutiful [ˈdju:tif(u)l] lydig, ærbødig, tro, plikttro.
duty [ˈdju:ti] plikt, skyldighet, oppgave, verv; hilsen, ærbødighet, aktelse; avgift, toll; tjeneste, vakt (militær); **as in – bound** pliktskyldigst; **be on –** være på vakt, gjøre tjeneste; **officer on –** vakthavende offiser; **off –** fri for tjeneste; **take up –** tiltre tjeneste. **– -free** tollfri. **– -paid** fortollet.
duvet [ˈdu:vei] (dun)dyne.
dux [dʌks] duks, bestemann.
D. V. fk. f. **Deo volente** om Gud vil.
d. w. el. **dw.** fk. f. **dead weight.**
dwarf [dwɔ:f] dverg; hindre i veksten, forkrøple; ta luven fra. **dwarfish** [ˈdwɔ:fiʃ] dvergaktig. **dwarf wall** liten støttemur.
dwell [dwel] dvele, dryge, slå seg til; bo; oppholde seg ved; pause, stans. **dweller** [ˈdwelə] beboer.
dwelling [ˈdweliŋ] opphold, stans; bolig. **– house** våningshus. **– place** bopel.
dwelt [dwelt] imperf. og perf. pts. av **dwell.**
dwindle [ˈdwindl] svinne; svinne inn, skrumpe sammen, minke. **– away** svinne bort.
dwt. fk. f. **pennyweight.**
DX [ˈdi:ˈeks] (radio) fk. f. **distance, distant** kortbølgelytting; lytte på fjerne radiostasjoner.
dye [dai] farge, fargestoff. **-house** fargeri. **-ing** [ˈdaiiŋ] farging. **-r** [ˈdaiə] farger. **-ry** [ˈdaiəri] fargeri. **-stuff** fargestoff.
dying [ˈdaiiŋ] pres. pts. og verbalsubstantiv av **die** dø, døds-; **– bed** dødsleie; **– day** dødsdag;

I'm – for a cigarette jeg er helt syk etter ..., hungrer etter.
dyke [daik] se **dike.**
dyn. fk. f. **dynamics.**
dynamic [d(a)i'næmik] dynamisk. **– range** dynamikkområde.
dynamics dynamikk, kraftlære.
dynamite ['dainəmait] dynamitt; sprenge (med dynamitt). **dynamiter** ['dainəmaitə], dynamittmann, bombekaster, attentatmann.
dynamo ['dainəməu] dynamo. **dynamometer** [dainə'mɔmitə] dynamometer, kraftmåler.
dynast ['dainæst] styrer, høvding, makthaver.
dynasty ['dinəsti, 'dai-] dynasti, herskerfamilie.
dysenteric(al) [disən'terik(l)] dysenterisk. **dysentery** ['disəntəri] dysenteri, blodgang.
dyspepsia [dis'pepsiə], **dyspepsy** [dis'pepsi] dyspepsi, dårlig fordøyelse.
dyspeptic [dis'peptik] dyspeptisk; dyspeptiker.
dysphemia [dis'fi:mjə] stamming.
dyspnoea [disp'ni:ə] åndenød.
dysury ['disjuri] urintvang.

E, e [i:] E, e; fk. f. **Earl; east; eastern; English.**
each [i:tʃ] hver især, hver enkelt (av et antall); **they cost sixpence –** de koster 6 pence stykket; **– and every** hver eneste, hver bidige; **– other** hinannen, hverandre.
eager ['i:gə] ivrig, livlig; spent; bitter, sårende (om ord); kald (om lufta). **eagerness** ['i:gənis] iver, begjærlighet.
eagle ['i:gl] ørn; amerikansk mynt (10 dollars); **– -eyed** ørnøyd, skarpsynt. **– owl** hubro.
eagless ['i:glis] hunnørn. **eaglet** ['i:glit] ørnunge.
eagre ['eigə, 'i:gə] springflo, stormflo.
E. & O. E. fk. f. **errors and omissions excepted** med forbehold om feil og utelatelser.
ear [iə] øre; gehør; **box on the –** ørefik; **burn his -s** skjelle ham huden full; **have an –** ha gehør; **set a flea in one's –** gjøre en mistenksom; **noise in one's –** øresus; **give one's –** låne øre, lytte til; **be all ears** være lutter øre; **keep a promise to the –** oppfylle et løfte etter ordlyden (ikke etter meningen); **lend** (el. **turn**) **a deaf – to** vende det døve øre til; **fall (out, together) by the ears** komme i tottene på hverandre; **prick up one's ears** spisse ørene; **set people (together) by the ears** pusse folk på hverandre; **have about one's ears** ha om ørene, ha om halsen; **I have something for your private –** jeg har noe å si Dem i enerom; **go in at one – and out at the other** gå inn gjennom det ene øre og ut av det andre; **lead by the ears** ha i ledebånd; **over (head and) ears** opp over ørene; **speak in the –** hviske.
ear [iə] aks; rammeannonse, rammeoppslag (i avis).
ear [iə] pløye.
ear|ache øreverk. **– clip** øreklips. **– conch** øremusling. **– defenders** øreklokker, hørselsvern. **-drop** øredobb. **-drum** trommehinne. **-flap** ytre øre; ørelapp (på lue). **-ful** skyllebøtte, tirade.
earing ['iəriŋ] nokkbendsel; aksdannelse.
earl [ə:l] jarl; greve (om engelske grever).
earlap ['iəlæp] øreflipp, ytre øre, ørebrusk.
earldom ['ə:ldəm] grevskap; jarledømme.
earlier ['ə:liə] tidligere, eldre; før.
earliness ['ə:linis] tidlighet, det å være tidlig.
earlobe ['iələub] øreflipp.
early ['ə:li] tidlig; tidlig-, tidlig moden; **at an – age** i en ung alder; **at an – date** i nær framtid; **the – flight** morgenflyet; **– to bed and – to rise, makes a man healthy, wealthy, and wise** ≈ morgenstund har gull i munn; **as – as May** allerede i mai; **– bird, – riser** morgenfugl; **Early Bird** (US) kommunikasjonssatellitt; **the – bird catches the worm** morgenstund har gull i munn; **the – church** oldkirken; **– -day** fra den eldste tid; **– habits** den vane å gå tidlig i seng og stå tidlig opp; **keep – hours** gå tidlig i seng og stå tidlig opp.
earmark ['iəmɑ:k] merke (hakk) i øret (på sauer); merke øret på, øremerke, reservere.
ear-minded ['iəmaindid] auditivt innstilt.
earmuffs ['iəmʌfs] ørevarmere.
earn [ə:n] tjene, fortjene; innbringe; erverve. **-ed income** arbeidsinntekt, honorar. **-ed income allowance** lønnsfradrag.
earnest ['ə:nist] alvorlig; ivrig, inntrengende; alvor; **are you in –?** er det ditt alvor? **in good** el. **dead –** i ramme alvor.
earnest ['ə:nist] festepenger, pant; avdrag; forsmak; **the deposit is an – of our intention** ... bevis på vårt formål. **– -money** festepenger, håndpenger.
earnestness ['ə:nistnis] alvor, alvorlighet.
earning power næringsevne.
earnings ['ə:niŋz] fortjeneste.
ear|phone hodetelefon. **-pick** øreskje. **-piece** høretelefon; ørestykke. **– -piercing** øredøvende, skingrende. **-reach** hørevidde. **-shot** hørevidde. **– -splitting** øredøvende.
earth [ə:θ] jord, jordklode, jorden; land; jordslag; hule, hi; utgang i hi; **-s** (pl.) jordarter; **like nothing on –** fryktelig, forferdelig; **what (where) on –?** hva (hvor) i all verden? **down-to- –** praktisk, nøktern; jevn, enkel. **earth** grave ned; bedekke med jord; hyppe; grave seg ned; gå i hi; gå i dekning; forbinde til jord, jorde.
earthborn ['ə:θbɔ:n] jordisk.
earth closet tørrklosett.
earth connector jordbøssing (radio).
earthen ['ə:θn] jord-; leir-; steintøy(s)-. **-ware** leirvarer; steintøy.
earthiness ['ə:θinis] jordaktig beskaffenhet.

earthing [ˈɔ:θiŋ] jordingsforbindelse. **– -up** hypping.
earthliness [ˈɔ:θlinis] jordiskhet.
earthling [ˈɔ:θliŋ] jordisk menneske, menneskebarn; verdensborger; jordens barn; moldtrell.
earthly [ˈɔ:θli] jordisk; tenkelig; **no – reason why** ingen verdens grunn til; **– -minded** verdsligsinnet.
earth-moist jordslått.
earth mover maskin som bearbeider jorden; tung hjullaster.
earthquake [ˈɔ:θkweik] jordskjelv.
earthworm [ˈɔ:θwə:m] regnorm, meitemark.
earthy [ˈɔ:θi] jordaktig; jordisk; jordbunden.
ear trumpet [ˈiətrʌmpit] hørerør.
earwig [ˈiəwig] saksedyr, øretvist.
ease [i:z] rolighet, ro; makelighet, behagelighet; tvangsfrihet; lediggang; lindring, lettelse, lemping; letthet, frihet; lindre, lette; befri; løsne, slappe, la gå med sakte fart, slakke (seilskjøtet); **at –** i ro, i ro og mak, bekvemt; **ill at –** ille til mote; **put at –** berolige; **stand at –** stå på stedet hvil; **take one's –** gjøre seg det makelig; **with –** med letthet.
easel [ˈi:zl] staffeli.
easement [ˈi:zmənt] lettelse; lindring; (jur.) servitutt.
easily [ˈi:zili] med letthet, lett; utvunget.
easiness [ˈi:zinis] letthet; mak, ro; føyelighet; **– of belief** lettroenhet.
east [i:st] øst; østlig del, øst-; østa-; **the E.** Østen, Østerland, Orienten; **to the – of** øst for.
eastbound [ˈi:stbaund] østgående.
Easter [ˈi:stə] påske. **– Day** (første) påskedag. **– Monday** annen påskedag.
easter [ˈi:stə] storm fra øst.
easterly [ˈi:stəli] østlig. **eastern** [ˈi:stən] fra øst; østerlandsk; østerlender; (US) øststats-.
easterner østerlending; (US) østamerikaner, person fra øststatene.
easternize [ˈi:stənaiz] orientalisere, gi orientalsk preg; (US) gi øststatspreg.
easternmost [ˈi:stənməust] østligst.
Eastertide [ˈi:stətaid] påsketid.
East Indies [i:stˈindiz]: **the –** Ostindia.
easting [ˈi:stiŋ] østseiling, østlig kurs; østlig avdrift.
eastward [ˈi:stwəd] mot øst, østlig, østre; østpå.
easy [ˈi:zi] rolig, behagelig; makelig; lett, lettvint, enkel, ikke vanskelig; jevn; rolig, ubekymret; mild; ettergivende; usjenert; villig; lettvint; fri, utvungen, naturlig; **– circumstances** gode kår; **on – terms** på rimelige vilkår; **– of belief** lettroende; **make –** berolige. **– does it!** ta det rolig! **– on the eye** en fryd å se på. **– chair** lenestol. **– -fitting** vid, romslig, ledig. **– -going** sorgløs, makelig, medgjørlig. **-like** forsiktig. **– money** lettjente penger.
eat [i:t] ete, spise; fortære; **the meat eats well** kjøttet smaker godt; **– dirt** (sl.) ydmyke seg; la seg by hva som helst; **– one's head off** ete seg i hjel; kjede seg fordervet; **– one's heart out** lide i stillhet; **– one's fill** spise seg mett; **– one's words** ta sine ord tilbake; **what's -ing him?** hva er det som plager (feiler) ham?
eat [et] imperf. av **eat** [i:t].
eatable [ˈi:təbl] spiselig; **-s** matvarer.
eaten [ˈi:tn] perf. pts. av **eat.**
eater [ˈi:tə] eter, spiser.
eating [ˈi:tiŋ] spising, mat.
eats [i:ts] mat.
eaves [i:vz] takskjegg. **-drop** [-drɔp] lytte, lure. **-dropper** [-drɔpə] lytter, lurer.
ebb [eb] ebbe, fjære; avta, gå tilbake. **-tide** [ˈebtaid] ebbe, fjære.
E-boat [ˈi:bəut] fk. f. **enemy boat** E-båt, hurtiggående (tysk) motortorpedobåt.
ebonite [ˈebənait] ebonitt.
ebony [ˈebəni] ibenholt.
ebriate [ˈi:briit] drukken, beruset, full.
ebriety [iˈbraiiti] drukkenskap.
ebullient [iˈbʌljənt] sprudlende, livlig. **ebullition** [ebəˈliʃən] koking; oppkoking; oppbrusning.
E. C. fk. f. **East Central (London postal district); Established Church; Engineering Corps.**
E. C. A. fk. f. **Economic Co-operation Administration.**
eccentric [ekˈsentrik] eksentrisk; overspent, besynderlig, sær; eksentrisk sirkel, eksentrisk skive; eksentrisk person, særling. **eccentricity** [eksənˈtrisiti] eksentrisitet, besynderlighet.
Ecclesiastes [ikli:ziˈæsti:z] Predikerens bok.
ecclesiastic(al) [ikli:ziˈæstik(l)] kirkelig, kirke-; geistlig.
Ecclesiasticus [ikli:ziˈæstikəs] Jesus Siraks bok.
ECE fk. f. **Economic Commission for Europe.**
echelon [ˈeʃəlɔn] trappeformet oppstilling; avdeling, gruppe; nivå, grad, trinn (i en organisasjon).
echinus [eˈkainəs] sjøpinnsvin, kråkebolle.
echo [ˈekəu] gjenlyd, ekko; gjenklang; gjenlyde; gjenta; si etter. **echometer** [eˈkɔmitə] lydmåler. **echo sounder** ekkolodd.
eclectic [ekˈlektik] eklektisk, utvelgende, utsøkende; eklektiker. **eclecticism** [ekˈlektisizm] eklektisisme.
eclipse [iˈklips] formørking; fordunkling; formørke; fordunkle, trenge i bakgrunnen. **ecliptic** [iˈkliptik] ekliptikk (jordens bane rundt solen).
eclogue [ˈeklɔg] hyrdedikt.
ecology [iˈkɔlədʒi] økologi.
economic(al) [i:kəˈnɔmik(l)] økonomisk, sparsom. **economics** [i:kəˈnɔmiks] økonomi. **economist** [i:ˈkɔnəmist] økonom. **economize** [iˈkɔnəmaiz] holde hus med, økonomisere, spare. **economy** [iˈkɔnəmi] husholdning; økonomi; sparsommelighet; oppbygning, system; **make economies** foreta besparelser.
ecstasy [ˈekstəsi] henrykkelse, begeistring, ekstase; **be in ecstasies** være i den sjuendehimmel, **ecstatic** [eksˈtætik] ekstatisk, henrykt, henrevet.
Ecuador [ekwəˈdɔ:].
ecumenic(al) [ekjuˈmenik(l)] alminnelig, økumenisk.
eczema [ˈekzimə, ˈeksimə] eksem.
ed. fk. f. **edited; edition; editor; education.**
E. D. fk. f. **election district; extra duty.**
edacious [iˈdeiʃəs] grådig.
eddy [ˈedi] virvel, malstrøm; bakevje; virvle.
Eddystone [ˈedistən].
edelweiss [ˈeidlvais] edelweiss (alpeblomst).
edema [iˈdi:mə] ødem, væskeansamling.
Eden [ˈi:dn] Eden; Paradis.
edentate [iˈdenteit] tannløs; gomler.
edge [edʒ] egg, odd, spiss; rand; kant; utkant; brem; søm, skur, snitt (på en bok); skarphet; lite forsprang, fordel; skjerpe, slipe, kante; rykke; flytte seg; puffe, skubbe, albue seg fram;

snike (seg); utmanøvrere; **set the teeth on –** få det til å ise i tennene; **with gilt -s** med gullsnitt; **– on** egge; **– in a word** få lirket inn et ord; **have an – on** ha en fordel fremfor; **on –** irritabel, nervøs; **take the – off** ta brodden av, mildne, sløve.

edgeways [ˈedʒweiz], **edgewise** [ˈedʒwaiz] på kant, på høykant, sidelengs; **get in a word –** få kilt inn et ord, få lirket inn et ord.

edging [ˈedʒiŋ] rand, kant, kanting, bord, innfatning; smale kniplinger, kantebånd.

edgy [ˈedʒi] skarp, bitende; hissig, brå, oppfarende; irritabel; ivrig etter.

edible [ˈedibl] spiselig; **-s** (pl.) matvarer. **– fat** matfett.

edict [ˈi:dikt] edikt, forordning, kunngjøring.

edification [edifiˈkeiʃən] oppbyggelse, oppbygging. **edifice** [ˈedifis] bygning. **edifier** [ˈedifaiə] en som oppbygger. **edify** [ˈedifai] oppbygge; belære (moralsk). **edifying** oppbyggelig, utbytterikt.

edile [ˈi:dail] edil.

Edinburgh [ˈed(i)nbərə].

Edison [ˈedisən].

edit [ˈedit] gi ut, stå for utgivelsen av, redigere, være redaktør for; (film, radio) redigere, produsere; **– out** utelate, stryke.

Edith [ˈi:diθ].

edition [iˈdiʃən] utgave; opplag. **editor** [ˈeditə] utgiver; redaktør. **editorial** [ediˈtɔ:riəl] redaksjonell, utgiver-; leder(artikkel). **editorialize** [ediˈtɔ:riəlaiz] skrive på lederplass. **editorship** [ˈeditəʃip] redaksjon; redaktørpost; utgiverstilling.

Edmund [ˈedmənd].

EDP fk. f. **eletronic data processing.**

educ|ability [edjukəˈbiliti] nemme. **-able** [ˈedjukəbl] nem, som kan oppdras el. læres opp.

educate [ˈedjukeit, ˈedʒ-] oppdra; utdanne, undervise. **education** [edjuˈkeiʃən, edʒ-] oppdragelse; utdannelse, undervisning; skolevesen; **primary –** folkeskoleundervisning, grunnskolen; **secondary –** videregående el. høyere undervisning; **the Elementary E. Act** folkeskoleloven (av 1870); **board of E.** undervisningsdepartement. **educational** oppdragelses-; belærende; pedagogisk. **educationalist** [edjuˈkeiʃənəlist, edʒ-] pedagog. **educator** [ˈedjukeitə, ˈedʒ-] pedagog.

educe [iˈdju:s] utlede, dra fram, få fram, lokke fram. **eduction** [iˈdʌkʃən] utledelse; utvinning; utstrømming, utløp, avløp.

Edward [ˈedwəd] Edvard. **Edwardian** [edˈwɔ:diən] som hører til Edward 7's regjeringstid (1901–10).

E. E. C. fk. f. **European Economic Community** det europeiske fellesmarkedet.

eel [i:l] ål; fange ål. **– buck** åleruse. **-pout** ålekone. **– spear** ålelyster. **– trunk** ålekiste.

e'en [i:n] fk. f. **even.**

e'er [ɛə] fk. f. **ever.**

eerie [ˈiəri], **eery** [ˈiəri] uhyggelig, nifs; selsom; engstelig.

efface [iˈfeis] slette ut, viske ut, stryke ut, tilintetgjøre; **– oneself** gjøre seg ubemerket. **-ment** [-mənt] utsletting.

effect [iˈfekt] virkning, følge; effekt; utførelse, fullbyrdelse; hensikt, øyemed; **-s** effekter, innbo, løsøre; **take –** gjøre virkning, virke; tre i kraft; **carry into –** virkeliggjøre; **in –** i realiteten, egentlig, faktisk; **to that –** i den retning, som går ut på det. **effect** bevirke, fremkalle, utrette, fullbyrde, sette i verk; få i stand; tegne (forsikring). **-ible** [-ibl] gjørlig, mulig. **-ive** [-iv] virksom, gyldig, i kraft; effektiv; brukbar, tjenstdyktig, stridsfør. **effectual** [iˈfektjuəl, -tʃuəl] virksom, virkningsfull, effektiv, kraftig. **effectuate** [iˈfektjueit] få i stand, sørge for, effektuere.

effectuation [ifektjuˈeiʃən, -tʃu-] iverksettelse, gjennomføring.

effeminacy [iˈfeminəsi] kvinneaktighet, bløtaktighet. **effeminate** [iˈfeminit] kvinneaktig, bløtaktig, feminin; [iˈfemineit] gjøre bløtaktig.

effervesce [efəˈves] bruse opp, boble, skumme, mussere. **effervescence** [efəˈvesəns] oppbrusning, perling, skumming, (fig.) livlighet, strålende humør.

effervescent [efəˈvesənt] brusende, sprudlende.

effete [eˈfi:t] utlevd, utslitt, uttjent; gold.

efficacious [efiˈkeiʃəs] virksom, kraftig, effektiv.

efficacy [ˈefikəsi] virksomhet, kraft; evne.

efficiency [iˈfiʃənsi] virksomhet, effektivitet, kraft; nyttevirkning; dyktighet; (US) hybelleilighet. **– drive** rasjonaliseringskampanje. **efficient** [iˈfiʃənt] virksom; dyktig, dugelig; fullgod; effektiv.

effigy [ˈefidʒi] bilde; **in –** in effigie.

effloresce [eflɔ:ˈres] blomstre, sprette ut, folde ut; vise seg; slå ut, blomstre ut i krystaller. **efflorescence** [eflɔ:ˈresəns] blomstring; utslett. **efflorescent** [eflɔ:ˈresənt] fremblomstrende.

effluence [ˈefluəns] utflyting, utstrømning.

effluent [ˈefluənt] utflytende, utstrømmende; utløp, avløp.

effluvium [eˈflu:vjəm] pl.: **effluvia** [eˈflu:vjə] utstrømning, utdunsting, dunst; spillprodukt.

efflux [ˈeflʌks] utstrømning; forløp; utløp.

effort [ˈefət] anstrengelse, bestrebelse, strev, møye; prestasjon; forsøk; **make an –** manne seg opp, ta seg sammen, gjøre et forsøk.

effortless [ˈefətlis] uanstrengt, ubesværet.

effraction [eˈfrækʃən] innbrudd.

effrontery [eˈfrʌntəri] uforskammethet, frekkhet, skamløshet.

effulgence [eˈfʌldʒens] glans; skinn. **effulgent** [eˈfʌldʒənt] glinsende, strålende, skinnende.

effuse [eˈfju:z] utgyte, sende ut, stråle ut; strekke ut. **effusion** [eˈfju:ʒən] utgytelse; bloduttredelse. **effusive** [eˈfju:siv] utgytende; strømmende; overstrømmende, hjertelig.

E flat (mus.) ess. **– major (minor)** Ess-dur (ess moll).

eft [eft] salamander, firfirsle.

EFTA fk. f. **European Free Trade Area.**

e. g. fk. f. **exempli gratia = for instance** f. eks.

egad [iˈgæd] for pokker! min sel!

egalitarianism [igæliˈtɛəriənizm] likhet; teorien om at alle mennesker er like.

egest [iˈdʒest] kaste ut, tømme ut, skille ut. **-ion** [iˈdʒestʃən] uttømmelse, avføring, ekskresjon.

egg [eg] egg; (sl., mil.) bombe, håndgranat; **bad –** plan som ikke fører til noe; **have all one's -s in one basket** sette alt på ett kort; **as sure as eggs is eggs** så sikkert som to og to er fire; **teach one's grandmother to suck -s** ≈ det at egget lærer høna å verpe.

egg [eg] egge, tilskynde, sette opp; **– on** egge.

egg|beater (egge)visper; (sl.) helikopter. **– cosy** eggevarmer. **-cup** eggeglass. **-glass** eggeglass, (lite) timeglass (til å koke egg etter). **-head** intellektuell; virkelighetsfjern teoretiker. **-nog** eggedosis; eggetoddi, eggepunsj. **-plant** aubergine, egg-

plante. **-shaped** eggformet, oval. **-shell** eggeskall. **– slicer** eggedeler. **– timer** timeglass, eggekoker. **-trot** smått trav, lunk. **-whisk** eggepisker. **– white** eggehvite.
eglantine [ˈeglənt(a)in] vinrose; klunger.
ego [ˈegəu] jeg. **egoism** [ˈegəuizm] egoisme, gjennomført egenkjærlighet. **egoist** [ˈegəuist] egoist. **egoistic** [egəuˈistik], **egoistical** [egəuˈistikl] egoistisk.
egotism [ˈegəutizm] for mye snakk om seg selv, selvopptatthet, innbilskhet, egoisme. **egotistic** [egəuˈtistik], **egotistical** [egəuˈtistikl] egoistisk. **egotize** [ˈegəutaiz] snakke mye om seg selv. **ego trip** (tal.) ≈ selvdigging (tiltak for å fremheve seg selv).
egregious [iˈgri:dʒəs] overordentlig, toppmålt, framifrå, grepa, erke-; ekstrem; **– fool** kjempetosk; **– folly** erkedumhet.
egress [ˈi:gres] utgang; utløp; slutt. **-ion** [iˈgreʃən] utgang, utvandring.
egret [ˈi:gret] silkeheire; fnokk.
Egypt [ˈi:dʒipt] Egypt. **Egyptian** [iˈdʒipʃən] egyptisk; egypter. **egyptologist** [i:dʒipˈtɔlədʒist] egyptolog. **egyptology** [i:dʒipˈtɔlədʒi] egyptologi.
eh? [ei] hva? ikke sant?
e. h. p. fk. f. **effective horsepower.**
E. I. fk. f. **East India; East Indies.**
eider [ˈɑidə] ær, ærfugl. **-down** [-daun] ærdun, ederdun, (ederduns)dyne. **– duck** [-dʌk] ærstegg.
eidolon [aiˈdəulɔn] fantom, syn; idealbilde; skyggebilde; skrømt.
eight [eit] åtte, åttetall; **one over the –** en tår over tørsten. **– -ball** (den svarte biljardkulen); **behind the – -ball** (tal.) i knipe, i klemme, i klisteret. **eighteen** [ˈeiˈti:n] atten. **eighteenth** [ˈeiˈti:nθ] attende; attendedel. **eighth** [eitθ] åttende; åttendedel; oktav. **eighthly** [ˈeitθli] for det åttende. **eightsquare** åttekantet. **eightieth** [ˈeitiiθ] åttiende; åttiendedel. **eighty** [ˈeiti] åtti.
eikon [ˈaikɔn] ikon.
Eire [ˈɛeərə] Eire, Irland.
Eisenhower [ˈaizənhauə].
eisteddfod [aiˈsteðvɔd] walisisk dikter- og sangerstevne.
either [aiðə, (US) i:ðə] en (av to): den ene el. den andre; begge; enten; **either ... or** enten ... eller; **not ... either** ikke ... heller.
ejaculate [iˈdʒækjuleit] utstøte, sende ut, sprøyte ut; ytre plutselig; rope ut. **ejaculation** [idʒækjuˈleiʃən] utbrudd, utrop; uttømming. **ejaculatory** [iˈdʒækjulətəri] utstøtt, plutselig ytret.
eject [iˈdʒekt] kaste ut, støte ut, spy ut, slynge ut, fordrive; avsette. **ejection** [iˈdʒekʃən] utkasting; utstøting. **– seat** katapultsete (i fly). **ejectment** [iˈdʒektmənt] fordriving, utkasting.
eke [i:k] **out** forøke; skjøte på; utfylle, fullstendiggjøre; skrape sammen (med besvær); **– out one's income** hjelpe på sine inntekter.
EKG fk. f. **electrocardiogram.**
el [el] høybane (tog); vinkelfløy.
elaborate [iˈlæbəreit] forarbeide, utarbeide; utvikle nærmere; gå i detaljer.
elaborate [iˈlæbərit] utarbeidet, raffinert; forseggjort; omhyggelig innstudert; fullendt. **elaboration** [ilæbəˈreiʃən] utarbeiding, utdyping; forfinelse; tilberedelse.
eland [ˈi:lənd] elgantilope.
elapse [iˈlæps] forløpe, lide, gå (om tid).
elastic [iˈlæstik] elastisk; spenstig, smidig, tøyelig; (fig.) rommelig; elastikk, strikk; **– boots** springstøvler.
elasticity [elæˈstisiti] elastisitet, spenstighet, tøyelighet; spennkraft.
elate [iˈleit] løfte opp, oppløfte, oppstemme, fylle med glede, el. stolthet.
elation [iˈleiʃən] oppløftelse, glede, stolthet.
Elbe [elb], **the –** Elben.
elbow [ˈelbəu] albue; bøyning, sving, krok; **be at one's –** være for hånden; **out at -s** med hull på albuene; forkommen, rakafant; **rub -s with** omgås; klenge seg innpå. **– board** vinduspost. **– chair** armstol. **– grease** slit, hardt arbeid, knokefett. **-room** alburom.
elbow [ˈelbəu] skubbe; puffe; bøye av, svinge; **– one's way** albue seg fram, skubbe seg fram.
eld [eld] fortid, oldtid; alderdom.
elder [ˈeldə] eldre; eldst (av to); gamling; eldste; **the -s** fortidens mennesker. **– hand** førehånd (i kort).
elder [ˈeldə] hyll. **– berry** hyllebær.
elderly [ˈeldəli] eldre, aldrende, tilårskommen.
eldern [ˈeldən] av hyll.
eldest [ˈeldist] eldst.
eldritch [ˈeldritʃ] (skot.) spøkelsesaktig, uhyggelig.
Eleanor [ˈelinə].
elecampane [elikæmˈpein] alantrot.
elect [iˈlekt] kåre, velge, beslutte, foretrekke; kåret, valgt, utvalgt; person som er valgt (men som ennå ikke har tiltrådt).
election [iˈlekʃən] valg; utvelging; **general –** valg (til parlament). **-eer** [ilekʃəˈniə] drive valgagitasjon; valgagitator. **-eering** valgagitasjon. **– gimmicks** valgflesk. **– returns** (pl.) valgresultat.
elective [iˈlektiv] valg-, velgende; valgfri; som avgjøres ved valg. **– monarchy** valgrike.
elector [iˈlektə] velger, valgmann; **E.** kurfyrste. **electoral** valg-; velger-; kurfyrste-. **– pact** listeforbund. **– truce** valgfred. **electorate** [iˈlektərit] velgergruppe; velgere; velgerkorps. **E.** kurfyrsteverdighet; kurfyrstedømme.
electric [iˈlektrik] elektrisk; elektrisk tog, trikk. **electrical** [iˈlektrikl] elektrisk; elektro-; fascinerende, oppildnende. **electrician** [i:lekˈtriʃən] elektriker. **electricity** [i:lekˈtrisiti] elektrisitet. **electrification** [iˈlektrifiˈkeiʃən] elektrifisering, omlegging til elektrisk drift. **electrify** [iˈlektrifai] elektrifisere; legge om til elektrisk drift; (fig.) oppildne, fascinere. **electro** [iˈlektrə] i sammensetninger; elektro-, galvano-. **electrochemical** [iˈlektrəuˈkemikl] elektrokjemisk. **electrocute** [iˈlektrəkju:t] henrette, avlive ved elektrisitet. **electrocution** [ilektrəˈkju:ʃən] henrettelse i den elektriske stol, elektrisk avliving. **electrode** [iˈlektrəud] elektrode. **electrodynamic** [iˈlektrəudaiˈnæmik] elektrodynamisk. **electrolyse** [iˈlektrəlaiz] spalte kjemisk ved elektrisk strøm. **electrolysis** [i:lekˈtrɔlisis] elektrolyse. **electrolytic** [ilektrəˈlitik] elektrolytisk.
electromagnet [iˈlektrəˈmægnit] elektromagnet. **electromagnetism** [iˈlektrəˈmægnitizm] elektromagnetisme. **electrometallurgy** [iˈlektrəmeˈtælədʒi] elektrometallurgi, galvanoteknikk. **electrometer** [ilekˈtrɔmitə] elektrisitetsmåler. **electromotion** [ilektrəˈməuʃən] elektrisk bevegelse. **electromotor** [iˈlektrəˈməutə] elektromotor.
electron [iˈlektrɔn] elektron. **electronic data processing** elektronisk databehandling, EDB. **electronics** [ilekˈtrɔniks] elektronikk. **electrophorus** [ilekˈtrɔfərəs] elektrofor. **electroplate** [iˈlektrəpleit]

galvanisk forsølve. **electroscope** [iˈlektrəskəup] elektroskop. **electrotype** [iˈlektrətaip] elektrotypi, galvanoplastikk.
electuary [iˈlektjuəri, -tʃ-] (gml.) latverge.
eleemosynary [eliiˈmɔsinəri] almisse-; fattig-; som lever av almisse; almisselem; veldedig, filantropisk.
elegance [ˈeligəns] eleganse, finhet, smakfullhet, skjønnhet. **elegant** [ˈeligənt] smakfull, elegant; fin.
elegiac [eliˈdʒaiək] elegisk, klagende, vemodig; elegisk vers; distikon. **elegist** [ˈelidʒist] elegisk dikter. **elegize** [ˈelidʒaiz] skrive elegi (om). **elegy** [ˈelidʒi] klagesang, elegi.
element [ˈelimənt] element, grunnstoff, emne; bestanddel; faktor, snev, moment; livsbetingelse; (pl.) begynnelsesgrunner, elementer. **elemental** [eliˈmentəl] element-. **elementary** [eliˈmentəri] elementær, enkel. **– school** folkeskole, grunnskole (nå kalt **primary school).**
elephant [ˈelifənt] elefant; **white –** en dyr og nytteløs ting; **show the –** vise en stor bys severdigheter; **have seen the –** kjenne de nyeste knep; være durkdreven. **elephantiasis** [elifænˈtaiəsis] elefantiasis. **elephantine** [eliˈfænt(a)in] elefantaktig, uhyre, stor, stolpet. **elephantoid** [eliˈfæntɔid] elefantaktig.
elevate [ˈeliveit] heve, løfte; opphøye, forfremme; høyne; oppmuntre, gjøre begeistret; gjøre hovmodig. **elevated** [ˈeliveitid] høytliggende; opphøyd; i løftet stemning, «glad». **– railway** høybane. **elevation** [eliˈveiʃən] heving, løfting; forfremmelse; opphøyelse; høyhet, verdighet; høyde; elevasjon. **elevator** [ˈeliveitə] løftemuskel; heisegreie, løfteredskap; kornsilo; (US) elevator, heis. **– operator** (US) heisefører.
eleven [iˈlevn] elleve; lag (som består av elleve spillere, i cricket og fotball). **– plus test** ≈ mellomskoleprøve, skoleprøve ved fylte elleve år som var avgjørende for hvilken videre skolegang eleven kunne ta. **elevenses** [iˈlevnsiz] lett formiddagsmåltid (ved 11-tiden). **eleventh** [iˈlevnθ] ellevte; ellevtedel.
elf [elf] alv, fe, nisse; skøyerunge. **– bolt** [-bəult] flintepil. **elfin** [ˈelfin] liten alv; småtroll; alv; alve-; overjordisk; skøyeraktig. **elfish** [ˈelfiʃ] alveaktig, ondskapsfull, trolsk. **elf shot** [ˈelfʃɔt] alvskott.
Elgin [ˈelgin] Elgin; **the – marbles** greske marmorverker som lord Elgin brakte til England, nå i British Museum ≈ Parthenonfrisen.
Elia [ˈi:ljə] psevdonym for Charles Lamb.
Elias [iˈlaiəs].
elicit [iˈlisit] lokke fram, bringe for dagen. **elicitation** [ilisiˈteiʃən] framlokking.
elide [iˈlaid] elidere, støteut; se bort fra.
eligibility [elidʒiˈbiliti] valgbarhet; kvalifikasjon; berettigelse. **eligible** [ˈelidʒibl] valgbar, kvalifisert **(for** til), verd å velge; attråverdig, ønskelig, egnet, antagelig, passende.
Elijah [iˈlaidʒə] Elias (profeten).
eliminate [iˈlimineit] skaffe bort, støte ut, skyte ut, få bort, eliminere, skille ut; fjerne, avskaffe; se bort fra, utelukke. **elimination** [ilimiˈneiʃən] bortskaffelse, utstøting; eliminering, eliminasjon, avskaffelse; utslettelse.
Elinor [ˈelinɔ:, -nə].
Eliot [ˈeljɔt].
Elisabeth [iˈlizəbəθ].
Elisha [iˈlaiʃə] Elisa (profeten).
elision [iˈliʒən] elisjon, utelating, stryking.
élite [eiˈli:t] elite.
elixir [iˈliksə] eliksir; kvintessens.
Eliza [iˈlaizə].
Elizabeth [iˈlizəbəθ].
Elizabethan [ilizəˈbi:θən] fra Elisabeth-tiden (1558 – 1603).
elk [elk] elg.
ell [el] alen (gml. mål, omkring 1,14 meter); **give him an inch and he'll take an –** når man gir en viss mann (el. fanden) lillefingeren, tar han hele hånden.
ellipse [iˈlips] ellipse (i geometri). **ellipsis** [iˈlipsis] ellipse, utelating (i grammatikk). **elliptic(al)** [iˈliptik(l)] elliptisk.
elm [elm] alm.
Elmo [ˈelməu]: **Elmo's fire** elmsild.
elocution [eləˈkju:ʃən] fremføring; foredrag; (ut)-talekunst; språkbehandling. **elocutionary** [eləˈkju:ʃənəri] som vedrører uttalen eller foredraget; deklamatorisk. **elocutionist** [eləˈkju:ʃənist] lærer i opplesning (deklamasjon); resitatør, foredragsholder.
elongate [ˈi:lɔŋgeit] forlenge, tøye; forlenges. **elongation** [i:lɔŋˈgeiʃən] forlenging; fortsettelse; avstand; forstrekning (i kirurgi).
elope [iˈləup] løpe bort, rømme (især med elsker). **-ment** [iˈləupmənt] rømning, flukt; bortførelse.
eloquence [ˈeləkwəns] veltalenhet, talekunst.
eloquent [ˈeləkwənt] veltalende, (fig.) megetsigende, uttrykksfull.
else [els] ellers; annen, annet, andre; **any one –** noen annen; **nothing –** intet annet; **no one –** ingen annen; **nowhere –** ikke noe annet sted; **somewhere –** et annet sted; **what –** hva annet; **who –** hvem andre.
elsewhere [ˈelsˈwεə] annensteds.
Elsie [ˈelsi].
Elsinore [elsiˈnɔ:] Helsingør.
elucidate [iˈl(j)u:sideit] opplyse, forklare, tydeliggjøre, klarlegge. **elucidation** [il(j)u:siˈdeiʃən] forklaring, opplysning, tydeliggjøring, utredning. **elucidatory** [iˈl(j)u:sideitəri] opplysende, forklarende.
elude [iˈl(j)u:d] unnvike, slippe unna, unngå; omgå. **elusion** [iˈl(j)u:ʃən] unngåelse; omgåelse. **elusive** [iˈl(j)u:siv] unngående, unnvikende, vanskelig å gripe, flyktig; slu, listig. **elusory** [iˈl(j)u:səri] unngående, unnvikende; slu.
elute [iˈlju:t] vaske ut, slemme.
elver [ˈelvə] glassål.
elves [elvz] pl. av **elf.**
elvish [ˈelviʃ] se **elfish.**
Ely [ˈi:li].
Elysian [iˈlizjən] elysisk, elyseisk, himmelsk.
Elysium [iˈlizjəm].
'em [əm] dem **(them).**
EM fk. f. **enlisted man.**
emaciate [iˈmeiʃieit] avmagre, uttære. **emaciation** [imeiʃiˈeiʃən] avmagring, uttæring.
E major (mus.) E-dur.
emanate [ˈeməneit] flyte, strømme ut, stråle ut; springe ut, utgå; ha sitt utspring i. **emanation** [eməˈneiʃən, i:-] utflyting, utstrømming, utstråling.
emancipate [iˈmænsipeit] emansipere, frigjøre. **emancipation** [imænsiˈpeiʃən] frigjøring; emansi-

pasjon. **emancipationist** [imænsi'peiʃənist] talsmann for oppheving av negerslaveriet. **emancipator** [i'mænsipeitə] befrier. **emancipatory** [i'mænsipətəri] emansipasjons-, frigjørende.
emarginate [i'mɑ:dʒinit] avrundet i kanten, beskåret.
emasculate [i'mæskuleit] kastrere; gjelde, svekke. **emasculate** [i'mæskjulit] berøvet manndommen; svak, veik. **emasculation** [imæskju'leiʃən] kastrering; gjelding; avkrefting, svekkelse.
embalm [em'bɑ:m] balsamere, salve; holde frisk i minnet. **-ment** [em'ba:mmənt] balsamering.
embank [im'bæŋk] demme inne, demme opp. **embankment** [im'bæŋkmənt] inndemming; oppdemming; demning; kai; fylling; **the (Victoria) Embankment** strandgate langs Themsen i London.
embargo [im'bɑ:gəu] beslag, arrest (på skip og ladning); legge beslag på; eksport- (el. import-) forbud.
embark [im'bɑ:k] skipe inn; innskipe seg, gå ombord; innlate seg på. **-ation** [embɑ:'keiʃən] innskiping.
embarrass [im'bærəs] forvirre, forfjamse, sette i forlegenhet; gjøre forlegen; bringe i uorden, hemme, hindre; bringe i vanskeligheter. **embarrassment** [im'bærəsmənt] forvirring; forlegenhet, besvær, vanske, knipe; **financial –** økonomiske vansker.
embassy ['embəsi] ambassade, gesandtskap, sendelag, misjon; gesandtskapsbolig.
embattle [im'bætl] stille (seg) i slagorden, fylke; forsyne med tinder (en mur).
embay [im'bei] drive inn i en bukt, inneslutte, omringe.
embed [im'bed] legge inn, sette ned i, mure inn, feste, leire; ligge rundt. **-ment** nedlegging, innmuring, inneslutting.
embellish [im'beliʃ] forskjønne, smykke ut, pryde, stase. **embellishment** [im'beliʃmənt] forskjønnelse, prydelse, utbrodering.
ember ['embə] glo, glødende kull, aske. **embers** ['embəz] glør, ildmørje. **E. days** tamperdager.
embezzle [im'bezl] begå underslag, gjøre kassesvik, underslå, forgripe seg på. **embezzlement** [im'bezlmənt] underslag, kassesvik. **embezzler** [im'bezlə] en som begår underslag.
embitter [im'bitə] gjøre bitter, forbitre.
emblaze [im'bleiz] smykke, pryde, male med våpenfigurer, illuminere, utmale; forherlige, prise. **emblazon** [im'bleizn] dekorere med våpenfigurer, male med glimrende farger; utmale, stase opp; forherlige, prise. **emblazonry** [im'bleiznri] våpenmaleri; våpenfigurer; heraldisk utsmykking; fargeprakt.
emblem ['embləm] sinnbilde, emblem, merke, tegn, symbol. **emblematic(al)** [embli'mætik(l)] sinnbilledlig, symbolsk.
embodiment [im'bɔdimənt] legemliggjøring, inkarnasjon; innrullering, innlemming; samling til et hele.
embody [im'bɔdi] legemliggjøre, inkarnere, gi konkret form el. uttrykk; innrullere, innlemme; samle til et hele; oppta, samle.
embolden [im'bəulden] gjøre dristig, gjøre modig, gi mot.
embolism ['embəlizm] emboli, blodpropp.
embolus ['embələs] blodpropp; stempel (i pumper osv.).
embonpoint [ɔnbɔn'pwæŋ] embonpoint.
embosom [im'buzəm] ta til sitt bryst; omgi, skjerme, skjule.
emboss [im'bɔs] utføre i opphøyd arbeid, bossere, prege, stemple. **embossed** [im'bɔst] utført i opphøyd arbeid, drevet, bossert. **embossment** [im'bɔsmənt] opphøyd arbeid.
embouchure [ɔmbu'ʃuə] munning, os, gap; munnstykke på blåseinstrument; den blåsendes munnstilling ved frembringelsen av tonen.
embowed [im'bəud] hvelvet.
embowel [im'bauəl] ta innvollene ut, sløye, skjære opp.
embower [im'bauə] skjerme, skjule, omgi, pryde med løv.
embrace [im'breis] omfavne, slå armene om; omfatte; gripe; anta, knesette; omfavne hverandre; omfavning, favntak, fangtak. **embracement** [im'breismənt] omfavning, omfavnelse.
embranchment [im'brɑ:n(t)ʃmənt] forgrening.
embrangle [im'bræŋgl] forvirre; vikle inn i.
embrasure [im'breiʒə] skyteskår; vindusfordypning; dørfordypning.
embrocate ['embrəkeit] gni inn. **embrocation** [embrə'keiʃən] legemiddel (som gnis inn).
embroglio [em'brəuljəu] floke, vase.
embroider [im'brɔidə] brodere. **embroidery** [im'brɔidəri] broderi. **– frame** broderramme.
embroil [im'brɔil] innvikle, trekke inn; forvirre, forstyrre.
embroilment [im'brɔilmənt] forvikling.
embrue [im'bru:] se **imbrue.**
embryo ['embriəu] embryo, kim, spire. **embryology** [embri'ɔlədʒi] embryologi. **embryonic** [embri'ɔnik] embryonisk.
embue [em'bju:] se **imbue.**
embus [em'bʌs] laste inn i buss.
emend [i'mend] rette på, forbedre. **-able** [i'mendəbl] som kan bøtes, rettes på. **-ate** ['i:mendeit] rette, bedre, gjøre rettinger i. **-ation** [i:mən'deiʃən] forbedring, beriktigelse, retting. **-ator** ['i:məndeitə] forbedrer, tekstkritiker. **-atory** [i'mendətəri, i:men'deitəri] forbedrende.
emerald ['em(ə)rəld] smaragd; **the Emerald Isle** Den grønne øy, Irland.
emerge [i'mə:dʒ] dukke opp, komme opp; komme fram, fremgå, vise seg. **emergence** [i'mə:dʒəns] oppdukking; tilsynekomst.
emergency [i'mə:dʒənsi] uventet begivenhet; uheldig sammenstøt av omstendighetene; krisesituasjon, kritisk stilling, ytterste nød; reserve-, nød-, krise; **in case of –** i nødsfall; **on an –** i nødsfall; **state of –** unntakstilstand. **– brake** nødbrems. **– door** el. **– exit** nødutgang (f. eks. i et teater). **– powers** krisefullmakt. **– room** skadestue. **– squad** hjelpemannskap.
emergent [i'mə:dʒ(ə)nt] oppdukkende; som oppstår plutselig.
emeritus [i'meritəs] emeritus, som har trukket seg tilbake.
emersion [i'mə:ʃən] tilsynekomst, oppdukking; emersjon (et himmellegemes, etter formørkelse).
emery ['eməri] smergel. **– wheel** smergelskive.
emesis ['eməsis] oppkast, brekning.
emetic [i'metik] brekkmiddel. **emetic(al)** [i'metik(l)] som får en til å brekke seg.
emigrant ['emigrənt] utvandrer-, utvandrende; utvandret; utvandrer, emigrant. **emigrate** ['emigreit] utvandre, emigrere; sende ut av landet.

emigration [emi'greiʃən] utvandring, emigrasjon. **emigré** ['emigrei] (politisk) emigrant.
Emily ['emili].
eminence ['eminəns] høyde, forhøyning, kolle, bakke; høy rang, fremtredende stilling; berømmelse, ære; eminens (kardinalenes tittel); **by way of –** par excellence. **eminent** ['eminənt] høy; fremragende; anselig, utmerket; enestående, helt spesiell. **eminently** ['eminəntli] i fremragende grad; særdeles, avgjort, absolutt.
E minor (mus.) e-moll.
emir [i'miə] emir.
emissary ['emisəri] utsending, sendebud, emissær.
emission [i'miʃən] utsending; utstedelse, utstråling, utslipp; emisjon.
emit [i'mit] sende ut, utstråle, avgi; emittere, utstede.
Emmanuel [i'mænjuəl].
Emmaus [e'meiəs].
emmet ['emit] maur.
emollescence [emə'lesəns] bløthet før smeltingen.
emolliate [i'mɔlieit] gjøre bløtaktig, svekke, avkrefte. **emollient** [i'mɔliənt] bløtgjørende; bløtgjørende middel. **emollition** [emə'liʃən] bløtgjøring.
emolument [i'mɔljumənt] emolument, biinntekt; (lønns)inntekt.
emote [i'məut] gi utløp (uttrykk) for følelser.
emotion [i'məuʃən] sinnsbevegelse, rørelse.
emotional [i'məuʃənəl] bevegelses-, følelses-; emosjonell, lettbevegelig, stemningsfull, følelsesfull; **an – being** et stemningsmenneske.
emotive [i'məutiv] følelses-, stemnings-.
Emp. fk. f. **Emperor; Empress; Empire.**
empale [im'peil] se **impale.**
empanel [im'pænəl] oppføre som lagrettsmenn; oppnevne.
empennage [em'penidʒ] haleparti (på fly).
emperor ['empərə] keiser.
emphasis ['emfəsis] ettertrykk, fynd, klem, vekt; emfase. **emphasize** ['emfəsaiz] legge ettertrykk på, fremheve, poengtere, understreke. **emphatic** [im'fætik] ettertrykkelig, kraftig, bestemt; iøynefallende. **emphatically** [im'fætikəli] ettertrykkelig, i fremtredende grad.
emphysema [emfi'si:mə] emfysem.
empire ['empaiə] rike, velde, keiserrike; **the Empire** ofte: Det britiske samvelde; **Empire Day** 24. mai (dronning Victorias fødselsdag); **Empire State** staten New York.
empiric [im'pirik] erfaringsmessig, empirisk; empiriker; (gml.) sjarlatan, kvaksalver. **empiricism** [em'pirisizm] empirisme; kvaksalveri.
emplace [im'pleis] bringe i stilling, anbringe.
employ [im'plɔi] beskjeftige, sysselsette, gi arbeid, ansette, feste; bruke, nytte, anvende; tilbringe; beskjeftigelse, arbeid; ansettelse, tjeneste. **employable** [im'plɔiəbl] anvendelig. **employé** (US) [im'plɔiei], **employee** [im'plɔii:] ansatt, arbeidstaker, funksjonær. **employer** [im'plɔiə] arbeidsgiver, prinsipal. **employment** beskjeftigelse, arbeid, sysselsettelse, anvendelse; ansettelse, tjeneste; bruk. **– agency, – bureau** arbeidskontor. **– officer** yrkesrettleder.
emporium [em'pɔ:riəm] handelsplass, stapelplass; opplag; (US) varehus, stor butikk.
empower [im'pauə] bemyndige, gi fullmakt; dyktiggjøre, sette i stand.
empress ['empres] keiserinne. **– dowager** enkekeiserinne.
empressement varme, glød, hjertelighet.
emprise [im'praiz] tiltak, (dristig) foretagende; djervskap.
emptier ['em(p)tiə] uttømmer. **empties** ['em(p)tiz] tomgods, tomflasker, tom emballasje. **emptiness** ['em(p)tinis] tomhet.
empty ['em(p)ti] tom (**of** for); tom emballasje, tomgods; tømme, lense, lesse av (**of** for), tømmes, renne ut. **–-handed** tomhendt.
empyema [empai'i:mə] empyem.
empyreal [empi'ri:əl] ildklar, himmelsk. **empyrean** [empi'ri:ən] ildhimmel; den sjuende himmel.
emu ['i:mju] emu (australsk fugl).
emulate ['emjuleit] kappes med, måle seg med, etterlikne, tevle. **emulation** [emju'leiʃən] kappelyst, tevling, strid, etterlikning. **emulative** ['emjulətiv] kappelysten. **emulator** ['emjuleitə] medbeiler, medtevler, konkurrent, rival. **emulatress** ['emjuleitris] medbeilerinne. **emulous** ['emjuləs] rivaliserende.
emulsification [imʌlsifi'keiʃən] emulgering.
emulsifier [i'mʌlsifaiə] emulgator.
emulsion [i'mʌlʃən] emulsjon. **emulsive** [i'mʌlsiv] melkeaktig, formildende, lindrende.
enable [i'neibl] sette i stand til. **enabling act** fullmaktslov.
enact [i'nækt] gi lovskraft; vedta en lov; forordne; foreta (en seremoni); spille, utføre (en rolle); sette i scene. **enactive** [i'næktiv] forordnende, lovgivende, lov-. **enactment** [i'næktmənt] vedtagelse, vedtak; forordning, lov, lovbestemmelse. **enactor** [i'næktə] lovgiver.
enamel [i'næməl] emalje; (emalje)lakk; emaljere; lakkere. **enameller** [i'næmələ] emaljør.
enamour [i'næmə] gjøre forelsket (**of** i).
enc. fk. f. **enclosure.**
encaenia [en'si:njə] minnefest, årsfest.
encage [in'keidʒ] sette i bur; innesperre. **encagement** [in'keidʒmənt] innesperring.
encamp [in'kæmp] leire, slå leir, leire seg.
encampment [in'kæmpmənt] leir.
encase [in'keis] overtrekke; gi overtrekk, legge i futteral el. kasse, pakke inn.
encash [in'kæʃ] innkassere, heve penger på.
encashment [in'kæʃmənt] innkassering.
encaustic [in'kɔ:stik] enkaustikk, voksmaling; **– tiles** teglstein med innbrente farger.
enceinte [ãŋ'sænt] enceinte; gravid.
encephalic [ensi'fælik] hjerne-.
enchain [in'tʃein] lenke, fengsle; kjede sammen. **enchainment** [in'tʃeinmənt] lenkebunden tilstand, sammenknytting; rad, rekke.
enchant [in'tʃɑ:nt] fortrylle, trolle, trollbinde; henrykke, begeistre. **enchanter** [in'tʃɑ:ntə] trollmann; sjarmør. **enchantment** [in'tʃɑ:ntmənt] fortryllelse. **enchantress** [in'tʃɑ:ntris] trollkvinne, trollkjerring; fortryllende kvinne.
enchase [in'tʃeis] innfatte; ramme inn; siselere, inngravere.
enchiridion [enkai'ridjɔn] håndbok.
encipher [in'saifə] sette om til kode.
encircle [in'sə:kl] omringe; omslutte, inneslutte; omfavne.
enclasp [in'klɑ:sp] omfatte; favne.
enclave ['enkleiv] enklave.
enclitic [en'klitik] enklitisk, etterhengt.
enclose [in'kləuz] innhegne; inngjerde; inneslutte;

innlegge; legge ved. **enclosure** [inˈkləuʒə] innhegning; inngjerding, avgjerdet område; inneslutning; innlegg, vedlegg, bilag; hekk, gjerde.
encomiast [enˈkəumiæst] lovtaler. **encomiastic(al)** [enkəumiˈæstik(l)] lovprisende. **encomium** [enˈkəumjəm] lovtale.
encompass [inˈkʌmpəs] omgi; omfatte; omringe, ringe inn.
encore [aŋˈkɔ:] dakapo, ekstranummer; rope dakapo; **he gave two -s** han ga to ekstranummer.
encounter [inˈkauntə] sammenkomst, sammenstøt, trefning, kamp, basketak; treffe sammen med, møte, råke; tørne sammen med; møtes; motstå.
encourage [inˈkʌridʒ] oppmuntre, inngyte mot; opplive, tilskynde, hjelpe fram, befordre; frede. **encouragement** [inˈkʌridʒmənt] oppmuntring, oppmoding, befordring, fremhjelp, fremme; fredning. **encourager** [-ə] oppmuntrer, befordrer, fremmer.
encroach [inˈkrəutʃ] gjøre inngrep (**upon** i), trenge inn på; anmasse seg. **enchroacher** [-ə] en som gjør inngrep; en som fornærmer. **encroachment** [-mənt] inngrep, overgrep; anmasselse.
encrust [inˈkrʌst] trekke over med skorpe, belegge, bekle, dekke. **-ation** skorpedannelse, belegg.
encryption [inˈkripʃən] (EDB) kryptering.
encumber [inˈkʌmbə] bebyrde, bry, plage, belemre, hefte; behefte, pantbinde. **encumbrance** [inˈkʌmbrəns] byrde, hindring, klamp om foten; gjeld, pant, hefte, heftelse.
encyclic(al) [enˈsaiklik(l)] encyklika, pavelig rundskriv; sirkulerende, rund-, sirkulære-. **– epistle** rundskriv (især pavelig), encyklika.
encyclopedia [ensaikləˈpi:djə] encyklopedi, konversasjonsleksikon. **encyclopedian** [-djən] encyklopedisk. **encyclopedic(al)** [ensaikləˈpi:dik(l)] encyklopedisk; omfattende. **encyclopedist** [ensaikləˈpi:dist] encyklopedist, leksikograf.
encyst [enˈsist] innkapsle.
end [end] ende; opphør; slutt, slutning; endelikt, død; stubb, stykke, bete; hensikt, øyemed, mål; ende, slutte, opphøre; gjøre ende på; **in the –** til sist; **be at an –** være til ende, være forbi; **change -s** bytte banehalvdel; **come to an –** stoppe, stanse, opphøre; **the line of our native kings came to an –** vår innfødte kongerekke døde ut; **keep one's – up** holde stand, hevde seg; **make both -s meet** få endene til å møtes. **put an – to** el. **make an – of** stagge, gjøre ende på; **there is an –** dermed får det være slutt, dermed basta; **to the – that** med det formål å; **such was the – of** slik endte (døde); **odds and -s** stumper og stykker, likt og ulikt; **– of a cigar** sigarspiss; sigarstump; **no – of** en masse; **for an hour on –** en time i trekk; **stand on –** stritte, reise seg (om håret); **all's well that -s well** når enden er god, er allting godt.
endamage [inˈdæmidʒ] beskadige, skade.
endanger [inˈdein(d)ʒə] sette i fare, sette på spill, våge.
endear [inˈdiə] gjøre elsket eller kjær; **he -ed himself to them** han vant deres hengivenhet, gjorde seg godt likt. **-ing** [inˈdiəriŋ] vinnende; elskverdig, kjærlig.
endearment [inˈdiəmənt] kjærtegn.
endeavour [inˈdevə] bestrebelse, strev; bestrebe seg for, søke, strebe, streve; **lost –** spilt møye.
endemic [enˈdemik] endemisk; endemi; **– fever** klimafeber.
ender [ˈendə] tilendebringer.
endermic [enˈdə:mik] endermisk, som virker gjennom huden.
ending [ˈendiŋ] slutning, slutt, død, endelikt; endelse, ending; **happy –** lykkelig avslutning.
endive [ˈendiv] endivie (plante).
endless [ˈendlis] endeløs, uendelig; formålsløs.
end line mållinje.
endlong [ˈendlɔŋ] på langs, endelangs.
endmost [ˈendməust] fjernest.
endocrine [ˈendəukrain] endokrin.
endogamy [enˈdɔgəmi] inngifte.
end-on [ˈendˈɔn] med enden først.
endorse [inˈdɔ:s] endossere; påtegne; kausjonere; gå god for, bifalle, gi sin tilslutning. **endorsee** [endɔ:ˈsi:] endossat. **endorsement** [enˈdɔ:smənt] endossement, påtegning; godkjenning, bekreftelse; støtte, tilslutning. **endorser** [inˈdɔ:sə] endossent.
endow [inˈdau] utstyre, utruste; begave, skjenke; stifte, dotere, gi gave til. **endowment** [inˈdaumənt] dotasjon; stiftelse; pengemidler; utstyr; **-s** evner, begavelse.
endowment insurance livsforsikring med utbetaling i levende live.
end paper [ˈendpeipə] forsatspapir.
end product sluttprodukt, sluttresultat.
endue [inˈdju:] utstyre **(with** med); skjenke, gi; iføre seg, ta på, bekle.
endurable [inˈdjuərəbl] utholdelig. **endurance** [inˈdjuərəns] utholdenhet, motstandskraft; varighet, vedvarenhet; tålmodighet. **endure** [inˈdjuə] holde ut, tåle, døye, holde ut; vare.
endways [ˈendweiz] **endwise** [ˈendwaiz] på kant, på ende; på langs; med enden foran.
enema [ˈenimə, iˈni:mə] klystér, tarmskylling.
enemy [ˈenimi] fiende, uvenn; fiendtlig.
energetic(al) [enəˈdʒetik(l)] kraftig, energisk, virksom. **energetics** [enəˈdʒetiks] energilære, energetikk. **energize** [ˈenədʒaiz] gjøre kraftig, styrke; forsyne med energi. **-r** dynamo; kraftkilde.
energumen [enəˈgju:mən] svermer, fanatiker.
energy [ˈenədʒi] kraft, energi; virkelyst, handlekraft, framferd.
enervate [ˈenəveit] enervere, svekke. **enervation** [enəˈveiʃən] svekkelse, avkrefting, utmattelse; kraftløshet.
enface [inˈfeis] påtegne på forsiden.
enfeeble [inˈfi:bl] svekke, avkrefte. **enfeeblement** [inˈfi:blmənt] avkrefting.
enfeoff [inˈfi:f] forlene. **enfeoffment** [inˈfi:fmənt] forlening; lensbrev.
enfilade [enfiˈleid] sidebestrykning (med skudd), flankebeskytning; beskyte langs lengderetningen.
enflesh [inˈfleʃ] ikle kjøtt og blod.
enfold [inˈfəuld] innhylle, omfatte, folde, svøpe inn.
enforce [inˈfɔ:s] støtte, styrke; tvinge, tiltvinge seg; sette igjennom, håndheve; underbygge; innskjerpe; hevde. **enforcement** [inˈfɔ:smənt] bekreftelse, bestyrkelse, innskjerping; tvang; makt; håndhevelse; tvangsmiddel.
enfranchise [inˈfræntʃaiz] befri; oppta som borger, gi stemmerett; gi kjøpstadsrett.
enfranchisement [inˈfræntʃizmənt] befrielse; opptagelse i samfunn, tildeling av stemmerett; **the – of women** innføring av stemmerett for kvinner.

engage [inˈgeidʒ] **1** ansette, engasjere; **2** oppta, legge beslag på; **3** bestille, reservere; **4** påta seg, forplikte seg (**to** til å), forlove seg; **5** (mil.) ta kampen opp med, angripe; **6** tilkoble, sette i funksjon; **7** sette på spill, sette inn; **8** sjarmere, innta; **– for** garantere, innestå for; **– in** ta del i, innlate seg på. **engaged** opptatt, engasjert; forlovet (**to** med); (mil.) som er i kamp; i funksjon, i inngrep; beskjeftiget (**in** med); **the telephone is –** telefon(linj)en er opptatt. **engagement** [inˈgeidʒmənt] forpliktelser; avtale; løfte; sysselsettelse, yrke, engasjement; forlovelse; slag, trefning; inngriping, tak. **– diary** huskeliste, memo bok. **engaging** [inˈgeidʒiŋ] vinnende, inntagende.
engarland [inˈgɑ:lənd] bekranse.
engender [inˈdʒendə] avle, skape, dra etter seg.
engine [ˈendʒin] maskin; drivverk; lokomotiv; brannsprøyte; (fig.) middel, redskap; motor-, maskin-. **-driver** lokomotivfører. **engineer** [indʒiˈniə] maskinmester; maskinist; ingeniør, tekniker; maskinbygger; lokomotivfører (US); intrigemaker; **the -s** ingeniørtroppene; konstruere; arrangere; ordne, gjennomføre. **engineering** [indʒi:ˈniəriŋ] maskinvesen; ingeniørarbeid, ingeniørvitenskap. **– drawing** teknisk tegning.
engineman [ˈendʒinmən] maskinist; brannmann.
engine|pit smøregrav. **– room** maskinrom; maskinhall.
enginery [ˈendʒinri] krigsmaskiner; (fig.) maskineri.
engine | seating maskinfundament. **– shaft** motoraksel. **– shed** maskinhus, lokomotivstall. **– -sized paper** maskinlimt papir.
engirdle [inˈgə:dl] omgi, spenne rundt.
England [ˈiŋglənd]. **-er** [ˈiŋgləndə] engelskmann; **Little Englander** antiimperialist.
English [ˈiŋgliʃ, ˈiŋliʃ] engelsk; engelsk, engelsk språk; oversette til engelsk; **the –** engelskmennene. **– holly** kristtorn. **-ing** oversettelse til engelsk. **-ism** anglisisme. **-man** [ˈiŋgliʃmən] engelskmann.
Englishry [ˈiŋgliʃri] engelsk befolkning, engelsk koloni; engelsk vesen.
Englishwoman [ˈiŋgliʃwumən] engelsk kvinne, englenderinne.
engorge [inˈgɔ:dʒ] stappe i seg, forspise seg; sluke.
engraft [inˈgrɑ:ft] pode, innpode.
engraftment [inˈgrɑ:ftmənt] poding, pode.
engrailed [inˈgreild] takket i kanten.
engrain [inˈgrein] farge i ulla; rotfeste.
engrained [inˈgreind] inngrodd, uforbederlig.
engrave [inˈgreiv] gravere, stikke (i metall), skjære (i tre); grave; prege. **engraver** [inˈgreivə] gravør. **engraving** [inˈgreiviŋ] gravering, gravørkunst; kobberstikk.
engross [inˈgrəus] forstørre; kjøpe opp; trekke til seg, legge beslag på, oppta, oppsluke; skrive med store bokstaver, renskrive. **engrossed** oppslukt, opptatt (**in** av). **engrosser** [inˈgrəusə] oppkjøper; renskriver. **engrossment** [inˈgrəusmənt] oppkjøp; opptatthet; tilegnelse; renskrivning, renskrift.
engulf [inˈgʌlf] sluke opp, oppsluke; kaste seg ut i.
enhance [enˈhɑ:ns] forhøye, forøke, forsterke, forstørre; gjøre dyrere; øke, forøkes. **enhancement** [enˈhɑ:nsmənt] forhøyelse, forøkelse, forsterkning, forstørring.
enigma [iˈnigmə] gåte. **enigmatic(al)** [i:nigˈmætik(l)] gåtefull. **enigmatize** [iˈnigmətaiz] tale i gåter.
enisle [inˈail] omgjøre til en øy; isolere.
enjambment [inˈdʒæmmənt] enjambement.
enjoin [inˈdʒɔin] pålegge; påby, innskjerpe; forby.
enjoy [inˈdʒɔi] glede seg ved, synes godt om, synes om; nyte; more seg over; **– oneself** more seg, glede seg, like seg, befinne seg vel. **enjoyable** [inˈdʒɔiəbl] gledelig, behagelig. **enjoyment** [inˈdʒɔmənt] nytelse, fornøyelse, morskap.
enkindle [inˈkindl] kveike, oppflamme, blusse opp.
enlace [inˈleis] omslynge, sammenflette.
enlarge [inˈlɑ:dʒ] forstørre; utvide; overdrive; utvide seg; **– the payment of a bill** prolongere en veksel; **– upon** legge ut om, utbre seg over.
enlargement [inˈlɑ:dʒmənt] forstørrelse; utvidelse, tilbygg; utstrekning.
enlighten [inˈlaitn] opplyse.
enlightened [inˈlaitnd] opplyst; velinformert.
enlightenment [inˈlaitnmənt] opplysning.
enlist [inˈlist] føre opp på en liste; verve, innrullere; sikre seg, vinne; la seg verve. **-ed man** vervet menig el. befal.
enlistment [inˈlistmənt] verving, innrullering.
enliven [inˈlaivn] opplive, sette liv i, oppmuntre. **-er** oppmuntrer, opplivende middel.
enmesh [inˈmeʃ] innvikle (som i et nett).
enmity [ˈenmiti] fiendskap, uvennskap.
enneagon [ˈeniəgɔn] nikant.
ennoble [iˈnəubl] adle; foredle. **ennoblement** [i:ˈnəublmənt] adling, opptagelse i adelsstanden.
ennui [ɑ̃:ˈnwi:] livslede; kjedsomhet.
Enoch [ˈi:nɔk] Enok.
enormity [iˈnɔ:miti] uhyrlighet. **enormous** [iˈnɔ:məs] overordentlig, uhyre, umåtelig; gresselig.
enough [iˈnʌf] nok, tilstrekkelig; særdeles; riktig, ganske; **I have had –** jeg er mett, jeg har fått nok, det får greie seg; **– and to spare** mer enn nok; **be good – to tell us** være så vennlig å si oss, gjør så vel å si oss; **a nice – fellow** en ganske kjekk kar.
enounce [iˈnauns] uttale, legge fram, ytre; artikulere.
enquire [inˈkwaiə] se **inquire.**
enrage [inˈreidʒ] gjøre rasende, drive fra vettet.
enrapture [inˈræptʃə] henrykke, henrive.
enravish [inˈræviʃ] henrykke, henrive.
enrich [inˈritʃ] berike, gjøre rikere; anrike; pryde. **enrichment** [inˈritʃmənt] berikelse, pryd.
enrobe [inˈrəub] bekle, kle.
enrol [inˈrəul] innrullere; skrive inn, påmelde. **enrolment** [inˈrəulmənt] innrullering; innskrivning.
en route [ã:(n)ˈru:t] (fr.) underveis (**to** til).
ENSA fk. f. **Entertainments National Service Association** organisasjon til underholdning og forpleining av soldatene; ≈ forsvarets velferdstjeneste.
ensanguine [inˈsæŋgwin] plette med blod.
ensconce [inˈskɔns] anbringe (trygt), forskanse, dekke; slå seg ned.
ensemble [fr.: ɑ̃:nˈsɑ:mbl] hele, ensemble.
enshrine [inˈʃrain] legge i et skrin; oppbevare som en relikvie; frede om, holde i hevd.
enshroud [inˈʃraud] innhylle, svøpe inn.
ensiform [ˈensifɔ:m] sverddannet.
ensign [ˈensain] tegn; fane, banner; merke; fenrik; sekondløytnant. **– -bearer** fanebærer. **ensign-**

cy [-si], **ensignship** [-ʃip] fenriks el. sekondløytnants stilling el. rang.
ensilage [ˈensilidʒ] surhå, surhøy; oppbevaring av grønnfor i silo; oppbevare grønnfor i silo.
ensile [inˈsail] legge ned grønnfor i silo.
enslave [inˈsleiv] gjøre til slave, slavebinde, underkue, trellbinde. **enslavement** [inˈsleivmənt] trelldom; trellbinding, underkuelse.
ensnare [inˈsnεə] fange (i snare); dåre.
ensorcell [inˈsɔ:sl] fortrylle, tryllebinde, forhekse.
ensoul [inˈsəul] fylle med sjel.
ensphere [inˈsfiə] gi kuleform; omslutte som en kule.
ensue [inˈs(j)u:] følge, påfølge, følge på; være resultatet.
ensure [inˈʃuə] sikre, trygge, betrygge, garantere (**against, from** mot); **– to** tilsikre.
entablature [inˈtæblətʃə] entablement (omfattende arkitrav, frise og gesims); understell.
entail [inˈteil] stamgods, ættegods, fideikommiss; arvegangsorden, arvefølge; **cut off an –** oppheve et fideikommiss. **entail** [inˈteil] opprette et fideikommiss, testamentere som stamgods; foranledige, medføre. **entailment** [inˈteilmənt] opprettting av stamgods; bestemmelse angående arvefølgen.
entangle [inˈtæŋgl] forvikle, gjøre floket, forkludre, filtre inn, innvikle; besnære; bli innviklet. **entanglement** [inˈtæŋglmənt] forvikling; innvikling; floke, ugreie; komplikasjon; sperring, ståltrådnett; **barbed wire entanglement** piggtrådgjerde.
enter [ˈentə] tre inn i, gå inn, komme inn; inngi; komme med; innlate seg; føre inn, oppta; innskrive; føre på konto; deklarere, angi til fortolling; begynne, la seg innskrive; tiltre; **– a protest** nedlegge protest; **– a scholar** skrive inn en studerende (ved universitetet); **– into** forstå; innlate seg på, ta del i, inngå (en avtale); **– into one's mind** falle en inn; **– into partnership with** gå i kompani med; **he -ed warmly into the cause** han tok seg varmt av (tok varmt del i) saken; **– upon** ta fatt på, begynne, foreta; innlate seg på, slå inn på, tiltre. **enterable** [ˈentərəbl] som må (kan) innføres, ikke forbudt (om varer).
enteric [enˈterik] innvoll-, tarm-, som angår innvollene. **– fever** tyfoidfeber.
enteritis [entəˈraitis] enteritt, tarmkatarr.
enterocele [ˈentərəsi:l] tarmbrokk.
enterology [entəˈrɔlədʒi] læren om innvollene.
enterprise [ˈentəpraiz] foretagende, virksomhet, bedrift; tiltak; foretaksomhet, driftighet. **enterpriser** [ˈentəpraizə] entreprenør. **enterprising** foretaksom, tiltaksom.
entertain [entəˈtein] nære; more, underholde; beverte, traktere; reflektere på, ta under overveielse. **entertainer** [-ə] varietékunstner, revyartist; vert. **entertaining** [-iŋ] underholdende. **entertainment** [entəˈteinmənt] underholdning; bevertning; fest; gjestebud; **dramatic –** teaterforestilling; **musical –** musikalsk underholdning. **– allowance** representasjonsgodtgjørelse.
enthrall [inˈθrɔ:l] gjøre til slave, holde fanget, (fig.) beta, trollbinde. **enthralling** fengslende, betagende.
enthrone [inˈθrəun] sette på tronen; innsette (f. eks. en biskop); sette i høysetet. **enthronement** [-mənt] det å sette på tronen; innsetting.
enthuse [inˈθju:z] vise begeistring, begeistres, gjøre (være) oppglødd. **enthusiasm** [inˈθju:ziæzm] begeistring, henrykkelse, entusiasme; svermeri. **enthusiast** [inˈθju:ziæst] begeistret, entusiast; svermer. **enthusiastic** [inθju:siˈæstik] begeistret, oppglødd, entusiastisk, henrykt, svermerisk.
entice [inˈtais] lokke, forlokke, forlede, friste. **enticement** [-mənt] forlokkelse, lokking, lokkemiddel, fristelse. **enticer** [-ə] forlokker, forfører, frister.
entire [inˈtaiə] hel, udelt, fullstendig. **entirely** [-li] helt, ganske, utelukkende. **entireness** [-nis] helhet. **entirety** [inˈtaiəti] helhet; hele.
entitle [inˈtaitl] benevne, titulere; berettige; gi atkomst, rett (**to** til).
entity [ˈentiti] vesen; væren, eksistens; helhet, selvstendig hele.
entomb [inˈtu:m] begrave, gravlegge, jorde. **-ment** [inˈtu:mmənt] begravelse, gravleggelse.
entomological [entəməˈlɔdʒikl] entomologisk. **entomologist** [entəˈmɔlədʒist] entomolog, insektkjenner. **entomology** [entəˈmɔlədʒi] entomologi, insektlære.
entourage [ɔntuˈrɑ:ʒ] (fr.) omgivelser; klikk, omgangskrets.
entr'acte [ˈɔntrækt] mellomakt; mellomaktsunderholdning.
entrada [inˈtrɑ:də] oppdagelsesreise, tur til fremmed land.
entrails [ˈentreilz] innvoller.
entrain [inˈtrein] innlaste på tog; ta plass i tog; trekke med seg, medføre.
entrammel [inˈtræməl] hindre, hefte.
entrance [ˈentrəns] inntredelse; inngang; inntog; innmarsj; entré, inngang, innkjørsel, innløp; tiltredelse; begynnelse; adgang, opptak; innskrivning; (toll)deklarering; **no –** adgang forbudt. **– duty** innførselstoll. **– examination** opptaksprøve, adgangseksamen. **– fee** inngangspenger, entré. **– requirements** opptakskrav, opptakskriterier.
entrance [inˈtrɑ:ns] henrykke, henrive.
entrant [ˈentr(ə)nt] påmeldt deltaker; en som kommer inn.
entrap [inˈtræp] lokke i felle, hilde, narre, fange; sperre inne; omslutte.
entreat [inˈtri:t] be, bønnfalle, trygle. **entreating** [inˈtri:tiŋ] bedende, bønnfallende. **entreaty** [inˈtri:ti] bønn.
entrée [a:nˈtrei] entré, adgang; adgangstegn; forrett; (US) hovedrett.
entremets [ˈɑntrəmei] mellomrett.
entrench [inˈtrenʃ] forskanse (bak løpegrav), befeste; sikre en stilling; forgripe seg på. **-ed** forskanset, befestet, (fig.) rotfestet, forankret. **entrenchment** [inˈtrenʃmənt] forskansning.
entrepot [ˈɔntrəpəu] lagerplass, opplagssted; transitthavn.
entrepreneur [ɔntrəprəˈnə:] entreprenør; mellommann; arrangør (av konserter etc.).
entresol [ˈɔntrəsɔl] mesaninetasje, mellometasje.
entruck [inˈtrʌk] laste opp i lastebil; stige opp i lastebil.
entrust [inˈtrʌst] betro, overlate; **– it to him** eller **– him with it** betro ham det.
entry [ˈentri] inngang; inntredelse; inntog; innkjøring; innseiling; adgang; vestibyle; innskriving; tiltredelse (av en eiendom); tollangivelse; oppslagsord; stikkord; påmeldt deltaker; post (innført i en bok); notis; innførsel; bokføring;

bill of – varefortegnelse (på tollbod). – **form** innmeldingsblankett. – **permit** innreisetillatelse.
entwine [inˈtwain] flette sammen, tvinne (seg) sammen, vikle inn.
entwist [inˈtwist] surre, tvinne om, flette inn.
enucleate [iˈnju:klieit] plukke ut kjernen; utvikle; skrape ut.
enumerate [iˈnju:məreit] regne, telle opp; spesifisere; lage fortegnelse. **enumeration** [inju:məˈreiʃən] oppregning, opptelling, fortegnelse. **enumerative** [iˈnju:mərətiv] som regner opp. **enumerator** [iˈnju:məreitə] oppregner, oppteller.
enunciate [iˈnʌnʃieit] uttale; erklære, bekjentgjøre, kunngjøre, fremstille; gjøre greie for. **enunciation** [inʌnʃiˈeiʃən] utsigelse, uttale, artikulasjon; erklæring, bekjentgjørelse, kunngjøring; uttrykk; foredrag. **enunciative** [iˈnʌnʃiətiv] erklærende; uttale-.
enuresis [enjuˈri:sis] ufrivillig vannlating.
envelop [inˈveləp] svøpe inn, innvikle, sveipe inn, dekke, skjule, hylle inn; pakke inn; legge i konvolutt. **envelope** [ˈenviləup] konvolutt; hylster, dekke. **envelopment** [inˈveləpmənt] innvikling; innhylling; hylster; omslag.
envenom [inˈvenəm] forgifte.
enviable [ˈenviəbl] misunnelsesverdig. **envier** [ˈenviə] misunner. **envious** [ˈenviəs] misunnelig; hatefull.
environ [inˈvairən] omringe, omgi. **environment** [inˈvairənmənt] omgivelse(r), grannelag; miljø; livsbetingelser. **environmental** miljøbestemt; miljø-. **Environmental Protection Agency** (US) miljøverndirektoratet. **environs** [ˈenvirənz] omegn, omgivelser, grannelag.
envisage [inˈvizidʒ] se i ansiktet, se i øynene; møte; betrakte; forutse, regne med; forestille seg.
envision [inˈviʒən] forestille seg, danne seg et bilde av; forutse, regne med.
envoy [ˈenvɔi] slutningsstrofe, etterstev, ettersleng; avskjedsord.
envoy [ˈenvɔi] envoyé, gesandt; sendebud, utsending, representant. **envoyship** en gesandts stilling, sendemanns ombud.
envy [ˈenvi] misunnelse, gjenstand for misunnelse; misunne.
enwrap [inˈræp] hylle inn, svøpe inn; forvikle.
enwreathe [inˈri:ð] bekranse.
enzyme [ˈenzaim] enzym.
E. & O. fk. f. **errors and omissions excepted.**
eolith [ˈi:əliθ] eolitt.
eon [ˈi:ɔn] eon, evighet.
EP fk. f. **extended play. Ep.** fk. f. **epistle.**
EPA fk. f. **European Productivity Agency; Environmental Protection Agency.**
epaulette [ˈepɔlet] epålett.
épée [eiˈpei] kårde.
epergne [iˈpə:n] frukt- el. blomsteroppsats.
ephemera [iˈfemərə] éndagsfeber; døgnflue. **ephemeral** [iˈfemərəl], **ephemeric** [efiˈmerik] som bare varer én dag; flyktig, kortvarig, døgn-. **ephemeris** [iˈfeməris] dagbok.
Ephesian [iˈfi:ʒən] efeser; efesisk.
Ephesus [ˈefisəs] Efesos.
epic [ˈepik] episk; storslått, enorm; episk dikt, epos.
epicene [ˈepisi:n] tvekjønnet; felles for begge kjønn; kjønnsløs; kraftløs.
epicure [ˈepikjuə] epikureer. **epicurean** [epikjuˈri:ən] epikuréisk; epikureer. **epicureanism** [epikjuˈri:ənizm] epikureisme. **epicurize** [ˈepikjuraiz] leve som epikureer.
Epicurus [epiˈkjuərəs] Epikur.
epidemic [epiˈdemik] epidemisk, herskende, omgangs-; omgangssyke, farsott, farang, epidemi.
epidermis [epiˈdə:mis] epidermis, overhud.
epidiascope [epiˈdaiəskəup] epidiaskop, lysbildeapparat.
epiglottis [epiˈglɔtis] epiglottis, strupelokk.
epigone [ˈepigəun] epigon.
epigram [ˈepigræm] epigram. **epigrammatic** [epigrəˈmætik] epigrammatisk; fyndig, poengtert.
epigraph [ˈepigrɑ:f] innskrift, gravskrift.
epilate [ˈepileit] fjerne hår, nappe ut hår.
epilepsy [ˈepilepsi] epilepsi, fallsyke. **epileptic** [epiˈleptik] epileptisk; epileptiker; middel mot epilepsi.
epilogue [ˈepilɔg] epilog, etterord, etterspill.
Epiphany [iˈpifəni] helligtrekongersdag.
Epirus [eˈpairəs] Epeiros.
episcopacy [iˈpiskəpəsi] episkopal kirkeforfatning, biskoppelig forfatning. **episcopal** [iˈpiskəpəl] episkopal, biskoppelig. **episcopalian** [ipiskəˈpeiljən] episkopal, biskoppelig; medlem, tilhenger av episkopal kirke. **episcopalianism** [ipiskəˈpeiljənizm] biskoppelig kirkestyre. **episcopate** [iˈpiskəpit] bispeembete, bispeverdighet; bispedømme; bispesete.
episode [ˈepisəud] episode, affære, hendelse.
episodic [epiˈsɔdik] episodisk, forbigående, kortvarig.
epistle [iˈpisl] skrivelse, epistel, brev. **epistolar(y)** [iˈpistələ(ri)] skriftlig; brev-.
epitaph [ˈepitɑ:f] gravminne; gravskrift.
epithalamium [epiθəˈleimjəm] bryllupsdikt.
epithet [ˈepiθət] tilleggsord, tilnavn, epitet.
epitome [iˈpitəmi] sammenfatning, utdrag. **epitomize** [iˈpitəmaiz] lage utdrag; gi utdrag av; representere, være innbegrepet av.
epizoon [epiˈzəuɔn] snyltedyr. **epizootic** [epizəuˈɔtik] snyltedyr-; kvegpest. **epizooty** [epiˈzəuəti] kvegpest.
epoch [ˈi:pɔk] epoke, tidsalder, tidsskifte; **--making** epokegjørende, banebrytende.
epopee [ˈepəpi:] heltedikt.
epos [ˈepɔs] epos.
Epsom [ˈepsəm] by med hesteveddeløp; – **salt(s)** engelsk salt.
eq. fk. f. **equator; equation; equivalent.**
equability [i:kwəˈbiliti] jevnhet, ensartethet; ro, likevekt. **equable** [ˈi:kwəbl, ˈek-] likelig, ensformig, ens, jevn, jamn, stø.
equal [ˈi:kwəl] like; jevn, jamn, stø, rolig, likelig, ens; ensformig; billig, upartisk; likemann, like, make; gjøre lik; nå; prestere maken til, måle seg med; være lik med, svare til; **be – to a task** være en oppgave voksen; – **to my expectations** svarende til mine forventninger; **in – shares** i like store deler. **equality** [iˈkwɔliti] likhet; likeberettigelse, likestilling, jamstilling; **on an – with** på like fot med; – **of rights** like rettigheter. **equalization** [i:kwəlaiˈzeiʃən] utjevning, utjamning; likestilling; frekvenskorreksjon. **equalize** [ˈi:kwəlaiz] utjevne, utlikne; stille på like fot; gjøre like. **equalizer** [ˈi:kwəlaizə] utlikningsdynamo, likestiller, «likeretter»; (radio) klangkontroll; (sl.) revolver, skyter. **equally** [ˈi:kwəli] i samme grad, likså; – **with** likså mye

(godt) som; – **guilty with** likså skyldig som; **equal mark** (el. **sign**) likhetstegn.
equanimity [i:kwəˈnimiti] sinnslikevekt, sinnsro. **equanimous** [iˈkwænimәs] sinnslikevektig.
equate [iˈkweit] redusere til middeltall; utligne, utjevne, jamne ut; bringe i overenstemmelse med. **equation** [iˈkweiʃən] ligning; utligning, utjevning; faktor; **simple –** førstegradsligning.
equator [iˈkweitə] ekvator.
equatorial [ekwəˈtɔ:riəl] ekvator-, ekvatorial.
equerry [ˈekwəri] (hoff)stallmester.
equestrian [iˈkwestriən] ridende, hest-, ride-, rytter-; ridder-; rytter, rytterske.
equiangular [i:kwiˈæŋgjulə] likevinklet.
equidistant [i:kwiˈdistənt] i like avstand, parallell.
equilateral [i:kwiˈlætərəl] likesidet.
equilibrate [i:kwiˈl(a)ibreit] bringe el. holde i likevekt. **equilibration** [i:kwil(a)iˈbreiʃən] likevekt, balanse, jamvekt. **equilibrious** [i:kwiˈlibriəs] i likevekt. **equilibrist** [iˈkwilibrist] balansekunstner. **equilibrium** [i:kwiˈlibriəm] likevekt, jamvekt.
equine [ˈi:kwain] heste-, som angår hester.
equinoctial [i:kwiˈnɔkʃəl, ek-] jevndøgns-, ekvinoktial; vår- el. høststorm; himmelens ekvator. **-ly** i retning av ekvator.
equinox [ˈi:kwinɔks, ˈek-] jevndøgn, jamdøger.
equip [iˈkwip] utstyre, utruste, ekvipere. **equipage** [ˈekwipidʒ] rustning, utrustning, utstyr; ekvipasje. **equipment** [iˈkwipmənt] utrustning, utstyr, innretning; materiell; ekvipering.
equipoise [ˈi:kwipɔiz] likevekt, jamvekt; holde i likevekt.
equiponderance [i:kwiˈpɔndərəns] likevekt.
equiponderate [i:kwiˈpɔndəreit] balansere; oppveie.
equitable [ˈekwitəbl] billig, rettferdig, upartisk.
equitation [ekwiˈteiʃən] ridning.
equity [ˈekwiti] billighet, rettferdighet, upartiskhet; egenkapital, eiendomsverdi utover heftelser; **court of –** billighetsrett (en engelsk domstol).
equivalence [iˈkwivələns] like gyldighet, like kraft, like verd. **equivalent** [iˈkwivələnt] av samme verdi, likeverdig, enstydende, tilsvarende; ekvivalent, motstykke, tilsvarende ting; vederlag, enstydende ord.
equivocal [iˈkwivəkl] tvetydig, tvilsom, usikker. **equivocate** [iˈkwivəkeit] tale tvetydig; komme med utflukter. **equivocation** [ikwivəˈkeiʃən] tvetydighet, tvetydig tale. **equivocator** [iˈkwivəkeitə] en som taler tvetydig. **equivoque** [ˈi:kwivəuk, ˈek-] tvetydelighet; tvetydig tale.
E. R. fk. f. **East Riding; Edwardus Rex (= King Edward); Elizabeth Regina (= Queen Elizabeth).**
era [ˈiərə] tidsregning, periode, tidsalder, æra.
eradiate [iˈreidieit] stråle ut. **eradiation** [ireidiˈeiʃən] utstråling; glans.
eradicant [iˈrædikənt] utryddelsesmiddel, sprøytemiddel. **eradicate** [iˈrædikeit] rykke oppmed rot, røske opp; utrydde. **eradication** [irædiˈkeiʃən] opprykking med rot; utrydding. **eradicative** [iˈrædikətiv] utryddende; radikal.
erasable [iˈreizəbl] som kan viskes ut. **erase** [iˈreiz] radere bort, skrape ut; stryke ut, viske ut; utslette; rydde av veien. **erasement** [-mənt] utradering; utsletting. **eraser** [iˈreizə] en som raderer, utsletter; raderkniv; radergummi, viskelær; tavlesvamp. **erasion** [iˈreiʒən] utradering; utsletting.
erasure [iˈreiʒə] radering, utsletting.
ere [ɛə] (gml., poet.) før, førenn; – **long** innen kort tid, snart; – **now** før.
'ere [iə] vulgært for **here** her; **this – chum of mine** denne herre kameraten min.
erect [iˈrekt] reise, reise opp, oppføre; opprette, stifte, grunne; opphøye; oppreist, rett opp, rak, modig, fast, standhaftig. **erecter** [iˈrektə] oppreiser; oppfører. **erectile** [iˈrektil] som kan reises; som kan reise seg. **erection** [iˈrekʃən] reising; oppføring; bygging; oppretting; oppløfting, oppstramming, oppvekking; ereksjon. **erective** [iˈrektiv] reisings-. **erector** [iˈrektə] grunnlegger, stifter, maskinmontør.
eremite [ˈerimait] eneboer, eremitt (poetisk for **hermit**). **eremitic** [eriˈmitik] eremitt-, eneboer-.
erg [ə:g] erg (måleenhet for arbeid og energi).
ergo [ˈə:gəu] ergo, altså.
ergot [ˈə:gət] sopp på korn, meldrøye.
ergotism [ˈə:gətizm] meldrøyesott.
ericaceous [eriˈkeiʃəs] som tilhører lyngfamilien.
Erin [ˈerin, ˈiərin] Erin, Irland.
erk [ə:k] (sl.) rekrutt i flyvåpenet.
ermine [ˈə:min] hermelin, røyskatt, røyskattskinn; dommerverdighet (etter dommerens kappe som er foret med hermelin); kle i hermelin.
erne [ə:n] ørn, havørn.
Ernest [ˈə:nist].
erode [iˈrəud] fortære; gnage på. **erosion** [iˈrəuʒən] erosjon, fortæring, bortfæring. **erosive** [iˈrəusiv] eroderende, tærende.
erotic [iˈrɔtik] erotisk; erotiker. **-ism** [iˈrɔtisizm] erotikk.
ERP (US) fk. f. **European Recovery Program** ɔ: Marshallplanen.
err [ə:] ta feil, feile; (gml.) streife om, fare vill.
errancy [ˈerənsi] feiling.
errand [ˈerənd] ærend; **go** (eller **run) (on) an –** gå et ærend; **do an –** utføre et ærend.
errand boy [ˈerəndbɔi] visergutt, bud.
errant [ˈerənt] farende, omflakkende; feilende, villfarende. **errantry** [ˈerəntri] flakking, omflakking.
errata [eˈreitə] trykkfeil (pl. av **erratum).**
erratic [eˈrætik] omflakkende; uregelmessig, tilfeldig, uberegnelig.
erratum [eˈreitəm] trykkfeil (pl. **errata).**
erroneous [iˈrəunjəs] feilaktig, gal, uriktig, villfarende, falsk.
error [ˈerə] feiltagelse, villfarelse, forseelse, feil, mistak; **commit an –** begå en feil; **in –** ved en feiltagelse; **you are in –** De tar feil; **errors and omissions excepted** med forbehold av mulige feil og forglemmelser. **– of judgment** feilvurdering.
ersatz [ˈɛəzæts] ersatz, erstatning.
Erse [ə:s] erisk (et keltisk språk).
erst [ə:st], **erstwhile** [ˈə:sthwail] (gml.) i gamle dager, fordum.
erubescence [eruˈbesəns] rødme.
erubescent [eruˈbesənt] rødmende; rødlig.
eructation [irʌkˈteiʃən] oppstøt, raping; utbrudd.
erudite [ˈerudait] lærd. **erudition** [eruˈdiʃən] lærdom.
erupt [iˈrʌpt] være i utbrudd; sprute, sende ut; slå ut (om sykdom). **eruption** [iˈrʌpʃən] utbrudd; ri; utslett; utfall. **eruptive** [iˈrʌptiv] som bryter fram; eruptiv; vulkansk.

erysipelas [eri'sipilæs] rosen (sykdommen).
escalade [eskə'leid] angrep med stormstiger, stormløp; bestige ved hjelp av stormstiger, storme.
escalate ['eskəleit] stige opp en rulletrapp; stige gradvis; opptrappe. **escalator** ['eskəleitə] rulletrapp; indeksregulert.
escallop [is'kɔləp] kammusling; tynn kjøttskive, escalope.
escapade [eskə'peid] eskapade, sidesprang, påfunn, galskap.
escape [i'skeip] unnløpe, unnslippe, rømme, redde seg, komme unna, løpe bort, unnvike; unngå; rømning, unnvikelse, flukt; redning; brannstige; utflukt; utbrudd; lekkasje, utetthet; skjødesløshet; **he had a narrow –** det var så vidt han slapp fra det; **it -d me** det unngikk min oppmerksomhet. **– clause** forbeholdsklausul. **escapee** [iskei'pi:] rømning, en som er sloppet unna (fangenskapet). **escapement** [i'skeipmənt] echappement, gang (i et ur). **escape valve** [i'skeipvælv] sikkerhetsventil.
escapism [is'keipizm] eskapisme. **escapist** [is'keipist] eskapist; eskapistisk.
escarp [i'skɑ:p] eskarpere; eskarpe. **escarpment** [i'skɑ:pmənt] skråning, stupbratt voll, eskarpe.
eschalot [eʃə'lɔt] sjalottløk.
eschar ['eskɑ:] skorpe på sår.
eschatology [eskə'tɔlədʒi] eskatologi, læren om de siste ting.
escheat [is'tʃi:t] hjemfall; hjemfalt gods; hjemfalle, konfiskere.
eschew [is'tʃu:] fly, unngå, sky.
escort ['eskɔ:t] eskorte; eskortefartøy; ledsager.
escort [i'skɔ:t] ledsage, eskortere.
escritoire [eskri'twɑ:] skrivepult, skrivebord.
Esculapios [eskju'leipiɔs] Æskulap.
esculent ['eskjulənt] spiselig; mat.
escutcheon [i'skʌtʃən] skjold, våpenskjold, våpen.
esemplastic [esem'plæstik] som har evnen til å samordne forskjellige elementer til et hele.
eskar, esker ['eskə] morene, ra, åsrygg.
Eskimo ['eskiməu] eskimo; eskimoisk.
esophagus [i'sɔfəgəs] spiserør.
esoteric [esə'terik] hemmelig, esoterisk, forbeholdt en utvalgt krets. **esoterics** hemmelig lærdom.
ESP fk. f. **extrasensory perception.**
esp. fk. f. **especially.**
espalier [i'spæljə] espalier.
espantoon [espæn'tu:n] (US) batong, kølle.
esparto [i'spɑ:təu] espartogras.
especial [i'speʃəl] særlig, spesiell; fortrinnlig. **especially** [i'speʃəli] særlig, spesielt, især.
Esperantist [espə'ræntist] esperantist. **Esperanto** [espə'ræntəu] esperanto.
espial [i'spɑiəl] speiding, utspionering.
espionage [espiə'nɑ:ʒ] spionering, spionasje.
esplanade [esplə'neid] esplanade; åpen plass.
espousal [i'spauzəl] det å påta seg en sak; **-s** (pl.) bryllup forlovelse. **espouse** [i'spauz] forlove, trolove; ekte; gi til ekte; ta seg av; forsvare, anta (en mening). **espouser** [i'spauzə] forsvarer, forfekter.
esprit ['espri:] livlighet, vidd, esprit; **– -de-corps** ['espri:də'kɔ:] korpsånd.
espy [i'spai] øyne, få øye på, oppdage.
Esq. [i'skwaiə] fk. f. **Esquire** herr (på brev: **T. Brown, Esq.** herr T. Brown).
Esquimau ['eskiməu] eskimo.
esquire [i'skwaiə] fk. til **Esq.** herr (på brev); herremann, godseier, fornem mann, i rang under knight; (gammel betydning: væpner).
essay ['esei] prøve; forsøk; essay, avhandling, utgreiing. **essay** [i'sei] forsøke; prøve.
essayist ['eseiist] essayist, essayforfatter.
essence ['esəns] tilværelse; vesen; kjerne; ekstrakt; essens; gjøre velluktende, parfymere.
essential [i'senʃəl] vesentlig; fin; uunnværlig, absolutt nødvendig; avgjørende, om å gjøre, viktig; **in all -s** på alle vesentlige punkter; **– oil** eterisk olje. **essential** tilværelse, vesen; hovedpunkt, det viktigste; egentlig; grunnleggende. **essentiality** [esenʃi'æliti] vesentlighet, viktighet. **essentially** [i'senʃəli] i alt vesentlig; i sitt innerste vesen.
Essex ['esiks].
EST fk. f. **Eastern Standard Time.**
establish [i'stæbliʃ] fastsette, opprette; innrette; grunne, stifte, anlegge, etablere; stadfeste; bevise, fastslå, fastsette, bestemme; innsette, installere; anerkjenne; **the Established Church** statskirken (særlig om Englands); **recently -ed in business** som nylig har (hadde) slått seg ned. **establishment** [i'stæbliʃmənt] fastsettelse; grunnleggelse, stiftelse; institusjon; bestemmelse; stiftelse, establissement; forretningshus, husholdning; nedsettelse; anordning, form, innretning; organisasjon; **the Establishment** de anerkjente samfunnsinstitusjoner; ≈ det bestående; «systemet».
estate [i'steit] bo, formue, arvemasse, midler; gård, gods, eiendom, bebyggelse; besittelse; tilstand; rang, stand. klasse; **man's –** manndomsalder; **Estates of the Realm** riksstender; **personal –** rørlig gods, løsøre; landgods på bestemt åremål; **real –** fast eiendom, grunneiendom. **– agent** eiendomsmekler. **– car** stasjonsvogn. **– duty** arveavgift.
esteem [e'sti:m] sette pris på, skatte, vurdere, akte, ære; mene, holde for; vurdering; aktelse.
esthete ['esθi:t] estetiker. **esthetic** [es'θetik, i:s-] estetisk. **esthetical** [es'θetikl, i:s-] estetisk. **esthetician** [esθe'tiʃən, i:s-] estetiker. **estheticism** [es'θetisizm, i:s-] estetisering. **esthetics** [es'θetiks, i:s-] estetikk.
Esthonia [es'təuniə] se **Estonia.**
estimable ['estiməbl] aktverdig. **estimate** ['estimeit] vurdere, gjøre seg opp en mening, beregne, taksere, anslå (**at** til). **estimate** ['estimit] vurdering; overslag, anbud; skjønn, beregning; budsjett. **estimation** [esti'meiʃən] vurdering; anslag, overslag, skjønn, beregning; aktelse; mening. **estimator** ['estimeitə] taksasjonsmann.
Estonia [es'təuniə] Estland. **Estonian** [es'təuniən] estlending, ester; estlandsk, estisk.
estop [i'stɔp] hindre, stanse (jur.). **estoppage** [i'stɔpidʒ] stansing; hindring.
estrade [es'trɑ:d] estrade, pall, forhøyning.
estrange [i'strein(d)ʒ] gjøre fremmed; fjerne; stille i et kjølig forhold.
estrapade [estrə'peid] sprett av en hest for å kaste rytteren av.
estray [i'strei] streife omkring; herreløst dyr.
estreat [i'stri:t] gjenpart; utskrift, utdrag; ta utskrift av.
estuary ['estjuəri] os, munning, elvemunning, fjordgap (med tidevann).

esurience [iˈsjuəriəns] grådighet, sult; begjærlighet.
esurient [iˈsjuəriənt] sulten, grådig, forsluken.
ESV fk. f. **experimental safety vehicle.**
E. T. A. fk. f. **estimated time of arrival.**
etc. fk. f. **etcetera** osv.
etcetera [itˈsetrə] og så videre. **etceteras** andre ting, andre poster, ekstrautgifter.
etch [etʃ] etse, radere; markere, avtegne. **etching** [ˈetʃiŋ] etsekunst; radering. **etching needle** radernål.
eternal [iˈtə:nəl] evig, endeløs; evinnelig. **eternalize** [iˈtə:nəlaiz] forevige, gjøre udødelig. **eternity** [iˈtə:niti] evighet. **– ring** alliance (ring). **eternize** [iˈtə:naiz] forevige, gjøre udødelig.
etesian [iˈti:ʒən] regelmessig, periodisk (om vind).
ethane [ˈeθein] etan. **ethanol** [ˈeθənɔl] etyll-alkohol.
Ethel [ˈeθəl].
ether [ˈi:θə] eter.
ethereal [iˈθiəriəl] etérisk, overjordisk.
etherealize [iˈθiəriəlaiz] gjøre eterisk.
ethical [ˈeθikl] etisk, moralsk. **– drug** reseptpliktig medisin.
ethics [ˈeθiks] moral, sedelære, etikk.
Ethiop [ˈi:θiɔp] etiopier.
Ethiopian [i:θiˈəupjən] etiopisk; etiopier.
ethnarch [ˈeθnɑ:k] statthoIder, hersker, etnark.
ethnic [ˈeθnik] etnisk; hedensk. **– group** folkegruppe.
ethnographer [eθˈnɔgrəfə] etnograf. **ethnographic(al)** [eθnəˈgræfik(l)] etnografisk. **ethnography** [eθˈnɔgrəfi] etnografi. **ethnological** [eθnəˈlɔdʒikl] etnologisk. **ethnologist** [eθˈnɔlədʒist] etnolog. **ethnology** [eθˈnɔlədʒi] etnologi.
ethyl [ˈeθil] etyll. **ethylene** [ˈeθili:n] etylen, eten.
etiolate [ˈi:tjəleit] bleke; blekne; falme.
etiolation [i:tjəˈleiʃən] bleking, blekhet.
etiology [i:tiˈɔlədʒi] etiologi, årsakslære.
etiquette [etiˈket] etikette, skikk og bruk.
Eton [ˈi:tən] (by ved Themsen, med en berømt skole). **Etonian** [iˈtəunjən] gutt, elev, mann fra Eton college.
et seq. fk. f. **et sequentia** (= **and what follows**).
etui, etwee [eˈtwi:] etui.
etymological [etiməˈlɔdʒikl] etymologisk. **etymologist** [etiˈmɔlədʒist] etymolog. **etymologize** [etiˈmɔledʒaiz] etymologisere. **etymology** [etiˈmɔlədʒi] etymologi. **etymon** [ˈetimɔn] etymon, stamord.
eucalyptus [ju:kəˈliptəs] eukalyptus.
Eucharist [ˈju:kərist], **the –** nattverdens sakrament.
euchre [ˈju:kə] amerikansk kortspill; overliste; slå.
Euclid [ˈju:klid] Euklid; **I know my –** jeg kan mine klassikere.
eudaemonia [judi:ˈməuniə] salighet, lykketilstand. **eudaemonism** [juˈdi:mənizm] lykkemoral.
Eugene [ˈju:dʒi:n, ju(d)ˈʒi:n].
eugenics [ju:ˈdʒeniks] rasehygiene, vitenskapen om rasekultur, eugenikk.
eulogist [ˈju:lədʒist] lovpriser, lovtaler. **eulogistic(al)** [juləˈdʒistik(l)] prisende, rosende. **eulogium** [juˈləudʒ(j)əm]. **eulogy** [ˈju:lədʒi] lovtale, lovprisning.
eunuch [ˈju:nək] eunukk, gjelding, kastrat.
eupepsy [ˈju:pepsi] eupepsi; god fordøyelse; **eupeptic** [juˈpeptik] eupeptisk, med god fordøyelse; (fig.) tilfreds.
euphemism [ˈju:fimizm] eufemisme, formildet uttrykk. **euphemistic** [ju:fiˈmistik] eufemistisk, formildende. **euphemize** [ˈju:fimɑiz] formilde, tilsløre.
euphonic [juˈfɔnik], **euphonious** [juˈfəunjəs] velklingende, vellydende. **euphony** [ˈju:fəni] velklang, vellyd.
euphoria [ju:ˈfɔriə] følelse av velbefinnende, (sykelig) oppstemthet.
euphrasy [ˈju:frəsi] øyentrøst (plante).
Euphrates [juˈfreiti:z] Eufrat.
euphuism [ˈju:fjuizm] euphuisme, søkt sirlighet i språk og stil. **euphuist** [ˈju:fjuist] euphuist. **euphuistic** [ju:fjuˈistik] euphuistisk; affektert, sirlig.
Eurasia [juˈreiʃə] Eurasia, Europa og Asia tilsammen. **Eurasian** [juˈreiʃən] eurasisk; eurasier; barn av en europeer og en asiat.
EURATOM [juəˈrætəm] fk. f. **European Atomic Energy Community.**
eureka [juˈri:kə] heureka! jeg har funnet det!
Euripides [ju:ˈripidi:z].
Europe [ˈjuərəp] Europa.
European [juərəˈpi:ən] europeisk; europeer.
europeanization [juərəpiənaiˈzeiʃən] europeisering.
Eurydice [juˈridisi:] Eurydike.
eurythmy [juˈriθmi] symmetri, harmoni.
Eustachian [juˈsteiʃən] eustachisk; **the – tube** det eustachiske rør.
Euston [ˈju:stən].
eutaxy [ˈju:təksi] velordnethet.
euthanasia [ju:θəˈneiziə] lett og rolig død; barmhjertighetsdrap, eutanasi.
euthenics [ju:ˈθeniks] befolkningshygiene, eutenikk.
Euxine [ˈju:ksain], **the –** (gml.) Svartehavet.
evacuant [iˈvækjuənt] avførende; rensende middel. **evacuate** [iˈvækjueit] tømme ut; rømme, forlate, evakuere. **evacuation** [ivækjuˈeiʃən] uttømming; avføring; rømning, evakuering. **evacuee** [ivækjuˈi:] evakuert person.
evade [iˈveid] unngå, omgå, unnvike, lure seg unna; bruke utflukter; skulke.
evaginate [iˈvædʒineit] vrenge ut.
evaluate [iˈvæljueit] vurdere, taksere, verdsette.
evaluation [ivæljuˈeiʃən] vurdering, taksering.
evanesce [i:vəˈnes] forsvinne. **evanescence** [i:vəˈnesəns] forsvinning, flyktighet; kortvarighet. **evanescent** [i:vəˈnesənt] forsvinnende, kortvarig.
evangel [iˈvændʒəl] evangelium; gledesbudskap. **evangelic** [i:vənˈdʒelik] evangelisk. **evangelical** [i:vənˈdʒelikəl] evangelisk; protestantisk kristen, som hevder frelsen ved tro (motsatt gode gjerninger). **evangelicalism** [i:vənˈdʒelikəlizm] den læren at frelsen ved tro er det sentrale i kristendommen; ≈ pietisme. **evangelism** [iˈvændʒəlizm] forkynnelse av evangeliet. **evangelist** [-ist] evangelist; predikant, misjonær. **evangelize** [iˈvændʒəlaiz] preke evangeliet.
Evans [ˈevənz].
evaporable [iˈvæpərəbl] som kan fordampe. **evaporate** [iˈvæpəreit] fordampe; dunste bort; la fordampe; forsvinne. **-d milk** kondensert melk. **evaporation** [ivæpəˈreiʃən] fordamping; avdamping. **evaporative** [iˈvæpərətiv] som bevirker fordamping. **evaporator** [iˈvæpəreitə] avdampingsapparat, vannfordamper, luftfukter.
evasion [iˈveiʒən] det å unngå, omgåelse; unndragelse; utflukt; kunstgrep; **tax –** skattesnyteri. **-s** (pl.) utflukter. **evasive** [iˈveisiv] unnvikende, svevende, ubestemt; som søker utflukter. **– action** unnvikelsesmanøver.

Eve [i:v] Eva; **daughter of –** evadatter.
eve [i:v] aften, kveld (i poesi); helligaften; **Christmas Eve** julaften; **on the – of** (om tiden nærmest før en begivenhet) like før.
evection [iˈvekʃən] uregelmessighet i månens bane, eveksjon.
Evelyn [ˈi:vlin].
even [ˈi:vən] aften, kveld (poetisk).
even [ˈi:vən] nettopp, just, endog, selv, jamvel, allerede, alt, enda; endatil, til og med; helt, like; **– if** (eller **though)** selv om; **– bigger** enda større; **not –** ikke engang; **– then** allerede da, alt dengang; **– to** helt til, like til, inntil; **4 even** akkurat 4, 4 blank.
even [ˈi:vən] jevn, jamn; glatt, slett; ensartet, ensformig; rolig, upartisk, rettvis; som går opp i opp, like; jevnbyrdig; kvitt, skuls; like (om tall); hel; jevne, jamne ut, utjevne; **get – with** bli skuls med; hevne seg på.
evenfall [ˈi:vənfɔ:l] (poet.) skumring.
evenhanded [ˈi:vənhændid] upartisk.
evening [ˈi:vniŋ] aften, kveld; **this –** i aften; **yesterday –** i går aftes, i går kveld; **in the –** om aftenen; **good –** god aften. **– classes** aftenskole, kveldsskole. **– dress** selskapsantrekk. **– gown** lang selskapskjole, aftenkjole. **– party** aftenselskap. **– service** aftengudstjeneste, aftensang.
even-minded [ˈi:vənmaindid] rolig, behersket.
even money fifty-fifty (om veddemål).
evenness [ˈi:vənnis] jevnhet, rolighet, upartiskhet.
evensong [ˈi:vənsɔŋ] aftensang, vesper.
event [iˈvent] begivenhet, tilfelle, hending, utfall, følge, resultat; konkurranse, kamp; **at all -s** i ethvert tilfelle, iallfall. **-ful** [iˈventf(u)l] begivenhetsrik.
even-tempered avbalansert, likevektig.
eventide [ˈi:vəntaid] (poet.) kveld.
eventless [iˈventlis] begivenhetsløs.
eventual [iˈventʃuəl, -tjuəl] mulig, eventuell; endelig, sluttelig. **eventuality** [iventʃuˈæliti, -tju-] mulighet, eventualitet.
eventually [iˈventʃuəli, -tjuəli] endelig, til sist, etter hvert, med tiden.
eventuate [iˈventjueit] ende, resultere (**in** i).
ever [ˈevə] noensinne, overhodet (i nektende, spørrende og betingende setninger); alltid, støtt, bestandig, på noen mulig måte; i høyest mulig grad (forsterkende, især brukt foran **so**); **did you – see the like?** har De noensinne sett maken? **if –** om overhodet noen gang; **hardly –** nesten aldri; **– since** alltid siden; helt fra; **for –** for bestandig; **liberty for – !** leve friheten! **for – and a day** eller **for – and –** (i spøk) evig og alltid, støtt og stadig; **for – and again** atter og atter; **be as amusing as – you can** vær så underholdende som De bare kan; **we thank you – so much** tusen takk; **– so often** utallige ganger; **let him be – so poor** la ham være aldri så fattig. **-burning** evig brennende.
the Everglades [ˈevəgleidz] (myrstrekninger i Florida).
evergreen [ˈevəgri:n] eviggrønn; eviggrønn plante; alltid populær melodi; som lever videre.
everlasting [evəˈlɑ:stiŋ] evig, evigvarende; evinnelig; evighet; evighetsblomst; et slags tøy.
evermore [ˈevəˈmɔ:] støtt, stadig; **for –** for alltid, i all evighet.
eversion [iˈvə:ʃən] utkrenging.
evert [iˈvə:t] vrenge ut, krenge ut; kullkaste; vende om på.
every [ˈevri] enhver, hver, alle; all mulig; fullstendig; **– few days** med få dagers mellomrom; **– now and then** rett som det er (el. var), nå og da; **– man Jack** hver eneste en; **– one of you** hver eneste en av dere; **his – word** hvert ord han sier; **– way** i enhver henseende, på alle måter; **– other** (el. **second) day** hver annen dag, annenhver dag; **– one** enhver.
everybody [ˈevribɔdi] enhver, alle, alle mennesker.
everyday [ˈevridei] daglig; hverdagslig, jevn; hverdags-.
everyman [ˈevrimæn] enhver.
everyone [ˈevriwʌn] enhver.
everything [ˈevriθiŋ] alt; **like –** som bare det, som bare pokker.
everyway [ˈevriwei] på alle måter.
everywhere [ˈevriwɛə] overalt.
evict [iˈvikt] sette på gaten, kaste ut.
eviction [iˈvikʃən] utkasting.
evidence [ˈevidəns] tegn (**of** på), evidens, visshet, tydelighet, klarhet; vitnesbyrd, prov, vitneprov; bevis; bevismateriale; vitne; gjøre innlysende, bevise, godtgjøre, prove; **give –** avgi vitneforklaring, vitne; **the taking of –** vitneførsel; **– for** beviser for; **in –** forhånden; framlagt; iøynefallende; godtgjort; **be in –** forekomme, kunne sees; (fig.) gjøre seg bemerket.
evident [ˈevidənt] øyensynlig, tydelig, klar, åpenbar, håndgripelig. **evidential** [eviˈdenʃəl] som beviser; som bygger på prov. **evidentiary** [eviˈdenʃəri] som har beviskraft. **evidently** [ˈevidəntli] øyensynlig, åpenbart.
evil [ˈi:vl, ˈi:vil] ond, vond, dårlig, skadelig; syndig; heslig; elendig; ondskapsfull, slem, slett; onde; ulykke; sykdom; **the E. One** Den onde; **the King's –** kjertelsyke (man trodde kongen kunne helbrede den).
evildoer [ˈi:vlˈduə] misdeder, illgjerningsmann.
evil eye [ˈi:vlˈai] ondt øye.
evilly [ˈi:vili] ondt.
evil-minded [ˈi:vlˈmaindid] ondsinnet, vondlyndt; syndig, slett; som har en skitten fantasi.
evince [iˈvins] vise, tilkjennegi, røpe, legge for dagen.
evincible [iˈvinsibl] påviselig.
evincive [iˈvinsiv] som beviser.
eviscerate [iˈvisəreit] ta innvollene ut av, skjære opp, sløye, gane; svekke. **evisceration** [ivisəˈreiʃən] oppsprettING; svekkelse.
evitable [ˈevitəbl] unngåelig.
evoke [iˈvəuk] mane fram, fremkalle, vekke.
evolution [evəˈl(j)u:ʃən] utvikling; evolusjon; rotutdraging. **evolutionary** [evəˈl(j)u:ʃənəri] evolusjons-, utviklings-. **evolutionist** [evəˈl(j)u:ʃənist] tilhenger av utviklingslæren.
evolve [iˈvɔlv] utvikle; finne på, klekke ut, utfolde, utarbeide.
evulsion [iˈvʌlʃən] opprykking, utriving.
ewe [ju:] søye, sau. **– lamb** hunnlam; kjæledegge.
ewer [ˈju:ə] krukke, vaskevannsmugge.
ex [eks] ex (lat.), fra; eks, som har vært, tidligere; forhenværende; **sell – ship** selge fra skip.
exacerbate [ikˈsæsəbeit] forverre; skjerpe, irritere, forbitre; tirre, terge, erte. **exacerbation** [iksæsəˈbeiʃən] forverring, skjerpelse; forbitrelse.
exact [igˈzækt] nøyaktig; riktig; presis; punktlig; **I remembered the – spot where** jeg husket nøyak-

tig det stedet hvor. **– sciences** eksakte vitenskaper.

exact [igˈzækt] inndrive; avtvinge, avpresse; fordre, kreve. **exacting** [igˈzæktiŋ] fordringsfull; streng, krevende. **exaction** [igˈzækʃən] inndriving; fordring, krav.

exactitude [igˈzæktitjud] nøyaktighet; punktlighet; presisjon. **exactly** [igˈzæktli] nøyaktig, nøye, ganske; nettopp; egentlig, riktig; **not – a ghost story** ikke nettopp noen spøkelseshistorie.

exaggerate [igˈzædʒəreit] overdrive. **exaggeration** [igzædʒəˈreiʃən] overdrivelse. **exaggerative** [igˈzædʒərətiv] som overdriver, overdreven.

exalt [igˈzɔ:lt] oppløfte; opphøye; lovprise; fornøye, henrykke. **exaltation** [igzɔlˈteiʃən] oppløfting; fryd; opphøyning; lutring; eksaltasjon, oppstemthet. **exalted** [igˈzɔ:ltid] opphøyd, fornem; overdrevet høy; begeistret; lutret. **exaltedness** [igˈzɔ:ltidnis] opphøydhet.

exam [igˈzæm] eksamen.

examination [igzæmiˈneiʃən] undersøkelse, gransking, ettersyn; prøve, eksamen; eksaminasjon, avhøring, forhør; **pass an –** ta en eksamen. **– paper** eksamensoppgave. **– requirements** eksamenskrav, eksamenspensum.

examine [igˈzæmin] undersøke, granske, etterse, inspisere; eksaminere; forhøre, avhøre, holde forhør over. **-d copy** verifisert avskrift.

examinee [igzæmiˈni:] eksaminand, kandidat.

examiner [igˈzæminə] undersøker, gransker; eksaminator; forhørsdommer; revisor, sensor. **Ministry of Transport –** ≈ bilsakkyndig.

example [igˈzɑ:mpl] eksempel, døme; advarsel; prøveeksemplar; **for –** for eksempel, til dømes; **make an – of** statuere et eksempel på; **set the –** tjene som forbilde; **take – by** (eller **from**) ta eksempel av, ta lærdom av.

exanimate [igˈzænimit, ikˈs-] livløs; skinndød; nedslått.

exanthemata [eksænˈθi:mətə] utslett; feber med utslett. **exanthematic** [iksænθiˈmætik] eksantematisk.

exarch [ˈeksɑ:k] eksark, statTholder i det bysantinske rike; patriark (biskop) i den greske kirke.

exasperate [igˈzɑ:spəreit] forbitre; forverre, terge, irritere, opphisse, erte. **exasperation** [igzɑ:spəˈreiʃən] forbitrelse, terging, irritasjon, opphisselse; forverring.

exc. fk. f. **except.**

Excalibur [eksˈkælibə] (kong Arthurs sverd).

excaudate [eksˈkɔ:deit] haleløs.

excavate [ˈekskəveit] hule ut; grave ut, grave fram. **excavation** [ekskəˈveiʃən] uthuling; utgraving; hulning; grunnarbeid. **excavator** [ˈekskəveitə] jordarbeider, ekskavator, gravemaskin; muddermaskin.

exceed [ikˈsi:d] overgå; overskride, overstige; gå ut over; gå for vidt. **exceeding** [ikˈsi:diŋ] overordentlig, betydelig; veldig, framifrå; i høy grad; mer enn. **exceedingly** i høy grad, overmåte, ytterst.

excel [ikˈsel] overgå; utmerke seg.

excellence [ˈeksələns] fortrinnlighet; fortrinn; fortreffelighet.

excellency [ˈeksələnsi] eksellense (tittel); **his E.** Hans Eksellense.

excellent [ˈeksələnt] fortreffelig, fortrinnlig, ypperlig.

excelsior [ekˈselsiɔ:] høyere, lenger oppe; (US) treull.

excentric [ikˈsentrik], se **eccentric.**

except [ikˈsept] unnta; gjøre innsigelse, motmæle (**to** el. **against** mot); unntagen, unntatt; bortsett fra; med mindre, uten. **excepting** unntagen, unntatt, med unntagelse av.

exception [ikˈsepʃən] unntagelse, unntak; innsigelse, motmæle, motlegg; **with the – of** med unntak av; **an – to the rule** et unntak fra regelen; **take – against (at, to)** ta ille opp; reise innvending imot, ta avstand fra.

exceptionable [ikˈsepʃənəbl] omtvistelig; støtende, uheldig, forkastelig.

exceptional [ikˈsepʃənəl] ualminnelig. **-ly** unntagelsesvis, unntaksvis, usedvanlig, enestående.

exceptive [ikˈseptiv] unntagelses-, unntaks-.

excerpt [ikˈsə:pt] utdra, ekserpere, gjøre utdrag; utsnitt, utdrag. **excerption** [ikˈsə:pʃən] utdrag, ekserpering.

excess [ikˈses] overmål; overdrivelse; overskridelse; overskudd; umåtelighet, utskeielse; selvassuranse, egenandel; **carry to –** overdrive; **be in – of** overgå; **– luggage** overvekt; **– of imports** importoverskudd. **excessive** [ikˈsesiv] overordentlig, overvettes, overdreven, heftig; urimelig, ublu.

exchange [iksˈtʃein(d)ʒ] utveksle; tuske, bytte, ombytte, veksle; gå i bytte; utveksling; ombytting; ordskifte, meningsutveksling; skifte; bytte; veksel; kurs; børs; sentral (for telefon); **bill of –** veksel; **in –** i bytte; **– of real property** makeskifte; **foreign –** valutakurs, fremmed valuta; **loss on –** kurstap. **exchangeable** [iksˈtʃein(d)ʒəbl] som kan byttes, utskiftbar. **exchange broker** [iksˈtʃeindʒˈbrəukə] vekselmekler. **exchange bureau** vekslekontor. **exchangee** [ekstʃeinˈdʒi:] deltaker i utvekslingsprogram. **exchange list** kursliste. **exchange rate** valutakurs. **exchange teacher** utvekslingslærer.

exchequer [iksˈtʃekə] finansdepartement; finanshovedkasse; skattkammer; **the Chancellor of the Exchequer** finansministeren; **court of –** skattkammer-rett (en avdeling av **the High Court of Justice). – bill** skattkammerveksel. **– bond** statsgjeldsbevis.

excide [ekˈsaid] skjære ut.

excipient [ikˈsipiənt] bindemiddel; tilsetning.

excisable [ikˈsaizəbl] aksisepliktig, avgiftspliktig.

excise [ikˈsaiz] aksise, forbrukeravgift, avgift til stat el. kommune ved salget av særl. innenlandske varer; avgift; aksisekontor; beskatte. **– laws** (US) skjenkerettsbestemmelser.

excise [ikˈsaiz] skjære bort, fjerne. **excision** [ikˈsiʒən] bortskjæring, fjerning.

excitability [iksaitəˈbiliti] pirrelighet, irritabilitet. **excitable** [ikˈsaitəbl] pirrelig; nervøs, hissig. **excitant** [ikˈsaitənt, ˈeksitənt] pirrende; stimulans, oppstiver. **excitation** [eksiˈteiʃən] pirring; egging, stimulering. **excitative** [ikˈsaitətiv], **excitatory** [ikˈsaitətəri] stimulerende, pirrende.

excite [ikˈsait] vekke, fremkalle, egge, opphisse, oppildne, bringe i sinnsbevegelse; beta. **excited** [ikˈsaitid] betatt; opphisset; eksaltert, begeistret; nervøs. **excitement** [ikˈsaitmənt] tilskyndelse; opphisselse; spenning; sinnsbevegelse; uro. **exciting** [ikˈsaitiŋ] spennende, nervepirrende; betagende.

excl. fk. f. **exclusive(ly); excluding; exclamation.**

exclaim [iks'kleim] utbryte; rope ut; skrike, ivre (**against** imot).
exclamation [ekskləˈmeiʃən] rop, utrop; utropstegn; **mark** (el. **note** el. **point** el. **sign) of –** utropstegn.
exclamatory [iksˈklæmətəri] utrops-; utroper-.
exclosure [eksˈkləuʒə] avsperret område.
exclude [iksˈklu:d] utelukke; unnta.
exclusion [iksˈklu:ʒən] utelukkelse, utestenging; unntagelse, unntak.
exclusive [iksˈklu:siv] utelukkende; eksklusiv; avvisende; aristokratisk, strengt sluttet, fornem; som utelukker; spesiell; **– of** fraregnet; **– right of** enerett til. **exclusively** utelukkende, med utelukkelse; eksklusive. **exclusiveness** fornem tilbakeholdenhet, avvisende holdning.
excogitate [eksˈkɔdʒiteit] tenke, grunne, pønske ut, opptenke. **excogitation** [ekskɔdʒiˈteiʃən] oppfinnelse, utspekulering, påfunn.
excommunicable [ekskəˈmju:nikəbl] som fortjener å bannlyses. **excommunicate** [ekskəˈmju:nikeit] bannlyse. **excommunication** [ekskəmju:niˈkeiʃən] bann.
excoriate [eksˈkɔ:rieit] flå; (fig.) kritisere nådeløst. **excoriation** [ekskɔ:riˈeiʃən] flåing; hudløst sted; (fig.) nådeløs kritikk.
excrement [ˈekskrimənt] ekskrement, avføring. **excremental** [ekskriˈmentl] ekskrement-, avførings-.
excrescence [iksˈkresəns] utvekst, villskudd. **excrescent** [iksˈkresənt] utvoksende; overflødig.
excretal [eksˈkri:təl, ˈekskritəl] ekskremental. **excrete** [eksˈkri:t] skille ut, utsondre. **excretion** [eksˈkri:ʃən] utsondring; uttømming.
excretive [eksˈkri:tiv] avførende.
excruciate [eksˈkru:ʃieit] pine, martre. **excruciation** [ekskru:ʃiˈeiʃən] pine, kval, lidelse.
exculpate [eksˈkʌlpeit, ˈeks-] unnskylde; rettferdiggjøre, bevise uskyld, frikjenne (**from** fra). **exculpation** [ekskʌlˈpeiʃən] unnskyldning; rettferdiggjøring; frikjennelse. **exculpatory** [eksˈkʌlpətəri] unnskyldende; rettferdiggjørende.
excurrent [eksˈkʌrənt] utstrømmende, utløpende.
excursion [iksˈkə:ʃən] ekspedisjon; tur, utferd, lysttur, utflukt; (fig.) digresjon, sidebemerkning. **– train** tog som til nedsatt takst befordrer passasjerer på lysttur, billigtog. **excursionist** [eksˈkə:ʃənist] lystreisende, turist. **excursive** [eksˈkə:siv] springende; utflukts-.
excursus [eksˈkə:səs] ekskurs; digresjon.
excusable [iksˈkju:zəbl] unnskyldelig, tilgivelig.
excusatory [iksˈkju:zətəri] unnskyldende.
excuse [iksˈkju:z] unnskylde; frita, forskåne; **– me** unnskyld, om forlatelse; **– my being late** unnskyld at jeg kommer for sent; **– me from coming** frita meg for å komme; **excused school** fritatt fra skolegang.
excuse [iksˈkju:s] unnskyldning; påskudd; surrogat; avbud; **an – for a breakfast** en symbolsk frokost.
exec. fk. f. **execution; executive.**
execrable [ˈeksikrəbl] avskylig; elendig. **execrate** [ˈeksikreit] forbanne; avsky. **execration** [eksiˈkreiʃən] forbannelse; avsky; gjenstand for avsky; **hold in –** forbanne, avsky. **execratory** [ˈeksikreitəri] forbannelses-.
executant [igˈzekjutənt] eksekutør, utøvende kunstner.
execute [ˈeksikju:t] utføre, fullbyrde, gjøre, virkeliggjøre; utferdige, opprette; utstede; henrette; eksekvere; spille (på et instrument).
execution [eksiˈkju:ʃən] utførelse, fullbyrding, virkeliggjørelse; foredrag; henretting, eksekvering; ødelegging; nederlag; utpanting, utlegg, eksekusjon; fingerferdighet (i musikk); **do –** anrette skade; gjøre virkning. **– ground** rettersted; **– sale** tvangsauksjon. **executioner** [eksiˈkju:ʃənə] skarpretter, bøddel.
executive [igˈzekjutiv] person i ledende stilling, leder, sjef; styre, hovedstyre; utøvende, fullbyrdende; administrativ; eksekutiv; **chief sales –** salgssjef; **the –** den utøvende makt. **executor** [igˈzekjutə] utfører, fullbyrder; eksekutor (av et testament). **executorial** [igzekjuˈtɔ:riəl] eksekutiv. **executorship** [igˈzekjutəʃip] eksekutors ombud el. stilling. **executory** [igˈzekjutəri] utøvende, regjerings-; som trer i kraft senere. **– contract** kontrakt til senere oppfyllelse. **executrix** [igˈzekjutriks] eksekutrise.
exegesis [eksiˈdʒi:sis] eksegese, fortolkning. **exegete** [ˈeksidʒi:t] ekseget, fortolker.
exegetic [eksiˈdʒetik] fortolkende, eksegetisk.
exemplar [igˈzemplə] mønster, eksemplar, ideal. **exemplary** [igˈzempləri] eksemplarisk, mønstergyldig, til forbilde.
exemplification [igzemplifiˈkeiʃən] belysning ved eksempler, eksempelifisering; eksempel; bekreftet avskrift. **exemplify** [igˈzemplifai] belyse ved eksempler, illustrere; ta en attestert avskrift av.
exempli gratia [igˈzemplai ˈgreiʃə] for eksempel.
exempt [igˈzem(p)t] frita; forskåne **(from** for), dispensere; fri, tollfri; fritatt, forskånet; immun; **tax-–** skattefri. **exemption** [igˈzem(p)ʃən] fritakelse, dispensasjon; immunitet.
exequatur [eksiˈkweitə] eksekvatur, regjeringens anerkjennelse av en fremmed konsul.
exequies [ˈeksikwiz] jordfesting, begravelse.
exercise [ˈeksəsaiz] øve; utøve, bruke, anvende; utvise; eksersere; sette i bevegelse, sette i verk; øve seg; bevege seg, trene, trimme, ta mosjon; øving, legemsbevegelse; mosjon, trim; manøver, eksersis; skoleøving, utarbeiding, stil; bruk, anvendelse, utfoldelse, utøving; andaktsøving; **do an –** skrive en stil; **take –** ta mosjon. **– book** øvingsbok, skrivebok.
exerciser [ˈeksəsaizə] mosjonsapparat.
exercise yard luftegård (i fengsel).
exercitation [egzə:siˈteiʃən] øving.
exert [igˈzə:t] anstrenge; bestrebe; streve; bruke, anvende, utøve.
exertion [igˈzə:ʃən] anstrengelse, strev; bruk, anvendelse.
exes [ˈeksiz] utgifter (fk. f. **expenses).**
Exeter [ˈeksətə].
exeunt [ˈeksiʌnt] (de går) ut (i sceneanvisning).
exfoliate [eksˈfəulieit] miste bladene; skalle av, flekke, flakne. **exfoliation** [eksfəuliˈeiʃən] flakning, avskalling.
exhalation [eksəˈleiʃən, egz-] utånding, utdunsting; flyktighet; dunst, eim, ange, tev. **exhale** [eksˈ(h)eil] puste ut, utånde; dunste ut, ange ut; få til å dampe bort; trekke (om sola).
exhaust [igˈzɔ:st] tømme ut, bruke opp, utnytte helt; utmatte, avkrefte, slite ut; ekshaust, eksos, avgass, utblåsning. **exhaustible** [igˈzɔ:stibl] uttømmelig. **exhaustion** [igˈzɔ:stʃən] uttømming, utmatting. **exhaustive** [igˈzɔ:stiv] uttømmende; grundig,

nøye. **exhaustless** [igˈzɔ:stlis] uuttømmelig; eksosfri.
exhaust|pipe eksosrør, utblåsingsrør. **– stroke** utblåsingsslag. **– velocity** utstrømmingshastighet. **– water** spillvann.
exhibit [igˈzibit] legge fram, tilstille; utstille; framstille; vise, syne, vise seg; utstillingsgjenstand, utstilt gjenstand.
exhibition [eksiˈbiʃən] fremlegging; fremvisning; framsyning; utstilling; stipend(ium); **make an – of oneself** gjøre seg til narr; **world's –** verdensutstilling. **exhibitioner** [eksiˈbiʃənə] stipendiat. **exhibitionist** ekshibisjonist. **exhibitive** [igˈzibitiv] fremstillings-, utstillings-. **exhibitor** [igˈzibitə] utstiller. **exhibitory** [igˈzibitəri] fremstillings-.
exhilarant [igˈzilərənt] oppmuntrende; oppmuntring. **exhilarate** [igˈziləreit] oppmuntre; live opp. **exhilaration** [igziləˈreiʃən] oppmuntring; munterhet.
exhort [igˈzɔ:t] formane, oppmuntre, tilskynde. **exhortation** [igzɔ:ˈteiʃən] formaning, oppmuntring. **exhortative** [igˈzɔ:tətiv], **exhortatory** [igˈzɔ:tətəri] formanings-, formanende.
exhumation [eks(h)juˈmeiʃən] oppgraving.
exhume [eksˈ(h)ju:m] grave opp, grave fram.
exigence [ˈeksidʒəns], **exigen|cy** [ˈeksidʒənsi] kritisk stilling, nød, knipetak; **-cies** krav, behov. **exigent** [ˈeksidʒənt] presserende, påtrengende nødvendig; krevende. **exigible** [ˈeksidʒibl] som kan inndrives, el. kreves.
exiguity [eksiˈgju:iti] litenhet, ubetydelighet; sparsomhet. **exiguous** [egˈzigjuəs] liten, ubetydelig; sparsom.
exile [ˈeksail, -gz-] landsforvisning, landlysing, landflyktighet, utlegd; person som lever i eksil; landflyktig, forvist, utleg; landsforvise; landlyse; **the Exile** (hist.) det babylonske fangenskap.
exility [egˈziliti, -ks-] litenhet, svakhet.
exist [igˈzist] være, være til, eksistere, forekomme; foreligge, råde, gjelde; finne sted; **her existing pleasure** hennes glede her i livet.
existence [igˈzistəns] eksistens, tilværelse; tilstedeværelse; vesen. **existent** [igˈzistənt] eksisterende, bestående.
existential [egziˈstenʃəl] eksistensiell. **-ism** [egziˈstenʃəlizm] eksistensialisme. **-ist** [egziˈstenʃəlist] eksistensialist.
exit [ˈeksit] i skuespill: (han, hun) går, forlater scenen; utgang, sortie; avferd, bortgang.
ex libris [eksˈlaibris] ekslibris.
Exmouth [ˈeksməθ].
exodus [ˈeksədəs] utvandring; **the rural –** flukten fra landsbygden; **the E.** annen Mosebok.
ex officio [eks əˈfiʃiəu] på embets vegne.
exogamy [ekˈsɔgəmi] ekteskap utenfor ætten, utenfor sin egen gruppe.
exon [ˈeksɔn] gardekorporal.
exonerate [igˈzɔnəreit] befri, lette, frita, frigjøre, frifinne. **exoneration** [igzɔnəˈreiʃən] lettelse, befrielse; frifinnelse, fritakelse. **exonerative** [igˈzɔnərətiv] befriende.
exor. fk. f. **executor.**
exorbitance [igˈzɔ:bitəns], **exorbitancy** [igˈzɔ:bitənsi] urimelighet; ytterlighet; ubillighet.
exorbitant [igˈzɔ:bitənt] overdreven, ublu.
exorcise [ˈeksɔ:saiz] besverge, mane, drive ut onde ånder. **exorcism** [ˈeksɔ:sizm] (ånde)besvergelse, maning av djevelen el. onde ånder. **exorcist** [ˈeksɔ:sist] en som driver ut djevler ved bønn og seremonier, åndemaner.
exordial [igˈzɔ:djəl] innledende.
exordium [igˈzɔ:djəm] innledning.
exoteric [eksəˈterik] populær, allmennfattelig.
exotic [igˈzɔtik] fremmed, utenlandsk, eksotisk.
exp. fk. f. **expenses; export; express.**
expand [iksˈpænd] folde ut; bre ut; utvide; folde seg ut, vide seg ut; vokse, tilta; **– on** gå nærmere inn på, behandle detaljert; utbrodere; **my heart -s** mitt hjerte svulmer.
expanded [iksˈpændid] utvidet; utfoldet, utspilt. **– letter** blokkskrift. **– polyester** isopor.
expanding som utvider seg; utvidbar; ekspansjons-. **– brake** trommelbrems. **– bullet** dumdumkule. **– table** bord med plateuttrekk.
expanse [iksˈpæns] vidstrakt rom, vidde, flate, vid utstrekning; **– of heaven** himmelrom. **expansibility** [ikspænsiˈbiliti] evnen til å vide seg ut. **expansible** [iksˈpænsibl] utvidbar.
expansion [iksˈpænʃən] utfoldelse; utbredelse; utvidelse; vidt utstrakt rom, vidde. **– chamber** tåkekammer. **– engine** ekspansjons(damp)maskin.
expansive [iksˈpænsiv] ekspansiv; utvidbar, tøyelig; vidstrakt; velstandspreget; ekspansjonistisk; gemyttlig, åpenhjertig, raus.
expatiate [iksˈpeiʃieit] bre seg ut (**on** over).
expatiation [ikspeiʃiˈeiʃən] vidløftig omtale; utførlig redegjørelse.
expatriate [eksˈpætrieit] forvise, landlyse; landsforvist; **– oneself** utvandre. **expatriation** [ekspætriˈeiʃən] forvisning, utvandring, landlysing. **– allowance** tillegg for å bo i utlandet, ≈ utetillegg.
expect [ikˈspekt] vente; forvente; vente seg; regne med; anta; tro; **she is expecting** hun venter seg (venter sin nedkomst). **expectancy** [ikˈspektənsi] forventning; ekspektanse. **expectant** [ikˈspektənt] ventende, forventningsfull, vordende. **expectation** [ekspekˈteiʃən] forventning; **-s** (pl) fremtidsutsikter; utsikt til arv; **according to -(s)** som ventet, etter forventning; **in – of** i forventning om.
expectorant [ekˈspektərənt] slimløsende; slimløsende middel. **expectorate** [ekˈspektəreit] hoste opp, spytte opp; hoste, spytte. **expectoration** [ekspektəˈreiʃən] det å hoste, spytte opp; spytt.
expediency [ikˈspi:djənsi] formålstjenlighet; hensiktsmessighet; gagn; egoistiske hensyn; middel, utvei. **expedient** [ikˈspi:djənt] hensiktsmessig, formålstjenlig, passende, tjenlig; middel, utvei, råd.
expedite [ˈekspidait] fremskynde; utferdige, ekspedere.
expedition [ekspiˈdiʃən] raskhet; ekspedisjon.
expeditionary [ekspiˈdiʃənəri] ekspedisjon-; **– force** (mil.) ekspedisjonsstyrke.
expeditious [ekspiˈdiʃəs] hurtig, rask, ekspeditt.
expel [ikˈspel] drive ut, kaste ut; utvise; ekskludere; **the boy was -led from school** gutten ble utvist fra skolen.
expellable [ikˈspeləbl] som kan vises bort.
expellee [ikspeˈli:] deportert, fordrevet, utvist.
expend [ikˈspend] anvende, ofre; bruke, nytte, forbruke. **expendable** som kan brukes helt opp; som kan unnværes, el. ofres; **– supplies** forbruksvarer. **expenditure** [ikˈspenditʃə] utgift, utlegg, forbruk.
expense [ikˈspens] utgift, utlegg, omkostning; bekostning, kostnad; **the expenses of the war**

krigsomkostningene; **at my** – på min kostnad. – **account** utgiftskonto, omkostningskonto.

expensive [ikˈspensiv] kostbar, dyr. **expensiveness** [ikˈspensivnis] kostbarhet.

experience [ikˈspiəriəns] erfaring, opplevelse; øvelse; forsøke, prøve; erfare, oppleve, føle, fornemme, få å føle, gjennomgå; **from** (eller **by**) – av erfaring. **experienced** [ikˈspiəriənst] erfaren, rutinert, øvet. **experiential** [ekspiəriˈenʃəl] erfaringsmessig, empirisk.

experiment [ekˈsperimənt] forsøk, eksperiment; forsøke, prøve, eksperimentere. **experimental** [eksperiˈmentəl] erfaringsmessig, empirisk, forsøks-, erfarings-; eksperimental. **experimentalist** [eksperiˈmentəlist] eksperimentator. **experimentalize** [eksperiˈmentəlaiz] eksperimentere. **experimentally** eksperimentalt; forsøksvis. **experimenter** [ikˈsperiməntə] se **experimentalist, experimentize** [iksˈperimentaiz] eksperimentere.

expert [ˈekspə:t] øvet, erfaren, kyndig, dreven.

expert [ˈekspə:t] sakkyndig, fagmann, ekspert, spesialist, kjenner; -kyndig. – **knowledge** sakkunnskap.

expertise [ekspəˈti:z] sakkyndighet, dyktighet; ekspertuttalelse; **expertize** [ˈekspə:taiz] avgi sakkyndig skjønn.

expertness [ikˈspə:tnis] erfaring; dyktighet.

expiable [ˈekspiəbl] som kan sones. **expiate** [ˈekspieit] sone, bøte. **expiation** [ekspiˈeiʃən] soning, bot. **expiator** [ˈekspieitə] soner. **expiatory** [ˈekspiətəri] sonings-, sonende.

expiration [ekspiˈreiʃən] utånding; utdunsting; død; opphør; utløp, forløp, ende, slutt; forfallstid. **expiratory** [ekˈspairətəri] utåndings-. **expire** [ikˈspaiə] utånde, puste ut, ekspirere; dø; utløpe, opphøre.

expiry [ikˈspairi] utløp, ende, slutt; død; forfall.

explain [iksˈplein] forklare; tyde, tolke, greie ut, gjøre greie for; – **away** bortforklare; – **oneself** forklare seg. **explainable** [iksˈpleinəbl] forklarlig. **explainer** [iksˈpleinə] forklarer. **explanation** [eksplәˈneiʃən] forklaring, redegjørelse, utlegging, utgreiing. **explanatory** [ikˈsplænətəri] forklarende.

explant [eksˈplɑ:nt] eksplantere.

expletive [eksˈpli:tiv] utfyllende; fylleord, fyllekalk; ed, bannskap. **expletory** [ˈeksplitəri] utfyllende, fylle-.

explicable [ˈeksplikəbl] forklarlig. **explicate** [ˈeksplikeit] utfolde, forklare, redegjøre. **explication** [eksplіˈkeiʃən] utvikling, utgreiing, forklaring. **explicative** [ˈeksplikeitiv el. iksˈplikətiv] forklarende. **explicator** [ˈeksplikeitə] forklarer. **explicatory** [eksˈplikətəri] forklarende.

explicit [iksˈplisit] tydelig, grei, klar, bestemt, uforbeholden, uttrykkelig; likefrem, endefram. **-ly** beint fram, tydelig, med rene ord. **-ness** klarhet; likefremhet.

explode [ikˈspləud] få til å eksplodere, sprenge; eksplodere, springe; bringe i miskreditt; avsløre; pipe ut, hysse ut; bryte ut, fare opp; briste i latter. **exploding cotton** skytebomull.

exploit [ˈeksplɔit, iksˈplɔit] storverk, dåd, bedrift. **exploit** [iksˈplɔit] utbytte, utnytte. **exploitation** [eksplɔiˈteiʃən] anvendelse, utnytting, utbytting; eksploatering. **exploiter** [iksˈplɔitə] utbytter.

exploration [eksplәˈreiʃən] utforsking, undersøkelse, gransking. **explorative** [eksˈplɔrətiv] forskings-. **explorator** [ˈeksplәreitə] forsker. **exploratory** [ekˈsplɔrətəri] undersøkende, undersøkelses-, granskings-, prøve-.

explore [ikˈsplɔ:] forske ut, granske ut, undersøke; gjøre oppdagelsesreise; skjerpe. **explorer** [ikˈsplɔ:rə] utforsker; oppdagelsesreisende; (tannlege)sonde.

explosion [ikˈspləuʒən] eksplosjon, sprengning; utbrudd. **explosive** [ikˈspləusiv] eksplosiv; bråsint; sprengstoff. – **air** knallgass. – **cotton** skytebomull.

exponent [ikˈspəunənt] eksponent; representant, talsmann, målsmann.

export [ˈekspɔ:t] utførsel, eksport; eksportartikkel; **prohibition of** – eksportforbud. **export** [ekˈspɔ:t] utføre, føre ut, eksportere. **exportable** [ekˈspɔ:təbl] som kan utføres. **export bounty** eksportpremie. **exportation** [ekspɔ:ˈteiʃən] utførsel, eksport. **exporter** [ekˈspɔ:tə] eksportør.

expose [ikˈspəuz] utsette (**to** for), stille ut; fremstille, blottstille, blotte; våge; avsløre, avdekke. **exposed** utsatt, ubeskyttet; værhard.

exposé [eksˈpəuzei] fremstilling, redegjørelse; oversikt, gjennomgåelse, utgreiing, avsløring.

exposition [ekspəˈziʃən] utstilling; utvikling, forklaring, redegjørelse; oversikt, gjennomgåelse. **expositive** [ekˈspɔzitiv] forklarende, beskrivende.

expositor [ekˈspɔzitə] fortolker, utlegger.

expository [ekˈspɔzitəri] forklarende, fortolkende.

ex post facto [ekspəustˈfæktəu] etter at gjerningen er gjort. – **law** lov med tilbakevirkende kraft.

expostulate [iksˈpɔstjuleit] gjøre forestillinger, gjøre bebreidelser; – **with** gå i rette med, bebreide. **expostulation** [ikspɔstjuˈleiʃən] bebreidelse. **expostulator** [iksˈpɔstjuleitə] en som gjør forestillinger. **expostulatory** [iksˈpɔstjulətəri] bebreidende.

exposure [ikˈspəuʒə] det å være utsatt (**to** for), avdekking, blottstilling, blottelse, beskjemmelse; utsatt stilling, ubeskyttethet, nød; utstilling; avsløring, skandalisering; eksponering; **die from** – dø av kulde og utmattelse.

exposure | **hazard** smittefare. – **meter** lysmåler. – **story** skandalehistorie.

expound [ikˈspaund] legge ut, forklare, tolke, uttyde, fremstille; utbre seg om. **expounder** [ikˈspaundə] uttyder, fortolker.

express [ikˈspres] presse ut; uttrykke, ytre, angi, bety, uttale, gi uttrykk for; uttrykkelig; ekspress; ilbud; lyntog; (US) speditør, spedisjonsfirma; – **oneself** uttrykke seg. **expressage** [iksˈpresidʒ] (US) ekspressgebyr for pakkeforsendelse. **expressible** [ikˈspresibl] som kan presses ut; som kan uttrykkes. **expression** [ikˈspreʃən] utpressing; uttrykk; fremstilling. **expressionless** uttrykksløs. **expressive** [ikˈspresiv] uttrykksfull; megetsigende; – **of** som gir uttrykk for. **expressly** [ikˈspresli] uttrykkelig. **express train** [iksˈprestrein] lyntog.

expropriate [eksˈprəuprieit] ekspropriere, ta eiendomsretten.

expropriation [ekspræupriˈeiʃən] ekspropriasjon.

expulsion [iksˈpʌlʃən] fordrivelse, utvising, relegasjon, deportasjon; utslynging, utstøting. **expulsive** [iksˈpʌlsiv] utdrivende.

expunge [eksˈpʌn(d)ʒ] stryke ut, slette ut, fjerne, utelate.

expurgate [ˈekspə:geit] rense. **expurgation** [ekspə:ˈgeiʃən] renselse. **expurgator** [ˈekspə:geitə] renser. **expurgatory** [eksˈpə:gətəri] rensende.

exquisite [ˈekskwizit] utsøkt, fortreffelig, vidun-

derlig, deilig; ualminnelig; sterk, heftig, intens (f. eks. smerte); laps, sprett. **-ness** [ˈekskwizitnis] utsøkthet, finhet; styrke, kraft.
exsanguinous [eksˈsæŋgwinəs] blodløs.
exscind [ekˈsind] skjære bort, fjerne.
exsect [ekˈsekt] skjære bort, fjerne. **-ion** [ekˈsekʃən] utskjæring, bortskjæring.
exsert [ekˈsə:t] stikke ut; stå fram.
ex-serviceman en som tidligere (især i verdenskrigen) har tjent i hær eller flåte, forhenværende soldat, veteran.
exsiccant [ekˈsikənt] uttørrende. **exsiccate** [ˈeksikeit] tørre ut. **exsiccation** [eksiˈkeiʃən] uttørring. **exsiccative** [ekˈsikətiv] tørrende.
exsuction [ekˈsʌkʃən] utsuging.
ext. fk. f. **extension; external; extra.**
extant [eksˈtænt, ˈekstənt] bevart, i behold, eksisterende.
extemporaneous [ekstempəˈreinjəs], **extemporary** [eksˈtempərəri] ekstemporert, inprovisert, plutselig. **extempore** [eksˈtempəri] uforberedt, på stående fot, ekstemporert. **extemporize** [eksˈtempəraiz] ekstemporere, improvisere. **extemporizer** [eksˈtempəraizə] en som ekstemporerer, improvisator.
extend [ikˈstend] strekke ut; strekke; strekke seg; bygge ut; utvide, forlenge, tøye; spe opp, tynne; yte, skjenke, vise; strekke seg. **extendible** [ikˈstendibl] strekkelig, tøyelig, utvidelig. **extensibility** [ikstensiˈbiliti] strekkelighet, utvidningsevne, utvidingskraft. **extensible** [iksˈtensibl] utstrekkelig, uttrekkbar, utvidelig. **extensile** [ikˈstensil] se **extensible. extension** [ikˈstenʃən] utstrekning, utvidelse; tilbygg, forlengelse. **– cord** skjøteledning. **– number** linjenummer, hustelefonnummer. **University Extension** folkeuniversitet, folkeakademi. **extensional** [ikˈstenʃənəl] vidt utstrakt. **extensive** [ikˈstensiv] utstrakt, omfattende, vidtgående; vid, stor. **extensor** [ikˈstensə] strekkmuskel.
extent [ikˈstent] utstrekning, omfang, størrelse, rekkevidde, grad, monn; område; **to a certain –** til en viss grad; **to a great –** i stor utstrekning.
extenuate [eksˈtenjueit] avkrefte, minke, svekke; smykke, pynte på, formilde, døyve; unnskylde, formilde. **extenuating circumstances** formildende omstendigheter. **extenuation** [ekstenjuˈeiʃən] avkrefting; det å pynte på; unnskyldning. **extenuatory** [ekˈstenjuətəri] unnskyldende, formildende.
exterior [ekˈstiəriə] ytre, utvendig; utvortes; utenriks-; ytre form, eksteriør. **-ize** [ekˈstiəriəraiz] gi ytre form; se tydelig.
exterminate [eksˈtə:mineit] rydde ut, tilintetgjøre. **extermination** [ekstə:miˈneiʃən] utrydding. **exterminator** [eksˈtə:mineitə] utrydder. **exterminatory** [eksˈtə:minətəri] utryddings-.
external [ekˈstə:nəl] ytre, utvendig, utvortes; utenriks-. **– affairs** utenriksanliggender. **– evidence** bevismateriale fra andre kilder enn det undersøkte, ytre indisier. **– remedies** midler til utvortes bruk. **externalize** [ekˈstə:nəlaiz] gi ytre form, gjøre utadvent. **externals** [ekˈstə:nəlz] ytre, utvortes; ytre former el. seremonier.
external | student student som studerer ved et annet universitet enn der han skal ta eksamen. **– thread** utvendig gjenge.
exterritorial [eksteriˈtɔ:riəl] eksterritorial, som ikke er undergitt myndighetene i et land. **-ity** [eksteritɔriˈæliti] eksterritorialitet.
extinct [ikˈstiŋkt] slokt, sloknet; opphevd, avskaffet; utdødd. **extinction** [ikˈstiŋkʃən] slokking, opphevelse, avskaffelse; utslettelse; utdøing; tilintetgjøring.
extinguish [ikˈstiŋgwiʃ] slokke; utslette; ødelegge; oppheve, annullere. **extinguishable** [ikˈstiŋgwiʃəbl] som kan slokkes osv. **extinguishant** [ikˈstiŋgwiʃənt] slokkingsvæske. **extinguisher** [ikˈstiŋgwiʃə] lyseslokker; slokkingsapparat. **extinguishment** [ikˈstiŋgwiʃmənt] slokking; ødeleggelse, stansing.
extirpate [ˈekstə:peit] rydde ut, tilintetgjøre. **extirpation** [ekstə:ˈpeiʃən] utrydding, fjerning. **extirpator** [ˈekstə:peitə] utrydder.
extol [iksˈtɔl] opphøye, heve til skyene, prise.
extort [iksˈtɔ:t] avpresse; fravriste, presse ut, pine ut, tvinge fram, avtvinge. **extortion** [iksˈtɔ:ʃən] utpressing; pengeutpressing, flåing, utsuging; brannskatte. **extortionary** [iksˈtɔ:ʃənəri] utsugende, utpressings-. **extortionate** [iksˈtɔ:ʃənit] hard, ublu, åger-. **extortioner** [iksˈtɔ:ʃənə] utsuger, opptrekker.
extra [ˈekstrə] ekstra; ytterligere; særlig noe ekstra; ekstrablad, ekstraforestilling o. l.; **extras** ekstrautgifter.
extra- [ˈekstrə] utenfor, utenom-, ut over.
extract [iksˈtrækt] dra ut; trekke ut; trekke fram; ta fram; hale ut; ekserpere, lage utdrag av. **extract** [ˈekstrækt] utdrag, ekstrakt; utskrift, utvalg. **extractable** [iksˈtræktəbl] som kan utdras. **extraction** [iksˈtrækʃən] utdraing; utdrag, uttrekk; avstamning, ætt, herkomst; ekstraksjon; **extraction of roots** rotuttrekking (i matematikk). **extractive** [iksˈtræktiv] uttrekkende, ekstraksjons-; ekstrakt; som kan utdras. **extractor** [iksˈtræktə] ekstraktor; fødselstang.
extracurricular [ekstrəkəˈrikjulə] som ikke hører til pensum. **– activities** ≈ fritidsbeskjeftigelser.
extradite [ˈekstrədait] utlevere (en forbryter).
extradition [ekstrəˈdiʃən] utlevering (av forbrytere).
extra|judicial [ˈekstrədʒuˈdiʃəl] ekstrajudisiell, utenrettslig (som skjer utenfor retten). **-legal** som faller utenfor loven. **-marital relations** utenomekteskapelige forbindelser. **-mundane** utenfor verden.
extramural [ˈekstrəˈmjuərəl] som finner sted utenfor byens el. institusjonens område. **– treatment** behandling utenfor sykehus.
extraneous [eksˈtreinjəs] fremmed, uvedkommende; **– to the subject** emnet uvedkommende.
extraordinary [ikˈstrɔ:dinəri, -dnri] overordentlig; usedvanlig, merkverdig, merkelig. **extraordinaries** noe ualminnelig; tilfeldige utgifter.
extraparochial [ekstrəpəˈrəukjəl] utenbygds.
extra|terrestrial utenomjordisk. **-territorial** utenfor et lands jurisdiksjon, eksterritorial. **– time** ekstraomgang (sport).
extravagance [ikˈstrævəgəns] urimelighet; overdrivelse; ekstravaganse, overspenthet, villskap; fargeprakt; råflotthet; ødselhet.
extravagant [ikˈstrævəgənt] urimelig; overdreven; ekstravagant, overspent, vill; råflott; ødsel.
extravaganza [ekstrævəˈgænzə] regelløs komposisjon; fantasistykke; utstyrsstykke.
extreme [ikˈstri:m] ytterst; ytterlig; sist; meget stor, overordentlig; ytterste ende; ytterlighet, ekstrem; høyeste grad. **extremely** [ikˈstri:mli] ytterst, høyst, overordentlig, særdeles.

extreme unction den siste olje.
ekstremist [ik'stri:mist] ekstremist.
extremity [ik'stremiti] ytterste ende; ytterste; ytterlighet; verste knipe; nød, ulykke; (i pl.) ekstremiteter, hender og føtter.
extricable ['ekstrikəbl] som kan befris. **extricate** ['ekstrikeit] befri, frigjøre, komme løs fra. **extrication** [ekstri'keiʃən] befrielse, frigjøring.
extrinsic(al) [ek'strinsik(l)] utvortes, ytre.
extrude [ek'stru:d] støte, drive, trenge ut.
extrusion [ik'stru:ʒən] utstøting, utdriving.
exuberance [ig'z(j)u:bərəns] overflod, fylde, frodighet, yppighet. **exuberant** [ig'z(j)u:bərənt] overstrømmende, livsglad, frodig, yppig, rik, flus.
exudation [eks(j)u'deiʃən] utsvetting, utsondring (av væske). **exude** [ig'zju:d] svette ut, utsondre; sive ut.
exult [ig'zʌlt] juble; hovere, triumfere.
exultant [ig'zʌltənt] jublende; hoverende.
exultation [igzʌl'teiʃən] jubel; hovering, triumf.
exuviae [ig'z(j)u:vii:] felt ham el. hud el. skall el. hår (av dyr). **exuviate** [ig'z(j)u:vieit] skifte ham el. hud el. skall. **exuviation** [igz(j)u:vi'eiʃən] skifte av ham, hud, skall el. tenner; røyting.
exx. fk. f. **examples.**
eyas ['aiəs] falkunge; haukunge.
eye [ai] øye, blikk; øye (på nål, potet etc.); løkke, malje; syn, synsevne; se på, betrakte, iaktta, mønstre; **set -s on** se (for sine øyne); **-s left!** se til venstre! **damn his -s!** pokker ta ham! **in the -s of the world** i verdens øyne; **see – to – with** være enig med; **find favour in his -s** finne nåde for hans øyne; **open one's -s** stirre forbauset; **open a person's -s to the truth** få en til å se sannheten; **his -s are bigger than his belly** magen blir mett før øynene; **have all one's -s about one** ha øynene med seg, ha et øye på hver finger; **any one with half an – in his head might have seen** enhver kunne ha sett med et halvt øye; **my –!** du store tid! **have an – for** ha sans for; **with an – to** i den hensikt å; med henblikk på; **keep an – on** holde øye med; **make -s** bruke øynene, kokettere; **it is a sight for sore -s** det er en fryd for øyet; **in my mind's –** for mitt indre øye; **stand – to –** stå ansikt til ansikt; **up to one's -s** til opp over ørene; **mind your –** (sl.) pass på; **all my –** (sl.) sludder; **he has an – to her money** han har et godt øye til pengene hennes; **bull's –** blink (på skyteskive); **private –** privatdetektiv; **the glad –** (sl.) kokett el. forelsket blikk.
eye|ball øyeeple, øyestein. **-brow** ['aibrau] øyebryn. **– -catcher** blikkfang. **-cup** øye(bade)glass. **-flap** skylapp. **-glass** lorgnett; okular. **-lashes** øyehår, øyevipper. **-less** blind, uten øyne.
eyelet ['ailet] snørehull; liten åpning; takluke. **-ted** forsynt med et lite hull. **– punch** hulltang.
eyelid ['ailid] øyelokk.
eye-opener overraskende kjensgjerning; sterk drink, oppstrammer.
eyepiece okular.
eye|-salve øyesalve. **– -servant** øyentjener. **– -service** øyentjeneste. **– shadow** øyenskygge. **-shot** synsvidde. **-sight** syn, synsvidde. **– socket** øyenhule. **-sore** torn i øyet. **-tooth** øyetann, hjørnetann. **-wink** blunking med øyet; øyeblikk. **-witness** øyenvitne.
eyot ['eiət] liten øy, holme.
Eyre [ɛə].
eyre [ɛə] omgang, rundferd; tingreise, ting.
eyrie, eyry ['ɛəri] rovfuglreir, ørnereir.

F, f [ef] F, f.
F. fk. f. **Fahrenheit; farthing; fellow; following; fort; forte; Flemish; French; Friday.**
F ≈ ikke (dårligste karakter).
F. A. fk. f. **Football Association.**
F. A. A. fk. f. **free of all average.**
Fabian ['feibiən] klokt nølende (som Fabius, Hannibals motstander); **– Society** sosialistforening som hyller en forsiktig og gradvis innføring av sosialismen.
fable ['feibl] fabel; sagn; skrøne; fabulere, oppdikte, dikte i hop, lyve. **fabled** ['feibld] ≈ kjendis, berømt; sagnomsust.
fabric ['fæbrik] indre sammensetning, struktur, vevning; fabrikat, (vevd) stoff; bygningsverk; bygning. **fabricate** ['fæbrikeit] bygge; dikte; fabrikere, produsere, sette sammen, lage. **fabrication** [fæbri'keiʃən] bygging; oppdikting, oppspinn, falsum, falskneri, fabrikasjon, montering. **fabricator** ['fæbrikeitə] falskner, svindler, oppdikter; fabrikant.
fabulist ['fæbjulist] fabeldikter, fabulator; løgnhals. **fabulize** ['fæbjulaiz] dikte el. fortelle fabler. **fabulosity** [fæbju'lɔsiti] fabelaktighet. **fabulous** ['fæbjuləs] fabelaktig, legendarisk; eventyrlig. **– age** sagntid.
façade [fə'sɑ:d] fasade, forside.
face [feis] overflate; forside, ytterside; topografi; fasade; ansikt; fjes; tallskive; mine, ansiktsuttrykk, grimase; prestisje; dristighet; uforskammethet; kunstig farge; **– to –** ansikt til ansikt; **throw oneself – down** kaste seg nesegrus; **full –** en face; **carry two -s** bære kappen på begge skuldrer; **in the – of** beint mot, opp i ansiktet på; **have the – to** være dristig nok til å; **lose –** bli ydmyket; **make -s** skjære ansikter; geipe; **pull a long –** bli lang i ansiktet; **put a good – on the matter** gjøre gode miner til slett spill; **fly in the – of danger** løpe like i løvens gap, trasse; **in the very – of** like for nesen på; **on the very – of the matter** straks på forhånd; **save a person's –** redde en fra åpenlys skam; **set one's**

– against it motsette seg det; **he told him to his –** han sa ham like opp i ansiktet. **face** [feis] stille seg ansikt til ansikt med, vende ansiktet mot; se like i øynene; trosse, trasse; være like overfor, vende ut mot; bedekke, bekle, belegge; besette, kante, forsyne med oppslag; hykle; vende seg om, dreie seg, snu seg; **– the music** ta mot kritikken; ta det som det kommer; **– the question** ta spørsmålet opp; **right –!** høyre om; **– about** gjøre helomvending.

face | ague neuralgi, ansiktssmerter. **– card** billedkort. **– cloth** vaskeklut; duk som legges over ansiktet på lik. **– guard** beskyttelsesmaske. **-less** ansiktsløs; uten personlighet. **– lifting** ansiktsløftning. **– powder** ansiktspudder.

facer [ˈfeisə] slag i ansiktet, strek i regningen.

facet [ˈfæsit] fasett; fasettere.

facetiae [fəˈsi:ʃii:] vittige innfall, vitser.

facetious [fəˈsi:ʃəs] munter, (anstrengt) spøkefull, vittig.

face|-to-face monogram speilmonogram. **– towel** ansiktshåndkle. **– value** pålydende verdi.

facia [ˈfeiʃə] uthengsskilt, butikkskilt; dashbord.

facial [ˈfeiʃəl] ansikts-.

facile [ˈfæsail] lett (ikke vanskelig); tilgjengelig, godslig, vennlig; lett å overtale, bøyelig; lettflytende; overfladisk.

facilitate [fəˈsiliteit] lette. **facilitation** [fəsiliˈteiʃən] lettelse. **facility** [fəˈsiliti] letthet; ferdighet; omgjengelighet; lett adgang. **facilities** lettelser, fordeler; hjelpemidler, utstyr, moderne bekvemmeligheter.

facing [ˈfeisiŋ] oppslag, kant; vending; som vender mot; **put a person through his -s** prøve hva en duger til.

facsimile [fækˈsimili] faksimile; telefax; faksimilere.

fact [fækt] kjensgjerning, realitet, hending, faktum; sak; **in –** i virkeligheten, faktisk, endog, ja; **on grounds of –** av saklige grunner; **in – and law** faktisk og juridisk; **as a matter of –** i virkeligheten; **matter of –** kjensgjerning; nøktern, prosaisk; **the – is that** saken er at, nemlig. **I know it for a –** jeg vet det helt sikkert. **fact-finding committee** undersøkelseskommisjon, saklig utvalg.

faction [ˈfækʃən] parti; fraksjon; klikk; uenighet, strid. **factionist** [ˈfækʃənist] partimann, partigjenger; intrigemaker. **factious** [ˈfækʃəs] parti-; misfornøyd, misnøgd; urolig; som sår splid.

factitious [fækˈtiʃəs] kunstig, tillært, tilgjort.

factor [ˈfæktə] agent, ombudsmann, kommisjonær; faktor (i regning og fig.). **factorage** [ˈfæktəridʒ] kommisjon.

factorship [ˈfæktəʃip] agentur; kommisjon.

factory [ˈfæktəri] fabrikk, bedrift; fabrikk-, faktori, handelsstasjon. **Factory Act** ≈ arbeidervernlov. **– hand** fabrikkarbeider. **–-made** fabrikkfremstilt. **–-tailored** konfeksjonssydd.

factotum [fækˈtəutəm] (fig.) høyre hånd; faktotum.

factual [ˈfæktʃuəl] saklig; faktisk, virkelig.

facultative [ˈfæk(ə)lteitiv] faktultativ, valgfri; fakultets-.

faculty [ˈfækəlti] evne, dyktighet, kraft; makt, myndighet; fakultet (ved universitetet, især det legevitenskapelige); **in full possession of his faculties** i besittelse av alle sine åndsevner, ved sine fulle fem; **one of the –** medisiner som har tatt eksamen, lege.

fad [fæd] innfall; grille; motelune; kjepphest, mani. **faddish** [ˈfædiʃ] motepreget; besatt av en idé el. mani, monoman. **faddism** [ˈfædizm] monomani. **faddist** [ˈfædist] monoman.

fade [feid] falme; visne, blekne; svinne; tap av bremseeffekt (i bil); bli utydelig; **fade away** svinne hen; tone ned; forsvinne. **faded** visnet, falmet.

fadeless [ˈfeidlis] uvisnelig.

fadge [fædʒ] bunt, balle.

faecal [ˈfi:kəl] som angår ekskrementer (se **fecal). faeces** [ˈfi:si:z] bunnfall; ekskrementer.

faery [ˈfɛəri] se **fairy.**

fag [fæg] trelle, slite og slepe; bli trett; la trelle; trell, tjener, mindre elev som må oppvarte de eldre; slit; (sl.) sigarett, røyk, blås; (US) homoseksuell, soper; **-ged out** utkjørt.

fag-end [ˈfægˈend] matt avslutning, stump, rest.

fagot [ˈfægət] riskjerv; risbunt; knippe, bunt; siksakhullsøm; myrmann (i politikk hist.); (US) homo(seksuell), soper.

fagottist [fəˈgɔtist] fagottist. **fagotto** [fəˈgɔtəu] fagott.

Fahr. fk. f. **Fahrenheit.**

Fahrenheit [ˈfærin(h)ait, ˈfɑ:r-] Fahrenheit.

faience [fr.; fəˈjɑ:ns] fajanse.

fail [feil] feile, mislykkes, slå feil, strande; stryke, dumpe (til eksamen); gå fallitt; la i stikken, svikte, skorte; unnlate, forsømme; ikke makte; **he failed** det slo feil for ham; **had I failed in this** hadde det ikke lykkes meg; **that failing** el. **failing that** i mangel herav; **– one's promise** svikte sitt løfte; **– to appear** utebli; **I – to see** jeg kan ikke innse; **he failed in the examination** han dumpet til eksamen.

fail [feil] skort, svikt, svikting; **without –** ganske sikkert, uten tvil.

failing [ˈfeiliŋ] skavank; svakhet; mangel, skort, lyte; mistak; fallitt; i mangel av; **– health** sviktende helse; **– that** ellers, i motsatt fall.

fail-safe feilsikker; sikkerhetsanordning.

failure [ˈfeiljə] mangel, skort, uteblivelse; det å slåfeil; uhell; fåfengt strev; fiasko, bommert, tabbe, nederlag; misvekst; det å avta, svikting, svekkelse; unnlatelse, forsømmelse; fallitt; mislykt individ.

fain [fein] glad, fornøyd, nøgd; glad til, nødt til, (bare etter **would)** gjerne; **he was – to do it** han var nødt til å gjøre det; **I would –** jeg ville gjerne.

faint [feint] bli svak, falle i avmakt, besvime, dåne; la motet falle; svinne hen; svak, matt, utmattet; kraftløs; dårlig; dåneferdig; fryktsom, engstelig; avmakt; besvimelse; **– away** besvime; dø hen; **I feel –** jeg føler meg dårlig, jeg holder på å besvime; **-ing fit** besvimelsesanfall; **I have not the -est idea** jeg har ikke den fjerneste idé. **–-hearted** forsagt, engstelig. **faintly** [ˈfeintli] svakt, matt, utydelig. **faintness** svakhet, matthet; motløshet.

fair [fɛə] skjær, ren, fin, plettfri, klar; blond, lys; fager, skjønn, smukk; billig, rettferdig, rettvis, rettskaffen, real, ærlig; god; antagelig; rimelig, riktig; (på barometer) pent vær; **the – sex** det smukke kjønn; **a – one** en kvinne; **if it were – to judge of ...** hvis man da kunne dømme om ...; **– chance** rimelig sjanse; **– copy, draft**

renskrift; – **fight** ærlig kamp; **a – impression** et rentrykk; et godt inntrykk; – **play** ærlig spill; **in a – way to** på god vei til å; – **wear and tear** normal slitasje; – **to middling** brukbar, tålelig bra, akseptabel; – **view** tydelig å se; – **wind** god bør; **bid –** love, tegne til; **speak him –** tale ham tilfreds; – **and square** ærlig og redelig; – **enough** javel, la gå, i orden. – **is –** rett skal være rett.

fair [fɛə] marked; kjøpstevne, messe, utstilling; basar, -sjå, -skue; **a day after the –** (fig.) for sent, post festum.

fair-faced [ˈfɛəfeist] lyslett, fager; som er bra nok på overflaten.

Fairfax [ˈfɛəfæks].

fair game lovlig vilt (også fig.).

fair-haired [ˈfɛəˈhɛəd] lyshåret. – **boy** (US) yndling.

fairing [ˈfɛəriŋ] markedsgave; strømlinjeform, glatt kledning.

fairish [ˈfɛəriʃ] ganske pen; tålelig bra, ikke verst.

fairly [ˈfɛəli] klart; greit; åpent; tydelig; likefram; rettferdig, rettskaffent, realt; reglementert; ganske, fullkomment. **fair-minded** [ˈfɛəˈmaindid] rettsindig, rettskaffen.

fairness [ˈfɛənis] skjærhet, klarhet; blondhet; åpenhet, ærlighet, rettferdighet, rettskaffenhet; rimelighet; **in –** når rett skal være; **with –** med det gode.

fair-sized [ˈfɛəsaizd] middelsstor; nokså stor; større.

fair-spoken [ˈfɛəspəukən] beleven, forekommende, høflig.

fairway [ˈfɛəwei] skipsled, farled, farvann.

fair weather [ˈfɛəweðə] godværs-; – **friend** upålitelig venn.

fairy [ˈfɛəri] fe, hulder, alvkone, alv; (tal.) homo, homoseksuell; eventyr-, feaktig, trolldomsaktig, fe-, alv-. – **circle** alvedans. – **godmother** god fe, velgjører. **-land** eventyrland. – **ring** alvedans. – **tale** eventyr; skrøne, røverhistorie.

faith [feiθ] løfte, ord; troskap; tro; tillit; **-s** trosretninger, religioner; **the Faith** den rette tro; **the Christian –** den kristne tro. **faith!** min santen! **in bad –** i ond hensikt, mot bedre vitende; **break –** bryte sitt løfte; **breach of –** løftebrudd, illojalitet. – **cure** helbredelse ved bønn. **faithful** [ˈfeiθf(u)l] tro, trofast, redelig, pålitelig; virkelighetstro, korrekt; troende; **yours faithfully** ærbødigst (under brev). **faithless** [ˈfeiθlis] troløs; vantro. **faithlessness** [ˈfeiθlisnis] troløshet; vantro.

fake [feik] bukt, kveil; kveile opp.

fake [feik] pynte på, ettergjøre, forfalske, simulere; stjele, knabbe; forfalskning, svindel; – **up** ettergjøre, pynte på.

faker [ˈfeikə] svindler, bedrager.

fakir [ˈfɑ:kiə] fakir.

falcated [ˈfælkeitid] sigdformet.

falchion [ˈfɔ:lʃən] kort sabel; krumsverd.

falciform [ˈfɔ:lsifɔ:m] sigdformet.

falcon [ˈfɔ:kən, ˈfɔ:lkən] falk. **falconer** [ˈfɔ:k(ə)nə] falkonér, falkejeger. **falconry** [ˈfɔ:kənri] falkeoppdrett; falkejakt.

falderal [ˈfældəˈræl] småting; småpynt, nipsgjenstand; bagatell, vas.

faldstool [ˈfɔ:ldstu:l] en slags skammel; bedepult, bedeskammel.

Falkirk [ˈfɔ:(l)kə:k].

Falkland [ˈfɔ:klənd].

fall [fɔ:l] (v.) **1** falle, dette, sige, synke, gå ned; legge seg (om vind); **2** bli (plutselig), inntreffe; **3** gi seg til å, begynne plutselig; **4** fødes (om visse dyr); (s.) **1** fall; synking, nedgang; **2** tonefall; **3** helling; hall, li; **4** vannfall, foss; **5** utløp; **6** kadens; **7** (US) høst; **8** hogst; **the Fall** syndefallet; **his face fell** han ble lang i ansiktet; **his heart fell** hans mot sank; **the wind fell** vinden løyet av, spaknet; – **about** gå for seg, gå til, bære til; – **across** støte på, treffe; – **apart** gå i stykker; – **asleep** falle i søvn; – **astern** bli akterutseilt; – **away** tape seg, bli svakere, tæres hen, falle fra; – **back** trekke seg tilbake (**upon** til); falle tilbake (**upon** på); – **behind** sakke akterut; – **calm** stilne av; – **due** forfalle til betaling; – **flat** falle virkningsløs til jorda; falle så lang man er, kaste seg ned; – **foul of** ryke uklar med; kollidere med; – **ill** bli syk; – **in** falle inn, styrte sammen (om tak etc.); stille seg på plass, gå på plass, stille (om soldater); utløpe, opphøre (f. eks. om pensjon); tre i kraft; bifalle; – **in love** bli forelsket (**with** i); – **in with** treffe sammen med; falle sammen med, stemme overens med; – **in line** stille seg opp (i geledd), tre på linje (**with** med); – **into** munne ut i (om elv); synke hen i; henfalle til; tiltre (en mening); – **off** falle fra, svikte; falle av (for vinden); tape seg; gå av bruk; – **off from** svikte; – **on** (el. **upon**) overfalle; komme i; – **on** (on adv.) ta fatt (f. eks. på måltid); – **out** falle ut; hende; bli uvenner, ryke uklar (**with** med); – **over** styrte ned; – **short** slippe opp; – **short of** ikke fylle, ikke nå opp til, stå tilbake for; – **through** falle gjennom, ikke bli til noe, gå i stykker, gå over styr; – **to** gi seg i kast med, ta fatt (f. eks. på måltid); – **to** henfalle til; gi seg til; tilfalle; – **to blows** komme i slagsmål; ryke i hop; – **to pieces** falle sammen; – **to work** ta fatt; – **under** falle inn under, høre til; **have a –** falle; **try a – with** prøve en dyst med.

fallacious [fəˈleiʃəs] uholdbar, bedragersk, villledende, misvisende.

fallacy [ˈfæləsi] villfarelse; sofisme, falsk slutning.

fal-lals [ˈfælˈlælz] flitter, dingeldangel, stas; fiksfakserier.

fallback tilbakefall; reserve, noe i bakhånd.

fallboard skodde som er hengslet nedentil.

fallen [ˈfɔ:l(ə)n] perf. pts. av **fall.**

fall guy (US) syndebukk; fjols, godtroende fyr.

fallibility [fæliˈbiliti] det å kunne ta feil, feilbarhet. **fallible** [ˈfælibl] som kan ta feil, feilbar.

fall-in oppstilling (militær).

falling sickness epilepsi, fallesyke.

falling star [ˈfɔ:liŋˈstɑ:] stjerneskudd.

fall-out radioaktivt nedfall; kontrovers.

fallow [ˈfæləu] blakk, gulbrun; brakk; oppløyd menikke tilsådd; brakkmark, brakkpløyning; legge brakk; **lie –** ligge brakk; **be in –** ligge brakk. – **deer** dådyr.

Falmouth [ˈfælməθ].

false [fɔ(:)ls] falsk; usann, ikke sann; uekte, forloren; uærlig, utro; uriktig; **play –** spille falsk, være uærlig; spille et puss, bedra. **falsehood** [ˈfɔ(:)lshud] usannhet, løgn, svik; uriktighet. **falsely** [ˈfɔ(:)lsli] falskt, usant; uærlig. **falseness** [ˈfɔ(:)lsnis] falskhet, forræderi.

falsetto [fɔlˈsetəu] falsett, fistelstemme.

falsework [ˈfɔ:lswə:k] forskaling, stillas; avstivning.
falsies [ˈfɔ:lsiz] bysteholder med skumgummiinnlegg, ≈ løsbryster.
falsification [fɔlsifiˈkeiʃən] forfalskning; gjendriving. **falsifier** [ˈfɔ(:)lsifaiə] forfalsker; løgner. **falsify** [ˈfɔ(:)lsifai] forfalske; gjendrive; gjøre til skamme; svikte. **falsity** [ˈfɔ(:)lsiti] falskhet; usannhet, usanning; uvederheftighet; svik.
Falstaff [ˈfɔ(:)lstɑ:f].
faltboat [ˈfɔ:ltbəut] sammenleggbar båt.
falter [ˈfɔ(:)ltə] riste, skjelve, vakle, nøle, bli usikker; stamme. **falteringly** stammende, usikkert.
fam. fk. f. **familiar; family.**
fame [feim] rykte; ry, gjetord, berømmelse.
famed [feimed] berømt, navngjeten; **ill –** beryktet; **he is – to be** han sies å være.
familiar [fəˈmiljə] bekjent, velkjent, fortrolig; intim; vant; fri, utvungen; endefram; fortrolig venn, gammel kjenning; demon, tjenende ånd; inkvisisjonstjener; familiær; **– with** fortrolig med, inne i. **familiarity** [fəmiliˈæriti] fortrolighet. **familiarize** [fəˈmiljəraiz] gjøre fortrolig med, gjøre kjent; sette seg inn i.
familiar spirit tjenende ånd (i magi).
family [ˈfæmili] familie, huslyd, husstand; ætt; art; slekt; **the cat –** katteslekten; **her little –** hennes små barn; **-doctor** huslege; **in a – way** uten krus, i all enkelhet; **be in the – way** være fruktsommelig, gravid. **– allowance** ≈ forsørgertillegg. **– estate** stamgods. **– holding** familiebruk. **– man** hjemmemenneske; god husfar. **– name** etternavn. **– silver** arvesølv. **– wage** husstandsinntekt.
famine [ˈfæmin] hungersnød, sult, mangel, nød, underernæring. **– prices** dyrtidspriser. **famish** [ˈfæmiʃ] sulte ut, tvinge ved sult, la sulte i hjel; sulte, forsmekte; **famishing** også skrubbsulten.
famous [ˈfeiməs] berømt, navngjeten, vidgjeten; utmerket; ypperlig.
fan [fæn] vifte; rensemaskin, kornrenser; kasteskovl; fjærvinge; fjærvifte; ventilator; begeistret tilhenger, beundrer, entusiast; stryke bortover (om vind); vifte; rense; egge, oppflamme; (fig.) puste til.
fanatic [fəˈnætik] fanatisk; fanatiker.
fanatical [fəˈnætikl] fanatisk.
fanaticism [fəˈnætisizm] fanatisme.
fan belt viftereim.
fancied [ˈfænsid] innbilt, tenkt; yndet.
fancier [ˈfænsiə] ynder, liebhaber, oppdretter; kjenner; **dog –** hundeoppdretter; hundeelsker.
fanciful [ˈfænsif(u)l] fantastisk; forunderlig; fantasirik; lunefull, narraktig; eventyrlig.
fancy [ˈfænsi] innbilningskraft, fantasi; innbilning, forestilling, tanke; innfall, grille, lune; lyst, smak; elsk; forkjærlighet, tilbøyelighet; svermeri; kjærlighet; inklinasjon; **take a – to** legge elsk på, få sans for, få lyst til.
fancy [ˈfænsi] tro, mene; tenke seg, forestille seg; sverme for; bry seg om; ha lyst til; **– that!** tenk deg det; **– oneself** ha høye tanker om seg selv.
fancy [ˈfænsi] fantastisk, fantasi-; kulørt, broket; pynte-, mote-.
fancy | articles motevarer. **– ball** kostymeball. **– butter** fint smør. **– cloth** mønstret tøy. **– diving** sviktstup, kunststup. **– dress** fantasidrakt; kostyme. **– fair** basar (i velgjørende øyemed). **– food** luksuspreget, og ofte litt eksotiske matvarer. **– -free** uberørt av kjærlighet; uforlovet; fri. **– goods** luksusartikler, galanterivarer. **– man** kjæreste; alfons. **– picture** fantasibilde. **– price** eventyrlig pris. **– shop** galanterihandel; broderihandel. **– skater** kunstskøyteløper. **– work** fint håndarbeid, kniplinger.
F. and D. fk. f. **freight and demurrage.**
fandango [fænˈdæŋgəu] fandango.
fane [fein] helligdom, tempel.
fanfare [ˈfænfɛə] fanfare; store ord.
fanfaronade [fænfærəˈneid] skryt, fanfare.
fang [fæŋ] fange, gripe; hoggtann; tannrot; klo.
fan|light [ˈfænlait] vifteformet vindu over dør. **– heater** vifteovn. **– mail** beundrerbrev (til kjente personer), fanbrev.
fanner [ˈfænə] vifte, rensemaskin.
fanny [ˈfæni] medlem av F. A. N. Y. (s.d.).
fanny [ˈfæni] tullprat, svada; ende, rumpe. **F. Adams** (mil.) ≈ død mann i boks (kjøtthermetikk); **sweet F. Adams** null og niks, ingenting.
fan palm [ˈfænpɑ:m] viftepalme.
fantail [ˈfænteil] høystjert (fugl).
fantasia [fæntəˈzi:a, fænˈteizia] fantasi (i musikk), potpurri. **fantasm** [ˈfæntæzm] se **phantasm. fantastic** [fænˈtæstik] fantastisk; innbilt, særling, fantast; grotesk. **fantastication** fantasering, fabulering. **fantasy** fantasi; drømmebilde, blendverk; fantastisk idé.
F. A. N. Y. fk. f. **First Aid Nursing Yeomanry** (mil.) (et kvinnelig ambulansekorps).
F. A. O. fk. f. **Food and Agriculture Organization.**
faqueer, faquir [fəˈkiə] se **fakir.**
far [fɑ:] fjern, langt borte, som ligger langt unna; lang, vid; fjernt, langt; vidt; meget, mye; **– away** langt borte; **– off** langt borte, langt bort; **– and near** nær og fjern; **– and wide** vidt og bredt, overalt; **I am – from wishing** jeg ønsker absolutt ikke; **– from it!** langtfra! **– be it from me to** det være langt fra meg å; **few and – between** få og sjeldne; **– and away the best** uten sammenligning (el. absolutt) den beste; **as – as** inntil, like til; for så vidt som, ikke rettere; **make it go –** få det til å slå godt an; **as – as that goes** hva det angår; **– on in the day** langt på dag; **by –** i høy grad; **too difficult by –** altfor vanskelig; **from the – end of the room** fra den motsatte del av værelset; **the – side of the horse** den høyre side av hesten; **a – journey** en lang reise; **a – cry** en lang vei, langt fra; **is London –?** er det langt til London? **so – as to** i den grad at.
farad [ˈfærəd] farad (elektrisk kraftenhet).
Faraday [ˈfærədi, ˈfærədei].
far-away [ˈfɑ:rəˈwei] fjern, (om utseende) drømmende.
farce [fɑ:s] farsere, fylle; farse, fyll; farse (teaterstykke). **farceur** [fɑ:ˈsə:] komiker; spøkefugl; komedieforfatter. **farcical** [ˈfɑ:sikl] farseaktig.
farcy [ˈfɑ:si] utslett (hos hester), snive.
fardel [ˈfɑ:dl] (gml., ogs. fig.) byrde.
fare [fɛə] kjørepenger, betaling (for transport), passasjer; mat, kost; klare seg; leve, spise og drikke; (poet., gml.) reise, dra, fare; **-s are going up** billettprisene stiger; **get a –** få en tur (f. eks. for en taxisjåfør); **table of -s** taksttariff; **daily** (el. **plain** el. **usual) –** dagligkost; **bill of –** meny; **– ye well!** (gml.) farvel! **he has -d well** han har greid seg bra; **you may go farther**

and – worse man vet hva man har, men ikke hva man får.
Far East Det fjerne østen.
fare | meter taksameter. **– stage** takstsone, takstgrense.
farewell [ˈfɛəˈwel] farvel; avskjeds-; **give -s** gi avskjedskonserter.
far-famed [ˈfɑːfeimd] navngjeten, berømt.
far-fetched [ˈfɑːfetʃt] søkt, unaturlig.
far-flung [ˈfɑːˈflʌŋ] vidstrakt.
far-gone [ˈfɑːˈgɔn] langt nede eller ute m.h.t. sykdom, galskap, drikk, gjeld.
farina [fəˈrainə] mel; (gml.) blomsterstøv. **farinaceous** [færiˈneiʃəs] melet, melen, melaktig. **farinose** [ˈfærinəus] melet.
Farish [ˈfɛəriʃ] færøysk.
farm [fɑːm] gård, bondegård, avlsgård; forpakte bort; forpakte, ta i forpaktning, bygsle; dyrke (jorda), drive (en gård osv.). **farmer** [ˈfɑːmə] bonde, forpakter, bygselmann, leilending; landmann. **farmeress** [ˈfɑːməris] forpakterske. **farmhand** (US) landarbeider. **farmhouse** forpakterbolig; bondegård; **farming** [ˈfɑːmiŋ] landbruk, jordbruk.
farm | land dyrkbar jord, landbruksjord.
farmost [ˈfɑːməust] fjernest, som ligger lengst borte.
farmstead [ˈfɑːmsted] bondegård; gårdsbruk; landbruk, jordbruk.
farmyard [ˈfɑːmˈjɑːd] gårdsrom, tun.
faro [ˈfɛərəu] (et slags hasardspill).
Faroe Islands [ˈfɛərəuˈailəndz], **the –** eller **the Faroes** Færøyene. **Faroese** [fɛərəuˈiːz, -ˈiːs] færøysk; færøying.
far-off [ˈfɑːˈrɔf] fjerntliggende, fjern.
farouche [fəˈruːʃ] uomgjengelig; sky, vill.
far-out (US) ytterliggående, ekstrem; distré, langt borte.
Farquhar [ˈfɑːk(w)ə].
farrago [fəˈreigəu] blanding, røre, miskmask.
far-reaching [ˈfɑːriːtʃŋ] vidtrekkende.
farrier [ˈfæriə] hovslager; dyrlege. **farriery** [ˈfæriəri] grovsmedshåndverk, hovsmie; veterinærvitenskap.
farrow [ˈfærəu] grise, få griser; kull grisunger. **farrowing pen** svinesti, grisebøle.
far-seeing [ˈfɑːˈsiːiŋ] vidtskuende, fremsynt.
far-sighted [ˈfɑːsaitid] vidtskuende; langsynt.
fart [fɑːt] fis, fjert; fise, fjerte.
farther [ˈfɑːðə] fjernere; lenger bort(e); videre; lenger; **on the – side of** på den andre siden av. **Farther India** Bakindia. **farthest** [ˈfɑːðist] fjernest, lengst.
farthing [ˈfɑːðiŋ] kvartpenny; dust, grann, døyt; **I don't care a –** jeg bryr meg ikke en døyt om.
farthingale [ˈfɑːðiŋgeil] fiskebensskjørt.
f. a. s. fk. f. **free alongside ship.**
F. A. S. fk. f. **Fellow of the Antiquarian Society; Fellow of the Society of Arts.**
fasces [ˈfæsiz] riskjerv, risknippe, fasces.
fascia [ˈfæʃə] bind, forbinding; bånd, flat list; dashbord, instrumentbord; senehinne.
fascicle [ˈfæsikl] knippe, bunt; hefte.
fascinate [ˈfæsineit] fjetre, fortrylle, beta, fengsle. **fascination** [fæsiˈneiʃən] fortryllelse, betagelse, tiltrekning. **fascinator** sjarmør, fascinerende person.
fascism [ˈfæʃizm] fascisme. **fascist** [ˈfæʃist] fascist; fascistisk. **fascistic** [-ˈʃis-] fascistisk.
fash [fæʃ] bry, plage; ergre seg; bli lei av; plage; ergrelse; bekymring, bry; ubehagelig person.
fashion [ˈfæʃən] form; fasong; mote, snitt; skikk, skikk og bruk, vedtekt; lag, vis, måte; danne, forme; avpasse, innrette; **be (become) the –** være (bli) mote; **after a –** på en måte, på sett og vis; **in (the) –** på moten, moderne; **out of –** gått av mote, gammeldags, umoderne; **set a –** danne skole; **the latest –** siste mote; **the world of –** moteverdenen; **a man of –** en moteriktig mann. **fashionable** [ˈfæʃənəbl] fin; moderne, motepreget. **fashioned** [ˈfæʃənd] formet, avpasset. **fashion | book** motejournal. **– minded** motebevisst. **fashionist** [ˈfæʃənist] motenarr, spjert.
fashion | monger motedyrker. **– parade** moteoppvisning.
fast [fɑːst] fast; sterk, holdbar, varig; hurtig, rask; flott, lettlyndt; lettsindig, utskeiende; emansipert; dyp (om søvn); feste, tau; **make –** gjøre fast, lukke forsvarlig, fortøye; **play – and loose with** behandle uhederlig, utnytte og svikte; ikke ta det så nøye med, leke med; **my watch is –** klokken min går for fort; **live a – life** leve sterkt; **he's a bit too –** han er litt vel rask av seg; **– woman** lettlivet dame, lett på tråden; **– asleep** i dyp søvn; **– colours** fargeekte, fargebestandig; **they were – friends** svorne venner.
fast [fɑːst] faste.
fast | buck (US) lettjente penger (ofte ved litt uhederlige metoder). **– buck operator** ≈ bondefanger. **– charger** hurtiglader. **-day** fastedag. **– dyed** fargeekte.
fasten [ˈfɑːsn] gjøre fast, feste; stenge; sikre; lukke; sammenføye; feste seg. **fastener** [ˈfɑːsnə] befester; festemiddel, bindemiddel. **fastening**. [ˈfɑːsniŋ] feste; holder.
fastidious [fəˈstidjəs] kresen, fin på det. **-ness** [fəˈstidjəsnis] kresenhet.
fasting [ˈfɑːstiŋ] faste.
fastness [ˈfɑːstnis] fasthet, støhet, (lys)ekthet; hurtighet; lettlivethet; befestet sted, festning.
fat [fæt] fet, feit; svær, tykk, tjukk; velforsynt; fruktbar; fett, det fete, fedme; fete, meske, fetne, tykne; **to cut it –** overdrive; slå stort på; **cut up –** dø rik; **a – lot** en stor mengde, (også ironisk) svært lite; **that's going to do a – lot of good** det får du ikke mye glede av; **– types** fete typer; **live on the – of the land** ha det som plommen i egget, leve fett; **the fat's in the fire** det blir leven, nå er hundreogett ute; **kill the fatted calf for** slakte den fete kalven for.
fatal [ˈfeit(ə)l] skjebnesvanger, skjebne-, livsfarlig; ødeleggende, drepende, dødelig. **fatalism** [ˈfeitəlizm] fatalisme. **fatalist** [ˈfeitəlist] fatalist; fatalistisk. **fatalistic** [feitəˈlistik] fatalistisk. **fatality** [fəˈtæliti] uunngåelig skjebne; fare; ulykke; dødelighet.
fatally [ˈfeitəli] dødelig, livsfarlig, skjebnesvangert.
fata morgana [ˈfɑːtə] mɔːgɑːnə] fatamorgana, luftspeiling, hildring.
fate [feit] skjebne, skjebnen, lagnad; **the Fates** skjebnegudinnene, parserne, nornene. **fated** [ˈfeitid] skjebnebestemt, forutbestemt. **fateful** [-ful] skjebnesvanger, avgjørende; illevarslende; dødbringende.
fathead [ˈfæthed] dumrian, kjøtthue, naut.
fatheaded [ˈfætˈhedid] «tjukk i hue», nauten.
father [ˈfɑːðə] far, fader; være far til; fostre; ta

til seg som barn; **-s** fedre, opphav; **– upon (on)** legge ut som far; tillegge forfatterskapet av; tilskrive; **she -ed the child upon him** hun la ham ut som barnefar. **Father Christmas** julenissen. **– confessor** skriftefar. **-hood** farskap; forfatterskap. **– -in law** svigerfar. **-land** fedreland. **-less** farløs. **-liness** farskjærlighet. **-ly** faderlig.
fathom [ˈfæðəm] favn (lengdemål, 1,828 meter); måle dybden av, lodde; utgrunne, fatte. **fathomable** [ˈfæðəməbl] som kan måles; utgrunnelig. **fathomless** [ˈfæðəmlis] bunnløs; uutgrunnelig. **fathom line** loddline.
fatigue [fəˈti:g] tretthet, utmattelse; anstrengelse, besværlighet; leirarbeid; trette, utmatte, anstrenge. **– dress** leirantrekk, arbeidsuniform. **– fracture** tretthetsbrudd. **– party** arbeidskommando.
fatiscent [fəˈtisənt] som slår sprekker, forvitrende.
fatling [ˈfætliŋ] tykkfallen; gjøkalv.
fatness [ˈfætnis] fedme.
fatten [ˈfætn] fete, feite opp, gjø; gjødsle; fetne, tykne, bli fet, meske seg.
fattish [ˈfætiʃ] fetladen.
fatty [ˈfæti] fet, feit, fett-; tykksak. **– acid** fettsyre. **– content** fettinnhold. **– liver** fettlever.
fatuity [fəˈtju:iti] enfoldighet, tåpelighet, toskeskap. **fatuous** [ˈfætjuəs] enfoldig, tåpelig, dum, fjollet; innbilt, uvirkelig.
fat-witted [ˈfætwitid] «tjukk i hue», tungnem.
faubourg [ˈfəubuəg] forstad (især til Paris).
faucal [ˈfɔ:k(ə)l] svelg-. **fauces** [ˈfɔ:si:z] svelg.
faucet [ˈfɔ:sit] (US) tappekran, hane, rørmuffe.
faugh [fɔ:] fy! isj!
fault [fɔ(:)lt] feil, lyte, mangel; skyld, forseelse, mistak; **it is my –** det er min skyld; **through no – of mine** ikke min skyld; **for** (el. **in) – of** i mangel av; **be at –** være på villspor, ha tapt sporet; **find – with** dadle, bebreide, ha noe å utsette på, laste; **to a –** altfor mye, til overmål, for mye av det gode. **– -finder** [ˈfɔ(:)ltfaində] dadler, kritiker; feilsøker. **– -finding** dømmesyke, daddel; kritikksyk. **faultily** [ˈfɔ(:)ltili] mangelfullt, ufullkomment, uriktig. **faultiness** [ˈfɔ:ltinis] mangelfullhet, uriktighet. **faultless** [ˈfɔ:ltlis] feilfri. **faulty** [ˈfɔ(:)lti] lytefull, full av feil, ufullkommen, mangelfull.
faun [fɔ:n] faun, skoggud.
fauna [ˈfɔ:nə] fauna; dyrerike; dyreliv; -bestand.
fauteuil [ˈfəutə:i] lenestol; orkesterplass, parkettplass.
faux pas [ˈfəuˈpɑ:] feiltrinn.
favour [ˈfeivə] gunst, yndest, velvilje, gunstbevisning; tjeneste; gave; ærede skrivelse (i forretningsbrev); sløyfe e. l. (som bæres som tegn, f. eks. **wedding –**); forkjærlighet; partiskhet; favorisere, foretrekke, begunstige, støtte; beære; gjøre en tjeneste; **in – of** til fordel for; velvillig mot; heldig for; **be in – with** være yndet av; **without fear or –** ≈ uten persons anseelse, objektivt; **in one's –** til fordel for en; **out of –** i unåde; **by (the) – of** ved hjelp av; **find –** bli populær; **your – of the 6th inst.** Deres ærede skrivelse av 6. d. m.; **in your –** i Deres favør.
favourable [ˈfeiv(ə)rəbl] gunstig; heldig, positiv.
favourite [ˈfeiv(ə)rit] yndling; favoritt; yndlings-; **– dish** livrett; **– reading** yndlingslektyre. **favouritism** [ˈfeiv(ə)ritizm] nepotisme, favorisering.
Fawkes [fɔ:ks]. **Guy Fawkes' day** 5. nov.
fawn [fɔ:n] dåkalv; råkalv; lysebrun; blakk, brunblakk; **– -coloured** lysebrun.
fawn [fɔ:n] kalve (om dådyr).
fawn [fɔ:n] logre for, smigre; bøye seg, smiske, krype (**upon** for).
fax [ˈfæks] telefax.
fay [fei] fe, hulder, alv.
fay [fei] sammenfuge, tilpasse nøyaktig.
faze [feiz] bringe ut av fatning, forfjamse.
F. B. A. fk. f. **Fellow of the British Academy.**
F. B. I. fk. f. **Federation of British Industries;** (US) **Federal Bureau of Investigation** statspolitiet.
F. C. fk. f. **football club.**
fcap., fcp. fk. f. **foolscap.**
F. D. fk. f. **Fidei Defensor (= defender of the faith).**
F. D. A. fk. f. (US) **Food and Drug Administration.**
F. D. R., FDR fk. f. **Franklin Delano Roosevelt.**
fealty [ˈfi:əlti] lenslydighet, vasallplikt, troskap.
fear [fiə] frykt, skrekk, støkk, ank; frykte, ottes; være redd (for); **-s** (pl.) engstelse, frykt; **for – of** av frykt for; **in – of** i frykt for; **– of** frykt for, ærefrykt; **– of God** gudsfrykt; **no –!** det er det ingen fare for! ta det helt med ro! rolig! **fearful** [ˈfiəf(u)l] fryktsom, bange, redd, ottefull; fryktelig, skrekkelig. **fearfully** [ˈfiəfəli] fryktelig. **fearless** [ˈfiəlis] uten frykt, uforferdet. **fearmonger** [ˈfiəmʌŋgə] kryster. **fearnought** [ˈfiənɔ:t] vågehals; hjertestyrker (drink); tykk jakke; vadmel. **fearsome** [ˈfiəsəm] gruelig, skrekkelig; engstelig.
feasibility [fi:ziˈbiliti] gjørlighet, mulighet. **feasible** [ˈfi:zibl] gjørlig, mulig; rimelig.
feast [fi:st] fest; festmåltid, gilde, lag, gjestebud; (fig.) glede, fryd, nytelse; holde gilde, spise og drikke godt, godgjøre seg; beverte, traktere, fornøye, fagne. **feaster** [ˈfi:stə] gjest; vert. **feasting** [ˈfi:stiŋ] gilde, traktement, festlighet.
feat [fi:t] dåd, heltegjerning, bedrift, prestasjon, karsstykke; ferdighet, kunst, kunststykke.
feather [ˈfeðə] fjær; fuglevilt; sette fjær i, dekke med fjær; fjærkle; vaie som fjær, spre seg, frynse seg, skjene (årene under roing); dempe; **in high** (el. **fine** el. **good) –** i høy stemning, i perlehumør; velopplagt; **a – in one's hat** en fjær i hatten, noe å være stolt av; **be in full –** være i full puss; **you might have knocked him down with a –** han var helt paff; **show the white –** være feig; **fine -s make fine birds** klær skaper folk; **birds of a – will flock together** like barn leker best, krake søker make; **– one's nest** mele sin egen kake.
feather | bed fjærdyne, dyne; (fig.) behagelig situasjon. **-brained** tankeløs; vimset. **– broom** fjærkost, fjærving. **– brush** støvekost. **– driver** fjærrenser. **– duster** fjærkost, fjærving. **– edge** tynn kant, løvkant (når en plankeer tynnere på den ene siden enn på den andre). **– game** fuglevilt. **-head** tankeløst menneske, vims. **-headed** vimset, tankeløs.
feather|ing [ˈfeðəriŋ] fjærham, fjærkledning; fjærskifte, fjærfelling. **-less** [ˈfeðəlis] fjærløs, uten fjær. **-let** [ˈfeðəlit] liten fjær. **– scarf** fjærboa. **-stitch** silkesting.
featherweight [ˈfeðəweit] fjærvekt; fjærvektsbokser.
feathery [ˈfeðəri] fjærkledd; fjærlett.

feature [ˈfiːtʃə] form, skikkelse; ansiktstrekk; drag, mine, trekk (også figurlig); vesentlig ledd; moment; innslag; særlig attraksjon; (hoved-) nummer, (hoved-)film, spillefilm; stort oppslått artikkel; avisrubrikk; (i radio) hørebilde; ligne, svipe på, slå stort opp (en artikkel); **features** ansiktstrekk, ansikt. **featured** [ˈfiːtʃəd] med trekk; **ill-featured** stygg. **feature film** hovedfilm, spillefilm. **featureless** [ˈfiːtʃəlis] uten bestemte trekk, ubestemmelig.

feaze [fiːz] trevle opp, rekke opp.

Feb. fk. f. **February.**

febrifuge [ˈfebrifjuːdʒ] feberstillende; febermiddel. **febrile** [ˈfiːbrail] febersyk; febril.

February [ˈfebruəri] februar.

fec. fk. f. **fecit (= made).**

fecal [ˈfiːkəl] ekskrement-, avførings-, fekal. **feces** [ˈfiːsiːz] ekskrementer, avføring, feces.

feckless [ˈfeklis] kraftløs, doven, dårlig, nytteløs.

feculence [ˈfekjuləns] bunnfall, grums; gjørme. **feculent** [ˈfekjulənt] grumset, gjørmet, skitten.

fecund [ˈfekənd, ˈfiː-] fruktbar. **fecundate** [ˈfekəndeit, ˈfiː-] gjøre fruktbar; befrukte. **fecundation** [fekənˈdeiʃən, fiː-] det å gjøre fruktbar; befruktning. **fecundity** [fiˈkʌnditi] fruktbarhet.

fed [fed] imperf. og perf. pts. av **feed.**

Fed. fk. f. **Federal; Federation.**

federal [ˈfedərəl] forbunds-, sambands-; (i den amr. borgerkrig) nordstats-; stats-. **federalism** [ˈfedərəlizm] føderalisme. **federalist** [ˈfedərəlist] føderalist. **federate** [ˈfedəreit] forene; forene seg; [ˈfedərit] alliert, forbunden. **federation** [fedəˈreiʃən] føderasjon, forbund. **federative** [ˈfedərətiv] føderativ; forbunds-, sambands-.

fedora [fiˈdɔːrə] bløt hatt.

fed-up luta lei (**with** av), fått nok.

fee [fiː] betaling, lønn, honorar, salær, skolepenger, gebyr; len, gods; full eiendomsrett, selveiendom; betale, lønne, gi drikkepenger; **entrance –** inngangspenger. **– simple** el. **absolute –** selveiendom.

feeble [ˈfiːbl] svak, veik, matt; hjelpeløs. **– -minded** vaklende, vinglet, svak; forsagt; åndssvak, evneveik. **feebleness** [ˈfiːblnis] svakhet. **feebly** [ˈfiːbli] svakt; matt.

feed [fiːd] fôre, nære, gi føde, mate, gi mat, bespise, amme; forsørge, ernære; tilføre næring; beite; spise, ete; leve (**on** av); lede, tilføre, mate, føre fram; fôr, næring, beite; måltid; rasjon; føde. **feedback** tilbakekopling, akustisk runddans (radio); respons, reaksjon. **– bag** mulepose. **– box** fôrkasse. **feeder** [ˈfiːdə] fôrer, røkter; eter, spiser; gjøkalv; tilførselskanal, tilbringer; bielv, sideelv; sidebane; smekke. **feeding** fôr, føde osv. **feeding bottle** tåteflaske. **– pipe** føderør, tilførselsrør. **– pump** fødepumpe.

fee-faw-fum [ˈfiːˈfɔːˈfʌm] bø! interjeksjon som særlig brukes i eventyr av troll og kjemper, ≈ jeg lukter kristenmanns blod; skremsel.

feel [fiːl] føle, kjenne, få en fornemmelse av; føle seg, kjenne seg, være til mote, befinne seg; tro, synes, mene; famle; følelse; atmosfære, preg; **– cold** fryse; **the hall feels cold** hallen gjør et kaldt inntrykk; **– cordially with** sympatisere hjertelig med; **it feels soft** det er bløtt å ta på; **I – like a bath** jeg har lyst på et bad.

feeler [ˈfiːlə] følehorn, værhår; prøveballong, prøveklut.

feeling [ˈfiːliŋ] følende; medfølende, følsom; varm; levende; følelse, kjensle, medfølelse; oppfatning; **a wave of –** en stemningsbølge; **the -s ran high** (fig.) bølgene gikk høyt; **have a – for** ha sans for. **-ly** med følelse.

fee simple (jur.) selveie; **estate in –** selveiendom.

feet [fiːt] føtter; fot (som mål).

feign [fein] fingere, late som, forstille, forstille seg, hykle; oppdikte; **make a -ed submission** forstilt el. foregitt underkastelse.

feignedly [ˈfeinidli] forstilt, påtatt, fingert, på liksom.

feint [feint] list, forstillelse, knep; finte; skinnangrep; **make a – of doing** late som om en gjør.

feisty [ˈfeisti] (US tal.) livlig, krydret, temperamentsfull.

feldspar [ˈfeldspɑː] feltspat (mineral).

felicitate [fiˈlisiteit] lykkønske, gratulere.

felicitation [filisiˈteiʃən] lykkønskning.

felicitous [fiˈlisitəs] lykkelig; heldig; velvalgt, treffende.

felicity [fiˈlisiti] lykke, hell; lykkelig evne.

feline [ˈfiːl(a)in] katteaktig, katte-.

Felix [ˈfiːliks].

fell [fel] imperf. av **fall.**

fell [fel] fæl, grusom, umenneskelig, ødeleggende.

fell [fel] berg, knaus, fjell; hei, mo.

fell [fel] skinn, hud, fell; pels.

fell [fel] felle; hogge ned.

fellah [ˈfelə] pl. **fellaheen** [feləˈhiːn], **fellahs** [ˈreləz] fellah (egyptisk bonde).

feller [ˈfelə] vulg. for **fellow;** tømmerhogger.

fell-field fjellmark.

felling hogst; falding (i klær).

fellmonger [ˈfelmʌŋgə] skinnhandler; buntmaker.

felloe [ˈfeləu] hjulfelg.

fellow [ˈfeləu] felle, kamerat, følgesvenn; kollega; medlem (av et selskap osv.); lagsmann; stipendiat; like, likemann, make; svenn, medhjelper, kollega, embetsbror; fyr, kar; **-s in arms** våpenbrødre; **one's -s** ens medmennesker; **my dear –** kjære venn; **old –!** gamle venn! **– citizen** medborger. **– commoner** student som spiser sammen med **fellows. – countryman** landsmann. **– creature** medskapning, medmenneske. **– feeling** medfølelse, samfølelse.

fellowship [ˈfeləuʃip] fellesskap, kameratskap, forbindelse; hopehav, delaktighet; medlemskap; forening, sammenslutning; andel; likhet; selskap, omgang; universitetslegat, stipend(ium); selskapsregning, delingsregning.

fellow soldier soldatkamerat. **– sufferer** lidelsesfelle. **– traveller** medreisende; sympatisør, medløper.

fell seam innersøm.

felly [ˈfeli] hjulfelg.

felo-de-se [ˈfeləu di ˈsiː] selvmorder; selvmord.

felon [ˈfelən] verkefinger.

felon [ˈfelən] forbryter, brottsmann. **felonious** [feˈləunjəs] forbrytersk, kriminell; skjendig. **felony** [ˈfeləni] forbrytelse; grov forbrytelse, som straffes med fengsel el. døden.

felt [felt] imperf. og perf. pts. av **feel.**

felt [felt] filt; filthatt, hatt; filte; **roofing –** takpapp.

felucca [feˈlʌkə] felukk (lettbygd, hurtiggående seil- og rofartøy, alm. i Middelhavet).

fem. fk. f. **feminine.**

female [ˈfiːmeil] kvinnelig; kvinne; hun (om dyr).

– friend venninne. **– slave** slavinne. **– screw** møtrik, mutter, skrumor. **– suffrage** kvinnelig stemmerett. **– operatives** fabrikkarbeidersker.
feme [fem] hustru, kvinne (juridisk uttrykk). **– covert** [ˈkʌvət] gift kvinne. **– sole** ugift kvinne, enke.
femineity [femiˈni:iti] kvinnelighet.
feminine [ˈfeminin] kvinnelig; kvinneaktig; hunkjønns-. **– ending** linjeavslutning med siste stavelse ubetont. **– gender** hunkjønn. **– pursuits** kvinnelige sysler. **– rhyme** kvinnelig rim (rim på to stavinger, hvorav den siste er ubetont).
femininity [femiˈniniti] kvinnelighet, kvinnelig egenskap; kvinneverdenen; hunkjønn.
feminism [ˈfeminizm] feminisme, kvinnesaksbevegelse; **new –** nyfeminisme. **feminist** [ˈfeminist] feminist, kvinnesaksforkjemper.
femoral [ˈfemərəl] lår-.
fen [fen] myr. **-berry** tranebær.
fen [fen] forby (i barnespråk); **– larks!** ingen dumheter!
fence [fens] gjerde, hegn, gard; vern; fektning, fektekunst; heler; helers gjemmested; innhegne, gjerde inn; forsvare; forsvare seg; fekte; selge til heler; komme med utflukter, omgå sannheten; **sit on the –** stille seg avventende. **fenceless** [ˈfenslis] åpen, uten vern. **fencer** [ˈfensə] fekter; heler. **fence month** fredningstid. **– post** gjerdestolpe. **fencible** [ˈfensibl] som kan forsvares; våpenfør; landvernsmann; (pl.) landvern.
fencing [ˈfensiŋ] fekting; inngjerding, innhegning; gjerdemateriale; avskjerming; det å vike unna; heleri. **– master** fektemester. **– school** fekteskole.
fend [fend] avverge, avparere; unngå; ta av for; streve, stri; **– for oneself** klare seg selv; **– off** avverge, ta av for. **fender** [ˈfendə] kamingitter; fender, (US) (bil)skjerm.
fenestral [fiˈnestrəl] vindus-.
fen fire lyktemann.
Fenian [ˈfi:njən] fenier-; fenier; **the – brotherhood** et samfunn, stiftet i Amerika for å styrte engelskmennenes makt i Irland.
fennel [ˈfenl] fennikel.
fennish [ˈfeniʃ] myr-, myrlendt.
fenny [ˈfeni] myr-, myrlendt.
fen reeve [ˈfenˈri:v] myroppsynsmann, myrfoged.
fen runners [ˈfenˈrʌnəz] et slags skøyter.
fen soil myrjord.
fent [fent] rest, tøystykke (med feil).
fenugreek [ˈfenjugri:k] bukkehornkløver (plante).
feod [fju:d] len (se **feud**).
feoff [fi:f] len; gi til len, gi len. **feoffee** [fi:ˈfi:] lensmann, vasall. **feoffer** [ˈfi:fə] lensherre. **feoffment** [ˈfi:fmənt] len, forlening.
feracious [fəˈreiʃəs] meget fruktbar.
feral [ˈfiərəl] vill, utemt; udyrket; rå.
feretory [ˈferitri] helgenskrin; likbåre.
ferial [ˈfiəriəl] ferie-; virkedags-, hverdags-.
ferine [ˈfiərain] vill; barbarisk; villdyr.
Feringhee [fiˈriŋgi] indisk-portugiser, europeer.
ferment [fəˈment] sette i gjæring; gjære, ese, gå. **ferment** [ˈfə:mənt] gjær; gjæring, esing, gang; enzym. **fermentable** [fəˈmentəbl] som kan gjære.
fern [fə:n] bregne. **fernery** [ˈfə:nəri] bregnebeplantning. **fern seed** bregnesporer. **ferny** [ˈfə:ni] full av bregner.
ferocious [fəˈrəuʃəs] vill, sint, olm, glupsk, blodtørstig; voldsom. **ferocity** [fəˈrɔsiti] villhet, glupskhet osv.
ferreous [ˈferiəs] jern-, jernholdig.
ferret [ˈferit] (bomulls- eller silke-) bånd.
ferret [ˈferit] fritte (hvit jaktilder); forfølge; etterspore; **– out** spore opp, snuseopp. **– eyes** stikkende øyne.
ferriage [ˈferiidʒ] ferjepenger; ferjeskyss, ferjefart.
ferric [ˈferik] jern-.
ferriferous [feˈrifərəs] jernholdig.
ferris wheel (US) pariserhjul (på tivoli).
ferro [ˈferəu] sammensetninger: jern-, f. eks. **ferroconcrete** [ˈferəuˈkɔ:ŋkri:t] jernbetong. **ferromagnetic** ferromagnetisk. **ferrosilicon** [-ˈsi-] ferrosilicium. **ferrugineous** [ferəˈdʒiniəs], **ferruginous** [feˈru:dʒinəs] jernholdig; rustfarget. **ferrugo** [feˈru:gəu] jernrust; rust (på planter).
ferrule [ˈferu:l, ˈferəl] doppsko, holk; bøssing.
ferry [ˈferi] ferje, ferjested; ferje, overføre. **– berth** ferjeleie. **– boat** ferje, ferjebåt. **-man** ferjemann.
fertile [ˈfə:tail] fruktbar; (fig.) rik, oppfinnsom. **fertility** [fə:ˈtiliti] fruktbarhet. **fertilization** [fə:tilaiˈzeiʃən] det å gjøre fruktbar, gjødsling; befruktning. **fertilize** [ˈfə:tilaiz] gjøre fruktbar; gjødsle; befrukte. **fertilizer** [ˈfə:tilaizə] gjødsel, gjødningsstoff. **– distributor** kunstgjødselspreder.
ferule [ˈferu:l] ferle, kjepp, påk; slå med en ferle.
fervency [ˈfə:vənsi] fyrighet, varme, inderlighet, iver. **fervent** [ˈfə:vənt] varm, brennende, fyrig, ivrig, inderlig. **fervid** [ˈfə:vid] het, brennende. **fervour** [ˈfə:və] hete, varme, heftighet, inderlighet.
fescue [ˈfeskju:] pekepinne; svingel (gressart).
festal [ˈfestəl] fest-, festlig.
fester [ˈfestə] sette betennelse i, svelle ut, verke, avsondre materie; råtne, ete om seg, gnage, fortære; svull, verk, betent sår.
festinate [ˈfestineit] skynde på.
festival [ˈfestivəl] fest-, festlig; festdag, høytid; fest, stevne. **festive** [ˈfestiv] lystig, festlig, glad. **festivity** [feˈstiviti] feststemning, festlighet, fest.
festoon [feˈstu:n] girlander, pryde med girlander.
fetal [ˈfi:tl] foster-.
fetch [fetʃ] dobbeltgjenger, vardøger.
fetch [fetʃ] hente; innbringe, komme opp i (ved salg); gjøre inntrykk på, gjøre virkning på, bite på; forbause, imponere; **– a blow** deise til en; **– a sigh** sukke; **– and carry** apportere (om hunder). **fetch** [fetʃ] kunstgrep, knep, list, fiff. **fetcher** [ˈfetʃə] en som henter; **– and carrier** hund som apporterer; lydig slave. **fetching** [ˈfetʃiŋ] fengslende, fortryllende, vinnende, pen.
fête [feit] fest, veldedighetsfest; navnedag; gjøre fest for; fetere. **– grounds** festplass.
fetich [ˈfi:tiʃ, ˈfetiʃ] osv. se **fetish.**
feticide [ˈfi:tisaid, ˈfet-] fosterdrap; fosterfordrivelse.
fetid [ˈfetid, ˈfi:tid] stinkende.
fetish [ˈfi:tiʃ, ˈfetiʃ] fetisj. **-ism** [-izm] fetisjdyrking.
fetlock [ˈfetlɔk] hovskjegg; ankelledd (på hest).
fetor [ˈfi:tə] tev, stank.
fetter [ˈfetə] lenke, legge i lenker; binde; tjore; lenke, fotlenke, helde, tjor; tvang, bånd.
fettle [ˈfetl] orden, god stand; sette i stand.
fetus [ˈfi:təs] føtus, foster.
feu [fju:] (skot.) bygsel, forpaktning, len; grunn; bortfeste, bortforpakte, bygsle, forpakte.
feud [fju:d] (stamme-)feide, ufred, strid; len. **feudal** [ˈfju:d(ə)l] feudal, lens-. **feudalism** [ˈfju:dəlizm] lensvesen, feudalsystem. **feudality** [ˈfju-

ˈdæliti] lensforhold, feudalsystem. **feudary** [ˈfju:-dəri] lensmann, vasall. **feudatary** [ˈfju:dətəri], **feudatory** [ˈfju:dətəri] feudal, lens-; lensmann, vasall; len.
feuilleton [ˈfə:jətɔŋ] føljetong; ≈ kultursidene i en avis; kronikk.
fever [ˈfi:və] feber; få feber; bringe i feber; **ravings of –** feberfantasier. **– blister** forkjølelsessår. **– chart** ≈ feberkurve. **fevered** febersyk; opphisset. **feverish** [ˈfi:vəriʃ] febersyk; feberaktig; usunn.
fever|-ridden feberherjet. **– -stricken** feberherjet. **-trap** feberherjet område.
few [fju:] få; **a few** noen få, et par; **quite a –** en hel del, temmelig mange; **the –** mindretallet. **fewer** [ˈfju:ə] færre. **fewest** [ˈfju:ist] færrest. **fewness** [ˈfju:nis] det å være få, fåtallighet.
fewtrils [ˈfju:trilz] bagateller.
fey [fei] døden nær, dødsmerket; feig.
fez [fez] fess.
ff. fk. f. **fortissimo; following (pages).**
F. G. fk. f. **Foot Guards.**
F. G. S. fk. f. **Fellow of the Geological Society.**
F. H. fk. f. **fire hydrant.**
fiancé, fiancée [fiˈɑ̃:nsei] forlovede.
fiasco [fiˈæskəu] fiasko.
fiat [ˈfaiət] (jur.) ordre, befaling; samtykke, sanksjon, godkjenning, fullmakt.
fib [fib] fabel, usannhet, skrøne, løgn; slag; denge, slå. **fibber** [ˈfibə] løgnhals.
fibre [ˈfaibə] fiber, trevl, tråd; karakter, støpning. **– board** fiberplate. **– flax** spinnelin.
fibril [ˈfaibril] liten fiber, fin trevl; rothår. **fibrin(e)** [ˈfaibrin] fibrin. **fibrous** [ˈfaibrəs] trevlet, trådet.
fibster [ˈfibstə] løgnhals, skrønemaker.
fibula [ˈfibjulə] spenne; leggbein; synål (i kirurgi). **fibulated** [ˈfibjuleitid] spenneformet.
fichu [ˈfi:ʃu:] fichu.
fickle [ˈfikl] vaklende, ustø, lunefull, ubestemt, skiftende, vankelmodig. **-ness** foranderlighet, vankelmodighet.
fictile [ˈfiktil] formet; pottemaker-.
fiction [ˈfikʃən] oppfinnelse, oppdikting, dikt, oppspinn, fiksjon; ≈ skjønnlitteratur; **a work of –** en diktning, roman. **fictional** oppdiktet, konstruert; skjønnlitterær. **fictionist** [ˈfikʃənist] romanforfatter.
fictitious [fikˈtiʃəs] diktet, oppdiktet; fingert, uekte, forloren, falsk; **– gem** uekte edelstein.
fid [fid] spleishorn; sluttholt.
fid. def. fk. f. **fidei defensor.**
fiddle [fidl] fiolin, fele; taskenspiller, bondefanger; **as fit as a –** ≈ frisk som en fisk. **fiddles** også slingrebretter. **fiddle** spille fiolin, spille på fele; plukke på, fingre med; kaste bort tiden, fjase; lure, snyte. **fiddlededee** [fidldiˈdi:] vas, tøv, tull, vrøvl. **fiddle-faddle** [ˈfidlfædl] tøv, vrøvl.
fiddler [ˈfidlə] fiolinspiller; spillemann; bondefanger; somlekopp; sixpence (mynten); **drunk as a –** full som en alke.
fiddlestick [ˈfidlstik] fiolinbue; bagatell, tøys. **fiddle-sticks!** snakk; vas; sludder.
fiddley [ˈfidli] innviklet puslearbeid.
fiddly [ˈfidli] kjedelig.
fidelity [fiˈdeliti] troskap; nøyaktighet. **– bond** garantipolise.
fidget [ˈfidʒit] være urolig; være rastløs; ikke ha ro på seg, være nervøs, vimse omkring; uro, vimsing; en som ikke kan holde seg i ro, vims; **– with** fikle med, plukke på. **fidgety** [ˈfidʒiti] urolig, nervøs; vimset.
fiducial [fiˈdju:ʃəl], **fiduciary** [fiˈdju:ʃəri] tros-, som bygger på tro; betrodd; tillitsmann, formynder.
fie! [fai] fy! **– upon you! – for shame** fy! fy for fanden!
fief [fi:f] len.
field [fi:ld] mark; jorde; åker; eng; løkke; felt, valplass; feltslag; område; bane, spilleplass (i sport); alle spillerne; alle veddeløpshestene; jaktselskap; terreng, lende, grunn, bakgrunn (i maleri); synsfelt; felt (i våpen); rykke i marka; (i cricket) være markspiller; **in the –** på marka, ute på landet; **oil –** oljefelt; **on the –** på slagmarken; **– of battle** valplass; slagmark; **keep the –** kampere i felten; fortsette felttoget; holde valplassen; **lose the –** tape kampen, lide nederlag; **take the –** rykke i felten, dra i krigen; **– the ball** (i cricket) gripe ballen og kaste den inn til gjerdet.
field | day troppeparade, mønstring; den dagen et sportsstevne avholdes; (fig.) festdag, stor dag. **– events** kaste- og sprangkonkurranser. **-fare** gråtrost, kramsfugl. **– garlic** strandløk. **– glasses** (pl.) (felt)kikkert. **– gun** feltkanon. **– hand** gårdsarbeider.
Fielding [ˈfi:ldiŋ].
field | intensity feltintensitet. **– kitchen** feltkjøkken. **– maintenance** feltreparasjoner. **-man** en som arbeider i marken; representant. **– manual** feltreglement. **– marshal** feltmarskalk. **– meeting** friluftsmøte. **– mouse** markmus, skogmus. **– naturalist** ≈ naturiakttaker. **– officer** stabsoffiser (i frelsesarméen: feltoffiser). **– pattern** retningskarakteristikk. **-piece** feltkanon. **– practice** terreng-, feltøvelse. **– ration** stridsrasjon, feltrasjon. **– salad** vårsalat. **– service** feltgudstjeneste. **– slug** åkersnegl.
fieldsman [ˈfi:ldzmən] utespiller (i cricket).
field | sports friluftsidrett (især jakt og fiske). **– strength** feltstyrke. **– trip** ekskursjon. **– vole** markmus. **– work** markarbeid, arbeid i marken; feltskanse, feltarbeid.
fiend [fi:nd] djevel. **-ish, -like** djevelsk.
fierce [fiəs] vill, barsk, rasende, bister, heftig, glupsk, aggressiv, streng, voldsom.
fieri facias [ˈfaiəraiˈfeiʃiæs] utpantingsordre (jur.).
fieriness [ˈfaiərinis] hete; heftighet, fyrighet. **fiery** [ˈfaiəri] ild-; het, brennende; heftig; fyrig, lidenskapelig; oppfarende. **– red face** ildrødt ansikt.
fiesta [fiˈestə] (helgen)fest.
fife [faif] pipe, pikkolofløyte; pipe. **fifer** [ˈfaifə] piper.
fifteen [ˈfifˈti:n] femten.
fifteenth [ˈfifˈti:nθ] femtende; femtendel.
fifth [fifθ] femte; femtedel; kvint (mus.); (US) $^1/_5$ gallon, (ofte) flaske (brenne)vin.
fifth columnist [ˈfifθˈkɔləmnist] femtekolonnist, forræder.
fifthly [ˈfifθli] for det femte.
fiftieth [ˈfiftiiθ] femtiende; femtidel.
fifty [ˈfifti] femti; **go fifty-fifty** dele likt, dele risikoen.
fig [fig] fikentre; fiken; **a – for him!** blås i ham! **I don't care a – for it** jeg bryr meg ikke det grann om det.
fig. fk. f. **figure; figuratively.**

fig [fig] puss, stas; pynte; **in full** – i fineste puss; **in poor** – uopplagt; – **out** pynte; – **up** (el. **out)** stase opp, spjåke til.
fight [fait] kjempe, stride (**against, with** mot, med; **for** for, om), slåss; bekjempe, utkjempe; duellere; kjempe for, slåss for; prosedere; konkurrere om; – **a battle** levere et slag; – **back** undertrykke, holde tilbake; bite fra seg; – **it out** avgjøre ved kamp.
fight [fait] strid, kamp, slagsmål; kamplyst, mot; **free** – alminnelig slagsmål; **show** – sette seg til motverge, flekke tenner.
fighter [ˈfaitə] kjemper; stridsmann; slagsbror; jager(fly); – **-bomber** jagerbombefly.
fighting [ˈfaitiŋ] kamp, kamper; kampdyktig, stridsfør; – **chance** ≈ hvis det går bra, så vil det holde hardt.
fig leaf [ˈfigli:f] fikenblad.
figment [ˈfigmənt] oppdikting, påfunn, fantasifoster, tankespinn.
figurant [ˈfigjurənt] ballettdanser; statist. **figurante** [ˈfigjurənt, figjuˈrænt] ballettdanserinne; statist. **figurate** [ˈfigjurit] figurert (om musikk). **figuration** [figjuˈreiʃən] figurering, utsmykking med figurer. **figurative** [ˈfigjurətiv] billedlig, figurlig, symbolsk; billedrik, blomstrende; figurativ.
figure [ˈfigə] figur; form, skikkelse; siffer, tall; gallionsfigur; forbilde, type; figur; illustrasjon, diagram; mønster (i tøy); **cut** el. **make a** – gjøre figur, spille en rolle; **what's the** – hva er prisen, hva har jeg å betale; **at a low** – til lav pris; **speak in -s** tale billedlig.
figure [ˈfigə] forme, danne; avbilde, fremstille; forestille seg, tenke seg; symbolisere; figurere, pryde med figurer; tenke el. anvende figurlig; beregne, regne (i matematikk); spille en rolle, figurere; – **in** inkludere, ta med i beregningen; – **on** stole på, regne med; – **out** regne ut; – **up** addere, regne ut.
figure|head gallionsfigur; (fig.) symbolsk leder. – **man** kunstløper, kunstskøyteløper. – **skating** kunstløp på skøyter. – **stone** agalmatolitt, billedstein.
filament [ˈfiləment] tråd, trevl, fiber; glødetråd. – **lamp** glødelampe.
filamentous [filəˈmentəs] trådaktig, trevlet.
filature [ˈfilətjuə, -tʃə] silkehesping; hespetre, snelle; sted hvor silken blir hespet.
filbert [ˈfilbət] dyrket hasselnøtt.
filch [filtʃ] stjele, rapse, kvarte. **filcher** [ˈfiltʃə] tyv. **filching** [ˈfiltʃiŋ] kvarting, nasking.
file [fail] tråd; metalltråd; dokumentholder, brevordner, regningskrok; ordnet bunke (av brev etc.); mappe, brevordner; dossier; rapport; sak; kartotek; arkiv, samling av dokumenter, aviser o. l.; fortegnelse, liste; rode, rote; fil; fyr, luring, kladd, radd, lommetyv; kjørefelt, fil; (EDB) fil, datasett. **rank and** – de menige soldater; rekke; **by -s** rodevis; **move in Indian (or single)** – gå en og en, gå gåsegang.
file [fail] alfabetisere, arkivere, hefte sammen; ordne; legge på sin plass; legge til aktene; sende inn (om søknad o. l.); legge fram i retten; marsjere rodevis; defilere; file (f.eks. metall). – **a bill** inngi en klage. – **a petition of bankruptcy** overlevere sitt bo med konkursbegjæring.
file | box kartotek|boks, -skuff. – **clerk** arkivar, arkivdame. – **copy** arkiveksemplar. – **cutter** filhogger. – **dust** filspon.
filer [ˈfailə] filer; kartotekordner; lommetyv.
filial [ˈfiljəl] sønnlig, datterlig, barnlig, barne-.
filiate [ˈfilieit] adoptere. **filiation** [filiˈeiʃən] barns forhold; adopsjon; utlegging som barnefar; slektskapsforhold, avstamning.
filibeg [ˈfilibeg] (skot.) kort skjørt.
filibuster [ˈfilibʌstə] fribytter, sjørøver, pirat; obstruksjonsmaker; drive fribytteri; lage obstruksjon; sabotere.
filicide [ˈfilisaid] barnemord; barnemorder(ske).
filiform [ˈfailifɔ:m] tråddannet, tråd-.
filigrane [ˈfiligrein], **filigree** [ˈfiligri:] filigran.
filing [ˈfailiŋ] arkivering; filing, avfiling. – **cabinet** kartotekskap, arkivskap. – **card** kartotekkort. – **clerk** se **file clerk.** – **system** arkiveringssystem.
filings [ˈfailiŋz] filsponer.
fill [fil] fylle; utfylle, oppfylle; oppta; plombere; mette; bekle (f. eks. et embete); besette (f. eks. et embete); utføre; klare, være voksen for; fylles; full forsyning, fylling, mette; fyll; **eat your** – spis deg mett.
filled | cloth appretert stoff. – **gold** gulldublé.
filler trakt, påfyllingsrør; fyllmasse, fyllstoff; (fig.) fyllekalk.
fillet [ˈfilit] hårbånd, pannebånd; list, kant; skive; filet; rulade; mørbrad; sette bånd på etc.; ta bein ut (av fisk o. l.). – **steak** tournedos.
fillibeg [ˈfilibeg] se **filibeg.**
fill-in [ˈfilin] avløser, vikar; oversikt, resymé.
filling [ˈfiliŋ] fylling; plombe; plombering. – **station** (US) bensinstasjon.
fillip [ˈfilip] knipse; knips; stimulans, oppstrammer; (fig.) spore; **give one a** – egge en.
fillister [ˈfilistə] fals; falshøvel.
filly [ˈfili] fole, hoppeføll, ungmerr; galneheie.
film [film] hinne; film; overtrekke med en hinne; filme, filmatisere.
film director filminstruktør.
filmic [ˈfilmik] filmisk.
film set filmkulisser.
filmy [ˈfilmi] overtrukket med en hinne; hinneaktig; hinne-.
filoselle [ˈfiləsel] florettsilke.
filter [ˈfiltə] sile, filtrere; filtreres, sive, trenge (igjennom); filter, filtrerapparat.
filter|ing [ˈfilteriŋ] filtrering. – **bag** filtrerpose; – **paper** filtrerpapir. – **tip** filtermunnstykke.
filth [filθ] smuss, skitt; sjofelhet.
filthy [ˈfilθi] smussig, skitten; svinsk, sjofel.
filtrate [ˈfiltreit] filtrere; filtrert væske.
filtration [filˈtreiʃən] filtrering. – **plant** renseanlegg (for vann).
fimble-famble [ˈfimblfæmbl] tom unnskyldning, utflukt, snikksnakk.
fimbriate(d) [ˈfimbrieit(id)] frynset.
fin. fk. f. **finance; financial.**
fin [fin] finne, svømmefinne; kjøleribbe; halefinne (på fly); hånd, neve; (US) femdollarseddel; **tip me your** – gi meg din hånd. **fin** skjære opp fisk; – **-footed,** – **-toed** med svømmeføtter.
finable [ˈfainəbl] som en kan få mulkt for.
final [ˈfainəl] endelig, avgjørende; slutt-, sist; sluttkamp, finale; avsluttende eksamen.
finale [fiˈnɑ:li] finale, slutt.
finality [faiˈnæliti] endelighet; avgjørelse; resultat.
finalize [ˈfainəlaiz] sluttbehandle, ta endelig beslutning om, avgjøre.
finally [ˈfainəli] endelig, til sist, til slutt.

finance [fiˈnæns, fai-] finansvitenskap; (mest i flertall); statens inntekter; **finances** finanser, inntekter (privatfolks). **finance** [f(a)iˈnæns] gjøre pengeforretninger; utarbeide el. styre finansielt; forsyne med inntekter, finansiere. **– committee** regnskapsutvalg, -komité, finanskomité. **– house** pengeinstitutt. **financial** [fiˈnænʃəl, fai-] finansiell, finans-, penge-, økonomisk. **– circumstances** formuesforhold. **– report** kredittopplysning. **– statement** regnskapsoppgjør. **financier** [fiˈnænsiə, fai-] finansmann, pengemann.
finback [ˈfinbæk] rørhval, finnhval.
finch [finʃ] finke (en fugl).
find [faind] finne; treffe; råke; finne ut, oppdage, bli klar over, skjønne, merke; yte, forsyne, forsørge, bestride omkostningen ved; skaffe til veie; avsi (en kjennelse); funn; finnested; **– a true bill** anta en klage (som grunnet); beslutte tiltale reist; **– oneself** befinne seg; ha det, sørge for seg selv; **the jury found him guilty** juryen erklærte ham skyldig; **– for the plaintiff** erklære den anklagede for skyldig; **he -s me in money and clothes** han holder meg med penger og klær; **50 pounds a year and everything found** 50 pund om året og alt fritt; **– one business** skaffe en arbeid; **– one in a lie** gripe en i en løgn; **I cannot – in my heart** jeg kan ikke bringe det over mitt hjerte; **I could – in my heart** jeg kunne ha lyst til; **– fault with** dadle, ha noe å utsette på; **– out** oppdage.
finder [ˈfaində] finner; søker, siktekikkert.
finding [ˈfaindiŋ] kjennelse; resultat; funn, det man finner.
fine [fain] bot, mulkt; avgift; vederlag; mulktere; idømme en bot; **in –** kort sagt, til slutt.
fine [fain] fin; smukk, skjønn; staut, kjekk; ren, klar; tynn, grann; rense, klare, lutre; avklares, bli finere; svinne hen; **– day** fint vær, **the – arts** de skjønne kunster; **a – fellow** en kjernekar, en drivende kjekk kar; (spottende) en deilig fyr; **– feathers** fine klær; **a – friend you have been** du har vært en nydelig venn; **one of these – days** en vakker dag.
fine-cut [ˈfainkʌt] finskåret.
fine-draw [ˈfainˈdrɔ:] sy fint sammen; kunststoppe; trekke ut til tynne tråder. **fine-drawn** hårtrukket, spissfindig.
fine-grained [ˈfainˈgreind] finkornet.
finely [ˈfainli] fint; smukt.
fineness [ˈfainnis] finhet, finholdighet; lødighet.
finery [ˈfainəri] stas, pynt.
finespoken [ˈfainspəukən] veltalende, beleven.
fine-spun [ˈfainˈspʌn] fint spunnet; fint uttenkt.
finesse [fiˈnes] kunstgrep, behendighet, list; gjøre kunstgrep; snyte; bruke list el. knep.
fine-toothed comb finkam. **go over with a – –** finkjemme.
Fingal [ˈfiŋgəl].
finger [ˈfiŋgə] finger; fingerbredde; fingerferdighet; fingre med; berøre lett; gripe; stjele; peke ut; fingre, bruke fingrene; **have at one's fingers' ends** kunne på fingrene. **– alphabet, – and sign language** fingerspråk (for døvstumme). **– basin** skylleskål (i middagsselskap). **– board** gripebrett (på fiolin osv.); klaviatur, manual (på orgel). **– bowl** [-bəul] skyllebolle.
fingerer [ˈfiŋgərə] klåfinger.
finger | glass [ˈfiŋgəglɑ:s] skyllebolle. **– guard** parerbøyle. **fingering** [ˈfiŋgəriŋ] fingring; fingersetning; stoppegarn. **finger post** [ˈfiŋgəpəust] veiviser (stein el. stolpe). **fingernail** [ˈfiŋgəneil] fingernegl.
fingerprint [ˈfiŋgəprint] fingeravtrykk.
fingerstall [ˈfiŋgəstɔ:l] smokk.
finical [ˈfinikl] sirlig, pertentlig, overdrevent ærbar, prippen; utbrodert. **finicality** [finiˈkæliti] sirlighet, pertentlighet. **finicking** [ˈfinikiŋ] sirlig, pertentlig.
finikin [ˈfinikiŋ] se **finicking.**
fining [ˈfainiŋ] lutring; raffinering, rensing.
finis [ˈfainis] ende, finis.
finish [ˈfiniʃ] ende, gjøre seg ferdig med, slutte; fullende; legge siste hånd på; appretere (tøy); finpusse; spise opp; drikke ut; sette til livs; gjøre det av med en; holde opp; slutning; slutt; avpussing; siste hånd (på verket), ferdigbehandling, overflatebehandling; slutningsscene (i skuespill); slutningskamp (i sport); **degree of –** bearbeidingsgrad; **war to a –** krig på liv og død; **– off** gjøre det av med; gjøre ferdig; **– up with** avslutte med. **finished** [ˈfiniʃt] fullendt. **finishing | establishment** høyere utdannelsesanstalt. **– line** mållinje. **– order** liste over rekkefølge, plassering. **– stroke** nådestøt. **– touch** siste hånd på verket.
finite [ˈfainait] endelig, avgrenset; finitt.
fink detektiv, oppdager; streikebryter; angiver.
Finland [ˈfinlənd] Finland. **Finlander** [ˈfinləndə] (sjeldent) finne. **Finlandish** [ˈfinləndiʃ] (sjeldent) finsk. **Finn** [fin] finne; finn, kven.
finner [ˈfinə] finnhval, sildehval.
Finnic [ˈfinik], **Finnish** [ˈfiniʃ] finsk.
finny [ˈfini] finnet.
fin whale finnhval.
fiord [fjɔ:d] fjord (især norsk).
fir [fə:] bartre, nåletre; gran; edelgran; **spruce –** alminnelig gran. **– apple, – cone** kongle.
fire [ˈfaiə] ild, varme, fyr; brann; flamme, lue, lidenskap; bål; (mil.) ild, beskytning. **catch** (el. **take) –** fenge; **light** (el. **make) a –** gjøre opp varme på, legge i ovnen; **set – to** (el. **set on –)** sette fyr på; **on –** i brann, brennende, opphisset; **smell of –** brannlukt; **he will never set the Thames on –** han har ikke funnet opp kruttet; **no smoke without –** ingen røyk uten ild; **between two -s** mellom dobbelt ild; **by the –** foran kaminen, ved ilden, foran peisen.
fire [ˈfaiə] tenne; sette ild på; avfyre; fyre, tenne opp, fyre under; brenne; komme i brann; oppildne; avskjedige, gi sparken; **– away!** ogs. snakk fra leveren; ut med det; **– the boilers** fyre under kjelene; **– off** avfyre; **– out** hive ut, sette på porten; **– up** komme i fyr og flamme.
fire|alarm brannalarm; brannsignalapparat; **– -and-brimstone preacher** svovelpredikant. **– appliance** slokkingsapparat, -middel. **-arms** ildvåpen, skytevåpen. **-board** peisspjeld. **-brand** brann; urostifter. **-brick** ildfast murstein. **– brigade** brannvesen. **– bucket** brannspann. **-bug** pyroman. **-clay** ildfast leire. **– cock** brannkran. **– cracker** fyrverkeri, kinaputt. **– damp** gruvegass. **– department** brannvesen. **-dog** brannjern. **– drill** brannvernsøvelse. **– -eater** ildsluker; pralhans; slagsbror; sinnatagg. **– -engine** brannsprøyte. **– escape** redningsapparat, brannstige. **– extinguisher** brannslokkingsapparat. **– fly** ildflue. **-guard** kamingitter, gnistfanger; brannvakt. **-hook** brannhake. **– hose** brannslange.

fire | **insurance** brannforsikring. – **irons** ildtøy; kaminsett. – **lane** branngate. **-less** uten ild. – **loss** brannskade. – **loss assessment** branntakst. **-man** brannmann; fyrbøter. **-new** splinter ny. – **office** brannassuransekontor. – **pan** fyrfat; panne (på et gevær). **-place** ildsted, arne, åre, grue, peis, kamin, fyrsted. – **plug** brannkran, brannhydrant, – **policy** brannpolise. **-proof** ildfast, brannsikker. – **-raising** brannstiftelse. – **risk** brannfare. – **screen** kaminskjerm. – **set** ildtøy. – **ship** brannskip. **-side** åre, peis, arnested, arne; (fig.) hjem, heim. – **station** brannstasjon. – **steel** fyrstål. **-water** ildvann, brennevin. **-wood** ved. **-works** fyrverkeri. – **worship** ildtilbedelse. – **worshipper** ildtilbeder.

firing [ˈfaiəriŋ] brensel; antennelse; avfyring, skyting, fyring. – **charge** tennladning. – **iron** brennjern. – **line** ildlinje, skuddlinje. – **order** tenningsrekkefølge (i bilmotor). – **party** avdeling som har til oppgave å sprenge en mine eller saluttere ved en begravelse. – **squad** eksekusjonspeletong. – **step** trinnsom en soldat i løpegrav står på for å skyte.

firkin [ˈfə:kin] fjerding; anker, kagge, dunk, butt.

firm [fə:m] fast, stø, traust; bli fast, feste.

firm [fə:m] firma, handelshus.

firmament [ˈfə:məmənt] firmament, himmelhvelving. **firmamental** [fə:məˈmentəl] himmel-.

firman [ˈfə:mən] østerlandsk monarks forordning, dekret.

firmer | **chisel** stemjern. – **gouge** huljern, hoggjern.

firmly [fə:mli] fast, bestemt, solid.

first [fə:st] først; for det første; før, heller; første stemme; første karakter; første premie, førsteplass, vinnerplass; **at (the)** – i begynnelsen, i førstningen, først og fremst; **from the** – fra begynnelsen av, fra først av; **in the** – **place** for det første; **of the** – **importance** av største viktighet; **on** – **coming** straks når en kommer; **on the** – **approach of a stranger** straks en fremmed nærmer seg; **when** – straks da ...; – **aid** førstehjelp; – **appearance** debut; første fremtreden; **he travels** – han reiser på første klasse; – **floor** annen etasje; – **form** nederste klasse (i skole); **the** – **thing** straks; **put** – **things** – begynne med det viktigste; **I'll do it** – **thing in the morning** jeg skal gjøre det så snart jeg har stått opp; **come** – **thing tomorrow** kom ganske tidlig i morgen; – **come,** – **served** den som kommer først til mølla, får først malt; – **of all** først og fremst; – **and foremost** aller først; **I would die** – jeg ville heller dø.

first|-begotten førstefødt. – **-born** førstefødt. – **-class** utmerket, prima, førsteklasses. – **class** første klasse. – **coat** første strøk med maling. – **cost** anskaffelsesomkostninger. – **cousin** fetter, kusine. – **day cover** førstedagskonvolutt. – **floor** annen etasje; (US) første etasje. – **-foot** (skot.) første gjesten på nyåret. – **fruit** førstegrøde. **-hand** førstehånds; umiddelbar. – **lady** (US) presidentens hustru, førstedame.

firstling [ˈfəstliŋ] førstefødt avkom.

firstly [ˈfə:stli] for det første.

first | **mate** førstestyrmann. – **mortgage** førsteprioritet. – **name** fornavn. – **night** premiere. – **of exchange** primaveksel. – **offender** førstegangsforbryter. – **-rate** førsterangs, fortrinnlig. – **speed** førstegir. – **tripper** førstereisgutt.

firth [fə:θ] ≈ fjord; elvemunning.

fisc [fisk] staskasse. **fiscal** [ˈfiskəl] fiskal.

fish [fiʃ] fisk; fyr; spillemerke; fiske; fiske opp; fiske i; **a pretty kettle of** – en nydelig suppe; **drink like a** – drikke som en svamp; **all is** – **that comes to net** alle monner drar; **feed the -es** drukne; være sjøsyk; **have other** – **to fry** ha annet å greie med; **an odd** (el. **queer)** – en snurrig fyr; – **in troubled waters** fiske i rørt vann.

fish | **ball** fiskebolle. – **carrier** brønnbåt; fiskekasse. – **carver** fiskespade.

fisher [ˈfiʃə] fisker. **fisherman** [ˈfiʃəmən] fisker; fiskerbåt. **fishery** [ˈfiʃəri] fiske; fiskeplass. – **inspection** fiskerioppsyn.

fish|-fag fiskekjerring, hurpe. – **farm** fiskeoppdretteri. – **farming** havbruk. – **flour** fiskemel. **-gig** lyster. – **glue** fiskelim. **-hook** fiskekrok.

fishing [ˈfiʃiŋ] fiskeri, fiske-.

fishing | **line** fiskesnøre. – **rod** fiskestang. – **station** fiskevær. – **tackle** fiskeredskaper.

fish | **ladder** laksetrapp. – **meal** fiskemel. **-monger** fiskehandler. – **pot** teine, ruse. – **slice** fiskespade; sløyekniv. – **spear** lyster. – **steak** fiskeskive. – **tale** (US) fiskehistorie, overdrivelse. – **tank** akvarium. – **trap** ruse. – **trowel** fiskespade. – **turtle** forloren skilpadde. – **woman** fiskekone.

fishy [ˈfiʃi] fiskaktig; fiskerik; utrolig, overdreven; usikker (om spekulasjon), muggen, mistenkelig.

fissile [ˈfisail] som kan spaltes el. kløyves. **fissility** [fiˈsiliti] det å kunne la seg kløyve. **fission** [ˈfiʃən] kløving, spalting. – **bomb** fisjonsbombe. **fissiparous** [fiˈsipərəs] som forplanter seg ved spalting.

fissure [ˈfiʃ(u)ə] spalte, splitte, kløyve; spalte, revne, sprekk.

fist [fist] neve, knyttneve; grep; **the mailed** – den pansrede neve. – **fight** [ˈfistfait] nevekamp. **fistic** [ˈfistik] neve-, bokser-. **fisticuffs** [ˈfistikʌfs] nevekamp, slagsmål, boksing. – **law** neverett.

fistula [ˈfistjulə] rør; fistel. **fistular** [ˈfistjulə] rørformig. **fistulate** [ˈfistjuleit] gjøre til et rør; bli til en fistel. **fistulous** [ˈfistjuləs] fistelaktig.

fit [fit] anfall, ri, kramperi, tilfelle, innfall, lune; (gml.) vers, stev; **throw** (el. **have) a** – få et anfall, (sl.) få hetta; **go off in a** – få krampe; **a** – **of laughter** et latteranfall; **beat him all to -s** slå ham sønder og sammen; **for a** – en tid lang; **by -s** nå og da, rykkevis.

fit [fit] tjenlig, skikket, passende, høvelig, laglig; som passer godt; dyktig, dugelig; tilpasning, passform, det å passe, passing; gjøre tjenlig, gjøre skikket til, kvalifisere, trene opp; avpasse; utstyre; gjøre i stand, innrette; montere; være tjenlig til, være egnet til; passe, sitte; **a** – **person** den rette mann; **be** – **for a sailor** duge til å være sjømann; – **for use** brukelig; brukbar; – **to** egnet til; verdig til; **she cried** – **to break her heart** hun gråt som hennes hjerte skulle briste; – **closely** slutte tett inntil; **well -ed** godt sammenpasset; **the key -s the lock** nøkkelen passer i låsen; – **on** prøve; anbringe på; **the shoes are just your** – skoene passer nettopp til foten Deres; **be a bad** – ikke passe; – **out** utruste, forsyne med; – **up** innrede; – **up with** utruste, forsyne med.

fitch [fitʃ] ilderskinn; ilderhår; ilderhårspensel.

fitchew [ˈfitʃu:] ilder.

fitful [ˈfitf(u)l] rykkvis, ustadig, ustø, ujamn.

fitment(s) tilbehør.
fitness [ˈfitnis] skikkethet; dugelighet; **it is but in the – of things that** det ligger i sakens natur at.
fit-out [ˈfitˈaut] utrustning; utstyr.
fitted avpasset, tilpasset; i passform (om klær). **– carpet** vegg-til-vegg-teppe.
fitter [ˈfitə] montør, maskinarbeider; tilskjærer.
fitting [ˈfitiŋ] passende; montering, tilpassing; trening; utrustning; rørdel, fitting; apparat, rekvisitt. **metal –** beslag. **boiler -s** armatur.
fitting-out [ˈfitiŋˈaut] utstyr; utrustning. **– berth** monteringsplass.
fitting room prøverom.
fitting shop [ˈfitiŋʃɔp] maskinverksted.
Fitzgerald [fitsˈdʒerəld].
five [faiv] fem; femmer; femtall; (US) hånd, neve.
five|fold [ˈfaivˈfəuld] femfold, femdobbelt. **– -o'-clock shadow** skygge av skjeggstubber om ettermiddagen. **– -o'clock tea** ettermiddagste. **fiver** [ˈfaivə] fempundseddel, (US) femdollarseddel.
fives [faivz] slags ballspill.
fix [fiks] klemme, knipe.
fix [fiks] feste, gjøre fast, hefte; nistirre på; avtale; ordne, arrangere; reparere, gjøre i stand; fiksere; stedsbestemme; fastsette; bestemme, slutte; svindle; sette seg fast; nedsette seg; bli fast, størkne; (US) ordne; **– on** bestemme seg til; **– up** ordne, arrangere; fikse; skaffe til veie.
fixation [fikˈseiʃən] fastgjøring, fastsetting, fasthet; bestemmelse; fiksering; binding; fiksasjon.
fixative [ˈfiksətiv] fiksérmiddel. **fixature** [ˈfiksətjə, -tjuə] stangpomade.
fixed [fikst] fast, stø, bestemt; determinert; fastsatt; stivt; **– air** karbondioksyd; **– assets** realkapital, fast investert kapital, varige driftsmidler. **– charge** fast(satt) avgift; **– day** bestemt dag; mottagelsesdag; **– fact** fait accompli; **– idea** fiks idé; **– oil** fet olje; **– prices** faste priser; **– star** fiksstjerne.
fixedly [ˈfiksidli] fast; stivt, ni-, bestemt.
fixedness [ˈfiksidnis] fasthet, uforanderlighet.
fixer [fiksə] (tal.) stråmann, mellommann; (US) (ass.) skjønnsmann.
fixing [ˈfiksiŋ] festing, ordning, tillagning; (især US og især i pl.) tilbehør, pynt, besetning (på kjole). **– agent** bindemiddel. **– bath** fiksérbad.
fixity [ˈfiksiti] fasthet, støhet.
fixture [ˈfikstʃə] fast tilbehør; naglefast gjenstand, fast inventar; turneringsplan (for idrettskonkurranser), arrangementsprogram; avsluttet befraktning.
fizgig [ˈfizgig] harpun; rakett; flokse, jåle; sporenstreks.
fizz [fiz] syde, bruse, frese, sprake, putre, musserere; brus, putring; musserende drikk, champagne.
fizzle [ˈfizl] visle, sprute, frese; gjøre fiasko; falle gjennom; rejisert; fresing.
fizzy [ˈfizi] sprutende, fresende, brusende, musserende.
fjord se **fiord.**
fl. fk. f. **florin.**
Fla. fk. f. **Florida.**
flabbergast [ˈflæbəgɑ:st] forbløffe, forfjamse, lamslå.
flabby [ˈflæbi] slapp, slakk, pløset, lealaus; klam, kaldvåt.
flack [flæk] (US) public relationsmann, PR-mann.
flaccid [ˈflæksid] slapp, slakk, pløset. **flaccidity** [flækˈsiditi] slapphet.
flag [flæg] flaggsmykke; flagre; signalere med flagg; henge slapp; slakne; bli matt, bli sløv.
flag [flæg] flagg; **– of convenience** bekvemmelighetsflagg; **– of truce** parlamentærflagg; **white –** parlamentærflagg; **black –** sjørøverflagg; **yellow –** karanteneflagg; **fly the –** la flagget vaie; **lower the –** fire flagget; **strike the –** stryke flagget.
flag [flæg] sverdlilje.
flag [flæg] flis; steinhelle; flislegge, hellelegge.
flag | carrier (US) offisielt, nasjonalt flyselskap. **– day** merkedag (for salg av merker og flagg til veldedige formål).
flagellant [ˈflædʒilənt] flagellant. **flagellate** [ˈflædʒəleit] piske. **flagellation** [flædʒəˈleiʃən] pisking.
flageolet [flædʒəˈlet] flageolett.
flagging svekkelse, slappelse; flislegging, hellelegging.
flaggy [ˈflægi] slapp, slakk; matt; flau.
flag halyard flaggline, flaggsnor.
flagitious [fləˈdʒiʃəs] avskylig; skjendig.
flag list [ˈflægˈlist] liste over flaggoffiserer.
flagman [ˈflægmən] flaggmann; banevokter.
flag officer [ˈflægˈɔfisə] flaggoffiser.
flagon [ˈflægən] flaske, kanne.
flag | paving hellebrulegging. **-pole** flaggstang.
flagrancy [ˈfleigrənsi] åpenbarhet; avskylighet; åpenbar skjendighet, skamløshet. **flagrant** [ˈfleigrənt] vitterlig, åpenbar; avskylig.
flagship [ˈflægʃip] admiralskip, flaggskip.
flagstaff [ˈflægstɑ:f] flaggstang.
flagstone [ˈflægstəun] flis, hellestein. **-d** flislagt.
flag-wagging [ˈflægwægiŋ] signalisering med flagg; uteskendetale.
flag-waving kraftpatriotisme.
flail [fleil] sliul, slire, slagvol.
flair [flɛə] sporsans, teft, fin nese; **have a – for** ha sans for.
flak [flæk] (egl. fk. f. tysk Flieger-Abwehr-Kanone) flak, luftvernskyts.
flake [fleik] flak, hinne, tynt lag, tynn skive; fnugg; snøfille; fiskehjell (til tørking av fisk). **– off** skalle av; **– out** svime av, miste bevisstheten.
flakers [ˈfleikərs] (tal.) utkjørt, skutt, dødstrett, gåen.
flaky [ˈfleiki] fnuggaktig; skjellet, i lag. **– pastry** mørdeig.
flam [flæm] trommeslag; oppdiktet historie; lyve for; overtale, snakke rundt.
flambeau [ˈflæmbəu] fakkel; praktlysestake.
flamboyance [flæmˈbɔiəns] glorethet, fargeprakt; festlighet.
flamboyant [flæmˈbɔiənt] flammet; bølgende; (fig.) blomstrende, praktfull, gloret, prangende.
flame [fleim] flamme, lue; flamme, kjæreste; utbrudd, anfall; **– -coloured** ildrød, rødgul.
flame projector [ˈfleimprəˈdʒektə] flammekaster.
flame thrower [ˈfleimˈθrəuə] flammekaster.
flaming [ˈfleimiŋ] flammende; (fig.) lidenskapelig; (sl.) forbasket, fordømt.
flamingo [fləˈmiŋgəu] flamingo.
flammable [ˈflæməb(ə)l] brennbar.
flammiferous [flæˈmifərəs] som frembringer flamme. **flammivomous** [flæˈmivəməs] ildspyende.

flamy [ˈfleimi] flammende, flammet.
flan [flæn] en slags terte.
Flanders [ˈflɑ:ndəz] Flandern (NB. sing.).
flange [flæn(d)ʒ] framstående kant, flens, kant, krave, fals.
flank [flæŋk] side; side av slaktet dyr; flanke; dekke sidene, flankere; **turn his –** falle ham i flanken. **flanker** [ˈflæŋkə] flankør; sideverk.
flannel [ˈflæn(ə)l] flanell; klesstykke av flanell; tykt undertøy; vaskeklut, pusseklut; tørre el. gni med flanell; kle i flanell; overtale, smigre. **– board** flanellograf. **flannels** flanellsdrakt, sportsklær. **flannelled** kledd i flanell.
flap [flæp] klaff; bordklaff; bremseklaff; lapp; lepp, snipp; flik; frakkeskjøt; spennetamp; smekk, klask, dask; dasking; overfall; klaske, daske; slå; bakse (med vingene); henge slapp ned. **-doodle** store ord; vås, nonsens. **– door** falldør. **– -eared** med hengende ører; slukøret. **-jack** (US) pannekake.
flapper [ˈflæpə] skralle; vifte; klaps; ung (ikke flygeferdig) fugl; ung villand; backfisch, tenåring; hånd, pote; fluesmekker.
flare [flɛə] ustadig lys; (nød)bluss; raserianfall; praleri; flagre; flimre, flakke; flamme ustadig; glimre, glimte; lyse med blendende glans, glore. **– off** svi av, brenne av el. opp. **-up** oppblussing, oppbrusing; heftig klammeri; bråkende lag. **-back** hissig svar; bakflamme.
flared [flɛəd] rundskåret (om klær).
flash [flæʃ] glimt, blink, lyn; blitzlys (fotografering); oppblussing; kortvarig suksess; flott; smakløs; simpel; falsk; glimte, blinke, lyne; la blusse opp; sende ut glimtvis; vise i et glimt; gjøre hvitglødende (kullspisser); prale med, flotte seg med; **– a roof** tekke et tak; **it suddenly -ed (up) on me** det slo meg plutselig, det gikk plutselig opp for meg; **– in the pan** klikke, gå opp i røyk; **– a message along the wires** sende med telegrafen. **-back** (hurtig) tilbakeblikk. **-bulb** blitzpære. **– cube** blitzterning. **-er** blinklys; blotter, ekshibisjonist. **– gun** elektronblitz. **– lamp** blitz; (US) lommelykt. **– point** flammepunkt.
flashy [ˈflæʃi] påfallende; flimrende, broket; smakløs, forloren, prangende, uekte; hissig, brå.
flask [flɑ:sk] flaske, lommelerke, kurvflaske; krutthorn.
flat [flæt] flat, jevn, jamn; matt, svak, flau; kjedelig, trist; nedslått; utbrent, utladet (batteri); likefram, endefram; fullkommen, ganske, rent ut; med b foran (i musikk); liten (om ters); moll (om tonearten); tosk, naut; flathet, jevnhet; flate, slette, grunne; langgrunne, lang fjære; bakgrunn (i teater); pram; åpen godsvogn; punktering; (US) bredskygget damestråhatt; etasje; leilighet; **turn it down –** avslå det blankt; **ten seconds –** ti sekunder blank; **the beer tastes –** ølet er dovent; **fall –** falle til jorda. **flat** [flæt] gjøre flat; gjøre flau; sette en halv tone ned; (US) gi en kurv; bli flau; synke (i musikk).
flat|-bottomed flatbunnet. **-car** jernbaneflatvogn. **– -catcher** bondefanger. **– catching** bondefangeri. **– -chested** flatbrystet. **-fish** flyndre, flatfisk. **-foot** plattfothet; (US) (patruljerende) politikonstabel. **– -footed** plattføtt, sjokkende. **-iron** strykejern. **– milk** skummet melk.
flat out utstrakt; utmattet; rett ut, bent fram.
flat | rate ensartet takst. **– tax** ensartet beskatning.
flatten [ˈflætn] gjøre flat; jevne, jamne; slå flat, hamre flat; glatte ut; trykke; gjøre flau; gjøre en halv tone dypere; bli flat osv.
flatter [ˈflætə] planerer; planeringsredskap.
flatter [ˈflætə] smigre; flattere; smiske. **flatterer** [ˈflætərə] smigrer. **flattery** [ˈflætəri] skamrosing, smiger.
flattie [ˈflæti] politikonstabel, purk.
flattop hangarskip; pessar.
flatulent [ˈflætjulənt] plaget av vind i magen; oppblåst, svulstig.
flatwear (US) spisebestikk.
flatwise [ˈflætwaiz] på flatsiden.
flaunt [flɔ:nt] flagre, vaie; kneise; briske seg; prunke, prange, sprade.
flautist [ˈflɔ:tist] fløytespiller, fløyt(en)ist.
flavour [ˈfleivə] aroma, vellukt, duft; velsmak, smak; bouquet (om vin); skjær, anstrøk; sette smak (el. duft) på, krydre.
flavouring [ˈfleivəriŋ] krydder, smakstilsetning. **– extract** essens.
flavourless [ˈfleivəlis] uten duft, uten smak.
flaw [flɔ:] revne, knekk, sprekk; mangel, lyte, feil, svakhet, ufullkommenhet; flage, vindstøt; oppbrusing, spektakkel; knekke; slå revner i; bryte; **a – in a will** en feil (et svakt punkt) ved et testament. **flawless** [ˈflɔ:lis] uten mangler, feilfri, ulastelig. **flawy** [ˈflɔ:i] sprukken; mangelfull.
flax [flæks] lin. **– comb** linhekle. **flaxen** [ˈflæksən] av lin, lin-; **– hair** lyst hår. **flaxy** [ˈflæksi] linaktig; blond.
flay [flei] flå. **flayer** [ˈfleiə] flåer.
flea [fli:] loppe; **put a – in his ear** hviske ham en djevel i øret, gi ham noe å tenke på. **-bag** simpelt hotell; loppekasse. **– beetle** jordloppe. **-bite** loppestikk; ubetydelighet, knappenålsstikk. **– -bitten** bitt av lopper; plettet, fregnet; ussel. **– circus** loppesirkus.
fleaking taktekking med siv.
fleam [fli:m] bild, årelatejern.
flea market loppemarked.
flèche [fleiʃ] takrytter.
fleck [flek] plett, flekk, stenk; plette; stenke. **flecker** [ˈflekə] stenke, marmorere. **fleckless** [ˈfleklis] plettfri.
flection [ˈflekʃən] bøyning.
fled [fled] imperf. av **flee.**
fledge [fledʒ] forsyne med fjær, gjøre flygeferdig. **fledged** flygeferdig; **newly – graduates** nybakte kandidater. **fledgling** [ˈfledʒliŋ] nettopp flygeferdig unge, (fig.) nybakt.
flee [fli:] fly, flykte, unngå, sky.
fleece [fli:s] ull; skinn, fell; klippe (sau); flå, suge ut; overtrekke med ull; **the golden –** det gylne skinn; den gylne Vlies (en orden); **fleecer** [ˈfli:sə] flåer.
fleecy [ˈfli:si] ullen; ullaktig; ullrik, lodden; **a – sky** en himmel med lammeskyer.
fleer [fliə] spotte; flire; spott, flir.
fleet [fli:t] flåte (samling av skip); **air –** luftflåte; **– of cars** bilpark.
Fleet [fli:t], **the –** tidligere bekk, også fengsel i London; **– Street** avisgaten i London; pressen.
fleet [fli:t] hurtig, flyktig, rapp, lett; ile av sted; sveve, gli bortover; skumme fløte. **fleeting** flyktig. **fleetness** raskhet, hurtighet, flyktighet.
Fleming [ˈflemiŋ] flamlender. **Flemish** [ˈflemiʃ] flamsk; **the Flemish** flamlenderne.
flench [flenʃ], **flense** [flens] flense.

flesh [fleʃ] kjøtt (også på frukt); muskler; hold; menneskehet; syndig menneske; sanselig lyst, kjødet; – **and fell** hud og hår; – **and blood** kjøtt og blod; **his own – and blood** hans egne barn (eller nære slektninger); **the way of all –** all kjødets gang; **the lust of the –** kjødets lyst; **be in the –** i egen person, personlig, i virkeligheten; **lose –** bli tynn, mager; **put on –** bli fet, legge på seg.
flesh [fleʃ] gi (hunder) rått kjøtt (el. blod); gi blod på tann, innvie; øve, herde; mette; gi kjøttfarge; **men -ed in cruelty** folk som er herdet i grusomhet.
flesh|brush hudbørste, frottérbørste. – **colour** kjøttfarge; hagenellik. – **creeper** gruoppvekkende roman. – **eater** kjøtteter.
flesher [ˈfleʃə] (skotsk) slakter; skavkniv.
flesh | fly spyflue. – **glove** frottérhanske.
fleshings [ˈfleʃiŋz] (kjøttfarget) trikot.
flesh|less [ˈfleʃlis] kjøttløs, skrinn, beinet. **-ly** [ˈfleʃli] kjødelig; kjøttfull, tykk; sanselig, vellystig.
fleshpot kjøttgryte.
fleshwound kjøttsår.
fleshy [ˈfleʃi] kjøttrik, kjøttfull, kjøtt-.
fletcher [ˈfletʃə] buemaker.
flew [flu:] imperf. av **fly.**
flews [flu:z] hengeflabb (på hund).
flex [fleks] bøye, krøke; elektrisk ledning el. kabel.
flexibility [fleksiˈbiliti] bøyelighet, elastisitet. **flexible** [ˈfleksibl] bøyelig, smidig, fleksibel. – **disc** (EDB) diskett, fleksiplate.
flexion [ˈflekʃən] bøyning. **flexional** [ˈflekʃənəl] bøynings-. **flexor** [ˈfleksɔ:] bøyemuskel. **flexuous** [ˈflekʃuəs] buktet; ustadig; ustø. **flexure** [ˈflekʃə] bøyning.
flibbertigibbet [flibətiˈdʒibit] skravlekopp, skravlebøtte; vinglehode.
flick [flik] svippe, slå, snerte, smekke; knipse; rapp, slag, snert, smekk; **-s** kino(forestilling).
flicker [ˈflikə] flagre, flakse, vifte, blafre, flakke (om lys og flamme); flakring; flyktig oppblussing. **flickering** flakring, blafring.
flick knife springkniv.
flier [ˈflaiə] flyger; desertør, rømling; hurtigtog; svinghjul (i maskin); (US) rundskriv, sirkulære; **-s** rett trapp.
flight [flait] flukt, flyging, flytur; formasjon (av fly); trapp, etasje; flokk, sverm; – **of arrows** pileregn; – **of steps,** – **of stairs** trapp; **take to –** gripe flukten; **put** el. **turn to –** jage på flukt; **the birds winged their –** fuglene fløy. – **deck** hoveddekk på hangarskip. – **engineer** flymekaniker. **flightily** [ˈflaitili] flyktig; overspent. **flightiness** flyktighet; overspenthet. **flight strip** provisorisk flyplass. **flighty** [ˈflaiti] flyktig, vinglet, ustø; fantastisk, overspent; fjollet; lettsindig, forfløyen.
flim [flim] homo(seksuell person).
flimflam [ˈflimflæm] grille, innfall; knep; skrøne; vrøvl, sludder; **-s** kram, juggel; føre bak lyset.
flimsiness [ˈflimzinis] tynnhet; svakhet, overfladiskhet. **flimsy** [ˈflimzi] tynn; svak, usolid; løs, intetsigende; tynt kopipapir, gjennomslag(spapir), noteblad; (sl.) pengeseddel; (pl.) **flimsies** tynt (el.) lett undertøy.
flinch [flinʃ] vike tilbake, trekke seg tilbake; svikte, gripe til utflukter; – **from duty** svikte sin plikt; **without -ing** uten å blunke.
flinch se **flench** og **flense.**
flinders [ˈflindəz] stumper, stykker.
fling [fliŋ] slynge, kaste, hive, kyle; velte, beseire; ile, fly, styrte; bevege seg urolig; slå bakut (om hester); bli ustyrlig; være grov; stikle; kast, slag; snert, stikleri; hang, lyst; ubunden frihet, vilt liv; – **down** kaste ned; ødelegge; – **off** kaste av; føre på villspor; skille seg av med; – **open** slå opp el. rive opp (en dør); – **out** slå ut (om hester); utstøte (ord); utbre, strø ut (skrifter); – **oneself out** fare heftig opp; – **one out of a thing** narre noe fra en; – **the door to** smelle døra igjen; – **up** oppgi; **have a – at one** gi en en snert; **have one's –** slå seg løs, rase ut; **have a – at** prøve, gi seg i kast med.
flint [flint] flint, flintestein. – **glass** krystallglass.
flintiness flinthardhet.
flint lock flintelås. **flintstone** flintestein.
flinty [ˈflinti] flint-, flinthard, steinhard.
flip [flip] sjømannsdrikk (øl, brennevin og sukker).
flip [flip] lite slag; knipse; vippe; slå; – **a coin** slå mynt og krone, kaste opp en mynt.
flip-flap [flipflæp] kollbøtte; flikkflakk; kinaputt, fyrverkeri.
flippancy [ˈflipənsi] flåsethet, flabbethet.
flippant [ˈflipənt] rappkjeftet; respektløs; nesevis.
flipper [ˈflipə] luffe; froskemanns svømmefot; (sl.) hånd, pote.
flipping [flipiŋ] (tal. forsterkende adj.) jævlig, pokkers, fordømt.
flirt [flə:t] kaste, slenge; vifte med; svinge, løpe fram og tilbake, vimse; kokettere, flørte (**with** med); kast, sleng; kokette; kurmaker. **flirtation** [flə:ˈteiʃən] koketteri, flørt, kurtise. **flirtatious** [flə:ˈteiʃəs] kokett, flørtende, kurtiserende. **flirty** [ˈflə:ti] kokett; kurtiserende, flørtende.
flit [flit] fly; smette, svippe; flagre; vandre; flytte.
flitch [flitʃ] fleskeside; bakhun; skjære av.
flit plug elektrisk dobbeltkontakt.
flitter [ˈflitə] fille, lase, pjalt; spon, avfall; flagre; flakse.
flittermouse [ˈflitəmaus] flaggermus.
flitting [ˈflitiŋ] flyktig; flytning.
flivver [ˈflivə] kjerre, skranglekasse, gammel bil; fiasko, tabbe.
float [fləut] flyte, drive, reke; fløte (tømmer); reise (et lån); være flott; sveve; vaie (om fane); sette i gang, starte, få flott; bære oppe; oversvømme; pontong, flottør; garnblåse, glasskule; rasp; redningsvest; tømmerflåte, kavl, flå, flytholt; flyter; (US) (drikk laget av iskrem); **be -ed** komme flott.
floatage [ˈfləutidʒ] flyting; flyteevne; flytende gjenstander.
floatboard [ˈfləutbɔ:d] hjulskovl.
floatel [fləuˈtel] flotell, flytende hotell.
floater [ˈfləutə] noe som flyter; (US) løsarbeider, midlertidig arbeider; ihendehaverpapir, obligasjon.
floating [ˈfləutiŋ] flytende, svevende; skiftende. – **anchor** drivanker. – **bridge** flytebru, flytebrygge, pontongbru. – **capital** flytende kapital. – **charge** (jur.) generalpant. – **crane** flytekran. – **dock** flytedokk. – **factory** fabrikkskip. – **harbour** flytemolo. – **light** fyrskip, lysbøye. – **policy** generalpolise. **the – vote** den usikre (flytende) velgermasse.

floc [flɔk] fnugg. **floccose** [ˈflɔkəus] dunet, fnugget. **flocculent** [ˈflɔkjulənt] dunaktig, fnugget.
flock [flɔk] flokke seg, samle seg; flokk; hop; hjord (især om sauer).
flock [flɔk] ulldott, tust. – **bed** seng med ullmadrass.
floe [fləu] stort isflak.
flog [flɔg] piske, slå, banke, denge, jule.
flogging [ˈflɔgiŋ] pisking, bank; **get** (el. **come in for) a good** – få en ordentlig drakt pryl.
flong [flɔŋ] matriseform.
flood [flʌd] høyvann, flo (motsatt fjære); flom, oversvømmelse; overflødighet; strøm; oversvømme; overskylle; overøse, overdynge; **the Flood** syndfloden; **a – of light** et lyshav; **when the -s are out** i flomtiden. **-gate** sluseport. **-light** flomlys, prosjektørlys; belyse med flomlys. **-mark** høyvannsmerke. – **tide** høyvann, flo.
floor [flɔ:] gulv, stokkverk, etasje; bunn (inne i et skip); i Amerika: kongressens sal; retten til å tale i kongressen; (fig.) minimumsgrense, lavmål; **have** el. **get the** – ha el. få ordet; **ground** – første etasje; **first** – annen etasje.
floor [flɔ:] legge golv i; legge (el. slå) i golvet el. bakken; slå, målbinde; – **the paper** ta eksamen med glans; **be -ed** ryke, dumpe til eksamen; (om bilder på en utstilling:) bli hengt lavest.
floorage [ˈflɔ:ridʒ] golvflate. **floorcloth** linoleum, gulvbelegg; gulvklut. **floorer** [ˈflɔ:rə] knusende slag, svimeslag. **flooring** [ˈflɔ:riŋ] golv; materiale til golv.
floor | knob dørstopper. **– lamp** (US) stålampe. – **leader** (US) ≈ politisk ordfører. **-man** ≈ lagerarbeider. – **plan** etasjeplan, plantetegning. – **polish** bonevoks. – **show** floor show, varietéopptreden på dansegulv i restaurant. – **trader** (US) børsmekler. **-walker** (US) butikkinspektør.
flop [flɔp] slå, bakse (med vingen o. l.); la henge; plaske, sprelle; klaske; plumpe ned; falle sammen; tungt fall; klask, dunk; fiasko, tabbe, nederlag, (US) losji.
flophouse (US) nattherberge, losjihus (billig).
floppy [ˈflɔpi] slapt nedhengende, slasket, sjasket, slakk; vidbremmet (om hatt). – **disc** (EDB) fleksiplate, diskett.
flor. fk. f. **floruit (= flourished).**
flora [ˈflɔ:rə] flora, blomsterrike. **floral** [ˈflɔrəl] blomster-. **floreated** [ˈflɔ:rieitid] blomsterprydet; blomstret.
Florence [ˈflɔrəns] Firenze; ogs. kvinnenavn.
Florentine [ˈflɔrəntain] florentiner, florentinerinne; florentinersilke; florentinsk.
florescence [flɔˈresəns] blomstring; utspring.
floret [ˈflɔ:rit] liten blomst.
floriated [ˈflɔ:rieitid] se **floreated.**
floricultural [flɔ(:)riˈkʌltʃərəl] blomsterdyrkings-. **floriculture** [flɔ:riˈkʌltʃə] blomsterdyrking. **floriculturist** [flɔ(:)riˈkʌltʃərist] blomsterdyrker.
florid [ˈflɔrid] blomstrende; av frisk rød farge, rødmusset; overlesset.
Florida [ˈflɔridə].
floridity [flɔˈriditi], **floridness** [ˈflɔridnis] blomstrende farge; frisk rødme; sirlighet el. snirklethet (i stil). **floriferous** [flɔˈrifərəs] som bærer blomster.
florin [ˈflɔrin] florin (gml. eng. sølvmynt: 10 pence); gylden.
florist [ˈflɔ(:)rist] blomsterhandler; blomsterdyrker; blomsterkjenner.
floss [flɔs] dun på planter; floss; flossilke; bekk, å. – **silk** flossilke. **flossy** [ˈflɔsi] dunet; silkebløt; smart, overstaset.
flotage [ˈfləutidʒ] se **floatage.**
flotation [fləˈteiʃən] flyting; oppdrift; (merk.) igangsetting, stiftelse; **power of** – flyteevne.
flotilla [fləuˈtilə] flotilje.
flotsam [ˈflɔtsəm] havrekst, drivgods, vrakgods.
flounce [flauns] bakse, kave, sprelle; garnere; rykk, kast, sleng; plask; garnering, kappe.
flounder [ˈflaundə] flyndre, skrubbe.
flounder [ˈflaundə] sprelle, tumle, bakse, kave; gjøre feil, rote, klusse.
flour [flauə] mel, hvetemel; drysse med mel, male til mel; mele. – **bolt** melsikt.
flourish [ˈflʌriʃ] florere, trives, blomstre; stå på høyden av sin makt; bruke blomstrende språk; preludere, fantasere; spille støyende; blåse en fanfare; svinge (f. eks. sverd); prale, rose seg; briske seg; pryde med blomster og snirkler; skrive med kruseduller, pryde med sirlige ord; utstaffere overdådig; utarbeide omhyggelig; forskjønne; smykke; blomstrende tilstand; glans, smykke, skjønnhet; forsiring, forskjønnelse, blomster (i stil); snirkel, sving; krusedull; forspill; fanfare; svingende bevegelse, sving; det å slå ut med hånden.
flour | mill mølle. – **mite** melmidd. – **paste** hvetemelsklister.
floury [ˈflauri] melen; melet, melaktig, mel-.
flout [flaut] spotte, håne; trasse, trosse; spott, spe, hån.
flow [fləu] flyte, strømme; renne; stige (om vannet); oversvømme, flyte over; – **from** være et resultat av, skyldes; – **with** være fylt med; flyte, gli blidt av sted; henge løst og bølgende ned.
flow [fləu] flo (motsatt fjære); stigning, strømming, flyting, flyt; tilløp (av vann); (fig.) strøm; **he has a fine – of language** han uttrykker seg flytende; **his great – of spirits** hans store livlighet. **flowage** [ˈfləuidʒ] flom, oversvømmelse.
flow chart drifts- el. produksjonsdiagram, plan, prinsippskjema.
flower [ˈflauə] blomst, blomme; blomstring; det fineste, det beste; pryd, glans; aroma, ange; bouquet (av vin); vignett; blomstre, smykke med blomster; **the – of youth** ungdommens vår; **the – of the country's youth** blomsten av landets ungdom; **-s of speech** retoriske blomster, språkblomster; **-s of sulphur** svovelblomme.
flower-adorned blomsterprydet.
flowerage [ˈflauəridʒ] blomstring, blomsterpryd.
flower | border blomsterrabatt. – **bud** blomsterknopp.
flower-de-luce [flauədiˈlu:s] iris.
floweret [ˈflauərit] liten blomst. **floweriness** [ˈflauərinis] blomstervrimmel; blomsterflor.
flower | picture, – piece blomsterstykke. **-pot** blomsterpotte. – **show** blomsterutstilling. – **stalk** blomsterstilk. – **stand** blomsterstativ.
flowery [ˈflauəri] blomsterrik; blomstrende; fangecelle.
flowing hope håpløst foretagende.
flown [fləun] perf. pts. av **fly;** rød i toppen.
fl. oz. fk. f. **fluid ounce(s).**
flu [flu:] influensa.
flub [flʌb] tabbe, feil, brøler; forkludre, klusse.

fluctuant [ˈflʌktjuənt] vankelmodig, ustø, uviss. **fluctuate** [ˈflʌktjueit] bølge; strømme fram og tilbake, variere, svinge, fluktuere. **fluctuation** [flʌktjuˈeiʃən] bølging; vakling, ubestemthet; fluktuering; stigning og fall.
flue [flu:] luftgang; skorstein, skorsteinspipe, røykkanal, skorsteinsrør; rørkanal.
flue [flu:] fnugg, dun, bløte hår.
flue boiler røykrørskjele.
fluency [flu:ənsi] letthet, tungeferdighet, uttrykksevne, talegaver. **fluent** [ˈflu:ənt] flytende. **speak fluently** snakke flytende.
fluey [ˈflu:i] dunet, dunmyk.
fluff [flʌf] bløte hår, dun; fnugg; lo; forsnakkelse; (US) rotekopp; **give him the –** avvise ham.
fluffy [ˈflʌfi] dunaktig, bløt.
fluid [ˈflu:id] flytende, væskeformig; ustabil; væske; fluidum.
fluidity [fluˈiditi] flytende tilstand.
fluke [flu:k] ankerflik; spiss, mothake; flaks; lykketreff, slumpehell, (i biljardspill:) gris; være svineheldig.
fluke [flu:k] flyndre; saueigle.
fluky [ˈflu:ki] svineheldig; ustadig (om vind).
flume [flu:m] kanal (gravd), vannrenne, tømmerrenne; gjel (som en elv renner gjennom).
flummery [ˈflʌməri] en slags grøt, melkevelling; pudding; smiger; tøv.
flummox [ˈflʌməks] sette i beit, gjøre perpleks.
flump [flʌmp] støte, dunke; støt, dunk.
flung [flʌŋ] imperf. og perf. pts. av **fling.**
flunk [flʌŋk] (US) stryke (ved eksamen), dumpe; **– out** bli utvist el. relegert.
flunkey [ˈflʌŋki] lakei, spyttslikker.
fluor [ˈflu:ə] flusspat, fluor.
fluorescence [fluəˈresəns] fluorescens. **fluorescent** [fluəˈresənt] flourescerende. **– lamp** lysstoffrør.
fluoridated [ˈfluərideitid] tilsatt fluor.
flurried [ˈflʌrid] forfjamset, befippet, nervøs.
flurry [ˈflʌri] vindrose, vindkast; snøbyge; uro, røre, hastverk; befippelse; sette i bevegelse; kave; gjøre befippet, forfjamse.
flush [flʌʃ] (v.) **1** strømme, flyte voldsomt; **2** rødme, bli plutselig rød; **3** bli flytende; **4** fly plutselig opp (om fugler); **5** syngetriller, koloraturer; **6** spyle, sprøyte (kloakk o. l.); **7** oppmuntre, oppflamme; **8** gjøre oppblåst; **9** jage opp; (adj., adv.) **1** frisk, blomstrende, kraftig; **2** full, svulmende; **3** rikelig; flust med; vel forsynt; **4** ødsel, gavmild; raust; **5** som ligger i flukt med, plan, forsenket; **6** likefrem, overstrømmende; (s.) **1** glød; **2** oppbrusing, storm (av følelser); **3** blomstring, kraft; **4** triller, koloraturer; **5** force (i kortspill); **-ed with joy** berust av glede; **– up** bli blussende rød; **in the – of victory** i den første seiersrus; **money was –** der var overflod av penger; **– of money** velbeslått med penger; **the switch is – with the wall** bryteren er i flukt med, el. er felt inn i, veggen.
flusher [ˈflʌʃə] vannvogn, sprøytevogn.
Flushing [ˈflʌʃiŋ] Vlissingen.
flush-riveted glattklinket.
fluster [ˈflʌstə] varme, hete; beruse; forvirre; være varm; kave, vimse; være overlesset; hete; forskrekkelse, beruselse, forvirring; overlessing.
flute [flu:t] fløyte, orgelpipe; fure; langt franskbrød; blåse på fløyte; rifle; kannelyre; pipe (om tøy). **– stop** fløytestemme, fløyteregister. **-work** pipeverk (i orgel). **flutist** [ˈflu:tist] fløytespiller, fløytenist, fløytist.
flutter [ˈflʌtə] bølge, svaie; flagre, riste, skake, vibrere; vimse, bevege seg urolig fram og tilbake el. opp og ned; skjelve, banke (om hjerte); fare i siksak; være opphisset; være nervøs; være i sinnsbevegelse; vakle; sette i bevegelse; få til å flagre; skremme; gjøre angst; bringe i forvirring; hurtig og uregelmessig bevegelse, flagring, risting, skaking, vibrering; banking (av hjertet); svingning, vakling, bølging; opphisselse, uro, forvirring; (uønsket) hurtig frekvensvariasjon, flimmer; **be in a –** være ganske nervøs. **fluttery** flagrende, nervøs, opphisset.
fluty [ˈflu:ti] fløytelignende, fløyte-, myk og ren.
fluvial [ˈflu:vjəl], **fluviatic** [flu:viˈætik] flod-, elve-.
flux [flʌks] flyting, flyt; flod; flo; flussmiddel; være i stadig forandring; fremkalle en uttømming; få til å purgere; rense; smelte, bringe til å flyte; **– of words** ordflom; **– of money** pengeomløp; **– and reflux** flo og fjære; **– of blood** blodgang. **fluxibility** [flʌksiˈbiliti] smeltbarhet. **fluxible** [ˈflʌksibl] smeltbar. **fluxion** [ˈflʌkʃən] flyting; flod; **-s** differensialregning. **fluxional** [ˈflʌkʃənəl], **fluxionary** [ˈflʌkʃənəri] integral; foranderlig.
fly [flai] fly, fly med, frakte, befordre; løpe, ile; flykte; springe i stykker (om glass o. l.); vaie; la vaie (om flagg), sette opp (om draker o. l.); flagre; kjøre i drosje; **let –** skyte ut (en pil); **– at** fly imot, fare inn på, anfalle; slå løs på; **– in the face of** fare løs på; trosse; **– into a passion** bli forbitret, fare opp; se også **flying.**
fly [flai] flue; svinghjul; flytur; buksesmekk; drosje; **break a – on the wheel** skyte spurver med kanoner.
fly [flai] våken, oppvakt, gløgg, dreven.
fly|away flyktning, rømling; flagrende, flyktig, **-blow** (flue)spy, legge spy. **--blown** belagt med fluespy, tilsmusset. **--button** knapp i buksesmekk. **--by-night** leieboer som stikker av om natten uten å betale; (merk.) usikkert foretagende. **-catcher** fluesnapper; fluefanger. **-cop** (US) sivilkledd politimann.
flyer flyger; hurtigtog; hurtigrute; vågestykke; løpeseddel, flygeblad.
fly|-fish fiske med flue. **-flap(per)** fluesmekker.
flying [ˈflaiiŋ] flygende, lett, hurtig; flyging, flukt. **– boat** flybåt. **– bomb** flygende bombe (brukt om V-bombene). **– buttress** strebebue. **– colours** vaiende faner. **Flying Dutchman** flygende hollender (spøkelsesskip; også om hurtigtog på linjen Exeter – London); båttype. **– fish** flygefisk; person fra Barbados. **– jib** jager (slags seil). **– machine** flymaskin, fly. **– saucer** flygende tallerken. **– squad** utrykningspatrulje (politi). **– squirrel** flygeekorn. **– visit** fransk (ɔ: rask) visitt.
flyleaf [ˈflaili:f] forsatsblad.
flyman [ˈflaimən] drosjekusk; maskinmann (på teater).
fly-over bru (over vei, bane), overgang; overflying.
flypaper [ˈflɑiˈpeipə] fluepapir.
fly rod fluestang.
fly sheet flygeblad. **flywheel** svinghjul.
F. M. fk. f. **Field Marshal; Foreign Missions.**
fm. fk. f. **fathom.**
F major (mus.) F-dur.
F minor (mus.) f-moll.

F. O. fk. f. **Foreign Office.**
fo. fk. f. **folio.**
foal [fəul] føll; fole; følle, fole, kaste føll.
foam [fəum] skum, fråde; skumme, fråde. – **rubber** skumgummi.
foamy [ˈfəumi] skummende.
f. o. b. fk. f. **free on board.**
fob [fɔb] liten lomme, urlomme.
fob [fɔb] fiff, knep; narre, lure, snyte; – **off with** bli kvitt på en behendig måte; avspise en med.
focal [ˈfəukəl] brennpunkt-. **foci** [ˈfəusai] flertall av **focus. focus** [ˈfəukəs] brennpunkt, fokus; bringe i fokus; innstille; samle. – **adjuster** innstiller (på kamera). **focusing screen** mattskive, innstillingsplate.
fodder [ˈfɔdə] fôr; fôre.
foe [fəu] fiende. **foeman** [ˈfəumən] fiende.
foetal [ˈfi:təl], **foetus** [ˈfi:təs] se **fetal, fetus.**
fog [fɔg] hå, etterslått.
fog [fɔg] tåke, skodde; hylle inn i tåke; omtåke; bringe forvirring i. – **bank** tåkebanke.
fogey [ˈfəugi]; **old** – gammel knark, stabeis.
foggage [ˈfɔgidʒ] etterslått.
fogginess [ˈfɔginis] tåkethet, tåke, skodde. **foggy** [ˈfɔgi] tåket; omtåket; uklar; **I haven't the foggiest (notion)** det har jeg ikke den fjerneste anelse om.
foghorn [ˈfɔghɔ.n] tåkelur.
fogie [ˈfəugi] se **fogey.**
fogle [ˈfəugl] silketørkle.
fogy [ˈfəugi] se **fogey.**
foh! [fəu] fy!
foible [ˈfɔibl] svakhet, svak side.
foil [fɔil] folie (tynt metallblad); florett, kårde; bakgrunn; **be a – to** tjene til å fremheve; **tinfoil** [ˈtinˈfɔil] tinnfolie.
foil [fɔil] sløve, svekke; tilintetgjøre, forpurre (ens planer); narre; krysse (ens planer); overvinne; komme på tverke for; far, spor (av vilt); nederlag; uhell.
foiling [ˈfɔiliŋ] folie; speilbelegg.
foilist, foilsman florettfekter.
foin [fɔin] støte, stikke (i kamp); støt; stikk.
foison [ˈfɔizn] (gml.) fylde, overflødighet.
foist [fɔist] lure inn, stikke inn; sette til; – **something upon somebody** prakke noe på en.
fol. fk. f. **folio; following.**
fold [ˈfəuld] fold; i sammensetninger med tallord, f. eks. **ninefold** nifold, nidobbelt.
fold [fəuld] fold, brett, fals; sauekve; folde, brette, legge sammen (hendene, et brev osv.); legge over kors (armene); – **up** legge sammen; false; stenge, opphøre; knekke sammen; pakke inn. **foldaway** sammenleggbar.
folder [ˈfəuldə] falser; mappe, perm; falsbein (hos bokbinder); falsejern.
folding [ˈfəuldiŋ] sammenlegging; falsing.
folding | bed feltseng, slagseng. – **camera** belgkamera. – **chair** feltstol. – **cot** feltseng. – **door** fløydør, dobbelt dør. – **pram** sammenleggbar barnevogn, sportsvogn. – **screen** skjermbrett. – **stick** falsbein. – **stool** klappstol. – **table** klaffbord. – **top** kalesje. – **umbrella** veskeparaply.
foliaceous [fəuliˈeiʃəs] blad-, lauv-.
foliage [ˈfəuliidʒ] blad, løv, lauv; løvverk; pryde med løvverk. **foliate** [ˈfəulieit] foliere, utstyre med bladsirater, pryde med løvverk.
foliate [ˈfəuliit] bladaktig, med blad.
foliation [fəuliˈeiʃən] bladutvikling, løvsprett; uthamring til blad el. folie; foliering.
folio [ˈfəuljəu] folio; foliant.
folious [ˈfəuljəs] bladrik; bladaktig, tynn.
folk [fəuk] folk, mennesker; folke-; ofte også **folks; little folks** barn; **the old folks** de gamle (far og mor); **her folks are coming over** slektningene (foreldrene) hennes stikker innom.
Folkestone [ˈfəukstən].
folklore [ˈfəuklɔ:] folkeminneforskning, folklore, folkeminne; sagn, folketradisjon. **folklorist** [ˈfəuklɔ:rist] folklorist. **folkloristic** [fəuklɔ:ˈristik] folkloristisk.
folksy [ˈfəuksi] populær, folkelig.
foll. fk. f. **following.**
follicle [ˈfɔlikl] belgkapsel, skolm; pose, sekk; **hair** – hårsekk.
follow [ˈfɔləu] følge, komme el. gå etter; etterfølge; (fig.) følge; fatte, forstå; være kjæreste med; strebe etter (f. eks. et mål); adlyde (f. eks. en fører); bekjenne seg til (f. eks. en lære); slå lag med, rette seg etter (f. eks. en mote); være følgen av; – **the rein** lystre tøylene; – **other men's business** bry seg om andre folks saker; **– -me-lads** lange krøller eller sløyfer i nakken; **– -my-leader** gåsegang, hermeleik; etterdilting; – **suit** følge farge, bekjenne kulør (i kortspill); – **one's nose** gå like etter nesen; – **the hounds** delta i parforsejakt; – **out** gjennomføre; – **up one's victory** forfølge sin seier; – **the sea** være sjømann, dra til sjøs.
follower [ˈfɔləuə] følgesvenn, ledsager; tilhenger; kjæreste.
following [ˈfɔləuiŋ] følgende (NB. artikkelen: **the – story** følgende historie); følge; tilslutning; parti, tilhengere.
follow-up det å følge opp en behandling; etterbehandling, oppfølging. – **letter** oppfølgingsbrev, purrebrev.
folly [ˈfɔli] dårskap, dumhet, fjollethet.
foment [fəuˈment] bade (med varm væske); oppmuntre; nære, oppelske. **fomentation** [fəumənˈteiʃən] bading (med varmt omslag); omslag; næring; oppelsking, opphissing. **fomenter** [fəuˈmentə] oppmuntrer.
fond [fɔnd] ettergivende; kjærlig, øm; svak i sin ømhet; **a – parent** en svak, uforstandig far (mor); **be – of** være glad i, være forelsket i; **get – of** bli glad i; **in the – hope that** i det forfengelige håp at; **a – wish** en ønskedrøm. **fondle** [ˈfɔndl] kjæle, kjæle for. **fondling** [ˈfɔndliŋ] kjælebarn, kjæledegge. **fondly** [ˈfɔndli] øm; kjærlig. **fondness** [ˈfɔndnis] kjærlighet, ømhet, svakhet, ettergivenhet **have a – for** ha en svakhet for.
font [fɔnt] kasse med typer.
font [fɔnt] kilde, kjelde; font, døpefont.
food [fu:d] føde, mat, kost, næring; **plant** – plantefødе; **-s** (pl.) næringsmidler, fødevarer, matvarer; – **for powder** kanonføde, kanonmat; – **for thought** stoff til ettertanke; – **for worms** ormemat.
food | card matkort. – **chain** ernæringskjede. – **control** næringsmiddelkontroll. – **cupboard** matskap. – **grains** brødkorn. – **industry** næringsmiddelindustri. – **preservation** konservering. – **processor** hurtigmikser (slags multimixmaster). – **scraps** matrester. **-stamp** (rabatt)matmerke. **-stuffs** matvarer. – **value** næringsverdi.

fool [fu:l] fruktgrøt: f. eks. **gooseberry –** stikkelsbærgrøt.
fool [fu:l] tosk, naut, idiot, fåvetting; narr, spasmaker; narre, bedra, fjase bort; **be – enough to** være dum nok til å; **make a – of** holde for narr, ta ved nesen; **go (send) on a -'s errand** bli narret.
foolery [ˈfu:ləri] narrestreker, tåpelighet. **foolfarmer** [ˈfu:lfɑ:mə] bondefanger. **foolhardiness** [ˈfu:lhɑ:dinis] dumdristighet. **foolhardy** [ˈfu:lhɑ:di] dumdristig, uvøren. **fooling** [ˈfu:liŋ] narrestreker, fjas.
foolish [ˈfu:liʃ] dum, tåpelig, tosket, narraktig, latterlig. **foolishness** dumhet, tåpelighet.
foolproof [ˈfu:lpru:f] idiotsikker.
foolscap [ˈfu:lzkæp] folioark.
fool's | cap narrelue. **– errand** fåfengt tiltak, spilt møye. **– gold** svovelkis. **– paradise: live in a – paradise** sveve i lykkelig uvitenhet.
foot [fut] fot (flertall **feet** føtter); fot (som mål = 30,48 cm, i flertall **feet** fot); fotfolk, infanteri; det som er på bunnen (av sukker-, oljefat osv.), bunnfall; den nederste del (f. eks. av en side, et fjell, et glass o. l.); **at the – of** nedentil, nedenunder, nederst på siden; **on –** til fots; **knock** (el. **throw) one off his feet** velte en; **catch him on the wrong –** overrumple, overraske ham; **be on –** være i gang; være på bena; **get on one's feet** komme på bena; **he helped her to her feet** han hjalp henne på bena; **she started to her feet** hun fór (sprang) opp; **go on –** gå til fots; **set on –** sette i gang; **my –!** vås! sludder; **put one's – down** protestere, nekte; **put one's – in it** trampe i klaveret.
foot [fut] danse, hoppe; sparke; (US) summere opp, beløpe seg til; sette fot på, strikke ny fot i; **– the bill** (US) betale en regning; kausjonere.
footage [ˈfutidʒ] lengde uttrykt i fot.
foot-and-mouth disease munn- og klovsyke.
football [ˈfutbɔ:l] fotball; fotballspill; rugby (fotball); **the – pools** tippetjenesten.
footballer [ˈfutbɔ:lə] fotballspiller.
foot | bath fotbad. **-board** stigbrett, trinn. **-boy** lakei, pasje. **-bridge** gangbru, klopp. **-fall** fottrinn. **– fault** feiltrinn. **-hold** fotfeste.
footing [ˈfutiŋ] fotfeste; fotlag; grunnlag, basis; dans; nederste del; oppsummering; **keep one's –** holde seg på bena; **on the same –** på like fot.
foot | irons stigbrett, stigtrinn. **– key** orgelpedal.
footlights [ˈfutlaits] rampelys, lamperekke i teater.
footling ynkelig, ussel, betydningsløs.
foot|man [ˈfutmən] lakei, tjener. **-mark** fotspor, fotefar. **-muff** fotpose. **-note** fotnote. **-pace** skritt, skrittgang; (trappe)avsats. **-pad** stimann, røver. **– page** pasje. **-path** sti, fotsti. **-print** fotspor. **– race** kappløp, veddeløp. **– rope** underlik, pert.
foot | rule [ˈfutru:l] tommestokk. **-sie** [ˈfutsi] (US) benflørt, kurtise. **– soldier** infanterist.
foot|sore [ˈfutsɔ:] sårføtt, sårbeint. **-step** fotspor. **-stool** fotskammel. **– switch** fotbryter, fotkontakt. **– way** fortau, gangsti. **-wear** fottøy, skotøy.
foozle [ˈfu:zl] kludre, forkludre, tulle; gammel knark, sullik.
fop [fɔp] laps, sprett. **fopling** [ˈfɔpliŋ] liten laps. **foppery** [ˈfɔp(ə)ri] lapseri. **foppish** [ˈfɔpiʃ] lapset. **foppishness** [ˈfɔpiʃnis] lapsethet.
for [(alm. ubetont uttale:) fə: (foran vokal:) fər; (med ettertrykk:) fɔ:; (foran vokal:) fɔ:r] **1** ti, for; **2** for, i stedet for; **3** for, til beste for, til hjelp mot; **4** for, etter, til (om mål eller bestemmelse); **5** for (om rekkefølge); **6** i, på (om utstrekning i tid og rom); **7** på grunn av, for; **8** til tross for, trass i; **9** med hensyn til, i forhold til, for; **10** (foran et ord som er forbundet med en infinitiv). Eksempler: 2. **member – Liverpool** medlem (av underhuset) for L.; **once and – all** en gang for alle; **give change –** veksle; gi igjen på; **eye – eye** øye for øye; **know – certain** vite sikkert; **take –** oppfatte som; **mistake –** forveksle med; **– one thing** for det første, for eksempel; blant annet; 3. **there is nothing – it but to** det er intet annet å gjøre enn; ingen annen råd enn; **they live – each other** de lever for hverandre; **a remedy –** et middel mot; 4. **– instance, – example** for eksempel; **a letter – you** et brev til deg; **bound – China** som skal til Kina, bestemt for Kina; **ask –** spørre etter; **hope –** håpe på; **long –** lengte etter; **look –** se etter; **send –** sende bud etter; **wish –** ønske; **an instrument – cutting** et instrument til å skjære med; **good – nothing** ingenting verd, ubrukelig; 5. **word – word** ord for ord; 6. **he has lived there – three years** han har bodd der i tre år (el. bodd der tre år); **– years** i årevis; **– miles** i mils omkrets; milevidt; **– life** på livstid; **– ever** bestandig; **– the most part** for størstedelen; **– once** for en gangs skyld; **– this once** for denne ene gang; **– once in a way** for en gangs skyld; 7. **– fear of** av frykt for; **– love of** av kjærlighet til; **– this reason** av denne grunn; **– want of** av mangel på; **he wept – joy** han gråt av glede; **but – him** hvis han ikke hadde vært; **– my sake** for min skyld; **fie – shame!** fy, skam deg! (etter komparativ med **the) be the better – it** ha godt av det; **he will be none the worse – it** han vil ikke ha noe vondt av det; **her eyes were the brighter – having wept** hennes øyne var desto klarere, fordi hun hadde grått; 8. **– all that** trass i alt, likevel; **– all** (el. **aught** el. **anything) I know** så vidt (el. for alt det) jeg vet; **– all I care** det er meg likegyldig; **– all I do** trass i alt jeg gjør; **– all her scolding** hvor mye hun enn skjente; 9. **well written – a boy of his age** godt skrevet av en gutt på hans alder; **clever – his age** flink for sin alder; **as –** med hensyn til, med omsyn til; **as – me** hva meg angår; 10. **– him to do that would be the correct thing** det ville være riktig at han gjorde det; **he halted his car – me to jump in** han stanset bilen så jeg kunne hoppe inn.
f. o. r. fk. f. **free on rail.**
for. fk. f. **foreign.**
forage [ˈfɔridʒ] fôr; furasjere, skaffe fôr; romstere, rote. **– cap** leirlue. **foraging** [ˈfɔridʒiŋ] furasjering. **– ant** soldatmaur, vandremaur.
foramen [fəˈreimən] lite hull.
forasmuch [fɔrəzˈmʌtʃ] ettersom; når det gjelder.
foray [ˈfɔrei] plyndringstog; plyndre, herje.
forbade [fəˈbeid] imperf. av **forbid.**
forbear [ˈfɔ:bεə] (skot.) ættefar.
forbear [fɔ:ˈbεə] la være, unnlate; ha tålmodighet; avholde seg fra, styre seg. **forbearance** [fɔ:ˈbεərəns] tålmodighet, overbærenhet; mildhet; (jur.) henstand.
forbid [fəˈbid] forby, nekte; umuliggjøre, hindre; bannlyse, forvise. **forbidden** [fəˈbidn] perf. pts. av **forbid. forbidding** [fəˈbidniŋ] frastøtende, avskrekkende, ubehagelig.
forbore [fɔ:ˈbɔ:] imperf. av **forbear.**

forborne [fɔːˈbɔːn] perf. pts. av **forbear.**
force [fɔːs] (s.) **1** kraft, styrke; **2** makt; tvang, nødvendighet; **3** politistyrke, politikorps, tropper, stridsmakt. (v.) **1** trykke, presse; **2** tvinge fram, tvinge, nøde; tiltvinge seg; gjøre vold på; ta med makt, innta med storm; voldta; **3** fordrive; rive, **4** støte, sprenge; **5** anstrenge; forsterke; **6** legge vekt på; **7** drive fram (frukter, blomster o. l.); **the air –** luftvåpenet; **join the -s** melde seg til militærtjeneste; **– a door** sprenge døren; **– wine** klare vin hurtig; **– out** avtvinge, avnøde; **– upon** påtvinge, pånøde; **by – of** i kraft av; **in –** med store styrker; **be in –** gjelde (om lov), være i kraft.
forceably [ˈfɔːsibli] med makt.
force bed drivbenk, drivbed.
forced [fɔːst] tvunget, forsert osv.; **– jest** forsert spøk; **– march** ilmarsj. **– sale** tvangssalg, tvangsauksjon. **forcedly** [ˈfɔːsidli] tvungent. **forcedness** [ˈfɔːsidnis] tvungenhet, forserthet.
force-land nødlande.
force majeure [fɔːsmɑːˈʒəː] uovervinnelig hindring (f. eks. krig) for oppfylling av kontrakt.
forcemeat [ˈfɔːsmiːt] farse, fyll.
forceps [ˈfɔːseps] tang (kirurgisk); pinsett.
force pump [ˈfɔːspʌmp] trykkpumpe. **forcer** [ˈfɔːsə] en som tvinger osv.; pumpestempel, trykkstempel. **forcible** [ˈfɔːsibl] kraftig, sterk; voldsom, heftig; som skjer med makt, tvangs-. **– -feeble** som ser sterk ut uten å være det. **forcibly** [ˈfɔːsibli] kraftig; voldsomt.
forcing | frame [ˈfɔːsiŋfreim] mistbenk, drivbenk. **– house** drivhus. **– pump** trykkpumpe.
ford [fɔːd] vadested; vasse, vade over.
fordable [ˈfɔːdəbl] som en kan vasse over.
fordo [fɔːˈduː] ødelegge; drepe. **-ne** utmattet.
fore [fɔː] foran, forrest; for-; forut, fortil; fortropp; **at the –** i fronten; **to the –** foran; ved hånden, til stede; i live; **come to the –** vise seg, tre fram; bli berømt. **fore!** (golf) av banen!
fore and aft [ˈfɔːrənˈdɑːft] for og akter; over hele skipet, i skipets lengderetning.
forearm [fɔːrˈɑːm] forut væpne; **forewarned is forearmed** (om lag:) forord bryter trette, bedre føre var enn etter snar.
forearm [ˈfɔːrɑːm] underarm.
forebode [fɔːˈbəud] varsle; ane, kjenne på seg.
foreboding [fɔːˈbəudiŋ] varsel; anelse.
forecast [ˈfɔːkɑːst] værvarsel, værmelding, forutsigelse, prognose; **what's the – for today?** hva sier værmeldingen for i dag? **forecast** [ˈfɔːkɑːst] planlegge, forutse, forutsi, varsle.
forecastle [ˈfəuksl] bakk; ruff (på skip).
foreclose [fɔːˈkləuz] hindre, stanse; utelukke; realisere. **foreclosure** [fɔːˈkləuʒə] utelukkelse.
forecourt [ˈfɔːkɔːt] forgård; (tennis) banen nærmest nettet.
fore|-deck [ˈfɔːdek] fordekk. **-design** forutbestemme. **-doom** [fɔːˈduːm] dømme (på forhånd). **-father** forfa(de)r. **-fend** [fɔːˈfend] forebygge, avvende, avverge. **-finger** pekefinger. **-foot** forfot, forbein. **-front** forgrunn; forside; forreste linje.
forego se **forgo.**
forego [fɔːˈgəu] gå forut. **foregoing** [fɔːˈgəuiŋ] førnevnt, forutgående; **foregone** [fɔːˈgɔn] tidligere; på forhånd bestemt; **it was a foregone conclusion** det kunne man ha sagt på forhånd; det var opplagt.
foreground [ˈfɔːgraund] forgrunn.
forehand [ˈfɔːhænd] forpart på en hest, bog; privilegium, fordel.
forehead [ˈfɔrid] panne; (fig.) frekkhet.
foreign [ˈfɔrin] fremmed, utenlandsk, utenriks; **– affairs** utenriks|saker, -anliggender; **the Secretary of State for F. Affairs** (Eng.) utenriksministeren. **– body** fremmedlegeme.
foreigner [ˈfɔrinə] fremmed, utlending.
foreign exchange utenlandsk valuta.
the Foreign | Legion fremmedlegionen. **– Minister** utenriksminister. **– Ministry** utenriksdepartementet. **– Office** utenriksdepartementet (eng.). **– Secretary** utenriksministeren. **– Service** utenrikstjenesten.
foreign word fremmedord.
fore-imagine [fɔːriˈmædʒin] forestille seg forut.
forejudge [fɔːˈdʒʌdʒ] dømme forut, dømme på forhånd.
foreknow [fɔːˈnəu] vite forut.
foreknowledge [fɔːˈnɔlidʒ] forhåndskjennskap.
forel [ˈfɔrəl] pergament.
foreland [ˈfɔːlənd] odde, nes, pynt, forberg.
foreleg [ˈfɔːleg] forbein.
forelock [ˈfɔːlɔk] lugg, pannehår, pannelugg; **take him by the –** nytte tiden, nytte høvet, gripe sjansen, være om seg.
foreman [ˈfɔːmən] formann, arbeidsformann. **– -fitter** verksmester.
foremast [ˈfɔːmɑːst] fokkemast.
foremost [ˈfɔːməust, -məst] forrest; først; **first and –** først og fremst; **feet –** på føttene; **head –** på hodet, hodestupes.
fore|name fornavn. **-named** førnevnt.
forenoon [ˈfɔːnuːn] formiddag.
forensic [fəˈrensik] retts-, juridisk, advokatorisk; polemisk. **– medicine** rettsmedisin.
foreordain [fɔːrɔːˈdein] bestemme forut.
forerun [fɔːˈrʌn] komme før; varsle; foregripe.
forerunner [ˈfɔːrʌnə] forløper.
foresail [ˈfɔːseil] fokk.
fore|see [fɔːˈsiː] forutse; **in the foreseeable future** i overskuelig fremtid. **-seer** seer. **-shadow** [ˈfɔːʃædəu] forutanelse; [fɔːˈʃædəu] forut antyde, bebude. **-shore** strand, fjære; **-shore rights** strandrettigheter. **-shorten** [fɔːˈʃɔːtn] forkorte. **-show** varsle, tyde på. **-sight** fremsyn, forutviten; forsiktighet; siktekorn, forsikte (på gevær). **-skin** forhud.
forest [ˈfɔrist] skog (større); kongelig jaktdistrikt; skogkle.
forestage [ˈfɔːsteidʒ] forgrunn; forreste del av en teaterscene.
forestall [fɔːˈstɔːl] oppta i forveien, kjøpe opp forut; komme i forveien, i forkjøpet; avskjære, forhindre voldelig. **forestaller** oppkjøper. **forestalling** oppkjøp.
forestation [fɔriˈsteiʃən] skogplanting.
forester [ˈfɔristə] forstmann; en som bor i skogen. **forestry** [ˈfɔristri] forstvesen, forstvitenskap.
fore | taste [ˈfɔːteist] forsmak; få en forsmak på. **-tell** [fɔːˈtel] forutsi. **-thought** [ˈfɔːθɔːt] omtanke; planlegging; betenksomhet, overlegg. **-token** [fɔːˈtəukn] varsle; varsel. **-top** fokkemers, formers. **– -topmast** forstang.
forever [fəˈrevə] alltid, for evig; evigheten.
forewarn [fɔːˈwɔːn] advare; forut meddele.
foreyard [ˈfɔːjɑːd] fokkerå; forgård.
forfeit [ˈfɔːfit] forseelse, feiltrinn; forbrytelse; gjenstand el. gods som er forbrutt; bot, mulkt;

pant (i pantelek); (pl.) pantelek; hjemfallen, forspilt, forbrutt; forbryte; forspille, tape, miste; – **one's credit** forspille sitt gode navn og rykte; **game of -s** pantelek; **pay the –** gi pant, betale boten; **pay the – of one's life** bøte for det med livet; **cry the -s** rope pantene opp; **play -s** leke pantelek. **forfeitable** [ˈfɔ:fitəbl] som kan forbrytes, som kan forspilles. **forfeiture** [ˈfɔ:fitʃə] forbrutt gods; konfiskasjon; tap; pengebot.
forfend [fɔ:ˈfend] forby, avverge, avvende.
forgather [fɔ:ˈgæðə] møtes, komme sammen.
forgave [fəˈgeiv] imperf. av **forgive.**
forge [fɔ:dʒ] esse, smieavl, smie; smi; hamre ut; forme, skape; ettergjøre, forfalske, skrive falsk. **forger** falskner, forfalsker. **forgery** [ˈfɔ:dʒəri] ettergjøring; forfalskning; falsk, falskneri; falsum.
forge scale glødeskall, hammerslagg.
forget [fəˈget] glemme; ikke huske, ikke kunne komme på; – **oneself** glemme seg; forløpe seg. **forgetful** [fəˈgetf(u)l] glemsk, glemsom; som gjør glemsom; uaktsom. **forgetfulness** [-nis] forglemmelse; glemsomhet; etterlatenhet. **forget-me-not** [fəˈgetminɔt] forglemmegei.
forging [ˈfɔ:dʒiŋ] smiearbeid; smiekunst; smiegods.
forgive [fəˈgiv] tilgi, forlate; ettergi (gjeld el. straff). **forgiven** [fəˈgivn] perf. pts. av **forgive. forgiveness** [-nis] tilgivelse, forlatelse; ettergivelse; ettergivenhet. **forgiving** ettergivende, forsonlig, barmhjertig.
forgo [fɔ:ˈgəu] oppgi, gi avkall på, forsake.
forgot [fəˈgɔt] imperf. og perf. pts. av **forget.**
forgotten [fəˈgɔtn] perf. pts. av **forget.**
fork [fɔ:k] fork; gaffel; greip; spiss; skillevei; gren, arm (f. eks. av en elv); dele seg, forgrene, kløyve seg; forke, gafle; kaste med greip; grave med greip; ta med gaffel; – **out** punge ut, betale regningen; utlevere. **forked** [fɔ:kt] gaffelformig; grenet, forgrenet; tvetydig; – **lightning** siksaklyn. **forklifter, forklift truck** gaffeltruck. **forky** [ˈfɔ:ki] gaffelformet; forgrenet; takket; kløftet.
forlorn [fɔ:ˈlɔ:n] ulykkelig, hjelpeløs, fortvilet; forlatt, øde; – **hope** tropper som går først i ilden uten håp om å seire; stormkolonne; håpløst foretagende; svakt håp. **forlornness** [-nis] forlatt, hjelpeløs tilstand.
form [fɔ:m] (s.) **1** form; skikkelse; **2** system, metode, orden; **3** formel; **4** formular, skjema, blankett; **5** formalitet, skikk og bruk; måte, vis; **6** benk, skolebenk; klasse i skole; **7** leie (et dyrs); **8** satt form (typograf.); **9** høflighetsform, manér; **10** formulering; **11** kondisjon (sport); **12** prestasjon (sport). (v.) **1** forme, danne, utgjøre, **2** forferdige; ordne, oppstille, formere (mil.); innrette; **3** utvikle, opprette; **4** utkaste (en plan); **5** anta form, forme seg, utvikle seg, stille seg opp; formere seg (mil.); **in due –** i tilbørlig form, tilbørlig; **in –** høytidelig, formelt; **set –** mønster, forbilde; **a mere – of words** en ren frase; **good –** god tone; **bad –** dårlig tone, uhøflighet; **in bad –** i dårlig kondisjon; **the first –** første (laveste) klasse; – **an acquaintance** stifte bekjentskap.
formal [ˈfɔ:məl] i tilbørlig form, tilbørlig; tvungen, stiv, avmålt, seremoniell; pedantisk; skolemessig, akademisk, teoretisk; utvortes, ytre; tilsynelatende, skinn-; (US) ball hvor man kler seg i galla; aftenkjole. – **amendment** redaksjonell endring. – **dress** galla, festantrekk.
formalism [ˈfɔ:məlizm] formalisme.
formalist [ˈfɔ:məlist] formalist.
formality [fɔ:ˈmæliti] formvesen; riktighet i formen; formalitet, form; formfullhet, høytidelighet; stivhet, pedanteri. **formally** [ˈfɔ:məli] formelt osv.; for formens skyld; høytidelig, stivt.
format [ˈfɔ:mət] format.
formate [fɔ:ˈmeit] danne formasjon (om fly).
formation [fɔ:ˈmeiʃən] dannelse, skikkelse; formering, formasjon; tilblivelse. **formative** [ˈfɔ:mətiv] dannende, plastisk; avledet ord. **formed** [fɔ:md] utviklet, moden; dannet, formet.
former [ˈfɔ:mə] former; skaper.
former [ˈfɔ:mə] foregående, forrige, tidligere, førstnevnt, første, hin; forbigangen.
formerly [ˈfɔ:məli] før i tiden, tidligere, fordum.
formic [ˈfɔ:mik] maur-. – **acid** maursyre.
formica [fɔ:ˈmaikə] (varemerke) respatex.
formicary [ˈfɔ:mikəri] maurtue.
formication [fɔ:miˈkeiʃən] mauring, kløe.
formicide [ˈfɔ:misaid] maurdreper, maurmiddel.
formidable [ˈfɔ:midəbl] fryktelig, skrekkelig; imponerende, enorm.
formless [ˈfɔ:mlis] formløs.
form master [ˈfɔ:mmɑ:stə] klasselærer, klasseforstander.
formula [ˈfɔ:mjulə] formel, formular; resept, oppskrift; (pl.) **formulae** [-li:]. **formulary** [ˈfɔ:mjuləri] formular. **formulate** [ˈfɔ:mjuleit] formulere.
fornicate [ˈfɔ:nikeit] drive utukt, bedrive hor. **fornication** [fɔ:niˈkeiʃən] utukt, hor. **fornicator** [ˈfɔ:nikeitə] utuktig person (mann), horkarl, horebukk; **fornicatrix** utuktig kvinne, hore, horkvinne.
forray [ˈfɔrei] røvertog.
forsake [fəˈseik] svikte; forlate. **forsaken** [fəˈseikn] perf. pts. av **forsake. forsook** [fəˈsuk] imperf. av **forsake.**
forsooth [fəˈsu:θ] (gml.) i sannhet, sannelig.
forswear [fəˈswɛə] forsverge; avsverge; sverge falsk. **forswore** [fəˈswɔ:] imperf. av **forswear. forsworn** [fəˈswɔ:n] perf. pts. av **forswear.**
Forsyte [ˈfɔ:sait].
fort [fɔ:t] fort, festning, borg, fort; **hold the –** (fig.) holde skansen.
fortalice [ˈfɔ:təlis] blokkhus, lite fort.
forte [fɔ:t] styrke, sterk side, forse.
forte [ˈfɔ:ti] forte (i musikk).
forth [fɔ:θ] fram, fremad, videre; ut; **from this time –** fra nå av; **and so –** og så videre.
forthcoming [fɔ:θˈkʌmiŋ] på rede hånd, for hånden; til stede; forestående, kommende; imøtekommende (om person); tilsynekomst, fremkomst.
forthright [ˈfɔ:θrait] likefram, endefram; oppriktig; øyeblikkelig; på flekken; straks.
forthwith [ˈfɔ:θˈwiθ, -ð] straks, omgående, uoppholdelig.
fortieth [ˈfɔ:tiiθ] førtiende; førtidel.
fortifiable [ˈfɔ:tifaiəbl] som kan befestes.
fortification [fɔ:tifiˈkeiʃən] befestning, befestningskunst; styrking, forsterkning; tilsette alkohol til vin, forskjære. **fortify** [ˈfɔ:tifai] styrke, forsterke, befeste; berike.
fortitude [ˈfɔ:titjud] kraft; mot; sjelestyrke.
fortitudinous [fɔ:tiˈtju:dinəs] med stor sjelestyrke, modig.

fortnight ['fɔ:tnait] fjorten dager; **every –** hver fjortende dag; **this day –** fjorten dager i dag; i dag om fjorten dager. **fortnightly** fjortendags; hver fjortende dag.
FORTRAN (EDB) fk. f. **Formula Translation Language.**
fortress ['fɔ:tris] festning.
fortuitous [fɔ:'tju:itəs] tilfeldig, slumpe-.
fortunate ['fɔ:tʃənit] lykkelig; heldig. **fortunately** lykkeligvis, heldigvis.
fortune ['fɔ:tʃən] skjebne, lagnad, lodd; lykke; formue; medgift; godt parti; **bad –** uhell, motgang; **good –** hell, medgang; **by –** tilfeldigvis; **soldier of –** lykkejeger; **tell a person's –, tell -s** spå; **he had made his –** han hadde gjort seg en formue, hadde gjort lykken; **a man of –** en formuende mann; **the tide of – has set in again** tingene har tatt en gunstig vending igjen; **– favours fools** lykken er bedre enn forstanden; **have one's – told** bli spådd; **he had the good – to** det traff seg så heldig at han.
Fortune ['fɔ:tju:n] Fortuna (lykkegudinnen).
fortune| book ['fɔ:tʃənbuk] spåbok. **– hunter** lykkejeger. **-teller** spåmann, spåkone.
forty ['fɔ:ti] førti, førr; **take – winks** ta seg en liten blund; **have – fits** få et anfall; **the forties** førtiårene. **forty-five** pistol el. revolver av kaliber 45; EP-plate, grammofonplate med hastighet 45. **forty-niner** gullgraver fra gullrushet i California i 1849.
forum ['fɔ:rəm] forum.
forward ['fɔ:wəd] (adv.) fram, fremad, videre; **be –** være i gjære; **look – to** vente, glede seg til; **put –** sette fram; **put oneself –** stikke (holde) seg fram; **straight –** like ut; **from this time –** fra nå av; **carried –** overført; transport.
forward ['fɔ:wəd] (adj.) forrest; langt kommet; tidlig moden; fremmelig, for seg; vel utviklet; imøtekommende, ivrig; radikal, reformistisk; overilet, kåt, nesevis; kjekk; uforskammet; **a – order** en ordre til framtidig (senere) levering.
forward ['fɔ:wəd] (s.) forward, løper, spiller i løperrekken (i fotball).
forward ['fɔ:wəd] (v.) sende, befordre, ekspedere; støtte, fremme, framskynde; begunstige, oppmuntre; **– on** sende videre; **letter to be -ed** brevet skal (videre)sendes.
forwarder ['fɔ:wədə] sender; speditør.
forwarding ['fɔ:wədiŋ] også: spedisjons-. **– account** spedisjonsregning. **– agency** spedisjonsfirma. **– agent** speditør. **– and general agents** kommisjons- og spedisjonsfirma. **– clerk** ekspeditør.
forwardness ['fɔ:wədnis] beredvillighet; iver; nesevishet; dristighet; fremmelighet, tidlig utvikling.
forwards ['fɔ:wədz] fremad osv. se **forward.**
fosse [fɔs] (voll)grav (mil.).
fossette [fɔ'set] hulning; smilehull.
fossil ['fɔsil] oppgravd, funnet i jorda, fossil; forsteinet; fossil; forsteining; (fig.) som hører fortiden til, fortidslevning. **fossiliferous** [fɔsi'lifərəs] som inneholder fossiler. **fossilification** [fɔsilifi'keiʃən] forsteining. **fossilize** ['fɔsilaiz] forsteine; (fig.) stivne; størkne; forsteines.
foster ['fɔstə] fostre, oppfostre, oppføde, ale opp; nære, pleie, begunstige. **fosterage** ['fɔstəridʒ] oppfostring; (fig.) støtte, hjelp.
foster | brother fosterbror. **– child** pleiebarn.
fosterer ['fɔstərə] pleiefar, pleiemor.
foster mother fostermor; rugemaskin.
F. O. T. fk. f. **free on truck.**
fother ['fɔðə] **a leak** (gml., mar.) stoppe en lekkasje.
fother ['fɔðə] fôr (se **fodder);** lass (især av bly, kalk osv.).
fought [fɔ:t] imperf. og perf. pts. av **fight.**
foul [faul] (adj.) **1** uren, skitten, stygg, fæl, vond, ubehagelig, motbydelig; **2** skadelig; **3** dårlig, rusket (om vær); mot (om vind); **4** stinkende; **5** mudret; **6** fordervet; full av ting som ikke bør være der; full av ugress (om hage), full av sot (om skorstein) o. l.; **7** i uorden (om mage); **8** farlig (om kyst); **9** innviklet, i uorden; **10** ulovlig, som strir mot reglene; uriktig, uærlig, falsk; slett, ond; **11** ryggesløs, rå; sårende, uanstendig (om ord). (v.) **1** søle, grise til, forurense, besudle; tilstoppe, tette; **2** bringe i uorden; innvikle; hindre; **3** bli skitten el. gjørmet; **4** bli innviklet; **5** tørne mot, kollidere. (s.) **1** ureglementert handling, juks, regelbrudd; **2** kollisjon, sammenstøt; **– air** dårlig luft; **– bottom** tilgrodd bunn (om skip); **– breath** dårlig ånde; **– copy** kladd; **– disease** venerisk sykdom; **the – fiend** den onde, djevelen; **-ing** tilsøling, forurensing; begroing (på skip); **– language** stygt snakk, råprat; **– pipe** sur pipe; **– play** uærlig spill; **– sky** overskyet himmel; **– weeds** ugress; **fall – of** ryke uklar med; **run – of** seile på (mot).
foul-mouthed ['faul'mauðd] grov (i munnen), plump, rå.
foulness ['faulnis] urenslighet, skitt; heslighet; uredelighet.
foul-spoken ['faul'spəukən] som snakker griseprat, rå, grov i kjeften.
foumart ['fu:mɑ:t] ilder, mår.
found [faund] imperf. og perf. pts. av **find; 50 pounds a year and everything found** 50 pund om året og alt fritt.
found [faund] grunnlegge; grunne; stifte; bygge; innrette, fastsette; grunne, basere; stole (**on** på).
found [faund] støpe, smelte.
foundation [faun'deiʃən] grunnlegging, fundamentering; grunn, fundament; oppretting, stifting; dotasjon; stipendium; anstalt, stiftelse, legat; basis, grunnlag; underlagskrem, (pudder)-underlag; korsettering; **be on a –** ha et stipendium. **-er** [faun'deiʃənə] stipendiat; frielev. **– garments** korsettering (hofteholdere, korsetter o. l.). **– school** legatskole. **– stone** grunnstein.
founder ['faundə] grunnlegger, stifter; stamfar; støper.
founder ['faundə] synke, gå til bunns; ramle ned; være uheldig, mislykkes.
founder ['faundə] skamri, gjøre halt; dette.
founders' shares grunnaksjer, stamaksjer.
foundling ['faundliŋ] hittebarn.
foundress ['faundris] kvinnelig stifter, grunnlegger.
foundry ['faundri] støperi; støpegods; støping. **– facing** kullstøv (til støping). **– furnace** støperiovn. **-man** støperiarbeider. **– sand** støpesand.
fount [faunt] kilde, vell, oppkomme.
fountain ['fauntin] kilde; oppkomme; fontene, springvann; (fig.) opphav, opprinnelse. **-head** kildevell; opprinnelse; første opphav. **– pen** fyllepenn.
four [fɔ:] fire; firetall; **fours** båter med fire årer, firer; **by fours** fire og fire; **on all fours** på alle

fire; (fig.) likestilt (**with** med); **four-and-twenty** tjuefire; **a coach and four** firspann, firbeite; **well-matched four** firspann som passer godt sammen.

four|-bit (US) 50-cents. **– -by-three** uvesentlig, liten. **– -colour** firefarge-. **– -cornered** firkantet. **– -cycle engine** firetaktsmotor. **-flusher** bløffer, bløffmaker. **-fold** firefold, firedobbelt. **– -handed** firemanns-; firhendig (i musikk). **the – hundred** (US) den øverste sosietet, den sosiale elite. **-in-hand** med fire hester; firspann; firbeite; **– -legged** firbeint. **– -letter word** tabuord, ord som ikke kan gjengis på trykk. **– on the floor** fire trinns gulvgir (bil). **– -place** som angir fire desimaler. **– -poster** himmelseng. **-score** fire snes, åtti.

foursome [ˈfɔ:səm] fire og fire, spill mellom to par (i golf).

foursquare [ˈfɔ:skwɛə] firkant; firkantet; fast, stø, urokkelig; likefrem, endefram.

four|-stage firetrinns-. **– -stroke** firetakts-.

fourteen [ˈfɔ:ˈti:n] fjorten.

fourteenth [ˈfɔ:ˈti:nθ] fjortende; fjortendel.

fourth [fɔ:θ] fjerde; fjerdedel, kvart; fjerdemann; **the – estate** fjerdestanden; den fjerde statsmakt ɔ: pressen.

fourthly [ˈfɔ:θli] for det fjerde.

fourth-rate fjerdeklasses.

four|-time 4/4 takt. **– -track** firesporet.

four-wheeler [ˈfɔ:wi:lə] firehjulsvogn.

f. o. w. fk. f. **free on waggon.**

fowl [faul] fugl; fugler; høns, fjærkre, fjærfe; fange fugl; skyte fugl. **fowler** [ˈfaulə] fuglefanger.

fowling piece [ˈfauliŋpi:s] fuglebørse.

fowl run [ˈfaulrʌn] hønsegård.

fox [fɔks] rev; (fig.) rev, fuling; slu person; (US sl.) rype, skreppe (om kvinne); simulere, spille komedie; drikke full; narre, erte; spionere; (sl.) snyte; **he-–** hanrev; **she-–** hunrev; **blue –, arctic –, polar –,** blårev, polarrev. **– and geese** revespill. **– brush** revehale. **– earth** revehule, revehi. **– evil** en sykdom som ytrer seg ved at hårene faller av; røyting, håravfall. **-glove** revebjelle. **-hole** dekningsgrav, énmanns skyttergrav. **-hound** revehund; **master of -hounds** den som forestår revejakten, formann for revejakten. **– hunt** revejakt; gå på revejakt. **-like** reveaktig. **– sleep** lensmannssøvn, høneblund, tilsynelatende uoppmerksomhet. **-tail** revehale. **– terrier** foxterrier. **– trap** revefelle. **– trot** foxtrot (en dans).

foxy [ˈfɔksi] reveaktig, reve-; snedig, lumsk, slu, listig; rødlig, rødbrun; rødhåret; ramtluktende; sur.

foyer [ˈfɔiei] foajé.

Fr. fk. f. **France; French; Friday.**

fr. fk. f. **francs.**

fracas [ˈfræka:] ståk, styr, trette.

fractile [ˈfræktail] brudd-.

fraction [ˈfrækʃən] brudd; bruddstykke; brøk, brøkdel; liten del, lite grann; **do -s** regne med brøk. **fractional** [ˈfrækʃənəl] brøk-, brudden; ubetydelig, uvesentlig, liten.

fractious [ˈfrækʃəs] sær, prippen, vanskelig; sur, irritabel.

fracture [ˈfræktʃə] brudd; brekke.

fragile [ˈfrædʒail] skjør; skrøpelig.

fragility [frəˈdʒiliti] skjørhet, skrøpelighet.

fragment [ˈfrægmənt] fragment, bruddstykke.

fragmental [frægˈmentəl] bruddstykkeaktig.

fragmentary [ˈfrægməntəri] fragmentarisk, ufullstendig. **fragmentation** [frægmenˈteiʃən] oppstykking, utspalting; (mil.) splintvirkning.

fragrance [ˈfreigrəns] duft, vellukt, ange.

fragrant [ˈfreigrənt] duftende, velluktende.

frail [freil] svak, skrøpelig, skral, spinkel, spe; (amr.) blakk, pengelens.

frail [freil] sivkorg; korg med fiken, rosiner o. l.; siv; jente, jentunge.

frailty [ˈfreilti] skrøpelighet, svakhet.

fraise [freiz] pipekrave; jordbærrødt.

frame [freim] (s.) **1** form, skikkelse; **2** legeme, kropp; bygning; **3** tilstand; **4** ramme, karm; **5** innretning; system; **6** skjelett, bjelkeverk, bindingsverk, spant, stativ; (chassis)ramme (bil); **7** enkelt bilde på en filmstrimmel. (v.) **1** danne; **2** bygge; sette sammen, passe til; ramme inn, innrette, lage; **3** tenke ut, utkaste, oppfinne; **4** passe, stemme; **5** pønske ut falsk anklage, få arrestert på falsk anklage; **– well** love godt, peke godt i vei; **– an estimate** gjøre et overslag; **– of an umbrella** paraplystell; **– of mind** sinnsstemning; **out of –** i uorden; upasselig; forstemt. **– -built** bindingsverks-.

frame| house bindingsverkshus, hus med reisverk av tre. **– saw** rammesag. **– section** spanteseksjon. **– shack, – shed** plankeskur. **– tale** rammefortelling.

frame-up komplott; falsk anklage; avtalt spill.

framework [ˈfreimwə:k] indre bygning, struktur; grunnriss, ramme; bindingsverk, skjelett.

framing [ˈfreimiŋ] bygging; forming; avfattelse; form; ramme, rammeverk.

franc [fræŋk] franc (fransk mynt).

France [fra:ns] Frankrike.

Frances [ˈfra:nsis, -siz].

franchise [ˈfræntʃaiz, -iz] frihet, rettighet, konsesjon, privilegium; fribrev; valgrett; stemmerett; fristed, asyl; selvassuranse; frigjøre. **franchising company** (merk.) individuelt eide forretninger som drives som om de var deler av sentraleiet kjede (samme navn, symboler, ensartet vareutvalg etc.).

Francis [ˈfra:nsis].

Franciscan [frænˈsiskən] fransiskaner (munk); fransiskansk.

Franco-German [ˈfræŋkəuˈdʒə:mən] fransk-tysk.

frangibility [frændʒiˈbiliti] skrøpelighet, sprøhet. **frangible** [ˈfrændʒibl] skrøpelig, skjør.

frangipane [ˈfrændʒipein] sjasminparfyme; slags bakverk. **frangipani** [frændʒiˈpæni] sjasminparfyme.

frangula [ˈfræŋgjulə] vanlig trollhegg.

Frank [fræŋk] franker; (navn).

frank [fræŋk] oppriktig, åpen, åpenhjertig, frimodig; utvetydig, utvilsom; transportere gratis; sende portofritt; frankere; frita; frankert brev; **– ignorance** åpenbar uvitenhet; **– poverty** usminket fattigdom.

Frankfort [ˈfræŋkfət] Frankfurt; **F. on the Main** Frankfurt am Main.

frankforter, frankfurtersausage frankfurterpølse.

frankincense [ˈfræŋkinsens] virak, røkelse.

franking machine frankeringsmaskin.

Frankish [ˈfræŋkiʃ] frankisk.

Franklin [ˈfræŋklin].

franklin [ˈfræŋklin] odelsbonde, jordeier av fri, men ikke adelig byrd.

frankly ['fræŋkli] oppriktig, åpent; oppriktig talt.
frankness ['fræŋknis] oppriktighet, åpenhet.
frantic ['fræntik] avsindig, vanvittig, rasende.
frantically ['fræntikəli] avsindig, vanvittig.
F. R. A. S. fk. f. **Fellow of the Royal Astronomical Society.**
frat [fræt] brorskap; fraternisere.
fraternal [frə'tə:nəl] broderlig, bror-. **fraternity** [frə'tə:niti] brorskap; brorfølelse, brorkjensle; laug, gilde, orden; (US) studentsamfunn. **fraternization** [frætə:nai'zeiʃən] broderlighet, broderlig forhold; brorskap; fraternisering. **fraternize** ['frætə:naiz] omgås som brødre, fraternisere; ha broderlige følelser.
fratricidal [frætri'saidl] brodermorderisk, brodermorder-. **fratricide** ['frætrisaid] brodermord; brodermorder.
fraud [frɔ:d] svik, bedrageri; bedrager, svindler; **this wine is a perfect –** denne vinen er det rene juks.
fraudulence ['frɔ:djuləns] svik, svikferd, uredelighet.
fraudulent ['frɔ:djulənt] svikaktig, uredelig, bedragersk; straffbar, falsk. **– conversion** underslag.
fraught [frɔ:t] full (av), ladet, lastet; vel forsynt, fylt, svanger (**with** med); **– with danger** faretruende.
fray [frei] gni; gnure; slite tynn; tjafse, trevle opp; gni seg; flosse; slagsmål; oppløp; kamp; tynnslitt sted, frynset (av slit).
frazzle ['fræzl] fillet, tynnslitt, frynset; utkjørt.
FRB, F. R. B. fk. f. **Federal Reserve Bank.**
F. R. C. O. fk. f. **Fellow of the Royal College of Organists.**
F. R. C. P. fk. f. **Fellow of the Royal College of Physicians.**
F. R. C. S. fk. f. **Fellow of the Royal College of Surgeons.**
freak [fri:k] grille, lune, innfall; strek, pussig tilfelle; original person, gærning; original, underlig, sær. **freakish** ['fri:kiʃ] lunefull, lunet; original, underlig, sær.
freckle ['frekl] fregne; gjøre (el. bli) fregnet. **freckly** ['frekli] fregnet; flekket.
Fred [fred] fk. f. **Frederick.**
Frederic(k) ['fredrik].
free [fri:] fri; uavhengig, selvstendig, ledig; utvungen, tvangfri; oppriktig, åpen; dristig, djerv, hensynsløs, uforskammet; tøylesløs; uanstendig, offentlig, tilgjengelig for alle; gratis; tollfri; skattefri; gavmild, høymodig, raus; befri, slippe løs, frigjøre, gjøre fri; **– fight** slagsmål som alle tilstedeværende tar del i; **give one** (el. **have) a – hand** gi en (el. ha) frie hender (til å handle etter skjønn); **– thought** fri tanke; **– will** fri vilje; **have the – run of a house** kunne gå som en vil i et hus; **he is – to do it** han har lov til å gjøre det; **make – with a thing** skalte og valte med noe; sette noe på spill; blande seg i noe; **be – with** ikke spare på, ødsle med; **make – with a person** tillate seg friheter mot en; **set –** befri, løslate; **be –** snakke like ut av posen; **be – and easy** gjøre seg det makelig; utvungen, tvangsfri; løsaktig, lett på tråden; **– church** frikirke; **– library** offentlig bibliotek; **– on board** (forkortet til **f. o. b.** el. **F. O. B.)** fob, levert fritt ombord; **make – of** gi fri adgang; **make a person – of a city** gi en borgerrett.

free-and-easy ['fri:ən(d)'i:zi] flott, usjenert; gemyttlig sammenkomst, klubbaften o. l.
freebee ['fri:bi:] (US) gratis (gjenstand el. ytelse).
freeboard ['fri:bɔ:d] fribord.
free|booter ['fri:bu:tə] fribytter, sjørøver. **-booting** [-bu:tiŋ] fribytteri. **-born** fribåren. **– city** fristad. **– currency** fri myntfot. **– diver** froskemann.
freedom ['fri:dəm] frihet, fridom, rettighet, forrettighet, privilegium; utvungenhet, åpenhet, likefremhet; freidighet; for stor fortrolighet; djervskap, dristighet, hensynsløshet; letthet, ferdighet; (merk.) livlighet (på markedet); **– from** frihet fra; **have the – of** ha fri adgang til; **– of the press** pressefrihet; **– of a city** borgerrett; **take out one's –** få borgerrett.
free | enterprise fritt initiativ. **– -for-all** åpen konkurranse; alminnelig slagsmål. **– -grown plant** frilandsplante. **-hand** ['fri:hænd] frihånds-; **in -hand** på frihånd. **-handed** rundhåndet, gavmild, raus. **-hearted** åpenhjertig; edelmodig, gavmild. **-hold** selveiendom, selveie. **-hold flat** selveierleilighet. **-holder** selveier. **– lance** (middelalderen) leiesoldat; nå: løsgjenger; freelance, frilans. **– -living** en som lever godt. **-loading** snylting, gratis traktement.
freely ['fri:li] fritt; åpent; beredvillig, gavmildt; ivrig, livlig; rikelig; **live too –** leve for flott.
free|man ['fri:mən] fri mann; borger; lagsmann. **– mason** ['fri:meisən] frimurer. **-masonry** frimureri. **– minded** sorgfri. **– pass** fribillett, adgangstegn. **– port** frihavn. **– -spending** ødsel, raus, rundhåndet. **– -spoken** fri i sin tale, frimodig. **-stone** råkoppstein. **-thinker** fritenker. **-thinking** fritenkersk; fritenkeri. **– trade** frihandel. **– trader** frihandelsmann (motstander av tollbeskyttelse); frihandler (en som handler utenom handelskompaniene).
free|way (US) motorvei (avgiftsfri). **-wheel** frihjul; kjøre på frihjul.
freeze [fri:z] fryse; størkne, stivne (av kulde); være iskald, bli iskald; fryse i hjel; få til å fryse; drepe ved kulde; stopp; frost(periode).
freezer ['fri:zə] fryseapparat, ismaskin; kjøleskap; fryseboks, dypfryser.
freezing iskald; frysning. **– point** frysepunkt. **– rain** underkjølt regn.
freight [freit] frakt, ladning, last, gods; fraktomkostninger; frakte, befordre. **– bill** ≈ fraktbrev. **– broker** befrakter. **– car** (US) lukket godsvogn. **– charges** fraktomkostninger. **– depot** (US) godsterminal, godsstasjon. **freighter** ['freitə] lastebåt; transportfly; speditør, befrakter. **freight|house** pakkhus. **– note** fraktnota. **– rate** fraktsats. **– train** godstog.
French [frenʃ, frentʃ] fransk; **the –** franskmennene; **know –** kunne fransk; **pardon my –** unnskyld at jeg banner (snakker stygt). **– bean** snittebønne. **– chalk** talkum. **– cuff** dobbelt mansjett. **the – disease** (gml.) franskesyken, syfilis. **–** el. **f. door** fransk dør. **– dressing** fransk (salat)dressing (olje, eddik og krydder). **–** el. **f. fried potatoes** el. **–** el. **f. fries** franske poteter, pommes frites. **– horn** valthorn.
frenchify ['fren(t)ʃifai] forfranske, gjøre fransk, danne etter fransk mønster.
French; take – leave forsvinne i stillhet fra et selskap, stikke av (uten å betale). **– letter** (tal.) kondom. **-man** franskmann. **– mustard** fransk sennep. **– plums** katrineplommer. **– polish** skjel-

lakk, møbelpolitur. – **roll** rundstykke, lite horn. – **roof** mansardtak. – el. f. **toast** arme riddere. – **sash** slagvindu. – **vegetable cutter** potetjern. – **vinegar** vineddik. – el. f. **window** fransk vindu. **-woman** fransk dame.

Frenchy [ˈfren(t)ʃi] franskmann (spøkefullt el. ironisk); overdrevent fransk i sitt ytre, smak, stil.

frenetic [frəˈnetik] frenetisk.

frenzied [ˈfrenzid] fra vettet, avsindig, gal, rasende, vill.

frenzy [ˈfrenzi] vanvidd, raseri, vettløst sinne; gjøre vill, piske opp.

freq. fk. f. **frequent(ly).**

frequency [ˈfri:kwənsi] hyppighet, frekvens. – **range** frekvensområde, toneområde. – **response** frekvensgang, frekvensområde.

frequent [ˈfri:kwənt] hyppig.

frequent [friˈkwent] besøke hyppig, søke, ferdes, frekventere; – **a café** være stamgjest på en kafé.

frequentation [fri:kwənˈteiʃən] hyppig besøk.

frequentative [friˈkwentətiv] frekventativ.

frequenter [friˈkwentə] hyppig gjest.

frequently [ˈfri:kwəntli] hyppig, ofte.

fresco [ˈfreskəu] maling på våt kalk, freskomaleri, freske; **paint in** – (el. **al** –) male al fresco.

fresh [freʃ] frisk; sval; sprek, sunn, ny, blomstrende, ungdommelig, «grønn», uerfaren, nybakt; livlig; forfrisket, usaltet (om kjøtt, smør osv.); fersk (om vann); uerfaren; anløpen, beruset; kjekk, kåt; frekk, nesevis; påtrengende; frisk, kjølig; for kort tid siden; bekk, kilde; oversvømmelse, høyvann; **as – as a daisy, as – as paint** så blomstrende som en rose; **don't get – with me** ikke vær frekk; bare ikke prøv deg. **fresh-** ny-, frisk-, som akkurat er.

freshen [ˈfreʃən] friske på, gjøre frisk, stramme opp; fiffe opp, friske opp; gjøre fersk; utvanne; bli frisk; bli fersk.

freshener [ˈfreʃnə] oppstiver, oppstrammer (om drink).

fresher [ˈfreʃə] nybakt student.

freshet [ˈfreʃit] flom, overstrømning.

freshly [ˈfreʃli] frisk, ny-; – **painted** nymalt.

freshman [ˈfreʃmən] nybakt student; nybegynner, debutant.

fresh meadow ≈ kjerr, kratt.

freshwater [ˈfreʃwɔ:tə] ferskvann, ferskvanns-; som ligger inne i landet, provins-.

fret [fret] ete opp, tære på, gnure, gnage på; gni i stykker, etse; sette i sterk bevegelse; ergre, krenke, såre, gjøre sint; gjøre bekymret, gjøre urolig; bli tært på, bli slitt på; ete om seg; ete seg inn i, trenge seg inn i; kruse seg; ergre seg; være sint; være bekymret; klynke; sutre; krote ut; gnidning, gnurring, etsing; et såret sted; utslett; ornament à la grecque; krusning; oppbrusing; sutring, grin, ergrelse, vrede, heftighet, lidenskapelighet; – **against** stritte imot; – **for** lengte utålmodig etter; – **and fume** skumme av raseri. **fretting** irritabel.

fret [fret] bånd på gripebrett på gitar.

fretful [ˈfretf(u)l] ergerlig, sær, gretten, irritabel, utålmodig.

fretfulness [ˈfretfəlnis] grettenhet, pirrelighet.

fretsaw [ˈfretsɔ:] løvsag, stikksag; dekupørsag. **-ing** løvsagarbeid.

fretty [ˈfreti] gretten, grinet, sutret, vanskelig.

fretwork [ˈfretwə:k] løvsagarbeid, utskåret arbeid, à la grecque(-arbeid); (fig.) pinneverk, flettverk.

Freudian [ˈfrɔidiən] som angår Freud og hans verk; disippel av Freud; psykoanalytiker.

F. R. G. S. fk. f. **Fellow of the Royal Geographical Society.**

Fri. fk. f. **Friday.**

friability [fraiəˈbiliti] sprøhet, skjørhet.

friable [ˈfraiəbl] løs, sprø, skjør.

friar [ˈfraiə] klosterbror, srl. munk; **grey** – gråbror, fransiskanermunk; **black** – svartebror, dominikanermunk. **friary** [ˈfraiəri] munkekloster; broderorden.

F. R. I. B. A. fk. f. **Fellow of the Royal Institute of British Architects.**

fribble [ˈfribl] fjase; fjaset, vaset; narr, laps, tøysekopp; bagatell.

fricandeau [ˈfrikəndəu] fricandeau.

fricassee [frikəˈsi:] frikassé.

friction [ˈfrikʃən] gnidning, gnuring, stryking, friksjon; frottering; (fig.) gnisninger, mindre uoverensstemmelser. **frictional** [ˈfrikʃənəl] gnidnings-, friksjons-.

Friday [ˈfraidi, ˈfraidei] fredag; **Black** – Tycho Brahes dag; **Good** – langfredag. – **face** bededagsansikt.

fridge [fridʒ] kjøleskap.

fried [fraid] imperf. og perf. pts. av **fry.** – **egg** speilegg.

friend [frend] venn, venninne; **friends** venner, venninner; nærmeste, familie; bekjente, kjenninger; **the Friends, the Society of F.** kvekerne; **a – of mine** en venn av meg; **a – of my father's** en venn av min far; **he is no – to me** han er ikke vennligsinnet imot meg; **be -s with** være gode venner med; **have a – at court** ha bispen til morbror, ha innflytelsesrike venner; **keep good -s with** holde seg gode venner med; **make a – of** gjøre til venn, slutte vennskap med; **make -s** bli (være) gode venner igjen, forlike seg; **lady** – venninne; **my honourable** – det ærede medlem (om et annet medlem av underhuset); **my learned** – min kollega (om en annen sakfører).

friendless [ˈfrendlis] venneløs.

friendliness [ˈfrendlinis] vennskapelighet; godhet.

friendly [ˈfrendli] vennskapelig; god; hjelpsom; gunstig. **the Friendly Islands** Tongaøyene.

friendship [ˈfren(d)ʃip] vennskap.

frieze [fri:z] fris, vadmel.

frieze [fri:z] frise.

frigate [ˈfrigit] fregatt.

frige [fridʒ] (tal.) kjøleskap.

fright [frait] skrekk, støkk, frykt (**of** for); skremmebilde, skremsel; skremme; **he looks a perfect** – han ser fæl ut.

frighten [ˈfraitn] støkke, skremme.

frightful [ˈfraitf(u)l] skrekkelig, fryktelig, fæl.

frigid [ˈfridʒid] kald, iskald; **the – zone** den kalde sone. **frigidity** [friˈdʒiditi] kulde, kjølighet; frigiditet.

frigorific [frigəˈrifik] som frembringer kulde; svalende.

frill [fril] kruset el. rynket strimmel, pipestrimmel; krage; kalvekryss; mansjett; krimskrams, snirkler; rynke, pipe; **put on -s** gjøre seg viktig; **no -s** ikke noe tull. **frilling** strimler osv., rynket strimmel el. blonde.

fringe [frin(d)ʒ] frynse, pannehår, lugg; kant, rand; utkant, perifer gruppe; besette med frynser; ligge langs randen; ytterst, ytter-, periferisk.

– benefits (pl.) godtgjørelser el. goder (i tillegg til lønn), tilleggsytelser, frynsegoder. **fringy** [ˈfrin(d)ʒi] frynset.
frippery [ˈfripəri] ordstas, kruseduller, tom stas, dingeldangel.
Frisbee [ˈfrisbi:] (varem.) «hivert», flygende tallerken (leketøy).
'Frisco [ˈfriskəu] fk. f. **San Francisco.**
Frisian [ˈfriʒən, -zjən] frisisk; friser.
frisk [frisk] springe, sprette, bykse, hoppe; sprett, hopp; undersøkelse, kroppsvisitasjon; stjele (ut av lommen), kroppsvisitere.
frisky [ˈfriski] spretten, lystig, kåt, sprek.
frit [frit] glassmasse; glasur (ved pottemakeri); gløde, smelte.
frith [friθ] fjord, vik.
fritter [ˈfritə] epleskive; fjase, somle bort; **– away** ødsle bort litt etter litt, klatte bort.
Fritz tysker; **go on the –** gå i stykker, forfalle.
frivol [ˈfrivl] tøve, fjase. **frivolity** [friˈvɔliti] ubetydelighet, verdiløshet; frivolitet, lettsindighet, lettferdighet. **frivolous** [ˈfrivələs] fjollet, tøyset; betydningsløs, verdiløs; overfladisk, intetsigende; frivol, lettsindig, lettferdig. **frivolousness** se **frivolity.**
friz [friz] krølle, kruse; krøll, krus.
frizzle [ˈfrizl] krølle, kruse; krøll; steke, brase, syde, frese.
frizzly [ˈfrizli] kruset, purret, krøllet.
fro [frəu]: **to and –** frem og tilbake, att og fram.
frock [frɔk] bluse, kittel; blusekjole, barnekjole; damekjole; diplomatfrakk.
frockcoat el. **frock-coat** [ˈfrɔˈkəut] diplomatfrakk.
frog [frɔg] frosk; kvast; knapp; uniformsnor; stråle (i hestehov). **-eater** (hånlig om) franskmann. **-ged** snorbesatt.
froggy [ˈfrɔgi] froskaktig; franskmann.
froghopper [ˈfrɔghɔpə] skumsikade.
frogman [ˈfrɔgmæn] froskemann.
frog-in-the-throat heshet.
froise [frɔiz] fleskepannekake.
frolic [ˈfrɔlik] lystighet, spøk; være lystig, holde leven, skjemte; (poetisk) lystig. **frolicked** imperf. av **frolic. frolicsome** [ˈfrɔliksəm] lystig, munter, leken.
from [frɔm, frəm] fra, ut fra; på grunn av, av; å dømme etter, etter; **– above** ovenfra; **– among us** blant oss; **– behind** bakfra; **– beneath** nedenfra; **conclude –** slutte av; **draw – nature** tegne etter naturen; **– a child, – childhood** fra barndommen av; **– home** ikke hjemme, bortreist; **safe –** sikker mot; **defend –** forsvare mot; **hide –** skjule for; **absent – illness** fraværende på grunn av sykdom; **cry – pain** skrike av smerte; **– his dress I should think** å dømme etter hans drakt skulle jeg tro; **he stepped – behind the tree** han trådte fram fra treet som han hadde stått bak.
frond [frɔnd] bregneblad, burkneblad.
frondage [ˈfrɔndidʒ] bregner, bregneløv.
frondescence [frɔnˈdesəns] løvsprett.
Frondeur [fr.; frɔnˈdə:] opposisjonsmann.
front [frʌnt] (s.) **1** panne, ansikt; **2** mine, holdning, frekkhet, djervskap, uforskammethet; **3** forside; fasade; front; husrekke langs gate, promenade; **4** forreste rekke, viktigste plass; **5** front, krigsskueplass; **6** dekning, skalkeskjul; **7** forstykke i skjorte, løst skjortebryst, krage; **8** falskt pannehår. (adj.) **1** forrest, front-. (v.) **1** gjøre front mot; vende fasaden mot, vende, snu; **2** pryde med fasade, kle, dekke; **change –** foreta en frontforandring; **show a bold –** sette opp en dristig mine; **have the – to say** ha den uforskammethet å si; **the – bench** den forreste benk (i underhuset ministerbenken); **a two-pair –** et gateværelse i tredje etasje. **– bearing** forlager, frontlager; **– cloth** forteppe (i teater). **– door** gatedør; **– drive** forhjulstrekk; **– fender** forskjerm; støtfanger foran; **– gate** hovedport; **– hall** forstue, entré; **– parlour** stue til gaten; **– rank** første rekke; **– room** værelse til gaten; **– tooth** fortann; **in –** i fronten, foran; **in – of** foran; **bring to the –** bringe fram i første rekke; **come to the –** komme fram i første rekke. **go to the –** komme fram i første rekke; gå til fronten; **– for** (US) være talsmann for.
frontage [ˈfrʌntidʒ] forside, fasade; forhage. **– road** tilkjørsels- el. avkjøringsvei som går langs en hovedvei.
frontal [ˈfrʌntəl] panne-; fasade-; front-; pannebånd; omslag på panne eller hode; antemensale.
frontier [ˈfrʌntiə, ˈfrɔntiə, ˈfrʌntʃə] grense, grenseområde; (fig.) grenseland, uutforsket område. **frontiersman** nybygger, pioner.
frontispiece [ˈfrʌntispi:s] vignett, tittelbilde; hovedfasade.
frontless [ˈfrʌntlis] uforskammet.
frontlet [ˈfrʌntlit] pannebånd.
front | line forreste linje, frontlinje. **– man** stråmann; toppfigur; utroper. **– -wheel drive** forhjulsdrift.
frost [frɔ(:)st] frost, kulde; tele; rim; skuffelse, fiasko; skade ved frost; brodder (hestesko); dekke med rim; strø sukker på; gjøre matt (f. eks. glass); **white –, hoar –,** rimfrost; **black –** barfrost. **Jack Frost** personifikasjon av frosten ≈ Kong Vinter.
frost|-bitten frosset; forfrosset. **– -bound** frosset fast, innefrosset; telet. **frosted** frostskadd; rimet; (fig.) gråsprengt; mattert, matt; sukkerglassert (om bakverk). **frost heave** telehiv. **frostiness** iskulde, frost. **frosting** mattering; (sukker)glasur.
frost|-nail isbrodd. **– -nipped** frostskadd. **-work** isroser.
frosty [ˈfrɔ(:)sti] frossen, frost-; kald; dekt med rim; **– face** kopparret ansikt.
froth [ˈfrɔ(:)θ] fråde, skum; tomt prat; få til å skumme; skumme. **frothiness** [ˈfrɔ(:)θinis] skumming; ubetydelighet. **frothy** [ˈfrɔ(:)θi] skummende; tom, intetsigende.
frottage [frɔˈtɑ:ʒ] frottering, gnidning.
froufrou [ˈfru:fru:] rasling (av kjole); overdreven pynt; garneringer.
frow [frau] (hollandsk el. tysk) kvinne.
froward [ˈfrəu(w)əd] gjenstridig, vrang, sta.
frown [fraun] rynke pannen (el. brynene), sette nyver, se mørk ut; **– upon** el. **at** se skjevt til, fordømme, skremme med truende blikk, rynking av pannen; rynket panne; mørk mine, truende blikk. **frowningly** med rynket panne; med truende blikk; sint.
frowst [fraust] vond lukt, kvalm luft.
frowzy [ˈfrauzi] stinkende, ekkel; lurvet, sjusket, pjusket.
froze [frəuz] imperf. av **freeze.**
frozen [ˈfrəuzn] perf. pts. av **freeze;** frosset, iskald; fastlåst (om priser); bundet, sperret (om penger); **– ocean** ishav; **– zone** kald sone.

F. R. S. fk. f. **Fellow of the Royal Society.**
frs. fk. f. **francs.**
frt. fk. f. **freight.**
fructiferous [frʌkˈtifərəs] frukt-, som bærer frukt.
fructification [frʌktifiˈkeiʃən] befruktning; fruktlegeme; frukt. **fructify** [ˈfrʌktifai] befrukte; sette frukt, bære frukt.
fructose [ˈfrʌktəus] fruktose, fruktsukker.
fructuous [ˈfrʌktjuəs] fruktbar.
frugal [ˈfru:gəl] måteholden, sparsommelig, økonomisk; tarvelig, nøysom.
frugality [fruˈgæliti] sparsommelighet, fordringsløshet; tarvelighet, nøysomhet.
frugivorous [fruˈdʒivərəs] fruktetende.
fruit [fru:t] frukt; (US sl.) homo, homse; **-s** (pl.) frukter, resultat, utbytte, avkom; bære el. sette frukt. **-age** [ˈfru:tidʒ] fruktbæring; frukt(er); utbytte, resultat. – **bread** (US) korintbrød. – **cake** fruktkake (US sl.) tulling, noldus. – **cup** fruktdrikk (ofte m. vin); (US) fruktcocktail. **-er** fruktdyrker; fruktbærer (om tre); fruktbåt. **-erer** frukthandler; fruktbåt. **-farming** fruktdyrking. **-fly** bananflue.
fruitful [ˈfru:tf(u)l] fruktbar, resultatrik.
fruiting [ˈfru:tiŋ] fruktsetting; fruktbærende. – **body** fruktlegeme.
fruition [fruˈiʃən] nytelse, bruk; virkeliggjøring.
fruitless [ˈfru:tlis] ufruktbar; barnløs; fruktesløs.
fruit|lets (pl.) småfrukter. – **machine** enarmet banditt (spillemaskin). – **salad** fruktsalat; sildesalat (mil. om ordensbånd). – **seller** frukthandler. – **setting** fruktsetting. – **show** fruktutstilling. – **stalk** fruktstilk. – **stand** fruktoppsats. – **sugar** fruktsukker. – **syrup** fruktsirup, konsentrert fruktsaft. – **tree** frukttre. – **vending machine** fruktautomat.
fruity [ˈfru:ti] fruktaktig; med fruktsmak; saftig; sukkersøt; lekker, pikant.
frumentaceous [frumənˈteiʃəs] kornaktig, korn-.
frumenty [ˈfru:mənti] risvelling; grynsodd, grynsuppe.
frump [frʌmp] gammel (gammeldags) kjerring, hurpe. **-y** [ˈfrʌmpi] gammeldags kledd; sjusket.
frustrate [frʌˈstreit, ˈfrʌstreit] velte, kullkaste, krysse el. tilintetgjøre (planer); komme på tverke for; gjøre ugyldig; skuffe, narre; frustrere.
frustration [frʌˈstreiʃən] velting, kullkasting, tilintetgjøring, skuffelse; frustrasjon.
frustum [ˈfrʌstəm] bruddstykke, stump.
frutescent [fruˈtesənt] buskaktig.
fruticose [ˈfru:tikəus] buskaktig, busk-.
fry [frai] steke, steke i panne; bli stekt, brase; stekt mat; **fried egg** speilegg.
fry [frai] fiskyngel; flokk, stim; småunger, småfolk; kryp; **small –** småfisk; (fig.) småkryp, småfisk; **in an awful –** helt på knærne.
frying pan [ˈfraiiŋpæn] stekepanne; **fall out of the – into the fire** komme fra asken i ilden.
F. S. fk. f. **Fleet Surgeon; please forward.**
F. S. A. fk. f. **Fellow of the Society of Antiquaries.**
F sharp major (mus.) Fiss-dur.
F sharp minor (mus.) fiss-moll.
ft. fk. f. **feet; foot.**
fth(m). fk. f. **fathom.**
fubby [ˈfʌbi], **fubsy** [ˈfʌbzi] tykk, buttet, trivelig.
fuchsia [ˈfju:ʃ(j)ə] fuksia, Kristi blodsdråpe.
fuchsine [ˈfu:ksi:n] rødt anilinfargestoff, fuksin.
fuddle [ˈfʌdl] gjøre beruset, drikke full; rangle, ture, svire, pimpe; forvirre, omtåke; drikkevarer, fyll, beruselse, rangel.
fudge [fʌdʒ] løgn, sludder, vanvidd, humbug; nougatkonfekt; siste nytt i avis som er stort slått opp; smøre sammen, dikte opp; sette inn i avis i siste øyeblikk.
fuel [ˈfju:əl] brensel, drivstoff, brennstoff; lidenskap; forsyne med brensel; ta inn drivstoff, bunkre; **add – to the fire** gyte olje i ilden. – **consumption** drivstofforbruk.
fug [fʌg] innestengt luft, vond lukt.
fugacious [fjuˈgeiʃəs] flyktig, kortvarig, forgjengelig. **fugacity** [fjuˈgæsiti] flyktighet, forgjengelighet.
fugitive [ˈfju:dʒitiv] flyktig; upålitelig; (om farge) uekte; flytende; ubestandig; spredt; omvandrende; flyktning; rømling.
fugleman [ˈfju:glmæn] fører, leder; forbilde.
fugue [fju:g] fuge.
fulcrum [ˈfʌlkrəm] støtte; dreiningspunkt; underlag (for vektstang). – **pin** svingtapp.
fulfil [fulˈfil] oppfylle, fullbringe, fullbyrde, innfri; – **oneself** realisere seg selv; – **a promise** holde et løfte. **fulfilment** [fulˈfilmənt] oppfyllelse, fullbyrding, innfrielse.
fulgency [ˈfʌldʒənsi] glans, skinn.
fulgent [ˈfʌldʒənt] glansfull, strålende.
fulguration [fʌlgjuˈreiʃən] glimt, lyn.
Fulham [ˈfuləm] eller – **palace,** biskopen av Londons residens.
fuliginous [fjuˈlidʒinəs] sotet; røykaktig; mørk.
full [ful] **1.** (adj.) full (**of** av), oppfylt (**of** av), hel, fullstendig, uinnskrenket, fyldig; (US) mett; **2.** (adv.) helt, fullstendig, fullt; like; **3.** (s.) fullstendighet, helhet; eksempler: **1.** – **of water** full av vann; – **house** opptatt; **we are –** her er opptatt; **his mind was –** han var overveldet; – **of business** overlesset med forretninger; – **of his subject** helt opptatt av sitt emne; **of – age** myndig; **a – beard** fullskjegg; – **brothers and sisters** helsøsken; – **dress** galla; **at – length** i hele sin lengde; **a – hour** en hel time; – **stop** punktum; – **in the face** med et fyldig ansikt; – **up** opptatt; – **moon** fullmåne; **a – meal** et realt måltid; – **speed** full fart; **2. look one – in the face** se en like i ansiktet; – **back** back (i fotball); **3. in –** fullstendig, fullt ut, i sin helhet, uforkortet; **to the –** i fullt mål, fullstendig; **name in –** fulle navn; **the moon is in the –** månen er full.
full [ful] valke, stampe; la seg valke el. stampe.
fullage [ˈfulidʒ] valkelønn.
full-aged [ˈfuleidʒd] myndig.
full | blast (fig.) for full musikk. **– -blooded** [ˈfulˈblʌdid] blodfull; fullblods; (fig.) varmblodig, livslysten; kraftig; rendyrket, ekte. **– -blown** helt utsprunget; fullblods. – **board** helpensjon. **– -bodied** svær. **– -bottom** allongeparykk. **– -bred** fullblods. **– -built** svær. – **colonel** oberst. – **cream** kremfløte. **– -drawn line** heltrukken linje. – **dress** selskapsdrakt, galla. **– -dressed** fullt påkledd; i selskapsdrakt, i galla. – **employment** full sysselsetting.
fuller [ˈfulə] valker, stamper; **fuller's earth** valkejord.
fullery [ˈfuləri] valkeri, stampeverk, stampe.
full | face [ˈfulfeis] en face; (typograf.) fet skrift. **– -faced** [ˈfulfeist] med rundt, fyldig ansikt. **– -fledged** fullt utviklet; ferdigutdannet; flyge-

ferdig (fugl). **– general** (US) firestjerners general.
fulling [ˈfuliŋ] valking, stamping.
full|-length i legemsstørrelse; et bilde i legemsstørrelse; uforkortet. **– marks** beste karakter; all ære. **– -mast** heise på hel stang. **– milk** helmelk. **– moon** fullmåne.
fullness [ˈfulnis] fylde, fullhet; **the – of time** tidens fylde.
full|-page helsides. **– -rigged** fullrigget. **– -scale** i naturlig størrelse, i legemsstørrelse; omfattende. **– -sized** i legemsstørrelse. **– stop** punktum. **– -swing** fritt løp, fritt spillerom. **– -time** heldags-.
fully [ˈfuli] fullt, fullstendig, helt, ganske; utførlig, detaljert, tydelig.
fulmar [ˈfulmə] havhest.
fulminate [ˈfʌlmineit] lyne og tordne; dundre; skjelle; eksplodere; la eksplodere; slynge bannstråle imot; knallsalt; **fulminating cap** fenghette; **fulminating cotton** skytebomull.
fulmination [fʌlmiˈneiʃən] brak, torden, dundring, smell; bannstråle; rasing, trusler.
fulness [ˈfulnis] se **fullness.**
fulsome [ˈfulsəm] overdreven; servil; motbydelig, vammel. **fulsomeness** [ˈfulsəmnis] motbydelighet.
Fulton [ˈfultən].
fulvous [ˈfʌlvəs] gulbrun.
fumatorium [fju:məˈtɔ:riəm] desinfeksjonskammer.
fumble [ˈfʌmbl] famle, rote, fomle (**for** etter); leke (**with** med), tukle, fikle (**with** ved); stamme, klusse, behandle klosset; finne ved å famle omkring; ta kluntet på, krølle; **– -fisted** kluntet. **fumbler** klossmajor, kløne.
fume [fju:m] røyk, os, eim, damp, dunst; virak, lidenskapelighet, sinne, raseri; innbilning, hjernespinn; ryke; dampe, ose; spy ut (røyk); rase, skumme, fnyse; røyke; farge mørk; **be in a –** være oppbrakt; fykende sint; **fumed oak** mørkt eiketre, røykbeiset; **– away** fordampe, fordunste.
fumet [ˈfju:mit] viltlukt; lort, møkk.
fumigate [ˈfju:migeit] røyk; desinfisere ved røyk; parfymere. **fumigation** [fju:miˈgeiʃən] røyking, desinfeksjon; damp, røyk. **fuming** skjelling, rasing; skummende av sinne.
fumitory [ˈfju:mitəri] jordrøyk (plante).
fun [fʌn] moro, spøk, gøy, fornøyelse; skjemte, spøke, drive ap; **for –, in –** for spøk, for moro skyld; **like –** jammen sa jeg smør; **the – of the fair** vitsen med det; **I do not see the – of it** (også:) jeg skjønner ikke vitsen med det; **have good –** more seg godt; **make – of a person, poke – at a person** ha en til beste, drive ap med en; **there is not much – to be got out of him** han forstår ikke spøk.
funambulate [fjuˈnæmbjuleit] danse på line.
funambulation [fjuˈnæmbjuˈleiʃən] linedans.
funambulist [fjuˈnæmbjulist] linedanser.
function [ˈfʌnkʃən] funksjon, virksomhet, bestilling, oppgave, plikter, gjøremål, yrke; fest; festmåltid; (mat.) funksjon; fungere, virke; opptre. **functional** [-əl] funksjons-, embetsmessig. **functionary** [-əri] funksjonær; embetsmann.
fund [fʌnd] fond, midler, kapital; sette i statsobligasjoner, anbringe. **funds** statspapirer, obligasjoner; **have money in the funds** ha penger i statsobligasjoner; **be in funds** være pr. kasse.
fundament [ˈfʌndəmənt], bakdel, ende; grunnprinsipp. **fundamental** [fʌndəˈmentəl] fundamental, grunn-; grunnlag, grunntrekk; utgangs-.
funded debt fast gjeld.
fund-holder [ˈfʌndhəuldə] eier av statspapirer.
Funen [ˈfju:nən] Fyn.
funeral [ˈfju:nərəl] begravelse, jordfesting, likferd; begravelses-, lik-, sørge-. **– expenses** begravelsesomkostninger. **– march** sørgemarsj. **– parlor** (US) begravelsesbyrå. **– sermon** liktale.
funeral [fjuˈniəriəl] begravelses-; trist, sørgelig.
fun fair [ˈfʌnfɛə] fornøyelsespark.
fungi [ˈfʌndʒai] pl. av **fungus.**
fungible [ˈfʌndʒibl] som kan byttes, ombyttelig.
fungicide [ˈfʌndʒisaid] soppdreper, soppmiddel, beis (til såkorn).
fungous [ˈfʌŋgəs] soppaktig.
fungus [ˈfʌŋgəs] (pl.: **fungi** el. **funguses)** sopp; skyte opp som sopp.
funicle [ˈfju:nikl] tråd, streng.
funicular [fjuˈnikjulə] trådaktig; snor, streng-. **– railway** taubane, fjellbane.
funk [fʌŋk] støkk, kvekk, skrekk; feighet; kryster; reddhare; være redd, skvette; **be in a blue –** være livende redd; **– hole** dekningsgrav; tilfluktssted; tilflukt; **– out** trekke seg feigt tilbake, stikke av. **funky** [ˈfʌŋki] redd, blaut, stakkarslig; stinkende, osende.
funnel [ˈfʌnl] trakt; røykkappe; skorstein (på skip og lokomotiv); samle, lede, føre gjennom en forsnevring.
funniment [ˈfʌnimənt] morsomhet.
funning [ˈfʌniŋ] spøk, skjemt; gale streker.
funny [ˈfʌni] morsom, pussig; komisk person; underlig, rar; mistenkelig; **funnies** (pl.) komisk tegneserie; **the funny gentleman** komikeren; klovnen (på teater og i sirkus).
funny [ˈfʌni] liten båt, skjekte, snekke.
funny | bone [ˈfʌnibəun] albuknoke, albuspiss. **– farm** (US sl.) sinnssykehus, «gærnehus». **– paper** tegneseriesiden(e) i en avis.
fur [fə:] pels, skinnfell; pelsverk; pelsvilt; dun (f. eks. på fersken); vinstein; belegg på tunga; kjelestein; skinn-, pelsverk-; fôre med skinn, bedekke, belegge; **make the – fly** så splid.
furbelow [ˈfə:biləu] garnering, kappe på kjole, volang; sette garnering på.
furbish [ˈfə:biʃ] blankskure; polere, fikse på. **furbisher** polerer.
fur cap [ˈfə:kæp] pelslue.
furcate [ˈfə:kit], **furcated** [ˈfə:keitid] kløftet, greinet, gaffeldelt. **furcation** [fə:ˈkeiʃən] gaffelform, forgreining.
fur coat [ˈfə:kəut] pels, pelskåpe.
fur | farm pelsdyrfarm. **– -farming** pelsdyravl.
furibund [ˈfjuəribʌnd] rasende.
the Furies [ðə ˈfjuəri:z] furiene.
furious [ˈfjuəriəs] rasende, voldsom, desperat. **furiousness** raseri, desperasjon.
furl [fə:l] beslå (seil); rulle sammen, lukke (paraply, vifte).
furlong [ˈfə:lɔŋ] (veimål, 201,17 meter, 1/8 engelsk mil).
furlough [ˈfə:ləu] orlov, permisjon; gi orlov.
furnace [ˈfə:nis] ovn, masovn, smelteovn; ildsted; atomreaktor; **smoke like a –** røyke som en skorstein. **– cement** ovnskitt. **– clinker** slagg. **– coke** sinders. **– grate** fyrrist. **-man** smelteovnsarbeider, ovnpasser.
furnish [ˈfə:niʃ] forsyne, ruste ut; møblere, utsty-

re; levere, skaffe, yte; **-ed apartments** møblerte leiligheter. **furnisher** leverandør; møbelhandler; herreekviperingsforretning.
furniture [ˈfəːnitʃə] møbler, møblement; utstyr; tilbehør; utrustning; inventar; beslag (på vinduer, dører etc.); **a piece of –** et møbel; **much –** mange møbler; **her mental –** hennes åndelige utrustning. **– remover** flyttemann.
furore [fjuəˈrɔːri] furore; **make a –** gjøre furore.
furrier [ˈfʌriə] buntmaker. **furriery** [ˈfʌriəri] pelsverk; pelsverkhandel, buntmakerforretning.
furrow [ˈfʌrəu] får, plogfår, fure; dyp rynke; rille opp, rynke, fure. **furrowy** [ˈfʌrəui] furet.
furry [ˈfəːri] pelskledd; skinnkledd; pels-, av pelsverk; belagt (om tunge).
further [ˈfəːðə] fjernere, lenger borte; videre, ytterligere, nærmere, mer; **I may – mention** jeg kan enn videre nevne; **nothing –** ikke mer; **what –?** hva så mer? **demand a – explanation** forlange en nærmere forklaring; **wish a man –** ønske en mann dit pepperen gror; **I'll see you – first** ≈ du kan ryke og reise. **– education** videregående utdannelse; voksenopplæring.
further [ˈfəːðə] fremme, befordre.
furtherance [ˈfəːðərəns] fremme, befordring.
furtherer [ˈfəːðərə] en som fremmer.
Further India Bakindia.
furthermore [ˈfəːðəmɔː] dessuten, enn videre.
furthermost [ˈfəːðəməust] fjernest, lengst borte.
furthest [ˈfəːðist] fjernest; lengst.
furtive [ˈfəːtiv] stjålen, hemmelig, fordekt.
furuncle [ˈfjuərʌŋkl] byll, kong, kvise.
fury [ˈfjuəri] raseri; furie; **paroxysms of mad –** anfall av vilt raseri.
furze [fəːz] gulltorn.
fuscous [ˈfʌskəs] mørk; brun.
fuse [fjuːz] smelte; smelte sammen; brannrør; sikring; lunte. **– board** sikringstavle.
fusee [fjuˈziː] spindel; lunte, brannrør; stormfyrstikk.
fusel [ˈfjuːzəl]; **– oil** fusel.
fuselage [ˈfjuːzilidʒ] flykropp, flyskrog.
fusibility [fjuːziˈbiliti] smeltelighet.
fusible [ˈfjuːzibl] smeltelig.
fusil [ˈfjuːzil] muskett.
fusileer, fusilier [fjuːziˈliə] musketér; grenader.
fusillade [fjuːziˈleid] geværsalve; skyte ned.
fusing point smeltepunkt.
fusion [ˈfjuːʒən] smelting; flytende tilstand; sammensmelting; fusjon; sammenarbeiding, forening. **– bomb** fusjonsbombe. **– point** smeltepunkt.
fuss [fʌs] larm, ståk, bråk, mas, blest, krus; ståhei, oppstuss, vesen; forvirring; ha det travelt, vimse omkring; gjøre store opphevelser, gjøre mye vesen; **– and fret** være nervøs og bekymret; **make – of** gjøre krus for, gjøre et stort nummer av.
fussy [ˈfʌsi] maset; forfjamset; geskjeftig; oppkavet, heseblesende; nervøs, forvirret; pertentlig; overpyntet, overlesset; brysom; kresen.
fust [fʌst] søyleskaft; muggen lukt.
fustian [ˈfʌstjən] bommesi, sterkt bomullstøy; (fig.) bombast, svulst; bombastisk, svulstig.
fustic [ˈfʌstik] gult brasiltre.
fustigation [fʌstiˈgeiʃən] pryl, juling; refselse.
fustiness [ˈfʌstinis] muggenhet, skimlethet.
fusty [ˈfʌsti] muggen, myglet, stinkende; antikvert.
fut. fk. f. **future.**
futile [ˈfjuːtail] intetsigende; unyttig, verdiløs; gagnløs; fåfengt; virkningsløs, resultatløs.
futility [fjuˈtiliti] unyttighet, gagnløshet.
future [ˈfjuːtʃə] fremtidig, tilkommende; fremtid, futurum; **– tense** futurum; **– perfect (tense)** futurum eksaktum; **– prospects** fremtidsutsikter; **in (the) –** i fremtiden; **for the –** for fremtiden.
futurism [ˈfjuːtʃərizm] futurisme. **futurist** [ˈfjuːtʃərist] futurist.
futurity [fjuˈtjuəriti, -tʃu-] framtid; fremtidig begivenhet; kommende tilstand.
fuz [fʌz] dun; støv, lo; krøllhår; røyksopp. **– ball** røyksopp.
fuze [fjuːz] se **fuse, fusee.**
fuzz se **fuz. the** – (US sl.) politiet, purken.
fuzzy [ˈfʌzi] dunet, loet; tåket, uklar; kruset. **– -headed** krushåret, ullhåret.
f. v. fk. f. **folio verso** på den andre siden.
fwd. fk. f. **forward.**
fy! [fai] fy!
fylfot [ˈfilfət] hakekors, svastika.
F. Z. S. fk. f. **Fellow of the Zoological Society.**

G

G, g [dʒiː] G, g.
G. fk. f. **German(y);** (US) **$ 1000. G., g. gauge; gold; grain; gram(me); guide; guinea(s); gulf. g. gender; general; genitive.**
Ga. fk. f. **Georgia.**
G. A. fk. f. **General Agent; General Assembly.**
gab [gæb] snakk, skravl, sludder; **he has got the gift of the –** han har et godt snakketøy.
gabardine [ˈgæbədiːn] kaftan, talar; gabardin.
gabble [ˈgæbl] sludre, plapre; skvalder, plapring, skravling.
gabbler [ˈgæblə] skravlebøtte.
gaberdine se **gabardine.**
gaberlunzie [gæbəˈlʌnzi] (skot.) tigger, vagabond.
gabfest (US) fest hvor det prates mye; ≈ kaffeslabberas.
gabion [ˈgeibjən] (gml.) skansekurv.
gable [ˈgeibl] gavl. **– board** vindski. **gabled** [ˈgeibld] forsynt med gavl; **a – roof** gavltak.
gablet [ˈgeiblit] liten gavl, gavlkrone.
Gabriel [ˈgeibriəl].
gaby [ˈgeibi] fjols, idiot, dåsemikkel.

Gad [gæd] Gud (slang for: **God).**
gad [gæd] meisel, bergsjern, skarp metallspiss; brodd; piggstav; brems, klegg; drive omkring, reke; vokse her og der; **– about** farte om, rangle, ture; **be on the –** drive omkring.
gadabout [ˈgædəbaut] flyfille, dagdriver.
gadfly [ˈgædflai] brems, blinding, klegg.
gadget [ˈgædʒit] innretning, greie, tingest; finesse; motesak, påfunn, (unødvendig) utstyr.
gadid [ˈgeidid] fisk av torskefamilien.
Gadzooks [ˈgædˈzu:ks] (gml.) Guds død!
Gael [geil] gæler.
Gaelic [ˈgeilik] gælisk.
gaff [gæf] kjeks, klepp, lyster; (mar.) gaffel, fangstkrok; svindel, løgn; skryt, snakk, oppstuss; kjekse, kleppe, lystre; svindle, lure; skjelle ut.
gaff [gæf] gjøglerbu; kneipe; **blow the – (up)on** angi, forråde, sladre.
gaffe [gæf] fadese, flause, bommert.
gaffer [ˈgæfə] gamling, gamlen; arbeidsformann, bas.
gag [gæg] kneble, målbinde; improvisere; legge ord inn i rollen sin; spøke, vitse.
gag [gæg] knebel; munnkurv, muleband, kvelende munnfull; løgn, skrøne, improvisert tilføyelse til en rolle (som regel komisk); skøyerstrek, vits, gag.
gaga [ˈgɑ:gɑ:] mimrende, lallende, senil.
gage [geidʒ] mål (se **gauge).**
gage [geidʒ] pant; trygd, sikkerhet; (fig.) hanske; utfordring; gi i pant, pantsette.
gage [geidʒ] slags plomme, se **greengage.**
gagger [ˈgægə] bedrager; en skuespiller som dikter til i rollen sin.
gaggle [ˈgægl] snadder, snadring; flokk.
gag law munnkurvlov.
gaiety [ˈgei(i)ti] munterhet, lystighet, festlighet; pynt.
gaily [ˈgeili] muntert, lystig, festlig; prektig.
gain [gein] gevinst, vinning; fordel, nytte; profitt; overskudd, fortjeneste, inntekt; økning, forøkelse; bedring; vinne; tjene, fortjene; få; høste fordel; oppnå; forskaffe; fortne (om ur); bli rik; legge på seg; vokse, tilta; bli bedre; **make -s** vinne; **clear –** nettoinntekt; **– the day** vinne seier; **we had -ed our point** vi hadde nådd vårt mål, vi hadde oppnådd vår hensikt; **– ground** vinne terreng; **– ground on** hale inn på; få innflytelse hos; **the ocean -s on the land** havet skyller landet bort; **– over** vinne for sitt parti; **– strength** komme til krefter; **– time** vinne tid; dra ut tiden; **– upon** vinne inn på, få makt over; **– and loss** vinning og tap. **–control** volumkontroll (på radio).
gain [gein] tapphull; sinkehull.
gainer en som vinner, el. høster fordel.
gainful [ˈgeinf(u)l] fordelaktig; lønnsom, innbringende. **gainings** [ˈgeiniŋz] vinning; profitt.
gainsay [geinˈsei] motsi, imøtegå, benekte. **gainsayer** motsier.
Gainsborough [ˈgeinzb(ə)rə].
'gainst [genst, geinst] fk. f. **against.**
gairish [ˈgɛəriʃ] se **garish.**
gait [geit] gang, måte å bevege seg på; ganglag; holdning.
gaiter [ˈgeitə] gamasje; forsyne med gamasjer; (US) en slags skaftestøvel.
gal [gæl] (vulg. for **girl)** tøs, jente.
gal. fk. f. **gallon(s).**
gala [ˈgeilə] festlighet. **– dress** galla.
galactic [gəˈlæktik] melke-; melkeveis-.
galactometer [gæləkˈtɔmitə] melkeprøver.
galantine [ˈgælənti:n] kaldt kjøtt i gelé.
galanty show [gəˈlæntiʃəu] skyggebilder.
galaxy [ˈgæləksi] melkevei, galakse; strålende forsamling.
gale [geil] pors (planten).
gale [geil] blåst, kuling, storm.
galeate(d) [ˈgælieit(id)] hjelmformet.
galena [gəˈli:nə] blyglans.
galette [gəˈlet] slags kake; skipskjeks.
Galicia [gəˈliʃ(i)ə].
Galician [gəˈliʃən] galisier.
Galilean [gæliˈli:ən] galileisk; galileer.
Galilee [ˈgælili:] Galilea.
Galilei [gæli:ˈleii].
galimatias [gæliˈmeiʃəs] galimatias, tull, vrøvl.
galiot [ˈgæliət] galiot (et lite enmastet skip).
galipot [ˈgælipət] furuharpiks.
gall [gɔ:l] galle; bitterhet, hat, ilske, irritasjon; (US) frekkhet; **spit out – and venom** spy eiter og galle.
gall [gɔ:l] galleple.
gall [gɔ:l] gni huden av, gnage, skrubbe, gjøre hudløs; skade; såre; ergre, forbitre; plage, sjenere; gnagsår, gnag.
gallant [ˈgælənt] kjekk, djerv, tapper; edelmodig, høymodig, ridderlig; prektig, glimrende; flott, galant herre; beleven (ung) mann; elsker. **gallant** [gəˈlænt] galant; galan; gjøre kur til; ledsage som kavalér. **gallantly** [ˈgæləntli] tappert osv. **gallantly** [gəˈlæntli] galant. **gallantry** [ˈgæləntri] kjekkhet, tapperhet; edelmodighet, høysinn, ridderlighet; galanteri; lefleri.
gall bladder galleblære.
galleass [ˈgæliæs] galeas.
galleon [ˈgæliən] gallion (spansk krigsskip).
gallerian [gəˈliəriən] galeislave.
gallery [ˈgæləri] galleri; søylehall; korridor; svalgang; balkong (i teater); kunstmuseum, billedgalleri; **rouge's –** forbryteralbum; **shooting –** skytebane; **in the –** på galleriet; **play to the –** spille for galleriet, jage etter mengdens bifall. **gallerites** publikum el. folk på galleriet. **gallery rifle** salonggevær.
galley [ˈgæli] galei; kabyss, bysse; skip (i trykkeri). **– proof** spaltekorrektur. **– slave** [ˈgælisleiv] galeislave. **– worm** tusenbein.
gallfly [ˈgɔ:lflai] gallveps.
galliard [ˈgæljəd] lystig; lystig fyr; slags dans.
gallic [ˈgælik] galleple; **– acid** gallussyre.
Gallic [ˈgælik] gallisk. **Gallican** [ˈgælikən] gallikansk; gallikaner. **gallice** [ˈgælisi:] på fransk. **gallicism** [ˈgælisizm] gallisisme. **gallicize** [ˈgælisaiz] forfranske.
galligaskins [gæliˈgæskinz] slags knebukser.
gallimaufrey [gæliˈmɔ:fri] miskmask, røre, rot.
gallinaceous [gæliˈneiʃəs] hønse-.
galling [ˈgɔ:liŋ] som gnager el. irriterer huden; irriterende.
gallinipper [ˈgælinipə] (US) klegg, brems, stor mygg.
gallinsect [ˈgɔ:linsekt] gallveps.
gallipot [ˈgælipɔt] apotekerkrukke.
gallivant [gæliˈvænt] fjase; drive omkring, slenge.
gallouse [ˈgɔ:llaus] bladlus.
gallnut [ˈgɔ:lnʌt] galleple.

gallomania [gælə'meinjə] gallomani. **gallomaniac** [gælə'meinjæk] galloman.
gallon ['gælən] gallon (= 4,546 liter; US 3,785 liter). **gallonage** ['gælənidʒ] mengde uttrykt i gallons.
galloon [gə'lu:n] galon, tresse, snor. **-ed** [gə'lu:nd] galonert.
gallop ['gæləp] galoppere; få til å galoppere; galopp.
gallopade [gælə'peid] galoppade.
gallophobe ['gæləfəub] franskhater. **gallophobia** [gælə'fəubjə] hat til alt fransk, gallofobi.
gallow grass ['gæləugrɑ:s] hamp (med hentydning til galgen).
gallows ['gæləuz] galge. **– bird** galgenfugl. **– humour** galgenhumor. **– poor** lutfattig. **– tree** galge.
gall sickness ['gɔ:lsiknis] gallefeber.
gallstone ['gɔ:lstəun] gallestein.
Gallup poll ['gæləp pəul] gallupundersøkelse.
gally ['gæli] galei (typ.); kabyss (se **galley).**
gally ['gæli] skremme.
galop ['gæləp] galopp (dansen); danse galopp.
galore [gə'lɔ:] mengde, overflod; i massevis, fullt opp, flust.
galosh [gə'lɔʃ] kalosje.
gals. fk. f. **gallons.**
Galsworthy ['gɔ:lzwə:ði, 'gæl-].
galumph [gə'lʌmf] (av gallop triumphant) briske seg, kjekke seg.
Galvani [gæl'vɑ:ni].
galvanic [gæl'vænik] galvanisk. **– bath** elektrolysebad. **– battery** galvanisk batteri. **– belt** giktbelte. **– induction** galvanisk induksjon. **– pile** voltasøyle.
galvanism ['gælvənizm] galvanisme. **galvanization** [gælvəni'zeiʃən] galvanisering. **galvanize** ['gælvənaiz] galvanisere; (fig.) oppildne.
galvanometer [gælvə'nɔmitə] galvanometer.
GAM fk. f. **guided air missile** styrt rakett.
gam [gæm] (US) forsamles; avlegge besøk; flokk, forsamling; besøk.
gamb [gæmb] bein (av dyr).
gambado [gæm'beidəu] tverrbyks, hopp, sprett, kast, krumspring; lærgamasje, leggins.
Gambia ['gæmbiə] Gambia; **-n** gambisk; gambier.
gambit ['gæmbit] gambit (i sjakk); (fig.) utspill.
gamble ['gæmbl] spille, spille høyt, spille hasard; dristig tiltak, hasard, sjansespill; **– with dice** spille terning; **– in stocks** spekulere i aksjer; **– away** spille bort.
gambler ['gæmblə] spiller; falskspiller; spekulant.
gambling ['gæmbliŋ] høyt spill; hasard. **– debt** spillegjeld. **– hell, – house** spillebule.
gamboge [gæm'bəudʒ] gummigutt (tørret saft av et østasiatisk tre).
gambol ['gæmbəl] sprett, byks, kast, hopp; hoppe.
gambrel ['gæmbrəl] has (på en hest); krok som man henger slakt på.
game [geim] spill, lek, leik, morskap, spøk; sett, parti; kamp; konkurranse, lek (om sport); spill (med kort); forehavende, plan; måte å spille på; vinning, fordel; de stikk eller poeng som hører til for å vinne et spill; plan, hensikt; intrige, knep; jakt; vilt; tyveri (i sl.); modig, bestemt; dyktig; halt; spille; **a – at** (el. **of) chess** et parti sjakk; **a – of billiards** et parti biljard; **– of chance** hasardspill; **round –** selskapslek, selskapsspill; **make – of** gjøre narr av; **play the –** spille etter reglene, opptre hederlig; **give up** el. **throw up the –** oppgi partiet; **the – is not worth the candle** det er ikke umaken verd; **he is playing a losing –** han er i en fortvilt situasjon; **two can play at that –** jeg vil gjerne ha et ord med i laget; **I know his –** jeg gjennomskuer ham; **what – is he after?** hva har han i sinne? **he is up to every –** han kjenner alle knep; **winged –** vilt fjærkre; **a – old gentleman** en modig gammel mann; **he's – for anything** han er rede til alt; **are you – for a pound?** tør du vedde et pund?
game | act jaktlov. **– bag** jaktveske, jakttaske. **– cock** kamphane. **– fowl** fuglevilt. **-keeper** viltfoged, jegermester. **– laws** jakt- og fiskelover. **– licence** jaktkort.
gamesome ['geimsəm] lystig, munter, livlig.
gamester ['geimstə] hasardspiller, spillefugl.
game tenant en som leier jakt- og/el. fiskerett.
gaming ['geimiŋ] hasardspill. **– house** spillehus.
gammer ['gæmə] gammel kone; gamla, mor.
gammon ['gæmən] juks, fanteri, luring, humbug; lure, skrøne.
gammon ['gæmən] røykeskinke; salte og røyke.
gammoner ['gæmənə] svindler.
gamp [gæmp] paraply.
gamut ['gæmət] skala; omfang, register.
gamy ['geimi] viltrik; som smaker av vilt; modig, opplagt.
gander ['gændə] gasse; tosk, fe; **what's good** (el. **sauce) for the goose is good** (el. **sauce) for the –** det som gjelder for én, bør gjelde for en annen; **take a – at** ta en titt på.
gander-faced ['gændəfeist] med et dumt fjes.
gandy dancer (US) jernbanearbeider, rallar, løsarbeider.
gang [gæŋ] bande; hop; avdeling, skift, gjeng; sleng, pakk; sett; angripe i flokk; **– up** flokke seg, rotte seg sammen; **– of thieves** tyvebande; **– of workmen** arbeidslag.
gang [gæŋ] (skot.) gå; **– agley** gå galt.
gang board ['gæŋbɔ:d] (smal) landgang.
ganger ['gæŋə] arbeidsformann, bas.
Ganges ['gændʒi:z].
gangling ['gæŋgliŋ] tynn, mager, skranglet.
ganglion ['gæŋgliən] ganglie, nerveknute.
ganglionic [gæŋgli'ɔnik] nerveknute-.
gang | mill rammesag, grindsag. **-plank** landgang, landgangsbru.
gangrene ['gæŋgri:n] koldbrann; angripe med koldbrann, gå over til koldbrann. **gangrenous** ['gæŋgrinəs] angrepet av koldbrann, gangrenøs.
gangster ['gæŋstə] gangster, medlem av en forbryterbande.
gang-up (US) sammensvergelse **(on** mot).
gangway ['gæŋwei] landgang, fallreip; gang mellom stolrekker; tverrgang (mellom benkene i underhuset); **members below the –** uavhengige medlemmer (av underhuset); **gangway!** (US) løype! gi plass!
ganja ['gændʒə] hampplante.
gannet ['gænit] havsule.
gantlet se **gauntlet.**
gantry ['gæntri] kran; signalbru.
Ganymede ['gænimi:d] Ganymedes; oppvarter.
gaol [dʒeil] fengsel; fengsle; **break –** flykte fra fengsel. **-bird** ['dʒeilbə:d] fange, fengselsfugl, vaneforbryter. **– delivery** flukt fra fengsel; befrielse av fanger med makt. **gaoler** ['dʒeilə] fangevokter.

gap [gæp] åpning, gap, spalte; tomrom, hull; kløft, skar, hakk; avbrytelse; underskudd; bresje; åpne.
gape [geip] gape, gjespe, glo med åpen munn, måpe; gaping, gjesp, måping; **– after** el. **at** glo på; **– for** el. **on** sikle etter.
gar [gɑ:] horngjel, nebbesild.
garage [ˈgærɑ:dʒ, ˈgæridʒ] garasje; reparasjonsverksted, servicestasjon; sette i garasje. **– sale** (US) ≈ loppemarked.
garb [gɑ:b] drakt, kledning; mote, snitt; ytre.
garbage [ˈgɑ:bidʒ] slo; kjøkkenavfall; (fig.) skitt, søppel. **– can** søppelbøtte. – **collection** (EDB) datasanering. **– collection and disposal** renovasjon.
garble [ˈgɑ:bl] fordreie, forvanske, forkludre; pynte på. **garbler** [ˈgɑ:blə] forfalsker.
garden [ˈgɑ:dn] hage; gjøre hagearbeid, drive gartneri; **back –** hage bak huset; **front –** forhage. **– city** hageby.
garden engine [ˈgɑ:dnendʒin] hagesprøyte.
gardener [ˈgɑ:dnə] gartner.
garden frame drivbenk, drivkasse.
garden | hose hageslange. **– house** lysthus.
gardening [ˈgɑ:dniŋ] hagearbeid, hagebruk.
garden | party [ˈgɑ:dnpɑ:ti] selskap som holdes i det fri, hageselskap.
garden stand blomsterstativ.
garden warbler hagesanger (fugl).
garfish [ˈgɑ:fiʃ] se **gar.**
gargantuan [gɑ:ˈgæntjuən] svær, uhorvelig stor, enorm.
gargle [ˈgɑ:gl] gurgle; gurglevann.
gargoyle [ˈgɑ:gɔil] tut på takrenne (ofte formet som hodet på et fabeldyr).
Garibaldi [gæriˈbældi] (navn); garibaldibluse.
garish [ˈgɛəriʃ] påfallende, skrytende, skrikende, grell.
garland [ˈgɑ:lənd] krans; kranse.
garlic [ˈgɑ:lik] hvitløk.
garment [ˈgɑ:mənt] klesplagg; **-s** pl. antrekk, klær. **garmented** ikledd, iført.
garn [gɑ:n] for pokker; ha deg vekk!
garner [ˈgɑ:nə] kornloft; magasin; samle inn.
garnet [ˈgɑ:nit] granat (edelstein).
garnett [ˈgɑ:nit] rive opp, karde (om tøy).
garnish [ˈgɑ:niʃ] smykke, pryde; garnere, besette; forsyne; beslå; stevne; legge beslag på; prydelse; garnering; lenker; drikkepenger; **– moulding** pyntelist (på bil). **garnishment** [-mənt] garnering, prydelse.
garniture [ˈgɑ:nitʃə] garnityr; pynt; pryd.
gar pike [ˈgɑ:paik] pansergjedde.
garran [ˈgærən] liten skotsk hest.
garret [ˈgærit] kvistværelse, loftskammer.
garrison [ˈgærisən] garnison, besetning; legge garnison, besette, ligge som garnison. **– cap** båtlue. **– state** militærstat.
garrotte [gəˈrɔt] kvelning, garottering; kvele, garottere. **garrotter** [gəˈrɔtə] garottør.
garrulity [gæˈru:liti] snakkesalighet.
garrulous [ˈgæruləs] snakkesalig.
garter [ˈgɑ:tə] strømpebånd; binde med strømpebånd; sokkeholder; armstrikk; gjøre til ridder av hosebåndsordenen; **the Order of the Garter** Hosebåndsordenen (Englands høyeste ridderorden); **Knight of the Garter** ridder av Hosebåndsordenen. **– belt** hofteholder. **– stich** rettstrikking. **– webbing** strømpestrikk.
garth [gɑ:θ] hage, hegn, gård.
gas [gæs] gass; (US) bensin; gasspedal; floskler, dumt, unyttig snakk; kyt; svi med gass; gassforgifte, gasslegge, innbille en noe; skvadronere; **turn on the great amount of – about something** si mye unødvendig sludder om noe; **give one –** skjelle en ut; pryle en; **turn on (off) the –** åpne (lukke) for gassen; **turn down (up) the –** skru gassen ned (opp).
gasbag [ˈgæsbæg] gassbeholder; vrøvler, skryt-hals, blære; (hånlig) luftskip.
gasburner gassbrenner.
gas coke gassverkskoks.
Gascon [ˈgæskən] gascogner; storskryter; gascognsk. **gasconade** [gæskəˈneid] skryt, skryte.
gas concrete lettbetong, porøs betong.
Gascony [ˈgæskəni] Gascogne.
gas cooker gasskomfyr.
gaselier [gæsəˈliə] gasslysekrone.
gas engine gassmotor.
gaseous [ˈgeiziəs, ˈgæsiəs] gassaktig, gassformig, gassholdig; oppblåst, luftig. **– nebulae** gasståker.
gas | fitter gassarbeider; gassmester; gassrørlegger. **– flue** gassrør. **– furnace** gassovn. **– gauge** gasstrykkmåler. **– governor** gassregulator.
gash [gæʃ] flenge, gapende sår; flenge.
gas helmet [ˈgæs helmit] gasshjelm (gassmaske).
gasification [gæsifiˈkeiʃən] gassutvikling, forgassing.
gasify [ˈgæsifai] omdanne til gass.
gas jet [ˈgæsdʒet] gassbluss.
Gaskell [ˈgæskəl].
gasket [ˈgæskit] beslagseising; pakning(sring), tetning(sring), tetningslist.
gas | lamp gasslampe. **– lantern** gasslykt. **– light** gassbelysning; gassbluss. **– lighter** sigarettenner for gass; gasspistol; lyktetenner. **– main** gasshovedrør. **– manager** gassverksdirektør. **– mask** gassmaske. **– meter** gassmåler.
gasohol [ˈgæsəhɔl] (US) (alkoholblandet bensin) ≈ M 15.
gas oil gassolje; solarolje, dieselolje.
gasolene [ˈgæsəli:n], **gasoline** [-li(:)n] gassolin, petroleumseter; (US) bensin.
gasometer [gæˈsɔmitə] gassbeholder.
gasp [gɑ:sp] puste tungt, stønne; gispe, snappe etter været; hikste; stønn; gisp, gisping, tungt åndedrag; **– for breath** snappe etter luft; **– for life** ligge på det aller siste; **to the last –** til det siste åndedrett; **– out** stønne.
gas pipe [ˈgæspaip] gassrør.
gas pump (US) bensinpumpe på bensinstasjon.
gas ring gassbrenner.
gas sampler røyk- el. gassuttak.
gas station (US) bensinstasjon.
gas stove [ˈgæsˈstəuv] slags gassovn til oppvarming av værelse.
gassy [ˈgæsi] gassaktig; snakkesalig.
gas trap vannlås.
gastric [ˈgæstrik] gastrisk, mage-. **– fever** gastrisk feber. **– juice** magesaft. **– ulcer** magesår.
gastriloquist [gæˈstriləkwist] buktaler.
gastronomer [gæˈstrɔnəmə] gastronom. **gastronomic(al)** [gæstrəˈnɔmik(l)] gastronomisk. **gastronomy** [gæˈstrɔnəmi] gastronomi.
gastrotomy [gæˈstrɔtəmi] magesnitt.
gas | turbine gassturbin. **– vent** gassavtrekk. **– warfare** gasskrig. **– welding** autogensveising. **– well** gasskilde. **-works** gassverk.

gat [gæt] passasje; revolver, skyter.
gate [geit] port, led, grind; trang gjennomgang; veg, vei, inngang; entré, adgang; forsyne med port; gi sparken, kvitte seg med; gi stuearrest, nekte utgangstillatelse; **free –** gratis adgang; **Golden Gate** innløp i San Franciscobukta; **the Iron Gates of the Danube** Jernporten, pass ved Donau; **Gate of Tears** Bab-el-Mandeb.
gate|crasher ubuden gjest, en som ramler inn døren hos folk. **-house** portnerhus; portstue; vokterhus (ved jernbaneovergang). **– keeper** portvakt; banevokter. **– money** entré. **-post** portstolpe; **between you and me and the –** strengt fortrolig. **– vault** trampolinesprang, plankesprang. **-way** porthvelving, port; oppkjørsel; innseiling; innfallsport.
gather [ˈgæðə] samle, sanke, samle inn; høste; plukke; velge ut; oppdynge; slutte, oppfatte, oppfange, forstå; forsamle; samle seg, samles; vokse; flyte sterkere; trekke sammen; rynke, snurpe sammen; modnes (om byll); øke, vokse; **– breath** få pusten igjen; **– dust** bli støvet; sluke støv; **– flesh** bli tykk; **– ground upon one** innhente en, få forsprang for en; **– information** innhente opplysninger; **– in debts** innkassere gjeld; **– up one's crumbs** komme til krefter; **– in the grain** kjøre inn kornet; **the clouds are -ing** det trekker opp (med skyer); **– speed** få opp farten; **– strength** samle krefter.
gatherer [ˈgæðərə] en som samler, plukker osv.
gathering [ˈgæðəriŋ] samling; forsamling; høst; kollekt; svull, byll; voksende, stigende.
Gatling [ˈgætliŋ] (slags maskingevær).
GATT fk. f. **General Agreement on Tariffs and Trade.**
gauche [gəuʃ] keitet, klosset, forlegen.
gaucherie [ˈgəuʃəri(:)] keitethet, klossethet; taktløshet.
gaucho [ˈgautʃəu] gaucho; européisk-indiansk gjeter.
gaud [gɔ:d] stas, flitter.
gaudiness [ˈgɔ:dinis] prakt, flitterstas.
gaudy [ˈgɔ:di] prangende, skrikende, broket, utmaiet; fest, lag, gilde. **– night** festaften.
gauffer [ˈgɔ(:)fə] se **goffer.**
gauge [geidʒ] mål, måleredskap, -måler; strekmåt; strekkmål; sporvidde; måle, måle innholdet av et fat. **– pressure** manometertrykk. **– rod** peilestav. **gauger** [ˈgeidʒə] måler, aksisebetjent.
Gaul [gɔ:l] Gallia; galler, (spø.) franskmann; gallisk kvinne. **Gaulish** [ˈgɔ:liʃ] gallisk.
gaunt [gɔ:nt] mager, skrinn; uttæret; slank; ensom, naken, øde.
gauntlet [ˈgɔ:ntlit] stridshanske; hanske; halvhanske; forbinding om hånden; spissrot; **throw down the –** kaste sin hanske (utfordre); **take up the –** ta hansken opp (motta utfordringen); **run the –** løpe spissrot.
gaur [ˈgauə] gaurokse.
gauze [gɔ:z] gas, tyll; moe, varmedis; **surgical –** gasbind; **wire –** trådnett. **– pad** gaskompress.
gauzy [ˈgɔ:zi] gasaktig.
gave [geiv] imperf. av **give.**
gavel [ˈgævəl] auksjonshammer; formannsklubbe.
gavial [ˈgeivjəl] gavial (art krokodille).
gavotte [gəˈvɔt] gavotte (dansen).
Gawain [ˈgɑ:wein].
gawk [gɔ:k] kloss, dåsemikkel, staur. **gawky** [ˈgɔ:ki] klosset; kloss.
gay [gei] livlig, munter, lystig; prangende, strålende, broket; pyntet; levelysten; utsvevende, lettsindig; (US) homofil.
gay dog ungkar og spillemann; levemann.
gayety [ˈgei(i)ti] se **gaiety. gayly** se **gaily.**
gaze [geiz] stirre, glo, se stivt **(at** på); stirring; **stand at –** stå som fortapt.
gazebo [gəˈzi:bəu] paviljong.
gazelle [gəˈzel] gaselle.
gazette [gəˈzet]lysingsblad, offisiell tidende; bekjentgjøre, kunngjøre, lyse; utnevne; **be -d** stå i avisen som utnevnt; **be -d out** få avskjed.
gazetteer [gæziˈtiə] geografisk leksikon, atlasregister.
gazing-stock [ˈgeiziŋstɔk] noen eller noe som man ser på med nysgjerrighet eller avsky.
G. B. fk. f. **Great Britain.**
G. B. E. fk. f. **Knight Grand Cross of the Order of the British Empire.**
G. C. B. fk. f. **Grand Cross of the Bath.**
G. C. E. fk. f. **General Certificate of Education.**
G. C. F. fk. f. **greatest common factor.**
G. C. I. E. fk. f. **Grand Commander of the Order of the Indian Empire.**
G clef (mus.) G-nøkkel.
G. C. M. fk. f. **greatest common measure.**
Gdns. fk. f. **gardens.**
Gds. fk. f. **guards. gds.** fk. f. **goods.**
gear [giə] stoff, plagg, tøy; utstyr; pynt; apparat; tilbehør, greier, saker, ting; kledning; kjøkkentøy, seletøy; (skot.) formue, gods; krigsutrustning; gir, utveksling; spenne for; forsyne med drivverk; sette i gang; gripe inn i (om tannhjul), kople, gire; **be in –** være i gang, klar til bruk; i orden; **throw into –** sette i gang; **out of –** i ustand; i uorden; **travelling –** reisegods. **– assembly** tannhjulsforbindelse. **-box** girkasse. **gearing** [ˈgiəriŋ] inngrep, inngripning; utveksling, giring. **gear | lever** girspak. **– pump** tannhjulspumpe. **– ratio** utvekslingsforhold. **– shafting** mellomakselledd. **-shift** girspak. **– wheel** tannhjul.
gecco, gecko [ˈgekəu] gekko, slags firfisle.
gee [dʒi:] hypp (til hesten), til høyre.
gee [dʒi:] (US) jøss!
gee-gee [ˈdʒi:dʒi:] fole, poa (i barnespråk).
geese [gi:s] gjess, flertall av **goose.**
gee-up [ˈdʒi:ˈʌp] hypp (til hest).
geezer [ˈgi:zə] gammel stabeis, knark.
Gehenna [giˈhennə].
Geiger counter [ˈgaigə ˈkauntə] geigerteller.
geisha [ˈgeiʃə] geisha.
gelatinate [dʒiˈlætineit] gjøre til gelatin; bli til gelatin. **gelatine** [ˈdʒelətin] gelatin. **gelatinize** [dʒiˈlætinaiz] se **gelatinate.**
gelation [dʒeˈleiʃən] stivning, frysing.
geld [geld] gjelde, skjære, kastrere.
gelding [ˈgeldiŋ] kastrering, gjelding; vallak.
gelid [ˈdʒelid] iskald.
gelidity [dʒiˈliditi] iskulde.
gelt [gelt] penger.
gem [dʒem] edelstein; (fig.) klenodie, praktstykke; pryde med edelsteiner.
gemel [ˈdʒeməl] tvilling-.
geminate [ˈdʒemineit] par-, tvilling-; fordoble.
Gemini [ˈdʒeminai] Tvillingene (stjernebildet); **oh, Gemini!** Herre Jemini!

geminous [ˈdʒeminəs] dobbelt, parret.
gemma [ˈdʒemə] knopp (på trær).
gemmaceous [dʒiˈmeiʃəs] knoppaktig.
gemmate(d) [ˈdʒemeit(id)] prydet med edelsteiner, juvelbesatt.
gemmation [dʒiˈmeiʃən] knoppskytning.
gemmeous [ˈdʒemiəs] edelsteinaktig.
gemmiferous [dʒeˈmifərəs] knoppskytende.
gemmiparous [dʒiˈmipərəs] knoppskytende.
gemmy [ˈdʒemi] edelsteinaktig; strålende.
gem stone edelstein, smykkestein.
gen [dʒen] opplysninger, instrukser; skaffe opplysninger.
Gen. fk. f. **General; Genesis.**
gen. fk. f. **general; generator; genitive.**
gendarm [ˈʒɑ̃:ndɑ:m] gendarm, politisoldat.
gender [ˈdʒendə] kjønn, genus (grammatisk).
genealogic(al) [dʒenjəˈlɔdʒik(l), dʒi:-] genealogisk. **genealogist** [dʒeni:ˈælədʒist, dʒi:-] genealog. **genealogy** [dʒeniˈælədʒi, dʒi:-] genealogi; avstamning; stamtavle.
genera [ˈdʒenərə] slekter; flertall av **genus.**
general [ˈdʒen(ə)rəl] allmenn, alminnelig, vanlig; sams; fremherskende, rådende; general-, hoved-; over-; vag, ubestemt, svevende; **the General Accounting Office** (US) ≈ Riksrevisjonen; **– alert** (fullt) krigsberedskap; **– anaesthesia** totalbedøvelse; **– appearance** det hele ytre; **– assembly** generalforsamling; (US) lovgivende forsamling; **– bookseller** sortimentsbokhandler; **– cargo** stykkgodsladning; **– condition** allmenntilstand; **– contractor** hovedentreprenør; **– cook** kokkepike som forstår seg på både alminnelig og fin matlaging; **– court** lovgivende forsamling; **– dealer** kremmer, kjøpmann; **– deterrence** (jur.) generalprevensjon; **– direction** hovedretning; **– election** parlamentsvalg; **– effect** totalvirkning; **– goods** stykkgods; **– hospital** alminnelig sykehus; **– insurance** skadeforsikring; **– invitation** innbydelse én gang for alle; **lieutenant- –** generalløytnant; **major- –** generalmajor; **– manager** generaldirektør; **– meeting** generalforsamling; **– post office** hovedpostkontor; **– practitioner** praktiserende lege (ikke spesialist); **the – public** det store publikum; **– readers** alminnelige lesere; **– servant** enepike; **speak in a – way** tale løselig.
general [ˈdʒen(ə)rəl] hele; general, feltherre; generalmarsj; enepike; **the –** massen(e); folk; anføre, lede; **in –** i alminnelighet.
General Certificate (of Education) avgangseksamen fra høyere skole.
generalissimo [dʒenərəˈlisiməu] generalissimus, øverstbefalende.
generality [dʒenəˈræliti] alminnelighet; hele; største del, storpart, største tall; flertall; generalitet; **the – of people** folk i alminnelighet; **the – of readers** alminnelige lesere.
generalization [dʒenərəl(a)iˈzeiʃən] alminneliggjøring, generalisering; induksjon; (sl.) frase. **generalize** [ˈdʒen(ə)rəlaiz] generalisere, alminneliggjøre.
general ledger hovedbok. **– levy** masseoppbud.
generally [ˈdʒen(e)rəli] i alminnelighet; i det hele tatt; hyppig; overveiende, stort sett; **– speaking** i det hele tatt, stort sett.
general | manager administrerende direktør. **– meeting** generalforsamling. **– pay-office** hovedkasse. **– post office** hovedpostkontor. **– practitioner** allmennpraktiserende lege. **– -purpose** universal-, som kan brukes til alt. **– -purpose language** (EDB) generelt programmeringsspråk. **– quarters** (pl.) klart skip.
generalship [ˈdʒen(ə)rəlʃip] generalsverdighet; feltherretalent; behendighet, liste; strategi.
general | ship stykkgodsbefraktet skip. **– shop** landhandleri, kjøpmannsforretning. **– staff** generalstab. **– -utility** universal-, som kan brukes over alt (om verktøy).
generate [ˈdʒenəreit] avle, ale fram, frembringe, produsere, utvikle. **generating station** kraftstasjon.
generation [dʒenəˈreiʃən] avl; frembringelse, utvikling; avkom, ætt, generasjon, slektledd, ættledd.
generative [ˈdʒenərətiv] som frembringer, el. fremkaller; fruktbar. **– organs** forplantningsorganer.
generator [ˈdʒenəreitə] dynamo, generator; (mus.) grunntone.
generic [dʒiˈnerik] slekts-, artsmessig, felles. **– name** slektsnavn. **– term** fellesbetegnelse. **generically** med et felles navn.
generosity [dʒenəˈrɔsiti] edelmodighet, høysinn; gavmildhet.
generous [ˈdʒenərəs] edelmodig, gjev, høysinnet; gavmild; raus, rikelig, stor; kjekk; åndrik; sterk, kraftig (om vin); **– diet** rikelig ernæring.
genesis [ˈdʒenisis] skapelse, opphav, tilblivelse; tilblivelseshistorie; **G.** genesis (1. mosebok).
genet [ˈdʒenit] genette (slags katt).
genetic [dʒiˈnetik] tilblivelses-, opphavs-; arvelighets-, genetisk. **genetics** [dʒiˈnetiks] genetikk, arvelighetslære.
Geneva [dʒiˈni:və] Genf, Genève. **– Convention** Genèvekonvensjonen; **the – Cross** genferkors.
geneva [dʒiˈni:və] sjenever.
Genevan [dʒiˈni:vən] genfer; kalvinist; genfisk; kalvinistisk. **Genevese** [dʒeniˈvi:z] genfer; genfisk.
genial [ˈdʒi:njəl] mild, lun; godslig, gemyttlig, jovial, koselig.
geniality [dʒi:niˈæliti] mildhet; gemyttlighet.
genie [ˈdʒi:ni] ånd; fylgje, vette. **genii** [ˈdʒi:njai] genier, skytsånder (pl. av **genius).**
genitals [ˈdʒenitlz] genitalia, kjønnsorganer.
genitive [ˈdʒenitiv]: **the –, the – case** genitiv.
genius [ˈdʒi:njəs] geni; talent, genialitet (i pl.: **geniuses); – loci** stedets ånd, særlig atmosfære, skytsånd; **a man of –** en genial mann; **the – of a language** et språks ånd; **the – of the times** tidens ånd.
Gennesaret [giˈnezərit] Genesaret.
genny se **generator.**
Genoa [ˈdʒenəuə] Genova.
genocide [ˈdʒenə(u)said] folkemord, folkedrap.
Genoese [dʒenəuˈi:z] genuesisk; genueser.
gent [dʒent] fk. f. **gentleman. -s** herretoalett.
genteel [dʒenˈti:l] fin, fornem, tertefin; elegant, fasjonabel. **genteelism** [dʒenˈti:lizm] eufemisme, fint ord.
gentian [ˈdʒenʃən] søte (≈ planten).
gentile [ˈdʒentail] hedensk; hedning; folke-, stamme-. **– noun** folkenavn.
gentility [dʒenˈtiliti] fornemhet, tertefinhet.
gentle [ˈdʒentl] maddik, spyfluelarve.
gentle [ˈdʒentl] fornem, edel; fin, yndefull; vennlig, blid; gunstig sinnet; lett virkende (medisin); svak, jevn (om skråning); saktmodig; nennsom, forsiktig, lett, svak; diskret; veldressert, lydig

(om dyr); blid, sakte, dempet (om musikk); **a – breeze** en lett bris; **the – craft** lystfiske; **the – passion** kjærligheten; **the – reader** den velvillige leser; **the – sex** det svake kjønn.
gentle [ˈdʒentl] formilde; berolige (en hest).
gentlefolk(s) fornemme, fine folk. **gentlehearted** godhjertet.
gentleman [ˈdʒentlmən], pl. **gentlemen** [ˈdʒentlmən] fornem mann, fine herre, dannet mann, mann av ære, gentleman, kavalér; amatør (cricket); mann; trumfkonge (i kortspill); **the old –** den onde, fanden; **the old – helps his own** fanden hjelper sine; **be born a –** være av god familie; **the first – of Europe** et tilnavn som ble gitt kong Georg IV; **there is nothing of the – about him** han eier ikke folkeskikk; **independent –** rentier; **private –** privatmann; **– -at-arms** (medlem av den kongelige livvakt); **– -at-large** arbeidsløs; **– attendant** oppvartende kavalér; **single –** ungkar; **– -commoner** student av høyere rang; **– dog** hannhund; **– -farmer** proprietær, godseier; **– -jockey** amatørveddeløpsrytter; **– of fortune** lykkejeger; **– -player** (el. **rider)** amatørspiller (-rytter); **-'s agreement** (uskrevet avtale hvor partene stoler på hverandres ord); **-'s boots** herrestøvler; **gentlemen's companion** lus; **gentlemen's lavatory** toalett for menn; **a gentleman's piece** et tynt delikat stykke; **gentlemen's walk** (el. **toilet)** toalett for menn; **(place for) gentlemen!** for menn! **gentlemen!** mine herrer! **gentlemen in velvet** moldvarp; **gentleman of the gown** jurist; **gentleman of the green baize** bondefanger; **gentleman's gentleman** kammertjener; **gentleman of the bedchamber** kammerjunker.
gentlemanlike [ˈdʒentlmənlaik] fin, dannet.
gentlemanliness [ˈdʒentlmənlinis] fint vesen.
gentlemanly [ˈdʒentlmənli] fin, dannet.
gentleness [ˈdʒentlinis] blidhet, mildhet.
the gentle sex det svake kjønn.
gentlewoman [ˈdʒentlwumən] findame, fornem dame, dannet dame; kammerfrue; **– of the Queen** hoffdame.
gently [ˈdʒentli] vennlig, mildt; forsiktig, lett, svakt, nennsomt, blidt.
gentry [ˈdʒentri] lavadel, storfolk, de kondisjonerte; (iron.) fine folk, folk.
genuflect [ˈdʒenjuflekt] bøye kne, gjøre knefall. **genuflection** [dʒenjuˈflekʃən] knebøyning, knefall.
genuine [ˈdʒenjuin] ekte, uforfalsket, original; seriøs, oppriktig; virkelig.
genuineness ekthet, uforfalskethet.
genus [ˈdʒi:nəs] slekt, pl. **genera.**
geocentric [dʒi:əuˈsentrik] geosentrisk.
geodesic [dʒi:əuˈdesik] geodetisk. **geodesy** [dʒiˈɔdisi] geodesi, landmåling. **geodetic** [dʒi:əuˈdetik] geodetisk. **geodetics** geodesi.
Geoffrey [ˈdʒefri].
geog. fk. f. **geography; geographer.**
geognost [ˈdʒi:ɔgnɔst] geognost. **geognostic** [dʒi:ɔgˈnɔstik] geognostisk. **geognosy** [dʒiˈɔgnəsi] geognosi, læren om formingen av jordskorpa. **geogonic** [dʒi:əuˈgɔnik] geogonisk. **geogony** [dʒiˈɔgəni] geogoni, læren om jordens dannelse.
geographer [dʒiˈɔgrəfə] geograf. **geographical** [dʒi:əuˈgræfikl] geografisk. **geography** [dʒiˈɔgrəfi] geografi; geografisk beskaffenhet, terreng; lokaliteter.
geol. fk. f. **geology.**
geologic(al) [dʒi:əuˈlɔdʒik(l)] geologisk. **geologist** [dʒiˈɔlədʒist] geolog. **geology** [dʒiˈɔlədʒi] geologi.
geom. fk. f. **geometry.**
geomagnetism [dʒiəuˈmægnitizəm] jordmagnetisme.
geometer [dʒiˈɔmitə] landmåler, geometer, matematiker; måler (larve).
geometric(al) [dʒiəˈmetrik(l)] geometrisk. **– drawing** geometrisk tegning, projeksjonstegning.
geometrician [dʒiɔməˈtriʃən] se **geometer.**
geometry [dʒiˈɔmitri] geometri.
geophysical [dʒiəˈfizikəl] geofysisk.
geophysics [dʒiəˈfiziks] geofysikk.
Geordie [ˈdʒɔ:di] diminutiv av **George.**
geordie [ˈdʒɔ:di] sikkerhetslampe; kullgruvearbeider; kullskip; guinea (mynten).
George [dʒɔ:dʒ] Georg; bilde av St. Georg til hest, som hosebåndsridderne bærer; **the four Georges** de fire engelske konger Georg; **St. –** St. Georg, Englands skytshelgen; **by –!** pokker også! (i fly) autopilot.
Georgia [ˈdʒɔ:dʒə].
Georgian [ˈdʒɔ:dʒən] georgisk (om et folk i Kaukasus); georgier; som hører til Georgenes tid (1740 – 1830).
Ger. fk. f. **German(y).**
Gerald [ˈdʒerəld].
geranium [dʒiˈreinjəm] geranium.
Gerard [ˈdʒerəd, -ɑ:d].
gerfalcon [ˈdʒə:fɔ:lkən] geirfalk, jaktfalk.
geriatric [dʒeriˈætrik] geriatrisk, alderdoms-.
geriatrics [dʒeriˈætriks] geriatri.
germ [dʒə:m] kim, spire; basill, bakterie; **-s** (pl.) smittestoff.
german [ˈdʒə:mən] nærskyldt, kjødelig; **cousin –** kjødelig søskenbarn.
German [ˈdʒə:mən] tysk; tysker; **– flute** tverrfløyte; **– gold** flittergull; **the – Ocean** Nordsjøen; **– silver** nysølv; **– text** fraktur; **– toys** nürnbergerkram; **High –** høytysk; **Low –** plattysk.
germane [dʒəˈ:mein] som har med saken å gjøre, relevant.
Germania [dʒə:ˈmeiniə] Germania.
Germanic [dʒə:ˈmænik] germansk.
Germanism [ˈdʒə:mənizm] germanisme, tyskhet.
germanize [ˈdʒə:mənaiz] germanisere, fortyske.
germ | cell kimcelle. **– disease** mikrobesykdom.
germinal [ˈdʒə:minl] spire-; kim-.
germinate [ˈdʒə:mineit] spire, skyte, spire fram.
germination [dʒə:miˈneiʃ(ə)n] spiring; spiredyktighet.
germ | layer kimblad. **– warfare** bakteriologisk krigføring.
gerontocracy [dʒerənˈtɔkrəsi] gerontokrati, gammelmannsvelde.
gerrybuilder [ˈdʒeribildə] bygningsspekulant.
gerrymander [geriˈmændə] omlegge valgkretsene vilkårlig, fuske med. **gerrymandering** valgfusk.
Gertie [ˈgə:ti] diminutiv av **Gertrude.**
Gertrude [ˈgə:tru:d].
gerund [ˈdʒerənd]; **the –** gerundium, verbalsubstantiv. **– -grinder** (sl.) latinlærer, terper.
gerundive [dʒiˈrʌndiv]; **the –** gerundiv.
gest [dʒest] bedrift, dåd; beretning, krønike; gestus.
gestate [ˈdʒesteit] være fruktsommelig el. svanger med. **gestation** [dʒeˈsteiʒən] fruktsommelighet; svangerskapsperiode.
geste [dʒest] se **gest.**

gestic [ˈdʒestik] sagnaktig, sagn; bevegelses-; **the – art** dansekunsten.
gesticulate [dʒeˈstikjuleit] gestikulere. **gesticulation** [dʒestikuˈleiʃən] gestikulering; fakter. **gesticulatory** [dʒeˈstikjulətəri] gestikulerende.
gesture [ˈdʒestjə] gestus; **-s** (pl.) geberder, fakter, mimikk; **a friendly –** en vennskapelig holdning.
get [get] avkom; inntekt; avling.
get [get] få; oppnå; skaffe seg; formå, bevege; (US) bringe i forlegenhet; (US) lage; gripe; avle; samle; nå, komme til, begi seg til; bli; **– angry** bli sint; **– the better of** få bukt med, mestre. **– one's bread** tjene sitt brød; **– a cold** bli forkjølt; **– dinner ready** gjøre middagsmaten ferdig; **– stoned, – drunk** bli full; **– hold of** få fatt i; **– information** innhente opplysninger; **– it** oppnå det; få en drakt pryl; **– it hot** få sitt, få det hett; **I wish you may – it!** jeg skal nok ta meg i akt! velbekomme; **– to know** (el. **hear** el. **learn)** erfare, få greie på; **– a language** lære et språk; **I don't – it** jeg skjønner (det) ikke; **– a living** få sitt utkomme; **– the pig by the tail; – the wrong sow by the ear** ta feil; **– your places** (el. **seats)** ta plass; stig inn! **– possession of** ta i besittelse; **– a slip** falle igjennom, få en kurv; **– the start** få forsprang; **– the worst** trekke det korteste strå; **have you got a light?** har De fyr(stikker)? **I have got it** nå sitter jeg pent i det; **I have got no money** jeg har ingen penger; **he has got to do it** han må gjøre det; **– one's hair cut** la seg klippe; **– him a situation** skaffe ham en stilling; **– you gone!** kom deg av sted, av gårde! **– aboard** bringe ombord; gå ombord; **– abroad** bringe ut; utbre, gjøre kjent; bli kjent; **– afloat** gjøre flott; bli flott; **– ahead** komme fram; **– ahead of** ta igjen, komme foran; overgå; **– along** greie seg, komme igjennom; komme ut av det; gjøre framskritt; **– along with you!** av sted med deg! **– at** komme til, nå til, få fatt i; **what are you -ting at?** hva sikter De til? **– around** omgå; overliste, overtale; **– away** skaffe bort; fjerne seg; stikke av; løpe løpsk; **– away with** slippe unna med noe ustraffet, komme heldig fra noe; **– back** få tilbake; komme tilbake; **– behind** komme baketter; sette seg opp bakpå (en vogn); **– behind a man** endossere en manns veksel; **– by** komme forbi; **– one's living by** tjene sitt utkomme ved; **– down to** ta fatt for alvor, gå i gang med; **– even with** hevne seg på; **what can I – for you?** hva ønsker De? (i butikk); **– home** komme hjem; **– in** få inn, bringe inn; innkassere; trenge inn; bli valgt (til Parlamentet o.l.); komme til målet; **– in with** innsmigre seg hos; **– into** bringe inn i; trenge inn i; **– a man into trouble** bringe en mann i forlegenhet el. vanskeligheter; **– a thing into one's head** sette seg noe i hodet; innprente seg noe; **– into debts** komme i gjeld; **– off** ta av; bli av med, skaffe bort; ta av sted; løsrive seg fra; slippe bort; stige ut el. av; **– off with a fright** slippe med skrekken; **– off the rails** gå av sporet (også fig.); **– clear off** slippe uskadd fra; **– off with you!** av sted med deg! **– on** ta på klær; drive framover; stige opp; gjøre framskritt; **– on the steam** få dampen opp; **– on horseback** stige til hest; **– on one's feet** komme på beina; **how are you -ting on?** hvordan har De det? **– on!** av sted! videre! **– on together** komme ut av det med hverandre; **– out** få ut; komme ut; gå ut (om flekker); **– out of shape** miste formen; **– out (with you)!** tøys! **– over** bringe over, trekke over; gjøre seg løs fra; vinne, bestikke; overvinne; overrumple, overliste; behandle hensynsløst; gjøre ende på noe; komme over, overstå; **– ready** gjøre i stand, gjøre ferdig; **– rid of** bli kvitt; rive seg løs fra; skaffe seg av med; **– round** snakke rundt; lure seg unna; **– round a difficulty** gå av veien for en vanskelighet; **– through** bli ferdig med; klare seg; **– to** få; nå; bringe det til; **– to land** gå i land; **– to sleep** falle i søvn; **– together** få sammen; samle seg; **– oneself together** ta seg sammen; **– under** overvelde, beseire; få under kontroll; **– up** få opp; vekke; innrette; sette i verk; forberede; sette i scene; utstyre (bøker); oppmuntre; avfatte; studere; bearbeide; hope opp; sette sammen; stå opp (av senga); **– up by heart** lære utenat; **– up the steam** få dampen opp; **– up oneself** pynte seg; **– one's back up** bli sint; **– up to** (el. **with) a man** innhente en; **– well** bli frisk; **– with child** gjøre gravid.
get-at-able [getˈætəbl] tilgjengelig.
getaway [ˈgetəwei] start, flukt; avhopping.
Gethsemane [geθˈseməni] Getsemane.
getter-up [ˈgetərˈʌp] en som arrangerer.
getting [ˈgetiŋ] ervervelse; gevinst.
get-together sammenkomst.
get-up [ˈgetʌp] arrangement; utstyr; prangende, billig.
geyser [ˈgaizə] geiser, varm kilde; hurtigvarmer (for vann).
G flat major (mus.) Gess dur.
Ghana [ˈgɑ:nə]. **Ghanian** ghanan(er); ghanansk.
gharri [ˈgæri] okse- el. ponnivogn (i India).
ghastliness [ˈgɑ:stlinis] likblekhet; forferdelse.
ghastly [ˈgɑ:stli] likblek; fryktelig, fæl, redselsfull, forferdelig; uhyggelig.
gha(u)t [gɔ:t] fjellskar, fjellpass; fjellkjede; trapp ned til en elv (i India).
ghazi [ˈgɑ:zi] muhammedansk troshelt.
Gheber [ˈgeibə, ˈgi:bə] ildtilbeder, parser.
ghee [gi:] smør, fett (i India).
Ghent [gent] Gent.
gherkin [ˈgə:kin] liten sylteagurk.
ghetto [ˈgetəu] ghetto, jødekvarter (pl. **-s).**
Ghibelline [ˈgibəlin, -ain] ghibelliner; ghibellinsk.
ghost [gəust] ånd, spøkelse, gjenferd; draug; spor, skygge, antydning; gå igjen, spøke; **the Holy Ghost** Den Hellige Ånd; **give** (el. **yield) up the –** oppgi ånden; **as pale as a –** likblek; (i teaterspråk:) **the – walks** det er gasjeutbetaling; **we want no – to tell us that** det vet hvert barn; **I have not the – of a chance** jeg har ikke den minste sjanse.
ghost image ekkobilde, spøkelsesbilde (på fjernsyn).
ghostlike [ˈgəustlaik] spøkelsesaktig.
ghostly [ˈgəustli] åndelig; spøkelsesaktig; geistlig. **– father** skriftefar. **– hour** åndetimen.
ghost | seer åndeseer, spiritist. **– show** framvisning av ånder (ved spiritistiske møter). **– story** spøkelseshistorie. **– town** spøkelsesby, forlatt by. **– writer** (en som utfører litterært arbeid som utgis i en annens navn) ghost writer.
ghoul [gu:l] ånd som spiser lik (i Østen); likrøver. **ghoulish** [ˈgu:liʃ] demonisk, uhyggelig, avskyelig; pervers.
G. H. Q. fk. f. **general headquarters.**

GI, G. I. [ˈdʒiː ˈai] (US) fk. f. **government issue;** menig amerikansk soldat; militær-, soldat-.
giant [ˈdʒaiənt] kjempe, rise, jotun, gigant; kjempemessig, rise-, kjempe-, gigantisk; **-'s kettle** jettegryte.
giantess [ˈdʒaiəntis] kjempekvinne, gyger.
giaour [ˈdʒauə] vantro, især kristen (tyrkisk).
gib [dʒib] hannkatt; kastrert katt.
gibber [ˈdʒibə] prek, prat, plapring; snakke uforståelig; skravle, tøve.
gibberish [ˈdʒibəriʃ] uforståelig snakk, vås.
gibbet [ˈdʒibit] galge; henge i galge; stille i gapestokken.
Gibbon [ˈgibən] (srl. eng. historiker).
gibbon [ˈgibən] gibbon, langarmet ape.
gibbose [giˈbəus] pukkelrygget, krylrygget.
gibbous [ˈgibəs] pukkelrygget; rund og svulmende. **gibbousness** [-nis] pukkelryggethet.
gibe [dʒaib] hån, spott, finte, spydighet; håne, spotte, geipe til.
Gibellin [ˈgibəlin] se **Ghibelline.**
giber [ˈdʒaibə] spotter.
giblets [ˈdʒiblits] kråser (og annen innmat av fugl). **giblet soup** kråsesuppe.
Gibraltar [dʒiˈbrɔ(:)ltə]; hardt kandissukker; **the Strait of –** Gibraltarstredet.
Gibson [ˈgibsən].
giddap [giˈdæp] hypp (til hest).
giddiness [ˈgidinis] svimmelhet, ørske; vankelmodighet, flyktighet.
giddy [ˈgidi] svimmel, ør; svimlende; vankelmodig; flyktig, vinglet, tankeløs; lettsindig, forfløyen; gjøre svimmel; dreie seg hurtig, virvle om; **I feel –** det går rundt for meg; **turn –** bli svimmel; **– as a goose** meget lettsindig el. tankeløs. **– head** ubesindig menneske, «rotehue».
Gideon [ˈgidiən].
Gielgud [ˈgilgud].
gift [gift] gave; naturgaver, begavelse, talent, evne; rett til å gi, til å overdra, kallsrett; hvit flekk under neglen; begave; **new year's -s** nyttårsgaver; **– of the gab** godt snakketøy; **deed of –** gavebrev. **– certificate** gavekort. **– copy** gaveeksemplar. **gifted** [ˈgiftid] begavet. **giftedness** [ˈgiftidnis] begavelse.
gift | horse: never look a – horse in the mouth man skal ikke se gitt hest i munnen. **– shop** gavebutikk. **-s tax** gaveavgift. **– voucher** presangkort. **– -wrap** pakke i gavepakning.
gig [gig] gigg (tohjult vogn); gigg (lett båt); kardemaskin; heisebur; (US) innberetning, rapport; fest, veiv, heisakveld; (sl.) strøjobb, ekstrajobb.
gigantic [dʒaiˈgæntik] kjempemessig, gigantisk, uhorvelig.
gigantomachy [dʒaigænˈtɔməki] kamp mellom gigantene og gudene; krig mellom stormakter.
giggle [ˈgigl] fnise; knis. **giggler** en som fniser.
giglamps [ˈgiglæmps] (i slang) briller.
gigmil [ˈgigmil] kardemaskin, rivemaskin.
gigot [ˈdʒigət] sauelår; **– sleeve** skinkeerme.
GI Joe (US) den typiske amerikanske soldat.
Gilbert [ˈgilbət].
Gilchrist [ˈgilkrist].
gild [gild] gylle, forgylle; **– the pill** ha sukker i de beske dråpene; sukre pillen; **Gilded Chamber** overhus; **gilded** el. **gilt spurs** riddersporer. **gilder** forgyller. **gilding** [ˈgildiŋ] forgylling.
Gill [dʒil] diminutiv av: **Julia; Juliana.**
gill [gil] gjelle, tokn, gan; kjøttlapp under fuglenebb; underansikt, hakeparti; rense, gane; **pale about the -s** bleik om nebbet; **rosy about the -s** sunn og frisk; **grease one's -s** gjøre seg til gode.
gill [gil] gjel, kløft, hulvei.
gill [dʒil] hulmål på 0,14 l.
gill cover [ˈgilkʌvə] gjellelokk.
gillie [ˈgili] (oppr. høyskot.) tjener, nå: jaktbetjent.
gillyflower [ˈdʒiliflauə] gyllenlakk; levkøy; hagenellik.
gilt [gilt] imperf. og perf. pts. av **gild;** forgylling; **that takes the – off the gingerbread** det tar bort illusjonen.
gilt | edge gullsnitt. **– -edged** med gullsnitt; førsteklasses, ekstra fin; gullkantet (om verdipapir). **– -framed** i gullramme, forgylt ramme. **– top** gullsnitt (på toppen av bok).
gimbals [ˈdʒimbəlz] slingrebøyler (til kompass); kardansk opphengning.
gimcrack [ˈdʒimkræk] leketøy; snurrepiperi, jugl, kram; prangende; ubetydelig; uekte; overlesse med stas. **gimcrackery** [ˈdʒimkrækəri] snurrepiperier; dårlig stas.
gimlet [ˈgimlit] bor, naver; bore; **– -eyed** med stikkende, gjennomborende øyne; skjeløyd.
gimmer [ˈgimə] gimmer, sau som ennå ikke har hatt lam.
gimmer [ˈdʒimə] hengsel.
gimmick [ˈgimik] knep, trick, kunstgrep; (lurt) påfunn, påhitt, motelune; dings, greie, sak; baktanke.
gin [dʒin] gin; sjenever.
gin [dʒin] maskin, særl. om maskin til å skille bomull fra frøene, egreneringsmaskin (jfr. **cotton gin);** gangspill; heisekran; jernblokk; pinebenk, torturredskap; felle, fuglesnare; fange i snare.
gin [gin] dersom, om, hvis; begynne.
gin [dʒin] (australsk) gammel kone.
gin-foundered [ˈdʒinfaundəd] ødelagt av drikk.
ginger [ˈdʒindʒə] spe, skrøpelig.
ginger [ˈdʒindʒə] ingefær; lys rødgul farge; energi, futt; gulbrun; krydre, tilsette ingefær; **– up** sette fart i.
ginger ale [ˈdʒindʒəˈreil], **ginger beer** [ˈdʒindʒəˈbiə] ingefærøl.
gingerbread [ˈdʒindʒəbred] honningkake; krimskrams; forsiringer; billig, prangende; **the gilt is off the –** forgyllingen er gått av, illusjonen forsvant.
gingerly [ˈdʒindʒəli] forsiktig, varsom, sirlig.
ginger nut [ˈdʒindʒənʌt] peppernøtt.
ginger pop [ˈdʒindʒəpɔp] ingefærøl.
gingery [ˈdʒin(d)ʒəri] med ingefærsmak; livlig; skarp; rødlig.
gingham [ˈgiŋəm] slags lett tøy; paraply.
gingival [dʒinˈdʒaivəl] tannkjøtt-.
gingivitis [dʒindʒiˈvaitis] gingivitt, betennelse i tannkjøttet.
gin mill bar, kneipe, vertshus.
gin palace [ˈdʒinpælis] fint vertshus.
ginseng [ˈdʒinseŋ] ginseng, kraftrot.
gin sling [ˈdʒinsliŋ] gin sling (drink med gin, sukker og vann).
Giovanni [dʒiəˈvɑ:ni], **Don –** Don Juan.
gip [dʒip] oppvarter, tjener (hos studenter).
gip [gip] rense fisk, gane, sløye.
gippo [ˈdʒipəu] (mil. sl.) suppe, saus.

gippy [ˈdʒipi] (mil. sl.) egyptisk soldat.
gipsy [ˈdʒipsi] sigøyner, sigøynerinne; heks; tøs; sigøynerspråk; sigøyneraktig; streife om i det fri; leve på sigøynervis; gjøre en utflukt på landet. – **bonnet,** – **hat** hatt med bred skygge. – **caravan** sigøynervogn.
giraffe [dʒiˈrɑ:f] giraff.
girandole [ˈdʒirəndəul] flerarmet lysestake; roterende springvann; ildhjul, sol (fyrverkeri); øredobbe.
gird [gə:d] rykk, energiutbrudd; stikk (av smerte).
gird [gə:d] omgjorde; omgi; innhegne; spenne fast, feste; forberede seg; hån, geip; – **at** håne; geipe til. **girder** [ˈgə:də] en som håner; bandstokk, bærebjelke, drager.
girdle [ˈgə:dl] omgjorde, sette belte omkring, omgi; omseile; omringe; ring, gjord, belte; omfang; hofteholder; bakstehelle, takke; **have** (el. **hold) someone's head under one's** – (gml.) ha en i sin makt.
girl [gə:l] pike, jente, tjenestepike, tjenestejente, hushjelp; kjæreste; – **Friday** altmulighjelp, volontrise; – **friend** venninne, kjæreste; – **graduate** kvinnelig kandidat; – **guide** speiderpike; – **machinist** maskinsyerske; **bus** – kvinnelig konduktør; **servant** – tjenestepike.
girlhood [ˈgə:lhud] pikestand, pikeår; **she had grown from** – **into womanhood** hun var fra pike blitt kvinne.
girlish [ˈgə:liʃ] jenteaktig, barnslig, pikeaktig, jente-.
Girondist [dʒiˈrɔndist] girondiner.
girt [gə:t] imperf. og perf. pts. av **gird;** bjelke, profil.
girth [gə:θ] gjord, livreim, belte; omfang, vidde, livvidde; omgjorde, omgi; måle omfanget av.
Girton [ˈgə:tn]; – **College** skole for kvinnelige studenter nær Cambridge. **Girtonian** [gə:ˈtəunjən], **Girtonite** [ˈgə:tənait] kvinnelig student fra Girton.
gist [dʒist] hovedpunkt; kjerne.
gittern [ˈgitən] gitar.
give [giv] ettergivenhet, elastisitet, evne til å gi etter; gi; gi etter; forære; ofre, vie; avholde, arrangere; innrømme; gi frist; smitte; volde, vekke, bringe; avgi, sende el. stråle ut; utstøte, komme med, si; slå seg (om tre); tø; føre **(on, into** til); – **attention** (el. **heed) to** skjenke oppmerksomhet; – **battle** levere et slag; – **a bill of exchange** utstede en veksel; – **birth** føde; – **bonds** (el. **bail)** stille kausjon; – **content** tilfredsstille; – **countenance** oppmuntre, støtte; – **one his due** gi en det som tilkommer ham; – **ear** lytte til; – **evidence** vitne, avlegge vitneforklaring; – **fire!** fyr! – **him a hand** hjelpe; klappe for ham; – **the horse his head** (el. **rein** el. **line)** gi hesten frie tøyler; – **it him!** gi ham! la ham få (juling)! – **joy** ønske til lykke; – **the lie to someone** beskylde en for løgn; – **like for like** gi like for like; – **one a look** tilkaste en et blikk; – **a look to a thing** passe på; – **mouth** snakke; – **notice** si opp; – **offence** fornærme; – **place to** gi etter for; – **a reading** holde en forelesning; – **a start** fare opp; – **suck** die; – **and take** like for like; gjensidig erting; la vinning og tap gå opp i opp; **a** – **-and-take fight** en kamp som de to motstandere slipper like godt fra; **would you** – **me the time?** vil De si meg hva klokken er? – **tongue** gi los; skvaldre i vei; – **the wall** gå av veien; – **way** gi etter, vike; – **a person good day** si god dag til en; – **one's love** (el. **kind regards) to** sende vennlig hilsen til; – **my respects to your mother** hils Deres mor fra meg; – **one's mind** (el. **oneself) to a thing** ofre seg for en sak; – **us a song** syng en sang for oss; – **judgment (sentence)** avgi en kjennelse; – **thanks** takke; – **a toast** utbringe en skål; – **trouble** volde uro; **I am given to understand** jeg har hørt; **I** – **you the ladies!** skål for damene; – **away** røpe, melde; gi seg, gi etter; gi bort; – **away the bride** være brudens forlover; – **away for** anse for; – **back** vike tilbake; – **forth** bekjentgjøre, kunngjøre, uttale; sende ut, avgi; – **from** rive seg løs; – **in** innlevere, overrekke; slå av (på prisen), erklære; gi seg, gi etter; – **in one's name** la seg innskrive; – **in one's verdict** avgi sin stemme som edsvoren; – **into** henvende seg til; føre til (vei); gå inn på; – **off** avgi; – **on** vende ut til, ha utsikt til (om vindu o.l.); – **out** utdele; bekjentgjøre, kunngjøre; – **out the hymns** nevne de salmene som skal synges; – **out a play** meddele at man vil oppføre et skuespill; – **out** utbre (rykter); sende ut (røyk); oppstille (påstand); – **out for** anse for; – **oneself out for** utgi seg for; – **out** fremstille; (i cricket) avgjøre at spilleren er **«out»;** – **over** overlate; oppgi (en syk); – **oneself over** hengi seg til; – **up** oppgi; renonsere på; utlevere; inngi (andragende); tilstå, bevilge; – **up one's effects to one's creditors** erklære seg for insolvent; – **up the ghost** oppgi ånden; – **oneself up** hengi seg; – **-and-take** like for like, gjensidighetsforhold.
giveaway [ˈgivəwei] avsløring; reklamepakke.
given [givn] prf. pts. av **give;** tilbøyelig, forfallen. – **name** (US) fornavn.
giver [ˈgivə] giver; vekselutsteder, trassent; god bokser.
gizmo [ˈgizməu] (US) greie, sak, tingest.
gizzard [ˈgizəd] mave (især hos fugler), krås; stemning; **fret one's** – pine seg, ergre seg; **grumble in the** – være misfornøyd; **stick in one's** – ergre en.
Gk. fk. f. **Greek.**
glabrous [ˈgleibrəs] glatt, skallet, hårløs.
glacé [glɑ:ˈsei] glasé, glans-; glassert.
glacial [ˈgleiʃəl] is-, istids-; ishavs-. – **epoch** istiden.
glaciate [ˈgleiʃieit] dekke med is; fryse til is; mattere. **glaciation** [gleisiˈeiʃən] isbredannelse; is.
glacier [ˈglæsjə, ˈgleiʃə] isbre, fonn; bre-.
glacis [ˈglæsis] glacis.
glad [glæd] glad, fornøyd, nøgd; strålende, skjønn; **I am** – **to hear it** det gleder meg å høre det; **I am** – **of it** det gleder meg; **I am** – **that you are here** det gleder meg at du er her; – **news** gledelige nyheter; **the** – **eye** forelskede øyekast; – **rags** (sl.) besteklær, selskapsklær.
gladden [ˈglædn] glede, oppmuntre, fryde.
glade [gleid] lysning i skog, glenne, åpning.
glad hand: give him the – motta med åpne armer.
gladiate [ˈgleidieit] sverdformet.
gladiator [ˈglædieitə] gladiator.
gladiatorial [glædjəˈtɔ:riəl] gladiator-.
gladiolus [glædiˈəuləs] pl. **gladioli** el. **gladioluses** gladiolus.
gladly [ˈglædli] med glede, gjerne.

gladness [ˈglædnis] glede.
gladsome [ˈglædsəm] glad, gledelig.
gladstone [ˈglædstən] håndkoffert.
Gladstone [ˈglædstən]; **– bag** håndkoffert, reisetaske. **– collar** høy, stiv snipp, fadermorder. **Gladstonian** [glædˈstəunjən] som slutter seg til Gladstone.
glair [glɛə] eggehvite; bestryke med eggehvite.
glaireous [glɛəriəs] eggehviteaktig.
glaive [gleiv] sverd, glavin; lanse; huggert.
glamorize [ˈglæməraiz] omgi med et romantisk skjær, glorifisere. **glamorous** [ˈglæmərəs] fortryllende, betagende; som tar seg strålende ut.
glamour [ˈglæmə] trolldom, blendverk; stråleglans, nimbus; romantisk skjær; synkverving; fortryllelse; fortrylle; synkverve. **– boy** beundret person, flott fyr; fløtefjes, litt for smellvakker. **– girl** nydelig pike; (fig.) pyntedokke.
glance [glɑ:ns] glimt; øyekast, blikk; flyktig tanke, hentydning, antydning; (i mineralogi) glans; glimte; kaste et blikk; vise seg et øyeblikk; streife; hentyde til, berøre lett; kaste tilbake (et skjær); **at a –, at the first –** ved første øyekast; straks; **a – of the eye** et blikk; **catch a – of** få et glimt av; **– off** prelle av mot; **take** (el. **cast) a – at** se flyktig på, kikke på; **– over** (el. **through)** kikke igjennom.
glancecoal [ˈglɑ:nskəul] anstrasitt.
gland [glænd] kjertel.
glandered [ˈglændəd] snivet. **glanders** [ˈglændəz] snive (sykdom hos hester).
glandiform [ˈglændifɔ:m] kjertelformet.
glandular [ˈglændjulə] kjertelaktig, kjertel-. **glandule** [ˈglændjul] liten kjertel. **glandulous** [ˈglændjuləs] kjertelaktig, kjertel-.
glare [glɛə] stråle, skinne, blende, skjære i øynene; være avstikkende; stirre, glo, se skarpt; blendende lys, glans, skinn; gjennomborende blikk; glimtende flate.
glaring [ˈglɛəriŋ] blendende, strålende; skrikende, skjærende, grell; **a – crime** en skamløs forbrytelse; **a – discrepancy** et skrikende misforhold.
Glasgow [ˈglɑ:sgəu, ˈglæs-].
glass [glɑ:s] glass; timeglass; speil; kikkert; lorgnett; barometer; termometer; forstørrelsesglass; glassaktig, glass-; dekke med glass; speile; glassere; se på med en lorgnett; **-es** kikkert, briller; **broken –** glasskår, glassbrott; **cut –** slepet glass; **sheet –** vindusglass; **stained –** glassmaleri; **wine –** vinglass; **– of wine** glass vin; **I had a – of brandy** jeg fikk meg et glass konjakk; **he is fond of his –** han liker godt å ta seg et glass; **dressing –** toalettspeil; **burning –** brennglass; **eye –** lorgnett; **magnifying –** forstørrelsesglass.
glass | blower glassblåser. **– cement** glasskitt. **– chimney** lampeglass. **– cloth** glasshåndkle, glasslerret. **– cutter** glasskjærer, glassliper; glassmesterdiamant. **– eye** glassøye. **– fibre** glassfiber. **– float** garnflottør (av glass).
glassful [ˈglɑ:sful] glass; **a – of gin** et glass gin.
glasshouse [ˈglɑ:shaus] glasshytte, glassverk; kakebu, bur; drivhus; glasshus; **they who live in glasshouses should not throw stones** en skal ikke kaste med stein når en sitter i glasshus.
glassiness [ˈglɑ:sinis] glassaktighet.
glass | jar glasskrukke. **-ware** glassvarer, glassartikler. **– wool** glassvatt, glassull. **-work** glassfabrikasjon. **-works** glassverk.
glassy [ˈglɑ:si] glassaktig; speilblank, speilklar.
Glaswegian [glæsˈwi:dʒən] person fra Glasgow.
Glauber [ˈglɔ:bə] **salt** glaubersalt.
glaucoma [glɔ:ˈkəumə] grønn stær. **glaucosis** [glɔ:ˈkəusis] grønn stær. **glaucous** [ˈglɔ:kəs] blågrønn, glassgrønn.
glaum [glɔ:m] (US) se på, kikke på; hogge tak i; stjele, rappe; blikk, øyekast.
glave [gleiv] glavin.
glaze [gleiz] sette glass i, sette ruter i; gi en glatt, blank overflate; høyglanspolere, eloksere; glassere; lasere (legge gjennomsiktig farge over); polere; lakkere; glitte; satinere; få et glassaktig uttrykk (om øyet); høyglans, lakkering, eloksering; glasur; glassering; politur; glans; lasering; (sl.) vindu.
glazed [gleizd] glassert, med glasur; blank, skinnende. **– board** glanspapp. **– linen** glanslerret. **– paper** satinert papir. **– starch** glansstivelse. **– tile** kakkel.
glazer [ˈgleizə] glasserer; polerer; polerskive.
glazier [ˈgleiʒə] glassmester; (i pottemakeri) glasserer; (sl.) en som stjeler fra butikkvinduer; **your father wasn't a glazier!** faren din var ikke glassmester! ikke stå i lyset for meg!
glazing [ˈgleiziŋ] glasur; lasur(farger); **– bar** vindussprosse.
gleam [gli:m] lysglimt; glimt; lys; stråle; lysstråle; gjenskjær, gjenskinn; stråle, lyse, funkle, glimte; lyne; skinne svakt. **gleamy** [ˈgli:mi] strålende, funklende.
glean [gli:n] sanke (f. eks. aks), samle inn; snappe opp; erfare, fatte, skjønne; bemerke; etterhøst, etterrakst; **what did you – from them?** hva fikk du greie på av dem? **gleaner** ettersanker; innsamler. **gleaning** [ˈgli:niŋ] sanking; innsamling.
glebe [gli:b] prestegårdsjord, kirkegods.
glee [gli:] lystighet, glede, munterhet; musikk, flerstemmig sang. **– club** sangforening.
gleeful [ˈgli:ful] glad, lystig, gledelig.
gleg [gleg] gløgg, skarp, våken.
glen [glen] skar, kløft, fjelldal.
Glengarry [glenˈgæri] skotsk lue (båtlue m. bånd bak).
glib [glib] glatt; kjapp, lett; munnrapp; **– speech** flytende tale; **a – tongue** en glatt tunge. **glib-tongued** [ˈglibtʌŋd] munnrapp.
gliddery [ˈglidəri] slibrig, sleip, glatt; lumsk.
glide [glaid] gli, sveve; glidning, sveving.
glider [ˈglaidə] glidefly, seilfly; hengesofa, hammock.
glim [glim] lys, lampe; **douse the –** slokke lyset.
glimmer [ˈglimə] lyse svakt; glimte, flimre; svakt lys, matt skjær; glimting, flimring; glimmer (i mineralogi); **a – of hope** et svakt håp; **put the lamp on a –** skru lampen langt ned.
glimmering glimt; (fig.) anelse, antydning.
glimpse [glim(p)s] glimt; skimt; gløtt; vise seg som et glimt; kaste et flyktig blikk på; se flyktig.
glint [glint] glimt; blinke.
glioma [gliˈəumə] hjernesvulst.
glisk [glisk] glitre; glimt.
glissade [gliˈsɑ:d, gliˈseid] skli, gli; skliing.
glisten [ˈglisn] funkle, stråle; glans.
glitter [ˈglitə] glitre, funkle, stråle; glitring, glans, prakt.
glitz (US) fjas, juggel, glitterstas.
gloaming [ˈgləumiŋ] skumring, tusmørke.

gloat [gləut] fryde seg, hovere, triumfere, gotte seg, være skadefro (**over** el. **on** over); hovering, skadefryd.
global [gləubl] global, altomfattende, verdensomfattende.
globate [ˈgləubit, ˈgləubeit], **globated** [ˈgləubeitid] kuleformet.
globe [gləub] kule; klode; globus; noe rundt; rikseple; glasskule; lampekuppel; øyeeple; dannet som en kule; bli kuleformet; **parts of the –** verdensdeler.
globe-trotter [ˈgləubtrɔtə] globetrotter.
globose [ˈgləubəus] kuleformet. **globosity** [gləuˈbɔsiti] kuleform. **globous** [ˈgləubəs] kuleformet. **globular** [ˈglɔbjulə] kuleformet. **– lightning** kulelyn. **globule** [ˈglɔbjul] liten kule, perle, dråpe. **globy** [ˈgləubi] rund.
glomerate [ˈglɔmәreit] tvinne sammen i en kvast; se **conglomerate. glomeration** [glɔməˈreiʃən] kvastdannelse, kvast.
gloom [glu:m] mørke; tyngsel, tungsindighet, tungsinn; formørke; se mørk ut. **gloomily** [ˈglu:mili] mørkt; tungsindig. **gloomy** [ˈglu:mi] mørk, dyster, skummel; tungsindig, nedtrykt, sturen.
glorification [glɔ:rifiˈkeiʃən] forherligelse; lovprising; (religiøst) forklarelse. **glorified** [ˈglɔ:rifaid] oppstaset. **glorify** [ˈglɔ:rifai] forherlige; lovprise; forklare.
glorious [ˈglɔ:riəs] ærefull, berømmelig; prektig, praktfull, herlig, storartet; **a – time** en herlig tid.
glory [ˈglɔ:ri] heder, ære; storhet, makt og ære; prakt, glans, herlighet; glorie; glede seg; være stolt av; **in all his –** i all sin herlighet; **on the field of –** på ærens mark; **go to –** dø; **send to –** drepe; **he is in his –** han er riktig i sitt element; **– in** være stolt av.
glory hole [ˈglɔ:rihəul] rotet skuff eller værelse; (i glassverk) innvarmingsovn.
Glos. fk. f. **Gloucestershire.**
gloss [glɔs] glans; gi glans, gi en overfladisk glans; forskjønne, forherlige, besmykke, stase opp; **– over** glatte over, tilsløre, skjule; **– cloth** presse klær; **remove the –** dekatere klær; (fig.) ta forgyllingen av.
gloss [glɔs] glose, anmerkning, merknad, forklaring; forklare, kommentere; bortforklare; besmykke; satirisere. **glossarist** [ˈglɔsərist] kommentator. **glossary** [ˈglɔsəri] glossar. **glosser** [ˈglɔsə] polerer; kommentator. **glossic** [ˈglɔsik] lydskrift.
glossiness [ˈglɔsinis] glans.
glossitis [glɔˈsaitis] tungebetennelse.
gloss paint ≈ emaljelakk.
glossy [ˈglɔsi] skinnende, glinsende, blank; (fig.) bestikkende, besnærende, glattslikket; **– magazines** ≈ kulørte ukeblader el. magasiner.
glostware [ˈglɔstwɛə] glassert steintøy.
glottal [ˈglɔtl] stemmebånds-, stemmerisse-. **– stop** støt (fonetikk).
glottis [ˈglɔtis] stemmerisse.
Gloucester [ˈglɔstə]; ost fra Gloucester(shire); **double –** særlig fet ost fra G.
glove [glʌv] hanske; vante; gi hanske på; **kid –** glaséhanske; **handle with kid -s** ta på med silkehansker; **the fellow of a –** maken til en hanske; **a pair of -s** et par hansker; gave til damer (f. eks. ved tapt veddemål); gave for å bestikke; **be hand in – with** stå på en meget fortrolig fot med; **excuse my –!** unnskyld hansken! **handle without -s** ikke legge fingrene imellom; **stretch a –** blokke ut en hanske; **throw down the –** kaste hansken, utfordre; **take up the –** motta utfordringen; **tie up the knocker with a –** vikle en hanske om dørhammeren (som tegn på at det er en barselkone el. en pasient i huset).
gloved med hansker på, behansket.
glove fight [ˈglʌvfait] boksekamp med hansker.
gloveless [ˈglʌvlis] uten hansker; hensynsløs.
glove | money drikkepenger. **– puppet** hanskedokke. **glover** [ˈglʌvə] hanskemaker. **gloving** [ˈglʌviŋ] hanskefabrikasjon.
glove stretcher [ˈglʌvstretʃə] hanskeblokk.
glow [gləu] gløde, blusse; glød, gløding; skjær, rødme; opphisselse, heftighet; **be all in a –** være ganske opphisset el. glovarm.
glower [ˈglauə] stirre sint, glo; fiendtlig stirring.
glowing [ˈgləuiŋ] glødende, gloende; (fig.) begeistret, blussende.
glow | lamp glødelampe. **– worm** sankthansorm.
gloxinia [glɔkˈsinjə] gloxinia (plante).
gloze [gləuz] smykke, pynte på, stase opp, bortforklare; falsk smiger.
glucose [ˈglu:kəus] glykose, druesukker.
glue [glu:] lim, klister; lime; sitte fast. **– boiler** limkoker. **– press** limtvinge, limpresse. **– putty** limkitt.
gluey [glu:i] limaktig, klebrig.
glum [glʌm] barsk, ergerlig, mørk, trist, sturen, bister, gretten.
glume [glu:m] hams, agne.
glut [glʌt] mette, overfylle; overmetting, mette, overfylling, overflod; overmål; **– oneself** forspise seg.
gluten [ˈglu:tən] gluten. **– bread** glutenbrød. **glutinous** [ˈglu:tinəs] klebrig.
glutton [ˈglʌtn] eter, fråtser, slukhals; jerv; grådig, forsluken. – **for punishment** be om juling. **-ize** [ˈglʌtənaiz] sluke, fråtse, svelgje i. **-ous** [ˈglʌtənəs] grådig, forsluken. **-y** [ˈglʌtəni] grådighet, forslukenhet, fråtseri.
glycerin(e) [glisəˈri:n, ˈglisəri:n] glyserin.
glycine [ˈglisin], **glycocine** [ˈgl(a)ikəsin], **glycocoll** [ˈgl(a)ikəkɔl] glycin, glykokoll, glykol. **glycol** [ˈglaikɔl] glykol.
glyn [glin] se **glen.**
glyptic [ˈgliptik] glyptisk. **glyptics** [-s] glyptikk, steinskjærerkunst.
glyptography [glipˈtɔgrəfi] steinskjærerkunst.
glyptotheca [gliptəˈθi:kə], **glyptotheke** [ˈgliptəθi:k] glyptotek.
G. M. fk. f. **General Motors; Grand Master; General Manager.**
G major (mus.) G-dur.
G-man [ˈdʒi:mæn] fk. f. **Government man** medlem av statspolitiet.
G minor (mus.) g-moll.
G. M. T. fk. f. **Greenwich mean time.**
gnar [nɑ:] knurre.
gnarl [nɑ:l] knort, kvist; fure; knurre, brumme. **gnarled** [nɑ:ld], **gnarly** [ˈnɑ:li] kvistet, vrien; forvridd, kroket.
gnash [næʃ]: **– one's teeth** skjære tenner; **weeping and -ing of teeth** gråt og tenners gnissel.
gnat [næt] mygg; knott. **– flower** gyllenlakk.
gnaw [nɔ:] gnage; nage; **– one's lips** bite seg i leppen; **– the ground** bite i gresset. **gnawer** [ˈnɔ:ə] gnager.
gneiss [nais] gneis. **gneissic** [ˈnaisik] gneis-.
gnome [nəum] gnom, jordånd, alv, vette; dverg;

fyndord, ordspråk, tankespråk. **gnomic(al)** [ˈnəumik(l)] gnomisk.
gnomon [ˈnəumɔn] viser på solur.
gnosis [ˈnəusis] vitenskap, erkjennelse (ofte religiøs). **gnostic** [ˈnɔstik] gnostisk; gnostiker.
gns fk. f. **guineas.**
gnu [nu:] gnu (sørafrikansk okse).
go [gəu] gå, dra, dra av sted, reise, ta (et sted hen), begi seg; gå av (om skytevåpen); lyde, ringe (om klokke); slå (om ur); være i omløp (om rykte); anses for; ha til formål; nå, føre til; finne sted; lykkes; befinne seg; gå ut på; foreta, ha til hensikt; ta tilflukt til; gå (om varer); være drektig; gang; hending; omstendighet, affære; siste skrik, mote; energi, mot, pågangsmot, futt; omgang, kule, forsøk, sjanse; glass (brennevin); eksamen (i Cambridge); **here -es!** nå går det løs! **here we – again!** nå har vi det igjen! **I can't make a – of it** jeg får det ikke til; **– it** handle energisk; **call a –** velge seg en annen kundekrets, et annet sted til utsalg på gata; **from the word –** fra begynnelsen av; **in one –** på én gang, på første forsøk; **make a – of it** få det til å lykkes; **it is no –** det går ikke, det lykkes ikke; **– about it** gripe det an, gå igang med det; **– about your own business** pass dine egne saker; **there is a rumour -ing about that** det går rykter om at; **this goes against ...** dette taler imot ...; **it goes against my principles** det strir imot mine prinsipper; **– ahead** gå foran; gå fram; gjøre framskritt; **ahead!** klem på! driv på! **– along** gå bort; komme videre, fortsette; **– along!** av sted med deg! gå med deg! **– along with a man** følge med en mann; holde med en mann; **as we – along** underveis; på veien; **– aside** trekke seg tilbake; gå feil; **– asleep** falle i søvn; **– astray** fare vill; begå et feiltrinn; **– at** angripe, gå løs på; **– at large** ferdes i frihet; være frikjent; **I am going away for my holidays** jeg skal reise på ferie; **– back** vende om; gå tilbake; **– back from** (el. **upon) one's word** ta sitt ord tilbake; **– back on** svike, svikte, løpe fra; **– between** gå imellom; være mekler; **– broke** gå fallitt; **– by** gå forbi; gå hen, gå (om tiden); finne seg i; rette seg etter; (US) ta inn, se inn til; **– by the board** gå over bord; gå tapt; **– by the name of** gå under navn av; **– by train** reise med tog; **you – by what I say** du gjør som jeg sier; **– by the name of Bill** gå under navnet Bill; **in times gone by** i svunne tider; **-ing by what he said** å dømme etter hva han sa; **– down** gå under, synke; falle (i kamp); velte; synke (i pris); gå nedover bakke (fig.); **– down into the country** dra ut på landet; **– down to town** dra fra forstaden inn til byen; **this won't – down** dette går ikke; **this won't – down with him** dette finner han seg ikke i; **– far** slå godt til; ha innflytelse; **he is far gone** han har det meget dårlig, han er ødelagt, fortapt; **as far as that -es** hva det angår; **– fast** gå for fort (om ur); leve flott; **– for** gå etter, hente; **– for a trip** gjøre en utflukt; **– for a walk** gå en tur; **that -es for nothing** det er det ingen mening i; **that -es for you too** det gjelder deg også; **– for a soldier** bli soldat; **– for oneself** arbeide for egen regning; **– for the gloves** vedde uten å ha penger; **– in** inntreffe (etterretning); delta, være med, stå for tur til å slå (i sport); **– in and win** oppta kampen og seire; **– in for** gi seg av med; tre i skranken for; **– in for an examination** gå opp til eksamen; **– in for cycling** sykle; **– in for dress** legge stor vekt på klærne; **– in for money** søke å tjene mange penger; **– into** gå inn i, komme nærmere inn på, fordype seg; **– into mourning** kle seg i sorg; **– into partnership with one** gå i kompani med en; **– near** nærme seg; være i begrep med; gå til hjertet; **– as near as possible** leve så økonomisk som mulig; selge så billig som mulig; **– off the rails** gå av sporet; **– off** holde opp; dø; finne avsetning; gå av (om skytevåpen), eksplodere; stikke av; bli gift; få et anfall; visne; falle i avmakt, dåne, besvime; bli demoralisert; **– off at score** komme i harnisk over noe; **– off into fits** få anfall, bli ute av seg selv; **– off one's nut** gå fra vettet, få en skrue løs; **– on** dra videre, ta videre, gå videre, reise videre, fortsette reisen; gå for seg; bli ved, fortsettes; gå over til; gjøre fremskritt; være heldig; oppføre seg; **– on!** snakk! **– on in that way** bære seg slik, ta slik på vei; **I must – on upon my journey** jeg må fortsette reisen; **– on one's last legs** synge på det siste vers; **– on one's knees** falle på kne; **– on horseback** ri; **– on a journey** gjøre en reise; **– on shore** gå i land; **– on the stage** gå til scenen; **– on strike** gå til streik; **– on tick** ta på kreditt; **– all out** bruke alle krefter, gi alt en har; **– out** gå ut; gå i selskap; kjempe, fekte; dø, slokne; bli kjent; **– (out) doctor** bli doktor; **– out at a salary** feste seg bort; **– out of fashion** gå av mote; **– out of one's mind** bli gal, gå fra vettet; **– out of the way** gå av veien; fare vill; gjøre seg særlig umak; skeie ut; **– over** lese igjennom, se igjennom; overveie; undersøke; skifte parti; konvertere; etterse, kontrollere; (US) **– over the range** dø; **– round** gå en omvei; sirkulere; **– round to his place** stikke bort til ham, besøke; **– through** gå gjennom; gjennomgå; utføre, foreta; undersøke nøye; ødsle bort; **– through the mill** gjøre ubehagelige erfaringer, bli klok av skade; (US) **– through a man** blottstille en, vise en manns dårlige sider; utplyndre en; **– through with** fullføre, holde ut til det siste; **– to!** å tøv! kom ikke med det der! **– to** vedrøre; **– to it** ta fatt, gå løs på hverandre; gå på; ta tilflukt til; **– to grief** bli såret; blamere seg; **– to pieces** gå i stykker, forfalle; ha en ødelagt helbred; **he has gone to pot** han er fullstendig ødelagt; **I won't – to the price of it** så mye vil jeg ikke spandere; **– together** gå sammen; passe sammen, stemme overens; **– under** gå under, bli ødelagt, omkomme; **– under a bad reputation** ha et dårlig rykte; **– up to town** reise til hovedstaden; **– up** gå opp; stige, øke (om priser); (amr.) bli hengt; gå dukken; **– up for one's examination** gå opp til eksamen; **– up the line** bli sendt til fronten; **– upon** støtte seg til; foreta, overta; **– upon the tick** kjøpe på kreditt; **– west** (soldaterslang) falle, bli drept; **– with** ledsage; holde med; passe til; **– without** savne, unnvære; ikke ha noe å spise og drikke; **– without!** la være; **that goes without saying** det følger av seg selv; **– wrong** mislykkes; ta feil, ha urett: komme på avveier; gå fallitt; (om ting) virke dårlig; **two in four goes twice** to i fire er to; **the lock goes wrong** låsen er dårlig; **set going** sette i gang; **the play goes** skuespillet gjør lykke; **how goes it? how goes the world?** hvordan står det til?

the world is going wrong with him det går dårlig med ham; **– a-hunting** gå på jakt; **– a-pleasuring** være forlystelsessyk; **– a-wool-gathering** være atspredt; **– to see** besøke; **– in quest** oppsøke; **– to borrowing** gi seg til å låne; **– to the country** appellere til velgerne; **– to law** gå til rettssak; **– bail** bli kausjonist, gå i borg; **– blind** bli blind; **– mad** bli gal; **– a long way about** gjøre en stor omvei; **– a great way about** gjøre en stor omvei; **– a great way** ha stor innflytelse; bidra mye til; **– it!** gå på! **– it alone** gjøre noe uten hjelp; ta ansvaret selv; **– it blind** handle overilt; **always on the –** i stadig bevegelse, stadig på farten; **that's the –** slik går det i verden; **well, that is a –!** det var en slem historie; **here's a fine –!** det er en fin historie! **a rum –** en pussig historie.
goad [gəud] piggstav; brodd; (fig.) spore; drive fram med piggstav; spore, egge.
go-ahead [ˈgəuəhed] fremadstrebende, energisk; **get the –** få grønt lys.
goal [gəul] mål. **– keeper** målmann.
go-along(er) [gəuəˈlɔŋ(ə)] dum fyr som lar seg bruke som redskap.
go-ashores [ˈgəuəˈʃɔ:z] landgangsklær, søndagsklær.
go-as-you-please planløs, tilfeldig; vilkårlig.
goat [gəut] geit; **he-–** geitebukk; **she-–** geit (hunn); **separate the sheep from the goats** skille fårene fra bukkene; **get his –** gå ham på nervene løs.
goatee [gəuˈti:] bukkeskjegg.
goatish [ˈgəutiʃ] bukkeaktig; vellystig.
goatskin [ˈgəutskin] geiteskinn.
goatsucker [ˈgəutsʌkə] kveldknarr, nattravn.
gob [gɔb] klump, klatt, klyse; en god slump (penger); spytt; spytte.
gobang [gəuˈbæŋ] gobang (japansk brettspill).
gobbet [ˈgɔbit] bit, klatt, klump.
gobble [ˈgɔbl] sluke begjærlig; pludre (om kalkun).
gobbledygook [ˈgɔbldiˈguk] pompøs, høyttravende stil, kansellistil.
gobbler [ˈgɔblə] kalkunhane.
gobelin [ˈgɔbəlin] gobelin.
go-between [ˈgəubitwi:n] mellommann, mekler; kobler; mellomledd, forbindelsesledd.
goblet [ˈgɔblit] beger, pokal, glass med stett.
goblin [ˈgɔblin] nisse, dverg, tomte(gubbe), tuftekall.
gobo [ˈgəubəu] lysskjerm, lydskjerm.
goby [ˈgəubi] kutling (fisk).
go-by [ˈgəubai] det å unnslippe, unngå; **give the –** ignorere; **get the –** bli ignorert.
go-cart [ˈgəukɑ:t] gangstol; barnevogn; lett vogn; lite enmanns racerkjøretøy uten karosseri.
god [gɔd] gud; avgud; **the -s** galleriet (i teatret); **the – from the machine** deus ex machina; **a sight fit for the -s** et syn for guder; **God bless her!** Gud velsigne henne; **God forbid!** Gud forby det! **God willing** om Gud vil; **I wish to God, would to God, God grant it!** Gud gi! **God knows** Gud vet (ɔ: vi vet ikke); Gud skal vite (ɔ: det er sikkert); **thank God** Gud være lovet.
God-almighty: a – en liten vårherre.
god-awful redselsfull.
godchild [ˈgɔdtʃaild] gudbarn.
goddamn [ˈgɔdˈdæm] fordømt; for satan.
goddaughter [ˈgɔddɔ:tə] guddatter.
goddess [ˈgɔdis] gudinne.
godfather [ˈgɔfɑ:ðə] gudfar; fadder.
god-fearing [ˈgɔdfiəriŋ] gudfryktig.
godforsaken [ˈgɔdfəseikn] gudsforlatt, ugudelig, fordervet.
God-given gudegitt; som er sendt fra himmelen.
godhead [ˈgɔdhed] guddom.
goodhood [ˈgɔdhud] guddom.
godless [ˈgɔdlis] gudløs, ugudelig.
godlike [ˈgɔdlaik] guddommelig.
godliness [ˈgɔdlinis] gudfryktighet.
godling [ˈgɔdliŋ] liten gud.
godly [ˈgɔdli] gudfryktig, from.
godmother [ˈgɔdmʌðə] gudmor.
godown [ˈgəudaun] pakkhus; (US) vanningssted.
God's acre [ˈgɔdzeikə] kirkegård.
godsend [ˈgɔdsend] uventet hell; **it was a –** det kom som fra himmelen; det var en Guds lykke.
godson [ˈgɔdsʌn] gudsønn.
god-speed [ˈgɔdˈspi:d] hell; lykke på reisen.
godwit [ˈgɔdwit] spove.
goer [ˈgəuə] en som går; fotgjenger; **he is a fast –** han går fort; **this horse is a good –** denne hesten går fort.
go-getter [ˈgəugetə] gåpåfyr; streber. **go-getting** [ˈgəugetiŋ] foretaksom, energisk.
goggle [ˈgɔgl] skjele, blingse, rulle med øynene; glo, stirre; rullende, gloende (om øyne); rulling med øynene; gloing. **goggles** støvbriller, snøbriller, dykkerbriller; skylapper.
goggle-eyed [ˈgɔglaid] med fremstående øyne, måpende.
goglet [ˈgɔglit] vannkjøler, vannkrukke.
gogs [gɔgz] se **goggles.**
go-in [ˈgəuin] begynnelse.
going [ˈgəuiŋ] gående osv.; i gang; som løper godt (om hest); på mote; **the greatest rascal –** den største slubbert som fins; **be – to** være i begrep med, skulle til; **–, –, gone** (ved auksjon) første, annen, tredje gang. **going** gang, avreise; (US) føre, fortsette; **-s** atferd, oppførsel; verker (Guds); **let us be –** la oss komme av sted; **get –** begynne, komme i gang; **she is – on thirty** hun nærmer seg tredve år; **keep –** holde i gang, fortsette; **set –** sette i gang; **I am – to read** jeg skal til å lese, jeg vil lese nå; **– strong** i full aktivitet, i full vigør; **I am not – to tell him** jeg vil ikke si ham det. **–-out** det å gå ut; avgang. **– over** overhaling, ettersyn; juling. **goings-on** atferd; spetakkel, bråk; **pretty goings-on!** det er fine greier!
goitre [ˈgɔitə] struma.
gold [gəuld] gull; rikdom; gyllen farge; sentrum (i en skive). **– backing** gulldekning. **– basis** gullstandard. **–-bearing** gullholdig. **–-beater** gullslager (en som lager bladgull). **– chain** gullkjede.
goldcrest [ˈgəuldkrest] fuglekonge.
gold digger [ˈgəulddigə] gullgraver, eventyrer.
golden [ˈgəuldn] av gull, gull-, gyllen. **–-crested** gulltoppet. **– eagle** kongeørn. **the Golden Fleece** det gylne skinn. **–-haired** gullokket. **– rule** gyllen regel. **the – section** det gylne snitt.
gold | fever gullfeber. **-field** gulleie, gullgruvedistrikt. **– filling** gullplombe. **-finch** stillits. **-fish** gullfisk. **– holdings** gullbeholdning. **– hunter** dobbeltkapslet gullur.
goldilocks blondine; Prinsesse Gullhår (i eventyr).
gold | leaf bladgull. **– mine** gullgruve. **– nugget**

gullklump. – **parity** gullparitet. – **-plate** belegge med gull. – **slipper** gullsko. **-smith** gullsmed. **-smithery** gullsmedarbeid. – **-tipped** med munnstykke av gull. **-work** gullsmedarbeid.

golf [gɔlf, (gɔf)] golf. – **club** golfkølle; golfklubb. – **course** golfbane. **golfer** [gɔlfə, (gɔfə)] golfspiller. **golf links** golfterreng, golfbane.

Golgatha [ˈgɔlgəθə] Golgata.

Goliath [gəˈlaiəθ] Goliat.

golliwog [ˈgɔliwɔg] slags dukkemann; fugleskremsel; busemann.

golly [ˈgɔli]: **by** – ved Gud! du store verden!

go-long (US) svartemarja (politibil).

golore [gəˈlɔ:] se **galore.**

golosh [gəˈlɔʃ] se **galosh.**

goluptious [gəˈlʌptʃuəs] lekker, delikat.

G. O. M. fk. f. **grand old man.**

gombeen [gɔmˈbi:n] åger.

gomeral, gomeril [ˈgɔmrəl] tosk, fåming.

gonad [ˈgɔnæd] gonade, kjønnskjertel.

gondola [ˈgɔndələ] gondol; (US) butikkreol.

gondolier [gɔndəˈli:ə] gondolfører.

gone [gɔ(:)n] gått; borte, vekk, forsvunnet; ferdig, fortapt, ødelagt, håpløs; vekk (i betydningen: meget forelsket); **he has** – han er gått; **he is** – han er borte; **be –, get you –!** kom deg av gårde! **let us be** – la oss komme av sted; **in times – by** i svunne tider; **not long – eight** litt over åtte; **this woman is six months** – denne kvinnen er gravid i sjette måned; **she is – forty** hun er over førti; **it is a – case with him** det er ute med ham; **dead and** – død og borte; **far** – døden nær; sterkt opptatt; **far – in years** til års, (meget) gammel; **far – in drink** beruset.

goneness [ˈgɔnnis] matthet, avkreftelse.

goner [ˈgɔnə] en det er ute med, en som er ferdig.

gonfalon [ˈgɔnfələn] banner. **gonfalonier** [gɔnfələˈni:ə] fanebærer. **gonfanon** [ˈgɔnfənən] banner.

gong [gɔŋ] gongong; klokke, bordklokke.

goniometer [gəuniˈɔmitə] vinkelmåler.

gonorrhea [gɔnəˈri:ə] gonoré, dryppert.

good [gud] god; pålitelig; velvillig; passende, egnet; gyldig, ekte; dyktig, flink; munter; solvent; snill (om barn); sunn, ufordervet; ordentlig, anstendig; noe godt, det gode; lykke, velferd; **make – cheer** spise godt; **a – deal** en hel del; **– fellow** bra kar, flink fyr; **– speed!** lykke til! **hold** – holde stikk; **be as – as one's word** holde sitt ord; **– nature** godmodig natur; **– words** belærende ord, kjærlige ord; god etterretning; **will you be so – as to let me know** vil De være så vennlig å underrette meg om; **it is no** – det nytter ikke; det duger ikke; **for the common** – til det felles beste; **– for you!** bra for deg! den klarte du fint! **– for nothing** udugelig; **be – at jokes** forstå en spøk; **be – at sums** kunne regne godt; **a – many** en hel del; **that is a – one** den er god; det er en fin fyr; den var verre! **a – fire** en ordentlig ild; **have a – mind to** ha god lyst til; **a – while** temmelig lenge; **in – time** i rette tid; **all in – time** alt til sin tid; **it will come to no** – det ender ikke godt; **much – may it do you!** velbekomme! (mest ironisk); **clothes to the** – og klær attpå (foruten lønn); **he has gone to America for** – han er reist til Amerika for godt; **for – and all** fullstendig, en gang for alle.

good afternoon god dag; farvel.

goodbye [gudˈbai] farvel.

good cheer godt mot, godt humør; hygge.

good-conduct certificate vandelsattest.

good day [gudˈdei] farvel; (sjeldnere: god dag).

the good folk de underjordiske, feene, alvene.

good-for-nothing [ˈgudfəˈnʌθiŋ] udugelig; unyttig; **a – fellow** en døgenikt.

Good Friday [gudˈfraidi, -dei] langfredag.

good-humoured [ˈgudˈhju:məd] munter, godmodig.

goodies [ˈgudiz] slikkerier, gotter.

goodish [ˈgudiʃ] antagelig, tålelig god, akseptabel; betydelig.

good-looking [ˈgudˈlukiŋ] skjønn, vakker, pen.

goodly [ˈgudli] vakker, staut, staselig; behagelig, gledelig; betydelig.

goodman [ˈgudmən] husfar, husbond.

good nature [ˈgudˈneitʃə] godmodighet, godhjertethet, elskverdighet. **good-natured** [ˈgudˈneitʃəd] godlyndt, godhjertet, snill, elskverdig.

goodness [ˈgudnis] godhet; fortreffelighet; dyd; **my** – du store tid! **for goodness' sake** for Guds skyld; **– knows** gudene skal vite.

good | night god natt, god kveld, adjø. – **offices** bona officia, vennskapelig mellomkomst, mekling.

goods [gudz] gods, varer; effekter, eiendeler; godstog; **wordly** – jordisk gods. – **train** godstog.

good-tempered [ˈgudˈtempəd] godmodig, godlyndt, likevektig.

Good Templar [gudˈtemplə] goodtemplar.

goodwife [ˈgudˈwaif] husmor, matmor.

goodwill [ˈgudˈwil] velvilje, gunst, sympati, vennskapelig innstilling; god hensikt; kundekrets. kunder; **buy the – of the house** kjøpe forretningen med dens kunder.

Goodwin [ˈgudwin]; **the – Sands** beryktet sandbanke ved kysten av Kent.

goodwoman [ˈgudwumən] husmor.

goody [ˈgudi] god kone, mor.

goody [ˈgudi] from i det ytre, moraliserende, sentimental. **goody-goody** dydsmønster; flott! supert!

gooey [ˈgu:i] klisset, vammel, sentimental.

go-off [gəuˈɔ:f] begynnelse.

gooroo [ˈgu:ˈru:] lærer, sjelelig veileder (i India).

goof [gu:f] tosk, fjols; tabbe, kjempetabbe, brøler; gjøre en tabbe; – **up** spolere.

goose [gu:s] gås; pl. **geese;** gåsestek; fjols, tosk; pressejern; pipe ut; **all his geese are swans** han har det med å overdrive; **roast** – gåsestek; **get the** – bli pepet ut; **be sound** (el. **all right) on the** – (US) være en ivrig partigjenger; **cook his** – ødelegge for ham; gjøre kål på ham; fikse ham; **the – is hanging high** aksjene står høyt; det ser lyst ut.

gooseberry [ˈguzb(ə)ri, ˈgu:z-] stikkelsbær; **play old – with a person** ta ordentlig fatt på en; **play** (el. **do** el. **pick)** – være forkle for to elskende; **– fool** stikkelsbærgrøt; **the big – season** (fig.) agurktiden (den stille perioden for nyhetsmediaene om sommeren).

goose | flesh gåsekjøtt; gåsehud (hud som er nuppet og blek av kulde). **-herd** gåsegjeter. – **pimples** gåsehud. – **quill** gåsepenn.

gooser [ˈgu:sə] fiasko, null; avgjørende støt, nådestøt (hos boksere).

goose | skin [ˈgu:sskin] gåsehud. – **step** hanemarsj.

goosey [ˈgu:si] dum, stupid, tosket; lettskremt, nervøs; **go** – få gåsehud.

goosey-gander [ˈgu:sigændə] dumrian.
G. O. P. (US) fk. f. **Grand Old Party** det republikanske parti.
gopher [ˈgəufə] (US) vånd, jordrotte.
Gordian [ˈgɔ:diən] gordisk; **cut the – knot** hogge over den gordiske knute.
Gordon [ˈgɔ:dn].
gore [gɔ:] (størknet) blod.
gore [gɔ:] kile; sette inn en kile; stange; gjennombore.
gorge [gɔ:dʒ] strupe, svelg; hulvei, kløft, skar; sluke; proppe; proppe seg; fråtse. **gorged** [gɔ:dʒd] forspist, overmett.
gorgeous [ˈgɔ:dʒəs] strålende, prektig; praktelskende.
gorger [ˈgɔ:dʒə] fråtser; fin mann, laps; prinsipal; teaterdirektør.
gorget [ˈgɔ:dʒit] halskrage, halsstykke; fargeflekk (på fuglehals).
gorgon [ˈgɔ:gən] gorgon, medusa.
gorgonian [gɔ:ˈgəunjən] gorgonisk, medusa-.
gorgonize [ˈgɔ:gənaiz] forsteine; stirre ondt på.
gorilla [gəˈrilə] gorilla; bølle, gangster.
gorm [gɔ:m] stirre, glo, glane **(at** på).
gormand [ˈgɔ:mənd] storeter. **gormandize** [ˈgɔ:məndaiz] fråtse, sette i seg. **gormandizer** storeter.
gorse [gɔ:s] gulltorn.
gory [ˈgɔ:ri] blodig, blodet, blodbestenket.
gosh [gɔʃ] jøss! Gud!
goshawk [ˈgɔshɔ:k] hønsehauk.
Goshen [ˈgəuʃən] Gosen.
gosherd [ˈgɔzəd] gåsegjeter.
gosling [ˈgɔzliŋ] gåsunge, rakle.
go-slow go slow (redusert arbeidstempo som konfliktmiddel), gå-sakte aksjon.
gospel [ˈgɔspəl] evangelium, forkynnelse. **gospeller** evangelieoppleser ved gudstjeneste; sekterist.
gossamer [ˈgɔsəmə] fint spindelvev (som henger løst i lufta); fint vevd stoff, flor; silkehatt; (US) tynn regnkappe; florlett, slørlett.
gossip [ˈgɔsip] slarvekopp, sladrebøtte; sladder, vås, skvalder; prat; sludre; sladre. **gossiping** [ˈgɔsipiŋ] sladring.
gossip | mirror sladrespeil. **– writer** journalist som skriver sosietetsspalten, petitjournalist.
gossipy [ˈgɔsipi] sladderaktig, sladrende.
gossoon [gɔˈsu:n] (irsk) gutt, kar.
got [gɔt] imperf. og perf. pts. av **get.**
Goth [gɔθ] goter; barbar, vandal.
Gotham [ˈgɔtəm] en by i Nottinghamshire; [ˈgəuθəm] New York; **the wise men of Gotham** [ˈgɔtəm] ≈ molboene. **Gothamist** [ˈgɔtəmist] heimføing.
Gothic [ˈgɔθik] gotisk; (gml.) barbarisk, grotesk. **gothicism** [ˈgɔθisizm] gotisime; gotikk; barbari. **gothicize** [ˈgɔθisaiz] føre tilbake til barbarisk tilstand.
go-to-meeting fin, stas-, gå bort-.
gotten [ˈgɔtn] (US el. gml.) perf. pts. av **get.**
Gottingen [ˈgɔtiŋən, ˈgʌt-] Göttingen.
gouge [gaudʒ] huljern, treskjærerjern; (US) knep, bedrag; bedrageri; bedrager; hule ut, grave ut; (US) bedra.
Goulard [guˈlɑ:d]; **-'s extract** en slags blyvann.
goulash [ˈgu:læʃ] gulasj.
Gould [gu:ld].
gourd [gɔ:d, guəd] gresskar.
gourmand [ˈguəmənd; fr.] gourmand; storeter, matkrok. **gourmet** [ˈguəmei] gourmet; en som skjønner seg på mat el. vin.
gout [gu:] smak, skjønn.
gout [gaut] gikt, podagra; klatt, stenk; dråpe.
gouty [ˈgauti] giktsvak, podagristisk, giktaktig, gikt-; svullen, oppustet, fremstående.
gov., Gov. fk. f. **governor; government.**
govern [ˈgʌvən] styre, lede, greie med, beherske, regulere, bestemme, regjere.
governance [ˈgʌv(ə)nəns] ledelse, regjering, styre.
governess [ˈgʌvənis] lærerinne, guvernante.
government [ˈgʌvənmənt] styrelse, styre, ledelse; riksstyring; regjering, ministerium; styreform, ledelse; riksstyre; riksråd, statsråd, guvernement. **– bond** statsobligasjon. **– house** guvernementsbolig. **– office** guvernementskontor, regjeringskontor.
governor [ˈgʌvənə] styrer, leder; hersker, regent; guvernør, stattholder; direktør; styremedlem; hovmester; gammel'n, den gamle (om ens far el. sjef); regulator (på dampmaskin). **--general** generalguvernør.
govt., Govt. fk. f. **government.**
gowan [ˈgauən] (skot.) tusenfryd.
Gower [ˈgauə].
gowk [gauk] gjøk; dumrian, tosk.
gown [gaun] embetskappe; prestekjole; (finere) kvinnekjole, kjole; slåbrok; gi kjole på; ta kjole på; **he is a disgrace to his –** han gjør skam på sin stilling; **he will lose his –** han blir avsatt. **gown(s)man** [ˈgaun(z)mən] en som går med kappe; jurist; akademiker (i motsetning til **townsman** filister).
gozzard [ˈgɔzəd] gåsegjeter.
G.P. fk. f. **general paresis; general practitioner.**
G. P. O. fk. f. **General Post Office.**
G. R. fk. f. **General Reserve; Georgius Rex** (kong Georg).
gr. fk. f. **grains; grammar; grade; great; gross.**
Graal [greil] gral, det hellige nattverdsbeger iflg. middelalderske sagn.
grab [græb] gripe, trive, snappe, grafse til seg; grep; grafsing; tilegnelse på uhederlig måte; slå kloen i; noe man har tilegnet seg på uhederlig måte; grabb, klo.
grab [græb] et slags to- el. tremastet skip.
grab bag [ˈgræbˈbæg] forundringspose på basarer o.l., som man mot betaling har lov til å snappe en av gjenstandene opp av.
grabber [ˈgræbə] kniper, gnier; gautjuv.
grabble [græbl] fomle, trivle, rote; trive, grave til seg.
grab | bucket grabb. **-hook** gripekrok.
grace [greis] ynde; gratie, eleganse; gunst, nåde; dyd, god egenskap; tekke; elskverdighet; kaperi; utsmykning (i musikk); ringspill; hyllest; privilegium; frist; bordbønn; pryde, smykke; begunstige; utmerke; benåde; **His Grace** Hans nåde; **with a good –** med anstand; **sue for –** be om nåde; **five days' –** fem dagers frist; **let us say –** la oss be bordbønn; **in the year of – 1900** i det Herrens år 1900.
grace cup [ˈgreiskʌp] pokal; avskjedsbeger.
graceful [ˈgreisf(u)l] yndefull, grasiøs, stilig.
graceless [ˈgreislis] uten ynde; fordervet, lastefull; uforskammet, gudløs.
graceosities [greiʃiˈɔsitiz] nedlatende talemåter.
gracious [ˈgreiʃəs] nådig; nedlatende; vennlig,

elskverdig; **good –** du gode Gud! **most –** allernådigst.
gradate [grəˈdeit] la gå gradvis over i hverandre, nyansere, gradere.
gradatim [grəˈdeitim] gradvis, trinnvis.
gradation [grəˈdeiʃən] gradasjon; trinn; trinndeling; nyansering; avlyd.
grade [greid] grad, trinn; utviklingsstadium; sort, kvalitet; rang, klasse; skråning, stigning, hall, fall; (amr.) karakter; **down –** nedover; **– school** (amr.) folkeskole; **high – school for girls** høyere pikeskole. **grade** gradere; sortere, klassifisere; regulere, planere; krysse (om fe); planere. **-ly** skikkelig, pen; grundig, nøye. **-r** sorterer, vraker; veiskrape.
Gradgrind [ˈgrædgraind] tørrpinne, fantasiløst menneske (etter en mann i **Hard Times** av Dickens).
gradient [ˈgreidjənt] hellende; hellings-; helling, fall, stigning.
grading [ˈgreidiŋ] sortering, klassifisering; regulering, planering; retting av oppgaver.
gradual [ˈgrædjuəl, -dʒuəl] gradvis, trinnvis.
gradually [ˈgrædjuəli, -dʒ-] gradvis, etterhånden, litt etter litt, smått om senn.
graduate [ˈgrædjueit] gradere, inndele; graduere, tildele en akademisk grad; gå gradvis over til; ta en akademisk grad, en eksamen. **graduate** [ˈgrædjuit] akademiker; graduert, en som har tatt en avsluttende eksamen; trinnvis ordnet.
graduated taxation progressiv beskatning.
graduation [grædjuˈeiʃən, -dʒ-] gradering; det å ta en avsluttende eksamen; eksamenshøytidelighet, tildeling av en akademisk grad. **– mark** delestrek.
graffage [ˈgrɑːfidʒ] skråning.
graft [grɑːft] podekvist; poding; stykke vev som blir ført over fra en organisme til en annen, transplantasjon; arbeid; pode; korrupsjon, svindel; arbeide, føre over, transplantere; stjele; grafse til seg.
Graham bread [ˈgreiəmbred] grahambrød.
Grail [greil] se **Graal.**
grain [grein] korn, frøkorn; grann, smule; temperament, sinn; kornaktig ting; kornaktig beskaffenhet av overflaten; mask, drav; tekstur, fibrer, tråd, trevl, gåre; larve, narv (på lær); korne; korne seg; åre; marmorere; krystallisere seg; narve; **with a – of salt** med litt sunn sans, med en klype salt; **in –** helt igjennom; **against the –** mot ens ønske.
grainage [ˈgreinidʒ] kornavgift.
grain|alcohol kornbrennevin. **– binder** selvbinder. **– box** såkasse.
grainy [ˈgreini] kornet.
gram. fk. f. **grammar.**
gram [græm] gram.
gramary(e) [ˈgræməri] trolldom.
gramercy [grəˈməːsi] mange takk (foreldet); Gud fri og bevare!
gramineous [grəˈminiəs, grei-] gressaktig; gress-.
graminivorous [græmiˈnivərəs] gressetende.
grammar [ˈgræmə] grammatikk; språkvitenskap; riktig språkbruk; grammatisk riktig uttrykk; elementarbok; begynnelsesgrunner, elementer (i en kunst eller vitenskap); **analytical –** vitenskapelig grammatikk; **fault in –** grammatisk feil; **rule of –, – rule** grammatisk regel; **comparative –** sammenliknende språkvitenskap; **bad –** språkstridig; **this is not –** dette er galt i grammatisk henseende; **speak** el. **use bad –** tale galt i grammatisk henseende; **– of political economy** ledetråd i statsøkonomien; **– school** latinskole, gymnas; (US) mellomskole.
grammarian [grəˈmɛəriən] grammatiker.
grammatical [grəˈmætikl] grammatisk, grammatikalsk.
gramme [græm] gram.
gramophone [ˈgræməfəun] grammofon. **– turntable** platetallerken.
grampus [ˈgræmpəs] spekkhogger; en som puster høyt.
Granada [grəˈnɑːdə].
granary [ˈgrænəri] kornmagasin; (fig.) kornkammer.
grand [grænd] stor, storartet; herlig, prektig; fornem, fin; flott, deilig, herlig; stor-; (US) $ 1000; **the Grand Old Man** oppr. en betegnelse for Gladstone, gml. hedersmann; **– piano** flygel (også **grand** alene).
grandam [ˈgrændəm], **grandame** [ˈgrændeim] bestemor. **grandaunt** [ˈgræn(d)ɑːnt] grandtante.
grandchild [ˈgrændtʃaild] barnebarn.
grand cross [ˈgrændkrɔs] storkors.
grand|dad [ˈgrændæd] bestefar. **– daddy** [-dædi] bestefar.
granddaughter [ˈgræn(d)dɔːtə] sønnedatter, datterdatter.
grand|duchess [ˈgrændˈdʌtʃis] storhertuginne, storfyrstinne. **– duke** storhertug, storfyrste.
grandee [grænˈdiː] grande; fornem adelsmann, storslagenhet, stormann; (US) snobb.
grandeur [ˈgrændjə, -dʒə] storhet, storslagenhet, opphøydhet, høyhet; prakt, glans.
grandfather [ˈgræn(d)fɑːðə] bestefar, forfader, stamfar; **great –** oldefar. **-('s) clock** bestefarsklokke, gulvur.
grandiloquence [grænˈdiləkwəns] patos, svulst, store ord, stortalenhet. **grandiloquent** [grænˈdiləkwənt] patetisk, svulstig, skrytende.
grandiose [ˈgrændiəus] grandios; stortalende.
grandiosity [grændiˈɔsiti] storartethet; skryt.
grand jury storjury som skulle undersøke om det var grunnlag for tiltale.
grandly [ˈgrændli] storartet; flott, viktig.
grandma [ˈgræn(d)mɑː] bestemor.
grandmama [ˈgræn(d)məmɑː] bestemor.
Grand-Master [ˈgræn(d)mɑːstə] stormester.
grandmother [ˈgræn(d)mʌðə] bestemor; **great –** oldemor; **see one's –** ha mareritt; **teach your – to suck eggs** egget vil lære høna.
grandness [ˈgrændnis] storhet, storartethet, prakt.
the Grand Old Party (US) det republikanske parti.
grand|papa [ˈgrænpəpɑː] bestefar. **-parents** [ˈgrænpɛərənts] besteforeldre.
grand piano [grænpiˈænəu] flygel.
grandsire [ˈgrændsaiə] bestefar; stormester.
grandson [ˈgrændsʌn] sønnesønn, dattersønn.
grandstand [ˈgræn(d)stænd] tribune; (US) spille for galleriet.
grand tier balkong (i teater).
granduncle [ˈgrændʌŋkl] grandonkel.
grange [grein(d)ʒ] gård, gårdsbruk.
granger [ˈgrein(d)ʒə] forvalter; jordbruker, bonde.
granite [ˈgrænit] granitt. **– quarry** granittbrudd. **-ware** slags steintøy. **Granite City** Aberdeen.

Granite State New Hampshire i De forente stater.
granivorous [grəˈnivərəs] kornetende.
grannam [ˈgrænəm] bestemor.
granny [ˈgræni]bestemor; gammel kone.
grant [grɑ:nt] gi, skjenke, yte, innrømme, tilstå, være ved; innvilge; bidrag, tilskudd; legat; bevilling, innrømmelse, tilståelse; gave; gavebrev; **God –!** Gud gi! **-ing it to be true** om vi går ut fra at det er sant; **-ed it had happened** sett at det hadde hendt; **take something for -ed** anse noe for gitt; **state –** statsbidrag.
grant-in-aid statstilskudd.
granular [ˈgrænjulə] kornet.
granulate [ˈgrænjuleit] korne, prikke; korne seg. **granulated** [ˈgrænjuleitid] kornet. **granulation** [grænjuˈleiʃən] korning, prikking. **granule** [ˈgrænjul] lite korn, partikkel. **granulous** [ˈgrænjuləs] kornet.
Granville [ˈgrænvil].
grape [greip] drue; vinrød; skrå, kardesk (mil.); **a bunch of -s** drueklase; **– fern** marinøkkel. **– fruit** [ˈgreipfru:t] grapefrukt. **– juice** druesaft. **– seed** druestein, druekjerne. **-shot** (mil.) kardesk, skrå. **– sugar** druesukker. **– vine** vinranke, vinstokk; (US) løst rykte. **-vine telegraph** (US) jungeltelegraf. **– wine** vinrødt (fargen).
graph [græf] diagram, kurve, grafisk oversikt.
graphic(al) [ˈgræfik(l)] grafisk; skrive-, skrift-; tydelig tegnet, anskuelig fremstilt, malende; livaktig; illustrert; **– arts** grafiske kunster (tegning, maling og grafikk).
graphite [ˈgræfait] grafitt.
graphology [græˈfɔlədʒi] grafologi.
graphometer [grəˈfɔmitə] vinkelmåler.
graph paper millimeterpapir.
grapnel [ˈgræpnəl] dregg; anker.
grapple [ˈgræpl] entrehake, entredregg; fast tak, grep; brytning,kamp; håndgemeng; gripe; holde fast; klamre seg til; kjempe, brytes; gi seg i kast **(with** med); **close –** nærkamp. **grappling iron** entredregg.
grapy [ˈgreipi] drueaktig; drue-.
Grasmere [ˈgrɑ:smiə].
grasp [grɑ:sp] gripe, trive, ta fatt i, holde fast ved, ettertrakte; begripe, skjønne, fatte; grep, tak; makt, vold; fatteevne, nemme; forståelse; **beyond his –** utenfor hans rekkevidde; **have a good – of** beherske, forstå fullt ut; **all –, all lose** den som vil ha alt, får ingenting; **– of iron, iron –** jerntak. **grasper** [ˈgrɑ:spə] en som griper osv.; gnier, grisk menneske. **grasping** [ˈgrɑ:spiŋ] gjerrig, begjærlig.
grass [grɑ:s] gress; eng; beite; grønnfôr; dagen (i gruvespråk); hjelpesetter (typ.); midlertidig arbeid; gresskle; kle med gresstorv; slå til jorda; legge i bakken, overvinne (om bryter, bokser); skyte (en fugl); hale en fisk i land; fôre med friskt gress; drive ut på beitet; legge til bleking; **blade of –** gresstrå; **bring, drive, put (out), send (out), turn to –** sette på gress; **–** gå på gress; dø, bite i gresset; ta ferie, ta fri, stenge butikken; vente på jobb; **go to –!** gå pokker i vold! (US); **hunt –** stikke av, smette unna; **piece of –** gressplett; **he did not let the – grow under his feet** han lot ikke gresset gro under føttene; **– on** sladre på, «blåse».
grass | bank gressbevokst skråning. **– border** gresskant. **-cutter** gressklipper; markkryper (om en ball). **– -grown** gresskledd.
grasshopper [ˈgrɑ:shɔpə] gresshoppe.
grass | land gressbunn, gressmark, **the – roots** (US) grunnen, grasrota, mannen i gata, roten, helt nede; det jordnære. **– skirt** ≈ bastskjørt. **– widow(er)** gressenke(mann).
grassy [ˈgrɑ:si] gresskledd, gressrik, gressgrønn.
grate [greit] gitter; rist; kaminrist; kamin; tilgitre; forsyne med rist.
grate [greit] gni, rive, gnure, skure; raspe; gnisse; knirke, skurre, rasle, hvine; tilgitre; berøre smertelig, såre; **– one's teeth** skjære tenner.
grateful [ˈgreitf(u)l] takknemlig; behagelig, gledelig.
grater [ˈgreitə] rivjern, rasp.
Gratiano [grɑ:ʃiˈɑ:nəu].
gratification [grætifiˈkeiʃən] tilfredsstillelse; glede, fornøyelse, nytelse; gratiale, belønning, dusør.
gratify [ˈgrætifai] tilfredsstille; glede, fornøye; belønne, lønne.
grating [ˈgreitiŋ] skurrende, raslende, hvinende; gnell; ubehagelig, pinlig; skurring.
grating [ˈgreitiŋ] gitter, gitterverk; rist.
gratis [ˈgreitis] gratis.
gratitude [ˈgrætitju:d] takknemlighet **(to** mot, overfor); **there is no – in the world** utakk er verdens lønn; **I owe him a deep debt of –** jeg står i stor takknemlighetsgjeld til ham.
gratuitous [grəˈtju:itəs] gratis; frivillig; vilkårlig, umotivert, ubegrunnet, uberettiget, grunnløs; ufortjent.
gratuity [grəˈtju:iti] gratiale; drikkepenger; erkjentlighet; reisegodtgjørelse.
gratulation [grætjuˈleiʃən] se **congratulation.**
gravamen [grəˈveimən] klage, klagepunkt (jur.). (pl.) **gravamina** [grəˈveiminə].
grave [greiv] gravere; skjære ut.
grave [greiv] bunnskrape (et skip i dokk).
grave [greiv] alvorlig, veldig, høytidelig; (om klær, farge) jevn, mørk; (om tone) dyp; (fig.) betydningsfull, alvorlig; **– accent** accent grave.
grave [greiv] grav. **– clothes** likklær. **-digger** graver. **– find** (arkeologisk) gravfunn.
gravel [ˈgrævəl] grus, singel; gruslag; nyregrus; gruse; forvirre, bringe i forlegenhet; sette til veggs; erte. **– car, -cart** grusvogn. **– court** grusbane (tennis). **– drive** grusvei.
gravelled gruslagt, gruset; forvirret, forlegen; oppskrubbet.
gravelly [ˈgrævəli] gruset; grus-.
gravel pit [ˈgrævəlpit] grustak.
gravel walk [ˈgrævəlˈwɔ:k] grusgang.
grave mound [ˈgreivmaund] gravhaug.
graven [ˈgreivən] perf. pts. av **grave.**
graver [ˈgreivə] steinhogger; (gml.) gravør.
graves [greivz] grever, fettholdig avfallsprodukt som blir igjen når fettet smeltes ut av svineister **(greaves).**
Graves' disease Basedows sykdom.
Gravesend [ˈgreivzˈend].
gravestone [ˈgreivstəun] gravstein.
graveyard [ˈgreivjɑ:d] kirkegård.
gravid [ˈgrævid] gravid, svanger.
gravimeter [grəˈvimitə] tyngdemåler.
graving [ˈgreiviŋ] gravering, utskjæring; gravert arbeid; utskåret arbeid; bunnskraping. **– dock** tørrdokk.

gravitate [ˈgræviteit] strebe mot tyngdepunktet, gravitere; (fig.) strebe med ytterste kraft; bli sterkt tiltrukket.
gravitation [græviˈteiʃən] gravitasjon, tyngdekraft; (fig.) helling, tilbøyelighet, streben; **centre of –** tyngdepunkt; **law** (el. **principle) of –** tyngdelov.
gravity [ˈgræviti] alvor, verdighet, høytidelighet; gravitet; betydning, vekt; tyngde; dybde (om tone).
gravy [ˈgreivi] kjøttkraft; sky, gelé; saus. **– boat** sausekopp. **– soup** kraftsuppe.
gray [grei] grå; se **grey.**
graybeard [ˈgreibiəd] gråskjegg, gamling, gubbe. **gray-haired** [ˈgreihεəd] gråhåret. **gray-headed** [ˈgreihedid] gråhåret.
grayish [ˈgreiiʃ] gråaktig.
graylag [ˈgreilæg] villgås.
grayling [ˈgreiliŋ] harr (fisk).
Gray's Inn [ˈgreizˈin].
graze [greiz] gresse; beite på, fôre med gress; gjete; gå på beite; streife, snerte; beiting; streifing; streifsår, skrubbsår, streifskudd. **grazer** [ˈgreizə] beitende dyr.
grazier [ˈgreiʒə] kvegoppdretter; kveghandler.
grazing [ˈgreiziŋ] beiting, gressing; beitemark; streifing, snerting; **send a man to –** gi en mann avskjed. **– ground, – land** beitemark, beite, hamnegang.
grease [gri:s] fett; smurning, gris, vognsmøring; mugg (en hestesykdom). **grease** [gri:z] smøre; søle til; smøre, bestikke (også: **– a person's palm); like greased lightning** som et olja lyn, lynsnart.
grease|ball svartsmusket utlending (med mørkt pomadisert hår); person med fett hår; slesk type. **– cup** smørekopp, fettkopp. **– guard** lysmansjett. **– gun** fettpresse, smørepistol. **– mark** fettflekk. **– monkey** mekaniker. **-proof** fettsikker; **-proof paper** matpapir.
greaser [ˈgri:zə] smører; (US sl.) degos, latinamerikaner.
grease | spoon (tal.) snusket kafé el. snack bar. **– spot** fettflekk.
greasy [ˈgri:si, -zi] fettet; sleip; oljeaktig; gjørmet; (mar.) tjukk, skyet (om været); befengt med mugg (om hester).
great [greit] stor, storartet, storslått, fremragende; sterk, mektig, anselig, fornem, betydelig, betydningsfull, av betydning, viktig; flott, deilig, ypperlig; høymodig, edel; fruktsommelig, meget benyttet; innflytelsesrik; et ættledd lenger tilbake; **– age** høy alder; **Great Britain** Storbritannia; **Greater Britain** England og dets kolonier i forening; **– corn** mais; **a – deal** (el. **many)** en hel del (mengde); **the Great Duke** et tilnavn for hertugen av Wellington; **– enemy (of mankind)** den onde; djevelen; **the – forty days** de førti dager mellom påske og Kristi himmelfartsdag; **– friends** gode venner; **the Great Ocean** Stillehavet; **a – pity** synd og skam; **the Great Powers** stormaktene; **Great Scott** å, du store min! **a – way** en lang vei; **go a – way with one** ha stor innflytelse på en; **the – week** den stille uke.
great|-aunt [ˈgreitɑ:nt] grandtante. **– chair** lenestol. **– coat** [ˈgreitˈkəut] overfrakk, vinterfrakk, ytterfrakk. **– Dane** grand danois (hunderase). **the – day** den store dag, dommedag; påskedag.
greaten [ˈgreitn] bli større; forstørre; forhøye, heve.
great|-eyed storøyd; med utstående øyne; (fig.) vidsynt. **– -grandchild** barnebarns barn, oldebarn. **– -grandfather** oldefar. **– -grandmother** oldemor. **– -grandson** sønnesønns sønn. **– hall** riddersal. **– -hearted** høysinnet.
the Great Lakes De store sjøer (USA).
greatly [ˈgreitli] i høy grad, høylig, meget; dypt, sterkt; edelt, fornemt.
great-nephew grandnevø.
greatness [ˈgreitnis] størrelse; betydning; høy verdighet; storhet; høysinn; berømthet; innbilt storhet; herlighet; heftighet.
great seal storsegl (ɔ: statens segl).
great-uncle [ˈgreitʌŋkl] grandonkel.
the Great | Wall den kinesiske mur. **– – War** første verdenskrig.
greave [gri:v] beinskinne.
greaves [gri:vz] se **graves.**
grebe [gri:b] lappdykker (fugl).
Grecian [ˈgri:ʃən] gresk; greker(inne), hellén.
Greece [gri:s] Hellas.
greed [gri:d] begjærlighet, grådighet.
greediness [gri:dinis] se **greed.**
greedy [ˈgri:di] begjærlig, grådig; gjerrig; **– of gain** begjærlig etter vinning; **– of honour** ærgjerrig.
Greek [gri:k] greker, grekerinne, hellén; gresk; kaudervelsk; bedrager, bondefanger; **St. Giles's –** tyvespråk; **as merry as a –** sjeleglad; **– letter fraternity** amerikansk studentorganisasjon som har greske bokstaver som navn.
green [gri:n] grønn; frisk; ung, ny; blomstrende, kraftig; umoden (f. eks. om frukt); fersk; rå (om mat); (fig.) umoden, grønn; grønt (fargen); gressvoll, gressbakke, gressbane; grønt løv; (sl.) grønn te; grønt eple; uerfarenhet; grønnes, bli grønn; gjøre grønn; -s (pl.) grønnsaker; **– knight** ridder av tistelordenen; **– complexion** blomstrende teint; **– old age** blomstrende alderdom; **– hand** uøvd arbeider; **as – as duckweed** så dum som en gås; **I'm not as – as I'm cabbage-looking** jeg er ikke så dum som jeg ser ut til.
greenback [ˈgri:nbæk] pengeseddel (i USA).
green | belt grønt område (omkring en by), bymark, friarealer. **– crop** grønnfôr.
greener [ˈgri:nə] uøvd arbeider; grønnskolling.
greenery [ˈgri:n(ə)ri] veksthus; grønt.
green-eyed [ˈgri:naid] grønnøyd; mistroisk, skinnsyk.
green|finch grønnfink. **– fingers; have – fingers** være flink med planter, få det til å gro. **– fish** usaltet el. utørket fisk. **– fly** bladlus. **– frog** løvfrosk. **-gage** reineclaude (plommetype). **-grocer** grønthandler, grønnsakhandler. **-grocery** grønthandel; grønnsaker og frukt. **-horn** grønnskolling. **-house** drivhus, veksthus; hette over flycockpit.
greenish [ˈgri:niʃ] grønnlig; grønn av seg.
Greenland [ˈgri:nlənd] Grønland; grønlandsk; **to come from –** være grønn. **Greenlander** [-ə] grønlender, grønlending; grønnskolling. **Greenlandman** grønlandsfarer.
greenness [ˈgri:nnis] grønnhet, grønske.
greenroom [ˈgri:nru:m] foajé; teatersladder.
green rust irr.
greensick [ˈgri:nsik] bleksottig. **-ness** [-nis] bleksott.
green | soap grønnsåpe. **-stone** jade. **-stuff** grønt, planter, urter. **-sward** grønnsvær. **– table** spille-

bord. **– thumb** se **– finger. -ware** utørket og ubrent keramikk.
Greenwich [ˈgrinidʒ].
greenwood [ˈgri:nwud] grønn skog; **go to the –** (poet.) bli fredløs; **under the – tree** (poet.) i skogen den grønne.
greet [gri:t] gråte (skot.).
greet [gri:t] hilse; motta; møte. **greeting** [ˈgri:tiŋ] hilsen; velkomst. **-s telegram form** festtelegram.
gregarious [griˈgɛəriəs] som lever i flokk, selskapelig. **– animal** hordedyr.
Gregorian [griˈgɔ:riən] gregoriansk.
Gregory [ˈgregəri].
grenade [griˈneid] håndgranat, granat. **– launcher, – thrower** granatkaster.
grenadier [grenəˈdiə] grenader.
Grendel [ˈgrendəl] (uhyre i Beowulf).
Gresham [ˈgreʃəm].
Gretna Green [ˈgretnə ˈgri:n] (landsby i Skottland, hvor forlovede, som ellers ikke kunne bli gift, kunne la seg vie av fredsdommeren).
grew [gru:] imperf. av **grow.**
grey [grei] grå, gråhåret; (om tøy o.l.) ubleket; (om ild) gått ut, slokt; grått, grå farge; grålysning; gråskimmel; **the – mare is the better horse** kona fører regimentet, kona er herre i huset. **-fish** pigghå. **– hen** orrhøne.
greyhound [ˈgreihaund] mynde; hurtigseilende (passasjer-)damper; **G.** stort busselskap (US).
greyish [ˈgreiiʃ] grålig.
grey | sea eagle havørn. **– wash** forvasking, bleking. **– whale** gråhval.
grid [grid] gitter; skjelett i stålkonstruksjon; rutenett, gradnett (på kart); lysnett, samkjøringsnett; bagasjeholder.
griddle [ˈgridl] kakejern; (liten) bakstehelle, panne, takke; ståltrådsåld (i gruvene). **– cake** lompe, lefse, flatbrød.
gride [graid] gni skurrende mot hverandre; skurre, knirke, hvine.
gridiron [ˈgridaiən] stekerist; rist, lunner (til landsetting av skip); (US) fotballbane; (sl.) det amerikanske flagg.
grief [gri:f] sorg; sut, smerte; **come** (el. **go) to –** komme i ulykke; ha uhell med seg; komme til skade; blamere seg; bli uenige med hverandre; gå til grunne; (mar.) forlise; **good –!** du store min! fri og bevare meg!
grievance [ˈgri:vəns] besværing, ankemål, klagemål, grunn til klage; onde; plage.
grieve [gri:v] gjøre sorg; sørge, syte, gremme seg.
grievous [ˈgri:vəs] svær, slem, tung, hard, sørgelig, tung; alvorlig, fryktelig; bitter, stri, streng. **-ly** svært, hardt. **-ness** særhet, hardhet.
griff [grif] ny mann, nyankommen (især i India og Kina); mulatt (i US); ny hest.
griffin [ˈgrifin] griff (bevinget løve med ørnehode); lammegribb; ny mann, nyankommen (især i India og Kina).
griffinage [ˈgrifinidz], **griffinhood** [ˈgrifinhud] læretid.
griffon [ˈgrifən] griff.
grig [grig] ålunge; siriss; **as merry as a –** sjeleglad, glad som en lerke.
grill [gril] stekerist, grillrist; mat stekt på rist; stekerom; griljere, steke på rist; pine, plage; kryssforhøre.
grillade [griˈleid, -ˈlɑ:d] ristet kjøtt.
grille [gril] gitter; rist.
grilled tilgitret; griljert, grillet.
grillroom [ˈgrilrum] grill, restaurantlokale der varmretter fra grill tilberedes og serveres.
grilse [grils] ung laks, tart, svele.
grim [grim] mørk, barsk; grusom, streng; uhyggelig, fæl, skummel, makaber.
grimace [griˈmeis] grimase; geip; gjøre grimaser.
grimalkin [griˈmælkin] gammel kjette; ondskapsfull gammel kjerring.
grime [graim] smuss; skitne til, sverte.
Grimsby [ˈgrimzbi].
grimy [ˈgraimi] smussig; skitten; svertet.
grin [grin] grine, glise, vise tenner; le, smile bredt; grin, glis, bredt smil; **to – and bear it** gjøre gode miner til slett spill.
grind [graind] knuse, male; slipe; kvesse; rive (farger o. l.); gni sterkt mot hverandre, skure, skrape; glatte, polere; dreie, sveive (på kaffekvern, på lirekasse); plage, kue, undertrykke, mishandle; sprenglese med, terpe inn i en (i skole, til eksamen); håne, gjøre latterlig; la seg male; la seg slipe osv.; slite, streve (f. eks. til eksamen); terpe, pugge; knusing, maling; sliping; kvessing; skuring; slit (og slep), strev, pugg; eksamenslesing; sprenglesing; lesehest; pugghest; spøkefugl; **– one's teeth** skjære tenner; være rasende; **– to a halt** stanse med en skrapende lyd; (fig.) gå i stå; **– down** undertrykke; utbytte; **– out** mase el. gni ut.
grinder [ˈgraində] en som maler, knuser; møllestein, slipemaskin; en som sliper; skjærsliper; en som river farger; jeksel; manuduktør, privatlærer; driver; (US) lang sandwich (skåret på langs av brødet).
grindery [ˈgraindəri] sliperi; skomakersaker.
grinding [ˈgraindiŋ] knusing osv.; hard; tyngende. **– mill** håndkvern; sliperi; manuduksjon. **– teeth** jeksler. **– wheel** slipeskive.
grindstone [ˈgraindstəun] slipestein; slit (og slep); **be a tightfisted hand at the –** et jern til å henge i; **be kept with one's nose to the –** måtte henge kraftig i, måtte legge seg overordentlig i selen, henge i stroppen.
gringo [ˈgriŋgəu] fremmed, engelskmann, angloamerikaner (i Sør-Amerika).
grinner [ˈgrinə] grinebiter.
grip [grip] gripe, ta fatt i; tak, feste; grep, håndtak, feste; reiseveske; (US) influensa; (fig.) knugende grep, herredømme; **be at grips with** være i heftig kamp med; **lose one's –** miste taket på.
gripe [graip] gripe, ta fatt i; holde fast; knipe (om smerter i maven); pine, plage; være gjerrig, skrape penger sammen; ha maveknip; grep, tak; håndtak, grep. **the gripes** kolikk, maveknip.
griper [ˈgraipə] en som griper; blodsuger.
griping [ˈgraipiŋ] gjerrig, grisk.
grippe [gri(:)p] influensa.
gripper [ˈgripə] griper, griperedskap.
gripple [ˈgripl] ta fatt i; som tar fatt i; begjærlig.
gripsack [ˈgripsæk] (US) reiseveske.
grisamber [ˈgrisæmbə] ambra.
griskin [ˈgriskin] magert svinekjøtt.
grisly [ˈgrizli] uhyggelig, gyselig.
grist [grist] (kvantum) korn som skal males på en gang; mel; (fig.) fordel; **that's – to his mill** det er vann på hans mølle; det er noe for ham.
gristle [ˈgrisl] brusk.
gristly [ˈgrisli] brusket, bruskaktig.
grit [grit] hard partikkel, sandkorn, sandstein;

grus, sand; (steins) struktur; fasthet; mot; **he is clear –** ham er det tak i. **grits** [grits] havregryn; gryn, grøpp. **Grit** (i Canada) radikal. **grit** knirke; gnurre; knase, skrape; slipe, pusse.
grith [griθ] fredet sted; fred.
gritstone [ˈgritstəun] hard kornet sandstein.
gritter [ˈgritə] gresspreder.
gritty [ˈgriti] sandet, gruset; bestemt, modig.
grizzle [ˈgrizl] jamre, klynke; ergre (seg).
grizzle [ˈgrizl] grått, grå farge; skimmel (om hest). **grizzled** [ˈgrizld] gråsprengt.
grizzly [ˈgrizli] grålig; gråbjørn; **– bear** gråbjørn.
groan [grəun] sukke **(for** etter); stønne; knurre, brumme; knake (om tre); få en til å tie ved å brumme (f. eks. i parlamentet, især **– down);** stønning; mishagsytring.
groat [grəut] grot (gammel engelsk sølvmynt, verd 2 pence); (fig.) dust, grann.
groats [grəuts] (større) gryn, havregryn.
grocer [ˈgrəusə] kolonialhandler, kjøpmann; materialist. **-ies** pl. kolonialvarer. **-'s shop,** (US) **-'s store** kolonialhandel, landhandel. **grocery** [ˈgrəusəri] kolonialhandel.
grog [grɔg] grogg, brennevin og vann; **he has – on board** han er full. **– blossom** rød nese, fyllepære.
groggery [ˈgrɔgəri] kneipe.
groggy [ˈgrɔgi] omtåket; usikker, ustø; utkjørt, utslitt.
grogram [ˈgrɔgrəm] grogram (et slags tøy).
grog|shop kneipe. **-tub** drammeflaske.
groin [grɔin] lyske; (ark.) grat, gratbue; ribbe; parallellverk. **-ed vault** korshvelv.
grommet [ˈgrɔmit] stropp, løkke; malje, øye.
gromwell [ˈgrɔmwəl] steinfrø (plante).
groom [gru:m] stallkar; kongelig kammertjener; brudgom **(bridegroom);** croupier (i spillehus); passe, soignere, pleie, stelle; (US) lære opp, undervise; **well-groomed** soignert; **– of the stole** overkammertjener; **G. of the Chamber** kongelig kammertjener; **G.-in-Waiting** tjenestgjørende kammerherre.
groomsman [ˈgru:mzmən] forlover.
groove [gru:v] grop; renne, fure, rille, spalte, sprekk; skruegjenge; fals; rutine, vane; fure, danne renne i, grave; **he keeps in the same –** han lar alt gå i den gamle gjenge.
groover [ˈgru:və] falsejern.
groovy [ˈgru:vi] ensidig; (sl.) ypperlig, super.
grope [grəup] famle, trivle, føle seg for, lete, søke; **– one's way** famle seg fram.
grosbeak [ˈgrəusbi:k] bet. for en rekke finkefugler.
gross [grəus] stor, svær, tykk, før, dryg; grov, plump, ufin, simpel; kraftig, tett (vegetasjon); brutto; hovedmasse, hovedstyrke; gross (tolv dusin); **– amount** bruttobeløp, totalsum; **– average** gross-havari, felleshavari; **– estate** bomasse; **– feeder** matmons; **the – of the people** folkets store masse; **in (the) –** i det hele; en gros; **dealer in (the) –** engroshandler; **– injustice** skammelig urettferdighet; **– insult** grov fornærmelse.
grossly [ˈgrəusli] plumpt, grovt.
gross | negligence grov uaktsomhet. **– premium** bruttopremie (forsikring).
grossular [ˈgrɔsjulə] stikkelsbærstein (mineral).
gross weight [ˈgrəusweit] bruttovekt.
Grosvenor [ˈgrəuvnə].
grotesque [grəuˈtesk] grotesk, underlig.
grotto [ˈgrɔtəu] grotte, heller.
grouch [grautʃ] være gretten, surmule, furte, mukke; grinebiter; grettenhet.
ground [graund] imperf. og perf. pts. av **grind.**
ground [graund] jord; grunn, jordbunn; mark; terreng, lende; grunnlag, grunn, bunn; gulv; plass; (sports)bane; park; område; egn; jordstykke, jorde, eng; bakke; rom, tuft; grunn, grunnfarge; jordledning, ledning; grunnlag, grunnvoll; stilling, årsak, begrunnelse, grunn, motivering; **-s** bunnfall, grugg, grut (kaffe), grums; **on the – of** på grunn av; **change one's –** skifte standpunkt; **fall to the –** falle til jorda; slå feil; **gain –** vinne terreng, avansere; **get off the –** komme i gang; **give –** vike, gi plass; **keep** (el. **hold** el. **stand) one's –** holde stand; holde seg (om priser); **lose –** miste innflytelse; vike tilbake; **to see how the – lies** se terrengforholdene an, se hvordan landet ligger; **it was a low building, one story above the –** det var en lav bygning, to etasjer høy (el. på to etasjer); **he had gone over the – again between the farmhouse and his mill** han hadde igjen tilbakelagt veien mellom gården og mølla si; **this suits me down to the –** dette passer meg glimrende; **run into the –** (US) overdrive; **take the –** gå på grunn.
ground [graund] sette el. legge på jorda; legge i bakken; grunne, grunnlegge; (mar.) sette på grunn, grunnstøte; tvinge til å lande, forhindre fra å fly; få startforbud (om en flyger); undervise i begynnelsesgrunnene; lede ned i el. sette i forbindelse med jorda (om elektrisitet); grunne (ved maling); begrunne, motivere; komme på grunn; **well -ed** vel begrunnet.
groundage [ˈgraundidʒ] havnepenger.
ground | bait agn, lokkemat. **– birch** dvergbjerk. **– bridge** liten bru, klopp. **– clearance** bakkeklaring, fri høyde over bakken. **– coat** grunningsstrøk. **– crew** bakkemannskap. **– floor** første etasje. **– forces** landstridskrefter. **– frost** nattefrost. **– game** harer og kaniner. **– hostess** bakkevertinne.
grounding [ˈgraundiŋ] grunnstøting; grunning; grunnlag, forberedelse.
groundless [ˈgraundlis] grunnløs. **groundlessness** [ˈgraundlisnis] grunnløshet.
ground | level bakkehøyde, terrengnivå. **-ling** bunnfisk; dyr som lever på bakken eller i jorden. **– net** bunngarn. **– note** grunntone. **-nut** jordnøtt, peanøtt. **– plan** grunnriss, grunnplan. **– sheet** teltunderlag. **-sman** oppsynsmann, vakt. **– speed** fart i forhold til bakken. **– swell** (under)dønning. **– troops** landstridskrefter. **-wood** tremasse. **– work** grunnlag, fundament; forarbeid.
group [gru:p] gruppe, flokk; gruppere. **grouping** gruppering. **group | insurance** gruppelivsforsikring. **– payment** fellesakkord. **– rate** sonetakst. **– spirit** korpsånd.
grouse [graus] rype; skyte ryper; **white –** fjellrype; **black –** orrfugl; **wood** (el. **great) –** tiur; **ruffled –** præriehøne; **hazel –** jerpe. **grousing** [ˈgrausiŋ] rypejakt.
grouse [graus] knurre, mukke, murre; mukking.
grout [graut] grovt mel; (skot.) grøt, graut; gipsblanding, tynn murblanding; bunnfall.
grouty [ˈgrauti] sur, gretten.
grove [grəuv] lund, holt, treklynge.

grovel [ˈgrɔvl] krype, kravle; (fig.) ligge på maven, være krypende; (fig.) velte seg i sølen.
groveller [ˈgrɔvlə] kryper, spyttslikker, kryp.
grovelling [ˈgrɔvliŋ] krypende, lav, sjofel.
grow [grəu] gro, vokse; bli, bli til; la vokse, dyrke; tilta, utvikle seg; **– angry** bli sint; **– dark** mørkne; **– easy** bli beroliget; **– hot** bli ilter; **it is -ing late** det blir sent; **– less** avta; **– light** lysne; **– pale** bli blek, blekne; **while the grass -s, the steed starves** mens gresset gror, dør kua; **as the week -s old** i løpet av uken; mot slutten av uken; **– well** bli bedre; **– worse** bli verre; **– from** oppstå av, følge av; **– in bulk** tilta i omfang; **– in favour** vinne anseelse; **– in flesh** legge seg ut; **– in love with a thing** bli forelsket i noe; **– in years** bli gammel; **– into fashion** bli mote; **– into a habit** bli til vane; **– on** vedbli å vokse, trives, nærme seg; **– on** (el. **upon) one** få makt over en; vokse en over hodet; **– out of** oppstå av; være følge av; etterhånden oppgi; **– out of fashion** gå av mote; **– out of favour with** falle i unåde hos; **– out of all recognition** forandre seg så man ikke er til å kjenne igjen; **– up** vokse opp, bli voksen.
grower [ˈgrəuə] en (el. noe) som vokser; dyrker, produsent; **slow -s** langsomt voksende trær.
growing [ˈgrəuiŋ] voksende; vekst; avl, dyrking.
growl [graul] knurre, murre; brumme; rumle; brumming, knurring. **growler** [ˈgraulə] en som knurrer el. brummer; knurrende hund; brumlebasse; firhjuls hestedrosje.
growlery [ˈgrauləri] mannens værelse i huset, studerkammer.
grown [grəun] perf. pts. av **grow;** voksen. **grown-up** voksen; **a – person** en voksen; **– people** voksne; **the grown-ups** de voksne.
growth [grəuθ] vekst; utvikling; stigning; dyrking, avling, produksjon; produkt; sort; **of one's own** – av egen avling. **– area** vekstområde, utviklingsområde. **– -inhibiting** veksthemmende. **– ring** årring. **– -stimulating** vekstfremmende.
groyne [grɔin] tømmermolo; bølgebryter.
grub [grʌb] grave; rote; slite, trelle; spise, ete, fôre; fø på; mark, makk, åme, larve; mat, fôr, kost; arbeid, hardt slit; **– and bub** mat og drikke; **dead on the –** skrubbsulten; **in –** beskjeftiget. **– axe** hakke, grev, rotøks.
grubber [ˈgrʌbə] sliter; storeter; kultivator.
grubbery [ˈgrʌbəri] spisekvarter; fattighus.
grubbing [ˈgrʌbiŋ] spisning.
grubby [ˈgrʌbi] smussig, skitten; slarvet.
grub | hoe jordhakke, grev. **-stake** forskudd; startkapital; betale forskudd.
Grub Street [ˈgrʌbstri:t] (gate i London der det bodde fattige forfattere); dusinbok.
grubwages [ˈgrʌbweidʒiz] kostpenger.
grudge [grʌdʒ] knurre, være uvillig over; misunne; knipe på, nekte; være misunnelig; uvilje, vrede, nag, agg; **bear** (el. **owe) one a –, have a – against one** bære nag til en, ha et horn i siden til en. **grudger** [ˈgrʌdʒə] en som misunner; uvenn. **grudgingly** [ˈgrʌdʒiŋli] motstrebende.
grue [gru:] gyse (skot.).
gruel [ˈgru:il] havresuppe, velling; **get one's –** få sin straff. **gruelling** en real omgang, hard behandling; meget krevende, utmattende.
gruesome [ˈgru:səm] gyselig, uhyggelig, makaber.
gruff [grʌf] barsk, morsk, avvisende; grov (i målet). **gruffish** [ˈgrʌfiʃ] noe barsk. **gruffness** [ˈgrʌfnis] barskhet; grovhet (i målet).
grum [grʌm] gretten, sur.
grumble [ˈgrʌmbl] knurre, murre, brumme; mukke, beklage; knurring; brumming; mukking, beklagelse. **grumbler** [ˈgrʌmblə] brumlebasse; knurr (fisk).
grumous [ˈgru:məs] klumpet, tykk.
grumph [grʌmf] grynt.
grumpy [ˈgrʌmpi] gretten, sær, ergerlig, sur.
Grundy [ˈgrʌndi]: **Mrs. –** folkesnakk, sladder; **what will Mrs. – say?** hva vil folk si til det?
Grundyism [ˈgrʌndiizm] snerpethet.
grunt [grʌnt] grynte; grynting, grynt.
gruntle [ˈgrʌntl] grynte; grynting, grynt.
gruyere [ˈgru:jɛə] sveitserost.
gryphon [ˈgrifən] griff (se **griffon).**
gs fk. f. **guineas.**
G. S. fk. f. **General Staff; General Service.**
G sharp minor (mus.) giss-moll.
G. S. O. fk. f. **General Staff Office.**
G string lendeklede, en strip-tease danserinnes «fikenblad».
Guadalquivir [gwa:dəlˈkwivə].
guana [ˈgwɑ:nə] leguan, slags firfisle.
guano [ˈgwɑ:nəu] guano, fuglegjødsel.
guarantee [gærənˈti:] garanti, trygd, kausjon; garant, kausjonist; garantere, gå god for. **– accounts** stå delkredere. **guarantor** [gærənˈtɔ:] garant, kausjonist. **guaranty** [ˈgærənti] garanti, trygd, kausjon; garantere.
guard [gɑ:d] vokte, beskytte, verge, passe, forsvare; eskortere; bevare; vake, våke over, holde vakt; være på sin post; passe seg for; være forsiktig; gardere seg **(against** mot); vakt, livvakt, vaktmannskap, garde; beskyttelse, vern, forsvar; konduktør, vognfører; forbehold; urkjede; kuppel; rekkverk; gitter; parérplate (på kårde); håndbøyle (på gevær); bukseklemme (for syklist); skjerm (på sykkel); **-s** garde, livvakt, vakt; **– against** forebygge; **keep under a strong –** holde under streng oppsikt; **be** (el. **stand) on one's –** være på sin post; ta seg i akt; **off one's –** uforsiktig, sorgløs, uoppmerksom; **get under his –** få ram på ham; **take** (el. **throw) off one's –** overrumple; bortlede ens oppmerksomhet; gjøre trygg; **go on** (el. **mount) –** gå på vakt, troppe på.
guard boat vaktbåt.
guard chain [ˈgɑ:dtʃein] urkjede.
guarded [ˈgɑ:did] bevoktet; forsiktig, varsom; reservert, forbeholden. **guardhouse** gardekaserne, vaktstue; «kakebu».
guardian [ˈgɑ:djən] formynder, verge, beskytter; oppsynsmann; bestyrer, forstander; **Board of Guardians** fattigkommisjon; **– angel** skytsengel; **– spirit** skytsånd; **parish -s** sogneråd.
guardianlike [ˈgɑ:djənlaik] formynderaktig.
guardianship [ˈgɑ:djənʃip] formynderskap.
guardless [ˈgɑ:dlis] vergeløs, ubeskyttet.
guardrail [ˈgɑ:dreil] rekkverk, føringskant, fenderverk (mellom motgående veibaner), autovern.
guardroom [ˈgɑ:dru:m] vaktstue. **guardship** [ˈgɑ:dʃip] vaktskip.
guardsman [ˈgɑ:dzmən] gardeoffiser; gardist; hjemmevernsmann; vakt.
Guatemala [gwætiˈmɑ:lə].
guava [ˈgwɑ:və] guajava(tre).

gubbins [ˈgʌbinz] avfall (især av fisk).
gudgeon [ˈgʌdʒən] grunnling (liten karpefisk); dumrian; tapp, pinne; rørløkke.
guelder-rose [ˈgeldərəuz] snøballtre.
Guelf, Guelph [gwelf] welfer.
guerdon [ˈgə:dən] lønn, belønning; lønne.
guerilla [gəˈrilə] gerilja, geriljasoldat, partisan. – **warfare** geriljakrig.
Guernsey [ˈgə:nzi].
guernsey [ˈgə:nzi] matrostrøye, genser.
guess [ges] gjette; (amerikanerne bruker ofte – som innskudd i setningen i betydningen «formodentlig»); – **at** gjette på; gjette, oppfatte riktig. – gjetning; gisning; (skot.) gåte; **give** (el. **make) a** – gjette, formode. **guesser** [ˈgesə] en som gjetter. **guessing** [ˈgesiŋ] gjetting. **guesswork** gjetninger.
guest [gest] gjest; pensjonær; (i zoologi i sammensetninger) parasitt-. – **chamber** gjesteværelse. – **house** pensjonat, gjestgiveri. – **worker** fremmedarbeider.
guff [gʌf] tøv, sludder, pjatt; vrøvle, tøve.
guffaw [ˈgʌfɔ:] skrallende latter; le høyrøstet.
Guggenheim [ˈgugənhaim].
guggle [ˈgʌgl] se **gurgle.**
Guiana [gaiˈænə].
guidable [ˈgaidəbl] som kan ledes; villig.
guidance [ˈgaidəns] ledelse; rettesnor, veiledning; styring (av rakett).
guide [gaid] lede, føre, rettleie; fører; veileder; fremmedfører; reisehåndbok; veiledning, rettledning; **a London** – en reisehåndbok for London; **girl** – speiderpike. – **dog** [ˈgaid dɔg] førerhund. **-post** veiskilt.
guided missile [ˈgaidid ˈmisail] (fjern)styrt rakett (el. prosjektil).
guided tour [ˈgaidid tuə] selskapsreise.
guiding rod [ˈgaidiŋrɔd] styrestang.
guidon [ˈgaidən] standart; fanebærer.
guild [gild] gilde, lag, laug.
guilder [ˈgildə] gylden (mynt).
guildhall [ˈgildhɔ:l] gildehus, laugshus. **Guildhall** rådhuset i the City of London.
guile [gail] svik, falskhet, list; bedra; besnære. **guileful** [ˈgailful] svikefull, ful. **guileless** [ˈgaillis] uten svik; troskyldig.
guillemets [ˈgiliməts] pl. anførselstegn.
guillemot [ˈgilimɔt] teiste, lomvi (fugl).
guilloche [giˈləuʃ] slangeornament, guillochering.
guillotine [giləˈti:n] giljotin; giljotinere. – **window** giljotinevindu (det alminnelige engelske **sash window).**
guilt [gilt] brøde, skyld; straffbarhet, straffskyld. **guiltiness** [ˈgiltinis] skyld, straffverdighet. **guiltless** [ˈgiltlis] skyldfri, uskyldig; **be – of** ikke ha greie på.
guilty [ˈgilti] skyldig; straffverdig; brødefull; skyldbevisst; – **of** skyldig i; **bring a man in** – dømme en mann skyldig; **plead** – erkjenne seg (for) skyldig; **a – conscience** en dårlig samvittighet.
Guinea [ˈgini].
guinea [ˈgini] guinea (en eldre, ikke lenger gangbar gullmynt; nå brukes ordet som verdibetegnelse for 21 shillings, d.s.s. 105 p.).
guinea | corn durra. **– -dropper** bedrager. – **fowl,** – **hen** perlehøne. – **pig** marsvin (liten gnager); (fig.) forsøkskanin, prøveklut; (sl.) stråmann; styremedlem som får én guinea pr. møte; delaktig i en svindelforretning, pengegris. – **wheat** mais.
Guinevere [ˈg(w)iniviə].
guise [gaiz] skikkelse, form; lag, måte; maske, dekke, forkledning.
guitar [giˈtɑ:] gitar. **guitarist** [giˈtɑ:rist] gitarist.
gulch [gʌlʃ] bergkløft, geil; elvefar.
gulden [ˈguldən] se **guilder.**
gules [gju:lz] rødt (i heraldikk).
gulf [gʌlf] golf, vik, havbukt; avgrunn, kløft, gap, svelg; malstrøm, sluk, strømhvirvel.
Gulfstream [ˈgʌlfstri:m]; **the** – Golfstrømmen.
gulfy [ˈgʌlfi] rik på havbukter.
gull [gʌl] måke, måse.
gull [gʌl] dumrian, tosk; narre, bedra.
gullet [ˈgʌlit] spiserør; vannrenne; (pl.) ulvetenner på en sag.
gullibility [gʌliˈbiliti] dumhet, lettroenhet.
gullible [ˈgʌlibl] dum, lettroende.
Gulliver [ˈgʌlivə].
gully [ˈgʌli] uttørret elvefar; renne, rennestein, avløpskanal; uthule; skvulpe; (skot.) stor kniv. – **hole** kloakksluk. – **raker** kvegtyv. – **trap** rennesteinsavløp.
gulosity [gjuˈlɔsiti] forslukenhet, grådighet.
gulp [gʌlp] slurk, jafs, drag; sluke, svelgje, tylle i seg; **at one** – i en eneste munnfull; – **out** hikste fram.
gulpin [ˈgʌlpin] lettroende menneske.
gum [gʌm]: **by** – ved Gud, saft suse!
gum [gʌm] gom, tannkjøtt. **old mother Gum** gammel tannløs kjerring.
gum [gʌm] gummi, tyggegummi; (US) kalosjer; våg (i øyet); ha gummi på; gummiere, klebe; narre, pusse. – **arabic** gummi arabicum. – **drop** gelédrops. – **elastic** gummi elasticum, kautsjuk.
gumboil [ˈgʌmbɔil] tannbyll.
gumboots slagstøvler, gummistøvler.
gum-lac [ˈgʌmlæk] gummilakk.
gummiferous [gʌˈmifərəs] som gir gummi.
gumminess [ˈgʌminis] klebrighet.
gummous [ˈgʌməs] gummiaktig, klebrig; tykk.
gummy [ˈgʌmi] gummiaktig; klebrig; fet.
gump [gʌmp] tosk, idiot; kylling.
gumption [ˈgʌm(p)ʃən] foretaksomhet; forstand, omløp i hodet, godt vett. **gumptious** [ˈgʌm(p)ʃəs] skarp, dyktig, med omløp i hodet.
gum | resin [ˈgʌmrezin] gummiharpiks. **-shoe** (US) kalosje; turnsko; detektiv. **-stick** (gammeldags) narresutt. **-sucker** [ˈgʌmsʌkə] ung australier av europeisk opprinnelse.
gum tree gummitre.
gun [gʌn] tyv, bondefanger; utspionere.
gun [gʌn] kanon, pistol, gevær; skudd; skyte med børse; gi full gass; **a big** (el. **great)** – en storkar; **it is blowing great -s** det blåser en kraftig storm.
gun | barrel [ˈgʌnbærəl] børseløp, børsepipe. **-boat** kanonbåt. – **carriage** lavett. **-cotton** skytebomull. – **deck** batteridekk, kanondekk. **-fire** skyting; signalskudd, vaktskudd.
gun metal [ˈgʌnmetl] kanonmetall.
gunnage [ˈgʌnidʒ] antall av kanoner (på et krigsskip).
gunnel [ˈgʌnl] se **gunwale.**
gunner [ˈgʌnə] konstabel, artillerist; jeger; kanonér; maskingeværskytter; **kiss the -'s daughter** bli bundet til en kanon og få tamp.
gunnery [ˈgʌnəri] (tungt) skyts; artillerivitenskap;

skyting med kanoner. – **control** ildledelse. – **officer** batterisjef. – **practice** artilleriskyteøvelse.
gunn(e)y [ˈgʌni] jute (en slags grovt pakklerret), jutestrie, sekk. – **sack** vadsekk.
gunplay [ˈgʌnplei] skyting.
gunport [ˈgʌnpɔ:t] kanonport.
gunpowder [ˈgʌnpaudə] krutt; – **factory** kruttverk; **the Gunpowder Plot** Kruttsammensvergelsen (5. nov. 1605).
gunreach [ˈgʌnri:tʃ] skuddvidde.
gun room [ˈgʌnru:m] kadettmesse.
gunrunning [ˈgʌnrʌniŋ] ulovlig innføring av våpen i et besatt område, våpensmugling.
gunshot [ˈgʌnʃɔt] skudd, skott; skuddvidde.
gun-shy [gʌnʃai] skuddredd.
gun sight [ˈgʌnsait] kanonsikte.
gun site [ˈgʌnsait] kanonstilling.
gunsmith [ˈgʌnsmiθ] børsemaker.
gunstock [ˈgʌnstɔk] børseskjefte, børsestokk.
Gunter [ˈgʌntə] (engelsk matematiker); **-'s chain** landmålerkjede; **according to** – et uttrykk som betegner noe riktig, selvfølgelig.
gun turret [ˈgʌnˈtʌrit] maskingeværtårn.
gun wad [ˈgʌnwɔd] forladning.
gunwale [ˈgʌnl] reling, esing, rip.
gurge [gə:dʒ] malstrøm.
gurgle [ˈgə:gl] gurgle, klukke; skvulpe; gurgling, klukking; skvulping.
gurnard [ˈgə:nəd] knurr (en fisk).
gurrah [ˈgʌrɑ:] gurrah (et slags grovt musselin).
gurrawaun [ˈgʌrəwɔ:n] kusk (i India).
gurry [ˈgʌri] mindre fort; fiskeavfall.
guru [ˈgu:ru] åndelig veileder, guru (i India).
Gus eller **Guss** [gʌs] diminutiv av **Augustus** og **Gustavus** [gʌsˈtɑ:vəs].
gush [gʌʃ] strømme, fosse, bruse, flømme; snakke overspent, strømme over i følelser; utgyte; strøm; sprøyt; utgyting, svermerisk sentimentalitet; oppsiktsvekkende avisartikkel.
gusher [ˈgʌʃə] noe som strømmer fram; (US) oljekilde; overstrømmende menneske. **gushing** [ˈgʌʃiŋ] strømmende; ildfull; overstrømmende.
gusset [ˈgʌsit] skjøt, kile (i klær); stråle (i hanske); vinkelplate (i dampkjele).
Gussie, Gussy [ˈgʌsi] diminutiv av **Augusta.**
gust [gʌst] vindstøt, kastevind, vindrose, flage, kast; utbrudd (av lidenskap).
Gustavus [gʌsˈtɑ:vəs] Gustav.
gusto [ˈgʌstəu] velopplagthet; smak, velbehag.
gusty [ˈgʌsti] stormfull, byget.
gut [gʌt] tarm; innvoller (pl.), slo; grådighet; trangt sund; strede (f. eks. Gibraltar); ta innvollene ut (især av fisk), sløye, gane; tømme; plyndre; ødelegge; **a -ted house** et utbrent hus. **guts** [gʌts] tarmer, innvoller; saft og kraft, ryggrad, mot, bein i nesen; **I hate his** – jeg tåler ham ikke; **more -s than brains** lykken bedre enn forstanden; **it takes** – **to do that** det trengs (realt) mot for å gjøre det.
gut scraper [ˈgʌtskreipə] felegnikker.
gut string [ˈgʌtstriŋ] tarmstreng.
gutta-percha [ˈgʌtəˈpə:tʃə] guttaperka.
guttate [ˈgʌteit], **guttated** [ˈgʌteitid] med stenk i, spettet, droplet; dråpeformet.
gutter [ˈgʌtə] renne; takrenne; rennestein; fure, grop; lage renne i; hule ut, fure; gi avløp gjennom en renne; strirenne; renne (om lys). – **-bred** oppvokst på gata. – **chanter** gatesanger.
gutterhotel bod med forfriskninger på gata.
guttering [ˈgʌtəriŋ] renner; renning, drypping.
gutter press smusspresse.
guttersnipe [ˈgʌtəsnaip] gategutt, rennesteinsunge.
guttle [ˈgʌtl] sluke, fråtse.
guttulous [ˈgʌtjuləs] dråpeformet.
guttural [ˈgʌt(ə)rəl] strupe-; guttural, strupelyd.
guy [gai] Guy Fawkes-figur (som blir båret omkring den 5. november og brent); fugleskremsel, spjåk, julebukk; (US) fyr, kar.
guy [gai] bardun; feste med barduner.
guy rope [ˈgairəup] støttetau.
guzzle [ˈgʌzl] nidrikke, fylle i seg; fråtse, stoppe seg. **guzzler** fyllebøtte, dranker.
Gwendolen, Gwendoline [ˈgwendəlin].
gwyniad [ˈgwiniəd] sik.
gyall [ˈgaiɔ:l] gayalokse.
gybe [dʒaib] jibbe, se også **gibe.**
gyle [gail] brygge; vørter; bryggekar, bryggeså.
gym [dʒim] gymnastikksal, gymnastikk.
gymkhana [dʒimˈkɑ:nə] idrettshus; sportsstevne, kappleik.
gymnasium [dʒimˈneizjəm] gymnastikksal; gymnasium.
gymnast [ˈdʒimnæst] gymnast, turner.
gymnastic [dʒimˈnæstik] gymnastisk.
gymnastics [dʒimˈnæstiks] gymnastikk. **practise** – gymnastisere. – **therapist** sykegymnast.
gymno- i smstn. naken-.
gymnosophist [dʒimˈnɔsəfist] gymnosofist, naken vismann (asketisk indisk filosof).
gym shoes [ˈdʒimʃu:z] gymnastikksko; turnsko.
gynarchy [ˈdʒinɑ:ki] kvinneherredømme. **gynecocracy** [dʒiniˈkɔkrəsi] kvinnestyre. **gynecologist** [gainiˈkɔlədʒist] gynekolog. **gynecology** [gainiˈkɔlədʒi] gynekologi.
gyp [dʒip] oppasser, tjener (i universitetsspråk); svindler; bedra.
gyp [dʒip] (slang); **give one** – skjenne på, straffe el. sjenere en.
gypseous [ˈdʒipsiəs] gipsaktig, gipsholdig; gips-.
gypsum [ˈdʒipsəm] gips.
gypsy [ˈdʒipsi] sigøyner, se **gipsy.**
gyrate [dʒaiˈreit] svive rundt, rotere. **gyration** [dʒaiˈreiʃən] omdreining; rotasjon. **gyratory** [ˈdʒairətəri] roterende; som sviver rundt.
gyrfalcon [ˈdʒə:fɔ:lkən] jaktfalk.
gyro [ˈdʒai(ə)rəu] autogyro; gyroskop; gyrokompass. – **horizon** kunstig horisont. **-pilot** auto(mat)pilot.
gyromancy [ˈdʒaiərə(u)mænsi] gyromanti.
gyroscope [ˈdʒaiərəskəup] gyroskop.
gyrus [ˈdʒairəs] hjernevindinger.
gyve [dʒaiv] (gml.) lenke, fotlenke; binde med lenke.

H, h [eitʃ] H, h; **to drop one's h'es** ikke uttale h'ene, snakke «halvemål».
H. el. **h.** fk. f. **harbour; hard; height; high; hour(s); husband; hail.**
ha [hɑ:] å, hå.
ha. fk. f. **hectare.**
H. A. fk. f. **Horse Artillery.**
H. A. A. fk. f. **heavy anti-aircraft.**
h|a. fk. f. **his account.**
hab. corp. fk. f. **habeas corpus.**
Habeas Corpus [ˈheibjəsˈkɔ:pəs]: **– Act** (en lov fra 1679, som beskytter en engelsk borger mot å bli fengslet eller holdt fengslet uten lov og dom); **writ of –** ordre til å fremstille en anholdt for retten.
haberdasher [ˈhæbədæʃə] kremmer (som handler med sysaker, bånd osv.), trådhandler. **haberdashery** [ˈhæbədæʃəri] mindre manufakturvarer (sysaker og bånd); (US) herreekvipering.
haberdine [ˈhæbədi(:)n] klippfisk.
habergeon [ˈhæbədʒən] brystharnisk.
habiliments [həˈbilimənts] kledning, klær.
habit [ˈhæbit] sedvane, lag, vis, tilbøyelighet, vane; drakt, dameridedrakt; (legems-)konstitusjon; tilstand; kle; **be of a full –** være i godt hold; **be of a spare –** være mager; **be in the – of** pleie; **get into bad -s** få dårlige vaner; **it grows into a – with him** det blir ham en vane; **leave** (el. **break) off an inveterate –** oppgi en inngrodd vane; **by** (el. **from) –** av gammel vane.
habitability [hæbitəˈbiliti] beboelighet. **habitable** [ˈhæbitəbl] beboelig. **habitant** [ˈhæbitənt] beboer; [ˈhæbitɔ:ŋ] fransk innbygger i Canada. **habitat** [ˈhæbitæt] hjemsted; bosted, oppholdssted; beliggenhet. **habitation** [hæbiˈteiʃən] beboelse; bolig.
habit|cloth lett klede (særlig til dameridedrakt). **– -forming** vanedannende. **– -gloves** ridehansker (damers). **– maker** skredder som syr dameridedrakter.
habitual [həˈbitjuəl, -tʃuəl] tilvant; vanemessig; sedvanlig, vanlig, alminnelig. **– drinker** vanedranker. **habituate** [həˈbitjueit, -tʃu-] venne. **habitude** [ˈhæbitju:d] vane, lag, vis, måte; omgang, fortrolighet. **habitué** [həˈbitjuei] stamgjest.
hachure [hæˈʃuə] skravering; skravere.
hacienda [hæsiˈendə] gård, plantasje, gods.
hack [hæk] hakke; gjøre hakk i, hakke sund; radbrekke (ord); harke; hakke tenner; hakke, grav; hakk.
hack [hæk] leiehest; skottgamp, øk; sliter, sleper, lønnsslave srl. en som utfører litterært dusinarbeid; leie-; forslitt, utslitt; fortersket.
hackamore [ˈhækəmɔ:] grime brukt til innkjøring av hester.
hack | carriage drosje. **– cough** hard, tørr hoste. **-er** datasnok. **– horse** leiehest, drosjehest, skysshest. **– journalist** «bladsmører».
hacking cough [ˈhækiŋkɔf] hard, tørr hoste.
hackle [ˈhækl] hekle; rive sund; hakke, skamhogge; hekle; råsilke; nakkefjær på hane; flue (til fisking); **show -s** reise bust.
hackly [ˈhækli] opphakket, ujevn, ru.
hackman [ˈhækmən] vognmann.
hackney [ˈhækni] brukshest; leiehest; leievogn, gjøre forslitt, banalisere, slite ut. **– coach** leievogn, drosje. **– coachman** drosjekusk.
hack | saw metallsag, baufil. **– watch** observasjonsur. **– work** slavearbeid, dusinarbeid.
had [hæd, (h)əd] imperf. og perf. pts. av **have; you – better go** du gjør (el. gjorde) best i å gå; **I – rather go** jeg vil (el. ville) heller gå.
haddock [ˈhædək] kolje, hyse.
Hades [ˈheidi:z].
hadji [ˈhædʒi:] pilegrim til Mekka.
hadn't sammentrukket av **had not.**
hadst [hædst] (gml.) 2. pers. sing. imperf. av **have.**
hae- når ord med denne forstavelse ikke fins her, se under **he.**
haemal [ˈhi:məl] hæmal, blod-. **haematogen** [heˈmætədʒən] hematogen. **haematosis** [hi:məˈtəusis] hematose, bloddannelse. **haemoglobin** [hi:mə(u)ˈgləubin] hemoglobin. **haemophilia** [hi:mə(u)ˈfiliə: he-] hemofili, blødersykdom.
haemorrhage [ˈhemərid͡ʒ] blødning.
haemorrhoids [ˈhemərɔid͡ʒ] hemorroider.
haemostatic [hi:məˈstætik] blodstillende (middel).
haft [hæft] håndtak, skaft, skjefte.
hag [hæg] hurpe, trollkjerring, heks; slimål.
hagberry [ˈhægbəri] hegg; heggebær.
Haggard [ˈhægəd].
haggard [ˈhægəd] vill; uhyggelig; mager, skrinn, uttært; forgremmet; utemmet falk.
haggis [ˈhægis] (skotsk rett av hakket innmat av kalv el. sau).
haggish [ˈhægiʃ] trollslig, trolldomsaktig.
haggle [ˈhægl] tinge, prute. **haggler** pruter; oppkjøper.
hagiography [hægiˈɔgrəfi] hagiografi. **hagiographer** [-fə] hagiograf.
hag-ridden [ˈhægridn] være mareridd, ha mareritt.
ha-ha [hɑ:ˈhɑ:] forsenket gjerde (i grøft).
Hague [heig], **the –** Haag (byen).
Haidee [haiˈdi:].
hail [heil] hagl; hagle; la det hagle ned.
hail [heil] hilse; praie; rope; praiing, rop; **– from** stamme fra; komme fra. **hail!** heil! vel møtt! **Hail Mary** Ave Maria.
hail-fellow(-well-met) [ˈheil feləu(ˈwelˈmet)] kamerat, god busse; kameratslig.
hail|shower haglbyge. **-stone** haglkorn. **-storm** haglstorm, haglskur.
haily [ˈheili]: **– weather** haglvær.
hair [hɛə] hår, pels; få hår til å vokse; **by a –** på hengende håret; **do one's –** stelle håret, gre håret; **dress one's –** gre, sette opp håret; **a fine head of –** godt hår; **get in sb.'s –** irritere noen; **keep your – on!** ta det rolig! ikke så hissig! **let down one's –** løse håret, (fig.) slå seg løs;

he pulled his – for him han holdt en riktig straffepreken for ham; **split -s** være hårkløver.
hair|bag hårpung. **– bleach** (hår)blekemiddel. **-breadth** hårsbredd; **have a -breadth escape** slippe unna med nød og neppe. **-brush** hårbørste. **-cloth** hårduk. **-cutter** frisør; barber. **-cut** klipping, frisering. **– -do** frisyre. **– -dress** hårpynt. **-dresser** frisør; barber. **-dressing** frisering. **– dye** hårfargemiddel. **– glove** frotterhanske.
hairiness [ˈhɛərinis] hårethet.
hairless [ˈhɛəlis] hårløs, snau.
hair | pencil pensel. **-pin** hårnål. **-pin bend** hårnålsving. **-powder** pudder. **-raising** hårreisende. **-shirt** hårskjorte, botsskjorte. **-setting lotion** leggevann. **-splitter** hårkløver. **-splitting** hårkløvende, hårkløver-. **– spray** hårlakk. **– trigger** [-ˈtrigə] snellert (i geværlås). **– tonic** hårvann. **-wash** hårvask.
hairy [ˈhɛəri] håret, lodden. **– feet** gemen, tarvelig.
Haiti [ˈheiti].
hake [heik] lysing (fisk).
Hal [hæl] diminutiv av: **Harry, Henry.**
halberd [ˈhælbəd] hellebard. **halberdier** [hælbəˈdiə] hellebardist.
halcyon [ˈhælsiən] isfugl; fredelig, stille. **– days** lykkelige dager.
hale [heil] hale, dra; slepe.
hale [heil] sunn, rask, kraftig, sterk.
half [hɑ:f] halv; halvt, halvveis; halvdel; semester, halvår; **– a year** et halvt år; **– the year** halve året; **– a pound** et halvt pund; **a – -pound** et halvpundstykke; **three hours and a –** 3 1/2 time; **at – past 6** klokka halv sju; **it is – past** klokka er halv; **every one with – an eye in his head might have seen** enhver kunne ha sett med et halvt øye; **– a moment** et lite øyeblikk; **you are not – a fellow! you are not – up to snuff!** du er en fin fyr! du er ikke riktig inne i forholdene. **I have – a mind to do it** jeg har nesten lyst til å gjøre det; **he is too clever by –** han er altfor dreven; **come in –** gå i stykker; **cut in –** skjære midt over; **not – !** det kan du banne på! **not – well** temmelig dårlig; **not – bad** temmelig god, slett ikke så ille.
half-and-half [ˈhɑ:fəndˈhɑ:f] halvparten av hver(t), halvblandet; blanding av **ale** og **porter.**
halfback [ˈhɑ:fbæk] (i fotball) half.
half|-baked halvstekt, rå o. l.; halvtomset. **– -baptize** hjemmedøpe. **– -binding** halvbind. **– -blooded** halvblods. **– -board** halvpensjon. **– -bound** innbundet i halvbind. **– -brained** halvtomset, halvgal. **– -bred** halvblods, halvdannet. **– -breed** blandingsrase; bastard. **– -brother** halvbror. **– -caste** halvkaste. **– cock** halvspenn. **– -cracked** halvtullet. **– crown** halvkrone (en sølvmynt, verd 2 1/2 shillings, d. s. s. 12 1/2 p.). **– -done** halvgjort; halvkokt o. l. **– -feed** sultefôre. **– -foolish** halvtullet. **– -gone** halvgal; bedugget. **– -grown** halvvoksen. **– -hearted** sjofel; svak, vag, lunken, likegyldig. **– -holiday** halv fridag (fri om ettermiddagen). **– -hour** halvtime. **it wants ten minutes to the –** den mangler ti minutter på halv. **– -length** brystbilde. **– life, – -life period** halveringstid. **– -light** halvlys, tusmørke. **– -mast: at – -mast** på halv stang. **– -measure** halv forholdsregel. **– -moon** halvmåne. **– mourning** halvsorg.
halfness [ˈhɑ:fnis] halvhet.
half | past halv. **– pay** halv gasje, pensjon, ventepenger. **-pence** [ˈheipəns] halvpence (gamle pence); **three -pence** 1 1/2 d. **-pennies** [ˈheipəniz] halvpennystykker. **-penny** [ˈheipəni] halvpenny; **sixpence -penny** seks og en halv penny; **a two-penny -penny stamp** et frimerke til to og en halv pence. **– pint** «halvliter» (øl). **– -price** halv pris; **children – -price** barn det halve; **– -rocked** halvtomset. **– -scholar** halvdannet. **– -seas-over** halvfull. **– -sighted** kortsynt. **– -sister** halvsøster. **– step** halvtone. **– story** kvistetasje. **– -sword: be at –** komme i håndgemeng. **– -thought** overfladisk mening. **– -timbered house** bindingsverkshus. **– time** pause mellom omgangene (sport). **– -timer** arbeider som bare arbeider halve tiden; skolegutt som bare er på skolen halve tiden. **– -track** kjøretøy (ofte pansret) med hjul foran og belter bak, halvbeltevogn. **– -turn** halv dreining. **-way** [ˈhɑ:fwei] på halvveien; halvveis; midtveis. **-witted** fjollet, halvtullet.
halibut [ˈhælibʌt] hellefisk, kveite.
halidom [ˈhælidəm] helligdom, relikvie.
Halifax [ˈhælifæks].
halitosis [hæliˈtəusis] dårlig ånde, halitose
hall [hɔ:l] hall, sal; vestibyle, forstue, gang, entré; herresete; rettssal; kneipe; varieté (for: **music hall);** (i universitetsspråk): kollegium; spisesal; **this is liberty –** her er vi i frihetens land, her kan vi gjøre som vi vil.
hallelujah [hæliˈlu:jə] halleluja.
halliard [ˈhæljəd] fall (tau el. talje til å heise en rå, gaffel el. et seil opp med).
hallmark [ˈhɔ:lmɑ:k] (gull- el. sølv-) stempel; preg; stemple; **the whole affair bears his –** saken bærer alle preg av ham.
hallo [həˈləu] hallo!
halloo [həˈlu:] rope (hallo); huie, heie; rope oppmuntrende til; praie; hallo; **don't – till you are out of the wood** gled deg ikke for tidlig.
hallow [ˈhæləu] hellige; innvie.
Halloween, Hallowe'en [ˈhæləuˈi:n] allehelgensaften (31. oktober). **Hallowmas** [ˈhælə(u)mæs] allehelgensdag, helgemess (1. november).
hall | stand [ˈhɔ:lstænd] paraplystativ (med speil og knaggrekke), stumtjener. **– -time** middagstid (for studenter).
hallucination [həlu:siˈneiʃ(ə)n] hallusinasjon, sansebedrag, synkverving; feiltagelse.
halm [hɑ:m] halm.
halma [ˈhælmə] halma (slags brettspill).
halo [ˈheiləu] glorie, strålekrans; ring (om sol el. måne); omgi med glorie.
halogen [ˈhælədʒən] saltdanner. **– lights** halogenlys.
halophyte [ˈhæləfait] saltplante.
halt [hɔ(:)lt] halt; halting; halte; dryge, vakle.
halt [hɔ(:)lt] holdt, stans; stanse, stane, gjøre holdt; sette en stopper for; la stanse, la gjøre holdt; **make a –** gjøre holdt, stanse.
halter [ˈhɔ(:)ltə] grime; strikke, reip; legge grime på; legge reipet om.
halve [hɑ:v] halvere, kløve, dele i to like store deler; (i golf:) **– a hole with him** nå et hull med det samme antall slag som han; **– a match** spille uavgjort.
halves [hɑ:vz] halvdeler; pl. av **half.**
halyard [ˈhæljəd] se **halliard.**
Ham [hæm] Kam (i Bibelen).
ham [hæm] skinke; bakdel; hase; radioamatør.
hamadryad [hæməˈdraiəd] (myt.) hamadryade.

Hamburg [ˈhæmbə:g].
hamburger [ˈhæmbə:gə] hakket oksekjøtt; karbonadesmørbrød, hamburger.
hames [heimz] bogtre.
ham|-fisted, – handed med skinkenever; kløne, klosset.
Hamite [ˈhæmait] hamitt. **Hamitic** [həˈmitik] hamittisk.
hamlet [ˈhæmlit] liten landsby; grend.
hammer [ˈhæmə] hammer; geværhane; hamre, banke, slå, slå fast, gjennomdrøfte; **bring to the –** bringe under hammeren, selge ved auksjon; **come** (el. **go) to the –** bli solgt ved auksjon; **be -ed** bli erklært for insolvent (børsspråk); **– out** hamre ut; gjennomdrøfte; **work at – and tongs** arbeide av all kraft; **live (like) – and tongs** leve sammen som hund og katt; **– it into one's head** banke det inn i hodet på en. **-beam** stikkbjelke. **-cloth** stasklede, dekken på kuskebukk. **– -hard** herdet ved hamring. **– -harden** kaldhamre. **-head** hammerhode; hammerhai (fisk). **– scale** hammerslagg, glødeskall. **-smith** hammersmed.
Hammersmith [ˈhæməsmiθ] (kvarter i London); **he has been at –** han har fått ordentlig bank.
hammer works [ˈhæməwə:ks] hammerverk.
hammock [ˈhæmək] hengekøye. **– chair** liggestol. **– nettings** pl. finkenett.
hamper [ˈhæmpə] stor kurv, stor korg, torgkorg, kleskorg, flisekorg; legge i korg; **clothes –** kleskorg.
hamper [ˈhæmpə] hindring; bringe i uorden; hindre, hefte; belemre, bry, tynge, lesse.
Hampshire [ˈhæmpʃə].
Hampstead [ˈhæmstid].
Hampton [ˈhæm(p)tən]; **– Court** Hampton slott, i nærheten av London.
hamshackle [ˈhæmʃækl] binde et dyr med hodet til det ene forbeinet; tømme, tøyle.
hamster [ˈhæmstə] hamster (gnager).
hamstring [ˈhæmstriŋ] hasesene; skjære hasene over på, skamfere. **hamstrung** [ˈhæmstrʌŋ] imperf. og perf. pts. av **hamstring.**
hand [hænd] hånd, hand, (hos ape, hauk og hest) fot; (hos kreps) saks; håndsbredd; side, retning; håndlag; behendighet; mann, kar, arbeider, matros; håndskrift; håndkort; spiller; urviser (**long, short –** langviser, lilleviser); levere; rekke, fli, lange; beslå (seil); lede, ledsage, leie (ved hånden); **a light –** en lett hånd; mildhet; **slack –** (fig.) treghet, sorgløshet; **– down** gi videre (til etterkommere); **heart and –** inderlig, hjertelig; **in the turn of a –** i en håndvending; **at –** for hånden, nær; **I was at his right –** jeg var for hånden; **he has got the book (at) second –** han har kjøpt boka brukt; **I only demand justice at your -s** jeg krever bare rettferdighet av Dem; **by –** med hånden, **the child is brought up by –** barnet blir flasket opp; **he died by his own –** han døde for egen hånd; **by the strong –** med makt; **for one's own –** på egen hånd, for egen regning; **from good -s** fra en sikker kilde; **from – to mouth** fra hånd til munn; **in –** i hende; **the matter in –** den foreliggende sak; **money in –** rede penger; **– in –** hånd i hånd; **heavy in –** vanskelig å styre; **be in –** være under arbeid; **give money in –** gi penger på hånden; **have money in –** ha penger mellom hendene; **off –** på flekken, med det samme; uten vanskelighet; på stedet, improvisert; **off one's -s** ferdig, kvitt; **-s off** vekk med fingrene, fingrene av fatet; **on –** i hende, på lager; til rådighet; **on all -s** på alle kanter; **on the other –** på den annen side, sett fra den annen kant; derimot, men; **heavy on –** tung i hånden; vanskelig å behandle; **he has this difficulty on his -s** han har denne vanskelighet å stri med; **on the mending –** på bedringens vei; **money out of –** kontante penger; **– over head** hodekulls; **have one's – out** være ute av øvelse; ikke ha noe å gjøre med; **to one's –** rede, til rådighet; **fight – to –** kjempe i håndgemeng; **under –** underhånden, hemmelig; **-s up!** opp med hendene! **be – and glove with** stå på en fortrolig fot med; ha mye å gjøre med; **buy at the best –** kjøpe billig; **carry it with a high –** leve flott, slå stort på; **change -s** skifte eier; **come to –** komme til rette, komme fram; bli mottatt; **your letter has come to –** jeg har mottatt Deres brev; **force one's –** tvinge en; **get one's – in** arbeide seg inn i, få øvelse; **have one's – in** ha en finger med i spillet; **hold – with** være likestilt med; **join -s** gi hverandre hånden; **kiss one's – to** sende fingerkyss til; **lay one's – upon the book** avlegge ed; **live by one's -s** leve av sine henders arbeid; **make a poor – at** gjøre lite inntrykk på; **make no –** ikke være i stand til, gjøre dårlig fremskritt; **out of –** uten videre, på stående fot; ustyrlig, utenfor kontroll; **put one's – to** stjele; gi seg av med; **shake -s** ta hverandre i hånden, håndhilse; **strike -s** treffe en overenskomst; slå lag; **take my –** ta kortene mine; **take by the –** ta i sin beskyttelse, ta under armene; **take one through -s** holde en straffepreken for en; **all -s on deck!** alle mann på dekk! **be a good –** være en dyktig arbeider; **he is a good – at cards** han er en dyktig kortspiller; **I am an old – at it** jeg er en gammel erfaren mann; **send by –** sende med bud; **a cool –** et kaldblodig el. uforskammet menneske; **a knowing –** en luring; **elder –** forhånd; **younger –** bakhånd; **have a good –** ha lykke i spill, ha gode kort; **you have the (first) –** De er i forhånd, De spiller ut; **take a – at poker** spille et parti poker; **good –** god håndskrift; **round –** rundskrift.
hand|bag dameveske, håndtaske, pose; håndkoffert. **– baggage** håndbagasje. **-ball** kasteball. **-barrow** båre; trillebår; dragkjerre. **-basket** håndkorg. **-basket portion** de penger som mannen får av sin kones foreldre. **-bell** bordklokke. **-bill** flyveblad; billett; program; gjeldsbevis. **-book** håndbok. **-breadth** håndsbredd. **-car** dresin. **-cart** håndkjerre, dragkjerre. **-cuffs** håndjern. **– drill** håndbor(maskin), hånddrill.
Handel [ˈhændl] Händel.
hander [ˈhændə] en som overleverer el. overrekker; sekundant; slag over hånden.
hand | fire engine håndsprøyte. **-ful** [ˈhændful] håndfull. **– gallop** [-ˈgæləp] kort galopp. **– glass** glassklokke (til å sette over planter); håndspeil. **– glasses** (US) lorgnett, neseklemmer, briller. **– grenade** [ˈhændgrineid] håndgranat. **-grip** håndtrykk; håndtak, skjefte. **-hold** grep, håndtak. **– hole** inspeksjonshull.
handicap [ˈhændikæp] handikap (et gammelt kortspill); i sport: løp hvor forskjell mellom de deltagende blir utjevnet ved vekt eller ved at man gir de svakere forsprang; hemsko, hindring,

handikap; utjevne; hemme, hindre; handikappe; **they want a favourable – for their trade** de ønsker begunstigelse for sin handel; **they are heavily -ped** de er meget uheldig stilt. **handicapper** [ˈhændikæpə] oppmann som bestemmer betingelsene for handikapløpet.
handicraft [ˈhændikrɑːft] håndarbeid; håndverk. **handicraftsman** [-smən] håndverker.
handiness [ˈhændinis] behendighet, fingerferdighet; hensiktsmessighet.
handiwork [ˈhændiwəːk] verk, arbeid.
handkerchief [ˈhæŋkətʃif] tørkle, lommetørkle.
handle [ˈhændl] ta fatt på, fingre på, ta på; håndtere; behandle; lede, føre; manøvrere (et skip); gjøre bruk av; ha å gjøre med, greie med; skjefte; sekundere (ved brytekamp); håndgrep; håndtak, skaft; hank; **they were vigorously -d** det ble tatt kraftig fatt på dem; **– without gloves** ikke ta på med silkehansker; **– money freely** bruke mange penger; **give a –** gi el. by en gunstig leilighet; **take by the right –** ta fatt i den riktige enden; **a – to one's name** en tittel; **fly off the –** fly i flint, bli rasende.
handlebar [ˈhændlbɑː] sykkelstyre. **– basket** sykkelkurv. **– moustache** mustasje, knebelsbart.
hand|line [ˈhændlain] håndline, bunnsnøre. **-liner** snørefisker.
handling [ˈhændliŋ] berøring; håndtering, behandling, bruk, kjøreegenskaper; medfart.
handling charges pl. omlastningskostnader.
hand|-lining [ˈhændlainiŋ] snørefiske. **– loom** håndvev. **-made** håndlaget; håndsydd. **-maid** jente, tjenestepike, hushjelp. **-maiden** se **-maid.** **-maker** tyv. **– -me-downs** [ˈhændmiˈdaunz] brukte klær; ferdigsydd; billig, smakløs. **– mill** håndkvern. **-mirror** håndspeil. **– organ** lirekasse. **-out** utdeling; pressemelding. **– -paper** bøttepapir. **– -picked** håndplukket. **-rail** gelender, rekkverk. **-saw** håndsag; knivhandler på gata; **not to know a hawk from a -saw** ikke å kunne telle til to.
hand's-breadth håndsbredd.
handscrew [ˈhændskruː] skrutvinge.
handsel [ˈhænsəl] hansel; håndpenger; gi hansel; forsmak; bruke første gangen, krympe. **Handsel Monday** første mandagen i det nye året.
handseller [ˈhændselə] gateselger.
handshake [ˈhændʃeik] håndtrykk, håndtak.
handshower [ˈhændʃauə] hånddusj.
handsome [ˈhænsəm] smukk, skjønn, vakker, pen; anselig, staut, betydelig; edel, fin; gavmild; klekkelig; **come down -ly** vise seg gavmild; **do the – thing** være gavmild, være meget høflig.
hand|spike håndspak, våg. **– spray** hånddusj; sprayboks. **-spring** kollbøtte, rundkast. **– -to-hand** mann mot mann. **– vice** filklo, skruestikke. **-writing** håndskrift.
handy [ˈhændi] behendig, fingernem; bekvem, nem, praktisk; for hånden, nær ved; nyttig; til passende tid; **be – with** være flink med; **come –** komme beleilig. **– blow** neveslag. **– book** håndbok. **– cuff** [ˈhændikʌf] neveslag. **– -dandy** [ˈhændiˈdændi] hvilken hånd vil du ha? en barnelek hvor barnet skal gjette i hvilken hånd en gjemmer noe godt e. l.
hang [hæŋ] (i imperf. og perf. pts. **hung** unnt. i betydningen: drepe ved hengning), henge; henge opp; behenge; henge (i galgen); bringe i galgen; la henge med (f. eks. hodet); holde i spenning, holde i uvirksomhet; hemme en bevegelse; (fig.) hylle til; være hengt opp; være hengt (i galgen); sveve; sveve i uvisshet, drøye, somle; vakle; drive omkring; være i likevekt; skråning, hall; innretning, orden; hang, tilbøyelighet; **go and – yourself, you be -ed** gå pokker i vold! **– a jury** hindre de edsvorne i å avgi en kjennelse ved som edsvoren å nekte sitt samtykke til kjennelsen; **– fire** ikke gå av straks, klikke (om børse); (fig.) være vaklende, dryge, somle; **get the – of a thing** få taket på, skjønne; **I don't care a –** jeg bryr meg pokker om det; **– about** drive omkring; **– back** kvie seg, ville nødig; **– it all!** pokker heller! **– on** henge ved; henge fast; tynge på; være avhengig av; se forundret på; lytte spent til; holde ut; bli til besvær; **– up** henge opp; legge på røret (telefonen); dryge med, dryge ut; **– on by the eyelids** klore seg fast; **– on to** henge fast ved; klore seg til; **– up one's hat in a house** innrette seg hos en som om man er hjemme; **– (wall)paper** tapetsere et værelse. **– it up!** skriv det på regning! (US) glem det ikke!
hangar [ˈhæŋə, ˈhæŋgə, ˈhæŋgɑː] hangar.
hangdog [ˈhæŋdɔg] en fyr av et skurkaktig og skyldbevisst utseende, fark, galgenfugl; galgenfuglaktig.
hanger [ˈhæŋə] en som henger oppe; bøddel; tapetserer; kleshenger; hempe; grytekrok; rabbel; jaktkniv; bratt skogli. **hanger-on** [ˈhæŋərˈɔn] tilhenger; snyltegjest, påheng.
hangfire shot skudd som ikke går av.
hangglid|er drakefly, hengeglider. **– -ing** hengeflyging.
hanging [ˈhæŋiŋ] hengende; hengning; oppehengning; omheng, gardin, draperi; **marriage and – go by destiny** ingen kan unngå sin skjebne. **– affair** (el. **matter)** en sak som kan bringe en i galgen. **– committee** opphengingskomité (ved maleriutstillinger). **– market** flau forretning.
hangman [ˈhæŋmən] bøddel.
hangnail [ˈhæŋneil] neglerot.
hang-out [ˈhæŋaut] tilholdssted.
hang-over [ˈhæŋəuvə] tømmermenn, bakrus; relikt, levning.
hank [hæŋk] bunt, dukke (garn); hårlokk; tak; hegde; **catch a – on** hevne seg på; **have a – on a man** el. **have a man on the –** ha en mann i sin makt; **have a great – over** ha stor innflytelse hos.
hanker [ˈhæŋkə] hige, lengte, stunde **(after** etter), **hankering** [ˈhæŋkəriŋ] attrå, lengt, lengsel.
hanky [ˈhæŋki] (i barnespråk) lommetørkle.
hanky-panky [ˈhæŋkiˈpæŋki] knep, hokus-pokus; fiksfakserier; flørt.
Hanover [ˈhænəvə] Hannover. **Hanoverian** [hænəˈviəriən] hannoveransk; hannoveraner.
Hansa [ˈhænsə] se **Hanse.**
Hansard [ˈhænsəd] ≈ Stortingstidende, de trykte parlamentsforklaringer (etter boktrykkerens navn).
Hansen's disease [ˈhænsəns diˈziːz] Hansens sykdom, spedalskhet.
hansom [ˈhænsəm] el. **– cab** tohjult hestedrosje.
han't [(h)eint] fk. f. **has not** el. **have not.**
hantle [ˈhɑːntl] mengde, god slump.
Hants [hænts] fk. f. **Hampshire.**
Hanwell [ˈhænwəl]; **– asylum** et psykiatrisk sykehus.
hap [hæp] hendelse, tilfelle; lykke; lykketreff;

hende; **good –** lykke; **ill –** ulykke; ulykkestilfelle; **by good –** til alt hell; **by ill –** til alt uhell.
hap [hæp] (provinsielt og skotsk) dekke, hylle inn; kåpe, dekke.
ha'penny [ˈheipəni] se **halfpenny.**
haphazard [ˈhæpˈhæzəd] lykke, slump, lykketreff; tilfeldig, vilkårlig, slumpe-; **at** el. **by –** på slump.
hapless [ˈhæplis] ulykkelig, uheldig.
haply [ˈhæpli] tilfeldigvis.
ha'p'orth [ˈheipəθ] en halvpennys verdi; **a – of cheese** for en halv penny ost; (fig.) **a poor – o' cheese** en svekling; **spoil the ship for a – of tar** spare på skillingen og la daleren gå.
happen [ˈhæpn] hende, inntreffe, treffe seg; **I -ed to be there** jeg var der nettopp, jeg var der tilfeldigvis; (US) **to – on** treffe tilfeldigvis. **happening** [ˈhæpniŋ] hendelse, hending; treff; en forestilling uten forhåndsplan, men innen en viss ramme, ofte spontan og impulsiv.
happily [ˈhæpili] lykkelig; heldig; elegant.
happiness [ˈhæpinis] lykke; lykksalighet; skjønnhet, ynde; velvalgt uttrykk.
happy [ˈhæpi] heldig; lykkelig; lykksalig; glad; passende, treffende; behendig, slagferdig; pussa; **– about** tilfreds med, glad for; **(I am) – to see you** det gleder meg å se Dem; **she would make herself quite –** hun ville gjøre seg det riktig hyggelig, hun ville ha det riktig koselig; **in a – hour, in – time** i en heldig stund.
happy | dispatch [ˈhæpi disˈpætʃ] harakiri. **– ending** lykkelig slutt.
happy-go-lucky [ˈhæpigə(u)ˈlʌki] ubekymret, sorgløs; på må få, det får gå som det vil.
happy ship [ˈhæpi ʃip] arbeidsplass (skip) hvor det hersker godt og hyggelig samarbeid.
Hapsburg [ˈhæpsbə:g] Habsburg.
hara-kiri [ˈhærəˈkiri] harakiri.
harangue [həˈræŋ] harang, tale; ordskvalder, svada, prek; holde tale til; preke. **haranguer** [həˈræŋə] taler; ordgyter; skvaldrebøtte.
harass [ˈhærəs] trette, utmatte; pine, plage; mase på; forstyrrelse, uro. **harasser** [ˈhærəsə] plageånd. **harassment** [ˈhærəsmənt] forstyrrelse, uro; utmatting.
harbinger [ˈhɑ:bindʒə] bebuder, budbærer, forløper; bebude, melde; **– of spring** vårbud.
harbour [ˈhɑ:bə] havn, hamn; (fig.) tilfluktssted, ly; huse, gi ly, skjule; nære (følelser, tanker); finne havn, ankre i havn, være til huse. **– captain** havnekaptein. **– commissioners** havnekommisjon. **– dues** havneavgifter.
harbourless [ˈhɑ:bəlis] uten havn.
harbour | light havnefyr. **– master** havnefoged. **– seal** steinkobbe. **-works** havneanlegg.
hard [hɑ:d] stø, landingssted.
hard [hɑ:d] hard; stri; streng, grusom; vanskelig, tung; pinlig, smertelig; sterk, kraftig (om regn, drikk o. l.); forherdet; gjerrig; sårende; flittig, utholdende; praktisk; grov (om trekk); stiv, tvungen (om stil, kunst); tarvelig (f. eks. om kost); sur (om drikk); berusende; som adverb: hardt, strengt; med anstrengelse, møysommelig, ivrig; skarpt, nøye; vanskelig; tungt; nær, tett; **I thought it – upon me** jeg synes det var hardt mot meg; **– cash** (el. **money)** rede penger, kontanter; **a horse in – condition** en hest i god kondisjon; **– of digestion** tungt fordøyelig; **– egg** hardkokt egg; **– to please** vanskelig å tilfredsstille; **– labour** straffarbeid, tukthusstraff; **– lines** harde vilkår, harde bud; **– drinker** dranker; **a – student** en flittig student; et jern til å studere; **beg –** be inntrengende; **– names** økenavn; sterke uttrykk; **– words** vanskelige uttrykk; **– by** tett ved; **– -fought battle** hardnakket slag; **it is – upon one** klokka er nesten ett; **look one – in the face** se en rett i ansiktet; **they tried very –** de prøvde av all makt; **– up** opprådd, i pengeknipe. **– -and-fast** urokkelig, stiv, uelastisk; av alle krefter. **-back** bok i stivt bind, innbundet bok. **-bake** mandelknekk. **– base** permanent utskytningsrampe. **– -bitted, – -bitten** hardkjeftet; seig; stri (om hest). **– -boiled** hardkokt. **– copy** (EDB) fast kopi, utskrift. **– currency** hard valuta. **– drinks** alkoholholdige drikker, mots. **soft drinks.**
harden [ˈhɑ:dn] gjøre hard, herde; forherde, bli hard, hardne; bli forherdet.
hard|faced, – -favoured, – -featured med grove, frastøtende trekk; barsk. **– facts** pl. nakne kjensgjerninger. **– -fisted** med harde, grove hender; ubehøvlet; gjerrig. **– -fought** se under **hard. – -frozen** stivfrossen. **– -handed** se **– -fisted. – hat** stiv hat, bowlerhatt; vernehjelm; bygningsarbeider. **– -headed** klok; gløgg; listig; forstandig; kaldt beregnende.
hardihood [ˈhɑ:dihud] dristighet, djervskap.
hardily [ˈhɑ:dili] tappert, uforferdet, dristig.
hardiness [ˈhɑ:dinis] utholdenhet, hardførhet; (sjelden: tapperhet, uforferdethet).
Harding(e) [ˈhɑ:diŋ].
hardly [ˈhɑ:dli] hardt; neppe, snautt, nesten ikke; **– anybody** nesten ingen; **– anything** nesten ingenting; **– ever** nesten aldri; **– ... when** neppe ... før.
hard-mouthed [ˈhɑ:dmauðd] hardkjeftet (om hest); stri, vrang; gjerrig.
hardness [ˈhɑ:dnis] hardhet osv., se **hard.**
hard|-nibbed hard (om penn). **– of hearing** tunghørt. **– -reared** vant til grov kost. **– rubber** (US) ebonitt.
hards [hɑ:dz] stry, drev.
hard | sell (US) pågående reklame el. salgsmetode. **– -set** sterkt betrengt; streng, ubøyelig. **hardship** [ˈhɑ:dʃip] undertrykkelse, overlast, urett; besværlighet, byrde, strabas, gjenvordighet.
hardware [ˈhɑ:dwɛə] isenkram, jernvarer; (skyte)-våpen; maskinutstyr. **– dealer** jernvarehandler. **-man** [ˈhɑ:dwɛəmən] jernvarehandler.
hard way [hɑ:d wei]: **learn the –** lære (et fag) fra bunnen av.
hardwood [ˈhɑ:dwud] hardt, tettfibret treslag; løvtre.
hardy [ˈhɑ:di] dristig, djerv; hardfør.
hare [hɛə] hare; **first catch your – (then cook it)** d. s. s. man skal ikke selge skinnet før bjørnen er skutt; **– and hounds** hund og hare (lek); **run with the – and hunt with the hounds** spille dobbeltspill; bære kappen på begge skuldre.
harebell [ˈhɛəbel] blåklokke.
hare-brained [ˈhɛəbreind] flyktig, tankeløs.
hare|-hearted feig. **-lip** haremunn, hareskår. **-lipped** med haremynt.
harem [ˈhɛərəm] harem.
haricot [ˈhærikəu] snittebønne.
hark [hɑ:k] lytte, høre etter; **– back!** kom tilbake! kom hit! (til hunder som er kommet på et galt spor); **– back** komme tilbake til utgangspunktet for en samtale e. l.

harkee [ˈhɑ:ki], **harkye** [ˈhɑ:kji] hør! hør nå!
harl [hɑ:l] slepe; bringe i forvirring; floke; slepes; slepe seg; sleping; trevler (av lin); uhederlig vinning; hundekobbel.
harlequin [ˈhɑ:likwin] harlekin, narr; trylle bort; komisk, latterlig. **harlequinade** [hɑ:likwiˈneid] harlekinade, del av pantomime hvor harlekin spiller hovedrollen; løyer, gjøgleri.
Harley [ˈhɑ:li]; **– street** gate i London, hvor mange leger har kontor.
harlot [ˈhɑ:lət] skjøge, hore, ludder.
harlotry [ˈhɑ:lətri] skjøgelevnet, prostitusjon.
harm [hɑ:m] vondt, skade, mén, ugagn, fortred; skade, gjøre fortred; **what – has he done to you?** hva har han gjort Dem? **I meant no –** det var ikke så vondt ment; **there's no – done** ingen skade skjedd; **– watch, – catch** den som graver en grav for andre, faller selv i den; **out of -'s way** i sikkerhet; **there is no – in trying** det skader (jo) ikke å forsøke; **he would not – a fly** han gjør ikke en katt fortred.
harmattan [hɑ:məˈtæn] tørr ørkenvind.
harmful [ˈhɑ:mful] skadelig; vond.
harmless [ˈhɑ:mlis] uskadelig, harmløs.
harmonic [hɑˈmɔnik] harmonisk; **– distortion** (radio) klirr, harmonisk forvregning.
harmonica [hɑ:ˈmɔnikə] harmonika; munnspill.
harmonics [hɑ:ˈmɔniks] harmonilære.
harmonious [hɑ:ˈməunjəs] harmonisk; fredelig, vennskapelig.
harmonist [ˈhɑ:mənist] harmonist; komponist.
harmonium [hɑ:ˈməunjəm] harmonium, husorgel.
harmonization [hɑ:m(ə)naiˈzeiʃ(ə)n] harmonisering; (fig.) samklang, harmoni.
harmonize [ˈhɑ:mənaiz] harmonisere; (fig.) bringe i samklang; synge flerstemmig; harmonere; komme overens.
harmony [ˈhɑ:məni] harmoni; (fig.) samdrektighet, samsvar, overenstemmelse; fredelighet.
harness [ˈhɑ:nis] harnisk, rustning; seletøy; sele; gi rustning på; sele på, spenne for; temme, utnytte; **die in –** henge i selen til det siste. **– maker** salmaker.
harns [hɑ:nz] (skot.) hjerne.
Harold [ˈhærəld].
harp [hɑ:p] harpe; spille på harpe; (fig.) alltid komme tilbake til det samme, alltid spille på den samme streng, gnåle om el. på.
harper [ˈhɑ:pə], **harpist** [ˈhɑ:pist] harpespiller, harpist.
harpoon [hɑ:ˈpu:n] harpun; harpunere. **harpooner** [hɑ:ˈpu:nə] harpunér.
harp seal grønlandssel.
harpsichord [ˈhɑ:psikɔ:d] cembalo.
harpy [ˈhɑ:pi] harpy, blodsuger; furie.
harquebus [ˈhɑ:kwibəs] (gml.) hakebørse.
harridan [ˈhæridən] heks, gammel hurpe.
harrier [ˈhæriə] harehund, støver; myrhauk.
Harriet [ˈhæriet].
Harrogate [ˈhærəgeit].
Harrovian [həˈrəuvjən] elev fra skolen i **Harrow** [ˈhærəu].
harrow [ˈhærəu] harv; harve; (fig.) rive i stykker; pine. **harrowing** opprivende, rystende.
Harry [ˈhæri] kjælenavn for **Henry; Old –** fanden, Gamle-Erik; **play Old – with a man** behandle en mann fryktelig.
harry [ˈhæri] herje, plyndre; pine. **harrying** [ˈhæriiŋ] herjing, plyndring.
harsh [hɑ:ʃ] harsk, trå, stram; hard, grov, skjærende, grell, skurrende; rå, barsk; plump, frastøtende, ubehagelig. **harshen** [ˈhɑ:ʃən] gjøre harsk, hard osv. **harshness** stramhet; hardhet, strenghet; barskhet, grettenhet.
hart [hɑ:t] hjort.
hartal [ˈhɑ:təl] arbeidsstans, boikott (i India); proteststreik (med politisk formål).
hart-royal [ˈhɑ:tˈrɔiəl] en hjort som kongen forgjeves har jagd, og som siden er fredet.
hartshorn [ˈhɑ:tshɔ:n] hjortehorn, hjortetakk; hjortetakkspiritus; **salt of –** hjortetakksalt.
harum-scarum [ˈhɛərəmˈskɛrəm] vill, ubesindig, fremfusende; vill person, galning; kåthet.
Harvard [ˈhɑ:vəd]; **– College** det eldste universitet i De forente stater.
harvest [ˈhɑ:vist] høst; avl; (av)grøde; høste, høste inn; **owe someone a day in –** være en stor takk skyldig; **reap a golden –** gjøre en rik høst; **sow for a –** gjøre noe av egennytte.
harvester [ˈhɑ:vistə] høstarbeider, skurmann; slåmaskin, selvbinder.
harvest festival høsttakkefest.
harvest home høstgilde, skurgilde, høstfest.
harvest moon fullmåne nærmest høstjevndøgn.
harvest mouse liten markmus, dvergmus.
Harwich [ˈhæridʒ].
has [hæz,svakt (h)əz] 3. p. sg. pres. av **have.**
hash [hæʃ] hakke, skjære i stykker, ødelegge; hakkemat; lapskaus; hasj; virvar, rot, røre.
hasheesh, hashish [ˈhæʃi(:)ʃ] hasjisj, hasj, (orientalsk narkotikum fremstilt av indisk hamp).
Haslemere [ˈheizlmiə].
hasn't [ˈhæznt] sammentrukket av **has not.**
hasp [hɑ:sp] hasp, hempe, vinduskrok; spenne; hespel; hespetre; lukke med hasp el. spenne.
hassle, hassel [hæsl] krangel; krangle.
hassock [ˈhæsək] fotskammel, knelepute.
hast [hæst] gml. 2. p. sg. pres. av **have.**
hastate [ˈhæsteit] spydformet.
haste [heist] hast, fart, il; **make –** skynde seg; **be in –** ha det travelt; **the more –, the less speed** hastverk er lastverk.
hasten [ˈheisn] haste, ile, skynde seg; framskynde, skynde på, forsere.
hastily [ˈheistili] hurtig, skyndsomt.
hastiness [ˈheistinis] hurtighet, hastighet; overilelse, hissighet; iver.
hasting [ˈheistiŋ] tidlig moden; **hastings** tidlig modne grønnsaker.
Hastings [ˈheistiŋz].
hasty [ˈheisti] hastig, brå, hurtig; brålyndt, hissig; hastverks-; **– pudding** grøt.
hat [hæt] hatt; **opera –** chapeau claque; **be in the –** være i knipe, være kommet ut å kjøre; **under one's own –** på egen hånd; **change -s** hilse på hverandre; **I'll eat my – first** jeg vil heller ete hatten min; **he hangs his – up there** han er som hjemme der; **have a brick on one's –** være full; **keep it under your –** hold det for deg selv; **iron a –** presse opp en hatt; **put one in a –** få en i sin makt; **talk through one's –** snakke borti veggene.
hatable [ˈheitəbl] som fortjener å bli hatet, avskyelig.
hatband [ˈhætbænd] hattebånd, hattesnor; sørgeflor om hatten; **it fits like Dick's –** det passer som en knyttneve til et blått øye.
hatbox [ˈhætbɔks] hatteske.

hatch [hætʃ] halvdør; (mar.) luke; sluseport; **under -es** (mar.) ikke i tjeneste, ikke på dekket; suspendert; i nød; vel forvart; død; **down the –**! skål! bånnski!
hatch [hætʃ] ruge ut, klekke ut; ruge; ruges ut; klekkes ut; utruging; utklekking; yngel, kull; pønske ut; **count one's chickens before they are -ed** selge skinnet før bjørnen er skutt.
hatch [hætʃ] skravere; skravering.
hatchel [ˈhætʃəl] hekle; skrubbe, plage, terge.
hatcher [ˈhætʃə] en som ruger ut; rugemaskin.
hatchery [ˈhætʃəri] utklekkingsanstalt.
hatchet [ˈhætʃit] håndøks, liten øks; hogge; **bury the –** begrave stridsøksen, slutte fred; **sling the –** smette unna; **take** (el. **dig) up the –** begynne krig; **throw the –** skrøne; **send** (el. **throw) the helve after the –** oppgi alt; **–-face** langt ansikt med skarptskårne trekk; **– job** nedrakking, nedsabling.
hatching [ˈhætʃiŋ] utruging, utklekking.
hatching [ˈhætʃiŋ] skravering.
hatching apparatus rugemaskin.
hatchment [ˈhætʃmənt] våpen, våpenskjold (ofte om en avdøds våpen, som ble anbrakt på huset ved begravelsen og hang der i 6 – 12 måneder, deretter i kirken).
hatchway [ˈhætʃwei] luke (om åpningen).
hate [heit] hate, avsky; (poet.) hat; **I should – that to happen** jeg ville (meget) nødig at det skulle skje; **– worse** hate mer.
hateful [ˈheitf(u)l] forhatt, avskyelig, (sjelden: hatefull).
hater [ˈheitə] hater.
hatful [ˈhætful] en hel del. **– guard** snor i hatten; fangsnor. **– rack** hattehylle.
hath [hæθ] gml. form for **has** av **have.**
Hathaway [ˈhæθəwei].
hatless [ˈhætlis] uten hatt, barhodet.
hatmoney [ˈhætmʌni] kaplak (frakttillegg, som tilfaller skipperen).
hatred [ˈheitrid] hat **(of** el. **for** til).
hatter [ˈhætə] hattemaker; **mad as a –** splittergal; sint som en tyrk.
hat-touching hilsende; **have a – acquaintance with** være på hatt med, være på nikk med.
hat trick (sport) å vinne tre ganger etter hverandre, lage tre mål etter hverandre i en kamp.
hauberk [ˈhɔ:bə:k] ringbrynje.
haught [hɔ:t] stolt, kaut, hovmodig, overlegen.
haughtily [ˈhɔ:tili] hovmodig, stolt.
haughtiness [ˈhɔ:tinis] hovmod, stolthet.
haughty [ˈhɔ:ti] hovmodig, kaut, stolt; **– contempt** opphøyd forakt.
haul [hɔ:l] hale, dra; haling; trekk, transport; lass; rykk; drett; kast; varp, fangst; **get a fine –** gjøre et godt varp; **haul-net** [ˈhɔ:lnet] kaste-not, dragnett.
haulage [ˈhɔ:lidʒ] transport, frakt. **– charge** transportkonstnader.
haulm [hɔ:m] halm; stilk.
haunch [hɔ:nʃ] hofte; bakfjerding; bakdel, ende; **– of sheep** sauelår. **-ing** veiskulder.
haunt [hɔ:nt] tilholdssted; oppholdssted; besøke ofte, frekventere; hjemsøke; spøke i; plage, besvære; **the house is -ed** det spøker i huset.
haunter [ˈhɔ:ntə] stamgjest.
haustorium [hɔ:sˈtɔ:riəm] sugetråd.
hautboy [ˈəubɔi] obo.
hauteur [əuˈtə:, ˈəutə] stolthet, hovmod, overlegenhet.
Havana [həˈvænə] Havanna; havanasigar, havaneser. **Havanese** [ˈhævəˈni:z] havanesisk; havaneser.
have [hæv, (h)əv] ha; besitte, få; la; **the -s and the have-nots** de besittende og de eiendomsløse, de rike og de fattige; **as Shakespeare has it** som det står hos Shakespeare; **what would you – me do** hva vil du jeg skal gjøre; **I won't – it** jeg vil ikke vite av det; **I – had my hair cut** jeg har fått klipt håret mitt; **– something done** få gjort noe, la noe gjøre; **– some wine** drikk litt vin; **he had his leg broken** han brakk beinet; **– by heart** kunne utenat; **you – it right** det er riktig; **you had better** (el. **best** el. **rather)** du gjør (el. gjorde) best i, du burde; **I – had a friend of your Mr. Irving's** en venn av Deres Irving har besøkt meg; **how nice of you to – me** det var snilt av Dem å be meg, takk for innbydelsen; **he had the bishopric given him** han fikk bispedømmet overdratt, bispedømmet ble gitt ham; **he has had it** han er ferdig, det er ute med ham. **I would – you write** jeg ville gjerne De skulle skrive; **let him – it** la ham få det, gi ham inn; **I will – none of it, I won't – that** jeg finner meg ikke i det, det vil jeg ha meg frabedt; **what answer would you – me return?** hva vil De jeg skal svare? **what would you –?** hva ønsker De? **– a care** passe på, ta seg i akt; **– a mind to** ha lyst til; **– after** følge etter, forfølge; **– at** angripe; begynne på; **– at him** gå løs på ham; **– at you!** der har du den! se deg for! **– away** fjerne, skaffe av veien; **you – to** du må; **– it out** få en ende på det; trekke ut (om en tann); **– upon me** ha på meg (f. eks. penger).
havelock [ˈhævlɔk] havelock, lue med tørkle til beskyttelse mot solen.
haven [ˈheivn] havn, ly (mest i overført bet.).
havenage [ˈheivnidʒ] havneavgift.
haven't [ˈhævnt] sammentrukket av **have not.**
haver [ˈhævə] havre.
haver [ˈheivə] vrøvle; vås, tøv, vrøvl (skotsk).
haverel, haveril [ˈheivril] vrøvlekopp, tosk.
haversack [ˈhævəsæk] skulderveske; brødpose (soldats).
havoc [ˈhævək] ødelegging; skade; nederlag; blodbad; ødelegge, herje, massakrere; **make – of** ødelegge; massakrere; **wreak –** anrette (el. forårsake) skade.
haw [hɔ:] innhegning, hegn, hage, gård.
haw [hɔ:] hagtorn; hagtornbær.
haw [hɔ:] blinkhinne (hos hest og hund).
haw [hɔ:] stamme, kremte, hakke; stamming, kremt; hm, eh, øh.
Hawaii [həˈwaii] Hawaii. **Hawaiian** [heˈwaiiən] hawaiisk; hawaiianer.
Hawarden [ˈhɑ:dn].
hawbuck [ˈhɔ:bʌk] idiot, tosk.
hawfinch [ˈhɔ:finʃ] kirsebærfugl, kjernebiter.
haw-haw [ˈhɔ:ˈhɔ] ha-ha; skratt, latter; storle.
hawk [hɔ:k] hauk; falskspiller, bedrager; jage med falk; jage; **it is neither – nor buzzard** det er verken fugl eller fisk; **ware (the) –** pass på!
hawk [hɔ:k] renske halsen, harke; harking.
hawk [hɔ:k] høkre, rope ut, sjakre; bringe videre, spre.
hawk [hɔ:k] kalkbrett, mørtelbrett.
hawker [ˈhɔ:kə] gateselger.

hawking [ˈhɔ:kiŋ] falkejakt; sjakring.
hawk moth [ˈhɔ:kmɔθ] aftensvermer.
hawk swallow [ˈhɔ:kswɔləu] tårnsvale.
hawse [ˈhɔ:z] klyss (hull i skipsbaugen); – **box** klyssfôring.
hawser [ˈhɔ:zə] pertline, trosse, kabel.
hawthorn [ˈhɔ:θɔ:n].
Hawthorne [ˈhɔ:θɔn].
hay [hei] hei! hallo!
hay [hei] høy; **make** – høye; (US) **between** – **and grass** for tidlig til det ene og for sent til det andre; (US) **neither** – **nor grass** verken fugl eller fisk; **look for a needle in a -stack** lete etter en nål i et høystakk; **he made** – **of my books and papers** han kastet bøkene og papirene mine om hverandre; **make** – **while the sun shines** smi mens jernet er varmt.
hay | asthma høyfeber. **-bag** kvinnfolk. – **box** høykasse. – **burner** havremotor (ɔ: hest). **-cart** høyvogn. **-cock** [ˈheikɔk] høysåte. – **cutter** slåmaskin.
Haydn [ˈhaidn].
hay | fever høyfeber. **-field** eng. **-fork** høygaffel. **-loft** høyloft. **-maker** slåttekar. **-making** slått(onn).
Haymarket [ˈheimɑ:kit] gate i London.
hay|mow [ˈheiməu] innhøstet høy. **-rake** høyrive. **-rick** høystakk. **-seed** høyfrø; høyrusk; (US) bonde. **-stack** høystakk.
haywire [ˈheiwaiə] balletråd; **go** – floke seg; bli skjør.
hazard [ˈhæzəd] tilfelle; treff; fare, vågestykke; hasard, vågespill; hull (i biljard og ballspill); våge; sette på spill; løpe en risiko. – **light** varselblinker (på bil).
hazardous [ˈhæzədəs] vågelig, vågal, risikabel.
haze [heiz] tåke, dis; forvirring, uklarhet; **dry** – varmedis.
haze [heiz] pine, plage, terge; dørhale.
hazel [heizl] hassel; nøttebrun.
hazel grouse [ˈheizlgraus] jerpe.
hazelly [ˈheizli] nøttebrun.
hazel nut [ˈheizlnʌt] hasselnøtt.
haziness [ˈheizinis] disighet; omtåkethet.
Hazlitt [ˈhæzlit].
hazy [ˈheizi] disig, tåket; dunkel, ubestemt; omtåket, anløpen.
HB fk. f. **hard black** (om blyant).
H. B. M. fk. f. **Her (His) Britannic Majesty.**
H-beam [ˈeitʃbi:m] I-bjelke, I-profil (kanaljern).
H-bomb [ˈeitʃbɔm] hydrogenbombe, vannstoffbombe.
H. C. fk. f. **House of Commons.**
H. C. F. fk. f. **highest common factor.**
he [hi, (h)i] han; den, det; **he who** den som.
H. E. fk. f. **His Excellency; high explosive;** – **charge** sprenglegeme.
head [hed] hode, forstand, vett; overhode; høvedsmann, øverste; hovedperson, leder; hovedpunkt, punkt, post, sak; naut; det øverste, øverste del, øverste ende, topp, åsrygg, fjellkam; (tre)krone; kilde, kjelde, oppkomme, opphav; fallhøyde, vanntrykk; forreste del, forstavn, forside, forende; spiss, nes, odde; overskrift; avsnitt; først; forrest, hovedsakelig; hoved-, over-, for-; sette hode på; spiss o. l.; lede, føre, sette seg i spissen for; innta forsetet; innhente, komme forut for, gå i forveien; holde tilbake; stå i spissen, stå øverst; få et hode; nikke en ball; vende; ta kursen; føre (om vei); springe ut; gå hodekulls løs på noe; **one £ a** (el. **per)** – et £ pr. person, pr. kuvert, pr. snute; **on that** – i den henseende; **back of the** – nakke; **crown of the** – isse; – **over heels** hodekulls, hodestups, hulter til bulter; **over** – **and ears** til opp over ørene, fullstendig; **neither** – **nor tail** verken fugl eller fisk; **–(s) or tail(s)** krone el. mynt; **get** (el. **take) into one's** – sette seg i hodet; **give one's** – **a toss, toss up one's** – slå med nakken; **keep one's** – bevare fatningen; **to have a (terrible)** – en (fryktelig) hodepine; **turn** – dreie seg om, gjøre front; **an idle** – **is the devil's workshop** lediggang er roten til alt ondt; **poor** – **for figures** være dårlig til å regne; **be off one's** – være fra forstanden, fra vettet; **gather** – samle styrke; **give a horse the** – gi en hest frie tøyler; **make** – **against** gjøre motstand, sette seg tvert imot; **make** – **(up)on** vinne forsprang for; **take** – være sta (om hest); **on that** – på det punkt, hva det angår; **a beautiful** – **of hair** vakkert hår; **she threw herself at his** – hun kastet seg rett i armene på ham; **at the** – **of** i spissen for; øverst i (ved); – **of the table** æresplassen; **head(s) or tail(s)** krone eller mynt; **make** – **to** sette kursen imot; **offences under this** – ... av denne kategori; **twenty** – **of cattle** tjue krøtter.
headache [ˈhedeik] hodepine; bekymring, problem; **headachy** [ˈhedeiki] som har el. lett får hodepine; som forårsaker hodepine.
head|band hodebånd, pannebånd. – **-beetler** første mann (på et verksted). **-board** hodegjerde, endestykke. – **boy** duks. – **chair** ørelappstol. – **cold** snue. – **-cook** overkokk. – **-cook and bottlewasher** enepike. **-dress** hodepynt, hodeplagg.
header [ˈhedə] en som setter hodet på; dukkert; stup, hodekulls fall el. sprang, nikk, skalle (fotball).
head fast [ˈhedfɑ:st] (mar.) baugtrosse.
head | first hodestups, på hodet; **-gear** hodeplagg.
headily [ˈhedili] ubesindig.
headiness [ˈhedinis] voldsomhet; stridighet, stivsinn; berusende egenskap (av en drikk).
heading [ˈhediŋ] tittel, hode, overskrift.
headland [ˈhedlənd] pynt, nes, odde.
headless [ˈhedlis] hodeløs; tosket.
headlight [ˈhedlait] forlanterne (på lokomotiv); frontlys, hovedlys (på bil).
headline [ˈhedlain] overskrift, hovedpunkt. – **news** kort nyhetssending (radio).
head|long [ˈhedlɔŋ] hodekulls, på hodet; ubesindig; voldsomt. **-man** [ˈhedˈmæn] hovedmann, høvding, fører, formann; skarpretter. **-master** [ˈhedˈmɑ:stə] skolebestyrer, rektor. **-mastership** rektorat, skolebestyrerstilling. **-mistress** (kvinnelig) rektor, skolebestyrerinne. – **money** koppskatt; pris som blir satt opp for hver fange som blir tatt. **-most** [ˈhedməust] forrest, fremst. – **moulding** dør el. vindusgesims.
head nurse [ˈhedˈnə:s] oversøster.
head-of-family forsørger.
head-on collision front mot front kollisjon.
head over heels hodekulls, hodestupes.
headphones pl. [ˈhedfəuns] hodetelefoner, øretelefoner.
headpiece [ˈhedpi:s] hjelm; hodeplagg; forreste stykke, hodestykke; (fig.) hode.
headquarters [ˈhedˈkwɔ:təz] hovedkvarter; – **company** stabskompani.

head resistance [ˈhedriˈzistəns] frontalmotstand; luftmotstand, drag.
headrest [ˈhedrest] hodestøtte, nakkestøtte, nakkepute.
headroom [ˈhedrum] takhøyde, innvendig høyde; fri høyde.
headsail [ˈhedseil] forseil.
headscarf [ˈhedskɑ:f] skaut.
headset [ˈhedset] sett hodetelefoner.
headshake [ˈhedʃeik] hoderisting.
headship [ˈhedʃip] førerstilling; rektorat.
headshrinker [ˈhedʃriŋkə] hodejeger; (tal.) psykiater, psykoanalytiker.
headsman [ˈhedzmən] skarpretter.
headspring [ˈhedspriŋ] kilde, kjelde, oppkomme; opphav.
headstone [ˈhedstəun] hjørnestein; gravstein.
headstrong [ˈhedstrɔŋ] stri, sta; hissig.
head valve [ˈhedvælv] trykkventil.
head|waiter hovmester. **– waters** utspring.
headway [hedwei] bevegelse fremover; fremskritt; forsprang; fart; **gather –** komme i gang; **make –** komme av sted; gjøre fremskritt; **be under –** være i full fart.
head | wind [ˈhedwind] motvind. **– word** oppslagsord. **– work** tankearbeid.
heady [ˈhedi] stivsinnet, egensindig; selvrådig, overilet, voldsom; berusende; omtåket.
heal [hi:l] lege, kurere, helbrede; bilegge, forsone; leges, heles, gro igjen.
heal-all [ˈhi:lɔ:l] universalmiddel.
healer [ˈhi:lə] (natur)lege; legemiddel.
healing [ˈhi:liŋ] legende, helbredende.
health [helθ] helse, sunnhet; helbred; skål; **bill of –** helsepass; **board of –** sunnhetskommisjon; **Ministry of Health** = helsedirektorat (-departementet); **be in good (bad) –** ha det godt (dårlig); **drink one's –** drikke en skål for; **your (good) –!** Deres skål! **here's a – to ...!** skål for ...! **wear them in good –!** slit dem med helsen!
healthful [ˈhelθful] sunn, frisk, rask; god for helsen.
health-giving sunn, helsebringende.
healthily [ˈhelθili] sunt.
healthiness [ˈhelθinis] sunnhet.
health insurance syketrygd.
health | officer funksjonær i helsestellet. **– resort** sanatorium, kursted.
healthy [ˈhelθi] sunn; **– appetite** stor appetitt.
heap [hi:p] hop, haug, bunke, dynge; masse; hope opp, dynge på; **a – of** mange, en masse, en hel dynge med; **all of a –, all on a –** i en klump; forvirret, forbløffet; **strike all of a –** gjøre rent målløs; **sit in a –** sitte forknytt, sammenkrøpet; **live at full –** leve i overdådighet; **– coals of fire on his head** samle glødende kull på hans hode.
heaped measure toppet mål.
heapy [ˈhi:pi] som ligger i bunker, i dynger.
hear [hiə] høre; erfare, få vite; høre på; **– a case** behandle en sak (jur.).
heard [hə:d] imperf. og perf. pts. av **hear.**
hearer [ˈhiərə] tilhører.
hearing [ˈhiəriŋ] høring; hørsel; avhør; rettsmøte, saksbehandling; forhør; diskusjon, møte; **be hard of –** høre dårlig; **within –** innenfor hørevidde. **– aid** høreapparat. **– aid induction loop** teleslynge, høresløyfe. **– spectacle** hørebrille. **– trumpet** hørerør.
hearken [ˈhɑ:kən] lytte, lye etter.
hearsay [ˈhiəsei] forlydende, rykte; folkesnakk.
hearse [hə:s] likvogn; likbåre; sette på likvogn, sette på båre; kjøre til kirkegården.
heart [hɑ:t] hjerte; mot; kraft; det innerste, midte; alved, malm; marg; **the – beats** (el. **palpitates)** hjertet banker; **disease of the –** hjertesykdom; **bless my –** å du gode gud; **by –** utenat; **for one's –** inderlig gjerne; om det så skulle koste livet; **be all –** være godheten selv; **find it in my –** bringe det over mitt hjerte, få meg til, orke det; **in my – of -s** i mitt innerste hjerte, innerst inne; **in one's secret –** i sitt stille sinn; **wear one's – on one's sleeve** mangle tilbakeholdenhet, vise enhver sine følelser; **with all one's –** hjertens gjerne; av hele sitt hjerte; **– of the matter** sakens kjerne; **– of an apple** kjernehus; **– of my –** min hjertevenn, -venninne; **he is a good fellow at –** han er i grunnen et godt menneske; **speak one's –** snakke fritt ut; **my – fails** motet svikter meg; **out of –** motløs; **take –** fatte mot.
heart|ache [ˈhɑ:teik] hjertesorg. **– attack** hjerteanfall. **-beat** hjerteslag; hjertebank. **-breaker** hjerteknuser. **-breaking** hjerteskjærende. **-broken** med knust hjerte, sorgtynget. **-burn** halsbrann; kardialgi. **-burning** misnøye; nag, skinnsyke. **-cheering** oppmuntrende. **-complaint, -disease** hjertesykdom.
hearten [ˈhɑ:tn] oppmuntre, sette mot i.
heart failure [ˈhɑ:tfeiljə] hjertefeil, hjertelammelse, hjerteslag.
heart|felt [ˈhɑ:tfelt] inderlig, hjertelig. **-free** ikke forelsket.
hearth [ˈhɑ:θ] arne, arnested; skorstein; kamin; åre, peis, grue. **– rug** kaminteppe. **– stone** gruestein; årestein; arne; hjem; skurestein; skure, polere.
heartily [ˈhɑ:tili] hjertelig, varmt, ivrig; kraftig; frisk, freidig; grundig; muntert, glad; meget.
heartless [ˈhɑ:tlis] hjerteløs. **heartlessness** hjerteløshet.
heart-rending [ˈhɑtrendiŋ] hjerteskjærende.
heart-rent [ˈhɑ:trent] sønderknust.
heart rot tørråte; kjerneråte.
hearts [ˈhɑ:ts] hjerter (i kort); **queen of –** hjerterdame.
heartsease [ˈhɑ:tsi:z] stemorsblomst.
heartsick [ˈhɑ:tsik] hjertesyk, sorgtynget.
heartsome [ˈhɑ:tsəm] oppmuntrende; munter.
heartsore [ˈhɑ:tsɔ:] sorgtynget; hjertesorg.
heart | spasm brystkrampe. **– spoon** brystbein. **–-stirring** gripende. **–-stricken** rammet i hjertet; sorgtynget.
heart-whole [ˈhɑ:thəul] ikke forelsket.
heartwood [ˈhɑ:twud] al, malm, kjerneved.
hearty [ˈhɑ:ti] hjertelig; ivrig; sunn, kraftig; fast, sterk, solid, varig; munter, glad; **my –** vennen min (i tiltale); **my hearties!** guttene mine! **a – meal** et rikelig måltid.
heat [hi:t] hete, varme; heftighet, voldsomhet; brunst; (sport): enkelt løp; gruppe deltakere i en idrettsøvelse; varme, gjøre het; legge i; bli het, hetne, bli varm; **at a –** på én gang, i ett kjør; **be in –** løpetid (om hunder); **dead –** uavgjort løp; **final –** avgjørende løp. **– apoplexy** solstikk, heteslag. **– drop** varmetap.
heated [ˈhi:tid] oppvarmet; heftig, opphisset, voldsom.

heater [ˈhi:tə] varmer; fyrbøter; varmeinnretning, varmeapparat, ovn; strykejern; pistol. **– voltage** glødespenning.
heath [hi:θ] mo, hei; lyng. **-berry** krekling. **– bramble** blåbær. **– cock** orrhane.
heathen [ˈhi:ðn] hedning; hedensk. **heathendom** [-dəm] hedenskap. **heathenish** [-iʃ] hedensk. **heathenism** [-izm] hedenskap. **heathenize** [-aiz] gjøre til hedning. **heathenry** [-ri] hedenskap.
heather [ˈheðə] lyng, røsslyng; lyngmo; **set the – on fire** stifte ufred. **– bell** lyngklokke. **– honey** lynghonning. **heathery** [ˈheðəri] lyngaktig, lyng-; lyngbevokst; lyngbevokst sted.
heath | game [ˈhi:θgeim] orre. **– pea** jordskolm.
heathy [ˈhi:θi] lyng-; mo-.
heating [ˈhi:tiŋ] varmende; opphissende; oppheting, oppvarming; **steam –** sentralfyring. **– apparatus** varmeapparat. **– coil** varmespiral. **– value** varmeverdi, varmeevne.
heat | lightning kornmo. **– -power station** varmekraftverk. **– rash** heteblemmer, utslett. **-spots** heteblemmer. **-stroke** heteslag, solstikk. **– wave** [ˈhi:tweiv] hetebølge.
heaume [həum] (gml.) ridderhjelm.
heave [hi:v] heve, løfte; hive; heve seg; stige; stige og synke (f. eks. om bølge); båre; svulme; ha vondt, streve, arbeide, brekke seg, slite seg; hevning, løft, tak; bølging; duving, dønning, båregang; tung pust, sukking; **– a sigh** sukke dypt; **– the lead** hive loddet; **– in sight** komme i sikte; **– to** legge bi.
heaven [ˈhevn] himmel(en), himmerike; (især pluralis også:) himmelhvelving (alm. **sky**); **thank Heaven!** gudskjelov!
heaven-born [ˈhevnbɔ:n] himmelfødt. **heaven-defying** himmelstormende.
heavenly [ˈhevnli] himmelsk; **– bodies** himmellegemer; **the – city** Paradis. **heavenward(s)** [ˈhevnwəd(z)] mot himmelen, til himmels.
heavily [ˈhevili] tungt; svært; besværlig, langsomt; tungsindig, bedrøvet; sterk, heftig, meget; se **heavy.**
heaviness [ˈhevinis] tunghet, tyngde, vekt.
heavy [ˈhevi] tung, svær; solid; besværlig; tungvint; heftig, kraftig, sterk; plump; trettende; kjedelig; fornem, viktig; **– of sale** vanskelig å selge; **– to the stomach** vanskelig å fordøye; **– debt** trykkende gjeld; **– casualties** hardt sårede, store tap (av menn); **– expenses** store utgifter; **a – smoker** storrøyker; **– with sleep** søvndrukken. **– -armed** tungt væpnet. **– -duty** ekstra kraftig, som kan klare hardt arbeid. **– -laden** tungt lastet. **– -weight** tungvektsbokser (-rytter, -bryter, -hest); viktig personlighet.
hebdomadal [hebˈdɔmədl] ukentlig; uke-.
Hebe [ˈhi:bi:].
hebetate [ˈhebiteit] sløve, døyve. **hebetation** [hebiˈteiʃən] sløvhet. **hebete** [ˈhebi:t] sløv. **hebitude** [ˈhebitjud] sløvhet.
Hebraic(al) [hiˈbreiik(l)] hebraisk. **Hebraism** [ˈhi:breiizm] hebraisk språkeiendommelighet.
Hebrew [ˈhi:bru(:)] hebreer; hebraisk. **Hebrewess** [ˈhi:bruis] hebraisk kvinne.
Hebridean [hiˈbridjən] hebridisk; hebrider.
Hebrides [ˈhebridi:z]: **the –** Hebridene; Suderøyene.
hecatomb [ˈhekətu:m] hekatombe.
heck [hek] hekk, høygrind; dørklinke; buktning (av en elv); pokker, for pokker.
heckle [ˈhekl] hekle; interpellere strengt, plage med spørsmål, komme med tilrop. **-r** møteplager.
hectare [ˈhektɑ:] hektar.
hectic [ˈhektik] hektisk, forjaget, forsert.
hectogram(me) [ˈhektəgrəm] hektogram.
hectograph [ˈhektəgrɑ:f] hektograf; hektografere.
hectolitre [ˈhektəli:tə] hektoliter.
hectometre [ˈhektəmi:tə] hektometer.
hector [ˈhektə] skryte; true; tyrannisere.
he'd [hi:d] sammentrukket av: **he had** eller **he would.**
heddle [ˈhedl] sylle (i vev).
hedge [hedʒ] hegn, gjerde, hekk; omhegne, omslutte, sette gjerde omkring, omgjerde; gjemme seg, liste seg bort; vri seg unna; vedde på begge parter, helgardere (i sport); **-d (round) with restrictions** omgitt av restriksjoner på alle kanter; **be on the wrong side of the –** ta feil; **sit on the –, be on both sides of the –** lefle med begge partier.
hedgeborn [ˈhedʒbɔ:n] av lav ætt; simpel.
hedgehog [ˈhedʒ(h)ɔg] pinnsvin.
hedgehop [ˈhedʒhɔp] fly i lav høyde; springe fra det ene emne til det andre.
hedge | lawyer lovvrier, vinkelskriver. **– -marriage** hemmelig ekteskap.
hedger [ˈhedʒə] en som setter gjerder; en som klipper hekker; luring, slu rev.
hedgerow [ˈhedʒrəu] hekk.
hedge | school skole under åpen himmel (tidligere i Irland); tarvelig skole. **– sparrow** gjerdesmutt. **– tavern** kneipe. **– writer** obskur forfatter.
hedonism [ˈhi:dənizm] hedonisme (læren om nytelsen). **hedonist** [ˈhi:dənist] hedonist. **hedonistic** [hi:dəˈnistik] hedonistisk.
heebie-jeebies [ˈhi:biˈdʒi:biz] nerver, nervøsitet; delirium.
heed [hi:d] akte, ense, gi akt på, bry seg om; akt, oppmerksomhet; omhu; forsiktighet; **give** eller **pay** eller **take – to** ense, passe på, legge merke til; **take –** passe seg.
heedful [ˈhi:df(u)l] oppmerksom; forsiktig.
heedless [ˈhi:dlis] likegyldig, ubekymret; likesæl; ubetenksom. **heedlessness** ubesindighet, skjødesløshet.
hee-haw [ˈhi:hɔ:] remje, skryte (som et esel); skoggerle.
heel [hi:l] hæl; skorpe (på brød, ost); slant, skvett; slagside, krengningsvinkel; sette hæl på; følge hakk i hæl; (mar.) krenge; legge seg over. **– bone** hælben; **– calk** hæljern, brodd; **– cap** hælbeskytter, beslag; **-s over head** el. **head over -s** el. **over head and -s** hodekulls, hulter til bulter; **come (down) to –** gi etter; «være snill gutt»; **cool the -s** vente tålmodig; **kick one's -s** vente utålmodig; **kick up one's -s** slå hæla i taket, more seg; **lay by the -s** kaste i fengsel; **pick up one's -s** ta beina på nakken; stikke av; **take to one's -s** stikke av; **have one's heart at one's -s** stå med hjertet i halsen; **throw up a man's -s** overvinne en; **grow out at -s** ha hull på strømpene.
heeltap [ˈhi:ltæp] hælflikk, hællapp; skvett (i et glass); flikke, lappe.
heft [heft] håndtak, skaft; tak; tyngde; vekt, betydning, innflytelse; veie, løfte.
hefty [ˈhefti] svær, kraftig.

Hegel [heigl]. **Hegelian** [heiˈgi:liən] hegelianer; hegeliansk.
hegemony [hiˈgeməni] hegemoni, overherredømme, lederstilling.
hegira [ˈhedʒirə, hiˈdʒaiərə, heˈdʒaiərə] hedsjra (Muhammeds flukt fra Mekka til Medina i 622); flukt.
he-goat[ˈhi:gəut] geitebukk.
heifer [ˈhefə] kvige; (US også) kone, kvinne.
heigh-ho [ˈheiˈhəu] akk! akk ja! heisan! hei!
height [hait] høyde, høgd; lengde; legemsstørrelse; haug, fjell, ås; høydepunkt, toppunkt; høy rang; høyeste makt; **– control** høyderegulering; **at the – of noon** midt på dagen; **the – of perfection** fullkommenheten selv.
heighten [ˈhaitn] forhøye, heve; forskjønne; bli høyere, sterkere osv.
heinie [ˈhaini] (US) tysker.
heinous [ˈheinəs] avskyelig, skjendig; fryktelig. **heinousness** avskyelighet, skjendighet.
heir [ɛə] arving; arve; **– apparent** rettmessig arving, nærmeste arving, tronarving; **– general** universalarving; **make him one's –** innsette ham som sin arving; **sole –** enearving. **– of the body** livsarving (direkte etterkommer).
heiress [ˈɛəris] kvinnelig arving; godt parti.
heirless [ˈɛəlis] uten arvinger.
heirloom [ˈɛəlu:m] arvestykke.
heirship [ˈɛəʃip] arverett.
hejira se **hegira.**
held [held] imperf. og perf. pts. av **hold.**
Helen [ˈhelin].
Helena [ˈhelinə] Helena; **St. –** [snt (h)iˈli:nə] St. Helena.
heliacal [hiˈlaiəkl] helisk, heliotisk.
helical [ˈhelikl] skrueformet, spiral-.
Helicon [ˈhelikɔn].
helicopter [ˈhelikɔptə] helikopter. **– pad = helipad.**
Heligoland [ˈheligəlænd] Helgoland.
heliocentric [hi:liə(u)ˈsentrik] heliosentrisk.
heliograph [ˈhi:liə(u)grɑ:f] heliograf; heliografere. **heliographic** [hi:liə(u)ˈgræfik] heliografisk. **– chart** solkart. **heliography** [hi:liˈɔgrəfi] heliografi. **heliogravure** [ˈhi:liə(u)grəvjuə] heliogravyr.
heliolater [hi:liˈɔlətə] soltilbeder. **heliolatry** [-tri] soldyrking. **heliometer** [hi:liˈɔmitə] heliometer, solmåler.
Helios [ˈhi:liɔs] (gresk solgud).
helioscope [ˈhi:ljəskəup] helioskop, solkikkert.
heliotrope [ˈhi:ljətrəup] heliotrop.
heliotype [ˈhi:ljətaip] fotografi.
helipad [ˈhelipæd] helikopter|landingsplass, -dekk.
heliport [ˈhelipɔ:t] helikopterstasjon.
helispheric(al) [heliˈsferik(l)] helisfærisk.
helium [ˈhi:ljəm] helium.
helix [ˈhi:liks] skruelinje, spiral.
he'll [hi:l] sammentrukket av **he will.**
hell [hel] helvete; spillebule; fengsel; søppelkasse; kasse for kasserte typer i et boktrykkeri. **-'s bells!** faen også! **give' em –!** gi dem inn! **catch –** få en kraftig overhaling; **like –** som bare rakkern (el. bare det); **raise –** lage et helvetes oppstyr; **like – you will** så pokker om du skal; **just for the – of it** bare for moro skyld.
Hellas [ˈhelæs].
hell-bent fast besluttet.
hellcat gammel hurpe, pokkers jente.
hellebore [ˈhelibɔ:] nyserot; julerose.
Hellene [ˈheli:n] hellen. **Hellenian** [heˈli:njən], **Hellenic** [heˈli:nik] hellensk, gresk. **hellenism** [ˈhelinizm] hollenisme. **hellenist** [ˈhelinist] hellenist, kjenner av gresk språk. **hellenistic** [heliˈnistik] hellenistisk. **hellenize** [ˈhelinaiz] hellenisere.
Hellespont [ˈhelispɔnt].
hellfire [ˈhelfaiə] helvetesild.
Hellgate [ˈhelgeit], (det trangeste sted ved innseilingen til New York).
hellhound [ˈhelhaund] helveteshund.
hellicat [ˈhelikæt] (skot.) ondt vesen.
hellier [ˈheljə] taktekker.
hellish [ˈheliʃ] helvetes, djevelsk.
hell-raiser (US) urostifter, bråkmaker.
helm [helm] rorpinne, ratt, ror; styrvol. **– angle** rorvinkel.
helmet [ˈhelmit] hjelm. **-ed** [ˈhelmitid] hjelmkledd. **– beetle** skjoldbille. **-flower** stormhatt (planten).
helminth [ˈhelminθ] innvollsorm.
helminthic [helˈminθik] ormdrivende middel.
helminthoid [helˈminθɔid] ormeaktig.
helminthology [helminˈθɔlədʒi] ormelære.
helmsman [ˈhelmzmən] rorgjenger, rorsmann.
helot [ˈhelət] helot; trell.
helotism [ˈhelətizm] helotisme; trelldom.
helotry [ˈhelətri] slaveri, trelldom; heloter.
help [help] hjelp, bistand; hjelper, hjelpesmann, støtte; (US) tjener, pike; råd, hjelpemiddel; hjelpe; støtte; forhindre; hjelpe for, la være med; hjelpe seg; forsyne seg; hjelpe til; fremme, være med på å skape; duge; **be of –** være til hjelp; **by the – of** ved hjelp av; **there's no – for it** det er ikke noe å gjøre ved det; **so – me God!** så sant hjelpe meg Gud! **– yourself to some claret, please** forsyn Dem med rødvin; **he -ed me to a glass of wine** han skjenkte et glass vin til meg; **– the soup** øse opp suppen; **I cannot – it** jeg kan ikke la være med det; **how can I – it?** hva kan jeg gjøre for det? **what's done cannot be -ed** gjort gjerning står ikke til å endre; **I cannot – laughing** jeg kan ikke la være å le; **– down** hjelpe ned; bidra til undergang; **– forward** (fig.) fremme; **– off the time** fordrive tiden; **– on** hjelpe, fremme; hjelpe med å ta på (tøy); **– me on with this coat** hjelp meg på med denne frakken; **– out** hjelpe ut av nød o. l.; understøtte; **this -s out the picture** dette fremhever bildet; **– a lame dog over astile** hjelpe en ut av en forlegenhet.
helper [ˈhelpə] hjelper, hjelperske.
helpful [ˈhelpf(u)l] hjelpsom; behjelpelig; ganglig, nyttig.
helping [ˈhelpiŋ] porsjon, servering.
helpless [ˈhelplis] hjelpeløs.
helpmate [ˈhelpmeit] medhjelp; hjelper(ske).
helter-skelter [ˈheltəˈskeltə] over hals og hode; hodestupes; hulter til bulter; forvirret blanding.
helve [helv] økseskaft; skjefte.
Helvetia [helˈvi:ʃ(j)ə] Helvetia, Sveits. **Helvetic** [helˈvetik] helvetisk, sveitsisk.
hem [hem] søm; fald, brett, kant; sømme; kante; falde; inneslutte; **– in** innestenge.
hem [hem] kremte; kremt.
hemal [ˈhi:məl] blod-, hemal; se **haemal.**
he-man [ˈhi:mæn] (hundre prosents) mannfolk, barsking, muskelbunt (ofte ironisk).
Hemans [ˈhemənz].
hematine [ˈhemətin, ˈhi:m-] hematin.
hematogen [heˈmætədʒən] hematogen.

hemeralopia [hemərə'ləupjə] nattblindhet.
hemicrania [hemi'kreinjə], **hemicrany** ['hemikreini] vondt i den ene siden av hodet, migréne.
hemicycle ['hemisaikl] halvsirkel.
hemisphere ['hemisfiə] halvkule. **hemispheric(al)** [hemi'sferik(l)] halvkuleformet.
hemistich ['hemistik] halvvers, halvlinje.
hemlock ['hemlɔk] skarntyde; giftkjeks; selsnepe; hemlokkgran (en slags kanadisk gran); skarntydeekstrakt.
hemoptysis [he'mɔptisis] blodhoste.
hemorrhage ['hemərid3] blodstyrtning, blødning.
hemorrhoids ['hemərɔidz] hemorrhoider.
hemp [hemp] hamp; marihuanasigarett. **hempen** ['hempən] av hamp; hampe-; **die of a — fever** dø i galgen; **— rogue** galgenfugl.
hemp nettle ['hemp'netl] då (plante).
hempseed ['hempsi:d] hampefrø.
hemstitch ['hemstitʃ] hullsøm; sy hullsøm.
hen [hen] høne; hun (av fugl); **grey —** orrhøne.
henbane ['henbein] bulmeurt, villrot.
hence [hens] herfra; fra nå av; herav, derfor, av dette følger; **twenty-four hours —** om tjuefire timer.
henceforth ['hens'fɔ:θ] fra nå av, for fremtiden.
henceforward ['hens'fɔ:wəd] fra nå av, for fremtiden.
henchman ['hen(t)ʃmən] drabant, tjener, håndgangen mann, tilhenger.
hencoop ['henku:p] hønsehus.
hendecagon [hen'dekəgɔn] ellevekant.
hendecasyllable ['hendekə'siləbl] ellevestavelses-.
Hendon ['hendən] (by og flyplass).
hen driver ['hendraivə] hønsehauk.
henequen ['heniken] sisalhamp.
hen harrier['hen'hæriə] hønsehauk.
hen house ['henhaus] hønsehus.
Henley ['henli].
henna ['henə] henna (fargestoff av alkanna).
hennery ['henəri] hønseri, hønsehus.
Henny ['heni], diminutiv av **Henrietta.**
hen party dameselskap, kaffe- (el. te-) slabberas.
henpeck ['henpek] ha under tøffelen; **a -ed husband** en tøffelhelt.
hen roost vagle.
Henry ['henri].
hepatic [hi'pætik] hepatisk, lever-.
hepatite ['hepətait] hepatitt, leverstein.
hepatitis [hepə'taitis] leverbetennelse.
hepatology [hepə'tɔləd3i] læren om leveren.
hepcat ['hepkæt] (US) jazzentusiast; en som er med på notene.
Hephaestus [hi'fi:stəs] Hefaistos.
heptagon ['heptəgɔn] sjukant.
heptarchy ['heptɑ:ki] heptarki, sjumannsstyre.
her [hə:, hə]henne; seg; hennes; sin, sitt, sine.
Heracles ['herəkli:z] Herakles.
herald ['herəld] herold; våpenkyndig; forkynne, melde, innvarsle. **heraldic** [hi'rældik] heraldisk. **heraldry** ['herəldri] heraldikk; heroldverdighet.
herb [hə:b] urt, plante, krydderurt, legeurt. **herbaceous** [hə:'beiʃəs] urteaktig, urte-. **herbage** ['hə:bid3] urter, planter. **herbal** ['hə:bəl] plantebok; urte-, **herbalist** ['hə:bəlist] plantekjenner; plantesamler. **herbarium** [hə:'bɛəriəm] herbarium. **herb beer** urtebrygg.
Herbert ['hə:bət].
herbescent [hə:'besənt] planteaktig.
herbicide ['hə:bisaid] plantedrepende middel.
herbivorous [hə:'bivərəs] planteetende.
herblet ['hə:blit] liten plante.
herborize ['hə:bəraiz] botanisere.
herbous ['hə:bəs] rik på planter, grasrik.
Herculaneum [hə:kju'leiniəm].
Herculean [hə:'kju:ljən, hə:kju'li:ən] herkulisk, kjempeverk. **Hercules** ['hə:kjuli:z] Herkules.
herd [hə:d] hjord, flokk; buskap, bøling; mengde; det brede lag, massen; gjeter; gå i flokk, samle seg, stue seg sammen; samle i flokk; være gjeter, gjete; **— with** menge seg med.
herdsman ['hə:dzmən] gjeter, røkter.
here [hiə] her, hit; kom her! hei da! hei! **— below** her nede (på jorden); **— today and gone tomorrow** i dag rød i morgen død; **from —** herfra; **leave —** reise herfra; **— and there** her og der; **that's neither — nor there** det hører ikke noe sted hjemme; det kommer ikke saken ved; **— goes!** la gå! nå får det våge seg; **— you are** vær så god (når man gir en noe); **here's to you!** skål!
hereabout(s) ['hiərəbaut(s)] her omkring, på disse kanter.
hereafter [hiə'rɑ:ftə] heretter, for fremtiden; det hinsidige, livet etter dette.
hereby ['hiə'bai] herved, herigjennom.
hereditable [hi'reditəbl] arvelig.
hereditary [hi'reditəri] arvelig, nedarvet, arve-.
heredity [hi'rediti] arvelighet, arv.
Hereford ['herifəd].
herein [hiə'rin] heri. **hereof** [hiə'rɔv] herom; herav.
heresiarch [he'ri:ziɑ:k] erkekjetter.
heresy ['herisi] kjetteri, falsk lære. **— hunt** kjetterjakt, heksejakt. **heretic** ['heretik] kjetter; kjettersk. **heretical** [hi'retikl] kjettersk.
hereto ['hiə'tu:] hertil. **heretofore** ['hiətu'fɔ:] hittil, før; tidligere; fortid.
hereupon ['hiərə'pɔn] herpå, derpå.
herewith ['hiə'wið] hermed.
heritable ['heritəbl] arvelig; arveberettiget.
heritage ['heritid3] arv.
hermaphrodite [hə:'mæfrədait] hermafroditt, tvekjønnet person, tvetulle. **hermaphroditic** ['hə:mæfrə'ditik] hermafrodittisk.
Hermes ['hə:mi:z].
hermetic [hə'metik] hermetisk; alkymi-; **the — art** alkymien. **hermetically** [hə:'metikəli] hermetisk.
Hermia ['hə:miə].
Hermione [hə:'maiəni].
hermit ['hə:mit] eremitt. **hermitage** ['hə:mitid3] eneboerhytte; eremitasje; (slags fransk vin). **hermit | crab** eremittkreps. **— thrush** rødstjerttrost. **hermitess** ['hə:mitis] eneboerske.
hernia ['hə:njə] brokk. **hernial** ['hə:njəl] brokk-.
hero ['hiərəu] helt; heros.
Herod ['herəd] Herodes.
Herodias [hi'rəudiæs].
Herodotus [hi'rɔdətəs] Herodot.
heroic [hi'rəuik] heroisk; heltemodig; hestekur (medisin); **— couplet** femfotet jambe m. rim, heltediktets versemål; **— treatment** hestekur. **heroics** (pl.) heltestil, høyttravende uttrykksmåte. **heroically** [hi'rəuikəli] heltemodig.
heroin ['herəuin] heroin.
heroine ['herəuin] heltinne.
heroism ['herəuizm] heltemot.
heron ['herən] hegre. **-ry** hegrekoloni.
Herostratos [hi'rɔstrətɔs] Herostrat.
hero-worship ['hiərəuwə:ʃip] heltedyrking.

herpes [ˈhə:pi:z] herpes (hudsykdom).
herring [ˈheriŋ] sild; **red –** røykesild; en list for å få motstanderne bort fra sporet; falsk spor; **draw a red – across the trail** avlede oppmerksomheten; **king of the -s** sildekonge; gulhå; hågylling, sjøkatt; laksestørje. **-bone** sildebein; sildebeinssting, fiskebeinssting; aksdannet (el. sildebeins-) murverk (opus spicatum); sy med hekesting. **herringer** [ˈheriŋə] sildefisker. **herring | gull** gråmåke. **– pond** spøkende uttrykk for Atlanterhavet, Dammen; **be sent across the – pond** bli deportert. **– sound** svømmeblære.
hers [hə:z] hennes; sin, sitt, sine.
herse [hə:s] fallgitter som likner en harv, tørkestativ, -ramme.
herself [həˈself] hun selv, henne selv; seg selv, seg; selv, sjøl; **by –** (helt) alene; **she likes to find out for –** ... på egen hånd.
herschip [ˈhə:ʃip] hærverk; bytte.
Hertford [ˈhɑ:fəd; US ˈhə:tfəd].
Hertfordshire [ˈhɑ:fədʃə], **Herts** [hɑ:ts] Hertfordshire.
he's [hi:z] sammentrukket av **he is** el. **he has.**
Hesiod [ˈhi:siɔd].
hesitancy [ˈhezitənsi] nøling, uvisshet, betenkelighet; stamming. **hesitant** [ˈhezitənt] nølende; stammende. **hesitate** [ˈheziteit] nøle; nære betenkeligheter; stamme, hakke i det. **hesitatingly** [ˈheziteitiŋli] nølende; usikkert. **hesitation** [heziˈteiʃən] nøling; vingling; usikkerhet; stamming. **hesitative** [ˈheziteitiv] nølende; vinglete; usikker.
Hesperia [heˈspiəriə] («Vesterlandet»): Italia eller Spania. **Hesperian** [heˈspiəriən] hesperisk, vestlig. **Hesperides** (heˈsperidi:z] hesperider (gudinner hos grekerne, boende i vest). **Hesperus** [ˈhespərəs] aftenstjerne.
Hesse [ˈhesi] Hessen. **Hessian** [ˈhesjən] hessisk; hesser; **– boots** el. **Hessians** skaftestøvler, husarstøvler.
hest [hest] befaling, bud.
Hester [ˈhestə].
hetaira [heˈtairə] hetære. **hetairia** [heˈtairiə] et hemmelig gresk forbund for å befri Hellas fra tyrkerne. **hetairism** [heˈtairizm] hetærisme; prostitusjon.
heteroclitic(al) [hetərəˈklitik(l)] uregelmessig.
heterodox [ˈhetərədɔks] heterodoks, annerledestenkende; kjettersk. **heterodoxy** [ˈhetərədɔksi] heterodoksi; kjetteri.
heterogeneity [ˈhetərə(u)dʒiˈni:ti] uensartethet.
heterogeneous [hetərəˈdʒi:njəs] uensartet, broket.
hetman [ˈhetmən] hetman, kosakkhøvding, fører.
het up opphisset, i fyr og flamme.
hew [hju:] hogge; hogge til. **hewer** [ˈhju:ə] hogger. **hewn** [hju:n] perf. pts. av **hew.**
hexagon [ˈheksəgən] sekskant. **hexahedral** [heksəˈhi:drəl] kubisk. **hexahedron** [ˈheksəˈhi:drən] kubus, heksaeder. **hexameter** [hekˈsæmitə] heksameter.
hey [hei] hei! hva?
heyday [ˈheidei] heida! hopsa!
heyday [ˈheidei] blomstringstid, beste velmaktsdager; storm (f. eks. lidenskapenes); **in the – of youth** i ungdommens vår.
hey presto [ˈhei ˈprestəu] vips, en to tre.
Heywood [ˈheiwud].
hf bd fk.f. **halfbound.**
hf cf fk. f. **half-calf.**
H. G. fk. f. **High German; Horse Guards; His (Her) Grace.**
hg fk. f. **hectogram.**
H. H. fk. f. **His** (el. **Her**) **Highness.**
HH fk. f. **double hard** (om blyant).
hhd fk. f. **hogshead.**
HHH fk. f. **treble hard** (om blyant).
H-hour [ˈeitʃauə] tidspunkt for planlagt militæraksjon.
hi! [hai] ei! hei! morn!
hiatus [haiˈeitəs] åpning, gap, kløft, lakune; hiatus, vokalsammenstøt; avbrytelse, stans.
Hiawatha [haiəˈwɔθə].
hibernal [haiˈbə:nl] vinterlig, vinter-. **hibernate** [ˈhaibəneit] ligge i vinterdvale, i hi. **hibernation** [haibəˈneiʃən] overvintring; vinterdvale.
Hibernia [haiˈbə:niə] Irland. **Hibernian** [haiˈbə:niən] irsk; irlender.
hiccough [ˈhikʌp], **hiccup** [ˈhikʌp] hikke, hikste; hikke. **hiccupy** [ˈhikʌpi] hikkende.
hic jacet [ˈhik ˈdʒeisit] (latin) her ligger; gravskrift.
hick [hik] (US) bonde, bondeknøl; bondsk, landsens.
hickory [ˈhikəri] hickory.
hickup [ˈhikʌp] se **hiccough.**
hid [hid] imperf. og perf. pts. av **hide.**
hidalgo [hiˈdælgəu] hidalgo, spansk adelsmann.
hidden [ˈhidn] perf. pts. av **hide.**
hide [haid] hud, skinn; **save one's –** redde skinnet; **we saw neither – nor hair of him** vi har ikke sett så mye som skyggen av ham.
hide [haid] skjule, gjemme; gjemme seg; **to – one's light** sette sitt lys under en skjeppe.
hide-and-seek [haidnˈsi:k] gjemsel; **play –** leke gjemsel.
hideaway [ˈhaidəwei] gjemmested, skjulested.
hidebound [ˈhaidbaund] trangskinnet; trangbrystet, stivsinnet, forstokket, stokk konservativ; fordomsfull.
hideous [ˈhidiəs] fryktelig, skrekkelig, heslig.
hide-out [ˈhaidaut] gjemmested, skjulested; tilholdssted.
hiding [ˈhaidiŋ] pryl; bank; **he gave him a good –** han gav ham ordentlig juling.
hiding [haidiŋ] gjemsel, gjemmested.
hiding-place [ˈhaidiŋpleis] skjulested.
hie [hai] ile, skynde seg; **– oneself** ile.
hierarch [ˈhaiərɑ:k] hierark, kirkefyrste. **hierarchal** [ˈhaiərɑ:kl] eller **hierarchic(al)** [haiəˈrɑ:kik(l)] hierarkisk. **hierarchy** [ˈhaiərɑ:ki] hierarki, prestevelde; rangordning. **hieratic** [haiəˈrætik] hieratisk; geistlig, prestelig.
hieroglyph [ˈhaiərəglif] hieroglyf. **hieroglyphic** [haiərəˈglifik] hieroglyfisk; hieroglyf. **hieroglyphical** [haiərəˈglifikl] hieroglyfisk.
hierophant [ˈhaiərəfænt] yppersteprest.
hi-fi [ˈhaiˈfai] fk. f. **high fidelity** særlig naturtro gjengivelse; høy troverdighet (om lydgjengivelse).
higgle [ˈhigl] prange, drive gatehandel; prute, tinge.
higgledy-piggledy [ˈhigldiˈpigldi] hulter til bulter, rotet; kaos, virvar.
higgle-haggle [ˈhiglhægl] tinge, prute, diskutere.
higgler [ˈhiglə] sjakrer; tinger; gateselger.
high [hai] høydepunkt, rekord; høy, opphøyd, fornem; sterk, stri, heftig, stor; høytliggende; litt råtten, som har en snev (om kjøttmat, f. eks. vilt); i stemning; oppløftet, salig; høyt; **the sun**

is – solen står høyt på himmelen; **smell** – ha en snev (om vilt); **on the** – i det høye, høyt oppe; **of** – **antiquity** av høy alder; – **colour** sterk (livlig) farge; **a** – **complexion** svært rød i ansiktet; – **day** høylys dag; – **and dry** på land (om fartøy); på bar bakke; på det tørre; strandet; – **feeding** kraftig næring; **wih a** – **hand** med kraft eller strenghet eller vilkårlighet; – **level** høyslette; – **life** den fornemme verden; – **looks** stolt mine; – **and low** høy og lav (av alle samfunnsklasser); **search** – **and low** lete høyt og lavt; **at** – **noon** når solen står på sitt høyeste; – **priest** yppersteprest; – **sea** sterk sjøgang; **the** – **seas** det åpne havet; **it is** – **time for me to be off** det er på høy tid jeg kommer av sted; **a** – **school** en høyere skole; **be on the** – **ropes** være sterkt eksaltert; oppføre seg anmassende; **be in** – **spirits** være i godt humør; – **summer** høysommer; – **tea** varmt ettermiddagsmåltid; – **wind** hard vind; – **words** sinte ord, heftig krangel.

high | **admiral** storadmiral. – **altar** høyalter. –**-backed** høyrygget (om en stol). – **bailiff** foged. **-ball** (US) (whisky)pjolter; kjøre hardt, flå avsted. – **binder** uforskammet fyr, bølle; pengeutpresser. –**-blown** oppblåst, hoven, kaut. –**-born** høybåren. – **brass** hvit messing; militære toppsjefer. –**-breasted** høybrystet, høybarmet. **-bred** fint dannet; fornem. **-brow** intellektuell, åndssnobb; urealistisk.

High-Church [ˈhaiˈtʃə:tʃ] høykirke; høykirkelig. **High-churchman** [ˈhaiˈtʃə:tʃmən] høykirkelig.

high|**-class** av høy klasse, -kvalitet. – **cockalorum** innbilsk person. –**-coloured** sterkt farget; overdreven. – **day** festdag, gledesdag. –**-designing** høytstrebende.

higher [ˈhaiə] høyere.

high|**falutin(g)** [ˈhaifəˈlu:tin, -iŋ] høyttravende snakk; svulstig, affektert. –**-fed** velnært, gjødd; – **fidelity** høy troverdighet, naturtro (om lydgjengivelse); –**-flier** høytflyvende person el. ting, svermer; noe ualminnelig; sprett, flottas; hurtig vogn, hurtigtog o. l.; plattenslager. –**-flown** høytflyvende; oppblåst. **-flyer** se **-flier.** –**-flying** høytflyvende; ytterliggående.

Highgate [ˈhaigit] (del av London).

high-grade av høy kvalitet.

high-handed anmassende; myndig; egenmektig, hoven.

high hopes store forventninger.

highland [ˈhailənd] høyland, høylands-; **the Highlands** især: høylandene i Skottland.

Highlander høylender, fjellbu; høyskotte.

high | **life** den fornemme verden; livet i den fornemme verden. **-light** klimaks, høydepunkt; kaste lys over, trekke i forgrunnen. –**-lived** [ˈhailivd] fornem. –**-lows** halvstøvler, ankelsko.

highly [ˈhaili] høylig, høyt, i høy grad, i stor monn, meget, sterkt; **think** – **of** ha store tanker om; **speak** – **of** snakke i høye toner om, prise.

high|**-mettled** [ˈhaiˈmetld] hissig, fyrig, sprek. –**-minded** høysinnet, nobel; hovmodig. –**-neck(ed)** høyhalset.

highness [ˈhainis] høyhet; **His Royal Highness** Hans Kongelige Høyhet.

high|**-pitched** skingrende, i et høyt toneleie; bratt, steil. –**-placed** høytstilt. –**-powered** meget kraftig. –**-pressure** høytrykk. – **priest** yppersteprest. –**-principled** med høye grunnsetninger. –**-proof** sterkt alkoholholdig, nesten ublandet, ren, sterk. –**-rise building** høyblokk. **-road** landevei, chaussé; (fig.) slagen vei; **be on the -road to perdition** gå sin undergang i møte. – **school** høyere skole; høyskole; fagskole. –**-seasoned** sterkt krydret. –**-souled** høysinnet. –**-sounding** høyttravende. –**-spirited** høysinnet, stolt; trossig, irritabel; sprek. – **spirits** strålende humør. – **stepper** stortraver; storkar, kakse. – **street** hovedgate i en (ofte) mindre by. –**-strung** stri; oppspilt; trassig; oppblåst.

hight [hait] (foreldet og poetisk) by; love; kalle; nevne; omtale; hete, kalles.

high|**-tasted** pikant; krydret. – **tide** høyvanne. – **time** veldig moro; på høy tid. –**-toned** høystemt; opphøyd. – **treason** høyforræderi.

highty-tighty [ˈhaitiˈtaiti] se **hoity-toity.**

high-up høytstående.

high | **voltage** [ˈhaiˈvəultidʒ] høyspenning. – **water** [ˈhaiˈwɔ:tə] høyvann. – **-water mark** (ofte billedlig): kulminasjonspunkt. **highway** se også **highroad. Highway Code** trafikkreglene. **highwayman** landveisrøver. **high-wrought** fint utarbeidet; oppløst, oppspilt.

H. I. H. fk. f. **His** (el. **Her**) **Imperial Highness.**

hijack [ˈhaidʒæk] (US) stjele smuglersprit; stanse og plyndre; kapre (et fly); **hijacker** [ˈhaidʒækə] gangster som plyndrer sendinger av smuglersprit; flykaprer.

hike [haik] fottur; økning, stigning; gå fottur, vandre; sette opp, øke (pris); – **off** stikke av.

hilarious [hiˈlɛəriəs] munter, lystig, overstadig.

hilarity [hiˈlæriti] munterhet, lystighet.

Hilary [ˈhiləri]; – **mass** 13. januar; – **term** rettssesjon fra 11. til 31. jan.; vinter- og tidlig vårsemester (ved Oxford universitet).

hill [hil] haug, ås, hei, berg; **up** – **and down** – oppfor bakke og nedfor bakke. – **country** høyland, kupert og bølgende landskap.

hillbilly (US) (bonde fra fjellstrøk i Sørstatene).

hill folk [ˈhilfəuk] haugfolk, hulderfolk, underjordiske.

hilli-ho [hiliˈhəu] hallo!

hilliness [ˈhilinis] bakket lende, kuperthet.

hillman [ˈhilmæn] tindebestiger; fjellmann; haugkall.

hilloa [hiˈləu] hallo! rope hallo!

hillock [ˈhilək] liten haug; tue.

hill | **people** underjordiske. **-side** [ˈhilsaid] skrent, bakke, skråning, hall; li.

hilly [ˈhili] bakket; åslendt; bakke-; ås-, fjell-; **the** – **range** høydedraget.

hilt [hilt] sverdfeste, hjalt, håndtak; – **guard** parérbøyle; **up to the** – fullstendig, ubetinget; **live up to the** – leve i sus og dus. **hilted** [ˈhiltid] forsynt med feste.

him [him, im] ham; den, det; seg.

H. I. M. fk. f. **His** (el. **Her**) **Imperial Majesty.**

Himalaya [himəˈleijə].

himself [(h)imˈself] han selv, selv, sjøl; seg selv, seg; **he is not** – han er ikke riktig i hodet; **he is beside** – han er ute av seg selv.

hind [haind] hind, dyrkolle, hjortkolle.

hind [haind] tjener, dreng, gårdsgutt.

hind [haind] bakre, bak-; bakerst; bakerste del. – **brain** bakhjernen, lillehjernen.

hindberry [ˈhainbəri] bringebær.

hinder [ˈhaində] bakre; bakerst; bak-.

hinder [ˈhində] hindre, forhindre; hemme, avbryte; være til hinder; hindring.

hinderance [ˈhind(ə)rəns] hindring.
hindermost [ˈhaindəməust] bakerst, sist.
hind leg [ˈhaindleg] bakbein; **talk the – – off a donkey** snakke så ørene faller av; **be on one's – -s** være på beina, i full sving.
hindmost [ˈhaindməust] bakerst, sist.
Hindoo osv. se **Hindu.**
Hindostan se **Hindustan.**
hind quarters bakende, bakparti, bak.
hindrance [ˈhindrəns] hindring, hinder.
Hindu [hinˈdu:] hindu. **Hinduism** [ˈhinduizm] hinduisme. **Hindu-Kush** [ˈhinduˈku:ʃ] Hindukusj. **Hindustan** [hinduˈstɑ:n] Hindustan. **Hindustanee, Hindustani** [hinduˈstæni, hinduˈstɑ:ni] hindustansk, hindustani.
hinge [hin(d)ʒ] hengsel; gangjern; hovedpunkt, hovedsak; forsyne med hengsel; dreie seg om, bero på; **off the -s** av lage; (fig.) av sporet; **a -d sash** vindu på hengsler.
hinny [ˈhini] mulesel; skryte, vrinske.
hint [hint] vink, ymt, antydning, forslag; insinuasjon; gi vink, antyde, ymte om; insinuere; **take a –** ta seg noe ad notam; forstå en halvkvedet vise; **– at** hentyde til, antyde.
hinterland [ˈhintəlænd] innland, oppland.
hip [hip] hofte; **catch on the –** få i sin makt; **have on the –** ha i sin makt, overvinne.
hip [hip] nyperose; (adj. US) ukonvensjonell.
hip|bath [ˈhipbɑ:θ] setebad. **-bone** hoftebein. **-flask** lommelerke. **– -hurray** rope hurra. **-joint** hofteledd.
hipped med skjev hofte; (US) **– on** interessert i, tent på, ha dilla på, hypp på.
hipper [ˈhipə] vidje.
hippic [ˈhipik] som hører til hesten, heste-.
hippie [ˈhipi] (deltaker i uorganisert ungdomsbevegelse fra 1960-årene som gjennom avvikende klesdrakt, holdning og levesett protesterte mot og stilte seg utenfor samfunnet) hippie.
hippocamp [ˈhipəkæmp] sjøhest.
hippocentaur [ˈhipəˈsentɔ:] hippokentaur (halvt menneske, halvt hest).
hip pocket baklomme (i bukser).
hippocras [ˈhipəkræs] kryddervin.
Hippocrates [hiˈpɔkrəti:z] Hippokrates.
Hippocrene [hipə(u)ˈkri:ni(:), ˈhipə(u)kri:n] Hippokrene.
hippodrome [ˈhipədrəum] hippodrom.
hippogryph [ˈhipəgrif] hippogriff, vinget hest.
Hippolyta [hiˈpɔlitə].
hippopathology [hipəpəˈθɔlədʒi] hippopatologi, læren om hestesykdommer.
hippophagous [hiˈpɔfəgəs] som spiser hestekjøtt.
hippopotamus [hipəˈpɔtəməs] flodhest.
hipshot [ˈhipʃɔt] med hoften av ledd; skjev i hoften.
hipster [ˈhipstər] hoftebukse, bukser som er korte i livet; ungdom med beatnik el. hippiekarakter.
hire [haiə] hyre, leie, feste; bygsle bort; hyre, leie, lønn, bygslepenger. **– contract** leiekontrakt.
hireling [ˈhaiəliŋ] leiesvenn.
hire-purchase avbetaling; **buy on the –** kjøpe på avbetaling.
hirsute [ˈhə:sju:t] håret, bustet.
his [hiz; svakt ofte iz] hans; sin, sitt, sine.
Hispano- [hiˈspænəu] i sammensetn.: spansk-.
hispid [ˈhispid] strihåret.
hiss [his] visle, hvese; frese, fnyse; hysse; pipe; hysse ut; pipe ut; visling, hvesing; hyssing; piping. **hissing** [ˈhisiŋ] vislende osv.; visling osv.
hist [st, hist] hyss! hysj!
histogeny [hiˈstɔdʒini] vevdannelse.
histological [histəˈlɔdʒikl] histologisk. **histology** [hiˈstɔlədʒi] histologi, vevlære.
histor|ian [hiˈstɔ:riən] historiker, historieskriver; **-iated** [-rieitid] smykket med figurer.
historic [hiˈstɔrik] historisk; **– present** historisk presens.
historical [hiˈstɔrikl] historisk; **– novel** historisk roman.
historiographer [histɔ:riˈɔgrəfə] historiker, historiograf. **historiography** [histɔ:riˈɔgrəfi] historieskrivning; historiografi.
history [ˈhist(ə)ri] historie, saga; beretning. **– of the world** verdenshistorie; **make –** skape historie; bli berømt; **matter of –** historisk faktum; **natural –** naturhistorie.
histrionic [histriˈɔnik] skuespill-, skuespiller-, teater-; teatralsk. **histrionism** [ˈhistriɔnizm] skuespillervesen; skuespillkunst; spill.
hit [hit] treffe, råke, ramme; støt, slag; fulltreffer, treffer, heldig tilfelle, slump; god idé, godt innfall, sarkasme; **– back** slå igjen, bite fra seg; **to be a –** være berømt; ha suksess; **– the bottle** ty til flasken; **– the ceiling** fyke i taket (i sinne); **– the sack** hoppe i loppekassa; **– or miss** likeglad, tilfeldig; det er knall eller fall; **– off** gi et godt bilde av, ta på kornet; lage, rive av seg; finne; **– it off** være enige, komme godt ut av det med; **– on** el. **upon** komme på; tilfeldig treffe eller oppdage; komme over; – **on sb.** (US) legge an på noen; **– out** utdele slag; **– together** holde sammen; **– it in his teeth!** sleng det i ham! **that is meant to – me** det sikter til meg; **– a man home** vise en mann vinterveien; **look to one's –** se hen til sin fordel; **make a –** ha hell, lykkes; **more by – than by wit** lykken er bedre enn forstanden.
hit [hit] imperf. og perf. pts. av **hit.**
hit-and-run | driver sjåfør som stikker av etter en ulykke. **– raid** overraskelsesangrep, lynangrep.
hitch [hitʃ] hufse, humpe av sted, hinke; hake, klenge seg fast; stryke seg; (US) stemme overens; trekke opp, rykke; hekte fast, hake fast; gjøre et stikk; (US) spenne for (hester); (US) tjore; haike; rykk, hufs, støt; hindring, stans; floke, ugreie, vanskelighet; stikk; **give one's trousers a –** heise opp buksene sine; **there is a – somewhere** det er en hake ved saken; **have a – in one's gait** halte.
hitch|hike [ˈhitʃhaik] haike; **-haiker** haiker.
hithermost [ˈhiðəməust] nærmest.
hitherto [ˈhiðəˈtu:] hittil.
hitherward [ˈhiðəwəd] hitover.
hit parade slagerparade.
Hittite [ˈhitait] hetitt; hetittisk.
hive [haiv] bikube, sverm; sted med myldrende liv; fange bier i kube; samle honning i bikube; samle inn; bo sammen; **– off** sverme (om bier). **– bee** honningbie. **hiver** [ˈhaivə] birøkter.
hives [haivz] strupehoste; utslett, neslefeber, alveblåst, elveblest.
hizz [hiz] se **hiss.**
H. L. fk. f. **House of Lords.**
hl fk. f. **hectolitre.**
H. L. I. fk. f. **Highland Light Infantry.**

H. M. fk. f. **His** (el. **Her) Majesty.**
hm fk. f. **hectometre.**
H. M. S. fk. f. **His** (el. **Her) Majesty's ship.**
ho [həu] pro! ptro! (til hest); rope, praie.
ho. fk. f. **house.**
H. O. fk. f. **Home Office; head office.**
hoa [həu] se **ho.**
hoaky [ˈhəuki]: **by the –!** for pokker!
hoar [hɔ:] hvitgrå, hvit; grånet, hvit av elde; hvithet, gråhet; elde; rim; tåke.
hoard [hɔ:d] plankeverk (rundt et bygg).
hoard [hɔ:d] forråd; skjult forråd; skatt; sammensparte penger; samle sammen, dynge opp, hamstre, samle skatter, samle i lader.
hoarder [ˈhɔ:də] pengepuger; hamstrer.
hoarding [ˈhɔ:diŋ] plankeverk.
hoarfrost [ˈhɔ:frɔ(:)st] rimfrost.
hoariness [ˈhɔ:rinis] hvitgråhet, gråhet.
hoarse [hɔ:s] hås, hes. **hoarsely** [-li] hest. **hoarseness** [-nis] håshet, heshet.
hoary [ˈhɔ:ri] grå, hvit av elde; gråhet; hvithåret. **– -headed** grånet; hvithåret.
hoax [həuks] puss, spøk, (svindel)nummer; mystifikasjon; avisand; narre, skrøne, mystifisere. **hoaxer** [ˈhəuksə] en som mystifiserer; skrønemaker; svindler.
hob [hɔb] kaminplate (på hver side av risten; her settes ting som skal holdes varme); fresemaskin.
hob-and-nob [ˈhɔbənˈnɔb] drikke med; være gode busser med.
hobbadehoy, hobbadyhoy [ˈhɔbədihɔi], **hobbar-dehoy** [ˈhɔbədihɔi] ung fyr, gutt i slyngelalderen, lømmel.
Hobbes [hɔbz].
hobbetyboy [ˈhɔbitibɔi] se **hobbadehoy.**
Hobbism [ˈhɔbizm] hobbisme (filosofen Hobbes' lære). **Hobbist** [ˈhɔbist] tilhenger av Hobbes.
hobble [ˈhɔbl] humpe; halte; helde (en hest); lenke forbeina (på en hest); humping, halting; helde; forlegenhet, knipe; floke; **– over a thing** sjaske noe unna; **I've got into a nice –** der er jeg kommet godt opp i det.
hobblebush [ˈhɔblbuʃ] filtkorsved.
hobbledehoy [ˈhɔbldihɔi] se **hobbadehoy.**
hobbler [ˈhɔblə] en som halter; fusker.
hobbly [ˈhɔbli] hullet, ujevn (om vei).
hobby [ˈhɔbi] lerkefalk.
hobby [ˈhɔbi] hobby; kjepphest; **have a – for** ha en mani for.
hobbyhorse [ˈhɔbihɔ:s]kjepphest, gyngehest.
hobgoblin [ˈhɔbˈgɔblin] nisse, tomte, tunkall.
hobidehoy [ˈhɔbidihɔi] se **hobbadehoy.**
hobnail [ˈhɔbneil] nudd, skobesparer, hesteskosøm; bondeslamp; sette nudder under.
hobnob [ˈhɔbnɔb] være fine busser med; drikke sammen; på måfå, tilfeldig.
hobo [ˈhəubəu] vagabond, landstryker, lasaron; omreisende arbeider.
hob-or-nob [ˈhɔbɔ:ˈnɔb] drikke sammen.
Hobson's choice det å ikke ha noe valg.
hobson-jobson [ˈhɔbsnˈdʒɔbsn] (engelsk-indisk) festlighet, seremoni; **– dictionary** ordbok over engelsk-indiske ord og uttrykk.
hock [hɔk] hase, haseledd; skank, den tynne del av en skinke; skjære over hasene; **hocks** også føtter.
hock [hɔk] rinskvin (oppr. Hochheimer).
hockey [ˈhɔki] hockey.
hock joint haseledd; lånekontor, pantelånerforretning, «onkel».
hocus [ˈhəukəs] bedrager; vin med tilsetning (for å gjøre en beruset); bedra, narre; blande noe i vinen for å bedøve. **hocus-pocus** [ˈhəukəsˈpəukəs] hokuspokus, taskenspilleri; narre, bedra.
hod [hɔd] brett (en murers); kalktrau; kullboks.
hodden | grey [ˈhɔdngrei] grovt ullent stoff (vadmelsaktig); ufarget ulltøy.
hoddle [ˈhɔdl] humpe, vralte.
hodge [hɔdʒ] bonde; uvitende mann.
hodge-podge [ˈhɔdʒpɔdʒ] suppe, sammensurium, mølje, rot, velling.
hodman [ˈhɔdmən] murerhåndlanger; håndlanger.
hodometer [hɔˈdɔmitə] odometer, kilometerteller.
hoe [həu] hakke; grev **(draw hoe);** skyffel **(thrust hoe);** pigghai; hakke; hyppe; (US) slite i det; (US) **– one's own row** passe sine egne saker; (US) **have a hard row to –** forberede, ha planer om. **– cake** [ˈhəukeik] maiskake (US). **– -down** trette, slagsmål.
Hoffmann's anodyne hoffmannsdråper.
hog [hɔg] svin, råne, galt; ungsau; (fig.) svin, gris, storeter, egoist; **a – in armour** en gris i snippkjole, spurv i tranedans; **bring one's -s to a fine market** gjøre en god forretning; **go the whole –** ta skrittet helt ut; **like a – in a squall** fra sans og samling.
hog [hɔg] stusse, klippe; krumme, krøke.
Hogarth [ˈhəugɑ:θ].
hogback [ˈhɔgbæk] svinerygg; fjellrygg, bakkekam.
hog | cholera [ˈhɔgkɔlərə] svinepest. **– cote** [ˈhɔgkəut] grisehus.
hogged [hɔgd] kjølsprengt; sterkt krummet; kortklipt.
hoggerel [ˈhɔg(ə)rəl] toårig sau.
hoggery [ˈhɔgəri] svinesti, grisehus; svin, griseflokk.
hoggish [ˈhɔgiʃ] svinsk.
hoghair [ˈhɔghɛə] grisebust; bustpensel.
hog|herd grisegjeter. **– louse** svinelus.
hogmanay [ˈhɔgməˈnei] (skot.) nyttårsaften; nyttårsfest.
hogmane stusset manke.
hog ring nesering (til gris); krampe, madrasskrok.
hogsbean [ˈhɔgzbi:n] bulmeurt.
hogshead [ˈhɔgzhed] oksehode (stort hulmål; for øl og vin er det 245,353 liter).
hogskin [ˈhɔgskin] svinelær.
hog|sty grisehus, grisebinge. **-tie** svinebinde, binde på hender og føtter. **-wash** skyllevann; skuler, skyller, grisemat; tøv, vås, sludder. **– wire** piggtråd (m. fire pigger).
hoi! [hɔi] hop! hei!
hoick [hɔik] heise opp; tvinge fly til bratt stigning.
hoiden [ˈhɔidn] galneheie, villkatt; vilter.
hoist [hɔist] heise; heising; heiseapparat, heis, elevator; talje, vinsj. **hoisting** (butikk)tyveri, knabbing. **– man** elevatorfører.
hoity-toity [ˈhɔitiˈtɔiti] lystig, kåt, vilter, overgiven; viktig, blæret; heisan! ser man det!
hokey-pokey [ˈhəukiˈpəuki] = **hocus-pocus;** iskake.
hold [həuld] hold, tak, grep; støttepunkt, støtte, fotfeste; (skips-)last; lasterom; **catch** (el. **lay** el. **seize** el. **take) – of** ta fatt i; **let go one's –** gi slipp, slippe taket.

hold [həuld] holde; inneha; eie, ligge inne med; fastholde; holde tilbake; inneholde, romme; opprettholde, fortsette; ha i besittelse; holde for, anse for; påstå; forsvare; understøtte; støtte; holde, ikke gå i stykker; stå stille, gjøre holdt; holde stand; vare ved, vedbli å gjelde; holde seg (om pris); holde med; **– an opinion** være av, ha en mening; **– water** være vanntett; (fig.) gjelde, duge; **he can – his liquor** han tåler mye alkohol; **that doesn't – water** det holder ikke stikk; **– an action** fortsette en prosess; **he should – the crown of him** han skulle bære kronen under hans overhøyhet; **– forth** dosere, fremholde, legge ut; **– good** (el. **true)** stadfeste seg; **– hard!** stopp! vent! **– one's own** hevde seg, holde stillingen; **– one's tongue** holde munn, tie; **– a meeting** holde møte; **have and –** besitte; **– the market** beherske markedet; **– an office** ha et embete; **– the bent** holde stand; **– in chase** forfølge; **– in contempt** forakte; **– in hatred** hate; **– on** holde fast, vedbli; **– on to** holde fast i; **– out** holde ut, holde seg; **– it against him** legge ham det til last, benytte seg av det (overfor ham); **– out against** hevde seg overfor; **– up** holde opp, heve; forsinke, oppholde, stanse; overfalle, plyndre; **– with** være enig med, holde med.

hold|all [ˈhəuldɔ:l] vadsekk, taske. **-back** hindring.

holden [ˈhəuldn] gl. perf. pts. av **hold; a meeting will be –** et møte vil bli holdt.

holder [ˈhəuldə] holder; beholder; forpakter, leilending; innehaver, ihendehaver, besitter; håndtak, skaft; lyspæresokkel; arbeider i lasten.

holder-forth [ˈhəuldəˈfɔ:θ] taler; predikant, pratmaker.

holding [ˈhəuldiŋ] hold (fig.) etc.; besittelse, beholdning, forpaktet gård; gårdsbruk; innflytelse, makt.

holding attack angrep som settes inn for å binde fienden.

holding company holdingselskap.

hold-up [ˈhəuldˈʌp] ran, overfall; trafikkstans, trafikk-kork.

hole [həul] hull, grop; høl; hi; knipe, klemme; hulle, gjøre huller i; gjøre en ball (i biljard); **– in one** (golf) gå i hull med ett slag; **put one into a –** sette en i knipe; **make a large –** gjøre et dypt innhogg; **make a – in the water** hoppe i havet; drukne seg.

hole-and-corner lyssky (om forretninger).

hole puncher hull|apparat, -maskin (til brevordner).

holiday [ˈhɔlidi, -dei] helg, fridag, ferie; feriere, holde ferie; **-s** ferie. **– allowance** feriepenger. **– maker** feriereisende. **– making** på lystreise, på ferietur, fornøyelsesreise. **– resort** feriested.

holily [ˈhəulili] hellig.

holiness [ˈhəulinis] hellighet; fromhet.

Holinshed [ˈhɔlinʃəd].

holla [ˈhɔlə; ˈhɔˈlɑ:] hallo! rope; praie, kaue.

holla balloo [hɔlə bəˈlu:] helvetes spetakkel.

Holland [ˈhɔlənd].

holland [ˈhɔlənd] ubleket lerret. **hollands** sjenever.

Hollander [ˈhɔləndə] hollender, nederlender.

holler [ˈhɔlə] rop, skrik, brøl; remje, skrike, rope, brøle.

hollo [ˈhɔləu], **holloa** [ˈhɔləu] se **holla.**

hollow [ˈhɔləu] se **holla.**

hollow [ˈhɔləu] hulning; hule, grop, søkk; hull. gruve; hul, innsunken, innfallen; dump; falsk; gjøre hul, hule ut; hult; dumpt; fullstendig, ganske, helt; **the – of the hand** den hule hånd; loven; **hold a thing in the – of one's hand** ha noe i sin hule hånd; **beat (all) –** slå helt av marka.

hollow|-backed svairygget. **– -eyed** huløyd. **– -hearted** falsk.

hollowness hulhet.

holly [ˈhɔli] kristtorn. **– fern** vanlig taggbregne. **-hock** [ˈhɔlihɔk] stokkrose.

holm [həum] holme; slette.

Holmes [həumz].

holm | oak, – tree steineik.

holocaust [ˈhɔləkɔ:st] brennoffer; katastrofebrann; «ragnarokk».

holocryptic [hɔləˈkriptik] hemmelig; uløselig

holograph [ˈhɔlə(u)grɑ:f] egenhendig skrevet dokument. **holographic** [hɔləˈgræfik] egenhendig skrevet.

Holsatia [hɔlˈseiʃ(j)ə] Holstein.

Holstein [ˈhɔlstain]; holsteinsk. **Holsteiner** [-ə] holsteiner.

holster [ˈhəulstə] pistolhylster, salhylster.

holt [həult] skog, lund, holt; hull, hulning, smutthull.

holus-bolus [ˈhəuləsˈbəuləs] på en gang, i sin helhet.

holy [ˈhəuli] hellig; **the Holy Bible** Bibelen, Den hellige skrift; **the Holy City** Den hellige stad (ɔ: Jerusalem); **Holy Communion** den hellige nattverd; **the Holy Ghost** Den hellige ånd; **– ground** innvigd jord; **the Holy Land** Det hellige land; **– Office** inkvisisjonen; **– orders** presteembete, prestevigsel; **take – orders** la seg ordinere; **– Scripture = – Writ; the – See** pavestolen; **the – Sepulchre** den hellige grav; **the – Spirit** Den hellige ånd; **Holy Thursday** [ˈhəuliθə:zdi] Kristi himmelfartsdag; **the – Week** den stille uke; **Holy Writ** Den hellige skrift, Bibelen.

holyday [ˈhəuliˈdei] helligdag, helg.

Holyrood House [ˈhɔliru:dˈhaus] (slott i Edinburgh).

holystone [ˈhəulistəun] skurestein; skure.

holy terror fryktinngytende person, umulig unge, enfant terrible.

holy water vievann.

holy Willie «helligper».

homage [ˈhɔmidʒ] lenshylling, hyllest; **do** (eller **pay) –** hylle, vise hyllest; **owe – to** stå i vasallforhold til. **-able** lenspliktig.

hombre [ˈɔmbrei] (US) mann av spansk el. meksikansk herkomst; kar, fyr.

home [həum] hjem, hjemland, barndomshjem, hjemby, heim; (i sport) mål; hjemme, heime; hus-; innenlandsk; ettertrykkelig, grundig; hjem, heim; til målet, ved målet; bo, ha et hjem; finne hjem (om brevduer); bringe hjem, sende hjem; **at –** hjemme, heime; **be at – on a subject** være hjemme i en sak; **make oneself at –** late som om man er hjemme; **Mrs. Smith is at – on Tuesdays** fru Smith tar imot på tirsdager; **go to one's long –** ligge for døden; **from –** hjemmefra; ikke hjemme, bortreist; **charity begins at –** enhver er seg selv nærmest; **look nearer –** gripe i sin egen barm, feie for sin egen dør; **– affairs** indre anliggender; **Home Department, the Home Office** innenriksdepartement; **Home Secretary** innenriksminister; **the Home land** moderlandet, fedrelandet; **– trade** innenrikshandel; **set out for –** vende hjem(over), vende nesen hjem; **arrive –** komme hjem; **a – thrust** et velrettet støt; **bring –** gjøre noe klart for; overbevise om; **it comes – to me** det er meg kjent; **it will come – to you** det vil falle tilbake på Dem; **see a man –** følge en mann hjem; **carry an argument –** dra de ytterste konsekvenser av et argument; **drive –** slå i (om spiker); **drive the argument –** hamre det ettertrykkelig fast; **go** (el. **get) –** treffe, råke; **lay –** legge på hjerte; **pay –** gjengelde; **screw –** skru fast; **he pushes his inquiries –** han gjør sine undersøkelser grundig, til gagns; **strike –** ramme spikeren på hodet; **take –** legge seg på sinne; **– in on** søke seg fram til.

home | affairs indre anliggender, innenrikssaker. **-bird** stuegris. **-bred** hjemmeavlet; udannet; medfødt, naturlig. **--brewed** hjemmebrygget. **--coming** hjemkomst. **– confinement** hjemmefødsel. **for – consumption** til forbruk på hjemmemarkedet. **the – counties** grevskapene rundt London. **-craft** husstellære; husflid. **– economics** husstellære. **– farm** hovedgård. **-felt** dypfølt. **– guard** hjemmevernsmann; **the H. G.** Hjemmevernet. **– freezer** hjemmefryser, fryseboks; **-keeping** vant til å være hjemme. **-like** hjemlig.

homeliness [ˈhəumlinis] enkelhet, alminnelighet; stygghet.

homely [ˈhəumli] tarvelig, jevn, enkel; stygg; **home is home, be it ever so –** hjemmet er nå hjem om det er aldri så tarvelig; **– fare** husmannskost.

home|-made hjemmelaget. **– match** hjemmekamp. **--mission** indremisjon. **the Home Office** innenriksdepartementet.

homeopath [ˈhəumjə(u)pæθ] homøopat.

homeopathic [həumjə(u)ˈpæθik] homøopatisk.

homeopathist [həumiˈɔpəθist] homøopat.

homeopathy [həumiˈɔpəθi] homøopati.

Homer [ˈhəumə]. **Homeric** [həˈmerik] homerisk.

home | rule [ˈhəumˈru:l] homerule, selvstyre (især for Irland: **Home Rule**). **--ruler** tilhenger av (Irlands) selvstyre.

home run (i baseball) (slag hvor ballen slås så langt at slåeren rekker å løpe hele veien rundt).

Home Secretary innenriksminister.

homesick [ˈhəumsik] som lengter hjem. **-ness** hjemlengsel, hjemve.

homespun [ˈhəumspʌn] hjemmespunnet, hjemmevevd, hjemmegjort; hjemmevevd tøy, et slags vadmel.

home|stead [ˈhəumsted] bondegård, gården, bøen, hjemmehusene; (US) gård, selvstendig småbruk (srl. en gård på 160 acres som nybrottsfolk har fått seg overlatt av statsjorda); hjem. **-steader** småbruker, gårdbruker.

home trade handel på hjemmemarkedet; innenriksfart.

homethrust [ˈhəumθrʌst] slag som sitter; bemerkning som sitter.

homeward [ˈhəumwəd] hjem, hjemover. **– bound** som skal hjem. **homewards** [ˈhəumwədz] hjem over.

home win [ˈhəumwin] hjemmeseier.

homework [ˈhəumwə:k] hjemmearbeid, lekser.

homey [ˈhəumi] hjemlig; hyggelig.

homicidal [hɔmiˈsaidl] draps-; morderisk.

homicide [ˈhɔmisaid] drap; drapsmann. **the – squad** mordkommisjonen.

homiletic(al) [hɔmiˈletik(l)] homiletisk, oppbyggelig; prekenaktig. **homiletics** homiletikk. **homilist** [ˈhɔmilist] predikant. **homily** [ˈhɔmili] homilie, preken.

homing [ˈhəumiŋ] det å vende hjem (især om brevduer). **– missile** målsøkende rakett.

hominy [ˈhɔmini] maisgrøt; grove maisgryn.

hommock [ˈhɔmək] liten haug el. høyde.

homo [ˈhəuməu] homoseksuell.

homogeneity [hɔmə(u)dʒeˈni:iti] ensartethet.

homogeneous [hɔmə(u)ˈdʒi:njəs] ensartet.

homologate [həuˈmɔləgeit] billige; stadfeste.

homologous [həˈmɔləgəs] overensstemmende.

homomorphism [hɔməˈmɔ:fizm] likedannethet. **homomorphous** [-ˈmɔ:fəs] likedannet.

homonym [ˈhɔmənim] homonym. **homonymous** [həˈmɔniməs] homonym, likelydende.

homophony [həˈmɔfəni] samklang.

homosexual [ˈhəumə(u)ˈsekʃuəl] homoseksuell.

homosexuality [ˈhəumə(u)seksjuˈæliti] homoseksualitet.

homunculus [həˈmʌŋkjuləs] mannsling.

homy [ˈhəumi] hjemlig.

Hon. fk. f. **honorary; Honourable.**

Honduras [hɔnˈd(j)uəræs].

hone [həun] hein, brynestein; slipe, bryne.

hone [həun] jamre; lengte etter.

honest [ˈɔnist] ærlig, redelig, rettskaffen, bra; **– Injun** [ˈɔonistˈindʒən] på ære! **make an – woman of** gifte seg med henne (etter å ha forført henne).

honestly [ˈɔnistli] ærlig, redelig; ærlig talt.

honesty [ˈɔnisti] ærlighet, redelighet; **– is the best policy** ærlighet varer lengst.

honey [ˈhʌni] honning; vennen min, gullet mitt! **– bag** honningsekk, honningmave (utvidelse av biens fordøyelseskanal). **– bee** honningbie. **-comb** vokskake. **-combed** sekskantmønstret, vaffelmønstret; gjennomhullet, underminert. **– dew** honningdogg (utsondring av bladlus), søttobakk.

honeyed [ˈhʌnid] honning-; honningsøt.

honey | extractor slynge. **-guide** honninggjøk (en liten fugl som ved sin sang og sine bevegelser viser vei til bikuber). **-month, -moon** hvetebrødsdager; **they were on their -moon** de var på bryllupsreise. **-moon** tilbringe hvetebrødsdagene. **--mouthed** [-mauðd] innsmigrende, søttalende. **– sac** honningsekk, honningmave. **-suckle** [sʌkl] vivendel, kaprifolium. **--sweet** honningsøt. **--tongued** innsmigrende, søttalende.

hong [hɔŋ] kinesisk pakkhus; faktori i Kina; europeisk handelshus i Kina.

Hongkong [ˈhɔŋˈkɔŋ].

honied [ˈhʌnid] se **honeyed.**

honk [hɔŋk] villgås-skrik; tuting av bilhorn; tute.

honkey-tonk [ˈhɔŋkitɔŋk] kneipe, bule.

Honolulu [hɔnəˈlu:lu:].

honorarium [(h)ɔnəˈrεəriəm] honorar.

honorary [ˈɔnərəri] æres-, heders-. **– arch** æresport. **– member** æresmedlem. **– office** tillitsverv. **– secretary** ulønnet sekretær.

honorific [ɔnəˈrifik] æres-, heders-.

honour [ˈɔnə] s. ære, heder; rang, rangspost, verdighet; æresfølelse, æresbevisning, æresport; hederstegn; honnør (i kort); **maid of –** hoffdame; **– and glory** ære og berømmelse; **your Honour** deres velbårenhet (især til dommere i county courts); **– bright** på ære! **I have three by**

-s jeg har tre honnører (i kortspill); **in – of** til ære for; **-s of rank and station** æresbevisninger i rang og stilling; **pass in first-class -s, get through the examination with full -s** ta eksamen med glans; **meet with due –** bli tilbørlig honorert (om veksel); **do the -s** gjøre honnør; presidere ved bordet, opptre som vert(inne).
honour [ˈɔnə] v. ære, hedre, beære; prise, honorere (veksel o.l.), motta, si ja takk (til innbydelse o.l.).
honourable [ˈɔn(ə)rəbl] ærlig, hederlig; ærefull; som tittel: velbåren, høyvelbåren (fast tittel for yngre barn av earls, alle barn av viscounts og barons og for Underhusets medlemmer); **the H. member for** det ærede medlem for; **Most Honourable** høyvelbårne (brukes om markis); **Right Honourable** høyvelbårne (især om medlemmer av the Privy Council samt adelsmenn under markis); **with a few – exceptions** med noen hederlige unntak; **his intentions are –** han har redelige hensikter (ɔ: ekteskap).
Hon. Sec. fk. f. **Honorary Secretary.**
hood [hud] hette; lue; kyse; røykhette; (US) motorpanser; kalesje; gangster; trekke en hette over.
hooded [ˈhudid] med hette, hetteformet. **– gull** hettemåke. **– seal** klappmyss. **– snake** brilleslange.
hoodlum [ˈhudləm] (US) bølle, slamp, ungdommelig ramp, gangster.
hoodoo [ˈhu:du:] (US) ulykkesfugl, trollmann, sykdomsbesverger; en som bringer ulykke; utyske, trollskap; nonsens, humbug; bringe ulykke, forhekse.
hoodwink [ˈhudwiŋk] binde for øynene; skjule, dekke til; narre, forblinde, føre bak lyset.
hooey [ˈhu:i] (US) sludder, vrøvl, tull; svindel.
hoof [hu:f] hov, (spøkende) fot; sparke; **beat the –** gå; **– it** gå som kveg; **show the cloven –** stikke hestehoven fram; **under the –** underkuet, under tøffelen.
hoofbeat hovslag. **hoofed animals** hovdyr.
hook [huk] s. hake, krok; angel; stabel (til hengsel); sigd; hagekniv; krumkniv; lokkemiddel, blikkfang; **with a – at the end** med en hake ved, med et spørsmålstegn; **by – or by crook** på den ene eller den andre måten; **off the -s** i uorden, av lage; ferdig, vekk; på stående fot; **on one's own –** på egen hånd, på egen regning; **take** (el. **sling**) **your -s** stikk av med deg; **– it** stikke av med deg.
hook [huk] v. få på kroken, fange med krok; huke; spidde på hornene; fange med knep; forføre; stjele, nappe; krøke, bøye seg, kroke seg; stikke av; **– it** stikke av; pakke seg (vekk); **– on** hake seg fast til; **– up with** slå seg sammen med; forbinde med.
hooka(h) [ˈhukə] huka (orientalsk vannpipe med lang slange).
hook and eye hekte og malje.
hook| bill [ˈhukbil] hakelaks. **– bolt** [-bəult] hakebolt. **– bone** [-bəun] halestykke.
hooked [hukt, ˈhukid] kroket, krum.
hooker [ˈhukə] hukkert (lite fartøy); skute; en som lokker en annen på kroken; bondefanger.
hookey [ˈhuki] et slags kulespill; **do –** gjøre lang nese til en; **by –** ved gud! **play –** skulke skolen.
hook hammer slagkrok.
hookum [ˈhu:kəm] tjenstlig ordre (i India).
hookup [ˈhu:kʌp] (US) forbindelse, samband; sammenkopling av radiostasjoner; allianse.
hooky [ˈhuki] kroket; full av haker; **play –** skulke skolen.
hooligan [ˈhu:ligən] bølle, forbryter, ungdomsforbryter, ramp. **-ism** forbrytervesen, røveruvesen; hærverk.
hoop [hu:p] bånd, gjord, tønnebånd; ring; bøyle; fiskebein (i skjørt); fiskebeinsskjørt; gjorde, sette bånd el. ring om (på); innfatte; **croquet –** krokettbøyle; **go through the –** melde seg fallitt, overgi sitt bo til skifteretten; vise hva man er god for; **hula –** rockering.
hoop [hu:p] (v.) huie, hauke, rope. (s.) huiing, hauking, rop.
hooper [ˈhu:pə] bøkker; lagger.
hooper [ˈhu:pə] sangsvane.
hooping cough [ˈhu:piŋkɔf] kikhoste.
hoop iron båndjern.
hoopla [ˈhu:pla] ringspill; ballade, ståhei; hei! hoppla!
hoopoe, hoopoo [ˈhu:pu:] hærfugl.
hoop petticoat, hoop skirt fiskebeinsskjørt.
hoora, hooray [huˈrei] hurra.
Hoosier [ˈhu:ʒə] person fra Indiana (US).
hoot [hu:t] skrike; tute; ule; huie etter; hysse på, pipe ut; huiing, skrik, tuting; **he doesn't care a –** han er helt likeglad. **hoot(s)** [hu:t(s)] (skot.) fy!
hootay [hu:ˈtei] (skot.) snakk! det kan du stole på!
hootenanny [ˈhu:tənæni] (US) folkesangerstevne, visefestival.
hooter [ˈhu:tə] signalhorn, alarmhorn, signalfløyte, sirene; ugle.
hoove(n) [ˈhu:v(n)] trommesyke (hos sauer).
hoover [ˈhu:və] (egl. et støvsugermerke, etterhvert:) støvsuger; støvsuge.
hop [hɔp] hoppe, bykse, hinke; danse; hopp, dans; opium, narkotikum; løgnhistorie, sludder. **on the –** travelt opptatt, beskjeftiget; **– it; – the twig** stikke av, pigge av, smette unna; **be always on the –** svinse omkring.
hop [hɔp] humle; høste humle; sette til humle.
hopbine [ˈhɔpbain] humleranke.
hope [həup] egl, hop, flokk; **forlorn –** avdeling soldater som ofres, især stormkolonner.
hope [həup] håp, von; håpe; håpe på, vone; **– in God** stole på Gud; **in -s of** i håp om; **– for** håpe på; **to – against –** klamre seg til håpet (til tross for); **I should – so** det skulle jeg da håpe (tro).
hopeful [ˈhəupf(u)l] forhåpningsfull; håpefull; lovende.
hopeless [ˈhəuplis] håpløs, utrøstelig; **a – disease** en uhelbredelig sykdom. **hopelessness** håpløshet, trøstesløshet.
hoplite [ˈhɔplait] hoplitt.
hop merchant humlehandler; dansemester.
hop-o'-my-thumb [ˈhɔpəmiθʌm] pusling, tommeliten.
hopper [ˈhɔpə] hopper; ostemark; såkasse; fødeapparat; beholder, samlekasse, sisterne; mølletrakt, kverneteine; selvtømmende mudderpram.
hopper [ˈhɔpə] humlehøster.
hop-picking humlehøst.
hopping [ˈhɔpiŋ] humlehøst.
hopping [ˈhɔpiŋ] hopping; dans. **– mad** eitrende sint, fly forbannet.
hopple [ˈhɔpl] helde; sette helde på.

hoppo [ˈhɔpəu] (pidgin-engelsk) kasserer; handelsinspektør.
hop pole humlestake; lang tynn person.
hopscotch [ˈhɔpskɔtʃ] paradis (barneleken).
hop, skip (el. **step**) **and jump** tresteg.
hop vine [ˈhɔpvain] humleranke.
Horace [ˈhɔrəs, -is] Horats.
Horatio [hɔˈreiʃiəu].
horde [hɔ:d] horde, bande; leve i flokk.
horizon [həˈraizn] horisont, synskrets. **horizontal** [hɔriˈzɔntl] horisontal, vannrett, liggende. **– engine** motor med liggende sylindre; **– plane** horisontalplan; **– projection** horisontalprojeksjon, grunnriss; **– rudder** dybderor; **– section** horisontalsnitt. **horizontality** [hɔrizɔnˈtæliti] vannrett stilling. **horizontally** [hɔriˈzɔntəli] horisontalt.
hormone [ˈhɔ:məun] hormon.
horn [hɔ:n] horn; jakthorn; drikkehorn; krutthorn; sparkel; sette horn på, (fig.) sette horn i pannen; **draw (pull, haul) in one's -s** ta følehornene til seg, holde seg i skinnet; **lower one's -s** nedlate seg.
horn|beak horngjel. **-beam** agnbøk; kvitbøk; **-bill** neshornfugl. **-book** abc, elementærbok, grunnbok.
horned [ˈhɔ:n(i)d] hornet; hornformet. **– mine** hornmine. **– toad** paddeøgle.
horner [ˈhɔ:nə] hornarbeider; hornhandler.
hornet [ˈhɔ:nit] geitehams, veps; **bring** (el. **raise) a nest of -s about one's ears, poke one's head into a -'s nest** stikke hånden i et vepsebol.
horn|fish horngjel. **– -fisted** med barkede never.
hornish [ˈhɔ:niʃ] hornaktig.
hornless [ˈhɔ:nlis] uten horn, kollet.
horn | owl bergugle, hubro. **-pipe** hornpipe (et blåseinstrument); hornpipe (en matrosdans). **– player** hornblåser.
horn-rimmed spectacles hornbriller.
hornswoggle [ˈhɔ:nswɔgl] snyte, narre, lure.
horntail [ˈhɔ:nteil] treveps.
hornwork [ˈhɔ:nwə:k] hornverk (et fremskutt befestningsverk med to lange tilbakegående greiner).
horny [ˈhɔ:ni] horn; hornaktig; hard som horn; kåt.
horography [həˈrɔgrəfi] timeberegning.
horologer [həˈrɔlədʒə], **horologist** [həˈrɔlədʒist] urmaker. **horology** [həˈrɔlədʒi] urmakerkunst. **horometry** [həˈrɔmitri] tidsmåling.
horoscope [ˈhɔrəskəup] horoskop; **cast** (el. **draw** el. **erect) a person's –** tyde en persons skjebne etter stjernenes stilling da vedkommende ble født, stille et horoskop.
horrent [ˈhɔrənt] strittende, bustet.
horrible[ˈhɔribl] skrekkelig, fryktelig, forferdelig; avskyelig.
horrid [ˈhɔrid] redselsfull; avskyelig.
horrific [hɔˈrifik] forferdelig, skrekkinnjagende.
horrify [ˈhɔrifai] forferde, skremme, støkke.
horror [ˈhɔrə] gysning; redsel, støkk; avsky; stygg; avskyelighet, grufullhet; **-s** tungsindighet; drankergalskap; **give one the -s** inngyte en avsky; **have the -s** ha delirium; **chamber of horrors** redselskabinett; **the – of it all!** hvor avskyelig! **oh – unspeakable!** (Gud) noe så fryktelig! **the old –** det gamle trollet, rivjernet. **– film** redselsfilm, grøsser. **– -stricken, – -struck** redselsslagen.
horse [hɔ:s] hest; hingst; grahest; gjelk; hestefolk; rytteri, kavaleri; trehest (strafferedskap); sagbukk; stillas; løygang, løybom; pert; bukk; (på skolen) oversettelse som man fusker med, forbudt hjelpemiddel, fuskelapp; (US) heroin; **(dead) –** forskudd; (sl.) fempundsseddel; **(the old) Horse** tukthus i Horsemonger-Lane; (US) energisk mann; forsyne med hester; spenne hesten for; bedekke (en hoppe); piske; fuske (på skolen); **the -s are to** det er spent for; **put the cart before the -s** begynne i den gale enden, snu tingene på hodet; **take –** stige til hest; bedekke; **– around** holde leven, husere; **a dark –** en ukjent størrelse (egl. fra veddeløpsspråket); **get on** (el. **mount) the high –** sette seg på den høye hest; **gentleman** (eller **master) of the –** stallmester; **flog a dead –** søke å vekke ny interesse for noe forslitt; **they cannot set their -s together** de kan ikke forlikes; **a regiment of –** et kavaleriregiment; **5,000 –** 5000 mann kavaleri; **lieutenant of –** kavaleriløytnant.
horse | artillery ridende artilleri. **– -and-buggy** trille, karjol. **– and foot** hester og fotfolk, kavaleri og artilleri. **– ant** rød skogmaur. **-back** til hest, ridende. **– bean** hestebønne. **– botfly** hestebrems. **– breaker** hestedressør, hestetemmer, berider. **– brimstone** grå svovel. **– chanter** hestehandler. **– chestnut** hestekastanje. **-cloth** hestedekken; hestehårsduk. **-craft** hestevett. **– comb** strigle, skrape.
horsed til hest, ridende.
horse|deal hestehandel. **– drench** hestemedisin. **– droppings, – dung** heste|pærer, -møkk. **-face** langt plumpt ansikt, hestefjes. **-fair** hestemarked. **-feathers** tøys, sludder. **-flesh** hestekjøtt; hester; **be a judge of – –** forstå seg på hester. **-fly** klegg, blinding. **– guard(s)** livvakt (til hest), hestegarde; **the Horse Guards** (et garderegiment i England; bygning i London hvor den har sitt hovedkvarter). **-hair** hestehår; hestehårs-. **– hoof** hestehov. **– keeper** hesteholder; stallkar. **– latitudes** (US) stille belte, hestebredder. **-laugh** rå latter, gapskratt. **-leech** hesteigle; (fig.) blodigle, blodsuger. **– litter** båre opphengt mellom to hester.
horse|man [ˈhɔ:smən] rytter, hestepasser. **-manship** ridekunst, rideferdighet. **– marine** (i spøk) flåtekavalerist, landkrabbe; dumrian. **– mill** hestevandring, tredemølle. **– nail** hesteskosøm. **– opera** (US) westernfilm. **-play** grov spøk. **– police** ridende politi. **-pond** hestetrau, vannpost. **-power** hestekraft; hestekrefter **(60 horse power)**. **-pox** hestekopper. **– race** hesteveddeløp. **– -radish** pepperrot. **– railway** hestesporvei. **– rider** berider, rytter. **– rug** hestedekken. **– sense** (US) sunn menneskeforstand. **-shit** tullprat, vås. **-shoe** hestesko. **– show** hesteskue. **– soldier** kavalerist. **– stealer** hestetjuv. **-way** kjørevei; hestevandring. **-tail** hestehale. **– thistle** ekte tistel. **– trade** hestehandel; kompromiss. **– tram** hestesporvogn. **-whip** ridepisk, svepe; bruke ridepisken på, piske, banke. **-whipping** pryl med ridepisken. **-woman** rytterske.
horsy (eller **horsey**) [ˈhɔ:si] heste-; hesteaktig; hestehandler-; sportsmessig, jockeyaktig.
hortative [ˈhɔ:tətiv] formanende, styrkende, oppmuntrende. **hortatory** [ˈhɔ:tətəri] formanende, styrkende, oppmuntrende.
horticultural [hɔ:tiˈkʌltʃərəl] hage-, hagebruks-; **– exhibition** (el. **show**) blomsterutstilling; **– society**

hageselskap. **horticulture** [ˈhɔ:tikʌltʃə] hagebruk; hagekunst. **horticulturist** [hɔ:tiˈkʌltʃərist] gartner.
hortus siccus [ˈhɔ:təs ˈsikəs] herbarium.
hosanna [həuˈzænə] hosianna.
hose [həuz] strømper, hoser, sokker; hageslange; oversprøyte; pryle med gummislange. – **car** slangebil (brannbil). – **clip** slangeklemme.
Hoshea [ˈhə(u)ziə] Hoseas.
hosier [ˈhəuʒə] trikotasjehandler.
hosiery [ˈhəuʒəri] trikotasje, ullvarer; trikotasjefabrikk.
hospice [ˈhɔspis] hospitium (tilfluktssted for reisende), hospits, herberge.
hospitable [ˈhɔspitəbl] gjestfri.
hospital [ˈhɔspitl] hospital, sykehus; **flying** – feltlasarett; **lying-in** – fødselsstiftelse; **Magdalen** – Magdalenestiftelse. – **infection** sykehussmitte.
hospitality [hɔspiˈtæliti] gjestfrihet; **provide** – sørge for opphold.
hospitalization [-ˈzeiʃn] sykehusinnleggelse.
hospitaller [ˈhɔspitlə] Johannitterridder, hospitalitt.
host [həust] hær, krigshær; skare; **Lord of Hosts** hærskarenes Gud; **a heavenly** – en himmelsk hærskare.
host [həust] vert; **count** (el. **reckon**) **without one's** – gjøre regning uten vert; **–s** vertsfolket.
host [həust] hostie.
hostage [ˈhɔstidʒ] gissel, pant.
hostel(ry) [ˈhɔst(ə)l(ri)] gjestgiveri, herberge; studenthjem.
hostess [ˈhəustis] vertinne; flyvertinne; serveringsdame; profesjonell dansepartnerske.
hostile [ˈhɔstail] fiendtlig; fiendtligsinnet.
hostility [hɔˈstiliti] fiendskap, fiendtlighet.
hostler [ˈ(h)ɔs(t)lə] stallkar (i et vertshus); jernbanearbeider (i lokomotivstall).
hostlery [ˈhɔstlri] gjestgiveri, vertshus.
hot [hɔt] het, heit, varm; radioaktiv; hissig, stri, brå, heftig, sint; ivrig; bitende, skarp (om smak); krydret, pepret; lidenskapelig, ildfull; sterkt sanselig; – **at** flink til å; – **for** ivrig etter; – **from** fersk fra, rett fra; **L. is becoming too – for him** det blir for hett for ham i L., jorda begynner å brenne under føttene på ham i L.; **he'll get it – and strong** han får en overhaling, han blir ordentlig gjennombanket; **make a place too – for a man** gjøre helvete hett for en mann; **boiling** – kokende hett; **red** – rødglødende; **white** – hvitglødende; – **brandy** konjakktoddy; – **cockles** (hist.) lek hvor en person med bind for øynene gjetter hvem som slo ham; – **goods** tjuvegods; nylig stjålet; **sell like – cakes** gå som varmt hvetebrød; – **coppers** tømmermenn (etter rangel); – **tiger** varmt øl med sherry; **we had a – time yesterday** i går gikk det hett for seg; **be in – water** være i vanskeligheter, i knipe; **get into – water with somebody** komme i strid med en; tildra seg en irettesettelse av en; **be – upon a thing** være sterkt oppsatt på noe; sint for noe; **there is – work there** det går varmt til der; **in – haste** i en flyvende fart; **a – patriot** en ivrig fedrelandsvenn; en kraftpatriot; – **tobacco** sterk tobakk.
hot air [ˈhɔtɛə] varm luft; floskler, tøv, store ord. **–heating** varmluftsoppvarming.
hot-and-hot meget varm mat.
hotbed [ˈhɔtbed] mistbenk, drivbenk; (fig.) arnested; **a – of vice** et arnested for lasten.
hot-blooded [ˈhɔtˈblʌdid] varmblodig.
hot-brittle varmeskjør.
hot-bulb engine glødehodemotor.
hotcha [ˈhɔtʃə] (US) smart, flott (om pike); lett på tråden.
hotchpot(ch) [ˈhɔtʃpɔt(ʃ)] miskmask, suppe, mølje, sammensurium.
hot | cockles [ˈhɔtˈkɔklz] se under **hot.** – **coppers** tømmermenn (etter rangel). – **corner** et sted hvor det går varmt for seg; knipe.
hot dog varm pølse med brød (el. lompe).
hot-dog stand pølsebod, pølsevogn.
hotel [həuˈtel] hotell. **– -keeper** [həuˈtelˈki:pə], – **manager** hotellvert, hotelleier.
hot|foot [ˈhɔtfut] i største hast, på røde rappet; **give him a** – (stikke en tent fyrstikk under noens skosåle for moro skyld), gi noen et sjokk. **-head** brushode, sinnatagg. **-headed** hissig. **-house** [ˈhɔthaus] drivhus. **-livered** irritabel; varmblodig. **– -mouthed** hardmunnet; halsstarrig.
hotness hete; hissighet, bråsinne, voldsomhet.
hot | pot ragout av fårekjøtt og poteter. **– -press** satinere, varmpresse. – **rod** gammel bil med ny el. trimmet motor. – **seat** (US) den elektriske stol. **– -short** rødskjør (skjør i glødende tilstand). **– -shot** storkar, en av de store gutta; dyktig; smart; innbilsk. **– -spirited** hissig, heftig. – **spot** livlig nattklubb. **be in a – –** være i knipe. **-spur** [ˈhɔtspə:] villstyring; hissig. **-spurred** hissig. – **stuff** hard kost; hardhaus, farlige gjenstander. **-tempered** hissig.
Hottentot [ˈhɔtntɔt] hottentott.
hot-water varmtvanns-. – **bottle** varmeflaske.
hot well varmtvannsbeholder; varm kilde.
Houdini [hu:ˈdi:ni] (tryllekunstner som særlig opptrådde som utbryterkonge); **he made a – on us** han forsvant.
hough [hɔk] hase; skjære hasene over på.
hound [haund] hund; jakthund; kjøter, best; jage, hisse; pusse (**on** på); **ride to hounds** drive parforcejakt, drive revejakt.
hound's tongue [ˈhaundztʌŋ] hundetunge (plante).
hour [ˈauə] time, tid, tidspunkt, klokkeslett; timeslag; **at all -s** døgnet rundt, til alle døgnets tider; **keep good (bad) -s** komme tidlig (seint) hjem, gå tidlig (seint) til sengs; **by the** – for timen; i timevis; **for -s (together)** timevis; **an – and a half** halvannen time; **a quarter of an** – et kvarter; **business -s** forretningstid; **small -s** de små timer; **after -s** etter stengetid, etter skoletid; **it strikes the** – den slår hel; **it strikes the half** – den slår halv; **what's the –?** hva er klokka? **opening -s** åpningstid.
hour|glass [ˈauəglɑ:s] timeglass. – **hand** lilleviser. **-ly** hver time, per time.
houri [ˈhuəri] huri.
house [haus], pl.: **houses** [ˈhauziz] hus; også i betydninger som: kongehus, hus, kammer, ting, kollegium (ved universitetet), skuespillhus, teater, handelshus, firma, fattiggård, børs; **country** – landsted; **public** – vertshus, pub; **religious** – kloster; **the White House** den amerikanske presidents embetsbolig i Washington; – **of call** arbeidsanvisningskontor; – **of correction** forbedringsanstalt; – **of ill fame** bordell; **keep** – holde hus, føre hus; **keep the** – holde seg hjemme; **as safe as -s** ganske sikkert; **raise the** – sette hele huset på ende; **set up – for oneself** begynne sin egen husholdning; **the House, the Lower House,**

the House of Commons underhuset (i det engelske parlament); **the House of Lords, the House of Peers, the Upper House** overhuset (i det engelske parlament); **the House of Parliament** parlamentet; (US) **the House of Representatives** representanthuset i den amerikanske kongress; **call of the House** navneopprop; **be in the House, be member of the House** være medlem av parlamentet; **be in possession of the House** ha ordet i parlamentet; **there is a House** det er møte i parlamentet; **bring down the –** ta publikum med storm; **– full!** utsolgt! **a full –** fullt hus; **a thin –** dårlig hus, lite folk; **help about the –** gå til hånde i huset; **it goes like a – on fire** det går strykende; **it is on the –** huset (el. verten) spanderer; **he drinks them out of – and home** drikker dem fra gård og grunn; **play –** leke mor og far; **set one's – in order** beskikke sitt hus, ordne sine saker.

house [hauz] få under tak, få i hus; skaffe tak over hodet; installere; huse; beskytte, dekke; bo i hus, holde til.

house | agent [ˈhauseidʒənt] gårdsbestyrer; innehaver av leiebyrå. **– bell** portklokke. **– boat** flytende sommerhus, husbåt (båt som er innredet til beboelse). **-boy** tjener, boy. **-breaker** innbruddstyv. **-breaking** innbrudd; nedrivning. **-breaking implements** (el. **tools**) innbruddsverktøy. **-carl** [ˈhauskɑ:l] huskar (kriger av de angelsaksiske og nordiske kongers livvakt). **– charge** kuvertavgift. **– cleaning** (stor)rengjøring. **-coat** (hus)forkle, morgenkjole. **– famine** bolignød. **– farmer** husvert som for høye priser leier dårlige leiligheter ut til fattigfolk. **– flag** firmaflagg. **– frock** hjemmekjole.

household [ˈhaus(h)əuld] husholdning; husstand, hus, familie; tjenerskap. **– bread** hjemmebakt brød. **– effects** innbo og løsøre. **– drudge** kone som sliter seg ut i huset. **– furniture** innbo. **– gods** husguder, penater. **– medicine** husråd. **– remedy** husråd. **– scales** husholdningsvekt. **– stuff** bohave. **– suffrage** valgrett for huseiere. **– troops** livvakt, gardetropper. **– words** daglig vending, ordtak. **– worship** husandakt.

house|holder [ˈhaushəuldə] familiefar, husfar, en som har stemmerett. **– hunter** boligsøkende. **-keeper** husmor; husholderske; oldfrue. **-keeping** husholdning; **we started -keeping** vi begynte å føre hus; **-keeping allowance** (el. **money**) husholdningspenger.

house|leek [ˈhausli:k] takløk. **-less** husvill. **-line** hyssing. **-linen** lintøy, vasketøy. **-lot** byggegrunn. **-maid** stuepike. **-maid's knee** vann i kneet. **– martin** taksvale. **-painter** maler (i motsetning til kunstmaler). **– physician** reservelege, kandidat. **-place** dagligstue (skotsk og på landet). **– -rent** husleie. **houserent free** med husleiegodtgjørelse. **– room** husrom. **-rule** husorden. **– sparrow** gråspurv. **– steward** hushovmester, første tjener i hus. **– surgeon** reservelege. **-top** hustak; **cry from the housetops** preke fra hustakene. **– -trained** stueren. **-warming** innflyttingsfest, krympefest, hjemkommerøl.

housewife [ˈhauswaif] husmor; [hʌzif] syskrin. **housewifely** [ˈhauswaifli] husmoderlig. **housewifery** [ˈhʌzifri, ˈhauswaifəri] husholdning, husstell.

housing [ˈhauziŋ] innlosjering; boliger; hus-; saldekken.

the housing problem boligspørsmålet.

Houyhnhnms [ˈhui(n)əmz] (de fornuftige vesener i skikkelse av hester i Swifts Gulliver's Travels).

hove [həuv] imperf. av **heave.**

hovel [ˈhɔvəl] skur, halvtekke, skjå; elendig hytte, rønne; kornstakk; anbringe i skur; bringe under tak. **-ler** bergingsmann; kjentmann.

hoven [ˈhəuvən] hoven.

hover [ˈhɔvə] sveve; dvele, sverme, vandre; vingle; **– about** kretse om; drive om i nærheten.

hovercraft [ˈhɔvəkrɑ:ft] luftputefartøy.

how [hau] hvorledes, hvordan; hvor, i hvilken grad; hvor! å; (således) som; **– about** hva med, hva sier De til ...; **– are you?** hvorledes har De det? **– come** hvordan kan det ha seg; **– do you do?** [ˈhaudjuˈdu:] god dag! **know – to do it** forstå å (el. kunne) gjøre det; **– is it that** hvordan kan det være; **do it – you can** gjør det så godt du kan; **– hot it is!** så varmt det er!

howadji [hauˈædʒi] kjøpmann (i Orienten).

Howard [ˈhauəd].

howbeit [hauˈbi:(i)t] likevel, enda, hvorom allting er.

howda(h) [ˈhaudə] elefantsal (helst med telt og med rom til flere).

how-do [hauˈdu:] god dag!

how-d'ye-do [ˈhaudiˈdu:] god dag! fine greier; oppstyr.

howel [ˈhauəl] bøkkers rundhøvel.

however [hauˈevə] hvorledes enn, hvordan enn; hvor – enn; hvordan i all verden; likevel, dog, imidlertid.

howf(f) [hauf] (skotsk) tilholdssted; ha tilhold et sted.

howitzer [ˈhauitsə] haubits.

howk [hauk] (skotsk) grave.

howl [haul] hyle, ule, tute; ul, hyl, tuting.

howler [ˈhaulə] hyler; gråtekone; bommert, leit mistak; **go a –** tape svært.

howlet [ˈhaulit] nattugle.

howling [ˈhauliŋ] hylende; skrekkelig.

howsoever [hausəˈevə] hvorledes enn; skjønt.

hoxter [ˈhɔkstə] innvendig sidelomme.

hoy [hɔi] svær pram, koff.

hoyden [ˈhɔidn] se **hoiden.**

H. P. fk. f. **hire purchase.**

h. p. fk. f. **horsepower.**

H. Q. fk. f. **headquarters.**

hr. fk. f. **hour.**

H. R. H. fk. f. **His** (eller **Her**) **Royal Highness.**

hrs. fk. f. **hours.**

H. S. H. fk. f. **His** (el. **Her**) **Serene Highness.**

huanaco [wəˈnɑ:kəu] guanako (en slags lama).

hub [hʌb] hjulnav; sentrum; midtpunkt for ens interesse; kjælenavn for ektemann (**husband**); (US) **the – of the universe** spøkefull benevnelse for Boston; verdens midtpunkt, verdens navle.

hubbie (el. **hubby**) [ˈhʌbi] liten mann (kjælenavn for ektemann).

hubble-bubble [ˈhʌblbʌbl] snakk i munnen på hverandre; javl, vås, tøv; virvar; vannpipe.

hub brake navbrems.

hubbub [ˈhʌbʌb] larm, ståk, styr, lurveleven.

hubby [ˈhʌbi] knudret.

hub cap hjulkapsel, navkapsel.

hubris [ˈhju:bris] hybris, overmot. **hubristic** [hjuˈbristik] overmodig.

huck [hʌk], **huckaback** [ˈhʌkəbæk] dreiel.

huckle [ˈhʌkl] hofte; pukkel, kryl. **-backed** pukkel-

rygget. **-berry** (US) busk m. spiselige svarte bær; bærlyng; (også): blåbær.
huckster [ˈhʌkstə] høker; gatehandler; høkre.
huckstress [ˈhʌkstris] høkerkjerring.
hud [hʌd] belg, hylse.
huddle [ˈhʌdl] stuve sammen i et rot; røre sammen, dynge sammen; jage, skynde på; slenge; kaste (klærne på seg); trenge seg sammen; gjøre ferdig i en fei, smøre sammen, sjaske fra seg; stimle, flokke seg; hop, dynge; røre; stimmel, trengsel; **– oneself up** (el. **together**) krype sammen; **go into a – with** ha fortrolig (privat) rådslagning med; **– over** (el. **through**) fare igjennom; **– together** kaste i en dynge; stimle sammen.
huddler [ˈhʌdlə] stymper.
Hudson [ˈhʌdsən].
hue [hju:] farge, lett, lød; anstrøk, nyanse, dåm.
hue [hju:] skrik; **make – and cry after a person** el. **raise a – and cry against a person** forfølge en med huiing og skrik; forfølge en med stikkbrev eller etterlysning; starte en forfølgelse (kampanje).
huel [ˈhjuəl] gruve (i Cornwall).
hueless [ˈhju:lis] fargeløs.
hue sensibility fargesans, -følsomhet.
huer [ˈhju:ə] utkikksmann.
huff [hʌf] blåse opp; heve seg (om deig); blåse seg opp; larme, fnyse; behandle grovt, hundse, tyrannisere; fornærme; blåse (**at** av); fornærmelse; sinne; skryter; knep, puss; **– and puff** puste og pese.
huffed krenket, fornærmet, støtt.
huffer [ˈhʌfə] praler, skryter; tyrann.
huffish [ˈhʌfiʃ] hoven. **huffy** [ˈhʌfi] hoven, oppblåst, hårsår, lett å støte, nærtagende.
hug [hʌg] favne, omfavne; favntak, fangtak, omfavnelse, klem; klynge seg til, klamre seg til; **– oneself** glede seg, gotte seg, fryde seg; **– oneself in bed** krype sammen i senga av kulde; (mar.) **– the land** holde seg tett oppunder land; (mar.) **– the wind** knipe tett til vinden.
huge [hju:dʒ] stor, uhyre, umåtelig, kolossal, veldig, kjempemessig. **hugeness** [ˈhju:dʒnis] uhyre størrelse.
hugger-mugger [ˈhʌgəˈmʌgə] hemmelighet; forvirring, rot, røre; gnier; hemmelig; uordentlig; ynkelig; gå hemmelig til verks; holde hemmelig.
Hugh [hju:].
Hughes [hju:z].
hug-me-tight sengehygge.
Huguenot [ˈhju:gənɔt] hugenott.
hukeem [həˈki:m] lege (i India).
hulk [hʌlk] holk, lørje, skrog (av et skip); losjiskip; anbringe i losjiskip; stor, klosset **-ing** tykk, klosset, ulenkelig.
Hull [hʌl].
hull [hʌl] hylster; belg, skolm; hams; skrog (av skip); skalle, renske; pille (erter); hamse; ramme i skroget.
hullabaloo [hʌləbəˈlu:] ståk, oppstyr, lurveleven.
hullo [həˈləu] hallo! hei!
hulloa [həˈləuə] hallo! hei!
hullock [ˈhʌlək] del av et seil.
hully [ˈhʌli] skolmet, skallet.
hully [ˈhʌli] åleruse, åleteine.
hum [hʌm] surre, summe; mumle; mulle; brumme; humre; nynne bifall til; få til å brumme, nynne; stamme; føre bak lyset; surring, summing; murring; mumling; brumming; bifallsytring; nynning; spøk; humbug; hm! **– and haw** hakke og stamme i det, dra på det; **make things –** sette liv i tingene, få sveis på det; **the – of the city** byens liv og larm.
human [ˈhju:mən] menneske; menneskelig, menneske-; **– being** menneske; **– equation** menneskefaktor.
humane [hjuˈmein] human, menneskekjærlig; humanistisk.
humanely [hjuˈmeinli] menneskekjærlig.
humaneness humanitet, menneske(kjærlig)het.
humanist [ˈhju:mənist] humanist; klassisk filolog.
humanitarian [hjumæniˈtɛəriən] menneskevenn, filantrop; menneskekjærlig.
humanity [hjuˈmæniti] menneskelighet; menneskehet, mennesker; humanitet, menneskekjærlighet; **the humanities** humaniora, humanistiske fag, særlig latinske og greskeklassikere.
humankind [ˈhju:mənˈkaind] menneskeslekten.
humanize [ˈhju:mənaiz] gi menneskelig skikkelse (form, innhold).
humanly menneskelig; **he did all that was – possible** han gjorde alt som sto i menneskelig makt.
humate [ˈhju:mit] humussurt salt.
Humber [ˈhʌmbə].
humble [ˈhʌmbl] ringe; ydmyk, ærbødig, underdanig, beskjeden, smålåten, spakferdig; gjøre ringere, nedsette, ydmyke; **my – self** min ringhet.
humblebee [ˈhʌmblbi:] humle.
humblepie [ˈhʌmblˈpai] postei av innmat; husmannskost; **eat –** spise nådensbrød, ydmyke seg, krype til korset, bite i det sure eple.
humbly [ˈhʌmbli] ringe; ydmykt, beskjedent.
humbug [ˈhʌmbʌg] humbug, jugl, juks, fusk og fanteri; humbugmaker; bedrager; narre, forlede, bedra, jukse. **humbugger** [ˈhʌmbʌgə] humbugmaker. **humbuggery** [ˈhʌmˈbʌgəri] humbug, bedrageri, svindel.
hum distortion (radio) brumforvrengning.
humdrum [ˈhʌmdrʌm] kjedelig, hverdagslig; kjedsommelighet, hverdagslighet; samme gnålet; dødbiter; staur.
Hume [hju:m].
humective [hjuˈmektiv] fuktende; våt.
hum eliminator (TV) nettfilter.
humeral [ˈhju:mərəl] skulder-.
humgruffin [hʌmˈgrʌfin] heslig, frastøtende person, stygt troll.
humic [ˈhju:mik] humus-.
humhum [ˈhʌmhʌm] grovt, glatt bomullstøy (i India).
humid [ˈhju:mid] fuktig. **humidifier** [hjuˈmidifaiə] fukter, fuktingsanlegg. **humidify** fukte. **humidity** [hjuˈmiditi] fuktighet. **humidness** [ˈhjumidnis] fuktighet.
humiliate [hjuˈmilieit] ydmyke.
humiliation [hju:miliˈeiʃən] ydmykelse; **day of –** alminnelig bededag.
humility [hjuˈmiliti] ydmykhet.
humming [ˈhʌmiŋ] summende; summing. **-bird** kolibri. **–-top** snurrebass.
hummock [hʌmək] haug, knoll, større tue.
hummocky [ˈhʌməki] bakket.
humor [ˈhju:mə] væske, væte.
humoral [ˈhju:mərəl] humoral, væske-, væte-.
humorist [ˈhju:mərist] humorist; raring.
humoristic [hju:məˈristik] humoristisk.

humorous [ˈhju:mərəs] humoristisk, spøkefull, munter.
humour [ˈhju:mə] stemning; humør; lune; skjemt, vidd, humor; kroppsvæske; føye, rette seg etter, jatte med, godsnakke; gå inn på; **be out of –** være i dårlig humør; **be in the – for** være opplagt til; **please one's –** følge sin lyst; **put one in good –** sette en i godt humør; **put one out of –** sette en i dårlig humør; **the – takes me** jeg får lyst til; **take one in the –** benytte ens gode humør; **do a thing for the – of it** gjøre noe for spøk; **children must not be -ed too much** man må ikke være for ettergivende mot barn.
hump [hʌmp] pukkel; kuv; haug; (sl.) dårlig humør; krøke ryggen; samle; (sl.) ergre; (sl.) ødelegge; ta seg sammen; **we are over the –** vi er over kneiken, (det verste). **-back** pukkelrygg; pukkelrygget; pukkelhval. **-backed** rundrygget; pukkelrygget.
humph [hʌmf] hm!; si hm, brumme, kremte.
Humphrey [ˈhʌmfri].
hump-shouldered [ˈhʌmpʃəuldəd] rundrygget.
humpty [ˈhʌm(p)ti] (slags gulvpute).
humpty-dumpty [ˈhʌm(p)tiˈdʌm(p)ti] liten og tykk; tjukken; **Humpty Dumpty sat on a wall** ≈ Lille Trille satt på hylle (et lite barnerim hvor H. er et egg).
humpy [ˈhʌmpi] puklet, pukkelrygget; sur; bulet.
humpy [ˈhʌmpi] hytte (i Australia).
humstrum [ˈhʌmstrʌm] dårlig instrument; lirekasse.
humus [ˈhju:məs] moldjord, humus.
Hun [hʌn] huner, vandal, (også brukt hånlig om tyskere).
hunch [hʌnʃ] pukkel, kul; kolle, tue; klump; puff; krumme, krøke; puffe; innskytelse, innfall; **I have a – that** jeg har en følelse av at; **play a –** følge en innskytelse; **– -back** pukkelrygg; pukkelrygget person. **-backed** [ˈhʌnʃbækt] pukkelrygget.
hundred [ˈhʌndrəd] hundre; **by -s** i hundrevis; **4 in the –** 4 prosent. **-fold** hundrefold, hundre ganger så mye. **– proof** (om whisky) 57 volumprosent; best, finest.
hundredth [ˈhʌndrədθ] hundrede (ordenstall), hundredel.
hundredweight [ˈhʌndrədweit] centner; i England: 112 lbs. (50,802 kg); i Amerika: 100 lbs. (45,359 kg); **metric –** (50 kg).
hung [hʌŋ] imperf. og perf. pts. av **hang.**
Hungarian [hʌŋˈgɛəriən] ungarsk; ungarer. **Hungary** [ˈhʌŋgəri] Ungarn.
hung beef ≈ spekekjøtt.
hunger [ˈhʌŋgə] sult, hunger; sulte, være sulten, hungre; sulte ut; (fig.) føle sterk trang, lyst til; savne inderlig, tørste etter. **– -bitten** plaget av sult, sultrammet. **– line** sultegrense. **– strike** sultestreik.
hungrily [ˈhʌŋgrili] grådig, begjærlig.
hungry [ˈhʌŋgri] sulten, hungrig, grådig; **– as a hunter** sulten som en skrubb; **– soil** mager jord.
hunk [hʌŋk] stort, tykt stykke, blings, klump; **– of** en stor mengde, en god slump.
hunk [hʌŋk] (US) ved målet; **be on –** være ved målet; være i sikkerhet.
hunker [ˈhʌŋkə] (US) stokk konservativ. **hunkerism** [ˈhʌŋkərizm] stokk-konservatisme.
hunks [hʌŋks] gnier.
Hunlike, Hunnish vill, barbarisk.
hunt [hʌnt] (eng.) revejakt, parforcejakt; jage, veide; jage etter, gå på jakt etter; jakt; forfølgelse; alt det som hører til jakten; jaktselskap; jaktrevier; **– down** jage til døde; **– down a criminal** forfølge og pågripe en forbryter; **– for** lete (ivrig) etter; **– high and low** lete med lys og lykt etter; **– up** (el. **out)** finne, snuse opp.
hunter [ˈhʌntə] jeger; jakthund; jakthest; jagerfly.
hunting [ˈhʌntiŋ] jakt, veiding; jakt. **– box** jakthytte. **– cog** overtallig tann (i et sett tannhjul). **– crop** jaktpisk. **– ground** jaktterreng, -område, -distrikt. **– lodge** jakthytte. **– meet** [-mi:t] jaktmøte. **– seat** jaktslott. **– watch** jaktur, dobbeltkapslet ur.
huntress [ˈhʌntris] kvinnelig jeger.
Hunts [hʌnts] Huntingdonshire.
huntsman [ˈhʌntsmən] jeger, pikør, jaktfører (ved parforcejakt). **huntsmanship** jegerkunst; pikørstilling.
hur-bur [ˈhə:bə:] borre.
hurdle [ˈhə:dl] flyttbart gjerde, risgard, risgjerde; hinder (ved veddeløp). **– race** hinderløp, veddeløp med forhindringer, hekkeløp.
hurdler [ˈhə:dlə] hekkeløper.
hurdy-gurdy [ˈhə:diˈgə:di] lirekasse, lire; (US) vannhjul som drives av vannstråle; vinsj (til trål).
hurkara [hə:ˈkɑ:rə], **hurkaru** [hə:ˈkɑ:ru] bud, kurér (i India).
hurl [hə:l] kaste, slynge, slenge.
hurly-burly [ˈhə:liˈbə:li] larm, tummel, virvar.
Huron [ˈhjuərən].
hurrah [huˈrɑ:] hurra; rope hurra.
hurricane [ˈhʌrikən] orkan. **– deck** stormdekk. **– lamp** stormlykt.
hurried [ˈhʌrid] hurtig, hastig, oppjaget, kort. **hurriedly** [ˈhʌridli] hurtig, hastig, skyndsomt.
hurry [ˈhʌri] il, hast, hastverk; ile, haste; skynde på; føre hurtig av sted, drive på, forsere, fremskynde, få av gårde; skynde seg; **be in a –** ha hastverk, ha det travelt; **in the –** i skyndingen; i farten; **– oneself** forhaste seg; **– up** skynde seg, rappe seg, svinte seg; **there is no –** det haster ikke; **– away** ile bort; føre hurtig bort; **he hurried into his clothes** han kastet seg i klærne.
hurry-scurry [ˈhʌriˈskʌri] forvirring, virvar; hodekulls, hodestupes, i forvirring, i hui og hast.
hurst [hə:st] lund, holt, kjerr; øyr, sandbanke.
hurt [hə:t] gjøre fortred, skade, såre, krenke, gjøre vondt; fortred, skade, ugagn, mén, sår, støt; **– oneself** slå seg; **I feel –** jeg føler meg såret; **– one's feelings** såre ens følelser.
hurtful [ˈhə:tf(u)l] skadelig.
hurtle [ˈhə:tl] støte mot, tørne sammen; slynge, virvle, suse; rasle, klirre, drønne, brake, buldre.
husband [ˈhʌzbənd] ektefelle, ektemann, mann; god økonom; holde godt hus med, husholderere med, spare på; handle som ektemann mot; overta ansvaret for, ta seg av. **husbandage** [ˈhʌzbəndidʒ] skipsagents provisjon. **husbandman** [ˈhʌzbəndmæn] jordbruker, bonde. **husbandry** [ˈhʌzbəndri] landbruk, jordbruk; sparsommelighet, økonomi; husholdning; dyrehold.
hush [hʌʃ] hyss! hysj! stille!; stille, rolig; stillhet; stille, døyve; få til å tie; berolige, roe; være stille, tie; **– up** dysse ned.
hushaby [ˈhʌʃəbai] barnesull, bånsull, båntull; byss(an). **hushed** dempet, stille.

hush-hush hysj-hysj; strengt hemmelig; hemmelighetskremmeri; hemmeligholde.
hush money [ˈhʌʃmʌni] penger for å tie; bestikkelse.
husk [hʌsk] belg, kapsel, skolm, skall; hams; agne; skalle, skolme; (fig.) utvendigheter; skrelle, pille, hamse, renske; kle av seg.
huskiness [ˈhʌskinis] heshet.
husky [ˈhʌski] skallet, skolmet; rusten, sløret (om stemmen); trekkhund, grønlandshund.
Husky [ˈhʌski] eskimo, eskimospråk; kraftkar.
hussar [huˈzɑ:] husar.
hussif [ˈhʌsif] sypose, syskrin.
Hussite [ˈhʌsait] hussitt.
hussy [ˈhʌsi] tøs, tøyte, skreppe, flyfille.
hustings [ˈhʌstiŋz] talertribune; talerstol; valgkampanje.
hustle [ˈhʌsl] ryste sammen; støte, trenge, skubbe; skubb; driv, futt, tæl; – **and bustle** liv og røre; skynde seg, få fart i; høkre; kapre kunder (om prostituerte).
hustler [ˈhʌslə] en som bruker albuene; masekopp, svindler, smarting; (US) ludder.
huswife [ˈhʌzif, ˈhʌzwaif] se **hussif.**
hut [hʌt] hytte; skjul; brakke; legge i brakker; bo i brakker.
hutch [hʌtʃ] kasse, bur (f. eks. til kaniner); skap med hyller øverst.
hutment [ˈhʌtmənt] brakker; brakkeleir; anbringelse i brakker.
huzza [hʌˈzɑ:, huˈzɑ:] hurra! rope hurra; hilse med hurra.
H. V., h. v. fk. f. **high voltage.**
hy [hai] hei!
hyacinth [ˈhaiəsinθ] hyasint (svibel).
hyacinthine [haiəˈsinθ(a)in] hyasintaktig.
hyaena [haiˈi:nə] = **hyena.**
hyaline [ˈhaiəl(a)in] glassklar, krystallklar, gjennomsiktig; glassklar substans el. flate; (poet.) klar himmel, blank sjø.
hyalite [ˈhaiəlait] hyalitt, glassopal.
hyaloid [ˈhaiəlɔid] gjennomsiktig, glassaktig.
hybrid [ˈhaibrid] bastard, krysning; bastardaktig. – **race** blandingsrase. **-ization** kryssing.
hyd. fk. f. **hydraulics; hydrostatics.**
hydatid [ˈhaidətid, ˈhid-] vannblære; blæreorm.
Hyde Park [ˈhaid ˈpɑ:k] (park i London).
hydra [ˈhaidrə] hydra, vannslange (i mytologi).
Hydrabad [ˈhaidrəbæd].
hydrangea [haiˈdreindʒə] hortensia.
hydrant [ˈhaidrənt] hydrant, brannkran.
hydraulic [haiˈdrɔ:lik] hydraulisk; – **press** hydraulisk presse.
hydraulically [haiˈdrɔ:likəli] med vannkraft.
hydraulics [haiˈdrɔ:liks] hydraulikk, vannkraftlære.
hydric [ˈhaidrik] vannstoff-, hydrogen-.
hydride [ˈhaidraid] hydrid.
hydro [ˈhaidrəu] badesanatorium, vannkuranstalt.
hydro- [ˈhaidrəu] i sammensetninger: vann-.
hydrocarbon [haidrəuˈkɑ:bən] hydrokarbon.
hydrocele [ˈhaidrəsi:l] vannbrokk.
hydrocephalus [haidrəˈsefələs] vann på hjernen.
hydrodynamics [haidrədaiˈnæmiks] hydrodynamikk.
hydroelectricity [haidrəuilekˈtrisiti] hydroelektrisk kraft.
hydrofoil [ˈhaidrəfɔil] hydrofoil.
hydrogen [ˈhaidrədʒən] hydrogen, vannstoff. – **bomb** vannstoffbombe. – **peroxide** vannstoffperoksyd.
hydrographer [haiˈdrɔgrəfə] hydrograf.
hydrographical [haidrɔˈgræfikl] hydrografisk.
hydrography [haiˈdrɔgrəfi] hydrografi (havbeskrivelse og havmåling).
hydroid [ˈhaidrɔid] liten manet.
hydromel [ˈhaidrɔmel] honningvann, mjød.
hydrometer [haiˈdrɔmitə] areometer, flytevekt.
hydropathic [haidrəˈpæθik] hydropatisk, vann-, kur-. **hydropathist** [haiˈdrɔpəθist] hydropat. **hydropathy** [haiˈdrɔpəθi] hydropati, vannkur.
hydrophile [ˈhaidrəfail] vannsugende.
hydrophobia [haidrəˈfəubjə] vannskrekk.
hydrophone [ˈhaidrəfəun] hydrofon.
hydropic [haiˈdrɔpik] vattersottig.
hydroplane [ˈhaidrəplein] hydroplan; vannfly, sjøfly; dybderor; vannplane (om bil).
hydropsy [ˈhaidrɔpsi] vattersott.
hydroscopy [haiˈdrɔskəpi] hydroskopi.
hydrostat [ˈhaidrəstæt] hydrostat. **hydrostatic** [haidrəˈstætik] hydrostatisk; **-s** hydrostatikk, læren om væskers likevekt.
hydrous [ˈhaidrəs] vannholdig.
Hydrus [ˈhaidrəs] (astr.) Hydra, Vannslangen.
hyena [haiˈi:nə] hyene.
hyetograph [ˈhaiətəgrɑ:f] regnmåler.
Hygeia [haiˈdʒi:ə] Hygea. **hygiene** [ˈhaidʒi:n] hygiene, helselære. **hygienic** [haiˈdʒi:nik] hygienisk. **-s** hygiene. **hygienist** [ˈhaidʒinist] hygieniker.
hygrometer [haiˈgrɔmitə] hygrometer, fuktighetsmåler.
hygroscope [ˈhaigrəskəup] hygroskop, fuktighetsmåler. **hygroscopic** [haigrəˈskɔpik] hygroskopisk, vannsugende.
hymen [ˈhaimən] hymen; møydom, dyd.
hymeneal [haiməˈni:əl], **hymenean** [haiməˈni:ən] bryllups-, bryllupsdikt, salme.
hymn [him] hymne; salme; lovsang; lovprise, lovsynge. – **book** salmebok. **hymnal** [ˈhimnəl] hymneaktig, hymne-; salmeaktig, salme-; salmebok. **hymnic** [ˈhimnik] hymneaktig; salmeaktig. **hymnody** [ˈhimnədi] salmesang; salmekomposisjon. **hymnologist** [himˈnɔlədʒist] hymnedikter; salmedikter. **hymnology** [himˈnɔlədʒi] hymnedikting; salmedikting.
hyperaemia [haipəˈri:mjə] hyperemi (økt blodmengde).
hyperbola [haiˈpə:bələ] hyperbel.
hyperbole [haiˈpə:bəli] overdrivelse, hyperbol.
hyperborean [haipəˈbɔ:riən] hyperboreer, nordbo; hyperboréisk, nordligst.
hypercritic [ˈhaipəˈkritik] overdrevent kritisk.
hypercriticism [ˈhaipəˈkritisizm] overdreven kritikk.
Hyperion [haiˈpiəriən]; (solgud).
hypermetropia [haipəmeˈtrəupiə] overlangsynthet. **hypermetropic** [haipəmeˈtrɔpik] overlangsynt.
hypersonic [haipəˈsɔnik] (ca. 5 ganger) hurtigere enn lyden.
hypertrophy [haiˈpə:trəfi] hypertrofi, et organs overutvikling.
hyphen [ˈhaifən] bindestrek. **hyphenate** [ˈhaifəneit] sette bindestrek.
hypnosis [hipˈnəusis] hypnose. **hypnotic** [hipˈnɔtik] hypnotisk; sovemiddel. **hypnotism** [ˈhipnətizm] hypnotisme. **hypnotist** [ˈhipnətist] hypnotisør. **hypnotize** [ˈhipnətaiz] hypnotisere, suggerere.
hypo [ˈhaipəu] fiksersalt, fikserbad; innsprøyting.

hypochondria [haipəˈkɔndriə] hypokondri; tungsinn. **hypochondriac** [haipəˈkɔndriæk] hypokonder, hypokondriker.
hypocrisy [hiˈpɔkrisi] hykleri; skinnhellighet.
hypocrite [ˈhipəkrit] hykler. **hypocritic(al)** [hipəˈkritik(l)] hyklersk; skinnhellig.
hypodermic [haipəˈdə:mik] som ligger under huden; innsprøyting under huden. **– needle** kanyle. **– syringe** sprøyte, innsprøyting.
hypogynous [haiˈpɔdʒinəs] undersittende, som sitter under fruktemnet.
hypotenuse [haiˈpɔtinju:z] hypotenus.
hypothec [haiˈpɔθek] hypotek, pant. **hypothecate** [haiˈpɔθikeit] pantsette.
hypothesis [haiˈpɔθisis] hypotese, forutsetning, vitenskapelig gjetning. **hypothetic(al)** [haipəˈθetik(l)] hypotetisk, betinget, tvilsom.
hypsometer [hipˈsɔmitə] høydemåler.
hyrax [ˈhairæks] klippegrevling, fjellgrevling.
hyson [ˈhaisən] hyson, grønn te.
hyssop [ˈhisəp] isop.
hysteria [hiˈstiəriə] hysteri. **hysteric(al)** [hiˈsterik(l)] hysterisk, eksaltert, overspent. **hysterics** [hiˈsteriks] anfall av hysteri; **go off into –** bli hysterisk.
hysteron proteron [ˈhistərɔnˈprɔtərɔn] uttrykk hvor det settes først som normalt kommer sist.

I

I, i [ai] I, i.
I. fk. f. **Island; Isle; imperator** (keiser); **imperatrix** (keiserinne); **Victoria, R. I.** (regina, imperatrix, dronning og keiserinne).
I [ai] jeg, **it was – who did it** det var jeg (meg) som gjorde det; **– say** hør! **between you and – and the lamp-post** mellom oss sagt.
i' [i] i; **– the morning** om morgenen.
Iago [iˈɑ:gəu].
iamb [ˈaiæmb] jambe. **iambic** [aiˈæmbik] jambisk. **iambus** [aiˈæmbəs] jambe.
Ian [iən] (mannsnavn).
IATA fk. f. **International Air Transport Association;** Den internasjonale luftfartsorganisasjon.
Iberian [aiˈbiəriən] iberisk; iberer.
ibex [ˈaibeks] steinbukk.
ibidem [iˈbaidem] samme sted.
ibis [ˈaibis] ibis (fugl).
IC fk. f. **integrated circuit.**
ICAO fk. f. **International Civil Aviation Organization.**
Icarian [aiˈkɛəriən] ikarisk; høytflyvende. **Icarus** [ˈikərəs] Ikaros.
ICBM fk. f. **intercontinental ballistic missile.**
ice [ais] is; dekke med is, ise, ha is på; få til å fryse; legge på is; glasere (med sukker).
ice | age istid. **– bag** ispose. **-berg** [ˈaisbə:g] isberg; følelseskald person. **-blink** isblink. **-bolt** istapp. **– -bound** innefrosset; tilfrosset.**-box** isskap; kjøleskap. **-breaker** isbryter. **-cap** innlandsis, iskalott. **– channel** råk, renne i isen. **– cream** iskrem, is (fruktis o. l.). **– fern** isrose, frostrose. **– foot** isbelte.
Iceland [ˈaislænd] Island. **Icelander** [ˈaisləndə] islending. **Icelandic** [aisˈlændik] islandsk.
ice | lane råk. **– pack** pakkis. **– pail** champagnekjøler. **-safe** isskap.
ichneumon [ikˈnju:mən] ikneumon, faraorotte. **ichneumon fly** snylteveps.
ichnography [ikˈnɔgrəfi] iknografi, grunnriss.
ichor [ˈaikɔ] gudenes blod; blodvæske, sårsekret.
ichthyic [ˈikθiik] fiske-. **ichthyocol(la)** [ˈikθiəkɔl, ikθiəˈkɔlə] fiskelim. **ichthyography** [ikθiˈɔgrəfi] beskrivelse av fiskene. **ichthyologist** [ikθiˈɔlədʒist] fiskekjenner. **ichthyology** [ikθiˈɔlədʒi] iktyologi, læren om fiskene. **ichthyosaurus** [ikθiəˈsɔ:rəs] fiskeøgle.
I. C. I. fk. f. **Imperial Chemical Industries.**
icicle [ˈaisikl] istapp; iskaldt, ytterst kjølig.
icily [ˈaisili] iskaldt. **iciness** [ˈaisinis] iskulde.
icing [ˈaisiŋ] (sukker)glasur; tilising, nedising. **– sugar** flormelis.
icing-machine [ˈaisiŋməˈʃi:n] frysemaskin.
iconoclasm [aiˈkɔnəklæzm] billedstorming. **iconoclast** [aiˈkɔnəklæst] billedstormer. **iconoclastic** [aikɔnəˈklæstik] billedstormende, revolusjonær.
I. C. S. fk. f. **Indian Civil Service.**
icteric [ikˈterik] gulsottig; som fordriver gulsott; middel mot gulsott. **icterus**[ˈiktərəs] gulsott.
icy [ˈaisi] iset; iskald.
id [id] id (individets primitive impulser).
I'd [aid] fk. f. **I had** el. **I would.**
idad [iˈdæd] min santen!
Idaho [ˈaidəhəu].
ide [aid] idmort, vederbuk (fisk).
idea [aiˈdiə] idé, begrep, forestilling; tanke; innfall, forestilling; **– of God** gudsbegrep; **my – would have been to** det hadde vært min tanke å; **they have no – of travelling for amusement** de forstår ikke (kan ikke tenke seg) at en kan reise for sin fornøyelses skyld; **I have an – that** det foresvever meg noe om at; **the – of such a thing** skulle du ha hørt på maken; var det likt seg! **the –!** tenke seg! at det kan falle Dem inn! **get -s into one's head** få griller, nykker.
ideal [aiˈdiəl] ideal, mønster, forbilde; ideal, tanke-; tenkt; mønstergyldig, fullendt; ideell, idealistisk. **idealism** [aiˈdiəlizm] idealisme. **idealist** [aiˈdiəlist] idealist. **idealistic** [aidiəˈlistik] idealistisk. **ideality** [aidiˈæliti] idealitet. **idealize** [aiˈdiəlaiz] idealisere; danne seg idealer.
ideate [aiˈdi:eit] forestille seg, danne seg forestillinger.
idé fixe [i:ˈdeiˈfi:ks] fiks idé.
identic(al) [aiˈdentik(l)] identisk, ens med, samme. **identical twins** eneggete tvillinger.
identification [aiˈdentifiˈkeiʃən] identifisering, gjenkjenning. **– disk** identifikasjonsmerke; døds-

merke. – **papers** legitimasjonspapirer. – **tag** se – **disk.**
identify [aiˈdentifai] kjenne igjen, bestemme, identifisere; – **oneself** bevise at en er den person en gir seg ut for, bevise sin identitet; slutte seg til, gå opp i.
identikit [aiˈdentikit] (tegnet) politibilde.
identity [aiˈdentiti] identitet. – **card** legitimasjonskort. – **plate** registreringsmerke (bil).
ides [aidz] Idus (i romersk kalender).
id est [id est] det er, det vil si, dvs. (fork. **i. e.**).
idiocy [ˈidjəsi] idioti.
idiom [ˈidjəm] idiom, dialekt, talemåte, stående uttrykk; språkeiendommelighet. **idiomatic** [idjəˈmætik] idiomatisk.
idiosyncrasy [idjəˈsiŋkrəsi] idiosynkrasi (særegenhet); overfølsomhet.
idiot [ˈidjət] idiot; tosk, naut, fé. – **asylum** idiotanstalt. **idiotic** [idiˈɔtik] idiotisk. **idiotism** [ˈidjətizm] idioti; idiotisme; tullethet, fjollethet. **idiotize** [ˈidjətaiz] gjøre til idiot; bli idiot.
idle [ˈaidl] ledig, ørkesløs, uvirksom; doven; tom; tomgang; unyttig; intetsigende; ubetydelig; dovne; late seg; gå på tomgang; – **capital** død kapital; – **fuel adjustment** tomgangsregulering; – **Monday** blåmandag; – **rumour** grunnløst rykte; – **time away** søle bort tiden.
idleheaded [ˈaidlhedid] tom i hodet.
idleness [ˈaidlnis] ledighet, ørkesløshet; dovenskap, lathet.
idle-pated [ˈaidlpeitid] tom i hodet.
idler [ˈaidlə] lediggjenger; dagdriver.
idle | speed tomgangshastighet. – **wheel** mellomhjul.
idol [ˈaidl] avgudsbilde; avgud; illusjon. **idolater** [aiˈdɔlətə] avgudsdyrker; forguder, tilbeder. **idolatrize** [aiˈdɔlətraiz] drive avguderi; forgude. **idolatrous** [aiˈdɔlətrəs] avguderisk. **idolize** [ˈaidəlaiz] drive avguderi; forgude. **idolizer** [ˈaidəlaizə] avgudsdyrker; forguder, tilbeder.
idyl, idyll [ˈaidil] idyll; hyrdedikt. **idyllic** [aiˈdilik] idyllisk.
i. e. [ˈaiˈi:; ˈðætˈiz] fk. f. **id est** det er, det vil si, dvs.
IEA fk. f. **International Energy Agency** Det internasjonale energibyrå.
if [if] hvis, dersom; om; om også, selv om; **as** – som om; – **but** når bare; – **not** hvis ikke, i motsatt fall; – **so** i så fall; – **anything** nærmest; **even** – selv om; **he is thirty years,** – **he is a day** han er minst 30 år gammel; – **I were you** hvis jeg var deg.
IFF (radar) fk. f. **identification of friend from foe.**
iffy [ˈifi] (US) uviss, avhengig av mange ting.
igloo [ˈiglu:] snøhytte.
ign. fk. f. **ignition; ignotus** ukjent.
Ignatius [igˈneiʃ(j)əs].
igneous [ˈigniəs] av ild; vulkansk.
ignis [ˈignis] ild; – **fatuus** [ˈfætjuəs] lyktemann, blålys; pl. **ignes fatui** [ˈigni:zˈfætjuai].
ignite [igˈnait] tenne, sette i brann; fenge, komme i brann. **ignitible** [igˈnaitibl] antennelig. **ignition** [igˈniʃən] tenning; tenningsbryter; tennsats; brenning; gløding.
ignition | coil tennspole, coil. – **delay** tenningsforsinkelse. – **key** tenningsnøkkel. – **switch** tenningsbryter, -lås.
ignoble [igˈnəubl] av lav ætt; uedel, lav, gemen.
ignominious [ignəˈminjəs] skjendig; vanærende.
ignominy [igˈnɔmini] skjensel, vanære.
ignoramus [ignəˈreiməs] ignorant, uvitende person.
ignorance [ˈignərəns] uvitenhet. **ignorant** [ˈignərənt] uvitende. **ignore** [igˈnɔ:] ikke ta hensyn til, ignorere; ikke tenke på, overse. **ignotus** ukjent.
iguana [iˈgwɑ:nə] leguan.
IHF fk. f. **Institute of High Fidelity.**
I. H. P. fk. f. **indicated horse power** indisert hestekraft.
ihram [iˈrɑ:m] muhammedansk pilegrimsdrakt.
I. H. S. fk. f. **Jesus; In hoc signo** i dette tegn; **Jesus Hominum Salvator** Jesus, menneskenes frelser.
Ike [aik] (klengenavn på president Eisenhower).
ile [ail] (provinsielt og amerikansk:) olje; **the nine -s** populært inngnidningsmiddel; (US): **strike** – ha hell med seg.
ileum [ˈiliəm] krumtarm, mellomtarm.
ileus [ˈiliəs] tarmslyng, tarmgikt.
ilex [ˈaileks] kristtorn; steineik, beinved.
Iliad [ˈiliæd], **the** – Iliaden.
ilk [ilk] (skot.) samme; enhver; **of that** – fra godset av samme navn (ɔ: godseierens og godsets navn er det samme); av samme slags, av samme ulla; **of the same** – av samme slags.
ilka [ˈilkə] (skot.) enhver.
I'll [ail] fk. f. **I shall** el. **I will.**
ill [il] syk, sjuk; dårlig; låk; vond, slett; ille, vondt; onde; ulykke, lidelse; **be** – være syk; **be** – **in bed** ligge syk; **be taken** –, **fall** – bli syk; **as** – **luck would have it** uheldigvis; – **weeds grow apace** ukrutt forgår ikke så lett; **it's an** – **wind that blows nobody any good** ingenting er så galt at det ikke er godt for noe; **with an** – **grace** ugjerne; **it would go** – **with him** det ville gå ham galt; – **at ease** ille til mote; **speak** – **of** snakke vondt om; **return** – **for good** gjengjelde godt med vondt.
ill|-advised [ˈilədˈvaizd] dårlig betenkt, overilt, ubetenksom. **– -affected** illesinnet. **– -assorted** som passer dårlig sammen.
illation [iˈleiʃən] slutning. **illative** [iˈleitiv] slutnings-, følge-, årsaks-.
ill|-behaved [ˈilbiˈheivd] uskikkelig. **– -being** utilpasshet. **– -boding** illevarslende. **– -bred** uoppdragen, udannet. **– -concealed** dårlig skjult. **– -conceived** dårlig uttenkt, dårlig planlagt. **– -conditioned** som har det leit; av dårlig beskaffenhet; ondartet (f. eks. om sykdom). **– -considered** uoverveid. **– -disposed** illesinnet, ondskapsfull, uvillig, vrang, lei. **– -doing** som gjør urett; dårlig atferd; forseelse.
illegal [iˈli:gəl] ulovlig. **illegality** [iliˈgæliti] ulovlighet. **illegalize** [iˈli:gəlaiz] gjøre ulovlig.
illegibility [iledʒiˈbiliti] uleselighet. **illegible** [iˈledʒibl] uleselig.
illegitimacy [iliˈdʒitiməsi] urettmessighet, ugyldighet; uekte fødsel. **illegitimate** [iliˈdʒitimət] urettmessig; født utenfor ekteskap; uriktig, uberettiget, ugyldig. **illegitimate** [iliˈdʒitimeit] erklære for uekte eller ulovlig.
ill fame vanry, dårlig ry. **house of** – – beryktet hus (bordell).
ill|-fated [ˈilˈfeitid] ulykkelig, ugunstig. **– -favoured** stygg, heslig, fæl. **– -featured** stygg. **– -feeling** uvilje, fiendskap, nag. **– -fitting** som passer dårlig. **– -fortune** uhell, vanskjebne. **– -found** dårlig utrustet (om skip). **– -founded** dårlig underbygd.

– -gotten ervervet på urettmessig vis. **– -humoured** i dårlig humør, irritabel.
illiberal [iˈlibərəl] gjerrig, knipen; ukjærlig; smålig, småskåren, trangsynt; knuslet. **illiberality** [-ˈræliti] gjerrighet; ukjærlighet; smålighet.
illicit [iˈlisit] utillatelig; ulovlig. **– distillery** hjemmebrenning. **illicitness** [-nis] ulovlighet.
illimitable [iˈlimitəbl] ubegrenset, uinnskrenket.
illinition [iliˈniʃən] innsmøring; salve.
Illinois [iliˈnɔi, -ˈnɔiz].
illiquation [iliˈkweiʃən] sammensmelting.
illiquid [iˈlikwid] ikke likvid.
illiteracy [iˈlitərəsi] analfabetisme, uvitenhet, udannethet; trykkfeil; mistak. **illiteral** [iˈlitərəl] ikke bokstavelig. **illiterate** [iˈlitərit] uvitende; udannet; ikke lesekyndig; **absolute illiterate** analfabet.
ill|-judged ubetenksom, ufornuftig, malplassert. **– -looking** som ser dårlig, usunn, mistenkelig ut; stygg. **– -luck** ulykke, uhell. **– -management** vanstell, vanstyre. **– -mannered** uoppdragen, udannet. **– -matched** som passer dårlig sammen. **– -nature** grettenhet; ondskap. **– -natured** gretten; ondskapsfull.
illness [ˈilnis] sykdom.
illogical [iˈlɔdʒikəl] ulogisk. **illogicality** [-ˈkæl-] mangel på logikk, fornuftstridighet.
ill|-omened [ˈilˈəumənd] illevarslende, uheldig, forfulgt av uhell. **– -paid** dårlig betalt. **– -pleased** misfornøyd. **– -read** lite belest. **– -seasoned** umoden; ubetimelig. **– -sorted** som passer dårlig sammen. **– -spoken** grov. **– -starred** født under en uheldig stjerne, ulykkelig, uheldig. **– -tempered** gretten, sur, kranglet. **– -timed** ubetimelig; uheldig. **– -treat** behandle dårlig, mishandle, fare ille med. **– -treatment** mishandling.
illude [iˈl(j)u:d] narre, dåre, gjekke.
illume [iˈl(j)u:m] opplyse, kaste lys over.
illuminant [iˈl(j)u:minənt] belysningsmiddel.
illuminate [iˈl(j)u:mineit] opplyse, belyse; illuminere; begeistre; forklare; kolorere, illustrere. **illuminating** [iˈlju:mineitiŋ] instruktiv, opplysende. **illumination** [il(j)u:miˈneiʃən] opplysning, belysning; illuminasjon; lys, glans; illustrasjon, illustrering. **illuminative** [iˈl(j)u:minətiv] opplysende, belysende. **illuminator** [iˈl(j)u:mineitə] opplyser, belyser; kolorerer, maler; opplysningsapparat; reflektor. **illumine** [iˈl(j)u:min] se **illume** og **illuminate.**
illus. fk. f. **illustrated; illustration.**
ill-usage [ˈilˈju:zidʒ] mishandling.
ill-use [ˈilˈju:z] mishandle.
illusion [iˈl(j)u:ʃən] illusjon; blendverk; fantasifoster, et slags gjennomsiktig tøystoff, tyll. **illusionist** [-ist] illusjonist; tryllekunstner. **illusive** [iˈl(j)u:siv] illuderende, skuffende. **illusory** [iˈl(j)u:səri] illusorisk, skuffende.
illustrate [ˈiləstreit, iˈlʌstreit] opplyse, belyse; forherlige; forklare, tydeliggjøre; illustrere (med bilder). **illustration** [iləˈstreiʃən] opplysning, belysning, forklaring; illustrasjon. **– editor** billedredaktør. **illustrative** [iˈlʌstrətiv] opplysende, forklarende; **be – of** forklare. **illustrator** [ˈiləstreitə] opplyser; illustratør.
illustrious [iˈlʌstriəs] strålende, glansfull, utmerket, berømt; navngjeten; opphøyd, høy (om fyrstelige personer).
ill-will [ˈilˈwil] uvilje; nag; uvennskap, fiendskap.
Illyria [iˈliriə] Illyria. **Illyrian** [iˈliriən] illyrisk; illyrier.
ilmenite [ˈilmənait] titanjernstein.
I. L. O. fk. f. **International Labour Organization** Den internasjonale arbeidsorganisasjon.
I. L. P. fk. f. **Independent Labour Party.**
I'm [aim] fk. f. **I am.**
image [ˈimidʒ] bilde; gudebilde; statue; forestilling; anseelse; profil, tankebilde; avbilde; gjenspeile; forestille seg, tenke seg; **he is the very – of his father** han er faren opp av dage; **this car has a very sporty –** denne bilen gir et meget sportslig inntrykk. **– frequency rejection** speilfrekvensdemping.
imagery [ˈimidʒri] billedverk; bilder; billedrikdom; anskuelig fremstilling, billedstil, billedspråk.
imaginable [iˈmædʒinəbl] tenkelig, som tenkes kan.
imaginary [iˈmædʒinəri] innbilt, tenkt; fingert; imaginær (i matematikk); imaginær størrelse. **imagination** [imædʒiˈneiʃən] innbilningskraft, fantasi; innbilning, forestilling. **imaginative** [iˈmædʒinətiv] fantasi-, innbilt; fantasirik; oppfinnsom. **imagine** [iˈmædʒin] forestille seg, tenke seg, tenke, tro.
imam [iˈmɑ:m], **iman** [iˈmɑ:n] (muhammedansk prest, leder el. fyrste).
imaret [ˈimərɛt, iˈmɑ:rɛt] muhammedansk herberge for pilegrimer og reisende.
imbalance [imˈbæləns] mangel på balanse, ubalanse.
imbecile [ˈimbisi(:)l] imbesill, åndssvak, tomset, sløv; idiot. **imbecility** [imbiˈsiliti] åndssvakhet, idioti.
imbed [imˈbed] leire.
imbibe [imˈbaib] drikke, suge, suge inn, absorbere, tilegne seg. **imbibition** [imbaiˈbiʃn] oppsuging.
imbitter [imˈbitə] gjøre bitter, forbitre.
imbosk [imˈbɔsk] skjule; skjule seg.
imbricate [ˈimbrikit] taklagt (som teglstein over hverandre), overlappe.
imbroglio [imˈbrəuliəu] innviklet forhold, floke, ugreie, knute (i drama eller roman).
imbrue [imˈbru:] væte, fukte; flekke; farge (f.eks. av blod).
imbrute [imˈbru:t] gjøre til dyr; bli som et dyr; brutalisere.
imbue [imˈbju:] impregnere, mette; farge sterkt; gjennomtrenge, gjennomsyre.
IM-distortion intermodulasjon.
IMF fk. f. **International Monetary Fund** Det internasjonale valutafond.
imitability [imitəˈbiliti] det å være etterlignelig. **imitable** [ˈimitəbl] etterlignelig. **imitate** [ˈimiteit] etterligne, imitere, herme, etterape. **imitation** [imiˈteiʃən] etterligning; imitasjon, parodi; uekte. **imitative** [ˈimiteitiv] etterlignende, som tar etter; etterlignet; **the – arts** de bildende kunster. **imitator** [ˈimiteitə] etterligner; epigon.
immaculable [iˈmækjuləbl] ubesmittelig. **immaculate** [iˈmakjulit] ubesmittet, ren, uplettet, ulastelig.
immalleable [iˈmæljəbl] som ikke kan smis.
immanent [ˈimənənt] iboende, immanent.
Immanuel [iˈmænjuəl].
immaterial [iməˈtiəriəl] immateriell, uvesentlig, tom, ubetydelig. **immaterialism** [-izm] immate-

rialisme. **immaterialist** [-ist] immaterialist. **immateriality** [imətiəri'æliti] ulegemlighet. **immaterialize** [imə'tiəriəlaiz] gjøre ulegemlig.
immature [imə'tjuə] umoden; ungdommelig. **immaturity** [imə'tjuəriti] umodenhet; ungdommelighet.
immeasurable [i'meʒ(ə)rəbl] som ikke kan måles; umåtelig, uoverskuelig. **-ness** [-nis] umåtelighet, endeløshet, grenseløshet.
immediacy [i'mi:djəsi] umiddelbarhet; umiddelbar nærhet; aktualitet; **the immediacies of life** livsfornødenhetene.
immediate [i'mi:djət] umiddelbar; øyeblikkelig; umiddelbart nær, overhengende, nærmest; endefram; presserende, uoppsettelig, påtrengende; **in the – future** i nærmeste framtid. **– annuity** livrente som straksbegynner å løpe. **– inference** umiddelbar slutning. **– information** førstehåndsopplysninger. **immediately** [i'mi:djətli] umiddelbart; straks; øyeblikkelig; på stedet.
immemorial [imi'mɔ:riəl] uminnelig, eldgammel; **from time(s) –** i uminnelige tider, fra arilds tid; **– usage** eldgammel skikk og bruk.
immense [i'mens] umåtelig, uendelig, uhyre; strålende; storartet. **immensely** [-li] umåtelig. **immensity** [i'mensiti] uendelighet, kolossal utstrekning, uoverskuelighet.
immensurable [i'menʃərəbl] som ikke kan måles.
immerge [i(m)'mə:dʒ] dyppe ned, senke ned.
immerse [i'mə:s] senke ned; fordype. **immersed** fordypet, nedsenket (i dyp gjeld, i tanker). **immersion** [i'mə:ʃən] nedsenking, neddypping; fordypelse, opptatthet.
immethodical [imi'θɔdikl] umetodisk, planløs.
immigrant ['imigrənt] innvandrer, innflytter. **immigrate** ['imigreit] innvandre, flytte inn. **immigration** [imi'greiʃən] innvandring, innflytting.
imminence ['iminəns] truende nærhet. **imminent** ['iminənt] umiddelbart forestående, overhengende, truende.
immiscible [i'misibl] som ikke kan blandes.
immission [i(m)'miʃən] innføring, innsprøyting.
immit [i(m)'mit] sprøyte inn.
immitigable [i(m)'mitigəbl] som det er uråd å formilde; uforsonlig.
immobile [i'məubail] immobil, ubevegelig.
immobility [imə'biliti] ubevegelighet.
immobilize [i'məubilaiz] immobilisere, gjøre ubevegelig; inndra, ta ut av omløp; binde.
immoderate [i'mɔd(ə)rit] overdreven; umåtelig; voldsom; dristig, frekk. **immoderation** [imɔdə'reiʃən] umåtelighet; voldsomhet.
immodest [i'mɔdist] ubeskjeden, ublu; usømmelig.
immodesty [i'mɔdisti] ubeskjedenhet; usømmelighet, usedelighet.
immolate ['iməleit] ofre. **immolation** [imə'leiʃən] ofring; offer, slaktoffer; oppofrelse.
immoral [i'mɔrəl] umoralsk, utuktig. **immorality** [imə'ræliti] umoral, umoralskhet, utuktighet.
immortal [i'mɔ:təl] udødelig. **immortality** [imɔ:'tæliti] udødelighet, uforgjengelighet. **immortalize** [i'mɔ:təlaiz] gjøre udødelig, forevige.
immortelle [imɔ:'tel] evighetsblomst.
immovability [imu:və'biliti] ubevegelighet.
immovable [i'mu:vəbl] ubevegelig; urokkelig; **-s** urørlig gods, fast eiendom.
immune [i'mju:n] fri, privilegert; immun, uimottagelig, som ikke angripes; sikret. **immunity** [i'mju:niti] frihet, fritaking (for forpliktelser); immunitet.
immunization [imjunai'zeiʃn] immunisering, vaksinering. **immunize** ['imjunaiz] immunisere, vaksinere, gjøre uimottakelig.
immure [i'mjuə] mure inne; stenge inne.
immutability [imju:tə'biliti] uforanderlighet. **immutable** [i'mju:təbl] uforanderlig.
Imogen ['imədʒen].
imp [imp] pode; ertekrok; unge; smådjevel, djevelunge.
impact [im'pækt] presse inn; klemme; drive fast; **impact** ['impækt] støt, trykk, anslag, kollisjon, sammenstøt; innvirkning, inntrykk.
impaction [im'pækʃn] fastkiling, sammenpressing.
impact | load støtbelastning. **– pressure** dynamisk trykk; støttrykk. **– resistance** slagfasthet. **– test** slagprøve.
impair [im'pɛə] forringe, minke, svekke; avta, forverre. **impairment** [im'pɛəmənt] forringelse, svekkelse.
impale [im'peil] spidde, stikke, feste med nåler; omgi (med pæler). **impalement** [im'peilmənt] spidding; pæleinnhegning.
impalpability [impælpə'biliti] ufølbarhet; uhåndgripelighet. **impalpable** [im'pælpəbl] ufølbar, ufølelig; upåtagelig, ugripelig.
impanel [im'pænəl] forfatte en liste over (særlig jurymedlemmer).
imparadise [im'pærədaiz] henrykke, hensette i en tilstand av himmelsk lykksalighet; gjøre til et paradis.
imparity [im'pæriti] ulikhet; misforhold.
impark [im'pɑ:k] omgjerde, inneslutte.
impart [im'pɑ:t] tildele, gi; meddele.
impartial [im'pɑ:ʃəl] upartisk, objektiv. **impartiality** [impɑ:ʃi'æliti] upartiskhet, objektivitet. **impartially** [im'pɑ:ʃəli] upartisk.
impartibility [impɑ:ti'biliti] udelelighet. **impartible** [im'pɑ:tibl] udelelig; som ikke kan meddeles videre.
impassability [impɑ:sə'biliti] ufremkommelighet, uføre; uoverstigelighet. **impassable** [im'pɑ:səbl] ufremkommelig; uoverstigelig, ufarbar.
impasse [im'pɑ:s] uføre, klemme, knipe; dødpunkt, dødvanne, blindgate.
impassability [impɑ:si'biliti] ufølsomhet, uimottakelighet. **impassible** [im'pɑ:sibl] ufølsom, uanfektet, (fig.) usårlig.
impassion [im'pæʃən] oppflamme.
impassioned [im'pæʃənd] lidenskapelig.
impassive [im'pæsiv] kald, uberørt, upåvirket, passiv.
impassivity [impæ'siviti] ufølsomhet.
impaste [im'peist] dekke med et tykt lag; impastere.
impatience [im'peiʃəns] utålmodighet; heftig iver (**of** etter); heftighet; irritasjon. **impatient** [im'peiʃənt] utålmodig (**at, of** over); begjærlig etter; brå, irritert; utrøstelig (**at** over).
impavid [im'pævid] fryktløs, uredd.
impawn [im'pɔ:n] pantsette, sette på spill.
impeach [im'pi:tʃ] dra i tvil; nedsette; bestride (f. eks. et vitnes troverdighet); anklage (f. eks. en embetsmann for uforsvarlig embetsførsel); anklage for riksretten. **impeachable** [im'pi:tʃəbl] som kan anklages; daddelverdig; tvilsom. **impeacher** [im'pi:tʃə] anklager. **impeachment** [im-

ˈpi:tʃmənt] det å reise tvil; det å bestride; anklage; anklage for riksretten.
impeccability [impekəˈbiliti] ulastelighet; syndefrihet. **impeccable** [imˈpekəbl] ulastelig; syndefri. **impeccancy** [imˈpekənsi] ulastelighet; syndefrihet. **impeccant** [imˈpekənt] ulastelig; syndefri.
impecuniosity [impikju:niˈɔsiti] pengemangel; fattigdom. **impecunious** [impiˈkju:njəs] pengelens; fattig.
impedance [imˈpi:dəns] impedans.
impede [imˈpi:d] hindre, forhindre, vanskeliggjøre, sinke. **impediment** [imˈpedimənt] hindring, forhindring; **have an – of speech** lide av en talefeil. **impedimenta** [impediˈmentə] bagasje, tren, utrustning; utstyr; remedier; dødvekt. **impedimental** [-ˈmentl] hemmende, tyngende.
impel [imˈpel] drive fram; tilskynde, skyve på. **impellent** [imˈpelənt] framdrivende; drivfjær, drivende kraft. **impeller** [imˈpelə] en som tilskynder; drivfjær, drivkraft.
impend [imˈpend] henge over; forestå, true.
impending [-ˈpen-] truende, forestående, overhengende.
impenetrability [imˈpenitrəˈbiliti] ugjennomtrengelighet. **impenetrable** [imˈpenitrəbl] ugjennomtrengelig, (fig.) uutgrunnelig.
impenitence [imˈpenitəns] ubotferdighet, forstokkethet. **impenitent** [imˈpenitənt] ubotferdig, forstokket; forstokket synder.
impennate [imˈpenit] vingeløs; kortvinget.
imperat. fk. f. **imperative.**
imperatival [impərəˈtaivəl] imperativisk. **imperative** [imˈperətiv] bydende, befalende; imperativisk; imperativ, bydemåte; nødvendig, påkrevd.
imperceptibility [impəseptiˈbiliti] umerkelighet. **imperceptible** [impəˈseptibl] umerkelig; ørliten, hårfin; uanselig, ufattelig.
imperence [ˈimpərəns] (sl.) uforskammethet; De uforskammede fyr! **imperent** [ˈimpərənt] (sl.) uforskammet.
imperf. fk. f. **imperfect.**
imperfect [imˈpə:fikt] ufullkommen; ufullstendig, mangelfull; ufullendt; imperfektum (**the –** el. **the – tense). imperfection** [impə:ˈfekʃən] ufullkommenhet; mangelfullhet, ufullstendighet; svakhet, skrøpelighet. **imperfectly** [imˈpə:fiktli] ufullkomment; ufullstendig.
imperforate(d) [imˈpə:fərit, -reitid] ikke gjennomboret, uten huller; uten porer. **imperforation** [impə:fəˈreiʃən] imperforasjon, tillukkethet, sammengroing (av ellers åpne legemsdeler).
imperial [imˈpiəriəl] riks-; keiser-, keiserlig, konge-, kongelig, suveren; som vedkommer det britiske rike, britisk; imperial (en slags russisk gullmynt); spisskuppel, spisskuppeltak; diligencetak; napoleonsskjegg, fippskjegg; koffert; imperialpapir; **– city** keiserby; **– eagle** keiserørn. **– gallon** (= 4,54 l). **– Government** riksstyre; **– purposes** rikets øyemed; **– section** keisersnitt; **the – interests** Det britiske samveldes interesser; **imperialism** [imˈpiəriəlizm] imperialisme, stormaktsstilling, stormaktspolitikk. **imperialist** [-list] imperialist; keisertro; storenglender.
imperil [imˈperil] bringe i fare, sette i fare, våge. **imperilment** [-mənt] det å bringe i fare, utsettelse for fare.
imperious [imˈpiəriəs] bydende; myndig; herskesyk; **imperiously required** absolutt påkrevd. **imperiousness** [-nis] bydende atferd, herskesyke.
imperishable [imˈperiʃəbl] uforgjengelig, udødelig.
impermanent [-ˈpə:-] midlertidig, foreløpig.
impermeability [impə:mjəˈbiliti] ugjennomtrengelighet. **impermeable** [imˈpə:mjəbl] ugjennomtrengelig; **– paper** matpapir, fettbestandig papir; **– to air** lufttett; **– to water** vanntett. **impermeator** [imˈpə:mjeitə] fortetningssmøreapparat.
impermissible [-ˈmis-] utillatelig.
impersonal [imˈpə:sənəl] upersonlig; noe upersonlig; upersonlig verb. **impersonality** [impə:səˈnæliti] upersonlighet.
impersonate [imˈpə:səneit] personifisere; spille, fremstille (på teater o. l.); parodiere; utgi seg for. **impersonation** [impə:səˈneiʃən] personifikasjon; fremstilling, etterlikning, parodi. **impersonator** [imˈpə:səneitə] fremstiller, skaper av en rolle.
imperspicuity [impə:spiˈkju:iti] uklarhet, utydelighet; uoverskuelighet. **imperspicuous** [impəˈspikjuəs] uklar, utydelig; uoverskuelig.
impersuasible [impə:ˈsweisibl, -zibl] ikke til å overtale, urokkelig.
impertinence [imˈpə:tinəns] noe som ikke hører til saken, det som er saken uvedkommende; bagatell; uforskammethet; nesevishet; **Miss –** frøken nesevis. **impertinent** [imˈpə:tinənt] som ikke vedkommer saken, uvedkommende, malplassert, irrelevant; uforskammet, nesevis.
imperturbability [impətə:bəˈbiliti] urokkelig ro. **imperturbable** [impəˈtə:bəbl] urokkelig, rolig, kald.
impervious [imˈpə:vjəs] ugjennomtrengelig; **– to air** lufttett; **– to reason** uimottakelig for fornuft. **– to water** vanntett.
impetuosity [impetjuˈɔsiti] heftighet, voldsomhet, fremfusenhet. **impetuous** [imˈpetjuəs] heftig, voldsom, fremfusende, oppfarende.
impetus [ˈimpətəs] drivkraft, støt, incitament, fart; **give an impetus to** sette fart i.
impf. fk. f. **imperfect.**
imp. gal. fk. f. **imperial gallon.**
imphee [ˈimfi] afrikansk sukkerrør.
impi [ˈimpi] troppeavdeling (hos kafferne).
impiety [imˈpaiiti] ugudelighet, respektløshet.
impignorate [imˈpignəreit] pantsette.
impinge [imˈpindʒ] renne, støte (**on** mot); krenke, gjøre inngrep i.
impious [ˈimpiəs] ugudelig; vantro; pietetløs.
impish [ˈimpiʃ] trollaktig; djevelsk; ondskapsfull.
implacability [implækəˈbiliti] uforsonlighet. **implacable** [imˈplækəbl] uforsonlig; som ikke kan lindres; kompromissløs.
implant [imˈplɑ:nt] innplante; innpode; inngi. **implantation** [implɑ:nˈteiʃən] innplanting; innpoding.
implate [imˈpleit] belegge med plater.
implausible [imˈplɔ:zibl] usannsynlig.
implead [imˈpli:d] reise sak mot, anklage.
implement [ˈimplimənt] redskap,verktøy, tilbehør; forsyne med verktøy; oppfylle betingelser; utføre. **implemental** [impliˈmentəl] anvendt som verktøy; mekanisk. **implementation** [-menˈteiʃn] gjennomføring, utførelse, realisering. **impletion** [imˈpli:ʃən] fylling; fylde.
implicate [ˈimplikeit] innvikle; dra inn med (i en sak), implisere, romme, trekke med i anklage. **implication** [impliˈkeiʃən] innvikling; inndraing; stilltiende slutning, underforståelse. **implicative** [imˈplikətiv] impliserende; stilltiende under-

forstått. **implicit** [im'plisit] stilltiende, innbefattet, underforstått; ubetinget. **implied** [im'plaid] forutsatt, selvfølgelig, indirekte.
implore [im'plɔ:] anrope, bønnfalle, be inntrengende om, trygle om. **implorer** [im'plɔ:rə] en som bønnfaller osv. **imploring** [im'plɔ:riŋ] bedende, bønnfallende; det å be, bønnfalle, trygle.
implosion [im'pləuʒən] implosjon.
imply [im'plai] inneslutte i seg, innbefatte, innebære, medføre, inneholde; tyde på; antyde, gi å forstå, la (det) komme fram; forutsette; **as your words would –** som Deres ord lar formode (synes å antyde); **implied** indirekte, tilhyllet, skjult, underforstått.
impolicy [im'pɔlisi] dårlig politikk; uklokskap; mangel på politikk, uhensiktsmessighet.
impolite [impə'lait] uhøflig, udannet, uslepen.
impolitic [im'pɔlitik] upolitisk; uklok, uhensiktsmessig.
imponderability [impɔndərə'biliti] uberegnelighet, umålbarhet. **imponderable** [im'pɔndərəbl] vektløs, som ikke kan måles og veies, ubestemmelig.
import [im'pɔ:t] importere, innføre; betegne, bety; være av viktighet for, ha noe å si for, vedrøre; være av viktighet. **import** ['impɔ:t] importartikkel, innførselsvare; import, innførsel; betydning; viktighet, vekt; **I am not sure of the – of his reply** jeg er ikke sikker på hvor han egentlig ville hen med sitt svar. **importable** [im'pɔ:təbl] som kan importeres.
importance [im'pɔ:təns] betydning, verdi, viktighet; viktigmakeri; **give – to** legge vekt på; **of no –** uten betydning, likegyldig. **important** [im'pɔ:tənt] viktig, av viktighet, maktpåliggende, betydningsfull; hoven, innbilsk; **become –** få betydning.
importation [impɔ:'teiʃən] import, innførsel. **import | ban** importforbud. **– control** importregulering. **– duty** innførselstoll. **– restriction(s)** importbegrensning, importrestriksjoner. **importer** [im'pɔ:tə] importør; **the free importers** frihandelsmennene.
importunate [im'pɔ:tjunit] påtrengende, brysom, besværlig. **importune** [im'pɔ:tju:n, impɔ:'tju:n] falle til besvær, til bry; plage, bestorme med bønner; gnåle, mase, trygle; tigge. **importunity** [impɔ:'tju:niti] påtrengenhet, pågåenhet, gnål, gnag, trygling; tiggeri.
impose [im'pəuz] pålegge, idømme, tvinge på, trenge seg inn på; utgi (**as** for); **– on** utnytte, benytte seg av; **– upon** narre, bedra, dupere, vildre, ta ved nesen, imponere. **imposing** [im'pəuziŋ] ærefryktinngytende, imponerende. **imposingness** [im'pəuziŋnis] det imponerende. **imposition** [impə'ziʃən] pålegging; utskriving (av skatter); skattepålegg; skatt; bedrageri; opptrekkeri; ekstraarbeid (i universitetsspråk); byrde; bedrageri.
impossibility [impɔsi'biliti] umulighet, uråd.
impossible [im'pɔsibl] umulig, uoverkommelig; **– of attainment** uoppnåelig. **impossibly** umulig, usannsynlig.
impost ['impəust] pålegg, skatt; impost (arkitektonisk uttrykk).
impostor [im'pɔstə] bedrager. **imposture** [im'pɔstʃə] bedrageri.
impot ['impɔt] straffelekse.
impotence ['impətəns], **impotency** ['impətənsi] kraftløshet, svakhet; avmakt; impotens. **impotent** ['impətənt] kraftløs, svak; avmektig; impotent; gagnløs.
impound [im'paund] lukke inne, sperre inne, sette inn (især fe); beslaglegge, konfiskere.
impoverish [im'pɔvəriʃ] forarme; pine ut (f. eks. en åker). **impoverishment** [-mənt] forarming, utpining.
impracticability [impræktikə'biliti] uutførlighet. **impracticable** [im'præktikəbl] uutførlig, umulig; umedgjørlig; ufarbar, ufør.
imprecate ['imprikeit] ønske el. kalle ned ondt over; forbanne. **imprecation** [impri'keiʃən] nedkalling; forbannelse. **imprecatory** ['imprikeitəri, -kət-] forbannende.
imprecise [impre'sais] unøyaktig, upresis.
imprecision [-'siʒn] unøyaktighet, upresishet.
impregnability [impregnə'biliti] uinntakelighet, uovervinnelighet. **impregnable** [im'pregnəbl] uinntakelig, uovervinnelig; **an – principle** et ufravikelig prinsipp.
impregnate [im'pregneit] befrukte; impregnere, gjennomtrenge, mette. **impregnation** [impreg'neiʃən] befruktning; impregnering, preparering, preging.
impresario [impre'sɑ:riəu] impresario.
imprescriptible [impri'skriptibl] ufortapelig, umistelig.
impress [im'pres] påtrykke, prente inn, stemple; innprege, innprente, legge på hjerte (el. sinne); dupere; presse, verve med makt (til krigstjeneste); beslaglegge, konfiskere; **– oneself** gjøre inntrykk; **it impresses me as** det står for meg som.
impress ['impres] avtrykk, merke, preg.
impressibility [impresi'biliti] mottagelighet.
impressible [im'presibl] mottagelig; nem.
impression [im'preʃən] inntrykk; merke, søkk, far, preg; virkning, innflytelse; avtrykk, trykking, opplag. **impressionable** [im'preʃənəbl] mottagelig for inntrykk. **impressionism** [im'preʃənizm] impresjonisme. **impressionist** [-ist] impresjonist; impresjonistisk. **impressionistic** [impreʃə'nistik] impresjonistisk.
impressive [im'presiv] som gjør inntrykk; virkningsfull, slående; imponerende, betagende.
impressment [im'presmənt] pressing (til hær), tvangsverving, tvangsutskriving.
imprest ['imprest] forskudd, lån (av en offentlig kasse).
imprimatur [impri'meitə] trykketillatelse; godkjenning.
imprimis [im'praimis] først, framfor alt, især.
imprint [im'print] merke, prege; trykke inn, prente; ['imprint] avtrykk; merke; tittelfot (trykkested og forleggerfirma på boks tittelblad).
imprison [im'prizn] fengsle, sperre inne; innsnevre, begrense.
imprisonment [im'priznmənt] fengsling, fangenskap; **false –** ulovlig frihetsberøvelse; **– before trial** varetektsarrest.
improbability [imprɔbə'biliti] usannsynlighet. **improbable** [im'prɔbəbl] usannsynlig.
improbity [im'prɔbiti] uredelighet.
impromptu [im'prɔm(p)tju] impromptu, improvisasjon; laget på stående fot.
improper [im'prɔpə] upassende, uanstendig, utilbørlig; uriktig, uheldig, feilaktig. **– fraction** uekte brøk.
impropriety [imprə'praiəti] usømmelighet; uriktighet; feilaktighet; utilbørlighet.

improvable [imˈpruːvəbl] som kan forbedres; som egner seg til dyrking; god, nyttig, brukelig.
improve [imˈpruːv] forbedre, bøte, forskjønne, foredle; nytte ut, dra fordel av; bli bedre, forbedre seg, gjøre framskritt; stige (om pris); **– on** innføre forbedringer i; **– the occasion** nytte høvet, utnytte situasjonen. **improved** forbedret; regulert, bebygd, kultivert (om eiendom). **– breed** kulturrase. **– wood** laminert plate. **improvement** [imˈpruːvmənt] forbedring; fremskritt; utnytting. **improver** [imˈpruːvə] forbedrer; arbeider som går for redusert lønn for å lære.
improvidence [imˈprɔvidəns] uforsiktighet, ubetenksomhet, mangel på fremsyn. **improvident** [imˈprɔvidənt] uforsiktig, ubetenksom, uforutseende, lettsindig.
improving (ånds)dannende, oppbyggelig.
improvisate [imˈprɔvizeit] improvisere. **improvisation** [imprəvaiˈzeiʃən] improvisasjon. **improvisator** [imˈprɔvizeitə] improvisator. **improvise** [ˈimprəvaiz] improvisere. **improviser** [ˈimprəvaizə] improvisator.
imprudence [imˈpruːdəns] mangel på klokskap, uklokskap; uforsiktighet; ubetenksomhet. **imprudent** [imˈpruːdənt] uklok; uforsiktig; ubetenksom.
impudence [ˈimpjudəns] uforskammethet. **Mr. Impudence** Per nesevis. **impudent** [ˈimpjudənt] uforskammet.
impugn [imˈpjuːn] bekjempe, bestride, dra i tvil. **impugnable** [imˈpjuːnəbl] som kan bestrides, tvilsom. **impugner** [imˈpjuːnə] angriper, motsiger. **impugnment** [imˈpjuːnmənt] bekjempelse; bestridelse, motsigelse, motlegg, motmæle.
impuissance [imˈpju(ː)isns] svakhet, kraftløshet; uformuenhet.
impulse [ˈimpʌls] støt, trykk; impuls, tilskynding, beveggrunn; innskytelse, innfall, trang. **– buying** impulskjøp. **– sale** impulssalg. **– turbine** aksjonsturbin. **impulsion** [imˈpʌlʃən] støt, trykk; tilskynding; innskytelse. **impulsive** [imˈpʌlsiv] bevegende, tilskyndende; brå, impulsiv, umiddelbar; drivkraft; beveggrunn.
impunity [imˈpjuːniti] straffløshet, frihet for straff; uskadd; **with –** ustraffet; **with – to health** uskadet, uten helseskade.
impure [imˈpjuə] uren; ukysk; full av feil. **impurity** [imˈpjuəriti] urenhet; ukyskhet.
impurple [imˈpəːpl] farge rød, purpurfarge.
imputable [imˈpjuːtəbl] som kan tilskrives, legges til last; tilregnelig, skyldig. **imputation** [impjuˈteiʃən] beskyldning; bebreidelse; hentydning. **imputative** [imˈpjuːtətiv] tilskrevet, tillagt; underlagt. **impute** [imˈpjuːt] tilregne, regne, tillegge, beskylde.
imputrescibility [impjutresiˈbiliti] uforråtnelighet. **imputrescible** [impjuˈtresibl] uforråtnelig.
imrig [ˈimrig] (skot.) oksekjøttsuppe.
in [in] i, på; til; under; om; inn, inne; hjemme; i og med at, ved å; **– the country** på landet; **– town** i byen; **– Shakespeare** hos Shakespeare; **– the sky** på himmelen; **– the university** ved universitetet; **– health** frisk; **be – love** være forelsket; **– the afternoon** om ettermiddagen; **– two hours** om to timer; **– the reign of Elizabeth** under Elisabeths regjering; **– about 1960** omkring 1960; **– time** i rette tid; i sin tid; **– his travels** på hans reiser; **trust – God** stole på Gud; **– answer** (el. **reply) to** som svar på; **– obedience to** av lydighet mot; **– pity of** av medlidenhet med; **– this manner** på denne måte; **– vain** forgjeves; **– as far as** for så vidt som; **– appearance** etter det ytre å dømme; **– my opinion** etter min mening; **– all probability** etter all sannsynlighet; **– boots** med støvler på; **five – hundred** fem prosent; **two – four goes twice** to i fire er to; **be –** ha makten; være på mote, være moderne; **be all –** være helt utkjørt, ikke orke mer; **be – with** stå på god fot med; **be – for it** være ille ute, være solgt; ha påtatt seg det, ha innlatt seg på det; **there is something – it** det er noe i det; **A is not – with B** A kan ikke hamle opp med B; **– itself** i seg selv, i og for seg.
in [in] medlem av regjeringen el. det herskende parti; passasjer inne i vognen; **the -s** de som er à jour med de siste (mote)retninger og fortrolige med sjargongen innenfor kunst, litteratur o. l., frekventerer de riktige steder og kjenner de riktige mennesker; **the ins and outs** regjeringen og opposisjonen; de som er med i spillet, og de som er utenfor; alle kroker og kriker.
in. fk. f. **inch.**
inability [inəˈbiliti] udyktighet, udugelighet, manglende evne.
inaccessibility [inæksesiˈbiliti] utilgjengelighet. **inaccessible** [inəkˈsesibl] utilgjengelig, utilnærmelig, uoppnåelig.
inaccuracy [inˈækjurəsi] unøyaktighet, slurv.
inaccurate [inˈækjurit] unøyaktig.
inaction [inˈækʃən] uvirksomhet. **inactivate** [inˈæktiveit] sette ut av funksjon, gjøre uvirksom. **inactive** [inˈæktiv] uvirksom; treg. **inactivity** [inækˈtiviti] uvirksomhet; treghet, passivitet.
inadaptable [inəˈdæptəbl] som ikke kan tilpasses el. tilpasse seg.
inadequacy [inˈædikwəsi] utilstrekkelighet; passivitet. **inadequate** [inˈædikwit] utilstrekkelig, mangelfull; uskikket.
inadmissibility [inædmisiˈbiliti] utillatelighet, uantakelighet. **inadmissible** [inædˈmisibl] utilstedelig, uantakelig.
inadvertence [inədˈvəːtəns], **inadvertency** [-tənsi] uaktsomhet; forseelse, feil, feiltagelse. **inadvertent** [-tənt] uaktsom, uoppmerksom, forsømmelig, i vanvare.
inadvisable [inədˈvaizəbl] utilrådelig, uklokt.
inalienability [ineiliənəˈbiliti] uavhendelighet. **inalienable** [inˈeiljənəbl] uavhendelig, umistelig.
inamorata [inæməˈrɑːtə] elskede (om kvinne).
in-and-in breeding innavl. **– -out bolt** gjennomgående bolt.
inane [inˈein] tom; tomhet, innholdsløs, intetsigende, banal, tåpelig.
inanimate [inˈænimit] livløs, ubesjelet. **inanimated** [inˈænimeitid] livløs. **inanimation** [inæniˈmeiʃən] livløshet; mangel på liv, flauhet.
inanition [inəˈniʃən] tomhet; avkreftelse. **inanity** [inˈæniti] tomhet, åndsforlatthet, banalitet.
inappellable [-əˈpel-] inappellabel, endelig, som ikke kan appelleres.
inappetence [inˈæpitəns] mangel på appetitt. **inappetent** [inˈæpitənt] matlei, appetittløs.
inapplicability [inæplikəˈbiliti] uanvendelighet. **inapplicable** [inˈæplikəbl] uanvendelig, ubrukelig. **inapplication** [inæpliˈkeiʃən] mangel på flid.
inapposite [inˈæpəzit] uhøvelig, uskikket, som ikke vedkommer saken.

inappreciable [inəˈpriːʃ(j)əbl] ubetydelig; ringe. **inappreciative** [-ˈpriː-] likeglad, utakknemlig; uinteressert.

inapproachable [inəˈprəutʃəbl] utilgjengelig, utilnærmelig.

inappropriate [inəˈprəupriit] upassende, uheldig, malplassert, uskikket.

inapt [inˈæpt] uskikket; upassende; uheldig. **inaptitude** [inˈæptitjuːd] uskikkethet; tungnemhet.

inarch [inˈɑːtʃ] pode inn (slik at podekvisten står på mortreet til den er vokst fast i det nye).

inarticulate [inɑːˈtikjulit] uartikulert, utydelig, stum; uleddet. **inarticulation** [inɑːtikjuˈleiʃən] mangel på artikulasjon, vanskelighet for å uttrykke seg.

inartificial [inɑːtiˈfiʃəl] ikke kunstig; ukunstlet.

inasmuch [inəzˈmʌtʃ]: – **as** for så vidt som; ettersom, da.

inattention [inəˈtenʃən] uoppmerksomhet, forsømmelighet. **inattentive** [inəˈtentiv] uoppmerksom; forsømmelig.

inaudibility [inɔːdiˈbiliti] uhørlighet. **inaudible** [inˈɔːdibl] uhørlig.

inaugural [inˈɔːgjurəl] innvielses-, åpnings-; innsettelses-; innvielsestale. – **address** åpningstale. – **sermon** tiltredelsespreken. **inaugurate** [inˈɔːgjureit] innvie; høytidelig innsette; innvarsle; begynne lykkelig. **inauguration** [inɔːgjuˈreiʃən] innvielse; høytidelig innsettelse. **Inauguration Day** amerikanske presidenters tiltredelsesdag, 20. jan. **inauguratory** [inˈɔːgjurətəri] se **inaugural.**

inaurate [iˈnɔːreit] forgylle. **inaurate** [iˈnɔːrit] forgylt.

inauspicious [inɔˈspiʃəs] uheldig, ugunstig, lite lovende.

inbalance mangel på balanse, ubalanse.

in-being [ˈinbiːiŋ] iboen, immanens, inhærens.

inboard [ˈinbɔːd] innenbords. **inboards** [-z] innenbords, om bord.

inborn [ˈinbɔːn] medfødt.

inbound [ˈinbaund] (for) inngående.

inbreathe [ˈinˈbriːð] innånde; inspirere.

inbred [ˈinbred] medfødt, rotfestet, naturlig; kommet av innavl.

inbreed [ˈinˈbriːd] avle; avle ved innavl.

inby(e) [ˈinbai] innad, innover; i nærheten (av).

inc. fk. f. **included; including; inclusive; increase; incorporated** A/S.

Inca [ˈiŋkə] inka; **the – empire** inkariket.

incage [inˈkeidʒ] sperre inne.

incalculable [inˈkælkjuləbl] uberegnelig.

in camera [inˈkæmərə] for lukkede dører.

incandescence [inkænˈdesəns] hvitglødning. **incandescent** [inkænˈdesənt] hvitglødende; – **lamp** glødelampe.

incantation [inkænˈteiʃən] besvergelse; maning; trolling, gand; besvergelsesformular; trollbønn, gandvise. **incantatory** [inˈkæntətəri] besvergende; magisk.

incapability [inkeipəˈbiliti] udyktighet, udugelighet. **incapable** [inˈkeipəbl] udugelig, ukvalifisert, ute av stand (**of** til); udyktig, undermåler; **drunk and** – ≈ dødrukken, ravende full.

incapacious [inkəˈpeiʃəs] ikke rommelig, snever; trangbrystet.

incapacitate [inkəˈpæsiteit] gjøre udyktig, gjøre arbeidsudyktig (**for** til). **incapacity** [inkəˈpæsiti] udyktighet; udugelighet; arbeidsuførhet; **declaration of** – umyndigheterklæring.

incarcerate [inˈkɑːsəreit] fengsle, sperre inne; **-ed hernia** inneklemt brokk. **incarceration** [inkɑːsəˈreiʃən] fengsling, innesperring.

incarn [inˈkɑːn] dekke med kjøtt; inkarnere; legemliggjøre; hele; heles, gro igjen. **incarnadine** [inˈkɑːnədin, -dain] kjøttfarget, blekrød; rød; kjøttfarge; blekrødt; farge rødt. **incarnate** [inˈkɑːneit] inkarnere; legemliggjøre; heles. **incarnate** [inˈkɑːnit] inkarnert; legemliggjort; **he is evil** – han er den personifiserte ondskap. **incarnation** [inkɑːˈneiʃən] kjøttdannelse; inkarnasjon; legemliggjørelse. **incarnative** [inˈkɑːnətiv] helende; helende middel.

incase [inˈkeis] inneslutte; bedekke, omgi, overtrekke; ligge rundt. **incasement** [inˈkeismənt] inneslutning; bedekning; overtrekk.

incask [inˈkɑːsk] på fat.

incautious [inˈkɔːʃəs] uforsiktig.

incavation [inkəˈveiʃən] søkk, huling; fordypning.

incendiarism [inˈsendjərizm] brannstifting, mordbrann, pyromani. **incendiary** [inˈsendjəri] brannstiftings-, mordbranns-, brann-; opphissende, opprørsk; brannstifter, mordbrenner; noe opphissende; opphissende artikkel; brannfakkel; brannbombe; opphisser, mytteristifter. – **bomb** brannbombe. – **fire** påsatt ildebrann.

incense [inˈsens] egge opp, oppflamme, bli rasende.

incense [ˈinsens] røkelse; virak; ofre røkelse til; **burn** (el. **offer)** – **to** strø virak for. **incensive** [inˈsensiv] oppflammende, eggende. **incensory** [inˈsensəri] røkelseskar.

incentive [inˈsentiv] oppflammende, eggende; spore, oppmuntring; gi impulser til; motiv; – **bonus** bonus for økt arbeidsinnsats.

incept [inˈsept] innlede, (på)begynne. **inception** [inˈsepʃən] begynnelse, tiltak. **inceptive** [inˈseptiv] begynnende; begynnelses-.

incertitude [inˈsəːtitjuːd] uvisshet, tvil.

incessant [inˈsesənt] uopphørlig. **incessantly** [inˈsesəntli] uopphørlig.

incest [ˈinsest] blodskam. **incestuous** [inˈsestjuəs, -stʃ-] skyldig i blodskam, blodskams-.

inch [inʃ] (2,54 cm), tomme; bagatell, hårsbredd; tommelang, tommebred, tommetykk; inndele i tommer; tildele smått; rykke tomme for tomme fram (el. tilbake); **by -es** tommevis; – **by** – tomme for tomme; **every – a gentleman** en kavaler til fingerspissene; **I don't trust him an** – jeg stoler ikke på ham for fem øre; **within an – of** like ved (å), på nippet til å; **flog one within an – of his life** pryle en halvt i hjel.

inchmeal [ˈinʃmiːl] tommevis, smått omsenn.

inchoate [ˈinkəuit] i emning, påbegynt. **inchoate** [ˈinkəueit] ta til med, begynne.

incidence [ˈinsidəns] innfall; virkning; fordeling; hyppighet, utbredelse; **angle of** – innfallsvinkel; **the – of the tax** skatteforholdene; fordelingen av skattebyrdene; **proportional** – innbyrdes mengdeforhold.

incident [ˈinsidənt] tilstøtende; som kan inntreffe tilfeldig, ved leilighet; forbundet med; som hører med til, beheftet med; begivenhet, tilfelle, tildragelse, hendelse, hending; biting, episode; innskudd; **regret the** – beklage det inntrufne.

incidental [insiˈdentəl] tilfeldig; bi-; innskudd; – **expenses** tilfeldige utgifter; – **music** ledsagende musikk; **incidentally** [insiˈdentəli] tilfeldig, leilighetsvis, for øvrig.

incinerate [inˈsinəreit] brenne til aske, destruere. **incineration** [insinəˈreiʃən] forbrenning til aske; likbrenning. **incinerator** forbrenningsovn, destruksjonsverk; krematorieovn.

incipience [inˈsipiəns] begynnelse.

incipient [inˈsipjənt] begynnende, frembrytende, gryende; innledende.

incise [inˈsaiz] skjære inn; skjære ut. **incision** [inˈsiʒən] innskjæring; skur; innsnitt; skår; skar, hakk; flenge. **incisive** [inˈsaisiv] skjærende, skarp, flengende; **— tooth** fortann. **incisiveness** [-nis] skarphet. **incisor** [inˈsaisə] skjæretann, fortann. **incisory** [-səri] skjærende. **incisure** [inˈsiʒə] innsnitt.

incitant [inˈsaitənt] eggende, sporende; sykdomsårsak, sporende middel, incitament, kveik. **incitation** [insiˈteiʃən] tilskyndelse; spore, incitament, kveik, beveggrunn. **incite** [inˈsait] spore, egge, tilskynde; opphisse. **incitement** [inˈsaitmənt] tilskyndelse; spore, incitament, beveggrunn, provokasjon. **inciter** [inˈsaitə] en som tilskynder osv.

incivility [insiˈviliti] uhøflighet.

incivism [ˈinsivizm] mangel på borgerånd.

incl. fk. f. **inclusive.**

inclemency [inˈklemənsi] barskhet, ubarmhjertighet. **inclement** [inˈklemənt] barsk, hard, ubarmhjertig.

inclinable [inˈklainəbl] tilbøyelig; gunstig, vennlig (**to** mot); som kan bøyes (stilles skrått).

inclination [inkliˈneiʃən] bøyning, helling, skråning, stigning; inklinasjon, hang, tendens, tilbøyelighet (**to** el. **for** til; **to do** til å gjøre).

incline [inˈklain] bøye; gjøre tilbøyelig, stemme; helle, lute; ha tilbøyelighet; ha anstrøk (**to** av); helling, skråplan; skråning, bakke. **inclined** [inˈklaind] tilbøyelig (**to** til); skrå. **— engine** skråttliggende maskin. **inclining experiment** krengningsforsøk.

inclose [inˈkləuz] innhegne, inngjerde; inneslutte; legge inn i; legge ved. **inclosure** [inˈkləuʒə] innhegning, inngjerding; jorde; inneslutning; innlegg; bilag, vedlegg; gjerde.

include [inˈklu:d] inkludere, regne med blant, ta med, inneslutte; inneholde; innbefatte; **— in brackets** sette i parentes. **including** medregnet, iberegnet. **inclusion** [inˈklu:ʒən] inneslutning; innbefatning.

inclusive [inˈklu:siv]: **— of** inklusive; **pages 7 to 26 —** fra og med side 7 til og med side 26; **— term** overbegrep; **— terms** bruttopris; **— tour** ferdigpakket tur, selskapsreise.

incog [inˈkɔg] inkognito.

incogitable [inˈkɔdʒitəbl] utenkelig. **incogitance, incogitancy** [inˈkɔdʒitəns(i)] tankeløshet; utenkelighet. **incogitative** [inkɔdʒiˈteitiv] som ikke kan tenke.

incognita [inˈkɔgnitə] ukjent dame, dame som reiser inkognito. **incognito** [inˈkɔgnitəu] inkognito; ubekjent; inkognito. **incognizable** [inˈkɔgnizəbl] ukjennelig; ikke sansbar.

incoherence, incoherency [inkəˈhiərəns(i)] mangel på sammenheng. **incoherent** [inkəˈhiərənt] usammenhengende, springende, våsete; **speak -ly** snakke i vilske.

incombustible [inkəmˈbʌstibl] uforbrennelig, ildfast.

income [ˈinkəm] inntekt. **incomer** [ˈinkʌmə] innvandrer; ubuden gjest; tiltredende leier el. forpakter. **incomes policy** inntektspolitikk. **income | tax** [ˈinkʌmtæks] inntektsskatt. **— tax return** selvangivelse.

incoming [ˈinkʌmiŋ] ankomst, inntreden; innkommende, tiltredende, ankommende; **— tide** flo, stigende tidevann. **-s** innkomst, inntekter, inngående beløp.

incommensurability [inkəmenʃərəˈbiliti] inkommensurabilitet, usammenlignbarhet, uforenlighet. **incommensurable** [inkəˈmenʃurəbl] inkommensurabel, uensartet, uforenlig.

incommensurate [-ˈmenʃərit] utilstrekkelig, inkommensurabel.

incommode [inkəˈməud] uleilige, umake, bry. **incommodious** [inkəˈməudjəs] ubekvem; brysom, besværlig; trang, snever.

incommunicable [inkəmˈju:nikəbl] umeddelelig. **incommunicado** [-ˈkɑ:dəu] avskåret; i enecelle. **incommunicative** [inkəˈmju:nikətiv] umeddelsom; som skyr samkvem, som holder seg for seg selv, innesluttet.

incommutable [-ˈmju:-] uforanderlig, som ikke kan ombyttes.

incomparable [inˈkɔmpərəbl] som ikke kan sammenliknes; uforliknelig, enestående, makeløs.

incompatibility [inkəmpætiˈbiliti] uforenelighet; uforlikelighet. **incompatible** [inkəmˈpætibl] uforenelig; uforlikelig.

incompetence, incompetency [inˈkɔmpitəns(i)] inkompetanse; udyktighet, udugelighet; utilstrekkelighet. **incompetent** [inˈkɔmpitənt] inkompetent; uskikket, udugelig, inhabil; utilstrekkelig.

incomplete [inkəmˈpli:t] ufullstendig, ufullendt, mangelfull, defekt. **incompletion** [inkəmˈpli:ʃən] ufullstendighet osv.

incompliance [inkəmˈplaiəns] ubøyelighet, umedgjørlighet. **incompliant** [inkəmˈplaiənt] umedgjørlig, ubøyelig.

incomposite [inˈkɔmpəzit] usammensatt, enkelt; **— numbers** primtall.

incomprehensibility [inkɔmprihensiˈbiliti] ubegripelighet, ufattelighet. **incomprehensible** [inkɔmpriˈhensibl] ubegripelig, ufattelig.

incomprehensive [inkɔmpriˈhensiv] ikke omfattende; uforstående, ubegripelig.

incompressible [inkəmˈpresibl] som ikke kan trykkes sammen, ikke kan klemmes sammen.

inconceivable [inkənˈsi:vəbl] ufattelig.

inconclusive [inkənˈklu:siv] ikke overbevisende, ikke avgjørende; uvirksom, resultatløst; ubestemt.

incondite [inˈkɔndit] dårlig utarbeidet, rotet; plump.

incongenial [-ˈdʒi:-] som ikke passer (**to** for), ikke ligger for.

incongruence [inˈkɔŋgruəns] uoverensstemmelse; forkjærthet; urimelighet; motsigelse. **incongruent** [inˈkɔŋgruənt] uoverensstemmende, inkongruent; upassende; fornuftstridig, forkjært. **incongruity** [inkɔŋˈgru(:)iti] uoverensstemmelse; forkjærthet; urimelighet; motsigelse. **incongruous** [inˈkɔŋgruəs] uoverensstemmende, inkongruent; upassende; fornuftstridig, forkjært.

inconsecutive [inkənˈsekjutiv] usammenhengende, springende.

inconsequence [inˈkɔnsikwəns] inkonsekvens, selvmotsigelse. **inconsequent** [inˈkɔnsikwənt] inkonsekvent, selvmotsigende. **inconsequential** [inkɔnsiˈkwenʃəl] uviktig; inkonsekvent.

inconsiderable [inkən'sid(ə)rəbl] ubetydelig, uanselig.
inconsiderate [inkən'sidərit] ubetenksom, brå, tankeløs; lite hensynsfull.
inconsistence, inconsistency [inkən'sistəns(i)] (selv)motsigelse; uoverensstemmelse; inkonsekvens. **inconsistent** [inkən'sistənt] selvmotsigende; uoverensstemmende; inkonsekvent; springende, prinsippløs, vinglet.
inconsolable [inkən'səuləbl] utrøstelig.
inconsonance [in'kɔnsənəns] uoverensstemmelse; inkonsekvens; disharmoni, misklang. **inconsonant** [in'kɔnsənənt] uoverensstemmende (**with, to** med).
inconspicuous [inkən'spikjuəs] ikke til å skjelne, uanselig, umerkelig.
inconstancy [in'kɔnstənsi] mangel på standhaftighet; ustadighet. **inconstant** [in'kɔnstənt] ustadig; ustø, vinglet.
inconsumable [inkən'sju:məbl] som ikke kan fortæres, som ikke kan brukes opp.
incontaminate [inkən'tæminit] ubesmittet, ren; ekte.
incontestable [inkən'testəbl] ubestridelig, uimotsigelig.
incontiguous [inkən'tigjuəs] som ikke berører; atskilt, separat.
incontinence [in'kɔntinəns] mangel på avholdenhet, tøylesløshet; ukyskhet; inkontinens; **– of urine** urinflod. **incontinent** [in'kɔntinənt] ikke avholdende; villstyring; ukysk; som lider av inkontinens. **incontinent(ly)** [in'kɔntinent(li)] omgående, straks, øyeblikkelig.
incontrovertible [inkɔntrə'və:tibl] uomtvistelig, ubestridelig.
inconvenience [inkən'vi:njəns] uleilighet, umak, strev, bry, besværlighet, ulempe, forlegenhet; uleilige, besvære, bry, bringe i forlegenhet, forstyrre; være til bry (el. ulempe) for. **inconvenient** [-jənt] ubekvem, ubeleilig, besværlig, brysom, lei, vrang; uegnet, upassende.
inconvertible [inkən'və:tibl] uforanderlig; som ikke kan byttes om, som ikke kan omsettes, inkonvertibel.
inconvincible [inkən'vinsibl] som ikke lar seg overbevise, stivsinnet.
inco-ordinate [inkəu'ɔ:dinit] ukoordinert; **-nation** inkoordinasjon, mangel på koordinasjon.
incorporate [in'kɔ:pəreit] blande, legge inn, innarbeide; legemliggjøre; legere; oppta, innlemme; inkorporere; gi kjøpstadsrettigheter; få kjøpstadsrettigheter; forbinde seg, forene seg. **incorporate** [in'kɔ:pərit] inkorporert, opptatt i; forent til en korporasjon; som danner en korporasjon; sterkt blandet om hverandre; sterkt forbundet, inderlig; ulegemlig; ikke inkorporert; uten korporasjonsrettigheter. **incorporation** [inkɔ:pə'reiʃən] blanding; legemliggjøring; opptakelse, innlemmelse; inkorporasjon; tildeling av kjøpstadsrettigheter; oppnåelse av kjøpstadsrettigheter. **incorporeal** [inkɔ:'pɔ:riəl] ulegemlig, uhåndgripelig, immateriell. **incorporeity** [inkɔ:pə'ri:iti] ulegemlighet, uhåndgripelighet.
incorrect [inkə'rekt] unøyaktig, uriktig, urett, gal. **incorrection** [inkə'rekʃən] unøyaktighet, uriktighet.
incorrigibility [in'kɔridʃi'biliti] uforbederlighet. **incorrigible** [in'kɔridʃibl] uforbederlig.
incorrupt [inkə'rʌpt] ufordervet; ikke bestukket; ubestikkelig; uforgjengelig. **incorruptibility** [inkərʌpti'biliti] ufordervelighet, uforgjengelighet; ubestikkelighet. **incorruptible** [inkə'rʌptibl] ufordervelig, uforgjengelig; ubestikkelig. **incorruption** [inkə'rʌpʃən] ufordervet tilstand; uforgjengelighet.
incrassate [in'kræseit] fortykke, gjøre tykkere; bli tykk, tykne. **incrassation** [inkræ'seiʃən] fortykkelse. **incrassative** [in'kræsətiv] fortykkende; fortykkende middel.
increase [in'kri:s] tilta, vokse, øke, auke; formere seg; formere, forsterke, forøke, forhøye, forstørre. **increase** ['inkri:s] forøkelse, økning, vekst. **increaser** fartsøker; forsterker. **increasing** tiltagende, voksende, økende; **at – intervals** med økende (el. lengre) mellomrom. **increasingly** [in'kri:siŋli] tiltagende, voksende, stigende, mer og mer, stadig mer.
incredibility [inkredi'biliti] utrolighet. **incredible** [in'kredibl] utrolig, usannsynlig. **incredibly** [-bli] utrolig, usannsynlig.
incredulity [inkri'dju:liti] vantro, skepsis. **incredulous** [in'kredjuləs] vantro, skeptisk, tvilende.
incremation [inkri'meiʃən] likbrenning.
increment ['inkrimənt] vokster, tilvekst, forøkelse, auke; **current –** løpende tilvekst; **periodic –** periodisk tilvekst; **unearned – (of land)** grunnverdistigning; **– tax** skatt på verdiøkning. **incremental** [inkrə'mentl] (trinnvis) voksende.
increscent [in'kresənt] tiltagende; (heraldikk) voksende; voksende måne.
incriminate [in'krimineit] anklage, beskylde, rette mistanke mot; belaste. **incriminatory** [-'kri-] belastende, anklagende.
incrust [in'krʌst] bedekke med et lag, danne skorpe på, overtrekke; belegge, kle. **incrustation** [inkrʌ'steiʃən] dekning; kalkavleiring, skorpedannelse, slaggdannelse; belegg; dekke, lag; kjelestein.
incubate ['inkjubeit] ruge, ligge på egg; varme, klekke ut; utvikle seg (om sykdom). **incubation** [inkju'beiʃən] ruging, utklekking; inkubasjon; **– period** inkubasjonstid. **– spot** rugeflekk. **incubator** ['inkjubeitə, 'iŋ-] utklekkingsapparat, rugemaskin, varmeskap, kuvøse.
incubus ['inkjubəs, iŋ-] mare, mareritt.
inculcate [in'kʌlkeit, 'inkəl-] innprente, innskjerpe. **inculcation** [inkəl'keiʃən] innprenting, innskjerping.
inculpate [in'kʌlpeit, 'inkəl-] dadle, kaste skylden på, bebreide; anklage. **inculpation** [inkəl'peiʃən] daddel, klander, beskyldning. **inculpatory** [in'kʌlpətəri] dadlende; som inneholder en beskyldning.
incumbency [in'kʌmbənsi] forpliktelse; byrde; prestekall; (det å inneha) geistlig embete. **incumbent** [in'kʌmbənt] påliggende; påhvilende; innehaver av et prestekall; **it is – on you to** det er din plikt å.
incunabula [inkju'næbjulə] begynnelsesstadier; inkunabler, paleotyper, eldste trykkverker (bøker fra før ca. 1500).
incur [in'kə:] utsette seg for; pådra seg, bli gjenstand for, våge seg ut for; **– debts** stifte gjeld; **– losses** lide tap; **– an obligation** påta seg en forpliktelse; **– the statutory penalty** være straffskyldig etter loven.
incurability [inkjuərə'biliti] uhelbredelighet. **incurable** [in'kjuərəbl] uhelbredelig.

incuriosity [inkjuəri'ɔsiti] likegyldighet, mangel på (nysgjerrighet, interesse), uoppmerksomhet, sorgløshet. **incurious** [in'kjuəriəs] likegyldig, likesæl, uoppmerksom, sorgløs; uinteressant.
incursion [in'kə:ʃən] fiendtlig innfall, streiftog. **incursive** [in'kə:siv] fiendtlig, angripende.
incurvate [in'kə:veit] krumme innover. **incurvation** [inkə'veiʃən] krumning innover. **incurve** [in'kə:v] krumme innover. **incurvity** [in'kə:viti] krumming innover.
incus ['iŋkəs] ambolt (i øret).
incuse [in'kju:z] prege; preget; preg, stempel.
Ind [ind] India (i høyere stil).
Ind. fk. f. **India(n); Indiana; Indies.**
ind. fk. f. **independent; index; indicative; indigo; industrial.**
indebted [in'detid] som skylder, som står i gjeld, forgjeldet, forpliktet; **I am – to him for it** jeg skylder ham det, jeg er ham takk skyldig for det; **deeply – to** stå i stor gjeld til. **indebtedness** [-nis] det å stå i gjeld, forgjeldethet; gjeld (det man skylder, også) takknemlighetsgjeld.
indecency [in'di:sənsi] usømmelighet, uanstendighet. **indecent** [in'di:sənt] usømmelig, uanstendig; utilbørlig; sjofel; slibrig. **– assault** seksualforbrytelse, voldtekt(sforsøk). **– exposure** blotting.
indeciduous [indi'sidjuəs] eviggrønn.
indecipherable [indi'saif(ə)rəbl] ikke til å tyde, uleselig.
indecision [indi'siʒən] ubestemthet, rådvillhet. **indecisive** [indi'saisiv] ubestemt, uavgjørende; rådvill, svevende, vinglet. **indecisiveness** [-nis] ubestemthet, vakling.
indeclinable [indi'klainəbl] ubøyelig.
indecorous [in'dekərəs] usømmelig, uanstendig. **indecorum** [indi'kɔrəm] usømmelighet, uanstendighet, uoppdragenhet.
indeed [in'di:d] i virkeligheten, virkelig; ja, ja visst; så menn; ganske visst, sant å si; nok, riktignok; vel, saktens; forresten, da; nei virkelig? så? **thank you very much –** tusen (hjertelig) takk; **yes –** det skal være visst.
indef. fk. f. **indefinite.**
indefatigability [indifætigə'biliti] utrettelighet, trutt. **indefatigable** [indi'fætigəbl] utrettelig.
indefeasibility [indifi:zi'biliti] uomstøtelighet; ugjenkallelighet; uavhendelighet. **indefeasible** [indi'fi:zibl] uomstøtelig; ugjenkallelig; uavhendelig, umistelig.
indefectible [indi'fektibl] feilfri; ufeilbar; uforgjengelig. **indefective** [indi'fektiv] ganske feilfri, fullkommen.
indefensible [indi'fensibl] uforsvarlig.
indefinable [indi'fainəbl] udefinerbar.
indefinite [in'def(i)nit] uklar, ugrei; ubegrenset; endeløs; svevende; ubestemt; **– payment** betaling i avdrag. **indefinitely** i det uendelige; på ubestemt tid.
indelibility [indeli'biliti] uutslettelighet. **indelible** [in'delibl] uutslettelig. **– ink** merkeblekk. **– pencil** kopiblyant, merkepenn.
indelicacy [in'delikəsi] mangel på finfølelse, ufinhet; taktløshet. **indelicate** [in'delikit] ufin, udelikat, taktløs.
indemnification [indemnifi'keiʃən] skadesløsholdelse, skadebot, sikkerhet, erstatning. **indemnify** [in'demnifai] holde skadesløs, sikre; erstatte, godtgjøre (et tap); gi straffefrihet. **indemnity** [in'demniti] skadesløsholdelse, skadebot, sikkerhet, skadesløshet, erstatning; benådning.
indemonstrable [indi'mɔnstrəbl] ubeviselig, upåviselig.
indent [in'dent] skjære hakk i, gjøre hakk i, gjøre tagget; stemple; sette merke i; bulke; duplisere; innsnitt, hakk; preg; bulk; dokument, ordre; rekvisisjon, ordre på varer som avgis til et utenlandsk firma. **indentation** [inden'teiʃən] innsnitt, hakk, skar, søkk; innrykning (typ.). **indention** [in'denʃən] innrykning. **indenture** [in'dentʃə] duplikat; binde ved kontrakt, sette i lære; kontrakt.
independable [indi'pendəbl] upålitelig.
independence [indi'pendəns] uavhengighet, selvstendighet; tilstrekkelig utkomme; **Independence Day** (US) frihetsdagen, 4. juli; **the Declaration of I.** uavhengighetserklæringen; **the American war of I.** Den nordamerikanske frihetskrig.
independency [indi'pendənsi] selvstendighet; frikirkepolitikk; selvstendig stat.
independent [indi'pendənt] uavhengig (**of** av), fri, ubunden; selvstendig; formuende. **– clause** hovedsetning, selvstendig setning. **– congregation** frimenighet. **– church** frikirke.
independently [-'pen-] uavhengig, selvstendig, hver for seg.
indescribable [indi'skraibəbl] ubeskrivelig.
indestructibility [indistrʌkti'biliti] uforgjengelighet. **indestructible** [indi'strʌktibl] uforgjengelig, som ikke kan ødelegges.
indeterminable [indi'tə:minəbl] ubestemmelig, ugrei, som ikke kan avgjøres. **indetermination** [inditə:mi'neiʃən] ubestemthet, vankelmodighet.
index ['indeks] en som påpeker el. anviser; viser; pekefinger; eksponent (mat.); register, innholdsfortegnelse, indeks, kartotek, katalog; pekepinn; forsyne med register; sette på indeks; **the Index** listen over forbudte bøker, indeks.
index | card kartotekkort. **-er** kartotekfører. **– finger** pekefinger. **– letter, – mark** registreringsbokstav (på biler). **– -tied** verdifast, indeksregulert.
indexterity [indeks'teriti] ubehendighet.
India ['indjə] India; Ostindia, Forindia; **– ink** tusj; **– Office** departement for India; **– paper** indiapapir (tynt trykkpapir).
Indiaman ['indjəmən] indiafarer.
Indian ['indjən; 'indʒən] indisk, india-; indiansk; inder; indianer; **– bread** maisbrød; **– cane** bambus; **– corn** mais; **– gift** gave som tas tilbake; **– hemp** hamp, cannabis; **– ink** tusj; **– summer** ettersommer; sensommer; gjenoppblussende ungdommelighet. **– weed** tobakk; **Red –** el. **American –** indianer; **honest –** på ære! (egentlig: så sant jeg er en ærlig indianer; en forsikring i barneleik).
Indiana [indi'ænə].
indican ['indikən] indikan, indigostoff.
indicant ['indikənt] som angir, anviser. **indicate** ['indikeit] anvise, tilkjennegi, syne, bestemme; nødvendiggjøre, bebude, tyde på; indikere, indisere. **indication** [indi'keiʃən] anvisning; kjennetegn; antydning, tilkjennegivelse, tegn; symptom; indikasjon. **indicative** [in'dikətiv] som antyder, som er tegn på; indikativisk; **the –** el. **the – mode** indikativ. **indicator** ['indikeitə] angiver, blinklys, retningslys; viser, nål; anviser; indikator; dynamometer, kraftmåler. **indicatory** [in'dikətəri, indi'keitəri] som angir, tyder på.

indices [ˈindisiːz] (flertall av **index)** eksponenter.
indicia [inˈdiʃ(j)ə] indisier, tegn, kjennetegn; (US) frankeringsstempel.
indicolite [inˈdikəlait] indigolitt, blå turmalin.
indict [inˈdait] anklage, sette under tiltale **(for** for). **indictable** [inˈdaitəbl] som kan anklages; kriminell. **– offence** kriminell handling. **indictee** [indaiˈtiː] anklagede. **indictment** [inˈdaitmənt] anklage; tiltalebeslutning.
Indies [ˈindiz]: **the –** India; **the West –** Vestindia; **the East –** Ostindia.
indifference [inˈdif(ə)rəns] likegyldighet, likegladhet; middelmådighet **(to** (over)for). **indifferent** [inˈdif(ə)rənt] likegyldig; likesæl; middelmådig; middels, tarvelig; **it is – to me** det er det samme for meg. **indifferentism** [inˈdif(ə)rəntizm] indifferentisme, likegyldighet. **indifferentist** [-tist] indifferentist; indifferentistisk. **indifferently** [inˈdif(ə)rəntli] likegyldig; middelmådig.
indigence [ˈindidʒəns] nød, armod, fattigdom.
indigene [ˈindidʒiːn] innfødt, innenlandsk; innfødt dyr el. plante. **indigenous** [inˈdidʒinəs] innfødt; innenlandsk; medfødt; virkelig, sann.
indigent [ˈindidʒənt] trengende, fattig, nødlidende.
indigested [indiˈdʒestid] ufordøyd; uordnet, forvirret, kaotisk, ikke gjennomtenkt; uordentlig; umoden. **indigestibility** [indidʒestiˈbiliti] ufordøyelighet. **indigestible** [indiˈdʒestibl] ufordøyelig. **indigestion** [indiˈdʒestʃən] dårlig fordøyelse, fordøyelsesvansker. **indigestive** [indiˈdʒestiv] med dårlig fordøyelse.
indign [inˈdain] uverdig, vanærende.
indignant [inˈdignənt] indignert, harmfull, oppbrakt, sint; **– at** sint for; **– with** sint på. **indignation** [indigˈneiʃən] harme, forargelse, forbitrelse; **– meeting** protestmøte.
indignity [inˈdigniti] skammelig behandling, uverdighet, skjendighet, beskjemmelse, nedverdigelse.
indigo [ˈindigəu] indigo(farge).
indirect [indiˈrekt] ikke likefram; kroket, skjev; indirekte; **– route** omvei; **– dealings** krokveier. **indirection** [indiˈrekʃən] skjevhet; omvei; krokvei; knep, lureri; svikefullhet. **indirectly** [indiˈrektli] ikke likefram, ved omveier, indirekte. **indirectness** [indiˈrektnis] se **indirection.**
indiscernible [indiˈzəːnibl] umerkelig.
indisciplinable [inˈdisiplinəbl] uregjerlig.
indiscipline [inˈdisiplin] mangel på disiplin.
indiscreet [indisˈkriːt] ubetenksom, tankeløs, åpenmunnet, indiskret, taktløs.
indiscrete [indisˈkriːt] kompakt, ikke atskilt.
indiscretion [indiˈskreʃən] ubetenksomhet; indiskresjon, taktløshet; (fig.) lekkasje; dumhet, feiltrinn; påfunn.
indiscriminate [indisˈkriminit] i fleng, på slump; ikke forskjellig, uten forskjell, som ikke skjelner, tilfeldig, kritikkløs. **indiscriminating** [indisˈkrimineitiŋ] som ikke gjør forskjell, over en kam, over en lav sko, hensynsløs, kritikkløs. **indiscrimination** [ˈindiskrimiˈneiʃən] kritikkløshet.
indispensability [indispensəˈbiliti] uunnværlighet, nødvendighet, uomgjengelighet. **indispensable** [indiˈspensəbl] uunnværlig, uomgjengelig, ufravikelig, absolutt nødvendig.
indispose [indiˈspəuz] gjøre uskikket; sette i ulag; gjøre upasselig; gjøre mindre mottakelig; gjøre utilbøyelig; stemme ugunstig. **indisposed** [indiˈspəuzd] uskikket; uopplagt, ikke disponert. **indisposedness** [indiˈspəuzidnis] uskikkethet; utilbøyelighet; indisposisjon, upasselighet; uopplagthet; uvilje. **indisposition** [indispəˈziʃən] utilbøyelighet; indisposisjon, upasselighet; uopplagthet, utilpasshet, illebefinnende; ulag; uvilje.
indisputable [inˈdispjutəbl] ubestridelig, klar, udiskutabel, uomtvistelig.
indissociable [indiˈsəuʃəbl] uatskillelig.
indissolubility [indisɔljuˈbiliti] uoppløselighet. **indissoluble** [indiˈsɔljubl, inˈdisəljubl] uoppløselig, uløselig, som ikke kan oppløses. **indissolvable** [indiˈzɔlvəbl] uoppløselig.
indistinct [indisˈtiŋ(k)t] utydelig, uklar, ubestemt, ugrei. **indistinctness** [-nis] utydelighet, uklarhet. **indistinctive** [-ˈtiŋktiv] ukarakteristisk; som ikke skjelner.
indistinguishable [indiˈstiŋgwiʃəbl] ikke til å skjelne, utydelig.
indite [inˈdait] diktere, målbære, forfatte, skrive, klore ned.
individual [indiˈvidjuəl, -dʒu-] enkelt; udelelig hele, individuell, personlig; særegen, særskilt, særpreget, eiendommelig; individ, person, menneske; enkeltmann; vedkommende. **individualism** [indiˈvidjuəlizm, -dʒu-] individualisme, egoisme; individualitet. **individuality** [individjuˈæliti, -dʒu-] individualitet. **individualize** [indiˈvidjuəlaiz, -dʒu-] individualisere, kjennetegne, spesifisere. **individually** [indiˈvidjuəli] enkeltvis, hver for seg.
individuate [-ˈvid-] individualisere, gi særpreg.
individuation [-ˈeiʃn] individualisering, det å få individuelt preg.
indivisibility [indiviziˈbiliti] udelelighet. **indivisible** [indiˈvizibl] udelelig.
indo- [ˈindəu-] indo-, indisk.
Indo-China [ˈindəuˈtʃainə] Indo-Kina.
indocile [inˈdəusail] ulærvillig; tungnem; umedgjørlig, stri, vrang. **indocility** [indəˈsiliti] ulærvillighet; tungnemhet; umedgjørlighet.
indoctrinate [inˈdɔktrineit] indoktrinere, gi grundig skolering; innpode, undervise, lære opp. **indoctrination** [indɔktriˈneiʃən] undervisning, utdannelse, indoktrinering, innpoding.
Indo-English [ˈindəuˈiŋgliʃ] indo-engelsk. **--European** [ˈində(u)juərəˈpi(ː)ən] indoeuropeisk; indoeuropeer. **--Germanic** [indədʒəˈmænik] indogermansk, indoeuropeisk.
indolence [ˈindələns] lathet, latskap, makelighet, dorskhet. **indolent** [ˈindələnt] treg, lat, dorsk, makelig; smertefri.
indomitable [inˈdɔmitəbl] utemmelig, ustyrlig, ubendig, urokkelig.
indoor [ˈindɔː] innendørs, innvendig, hjemme, inne; drivhus-; **– relief** understøttelse på fattighus og på de velgjørende anstalter som er knyttet til forsorgsvesenet, i motsetning til **outdoor relief,** forsorgsunderstøttelse utenfor den slags anstalter; **– work** innendørs arbeid, innearbeid.
indoors [inˈdɔːz] innendørs, inne; hjemme.
indorsation [indɔːˈseiʃən], **indorse** [inˈdɔːs] se **endorsation** osv.
indraught [ˈindrɑːft] inngående strøm. **indrawn** [ˈinˈdrɔːn] trukket innover; innadvendt.
indubitable [inˈdjuːbitəbl] utvilsom, uimotsigelig.
induce [inˈdjuːs] innføre; medføre, forårsake, foranledige, bevirke; overtale, bevege, formå, få til; forlede; indusere; **induced abortion** fremkalt

abort, abortus provocatus. **inducement** [-mənt] foranledning, beveggrunn; motiv; lokkemiddel, overtalelsesmiddel. **inducible** [inˈdju:sibl] som man kan slutte seg til (**from** av); som kan bevirkes osv.

induct [inˈdʌkt] innføre, presentere; oppta; innkalle; innsette (f. eks. i et embete).

inductance [inˈdʌktəns] induksjon. **inducteous** [inˈdʌktiəs] indusert.

inductile [inˈdʌktail] ustrekkbar, utøyelig, ustrekkelig; gjenstridig, sta.

induction [inˈdʌkʃən] innføring; innsetting; introduksjon, innledning; induksjon. – **manifold** innsugningsmanifold. – **papers** (US) innkallingsordre. – **school** fag- og forskole.

inductive [inˈdʌktiv] som beveger, som bevirker; tillokkende; induktiv; induksjons-. – **circuit** induksjonsstrøm. – **philosophy** eksperimentalfysikk.

inductor [inˈdʌktə] induktor, induksjonsspole; en som innsetter i et embede.

indue [inˈdju:] iføre, bekle, utruste.

indulge [inˈdʌldʒ] føye, være ettergivende, skjemme bort, forkjæle, se gjennom fingrene med, jenke seg etter, la få sin vilje; tilfredsstille; hengi seg til; gi fritt løp; begunstige, smigre; – **in** hengi seg til; tillate seg, forfalle til, nyte i fulle drag. – **oneself in** tillate seg. **indulgence** [inˈdʌldʒəns] overbærenhet; tilfredsstillelse; nytelse (**in** av); begunstigelse, frihet; fornøyelse; henstand; avlat. **indulgent** [inˈdʌldʒənt] overbærende, ettergivende, skånsom, mild, svak.

indult [inˈdʌlt] pavelig dispensasjon.

indument [inˈdju:mənt] fjærkledning.

induna [inˈdu:nə] anfører, rådsmedlem (i Sør-Afrika).

indurate [ˈindjureit] herde; forherde; bli forherdet; hard, forherdet; ufølsom. **induration** [indjuˈreiʃən] herding; hardhet; forherding; forstokkethet.

Indus [ˈindəs] Indus; (astronomi) Indianeren.

industrial [inˈdʌstriəl] industriell; nærings-, faglig-; ervervs-; arbeider-; yrkes-; industridrivende; – **accident** arbeidsulykke; – **accident insurance** kollektiv ulykkesforsikring; – **article** industrivare; – **council** bedriftsråd; – **democracy** industrielt demokrati, demokrati på arbeidsplassen; – **design** industriell formgiving; – **engineering** produksjonsteknikk, rasjonalisering; – **exhibition** industriutstilling; – **insurance** gruppelivsforsikring; – **maintenance** system hvoretter hver industri sørger for sine egne arbeidsløse; – **protection** bedriftsvern; – **school** fagskole; arbeidsskole (for ungdom under forsorg). **industrialism** [inˈdʌstriəlizm] industrialisme. **industrialist** [inˈdʌstriəlist] industridrivende, industrileder. **industrialize** [inˈdʌstriəlaiz] industrialisere. **industrialized building** ferdighusbygging, elementbygging. **industrials** industriaksjer. **industrious** [inˈdʌstriəs] flittig. **industry** [ˈindəstri] flid, driftighet; industri, kunstflid; industrigrein, erverv, yrke, ervervsgrein, næringsvei; **cottage** – husflid.

indwell [inˈdwel] bo i; bebo. **indweller** [ˈindwelə] beboer; innbygger. **indwelling** [ˈindweliŋ] iboende; det å bo i.

inebriant [inˈi:briənt] berusende; berusende middel. **inebriate** [inˈi:brieit] beruse, gjøre beruset, drikke full; beruset, drukken; dranker. **inebriation** [ini:briˈeiʃən] beruselse. **inebriety** [iniˈbraiiti] drukkenskap, drikkfeldighet, rus, fyll.

inedible [inˈedibl] uspiselig, uegnet til menneskeføde.

inedited [inˈeditid] utrykt, ikke utgitt; ny.

ineffability [inefəˈbiliti] uutsigelighet. **ineffable** [inˈefəbl] uutsigelig; **-s** unevnelige, bukser.

ineffaceable [iniˈfeisəbl] uutslettelig.

ineffective [iniˈfektiv] uvirksom, kraftløs, virkningsløs, fåfengt.

ineffectual [iniˈfektjuəl, -tʃuəl] uvirksom, fruktesløs, kraftløs, virkningsløs; unyttig. **inefficacious** [inefiˈkeiʃəs] se **ineffectual. inefficacy** [inˈefikəsi] uvirksomhet, virkningsløshet, unyttighet. **inefficiency** [iniˈfiʃənsi] uvirksomhet, virkningsløshet, unyttighet; mangel på driftighet. **inefficient** [iniˈfiʃənt] uvirksom, kraftløs, ubrukbar, udugelig, ineffektiv.

inelastic [iniˈlæstik] uelastisk.

inelegance [inˈeligəns] mangel på eleganse, smakløshet; platthet. **inelegant** [inˈeligənt] ikke elegant, uelegant, uskjønn, smakløs, klosset.

ineligibility [ˈinelidʒiˈbiliti] ikke-valgbarhet; uhensiktsmessighet, uskikkethet. **ineligible** [inˈelidʒibl] ikke valgbar; uhensiktsmessig, uheldig.

ineluctable [iniˈlʌktəbl] uunngåelig. **ineluctably** [iniˈlʌktəbli] uvegerlig, ubøyelig, ubønnhørlig.

inept [inˈept] uskikket; tåpelig, tosket, malplassert; urimelig. **ineptitude** [inˈeptitju:d] uskikkethet; tåpelighet; taktløshet.

inequality [iniˈkwɔliti] ulikhet; uoverensstemmelse; ujevnhet, uregelmessighet; omskiftelighet; utilstrekkelighet; urettferdighet. **inequation** [iniˈkweiʃən] ulikhet.

inequilateral [ini:kwiˈlætərəl] ulikesidet.

ineradicable [iniˈrædikəbl] som ikke kan utryddes.

inerrable [inˈə:rəbl] ufeilbar.

inert [iˈnə:t] treg, lat, trå, uvirksom, død, kraftløs. – **gas** nøytralgass. **inertia** [iˈnə:ʃ(j)ə] treghet, slapphet; **the law of** – treghetsloven. – **reel seat belt** rullebelte (i bil). **inertitude** [iˈnə:titju:d] treghet. **inertly** [iˈnə:tli] tregt, trått, slapt.

inescapable [iniˈskeipəbl] uunngåelig; uavvendelig.

inescutcheon [ineˈskʌtʃn] hjerteskjold.

inessential [iniˈsenʃəl] uvesentlig, uviktig.

inestimable [inˈestiməbl] uvurderlig, ikke målbar, makeløs.

inevitability [inevitəˈbiliti] uunngåelighet. **inevitable** [iˈnevitəbl] uunngåelig, uomgjengelig, uavvendelig; obligatorisk; ikke til å slippe unna.

inexact [inigˈzækt] unøyaktig. **inexactitude** [inigˈzæktitju:d] unøyaktighet, slurv.

inexcusable [iniksˈkju:zəbl] uunnskyldelig, utilgivelig, helt uforsvarlig.

inexecutable [inekˈsekjutəbl] uutførbar. **inexecution** [ineksiˈkju:ʃən] misligholdelse.

inexhaustibility [ˈinigzɔ:stiˈbiliti] uuttømmelighet. **inexhaustible** [inigˈzɔ:stibl] uuttømmelig.

inexorability [ineksərəˈbiliti] ubønnhørlighet, ubarmhjertighet. **inexorable** [iˈneksərəbl] ubønnhørlig, ubarmhjertig.

inexpediency [inikˈspi:djənsi] uhensiktsmessighet. **inexpedient** [-ənt] uhensiktsmessig, uklok.

inexpensive [inikˈspensiv] ikke kostbar, billig, rimelig.

inexperience [inikˈspiəriəns] uerfarenhet. **inexperienced** [inikˈspiəriənst] uerfaren.

inexpert [ineksˈpə:t] ukyndig, udyktig, uøvd.

inexpiable [inˈekspiəbl] usonelig, ubotelig.
inexplicability [ineksplikəˈbiliti] uforklarlighet. **inexplicable** [iˈneksplikəbl] uforklarlig.
inexplicit [ineksˈplisit] unøyaktig, vag, upresis.
inexplosive [iniksˈpləusiv] som ikke eksploderer; ikke eksploderende stoff.
inexpressible [inikˈspresibl] ubeskrivelig, uutsigelig; **inexpressibles** unevnelige, bukser. **inexpressive** [inikˈspresiv] uttrykksløs.
inexpugnable [iniksˈpʌgnəbl] uinntakelig, uovervinnelig.
in extenso [in iksˈtensəu] i sin helhet.
inextinguishable [inikˈstiŋgwiʃəbl] uutslokkelig.
inextirpable [inikˈstə:pəbl] som ikke kan utryddes.
inextricable [inˈekstrikəbl] uoppløselig; innviklet, floket.
ineye [inˈai] okulere.
Inf fk. f. **Infantry.**
inf. fk. f. **infinitive; infra** (under); **inferior, information.**
infallibility [infæliˈbiliti] ufeilbarlighet. **infallible** [inˈfælibl] ufeilbarlig, sikker, usvikelig. **infallibly** [-ˈfæl-] ufeilbarlig, usvikelig, uvegerlig.
infamous [ˈinfəməs] beryktet; skjendig, nedrig, nederdrektig, infam; æreløs. **infamy** [ˈinfəmi] skjensel, vanære; skjendighet, skjenselsgjerning.
infancy [ˈinfənsi] spedbarnsalder, barndom; umyndighet, mindreårighet.
infant [ˈinfənt] lite barn, småbarn, spedbarn; (jur.) umyndig, mindreårig; barne-, barnslig, ennå i sin vorden. **infanta** [inˈfæntə] infantinne (spansk el. portugisisk prinsesse). **infante** [inˈfænti] infant. **infanticide** [inˈfæntisaid] barnemord; barnemorder(-ske). **infanticipate** (US) vente et barn. **infantile** [ˈinfəntail] barne-; barnlig. **infant mortality (rate)** barnedødelighet, spedbarnsdødelighet. **infantine** [ˈinfəntin, -tain] barne-; barnslig. **infantlike** [ˈinfəntlaik], **infantly** [-li] barnslig, barnaktig.
infantry [ˈinfəntri] infanteri, fotfolk.
infant school barnehage.
infarct [inˈfɑ:kt] infarkt.
infatuate [inˈfætjueit] bedåre, dåre, forblinde. **infatuation** [infætjuˈeiʃən] dåring, det å forblinde(s); forgapelse; det å nære ulykkelig kjærlighet til.
infeasibility [infi:ziˈbiliti] umulighet. **infeasible** [inˈfi:zibl] umulig, ugjørlig.
infect [inˈfekt] smitte, infisere; besmitte; forpeste. **infection** [inˈfekʃən] smitte, infeksjon; besmittelse. **infectious** [inˈfekʃəs] smittsom, smittefarlig; smittende. **– matter** smittestoff.
infelicitous [infiˈlisitəs] uheldig, ulykkelig. **infelicity** [infiˈlisiti] ulykke; ulykkelig tilstand.
infelt [ˈinfelt] dyptfølt.
infer [inˈfə:] slutte, dedusere; syne, vitne om, føre med seg. **inferable** [inˈfə:rəbl] som kan sluttes. **inference** [ˈinfərəns] slutning. **inferential** [infəˈrenʃəl] som kan sluttes; slutnings-.
inferior [inˈfiəriə] lavere, nedre, ringere, dårlig; mindre (**to** enn); underordnet, undergiven. **inferiority** [infiəriˈɔriti] lavere stand; underordning; underlegenhet; ringere kvalitet; mindreverdighet.
infernal [inˈfə:nəl] helvetes; djevelsk; som hører til underverdenen. **– machine** helvetesmaskin.
inferno [inˈfə:nəu] inferno, helvete.
infertile [inˈfə:tail] ufruktbar; ubefruktet. **infertility** [infə:ˈtiliti] ufruktbarhet, sterilitet.
infest [inˈfest] hjemsøke, husere; oversvømme, myldre; være angrepet av; plage. **infestant** [-ˈfes-] skadedyr. **infestation** [infesˈteiʃən] hjemsøkelse, befengthet.
infidel [ˈinfidəl] vantro. **infidelity** [infiˈdeliti] vantro, hedenskap; utroskap.
infield [ˈinfi:ld] innmark; (baseball) den kvadratiske del av banen; (cricket) banen nær gjerdene.
infighting [ˈin-] (boksing) nærkamp, på nærmere hold enn en armlengde.
infiltrate [ˈinfiltreit] sive inn (i), sive igjennom; gjennomsyre. **infiltration** [infilˈtreiʃən] infiltrering, gjennomsiving; gjennomsyring, infiltrasjon.
infinite [ˈinfinit] uendelig, utallig. **infinitesimal** [infiniˈtesiməl] uendelig liten; uendelig liten størrelse. **infinitival** [infiniˈtaivəl] infinitivisk. **infinitive** [inˈfinitiv] ubegrenset; infinitiv. **infinitude** [inˈfinitju:d] uendelighet. **infinity** [inˈfiniti] uendelighet; **to –** i det uendelige.
infirm [inˈfə:m] svak, veik, skral, svakelig; usikker, vankelmodig; skrøpelig, vaklende. **infirmary** [inˈfə:məri] sykehus, sykestue, pleiehjem, gamlehjem. **infirmity** [inˈfə:miti] svakhet, svakelighet, skrøpelighet; brist, karaktersvakhet; skavank.
infix [inˈfiks] feste, innprente; infiks.
inflame [inˈfleim] stikke i brann; piske opp; hete opp, oppflamme, egge; betenne, inflammere; flamme. **inflammability** [inflæməˈbiliti] lett antennelighet, brennbarhet. **inflammable** [inˈflæməbl] lett antennelig, brennbar, ildsfarlig. **inflammation** [infləˈmeiʃən] antennelse; inflammasjon, betennelse; opphisselse. **inflammatory** [inˈflæmətəri] betennelses-; opphissende, provoserende.
inflate [inˈfleit] blåse opp, puste opp, fylle med luft; gjøre oppblåst; drive prisene i været. **inflated** [inˈfleitid] oppblåst; svulstig. **inflation** [inˈfleiʃən] oppblåsing, fylling; oppblåsthet; svulstighet; inflasjon; kunstig hausse. **– table** lufttrykkstabell. **inflationary** [inˈfleiʃənəri] inflasjonsskapende, inflasjons-. **inflatus** [inˈfleitəs] innblåsing; oppblåsing, inspirasjon.
inflect [inˈflekt] bøye; modulere. **inflection** [inˈflekʃən] bøyning; (stemmes) modulasjon. **inflectional** [inˈflekʃənəl] bøynings-. **inflective** [inˈflektiv] bøyelig. **inflex** [inˈfleks] bøye. **inflexibility** [infleksiˈbiliti] ubøyelighet. **inflexible** [inˈfleksibl] ubøyelig. **inflexion** [inˈflekʃən] bøyning. **inflexure** [inˈflekʃə] bøyning.
inflict [inˈflikt] tilføye, bibringe, påføre, volde, hjemsøke. **infliction** [inˈflikʃən] tilføyelse, det å påføre; tildeling; lidelse; straff. **inflictive** [inˈfliktiv] som pålegger lidelse, straff osv.; skjebnesvanger.
inflorescence [infləˈresəns] oppblomstring; blomstring; blomsterstand.
inflow [ˈinfləu] innstrømming, tilstrømming; tilgang, tilførsel.
influence [ˈinfluəns] innflytelse, påvirkning; innvirkning; ha innflytelse på, påvirke. **influential** [influˈenʃəl] innflytelsesrik, som betyr noe; formående.
influenza [influˈenzə] influensa.
influx [ˈinflʌks] innstrømming, tilførsel, tilgang; det sted der to elver flyter sammen.
infold [inˈfəuld] innhylle; omfavne.
infoliate [inˈfəulieit] bedekke med blad.
inform [inˈfɔ:m] underrette, opplyse, melde, gjøre

kjent; prege, fylle, gjennomtrenge; **– (against** el. **on)** angi; anklage, sladre; **– him of it** underrette ham om det; **– him that** si ham at.
informal [inˈfɔ:məl] uformell, formløs, fri, kameratslig, jevn, folkelig, dagligdags, uregelmessig; fordringsløs; **– agreement** underhåndsavtale; **– dress** daglig antrekk; **– talks** uforbindtlige drøftelser; **– visit** uoffisielt besøk. **informality** [infɔ:ˈmæliti] uregelmessighet; formfeil; uformell karakter, utvungenhet.
informant [inˈfɔ:mənt] meddeler, hjemmelsmann, kilde.
information [infɔ:ˈmeiʃən] underretning, opplysning(er), orientering, meddelelse, melding, viten, kunnskap(er); tiltale (rettslig); **a man of various –** en mann med allsidige kunnskaper el. erfaringer; **general –** alminnelige kunnskaper; **to the best of my –** etter hva jeg har erfart, så vidt jeg vet. **– office** informasjonskontor. **– retrieval** (EDB) informasjonssøking.
informationist [infɔ:ˈmeiʃənist] en oppdrager som legger hovedvekten på solide kunnskaper.
informative [inˈfɔ:mətiv] opplysende, belærende, informativ. **informative label(ling)** varedeklarasjon.
informatory [inˈfɔ:mətəri] lærerik, belærende.
informed [inˈfɔ:md] velunderrettet, velorientert, opplyst.
informer [inˈfɔ:mə] angiver; kronvitne; sladrehank.
infra [ˈinfrə] nedenfor, under; **infra dig.** under ens verdighet.
infract [inˈfrækt] bryte, krenke. **infraction** [inˈfrækʃən] brudd; krenkelse. **infractor** [inˈfræktə] en som bryter, krenker.
infrangibility [infrændʒiˈbiliti] ubrytelighet; ubrødelighet. **infrangible** [inˈfrændʒibl] ubrytelig; ubrødelig, ukrenkelig.
infrared [ˈinfrəˈred] infrarød.
infrastructure [ˈinfrəˈstrʌktʃə] infrastruktur; underbygning, fundament; grunnlag.
infrequency [inˈfri:kwənsi] sjeldenhet, ualminnelighet. **infrequent** [inˈfri:kwənt] sjelden, sjeldsynt, ualminnelig.
infringe [inˈfrin(d)ʒ] bryte, overtre, krenke; gjøre inngrep i. **infringement** [-mənt] brudd, overtredelse, krenkelse; inngrep. **infringer** [inˈfrin(d)ʒə] en som bryter osv.
infuriate [inˈfjuərieit] gjøre rasende (**against** på). **infuriating** til å bli rasende over, umåtelig irriterende.
infuscate [inˈfʌskeit] mørkt farget; gjøre mørk; formørke.
infuse [inˈfju:z] gyte; inngyte; infundere; gjøre et utkok av, trekke (f. eks. te); **– courage** sette mot i. **infusibility** [infju:ziˈbiliti] usmeltelighet. **infusible** [inˈfju:zibl] usmeltelig. **infusion** [inˈfju:ʒən] inngyting, inngytelse, tilførsel, inngivelse; infusjon.
infusoria [infjuˈsɔ:riə] infusjonsdyr, infusorier.
infusory [inˈfju:səri] infusorisk; infusjonsdyr.
ingate [ˈingeit] inngang; hals, svelg (på støpeform).
ingather [inˈgæðə] høste inn, samle inn.
ingeminate [inˈdʒemineit] fordoble; gjenta. **ingeminate** [-nit] fordoblet; gjentatt. **ingemination** [indʒemiˈneiʃən] sinnrik, uttenkt, skarpsindig, oppfinnsom, klok; genial.
ingenue [fr.: ɛ̃nʒeiˈnju:] ingénue(rolle).
ingenuity[indʒiˈnju:iti] sinnrikhet, skarpsindighet, kløktighet, kunstferdighet, genialitet.
ingenuous [inˈdʒenjuəs] åpen, åpenhjertig, ærlig; naiv, troskyldig. **-ness** åpenhet, ærlighet; troskyldighet.
ingest [inˈdʒest] innføre (især næring), innta, svelge ned. **ingesta** [inˈdʒestə] stoffer som er innført i en organisme. **ingestion** [inˈdʒestʃən] innføring (av stoffer i en organisme).
ingle [ˈiŋgl] ild; arne, åre, peis, skorstein. **– -nook** kakkelovnskrok, peiskrå, høyrygget kaminbenk.
inglorious [inˈglɔ:riəs] uberømt, ukjent; skammelig, skjendig, vanærende, forsmedelig.
ingluvies [inˈglu:vii:z] kro (hos fugl, insekt).
ingoing [ˈiŋgəuiŋ] innkommende, inngående; tiltredende. **– tray** innkurv, kurv til inngående post.
ingot [ˈiŋgət] stang, barre (av metall), støpeblokk, råblokk. **– rolling mill** blokkvalseverk.
ingraft [inˈgrɑ:ft] pode; innpode. **ingraftment** [-mənt] podning; innpoding; podekvist.
ingrain [ˈinˈgrein] gjennomfarget stoff; farge i ullen; impregnere; innplante; rotfeste; gjennomføre; **– carpet** (US) vendbart teppe. **-ed** festet; inngrodd, innbarket.
ingrate [ˈingreit] utakknemlig.
ingratiate [inˈgreiʃieit] bringe i yndest (**with** hos); **– oneself with** innynde seg hos. **ingratiating** innyndende, innsmigrende; slesk.
ingratitude [inˈgrætitju:d] utakknemlighet.
ingravescent [ingrəˈvesnt] som stadig forverres.
ingredient [inˈgri:djənt] ingrediens, bestanddel.
ingress [ˈingres] inntrenging, inngang; innstrømning (av luft el. vann osv.); adgang. **ingression** [inˈgreʃən] inntredelse; inngang. **ingressive** [-ˈgres-] innkommende; inngangs-; inkoativ.
Ingria [ˈiŋgriə] Ingermanland.
in-group sluttet gruppe.
ingrowing [ˈingrəuiŋ] inngrodd, som vokser inn (om negl). **ingrown** inngrodd, selvopptatt, medfødt.
inguen [ˈiŋgwen] lyske. **inguinal** [ˈiŋgwinəl] ingvinal, lyske-.
ingulf [inˈgʌlf] oppsluke; styrte i en avgrunn.
ingurgitate [inˈgə:dʒiteit] sluke grådig. **ingurgitation** [ingə:dʒiˈteiʃən] sluking.
inhabit [inˈhæbit] bebo, holde til i; bo. **inhabitable** [inˈhæbitəbl] beboelig. **inhabitancy** [inˈhæbitənsi] beboelse. **inhabitant** [inˈhabitənt] beboer; innbygger.
inhalant [inˈheilənt] innåndende. **inhalation** [inhəˈleiʃən] innånding, inhalering. **inhale** [inˈheil] innånde, inhalere. **inhaler** [inˈheilə] innåndingsapparat.
inharmonic [inhɑ:ˈmɔnik], **inharmonious** [inhɑ:ˈməunjəs] uharmonisk.
inhaul(er) [ˈinhɔ:l(ə)] innhaler.
inhere [inˈhiə] henge (**in** ved), klebe ved, høre med til. **inherence** [inˈhiərəns], **inherency** [-rənsi] det å henge ved; forekomst. **inherent** [-rənt] vedhengende; iboende, naturlig; uatskillelig fra; inngrodd, fast; knyttet (**in** til); naturnødvendig, ifølge sakens natur. **– vice** naturlig mangel, iboende feil.
inherit [inˈherit] arve. **inheritable** [inˈheritəbl] arvelig. **inheritance** [inˈheritəns] arv. **inheritor** [-tə] arving. **inheritress** [-tris], **inheritrix** [-triks] kvinnelig arving.
inhesion [inˈhi:ʒən] det å henge ved; forekomst.

inhibit [in'hibit] undertrykke, hemme, hindre **(from** i), forby. **inhibition** [in(h)i'biʃən] hemning, hindring, forbud. **inhibitor** inhibitor, bremser. **inhibitory** [in'hibitəri] hindrende; forbuds-, hefte-.
inhospitable [in'hɔspitəbl] ugjestfri, ugjestmild; uvennlig, barsk. **inhospitality** [inhɔspi'tæliti] ugjestfrihet.
inhuman [in'hju:mən] umenneskelig, barbarisk, hjerteløs, grusom; overmenneskelig. **inhumane** [-'mein] umenneskelig, inhuman. **inhumanity** [inhju'mæniti] umenneskelighet. **inhumanly** [in'hju:mənli] umenneskelig, grusomt.
inhumate ['inhjumeit] begrave, jorde, jordfeste. **inhumation** [inhju'meiʃən] begravelse; jordfesting; inhumasjon (kjem.). **inhume** [in'hju:m] begrave, jorde, jordfeste.
inial ['iniəl] inial, som hører til nakken.
inimical [i'nimikl] fiendtlig; uforenelig **(to** med); ugunstig, skadelig.
inimitability [i'nimitə'biliti] uetterlignelighet; uforlignelighet. **inimitable** [i'nimitəbl] uetterlignelig; uforlignelig.
inion ['iniən] nakke (anat.).
iniquitous [i'nikwitəs] skammelig, urettferdig; urettvis; syndig, lastefull. **iniquity** [i'nikwiti] skam, skjensel, urettferdighet; synd, forbrytelse, misgjerning.
init. fk. f. **initio** (i begynnelsen).
initial [i'niʃəl] begynnende, innledende, begynnelses-; først; begynnelsesbokstav, forbokstav, initial; sette forbokstav ved; undertegne med forbokstav; merke. **– adjustment** null(inn)stilling; utgangsstilling. **– capital** startkapital; stor begynnelsesbokstav. **– difficulties** begynnervanskeligheter. **– expenditure, expenses** anleggskostnader; startomkostninger. **– letter** forbokstav; **– stage** forstadium. **– word** kortord, bokstavord, initialord. **initiate** [i'niʃieit] åpne, ta til med, innføre; sette i gang, innlede; innvie; oppta (i et selskap); ta initiativet; sette fram forslag. **initiate** [-eit] begynt; innvidd. **initiation** [iniʃi'eiʃən] åpning, begynnelse, innledning; iverksetting, innføring, innvielse; opptakelse; elementærundervisning.
initiative [i'niʃ(i)ətiv] første, begynnelses-, innlednings-; initiativ, tiltak, foretaksomhet; **take the – in doing it** ta initiativet til å gjøre det; **have the –** ha initiativet.
initiator [i'niʃieitə] initiativtager.
initiatory [i'niʃ(i)ətəri] første, begynnelses-, innlednings-; innvielses-; opptakelses-.
inject [in'dʒekt] sprøyte inn; inngi, inngyte. **injection** [in'dʒekʃən] innsprøyting; injeksjon.
injudicious [indʒu'diʃəs] uforstandig, uklok, uoverlagt.
Injun ['indʒən] (amr.) indianer; **honest –!** æresord! **play –** gjemme seg godt.
injunction [in'dʒʌŋ(k)ʃən] pålegg, påbud, innskjerping, forbud, kjennelse om forbud.
injure ['indʒə] gjøre urett; gjøre ondt; såre, fornærme; gjøre skade, beskadige, forderve; gjøre avbrekk i; forurette; skade, sverte. **injurious** [in'dʒuəriəs] skadelig, ødeleggende **(to** for); ondskapsfull; farlig; fornærmelig, urettvis, sårende, skammelig. **injury** ['indʒəri] urett; krenkelse; fornærmelse; skade, lesjon, beskadigelse, overlast, fortred. **– benefit** ulykkeserstatning.
injustice [in'dʒʌstis] urettferdighet; urett.
ink [iŋk] blekk; boktrykkersverte; tusj; besmøre med blekk (el. sverte, tusj); **as black as –** svart som blekk; **dull as –** nitrist; (US) **sling –** skrive mye, smøre opp; **clever at reading –** dyktig til å lese skrift; **written in –** skrevet med blekk. **– blot** blekk-klatt. **– bottle** blekkflaske; blekkhus. **– eraser** blekkviskelær.
inkfish ['iŋkfiʃ] blekksprut.
inkhorn ['iŋkhɔ:n] (gml.) blekkhorn.
inkle ['iŋkl] gjette.
inkle-weaver possementmaker.
inkling ['iŋkliŋ] anelse, mistanke; vink, ymt, antydning, mumling; ønske, lyst, attrå; **get an – of** få nyss om; høre et ymt om, få snusen i (el. av).
in-kneed ['inni:d] kalvbeint.
inkslinger (US) blekksmører.
inkspiller blekksmører.
inkstand ['iŋkstænd] blekkhus; skriveoppsats.
inkwell (fast) blekkhus.
inky ['iŋki] blekk; blekket; kullsort. **– -black** beksvart, svart som blekk.
inlaid ['in'leid] innlagt; **– floor** parkettgolv; **– work, – wood-work** tremosaikk, intarsia; **be (well) –** ha sitt på det tørre.
inland ['inlənd] innlands-, indre (som er, som ligger osv.) inne i landet, i det indre; innenlandsk; inn i landet; innland, oppland; **– revenue** statsinntekter som kommer fra skatter og avgifter; **the Inland Revenue Department** ≈ skattedepartementet; **– sea** innhav; **– trade** innenrikshandel. **– waters** sjøterritorium, territorialfarvann. **inlander** ['inləndə] en som bor i det indre av landet.
in-laws ['in-] svigerfamilie.
inlay ['in'lei] innlegge; parkettere; innlegg; innlagt arbeid, mosaikk. **inlayer** ['inleiə] mosaikkarbeider. **inlay-work** ['inleiwə:k] innlagt arbeid, mosaikk.
inlet ['inlet] inngang, inntak, inntaks-; innlegg, intarsia; innløp; fjord, sund, vik.
in-line engine rekkemotor.
inly ['inli] i det indre; hemmelig.
inmate ['inmeit] husfelle, beboer; **prison –** fange.
in memoriam [in mi'mɔ:riəm] til minne.
inmesh [in'meʃ] få i garnet.
inmost ['inməust] innerst.
inn [in] gjestgiveri, vertshus, herberge; juridisk kollegium, juridisk skole. **Inns of Court** juristkollegier (der jurister får utdannelse).
innard ['inəd] indre (korrumpert av: **inward),** innvoller, innmat; **fill one's –** fylle magen; **there's something wrong with my –** jeg har en innvendig sykdom.
innate ['in'neit] medfødt; naturlig, iboende.
innavigable [in'nævigəbl] ufarbar, useilbar.
inner ['inə] indre, innvendig; sjelelig, åndelig; **– harbour** havnebasseng. **– keel** kjølsvin. **-most** innerst. **– tube** slange (til bildekk o.l.).
innervation [inə'veiʃən] nervevirksomhet; stimulering. **innerve** [i(n)'nə:v] styrke, stimulere.
innings ['iniŋz] tur til å spille (i cricket), tur til å ha makten, maktperiode, god tid; **have one's –** ha sin tur, skulle til; **it is your – now** nå er det Deres tur, vis nå hva De duger til; **he has had his –** han har lenge hatt gode dager.
innkeeper ['inki:pə] vertshusholder, gjestgiver, krovert.

innocence [ˈinəsəns] uskyldighet; harmløshet; troskyldighet; enfoldighet.
innocent [ˈinəsənt] uskyldig; uskadelig, harmløs; troskyldig; enfoldig; naiv; uskyldig person; ufordervet; tomset, tåpelig; heimføing; uvitende om; **the murder of the Innocents** barnemordet i Betlehem; **Innocents' Day** 28. desember (minnedag for barnemordet i Betlehem); **Innocents Abroad** «Naive reisende» (en bok av Mark Twain); **a little –** ≈ et (lite) gudsord fra landet: **he was – of any attempt at a joke** det var ikke hans mening å forsøke på å si noe morsomt.
innocuity [inəˈkju:iti] uskadelighet. **innocuous** [i(n)ˈnɔkjuəs] uskadelig.
innominate [iˈnɔminit] navnløs, uten navn. **– bone** hoftebein.
innovate [ˈinəveit] forandre, omdanne; fornye, innføre som noe nytt; bøte. **innovation** [inəˈveiʃən] forandring, omdannelse; nyskaping, nyhet; innføring av noe nytt. **innovationist** [inəˈveiʃənist] tilhenger av forandringer. **innovator** [ˈinəveitə] en som innfører forandringer, en som omdanner, reformator, fornyer.
innoxious [i(n)ˈnɔkʃəs] uskadelig.
innuendo [injuˈendəu] antydning, ymt, hentydning, insinuasjon.
Innuit [ˈin(j)uit] eskimo.
innumerability [inju:mərəˈbiliti] utallighet. **innumerable** [iˈnju:mərəbl] utallig, talløs.
innutritious [injuˈtriʃəs], **innutritive** [iˈnju:tritiv] ikke nærende, av liten næringsverdi.
inobservance [inəbˈzə:vəns] uoppmerksomhet; overtredelse; neglisjering. **inobservant** [inəbˈzə:vənt] uoppmerksom.
inoculate [iˈnɔkjuleit] inokulere; innpode, vaksinere; **inoculation** [inɔkjuˈleiʃən] vaksinasjon; innpoding.
inodorous [inˈəudərəs] luktløs, luktfri.
inoffensive [inəˈfensiv] uskadelig, uskyldig, harmløs; beskjeden, smålåten; fredelig, skikkelig.
inofficial [inəˈfiʃəl] ikke offisiell, privat.
inofficious [-ˈfiʃəs] uten virkning, som strider mot naturlige plikter.
inoperable [inˈɔpərəbl] som ikke kan opereres (el. betjenes); ugjennomførlig.
inoperative [inˈɔpərətiv] virkningsløs, ≈ som ikke virker; **render –** sette ut av funksjon.
inopportune [inɔpəˈtju:n] ubeleilig, uheldig, ubetimelig.
inordinate [iˈnɔ:dinit] overdreven, uforholdsmessig, umåtelig; uordnet, uordentlig. **inordinately** umåtelig, over alle grenser.
inorganic [inɔ:ˈgænik] uorganisk. **– chemistry** uorganisk kjemi.
inorganised [inˈɔ:gənaizd] ikke organisert; rotet.
inosculate [inˈɔskjuleit] forbinde seg; forbinde. **inosculation** [inɔskjuˈleiʃən] forbindelse.
inpatient [ˈinpeiʃənt] sykehuspasient.
in-place motested, inne-sted.
in-plant som foregår på selve fabrikken.
input [ˈinput] inngang, inntak; tilførsel; inndata, innmating; inngangseffekt (radio). **– program** innprogram, innleseprogram. **– -output unit** inn-ut-enhet.
inquest [ˈinkwest] undersøkelse; rettslig undersøkelse; likskue; **coroner's –** rettslig liksyn; **the last** (el. **great) –** dommedag.
inquietude [inˈkwaiətju:d] uro, ank, otte.
inquirable [inˈkwairəbl] som kan undersøkes.
inquire [inˈkwaiə] spørre, forhøre seg (**about** om, **for** etter); spørre om; undersøke, anstille undersøkelse; **– of a person about a thing** spørre en om noe; **– after him** el. **– for him** spørre etter ham; **– the way** spørre om veien; **– the reason** spørre om grunnen; **– into** etterforske, undersøke.
inquiry [inˈkwaiəri] etterspørsel, forespørsel; etterlysning, etterforskning, undersøkelse; forskning; **by –** ved å spørre seg for; **on – I was told** på min forespørsel fikk jeg vite; **puzzled –** spørrende forvirring; **private – agents** agenter for private undersøkelser, privatdetektiver. **– agency** opplysningsbyrå. **– form** spørreskjema; etterspørselsblankett. **– office** opplysningskontor, forespørselsbyrå.
inquisition [inkwiˈziʃən] undersøkelse; kjennelse (rettslig); skjønn, skadebot; inkvisisjon. **inquisitive** [inˈkwisitiv] spørresyk; nysgjerrig. **inquisitiveness** [-nis] spørresyke; nysgjerrighet. **inquisitor** [inˈkwizitə] undersøker; eksaminator; forhørsdommer; inkvisitor. **inquisitorial** [inkwiziˈtɔ:riəl] undersøkelses-; inkvisisjons-; inkvisitorisk.
inroad [ˈinrəud] innfall, streiftog, overfall; inngrep; innhugg; tære på, redusere sterkt.
inrun ovarenn, tilløp.
inrush [ˈinrʌʃ] innstrømning, inntrenging.
ins. fk. f. **inches; inscribed; insulated; insurance.**
insalivate [inˈsæliveit] blande med spytt. **insalivation** [insæliˈveiʃən] blanding med spytt.
insalubrious [insəˈl(j)u:briəs] usunn. **insalubrity** [-briti] usunnhet.
insanability [insænəˈbiliti] uhelbredelighet. **insanable** [inˈsænəbl] uhelbredelig.
insane [inˈsein] vanvittig, sinnssyk, fra vettet, avsindig, gal, sprø; **– asylum, – hospital** sinnssykehus.
insanitary [inˈsænitəri] usunn, sunnhetsfarlig, helsefarlig.
insanity [inˈsæniti] avsinn, vanvidd, sinnssyke.
insatiability [inseiʃ(j)əˈbiliti] umettelighet. **insatiable** [inˈseiʃ(j)əbl] umettelig. **insatiate** [inˈseiʃiit] umettelig. **insatiety** [insəˈtaiiti] umettelighet.
inscribe [inˈskraib] innskrive; inngravere; innføre (i en liste); forsyne med påskrift; tilegne, dedisere; innprente (i hukommelsen: **on the memory**); innskrive (matematisk). **inscription** [inˈskripʃən] innskrivning; innføring; innskrift, inskripsjon, påskrift, overskrift; tilegnelse; dedikasjon. **inscriptive** [inˈskriptiv] med innskrift; innskrift-.
inscrutability [inskru:təˈbiliti] uutgrunnelighet, uransakelighet. **inscrutable** [inˈskru:təbl] uutgrunnelig, uransakelig.
insect [ˈinsekt] insekt; foraktelig liten tingest. **insecticide** [inˈsektisaid] insektmiddel. **insectile** [ˈinsektil] insektaktig, insekt-.
insection [inˈsekʃən] snitt, innsnitt.
insectivorous [insekˈtivərəs] insektetende.
insecure [insəˈkjuə] usikker, utrygg, utsatt; upålitelig. **insecurity** [insəˈkjuəriti] usikkerhet, utrygghet; upålitlighet.
inseminate [inˈsemineit] inseminere, befrukte. **insemination** [inseminˈneiʃən] befruktning, inseminering.
insensate [inˈsensit] ufølsom; ufornuftig; vettløs; død, livløs.
insensibility [insensiˈbiliti] følelsesløshet; ufølsomhet; uimottakelighet, sløvhet; bevisstløshet. **in-**

sensible [inˈsensibl] følelsesløs; ufølsom; likesæl, hjerteløs, hard; umerkelig; bevisstløs.
insensitive [inˈsensitiv] ufølsom, upåvirkelig; stabil.
inseparability [insepərəˈbiliti] uatskillelighet.
inseparable [inˈsep(ə)rəbl] uatskillelig; **-s** uatskillelige venner.
insert [inˈsə:t] skyte inn, føye til, innføre, innsette, felle inn; rykke inn (**in** el. **into** i). **insertion** [inˈsə:ʃən] innføring, innsetting; innrykking (i avis); innsendt stykke, inserat; tillegg, bilag.
in-service training videreutdannelse mens man er i tjeneste.
inset [ˈinset] noe som settes inn, innlegg, vedlegg; innføyd, innsatt.
inseverable [inˈsevərəbl] uskillelig.
inshore [ˈinʃɔ:] pålands-; inne ved land, tett ved land; mot land, under land; kyst-.
inside [ˈinˈsaid] innerside, innside, innvendig del, det innvendige; passasjer inne i en vogn; innvendig; inneni, innenfor, inne, inn, indre; inne i; **– of** innenfor; på mindre enn; **from the –** innenfra; **turned – out** vendt ut inn på. **– information** opplysninger som bare kjennes av en innviet krets, underhåndsopplysninger. **– story** (sladder)historie som bare er kjent av en indre krets. **– track** indre bane; fordel, fordelaktig stilling.
insider [inˈsaidə] innviet; en som er inne i saken.
insidious [inˈsidjəs] underfundig, lumsk, innful, snikende.
insight [ˈinsait] innblikk; innsikt, forståelse, innlevelse, kjennskap, vett.
insignia [inˈsigniə] insignier, verdighetstegn, emblem, merke, distinksjoner.
insignificance [insigˈnifikəns] ubetydelighet, betydningsløshet. **insignificant** [insigˈnifikənt] ubetydelig, betydningsløs; ringe.
insincere [insinˈsiə] uoppriktig, falsk; hyklersk. **insincerity** [insinˈseriti] uoppriktighet, falskhet.
insinuate [inˈsinjueit] innynde, lure inn; insinuere; antyde, hentyde, ymte om. **insinuation** [insinjuˈeiʃən] antydning, innlisting, innsmigring, insinuasjon. **insinuative** [inˈsinjuətiv] insinuant, ful, slesk.
insipid [inˈsipid] flau, smakløs, emmen, uten kraft. **insipidity** [insiˈpiditi] flauhet, smakløshet.
insist [inˈsist] hevde, holde på sitt, påstå, understreke, fastholde, forlange, forestille; **– on** el. **upon** stå på, holde på, fordre, ville bestemt, ville absolutt. **insistence** [inˈsistəns] hevding, insistering, det å holde på; vedholdenhet, iherdighet. **insistent** [-ˈsis-] stadig, pågående, iherdig.
insnare [inˈsnεə] snare,fange i snare; besnære.
insobriety [insəˈbraiəti] uavholdenhet, drukkenskap, drikkfeldighet.
insolate [ˈinsəleit] sole, bake i solen. **insolation** [insəˈleiʃən] soling, solbestråling; solstikk, heteslag.
insole [ˈinsəul] binnsåle; innleggssåle.
insolence [ˈinsələns] uforskammethet. **insolent** [ˈinsələnt] uforskammet.
insolubility [insɔljuˈbiliti] uoppløselighet. **insoluble** [inˈsɔljubl] uoppløselig.
insolvency [inˈsɔlvənsi] insolvens. **insolvent** [inˈsɔlvənt] insolvent, betalingsudyktig.
insomnia [inˈsɔmniə] søvnløshet. **insomniac** [inˈsɔmniæk] søvnløs.
insomuch [insəˈmʌtʃ]: **– that** så at; **– as** for så vidt som; idet, da nemlig, så som.
insouciance [inˈsu:siəns] ubekymrethet, sorgløshet. **insouciant** [-ənt] sorgløs, ubekymret.
insp. fk. f. **inspector.**
inspan [inˈspæn] spenne for.
inspect [inˈspekt] ha oppsyn med; kontrollere, undersøke nøye, inspisere, mønstre. **inspection** [inˈspekʃən] ettersyn, oppsyn, undersøkelse, inspeksjon. **inspector** [inˈspektə] inspektør; **police –** politibetjent. **inspectress** [inˈspektris] inspektrise.
inspiration [inspiˈreiʃən] inspirasjon; innskytelse; innånding. **inspiratory** [inˈspairətəri] innåndings-. **inspire** [inˈspaiə] inspirere, vekke; ånde inn, innånde.
inspirit [inˈspirit] flamme opp, opplive, beånde.
inspissate [inˈspiseit] fortykke.
inspissation [inspiˈseiʃən] fortykkelse.
Inst. fk. f. **Institute; Institution. inst.** fk. f. **instant** (i denne måned).
instability [instəˈbiliti] ubestandighet, usikkerhet. **instable** [inˈsteibl] ubestandig, ustø, usikker.
instal(l) [inˈstɔ:l] anvise (sete, plass); innsette (f. eks. i et embete); innrette, stille opp, installere, montere.
installation [instəˈleiʃən] innsettelse; anbringelse; installasjon, montering, innlegging; anlegg, installasjon. **– grant** flyttegodtgjørelse. **– manager** plattformsjef (på oljeplattform).
instalment [inˈstɔ:lmənt] innsettelse; rate, avdrag; **payable by** (el. **at**) **-s** kan betales i rater.
instance [ˈinstəns] tilfelle, fall, leilighet; eksempel; instans; begjæring, inntrengende anmodning; anføre som eksempel; **at the – of** foranlediget av, etter krav fra; **for –** for eksempel; **in the first –** for det første; først; **in the last –** i siste instans; til sist, til slutt.
instant [ˈinstənt] øyeblikkelig, umiddelbar; innstendig, inntrengende; (om mat) som kan tilberedes i løpet av et øyeblikk, hurtig-; dennes, denne måned; øyeblikk; **the 7th inst.** den sjuende dennes; **on the –** straks; **in an –** om et øyeblikk; **– coffee** pulverkaffe.
instantaneous [instənˈteinjəs] øyeblikkelig; momentan, brå; **– photograph** øyeblikksfotografi. **instantaneously** [-li] øyeblikkelig.
instanter [inˈstæntə] øyeblikkelig, straks, på timen.
instantly [ˈinstəntli] øyeblikkelig, straks; inntrengende (foreldet).
instate [inˈsteit] innsette.
instauration [instɔˈreiʃən] gjenoppbygging, fornyelse.
instead [inˈsted] isteden, i stedet; **– of** istedenfor; **this will do –** dette kan brukes isteden; **– of him** el. **in his stead** istedenfor ham.
instep [ˈinstep] vrist (på foten).
instigate [ˈinstigeit] opphisse, egge; anstifte, fremkalle. **instigation** [instiˈgeiʃən] opphisselse; anstiftelse, tilskyndelse. **instigator** [ˈinstigeitə] opphisser, anstifter, opphavsmann.
instil [inˈstil] dryppe inn, helle dråpevis; inngyte, bibringe, gi, gi inn smått om senn. **instillation** [instiˈleiʃən] inndrypping; inngytelse; inngivelse.
instinct [inˈstiŋkt] drevet, opplivet, besjelet, fylt.
instinct [ˈinstiŋkt] instinkt, drift, naturdrift.
instinctive [inˈstiŋktiv] instinktmessig, uvilkårlig. **instinctively** [-li] instinktmessig, uvilkårlig. **in-**

stinctivity [instiŋk'tiviti] det instinktmessige, uvilkårlighet. **instinctual** [in'stiŋktjuəl] instinkt-, drifts-, instinktmessig.
institute ['institju:t] stifte, innføre, opprette; få til, få i gang; anordning, fastsette; innsette (f. eks. en regjering); innlede (f. eks. en undersøkelse); utgjøre; undervise (foreldet); innretning, ordning; forordning, lovprinsipp; institutt; **-s** også: lærebok. **institution** [insti'tju:ʃən] oppretting, stiftelse; innretning, lov; anstalt; innsetting, kallelse; institusjon; **charitable –** velgjørende stiftelse. **institutional** [insti'tju:ʃənəl] institusjonell, fastsatt; elementær. **institutionary** [insti'tju:ʃənəri] institusjons-. **institutive** ['institju:tiv] innrettende, grunnleggende; institusjonsmessig. **institutor** ['institju:tə] stifter, grunnlegger; prest som innsetter en annen; lærer.
instr. fk. f. **instructor; instrument(al).**
instruct [in'strʌkt] undervise; belære; instruere; informere, underrette; befale. **instruction** [in'strʌkʃən] undervisning; lære; råd; anvisning, bruksanvisning, forskrift, forholdsordre, instruks(jon), befaling. **instructional** [in'strʌkʃənəl] undervisnings-, pedagogisk. **instructive** [in'strʌktiv] belærende, lærerik. **instructiveness** [-nis] lærerikhet. **instructor** [in'strʌktə] lærer, instruktør.
instrument ['instrumənt] redskap; instrument, apparat, middel; dokument; **musical –** musikkinstrument.
instrumental [instru'mentəl] tjenlig; virksom; medvirkende, behjelpelig; instrumental; **– case** instrumentalis. **instrumentalist** [instru'mentəlist] instrumentalist.
instrumentality [instrumən'tæliti] virksomhet, råd, medvirkning, hjelp. **instrumentally** [instru'mentəli] som redskap, som middel; med instrumenter. **instrumentation** [instrumən'teiʃən] instrumentering.
insubordinate [insə'bɔ:dinit] insubordinert, oppsetsig, ulydig, trassig. **insubordination** [insə'bɔ:di'neiʃən] insubordinasjon, oppsetsighet, trassighet, ulydighet.
insubstantial [insəb'stænʃl] uvirkelig, illusorisk, uhåndgripelig; tynn, svak.
insuetude ['inswitju:d] uvanthet.
insufferable [in'sʌf(ə)rəbl] utålelig, ulidelig.
insufficiency [insə'fiʃənsi] utilstrekkelighet; udugelighet, udyktighet. **insufficient** [-ʃənt] utilstrekkelig, snau; udugelig, uskikket, gagnløs.
insufflation [insʌ'fleiʃən] innblåsing.
insulance ['in-] isolasjonsmotstand.
insular ['insjulə] øy-; trang, trangsynt, avstengt, isolert; øyboer. **insularity** [insju'læriti] det å være øy, det å være avgrenset til øyer; isolerthet; avsondring, trangsyn. **insulate** ['insjuleit] isolere. **insulating tape** tjærebånd, isolasjonsbånd. **insulation** [insju'leiʃən] isolasjon, isolering. **insulator** ['insjuleitə] isolator.
insult ['insʌlt] fornærmelse, forhånelse, uforskammethet, krenkelse; [in'sʌlt] fornærme, forhåne, krenke.
insuperability [ins(j)u:pərə'biliti] uovervinnelighet, uoverstigelighet. **insuperable** [in's(j)u:pərəbl] uovervinnelig, uoverstigelig.
insupportable [insə'pɔ:təbl] uutholdelig.
insuppressible [insə'presibl] ukuelig, som ikke kan holdes nede.
insurable [in'ʃuərəbl] som kan forsikres.
insurance [in'ʃuərəns] forsikring, trygd, trygding, assuranse; forsikringssum, trygdesum; forsikringspremie, trygdepremie; **effect** el. **make an –** tegne en forsikring; **accident and fire –** ulykkes- og brannforsikring. **– agent** forsikringsagent, akkvisitør. **– broker** forsikringsmekler. **– policy** forsikringspolise. **– rate** forsikringspremie. **– solicitor** (US) forsikringsagent. **– surveyor** takstmann.
insure [in'ʃuə] sikre; sikre seg; forsikre, assurere. **insurer** [in'ʃuərə] assurandør.
insurgence [in'sə:dʒəns] opprør, oppstand.
insurgency [-'sə:-] opprørskhet.
insurgent [in'sə:dʒənt] opprørsk; opprører, insurgent.
insurmountability [insə:mauntə'biliti] uoverstigelighet. **insurmountable** [insə:'mauntəbl] uoverstigelig.
insurrection [insə'rekʃən] opprør, oppstand. **insurrectional** [-əl], **insurrectionary** [-əri] opprørsk, opprørs-. **insurrectionist** [-ist] opprører.
insusceptibility [insəsepti'biliti] uimottakelighet; upåvirkelighet, ufølsomhet. **insusceptible** [insə'septibl] uimottakelig; upåvirkelig, ufølsom. **insusceptive** [insə'septiv] uimottakelig.
inswathe [in'sweið] svøpe inn.
inswept ['inswept] (av)smalnende.
int. fk. f. **interest; interior; interjection.**
intact [in'tækt] intakt, uberørt; ubeskadiget, uskadd.
intactible [in'tæktibl] ufølbar.
intagliated [in'tæljeitid] inngravert, fordypet, innskåret. **intaglio** [in'tɑ:liəu, in'tæliəu] inngravert arbeid; **– printing** dyptrykk.
intake ['inteik] tilgang, tilstrømning; innånding; krafttilførsel; innsugning; inntak (ved vannledning), innsnevring; lastet mengde.
intangible [in'tændʒibl] umerkelig; ulegemlig.
integer ['intidʒə] det hele, helhet; helt tall.
integral ['intigrəl] hel, udelt; integrerende; det hele, helhet. **– calculus** integralregning.
integrate ['intigreit] gjøre fullstendig; integrere. **-d** enhetlig, integrert. **-d circuit** integrert krets. **integration** [inti'greiʃən] fullstendiggjøring; integrering. **integrity** [in'tegriti] helhet, fullstendighet; ufordervethet, renhet; rettskaffenhet, ærlighet; integritet.
integument [in'tegjumənt] dekke, hud, skinn, hinne.
intellect ['intilekt] intelligens, forstand, vett, åndsevne. **intellection** [inti'lekʃən] oppfatning, oppfattelse; tankevirksomhet. **intellectual** [inti'lektʃuəl] forstandsmessig, forstands-, intellektuell; sjelelig, åndelig, ånds-. **intellectuality** [inti'lektʃu'æliti] forstand, intelligens; åndrikhet.
intelligence [in'telidʒəns] innsikt, etterretning(er), underretning(er), melding(er); meddelelse(r); intelligens, forstand, vett. **– department** militært etterretningsvesen. **– office** opplysningsbyrå, etterretningskontor. **– quotient** intelligenskvotient. **– service** etterretningstjeneste. **intelligencer** [in'telidʒənsə] en som bringer meldinger, reporter, aviskorrespondent; bud, spion.
intelligent [in'telidʒənt] forstandig, klok, intelligent. **the intelligentsia** [inteli'dʒentsiə] intelligensen, de intellektuelle. **intelligibility** [in'telidʒi'biliti] forståelighet, tydelighet. **intelligible** [in'telidʒibl] forståelig, tydelig.
intemperance [in'temp(ə)rəns] mangel på måte-

hold, utskeielse; fyll, drikkfeldighet. **intemperate** [inˈtemp(ə)rit] umåteholden; stri; utskeiende; lidenskapelig; drikkfeldig.

intend [inˈtend] ha i sinne, tilsikte, esle, ha til hensikt, akte; bestemme; **we – to do it** el. **we – doing it** vi akter å gjøre det; **what was this -ed for?** hva var hensikten med dette? **his words were -ed as a warning** hans ord var ment som en advarsel; **-ed to do for ...** bestemt til å skulle gjelde for ...

intendancy [inˈtendənsi] overoppsyn; intendantur; intendantembete; intendanturdistrikt. **intendant** [inˈtendənt] tilsynshavende; intendant.

intended [inˈtendid] påtenkt, tilsiktet; **– husband** tilkommende mann; **– wife** tilkommende hustru; **her –** hennes tilkommende. **intending** vordende, in spe.

intense [inˈtens] voldsom, intens; spent; heftig, stri, sterk. **intensification** [intensifiˈkeiʃən] anspennelse; forsterkning; skjerping. **intensify** [inˈtensifai] spenne; forsterke, forøke, skjerpe; øke; spennes; forsterkes osv. **intension** [inˈtenʃən] spenning; forsterkning, forøkelse, økning, skjerping, styrke, heftighet, intensitet. **intensity** [inˈtensiti] intensitet, anspennelse; styrke, heftighet; anstrengelse; iver. **intensive** [inˈtensiv] intensiv, sterk; forsterkende; forsterkende ord.

intent [inˈtent] forehavende, akt; hensikt; formål; spent, begjærlig, oppsatt **(on** på); **through an –** med forsett, forsettlig; **to all -s and purposes** praktisk talt, i virkeligheten, i alt vesentlig.

intention [inˈtenʃən] mening, formål, hensikt, intensjon, vilje, forsett. **honourable -s** ærlige hensikter. **intentional** [inˈtenʃənəl] forsettlig, med vilje. **intentionality** [inˈtenʃəˈnæliti] forsettlighet. **intentioned** [inˈtenʃənd] -sinnet i smstn. f. eks. **well-intentioned** velmenende, vennligsinnet.

intently [inˈtentli] spent, oppmerksomt.

inter [inˈtə:] begrave, jordfeste.

inter [ˈintə] (latin) imellom, mellom, tverr-, felles. **-act** mellomakt, pause.

interact [intəˈrækt] virke på hverandre. **-action** [intəˈrækʃən] gjensidig påvirkning.

interblend [intəˈblend] blande.

interbreed [intəˈbri:d] krysse (om raser).

intercalar [inˈtə:kələ] innskutt; **– day** skudd-dag; feberfri dag. **intercalary** [inˈtə:kələri; intəˈkæləri] se **intercalar. intercalate** [inˈtə:kəleit] innskyte. **intercalation** [intə:kəˈleiʃən] innskyting, innskudd.

intercede [intəˈsi:d] komme mellom, tre mellom, gå i forbønn, be for; **she -d for him with the king** hun gikk i forbønn for ham hos kongen. **interceder** [intəˈsi:də] talsmann.

intercept [intəˈsept] snappe opp, oppfange; avskjære; hindre, stemme, stanse. **interception** [intəˈsepʃən] oppsnapping; avskjæring; hindring, stansing, avbrytelse. **interceptor** avskjæringsjager(fly); sikringsmekanisme.

intercession [intəˈseʃən] mellomkomst; forbønn. **intercessor** [intəˈsesə] megler, talsmann. **intercessory** [intəˈsesəri] meklende.

interchange [intəˈtʃein(d)ʒ] veksle, utveksle, bytte; utveksling; veksling, skifte, skifte ut, bytte; handel, handelsforbindelse; trafikkmaskin. **interchangeable** [intəˈtʃein(d)ʒəbl] som kan utveksles; vekslende, skiftende; som kan ombyttes.

interchapter [ˈintətʃæptə] mellomkapitel.

intercity train by-til-by tog (som ikke stopper mellom byer).

interclavicle forbrystbein.

intercollegiate [intəkəˈli:dʒiit] mellom kollegiene.

intercolonial [intəkəˈləunjəl]mellom koloniene.

intercom [ˈintəkəm] interkom.

intercommunicate [intəkəˈmju:nikeit] stå i samkvem. **intercommunication** [intəkəˈmju:niˈkeiʃən] forbindelse, samkvem, samband. **– system** internt (høyttaler-)telefonanlegg, interkom.

intercommunion [intəkəˈmju:njən] innbyrdes forbindelse.

interconnect [intəkəˈnekt] forbinde innbyrdes, sammenkoble, samkjøre. **-ion** forbindelse, sammenkopling.

inter-continental [ˈintəkəntiˈnentəl] interkontinental.

intercooler ladeluftkjøler.

intercostal [intəˈkəstəl] mellom ribbenene; mellom spantene.

intercourse [ˈintəkɔ:s] samkvem; samleie; forbindelse, handelsforbindelse.

intercurrent [intəˈkʌrənt] som kommer mellom.

interdependency [intədiˈpendənsi] gjensidig avhengighet. **-dependent** [intədiˈpendənt] gjensidig avhengig.

interdict [intəˈdikt] forby; belegge med interdikt. **interdict** [ˈintədikt] forbud; interdikt; **put an – upon** forby; **lay** el. **put under an –** belegge med interdikt. **interdiction** [intəˈdikʃən] forbud; (juridisk) umyndiggjøring; forbud; interdikt. **interdictory** [intəˈdiktəri] forbydende.

interest [ˈintrist, ˈintərest] interesse; rente; forbindelser; andel; rettighet; innflytelse; makt, velde; interesse; **the common –** det felles beste; **feel** el. **take (an) – in** ha interesse for, interessere seg for; **make – for** gjøre seg til talsmann for **(with** hos); **use one's –** gjøre sin innflytelse gjeldende; **have an – in** ha andel i; **– per annum, annual –, yearly –** årlige renter; **bear – at the rate of 5 per cent** el. **bear 5 per cent –** gi 5 pst. rente; **compound –** rentesrente; **rate of –** rentefot; **lend out money at –** låne ut penger mot renter; **put out money at –** sette penger på rente; **– oneself in** interessere seg for.

interest-bearing rentebærende.

interested [ˈintərestid] interessert; egennyttig.

interesting [ˈintərestiŋ] interessant.

interface [ˈintəfeis] grenseflate.

interfere [intəˈfiə] støte sammen, kollidere, komme i kollisjon; gripe inn; forstyrre, hindre, legge seg mellom; blande seg **(with** i); stryke seg (om hest). **interference** [intəˈfiərəns] sammenstøt, kollisjon, innblanding, inngrep **(with** i); mellomkomst; interferens, elektromagnetisk støy. **– absorber** støydemper. **– filter** støyfilter. **– suppression** støydemping.

interflow [ˈintəfləu] det å gli over i hverandre.

interfluent [inˈtə:fluənt] sammenflytende.

interfoliate [intəˈfəulieit] interfoliere (se **interleave).**

interfuse [intəˈfju:z] blande(s). **interfusion** [intəˈfju:ʒən] blanding.

intergrade [ˈintə-] overgangsform; det å gå overi en annen form.

interim [ˈintərim] mellomtid; midlertidig, foreløpig. **interimistic** [intəriˈmistik] interimistisk.

interior [inˈtiəriə] indre; innvendig, innlands-; interiør, innland, oppland. (US) **Department of**

the Interior innenriksdepartement; **Secretary of the Interior** innenriksminister.
interjacent [intəˈdʒeisənt] mellomliggende.
interject [intəˈdʒekt] kaste el. stille mellom; skyte inn. **interjection** [intəˈdʒekʃən] innskudd; interjeksjon, utropsord. **interjectional** [intəˈdʒekʃənəl] innskutt; interjeksjons-.
interlace [intəˈleis] slynge (el. flette) sammen; blande; flette inn; være sammenflettet. **interlacement** [-mənt] sammenfletting, sammenslynging.
interlard [intəˈlɑ:d] spekke, stappe, blande; – **with foreign words** spekke med fremmedord.
interleave [intəˈli:v] skyte inn rene blad i en bok, interfoliere.
interline [intəˈlain] skrive mellom linjene; skrive i skiftende linjer; (typ.) skyte. **interlineal** [intəˈlinjəl], **interlinear(y)** [intəˈlinjə(ri)] skrevet el. trykt mellom linjene, interlineær. **interlineation** [intəliniˈeiʃən] mellomskrivning; mellomtrykning; (typ.) skytning. **interlining** [intəˈlainiŋ] se **interlineation.**
interlink [intəˈliŋk] kjede sammen.
interlock [intəˈlɔk] lås, sperre; blokkere, gripe inn i hverandre; lagripe inn i hverandre, føye sammen.
interlocution [intələˈkju:ʃən] samtale; interlokutoriekjennelse. **interlocutor** [intəˈlɔkjutə] deltaker i en samtale. **interlocutory** [intəˈlɔkjutəri] som er i form av en samtale; samtale-.
interlope [intəˈləup] trenge seg inn, gjøre inngrep i andres forretning; kjøpe opp på markedet; drive smughandel, gauke. **interloper** [intəˈləupə] påtrengende person, geskjeftig person; en som gjør inngrep i andres forretning; smughandler, gauk.
interlude [ˈintəl(j)u:d] mellomspill, avbrytelse, pause.
interlunar(y) [intəˈl(j)u:nə(ri)] ved nymåne.
intermarriage [intəˈmæridʒ] innbyrdes giftermål, inngifte (mellom to stammer eller familier). **intermarry** [intəˈmæri] gifte seg innbyrdes.
intermeddle [intəˈmedl] blande seg inn **(with, in** i). **intermeddler** [intəˈmedlə] en som ukallet blander seg i andres affærer.
intermediary [intəˈmi:djəri] mellom-; mellomledd, formidler.
intermediate [intəˈmi:djit] mellomliggende, mellom-. – **school** middelskole, mellomskole. **intermedium** [intəˈmi:djəm] mellommann; bindeledd.
interment [inˈtə:mənt] begravelse, jordfesting.
intermezzo [intəˈmedzəu] intermesso.
interminable [inˈtə:minəbl] uendelig, endeløs.
interminate [inˈtə:minit] uendelig, ubegrenset.
intermingle [intəˈmiŋgl] blande; blande seg.
intermission [intəˈmiʃən] opphør, avbrytelse, pause, mellomakt; stansning, stans. **intermissive** [intəˈmisiv] uavbrutt, med mellomrom.
intermit [intəˈmit] avbryte, stanse, la holde opp for en tid; bli avbrutt, stanse, holde opp for en tid. **intermittence** [intəˈmitəns] opphør, avbrytelse, stansning. **intermittent** [intəˈmitənt] som kommer med mellomrom, periodisk tilbakevendende, som kommer rykkevis, intermitterende. – **light** blinkfyr.
intern [inˈtə:n] internere, holde tilbake; (US) ≈ (turnus)kandidat, sykehuslege.
internal [inˈtə:nə:l] indre, innvortes; innenlandsk; **the -s** de indre organer. – **combustion engine** forbrenningsmotor. – **medicine** indremedisin. – **porch** entré, vestibyle. – **telephone** hustelefon. – **wall** skillevegg.
international [intəˈnæʃənəl] person med dobbelt statsborgerskap; landskamp; internasjonal, mellomfolkelig; internasjonalen (Det internasjonale arbeiderforbund).
internationale [intənæʃəˈnɑ:l] internasjonalen (sosialistisk sang).
internationalize [intəˈnæʃənəlaiz] gjøre internasjonal, internasjonalisere.
the International | Labour Organization Den internasjonale arbeidsorganisasjon (ILO). – **Monetary Fund** Det internasjonale valutafond (IMF).
international law folkerett.
interne [inˈtə:n] indre.
internecine [intəˈni:sain] gjensidig ødeleggende, dødbringende. – **war** blodig krig.
internment [inˈtə:nmənt] internering.
internode [ˈintənəud] stengelledd, stengelstykke; knokkelstykke mellom to ledd.
internuncio [intəˈnʌnʃ(j)əu] internuntius, pavens representant i republikker og ved mindre hoff; kurér.
inter-office telephone hustelefon, lokaltelefon.
interpellate [inˈtə:peleit] interpellere, stille spørsmål til. **interpellation** [intə:peˈleiʃən] interpellasjon. **interpellator** [inˈtə:peˈleitə] interpellant.
interplay [ˈintəplei] samspill.
Interpol fk. f. **International Criminal Police Commission.**
interpolate [inˈtə:pə(u)leit] innskyte; interpolere. **interpolation** [intə:pə(u)ˈleiʃən] innskyting; innskudd, interpolasjon. **interpolator** [inˈtə:pə(u)leitə] skriftforfalsker, interpolator.
interposal [intəˈpəuzəl] mellomkomst. **interpose** [intəˈpəuz] sette (el. legge) mellom; legge seg mellom, mekle; gå i forbønn (**on behalf of** for). **interposer** [intəˈpəuzə] mellommann, mekler. **interposition** [intəpəˈziʃən] stilling mellom; det å stille mellom; mellomkomst, mekling.
interpret [inˈtə:prit] fortolke, tyde, forklare, utlegge; tolke; være tolk. **interpretable** [inˈtə:pritəbl] som kan fortolkes. **interpretation** [intə:priˈteiʃən] fortolkning, forklaring, tydning; tolkning, oversettelse. **interpretative** [inˈtə:pritətiv] fortolkende, forklarende. **interpreter** [inˈtə:pritə] fortolker, tolk.
interregnum [intəˈregnəm] interregnum.
interrelated [-ˈleitid] innbyrdes forbundet (el.) beslektet.
interrelationship [intəriˈleiʃənʃip] innbyrdes slektskap.
interrogate [inˈterəgeit] spørre; avhøre; forhøre.
interrogation [interəˈgeiʃən] spørring; avhøring; spørsmål; spørsmålstegn; – **point, mark** el. **note** el. **sign of** – spørsmålstegn.
interrogative [intəˈrɔgətiv] spørrende; spørreord. **interrogator** [inˈterəgeitə] en som spør, forhørsleder. **interrogatory** [intəˈrɔgətəri] spørrende; skriftlig spørsmål.
interrupt [intəˈrʌpt] avbryte; forstyrre. **interrupter** [intəˈrʌptə] avbryter; **interruption** [intəˈrʌpʃən] driftsforstyrrelse; avbrudd, avbrytelse; forstyrrelse. **interruptive** [intəˈrʌptiv] avbrytende; forstyrrende.
intersect [intəˈsekt] gjennomskjære, overskjære, gjennombryte, dele. **intersection** [intəˈsekʃən] gjennomskjæring; veikryss, gatekryss; – **lay-out**

≈ trafikkmaskin. **intersectional** [intə'sekʃənəl] skjærings-.
interspace ['intəspeis] mellomrom.
intersperse [intə'spə:s] strø inn, sette inn imellom (her og der), strø ut. **interspersion** [intə'spə:ʃən] innstrøing, utstrøing.
interstate ['intə-] mellomstatlig (i en forbundsstat).
interstellar [-'stelə] mellom stjernene.
interstice [in'tə:stis] mellomrom; hull. **interstitial** [intə'stiʃəl] med mellomrom, som fyller mellomrommene.
intertie ['intətai] losholt.
intertribal [-'traibl] mellom stammene. – **feud** stammefeide.
intertropical [intə'trɔpikl] som ligger mellom vendekretsene.
intertwine [intə'twain], **intertwist** [-twist] sammenflette.
interurban [intə'rə:bən] mellombys, mellom byene, interkommunal.
interval ['intəvəl] mellomrom; mellomtid, pause; intervall; frikvarter; **at -s** med visse mellomrom, nå og da.
intervale ['intəveil] (amr.) dal, lav strekning langs elv.
intervene [intə'vi:n] komme mellom; hjelpe; hindre, gripe inn, intervenere, blande seg opp i. **intervention** [intə'venʃən] mellomkomst.
interview ['intəvju:] sammenkomst, møte; intervju; ha sammenkomst med; intervjue, besøke en for å innhente opplysninger. **interviewee** [-vju-'i:] den intervjuede, intervjuobjektet. **interviewer** ['intəvju:ə] intervjuer.
interwar ['intə'wɔ:] mellomkrigs-.
interweave [intə'wi:v] veve sammen; innblande.
interzonal [intə'zəunəl] intersone-.
intestable [in'təstəbl] uberettiget til å gjøre testament. **intestacy** [in'testəsi] mangel på testament.
intestate [in'testit] død uten å ha gjort testament.
intestinal [in'testinəl] innvolls-, tarm-. **intestine** [in'testin] indre, innvortes; tarm; **the large** – tykktarmen; **the small** – tynntarmen; **-s** (pl.) innvoller, tarmer.
inthral [in'θrɔ:l] gjøre til trell, trelke. **inthralment** [-mənt] trelking; trelldom.
intimacy ['intiməsi] intimitet, fortrolighet, fortrolig forhold. **intimate** ['intimit] fortrolig, intim, inderlig; fortrolig venn, bestevenn. **intimate** ['intimeit] gi å forstå, ymte om, antyde, tilkjennegi, melde, bebude. **intimately** ['intimitli] fortrolig; nøye, inngående. **intimation** [inti'meiʃən] antydning, melding, ymt, vink; tilkjennegivelse.
intimidate [in'timideit] gjøre forskrekket, skremme, true. **intimidation** [intimi'deiʃən] skremming, intimidasjon.
into ['intu (foran vokallyd), 'intə (foran konsonantlyd)] inn i; ut i, ut på, på; opp i; ned i; over i; til; **translate – English** oversette til engelsk; **go – the park** gå inn i parken; **grow – a habit** bli en vane; **flatter him – doing it** ved smiger få ham til å gjøre det; **far – the night** langt ut på natten.
in-toed ['in'təud] med tærne innad, bjørneføtt.
intolerable [in'tɔl(ə)rəbl] utålelig. **intolerance** [in'tɔlərəns] intoleranse, utålsomhet; mangel på evne til å kunne tåle. **intolerant** [-ənt] intolerant, utålsom (**of, towards** like overfor). **intoleration** [intɔlə'reiʃən] se **intolerance.**
intonate ['intəneit] istemme, intonere; la tone; synge eller spille skala; messe; resitere, si fram syngende. **intonation** [intə'neiʃən] intonering, toneangivelse; modulasjon; messing. **intone** [in'təun] istemme, intonere; angi tonen; messe.
intorsion, intortion [in'tɔ:ʃən] dreining, vridning, innoverbøyning.
in toto ['təutəu] fullstendig, aldeles; under ett.
intoxicant [in'tɔksikənt] berusende middel el. drikk, rusdrikk.
intoxicate [in'tɔksikeit] beruse, ruse, drikke full; **-d with** beruset av. **intoxication** [intɔksi'keiʃən] beruselse, rus; forgiftning.
intr. fk. f. **intransitive.**
intractability [intræktə'biliti] uregjerlighet, umedgjørlighet, stridighet. **intractable** [in'træktəbl] vanskelig å behandle, uregjerlig, umedgjørlig, ustyrlig, stridig, stri, vrang.
intramural [intrə'mjuərəl] som finnes el. foregår innenfor murene, intern.
intransigent [in'trænsidʒənt] uforsonlig.
intransitive [in'trænsitiv, -trɑ:n-] intransitiv.
intrant ['intrənt] inntredende; tiltredende.
intravenous [intrə'vi:nəs] intravenøs.
in-tray brevkurv for inngående post (el. saker).
intrench [in'trenʃ] forskanse; gjøre inngrep i. **intrenchment** [-mənt] forskansning; inngrep (**on** i).
intrepid [in'trepid] uforferdet, uredd, uforsagt, ikke skjelven. **intrepidity** [intre'piditi] uforferdethet, dristighet.
intricacy ['intrikəsi] forvikling, floke, forvirring; innviklet beskaffenhet. **intricate** ['intrikit] innviklet, forvirret, floket, vrien, utspekulert.
intrigue [in'tri:g] intrige, renke; elskovsforhold; intrigere; smi renker; stå i forhold; interessere, oppta, fengsle. **intriguer** [in'tri:gə] intrigant, renkesmed.
intrinsic [in'trinsik] indre, vesentlig, reell. – **value** egenverdi, indre verdi.
introcession [intrə'seʃən] innsynkning.
introd. fk. f. **introduction.**
introduce [intrə'dju:s] innføre; presentere, bringe på bane; markedsføre; forestille (**to** for); innbringe; innlede. **introducer** [-'dju:sə] innfører; innleder. **introduction** [-'dʌkʃən] innførelse; forestilling, presentasjon; anbefaling; innledning; **letter of** – anbefalingsbrev. **introductory** [-'dʌktəri] innledende, innlednings-. **introductorily** innledningsvis.
introit [in'trəuit] inngang; gudstjenestens begynnelse; inngangssalme, introitus.
intromission [intrə'miʃən] innsending; innføring; innkalling. **intromit** [-'mit] sende inn; slippe inn.
introspect [intrə'spekt] se inn i, studere, analysere, prøve. **introspection** [intrə'spekʃən] innblikk, selviakttakelse. **introspectionist** [intrə'spekʃənist] selviakttaker. **introspective** [intrə'spektiv] som ser innover, selvgranskende.
introvert [intrə'və:t] vende innover.
intrude [in'tru:d] trenge (seg) inn; falle til besvær, klenge seg på; forstyrre, gjøre inngrep; – **oneself** trenge (klenge) seg inn på. **intruder** [-də] påtrengende menneske, ubuden gjest. **intrusion** [in'tru:ʒən] inntrenging; påtrengenhet; inngrep. **intrusionist** [-ʒənist] påtrengende menneske; talsmann for patronatsretten (i Skottland). **intrusive** [in'tru:siv] påtrengende.
intrust [in'trʌst] betro (**sth. to sb.** en noe).
intuit [in'tju:it] oppfatte (el. vite) noe umiddel-

bart. **intuition** [intju'iʃən] intuisjon, anskuelse, umiddelbar oppfattelse. **intuitive** [in'tju:itiv] intuitiv, umiddelbart erkjennende.
intumesce [intju'mes] svulme opp, heve seg, hovne, trutne, svelle. **intumescence** [-'mesəns] svulming, hevelse, trutning.
inturbidate [in'tə:bideit] gjøre mørk, tilgrumse.
inumbrate [in'ʌmbreit] kaste skygge på, skygge over.
inunction [in'ʌŋkʃn] salving, inngnidning av salve (olje).
inundate ['inʌndeit] oversvømme, flomme. **inundation** [inʌn'deiʃən] oversvømmelse, flom.
inure [in'juə] herde (**to** mot), venne (**to** til); komme til anvendelse, tre i kraft, tjene til beste. **inurement** [-mənt] vane, vanthet, herdethet, øvelse.
inurn [in'ə:n] legge i urne, begrave, jordfeste.
inutility [inju'tiliti] unyttighet, nytteløshet.
invade [in'veid] overfalle, falle inn i, trenge seg inn i, gjøre innfall i, krenke, overfalle; tilrive seg, rane til seg. **invader** [in'veidə] en som faller inn i, angriper, inntrengende fiende, voldsmann; en som gjør inngrep i.
invalid [in'vælid] ugyldig.
invalid ['invəli:d] syk, ufør, kronisk syk, svak, helseløs; vanfør; pasient; sette på sykelisten, fjerne fra aktiv tjeneste som tjenesteudyktig, bli tjenesteudyktig. **– chair** rullestol.
invalidate [in'vælideit] avkrefte; gjøre ugyldig, forkaste, kassere. **invalidation** [invæli'deiʃən] ugyldiggjøring. **invalidism** ['invəlidizm] sykelighet, tjenesteudyktighet. **invalidity** [invə'liditi] ugyldighet; tjenesteudyktighet. **invalid port** (fin portvinstype).
invaluable [in'vælju(ə)bl] uvurderlig, kostelig; (også) verdiløs.
invariability [invɛəriə'biliti] uforanderlighet. **invariable** [in'vɛəriəbl] uforanderlig; ufravikelig, gjengs; (i matematikk) konstant.
invasion [in'veiʒən] invasjon, innfall, angrep; inngrep. **invasive** [in'veisiv] angripende; angreps-.
invective [in'vektiv] hån, hånsord, invektiv, skjellsord.
inveigh [in'vei] bruke seg (**against** på), rase mot, skjelle.
inveigle [in'vi:gl] forlede, narre, forlokke (**into** til). **inveiglement** [-mənt] forledelse, forlokkelse. **inveigler** [in'vi:glə] forleder, forfører.
invendible [in'vendibl] uselgelig.
invent [in'vent] oppfinne; finne på; dikte opp. **invention** [in'venʃən] oppfinnelse; oppdikting; løgn; oppfinnsomhet; **necessity is the mother of –** ≈ nød lærer naken kvinne å spinne. **inventive** [in'ventiv] oppfinnsom. **inventiveness** [-nis] oppfinnsomhet. **inventor** [in'ventə] oppfinner.
inventory ['inventri] inventarliste, katalog; fortegnelse over; **make** el. **take** el. **draw up an –** ta opp en fortegnelse.
inventress [in'ventris] oppfinnerske.
Inverness [invə'nes]; ermeløs mannskappe med løst slag.
inverse [in'və:s] omvendt, snu om på. **– ratio, – proportion** omvendt forhold.
inversion [in'və:ʃən] omstilling; inversjon, omvendt ordstilling.
invert [in'və:t] vende, vende opp ned på; vrenge; homoseksuell; ≈ avviker. **-ed commas** anførselstegn, gåseøyne; **-ed pleat** wienerfold.
invertebral [in'və:tibrəl] virvelløs. **invertebrate** [-brit] virvelløs; holdningsløs; vinglet, lealaus.
invest [in'vest] investere, anbringe, sette (**money in** penger i); spandere på seg selv, flotte seg med, innsette (i embete); utstyre, skjenke, gi; innhylle, beleire, omringe; ikle.
investigable [in'vestigəbl] som kan oppspores, som kan utforskes. **investigate** [in'vestigeit] oppspore, utforske, etterforske, undersøke. **investigation** [investi'geiʃən] utforskning, undersøkelse, etterforsking, gransking. **investigative** [in'vestigətiv] forskende. **investigator** [in'vestigeitə] forsker, gransker; undersøker; detektiv. **investigatory** [in'vestigətəri] forskende.
investiture [in'vestitʃə, -tjuə] innsetting (i et embete); investitur, innsettingsrett.
investment [in'vestmənt] investering, pengeanbringelse, kapitalanlegg; disposisjon; anbrakt kapital; beleiring. **– banker** finansieringsinstitutt. **– funds** startkapital. **– trust** investeringsselskap. **investor** [in'vestə] innsetter; en som har penger å anbringe el. har anbrakt penger i noe.
inveteracy [in'vetərəsi] inngroddhet, hardnakkethet; inngrodd hat, agg. **inveterate** [in'vet(ə)rit] inngrodd; kronisk, vanskelig å helbrede; forherdet; **an – drunkard** en uforbederlig dranker; **an – foe** en erkefiende.
inviability [invaiə'biliti] manglende levedyktighet.
invidious [in'vidjəs] odiøs; vanskelig, lei, uheldig, urettferdig, slem; **an – affair** en betenkelig sak. **invidiousness** [-nis] noe av ubehagelig (el. betenkelig) art.
invigilate [in'vidʒileit] inspisere ved eksamen, føre tilsyn, overvåke.
invigilation [-'leiʃn] eksamensinspeksjon, tilsyn. **invigilator** (eksamens)inspektør, (eksamens)tilsyn.
invigorate [in'vigəreit] gi kraft, styrke, stramme opp. **invigoration** [invigə'reiʃən] styrking, ny kraft.
invincibility [in'vinsi'biliti] uovervinnelighet. **invincible** [in'vinsibl] uovervinnelig.
inviolability [in'vaiələ'biliti] ukrenkelighet; ubrødelighet. **inviolable** [in'vaiələbl] ukrenkelig; ubrødelig. **inviolacy** [in'vaiələsi] ukrenkelighet; ubrødelighet.
invisibility [in'vizi'biliti] usynlighet.
invisible [in'vizibl] usynlig; **make oneself –** gjøre seg usynlig.
invitation [invi'teiʃən] innbydelse, invitasjon; anmodning.
invite ['invait] invitasjon, invitt.
invite [in'vait] innby, invitere; oppfordre, be, anmode om; oppfordre til; innbydelse; påkalle (seg), utsette seg for; **– to dinner** innby til middag; **– to dine** innby til å spise til middag; **invitee** [invai'ti:] innbudt gjest. **inviting** innbydende, fristende.
inviter [in'vaitə] innbyder.
invocate ['invəkeit] påkalle. **invocation** [invə'keiʃən] påkalling. **invocatory** [in'vɔkətəri; 'invə-] påkallende.
invoice ['invɔis] faktura; (US) tollfortegnelse; fakturere, utferdige faktura over. **– -book** fakturabok.
invoke [in'vəuk] påkalle, anrope, påberope seg; nedkalle; besverge.
involucre ['invəlju:kə] svøp, sporegjemme (i planter).

involuntarily [inˈvɔləntərili] ufrivillig, tvungent; uvilkårlig. **involuntary** [inˈvɔləntəri] ufrivillig; uvilkårlig.
involution [invəˈl(j)u:ʃən] innvikling, innrulling; innfiltrethet, forvikling, floke; bedekning, hylster; potensering; involusjon; innskyting av et setningsledd mellom subjektet og verbet.
involve [inˈvɔlv] innvikle, stå på spill; være implisert i; føre med seg; innhylle, inneholde; medføre; potensere; **-d and enigmatical** innviklet og gåtefull; **-d in debt** forgjeldet; **a quantity -d to the third power** en størrelse i tredje potens.
involvement [-ˈvɔl-] engasjement.
invulnerability [invʌlnərəˈbiliti] usårlighet. **invulnerable** [inˈvʌlnərəbl] usårlig, uangripelig.
inward [ˈinwəd] indre, innvendig, innvortes; inn(ad)gående; innad; innetter; indre; (i pl.) innvoller; **– correspondence** inngående korrespondanse.
inwardly [ˈinwədli] innvendig, i sitt stille sinn; **her heart bled –** hjertet blødde i henne.
inwardness [ˈinwədnis] indre tilstand; fortrolighet; egentlig betydning, dypere mening (el. sammenheng); åndelig natur; inderlighet.
inwards [ˈinwədz] innad, innover, innetter; ens indre.
inwrap [inˈræp] se **enwrap.**
inwrought [ˈinrɔ:t] innvevd, innvirket; nøye forbundet med.
Io [ˈaiəu].
io [ˈaiəu] gledesrop; hei! hurra!
iodate [ˈaiədeit] jodsurt salt, jodat; jodbehandle.
iodic [aiˈɔdik] jodholdig. **iodid(e)** [ˈaiəd(a)id] jodforbindelse; **– of potassium** jodkalium; **– of sodium** jodnatrium. **iodine** [ˈaiəd(a)in] jod; **– lamp** jodlampe; **-d salt** jodsalt. **iodism** [ˈaiədizm] jodforgiftning. **iodize** [ˈaiədaiz] preparere med jod, bruke jod på. **iodoform** [aiˈɔdəfɔ:m] jodoform.
I. of M. fk. f. **Isle of Man.**
I. of W. fk. f. **Isle of Wight.**
IOGT fk. f. **International Order of Good Templars.**
Iolanthe [aiə(u)ˈlænθi] Iolante.
iolite [ˈaiəlait] iolitt.
Ionia [aiˈəunjə] Jonia.
Ionian [aiˈəunjən] jonisk; joner.
iota [aiˈəutə] jota; bagatell, tøddel, døyt, smule.
IOU [ˈaiəuˈju:] (= **I owe you)** gjeldsbrev.
Iowa [ˈaiəuə, ˈaiəwə].
ipecac [ˈipikæk] fk. f. **ipecacuanha.**
ipecacuanha [ipikækjuˈænə] brekkrot.
Iphigenia [ifidʒiˈnaiə].
i.p.s. fk. f. **inch per second.**
Ipswich [ˈipswitʃ].
IQ, I.Q. [ˈaiˈkju:] fk. f. **intelligence quotient** intelligenskvotient.
Ir. fk. f. **Irish.**
I. R. A. fk. f. **Irish Republican Army.**
Irak [iˈrɑ:k] Irak.
Iran [iˈrɑ:n] Iran, Persia. **Irani, Iranian** [aiˈreinjən] iransk, persisk.
Iraq [iˈrɑ:k] Irak. **Iraqi** iraker; irakisk.
irascibility [airæsiˈbiliti] bråsinne, ilske, hissighet. **irascible** [aiˈræsibl] bråsint, ilsk, hissig, brå. **irate** [aiˈreit] vred, sint.
I. R. B. fk. f. **Irish Republican Brotherhood.**
IRBM fk. f.**intermediate range ballistic missile.**
I. R. C. fk. f. **International Red Cross.**
ire [aiə] vrede, harme, forbitrelse; vredes. **ireful** [ˈaiəf(u)l] vred, forbitret, harm, sint.
Ireland [ˈaiələnd].
Irene [aiˈri:ni].
irestone [ˈaiəstəun] hard stein.
Iricism [ˈairisizm] irsk språkegenhet.
iridal [ˈairidəl] regnbue-. **iridectomy** [iriˈdektəmi] utskjæring av en del av iris. **iridescence** [iriˈdesəns] spill i regnbuens farger, fargespill.
iridescent [iriˈdesənt] spillende i regnbuens farger. **iridian** [aiˈridiən] iris-, regnbuehinne-.
iridium [aiˈridiəm] iridium. **iridize** [ˈiridaiz] iridisere.
Iris [ˈairis].
iris [ˈairis] regnbue; iris, regnbuehinne; sverdlilje. **irisated** [ˈairiseitid] regnbuefarget; regnbueaktig.
Irish [ˈairiʃ] irsk; (fig.) uforskammet; dum; irsk (språket); **the –** irlendingene, irere; **– apricots** poteter; **– assurance** dumdristighet; **– bull** språkfeil; dum vittighet; nonsens; **– cockney** londoner av irsk opprinnelse. **– coffee** kaffe med whiskey, sukker og kremfløte. **– daisy** fivel, løvetann; **the – Free State** Den irske fristat, Eire; **– horse** salt kjøtt; **– night** en natt i 1688, da man i London og andre engelske byer fryktet for at irlendingene ville myrde protestantene; **– stew** (en rett som lages av fårikål med gulrøtter); **– theatre** arrestlokale. **Irishism** [ˈairiʃizm] irisisme, irsk (språk)eiendommelighet. **Irishman** [ˈairiʃmən] irlending, ire. **Irishry** [ˈairiʃri] irsk befolkning. **Irishwoman** [ˈairiʃwumən] irsk kvinne.
iritis [aiˈraitis] iritt, regnbuehinnebetennelse.
irk [ə:k] ergre; trette; kjede; smerte.
irksome [ˈə:ksəm] trettende; lei, kjedsommelig, irriterende.
I. R. O. fk. f. **Inland Revenue Office.**
iron [ˈaiən] jern; (fig.) kraft, styrke; hardhet, grusomhet; strykejern; skytejern, skytevåpen; golfkølle; av jern; fast, urokkelig; hard, grusom; frekk, uforskammet; legge i lenker; kle med jern; stryke (med strykejern), presse, perse; **-s** lenker; **put in -s** legge i lenker; **stand on hot -s** stå som på glør; **the I. Duke** (et tilnavn på Wellington); **the – entered his soul** noe gikk istykker i ham; **strike while the – is hot** smi mens jernet er varmt; **he wants an – rod over him** han må tas hardt. **– band** jernband; jernbeslag. **– bar** jernstang. **– blue** prøyssisk blå. **-bound** jernbeslått; fjell-lendt, bratt; hard, ubøyelig. **-clad** pansret; panserskip. **– curtain** jernteppe.
iron | filings jernfilspon; **– foundry** jernstøperi.
ironical [aiˈrɔnikl] ironisk.
ironing [ˈaiəniŋ] strykning; pressing, persing. **– board** strykebrett. **– cloth** strykeklede.
ironist [ˈairənist] ironiker.
iron liquor [ˈaiənlikə] jernsverte, jernbeis.
ironmaster [ˈaiənˈmɑ:stə] jernverkseier, jernvarehandler.
iron|monger [ˈaiənmʌŋgə] jernvarehandler. **-mongery** [-mʌŋgəri] jernvarer, isenkram; jernvarehandel. **– mould** [- məuld] rustflekk (på tøy). **– ore** jernmalm. **– plate** [-pleit] jernplate, jernblikk. **– rod** [-rɔd] jernstang. **– safe** [-seif] jernskap. **– scrap** [-skræp] skrapjern.
ironside [ˈaiənsaid] panserskip; tapper kriger; **the Ironsides** jernsidene, srl. brukt om Cromwells tropper.

ironsmith (grov)smed.
ironstone [ˈaiənstəun] jernmalm.
iron-tipped jernskodd.
iron|ware [ˈaiən wɛə] jernvarer. **– work** smijernsarbeid, jernarbeid; jernbeslag; (i pl.) jernverk.
irony [ˈaiəni] jernhard; jern-; jernholdig.
irony [ˈairəni] ironi; ironisering.
Iroquoian [irəˈkwɔiən], **Iroquois** [ˈirəkwɔi] irokeser; irokesisk.
irradiate [iˈreidieit] bestråle, belyse; opplyse (ånden, forstanden); utbre; bringe liv i (ved varme og lys); pryde; stråle. **irradiation** [ireidiˈeiʃən] stråling, utstråling; stråleglans; (fig.) opplysning.
irrational [iˈræʃ(ə)nəl] ufornuftig, irrasjonell. **irrationality** [iræʃəˈnæliti] ufornuft.
irrebuttable [iriˈbʌtəbl] uavviselig.
irreclaimable [iriˈkleiməbl] ugjenkallelig; uforbederlig.
irrecognisable [iˈrekəgnaizəbl] ugjenkjennelig.
irreconcilability [iˈrekənsailəˈbiliti] uforsonlighet; uforenelighet. **irreconcilable** [iˈrekənsailəbl] uforsonlig, uforenelig.
irrecoverable [iriˈkʌv(ə)rəbl] ubotelig, uerstattelig, ikke til å få igjen.
irrecusable [iriˈkju:zəbl] uavviselig.
irredeemable [iriˈdi:məbl] uinnløselig; ugjenkallelig; uunngåelig; uforbederlig.
irredentist [iriˈdentist] forkjemper for gjenforening med moderlandet av italiensk-sinnede områder under fremmed herredømme.
irreducible [-ˈdju:-] ureduserbar, irreduktibel; **– minimum** absolutt minimum.
irrefragability [irefrəgəˈbiliti] uomstøtelighet. **irrefragable** [iˈrefrəgəbl] uomstøtelig, ugjendrivelig.
irrefutable [iriˈfju:təbl] ugjendrivelig.
irregular [iˈregjulə] uregelmessig, usedvanlig, uvanlig, uregelrett; uordentlig; pl. irregulære tropper. **irregularity** [iregjuˈlæriti] uregelmessighet.
irrelative [iˈrelətiv] uten gjensidig forhold, uten forbindelse, uvedkommende; absolutt.
irrelevance [iˈrelivəns], **irrelevancy** [iˈrelivənsi] uanvendelighet, irrelevans. **irrelevant** [iˈrelivənt] irrelevant, uanvendelig, uvedkommende, likegyldig.
irreligion [iriˈlidʒən] religionsløshet; irreligiøsitet. **irreligious** [-dʒəs] religionsløs; irreligiøs.
irremediable [iriˈmi:djebl] ulegelig, uhelbredelig, uavhjelpelig; ubotelig.
irremissible [iriˈmisibl] utilgivelig.
irremovability [ˈirimu:vəˈbiliti] uavsettelighet; fasthet. **irremovable** [iriˈmu:vəbl] uavsettelig, uoppsigelig; fast.
irreparability [ˈirepərəˈbiliti] uopprettelighet, uerstattelighet. **irreparable** [iˈrepərəbl] uopprettelig, ubotelig.
irrepealable [iriˈpi:ləbl] ugjenkallelig.
irreplaceable [iriˈpleisəbl] uerstattelig.
irrepressible [iriˈpresibl] ubetvingelig, ustyrlig, overstadig.
irreproachable [iriˈprəutʃəbl] ulastelig, upåklagelig.
irresistance [iriˈzistəns] motstandsløshet, underkastelse. **irresistibility** [ˈirizistiˈbiliti] uimotståelighet. **irresistible** [iriˈzistibl] uimotståelig; **– proof** uomstøtelig bevis.
irresoluble [iˈrezəljubl] uoppløselig; ubehjelpelig.
irresolute [iˈrezəl(j)u:t] ubesluttsom, vinglet. **irresolution** [irezəˈl(j)u:ʃən] ubeslutsomhet, tvilrådighet, vakling, vingling.
irresolvability [ˈirizɔlvəˈbiliti] uoppløselighet. **irresolvable** [iriˈzɔlvəbl] uoppløselig.
irrespective [iriˈspektiv] uten hensyn (**of** til); uansett.
irresponsibility [ˈirispɔnsiˈbiliti] uansvarlighet. **irresponsible** [iriˈspɔnsibl] uansvarlig, ansvarsfri; lettsindig, upålitelig.
irresponsive [iriˈspɔnsiv] ikke svarende; uten sympati, uten øre (**to** for).
irretentive [iriˈtentiv] som ikke kan fastholde; upålitelig (f.eks. om hukommelse).
irretrievable [iriˈtri:vəbl] uopprettelig, ubotelig, ugjenkallelig.
irreverence [iˈrev(ə)rəns] mangel på ærbødighet (**of** for). **irreverent** [-rənt] uærbødig; pietetsløs.
irreversible [iriˈvə:sibl] uomstøtelig, som ikke kan snus.
irrevocable [iˈrevəkəbl] ugjenkallelig.
irrigate [ˈirigeit] overrisle, vanne. **irrigation** [iriˈgeiʃən] overrisling. **– system** overrislingsanlegg. **irrigator** [ˈirigeitə] vanningsmaskin; irrigator, utskyllingsapparat.
irritability [iritəˈbiliti] pirrelighet, irritabilitet, ømfintlighet. **irritable** [ˈiritəbl] pirrelig, irritabel, sær. **irritant** [ˈiritənt] irritament, pirrende; pirringsmiddel. **irritate** [ˈiriteit] pirre, irritere; erte, terge; egge. **irritation** [iriˈteiʃən] pirring, irritasjon; opphisselse; vrede. **irritative** [ˈiritətiv] pirrende, irriterende; opphissende.
irruption [iˈrʌpʃən] innbrudd; overfall, plutselig innfall (el. angrep), overrumpling. **irruptive** [iˈrʌptiv] som bryter seg inn.
Irving [ˈə:viŋ].
Irvingite [ˈə:viŋait] irvingiansk; irvingianer.
Irwell [ˈə:wəl] (sideelv til Mersey).
is [iz] er, 3. p. sg. pres. av **be.**
Isaac [ˈaizək] Isak.
Isabel [ˈizəbel] Isabella. **isabel** [ˈizəbel] isabellafarge; isabellafarget hest. **Isabella** [izəˈbelə] Isabella. **– -coloured** [-ˈkʌləd] isabellafarget, grågul.
Isaiah [aiˈzaiə] Esaias.
isanemone [aiˈsænimәun] isrose (på vindusruter).
ischiadic [iskiˈædik] som angår hoften, hofte-; **– passion** el. **disease** hofteverk, isjias. **ischiatic** [iskiˈætik] se **ischiadic. ischion** [ˈiskiɔn], **ischium** [ˈiskiəm] hoftebein.
ischury [ˈiskjuri] urinstansning.
Ishmael [ˈiʃmiəl] Ismael, (fig.) utstøtt. **Ishmaelite** [ˈiʃmiəlait] ismaelitt; utstøtt; en som er i krig med samfunnet.
isinglass [ˈaiziŋglɑ:s] gelatin; fiskelim.
Isis [ˈaisis] Isis; **the Isis** Themsen ved Oxford.
Islam [ˈizlɑ:m] Islam. **Islamic** [-ˈlæ-] islamittisk. **Islamism** [ˈizləmizm] islamisme. **Islamite** [ˈizləmait] islamitt. **Islamitic** [izləˈmitik] islamittisk, muhammedansk.
island [ˈailənd] øy; refuge, trafikkøy for fotgjengere; isolere, omslutte; **in the –** på øya (om større øyer); **on the –** på øya (om mindre øyer). **islander** [ˈailəndə] øybu, øyboer.
Islay [ˈailei] (en av Hebridene).
isle [ail] øy (brukes især poetisk eller i navn f. eks. **the Isle of Man; the Isle of Wight; the British Isles).**
islet [ˈailet] liten øy, småøy, holme.
Islington [ˈizliŋtən].
ism [izm] (ironisk) teori, lære.

isn't sammentrukket av **is not.**
I. S. O. fk. f. **Imperial Service Order.**
isobar [ˈaisəubɑ:] isobar, liketrykkslinje.
isobathytherm [aisəˈbæθiθə:m] isobatyterm, linje for like varme punkter i havet, undervannskoter.
isocheim [ˈaisəukaim] linje for samme middeltemperatur om vinteren, vinterisoterm. **isochimene** [aisəuˈkaimi:n] se **isocheim.**
isochromatic [aisəkrəˈmætik] ensfarget.
isochronal [aiˈsɔkrənəl] som tar like lang tid, isokron. **isochronism** [aiˈsɔkrənizm] like lang tid, tidslikelengde. **isochronous** [aiˈsɔkrənəs] som følges i tid.
isogonal [aiˈsɔgənəl], **isogonic** [aisəˈgɔnik] likevinklet, ensvinklet.
isohyetal [aisəˈhaiətəl] med samme regnmengde.
isolate [ˈaisəleit] isolere, avsondre, avskjære, skille ut, rendyrke, innsirkle; som forekommer enkeltvis. **isolation** [aisəˈleiʃən] isolering, avsondring, isolasjon, innsirkling; rendyrking; **– hospital** epidemisykehus. **isolationism** isolasjonisme, isolasjonspolitikk.
isometric [aisəˈmetrik] isometrisk, av samme mål.
isopod [ˈaisəpɔd] isopode, en slags ringkreps.
isosceles [aiˈsɔsili:z] likebe(i)nt; likebe(i)nt figur.
isotherm [ˈaisəθə:m] isoterm, likevarmelinje. **isothermal** [aisəˈθə:məl] isotermisk.
isotope [ˈaisəutəup] isotop.
Ispahan [ispəˈhɑ:n]. **Ispahanee** [ispəˈhɑ:ni] ispahansk; ispahaner.
Israel [ˈizreiəl]. **Israeli** [izˈreili] israeler; israelsk. **Israelite** [ˈizriəlait] israelitt. **Israelitic** [izriəˈlitik], **Israelitish** [-ˈlaitiʃ] israelittisk.
issuable [ˈiʃuəbl] som kan utstedes; som fører til avgjørelse. **issuance** [ˈiʃuəns] utstedelse. **issuant** [ˈisju:ənt] oppvoksende, fremvoksende.
issue [ˈisju:, ˈiʃu:] utgang; os, munning; avkom; resultat, utfall, følge; utstedelse, levering; utlån; utgivelse (f. eks. av en bok); utgave, opplag; nummer (av blad); kjennelse (av edsvorne); spørsmål, (sakens) kjerne, stridspunkt; uttømmelse; fontanelle (kunstig frembrakt sår); komme ut, strømme ut; stamme **(from** fra); ha sitt opphav i; ende **(in** med); føre til resultat; utlevere; utstede; utgi (f. eks. bok); **at –** omstridt; være under debatt; **amount at –** det beløp det dreier seg om; **cause at –** sak som skal avgjøres; **raise an –** reise et juridisk spørsmål, bringe et tema på bane.
isthmian [ˈismiən, -stm-, -sθm-] istmisk. **isthmus** [ˈisməs, -stm-, -sθm-] istme, eid.
is-to-be [ˈiztəbi:] tilkommende.
Istria [ˈistriə].
it [it] den, det; (ubetont personlig pronomen); **– is my hat** det er min hatt; **give – to me** gi meg den; **the child lost -s way** barnet for vill; (ubestemt, som subjekt) sjarm, it, sex appeal; **who is –?** hvem er det? **what time is –?** hva er klokka? **– is two o'clock** klokka er to; **that's –** det er riktig; **that's –, give us a song** det er riktig, syng litt; **– seems to me** jeg synes; **I take – that** jeg regner med at; **– is natural that he should complain** det er naturlig at han klager; (i upersonlige uttrykk om været etc.) **– is raining** det regner; **– is cold** det er kaldt; **– looks like rain** det ser ut til regn; (om avstand) **– is a long way to Oxford** det er langt til O.; **– is 6 miles to O.** det er 6 mil til O.; **– is no way there** det er ganske kort dit; (om tid) **– is long since I saw him** det er lenge siden jeg har sett ham; (ubestemt, som objekt) **you are going –** du slår stort på det; **you'll catch –** du vil få svi for det; **cab –** kjøre i drosje; **foot –** gå til fots; **lord –** spille herre; **have done –** er kommet galt av sted; **we had a good time of –** vi moret oss godt; **gin and –** gin og vermut; **be –** ha (være) sisten; **tradition has – that** tradisjonen vil ha det til at.
Italian [iˈtæljən] italiensk; italiener; **– hand** kursivskrift; **– iron** pipejern; **– juice** lakrissaft; **– store, – warehouse** olje-, såpehandel; sydfrukthandel. **Italianism** [iˈtæljənizm] italianisme, **italianize** [iˈtæljənaiz] italienisere, spille italiener.
Italic [iˈtælik] italisk; kursiv; **italics** [iˈtæliks] kursiv. **italicize** [iˈtælisaiz] kursivere.
Italy [ˈitəli] Italia.
itch [itʃ] klø; klå; klø etter; kløe, klåe; fnatt, skabb; sterk attrå; lengt; **my fingers – to box his ears** fingrene mine klør etter å gi ham en lusing; **have an – for** være ivrig etter noe.
itchy [ˈitʃi] fnattet, skabbet; kløende.
item [ˈaitəm] item, likeledes.
item [ˈaitəm] artikkel, punkt, post; opptegne, notere. **itemize** [ˈaitəmaiz] føre opp de enkelte poster.
iterance [ˈitərəns] gjentakelse. **iterate** [ˈitəreit] gjenta. **iteration** [itəˈreiʃən] gjentakelse. **iterative** [ˈitərətiv] gjentakende.
itinerancy [iˈtinərənsi] omflakkende virksomhet; flakking. **itinerant** [iˈtinərənt] reisende, omvandrende; reisende; vandrer; omflakkende lærer; omreisendepredikant; skreppekar. **itinerary** [iˈtinərəri] reisende, reisebeskrivelse; rute; reisehåndbok. **itinerate** [iˈtinəreit] reise om, vandre om; flakke.
its [its] dens, dets; sin, sitt, sine.
it's [its] sammentrukket av: **it is, it has.**
itself [itˈself] den selv, det selv; seg selv, seg; selv, sjøl; **the thing –** selve tingen; **he was civility –** han var høfligheten selv; **a house standing by –** et hus som ligger for seg selv; **good in –** god i seg selv.
Ivanhoe [ˈaivənhəu].
I've [aiv] sammentrukket av: **I have.**
ivied [ˈaivid] kledd med eføy.
ivory [ˈaivəri] elfenben; ting av elfenben; elfenbenshvit, av elfenben, elfenbens-; **ivories** elefanttenner; terninger; biljardkuler; tenner.
ivory|black [ˈaivəriˈblæk] elfenbensvart; benkull. **the I. Coast** Elfenbenskysten. **– nut** elfenbensnøtt.
ivy [ˈaivi] vedbend, eføy, bergflette.
I. W. fk. f. **Isle of Wight.**
I. W. T. D. fk. f. **Inland Water Transport Department.**
I. W.W. fk. f. **Industrial Workers of the World.**
izzard [ˈizəd] bokstaven z; ende; **from A to –** ≈ fra A til Å.

J

J, j [dʒei] J, j.
J. fk. f. **Judge; Julius; Justice.**
Ja. fk. f. **James; January.**
J/A fk. f. **joint account** felles konto. **J. A.** fk. f. **Joint Agent; Judge Advocate.**
jab [dʒæb] støte, skubbe, slå, støte, stikke; pirke; støt; stikk.
jabber [ˈdʒæbə] pludre, skravle, papre løs, sludre; pludring, skravl.
jabiru [ˈdʒæbiru:] slags tropisk amerikansk stork.
jabot [ˈdʒæbəu] halskrus, kniplingspynt på halspynt.
jacal [ˈdʒækl] (amr.) trehytte.
jacala [ˈdʒɑ:kəlɑ:] krokodille (hinduisk).
jacamar [ˈdʒækəmɑ:] jakamar (en fugl).
jacaranda [dʒækəˈrændə] jakaranda (et brasiliansk tre).
jacinth [ˈdʒeisinθ, ˈdʒæsinθ] hyasint.
Jack [dʒæk] el. **jack** 1. Ola; fyr, kar, hjelpegutt, -mann, **lumber-** skogsarbeider, tømmerhogger; 2. stekevender, kjøkkengutt; 3. (sl.) penger, stål; 4. **sawing-** sagkrakk; 5. trumfknekt, knekt; 6. hann (om dyr); 7. støvelknekt; 8. donkraft, jekk, kubein, brekkjern, -stang, håndtak, grep, sveiv, skruestikke; 9. vekselkontakt, jakk(felt); 10. lykt (for lystring); **– fool** dumrian, tulling; **– in office** byråkrat, skittviktig kontorrotte; **– of all trades** tusenkunstner, altmuligmann; **– -in the box** troll i eske; **before you could say J. Robinson** brennkvikt; **every man –** hver bidige sjel, samtlige; **I'm all right J.** la-skurementalitet, gi blaffen i andre så lenge en selv har det bra.
jack [dʒæk] **– st. in** (sl.) gi opp; **– up** jekke opp, løfte med donkraft; heve, øke (priser), skjelle ut, overhøvle.
jack [dʒæk] jacktre, helbladet brødfrukttre.
Jack-a-dandy [dʒækəˈdændi] viktigper.
jackal [ˈdʒækɔ:l] sjakal; håndlanger.
jack-all-general [dʒækɔ:lˈdʒenərəl] faktotum.
jackanapes [ˈdʒækəneips] rakkerunge, nebbete barn; narr, spradebasse.
jackass [ˈdʒækæs] han-esel; (fig.) esel, idiot, naut.
Jack-at-a-pinch [ˈdʒækətəˈpinʃ] en som hjelper i nøden, reddende engel.
jackboot [ˈdʒækbu:t] militær ridestøvel, langstøvel, skaftestøvel; **fisherman's –** vadestøvel.
jack chain kjerrat.
jackdaw [ˈdʒækdɔ:] kaie.
jacket [ˈdʒækit] 1. jakke, kappe; 2. (bok)omslag; 3. (potet)skall, skrell; 4. (prosjektil) mantel; **dust his –** (fig.) gi juling; (v.) ta på jakke; forsyne m. omslag; mantle; denge, jule opp.
jacket crown jacketkrone.
jackfish lystre fisk.
Jack Frost ≈ kong Vinter.
jackhammer pressluftbor, trykkluftbor. **– -in-office; – -in-the-box** se **jack – -in-the-green** (løvkledd figur ved maifest). **J. Ketch** bøddelen, skarpretteren. **-knife** follekniv, lommekniv; folde el. klappe sammen. **-light** (US) bærbar (parafin)lykt. **– -of-all-trades** universalverktøy; se **jack. – off** (US sl.) onanere. **– -o'lantern** lyktemann; gresskar skåret ut som et ansikt med lys i. **– pad** løftesko (for jekk). **– plane** skrubbhøvel. **-point** jekkfeste. **-pot** stor gevinst; uventet hell; pott, omgang. **– pudding** (gml.) bajas. **– rabbit** (US) præriehare. **-screw** hånddonkraft. **– shaft** mellomaksel. **– snipe** (små)bekkasin. **– staff** gjøsstake. **-straw** stråmann, nikkedokke; (fig.) null og niks (om person). **– -tar** matros, sjøulk. **– towel** rullehåndkle.
Jacob [ˈdʒeikəb] Jakob. **Jacobean** [dʒækəˈbi:ən] fra Jakob 1.s tid (1603–25).
Jacobin [ˈdʒækəbin] jakobiner; dominikaner; **jacobin** parykkdue.
Jacobite [ˈdʒækəbait] jakobitt; tilhenger av Jakob 2. og hans sønn.
Jacob's ladder [ˈdʒeikəbzˈlædə] fjellflokk, fjellfnokk (plante); vantleider (på skip), taustige; jakobsstige, himmelstige; ribbestykket på slakt.
Jacobus [dʒəˈkəubəs] jakobus; gullmynt preget under Jakob 1.
jaconet [ˈdʒækənet] jakonett, en slags fint bomullstøy.
jacquerie [ʒækəˈri:] bondeoppstand, bondereisning.
jactation [-ˈtei-], **jactitation** [dʒæktiˈteiʃn] skryt; jaktasjon.
jacuzzi [dʒəˈku:si] boblebad, brusebad.
jade [dʒeid] skottgamp, fillemerr; tøs, galneheie, villkatt; utmatte, mase ut, slite ut; utmattes.
jade [dʒeid] jade (en slags grønn stein).
jadish [ˈdʒeidiʃ] ondskapsfull; løs (på tråden).
jaeger [ˈjeigə] jäger (slags fint ullstoff).
jag [dʒæg] takk; tagg, spiss, tann, skår, hakk; rangel, turing, (narkotika)rus; gjøre takket.
jagger [ˈdʒægə] kakejern, bakkelsspore.
jaggy [ˈdʒægi] sagtakket.
jaguar [ˈdʒægwə, ˈdʒægjuə] jaguar.
Jahve [ˈjɑ:vei] Jahve, Jehova.
jail [dʒeil] fengsel; fengsle, sette fast, arrestere; **to break –** flykte fra fengselet. **-bird** fange, en som ofte har vært i fengsel, vaneforbryter, fengselsfugl, «gammel kjenning av politiet». **– delivery** utlevering av anholdte personer til assiseretten; frigivelse av fangene. **jailer** [ˈdʒeilə] slutter, fangevokter. **jail-keeper = jailer.**
jake [dʒeik] grønnskolling; penger, gryn; finfin; bondsk.
jalap [ˈdʒæləp] jalaprot.
jalopy [dʒəˈlɔpi] (US) gammel bil, skranglekjerre.
jalousie [ˈdʒælu(:)zi:] sjalusi; persienner.
jam [dʒæm] trengsel, stim, stimmel, mølje; trykke, presse, klemme, kile fast; sitte fast; forstyrre (med støysender); **be in a –** være i en knipe.
jam [dʒæm] syltetøy.
Jamaica [dʒəˈmeikə] rom.
jamb [dʒæm] vindusstolpe, dørstolpe; vange.
jamboree [dʒæmbəˈri:] drikkelag, lystighet; speiderstevne.
James [dʒeimz] Jakob.

jampot [ˈdʒæmpɔt] syltekrukke.
jam session sammenkomst av jazz-musikere, hvor man spiller eller improviserer for egen fornøyelse.
Jan. fk. f. **January.**
Jane [dʒein]. **Janet** [ˈdʒænit].
Janeiro [dʒəˈniərəu].
jangle [ˈdʒæŋgl] skurre, skramle; kime med (klokker); skravle; kives, kjekle; la skurre; rasle med; kjekl; strid; rasling.
janitor [ˈdʒænitə] portner, vaktmester, pedell; dørvakt.
janizary [ˈdʒænizəri] janitsjar.
jankers [ˈdʒænkəz] arrest, kakebu.
jant se **jaunt.**
January [ˈdʒænjuəri] januar.
Janus-faced [ˈdʒeinəs-] med janushode; svikefull.
Jap [dʒæp] japs; japaner; japansk. **Japan** [dʒəˈpæn] Japan; japansk; japansk arbeid; lakkere (på japansk vis). **Japanese** [ˈdʒæpəˈni:z] japansk; japaner. **japanned** [dʒəˈpænd] lakkert. **japanner** [dʒəˈpænə] lakkerer.
jape [dʒeip] spøk, gjøn; spøke, gjøne, skjemte.
jar [dʒɑ:] skurre i ørene på en, irritere; disharmonere; knirke; være uenig, kives, kjekle, skurre; gjøre falsk; forstyrre, ryste, skake, bringe mislyd i; skurring, mislyd, strid; **it jarred upon my ears** det skurret i ørene mine; **every nerve was jarring** hver nerve dirret; **– upon** (el. **with, against)** skrape mot.
jar [dʒɑ:] leirkrukke, steinkrukke; pakke ned i krukke; **tobacco –** tobakksdåse (av krukkeform).
jar [dʒɑ:]; **on the –** på gløtt **(ajar).**
jardiniere [ʒɑ:dinˈjɛə] blomsterstativ, oppsats.
jargon [ˈdʒɑ:gən] kråkemål, sjargong.
jargonelle [dʒɑ:gəˈnel] keiserinnepære.
jarnut [ˈdʒɑ:nʌt] jordnøtt.
jarring [ˈdʒɑ:riŋ] skurrende, disharmonisk, grell; rystende, irriterende.
jarvey [ˈdʒɑ:vi] (irsk) kusk, vognmann.
jasmine [ˈdʒæsmin] sjasmin.
jasper [ˈdʒæspə] jaspis.
JATO, jato fk. f. **jet-assisted take-off** hjelperakettmotor til start av fly.
jaundice [ˈdʒɔ:ndis] gulsott; misunnelse; sjalusi. **jaundiced** [-st] gulsottig; misunnelig, sjalu, mistenksom.
jaunt [dʒɔ:nt] gjøre utflukter, streife om; **take a –** ta en tur; tur, utflukt.
jauntily [ˈdʒɔ:ntili] muntert, flott. **jauntiness** [-tinis] munterhet, flotthet, flyktighet, lettferdighet. **jaunty** [ˈdʒɔ:nti] munter, flott, spretten.
Java [ˈdʒɑ:və]. **Javanese** [ˈdʒævəˈni:z] javaneser, javaner; javanesisk, javansk.
javelin [ˈdʒævlin] kastespyd; **throwing the –** spydkast.
jaw [dʒɔ:] kjeve, kjake, munn, gap, kjeft; skravl, skjelling, praling; kjefte (om), bruke kjeften (på); **the -s of death** dødens gap; **his – dropped** han ble lang i ansiktet (el. maska); **his -s were set** han bet tennene sammen (hadde et uttrykk av sammenbitt energi); **hold your –** hold munn; **there is too much – about him** han snakker for mye; **give us none of your –** hold opp med den kjeftingen din; **I gave her a bit of my –** jeg ga henne ordentlig beskjed; **don't you – me in that way** plag meg ikke med det preiket ditt. **-bation** moralpreken, tirade. **-bone** kjevebein, kjakebein. **-breaker** langt ord som er vanskelig å uttale; steinknuser. **-tooth** kinntann, jeksel.
jay [dʒei] nøtteskrike; skravlebøtte, fjols. **– walker** rågjenger (som ikke ser seg for).
jazz [dʒæz] jazz; bråk; jazze (spille el. danse j.); bråkende; gloret; **– up** sette fart i, sprite opp; **and all that –** og alt det der(re).
jazzercise [ˈdʒæzəsaiz] (US) jazzballett.
J. B. fk. f. **John Bull.**
J. C. fk. f. **Jesus Christ; juris consult; justice clerk.**
jct. (US) fk. f. **junction.**
jealous [ˈdʒeləs] årvåken, årvak, var, mistenksom **(of** overfor, med hensyn til); nidkjær, sjalu, skinnsyk, avindsyk **(of** på); verne om.
jealousy [ˈdʒeləsi] (skinnsyk) årvåkenhet; sjalusi, skinnsyke; nidkjærhet; sjalusi, persienner.
jeans [dʒi:nz] dongeribukser, olabukser.
jeer [dʒiə] håne, spotte; hån, spott. **jeerer** [ˈdʒiərə] spotter. **jeeringly** [ˈdʒiəriŋli] hånlig.
Jehu [ˈdʒi:hju:] Jehu; kusk som kjører vilt.
jejune [dʒiˈdʒu:n] tørr, åndløs; skrinn, mager.
Jekyll [ˈdʒi:kil].
jell [dʒel] stivne til gelé, ta fast form.
jellied [ˈdʒelid] klebrig, geléaktig, lagt ned i gelé.
jelly [ˈdʒeli] gelé; tykk saft; **beat a person into a –** slå en til plukkfisk. **-babies** seigmenn. **-fish** [ˈdʒelifiʃ] manet; (fig.) vaskeklut. **– roll** rulade, swissroll.
Jem [dʒem] = **James.**
jemimas [dʒəˈmaiməz] springstøvler, botforer.
jemmy [ˈdʒemi] brekkjern, kubein.
jennet [ˈdʒenit] liten spansk hest; eselhoppe.
jenneting [ˈdʒenitiŋ] tidlig sommereple.
Jenny [ˈdʒeni]; **jenny** løpekran; spinnemaskin; gjerdesmutt. **– ass** hunesel.
jeopardize [ˈdʒepədaiz] våge. **jeopardous** [ˈdʒepədəs] farlig, vågelig, vågal. **jeopardy** [ˈdʒepədi] fare, risiko; **put one's life in –** sette livet på spill.
Jer. fk. f. **Jeremiah.**
jerboa [dʒə:ˈbəuə] ørkenspringrotte.
jeremiad [dʒeriˈmaiəd] jeremiade, klagesang.
Jeremiah [dʒeriˈmaiə] Jeremias.
Jericho [ˈdʒerikəu] Jeriko; **go to –!** gå pokker i vold, reis og ryk; **I wish you were in (at) –** gid du dro dit pepperen gror.
jerk [dʒə:k] støte (plutselig), rykke, kaste, trive, kyle, slenge, kippe, gjøre et rykk; plutselig støt; rykk, (krampe)trekning, puff, kast; original, tosk; **by jerks** rykkevis.
jerkin [ˈdʒə:kin] jakke, korttrøye, vams.
jerky [ˈdʒə:ki] støtvis.
Jerome [ˈdʒerəm] Hieronymus; [dʒəˈrəum] Jerome (etternavn).
jerque [dʒə:k] tollvisitere; også **jerk. jerquer** [ˈdʒə:kə] tollbetjent.
Jerry [ˈdʒeri] = **Jeremy;** tysker, tysk soldat. **jerry** nattpotte; ølstue.
jerrican [ˈdʒerikæn] flat bensinkanne, jerrikanne.
jerry-builder [ˈdʒeribildə] byggespekulant. **jerry-built** bygd på spekulasjon, skrøpelig.
Jersey [ˈdʒə:zi]. **jersey** jerseyku; fint ullgarn; jerseyliv.
Jerusalem [dʒiˈru:sələm]; **– oak** eikemelde. **– pony** esel.
jessamine [ˈdʒesəmin] sjasmin.
jest [dʒest] spøke, si i spøk; spøk, skjemt, morsomhet, vits; **in –** i spøk; **take a –** forstå spøk. **–-book** anekdotesamling. **jestee** [dʒeˈsti:] den

som er gjenstand for spøken. **jester** [ˈdʒestə] spøkefugl; hoffnarr, **jestingly** [ˈdʒestiŋli] i spøk. **jesting-stock = jestee.**
Jesuit [ˈdʒezjuit, -zuit] jesuitt. **Jesuitic(al)** [dʒezjuˈitik(l), -zu-] jesuittisk.
Jesus [ˈdʒi:zəs].
jet [dʒet] jett, gagat (slags fint steinkull). **– black** kullsvart.
jet [dʒet] springe fram, spy ut, sprøyte ut; sprute, strømme, velle; stråle, sprut, sprøyt; spreder, munnstykke, tut; innløpstapp (ved støpning); gassbrenner; gassbluss; jetfly. **– engine** jetmotor. **– fighter** jetjager. **– lag** jetsyndrom (døgnvillhet og ubehag etter å ha krysset flere tidssoner). **– plane** jetfly. **– -propelled** reaksjonsdrevet. **– propulsion** reaksjonsdrift. **– set** (uttrykk brukt om aktive, moteriktige, velstående personer som reiser mye, er med der ting skjer); ≈ sossen.
jetsam [ˈdʒetsəm], **jetson** [ˈdʒetsən] strandingsgods, vrakgods.
jettison [ˈdʒetisin] utkasting, dumping avlast; kvitte seg med.
jetty [ˈdʒeti] gagatlignende, kullsvart.
jetty [ˈdʒeti] framspringende kant på en bygning, framskott, utbygning, utbygg; demning, molo, landingsplass.
Jew [dʒu:] jøde; jødisk, jøde-, **the Wandering –** den evige jøde.
jew lure, snyte; være hard i forretningssaker; **– down** prute.
Jew-baiting jødeforfølgelse.
jewel [ˈdʒu:il; -əl] juvel, edelstein; klenodie, smykke; skatt; smykke med juveler; **mock –** uekte edelstein; **-led** juvelbesatt; **her richly -led hand** hennes hånd som var besatt med prektige ringer. **– case** juvelskrin; smykkeskrin. **jeweller** [ˈdʒu:ilə] juvelér, gullsmed. **jewellery, jewelry** [ˈdʒu:ilri] edelsteiner, kostbarheter; smykker.
Jewess [ˈdʒu:is] jødinne.
jewfish kjempehavåbor.
Jewish [ˈdʒu:iʃ] jødisk; jødeaktig. **jewishness** [-nis] jødisk vesen, jødisk utseende. **Jewry** [ˈdʒuəri] jødene, jødedom; jødekvarter, ghetto.
jew's-ear [ˈdʒu:ziə] judasøre (en soppart).
jew's-harp munnharpe.
Jezebel [ˈdʒezibl] Jesabel; arrig, frekk kvinne.
J.F.K., JFK fk. f. **John Fitzgerald Kennedy.**
jib [dʒib] sky **(at** for); bli sta, tverrstanse; slå seg vrang; steile, protestere.
jib [dʒib] klyver, fokk; jibb; jibbe.
jibber [ˈdʒibə] sky hest, sta hest.
jiff [dʒif] øyeblikk; **in a –** i en fei, håndvending; **wait a –** vent et lite øyeblikk.
jiffy = jiff.
jig [dʒig] gigg (musikkstykke og dans); etterspill ved de gamle skuespill, oppført av narren; pilk; sprette, danse, hoppe, huske seg; pilke; harpe (i vann); **the – is up** spillet er ferdig; det er forbi med en; **– one's legs** sparke med bena. **jigclog** tresko til å danse jigg med. **jigger** [ˈdʒigə] jigg-danser.
jigger [ˈdʒigə] skreddertalje; brennevinsmål (ca. 4,5 cl); dram; dings, sak, tingest; pottemakerskive; (US) liten hestesporvogn uten konduktør; prisviser (på børs); arrestlokale; pilk (fiskeredskap); hoppe, rykke; **– oneself free** sprelle seg fri (om fisk). **– mast** papegøyemast.
jiggery-pokery [ˈdʒigəriˈpəukəri] hokuspokus, juks, svindel, trick.
jiggle [ˈdʒigl] hoppe omkring; huske, dingle, vippe.
jig saw [ˈdʒigsɔ] svingsag, løvsag. **– puzzle** puslespill.
jihad [dʒiˈhɑ:d] hellig krig.
Jill [dʒil] Julie; ung pike; **Jack and Jill** Ola og Kari. **– -flirt** lettferdig pike.
jilt [dʒilt] lettferdig kvinne, kokette; bedra (i kjærlighet), slå opp med, narre for en dans.
Jim [dʒim] fk. f. **James. – Crow** rasediskriminering; **– Crow car** jernbanevogn reservert for negrer.
jimjams [ˈdʒimdʒæmz] (sl.) dilla, «hetta».
jimmy [ˈdʒimi] brekkjern, kubein; bryte opp.
jimp [dʒimp] nett, slank; knapp, utilstrekkelig.
jims [dʒimz] delirium, dilla.
jingle [ˈdʒiŋgl] klirre, single, rasle; la klirre, rasle med; klirring, rasling; remse, regle, rispe; rangle.
jingo [ˈdʒiŋgəu] (muligens forvanskning av Jesus); **by –!** faen også! dæven óg!; økenavn for en krigsbegeistret konservativ. **-ism** [-izm] kraftpatriotisme.
jink [dʒiŋk] fare, sette, sprette, smette unna; sprett, skvett, bråkast; **jinks** moro, leven, bråk, heisafest.
jinrik(i)sha [dʒinˈrik(i)ʃə] japansk tohjulsvogn som trekkes av en el. to personer.
jitney [ˈdʒitni] (US) cent(stykke); billigbuss; billig.
jitter [ˈdʒitə] ryste, skjelve, dirre; skjelving, dirring. **jitterbug** [ˈdʒitəbʌg] jitterbug. **jittery** [ˈdʒitəri] nervøs, skjelvende, dirrende.
jiu-jitsu se **jujitsu.**
jive [dʒaiv] prat, prek; en jazzform; narre, erte, lure.
jn. fk. f. **junction.**
Joan [dʒəun]; **– of Arc** Jeanne d'Arc.
Job [dʒəub]; **-'s comfort** dårlig trøst.
job [dʒɔb] slag, støt, stikk; bestemt stykke arbeid, akkordarbeid, (tilfeldig) arbeid, slit, kjas, sjau, jobb, forretning; affære, greie, historie; aksidensarbeid (i boktrykkerspråk); korrupsjon, nepotisme; **occasional –** tilfeldig arbeid; **odd -s** tilfeldige jobber; **a soft –** et makelig arbeid, en smal sak; **what a –** det er jo til å fortvile over; **give it up as a bad –** oppgi det som håpløst; **work by the –** arbeide på akkord. **job** [dʒɔb] slå, støte, stikke; pikke; rykke (i tømmene); arbeide (på akkord); sette bort på akkord, leie, hyre; spekulere, jobbe, handle med aksjer; mele sin egen kake, sko seg; ågre. **job** [dʒɔb] leie-; **– carriage** leievogn; **– evaluation** arbeids|vurdering, -studie; **– goods** partivarer; **-holder** fast ansatt; statsansatt; **– horse** leiehest; **– lot** en slump varer (blandet og ofte av dårlig kvalitet), (fig.) hele haugen; rotebutikk, blandet selskap.
jobber [ˈdʒɔbə] akkordarbeider, dagløner, leiekar, lauskar; børsspekulant, jobber; mellommann; sliter. **– in bills** vekselrytter.
jobbery [ˈdʒɔbəri] spekulering, jobbing; misbruk av politisk makt til egen fordel, korrupsjon, nepotisme.
joc. fk. f. **jocose; jocular.**
jockey [ˈdʒɔki] jockey, rideknekt; hestehandler; bedrager; ri; ta ved nesen; snyte; lirke og lure seg fram; **– a person out of his money** narre pengene av en; **– boots** ridestøvler. **– club** jockeyklubb. **jockeyism** [ˈdʒɔkiizm] jockeyvesen. **jockeyship** [ˈdʒɔkiʃip] ridekunst.

jocko [ˈdʒɔkəu] sjimpanse; apekatt.
jockstrap [ˈdʒɔk-] suspensorium.
jocose [dʒəˈkəus] munter, spøkefull. **jocular** [ˈdʒɔkjulə] spøkefull. **jocularity** [dʒɔkjuˈlæriti] munterhet. **jocularly** [ˈdʒɔkjuləli] i spøk.
jocund [ˈdʒɔkənd] lystig. **jocundity** [dʒəˈkʌnditi] lystighet.
Joe [dʒəu]; – **Miller** (forfatter av en bok med vittigheter); **a – Miller** en gammel vittighet, forslitt vits.
jog [dʒɔg] ryste, skumpe (om en vogn); pirke på; nugge i; dilte, rusle, jogge, lunke; støt, skubb, puff; **give his memory a –** friske opp hans hukommelse.
joggle [ˈdʒɔgl] skubbe, støte; riste opp i; skumpe; riste; bli skubbet; støt.
jog trot [ˈdʒɔgtrɔt] dilt; gammel slendrian.
Johannesburg [dʒə(u)ˈhænisbə:g].
john [dʒɔn] do.
John [dʒɔn] Johannes, Jon; – **Bull** alm. navn på engelskmannen (tilsvarer Ola Nordmann); **St. John's day** sankthansdag, jonsokdag; – **Doe** Peder Ås (jur.). – **Law** politimann, purk.
Johnny [ˈdʒɔni]; fyr, kar; spjert, sprett. – **Raw** nybegynner, jypling.
Johnson [ˈdʒɔnsən]. **Johsonese** [ˈdʒɔnsəˈni:z] johnsonsk (etter dr. Samuel Johnson).
join [dʒɔin] forbinde, forene, skjøte, sammenføye; slutte seg til, slå lag med, være med, forene seg; **what God hath -ed together, let no man put asunder** hva Gud har sammenføyd, skal menneskene ikke atskille; – **battle** begynne slag; – **hands** ta hverandre i hånden; – **interest with** gjøre felles sak med, holde med; – **the army** tre inn i hæren; **let us – the ladies** la oss gå inn til damene; – **in** delta, bli med, stemme i; – **up** melde seg frivillig (som soldat). **join** [dʒɔin] sammenføyning, skjøt.
joinder [ˈdʒɔində] forbindelse.
joiner [ˈdʒɔinə] snekker. **joinering** [ˈdʒɔinəriŋ], **joinery** [ˈdʒɔinəri] snekkerarbeid.
joint [dʒɔint] sammenpasse, felle el. skjøte sammen, forbinde, passe inn i; avrette (en sag).
joint [dʒɔint] sammenføyning, skjøt, fuge; ledd; stek, stykke (av slakt); fals; skinneskjøt; knutepunkt; kneipe, bule, spisested, sted; marihuanasigarett; **dinner off the –** middag med hele steken på bordet; **put out of –** vri av ledd; **set into –** sette i ledd; **the time is out of –** tiden er av lage.
joint [ˈdʒɔint] forent, felles, samlet, felles-; ledd-; med-, sam-; – **and several** solidarisk; **have a – interest in** være medinteressert i. – **account** felles konto. – **committee** kontaktutvalg, fellesutvalg. – **concern** interessentselskap.
jointed [-tid] forbundet, skjøtt, sammenføyd, med flere ledd.
jointer [dʒɔintə] langhøvel, rubank; avretter (maskin); fugejern, fugeskje.
joint|filler fugemasse, mørtel. **-ing paste** fugemasse. – **strip** tetningslist.
jointly [ˈdʒɔintli] felles, sams, solidarisk. – **and severally** en for alle og alle for en, in solidum.
joint | owner partseier, medeier. – **paste** fugemasse. – **ring** tetningsring. – **stock** aksjekapital. **– -stock** aksje- (f.eks. -selskap). – **training** fellesutdanning, felleskurs.
joke [dʒəuk] spøk, skjemt, vittighet, vits; spøke, spøke med, skjemte, vitse; **in –** for spøk; **bear (take) a –** forstå spøk; **crack (cut) a –** rive av seg en vittighet; **play a practical – upon him** ha ham grovt til beste; – **it off** slå det bort i spøk.
joker [ˈdʒəukə] spøkefugl, spasmaker; fyr, kar; uforutsett vanskelighet.
joking [ˈdʒəukiŋ] spøk; **there is no – with him** han forstår ikke spøk; – **apart** ett spøk, et annet alvor; spøk til side. **jokingly** [-li] for spøk.
jole, joll [dʒəul] se **jowl.**
jollification [dʒɔlifiˈkeiʃən] lystighet, moro, fest, heisalag, muntert lag. **jollify** lage fest, feste. **jollily** [ˈdʒɔlili] muntert. **jolliness** [ˈdʒɔlinis], **jollity** [ˈdʒɔliti] lystighet, munterhet.
jolly [ˈdʒɔli] livlig, munter, lystig, glad, pussa; deilig, trivelig; meget, temmelig; **it was a – shame** det var en stor skam; **we had a – spree, a – lark** vi moret oss storartet; **we had a – bad time of it** vi hadde det temmelig vondt; **he is a – good fellow** han er en kjekk kar.
jolly-boat [ˈdʒɔlibəut] jolle.
Jolly Roger sjørøverflagg.
jolt [dʒəult] støt; sjokk; skake, skrangle, riste; risting, skumpling.
jolterhead [ˈdʒəultəhed] dumrian, naut, kjøtthue.
Jonah [ˈdʒəunə] Jonas.
Jonathan [ˈdʒɔnəθən] Jonatan; **Brother –** alm. navn på en amerikaner.
Jones [ˈdʒəunz].
Jordan [ˈdʒɔ:dn]. **Jordanian** [-ˈdei-] jordaner; jordansk.
jorum [ˈdʒɔ:rəm] stor drikkebolle, skål.
Joseph [ˈdʒəuzif] (forkortet: **Jos.)** Josef.
josh [dʒɔʃ] småerte, ha moro med.
joskin [ˈdʒɔskin] bondeslamp.
joss [dʒɔs] kinesisk gudebilde. – **house** kinesisk tempel. – **stick** røkelsespinne.
jostle [ˈdʒɔsl] skubbe, støte, dunke.
jot [dʒɔt] jota; prikk, punkt, minste grann; notere, opptegne; rable ned; **not a –** ikke det minste grann; – **down** rable ned. **jottings** notater. **jotting-book** notisbok.
jounce [dʒauns] humpe, skake, riste.
journal [ˈdʒə:nəl] journal, protokoll, dagbok; dagblad, tidsskrift; (aksel-)tapp. **journalize** [ˈdʒə:nəlaiz] journalisere, føre inn i dagbok, bokføre; drive bladvirksomhet. **journalism** [ˈdʒə:nəlizm] journalistikk. **journalist** [-list] journalist, bladmann. **journalistic** [dʒə:nəˈlistik] journalistisk; dagblads-.
journey [ˈdʒə:ni] reise, ferd (mest til lands); reise; **business –** forretningsreise; **a pleasant –** god tur; **go (make) a –** foreta en reise. **journeyer** [ˈdʒə:niə] reisende.
journeyman [ˈdʒə:nimən] gesell; håndverkssvenn. **journeymen's school** håndverkerskole.
joust [dʒu:st, dʒaust] turnering; dyst; turnere.
Jove [dʒəuv] Jupiter; **by – !** død og pine!
jovial [ˈdʒəuvjəl] munter, gladlyndt, hyggelig.
Jovial som hører til planeten Jupiter.
joviality [dʒəuviˈæliti] munterhet, gemyttlighet.
jowl [dʒaul, dʒəul] kjake, kinn, kjeve; dobbelthake; hode (på fisk); **cheek by –** i fortrolig nærhet, side om side, kinn mot kinn.
joy [dʒɔi] glede, fryd, lykke; **wish him –** ønske ham til lykke. **joyful** [ˈdʒɔiful] lystig, glad. **joyfully** med glede. **joyfulness** [-nis] glede. **joy house** gledeshus, bordell. **joyless** [ˈdʒɔilis] gledeløs, uglad. **joyous** [dʒɔiəs] glad, munter; gledelig. **joy-**

ousness [-nis] glede. **joy|ride** fornøyelsestur, heisatur. **– smoke** marihuana. **– stick** styrestikke (i fly).
J. P. [ˈdʒeiˈpi:] fk. f. **Justice of the Peace** fredsdommer.
Jr. fk. f. **junior.**
juba [ˈdʒu:bə] livlig negerdans med rytmeklapping.
jube [ˈdʒu:bi] pulpitur (mellom skip og kor).
jubilance [ˈdʒu:biləns] triumfering, jubling.
jubilant [ˈdʒu:bilənt] jublende. **jubilee** [ˈdʒu:bili:] jubileum, jubelfest, jubelår; jubel.
Judaic [dʒu:ˈdeiik] jødisk.
Judaism [ˈdʒu:dəizm] jødedom.
Judas [ˈdʒu:dəs] Judas; (sl.) parkometervakt. **– coloured** rød. **– kiss** judaskyss.
judder [ˈdʒʌdə] risting, skaking; riste, skake.
judge [dʒʌdʒ] dommer; skjønner, kunstkjenner; sakkyndig; **Book of Judges** Dommernes bok; **be a – of pictures** ha forstand på malerier; **sober as a –** klinkende edru.
judge [dʒʌdʒ] dømme; felle dom; bedømme, anse for; dømme etter; slutte; **– for yourself** du kan selv dømme; **– not that ye be not judged** døm ikke, at I ikke selv skal dømmes; **you may – (of) my astonishment** De kan tenke Dem min forundring. **judgment** [ˈdʒʌdʒmənt] dom; mening; dømmekraft; skjønn, forstand; **day of –** dommedag. **– sampling** stikkprøver. **– seat** dommersete.
judicatory [ˈdʒu:dikətəri] dømmende; rettslig; rett, domstol; rettspleie. **judicature** [ˈdʒu:dikətʃə, -tjuə] rettspleie, jurisdiksjon.
judicial [dʒuˈdiʃəl] rettslig; dommer-; doms-; **– murder** justismord; **– sale** tvangsauksjon. **judicially** [dʒuˈdiʃəli] rettslig. **judiciary** [dʒu:ˈdiʃiəri] dømmende; dømmende myndighet, domstol. **judicious** [dʒuˈdiʃəs] klok, skjønnsom. **judiciousness** [-nis] forstandighet, klokskap, innsikt.
Judith [ˈdʒu:diθ]. **Judy** [ˈdʒu:di] Judy, Mr. Punchs hustru i dukkekomedien.
judo [ˈdʒu:dəu] judo.
judy [ˈdʒu:di] jente, pikebarn.
jug [dʒʌg] mugge, krukke; fengsel, kakebu; koke i vannbad.
Juggernaut [ˈdʒʌgənɑ:t] (indisk avgud) Iagannath.
juggins [ˈdʒʌginz] dust, fe, tosk.
juggle [ˈdʒʌgl] gjøre tryllekunster; narre; tryllekunst; **– people out of their money** narre pengene fra folk. **juggler** [ˈdʒʌglə] tryllekunstner, taskenspiller. **jugglery** [ˈdʒʌgləri] taskenspillerkunst; bedrageri.
Jugo-Slav, Jugoslav [ˈju:gə(u)ˈslɑ:v] jugoslav, jugoslavisk. **Jugo-Slavia, Jugoslavia** Jugoslavia.
jugular [ˈdʒʌgjulə] hals-; halsåre.
jugulate [ˈdʒu:gjuleit] stanse en sykdom med hestekur; kvele, skjære halsen over på.
juice [dʒu:s] saft, råsaft, most, jus; væske; (sl.) guffe, bensin el. elektrisk kraft til maskin. **juiceless** [-lis] saftløs. **juiciness** [ˈdʒu:sinis] saftfullhet. **juicy** [ˈdʒu:si] saftfull, saftig.
jujitsu [dʒu:ˈdʒitsu:], **jujutsu** [dʒu:dʒəˈtsu:] jiujitsu.
jujube [ˈdʒu:dʒu:b] brystbær; brystbærdråper; pastill, sukkertøy.
jukebox [ˈdʒu:kbɔks] jukeboks, plateautomat.
julep [ˈdʒu:lip] søt drikke, srl. som skal gjøre det lettere å ta besk medisin; (US) krydret pjolter.
Julia [ˈdʒu:ljə]. **Julian** [ˈdʒu:ljən] juliansk; **– account** juliansk tidsregning. **Juliet** [ˈdʒu:ljət] Julie. **Julius** [ˈdʒu:ljəs].
July [dʒu:ˈlai, dʒuˈlai] **– flower** gyllenlakk, hagenellik.
jumble [ˈdʒʌmbl] kaste sammen, rote sammen, blande sammen; blanding; virvar, røre, rot. **– sale** salg av forskjellige billige ting på basar, loppemarked.
jumbo [ˈdʒʌmbəu] stor klosset person; kjempe-.
jumbu(c)k [ˈdʒʌmbʌk] (australsk) sau.
jump [dʒʌmp] hoppe, bykse, springe, sprette; skvette, kvekke, støkke, sprang (eks. høyde-, lengde-); la springe; kaste seg over, slå under seg, tilegne seg. **hop, skip** (el. **step) and –** tresteg. **– the queue** snike i køen; **– at** gripe til (el. etter) med begge hender; **– at conclusions** dra forhastede slutninger; **– up** fare i været, springe opp; **– with** stemme overens med; **– for joy** danse av glede. **jump** [dʒʌmp] hopp, byks; skvett, støkk; dilla. **jumper** [ˈdʒʌmpə] gammelt økenavn på metodister; løstsittende lang trøye, kittel, busserull; jumper. **jump|ing jack** sprellemann. **– rope** hoppetau. **– spark** overslag(sgnist). **– leads** startkabler. **jumpy** [ˈdʒʌmpi] hoppende, urolig, nervøs.
jun., junr. fk. f. **junior.**
junction [ˈdʒʌŋkʃən] forening, forbindelse; møtested; stasjon hvor jernbanelinjer møtes og forenes; knutepunkt for jernbanen; trafikkmaskin, stort veikryss; forbindelsesstykke, kopling. **– box** koplingsboks.
juncture [ˈdʒʌŋktʃə] sammenføyning; forening; tidspunkt, øyeblikk, kritisk øyeblikk.
June [dʒu:n] juni.
jungle [ˈdʒʌŋgl] jungel, krattskog; (fig.) rot, villnis. **jungly** [ˈdʒʌŋgli] tettvokst med kratt.
junior [ˈdʒu:njə] yngre, yngst, junior; **he is my – by some years** han er noen år yngre enn jeg. **– college** (US) college som bare har den første el. de to første av de fire vanlige klasser. **– high school** (US) skoleavdeling som omfatter 7 – 9 skoleår.
juniority [dʒu:niˈɔriti] yngre alder, ungdom.
juniper [ˈdʒu:nipə] brisk, einer.
junk [dʒʌŋk] gammelt tauverk; skrap, filler; salt kjøtt; narkotika; kassere, kaste.
junk [dʒʌŋk] djunke (kinesisk fartøy).
junket [ˈdʒʌŋkit] landtur, utflukt; lystighet, fest, kalas; feste.
junkie [dʒʌŋki] (US) narkotiker, stoffmisbruker.
Juno [ˈdʒu:nəu], **Junonian** [dʒuˈnəunjən] junonisk.
junta [ˈdʒʌntə] (politisk) klikk, junta, sammensvergelse; rådsforsamling.
junto [ˈdʒʌntəu] hemmelig forsamling; klikk.
Jupiter [ˈdʒu:pitə].
juridical [dʒuˈridikl] juridisk, rettslig. **jurisdiction** [dʒuərisˈdikʃən] jurisdiksjon, rettsområde. **jurisprudence** [-ˈpru:dəns] lovkyndighet, rettslære. **jurisprudent** [-ˈpru:dənt] lovkyndig. **jurist** [ˈdʒuərist] jurist, rettslærd. **juristic** [dʒuˈristik] juridisk.
juror [ˈdʒuərə] edsvoren, jurymann, lagrettemann, domsmann.
jury [ˈdʒuəri] jury; samtlige medlemmer av en jury, lagrette; **grand –** anklagejury (som avgjør om det er grunn til å reise anklage), anklagemyndighet; **petty –** eller **common –** lagrette (av inntil 12 medlemmer, for hvem saken føres); **the – brought him in guilty** lagretten fant ham

skyldig; **be (sit) on the –** være medlem av juryen. **-man** jurymann, lagrettemann.
jury-mast [ˈdʒuərimɑ:st] nødmast.
just [dʒʌst] rettskaffen, rettvis, rettferdig; redelig; riktig; tilbørlig; just, nettopp, kun, bare; **– you wait!** bare vent! **it is – the thing for you** det er nettopp noe for Dem; **– now** nettopp nå; **– by** like ved, tett ved; (ofte oversettes det ikke) **– shut the door will you?** (å) lukk døren, er du snill; **– tell me** si meg engang. **– about** sånn omtrent; **– as well** like (så) godt; **– on** praktisk talt; **only –** bare såvidt; **– the same** likevel.
just [dʒu:st] turnering; holde turnering.
justice [ˈdʒʌstis] rettferdighet, rett, rett og skjel; billighet; dommer; **the – of his claims** det berettigede i hans krav; **do –** la vederfares rettferdighet; **bring to –** anklage, påføre prosess; **Justice of assize** lagdommer (uten juridisk utdannelse); **Lord Chief J.** rettspresident (for Queen's Bench division). **justiceship** [ˈdʒʌstisʃip] dommerembete; dommerverdighet. **justifiable** [dʒʌstiˈfaiəbl] forsvarlig; bevislig. **justification** [dʒʌstifiˈkeiʃən] rettferdiggjøring, forsvar. **justifier** [ˈdʒʌstifaiə] forsvarer. **justify** [ˈdʒʌstifai] rettferdiggjøre, forsvare; berettige; bevise.
justle [ˈdʒʌsl] skubbe, se **jostle.**
justly [ˈdʒʌstli] med rette, med god grunn; rettferdig.
justness [ˈdʒʌstnis] rettferdighet, rettferd; riktighet.
jut [dʒʌt] rage fram, springe fram; fremspring, framskott, utskott, nov.
jute [dʒu:t] jute, jutehamp.
Jute [dʒu:t] jyde. **Jutish** [ˈdʒu:tiʃ] jysk.
Jutland [ˈdʒʌtlənd] Jylland; jysk. **Jutlander** [ˈdʒʌtləndə] jyde.
juvenescence [dʒu:vəˈnesns] ungdoms(tid); oppvekst.
juvenile [ˈdʒu:vinail] ungdommelig; ungdoms-. **– delinquency** ungdomskriminalitet. **– lead** elskerrolle; skuespiller som spiller elskerroller.
juxtapose [dʒʌkstəˈpəuz] sidestille, sammenstille. **juxtaposition** [dʒʌkstəpəˈziʃən] sidestilling, sammenstilling.

K

K, k [kei] K, k; fk. f. **karat; carat; kilo; king; knight.**
Kabyle [kəˈbail] kabyler.
Kaffir [ˈkæfə] kaffer.
kail [keil] se **kale.**
kailyard [ˈkailjɑ:d] kålhage, kjøkkenhage; **the Kailyard School** el. **the kailyard novelists,** en skotsk forfattergruppe.
kainite [ˈkeiinait] kainitt.
Kaiser [ˈkaizə] tysk keiser.
kakhi [ˈkɑ:ki] se **khaki.**
kale [keil] kål, srl. grønnkål; (US) penger.
kaleidoscope [kəˈlaidəskəup] kaleidoskop. **kaleidoscopic** [kəlaidəˈskɔpik] kaleidoskopisk.
kali [ˈkeil(a)i, ˈkɑ:li] salturt.
kalium [ˈkeiliəm] kali.
kamikaze [kɑ:miˈkɑ:zi:] angrep av (japanske) selvmordsflygere; selvmordsflyger.
kanchil [ˈkɑ:ntʃil] dverghjort.
kangaroo [kæŋgəˈru:] kenguru. **– court** (US) selvbestaltet domstol.
Kans. fk. f. **Kansas** [ˈkænzəs].
kaolin [ˈkeiəlin] kaolin, porselensleire.
kapok [ˈkeipɔk] plantedun (til putefyll).
kaput [kəˈpu:t] kaputt, ødelagt, ferdig.
karma [ˈkɑ:mə] gjerninger som avgjør ens skjebne etter døden; skjebne.
kar(r)oo [kəˈru:] tørr høyslette (i Sør-Afrika).
kaross [kəˈrɔs] slengkappe av skinn (i Sør-Afrika).
Kate [keit]. **Katharine** [ˈkæθərin].
katsup = ketchup.
katydid [ˈkeitidid] (US) løvgresshoppe.
kauri [ˈkauri] et slags bartre på New Zealand.
kava [ˈkɑ:və] slags rusdrikk, laget av en polynesisk plante.
kavass [kəˈvæs] tyrkisk politisoldat.
kayak [ˈkaiæk] kajakk.
kayo [ˈkeiˈəu] slå ut, slå knockout.
K. B. fk. f. **King's Bench; Knight of the Bath.**
K. C. fk. f. **King's College; King's Counsel.**
K. C. B. fk. f. **Knight Commander of the Bath.**
K. C. B. E. fk. f. **Knight Commander of the Order of the British Empire.**
K. C. I. E. fk. f. **Knight Commander of the Order of the Indian Empire.**
K. C. M. G. fk. f. **Knight Commander of the Order of St. Michael and St. George.**
K. C. S. I. fk. f. **Knight Commander of the Order of the Star of India.**
K. C. V. O. fk. f. **Knight Commander of the Victorian Order.**
kea [ˈkeiə] slags grønn papegøye på New Zealand.
Keats [ki:ts]
Keble [ˈki:bl] (personnavn).
keck [kek] ville brekke seg.
kedge [kedʒ] varpanker; varpe, kjekke.
kedgeree [kedʒəˈri:] indisk rett av kokt ris, fisk og egg.
keel [ki:l] kjøl; lekter, kullpram; kjegle; **on an even –** på rett kjøl; **false –** senkekjøl; **from the – to the truck** fra kjøl til flaggknapp; fra øverst til nederst. **keel** [ki:l] forsyne med kjøl; seile; vende kjølen i været, kapseise; **-haul** kjølhale, enordentlig overhaling; **– over** kullseile. **keelage** [ˈki:lidʒ] havneavgift. **keeler** [ˈki:lə] lektermann.
keelman [ˈki:lmən] lektermann.
keen [ki:n] heftig, ivrig; skarp; kvass; bitende, skarpsindig, gjennomtrengende; nøye; punktlig;

skjerpe, kvesse; **be – on** være ivrig etter. **keen-eyed** [ˈki:naid] skarpsynt. **keenness** [-nis] ivrighet; skarphet; **– of sight** skarpsynthet.
keen [ki:n] irsk klagesang.
keep [ki:p] holde (beholde, bevare det man har), beholde, besitte; underholde, forsørge; overholde; holde ved like; gjemme; ha liggende, ta vare på, bevare, oppbevare; føre; holde (sitt ord, løfte); holde seg; bli ved med; **– one's bed** holde senga; **– dark about it** holde det hemmelig; **– hold of (on)** holde fast på; **– good (bad) hours** komme tidlig (sent) hjem; **– pace with** holde tritt med; **– the peace** holde seg i ro; **– silent** være stille; **– a term** være et semester ved universitetet; **– time** holde takt; **– the country** leve på landet; **– money with a banker** ha penger stående hos en bankier; **– the cash** føre kassen, være kasserer; **– aloof** holde seg borte; **– down** trykke ned; holde i lav pris; **– in** holde inne; la sitte igjen; **– in money** forsyne med penger; **– up appearances** bevare skinnet; **how long did you – it up last night** hvor lenge holdt dere ut i går kveld; **– up with** holde tritt, holde skritt med; **she kept crying** hun fortsatte med å gråte.
keep [ki:p] tilstand; forfatning; bevaring; omsorg; forpleining; slottsfengsel; fangetårn.
keeper [ˈki:pə] en som besitter, holder osv.; bevarer, vokter; fangevokter, slutter; bokholder; **K. of the Great Seal, Lord K.** storseglbevarer. **K. of the Rolls** statsarkivar.
keeping [ˈki:piŋ] det å beholde; forvaring; besittelse; underhold; overensstemmelse, samsvar; **be in – with** stemme overens med; **be in good –** være i godt hold.
keepsake [ˈki:pseik] erindring, minne, souvenir; **by way of –, as a –** til minne.
keg [keg] kagge, dunk.
kelly [ˈkeli] (US) skalk, stivhatt; firkantet hult koplingsrør.
kelp [kelp] tang, tare; tangaske.
kelson [ˈkelsn] kjølsvin.
Kelt [kelt] se **Celt.**
kemps stikkelhår, dødhår (i ull).
ken [ken] vite, kjenne; kjennskap; synskrets.
Kenilworth [ˈkenilwə:θ].
kennel [ˈken(ə)l] rennestein.
kennel [ˈken(ə)l] hundehus; **-s** (pl.) kennel; koppel. **– book** hundestambok
Kensington [ˈkenziŋtən] del av London.
Kent [kent] grevskap i det sørøstlige England.
Kentish [ˈkentiʃ] kentisk, fra Kent.
kentledge [ˈkentledʒ] ballastjern.
Kentucky [kenˈtʌki]. **– bluegrass** engrapp (planten).
kept [kept] imperf. og perf. pts. av **keep.**
kerb [kə:b] fortaukant. **-side** som foregår (finnes) på gaten. **-stone** [ˈkə:bstəun] (US) kantstein, fortaustein. **– weight** bilens vekt i kjøreklar stand; tomvekt.
kerchief [ˈkə:tʃif] hodeplagg, tørkle, lommetørkle.
kerf [kə:f] skår, (økse)hogg, fure.
kermes [ˈkə:mi:z] kermes, rødt fargestoff.
kermis [ˈkə:mis] marked (i Nederland); (veldedighets)basar (US).
kern [kə:n] fotsoldat i den gamle irske hær.
kern [kə:n] håndkvern; kjerne.
kernel [ˈkə:n(ə)l] kjerne; sette kjerne.
kerosene, kerosine [ˈkerəsi:n] petroleum, parafin.
kersey [ˈkə:zi] slags ulltøy, kjersi.
kerseymere [ˈkə:zimiə] kasjmir.
kestrel [ˈkestrəl] tårnfalk.
Keswick [ˈkezik].
ketch [ketʃ] ketsj.
ketchup [ˈketʃəp] ketchup.
kettle [ˈketl] kjele, gryte; jettegryte. **a fine (pretty) – of fish** fine greier, en nydelig suppe(dass).
kettledrum [ˈketldrʌm] pauke. **-mer** paukeslager.
kettle holder [ˈketlhəuldə] gryteklut.
kettlemender [ˈketlmendə] kjelflikker.
kevel [ˈkevl] kryssholt.
Kew [kju:].
key [ki:] nøkkel (også i overført bet.); tast, tangent; klaff; toneart; splint, kile; kai; **keep under lock and –** holde under lås og lukke, gjemme omhyggelig; **he has the – of the street** han har ikke noen gatedørsnøkkel; han må bli på gaten; **the House of Keys** underhuset på øya Man; **and much more to the same –** og så videre i samme duren; **off –** falsk; **– of voice** tone, stemme.
key [ki:] feste, kile fast; stemme, stille; taste inn; **– up** stemme (instrument); stramme opp, gjøre anspent, ta seg sammen.
keyage [ˈki:idʒ] havnepenger.
key|board [ˈki:bɔ:d] tangenter; klaviatur, tastatur. **-board proficiency** fingerferdighet. **– bugle** [ˈki:bju:gl] klaffhorn. **– diagram** oversiktsdiagram. **-hole** nøkkelhull. **-man** nøkkelperson. **-note** grunntone. **– plate** låsskilt, nøkleskilt. **– ring** nøklering. **-stone** [ˈki:stəun] sluttstein (i bue); hovedprinsipp.
K. G. fk. f. **Knight of the Garter.**
kg fk. f. **kilogramme.**
K. G. C. B. fk. f. **Knight of the Grand Cross of the Bath** (storkors av Bathordenen).
khaki [ˈkɑ:ki] kakitøy (brukt til militære uniformer).
khan [kɑ:n, kæn] herberge; kan (fyrste).
Khartum [kɑ:ˈtu:m].
Khedive [kiˈdi:v] visekonge av Egypt.
kibble [ˈkibl] jerntønne (til å heise malm opp med); grovhogge (stein).
kibe [kaib] frostsvull, frostsår.
kibitzer [ˈkibitsə] (US) ugle, uønsket tilskuer til sjakkspill, kortspill osv., som kommenterer spillet; en som kommer med uønskede råd.
kibosh [kiˈbɔʃ] vrøvl, vås, tøv; **put the – on** gjøre det av med.
kick [kik] sparke, spenne, slå (om hester); spenne (om geværer); slå bakut; moro, spenning; futt, smell; akselerasjonskraft; **I could have -ed myself** jeg kunne ha bitt av meg tungen; jeg ergret meg syk; **– about** reke omkring, drive dank; mishandle; **– up a row** gjøre bråk; **– the bucket** krepere, gå heden. **kick** [kik] spark, spenn.
kickback [ˈkikbæk] tilbakeslag; returprovisjon; kraftig reaksjon; slå tilbake; returnere (tyvegods); betale tilbake, gi returprovisjon.
kickdown automatisk nedgiring ved å gi full gass.
kickoff utspill fra senter, avspark.
kickshaw [ˈkikʃɔ:] lekkerbisken; bagatell.
kid [kid] narre, spøke; narreri.
kid [kid] kje; barn; unge. **– brother** lillebror. **-glove** tertefin; **-s** glacéhansker. **– skin** kjeskinn.
kidnap [ˈkidnæp] stjele, røve barn; med list verve folk, huke, slå kloa i. **kidnapper** [ˈkidnæpə]

barnerøver, bortfører. **kidnapping** barnerov, bortføring.
kidney [ˈkidni] nyre; art, slags; **all of a –** alle av samme kaliber.
kill [kil] drepe; slakte, slå i hjel; tilintetgjøre, ødelegge; få til å stanse; felle, veide, skyte; drap (av vilt); **in for the –** gi dødsstøtet. **– two birds with one stone** ≈ to fluer i ett smekk. **killer** [ˈkilə] drapsmann. **– whale** spekkhugger. **killing** [ˈkiliŋ] drepende, morderisk; drap.
Killarney [kiˈlɑ:ni].
killer [ˈkilə] morder, drapsmann; slakter; hardhendt bokser, brutal slåsskjempe; godt agn; spekkhugger.
kill-joy [ˈkildʒɔi] hengehode, lyseslokker.
kiln [kil(n)] badstue; tørkeovn; kullmile. **-brick** ildfast stein. **– -dried** ovntørket.
kilo [ˈki:ləu] kilo. **kilogramme** [ˈkiləgræm] kilogram. **kilometer, kilometre** [ˈkiləmi:tə] kilometer. **kilowatt** [ˈkiləwɔt] kilowatt.
kilt [kilt] skottenesskjørt; kilte opp, legge i folder.
kimbo [ˈkimbəu] bøyd, krum; **arms a-** med hendene i siden.
kimono [kiˈməunəu] kimono.
kin [kin] slektskap, slekt, ætt, skyldfolk; art; beslektet; **are you any – to him?** er De i slekt med ham? **the next of –** de nærmeste slektninger.
kinchin [ˈkintʃin] barn, unge; **– lay** det å stjele fra barn.
kind [kaind] art, slags; naturlig tilstand; skikkelse; **these (those) – of things** denne (den) slags ting; **the human –** menneskeslekten; **pay in –** betale i varer; betale med samme mynt; **taxes paid in –** avgifter betalt in natura; **nothing of the –** aldeles ikke, på ingen måte, var det likt; **what – of thing is this** hva er dette for noe; **he is a – of fool** han er noe narraktig; **that is – of good** det er temmelig godt; **it kinder (kind of) seemed to me** det forekom meg nesten; **I – of expected that** det hadde jeg nærmest ventet.
kind [kaind] god, snill, vennlig, kjærlig; velvillig; velment; **be so – as to, be – enough to** være så vennlig; **with – regards, yours affectionately** med vennlig hilsen, din hengivne; **send one's – regards to** sende vennlig hilsen til.
kindergarten [ˈkindəgɑ:tn] barnehage.
kind|-hearted [ˈkaindhɑ:tid] godhjertet, kjærlig, vennlig. **– -heartedness** [-nis] godmodighet, godhjertethet.
kindle [ˈkindl] (an)tenne, sette fyr på; oppflamme; gjennomgløde; tennes, fenge.
kindliness [ˈkaindlinis] vennlighet, blidhet.
kindling [ˈkindliŋ] opptenningsved; oppnæring. **– temperature** antenningstemperatur.
kindly [ˈkaindli] vennlig, kjærlig; **take – to** føle en naturlig interesse for. **kindness** [ˈkaindnis] vennlighet, godhet; velgjerning.
kindred [ˈkindrid] slektskap, skyldskap, slektninger, skyldfolk; ætt; likhet; beslektet.
kine [kain] kyr. **-pox** [-pɔks] kukopper.
kinema [ˈkinimə] kinematograf, kino, teater.
kinematograph [kainiˈmætəgrɑ:f] kinematograf, kino. **kinescope** [ˈkinəskəup] billedrør (på fjernsyn).
king [kiŋ] konge; dam (i damspill); **the Kings** Kongenes bok; **King's Bench Division** overrettens hovedavdeling; **King's Counsel** kongelig advokat, kongelige advokater (et utvalg av barristers); **cotton –, iron –** stor bomulls-, jernfabrikant; **– of diamonds, hearts** ruter-, hjerterkonge; **King's Cross** jernbanestasjon i London; **King's (Queen's) evidence** (kronvitne som tidligere ved å angi sine medskyldige ble fri for straff); **King's (Queen's) English** standardengelsk, anerkjent språkbruk; **a – or a beggar** alt eller intet; **there spoke a –** det var kongelige ord; **God save the –** Gud bevare kongen (nasjonalsangen). **king** [kiŋ] gjøre til konge; **– it** spille konge. **kingcraft** regjeringskunst; kongelist.
kingdom [ˈkiŋdəm] kongedømme, kongerike. **– come** himmelen, det hinsidige. **kingly** [ˈkiŋli] kongelig. **kingmaker** [ˈkiŋmeikə] innflytelsesrik person som bringer en annen til makten. **king's-cushion** [ˈkiŋzkuʃən] gullstol. **kingpin** kingbolt, styrebolt; anfører; **he is the – of it all** han er leder (el. krumtappen). **king's evil** [ˈkiŋzˈi:vəl] kjertelsvakhet, skrofulose. **kingship** [ˈkiŋʃip] kongeverdighet.
kink [kiŋk] kink (bukt på tau), krøll; grille, knep, fiff; slå bukter, danne krøller på; skrulling.
kinkajou [ˈkiŋkədʒu:] viklebjørn.
kinky [ˈkiŋki] full av bukter, tettkruset; full av griller, sær, skrullet.
kinsfolk [ˈkinzfəuk] slektninger, skyldfolk. **kinship** [ˈkinʃip] slektskap, skyldskap. **kinsman** [ˈkinzmən] slektning, frende. **kinswoman** kvinnelig slektning, (gml.) frenke.
kiosk [ˈki:ɔsk] kiosk.
Kipling [ˈkipliŋ].
kipper [ˈkipə] flådd røykesild; salte og røyke.
Kirghiz [ˈkə:giz] kirgiser.
kirk [kə:k] (skot.) kirke.
kirkman [ˈkə:kmən] medlem av den skotske kirke **(Kirk of Scotland).**
kirk session (skot.) menighetsråd.
kismet [ˈkismet] skjebne.
kiss [kis] kysse, kysse hverandre; **– curl** dårelokk; **– of life** munn til munn metoden; **– the dust** bite i graset; **– the rod** kysse riset; underkaste seg en straff. **kiss** [kis] kyss. **kisser** [ˈkisə] kysser, trut, fjes. **kissing** [ˈkisiŋ] kyssing. **– -me-quick** stor hatt el. kyse.
kit [kit] kar, butt, ambar, holk; greier, saker, utstyr, (især soldats) utrustning, klær, vadsekk; **in civilian –** sivilkledd.
kit [kit] utstyre; innrette.
kitchen [ˈkitʃin] kjøkken; kabyss. **– apple** mateple. **– boy** kjøkkengutt.
kitchener [ˈkitʃənə] komfyr.
kitchenette [kitʃiˈnet] tekjøkken.
kitchen | garden [ˈkitʃinˈgɑ:dən] kjøkkenhage. **-maid** kjøkkenpike. **– midden** kjøkkenmødding, avfallsdynge, skjelldynge. **– range** komfyr. **– stairs** kjøkkentrapp (ned fra the hall). **– steps** kjellertrapp; gardintrapp. **-ware** kjøkkentøy.
kite [kait] glente; drage (leketøy); rytterveksel, proformaveksel; **as the – flies** bent fram; **fly a –** leke med drake; sette en drake til værs; sende opp en prøveballong; **go fly a – !** ryk og reis! **fly the –** ri på veksler; drive vekselrytteri; **kiting transactions** vekselrytteri. **kiteflier** vekselrytter. **kite-flying** vekselrytteri.
kith [kiθ] bekjentskap; slektskap; **– and kin** slekt

og venner. **kithless** [ˈkiθlis] frendeløs, som står alene i verden.
kitsch [kitʃ] juggel, motekram.
kitten [ˈkitn] kattunge; få kattunger; **have -s** fly i flint, få fnatt av.
kittle [ˈkitl] farlig, vanskelig; kile, kildre.
kittlish [ˈkitliʃ] kilen; vanskelig.
kittiwake [ˈkitiweik] krykkje.
kitty [ˈkiti] kattunge; pus.
kleenex [ˈkli:neks] (varem.) renseserviett, papirlommetørkle.
klaxon [ˈklæksn] (varem.) bilhorn.
kleptomania [kleptəˈmeiniə] kleptomani. **kleptomaniac** [kleptəˈmeinjæk] kleptoman.
K. L. I. fk. f. **King's Light Infantry.**
Klondike eller **Klondyke** [ˈklɔndaik].
km fk. f. **kilometre.**
knack [næk] nips, leketøy; ferdighet, knep, håndlag; **you must know the – of it** du må kjenne knepet; **he has no – in him** han har ikke det rette grepet; **have a – of** ha det med å, ha en egen evne til å.
knacker [ˈnækə] utslitt hest; hestehandler; hesteslakter; en som kjøper gamle hus til nedriving (el. biler, skip etc. til hogging).
knag [næg] knast, knort, knute; idelig skjenne på. **knaggy** [ˈnægi] knortet.
knap [næp] slå, smekke; brekke, knuse, skravle; bakkekam, klett.
knapsack [ˈnæpsæk] ransel, skreppe, vadsekk, ryggsekk.
knar [nɑ:] knort, kvist, knute.
knave [neiv] knekt, fil (i kortspill); slyngel, kjeltring; **he is more – than fool** han er mer slu enn en tror. **knavery** [ˈneiv(ə)ri] kjeltringstrek. **knavish** [ˈneiviʃ] kjeltringaktig, slyngelaktig. **knavishness** [-nis] kjeltringaktighet.
knead [ni:d] elte, kna deig. **-ing trough** [ˈni:diŋtrɔf] deigtrau.
knee [ni:] kne; fang; kneledd; vinkel; **go on one's -s** falle på kne; **housemaid's –** betennelse i kneskjellet, vann i kneet; **in-kneed** kalvbeint; **out-kneed** hjulbeint.
knee joint [ˈni:dʒɔint] kneledd.
kneel [ni:l] knele. **kneeler** [ˈni:lə] knelebenk.
knee pad knebeskytter.
knee pan [ˈni:ˈpæn] kneskjell.
knell [nel] klemting, likringing; ringe, klemte.
Knickerbocker [ˈnikəbɔkə] new-yorker (især av gammel hollandsk familie); **knickerbocker glory** skiftevis lag av iskrem og frukt i et høyt glass. **knickerbockers** [-z], **knickers** [ˈnikəz] nikkers, knebukser.
knick-knack [ˈniknæk] leketøy; nips.
knife [naif] kniv; **war to the –** krig på kniven; **erasing –** raderkniv; **– it!** hold opp! **-board** pussebrett; benk på taket av buss. **– -edge** knivsegg; knivskarp kant; nypresset. **– grinder** slipestein; skjærsliper. **– rest** knivbukk (til å legge kniver på for å skåne duken).
knight [nait] ridder; nå en som har rang nærmest under baronett og rett til tittelen **Sir;** springer, hest (i sjakkspill); slå til ridder, utnevne til ridder; **– of the brush** maler; skopusser; skorsteinsfeier; **– of the napkin** oppvarter; **– of the wheel** syklist; **– of the whip** kusk.
knight-errant [ˈnaitˈerənt] vandrende ridder.
knighthood [ˈnaithud] ridderskap.
knightly [ˈnaitli] ridderlig.
Knightsbridge [ˈnaitsbridʒ] distrikt i London.
Knight Templar [ˈnaitˈtemplə] tempelherre.
knit [nit] knytte, binde, strikke; knytte sammen, forene; rynke; strikking; **– the brows** rynke brynene. **knitter** [ˈnitə] en som strikker. **knitting** strikking, strikketøy. **knitting needle** strikkepinne. **knitwear** trikotasje, strikkevarer.
knob [nɔb] knopp; knyte; knott, dørhåndtak; slå knuter på, knope; **press the –** trykke på knappen. **knobby** [ˈnɔbi] knudret; knutet; knubbet, trassig.
knock [nɔk] banke, hamre, slå, dunke; kakke; **somebody -s** det banker; **– about** drive (el. reke) omkring, slenge; maltraktere, mishandle; **what -s me is** hva som forbløffer meg er; **– back** tylle i seg; koste (om penger); **– down** slå til jorda; slå til, gi tilslag på (på en auksjon); **– off** slå av; få unnagjort. **– it off!** slutt med det der! slutt å tulle! **– over** velte; **– up** vekke ved å banke på døra; jule opp, banke; slag, støt; dunk, banking; **– on the door** banke på døra; **there is a – at the door** det banker; **double –** kort dobbeltslag med dørhammeren; **single –** enkeltslag (av arbeidere, tjenere o.l.). **-about hat** bulehatt. **-about work** løsarbeid. **-down** demonterbar, sammenleggbar.
knockdown [ˈnɔkdaun] slagsmål; kraftig slag; sterk drink. **– price** minstepris.
knocker [ˈnɔkə] en som banker; dørhammer; **muffled –** omviklet dørhammer (til tegn på at det er en syk i huset). **knocking** [ˈnɔkiŋ] banking.
knock-kneed [ˈnɔkˈni:d] kalvbeint. **– -off time** fritid, fyrabend; **– -out drops** bedøvende middel (i en drink).
knoll [nəul] haug; koll; fjellknaus.
knoll [nəul] ringe, klemte; ringing, klemting.
knot [nɔt] knute; løkke, sløyfe; knop, stikk; gruppe, klynge, samling; knort; kvist; ledd; klump; knop, (hastigheten en nautisk mil (1852 m) i timen); knytte; slå knute på; forvikle; knope; rynke (brynene). **knotted** [ˈnɔtid] knutet, knortet. **knottiness** [ˈnɔtinis] knudrethet, forvikling, vanskelighet. **knotty** [ˈnɔti] knudret, innviklet, floket, vanskelig.
knout [naut] knutt, russisk pisk.
know [nəu] vite, kjenne, kjenne til, vite om, kjenne igjen; få vite, bli kjent med; forstå seg på; **– a person by sight** kjenne en av utseende; **come to –** få greie på; **– better** vite bedre; **there is no -ing** en kan ikke vite; **– of** kjenne til; **– a lesson** kunne en lekse. **knowable** [ˈnəuəbl] som kan vites. **know-all** [ˈnəuɔ:l] allvitende, person som tror han vet alt. **knower** [ˈnəuə] kjenner; som vet. **know-how** [ˈnəuhau] sakkunnskap, teknisk dyktighet, ekspertise. **knowing** [ˈnəuiŋ] kyndig, erfaren; gløgg; slu; **a knowing one** en kjenner. **knowingly** [-li] forstandig.
knowledge [ˈnɔlidʒ] kunnskap, kjennskap, erfaring; **to my –** så vidt jeg vet; **much –** mange kunnskaper; **– of** kjennskap til.
knowledgeable [ˈnɔlidʒəbl] velinformert, kyndig.
know-nothing [ˈnəunʌθiŋ] ignorant, uvitende person.
Knox [nɔks].
Knt. fk. f. **knight.**
knuckle [ˈnʌkl] knoke; skank (av en kalv); kjøttknoke; ledd; banke, slå med knokene. **– bones** en slags spill el. leik med bein. **-duster** jernknoke, slåsshanske.

knurl [nə:l] knast, knagg; rifle, rulettere. **-ed nut** riflet mutter.
kobold [ˈkɔbəuld] nisse, dverg.
Kohinoor [kəuiˈnuə] (en diamant).
kohlrabi [ˈkəulˈrɑ:bi] kålrot, kålrabi.
kop [kɔp] haug, kolle, topp.
kopje [ˈkɔpji] = **kop.**
Koran [kɔˈrɑ:n, kəˈrɑ:n, kɔ:ˈrɑ:n] **the** – koranen.
kosher [ˈkəuʃə] koscher (fra jødedommen om kjøtt som er rituelt behandlet); helt i orden, helt riktig, pålitelig.
kotow [ˈkəutau] kaste seg nesegrus (kinesisk hilsen); ligge på maven, smiske for.
K.P. fk. f. **Knight of St. Patrick.**
kraal [krɑ:l] kra(a)l, sørafrikansk landsby.
kraken [ˈkrɑ:kən] krake (fabeldyr i sjøen).
K-ration (US) stridsrasjon.
kraut [kraut] tysker.
Kremlin [ˈkremlin] **the** – Kreml.
K.R.R. fk. f. **King's Royal Rifles.**
K.T. fk. f. **Knight of the Thistle.**
Kt. fk. f. **knight.**
Ku Klux Klan [ˈkju:ˈklʌksˈklæn] Ku klux klan (hemmelig organisasjon i sørstatene med det oppr. hovedformål å holde negrene nede, negerfiendtlig terrororganisasjon).
Kurd [kə:d] kurder(inne); kurdisk. **Kurdistan** [kə:disˈtɑ:n] Kurdistan.
Ky. fk. f. **Kentucky.**

L

L, l [el] L, l. **L.** fk. f. **libra** ɔ: pound(s) sterling, pund i penger (f.eks. £25).
the three L's (lead blylodd; **latitude** breddegrad; **lookout** utkik), som er av betydning for sjømannen.
L. fk. f. **Lake; Latin; Learner** skolebil; **Left; Liberal l.** fk. f. **large; latitude; length; litre(s); pound(s)** (penger).
l. a. fk. f. **last account** siste regning.
L. A. fk. f. **Law Agent; Los Angeles.**
laager [ˈlɑ:gə] leir, srl. vognborg; danne vognborg.
Lab. fk. f. **Labrador, Labour (Party).**
lab [læb] fk. f. **laboratorium.**
labefaction [læbiˈfækʃn] ødeleggelse, svekking.
label [ˈleibl] seddel, merkelapp, adresselapp, merke, etikett; tillegg til dokument, kodisill; stykke papir som seglet henges ved; merke; etikettere, sette merkelapp på; rubrisere; sette i bås.
labial [ˈleibiəl] leppe-; labial; leppelyd. **-ize** [-aiz] labialisere, runde.
labiodental [ˈleibiə(u)ˈdentl] labiodental, leppetannlyd.
laboratory [læˈbɔrətəri, ˈlæb(ə)rətəri] laboratorium.
laborious [ləˈbɔ:riəs] møysommelig; slitsom, strevsom, arbeidsom. **laboriousness** [-nis] besværlighet; arbeidsomhet.
labour [ˈleibə] arbeid; anstrengelse, besvær, strev, slit; fødselssmerter, fødselsveer; arbeiderne, arbeiderklassen; arbeidskraft; arbeid; streve, slite, stri med; arbeide på, bearbeide; **Labour** arbeiderpartiet; **Labor Day** (US) arbeidets dag (første mandag i september); **labour | exchange** arbeidsformidlingskontor; – **leaders** arbeiderførere (især fagforeningsførere). **– -market** arbeidsmarked. – **of Hercules** kjempearbeid. – **of love** kjært arbeid. **Knights of Labour** arbeidets riddere (amerikansk arbeiderforening). – **party** arbeiderparti; **hard** – tvangsarbeid; **lost** – spilte anstrengelser; – **at a thing** arbeide på noe; – **on the way** arbeide seg framover veien; – **under** lide under, ha å kjempe med; streve med; – **under difficulties** kjempe med vanskeligheter; **you** – **under a strange mistake** De befinner Dem i en merkelig villfarelse.
labourage [ˈleibəridʒ] arbeidspenger.
laboured [ˈleibəd] kunstlet, anstrengt, forseggjort, omhyggelig utarbeidet.
labourer [ˈleibərə] arbeider, arbeidskar; håndlanger.
labour exchange arbeidsformidling(skontor).
labourite [ˈleibərait] medlem av arbeiderpartiet, sosialdemokrat.
labour union fagforening.
Labrador [ˈlæbrədɔ:].
laburnum [ləˈbə:nəm] gullregn.
labyrinth [ˈlæbirinθ] labyrint. **labyrinthic** [læbiˈrinθik] labyrintisk. **labyrinthine** [læbiˈrinθain] labyrintisk.
lac [læk] gummilakk; 100 000 rupier.
lace [leis] snor; lisse; tresse; distinksjoner; kniplinger, blonder; snøre; kante, sette tresser el. kniplinger på; snøre; snøre seg; blande i brennevin, sprite opp; – **into** overfalle; skjelle ut. **-d boots** snørestøvler. **-d coffee** kaffedoktor.
lace pillow [ˈleisˈpiləu] kniplingspute.
lacerate [ˈlæsəreit] rive i stykker, flerre, rive opp. **laceration** [læsəˈreiʃən] oppflenging; rift, flerre.
laches [ˈlætʃiz] forsømmelse.
lachrymal [ˈlækriməl] tåre-. – **duct** tåregang. – **gland** tårekjertel.
lachrymatory [ˈlækrimətəri] tåreflaske (fra antikke graver); – **shell** tåregassbombe.
lachrymose [ˈlækriməus] tårefull; begredelig; **be** – være en tåreperse.
lacing [ˈleisiŋ] snorer, snøreband, lisser; border, tresser; omgang juling.
lack [læk] mangel, skort, trang, nød; vante, mangle, lide mangel på; skorte; **there was no** – **of** det skortet ikke på; **for** – **of** av mangel på; **be -ing in** mangle.
lackadaisical [lækəˈdeizikl] søtlaten, affektert (overlegen, fin, sart); blasert.

lackadaisy [ˈlækəˈdeizi], **lackaday** [ˈlækədei] akk!
lackey [ˈlæki] se **lacquey.**
Lackland [ˈlæklænd], **John** – Johan uten land.
lacklustre [ˈlæklʌstə] glansløs, matt; glansløshet, dimme.
laconic [ləˈkɔnik] lakonisk; kort og fyndig.
laconically [ləˈkɔnikəli] lakonisk.
lacquer [ˈlækə] lakkferniss, lakkering; fernissere, lakkere; lakkarbeider. **lacquerer** [ˈlækərə] lakkerer.
lacquey [ˈlæki] lakei; være tjener, oppvarte.
lacrosse [ləˈkrɔs] lakrosse (et ballspill).
lactate [ˈlækteit] melkesurt salt; gi die.
lactation [lækˈteiʃən] diegivning.
lacteal [ˈlæktiəl] melke-, lymfe-; – **fever** melkefeber; – **vessel** lymfekar.
lactescent [lækˈtesənt] melkaktig; som skiller ut melk.
lactic [ˈlæktik] melke-.
lactometer [lækˈtɔmitə] melkeprøver.
lactose [ˈlæktəus] melkesukker.
lacuna [ləˈkju:nə] lakune, hull, tomrom.
lacustrine [læˈkʌstrin, ləˈkʌstrain] innsjø-; – **dwelling** pælebygning.
lacy [ˈleisi] kniplingaktig.
lad [læd] unggutt, gutt; kjekkas; (skot.) kjærest.
ladder [ˈlædə] stige; trapp; leider; raknet maske (om strømper); **companion** – kahyttstrapp. – **proof** raknefri.
laddie [ˈlædi] gutt, smågutt; kjæreste.
lade [leid] laste, belesse; besvære; øse.
laden [ˈleidn] perf. pts. av **lade;** belesset med, neddynget i.
la-di-da [ˈlɑ:diˈdɑ:] affektert person som vil spille fin; tilgjort.
lading [ˈleidiŋ] ladning, last; lass.
ladle [ˈleidl] sleiv, potageskje, øse, støpeskje; skovl (på møllehjul); øse.
ladrone [ˈlædrən] (skot.) skarv, fark, fant.
ladrone[ləˈdrəun] røver, tyv.
lady [ˈleidi] tittel for damer av en viss rang; frue; husfrue, matmor, hustru, dame; **Our Lady** vår frue, jomfru Maria; **a young** – en ung dame, frøken; **boarding school for young ladies** pensjonatskole for unge piker; **court** – hoffdame; **ladies and gentlemen** mine damer og herrer; **she is quite the** – hun er fullendt dame; **old** – **of Threadneedle Street** (spøkefullt) navn for Bank of England; – **author** forfatterinne.
lady|bird, – **bug** marifly, marihøne.
lady chair gullstol; **carry in a** – bære på gullstol.
Lady|-chapel Maria-stuke, Maria-kapell. – **Day** Maria budskapsdag, marimess (25. mars).
lady | friend damebekjentskap. **–-in-waiting** hoffdame; (US) ugift dame. **-killer** storforfører, skjørtejeger. **-like** dannet, kultivert. **-love** kjæreste, elskede.
lady's | bower (gml.) fruestue, jomfrubur; klematis. – **delight** fiol; vill stemorsblomst. – **eardrop** fuksia.
ladyship [ˈleidiʃip] rang som **lady; her L. was present** hennes nåde var til stede.
lady's | maid kammerjomfru. – (el. **ladies'**) **man** kavaler, damenes Jens. – **mantle** marikåpe (plante). – **slipper** marisko. **lady superintendent** oversøster (på sykehus).
lag [læg] som kommer baketter, etternøler; den nederste på en skole; laveste klasse; komme baketter, nøle, slunte, ligge etter; forsinkelse, forsømt arbeid.
lag [læg] tønnestav; dekke med staver.
lag [læg] forbryter, straff-fange; fakke, knipe; sette på straffarbeid; varmeisolere.
lagan [ˈleigən] vrakgods (som det ligger vakt over).
lager beer [ˈlɑ:gəˈbiə] el. **lager** pils, pilsnerøl.
laggard [ˈlægəd] lat, seig, trå, doven; etternøler.
lagging [ˈlægiŋ] langsom, nølende; isolering, isolasjon(smateriale).
lagoon [ləˈgu:n] lagune, grunn vik.
laic [ˈleiik] lek; lekmann.
laid [leid] imperf. og perf. pts. av **lay.** **–-up** lagt vekk; i opplag (om skip); arbeidsudyktig.
lain [lein] perf. pts. av **lie.**
lair [lɛə] leie, bol, hi; sete; havn.
laird [lɛəd] godseier, herremann (i Skottland).
laissez-faire [ˈleiseiˈfɛə] det at regjeringen ikke blander seg inn i privat foretaksomhet, kreftenes frie spill, la-skure-politikk.
laity [ˈleiiti] lekfolk.
lake [leik] lakkfarge.
lake [leik] sjø, innsjø, fjord, kanal; **the Lake District** sjødistriktet i Nordvest-England; – **dwelling** pælebygning. **L. poet** sjødikter, forfatter av sjøskolen. **Lake School** sjøskolen (romantisk dikterskole, med bl.a.: Wordsworth, Coleridge og Southey). **Lakist** [ˈleikist] dikter av sjøskolen.
lam [læm] (sl.) slå, denge, jule; (US) stikke av.
lama [ˈlɑ:mə] lama (prest i Tibet).
lama [ˈlɑ:mə] lama (dyr) (også **llama).**
lamb [læm] lam, lammekjøtt; lamme.
lambast [læmˈbæst], **lambaste** [-ˈbeist] denge, jule; skjenne på.
lamb chop lammekotelett.
lambent [ˈlæmbənt] slikkende, spillende (om ild), bjart; lysende, klar (om vidd, øyne).
Lambeth [ˈlæmbeθ] del av London; – **Palace** residens i London for erkebispen av Canterbury.
lambkin [ˈlæmkin] ungt lam, ungdom.
lamblike [ˈlæmlaik] lamaktig; spak.
lambskin [ˈlæmskin] lammeskinn (med ull eller som lær); slags plysj.
lamb's lettuce vårsalat.
lamb's wool [ˈlæmzwul] lammeull.
lame [leim] lam, halt, vanfør; skrøpelig, skral; lamme, gjøre halt; utilfredsstillende, lite overbevisende; – **in** (el. **of) a foot** halt; – **in** (el. **of) one arm** med en ubrukelig arm; **a** – **duck** hjelpeløs person; insolvent person.
lamella [ləˈmelə] tynt blad el. plate, skive.
lamely [ˈleimli] spakt, usikkert, tamt.
lameness [-nis] vanførhet; halting.
lament [ləˈment] jamre, klage, syte, beklage seg; beklage; gråte for; klage, jamring; klagesang; **lamented** avdød, salig. **lamentable** [ˈlæmintəbl] beklagelig, ynkelig. **lamentably** [ˈlæmintəbli] sørgelig; jammerlig. **lamentation** [læminˈteiʃən] klage. **lamenter** [ləˈmentə] klager, syter.
lamina [ˈlæminə] tynn plate, tynn hinne.
laminate [ˈlæmineit] valse ut, kløyve i skiver. [ˈlæminit] lagdannet; laminat. **laminated glass** splintsikkert glass. **lamination** [læmiˈneiʃən] utvalsing; laminering; lagdannelse.
Lammas [ˈlæməs] en fest for brød av den nye høst; 1. august; **at latter** – (for spøk) = aldri.

lamp [læmp] lampe, (faststående) lykt; **extinguish (put out) a –** slokke en lampe; **light a –** tenne.
lamp|black [ˈlæmpˈblæk] kjønrøk, lampesot. **– chimney** lampeglass. **– cotton** lampeveke.
lamplight [ˈlæmplait] lampelys, kunstig lys, kveldslys.
lamplighter [ˈlæmplaitə] lyktetenner.
lampoon [læmˈpu:n] smededikt, satirisk skrift. **lampooner** [læmˈpu:nə] smededikter.
lamppost [ˈlæmppəust] lyktestolpe.
lamprey [ˈlæmpri] niøye.
lamp | shade [ˈlæmpʃeid] lampeskjerm. **– socket** lampeholder. **– standard** lysmast, lyktestolpe. **– wick** lampeveke.
Lancashire [ˈlæŋkəʃə].
Lancaster [ˈlæŋkəstə].
lance [lɑ:ns] lanse, spyd; lansedrager; gjennombore. **– corporal** visekorporal. **lancer** [ˈlɑ:nsə] lansenér; i plur. **the lancers** lanciers (en dans).
lancinating [ˈlænsineitiŋ] borende el. jagende smerte.
Lancs. fk. f. **Lancashire.**
land [lænd] land, landjord; åkerteig; land, folk, rike; jord, jordsmonn; gods; **lord of lands** jorddrott; **go by –** reise til lands; **native –** hjemland; **– of promise** det forjettede land; **see how the – lies** se hvorledes sakene står. **for the –'s sake!** himmel og hav! **land** [lænd] bringe i land, landsette; losse; sette av (en vogn); lande, havne; **landed** grunneier-, som eier grunn, grunn-; **– gentry** landadel; **– proprietor** godseier. **land agent** eiendomsmekler; gårdsbestyrer. **landbreeze** fralandsbris, landgule. **landfall** [ˈlændfɔ:l] jordras; landkjenning. **land forces** landtropper. **landgrabber** en som krafser til seg jord på ulovlig vis; (i Irland) en som tar land etter bortjagd leilending.
land|grave [ˈlændgreiv] landgreve. **-gravine** [ˈlændgrəvi:n] landgrevinne. **-holder** [ˈlændhəuldə] jordeier, grunneier; forpakter.
landing [ˈlændiŋ] landing; landgang; stø, landingsplass; trappegang, trappeavsats. **– charges** omkostninger ved ilandbringing. **– place** landgangssted; trappeavsats. **– stage** brygge. **– strip** (mindre) rullebane. **– surveyor** tolloppsynsmann.
land|lady [ˈlændleidi] vertinne (som leier ut værelser el. har gjestgiveri el. pensjonat). **-laws** jordlover. **-lead** råk. **-locked** [ˈlændlɔkt] omgitt av land. **-loper** [ˈlændləupə] landstryker. **-lord** [ˈlændlɔ:d] godseier; vert (især husvert el. hotellvert). **-lordism** [ˈlændlɔ:dizm] godseiersystemet. **-lubber** [ˈlændlʌbə] landkrabbe. **-mark** [ˈlændmɑ:k] dele, grensemerke; landmerke, landkjenning; milepæl. **– mine** landmine. **-owner** grunneier, godseier. **– plaster** kalkgjødning. **– reclamation** land(inn)vinning. **– reform** jordreform.
Land|Register tingbok; matrikkel. **– Registry** tinglysingskontor; sorenskriverkontor, byskriverkontor.
landscape [ˈlændskeip] landskap. **– gardening** hagearkitektur. **– painting** landskapsmaleri.
Landseer [ˈlænsiə].
Land's End [ˈlændzˈend] sørvestligste odde av England, i Cornwall.
landslide [ˈlændslaid] jordskred, skred; (fig.) valgskred.
landsman [ˈlændzmən] landkrabbe.
land steward [ˈlændˈstju:əd] godsforvalter.
land survey, surveying landmåling.
land tax [ˈlændtæks] grunnskatt.
landward [ˈlændwəd] mot land, land-.
lane [lein] smal vei (mellom gjerder e.l.), kjørefil, kjørefelt; geil, strede, smal gate; gang; espalier; råk; **climbing –** krabbefelt.
lang syne [ˈlæŋˈsain] (skot.) for lenge siden.
language [ˈlæŋgwidʒ] språk, mål, tunge; **in a –** på et språk; **finger –** fingerspråk; **– of flowers** blomsterspråk; **– qualifications** språkkunnskaper, språklige kvalifikasjoner; **– of signs** tegnspråk; **teacher of -s** språklærer; **use bad –** banne; **strong –** kraftuttrykk, eder.
languid [ˈlæŋgwid] treg, matt, trett, slapp, blasert; flau; **trade is in a very – state** handelen er meget flau.
languish [ˈlæŋgwiʃ] bli matt, sykne bort, dovne, slakne, sløves; smekte, vansmekte. **languishing** [-iŋ] smektende; hensyknende, hendøende. **languishment** [-mənt] matthet, slapphet; smekting.
languor [ˈlæŋgə] matthet, kraftløshet, vanmakt.
lank [læŋk] tynn, skrinn, mager, slank; slapp, hengslet, lealaus; matt. **lankish** [ˈlæŋkiʃ] noe slank, hengslet, ulenkelig, noe slapp. **lankly** [ˈlænkli] slunkent, slapt. **lankness** [-nis] tynnhet, magerhet. **lanky** [ˈlæŋki] mager, tynn, skranten, skranglet, oppløpen.
lanner [ˈlænə] slagfalk (hunnen). **lannert** [ˈlæ-] (hannen).
lanolin(e) [ˈlænəlin] lanolin, ullfett.
lansquenet [ˈlɑ:nskənet] landsknekt, leiesoldat.
lantern [ˈlæntən] lanterne, lykt, fyrlykt; lyskaster; **dark –** blendlykt. **–-jawed** hulkinnet. **– slides** lysbilder. **– views** lysbilder.
lanyard [ˈlænjəd] taljereip; flettet fløytesnor; avtrekkersnor.
Laos [lauz, ˈlɑ:ɔs]. **Laotian** [lɑ:ˈəuʃiən] laotisk.
lap [læp] lepje, slikke, sleike, skvulpe, skvalpe; skvalping, skval, skvip, søl.
lap [læp] flik, flak, snipp; fang, skjød; overlegning; etappe, runde. **– of the ear** øreflipp; **everything falls in her –** hun kommer sovende til alt; **in the – of luxury** i rikdommens skjød. **lap** [læp] folde, brette, vikle, tulle omkring; **– over** ligge over, være brettet over. **lapdog** skjødehund. **lap-eared** med hengeører.
lapel [ləˈpel] frakkeoppslag; **-led** med oppslag.
lapidary [ˈlæpidəri] kjenner av edelsteiner; steinskjærer; lapidar, hogd i stein; kort og treffende, fyndig. **lapidify** [ləˈpidifai] forsteine, forsteines.
lapis lazuli [læpisˈlæzjulai] lapislasuli.
Lapland [ˈlæplænd] Lappland. **Laplander** [ˈlæplændə] lapplending. **Lapp** [læp] lapp, same; lappisk, samisk.
lappet [ˈlæpit] flik, snipp, flak; brett; ørelapper.
Lappish [ˈlæpiʃ] lappisk, samisk.
lapse [læps] fall; feil, mistak, forsømmelse; feiltrinn; lapsus; forløp (av tid); forfall; gå gradvis av bruk; henfalle til; falle, gli; begå en feil; bli ugyldig; **– of memory** feilerindring; **a long – of time** et langt tidsrom.
lapwing [ˈlæpwiŋ] vipe.
larboard [ˈlɑ:bəd] babord, babords- (nå avløst av ordet **port).**
larcener [ˈlɑ:sinə], **larcenist** [ˈlɑ:sinist] tyv.
larcenous [ˈlɑ:sinəs] tyv-, tyvaktig.
larceny [ˈlɑ:sni] tyveri; **petty –** nasking; **simple –** simpelt tyveri; **– by finding** ulovlig omgang med hittegods.
larch [lɑ:tʃ] lerketre.

lard [lɑ:d] flesk, smult; spekke, stappe. **larder** [ˈlɑ:də] spiskammer. **larderer** [ˈlɑ:dərə] proviantmester. **larding** [ˈlɑ:diŋ] spekking. **– bacon** stappeflesk. **– pin** spekkenål.

lardy [ˈlɑ:di] full av fett, smult-.

lardy-dardy [ˈlɑ:diˈdɑ:di] affektert, dill-dall.

large [lɑ:dʒ] stor, bred, brei, tykk; utstrakt, vidtrekkende, vid, rommelig; raust, gjev; omfattende; tallrik; skrytende, brautende; storsinnet; **by and –** i det store og hele; **as – as life** i legemsstørrelse; **on a – scale** i stor målestokk; **be in a – way (of business)** drive forretning i stor stil; **go at –** gå fritt omkring, på frifot. **set at –** frigi; **talk at –** tale vidt og bredt; **the world at –** hele verden; **sail –** gå for en slør. **–-featured** med grove trekk. **–-hearted** edel, gjev, høysinnet. **– intestine** tykktarm. **–-limbed** sværlemmet. **largely** [-li] i stor utstrekning, overveiende. **–-minded** storsinnet, vidsynt. **largeness** [-nis] betydelig størrelse, stor utstrekning, størrelse. **large-scale** [lɑ:dʒskeil] storstilet, i stor målestokk. **largess** rundhåndethet.

largish [ˈlɑ:dʒiʃ] stor, stor av seg.

lariat [ˈlæriət] lasso, renneløkke; fange med lasso.

lark [lɑ:k] lerke; fange lerker; **rise with the –** ≈ stå opp med solen.

lark [lɑ:k] moro, leven; holde moro el. leven; **they were up to their -s** de var ute med sine gale streker; **wasn't that a –** var det ikke moro.

larkspur [ˈlɑ:kspə:] torskemunn; ridderspore.

larum [ˈlærəm] larmsignal; vekkerur.

larva [ˈlɑ:və], plur. **larvae** [ˈlɑ:vi] larve, åme.

laryngal [ləˈriŋgl], **laryngeal** [ləˈrindʒiəl] strupe-.

laryngitis [lərinˈdʒaitis] laryngitis, strupekatarr.

laryngoscope [ləˈriŋgəskəup] strupespeil.

larynx [ˈlæriŋks] strupehode.

lascar [ˈlæskə] indisk sjømann.

lascivious [ləˈsivjəs] lysten, vellystig; lidderlig; eggende.

laser [ˈleisə] fk. f. **light amplification by stimulated emission of radiation** laser. **– beam** laserstråle.

lash [læʃ] piskeslag; smekk; snert; svepe; rapp, slag; øyehår; piske; snerte; gjennomhegle; surre; **– at** lange ut etter; **– out** slå seg løs; sparke bakut. **lasher** [ˈlæʃə] en som pisker; skyllregn. **lashing** [ˈlæʃiŋ] piske, pisk, omgang; surring. **-s of** massevis av, i massevis.

lass [læs] pike, jente. **lassie** [ˈlæsi] ung pike, småjente.

lassitude [ˈlæsitju:d] utmattelse, tretthet.

lasso [ˈlæsəu] lasso, rennesnare; fange med lasso.

last [lɑ:st] lest; **stick to one's –** bli ved sin lest.

last [lɑ:st] sist, ytterst, nest foregående, forrige; det siste; ende; **at long –** langt om lenge; **– of all** aller sist; **– but one** nest sist; **– but two** tredje sist; **our – respects** vår siste skrivelse; **–, (but) not least** sist, men ikke minst; ikke å forglemme; **– night** i går kveld; **– week** forrige uke; **the week before –** forrige uke; **– year** i fjor; **at –** til sist, endelig; **breathe one's –** dra sitt siste sukk, dø; **to the very –** til det aller siste; **this time – year** i fjor på denne tiden; **the – importance** den største viktighet; **the – thing in** siste nytt (el. skrik) i, det nyeste på et område.

last [lɑ:st] vare, vedvare, leve, holde seg; varighet, holdbarhet, utholdenhet; **he cannot – much longer** han kan ikke holde ut stort lenger.

lasting [ˈlɑ:stiŋ] varig; holdbar; varighet; lasting (slags tøy). **lastingly** [-li] varig; **lastingness** [-nis] varighet.

lastly [ˈlɑ:stli] endelig, til sist (i oppregning).

lat. fk. f. **latitude.**

latch [lætʃ] klinke, slå; smekklås; lukke med klinke.

latchet [ˈlætʃit] skoreim.

latchkey [ˈlætʃki:] gatedørsnøkkel, entrénøkkel; **– children** nøkkelbarn.

late [leit] sen, sein; for sen; forsinket; forhenværende; nylig; avdød, salig; **be (too) –** komme for sent; **keep – hours** bli lenge oppe, komme sent hjem; **the – Mr. N.** avdøde herr N.; **of –** nylig, for kort tid siden; **of – years** i de senere år; **it is –** klokka er mange; **sit up –** sitte lenge oppe; **sit – at dinner** sitte lenge til bords.

late-comer etternøler; nykommer.

lateen [ləˈti:n]; **– sail** latinerseil.

lately [ˈleitli] nylig; i den senere tid.

lateness [ˈleitnis] senhet, sen tid.

latency [ˈleitənsi] latens.

latent [ˈleitənt] skjult; latent, bunden.

late pass nattpermisjon, utstrakt landlov.

later [ˈleitə] senere, nyere; **– on** senere.

lateral [ˈlætərəl] side-; sideskudd, sideknopp. **– force** sidekraft. **– runout** sidekast.

laterally [ˈlætərəli] sidelengs.

latest [ˈleitist] senest, sist, nyest; **at –** senest; **– fashion** nyeste mote.

latex [ˈleitəks] latex, saft av gummitreet.

lath [lɑ:θ] lekte; forskalingsbord; slå lekter over.

lathe [leið] dreiebenk; slagbom (i vevstol); pottemakerhjul.

lather [ˈlæ:ðə] skumme; såpe inn; bli skumsvett; skumming, skum; såpeskum; skumsvette.

Latin [ˈlætin] latin, latiner; latinsk. **Latinism** [ˈlætinizm] latinsk uttrykk. **Latinist** [ˈlætinist] latiner. **Latinity** [ləˈtiniti] (korrekt) latin.

latitude [ˈlætitju:d] bredde; breddegrader, polhøyde; frihet, spillerom, utstrekning.

latitudinarian [ˈlætitju:diˈnɛəriən] frisinnet, frilynt, tolerant. **-ism** [-izm] toleranse.

latten [lætn] messing. **– brass** messingblikk.

latter [ˈlætə] sist (av to), senere, nyere, sistnevnte; **the –** (motsatt **former)** denne, dette, disse; **the – end** slutningen. **–-day** nåtids-; **the Latter-day Saints** de siste dagers hellige, mormonene. **latterly** [-li] i den senere tid; nylig.

lattice [ˈlætis] gitter; forsyne med gitter; **– window** gittervindu; blyinnfattet vindu. **-d window** gittervindu; blyinnfattet vindu. **-work** gitterverk.

Latvia [ˈlætviə] Latvia. **Latvian** [ˈlætviən] latvier; latvisk.

laud [lɔ:d] prise, lovprise; pris, lovprising.

laudable [ˈlɔ:dəbl] rosverdig; godartet.

laudanum [ˈlɔ:dənəm] opiumsdråper, morfindråper.

laudation [lɔˈdeiʃən] lov, pris, ros, lovprising.

laudatory [ˈlɔ:dətəri] lovprisende, rosende.

laugh [lɑ:f] le; smile; si leende; latter; **– at** le av; le ut; **– in one's sleeve** le hemmelig, le i skjegget; **– to scorn** le ut, gjøre til latter; **– out** le av full hals; **he -s best who -s last** den som ler sist, ler best; **have the – of** triumfere over; **the – was turned against her** latteren vendte seg mot henne; **break out into a loud –** le høyt.

laughable [ˈlɑ:fəbl] latterlig.
laugher [ˈlɑ:fə] en som ler.
laughing [ˈlɑ:fiŋ] latter; **this is no – matter** dette er ikke noe å le av. **– gas** lystgass. **– gull** hettemåke. **-stock** skive for latter.
laughter [ˈlɑ:ftə] latter, munterhet. **– -loving** lattermild. **– -provoking** lattervekkende.
launch [lɔ:n(t)ʃ, lɑ:n(t)ʃ] slynge ut, kaste ut; lansere, sende ut; begynne; skyte ut, sende opp (rakett); sette på vannet, la gå av stabelen, sjøsette; utbre seg vidløftig; gå i gang med, legge i vei; avløpning; barkasse; (større) motorbåt; **the – into life** første skritt ut i livet. **launcher** [ˈlɔ:-] utskytningsapparat, utskytningsrampe. **launching** [ˈlɔ:n(t)ʃiŋ, ˈlɑ:n(t)ʃiŋ] utskytning; avløpning. **– pad** utskytningsrampe, startrampe. **– site** utskytningsbase.
launder [ˈlɔ:ndə] vaske (og rulle el. stryke).
laundress [ˈlɔ:ndris] vaskekone.
launderette [lɔ:ndəˈret] vaskeriautomat, selvbetjeningsvaskeri, vasketeria.
laundry [ˈlɔ:ndri] vask, vasking; vaskeri. **-man** vasker. **-mat** selvbetjeningsvaskeri; vasketeria. **-works** vaskeri.
laureate [ˈlɔ:riit] laurbærkronet el. -kranset; kronet; krone, kranse med laurbær; tildele grad ved universitet; utnevne til hoffdikter; **poet –** hoffdikter. **-ship** stilling som hoffdikter.
laurel [ˈlɔrəl] laurbær, laurbærtre; krone med laurbær; **gain -s** høste laurbær. **– wreath** laurbærkrans.
lava [lɑ:və] lava.
lavabo [ləˈveibəu] håndvask (i kirke el. kloster); vaskefat.
lavaret [ˈlævərət] sik (fisk).
lavatory [ˈlævətəri] toalett, W. C., do, vaskerom.
lavement [ˈleivmənt] utskylling.
lavender [ˈlævəndə] lavendel; lavendelfarget; parfymere med lavendel; **lay up in –** legge bort (tøy) med lavendler; gjemme omhyggelig.
lavish [ˈlæviʃ] ødsel; raust; råflott, overdådig, rundhåndet; ødsle med, sløse med. **lavishly** [ˈlæviʃli] med ødsel hånd. **lavishment** [ˈlæviʃmənt] sløsing. **lavishness** [-nis] ødselhet, sløseri.
law [lɔ:] jøss!
law [lɔ:] lov, lovsamling, rett, prosess; rettsvitenskap, jus; **-s catch flies but let hornets go free** ≈ de små tyvene henger man, de store lar man gå; **necessity has no –** nød bryter alle lover; **be at –** føre prosess; **go to the –** studere jus; **go to – with** anlegge sak, anklage; **have the – of** anklage; **civil –** sivilrett; **ten minutes –** ti minutters forsprang; **give – to a person** gi en en frist; **in –** etter loven, lovformelig; **keep within the –** holde seg innen lovens ramme, følge loven; **lay down the –** uttale seg autoritativt; gi klar beskjed.
law|-abiding [ˈlɔ:əbaidiŋ] lovlydig. **-agent** (skot.) sakfører, prokurator. **-breaker** lovovertreder. **– court** rettslokale, i plur.: justisbygning.
lawful [ˈlɔ:f(u)l] lovlig, rettmessig; **reach – age** bli myndig. **lawfully** [ˈlɔ:fuli] lovlig. **lawfulness** [ˈlɔ:f(u)lnis] lovlighet, rettmessighet.
law giver [ˈlɔ:givə] lovgiver.
lawless [ˈlɔ:lis] ulovlig; lovløs.
law | lord [ˈlɔ:lɔ:d] juridisk kyndig medlem av overhuset. **-maker** lovgiver.
law merchant handelslovgivning, handelsrett.
lawn [lɔ:n] lawn (en slags fint lerret), batist, kammerduk, lawnermer (på biskops ornat), bispeembete.
lawn [lɔ:n] åpen gressflekk i skogen; gressplen. **– mower** plenklipper (maskin).
lawn sleeves [ˈlɔ:nsli:vz] lawnermer, bispeembete.
lawn sprinkler [ˈlɔ:nˈspriŋklə] plenvanner, spreder.
lawn swing hammock, hengesofa.
lawn tennis [ˈlɔ:nˈtenis] lawntennis.
lawny [ˈlɔ:ni] jevn, jamn, plenaktig.
law office (US) advokatkontor.
law suit [ˈlɔ:sju:t] prosess, rettssak, søksmål.
lawyer [ˈlɔ:jə] jurist, sakfører, advokat.
lax [læks] løs, slapp, slakk. **laxative** [ˈlæksətiv] avførende; avførende middel. **laxity** [ˈlæksiti] slapphet, løshet. **laxness** [-nis] slapphet.
lay [lei] legge, sette, stille; legge i bakken, få til å legge seg; dempe; døyve; **– the table, – the cloth** dekke bordet; **I'll – ten to one** jeg holder 10 mot 1; **– about one** slå om seg; **– aside** legge til side, legge av; **– the blame on** legge skylden på; **– by** legge bort; legge opp; **– down the law** legge ut, forklare loven; **– in** forsyne seg med, ta inn, hauge opp, samle; **– off** avlegge; legge fra land; holde seg unna, la være med; **– on** legge på, legge inn, anlegge; slå, banke; **– out** legge fram; legge ut; anlegge; legge på likstrå; slå i bakken, slå flat; gi ut (penger); **– up** legge opp, samle; stenge inne, tvinge til å holde sengen.
lay [lei] imperf. av **lie** i betydningen «ligge».
lay [lei] lag; retning, stilling; lott; lur, søvn; fag, spesialitet; arbeid, jobb, yrke, (sl.) samleiepartner, «nummer».
lay [lei] sang, kvad, dikt, vise.
lay [lei] lek, ulærd; lekmanns-; **– habit** verdslig drakt; **– lords** ikke-juridiske lorder i parlamentet; **– brother** lekbror.
lay barge rørleggingslekter.
lay-by møteplass, parkeringsfil; sparepenger.
lay-day [ˈleidei] liggedag.
layer [ˈleiə] en som legger; verpehøne; deltager i veddemål.
layer [ˈleiə] lag, stratum, leie, flo; avlegger.
layette [leiˈet] babyutstyr (komplett sett).
lay figure [ˈleifigə] trefigur med bevegelige ledd til å henge draperier på; stråmann, nikkedokke, marionett.
layman [ˈleimən] lekmann.
lay-off avskjedigelse, permittering av arbeidere; pause, stille periode.
layout [ˈleiaut] anlegg, plan, innretning; oppsetning, utstyr, (bok)tilrettelegging, satsskisse, uttegning.
layover opphold, stans (underveis).
lazar [ˈlæzə] spedalsk.
lazaretto [læzəˈretəu] lasarett.
Lazarus [ˈlæzərəs].
laze [leiz] late seg, dovne seg. **lazily** [ˈleizili] dovent. **laziness** [ˈleizinis] dovenskap.
lazuli [ˈlæzjulai] lasurstein.
lazy [ˈleizi] doven, lat. **-bones** dovenpels, lathans. **– tongs** gripetang (innretning av siksaktenger til å nå fjerne ting med).
lazzarone [læzəˈrəuni] lasaron.
lb. [paund] fk. f. **libra** pund.
lbs. [paundz] plur. av **lb.**
L. B. J., LBJ fk. f. **Lyndon Baines Johnson.**
L. C. C. [ˈel si:ˈsi:] fk. f. **London County Council.**
LCD fk. f. **liquid crystal display.**

L. C. J. fk. f. **Lord Chief Justice.**
L. C. M. fk. f. **lowest common multiple.**
L.-Cpl. fk. f. **lance corporal.**
Ld. fk. f. **Lord; limited.**
Ldp. fk. f. **Lordship.**
L. D. S. fk. f. **Licentiate in Dental Surgery.**
lea [li:] eng, mark, voll, slette.
leach [li:tʃ] væte, fukte; filtrere; utvaske, utlute; barkekar, lutekar.
lead [led] bly; blylodd; blysøkke; grafitt, blyantstift; tekke, overtrekke med bly.
lead [li:d] føre, lede, anføre; spille ut (i kortspill); ha utspillet, munne ut; gå foran; **– astray** føre vill, forlede; **– by the hand** leie, føre ved hånden; **– up the garden path** ta ved nesen, lure; **– the way** gå først; **– a life** føre (leve) et liv. **lead** [li:d] forrang, forsprang; forhånd; førelse; ledelse; hovedrolle; anførsel, rettledning; råk.
leaded [ˈledid] blyinnfattet, blykledd, tilsatt bly.
leaden [ˈledn] bly-, blygrå, blytung.
leader [ˈli:də] fører, anfører; lederartikkel.
leaderette [li:dəˈret] kort lederartikkel.
leadership [ˈli:dəʃip] lederskap, førerskap, ledelse.
lead-in [ˈli:din] innføring, innledning.
leading [ˈli:diŋ] ledende, førende, herskende; hoved-, viktigste; **– article** leder (i avis); **– fashion** herskende mote; **– hand** forhånd; **– lady** primadonna; **– man** første elsker; **– motive** ledemotiv; **– part** hovedrolle; **– question** suggestivt spørsmål, hvorved man søker å fremkalle et bestemt ønsket svar; brennende spørsmål.
leading [ˈlediŋ] blykledning, blyovertrekk, blyinnfatning.
leading | screw [ˈli:diŋskru:] ledeskrue (i dreiebenk). **– strings** ledebånd.
lead pencil [ˈledˈpensil] blyant.
lead poisoning blyforgiftning.
leadsman [ˈledzmən] loddkaster.
leaf [li:f] blad, løv; blad (i en bok); fløy, dørfløy; klaff, bordlem; **a – out of the same book** alen av samme stykke; **take a – out of his book** etterligne ham; **turn over a new –** ta skjeen i en annen hånd, begynne et nytt og bedre liv; **fall of the –** løvfall. **leaf** [li:f] få blad; springe ut.
leafage [ˈli:fidʒ] løv, lauv, løvverk, blad. **leafiness** [ˈli:finis] løvrikdom. **leafing** [ˈlifiŋ] løvsprett.
leafless [ˈliflis] bladløs. **leaflet** [ˈli:flit] lite blad; piece; brosjyre; seddel.
leafy [ˈli:fi] bladrik, bladlignende; løvkledd.
league [li:g] mil; 3 engelske sjømil.
league [li:g] forbund, liga; inngå i forbund, slå seg sammen; forene; **L. of Nations** Folkeforbundet.
leaguer [ˈli:gə] forbundsmedlem.
leak [li:k] lekk; lekkasje; indiskresjon; lekke, være lekk; **spring a –** springe lekk; **– out** sive ut, bli kjent.
leakage [ˈli:kidʒ] lekk; lekkasje; svinn.
leak current overledning, lekkasjestrøm.
leaky [ˈli:ki] lekk, utett; sladderaktig.
leal [li:l] trofast, ærlig.
lean [li:n] lene, lene seg; støtte, helle; tendere mot.
lean [li:n] mager, tynn, tørr, skrinn; det magre; **you must take the – with the fat** ≈ man må ta det onde med det gode.
leaning [ˈli:niŋ] tendens, tilbøyelighet; sympati; hellende; **the Leaning Tower of Pisa** det skjeve tårn i Pisa.
leanness [ˈli:nnis] magerhet.
leant [lent] imperf. og perf. pts. av **lean.**
leap [li:p] springe, bykse, hoppe; sprang; **– at an excuse** gripe en unnskyldning begjærlig; **by -s and bounds** med forbausende hurtighet, med rasende fart. **– day** skuddårsdag.
leapfrog [ˈli:pfrɔg] det å hoppe bukk; øke sprangvis; **play –** hoppe bukk.
leapt [lept] imperf. og perf. pts. av **leap** (ogs. **leaped).**
leap year [ˈli:pjə:] skuddår; **– proposal** (dames) skuddårsfrieri.
learn [lə:n] lære, få vite, få greie på, erfare, høre; **– from** lære av, ta lærdom av. **learned** [ˈlə:nid] kyndig, lærd; **the –** de lærde. **learner** [ˈlə:nə] lærling, elev; **to be a slow (quick) –** ha tungt (lett) for å lære; **– car** skolebil. **learning** [ˈlə:niŋ] lærdom, erfaring, kyndighet.
lease [li:z] sanke aks.
lease [li:s] leie, forpaktning, bygsel, feste; leiekontrakt, bygselbrev; forpaktningstid; frist; **a long –** på langt åremål; **– for life** leie for livet; **take a new – on life** forynges, gi (få) nytt livsmot.
lease [li:s] leie bort, bygsle bort, forpakte, feste.
leasehold [ˈli:shəuld] bygsel, feste; leid, forpaktet. **leaseholder** leier, forpakter, bygselmann.
leash [li:ʃ] koppel; reim, line, snor; lisse; tre stykker (av jakthunder, harer osv.); binde sammen; **hold in –** beherske; holde i tømme.
least [li:st] minst, ringest; **at –** i det minste; **not in the –** ikke det aller minste, aldri det grann; **to say the – of it** mildest talt; **– said soonest mended** jo mindre det sies om det, dess bedre.
leastways [ˈli:stweiz] i det minste.
leather [ˈleðə] lær, huder, skinn; kle med lær; jule, denge, peise. **-dresser** fellbereder. **-head** dumrian. **leatherette** [leðəˈret] kunstlær, imitert lær. **leathern** [ˈleðən] av lær; lær-. **leather-neck** [ˈleðənek] (US) marineinfanterist. **leathery** [ˈleðəri] læraktig, seig (som lær).
leave [li:v] lov, tillatelse; permisjon; frihet; avskjed; **be on –** være fri, ha permisjon; **– ashore** landlov; **sick –** sykepermisjon; **ask –** be om lov; **take – of** si farvel til.
leave [li:v] forlate, etterlate, gå fra, glemme igjen, la ligge, la være; utsette; overlate; opphøre, holde opp; forlate et sted, reise bort; (i biljard) den stilling som en spiller etterlater kulene i; **– much to be desired** la mye tilbake å ønske, være langt fra fullkommen; **six from seven -s one** seks fra sju er én; **– alone** la være (i fred); **– behind** etterlate seg; ha etter seg; legge tilbake etter seg; glemme (igjen); **he left off smoking** han vente seg av med å røyke, han sluttet å røyke; **– out** utelate; forbigå; **– for** reise til.
leaved [li:vd] med blad, -bladet. **– door** fløydør.
leaven [levn] surdeig; syre; gjennomsyre.
leaves [li:vz] plur. av **leaf.**
leave-taking [ˈli:vteikiŋ] avskjed, farvel.
leaving | certificate avgangsbevis; vitnemål. **– examination** avgangseksamen.
leavings [ˈli:viŋz] levninger, rester.
Lebanon [ˈlebənən] Libanon. **Lebanese** [lebəˈni:z] libaneser; libanesisk.
lecher [ˈletʃə] vellysting. **lecherous** [ˈletʃərəs] utuktig; vellystig; lidderlig. **lechery** [ˈletʃəri] utukt, lidderlighet, vellyst.
lectern [ˈlektən] lesepult, pult, kateter, talerstol.

lection [ˈlekʃən] lektie (forelest stykke av Bibelen).
lecture [ˈlektʃə] foredrag, forelesning; lekse, tekst, straffepreken; holde forelesning; holde straffepreken. **– list** forelesningskatalog. **lecturer** [ˈlektʃərə] foredragsholder, lektor; dosent; hjelpeprest. **lectureship** [ˈlektʃəʃip] lektorat; dosentur; stilling som hjelpeprest.
LED fk. f. **light emitting diode.**
led [led] imperf. og perf. pts. av **lead.**
ledge [ledʒ] kant, fremspring, avsats, hylle; rand; klippeavsats, bergskår.
ledger [ˈledʒə] hovedbok. **– line** bilinje, hjelpelinje.
lee [li:] ly, le, livd; **under the – of** i le av; **on the – beam** tvers i le.
leech [li:tʃ] igle; blodsuger; (gammelt) lege; sette igler på; **sticks like a –** suger seg fast som en igle, er ikke til å riste av.
Leeds [li:dz].
leek [li:k] purre(løk).
leer [liə] sideblikk, (ondt el. uanstendig) øyekast, skjele el. gløtte (ondskapsfullt el. uanstendig; **at** til), skotte; kope, måpe.
leery [ˈliəri] gløgg, ful, slu.
lees [li:z] berme; bunnfall av vin; **drain to the –** tømme til siste dråpen.
leeward [ˈljuəd, ˈli:wəd] le; i le.
leeway [ˈli:wei] avdrift; spillerom, tid.
left [left] venstre; **to the –** til venstre; **right and –** til høyre og venstre. **–-handed** keivhendt, klosset, tvilsom, venstrehånds-.
left [left] forlatt, latt tilbake (imperf. og perf. part. av **leave); to be – till called for** til avhenting, poste restante.
left|ish venstreorientert. **-ist** venstrepolitiker.
left-luggage office (reisegods)oppbevaring.
leftovers levninger, (mat)rester.
left wing venstre fløy.
leg [leg] ben, bein, lår; sauelår; baut; ramme i beinet; **he is on his last -s** (tal.) ligge på sitt siste; **he is all -s** det er bare ben på hele gutten; **fetch a very long –** ta en stor omvei; **fall on his -s** komme ned på beina; slippe heldig fra det; **pull one's –** holde en for narr, drive gjøn med; **– it** bruke bena, ta bena fatt; **take to one's -s** ta bena på nakken.
legacy [ˈlegəsi] legat, gave, arv. **– hunter** arvejeger.
legal [ˈli:gəl] lovlig, rettsgyldig, rettmessig, lovfestet; lovbestemt. **– adviser** juridisk rådgiver, advokat; **– aid** fri rettshjelp; **– costs** saksomkostninger; **– force** rettskraft, lovs kraft; **– tender** lovlig betalingsmiddel. **legality** [liˈgæliti] lovgyldighet. **legalization** [li:gəlaiˈzeiʃən] legalisering. **legalize** [ˈli:gəlaiz] legalisere, gjøre lovgyldig. **legally** [ˈli:gəli] lovgyldig, i samsvar med loven.
legate [ˈlegit] legat, sendebud, sendemann, utsending. **legatee** [legəˈti:] arving. **legateship** [ˈlegitʃip] legatpost. **legation** [liˈgeiʃən] sending, misjon; sendebud; legasjon; gesandtskapsbolig. **legator** [liˈgeitə] testator.
legend [ˈledʒənd] legende, sagn, overlevering, fabel, myte; tegnforklaring; innskrift, inskripsjon; **the – says; it is in the –** sagnet forteller. **legendary** [ˈledʒəndəri] fabelaktig, legendarisk, sagnaktig; legendesamling.
leger [ˈledʒə] hovedbok.
legerdemain [ledʒədəˈmein] fingerferdighet; taskenspillerkunst; jugl; knep.
legged [legd] -beint (i smstn.).
legging [ˈlegiŋ] legging; lang gamasje.
legginettes [-ˈnets] overtrekksbukser (til småbarn), gamasjebukser.
leggy [ˈlegi] langbeint, pipestilker; stolprende.
Leghorn [ˈlegˈhɔ:n] Livorno.
legibility [ledʒiˈbiliti] leselighet.
legible [ˈledʒibl] leselig, tydelig.
legion [ˈli:dʒən] legion; mengde; **their name is –** deres tall er legio; **foreign –** fremmedlegion; **the L. of Honour** æreslegionen.
legionary [ˈli:dʒənəri] legionær, legions-.
legislate [ˈledʒisleit] gi lover. **legislation** [ledʒisˈleiʃən] lovgivning. **legislative** [ˈledʒisleitiv] lovgivende. **legislator** [ˈledʒisleitə] lovgiver. **legislature** [ˈledʒisleitʃə] lovgivningsmakt.
legist [ˈli:dʒist] lovkyndig.
legitimacy [liˈdʒitiməsi] legitimitet; rettmessighet; ektefødsel; ekthet; berettigelse.
legitimate [liˈdʒitimit] rettmessig; lovlig; ektefødt; berettiget.
legitimate [liˈdʒitimeit] gjøre lovlig, erklære ekte.
legitimation [lidʒitiˈmeiʃən] legitimasjon, gyldighetserklæring, forsvar, rettferdiggjøring.
leguminous [leˈgju:minəs] belg-; **– plants** belgplanter.
Leicester [ˈlestə].
Leics. fk. f. **Leicestershire.**
Leighton [ˈleitən].
Leinster [ˈlenstə].
leister [ˈli:stə] lyster; lystre (for å fange fisk).
leisure [ˈleʒə] fritid, tid, leilighet, ro; **be at –** ha tid; **at his –** når han får tid; **– hour** ledig stund; **– time** fritid. **leisured** [ˈleʒəd] som har god tid, makelig, rolig; økonomisk uavhengig. **leisurely** [ˈleʒəli] makelig; i ro og mak.
Leith [li:θ].
leman [ˈlemən] elsker(inne).
lemma [ˈlemə] logisk premiss, hjelpesetning; emne; devise; note; glose.
lemming [ˈlemiŋ] lemen.
lemon [ˈlemən] sitron; gjenstand el. produkt som er beheftet med mange feil, men som kan se fin ut; sitrongul. **lemonade** [leməˈneid] limonade, brus.
lemon|-coloured [ˈlemənkʌləd] sitrongul. **– drop** sitrondrops. **– juice** sitronsaft. **– peel** sitronskall. **– sole** ising, sandflyndre. **– squash** lemonsquash, presset sitron med sukker og vann. **– squeezer** sitronpresser.
lemony [ˈleməni] sitronaktig (farge el. smak).
lemur [ˈli:mə] lemur, maki (slags halvape).
lend [lend] låne ut, låne til; **– an ear** låne øre; **– a hand** el. **– a helping hand** hjelpe, støtte, rekke en hjelpende hånd; **– oneself to** vie seg til; egne seg for. **lender** [ˈlendə] långiver; **money –** pengeutlåner. **lending** [ˈlendiŋ] lån; **– library** leiebibliotek. **the Lend-Lease Act** Låne- og leieloven.
length [leŋθ] lengde, strekning, varighet; **at –** i hele sin lengde; utførlig, omsider; langt om lenge; **at full –** i legemsstørrelse; **at great –** meget utførlig, uttømmende, inngående; **ten feet in –** 10 fot i lengden; **win by three -s** vinne med tre hestelengder; **go the – of saying** gå så vidt at man sier; **I cannot go that – with you** jeg kan ikke være enig med deg i det; **go the whole –**

ta skrittet fullt ut; **for some – of time** i lengre tid; **throughout its –** i hele sin lengde.
lengthen [ˈleŋθn] forlenge, utvide; bli lengre; **lengthened** [ˈleŋθnd] lengre, langvarig.
lengthways [ˈleŋθweiz], **lengthwise** [-waiz] pålangs; **– and crosswise** på langs og på tvers.
lengthy [ˈleŋθi] vidløftig, langdryg, langtrukken, omstendelig.
lenience, leniency [ˈli:njənsi] mildhet, lemfeldighet. **lenient** [ˈli:njənt] formildende, mild; lemfeldig, skånsom.
Leningrad [ˈleningrɑ:d].
lenity [ˈleniti] mildhet; lemfeldighet.
lens [lenz] linse; **burning –** brennglass. **– aperture** objektivåpning. **– attachment** forsatslinse. **– cap** linsebeskytter, objektivlokk.
Lent [lent] faste, fastetid.
Lenten [ˈlentən] faste-; **– fare** tarvelig kost.
lenticular [-ˈtikjulə] linseformet, linse-.
lentil [ˈlentil] linse (frukt).
Leo [ˈli:əu]; stjernebildet Løven.
Leonard [ˈlenəd].
leonine [ˈli:ən(a)in] løve-, løveaktig.
leopard [ˈlepəd] leopard.
leper [ˈlepə] spedalsk. **lepered** [ˈlepəd] spedalsk.
leprosy [ˈleprəsi] spedalskhet.
leprous [ˈleprəs] spedalsk.
Lerwick [ˈlə:wik, ˈlerik; på stedet ˈlerwik] by på Shetlandsøyene.
Lesbian [ˈlezbiən] lesbisk; lesbisk kvinne.
lese-majesty [ˈli:zˈmædʒisti] majestetsforbrytelse; høyforræderi.
lesion [ˈli:ʒən] skade, lesjon.
less [les] mindre, ringere; minus; **none the –** ikke desto mindre; **no – than £ 100** hele 100 pund. **not – than £ 100** minst 100 pund. **-less** (suffiks) -løs, uten; eks. **moneyless** uten penger.
lessee [leˈsi:] leier, forpakter, leilending.
lessen [ˈlesn] forminske, nedsette; minke, avta, redusere, bli svakere.
lesser [ˈlesə] mindre, ringere; **the – evils of life** livets små ubehageligheter; **the – prophets** de små profeter.
lesson [ˈlesn] lektie; bibelstykke; lekse; leksjon; lærdom, undervisningstime, time; irettesetting, lærepenge, skjennepreken; undervise, belære; lese teksten; **take lessons from** (el. **of** el. **with**) **somebody** ta timer hos en, lære av.
lessor [leˈsɔ:, ˈleˈsɔ:] jorddrott, grunneier; utleier, bortforpakter.
lest [lest] for at ikke, for at (etter fryktsverber).
-let [-lit] diminutivending, liten, små- **(piglet).**
let [let] hindring, hinder, hefte; (gammelt) hindre; **without – or hindrance** uten minste hindring.
let [let] la (tillate, bevirke); forpakte bort, leie ut, sette bort; **apartments to (be) –** værelser til leie; **– alone** la være i fred; oppgi, utelate; ikke tale om; for ikke å tale om; **– by** slippe forbi; **– down** senke ned, fire ned; la slippe; svikte, skuffe, la i stikken; **– him down as easily as you can** døm ham så mildt som mulig; **– fly at** slå løs på; gå løs på; **– go** slippe løs, la gå; slippe tanken på; **– on** sladre, røpe, innrømme; **– in** lukke inn; snyte, la i stikken; **– into a secret** innvie i en hemmelighet; **– loose** løslate; slippe løs; **– off** la slippe fra det, slippe løs; fyre av; **– out** lukke ut; rope; **he – it all out** han røpet alt; **he knew what rents the houses – at** han visste til hvilke priser husene ble utleid.
letdown [ˈletdaun] nedsettelse av tempoet; tilbakegang, nedgang; ulempe; skuffelse.
lethal [ˈli:θəl] dødelig; dødbringende.
lethargic [liˈθɑ:dʒik] døsig; tung; sovesyk; dvalelignende. **lethargy** [ˈleθədʒi] sovesyke; døsighet; dvale; apati.
Lethe [ˈli:θi]; (fig.) glemsel; død.
let-off kalas, fest; det å forspille en sjanse.
Lett [let] latvier, letter.
letter [ˈletə] utleier.
letter [ˈletə] bokstav; brev, skriv; skrift; **-s** vitenskap, litteratur. **letter** forsyne med bokstaver; sette tittel på ryggen av en bok; **to the –** bokstavelig, til punkt og prikke; **– of credit** kreditiv; **man of -s** litterat, lærd; **the world of -s** den litterære verden. **– bag** brevsekk. **– book** kopibok, korrespondansemappe. **– box** brevkasse, postkasse. **– card** brevkort. **– carrier** brevbud. **– case** brevmappe.
lettered [ˈletəd] merkt, med ryggtittel; boklærd, litterær.
letter|file brevordner. **– packet** brevsending. **– paper** brevpapir. **– -perfect** sikker i sin rolle. **– postage** brevporto. **– press** kopipresse.
letterpress [ˈletəpres] trykte ord, tekst.
letter | weight brevpresse, brevholder; brevvekt. **– writer** brevskriver, brevbok.
Lettish [ˈletiʃ] latvisk, lettisk.
lettuce [ˈletis] salat (planten).
let-up, letup stans, opphold, (hvile)pause.
leuk(a)emia [ljuˈki:miə] leukemi.
levant [liˈvænt] stikke av, fordufte.
Levant [liˈvænt] Østen, Levanten.
levee [ˈlevi] kur, morgenoppvartning.
levee [ˈlevi] kai; landingssted; demning, dam; floddike.
level [ˈlevl] jevn, jamn, like, flat, vannrett; jevngod, jamgod, jevnhøy, jevnstilt; planere, jevne, jamne, jevne med jorda, rette mot, sikte, legge an på; plan, vannrettlinje; nivå; volum, lydstyrke; lik; monoton flate, slette; jevnhøyde; siktelinje; vaterpass; **one – teaspoonful** en strøket teskje; **do one's – best** gjøre sitt aller beste; **– against** el. **at** sikte på; **above the – of the sea** over havet; **on a – with** på høyde med. **– crossing** planovergang.
level-headed [ˈlevlhedid] sindig, stø, vettig.
leveller [ˈlevlə] planerer, nivellør. **levelling** [ˈlevliŋ] planering, utjevning, utjamning.
lever [ˈli:və] vektstang; brekkjern, håndspak, handspik; pinsebein; løftestang; håndtak. **lever** [ˈli:və] løfte. **– watch** ankergangsur.
leviable [ˈlevjəbl] som kan utskrives, som kan beskattes.
leviathan [liˈvaiəθən] leviatan, uhyre.
levigate [ˈlevigeit] pulverisere; blande grundig; polere, pusse.
levitate [ˈleviteit] lette, løfte; løfte seg. **levitation** [leviˈteiʃən] letting, løfting; (spiritistisk) det å sveve bort.
Levite [ˈli:vait] levitt.
Leviticus [liˈvitikəs] Tredje Mosebok.
levity [ˈleviti] letthet; flyktighet; lettsindighet, lettsinn, overfladiskhet; munterhet.
levy [ˈlevi] pålegge; reise (en hær); utskrive (skatter el. soldater); oppkreve (avgifter); oppbud, reisning, utskrivning; oppkreving; **– in mass** alminnelig mobilisering, masseutkalling.

lewd [l(j)u:d] utuktig, stygg, grisete. **lewdness** [-nis] utuktighet; utsvevelse.
Lewis [ˈl(j)u:is].
lexical [ˈleksikl] leksikalsk, ordboks-.
lexicographer [leksiˈkɔgrəfə] ordboksforfatter; **the Great L.** om dr. Samuel Johnson. **lexicon** [ˈleksikən] leksikon, ordbok (mest om gresk, hebraisk, syrisk el. arabisk, ellers brukes **dictionary).**
Leyden [ˈleidn]; **– jar** leydenerflaske.
L. F. fk. f. **low frequency.**
L. G. fk. f. **Low German; Life Guards.**
L. G. B. fk. f. **Local-Government Board.**
L. I. fk. f. **Light Infantry.**
liability [laiəˈbiliti] ansvarlighet, skyld, ansvar; utsatthet; ulempe, belastning (fig.), hemsko; tilbøyelighet; forpliktelse; **criminal –** straffeansvar; **assets and liabilities** aktiva og passiva. **– insurance** ansvarsforsikring. **liabilities** forpliktelser; passiver, gjeld.
liable [ˈlaiəbl] ansvarlig, bunden, forpliktet; skyldig; utsatt for; tilbøyelig; **– to duty** tollpliktig.
liaise [liˈeiz] være el. tjenstgjøre som forbindelsesoffiser.
liaison [liˈeizən, liˈeizɔ̃:(ŋ)] illegitimt forhold; samband, samarbeid, overføring (av konsonant til ord som begynner med vokal). **– officer** forbindelsesoffiser, sambandsoffiser.
liana [liˈɑ:nə] lian.
liar [ˈlaiə] løgner, løgnerske.
Lib. fk. f. **Liberal; Liberia.**
libation [laiˈbeiʃən] drikkoffer.
libber [ˈlibə] nyfeminist.
libel [ˈlaibl] æreskrenkelse, injurier, bakvaskelse, smedeskrift, nidskrift; klageskrift; skrive smedeskrift; injuriere; innstevne. **– action** injuriesøksmål.
liberal [ˈlib(ə)rəl] fribåren, frisinnet; frilynt; edel; gjev, gavmild, raus, rundhåndet; liberal, demokrat, venstremann; **the – arts** de frie (skjønne) kunster; **– education** allmenndannelse; **Liberal Unionists** de som i 1886 skilte seg ut fra det liberale parti i Homerulepolitikken («frisinnede unionsvenner»).
liberalism [ˈlib(ə)rəlizm] frisinn, liberalisme. **liberality** [libəˈræliti] gavmildhet; frisinnethet; fordomsfrihet. **liberalize** [ˈlib(ə)rəlaiz] frigjøre; liberalisere; gjøre frilynt. **liberate** [ˈlibəreit] frigi, sette i frihet. **liberation** [libəˈreiʃən] frigivelse, befrielse. **liberationist** [libəˈreiʃənist] tilhenger av statskirkens opphevelse. **liberator** [ˈlibəreitə] befrier. **liberee** [-ˈri:] befridd krigsfange.
Liberia [laiˈbiəriə]; **Liberian** liberier, liberiansk.
libertarian [libəˈtɛəriən] (en) som tror på den fri vilje; tilhenger av frihetsprinsippet.
libertine [ˈlibətain] fri, tøylesløs, utsvevende; frigiven; utsvevende menneske, vellysting, libertiner. **libertinism** [ˈlibətinizm] ryggesløshet.
liberty [ˈlibəti] frihet, privilegium; **at –** fri, ledig; på frifot; **take the – to** ta seg den frihet å; **– of speech** talefrihet. **– day** fridag. **– man** landlovgast.
Liberty's [ˈlibətiz] (forretning i London).
libidinous [liˈbidinəs] vellystig, lidderlig.
Lib-Lab fk. f. **Liberal-Labour.**
libra [ˈlaibrə] pund; pund sterling (£); skålpund (lb).
librarian [laiˈbrɛəriən] bibliotekar; **assistant –** underbibliotekar, bibliotekassistent.
library [ˈlaibrəri] bibliotek, boksamling, lesesal, arkiv, platesamling; lesesalong (undertiden: herreværelse); **circulating –** leiebibliotek.
librate [ˈlaibreit] veie, holde i likevekt; balansere, sveve. **libration** [laiˈbreiʃən] veiing; likevekt, balansering.
libretto [liˈbretəu] liten bok; operatekst.
lice [lais] lus (pl. av **louse).**
licence, license [ˈlaisəns] bevilling, tillatelse, løyve; skjenkerett, rett, samtykke; kjørekort, førerkort, sertifikat, lisens; frihet, tøylesløshet; autorisere, gi bevilling til; gi løyve til; tillate, tåle; **marriage –** kongebrev; **– plate** registreringsnummer, nummerskilt; **letter of –** tillatelse av kreditorer til å fortsette en forretning, akkord; **– to practise medicine** licentia practicandi, tillatelse til å praktisere som lege. **licensed** [ˈlaisənst] autorisert, priviligert, med skjenkerett. **licensee** [laisənˈsi:] innehaver av et privilegium, en som har løyve. **licenser** [ˈlaisənsə] utsteder av et privilegium, en som gir løyve. **licentiate** [laiˈsenʃiit] licentiat; autorisert utøver av en virksomhet.
licentious [laiˈsenʃ(i)əs] fri, frekk, tøylesløs; uanstendig, lidderlig. **licentiousness** [-nis] tøylesløshet.
lichen [ˈlaikən] lav; ringorm.
licit [ˈlisit] lovlig, tillatt.
lick [lik] slikke, slikke på; vinne over (i sport); smiske, sleske for; pryle, smøre opp, banke; slikk; anelse, grann (om mengde); slag; **– the dust** bite i gresset; **it -s me** det går over min forstand; **give it a – and a promise** kattevask, fare over med en harelabb.
licker [ˈlikə] slikker; **that's a – to me** det går over min forstand.
lickerish [ˈlikəriʃ] kresen; fristende, lekker.
licking [ˈlikiŋ] slikking; juling.
licking stone saltstein.
lickspittle [ˈlikˈspitl] spyttslikker.
licorice [ˈlikəris] lakris.
lictor [ˈliktə] liktor.
lid [lid] lokk; deksel; øyelokk; **put the – on** sette en stopper for; sette prikken over i-en. **-less** [-lis] udekt; uten øyelokk.
lie [lai] løgn, usannhet, skrøne; lyve; **– with a hatchet** lyve åpenlyst; **white –** nødløgn; **give the – to** gjøre til løgner; fornekte; **tell -s** lyve.
lie [lai] ligge; **how -s the land?** hvordan står sakene? **her talents do not – that way** hennes anlegg går ikke i den retning; **– about** ligge og flyte; **the choice -s between** valget står mellom; **– by** ligge unyttet, hvile, være vanfør, være i nærheten; **– down** legge seg (ned); legge seg; **take something lying down** finne seg i noe uten å kny; **– in** ligge i barselseng; ligge lenge om morgenen; **– low** ligge syk; holde seg skjult; **– off** ta en pause; holde seg unna; **– over** ikke bli honorert ved forfall (veksler); stå hen; utsettes; **– to** ligge bi (om skip); **– up** gå til sengs, holde seg inne, gå i dokk; **– with** ligge med; pålegge, stå til.
lie [lai] leie; beliggenhet; **lie-abed** sjusover; **the – of the land** situasjonen.
lie-by [ˈlaiˈbai] elskerinne.
lie detector løgndetektor.
lief [li:f] gjerne, heller, helst; **I would as – go as not** jeg kan gjerne gå.
liege [li:dʒ] håndgangen, tro; lens-; vasall, lensmann; fyrste, lensherre. **-man** [-mən] vasall, undersått.

lien [ˈli:ən] retensjonsrett; krav.
lieu [l(j)u:]: **in – of** i stedet for.
Lieut. Col. fk. f. **lieutenant-colonel.**
lieutenancy [lefˈtenənsi] løytnantsgrad, løytnantsrang. **lieutenant** [lefˈtenənt] løytnant; stattholder; varamann. **– -colonel** oberstløytnant. **– -general** generalløytnant. **Lord L.** tittel på visekongen i Irland. **the L. of the Tower** kommandanten i Tower.
Lieut. Gen. fk. f. **lieutenant-general.**
Lieut. Gov. fk. f. **lieutenant-governor.**
life [laif] liv, levetid, levnet, levesett, livsførsel; levnetsbeskrivelse; **choice of –** valg av livsstilling; **the – to come** det kommende liv; **not for the – of me** ikke for alt i verden; **for –** på harde livet; på livstid; **many lives were lost** mange mennesker strøk med; **as large as –** i legemsstørrelse; **by the –** etter naturen; **come to –** livne opp igjen, komme til seg selv; **bring to –** bringe til live igjen, få liv i igjen; live opp igjen; **to the –** aldeles livaktig; **at my time of –** i min alder; **high –** den fornemme verden; **such is –** slik er livet; **– is not a bed of roses** livet er ikke bare dans på roser; **true to –** livsnær, realistisk; **for dear –** for bare livet, som om det gjaldt livet.
life | annuitant en som nyter livrente. **– annuity** livrente. **– belt** livbelte. **– -blood** hjerteblod. **-boat** livbåt. **– buoy** livbøye. **– estate** eiendom på livstid. **– expectancy** antatt levealder. **-guard** livgarde; livvakt. **– insurance** livsforsikring, livstrygding. **– interest** livrente.
lifeless [ˈlaiflis] livløs. **-ness** [-nis] livløshet, livløyse.
lifelike [ˈlaiflaik] livaktig, realistisk, naturtro. **-ness** [-nis] livaktighet.
lifelong [ˈlaiflɔŋ] hele livet, livsvarig.
life | office livsforsikringsselskap. **– peerage** adelskap for livet, ikke arvelig. **– preserver** livbergingsapparat; blytamp, totschläger.
life|r [ˈlaifə] en som er dømt på livstid, livsslave. **– raft** redningsflåte. **– rent** livrente. **– saver** livredder; livsnødvendighet. **– sentence** livsvarig fengsel. **– -size** legemsstørrelse; i legemsstørrelse. **-time** levetid; menneskealder. **– vest** redningsvest. **– -weary** livstrett.
lift [lift] løfte, heve, lette; stjele; ta opp (poteter); lette (tåke); frakte; løft; løfting, hevning; oppheve (f. eks. en restriksjon); oppdemme; vekt; elevator, heis; **give (lend) a person a –** la en få sitte på; gi en håndsrekning; **another – in life for you** leilighet til å begynne et nytt liv. **liftable** [ˈliftəbl] som kan løftes. **lift bridge** klaffebru, løftebru. **lifter** [ˈliftə] elevator; tyv.
lifting blocks taljer.
lifting jack donkraft.
lift-off utskyting (om raketter). **– tape** rettebånd.
ligament [ˈligəmənt] bånd; sene.
ligate [ˈlaigeit] underbinde, ombinde; snøre av.
ligature [ˈligətʃə] bånd, bind; sammenbinding; ligatur, dobbelttype.
light [lait] lys; dagslys; dag; belysning; lanterne; fyr, fyrtårn; fyrstikker, fyr; opplysning; **he is no great –** ≈ han har ikke oppfunnet kruttet; **the – went out** lyset gikk ut; **may I trouble you for a –** tør jeg be om en fyrstikk; **in the – of** som; i egenskap av; **I look on him in the – of father** jeg betrakter ham som min far; **strike –** slå ild, tenne lys; **see –** komme til verden, se dagens lys.
light [lait] lys, blond.
light [lait] lyse; tenne, kveike, nøre; opplyse, lyse for; **– a fire** nøre opp ild, gjøre opp varme.
light [lait] stige av, komme ned, stige ned; **– on** treffe, støte på, råke på.
light [lait] lett; ringe, ubetydelig; lett (om vekt); fri, sorgløs; lettsindig; mild; **– reading** morskapslesning; **– sleeper** en som sover lett (som lett våkner); **make – of** ikke gjøre noe oppstyr; gjøre lite av; ta som om det ikke var noe.
lightable [ˈlaitəbl] som kan opplyses.
light|-alloy metal lettmetall. **– -armed** lettbevæpnet. **– beacon** fyrlampe, lyssignal. **– beam** lysstråle, lyskjegle. **– coat** tynt strøk (maling). **– cream** (US) kaffefløte.
lighten [ˈlaitn] lysne; opplyse; lyne.
lighten [ˈlaitn] lette, oppmuntre; letne.
lighter [ˈlaitə] tenner, fyrtøy.
lighter [ˈlaitə] pram, lekter; føre i lekter, pramme. **lighterage** [ˈlaitəridʒ] lekterpenger. **lighterman** [ˈlaitəmən] lektermann.
light|-fingered [ˈlaitfiŋgəd] langfingret. **– fittings** lysarmatur. **– flare** lysrakett, signalrakett. **– -foot(ed)** lett på foten, sprek. **– -handed** lett på hånden. **– -headed** tankeløs; fra seg, ør. **– -hearted** lett om hjertet, med lett hjerte. **– horse** lett kavaleri.
light|house fyr, fyrtårn. **– keeper** fyrvokter. **– intensity** lysstyrke.
lightly [ˈlaitli] lett, lettsindig, muntert, likegyldig.
light-minded [ˈlaitmaindid] lett, ustadig, flyktig.
lightness [ˈlaitnis] lyshet, klarhet; letthet.
lightning [ˈlaitniŋ] lyn, lynild; **flash of –** lynglimt; **sheet –** flatelyn (som viser seg som en utbredt lysning i skyene); **summer –** kornmo; **like –** med lynets fart. **– conductor** [ˈlaitniŋkənˈdʌktə] lynavleder. **– rod** lynavleder. **– strike** overrumplingsstreik.
light opera operette.
lightship [ˈlaitʃip] fyrskip.
lightsome [ˈlaitsəm] lys, munter, glad; rask.
light source lyskilde.
light wave [ˈlaitweiv] lysbølge.
lightweight [ˈlaitweit] (sportsspråk) lettvekt.
ligneous [ˈligniəs] tre-, treaktig, treen.
lignite [ˈlignait] brunkull, lignitt.
like [laik] lik, like, liknende; i begrep med, opplagt, i rette laget; sannsynlig; **such –** den slags; **be –** ligne; **the -s of you** sånne som deg; **they are as – as two peas** ≈ de er så like som to dråper vann; **what is he –?** hvordan ser han ut? **not anything –, nothing –** ikke tilnærmelsesvis; **that's something –** det lar seg høre; **– hell you shall!** (nei så pokker om) du skal! **the weather looks – clearing up** det ser ut til å bli godt vær; **I feel – taking a walk** jeg har lyst til å gå en tur; **I am – to** jeg vil sannsynligvis. **like** [laik] liknende, samme, slikt; like; make; **I never saw the – of you** jeg har aldri sett din make. **like** [laik] liksom; sannsynligvis; **– a drunken man** som en beruset; som et overflødig slutningsord i daglig tale, oversettes ofte ikke; **they encouraged us –** de liksom oppmuntret oss; **frightened –** forskrekket.
like [laik] like; ønske; synes om, ville helst; **I rather – him** jeg liker ham ganske godt; **I – him** jeg synes om ham; **I – that!** det var ikke

dårlig! det må jeg si! **I should – to know** jeg skulle gjerne vite; **as you –** som De ønsker.
like [laik] sympati; **likes and dislikes** sympatier og antipatier.
-like (ending) som en (et), **lady-** -aktig.
likeable [ˈlaikəbl] hyggelig, tiltalende, likendes.
likelihood [ˈlaiklihud] sannsynlighet; **in all –** høyst sannsynlig, etter all sannsynlighet.
likely [ˈlaikli] sannsynlig, trolig, rimelig; behagelig, tekkelig; **there is – to be some trouble** det blir rimeligvis en del ugreie; **he is – to come** han kommer sannsynligvis; **he is not a very – candidate** han har ikke store sjanser; **most (very) –** høyst sannsynlig.
likeminded [ˈlaikmaindid] likesinnet.
liken [ˈlaikən] sammenlikne, sidestille med, likne.
likeness [ˈlaiknis] likhet; bilde; **– to** likhet med; **in the – of a friend** under vennskaps maske; **have one's – taken** bli fotografert.
likening [ˈlaikəniŋ] sammenlikning.
likewise [ˈlaikwaiz] likeså, likeledes, like ens.
liking [ˈlaikiŋ] smak, behag, forkjærlighet; **to my –** etter min smak; **have a – for it** ha forkjærlighet for det.
lilac [ˈlailək] syrin; lilla, lillafarget.
Lilliput [ˈlilipʌt] Lilliput (i Gulliver's Travels).
Lilliputian [liliˈpjuːʃiən] lilliputianer; lilliputiansk, ørliten.
lilt [lilt] tralle, synge muntert; munter vise, rytme, liv, sving, trall, slått, tone. **lilting** melodiøs, syngende.
lily [ˈlili] lilje. **– iron** harpun med løs spiss. **– -livered** feig, bleik. **– -of-the-valley** liljekonvall. **– -white** liljehvit; (fig.) uskyldsren.
limb [lim] rand, kant.
limb [lim] lem; bein; tilhørende del; hovedgren, uskikkelig unge (egl. **– of the devil);** forsyne med lemmer; lemleste, sønderlemme; **-ed** -lemmet.
limber [ˈlimbə] bøyelig, smidig, myk, sprek; myke opp, jogge.
limber [ˈlimbə] forstell (til kanon); prosse på.
limbo [ˈlimbəu] forgård til helvete; fengsel; glemsel.
lime [laim] lind, lindetre.
lime [laim] fuglelim; murkalk, kalk; overstryke med lim; ha kalk på; **slaked –** lesket kalk.
lime [laim] sur sitron, limett (sitron).
limejuice [ˈlaimdʒuːs] sitronsaft.
limekiln [ˈlaimkiln] kalkovn.
limelight [ˈlaimlait] kalklys, slags sterkt lys; rampelys, søkelys; **– views** (gml.) lysbilder; **in the –** i rampelyset.
lime mortar [ˈlaimˈmɔːtə] murkalk, kalkmørtel.
limerick [ˈlimərik] slags småvers på fem linjer der 1., 2. og 5. er lange og rimer, 3. og 4. er korte og rimer. (Kjent fra Lear's Book of Nonsense).
lime|stone [ˈlaimstəun] kalkstein, limstein. **-wash** [ˈlaimwɔʃ] murkalk. **-water** [ˈlaimwɔtə] kalkvann (slags mineralvann).
limey [ˈlaimi] (US) (sl.) engelsk sjømann.
limit [ˈlimit] grense; utkant; prisgrense, limitum; toleranse; avgrense, begrense, innskrenke; **without –** grenseløs; **set -s to** begrense; **that is the –** det er toppen, nå har jeg aldri hørt på maken; **– man** deltaker i løp som får det størst mulige forsprang. **limitable** [ˈlimitəbl] avgrensende. **limitary** [ˈlimitəri] innskrenket, begrenset. **limitation** [limiˈteiʃən] begrensning, avgrensing; frist. **– period** påtalefrist.
limited [ˈlimitid] begrenset; med begrenset ansvar; **a – company** aksjeselskap med begrenset ansvar; **– monarchy** innskrenket monarki.
limitless [ˈlimitlis] ubegrenset, grenseløs.
limn [lim] tegne, skildre, male.
limner [ˈlimnə] tegner, maler.
limnology [limˈnɔlədʒi] limnologi, ferskvannsbiologi.
limonite [ˈlimənait] limonitt, brunjernstein; myrmalm.
limousin [ˈlimuziːn] limousin (stor firedørs personbil).
limp [limp] hinke; halte; hinking; halting; halt.
limp [limp] svak; slakk, blaut, kraftløs; slasket, slarket; **– cloth** bøyelig bind på bøker.
limpet [ˈlimpit] albueskjell (dyr); en som ikke er til å riste av, en som suger seg fast; **stick like a –** holde iherdig fast (f. eks. på et embete), suge seg fast som en igle. **– mine** mine som kan festes til skipsside, sugemine.
limpid [ˈlimpid] klar, gjennomsiktig. **-ity** [limˈpiditi] klarhet, gjennomsiktighet.
limy [ˈlaimi] klebrig; kalkholdig, kalk-.
linage [ˈlainidʒ] linjetall, linjebetaling.
linchpin [ˈlintʃpin] lunstikke, akselpinne.
Lincoln [ˈliŋkən].
Lincs. fk. f. **Lincolnshire** [ˈliŋkənʃiə].
linden [ˈlindən] lind, lindetre.
line [lain] line, snor, snøre; linje, ledning; rynke, fure; rad, rekke; strek; verslinje; framgangsmåte, retning; grunnsetning; grenselinje; lodd, skjebne; bransje, fag; varesort, kvalitet; kø; **cross the –** passere linjen (ekvator); **that is hard -s** det er harde vilkår; det er uflaks; **artificial –** hjelpelinje; **dotted –** punktert linje; **– of argument** bevisførsel, argumentasjon; **– of conduct** framgangsmåte, holdning; **what – are you in?** hva er Deres beskjeftigelse?; **be in the cloth –** høre til klesbransjen; **that's not in my –** det ligger ikke for meg, jeg kan ikke med det; **we do nothing in that –** vi arbeider ikke i den bransjen; **drop me a –** send meg et par ord; **the – must be drawn somewhere** et sted må en trekke grensen; **take the -s of** gå samme vei som, følge ens eksempel; **go beyond the -s** gå over streken; **in the talking –** i retning av å tale; **a shop in the general –** en detaljhandel; **hold the –** holde stillingen; holde forbindelsen; **take a –** innta en holdning el. standpunkt; **toe the –** holde seg på matten.
line [lain] streke; linjere opp; stille opp på linje; rynke, fure; fore, kle, bekle innvendig; **trees – the roads** trær står i rekker langs veien; **– up** stille på linje; slutte seg til.
lineage [ˈlinjidʒ, -niidʒ] linje; slekt, ætt, avstamning, stamme.
lineal [ˈlinjəl] linje-, som nedstammer i rett linje fra.
lineament [ˈlinjəmənt] trekk, ansiktstrekk, drag; omriss, hovedtrekk.
linear [ˈlinjə] linjeformig; førstegrads, lineær.
lineation [liniˈeiʃən] tegning, skildring.
linen [ˈlinin] lerret, lin, lintøy; linnet, lerrets-, hvitevarer; **wash one's dirty – in public** vaske skittentøy i andres påsyn (offentlig). **– closet** linnetskap, dekketøyskap. **– cloth** lerret. **– draper** hvitevarehandler. **– drapery** hvitevarer. **– press**

linnetskap. – **prover** trådteller. – **thread** lintråd. – **weaver** lerretsvever.
line of action fremgangsmåte.
line of battle frontlinje, kamplinje.
line of thought tankegang.
line printer (EDB) linjeskriver.
liner [ˈlainə] linjeskip, rutebåt; linefisker.
linesman [ˈlainzmən] soldat (som står i linjen); linjemann (hjelper for dommeren i visse ballspill).
line-up oppstilling.
ling [liŋ] røsslyng, bustelyng.
ling [liŋ] lange (fisk).
linger [ˈliŋgə] bie, dryge; slentre, drive; trekke ut; nøle, dvele, somle; lide lenge, pines; forhale; **he lingered on for some years** han levde enda noen år. **lingerer** [ˈliŋgərə] nøler. **lingering** [-riŋ] langvarig; nøling.
lingerie [ˈlæ̃:(n)ʒəri, ˈlænʒ-] dameundertøy.
lingo [ˈliŋgəu] uforståelig språk, sjargong, kråkemål; kaudervelsk.
lingua [ˈliŋgwə] språk. – **franca** [ˈfræŋkə] fellesspråk. **lingual** [ˈliŋgwəl] tunge-; språk-. **linguist** [ˈliŋgwist] lingvist, språkmann, målgransker, språklærd. **linguistic** [liŋˈgwistik] språklig, språkvitenskapelig. **linguistics** [liŋˈgwistiks] språkvitenskap.
liniment [ˈlinimənt] tynn salve.
lining [ˈlainiŋ] innvendig kledning, fôr, fôring, panel, kant; **every cloud has a silver** – bakom skyene er himmelen alltid blå.
link [liŋk] ledd, ring, kjede; forbindelsesledd; bånd; kjede sammen; knytte sammen; forbindes; gå arm i arm; **-s** mansjettknapper; **the missing** – det manglende mellomledd (mellom ape og menneske).
link [liŋk] fakkel. **-boy** fakkelbærer.
link [liŋk] el. **links** [liŋks] golfterreng.
linkbuttons [ˈliŋkbʌtənz] mansjettknapper.
linked houses rekkehus.
Link trainer linktrener (apparat for trening i blindflyging).
linn [lin] vannfall; dam, høl, kulp; stup, juv.
linnet [ˈlinit] irisk.
linocut [ˈlai-] linoleumstrykk, linoleumsnitt.
linoleum [laiˈnəuljəm, liˈnəuljəm] linoleum.
linotype [ˈlainətaip] linjesettemaskin.
linseed [ˈlinsi:d] linfrø.
linsey [ˈlinsi] verken. – **-woolsey** verken; verkens-.
lint [lint] charpi, især engelsk charpi; lo, trevl, dott; **shredded** – tysk charpi.
lintel [ˈlintl] overligger (over dør el. vindu), dekkstein.
lion [ˈlaiən] løve; berømthet; berømt mann; sprett; severdighet; **the lion's share** brorparten; **the British** – Storbritannia; **show a person the lions and tombs** å vise en stedets severdigheter. – **ant** maurløve. **lion cub, lionel** [ˈlaiənel] løveunge. **lioness** [ˈlaiənis] løvinne.
lion|-hearted [ˈlaiənˈhɑ:tid] motig som en løve, **Richard the L.** Rikard Løvehjerte. – **hunter** løvejeger; en som jager etter berømte personer, som frir etter fine bekjentskaper.
lionize [ˈlaiənaiz] gjøre stas av, fetere, være i skuddet.
lion's den løvehule.
lion's-foot [ˈlaiənzfut] edelweiss, marikåpe.
lion's mane løvemanke.
lip [lip] leppe, lippe; kant, rand, karm; tut; grov kjeft, grovheter; kysse; synge, mulle; **upper** – overleppe; **get a fat** – få seg en på tygga el. trynet; **keep a stiff upper** – ikke fortrekke en mine, ta enhver situasjon med fatning; **lower –, under** – underleppe; **hang on one's -s** lytte beundrende til en; **none of your** – vær ikke uforskammet; – **a chant** synge en sang. – **-deep** bare med munnen, overfladisk, hyklersk. – **-devotion** gudsfrykt i munnen. – **-labour** munnsvær. – **-reading** munnavlesning. – **service** tomme ord, øyentjeneri, slesking. **-salve** leppesalve; smiger. **-stick** leppestift. – **wisdom** visdom i ord.
lippy [ˈlipi] nebbet, nesevis; snakkesalig.
liquation [laiˈkweiʃən, liˈ-] smeltet tilstand; smelting. **liquefaction** [likwiˈfækʃən] smelting; smeltet tilstand. **liquefy** [ˈlikwifai] smelte; bli flytende, fortette til væske (om gass).
liqueur [liˈkjuə] likør. – **brandy** en fin konjakktype.
liquid [ˈlikwid] væske, flytende, smeltende; gjennomsiktig, klar. – **-cooled** væskekjølt. – **fuel** flytende brennstoff. – **gum** (gummi)solusjon. **liquidate** [ˈlikwideit] gjøre flytende; gjøre klar; avvikle, likvidere; avgjøre. **liquidation** [likwiˈdeiʃən] avvikling. **liquidity** [liˈkwiditi] flytende tilstand.
liquor [ˈlikə] væske; saft; sterkdrikk, brennevin; drikke; skjenke; **what's your –?** hva vil du drikke? **be in** – være beruset. – **dealer** brennevinshandler.
liquorice [ˈlikəris] lakris. – **allsorts** lakriskonfekt. – **lozenge** lakrispastill.
lira [ˈliərə] lire (italiensk mynt).
Lisbon [ˈlizbən] Lisboa.
lisle | glove [ˈlail] nettinghanske. – **stocking** nettingstrømpe.
lisp [lisp] lespe; lespe fram; lesping.
lissome [ˈlisəm] myk, smidig, bøyelig.
list [list] liste, fortegnelse; strimmel, stripe; rulle; innrullere, verve; la seg verve; **be on the active** – stå i rullene; – **of quotations** prisliste.
list [list] skranke, kampplass; **enter the -s** tre i skranken.
list [list] krengning, slagside; krenge, ha slagside.
list [list] lyste, ha lyst til.
listen [ˈlisn] lytte, lye, høre etter; – **in** høre radio; – **to** lytte til. **listener** [ˈlisnə] tilhører, lytter; **L.s'-Choice** ønskeprogram, ønskekonsert. **good** – oppmerksom tilhører. **listening | desk** lyttebord. – **device** lytteapparat.
listless [ˈlistlis] likegyldig, likesæl; treg, sløv, udeltagende. **listlessness** [-nis] likegyldighet, sløvhet, ulyst.
list price katalogpris, listepris.
lit [lit] imperf. og perf. pts. av **light;** full, pussa; fk. f. **literature.**
litany [ˈlitəni] litani.
literacy [ˈlitərəsi] lese- og skrivekyndighet.
literal [ˈlit(ə)rəl] bokstavelig, ordrett; prosaisk; nøyaktig; – **translation** ordrett oversettelse; – **truth** ord for ord sannheten.
literalism [ˈlitərəlizm] bokstav|trelldom, -tro.
literally [ˈlitərəli] bokstavelig; – **tired to death** bokstavelig talt trett inntil døden.
literary [ˈlit(ə)rəri] boklig, litterær.
literate [ˈlit(ə)rit] en som kan lese og skrive, lese- og skrivekyndig; prest uten universitetseksamen; boklærd; kjenner av litteratur, belest mann.

literatim [litə'reitim] bokstav for bokstav, etter bokstaven.
literature ['lit(ə)rətʃə; -tjuə] litteratur; **(of** el. **on** om et emne).
litharge ['liθɑ:dʒ] glette (blyoksyd).
lithe [laið] smidig, myk, bøyelig. **-some** [-səm] smidig; lett, sprek.
lithograph ['liθəgrɑ:f] litografi. **lithographer** [li'θɔgrəfə] litograf. **lithographic** [liθə'græfik] litografisk. **lithography** [li'θɔgrəfi] litografi.
lithotype ['liθətaip] litotypi.
Lithuania [liθju'einjə] Litauen. **-n** [liθju'einjən] litauer; litauisk.
Lit. Hum. fk. f. **literae humaniores** gammelspråklig kursus til en eksamen ved universitetet i Oxford.
litigable ['litigəbl] omtvistelig, tvilsom. **litigant** ['litigənt] stridende; prosederende part. **litigate** ['litigeit] ligge i strid om, føre prosess om; føre prosess. **litigation** [liti'geiʃən] rettstrette, tvistemål. **litigious** [li'tidʒəs] trettekjær; omtvistelig.
litmus ['litməs] lakmus (blått fargestoff); **– paper** lakmuspapir.
litre ['li:tə] liter.
Litt. B. fk. f. **Bachelor of Literature.**
Litt. D. fk. f. **literarum doctor (Doctor of Letters).**
litter ['litə] bærebår, bærestol, båre; strø, boss, halm; kull (griser o.l.); uorden, svineri, rot, avfall, søppel, rusk, røre; strø, strø under; ligge strødd utover; strø utover, grise til, slenge utover; få unger (om dyr).
litter | basket papirkurv, avfallskurv. **– bearer** sykebærer. **– bug** person som kaster avfall i skog og mark, natursvin.
little ['litl] liten; smålig, knuslet; en smule, en tanke; **a – one** en liten en, et barn; **the – ones** barna; **a –** litt; **– better than** ikke stort bedre enn; **a – better** litt (noe) bedre; **make – of** ikke bry seg om; **after a –** om litt, litt etter; **– by –** litt etter litt; **by – and –** litt etter litt; **he – thought** han ante ikke; **every – helps** alle monner drar; **in –** i det små, i miniatyr. **Little Bear** Lillebjørn. **Little-Ease** navnet på en celle i Tower. **– Englander** ['litl'iŋgləndə] anti-imperialist. **– -go** ['litlgəu] første del av eksamen for B. A. graden i Cambridge, forberedende prøve. **– man** gutt (vennlig). **– Mary** (spøkende om) maven. **littleness** ['litlnis] litenhet. **– people** småfolket, alver, de underjordiske. **– woman** kone; sydame.
littoral ['litərəl] strand-; havstrand, kyst.
liturgic [li'tə:dʒik] liturgisk.
liturgy ['litədʒi] liturgi, kirkeskikk.
livable ['livəbl] beboelig, godt å bo i; utholdelig; omgjengelig.
live [liv] leve, være til; livberge seg; bo; klare seg; leve opp til; holde seg; føre et ... liv; **to – to see** oppleve; **no boat could – in such a sea** ingen båt kunne greie seg i slik sjø; **he -s by himself** han bor alene; **– by one's wits** leve av å bløffe; **– to a great age** oppnå en høy alder; **– down** overvinne (med tiden); **– fast** leve sterkt; **– high** leve godt; **– up to** leve i overensstemmelse med; **– by** livberge seg med, leve av **(hunting, fishing); – on** leve av; spise; **– a roving life** leve et omstreifende liv; **– down** bringe i glemsel.
live [laiv] levende; virkelig, riktig; aktuell; strømførende. **– ammunition** skarp ammunisjon. **– -born** levendefødt. **– broadcast** direkte sending. **– coals** glør.
livelihood ['laivlihud] utkomme; livsopphold; levebrød.
liveliness ['laivlinis] liv, livlighet.
live load [laiv] nyttelast.
livelong ['livlɔŋ] lang; **the – day** hele dagen, dagen lang.
lively ['laivli] levende; livlig; livaktig, kvikk.
liven ['laivn] sette liv i, live opp.
liver ['livə] en som lever, beboer.
liver ['livə] lever. **– oil** levertran.
live rail strømførende skinne, ledeskinne.
Liverpool ['livəpu:l].
Liverpudlian [livə'pʌdliən] innbygger av Liverpool.
livery ['livəri] overdragelse; overdragelsesdokument; tjenerdrakt, livré; laugsdrakt; iføre livré. **-coat** livréfrakk. **-servant** tjener. **-stables** leiestall.
lives [laivz] pl. av **life;** [livz] av v. **live.**
livestock ['laivstɔk] besetning, buskap.
livid ['livid] blyfarget, blygrå, blå (som følge av slag), blodunderløpen; likblek, gusten; sint, forbannet. **lividness** ['lividnis] blygrå farge.
living ['liviŋ] levende; liv, levnet, levesett; levebrød, livsopphold; kall; **make a –** tjene sitt brød; **– wage** lønn som en kan leve av.
living room ['liviŋru:m] dagligstue.
living space ['liviŋspeis] (brukt for å gjengi tysk Lebensraum) livsrom.
Livingstone ['liviŋstən].
Livonia [li'vəunjə] Livland.
Livy ['livi] Livius; Livia.
lixivium [lik'siviəm] lut.
lizard ['lizəd] firfisle.
lizzie boy (US) mammadalt.
L. J. fk. f. **Lord Justice.**
ll. fk. f. **lines.**
llama ['lɑ:mə] lama (dyr).
llano ['l(j)ɑ:nəu] lano, steppe (i Sør-Amerika).
LL. B. fk. f. **legum baccalaureus (= Bachelor of Laws).**
LL. D. fk. f. **legum doctor (= Doctor of Laws).**
Lloyd [lɔid] Lloyd's, skipsassuransekontor i London; **Lloyd's List** skipsfartstidende i London; **Lloyd's Register of Shipping, Lloyd's Shipping Index** årlig alfabetisk klasseliste over skip.
L. M. S. fk. f. **London Missionary Society.**
LNG fk. f. **liquefied natural gas.**
lo! [ləu] se! **– and behold!** du store min! det var da merkelig (pussig etc.)!
loach [ləutʃ] smerling.
load [ləud] byrde, vekt; lass, last, ladning, mengde; belastning; bæreevne; belesse, lesse på, la, laste; overlesse; **take a – off my mind** ta en stein fra mitt hjerte; **-s of** masser av, i haugevis; **– and inflation table** trykk-, belastningstabell. **-ed cane** stokk med bly i spissen (som våpen); **-ed dice** forfalskede terninger; **-ed table** bugnende bord.
loaded ['ləudid] lastet, tynget; ladd; full, påvirket; velbeslått, overmett.
loader ['ləudə] lesse- el. lasteinnretning.
loading ['ləudiŋ] byrde; last, ladning.
load line [ləudlain] lastelinje.
loadstar ['ləudstɑ:] ledestjerne, srl. Polarstjernen.
loadstone ['ləudstəun] magnetjernstein.
load | transfer last|overføring; -forskyvning.
loaf [ləuf] masse, klump; brød; **a – of bread**

et brød; – **of sugar** sukkertopp; **half a – is better than no bread** smuler er også brød; – **of cabbage, of lettuce** kålhode, salathode; **loaves and fishes** fordel, vinning.
loaf [ləuf] drive dank, gå og slenge, late seg; driveri, sleng. **loafer** [ˈləufə] dagdriver, løsgjenger, vagabond, slusk; (pl.): slengesko, mokkasiner.
loaf sugar [ˈləufʃugə] toppsukker.
loam [ləum] leire; dekke med leire; fylle med leire. – **earth** leirjord. **loamy** [ˈləumi] leiret; leire-.
loan [ləun] lån, utlån; låne ut; **put out to –** låne ut; **interest on –** utlånsrente; **to – on interest** låne mot rente. – **collection** sammenlånt billedsamling. – **fund** lånekasse. – **office** lånekontor.
loath [ləuθ] uvillig, lei.
loathe [ləuð] føle motbydelighet, vemmelse for, hate, avsky, vemmes ved. **loathful** [ˈləuðful] avskyelig, vemmelig. **loathing** [ˈləuðiŋ] vemmelse, avsky. **loathsome** [ˈləuðsəm] heslig, motbydelig.
loaves [ləuvz] pl. av **loaf.**
lob [lɔb] kloss, staur, tosk, latsekk; lunte, jogge; lobbe, høy ball (i tennis); sandmark, fjæremark; kaste langsomt, la falle (sakte); henge slapp.
lobby [ˈlɔbi] forværelse; korridor; forsal, foyer; avstemningskorridor (i parlamentet); **they voted (went into) the same –** stemte for samme parti.
lobbying korridorpolitikk.
lobbyist [ˈlɔbiist] korridorpolitiker.
lobe [ləub] lapp, flik, snipp.
lobster [ˈlɔbstə] hummer; rødjakke (økenavn for en soldat). – **pot** hummerteine.
local [ˈləukl] stedlig, lokal, på stedet; forhåndenværende; – **government** lokalt selvstyre ≈ kommunalt selvstyre. – **government officer** kommunal tjenestemann. **Local Government Board** det ministerium som inntil 1919 hadde oppsynet med kommunalbestyrelsen. **locale** [ləˈkɑ:l] lokale, sted. **localism** [ˈləukəlizm] lokal natur; lokalpatriotisme; provinsialisme. **locality** [ləˈkæliti] det å høre til på et sted; beliggenhet. **localization** [ləukəlaiˈzeiʃən] lokalisering; stedfesting. **localize** [ˈləukəlaiz] anbringe; stedfeste.
locate [ləˈkeit] anbringe; lokalisere, stedfeste; finne; peke ut, bestemme stedet for; bosette seg.
location [ləˈkeiʃən] lokalisering, stedfesting; plassering; anbringelse, beliggenhet; plass, sted, rom; utstikking; utleie; **on –** filmopptak på det sted hvor filmen forutsettes å foregå.
loch [lɔk] sjø, innsjø; vann; nesten lukket fjordarm.
lock [lɔk] lås, lukke; sluse; avlukke; floke, vase; lokk, hårlokk; låse, sperre, stenge; være til å låse; låse inne; binde (kapital), inneslutte; sette bremse på (hjul); **keep under – and key** forvare under lås og lukke, gjemme omhyggelig; **the street was closed by a – of carriages** gaten var sperret av (en mølje av) vogner; **the Rape of the Lock** Lokkeranet (dikt av Pope); **be -ed in prison** bli innesperret i fengsel; – **up** låse ned, låse inne.
lockable [ˈlɔkəbl] som kan låses. **lockage** [ˈlɔkidʒ] slusepenger; slusing. **lock chamber** [ˈlɔktʃeimbə] slusekammer.
Locke [lɔk] (engelsk filosof).
locker [ˈlɔkə] låsbart skap, kiste; kistebenk. – **room** garderobe, omkledningsrom.
locket [ˈlɔkit] medaljong, kapsel.
lock gate [ˈlɔkˈgeit] sluseport.
lock jaw [ˈlɔkdʒɔ:] stivkrampe.
lockkeeper [ˈlɔkki:pə] slusevokter.
lockout [ˈlɔkˈaut] lockout, arbeidsstans.
lock picker [ˈlɔkpikə] dirk.
lock|smith [ˈlɔksmiθ] kleinsmed. **-up** arrest.
loco [ˈləukəu] (amr.) sprø, gal; gjøre gal.
locomotion [ləukəˈməuʃən], bevegelse, befordring, befordringsmåte.
locomotive [ˈləukəməutiv, ləukəˈməutiv] som kan bevege seg, bevegelig; lokomotiv.
locum [ˈləukəm] vikar. – **tenens** [-ˈti:nənz] vikar.
locust [ˈləukəst] gresshoppe; johannesbrødtre.
locution [ləˈkju:ʃən] tale, talemåte, ordlag.
locutory [ˈlɔkjutəri] samtalerom.
lode [ləud] gang, åre; veit. **lodestar, lodestone,** se **load-.**
lodge [lɔdʒ] hytte, hus, (jakt-) villa; portnerhus; losje; leie; samling, gruppe; gi losji, anbringe; sitte fast; gi i forvaring, deponere; oppbevare; framføre (klage mot en); slå ned; losjere, bo, ta inn; **to – in the warehouse** ta inn på lager. – **gate** [ˈlɔdʒgeit] innkjørsel, hovedport (til park). – **keeper** [ˈlɔdʒki:pə] portner.
lodgement [ˈlɔdʒmənt] anbringelse, opphoping; besettelse. **lodger** [ˈlɔdʒə] losjerende, leier.
lodging [ˈlɔdʒiŋ] losji, bolig, kvarter; **live in -s** bo til leie; **take -s** leie værelser.
lodging house [ˈlɔdʒiŋhaus] losjihus, nattherberge.
lodgment [ˈlɔdʒmənt] anbringelse, innsetting, opphoping; besettelse.
loess [ˈləuis] løss.
loft [lɔft] loft, loftsrom; pulpitur; galleri; dueslag, duehus.
loftily [ˈlɔ:ftili, ˈlɔf-] høyt; stolt, overlegent; storslagent; edel. **loftiness** [ˈlɔftinis, ˈlɔ:f-] høyde, høyhet; stolthet. **lofty** [ˈlɔfti] høy, anselig, opphøyd, høyreist, stolt.
log [lɔg] tømmerstokk, kloss, kubbe; logg; loggbok; felle, hogge tømmer; føre inn i loggbok; **sleep like a –** sove som en stein; **it is as easy as falling off a –** det er så lett som fot i hose.
loganberry [ˈləugənberi] loganbær, en krysning av bjørnebær og bringebær.
loganstone [ˈləugənstəun] ruggestein.
logarithm [ˈlɔgəriθm] logaritme.
log|book [ˈlɔgbuk] loggbok. **-cabin** [kæbin] tømmerhytte. – **carriage** sagbenk. – **chute** tømmerrenne.
loge [ləuʒ] losje.
logger [ˈlɔgə] tømmerhogger, skogsarbeider; kubblaster.
loggerhead [ˈlɔgəhed] kloss, staur, kjøtthue; **be at -s** være i tottene på hverandre; **fall to -s** komme i hårene (el. kladdene) på hverandre.
loggerheaded [ˈlɔgəhedid] dum, klosset.
logging [ˈlɔgiŋ] tømmerhogst, skogsarbeid.
log house [ˈlɔghaus] tømmerhus.
log hut [ˈlɔghʌt] tømmerhytte.
logic [ˈlɔdʒik] logikk. – **control** logikkstyring. – **file** (EDB) fil, datasett. **logical** [-l] logisk.
logician [lɔˈdʒiʃən] logiker.
log line [ˈlɔglain] loggline.
logman [ˈlɔgmən] skogsarbeider, tømmerhogger.
logomachist [lɔˈgɔməkist] ordkløyver.
log-rolling [ˈlɔgrəuliŋ] gjensidig reklame; tømmerlunning (som arbeiderne hjelper hverandre med); politisk hestehandel, korrupsjon.
log timber skurlast, skurtømmer.

logwood [ˈlɔgwud] blåtre, Campêche-tre.
loin [lɔin] lend, lendestykke; **-cloth** lendklede. **– of veal** kalvenyrestek.
loiter [ˈlɔitə] drive, slentre, nøle; somle, gi seg god tid; slenge, reke. **loiterer** [ˈlɔitərə] etternøler, dagdriver. **loiteringly** [-riŋli] langsomt. **no loitering** opphold forbudt.
loll [lɔl] lene seg makelig, ligge og dovne seg; henge ut, la henge ut (om tungen).
Lollard [ˈlɔləd] lollard, økenavn på Wicliffs tilhengere.
lollipop [ˈlɔlipɔp] kjærlighet på pinne. **– kids** ≈ skolepatrulje.
lollop [ˈlɔləp] slenge, reke.
lolly [ˈlɔli] kjærlighet på pinne; grunker, gryn.
Lombard [ˈlʌmbəd, ˈlɔmbəd] longobarder, lombarder, lombardisk; **– Street** sentrum for Londons pengemarked. **-ic** [lɔmˈbɑ:dik] lombardisk. **-y** [ˈlʌmbədi, ˈlɔmbədi] Lombardi.
Lon., lon. fk. f. **longitude.**
London [ˈlʌndən] London; londoner-, londonsk. **Londoner** [ˈlʌndənə] londoner.
lone [ləun] enslig, ensom; stusslig. **loneliness** [-linis] ensomhet. **lonely** [ˈləunli] ensom. **loner** [ˈləunə] en som holder seg for seg selv; einstøing. **lonesome** [ˈləunsəm] ensom.
long [lɔŋ] lang, dryg; langvarig; langtrekkende, langtskuende; omstendelig; lenge; **in the – run** i lengden; til sist; **a – time since** for lenge siden; **– ago** for lengst, for lenge siden; **before –** snart, om kort tid; **be – in** ha stor andel i (prosent av) noe; **a – way about** stor omvei; **bill at a – date** veksel på lang tid; **he is – in doing a thing** det varer lenge før han får gjort noe; **will it be –?** varer det lenge? **he won't be –** han vil ikke bli lenge borte; **a – dozen** 13 stk.; **all day –** hele dagen; **the – and the short of it** summa summarum, sannheten kort og godt.
long [lɔŋ] lengte, lenges etter, ønske; **– for, – after** lengte etter; **– to see him** lengte etter å se ham; **longed for** ønsket.
long. fk. f. **longitude.**
long-acting [ˈlɔŋæktiŋ] langvarig, med langtidsvirkning.
longanimity [lɔŋgəˈnimiti] langmod, langmodighet.
longboat [ˈlɔŋbəut] storbåt.
long-distance langdistanse-; rikstelefon; fjern-.
longe [lʌndʒ] støt, utfall; gjøre utfall.
longeval [lɔnˈdʒi:vəl] langlivet.
longevity [lɔnˈdʒeviti] høy alder, lang levetid.
Longfellow [ˈlɔŋfeləu].
longhand [ˈlɔŋhænd] vanlig skrift (mots. **shorthand).**
long-headed [ˈlɔŋˈhedid] langskallet; gløgg, klok, snedig, dreven.
longhorn langhornfe; (amr.) person fra Texas.
longhorned beetle trebukk.
longing [ˈlɔŋiŋ] lengselsfull; lengsel, lengt.
longish [ˈlɔŋiʃ] langaktig, temmelig lenge.
longitude [ˈlɔŋgitju:d] lengde. **west –** vestlig lengde. **longitudinal** [-ˈtju:-] langsgående, lengde-.
longjohns [ˈlɔŋdʒɔ:nz] (amr.) lange underbukser.
longlining linefangst.
long playing (record) langspillplate.
long-range [ˈlɔŋreindʒ] på lang avstand, langdistanse, fjern-; på lang sikt.
long-run langtids-.
long-term langsiktig.
longways [ˈlɔŋweiz] på langs.
long-winded [-ˈwindid] langtekkelig, omstendelig.
longwise [ˈlɔŋwaiz] på langs.
loo [lu:] et slags kortspill; (ute)do, dass.
looby [ˈlu:bi] staur, kloss, fjols.
loof [lu:f] lo, lovart; loffe; luffe.
loofah [ˈlu:fɑ:] frotterhanske, frottersvamp (av lufatrevler), lufa (et slags gresskar).
look [luk] se; se ut, se ut til, synes; vende ut til; **– all wonder** se ganske forbauset ut; **– black** sette opp et sørgelig fjes; **– like** ligne; **my windows – into the garden** mine vinduer vender ut mot hagen; **– about** se seg omkring, lete; **– after** se etter (følge med øynene); passe på, ta seg av; **– at** se på; betrakte; **– for** se etter; vente; forutse; **– forward to seeing** glede seg til å se (møte); **– into** undersøke (nærmere); **what are you looking for?** hva ser De etter? **not looked for** uventet; **– on** se på, se til, være tilskuer; betrakte; **– out** se ut; holde utkik; **– out there** pass på; **– over** se igjennom; se over; overse, tilgi; **– sharp** skynde seg; passe på; **– to** passe på; se hen til; lite på; **I shall – to you for the payment** jeg skal henvende meg til Dem for å få betalingen; **– up** se opp; gå opp; stige (varer); slå opp (i en ordbok); oppsøke, besøke; **he does not – his age** han ser ikke ut til å være så gammel som han er; **– daggers at a person** gjennombore en med øynene.
look [luk] blikk, øyekast, mine, utseende; **I don't like the – of it** jeg syns ikke det ser bra ut; **her good -s** hennes skjønnhet; **I can see by the – of you** jeg kan se på ansiktet ditt.
looker-on [ˈlukərˈɔn] tilskuer.
look-in [ˈlukˈin] raskt blikk; kort visitt.
looking [ˈlukiŋ] utseende.
looking-glass [ˈlukiŋglɑ:s] speil.
look-out [ˈlukˈaut] utkik; vakt; utsyn; utkiksmann; **it is his own –** det får han greie selv, det blir hans sak; **be on the – for** være på utkik etter.
loom [lu:m] vevstol; årelom.
loom [lu:m] vise seg; utydelig omriss, heve seg i avstand, rage opp, ruve, tårne seg opp, se stor ut.
loom [lu:m] teiste (fugl).
loon [lu:n] lømmel, skarv, slamp.
loon [lu:n] lom, imbre (fugl).
loony [ˈlu:ni] fk. f. **lunatic.**
loop [lu:p] løkke, bukt; stropp; hempe; sløyfe; krumning; slå løkke på; feste med en løkke; ligge i løkke; **looping the –** sløyfekjøring (på sykkel e. l.), sløyfeflyging.
looper [ˈlu:pə] måler (slags larve).
loophole [ˈlu:phəul] skyteskår, skytehull; smutthull. **loopholed** [ˈlu:phəuld] med skyteskår.
loop-line [ˈlu:plain] sløyfespor.
loose [lu:s] løse, løse opp; åpne; slippe løs.
loose [lu:s] løs, vid; løstsittende; slunken, løsthengende; i løs vekt; løssloppen; løsaktig, slibrig; **at – ends** i uorden, forsømt; ledig (uten arbeid). **– -limbed** slåpen, lealaus. **loosen** [lu:sn] gjøre løs, løse opp; løsne. **looseness** [ˈlu:snis] løshet; løsaktighet; løs mage.
loosestrife [ˈlu:sstraif] fredløs (plante).
loot [lu:t] plyndring, bytte, hærfang, rov; grunker, gryn, penger; streife om, plyndre, herje, røve.
lop [lɔp] hogge av, kappe, skjære, klippe; av-

hogde grener; henge slapt ned, daske; **– off** hogge av.
lop-eared [ˈlɔpiəd] med hengende ører.
lopper [ˈlɔpə] en som hogger av, kapper.
lopping [ˈlɔpiŋ] avkapping; kvister.
lop-sided [ˈlɔpˈsaidid] skjev, med slagside.
loquacious [ləˈkweiʃəs] snakkesalig.
loquacity [ləˈkwæsiti] snakkesalighet.
loquat [ˈləukwæt] japansk mispel.
Lor [lɔ:] jøsses!
Loraine [ləˈrein] Lorraine.
loran [ˈlɔ:ræn] loran, radionavigasjonssystem, fk. f. **long-range navigation.**
lord [lɔ:d] herre, hersker, lensherre, overherre, lord (medlem av overhuset; tittel); ektemann; kakse; magnat; gjøre til lord, adle; gi lordtittelen; **– spiritual** geistlig medlem av overhuset; **– temporal** verdslig medlem av overhuset; **the -s of (the) creation** skapningens herrer, det sterke kjønn; **the Lord** Herren, Vårherre; **Lord | Chamberlain (of the Household)** hoffmarskalk. **– Chancellor** lordkansler. **– Chief Justice** rettspresident i **Queen's Bench Division of the High Court. – Justice of Appeal** dommer i ankedomstol. **– Keeper of the Great Seal** storseglbevarer. **the -'s Day** søndag; **-'s Prayer** Fadervår; **-'s Supper** alterets sakrament, nattverden; **-'s Table** alterbordet; **the day of the –** den ytterste dag; **in the year of our –** i det Herrens år; **the House of -s** overhuset; **in the -s** i overhuset; **lord it** spille herre(r).
lordlike [ˈlɔ:dlaik] fornem.
lordliness [ˈlɔ:dlinis] fornemhet; adelskap; høy stilling.
lordling [ˈlɔ:dliŋ] svekling av en adelsmann.
lordly [ˈlɔ:dli] fornem; høy, edel; hovmodig, kaut.
Lord Mayor borgermestertittel i visse større byer, srl. London.
lordship [ˈlɔ:dʃip] rang som lord; herredømme over; herskap; **your –** Deres Eksellense, Deres Nåde; herr dommer.
lore [lɔ:] lære, lærdom, vitenskap, kunnskap.
lorgnette [lɔ:nˈjet] teaterkikkert; stanglorgnett.
lorgnon [ˈlɔ:nɔŋ] lorgnett; monokkel; teaterkikkert.
loris [ˈlɔ:ris] lori, dovenape.
lorn [lɔ:n] forlatt, enslig, ensom.
Lorraine [ləˈrein].
lorry [ˈlɔri] lastebil; (åpen) jernbanegodsvogn.
losable [ˈlu:zəbl] som kan mistes.
Los Angeles [lɔsˈændʒiliz, lɔsˈæŋgiliz].
lose [lu:z] tape, miste, gå glipp av, fortape, gå tapt; spille, skusle bort; glemme; **be lost** komme bort; gå tapt; gå seg vill; forlise; (sl.) være håpløs, være helt utafor; **– oneself** gå vill; **– one's temper** bli sint, miste besinnelsen. **there is no love lost between them** de er ikke særlig begeistret for hverandre; **his anger lost him many friends** hans sinne skilte ham av med mange venner; **– the train** komme for sent til toget; **my watch -s five minutes a day** uret mitt saktner 5 minutter i døgnet; **all hands lost** hele besetningen omkommet; **the bill was lost in the Lords** lovforslaget ble forkastet i overhuset.
loser [ˈlu:zə] taper, tapende, en som taper.
losing [ˈlu:ziŋ] tapende; som bringer tap.
loss [lɔs] tap; forlis, undergang, havari; skadebeløp; bortgang (= død); **be at a –** være i villrede; **at a –** med tap.
lost [lɔst] tapt, mistet, bortkommet; forlist; gått glipp av; forkastet; **be – in thought** være i dype tanker; **they fought a – battle** de kjempet en forgjeves kamp; **it was – on him** det var spilt møye, det hadde ikke noen virkning på ham.
lot [lɔt] lodd, skjebne; parti (varer); jordstykke, tomt; masse; mengde, bråte; lodd (jordlodd; lotterilodd); tildele, fordele; **the –** alt, hele mengden, alt sammen; **-s of money** masser av penger; **such a –** for en mengde; **a – of harm** meget skade; **cast -s** kaste lodd; **draw -s** trekke lodd; **it fell to his –** det falt i hans lodd; **cast in one's – with** stå last og brast med; **sell by small -s** selge i småpartier; **a bad –** en dårlig fyr; **a poor –** en stakkar.
loth [ləuθ] uvillig; **nothing –** gjerne.
Lothian [ˈləuðiən].
lotion [ˈləuʃən] vasking, bading; vask, bad; hudstimulerende krem el. vann.
lottery [ˈlɔtəri] lotteri. **– bond** premieobligasjon. **– ticket** loddseddel. **– wheel** lykkehjul.
lotus [ˈləutəs] vannlilje, lotus, lotustre.
louche [ˈlu:ʃ] slesk, falsk, upålitelig.
loud [laud] høy; lydelig, skrikende, høyrøstet, bråkende, larmende; høyt, lytt; grell, avstikkende; **don't speak so –** ikke tal så høyt; **who laughed -est?** hvem lo høyest? **-ly** [ˈlaudli] tydelig; høyt. **-mouth** skrythals. **-mouthed** høyrøstet, brautende, skrytende. **-ness** høyde, lydstyrke; frekvenskompensering, fysiologisk volumkontroll. **-speaker** høyttaler. **-voiced** høyrøstet.
lough [lɔk] d.s.s. **loch.**
lounge [laundʒ] slentre, drive omkring, reke, gå og slenge; lene seg makelig; slå tiden i hjel med å drive; driving, slentring; makelig stilling; makelig dagligstue, salong, vestibyle, hall; promenade; liggestol; sjeselong; støt, utfall (i fekting). **lounger** [ˈlaundʒə] en som driver, dagdriver. **lounging chair** [ˈlaundʒiŋtʃɛə] makelig stol.
lour [lauə] henge truende, true; formørkes. **-ing** skummel. **loury** [ˈlauəri] truende, mørk.
louse [laus] (pl. **lice)** lus. **louse** [lauz] luse, avluse; rote opp, ødelegge, spolere. **lousy** [ˈlauzi] luset; ekkel, motbydelig; møkk-, dritt-; **– with people** full av folk.
lout [laut] slamp, kloss, staur; lute seg.
loutish [ˈlautiʃ] slampet, klosset.
louver, louvre [ˈlu:və] lufthette (med persienneformede sideåpninger). **– -window** lydåpning (klokketårn).
lovable [ˈlʌvəbl] elskelig; elskverdig.
love [lʌv] kjærlighet **(for, of, to** til); elsk, elskhug, elskov; elskede, kjæreste; elske, holde av, være glad i, like; **my –** vennen min, elskede; **he is an old –** han er en elskelig gammel mann; **can I help you –?** kan jeg hjelpe deg småen (el. snuppa, vennen min, frøken, jenta mi etc.); **for the – of God** for Guds skyld; **marry for –** gifte seg av kjærlighet; **in – with** forelsket i; **fall in – with** forelske seg i; **make – to** gjøre kur til, beile; elske; ha samleie med; **send one's –** hilse så mye; **with much – yours** med vennlig hilsen Deres ... (brevslutning); **there is no – lost between them** de er ikke særlig begeistret for hverandre; **play for –** spille om ingen ting (uten innsats); **do it for –** gjøre det gratis; **he wouldn't do it for – or money** han ville ikke verken for gode ord eller betaling; **what a – of**

a dog! for en snill (pen) hund! **I – to do it** jeg liker svært godt å gjøre det.

love | affair [ˈlʌvəfɛə] kjærlighetsaffære. **– child** elskovsbarn, uekte barn. **– knot** kjærlighetssløyfe. **– letter** kjærlighetsbrev. **-lorn** forlatt av sin elskede; elskovssyk.

lovely [ˈlʌvli] yndig, deilig; storartet, vidunderlig.

love-making [ˈlʌvmeikiŋ] kurmakeri, erotikk; klining.

love match [ˈlʌvmætʃ] inklinasjonsparti, kjærlighetsparti.

love nest elskovsrede.

lover [ˈlʌvə] elsker, tilbeder, kjæreste. **–'s lane** kjærlighetssti.

love sick [ˈlʌvsik] elskovssyk.

loving [ˈlʌviŋ] kjærlig, øm.

loving cup [ˈlʌviŋkʌp] festpokal (som går fra munn til munn i et selskap), rundskål.

loving kindness [ˈlʌviŋˈkaindnis] kjærlig hensynsfullhet; godvilje; miskunnhet.

low [ləu] lav; lavmål, bunnrekord; grunn; lavgir, førstegir; sakte, dempet, hul; simpel, tarvelig; ydmyk, dyp; ringe; ussel; låk; **a – bow** et dypt bukk; **the L. Countries** Nederlandene; **reduced to a – condition** temmelig meget på knærne; **buy at a – rate** kjøpe billig; **be in – spirits** være i dårlig humør, være nedfor; **be – in cash** ha smått med penger; **bring –** redusere; **cut –** nedringe (på en kjole); **lay –** slå ned, drepe; begrave; **play –** spille forsiktig.

low [ləu] raute (om kuer); raut(ing).

low|-born [ˈləuˈbɔ:n] av lav ætt. **–-church** lavkirke; lavkirkelig. **–-cost** billig. **– current** svakstrøm. **–-cut** nedringet, utringet. **– date** relativt ny. **– diet** mager kost.

low-down [ˈləudaun] tarvelig, simpel, gemen; kjensgjerninger, (fortrolige el. autentiske) opplysninger.

lower [ˈlauə] = **lour.**

lower [ˈləuə] lavere, nedre, under-; **the Lower House** Underhuset; **the – orders** underklassen; **the – world** underverdenen.

lower [ˈləue] skule, se skummel (el. truende) ut.

lower [ˈləuə] gjøre lavere, senke, senke ned, fire ned; forminske; synke, avta, minke; ydmyke.

lowermost [ˈləuəməust] lavest.

lowland [ˈləulənd] lavland; **the Lowlands** det skotske lavland. **Lowlander** [ˈləuləndə] innbygger i det skotske lavland.

Low Latin vulgærlatin, middelalderlatin.

low-level | bombing bombing fra lav høyde. **– language** (EDB) maskinorientert språk.

lowliness [ˈləulinis] beskjedenhet, ringhet.

lowly [ˈləuli] beskjeden, ydmyk, smålåten, beskjedent.

low|-lying lavtliggende. **–-minded** lavsinnet. **–-necked** nedringet. **-ness** lavhet. **–-priced** billig. **–-spirited** [ˈləuˈspiritid] nedslått, nedtrykt. **–-spiritedness** nedtrykthet.

Low Sunday 1. søndag etter påske.

low tide ebbe, fjære, lavvann.

low-water [ˈləuˈwɔ:tə] lavvanne, lavvanns-; **be in –** være i vanskeligheter, være langt nede; ha smått med penger. **– mark** lavvannsmerke.

loyal [ˈlɔiəl] lojal, tro (mot bestående myndigheter); trofast, redelig; lydig. **loyalist** [ˈlɔiəlist] lovlydig borger, regjeringsvennlig. **loyalty** [ˈlɔiəlti] lojalitet; trofasthet, lydighet.

lozenge [ˈlɔzindʒ] rute, rombe (likesidet, skråvinklet firkant); drops, pastill, brystsukker.

LP fk. f. **long playing (record); L. P., l. p.** fk. f. **low pressure.**

LPG fk. f. **liquefied petroleum gas.**

L.R.A.M. fk. f. **Licentiate of the Royal Academy of Music.**

LRBM fk. f. **long range ballistic missile.**

L. R. C. fk. f. **London Rowing Club; Labour Representation Committee.**

L. R. C. P. fk. f. **Licentiate of the Royal College of Physicians.**

L. R. C. S. fk. f. **Licentiate of the Royal College of Surgeons.**

£ s. d. el. **l. s. d.** el. **L. S. D.** [ˈelesˈdi:] fk. f. **librae** (ɔ: **pounds), solidi** (ɔ: **shillings), denarii** (ɔ: **pence); a question of –** et pengespørsmål; **it is only a matter of –** det kan gjøres (klares), har en bare de nødvendige pengene.

L. S. E. fk. f. **London School of Economics.**

Lt. fk. f. **Lieutenant.**

L. T. A. fk. f. **London Teachers' Association.**

ltd., Ltd. fk. f. **limited.**

lubbard [ˈlʌbəd], **lubber** [ˈlʌbə] kloss, staur, slamp; dårlig sjømann, baljeskipper.

lubberly [ˈlʌbəli] klosset, slampet, slåpen.

lube (oil) [lu:b] (US) smøreolje.

Lubeck [ˈlu:bek] Lübeck.

lubricant [ˈl(j)u:brikənt] smøring, smøreolje. **lubricate** [ˈl(j)u:brikeit] gjøre glatt; smøre. **lubrication** [l(j)u:briˈkeiʃən] smøring; **– chart** smørekart. **lubricating oil** maskinolje, smøreolje. **lubricator** [ˈl(j)u:brikeitə] smøreapparat; smørekopp, smørenippel. **lubricity** [l(j)uˈbrisiti] glatthet, smøreevne; sleiphet, slibrighet.

Lucas [ˈl(j)u:kəs] Lukas.

luce [l(j)u:s] gjedde.

lucent [ˈlju:sənt] lysende, skinnende; gjennomsiktig, klar.

lucerne [luˈsə:n] luserne (plante).

lucid [ˈl(j)u:sid] skinnende, klar, lys, lysende; gjennomsiktig; overskuelig. **lucidity** [lu:ˈsiditi] klarhet, glans.

Lucifer [ˈl(j)u:sifə] morgenstjernen, Venus; Lucifer; satan. **lucifer** fyrstikk. **luciferous** [luˈsifərəs] lysende, lysgivende; opplysende.

luck [lʌk] tilfelle, treff, lykketreff, flaks, slumpelykke, lykke, hell; **bad –** uhell, motgang; **by –** ved et slumpetreff; **be in –** ha hell med seg; **the best of –!** hell og lykke! **worse –!** dessverre! gid det var så vel! **that's my usual –, that's just my –** slik skal det alltid gå meg; **try one's –** forsøke lykken; **more – than judgment** lykken er bedre enn forstanden; **be down on one's –** være i vanskeligheter; **as – would have it** heldigvis; **– turned against her** hellet forlot henne.

luckily [ˈlʌkili] til alt hell, heldigvis.

luckless [ˈlʌklis] ulykkelig, uheldig.

luck penny [ˈlʌkpeni] lykkeskilling.

lucky [ˈlʌki] lykkelig, heldig; **a – hit** et lykketreff; **by a – chance** ved et lykketreff; **– you!** heldiggris! **second time –** bedre lykke neste gang!

lucky bag eller **lucky tub** forundringspakke.

lucrative [ˈl(j)u:krətiv] innbringende, fordelaktig, lønnsom.

lucubrate [ˈl(j)u:kjubreit] studere ved lys (om natten). **lucubration** [lu:kjuˈbreiʃən] (nattlig) studium; lærd verk.

Lucy [ˈlu:si].

lud [lʌd] herre (for: **lord);** du store tid.
luddite [ˈlʌdait] luddist (som søkte å hindre innføring av dampvevstoler); maskinødelegger.
ludicrous [ˈl(j)u:dikrəs] latterlig; pussig, morsom.
luff [lʌf] lo, lovart; forlik (på skonnertseil); luffe.
lug [lʌg] hale, trekke, rykke, ruske; øre, øresnipp; klakk, nakke (på takstein); tulling, fjols; mønsterknast (bildekk); **put the – on** presse penger av (til et formål).
luge [lju:dʒ] enmannskjelke (akesport).
luggage [ˈlʌgidʒ] reisegods, bagasje; føring. **– label, – tag** merkelapp. **– rack** bagasjebrett, bagasjehylle. **– ticket** garantiseddel, reisegodskvittering. **– train** godstog. **– van** bagasjevogn.
lugger [ˈlʌgə] lugger (lite skip).
lug tread knastmønstret slitebane.
lugubrious [luˈgju:briəs] sorgfull, trist, stusslig.
Luke [l(j)u:k] Lukas.
luke, lukewarm [l(j)u:k], ˈl(j)u:kwɔ:m] lunken; behersket, halvhjertet. **lukewarmness** [-nis] lunkenhet.
lull [lʌl] lulle, sulle, bye, bysse; berolige, roe, døyve; stilne, roe seg; stans, opphold; stille periode; døs; stille, havblikk.
lullaby [ˈlʌləbai] voggesang; voggevise.
lulu [ˈlu:lu:] lekker (sak); nydelig jente.
lumachel(le) [ˈlu:məkel] muslingperlemor.
lumbago [lʌmˈbeigəu] hekseskudd, lumbago.
lumber [ˈlʌmbə] tømmer; skrammel, skrap, skrot, rask; fylle opp; skrangle, ramle; være skogsarbeider; **it came -ing down with a crash** det kom styrtende ned med et brak.
lumberer [ˈlʌmbərə] tømmerhogger, skogsarbeider; svindler. **lumbering** [ˈlʌmbəriŋ] tung, klosset, sen i vendingen, langsom; ramling; skogsarbeid; tømmerhandel.
lumber|jack, -man [ˈlʌmbədʒæk, -mən] skogsarbeider, tømmerhandler. **– mill** sagbruk. **– room** pulterkammer, skraploft. **-yard** trelasthandel, trelasttomt.
luminary [ˈl(j)u:minəri] lysende; lysende legeme; lys; **he is no great –** ≈ han har ikke oppfunnet kruttet.
luminous [ˈl(j)u:minəs] lysende, strålende. **– cell** lyscelle. **– dial** selvlysende tallskive. **– hand** selvlysende viser. **– paint** selvlysende maling.
lummy [ˈlʌmi] prektig, herlig, grom, glup; jøss(es)!
lump [lʌmp] klump, masse; stykke; slå sammen; ikke synes om, mislike; **a – of a fellow** en stor rusk; **I felt a – in my throat** jeg kjente en klump i halsen; **a – was rising in his throat** han kunne ikke tale (av bevegelse); **sell by the –** selge rubb og stubb, selge under ett; **– the expenses** dele utgiftene; **– them all together** skjære alle over en kam; **work by the –** arbeide på akkord; **if you don't like it you can – it** hvis du ikke liker det, kan du la være; **– the lighter** bli deponert; **– it down** drikke i en slurk.
lumper [ˈlʌmpə] bryggesjauer.
lump fish [ˈlʌmpfiʃ] rognkjeks, steinbit (fisk).
lumping [ˈlʌmpiŋ] kluntet, klosset, svær.
lumpish [ˈlʌmpiʃ] kluntet, svær, treg, seig.
lump sugar [ˈlʌmpˈʃugə] sukkerbit, raffinade.
lump sum [ˈlʌmpˈsʌm] rund sum, samlet sum, erstatningssum en gang for alle.
lump work akkordarbeid.
lumpy [ˈlʌmpi] kluntet, klosset; krapp.
lunacy [ˈl(j)u:nəsi] månesyke, sinnssyke, galskap.
lunar [ˈl(j)u:nə] måne-, måneformig; distanseobservasjon. **– caustic** lapis, helvetesstein. **– halo** ring rundt månen. **-ian** måneboer. **– probe** månesonde.
lunatic [ˈl(j)u:nətik] sinnssyk, gal. **– asylum** sinnssykeasyl. **– fringe** ekstremister, ytterliggående fanatikere.
lunch [lʌn(t)ʃ] lunsj, formiddagsmat; spise lunsj. **– counter** kvikkbar, lunsjdisk. **– interval** lunsjpause; spisefrikvarter.
luncheon [ˈlʌn(t)ʃən] lunsj (især om en festlig el. offisiell lunsj). **luncheonette** [lʌnʃəˈnet] lett lunsj; lunsjrestaurant, frokostrestaurant.
lunch | packet matpakke. **-time recess** lunsjpause, spisefrikvarter.
lune [l(j)u:n] halvmåneformet gjenstand; halvmåne.
lunette [luˈnet] lunette (slags befestningsverk); flatt urglass; halvsirkelformet hull.
lung [lʌŋ] lunge. **– cancer** lungekreft. **– fever** lungebetennelse.
lunge [lʌn(d)ʒ] støt, utfall; langtom, langreip; leie i langtom; gjøre utfall.
lunged [lʌŋd] forsynt med lunger.
lunitidal [lu:niˈtaidl] tidevanns-.
lupin [ˈl(j)u:pin] lupin.
lupine [ˈlu:pain] ulvaktig; [ˈlu:pin] lupin.
lupus [ˈl(j)u:pəs] lupus.
lurch [lə:tʃ] overhaling, krenging; krenge over; slingre, rave, tumle; **leave in the –** la i stikken; **lie upon the –** ligge på lur; lure.
lurcher [ˈlə:tʃə] kjeltring; krypskytterhund.
lure [l(j)uə] lokkemat, åte; tillokkelse, forlokkelse; forføre, forlokke, lokke.
lurid [ˈl(j)uərid] glødende, flammende; truende, skummel, uhyggelig.
lurk [lə:k] ligge på lur, lure på, lure; **– about** snike seg omkring, luske. **lurking-place** [ˈlə:kiŋpleis] skjulested, smutthull.
luscious [ˈlʌʃəs] søt, smektende, innbydende; søtladen, vammel.
lush [lʌʃ] saftig, yppig, frodig; vammel. **– tenor** smørtenor.
lush [lʌʃ] brennevin, sterk drikk; drikke; full, drukken; fyllesvin.
lust [lʌst] lyst, begjær, lystenhet; føle begjær. **lustful** lysten, vellystig. **lustiness** lystenhet; energi, kraft.
lustration [lʌˈstreiʃən] renselse, lutring.
lustre [ˈlʌstə] glans; prakt; berømmelse; lysekrone. **– cloth** alpakka. **lustreless** [-lis] glansløs, matt.
lustrine [ˈlʌstrin] lystring (slags silkestoff).
lustrous [ˈlʌstrəs] skinnende.
lustrum [ˈlʌstrəm] gammel romersk renselsesseremoni; femårsperiode.
lusty [ˈlʌsti] kraftig, sterk, sprek, energisk.
lute [l(j)u:t] lutt; spille på lutt.
Luther [ˈl(j)u:θə]. **Lutheran** [ˈl(j)u:θərən] luthersk, lutheraner. **Lutheranism** [ˈlu:θərənizm] lutherdom.
luthern [ˈlu:θən] kvistvindu.
luxate [ˈlʌkseit] forvri, bringe ut av ledd. **luxation** [lʌkˈseiʃən] forvridning.
luxe [luks] luksus.
Luxemburg [ˈlʌksəmbə:g] Luxembourg.
luxuriance [lʌgˈʒuəriəns, -gzj-], **luxuriancy** [-si] yppighet, frodighet, overdådighet. **luxuriant** [lʌgˈʒuəriənt, -gzj-] yppig, fyldig, rik.

luxuriate [lʌgˈʒuərieit, -gzj-] vokse frodig; fråtse (**in** i), leve i luksus.
luxuriation [lʌgʒuəriˈeiʃən, -gzj-] frodig vekst.
luxurious [lʌgˈʒuəriəs, -gzj-] luksuriøs, yppig, herlig, praktfull, overdådig. **luxuriousness** [-nis] overdådighet.
luxury [ˈlʌkʃəri] overdådighet, luksus, behagelighet; nytelse, delikatesse, luksusartikkel; **indulge in a –** unne seg en luksus; **live in –** leve omgitt av luksus.
lyceum [laiˈsi:əm] lyceum; lærd skole, latinskole; (US) konsert- og foredragssal.
lye [lai] lut. **– boil** kaustisk soda.
lyer-in [ˈlaiərˈin] barselkone.
lying [ˈlaiiŋ] løgnaktig, løgn.
lying [ˈlaiiŋ] ligging. **– -day** liggedag.
lying-in [ˈlaiiŋˈin] barsel, fødsel; **– hospital** fødselsklinikk.
lymph [limf] vannaktig legemsvæske, lymfe. **– gland** lymfekjertel. **lymphatic** [limˈfætik] lymfekar, lymfatisk. lymfe-.
lyncean [linˈsi:ən] gaupe-, gaupeaktig; skarp.
lynch [linʃ] lynsje. **– law** lynsjjustis.
lynx [liŋks] gaupe.
Lyons [ˈlaiənz] Lyon.
lyre [ˈlaiə] lyre; notestativ.
lyric [ˈlirik] lyrisk; lyrisk dikt; lyrikk; **– poem** lyrisk dikt; **– poet** lyriker; **-s** lyrisk vers, visetekster, sangtekster.
lyrical [ˈlirikl] lyrisk.
lyrist [ˈlirist] lyriker; [ˈlairist] lyrespiller.
lysol [ˈlaisɔl] lysol.

M

M, m [em] M, m, fk. f. **madam; majesty; married; masculine; metre.**
M. fk. f. bl. a. **monsieur; Motor Way.**
'm fk. f. **madam; am.**
M' det samme som Mac (i navn).
M. A. fk. f. **Master of Arts; Military Academy.**
ma [mɑ:] mamma, mor.
ma'am [məm; mɑ:m] frue (brukt i tiltale av tjenere); Deres Majestet (ved hoffet).
Mab [mæb] Mab (fk. f. Mabel); **Queen –** alvedronningen.
Mac [mæk, mək] forstaving i skotske navn, -son, -sen, -søn.
macadam road [məˈkædəm rəud] makadamisert vei (oppkalt etter oppfinneren Mac Adam). **macadamization** [məkædəmaiˈzeiʃən] makadamisering. **macadamize** [məˈkædəmaiz] makadamisere.
macaroni [mækəˈrəuni] makaroni; (gammelt:) spradebasse, sprett, spjert; **– cheese** en pudding med makaroni og ost.
macaronic [mækəˈrɔnik] makaronisk vers (vers i blandingsspråk, f.eks. med latinske ord el. engelske ord med latinske endinger).
macaroon [mækəˈru:n] makron.
macassar [məˈkæsə] makassarolje.
Macaulay [məˈkɔ:li].
macaw [məˈkɔ:] ara (slags papegøye).
Macbeth [məkˈbeθ].
Mac Donald [məkˈdɔnəld].
mace [meis] kølle, stav, septer; morgenstjerne, vekterstav; **M** (US varem.) paralyserende forsvarsgass (på sprayboks). **– -bearer** septerbærer.
mace [meis] muskatblomme.
Macedonia [mæsiˈdəunjə] Makedonia.
macerate [ˈmæsəreit] bløte, bløtgjøre; avmagre, uttære. **maceration** [mæsəˈreiʃən] bløtgjøring, bløting; avmagring.
machinate [ˈmækineit] planlegge, klekke ut, finne på, tenke ut. **machination** [mækiˈneiʃən] planlegging, renke, intrige. **machinator** [ˈmækineitə] renkesmed.
machine [məˈʃi:n] maskin; arbeide på (el. med) maskin, bearbeide, fabrikkere. **machinelike** [məˈʃi:nlaik] maskinmessig. **machinery** [məˈʃi:n(ə)ri] maskineri. **machine-cast** maskinstøpt. **– gun** maskingevær. **– parts** maskindeler. **– tool** verktøymaskin. **machining** maskinbearbeiding, maskinbehandling. **machinist** [məˈʃi:nist] maskinbygger, maskinist.
macho [ˈmækəu; mætʃəu] (US, tal.) (fra spansk macho) mandig, kraftig, viril, (fig.) dum; viril dominanse, styrke, kraft; (fig.) dumhet.
Mach number [mɑ:k] mach (tall) (forholdet mellom et legemes (fly, rakett) hastighet og lydens).
mackerel [ˈmækərəl] makrell, pir. **– gale** sterk kuling.
mackintosh [ˈmækintɔʃ] mackintosh; vanntett tøy; regnfrakk; vanntett.
Maclaren [məkˈlærən].
macrocosm [ˈmækrəkɔzəm] makrokosmos.
macula [ˈmækjulə] plett, flekk. **maculate** [ˈmækjuleit] plette, flekke. **maculation** [mækjuˈleiʃən] makulering, flekkdannelse, flekk.
mad [mæd] sinnssyk, avsindig, gal, rasende, fra vettet; **– with joy** ute av seg selv av glede; **– after (for, upon)** gal etter, forhippet på; **– as a March hare** sprøyte gal; **– as a hatter** splitter gal; **like –** som en gal; **drive –** gjøre gal; **go –** bli gal.
Madagascar [mædəˈgæskə] Madagaskar.
madam [ˈmædəm] frue, frøken (i tiltale).
madame [ˈmædəm] fru (tittel foran utenlandsk dames navn); **Madame Tussaud's** [tuˈsəuz-, təˈsɔ:dz] vokskabinett i London.
madcap [ˈmædkæp] galfrans, galning, villstyring.
madden [ˈmædn] gjøre rasende, drive fra vettet; bli gal. **maddening** [ˈmædniŋ] voldsomt irriterende, til å bli rasende av.
madder [ˈmædə] krapplante; el. rød farge av denne.
madding [ˈmædiŋ] avsindig, rasende, vill, som oppfører seg vanvittig.

made [meid] imperf. og perf. pts. av **make; satt** sammen av, oppdiktet, konstruert; **the bed is –** sengen er oppredd. **– dishes** sammenkokt rett, litt av hvert; **he is a – man** hans lykke er gjort.
Madeira [məˈdiərə]; madeira (vin).
mademoiselle [mædəməˈzel] frøken (tittel brukt om fransk dame, ofte om fransk guvernante).
made-up [meidˈʌp] kunstig, laget, sminket; oppdiktet, konstruert.
madge [mædʒ] tårnugle.
madhouse [ˈmædhaus] sinnssykeasyl, galehus.
madman [ˈmædmən] sinnssyk person, gal.
madness [ˈmædnis] sinnssyke, galskap; raseri.
Madonna [məˈdɔnə] madonna.
Madras [məˈdræs, -ɑ:s].
madrepore [ˈmædripɔ:] stjernekorall.
Madrid [məˈdrid].
madrigal [ˈmædrigəl] madrigal, elskovsdikt.
Maelstrom [ˈmeilstrəm]: **the –** Moskenstraumen i Lofoten. **maelstrom** [ˈmeilstrəum] malstrøm, virvel(-strøm).
Mae West [ˈmeiˈwest] redningsvest til å blåse opp, flytevest.
Mafeking [ˈmæfikiŋ].
maffick [ˈmæfik] juble.
mag [mæg] halvpenny; snakk, snakketøy; pludre, skravle, snakke; **hold your –** hold snavla.
magazine [mægəˈzi:n] magasin, tidsskrift; depot; (film)kassett; magasinere, oppsamle. **– rifle** magasingevær. **magazinist** [-ˈzi:nist] medarbeider ved tidsskrift.
Magdalen [ˈmægdəlin]; **a m.;** en angrende synderinne.
mage [meidʒ] mager; trollmann.
Magellan [məˈgelən]; **the Strait of –** Magellanstredet.
maggot [ˈmægət] larve, maddik, mark, åme; innfall, lune, grille; **just as the – bites her** etter som det faller henne, helt etter innfall.
magotty [ˈmægəti] full av mark; lunefull.
Magi [ˈmeidʒai] magere (pl. av **magus); the Magi** de hellige tre konger, vismennene fra Østerland. **magian** [ˈmeidʒən] magisk; mager.
magic [ˈmædʒik] tryllekunst, trolldom; magisk, forhekset, trolsk; **as if by –** som ved et trylleslag. **– carpet** flygende teppe. **– eye** trolløye. **– lantern** lanterna magica. **– wand** tryllestav.
magical [ˈmædʒikl] magisk. **magician** [məˈdʒiʃən] tryllekunstner, trollmann.
magisterial [mædʒiˈstiəriəl] øvrighets-; skolemester-, overlegen, hoven. **– court** ≈ forhørsrett. **magistracy** [ˈmædʒistrəsi] embetsverdighet, magistrat. **magistrate** [ˈmædʒistreit] øvrighetsperson; fredsdommer, politidommer.
Magna Charta [ˈmægnəˈkɑ:tə] (det store engelske frihetsbrevet fra 1215) ≈ frihetsbrev.
magnanimity [mægnəˈnimiti] høymodighet, storsinnethet. **magnanimous** [mægˈnænimәs] høymodig, høysinnet.
magnate [ˈmægneit] stormann, storkar, magnat.
magnesia [mægˈniʃə] magnesia.
magnesium [mægˈni:ziəm] magnesium. **– light** magnesiumslys.
magnet [ˈmægnit] magnet. **– coil** magnetspole. **– core** magnetkjerne. **magnetic** [mægˈnetik] magnetisk; besettende, hypnotisk. **– core memory** magnetkjernehukommelse. **– deviation** kompassmisvisning. – **disk** (EDB) magnetplate, plate, disk. **– field** magnetisk kraftfelt. **– head** lydhode (på båndopptaker). **– iron ore** magnetjernstein. **magnetics** [mægˈnetiks] læren om magnetisme. **magnetism** [ˈmægnitizm] magnetisme, tiltrekningskraft. **magnetize** [ˈmægnitaiz] magnetisere. **magnetizer** [ˈmægnitaizə] magnetisør.
magneto [mægˈni:təu] magnet (i motor).
magnification [-ˈkei-] forstørrelse, forstørring.
magnificence [mægˈnifisəns] prakt, herlighet. **magnificent** [mægˈnifisənt] storartet, praktfull.
magnifier [ˈmægnifaiə] forstørrelsesglass, lupe; forsterker (radio).
magnify [ˈmægnifai] forstørre, forøke, forsterke; overdrive; lovprise. **-ing glass** [ˈmægnifaiiŋˈglɑ:s] forstørrelsesglass, lupe.
magniloquence [mægˈniləkwəns] svulstighet, skryt, store ord. **magniloquent** [mægˈniləkwənt] svulstig, brautende.
magnitude [ˈmægnitju:d] størrelse, størrelsesorden; viktighet, vekt.
magnolia [mægˈnəuljə] magnolia.
magnum [ˈmægnəm] magnumflaske.
magnum bonum [ˈmægnəm ˈbəunəm] magnum bonum (slags stor potet, plomme osv.).
magpie [ˈmægpai] skjære; (fig.) skravlekopp.
magus [ˈmeigəs] (pl). **magi** [-dʒai] mager; trollmann.
Magyar [ˈmægjɑ:] madjar; madjarsk.
Maharaja [mɑ:həˈrɑ:dʒə] maharajah (indisk fyrste).
Maharanee [mɑ:həˈrɑ:ni] maharani (indisk fyrstinne).
mahatma [məˈhætmə] stor sjel, mahatma.
Mahdi [ˈmɑ:di] Mahdi (muhammedansk Messias).
mahlstick [ˈmɑ:lstik] malerstokk.
mah-jong [ˈmɑ:dʒɔŋ] (kinesisk spill).
mahogany [məˈhɔgəni] mahogni, mahognitre.
Mahomet [məˈhɔmit] Muhammed. **Mahometan** [məˈhɔmitən] muhammedansk; muhammedaner. **Mahometanism** [məˈhɔmitənizm] muhammedanisme.
mahout [məˈhaut] elefantfører.
maid [meid] jomfru; jente, pike, hushjelp; **--of-all-work** enepike; **– of honour** hoffdame; brudens forlover.
maiden [ˈmeidn] jomfru, pike, jente; jomfruelig, uberørt, ren; **– name** pikenavn; **– speech** jomfrutale, et medlems første tale; **– trip** jomfrutur, første reise.
maidenhair [ˈmeidnhɛə] burkne, murburkne; venusadiantum, venushår.
maidenhead [ˈmeidnhed] jomfrudom, møydom.
maiden|hood [ˈmeidnhud] jomfruelighet, jomfrustand. **-like** jomfruelig; jomfrunalsk. **maidenliness** [ˈmeidnlinis] jomfruelighet. **maidenly** [ˈmeidnli] jomfruelig, ærbar.
maidhood [ˈmeidhud] = **maidenhood.**
maid in waiting hoffdame.
maidservant [ˈmeidsə:vənt] tjenestepike, hushjelp.
mail [meil] panser, brynje; pansre; **coat of –** panserskjorte; **-ed fist** pansret neve.
mail [meil] post; postsekk, brevsekk; brevpost, sende med posten; **by to-day's –** med posten i dag; **by return of –** omgående.
mailable [ˈmeiləbl] som kan sendes med posten.
mail|bag [ˈmeilbæg] postsekk. **-cart** postvogn; barnevogn (for noe større barn), promenadevogn. **– coach** postvogn. **– guard** postfører. **mailing | list** forsendelsesliste. **– machine** adresse-

ringsmaskin; frankeringsmaskin. **mail|man** (US) postbud. **– order** postordre. **– slot** brevsprekk. **– train** posttog.
maim [meim] lemleste, skamslå, skamfere, kveste.
main [mein] kraft, makt, styrke; hovedledning; hoveddel, hovedmasse; hovedsak; hav, verdenshav; fastland, kontinent; hoved-, stor-; **with might and –** av all makt, av alle krefter, anspent; **for the –, in the –** for største delen; i hovedsaken; hoved-, vesentligst, viktigst; **the – chance** egen fordel, et godt parti; **– line** hovedlinje (av jernbane); **the – opinion** den rådende mening; **by – force** med makt; **– sea** rom sjø; **the – stress** hovedvekten. **– brace** storbras. **– deck** hoveddekk; øverste dekk. **– drain** hovedkloakk. **– drive** drivaksel, hovedaksel. **– floor** første etasje.
mainland [ˈmeinˈlænd] fastland. **mainly** [ˈmeinli] hovedsakelig. **mainmast** [ˈmeinmɑːst] stormast.
main | plot hovedhandling. **– road** hovedvei.
mains hovedledninger; lysnett.
main|sheet storskjøt. **-spring** hovedfjær, drivfjær.
maintain [menˈtein, mən-, mein-] holde, opprettholde, bevare, håndheve, forsyne, vedlikeholde, hevde, holde i hevd, fastholde, forsvare; underholde, understøtte, ernære. **maintainable** [-əbl] holdbar. **maintainer** [-ˈteinə] forsvarer, hevder, forsørger. **maintenance** [ˈmeintinəns] vedlikehold, reparasjon; forsvar; underhold, understøttelse, underholdningsbidrag, opprettholdelse, hevdelse. **– allowance** diett, kostpenger. **– cost** vedlikeholdsutgifter.
main|top [ˈmeintɔp] stormers. **– yard** [-jɑːd] storrå.
maize [meiz] mais; maisgult. **– meal** maismel. **– yellow** maisgult.
Maj. fk. f. **Major.**
majestic [məˈdʒestik] majestetisk. **majesty** [ˈmædʒisti] majestet. **His Majesty** Hans Majestet.
majolica [məˈjɔlikə] majolika (slags fajanse).
major [ˈmeidʒə] større, eldre; størst (av to); dur (i musikk), major; fullmyndig; (temmelig) viktig; hoved-, hovedfag; å ta hovedfag; **a – error** en alvorlig feil; **– -domo** [ˈmeidʒəˈdəuməu] major domus, rikshovmester; hushovmester. **– general** [ˈmeidʒəˈdʒənərəl] generalmajor. **– subject** hovedfag.
Majorca [məˈdʒɔːkə, məˈjɔːkə].
majority [məˈdʒɔriti] stilling som major; fullmyndighet; majoritet; **have a –** være i majoritet, ha flertall; **join the –** gå all kjødets gang; dø.
major | league (US baseball) ≈ 1. divisjon. **– repair** større reparasjon. **– road** hovedvei (med forkjørsrett).
majorship [ˈmeidʒəʃip] majors rang el. stilling.
majuscule [məˈdʒʌskjuːl] majuskel, stor bokstav.
make [meik] gjøre; lage, fabrikere, gjøre i stand, få til, få isammen, forferdige, skape, danne, tilberede; la bringe til; gjøre til, utnevne til; utgjøre, fremstille; tjene; bli; tilbakelegge (om distanse); **made in England** engelsk fabrikat; **– the cards** stokke, blande og gi kort; **– cheer** være munter; **– good cheer** spise godt; **– head** avansere, gå fram; **– a hit** gjøre lykke, slå igjennom; **– one's mark** bli berømt; **– a mess of it** ødelegge det hele; **– money** tjene penger, bli rik; **– the most of** få mest mulig ut av; **– much of** sette stor pris på, sette høyt, like godt; **– a night of it** more seg hele natten; **he -s nothing of** han regner det ikke for noe at; **– peace** slutte fred; **– a point of** legge stor vekt på; **– reply** svare; **– a speech** holde en tale; **– war** føre krig; **– good** syne, bevise; holde, oppfylle; virkeliggjøre, utføre, vinne inn igjen; **– good a charge** bevise en anklage; **– oneself scarce** stikke av; **how much does it –?** hvor mye beløper det seg til? **– believe** få til å tro, innbille; **I – the sum larger than you do** jeg regner beløpet for større enn De gjør; **what time may you – it?** hvor mange er Deres klokke? når kan De komme? **– friends** bli gode venner; **he will never – an officer** han blir aldri offiser; **– out** greie, skjønne; tyde, tolke, legge ut; få fram; få ut av; skaffe; **I cannot – him out** jeg vet ikke hva jeg skal tro om ham; **he was not able to – out the money** han var ikke i stand til å skaffe pengene til veie; **– over** overdra, avhende; **– up** utgjøre, representere; være, avfatte, oppstille, lage, oppdikte; forestille; sette sammen; tilberede; få i stand; bilegge; gjøre opp; sminke (seg); **– up for** erstatte, vinne inn, innhente; oppveie; **we made it up** vi ble gode venner igjen; **– up one's mind** ta en beslutning, beslutte seg til; **– up for the lost time** innhente det forsømte; **– for** ta retning, sette kursen for; **– as if** late som om; **– off** skynde seg bort, løpe bort; **he is not so bad as people – out** han er ikke så dårlig som folk vil ha ham til.
make [meik] fabrikasjon, fabrikat, merke; kroppsbygning, form, bygning, lag, snitt.
make [meik] (skot.) kamerat, felle, like.
makeable [ˈmeikəbl] gjørlig.
make believe [ˈmeikbiliːv] skinn, påskudd; på liksom, påtatt.
maker [ˈmeikə] fabrikant, produsent, skaper.
makeshift [ˈmeikʃift] nødmiddel, surrogat, midlertidig hjelpemiddel.
make-up [ˈmeikʌp] utstyr, ytre; maske, forkledning, sminke; sammensetning, beskaffenhet; personlighet, egenart; komediespill, løgnhistorie.
makeweight [ˈmeik-] tillegg til noe, som gis attpå.
making [ˈmeikiŋ] fremstilling, tilblivelse, laging, fabrikasjon; **that was the – of him** det grunnla hans lykke; **there is the – of a good soldier in him** det er stoff til en god soldat i ham.
making-up ferdiggjøring, klargjøring; innpakking; sminking. **– price** avviklingskurs.
Malacca [məˈlækə] Malakka.
malachite [ˈmæləkait] malakitt (grønt mineral).
maladjustment [ˈmæləˈdʒʌstmənt] dårlig tilpasning, dårlig ordning; miljøskade.
maladministration [ˈmælədminiˈstreiʃən] vanstyre, dårlig ledelse.
maladroit [ˈmælədrɔit] ubehendig, trehendt, klønet, klosset.
malady [ˈmælədi] sykdom.
mala fide [ˈmeiləˈfaidi] ikke i god tro.
Malagasy [mæləˈgæsi] (mada)gassisk; (mada)gasser.
malaise [mæˈleiz] illebefinnende, utilpasshet.
malapert [ˈmæləpəːt] nesevis.
malaprop [ˈmæləprɔp] latterlig feilbruk av ord, språkbommert. **Mrs. Malaprop** person i Sheridans The Rivals som bruker ordene galt. **malapropism** [ˈmæləprɔpizm] d. s. s. **malaprop.**
malapropos [ˈmælˈæprəpəu] malapropos, i utide, på urette sted.
malar [ˈmeilə] (kinn)bein.

malaria [mə'lɛəriə] malaria, sumpfeber. **malarial** [mə'lɛəriəl], **malarious** [-riəs] som hører til malaria, usunn.
Malay [mə'lei] malayer. **Malaya** [mə'leiə]. **Malayan** [mə'leiən] malayisk.
Malcolm ['mælkəm].
malcontent ['mælkən'tent] misfornøyd, misnøyd. **malcontented** [mælkən'tentid] misfornøyd, misnøyd.
mal de mer sjøsyke.
male [meil] mannlig, hann-, manns-, maskulin; **– child** guttebarn. **– (voice) choir** mannskor.
malediction [mæli'dikʃən] forbannelse, våbønn.
malefactor [mæli'fæktə] forbryter, illgjerningsmann.
malefic [mə'lefik] ulykkesbringende.
maleficent [mə'lefisnt] ond, skadelig.
male line sverdside; mannslinje.
malevolence [mə'levələns] uvilje, ondskap.
malevolent [mə'levələnt] ondskapsfull, skadefro.
malfeasance [mæl'fi:zəns] mislighet, myndighetsmisbruk, embetsmisbruk.
malformation [mælfɔ:'meiʃən] misdannelse.
malformed [mæl'fɔ:md] vanskapt, misdannet.
malfunction [mæl'fʌn(k)ʃən] funksjonsfeil; klikke (om skytevåpen).
malice ['mælis] ondskap, hat, skadefryd; nag; forbrytersk hensikt; **with –** overlagt.
malicious [mə'liʃəs] ondskapsfull, ondsinnet, skadefro, sjikanøs. **– damage** hærverk.
maliferous [mə'lifərəs] ondartet, farlig.
malign [mə'lain] ondskapsfull, ond, vond; tale ille om, baktale, rakke ned på; illevarslende, skjebnesvanger; ondartet. **malignancy** [mə'lignənsi] ondskap. **malignant** [mə'lignənt] ondskapsfull; ondartet. **maligner** [mə'lainə] baktaler. **malignity** [mə'ligniti] ondskap.
malinger [mə'liŋgə] simulere, skulke. **malingerer** [mə'liŋgərə] simulant.
malism ['meilizm] pessimisme, læren at verden i grunnen er ond.
malison ['mælizən, -sən] forbannelse.
malkin ['mɔ:(l)kin] skureklut; fugleskremsel.
mall [mel, mæl] spasergang, allé; **the M.** en allé i St. James's park i London.
mall [mɔ:l] langskaftet klubbe, trehammer; banke med trehammer.
mallard ['mæləd] villandrik; villand, stokkand.
malleable ['mæljəbl] som kan smies, strekkes; bøyelig, plastisk. **malleate** ['mælieit] hamre. **malleation** [mæli'eiʃən] uthamring.
mallet ['mælit] klubbe, trehammer.
mallow ['mæləu] kattost, malva.
malmsey ['mɑ:mzi] malvasier (slags vin).
malnutrition ['mælnju'triʃən] dårlig kost, ernæring, mangelfull ernæring.
malodorant [mæ'ləudərənt] illeluktende stoff; stinkende, illeluktende.
malpractice [mæl'præktis] uaktsomhet, mislighet, pliktforsømmelse.
malt [mɔ(:)lt] malt; øl; malte, melte.
Malta ['mɔ(:)ltə].
malt dust ['mɔ:ltdʌst] maltspirer.
Maltese ['mɔ:l'ti:z] maltesisk, malteser-; malteser.
malt floor ['mɔ:ltflɔ:] maltloft; maltlag.
malt house ['mɔ:lthaus] malteri.
Malthus ['mælθəs]. **-ian** [mæl'θju:ʒən] malthusiansk; malthusianer.
maltreat [mæl'tri:t] mishandle. **maltreatment** [-mənt] mishandling.
maltster ['mɔ:ltstə] malter. **malty** ['mɔ:lti] malt-; maltlignende.
malty ['mɔ:lti] maltaktig, som smaker av malt.
malversation [mælvə'seiʃən] slett oppførsel; utroskap; embetsforbrytelse; bestikkelighet; underslag.
Ma'm [məm] frue (i tiltale).
mam [mæm], **mama** [mə'mɑ:] se **mamma.**
mamma [mə'mɑ:] mamma.
mamma ['mæmə] spene, patte, bryst. **mammal** ['mæməl] (pl.) **mammalia** [mæ'meiliə] pattedyr. **mammary** bryst-. **mammilla** brystvorte.
mammon ['mæmən] mammon; penger. **mammonist** ['mæmənist]. **mammonite** ['mæmənait] mammondyrker.
mammoth ['mæməθ] mammutdyr; diger, svær, kjempe-.
mammy ['mæmi] mor, mamma; negerkvinne (især om aldrende negerkvinne).
man [mæn] menneske, mann; tjener; menneskeheten; arbeider, mannskap; elsker; brikke (i spill); bemanne; manne opp; **the old –** den gamle, gamlen = faren; **– about town** levemann, herre på byen; **every – for himself** redde seg den som kan; **– of business** forretningsmann; **– of colour** neger; **– of letters** lærd; forfatter; **– -of-all-work** faktotum, altmuligmann, tusenkunstner; **– of many words** en som bruker mange ord; **– of his word** en som en kan stole på; **be one's own –** være sin egen herre; være ved sine fulle fem; **– of the world** verdensmann; **to a –, every – Jack** alle som én; **– and boy** fra barndommen av; **when I am a –** når jeg blir voksen; **the fall of –** syndefallet; **the rights of –** menneskerettighetene.
Man [mæn] Man; **the Isle of –** øya Man.
manacle ['mænəkl] håndjern; sette håndjern på, legge i lenker; tynge, hemme.
manage ['mænidʒ] håndtere, lede, administrere, forestå, forvalte, disponere, styre, behandle, manøvrere, klare, greie, overkomme, spare på, holde hus med; temme, ride til, avrette; **I suppose it can be -d** det kan nok la seg ordne; **they all -d to get out** det lykkes alle å slippe ut.
manageability [mænidʒə'biliti] medgjørlighet; påvirkelighet. **manageable** ['mænidʒəbl] medgjørlig.
managed currency kunstig regulert valuta.
management ['mænidʒmənt] behandling, betjening; bestyrelse, styre, ledelse; administrasjon, direksjon, forvaltning; ledersjikt; takt, klokskap. **– by objective** målstyring.
manager ['mænidʒə] leder, bestyrer, avdelingssjef, disponent, direktør; en som manøvrerer med takt og klokskap; impresario, arrangør. **– disease** stress, direktørsyke; hjerteinfarkt. **managerial** [mæni'dʒiəriəl] bestyrelses-, styre-, leder-, direktør-.
manager owner ≈ selvstendig næringsdrivende.
managing ['mænidʒiŋ] ledende, bestyrende; **managing director** administrerende direktør.
man alive ['mænə'laiv] er du fra vettet!
man-at-arms ['mænət'ɑ:mz] krigsmann; tungtvæpnet soldat.
Manchester ['mæntʃistə]; **the – school** ɔ: frihandelspartiet.
man-child ['mæntʃaild] guttebarn.
Manchu [mæn'tʃu:] mandsju; mandsjuisk.

Manchuria [mæn'tʃuəriə] Mandsjuria.
manciple ['mænsipl] leveringsmann, forvalter, en som skaffer forsyninger til et college osv.
mandamus [mæn'deiməs] (jur.) ordre; utstede ordrer til.
mandarin ['mændərin] mandarin.
mandatary ['mændətəri] mandatar (den som har fullmakt), fullmektig, ombudsmann.
mandate ['mændeit] mandat(område), pålegg, ombud, befaling; fullmakt.
mandatory ['mændətəri] bydende; påbudt; obligatorisk; mandat-, fullmakts-.
mandible ['mændibl] kjeve, kjeve(bein).
mandolin ['mændəlin] mandolin.
mandrake ['mændreik] alrune.
mandrel ['mændrəl] spindel (på dreiebenk); dor; kilhakke. – **stock** spindeldokk.
mandrill ['mændril] mandrill (slags bavian).
manducable ['mændjukəbl] som kan tygges, spises. **manducate** ['mændjukeit] tygge; spise.
mane [mein] manke, man, faks. **-d** med manke.
man-eater ['mæni:tə] menneskeeter; menneskeetende tiger; vamp.
manege [mə'neiʒ] ridekunst; ridebane, rideskole.
manes ['meini:z] manes, de avdødes sjeler.
maneuver (US) = **manoeuvre.**
man Friday Robinson Crusoes innfødte tjener Fredag; (fig.) trofast tjener.
manful ['mænf(u)l] mandig, karslig, tapper.
manganese [mæŋgə'ni:z] mangan.
mange [mein(d)ʒ] skabb (utslett).
manger ['mein(d)ʒə] krybbe.
manginess ['mein(d)ʒinis] skabbethet.
mangle ['mæŋgl] lemleste, sønderrive, rive sund.
mangle ['mæŋgl] rulle, mangle (tøy); rulle. – **board** manglebrett.
mango ['mæŋgəu] mango (indisk frukt).
mangrove ['mæŋgrəuv] mangrovetre.
mangy ['mein(d)ʒi] skabbet.
manhandle ['mænhændl] mishandle, maltraktere; behandle med håndkraft, bakse med; **-d** medtatt.
manhater ['mænheitə] menneskehater.
Manhattan [mæn'hætən] Manhattan; en slags cocktail.
manhaul ['mænhɔ:l] trekke med håndkraft.
manhole ['mænhəul] mannhull (i dampkjele). – **cover** manhullslokk; kloakklokk, kumlokk.
manhood ['mænhud] menn, mannlig befolkning; manndom, manndomsalder; **grow to** – vokse opp til mann.
mania ['meinjə] vanvidd, galskap; mani.
maniac ['meiniæk], **maniacal** [mə'naiəkl] vanvittig, gal, avsindig.
manicure ['mænikjuə] manikyr, pleie av hender og negler; manikyrere, pleie hender og negler. **manicuring** ['mænikjuəriŋ] håndpleie. **manicurist** ['mæ-] manikyrist.
manifest ['mænifest] tydelig, klar, grei, åpenbar; nøyaktig liste over skipslast, tolloppgivelse; spesifikasjon; åpenbare, tilkjennegi, legge for dagen, kunngjøre, anmelde (varer for tollvesenet). **manifestable** ['mæni'festəbl] som kan angis. **manifestant** [mæni'festənt] demonstrant. **manifestation** [mænifes'teiʃən] åpenbaring, demonstrasjon, utslag, manifestasjon, uttrykk. **manifesto** [mæni'festəu] manifest, erklæring.
manifold ['mænifəuld] mangfoldig, mangfoldiggjøre, duplisere; grenrør, samlerør; gjennomslag, kopi. – **writer** stensilmaskin, duplikator.
manikin ['mænikin] mannsling; leddedukke, utstillingsfigur.
Manila [mə'nilə]; manilasigar.
manioc ['mæ-, 'mei-] maniok, kassava.
maniple ['mænipl] manipel; romersk kompani.
manipulate [mə'nipjuleit] behandle, håndtere, utføre; manipulere. **manipulation** [mənipju'leiʃən] håndtering, behandling, manipulasjon. **manipulative** som utføres med håndgrep.
Manitoba [mæni'təubə].
manitou ['mænitu:] manitu, slags guddom el. fylgje hos indianerne.
mankiller ['mænkilə] drapsmann.
mankind [mən'kaind] menneskehet, menneskeslekt; [også 'mænkaind] hannkjønn(et).
Manks = Manx.
manlike ['mænlaik] menneskelignende, som en mann, mannlig; mandig, karslig; mannhaftig.
manliness ['mænlinis] mandighet.
manly ['mænli] mandig.
man-mountain ['mænmauntin] kjempe.
manna ['mænə] manna.
manned [mænd] bemannet.
mannequin ['mænikwin] mannequin. – **show** mannequinoppvisning.
manner ['mænə] manér, skikk, vis, måte, lag, framferd, sedvane, stil; **-s** oppførsel, folkeskikk, manérer; **all – of things** alle mulige ting; **by no – of means** på ingen måte, under ingen omstendigheter, slett ikke; **in a (certain) –** på en måte; **in a – of speaking** i parentes bemerket; **in this –** på denne måte; **he has no -s** han eier ikke folkeskikk; **ways and -s** skikk og bruk; **where are your -s** hvordan er det du oppfører deg; **-s please** oppfør deg ordentlig; **as to the – born** som skapt til det. **mannered** ['mænəd] med ... seder; av ... seder; kunstlet, affektert, tilgjort, maniert.
mannerism ['mænərizm] manér, unatur, affektasjon; manierthet. **mannerist** ['mænərist] manierist.
mannerless ['mænəlis] uoppdragen, ubehøvlet.
mannerliness ['mænəlinis] god tone, folkeskikk.
mannerly ['mænəli] veloppdragen, høflig.
mannikin ['mænikin] mannsling, dverg; (kunstners) leddedukke; fantom; utstillingsfigur.
manning bemanning.
mannish ['mæniʃ] maskulin, mannhaftig.
manoeuverability [-'bi-] manøvredyktighet, manøvrerbarhet. **manoeuvre** [mə'nu:və] manøver; manøvrere.
man-of-war [mænə(v)'wɔ:] krigsskip, orlogsskip.
man-of-war bird fregattfugl.
manometer [mə'nɔmitə] trykkmåler.
manor ['mænə] landgods, hovedgård, herregård; **lord of the –** godseier. – **house** herregård.
manorial [mə'nɔ:riəl] herskapelig, herregårds. – **dues** føydalavgift.
man power samlede menneskemateriell; arbeidskraft, håndkraft; kraftenhet = 1/8 el. 1/10 hestekraft.
mansard ['mænsɑ:d, -səd] el. – **roof** mansard-tak; brutt tak.
manse [mæns] (skot.) prestegård.
mansion ['mænʃən] våning, herregård, palé, herskapsbolig. **the M. House** embetsbolig i London for Lord Mayor.
manslaughter ['mænslɔ:tə] (uaktsomt) drap.
manslayer ['mænsleiə] drapsmann.

mansuetude [ˈmænswitju:d] mildhet.
manta [ˈmæntə] dekken, teppe; djevelrokke.
mantel [ˈmæntl] kamingesims. **-piece,** el. **-shelf** kamingesims, kaminhylle, peishylle.
mantic [ˈmæntik] profetisk.
mantilla [mænˈtilə] mantilje, kort silkekåpe.
mantis [ˈmæntis]: **praying –** kneler (insekt).
mantle [ˈmæntl] kappe, kåpe, teppe; glødenett (i lamper); dekke til, bedekke, innhylle; skjule.
mantlet [ˈmæntlit] liten kåpe; skuddsikkert skjermtak.
man-trap [ˈmæntræp] fotangel, saks, felle, fallgruve.
manual [ˈmænjuəl] som utføres med hendene, manuell; manuelt arbeid; håndbok, lærebok, reglement. **– alphabet** fingeralfabet. **– exercise** håndgrep. **– goods** avsettelige varer. **– labour** kroppsarbeid, håndkraft. **– letters** fingeralfabet. **– operation** håndbetjening. **– training** ferdighetsfag, håndarbeidsfag.
manufactory [mænjuˈfæktəri] fabrikk, fabrikasjon. **manufactural** [mænjuˈfæktʃərəl] fabrikk-. **manufacture** [-ˈfækʃə] fabrikasjon, fabrikat, industri, industrivare; fabrikere, tilvirke, lage, produsere, opparbeide; finne på. **-d goods** ferdigvarer. **manufacturer** [-ˈfæktʃərə] fabrikant. **manufacturing industry** fabrikkindustri, industrinæring.
manumission [mænjuˈmiʃən] frigivelse (av slave). **manumit** [mænjuˈmit] gi (slave) fri.
manure [məˈnjuə] gjødsle; gjødning, gjødsel, møkk. **– distributor** gjødselspreder. **– heap** gjødseldynge. **manurial** [məˈnjuəriəl] gjødnings-.
manuscript [ˈmænjuskript] håndskrevet, i manuskript; håndskrift, manuskript.
Manx [mæŋks] mansk, fra Man. **– cat** mankatt (haleløs katteart). **Manxman** [ˈmæŋksmən] beboer av Man.
many [ˈmeni] mang en, mangt, mange; mengde; **this – a day, for – a long day** på lange tider; **as – again** en gang til så mange; **he is one too – for me** han er meg for sterk; **I have not seen him these – years** jeg har ikke sett ham på mange år; **six mistakes in as – lines** seks feil på seks linjer; **we were packed up like so – herrings** vi var stuet sammen som sild i en tønne; **the –** flertallet, mengden; **a good –, a great –** en mengde. **– -coloured** mangefarget. **– -cornered** mangekantet. **– -headed** [ˈmenihedid] mangehodet. **– -sided** mangesidet; mangesidig.
Maori [ˈmauri] maori; maori-.
map [mæp] kart; landkart; tegne kart; kartlegge; planlegge; **it is off the –** det er ute av bildet, det er forsvunnet; avsides; **put on the –** nedtegne på kartet; gjøre kjent.
mapping [ˈmæpiŋ] karttegning.
maple [ˈmeipl] lønn (tre). **– leaf** lønneblad (Canadas nasjonalsymbol). **– tree** lønnetre.
maquette [mæˈket] utkast, skisse, modell i leire el. voks.
Maquis [mɑːˈkiː] betegnelse for den franske hjemmefrontbevegelse, hjemmefronten. **Maquisard** medlem av makien.
mar [mɑː] skjemme, lyte, vansire, spolere; **make or – him** bestemme hans skjebne, skape eller ødelegge hans framtid.
marabou [ˈmærəbuː] marabustork.
maraca [məˈrɑːkə] maracas (rytmeinstrument).
maraschino [mærəsˈkiːnəu] maraskino (en kirsebærlikør).
maraud [məˈrɔːd] marodere, plyndre, streife om på rov; plyndretog. **marauder** [məˈrɔːdə] marodør. **marauding** [-diŋ] plyndring; plyndrende.
marble [ˈmɑːbl] marmor, kunstverk av marmor; klinkekule; gravstein; marmorere; åre; **loose one's –** (sl.) bli tussete, miste vettet; **play -s** spille kuler.
marbled marmorert.
marble | slab marmorplate. **– tablet** marmortavle. **– -topped** med marmorplate.
marc [mɑːk] mask, pulp (rester etter pressing av druer); druebrennevin.
March [mɑːtʃ] mars; **– hare** ung (og vilter) hare; **– mad** sprøyte gal.
march [mɑːtʃ] grense, grensebygd; avgrense.
march [mɑːtʃ] marsjere, rykke fram; la bryte opp; marsjere fram med, bryte opp med; marsjgang; framskritt, utvikling; **forced –** ilmarsj; **– of events** begivenhetenes gang; **on the –** på marsj; **they -ed him off** dro (el. slepte) ham av gårde; **– on London** marsjere mot London. **steal a – upon** komme ubemerket i forkjøpet, snike seg til en fordel over.
marching [ˈmɑːtʃiŋ] marsj-; **– -off** avmarsj; **– order** marsjordre; marsjorden; **in full – order** med full opp-pakning.
marchioness [ˈmɑːʃənis] markise, markifrue.
marchland grensedistrikt.
marchpane [ˈmɑːtʃpein] marsipan.
march-past forbimarsj, defilering.
marconigram [mɑːˈkəunigræm] radiotelegram.
mardy [ˈmɑːdi] skranten, puslet.
mare [mɛə] mare, nattmare.
mare [mɛə] hoppe, merr; **money makes the – go** pengene regjerer verden; **the grey – is the better horse** det er konen som bestemmer der i gården.
mare's nest [ˈmɛəznest] innbilt funn, skrinet med det rare i; **find a –** få lang nese.
mare's tail [ˈmɛəzteil] hestehale (plante); lang fjærsky.
Margaret [ˈmɑːg(ə)rit].
margarine [mɑːdʒəˈriːn, mɑːgəˈriːn] margarin.
Margate [ˈmɑːgit] (engelsk havn og badested).
marge [mɑːdʒ] rand, kant, jare, brem; (sl.) margarin.
Margery [ˈmɑːdʒəri]. **Marget** [ˈmɑːdʒit].
margin [ˈmɑːdʒin] marg, rand, kant, bredd; spillerom, forskjell; prutningsmonn; overskudd; forskjell mellom innkjøps- og utsalgspris; avanse; forsyne med rand, begrense; sette marg; forsyne med randbemerkninger; **as per –** som anført i margen; **allow (leave) a –** levne et spillerom; **£ 20 leave a fair – for enjoyment** med 20 pund kan en more seg ganske bra. **marginal** [ˈmɑːdʒinəl] rand-, marginal-. **– productivity** grenseproduktivitet. **– sea** ≈ territorialfarvann. **– utility** grensenytte. **– value** grenseverdi. **marginalia** [mɑːdʒiˈneiljə] randbemerkninger. **marginate** [ˈmɑːdʒineit] forsyne med rand. **margin release** margutløser.
margravate [ˈmɑːgrəvit] markgrevskap. **margrave** [ˈmɑːgreiv] markgreve. **margraviate** [mɑːˈgreivjit] markgrevskap. **margravine** [ˈmɑːgrəviːn] markgrevinne.
Maria [məˈraiə, məˈriːə].
Marian [ˈmɛəriən] Maria-; tilhenger av Maria Stuart.

marigold [ˈmærigəuld] marigull; ringblomst. – **window** rundt vindu med forsiringer.
marigram [ˈmærigræm] tidevannskurve, vannstandskurve.
marihuana [mæriˈhwa:nə] marihuana.
marina [məˈrinə] marina, lystbåthavn.
marinade [mæriˈneid] marinere; -sild, kjøtt el. fisk nedlagt i eddik, vin og krydderier.
marine [məˈri:n] som hører til havet, sjøen, saltvanns-; skips-, sjø-; hav-; flåte, marine; sjøbilde; marinesoldat, marineinfanteri; **tell it to the -s** den må du lenger ut på landet med. **the Marine Corps** (US) marineinfanteri (et elitekorps). – **engineer** skipsmaskinist. – **insurance** sjøforsikring. – **parade** strandpromenade. – **railway** slipp. **mercantile** (el. **merchant)** – handelsflåte.
mariner [ˈmærinə] matros, sjømann, sjøfarende; **master** – kaptein på handelsskip.
marine store [məˈri:nstɔ:] et sted hvor det handles med gammelt skipsinventar; skipsproviantforretning, skipshandel.
mariolater [mɛəriˈɔlətə] mariadyrker.
mariolatry [mɛəriˈɔlətri] mariadyrking.
marionette [mæriəˈnet] marionett, dukke.
marish [ˈmæriʃ] myr; sumpig, myrlendt.
marital [ˈmæritəl] ektemanns-; ekteskapelig, ekteskaps-.
maritime [ˈmæritaim] maritim, som hører til sjøen, kysten. – **law** sjørett. – **war** sjøkrig.
marjoram [ˈma:dʒərəm] merian (plante).
mar-joy [ˈma:dʒɔi] fredsforstyrrer.
Mark [ma:k] Markus.
mark [ma:k] merke, tegn; flekk; skramme; kjennemerke; landmerke; type, modell; firmamerke, fabrikkmerke, stempel, kvalitet; karakter (på skolen); betydning, viktighet; mål; (sl.) offer, bytte; **easy** – lett bytte; **a bad** – dårlig karakter, anmerkning; **he will leave his** – han vil vinne seg et navn; **a – of favour** en gunstbevisning; **get high -s** få gode karakterer; **a man of** – en betydelig, fremragende mann; **make one's** – skape seg et navn; **hit the** – treffe det rette; **be below the** – være under gjennomsnittet; **be up to the** – holde mål, gjøre fyldest; **fall short of the** – forfeile målet. **mark** [ma:k] merke, tegne, betegne, markere; uttrykke, vise; merke seg; gi karakter, sensurere; legge merke til, iaktta; – **time** holde takt; marsjere på stedet; – **down** nedsette (en pris); danne epoke; notere ned; – **off,** – **out** stikke ut, avmerke, tegne opp. – **book** karakterbok. **marked** [ma:kt] merket, markert, påfallende, betydelig, utpreget. **markedly** [ˈma:kidli] utpreget.
marker [ˈma:kə] merker; markør; sjetong; bokmerke. – **pen** filtpenn.
market [ˈma:kit] torg; marked, avsetning; **poor (scanty)** – dårlig forsynt marked; **slack** – flaut, dødt marked; – **for cattle** kvegmarked; **be at the** – være på markedet; **go to the** – gå på torget; **home** – innenlandsk marked; **foreign** – utenlandsk marked; **dull** – flau avsetning; **find a – for** finne avsetning for, selge, få solgt (varer); **find a ready –, meet with a ready** – finne god avsetning; **put on the** – by fram til salgs; **put out of the** – utkonkurrere; **be in the – for** være på utkikk etter, være kjøper av. **market** [ˈma:kit] markedsføre, introdusere på et marked, sende til torgs, handle med; handle.
marketable [ˈma:kitəbl] avsettelig, selgelig, kurant.
market | analysis markedsanalyse. – **conditions** (pl.) markedsforhold, avsetningsforhold. – **day** torgdag, markedsdag. – **discount** markedsrabatt, privatdiskonto. – **garden** handelsgartneri. – **hall** torghall. **marketing** [ˈma:kitiŋ] torghandel; torgkjøp; salgs-, avsetnings-, markedsføring. – **board** avsetningsråd. – **department** salgsavdeling. – **man** markedsfører. – **research** markedsundersøkelser, markedsforskning. **market | place** torgplass, markedsplass; forretningsliv, marked. – **potential** avsetningsmuligheter. – **prices** torgpriser, kurser. – **quotation** markedspris, markedsnotering. – **report** markedsrapport. – **town** kjøpstad. – **value** kurs(verdi), markedsverdi.
marking [ˈma:kiŋ] merking; avtegning. – **ink** merkeblekk.
marksman [ˈma:ksmən] sikker skytter, skarpskytter. **marksmanship** [-ʃip] skyteferdighet.
markup prisforhøyelse; bruttofortjeneste.
marl [ma:l] mergel; mergle.
Marlborough [ˈmɔ:lbrə].
Marlow [ˈma:ləu].
marmalade [ˈma:məleid] marmelade, syltetøy (især appelsin-).
Marmora [ˈma:mərə], **the Sea of** – Marmarahavet.
marmorate [ˈma:məreit] marmoraktig, marmorert. **marmoreal** [ma:ˈmɔ:riəl], **marmorean** [ma:ˈmɔ:riən] marmor-, av marmor.
marmoset [ˈma:məzet] silkeape.
marmot [ˈma:mət] murmeldyr.
maroon [məˈru:n] rødbrun; slags fyrverkeri.
maroon [məˈru:n] maronneger, rømt neger; matros som er latt tilbake på en øy; la tilbake på et ubebodd sted; late i stikken; drive omkring. **marooner** [məˈru:nə] etterlatt matros; bortrømt slave.
marplot [ˈma:plɔt] ugangskråke, ulykkesfugl.
marque [ma:k] kaperbrev; kaperbåt.
marquee [ma:ˈki:] telt,baldakin; teltdekke.
Marquesas [ma:ˈkeisæs]: **the** – Marquesasøyene.
marquess [ˈma:kwis] marki.
marquessate [ˈma:kwisit] marki-rang.
marquetry [ˈma:kitri] innlagt arbeid.
marquis [ˈma:kwis] marki, markgreve.
marquisate [ˈma:kwisit] marki-rang.
marram (grass) [ˈmærəm] vanlig marehalm.
marrer [ˈma:rə] ugangskråke.
marriage [ˈmæridʒ] giftermål, ekteskap, bryllup; nær forbindelse; – **in the eyes of God** samvittighetsekteskap; – **articles** ekteskapskontrakt; ektepakt; – **bed** brudeseng; **violate the – bed** begå ekteskapsbrudd. – **certificate** vielsesattest; – **guidance** ekteskapsrådgivning; – **licence** kongebrev, ekteskapstillatelse; – **portion** medgift; **ask in** – fri til; **give in** – gifte bort.
marriageable [ˈmæridʒəbl] gifteferdig, voksen.
married [ˈmærid] gift; **her – name** hennes navn som gift; **the – state** ektestanden.
marron [ˈmærən] (ekte) kastanje.
marrow [ˈmærəu] marg; indre kraft; fylle med marg eller fett; **vegetable** – slags gresskar.
marrow [ˈmærəu] kamerat, make.
marrowbone [ˈmærəubəun] margbein; (i pl. spøkende) kne; **bring one to his -s** få en til å gi seg.
marrowfat [ˈmærəufæt] slags ert, margert.

marrowless margløs. **marrowpudding** margpudding; gresskarpudding. **marrowy** margfull.
marry [ˈmæri] mare, så sannelig (en ed).
marry [ˈmæri] vie, gifte bort; gifte seg med, ekte; forene; **– below oneself** gifte seg under sin stand.
Mars [mɑːz] (krigsguden og planeten).
Marseilles [mɑːˈseilz] Marseille.
marsh [mɑːʃ] myrlende, myrland, myr, sump.
marshal [ˈmɑːʃl] marsjal, marskalk, (US) politimester; stille opp, fylke, ordne, føre i rekke. **marshaller** [ˈmɑːʃlə] fører, en som stiller opp eller leder. **marshalling** ordning, oppstilling. **– yard** skiftestasjon, rangerstasjon. **marshalship** [ˈmɑːʃlʃip] marskalkrang.
Marshalsea [ˈmɑːʃlsiː] (gml. gjeldsfengsel i London).
marsh | fever sumpfeber; malaria. **– gas** sumpgass, metan. **-mallow** et slags slikkeri.
marshy [ˈmɑːʃi] sumpet, myrlendt.
marsupial [mɑːˈs(j)uːpiəl] pungdyr.
mart [mɑːt] marked, torg, markedsplass.
martello [mɑːˈteləu] **tower** lite rundt fort bygd på kysten for å hindre fiendtlig landgang.
marten [ˈmɑːtin] mår.
Martha [ˈmɑːθə].
martial [ˈmɑːʃl] krigs-, krigersk, morsk, militær, martialsk; **court –** krigsrett. **martialize** [ˈmɑːʃəlaiz] gjøre krigersk.
Martian [ˈmɑːʃən] mars-, fra Mars; marsboer.
martin [ˈmɑːtin] taksvale.
Martin [ˈmɑːtin].
martinet [mɑːtiˈnet] streng offiser; **domestic –** hustyrann.
martingale [ˈmɑːtiŋgeil] springreim (på ridehest); fordobling av innsats.
martini [mɑːˈtiːni] en vermut; en cocktail (gin og vermut).
Martinmass [ˈmɑːtinməs] mortensdag, 11. november.
martlet [ˈmɑːtlit] taksvale.
martyr [ˈmɑːtə] martyr, blodvitne; **be a – to** lide av, være plaget av; **die a – to one's principles** dø som martyr for ...; **I am quite a – to gout** jeg lider fryktelig av gikt. **martyr** [ˈmɑːtə] la dø som martyr, gjøre til martyr; pine. **martyrdom** [-dəm] martyrium. **martyrize** [ˈmɑːtəraiz] gjøre til martyr. **martyrology** [-ˈrɔ-] martyrhistorie, martyrfortegnelse.
MARV fk. f. **maneuvering re-entry vehicle.**
marvel [ˈmɑːvəl] under, underverk, vidunder; forundring, forbauselse; bli forundret, bli forbauset, undre seg. **marvellous** [ˈmɑːvələs] vidunderlig, fantastisk, utrolig, ganske merkverdig, storslått. **marvellousness** [-nis] vidunderlighet.
Marx [mɑːks]. **-ian** marxist, marxistisk. **-ism** marxisme. **-ist** marxist; marxistisk.
Mary [ˈmɛəri].
marzipan [mɑːziˈpæn] marsipan.
mas. fk. f. **masculine.**
mascot [ˈmæskət] maskott, talisman, amulett, lykkebringende person eller ting.
masculine [ˈmæskjulin] mannlig, maskulin, hankjønns-; mandig, mannhaftig. **masculinity** [-ˈlin-] mandighet, mannhaftighet.
mash [mæʃ] knuse, mase, male i stykker, koke til en grøt, meske (malt); **-ed potatoes** potetstappe; **be -ed on** være forelsket i. **mash** [mæʃ] blanding; røre, velling, smørje, grøt, stappe; forvirring, uorden, mismask; skatt, kjæreste.
masher [ˈmæʃə] hjerteknuser, løve.
mashie [ˈmæʃi] (slags golfkølle).
mash tub [ˈmæʃtʌb] meskekar.
mask [mɑːsk] trekke (te).
mask [mɑːsk] maske; maskerade, maskespill; skalkeskjul, påskudd; maskere; maskere seg, dekke; **-ed ball** maskerade. **masker** [ˈmɑːskə] maskert person, maskeskuespiller.
maslin [ˈmæzlin] blandkorn.
masochism [ˈmæsəkizm] masochisme.
mason [ˈmeisn] murer; steinhogger; frimurer; mure. **masonic** [məˈsɔnik] frimurer-. **masonry** [ˈmeisnri] muring; murerhåndverk; frimureri.
masque [mɑːsk] = **mask.**
masquerade [mæskəˈreid] maskerade; komediespill; oppføre en maskerade; være maskert. **masquerader** [mæskəˈreidə] deltager i en maskerade, utkledd person.
mass [mæs] masse, klump, mengde; samle i masse, dynge (seg) opp.
mass [mæs] messe; **celebrate –** holde messe; **say –** lese messe.
Mass. fk. f. **Massachusetts.**
massa [ˈmæsə] herre.
Massachusetts [mæsəˈtʃuːsits].
massacre [ˈmæsəkə] massakre, blodbad, nedsabling; nedsable, myrde, massakrere; **the M. of the Innocents** barnemordet i Betlehem.
massage [ˈmæsɑːʒ] massasje; massere.
mass | book messebok. **– concrete** uarmert betong. **– destruction** masseødeleggelse.
masseur [mæˈsəː] massør. **masseuse** [mæˈsəːz] massøse.
massif [ˈmæsiːf] fjellparti, massiv.
massive [ˈmæsiv] massiv, svær, diger, traust.
mass meeting [ˈmæsˈmiːtiŋ] massemøte.
massy [ˈmæsi] massiv, svær, tett, diger.
mast [mɑːst] mast, stang; **before the –** forut, som simpel matros; **ship before the –** ta hyre som menig sjømann.
mast [mɑːst] eike- el. bøkenøtt.
master [ˈmɑːstə] mester, herre, husbond, hersker; håndverksmester, leder, sjef, bestyrer; lærer, skolestyrer; kaptein, skipsfører, skipper; ung herre; magister; over-, hoved-; **– of the field** herre over slagmarken; **be – of oneself** beherske seg; **be one's own –** være sin egen herre; **a – of (in) his business** en mester i sitt fag; **the old -s** de gamle mestere; **M. of the Horse** hoffstallmester; **M. of the Rolls** riksarkivar; **M. of Arts** ≈ magister, mag. art.; **M. of ceremonies** seremonimester, festarrangør, konferansier. **master** [ˈmɑːstə] mestre, makte, beherske, betinge, få bukt med; **when once all these facts are well -ed** når en først har lært alt dette godt; **– the language** mestre språket.
master | builder [ˈmɑːstəˈbildə] byggmester. **– clock** sentralur. **– control** blandebord, mikserbord. **– copy** originaleksemplar. **– cylinder** hovedbremsesylinder.
masterful [ˈmɑːstəful] mesterlig; myndig.
master hand [ˈmɑːstəhænd] mesterhånd.
master | key universalnøkkel, hovednøkkel. **-less** herreløs; ustyren. **-liness** mesterlighet, mesterskap. **-ly** mesterlig, virtuosmessig; myndig; egenmektig. **-mind** overlegen ånd, hjernen bak det

hele. **-piece** mesterverk. – **sergeant** (US) stabssersjant. **mastership** mesterskap; ledelse.
master|stroke mesterstykke; mesterverk. **-work** hovedverk, mesterstykke. – **workman** verksmester; fagarbeider.
mastery [ˈmɑ:stəri] ledelse; herredømme; beherskelse.
masthead [ˈmɑ:sthed] mastetopp.
mastic [ˈmæstik] mastikstre, mastiksgummi, fugekitt, fugemasse.
masticable [ˈmæstikəbl] som kan tygges. **masticate** [ˈmæstikeit] tygge, knuse, mase. **mastication** [mæstiˈkeiʃən] tygging; knusing, masing.
mastiff [ˈmæstif, ˈmɑ:s-] dogg, stor engelsk hund.
mastodon [ˈmæstədɔn] mastodont (utdødd kjempeelefant).
mat [mæt] matte, løper, bordbrikke, underlag; binde (matter), sammenflette, sammenslynge, komme i ugreie; **-ted hair** sammenfiltret hår.
matador [ˈmætedɔ:] matador (i tyrefektning; i kortspill).
match [mætʃ] kamerat, like, likemann; tilsvarende, jevnbyrdig; make; ekteskap, parti; veddekamp, sportsstevne; **he is more than a – for you** han er deg overlegen; **he has not his –** han har ikke sin like; **it's a –** la gå; **will it be a –?** blir det et parti ut av det? **she made a good –** hun har gjort et godt parti; **a wrestling –** en brytekamp.
match [mætʃ] forbinde, skaffe maken til; kunne måle seg med, kunne settes ved siden av; komme opp mot, avpasse, tilpasse, bringe i harmoni med; forenes, være par, være make, stå til hverandre, jamføre; parre seg; **we tried to – a vase** vi prøvde å kjøpe en vase av samme slags; **they are ill -ed** de passer dårlig sammen; **he cannot – him** han kan ikke greie ham; **a pair of shoes that did not –** som ikke var make; som ikke passet i f. eks. stil el. farge.
match [mætʃ] fyrstikk; lunte; **strike a –** tenne en fyrstikk.
matchable [ˈmætʃəbl] som en kan oppdrive maken til; **not –** makeløs, uten make; som ikke kan tilpasses.
matchboard [ˈmætʃbɔ:d] pløyd bord.
matchbox [ˈmætʃbɔks] fyrstikkeske.
match game (golf) avgjørende spill.
matchless [ˈmætʃlis] makeløs.
matchlock [ˈmætʃlɔk] luntebørse; luntelås.
matchmaker [ˈmætʃmeikə] giftekniv (en som stifter partier); fyrstikkfabrikant.
matchwood [ˈmætʃwud] fyrstikkved; **smash to –** slå til flis, pinneved.
mate [meit] kompis, kamerat, den ene av et par, ektefelle, make; styrmann; (mar.) mat; forbinde, forene; formæle, gifte, parre.
mate [meit] matt (i sjakk); gjøre matt, matte.
mater [ˈmeitə] (i skoleguttspråk) mor, gamla.
material [məˈtiəriəl] stofflig, legemlig, sanselig, materiell; alvorlig, vektig; emne, materiale, stoff, tilfang. **materialism** [-izm] materialisme. **materialist** [-ist] materialist. **materialistic** [mətiəriəˈlistik] materialistisk. **materialize** [məˈtiəriəlaiz] legemliggjøre, materialisere.
matériel [mətiəriˈel] materiell.
maternal [məˈtə:nəl] moderlig, moder-, mors-. **maternity** [məˈtə:niti] moderskap, moderlighet; barsel-, fødsel-. – **bag** jordmorveske. – **dress, – frock** mammakjole, omstendighetskjole. – **home** fødselsklinikk. – **ward** fødeavdeling. – **work** fødselshjelp.
matey [ˈmeiti] kameratslig.
math [mæθ] = **mathematics.**
mathematical [mæθəˈmætikl] matematisk.
mathematician [mæθəməˈtiʃən] matematiker.
mathematics [mæθəˈmætiks] matematikk.
Mathew [ˈmæθju:] Matteus, Matias.
matie [ˈmeiti] matjessild.
matin [ˈmætin] morgen-.
matinée [ˈmætinei] matiné (tidlig ettermiddagsunderholdning).
mating [ˈmeitiŋ] paring. – **colours** paringsdrakt. – **season** paringstid, løpetid.
matins [ˈmætinz] morgengudstjeneste, ottesang, ottemesse.
matric. fk. f. **matriculation.**
matricidal [mætriˈsaidl] modermordersk. **matricide** [ˈmætrisaid] modermord; modermorder.
matriculate [məˈtrikjuleit] innskrive, immatrikulere. **matriculation** [mətrikjuˈleiʃən] innskriving, immatrikulering; – **examination** studenteksamen, examen artium.
matrimonial [mætriˈməunjəl] ekteskapelig, ekteskaps-. **matrimony** [ˈmætriməni] ekteskap, ektestand.
matrix [ˈmeitriks, ˈmæt-] livmor; moderskjød, opphav; matrise, klisjé; underlag (i lokkemaskin); skrumor, mutter; lim, bindemiddel.
matron [ˈmeitrən] gift kone, matrone; rådskone, husmor; forstanderinne, f. eks. oldfrue, pleiemor, oversøster. **matronly** [ˈmeitrənli] matroneaktig, satt, verdig; matrone-.
matt [mæt] mattert, mattere, matt-.
Matt. fk. f. **Matthew.**
matted [ˈmætid] mattert; filtret, sammenfiltret.
matter [ˈmætə] stoff, to, emne, sak, spørsmål, ting, materie; materiale; manuskript, sats; anliggende, situasjon, forholdene; grunn, årsak, gjenstand; puss, materie; – **of business** forretningsanliggende; – **of consequence** viktig sak; – **of course** selvfølge; – **of doubt** tvilsom sak; – **off act** kjensgjerning, realitet; **as a – of fact** i virkeligheten; ja; **the – in hand** den foreliggende sak; – **of joy** grunn til glede; **no –** det gjør ingenting; bry Dem ikke om det; **it's no – of mine** det kommer ikke meg ved; – **of opinion** smakssak; **in the – of** med hensyn til; **no – what I might say** hva jeg så enn ville si; **what's the –?** hva er det i veien? **what's the – with him?** hva feiler det ham? **make much – of** legge stor vekt på; **he does not mince -s** han tar bladet fra munnen, legger ikke fingrene imellom; **a – of seven miles** omtrent sju mil.
matter [ˈmætə] være av betydning, ha noe for seg; **it does not –** det gjør ingenting, det har ikke noe å bety; **what does it –?** hva gjør det? **it -ed little whether** det hadde lite å si om; **not that it -s** ikke at det betyr noe; det er nå det samme.
matterful [ˈmætəful] innholdsrik. **matterless** [-lis] innholdsløs. **matter-of-course** selvfølgelig. **matter-of-fact** prosaisk, nøktern, saklig; snusfornuftig.
Matthew [ˈmæθju:] Matteus.
matting [ˈmætiŋ] matter; mattelaging.
mattock [ˈmætək] hakke.
mattress [ˈmætris] madrass.
maturate [ˈmætjureit] avsondre materie, væske;

modne. **maturation** [mætju'reiʃn] materieavsondring, væsking; modning.
mature [mə'tjuə] moden, fullstendig, utviklet, voksen; modne, modnes; forfalle til betaling.
maturity [mə'tjuəriti] modenhet, forfallstid; **at (on) –** på forfallsdagen.
matutinal [mæ'tju:tinəl] morgen-, tidlig.
maty ['meiti] kameratslig.
Maud [mɔ:d] fk. f. **Magdalene** eller **Mathilda.**
Maudlin ['mɔ:dlin].
maudlin ['mɔ:dlin] beruset, sentimental.
maugre ['mɔ:gə] (gml.) til tross for, trass i.
maul [mɔ:l] trehammer, treklubbe; slå, skamslå, pryle, mishandle, maltraktere.
maulstick ['mɔ:lstik] malerstokk.
maunch [mɔ:nʃ] erme.
maunder ['mɔ:ndə] klynke, jamre seg; snakke usammenhengende, ørske, tulle, snakke i vilske; vandre uten mål. **maundering** lallende; forvrøvlet.
Maundy Thursday ['mɔ:ndi 'θə:zdi] skjærtorsdag.
Mauser ['mauzə] mausergevær.
mausoleum [mɔ:sə'liəm] mausoleum, gravminne.
mauve [məuv] lilla, lillafarget.
maverick ['mævərik] (US) umerket kalv som streifer omkring; uavhengig; partiløs; løsgjenger.
mavis ['meivis] måltrost.
maw [mɔ:] mage, kro, svelg; **hold your –!** hold munn!
mawkish ['mɔ:kiʃ] kvalmende, ekkel; søtlaten, sentimental.
maw | seed valmuefrø. **– worm** hykler.
maxillar(y) [mæk'silə(ri)] kjeve-, kjake-.
maxim ['mæxim] maksime, sentens, grunnsetning, regel.
Maxim ['mæksim] (gml.) maximgevær, maskingevær.
maximize ['mæk-] maksimere, gjøre så stor som mulig.
maximum ['mæksiməm] maksimum, høyeste punkt, maksimal-, det høyeste; **– price** maksimalpris.
May [mei] mai, mai måned; Maia.
may [mei] må, kan, kan kanskje, kunne, tør; **the young – die, but the old must** barn kan dø, gamle må dø; **it – be** kanskje; **come what –** komme hva det vil; **– I trouble you for some bread** vil De være så vennlig å rekke meg noe brød; **– I never** (gml. **be saved** el. l.) **if** så sant jeg lever! **that they might not** for at de ikke skulle.
maybe ['meibi:] kanskje, kan hende.
may|bug ['meibʌg] oldenborre. **-day** mayday (et nødrop, nødsignal). **May| Day** første mai; arbeidets dag; valborgsdag. **-fair** ['meifɛə] (tidl. fornem bydel i London). **-flower** maiblomst, hagtorn. **– fly** ['meiflai] døgnflue; vårflue.
mayhap ['meihæp] kan hende, kanskje, muligens.
mayhem ['meihem] grov legemsbeskadigelse.
maying ['meiing]. **go –** gå ut og plukke maiblomster.
mayonnaise [meiə'neiz] majones.
mayor [mɛə] borgermester. **mayoralty** ['mɛərəlti] borgermesterembete; borgermestertid. **mayoress** ['mɛəris] borgermesterfrue. **mayorship** ['mɛəʃip] borgermesterembete.
maypole ['meipəul] maistang; (fig.) rekel, lang tynn person.
may queen ['meikwi:n] maidronning.
maze [meiz] labyrint; forvirring; **I felt a –** jeg var helt forvirret. **maze** [meiz] forvirre, forfjamse. **maziness** ['meizinis] forvikling, forvirring, forrykthet.
mazurka [mə'zə:kə] masurka.
mazut [mə'zu:t] mazut (et oljeprodukt).
mazy ['meizi] forvirret, floket, innviklet.
M. C. fk. f. **Master of Ceremonies; Member of Congress; Military Cross; Medical Corps.**
McCoy [mə'kɔi], **the real –** ekte saker.
M. D. fk. f. **Medicinae doctor** (= Doctor of Medicine) dr. med.; **Medical Department.**
Md. fk. f. **Maryland.**
me [mi:, mi] meg.
Me. fk. f. **Maine.**
M. E. fk. f. **Middle English; Mechanical Engineers; Most Excellent** (i titler).
mead [mi:d] mjød; (poetisk) eng.
meadow ['medəu] eng. **– bittercress** engkarse. **– hay** vollhøy. **-sweet** mjødurt; spirea. **meadowy** ['medəui] eng-.
meagre ['mi:gə] mager, tynn, skrinn; fattig, tarvelig. **meagreness** ['mi:gənis] magerhet.
meal [mi:l] måltid, mål; **-s provided** inklusive kosten, mat på stedet. **– break** spisepause. **– time** spisetid.
meal [mi:l] mel; mele; male, pulverisere. **mealiness** [-nis] melenhet.
meal|man ['mi:lmən] melhandler. **– moth** melmøll. **– ticket** matbillett. **– tub** meltønne. **– worm** melorm.
mealy ['mi:li] melet, melen. **--mouthed** forsiktig i sin tale, lavmælt; slesk.
mean [mi:n] ringe, simpel, lav, dårlig, lurvet, ussel, tarvelig, slett, foraktelig; gnieraktig, knuslet; **no – foe** en motstander som ikke må undervurderes; **he is a – one** han er en farlig fyr, en drittsekk.
mean [mi:n] middel-, mellom-, gjennomsnittlig; mellomting, middelvei; **the golden –** den gylne middelvei; **in the –** i mellomtiden, imidlertid; **in the -time, in the -while** i mellomtiden, imidlertid, imens.
mean [mi:n] bety, ha i sinne, tenke, esle, mene, ville si, innebære, ha i sinne; **I meant no harm** jeg mente ikke noe vondt med det; **you don't – it** det er ikke Deres alvor; **I – business** det er mitt alvor; **this doesn't – anything to me** dette forstår jeg ikke noe av; **you don't – to say** De mener da vel ikke; **that word -s** det ordet betyr; **it was -t as a surprise** det skulle være en overraskelse; **he -s well by you** han mener det godt med deg.
mean-born ['mi:nbɔ:n] av lav ætt.
meander [mi'ændə] buktning, bukt, løkke, sving, à la grecque; slyngning; bukte seg, gjøre sidespring (i en fortelling).
mean distance middelavstand.
meaning ['mi:niŋ] betydningsfull; megetsigende.
meaning ['mi:niŋ] mening, hensikt, øyemed; betydning. **meaningful** betydningsfull, som har mening, relevant. **meaningless** [-lis] meningsløs, intetsigende. **meaningly** [-li] betydningsfullt.
mean-looking ['mi:nlukiŋ] gement utseende; ondskapsfull, ond.
meanly ['mi:nli] simpelt, tarvelig.
meanness ['mi:nnis] tarvelighet, simpelhet, lavhet, usselhet; gnieraktighet.
means [mi:nz] midler, råd, utvei, middel; for-

mue; **by all –** naturligvis; så gjerne, endelig, for alt i verden; **by no –** på ingen måte; **by any –** på noen måte; **the end justifies the –** hensikten helliger midlet; **a – to** et middel til å; **by (the) – of** ved hjelp av; **ways and –** inntektskilder; **live beyond one's –** leve over evne (det motsatte: **live up to one's –**); **he is a man of considerable –** han har en betydelig formue.

mean-spirited [ˈmi:nˈspiritid] feig, forsakt, smålig.

means test behovs|prøve, -undersøkelse.

meant [ment] imperf. og perf. pts. av **mean.**

mean time [ˈmi:ntaim] middel(sol)tid. **meantime** mellomtid. **in the –** imidlertid, i mellomtiden.

meanwhile [ˈmi:nˈwail] imidlertid, i mellomtiden.

measles [ˈmi:zlz] meslinger; tinter; **German –** røde hunder. **measly** [ˈmi:zli] syk av meslinger; elendig, jammerlig.

measurable [ˈmeʒ(ə)rəbl] som kan måles, beregnes; ikke særlig stor; **within – distance of** like ved, i nærheten av; i en overskuelig framtid.

measure [ˈmeʒə] mål, målesnor, målebånd; grad; takt; forholdsregel, lovforslag; måte; versemål; **greatest common –** største felles mål; **above the common –** langt utover det vanlige; **– for –** like for like; **– of length** lengdemål; **beyond all –** overordentlig; over all måte; **in a –** til en viss grad; **in good –** i fullt mål, godt mål; **by the –** i løs vekt; **coat made to –** frakk sydd etter mål; frakk som passer godt; **take a person's –, have a person's – taken** ta mål av en; **in – with** i samme grad som, side om side med; **to know one's –** kjenne sin begrensning; **take -s** ta forholdsregler; ta mål.

measure [ˈmeʒə] måle, ta mål av, holde et visst mål, avpasse, tilbakelegge; **he -d his length** han falt så lang han var; **– by one's own yard** dømme etter seg selv; **– a person for a suit** ta mål av en til en dress; **– up** bedømme, vurdere, passe med.

measured [ˈmeʒəd] avmålt, taktfast; måteholden; gjennomtenkt.

measureless [ˈmeʒəlis] uendelig, umåtelig.

measurelessness [ˈmeʒəlisnis] umåtelighet, uendelighet.

measurement [ˈmeʒəmənt] måling; mål; drektighet (om skip). **– ton** frakttonn.

measurer [ˈmeʒərə] måler.

measuring tape [ˈmeʒəriŋteip] målebånd.

measuring worm [ˈmeʒəriŋwə:m] måler (larve).

meat [mi:t] kjøtt, kjøttmat; (nå bare i enkelte forbindelser) mat; **butcher's –** kjøtt; **–, game, and fish** kjøtt, vilt og fisk; **– and drink** mat og drikke; **sit down to –** sette seg til bords; **one's – is another's poison** den enes død den andres brød. **– ball** kjøttbolle. **– bill** (US) spiseseddel. **– carrier** matspann. **– chopper** [-tʃɔpə] kjøttkvern, kjøtthakker. **– cube** buljongterning. **– grinder** kjøttkvern. **– loaf** forloren hare. **-man** slakter. **– pie** kjøttpostei. **– safe** matskap, flueskap. **– tenderiser** mørsalt; kjøttklubbe. **meaty** [ˈmi:ti] kjøttfull; kjøttliknende; svær, stor; (fig.) innholdsrik, vektig.

mechanic [miˈkænik] mekaniker, håndverker; mekanisk.

mechanical [miˈkænikl] mekanisk, maskinmessig, maskin-, maskinell; automatisk; **– engineer** maskintekniker; **– sweeper** feiemaskin; **– wood pulp** slipemasse. **mechanically** mekanisk, rent mekanisk; ved maskinkraft; automatisk. **mechanician** [mekəˈniʃən] mekaniker. **mechanics** [miˈkæniks] mekanikk; (fig.) teknikk. **– of fluids** hydromekanikk. **mechanism** [ˈmekənizm] mekanisme, maskineri; virkemåte. **mechanist** [ˈmekənist] maskinbygger, mekaniker. **mechanize** [ˈmekənaiz] utføre mekanisk; motorisere, mekanisere.

Mechlin [ˈmeklin] Mecheln; **– lace** Mecheln knipplinger.

med. fk. f. **medicine; medi(a)eval; medium.**

medal [ˈmedl] medalje. **– ribbon** ordensbånd. **medalist** [ˈmedəlist] medaljør; medaljevinner; medaljekjenner, gravør. **medallion** [miˈdæljən] medaljong.

meddle [ˈmedl] blande seg i, legge seg opp i; **– with (in) other people's affairs** blande seg i andre folks saker; **don't – with him** bland deg ikke borti ham; **you are always meddling** du stikker nesen din opp i alt. **meddler** [ˈmedlə] klåfinger, nesevis person.

meddlesome [ˈmedlsəm] nesevis, geskjeftig, som blander seg i alt. **meddling** [ˈmedliŋ] innblanding.

Mede [mi:d] meder. **Media** [ˈmi:djə].

media pl. av **medium.**

medial [ˈmi:djəl] middel-, i midten.

Median [ˈmi:djən] medisk.

median [ˈmi:djən] midt-, midtre; mellomting; (US) midtrabatt på flerefelts hovedvei. **– line** midtlinje.

mediate [ˈmi:djit] mellomliggende; indirekte. **mediate** [ˈmi:dieit] mekle, megle, være mellommann; formidle. **mediately** [ˈmi:djitli, -dʒ-] middelbart, indirekte. **mediation** [mi:diˈeiʃən] mekling; mellomkomst; middel. **mediator** [ˈmi:dieitə] mekler. **mediatorial** [mi:djəˈtɔ:riəl] meklende, mekler-, meklings-. **mediatorship** [ˈmi:dieitəʃip] meklerstilling. **mediatory** [ˈmi:djətəri] = **mediatorial.**

medical [ˈmedikl] medisinsk, lege-; **we sent for our – man** vi sendte bud etter huslegen vår. **– attention, – care** legekyndig pleie, tilsyn, behandling, helsetjeneste. **– corps** ≈ hærens sanitet. **– dresser** førstehjelper. **– examination** legeundersøkelse. **– jurisprudence** rettsmedisin.

medically medisinsk; fra et medisinsk synspunkt.

medical warden sykepleier.

medicament [məˈdikəmənt] legemiddel.

medicare (US) lege|behandling, -tilsyn, -hjelp.

medicate [ˈmedikeit] behandle med medisin, preparere medisinsk. **-d baths** medisinsk bad. **-d cotton wool** renset bomull. **-d waters** mineralske vann. **medication** [mediˈkeiʃən] medisinering; medikament; medisinsk behandling.

medicative [ˈmedikətiv] legende.

Medicean [mediˈsi:ən] mediséisk.

medicinal [miˈdisinəl] legende; medisin. **– springs** sunnhetskilder. **– treatment** legebehandling.

medicine [ˈmedisin] medisin, medisinsk vitenskap, legevitenskap.

medico [ˈmedikəu] medikus. **medico-legal** rettsmedisinsk.

medieval [mediˈi:vl, mi:d-] middelalderlig, middelalder-; **the – ages** middelalderen. **medievalism** [-izm] begeistring for middelalderen; middelalderens skikk el. ånd.

mediocre [mi:diˈəukə] middelmådig. **mediocrity** [mi:diˈɔkriti; med-] middelmådighet.

meditate [ˈmediteit] tenke over, grunne på, gruble, anstille betraktninger; overlegge, ha i sinne. **-d** påtenkt, uttenkt.

meditation [medi'teiʃən] overveielse, ettertanke, meditasjon; **book of -s** andaktsbok; **leave a person to his own -s** overlate en til hans egne betraktninger.
meditative ['mediteitiv] tenksom, spekulativ.
Mediterranean [meditə'reiniən] Middelhavs-; **the –** Middelhavet.
medium ['mi:djəm] medium; midte, mellomting, middeltall; gjennomsnitts-; middel, middels-; **a – of communication** meddelelsesmiddel; **hit upon the happy –** treffe den gylne middelvei; **there is a – in all things** det er måte med alt. **– fair** mørkeblond. **– -level sociologist** sosionom. **– -sized** [-saizd] av middels størrelse, middelstor. **– -wave (band)** mellombølge(bånd).
medlar ['medlə] mispel.
medley ['medli] blanding; miskmask, røre, rot; håndgemeng; blandet, forvirret.
medulla [mi'dʌlə] marg. **medullar** [mi'dʌlə] marg-, fylt med marg.
Medusa [mi'dju:zə].
medusa [mi'dju:zə] manet, meduse.
meed [mi:d] lønn, belønning, pris.
meek [mi:k] ydmyk, spakferdig, saktmodig, forknytt; godtroende. **meekness** [-nis] ydmykhet, saktmodighet.
meerschaum ['miəʃəm] merskum(spipe).
meet [mi:t] passende, høvelig, egnet, skikket.
meet [mi:t] møte, møtes, råke (på), treffe sammen med, komme i berøring med, treffe på, komme mot hverandre; passere hverandre; støte sammen med; etterkomme, oppfylle (forpliktelse); dekke, honorere (veksel); **– due protection** finne beskyttelse; bli prompte innfridd (om veksel); **– his fate** gå sin skjebne i møte; **his eyes met** hans øyne falt på; **go to – a person** gå en i møte; **till we – again** på gjensyn; **– with** møte tilfeldig, treffe; få, komme ut for, oppleve; **– with an accident** ha et uhell; **– the case** strekke til, være tilstrekkelig; **make ends –** få endene til å møtes; **– his wishes** etterkomme hans ønsker.
meet [mi:t] møtested, møte (ved jakt o. l.).
meeter ['mi:tə] møtende.
meeting ['mi:tiŋ] møte; gjensyn; sammenløp (av elver). **– -house** bedehus, forsamlingshus. **– -place** møtested.
Meg [meg] fk. f. **Margaret.**
megacycle ['megəsaikl] megacykel.
megalomania [megələ'meinjə] stormannsgalskap.
megalopolis [-'lɔp-] en meget stor by.
megaphone ['megəfəun] megafon.
megaton megatonn (1 mill. engelske tonn).
megilp [me'gilp] mastiks.
megrim ['mi:grim] migréne, hodepine; lune, idé, innfall.
melancholia [melən'kəuljə] melankoli. **melancholic** [melən'kɔlik] melankolsk, tungsindig, tunglynt. **melancholy** ['melənkəli] melankolsk, sørgmodig, sturen, tungsindig; melankoli, tungsinn.
mélange (fr.) blanding; melere.
Melbourne ['melbən].
mélée ['melei] håndgemeng, slagsmål; livlig debatt.
melinite ['melinait] melinitt, pikrinsyre (et sprengstoff).
meliorat|e ['meljəreit] forbedre, bløte, foredle. **-ion** [meliə'reiʃən] bedring, fremgang.
melliferous [me'lifərəs] som gir honning. **mellific** [me'lifik] som gir honning. **mellification** [melifi'keiʃən] frambringelse, tillaging av honning. **mellifluent** [me'lifluənt], **mellifluous** [me'lifluəs] honningsøt, søttflytende; smektende.
mellow ['meləu] bløt, myk, mør, moden, saftig; fyldig, rund; hyggelig; mild; dyp, rik (om farge); mildnet (av tiden), modnet, avdempet, fin; bedugget; modne, gjøre bløt, modnes; **a well-mellowed meerschaum** en godt innrøykt merskumspipe. **mellowness** [-nis] bløthet, modenhet; avdempet farge, patina.
melodic [me'lɔdik] melodisk.
melodious [mi'ləudjəs] melodisk, velklingende, sangbar, melodirik. **melodiousness** [-nis] velklang; sangbarhet. **melodist** ['melədist] sanger. **melodrama** [melə'drɑ:mə] melodrama. **melodramatic** [-drə'mætik] melodramatisk, høyttravende.
melody ['melədi] melodi, velklang, musikk.
melon ['melən] melon; **– out** dele ut.
melt [melt] smelte, bråne, mykne, tø opp; tine; skrumpe inn, forsvinne; **– away** smelte bort; svinne inn; **– down** smelte om, nedsmelte.
melting ['meltiŋ] smelting. **– point** smeltepunkt. **– pot** smeltedigel.
mem. fk. f. **memento; memoir; memorandum; memorial.**
member ['membə] lem; del, ledd; medlem, representant (jfr. **M. P.**); **be – for** representere.
membership ['membəʃip] medlemskap, medlemmer, medlemstall. **– badge** medlemsmerke. **– ballot** avstemning blant medlemmer. **– card** medlemskort.
membranaceous [membrə'neiʃəs] hinneaktig.
membrane ['membrein] membran, hinne.
membraneous [mem'breinjəs] hinneaktig.
memento [mi'mentəu] memento, minnelse, påminning, minning, erindringstegn, suvenir.
memoir ['memwɑ:, 'memwɔ:] biografi; avhandling, opptegnelse; (pl.:) memoarer, erindringer.
memorabilia [memərə'biliə] minneverdige begivenheter, erindringer.
memorable ['mem(ə)rəbl] minneverdig. **memorandum** [memə'rændəm] pl. **-da** [-də] anmerkning, nota, opptegnelser, huskeliste, memorandum. **– book** notisbok.
memorial [mi'mɔ:riəl] som vedlikeholder minnet, til minne; erindring, minne, minnesmerke; utgreiing; andragende. **Memorial Day** (US) minnedag for dem som falt i krig. **memorialist** [mi'mɔ:riəlist] forfatter av et andragende. **memorial park** (US) gravlund. **memorial volume** festskrift, minneskrift. **memorialize** [mi'mɔ:riəlaiz] ansøke, sende søknad til. **memorize** ['meməraiz] feste i hukommelsen, memorere, lære utenat.
memory ['meməri] hukommelse, minne, erindring; ettermæle; **from –, by –** etter hukommelsen; **a good –** en god hukommelse; **a bad –** en dårlig hukommelse; **I have no – of it** jeg har ingen erindring om det, jeg kan ikke huske det; **it is but a –** det er bare et minne; **to the best of my –** så vidt jeg husker; **if my – serves me right** om jeg husker rett; **slip of the –** erindringsfeil; **call to –** minnes; **in – of** til minne om; **within the – of man, within living –** i manns minne.
memory lane ≈ (gode) gamle dager.
mems [memz] opptegnelser, notiser.
memsahib ['mem'sɑ:ib] (indisk) européisk frue (egl. madam sahib).
men [men] (pl. av **man**) menn, mennesker.

menace [ˈmenəs, ˈmenis] true; true med; trussel, trugsmål.
ménage [meˈnɑ:ʒ] menasje; husholdning.
menagerie [meˈnæ(d)ʒəri] menasjeri.
mend [mend] sette i stand, reparere, rette, forbedre, vøle; forbedre seg; lappe, stoppe; bedring; reparasjon, stopping; reparert sted, stopp; **we cannot – it** det er ikke noe å gjøre ved det; **matters at worst are sure to –** når nøden er størst, er hjelpen nærmest; **in the end things will –** tiden leger alle sår; **be on the –** være i bedring; **– one's pace** sette opp farten; **– one's ways** forbedre sin levemåte.
mendable [ˈmendəbl] som kan repareres.
mendacious [menˈdeiʃəs] løgnaktig. **mendacity** [menˈdæsiti] løgnaktighet.
Mendelian [-ˈdi:-] mendelsk. **Mendel's laws** de mendelske arvelover.
mendicancy [ˈmendikənsi] betleri, tigging. **mendicant** [ˈmendikənt] tigger; tiggermunk. **mendicity** [menˈdisiti] betleri, tigging.
mending [ˈmendiŋ] reparasjon, utbedring; stoppetøy, lappetøy. **– basket** lappe- og stoppekurv.
menfolk [ˈmenfəulk] (pl.) mannfolk.
menhir [ˈmenhiə] bautastein.
menial [ˈmi:njəl] leid, tjenende; tjener-, ringe, simpel; tjener; krypende person.
meningitis [meninˈdʒaitis] meningitt, hjernehinnebetennelse.
men-of-war [ˈmenəˈwɔ:] pl. av **man-of-war.**
menology [miˈnɔlədʒi] månedskalender, srl. kalender med helgenbiografi i den greske kirke.
menopause [ˈmenəpɔ:z] menstruasjonens opphør; (ofte) overgangsalder.
menses [ˈmensi:z] månedlig renselse, menstruasjon.
men's room herretoalett.
menstrual [ˈmenstruəl] månedlig; menstruell, menstruasjons-. **menstruation** [menstruˈeiʃən] menstruasjon.
menstruum [ˈmen-] oppløsningsmiddel.
mensurability [menʃərəˈbiliti] målbarhet.
mensurable [ˈmenʃərəbl] målbar, mensurabel.
mensuration [menʃuˈreiʃən] måling, beregning.
mental [ˈmentəl] mental, forstands-, sinns-, ånds-, åndelig; **– arithmetic, – computation** hoderegning; **– condition** mental tilstand; **– cruelty** åndelig grusomhet; **– deficiency** åndssvakhet; **– reservation** stilltiende forbehold.
mentality [menˈtæliti] mentalitet, tenkemåte, åndsvirksomhet; forstand, ånd; sjeleliv.
mentally [ˈmen-] åndelig, mentalt. **– handicapped** psykisk utviklingshemmet.
mentation [menˈteiʃən] åndsvirksomhet.
menthol [ˈmenθɔl] mentol. **mentholated** [ˈmenθəleitid] mentolduftende, preparert med mentol.
menticide [ˈmentisaid] (US) hjernevask.
mention [ˈmenʃən] omtale; tale om, nevne; **don't – it** ingen årsak, ikke noe å takke for; snakk aldri om det; **above -ed** ovennevnt; **not to –** for ikke å tale om, enn si da.
mentionable [ˈmenʃənəbl] nevneverdig.
mentor [ˈmentɔ:] mentor, veileder.
menu [ˈmenju:] spiseseddel, meny.
mephitic [meˈfitik] giftig, skadelig; forpestet.
mer. fk. f. **meridian.**
mercantile [ˈmə:kəntail] merkantil, kjøpmanns-, handels-. **– class** handelsstand. **– law** handelslov. **– man** kjøpmann. **– marine** handelsflåte. **– marine office** hyrekontor. **– reports** handelsberetninger. **– vessel** handelsskip. **– term** handelsuttrykk.
mercenary [ˈmə:sinəri] leid; salgbar; kremmeraktig, beregnende; egennyttig; vinnesyk; leiesvenn; leiesoldat; i pl. leietropper.
mercer [ˈmə:sə] manufakturhandler, (nå især) silkevarehandler.
mercerize [ˈmə:səraiz] mercerisere (gjøre bomull silkeglinsende).
mercery [ˈmə:səri] manufakturforretning, silkevarehandel; silkevarer, manufakturvarer.
merchandise [ˈmə:tʃəndaiz] varer; handle, fremme salget (av).
merchant [ˈmə:tʃənt] kjøpmann, handelsmann, grossist, handlende. **merchantable** [ˈmə:tʃəntəbl] salgbar. **merchantman** handelsskip, koffardiskip. **merchant marine** handelsflåte. **merchant ship** handelsskip.
merchant tailor [ˈmə:tʃəntˈteilə] medlem av Merchant Taylors' Company (et laug som sydde opp stoffene de fremstilte); elev av the Merchant Taylors' School (i denne betydning vanlig **a Merchant Taylor).**
Mercia [ˈmə:ʃiə].
merciful [ˈmə:sif(u)l] barmhjertig, nådig. **-ly** barmhjertig, nådig; heldigvis, gudskjelov.
merciless [ˈmə:silis] ubarmhjertig.
mercurial [məˈkjuəriəl] livlig, full av liv; kvikksølvaktig; urolig, ustadig, ilter; som inneholder kvikksølv. **mercurialize** [-laiz] behandle med kvikksølvpreparat. **mercurify** [məˈkjuərifai] utvinne kvikksølv.
Mercury [ˈmə:kjuri] Merkur; budbringer, avis.
mercury [ˈmə:kjuri] kvikksølv. **– vapour lamp** kvikksølvlampe.
Mercury's wand Merkurstav.
mercy [ˈmə:si] barmhjertighet, nåde, miskunn; medlidenhet; **beg for –, cry for –** be om nåde; **– on me: for -'s sake** barmhjertige Gud, for Guds skyld; **it is a – he did not ...** det er en Guds lykke at han ikke ...; **be at the – of somebody** være i ens makt.
mercy seat [ˈmə:sisi:t] nådestol.
mere [miə] tjern, dam, sjø.
mere [miə] grense, merkestein.
mere [miə] blott, ren, bare; **a – boy** bare barnet; **for the – purpose** ene og alene for å.
Meredith [ˈmerədiθ, ˈmeridiθ].
merely [ˈmiəli] kun, alene, bare, rett og slett.
meretricious [meriˈtriʃəs] skjøgeaktig; uekte, forloren; halvfin, gloret; svulstig.
merganser [məˈgænsə] laksand.
merge [mə:dʒ] smelte sammen, flyte sammen, fusjonere, gå opp i en høyere enhet; gli over i; sammenfall; **be -d in** gå opp i, smelte sammen med. **merger** [ˈmə:dʒə] sammensmelting, fusjon, forening (av handelsselskaper).
merging = merger.
meridian [miˈridjən] høyde, høyeste punkt; middagshøyde, meridian, lengdesirkel, lengdegrad. **– of life** kulminasjonspunkt, middagshøyde. **meridional** [miˈridjənəl] meridian-, sørlig; søreuropeisk. **meridionality** [miridjəˈnæliti] kulminasjon, sørlig beliggenhet.
meringue [məˈræŋ] marengs (slags småkaker).
merino [meˈri:nəu] merinosau; merino (slags tøy).
merit [ˈmerit] fortjeneste, fortjenestefullhet, fortreffelighet, dyd, god side, gagn, fortrinn; **-s**

fortjeneste, verd; **make a – of, take – to oneself** regne seg til fortjeneste; **make a – of necessity** gjøre en dyd av nødvendighet; **each case is decided on its -s** hvert tilfelle bedømmes individuelt, etter fortjeneste; **ugly to a –** stygg som en ulykke.

merit [ˈmerit] fortjene; gjøre seg fortjent, gjøre gagnsverk. **– badge** ferdighetsmerke.

meritedly [ˈmeritidli] med rette, etter fortjeneste.

merito|cracy [meri|ˈtɔkrəsi] ytelses-, prestasjonssamfunn. **-rious** [-ˈtɔ:riəs] fortjenstfull, hederlig, solid. **-riousness** fortjenstfullhet.

merit rating kvalifikasjonsbedømmelse.

merle [mə:l] svarttrost.

merlin [ˈmə:lin] dvergfalk, steinfalk.

mermaid [ˈmə:meid] havfrue.

merman [ˈmə:mən] havmann.

Merovingian [merəˈvindʒiən] merovingisk.

merrily [ˈmerili] lystig.

merriment [ˈmerimənt] munterhet, gammen, moro.

merry [ˈmeri] munter, glad, livlig, spøkefull; lett beruset; **make –** more seg, holde leven; **a – Christmas (to you)!** gledelig jul; **– dancers** nordlys; **make – with** ha til beste, drive gjøn med; **let things go their – way** la tingene gå sin skjeve gang.

merry-andrew [ˈmeriˈændru:] bajas, klovn. **merry-go-round** [ˈmerigəuraund] karusell, rundkjøring. **merry-making** [ˈmerimeikiŋ] moro, leven.

Merry Monday fastelavnsmandag.

merrythought [ˈmeriθɔ:t] gaffelbein, ønskebein, nøklebein (på en fugl).

mesa [ˈmeisə] (amr.) mesa, platå, taffelland.

mésalliance [meˈzæliəns] mesallianse.

mescal [ˈmeskəl] meksikansk drikk som inneholder meskalin.

mesdames [meiˈdæm] pl. av **madame.**

mesdemoiselles [meidmwɑ:ˈzel] pl. av **mademoiselle.**

meseems [miˈsi:mz] (arkaisk) meg tykkes.

mesh [meʃ] maske, nett, garn; drev; fange i garn, innvikle. **meshy** [ˈmeʃi] masket, nettformet.

mesmeric [mezˈmerik] mesmerisk, hypnotisk, suggestiv, tryllebindende. **mesmerism** [ˈmezmərizm] mesmerisme. **mesmerist** [ˈmezmərist] mesmerist. **mesmerize** [ˈmezməraiz] hypnotisere.

mesne [mi:n] (jur.) mellom-; **– lord** underlensherre, undervasall.

Mesopotamia [mesəpəˈteimjə].

mess [mes] blanding, forvirret masse, uorden, røre, rot, suppe, sammensurium; **the house was in a pretty –** huset var i villeste uorden; **be in a pretty –** sitte i en knipe; **make a – of** bringe i forvirring; søle til; **he got into a – with his accounts** han kom ut å kjøre med sine regnskaper.

mess [mes] rote i, forplumre, ødelegge, søle til; rote, klusse; **– about** gå og drive omkring, tulle med noe; **– up** bringe i uorden, spolere, ødelegge.

mess [mes] rett, servering, porsjon; messe; spise (i samme messe); bespise; skaffe; **– of pottage** rett linser; **dine at –** spise i messen; **divide the men into -es** fordele mannskapet i bakker (bakksvis). **– boy** messegutt. **– man** messemann. **-mate** messekamerat, bakkskamerat. **– orderly** kokk. **-room** messe.

message [ˈmesidʒ] bud, budskap; depesje, telegram; **go -s** gå ærender; **send a – of excuse** sende avbud. **– form** telegramblankett. **– lad** visergutt.

messenger [ˈmesindʒə] bud, sendebud, forløper, kurér.

Messiah [miˈsaiə] Messias.

messieurs [ˈmesəz] de herrer, herrer.

messing [ˈmesiŋ] forpleining.

Messrs. [ˈmesəz] fk. f. **Messieurs** herrene; d'herrer.

messuage [ˈmeswidʒ] (jur.) gård, jord, eiendom.

mess-up rot.

messy [ˈmesi] forvirret, rotet, sølet, griset.

mestizo [meˈsti:zəu] mestis.

met [met] imperf. og perf. pts. av **meet;** fk. f. **meteorological; metaphor; metropolitan.**

Met.; the – fk. f. **the Metropolitan Opera.**

metabolism [meˈtæbəlizm] stoffskifte.

metacarpus [metəˈkɑ:pəs] mellomhånd.

metage [ˈmi:tidʒ] måling (av kull); måleavgift.

metal [ˈmetl] metall; (fig.) malm; pukk, pukkstein, glassmasse; metallforhude; makadamisere; kulte; **-s** skinner; **leave the –** gå av sporet.

metallic [miˈtælik] metallisk, metall-.

metalliferous [metəˈlifərəs] metallholdig.

metalline [ˈmetəlin, -ain] metallisk.

metallize [ˈmetəlaiz] metallisere.

metalloid [ˈmetəlɔid] metalloid.

metallurgy [meˈtælədʒi] metallurgi.

metalman [ˈmetlmən] metallarbeider.

metamorphic [metəˈmɔ:fik] metamorfisk. **metamorphose** [metəˈmɔ:fəuz] forvandle. **metamorphosis** [metəmɔ:ˈfəusis] forvandling. **metaphor** [ˈmetəfə] billedlig talemåte. **metaphoric(al)** [metəˈfɔrik(l)] billedlig.

metaphysic(al) [metəˈfizik(l)] metafysisk, oversanselig. **metaphysician** [metəfiˈziʃən] metafysiker. **metaphysics** [metəˈfiziks] metafysikk.

metastasis [meˈtæstəsis] metastase.

metatarsus [metəˈtɑ:səs] mellomfot.

metathesis [meˈtæθəsis] metatese.

mete [mi:t] måle; mål; grense, grensemerke.

metempsychosis [metempsiˈkəusis] sjelevandring.

meteor [ˈmi:tjə] meteor. **meteoric** [mi:tiˈɔrik] meteorisk; kometaktig, strålende. **meteorological** [mi:tjərəˈlɔdʒikl] meteorologisk. **meteorologist** [mi:tjəˈrɔlədʒist] meteorolog. **meteorology** [mi:tjəˈrɔlədʒi] meteorologi.

meter [ˈmi:tə]måler, måleredskap; meter; måle. **– maid** kvinnelig parkometervakt. **– reading** måleravlesning.

methane [ˈmeθein] metan.

metheglin [məˈθeglin] en slags mjød.

methinks [miˈθiŋks] det synes meg.

method [ˈmeθəd] måte, framgangsmåte; plan, metode; **reduce to –** sette i system. **methodic(al)** [miˈθɔdik(l)] metodisk, systematisk. **methodics** [miˈθɔdiks] metodikk.

Methodism [ˈmeθədizm] metodisme. **Methodist** [ˈmeθədist] metodist; metodistisk. **Methodistic** [meθəˈdistik] metodistisk.

methodize [ˈmeθədaiz] bringe metode i, systematisere.

methought [miˈθɔ:t] det syntes meg.

Methuselah [miˈθju:zələ] Metusalem.

methyl [ˈmeθil] metyl. **methylate** [ˈmeθileit] denaturere. **methylated** [ˈmeθileitid] som inneholder metylalkohol; **– spirits** denaturert sprit.

meticulous [miˈtikjuləs] engstelig, omhyggelig, grundig, sirlig, pirket.
métier [ˈmetjei] metier, fag, yrke.
metonymy [meˈtɔnimi] metonymi.
metre [ˈmi:tə] meter; metrum, versemål. **metric** [ˈmetrik] metrisk. **metrical** [ˈmetrikl] metrisk. **metrics** [ˈmetriks] metrikk.
metronome [ˈmetrənəum] taktmåler, metronom.
metropolis [miˈtrɔpəlis] hovedstad, verdensby; **the –** (især) London, Stor-London.
metropolitan [metrəˈpɔlitən] hovedstads-, metropolitan-, londoner-; metropolitt. **M. Police** London-politiet. **– state** moderland (for kolonier).
mettle [ˈmetl] temperament, liv, mot, fyrighet, futt, iver; stoff, to, malm; materie; **now show your –** vis nå hva du kan; **put one on his –** få en til å gjøre sitt beste.
mettlesome [ˈmetlsəm] livlig, modig, fyrig; sprek.
mew [mju:] måke, måse.
mew [mju:] myte, røyte; skifte drakt.
mew [mju:] bur (især for falk); skjul.
mew [mju:] mjaue; mjauing.
mewl [mju:l] skrike, sutre; skrik, sutring.
mews [mju:z] stallbygninger, staller (ofte ombygd til garasjer el. atelierleiligheter); bakgate, smug; (oppr. pl. av **mew** falkebur; men nå gjerne brukt som singularis: **a mews,** pl. **mewses).**
Mex. fk. f. **Mexico; Mexican.**
Mexican [ˈmeksikən] meksikansk; meksikaner.
Mexico [ˈmeksikəu].
mezzanine [ˈmezəni:n] mesanin(etasje).
mezzotint [ˈmetsəutint] mezzotint(trykk); svartkunst.
mf. fk. f. **mezzo forte** middelssterkt.
M. G. fk. f. **Order of St. Michael and St. George.**
mg.fk. f. **milligram.**
m. g. fk. f. **machine gun.**
Mgr fk. f. **Manager; Monseigneur.**
M. I. fk. f. **mounted infantry; Military Intelligence.**
M.I.A. fk. f. **missing in action** savnet under utførelse av tjeneste.
Miami [maiˈæmi].
miaow [miˈau] mjaue; mjauing.
miasma [maiˈæzmə] miasme, smittestoff.
miaul [miˈɔ:l] mjaue; mjauing.
mica [ˈmaikə] glimmer; kråkesølv. **micaceous** [miˈkeiʃəs] glimmeraktig.
Micawber [miˈkɔ:bə], person i David Copperfield.
mice [mais] (pl. av **mouse)** mus.
Mich. fk. f. **Michigan.**
Michael [ˈmaikl].
Michaelmas [ˈmiklməs] mikkelsmess, den 29. september.
miche [mitʃ] stjele, rappe; skulke.
Michigan [ˈmiʃigən].
mickle [ˈmikl] gammelt el. dialekt) megen, stor; mengde; **many a little makes a –** ≈ mange bekker små gjør en stor å.
micky [ˈmiki]; **take the – out of** erte, drive gjøn med.
micro [ˈmaikrəu, maikrə] mikro-.
microbe [ˈmaikrəub] mikrobe, bakterie.
microcosm [ˈmaikrəkɔzm] mikrokosmos, liten verden.
microchip mikrobrikke, mikrokrets.
microcircuit mikrokrets.
microfilm mikrofilm.
micrography [maiˈkrɔgrəfi] beskrivelse av mikroskopiske gjenstander, mikrografi, mikrotrykk.
micrometer [maiˈkrɔmitə] mikrometer.
micron [ˈmaikrɔn, -rən] mikron, my.
Micronesia [maikrəˈni:ʃə] Mikronesia.
microphone [ˈmaikrəfəun] mikrofon. **– amplifier** mikrofonforsterker. **– current** mikrofonstrøm.
microscope [ˈmaikrəskəup] mikroskop. **microscopic** [maikrəˈskɔpik] mikroskopisk, meget liten.
microwave [ˈmaikrəweiv] mikrobølge.
micturition [miktəˈriʃən] sykelig trang til vannlating.
mid [mid] midt-, midtre, mellom. **– flight** i flukten.
'mid; mid [mid] midt iblant, under.
Midas [ˈmaidæs].
midday [ˈmiddei] middag, kl. 12.
midden [ˈmidn] (dial.) mødding, gjødselhaug; lasaron.
middle [ˈmidl] mellom-, middel-; midje, liv; midterst, i midten, midt-; **at the – of last week** midt i siste uke; **in the – of** midt i; midt på; **– age** alder mellom 40 og 60; **the M. Ages** middelalderen; **– article** avisartikkel, som verken dreier seg om politikk eller litteratur; **– finger** langfinger, (tal.) langemann; **the M. Kingdom** Kina.
middle-aged [ˈmidlˈeidʒd] halvgammel, middelaldrende.
middle-bracket mellomsjiktet, mellomgruppen.
middle-class [ˈmidlˈklɑ:s] middelklasse, middelstand.
the Middle East Midtøsten.
middleman [ˈmidlmæn] mellommann, mellomledd.
middlemost [ˈmidlməust] midterst.
middle name mellomnavn.
middle-of-the-road en som er i midten; midt-, mellom-, midt på treet.
Middlesex [ˈmidlseks].
middle-sized middelstor. **-tint** mellomfarge. **– watch** hundevakt. **– -weight** mellomvekt.
middling [ˈmidliŋ] middels, middelmådig, temmelig. **middlings** [ˈmidliŋz] mellomkvaliteter; annensortering; en slags grovere mel, fint hvetekli, kliblanding (brukt som hønsefôr).
mid-fair mørk blond.
midge [midʒ] mygg; liten mann.
midget [ˈmidʒit] liten mygg; ørliten mann; dverg-, lilleputt-; fotografi i minste format.
midland [ˈmidlənd] innland; indre; **the Midlands** Midt-England.
midmost [ˈmidməust] midterst.
midnight [ˈmidnait] midnatt.
midriff [ˈmidrif] mellomgulv; livstykke; todelt kjole el. badedrakt.
midship [ˈmidʃip] midtskips. **-man** sjøkadett. **midships** [ˈmidʃips] midtskips.
midst [midst] midte; midt, midterst; **in the – of** midt i; **in our –** midt iblant oss.
midsummer [ˈmidsʌmə] midtsommer. **M. Day** sankthansdag, jonsokdag. **– holidays** sommerferie. **– madness** det glade vanvidd. **– night** sankthansnatt.
midway [ˈmidwei] midtvei, mellomvei; midtveis, halvveis.
midwife [ˈmidwaif] jordmor; fødselshjelper; bistå, opptre som jordmor. **midwifery** [ˈmidw(a)ifri] jordmorkunst, -yrke.
midwinter midtvinter.

mid-year årets midte; som finner sted midt i året.
mien [mi:n] mine, lag, framferd, holdning, oppførsel.
miff [mif] fornærmelse; småkjekl; **they have had a –** det er kommet en knute på tråden.
might [mait] imperf. av **may.** **– -be** kanskje.
might [mait] makt, kraft, evne; **by – or by sleight** ved makt eller list; **with – and main** el. **with all his –** av all makt, av alle krefter.
mightily [ˈmaitili] mektig, voldsomt, kraftig, svært. **mightiness** [ˈmaitinis] høyhet, mektighet. **mighty** [ˈmaiti] mektig, kraftig, svært, i høy grad.
mignonette [minjəˈnet] reseda.
migrant [ˈmaigrənt] vandrende; trekkfugl; omstreifer, landstryker. **migrate** [maiˈgreit] flytte, vandre ut, trekke bort. **migration** [maiˈgreiʃən] utflytning, vandring.
migratory [ˈmaigrətəri] vandrende. **– bird** trekkfugl. **– locust** vandregresshoppe.
mikado [miˈkɑ:dəu] mikado (keiser i Japan).
Mike [maik] fk. f. **Michael; for the love of –!** for himmelens skyld!
mike [maik] slentre, drive om; fk. f. **microphone.**
mil. fk. f. **military; militia.**
Milan [ˈmilən, miˈlæn] Milano.
milch [mil(t)ʃ] som gir melk, som melker. **– cattle** melkekuer. **-er** melkeku.
mild [maild] mild; spak; blid, saktmodig; lett; bløt. **– ale** lett øltype. **– -cured** lettsaltet (om kjøtt).
mildew [ˈmildju:] meldugg, mygl, jordslag; bli meldugget. **mildewy** [ˈmildju:i] jordslått.
mildness [ˈmaildnis] mildhet.
mild-spoken mild i ordene. **– -tempered** mild.
mile [mail] (engelsk) mil; (= 1609,3 m); **for -s** milevidt.
mileage [ˈmailidʒ] distanse i eng. mil, miletall; reisegodtgjørelse pr. mil, bilgodtgjørelse. **– recorder** odometer, ≈ kilometerteller.
milepost milepæl; ≈ kilometerstolpe.
Milesian [maiˈli:ziən] irsk; irlender; milesisk.
milestone [ˈmailstəun] milepæl; ≈ kilometerstolpe.
Miletus [maiˈli:təs] Milet.
milfoil [ˈmilfɔil] ryllik (plante).
miliary [ˈmiljəri] hirsekornlignende; **– fever** frisler, miliær feber.
militant [ˈmilitənt] krigersk, aggressiv, stridbar, stridende. **militarism** [ˈmilitərizm] militarisme.
military [ˈmilitəri] militær, krigersk, krigs-, militær; **– man** militær.
militate [ˈmiliteit] stri(de), kjempe, slåss; virke for.
militia [miˈliʃə] milits, landvern.
militiaman [miˈliʃəmən] militssoldat.
milk [milk] melk; melke; tappe; ha melk i; **– for babes** barnemat; **that accounts for the – in the coconut** se det forklarer saken; **– of magnesia** magnesiamelk; **it is no use crying over spilt –** det nytter ikke å gråte over spilt melk. **– -and-water** kraftløs; sentimentalt vås. **– can** melkespann. **-er** melker, melkeku, melkemaskin. **– glass** melkeglass. **– grading** kvalitetskontroll av melk. **– -livered** feig. **-man** melkemann. **– powder** tørrmelk, melkepulver. **– recorder** melkekontrollør. **– round** melkerute; fast turistrute. **– run** rutineoppdrag ≈ plankekjøring. **– shake** drikk av kald melk og fruktsaft. **-sop** brød som er bløtt i melk; mammadalt, stakkar. **– strainer** melkesil.
milky [ˈmilki] melkeaktig, melke-; engstelig, bløt.
mill [mil] mølle, kvern, fabrikk; male, valse ut, prege, mynte; piske; **he has been through the –** han har opplevd mye, han har selv prøvd det; **no – no meal** uten arbeid ingen mat; **-ed edges** maskinpregede kanter, opphøyde (og riflete) kanter (på mynter); **– about** farte omkring.
millboard [ˈmilbɔ:d] tykk papp.
milldam [ˈmildæm] mølledam, mølledemning.
millenarian [miliˈnɛəriən] tusenårig; millennarier.
millenary [ˈmilinəri] tusen-, tusenårs; årtusen; tusenårsfest. **millennial** [miˈlenjəl] tusenårs-. **millennium** [miˈlenjəm] årtusen; tusenårsrike.
millepede [ˈmilipi:d] tusenbein.
miller [ˈmilə] møller; fresemaskin.
millesimal [miˈlesiməl] tusende; tusendels-.
millet [ˈmilit] hirse.
mill-feed fôrmel, kli. **– girl** fabrikkarbeiderske. **– hand** fabrikkarbeider.
milliard [ˈmiljəd] milliard.
millibar [ˈmilibɑ:] millibar.
milligramme [ˈmiligræm] milligram.
millilitre [ˈmilili:tə] milliliter.
millimetre [ˈmilimi:tə] millimeter.
milliner [ˈmilinə] motehandler. **-'s** hattebutikk, motebutikk. **millinery** [ˈmilinəri] motepynt, moteartikler.
milling [ˈmiliŋ] mølledrift; valsing; fresing; stamping; real juling. **– machine** fresemaskin.
million [ˈmiljən] million. **millionaire** [ˈmiljəˈnɛə] millionær. **millionairess** millionøse. **millionth** [ˈmiljənθ] milliondel, millionte.
mill-owner mølleeier. **-pond** mølledam, kverndam. **-race** kvernbekk, møllefoss. **-scale** glødeskall. **-stone** møllestein. **-stream** kvernbekk. **-tail** spillvann (fra møllehjulet). **– wheel** møllehjul. **-wright** kvernbygger; (US) montør.
milquetoast [ˈmilktəust] (US) smågutt.
milt [milt] milt; melke (hos hanfisk); befrukte.
Milton [ˈmilt(ə)n].
mime [maim] mime; pantomimiker; komiker.
mimeograph [ˈmimiəgrɑ:f] mimeograf, duplikator; stensilere, duplisere.
mimic [ˈmimik] (pres. pts. **mimicking,** imperf. og perf. pts. **mimicked)** etterlignet, etterapet; mimisk; mimiker, etteraper; etterligne, etterape, herme.
mimicry [ˈmimikri] etterligning, etteraping.
mimosa [miˈməuzə] mimosa.
min. fk. f. **mineralogy; minimum; mining; minister; minor; minute.**
minacious [miˈneiʃəs] truende.
minaret [ˈminərit] minaret.
minatory [ˈminətəri] truende.
mince [mins] hakke smått, skjære fint; forminske, beklippe, pynte på; snakke affektert, småtrippe; hakket kjøtt; hakkemat; **not to – matters** for å ta bladet fra munnen, for å si det som det er.
minced finskåret, finhakket. **– meat** hakkekjøtt.
mincemeat [ˈminsmi:t] (blanding av kandiserte skall, rosiner, epler, krydder, fett og sukker, brukt som fyll i pai el. terte); (gml.) **make – of** gjøre hakkemat av, gjøre kål på.
mince pie [ˈminsˈpai] (se **mincemeat**).
mincer [ˈminsə] kjøttkvern, hakkemaskin.

mincing [ˈminsiŋ] skapaktig, affektert, jålet, tertefin.
mind [maind] sinn, hug, sinnelag, gemytt; sjel, ånd; forstand, vett, mening, tanke; tilbøyelighet, mentalitet, lyst; erindring, minne; personlighet; **make up one's –** beslutte seg til; fatte en bestemt mening; bringe det over sitt hjerte; **my – misgives me** jeg har bange anelser; **absence of –** åndsfraværelse; **presence of –** åndsnærværelse; **a dirty –** en skitten tankegang; **an open –** åpent sinn, fordomsfri; **a shallow –** å være lite dypttenkende, ikke å stikke dypt; **be of a sound –** være ved sine fulle fem; **lose one's –** miste forstanden; **change one's –** komme på andre tanker; **give a person a bit of one's –** si en sin mening; **I was in two -s about it** jeg kunne ikke bestemme meg; **be of a – with somebody** dele ens anskuelser; **it is not to my –** det er ikke etter mitt hode; **have a good – to** ha god lyst til; **I have half a – to** jeg kunne nesten ha lyst til; **have in –, bear in –** huske, ha i tankene; **bring (call) to –** erindre, minnes.
mind [maind] iaktta, ense, akte på, legge merke til; bekymre seg om, bry seg om; ha noe imot; innvende imot; huske, passe på; ha i sinne; **– one's book** passe sin lesning; **– your own business!** pass deg selv! **– a child** passe et barn; **never – him** bry deg ikke om ham; **never –!** bry Dem ikke om det! det gjør ikke noe; jeg ber; ingen årsak; pass Dem selv; **I don't – a few pounds more or less** jeg tar det ikke så nøye med et par pund mer eller mindre; **if you do not – it** hvis De ikke har noe imot det; **do you – my smoking** har De noe imot at jeg røyker; **– and come in good time** sørg for å komme i god tid; **– your eye!** pass på! **– that!** husk det; **– one's P's and Q's** være forsiktig, holde tungen rett i munnen.
minded [ˈmaindid] til sinns; av ... karakter; interessert; innstilt; **sports- –** sportsinteressert.
minder [ˈmaində] vaktpost, utkikksmann; **-minder** (i smstn.) -vokter; -passer.
mindful [ˈmaindf(u)l] oppmerksom, omhyggelig.
mindless [ˈmaindlis] sjelløs; likeglad, likesæl.
mine [main] min, mitt, mine (brukt substantivisk); **the box is –** esken er min; **a friend of –** en venn av meg.
mine [main] gruve, bergverk, mine; grave gruver; drive gruver; drive bergverksdrift; minere, grave; undergrave; utvinne, drive.
mine field [ˈmainfi:ld] minefelt.
mine|layer [ˈmainleiə] mineutlegger (skip eller menneske). **– laying** [-leiiŋ] minelegging.
miner [ˈmainə] gruvearbeider, bergmann; minegraver, minør. **miner's elbow** hygrom i albuen.
mineral [ˈminərəl] mineral. **– candle** parafinvokslys. **– coal** steinkull. **mineralize** [ˈminərəlaiz] forvandle til mineral. **mineralogic** [minərəˈlɔdʒik] mineralogisk. **mineralogist** [minəˈrælədʒist] mineralog. **mineralogy** [minəˈrælədʒi] mineralogi.
mineral | oil mineralolje. **– pitch** asfalt. **– spirit** white spirit, mineralterpentin. **– water** mineralvann; brus.
Minerva [miˈnə:və].
mine shaft gruvesjakt.
minesweeper [ˈmainswi:pə] minesveiper.
minever [ˈminivə] d. s. s. **miniver.**
mingle [ˈmiŋgl] blande; blande seg.
miniate [ˈminieit] mønje, mønjemale.
miniature [ˈminjətʃə] miniatyr, miniatyr-, miniatyrportrett; **in –** en miniature, i miniatyr. **– railway** modelljernbane.
mini|cam miniatyrkamera. **– -cab** minidrosje. **-car** minibil, småbil.
minify [ˈminifai] forminske, minske, nedsette.
minikin [ˈminikin] yndling, kjæledegge; bitte liten.
minim [ˈminim] bitte liten; 0,06 millimeter; ≈ dråpe; halvnote.
minimal [ˈminiməl] minimal, minste-.
minimise [ˈminimaiz] bringe ned til det minst mulige, redusere, forminske, begrense; undervurdere.
minimum [ˈminiməm] lavmål, minimum; minimums-.
mining [ˈmainiŋ] gruvedrift, bergverksdrift, gruve-.
minion [ˈminjən] (hånlig) yndling, favoritt, gromgutt; kreatur; kolonell (liten skriftsort).
minish [ˈminiʃ] forminske.
minister [ˈministə] minister, statsråd; sendemann; prest (især om dissenterprest); tjener, hjelper, redskap; levere, yte, sørge for, bidra til, gi, bringe; tjene, hjelpe, behandle. **– of agriculture, fisheries and food** ≈ landbruks- og fiskeriminister. **– of commerce** handelsminister. **– of defence** forsvarsminister. **– of education** undervisningsminister. **– of environment** miljøvernminister. **– of health** helseminister. **– of housing and local government** ≈ boligminister. **– of labour and national service** ≈ kommunal- og arbeidsminister. **– of state** statsråd; visestatsråd. **– of supply** forsyningsminister; **– of transport and civil aviation** ≈ samferdselsminister.
ministerial [miniˈstiəriəl] tjenende; administrativ; tjenlig; minister-, ministeriell; prestelig, geistlig. **ministerialist** [-ist] regjeringsvennlig.
ministrant [ˈministrənt] tjenende, underordnet; tjener. **ministration** [miniˈstreiʃən] tjeneste, virksomhet; medvirkning.
ministry [ˈministri] departement, ministerium; regjering, regjeringstid; geistlig stilling, presteembete, prestegjerning; virksomhet, medvirkning.
minium [ˈminjəm] mønje.
miniver [ˈminivə] gråverk; hermelin, ekornskinn.
mink [miŋk] mink.
Minn. fk. f. **Minnesota.**
Minneapolis [miniˈæpəlis].
Minnesota [miniˈsəutə].
minnie [ˈmini] (skotsk) mor; minekaster.
minnow [ˈminəu] ørekyte, gorrkyte.
minor [ˈmainə] mindre, underordnet, uvesentlig, små-; bifag, bifags-; mindreårig, umyndig; moll (i musikk). **– canon** prest ved domkirke, men ikke medlem av domkapitlet. **– premise** undersetning (i slutning). **the – prophets** de små profeter. **Asia Minor** Lilleasia.
Minorca [miˈnɔ:kə].
minority [miˈnɔriti, mai-] mindreårighet, umyndighet; minoritet, mindretall; **be in a –** være i minoritet.
M. Inst. C. E. fk. f. **Member of the Institution of Civil Engineers.**
minster [ˈminstə] domkirke, klosterkirke.
minstrel [ˈminstrəl] skald, (vise)sanger, trubadur, minnesanger; **negro – el. Christy –** negersanger

(el. sanger utkledd som neger). **minstrelsy** [ˈminstrəlsi] sang, skaldskap, trubadurpoesi.
mint [mint] mynt, myntverk; formue; kilde opprinnelse; **he is worth a – of money** han er grunnrik. **mint** [mint] mynte, slå, prege; smelte, lage; **in – condition** som ny.
mint [mint] mynte; peppermynte(sukkertøy); **crisped** (el. **curled) –** krusemynte.
mintage [ˈmintidʒ] mynting; mynt, penger, nylaging; myntpreg, preg; pregningskostnader.
mint julep [- dʒˈu:ləp] whisky i knust is med mynte.
mintmaster [ˈmintˈmɑ:stə] myntmester.
mint sauce [ˈmintˈsɔ:s] krusemyntesaus (eddiksaus med hakkede krusemynteblad).
mint warden [ˈmintwɔ:dn] myntguardein.
minuet [minjuˈet] menuett.
minus [ˈmainəs] minustegn; minus; negativ; uten.
minuscule [miˈnʌskju:l] minuskel, liten bokstav; meget liten.
minute [miˈnju:t, mai-] ganske liten, ørliten, ubetydelig; nøyaktig, minutiøs.
minute [ˈminit] minutt, bueminutt; øyeblikk; notat, memorandum; opptegnelse, (især i pl.) referat, forhandlingsprotokoll; gjøre utkast til, opptegne, protokollere; **this –** straks; **I knew him the – I saw him** jeg kjente ham straks, da jeg så ham; **to the –** på minuttet; **wait a –** vent et øyeblikk; **up to the –** helt à jour. **– book** forhandlingsprotokoll. **– guns** minuttskudd. **– hand** minuttviser, langviser.
minutely [ˈminitli] hvert minutt, hvert øyeblikk.
minutely [miˈnju:tli, mai-] nøye, minutiøst.
minuteness [maiˈnju:t-] stor nøyaktighet; en svært liten størrelse.
minutiae [maiˈnju:ʃii:] bagateller, småtterier.
minx [minks] villkatt, vilter jente.
miracle [ˈmirəkl, -rikl] mirakel, vidunder, undergjerning; mirakel-skuespill; **as if by –** som ved et under. **miraculous** [miˈrækjuləs] mirakuløs, vidunderlig, undergjørende, vidunder-.
mirage [miˈrɑ:ʒ] luftspeiling, fatamorgana; illusjon.
mire [ˈmaiə] myr, sump; mudder, dynn, søle, gjørme; senke ned i dynn; synke ned i dynn; føre opp i uføre. **miriness** [ˈmairinis] det å være gjørmet.
mirk [mə:k] mørk. **mirky** [ˈmə:ki] mørk.
mirror [ˈmirə] speil; bilde; avspeile, speile. **– finish** høyglanspolering. **– image** speilbilde. **– room** speilkabinett. **– script** speilskrift.
mirth [mə:θ] munterhet, moro, lystighet, latter. **mirthful** [ˈmə:θf(u)l] lystig. **mirthfulness** [-nis] lystighet. **mirth-moving** [-mu:viŋ] lattervekkende.
MIRV fk. f. **multiple independent(ly targeted) re-entry vehicle** flermålsrakett.
miry [ˈmairi] gjørmet, mudret.
mis- [mis] (forstavelse) feil-; uriktig.
misadventure [ˈmisədˈventʃə] uhell; **homicide by –** uaktsomt drap.
misadvice [ˈmisədˈvais] dårlig råd. **misadvise** [ˈmisədˈvaiz] råde ille; vill-lede.
misalignment [misəˈlainmənt] feilinnstilling, feiljustering.
misalliance [ˈmisəˈlaiəns] mesallianse.
misanthrope [ˈmizənθrəup] misantrop, menneskehater. **misanthropic** [mizənˈθrɔpik] menneskefiendsk. **misanthropy** [misˈænθrəpi] misantropi.
misapplication [ˈmisæpliˈkeiʃən] misbruk, uriktig anvendelse.
misapply [ˈmisəˈplai] anvende galt, misbruke.
misapprehend [ˈmisæpriˈhend] misforstå. **misapprehension** [ˈmisæpriˈhenʃən] misforståelse, villfarelse.
misappropriation [ˈmisəprəupriˈeiʃən] urettmessig tilegnelse, uriktig anvendelse.
misbecoming [ˈmisbiˈkʌmiŋ] upassende, ukledelig.
misbegotten [ˈmisbiˈgɔtn] uekte født, født utenfor ekteskap; elendig, avskyelig.
misbehave [ˈmisbiˈheiv] oppføre seg dårlig. **misbehaviour** [ˈmisbiˈheivjə] dårlig oppførsel.
misbelief [misbiˈli:f] vantro.
miscalculate [ˈmisˈkælkjuleit] beregne feil; forregne seg. **miscalculation** [ˈmiskælkjuˈleiʃən] feilregning, feilbedømmelse.
miscall [misˈkɔ:l] kalle uriktig, sette galt navn på.
miscarriage [misˈkæridʒ] dårlig utfall; uhell; misfall; ulykke; (brevs) bortkomst; for tidlig fødsel, abort. **– of justice** justismord. **miscarry** [misˈkæri] slå feil; mislykkes; være uheldig; forulykke; komme bort; nedkomme for tidlig, abortere.
miscast [misˈkɑ:st] gi en skuespiller en rolle som ikke passer for ham; besette galt.
miscegenation [misidʒəˈneiʃən] raseblanding.
miscellaneous [misiˈleinjəs] blandet.
miscellany [miˈseləni] blanding, samling av blandet innhold; **miscellanies** [miˈsələniz] artikler av forskjellig innhold; blandede skrifter.
mischance [misˈtʃɑ:ns] ulykke, uhell.
mischarge [misˈtʃɑ:dʒ] oppføre feilaktig; uriktig fordring.
mischief [ˈmistʃif] fortred, ugagn, skade; puss, rampestrek; ulykke; **get into –** rote seg opp i noe galt; **no – has happened** det er ingen skade skjedd; **he means –** han har vondt i sinne; **make –** stifte ufred; **what the – are you doing** hva pokker bestiller du. **– -maker** ufredsstifter; ugangskråke. **– -making** som gjør ugagn, stifter ufred.
mischievous [ˈmistʃivəs] skadelig; skadefro, ondskapsfull, skjelmsk, ertesyk; **– child** liten rakkerunge.
miscible [ˈmisibl] som kan blandes.
miscolour misfarge; (fig.) skildre tendensiøst, fordreie.
misconceive [ˈmiskənˈsi:v] feilbedømme, mistyde. **misconception** [ˈmiskənˈsepʃən] misforståelse, mistyding.
misconduct [ˈmisˈkɔndʌkt] uriktig oppførsel; tjenesteforseelse, embetsforbrytelse; utroskap; feilgrep. **misconduct** [ˈmiskənˈdʌkt] lede dårlig; oppføre seg dårlig.
misconjecture [ˈmiskənˈdʒektʃə] gjette feil; feilgjetning.
misconstruction [ˈmiskənˈstrʌkʃən] mistyding, misforståelse. **misconstrue** [ˈmiskɔnˈstru:] mistyde, misforstå.
miscount [ˈmisˈkaunt] telle galt; feiltelling.
miscreant [ˈmiskriənt] skurk, skarv; kjetter, vantro; gemen, lav, ussel.
misdate [ˈmisˈdeit] datere feil; feil datum.
misdeed [ˈmisˈdi:d] udåd, misgjerning.
misdelivery [ˈmisdiˈlivəri] feilaktig avlevering.
misdemean [ˈmisdiˈmi:n] forse seg. **misdemeanant** [-ˈmi:nənt] forbryter. **misdemeanour** [-ˈmi:nə] forseelse, feil; mindre forbrytelse; simpel forbrytelse.

misdirect [ˈmisdiˈrekt] vill-lede; feiladressere. **misdirection** [-ˈrekʃən] feilretning; vill-ledelse; feilaktig adressering; feilaktig anvendelse, misbruk.
misdo [ˈmisˈdu:] feile, forse seg. **misdoer** [misˈdu:ə] en som feiler; misdeder. **misdoing** [ˈmisˈdu:iŋ] feil, forseelse, misgjerning.
misdoubt [misˈdaut] mistenke, tvile på, ha mistillit til; mistanke, mistvil.
misemploy [ˈmisimˈplɔi] misbruke, nytte galt.
misentry [misˈentri] feilaktig innføring (i en bok), feilpostering.
miser [ˈmaizə] gnier, gjerrigknark.
miserable [ˈmiz(ə)rəbl] elendig, ynkelig, ulykkelig; jammerlig, ussel; **– sinner** arm synder.
miserere [mizəˈriəri] miserere, botssalme.
miserly [ˈmaizəli] gnieraktig, gjerrig, knipen.
misery [ˈmiz(ə)ri] elendighet, ulykke.
misesteem [ˈmisiˈsti:m] ringeakt. **misestimate** [misˈestimeit] miskjenne.
misfeasance [ˈmisˈfi:zəns] embetsmisbruk.
misfire [ˈmisfaiə] fusking, feiltenning.
misfit [ˈmisˈfit] noe som ikke passer; passe dårlig; sitte dårlig; mislykket individ.
misfortunate [misˈfɔ:tʃənit] ulykkelig.
misfortune [misˈfɔ:tʃən] ulykke, uhell.
misgive [misˈgiv] fylle med bange anelser, engste.
misgiving [misˈgiviŋ] bange anelse, tvil, engstelse, uro, bekymring.
misgovern [ˈmisˈgʌvən] regjere dårlig. **misgovernment** [ˈmisˈgʌvənmənt] dårlig styre, vanstyre.
misguidance [ˈmisˈgaidəns] vill-ledelse. **misguide** [ˈmisˈgaid] vill-lede.
mishandle [ˈmisˈhændl] behandle dårlig, fare ille med, forkludre.
mishap [ˈmishæp, misˈhæp] uhell; uheldig episode; bomskudd.
mishear [ˈmisˈhiə] høre feil.
mishmash [ˈmiʃmæʃ] sammensurium, røre, rot.
misimprove [ˈmisimˈpru:v] misbruke. **misimprovement** misbruk.
misinform [ˈmisinˈfɔ:m] gi gale opplysninger, feilinformere. **misinformation** [ˈmisinfɔ:meiʃən] feil underretning.
misinterpret [ˈmisinˈtə:prit] mistyde, mistolke. **misinterpretation** [ˈmisintə:priˈteiʃən] mistyding.
misjudge [ˈmisˈdʒʌdʒ] dømme feil; feilvurdering, undervurdere; miskjenne.
mislay [misˈlei] forlegge.
mislead [misˈli:d] forlede; villede.
mismanage [ˈmisˈmænidʒ] administrere dårlig, forkludre. **mismanagement** [-mənt] dårlig ledelse, vanstyre.
misname [misˈneim] benevne feilaktig.
misnomer [ˈmisˈnəumə] misvisende benevnelse.
misplace [ˈmisˈpleis] mislegge, anbringe forkjært, feilplassere. **misplacement** feilplassering.
misprint [misˈprint] trykke feil; [ˈmis(ˈ)print] trykkfeil.
misprision [misˈpriʒən] lovstridig fortielse; embetsforbrytelse; hån, forakt. **– of felony** fortielse av forbrytelse.
misprize undervurdere, ikke vurdere etter fortjeneste.
mispronounce [ˈmisprəˈnauns] uttale galt. **mispronunciation** [ˈmisprənʌnsiˈeiʃən] feilaktig uttale.
misquotation feilsitat, galt sitat.
misquote feilsitere.
misread lese feil.
misrepresent [ˈmisrepriˈzent] fremstille uriktig, fordreie, oppgi galt el. unøyaktig; baktale. **misrepresentation** [ˈmisreprizənˈteiʃən] feilaktig framstilling, fordreining; baktalelse.
misrule [ˈmisˈru:l] vanstyre, vanstell, uorden, forvirring.
miss, Miss [mis] frøken; **the Misses Smith, the Miss Smiths** frøknene Smith.
miss [mis] savne, sakne, unnvære, mangle, gå glipp av, overse, forsømme; unngå, være like ved å; feile, ta feil, komme for sent (til f. eks. toget); **– the bus** komme for sent til bussen; (fig.) forspille sjansen; **– the mark** skyte forbi, bomme; **a – is a good as a mile** ≈ nesten kaster ingen mann av hesten; **– out** utelate; **– out on** (US) gå glipp av; **– one's way** gå seg vill.
Miss. fk. f. **Mississippi.**
missal [ˈmisəl] messebok, missale.
misshapen [ˈmisˈʃeipən] vanskapt, misdannet.
missile [ˈmisail, (amr.) ˈmisil] kastevåpen, prosjektil, rakettvåpen. **– gap** rakettforsprang.
missing [ˈmisiŋ] forsvunnet, manglende; som savnes, savnet; fraværende; **the – link** det manglende mellomledd mellom ape og menneske; **be –** savnes, mangle.
mission [ˈmiʃən] misjon, sending, bud, ærend; verv, kall, oppgave; gesandtskap, sendelag, delegasjon; tokt; misjonere; misjons-, sendeferd; **on a –** i en sendelse, i et ærend.
missionary [ˈmiʃənəri] misjonær, lekpredikant; utsending.
missis [ˈmisiz] frue, kone, matmor, madamen.
Mississippi [misiˈsipi].
missive [ˈmisiv] sende-; kaste-; sendebrev.
Missouri [miˈsuəri].
misspell [ˈmisˈspel] stave feil.
misspend [ˈmisˈspend] forøde, kaste bort, anvende ille; **a misspent youth** en forspilt ungdom.
misstate [ˈmisˈsteit] fremstille uriktig. **misstatement** [-ˈsteitmənt] uriktig fremstilling.
missus [ˈmisəs, -əz] frue (brukt av tjenerne).
missy [ˈmisi] jomfrunalsk, affektert; sentimental; veslefrøken.
mist [mist] tåke, skodde, dis; støvregn, duskregn, yr.
mistake [misˈteik] ta feil; misforstå, forveksle; feiltakelse, feil, mistak; misforståelse, forveksling. **I mistook him for his brother** jeg forvekslet ham med hans bror; **and no –** det er visst og sant, det kan du ta gift på; **make a –** ta feil; **by –** ved en feiltakelse; **mistaken** [misˈteikn] misforstått; forfeilet; **be mistaken** ta feil.
mister [ˈmistə] herr; si herr til; **Mr. B.** herr B.
misterm [misˈtə:m] kalle feilaktig, nevne galt.
mistime [ˈmisˈtaim] velge et uheldig tidspunkt til, gjøre på et galt el. uheldig tidspunkt; feiltime. **mistimed** [misˈtaimd] ubetimelig, ubeleilig.
mistiness [ˈmistinis] tåkethet.
mistitle [misˈtaitl] benevne feilaktig.
mistletoe [ˈmisltəu, ˈmizltəu] misteltein.
mistook [misˈtuk] imperf. av **mistake.**
mistral [ˈmistrəl] mistral, nordvestvind (i Sør-Frankrike).
mistranslate [ˈmistrɑnsˈleit] oversette galt. **mistranslation** gal oversettelse; oversetterfeil.
mistreat [misˈtri:t] behandle dårlig.
mistress [ˈmistris] herskerinne; frue, husfrue, matmor; lærerinne; elskerinne, metresse; elskede, kjæreste; ekspert, mester **(of** i).

mistrust [ˈmisˈtrʌst] ha mistillit til, mistro. **mistrustful** [-f(u)l] mistroisk.
mistune [ˈmisˈtju:n] stemme galt.
misty [ˈmisti] tåket, skoddet, uklar, sløret; vagt, omtåket.
misunderstand [ˈmisʌndəˈstænd] misforstå. **misunderstanding** [-iŋ] misforståelse, uenighet.
misusage [ˈmisˈju:zidʒ] misbruk, mishandling.
misuse [ˈmisˈju:z] misbruke, mishandle; misbruk.
mite [mait] midd (i ost, mel).
mite [mait] liten mynt; liten smule; grann, døyt, skjerv; liten pjokk, gryn, stump; **it ain't a – of use** det er ikke til ringeste nytte.
mithridate [ˈmiθrideit] motgift.
mitigant [ˈmitigənt] formildende; lindrende. **mitigate** [ˈmitigeit] formilde, dempe, døyve, lindre. **mitigation** [mitiˈgeiʃən] formildelse, lindring, formildende omstendighet. **mitigator** [ˈmitigeitə] en som formilder, lindrer.
mitrailleuse [mitraiˈɔ:z] mitraljøse, kulesprøyte.
mitre [ˈmaitə] mitra, bispelue, bispeverdighet; (i snekkerspråk) gjæring (slags fugning), gjæringsfuge; bekle med bispelue; gjøre til bisp; gjære sammen. **– joint** gjæringsfuge. **– wheel** konisk hjul (om tannhjul, med akse som danner en vinkel på 45°).
mitt [mit] se **mitten.**
mitten [ˈmitn] belgvott, (lo)vott, halvhanske, ermebeskytter, (i pl. slang) boksehansker; håndjern; **give the –** gi en kurven, avskjedige; **get the –** få reisepass.
mittimus [ˈmitiməs] arrestordre; (sl.) sparken.
mix [miks] blanding; røre, rot, kluss; blande, lage; blande sammen; blande seg, ha omgang, omgås; **– a glass** brygge et glass; **he was mixed up in a conspiracy** han var innviklet i en sammensvergelse; **– with the world** ferdes ute i verden.
mixable [ˈmiksəbl] som kan blandes.
mixed [mikst] blandet, forvirret; **– bathing** fellesbading (for herrer og damer); **– blessing** blandet fornøyelse; **– breed** blandingsrase; **– cargo** blandet last, stykkgods; **– company** blandet selskap; **– marriage** blandet ekteskap; **– mathematics** anvendt matematikk; **– reception** blandet mottakelse; **– school** fellesskole (for gutter og piker).
mixer [ˈmiksə] blander; blandemaskin, mixmaster, håndmikser. **– -tap** blandebatteri (til varmt og kaldt vann). **– truck** betongbil.
mixing blanding; blande-, blandings-. **– spade** murskje.
mixture [ˈmikstʃə] blanding, oppblanding; mikstur.
mix-up [ˈmiksˈʌp] rot, røre, forvirring; forbytting; slagsmål.
mizzen [ˈmizn] mesan, mesanmast. **– mast** mesanmast. **– sail** mesanseil.
mizzle [ˈmizl] duskregne; støvregn, dusk, yr.
M.L. fk. f. **motor launch.**
ml fk. f. **millilitre.**
Mlle fk. f. **mademoiselle.**
Mlles fk. f. **mesdemoiselles.**
M. M. fk. f. **Military Medal; Messieurs.**
mm fk. f. **millimetre.**
Mme fk. f. **madame.**
Mmes fk. f. **mesdames.**
mnemonic [niˈmɔnik] mnemonisk, som hjelper på hukommelsen; **-s** hukommelseskunst. **mnemonician** [niməˈniʃən] hukommelseskunstner.
Mngr fk. f. **Monseigneur, Monsignor.**
mo [məu] (slang) øyeblikk; **wait half a –** vent et lite øyeblikk.
Mo.fk. f. **Missouri; Monday.**
mo. fk. f. **month; money order.**
M. O. fk. f. **Medical Officer.**
moan [məun] klage, stønne, anke seg; klage, anking.
moat [məut] festningsgrav, borggrav, vollgrav; omgi med en grav.
mob [mɔb] pøbel, mobb, pakk; hjord, flokk; stimle sammen, lage oppløp, overfalle i flokk.
mobbish [ˈmɔbiʃ] pøbelaktig, rå.
mob-cap [ˈmɔbkæp] nattkappe, kappe.
mobile [ˈməubail, ˈməubil] bevegelig, mobil, transportabel; ustabil; uro (figur som henges under taket og drives rundt av luftstrømmer i rommet). **mobility** [məˈbiliti] bevegelighet. **mobilization** [məubilaiˈzeiʃən] mobilisering. **mobilize** [ˈməubilaiz] mobilisere.
mob law [ˈmɔblɔ:] pøbeljustis.
mobocracy [mɔˈbɔkrəsi] pøbelherredømme.
mob rule [ˈmɔbru:l] pøbelvelde.
mobsman [ˈmɔbzmən] plattenslager, snyter, velkledd tyv.
mobster [ˈmɔbstə] gangster.
moccasin [ˈmɔkəsin] indianersko, mokkasin.
Mocha [ˈməukə, ˈmɔkə] Mokka; mokkakaffe.
mock [mɔk] ape etter, herme etter, gjøre latterlig, spotte over, spotte, skuffe; etterligning; spott, spe, latterliggjøring; forloren, uekte, falsk, forstilt. **mocker** [ˈmɔkə] spotter; spottefugl. **mockery** [ˈmɔkəri] etterligning, herming; spott, spe, latterliggjøring.
mocking [ˈmɔkiŋ] spottende, spotsk. **– -bird** hermekråke, spottefugl.
mock turtle [ˈmɔkˈtə:tl] forloren skilpadde.
mock-up øvelsesmodell (ofte i full størrelse).
mod. fk. f. **modern; moderate; modulus.**
modal [ˈməudl] formell, modal. **modality** [məuˈdæliti] modalitet, måte, form. **mode** [məud] måte, mote, vis, lag, beskaffenhet, skikk, bruk.
model [ˈmɔdl] mønster, modell; mannequin, (foto)modell, voksdukke; eksemplar, forbilde; mønster-, mønstergyldig; modellere, forme, anlegge, avbilde, danne; **a – husband** en eksemplarisk ektemann. **modeller** [ˈmɔdlə] modellør. **modelling** [ˈmɔdliŋ] modellering; form, utforming; arbeid som mannequin.
Modena [ˈmɔdinə].
moderate [ˈmɔd(e)rit] måteholden, moderat, behersket; temmelig liten; tarvelig, lempelig, middelmådig; **at a – price** til en rimelig pris.
moderate [ˈmɔdəreit] legge bånd på, betvinge, mildne, dempe, beherske; moderere, holde måte med; være ordstyrer ved forhandlinger, mekle.
moderation [mɔdəˈreiʃən] betvingelse, beherskelse; måtehold, moderasjon; sindighet; annen eksamen ved Oxford.
moderator [ˈmɔdreitə] betvinger, demper; dirigent, ordstyrer, diskusjonsleder, mekler.
modern [ˈmɔdən] moderne, nyere, nymotens, ny, nåtids-; **the -s** nåtidsmenneskene; **– languages** nyere språk. **modernism** [ˈmɔdənizm] ny skikk, nyere smak, modernisme. **modernist** [ˈmɔdənist] beundrer av det nyere, modernist. **modernity** [mɔˈdə:niti] nyhet; det å henge ved det nye, modernitet. **modernization** [mɔdənaiˈzeiʃən] mo-

dernisering. **modernize** [ˈmɔdənaiz] modernisere, omforme.
modest [ˈmɔdist] beskjeden, fordringsløs, smålåten; sømmelig, anstendig, ærbar, blyg. **modesty** [ˈmɔdisti] beskjedenhet, fordringsløshet; anstendighet, ærbarhet. **--piece** fichu, brystduk (over en nedringet kjole).
modicum [ˈmɔdikəm] liten smule, grann, minstemål, knapt mål.
modifiable [ˈmɔdifaiəbl] som kan forandres, tillempes; omformelig. **modification** [mɔdifiˈkeiʃən] modifikasjon, omforming, omdanning, omlyd. **modificatory** [ˈmɔdifiˈkeitəri] endrende. **modify** [ˈmɔdifai] modifisere, omforme, omdanne; begrense, innskrenke, mildne, lempe; bestemme.
modish [ˈməudiʃ] moderne, nymotens, sveisen. **modishness** [-nis] motesyke; modernitet. **modist** [ˈməudist] en som følger moten. **modiste** [məuˈdi:t] motehandlerske, dameskredderske, sydame.
mods [ˈmɔdz] (eng.) ≈ raggarungdom.
modulate [ˈmɔdjuleit] avpasse (-stemme), modulere. **modulation** [mɔdjuˈleiʃən] toneskifte, modulasjon.
module [ˈmɔdju:l] modul, seksjon, enhet, fartøy.
modus [ˈməudəs] modus, måte; godtgjørelse for tiende, erstatning.
Mogul [məuˈgʌl] mogul, mongol; **the Great –** Stormogulen. **mogul** stormann, kakse.
M. O. H. fk. f. **Medical Officer of Health; Ministry of Health.**
mohair [ˈməuhɛə] angoraull, mohair.
Mohammedan [məuˈhæmidən] muhammedansk.
Mohawk [ˈməuhɔ:k] mohawkindianer.
Mohican [ˈməuikən] mohikaner; **the last of the -s** den siste mohikaner, ættens siste.
Mohock [ˈməuhɔk] (slags londonsk pøbel i det 18. årh.).
moiety [ˈmɔiəti] halvdel.
moil [mɔil] søle til, flekke; slite, slepe; flekk, klatt; slit, strev.
moire [mwɑ:] moarering; silkemoaré.
moist [mɔist] rå, fuktig. **moisten** [ˈmɔisn] fukte, væte. **moistener** [ˈmɔisnə] fukter, fuktemiddel. **moistness** [ˈmɔistnis] fuktighet, væte. **moisture** [ˈmɔistʃə] fuktighet, væte.
moke [məuk] maske (i nett); esel; dumrian.
moky [ˈməuki] mørk, skummel.
molar [ˈməulə] som tjener til å male el. knuse; kinntann, jeksel. **– tooth** kinntann, jeksel.
molasses [məˈlæsiz] sirup; melasse.
mold [məuld] se **mould.**
Moldavia [mɔlˈdeivjə] Moldova, Moldavia.
mole [məul] føflekk, skjønnhetsflekk.
mole [məul] molo, havnedemning, steindemning.
mole [məul] moldvarp; (fig.) en som undergraver; **– out** grave fram.
molecast [ˈməulkɑ:st] moldvarphaug.
mole cricket [ˈməulˈkrikit] jordkreps.
molecular [məˈlekjulə] molekylar, molekylær, molekyl-.
molecule [ˈmɔlikju:l] molekyl, småpartikkel.
mole|hill [ˈməulhil] moldvarphaug; **make a mountain of a -hill** gjøre en mygg til en elefant. **– plough** grøfteplog.
mole rat [ˈməulræt] blindmus.
moleskin [ˈməulskin] moldvarpskinn; moleskin (slags tykt bomullstøy); (i pl.) bukser av moleskin.
molest [məˈlest] besvære, molestere, plage, bry, antaste, forulempe; **be -ed** li overlast.
molestation [məulesˈteiʃən] overlast; fortred, bry.
mole track [ˈməultræk] moldvarpgang.
moll [mɔl] prostituert, ludder.
mollah [ˈmɔlə] mollah (arabisk prestetittel).
mollient [ˈmɔljənt] bløtgjørende, lindrende. **mollification** [mɔlifiˈkeiʃən] bløtgjøring, lindring, stagging. **mollify** [ˈmɔlifai] lindre, bløtgjøre, myke, stagge; **be mollified** la seg formilde.
mollusc, mollusk [ˈmɔlʌsk] bløtdyr. **molluscan** [mɔˈlʌskən] bløtdyr-.
Molly [ˈmɔli].
mollycoddle [ˈmɔlikɔdl] svekling, mammadalt, pyse; skjemme bort, degge med.
Moloch [ˈməulɔk] Molok.
molten [ˈməultən] smeltet; støpt.
Moluccas [məˈlʌkəz], **the –** Molukkene.
moly [ˈməuli] slags løk.
mom [mɔm] (US) mamma.
moment [ˈməumənt, -mint] øyeblikk, moment; drivkraft; beveggrunn; vekt, viktighet; betydning; **the – I saw him** straks jeg så ham; **it is of no –** det har ikke noe å si; **a matter of –** en betydningsfull sak.
momentary [ˈməuməntəri] øyeblikkelig, som varer et øyeblikk; forbigående, flyktig.
momently [ˈməuməntli] når som helst, hvert øyeblikk.
momentous [məˈmentəs] betydningsfull, viktig; kritisk, skjebnesvanger, avgjørende.
momentum [məˈmentəm] drivende kraft, kraftmoment, fremdrift, fart, bevegelse; moment, viktig punkt; vekt.
momism [ˈmɔmizm] morsdyrkelse; overdreven morskjærlighet.
monachal [ˈmɔnəkl] klosterlig, kloster-, munke-. **monachism** [ˈmɔnəkizm] munkeliv, munkevesen.
Monacan [ˈmɔnəkən] monegasser; monegassisk. **Monaco** [ˈmɔnəkəu].
monad [ˈmɔnæd] monade.
monarch [ˈmɔnək] monark, hersker, enevoldsherre; konge, fyrste. **monarchic(al)** [məˈnɑ:kik(l)] monarkisk. **monarchist** [ˈmɔnəkist] monarkist. **monarchy** [ˈmɔnəki] monarki, kongedømme, keiserdømme.
monasterial [mɔnəˈstiəriəl] klosterlig, kloster-. **monastery** [ˈmɔnəst(ə)ri] kloster. **monastic** [mɔˈnæstik] klosterlig, kloster-, munke-; munk. **– vow** munkeløfte, ordensløfte. **monasticism** [mɔˈnæstisizm] munkevesen; klosterliv.
Monday [ˈmʌndi] mandag.
monde [mɔŋd, mɔnd] verden, folk; **beau –** den fine verden.
monetary [ˈmʌnitəri] mynt-, penge-. **– standard** myntfot.
money [ˈmʌni] mynt, penger, pengebeløp; **much –** mange penger; **piece of –** pengestykke; **for love or –** for gode ord og betaling; **come into –** arve penger, komme til penger; **keep a person in –** forsyne en med penger; **keep a person out of his –** la en vente på betalingen; **lend (put, place) – on interest** sette penger på rente; **coin –** prege penger; **– down** kontant, pengene på bordet; **make –** tjene penger, bli rik.
money|agent vekselér. **-bag** pengesekk; søkkrik mann. **– belt** pengebelte. **– bill** forslag om bevilgning; sparebøsse. **-broker, -changer** vekselér. **– drawer** pengeskuff.

moneyed [ˈmʌnid] bemidlet, velhavende.
money | **grubber** pengepuger, gnier, flåer. **-lender** pengeutlåner, diskontør. **-lending** pengeutlån, diskontering. – **market** lånemarked, pengemarked. – **order** pengeanvisning; postanvisning. **-monger** [ˈmʌŋgə] -handler, -kremmer.
Mongol [ˈmɔŋgɔl] mongol; mongolsk. **Mongolia** [mɔŋˈgəuljə] Mongolia. **Mongolian** [ˈmɔŋˈgəuljən] mongol; mongolsk.
mongoose [mʌŋˈguːs] mungo, mongus (slags indisk desmerdyr).
mongrel [ˈmʌŋgrəl] blandet, uekte, bastard, kjøter, fillebikkje.
'mongst [mʌŋst] blant.
monism [ˈmɔnizm] monisme. **monist** [ˈmɔnist] monist. **monistic** [mɔˈnistik] monistisk.
monition [məˈniʃən] advarsel, påminning.
monitor [ˈmɔnitə] påminner, formaner; ordensmann, monitor (betrodd elev som har oppsyn med yngre elever); monitor (slags krigsskip); overvåke. – **screen** (ved fjernsyn) kontrollmottaker, overvåkningsskjerm.
monitorial [mɔniˈtɔːriəl] påminnende; tilsyns-; advarende, formanende; – **school** skole som nytter monitorsystemet.
monitoring overvåking, kontroll; avlytting (av radiostasjoner).
monitory [ˈmɔnitəri] advarende, formanende.
monitress [ˈmɔnitris] kvinnelig monitor.
monk [mʌŋk] munk.
monkery [ˈmʌŋkəri] munkeliv, munkevesen.
monkey [ˈmʌŋki] ape (især laverestående ape), apekatt; spilloppmaker; rambukk, maskin til å ramme ned peler el. drive inn bolter med; (i slang) $ 500, £ 500; herme etter, drive gjøn, drive ap; klusse med, fingre med; **put his – up** gjøre ham sint.
monkey | **bike** liten (motor)sykkel med små hjul. – **board** stigbrett på en omnibus til konduktøren. – **boat** kanalbåt. – **bread** apebrød. – **bridge** løpebru; kommandobru. – **business** bløff, svindel, lureri. – **cap** pikkololue.
monkeyism [ˈmʌŋkiizm] apekattstreker, ap.
monkey | **jacket** kort, tettsittende sjømannstrøye, pjekkert. – **nut** jordnøtt. – **puzzle** skjellgran, en slags araukaria. – **suit** gallauniform; selskapsantrekk. – **trick** apekattstrek. – **wrench** skiftenøkkel, universalnøkkel.
monkhood [ˈmʌŋkhud] munkestand.
monkish [ˈmʌŋkiʃ] munkaktig.
Monmouth [ˈmɔnməθ].
mono [ˈmɔnəu, ˈmɔnə] mono, en-, ene-.
monochrome [-ˈkrəum] monokrom. – **television** svart-hvitt fjernsyn.
monocle [ˈmɔnɔkl] monokkel.
monocracy [məˈnɔkrəsi] eneherredømme.
monocrat [ˈmɔnəkræt] enehersker.
monocular məˈnɔkjulə] enøyd, for ett øye.
monodon [ˈmɔnədɔn] narhval.
monodrama [ˈmɔnəˈdrɑːmə] monodrama.
monody [ˈmɔnədi] sørgesang.
monogamist [məˈnɔgəmist] monogamist.
monogamy [məˈnɔgəmi] monogami.
monogram [ˈmɔnəgræm] monogram, navnetrekk.
monography [məˈnɔgrəfi] særavhandling, monografi, skisse.
monokini [mɔnəˈkini] toppløs bikini, monokini.
monolith [ˈmɔnəliθ] bautastein, støtte av én stein, monolitt.
monologue [ˈmɔnəlɔg] monolog, enetale.
monomania [mɔnəˈmeinjə] monomani, fiks idé.
monomaniac [mɔnəˈmeinjæk] en som lider av en fiks idé.
monometallism [mɔnəˈmetəlizm] monometallisme, enkeltmyntfot.
monophthong [ˈmɔnəfθɔŋ] monoftong.
monoplane [ˈmɔnəplein] monoplan, éndekker.
monopolist [məˈnɔpəlist] innehaver av et monopol, enehandler. **monopolistic** [mənɔpəˈlistik] monopolmessig, monopolaktig. **monopolize** [məˈnɔpəlaiz] få monopol på, ha enerett til; tilvende seg enehandel; kjøpe opp alt; oppta for seg alene. **monopolizer** [məˈnɔpəlaizə] monopolhaver, enebesitter; eneberettiget.
monopoly [məˈnɔpəli] monopol, enerett, enehandel, embetsbesittelse; **have a – of** ha monopol på.
monopsony [-ˈnɔp-] kjøpsmonopol.
monorail [ˈmɔnəreil] enskinnet jernbane.
monoscope monoskop, katodestrålerør.
monosodium glutamate natriumglutamat, monosodiumglutamat; det tredje krydder.
monosyllabic [mɔnəsiˈlæbik] enstavings-.
monosyllable [mɔnəˈsiləbl] enstavingsord.
monotheism [ˈmɔnəθiːizm] læren om en eneste Gud, monoteisme. **monotheist** [ˈmɔnəθiːist] en som tror på en eneste Gud, monoteist.
monotone [ˈmɔnətəun] ensformig tone. **monotonous** [məˈnɔtənəs] monoton, enstonig; ensformig. **monotony** [məˈnɔtəni] ensformighet.
monoxide [mɔˈnɔksaid]: **carbon –** kullos. **monoxided** kullosforgiftet.
Monroe [mənˈrəu] Monroe; **the – Doctrine** Monroedoktrinen (ingen européisk innblanding i Amerikas forhold).
monseigneur [mɔnsenˈjəː] monseigneur, Deres Nåde. **monsieur** [məˈsjəː] monsieur.
monsoon [mɔnˈsuːn] monsun (vind); regntid.
monster [ˈmɔnstə] uhyre, monstrum, misfoster, vanskapning; avskum; – **meeting** massemøte.
monstrance [ˈmɔnstrəns] monstrans (kapsel hvor hostien stilles ut).
monstrosity [mɔnˈstrɔsiti] vanskapthet; vanskapning, uhyre, monstrum; uhyrlighet, avskyelighet.
monstrous [ˈmɔnstrəs] uhyre, unaturlig stor, kolossal; forferdende, avskyelig; vanskapt.
Mont. fk. f. **Montana.**
montage [mɔnˈtɑːʒ] montasje.
montane [ˈmɔntein] berg-, fjell-.
monte [ˈmɔnti] (et slags kortspill).
Montenegrian [mɔntiˈniːgriən] montenegrinsk; montenegriner. **Montenegrin** [mɔntiˈniːgrin] montenegrinsk; montenegriner. **Montenegro** [mɔntiˈniːgrəu] Montenegro.
month [mʌnθ] måned; **at three -'s date** 3 måneder fra dato; **for -s** i månedsvis; **that day –** en måned fra den dag; **a – of Sundays** en evighet. **monthly** [ˈmʌnθli] månedlig, månedsvis; månedsskrift.
monticle [ˈmɔntikl] lite fjell, knatt, haug.
Montreal [mɔntriˈɔːl].
monument [ˈmɔnjumənt] monument, minnesmerke; minnestein, gravstein; fortidsminne; skriftlig vitnesbyrd; **the Monument** en søyle (el. et tårn) i London (til minne om brannen 1666).
monumental [mɔnjuˈmentl] som hører til et monument; monumental; storslått, imponerende; enorm, kjempestor.

moo [mu:] raute, si «bø» (som en ku; brukes av barn); raut.
mooch [mu:tʃ] luske, snuse, slentre; skulke, liste seg vekk (uten å betale); være på utkik etter fordel.
moo-cow [ˈmu:kau] ku (i barnespråk).
mood [mu:d] modus; måte, form; toneart.
mood [mu:d] sinnsstemning, humør; lag; lune, egensindighet; **be in one's -s** være i dårlig humør. **be in drinking –** være opplagt til å drikke; **in no – for** ikke opplagt til; **man of -s** stemningsmenneske.
moody [ˈmu:di] lunet, humørsyk; nedslått, tunglynt; gretten.
moon [mu:n] måne; måned; drømme, vandre drømmende omkring, gå og drømme; **once in a blue –** en sjelden gang, hvert jubelår; **the – increases (waxes)** månen tiltar; **the – decreases (wanes)** månen avtar; **cry for the –** forlange urimeligheter; **at full –** ved fullmåne; **promise the –** love gull og grønne skoger.
moon|beam [ˈmu:nbi:m] månestråle. **–-blind** nattblind.
mooncalf [ˈmu:nkɑ:f] misfoster; idiot, naut.
mooner [ˈmu:nə] drømmer. **moon-eyed** [ˈmu:naid] dimsynt. **mooning** [ˈmu:niŋ] drømming, drømmeri. **moonish** [ˈmu:niʃ] måneaktig, ustadig.
moonless [ˈmu:nlis] uten måne, månemørk.
moonlight [ˈmu:nlait] måneskinn; måneskinns-; månelys; begå overfall om natten; **– flitting** det å stikke av ved nattetid for å lure seg fra husleien. **-er** [ˈmu:laitə] en som begår overfall om natten.
moonlit [ˈmu:nlit] månelys, månebelyst.
moonprobe [ˈmu:nprəub] månesonde.
moonraker [ˈmu:nreikə] (mar.) månerakker; dumrian; smugler.
moonrise [ˈmu:nraiz] måneoppgang.
moonset [ˈmu:nset] månens nedgang.
moonshine [ˈmu:nʃain] tøv, snakk, sludder; smuglersprit, hjemmebrent; **that's all –** det er ganske urimelig, bare tøv. **moonshiner** [ˈmu:nʃainə] spritsmugler, hjemmebrenner.
moonstone [ˈmu:nstəun] månestein (slags feltspat).
moonstruck [ˈmu:nstrʌk] gal; vanvittig forelsket.
moony [ˈmu:ni] måneaktig; drømmende; tåpelig.
Moor [mu:ə] maurer; mor, morian.
moor [muə] hei, mo, vidde.
moor [muə] fortøye, legge for anker.
moorage [ˈmuəridʒ] fortøyningsplass, kaiplass; fortøyningsavgift.
moorcock [ˈmuəkɔk] rypestegg. **moorfowl** [ˈmuəfaul] lirype. **moorgame** [ˈmuəgeim] liryper. **moorhen** [ˈmuəhen] hunrype; sivhøne.
mooring [ˈmuəriŋ] fortøyning; **let go the -s** kaste fortøyningen løs. **– buoy** fortøyningsbøye.
Moorish [ˈmuəriʃ] maurisk.
moorish [ˈmuəriʃ] moaktig; myrlendt.
moorland [ˈmuələnd] hei, lyngmo.
moose [mu:s] amerikansk elg.
moot [mu:t] avhandle, diskutere, bringe på bane, drøfte, disputere; omstridt, omtvistet, uavgjort; diskusjon, drøfting, disputas; møte. **mootable** [ˈmu:təbl] omtvistelig. **moot case, moot point** oppkastet stridsspørsmål. **mooting** [ˈmu:tiŋ] diskusjon, drøfting.
mop [mɔp] geip, grimase; geipe.
mop [mɔp] mopp, svaber, skureklut på skaft; skrubbe, tørre, slå (av marka); **I feel all -s and brooms** jeg føler meg aldeles elendig; **– one's brow** tørke (svetten av) pannen.
mope [məup] sture, være nedfor; gjøre sturen; sette i ulag; en som sturer, daubiter; **get the -s** bli i dårlig humør.
mope-eyed [ˈməupaid] stærblind; nærsynt.
mopish [ˈməupiʃ] nedslått, sturen, sløv.
moppet [ˈmɔpit] tøydukke, dukkebarn (som kjælenavn).
mopping-up opprensking.
mops [mɔps] mops.
mopstick [ˈmɔpstik] kosteskaft.
moraine [məˈrein] morene.
moral [ˈmɔrəl] moralsk, dydig, sedelig; moralsk habitus, vandel; moral (i en fabel o.l.); **morals** moral, moralske grunnsetninger; **bad morals** dårlige seder.
morale [mɔˈrɑ:l] moralsk kraft (til å utholde vanskeligheter og farer), kampånd.
moral insanity varig svekkede sjelsevner.
moralist [ˈmɔrəlist] moralist, moralpredikant.
morality [məˈræliti] moralsk forhold, moral, dyd; moralitet (ɔ: gammeldags allegorisk skuespill).
moralization [mɔrəl(a)iˈzeiʃən] moralsk betraktning. **moralize** [ˈmɔrəlaiz] moralisere, bruke i moralsk hensikt; utdra en moral av; snakke moral.
morally [ˈmɔrəli] moralsk; i moralsk henseende; praktisk talt.
morass [məˈræs] morass, myr.
moratorium [mɔrəˈtɔ:riəm] moratorium.
Moravia [məˈreivjə] Mähren, Moravia. **Moravian** [məˈreivjən] mährisk; herrnhutisk; **– Brethren** mähriske brødre, herrnhutere.
moray [məˈrei] murene.
morbid [ˈmɔ:bid] sykelig, syk, makaber, uhyggelig. **morbidity** [mɔ:ˈbiditi] sykelighet, morbiditet.
morbific [mɔ:ˈbifik] som forårsaker sykdom.
morbilli [mɔˈbilai] meslinger.
mordacious [mɔ:ˈdeiʃəs] bitende, skarp (f. eks. kritikk). **mordacity** [-ˈdæsiti] skarphet. **mordant** [ˈmɔ:dənt] bitende; beisende; beis, fargestoff; beise; etse.
mordent [ˈmɔ:dənt] (mus.) mordent.
more [mɔ:] mer, flere, til, i tillegg; **one pound –, one – pound** et pund til; **– fool you to marry** hvordan kunne du være så dum å gifte deg; **– or less** mer eller mindre; **and – than that** og hva mer er; **so much the –** så meget desto mer; **the – ... the –** jo mer ... desto mer; **– to pay** ɔ: utilstrekkelig frankert (skrives på brev av postvesenet); **as much –** en gang til så mye; **we have not heard of him any – since** vi har ikke hørt noe til ham senere; **once –** en gang til; **no –** aldri mer, ikke mer; **I could not agree with you –** jeg kunne ikke være mer enig med deg.
moreen [mɔˈri:n] morin, ullmoaré.
moreish [ˈmɔ:riʃ] som gir mersmak.
morel [məˈrel] morkel.
morello [məˈreləu] morell.
moreover [mɔ:ˈrəuvə] dessuten, enn videre.
Moresque [məˈresk] maurisk.
morganatic [mɔ:gəˈnætik] morganatisk; **– marriage** ekteskap til venstre hånd.
morgue [mɔ:g] likhus; arkiv; hovmot.
moribund [ˈmɔribʌnd] døende.
Morisco [məˈriskəu] = **Moresque.**
morling [ˈmɔ:liŋ] ull fra selvdød sau.

Mormon [ˈmɔ:mən] mormon. **Mormonism** [ˈmɔ:mənizm] mormonisme.
morn [mɔ:n] morgen (poet.).
morning [ˈmɔ:niŋ] morgen, formiddag; **in the –** om morgenen; **the morning after (the night before)** dagen derpå; **tomorrow –** i morgen tidlig; **this –** i morges, i dag tidlig; **I wish you good –, good – to you** god morgen! **one –, some fine –** en vakker dag.
morning-afterish, feel – -afterish ha tømmermenn. **– assembly** morgensang, morgenandakt. **– call** formiddagsvisitt. **– coat** sjakett. **– dress** formiddags|kjole, -drakt. **– gift** morgengave. **– gown** morgen|kjole, -kåpe. **– help** daghjelp. **the – land** morgenlandet, Orienten. **– performance** matiné. **– prayer** morgen|bønn, -andakt. **– room** dagligstue. **– service** høymesse. **– sickness** morgenkvalme. **– star** morgenstjerne. **– tide** (poet.) morgenstund. **– watch** morgenvakt, dagvakt.
Moroccan [məˈrɔkən] marokkansk; marokkaner. **Morocco** [məˈrɔkəu] Marokko.
morocco [məˈrɔkəu] saffian, tyrkisk lær.
morose [məˈrəus] gretten, sur, sær.
morphia [ˈmɔ:fjə] morfin.
morphine [ˈmɔ:fi:n] morfin. **– addict** morfinist. **– addiction** morfinisme. **morphinism** [ˈmɔ:finizm] morfinisme. **morphi(n)omaniac** [ˈmɔ:fi(n)əˈmeiniæk] morfinist.
morphology [mɔ:ˈfɔlədʒi] morfologi.
morris [ˈmɔris] folkedans; narredans; **nine men's –** slags møllespill.
morris chair lesestol (regulerbar med løse puter).
morrow [ˈmɔrəu] følgende dag, morgendag; **on the – of** umiddelbart etter; **to-** i morgen; **the day after to-** i overmorgen; **tomorrow morning** i morgen tidlig.
morse [mɔ:s] hvalross.
Morse [mɔ:s] morse, morsealfabet.
morsel [ˈmɔ:sl] bit, fragment, stykke, smule, grann; lekkerbisken.
mort [mɔ:t] bråte, stor mengde, haug.
mortal [ˈmɔ:tl] dødelig; dødbringende, ulivs-, bane-; menneskelig; døddrukken; dødelig; menneske; **– enemy** dødsfiende; **four – hours** fire forferdelig lange timer; **any – thing** alt mulig; **it must be – hard** det må være forferdelig tungt.
mortality [mɔ:ˈtæliti] dødelighet, dødeligskvotient.
mortally [ˈmɔ:təli] dødelig; dødsens, veldig; **– wounded** dødelig såret.
mortar [ˈmɔ:tə] mørtel, kalk; kalke.
mortar [ˈmɔ:tə] morter; bombekaster; mørser (svær kanon).
mortarboard [ˈmɔ:təbɔ:d] kalkbrett; (firkantet, flat) studenterlue.
mortgage [ˈmɔ:gidʒ] panteheftelse, pant, pantelån, pantobligasjon; prioritet; pantsette, belåne. **– bank** hypotekbank. **– deed** pantobligasjon. **mortgagee** [mɔ:giˈdʒi:] panthaver. **mortgagor** [ˈmɔ:gədʒɔ:] pantsetter.
mortician [mɔ:ˈtiʃn] (US) bedemann; begravelsesagent.
mortification [mɔ:tifiˈkeiʃən] gangren, brann, koldbrann; speking; ydmyking; krenking, skuffelse, sorg; **– set in** det gikk koldbrann i såret.
mortify [ˈmɔ:tifai] fremkalle koldbrann i; speke; krenke, såre, ydmyke; ergre, plage; forderves; angripes, dø bort av koldbrann. **mortifying** [ˈmɔ:tifaiiŋ] krenkende.
mortise [ˈmɔ:tis] hull til en tapp; hogge ut tapphull i; tappe sammen, tappe inn. **– chisel** [ˈmɔ:tisˈtʃizəl] hoggjern, stemjern.
mortmain [ˈmɔ:tmein] korporasjons besittelse av uavhendelig gods; **hold in –** besitte som uavhendelig gods.
Mosaic [məˈzeiik] mosaisk, Mose-.
mosaic [məˈzeiik] mosaikk.
moschatel [ˈmɔskətel] desmerurt.
Moscow [ˈmɔskəu] Moskva.
moselle [məˈzel] moselvin.
Moses [ˈməuziz].
Moslem [ˈmɔzlem] muselman; muhammedaner; muhammedansk.
mosque [mɔsk] moské.
mosquito [məˈski:təu] moskito, mygg. **– bar** moskitoramme. **– bite** myggstikk. **– craft** torpedobåt. **– deterrent** myggolje. **– net** moskitonett.
moss [mɔs] myr, torvmyr.
moss [mɔs] mose; mosekle. **– agate** dendrittisk agat. **– berry** tranebær. **– -grown** mosegrodd. **-iness** [ˈmɔsinis] det å være mosegrodd. **– rose** moserose. **– troopers** (røvere i grensedistriktene mellom England og Skottland i det 17. årh.).
mossy [ˈmɔsi] mosegrodd.
most [məust] mest, mesteparten, flest, høyst; de fleste; særs, ytterst; **– people** folk flest; **make the – of** utnytte så godt som mulig, dra størst mulig nytte av; **as good as – people** slett ikke så gal; **– of all** allermest; **– willingly** hjertens gjerne; **at (the) –** i høyden; **Most Reverend, Most Eminent** høyærverdig.
mostly [ˈməustli] for det meste, overveiende, mest, som regel.
mot [məu] fyndord, bonmot; vits.
mote [məut] møte.
mote [məut] støvgrann, sandkorn; (bibelsk:) splint.
motel [məuˈtel] bilist-hotell, motell.
motet [məuˈtet] motett, flerstemmig kirkelig sang.
moth [mɔθ] møll; nattsommerfugl. **– bag** møllpose. **– ball** møllkule; **in – balls** i møllpose. **– -balled ship** (marine)skip i opplag.
moth-eaten [ˈmɔθi:tn] møllet, møllspist.
mother [ˈmʌðə] moder, mor; være mor for (til); opphav, årsak; mors-; ta seg moderlig av; **become a –** føde; bli mor; **necessity is the – of invention** nød lærer naken kvinne å spinne; **he -ed it upon her** han gav henne ansvaret for det; **Mother Carey's chicken** stormsvale; snø; **mother's help** barnefrøken; **mother's mark** føflekk; **mother's meeting** møte for mødre; **every mother's son** hver levende sjel.
mother [ˈmʌðə] eddikmor (hinne på eddik), slim (i eddik).
mother | bee bidronning. **– cell** modercelle. **– church** moderkirke. **– country** fedreland. **– fixation** morsbinding.
motherhood [ˈmʌðəhud] moderskap, moderverdighet.
Mothering [ˈmʌðəriŋ] **Sunday** morsdag, den fjerde søndag i fasten, da man etter gammel skikk besøker sin mor med gaver.
mother-in-law [ˈmʌðərinlɔ:] svigermor; (i dialekt) stemor.
motherless [ˈmʌðəlis] morløs.
motherly [ˈmʌðəli] moderlig, mors-.
mother-of-pearl [ˈmʌðərəvˈpə:l] perlemor.
mother's darling mammadalt, kjælegris.
mother ship moderskip (for fly etc.).

mothersill [ˈmʌðəsil] mothersill, et middel mot sjøsyke.
mother's son, every – – hver eneste en.
mother superior moder, abbedisse.
mother tongue [ˈmʌðəˈtʌŋ] morsmål.
mother wit [ˈmʌðəwit] naturlig vidd, medfødt forstand.
motherwort [ˈmʌðəwəːt] løvehale, hjerteurt (planten: Leonurus cardiaca).
mothery [ˈmʌðəri] mudret, grumset.
mothproof møllsikker, behandlet mot møll.
mothy [ˈmɔθi] møllet, møllspist.
motif [məuˈtiːf] motiv, tema (i musikk).
motion [ˈməuʃən] bevegelse, rørsle, gang; rørelse; vink; forslag; andragende; avføring; verk, mekanisme; gi tegn til, vinke til; foreslå, stille forslag; **in –** i fart, i bevegelse; **of one's own –** av egen drift; **carry a –** vedta et forslag; **the – was withdrawn** forslaget ble trukket tilbake; **he -ed them to be taken away** han gjorde tegn til at de skulle føres bort.
motionless [ˈməuʃənlis] ubevegelig.
motivate [ˈməutiveit] motivere, tilskynde, skape interesse hos. **motivation** [məutiˈveiʃən] motivering, motivasjon; beveggrunn, drivkraft.
motive [ˈməutiv] bevegende, bevegelses-, driv-, beveggrunn, hensikt, motiv; motivere, begrunne. **– force, – power** beveggrunn, drivkraft. **motiveless** [-lis] umotivert. **motivity** [məˈtiviti] bevegelseskraft; bevegelighet.
motley [ˈmɔtli] broket, spraglet, mangefarget; blandet; broket drakt; narredrakt.
motor [ˈməutə] motor; automobil, bil; bevegelsesmuskel; bevegende, motorisk, motor-; kjøre i bil, bile.
motorboat [ˈməutəbəut] motorbåt.
motor|bus [ˈməutəbʌs] motoromnibus, rutebil. **-cab** drosjebil. **-cade** bilkortesje. **-car** automobil, bil. **-coach** buss, rutebil. **-court** motell. **-cycle** motorsykkel. **-drome** motorveddeløpsbane.
motor|ing [ˈməutəriŋ] bilkjørsel, biling, bilisme. **-ist** [ˈməutərist] bilkjører, bilist. **– lorry** lastebil.
motor|man [ˈməutəmæn] vognstyrer, lokomotivfører; sjåfør, maskinoperatør, motormann. **– nerve** bevegelsesnerve. **– road** motorvei, autostrada. **– scooter** scooter. **– ship** motorskip. **– vehicle** motorkjøretøy. **– vessel** motorskip, motorbåt. **-way** motorvei, autostrada.
mottled [ˈmɔtld] broket, spraglet, flekket, spettet, droplet, marmorert. **mottling** [ˈmɔtliŋ] marmorering.
motto [ˈmɔtəu] valgspråk, devise, motto.
mouch [muːtʃ] skulke, lure seg unna; skulking.
moujik [ˈmuːʒik] musjik, russisk bonde; pelsape.
mould [məuld] form, støpeform; skikkelse, type, preg; skabelon; forme, danne, støpe; **to – candles** støpe lys.
mould [məuld] muld, mold; stoff, emne; mulde, molde.
mould [məuld] mugg, mygl; mugne, mygle.
mouldable [ˈməuldəbl] plastisk, som kan formes.
mould|board formbrett; forskalingsbord; plogvelte. **– candle** formlys. **– core** støpekjerne.
moulder [ˈməuldə] smuldre, smuldre bort.
moulder [ˈməuldə] former.
mouldiness [ˈməuldinis] mugg, mygl.
moulding [ˈməuldiŋ] støping, forming, list(verk).
mouldy [ˈməuldi] muggen; gammeldags, møllspist.
moult [məult] myte; skifte ham; røyte; skifte; myting; røyting, skifting.
moulter [ˈməultə] fugl som myter.
mound [maund] jordhaug; demning, koll, voll; stabel, bunke; hauge opp, dynge opp; demme, forskanse, beskytte med en voll.
mound rikseple.
mount [maunt] berg (især bibelsk, poetisk el. med egenavn, f.eks. Mount Etna); **the Sermon on the M.** bergprekenen.
mount [maunt] stige, klyve opp, gå opp, stige til hest; beløpe seg til, utgjøre; la stige, heve; bestige; anbringe; sette på en hest; skaffe hest til; pryde med forsiringer, besette, beslå, innfatte, skjefte, montere, klebe opp, preparere; kartong, papir (til å klebe bilder på); diasramme (til montering av lysbilder); beslag; skoning; montering; hest, ridehest; **– too high** forregne seg; bli overmodig; **– the breach** løpe storm; **– an attack** sette i verk et angrep; **– guard** troppe på vakt; **– the high horse** sette seg på den høye hest, skryte; **be -ed** være til hest; **the troops were miserably -ed** troppene hadde elendige hester; **– a play** sette et stykke i scene; **– a gun** legge en kanon på lavett; **– a radiator** innstallere en radiator.
mountable [ˈmauntəbl] som kan bestiges.
mountain [ˈmauntin] fjell, berg; **the M.** Berget (under den franske revolusjon); **a – of flesh** et kjøttberg, et meget tykt menneske; **make a – of a molehill** gjøre en mygg til en elefant; **it is the – in labour** fjellet barslet og fødte en mus; **it was a – on my breast** det hvilte tungt på meg. **– ash** rogn, rognetre. **– chain** fjellkjede, fjelldrag. **– climber** bergbestiger, tindebestiger. **– dew** (skot.) whisky; (ofte) hjemmebrent. **– eagle** kongeørn.
mountaineer [mauntiˈniə] fjellbonde; fjellklatrer, tindebestiger; være tindebestiger.
mountain | goat fjellgeit, snøgeit. **– guide** fjellfører. **– lion** fjelløve, puma, kuguar.
mountainous [ˈmauntinəs] berglendt, fjell-lendt.
mountain | range fjellkjede. **– slide** fjellskred.
mountebank [ˈmauntibæŋk] markskrike; jukse, narre; kvaksalver; storskryter. **mountebankery** [-əri] kvaksalveri; markskrikeri.
mounted [ˈmauntid] ridende; innfattet; med beslag; oppstilt, montert, oppklebet.
mountie [ˈmaunti] kanadisk ridende politi.
mounting [ˈmauntiŋ] montering, oppklebing, innfatning, beslag; armatur, sokkel; stigende, økende.
mourn [mɔːn] sørge; sørge over, gråte for; **– for** bære sorg for, sørge for; **– over** sørge over.
mourner [ˈmɔːnə] sørgende; som hører til likfølget; **the chief –** den som går like etter kisten, nærmeste pårørende.
mournful [ˈmɔːnf(u)l] sorgfull, sørgmodig, sørgelig.
mourning [ˈmɔːniŋ] sorg, sørgedrakt; sørgende, sørge-; **year of –** sørgeår. **public –** landesorg; **be in – for a person** gå i sorg for en; **put on –, take to –** anlegge sorg; **put off –** kaste sorgen; **an eye in –** et blått øye, blåveis.
mouse [maus] mus; (sl.) blått øye, blåveis; **when the cat's away, the mice will play** når katten er ute, danser musene på bordet; **a man or a –** alt eller intet; **as poor as a church –** så fattig som en kirkerotte.

mouse [mauz] fange mus; **– out** snuse opp.
mouse|-coloured [ˈmausˈkʌləd] musgrå, musblakk. **– hawk** musvåk. **– hunt** musejakt; musefanger. **mouser** [ˈmauzə] musefanger. **mousetrap** musefelle. **mousing** [ˈmauziŋ] musejakt.
mousseline [mu:sˈli:n] musselin.
mustache [muˈstɑ:ʃ] mustasje, bart. **moustached, moustachioed** med mustasjer.
mousy [ˈmausi] liten mus; musaktig; redd, forskremt; trist, kjedelig, grå.
mouth [mauθ] munn; mule, kjeft; munning, utløp, os; hals; åpning; stemme, mæle; halsing; los; grimase, geip; **big -ed** storkjeftet, svær i munnen; **by word of –** muntlig; **roof of the –** gane; **be down in the –** være nedfor, henge med hodet; **from the horse's –** noe man får vite direkte fra kilden; **make up one's – with a thing** mele sin egen kake; **give it – !** ut med det, snakk høyere; **make -s at** geipe til; **out of the full heart the – speaks** hva hjertet er fullt av, løper munnen over med.
mouth [mauð] deklamere, ta i munnen, bite på; sladre; snakke affektert, kysse; skjære ansikter, geipe.
mouther [ˈmauðə] en som deklamerer affektert.
mouthful [ˈmauθful] munnfull; **give him a –** gi ham ren beskjed, snakke rett fra leveren.
mouth harmonica [ˈmauθhɑ:mˈɔnikə] munnspill.
mouthing [ˈmauðiŋ] svulst; svulstig.
mouth organ [ˈmauθˈɔ:gən] munnspill.
mouthpiece [ˈmauθpi:s] munnstykke, pipespiss; telefonrør; talerør.
mouth|-to-mouth method munn-til-munn metode. **-wash** gurglevann, munnvann. **– -watering** som får tennene til å løpe i vann.
mouthy [ˈmauði] fraseaktig, svulstig.
movable [ˈmu:vəbl] bevegelig, rørlig; **-s** rørlig gods, løsøre.
move [mu:v] flytte, bevege; sette i gang; drive; bevege seg, flytte seg, lee på seg; røre på seg; røre; forflytte; foreslå; sette fram forslag, gjøre framlegg om; **things began to –** det ble fart i sakene; **– a person from his purpose** bringe en bort fra hans forsett; **I am -d to tears** jeg er dypt beveget; **I -d him in your favour** jeg fikk ham gunstig stemt for Dem; **black is to –** svart skal trekke (i sjakk); **it is well -d** det er et godt forslag; **I – we go** jeg foreslår at vi går; **to – an amendment** stille et endringsforslag; **– along! – on!** gå videre, ikke stå stille (politiordre); **– in** flytte inn; **– for** ansøke om, begjære; **– up** slutte opp, rykke sammen.
move [mu:v] bevegelse, flytning, forflyttelse; trekk (i sjakk o.l.); **a wrong –** feiltrekk; et misgrep; **make a –** gjøre mine til; **be on the –** være i bevegelse; være på farten; **is always on the –** har kvikksølv i blodet; **be up to every –, be up to a – or two, know every –** kjenne knepene, ikke være for katten. **moveless** [ˈmu:vlis] ubevegelig.
movement [ˈmu:vmənt] bevegelse, rørsle, gang, tempo; tendens; retning; **watch a person's -s** holde øye med en; **upward –** kursstigning; **party of –** fremskrittsparti. **– cure** sykegymnastikk. **– order** (mil.). marsjordre.
mover [ˈmu:və] bevegelseskraft, drivkraft; flyttemann; forslagsstiller; en som beveger, tilskynder; **prime –** primus motor.
movie [ˈmu:vi] film. **the -s** filmverdenen; kino. **– camera** filmkamera. **-goer** kinogjenger. **– star** filmstjerne. **– theatre** kino.
moving [ˈmu:viŋ] som rører seg, driv-, drivende; stemningsfull, betagende, gripende.
mow [məu] grimase, geip; geipe.
mow [məu] høystakk, høyballe, kornstakk; høyloft.
mow [məu] slå, meie, skjære, klippe (om plenen). **mower** [ˈməuə] slåttekar; slåmaskin, gressklipper. **mowing** [ˈməuiŋ] slått.
mown [məun] slått.
moxie [ˈmɔksi] pågangsmot, mot, tæl, "megafutt."
M. P. [ˈemˈpi:] fk. f. **Member of Parliament; Metropolitan Police; Military Police.**
mp. fk. f. **mezzo piano** middels svakt; **melting point.**
mph, m.p.h. fk. f. **miles per hour.**
M. P. D. fk. f. **maximum permissible dose** største tillatte dose.
M. P. S. fk. f. **Member of the Pharmaceutical Society.**
M. R. fk. f. **Master of the Rolls.**
Mr. [ˈmistə] herr (foran egennavn og noen titler); **– Jones** herr Jones, (i hustrus omtale) min mann; **– President** herr president.
M. R. A. fk. f. **Moral Re-armament.**
M. R. B. M. fk. f. **medium range ballistic missile.**
M. R. C. P. fk. f. **Member of the Royal College of Physicians.**
M. R. C. S. fk. f. **Member of the Royal College of Surgeons.**
M. R. C. V. S. fk. f. **Member of the Royal College of Veterinary Surgeons.**
Mrs. [ˈmisiz] fru (foran gift kvinnes navn, vanligvis etternavn); **– Jones** fru J.; **– Henry Jones** el. **Mrs. Henry,** Henry Jones' hustru.
MRV fk. f. **multiple re-entry vehicle.**
M/S fk. f. **motor ship.**
MS., ms. fk. f. **manuscript.**
M.Sc. fk. f. **Master of Science.**
M.Sgt. fk. f. **Master Sergeant.**
MSS. fk. f. **manuscripts.**
Mt. fk. f. **Mount.**
M. T. B. fk. f. **motor torpedo boat.**
Mt. Rev. fk. f. **Most Reverend.**
much [mʌtʃ] megen, meget, mye; en stor del; **he is too – for me** han er for slu for meg; jeg orker ham ikke; **he said as –** det var akkurat det han sa; **I feared as –** det var det jeg var redd for; **I thought as –** jeg tenkte det nok; **as – as to say** som om man ville si; **as – more** én gang til så mye; **he did not as – as offer us a dinner** han ikke engang så mye som tilbød oss middag; **so – the better** så mye desto bedre; **so – for the present** det er tilstrekkelig for øyeblikket; **how – is it?** hva koster det, hvor mye er det? **how – is it to ...?** hva koster det til ...? (sier man til drosjesjåføren); **– to my regret** til min store beklagelse; **– too fast** altfor fort; **make – of** gjøre mye av, sette høyt, gjøre stas av; **nothing –** ikke videre, ikke mye. **much-** mye, meget, høyt. **– -loved** høyt elsket. **– -advertised** oppreklamert. **muchness** [ˈmʌtʃnis] kvantum, mengde. **it is much of a –** det kan komme ut på ett, det er omtrent det samme.
mucid [ˈmju:sid] slimet, muggen. **mucidness** [-nis] slim, mugg. **mucilage** [ˈmju:silidʒ] slim, planteslim.
muck [mʌk] møkk, gjødsel, skitt, lort, søle; pen-

ger; grise til; klusse med, ødelegge; **the nasty little –** den vemmelige skittungen; **it's all –** det er det rene vrøvl; **– about** rote omkring; **– in with** dele rom og mat med; **to – out** måke; plukke, ribbe (i spill).

muck [mʌk], **run a –** bli rasende, gå berserkergang.

mucker [ˈmʌkə] fall (i søla); bølle, ramp; drittsekk; **come a –** dette over ende.

muck heap [ˈmʌkhi:p] mødding, møkkdynge.

muckle [ˈmʌkl] stor, meget.

mucky [ˈmʌki] møkket, skitten; motbydelig.

mucous [ˈmju:kəs] slimet, seig; **– membrane** slimhinne. **mucus** [ˈmju:kəs] slim.

mud [mʌd] mudder, gjørme, dynn, søle, gytje; begrave i dynd, søle til, skitne; **as clear as –** klar som blekk; **his name is –** jeg orker ham ikke, han er uønsket. **– -and-straw brick** murstein av leire og strå. **– -and-snow tyre** vinterdekk, snødekk.

mud | bath [ˈmʌdbɑ:θ] gytjebad. **– boat** mudderpram.

muddiness [ˈmʌdinis] gjørme, grumsethet.

muddle [ˈmʌdl] rot, røre, søl, ugreie, uføre; grumse; gjøre omtåket; sløve; forplumre, beruse; rote i søla, røre, slarke i vei; **– about** reke omkring; **– along** holde det gående på et vis; **– through** hangle igjennom. **– drawer** roteskuff. **– -headed** vrøvlet, uklar.

muddler [ˈmʌdlə] tulling, rotekopp; røreskje.

muddy [ˈmʌdi] mudret, tykk, gjørmet, sølet; mørk, dunkel, forvirret; dum; søle til, grumse, formørke, omtåke.

mud | engine muddermaskin. **– flap** skvettlapp. **-guard** skjerm, skvettskjerm. **-head** vrøvlehode.

Mudie's [ˈmju:diz] et leiebibliotek.

mud | lark [ˈmʌdlɑ:k] gategutt, rennesteinsunge, en som roter i strand- el. kloakkgjørma etter brukbare gjenstander. **-lighter** mudderpram. **-pie** sølekake. **-slinging** nedrakking, ≈ drittkasting. **– student** (sl.) landbruksskoleelev. **– wall** leirvegg, klint vegg.

muezzin [muˈez:in] muezzin (muhammedansk utroper av bedetimen).

muff [mʌf] muffe, hylse (til bekledning og som del av rør).

muff [mʌf] fe, treneve, kloss(major); forkludre, tulle bort; klusse.

muffin [ˈmʌfin] bolle. **– bell** klokke som «bollemannen» ringer med. **muffineer** [mʌfiˈniə] fat (til boller). **muffin man** mann som selger boller.

muffle [ˈmʌfl] innhylle, tulle inn, dekke, svøpe; binde for øynene; omvikle for å dempe lyden; stagge, legge en demper på; **in a -d tone** i dempet tone; **he was so -d up** han var så innpakket; **be -d up to a blind obedience** å være tvunget til blind lydighet; **-d drums** dempede trommer. **muffler** [ˈmʌflə] lyddemper, lydpotte; slør; sjal, skjerf; vante.

mufti [ˈmʌfti] mufti (muhammedansk rettslærd); **in –** i sivilt antrekk.

mug [mʌg] krus, mugge; fjes, ansikt; tulling, fe; **cut -s** skjære ansikter, geipe; **make a – of oneself** gjøre seg latterlig.

mug [mʌg] slite med (for å lære), pugge; repetere, henge i med noe; overfalle, slå ned, rane; **– up** sminke seg, spjåke seg ut.

mugger [ˈmʌgə] (US) overfallsmann, voldsforbryter.

mugginess [ˈmʌginis] lummervarme.

muggy [ˈmʌgi] fuktig, tung, lummer, varm.

mugwump [ˈmʌgwʌmp] (US) viktigper, blære, kakse; politisk løsgjenger.

mulatto [mjuˈlætəu] mulatt.

mulberry [ˈmʌlb(ə)ri] morbær, morbærtre.

mulch [mʌl(t)ʃ] halvråtten, fuktig halm; talle; dekke med fuktig halm; **peat –** torvstrø.

mulct [mʌlkt] bot, mulkt; mulktere; **– of** berøve.

mule [mju:l] muldyr; bastard, blanding; tverrdriver, fe; sta person; mule (spinnemaskin). **– driver** muldyrdriver. **– -headed** sta. **– skinner** muldyrdriver. **muleteer** [mju:liˈtiə] muldyrdriver. **mulish** [ˈmju:liʃ] muldyraktig; sta, halsstarrig.

mull [mʌl] svikt; mistak; ødelegge, spolere, forkludre, forfuske; **make a – of it** spolere det hele, gjøre fiasko.

mull [mʌl] moll (slags tøy).

mull [mʌl] oppvarme, krydre (øl, vin). **-ed wine** avbrent vin, kryddervin, gløgg.

mullein [ˈmʌlin] kongslys (plante).

mullet [ˈmʌlit] multefisk; mulle.

mulligan [ˈmʌligən] (US) kjøttrett med grønnsaker.

mulligatawny [mʌligəˈtɔ:ni] sterkt krydret brun suppe.

mullion [ˈmʌljən] sprosse, post (i vindu o.l.).

mullock [ˈmʌlək] avfall, søppel, skitt, skrot, gruveavfall.

multangular [mʌlˈtæŋgjulə] mangekantet.

multi [ˈmʌlti] mange- (i smstn.). **-disciplinary** med mange fag, tverrfaglig. **multifarious** [-ˈfɛəriəs] mangfoldig. **multiflorous** [mʌltiˈflɔ:rəs] mangeblomstret. **multifold** [ˈmʌlti-] mangfoldige. **multilateral** [-ˈlætərəl] mangesidet, mangesidig. **multimeter** [-ˈtim-] universalmåleinstrument. **multimillionaire** [ˈmʌltimiljəˈnɛə] mangemillionær. **multiped** [ˈmʌltiped] mangefotet.

multiple [ˈmʌltipl] mangfoldig, sammensatt, som består av flere deler; multiplum; **least common –** minste felles multiplum. **multiplex** [ˈmʌltipleks] mangfoldig. **multipliable** [ˈmʌltiˈplaiəbl] som kan mangedobles. **multiplicand** [ˈmʌltipliˈkænd] multiplikand. **multiplication** [ˈmʌltipliˈkeiʃən] mangfoldiggjøring; multiplikasjon. **multiplicity** [mʌltiˈplisiti] mangfoldighet. **multiplier** [ˈmʌltiplaiə] multiplikator. **multiply** [ˈmʌltiplai] forøke, formere, mangfoldiggjøre; multiplisere; vokse, formere seg.

multi-ply kryssfinér.

multitude [ˈmʌltitju:d] mengde, masse, vrimmel, sverm, mangfoldighet; **the –** den store hop. **multitudinous** [mʌltiˈtju:dinəs] mangfoldig, tallrik, mangedobbelt; stor.

multure [ˈmʌltʃə] maling av korn; mølletoll.

mum [mʌm] frue, mamma (sl.).

mum [mʌm] taus, tagal, stille; hyss! spille i pantomime; **-'s the word** dette er en hemmelighet; **be –** tie stille.

mum [mʌm] mumme, slags sterkt øl.

mumble [ˈmʌmbl] mulle, mumle; mumle fram; mumling. **– -news** sladderhank. **mumbler** [ˈmʌmblə] mumler. **mumblingly** [ˈmʌmbliŋli] mumlende.

mumbo-jumbo [ˈmʌmbəuˈdʒʌmbəu] busemann, medisinmann; hokus-pokus, sludder, vrøvl.

mumchance [ˈmʌmtʃɑ:ns] taushet; stille, taus.

mummer [ˈmʌmə] maskert person, pantomimiker,

gjøgler; maske. **mummery** [ˈmʌməri] maskerade; pantomime; narrespill.
mummiform [ˈmʌmifɔ:m] mumieaktig.
mummify [ˈmʌmifai] balsamere; tørke inn, skrumpe.
mummy [ˈmʌmi] mumie; gummiaktig væske; podevoks; **beat to a –** mørbanke, slå sønder og sammen.
mummy [ˈmʌmi] (i barnespråk) mamma.
mump [mʌmp] være gretten og stille, furte; snyte, narre. **-ish** gretten, furten.
mumps [mʌmps] dårlig humør; kusma.
mun [mʌn] må, måtte.
munch [mʌnʃ] maule, tygge, jafse (i seg), knaske, gumle på.
mundane [ˈmʌndein] verdens-, verdslig, jordisk.
munge [mʌndʒ] mimre, klynke.
mungoos [ˈmʌngu:s] se **mongoose.**
Munich [ˈmju:nik] München.
municipal [mjuˈnisipl] kommunal, kommune-, by-, stads-, stats-; **– town** kjøpstad. **municipalism** lokalt selvstyre; lokalpatriotisme. **municipality** [mjunisiˈpæliti] by, kommune; landdistrikt; kommunal myndighet.
munificence [mjuˈnifisəns] gavmildhet, rundhåndethet. **munificent** [-sənt] gavmild, raus, rundhåndet.
muniment [ˈmju:nimənt] forsvar; festning, forsvarsmiddel; hjelpemiddel; dokument, bevis. **– house** el. **– room** arkiv.
munition [mjuˈniʃən] utstyre, ruste ut med våpen og ammunisjon. **munitions** krigsmateriell; våpen, ammunisjon o.l.
munnion [ˈmʌnjən] = **mullion.**
mural [ˈmjuərəl] veggmaleri, freske; mur-; loddrett, steil, stupbratt; **– crown** murkrone.
murder [ˈmə:də] mord, drap, mord-; myrde; tilintetgjøre; forderve, tyne, forvanske; **attempted –** mordforsøk; **get away with –** slippe heldig fra en alvorlig situasjon; **– in the first degree** (US) ≈ overlagt drap; **the – is out** hemmeligheten er oppklart. **murderer** [ˈmə:dərə] morder. **murderess** [ˈmə:dəris] morderske. **murderous** [ˈmə:dərəs] morderisk; uutholdelig.
mure [ˈmjuə] mure, innemure.
muriate [ˈmjuəriit] klorid; **– of soda** koksalt.
muriatic [mjuəriˈætik] **acid** saltsyre.
murk [mə:k] mørke; mørk. **murky** [mə:ki] mørk, skummel.
murmur [ˈmə:mə] mumling, dur, sus, risling, brusing; mumle, knurre, bruse, risle; mulle. **murmurer** [ˈmə:mərə] en som knurrer; misfornøyd. **murmuring** [ˈmə:məriŋ] knurring. **murmurous** [ˈmə:mərəs] knurrende; som vekker misnøye.
murphy [ˈmə:fi] potet.
murrain [ˈmʌrin] kvegpest, krøttersyke; **a – upon him!** pokker ta ham!
mus. fk. f. **music.**
Mus. B. el. **Mus. Bac.** fk. f. **musicae baccalaureus (= Bachelor of Music).**
muscadel [ˈmʌskədəl] se **muscatel.**
muscatel [mʌskəˈtel] muskatell (vin); muskatelldrue; muskatellpære; **-s and almonds** rosiner og mandler.
muscle [ˈmʌsl] muskel, muskelkraft; **– out** kaste ut. **– -bound** støl i musklene. **– bundle** muskelbunt. **muscled** muskuløs. **muscling** [ˈmʌsliŋ] muskulatur.
Muscovite [ˈmʌskəvait] moskovitt.
Muscovy [ˈmʌskəvi] Russland; **– duck** moskusand.
muscular [ˈmʌskjulə] muskuløs; muskel-.
musculature [ˈmʌs-] muskulatur.
muscularity [mʌskjuˈlæriti] muskelstyrke.
Mus. D. el. **Mus. Doc.** fk. f. **musicae doctor (= Doctor of Music).**
Muse [mju:z] muse (gudinne for diktekunst etc.).
muse [mju:z] grubling; studere, gruble, grunne, tenke, være fordypet i; **be in a –** sitte (stå, gå) i dype tanker. **muser** [ˈmju:zə] grubler, drømmer. **musing** [ˈmju:ziŋ] grublende, tankefull; grubling, åndsfraværelse.
museum [mjuˈzi:əm] museum. **– piece** museumsgjenstand; (fig.) oldsak, fortidslevning.
mush [mʌʃ] paraply; grøt, grøtet masse; sentimentalitet, klining, kjæling. **-head** tosk, grauthue.
mushroom [ˈmʌʃru:m] sopp; sjampinjong; paddehatt; røyksopp etter bombeeksplosjon; skyte raskt i været (som paddehatter); paraply; parveny, oppkomling; soppaktig.
mushy [ˈmʌʃi] grøtaktig; bløt; sentimental.
music [ˈmju:zik] musikk; noter; **face the –** ta støyten, ta det som det kommer; **make –** spille.
musical [ˈmju:zikl] musikalsk; musikal, musikkfilm, operette(film). **– box** spilledåse. **– glasses** glassharmonika, avstemte glass.
music | book notebok. **– hall** varieté, revyteater; (US) konsertsal. **– house** musikkforlag.
musician [mjuˈziʃən] musiker; komponist, musikalsk person.
music | paper notepapir. **– rest** notestol. **– stand** notestol, notehylle. **– stool** pianokrakk.
musk [mʌsk] moskus; moskusdyr. **– cat** desmerkatt. **– deer** moskushjort.
muskellunge [ˈmʌskəlʌndʒ] (gjeddeart som lever i De store sjøer).
musket [ˈmʌskit] gevær, muskett; ung spurvehauk. **musketeer** [mʌskiˈtiə] musketér. **musket-proof** [ˈmʌskitpru:f] skuddfri, skuddfast. **musketry** [ˈmʌskitri] musketer, infanteri; muskettild, geværskyting.
musket shot geværskudd; geværkule.
musk | ox moskusokse. **-rat** bisamrotte, moskusrotte. **– rose** moskusrose.
musky [ˈmʌski] moskusaktig, moskusduftende.
Muslim [ˈmʌslim] = **Moslem.**
muslin [ˈmʌzlin] musselin; ung jente.
muss [mʌs] (US) rot, uorden.
mussel [ˈmʌsl] blåmusling, blåskjell.
Mussulman [ˈmʌsəlmən] muselman, muhammedaner.
must [mʌst] må, måtte (nødvendigvis), få; absolutt nødvendig; nødvendighet; **– you go away already** skal du alt gå; **you – not smoke here** det er ikke tillatt å røyke her; **that's a case of –** det må til; **money is a –** penger er en absolutt nødvendighet.
must [mʌst] most.
must [mʌst] vill, gal, rasende; villhet.
mustache [muˈstɑ:ʃ] se **moustache.**
mustachio [mʌˈstæʃiəu] se **moustache.**
mustachioed [mʌˈstæʃiəud] med mustasjer.
mustang [ˈmʌstæŋ] mustang, vill præriehest.
mustard [ˈmʌstəd] sennep. **– plaster** sennepsplaster. **– pot** sennepskrukke. **– poultice** sennepsomslag. **– seed** sennepskorn.
mustee [mʌˈsti:] mestis.

muster [ˈmʌstə] mønstre, samle, reise; oppdrive; mønstring, revy, oppstilling, forsamling, fremmøte, oppbud; **– in** mønstre på; **– out** mønstre av; **-ing all his strength** med oppbydelse av alle krefter; **pass –** stå for kritikk.
muster roll [ˈmʌstərəul] styrkeliste, mannskapsrulle.
mustiness [ˈmʌstinis] muggenhet, kjedelighet; mygl.
mustn't [ˈmʌsnt] = **must not.**
musty [ˈmʌsti] muggen, jordslått, fuktig; foreldet, kjedelig.
mutability [mju:təˈbiliti] foranderlighet, ustadighet. **mutable** [ˈmju:təbl] foranderlig, skiftende; ustadig. **mutagenic** [mju:təˈdʒi:nik] mutasjonsfremkallende. **mutation** [mjuˈteiʃən] forandring, omskiftelse; omlyd; mutasjon.
mute [mju:t] fugleskitt; skite (om fugler).
mute [mju:t] stum, målløs; stum person; statist; betjent hos begravelsesbyrå; stum bokstav, stum lyd; klusil; demper, sordin. **muted** [mju:tid] dempet, med sordin; brakt til taushet. **muteness** [ˈmju:tnis] stumhet.
mute swan knoppsvane.
muting [ˈmjutiŋ] (elektronisk) støysperre (ved søking på FM-båndet).
mutilate [ˈmju:tileit] lemleste; skamfere, ødelegge; forvanske. **mutilation** [mju:tiˈleiʃən] lemlestelse, skamfering. **mutilator** [ˈmju:tileitə] lemlester, skamferer.
mutineer [mju:tiˈniə] opprører, mytterist, opprørsstifter. **mutinous** [ˈmju:tinəs] opprørsk.
mutiny [ˈmju:tini] mytteri; gjøre mytteri; **raise a –** stifte mytteri; **quell a –** slå ned et mytteri.
mutism [ˈmju:tizm] stumhet.
mutt [mʌt] kjøter; fjols, tosk.
mutter [ˈmʌtə] mumle, knurre, murre; mumling.
mutton [ˈmʌtn] sau, får; fårekjøtt, sauekjøtt; **return to one's -s** komme tilbake til saken; **leg of –** sauelår. **– chop** [ˈmʌtntʃɔp] lammekotelett. **– cutlet** lammekotelett. **– fist** tykk, rød neve, kraftig neve. **– ham** spekelår. **-head** sau, tosk. **– whiskers** rundt avklippede bakkenbarter.
mutual [ˈmju:tʃuəl] gjensidig, innbyrdes, sams, felles; **by – consent** etter felles overenskomst. **– reaction** vekselvirkning. **mutuality** [mju:tʃjuˈæliti] gjensidighet.
mutualize [ˈmju:-] bli (el. gjøre) gjensidig.
muzzle [ˈmʌzl] mule, snute; munning; munnkurv, mulebånd; fjes; legge munnkurv på; stenge munnen på; målbinde; kvele. **– attachment** rekylforsterker. **– cap** munningshette. **– flare** munningsild. **– loader** forladningsgevær, forladningskanon. **– velocity** utgangshastighet (av prosjektil).
muzzy [ˈmʌzi] tomset, omtåket, søvnig, ør, uklar, trist.
M. V. fk. f. **motor vessel.**
m. v. fk. f. **market value.**
M. V. O. fk. f. **Member of the Victorian Order.**
M. W. fk. f. **megawatt.**
M. W. B. fk. f. **Metropolitan Water Board.**
M. W. P. fk. f. **maximum working pressure.**
Mx. fk. f. **Middlesex.**
M. Y. fk. f. **motor yacht.**
my [mai] min, mitt, mine; **Oh –!** du store min!
Mylord [maiˈlɔ:d, mi-] Deres Herlighet; hans herlighet (i omtale); titulere «Deres Herlighet».
Mynheer [mainˈhiə] (hollandsk) min herre; nederlender (i spott).
myope [ˈmaiəup] nærsynt (person). **myopic** [maiˈɔpik] nærsynt. **myopy** [ˈmaiəpi] nærsynthet.
myriad [ˈmiriəd] myriade; utall; mangfoldige.
myriapod [ˈmiriəpɔd] tusenbein.
myrmidon [ˈmə:midən] (lydig) håndlanger.
myrrh [mə:] myrra. **myrrhic** [ˈmə:rik] av myrra.
myrtle [ˈmə:tl] myrt.
myself [maiˈself; mi-] jeg selv, selv; meg selv, meg; **I did not believe it –, I – did not believe it** jeg trodde det ikke selv; **I wash –** jeg vasker meg; **by –** alene; **for –** på egen hånd.
mysterious [miˈstiəriəs] hemmelighetsfull, mystisk. **mysteriously** mystisk, gåtefullt.
mystery [ˈmistəri] mysterium, hemmelighet, gåte; hemmelighetsfullhet; mysterieskuespill, grøsser, kriminalroman; (gammelt) kunst, håndverk. **– fiction** kriminallitteratur. **– monger** hemmelighetskremmer. **– story** grøsser. **– train** spøkelsestog (på tivoli).
mystic [ˈmistik] mystisk, hemmelighetsfull; mystiker. **mystical** [-kl] = **mystic. mysticism** [ˈmistisizm] dunkelhet, mystikk. **mystification** [mistifiˈkeiʃən] mystifikasjon. **mystify** [ˈmistifai] narre, mystifisere. **mystique** [miˈsti:k] mystikk, aura, underlig tiltrekningskraft.
myth [miθ] myte. **mythic** [ˈmiθik] mytisk. **mythical** [ˈmiθikl] mytisk; oppdiktet. **mythological** [miθəˈlɔdʒikl] mytologisk. **mythologist** [miˈθɔlədʒist] mytolog. **mythology** [miˈθɔlədʒi] mytologi; sagnlære.
myxoedema [miksiˈdi:mə] myxødem.

N, n [en] N, n. **raise to the nth power** opphøye i n'te potens.
N. fk. f. **National; Nationalist; New; North.**
n. fk. f. **name; neuter; noon; number; noun; nominative.**
N. A. fk. f. **North America; National Academy.**
N. A. A. F. I. fk. f. **Navy Army and Air Force Institutes** bet. for organisasjon til underholdning og forpleining av soldatene; **Naafi** ≈ forsvarets velferdsorganisasjoner.
nab [næb] trive, nappe; knipe; fakke; **– the rust** bli fornærmet.
nab [næb] bergnapp, fjelltopp; haug.

nabob [ˈneibɔb] nabob; stattholder; rikmann som har samlet seg en formue i India.
nacarat [ˈnækəræt] oransjerød farge.
nacelle [nəˈsel] motorcelle; gondol.
nacre [ˈneikə] perlemor. **nacreous** [ˈneikriəs] perlemors-.
nadir [ˈneidiə] nadir, lavpunkt.
naffy [ˈnæfi] kantine under Naafi (s.d.).
nag [næg] liten hest, pony, hest, øk; kjæreste, elsker; kjeftesmelle, hespetre.
nag [næg] skjenne, plage, gnage på; skjenne på. **nagging** sippet, sutrende, sytende; nagende (om følelse).
naiad [ˈnaiæd] najade, vann-nymfe.
nail [neil] negl, klo; nagle, spiker, stift, søm; nagle, spikre; holde fast, fange, gripe, slå fast; **on the –** på stedet; **pay on the –** betale på flekken; **hit the – on the head** treffe spikeren på hodet; **– (down) a lie** avsløre en løgn; **– in one's coffin** pinne til ens likkiste; **-s in mourning** «sørgerand», svarte negler; **– up** spikre til, spikre ned. **nailbrush** [ˈneilbrʌʃ] neglebørste.
nailer [ˈneilə] spikersmed; kjernekar, kløpper, storartet eksemplar.
nailery [ˈneiləri] spikerfabrikk, spikerverk.
nail file [ˈneilfail] neglefil.
nailing [ˈneiliŋ] første klasses; **– good** storartet.
nail | parings avklipte negler. **– polish, – varnish** neglelakk.
naive, naïve [naiˈi:v, nɑ:ˈi:v] godtroende, naiv; naturlig; likefrem, endefram. **naïveté, naivety** [naiˈi:vtei, nɑ:ˈi:vti] naivitet; naturlighet.
naked [ˈneikid] naken, blottet, snau, bar; ubevæpnet; **the – eye** det blotte øye; **– flame** åpen flamme; **– light** bart lys; **the – truth** den nakne sannhet. **nakedness** [-nis] nakenhet.
namable [ˈneiməbl] som kan nevnes.
namby-pamby [ˈnæmbiˈpæmbi] affektert, smektende, klisset, sentimental; søtlatenhet, kliss.
name [neim] navn; rykte, berømmelse; **to call -s** skjelle ut, kalle; **give a bad –** bringe i miskreditt; **by –** ved navn; **by the – of** ved navn; **Christian** (el. **first** el. **given) –** fornavn; **family –** etternavn; **maiden –** pikenavn; **his – has escaped me, has slipped from my memory** jeg husker ikke navnet på ham; **how in the – of fortune** hvordan i all verden; **send in one's –** la seg melde; **take in one's –** melde; **what's your –** hva heter De? **my – is** jeg heter; **a man of (great) –** en berømt mann; **he hasn't got a penny to his –** han eier ikke en rød øre. **name** [neim] benevne, kalle, oppnevne, utnevne, døpe, navngi, oppkalle. **-able** [ˈneiməbl] som kan nevnes. **– day** navnedag. **– -dropper** en som ved å slå om seg med kjente navn gir inntrykk av å kjenne mange betydningsfulle personer. **nameless** [ˈneimlis] navnløs; unevnelig; uberømt. **namely** [ˈneimli] nemlig, det vil si.
name part [ˈneimpɑ:t] tittelrolle.
namesake [ˈneimseik] navne, navnebror.
Nancy [ˈnænsi].
nancy [ˈnænsi] homoseksuell; feminin mann, mammadalt.
nankeen [nænˈki:n] nanking; **-s** nankingsbukser.
nanny [ˈnæni] barnepike, dadda; bestemor. **– goat** (hun)geit. **-ism** barnepikementalitet, formyndermentalitet.
nap [næp] nappe, gripe; trive; kvarte.
nap [næp] lur, liten blund; blunde, dorme, sove; **have a – after dinner** ta seg en middagslur; **catch napping** gripe i uaktsomhet, komme uforvarende på.
nap [næp] slags kortspill; **go –** by seg til å ta alle stikkene, melde napoleon.
nap [næp] lo (på tøy); dun (på planter).
napalm [ˈnæpɑ:m] napalm.
nape [neip] nakke; **– of the neck** nakkegrop.
napery [ˈneip(ə)ri] dekketøy.
nap hand opplagt sjanse.
naphtha [ˈnæfθə, ˈnæpθə] nafta; **cleaners –** (US) rensebensin. **-lene** [-li:n], **-line** [-lin] naftalin.
napkin [ˈnæpkin] serviett. **– ring** serviettring.
Naples [ˈneiplz] Napoli.
napless [ˈnæplis] glatt, slett, loslitt.
Napoleon [nəˈpəuljən].
napoléon [nəˈpəuljən] napoléond'or, tjuefrancstykke.
Napoleonic [nəpəuliˈɔnik] napoleonsk.
napoo [nɑ:ˈpu:] (sl., mil.) ferdig, forbi, kaputt (av: il n'y en a plus).
nappy [ˈnæpi] flosset, loet.
nappy [ˈnæpi] bleie.
nappy [ˈnæpi] berusende; omtåket.
narcissus [nɑ:ˈsisəs] narsiss, nå især: pinselilje.
narcomaniac [nɑ:kəˈmeiniæk] narkoman. **narcosis** [nɑ:ˈkəusis] bedøvelse, narkose. **narcotic** [-ˈkɔtik] bedøvende; bedøvelsesmiddel, narkotikum. **narcotism** [ˈnɑ:kətizm] bedøvelse. **narcotize** [-ˈtaiz] bedøve.
nard [nɑ:d] narde, nardus; nardussalve.
narghile [ˈnɑ:gili] nargile, tyrkisk vannpipe.
nark [nɑ:k] angiver, spion; lyseslokker; angi; skvaldre, sladre, klage; jamre, irritere, erte.
narrate [næˈreit] fortelle, melde, berette. **narration** [næˈreiʃən] fortelling. **narrative** [ˈnærətiv] fortellende, berettende; fortelling, beretning. **narrator** [næˈreitə] forteller, kommentator.
narrow [ˈnærəu] snever, smal, trang, liten, snau; snevring; innsnevre; innsnevres; **– down** innskrenke; innsnevre; **he had a – escape** han slapp unna med nød og neppe; **a – fortune** en liten, ubetydelig formue; **– margin** knepent. **– -breasted** [ˈnærəuˈbrestid] trangbrystet. **– -gauge** [ˈnærəugeidʒ] smalsporet. **– -hearted** [ˈnærəuˈhɑ:tid] tranghjertet.
narrowing innsnevring.
narrowly [ˈnærəuli] snevert, nøye; **escape –** slippe fra det med nød og neppe; **examine –** undersøke nøyaktig.
narrow|-minded [ˈnærəuˈmaindid] smålig, trangsynt, sneversinnet. **– -mindedness** smålighet. **narrowness** [ˈnærəunis] smalhet, sneverhet; smålighet. **narrow-souled** sneverhjertet.
narwhal [ˈnɑ:wəl] narhval.
NASA [ˈnɑ:sə] fk. f. **National Aerodynamics and Space Administration.**
nasal [ˈneizl] nese-, nasal; neselyd. **nasality** [nəˈzæliti] nasalitet. **nasalization** [neizəlaiˈzeiʃən] nasalering. **nasalize** [ˈneizəlaiz] nasalere, tale gjennom nesen.
nascency [ˈnæsənsi] tilblivelse, fødsel.
nascent [ˈnæsənt] begynnende, voksende, vordende, in spe.
Naseby [ˈneizbi].
nastiness [ˈnɑ:stinis] ekkelhet, vemmelighet.
nasty [ˈnɑ:sti] ekkel, vemmelig, motbydelig, ubehagelig; **a – affair** en stygg historie; **he is a –**

piece of work (tal.) han er en gemen fyr, drittsekk.
natal [ˈneitl] fødsels-, føde-.
natant [ˈneitənt] svømmende. **natation** [neiˈteiʃən] svømming. **natatores** [neitəˈtɔ:riz] svømmefugl. **natatorial** [-ˈtɔ:riəl] svømme-. **natatory** [ˈneitətəri] svømme-.
natheless [ˈneiðəlis], **nathless** [ˈneiðlis; ˈnæθ-] (gammelt) ikke desto mindre.
nation [ˈneiʃən] nasjon, folk, folkeslag.
national [ˈnæʃənəl], nasjonal, folke-, fedrelandsk; **the – anthem** nasjonalsangen (God save our gracious King el. Queen); **– assembly** nasjonalforsamling; **– assistance** sosialhjelp, (folke-) trygd; **– church** folkekirke; **– convention** nasjonalkonvent; **– debt** statsgjeld; **N. Gallery** Nasjonalgalleriet i London; **N. Guard** (US) ≈ heimevern; **N. Health Service** det offentlige helsestellet (i England); **N. Insurance** folketrygd, folkeforsikring (tvungen forsikring mot sykdom og arbeidsløshet).
nationality [næʃəˈnæliti] nasjonalitet. **nationalization** [næʃənəlaiˈzeiʃən] nasjonalisering. **nationalize**[ˈnæʃənəlaiz] nasjonalisere, gjøre folkelig, gjøre til folkeeie. **national | register** folkeregister. **– service** verneplikt. **– superannuation scheme** folketrygdordning. **the National Trust** (eng. institusjon som tar seg av naturvern og gamle (historiske) bygninger) ≈ naturvernet.
nation-wide landsomfattende.
native [ˈneitiv] føde-; naturlig, medfødt, innfødt, som hører naturlig sammen med; **– country** fedreland; **a – of** en mann (kvinne) fra.
nativity [nəˈtiviti] fødsel; **calculate (cast) his –** stille hans horoskop; **the Nativity** Kristi fødsel; juledag.
NATO [ˈneitəu] NATO (fk. f. **North Atlantic Treaty Organization).**
natter [ˈnætə] prate, vrøvle, diskutere.
natty [ˈnæti] nett, fin, fiks, smart, netthendt.
natural [ˈnætʃərəl] naturlig, natur; **a – child** et uekte (el. kjærlighets)barn; **– history** naturhistorie; **– philosophy** fysikk; **– science** naturvitenskap; **die a – death** dø en naturlig død; **it does not come – to me** det faller meg ikke naturlig. **– gas** jordgass, naturgass. **naturalism** [ˈnætʃərəlizm] naturtilstand; naturalisme. **naturalist** [-list] naturforsker; naturalist. **naturalistic** [nætʃərəˈlistik] naturalistisk.
naturalization [nætʃərəlaiˈzeiʃən] naturalisering. **naturalize** [ˈnætʃərəlaiz] naturalisere; gjøre naturlig; gi borgerrett, akklimatisere.
naturally [ˈnætʃərəli] naturlig, naturligvis.
naturalness [ˈnætʃərəlnis] naturlighet.
nature [ˈneitʃə] natur, naturen, art, slags, beskaffenhet, egenskap; **beside –** unaturlig; **beyond –** overnaturlig; **by –** av naturen; **draw from –** tegne etter naturen; **in the – of things** ifølge tingenes natur; **it has become part of his –** det er gått ham i blodet; **die in the course of –** dø av alderdom; **in the order of –** etter naturens orden; **fall out to relieve –** tre av på naturens vegne; **in a state of –** i dypeste neglisjé, naken; **imitate to –** etterligne livaktig. **– conservation** naturvern. **-natured** [ˈneitʃəd] (i smstn.) av ... natur.
naught [nɔ:t] ingenting, intet; null; **put (set) at –** redusere til ingenting, ringeakte; **come to –** mislykkes, bli til ingenting.
naughtiness [ˈnɔ:tinis] uskikkelighet.
naughty [ˈnɔ:ti] slem, uskikkelig.
nausea [ˈnɔ:sjə] kvalme, sjøsyke; vemmelse, motbydelighet; **ad -m** til kjedsommelighet. **nauseate** [ˈnɔ:sieit] være sjøsyk, ha kvalme; vemmes ved; gjøre sjøsyk, gjøre kvalm. **nauseous** [ˈnɔ:sjəs] kvalm; vemmelig. **nauseousness** [-nis] vammelhet, vemmelighet.
nautch [nɔ:tʃ] (slags ballettforestilling av indiske danserinner).
nautical [ˈnɔ:tikl] nautisk; sjø-, sjømanns-. **– chart** sjøkart, draft.
nautilus [ˈnɔtiləs] nautil, papirsnekke.
naval [ˈneiv(ə)l] flåte-, orlogs-, marine-, skips-, sjø-. **– academy** sjøkrigsskole. **– architect** skipsingeniør. **– army** krigsflåte. **– officer** sjøoffiser. **– staff** admiralstab. **– yard** marineverft.
nave [neiv] skip (i en kirke), midtskip.
nave [neiv] hjulnav.
navel [ˈneiv(ə)l] navle; midte. **– string** navlestreng.
navicular [nəˈvikjulə] båtformet.
navigability [nævigəˈbiliti] seilbarhet, farbarhet. **navigable** [ˈnævigəbl] seilbar. **navigate** [ˈnævigeit] seile, fare; seile på el. over, befare; navigere. **navigation** [næviˈgeiʃən] seilas, fart, skipsfart; navigasjon. **navigator** [ˈnævigeitə] sjømann; navigatør.
navvy [ˈnævi] anleggsarbeider, slusk, rallar.
navy [ˈneivi] flåte; krigsflåte, marine; marineblå; **the British** (el. **Royal) –** den britiske marine.
nawab [nəˈwɔ:b] nabob, indisk stattholder.
nay [nei] nei (i denne betydning sjelden); ja, ja endog; **my – is just as good as your ay** mitt nei er likså godt som ditt ja.
Nazarean [næzəˈriən] nasareisk. **Nazarene** [-ˈri:n] nasareer. **Nazareth** [ˈnæzəriθ] Nasaret.
naze [neiz] nes; **the Naze** Neset, Lindesnes.
Nazi [ˈnɑ:tsi] nazi, nasjonalsosialist. **Nazism** [ˈnɑ:tsizəm] nazisme, nasjonalsosialisme.
N. B. fk. f. **North Britain** (ɔ: Skottland); **North British; New Brunswick; nota bene.**
n. b. fk. f. **no ball.**
N. B. C. fk. f. **National Broadcasting Company.**
N. b. E. fk. f. **North by East.**
N. b. W. fk. f. **North by West.**
N. C. fk. f. **North Carolina.**
N. C. B. fk. f. **National Coal Board.**
N. C. O. fk. f. **non-commissioned officer.**
N. D. fk. f. **Nuclear Disarmament.**
N C machinery fk. f. **numerical control machinery** numerisk kontrollert (el. datastyrt) maskin.
n. d. fk. f. **no date** udatert.
N. Dak. fk. f. **North Dakota.**
N. E. fk. f. **North-east.**
neap [ni:p] nipptid; **– tide** nippflo. **neaped** [ni:pt] kommet på grunn ved flotid; som ligger tørt.
Neapolitan [niəˈpɔlitən] neapolitansk; neapolitaner.
near [niə] nær; nærliggende; nærstående, kjær; nærme seg; gjerrig; **lose all that is – and dear to one** miste det som står en nærmest; **the -est way** den korteste vei; **you are very –** du er en gnier; **a – old fellow** en gnier; **the -est price** den nøyaktigste pris; **have a – escape** slippe fra det med nød og neppe (også: **have a – shave); – side** nærmeste side, venstre side; **far and –** vidt og bredt; **come – to** omtrent beløpe seg til; **it will go – to ruin him** det vil nesten ruinere ham; **I lost – upon twenty pounds** jeg mistet

omtrent tjue pund; **we were -ing land** vi nærmet oss land.
near- (som forstavelse om noe som nesten er det det følgende ord betegner. Eks. **— -leather).**
near-beer [ˈniəbiə] (US) avholdsøl, alkoholfritt øl.
near-by [ˈniəbai] nærliggende, tilstøtende.
near gale stiv kuling.
nearly [ˈniəli] nesten; nær; bortimot; **not —** ikke på langt nær.
near-miss [ˈniəmis] bombe som treffer nær nok til å skade målet; **it was a —** det var nære på.
nearness [ˈniənis] nærhet; nært forhold, nært slektskap; smålighet, påholdenhet. **near-sighted** [ˈniəˈsaitid] nærsynt. **near-sightedness** [-nis] nærsynthet.
neat [ni:t] nett, ren, pen, proper, fiks, elegant; nydelig; netto; bar; **drink brandy —** drikke ublandet konjakk.
neat [ni:t] kveg, hornkveg, storfe, naut. **— cattle** hornkveg.
'neath [ni:θ] under.
neat-handed [ˈni:thændid] nevenyttig, netthendt.
neatherd [ˈni:thə:d] gjeter, hyrde.
neatness [ˈni:tnis] netthet, orden.
neb [neb] nebb, tut.
Nebraska [niˈbræskə].
nebula [ˈnebjulə] tåkeplett, stjernetåke; flekk på hornhinnen. **nebular** [ˈnebjulə] tåket. **nebulosity** [nebjuˈlɔsiti] tåkethet. **nebulous** [ˈnebjuləs] tåket, skoddet.
necessarily [ˈnesisərili, -ˈserili] nødvendigvis .
necessariness [ˈnesisərinis] nødvendighet.
necessary [ˈnesisəri, ˈnesesri] nødvendig, påkrevd, fornøden; fornødenhet, nødtørft, nødvendighetsartikkel; **be without the necessaries of life** unnvære livets alminneligste fornødenheter; **if —** om nødvendig, i nødsfall.
necessitarian [nisesiˈtɛəriən] determinist.
necessitate [niˈsesiteit] nødvendiggjøre.
necessitous [niˈsesitəs] nødlidende, trengende. **necessitousness** [-nis] nød; nødtørft.
necessity [niˈsesiti] nødvendighet, nødtørft, fornødenhet; **there is no — for (of)** det er absolutt ikke nødvendig å ...; **find oneself under the — of** se seg tvunget til; **make a virtue of —** gjøre en dyd av nødvendighet; **— has no law** nød bryter alle lover; **— is the mother of invention** nød lærer naken kvinne å spinne; **in case of —** i nødsfall.
neck [nek] hals; halsstykke, halsutringning; **— by —** side om side; **— and crop** el. **— and heels** med hud og hår; **go — and heels into a thing** gi seg i kast med noe med liv og sjel; **— or nothing** halsbrekkende, dumdristig; koste hva det vil; **he rides — or nought** han rir alt det remmer og tøy kan holde; **on the — of** umiddelbart etter; **one mischief comes on the — of the other** en ulykke kommer sjelden alene; **break one's —** brekke nakken; **break the — of the business** få unnagjort det meste (det grøvste); **he is a pain in the —** han er en plage; **win by a —** vinne med en halslengde; **tread on the — of a person** sette foten på nakken av en; **save one's —** redde livet.
neck [nek] kline, kjæle, kysse og klemme.
neckband [ˈnekbænd] halslinning.
neckcloth [ˈnekklɔθ] halsduk.
neckerchief [ˈnekətʃif] halstørkle.
neck-handkerchief [ˈnekhæŋkətʃif] halstørkle.
necking [ˈnekiŋ] halstørkle; klining, (erotisk) kjæling. **neckinger** [ˈnekindʒə] halstørkle. **necklace** [ˈneklis] halsbånd, halskjede. **necklet** [ˈneklit] halsbånd. **neckline** [ˈneklain] nedringning, halsutskjæring. **necktie** [ˈnektai] slips. **neckwear** [ˈnekwɛə] fellesbetegnelse for snipper, slips, halstørklær o.l. **neckweed** hamp.
necky [ˈneki] uforskammet, frekk.
necrological [nekrəˈlɔdʒikl] nekrologisk. **necrologist** [neˈkrɔlədʒist] nekrologforfatter. **necrology** [neˈkrɔlədʒi] nekrolog.
necromancer [ˈnekrəmænsə] åndemaner, trollmann. **necromantic** [nekrəˈmæntik] trolldoms-, besvergende; besvergelse, tryllemiddel.
necropolis [neˈkrɔpəlis] begravelsesplass, kirkegård.
necropsy [ˈne-] nekropsi, obduksjon.
necrosis [neˈkrəusis] nekrose, vevsvinn, bortfall av vev.
nectar [ˈnektə] nektar, gudedrikk. **nectareal** [nekˈtɛəriəl] nektar-. **nectarean** [-riən] nektarsøt, liflig. **nectared** [ˈnektəd] nektarblandet. **nectareous** [nekˈtɛəriəs] nektarsøt.
nectarine [ˈnektərin] nektarin.
nectarous [ˈnektərəs] nektarsøt, liflig.
nectary [ˈnektəri] honninggjemme (i blomst).
Ned [ned] Ned, Edward.
N. E. D. fk. f. **New English Dictionary.**
neddy [ˈnedi] esel, asen.
née [nei] født (foran gift kvinnes pikenavn); **Mrs. A. née B.** fru A. født B.
need [ni:d] nødvendighet; nød, mangel, savn, trang; nødvendighetsartikkel; behov; **at —** når det trengs; **if — be** i nødsfall; **in case of —** i nødsfall; **be (stand) in — of, have — of** behøve, trenge til; **there's no — for you to go** du behøver ikke å gå; **what — of hesitating** hvorfor nøle; **a friend in — is a friend indeed** i nøden skal man kjenne sine venner.
need [ni:d] (imperf.: **needed** el. **need)** behøve, måtte, trenge, trenge til, ha bruk for; **it -ed doing** det var på tide det ble gjort; **it -s not to go there** det er ikke nødvendig å gå dit; **it -s but to become known** det trengs bare å bli kjent; **I — not have walked** jeg behøvde ikke å ha gått.
needfire [ˈni:dfaiə] signalild, varde, bål.
needful [ˈni:df(u)l] nødvendig, fornøden; **the one thing —** det ene fornødne; kontante penger; **show the —** komme fram med kontantene.
neediness [ˈni:dinis] trang, nød, armod.
needle [ˈni:dl] nål, synål, magnetnål, grammofonstift, (instrument)nål (el. viser), strikkepinne; nut, tind, horn; obelisk; **I have pins and -s in my foot** foten min sover; **hit the —** treffe spikeren på hodet; **navigate by the —** styre etter kompasset; **cop the —** føle seg krenket; **have the —** være opphisset.
needle [ˈni:dl] ergre, plage; smyge seg fram; sy; danne krystaller som nåler; sprite opp, gjøre sterkere.
needle|bar nålestang (i symaskin). **— bath** hard dusj. **-book** nålebrev. **-case** nålehus. **— clamp** nåleholder (på symaskin). **-fish** horngjel. **— gun** tennålsgevær. **— lace** sydde kniplinger. **— point** nålespiss; strameibroderi. **— scratch** nålesus (grammofonplate). **— shell** kråkebolle.
needless [ˈni:dlis] unødvendig, unødig. **-ly** i utrengsmål.

needle | **telegraph** nåletelegraf. – **thread** overtråd (i symaskin). **-woman** syerske. **-work** håndarbeid, sytøy.
needments [ˈni:dmənts] nødvendighetsartikler.
needs [ni:dz] nødvendigvis, endelig, plent; (bare i forbindelsen) – **must** eller **must** – ; **if it** – **must be** når det endelig skal være; **men must** – **be laughing** menn skal absolutt le; – **must when the devil drives** nød lærer naken kvinne å spinne, i nøden spiser fanden fluer.
needy [ˈni:di] trengende, nødlidende.
ne'er [nɛə] aldri.
ne'er-do-well [ˈnɛəduwel] døgenikt.
nefarious [niˈfɛəriəs] avskyelig, skjendig, forbrytersk.
negate [niˈgeit] benekte, nekte; omgjøre, oppheve.
negation [niˈgeiʃən] nektelse, nekting, benektelse.
negative [ˈnegətiv] nektende; negativ; nektelse, nekting, avslag, forbud; **reply in the** – svare benektende; svare med nei, avslå; nektende svar.
negativeness [ˈnegətivnis], **negativity** [negəˈtiviti] negativitet.
neglect [niˈglekt] forsømme, neglisjere, tilsidesette, ringeakte; vanvøre; forsømmelse, vanstell, likegyldighet, etterlatenhet; **fall into** – forsømmes.
neglectable [niˈglektəbl] som kan tilsidesettes.
neglectedness [niˈglektidnis] vanrøkt, forsømmelse; liten etterspørsel. **neglectful** [niˈglektf(u)l] forsømmelig, likegyldig. **neglection** [niˈglekʃən] forsømmelse.
négligé [ˈnegli:ʒei] morgendrakt, morgenkjole.
negligence [ˈneglidʒəns] forsømmelighet, skjødesløshet; – **clause** (merk.) ansvarsfrihetsklausul.
negligent [ˈneglidʒənt] forsømmelig, skjødesløs; **be** – **of** være likegyldig med.
negligible [ˈneglidʒibl] ganske liten, ubetydelig.
negotiability [nigəuʃiəˈbiliti] salgbarhet, omsettelighet; overkommelighet.
negotiable [niˈgəuʃiəbl] salgbar, omsettelig; overkommelig.
negotiate [niˈgəuʃieit] forhandle; underhandle, tinge, kjøpslå; skaffe seg, utvirke; avslutte, slutte, formidle, avhende, selge, omsette.
negotiation [nigəuʃiˈeiʃən] forretninger; salg; forhandling, underhandling; avslutning (av lån, traktater). **negotiator** [niˈgəuʃieitə] underhandler, mellommann, forhandler.
negress [ˈni:gris] negresse, negerkvinne.
negro [ˈni:grəu] neger. – **traffic** slavehandel.
negroid [ˈni:grɔid] negroid.
negro minstrel «negersanger», el. sanger med ansiktet svertet som neger.
negus [ˈni:gəs] vintoddy, gløgg, bisp; **claret-negus** rødvinstoddy.
neigh [nei] knegge; knegging, vrinsk.
neighbour [ˈneibə] nabo, granne; sidemann, neste; være granne til, grense til, bo i nærheten; passe, stemme; **next** – nærmeste nabo, sidemann; **opposite** – gjenbo.
neighbouress [ˈneibəris] nabokone, grannekone.
neighbourhood [ˈneibəhud] naboskap, nabolag, nærhet, egn, distrikt, bydel; grannelag; grend; **in the** – **of** i omegnen av; **in our** – på våre kanter. – **unit** ≈ drabantby. **neighbouring** [ˈneibəriŋ] nærliggende, tilgrensende, nabo-, granne-. **neighbourly** [ˈneibəli] som gode naboer. **neighbourship** [ˈneibəʃip] naboskap, granneskap.
neither [ˈnaiðə, ˈni:ðə] ingen (av to), ingen av delene, verken den ene eller den andre; heller ikke; **I am on** – **side** jeg er nøytral; **he does not like him,** – **do I** han liker ham ikke, og det gjør ikke jeg heller; **nor that** – (vulg.) heller ikke det; – **...nor** verken...eller.
nelly [ˈneli]: **not on your** – ikke tale om, aldri.
nem. con. fk. f. **nemine contradicente** uten at noen talte imot.
nem. dis. fk. f. **nemine dissentiente** enstemmig.
Nemesis [ˈnemisis].
nenuphar [ˈnenjufɑ:] nøkkerose, tjerneblom.
neolith [ˈniəuliθ] neolitt. **-ic** [ni:əuˈliθik] neolittisk, fra yngre steinalder.
neologism [ni:ˈɔlədʒizm] neologisme, nylaging.
neon [ˈni:ɔn] neon. – **tube** neonrør, lysstoffrør.
neophyte [ˈni:əfait] nyomvendt, begynner.
neoteric [niəuˈterik] nymotens.
Nepal [niˈpɔ:l].
nephew [ˈnevju] nevø, brorsønn, søstersønn.
nephrite [ˈnefrait] nefritt, nyrestein. **nephritis** [niˈfraitis] nyrebetennelse.
nepotism [ˈnepətizm] nepotisme, det å begunstige slekt og venner. **nepotist** [ˈnepətist] nepotist.
Neptune [ˈneptju:n] Neptun.
Nereid [ˈniəriid] nereide, havnymfe.
Nero [ˈniərəu].
nerve [nə:v] nerve, nerver; kraft, fasthet, mot, kaldblodighet, frekkhet; **war of -s** nervekrig; **he has not got the** – **to do it** han har ikke mot til å gjøre det; **he is getting on my -s** han går meg på nervene; **he's got a** – han er sannelig frekk, han er ikke noen reddhare.
nerve [nə:v] styrke, stålsette, gi kraft.
nerveless [ˈnə:vlis] kraftløs; veik.
nerver [ˈnə:və] oppstrammer, hjertestyrkning.
nerve|-racking [ˈnə:vrækiŋ] som tar hardt på nervene, enerverende. – **strain** nervepress.
nervous [ˈnə:vəs] nerve-; nervøs, nervesliten; kraftig, kraftfull, kjernefull; – **breakdown** nervesammenbrudd; – **centre** nervesentrum; – **debility** nervesvekkelse; – **fever** tyfus, nervefeber; – **system** nervesystem; – **about** urolig for; **he was** – **of his reception** han var spent på å se hvilken mottagelse kan ville få.
nervousness [ˈnə:vəsnis] nervøsitet.
nervy [ˈnə:vi] sterk, kraftig; frekk; nervesliten, som tar på nervene.
nescience [ˈneʃ(i)əns] uvitenhet.
nescious [ˈneʃ(i)əs] uvitende.
nesh [neʃ] bløt, øm, svak, forsagt.
ness [nes] nes, forberg, odde, pynt.
nest [nest] reir, rede; oppholdssted, smutthull, bolig, bo, bol; sett (av gjenstander, som kan settes inn i hverandre; skuffer, esker e.l.); bygge reir; hekke; lete etter fuglereir; legge i reir; **feather one's own** – mele sin egen kake; – **of thieves** tyvereir; – **of vice** lastens hule; **a** – **of drawers and pigeonholes** en reol med skuffer og fag; – **of tables** settbord; – **themselves** slå seg ned.
nest egg reiregg; spareskilling. **nesting|box** rugekasse. – **chairs** stablestoler. – **place** hekkeområde.
nestle [ˈnesl] ligge lunt; putte seg ned; huse, anbringe, smyge seg inntil; lune om, pleie.
nestling [ˈnesliŋ] nyutklekket fugleunge, dununge.
net [net] netto; innbringe netto; tjene.
net [net] nett, garn, not, vad, snare; binde, knyt-

te; fange i garnet. – **cap** hårnett. – **capital** egenkapital. – **curtain** stores. – **fishing** garnfiske.
nether [ˈneðə] nedre, underste, under-; – **garments** benklær; **the – man** beina; **the – world** underverdenen, helvete.
Netherlander [ˈneðələndə] nederlender.
Netherlandish [ˈneðəlændiʃ] nederlandsk.
Netherlands [ˈneðələndz], **the –** Nederlandene, Nederland.
netherlings [ˈneðəliŋz] strømper.
nethermost [ˈneðəməust] nederst, dypest.
netting [ˈnetiŋ] nett, netting, nettverk; ståltrådnett; filering. – **needle** filérnål.
nettle [ˈnetl] nesle, brennesle; brenne som en nesle, svi, irritere, ergre; **common (great** eller **stinging) –** stor nesle; **small –** brennesle; **blind** (eller **dead) –** døvnesle; **-d at** ergerlig over.
netty [ˈneti] nettaktig.
net weight egenvekt.
net-winged [ˈnetwiŋd] nettvinget.
network [ˈnetwəːk] nettverk; nett, filering; kjede av radiostasjoner; **aerial –** antenneanlegg.
neural [ˈnjuərəl] nerve-, som hører til nervesystemet. **neuralgia** [njuˈrældʒə] nevralgi, nervesmerter. **neurasthenia** [njuərəsˈθinjə] nevrasteni; nervesvekkelse.
neurosis [njuəˈrəusis] nevrose. **neurotic** [njuˈrɔtik] nerve-, nervestyrkende middel, nevrotisk.
neuter [ˈnjuːtə] nøytrum, intetkjønn, nøytrumsord; **stand –** holde seg nøytral.
neutral [ˈnjuːtrəl] nøytral, likegyldig; fri(gir); **keep (remain) –** holde seg nøytral. **neutrality** [njuˈtræliti] nøytralitet. **neutralization** [njuːtrəl(a)iˈzeiʃən] nøytralisering, motvirkning. **neutralize** [ˈnjuːtrəlaiz] nøytralisere, veie opp, uskadeliggjøre. **neutralizer** [ˈnjuːtrəlaizə] motvirkning; motvekt.
Nev. fk. f. **Nevada** [nəˈvædə, nəˈvɑːdə].
never [ˈnevə] aldri; ikke; ikke noengang; – **is a long day** man skal aldri si aldri; **he was – the wiser** han ble ikke klokere av det; **well, I –!** nå har jeg aldri hørt maken! – **heard of** uhørt; – **mind** det gjør ikke noe, bry deg ikke om det; – **a one** ikke en eneste. **– -ceasing** uopphørlig. **– -fading** uvisnelig. **– -failing** ufeilbarlig. **nevermore** [ˈnevəˈmɔː] aldri mer, aldri. **the never-never** avbetalingssystemet.
never-say-die [ˈnevəseidai] ukuelig.
nevertheless [nevəðəˈles] ikke desto mindre.
new [njuː] ny, ny-, frisk, fersk, ubrukt, moderne; nyoppdaget; – **bread** ferskt brød; – **milk** nysilt melk; **the – woman** den moderne kvinne; **it was – to him** det var nytt for ham, det var uvant for ham; **a – man** oppkomling; **there's nothing – under the sun** det er ikke noe nytt under solen.
new-born [ˈnjuːbɔːn] nyfødt.
Newcastle [ˈnjuːkɑːsl].
new|-come [njuːkʌm] nylig kommet; nykomling. **-comer** nykomling.
New Deal president Franklin D. Roosevelts økonomiske gjenreisingspolitikk under verdenskrisen i 1930-årene, ny giv.
New England [njuːˈiŋglənd] Ny-England (de seks nordøstlige stater i U.S.A.).
new|-fallen nyfallen. **-fangled** [-ˈfæŋgld] nyoppfunnet, nymotens. **-fangledness** ny smak, ny mote. **– -fashioned** nymotens, moderne.
Newfoundland [njuːfəndˈlænd, njuˈfaundlənd].
Newgate [ˈnjuːgit] (tidligere fengsel i London). – **bird** galgenfugl.
newish [ˈnjuːiʃ] temmelig ny.
new-laid [ˈnjuːleid] nylagt (om egg).
new look moderne utseende, new look.
newly [ˈnjuːli] nylig, nettopp, ny-; – **married** nygift; – **weds** nygifte, brudepar.
Newmarket [ˈnjuːmɑːkit] (eng. veddeløpsbane).
new|-model omforme. **– -mown** nyslått. **-ness** [ˈnjuːnis] nyhet, ferskhet.
New Orleans [njuːˈɔːliənz, njuːɔːˈliːnz].
news [njuːz] nyhet, nyheter; dagsnytt (i radio), tidende, blad, avis; **a piece of –** en nyhet; **no – is good –** ikke noe nytt er godt nytt; **break the – to him** fortelle ham (den sørgelige) nyheten; **that is – to me** det er nytt for meg. – **agency** telegrambyrå. – **agent** avisselger. – **board** oppslagstavle. **-boy** avisgutt. – **editor** nyhetsredaktør. – **item** nyhet. **-letter** flygeblad, rundskriv. **-man** avisbud; pressemann, journalist. **-monger** nyhetskremmer.
newspaper [ˈnjuːspeipə, ˈnjuːz-] avis, blad; – **announcement** pressemelding. – **clipping, – cutting** avisutklipp.
news|pictures billedreportasje. **-print** avispapir. – **rag** dårlig avis, lapp, blekke. **-reel** filmavis, ukerevy. **-room** avislesesal; avishandel; reportasjeavdeling. **-sheet** avis. **-stand** aviskiosk. – **summary** nyhetssammendrag. **-talk** ≈ aktuelt (i radio). – **vendor** avisselger. **-worthy** det som er godt nyhetsstoff.
newsy [ˈnjuːzi] full av nytt, interessant.
newt [njuːt] salamander.
Newton [ˈnjuːtən].
New Year [ˈnjuːˈjiə] nyttår, nyår; **a happy –** godt nyttår! **new-year** nyttårs-. **New Year's Day** nyttårsdag. **New Year's Eve** nyttårsaften.
New York [njuːˈjɔːk].
New Zealand [njuːˈziːlənd].
next [nekst] nest, nærmest, førstkommende; **he is in the – room** han er i værelset ved siden av; **he lives – door** han bor i huset ved siden av; **he is – door to a fool** han er ikke langt fra å være en tosk; – **door but one** det andre huset herfra; – **to nothing** nesten ingenting; – **year** neste år; **Monday** (eller **on Monday) next** neste mandag; – **best** nestbest; **he lives – to me** han er min nærmeste nabo; **who follows –** hvem kommer så; **what –** nå har jeg hørt det med; **the gentleman – to me at table** min sidemann ved bordet.
next door [ˈnekstdɔː] nærmest.
next-of-kin [ˈnekstəvˈkin] nærmeste pårørende.
nexus [ˈneksəs] sammenbinding, bånd, samband, sammenheng.
N. F. fk. f. **Newfoundland.**
N. H. fk. f. **New Hampshire.**
N. H. I. fk. f. **National Health Insurance.**
n. h. p. fk. f. **nominal horse power.**
N. H. S. fk. f. **National Health Service.**
niacin [ˈnaiəsin] nikotinsyre.
Niagara [naiˈægərə].
nib [nib] spiss, pennesplitt; nebb; smarting, luring; spisse, kvesse, sette spiss på.
nibble [ˈnibl] nippe, smånappe etter, smågnage på; knaske, bite varsomt i; nappe, nype, kvarte; knabbe, kritisere, dadle; gnaging, napp. **nibbler** [ˈniblə] en som biter; småspiser; skumler.
Nicaragua [nikəˈrægjuə].

Nice [ni:s].
nice [nais] lekker, delikat; kresen, vanskelig, subtil, innviklet; omhyggelig; vakker, pen, fin, nett, nydelig, god, gild; elskverdig, tiltalende, snill; **a – distinction** en fin forskjell; **a very – case** en meget delikat historie; **how –!** det var da deilig! **how – for you** (ironisk) heldig for deg. **nicely** pent, hyggelig; utmerket; **he is doing –** han klarer seg utmerket. **nice Nellie** dydsmønster, snerpe, sippe. **niceness** [ˈnaisnis] lekkerhet; godhet; finhet, overdreven nøyaktighet; vanskelighet.
nicety [ˈnaisiti] finhet; ømhet; delikatesse; nøyaktighet, akkuratesse, presisjon; kresenhet, vanskelighet; netthet; detalj, småtteri, finesse; **to a –** nøyaktig, på en prikk; **niceties of words** ordkløveri; **stand upon niceties** ta det altfor nøye.
niche [nitʃ] nisje, fordypning i muren, liten krok.
Nicholas [ˈnikələs] Nikolai, Nils. **Nick** [nik] ond ånd; **Old –** fanden, Gamle-Erik.
nick [nik] hakk, snitt, skår; kup, heldig kast; rette øyeblikk; fengsel, kasjott; skjære hakk i; ramme, treffe det rette øyeblikket; kvarte, knabbe, naske; **he came in the – of time** han kom i rette øyeblikk, i siste liten; **be on the –** være ute på fangst; **nicker** [ˈnikə] tyveknekt; nattlig fredsforstyrrer.
nickel [ˈnikl] nikkel; (US) femcent. **nickel-plate** [ˈniklpleit] fornikle. **nickel plating** fornikling.
nicker pund (sterling).
nick-nack [ˈniknæk] leketøy; nips, nipsgjenstand; **-s** nips. **nicknackatory** [ˈniknækətəri] leketøybutikk.
nickname [ˈnikneim] økenavn, oppnavn; fortrolig forkorting; gi klengenavn; **was -d** hadde oppnavnet.
nicotine [ˈnikəti:n] nikotin. **nicotinism** [ˈnikətinizm] nikotinforgiftning.
nictate, nictitate [ˈnikteit, ˈniktiteit] blunke med øynene.
nidering [ˈn(a)idəriŋ] æresløs, nedrig; nidding.
nidificate [ˈnidifikeit, niˈdifikeit] bygge reir.
nidification [nidifiˈkeiʃən] reirbygging.
nidus [ˈnaidəs] reir; utklekkingssted.
niece [ni:s] niese, brordatter, søsterdatter.
niff [nif] odør, stank; stinke.
nifty [ˈnifti] smart, fin, pen, deilig; kvikk bemerkning.
Niger [ˈnaidʒə], **the –** Niger.
Nigeria [naiˈdʒiəriə].
niggard [ˈnigəd] gnier; gjerrig; knipen, gnieraktig; **be a – of something** være knuslet med noe; **play the –** være gnieraktig. **niggardliness** [-linis] gjerrighet, **niggardly** [-li] gnieraktig, gjerrig.
nigger [ˈnigə] neger (brukt nedsettende); **work like a –** arbeide som en hest; **there is a – in the woodpile** (el. **fence)** det ligger noe under, det henger ikke riktig sammen, strek i regningen. **where the good -s go** fanden i vold. **-head** [ˈnigəhed] (US) grastue, myrtue; en slags skråtobakk. **– heaven** (US sl.) galleri i teater, hylla.
niggle [ˈnigl] pille, pusle, pirke; skrive gnidret skrift; gnidret skrift.
niggling [ˈnigliŋ] smålig, overdrevent pertentlig, pedantisk, pirket; ubetydelig; gnidret.
nigh [nai] nær, nesten, nær ved; **he was well – starved** han var nesten utsultet; **winter is – at hand** vinteren står for døra; **draw –** rykke nærmere; **– but** nesten; **– upon** nesten.
night [nait] natt, natte-, aften, kveld; **at (by, in the) –** om natten; **in the dead of (the) –** i nattens mulm og mørke, midt på svarte natten; **-'s lodging** nattlosji; **late at –** sent på kvelden; **last –** i går kveld, i natt; **make a – of it** ha seg en glad aften; rangle hele natten; **the – before last** natten til i går; **sit up at –** våke hele natten; **a first –** premiere, første oppførelse av et stykke; **the piece had a run of 100 -s** stykket gikk 100 ganger; **on the – of the 11th to the 12th** natten mellom den 11. og 12.; **the day after the – before** dagen derpå (tømmermenn etter rangel); **tonight** el. **to-night** i aften, i kveld, i natt.
night | bird nattfugl; natterangler. **– blindness** nattblindhet. **– cap** [ˈnaitkæp] nattlue; nattkappe; kveldsdrink. **– cart** renovasjonsvogn. **-dress** nattkjole, nattdrakt. **– duty** nattjeneste, nattvakt.
night|fall [ˈnaitfɔ:l] skumring, mørkning. **– fighter** nattjager. **– fire** nattbål; lyktemann, blålys. **– glass** nattkikkert. **-gown** nattkjole. **– hawk** natthauk; nattravn, lyssky person. **– house** nattkafé.
nightie [ˈnaiti] nattkjole; (pl.) nattøy.
nightingale [ˈnaitiŋgeil] nattergal.
night|jar [ˈnaitdʒɑ:] nattravn, kveldknarr. **– lamp** nattlampe. **– latch** smekklås. **– light** nattlampe. **-ly** [ˈnaitli] nattlig, natt-; hver natt, hver aften. **-man** nattmann, renovasjonsmann. **-mare** mare, mareritt. **– owl** natt-ugle. **– piece** nattstykke, nattbilde. **– porter** nattportier. **-pusher** junior boresjef. **– rest** nattero. **– revel** natterangel. **– reveller** natterangler. **– rule** leven om natten. **– school** aftenskole, kveldskole. **-shade** søtvier. **– shift** nattdrakt; nattskift. **– shirt** nattskjorte. **– stick** (US) politikølle. **– stool** nattstol. **– things** nattøy. **– time** natt, nattetid. **– walk** nattevandring, aftentur. **– walker** søvngjenger(ske); gatetøs. **– watch, – watchman** nattvekter, nattevakt. **-wear** nattøy. **-work** nattarbeid; renovasjon. **– yard** renovasjonsplass.
nigrescent [naiˈgresənt] svartaktig, svartlig, som holder på å bli svart.
nigrification [nigrifiˈkeiʃən] sverting.
nihilism [ˈnaiilizm] nihilisme. **nihilist** [ˈnaiilist] nihilist. **nihilistic** [naiiˈlistik] nihilistisk. **nihility** [naiˈhiliti] intethet.
nil [nil] intet, ingenting, null.
Nile [nail]: **the –** Nilen.
nilgai [ˈnilgai], **nilg(h)au** [ˈnilgɔ:] nilgai (en slags stor indisk antilope).
nilly-willy [niliˈwili] el. **nill-ye will-ye** [ˈniljiˈwilji] enten man (du) vil eller ei.
nimbiferous [nimˈbifərəs] regnførende.
nimble [ˈnimbl] lett, rapp, rask, kvikk, sprek. **– -footed** rappfotet. **– -witted** kvikk i oppfatningen. **nimbleness** [-nis] hurtighet, sprekhet.
nimbus [ˈnimbəs] nimbus, glorie, glans.
nimiety [niˈmaiiti] overmål.
niminy-piminy [ˈniminiˈpimini] pertentlig, tertefin, jålet.
nincompoop [ˈninkəmpu:p] tull, tullebukk, tosk, naut, mehe.
nine [nain] ni; nitall; **he has – lives like a cat** han er seiglivet; **look – ways** skjele; **he is up to the -s** han kjenner knepene; **be dressed up to the -s** være i puss; **the Nine** de ni muser; **– corns** en pipe tobakk. **-fold** nifoldig, nidobbelt. **-pence** [ˈnainpəns] ni pence. **-pin** kegle; **play -pins** spille kegler; slå kegler.

nineteen [ˈnainˈti:n] nitten; **talk – to the dozen** sludre, la munnen gå som en pepperkvern. **nineteenth** [ˈnainˈti:nθ] nittende. **ninetieth** [ˈnaintiiθ] nittiende; nittidel. **ninety** [ˈnainti] nitti.
ninny [ˈnini] tosk. **-hammer** tullebukk.
ninth [nainθ] niende, nidel; **– part of a man** en pusling el. spjæling. **ninthly** [-li] for det niende.
Niobe [ˈnaiəbi].
nip [nip] nippe, knipe, klemme, klype, svi, bite, angripe, forderve; ødelegge (ved frost el. ild); nappe, kvarte; knip, klyp, bit, napp; avskåret stykke; **– along** fare av sted; **– in the bud** klype av i knoppen; kvele i fødselen.
nip [nip] slurk, dram, liten støyt; smådrikke, ta seg en tår.
nipper [ˈnipə] fortann (på hest); frostdag; liten gutt, guttunge; knipetang, avbiter; neseklemme; klo; **-s** pinsett, lorgnett; **a pair of -s** sukkersaks.
nipple [ˈnipl] brystvorte; tåtesmokk; nippel; pistong. **-wort** haremat (plante).
nippy [ˈnipi] bitende, kald; kvikk, rapp.
nip-up (US) bukkehopp; **do -s** hoppe bukk.
Nirvana [niəˈvɑ:nə].
nisi [ˈnaisai] (latin, egentlig: hvis ikke); **a rule –** en kjennelse som kan påankes; **a decree –** en foreløpig skilsmissebevilling (i Eng. med 6 ukers henstand); **– prius** [ˈpraiəs] assiserett for sivilsaker.
Nissen hut [ˈnisən hʌt] brakke med tønneformet bølgeblikktak.
nite [nait] (US sl.) natt.
nitrate [ˈnaitreit] nitrat, salpetersurt salt; blande med salpeter; **-d cotton** skytebomull.
nitre [ˈnaitə] salpeter.
nitric [ˈnaitrik] salpetersur; salpeter; **– acid** salpetersyre.
nitrogen [ˈnaitrədʒen, -in] nitrogen, kvelstoff.
nitroglycerine [naitrəˈglisərin] nitroglyserin.
nitrous [ˈnaitrəs] salpetersur, nitrogenholdig.
nitwit [ˈnitwit] tosk, idiot, fe.
nival [ˈnaivəl] snøfull, snørik, vinter-.
nix [niks], **nixie** [ˈniksi] nøkk.
nix [niks] ingenting, null, niks; hysj! stille! **for –** gratis, fritt. **nixey** nei, ikke.
N. J. fk. f. **New Jersey.**
N. L. C. fk. f. **National Liberal Club.**
N. L. F. fk. f. **National Liberal Federation.**
N. Mex. fk. f. **New Mexico.**
N. N. E. fk. f. **north-north-east.**
N. N. W. fk. f. **north-north-west.**
no [nəu] nei, ikke; neistemme, avslag; ingen, ikke noe; **I can't say whether or –** jeg kan verken si ja eller nei; **he will do it whether or –** han vil gjøre det under alle omstendigheter; **is your mother – better?** er ikke din mor bedre? **– less than ten** intet mindre enn ti; **– more** ikke mer; **– more of your tricks** ikke flere dumheter; **that's – business of yours** det kommer ikke deg ved; **– such matter** absolutt ikke; **to – purpose** forgjeves; **there are – such things as ...** det er ikke noe som heter; **the ayes and noes** stemmer (i Parlamentet) for og imot; **the noes have it** forslaget er forkastet; **– doubt** uten tvil, sikkert; **– man's land** ingenmannsland.
N. O. fk. f. **natural order; New Orleans.**
No., no. fk. f. **numero (number).**
no-account ubetydelig, ikke noe å ta hensyn til.
Noah [ˈnəuə, ˈnɔ:ə] Noa; **-'s ark** Noas ark, også et slags leketøy.
nob [nɔb] storfant, bikse; adelig; **one for his –** (i cribbage,' pukkspill') en for trumfknekt.
nob [nɔb] hode, skolt; streikebryter; gi et slag i hodet; samle inn penger, bomme for penger; **a fellow of little –** tosk, dumrian; **bob a –** en shilling pr. snute; **do a –** gå omkring med hatten (og samle inn penger).
nobble [ˈnɔbl] bedra, lure, jukse, dope (i hesteveddeløp); overtale, vinne for seg; stjele. **nobbler** [ˈnɔblə] bedrager; medviter. **nobbly** [ˈnɔbli] pen, vakker.
nobby [ˈnɔbi] fin, staselig, elegant, grom.
Nobel Prize [ˈnəubelˈpraiz] nobelpris.
nobilitate [nəˈbiliteit] adle.
nobility [nəˈbiliti] adel, adelstand, adelskap (som består av fem grader: **duke, marquis, earl, viscount, baron,** og hvis medlemmer har sete i overhuset); edelhet, fornemhet; **the – and gentry** den høyere og lavere adel; **– of soul** sjelsadel; **patent of –** adelsbrev.
noble [ˈnəubl] edel, stolt, gjev, herlig; adelig, adelsmann; **the Most N.** den høyedle (om hertug eller marki); **– style** opphøyd stil. **– -looking** med fornemt utseende, vesen. **-man** [-mən] adelsmann. **– -minded** høysinnet. **nobleness** [ˈnəublnis] edelhet, fornemhet.
noblesse [nəuˈbles] adel (i utlandet); **– oblige** [əˈbli:ʒ] adel forplikter, rettigheter medfører ansvar. **noblewoman** [ˈnəublwumən] adelsdame.
nobody [ˈnəubədi, -bɔdi] ingen, ikke noen; null, ubetydelighet; **a mere –** en ganske ubetydelig person.
nock [nɔk] hakk, innskjæring (i bue el. pil til buestrengen); klo (på gaffelseil).
no-confidence vote mistillitsvotum.
noctambulation [nɔktæmbjuˈleiʃən], **noctambulism** [nɔkˈtæmbjulizm] søvngjengeri. **noctambulist** [-list] søvngjenger(ske). **nocturnal** [nɔkˈtə:nl] nattlig, natte-. **nocturne** [ˈnɔktə:n] nokturne, nattstemning (om maleri eller musikkstykke).
nod [nɔd] nikke, duppe; nikke med; nikke til; nikk, dupp; vink; **– one's assent** nikke bifallende; **go to the land of N.** falle i søvn; **it -s to a fall** den truer med å falle.
N. O. D. fk. f. **Naval Ordnance Department.**
nodal [ˈnəudl] knutet; knute-.
noddle [ˈnɔdl] hode, skolt; kasse; **cracked in the –** skjør i knollen.
noddy [ˈnɔdi] tosk, fe, dumrian; havsule.
node [nəud] knute, knutepunkt; bladfeste; floke, vase. **nodose** [ˈnəudəus] knutet, leddet. **nodosity** [nəˈdɔsiti] knutethet. **nodular** [ˈnɔdjulə] knuteformet. **nodule** [ˈnɔdjul] liten knute. **nodulous** [ˈnɔdjuləs] småknutet.
Noel [nəuˈel] jul.
nog [nɔg] **(eggnog)** ≈ eggepunsj.
nog [nɔg] lite krus, trekanne; trenagle; kloss, klamp.
noggin [ˈnɔgin] lite krus.
nogging [ˈnɔgiŋ] (skillerom av) bindingsverk.
no-go, no go (sl.) ikke gjennomførbart, umulig.
no growth nullvekst.
nohow [ˈnəuhau] på ingen måte, slett ikke; **look –** se forkommen ut.
noil [nɔil] ullfiber.
noise [nɔiz] lyd, ståk, bråk, larm, spetakkel, oppstyr, skriking; **– of feet** tramping; **hold your –** hold munn; **make a – at a person** skjelle en ut; **make a – about a thing** gjøre mye bråk;

there is a – **abroad** det går det rykte; **this made a great – in the world** dette vakte stor oppsikt; – **abroad** utspre, la ryktes; **when it became -d abroad** da det ryktedes; **big –** storkar, kakse. – **abatement** støybekjempelse. **noiseless** [ˈnɔizlis] lydløs. **noisiness** [ˈnɔizinis] larm, ståk, styr, bråk.

noisome [ˈnɔisəm] skadelig, usunn; motbydelig, illeluktende; ekkel.

noisy [ˈnɔizi] bråkende.

no-life insurance skadeforsikring.

nolens volens [ˈnəulenzˈvəulenz] enten en vil eller ei.

noli me tangere [ˈnəulaimi:ˈtændʒəri:] rør meg ikke; utilnærmelighet; springfrø; lupus (sykdommen).

no load ubelastet, tomgang.

nolt [nəult] storfe; naut.

nom. fk. f. **nominative.**

nomad [ˈnəuməd, ˈnɔmæd] nomade. **nomadic** [nɔˈmædik] nomadisk. **nomadize** [ˈnɔmədaiz] leve som nomade, flytte omkring.

no man's land ingenmannsland.

nom de guerre [nɔmdəˈgɛə] pseudonym, dekknavn.

nom de plume [nɔmdəˈplu:m] pseudonym, forfatternavn.

nomenclature [nəuˈmenklətʃə] terminologi, nomenklatur.

nominal [ˈnɔminəl] substantivisk; nominell, bare av navn; pålydende; i navnet, navne-. **nominalism** [ˈnɔminəlizm] nominalisme (en filosofisk lære). **nominate** [ˈnɔmineit] nevne, kalle, utnevne, innstille, nominere.

nomination [nɔmiˈneiʃən] utnevning, benevnelse; innstilling, forslag; **be in – for** være oppstilt som kandidat for.

nominative [ˈnɔm(i)nətiv] nevneform, nominativ. **nominator** [ˈnɔmineitə] en som utnevner. **nominee** [nɔmiˈni:] innstilt, oppstilt, kandidat.

non [nɔn] ikke. **– -ability** [ˈnɔnəˈbiliti] uskikkethet. **– -absorbent** vannavstøtende. **– -acceptance** [ˈnɔnəkˈseptəns] manglende aksept (av veksel). **– -access** adgangsbegrensning, adgangssperre.

nonage [ˈnəunidʒ, ˈnɔnidʒ] umyndighet.

nonagenarian [nəunədʒiˈnɛəriən, nɔn-] nittiårsgammel; nittiåring.

non-aggression pact ikke-angrepspakt.

non|-appearance [ˈnɔnəˈpiərəns] uteblivelse. **– -attendance** fraværelse, fravær.

nonce [nɔns] anledning, høve; **for the –** i den anledning, for den(ne) ene gangen, midlertidig. **– -word** ord laget for anledningen.

nonchalance [ˈnɔnʃələns] nonchalanse, skjødesløshet. **nonchalant** [-lənt] skjødesløs, likesæl.

non-com fk. f. **non-commissioned officer.**

non-combatant [ˈnɔnˈkɔmbətənt] nonkombattant, ikke-stridende.

non-combustible ikke brennbar.

non-commissioned [ˈnɔnkəˈmiʃənd] **officer** ≈ underoffiser.

non|-committal [ˈnɔnkəˈmitl] ikke bindende. **– -committed** som ikke er bundet til et bestemt parti, alliansefri. **– -compliance** vegring. **– compos** ikke ved sine fulle fem. **– -condensing** [ˈnɔnkəndensiŋ] **engine** høytrykksmaskin. **– -conducting** som ikke leder (varme el. elektrisitet). **– -conductor** isolator, ikke-leder. **-conforming** avvikende, dissenter-. **-conformist** utgått av statskirken, dissenter, separatist. **-conformity** avvikelse, avvik, uoverensstemmelse med statskirken, separatisme. **– -content** [ˈnɔnkənˈtent] nei, stemme imot forslaget (i overhuset). **– -controversial** nøytral, ikke kontroversiell. **– -corrosive** rustfri, syrefast.

nondescript [ˈnɔndiskript] ny, ubestemmelig, ugrei, underlig, rar; allehånde; noe ubestemmelig; altmuligmann.

non-disclosure [ˈnɔndisˈkləuʒə] fortielse.

none [nəun] (srl. i pl.) nonsmesse, nona.

none [nʌn] ingen, intet (i forbindelse med **of** eller etter nylig nevnt substantiv); (slett) ikke (foran **the,** fulgt av komparativ, og foran **too);** **he is – of our company** han hører ikke til oss; **I will hear – of it** jeg vil ikke høre snakk om det; **here are – but friends** her er bare venner; **it is – of your business** det kommer ikke deg ved; **I am – the wiser for it** jeg er ikke det plukk klokere; – **the less** ikke desto mindre; – **too soon** ikke et minutt for tidlig. – **too well** mindre godt; – **but** bare, ingen andre enn.

non-electric [ˈnɔniˈlektrik] uelektrisk (legeme).

nonentity [nɔnˈentiti] ikke-tilværelse; intet, ingenting, null, intetsigende person.

non-essential [ˈnɔniˈsenʃəl] uvesentlig (ting).

nonesuch [ˈnʌnsʌtʃ] enestående, makeløs.

non|-execution misligholdelse. **– -existence** ikke-eksistens. **– -existing** som ikke eksisterer. **– -fiction** ≈ faglitteratur. **– -flammable** flammesikker. **– -fulfilment** misligholdelse. **– -interference** ikke-innblanding. **– -intervention** ikke-intervensjon. **– -intoxicant** alkoholfri. **– -iron** strykefri. **– -juring** som ikke har svoret troskap (nml. til William og Mary), jakobittisk. **– -juror** [nɔnˈdʒu:rə] jakobitt. **-member** ikke-medlem.

nonpareil [ˈnɔnpərel] uforlignelig, makeløs, uten like; uforlignelighet; nonpareille (slags epler); mindre skrifttype (typografi).

non|-parishioner en som ikke bor i sognet. **– -payment** uteblivelse med betaling. **– -performance** forsømmelse, misligholdelse.

nonplus [ˈnɔnˈplʌs] rådvillhet, forlegenhet, knipe; forbløffe; gjøre opprådd; **he was -sed** han var helt paff.

nonprofit uten fortjeneste.

non-proliferation ikke-spredning.

non|-residence fraværelse fra det sted hvor man burde oppholde seg, fra embetskrets, eiendom; det å bo og arbeide på forskjellige steder. **– -resident** fraværende, ≈ utenbysboende. **– -resistance** ikke-motstand; blind lydighet. **– -resisting** som ikke gjør motstand, som viser blind lydighet.

nonsense [ˈnɔnsəns] vas, vås, tøv, tøys, nonsens; narrestreker. **I shall stand none of your –** jeg vil ikke høre på det vrøvlet ditt. **nonsensical** [nɔnˈsensikl] meningsløs, tåpelig.

non|-sensitive ufølsom. **– -sexual** kjønnsløs. **– -skid** sklisikker (f.eks. bildekk). **– -smoker** ikke-røyker. **– -society** som ikke hører til noen fagforening. **– sparing** ubarmhjertig. **– stop** uten opphold; direkte; uten mellomlanding. **– -success** manglende hell; fiasko.

nonsuch [ˈnʌnsʌtʃ] se **nonesuch.**

non-suit [ˈnɔnˈs(j)u:t] avvisning av en prosess; avvise.

non-U fk. f. **non-Upper Class** det som ikke passer innen en overklasse.

non-user [ˈnɔnju:zə] ikke-bruker; (jur.) ikkebenyttelse, vanhevd, forsømmelse.

non-violence ikke-vold.
non-volatile tungtflyktig.
noodle [ˈnu:dl] tosk, naut, kjøtthue; knoll, hue.
noodles [ˈnu:dlz] nudler.
nook [nuk] krok, hjørne; avkrok.
noon [nu:n] non; middag; blomstring, blomstringstid; hvile middag. **-day** middag; middagshøyde, høyeste. **-tide** middagstid.
noose [nu:s] løkke, strikke, rennesnare; fange med snare, lage til rennesnare; fange.
no-par value (merk.) uten pålydende verdi.
nor [nɔ:] (etter nekting, især **neither)** eller; (i andre tilfelle) heller ikke, og heller ikke. og ... ikke; (vulgært) enn **(than); neither gold – silver** verken gull eller sølv; **she has no money, – has he** hun har ikke penger, og det har ikke han heller; **I thought of him, – did I forget you** jeg tenkte på ham, og jeg glemte ikke deg heller.
Nordic [ˈnɔ:dik] nordisk.
Norfolk [ˈnɔ:fək]. **– jacket** sportsjakke med belte.
norm [nɔ:m] norm, mønster, rettesnor.
normal [ˈnɔ:məl] normal, regelmessig, naturlig; vinkelrett, loddrett; **– school** lærerskole, seminar. **normality** [-ˈmæ-] normalitet, normale forhold. **normalization** [nɔ:məlaiˈzeiʃən] normering. **normalize** [ˈnɔməlaiz] normere, normalisere.
Norman [ˈnɔ:mən] normannisk, normanner; **– architecture** normannisk bygningsstil (rundbuestil). **Normandy** [ˈnɔ:məndi] Normandie.
Norn [nɔ:n] norne.
Norse [nɔ:s] gammelnorsk, norrøn; norsk; **-man** nordbo, nordmann.
north [nɔ:θ] nord; nord-, nordlig; **the wind is at** (el. **in) the –** vinden er nordlig; **in the – of England** i det nordlige England; **to the –** mot nord; **– by east** nord til øst.
Northampton [nɔˈθæmtən].
Northants. fk. f. **Northamptonshire.**
North Atlantic Treaty Organization Atlanterhavspakten, A-pakten, NATO.
northbound nordgående.
North Britain Skottland.
Northcliffe [ˈnɔ:θklif].
northcock [ˈnɔ:θˈkɔk] snøspurv.
the North Country [ˈnɔ:θkʌntri] Nord-England; nordengelsk.
northeast [ˈnɔ:θˈi:st] nordøst; nordøst-, nordost, nordøstlig. **-erly** [-əli] nordøstlig, nordøst-.
northerly [ˈnɔ:ðəli] nordlig, mot nord.
northern [ˈnɔ:ðən] nordisk, nordlig. **– hemisphere** nordlige halvkule. **– lights** nordlys. **the -most point** det nordligste punkt.
northener [ˈnɔðənə] nordbo, nordlending; beboer i Nordstatene.
Northman [ˈnɔ:θmən] nordbo; nordmann.
northmost [ˈnɔ:θməust] nordligst.
north-north-east [ˈnɔ:θnɔ:θˈi:st] nord-nordost, nord-nordøst **(of** for).
north-north-west [ˈnɔ:θnɔ:θˈwest] nord-nordvest **(of** for).
north-polar [ˈnɔ:θˈpəulə] nordpols-, arktisk. **north pole** nordpol.
the North Sea [ˈnɔ:θˈsi:] Nordsjøen.
the North Star [ˈnɔ:θˈstɑ:] Nordstjernen.
Northumberland [nɔ:ˈθʌmbələnd]. **Northumbrian** [nɔ:ˈθʌmbriən] northumbrisk.
northward(s) [ˈnɔ:θwəd(z)] mot nord, nordetter.
northwest [nɔ:θˈwest, nɔ:ˈwest] nordvest. **the N. Passage** Nordvestpassasjen.
northwind [ˈnɔ:θwind] nordavind.
Norton [ˈnɔ:tn].
Norway [ˈnɔ:wei] Norge. **Norwegian** [nɔ:ˈwi:dʒən] norsk; nordmann; norsk (språket). **-ize** [nɔˈwi:-dʒənaiz] fornorske. **– pony** fjording (hest). **the – Sea** Nordsjøen.
nor'wester nordvestvind; dram, hivert; sydvest (regnluen).
Norwich [ˈnɔridʒ].
Nos. nos. [ˈnʌmbəz] fk. f. **numbers.**
nose [nəuz] nese, snute; luktesans; lukt; spion, angiver; **bleeding at the –** neseblod; **bridge of the –** neserygg; **blow one's –** pusse nesen; **lead by the –** lede etter sin egen vilje, ha i lommen, vikle om fingeren; **put a person's – out of joint** utkonkurrere en; **speak through the –** snøvle, snakke i nesen; **pay through the –** betale i dyre dommer; **bite off his –** (fig.) avbryte ham (bryskt); **count -s** telle ja-stemmer.
nose [nəuz] lukte, være, få teften av; snuse; angi (for politiet); **– out** snuse opp; snøvle fram.
nose | bag [ˈnəuzbæg] mulepose, fôrpose. **-band** [ˈnəuzbænd] nesereim (på hestegrime). **– cone** [ˈnəuz kəun] forpart, nese, rakettspiss.
nosed [nəuzd] -neset.
nose dive [ˈnəuzdaiv] det at flyet dukker ned, stup.
nosegay [ˈnəuzgei] bukett.
noseless [ˈnəuzlis] neseløs.
noser [ˈnəuzə] sterk motvind; nesestyver.
nose | pipe [ˈnəuzpaip] dyse. **– rag** [ˈnəuzræg] (i slang) snytefille. **– ring** [ˈnəuzriŋ] nesering. **– warmer** nesevarmer (en kort pipe).
no show uteblivelse, manglende frammøte.
nosing [ˈnəuziŋ] tilspisset framspring (i arkitektur); trappebeslag.
nostalgia [nɔ:ˈstældʒiə] sykelig hjemlengsel; sentimental lengsel.
nostril [ˈnɔstril] nesebor.
nostrum [ˈnɔstrəm] arkanum, vidundermedisin.
nosy [ˈnəuzi] storneset; nysgjerrig, nærgående; duftende. **N. Parker** nysgjerrigper. **– -parkering** snusing.
not [nɔt] ikke; **– yet** ennå ikke; **– at all** aldeles ikke, på ingen måte; **I could – but** jeg kunne ikke annet enn; **– in the least** ikke det minste; aldri det grann; **– that** ikke fordi; **he had better –** det burde han helst la være; **I think –** jeg mener nei.
nota bene [ˈnəutəˈbi:ni] nota bene, vel å merke.
notability [nəutəˈbiliti] merkelighet, notabilitet. **notable** [ˈnəutəbl] merkelig, bemerkelsesverdig, merkbar; tydelig; bekjent, kjent, vidtgjeten; notabilitet, størrelse. **notably** [ˈnəutəbli] særlig, især.
notarial [nəˈtɛəriəl] notarial, utferdiget av en notarius. **notary** [ˈnəutəri] notarius. **– public** [ˈpʌblik] notarius publicus.
notation [nəˈteiʃən] betegnelse, notering, tegnsystem, opptegnelse; **the decimal –** desimalsystemet.
notch [nɔtʃ] innsnitt, skåre, hakk; skår; skar, gjøre innsnitt, karve, skjæreskår i; lafte.
notching [ˈnɔtʃiŋ] innsnitt, hakk, skår; lafting.
note [nəut] tegn, merke; særdrag; tonetegn, note, tone; notis, opptegnelse; billett, lite brev; seddel, bevis; banknote, pengeseddel; regning; anseelse, betydning, viktighet; merke, bemerke, legge merke til, ta notis av, merke seg, skrive opp; forsyne med merknader; **he changed his –** han talte i en annen tone; **compare -s** utveksle

erfaringer; **make -s** notere (seg), ta notater; **a man of –** en ansett mann; **speak without -s** tale uten forberedelse, uten manus; **– of conjunction** bindetegn; **– of exclamation** utropstegn; **– of interrogation** spørsmålstegn; **as per –** ifølge nota; **cause a bill (of exchange) to be -d** la en veksel protestere; **– book** notisbok. **– case** seddelbok, lommebok.
noted [ˈnəutid] bekjent.
noteless [ˈnəutlis] ubekjent, ubemerket. **notepaper** [ˈnəutpeipə] brevpapir i lite format. **noteworthy** [ˈnəutwəːði] verd å legge merke til.
nothing [ˈnʌθiŋ] intet, ikke noe, ingenting; ubetydelighet; null; **a mere –** en ren bagetell; **for –** gratis; **next to –** nesten ingenting; **– but** ikke noe annet enn, bare; **– doing** (i slang) det blir det ikke noe av, neitakk, den gikk ikke; **that's – to me** det kommer ikke meg ved, det raker ikke meg; **he is – to us** han er oss likegyldig; **there's – in it** det har ikke noe for seg; **come to –** ikke bli noe av; **make – of** ikke bry seg om, ikke gjøre noe av; **I can make – of it** jeg kan ikke bli klok på det; **– like** ikke tilnærmelsesvis; **– loath** ikke uvillig; **– short of** intet mindre enn; **think – of** ikke ta seg nær av; regne for uvesentlig.
nothingness [ˈnʌθiŋnis] intethet, tomhet, betydningsløshet; småting.
no-thoroughfare [ˈnəuˈθʌrəfɛə] blindvei, blindgate.
notice [ˈnəutis] iakttagelse,bemerkning; underretning, varsel, oppslag, melding, bekjentgjørelse, kunngjøring, notis; oppsigelse; oppmerksomhet, høflighet; **bring into –** henlede oppmerksomheten på; **come into –** vekke oppmerksomhet; **pay – to** være oppmerksom på, bry seg om; **the child takes –** barnet begynner å kunne skjønne; **this is to give – that** hermed bekjentgjøres; **at six months' –** med seks måneders oppsigelse; **give a person –** å si en opp; **until further –** inntil nærmere ordre, inntil videre; **without –** uten oppsigelse; **attract –** vekke oppmerksomhet; **he took no – of us** han tok ingen notis av oss, vørte oss ikke.
notice [ˈnəutis] bemerke, vøre, legge merke til, merke seg; skjønne; ta hensyn til.
noticeable [ˈnəutisəbl] verd å legge merke til, bemerkelsesverdig, merkelig.
notice board oppslagstavle.
notifiable [ˈnəutifaiəbl] meldepliktig.
notification [neutifiˈkeiʃən] kunngjøring, underretning, melding, bekjentgjørelse, varsel. **notify** [ˈnəutifai] bekjentgjøre, kunngjøre, varsle (om); berette.
notion [ˈnəuʃən] begrep, forestilling, tanke; nykke, innfall, idé, lune; (US) småting, srl. i pl.: kortevarer, småartikler; **he hasn't a – of doing it** det faller ham ikke inn å gjøre det; **form a true – of** danne seg en riktig forestilling om; **I had no – of it** jeg hadde ikke noen anelse om det; **I've got a –** jeg har en idé; **the horse has -s** hesten har nykker; **put -s into her head** sette griller i hodet på henne. **-al** [ˈnəuʃənəl] tenkt, innbilt, spekulativ, imaginær, abstrakt; fantastisk, lunefull. **-ist** [ˈnəuʃənist] fantast.
notions department kortevareavdeling.
notoriety [nəutəˈraiəti] vitterlighet; berømmelse, navnkundighet; beryktethet; berømt personlighet.
notorious [nəˈtɔːriəs] alminnelig bekjent, åpenbar, vidgjeten, vitterlig, notorisk; beryktet; **become –** komme på folkemunne; **a – case** en celeber sak. **notoriously** [-ˈtɔː-] åpenbart, notorisk, opplagt. **notoriousness** [-nis] vitterlighet; beryktethet.
Nottingham [ˈnɔtiŋəm].
Notts. fk. f. **Nottinghamshire.**
notwithstanding [nɔtwiðˈstændiŋ] uansett, trass i, til tross for; dessuaktet, ikke desto mindre; uaktet, enskjønt.
nougat [ˈnuːgɑː] nougat.
nought [nɔːt] intet; ingenting, null (tallet 0 leses oftest slik; jfr. **naught); set at –** ringeakte, slå bort. **noughts and crosses** tripp, trapp tresko (spillet).
noun [naun] substantiv, nomen, navnord. **– clause** substantivist bisetning, at-setning.
nourish [ˈnʌriʃ] nære, gi næring, føde, styrke, ernære, underholde; ale opp, ale fram, fostre; **– a hope** nære håp om. **nourishable** [ˈnʌriʃəbl] som kan næres. **nourisher** [ˈnʌriʃə] ernærer; næringsmiddel. **nourishing** nærende. **nourishment** [ˈnʌriʃmənt] næring.
nous [naus] (sunn) fornuft, vett, omløp.
Nov. fk. f. **November.**
Nova Scotia [ˈnəuvəˈskəuʃə].
novel [ˈnɔv(ə)l] ny, ualminnelig, uvanlig, hittil ukjent; roman; **a – departure** noe ganske nytt.
novelese [nɔvəˈliːz] romanstil.
novelette [nɔvəˈlet] novellette, liten fortelling.
novelist [ˈnɔv(ə)list] romanforfatter.
novelty [ˈnɔv(ə)lti] nyhet; **have the charm of –** ha nyhetens interesse. **– fabrics** motestoffer. **– value** nyhetsverdi.
November [nəuˈvembə].
novice [ˈnɔvis] novise; nybegynner; uøvd. **noviciate, novitiate** [nəˈviʃiit] prøvetid.
now [nau] nå; **– and again** nå og da, i ny og ne; **before –** tidligere, før; **but –** nettopp nå; **he will be here just –** han er her straks; **now ... now** snart ..., snart; **– that** nå da; **– then!** nå da! nå! se så!
nowadays [ˈnauədeiz] nåtildags, nå for tiden.
noway(s) [ˈnəuwei(z)] på ingen måte, slett ikke, ikke tale om.
nowhence [ˈnəuhwens] ingenstedsfra. **nowhere** [ˈnəuwɛə] ingensteds; **be –** (i en konkurransesituasjon) falle helt igjennom, komme til kort; **that will get you –** det (der) er nytteløst. **nowhither** [ˈnəuhwiðə] ingenstedshen. **nowise** [ˈnəuwaiz] på ingen måte,slett ikke.
noxious [ˈnɔkʃəs] skadelig, usunn.
nozzle [ˈnɔzl] tut, trut; nese, spiss, munnstykke, dyse, forstøver.
N. P. fk. f. **Notary Public.**
n. p. fk. f. **new paragraph.**
n. p. or d. fk. f. **no place or date.**
N. R. A. fk. f. **National Rifle Association.**
N. S. fk. f. **Nova Scotia. N/S** fk. f. **nuclear propelled ship.**
n. s. fk. f. **not sufficient.**
N. S. A. fk. f. **National Skating Association.**
N. S. P. C. A. (C.) fk. f. **National Society for Prevention of Cruelty to Animals (Children).**
N. S. W. fk. f. **New South Wales.**
N. T. fk. f. **New Testament.**
-n't [-nt] fk. f. **not** (især etter hjelpeverber).
nt. wt. fk. f. **net weight.**
nuance [njuːˈɑ̃ns, njuˈɑ̃ːns] nyanse.

nub [nʌb] klump, stykke; knute; poeng (i en fortelling); sigarettstump.
nubbly [ˈnʌbli] knutet, klumpet; i småklumper.
nubile [ˈnju:bil] gifteferdig, i gifteferdig alder.
nuciferous [njuˈsifərəs] som bærer nøtter. **nuciform** [ˈnju:sifɔ:m] nøtteformet.
nuclear [ˈnju:kliə] som hører til kjernen, kjerne-, nukleær. **– energy** atomenergi. **– fission** kjernedeling; kjernespalting. **– physics** kjernefysikk. **– -powered** atomdrevet. **– power station** atomkraftverk. **– test ban treaty** kjernefysisk prøvestansavtale.
nucleus [ˈnju:kliəs] kjerne; grunnstamme; **– of a screw** skruespindel.
nudation [njuˈdeiʃən] blottelse.
nude [nju:d] naken, blottet; ikke lovformelig, ugyldig; akt(i kunst); **in the –** naken. **nudeness** [-nis] nakenhet.
nudge [nʌdʒ] skubbe, dulte (med albuen); puff.
nudification [nju:difiˈkeiʃən] blottelse.
nudism [ˈnju:dizm] nudisme, nakenkultur. **nudist** [ˈnju:dist] nudist.
nudity [ˈnju:diti] nakenhet.
nugacity [njuˈgæsiti] intetsigenhet, betydningsløshet; bagatell, ubetydelighet. **nugatory** [ˈnju:gətəri] betydningsløs, gagnløs.
nugget [ˈnʌgit] klump, gullklump.
nuisance [ˈnju:səns] uvesen, uting, onde, plagsom person, besværlighet, plage, ulempe, ubehagelighet; **that's a –** det er kjedelig; **don't be a –** ikke plag meg da; **a public –** en landeplage, pestilens; **commit no –** urenslighet forbudt; **inspector of -s** sunnhetsinspektør; **necessary -s** nødvendige onder.
null [nʌl] null; ugyldig, intetsigende; **– and void** (jur.) ugyldig, død og maktesløs.
nullification [nʌlifiˈkeiʃən] opphevelse. **nullify** [ˈnʌlifai] oppheve, gjøre ugyldig, annullere.
nullity [ˈnʌliti] ugyldighet, intethet, null; **– suit** søknad om å få et ekteskap erklært ugyldig.
numb [nʌm] forfrossen, valen, nummen, stiv; gjøre stiv, følelsesløs; **-ed** stivfrossen.
number [ˈnʌmbə] tall, nummer, antall, mengde, numerisk styrke; versemål; telle, nummerere; **a back –** et gammelt nummer (av f.eks. en avis), noe som er gammeldags; **plural –** flertall; **even –** like tall; **odd –** ulike tall, oddetall; **take care of – one** sørge godt for seg selv; **out of, without –** utallig, talløs; **opposite –** person i tilsvarende stilling annetsteds; **-s of times** atter og atter; **double the –** det dobbelte antall; **come in -s** utkomme heftevis; **-s** rytmer; **he is -ed among** han regnes blant.
numberless [ˈnʌmbəlis] utallig, talløs.
Numbers [ˈnʌmbəz] Numeri, fjerde mosebok.
numerable [ˈnju:mərəbl] som kan telles.
numeral [ˈnju:mərəl] som angår, består av tall, tall-; tallord, talltegn, tall. **numerary** [ˈnju:mərəri] som angår et visst nummer. **numerate** [ˈnju:məreit] nummerere; telle, regne. **numeration** [nju:məˈreiʃən] telling; tall, antall; tallesning. **numerator** [ˈnju:məreitə] teller (også i brøk). **numeric(al)** [njuˈmerik(l)] numerisk, tall-, som hører til eller inneholder tall. **numerically** [-ˈme-] tallmessig, numerisk.
numerous [ˈnju:mərəs] tallrik, mannsterk, omfattende. **numerousness** [-nis] tallrikhet, mengde.
numismatic [nju:mizˈmætik] numismatisk, myntvitenskapelig; **-s** numismatikk, myntvitenskap.
nummary [ˈnʌməri] mynt-, penge-.
nummy [ˈnʌmi] dosmer.
numskull [ˈnʌmskʌl] treskalle, fe, dåsemikkel.
nun [nʌn] nonne; blåmeis.
non buoy spissbøye, spisstønne.
nuncupative [ˈnʌnkjupeitiv, nʌnkju:ˈpeitiv] muntlig.
nuncio [ˈnʌnʃiəu] nuntius, pavelig sendebud.
nundinal [ˈnʌndinəl] torg-, markeds-.
nunnery [ˈnʌnəri] nonnekloster. **nunnish** [ˈnʌniʃ] nonneaktig.
nuptial [ˈnʌpʃəl] brude-, bryllups-; **-s** bryllup; **– coloration** paringsdrakt. **nuptiality** [-ˈæl-] ekteskapsprosent.
Nuremberg [ˈnjuərəmbə:g] Nürnberg; **the – trials** Nürnbergprosessen(e).
nurse [nə:s] barnepleierske, sykepleir(ske), amme; våkekone; fostre; nære, amme opp, die, gi bryst; pleie, passe; nære, framelske; **assistant –** hjelpepleier; **male –** sykepleier; **trained** (eller **hospital) –** (hospitalsutdannet) sykepleierske; **wet –** amme; **be at –** være i pleie; **put to –** gi, sette i pleie; **– one's wrath** nære sin vrede. **– child** pleiebarn. **-maid** barnepike. **– pond** fiskedam for fiskyngel. **nurser** [ˈnə:sə] en som underholder (eller ernærer, pleier).
nursery [ˈnə:s(ə)ri] barneværelse; barneparkering; arnested, utklekningsanstalt, planteskole. **– garden** planteskole. **– governess** lærerinne for små barn. **– house** drivhus. **– jingle** barnerim. **-maid** barnepike. **-man** handelsgartner. **– rhyme** barnerim, barneregle. **– school** barnehage. **– tale** barneeventyr.
nurse's orderly (US) vaskehjelp, vaskekone.
nursing sykepleie, barnepleie; diegivende. **– bottle** tåteflaske. **– home** klinikk, pleiehjem.
nursling [ˈnə:sliŋ] pleiebarn, fosterbarn; (fig.) kjælebarn.
nurture [ˈnə:tʃə] næring; oppfostring, oppdragelse; nære, ernære; oppfostre, oppdra; opptukte; **nature passes –** naturen går over opptuktelsen.
nut [nʌt] nøtt; hasselnøtt; mutter, skrumor, møtrik; nøttekull; vanskelig problem; hode; skolt; moderne laps; (US) tulling, dumrian; vanskelig person; plukke nøtter; **be off one's –** være gal; **not for -s** ikke tale om; **-s to you!** ryk og reis! **a hard – to crack** en hard nøtt å knekke; **I have a – to crack with him** jeg har en høne å plukke med ham; **it is -s to him** det er vann på hans mølle; **be -s on a person** være sterkt forelsket i en, være helt på knærne etter.
N. U. T. fk. f. **National Union of Teachers.**
nut-brown [ˈnʌtbraun] nøttebrun.
nutcracker [ˈnʌtkrækə] nøtteknekker.
nutgall [ˈnʌtgɔ:l] galleple.
nuthatch [ˈnʌthætʃ] spettmeis.
nuthouse galehus.
nutlet liten nøtt.
nutmeg [ˈnʌtmeg] muskat, muskatnøtt.
nut oil [ˈnʌtɔil] valnøttolje, kinesisk treolje.
nutria [ˈnju:triə] beverrotte, sumpbever.
nutrient [ˈnju:triənt] nærende; næringsstoff. **nutriment** [ˈnju:trimənt] næring, ernæring. **nutrimental** [nju:triˈmentəl] nærende. **nutrition** [njuˈtriʃən] ernæring. **nutritional** [njuˈtriʃinəl] ernærings-, **nutritionist** [njuˈtriʃənist] ernæringsfysiolog. **nutritious** [njuˈtriʃəs] nærende. **nutritive** [ˈnju:tritiv] nærende; nærings-, ernærings-. **– value** næringsverdi.

nuts [nʌts] sprø, tullet; sludder! helt vill (dvs. forelsket).
nutshell [ˈnʌtʃel] nøtteskall; **in a –** sammentrengt, i få ord, kort sagt.
nutting [ˈnʌtiŋ] nøttesanking, nøtteplukking.
nut tree [ˈnʌttri:] nøttetre, hasselbusk.
nutty [ˈnʌti] rik på nøtter, med nøttesmak, nøtteaktig; idiotisk, gal; **be – on** være gæern etter, ha dilla med.
nut wood nøttetre.
N. U. W. S. S. fk. f. **National Union of Women's Suffrage Societies.**
nuzzle [ˈnʌzl] anbringe; ligge lunt; grave seg godt ned; snuse, rote i jorda; presse snuten (nesen) mot.
N. W. fk. f. **north-west.**
N. W. b. N. fk. f. **north-west by north.**
N. W. b. W. fk. f. **north-west by west.**
N. W. T. fk. f. **North-west Territories.**
N. Y. fk. f. **New York.**
N. Y. C. fk. f. **New York City.**
nylghau [ˈnilgɔ:] indisk antilope.
nylon [ˈnailən, ˈnailɔn] nylon; **-s** nylonstrømper.
nymph [nimf] nymfe, hulder, kjei; puppe. **nymphal** [ˈnimfəl] nymfe-. **nymphlike** [ˈnimflaik] nymfelett.
nymphomania [nimfəˈmeiniə] nymfomani, sykelig kjønnsdrift hos kvinner. **nymphomaniac** [-ˈmeinjæk] nymfoman; mannfolkgal.
N. Z. fk. f. **New Zealand.**

O, o [əu] O, o.
O [əu] null, 0.
O [əu] å! o! akk! **O the rich reward!** å, hvilken rik belønning!
O' [əu, o] forstavelse i irske navn: sønn av, -sen.
o' [ə] fk. f. **of** eller **on.**
O. fk. f. **Ohio; oxygen.**
o. a. fk. f. **on account of.**
oaf [əuf] bytting; tomsing, tosk, idiot, slamp. **oafish** [ˈəufiʃ] dum, nauten, stupid.
oak [əuk] eik, eiketre; ytterdør (for studentenes værelse i et kollegium); **heart of –** hel ved av eik; traust kar, fast karakter; kjernekar; **sport his –** stenge ytterdøra og frabe seg visitter. **– apple** galleple. **– bark** eikebark. **-en** [ˈəukən] av eiketre, eike-. **– gall** [ˈəukgɔ:l] galleple. **oakling** [ˈəukliŋ] ung eik.
Oaks [əuks] sted ved Epsom i Surrey; **the –** veddeløp ved Oaks.
oakum [ˈəukəm] drev (opplukket tauverk). **– picker** drevplukker(ske). **– -picking** drevplukking.
O.A.P.E.C. fk. f. **Organization of Arab Petroleum Exporting Countries.**
oar [ɔ:] åre; roer; robåt; **put in one's –, shove in an –** blande seg i andre folks saker; **rest upon one's -s** hvile seg på sine laurbær. **-age** åreslag, roing. **oared** [ɔ:d] -året, forsynt med årer. **oarlock** åregaffel. **oarsman** roer. **oarswoman** roerske.
O. A. S. fk. f. **on active service. OAS** fk. f. **Organization of American States.**
oases [əuˈeisi:z] pl. av **oasis** [əuˈeisis] oase.
oast [əust] kjone, badstue, tørkeovn.
oat [əut] havre. **-bread** havrebrød. **-cake** [ˈəutkeik] havrekjeks, havrelefse. **oaten** [əutn] havre-, av havre.
oath [əuθ] ed; banning; **take an –** avlegge ed; **on –, under –** under ed. **– breaking** edsbrudd.
oaths [əuðz] pl. av **oath.**
oatmeal [ˈəutmi:l] havremel; havregryn; havregrøt. **– porridge** havregrøt. **– towel** krepphåndkle.
oats [əuts] havre; **wild –** floghavre; **sow one's wild –** rase ut, renne horna av seg.
ob. fk. f. **obiit** døde.
obduracy [ˈɔbdjurəsi] hardhet, forstokkethet. **obdurate** [ˈɔbdjurit] hard, forherdet, forstokket; stiv, stri, strilyndt, umedgjørlig.
O. B. E. fk. f. **Officer of the (Order of the) British Empire.**
obeah [ˈəubiə] negertrolldom, svart magi.
obedience [əˈbi:djəns] lydighet (**to** mot). **obedient** [əˈbi:djənt] lydig (**to** mot).
obeisance [əˈbei(i)səns, -ˈbi:s-] reverens, bukk. **obeisant** ærbødig, servil.
obelisk [ˈɔbilisk] obelisk, støtte; kors.
Oberon [ˈəubərən].
obese [əˈbi:s] korpulent, svær, tykk, feit. **obesity** [əˈbi:siti] fettsyke, korpulense.
obey [əˈbei] adlyde, lyde, lystre; **I will be -ed** jeg forlanger lydighet. **– implicitly** lystre blindt.
obfuscate [ˈɔbfʌskeit] formørke, forvirre. **obfuscation** [ɔbfəsˈkeiʃən] formørkelse.
obiit [ˈɔbiit] død; **– 1970** død 1970.
obit [ˈəubit, ˈɔbit] begravelseshøytideligheter, minnegudstjeneste; nekrolog.
obitual [əˈbitjuəl]som angår død, døds-. **– days** dødsdager. **obituary** [əˈbitjuəri] nekrologisk; nekrolog, fortegnelse over dødsfall.
obj. fk. f. **object.**
object [ˈɔbʒikt, -ekt] objekt, gjenstand, hensikt, mål, øyemed, tanke; **salary no –** lønnsspørsmålet er underordnet; **money no –** prisen spiller ingen rolle; **the – of my wishes** mine ønskers mål.
object [əbˈdʒekt] innvende, gjøre motlegg (**that** at; **to** el. **against** imot); protestere, ha noe å innvende (**to** imot); **if you don't –** hvis du ikke har noe imot det; **I – to that** jeg misliker det, jeg motsetter meg det.
objection [əbˈdʒekʃən] innvending, innsigelse, motlegg; motmæle; **I have no – to your going** jeg har ikke noe imot at du går.

objectionable [əb'dʒekʃənəbl] ubehagelig, uheldig, upassende, anstøtelig, lei, forkastelig.
objective [əb'dʒektiv, ɔb-] objektiv; akkusativ; mål, formål, angrepsmål. **– case** akkusativ. **objectivity** [ɔbdʒik'tiviti] objektivitet. **objectless** ['ɔbdʒiktlis] hensiktsløs, fånyttig. **objector** [əb'dʒektə, ɔb-] innsiger, motsiger, motmann, opponent.
object lens (kamera)objektiv.
object lesson anskuelsesundervisning.
objurgation [ɔbdʒə:'geiʃən] skjenn, irettesetting, skrape, bebreidelse, straffetale.
oblate ['ɔbleit] person viet til munkeliv el. religiøst liv el. arbeid.
oblate ['ɔbleit, ɔ'bleit] flattrykt ved polene.
obligant ['ɔbligənt] forpliktet. **obligate** ['ɔbligeit] forplikte. **obligation** [ɔbli'geiʃən] forpliktelse, skyldnad. **obligatory** [ɔb'ligətəri] bindende, tvingende,tvungen, obligatorisk.
oblige [ə'blaidʒ] binde, nøde, tvinge, forplikte, forbinde, gjøre forbunden el. takkskyldig, tjene, gjøre en tjeneste; **I was -d to do it** jeg måtte gjøre det; **I am -d to you for it** jeg er Dem takknemlig for det; **an answer by return of post will – me** De bes vennligst svare meg omgående; **will any gentleman – a lady** er det en av herrene som vil overlate plassen sin til en dame; **– me by leaving the room** vær så vennlig å forlate værelset; **be -d to** være nødt til; **I am much -d to you** jeg er Dem meget takknemlig, jeg skylder Dem stor takk, mange takk. **obligedly** [ə'blaidʒidli] **yours** Deres forbundne (i brev).
obligee [ɔbli'dʒi:] fordringshaver.
obliging [ə'blaidʒiŋ] forbindtlig, forekommende, tjenstvillig. **obligingness** [-nis] imøtekommenhet, tjenstvillighet.
obligor [ɔbli'gɔ:] skyldner.
oblique [ə'bli:k] hellende; skrå, skakk, skjev; indirekte, forblommet; uredelig; bevege seg skjevt, skråne; **– angle** skjev vinkel; **– speech** indirekte tale; **in – terms** i forblommende uttrykk; **– angled** skjev-vinklet.
obliquity [ə'blikwiti] skjevhet; uredelighet.
obliterate [əb'litəreit] utslette, stryke ut, tilintetgjøre. **obliterating paint** dekkfarge. **obliteration** [əblitə'reiʃən] utsletting, tilintetgjøring. **obliterative** [əb'litərətiv] utslettende, tilintetgjørende.
oblivion [ə'blivjən] forglemmelse, glemsel; ettergivelse, amnesti; **fall (pass) into –** gå i glemme; gå i glemmeboka; **save from –** bevare for etterverdenen.
oblivious [ə'blivjəs] som får til å glemme; glemsom, glemsk. **obliviousness** [-nis] glemsomhet.
oblong ['ɔblɔŋ] avlang, langaktig; avlang figur; rektangel. **oblongish** [-iʃ] noe avlang.
obloquy ['ɔbləkwi] daddel, lastord, bebreidelse.
obnoxious [əb'nɔkʃəs] forkastelig, daddelverdig, forhatt, ubehagelig, anstøtelig, upopulær; **make oneself –** gjøre seg forhatt, vekke anstøt. **obnoxiousness** [-nis] straffskyldighet; forhatthet.
obnubilate [ɔb'nju:bileit] fordunkle.
oboe ['əubəu] obo. **oboist** ['əubəuist] oboist.
O'Brien [ə(u)'braiən].
obs. fk. f. **observation; obsolete.**
obscene [ɔb'si:n] obskøn, smussig, heslig, fæl, uanstendig, utuktig, svinsk. **obscenity** [ɔb'si:niti] smussighet, utuktighet, uanstendighet.
obscurant [ɔb'skjuərənt] opplysningsfiende, mørkemann. **obscurantism** [-izm] obskurantisme, lysskyhet. **obscuration** [ɔbskju'reiʃən] formørkelse.
obscure [ɔb'skjuə] mørk, dunkel, uklar, ugrei; skjult, ubemerket, ringe, ubekjent; fordunkle, formørke; **be of – origin** av ringeherkomst, av ukjent opprinnelse; **he lives an – life** han fører et tilbaketrukket liv; **in some – locality** på et eller annet ukjent sted.
obscurity [ɔb'skjuəriti] mørke, dunkelhet, dimme, uklarhet; ubemerkethet, utydelighet, uberømthet; **obscurities** ukjente personer.
obsecration [ɔbsi'kreiʃən] besvergelse, trygling, inntrengende bønn.
obsequial [ɔb'si:kwiəl] begravelses-; grav-. **obsequies** ['ɔbsikwiz] begravelse, likferd.
obsequious [ɔb'si:kwiəs] servil, underdanig, krypende. **obsequiousness** [-nis] underdanighet.
observable [əb'zə:vəbl], ɔb-] som kan (el. må) overholdes, merkbar, iakttagelig, bemerkelsesverdig; som kan observeres.
observance [əb'zə:vəns, ɔb-] oppmerksomhet, regel, praksis, skikk; **according to old –** etter gammel vedtekt.
observant [əb'zə:vənt, ɔb-] oppmerksom, iakttakende, omhyggelig, lydig, underdanig.
observation [ɔbzə'veiʃən] iakttakelse, bemerkning; observasjon; **keep a person under –** holde en under oppsikt. **observational** [ɔbzə'veiʃənəl] observasjons-. **observator** ['ɔbzəveitə] observator. **observatory** [əb'zə:vətəri, ɔb-] iakttakelses-; observatorium.
observe [əb'zə:v, ɔb-] iaktta, observere, måle, bemerke; høytideligholde, holde, overholde, følge; gjøre en bemerkning, si. **observer** [əb'zə:və, ɔb-] iakttaker, observatør, betrakter, en som overholder (en lov, skikk); observator. **observing** [əb'zə:viŋ, ɔb-] oppmerksom, våken.
obsess [ɔb'ses] besette, beleire; idelig plage. **obsession** [ɔb'seʃən] plage, tvangsforestilling, anfektelse, besettelse, fiks idé.
obsolescence [ɔbsə'lesns] foreldethet, det å gå av bruk, foreldelse. **obsolescent** [-snt] som holder på å gå av bruk, bli foreldet. **obsolete** ['ɔbsəli:t] gått av bruk, foreldet, gammeldags. **obsoleteness** [-nis] foreldethet.
obstacle ['ɔbstəkl] hindring; **put -s in the way** legge hindringer i veien. **– race** hinderløp.
obstetric(al) [ɔb'stetrik(l)] som hører til fødselsvitenskapen, obstetrisk-. **obstetrician** [ɔbsti'triʃən] fødselshjelper, fødselslege.
obstinacy ['ɔbstinəsi] gjenstridighet, egensindighet, hårdnakkethet, stridighet. **obstinate** ['ɔbstinit] hårdnakket, stri(lyndt), vrang, lei, egensindig, ubøyelig.
obstipation [ɔbsti'peiʃən] forstoppelse.
obstreperous [ɔb'strepərəs] bråkende, støyende, larmende; uregjerlig. **obstreperousness** [-nis] ståk, bråk, larm.
obstriction [ɔb'strikʃən] forpliktelse.
obstruct [ɔb'strʌkt] sperre, stenge, sjenere, forstoppe, stoppe til; hindre; forsinke, sinke. **obstruction** [ɔb'strʌkʃən] sperring, tilstopping, hindring, forsinkelse; obstruksjon, hindringspolitikk. **obstructionist** [-ist] en som driver obstruksjon; obstruksjonistisk. **obstructive** [ɔb'strʌktiv] sperrende, stoppende, hindrende, forsinkende. **obstruent** ['ɔbstruənt] forstoppende, hindrende.
obtain [əb'tein, ɔb-] erholde, få, oppnå, vinne, utvirke, skaffe, forskaffe, skaffe seg, skaffe til

veie; holde seg, bestå, gjelde, herske, være i bruk, ha framgang; **this rule -s in most cases** denne regel gjelder i de fleste tilfelle. **obtainable** [əbˈteinəbl, ɔb-] oppnåelig, erholdelig; som kan erholdes, fås, utvirkes. **obtainer** [əbˈteinə, ɔb-] en som oppnår. **obtainment** [-mənt] oppnåelse, erholdelse.

obtest [ɔbˈtest] påkalle som vitne, anrope, bønnfalle; protestere; forsikre. **obtestation** [ɔbtesˈteiʃən] påberopelse, forsikring, erklæring.

obtrude [əbˈtru:d, ɔb-] påtrenge, påtvinge, pånøde; trenge seg inn, være påtrengende. **obtruder** [əbˈtru:də, ɔb-] påtrengende person. **obtrusion** [əbˈtru:ʒən, ɔb-] påtrengenhet, påtvinging. **obtrusive** [əbˈtru:siv, ɔ-] påtrengende.

obtund [ɔbˈtʌnd] dulme, dempe, døyve.

obturate [ˈɔbtju(ə)reit] stoppe til, stoppe. **-ion** [ɔbtju(ə)ˈreiʃən] tilstopping. **-or** tetningsmiddel.

obtuse [ɔbˈtju:s] sløv, stump, dump. **obtuseness** [-nis] sløvhet, avstumpethet. **obtusion** [ɔbˈtju:ʒən] sløvelse, avstumping, sløvhet.

obverse [ɔbˈvə:s] omvendt, som smalner mot grunnen (om bladform). **obverse** [ˈɔbvə:s] avers, forside av en mynt; motstykke; med forsiden opp; motsvarende. **obversion** [ɔbˈvə:ʃən] vending.

obvert [ɔbˈvə:t] vende fram.

obviate [ˈɔbvieit] møte; forebygge, avvende, rydde av veien, få bort. **obviation** [ɔbviˈeiʃən] forebygging, avvending, fjerning.

obvious [ˈɔbviəs] åpenbar, umiskjennelig, iøynefallende, tydelig, grei, innlysende, klar, opplagt, selvfølgelig, likefram, endefram. **obviousness** [-nis] tydelighet, evidens.

Oc. fk. f. **Ocean.**

O/C fk.f. **officer in charge** ansvarshavende.

ocarina [ɔkəˈri:nə] okarina, leirgjøk (instrument).

occasion [əˈkeiʒən, ɔ-] tilfelle, (gunstig) leilighet, anledning, høve, tilhøve, gang; begivenhet, festlig anledning; foranledning, (ytre) årsak, (ytre) grunn; trang, bruk, behov; foranledige, forårsake, gi anledning til, bevirke; **we met him on a former –** vi har truffet ham ved en tidligere anledning, før en gang; **if – offers** hvis leiligheten byr seg; **on that –** ved den leilighet, ved det høve, den gang; **profit by the –** benytte anledningen; **equal to the –** situasjonen voksen; **there is no – for you to speak English** De behøver ikke å snakke engelsk; **for this –** for tilfellet; **on some slight –** for en ubetydelig årsaks skyld.

occasional [əˈkeiʒənəl, ɔ-] leilighetsvis; tilfeldig; tilveiebrakt ved en viss leilighet, leilighets-, slenge-, slumpe-. **occasionally**[-i] leilighetsvis, av og til.

Occident [ˈɔksidənt], **the –** Vesten, Oksidenten. **occidental** [ɔksiˈdentəl] vestlig, vesterlandsk, vestlending. **occidentally** [-təli] i vest; etter solen.

occipital [ɔkˈsipitəl] bakhode-, nakke-.

occiput [ˈɔksipʌt] bakhode, nakke.

occlude [ɔˈklu:d] stenge, dytte, stenge inne el. ute; absorbere, suge i seg.

occlusion [ɔˈklu:ʒən] lukking, tillukking.

occult [ɔˈkʌlt] skjult, hemmelig, mystisk, magisk. **occultation** [ɔkəlˈteiʃən] formørkelse, fordølgelse; okkultasjon. **occulted** [ɔˈkʌltid] tildekket, gjemt. **occulting** okkulterende; **– light** blinklys, blinkfyr. **occultism** [ˈɔkʌltizm] okkultisme. **occultness** [-nis] skjulthet, hemmelighet.

occupancy [ˈɔkjupənsi] det å ta i besittelse; okkupasjon, tilegnelse; besittelse. **occupant** [-pənt] en som tar i besittelse, okkupant, besitter, innehaver, beboer.

occupation [ɔkjuˈpeiʃən] det å ta i besittelse, bemektigelse, inntakelse, okkupasjon; besittelse; stilling, sysselsetting, yrke, beskjeftigelse, arbeid. **– bridge** forbindelsesbru over en vei el. en jernbane. **occupational** [ɔkju(:)ˈpeiʃənl] yrkes-, faglig, beskjeftigelses-. **– disease** yrkessykdom. **– risk** yrkesrisiko. **– therapist** arbeidsterapeut, ergoterapeut. **occupied** opptatt, besatt, ikke ledig, bebodd, okkupert. **occupier** [ˈɔkjupaiə] besitter, innehaver. **occupy** [ˈɔkjupai] ta i besittelse, innta, okkupere, oppta, besette; besitte, sitte inne med; bebo; beskjeftige, sysselsette.

occur [əˈkə:] forekomme, bære til, hende, skje, inntreffe; komme itankene, falle inn, komme for en; **this never -red to me** det har aldri falt meg inn; **what has -red?** hva har hendt? **occurrence** [əˈkʌrəns] hendelse, hending, tilfelle, forekomst.

ocean [ˈəuʃən] osean, hav, verdenshav; uhyre utstrekning; **he has got -s of money** han har masser av penger. **– greyhound** hurtiggående oseandamper.

Oceania [əuʃiˈeinjə] Oceania. **oceanic** [əuʃiˈænik] osean-, hav-; stor som et osean.

ocean liner(stor) passasjerdamper.

ocelot [ˈəusilɔt] ozelot.

ochre [ˈəukə] oker, gult fargestoff.

o'clock [əˈklɔk] klokka; **at five –** klokka fem; **it is five –** klokka er fem; **what – is it?** hva er klokka?

Oct. fk. f. **October.**

octagon [ˈɔktəgən] åttekant. **octagonal** [ɔkˈtægənəl] åttekantet. **octant** [ˈɔktənt] oktant. **octave** [ˈɔkteiv] åtte; oktav. **octavo** [ɔkˈteivəu] oktav, bok i oktav. **octennial** [ɔkˈtenjəl] åtteårig, åtteårlig.

October [ɔkˈtəubə] oktober.

octogenarian [ɔktəudʒiˈnɛəriən] åttiårs, på åtti år; åttiåring.

octopod [ˈɔktəpɔd] åttearmet blekksprut. **octopus** [ˈɔktəpʌs] blekksprut (åttearmet); (oldtidens) polypp; mangearmet uhyre.

octoroon [ɔktəˈru:n] oktoron, avkom av hvit og kvartneger.

octosyllable [ɔktəˈsiləbl] ord med åtte stavelser.

octroi [ˈɔktrwɑ:] oktroa, aksise(betjent).

ocular [ˈɔkjulə] øye-, syns-; okulær; som avhenger av øyet, som man ser med sine egne øyne, øyensynlig; **– demonstration** synlig bevis, syn for saken; **– witness** øyenvitne; **– intercourse**øyenspråk. **oculiform** [ˈɔkjulifɔ:m] øyeformet. **oculist** [ˈɔkjulist] øyenlege.

odalisque [ˈəudəlisk] odalisk (haremskvinne).

odd [ɔd] ulike; umake, parløs; overskytende; ekstra, reserve; noen få; enkelt; sær; underlig, besynderlig, snurrig, rar; slem; **– number** ulike tall; **play at – or even** spille par eller odde (en gjetteleik); **eighty – years** noen og åtti år; **– jobs** tilfeldig arbeid; **ten pounds – money** 10 pund og derover; **there is some – money** der er enda noen penger til overs; **an – glove** en umake hanske; **an – volume** et enkelt bind av et verk; **how –** hvor besynderlig; **an – kind of man** en rar mann; **in an – sort of way** på en merkelig måte, tilfeldig. **-ball** (US) raring, pussig fyr. **-boy** reservegutt, visergutt.

Odd Fellow [ˈɔdfeləu] Odd Fellow, medlem av Odd Fellow Ordenen.

oddish [ˈɔdiʃ] underlig av seg, litt rar.

oddity [ˈɔditi] særhet, besynderlighet, raritet; raring, pussig fyr. **oddities** merkelige innfall.
odd-jobber løskar, altmuligmann.
odd-looking [ˈɔdlukiŋ] merkelig, rar, som ser underlig ut. **oddman** [ˈɔdmæn] reservemann, ekstramann; reserveroer; en som kan brukes til alt mulig på en gård e.l., altmuligmann; oppmann.
oddment [ˈɔdmənt] overskudd, rest, slump; ubetydelighet; især i pl.: rester.
odds [ɔdz] forskjell, skilnad, ulikhet, (tilstått) fordel, begunstigelse, største utsikt; uenighet, strid; ulike vilkår; fordel, overlegenhet, overmakt; sjansjer; **what's (where's) the –?** hvordan står vi? hvordan ligger det an? **it is no –** det betyr ikke noe; **it's no – of mine** meg kan det være det samme; **I'll lay you any –** jeg vedder hva som helst på at; **make – even** utlikne forskjellen; **at heavy –** mot stor overmakt, på ulike vilkår; **it is within the –** det er en mulighet for det; **the – are on his side** han har fordelen på sin side, han har de beste sjanser; **be at – with somebody** ligge i strid med en; **split the –** møtes på halvveien; **– and ends** stumper og stykker, småtterier, likt og ulikt. **– and sods** gud og hvermann,kreti og pleti.
ode [əud] ode.
odeum [ˈəudi(:)əm] konsertlokale.
odious [ˈəudiəs, ˈəudjəs] hatet, forhatt; odiøs, hatefull; avskylig, motbydelig. **odiousness** [-nis] forhatthet; avskylighet.
odium [ˈədjəm] hat, motvilje, uvilje, skam.
odontic [əuˈdɔntik] tann-.
odorator [ˈəudəreitə] dusj. **odoriferous** [əudəˈrifərəs] velluktende, duftende. **odorous** [ˈəudərəs] duftende. **odour** [ˈəudə] lukt, duft, vellukt, (fig.) snev, anstrøk. **odourless** [-lis] uten duft, luktfri.
Odysseus [əˈdisju:s] Odyssevs. **Odyssey** [ˈɔdisi] Odysséen.
O. E. fk. f. **Old English.**
O. E. D. fk. f.**Oxford English Dictionary.**
OEEC fk. f. **Organization for European Economic Cooperation.**
oestrum [ˈi:strəm], **oestrus** [ˈi:strəs] brunst, parringslyst.
o'er [əuə] fk. f. **over.**
of [ɔv, əv, ə] (preposisjon) av, fra, i; **the works – Shakespeare** Shakespeares verker (genitiv); **the children – your uncle and aunt** barna til din onkel og tante; **a boy – ten years** en gutt på 10 år; **– an afternoon** om ettermiddagen; en ettermiddag; **– late** i det siste; **– old** fra gammel tid; **– the name –** ved navn; **a wall – six feet high** en mur 6 fot høy; **be all – a tremble** skjelve over hele kroppen; **– necessity** nødvendigvis; **be – the party** høre til selskapet; **– all things** framfor alt; **all – them** alle; **the three – you** dere tre; **tall – one's age** høy etter alderen; **the Queen – England** dronningen av England; **the King – Norway** Norges konge; **the town – N.** byen N.; **a glass – water** et glass vann.
O. F. fk. f. **Old French.**
off [ɔ:f, ɔf] avlyse; **– it** pigge av, stikke av.
off [ɔ:f, ɔf] (adverbium el. adjektiv) bort, av sted, av gårde, vekk, borte, fri; ikke å forstå, ikke med på notene; (om hest) som går på høyre side av vogn el. plog; av; ut for, på høyden av; **– street** sidegate; **– and on, on and –** av og til, med avbrytelser, til forskjellige tider; **I must be –** jeg må avsted; **be –** være hevet, være forbi; sove; **he is completely –** han skjønner ikke noe, han er helt utenfor; **he was fast –** han sov fast; **be badly –** være ille ute; **be well –** være velstående; **a great way –** et langt stykke borte; **– one's guard** uoppmerksom; **finish him –** drepe ham, gi ham nådestøtet; **throw a person – his guard** avlede en persons oppmerksomhet; **the ship is – hire** befrakterne betaler ikke noen leie for skipet; **my watch is –** klokken min går galt; **he was not – the horse the whole day** han var ikke av hesten hele dagen; **–-stage** utenfor scenen, i kulissen; **day –** fridag; **a little parlour – his bedroom** en liten dagligstue ved siden av soveværelset hans; **I'm – smoking** jeg har sluttet å røyke.
offal [ˈɔfəl] avfall; åtsel; skrap, søppel.
off-and-on [ˈɔ(:)fən(d)ˈɔn] vankelmodig, vegelsinnet, vinglet; i ny og ne, nå og da.
off-beam [ˈɔfˈbi:m] avsporet, som er på villspor.
offbeat [ˈɔfˈbi:t] usedvanlig; ukonvensjonell.
offcast [ˈɔfˈkɑ:st] avlagt, kassert, makulert.
off-chance [ˈɔfˈtʃɑ:ns] svak mulighet, liten sjanse.
off-colour [ˈɔfˈkʌlə] nedfor, uopplagt, uvel; misfarget.
off day fridag; uheldig dag; dag hvor man ikke er på høyde med situasjonen.
off duty fri, tjenestefri, fritids-.
offence [əˈfens,ɔ-] fornærmelse, krenking, forbrytelse, forseelse; forargelse; vrede, sinne; **take – at** ta anstøt av; **no –** det var ikke ment som noen fornærmelse; **give –** vekke anstøt, fornærme.
offend [əˈfend, ɔ-] fornærme, krenke, støte, støte mot, fortørne; synde, feile; angripe; forse seg; støte an. **-ed** [-did] fornærmet, støtt (**at** over; **with** på). **-er** [əˈfendə, ɔ-] fornærmer, overtreder, synder; **-s will be prosecuted** overtredelse medfører straffansvar.
offensive [əˈfensiv] offensiv, angreps-; fornærmelig, anstøtelig, sårende; motbydelig, utålelig; skadelig, besværlig, lei; offensiv, angrep, angrepsstilling; **act on the –** gå angrepsvis fram, ta offensiven. **-ness** offensiv beskaffenhet; anstøtelighet; motbydelighet.
offer [ˈɔfə] by fram, tilby, gi, inngi, innlevere; oppstille, utsette, utlove; forsøke; tilby seg, fremby seg; ofre; tilbud, bud; forsøk; **this -s few advantages** dette byr bare på få fordeler; **this was the sacrifice -ed** dette var det offer som ble gitt; **if an occasion -s itself** hvis leilighet byr seg; **he -ed to strike me** han gjorde mine til å slå meg; **– resistance** yte motstand; **– of marriage** ekteskapstilbud; **wool on –** tilbud på ull, offerert ull; **-s and demand** tilbud og etterspørsel. **offerable** [ˈɔf(ə)rəbl] som kan tilbys. **offerer** [ˈɔfərə] en som tilbyr, tilbyder, tilbydende; ofrer, ofrende. **offering** [ˈɔfəriŋ] offer, gave; presentasjon, produkt. **offertory** [ˈɔfətəri] offersang, offertorium.
offgrade [ˈɔfˈgreid] sekunda, dårlig kvalitet.
off guard [ˈɔfˈgɑ:d] ubevoktet, uoppmerksom.
offhand [ˈɔfˈhænd] på stedet, på flekken, uten forberedelse, improvisert, rask, kjapp, snøgg, ikke gjennomtenkt; skjødesløs, nonchalant. **off-horse** borteste hesten.
office [ˈɔfis] bestilling, forretning, tjeneste, verv, embete, yrke, kall, gjerning, ombud, post; kontor, ekspedisjon; ministerium; gudstjeneste, ritual; **-s** kjøkken og ytre rom, uthus; **the Govern-**

ment in – den sittende regjering; **be in** (el. **hold an)** – bekle et embete, være minister; **resign** – gå av (som minister); **take** – overta en ministerpost; **Foreign O.** utenriksdepartementet; **in virtue of my** – i kraft av min stilling; **good** – vennetjeneste. **– -bearer** embetsmann. **– block** kontorbygning. – **boy** kontorbud, visegutt. – **clerk** kontorist. – **hack** kontorslave. – **head** kontorsjef. – **hours** kontortid.

officer [ˈɔfisə] betjent, bestillingsmann, funksjonær, tjenestemann, rettsbetjent, politikonstabel; tillitsmann, styremedlem; styrmann; offiser; forsyne med offiserer; kommandere, føre; **the regiment is well -ed** regimentet har dyktige offiserer; **chief –, first –** førstestyrmann, overstyrmann.

office seeker embetsansøker, embetsjeger.

official [əˈfiʃəl, ɔ-] som hører til et embete, embets-, offisiell; tjenestemann, bestillingsmann, embetsmann; offisial (biskops vikar i rettssaker). **officialese** [əfiʃəˈli:z] kansellistil, departementsspråk, departemental stil. **officialism** [əˈfiʃəlizm] byråkratisme. **officially** [əˈfiʃəli, ɔ-] på embets vegne, offisielt. **officiate** [ɔˈfiʃieit] fungere, utøve en bestilling, forrette, gjøre tjeneste; vikariere. **officina** [ɔfiˈsainə] verksted. **officinal** [ɔˈfisinəl] som has ferdig på et apotek; lægende. **officious** [əˈfiʃəs, ɔ-] tjenstaktig; geskjeftig, påtrengende. **officiousness** [-nis] tjenstaktighet; påtrengenhet.

offing [ˈɔ(:)fiŋ] rom sjø; **gain** (el. **get) an** – komme ut i rom sjø; **in the** – under oppseiling; **stand for the** – stå til sjøs.

offish [ˈɔ:fiʃ] fornem, stiv, kald.

off key [ˈɔfˈki:] falsk (om musikk).

off licence [ˈɔ(:)flaisens] skjenkerett.

off-line frakoplet, avstengt.

off-night [ˈɔfnait] friaften.

offprint [ˈɔfprint] særtrykk; særtrykke.

offsaddle [ˈɔfˈsædl] ta salen av.

off|scourings [ɔfˈskauəriŋz] avfall, utskudd. **-scum** skum, slagg, avfall, skrap, smuss. – **season** tid utenfor sesongen, lavsesong.

offset [ˈɔ(:)fset] boktrykk ved hjelp av avsmitting (overføring) fra gummiduk; rotskudd, renning, avlegger; forgrening; avsats, terrasse, pall; krok, kne (på rør); hjelpelinje; motkrav (fordring som går opp mot en annen sum); vederlag, motvekt. **offset** [ˈɔ(:)fset] balansere, oppveie, utligne; trykke i offset; forskjøvet; oppveid, kontrastert.

offshoot [ˈɔfʃu:t] utløper, sidegrein, avlegger.

offshore [ˈɔfʃɔ:] fra land; ikke langt fra land; utaskjærs; fralands-; utenlandsk, oversjøisk. – **boat** havgående båt. – **industry** havindustri, sjøindustri.

offside [ˈɔfsaid] høyre side (av hest el. kjøretøy); borteste side; offside (i fotball).

offspring [ˈɔfspriŋ] avkom, slekt, etterkommere.

off-stage [ˈɔfˈsteidʒ] bak scenen, i kulissene.

off-the-shelf fra lager, umiddelbart tilgjengelig.

O. F. S. fk. f. **Orange Free State.**

oft [ɔ(:)ft] ofte, titt.

often [ˈɔ(:)fn, ˈɔ(:)ften] ofte, titt; **as – as not** ikke så sjelden; **more – than not** som oftest. **ofteness** [-nis] hyppighet. **oftentimes** [-taimz] ofte, mangen gang.

ogee [ˈəudʒi:, əuˈdʒi:] karniss, listverk formet som en S; (ark): S-formet.

ogival [əuˈdʒaivəl] spissbueformet, gotisk; spiss (på spisskule). **ogive** [ˈəudʒaiv, əuˈdʒaiv] spissbue.

ogle [ˈəugl] skotte, gløtte, bruke øynene, gi øyekast, kokettere (med), kaste forelskede blikk på, betrakte, mønstre; øyekast, sideblikk; forelsket blikk. **ogler** [ˈəuglə] en som ser med forelskede blikk. **ogling** [ˈəugliŋ] ømme blikk, øyekast.

ogre [ˈəugə] troll, utyske, menneskeeter. **ogreish** [ˈəugəriʃ] menneskeetende, skrekkinnjagende, trollaktig. **ogress** [ˈəugris] gyger, trollkjerring.

Oh! [əu] o! å! akk!; **oh, me!** å jøye meg! **oh, no** nei selvfølgelig, neida; **–, yes** ja visst.

ohm [əum].

O. H. M. S. fk. f. **on His** (el. **Her) Majesty's Service.**

Ohio [əˈhaiəu].

oho [əuˈhəu] åhå!

oil [ɔil] olje; bomolje; petroleum; oljemaling, oljemaleri; smøre, olje, overstryke med olje; smigre; **mineral** – petroleum; **whale** – tran; **sweet** – olivenolje; **strike** – finne olje, bli plutselig rik; **-ed canvas** voksduk; **-ed paper** oljepapir.

oil | bag [ˈɔilbæg] oljekjertel, oljepose (på dyr). **– -bearing** oljeførende. – **boom** oljelense. – **box** smørekopp. **-cake** oljekake. – **can** oljekanne, smørekanne. – **cellar** smøregrav. **-cloth** [ˈɔilklɔθ] voksduk; oljetøy.

oil|colour [ˈɔilkʌlə] oljefarge. – **derrick** boretårn. – **drain** oljetapping. – **drum** oljefat.

oiler [ˈɔilə] oljehandler; smørekopp, oljekanne; tankskip. **-ery** [ˈɔiləri] oljehandel.

oil | field [ˈɔilfi:ld] oljefelt. – **fuel** brenselolje. – **gauge** oljemåler. – **hole** smørehull. – **level** oljenivå, oljestand. – **line** oljeledning. **-man** [ˈɔilmən] oljehandler; arbeider i oljefabrikk; smører. **-meal** [ˈɔilmi:l] oljekakemel. – **mill** oljefabrikk, oljeraffineri. – **nut** avlang valnøtt. – **paint** oljefarge; maling. – **painting** oljemaling; oljemaleri. – **passage** oljekanal. – **pan** bunnpanne, oljesump. **-paper** oljepapir, oljemaleri. – **-platform** oljeplattform. – **poppy** opiumsvalmue. – **pressure** oljetrykk. – **refinery** oljeraffineri, trankokeri. – **-rig** oljeplattform. **-skin** [ˈɔilskin] oljelerret; i pl. oljeklær, oljehyre. – **slick** oljeflekk (på vann). – **slip** brynestein.

oilstone [ˈɔilstəun] oljestein, fin slipestein.

oil | strike oljefunn. – **tanning** fettgarving. – **water** spillolje. – **well** [ˈɔilwel] oljekilde, oljebrønn.

oily [ˈɔili] oljet, oljeaktig, oljeglatt, slesk, sleip.

ointment [ˈɔintmənt] salve; **a fly in the** – et skår i gleden.

O. K. [ˈəuˈkei] fiks og ferdig, fin, alt i orden.

Okie [ˈəuki] omreisende gårdsarbeider uten fast bopel, løsarbeider (oppr. om person fra Oklahoma).

old [əuld] gammel; fiffig, dreven, klok; – **age** høy alder, alderdom. **– -age pensioner** pensjonist. – **bachelor** gammel ungkar; – **maid** gammel jomfru, peppermøy; – **song** gammel sang; lav pris; **for an – song** for en ubetydelighet, for en slikk og ingenting; **my – man** gamle venn, gammer'n; **of –, in times of –, in days of –** i gamle dager, fordum; **grow** – eldes.

old-age pension alderdomsunderstøttelse, alderstrygd, alderspensjon.

old-clothes man [ˈəuldˈkləuðzmən] en som handler med gamle klær, marsjandisehandler.

olden [ˈəuldn] fordums, gammel; eldes; elde.

older [ˈəuldə] eldre. **oldest** [ˈəuldist] eldst.
old-established [ˈəuldiˈstæbliʃt] gammel. hevdvunnen. **– -familiar** [ˈəuldfəˈmiljə] gammelkjent. **– -fangled** [ˈəuldˈfæŋld], **– -fashioned** [-ˈfæʃənd] gammeldags; en cocktail. **– -fogeyism** [-ˈfəugiizm] stokkonservatisme. **Old Glory** (US) stjernebanneret. **old hat** gammeldags, foreldet, avlegs, antikvert, forslitt. **oldish** [ˈəuldiʃ] gammelaktig, aldrende. **old-line** konservativ, hevdvunnen, gammel. **oldness** [ˈəuldnis] elde, alderdom. **Old Nick** Gamle-Erik, fanden. **old salt** sjøulk. **oldster** [ˈəuldstə] eldre, veteran.
old-time [ˈəuldtaim] gammeldags, gammel. **– -timer** veteran; gammeldags person. **– wives' tale** kjerringprek, eventyr. **– womanish** [ˈəuldˈwumәniʃ] kjerringaktig. **– -world** [ˈəuldwә:ld] fra gammel tid, gammel, gammeldags.
oleander [əuliˈændə] oleander, nerium.
oleiferous [əuliˈifərəs] oljeførende.
oleomargarine [ˈəuliəmɑ:dʒəˈri:n] margarin.
O level fk. f. **ordinary level.**
olfactory [ɔlˈfæktəri] luktesans, lukte-.
oligarch [ˈɔligɑ:k] oligark. **oligarchy** [ˈɔligɑ:ki] oligarki, fåmannsstyre.
olio [ˈəuliəu] lapskaus, ruskomsnusk, blanding.
olive [ˈɔliv] oliventre, oljetre, oliven; olivengrønn. **the Mount of Olives** Oljeberget. **– branch** olivengrein, oljegrein; fredssymbol; i pl. (til dels) barn. **– drab** olivenfarget, uniformsfarget. **– oil** olivenolje.
Olive [ˈɔliv].
olived [ˈɔlivd] prydet med oljetrær.
Oliver [ˈɔlivə]. **Olivia** [əˈlivjə].
ologies [ˈɔlədʒiz]: **the –** vitenskapene.
Olympia [əuˈlimpjə]. **Olympiad** [-piæd] olympiade. **Olympian** [-pjən] olympisk.
Olympic [əuˈlimpik] olympisk; **– games** olympiske leker. **Olympus** [-pəs] Olymp.
O. M. fk. f. **Order of Merit.**
ombre [ˈɔmbə] l'hombre.
ombudsman [ˈɔmbədzmən] ombudsmann.
omega [ˈəumigə] omega.
omelet [ˈɔmlit] omelett, eggekake; **savoury –** omelett med grønnsaker; **cannot make – without breaking eggs** ≈ hensikten helliger midlet.
omen [ˈəumen] omen, varsel; varsle (om).
ominous [ˈɔminəs] varslende, varsels-; illevarslende, illespående, uhellsvanger, nifs.
omissible [əˈmisibl] som kan unnlates, som kan utelates.
omission [əˈmiʃən] unnlatelse, utelatelse, forsømmelse; **sins of –** unnlatelsessynd.
omit [əˈmit] unnlate, forsømme; utelate, springe over, glemme; **– to lock the door** glemme å låse døren; **omittance** [əˈmitəns] unnlatelse.
omnibus [ˈɔmnibəs] omnibus, rutebil. **– clause** generalklausul. **– train** somletog.
omnifarious [ɔmniˈfɛəriəs] av alle slags, ymse.
omnipotence [ɔmˈnipətəns] allmakt.
omnipotent [ɔmˈnipətənt] allmektig.
omnipresence [ɔmniˈprezəns] allestedsnærværelse. **omnipresent** [-zənt] allestedsnærværende.
omniscience [ɔmˈniʃ(i)əns] allvitenhet. **omniscient** [-ʃ(i)ənt] allvitende.
omnium gatherum [ˈɔmniəmˈgæðərəm] sammensurium, broket blanding.
omnivorous [ɔmˈnivərəs] altetende.
omphalos [ˈɔmfəlɔs] navle; skjoldknapp; midtpunkt.
on [ɔn] på; om; ved; videre, framover, tett innpå; (om tid) straks etterpå, ved, på, om; **keen –** ivrig etter; **mad –** gal etter; **– the earth** på jorden; **– earth** i all verden; **– foot** til fots; **– hand** på hånden, på lager; **I lay – the red** jeg holder på rødt; **– her arrival** ved hennes ankomst; **– the first of April** den første april; **– Friday** sist fredag, om fredagen, på fredag; **– Friday next** på fredag; **– Friday last** sist fredag; **– this occasion** ved denne leilighet, ved dette høve; **– a sudden** plutselig, uventet, brått; **live – bread and cheese** leve av brød og ost; **– business** i forretninger; **act – principle** handle etter faste prinsipper; **– purpose** med forsett, med vilje; **he is sweet – her** han er forelsket i henne, svermer for henne; **– my word** på mitt ord; **– the whole** i det hele tatt, egentlig; **be – fire** være i brann; **discourse –** avhandling om; **I am –** la gå; **he is neither – nor off** han vet ikke hva han selv vil; **that really turns me –** det får meg i fyr og flamme, det hisser meg opp; **read –** lese videre; **get –** gjøre fremskritt; sette i gang; **lead –** gå i forveien; **and so –** og så videre; **on to** (også **onto)** (opp eller ned, over, ut, inn) på; **– and off** fra tid til annen, av og til; **– and –** i det uendelige; **– reaching the river** da han nådde elven.
O. N. fk. f. **Old Norse.**
onager [ˈɔnədʒə] villesel.
onanism [ˈəunənizm] onani.
once [wʌns] en gang; engang; en eneste gang; **at –** straks; på én gang (samtidig); **all at –** med ett, plutselig; **– upon a time** det var en gang; **– more** en gang til, enda en gang; **– again** en gang til; enda en gang; **– and again** gjentatte ganger; **for –** for en gangs skyld, unntagelsesvis; **this –** denne gang; **– for all** en gang for alle; **– or twice** et par ganger; **– he was roused no one could stop him** når han først var blitt tirret, kunne ingen stanse ham.
oncome [ˈɔnkʌm] nedbør, regn, snøfall, snøkave; begynnelse; tur; utbrudd.
oncoming som nærmer seg, møtende, kommende.
oncost [ˈɔnkɔ(:)st] utgift, ekstrautgift. **-s** generalkostnader.
on-dit [ɔŋˈdi:] rykte, forlydende.
one [wʌn] én, ett, eneste; en, noen, man; **– another** hverandre; **– and all** alle og enhver, alle som én; **you're – too many for me** du er meg overlegen; **– fine morning** en vakker dag; **a large dog and a little –** en stor hund og en liten; **little -s** de små, barn; **it is all – to me** det er ganske det samme for meg, det er meg likegyldig; **go – by –** gå en for en; **be at – with** være enig med; **make – of the party** være med; **like – o'clock** så det står etter; **I for –** jeg for mitt vedkommende.
O'Neal [əuˈni:l].
one-armed bandit en slags spilleautomat.
one-eyed [ˈwʌnˈaid] enøyd; (sl.) ubillig.
one-horse [ˈwʌnˈhɔ:s] enspenner; liten.
O'Neil(l) [əuˈni:l].
one-legged [ˈwʌnˈlegd] med ett bein; (fig.) halvhjertet.
one-line shop spesialforretning (som selger én type varer).
one-man [ˈwʌnˈmæn] enmanns-.
oneness [ˈwʌnnis] enhet; ensartethet.

oner [ˈwʌnə] enestående, ener; avgjørende slag; **a –** en kløpper, kjernekar, grepa kar.
onerous [ˈɔnərəs] byrdefull, besværlig, tung.
oneself [wʌnˈself] seg, seg selv, selv, en selv; **by –** alene; **of –** av seg selv; **to do right – is the great thing** det viktigste er at en selv gjør det som er rett.
one-sided [ˈwʌnsaidid] ensidig.
one-time forhenværende; tidligere.
one-track ensporet, ensrettet.
one-upmanship det å skulle være bedre enn noen annen.
one-way bottle engangsflaske.
one-way street gate med enveiskjøring.
onfall [ˈɔnfɔ:l] angrep, åtak.
ongoing [ˈɔngəuiŋ] fortsettelse, fremme.
onion [ˈʌnjən] løk, knoll, kuppel, hode.
on-licence skjenkerett.
on-line direktekoplet.
onlooker [ˈɔnlukə] tilskuer. **onlooking** som står og ser på.
only [ˈəunli] **1** adj.: eneste. **2** adv.: kun, blott, bare, alene; først, ikke før, ennå, ikke lenger siden enn. **3** konjunksjon; unntagen å, bare å. Eksempler: **1** adj.: **an – child** et eneste barn, enebarn; **the – instances** de eneste eksempler; **– bill** solaveksel. **2** adv.: **– you can guess** el. **you – can guess** bare du kan gjette; **you can – guess** du kan bare gjette (ikke gjøre annet); **I not – heard it, but saw it** jeg ikke bare hørte det, jeg så det; **if –** hvis bare, gid; **he came – yesterday** han kom først i går, så sent som i går. **3** konjunksjon: **he makes good resolutions, – that he never keeps them** han tar gode beslutninger; det er bare det at han aldri holder dem; **– too pleased** meget glad.
onomatopoeia [ɔnəmætəˈpi:jə] onomatopoietikon.
onomatopoeic [ɔnəmætəˈpi:ik] onomatopoietisk, lydmalende.
onrush [ˈɔnrʌʃ] fremstøt.
onset [ˈɔnset] angrep, anfall; begynnelse.
onslaught [ˈɔnslɔ:t] anfall, stormløp.
onto [ˈɔntu, -tə] på, opp på, bort på.
ontology [ɔnˈtɔlədʒi] ontologi, læren om tingenes vesen.
onus [ˈəunəs] byrde, plikt, ansvar, forpliktelse.
onward [ˈɔnwəd] fram, fremover, fremad; fremadgående, fremrykket. **onwards** [ˈɔnwəd(z)] fram, fremover, videre fram.
onyx [ˈɔniks, ˈəuniks] onyks.
oodles [u:dlz] haugevis, massevis.
oof [u:f] (sl.) penger, mynt, gryn.
ooze [u:z] sige; sive igjennom, flyte tregt, piple fram, tyte; dynn, gjørme, slam, mudder; garverlut; **the secret -d out** hemmeligheten sivet ut.
oozy [ˈu:zi] mudret, dyndet.
O. P. fk. f. **opposite prompt side.**
o. p. fk. f. **out of print; overproof.**
op. fk. f. **opus; operator.**
opacity [əˈpæsiti] ugjennomsiktlighet.
opal [ˈəupəl] opal. **opalesce** [əupəˈles] spille i regnbuefarger, opalisere. **opalescence** [əupəˈlesəns] fargespill. **opalescent** [-ənt] som spiller i regnbuefarger.
opaque [əˈpeik] ugjennomsiktig; treg, sløv. **– colour** dekkfarge.
ope [əup] åpne; åpen.
O.P.E.C. fk. f. **Organization of Petroleum Exporting Countries.**
open [ˈəupn] åpen, rom, grissen; utbredt, fri, udekt, ubeskyttet, utsatt; åpenbar, klar, åpenlys; offentlig; øyensynlig; fritt uttalt, åpenhjertig; ikke avgjort, åpenstående; **– question** et åpent spørsmål; **– verdict** jurys uttalelse at de ikke er kommet til et enig resultat; **keep – house** holde åpent hus, være gjestfri; **in the – air** i fri luft; **I am – to** jeg er tilbøyelig til; **in the –** ute, i det fri, under åpen himmel; noe som alle vet.
open [ˈəupn] åpne, lukke opp, vide ut, begynne, åpenbare, fortolke, forklare; åpnes, åpne seg, begynne; springe ut; **– a credit** åpne en kreditt; **the exchange -ed very flat** børsen åpnet megetflaut; **– on** vende ut til; **– out on** vende ut til; **– up** gjøre tilgjengelig.
open-air [ˈəupnˈɛə] ute-, frilufts-; **– games** friluftsleker; **– theatre** friluftsteater.
opencast [ˈəupnkɑ:st] dagbrudd.
opener [ˈəupnə] en som åpner, innleder.
open|-eyed [ˈəupnˈaid] med åpne øyne, vak, årvåken, årvak; **– -faced sandwich** smørbrød; **– -handed** rundhåndet, gavmild, raus; **– -hearted** åpenhjertig, åpen, grei.
opening [ˈəupniŋ] åpnings-, begynnelses-; første; premiere, innledning, begynnelse; åpning, glugge, hull; glenne; sjanse, lovende mulighet, god anledning, utvei, råd. **– hymn** inngangssalme.
open|-minded [əupənˈmaindid] fordomsfri. **– -mouthed** [ˈəupnˈmauðd] med åpen munn; flåtkjeftet. **-ness** [ˈəupnnis] åpenhet. **– -reel recorder** spolebåndopptaker. **– shop** arbeidsplass der både organiserte og ikke-organiserte er ansatt. **– work** gjennombrutt arbeid.
opera [ˈɔpərə] verker; opera. **– cloak** teaterkåpe, slags lett aftenkåpe. **– girl** ballettdanserinne. **– glasses** teaterkikkert. **– hat** chapeau claque, flosshatt. **– house** opera, operabygning.
operate [ˈɔpəreit] virke; operere; bevirke; drive, gjennomføre, utføre, sette i gang; betjene (en maskin); **– on him** operere ham; **– a typewriter** skrive på maskin.
operatic [ɔpəˈrætik] opera-.
operating drifts-, betjenings-; operasjons-. **– instructions** bruksanvisning.
operation [ɔpəˈreiʃən] virksomhet, operasjon, drift, gang; utførelse, virkning; fremgangsmåte; **the act comes into – this day** loven trer i kraft i dag; **watch his -s** holde øye med hva han foretar seg; **perform an –** utføre en operasjon; **undergo an –** underkaste seg en operasjon; la seg operere.
operative [ˈɔp(ə)rətiv] virkende, virksom, effektiv, virkningsfull, kraftig; praktisk, utøvende; operasjons-; arbeider, svenn; håndverker. **operator** [ˈɔpəreitə] virkende; virkemiddel; operatør; spekulant; telegrafist, telefonist.
operculum [əˈpə:kjuləm] lokk, gjellelokk.
operetta [ɔpəˈretə] operette, kort opera.
operose [ˈɔpərəus] besværlig, tung; travel, flittig.
Ophelia [əˈfi:ljə] Ofelia.
ophthalmia [ɔfˈθælmiə; ɔp-] øyenbetennelse.
ophthalmic [ɔfˈθælmik;ɔp-] øyen-. **ophthalmologist** [ɔfθælˈmɔlədʒist] øyenlege. **ophthalmology** [-ˈmɔlədʒi] oftalmologi. **ophthalmy** [ɔfˈθælmi; ɔp-] øyenbetennelse.
opiate [ˈəupiit] sovemiddel, opiumsholdig middel. **opiated** [ˈəupieitid] opiumholdig; bedøvet med opium.
opine [əˈpain] holde for, mene, formode.

opinion [ə'pinjən] mening, oppfatning; bedømmelse, skjønn, syn; god mening, anskuelse; rykte, godt navn, vørnad; **if I were to give my real –** hvis jeg skulle uttale min virkelige mening; **in my –** etter min mening; **give an –** gi et sakkyndig skjønn; si sin mening; **it is a matter of –** det er en skjønnssak; **public –** den offentlige mening; **received –** alminnelig antatt mening; **be of an –** være av den mening, mene; **I have no – of** nærer ikke høye tanker om.
opinionaire [əpinjə'nεə] meningsmåling; spørreskjema.
opinionated [ə'pinjəneitid] påståelig, stri. **opinioned** [ə'pinjənd] stivsinnet; innbilsk. **opinionist** [ə'pinjənist] stivsinnet menneske.
opinion poll meningsmåling.
opium ['əupjəm] opium. **– addict** opiumslave, en som er henfallen til opium. **– eater** opiumsspiser. **– fiend = addict. – master** opiumsvert. **– poppy** opiumsvalmue.
opossum [ə'pɔsəm] opossum, virginsk pungrotte; **play –** (eller **possum)** forstille seg, ligge død.
opp. fk. f. **opposed; opposite.**
oppidan ['ɔpidən] elev i Eton, som bor utenfor skolen, skolesøkende elev.
opponent [ə'pəunənt] motstander, motmann, motspiller.
opportune ['ɔpətju:n] betimelig, beleilig, høvelig, opportun. **opportunism** ['ɔpətju:nizm] opportunisme. **opportunist** ['ɔpətju:nist] opportunist.
opportunity [ɔpə'tju:niti] (gunstig) leilighet, el. høve; beleilig tid; **at the first –** ved første leilighet; **I have little – of speaking English** jeg har bare liten anledning til å snakke engelsk; **take** el. **seize the –** gripe leiligheten, nytte høvet; **miss** (el. **lose) the –** la leiligheten gå fra seg.
opposable [ə'pəuzəbl] motvirkende, som kan stilles imot, som kan anføres imot.
oppose [ə'pəuz, ɔ-] sette imot, stille imot; motstå, gjøre motstand mot, bekjempe, ta til motmæle; motsette seg, gjøre innvendinger, opponere; **several members -d the bill** flere medlemmer bekjempet lovforslaget. **opposed** [-d] motstilt, motsatt, stridende, fiendtlig.
opposer [ə'pəuzə, ɔ-] fiende, motstander, opponent. **opposing** [ə'pəuziŋ, ɔ-] motsatt, stridende.
opposite ['ɔpəzit] motsatt, som ligger bent overfor, på den motsatte side; overfor; motsetning; **on the – side of the river** på den andre siden av elven; **– angles** motstående vinkler.
opposition [ɔpə'ziʃen] motstand; det å stå bent overfor; strid, motstrid; motsetningsforhold, opposisjon; motparti, opposisjonsparti; motpart; motforslag; **start an – shop** åpen en konkurrerende forretning; **make –** gjøre motstand; drive opposisjon.
oppositionist [ɔpə'ziʃənist] opposisjonsmann.
oppress [ə'pres, ɔ-] trykke, trykke ned, tynge på, undertrykke, knuge, overvelde. **oppression** [ə'preʃən, ɔ-] trykk, undertrykkelse; fortrykthet, nedtrykthet, tyngsel, byrde.
oppressive [ə'presiv, ɔ-] trykkende, hard, tung; **the air is very –** luften er meget trykkende.
oppressor [ə'presə, ɔ-] undertrykker.
opprobrious [ə'prəubriəs] forsmedelig, vanærende; skammelig; æreløs, vanæret. **opprobrium** [ə'prəubriəm] vanære, skam, ukvemsord.
oppugn [ə'pju:n] bekjempe; angripe; reise tvil om, bestride.
opt [ɔpt] velge; **– for** velge.
optative ['ɔptətiv] optativ, ønske-, som uttrykker et ønske.
optic ['ɔptik] syns-, optisk, synsorgan, øye.
optimates [ɔpti'meiti:z] optimater, stormenn, aristokrati. **optime** ['ɔptimi] (ved Cambridge universitet) en som går i annen klasse **(senior –)** eller tredje klasse **(junior –)** mots. **wrangler. optimism** ['ɔptimizm] optimisme. **optimist** ['ɔptimist] optimist. **optimistic** [ɔpti'mistik] optimistisk. **optimize** ['ɔptimaiz] være optimist; dra størst mulig fordel av, utnytte optimalt; gjøre så god som mulig, optimalisere.
option ['ɔpʃən] valg, valgrett; ønske; kallsrett; opsjon; **it is at your – to do the one or the other** det står deg fritt å gjøre det ene eller andre; **if he had been allowed an –** hvis han hadde fått valget; **– to purchase** kjøpsrett, forkjøpsrett; **at –** etter eget valg. **optional** ['ɔpʃənəl] overlatt til ens valg; valgfri; frivillig.
opulence ['ɔpjuləns] velstand, rikdom. **opulent** [-lənt] velstående, rik; overdådig; yppig, frodig.
opus ['əupəs] opus, arbeid, verk.
opuscle [ə'pʌsl], **opuscule** [ə'pʌskjul], **opusculum** [-kjuləm] opuskel, mindre arbeid el. verk.
or [ɔ:, ə] eller; ellers; **white – black** hvit eller svart; **either white – black** enten hvit eller svart; **one – two** en à to; **two – three** to-tre; **hurry – you will be late** skynd deg, ellers kommer du for sent.
or [ɔ:] gull; gull-.
O. R. fk. f. **Orderly Room.**
oracle ['ɔrəkl, 'ɔrikl] orakel, orakelsvar; gi orakelsvar, tale i gåter. **oracular** [ə'rækjulə] orakelmessig, gåtefull.
oral ['ɔ:rəl] muntlig; muntlig eksamen; munn-.
orang [ə'ræŋ] orangutang.
Orange ['ɔrin(d)ʒ] Orania; **the House of –** huset Orania; **– River** Oranjeelven; **– Free State** Oranjefristaten.
orange ['ɔrin(d)ʒ] oransje, pomerans, appelsin, appelsintre; appelsinfarget, oransje.
orangeade ['ɔrindʒeid] appelsinsaft.
orange blossom ['ɔrindʒblɔsəm] oransjeblomst; oransjeblomster (som bruden pyntes med til bryllup liksom hos oss med myrt). **--coloured** oransjegul. **– lead** blymønje.
Orangeman ['ɔrindʒmən] orangist (medlem av en protestantisk gruppe i Irland).
orange man ['ɔrindʒmən] appelsinhandler.
orange peel ['ɔrindʒpi:l] appelsinskall.
orangery ['ɔrindʒəri] oransjeri.
oranges and lemons barnelek, ≈ bro, bro, brille.
orange stick oransjepinne, neglepinne.
orange tree ['ɔrindʒtri:] orangetre.
Orangist ['ɔrin(d)ʒist] se **Orangeman.**
orang-outan ['ɔ:rəŋ'u:tæn],**orang-utang** [-tæŋ] orangutang.
orate [ɔ'reit] holde tale(r), tale. **oration** [ə'reiʃen] tale (høytidelig). **orator** ['ɔrətə] taler. **oratorical** [ɔrə'tɔrikl] oratorisk, taler-. **oratorio** [ɔrə'tɔ:riəu] oratorium, slags bibelsk musikkdrama. **oratory** ['ɔrətəri] talekunst, veltalenhet, svada; bedekammer, bedehus.
orb [ɔ:b] klode, kule, runding, sfære; rikseple; krets, hjul, ring, sirkel; himmellegeme; øye; kretsløp, kretsbane, periode; omringe, omkranse, omgi; **the bright -s of heaven** de strålende himmellegemer. **orbed** [ɔ:bd] klodeformig, kule-

formet; ringformet, rund, kuledannet; måneformet. **orb-fish** pinnsvinfisk. **orbicular** [ɔ:ˈbikjulə], **orbiculate** [ɔ:ˈbikjulit] = **orbed.**

orbit [ˈɔ:bit] bane; øyehule. **orbital** [ˈɔ:bitəl] bane-. – **velocity** omløpshastighet.

orc [ɔ:k] spekkhogger, staurhval; havuhyre.

Orcades [ˈɔ:kədi:z] Orknøyene. **Orcadian** [ɔ:ˈkeidjən] orknøyisk; orknøying.

orchard [ˈɔ:tʃəd] frukthage, hage. – **grass** hundegras. – **house** drivhus til frukttrær. **orcharding** [-iŋ] fruktavl. **orchardist** [-ist] fruktdyrker.

orchestra [ˈɔ:kəstrə] orkester; musikktribune; orkesterplass. **orchestral** [ɔ:ˈkestrəl] orkester-. **orchestrate** [ˈɔ:kəstreit] instrumentere. **orchestration** [ɔ:kəsˈtreiʃən] instrumentering.

orchestrion [ɔ:ˈkestriən] spilledåse.

orchid [ˈɔ:kid] orkidé.

orchis [ˈɔ:kis] marihånd.

ord. fk. f. **order; ordinary; ordnance.**

ordain [ɔ:ˈdein] ordne, innrette, forordne, fastsette, bestemme; beskikke, ordinere, prestevie. **ordainable** [ɔ:ˈdeinəbl] som kan ordnes, ordineres. **ordainer** [ɔ:ˈdeinə] som ordner, bestemmer; en som innsetter, ordinant. **ordainment** [ɔ:ˈdeinmənt] ordning, anordning, bestemmelse; ordinasjon.

ordeal [ɔ:ˈdiəl, -ˈdi:l] gudsdom, uskyldsprøve, prøve; ildprøve, ilddåp, prøvelse; – **by fire** ildprøve, jernbyrd; – **by water** vannprøve; – **of the bier** båreprøve; – **of the combat** gudsdom ved tvekamp.

order [ˈɔ:də] orden, ro; skikk; ordning, anordning, rekkefølge, oppstilling; stand, rang, klasse, lag; ordenstegn, orden; anvisning, forskrift, befaling; ordre, bestilling, tinging; fribillett, adgangskort; anvisning til utbetaling; postanvisning (også: **money order, postal order, post-office order); out of** – i uorden, i ulag, ufullkommen; upasselig; utenfor tur; **the higher -s of society** samfunnets øverste klasser; **be in (holy) -s** tilhøre den geistlige stand; **take -s** inntre i den geistlige stand; bli ordinert; – **of the day** dagsbefaling; **marching** – marsjordre; **in – that, in – to** for at; for å; **get out of** – komme i uorden; **on doctor's** – etter legens forskrift; **to** – etter bestilling; **call to** – kalle til orden.

order [ˈɔ:də] ordne, bestemme, befale, dømme, dekretere, forordne, ordinere; bestille, tinge, foreskrive; – **about** kommandere hit og dit; – **the coach** la vognen spenne for, kjøre fram; bestille vognen; – **away** sende bort.

order book [ˈɔ:dəbuk] ordrebok. **orderer** [ˈɔ:dərə] ordner, styrer; befalende. **order form** bestillingsblankett. **Order in Council** kunngjøring, (kongelig) resolusjon. **ordering** [ˈɔ:dəriŋ] ordning, anordning; bestyrelse. **orderless** [ˈɔ:dəlis] uordentlig; mot reglene.

orderliness [ˈɔ:dəlinis] god orden.

orderly [ˈɔ:dəli] ordentlig, velstelt, grei, stille, rolig; tjenstgjørende, ordonnans; gatefeier; sykepasser; portør. – **book** vaktjournal. – **man** ordonnans. – **officer** jourhavende offiser. – **room** kompanikontor. – **sergeant** ordonnans.

order | paper dagsorden (i parlamentet). – **sheet** ordreseddel. – **slip** bestillingsseddel.

ordinal [ˈɔ:dinəl] ordens-, ordenstall.

ordinance [ˈɔ:dinəns] forordring, bestemmelse, anordning; kirkeskikk.

ordinarily [ˈɔ:dinərily] ordinært, vanligvis, i regelen.

ordinary [ˈɔ:dinəri] ordinær, ordentlig, regelmessig, regelrett, fast; alminnelig, vanlig, sedvanlig; tarvelig, enkel, ubetydelig, middelmådig; ordinær dommer; middagsstevne, spisekvarter, spisesal; dagens rett, table-d'hôte; en slags heraldisk figur; ritualbok; **in** – ordinær, ordentlig, regelmessig, hoff-, liv- (motsatt: **extraordinary,** tilkalt, eller **honorary,** titulær); **physician in – to the King** kongens livlege; **ambassador in** – ordentlig gesandt; **chaplain in** – hoffpredikant; **professor in** – professor ordinarius; **in – life** til daglig. **– -looking** ubetydelig (ordinært) utseende. – **sailor** (el. **seaman**) lettmatros, jungmann, halvbefaren matros, menig (i marinen). – **share** stamaksje, ordinær aksje. **– -sized** av alminnelig størrelse.

ordinate [ˈɔ:dinət] ordinat; ordentlig, regelmessig. **ordination** [ɔ:diˈneiʃən] ordning; anordning; prestvielse, ordinasjon.

ordnance [ˈɔ:dnəns] tungt skyts, artilleri; våpenteknisk materiell; **a piece of** – kanon. **O. Corps** ≈ hærens våpentekniske korps. – **factory** våpenfabrikk. – **map** generalstabskart. – **office** tøyhusdepartement. – **survey** [-ˈsə:vei] geografisk oppmåling. **Master General of the** – generalfelttøymester.

ordure [ˈɔ:djuə] søppel, avfall, gjødsel; sjofelheter, uanstendigheter.

ore [ɔ:] erts, malm; metall.

Ore(g). fk. f. **Oregon.**

ore|-bearing malmførende. – **carrier** malmbåt. – **deposit** malmleie.

ore weed [ˈɔ:wi:d] blæretang.

organ [ˈɔ:gən] organ; orgel; lirekasse; **the Protectionist -s** proteksjonistiske blad; **American** (el. **cottage)** – amerikansk stueorgel (el. harmonium); **barrel** – lirekasse. – **blower** belgtreder. – **builder** orgelbygger. – **grinder** lirekassemann.

organdy [ˈɔ:gəndi] organdi, musselin.

organic [ɔ:ˈgænik] organisk. **organiculture** biologisk dyrking. **organism** [ˈɔ:gənizm] organisme. **organist** [-nist] organist. **organization** [ɔ:gən(a)iˈzeiʃən] organisasjon, system, organisme. **organize** [ˈɔ:gənaiz] organisere; innrette, legge til rette, bygge. **organizer** [ˈɔ:gənaizə] organisator. **organ|-pipe** orgelpipe. – **stop** orgelstemme.

orgasm [ˈɔ:gæzm] orgasme.

orgiastic [ɔ:dʒiˈæstik] orgiastisk, vill.

orgy [ˈɔ:dʒi] orgie, vilt svirelag.

oriel [ˈɔ:riəl] karnapp, karnappvindu.

Orient [ˈɔ:riənt]; **the** – Østen, Orienten.

orient [ˈɔ:riənt] oppstående, østlig; østerlandsk; strålende; vende mot øst, vende i en spesiell retning; orientere.

oriental [ɔ:riˈentəl] østlig, østerlandsk, orientalsk. **Oriental** orientaler, østerlender. **orientalism** [ɔ:riˈentəlizm] orientalisme. **orientalist** [-list] orientalist. **orientate** [ˈɔriənteit] orientere. **orientation** [ɔ:rienˈteiʃən] orientering; orienteringsevne. **orientator** [ˈɔ:rienteitə] orienteringsinstrument.

orifice [ˈɔrifis] munning, åpning, munn, avløp.

orig. fk. f. **original; origin; originally.**

origin [ˈɔridʒin] opprinnelse, herkomst, opphav; utgangspunkt; **certificate of** – opprinnelsesbevis.

original [əˈridʒinəl] opprinnelig, opphavlig, original; første; ekte; original, originalverk; grunnspråk; type; særling; – **sin** arvesynd; **the – text** grunnteksten. **originality** [əridʒiˈnæliti] originali-

tet. **originally** opprinnelig, opphavlig, fra først av. **originate** [əˈridʒineit] grunnlegge, skape, være skaperen av; gi anledning til, oppstå, begynne, komme fra. **origination** [əridʒiˈneiʃən] skapelse, oppkomst, opprinnelse, opphav, framkomst. **originative** [əˈridʒinətiv] skapende, oppfinnsom. **originator** [əˈridʒineitə] skaper, opphavsmann, opphav; forslagsstiller.
oriole [ˈɔ:riəul] pirol, gullpirol.
Orion [əˈraiən].
orison [ˈɔrizən] (gml.) bønn.
the Orkney Islands, the Orkneys [ˈɔ:kni] Orknøyene.
Orleanist [ˈɔ:liənist] orléansk; orléanist.
Orleans [ˈɔ:liənz, -li:nz] Orléans. **orleans** kjoletøy av ull og bomull, orlean.
orlop [ˈɔ:lɔp] banjerdekk.
ormolu [ˈɔ:məlu:] gullbronse (en gull-lignende legering).
ornament [ˈɔ:nəmənt] prydelse, utsmykning, smykke, krot, ornament; pryd; pryde, smykke, utsmykke, krote, dekorere.
ornamental [ɔ:nəˈmentəl] ornamental, dekorativ, som tjener til pryd. **– lake** anlagt dam (el. sjø). **– painter** dekorasjonsmaler, skiltmaler. **– writer** skiltmaler; kalligraf.
ornamentation [ɔ:nəmənˈteiʃən] utsmykking, dekorasjon,pynt. **ornate** [ɔ:ˈneit; ˈɔ:-] utsmykket, pyntet, snirklet.
ornery [ˈɔ:nəri] umedgjørlig, vanskelig; simpel, tarvelig.
ornithological [ɔ:niθəˈlɔdʒikl] ornitologisk. **ornithologist** [ɔ:niˈθɔlədʒist] ornitolog, fuglekjenner. **ornithology** [-dʒi] læren om fuglene.
orotund [ˈɔrətʌnd] svulmende, pompøs, stortalende, bombastisk.
orphan [ˈɔ:fən] foreldreløs, foreldreløst barn; gjøre foreldreløs, dø fra. **orphanage** [ˈɔ:fənidʒ] foreldreløshet; vaisenhus. **orphanhood** [ˈɔ:fənhud] foreldreløshet.
Orpheus [ˈɔ:fju:s] Orfeus.
orpin(e) [ˈɔ:pin] smørbukk (plante).
orra [ˈɔrə] (skotsk) overflødig; tilfeldig.
orris [ˈɔris] sverdlilje; fiolrot.
orthodox [ˈɔ:θədɔks] ortodoks, rettroende.
orthodoxy [ˈɔ:θədɔksi] rettroenhet.
orthographer [ɔ:ˈθɔgrəfə] ortograf, rettskriver. **orthographic** [ɔ:θəˈgræfik] ortografisk. **orthographical** [ɔ:θəˈgræfikəl] ortografisk. **orthographist** [ɔ:ˈθɔgrəfist] rettskriver. **orthography** [ɔ:ˈθɔgrəfi] rettskrivning.
orthopaedy [ˈɔ:θəpi:di] ortopedi.
ortolan [ˈɔ:tələn] hortulan (fugl).
os [ɔs] bein, knokkel.
O. S. fk. f. **old style; ordinary seaman; Ordnance Survey.**
O.S. A. fk. f. **Order of St. Augustine.**
O. S. B. fk. f. **Order of St. Benedict.**
Oscar [ˈɔskə] (navn); filmpris, statuett.
oscillancy [ˈɔsilənsi] svingninger fram og tilbake. **oscillate** [ˈɔsileit] svinge, vibrere, pulsere. **oscillation** [ɔsiˈleiʃən] oscillasjon, svingning. **oscillatory** [ˈɔsilətəri] svingende, skiftende.
osculant [ˈɔskjulənt] tett sammenhengende, umiddelbart mellomliggende. **osculate** [ˈɔskjuleit] kysse. **osculation** [ɔskjuˈleiʃən] berøring; kyssing. **osculatory** [ˈɔskjulətəri] kysse-. **oscule** [ˈɔskjul] liten munn; sugemunn.
osier [ˈəuʒə] vidje, pil. **– basket** vidjekurv. **– bed** pilplantning. **– bottle** kurvflaske. **osiered** [ˈəuʒed] dekt med vidjekratt. **osierholt** [ˈəuʒəhəult] vidjekratt. **osiery** [ˈəuʒəri] vidjeskog; kurvarbeid.
Osiris [əˈsairis].
osmosis [ɔzˈməusis] osmose.
ospray, osprey [ˈɔspri] fiskejo, fiskeørn.
ossein [ˈɔsiin] beinvev, beinbrusk.
osselet [ˈɔsilet] beinutvekst.
Ossian [ˈɔsiən].
ossicle [ˈɔsikl] lite bein, småbein. **ossific** [ɔˈsifik] forbenende. **ossification** [ɔsifiˈkeiʃən] beindannelse. **ossify** [ˈɔsifai] forbeine. **ossuary** [ˈɔsjuəri] beinhus.
ostensibility [ɔstensiˈbiliti] påviselighet, sannsynlighet. **ostensible** [ɔˈstensibl] angivelig, øyensynlig, tilsynelatende, sannsynlig; erklært. **ostensive** [ɔˈstensiv] påvisende; prunkende. **ostentation** [ɔstenˈteiʃən] det å stille til skue, framsyning, praling, praleri, brask og bram. **ostentatious** [ɔstenˈteiʃəs] brammende, pralende, skrytende.
osteology [ɔstiˈɔlədʒi] osteologi, knokkellære.
ostiary [ˈɔstiəri] dørvokter.
ostium [ˈɔstiəm] elvemunning, os.
ostler [ˈɔslə] stallkar, stallgutt.
ostracism [ˈɔstrəsizm] ostrakisme, forvisning ved folkeavstemning i det gamle Aten. **ostracize** [ˈɔstrəsaiz] forvise, utstøte, fryse ut.
ostraceous [ɔsˈtreiʃəs] østersaktig.
ostrich [ˈɔstridʒ, -itʃ] struts. **g– – feather** strutsefjær.
O. T. fk. f. **Old Testament.**
O. T. C. fk. f. **Officer's Training Corps.**
Othello [ə(u)ˈθeləu].
other [ˈʌðə] annen, annet, andre, annerledes; **the – day** forleden dag, her om dagen. **give me some book or –** gi meg en eller annen bok; **every – day** hver annen dag; **on the – hand** på den annen side, derimot; **the – place** helvete; (i parlamentsspråk): det andre huset; **no – than** ingen annen enn, ikke annerledes enn; **on the – side** på den andre siden, omstående; **if he doesn't like it he may do the – thing** hvis han ikke liker det, kan han la være; **of all -s** framfor alle; **somehow or –** på den ene eller andre måten.
otherwise [ˈʌðəwaiz] annerledes, på annen måte; ellers, i motsatt fall; alias, også kalt; **unless you are – engaged** hvis De ikke er opptatt; **such as think –** annerledes tenkende; **rather than –** helst; nærmest.
otherworldly [ˈʌðəˈwə:ldli] livsfjern.
otiose [ˈəuʃiəs] ledig, lat, ørkesløs, overflødig. **otiosity** [əuʃiˈɔsiti] dovenskap. **otium** [ˈəuʃiəm] fritid.
Ottawa [ˈɔtəwə].
otter [ˈɔtə] oter.
Ottoman [ˈɔtəmən] osmansk, tyrkisk; osman; tyrk; ottoman, slags divan.
O. U. fk. f. **Oxford University.**
O. U. A. C. fk. f. **Oxford University Athletic Club. O. U. A. F. C.** fk. f. **Oxford University Association Football Club. O. U. B. C.** fk. f. **Oxford University Boat Club.**
oubliette [u:bliˈet] (gml.) oubliette, hemmelig fengsel.
ouch [autʃ] au! æsj!
ought [ɔ:t] noe d. s. s. **aught.**
ought [ɔ:t] bør, burde; **you – to do it** du burde

gjøre det; **those who – to know it** folk som absolutt skulle kjenne til det.
ounce [auns] unse (28,35 grami alm. handelsvekt, 31,10 gram i apotekervekt); lite grann, smule.
ounce [auns] snøleopard; (gml.) gaupe.
our [ˈauə] (attributivt) vår, vårt, våre.
ours [ˈauəz] (substantivisk) vår, vårt, våre; **a friend of –** en venn av oss.
ourself [auəˈself] (pluralis majestatis) vi selv, oss selv, oss.
ourselves [auəˈselvz] oss selv, vi selv, vi, oss.
oust [aust] fjerne; drive ut, jage bort; utkonkurrere.
ouster [ˈaustə] utkasting, utsetting.
out [aut] ute, ut, utenfor; umoderne; **you must have been – very late** du må ha kommet meget sent hjem; **on your way –** på veien ut; **he turned his cap inside –** han vrengte luen sin; **right –** like ut; **be –** ikke lenger være medlem av regjeringen, være ute av spillet; forstyrret, utafor, på viddene; være sloppet opp; **– of petrol** sluppet opp for bensin; **down and –** slått ut, helt på knærne; **you are – there** der tar du feil; **my dream is –** min drøm er gått i oppfyllelse; **the moon is –** det er måneskinn; **the last novel –** den nyeste roman; **she came –** hun debuterte i selskapslivet; **the murder is –** mordet er oppdaget; **the fire is –** varmen er sloknet; **– at the elbows** med hull på albuene; **his jaw is –** kjeven hans er gått av ledd; **read –** lese høyt; **be – of cash** være pengelens; **– of breath** åndeløs, andpusten; **– of this world** helt fantastisk, sensasjonell; **time – of mind** fra uminnelige tider; **– of print** utsolgt fra forlaget; **– of the ordinary** utenfor det vanlige; **– upon him** fy; han burde skamme seg; **tell him right –** si ham det som det er.
out [aut] ta ut, ta fram, komme fram med; overvinne.
outact [autˈækt] overgå, ta luven fra.
outage [ˈautidʒ] stans, stopp, avbrytelse.
out-and-out [ˈautəndˈaut] helt igjennom, ut og inn, i alle henseender; grundig, gjennomført; durkdreven; ubetinget, absolutt, ekte; fullstendig; **an – Yankee** en fullblods yankee.
out-and-outer [ˈautəndˈautə] en som gjør tingene grundig, storartet fyr; grepa kar.
out|balance [autˈbæləns] veie mer enn, oppveie. **-bid** [autˈbid] by over. **-board** [ˈautbɔ:d] utenbords. **-bound** [ˈautbaund] bestemt til utlandet, for utgående. **-brag** [-ˈbræg] døyve med (el. i) skryt. **-brave** overtrumfe; trosse. **-break** utbrudd, ri; oppstand, opprør. **-breathe** puste ut; ta pusten fra. **-breeding** utavl. **-building** uthus(-bygning). **-burst** [-bə:st] utbrudd, ri. **-cast** [ˈautkɑ:st] forstøtt; menneskevrak, utskudd. **-class** være av et bedre slag; vinne, utklassere, slå ut. **-climb** [ˈklaim] klatre bedre enn. **-come** [ˈautkʌm] utslag, resultat. **-crier** [ˈautkraiə] utroper. **-cry** skrik, rop, nødskrik; oppstyr. **-dated** [autˈdeitid] foreldet, gammeldags.**-distance** [autˈdistəns] distansere, løpe fra. **-do** [-du:] overgå; stikke ut. **-door** [ˈautdɔ:] utendørs. **-doors** utendørs, utenfor huset, ute. **-drink** [-ˈdriŋk] kunne drikke mer enn.
outer [ˈautə] ytre, ytter-; **an – barrister** en advokat som plederer utenfor skranken; **his – man** hans ytre, utseende. **– clothes** pl. yttertøy. **-most** [ˈautəməust] ytterst.
out|face [autˈfeis] få til å slå øynene ned; se rett i øynene; trosse, trasse. **-fall** [ˈautfɔ:l] utløp, avløp. **-field** utmark; (fig.) uutforsket område. **-fit** [ˈautfit] utrustning, ekvipering, utstyr; avdeling, gruppe. **-fitter** ekviperingshandler. **-fitting** ekvipering, utrustning. **-flank** [autˈflæŋk] omgå. **-flow** [ˈautfləu] utstrømning. **-fly** [autˈflai] fly hurtigere enn, fly fra. **-fly** [ˈautflai] utflyvning; utbrudd. **-foot** [autˈfut] distansere. **-general** [autˈdʒenrəl] overliste, overgå i dyktighet. **-giving** [autˈgiviŋ] beretning, forlydende. **-go** [ˈautgəu] utgift, utlegg, utgifter. **-goer** [ˈautgəuə] avgående, utgående. **-going** avgående, fratredende; avgang, fratredelse. **-goings** utlegg, utgifter. **-grow** [ˈautˈgrəu] overgå i vekst, vokse fra. **-growth** [ˈautgrəuθ] utvekst; (fig.) frukt, skudd. **-guard** [ˈautgɑ:d] forpost. **-gush** [autˈgʌʃ] strømme ut.
out-herod [autˈherəd] i forb. **– Herod** overgå Herodes i grusomhet; overdrive, gjøre altfor mye av.
outhouse [ˈauthaus] uthus.
outing [ˈautiŋ] utgang, spasertur, tur; utflukt; frihet; fridag; ekspedisjon.
outish [ˈautiʃ] lapset, pyntet, utstaffert.
out|jump [autˈdʒʌmp] hoppe bedre enn. **--jutting** [-ˈdʒʌtiŋ] utstikkende, framstående. **-kneed** [ˈautni:d] hjulbeint.
outlander [ˈautlændə] utlending, fremmed. **outlandish** [autˈlændiʃ] aparte, fremmedartet; underlig.
out|lash [ˈautlæʃ] utbrudd. **-last** [autˈlɑ:st] vare lenger enn. **-laugh** [-ˈlɑ:f] le mer enn.
outlaw [ˈautlɔ:] fredløs, utleg; lyse utleg; gjøre fredløs. **outlawry** [ˈautlɔ:ri] fredløshet, utlegd.
outlay [ˈautlei] utlegg, utgifter; legge ut.
out|let [ˈautlet] utløp, avløp; marked, avsetningssted; stikkontakt. **-lie** [ˈautlai] utestående penger. **-line** [ˈautlain] omriss, kontur, utkast, oversikt; tegne i omriss, gi omriss av. **-live** [autˈliv; ˈautˈliv] overleve; leve bedre enn.
outlook [ˈautluk] utkik, utsikt; livssyn, innstilling; **be on the – for** være på utkik etter.
out|lying [ˈautˈlaiiŋ] som ligger utenfor, fjerntliggende; (fig.) uvesentlig. **-manoeuvre** [autməˈnu:və] utmanøvrere, overliste. **-march** [-ˈmɑ:tʃ] marsjere fra, distansere. **-match** [-ˈmætʃ] være ... overlegen, overtreffe. **-moded** foreldet, gammeldags. **-most** [ˈautməust, -məst] ytterst. **-number** [autˈnʌmbə] være overlegen i antall.
out-of-date [ˈautəvˈdeit] umoderne, gammeldags; ikke lenger gyldig.
out-of-door [ˈautəvdɔ:] utendørs. **out of gear** frakoplet, i fri(gir). **out of order** i ustand. **out-of-pocket** [ˈautəvˈpɔkit] personlig, av sin egen lomme. **out of roundness** urundhet, ovalitet. **out-of-the-way** usedvanlig; avsides, avsidesliggende. **out of this world** fantastisk. **out-of-work** [ˈautəvˈwə:k] arbeidsløs.
outpace [autˈpeis] gå fortere enn, gå forbi.
outpatient [ˈautpeiʃənt] poliklinisk pasient. **-s' clinic** poliklinikk.
out-pensioner [ˈautpenʃənə] pensjonær utenfor anstalten, kostganger.
out|play [autˈplei] spille bedre enn, slå. **-point** [-ˈpɔint] seile høyere opp i vinden. **-port** [ˈautpɔ:t] uthavn. **-post** [ˈautpəust] utpost. **-pour** [ˈautpɔ:] utgyting; flom,rikdom, fylde; la renne, la flomme. **-put** [ˈautput] produksjon, utbytte, ytelse;

effekt, utgangseffekt, utgang; utdata, utskrift (EDB).
outrage [ˈautreidʒ, ˈautridʒ] øve vold mot, voldta, forurette, fornærme, krenke; vold, grov fornærmelse, fornærmelse, krenkelse; ondskap; voldshandling; voldtekt.
outrageous [autˈreidʒəs] skjendig; grov, opprørende, skandaløs; voldsom.
outraid [ˈautreid] tog, ekspedisjon.
outrange [autˈreindʒ] gå, skyte lenger enn.
outrank [autˈræŋk] rangere over.
outré [ˈu:trei] outrert, overdreven.
out|reach [autˈri:tʃ] strekke seg utover, nå lenger enn. **-reign** styre lenger enn. **-relief** hjemmeforsorg; hjemmehjelp. **-ride** [autˈraid] ri fra. **-ride** [ˈautraid] utritt. **-rider** forrider. **-rigger** [ˈautrigə] utlegger; utriggerbåt. **-right** [ˈautrait] straks, på stedet, helt og holdent, fullstendig, likefrem, direkte; **he laughed -right** han formelig lo. **-rival** [autˈraivl] ta luven fra, fordunkle, stille i skyggen. **-run** [autˈrʌn] unnarenn (i hoppbakke); løpe fra, løpe hurtigere enn; overgå; **-run the constable** (fig.) leve over evne. **-sail** [-ˈseil] seile fra. **-score** [-ˈskɔ:] ta luven fra. **-sell** [-ˈsel] selge mer; selge til lavere priser. **-set** [ˈautset] oppbrudd, start, avreise; begynnelse; utgivelse; utkomst; medgift. **– -settlement** [ˈautsetlmənt] avsides koloni, utbygd. **-shine** [-ˈʃain] overstråle.
outside [ˈautˈsaid] utvendig, ytterst, utenpå, utendørs, utenfra, utenfor, ovenpå, på bukken, hos kusken; utvortes; utside, ytterside; utvendig passasjer; **an – chance** en svak sjanse; **get – of** få i seg, sluke; forstå, begripe; **– and all** med hud og hår; **on the –** utenpå, utenfor; tilsynelatende. **– phone** bytelefon (ɔ: ikke hustelefon). **outsider** [ˈautˈsaidə] fremmed; utenforstående; uinnviet.
out|sit [autˈsit] sitte lenger enn. **-skirt** [ˈautskə:t] grense, utkant, ytterkant; forpost; forstad. **-sleep** [autˈsli:p] sove lenger enn. **-span** [ˈautˈspæn] spenne fra; slå leir; ligge i leir. **-speak** [autˈspi:k] tale mer (el. høyere) enn. **-spoken** [ˈautˈspəukn] frimodig, dristig; djerv, endefram. **-spokenness** frimodighet; djervhet. **-spread** [autˈspred] utbre, utspre. **-stand** [-ˈstænd] stå ut, stå fram; utebli. **-standing** framtredende, fremragende; uavgjort, utestående. **-standing charges** uoppgjorte poster. **-station** utpost. **-stay** [autˈstei] bli lenger enn, bli over tiden; holde ut lenger enn. **-street** forstadsgate. **-strip** [autˈstrip] distansere. **-talk** [-ˈtɔ:k] bringe til taushet, tale i hjel. **– -tray** brevkurv til utgående post. **– -turn** [ˈauttə:n] utbytte, produksjon; utfall, resultat; losset mengde. **-vie** [autˈvai] overgå, overby. **-vote** [autˈvəut] overstemme, nedstemme. **-walk** [-ˈwɔ:k] gå fra. **-wall** [ˈautwɔ:l] yttermur.
outward [ˈautwəd] ytre, utvendig, utvortes, utgående; utad, utetter, ut; **– bound** for utgående (om skip); **– correspondence** utgående post; **– passage** utreise.
out|wear [autˈwɛə] slite ut; utholde; vare lenger enn. **-weather** [-ˈweðə] ri av, utholde. **-weigh** [-ˈwei] veie mer enn; gjelde mer enn. **-wit** [-ˈwit] overliste, narre. **-work** [-ˈwə:k] ta luven fra, arbeide bedre enn. **-work** [ˈautwə:k] utenverk; utearbeid; hjemmearbeid. **-worker** hjemmearbeider. **-worn** utslitt, nedslitt; forslitt.
ouzel [ˈu:zl] ringtrost, svarttrost.
ova [ˈəuvə] egg (pl. av **ovum**).
oval [ˈəuvəl] eggformig, oval; oval plass.
ovary [ˈəuvəri] ovarie, eggstokk; fruktknute.
ovation [əˈveiʃən] ovasjon, hyldest.
oven [ˈʌvn] stekeovn, bakerovn, ovn; **Dutch –** en slags løs stekeovn. **-tender** [ˈʌvntendə] ovnpasser. **-ware** ildfaste fat.
over [ˈəuvə] over, utover; forbi, omme; til overs, tilbake, igjen; i koll, over ende; **all – the world** hele verden over; **– and above** dessuten, i tillegg til; **– the way** på den andre siden av gata; **-night** natten igjennom; **– again** om igjen; **twice –** to ganger, om igjen; **– and –** gang på gang; **– against** like overfor; **– here** herover; hit; **– there** der borte, derover; **– and again** atter og atter; **it is all – with him** det er forbi med ham; **talk it –** drøfte; **knock –** velte.
over|abound [əuvərəˈbaund] finnes i stor mengde. **-act** [əuvəˈrækt] overdrive, karikere. **-acting** karikatur. **-age** for gammel, overårig. **-all(s)** [ˈəuvərɔ:l(z)] arbeidsbluse, kittel; ytterbukser, ytterkjole; samlet, total-. **-arch** [əuvəˈrɑ:tʃ] hvelve seg over. **-awe** [əuvəˈrɔ:] skremme, imponere, holde i age. **-bake** [-ˈbeik] steke for mye. **-balance** [-ˈbæləns] veie mer enn; bringe ut av likevekt, vippe opp. **-balance** [əuvəˈbæləns] overvekt, overskudd. **-bear** [-ˈbɛə] overvelde, nedslå, overvinne, underkue, dominere. **-bearing** [-ˈbɛəriŋ] overveldende, anmassende; hovmodig. **-bearingness** [-nis] anmasselse, overlegenhet, hovenhet. **-bid** [-ˈbid] by over. **-board** [ˈəuvəbɔ:d] overbord; utabords; overdreven. **-boot** [-bu:t] botfor, snøsokk. **-bridge** [-bridʒ] overgangsbru. **-brim** renne over, flomme over. **-burden** [-ˈbə:dn] overlesse, overbelaste. **-burn** [-ˈbə:n] forbrenne. **-cast** [-ˈkɑ:st] formørke, overskye; overtrukken, overskyet; sy med kastesting; overvurdere. **-cautious** [-ˈkɔ:ʃəs] for forsiktig. **-charge** [-ˈtʃɑ:dʒ] overlesse, overbelaste; beregne for mye for, trekke opp. **-charge** [ˈəuvəˈtʃɑ:dʒ] for stor byrde, for stort lass; overdrevent prisforlangende. **-cloud** [əuvəˈklaud] skye over. **-coat** [-kəut] overfrakk, ytterfrakk, kappe. **-come** [əuvəˈkʌm] overvinne, beseire, overvelde. **-confidence** [ˈəuvəˈkɔnfidəns] overdreven (selv-) tillit. **-crow** [əuvəˈkrəu] triumfere over. **-crowd** [-ˈkraud] overlesse; overfylle, fullstappe. **-do** [-ˈdu:] overdrive, gjøre for mye av; koke for mye; steke for mye; brenne for mye; overanstrenge. **-dose** [ˈəuvədəus] for stor dose. **-dose** [əuvəˈdəus] gi for stor dose. **-draft** [ˈəuvədrɑ:ft] for stor tratte, overtrukketbeløp; **a gigantic -draft upon his credulity** en for stor veksel å trekke på hans godtroenhet. **-draw** [ˈəuvəˈdrɔ:] overtrekke, heve for mye (på en konto); overdrive. **-dress** [-ˈdres] overpynte, spjåke ut, overlesse; [ˈəuvədres] overkledning, overkjole; [ˈəuvəˈdres] overlessing med pynt. **-drive** [-ˈdraiv] overanstrenge; overgir (på bil). **-due** [-ˈdju:] manglende; for lengst forfallen; forsinket, for sent ute. **-eat** [əuvəˈri:t] forspise seg. **-eating** forspising. **-estimate** overvurdere; overvurdering. **-excited** [-ikˈsaitid] overopphisset; overspent. **-exhaustion** [-igˈzɔ:stʃən] overanstrengelse. **-expose** overeksponere. **-fatigue** utmatte helt, sprenge. **-feed** [-ˈfi:d] fø for godt, gi for mye mat. **-fish** drive rovfiske, fiske tom. **-flow** [-ˈfləu] flyte over; gå over sine bredder; oversvømme. **-flow** [ˈəuvəfləu] oversvømmelse; overflod; overskudd. **-flowing** [əuvəˈfləuiŋ] overflod, overmål. **– -fulfilment** overoppfyllelse. **– -furnished** overmøblert. **-grow** [-ˈgrəu] gro over, vokse over. **-grown** [-ˈgrəun] overgrodd;

oppløpen. **-hair** dekkhår. **-hand** [ˈəuvəhænd] med håndflaten ned; **-hand bowling** overarmkasting (ɔ: med armen over skulderen) i cricket og baseball. **-hand knot** halvstikk. **-hand stitch** kastesting. **-hang** [ˈəuvəˈhæŋ] henge ut over, rage opp over. **-hang** [ˈəuvəhæŋ] utheng, overheng, fremspring. **-hanging** [-ˈhæŋiŋ] hengende, lutende; fremspringende; overhengende. **-haul** [əuvəˈhɔ:l] overhale; etterse, mønstre nøye; seile opp, hale inn på. **-haul** [ˈəuvəhɔ:l] overhaling, ettersyn, mønstring. **-hauling** [-hɔ:liŋ] overhaling. **-head** [-ˈhed] over hodet, oppe, ovenpå; **-s** pl. generalomkostninger, faste utgifter; **heels – head** med beina i været. **-head camshaft** overliggende kamaksel. **-head charges** overpris. **-head door** vippeport. **-s** pl. generalomkostninger, faste utgifter; transparenter; **-head expenses** generelle omkostninger; overpris. **-head projector** overhead prosjektør, transparentfremviser. **-head railway** høybane. **-head valve** toppventil. **-hear** [-ˈhiə] overhøre, høre (tilfeldig, ubemerket), komme til å høre; lytte til, utspionere. **-heat** [-ˈhi:t] overhete, gå varm. **-indulgence** svakhet; fråtsing; overdreven nytelse. **-joyed** [-ˈdʒɔ:id] overstadig glad, overlykkelig. **-kill** overreagere; overreaksjon. **-land** [əuvəˈlænd] til lands. **-lander** [ˈ əuvəlændə] en som reiser over land. **-lap** [əuvəˈlæp] delvis dekke, gripe over; overlapping. **-lay** [-ˈlei] belegge, bedekke, overtrekke. **-leaf** [-ˈli:f] omstående, på neste side. **-leap** [-ˈli:p] hoppe over. **-lie** [-ˈlai] ligge over; ligge i hjel. **-load** [-ˈləud] overlesse, overbelaste, overstyre (om lyd); overbelastning. **-look** [-ˈluk] overskue, se over; gi utsikt over, dominere; se; se gjennom, gjennomgå; ha oppsyn med; overse. **-looking** med utsikt over. **-looker** oppsynsmann, inspektør. **-lord** overherre. **-man** [ˈəuvəmən] oppmann, voldgiftsmann; (arbeids-)formann. **-mantle** [ˈəuvəmæntl] kaminoppsats (dekorativ overdel). **-march** [-ˈmɑ:tʃ] overanstrenge ved marsj. **-match** [-ˈmætʃ]være for sterk for; overtreffe, overgå. **-match** [ˈəuvəmætʃ] mester. **-much** [əuvəˈmʌtʃ] for mye.

overnight [ˈəuvəˈnait] natten over; kvelden før; overnatte; natte-; som må gjøres innen 24 timer.

over|paint [əuvəˈpeint] male med for sterke farger, overmale, sminke for mye. **-pass** [-ˈpɑ:s] overse, forbigå; overskride; gå over; fotgjengerbru, veiovergang. **-pay** [-ˈpei] betale for mye; betale for mye for; mer enn oppveie. **-people** [-ˈpi:pl] overbefolke. **-play** overspille; (fig.) drive det for langt. **-pleased** [ˈəuvəˈpli:zd] altfor fornøyd; **not –** mellomfornøyd. **-plus** [ˈəuvəplʌs] overskudd. **-poise** [ˈəuvəpɔiz] overvekt. **-polish** [-ˈpɔliʃ] polere for mye. **– -polite** [ˈəuvəpəlait] altfor forekommende. **-population** [pɔpjuˈleiʃən] overbefolkning. **-pour** [-ˈpɔ:] strømme over. **-power** [ˈəuvəˈpauə] overvelde, overmanne; være overlegen over. **-powering** overveldende, uimotståelig. **-price** overprise. **-rate** [-ˈreit] overvurdere; overbeskatte, ligne for høyt. **-reach** [-ˈri:tʃ] strekke seg ut over; innhente; overvinne ved list, narre, bedra. **-rent** [-ˈrent] betale for høy leie; forlange for høy avgift. **-ride** [-ˈraid] ri for hardt, skamri; ri hurtigere enn, ri forbi; trampe ned; tilsidesette, sette seg ut over; underkjenne, omstøte, oppheve; vanvøre. **-right** [ˈəuvərait] like overfor, tvers over. **-roast** [-ˈrəust] steke for mye. **-rule** [-ˈru:l] beherske, råde over; overstemme; avvise, oppheve, underkjenne; herske, gå av med seieren. **-ruling** altstyrende. **-run** [-ˈrʌn] løpe forbi; gro over, bre seg over; oversvømme; strømme over; overskridelse. **-score** [ˈəuvəˈskɔ:] overstreke, overstryke. **-sea** [-ˈsi:] oversjøisk; atlanterhavs-; over havet. **-seas** over havet; oversjøisk, på den andre siden av havet. **-season** [-ˈsi:zn] krydre for sterkt. **-see** [-si:] ha tilsyn med, etterse, tilse. **-seer** [-ˈsiə] oppsynsmann, forvalter; en slags kommunal funksjonær (sognestyret velger to overseers og en assistant overseer, hvis arbeid bl. a. består i å ta seg av det kommunale skattevesen, men ikke mer av fattigvesenet, som ble overlatt board of guardians). **-sell** selge mer enn man kan levere; fremheve for sterkt, overbetone. **-set** [-ˈset] velte, rive over ende; omstyrte, kullkaste. **-set** [ˈəuvəset] velting; kullkasting. **-shade, -shadow** [-ˈʃeid], [-ˈʃædəu] overskygge, skygge for. **-shoe** [ˈəuvəʃu:] oversko; kalosje. **-shoot** [-ˈʃu:t] skyte forbi; skyte over målet, overdrive, gå for vidt; **-shoot oneself** ta munnen for full. **-shot** drukken; **-shot wheel** overfallshjul. **-sight** [ˈəuvəsait] oppsyn, tilsyn; forglemmelse, uaktsomhet. **-sleep** [ˈ-sli:p] forsove seg, sove over. **-spend** bruke for mye. **-spread**[-ˈspred] bre seg over, strekke seg over; utbre over. **-state** [-ˈsteit] angi for høyt; overdrive. **-stay** [-ˈstei] bli for lenge (som gjest). **-steer** overstyre. **-step** [-ˈstep] overskride. **-stock** [-ˈstɔk] overfylle. **-store** [-ˈstɔ:] forsyne for mye, overfylle. **-strain** [-ˈstrein] forstrekke-seg, forløfte seg; overanstrenge. **-string** [-ˈstriŋ] overspenne. **-strung** overnervøs. **-subscribe** [əuvəsəbˈskraib] overtegne (lån osv.). **– -subtle** spissfindig.

overt [ˈəuvət] åpen; åpenlys, åpenbar; **letters –** åpent brev, patent.

over|take [ˈəuvəˈteik] innhente, nå (ta) igjen; overraske, overrumple, komme over, greie, klare; gripe, overvelde. **-take** [ˈəuvəteik] overraskelse, overrumpling. **-task** [-ˈtɑ:sk] overlesse, overanstrenge; stille for store krav til. **-tax** overbeskatte, overbelaste. **-throw** [-ˈθrəu] kaste over ende, velte; kullkaste, ødelegge; styrte, kaste. **-throw** [ˈəuvəθrəu] kullkasting, omstyrting; styrting; undergang, fall. **-time** [ˈəuvətaim] overarbeid; ekstratid, overtid, overtidsarbeid. **-tip** gi for mye drikkepenger. **-top** [-ˈtɔp] rage opp over; overgå; beseire. **-tower** [ˈ-tauə] kneise over. **-trade** [-ˈtreid] ruinere ved for stor handel; drive forretninger med for lite kapital; anskaffe for mange varer. **-trading** [-ˈtreidiŋ] vidløftige spekulasjoner.

overture [ˈəuvətʃə] forslag; tilbud; ouverture, forspill; **make -s** søke en tilnærmelse; tre i forhandlinger, innlede underhandlinger (**to** med).

overturn = **overthrow.**

over|valuation [ˈəuvəvæljuˈeiʃən] forhøy verdsetting; overvurdering. **-value** [-ˈvælju] overvurdere. **-watched** [-ˈwɔtʃt] forvåket. **-ween** [-ˈwi:n] ha for høye tanker. **-weening** anmassende, overmodig; overdreven, overstadig. **-weight** [ˈəuvəweit] overvekt. **-weight** [-ˈweit] overbelaste. **-whelm** [-ˈhwelm] overvelde; overflomme. **-wind** [-ˈwaind] trekke et ur for mye opp. **-word** [-ˈwə:d] si med for mange ord. **-work** [-ˈwə:k] overanstrenge. **-work** [ˈəuvəwə:k] ekstraarbeid, overarbeid; overanstrengelse. **-wrought** [-ˈrɔ:t] overanstrengt; innvirket, brodert. **-zealous** [-ˈzeləs] nidkjær, overivrig.

Ovid [ˈɔvid].

oviform [ˈəuvifɔ:m] eggformet, eggrund.

ovum [ˈəuvəm] (pl. **ova**) egg.

owe [əu] skylde; være skyldig; **– him a debt** eller **– a debt to him** stå i gjeld til ham; **– him a grudge** ha et horn i siden til ham, bære nag til ham.
owing [ˈəuiŋ] skyldig; tilgodehavende; **it is – to** det skyldes; det kommer av; **– to** på grunn av.
owl [aul] ugle; (fig.) natteravn; **drunk as an –** full som en alke.
owl [aul] luske, snike seg; drive ulovlig handel.
owler [ˈaulə] smughandler.
owlet [ˈaulit] liten ugle, ugleunge.
owlish [ˈauliʃ] ugleaktig; (fig.) forlest.
owl-light [ˈaullait] tusmørke, skumring.
own [əun] egen, eget, egne; kjødelig; **name your – day** bestem selv dagen; **of its – accord** av seg selv; **he cooks his – meals** han lager maten sin selv; **he stands in his – light** han skygger for seg selv; **have a reason of one's –** ha sin særlige grunn; **my ownest** min helt og holdent; **give him his –** la ham få sin rett; **hold his –** holde stand; klare seg; **hold his – with him** hamle opp med ham; **he still keeps his –** han hevder fremdeles sin plass; **pay every one his –** svare hver sitt; **she has a fortune of her –** hun har privat formue; **he has no idea of his –** han har ingen selvstendig mening; **– cousin to** kjødelig fetter av; **– brother** kjødelig bror; helbror (motsatt: **half-brother).**
own [əun] eie; anerkjenne, vedkjenne seg, stå ved, kjennes ved; erkjenne, innrømme; være eier; **it must be -ed** det må innrømmes; **– to** bekjenne, innrømme, vedkjenne seg; **– up** tilstå, gå til bekjennelse; **– up to** tilstå, bekjenne.
owner [ˈəunə] eier; eiermann; reder, skipsreder. **-less** [ˈəunəlis] herreløs. **-'s equity** egenkapital. **-ship** [-ʃip] eiendomsrett. **–-tenant flat** selveierleilighet.
own risk selvassuranse, egenandel.
ox [ɔks] (pl. **oxen** [ˈɔksn]) okse, stut, tyr.
Oxbridge fellesbetegnelse for Oxford og Cambridge.
ox-eye [ˈɔksai] prestekrage; marigull.
Oxford [ˈɔksfəd].
oxidable [ˈɔksidəbl] som kan oksyderes. **oxidate** [ˈɔksideit] oksydere. **oxidation** [ɔksiˈdeiʃən] oksydering. **oxidize** [ˈɔksidaiz] oksydere.
oxlip [ˈɔkslip] hagenøkleblom.
Oxon. fk. f. **Oxfordshire; of Oxford.**
Oxonia [ɔkˈsəunjə] Oxford. **Oxonian** [ɔkˈsəunjən] fra Oxford, Oxford-.
ox-tail [ˈɔksteil] oksehale; **– soup** oksehalesuppe.
ox-tongue [ˈɔkstʌŋ]oksetunge (også planten).
ox-welding autogensveising.
oxygen [ˈɔksidʒin] oksygen, surstoff; **–-lack** oksygenmangel.
oyer [ˈɔiə] forhør.
oyes [əuˈjes], **oyez** [əuˈjes, ˈəujes, ˈəujez] hør! (rettsbetjents rop for å påby stillhet).
oyster [ˈɔistə] østers. **– bed** østersbanke. **– brood** østersyngel. **– catcher** tjeld (fugl). **– farm** østerspoll. **– knife** østersåpner. **– man** østershandler. **– shell** østersskall.
oz. fk. f. **ounce(s).**
ozone [ˈəuzəun] oson.

P, p [pi:] P, p; **mind** (eller **be on) one's P's and Q's** (eller **p's and q's)** passe godt på, være på sin post; **stand upon one's P's and Q's** (eller **p's and q's)** holde strengt på formene.
p. fk. f. **page** (side); **participle; new pence.**
P. & O. eller **P. and O.** [ˈpi:ənd ˈəu] fk. f. **the Peninsular and Oriental Steam Navigation Company.**
pa [pɑ:] pappa.
Pa. fk. f. **Pennsylvania.**
p. a. fk. f. **participial adjective; per annum.**
P. A. fk. f. **(the) Press Association.**
P. A. A. fk. f. **Pan American (World) Airways.**
pabulum [ˈpæbjuləm] føde, mat, fôr; næring.
pace [peis] skritt, steg; gang, ganglag, fotlag; passgang, skritt; fart, tempo; **go the –** leve lystig; **hold (keep) – with** holde tritt med; **make –** skritte ut; **at a great –** med svær fart; **put a person through his -s** få en til å vise sine kunster.
pace [peis] gå, skride, gå passgang; gå bortover, gå opp og ned, gå att og fram; skritte opp.
pace [ˈpeisi] med tillatelse av, med all respekt for; **– the chairman** med formannens tillatelse.
paced [peist] som har en viss gang; -gående; dressert.
pacemaker [ˈpeismeikə] pacer; leder; elektrisk drevet hjertestimulator.
pacer [ˈpeisə] gående; passgjenger.
pacha [pəˈʃɑ:] pasja, tyrkisk stattholder.
pachyderm [ˈpækidə:m] tykkhudet dyr.
pachydermatous [pækiˈdə:mətəs] tykkhudet.
pacific [pəˈsifik] fredelig, fredsstiftende, meklende, beroligende. **the Pacific** Stillehavet. **pacifically** [pəˈsifikəli] på fredelig vis. **pacification** [pæsifiˈkeiʃən] pasifisering, mekling, beroligelse, gjenoppretting av fred. **pacificator** [ˈpæsifikeitə] fredsstifter. **pacificatory** [pəˈsifikətəri] som stifter fred. **pacifier** [ˈpæsifaiə] fredsstifter; narresmokk. **pacifism** [ˈpæsifizm] pasifisme, fredsbevegelse. **pacifist** [ˈpæsifist] fredsvenn, pasifist.
pacify [ˈpæsifai] stille tilfreds, roe, berolige; blidgjøre; døyve, stille; tilfredsstille; stifte fredi; forsone.
pack [pæk] pakke, balle, bylt; kløv; oppakning; kortstokk; mengde, flokk, hurv; kobbel; bande; **a – of thieves** en tyvebande; **a – of wool** 240 pund ull; **a – of lies** ren løgn, bare oppspinn; **in -s** flokkevis.

pack [pæk] pakke, pakke sammen, legge ned, hermetisere; stappe, stue, emballere; sende av sted, jage på porten; pakke inn, gjøre seg reiseferdig; pakke seg sammen; **– a jury** samle en jury av partiske medlemmer; **– one's traps** gjøre seg reiseferdig; **-ed up like so many herrings** stuet sammen som sild i en tønne; **– it up** slutt med det tullet, hold opp.
package [ˈpækidʒ] pakning, emballasje; forsendelse; pakke inn, emballere. **– deal** pakkeløsning, helhetsløsning. **– tour** ferdigpakket reise, gruppereise.
pack animal [ˈpækænimәl] lastdyr, kløvdyr.
pack cloth[ˈpækklɔθ] pakklerret.
packet [ˈpækit] pakke, bunt; pakett; bunte sammen, bunte; sende med postbåt. **– boat** pakettbåt. **– buy** samlet kjøp. **– day** postdag. **– line** postrute.
pack | horse pakkhest, kløvhest; trekkdyr. **– ice** pakkis. **-ing** [ˈpækiŋ] pakning, emballasje; nedlegning. **– load** byrde. **-man** kramkar, skreppekar. **– saddle** pakksal; kløvsal. **– thread** seilgarn, hyssing. **– wagon** bagasjevogn.
paco [ˈpækәu] pako, alpakka.
pact [pækt] pakt, forbund, avtale.
pactional [ˈpækʃәnәl] kontraktmessig.
Pad [pæd] (økenavn for) irlending.
pad [pæd] underlag, pute, valk; hynde; bløt sal; tredepute; skamfilingsmatte; blokk, tegneblokk; utskytningsplattform; hybel, leilighet; stoppe ut, fylle, polstre, vattere; tråkle; beise (kattun); **-ded room** værelse med polstrede vegger (for sinnssyke).
pad [pæd] stimann; **go on the –** være landeveisrøver; **sit –, stand –** sitte og tigge ved veien (med plakat på brystet).
pad [pæd] betre; vandre langsomt, traske.
padder [ˈpædә] landeveisrøver.
padding [ˈpædiŋ] utstopping, stopp; fyllekalk; lettere stoff i ukeblad.
Paddington [ˈpædiŋtәn].
paddle [ˈpædl] pagai, padle, ro med en tobladet åre; plaske, vasse, susle; fingre; **– about** drive omkring; **– his own canoe** stå på egne bein.
paddle [ˈpædl] tobladet åre; pagai; skovl på et vannhjul. **-board** skovl på et vannhjul. **-box** hjulkasse.
paddler [ˈpædlә] pagairoer, padler. **paddlers** overtrekksbukser.
paddle|steamer hjuldamper. **– vessel** hjulfartøy. **– wheel** skovlhjul.
paddock [ˈpædәk] hage, gjerde, innhegning, hestehage, salplass (ved veddeløpsbane).
paddock [ˈpædәk] (gml.) padde, frosk. **– -pipe** kjerringrokk. **– -stool** sopp.
Paddy [ˈpædi] Paddy (av Patrick), økenavn for irlending.
paddy [ˈpædi] ris (som ikke er avskallet); raseri; **get in a –** bli rasende. **– field** rismark. **– wagon** (US) politibil. **-whack** juling, raseri.
Padishah hersker (om sjahen av Persia, sultanen av Tyrkia, keiseren av India).
padlock [ˈpædlɔk] hengelås; lukke med hengelås.
padnag [ˈpædnæg] passgjenger.
padre [ˈpɑːdri] prest, feltprest.
pad saw stikksag.
Padua [ˈpædjuә]. **Paduan** [ˈpædjuәn] paduansk; paduaner.
paean [ˈpiːәn] festhymne; seiersang.
paedobaptism [piːdәuˈbæptizm] barnedåp. **paedobaptist** [piːdәuˈbæptist] tilhenger av barnedåp.
pagan [ˈpeigәn] hedensk; hedning. **paganish** [ˈpeigәniʃ] hedensk. **paganism** [-zm] hedenskap. **paganize** [-aiz] gjøre hedensk; avkristne; oppføre seg som hedning.
page [peidʒ] pasje; følge og tjene som pasje; kalle opp.
page [peidʒ] side (i bok); paginere.
pageant [ˈpædʒәnt] (innholdsløst) skuespill, forestilling, komedie; skuespillvogn; praktopptog; prunk. **pageantry** [ˈpædʒәntri] skuespill; praktopptog; tom prakt.
pager [ˈpeidʒә] personsøker.
paginal [ˈpædʒinәl] som har sidetall, side-. **paginate** [ˈpædʒineit] paginere. **pagination** [pædʒiˈneiʃәn] paginering. **paging** [ˈpeidʒiŋ] paginering.
pagoda [pәˈgәudә] pagode, gudshus; gammeldags indisk mynt.
pah! [pɑː] uff! fy! æsj! pytt!
paid [peid] imperf. og perf. pts. av **pay;** betalt, lønnet.
pail [peil] spann, bøtte, pøs. **pailful** [ˈpeilful] spannfull.
paillasse [pælˈjæs] se **palliasse.**
pain [pein] straff; smerte; lidelse; sorg, sut; **on (upon) – of** under straff av; **put him out of –** gjøre ende på hans lidelser; **he is a – in the neck** (el. sl. **arse)** han er en pest og en plage, han er en prøvelse, han er utålelig; **pains** [peinz] smerter; fødselssmerter, veer; umak; møye, uleilighet, bry, flid; **take pains** gjøre seg umak; **much pains** stor umak.
pain [pein] gjøre vondt, smerte; bedrøve. **painful** [ˈpeinf(u)l] smertelig; pinefull; tung, besværlig, møysommelig, slitsom; pinlig. **painkiller** smertestillende middel. **painless** [ˈpeinlis] smertefri.
painstaker [ˈpeinzteikә] flittig arbeider.
painstaking [ˈpeinzteikiŋ] flid, samvittighetsfullhet; flittig, strevsom, samvittighetsfull.
paint [peint] maling, farge, sminke; male, sminke; skildre, fremstille, beskrive; sminke seg; **as fresh as –** så frisk som en rose; **wet –! fresh -ed!** nymalt (plakat til advarsel). **-box** malerkasse; fargeskrin. **-brush** malerkost, pensel. **– enamel** emaljelakk.
painter [ˈpeintә] maler, kustmaler.
painter [ˈpeintә] fangline til en båt, feste.
painting [ˈpeintiŋ] malerkunst; maleri, maling.
paintress [ˈpeintris] malerinne.
paintwork maling, det malte; **beautiful –** malingen er nydelig utført.
painty [ˈpeinti] overlesset med farger; som hører til maling.
pair [pɛә] (oftest uforandret i pl. etter tallord) par (om to sammenhørende, forskjellig fra **couple);** sett, tospann; slå seg sammen to og to, pare seg, pare; **a – of boots** et par støvler; **that's another – of sleeves (trousers, shoes)** det er en annen historie; **there's a – of them** det er et nydelig par (ironisk); **a – of glasses** briller; **a – of scissors** saks; **a – of stairs** en trapp; **a two-– back (front)** et værelse i tredje etasje til gården (til gata); **a – of steps** en (utvendig) trapp, en kjøkkentrapp; **a carriage and –** en vogn med to hester; **in pairs** to og to, parvis.
pairing [ˈpɛәriŋ] paring. **– season** paringstid. **– time** paringstid.
pajamas [pәˈdʒɑːmәz] (US) pyjamas.

Pakistan [pɑ:kiˈstɑ:n]. **Pakistani** [pɑ:kiˈstɑ:ni] pakistansk, pakistaner.
pal [pæl] (slang) kamerat, kompis; være kamerat med.
palace [ˈpæləs, -is] palass, slott; **the Palace** ofte for **the Crystal Palace; People's Palace** en stor bygning med lokaler til underholdning, belæring o. l. for økonomisk dårligere stilte i Londons East-End. – **car** (US) salongvogn. – **court** slottsrett (gml. rett, som dømte i sivile saker i 12 miles omkrets om Whitehall). – **steward** slottsforvalter. – **yard** slottsgård.
paladin [ˈpælədin] omstreifende ridder, helt, eventyrer; jevning.
palaeography [peiliˈɔgrəfi, pæli-] paleografi; kunnskap om paleografi. **palaeologist** [peiliˈɔlədʒist, pæl-] oldkyndig. **palaeology** [-dʒi] arkeologi, kunnskap om den gamle tiden. **palaeontology** [pæliɔnˈtɔlədʒi] paleontologi. **palaeotype** [ˈpæliotaip] paleotyp, oldtrykk. **palaeozoic** [pæliəuˈzəuik] paleozoisk, urdyrs-.
palaestra [pəˈlestrə] bryteplass, turnhall.
palanquin [pælənˈki:n] bærestol, palankin.
palatable [ˈpælətəbl] velsmakende; tiltalende, akseptabel. **palatal** [ˈpælətəl] gane-, palatal; ganelyd, palatal. **palatalize** [ˈpælətəlaiz] palatalisere. **palate** [ˈpælət, -it] gane.
palatial [pəˈleiʃəl] palassaktig, palassmessig, palass-; prektig, fornem.
palatinate [pəˈlætinit] pfalzgrevskap; **the Palatinate** Pfalz, Kur-Pfalz med biland.
palatine [ˈpælətain] pfalzgrevelig; gane-; **count** – pfalzgreve; **the Elector Palatine** kurfyrsten av Pfalz.
palaver [pəˈlɑ:və] forhandling, forhandlingsmøte; tomt snakk; forhandle; snakke, skravle; smigre.
pale [peil] pæl, påle, staur; grense; gjerde; enemerke, område; sette peler el. gjerde omkring; **beyond the – of civilisation** utenfor sivilisasjonens grenser.
pale [peil] ble(i)k; gjøre blek; blekne, falle igjennom (ved sammenligning); **turn** – bli blek; **as – as death** dødblek. – **ale** en slags lyst bittert øl. **paleface** blekansikt, hvit mann. **palefaced** hvit. **paleness** [ˈpeilnis] blekhet. **pale fence** stakittgjerde.
Palestine [ˈpælistain] Palestina. **Palestinean** [pæliˈstinjən] palestinsk; palestiner.
palestra [pəˈlestrə] palestra, bryteplass; bryteøvelser.
paletot [ˈpæltəu] paletot, overfrakk.
palette [ˈpælit] palett. – **knife** palettkniv.
palfrey [ˈpɔ:lfri] ridehest, især damehest.
Pali [ˈpɑ:li] pali, palispråk.
palification [pælifiˈkeiʃən] pæling, påling, pæleramming, inngjerding.
palimpsest [ˈpælimpsest] palimpsest.
paling [ˈpeiliŋ] pæler, påler, pæleverk, stakitt, plankegjerde; grenser, enemerker.
palisade [pæliˈseid] palisade, pæleverk, påleverk.
palish [ˈpeiliʃ] blekaktig.
pall [pɔ:l] pallium, talar; likklær, sorte klær over en kiste; innhylle i likklær, dekke til.
pall [pɔ:l] dovne, miste sin kraft, svekkes, svinne; gjøre doven; svekke, matte, gjøre motløs.
Palladian [pəˈleidiən] i Palladios stil.
palladium [pəˈleidjəm] palladium, bilde av Pallas Atene; bolverk, vern, beskyttelsesmiddel.
Pallas [ˈpæləs] Pallas Atene.
pallbearer [ˈpɔ:lbɛərə] sørgemarskalk, kistebærer.
pallet [ˈpælit] simpel seng, halmmadrass; palett; dreieskive (hos pottemakere); palle (for gaffeltruck); pal, sperrehake; ventil (i orgelpipe). – **truck** gaffeltruck.
palliasse [pælˈjæs] halmmadrass.
palliate [ˈpælieit] smykke, pynte på, unnskylde; lindre, døyve. **palliation** [pæliˈeiʃən] unnskyldning, besmykkelse; lindring. **palliative** [ˈpæljətiv] unnskyldende; lindrende; lindrende middel.
pallid [ˈpælid] blek, gråblek, gusten. **pallidity** [pəˈliditi] blekhet. **pallidness** [ˈpælidnis] blekhet.
pallium [ˈpæliəm] gammel gresk kappe, filosofkappe; pallium.
Pall Mall [ˈpælˈmæl, pelˈmel] (gate i London).
pall mall gammelt spill med trekule og kølle.
pallor [ˈpælə] blekhet.
palm [pɑ:m] håndflate, håndsbredd; ankerfli; stryke håndflaten over, berøre, beføle; gjemme i hånden; bestikke, smøre; – **it off on him** prakke det på ham; **grease his** – smøre (ɔ: bestikke) ham; – **himself off as** utgi seg for.
palm [pɑ:m] palme; **carry off the** – gå av med seieren, ta prisen.
palma [ˈpælmə] palme. **palmaceous** [pælˈmeiʃəs] palmeaktig.
palmated [pælˈmeitid] håndformet, hånddelt.
palmer [ˈpɑ:mə] pilegrim; sommerfugllarve.
Palmerston [ˈpɑ:məstən].
palmery [ˈpɑ:məri] palmehus.
palmetto [pælˈmetəu] dvergpalme.
palmist [ˈpɑ:mist] en som spår i håndflaten. **palmistry** [-ri] kiromanti.
palmoil [ˈpɑ:mɔil] palmeolje; bestikkelse; «bein».
Palm Sunday [ˈpɑ:mˈsʌndi] palmesøndag.
palm tree [ˈpɑ:mtri:] palme.
palm wine [ˈpɑ:mwain] palmevin.
palmy [ˈpɑ:mi] palmevokst, palmelignende; seierrik, lykkelig, stor, velmakts-.
palp [pælp] føletråd, følehorn. **palpability** [pælpəˈbiliti] håndgripelighet. **palpable** [ˈpælpəbl] håndgripelig; merkbar, tydelig. **palpation** [pælˈpeiʃən] beføling.
palpitate [ˈpælpiteit] banke, pikke, klappe; sitre, skjelve, beve. **palpitation** [pælpiˈteiʃən] skjelving, hjertebank.
palsgrave [ˈpɔ:lzgreiv] pfalzgreve.
palsied [ˈpɔ:lzid] lam; verkbrudden; skjelvende.
palsy [ˈpɔ:lzi] lamhet; hjelpeløshet; lamme.
palter [ˈpɔ(:)ltə] være underfundig, bruke knep, fuske; fjase; misbruke ens tillit. **paltriness** [ˈpɔ(:)ltrinis] usselhet, lumpenhet. **paltry** [ˈpɔ(:)ltri] ussel, stakkarslig, lumpen.
paludal [pəˈl(j)u:dəl, ˈpæljudəl] sumpet, myr-.
palustral [pəˈlʌstrəl] sumpet, myr-.
paly [ˈpeili] noe blek.
pampas [ˈpæmpəs] pampas.
pamper [ˈpæmpə] overmette, stappe; gjø, fete; forkjæle, skjemme bort.
pamphlet [ˈpæmflit] trykksak, hefte, brosjyre; flyveskrift; skrive, gi ut en brosjyre. **pamphleteer** [pæmfliˈtiə] brosjyreforfatter; skrive brosjyrer.
Pan [pæn] Pan; **a set of -'s pipes** panfløyte.
pan [pæn] panne, stekepanne; saltpanne, kar, gryte, kasserolle; kolle, ringe; skalle, skolt, ansikt; vaske (gull); kritisere; **dead** – uttrykksløst ansikt.
panacea [pænəˈsiə] universalmiddel, mirakelråd.
panache [pəˈnæʃ] fjærbusk; stolt gestus.

Panama [pænəˈmɑ:].
Pan-American [pænəˈmerikən] panamerikansk (omfattende alle stater i Nord- og Sør-Amerika).
Pan-Anglican [pænˈæŋglikən] pananglikansk (omfattende alle grener av den anglikanske kirke).
panary [ˈpænəri] brød-, som hører til brød.
pan balance skålvekt.
pan breeze slagg, koksgrus.
pancake [ˈpænkeik] pannekake; makeup, dekkkrem. **P. Tuesday** fetetirsdag (tirsdag etter fastelavnssøndag).
pancreas [ˈpænkriəs] bukspyttkjertel.
pandar, se **pander.**
pandect [ˈpændekt], **the Pandects** pandektene, Justinians samlinger av rettslærdes betenkninger.
pandemic [pænˈdemik] pandemisk; epidemisk.
pandemonium [pændiˈməunjəm] pandemonium, de onde ånders bolig; helvete, kaos.
pander [ˈpændə] kobler, ruffer, hallik; koble, ruffe. **panderage** [ˈpændəridʒ] kobleri, rufferi.
Pandora [pænˈdɔ:rə].
pandy [ˈpændi] pandy, økenavn for en indisk soldat; (skot.) slag i håndflaten (som straff).
pane [pein] felt, stykke, avdeling, flate, side, tavle; rute, vindusrute. **-less** [-lis] uten ruter.
panegyric [pæniˈdʒirik] overdreven lovtale. **panegyric(al)** [-l] lovprisende, rosende, smigrende. **panegyrist** [pæniˈdʒirist] lovpriser, lovtaler. **panegyrize** [ˈpænidʒiraiz] berømme, rose; holde lovtaler.
panel [ˈpænl] felt, fag; avdeling; speil, fylling (i dør); pute (i sal); pergamentrull, liste (især over lagrettemenn); jury, gruppe, bedømmelsesutvalg, panel; instrumenttavle; pryde med felter, panele. **– board** presspapp. **– discussion** paneldiskusjon.
panelling [ˈpæn(ə)liŋ] panelverk, felter, fyllinger.
panel work felter, fyllinger.
pang [pæŋ] smerte, kval, stikk, sting, støt, trykke, presse, trenge; pakke; **-s of conscience** samvittighetsnag.
panhandle [ˈpænˈhændl] stekepannehåndtak; langt smalt jordstykke; tigge, betle; **-r** tigger.
panic [ˈpænik] panikk; panisk skrekk; panisk, plutselig, utstyrlig (frykt). **panicky** [ˈpæniki] panikkaktig; panikk-, som setter støkk i folk. **panic|monger** [ˈpænikmʌŋgə] panikkmaker. **– -stricken** [-strikn]. **-struck** [-strʌk] vettskremt, fælen, skrekkslagen; motløs.
pannage [ˈpænidʒ] grisebeite, grisefôr; rett til grisebeite (i skog).
pannier [ˈpænjə] bærekurv, ryggkurv; sykkelveske.
pannikin [ˈpænikin] metallkrus, tinnkrus.
panorama [pænəˈrɑ:mə] panorama, rundskue. **panoramic** [pænəˈræmik] panoramatisk.
panpipe panfløyte.
Panslavic [ˈpænˈslævik, -ˈslɑ:-] panslavisk.
Panslavism [ˈpænˈslævizm, -ˈslɑ:-] panslavisme.
pansy [ˈpænzi] stemorsblomst; homoseksuell; overdrevent feminin, affektert.
pant [pænt] trekke pusten kort og fort, puste, stønne, pese; pesing, snapping etter pusten, stønn, gisp; stormgang.
pantalet(te)s [pæntəˈlets] mamelukker.
pantaloon [pæntəˈlu:n] latterlig person i komedier og pantominer; i pl.: benklær.
pantechnicon [pænˈteknikən] møbellager; flyttebil (stor).
pantheism [ˈpænθiizm] panteisme. **pantheist** [-ist] panteist. **pantheistic** [pænθiˈistik] panteistisk.
pantheon [ˈpænθiən] panteon, tempel for alle guder.
panther [ˈpænθə] panter. **pantherine** [-r(a)in] panteraktig, flekket.
pantie girdle [ˈpæntigə:dl] panty. **panties** [ˈpæntiz] truser; barnebukser.
pantile [ˈpæntail] takpanne, pannestein.
panto [ˈpæntəu] pantomime. **pantomime** [ˈpæntəmaim] pantomime; slags eventyrskuespill med forvandlingsscene. **pantomimic** [pæntəˈmimik] pantomimisk. **pantomimist** [pæntəˈmaimist] pantomimiker.
pantry [ˈpæntri] spiskammer, anretningsrom.
pants [pænts] (eng.) underbukser; (US) bukser. **catch him with his – down** knipe ham på fersk gjerning.
pant suit (US) bukse|drakt, -dress.
panty hose strømpebukse.
pap [pæp] pappa; barnemat; grøt, grøtaktig masse; klister, pasta; brystvorte.
papa [ˈpɑ:pə, pəˈpɑ:] pave; prest; pappa, far.
papacy [ˈpeipəsi] pavedømme; paveverdighet.
papal [ˈpeipəl] pavelig.
papaver [pəˈpeivə] valmue.
papaw [pəˈpɔ:] melontre.
paper [ˈpeipə] papir, papp, blad, ark; tapet; blad, avis; foredrag; avhandling, stil; nummer av et skrift; oppgave; eksamenspapir; verdipapir, veksel; **read a – on** holde forelesning over; **on –** skriftlig, svart på hvitt; **printed -s** trykksaker; **the house is full of –** de fleste tilskuere har fribillett; **commit to –** skrive ned; **write to the -s** skrive i avisene.
paper [ˈpeipə] kle med papir, tapetsere; legge i papir. **-back** billigbok, pocketbok. **-bag** papirpose. **-cap** papirlue. **– carrier** avisbud. **– chase** «hares and hounds» (en slags lek). **– copy** uinnbundet eksemplar. **– cover** papiromslag. **– currency** papirpenger. **– cutter** papirkniv. **– dart** papirsvale, papirfly. **– folder** falsben; papirkniv. **– hanger** tapetserer. **– hangings** tapeter, tapet. **– hunt,** se **– chase. papering** [ˈpeipəriŋ] innpakning, emballering; tapetsering.
paper |knife [ˈpeipənaif] papirkniv. **– maker** papirfabrikant; klutesamler. **– money** papirpenger. **– -padded** papirforet. **– pulp** papirmasse. **– reed** papyrus. **– ribbon** papirstrimmel; telegrafpapir. **– shavings** papiravfall. **– stainer** tapetfabrikant. **– tape** hullbånd. **-weight** brevvekt. **– work** skrivebordsarbeid; pappsløyd. **papery** [ˈpeipəri] papir-, papiraktig.
papier maché [ˈpæpjeiˈmæʃei] pappmasjé.
papillote [ˈpæpiləut] papiljott.
papist [ˈpeipist] papist. **papistical** [pəˈpistikl] papistisk. **papistry** [ˈpeipistri] papisteri.
papoose [pəˈpu:s] indianerbarn.
pappy [ˈpæpi] grøtaktig, bløt.
papyrus [pəˈpairəs] papyrus.
par [pɑ:] likhet, likestilling; pari; **be on a – with** være likestilt med; **put on a – with** likestille med; **above –** over pari; **at –** til pari; **below –** under pari; **– of exchange** myntparitet.
par fk. f. **paragraph;** avisnotis.
parable [ˈpærəbl] parabel, lignelse; tale, foredrag; uttrykke ved en lignelse.

parachute [ˈpærəʃu:t] fallskjerm; foreta fallskjermhopp el. -utslipp. – **flare** lysbombe.
parade [pəˈreid] parade, mønstring; parole, appell; paradeplass; promenade; prakt, prunk, stas; paradere med, vise, stille til skue; la paradere; paradere i; **make a – of** paradere med, prale med. – **ground** paradeplass. – **step** paradeskritt.
paradigm [ˈpærədaim] paradigma, mønster.
paradise [ˈpærədais] paradis; **live in a fool's –** tro at alt er såre godt.
paradox [ˈpærədɔks] paradoks; tilsynelatende motsigelse. **paradoxical** [pærəˈdɔksikl] paradoksal, paradoks. **paradoxist** [ˈpærədɔksist] paradoksmaker. **paradoxy** [ˈpærədɔksi] paradoksal beskaffenhet.
paraffin [ˈpærəfi(:)n] parafin; parafinere; – **oil** parafinolje.
paragon [ˈpærəgɔn] mønster; – **of virtue** dydsmønster.
paragraph [ˈpærəgrɑ:f] avsnitt, stykke, notis, artikkel (i et blad); behandle, omtale i en avisnotis; dele opp i avsnitt.
Paraguay [ˈpærəgwei, ˈpærəgwai].
parakeet [ˈpærəki:t] parakitt (slags papegøye).
parallax [ˈpærəlæks] parallakse.
parallel [ˈpærəlel, -ləl] parallell, likeløpende; tilsvarende; parallell; likhet; sammenlikning; sidestykke; breddegrad, parallellsirkel; trekke parallell, gjøre parallell; løpe parallell med; svare til, kunne måle seg med; komme opp mot. – **bars** skranke (turnapparat). **parallelism** [ˈpærəlelizm] parallellisme, likhet, parallell; sammenlikning, sammenstilling. **parallelogram** [ˈpærəˈleləugræm] parallellogram.
paralyse [ˈpærəlaiz] lamme; lamslå, fjetre. **paralysis** [pəˈrælisis] lammelse, lamhet. **paralytic** [pærəˈlitik] lam.
paramount [ˈpærəmaunt] øverst, som står over alt annet, fremherskende; ytterst viktig; overherre, overhode.
paramour [ˈpærəmuə] elsker; elskerinne.
parapet [ˈpærəpet] brystvern; rekkverk; forsyne med brystvern.
paraphernalia [pærəfəˈneiljə] parafernalier; kones særeie; personlig utstyr, smykker; tilbehør, utstyr, remedier, pargas.
paraphrase [ˈpærəfreiz] omskrivning; omskrive. **paraphrastic** [pærəˈfræstik] omskrivende.
parasite [ˈpærəsait] parasitt, snyltegjest, snylter; snylteplante, snyltedyr. **parasitic** [pærəˈsitik] snyltende.
parasol [pærəˈsɔl] parasoll.
para|suit [ˈpærəsju:t] fallskjermdrakt. **-tactic(al)** parataktisk. **-taxis** paratakse. **-trooper** fallskjermsoldat.
parboil [ˈpɑ:bɔil] halvkoke, gi et oppkok, forvelle; (fig.) skålde, steke.
parcel [ˈpɑ:sl] kvantum, parti (varer); stykke, pakke; parsell, del; fordele, stykke ut; **be part and – of** være ett med, inngå i; **by -s** stykkevis; **-s' delivery** pakkebefordring; **by -s' post** med pakkeposten. – **bill** følgebrev. – **frame** bæremeis. – **lift** vareheis. – **office** pakkeekspedisjon. – **post** pakkepost. – **van** vogn til utbringing av pakker; godsvogn.
parcener [ˈpɑ:sənə] medarving.
parch [pɑ:tʃ] brenne; svi, tørke bort; riste, roste. **parchedness** [ˈpɑ:tʃidnis] avsvidd tilstand. **parching** [ˈpɑ:tʃiŋ] brennende.
parchment [ˈpɑ:tʃmənt] pergament.
pard [pɑ:d] leopard; (US) kompis, kamerat.
pardner [ˈpɑ:dnə] (vulgært for **partner)** kompanjong, kamerat, kompis.
pardon [ˈpɑ:dn] tilgi; benåde, unnskylde; tilgivelse, forlatelse; benådning; – **me** unnskyld! **I beg your –** om forlatelse; hva behager; **beg –** unnskyld, hva behager; **I beg you a thousand -s** (eller **I beg your – a thousand times)** jeg ber tusen ganger om forlatelse.
pardonable [ˈpɑ:dnəbl] tilgivelig.
pardoner [ˈpɑ:dnə] (gammelt) avlatskremmer.
pardoning [ˈpɑ:dniŋ] barmhjertig.
pare [pɛə] skrelle; klippe, skave, sneie, skjære (en negl); skrape, beskjære, beklippe.
paregoric [pærəˈgɔrik] smertestillende middel.
parent [ˈpɛərənt] far; mor; en av foreldrene; opphav, moder-; **-s** foreldre. **parentage** [ˈpɛərentidʒ] herkomst, opphav, byrd, slekt, ætt. **parental** [pəˈrentəl] faderlig; moderlig; foreldre-.
parenthesis [pəˈrenθisis] parentes; (fig.) mellomspill, episode. **parenthesize** [-θisaiz] skyte inn i en parentes. **parenthetic** [pærənˈθetik] parentetisk.
parenthood [ˈpɛərenthud] foreldres stilling el. verdighet, foreldrestand; **planned –** familieplanlegging.
parentless [ˈpɛərentlis] foreldreløs.
parer [ˈpɛərə] redskap til å skrelle med.
paresis [ˈpærisis, pəˈri:sis] lettere lammelse, parese.
parget [ˈpɑ:dʒit] mørtel, murpuss, stukkatur.
pariah [ˈpæriə] paria.
paring [ˈpɛəriŋ] skrelling; skrell, avskraping. – **chisel** stemjern.
Paris [pæris].
parish [ˈpæriʃ] sogn, herred, kommune; sogne-; **go on the –** komme på forsorgen. – **clerk** degn, klokker. – **council** sognestyre. – **house** menighetshus.
parishioner [pəˈriʃənə] som hører hjemme i sognet el. herredet; sognebarn.
parish | meeting herredsting. – **minister** sogneprest. – **officer** kommunal bestillingsmann. **–-pauper** person som underholdes av fattigvesenet, av forsorgsvesenet. – **pay,** – **relief** fattigunderstøttelse, forsorgsbidrag. – **work** menighetsarbeid.
Parisian [pəˈrizən] parisisk; pariser(inne).
parisyllabic [pærisiˈlæbik] med like mange stavelser.
parity [ˈpæriti] likhet, paritet, jevnbyrdighet; likelønn; – **of exchange** myntparitet.
park [pɑ:k] park; skog; anbringe i park; spasere i park; parkere (biler); **cars must not be -ed** parkering forbudt.
parka [ˈpɑ:kə] parkas, anorakk.
park|-and-ride innfartsparkering. – **auntie** parktante.
parking [ˈpɑ:king] parkering. – **brake** håndbrems. – **charge** parkeringsavgift. – **disk** parkeringsskive. – **lot** parkeringsplass. – **meter** parkometer. – **ticket** ≈ rød lapp (for ulovlig parkering).
parlamentarian [pɑ:ləmenˈtɛəriən] parlamentariker.
parlance [ˈpɑ:ləns] talebruk; språkbruk.

parley [ˈpɑ:li] tale, forhandle; samtale, forhandling; underhandling.
Parliament [ˈpɑ:ləmənt] parlament, storting. **parliamentarian** [pɑ:ləmənˈtɛəriən] parlamentarisk; på parlamentets side (i 17. årh.); parlamentariker. **parliamentarism** [pɑ:ləˈmentərizm] parlamentarisme. **parliamentary** [pɑ:ləˈmentəri] parlamentarisk; **– train** et av de tog som før 1. Verdenskrig ifølge en parlaments-lov befordret 3. klasses passasjerer til en takst av 1 penny pr. mile.
parlour, (US) **parlor** [ˈpɑ:lə] taleværelse i kloster; stue, dagligstue; gjestestue; privatkontor; salong, eks. **beauty –** skjønnhetssalong. **– boarder** pensjonær som mot høyere betaling spiser ved familiens eget bord. **– car** (US) salongvogn. **– carpet** golvteppe. **– game** selskapslek. **– gun** salonggevær. **– maid** stuepike. **– pink** salongkommunist. **– skates** rulleskøyter.
parlous [ˈpɑ:ləs] (spøkende uttrykk) farlig.
Parmesan [pɑ:miˈzæn] **cheese** parmesanost.
parochial [pəˈrəukjəl] sogne-, herreds-, kommunal; (fig.) provinsiell, trangsynt, begrenset.
parodic(al) [pəˈrɔdik(l)] parodisk, parodierende. **parodist** [ˈpærədist] parodiker. **parody** [ˈpærədi] parodi; parodiere.
parole [pəˈrəul] parole, feltrop; æresord; frigi, løslate på æresord el. prøve.
paronomasia [pærənəˈmeiʒə] ordspill.
parotid [pəˈrɔtid] ørekjertel, spyttkjertel ved øret.
paroxysm [ˈpærəksizm] paroksysme, anfall. **she burst into a – of tears** hun brast i krampegråt.
parquet [pɑ:ˈket, ˈpɑ:rkei, ˈpɑ:kit] parkettgulv; legge inn parkettgulv, innlegge med trearbeid. **– block** parkettstav. **– flooring** parkettgulv. **parquetry** [ˈpɑ:kitri] parkettgulv, parkettplater.
parr [pɑ:] unglaks.
parricidal [pæriˈsaidəl] fadermordersk; modermordersk. **parricide** [ˈpærisaid] fadermorder, modermorder; fadermord, modermord.
parrot [ˈpærət] papegøye; snakke etter; etterape. **parroter** [ˈpærətə] ettersnakker, etteraper, skravlekopp. **parrotry** [ˈpærətri] etteraping.
parry [ˈpæri] avparere; parere, avverge, komme seg unna; parade.
parse [pɑ:s] analysere (i grammatikk).
Parsee [ˈpɑ:si:] parser, ildtilbeder.
parsimonious [pɑ:siˈməunjəs] knipen, knuslet, altfor sparsommelig. **– fare** sultekost. **parsimony** [ˈpɑ:siməni] påholdenhet, kniping, knussel.
parsley [ˈpɑ:sli] persille. **– bed** persillebed.
parsnip [ˈpɑ:snip] pastinakk; **fat words butter no -s** det hjelper ikke med snakk.
parson [ˈpɑ:sn] sogneprest, prest.
parsonage [ˈpɑ:snidʒ] sognekall; prestegård.
parsties [ˈpɑ:stiz] (i slang) bakverk.
part [pɑ:t] del, part, stykke; andel, lut, del av et skrift, hefte, avdrag; stemme, parti; rolle; område, strøk; **-s** begavelse, evner; egn, kant (av landet); **– of speech** ordklasse; **the most –** de fleste; **fill one's –** mestre oppgaven; **for the most –** for det meste; **for my –** hva meg angår; **take in good –** oppta godt; **on his –** fra hans side; **in foreign -s** i utlandet; **do one's -s** gjøre sitt; **a man of -s** et talentfullt menneske; **don't play me any of your -s** kom ikke med dine kunstner; **he would take her –** han ville ta parti for henne; **take – with** ta parti for; **in –** delvis.
part [pɑ:t] dele; atskille; skille; dele seg, gå i stykker; revne, springe, sprenges; skilles; skille seg; **we -ed with him** vi skiltes fra ham; **our routes -ed** våre veier skiltes; **I won't – with my property** jeg vil ikke skille meg av med min eiendom.
part- delvis, part-, stykk; **– cargo** stykkgods.
part. fk. f. **participle; particular.**
partake [pɑ:ˈteik] delta, ta del, være med; **– of** nyte, innta; besitte noe av; **– too freely of** ta for mye til seg av. **partaker** [pɑ:ˈteikə] deltaker. **partaking** [pɑ:ˈteikiŋ] deltakelse; delaktighet.
parter [ˈpɑ:tə] deler, atskiller.
parterre [pɑ:ˈtɛə] parterre (i teater); blomsterbed (ved husvegg).
part-exchange bytte inn, skifte ut; innbytte.
Parthia [ˈpɑ:θjə] Partia. **Parthian** [-n] partisk; parter; **– arrow** (el. **bolt** el. **shot)** partisk pil; et rammende svar avlevert idet man går.
partial [ˈpɑ:ʃəl] partiell, delvis; særskilt; partisk; **be – to** være partisk til fordel for; foretrekke; være inntatt i, ha en svakhet for. **– acceptance** partialaksept. **partiality** [pɑ:ʃiˈæliti] partiell beskaffenhet; partiskhet, ensidighet; svakhet; forkjærlighet. **partially** [ˈpɑ:ʃəli] delvis, for en del.
partibility [pɑ:tiˈbiliti] delelighet. **partible** [ˈpɑ:tibl] delelig, delbar.
participant [pɑ:ˈtisipənt] deltaker; deltakende. **participate** [pɑ:ˈtisipeit] delta, ta del i. **participation** [pɑ:tisiˈpeiʃən] deltakelse. **participator** [pɑ:ˈtisipeitə] deltaker.
participial [pɑ:tiˈsipjəl] partisipal. **participle** [ˈpɑ:tisipl] partisipp; **past –** perfektum partisipp; **present –** presens partisipp.
particle [ˈpɑ:tikl] liten del; partikkel; fnugg, grann; **not a –** ikke det minste; **there wasn't a – of truth in it** der var ikke et grann av sannhet i det. **– board** sponplate.
parti-coloured [ˈpɑ:tiˈkʌled] broket, spraglet.
particular [pəˈtikjulə] særegen, særskilt; bestemt, enkelt, spesiell, viss; viktig; nøyaktig; detaljert; nøyeregnende, fordringsfull, kresen; merkelig, rar; enkelthet, detalj; spesialitet; **he is – in his eating** han er kresen med hva han spiser; **for a – purpose** i et bestemt øyemed; **they're nobody –** det er ganske alminnelige folk; **it's –** det er av viktighet; **be – about** være nøyeregnende med; **in –** især, i særdeleshet; **in that –** i den henseende; **(further) -s** nærmere opplysninger, utførlige opplysninger.
particularity [pətikjuˈlæriti] særegenhet; omstendighet; eiendommelighet.
particularize [pəˈtikjuləraiz] nevne særskilt, oppføre enkeltvis; gå i det enkelte.
parting [ˈpɑ:tiŋ] delende, kløyvende, skillende; avskjeds-; deling, atskillelse; avdeling; avskjed; oppbrudd; skilsmisse; skill i håret. **– cup** avskjedsbeger. **– strip** midtrabatt (på vei).
partisan [ˈpɑ:tizæn] partisan (slags hellebard).
partisan [pɑ:tiˈzæn] partigjenger, tilhenger; partitraver, partifanatiker; partisan, geriljasoldat. **partisanship** [pɑ:tiˈzænʃip] partiånd; partitrav, partifanatisme; partisanvirksomhet.
partition [pɑ:ˈtiʃən] deling; skille, skjell; skillerom, skillevegg; skar, hakk; (jur.) skifte; dele, avdele (i rom).
partitive [ˈpɑ:titiv] delende, delings-.
partizan [ˈpɑ:tizæn, pɑ:tiˈzæn] se **partisan.**
partly [ˈpɑ:tli] til dels, delvis.

partner [ˈpɑ:tnə] deltager; parthaver, interessent, kompanjong; makker, medspiller; ektefelle; **acting (active, working) –** aktiv deltager; **silent (sleeping) –** passiv deltager; **be admitted as a –** bli opptatt som kompanjong; **take -s** engasjere. **– race** parløp.
partnership [ˈpɑ:tnəʃip] kompaniskap, fellesskap; firma; **enter into –** gå i kompaniskap; **limited –** kommandittselskap.
part | owner [ˈpɑ:tˈəunə] medeier, parthaver. **– payment** avdrag, nedbetaling.
partridge [ˈpɑ:tridʒ] åkerhøne, åkerrikse; rapphøne.
part | singing [ˈpɑ:tsiŋiŋ] flerstemmig sang. **– song** flerstemmig sang. **– -time** deltids-; **– -time job** deltidsarbeid.
parturition [pɑ:tjuˈriʃən] fødsel.
party [ˈpɑ:ti] parti; selskap, lag; kommando, avdeling, deling; flokk, gruppe; deltaker; part, person; **the offended –** den fornærmede part; **give a –** holde et selskap; **a jolly –** et lystig lag; **go to a –** gå i selskap; **be of the –** være med; **I will be no – to this affair** jeg vil ikke ha noe å gjøre med denne sak; **a third –** en tredjemann, en upartisk; **this here –** denne fyren; **there will be no –** (ved innbydelser) i all enkelthet; **I resolved to make her a –** jeg besluttet å innvie henne i saken. **– card** medlemskort i politisk parti, partibok. **– -coloured** [ˈpɑ:tikʌləd] spraglet. **– end** partiformål. **– fence** fellesgjerde. **-ing** selskapelighet, festing. **– machine** partiorganisasjon. **– man** partimann. **– rally** partikongress. **– spirit** partiånd. **– wall** skillemur, skillevegg (mellom to hus).
par value pariverdi.
pas [pɑ:] trinn, dansetrinn; fortrinn, forrang; **have the – of** gå foran.
paschal [ˈpɑ:skəl] påske-.
pash [pæʃ] svermeri; svermerisk; **have a – on** sverme for, være helt på knærne etter.
pasha [ˈpɑ:ʃə, ˈpæʃə, pəˈʃɑ:] pasja.
pasquil [ˈpæskwil], **pasquin** [ˈpæskwin] smedeskrift. **pasquinade** [pæskwiˈneid] smedeskrift.
pass [pɑ:s] passere (gå, komme, kjøre, dra, ri); passere forbi, gå forbi, gå over, gå hen, svinne, falle, forsvinne; bestå, greie, ta (en eksamen); vedtas (om lover); tilbringe; forbigå; la passere; anta; vedta; rekke, levere; utgi; gjennomgå, gjennomlese; **– an examination** bestå en eksamen; **bring to –** iverksette, gjennomføre; **come to –** hende; **– by** gå forbi; **– on** passere videre, gå videre; sende videre; **– over** gå hen over; gå over; forbigå; **by way of -ing the time** for å fordrive tiden; **it -es my comprehension** det går over min forstand; **he -ed his hand across his eyes** han strøk seg med hånden over øynene; **– away** fordrive tiden; dø, gå bort; **– by in silence** forbigå i taushet; **he -ed it off as genuine** han gav det ut for å være ekte; **– it on** sende det videre; **– out** besvime; dø; **– through** gjennomløpe, gjennomgå; **he is -ing himself as an unmarried man** han gir seg ut for å være ugift.
pass [pɑ:s] passasje, gang, vei, overgang; skar, pass, snevring; seddel el. brev som gir rett til å passere, fribillett; pass; abonnementsbillett; eksamensbevis; pasning, sentring; håndbevegelse; tilnærmelse, kur; krise; **matters have come to a bad –** det står dårlig til; **be at a fine –** sitte fint i det; **make -es** gjøre tilnærmelser.
pass. fk. f. **passive.**
passable [ˈpɑ:səbl] framkommelig, farbar; antagelig, brukbar, akseptabel, tålelig, noenlunde bra.
passacaglia [pæsəˈkɑ:ljə] passacaglia.
passage [ˈpæsidʒ] passasje, gang, korridor; overkjørsel; overreise, overfart, gjennomreise, forbigang, forbikjørsel; vei, lei; atkomst; begivenhet, tildragelse; ordskifte, diskusjon; avsnitt, sted (i en bok); gjennomføring, vedtak, beslutning; **bird of –** trekkfugl; **the following – is told of him** følgende trekk fortelles om ham; **the public have a right of –** folk har fri adgang, fri ferdsel. **– boat** ferjebåt. **– money** reisepenger; frakt. **-way** gang, korridor, gjennomgang.
pass|-bill [ˈpɑ:sbil] tollpass. **-book** [ˈpɑ:sbuk] kontrabok; bankbok. **-check** partoutkort; adgangstegn.
passé [ˈpæsei] foreldet, passé, falmet.
passenger [ˈpæs(i)ndʒə] passasjer, passasjer-, reisende. **– accommodation** passasjerbekvemmmeligheter. **– service** passasjerbefordring. **– ship** passasjerskip. **– train** persontog.
passe-partout [ˈpæspɑ:tu:] hovednøkkel; bilderamme.
passer [ˈpɑ:sə] passerende; forbigående; forbireisende. **– -by** forbigående, forbipasserende. **– -through** gjennomreisende.
passibility [pæsiˈbiliti] mottagelighet. **passible** [ˈpæsibl] mottagelig. **passibleness** [-nis] mottagelighet.
passim [ˈpæsim] på forskjellige steder.
passing [ˈpɑ:siŋ] forbigående, forbipasserende, forbiseilende; (gml.) overordentlig, forbigående; avgang; død; vedtakelse; pasning, avlevering; **– away** bortgang, død. **– bell** likklokke.
passion [ˈpæʃən] lidelse; pasjon, stemning, sinnsbevegelse; vrede, sinne, forbitrelse; lidenskap; elskov, kjærlighet; **be in a –** være sint, være rasende; **burst into a – of tears** bryte ut i voldsom gråt; **fly into a –** bli hoppende sint. **passionate** [ˈpæʃənit] lidenskapelig; voldsom, hissig; pasjonert. **passionateness** [-nis] lidenskapelighet. **passioned** [ˈpæʃənd] lidenskapelig.
passion flower [ˈpæʃənflauə] pasjonsblomst.
Passion | play [ˈpæʃənplei] pasjonsskuespill. **– tide** fasten. **– Week** den stille uke.
passive [ˈpæsiv] passiv, uvirksom; **the – voice** passiv (grammatisk); **the –** passiv.
passivity [pəˈsiviti] passivitet.
pass key [ˈpɑ:ski:] hovednøkkel.
passman [ˈpɑ:smæn] en som tar en gjennomsnittseksamen ved universitetet; middelhavsfarer.
passport [ˈpɑ:spɔ:t] pass.
pass ticket [ˈpɑ:stikit] fribillett; abonnement.
password [ˈpɑ:swə:d] feltrop, løsen, stikkord.
past [pɑ:st] forbigangen, forløpen, svunnen, fortidig; tidligere; fortid; forbi, over, ut over, utenom; **for the – fortnight** i de siste 14 dager; **his – life** hans fortid; **the – tense** fortid (i grammatikk); **he is – help** han står ikke til å hjelpe; **– hope** håpløs; **he is – saving** han står ikke til å redde; **it is exactly 20 minutes –** klokka er nøyaktig 20 minutter over.
paste [peist] masse, deig; leirmasse; pasta, kitt; klister; falsk(e) edelstein(er); klebe, klistre; mørbanke. **-board** [ˈpeistbɔ:d] papp, kartong, papp-; visittkort. **– pot** klisterkrukke. **– roller** kjevle.
Pasteur [pæˈstə:]. **pasteurization** [pæstəraiˈzeiʃən]

pasteurisering. **pasteurize** [ˈpæstəraiz] pasteurisere.
pastille [pəˈsti:l] røkelseskule; pastill; røyke.
pastime [ˈpɑ:staim] tidsfordriv, morskap.
past master [pɑ:stˈmɑ:stə] forhenværende mester (især blant frimurere), mester(i sitt fag).
pastor [ˈpɑ:stə] hyrde, sjelesørger, prest. **pastorage** [ˈpɑ:stəridʒ] pastorat, prestekall. **pastoral** [ˈpɑ:st(ə)rəl] hyrde-; prestelig; hyrdedikt. **pastorate** [ˈpɑ:stərit] pastorat; prestekall.
pastry [ˈpeistri] butterdeig, butterdeigskaker, konditorkaker, kaker, bakverk; **Danish –** wienerbrød. **-board** bakstebord. **-cook** [ˈpeistrikuk] konditor.
pasturable [ˈpɑ:stʃərəbl] tjenlig til beite. **pasturage** [ˈpɑ:stjuridʒ] beiting; beiteland, hamn. **pasture** [ˈpɑ:stʃə] gress, beite, hamnegang; sette på beite, la beite; beite, gå på gress, på beite. **– -land** beiteland, beitesmark.
pasty [ˈpeisti] deigaktig, klisteraktig; klisterpotte; bokbinder; kjøttpostei.
Pat [pæt] navn for en irlending, fk. f. **Patrick.**
pat [pæt] klappe, stryke, glatte; tromme lett, trippe; klapp; klatt, klakk; tripping, tripptrapp; fiks ferdig, parat.
pat. fk. f. **patent; patented.**
patch [pætʃ] lapp, bot, flikk, plaster; flekk, skjønnhetsplett; stykke i mosaikkarbeid; mosaikkstift; siktekorn; lappe, bøte, flikke; **he patched up a quarrel** han glattet over tretten; **patched-up work** hastverksarbeid, lappverk. **patcher** [ˈpætʃə] lapper, fusker.
patchouli [ˈpætʃuli] patchouli.
patch|pocket utvendig påsydd lomme. **-work** lappverk, flikkverk; **-work quilt** lappeteppe.
patchy [ˈpætʃi] lappet; gretten.
pate [peit] (i spøk) hode, knoll, skolt, skalle; (fig.) vett, forstand.
pâté [pæˈtei] postei.
patella [pəˈtelə] liten skål; kneskjell.
patent [ˈpeitənt, ˈpætənt] åpen, åpenbar; framtredende; klar, grei, villig; patentert; patent; patentere; gi patent på, ta patent på; **– letter** patentbrev; **take out a –** løse patent. **patentable** [ˈpeitəntəbl, ˈpæt-] som lar seg patentere. **patentee** [peitənˈti:, pæt-] patenthaver. **patent | fuel** briketter. **– leather shoes** lakksko. **-ly** åpenlyst. **– right** patentrett.
pater [ˈpeitə] opphav, far, husfar (på skole).
patera [ˈpætərə] utskåret rosett.
paternal [pəˈtə:nəl] fader-, faderlig, fedre-, fedrene; patriarkalsk. **paternity** [pəˈtə:niti] paternitet, farskap.
paternoster [pætəˈnɔstə] fadervår. **– lift** paternosterheis.
path [pɑ:θ] pl. **paths** [pɑ:ðz] sti, gangsti; bane, vei.
path. fk. f. **pathology.**
pathbreaker [ˈpɑ:θbreikə] banebryter.
pathetic [pəˈθetik] patetisk, gripende, rørende, stakkarslig, ynkelig. **pathetical** [pəˈθetikl] rørende. **pathetics** [pəˈθetiks] det rørende; rørende opptrinn.
pathfinder [ˈpɑ:θfaində] stifinner; foregangsmann.
pathology [pəˈθɔlədʒi] patologi, sykdomslære.
pathos [ˈpeiθɔs] patos, følelse, lidenskap, varme.
pathway [ˈpɑ:θwei] fortau; gangsti, vei, bane.
patience [ˈpeiʃəns] tålmodighet, utholdenhet, langmodighet; kabal (i kort); hagesyre (planten); **I have no – with him** jeg kan ikke utstå ham; **be out of – with** være trett av; være meget sint på; **lose (one's) –** miste tålmodigheten; **– cards** kabalkort; **play –** legge kabal.
patient [ˈpeiʃənt] tålmodig; lidende; pasient.
patois [ˈpætwɑ:] patois, folkemål; dialekt, målføre.
patrial [ˈpeitriəl] patrial, familie-; folke-.
patriarch [ˈpeitriɑ:k] patriark. **patriarchal** [peitriˈɑ:kl] patriarkalsk. **patriarchism** [ˈpeitriɑ:kizm] patriarkvelde, patriarkalsk styre. **patriarchship** [-ɑ:kʃip], **patriarchy** [-ɑ:ki] patriarkat.
patrician [pəˈtriʃən] patrisisk, adelig; patrisier. **patricianism** [-izm] egenskap, rang som patrisier. **patriciate** [pəˈtriʃiit] patrisiat, patrisiere.
patricide [ˈpætrisaid] fadermord, fadermorder.
Patrick [ˈpætrik] Patricius; **St. –** Irlands skytshelgen.
patrimonial [pætriˈməunjəl] arvet (fra fedrene), arve-. **patrimony** [ˈpætriməni] fedrenearv.
patriot [ˈpeitriət, ˈpæt-] patriot, fedrelandsvenn; patriotisk, fedrelandssinnet, fedrelandsk. **patriotic** [pætriˈɔtik] patriotisk. **patriotism** [ˈpætriətizm] patriotisme, fedrelandskjærlighet.
patrol [pəˈtrəul] patrulje; runde; avpatruljere; patruljere, gå runden. **-man** patruljerende konstabel.
patron [ˈpeitrən, ˈpæt-] patron, beskytter, velynder; skytshelgen; fast kunde, stamgjest. **patronage** [ˈpætrənidʒ] beskyttelse, proteksjon, yndest, støtte; kallsrett. **patroness** [ˈpeitrənis, ˈpæt-] beskytterinne, velynder; skytshelgen. **patronize** [ˈpætrənaiz] beskytte, støtte, være velynder av, ynde; være kunde el. gjest hos, søke; behandle nedlatende. **patronizer** [-ə] beskytter, velynder, venn. **patron saint** skytshelgen.
patronymic [pætrəˈnimik] familie-, slekts-; familienavn, etternavn, srl. laget av farsnavnet.
patroon [pəˈtru:n] (US) grunneier (med spesielle rettigheter).
patten [ˈpætin] tresko; fotstykke, svillstokk.
patter [ˈpætə] hagle, knitre, larme, piske, tromme; la hagle, tromme; trippe; mumle, mumle fram; plapre, ramse opp; hagling, knitring, larm, larming, pisking, tromming; tripping; klapring; snakk, skravl, regle, utenatlært lekse.
pattern [ˈpætən] modell, mønster; prøve; slag, type; struktur, kombinasjon; forløp; forme; pryde (med et mønster); **set him a –** foregå ham med et godt eksempel; **take – by** ta til mønster; **of a – with** i smak med; **to –** etter modell, etter mønster; **a – young man** et eksemplarisk ungt menneske. **– card** prøvekort. **– paper** sjablonpapir.
patty [ˈpæti] liten postei. **-pan** kakeform.
paucity [ˈpɔ:siti] fåtallighet; knapphet.
Paul [pɔ:l]; **St. Paul** Paulus; **St. Paul's (Cathedral)** St. Paulskatedralen (i London).
Paulina [pɔ:ˈlainə, -ˈli:nə].
paunch [pɔ:nʃ] buk; vom; skamfilingsmatte. **-y** tykkmaget.
pauper [ˈpɔ:pə] fattig; fattiglem. **pauperism** [-rizm] armod, forarming, pauperisme. **pauperization** [pɔ:pəraiˈzeiʃən] utarming. **pauperize** [ˈpɔ:pəraiz] forarme.
pause [pɔ:z] stans, stansing, tankestrek; pause; betenkelighet, uvisshet; gjøre pause; betenke

seg, stanse, dvele, nøle; **give – to** vekke til ettertanke.
pave [peiv] brulegge; bane, jevne; dekke, belegge; **– way for** (fig.) bane vei for. **pavé** [ˈpævei] brulagt vei.
pavement [ˈpeivmənt] brulegning, veidekke, fortau. **– pusher** gateselger.
paver [ˈpeivə] brulegger.
pavilion [pəˈviljən] telt, paviljong, utstillingsbygning; demme med telt; gi ly, spenne sitt telt over.
paving [ˈpeiviŋ] brulegning; brustein, heller. **– flag** fortaushelle. **– beetle** bruleggerjomfru. **– brick** brulegningsfliser. **– stone** brustein.
pavior [ˈpeivjə] brulegger; bruleggerjomfru.
pavo [ˈpeivəu] påfugl.
paw [pɔ:] pote, labb; hånd, neve; fot; skrape, stampe med foten; skrape, stampe på; grapse, håndfare; **keep one's -s off** holde fingrene av fatet.
pawed [pɔ:d] med poter; bredlabbet.
pawn [pɔ:n] bonde (i sjakk); brikke (i dam).
pawn [pɔ:n] pant; pantelåner; pantsette.
pawn|broker [ˈpɔ:nbrəukə] pantelåner. **-broking** pantelånervirksomhet. **pawnee** [pɔ:ˈni:] panthaver. **pawner** [ˈpɔ:nə] pantsetter. **pawnshop** [ˈpɔ:nʃɔp] pantelånerbutikk. **pawn ticket** panteseddel.
pay [pei] betale, utbetale, lønne; svare seg; avlevere; gjengjelde; avlegge (et besøk); vise, gjøre; **– a bill** el. **draft** innfri en veksel; **it did not – cost** det dekket ikke omkostningene; **there's the devil to –** nå er fanden løs; **it won't –** det svarer seg ikke; **– one's way** betale for seg; **– down** nedbetale (avdrag); legge ut (et beløp); **I'll – you off for this** det skal du nok få svi for, få igjen; **– off a loan** innfri et lån; **– for** betale for, betale; **he will – for it very dearly** det vil han få svi for; **– a compliment** si en kompliment; **– attention** være oppmerksom; **– home** gjengjelde fullt ut; **– a visit** avlegge et besøk.
pay [pei] betaling, lønning, gasje; sold; hyre; godtgjørelse; **draw –** heve gasje; **take into his –** ta i sin tjeneste.
payable [ˈpeiəbl] betalbar, å betale, som kan betales; forfallen; som svarer seg; **bill** (el. **note) – to bearer** veksel lydende på ihendehaveren, ihendehaverveksel.
pay-as-you-earn system skatt av årets inntekt, lønnsskattsystem.
pay|bed privat pasient, betalende pasient. **-day** lønningsdag. **– desk** kasse (i forretning).
P.A.Y.E. fk. f. **pay-as-you-earn.**
payee [peiˈi:] den som pengene skal betales til, mottaker, remittent. **payer** [ˈpeiə] utbetalende, betaler. **paying** [ˈpeiiŋ] lønnende, som svarer seg, lønnsom, rentabel, som svarer regning.
payload [ˈpeiləud] nyttelast. **-er** hjullaster.
paymaster [ˈpeimɑ:stə] kasserer; kvartermester; intendant; **take care who is your –** se til at De får pengene Deres.
payment [ˈpeimənt] betaling, innbetaling; lønning, utbetaling; innfriing (av en veksel).
payments union betalingsunion.
payoff avregning, utbetaling; endelig resultat; utbytte, fortjeneste.
pay | office [ˈpeiɔfis] kassekontor, hovedkasse. **– packet** lønningspose. **– phone** telefon med myntinnkast. **-roll** lønningsliste; lønninger; ansatte, personale. **– -roll account** lønnskonto. **– talks** lønnsforhandlinger. **– tax** lønnsskatt.
P. B. fk. f. **Prayer Book.**
P. C. fk. f. **post card; police constable; Privy Council; Privy Councillor.**
PC fk. f. **personal computer** hjemme|computer, -datamaskin.
p. c. fk. f. **per cent.**
pd. fk. f. **paid.**
pea [pi:] ert; **spilt -s** gule erter; **they are as like as two -s** de er så like som to dråper vann.
peace [pi:s] fred; fredsslutning; offentlig ro og orden; freds-; **for the sake of –** for husfredens skyld; **keep –** holde fred; **make –** stifte fred **(between** imellom), slutte fred **(with** med); **I am at –** jeg har funnet fred; **at (by) the – of** ved (i) freden i; **justice of the –** fredsdommer (ulønt lavere dommer uten juridisk utdanning); **– of mind** sjelefred, sinnsro.
peaceable [ˈpi:səbl] fredelig, fredsommelig.
peace|breaker fredsforstyrrer. **– establishment** fredsstyrke. **– footing** fredsfot.
peaceful [ˈpi:sf(u)l] fredelig, fredfull, stille, rolig.
peace|-loving fredelig, fredselskende. **-maker** fredsmegler, fredsstifter; revolver; **blessed are the -makers** salig er de fredsommelige. **– offering** takkoffer, sonoffer. **– officer** polititjenestemann. **– party** fredsparti. **– policy** fredspolitikk. **-time** fredstid, fredstids-.
peach [pi:tʃ] fersken; ferskentre; (sl.) rype, nydelig jente; fersken-.
peach [pi:tʃ] sladre, tyste; sladderhank.
peachblow [ˈpi:tʃbləu] fin lyserød farge (på porselen).
peach melba fersken à la Melba.
peachy [ˈpi:tʃi] ferskenaktig, ferskenfarget.
peacoat [ˈpi:kəut] pjekkert.
peacock [ˈpi:kɔk] påfugl. **peacockery** [-kɔ:kri] overmot, overlegenhet, stolthet. **peacocky** stolt, kry, viktig.
peafowl [ˈpi:faul] påfugl.
pea green [ˈpi:ˈgri:n] ertegrønn.
pea hen [ˈpi:hen] påfuglhøne.
pea jacket [ˈpi:dʒækit] pjekkert.
peak [pi:k] spiss, topp, fjelltind; lueskygge, brem;
toppunkt, maksimum, topp-, maksimal-; være (el. bli) tynn, mager, se sykelig ut, skrante. **– arch** spissbue.
peaked [pi:kt] spiss, skarp, tynn. **– cap** skyggelue. **– shoe** snabelsko.
peaking [ˈpi:kiŋ] klynkende; krypende; klynk.
peaklet [ˈpi:klit] liten tinde.
peak level meter spissverdimeter.
peaky [ˈpi:ki] som løper spisst ut; mager, skrinn, spiss.
peal [pi:l] brak, drønn, skrell, skrall; klang, ringing, kiming; **a – of laughter** en lattersalve; **the – of the organ** orgelbrus.
peal [pi:l] brake, drønne, skrelle, skralle, tordne; ringe, kime, bruse; la brake, ringe.
peanut [ˈpi:nʌt] jordnøtt, peanøtt; liten, uvesentlig; **it's only -s** det er bare blåbær el. barnemat; **the Peanuts** Knøttene (tegneserien).
pear [pɛə] pære.
pearl [pə:l] perle; hvitt flekk i øyet, stær; (fig.) gullkorn; besette med perler; avskalle; **mother of –** perlemor. **-aceous** [pəˈleiʃəs] perleaktig, perlemoraktig.

pearl ash [ˈpə:læʃ] perleaske (slags pottaske).
pearl | barley [ˈpə:lˈbɑ:li] perlegryn. – **button** perlemorsknapp. – **diver** perlefisker. – **diving** perlefiske.
pearled [pə:ld] perlebesatt, perlelignende.
pearl|-embroidered perlestukken. – **fisher** perlefisker. – **grass** bevergress. – **grey** perlegrå. – **oyster** perlemusling. – **shell** perleskjell. – **string** perlesnor. **-white** hvit sminke.
pearly [ˈpə:li] perlerik, perleklar; perle-.
Pears [pɛəz]: **Pears' soap** Pears' såpe.
pear tree [ˈpɛətri:] pæretre.
peasant [ˈpezənt] bonde (om småbønder og landarbeidere). – **farmer** bonde. – **industries** husflidvirksomhet. – **man** bondemann. – **proprietor** odelsbonde. **peasantry** [ˈpezəntri] bondestand, bønder.
pease [pi:z] (gml.) ert. – **blossom** erteblomst. – **meal** ertemel.
pea|shell [ˈpi:ʃel] ertebelg. **-shooter** pusterør, blåserør, erteбøsse. – **soup** ertesuppe, gule erter. **-sticks** erteris.
peat [pi:t] torv, brenntorv. – **bog** torvmyr. – **hag,** – **moss** torvmyr. – **reek** [ˈpi:tri:k] torvrøyk.
peaty [ˈpi:ti] torvrik; torvaktig.
pebble [ˈpebl] liten rullestein, fjærestein, kiselstein, stein, småstein. – **crystal** bergkrystall. – **gravel** singel.
pebbly [ˈpebli] full av småstein, steinet; nupret (om lær).
peccability [pekəˈbiliti] syndighet. **peccable** [ˈpekəbl] syndefull. **peccadillo** [pekəˈdiləu] liten synd, liten forseelse. **peccancy** [ˈpekənsi] syndefullhet, forseelse. **peccant** [ˈpekənt] syndig, syndefull; sykelig. **peccavi** [peˈkeivai] jeg har syndet, syndstilståelse, syndserkjennelse.
peck [pek] halvskjeppe, 9,087 l; mengde, haug, bråte; **be in a – of troubles** sitte i vanskeligheter til opp over ørene.
peck [pek] pikke, hakke, banke, knerte; pikke på; spise; arbeide; tjene sitt brød; hakk, merke; mat, føde.
peck [pek] falle, snuble.
peckage [ˈpekidʒ] fôr, mat.
pecker [ˈpekə] pikker, hakker; pikkende, hakkende; (hakke)spett; matlyst; mot, humør; **keep up one's –** ikke miste motet. **pecket** [ˈpekit] pikke. **peckish** [ˈpekiʃ] sulten, småsulten; irritabel; fristende.
Pecksniff [ˈpeksnif] salvelsesfull hykler (fra Dickens' roman Martin Chuzzlewit).
pectinate [ˈpektinit] kamformet.
pectination [pektiˈneiʃən] kamform, kam.
pectoral [ˈpektərəl] bryst-; brystplate, bryststykke.
peculate [ˈpekjuleit] begå underslag, stjele av kassen. **peculation** [pekjuˈleiʃən] underslag, kassesvik. **peculator** [ˈpekjuleitə] kassetyv.
peculiar [piˈkju:ljə] egen, eiendommelig, særegen; særlig; underlig, rar; særeie, særrett. **peculiarity** [pikju:liˈæriti] egenhet, eiendommelighet, særegenhet. **peculiarly** særlig, særdeles; merkelig, underlig, påfallende.
pecuniary [piˈkju:njəri] pekuniær, penge-.
pedagogic [pedəˈgɔgik, pedəˈgɔdʒik] pedagogisk. **pedagogical** [pedəˈgɔgikl, -ˈgɔdʒikl] pedagogisk. **pedagogics** [-iks] pedagogikk. **pedagogism** [ˈpedəgɔgizm] pedagogs arbeid; pedanteri. **pedagogue** [ˈpedəgɔg] pedagog; pedant. **pedagogy** [ˈpedəgɔgi, -gɔdʒi] pedagogikk.
pedal [ˈpedəl, ˈpi:dəl] pedal, fot-; pedal; bruke pedalen; sykle.
pedant [ˈpedənt] pedant. **pedantic** [piˈdæntik] pedantisk. **pedantical** [-kl] pedantisk. **pedantry** [ˈpedəntri] pedanteri.
peddle [ˈpedl] være kramkar, fare med skreppe, drive småhandel, høkre, reise omkring og falby. **peddler** selger, kramkar. **peddling** [ˈpedliŋ] høkeraktig; handel som kramkar, dørsalg, småsalg.
pedestal [ˈpedistəl] fotstykke, sokkel, pidestall.
pedestrian [piˈdestriən] fot-; til fots; gående; fotgjenger. – **crossing** fotgjengerfelt. **-ism** fotturisme, fotsport; snusfornuft, tørrhet. – **precinct** fotgjengerstrøk, område med gågater. **pedestrianism** [-izm] fotvandring; fotturer; fotsport. **pedestrianize** [-aiz] bruke føttene; foreta fotturer; omgjøre til gågate(r). **pedestrianized street** gågate.
pedicab [ˈpedikæb] trehjulssykkeldrosje.
pedicur|e [ˈpedikjuə] fotpleie, pedikyr. **-ist** fotpleier.
pedigree [ˈpedigri:] stamtavle, stamtre, herkomst, ætt. – **animal** rasedyr.
pediment [ˈpedimənt] gavl over dør el. vindu.
pedlar [ˈpedlə] kramkar, skreppekar, kremmer. **pedlaress** [ˈpedləris] kvinnelig kremmer. **pedlary** [-ri] skreppehandel; kram.
pedometer [piˈdɔmitə] skrittmåler.
peek [pi:k] titte, kikke.
peel [pi:l] grissel, brødspade; firkantet borgtårn (i skotsk grenseområde).
peel [pi:l] skrelle, skalle, flekke, flasse av; avbarke; plyndre; kle av; la seg skrelle av; skall, skinn, skrell.
Peel [pi:l].
peeler [ˈpi:lə] en som skaller, skreller; røver, plyndrer.
peeler [ˈpi:lə] politibetjent (etter Robert Peel).
peeling [ˈpi:liŋ] skrell, skall; skinn; bark; avskalling, flass.
peep [pi:p] kikke, gløtte, titte fram; pipe, kvitre; pip; titting; kikk, gløtt; tilsynekomst, frambrudd; innblikk. **peep-bo** [ˈpi:pˈbəu] tittelek. **peeper** [ˈpi:pə] spion; kikker; øye. **peep(ing) hole** kikkhull.
Peeping Tom kikker.
peep show [ˈpi:pʃəu] perspektivkasse, titteskap.
peer [piə] stirre, kikke, gløtte, speide; stirre på; komme til syne, bryte fram.
peer [piə] likemann, like; jevning; pair; adelsmann, overhusmedlem; **House of Peers** overhuset; **create him a –** opphøye ham i adelsstanden. **peerage** [ˈpiəridʒ] pairs verdighet; adelskap; adel, adelsstand; adelskalender.
peeress [ˈpiəris] pairs frue, adelsdame.
peerless [ˈpiəlis] uforliknelig, makeløs. **peerlessness** [-nis] uforliknelighet.
peery [ˈpiəri] stirrende, nysgjerrig (om blikk).
peeved [pi:vd] irritert, plaget, ergerlig.
peevish [ˈpi:viʃ] sær, gretten. **peevishness** [-nis] grettenhet.
Peg [peg] (kjælenavn for **Margaret**).
peg [peg] pinne; nagle, tapp; plugg; knagg; holder; klesklype; skrue; konjakk og vann; shilling; nagle; plugge; binde; stikke; markere; bestemme, fastsette; arbeide ivrig; **a suit off the –** en konfeksjonssydd dress; **come down a –** slå av litt; **take him down a –** jekke ham ned et hakk, gjøre ham myk; **use it as a –** bruke det

som middel; **move one's -s** gå bort; **– out** stikke opp, avmerke (med pinner); (sl.) vandre heden, dø.
pegging awl [ˈpegiŋɔ:l] pluggsyl.
Peggotty [ˈpegəti]. **Peggy** [ˈpegi].
peg leg person med treben.
peg top [ˈpegtɔp] snurrebass.
peignoir [ˈpeinwɑ:] peignoir, frisérkåpe.
pejorative [ˈpi:dʒərətiv] nedsettende; nedsettende bemerkning.
pekan [ˈpekən] pekan, slags mår.
Pekin [pi:ˈkiŋ], **Peking** [pi:ˈkiŋ] Peking. **pekin(g)ese** [-ˈi:z] pekingeser (også hunderasen); pekingesisk.
pelage [ˈpelidʒ] hårdrakt, hårlag.
pelagic [piˈlædʒik] pelagisk, hav-.
pelargonium [peləˈgəunjəm] pelargonium.
pelerine [ˈpeləri:n] pelerine, skulderslag.
pelf [pelf] rikdom, mammon, mynt.
pelican [ˈpelikən] pelikan.
pelisse [piˈli:s] damepaletot, (skinn)kåpe.
pell [pel] skinn; pergamentrull; **clerk of the -s** bokholder i skattkammeret.
pellet [ˈpelit] liten kule, pille, hagl.
pell-mell [ˈpelˈmel] hulter til bulter; forvirret.
pellucid [peˈl(j)u:sid] klar, gjennomsiktig. **pellucidity** [pel(j)uˈsiditi], **pellucidness** [peˈl(j)u:sidnis] gjennomsiktighet, klarhet.
pelmet [ˈpelmit] gardinkappe, gardinbrett.
Peloponnesian [peləpəˈni:ʃən] peloponnesisk; peloponneser.
pelt [pelt] fell, pels, skinn medhårene på; skiferstein.
pelt [pelt] dynge over, overdenge, bombardere; kaste med; kaste, hive; piske; øse ned, hølje (om regn); kast, slag; pisking, pøsing. **set off at full –** sette av sted i fullt trav.
pelter [ˈpeltə] kaster; angriper; skur, hagl, plaskregn, høljregn.
peltmonger [ˈpeltmʌŋgə] pelsvarehandler.
peltry [ˈpeltri] pelsverk, pelsvarer.
pelvic [ˈpelvik] bekken- (i anatomi).
pelvis [ˈpelvis] bekken.
pemmican [ˈpemikən] pemmikan (slags konservert kjøtt).
P. E. N. fk. f. **(International Association of) Poets, Playwrights, Editors, Essayists & Novelists** PEN-klubben.
pen [pen] kve; innelukke; sauegrind, hønsegård; avlukke, celle, fengsel; stenge inne, sperre inne; inneslutte; kvee, sette i kve; **– up the water** demme opp for vannet.
pen [pen] penn; skrivemåte, stil; skrive, føre i pennen.
penal [ˈpi:nəl] straffe-, kriminal; straffbar, kriminell. **– code** straffelov. **– interest** strafferente. **– servitude** straffarbeid.
penalize [ˈpi:nəlaiz] gjøre straffbart, sette straff for; belaste med straffepoeng; stille ugunstig.
penally [ˈpi:nəli] under straff.
penalty [ˈpen(ə)lti] straff, bot, pengebot, mulkt; handikap (i sport); **the – of death** dødsstraff; **impose a –** idømme en mulkt; **pay the – of** bøte for, sone; **on – of** under straff av. **– area** straffefelt. **– kick** straffespark. **– rate** økonomisk godtgjørelse for fare, smuss el. støy.
penance [ˈpenəns] bot, botsøving; pålegge bot.
pen-and-ink [ˈpenəndiŋk] **drawing** pennetegning.
Penang [piˈnæŋ]. **– nut** betelnøtt.
pen case [ˈpenkeis] pennehus, penal.
pence [pens] pence, pl. av **penny.**
penchant [fr., ˈpɑ̃:ŋʃã:ŋ] hang, tilbøyelighet.
pencil [ˈpensl] blyant; griffel, stift; liten pensel; male, tegne, skrive med blyant; rable ned. **– case** penal. **– drawing** blyanttegning.
pencilled [ˈpensld] skrevet med blyant; stråleformig. **penciller** [ˈpenslə] veddemålsagent. **pencilling** [ˈpensliŋ] blyantskrift; blyantskisse. **pencil sharpener** [ˈpenslʃɑ:pnə] blyantspisser.
pendant [ˈpendənt] hengende; tilheng, tillegg; pendant; ørering; dobbe, vimpel, stander.
pendency [ˈpendənsi] henging (utover); det å være uavgjort; **during the – of the suit** mens saken står på.
pendent [ˈpendənt] hengende; ragende utover.
pending [ˈpendiŋ] hvilende, svevende, uavgjort; verserende, gående; forestående; truende; (preposisjon om tiden:) under, i løpet av; i påvente av.
pendulous [ˈpendjuləs] hengende; svingende.
pendulum [ˈpendjuləm] pendel. **– clock** pendelur. **– scales** skålevekt.
Penelope [piˈneləpi].
penetrability [penitrəˈbiliti] gjennomtrengelighet. **penetrable** [ˈpenitrəbl] gjennomtrengelig; sårbar, tilgjengelig. **penetralia** [peniˈtreiliə] innerste; hemmeligheter. **penetrancy** [ˈpenitrənsi] inntrengenhet, gjennomtrenging; skarphet. **penetrant** [ˈpenitrənt] inntrengende, gjennomtrengende, skarp.
penetrate [ˈpenitreit] trenge inn i, trenge igjennom, gjennomtrenge, gjennombore; røre, gjøre inntrykk på; utgrunne, gjennomskue; trenge inn, bane seg vei. **penetrating** [ˈpenitreitiŋ] gjennomtrengende; skarp; skarpsindig; dyp. **penetration** [peniˈtreiʃən] inntrenging, gjennomtrenging, gjennomslag; skarpsindighet; innsikt; kløkt. **penetrative** [ˈpenitrətiv] inntrengende, gjennomtrengende; skarp; skarpsindig. **penetrativeness** [-nis] inntrenging, skarphet.
penfold [ˈpenfəuld] kve, innhegning.
penguin [ˈpeŋgwin] pingvin.
penholder [ˈpenhəuldə] penneskaft.
penicillin [peniˈsilin] penicillin.
peninsula [piˈninsjulə] halvøy; **the Peninsula** (især:) Pyreneerhalvøya. **peninsular** [piˈninsjulə] halvøy-; halvøyformet; beboer av halvøy; **the P. War** Englands krig på Pyreneerhalvøya mot Napoleon 1808 – 14.
penitence [ˈpenitəns] anger; sjelebot. **penitent** [ˈpenitənt] angrende, angerfull, botferdig; skriftebarn. **penitential** [peniˈtenʃəl] anger-; angrende, botferdig. **penitentiary** [peniˈtenʃəri] bots-, pønitense-; angrende; fengsel.
penknife [ˈpennaif] pennekniv.
penman [ˈpenmən] skribent; kalligraf.
penmanship [ˈpenmənʃip] skrivedyktighet.
Penn., Penna. fk. f. **Pennsylvania.**
pen name [ˈpenneim] påtatt forfatternavn, pseudonym.
pennant [ˈpenənt] vimpel, stander.
pen nib pennesplitt.
pennies [ˈpeniz] pennyer, pennystykker.
penniform [ˈpenifɔ:m] fjærformet.
penniless [ˈpenilis] fattig, uten en skilling, blakk; **a – beggar** en fattig lus. **pennilessness** [-nis] fattigdom.
pennon [ˈpenən] vinge; vimpel, vaker.

penn'orth [ˈpenəθ] = **pennyworth.**
Pennsylvania [pensilˈveinjə].
penny [ˈpeni] penny, 1/100 £, tidligere 1/12 shilling, ca. 9 øre; penger, skilling; (US) cent; **a – for your thoughts!** ti øre for tankene dine; **I'll bet you a –** jeg skal vedde; **at last the – dropped** endelig gikk det et lys opp; **make a –** tjene penger; **a pretty –** en pen skilling, en pen slant; **he thinks his – silver** han har høye tanker om seg selv; **turn an honest –** tjene seg en skilling på ærlig vis; **in for a –, in for a pound** når man har sagt A, må man også si B; **take care of the pence, and the pounds will take care of themselves!** vær sparsommelig i småting! **he that will not keep a – shall never have many** den som ikke sparer på skillingen, får aldri daleren; **a – saved is a – got** penger spart er penger tjent; **to spend a –** å gå et visst sted (på toalettet).
penny |-a-liner [ˈpeniəˈlainə] bladneger. **– bank** sparebøsse. **– dreadful** røverroman, fillebok. **– drive** pennytur. **– gaff** fjelebodsteater; kneipe. **– in-the-slot machine** automat. **– pig** sparegris. **– post** pennypost. **– postage** pennyporto. **– roll** lite franskbrød. **– stamp** pennyfrimerke. **– starver** lite franskbrød. **-weight** et vektlodd. **– -wise** sparsommelig i småting; **be – -wise and pound-foolish** spare på skillingen og la daleren gå.
pennyworth [ˈpenəθ, ˈpeniwə:θ] til en verdi av en penny, så mye som fås for en penny; full verdi for pengene, godt kjøp; liten smule; **have a good – of a thing** få noe svært billig.
penology [piˈnɔlədʒi] straffelære.
pen | pal pennevenn. **– portrait** pennetegning. **– pusher** bladsmører.
pension [ˈpenʃən] understøttelse, stønad, pensjon; tiendepenger; føderåd; pensjonat, pensjon; pensjonere, sette på pensjon; **not for a –** ikke for alt i verden; **retire on a full-pay –** trekke seg tilbake med sin fulle gasje i pensjon; **old-age –** alderdomspensjon, alderspensjon, alderstrygd.
pensionary [ˈpenʃənəri] pensjonert; pensjons-; pensjonist; betalt; **Grand P.** premierminister, statssekretær.
pension|er [ˈpenʃənə] pensjonist; føderådsmann, student av 2. klasse i Cambridge; **the King's -ers** kongelig æresvakt. **– plan, – scheme** pensjonsordning.
pensive [ˈpensiv] tankefull, fortenkt, tungsindig. **pensiveness** [-nis] tankefullhet.
penstock [ˈpenstɔk] damluke, sluseport; renne, rørledning.
pent [pent] innelukket, innesperret.
pentacapsular [pentəˈkæpsjulə] med fem rom. **pentachord** [ˈpentəkɔ:d] fremstrenget instrument. **pentagon** [ˈpentəgɔn] femkant; **the Pentagon** (US) forsvarsdepartementets bygning i Washington. **pentameter** [penˈtæmitə] pentameter, femfotsvers. **pentangular** [penˈtæŋgjulə] femvinklet.
Pentateuch [ˈpentətju:k] de fem mosebøkene.
pentathlon [-ˈtæθ-] femkamp.
Pentecost [ˈpentikɔst] (jødenes) pinse. **pentecostal** [ˈpentiˈkɔstəl] pinse-.
penthouse [ˈpenthaus] bislag, leskur; skråtak; takleilighet, ungkarsleilighet, atelierleilighet.
pent roof [ˈpentru:f] halvtak, skråtak.
pent-up [ˈpentˈʌp] innelukket, innesperret; inneklemt, innestengt, oppdemt; undertrykt.
penultimate [piˈnʌltimit] nest sist, nest siste stavelse.
penurious [piˈnjuəriəs] fattig, knapp, snau, sparsom, gjerrig, skrinn. **penuriousness** [-nis] fattigdom, knapphet. **penury** [ˈpenjuri] armod, fattigdom, trang.
pen wiper [ˈpenwaipə] pennetørker.
Penzance [penˈzæns].
peon [ˈpi:ən] dagleier; leiekar; (i Mexico:) gjeldsfange; (i India:) bud, politibetjent.
peony [ˈpi:əni] bonderose, peon.
people [ˈpi:pl] folk, folkeslag; mennesker; familie; befolke; **the –** (US) påtalemyndighetene, eks. **the P. versus N. N.** (rettssak); **the -s of Europe** Europas nasjoner; **the –** folket, den store masse; **a man of the –** en mann av folket; **– of quality** standspersoner; **-'s democracy** folkedemokrati; **-'s edition** folkeutgave; **People's Palace** londonsk institusjon til folkeopplysning. **the People's Republic of China** Den kinesiske folkerepublikk.
pep [pep] kraft, mot, futt, tæl.
pepper [ˈpepə] pepper; stryk; pryl; pepre; (fig.) krydre; overdenge; beskyte. **– -and-salt** gråmelert. **-box** pepperbøsse. **– cake** pepperkake. **– caster** pepperbøsse. **-corn** pepperkorn; småting. **-cress** hagekarse. **pepperer** [ˈpepərə] pepreer; brushode. **peppering** [ˈpepəriŋ] skarp; sint.
pepper|mint [ˈpepəmint] peppermynte. **– pot** pepperbøsse. **-wort** karse.
peppery [ˈpepəri] hissig, brå, irritabel; pepret.
pep pill oppkvikkende el. stimulerende pille.
pepsin [ˈpepsin] pepsin (stoff i mavesaften).
pep talk oppmuntrende, oppeggende tale.
peptic [ˈpeptik] peptisk, fordøyelses-; lettfordøyelig; fordøyelsesmiddel.
Pepys [pi:ps, ˈpepis].
per [pə:] igjennom; ved, om, pr.; **– annum** pro anno, for året; **– bearer** ved overbringer; **as – account** ifølge regning; **– cent** prosent, pr. hundre; **as – usual** som sedvanlig.
peradventure [pərədˈventʃə] kan hende, kanskje; ubetinget, uten tvil.
perambulate [pəˈræmbjuleit] gjennomvandre; bereise; undersøke. **perambulation** [pəræmbjuˈleiʃən] gjennomreise; inspeksjonsreise. **perambulator** [ˈpræmbjuleitə, pəˈræmbjuleitə] barnevogn.
perceivable [pəˈsi:vəbl] kjennelig, merkbar.
perceive [pəˈsi:v] fornemme, merke, oppfatte, føle, se, bemerke.
per cent [pəˈsent] prosent.
percentage [pəˈsentidʒ] prosent, prosentsats, prosenttall; tantième; prosentvis.
perceptibility [pəseptiˈbiliti] det å oppfatte; merkbarhet. **perceptible** [pəˈseptibl] kjennelig, merkbar. **perception** [pəˈsepʃən] oppfatning, erkjennelse; oppfattingsevne; nemme.
perceptive [pəˈseptiv] oppfattende, oppfatnings-. **– faculty** oppfatningsevne. **perceptivity** [pəsepˈtiviti] oppfatningsevne; nemme.
perch [pə:tʃ] stang; pinne, vagle, hønsehjell; høy plass, høyt stade; (lengdemål) 5 1/2 yard; (flatemål) 30 1/2 kvadratyard; sette seg, slå seg **ned**; sitte (om fugler); anbringe, sette, legge (på et høyere sted); **the convent is -ed on a crag** klostret ligger på en bergknaus.
perch [pə:tʃ] åbor, tryte.
perchance [pəˈtʃɑ:ns] kanskje; tilfeldig.

percher [ˈpəːtʃə] sittefugl.
percipience [pə(ː)ˈsipiəns] oppfatningsevne. **percipient** [pəˈsipjənt] fornemmende, oppfattende.
percolat|e [ˈpəːkəleit] filtrere, perkolere; sive. **-or** perkolator, ≈ kaffetrakter.
percussion [pəˈkʌʃən] støt, slag, sammenstøt, rystelse; **– of the brain** hjernerystelse. **– cap** fenghette, knallperle. **– igniter** tennrør. **– instrument** slagverk. **– shell** sprenggranat.
percussive [pəˈkʌsiv] støt-.
per diem daglig, dag-; dagpenger.
perdition [pəːˈdiʃən] fortapelse, undergang.
perdu [pəːˈdjuː] skjult.
peregrinate [ˈperigrineit] vandre; leve i utlandet. **peregrination** [perigriˈneiʃən] vandring, reise; opphold i utlandet.
peregrine [ˈperigrin] farende, flakkende; vandrefalk. **– falcon** vandrefalk.
peremptory [ˈperəmtəri, pəˈremtəri] avgjørende, bestemt, sikker, bydende, kategorisk.
perennial [pəˈrenjəl] stetsevarig; uopphørlig, uuttømmelig; varig; flerårig; flerårig plante, staude. **perennity** [pəˈreniti] flerårighet.
perfect [ˈpəːfikt] fullkommen, perfekt; total, komplett, fullstendig, formelig; **the –** perfektum; **practice makes –** øvelse gjør mester; **he's a – fool** han er den fullkomne idiot.
perfect [pəˈfekt] fullkommengjøre, utvikle, utdanne, forbedre, utbedre; **– oneself** perfeksjonere seg, dyktiggjøre seg.
perfectation [pəːfekˈteiʃən] fullkommengjøring. **perfecter** [ˈpəːfiktə, pəˈfektə] utvikler. **perfectibility** [pəfektiˈbiliti] utviklingsevne. **perfectible** [pəˈfektibl] som kan utvikles, bli fullkommen.
perfection [pəˈfekʃən] fullkommenhet; perfeksjonering; fullkomment kjennskap; **attain –** nå det fullkomne; **in –, to –** fortreffelig, utmerket; **she acts to –** hennes spill er fortreffelig.
perfectionist [pəˈfekʃənist] en som tilstreber fullkommenhet, perfeksjonist; være fullkommen; svermer (religiøs, politisk).
perfective [pəˈfektiv] utviklende; perfektiv.
perfectly [ˈpəːfiktli] fullkommen, til fullkommenhet. **perfectness** [ˈpəːfiktnis] fullkommenhet.
perfervid [pəːˈfəːvid] brennende, glødende (om følelser).
perficient [pəˈfiʃənt] fullbyrder, stifter.
perfidious [pəˈfidiəs] troløs, falsk; utro; gemen, tarvelig. **perfidiousness** [-nis], **perfidy** [ˈpəːfidi] troløshet, falskhet; svik, utroskap.
perforate [ˈpəːfəreit] gjennombore, perforere. **perforation** [pəːfəˈreiʃən] gjennomboring, perforering. **perforator** [ˈpəːfəreitə] perforator, hullmaskin.
perforce [pəˈfɔːs] nødtvungen; nødvendigvis.
perform [pəˈfɔːm] gjennomføre, fullende, utføre; virke, funksjonere; oppfylle (plikt, løfte); gi til beste; opptre, komme med noe, utføre et parti, spille, synge; **he -s well** han spiller godt; **– on the piano** spille piano.
performable [pəˈfɔːməbl] gjennomførlig, gjørlig, mulig, som lar seg utføre, oppfylle.
performance [pəˈfɔːməns] utførelse; oppfyllelse; ytelse, yteevne; bedrift, prestasjon; verk, arbeid; forestilling, nummer av en forestilling. **– test** praktisk intelligensprøve.
performer [pəˈfɔːmə] utfører, opptredende, rollehavende; **the principal -s** hovedrolleinnehaverne.
performing [pəˈfɔːmiŋ] som kan utføre; opptredende. **– artist** utøvende kunstner. **– seals** dresserte selhunder.
perfume [ˈpəfjuːm] duft, vellukt, parfyme; parfymere. **-r** parfymehandler, parfymeprodusent. **-ry** parfymeri, parfymeforretning.
perfunctoriness [pəˈfʌŋktərinis] overfladiskhet, skjødesløshet. **perfunctory** [pəˈfʌŋktəri] skjødeløs, slurvet, overfladisk, mekanisk.
pergamentaceous [pəːgəmənˈteiʃəs] pergamentaktig, som pergament.
pergola [ˈpəːgələ] pergola (åpen løvgang).
perhaps [pəˈhæps, præps] kanskje, muligens; **– so, and – not** kanskje, og kanskje ikke.
peri [ˈpiəri] peri, fe i persisk mytologi.
peri [ˈperi] i smstn.: omkring. **-anth** [-ænθ] blomsterdekke. **-carp** [-kaːp] frøgjemme.
Periclean [periˈkliːən] perikleisk. **Pericles** [ˈperikliːz] Perikles.
perigee [ˈperidʒiː] perigeum (planetbanes el. satellitts punkt nærmest jorden).
perihelion [periˈhiːliən] perihelium (planetbanes punkt nærmest solen), solnære.
peril [ˈperil] fare, risiko; sette på spill, våge; **at his own –** på eget ansvar; **do it at you –!** gjør det om du tør! **be in – of one's life** være i livsfare.
perilous [ˈperiləs] farlig, vågelig, vågal.
period [ˈpiəriəd] omløp, periode; (undervisnings)-time; tidsrom; slutning; slutt, ende; stans; punktum; **-s** (pl.) menstruasjon; **I said no, –** jeg sa nei, dermed basta; **put a – to** gjøre ende på; **a girl of the –** moderne pike. **– character** tidspreg. **– costume** stildrakt.
periodic [piəriˈɔdik] periodisk.
periodical [piəriˈɔdikl] tidsskrift.
peripatetic [peripəˈtetik] omvandrende; peripatetisk; vandrende, reisende; peripatetiker.
periphery [pəˈrifəri] periferi, omkrets.
periphrasis [peˈrifrəsis] perifrase, omskrivning. **periphrastic** [periˈfræstik] omskrivende.
periscope [ˈperiskəup] periskop. **periscopic sight** periskopsikte.
perish [ˈperiʃ] forgå, omkomme, forkomme, gå til grunne, forulykke, forlise; forderves, visne; fortapes; ødelegge; **– this car!** pokker ta denne bilen! **perishability** [periʃəˈbiliti] forgjengelighet. **perishable** [ˈperiʃəbl] forgjengelig; lett bedervelig.
perisher [ˈperiʃə] tufs, idiot, drittsekk.
peristalsis [periˈstælsis] peristaltikk. **peristaltic** [periˈstæltik] peristaltisk.
peristyle [ˈperistail] peristyl, søylegård.
periton|eum [peritəuˈniːəm] bukhinne. **-itis** bukhinnebetennelse.
periwig [ˈperiwig] parykk; gi parykk på, ta parykk på. **-ged** med parykk på.
periwinkle [ˈperiwiŋkl] strandsnegl; gravmyrt.
perjure [ˈpəːdʒə] sverge falsk, gi falsk forklaring. **perjured** mensvoren, som har avgitt falsk forklaring. **perjurer** meneder, edsbryter. **perjury** [ˈpəːdʒəri] mened, falsk ed.
perk [pəːk] kneise, briske seg; kvikne til; stramme seg opp; pynte.
perked animert, full, pussa.
perky [ˈpəːki] viktig, kry; kjekk, fiks; frekk.
perm fk. f. **permanent wave** permanent krøll.
permanence [ˈpəːmənəns] standhaftighet, stadighet, varighet, permanens. **permanency** [-nənsi] stadighet, varig ordning; fast stilling. **permanent**

[-nənt] bestandig, blivende, fast, stadig, stødig, varig, permanent. – **disablement** livsvarig invaliditet. – **green** eviggrønn. – **post** fast stilling. – **wave** permanentkrøll. – **way** (jern)banelegeme.
permeability [-miəˈbi-] permeans, gjennomtrengelighet.
permeate [ˈpə:mieit] gjennomtrenge, gå igjennom.
permeation [pə:miˈeiʃən] gjennomtrenging, gjennomgang.
permissible [pəˈmisibl] tillatelig, tillatt. **permission** [pəˈmiʃən] tillatelse, lov, løyve. **permissive** [pəˈmisiv] som tillater; tillatt; valgfri, fakultativ. **permit** [pəˈmit] tillate, gi lov, la. **permit** [ˈpə:mit] passerseddel, tollpass; tillatelse, lov. **permittee** [pəmiˈti:] en som har fått tillatelse(n).
permutable [pəˈmju:təbl] ombyttelig.
permutation [pə:mju(:)ˈteiʃən] ombytting.
pernicious [pəˈniʃəs] fordervelig, skadelig.
perniciousness [-nis] forderveelighet.
pernickety [pəˈnikiti] småpirket, pertentlig.
pernoctation [pənɔkˈteiʃən] overnatting.
peroration [perəˈreiʃən] slutningsavsnitt av en tale; taleflom, tale.
peroxide [pəˈrɔksaid] peroksyd; bleke med peroksyd; **-d hair** vannstoffbleket hår.
perpend [pə:ˈpend] overveie.
perpendicular [pə:pənˈdikjulə] perpendikulær, loddrett; loddrett linje; vinkelrett **(to** på). **perpendicularity** [ˈpə:pəndikjuˈlæriti] loddrett stilling.
perpetrate [ˈpə:pitreit] iverksette, begå, forøve. **perpetration** [pə:piˈtreiʃən] iverksetting, begåelse, forøvelse; dåd; udåd. **perpetrator** [ˈpə:pitreitə] forøver, gjerningsmann.
perpetual [pəˈpetjuəl] bestandig, evig, uopphørlig, stadig; fast; idelig. – **calendar** evighetskalender. – **curate** residerende kapellan. – **motion** perpetuum mobile, evighetsmaskin. – **snow(s)** evig snø. **perpetuate** [pəˈpetjueit] fortsette uavbrutt, forplante, vedlikeholde, gjøre varig; forevige. **perpetuation** [pəpetʃuˈeiʃən] fortsettelse, forevigelse.
perpetuity [pə:piˈtju:iti] evighet, uavbrutt varighet; **for a –, in –** for bestandig.
perplex [pəˈpleks] forvikle, gjøre innviklet, forplumre; forvirre, sette i forlegenhet; plage, ergre. **perplexedly** [-idli] forvirret, innviklet. **perplexity** [-iti] forvikling; forvirring, forlegenhet, forfjamselse.
per pro. fk. f. **per procurationem** pr. prokura.
perquisite [ˈpə:kwizit] **-s** (pl.) sportler, bifortjeneste; aksidenser, tilfeldige inntekter; privilegium.
perquisition [pə:kwiˈziʃən] etterforsking.
perruque [pəˈru:k] parykk. **perruquier** [pəˈru:kiə] parykkmaker.
perry [ˈperi] pærevin.
per se [pə: si:] i og for seg, i seg selv.
perse [pə:s] gråblå; gråblå farge.
persecute [ˈpə:sikju:t] forfølge (mest om religiøs forfølgelse); plage. **persecution** [pə:siˈkju:ʃən] forfølgelse; – **mania** forfølgelsesvanvidd. **persecutive** [ˈpə:sikju:tiv] forfølgelses-. **persecutor** [ˈpə:sikju:tə] forfølger; plageånd.
perseverance [pə:siˈviərəns] utholdenhet. **persevere** [pə:siˈviə] vedbli, fortsette med. **persevering** [pə:siˈviəriŋ] iherdig, utholdende.
Persia [ˈpə:ʃə]. **Persian** [ˈpə:ʃən] persisk; perser; angorakatt. **the – Gulf** Den persiske bukt, Persiabukta. – **lamb** persianer.
persiennes [pə:ʃiˈenz] utvendige persienner, skodder.
persiflage [pɛəsiˈflɑ:ʒ] spott, erting, fjas.
persimmon [pəˈsimən] daddelplomme, svart daddel.
persist [pəˈsist] – **in** vedbli, fortsette med, ture fram; fastholde. **persistence** [pəˈsistəns], **persistency** [-ənsi] det å vedbli el. å fastholde, iherdighet, hårdnakkethet; fremturing. **persistent** [-ənt] iherdig, utholdende, hårdnakket. **persistingly** [-iŋli] vedblivende, iherdig, stadig.
person [ˈpə:s(ə)n] person, figur, individ, legemsskikkelse, ytre; **in –** personlig, selv. **personable** [ˈpə:s(ə)nəbl] nett, tekkelig, tiltalende. **personage** [ˈpə:s(ə)nidʒ] personlighet; figur, personasje. **personal** [ˈpə:s(ə)nəl] personlig, privat, egen, privat-. – **account** personlig konto. – **charge** oppkallingsgebyr. – **estate** løsøre, personlige eiendeler. **personality** [pə:səˈnæliti] personlighet; person.
personal‖ly personlig, i egen person. – **maid** kammerpike. – **property** løsøre, rørlig gods.
personate [ˈpə:səneit] fremstille, etterligne, utgi seg for, opptre som. **personated devotion** påtatt fromhet. **personation** [pə:səˈneiʃən] fremstilling, det å gi seg ut for. **personator** [ˈpə:s(e)neitə] fremstiller.
personification [pəˈsɔnifiˈkeiʃən] personliggjøring, personifikasjon, legemliggjøring. **personify** [pəˈsɔnifai] personliggjøre, levendegjøre.
personnel [pə:səˈnel] personale, personell. – **director** personalsjef. – **management** arbeidsledelse. – **welfare department** interessekontor.
perspective [pəˈspektiv] perspektivisk; perspektiv. – **drawing** perspektivtegning.
perspex [ˈpə:speks] splintsikkert glass.
perspicacious [pə:spiˈkeiʃəs] skarpsynt, skarpsindig. **perspicaciousness** [-nis], **perspicacity** [pə:spiˈkæsiti] skarpsynthet, skarpsindighet.
perspicuity [pə:spiˈkju:iti] klarhet, anskuelighet. **perspicuous** [pəˈspikjuəs] klar, lettfattelig.
perspirate [ˈpə:spireit] svette, transpirere. **perspiration** [pə:spiˈreiʃən] svette, transpirasjon. **perspirative** [pəˈsp(a)irətiv] svette-, transpirasjons-. **perspire** [pəˈspaiə] svette ut, svette; transpirere. **perspiring** [pəˈspaiəriŋ] svett, varm.
persuade [pəˈsweid] overtale, overbevise; – **oneself** bli overbevist; **be -d of** bli overbevist om. **persuader** [pəˈsweidə] overtaler, frister, overtalingsmiddel, motiv; (ride)pisk.
persuasion [pəˈsweiʒən] overtaling, overbevisning; tro. **persuasive** [pəˈsweisiv] overtalende, overbevisende; troverdig. **persuasiveness** [-nis] overtalingsevne, forhandlingsevne.
pert [pə:t] nesevis, kjepphøy, kry; nesevis person.
pertain [pəˈtein] **to** vedrøre, tilhøre, høre til; angå.
Perth [pə:θ].
pertinacious [pə:tiˈneiʃəs] hårdnakket, stiv; iherdig, seig, standhaftig. **pertinaciousness** [-nis], **pertinacity** [pə:tiˈnæsiti] hårdnakkethet, stivhet; iherdighet, standhaftighet.
pertinence [ˈpə:tinəns] anvendelighet, relevans, passelighet. **pertinent** [-nənt] aktuell, som angår saken, relevant; treffende, rammende; – **to** vedrørende, angående.
pertness [ˈpə:tnis] nesevishet.
perturb [pəˈtə:b] forstyrre, uroe, forurolige; bringe forstyrrelse i. **perturbation** [pə:təˈbeiʃən] for-

styrrelse, uro, sinnsbevegelse; uregelmessighet. **perturbedly** [pəˈtə:bidli] urolig.
pertuse [pəˈtju:s] gjennomhullet, hull i hull.
Peru [pəˈru:].
peruke [pəˈru:k, piˈru:k] parykk.
perusal [pəˈru:zəl] gjennomlesning, lesning.
peruse [pəˈru:z] lese grundig igjennom.
Peruvian [piˈru:vjən] peruaner, peruansk; – **bark** kinabark.
pervade [pə:ˈveid] gå igjennom, trenge igjennom, gjennomstrømme, fylle. **pervasion** [pə:ˈveiʒən] gjennomtrenging, det å gå gjennom, gjennomstrømming. **pervasive** [pə:ˈveisiv] gjennomtrengende, gjennomgående.
perverse [pəˈvə:s] forvillet, fordervet; forstokket, urimelig, bakvendt, vrang, gjenstridig, trassig; pervers. **perverseness** [-nis] forkjærthet, fordervethet. **perversion** [pəˈvə:ʃən] forvrenging, forvansking; fordervelse, pervertering; perversjon. **perversity** [pəˈvə:siti] forvillelse, egensindighet; fordervelse, perversitet. **perversive** [pəˈvə:siv] forvrengende; fordervelig, skadelig, pervers.
pervert [ˈpə:və:t] frafallen; pervers, seksuelt abnorm person.
pervert [pəˈvə:t] forvrenge, forvanske, fordreie; forderve, forføre, pervertere, forlede. **-ed** unaturlig, pervers; forvridd, gal.
pervious [ˈpə:viəs, -vjəs] tilgjengelig, mottakelig, åpen.
pesky [ˈpeski] (US) trettende, plagsom, lei, vond; vemmelig, ekkel.
pessimism [ˈpesimizm] pessimisme. **pessimist** [-mist] pessimist. **pessimistic** [pesiˈmistik] pessimistisk.
pest [pest] sykdom, sott; plage, pestilens, skadedyr; plageånd; **a – upon him!** skam få han!
pester [ˈpestə] besvære, plage, bry, ergre.
pesticidal [pestiˈsaid(ə)l] desinfiserende, -drepende. **pesticide** [ˈpestisaid] desinfeksjonsmiddel.
pestiferous [peˈstifərəs] smitteførende, usunn; pestbefengt, pestsmittet; fordervelig. **pestilence** [ˈpestiləns] pest, smitte. **pestilent** [-lənt] pestaktig, skadelig. **pestilential** [pestiˈlenʃəl] pestaktig, forpestende; fordervelig; avskyelig.
pestle [ˈpesl] støter (til morter); støte, knuse.
pet [pet] ulune, grettenskapsri; **in a –** i et dårlig lune; **take –** bli fornærmet, furte.
pet [pet] kjælebarn, kjæledegge, kjæledyr, yndling, favoritt; kjæle-, yndlings-; kjæle for, gjøre stas av, forkjæle; **make a – of** gjøre til sin kjæledegge; **– name** kjælenavn.
petal [ˈpetəl] blomsterblad, kronblad.
peter [ˈpi:tə] **out** begynne å slippe opp, minke, forsvinne, løpe ut i sanden.
peter bylt, pakke; medikament som slår en ut momentant, knock-out-dråper.
Peter [ˈpi:tə]; **-('s) pence** peterspenger.
peterman [ˈpi:təmən] bagasjetjuv; skapsprenger.
petite [ˈpeti] liten, mindre, fiks, nett.
petition [pəˈtiʃən] bønn; ansøkning, søknad, petisjon, andragende; be; ansøke, sende en søknad til; protestere, klage; **file his –** overlevere sitt bo (til skifteretten); søke om avskjed; søke om; **– for mercy** benådningsansøkning.
petitionary [pəˈtiʃən(ə)ri] bedende; bede-, bønne-. **petitioner** [pəˈtiʃənə] andrager, søker; klager (især i skilsmissesak).
Petrarch [ˈpetrɑ:k, ˈpi:trɑ:k] Petrarka.
petre [ˈpi:tə] salpeter.
petrean [piˈtri:ən] klippe-, stein-.
petrel [ˈpetrəl] stormsvale, petrell.
petrifaction [petriˈfækʃən] forsteining. **petrifactive** [petriˈfæktiv] forsteinende. **petrific** [peˈtrifik] forsteinende. **petrification** [petrifiˈkeiʃən] forsteining. **petrify** [ˈpetrifai] forsteine; forsteines.
petro|chemical petrokjemisk. **-glyph** helleristning.
petrol [ˈpetrəl, ˈpetr(ə)l] bensin, bensin-. **-atum** (US) vaselin.
petroleum [piˈtrəuljəm, pəˈtrəuljəm] petroleum, jordolje. **– jelly** vaselin. **– pitch** petroleumsbek. **– spirit** lettbensin. **– spiritis** mineralterpentin, white spirit.
petrol station bensinstasjon.
petticoat [ˈpetikəut] underskjørt; ta på skjørter; **– government** skjørteregimente; **Petticoat Lane** (gate i London med marked hver søndag).
petties [ˈpetiz] småting, ubetydeligheter.
pettifog [ˈpetifɔg] bruke lovtrekkerier, lovkroker; opptre smålig el. sjikanøst. **pettifogger** [-ə] vinkelskriver, lovtrekker; rev, fuling. **pettifoggery** [-əri] lovkroker, lovtrekkerier.
pettiness [ˈpetinis] litenhet, smålighet.
petting [ˈpetiŋ] klining, kjæling.
pettish [ˈpetiʃ] gretten, ergerlig. **pettishness** [-nis] lunethet, grettenhet.
pettitoes [ˈpetitəuz] griselabber.
petto [ˈpetəu], **in –** i tankene, i hemmelighet, for seg selv.
petty [ˈpeti] liten, mindre; ubetydelig; smålig; mindreverdig; små-; **– -bourgeois** småborgerlig; **– cash** småbeløp; **– claims** småskader (assuranse); **– jury** mindre jury, bestående av 12 mann; **– larceny** nasking; **– offence** mindre forbrytelse; **– officer** underoffiser.
petulance [ˈpetjuləns] grettenhet, pirrelighet. **petulant** [ˈpetjulənt] gretten, grinet, vrang, pirrelig, furten; lunefull; kåt, overgiven.
pew [pju:] kirkestol, lukket stol i en kirke.
pewit [ˈpi:wit] hettemåke; vipe.
pew opener [ˈpju:əupnə] kirketjener.
pewter [ˈpju:tə] tinn; legering av tinn og bly; tinnkrus, tinnfat. **pewterer** [ˈpju:tərə] tinnstøper. **pewtery** [ˈpju:təri] tinnsaker.
pf. fk. f. **piano forte** svakt, dernest sterkt.
Pfc fk. f. **Private First Class** ≈ visekorporal.
phaeton [ˈfeitən] faeton, en høy, åpen, lett vogn, trille; (US) jaktvogn.
phalange [ˈfælændʒ] el. **phalanx** [ˈfælæŋks] falanks, fylking.
phall|ic [ˈfælik] fallisk. **-icism** [ˈfælisizəm] fallosdyrkelse. **-us** [ˈfæləs] fallos.
phantasm [ˈfæntæzm] fantasibilde, synsbedrag, syn, drøm, hjernespinn.
phantasy [ˈfæntəsi] fantasi.
phantom [ˈfæntəm] fantasibilde, syn; gjenferd, spøkelse, vardøger, fantom. **– ship** spøkelsesskip.
Pharaoh [ˈfɛərəu] Farao.
pharisaic [færiˈseiik] fariseisk. **pharisaical** [færiˈseiikl] fariseisk. **pharisaism** [ˈfæriseiizm] fariseisme. **pharisee** [ˈfærisi:] fariseer.
pharmaceutic [fɑ:məˈs(j)u:tik] farmasøytisk. **pharmaceutical** [-kl] farmasøytisk. **– chemist** farmasøyt, provisor. **pharmaceutics** [-ks] farmasi. **pharmacist** [ˈfɑ:məsist] farmasøyt. **pharmacologist** [fɑ:məˈkɔlədʒist] farmakolog. **pharmacology** [-dʒi] farmakologi, læren om legemidler. **pharmacopo-**

eia [fɑ:məkəˈpi:ə] farmakopø, apotekerbok.
pharmacy [ˈfɑ:məsi] farmasi; apotek.
phase [feiz] fase, stadium; dele inn i faser. **– response** fasegang.
phasma [ˈfæzmə, -s-] spøkelse.
Ph. D. fk. f. **philosophiae doctor** dr. philos.
pheasant [ˈfez(ə)nt] fasan. **pheasantry** [ˈfezəntri], **pheasant walk** fasangård, fasaneri.
phenacetin [fiˈnæsitin] fenacetin.
Phenicia [fiˈniʃə] Fønikia. **Phenician** [fiˈniʃən] fønikisk; føniker.
phenol [ˈfi:nɔl] fenol, karbolsyre.
phenomena [fiˈnɔminə] fenomener. **phenomenal** [-nəl] fenomenal, enestående. **phenomenon** [fiˈnɔminən] fenomen, forekomst, foreteelse.
phenotype [ˈfi:nəutaip] fenotype, fremtoningspreg.
phial [ˈfaiəl] medisinflaske, flaske; ampulle; ha på glass, på flasker.
Phi Beta Kappa [ˈfaibeitəˈkæpə] (US) akademikerforening).
Phil. [fil] fk. f. **Philip.**
Philadelphia [filəˈdelfjə]. **– lawyer** (US) sakførerhai.
philander [fiˈlændə] gjøre kur, flørte; fjase. **philandering** [-riŋ] kurmakeri, flørting, flørt.
philanthropic [filənˈθrɔpik], **philanthropical** [-kl] filantropisk, menneskekjærlig. **philanthropist** [fiˈlænθrəpist] filantrop, menneskevenn. **philanthropy** [fiˈlænθrəpi] filantropi, menneskekjærlighet.
philatelic [filəˈtelik] filatelistisk, frimerke-. **philatelist** [fiˈlætilist] frimerkesamler; filatelist. **philately** [fiˈlætili] filateli.
philharmonic [fil(h)ɑ:ˈmɔnik] filharmonisk, musikkelskende.
Philip [ˈfilip].
Philippian [fiˈlipjən] mann el. kvinne fra Filippi.
philippic [fiˈlipik] tordentale, filippika.
Philippine [ˈfilipain, ˈfilipi:n], **the – Islands** el. **the Philippines** Filippinene.
philippine [ˈfilipi:n] filipine, filipinegave.
philistine [ˈfilistain] filister, spissborger.
philological [filəˈlɔdʒikl] filologisk, språkvitenskapelig. **philologist** [fiˈlɔlədʒist] filolog, språkgransker. **philology** [fiˈlɔlədʒi] filologi, språkvitenskap.
philomel [ˈfiləmel] (poetisk:) nattergal. **philomela** [filəˈmi:lə] nattergal.
philopine [filəˈpi:n] el. **philop(o)ena** [filəˈpi:nə] filipine; filipinegave; **eat – with** spise filipine med.
philosopher [fiˈlɔsəfə] filosof. **philosophical** [filəˈsɔfikl, -zɔf-] filosofisk. **philosophism** [fiˈlɔsəfizm] sofisteri. **philosophist** [-fist] sofist. **philosophize** [-faiz] filosofere.
philosophy [fiˈlɔsəfi] filosofi, filosofisk system el. lære; livssyn, livsanskuelse; **moral –** etikk; **natural –** naturfilosofi; fysikk.
philter [ˈfiltə] elskovsdrikk; trylledrikk.
phiz [fiz] fjes, ansikt, ansiktsuttrykk.
phlebitis [fliˈbaitis] årebetennelse.
phlegm [flem] slimvæske; flegma, koldsindighet; dorskhet, treghet. **phlegmatic** [flegˈmætik] flegmatisk, treg.
phlox [flɔks] floks (plante).
phobia [ˈfəubjə] fobi, nevrotisk frykt. **-phobia** (som endelse) -fobi, -hat, -frykt.
phone [fəun] telefonere; telefon.
Phoenicia, Phoenician se **Phenicia, Phenician.**
phonetic [fəˈnetik] fonetisk, lyd-; **– spelling** lydskrift. **phonetical** [fəˈnetikl] lyd-. **phonetician** [fəuniˈtiʃən] fonetiker. **phonetics** [fəˈnetiks] fonetikk.
phoney [ˈfəuni] mistenkelig, verdiløs, falsk, uekte; svindel; bløffmaker, svindler; jukse-, bløff-.
phonic [ˈfəunik] fonisk, lyd-; **the – method** lydmetoden.
phono|gram [ˈfəunəgræm] lydskrifttegn; grammofonopptak. **-graph** fonograf, grammofon.
phonological [fəunəˈlɔdʒikəl] fonetisk. **phonologist** [fəˈnɔlədʒist] fonetiker. **phonology** [fəˈnɔlədʒi] fonologi.
phosphate [ˈfɔsfeit, -fit] fosfat.
phosphor [ˈfɔsfə] fosfor. **phosphorate** [ˈfɔsfəreit] forbinde med fosfor. **phosphoreous** [fɔsˈfɔ:riəs] lysende. **phosphoresce** [fɔsfəˈres] fosforescere, lyse av seg selv. **phosphorescent** [-ˈresənt] glinsende som fosfor, selvlysende. **phosphoric** [fɔsˈfɔrik] fosforaktig. **phosphorous** [ˈfɔsfɔrəs] fosfor-. **phossy** [ˈfɔsi] fosfor-, fosforaktig.
photo [ˈfəutəu] fotografi, fotografere. **-cell** fotocelle. **-chromy** fargefotografering. **-copy** fotokopi; fotokopiere. **-engraving** fotogravyre; klisjé. **– -finish** målfoto, fotofinish. **-flash** blitzlampe. **-genic** lysende, selvlysende; fotogen, som tar seg godt ut på bilder. **-graph** [ˈfəutəgrɑ:f] fotografi; fotografere. **-grapher** [fəˈtɔgrəfə] fotograf. **-graphy** [fəˈtɔgrəfi] fotografi; fotografere. **-gravure** [fəutəgrəˈvjuə] fotogravyre, dyptrykk. **-meter** lysmåler. **-montage** fotomontasje. **-stat** fotostat.
phrase [freiz] frase, forbindelse, setning, uttrykk, ordlag, vending, talemåte, ord; uttrykke, kalle, benevne; **a set –** stående vending, fast uttrykk; **empty -s** tomme talemåter; **in your own –** for å bruke Deres egne ord. **– book** parlør. **phraseologic** [freiziəˈlɔdʒik] fraseologisk. **phraseologist** [freiziˈɔlədʒist] fraseolog, frasesamler. **phraseology** [-dʒi] språk, fraseologi, uttrykksmåte. **phrasing** [ˈfreiziŋ] uttrykk, ordvalg, språk.
phrenetic [friˈnetik] frenetisk; vanvittig, gal.
phrenologic(al) [frenəˈlɔdʒik(l)] frenologisk. **phrenologist** [freˈnɔlədʒist] frenolog. **phrenology** [-dʒi] frenologi (den lære som av kraniets ytre form vil bestemme de sjelelige evners sete i hjernen).
Phrygia [ˈfridʒiə] Frygia.
Phrygian [ˈfridʒiən] frygisk; fryger.
P. H. S. fk. f. **Public Health Service.**
phthisic [ˈθaisik, ˈtizik] tæringssyk, tærings-. **phthisical** [-kl] tæringssyk. **phthisis** [ˈθaisis, ˈtaisis] tæring, lungetuberkulose.
phys. fk. f. **physics; physician; physiology.**
physic [ˈfizik] legekunst; legemiddel; medisin; behandle, pleie, lindre. **physical** [ˈfizikl] fysisk; legemlig; sanselig; naturvitenskapelig.
physician [fiˈziʃən] lege, indremedisiner, doktor.
physicist [ˈfizisist] fysiker.
physics [ˈfiziks] fysikk; naturfag.
physiognomic [fiziəˈnɔmik] fysiognomisk. **physiognomics** [-s] fysiognomikk. **physiognomist** [fiziˈɔnəmist] ansiktskjenner. **physiognomy** [fiziˈɔnəmi] fysiognomi, ansikt, ansiktsuttrykk.
physiography [fiziˈɔgrəfi] fysisk geografi.
physiologer [fiziˈɔlədʒə] fysiolog. **physiologic(al)** [fiziəˈlɔdʒik(l)] fysiologisk. **physiologist** [fiziˈɔlədʒist] fysiolog. **physiology** [fiziˈɔlədʒi] fysiologi. **physiotherapist** [fiziəuˈθerəpist] fysioterapeut. **physiotherapy** fysioterapi.
physique [fiˈzi:k] konstitusjon, fysikk, styrke, legemsbygning, ytre.
pi [pai] pi, π (i matematikk 3,14).
piaffe [pjæf] lunke, smådilte, småtrave.
pianist [piˈænist, ˈpiənist] pianist.

piano [pi'ænəu, pi'ɑ:nəu] piano; svakt, piano; **grand** – flygel. – **accordion** pianotrekkspill. – **duet** firhendig stykke.
pianoforte [pjænə'fɔ:ti] pianoforte.
pianola [piə'nəulə] pianola.
piano | lever pianotangent. – **part** klaverstemme. – **player** pianist, klaverspiller. – **wire** pianotråd.
piassava [pi:ə'sɑ:və] piassava (trevler av bladstilker på palmer, benyttet til koster).
piastre [pi'æstə] pjaster, piaster.
piazza [pi'ætzə] piazza, åpen plass; (US) veranda.
pibroch ['pi:brɔk] sekkepipe(musikk).
picaroon [pikə'ru:n] sjørøver, pirat.
piccadilly [pikə'dili] slags høy pipekrage.
Piccadilly [pikə'dili] gate i London.
piccolo ['pikələu] pikkolo (en fløyte).
piceous ['pisiəs, 'piʃəs] beksvart; bekaktig; lett antennelig.
pick [pik] hakke, stikke, pirke i; plukke; pille, rense, ribbe, renske; velge, velge ut, plukke ut, søke ut; sanke, samle, samle opp; – **one's way** lete seg fram, kjenne seg for; fare varsomt; **I shall have to – a bone with him** jeg har en høne å plukke med ham; – **a fight** yppe til slagsmål; – **a hole in a person's coat** kritisere en sterkt, ha noe å utsette på en; – **oakum** plukke drev; sitte i forbedringsanstalten; – **a pocket** begå lommetyveri; – **weed** luke; – **and choose** velge og vrake; – **words** være kresen i valget av ord; – **off** plukke av, bort, skyte ned en for en; – **on** hakke på, slå ned på; – **out** hakke ut; finne ut; velge; velge ut, peke ut; utheve, fremheve; – **up** hakke, pikke, pille opp; plukke opp; oppta; tilegne seg; bedres, bedre seg; **he has -ed up strange acquaintances** han har gjort merkelige bekjentskaper; **he -s up a few pence now and then** han tjener noen få skillinger nå og da; – **up courage** fatte mot; – **up one's living** slå seg igjennom; – **up with** gjøre bekjentskap med.
pick [pik] spisst redskap; hake, krok; hakke; **the – of** det beste av, eliten av; **have one's –** kunne velge, velge og vrake.
pick-a-back ['pikəbæk] ri på skuldrene, på ryggen.
pickaninny ['pikənini] negerunge.
pickaxe ['pikæks] hakke, kilhakke.
picked [pikt] utsøkt. **picker** ['pikə] plukker; liten tyv; sanker; hake, krok; hakke.
pickerel ['pikərəl] (liten) gjedde.
picket ['pikit] pæl, påle; staur, stake; tjorpåle; stakitt; tjore; blokkere; sette ut (streike)vakter, boikotte; bevokte, passe på; privat demonstrasjon el. protest med plakater f. eks. foran en forretning. – **fence** pælegjerde, stakittgjerde. – **guard** pikettvakt, streikevakt.
pick hammer spisshammer, pakkhammer; hakapikk.
pickings ['pikiŋz] småplukk; biinntekter.
pickle ['pikl] lake, saltlake, krydret eddik; pickles; villstyring, vill krabat; knipe, klemme; legge i lake, sylte; **be in a –** sitte fint i det; **I have a rod in – for him** det skal han komme til å unngjelde for.
pickled ['pikld] saltet, sprengt; full, brisen, stinn. – **herring** kryddersild. – **rogue** erkekjeltring.
pickling ['pikliŋ] nedlegging; sylting. – **season** syltetid. – **tub** saltetønne.
picklock ['piklɔk] dirk; innbruddstyv.
pick-me-up ['pikmiʌp] oppstrammer, hjertestyrkning, oppstiver, dram.
pickpocket ['pikpɔkit] lommetyv.
pick-up pickup (grammofon); lett varevogn, lastebil; oppsamling; tilfeldig bekjentskap; gatepike; akselerasjonsevne.
pickthank ['pikθæŋk] øyentjener.
Pickwick ['pikwik].
Pickwickian [pik'wikiən] pickwickiansk; pickwickianer; **in a – sense** i spesiell betydning.
picky ['piki] kresen.
picnic ['piknik] landtur, utflukt (med måltid i det fri); dra på landtur, gjøre utflukt.
Pict [pikt] pikter. **Pictish** ['piktiʃ] piktisk.
pictorial [pik'tɔ:riəl] maler-; billed-; malende, malerisk; illustrert; illustrert blad.
picture ['piktʃə] maleri; malerkunst; lerret, bilde, skildring; film; male, avbilde; utmale; forestille seg; **the -s** kino; **animated (living** el. **moving) -s** levende bilder, film; **she is the living – of her mother** hun er sin mors uttrykte bilde; **she is as beautiful as a –** hun er billedskjønn. – **book** billedbok. – **framer** rammemaker; – **gallery** malerisamling. – **hat** stor damehatt (bredskygget). – **house** kino. – **palace** kino. – **poster** illustrert plakat. – **postcard** prospektkort. – **puzzle** rebus, billedgåte; fiksérbilde; billedklosser. – **rail,** – **rod** billedlist.
picturesque [piktʃə'resk, -tjə-] malerisk; malende; naturskjønn. **picturesqueness** [-nis] maleriskhet.
picture tube billedrør (fjernsyn).
piddle ['pidl] slenge omkring, drive; plukke, pirke, tukle.
pidgin ['pidʒin]: **that's his –** det får bli hans sak; – **English** ['pidʒin'iŋgliʃ] kineserengelsk, kaudervelsk.
pie [pai] skjære (fugl).
pie [pai] postei, pai, terte; hyggelig, morsom; korrupsjon; fisk (som typografuttrykk); røre, rot; **go to –** falle i fisk; **have a finger in the –** ha en finger med i spillet; – **in the sky** valgflesk, tomme løfter.
piebald ['paibɔ:ld] broket, flekket, spraglet.
piece [pi:s] stykke; lapp; fille; skjøt; bite, stump; skuespill; pengestykke; kanon; gevær; **threepence a –** trepence stykket (pr. stykk); **work by the –** arbeide på akkord; **take to -s** ta fra hverandre; **a – of (domestic) furniture** et stykke innbo; møbel; **a – of artillery** en kanon; **a – of advice** et råd; **a – of news** en nyhet; **a – of information** en meddelelse, en melding; **a – of needlework** et håndarbeid; **a – of good fortune** et hell, en lykke; **give him a – of my mind** si ham sannheten; **by the –** stykkevis; **tear in(to) -s** rive i stykker; **of a –** av samme stykke, av samme slags; **of one –** i ett stykke.
piece [pi:s] bøte, lappe, utbedre; forene, forbinde; forbinde seg, vokse sammen; – **down a dress** legge ned en kjole; – **out** legge ut (et plagg).
pièce de résistance ['pi:es də re'zistɑ̃:ns] hovedrett, den solide rett, noe solid el. viktig.
piece goods ['pi:sgudz] metervarer. **pieceless** ['pi:slis] hel, som består av ett stykke. **piecemeal** ['pi:smi:l] stykkevis, stykke for stykke; oppstykket; enkelt, atskilt. **piece|rate** akkordsats. – **wage** akkordlønn. **-work** akkordarbeid.
pied [paid] spraglet, flekket (især om hest). – **flycatcher** svart-hvit fluesnapper.

pieman [ˈpaimən] posteibaker.
pier [piə] molo, bru, skipsbru, landingsbru, pir, brygge; brupæl, brukar; stolpe, dørstolpe.
pierage [ˈpiəridʒ] bryggepenger.
pierce [piəs] gjennombore, gjennomtrenge; gjennomskue; bore seg inn, trenge fram. **piercer** [ˈpiəsə] noe gjennomborende; boringsredskap. **piercing** [ˈpiəsiŋ] gjennomtrengende; bitende, skarp, kvass, inntrengende. **piercingness** [-nis] skarphet.
pier | glass [ˈpiəglɑ:s] konsollspeil (stort). **-head** bruhode, molohode. **-man** (amr.) bryggearbeider.
pierrot [ˈpiərəu] pjerrot, pierrot.
pier table [ˈpiəteibl] konsoll, speilbord.
pietism [ˈpaiətizm] pietisme. **pietist** [-tist] pietist. **pietistic(al)** [paiiˈtistik(l)] pietistisk.
piety [ˈpaiəti] fromhet, gudfryktighet; pietet.
pi-faced [ˈpai-] med bedemannsfjes, gudelig.
piffle [ˈpifl] skravl, tull, sludder; vrøvle, tøve.
pig [pig] gris, svin; flesk; smeltet klump, blokk; (fig.) svinepels, gris, best; politi, purk; **-s might fly** det er jo helt umulig; **buy a – in a poke** kjøpe katten i sekken; **keep a –** holde gris; dele sitt losji med en annen student.
pig [pig] grise; få grisunger; ligge som griser.
pig | bank sparegris. **– bed** svinesti. **-boat** undervannsbåt.
pigeon [ˈpidʒən] due; godtroende dust; **cock –** duestegg; **hen –** hundue; **milk a –** (bl. spillere) plukke en grønnskolling; **as fond as -s** forelsket som duer.
pigeon [ˈpidʒən] plukke (bl. spillere).
pigeon breast [ˈpidʒənbrest] duebryst; fuglebryst, fremstående brystbein.
pigeon | express [ˈpidʒəniksˈpres] duepost. **– fancier** [-ˈfænsjə] duehandler, dueelsker. **– hearted** fryktsom. **-hole** hull i dueslag; fag, rom; reol; legge i særskilte rom, oppbevare, legge på hylla; forsyne med rom. **– house** dueslag. **– -livered** feig, redd, pysete. **– post** duepost.
pigeonry [ˈpidʒənri] duehus, dueslag.
pig-eyed [ˈpigaid] grisøyd. **piggery** [ˈpigəri] grisehus, svineri. **piggish** [ˈpigiʃ] griset, svinsk. **piggy bank** sparegris.
pig|-headed [ˈpighedid] stivsinnet. **– -headedness** stivsinnethet. **– iron** råjern. **-let** liten gris, grisunge.
pigment [ˈpigmənt] farge, fargestoff, pigment. **-ation** pigmentering, farging.
Pigmy [ˈpigmi] dverg, pygmé.
pignut [ˈpignʌt] jordnøtt.
pig|pen grisehus. **-skin** svinelær. **-sticker** svineslakter. **-sty** svinesti. **-tail** grisehale, hårpisk, museflette.
pike [paik] gjedde.
pike [paik] spyd, pigg, brodd, lanse; høygaffel; veibom; bompenger; spidde; **– along** pigge av, stikke av.
piked [paikt] pigget, pigg-, spiss.
pikeman [ˈpaikmən] bommann.
pike pole fløterhake, båtshake.
pikestaff [ˈpaikstɑ:f] spydskaft; piggstav; **it is all as plain as a –** det er som fot i hose, soleklart, klart som blekk.
pilaster [piˈlæstə] pilaster, halvpille (delvis i muren innbygd, firkantet pille).
pilchard [ˈpiltʃəd] småsild, sardell, sardin.
pile [pail] stabel, dynge, haug, hop, bunke; reaktor, mile; bål, likbål; bygning, bygningskompleks; stable (opp), dynge (opp); fylle, stappe, koble (geværene); **– of arms** geværkobbel; **– of buildings** bygningskompleks; **atomic –** atomreaktor; **funeral –** likbål.
pile [pail] grunnpæl, påle; pilotere, pæle.
pile [pail] hår, ull, lo, floss; forsyne med lo.
pile | bridge pælebru. **– carpet** teppe med lo. **– driver** rambukk.
piles [pailz] hemorroider.
pile|-up kollisjon, kjedekollisjon. **– worm** pæleorm.
pilfer [ˈpilfə] rapse, raske, naske, småstjele. **pilferage** [-ridʒ] rapseri, raskeri, nasking. **pilferer** [ˈpilfərə] rapser, nasker. **pilfering** [-riŋ] rapseri, raskeri, nasking.
pilgrim [ˈpilgrim] pilegrim; valfarte; **P.'s Progress** bok av Bunyan; **the P. Fathers** (de engelske puritanere som i 1620 forlot England med' The Mayflower' for å bosette seg i Amerika), pilgrimfedrene.
pilgrimage [ˈpilgrimidʒ] pilegrimsferd.
piling [ˈpailiŋ] oppstabling; pilotering.
pill [pil] pille; kule; lege; gi piller; lage til piller. **the –** p-pillen.
pillage [ˈpilidʒ] plyndring, bytte, rov; plyndre, røve.
pillar [ˈpilə] pille, søyle; stolpe; støtte. **– box** postkasse anbrakt på en søyle. **pillared** [ˈpiləd] som hviler på piller; søyleformig.
pillbox [ˈpilbɔks] pilleeske; liten vogn; bunker.
pillion [ˈpiljən] baksete på motorsykkel; ridepute (som plass for en person bak rytteren).
pillory [ˈpiləri] gapestokk; sette i gapestokk.
pillow [ˈpiləu] hodepute, pute; legge på pute. **– bier** (gml.) putevar. **-case** putevar. **– slip** putevar. **pillowy** [ˈpiləui] puteaktig, myk.
pilot [ˈpailət] los; rormann; flyger **(– of aeroplane);** lose, lede, føre. **pilotage** [ˈpailətidʒ] lospenger; losing, ledelse. **– authority** losvesen. **– waters** losfarvann. **pilot|balloon** prøveballong. **– bread** beskøyter. **– cloth** en slags tøy til bruk for sjømenn og til kåper og overfrakker, uniformsklede. **– engine** et lokomotiv som sendes ut for å holde linjen klar for et tog. **-house** styrehus. **– fish** losfisk. **– jacket** pjekkert. **– lamp** kontrollampe. **– light** tennflamme, våkebluss, sparebluss. **– project** forsøksprosjekt; utkast. **– survey** forundersøkelse. **– whale** grindhval.
pimento [piˈmentəu] spansk pepper.
Pimlico [ˈpimlikəu] (distrikt i London).
pimp [pimp] hallik, alfons, ruffer; drive alfonseri.
pimpernel [ˈpimpənel] pimpinelle; arve (plante).
pimple [ˈpimpl] kveise, kvise, filipens. **pimpled** [ˈpimpld], **pimply** [ˈpimpli] full av filipenser, kveiset, kviset.
pin [pin] nål (til å feste med), knappenål; stift, nudd, splint, bolt, tapp, trenagle, plugg, pinne, sinketapp; klesklype; strikkepinne, bundingstikke; kjevle; skrue (på strengeinstrument); viser (på solur); kile; (i slang) grann, dust; ben, stylter; kjegle; hefte, spidde, feste med nåler, feste med stifter; **hairpin** hårnål; **hatpin** hattenål; **broochpin** brystnål; **scarfpin** slipsnål; **safety pin** sikkerhetsnål; **curtain pin** gardinholder; **tent pin** teltplugg; **clothespin** klesklype; **rolling pin** kjevle; **I don't care a – about it** jeg bryr meg ikke det grann om det; **– him to the earth** spidde ham til jorda, holde ham fast; **– one's faith on** stole

blindt på; **– down enemy forces** binde fiendtlige styrker.
pinafore ['pinəfɔ:] ermeforkle, barneforkle.
pin case ['pinkeis] nålehus.
pincenez [fr., 'pɛ̃:nsnei] pincenez, lorgnett.
pincers ['pinsəz] knipetang, tang.
pinch [pin(t)ʃ] knipe, klemme; klype, toppe (en plante); trykke, presse; pine, smerte; bringe i knipe; knappe av, nekte seg det nødvendigste, spare, spinke; stjele, kvarte; arrestere, huke; **– oneself** nekte seg det nødvendige; **every man knows best where his shoe -es** .. hvor skoen trykker; **they were -ed for room** det knep med plassen; **with the most -ing economy** med den mest knepne sparsommelighet.
pinch [pin(t)ʃ] knip, kniping, klemming; trykk; nød; klemme; pris (snus); **I see where your – lies** jeg ser hvor skoen trykker; **on (at) a –** i knipe; **if ever it comes to a –** om det skulle komme til stykket, om det skulle knipe; **take it with a – of salt** ta det med en klype salt.
pinchbeck ['pin(t)ʃbek] tambak; uekte, ettergjort.
pinch bottle klunkeflaske.
pinched [pinʃt] sammenknepen, presset, klemt; nervøs, oppspilt; tynn; forpint. **– waist** vepsetalje.
pincher ['pinʃə] gnier; brekkjern, pinsebein, spett.
pinch roller pressvalse.
pincushion ['pinkuʃən] nålepute.
Pindar ['pində] Pindar (gresk dikter).
pin drill ['pindril] tappbor.
pine [pain] nåletre, furu, furutre; ananas; **Norway –** rødfuru; **Scotch –** alminnelig furu; **dwarf –** dvergfuru; **(Italian) stone –** pinje.
pine [pain] tæres bort, ta av, forsmekte; fortæres av lengsel, lenge sårt **(for** etter); **– away** tæres bort; **– for one's country** lide av hjemlengsel.
pineal ['piniəl] kongleformet; **– body** (el. **gland)** pineal-kjertel (i hjernen).
pine|apple ['painæpl] ananas (planten og frukten); håndgranat. **– barren** ['pain'bærən] (US) furumo. **– beauty** furuspinner. **– bullfinch** konglebit. **– bur, – cone** kongle. **– house** ananasdrivhus. **– marten** skogmår. **– needle** furunål.
pinery ['pain(ə)ri] ananashage; -anlegg; furuskog.
pine tree ['paintri:] nåletre. **pinetum** [pai'ni:təm] nåleskog. **pinewood** nåleskog; furuved.
piney ['paini] vegetabilsk talg.
pinfire ['pinfaiə] stifttenning.
ping [piŋ] visle, pipe, hvine; smell, piping.
ping pong ['piŋpɔŋ] bordtennis, ping-pong.
pinhead ['pinhed] nålehode, knappenålshode; trangsynt person, innskrenket.
pinhole knappenålshull, lite hull.
pining ['painiŋ] vantreven.
pinion ['pinjən] vinge; vingespiss; drev på et hjul, tannhjul; armlenke; binde vingene på; stekke vingene på; (bak)binde, lenke.
pink [piŋk] nellik; blekrød farge; fullkommenhet; ideal; blekrød, lyserød, rosa; salongradikaler; gjennombore, stikke huller el. tunger i; farge rød; **the – of perfection** fullkommenheten selv; **to be in the –** være i beste velgående, i storform; **– arse** barnerumpe. **– coat** rød frakk; jegerdrakt. **– eye** ['piŋkai] lite øye. **– -eyed** småøyd; rødøyd. **– gin** (gin og angostura bitter). **pinking** ['piŋkiŋ] uthogging; tenningsbank. **– -iron** hoggjern; kakejern. **pinkish** ['piŋkiʃ] blekrød, lyserød.
pink slip (US) oppsigelse(svarsel).
pinky ['piŋki] liten; rødlig, lyserød.
pin money ['pinmʌni] nålepenger; lommepenger.
pinnace ['pinis] tomastet skip; slupp.
pinnacle ['pinəkl] lite tårn, spir, tinde; topp; bygge med spisstårn; sette spir el. småtårn på.
pinnate ['pinit] fjærformet; finnet.
pinner ['pinə] nålemaker.
pinnock ['pinək] meis (fugl).
pinpoint ['pinpɔint] nålespiss; bagatell; presisere, bestemme nøyaktig, sette fingeren på; presisjons-.
pinscher ['pinʃə] dobermannspinsjer.
pin-striped nålestripet, smalstripet.
pint [paint] 1/8 gallon: 0,568 liter.
pintle ['pintl] liten pinne, liten stift, rørtapp.
pinto ['pintəu] blakk hest; broket.
pin-up som kan henges opp på vegg. **– girl** pin-up pike.
pin wheel kjerrehjul (m. eiker); (v.) flimre; rase avsted, **his mind -ed** tankene raste avsted.
pinworm ['pinwə:m] barneorm.
piny ['paini] rik på nåletrær, furukledd.
piolet [paiəu'lei] ishakke, isøks.
pioneer [paiə'niə] bane, bryte vei for; være banebrytende; pionér; banebryter, foregangsmann. **– streak** utlengsel, eventyrlyst.
piony ['paiəni] peon.
pious ['paiəs] kjærlig, from, gudfryktig.
pip [pip] kvitre, pistre, pipe (om fugleunge).
pip [pip] kjerne, fruktkjerne; radarsignal, blipp; flott el. praktfull person el. ting.
pip [pip] pip (fuglesykdommen); **have the –** (om mennesker) være i dårlig humør.
pipe [paip] fløyte, pipe; sekkepipe, rør, ledningsrør; tobakkspipe; luftrør; lett jobb; pipe, blåse på fløyte, fløyte, plystre; legge i rør; kringkaste gjennom kabel; **– down** hisse seg ned, holde kjeft; **clear his –** kremte; **fill a –** stoppe en pipe; **the -s played** sekkepipene spilte opp; **put his – out** krysse hans planer, la det hele ryke over ende; gjøre ende på ham; **put that in your – (and smoke it)** merk Dem det! slå den! **clerk of the –** fullmektig i domènekontoret. **– bowl** pipehode.
pipeclay ['paipklei] pipeleire; rense med pipeleire, pusse; klarere, kritte.
pipe cleaner ['paipkli:nə] piperenser.
piped [paipt] pipet, rørformet; ledet gjennom rør. **– music** musikk som overføres med kabel fra sentralanlegg ≈ musikk på boks.
pipe dream luftslott, ønskedrøm.
pipe fitter rørlegger.
pipeful ['paipful] pipefull, pipestopp.
pipe | layer ['paipleiə] rørlegger. **– laying** rørlegging. **-light** fidibus. **-line** rørledning. **-man** strålemester.
pip emma [pip'emə] (i slang) fk. f. **post meridiem** ettermiddag.
piper ['paipə] piper, spillemann; sekkepiper; knurr (fisk).
pipe | rack pipehylle. **– roll** skattkammerrull. **– shank** pipestilk. **-stem, -stick** piperør, pipemunnstykke. **– tube** piperør. **– wrench** rørtang.
piping ['paipiŋ] gråt, tuting; stikling; besetning av snorbroderi på damekjoler; **pipings** (pl.) rørledning.
pipit ['pipit] piplerke.
pip-pip morn, ha det, adjøs.
piquancy ['pi:kənsi] skarphet, pikant beskaffen-

het, pikanteri. **piquant** [ˈpi:kənt] skarp, pirrende; bitende; pikant.

pique [pi:k] fornærmelse, såret stolthet; pikere, såre, støte; pirre, egge; **be -d** bli støtt på mansjettene.

piquet [piˈket] pikett (slags kortspill).

piquet [ˈpikit] pikett, feltvakt, vakt.

piracy [ˈpairəsi] sjørøveri; ulovlig ettertrykk.

pirate [ˈpairit] sjørøver, pirat, sjørøverskip; drive sjørøveri; plagiere; ettertrykke. **– transmitter** piratsender. **piratical** [paiˈrætikl] sjørøversk, sjørøver-.

pirouette [piruˈet] piruett (sving med foten i dans, vending på samme flekken).

piscary [ˈpiskəri] fiskerett. **piscator** [pisˈkeitə] fisker. **piscatorial** [piskəˈtɔ:riəl] fiske-, fiskeri-. **piscatory** [ˈpiskətəri] fiske-, fiskeri-. **pisciculture** [pisiˈkʌltʃə] fiskeutklekking. **pisciform** [ˈpisifɔ:m] av form som en fisk. **piscina** [piˈsainə] piscina (vaskebekken for presten i katolsk kirke). **piscine** [ˈpisain] fiske-; svømmebasseng. **piscivorous** [piˈsivərəs] fiskeetende, fiskespisende.

pish [p(i)ʃ] pytt! blåse av; si pytt.

pismire [ˈpismaiə] pissemaur.

piss piss; pisse; **take the – out of him** latterliggjøre; **– off!** vekk! ligg unna!

pistachio [piˈstɑ:ʃiəu] pistasie.

pistil [ˈpistil] støvvei.

pistol [ˈpistəl] pistol; skyte ned, skyte med pistol. **– grip** pistolgrep.

pistole [piˈstəul] pistol (spansk mynt).

piston [ˈpistən] stempel; ventil (på trompet). **– displacement** slagvolum. **– head** stempelhode. **– plane** fly med stempelmotor. **– rod** stempelstang. **– skirt** stempelskjørt. **– slap** stempelslark.

pit [pit] hull, grav, grop, gruve, hule; sjakt; avgrunn; fallgruve; dyregrav; armhule; hjertekule; arr, kopparr; orkestergrav; parterre; kampplass for haner; gjøre fordypninger, huller i; grave i; stille opp; hisse opp mot hverandre; **have the power of – and gallows** ha makt til å dømme til døden; **a face -ted by smallpox** et kopparret ansikt.

pitapat [ˈpitəpæt] klapp-klapp, tikk-takk; banking, hjerteklapp.

pitch [pitʃ] bek; beke; formørke.

pitch [pitʃ] slå ned, drive ned, feste i jorda, slå (f. eks. telt, leir); stille opp i slagorden, fylke, ordne; kaste, hive, kyle; stemme, fastsette tonehøyden av; steinlegge; slå leir, stille ut, legge fram (til salgs); styrte, falle; skråne, helle; stampe, duve, gynge (omkring tverraksen); høyde, trinn, tonehøyde, tone, høydepunkt; propellstigning, tannavstand (tannhjul), skruegang; tannhjulsdeling; helling, hall, skråning (f. eks. av tak); kast, notkast; fiskested, kastested, sted, plass; **a -ed battle** et regulært slag, feltslag; **– into** skjenne på, gi en inn, «gi en på pukkelen»; **– him a tale** slå ham en plate; **– in (into)** ta fatt, sette i gang; **at its highest –** på høydepunktet; **– of a screw** skruegang; **the – of the roof** hellingen på taket; **vocal –** stemmeleie.

pitch-and-toss [ˈpitʃənˈtɔs] kaste på stikka; kaste mynt og krone.

pitch | angle stigningsvinkel. **--black** [ˈpitʃblæk] beksvart. **-blende** [-blend] bekblende. **– coal** [ˈpitʃkəul] bekkull, brunkull. **--dark** [ˈpitʃdɑ:k] bekmørk, belgmørk.

pitched [pitʃt] ogs. hellende; **a high-pitched roof** et bratt tak, skråtak.

pitcher [ˈpitʃə] kaster osv.; gatestein; gatehandler (med fast plass).

pitcher [ˈpitʃə] krukke; (US) kanne, mugge; **little -s have long ears** små gryter har også ører; **the – goes so often to the well that it comes home broken at last** krukken går så lenge til vanns at den kommer hankeløs hjem.

pitch farthing [ˈpitʃˈfɑ:ðiŋ] klink. **pitchfork** [ˈpitʃfɔ:k] fork, høygaffel, greip; stemmegaffel; kaste, sende, hive.

pitchiness [ˈpitʃinis] bekaktighet, beksvart farge; belgmørke.

pitching [ˈpitʃiŋ] gatesalg, utstilling til salg; steinlegging; stamping, duving.

pitch | pine [ˈpitʃpain] bekfuru, amerikansk feitfuru. **-pole, -poll** slå kollbøtte; kollbøtte.

pitchy [ˈpitʃi] bekaktig, beket; harpiks-, kvae-; beksvart, belgmørkt.

pit coal [ˈpitkəul] steinkull.

piteous [ˈpitiəs, -tjəs, -tʃəs] medlidende; sørgelig; bedrøvelig; ynkelig; ussel. **piteousness** [-nis] sørgelighet.

pitfall [ˈpitfɔ:l] fallgruve; dyregrav, felle, snare.

pith [piθ] marg, ryggmarg; saft og kraft, det vesentlige; styrke, kraft; kjerne.

pit head gruveåpning, gruvenedgang.

pith helmet tropehjelm.

pithy [ˈpiθi] marg-, margfull; kraftig; fyndig.

pitiable [ˈpitiəbl, -tjəbl] ynkverdig, elendig. **pitiful** [ˈpitif(u)l] medlidende; ynkverdig; jammerlig, sørgelig; mislykket. **pitiless** [-lis] ubarmhjertig; hard.

pitman [ˈpitmən] bergmann, gruvearbeider.

pittance [ˈpitəns] porsjon, tilmålt del; ussel lønn; smule; almisse.

pitter [ˈpitə] plaske; tromme. **--patter** klapring; klapre, klipp-klapp.

pitting korrosjon, gropdanning, gravrust.

pit work gruvearbeid.

pity [ˈpiti] medlidenhet, medynk; barmhjertighet; **it is a –** det er skade, synd; **the – of it!** så sørgelig; **take – on** ha medlidenhet med; **for -'s sake** for Guds skyld.

pity [ˈpiti] føle (ha) medlidenhet med; ynkes over, synes synd på, beklage, ynke.

pivot [ˈpivət] tapp, aksel, gjenge; hengsel; stifttann; (fig.) tapp, midtpunkt; fløymann; sette på en tapp, dreie på en tapp; svinge.

pivotal [ˈpivətəl] svingende, roterende; dreibar, svingbar; sentral, vesentlig, viktig.

pixie el. **pixy** [ˈpiksi] hulder, nisse; ertekrok, skøyer; skøyeraktig, ertelysten.

pizzicato [pitsiˈkɑ:təu] pizzicato.

pl. fk. f. **plate; plural.**

P. L. A. fk. f. **Port of London Authority.**

placability [plækəˈbiliti] forsonlighet.

placable [ˈplækəbl] forsonlig.

placard [ˈplækɑ:d] plakat, oppslag; slå opp, kunngjøre.

placate [pləˈkeit] mildne, blidgjøre; stoppe munnen på.

place [pleis] plass, sted, rom; stilling, post, tjeneste; stand, rang; stille, sette, legge, anbringe, plassere; **it is not my – to ..** det tilkommer ikke meg å ...; **take –** finne sted; **fall into –** ordne seg; **go -s** reise, farte omkring; **out of –** malplassert; **– confidence in** vise tillit; **in the first –** for

det første; **be in his right** – være på sin rette hylle. – **card** bordkort. **-hunter** embetsjeger, levebrødspolitiker. – **-kick** (i fotball:) spark til liggende ball. **-man** funksjonær; en som har fått sin stilling ved å støtte regjeringen. **-mat** dekkeserviett. – **name** stedsnavn.
placenta [plə'sentə] morkake; blomsterbunn.
placer ['pleisə] gull-leie, gullforekomst som utvinnes ved vasking.
placid ['plæsid] stille, fredelig, blid, rolig. **placidity** [plə'siditi] blidhet, stillhet, tilfredshet.
placket ['plækit] skjørtesplitt, sliss, lomme.
plagiarism ['pleidʒiərizm] plagiat. **plagiarist** [-rist] plagiator. **plagiarize** [-raiz] plagiere. **plagiary** [-ri] plagiator; plagiat.
plague [pleig] pest; plage; landeplage, svartedauen, pestilens; plage, pine, hjemsøke; være til plage; **a – upon him** pokker ta ham! **plaguer** ['pleigə] plageånd. **plaguy** ['pleigi] forbannet, fordømt, pokkers.
plaice [pleis] rødspette.
plaid [plæd] pledd, skotskrutet stoff eller mønster; reisepledd; skotskrutet.
plain [plein] klage.
plain [plein] jevn, jamn, slett, flat, åpen; tydelig, klar, åpenbar; usmykket, simpel, enkel; middelmådig, ordinær; glatt; ukunstlet, likefrem, endefrem, åpenhjertig, oppriktig, ærlig; tarvelig; lite pen, stygg; plan; flate, slette, jevn mark; kampplass; planere, jevne, slette, glatte, utjevne, jamne; rettstrikking; **in – clothes** i sivil. – **cooking** daglig matlaging. – **dealer** ærlig person. – **dealing** oppriktig, ærlig; oppriktighet, ærlighet, åpenhet. – **-glass** av alminnelig glass. – **Jane** en helt alminnelig jente. – **knitting** rettstrikking. – **paper** ulinjert papir. – **printing** flattrykk. – **ring** glatt ring. – **speaking** oppriktighet, åpenhet.
plaint [pleint] klage. **plaintiff** ['pleintif] sitant, saksøker, klager. **plaintive** ['pleintiv] klagende; melankolsk, sørgelig. **plaintiveness** [-nis] klagende karakter. **plaintless** ['pleintlis] klageløs.
plait [plæt] fletting; flette.
plan [plæn] plan, grunnriss, utkast, tegning; fremgangsmåte; råd; hensikt; legge planer.
planchette [plɑ:n'ʃet] plansjett, psykograf.
plane [plein] plan, flate, nivå; stadium, trinn; bæreplan, vinge; aeroplan, fly; høvel; plan; flat, jevn, jamn; jevne, jamne, glatte; plane (om båt); – **off** høvle. – **iron** høveljern.
planer ['pleinə] høvelmaskin; veiskrape.
planet ['plænit] planet. **planetarium** [plæni'tɛəriəm] planetarium. **planetary** ['plænit(ə)ri] planetarisk.
plane tree ['pleintri:] platan (slags lønnetre).
planing ['pleiniŋ] høvling.
planing | bench ['pleiniŋbenʃ] høvelbenk. – **machine** høvelmaskin.
planish ['plæniʃ] planere; jevne, glatte, slette.
plank [plæŋk] planke; plankekle, plankelegge; sette i fengsel; smelle i, smekke. – **bed** sengebenk, køye.
plant [plɑ:nt] vokster, plante; renning, stikling, avlegger; plantning; inventar; materiell; anlegg, fabrikk; spion, angiver; snare, felle; avtalt bedrageri; gjemmested for stjålne varer; plante, beplante; anlegge; grave ned, skjule; **transmission** – kraftoverføringsanlegg; **electric light** – lysanlegg; **school** – skolemateriell. **plantable** ['plɑ:ntəbl] som kan plantes (til).
Plantagenet [plæn'tædʒinet].
plantain ['plæntin] kjempe (plante); pisang.
plantation [plæn'teiʃən] plantasje, plantning, planteskole.
planter ['plɑ:ntə] plantasjeeier; planter; så-redskap.
plantigrade ['plæntigreid] sålegjenger.
planting ['plɑ:ntiŋ] plantasje; beplantning.
plantless ['plɑ:ntlis] ubevokst, bar, gold.
plant | louse ['plɑ:ntlaus] bladlus. – **manager** fabrikkdirektør, fabrikkeier. – **pot** blomsterpotte.
plaque [plɑ:k] plate, plakett, minnetavle.
plash [plæʃ] flette greiner sammen, flette et gjerde.
plash [plæʃ] skvette, skvalpe, plaske; plasking; dam, pytt. **plashing** ['plæʃiŋ] plasking. **plashy** ['plæʃi] våt, tilskvettet; sumpet.
plasma ['plæzmə] plasma; protoplasma, celleslim; serum.
Plassey ['plæsi].
plaster ['plɑ:stə] (mur)puss, kalk, gips, plaster; pusse, gipse; plastre; klebe, klistre, lime; overdynge, overøse; **adhesive** (el. **sticking)** – heftplaster. – **board** gipsplate, gipsonitt. – **cast** gipsavstøpning; gipsbandasje. **-ed** plastret, pusset osv.; beruset, pære full, kanon full. **-er** gipser, gipsarbeider, stukkatør. – **figure** gipsfigur. – **impression** gipsavtrykk. **-ing** gipsing, pussing, kalking; forskalingsbord. – **of Paris** gips, stukkgips. – **saint** fig. dydsmønster. – **slab** gipsplate. – **work** gipsarbeid, stukkatur. **plastery** gipsaktig, gipsholdig.
plastic ['plæstik] plast; formende, dannende; plastisk. – **art** plastikk. – **arts** bildende kunster. – **clay** pottemakerleire. – **dancing** plastikk.
plasticine ['plæstisi:n] modellerleire, plastilina.
plasticity [plæ'stisiti] formende kraft; plastisitet.
plastron ['plæstrən, 'plɑ:strən] brystharnisk; fekters kyrass; skilpaddes bukskjold.
plat [plæt] flette; fletting.
plat [plæt] jevn, jamn, flat; flat plass; jordstykke, lapp, flekk.
plat [plɑ:] rett (på spisekart).
plate [pleit] skive, tavle, plate, metallplate; skilt; fargeplansje; sølvtøy, sølv; plett, plettsaker; tallerken; kuvert; premie; dekke med metallplater; pansre; plettere; hamre; **I have enough on my –** jeg har nok å streve med. **-d frigate** panserfregatt. – **armour** platerustning.
plateau ['plætəu] vidde, høyslette, platå.
plate basket ['pleitbɑ:skit] korg (el. kasse) til kniver og gafler.
plateful ['pleitful] (en full) tallerken; **I have had my –** jeg har fått nok.
plate | glass ['pleit'glɑ:s] speilglass. – **-glazed** forsynt med speilglass, plateglittet. – **goods** plettvarer. – **iron** jernblikk. **-layer** skinnlegger. – **mark** stempel, prøvemerke. – **printer** koppertrykker. – **printing** koppertrykk. **platen** [plætn] presseplate; valse (på skrivemaskin). **plater** ['pleitə] pletterer, elektropletthandler.
plate | rack ['pleitræk] tallerkenrekke, tallerkenhylle. – **shears** metallsaks. – **smith** kjelesmed, platesmed. – **warmer** tallerkenvarmer.
platform ['plætfɔ:m] plattform, perrong; forhøyning; talerstol; politisk program; standpunkt; oppfatning; holde tale fra plattform; **the –** styret, møtelederne. – **car** (US) flatvogn (jernbanevogn). – **speaker** folkemøtetaler.

plating [ˈpleitiŋ] panser; platekledning; ytterkledning.
platinum [ˈplætinəm] platina.
platitude [ˈplætitju:d] platthet, smakløshet; flauhet, banalitet. **platitudinize** [ˈplætiˈtju:dinaiz] komme med flaue bemerkninger.
Plato [ˈpleitəu] Platon. **-nic** [pləˈtɔnik] platonisk. **-nism** [ˈpleitənizm] platonisme.
platoon [pləˈtu:n] pelotong, tropp, lag.
platter [ˈplætə] tretallerken, fat; grammofon el. lydbåndopptak.
platy [ˈpleiti] plateaktig, plate-.
plaudit [ˈplɔ:dit] bifallsytring.
plauditory [ˈplɔ:ditəri] bifalls-; bifallende.
plausibility [plɔ:ziˈbiliti] antagelighet, tilsynelatende riktighet; behagelig vesen. **plausible** [ˈplɔ:zibl] plausibel, antagelig, trolig, tiltalende.
play [plei] spille (ut); leke, fjase, spøke; fremstille, utføre en rolle, agere; sette i virksomhet, la spille; spill; bevegelse; spillerom, slark; arbeidsnedleggelse, stans; virksomhet, forlystelse, lek, spøk; skuespill; handlemåte, fremgangsmåte; **– ball** være med (på leken); **– cricket** følge spillereglene; **– hard to get** gjøre seg kostbar; **– hooky** (US) skulke; **– safe** holde seg på den sikre siden; **– around** tulle, tøyse; **– at whist** spille whist; **two can – at that** det skal vi være to om; **– down** bagatellisere; **– off on her** føre henne bak lyset; **– of colours** fargespill; **– of features** minespill; **what's the – to be?** hva går det på teatret? **– to the gallery** spille for galleriet; **at the –** i teatret; **fair –** ærlig spill; **foul –** uærlig spill; **cheat at –** bedra i spill.
playable [ˈpleiəbl] som det er råd (el. verdt) å spille.
play|-actor [ˈpleiˈæktə] skuespiller (nedsettende). **–-actress** skuespillerinne (nedsettende). **-back** avspilling. **-bill** program, plakat. **-book** tekst til teaterstykke. **-boy** spradebass, herre på byen; (velstående yngre) levemann. **-day** fridag. **– debt** spillegjeld. **-ed** kaka, utkjørt. **-ed-up** oppskrytt, overdrevent.
player [ˈpleiə] skuespiller; deltager i spill. **playfellow** lekekamerat. **playful** [ˈpleif(u)l] opplagt til lek, leken; spøkefull, gladlyndt, spøkende. **playfulness** lyst til å leke; spøkefullhet, spøk.
play|goer [ˈpleigəuə] teatergjenger. **–-going** teatersøkende. **-ground** lekeplass. **-hour** leketid, fritid; spilletid.
playing [ˈpleiiŋ] lek, spill. **– card** spillkort.
play|mate lekekamerat. **-night** teateraften. **–-off** omkamp. **-pen** lekegrind. **-reader** teaterkonsulent. **– right** enerett til oppførelse. **-room** lekerom. **-thing** leketøy. **-wright** skuespillforfatter.
plea [pli:] rettssak; sakførsel; forsvar; påstand; unnskyldning; partsinnlegg; påskudd, bønn, oppfordring; **on the – that** med påberopelse av at ..., idet man gjør gjeldende at ...; **put in a –** nedlegge innsigelse; **put in a – for** legge et ord inn for.
pleach [pli:tʃ] flette sammen.
plead [pli:d] tale en sak for retten; føre en sak, pledere; påberope seg, anføre som unnskyldning; be inntrengende, trygle; **– guilty** erkjenne seg skyldig etter tiltalen; **– not guilty** erklære seg ikke skyldig. **pleadable** [ˈpli:dəbl] som kan gjøres gjeldende. **pleader** [ˈpli:də] sakfører; forsvarer, talsmann, forfekter. **pleading** [ˈpli:diŋ] bedende, bønnlig; forsvar; innlegg; bønn, forbønn; **oral –** muntlig prosedyre.
pleasance [ˈplezəns] moro, behagelighet, lyst, fornøyelse, forlystelse; lysthage.
pleasant [ˈplezənt] behagelig; elskverdig; hyggelig; lystig, munter, gemyttlig. **pleasantness** [-nis] behagelighet.
pleasantry [ˈplezəntri] spøk, skjemt, vittighet, munterhet.
please [pli:z] behage, være til lags, tiltale, glede; ha lyst til, ville; **– God** om Gud vil; **to – him** for å gjøre ham til lags; **there's no pleasing some folks** noen mennesker er det umulig å gjøre til lags; **I am to – myself** jeg kan gjøre som jeg selv vil; **pass me the book, –!** vær så vennlig å rekke meg boka! **if you –** om forlatelse, unnskyld; om jeg tør be; hvis De ønsker; **(a cup of tea?) if you –!** ja takk! **pleased** [pli:zd] glad, tilfreds, fornøyd; **I shall be – to** det skal glede meg å ..., jeg skal med glede ... **pleasing** [ˈpli:ziŋ] tiltalende, behagelig, inntagende. **pleasingness** [-nis] behagelighet.
pleasurable [ˈpleʒərəbl] behagelig, lystbetont.
pleasure [ˈpleʒə] behag, velbehag, glede, fornøyelse, gammen, moro; nytelse; vilje, lyst, ønske; befaling; fornøye; behage; være til lags; **what's your –?** hva kan vi stå til tjeneste med? **have a – in** være en stor glede å ... **I take – in sending you** el. **I have the – of sending you** jeg har den glede å sende Dem; **at –** etter behag, etter eget tykke; **a man of –** en levemann.
pleasure| boat lystbåt. **– craft** lystfartøy. **– ground** fornøyelsespark, folkepark. **–-seeking** fornøyelsessyk. **– resort** badested, kursted. **– trip** fornøyelsestur, rekreasjonsreise.
pleasuring [ˈpleʒəriŋ] fornøyelse, fornøyelser.
pleat [pli:t] fold, legg; folde, plissere. **-ing** folder, legg; (pl.) plissering.
plebeian [pliˈbi:ən] plebeiisk; plebeier.
plebiscite [ˈplebisit] folkebeslutning, folkeavstemning. **plebs** [plebz] folket, massen.
plectrum [ˈplektrəm] plekter.
pledge [pledʒ] pant; pantsetting; garanti; forpliktelse; løfte; gissel; skål; pantsette, sette i pant; innestå for; forplikte, love; skåle med (el. for) en; **I was -d in honour not to** jeg var på ære forpliktet til ikke. **pledgee** [pleˈdʒi:] panthaver.
pledger [ˈpledʒə] pantsetter, pantstiller.
pledget [ˈpledʒit] dott (f.eks. vatt), kompress.
Pleiades [ˈplaiədi:z] pleiader (Atlas' 7 døtre i gresk mytologi); **the Pleiades** Pleiadene, Sjustjernen.
plenary [ˈpli:nəri] full, hel, fullstendig.
plenipotentiary [plenipəˈtenʃəri] befullmektiget (utsending), som har fullmakt, fullmektig.
plenitude [ˈplenitju:d] overflod, rikdom.
plenteous [ˈplentiəs, -tjəs] overflødig, rikelig; vel forsynt, fet. **plenteousness** [-nis] overflod.
plentiful [ˈplentif(u)l] overflødig, rik, rikelig, fruktbar, grøderik.
plenty [ˈplenti] velstand, overflod, overflødighet, rikdom; nokså, temmelig, veldig; **horn of –** overflødighetshorn; **– of** [ˈplentjəv] fullt opp av, nok av; **– of time** god tid.
pleonasm [ˈpli:ənæzm] pleonasme.
pleonastic [pliəˈnæstik] pleonastisk.
plesiosaurus [ˈpli:siəˈsɔ:rəs] plesiosaurus.
plethora [ˈpleθərə] blodoverfylling; overflod.

plethoric [ple'θɔrik, pli-] blodrik, blodfull; oppsvulmet.
pleurisy ['pluərisi] brysthinnebetennelse; plevritt. **pleuritic** [pluə'ritik] som har brysthinnebetennelse, som har plevritt. **pleuritis** [pluə'raitis] se **pleurisy.**
plexus ['pleksəs] nettverk, flettverk, vev, plexus.
pliability [plaiə'biliti] bøyelighet, smidighet; føyelighet, svakhet. **pliable** ['plaiəbl] bøyelig, smidig; myk; svak, ettergivende. **pliancy** ['plaiənsi] se **pliability. pliant** ['plaiənt] bøyelig; bløt; myk.
pliers ['plaiəz] nebbetang; **combination –** universaltang; **flat-nosed –** flattang.
plight [plait] løfte; love; binde, gi; sette i pant.
plight [plait] forfatning, tilstand, knipe, klemme.
Plimsoll ['plimsəl]. **– line** lastelinje.
plinth [plinθ] plint, søylesokkel.
Pliny ['plini] Plinius.
pliocene ['plaiəsi:n] pliocen formasjon; pliocen.
plod [plɔd] traske, trakke, labbe; henge i, slite i; slepe; seigt arbeid, slit. **plodder** ['plɔdə] sliter, trekkdyr; arbeidstræl, lesehest. **plodding** ['plɔdiŋ] seig, strevsom; iherdighet, tålmodig slit.
plonk [plɔŋk] falle tungt, klaske, dette ned.
plop [plɔp] plump, plask, svupp, plopp.
plosive ['pləusiv] (fonetikk) lukkelyd.
plot [plɔt] jordstykke, lapp, flekk, hageflekk, kolonihage, (gress)plen; plan, kart; gjøre et grunnriss av; kartlegge.
plot [plɔt] plan, sammensvergelse, komplott; anslag; intrige; handling, gang (i et skuespill); legge planer; smi renker, intrigere. **plottage** ['plɔtidʒ] grunnareal. **plotter** ['plɔtə] renkesmed. **plotting** ['plɔtiŋ] intrigant, renkefull; planer, anslag, renker; **– paper** millimeterpapir.
plough [plau] plog, snøplog; ploghøvel, nothøvel; bokbinderhøvel; pløye; beskjære; la dumpe til eksamen, stryke; **the Plough** Karlsvogna; **– back** pløye ned; reinvestere; **– in** pløye ned; **– over again** pløye om igjen; **– up** (el. **out)** pløye opp, pløye opp av jorda; **be -ed** dumpe, ryke, stryke. **ploughable** ['plauəbl] som kan pløyes. **plougher** ['plauə] pløyer. **ploughing** ['plauiŋ] pløying; våronn, plogonn.
plough| beam ['plaubi:m] plogås. **-boy** ploggutt; bondeslamp. **-iron** ['plauaiən] plogjern, ristel. **-land** plogland, åkerland. **-man** plogkar, landmann, bonde. **-point** skjærspiss. **-share** plogskjær, plogjern. **-wright** plogmaker, plogsmed.
plover ['plʌvə] sandlo; heilo.
pluck [plʌk] rive, nappe, trive, rykke, trekke; plukke, ribbe; rejisere, stryke; rykk, grep, tak, napp; mot, mannsmot, ben i nesen; innmat; **– up** ta mot til seg, manne seg opp. **pluckiness** ['plʌkinis] mot. **plucky** ['plʌki] modig, kjekk, tapper, djerv.
plug [plʌg] plugg, propp, tapp; spuns, nagle; bunnpropp; støpsel (til stikkontakt); plate av skråtobakk; plombere; proppe til, tette igjen; skyte, plaffe ned; sette i stikk-kontakt.
plug|-and-socket connection stikkontakt. **– -hole** avløpshull, spunshull.
plum [plʌm] plomme, rosin; godbit, det beste.
plumage ['plu:midʒ] fjær, fjærkledning.
plumb [plʌm] bly, blylodd, lodd; loddrett; bent, ende, pladask; plombere; bringe i lodd; lodde; måle, lodd; være i lodd; **out of –** ute av lodd; **I had – forgotten** jeg hadde helt glemt.
plumbago [plʌm'beigəu] grafitt, blyant; fjærekoll (plante).
plumbean ['plʌmbiən], **plumbeous** ['plʌmbiəs] bly-, blyaktig, blyholdig.
plumber ['plʌmə] blikkenslager, blytekker; rørlegger; blykule. **plumbery** ['plʌməri] blyarbeid, blytekking; rørlegging; rørleggerverksted. **plumbic** ['plʌmbik] bly-. **plumbiferous** [plʌm'bifərəs] blyholdig, blyførende. **plumbing** ['plʌmiŋ] blyarbeid; blytekking; blikkenslagerarbeid, rørleggerarbeid.
plumb| line ['plʌmlain] loddline, loddsnor; loddrett linje. **– rule** vaterpass, loddbrett.
plum cake ['plʌmkeik] plumkake, formkake med rosiner.
plum duff ['plʌmdʌf] melpudding med rosiner.
plume [plu:m] fjær; fjærdusk; pusse, pynte, stelle fjærene sine; plukke; ribbe; **– oneself** være stolt, briske seg, gjøre seg til.
plumelet ['plu:mlit] dunfjær.
plummet ['plʌmit] lodd; blysøkke (på fiskesnøre); loddsnor; falle brått, rase nedover.
plummy ['plʌmi] full av rosiner; utmerket, lekker, førsterangs, deilig.
plumose [plu:'məus] fjæraktig, fjær-, fjæret.
plump [plʌmp] rund, tykk, lubben, trivelig, fyldig, før; uten videre, bent ut, endefrem, bums, lukt; klump, klynge; fylle, utfylle, utvide; gjøre fyldig, gjøre lubben; utvide seg, tykne, legge seg ut; buse ut med; brått, plump, pladask.
plumper ['plʌmpə] stemmeseddel (medbare ett navn); loddrett løgn, diger skrøne.
plum pudding ['plʌm'pudiŋ] plumpudding.
plum tree ['plʌmtri:] plommetre.
plumy ['plu:mi] fjæret, fjærkledd.
plunder ['plʌndə] plyndre, røve; plyndring; plyndret gods; rov, bytte. **plunderer** ['plʌndərə] plyndrer.
plunge ['plʌn(d)ʒ] styrte, kaste, slenge, støte; dukke ned, kaste seg, stupe, styrte seg; plutselig fall; dukk, dukkert, dukking; styrt, renn, forlegenhet, vanskelighet, ulykke, vågestykke.
plunger ['plʌn(d)ʒə] dukker, dykker; plungerstempel; veddemålsspekulant, jobber.
pluperfect ['plu:'pə:fikt] pluskvamperfektum.
plural ['pluərəl] som inneholder flere, flertalls-; flertall. **pluralism** ['pluərəlizm] pluralisme; det å ha flere prestekall samtidig. **pluralist** [-list] pluralist. **plurality** [pluə'ræliti] pluralitet, flerhet, majoritet, flertall.
plus [plʌs] pluss; positiv; addisjonstegn.
plus fours ['plʌs'fɔ:z] lange, vide knebukser, først brukt av golfspillere, nikkers.
plush [plʌʃ] floss, plysj; meget elegant, kjempesmart.
Plutarch ['plu:tɑ:k] Plutark.
plute [plu:t] (US) kapitalist, plutokrat.
plutocracy [plu:'tɔkrəsi] plutokrati, rikmannsstyre; rikmannsaristokrati, pengeadel. **plutocrat** ['plu:təkræt] plutokrat, pengefyrste. **plutocratic** [plu:tə'krætik] plutokratisk.
Plutonian [plu:'təunjən] plutonisk (som angår Pluto); vulkansk. **Plutonic** [plu:'tɔnik] plutonisk.
pluvial ['plu:vjəl] regnfull.
pluvious ['plu:vjəs] regn-, regnfull.
ply [plai] folde; bearbeide; nytte, bruke, drive på med; drive, utføre; gå løs på; henge i; gå (i rute); baute, krysse; forsyne, skaffe; lag; fold; tråd; eiendommelig utvikling, retning; tilbøye-

lighet; – **with questions** bombardere med spørsmål; – **with drink** få til å drikke tett, traktere flittig; **the small steamers that – the lake** de små dampere som går i rute på sjøen.
Plymouth [ˈpliməθ].
plywood [ˈplaiwud] kryssfinér.
P. M. fk. f. **Prime Minister; Police Magistrate; Postmaster; Provost Marshal.**
p. m. fk. f. **post meridiem, at 3 p. m.** kl. 15; **post mortem.**
P. M. G. fk. f. **Pall Mall Gazette; Paymaster General; Postmaster General.**
p. m. h. fk. f. **production per man-hour.**
PML fk. f. **probable maximum loss.**
pneumatic [njuˈmætik] pnevmatisk; luft-; trykkluft-. – **dispatch** rørpost. – **engine** luftpumpe. – **tyre** luftring, luftslange.
pneumonia [njuˈməunjə] lungebetennelse. **pneumonic** [njuˈmɔnik] lunge-, lungesyk.
P. O. fk. f. **postal order; post office.**
poach [pəutʃ] pochere (egg); trampe ned; bli nedtrampet; drive krypskytteri, drive ulovlig jakt (el. fiske); lure seg til en fordel (i kappløp); slå ballen mens den er på medspillerens grunn (i tennis); krypskytteri; **-ed cod** (av)kokt torsk. **poacher** [ˈpəutʃə] vilttyv, krypskytter. **poaching** [ˈpəutʃiŋ] vilttyveri, krypskytteri.
P. O. B. fk. f. **Post Office Box.**
Po [pəu]; **the – basin** Posletten.
pock [pɔk] pustel; kopparr.
pocket [ˈpɔkit] lomme, pose, sekk; grop, fordypning; dalsøkk; enklave, øy; lite vannreservoar; innkassere, tjene; putte eller stikke i lommen; – **up** stikke til seg, skjule; tie stille til, tåle, bite i seg, finne seg i. – **battleship** lommeslagskip. **-book** lommebok; notisbok. – **diary** notisbok; lommekalender. – **edition** billigutgave, pocketutgave. – **handkerchief** lommetørkle. **-knife** lommekniv. – **money** lommepenger. – **piece** lykkemynt. – **pistol** lommepistol; lommelerke. – **-sized** i lommeformat. – **slit** lommeåpning. – **state** lilleputtstat.
pock-marked [ˈpɔkma:kt] kopparret.
pod [pɔd] belg, skjelm, skolm; flokk, (fiske)stim; skjelme, skolme.
P. O. D. fk. f. **pay on delivery; Post Office Department.**
podagra [ˈpɔdəgrə] podagra. **podagrical** [pəˈdægrikl] podagristisk.
podded [ˈpɔdid] velhavende, velberget.
podgy [ˈpɔdʒi] buttet, tykk, klumpet.
podium [ˈpəudjəm] podium.
Poe [pəu].
poem [ˈpəuim] dikt.
poesy [ˈpəuisi] (gml.) poesi, diktekunst, skaldskap. **poet** [ˈpəuit, -et] dikter.
poetaster [pəuiˈtæstə] rimsmed, versemaker. **poetess** [ˈpəuitis] dikterinne. **poetic** [pəuˈetik] dikterisk, poetisk. **poetical** [pəuˈetikl] dikterisk, poetisk. **poetics** [pəuˈetiks] lærebok i diktekunst, poetikk. **poetry** [ˈpəuitri] poesi, diktning, diktekunst.
pogo [ˈpəugəu] el. **pogo stick** kengurustylte, hoppestokk.
pogrom [pəˈgrɔm, ˈpɔgrɔm] jødeforfølgelse.
poignancy [ˈpɔinənsi] skarphet, bitterhet; pregnans, brodd; pirrelighet. **poignant** [ˈpɔinənt] skarp, kvass, bitter, besk; skjærende, gjennomtrengende.
poinsetta [pɔinˈsetə] julestjerne (planten).
point [pɔint] spiss; støt, stikk; punkt, prikk; odde, nes; poeng; klarhet, skarphet; hovedsak; karakteristisk el. utpreget side; viktig punkt; formål, endemål; strek, kompasstrek; komma ved desimalbrøk; skilletegn, punktum, (desimal-)komma; **bad** – svakhet; smakløshet; **good** – god egenskap, dyd; **full** – punktum; **the great** – hva det især kommer an på; – **of honour** æressak; – **of view** synspunkt; **gain a** – nå sitt mål; **make a – of** legge vekt på; **miss the whole** – overse det vesentlige; **I don't see the** – jeg skjønner ikke vitsen med; **a case in** – et godt eksempel; **in – of** med hensyn til; – **of exclamation** utropstegn; **in – of fact** i virkeligheten; vesentlig; **on this** – hva dette angår; **be on the – of** stå i begrep med, være på nippet til; **let us come to the** – la oss komme til saken.
point [pɔint] spisse, sette spiss på; skjerpe; sikte; peke; illustrere; sette skilletegn; poengtere; fremheve; understreke, markere.
point-blank [ˈpɔintˈblæŋk] likefrem, rett ut; rettlinjet, uten elevasjon (om et skudd).
point duty trafikktjeneste (politibetjents arbeid med å dirigere trafikken osv. på et bestemt sted).
pointed [ˈpɔintid] spiss, tilspisset, spissnutet; poengtert; skarp, kvass; markant. **pointedness** [-nis] spisshet; skarphet; likefremhet.
pointer [ˈpɔintə] pekestokk; viser (på ur); vink, pekepinn; pointer, korthåret fuglehund. **pointing lace** sydde kniplinger.
pointless meningsløs, fåfengt; kjedelig; uten spiss.
pointsman [ˈpɔintsmən] sporskifter.
poise [pɔiz] vekt; likevekt, holdning; naturlig likevekt; veie, sette, holde i likevekt; balansere; veie, vurdere.
poison [ˈpɔizn] gift; forgifte; forderve. **-er** [ˈpɔiznə] giftblander; giftblanderske. – **fang** gifttann. – **gas** giftgass. **-ing** [ˈpɔizniŋ] forgiftning; giftblanding; giftmord. **-ous** [ˈpɔiznəs] giftig, gift-; skadelig. **-ousness** [-nis] giftighet.
poke [pəuk] stikke, støte, skyve, puffe, rote i, stikke fram; rote, kare, grave i; snuse **(about** omkring); stikke hodet fram; stikk, støt, dunk, dytt, dult; spark; – **one's nose into** stikke nesen sin i; – **fun** ha moro med, drive gjøn med.
poke [pəuk] (gml.) pose, lomme; **buy a pig in a** – kjøpe katten i sekken.
poke [pəuk] fremstående hatteskygge. – **bonnet** kysehatt. – **-cheeked** med posekinn. – **collar** fadermorder, høy, stiv snipp. – **-easy** (US) lathans.
poker [ˈpəukə] poker (kortspill); ildrake, glorake; nål til brenning i tre, brannmaling; **have swallowed a** – se ut som en har slukt en linjal.
pokerwork brannmaling.
poky [ˈpəuki] (om plass) trang, liten; (om virksomhet) ubetydelig, dau; ussel, ynkelig.
Poland [ˈpəulənd] Polen.
polar [ˈpəulə] polar; polar-, pol-. – **bear** isbjørn. – **cap** polkalott. – **explorer** polarforsker.
polarization [pəuləraiˈzeiʃən] polarisasjon.
polar | lights polarlys. **-oid glasses** polaroidbriller.
Pole [pəul] polakk.
pole [pəul] pol; stang, stake; påle; staur; målestang; stenge (f. eks. erter); stake fram (en båt); bære på påler el. stenger; **carriage** – vognstang; **fishing** – fiskestang; **curtain** – gardinstang; **flag** – flaggstang; **tent** – teltstang; **telephone** – tele-

fonstolpe. **-axe** stridsøks. **-cat** ilder. **– jump** stavsprang.
polemic [pə'lemik] polemiker, polemisk; **polemics** polemikk.
polenta [pə'lentə] polenta, maisgrøt.
pole | piece polsko. **the – star** Polarstjernen. **– vault(ing)** stavsprang.
police [pə'li:s] politi; føre politioppsyn med; holde orden blant, holde styr på. **– case** politisak. **– constable** politikonstabel. **– court** politirett. **– force** politistyrke. **– magistrate** dommer.
policeman [pə'li:smən] politibetjent, konstabel.
police | office politikammer. **– officer** politibetjent. **– raid** politiutrykning, razzia. **– sergeant** overbetjent. **– station** politistasjon. **– superintendent** sjef for politistasjon, avdelingssjef.
policlinic [pɔli'klinik] poliklinikk.
policy ['pɔlisi] politikk; statsvitenskap; statskløkt; fremgangsmåte; retningslinjer, prinsipper; sluhet, list; **honesty is the best –** ærlighet varer lengst.
policy ['pɔlisi] polise, forsikringsbrev. **– -broker** assuransemekler. **– -holder** innehaver av en polise, forsikret.
polio ['pəuliəu] polio; poliopasient. **-myelitis** poliomyelitt, barnelammelse.
Polish ['pəuliʃ] polsk.
polish ['pɔliʃ] polere, blankslipe, blanke, blankskure, glatte, forfine, smykke, pryde; politur, pusse-, blankemiddel, bonevoks; glatthet; finhet; **– off** gjøre det av med en; bli ferdig i en fart. **polisher** ['pɔliʃə] polerer; sliperedskap. **polishment** politur.
polite [pə'lait] høflig, fin, dannet. **– literature** skjønne vitenskaper; skjønnlitteratur. **politeness** [-nis] forfinelse, finhet, høflighet. **politesse** [pɔli'tes] belevenhet, høflighet.
politic ['pɔlitik] politisk, stats-; fornuftig, forsiktig; klok, diplomatisk. **political** [pə'litikl] politisk, stats-; politiker, statsmann. **– economy** nasjonaløkonomi. **– science** statsvitenskap. **politician** [pɔli'tiʃən] politiker, statsmann. **politics** ['pɔlitiks] politikk, statsvitenskap; statskunst; politiske anskuelser. **polity** ['pɔliti] regjeringsform; samfunn; statsdannelse.
polka ['pɔlkə, 'pəulkə] polka.
poll [pɔl] kjælenavn på papegøye.
poll [pəul] skolt, haus; nakke; bakhode; manntall; manntallsprotokoll; valgprotokoll; stemmeopptelling, stemmetall; valg; valgsted; koppskatt; **Gallup –** gallupundersøkelse, rundspørring; **when the – was declared** da utfallet av valget ble kunngjort; **decline the –** oppgi sitt kandidatur; **come out at the head (at the bottom) of the –** få det største (det minste) stemmetall; **a – was demanded** det ble krevd skriftlig avstemning; **go to the -s** gå til valg.
poll [pəul] topphogge; snauklippe, skjære av, kappe av; innskrive, innføre; avgi (sin stemme); bringe til valgurnen; foreta avstemning; oppnå, få, samle (et antall stemmer); telle opp stemmene; intervjue, foreta rundspørring.
pollack ['pɔlək] lyr; **green –** sei.
poll|book manntall; manntallsprotokoll. **– clerk** valgsekretær. **polled** [pəuld] kollet.
pollen ['pɔlin] pollen, blomsterstøv; pollinere, bestøve. **– parent** farplante.
poller ['pəulə] kapper; manntallsfører; stemmeberettiget, velger; intervjuer ved rundspørring.
pollinate ['pɔlineit] pollinere, bestøve.
polling ['pəuliŋ] avstemning; valghandling. **– booth** stemmeavlukke. **– clerk** listefører. **– day** valgdag. **– station** valgsted.
polliwog ['pɔliwɔg] rumpetroll.
poll | parrot ['pɔl'pærət] papegøye; pludre. **– tax** koppskatt.
pollute [pə'l(j)u:t] forurense, skjemme; besmitte; krenke, vanære. **polluter** [-ə] besmitter; forurenser. **pollution** [pə'l(j)u:ʃən] besmittelse; forurensning, tilgrising.
polo ['pəuləu] polo.
polonaise [pɔlə'neiz] polonese.
Polonese [pəulə'ni:z] polsk.
polony [pə'ləuni] røkt fleskepølse.
poltroon [pɔl'tru:n] reddhare, kujon; krysteraktig, feig. **poltroonery** [pɔl'tru:nəri] feighet, kujoneri. **poltroonish** [-iʃ] krysteraktig, feig.
polygamist [pə'ligəmist] polygamist. **polygamy** [-mi] polygami. **polyglot** ['pɔliglɔt] som taler mange språk; som er på mange språk; polyglott.
polygraph ['pɔligrɑ:f] løgndetektor.
Polynesia [pɔli'ni:zjə] Polynesia. **Polynesian** polynesier; polynesisk.
poly|pode tusenbein. **-pous** ['pɔlipəs] polyppaktig. **-pus** ['pɔlipəs] polypp; koralldyr. **-spermal** [pɔli'spə:məl] mangefrøet. **-syllable** [pɔli'siləbl] flerstavelsesord. **-technic** [-'teknik] polyteknisk; polyteknisk skole. **-technics** [-ks] polyteknikk.
pomaceous [pə'meiʃəs] som består av epler, eple-.
pomade [pə'mɑ:d] pomade; pomadisere.
pomatum [pə'meitəm] pomade; pomadisere.
pome [pəum] eplefrukt, kjernefrukt. **-citron** sitroneple. **-granate** ['pɔmgrænit] granateple.
Pomerania [pɔmə'reinjə] Pommern. **-n** pommersk; pommeraner; pommersk spisshund.
pommel ['pʌməl] knapp, kule, knott, kårdeknapp; banke, rundjule, denge.
pomp [pɔmp] praktopptog; pomp, prakt, stas.
Pompeian [pɔm'pi:ən] pompeiansk.
Pompeii [pɔm'pi:ai].
Pompey ['pɔmpi] Pompeius; (i sjømannsslang:) Portsmouth.
pompom ['pɔmpɔm] maskinkanon.
pompon ['pɔmpɔn] (fr.) pompong (pyntekvast).
pomposity [pɔm'pɔsiti] praktfullhet; høytidelighet; oppblåsthet, svulstighet.
pompous ['pɔmpəs] pompøs, praktfull; høytidelig, staselig, høyttravende; viktig, hoven.
ponce [pɔns] hallik, alfons.
poncho ['pɔntʃəu] poncho (klesplagg).
pond [pɔnd] dam, tjern, vann; demme opp; **the big –** Atlanterhavet. **– lily** nøkkerose.
ponder ['pɔndə] overveie, overlegge; grunne, tenke etter. **ponderable** ['pɔndərəbl] veielig, som lar seg veie; som kan vurderes; vektig. **ponderal** ['pɔndərəl] ponderal, vekt-, veid. **pondering** ['pɔndəriŋ] grublende, ettertenksom. **ponderosity** [pɔndə'rɔsiti] tyngde, vekt. **ponderous** ['pɔndərəs] tung, diger, svær, vektig; viktig, betydningsfull, klosset, tung. **ponderousness** [-nis] tyngde, vekt.
pong [pɔŋ] stank; stinke.
poniard ['pɔnjəd] dolk; dolke, stikke.
pontage ['pɔntidʒ] brupenger, brutoll.
pontiff ['pɔntif] yppersteprest, pontifeks; pave. **pontific** [pɔn'tifik] pontifikal; pavelig; **pontificate** [pɔn'tifikit] pontifikat; pavestol; paves embetstid. **pontify** ['pɔntifai] spille pave, late som en har greie på alt.

pontlevis [pɔnt'levis] vindebru.
pontoon [pɔn'tu:n] pontong. – **bridge** pontongbru.
pony ['pəuni] ponni; (i slang) £ 25; små-; lite glass, liten drink; – **up** betale, gjøre opp. – **edition** lomme-, billigutgave. – **-tail** hestehale (frisyren).
poodle ['pu:dl] puddelhund.
pooh [pu:] pytt! – **-bah** ['pu: 'bɑ:] kakse, storkar. – **-pooh** ['pu:'pu:] blåse av, blåse i, flire av.
pool [pu:l] dam, basseng; pøl, pytt; høl, kulp; **The Pool** Londons havn nedenfor London Bridge.
pool [pu:l] pulje, innsats; sammenslutning, ring, konsortium; forråd, reserve; biljardspill; forene krefter, samle, skyte sammen; **the football -s** tippetjenesten; **typist's** – skrivestue; byrå for kontorhjelp; **play the -s** tippe. – **office** kontorlandskap.
poop [pu:p] popp, hytte, bakerste opphøyde del av et skipsdekk; slå inn over (om en sjø); seile på bakfra. **pooping sea** svær sjø over akterskipet.
poor [puə] fattig, trengende, stakkars, arm, ringe; mager, skrinn; ussel; dårlig, elendig; salig, avdød. – **box** fattigbøsse. – **farm** fattiggård, pleiehjem. **-house** fattighus. – **law** fattiglov.
poorly ['puəli] tarvelig, fattig; dårlig; skral, skrøpelig. **poorness** ['puənis] fattigdom; tarvelighet, smått stell; magerhet.
poor | rate ['puəreit] fattigskatt. – **relief** fattigunderstøttelse, forsorgsbidrag. – **-spirited** forsagt; feig.
pop. fk. f. **popular; population.**
pop [pɔp] puff, smell, knall; mineralvann; stampen, onkel, pantelåner; futte, plaffe, knalle; – **the question** fri; – **in** smutte inn, komme inn; – **off** stikke av, smutte bort; avvise; dø; – **out** smutte ut; blåse ut; – **up** fare opp. **pop** paff, vips!
pop [pɔp] pop (fk. f. **popular**). – **concert** popkonsert; folkekonsert. **-corn** pop corn, ristet mais. – **music** popmusikk.
Pope [pəup].
pope [pəup] pave. **popedom** [-dəm] pavedømme.
popery ['pəup(ə)ri] papisme; papistisk lære.
Popeye (the Sailor) ['pɔpai] Skipper'n.
pop|eyed med utstående øyne. – **gun** leketøyspistol, luftgevær.
popinjay ['pɔpindʒei] papegøye; srl. papegøye til å skyte til måls på; grønnspette; innbilsk person.
popish ['pəupiʃ] pavelig, papistisk.
poplar ['pɔplə] poppel.
popple ['pɔpl] gynge, duve; krapp sjø; skvulp.
poppy ['pɔpi] valmue; **Flanders** – flandernvalmue (helliget minnet om dem som døde i den første verdenskrigen). **-cock** tull og tøys; **Poppy Day,** d. 11. nov., da det selges Flanders poppies. – **seed** valmuefrø.
populace ['pɔpjuləs] almue, hop. **popular** ['pɔpjələ, 'pɔpjulə] folke-; folkets; folkelig; populær; lettfattelig; folkekjær. **popularity** [pɔpju'læriti] popularitet. **popularization** [pɔpjulæri'zeiʃən] popularisering. **popularize** ['pɔpjuləraiz] popularisere.
populate ['pɔpjuleit] befolke; bo i.
population [pɔpju'leiʃən] befolkning; folkemengde, folketall. – **density** befolkningstetthet.
populous ['pɔpjuləs] folkerik, tett befolket. **populousness** [-nis] folkerikdom, tett befolkning.
porcelain ['pɔ:slin] porselen. – **paste** porselensmasse.
porch [pɔ:tʃ] portal; søylegang, buegang; bislag, utskott, sval, veranda; forstue, hall.
porcine ['pɔ:sain]svine-, grise-, som hører til grisefamilien.
porcupine ['pɔ:kjupain] hulepinnsvin, afrikansk pinnsvin; maurpinnsvin.
pore [pɔ:] stirre; henge over bøkene, grave seg ned, fordype seg **(over** i).
pore [pɔ:] pore.
poriness ['pɔ:rinis] porøs beskaffenhet.
pork [pɔ:k] svinekjøtt, flesk, svin. – **barrel** (US) valgflesk. – **chop** svinekotelett. **porker** ['pɔ:kə] fetesvin, gjøgris. **pork pie** fleskepostei. **porky** fet, fleske-.
porn [pɔ:n] porno.
pornography [pɔ:'nɔgrəfi] pornografi.
porosity [pɔ'rɔsiti] porøsitet.
porous ['pɔ:rəs] porøs.
porpoise ['pɔ:pəs] nise.
porridge ['pɔridʒ] (havre)grøt.
porringer ['pɔrindʒə] fat, skål, bolle.
port [pɔ:t] havn, sjøhavn; havneby; laste- el. losseplass; port, kanonport; by- el. festningsport; kuøye, ventil; portvin; babord; **to** – til babord; **naval** – marinebase; **free** – frihavn; – **of call** anløpssted.
portable ['pɔ:təbl] som kan bæres; transportabel, flyttbar; reise-.
portage ['pɔ:tidʒ] transportomkostninger; bærepenger.
portal ['pɔ:təl] portal; port, dør; porthvelving.
port | authority havnevesen. – **captain** havnefoged. – **charges** havneavgifter.
portcrayon [pɔ:t'kreiən] blyantholder.
portcullis [pɔ:t'kʌlis] fallgitter.
portend [pɔ:'tend] varsle, tyde på, varsle om, spå. **portent** ['pɔ:tent] varsel, forvarsel, tegn, dårlig varsel; vidunder.
portentous [pɔ:'tentəs] varslende, illevarslende; uhyre; høytidelig; imponerende.
porter ['pɔ:tə] portner, vaktmester, dørvokter; portier; (US) sovevognskonduktør; havnearbeider, bærer, bybud; porter (mørkt øl).
porterage ['pɔ:təridʒ] bærepenger, budpenger; transport avbagasje.
porterhouse [pɔ:tərhaus] (US) mørbrad(stek).
portfolio [pɔ:t'fəuljəu] mappe, dokumentmappe; beholdning; portefølje.
porthole ['pɔ:thəul] port, glugge, ventil.
portico ['pɔ:tikəu] søylegang.
portion ['pɔ:ʃən] del; andel, part, lodd, porsjon; arvedel, arvepart; medgift; dele, dele ut, fordele; skifte ut; utstyre. **portioner** ['pɔ:ʃənə] utdeler, fordeler. **portionist** ['pɔ:ʃənist] stipendiat. **portionless** [-lis] uten andel; uten medgift; fattig.
portliness ['pɔ:tlinis] anstand, verdighet; korpulense, førhet. **portly** ['pɔ:tli] anselig, statelig; korpulent, før, svær.
portmanteau [pɔ:t'mæntəu] koffert, håndkoffert, vadsekk; tøyelig, elastisk; – **word** ord dannet ved sammentrekning av to andre, f. eks. **smog** av **smoke** og **fog.**
port| of arrival ankomsthavn. – **of call** anløpshavn. – **of destination** bestemmelseshavn. – **of discharge** lossehavn. – **of registry** registreringshavn, hjemby.
portrait ['pɔ:trit] portrett, bilde. **portraiture** ['pɔ:tretʃə] portrett; skildring. **portray** [pɔ:'trei] avbilde, male; skildre, tegne. **portrayal** [-əl] av-

bilding; fremstilling, skildring. **portrayer** [-ə] portrettmaler; fremstiller, skildrer.
portress [ˈpɔ:tris] portnerske, dørvokterske.
Portsmouth [ˈpɔ:tsməθ].
Portugal [ˈpɔ:tjugəl]. **Portuguese** [pɔ:tjuˈgi:z] portugisisk; portugiser(inne); portugisisk. – **man-of-war** blæremanet.
P. O. S. B. fk. f. **Post-Office Savings Bank.**
pose [pəuz] stilling; positur, attityde, oppstilling; påtatt egenskap; stille opp; stille seg i positur, skape seg; sitte (modell); oppstille, fremsette, postulere; målbinde, sette i forlegenhet. **poser** [ˈpəuzə] vanskelig spørsmål, hard nøtt; posør, en som skaper seg, gjør seg til.
poseur [pəˈzə:] posør, en som skaper seg.
posh [pɔʃ] fin, elegant, snobbet; – **up** pynte.
posit [ˈpɔzit] hevde, fastslå; plassere.
position [pəˈziʃən] stilling, standpunkt; plass, stand, posisjon; **hold the – of** ha stilling som.
positive [ˈpɔzitiv] positiv, virkelig; uttalt, uttrykkelig, bestemt, grei, med rene ord; avgjørende; direkte; uomtvistelig; sikker, viss; det positive, virkelighet; positiv. – **clutch** klokopling. – **conductor** plussleder. **positiveness** [-nis] virkelighet, positivitet, sikkerhet.
posse [ˈpɔsi] oppbud, manngard; mobb.
possess [pəˈzes] besitte, eie, sitte inne med; besette. **possessed** [pəˈzest] fylt, behersket; besatt; **be – of** være i besittelse av, ha forståelse av; være besatt av.
possession [pəˈzeʃən] besittelse; eiendel, eie; overtakelse; djevlebesettelse.
possessive [pəˈzesiv] eiendoms-, eie-; eiendomspronomen; genitiv; – **case** genitiv; **-ness** besittelsestrang, eielyst; – **pronoun** possessivt pronomen, eiendomspronomen.
possessor [pəˈzesə] besitter, innehaver, eier.
possessory [pəˈzesəri] besittelses-; besittende.
posset [ˈpɔsit] varm, krydret melkepunsj.
possibility [pɔsiˈbiliti] mulighet **(of** for).
possible [ˈpɔsəbl, ˈpɔsibl] mulig; mulighet; **to do one's –** gjøre alt man kan.
possibly [ˈpɔsibli] muligens, kanskje; på noen mulig måte; **I cannot – do it** jeg kan umulig gjøre det.
possum [ˈpɔsəm] opossum, pungrotte; **(act) play –** forstille seg, hykle uvirksomhet, simulere, spille dum.
post [pəust] post; målstang, pæl, påle, stolpe; stilling; embete; bestilling; befordringsvesen; postbefordring; postbud; slå opp (plakater), kunngjøre, sette, stille; ansette, postere; føre inn poster; skrive av, overføre; poste; reise med posten; reise hurtig; ta skyss; ile, skynde seg; sende hurtig; hurtig, fort, ilsomt.
postage [ˈpəustidʒ] porto. – **paid** portofritt. – **rate** portotakst. – **scales** brevvekt. – **stamp** frimerke.
postal [ˈpəustəl] postal, post-. – **card** brevkort. – **cheque account** postgirokonto. – **code** postnummer. – **order** postanvisning. – **parcel** postpakke. – **vote** brevstemme (ved valg).
post|bag [ˈpəustbæg] postsekk. – **basic** videregående, etter-. **-boy** postiljong. – **card** brevkort. – **chaise** ekstraskyss, postchaise. **-date** senere datum; postdatere.
posted [ˈpəustid] underrettet, informert; **be –** ha god greie på tingene; **keep oneself –** holde seg à jour.
post entry [ˈpəustentri] senere angivelse; senere innføring.
poster [ˈpəustə] avsender, kurér, ilbud; skysshest; plakatoppsetter; plakat.
poste-restante [ˈpəustˈrestɑ̃:nt] poste restante.
posterior [pɔˈstiəriə] senere **(to** enn); bakdel; bak, bakerst. **posteriority** [pɔstiəriˈɔriti] det å komme el. hende senere.
posterity [pɔˈsteriti] etterslekt(en), ettertid(en); etterkommere; **go down to –** bevares for etterslekten.
postern [ˈpəustə:n, ˈpəustən] bakdør, lønndør.
post|-free portofritt. **-graduate** en som driver videregående studier el. etterutdanningskurs. **-haste** straks, i hui og hast.
posthumous [ˈpɔstjuməs] posthum; født etter farens død; etterlatt.
postiche [pɔsˈti:ʃ] postisj, løshår; etterlikning, pastisj; uekte, påhengt.
postil [ˈpɔstil] randbemerkning; preken; prekensamling.
postillion [pəˈstiliən] postiljong; (damehatt).
posting [ˈpəustiŋ] oppslag; postering.
post|man [ˈpəus(t)mən] postbud. **-mark** poststempel. **-master** postmester. **-master general** post- og telegrafdirektør, postminister.
postmeridian [ˈpəustməˈridjən] ettermiddags-.
post meridiem [ˈpəust miˈridjəm] etter middag, ettermiddag (srl. **p. m.** el. **P. M.).**
post mortem [ˈpəust ˈmɔ:təm] etter døden. **post-mortem** obdusere; obduksjon.
post-obit [ˈpəustˈɔbit] gjeldsbrev med sikkerhet i en kommende arv.
post office [ˈpəust ɔfis] postkontor; postdepartement, poststyre; **General Post-Office** hovedpostkontoret (i London). **post-office|box** postboks. – **directory** adressekalender. – **savings bank** postsparebank.
postpaid [ˈpəust ˈpeid] frankert, franko.
postpone [pəustˈpəun] utsette, oppsette, dryge med; ombestemme. **postponement** [-mənt] utsetting; ombestemmelse.
post|position [ˈpəustpəˈziʃən] etterstilling. **-positive** [ˈpəustˈpɔzitiv] etterhengt, etterstilt.
postscenium [pəustˈsi:njəm] rom bak scenen.
postscript [ˈpəustskript] etterskrift.
postulant [ˈpɔstjulənt] ansøker (til et relig. ordenssamfunn).
postulate [ˈpɔstjulit] postulat, påstand; forutsetning; [-leit] påstå, postulere.
postulation [pɔstjuˈleiʃən] forutsetning. **postulatory** [ˈpɔstjulətəri] forutsatt, antatt.
posture [ˈpɔstʃə] stilling, holdning, positur; plassere, stille, sette; stille seg i positur, skape seg, gjøre seg til.
posy [ˈpəuzi] devise, inskripsjon, motto; dikt sendt med en bukett; bukett.
pot [pɔt] potte, kar, gryte, kanne, digel, krukke; pott; beger, pokal, premie; sekspence; teine; høy innsats; (sl.) marihuana, cannabis; skudd på nært hold; **keep the – boiling** holde gryta i kok, skaffe utkomme, holde det gående; **make -s and pans of his property** ødsle bort sin formue; **go to –** gå i hundene.
pot [pɔt] oppbevare i en krukke, sylte ned, legge ned, salte ned; legge i en gryte; skyte, plaffe.
potable [ˈpəutəbl] drikkelig; (i flertall) drikkevarer. **potage** [pɔˈtɑ:ʒ] suppe.
potash [ˈpɔtæʃ] pottaske.

potassium [pə'tæsjəm] kalium; **carbonate of –** pottaske; **chloride of –** klorkalium.
potation [pəu'teiʃən] drikking; drikkelag.
potato [pə'teitəu] potet. **– beetle** coloradobille. **– blight** potetsyke, tørr-råte. **– box** kjeft, gap, munn. **-cake** potetkake, lompe. **– crisps** potetgull. **– flour** potetmel. **– peel** potetskall. **– skin** potetskrell. **– trap** munn, brødhøl.
pot|belly ['pɔtbeli] tykk mage, vom, ølmage. **-boiler** kunstverk som er laget bare for pengenes skyld. **-boy** oppvarter, kjellersvenn.
poteen [pə'ti:n] (hjemmebrent) irsk whisky.
potency ['pəutənsi] kraft, makt; innflytelse; potens. **potent** ['pəutənt] sterk, mektig, innflytelsesrik.
potentate ['pəutənteit, -it] fyrste, makthaver, potentat. **potential** [pə'tenʃəl] potensiell, -evne, -kapasitet; eventuell, mulig; **– loss** spenningstap. **potentiality** [pəutenʃi'æliti] mulighet.
pot|furnace digelovn. **– hanger** grytekrok. **– hat** skalk, bowlerhatt.
pothecary ['pɔθikəri] apoteker.
potheen [pə'θi:n] whisky, brennevin.
pother ['pɔðə] travelhet; ståk, styr; oppstyr, tumult; støvsky, røyksky; larme, ståke, bråke, plage, mase med.
pot|herbs suppegrønnsaker. **-holder** gryteklut. **-hole** hull (i vei); jettegryte. **– -hook** grytekrok. **-house** ølstue, sjappe.
potion ['pəuʃən] legedrikk, dose (medisin el. gift).
pot | lead grafitt. **-luck** hva som formår, rester, ukerevy (om mat); slik det faller seg; **take -luck** ta til takke med hva huset formår. **-man** kjellersvenn, oppvarter. **– plant** potteplante. **-pourri** [pəu'ri(:)] potpurri. **– roast** grytestek. **-sherd** potteskår. **– shot** skudd for å få noe i gryten; slengeskudd, skudd på måfå.
pottage ['pɔtidʒ] (gml.) kjøttsuppe; nå bare: **a mess of –** en rett linser (fra Bibelen).
potter ['pɔtə] pottemaker, keramiker.
potter ['pɔtə] arbeide så smått, pusle, somle.
pottery ['pɔtəri] leirvarer; pottemakerindustri; leirvarefabrikk; keramikk, steintøy. **– shards** potteskår.
potting ['pɔtiŋ] sylting.
pottle ['pɔtl] kanne (mål); kurv; **play –** hoppe paradis.
potty ['pɔti] liten, uvesentlig; tullet, tosket.
pot-valour ['pɔt'vælə] fyllemot.
pouch [pautʃ] pose, taske; lomme; pung; stikke i lommen; bite i seg, finne seg i.
pouf [pu:f] hårvalk; puff.
poule [pu:l] innsats.
poult [pəult] (kalkun)kylling.
poulterer ['pəultərə] vilthandler, fjærfehandler.
poultice ['pəultis] grøtomslag; legge omslag på.
poultry ['pəultri] fjærfe, høns. **– farm** hønseri. **– farmer** fjærfeavler. **– house** hønsehus. **-man** fjærfehandler.
pounce [pauns] slå ned, slå kloa **(on** i).
pounce [pauns] raderpulver, pimpsteinspulver; rovfuglklo.
pound [paund] pund (vekt = 454 g); pund (= 100 pence); **in for a penny in for a –** har man sagt A får man si B; **– weight** pundsvekt, pundlodd.
pound [paund] innhegning, kve; arrest; ta i forvaring; sette inn; få i fella.
pound [paund] banke løs på, banke, gjennomprygle; støte (i en morter); hamre; støte; ri tungt.
poundage ['paundidʒ] prosenter, takst.
pounder ['paundə] (i smstn.) -punding; morter, støter; **fivepounder** fempunding.
pour [pɔ:ə] helle, skjenke; slå; øse, tømme ut, la strømme; strømme, styrte, øse ned; støpe, helle i støpeform; styrtregn, øsregn; støp, støping; **it never rains but it -s** en ulykke kommer sjelden alene; **she seemed to be -ed into her trousers** buksene satt som støpt, så ut som om de var spyttet på henne. **pourer** ['pɔ:rə] heller, øser; øse. **pouring** ['pɔ:riŋ] øsende. **– lip** hellekant.
pout [paut] surmule, sette trut, furte; geipe; trutmunn; surmuling; skjeggtorsk; **pouter** ['pautə] surmule; **– (pigeon)** kroppdue. **pouting** ['pautiŋ] surmulende, furten; surmuling.
poverty ['pɔvəti] fattigdom; **– in vitamins** vitaminmangel. **– line** sultegrense. **– -stricken, – -struck** utarmet.
P. O. W. fk. f. **prisoner of war** krigsfange.
powder ['paudə] pulver; krutt; pudder; forvandle til pulver, pulverisere; pudre, strø, overstrø; sprenge med salt; **-ed sugar** strøsukker. **– box** pudderdåse. **– cart** kruttvogn. **– charge** kruttladning. **– compact** pudderdåse. **– horn** krutthorn. **powdering** ['paudəriŋ] pudring; sprengning; salting.
powder | magazine ['paudəmægəzi:n] kruttmagasin. **– mill** kruttmølle. **– puff** pudderkvast. **– room** kruttkammer; damegarderobe, dametoalett. **– smoke** krutt røyk. **– works** kruttverk.
powdery ['paudəri] smuldret; støvet; melet; pudderaktig.
power ['pauə] makt, velde, kraft; evne; gave; begavelse; styrke; fullmakt; makthaver; krigsmakt, hær; potens (i matematikk); **be in –** ha makten, sitte med makten; **the great -s of Europe** Europas stormakter; **the – age** maskinalderen. **– amplifier** sluttforsterker. **-boat** hurtiggående motorbåt. **– brake** servobrems, bremseforsterker. **– chain saw** motorsag. **– consumption** energiforbruk, effektforbruk. **– current** sterkstrøm.
powerful [-f(u)l] mektig, kraftig, sterk. **powerless** [-lis] kraftløs; avmektig, makteslløs. **powerlessness** avmektighet, maktesløshet. **power | loom** maskinvevstol. **– loss** krafttap. **– mower** motorgressklipper. **– output** utgangseffekt. **– plant** kraftkilde, drivverk; kraftstasjon. **– ratio** effektforhold. **– saw** motorsag. **– -seeking** maktbegjærlig. **– shovel** gravemaskin. **– steering** servostyring. **– struggle** maktkamp. – **train** drivverk. **– wheel** drivhjul.
pow-wow ['pau'wau] møte av indianere, konferanse, spetakkel, lurveleven; passiar, prat; snakke, prate; drive besvergelser.
p. p. fk. f. **parcel post; past participle; per procuration.**
pp. fk. f. **pages; pianissimo.**
p. p. m. fk. f. **parts per million.**
P. P. S. fk. f. **post postscriptum** (etter-etterskrift).
P. R. fk. f. **public relations.**
P. R. A. fk. f. **President of the Royal Academy.**
practicability [præktikə'biliti] gjørlighet, gjennomførbarhet; anvendelighet; mulighet. **practicable** gjørlig, gjennomførbar; anvendelig, brukbar.
practical ['præktikl] praktisk, anvendelig; **a – joke** en drøy spøk, stygg strek. **practicality**

[præktiˈkæliti] praktisk natur; praktisk innretning. **practically** [ˈpræktikəli] i praksis; praktisk talt.
practice [ˈpræktis] bruk, skikk; øvelse; anvendelse; praksis; fremgangsmåte; list, kunstgrep, knep; **he is in –** han praktiserer; **put in –, reduce to –** bringe til utførelse; **run into evil -s** komme på gale veier; **by way of –** til øvelse, for å få øvelse. **practician** [prækˈtiʃən] praktiker.
practise [ˈpræktis] drive, bruke, øve, utøve, sette i verk; innøve, øve seg på, i; praktisere, drive forretninger; utnytte, spekulere i. **practised** øvet, rutinert, dreven.
practitioner [prækˈtiʃənə] praktiker, praktiserende lege; praktiserende jurist; **general –** allmennpraktiserende lege (ikke spesialist).
pragmatic [prægˈmætik] pragmatisk, saklig, nøktern; forretningsmessig; påståelig, dogmatisk; geskjeftig.
Prague [preig] Praha.
prairie [ˈprɛəri] eng, prærie, grassteppe.
praise [preiz] ros, pris; rose, berømme, prise.
praiseless [-lis] urost, uten ros. **praiser** [ˈpreizə] lovpriser, berømmer. **praiseworthy** [ˈpreizwə:ði] rosverdig, prisverdig.
pram [præm] fk. f. **perambulator** barnevogn.
pram [prɑ:m] pram.
prance [prɑ:ns] danse, steile; ri stolt; spanke. **prancer** [ˈprɑ:nsə] fyrig hest. **prancing** [ˈprɑ:nsiŋ] dansing, steiling.
prank [præŋk] strek, spikk, skøyerstrek; krumspring; utstaffere, stase opp, spjåke til. **pranker** [ˈpræŋkə] laps. **prankish** [ˈpræŋkiʃ] kåt.
prate [preit] pludre, sludre; skravle, prate; prat; sludder; snakk. **prater** [ˈpreitə] skravlekopp.
pratfall lavkomisk effekt.
praties [ˈpreitiz] poteter.
prattle [ˈprætl] sludre, skravle, pludre; snakk, sladder. **prattler** [ˈprætlə] skravlebøtte, barnslig pludrende person.
prawn [prɔ:n] (stor) reke.
praxis [ˈpræksis] øvelse, eksempel; praksis.
pray [prei] be, bønnfalle, anrope; be til, be om; nedbe; **I –** om jeg tør spørre. **prayer** [ˈpreiə] bedende.
prayer [ˈprɛə] bønn; **family -s** husandakt; **say his -s** lese (el. be) bønnene sine. **– book** bønnebok. **– meeting** bønnemøte. **praying** [ˈpreiiŋ] det å be, bønn. **– mantis** kneler (insekt).
pre- [pri:] (prefiks) for-, før-, forut-.
preach [pri:tʃ] kunngjøre; preke; legge ut.
preacher [ˈpri:tʃə] predikant, prest. **preachership** [-ʃip] presteembete. **preaching** [ˈpri:tʃiŋ] preken.
preachment [ˈpri:tʃmənt] preken; prek.
preamble [ˈpri:æmbl, priˈæmbl] fortale, forord, innledning; (også) formålsparagraf; innlede.
preapprehension [ˈpri:æpriˈhenʃən] forutfattet mening; fordom.
prearrangement [ˈpri:əreindʒmənt] ordning på forhånd, forhåndsavtale.
prebend [ˈprebənd] prebende (kanniks særinntekter av domkirkens gods). **prebendary** [ˈprebəndəri] prebendarius, domherre, kannik.
precarious [priˈkɛəriəs] prekær, usikker, utrygg, farlig, vaklende, avhengig (av andre). **precariousness** [priˈkɛəriəsnis] usikkerhet.
precast ferdigstøpt, fabrikkstøpt. **pre-cast building** elementbygging, ferdighusbygging.
precatory [ˈprekətəri] bedende, bønnlig.
precaution [priˈkɔ:ʃən] forsiktighet; forsiktighetsregel, forholdsregel; advare; **take -s against** ta sine forholdsregler mot. **precautionary** [-əri] advarende; forsiktighets-, verne-.
precede [priˈsi:d] gå foran, komme foran, gå forut for, rangere foran. **precedence** [priˈsi:dəns, ˈpresidəns] forrang, prioritet; fortrinn. **precedency** [priˈsi:dənsi, ˈpresidənsi] forrang. **precedent** [priˈsi:dənt, ˈpresidənt] foregående, forutgående. **precedent** [ˈpresident] presedens, tidligere tilfelle, sidestykke. **precedented** [ˈpresidəntid] ikke uten sidestykke; hevdet (ved praksis).
precenter [pri(:)ˈsentə] forsanger, kantor.
precept [ˈpri:sept] forskrift, rettesnor. **preceptive** [priˈseptiv] foreskrivende, bydende. **preceptor** [priˈseptə] lærer. **preceptorial** [prisepˈtɔ:riəl] lærer-.
precession [priˈseʃən] forutgang; fremgang; presesjon.
precinct [ˈpri:siŋ(k)t] grense, distrikt; **precincts** enemerker, område; plass, tun.
preciosity [preʃiˈɔsiti] påtatt finhet, tilgjorthet, forskruddhet.
precious [ˈpreʃəs] kostelig, dyrebar, kostbar; (ironisk:) nydelig, deilig; utstudert, affektert; være affektert åndrik, snakke tilgjort fint; **a – rascal** en nydelig nellik (fyr). **– metals** edle metaller. **-ness** [-nis] kostelighet. **– stone** edelstein.
precipice [ˈpresipis] avgrunn, skrent, stup.
precipitance [priˈsipitəns], **precipitancy** [-tənsi] bråhast; fremfusenhet; overilthet, hastverk.
precipitate [priˈsipiteit] kaste, slynge, stupe, styrte; fremskynde; påskynde; skynde seg med; falle, ruse, styrte; forhaste seg. **precipitant** [priˈsipitənt] som kommer styrtende el. rusende, hodekulls; brå; hastig; fremfusende; ubesindig. **precipitation** [prisipiˈteiʃən] styrting, rusing; bråhet, hast; fremfusenhet; ubesindighet, overilelse.
precipitous [priˈsipitəs] bratt, stupbratt, steil; hastig, brå, ubesindig, fremfusende.
précis [ˈpreisi:] resymé; resymere.
precise [priˈsais] nøyaktig, presis, korrekt; sikker, nøyeregnende; striks, pertentlig. **-ly** nøyaktig, presis, nettopp. **precisian** [priˈsiʒən] pedant. **precision** [priˈsiʒən] nøyaktighet, presisjon, fin-; sikkerhet.
preclude [priˈklu:d] utelukke, forebygge, avskjære. **preclusion** [-ˈklu:ʒən] utelukking; avskjæring. **preclusive** [-ˈklu:siv] som stenger ute, avskjærende; forebyggende.
precocious [priˈkəuʃəs] tidlig moden, tidlig utviklet; veslevoksen. **precocity** [priˈkɔsiti] tidlig utvikling, fremmelighet.
precognition [pri:kɔgˈniʃən] forutgående kjennskap, forvarsel.
precombustion [pri:kəmˈbʌstʃən] forforbrenning.
preconceive [pri:kənˈsi:v] forutoppfatte; gjøre seg opp en mening på forhånd; **-d notions** forutfattede meninger. **preconception** [-ˈsepʃən] forutfattet mening.
preconcert [pri:kənˈsə:t] avtale forut.
precondition [pri:kənˈdiʃən] forhåndsbetingelse.
preconsent [pri:kənˈsent] forutgående samtykke.
precursor [priˈkə:sə] forløper. **precursory** [-səri] forutgående; som bebuder el. varsler.
predate [ˈpri:ˈdeit] antedatere; forutdatere.
predatorily [ˈpredətərili] plyndrende, rov-. **predator** [ˈpredətə] rovdyr; røver. **predatory** [ˈpredə-

təri] plyndre-, plyndrings-; plyndrende, røverisk, rovgrisk, rov-.
predecease [ˈpri:diˈsi:s] avgå ved døden før; tidligere død.
predecessor [pri:diˈsesə] forgjenger; forfader.
predestinarian [pri:destiˈnɛəriən] tilhenger av læren om forutbestemmelsen. **predestinate** [priˈdestineit] predestinere, forutbestemme. **predestination** [pri(:)destiˈneiʃən] forutbestemmelse. **predestine** [priˈdestin] forutbestemme.
predeterminate [pri:diˈtə:minit] forutbestemt. **predetermination** [-ˈneiʃən] forutbestemmelse. **predetermine** [pri:diˈtə:min] forutbestemme; forutinnta.
predicability [predikəˈbiliti] det å kunne utsis.
predicable [ˈpredikəbl] som kan utsis; egenskap.
predicament [priˈdikəmənt] forlegenhet; knipe; **-s** (pl.) kategori, begrepsklasse.
predicant [ˈpredikənt] preker; prekende. **predicate** [ˈpredikeit] utsi, erklære. **predicate** [ˈpredikit] predikat; predikativ. **predication** [prediˈkeiʃən] omsagn, utsagn; påstand. **predicative** [ˈpredikətiv] predikativ, som predikat. **predicatory** prekenaktig; offentlig fremsatt el. uttalt.
predict [priˈdikt] forutsi, spå. **prediction** [priˈdikʃən] forutsigelse, spådom. **predictive** [priˈdiktiv] forutsigende. **predictor** [priˈdiktə] spåmann, en som forutsier.
predilection [pri:diˈlekʃən] forkjærlighet, legning, disposisjon **(for** for).
predispose [ˈpri:disˈpəuz] predisponere **(to** til), gjøre mottakelig. **predisposition** [ˈpri:dispəˈziʃən] anlegg for; predisposisjon, tendens **(to** til).
predominance [priˈdɔminəns] overtak, overmakt, overvekt. **predominant** [-nənt] dominerende, fremherskende. **predominate** [-neit] være fremherskende; ha overhånd. **predomination** [pri:dɔmiˈneiʃən] overtak, overlegenhet, overmakt.
pre-elect [pri:iˈlekt] velge ut på forhånd.
pre-eminence [priˈeminəns] forrang; fortrinn. **pre-eminent** [-nənt] fremragende, fortrinnlig, grepa, framifrå. **pre-eminently** i særlig fremragende grad, usedvanlig.
pre-empt [pri(:)ˈempt] erverve ved forkjøpsrett; tilegne seg, okkupere. **pre-emption** [priˈem(p)ʃən] forkjøp, forkjøpsrett.
preen [pri:n] pusse, pynte (om en fugl osv.).
pre-engage [pri:inˈgeidʒ] forut forplikte; forutbestille. **pre-engagement** [-mənt] tidligere forpliktelse; tidligere løfte; forutbestilling.
pre-establish [pri:iˈstæbliʃ] forut fastsette, innrette. **pre-establishment** [-mənt] forutgående fastsettelse, innretning.
pre-exist [pri:igˈzist] være til tidligere, finne sted forut. **pre-existence** [-stəns] preeksistens, foruttilværelse. **pre-existent** [-stənt] forut bestående; tidligere.
pref. fk. f. **preference; preferred; prefix.**
prefab [ˈpri:fæb] prefabrikkert, ferdigbygget.
prefabricate [ˈpri:ˈfæbrikeit] prefabrikkere, ferdigbygge; **-d house** ferdighus, elementhus.
preface [ˈprefis] forord, fortale, innledning; innlede; si noe til innledning, skrive en fortale. **prefatory** [ˈprefətəri] innledende.
prefect [ˈpri:fekt] prefekt (især: fransk fylkesmann, romersk embetsmann; skolegutt som har tilsyn med de lavere klasser). **-ure** [ˈpri:fektjuə, -tjə] prefektur, forstanderskap.
prefer [priˈfə:] foretrekke **(to** for), ville heller, begunstige; forfremme, befordre **(to** til); sette fram, legge fram, føre fram; **– water to wine** foretrekke vann for vin; **– working to doing nothing** foretrekke å arbeide fremfor ikke å gjøre noe; **preferred shares** preferanseaksjer; **preferred claim** privilegert fordring; **prefer a claim** fremsette et krav.
preferable [ˈprefərəbl] til å foretrekke, som bør ha fortrinn, bedre.
preferably [ˈprefərəbli] helst, fortrinnsvis.
preferance [ˈprefərəns] forkjærlighet, svakhet; det å foretrekke; begunstigelse; fortrinn, forrang; prioritet, preferanse; **by –** heller; helst; **in – to** heller enn, fremfor. **– share** preferanseaksje. **– stock** preferanseaksjer.
preferential [prefəˈrenʃəl] preferanse-, fortrinnsberettiget. **– claim** privilegert fordring. **-ism** preferansetollsystem. **-ly** fortrinnsvis. **– treatment** favorisering.
preferment [priˈfə:mənt] forfremmelse, befordring, avansement; kall; forrett.
prefiguration [prifig(j)əˈreiʃən] forbilledlig betegnelse, forbilde. **prefigurative** [priˈfig(j)ərətiv] forbilledlig. **prefigure** [priˈfig(j)ə] fremstille på forhånd (ved bilde); bebude, varsle. **prefigurement** [-mənt] forbilde.
prefix [ˈpri:fiks] prefiks, forstavelse; foranstilt tittel; sette foran.
pregnable [ˈpregnəbl] inntakelig.
pregnancy [ˈpregnənsi] svangerskap, graviditet, fruktbarhet; pregnans; fylde, rikdom.
pregnant [ˈpregnənt] svanger, gravid; rik på, innholdsmettet; vektig, betydningsfull.
preheat [ˈpri:ˈhi:t] forvarme.
prehensible [priˈhensibl] som lar seg gripe. **prehensile** [priˈhensail] gripende, gripe-. **prehension** [priˈhenʃən] griping; fatteevne.
prehistoric [pri:hiˈstɔrik] forhistorisk.
preignition [pri:igˈniʃən] fortenning.
prejudge [pri:ˈdʒʌdʒ] dømme på forhånd; avgjøre på forhånd. **prejudg(e)ment** [-mənt] forhåndsdom; forhåndsavgjørelse.
prejudice [ˈpredʒudis] fordom **(against** imot); skade; gjøre partisk; skade; **without –** uten fordom. **prejudiced** [ˈpredʒudist] forutinntatt, fordomsfull, partisk.
prejudicial [predʒuˈdiʃəl] skadelig **(to** for).
prelacy [ˈpreləsi] prelatembete; høy geistlighet; høyere prestevelde. **prelate** [ˈprelit] prelat.
prelect [priˈlekt] holde en forelesning. **prelection** [priˈlekʃən] forelesning. **prelector** [-ə] foreleser.
preliminary [priˈlimin(ə)ri] foreløpig; innledende; forberedende. **preliminaries of peace** fredspreliminarier.
prelude [ˈprelju:d] preludium; innledning; danne opptakt til; innlede, være forspill til; preludere.
premarital førekteskapelig.
premature [preməˈtjuə, ˈpri:məˈtjuə] for tidlig moden, fremkommet før tiden; forhastet. **prematureness** [-nis], **prematurity** [preməˈtjuəriti] tidlig modenhet; forhastethet.
premeditate [priˈmediteit] overlegge, tenke over. **-d murder** overlagt drap. **premeditately** [-titli] med overlegg. **premeditation** [primediˈteiʃən] overlegg; forsettlighet, forsett.
premier [ˈpremiə] først; fornemst; statsminister, førsteminister, ministerpresident. **première** [ˈpremiɛə] première; primadonna. **premiership** [ˈpremiəʃip] stilling som statsminister.

premise [pri'maiz] forutskikke, si forut, forutsette.
premise ['premis] premiss, forutsetning; **premises** ['premisiz] premisser; eiendom, gård, tomt, lokale, lokaliteter.
premiss ['premis] d. s. s. **premise.**
premium ['pri:mjəm] premie; bonus, belønning, godtgjørelse, assurансepremie; mellomlag; agio, overkurs; **at a –** over pari. **– annuity** livrente med suksessiv innbetaling. **– bond** premieobligasjon. **– rate** premiesats.
premonition [pri:mə'niʃən] advarsel; forvarsel, tegn; forutfølelse, forutanelse.
premonitory [pri'mɔnitəri] varslende **(of** om), advarende,varslende.
prenatal ['pri:'neitl] før fødselen; **– clinic** klinikk for svangerskapskontroll.
prentice ['prentis] lærling, læregutt; uøvd; **her – hand** hennes uøvde hånd.
preoccupation [priɔkju'peiʃən] tidligere besittelse; opptatthet (med andre ting); åndsfraværelse, distraksjon.
preoccupy [pri'ɔkjupai] forut besette, ta i besittelse først; oppta på forhånd, helt legge beslag på, fylle. **preoccupied** opptatt (av andre ting), fordypet (i tanker), tankefull, åndsfraværende.
preoption [pri'ɔpʃən] rett til å velge først, fortrinnsrett.
preordain ['pri:ɔ:'dein] forut bestemme.
prep. fk. f. **preposition; preparation.**
prep [prep] (i skoleslang:) lekselesing.
prepaid ['pri:'peid] forut betalt, franko.
preparation [prepə'reiʃən] forberedelse **(for** til); tilberedelse; utrusting; tilberedning; klargjøring; beredskap; (kosmetisk) preparat.
preparative [pri'pærətiv] forberedende, innledende. **preparatory** [pri'pærətəri] forberedende; **– school** forberedelsesskole.
prepare [pri'pɛə] forberede **(for** på, til); tilberede, lage; innrette; utferdige, utarbeide; klargjøre; forberede seg, gjøre seg ferdig, holde seg beredt. **preparedness** [pri'pɛəridnis] beredthet, beredskap. **preparer** [pri'pɛərə] forbereder, tilbereder.
prepay ['pri:pei] betale i forveien, frankere. **prepayment** [-mənt] forutbetaling, forskudd.
prepense [pri'pens] forsettlig, gjennomtenkt, overlagt.
preponderance [pri'pɔndərəns] overvekt, overtak, overmakt. **preponderant** [-rənt] som har overvekten,som veier mest; fremherskende. **preponderate** [-reit] ha overtaket over; være fremherskende.
preposition [prepə'ziʃən] preposisjon.
prepositional ['prepə'ziʃənl] preposisjonell.
prepositive [pri'pɔzitiv] foranstilt.
prepossess [pri:pə'zes] ta i besittelse først; forutinnta; fylle, gjennomtrenge. **prepossessing** [-'zesiŋ] inntagende, vinnende; fordelaktig. **prepossession** [-'zeʃən] det å være opptatt i forveien, forutfattet mening, forkjærlighet.
preposterous [pri'pɔstərəs] bakvendt, meningsløs fullkommen absurd, latterlig, gyselig.
prepotent [pri'pəutənt] overmektig.
prep school fk. f. **preparatory school.**
Pre-Raphaelism [pri'ræf(i)əlizm] prerafaelisme (en retning i engelsk malerkunst). **Pre-Raphaelite** [pri'ræf(i)əlait] prerafaelitt, prerafaelittisk.
prerequisite ['pri:'rekwizit] forutsetning, betingelse, vilkår.
prerogative [pri:'rɔgətiv] prerogativ, forrett.
Pres. fk. f. **President; Presbyterian.**
pres. fk. f. **present; presidency.**
presage ['presidʒ] forvarsel, varsel; anelse.
presage [pri'seidʒ] varsle om, spå, bebude.
presbyter ['prezbitə] presbyter, kirkeforstander. **presbyterian** [prezbi'tiəriən] presbyteriansk; presbyterianer. **presbyterianism** [prezbi'tiəriənizm] presbyterianisme. **presbytery** ['prezbitəri] kirkeråd; prestegård (i katolske land).
prescience ['preʃiəns] forutviten.
prescient ['preʃiənt] forutvitende, fremtenkt.
prescribe [pri:'skraib] foreskrive, forordne, bestemme, ordinere; skrive resepter; foreldes; gjøre krav på hevdsrett **(for** på).
prescript ['pri:skript] forskrift, forordning.
prescription [pri'skripʃən] resept; hevd; foreldelse. **prescriptive** [pri'skriptiv] hevdvunnet; foreskrevet.
presence ['prez(ə)ns] tilstedeværelse, nærværelse; overværelse; audiens; audiensværelse (gammelt); (høytstående) personlighet, overnaturlig vesen, høyere makt, ånd; person; ytre; stilling; **– of mind** åndsnærværelse; **saving your –** ærlig talt, oppriktig talt; **have a good –** være representativ; **usher into** (eller **admit to) the – of** gi foretrede for, stede for; **never enter my – again** la meg aldri se deg mer. **– chamber, – room** audiensværelse.
present ['prez(ə)nt] nærværende, tilstedeværende; nåværende, denne, foreliggende; ferdig, på rede hånd; **– persons always excepted** selvsagt snakker jeg ikke om dem som er her. **the persons –** eller **those –** de tilstedeværende; **the –** nåtid, presens; **the purport of the – is to ...** vi (jeg) skriver dette for å ...; **be – at** være til stede ved, overvære; **at –** for nærværende; for øyeblikket; **at the – moment** i øyeblikket; **for the –** for tiden, foreløpig; **in the –** nå, for tiden; **by the –** eller **by these -s** herved, ved nærværende skrivelse.
present ['prezənt] gave, presang; givaktstilling; **make him a – of it** forære ham det.
present [pri'zent] forestille, presentere; fremsette, fremstille, syne fram; overlevere, overrekke; innbringe, innlevere; forære, gi; presentere (en veksel); holde fram, rette **(at** mot); **– arms!** presenter gevær! **– oneself** innfinne seg. **– to a living** kalle (også innstille) til et presteembete.
presentable [pri'zentəbl] presentabel, anstendig, antagelig.
presentation [prezn'teiʃən] presentasjon, fremstilling; overlevering, overrekking; innlevering; innstilling; fremføring, oppføring; gave, presang; innstillingsrett; **on –** ved sikt, ved forevisning.
present-day i dag; nåtids-.
presenter [pri'zentə] innstiller; giver.
presentient [pri'senʃiənt] forutfølende. **presentiment** [-'sentimənt] forutfølelse, forutanelse.
presently ['preztnli] snart, om litt; umiddelbart, straks.
presentment [pri'zentmənt] fremstilling, fremførelse (f.eks. av skuespill); presentasjon (av veksel).
preservable [pri'zə:vəbl] holdbar.
preservation [prezə'veiʃən] bevaring; vedlikehold; fredning; vern, beskyttelse; oppbevaring; konservering, hermetisering; redning, sikkerhet.
preservative [pri'zə:vətiv] bevarende, sikrende; konserveringsmiddel.

preserve [pri'zə:v] bevare, verne, sikre; frede; redde, berge; nedlegge, preservere, sylte; vedlikeholde; syltet frukt, syltetøy; innhegning til vilt; **game –** viltreservat; **-s** syltetøy, hermetisk nedlagte matvarer. **– jar** syltekrukke.
preserver [pri'zə:və] bevarer, beskytter, redningsmann, frelser; bevaringsmiddel.
preserve tin [pri'zə:vtin] hermetikkboks.
preset ['pri:'set] forhåndsinnstille.
pre-shrink krympe på forhånd (om tekstiler).
preside [pri'zaid] være møteleder, presidere.
presidency ['prezidənsi] forsete; presidentskap; presidenttid, -termin. **president** [-dənt] formann, president. **presidential** [prezi'denʃəl] formanns-, president-. **presidentship** ['prezidəntʃip] formannsplass; presidenttid, formannstid.
presiding | committee presidium. **– judge** rettsformann.
press [pres] presse, perse, trykke, kryste, klemme; presse ut; trenge på, tilskynde, tvinge, nøde; be inntrengende; presse (til krigstjeneste); haste, være presserende; presse, perse, boktrykkerpresse; litteratur; blad; avis; journalister; skap, linnetskap, klesskap; det å trenge på, jag, renn; trengsel. **– agent** pressesekretær. **– ban** sperrefrist. **– bureau** pressebyrå. **– clipping, – cutting** avisutklipp. **– gallery** presselosje, pressetribune.
pressing ['presiŋ] presserende, overhengende, påtrengende; pressing, press.
press | iron pressejern. **– lord** aviskonge. **-man** trykker; pressemann, journalist. **– money** håndpenger. **– release** pressemelding. **– stud** trykknapp.
pressure ['preʃə] press, trykk; travelhet, mas. **– boiler** trykkjele. **– cabin** trykkabin. **– cooker** trykkoker. **– gauge** trykkmåler. **– group** pressgruppe. **– roller** pressvalse. **– switch** trykknappbryter.
prestidigitation ['prestididʒi'teiʃən] taskenspilleri.
prestige [pre'sti:ʒ] prestisje, anseelse, vørnad.
presto ['prestəu] presto, hurtig; vips!
presumable [pri'z(j)u:məbl] antakelig, ventelig.
presume [pri'z(j)u:m] anta, formene, formode, forutsette; understå seg; gå for vidt; våge (seg for langt); ta seg friheter; **don't –!** bli ikke innbilsk! **– on** stole for mye på; trekke veksler på; misbruke.
presumedly [pri'zju:midli] formentlig, ventelig.
presumption [pri'zʌm(p)ʃən] antakelse, forutsetning, formodning; sannsynlighet; anmasselse; innbilskhet; dristighet. **presumptive** [pri'zʌm(p)-tiv] antatt, trolig, forutsatt; **heir –** presumptiv arving (vordende arving under forutsetning av at det ikke fødes arvelateren barn). **presumptuous** [pri'zʌm(p)tjuəs, -ʃəs] anmassende, overmodig, uvøren, dumdristig; formastelig.
presuppose [pri:sə'pəuz] forutsette, gå ut fra. **presupposition** [prisʌpə'ziʃən] forutsetning.
pretence [pri'tens] foregivende, påskudd; krav, fordring; **on** (eller **under) (a) – of** under skinn av; **under false -s** under falsk forutsetning; **make a – of** foregi.
pretend [pri'tend] foregi, late som om; leke; gi som påskudd; påstå; hykle; kreve; **– to** gi seg skinn av; **– to be learned** ville passere for lærd; **pretended** [-did] hyklet, falsk; foregitt, angivelig.
pretender [pri'tendə] kandidat; kongsemne; pretendent; hykler. **pretendership** [-ʃip] kandidatur.
pretension [pri'tenʃən] krav, fordring; pretensjon.
pretentious [pri'tenʃəs] fordringsfull.
preterhuman [pri:tə'hju:mən] overmenneskelig.
preterite ['pretərit] forgangen, fortids-; imperfektum, preteritum; **the – tense** preteritum, imperfektum.
pretermit [pri:tə'mit] utelate, unnlate.
preternatural [pri:tə'nætʃərəl] overnaturlig, unaturlig.
pretext ['pri:tekst] påskudd, foregivende; **under** (el. **on) the – of** under påskudd av; **find a – for delay** finne et påskudd til utsettelse.
pretor ['pri:tə] pretor. **pretorial** [pri'tɔ:riəl] pretorial. **pretorian** [-riən] pretorianer.
prettiness ['pritinis] netthet, penhet, finhet.
pretty ['priti] fin, pen, nett, nydelig; temmelig.
prevail [pri'veil] få overhånd, seire; herske, råde, rå, være herskende; gjelde, gjøre seg gjeldende; **– upon** formå til, bevege til; overtale. **prevailing** [-iŋ] fremherskende, alminnelig, vanlig, gjeldende, rådende.
prevalence ['prevələns] alminnelig forekomst, utbredelse el. bruk. **prevalent** [-lənt] seirende; (frem)herskende, rådende, alminnelig (utbredt); kraftig.
prevaricate [pri'værikeit] bruke utflukter, svare unnvikende. **prevarication** [priværi'keiʃən] utflukter, unnvikende svar; misbruk av tillit, det å spille under dekke. **prevaricator** [pri'værikeitə] mester i å bruke utflukter.
prevenient [pri'vi:njənt] foregående, forutgående; forebyggende.
prevent [pri'vent] hindre **(from doing** i å gjøre), forebygge; være i veien for; være til hinder.
preventable [pri'ventəbl] til å hindre.
prevention [pri'venʃən] forhindring, hindring, forebygging.
preventive [pri'ventiv] hindrende, forebyggende middel; preventiv; **Preventive Service** kystvakt; **preventive officer** tollfunksjonær.
previous ['pri:vjəs]foregående, forutgående, forrige; tidligere. **previously** ['pri:vjəsli] før, tidligere. **previousness** [-nis] det å gå forut.
prevision [pri'viʒən] forutseenhet, fremsyn; forutanelse.
prey [prei] bytte; rov; røve, plyndre. **animal of –** rovdyr; **bird of –** rovfugl; **– upon** anfalle, angripe, etterstrebe; gnage, tære på.
price [prais] pris, verd, verdi; belønning; odds; kurs, notering (aksjer); lønn; bestemme prisen, vurdere; fakturere. **– bracket** prisklasse. **– ceiling** maksimalpris. **– cut** prisnedsettelse. **– freeze** prisstopp. **-less** uvurderlig. **– level** prisnivå. **– range** prisklasse. **the Price Regulation Committee** Priskontrollen. **– rise** prisstigning. **– tag, – ticket** prislapp.
prick [prik] prikke, stikke; stikke fast; spore, ri på spreng; (opp)reise; prikke ut, punktere (mønster); settemerke ved, velge (til); spiss, brodd, odd, stikk; **– (up) his ears** spisse (el. reise) ørene; **his conscience -ed him** han hadde samvittighetsnag.
pricker ['prikə] brodd, spiss, torn, syl.
prickle ['prikl] pigg, torn; prikke, stikke.
prickliness ['priklinis] det å være tornet.
prickly ['prikli] tornet, pigget, stikkende.
pride [praid] stolthet, hovmod; prakt; flokk; **to – oneself on** være stolt av, bryste seg av; **in**

the – of youth i sin fagreste ungdom; **a – of lions** en flokk løver.
prier [ˈpraiə] snuser, snushane.
priest [pri:st] prest, geistlig, især katolsk prest; **high –** yppersteprest. **– craft** prestelist, prestebedrag. **priestess** [ˈpri:stis] prestinne. **priesthood** [-hud] presteembete, presteyrke, presteskap. **priestly** prestelig.
prig [prig] tyv; stjele, kvarte, knipe.
prig [prig] innbilsk narr, forfengelig pedant. **priggish** [ˈprigiʃ] innbilsk, pedantisk, narraktig, snobbet, lapset. **priggishness** [-nis], **priggism** [ˈprigizm] innbilskhet, selvklokskap.
prim [prim] pertentlig, tertefin, stiv, snerpet; sirlig, pen; gjøre sirlig; pynte, stramme.
primacy [ˈpraiməsi] primat, erkebispverdighet; overlegenhet, forrang, første plass.
prima donna [ˈpri:məˈdɔnə] primadonna.
prima facie [ˈpraiməˈfeiʃii] straks, ved første øyekast.
primage [ˈpraimidʒ] kaplak (tillegg til frakten som tilfalt skipperen).
primal [ˈpraiməl] først, viktigst; opphavlig.
primarily [ˈpraimərili] for det første, opprinnelig, opphavlig, fra første ferd; først og fremst.
primary [ˈpraiməri] første; opprinnelig, opphavlig; elementær, forberedende, lavere; størst, viktigst; hovedsak; (US) primærvalg. **– colours** grunnfarger. **– evidence** primært bevismateriale; dokumentbevis. **– road** hovedvei. **– school** elementærskole, forskole, grunnskole.
primate [ˈpraimit] primas, øverste geistlig; **P. of all England** erkebiskopen av Canterbury; **P. of England** erkebiskopen av York. **-s** pl. primater.
prime [praim] først, opprinnelig, opphavlig; fornemst, fremst; viktigst, hoved-; fortrinnlig; prima; prim- (matematikk); beste del, beste tid; velmaktsdager, blomstring, blomstrende alder; opphav, begynnelse; primtall; feste tennladning på; stive opp; stramme seg opp ved drikk; sette i gang, inspirere, instruere; grunne (maling); **– of the moon** nymåne; **he is in the – of his life** han er i sin beste alder; **past his –** over sin beste alder; **– cost** produksjonskostnader; **– minister** statsminister; **– number** primtall.
primely [ˈpraimli] fortrinnlig, storartet.
prime mover trekkvogn.
primeness [ˈpraimnis] fortreffelighet.
primer [primə] slags boktrykkerskrift; [ˈpraimə] elementærbok, begynnerbok; tennladning, tennhette; grunning (maling). **– cap** fenghette. **– composition** tennsats. **great –** tertia. **long –** korpus.
primeval [praiˈmi:vəl] først, eldgammel, opphavlig, opprinnelig; ur-.
priming tennladning; grunning (maling).
primitive [ˈprimitiv] opprinnelig, opphavlig; ur-; primitiv, gammeldags, enkel, uutviklet; stamord, rotord. **primitiveness** [-nis] opprinnelighet.
primness [ˈprimnis] pertentlighet, stivhet.
primogeniture [praiməuˈdʒenitʃə] førstefødsel; førstefødselsrett.
primordial [praiˈmɔ:djəl] først, opprinnelig, opphavlig, ur-, uberørt, vill; grunnelement.
primrose [ˈprimrəuz] kusymre, primula; **Primrose Day** primuladagen,den 19. april, Disraelis dødsdag; **Primrose League** et konservativt selskap, hvis kjennetegn er en bukett primula, Disraelis yndlingsblomst.
primula [ˈprimjulə] primula, kusymre.
primus [ˈpraiməs] første; primus (kokeapparat).
prince [prins] fyrste, prins; **Prince Charming** eventyrprins, damenes Jens; **Prince Consort** [-ˈkɔnsət] prinsgemal (regjerende dronnings ektefelle); **Prince Regent** prinsregent; **Prince of Wales** prins av Wales, den engelske kronprins; **prince royal** monarks eldste sønn, kronprins; **Crown Prince** kronprins (utenfor England).
princedom [ˈprinsdəm] fyrsterang; fyrstedømme. **princelike** fyrstemessig, fyrstelig. **princely** fyrstelig, prinselig, prinse-.
princess [ˈprinˈses] prinsesse, fyrstinne; **Princess Royal** tittel for den engelske konges eldste datter; **Princess of Wales** prinsen av Wales's gemalinne, kronprinsesse (i England); **princess royal** monarks eldste datter, kronprinsesse; **Crown Princess** kronprinsesse (utenfor England).
principal [ˈprinsipl] først, hoved-, høyest, viktigst, vesentligst; hovedperson; hovedmann, bestyrer, skolebestyrer; fullmaktsgiver, mandant; hovedsum, hovedstol; kapital. **– charge** hovedanklage. **– clause** hovedsetning. **principality** [prinsiˈpæliti] suverenitet; fyrstedømme.
principle [ˈprinsipl] kilde, opprinnelse, opphav; bestanddel, grunnsetning, prinsipp, lov; **in –** i prinsippet; **on –** av prinsipp; **-s** begynnelsesgrunner. **principled** [ˈprinsipld] med prinsipper.
print [print] trykke, prente, trykke av, kopiere, prege av; la trykke, utgi, offentliggjøre, få trykt; merke, søkk, avtrykk, preg, trykk; spor, far; trykt skrift, blad, avis; stikk, kopperstikk, reproduksjon; sirs; stempel, merke; **-ed circuits** trykte kretser; **-ed goods** mønstrede varer; **-ed matter** trykksaker; **coloured -s** fargetrykk; **in –** på trykk; i bokhandelen (ɔ: ikke utsolgt); i den skjønneste orden; **out of –** utsolgt fra forlaget.
printer [ˈprintə] trykker, boktrykker; kopieringsmaskin; linjeskriver, (hurtig)skriver, fjernskriver. **-'s ink** trykksverte.
printing [ˈprintiŋ] trykking; boktrykk; boktrykkerkunst; kopiering. **– house** trykkeri. **– ink** trykksverte. **– office** trykkeri. **– press** boktrykkerpresse.
print | -out utskrift. **– seller** kunsthandler. **– shop** kunsthandel; trykkeri. **– works** trykkeri; kattuntrykkeri.
prior [ˈpraiə] tidligere, forrige, eldre; prior, klosterforstander; **– to** førenn. **priorate** [ˈpraiərit] priorat. **prioress** [-ris] priorinne. **priority** [praiˈɔriti] fortrinn, forrett; prioritet; forkjørsrett.
prise [praiz] bryte, brekke; brekkjern; våg.
prism [prizm] prisme.
prismatic [prizˈmætik] prismatisk.
prison [ˈprizn] fengsel; (poetisk) fengsle. **– breach, – -breaking** (fengsel)flukt.
prisoner [ˈpriznə] fange, arrestant, anklagede (i kriminalsak). **-'s base** (el. egl. **bars)** en guttelek med avmerkede fristeder og «fengsler».
prison | house [ˈpriznhaus] fengselsbygning. **-like** fengselsaktig. **– uniform** fangedrakt. **– -without-bars** åpent fengsel.
pristine [ˈpristain] opprinnelig, opphavlig; uberørt; primitiv.
prithee [ˈpriði:] **(pray thee)** jeg ber deg, kjære deg, snille deg.
prittle-prattle [ˈpritlˈprætl] snikksnakk.
privacy [ˈpraivəsi; ˈpriv-] uforstyrrethet, privatliv,

avsondring; ensomhet, ro, stillhet; tilflukt, tilfluktssted; hemmeligholdelse, taushet; **in –** i enerom, under fire øyne.
private [ˈpraivit] privat, stille, alene, hemmelig, fortrolig; menig; **– arrangement** også underhåndsakkord; **– box** fremmedlosje; **in – clothes** sivilkledd; **in –** privat.
privateer [praivəˈtiə] kaperskip, kaper. **privateering** [-ˈtiəriŋ] kapervirksomhet.
private | eye privatdetektiv. **– first class** (US) visekorporal. **– law** privatrett. **– marriage** samvittighetsekteskap. **– room** eneværelse. **– sale** underhåndssalg. **– ward** enerom (på sykehus).
privation [praiˈveiʃən] savn, skort; fravær.
privative [ˈprivətiv] berøvende, nektende; negativ.
privet [ˈprivit] liguster.
privilege [ˈprivilidʒ] privilegium, særrett(ighet), begunstigelse; privilegere, gi forrett, frita.
privily [ˈprivili] i all stillhet; hemmelig.
privy [ˈprivi] privat, hemmelig, geheime-; deltager; privet, klosett; **– council** geheimeråd; **– councillor** geheimeråd; **– seal** geheimesegl; **Lord Keeper of the P. Seal** geheimeseglbevarer.
prize [praiz] fangst, prise; pris, premie; gevinst; skatt; lønn; bestemme prisen på; sette pris på, skatte, vurdere; ta som prise, oppbringe; premie-; prisbelønt, premiert.
prize [praiz] brekkjern; bryte opp.
prizeable [ˈpraizəbl] som fortjener å skattes.
prize | court priserett. **– day** årsfest, eksamensfest. **– essay** prisavhandling. **– fight** premiekamp; boksekamp. **– fighter** profesjonell bokser. **– fighting** premieboksing; profesjonell boksekamp. **– list** premieliste, vinnerliste. **– money** prisepenger. **– question** prisespørsmål; prisoppgave. **– ring** boksering. **-winner** premievinner, prisvinner.
pro [prəu] pro, for; **pros and cons** grunner for og imot; profesjonell; en som er for, tilhenger.
pro. fk. f. **procuration.**
probability [prɔbəˈbiliti] sannsynlighet, rimelighet, von; **in all –** etter all sannsynlighet.
probable [ˈprɔbəbl] sannsynlig, rimelig, trolig.
probably [ˈprɔbəbli] sannsynligvis, ventelig.
probate [ˈprəubit] stadfestende (med hensyn til testamente); testamentstadfesting; kopi av stadfestet testamente. **– court** skifterett. **– division** skifteavdeling. **– duty** stempelavgift av testamente, (eldre) arveavgift.
probation [prəˈbeiʃən] vitnemål, prov; prøve; prøvetid; **be put on –** få betinget dom.
probation|er [prəˈbeiʃənə] person på prøve; aspirant, sykepleierelev; munk. **– officer** tilsynsverge.
probative [ˈprəubətiv] som skal prøve; prøvende, prøve-; beviskraftig.
probe [prəub] sonde; sondere, prøve, undersøke.
probity [ˈprɔbiti] rettsindighet, redelighet.
problem [ˈprɔbləm] oppgave, spørsmål, problem.
problematic(al) [prɔbliˈmætik(l)] problematisk, tvilsom, usikker.
proboscis [prəˈbɔsis] snabel.
procedure [prəˈsi:dʒə, -djuə] fremgangsmåte, fremferd, rettergang, forretningsorden.
proceed [prəˈsi:d] gå fremover; begi seg, legge i vei; dra videre; fortsette, vedbli; gå til verks; bære seg at, gå fram; foreta rettslige skritt, reise tiltale, anlegge sak, prosedere; ta eksamen (ved universitet).
proceeding [prəˈsi:diŋ] fremferd, fremgang, fremgangsmåte, skritt, atferd; saksanlegg, prosess, sak, sakførsel; forhandlingsprotokoll; **watch the -s** iaktta hva som foregår; **in -s at law** ved rettergang, for domstolene; **in the case of legal -s** om det skulle komme til sak.
proceeds [ˈprəusi:dz] vinning, utbytte, avkastning; **gross –** bruttoutbytte; **net –** nettoutbytte.
process [ˈprəuses, ˈprɔses, -is] fremgang; gang; forløp; prosess, utvikling; metode; fremgangsmåte; behandling; utvekst; reproduksjon; sak, rettsforfølgelse; reise sak mot; behandle, foredle, bearbeide; sterilisere, koke; reprodusere; fremkalle (om film); **in – of time** i tidens løp, med tiden; **-ed cheese** smelteost. **– engraver** etser. **-ing** bearbeiding, videreforedling.
procession [prəˈseʃən] prosesjon, ferd, tog, opptog; gå i prosesjon. **processional**[-ʃənəl] prosesjons-. **processive** [prəˈsesiv] fremadskridende.
procidence [ˈprɔsidəns] fremfall, nedsiging.
proclaim [prəˈkleim] bekjentgjøre; kunngjøre; erklære, lyse, proklamere, forkynne, bebude; erklære fredløs; **– him king** utrope ham til konge; **– the banns** lyse til ekteskap; **– war** erklære krig. **proclaimant** [-ənt] forkynner, utroper. **proclaimer** [-ə] = **proclaimant.**
proclamation [prɔkləˈmeiʃən] bekjentgjørelse, lysing, kunngjøring; proklamasjon.
proclivity [prəˈkliviti] tilbøyelighet, tendens, hang; nemme, anlegg **(to** for). **proclivous** [prəˈklaivəs] som står på skrå, som heller.
proconsul [prəuˈkɔnsəl] prokonsul. **proconsulate** [prəuˈkɔnsjulit] prokonsulat.
procrastinate [prəuˈkræstineit] utsette, nøle, somle, dryge. **procrastination** [prəukræstiˈneiʃən] oppsetting, nøling, somling. **procrastinator** [prəuˈkræstineitə] en som oppsetter, somlekopp.
procreant [ˈprəukriənt] avlende, avle-; avler. **procreate** [ˈprəukrieit] avle, frembringe. **procreation** [prəukriˈeiʃən] avling, frembringelse. **procreative** [ˈprəukrieitiv] avlings-; forplantningsdyktig. **procreator** [ˈprəukrieitə] far, stamfar, opphav.
proctor [ˈprɔktə] fullmektig; sakfører; proktor (i universitetsspråk, en **fellow,** som har oppsyn med disiplinen blant studentene).
procumbent [prəuˈkʌmbənt] liggende, krypende.
procurable [prəuˈkjuərəbl] som kan fås, som det er råd å få tak i. **procuration** [prəukjuˈreiʃən] tilveiebringelse; fullmakt, prokura. **procurator** [ˈprɔkjureitə] fullmektig, forretningsfører.
procure [prəˈkjuə] skaffe, tilveiebringe; oppdrive, få tak i; forskrive; utvirke. **procurement** [-mənt] tilveiebringing, det å skaffe til veie. **procurer** [prəˈkjuərə] tilveiebringer; ruffer.
prod [prɔd] pigg, brodd, spiss; stikk, støt; stikke, pirre, vekke, oppildne.
prod. fk. f. **produce; product.**
prodigal [ˈprɔdigəl] ødsel; ødeland; **the – son** den fortapte sønn. **prodigality** [prɔdiˈgæliti] ødselhet, ødsling.
prodigious [prəˈdidʒəs] vidunderlig, forbausende; forbløffende; fenomenal; uhyre. **prodigy** [ˈprɔdidʒi] under; vidunder; uhyre, monstrum.
produce [prəˈdju:s] føre fram; oppføre, lansere; fremstille; oppføre, fremlegge; ta fram; frembringe, produsere, lage, tilvirke.
produce [ˈprɔdju:s] frembringelser, produkter, naturprodukter; avling, utbytte; avkastning; utvinning; resultat. **producer** [prəˈdju:sə] produsent,

tilvirker; programleder, produksjonsleder. **producible** [prəˈdjuːsibl] som kan frembringes.
product [ˈprɔdʌkt] frembringelse; avling, produkt, vare; resultat. **– analysis** vareanalyse.
production [prəˈdʌkʃən] fremførelse; fremstilling; frembringelse, produksjon, produkt; iscenesetting. **productive** [prəˈdʌktiv] produktiv, skapende, som produserer; fruktbar, rik. **productiveness** [-nis] fruktbarhet; nytte. **productivity** [prəudʌkˈtiviti] yteevne, produktivitet.
proem [ˈprəuem] fortale, innledning.
profanation [prɔfəˈneiʃən] profanasjon, vanhelligelse, misbruk. **profane** [prəˈfein] profan, verdslig; bespottelig; profanere, vanhellige, besmitte, skjemme, krenke, bespotte; misbruke. **profaneness** [prəˈfeinnis] vanhellighet; bespottelighet; bespottelig tale. **profaner** [prəˈfeinə] vanhelliger, krenker, spotter. **profanity** [prəˈfæniti] bespottelse, spott, blasfemi, banning.
profess [prəˈfes] erklære, bekjenne seg til; påstå, hevde; tilstå; bevitne, forsikre; utøve, praktisere; **professed** [prəˈfest] erklært; faglært; profesjonell; **a – nun** nonne som har avlagt løftet; **a – smoker** en ivrig røyker.
profession [prəˈfeʃən] erklæring; bekjennelse; forsikring; stilling, yrke, fag, kall, stand; **the learned -s** ɔ: teologi, jus, legevitenskap; **a – of faith** en trosbekjennelse; **a beggar by –** en profesjonell tigger.
professional [prəˈfeʃənəl] fagmessig, faglig, yrkes-, fag-, kalls-, profesjonell; fagmann; profesjonist; **– man** ofte: akademiker; **– secrecy** taushetsplikt. **– training** yrkesutdannelse.
professor [prəˈfesə] bekjenner, forkynner; lærer, professor, universitetslærer. **professorial** [prɔfeˈsɔːriəl] professor-, professoral.
proffer [ˈprɔfə] fremføre, by fram, tilby; tilbud.
proficience [prəˈfiʃəns], **proficiency** [prəˈfiʃənsi] kyndighet, ferdighet; standpunkt; fremskritt. **proficient** [-ʃənt] kyndig, dyktig, vel bevandret; ekspert, sakkyndig, mester, fagmann.
profile [ˈprəufail] omriss, kontur, profil; tegne i omriss; **– map** topografisk kart.
profit [ˈprɔfit] fordel, gagn, nytte, vinning, gevinst, avanse, fortjeneste; **at a –** med fortjeneste. **profit** [ˈprɔfit] gagne, være til gagn for, være en vinning for; ha gagn av, vinne, profittere, tjene; **– by** dra fordel av; **excess -s tax** merinntektsskatt.
profitable [ˈprɔfitəbl] gagnlig, nyttig; fordelaktig, lønnsom, innbringende.
profit and loss vinning og tap.
profiteer [prɔfiˈtiə] spekulant, krigsmillionær, jobber.
profit | freeze avansestopp. **-less** unyttig, fruktesløs; ufordelaktig. **– -monger** profittjeger.
profligacy [ˈprɔfligəsi] ryggesløshet, lastefullhet; tøylesløshet, ryggesløst liv, laster. **profligate** [-git] ryggesløs, lastefull; ryggesløst menneske, ødeland.
pro forma [prəuˈfɔːmə] pro forma, fingert, for et syns skyld.
profound [prəˈfaund] dyp; grundig, inngående; dypsindig; dyp. **profoundness** [-nis] dybde, dyp.
profundity [prəˈfʌnditi] dybde; dyp.
profuse [prəˈfjuːs] gavmild, raus, flus; ødsel; overdådig; overstrømmende, overvettes, rikelig. **profusely** [prəˈfjuːsli] voldsomt, sterkt.
profusion [prəˈfjuːʒən] stor gavmildhet, ødselhet; overflod, overdådighet.
prog [prɔg] tigge, stjele (mat); matvarer.
progenitor [prəˈdʒenitə] stamfar, ættefar.
progeny [ˈprɔdʒini] avkom; etterkommere; slekt; resultater, følger.
prognosis [prɔgˈnəusis] prognose.
prognostic [prɔgˈnɔstik] varslende; tegn, merke, symptom. **prognosticate** [-ˈnɔstikeit] forutsi, spå, varsle. **prognostication** [-nɔstiˈkeiʃən] forutsigelse, spådom; tegn, merke, varsel. **prognosticator** [-ˈnɔstikeitə] varsler; værprofet.
programme [ˈprəugræm] program; plan. **-d** programmert; styrt.
progress [ˈprəugres, ˈprɔgres] det å skride fram, fremgang, gang; fremrykking; fremskritt, framsteg; vokster, utvikling; ferd, reise, gjestereise (især om kongers høytidelige rundreise); **in –** i emning; i gang; under utarbeiding; under utgivelse; **make –** bevege seg fram; gjøre fremskritt; **The Pilgrim's Progress** Pilegrimsvandring (Bunyans allegori); **triumphal progress** triumftog.
progress [prəˈgres] gå fram, gå, skride fram; gjøre fremgang, utvikle seg; stige (om pris).
progression [prəˈgreʃən] det å skride fram; fremgang; utvikling; progresjon; **arithmetical –** aritmetisk rekke; **geometrical –** geometrisk rekke.
progressional [prəˈgreʃənəl] fremadskridende.
progressive [prəˈgresiv] progressiv, fremadskridende; tiltagende, voksende; fremskrittsvennlig, fremskrittsmann; radikal; **– income tax** progressiv inntektsskatt; **-ly** i stigende grad, mer og mer.
prohibit [prəˈhibit] forby; hindre.
prohibition [prəuhiˈbiʃən] forbud.
prohibitionist [prəuhiˈbiʃənist] tilhenger av sterk beskyttelsestoll; forbudsmann (ɔ: tilhenger av forbud mot alkoholholdige drikker). **prohibitive** [prəˈhibitiv] forebyggende, hindrende, prohibitiv. **prohibitory** [prəˈhibitəri] = **prohibitive.**
project [prɔˈdʒekt] fremkaste; utkaste; tenke på, utkaste plan om; planlegge; projisere (fremstille ved tegning); rage fram, stikke ut.
project [ˈprɔdʒekt] plan, påhitt, prosjekt, utkast, forslag.
projectile [prəˈdʒektail] fremdrivende; drevet fram; kaste-; prosjektil.
projection [prəˈdʒekʃən] kasting; utslynging; planlegging, plan, prosjektering; fremstående del, fremspring, utskott; projeksjon. **– machine** (film)fremviser. **– room** kinomaskinrom.
projector [prəˈdʒektə] planlegger, opphavsmann; prosjektmaker; prosjektør, lyskaster; (film)fremviser, lysbildeapparat.
projecture [prəˈdʒektʃə] det å springe fram.
prolapse [prəˈlæps] fremfall.
prolegomenon [prəuleˈgɔminən] innledning, innføring, forord.
proletarian [prəuliˈtɛəriən] proletar. **-ism** proletartilstand.
proletariat(e) [ˈprəuliˈtɛəriət] proletariat; **the dictatorship of the –** proletariatets diktatur.
prolific [prəˈlifik] fruktbar, frodig, produktiv.
prolix [ˈprəuliks, prɔˈliks] langtrukken, omstendelig. **-ity** langtrukkenhet, omstendelighet.
prolocutor [prəuˈlɔkjutə] formann, talsmann.
prologue [ˈprəulɔg] fortale, prolog.
prolong [prəˈlɔŋ] forlenge, prolongere.

prolongation [prəulɔŋ'geiʃən] forlenging, utsetting, frist. **prolonger** [prə'lɔŋə] forlenger.
prom [prɔm] fk. f. **promenade concert** promenade konsert; skoleball, studentball.
promenade [prɔmi'nɑ:d] spasertur; spaservei; inntog; ball; publikumsfoajé (i teater); spasere, promenere.
Prometheus [prə'mi:θju:s] Prometevs.
prominence ['prɔminəns] fremståenhet, betydning, prominens; fremspring. **prominent** [-nənt] fremstående; utpreget; fremragende, grepa, fremskutt.
promiscuity [prɔmis'kju:iti] promiskuitet; sammenblanding; tilfeldighet. **promiscuous** [prə'miskjuəs] promiskuøs; blandet, forvirret, broket; i fleng, tilfeldig, ymse.
promise ['prɔmis] løfte, tilsagn; forjettelse; love, tilsi; gi forventning om; tegne til; **of (great) –** (meget) lovende; **the land of –** Det forjettede land. **promising** [-iŋ] lovende; håpefull. **promisor** ['prɔmisə] en som lover, gir løfte.
promissory ['prɔmisəri] lovende. **– note** solaveksel, promesse; egenveksel.
promontory ['prɔməntəri] forberg, odde, nes; forhøyning, kul (anatomisk).
promote [prə'məut] befordre, fremme; hjelpe opp el. fram; vekke; flytte opp, forfremme. **promoter** [prə'məutə] fremmer, forslagsstiller; beskytter; stifter; initiativtaker; idéskaper; arrangør. **promotion** [prə'məuʃən] forfremmelse, avansement; fremme; befordring; opphjelp; oppflytting, forfremmelse; **be on (one's) –** stå for tur til forfremmelse; strebe etter å oppnå forfremmelse. **– campaign** salgsfremmende kampanje. **promotive** [prə'məutiv] fremmende.
prompt [prɔm(p)t] hurtig, snar, snøgg, rask; villig; prompte; betalingsfrist; sufflering; påvirke, tilskynde, inngi; sufflere; tilsi; **orders receive – attention** ordrer utføres prompte; **at two –** kl. to presis. **– book, – copy** sufflørbok. **– date** betalingsdag.
prompter ['prɔm(p)tə] påvirker, tilskynder; rådgiver; sufflør. **prompting** påvirkning, tilskyndelse, råd. **promptitude** ['prɔm(p)titju:d] raskhet; beredvillighet.
promptness se **promptitude.**
promulgate ['prɔməlgeit] kunngjøre, utbre.
promulgation ['prɔməl'geiʃən] kunngjøring.
promulgator ['prɔməlgeitə] kunngjører.
pron. fk. f. **pronoun; pronounced.**
prone [prəun] liggende flat, foroverbøyd, utstrakt; skrå; tilbøyelig, ha tendens **(to** til). **proneness** [-nis] tilbøyelighet, tendens; helling.
prong [prɔŋ] spiss, brodd, odd, fork, greip, klo; tind (på en gaffel); stikke, spidde (på en klo, gaffel). **-ed** grenet, takket.
pronghorn ['prɔŋhɔ:n] prærieantilope.
pronominal [prɔ'nɔminəl] pronominal.
pronoun ['prəunaun] pronomen.
pronounce [prə'nauns] uttale; avsi, felle; holde; erklære; uttale seg. **pronounceable** [prə'naunsəbl] som lar seg uttale. **pronounced** [prə'naunst] uttalt, tydelig, grei, umiskjennelig, tydelig. **pronouncement** [prə'naunsmənt] uttalelse, erklæring, utsagn; dom. **pronouncing** [prə'naunsiŋ] uttale-.
pronto ['prɔntəu] raskt, omgående.
pronunciation [prənʌnsi'eiʃən] uttale.
proof [pru:f] prøve; prov, bevis; styrke, styrkegrad; (betegnelse for alkoholstyrke = 57,1 volumprosent); prøvebilde, avtrykk; korrektur; fast, trygg, som holder stand; usvikelig; ugjennomtrengelig, skuddfri, skuddsikker; tett; **fire- –** ildfast; **water- –** vanntett; **be – against** kunne motstå, ikke angripes av. **– charge** prøveladning. **– impression** prøveavtrykk; korrekturavtrykk. **-reading** korrekturlesning. **– sheet** korrekturark.
prop. fk. f. **properly; proposition; propeller.**
prop [prɔp] støtte, støtte under, stive av, støtte; stiver; streber, bukk; **props** gruvestøtter, props; **prop-word:** støtteordet **one, ones,** f.eks. i **the little one, his little ones.**
propaedeutic [prəupi:'dju:tik] propedeutisk, forberedende; propedeutikk, forskole.
propagable ['prɔpəgəbl] som kan forplante seg, bre seg. **propaganda** [prɔpə'gændə] propaganda. **propagate** ['prɔpəgeit] forplante, formere, avle, spre, utbre, overføre. **propagating plant** morplante, opphavsplante. **propagation** [prɔpə'geiʃən] forplantning, utbredelse, formering.
propane ['prəupein] propan.
propel [prə'pel] drive fram. **-lant** drivstoff; fremdriftsmiddel. **-ling power** drivkraft.
propeller [prə'pelə] propell (på fly), propell, skrue (på skip); skruebåt. **– shaft** mellomaksel (i bil); propellaksel. **-ing** fremdrivende, drifts-; **-ing pencil** skrublyant.
propensity [prə'pensiti] hang, tilbøyelighet.
proper ['prɔpə] egen, særegen, eiendommelig; egnet, passende, høvelig; anstendig, sømmelig; ordentlig; riktig, rett, korrekt; egentlig; **– to** som passer seg; som er typisk for; **– fraction** ekte brøk; **– name** egennavn; **Italy –** selve Italia.
properly ['prɔpəli] egentlig, riktig, passende; meget; **do it –** gjøre det riktig; **behave –** oppføre seg ordentlig; **– speaking** strengt tatt.
propertied ['prɔpətid] (eiendoms)besittende.
property ['prɔpəti] eiendom, gods, formue; eiendomsrett; egenskap; rekvisitt. **– qualification** valgsensus. **– tax** formuesskatt.
prophecy ['prɔfisi] profeti, spådom. **prophesier** [-saiə] profet, spåmann. **prophesise** [-saiz] spå. **prophesy** ['prɔfisai] spå, profetere.
prophet ['prɔfit, -et] profet, spåmann.
prophetic(al) [prə'fetik(l)] profetisk.
prophylatic [prɔfi'læktik] forebyggende, beskyttende; forebyggende middel.
propinquity [prə'piŋkwiti] nærhet; slektskap.
propitiate [prə'piʃieit] forsone, formilde; stemme gunstig; bøte. **propitiation** [prəpiʃi'eiʃən] forsoning, formildelse. **propitiator** [prə'piʃieitə] forsoner. **propitiatory** [-ʃiətəri] forsonende. **– sacrifice** sonoffer.
propitious [prə'piʃəs] gunstig; nådig, heldig.
proponent [prə'pəunənt] forslagsstiller.
proportion [prə'pɔ:ʃən] proporsjon, forhold; del, andel; høve, samsvar; symmetri; avmåle, avpasse; danne symmetrisk. **-s** (pl.) omfang, dimensjoner. **proportionable** [-nəbl] som lar seg avpasse; forholdsmessig; proporsjonal. **proportional** [-nəl] forholdsmessig, symmetrisk, proporsjonal; forholdstall. **proportionality** [prəpɔ:ʃə'næliti] forholdsmessighet, forhold.
proposal [prə'pəuzl] forslag, framlegg; ekteskapstilbud, frieri; ansøkning.
propose [prə'pəuz] foreslå; forelegge; legge fram; ha i sinne; legge planer; tenke; fri; **– a toast** utbringe en skål; **man -s, God disposes** mennesket spår, Gud rår.

proposition [prɔpəˈziʃən] erklæring, påstand, framlegging; framlegg, forslag, tilbud; setning.
propound [prəˈpaund] forelegge, legge fram.
proprietary [prəˈpraiətəri] eier-, eiendoms-. **– articles** (pl.) merkevarer. **– company** holdingselskap; privat aksjeselskap. **– right** eiendomsrett.
proprietor [prəˈpraiitə] eier; eiendomsbesitter; **sole –** eneinnehaver. **propriety** [proˈpraiiti] riktighet; berettigelse; hensiktsmessighet; anstand, velanstendighet, sømmelighet, folkeskikk; kutyme; sans for velanstendighet; **play –** agere skjermbrett.
props [prɔps] rekvisitter, kulisser (i teater).
propulsion [prəˈpʌlʃən] fremdrift.
propulsive [prəˈpʌlsiv] drivende, driv-.
pro rata [prəuˈrɑ:tə] pro rata, forholdsmessig.
prorogation [ˈprɔrəˈgeiʃən, prəu-] forlenging; avbrytelse; oppløsning (ved slutten av en parlamentsamling). **prorogue** [prəˈrəug] avbryte, oppløse, sende hjem.
prosaic [prɔˈzeiik] prosaisk, tørr, kjedelig.
proscenium [prɔˈsi:njəm] proscenium (forreste del av scenen). **– box** orkesterlosje.
proscribe [prɔˈskraib] lyse fredløs, gjøre utleg, proskribere; forby, fordømme. **proscription** [prəˈskripʃən] proskripsjon; fordømmelse; forbud.
prose [prəuz] prosa; skrive prosa; snakke kjedelig; være langdryg i snakket; **– works** prosaverker; **the – of life** livets prosa.
prosecute [ˈprɔsikju:t] forfølge, utøve, drive på med, søke å sette igjennom; saksøke, anklage; fortsette; **trespassers will be prosecuted** ≈ adgang forbudt (for uvedkommende). **prosecuting attorney** (US) offentlig anklager, påtalemyndighet.
prosecution [prɔsiˈkju:ʃən] forfølgelse; utøvelse; saksøkning; anklage, søksmål, rettsforfølgelse; **counsel for the –** aktor.
prosecutor [ˈprɔsikju:tə] en som forfølger, utøver; anklager, aktor, saksøker.
proselyte [ˈprɔsilait] proselytt, nyomvendt, gjøre til proselytt; omvende.
proser [ˈprəuzə] prosaskriver; tørrpinne. **prosiness** [ˈprəuzinis] åndløshet, kjedsommelighet. **prosing** [ˈprəuziŋ] langtrukken.
prosody [ˈprɔsədi] prosodi, verslære.
prospect [ˈprɔspekt] utsikt; prospekt; en mulig el. potensiell person (i en viss sammenheng, f. eks. **he is a – for this job** han er kandidat til); skjerp.
prospect [prəˈspekt] søke; skjerpe **(for** etter).
prospective [prəˈspektiv] fremsynt; som en har i utsikt, ventet; eventuell; fremtidig; **– bride** tilkommende; **– candidates** potensielle kandidater. **prospectively** i fremtiden, engang. **prospector** skjerper, en som leter etter mineraler.
prospectus [prəˈspektəs] plan, program; brosjyre; tegningsinnbydelse.
prosper [ˈprɔspə] begunstige; være heldig; ha hell med seg, trives; lykkes, ha fremgang.
prosperity [prɔsˈperiti] hell, fremgang, gode konjunkturer; velstand, velvære.
prosperous [ˈprɔspərəs] heldig; velstående.
prossy [ˈprɔsi] (US) prostituert, hore.
prostate [ˈprɔsteit] **(gland)** prostata, blærehalskjertel.
prostitute [ˈprɔstitju:t] prostituere, vanære; prostituert. **prostitution** [prɔstiˈtju:ʃən] prostitusjon; (fig.) misbruk.
prostrate [ˈprɔstreit] utstrakt; ydmyket, ydmyk; som ligger i støvet; utmattet; nesegrus.
prostrate [prɔˈstreit] felle, strekke til jorda, legge i bakken; kullkaste, omstyrte, ødelegge; matte, svekke, maktstjele, lamme; **– oneself** kaste seg i støvet, bøye seg dypt.
prostration [prɔˈstreiʃən] nedkasting, kneling, knefall; nedtrykthet; avkrefting, utmattelse.
prosy [ˈprəuzi] prosaisk, kjedelig.
protagonist [prəˈtægənist] hovedperson (i skuespill o.l.); talsmann, forkjemper.
protean [prəuˈti:ən] foranderlig, skiftende.
protect [prəˈtekt] beskytte, verne; gardere (i sjakk); honorere (en veksel); **-ed cruiser** (mar.) beskyttet krysser (med delvis pansring).
protection [prəˈtekʃən] beskyttelse, vern; fredning; leidebrev; pansring; tollbeskyttelse, vernetoll; honorering (av veksel). **protectionist** [-ist] beskyttelses-; proteksjonist.
protective [prəˈtektiv] beskyttende, vernende; **– custody** forvaring (i fengsel). **– food** sikringskost. **– tariff** vernetoll.
protector [prəˈtektə] beskytter; riksforstander. **Lord P.** Cromwell's tittel. **protectoral** [-rəl] beskyttende. **protectorate** [-rit] beskyttelse, vern, protektorat. **protectorship** [prəˈtektəʃip] protektorat. **protectory** barnehjem, oppdragelsesanstalt.
protégé [ˈprəuteʒei] protegé (myndling el. yndling).
protein [ˈprəuti:n] protein.
protem. fk. f. **pro tempore** for tiden, p.t.
protest [prəˈtest] protestere, gjøre innsigelse, ta til motmæle, gjøre innvendinger; påstå, forsikre; protestere (en veksel). **protest** [ˈprəutest] innsigelse, innvending; protest, motmæle.
Protestant [ˈprɔtistənt] protestantisk; protestant. **Protestantism** [-izm] protestantisme.
protestation [prəutesˈteiʃən] forsikring, erklæring; protest, motmæle, innsigelse. **protester** [prəˈtestə] forsikrer; protesterende.
Proteus [ˈprəutju:s] Proteus (gresk gud).
proteus [ˈprəutju:s] hulesalamander.
protocol [ˈprəutəkɔl] protokoll; protokollere. **-ise** [ˈprəutəkəlaiz] protokollere. **-ist** [ˈprəutəkəlist] protokollfører.
protoplasm [ˈprəutəplæzm] protoplasma, celleslim.
prototype [ˈprəutətaip] forbilde, original, prototyp, urtype, mønsterbilde.
protozoan [prəutəˈzəuən] urdyr, protozoa.
protract [prəˈtrækt] forlenge, trekke ut, forhale, trekke i langdrag. **protracted** [-id] langvarig. **protraction** [prəˈtrækʃən] forhaling; langvarighet. **protractive** [prəˈtræktiv] som forlenger, hefter, trekker i langdrag. **protractor** [prəˈtræktə] hefter, forhaler; vinkelmåler, transportør.
protrude [prəˈtru:d] skyte fram, stikke fram. **protrusion** [-ˈtru:ʃən] fremskytning, fremspring. **protrusive** [-ˈtru:siv] fremskytende.
protuberance [prəˈtju:bərəns] fremspring; hevelse, kul. **protuberant** [-rənt] fremstående.
proud [praud] stolt, kry; viktig, hovmodig; flott, storartet; **doone –** hedre en; beverte overdådig. **– flesh** grohud (ved sår).
prov. fk. f. **provincial; provisional; provost.**
provable [ˈpru:vəbl] bevislig.
prove [pru:v] bevise, godtgjøre, påvise; prøve,

utprøve; (jur.) stadfeste; syne seg, vise seg; bli; **– true** slå til. **-dly** [ˈpru:vidli] bevislig.
proven [ˈpru:vən] bevist (skot.).
provenance [ˈprɔvinəns] opprinnelse, opphav.
provender [ˈprɔvəndə] fôr; fôre.
provenience [prəˈvi:njəns] se **provenance.**
proverb [ˈprɔvə(:)b] ordspråk, ordtak, ordtøke, sentens, ordspråkslek; **the Proverbs** Salomos ordspråk. **proverbial** [prəˈvə:bjəl] ordspråklig, som er blitt til et ordtak, velkjent. **-ism** ordspråklig forbindelse, talemåte.
provide [prəˈvaid] sørge for, syte for, besørge, skaffe, tilveiebringe; forsyne; foreskrive, bestemme; ha omsorg for, ta forholdsregler, sikre seg; **– against** ta forholdsregler mot; **– with** utstyre med; **provided** [prəˈvaidid] forutsatt.
providence [ˈprɔvidəns] forutseenhet, omtenksomhet; skjebne, forsyn. **provident** [-ənt] omtenksom, forsynlig; sparsommelig, økonomisk.
providential [prɔviˈdenʃəl] forsynets, bestemt av forsynet; heldig, gunstig; **he had a – escape** det var et Guds under at han slapp unna.
providentially [prɔviˈdenʃəli] ved forsynets styrelse, ved et under.
provider [prəˈvaidə] forsørger. **providing** [prəˈvaidiŋ] under forutsetning av at.
province [ˈprɔvins] provins, egn; område, distrikt; fag, felt. **provincial** [prəˈvinʃəl] provinsiell, provins-. **provincialism** [-ʃəlizm] provinsialisme. **provincialist** [-ʃəlist] provinsmann.
proving [ˈpru:viŋ] prøve-, forsøks-, test-.
provision [prəˈviʒən] forsorg, forsørgelse; foranstaltning, tiltak; tilveiebringelse, anskaffelse; bestemmelse; (i pl.) forråd, forsyning, proviant; forsyne, proviantere, niste ut; **make –** treffe forholdsregler **(for** for; **against** mot). **provisional** [-ʒənəl] midlertidig, foreløpig; provisorisk. **provisionary** [-ʒən(ə)ri] = **provisional. provision dealer** kjøpmann, kolonialhandler. **provisioner** [prəˈviʒənə] provianthandler. **provisioning** [-iŋ] proviantering.
proviso [prəˈvaizəu] klausul, forbehold.
provisory [prəˈvaizəri] foreløpig; betinget.
provocation [ˈprɔvəˈkeiʃən] utfordring, utesking, ergrelse, irritasjon; **at small (on the slightest) –** ved den minste anledning, for et godt ord.
provocative [prəˈvɔkətiv] utfordrende, uteskende; pirringsmiddel.
provoke [prəˈvəuk] fremkalle, vekke, egge, pirre; utfordre, uteske, oppirre; fornærme. **provoking** uteskende, tirrende; ergerlig, harmelig.
provost [ˈprɔvəst] domprost; rektor (ved visse universitetskollegier); (skot.) borgermester; **– sergeant** sersjant i militærpolitiet.
prow [prau] forstavn, baug.
prowess [ˈprauis] djervhet, manndom, tapperhet; overlegen dyktighet.
prowl [praul] snuse om i; luske om, streife om; røve. **– car** (US) politibil, patruljebil. **prowler** [ˈpraulə] sniktjuv; (fig.) parasitt.
prox [prɔks] fk. f. **proximo.**
proximate [ˈprɔksimit] nærmest, umiddelbar.
proximity [prɔkˈsimiti] nærhet; **– of blood** nært slektskap.
proximo [ˈprɔksiməu] i neste måned.
proxy [ˈprɔksi] fullmakt; fullmektig, varamann, stedfortreder; prokurist. **proxyship** [-ʃip] fullmektigstilling.
prs. fk. f. **pairs.**

P. R. S. fk. f. **President of the Royal Society.**
prude [pru:d] snerpe, dydsmønster; **play the –** spille den dydige.
prudence [ˈpru:dəns] klokskap, omtanke; forsiktighet; **as a matter of –** for sikkerhets skyld.
prudent [ˈpru:dənt] klok; forsiktig, varsom.
prudential [pru(:)ˈdenʃəl] klokskaps-; forsiktighets-; forsiktig; klokskapsregel; **– committee** rådgivende utvalg.
prudery [ˈpru:d(ə)ri] snerperi, affektasjon.
prudish [ˈpru:diʃ] snerpet, tertefin, affektert.
prune [pru:n] beskjære, stusse (trær, planter).
prune [pru:n] sviske; **-s and prisms** affektertsnakk, overkorrekthet.
prunella [pruˈnelə] brunella (ullstoff); blåkoll (plante). **pruner** [ˈpru:nə] beskjærer; hagekniv. **pruning knife** gartnerkniv. **pruning shears** hagesaks.
prurien|ce [ˈpruəriəns] lystenhet. **-t** lysten.
Prussia [ˈprʌʃə] Preussen. **Prussian** [ˈprʌʃən] prøyssisk; prøysser. **– blue** berlinerblått.
Prussic [ˈprʌsik] **– acid** blåsyre.
pry [prai] snuse, speide, spionere; snusing, speiding, spionering; snushane. **prying** [ˈpraiiŋ] snusende, nyfiken; snusing.
P. S. fk. f. **postscript; prompt side; Public School.**
ps. fk. f. **pieces. Ps.** fk. f. **psalms.**
psalm [sɑ:m] salme (især om Davids salmer); **the (Book of) Psalms** Davids salmer. **psalmist** [ˈsɑ:mist] salmist; salmedikter. **psalmody** [ˈsælmədi] salmesang; salmesamling.
psalter [ˈsɔ(:)ltə] Davids salmer. **-y** psalter.
pseudo [ˈs(j)u:dəu] i smstn.: falsk, uekte; psevdo-.
pseudonym [ˈs(j)u:dənim] psevdonym. **pseudonymity** [s(j)u:dəˈnimiti] psevdonymitet. **pseudonymous** [s(j)u:ˈdɔniməs]psevdonym.
pshaw [(p)ʃɔ:] pytt; si pytt til, blåse av (el. i).
p. s. i. fk. f. **pounds per square inch.**
psora [ˈsɔ:rə] skabb, fnatt.
psoriasis [sɔˈraiəsis] psoriasis (hudsykdom).
psyche [ˈsaiki] psyke; sjel.
psychedelic [saikəˈdelik] psykedelisk.
psychi|atric(al) [saikiˈætrik(əl)] psykiatrisk. **-atrist** [saiˈkaiətrist] psykiater. **-atry** [saiˈkaiətri] psykiatri.
psycho [ˈsaikəu] psykoanalysere; psykoanalyse; (sl.) tulling, idiot; nevrotiker.
psycho|analyse [saikəuˈænəlaiz] psykoanalysere. **-analysis** [saikəuəˈnæləsis] psykoanalyse.
psychologic(al) [saikəˈlɔdʒik(l)] psykologisk. **psychologist** [saiˈkɔlədʒist] psykolog. **psychology** [saiˈkɔlədʒi] psykologi.
Pt. fk. f. **Part; Port.**
pt. fk. f. **pint; payment; point.**
ptarmigan [ˈtɑ:migən] fjellrype.
PT boat fk. f. **patrol torpedo boat** motortorpedobåt.
ptisan [ˈtizən] tisane (avkok av bygg el. legeplanter).
P. T. O. fk. f. **please turn over.**
Ptolemaic [tɔliˈmeiik] ptolemeisk.
ptomaine [ˈtəumein] ptomain, likalkaloid.
pub [pʌb] fk. f. **public house** vertshus.
puberty [ˈpju:bəti] pubertet.
public [ˈpʌblik] offentlig; alminnelig; sams, felles; offentlighet, allmennhet, publikum; **– address system** høyttaleranlegg; **– conveniences** offentlige toalettrom (i regelen underjordiske); **– house** vertshus, kneipe, sjapp; **– school** 1) i England brukt om visse gamle, dyre latinskoler

som Eton, Rugby og Harrow; 2) i Amerika: offentlig skole (gratis og med adgang for alle).
publican [ˈpʌblikən] skatteforpakter; toller; vertshusholder.
publication [pʌbliˈkeiʃən] offentliggjøring, kunngjøring; forkynnelse; lysning; utgivelse; skrift, blad; – **price** bokhandlerpris.
public | debt statsgjeld. – **duty** samfunnsplikt, borgerplikt. – **feeling** folkeopinion el. -mening. – **health** folkehelse. – **health nurse** helsesøster.
publicist [ˈpʌblisist] folkerettskyndig; politisk journalist, publisist.
publicity [pʌˈblisiti] offentlighet, publisitet. – **agent** pressesekretær.
public | law statsrett, folkerett. – **office** offentlig embete; offentlig kontor. – **opinion poll** meningsmåling. – **relations** pl. publikumskontakt, den avdeling av et firma el. forening som arbeider med forholdet til publikum, fk. PR. – **servant** offentlig funksjonær. – **-spirited** som viser samfunnsånd. – **works** offentlige arbeider.
publish [ˈpʌbliʃ] offentliggjøre, kunngjøre; røpe; forkynne, bekjentgjøre, gjøre kjent; utgi; utgi bøker, forlegge bøker. **publisher** [ˈpʌbliʃə] kunngjører, forkynner; forlegger; utgiver.
publishing [ˈpʌbliʃiŋ] offentliggjøring; forlagsvirksomhet. – **firm,** – **house** (bok)forlag.
puce [pju:s] rødbrun; plommefarget, loppefarget.
puck [pʌk] nisse, tunkall, tuftekall; puke; puck.
pucker [ˈpʌkə] rynke; snurpe, spisse munnen; rynke; spiss munn; **he is in a terrible** – han er ille stedt, i en lei knipe.
pud [pʌd] lanke, labb, pote.
puddening [ˈpudniŋ] bangender; skamfilingsmatte.
pudder [ˈpʌdə] ståhei, oppstyr; gjøre kvalm.
pudding [ˈpudiŋ] pudding; (mar.) vurst, fender. – **-faced** med månefjes. – **-headed** «tjukk i hue», grauthue. – **-sleeves** vide ermer (på prestekjole). – **-time** spisetid, middagstid (da pudding tidligere var første rett), rette øyeblikk, den ellevte time, grevens tid.
puddle [ˈpʌdl] pøl, sølepytt; rot, røre, virvar; rote, grumse, røre opp i; pudle (leire); elte. **puddly** [ˈpʌdli] mudret, gjørmet.
pudgy [ˈpʌdʒi] buttet, tykk, klumpet.
pueblo [puˈebləu] (indianer)landsby (med leirhus). **Pueblo** puebloindianer.
puerile [ˈpjuərail] barnaktig, barnslig.
puerperal [pju:ˈə:pərəl] barsel-, fødsels-.
puff [pʌf] pust, vindpust, gufs, blaff; drag (av en sigar); pudderkvast; røyksopp; terte, bakkels; puff (på kjole); (ublu) reklame; puste, blåse, blaffe; pese; dampe; gjøre blest; reklamere; spille opp; rose, skryte av; gjøre reklame for; – **off** få avsatt ved god reklame. **-ball** røyksopp. – **box** pudderdåse (med kvast).
puffer [ˈpʌfə] markskriker, humbugmaker, reklamemaker. **puffery** overdreven ros, oppreklamering.
puffin [ˈpʌfin] lundefugl.
puffiness [ˈpʌfinis] oppspilthet.
puff | paste (US); (eng.) – **pastry** butterdeig.
puffy [ˈpʌfi] oppustet, oppblåst, andpusten; hoven, pløset.
pug [pʌg] blande, elte (leire); fylle.
pug [pʌg] kjælenavn for en ape; mops. – **dog** [ˈpʌgdɔg] mops. – **face** [ˈpʌgfeis] apefjes.
puggree [ˈpʌgri:] musselinskjerf (om hatten til beskyttelse mot solen).
pugilism [ˈpju:dʒilizm] nevekamp, boksing.
pugilist [ˈpju:dʒilist] nevekjemper, bokser.
pugnacious [pʌgˈneiʃəs] stridbar, trettekjær, sta.
pugnacity [pʌgˈnæsiti] stridbarhet, kamplyst.
pug-nose [ˈpʌgnəuz] brakknese, oppstoppernese.
puisne [ˈpju:ni] yngre, underordnet.
puissance [ˈpju(:)isns] makt, styrke. **puissant** [ˈpju(:)isnt] mektig.
puke [pju:k] spy, kaste opp; oppkast.
pulchritude [ˈpʌlkritju:d] skjønnhet.
pule [pju:l] klynke, pipe, pistre, sutre.
pull [pul] trekke, dra, hale, rive; plukke; rykke; ro; forstrekke; arrestere, fakke; trekk, rykk, tak; kamp, dyst, strid; slurk; rotur; – **faces** skjære ansikt; – **a fast one** lure, ta innersvingen på; – **wires** trekke i trådene; – **along** ro av sted; holde det gående; klare seg; – **round** klare seg igjennom; – **through** redde seg, stå det over; – **up** holde an, stanse; rykke opp; – **up one's socks** (sl.) ta fatt, gå i gang. **puller** [ˈpulə] som trekker osv.
pullet [ˈpulit] ung høne; backfisch.
pulley [ˈpuli] trinse, blokk, reimskive; **cone** – trappeskive; **single** – enkelt reimskive.
Pullman [ˈpulmən] Pullman; pullmanvogn.
pullulate [ˈpʌljuleit] spire, sprette, skyte.
pull-up [ˈpulʌp] rasteplass; overnattingsplass.
pulmonary [ˈpʌlmənəri] lunge-.
pulp [pʌlp] bløt masse; fruktkjøtt; tremasse; tannmarg, pulpa; mase, støte; **chemical** – cellulose; **mechanical** – tremasse; **-s** kiosk-litteratur, kulørt presse. – **boards** trekartong.
pulpiness [ˈpʌlpinis] bløthet, kjøttfullhet.
pulpit [ˈpulpit] prekestol; predikantstand, geistligheten. **-eer** [pulpiˈtiə] prekehelt, storpreker.
pulp | mill [ˈpʌlpmil] cellulosefabrikk. **-wood** tremasse; skurtømmer.
pulpous [ˈpʌlpəs] bløt, kjøttfull, saftig.
pulpy [ˈpʌlpi] bløt, kjøttfull.
pulsate [ˈpʌlseit] banke, dunke, pulsere, slå.
pulsation [pʌlˈseiʃən] slag, banking.
pulsative [ˈpʌlsətiv], **pulsatory** [ˈpʌlsətəri] bankende, slående, pulserende.
pulse [pʌls] slag, pulsslag, puls; dunke, banke, slå, pulsere; **feel his** – føle ham på pulsen; føle ham på tennene.
pulse [pʌls] belgfrukter.
pulverization [pʌlvəraiˈzeiʃən] pulverisering.
pulverize [ˈpʌlvəraiz] finstøte, pulverisere; pulveriseres.
pumice [ˈpʌmis] pimpstein; polere (el. slipe) med pimpstein. – **stone** pimpstein.
pump [pʌmp] pumpe; i pl. dansesko (utringede) for menn; lense, pumpe; utspørre.
pumpkin [ˈpʌm(p)kin] gresskar.
pun [pʌn] ordspill; lage ordspill **(on** på).
punch [pʌnʃ] punsj (en drikk).
punch [pʌnʃ] (fk. f. Punchinello) polichinell, bajas; **a P. and Judy show** et dukketeater; **Punch** (eller **The London Charivari)** et vittighetsblad.
punch [pʌnʃ] punsj; dor, lokkedor (til å slå huller med), hulljern; neveslag, kilevink; stikke eller slå huller, gjennombore; slå, dra til; stanse ut; stemple.
punch | bowl [ˈpʌnʃbəul] punsjebolle. – **card** hullkort. – **die** stanse. – **-drunk** uklar, groggy. **-ed card machine** hullkortmaskin. **-er** lokkedor; stanser; punchedame el. -mann.

Punchinello [pʌnʃiˈneləu] Polichinell (figur i den italienske maskekomedie).
punching|-ball punchingball. **– machine** hullkortmaskin. **– tool** stanseverktøy.
punctilio [pʌŋ(k)ˈtiliəu] finesse, overdreven punktlighet; **stand upon -s** ta det altfor nøye.
punctilious [pʌŋ(k)ˈtiliəs] smålig nøyaktig, ytterst nøye; stivt korrekt. **punctiliousness** [pʌŋ(k)ˈtiliəsnis] nøyaktighet; smålighet.
punctual [ˈpʌŋ(k)tjuəl, -tʃuəl], punktlig, nøyaktig; presis. **punctuality** [pʌŋ(k)tʃuˈæliti, -tju-] punktlighet, nøyaktighet, orden.
punctuate [ˈpʌŋ(k)tjueit, -tʃu-] sette skilletegn i; poengtere. **punctuation** [pʌŋ(k)tjuˈeiʃən, -tʃu-] interpunksjon, tegnsetting. **punctum** [ˈpʌŋktəm] punkt.
puncture [ˈpʌŋ(k)tʃə] stikk; punktering; stikke i; stikke hull i; punktere.
pundit [ˈpʌndit] (egl. indisk) lærd.
pungency [ˈpʌn(d)ʒənsi] skarphet, bitterhet.
pungent [ˈpʌn(d)ʒənt] skarp, ram, skjærende.
Punic [ˈpju:nik] punisk, kartagisk; troløs.
puniness [ˈpju:ninis] litenhet.
punish [ˈpʌniʃ] straffe, avstraffe; gå til kraftig angrep på; legge i seg av (mat). **punishable** [ˈpʌniʃəbl] straffverdig; straffbar. **punishment** [ˈpʌniʃmənt] straff, avstraffelse; hard medfart; **capital –** dødsstraff.
punitive [ˈpju:nitiv] straffende; straffe-.
Punjab [pʌnˈdʒɑ:b].
punk [pʌŋk] nybegynner, grønnskolling; kjeltring, slamp; skrap, tull; elendig, skral.
punster [ˈpʌnstə] vitsemaker, ordspillmaker.
punt [pʌnt] flatbunnet båt, lorje; stake (seg) fram; transportere i pram.
punt [pʌnt] ponto (i kort); vedde, sette innsats.
punt [pʌnt] sparke til fotballen på direkten; spark.
punter [ˈpʌntə] en som staker seg fram i en flatbunnet pram; spiller.
puny [ˈpju:ni] bitte liten, ørliten, ubetydelig.
pup [pʌp] valp; jypling; valpe, få valper.
pupa [ˈpju:pə] pl. **pupae** [ˈpju:pi:] puppe. **pupation** [pju:ˈpeiʃən] forpupping.
pupil [ˈpju:pl, -pil] pupill; myndling, elev, disippel. **pupilage** [ˈpju:pilidʒ] læretid; umyndighet. **pupilarity** [pju:piˈlæriti] umyndighet, umyndig alder. **pupilary** [ˈpju:piləri] pupill-; som angår en elev. **pupil teacher** [ˈpju:pil ti:tʃə] praktikant, hospitant, vordende lærer (som arbeider under ledelse av en eldre lærer).
puppet [ˈpʌpit] dukke, marionett; stråmann. **-eer** en som oppfører dukketeater.
puppetish [ˈpʌpitiʃ] dukkeaktig.
puppet|-man, – -master marionettmann. **– -play** dukkespill. **puppetry** [ˈpʌpitri] dukkeaktig utseende, dukkeaktighet; formaliteter; skinn. **puppet-show** [ˈpʌpitʃəu] dukketeater, marionett-teater.
puppy [ˈpʌpi] valp; laps, sprett; få valper. **puppyhood** [-hud] valpetid; grønn ungdom. **puppyish** [-iʃ] valpaktig. **puppyism** [-izm] lapsethet, flabbethet.
purblind [ˈpə:(ˈ)blaind] stærblind, svaksynt.
purchasable [ˈpə:tʃəsəbl] til salgs, til kjøps.
purchase [ˈpə:tʃəs] kjøpe, erverve, skaffe seg; bevege, hive, lette; ervervelse; kjøp, innkjøp, anskaffelse; heiseverk, gein, plass **(for a stroke)** til å slå ut med armen; tak. **– bok** innkjøpsbok. **– deed** kjøpekontrakt. **– money** innkjøpspris. **– price** innkjøpspris. **purchaser** [ˈpə:tʃəsə] kjøper; erverver; kunde.
purchase | tax omsetningsavgift. **– agent** innkjøpssjef. **purchasing power** kjøpekraft.
purdah [ˈpə:dɑ:] (indisk) forheng; isolering av kvinner.
pure [pjuə] ren; klar, skjær. **-bred** raserent dyr. **– breed** fullblodsrase.
pureness [ˈpjuənis] renhet.
purgation [pə:ˈgeiʃən] renselse; avføring. **purgative** [ˈpə:gətiv] avførende; rensende. **purgatory** [ˈpə:gətəri] rensende, sonende; skjærsild.
purge [pə:dʒ] rense, skaffe avføring; lutre, skylle; rensing, utrensing; utrensking (politisk); avførende middel. **purger** [ˈpə:dʒə] renser; avførende middel. **purgery** [ˈpə:dʒəri] sukkerraffineri. **purging** [ˈpə:dʒiŋ] rensing.
purification [pjuərifiˈkeiʃən] renselse; rettferdiggjøring. **purifier** [ˈpjuərifaiə] renser; rensingsmiddel. **purify** [ˈpjuərifai] rense; renses.
purism [ˈpjuərizm] purisme, språkrensing.
purist [ˈpjuərist] purist, språkrenser.
Puritan [ˈpjuəritən] puritansk; puritaner.
puritanism [ˈpjuəritənizm] puritanisme.
purity [ˈpjuəriti] renhet.
purl [pə:l] sildre, skvulpe, risle; risl, surl.
purl [pə:l] krydderøl (med sukker og gin).
purl [pə:l] bremme, kante; strikke vrangt; brodert kant, fold, rysk; **– and plain** vrang og rett. **– row** vrangpinne.
purlieu [ˈpə:lju:] grensedistrikt, utkant, omegn.
purlin [ˈpə:lin] takås, taklekter.
purloin [pə:ˈlɔin] tilvende seg, stjele, rapse. **purloiner** [-ə] tyv; plagiator.
purple [ˈpə:pl] purpurfarget; fiolett, blåfiolett; purpurfarge; blårødt; purpur; farge(s) rød (fiolett, blå); purpurklær, (fig.) makt, høyhet. **purplish** [ˈpə:pliʃ] purpuraktig, blårød.
purport [ˈpə:pət, -ˈpɔ:t] hensikt, mening, betydning; innhold; inneholde, ha å bety, gå ut på, gi seg ut for.
purpose [ˈpə:pəs] hensikt, formål, øyemed; forsett; målbevissthet; saken, det det gjelder om; virkning, retning; ha til hensikt, akte; **on –** med forsett, med vilje; **for the sole – of** ene og alene for å; **for** (eller **to) that –** i den hensikt; **to the –** saken vedkommende, på sin plass; **to some –** med virkning; **to no –** til ingen nytte, forgjeves, fåfengt; **novel with a –** tendensroman.
purposeful beslutsom, målbevisst, viktig.
purposeless [ˈpə:pəslis] hensiktsløs, formålsløs.
purposely [ˈpə:pəsli] med hensikt, forsettlig.
purr [pə:] male, surre, summe, maling (om katten).
purse [pə:s] portemoné, pung, håndveske; statskasse; penger, pengesum; gevinst, premie; rikdom, velstand; stikke i pungen; rynke; snurpe sammen; **a – was made up** det ble foretatt en innsamling; **the keeper of the national –** den bevilgende myndighet. **– penny** lykkeskilling. **– pride** pengestolthet. **– proud** pengestolt. **-r** purser, regnskapsfører. **– seine** snurpenot. **– strings, hold the – strings** stå for pengene; **tighten the – strings** knipe inn på pengene.
purslane [ˈpə:slin] portulakk.
pursuable [pəˈs(j)u:əbl] som lar seg forfølge.
pursuance [pəˈs(j)u:əns] utførelse, utføring; **in – of** ifølge, i medfør av.

pursuant [pəˈsju:ənt] overensstemmende; **– to** i overensstemmelse med, i samsvar med.
pursue [pəˈs(j)u:] forfølge, sette etter; strebe etter, strebe hen til; tilstrebe; følge; drive, sysle med; fortsette.
pursuer [pəˈsju:ə] forfølger; etterstreber.
pursuit [pəˈs(j)u:t] forfølgelse; etterstrebelse, streben; jakt; beskjeftigelse, yrke; interesse; fortsettelse. **– race** forfølgelsesritt (på sykkel).
pursuivant [ˈpə:swivənt] persevant, underherold (funksjonær i **College of arms).**
pursy [ˈpə:si] astmatisk, andpusten; oppblåst; tykk; rynket; pengesterk.
purtenance [ˈpə:tinəns] tilbehør; (dyrs) innvoller.
purty [ˈpə:ti] (dial.) = **pretty.**
purulen|ce, -cy [ˈpjuərulən|s, -si] (med.) materie(-dannelse).
purvey [pə:ˈvei] forsyne; skaffe, levere; proviantere. **purveyance** [pə:ˈveiəns] forsyning; tilveiebringelse, leveranse; **purveyor** [pə:ˈveiə] leverandør; **Purveyor to His Majesty** hoffleverandør.
purview [ˈpə:vju:] lovtekst; bestemmelser; sfære, område.
pus [pʌs] våg, materie, verk.
push [puʃ] støte, skubbe, puffe (til), drive; trenge inn på; drive på; fremskynde; støt, skubb, puff; fremdrift; pågangsmot, driv; trykk; tak; anstrengelse; **– his fortune** slå seg opp; **– off** stikke av, gå; **– off goods** få avsatt varer; **– on** drive på; fremskynde; hjelpe fram; **at a –** når det virkelig gjelder. **– -basket** trillebag. **– button** eller **– contact** trykkontakt, trykkknapp. **-cart** håndkjerre. **– -chair** sportsvogn (om barnevogn).
pushed trett, sliten; i pengevansker.
pusher en som trenger seg fram; skyffel; narkotikaselger.
pushful [ˈpuʃf(u)l] foretaksom, påtrengende.
pushing [ˈpuʃiŋ] foretaksom, pågående.
push|over svak motstander; lett sak. **– pin** [ˈpuʃpin] stift; en barnelek med knappenåler; (fig.) barnemat. **– rod** løftestang (i bilmotor). **– -up** armbøying, kroppsheving. **-up list** (EDB) køliste.
pusillanimity [pju:siləˈnimiti] forsagthet, feighet.
pusillanimous [pju:siˈlæniməs] forsagt, feig.
puss [pus] pus, pusekatt; ung jente. **– in-the-corner** bytte sete, låne varme (lek). **Puss in Boots** [ˈpusinˈbu:ts] Den bestøvlede katt.
pussy [ˈpusi] materiefylt; pusekatt; rakle, gåsunge; (ung)jente, rype. **-foot** en som lister seg omkring, snik; politisk luring; avholdsfanatiker; liste seg, gå på gummisåler. **– willow** gåsunger, rakle (botanikk).
pustule [ˈpʌstju:l] pustel, kvise, filipens.
put [put] putte, sette, stille, anbringe, stikke, legge, bringe; fremstille, sette fram, uttrykke; **to – it mildly** mildest talt; **– about** la sirkulere; utbre; gå baut, baute; plage; **– along** sette i fart; **– by** legge til side; **– down** legge fra seg; skrive ned, notere; tilskrive, gi skylden; undertrykke, nedkjempe, kue, døyve, kvele; ydmyke; bringe til taushet; **– forth** sette fram; utgi; stille fram; utstede; **– forward** forfremme, fremme, sette fram; **– in** legge inn; skyte inn; installere, montere; komme fram med; **– in for** søke om, anmode om; **– in mind of** (eller **that)** minne om; **– off** legge vekk; utsette, oppsette; frastøte, virke avskrekkende; **– on** legge på, sette på, ta på; **– out** legge ut, sette ut; sette fram; produsere; nedkjempe; slokke; forvri; utfolde, oppby; forvirre, forville; stikke ut; skyte (knopper, røtter); **be – out about** være ute av det over, bli-brakt i forlegenhet; **– to** spenne for; **be – to it** bli nødt (til det); **– to bay** sette, stille (på jakt); **– to sea** stikke til sjøs; **– to death** avlive, drepe, la henrette; **– up** heve; gi husly; **– up to** hisse, egge, forlede; fremlegge, forelegge; **– up with** finne seg i, tåle.
put [pʌt] (gml.) staur, slamp.
putative [ˈpju:tətiv] antatt, formodet.
put-off [ˈputˈɔ(:)f] utflukt, påskudd; utsettelse.
put-on [ˈputˈɔn] påtatt.
putrefaction [pju:triˈfækʃən] forråtnelse. **putrefy** [ˈpju:trifai] forråtne, forpeste; råtne. **putrid** [ˈpju:trid] råtten.
puttee [ˈpʌti:] slags gamasjer av tøy (som vikles om leggen), puttis.
putter [ˈpʌtə] (golfkølle til å slå ballen i hull med), putter.
putting [ˈpʌtiŋ] **the shot** kulestøt.
putty [ˈpʌti] kitt, sparkelmasse; sparkle, kitte.
put-up [ˈputˈʌp] fingert, arrangert.
puzzle [ˈpʌzl] forvirre, sette i forlegenhet, forbløffe; spekulere, tenke over, bry hjernen med; finne ut; gåte, knute, floke, vanskelighet, vanskelig spørsmål; puslespill. **puzzled** [ˈpʌzld] forlegen, rådvill, rådløs, forvirret. **puzzlement** uklarhet, forvirring. **puzzler** [ˈpʌzlə] gåte, knute.
P. W. D. fk. f. **Public Works Department.**
pyaemia [paiˈi:miə] blodforgiftning.
pygmean [pigˈmi:ən] pygmeisk; dvergaktig.
pygmy [ˈpigmi] dverg; pygmé; dverg-.
pyjamas [pəˈdʒɑ:məz] pyjamas; **the cat's –** rosinen i pølsen, flott.
pylon [ˈpailən] høyspentmast, lysmast.
pyramid [ˈpirəmid] pyramide. **pyramidal** [piˈræmidəl] pyramideformet, pyramidestor.
pyre [ˈpaiə] likbål, bål.
Pyrenean [pirəˈni:ən] pyreneisk. **the Pyrenees** [ˈpirəni:z] Pyreneene.
pyromania [pairəuˈmeinjə] pyromani. **pyromaniac** [pairəuˈmeinjæk] pyroman.
pyrotechnics [ˈpairəˈtekniks] fyrverkeri.
Pythagoras [paiˈθægəræs] Pytagoras.
Pythia [ˈpiθiə] Pytia.
Pythian [ˈpiθiən] pytisk.
python [ˈpaiθən] pyton, kvelerslange.
pyx [piks] pyksis (sølvskål til oppbevaring av hostien); eske med prøvemynter.

Q, q [kju:] Q, q.
Q. fk. f. **Queen; Question.**
q. fk. f. **quart; quarterly; queen; question.**
Q. B. fk. f. **Queen's Bench.**
Q. C. fk. f. **Queen's Counsel; Queen's College.**
q. e. fk. f. **quod est** (latin: som betyr).
Q. E. D. fk. f. **quod erat demonstrandum** [latin: hvilket skulle bevises).
Q. M. fk. f. **Quartermaster.**
qr. fk. f. **quarter.**
Qt., qt. fk. f. **quantity, quart.**
Q. T. fk. f. **quiet; on the Q. T.** i all hemmelighet.
Q-tip [ˈkju:tip] bomullspinne, rensepinne.
qua [kwei] i egenskap av, som.
quack [kwæk] snadre, skryte; drive kvaksalveri; snadring; kvaksalver; fusker (i faget). **quackery** [ˈkwækəri] kvaksalveri; sjarlataneri. **quackish** [ˈkwækiʃ] kvaksalveraktig.
quacksalver [ˈkwæksælvə] kvaksalver.
quad [kwɔd] fk. f. **quadrat; quadrangle.**
quadragenarian [kwɔdrədʒiˈnɛəriən] mellom 40 og 49 år gammel. **Quadragesima** [kwɔdrəˈdʒesimə] første søndag i fasten; faste.
quadrangle [ˈkwɔdræŋgl] firkant; plass, gård. **quadrangular** [kwɔˈdræŋgjulə] firkantet.
quadrant [ˈkwɔdrənt] kvadrant.
quadrat [kwɔdrit] kvadrat (blindtype).
quadrate [ˈkwɔdrit] kvadrat-, kvadratisk, firkantet; firkant, kvadrat. **quadratic** [kwəˈdrætik] kvadratisk størrelse; annengradslikning. **quadrature** [ˈkwɔdrətʃə] kvadratur.
quadrennium [kwɔˈdrenjəm] fireårsperiode.
quadrille [kwɔˈdril] kvadrilje (en turdans av 4 par; også et slags kortspill, spilt av 4 personer).
quadrillion [kwɔˈdriljən] kvadrillion, (eng.) en billion billioner; (US) tusen billioner.
quadrisyllabic [kwɔdrisiˈlæbik] firstavings-.
quadrophony [kwɔˈdrɔfəni] kvadrofoni.
quadroon [kwɔˈdru:n] kvarteron, barn av mulatt og hvit.
quadruped [ˈkwɔdruped] firbeint (dyr).
quadruple [ˈkwɔdrupl] firedobbelt; firedoble.
quaff [kwɔ:f] drikke (ut); stor slurk.
quaggy [ˈkwægi] gyngende (om myr); myrlendt, sumpig. **quagmire** [ˈkwægmaiə] hengemyr; (fig.) farlig situasjon.
quail [kweil] synke sammen, bli forsagt, tape motet; knuse, tilintetgjøre; kue.
quail [kweil] vaktel.
quaint [kweint] gammeldags; original; eiendommelig, underlig. **quaintness** [-nis] særhet, underlighet, gammel stil.
quake [kweik] ryste, riste, skjelve, beve; skjelving, rystelse, risting.
Quaker [ˈkweikə] kveker. **-dom** kvekerlære, kvekersamfunn. **-ism** [-izm] kvekertro, kvekervesen; **the – State** Pennsylvania.
quakiness [ˈkweikinis] skjelven, skjelving. **quaky** [ˈkweiki] skjelvende, dirrende, bevende.
qualifiable [ˈkwɔlifaiəbl] som kan modereres; som kan begrenses. **qualification** [kwɔlifiˈkeiʃən] dyktiggjøring; dyktighet; kvalifikasjon, skikkethet; betingelse; forutsetning, atkomst, berettigelse; omdanning; innskrenkning, modifikasjon, forbehold.
qualified [ˈkwɔlifaid] skikket, egnet; utdannet, faglært; berettiget; blandet; betinget, forbeholden.
qualify [ˈkwɔlifai] gjøre skikket, dyktiggjøre, kvalifisere, utdanne; begrense, modifisere; betegne.
qualitative [ˈkwɔlitətiv] kvalitativ.
quality [ˈkwɔliti] egenskap, beskaffenhet, karakter, rang, verdighet; stand; kvalitet; **people of –** standspersoner, fornemme folk.
qualm [kwɑ:m, kwɔ:m] kvalme, (plutselig) illebefinnende; skruppel, betenkelighet, tvil, bange anelse. **qualmish** [ˈkwɔ:miʃ, ˈkwɑ:miʃ] syk, som føler kvalme.
quandary [ˈkwɔndəri, kwənˈdɛəri] forlegenhet, knipe.
quant [kwɔnt] stake, båtstake; stake (seg) fram.
quantify [ˈkwɔntifai] bestemme mengde; taksere. **quantitative** [ˈkwɔntitətiv] kvantitativ. **quantity** [ˈkwɔntiti] kvantum, mengde, kvantitet. **– discount** kvantumsrabatt.
quantum [ˈkwɔntəm] kvantum, viss mengde.
quarantine [ˈkwɔrənti:n] karantene(stasjon); sette i karantene.
quarrel [ˈkwɔrəl] strid, trette, kiv, uenighet; grunn til å klage, utestående sak; trette, strides, ligge i klammeri. **quarrelsome** [-səm] trettekjær, stridslysten.
quarry [ˈkwɔri] vilt, fangst, bytte; gjøre bytte, jage.
quarry [ˈkwɔri] steinbrudd; bryte stein; granske, forske.
quarry [ˈkwɔri] (firkantet) glassrute; firkantet steinflis.
quarryman [ˈkwɔrimən] steinbryter.
quart [kwɔ:t] kvart; 1/4 gallon, (eng.) 1,136 l; (US) 0,946 l; kvart (i fekting); forse (i kort). **-an** [ˈkwɔ:tn] fjerdedagsfeber.
quarter [ˈkwɔ:tə] kvart, fjerdel, fjerdepart; kvarter; kvartal; fjerdingår; 8 bushels = 291 l; vekt = 12,7 kg; 1/4 yard; 1/4 dollar, 25 cent; egn, strøk, verdenshjørne; kvarter, bolig, forlegning; (fig.) kant, side, hold; veikant, rabatt; nåde, pardong; låring, post, plass; dele i fire deler; innkvartere; partere, sønderlemme; kvadrere, anbringe i et (kvadrert) våpenskjold; være innkvartert hos; streife, fare hit og dit, kjøre ut og inn; vike til siden; **in the highest -s** på høyeste hold. **-age** kvartalslønn; forlegning; innkvarteringsutgifter; **– day** kvartalsdag, termin. **– -deck** skanse; akterdekk. **– final(s)** kvartfinale. **quartering** [ˈkwɔ:təriŋ] firdeling; innkvartering; partering.
quarterly [ˈkwɔ:təli] fjerdels, kvartals-; kvartalsvis; kvartalsskrift.
quarter|master [ˈkwɔ:təmɑ:stə] kvartermester. **-master general** generalintendant. **-n** fjerdedel, fjerding. **– sessions** kvartalsting, underrett. **-staff**

piggstav; fektestav (som føres med begge hender, den ene hånd en fjerdedel inne på staven). **– tone** kvarttone. **– -yearly** kvartals(vis).
quartet(te) [kwɔːˈtet] kvartett.
quarto [ˈkwɔːtəu] kvartformat.
quartz [ˈkwɔːts] kvarts. **-iferous** [kwɔːtˈsifərəs] kvartsholdig. **-lamp** kvartslampe.
quash [kwɔʃ] annullere, omstøte; undertrykke, kue.
quasi [ˈkwɑːzi(ː)] kvasi, så å si, tilsynelatende.
quaternion [kwəˈtəːniən] kvarternion; gruppe av fire; firstavingsord.
quatrefoil [ˈkætrəfɔil, ˈkætəfɔil] firkløver.
quaver [ˈkweivə] dirre, skjelve; trille; dirring, skjelving.
quay [kiː] brygge, kai; forsyne med brygge.
quayage [ˈkiːidʒ] kaiavgift; kaiplass.
quean [kwiːn] tøs, taske; jente.
queasy [ˈkwiːzi] som har kvalme, ille til mote; kvalmende; blasert, kresen; sart.
Quebec [kwiˈbek].
queen [kwiːn] dronning; dame (i kort); nydelig jente; homoseksuell; **Q. Mab** alvedronningen; **Queen's Counsel** kronjurist; **Queen's English** standardengelsk; **Queen's shilling** håndpenger (for vervet soldat); **Queen's weather** strålende vær; **– it** spille dronning. **– bee** bidronning. **– dowager, – mother** enkedronning. **-hood** dronningverdighet. **-like, -ly** dronningaktig.
Queensland [ˈkwiːnzlənd].
queer [kwiə] merkelig, underlig, rar, snodig; skummel; aparte; uekte, falsk; tvilsom; utilpass; småfull, pussa; falske penger; homoseksuell; **be in Q. street** være i knipe.
queer [kwiə] gjøre underlig; narre, forvirre; latterliggjøre, spolere; **– the pitch for** hemmelig ødelegge sjansene for.
queerish [ˈkwiəriʃ] litt rar.
quell [kwel] knuse, få bukt med, undertrykke; dempe, døyve, stille.
quench [kwenʃ] slokke, undertrykke, kvele, stille. **quenchable** [ˈkwenʃəbl] som lar seg slokke. **quencher** [ˈkwenʃə] slokker, slokkingsmiddel; (sl.) drink. **quenchless** [ˈkwenʃlis] uslokkelig, ubetvingelig.
quenelle [kəˈnel] kjøttbolle.
querimonious [kweriˈməunjəs] klynkende, sytende.
querist [ˈkwiərist] spørsmålstiller.
quern [kwəːn] kvern.
querulous [ˈkwer(j)uləs] klagende, klynkende, gretten. **querulousness** [-nis] klaging, klynking.
query [ˈkwiəri] spørsmål, forespørsel; tvil; spørsmålstegn; spørre om, undersøke, betvile.
quest [kwest] leting, søking; ønske; bønn; søke; **in – of** søkende, på jakt etter.
question [ˈkwestʃən, -tjən] spørsmål; debatt, forhandling, undersøkelse; sak, det det dreier seg om; tvil; forhør, tortur; regnskap; spørre, spørre ut; undersøke; dra i tvil; **ask a –** stille et spørsmål; **call for the –** forlange slutt på debatten; **the matter in –** den foreliggende sak; **the person in –** vedkommende; **out of –** utenfor tvil; **out of the –** som det ikke kan være tale om.
questionable [ˈkwestʃənəbl] tvilsom, uviss, problematisk; mistenkelig. **questionary** [-(ə)ri] spørreskjema; spørrende, spørre-. **questioner** [-ə] spørrer, eksaminator; interpellant. **questioning** [-iŋ] spørring, spørsmål; eksaminasjon.
question | mark spørsmålstegn. **-naire** [kwestʃəˈnɛə] spørreskjema; meningsmåling. **– paper** eksamensoppgave.
queue [kjuː] hårpisk, flette; kø; stille seg i kø.
quibble [ˈkwibl] spissfindighet; utflukt, ordspill, vits; bruke spissfindigheter, utflukter; **– over** henge seg opp i. **quibbler** [ˈkwiblə] sofist, ordkløver, flisespikker.
quick [kwik] levende; kvikk, snøgg, livlig, rask; hurtig; fin, skarp, gløgg; levende kjøtt; ømt punkt; levende hegn; hagtorn; **to the –** ned i kjøttet, til marg og bein, på det føleligste. **– -acting** hurtigvirkende. **– assets** (merk.) likvider. **– -drying** hurtigtørkende.
quicken [ˈkwikn] gjøre levende, gi liv, anspore, sette fart i; fremskynde, påskynde; bli levende, få liv, kvikne til.
quickening [ˈkwikniŋ] fremskynding, påskynding.
quick|lime [ˈkwiklaim] ulesket kalk. **-ly** fort, kjapt. **– march!** fremad marsj! **-sand** kvikksand. **-set** hekk, hagtornhekk. **– -setting** hurtigtørkende. **– -sighted** skarpsynt. **-silver** kvikksølv. **– -tempered** hissig, oppfarende. **– -witted** snarrådig, oppfinnsom; slagferdig.
quid [kwid] skrå, buss; (sl.) pund **(sterling).**
quiddity [ˈkwiditi] spissfindighet, ordkløyving; vesen, kjerne.
quidnunc [ˈkwidnʌŋk] nyhetskremmer.
quiescence [kwaiˈesəns] hvile, ro. **quiescent** [-ənt] hvilende, i ro; passiv, uvirksom.
quiet [ˈkwaiət] rolig, stille, fredelig; diskret, skjult; ro, fred, berolige, roe, stagge, stille; **on the –** i smug, hemmelig. **quieten** [ˈkwaiətn] roe, dempe, stagge. **quieter** [-ə] en som beroliger. **quietism** [-izm] kvietisme; ro. **quietness** [-nis] ro, stillhet.
quietude [ˈkwaiətjuːd] ro, fred. **quietus** [kwaiˈiːtəs] befrielse, død; (fig.) nådestøt.
quiff [kwif] pannelokk.
quill [kwil] pennefjær, (fjær)penn; fjærpose; plekter; pigg (på pinnsvin); spole; tannpirker; dupp (fiskesnøre); **– driver** pennesmører, skriver.
quill [kwil] fold (i pipekrage); pipe, kruse.
quilt [kwilt] stukket teppe, vattert (el. dunfylt) teppe; stoppe ut, polstre, vattere. **-ed jacket** boblejakke. **quilting** [-iŋ] utstopping, polstring, vattering.
quina [ˈkwainə] kinabark.
quinary [ˈkwainəri] fem-.
quince [kwins] kvede (frukt).
quinine [kwiˈniːn] kinin.
Quinquagesima [kwiŋkwəˈdʒesimə] fastelavnssøndag.
quinsy [ˈkwinzi] halsbetennelse, halsbyll.
quintessence [kwinˈtesəns] kvintessens.
quintuple [ˈkwintjupl] femdoble, femdobbelt antall. **-t** femling; gruppe på fem.
quip [kwip] spydighet, vits, sarkasme; spotte; slå en vits.
quire [ˈkwaiə] bok (24 ark).
quire [ˈkwaiə] kor; synge i kor.
quirk [kwəːk] utflukt, spissfindighet; innfall, eiendommelighet, lune; sarkasme; kadett, nybegynner (i flyvåpenet).
quisle [ˈkwizl] være landsforræder, svike. **quisling** [ˈkwizliŋ] landsforræder, landssviker.
quit [kwit] oppgi, forlate; fratre, legge ned, nedlegge; betale, utlikne; kvitt, fri; **– cost** bære seg,

svare seg; **– scores** gjøre opp, gjøre avregning; jevne ut; **give notice to –** si opp.
quite [kwait] ganske, helt, fullstendig; **when I was – a child** da jeg enda var barn; **– a few** ganske mange; **– the contrary** tvert imot. **quite!** ganske riktig! javisst!
quits [kwits] kvitt, skuls; **be –** være kvitt.
quitable [ˈkwitəbl] som kan forlates.
quittance [ˈkwitəns] frigjøring (eks. fra gjeld); gjengjeld; kvittering. **quitter** [ˈkwitə] en som forlater halvgjort arbeid, dovenpeis, skulker.
quiver [ˈkwivə] kogger, pilekogger.
quiver [ˈkwivə] dirre, sitre, skjelve; dirring, sitring, skjelving.
Quixote [ˈkwiksət] Quijote. **quixotic** [kwikˈsɔtik] don-quijotisk, virkelighetsfjern, forskrudd idealisme.
quiz [kwiz] gjettekonkurranse; (US) prøve, tentamen; spøkefugl, spøk; raring; arrangere gjettekonkurranse; utspørre, eksaminere; gjøre narr av, spotte. **quizzical** [ˈkwizikl] spottende, ertende, gjønende; komisk, rar.
quizzing-glas [ˈkwiziŋglɑ:s] monokkel.
quod [kwɔd] (sl.) fengsel; putte i «hullet».
quoin [kɔin] hjørne, hjørnestein; kile.
quoit [kɔit] kastering; **-s** ringspill.
quondam [ˈkwɔndæm] fordums.
quorum [ˈkwɔ:rəm] beslutningsdyktig antall.
quota [ˈkwəutə] kvote, forholdsmessig andel.
quotable [ˈkwəutəbl] som kan anføres, siteres.
quotation [kwəuˈteiʃən] anførsel, sitat; anbud, tilbud; notering. **– marks** anførselstegn.
quote [kwəut] anføre, sitere; notere; oppgi prisen på, gi tilbud; sitat. **-s** gåseøyne, anførselstegn.
quoth [kwəuθ] mælte, sa, sier.
quotidian [kwəuˈtidjən] hverdags-, daglig.
quotient [ˈkwəuʃənt] kvotient.
q. v. fk. f. **quod vide (= which see)** se dette.
qy. fk. f. **query.**

R, r [ɑ:] R, r; **The three R's (= reading, (w)riting, and (a)rithmetic),** lesing, skriving og regning (de grunnleggende skolefag).
R., r. fk. f. **Rex** (latin: konge); **Regina** (latin: dronning); **Réaumur; Republic; River; Royal; Road; retired; recipe.**
R. A. fk. f. **Royal Academy** (eller **Academician); Royal Artillery.**
rabbet [ˈræbit] fals; (inn)false.
rabbi [ˈræbai] rabbi, rabbiner. **rabbinate** [ˈræbinit] rabbinerembete, rabbinerverdighet.
rabbit [ˈræbit] kanin; fange kaniner; **– together** klumpe seg sammen. **– breeder** kaninoppdretter. **– burrow** kaningang. **– hutch** kaninbur. **– mouth** haremunn. **– punch** håndkantslag over nakken. **-ry, – warren** [-wɔrən] kaningård, kaninhule.
rabble [ˈræbl] pøbel, mobb, utskudd, pakk; berme; stimle sammen om, danne oppløp om. **– -charming** som henriver pøbelen. **-ment** [-mənt] pøbel; opptøyer. **– rouser** oppvigler, demagog.
rabid [ˈræbid] rabiat, vill, gal. **-ness** (hunde-)galskap. **rabies** [ˈreibii:z] rabies, hundegalskap.
R. A. C. fk. f. **Royal Automobile Club.**
raccoon [rəˈku:n] vaskebjørn.
race [reis] rase, slekt, folkeferd; rase-.
race [reis] gang, fart, løp; veddeløp; kapproing, kappseilas, kappløp; ile, jage, løpe, renne; kappløpe; drive på, sette i sterk fart. **-about** racerbiltype; kapproingsbåt. **-course** veddeløpsbane. **– cup** pokal, sportspremie. **– discrimination** rasediskriminering. **– horse** veddeløpshest.
race|r [ˈreisə] kappløper, kapproer; veddeløpshest, veddeløpsmaskin; kappseiler. **– riot** raseopptøyer. **– track** veddeløpsbane. **-way** vannrenne, kanal.
racial [ˈreiʃəl] rase-. **-ism** rasisme.
racing [ˈreisiŋ] veddeløp, kappløp, veddeløps-.
racism [ˈreisizm] rasisme; rasehat.
rack [ræk] strekke, spenne, utspenne; ordne i reol; legge på pinebenken; martre, pine; **– his brains** bryte sitt hode, legge sitt hode i bløt.
rack [ræk] strekkeredskap, pineredskap; pinebenk; hesje; hylle, reol, nett (i kupé til lettere bagasje); rekke, stativ, henger; forrevne, drivende skyer; tannstang; **it is going to – and ruin** det går til helvete, ad undas.
racker [ˈrækə] strekker; bøddel.
racket [ˈrækit] racket (tennis); truge; spetakkel; lurveleven, huskestue; svindelforetagende, gangstervirksomhet; virksomhet, geskjeft; holde spetakkel; slå med racket; (pl.) rackets (et ballspill); brake, ståke; **– about** leve i sus og dus; **what's the –** hva er på ferde? hva nå? **– court** racketplass. **racketeer** [rækiˈtiə] svindler, pengeutpresser; spetakkelmaker. **rackety** [ˈrækiti] vill, bråkende; løssloppen.
racking [ˈrækiŋ] strekking, pinsel; seising (sjøuttrykk); **a – headache** en dundrende hodepine.
rack | railway tannbane. **– rent** ublu avgift, skamløs leie. **– steering** tannstangstyring.
racoon [rəˈku:n] vaskebjørn.
racy [reisi] frisk i smaken, fin, aromatisk; karakteristisk; drøy, våget; **– of the soil** stedegen.
rad. fk. f. **radial; radical; radius.**
radar [ˈreidə] fk. f. **radio detecting and ranging** radar. **– beacon** radarfyr. **-scope** radarskjerm.
raddle [ˈrædl] rødkritt, mønje; sminke, kitte, male.
radiance [ˈreidjəns] stråleglans; utstråling.
radial [ˈreidiəl] radial, radiær. **– run-out** høydekast. **– tyre,** (US – **tire)** radialdekk.
radiant [ˈreidiənt] strålende.
radiate [ˈreidieit] stråle ut, skinne; bestråle; sende ut, kringkaste; stråleformet.

radiation [reidiˈeiʃən] utstråling.
radiator [ˈreidieitə] radiator (til oppvarming); kjøler (i bil). – **apron** radiatorgardin. – **shell** kjølekappe.
radical [ˈrædikl] rot-; dyp, rotfestet; grundig, dyptgående, fundamental; radikal; rot (gram. og matem.), rottegn; et radikal; en radikaler. **-ism** [ˈrædikəlizm] radikalisme. **-ize** [ˈrædikəlaiz] gjøre radikal, bli radikal. **-ly** [ˈrædikəli] fra grunnen, radikalt.
radicel [ˈrædisəl] rottrevl, liten rot.
radio [ˈreidiəu] radio, kringkasting; kringkaste; behandle med radium. **-active** [ˈreidiəuˈæktiv] radioaktiv. – **appeal** mikrofontekke. – **communication** radiosamband. – **control** radiostyring. **-gram** telegram; røntgenbilde; radiogrammofon. **-gramophone** radiogrammofon. **-jamming** støysending. **-logist** røntgenlege, radiolog. – **operator** radiotelegrafist. – **play** hørespill. – **set** radioapparat. **-therapy** røntgenbehandling.
radish [ˈrædiʃ] reddik.
radium [ˈreidiəm] radium.
radius [ˈreidiəs] radius, stråle, (hjul-)eike; spolebein.
radix [ˈreidiks] basis, rot; (fig.) kilde.
radome [ˈreidəum] fk. f. **radar dome** radarkuppel.
R. A. F. (V. R.) fk. f. **Royal Air Force (Voluntary Reserve).**
raff [ræf] avfall, boss; herk, pakk; slusk.
raffia [ˈræfiə] bast.
raffle [ˈræfl] rafle, kaste terninger; skyte sammen til og kaste lodd om, lodde ut; lotteri; terninger; skrammel, bråte, rask.
raft [rɑ:ft] tømmerflåte, soppe; flåte; fløte.
rafter [ˈrɑ:ftə] takbjelke, taksperre. **rafting** tømmerfløting. **raftsman** [ˈrɑ:ftsmən] flåtefører, tømmerfløter.
rag [ræg] klut, fille; avis, lapp, blekke; finskåret tobakk; leven, rabalder; gjøre fillet, rive i filler; plage, skjelle ut; drive gjøn med; **all in -s** helt fillet.
ragamuffin [rægəˈmʌfin] fillefant, slusk.
rag|bag fillepose. – **carpet** filleteppe, fillerye.
rage [reidʒ] raseri; heftighet, voldsomhet; rase; grassere; **be (all) the –** være høyeste mote; gjøre furore.
rag-gatherer klutesamler, fillesamler.
ragged [ˈrægid] fillet, forreven, lurvet; takket, ujevn, knudret. **raggedness** [-nis] fillethet; knudrethet.
raggle-taggle lurvet, fillet.
raging [ˈreidʒiŋ] rasende, vill, fra seg.
rag|man [ˈrægmən] fillehandler; skraphandler. – **mat** fillerye, lappeteppe.
ragout [rəˈgu:] ragout.
rag paper [ˈrægpeipə] klutepapir, bøttepapir.
ragshop [ˈrægʃɔp] handel med gamle klær.
ragtag [ˈrægtæg] lurvet fyr; – **and bobtail** pøbel, ramp.
ragtime [ˈrægtaim] ragtime (jazzmusikk med sterkt synkopert rytme).
rag|weed [ˈrægwi:d] svineblom; ambrosia. – **wheel** polérskive. **-wort** svineblom.
raid [reid] fiendtlig innfall, plutselig angrep; plyndretog, streiftog; razzia; plyndre; gjøre en razzia.
rail [reil] ribbe, tremme, gjerdestav; stakitt, rekkverk; stang; skinne; jernbane; sette gjerde om, gjerde inn; reise med banen; skjelle ut, rase. **-back chair** pinnestol. – **gauge** sporvidde. – **haulage** jernbanetransport. **railing** [ˈreiliŋ] stakitt, rekkverk; reling.
railing [ˈreiliŋ] hånende; skjelling, grovheter, grov munn.
rail joint skinneskjøt.
raillery [ˈreiləri] (godmodig) spott, småerting.
railroad [ˈreilrəud] jernbane; transportere el. reise med jernbane.
railway [ˈreilwei] jernbane. – **carriage** jernbanevogn. – **gauge** sporvidde. – **guide** rutebok. – **letter** fraktbrev. – **rug** reisepledd. – **yard** rangertomt.
raiment [ˈreimənt] drakt, kledning, skrud.
rain [rein] regne; la det regne med; regn, regnvær, regnskur; (pl.) regnbyger, regntid; **it -s cats and dogs** det øsregner.
rain|bow [ˈreinbəu] regnbue. – **check** tilgodelapp, (fig.) utsettelse. **-coat** regnfrakk. **-fall** nedbør, regn, regnskur. – **gauge** [-geidʒ] regnmåler. – **gutter** takrenne.
raininess [ˈreininis] regnfullhet, regn.
rain|proof regntett, vanntett. – **squall** regnskyll. **-worm** meitemark.
rainy [ˈreini] regnfull, regn-, regnværs-; **lay by for a – day** legge til side til de dårlige tider.
raise [reiz] heve, løfte, reise; bringe på fote; vekke; forhøye; forsterke; heve; opphøye, forfremme; mane fram, vekke opp; reise, ta opp (et lån); vekke; stifte; dyrke, oppelske, oppdrette, fostre; forhøyelse, lønnsforhøyelse; støttemelding (kortspill); – **a siege** heve en beleiring; – **the alarm** slå alarm; – **hell** lage et rabalder; – **the roof** heve taket (ved bifall); slå seg løs.
raiser [ˈreizə] hever, løfter; oppdretter, dyrker, produsent; hevemiddel.
raisin [ˈreizn] rosin.
raising [ˈreiziŋ] hevning, løftning; oppdragelse; oppføring, bygging; gang, gjær. – **powder** bakepulver.
raison d'être [ˈreizɔ̃:nˈdeitr] eksistensberettigelse.
raja(h) [ˈrɑ:dʒə] rajah, indisk fyrste.
rake [reik] rive, rake; ildrake; rive; rake; støve gjennom, ransake; beskyte langskips; helle (om mast el. stevn); – **and scrape** sope inn, kare til seg; – **up** skrape sammen; rote opp i; – **up the fire** dekke til varmen med aske.
rake [reik] uthaler, libertiner.
rakeoff (ulovlig) andel i et bytte, kommisjon.
raker [ˈreikə] river; hesterive; ildrake; skrapjern.
raking [ˈreikiŋ] raking; gjennomsøking; overhaling, kjeft; skrånende, hellende; feiende, susende.
rakish [ˈreikiʃ] flott, kjekk; forsoffen, frekk.
Raleigh [ˈrɔ:li, ˈrɑ:li, ˈræli].
rally [ˈræli] spotte, skjemte, spøke; drive ap med, spotte over; spott, skjemt, spøk.
rally [ˈræli] samle (igjen), bringe orden i; samle seg (igjen), fylke seg; bedres, komme seg; komme til krefter; møte, samling; bedring; løp, konkurranse. **-ing cry** kamprop. **-ing point** samlingssted; støttepunkt.
ram [ræm] bukk, vær; rambukk, murbrekker; ramme, støte, stappe, stampe. – **down** ramme ned, banke ned.
R. A. M. fk. f. **Royal Academy of Music.**
ramble [ˈræmbl] streife om, flakke om; gjøre avstikkere; fantasere, ørske, tøve, tøyse; vokse

kraftig, slynge seg; streifing, omstreifing, flakking; vandring, streiftur, tur. **rambler** [ˈræmblə] vandrer; en slags slyngrose (især **crimson –**).
rambling [ˈræmbliŋ] omstreifing, streiftur; uregelmessig, spredt; usammenhengende, svevende, vidløftig.
R. A. M. C. fk. f. **Royal Army Medical Corps.**
rameous [ˈreimjəs] grein-; som vokser på en grein. **ramification** [ræmifiˈkeiʃən] forgreining, grein. **ramify** [ˈræmifai] forgreine; forgreine seg, greine seg.
rammer [ˈræmə] rambukk; bruleggerjomfru.
ramp [ræmp] klyve opp, klatre opp; skyte opp; springe, hoppe, steile; storme, rase, skråne; skråplan, rampe; ned-, oppkjørsel; svindel.
rampage [ræmˈpeidʒ] raserianfall, rasing; storme, rase, fare omkring.
rampant [ˈræmpənt] oppstigende, klatrende; frodig, yppig; tøylesløs, overhåndtagende; voldsom; oppreist, stående, springende (i våpen).
rampart [ˈræmpət] voll, festningsvoll; (fig.) beskyttelse; befeste med voller.
ramp boat landgangsfartøy.
ramrod [ˈræmrɔd] ladestokk, pussestokk.
Ramsay [ˈræmzi].
ramshackle [ˈræmʃækl] skrøpelig, lealaus, falleferdig.
ranch [rɑ:nʃ, rænʃ] storgård, landeiendom, bondegård; kvegfarm. **rancher** [-ə] storfarmer.
rancid [ˈrænsid] trå, harsk. **rancidity** [rænˈsiditi], **rancidness** [ˈrænsidnis] harskhet.
rancorous [ˈræŋkərəs] hatsk, uforsonlig.
rancour [ˈræŋkə] hat, nag, agg, bitterhet.
Rand [rænd]; **the –** Witwatersrand (distrikt i Transvaal).
random [ˈrændəm] slumpetreff; tilfelle; tilfeldig, uregelmessig; **at –** på slump, på måfå, **-ize** plukke ut på måfå. **– sample** stikkprøve. **– shot** slumpeskudd.
R and R fk. f. **rest and recreation.**
randy [ˈrændi] skrålende, høymælt, skjellende; liderlig, lysten, kåt; ustyrlig, vill; hespetre; fant.
ranee [ˈrɑ:ni] hindufyrstinne.
range [rein(d)ʒ] stille i rekke, stille opp; klassifisere, ordne; ta parti; streife om i, fare over; streife om; innstille, rette inn; variere, spenne fra ... til; rekke (om skyts), ha plass; rekke, kjede; plass; orden, vandring, omstreifing; frihet; spillerom; råderom, omfang, område; -felt, -bane; avstand; retning, rekkevidde, skuddvidde; komfyr; **-finder** avstandsmåler; **– of mountains** fjellkjede; **– of vision** synsfelt.
ranger [ˈrein(d)ʒə] omstreifer, vandringsmann; støver; forstassistent, skogsforvalter; parkvokter; i pl.: ridende jegerkorps; commandotropper.
rank [ræŋk] rad, rekke; geledd; grad, rang, stand; rangklasse; samfunnsklasse; stille i rekke, ordne, sette i klasse, rangere; ordnes, være ordnet; **– and file** menige; **fall in –** stille seg opp; **turn into the -s** la løpe spissrot; **reduce to the -s** degradere til menig; **taxi –** drosjeholdeplass.
rank [ræŋk] høytvoksende, frodig, yppig; fruktbar, fet; voldsom, sterk; ram, sur, stram; motbydelig; fullstendig, regelrett.
ranking ledende, fremtredende.
rankish [ˈræŋkiʃ] noe ram, noe stram.
rankle [ˈræŋkl] bli betent, sette verk; gnage; ete om seg; fortære, nage, svi.
rankness [ˈræŋknis] for frodig vekst, yppighet; overmål; ramhet, stramhet.
ransack [ˈrænsæk] ransake, gjennomsøke, endevende; plyndre.
ransom [ˈrænsəm] løskjøping, løsepenger; løskjøpe, løse ut; **worth a king's –** meget verdifull.
rant [rænt] holde leven, gjøre spetakkel, skråle, skvaldre, deklamere, bruke store ord; kommers, spetakkel, skrål, skvalder; svulstighet, fraser.
ranter [-ə] skråler, bråkefant; gatepredikant.
ranunculus [rəˈnʌŋkjuləs] ranunkel.
rap [ræp] banke, pikke; rapp, slag, banking; kritikk, straff; **take a –** få en smekk.
rap [ræp] rive bort, føre bort; rapse, røve; henrykke, henrive.
rapacious [rəˈpeiʃəs] rovlysten, grisk, grådig.
rapacity [rəˈpæsiti] rovlyst; griskhet, grådighet.
rape [reip] ran, rov; voldtekt; bortførelse; rane, røve; plyndre; voldta.
rape [reip] raps. **– seed** rapsfrø.
Raphael [ˈræf(e)iəl] Rafael.
rapid [ˈræpid] hurtig, snøgg, rask, rivende, bratt, stri; (pl.) elvestryk; **shoot -s** passere et stryk. **– transit** lyntransport.
rapidity [rəˈpiditi] hurtighet, fart, raskhet.
rapier [ˈreipiə, -pjə] støtkårde.
rapine [ˈræpain] rov, plyndring; plyndre.
rapparee [ræpəˈri:] banditt, røver; (opphavlig:) irsk soldat.
rapper [ˈræpə] dørhammer.
rapping [ˈræpiŋ] banking.
rapprochement [ræˈprɔʃmɑ̃:ŋ] tilnærming.
rapscallion [ræpˈskæljən] slyngel, skurk.
rapt [ræpt] henrykt, henført.
raptor [ˈræptə] rovfugl.
rapture [ˈræptʃə] henrykkelse; **in -s** i ekstase.
rapturous [ˈræptʃərəs] henrivende; begeistret.
rare [rɛə] tynn, enkel, sparsom; sjelden; usedvanlig; kostbar, fortreffelig; **on – occasions** en sjelden gang; **a – kettle of fish** en nydelig historie; **– done steak** lettstekt (nesten rå) biff.
rarebit [ˈrɛəbit], **Welsh –**, ost kokt i øl og krydret med spansk pepper på ristet brød.
raree show [ˈrɛəri:ʃəu] perspektivkasse, tittekasse, raritetskabinett; merkelig syn.
rarefaction [rɛəriˈfækʃən] fortynning.
rarefy [ˈrɛərifai] fortynne(s); forfine(s).
rareness [ˈrɛənis] sjeldenhet; tynnhet.
rarity [ˈrɛəriti] sjeldenhet.
rascal [ˈrɑ:skl] skarv, kjeltring, slyngel, skurk; lumpen, ussel. **rascality** [rɑ:ˈskæliti] lumpenhet, nedrighet. **rascally** [ˈrɑ:skəli] nedrig, lumpen.
rash [ræʃ] utslett.
rash [ræʃ] ubesindig, brå, uvøren, overilt.
rasher [ˈræʃə] (tynn) baconskive.
rashness [ˈræʃnis] ubesindighet, tankeløshet, overilelse.
rasp [rɑ:sp] raspe, skure; skurre i; irritere; rive i, spandere.
raspberry [ˈrɑ:zb(ə)ri] bringebær.
rat [ræt] rotte; overløper; streikebryter; fange rotter; løpe over til fienden; **– on** svikte; angi, tyste på; **smell a –** lukte lunten. **rats!** tøys! tøv!
ratability [reitəˈbiliti] skatteplikt, skattbarhet; takserbarhet; forholdsmessighet.
ratable [ˈreitəbl] skattbar, skattepliktig; takserbar; forholdsmessig.
ratchet [ˈrætʃit] sperrehake, pal.
rate [reit] forhold, målestokk, grad; takst, pris;

rang, klasse; verdi; skatt, kommuneskatt; hastighet, fart; **– of exchange** vekselkurs, valutakurs; **– of interest** rentefot; **– of wear** slitasjegrad; **at a cheap –** billig, til lav pris; **at a furious –** i rasende fart; **at any –** i hvert fall, under alle omstendigheter; **at the – of** med en fart av; til en pris av; **first –** førsteklasses.
rate [reit] anslå, taksere; vurdere; skatte; tildele rang; rangere, ha rang, stå i klasse.
rate [reit] skjenne på, irettesette.
rate | fixing akkordsetting. **-payer** [ˈreitpeiə] skatteborger, skattyter.
rather [ˈrɑːðə] snarere, heller; **it's – cold** det er temmelig kaldt; **– pretty** ganske pen; **– more** atskillig mer; atskillig flere; **I had – not** jeg vil helst ikke, helst la det være.
ratification [rætifiˈkeiʃən] bekreftelse, stadfesting, ratifikasjon. **ratify** [ˈrætifai] bekrefte, stadfeste, ratifisere.
rating [ˈreitiŋ] skjennepreken, skjenn; beregning, taksering, vurdering.
ratio [ˈreiʃiəu] forhold. **-cinate** [rætiˈɔsineit] resonnere logisk.
ration [ˈræʃən] rasjon; rasjonere. **– cards** rasjoneringskort.
rational [ˈræʃənəl] fornuft-, fornuftig, rasjonell; opplyst menneske; **– concept** fornuftsbegrep. **rationale** [ræʃəˈnɑːl] logisk forklaring. **rationalism** [ˈræʃənəlizm] rasjonalisme. **rationalist** [-list] rasjonalist. **rationalistic** [ræʃənəˈlistik] rasjonalistisk. **rationality** [ræʃəˈnæliti] fornuft. **rationalization** [ræʃənəlaiˈzeiʃən] rasjonalisering.
Ratisbon [ˈrætisbɔn] Regensburg; **he is gone to –** han ligger i graven.
rat race alles kamp mot alle; vilt jag.
ratsbane [ˈrætsbein] rottegift; hundekjeks (plante).
rattan [rəˈtæn] rotting, spanskrør.
ratten [ˈrætn] sabotere, skade.
ratter [ˈrætə] rottefanger; rottehund; overløper; tyster.
rattle [ˈrætl] skrangle, skramle, klirre, ramle, klapre; bråke, skrike; ralle; gjøre usikker; **at a rattling pace** i strykende fart; **– along** skrangle avsted; **– at the door** dundre på døra; **– away** skravle i vei; **– out** plapre ut.
rattle [ˈrætl] klapring, skrangling, rammel, klirr; skravl, leven; (døds)ralling; (leketøys)rangle.
rattler [ˈrætlə] prakteksemplar; klapperslange.
rattle|snake [ˈrætlsneik] klapperslange. **-trap** skranglekasse; (pl.) skrap, snurrepiperi.
rattling [ˈrætliŋ] raslende; feiende, sprek, frisk, kåt, munter; storartet.
rattrap rottefelle.
ratty [ˈræti] rotteaktig, plaget av rotter; irritabel, gretten, grinet.
raucous [ˈrɔːkəs] rusten, hes.
ravage [ˈrævidʒ] ødelegging, plyndring; ødelegge, plyndre, herje.
rave [reiv] tale i ørske, ørske, fantasere; rase; fantasering; vill begeistring, henførelse.
ravel [ˈrævl] trevle opp, rekke opp; floke; rakne opp; floke, vase; trevl. **ravelling** trevl.
ravelin [ˈrævlin] utenverk, skanse.
raven [ˈreivn] ravn; ravnsvart.
raven [ˈrævn] rane, rive til seg; plyndre; være grådig. **-ous** [ˈrævənəs] grådig, glupsk.
ravine [rəˈviːn] kløft, slukt; hulvei.
raving [ˈreiviŋ] rasende, vill; vilt begeistret, strålende; **– mad** splitter gal. **ravings** fantaseringer.
ravish [ˈræviʃ] rane, røve; henrykke, henrive; voldta. **ravishing** [-iŋ] henrivende. **ravishment** [-mənt] ran, rov; henrykkelse; voldtekt.
raw [rɔː] rå; ublandet, uforfalsket; umoden, uerfaren; hudløs, sår; hudløst sted, gnagsår; **– beef** biff tatar; **– materials** råstoffer; **– produce** råprodukter; **– silk** råsilke; **touch one on the –** såre ens følelser på et særlig ømt punkt.
raw|boned skranglet, skinnmager. **-head** busemann. **rawish** [-iʃ] heller rå. **rawness** [-nis] råhet, umodenhet; uøvdhet, uerfarenhet.
ray [rei] stråle, lysstråle; stråle ut.
ray [rei] rokke; **starry –** kloskate; **sting –** piggrokke.
raze [reiz] skave, skrape; slette ut; rasere, sløyfe, jevne med jorda.
razor [ˈreizə] barberkniv; barbermaskin. **-back** finnhval; skarprygget. **-bill** alke. **-blade** barberblad. **– strap** el. **– strop** strykereim.
razz [ræz] erte, plage; pipe ut.
razzia [ˈrætsiə] razzia; røver- el. streiftog.
razzle-dazzle [ˈræzlˈdæzl] oppstyr, leven, rangel, heisafest; fantastisk.
R. B. fk. f. **Rifle Brigade.**
R. B. A. fk. f. **Royal Society of British Artists.**
R. C. fk. f. **Red Cross; Roman Catholic.**
rcd. fk. f. **received.**
R. C. P. fk. f. **Royal College of Physicians.**
R. C. S. fk. f. **Royal College of Surgeons.**
R. & D. fk. f. **Research & Development.**
Rd. fk. f. **Road.**
R. D. C. fk. f. **Rural District Council.**
re- [riː-, ri-, re-] til å betegne gjentakelse; tilbake-, igjen, atter, på ny.
re [riː] angående, med hensyn til; **in –** i saken.
R. E. fk. f. **Royal Engineers.**
reach [riːtʃ] rekke, lange, levere; gi; nå; strekke seg, nåvidt; kontakte, komme i forbindelse med; strekking, rekkevidde; grep, tak; strekning; evne, betingelse; strekk, rett strekning (i et elveløp); **above my –** over min horisont; **beyond the – of human intellect** utenfor menneskelig fatteevne; **get out of –** komme utenfor rekkevidde; **within my –** innenfor min rekkevidde. **-able** [ˈriːtʃəbl] tilgjengelig, oppnåelig. **– -me-downs** ferdigsydde klær, konfeksjonsklær.
react [riˈækt] virke tilbake, reagere.
reaction [riˈækʃən] reaksjon; tilbakevirkning, motvirkning; omslag.
reactionary [riˈækʃənəri] reaksjonær.
reactivate [ˈri(ː)ˈæktiveit] gjøre aktiv igjen; gjenoppstarte.
reactive [riˈæktiv] reaksjons-, tilbakevirkende.
reactor [riːˈæktə] reaktor. **– core** reaktorkjerne.
read [riːd] lese; lese opp; oppfatte; lese i; tyde, fortolke, forstå; studere; lyde, si; kunne tydes; lesning; **– aloud** lese høyt; **– a paper** holde et foredrag; **– into a text** legge en betydning i; **– off** avlese; lese flytende (og uten forberedelse); **– out** lese ut; lese høyt; **– over a lesson** lese på en lekse; **– him through** gjennomskue ham; **– up** lese høyt; **– a bill** behandle et lovforslag; **the letter -s as follows** brevet lyder slik; **the speedometer -s 50** speedometeret står på 50.
read [red] belest; **be well – in** være vel bevandret i.
readable [ˈriːdəbl] leselig; leseverdig.
reader [ˈriːdə] leser; oppleser; lesebok; universi-

tetslektor, dosent. **readership** [-ʃip] stilling som oppleser; lektorat.
readily [ˈredili] hurtig, lett, beredvillig, gjerne.
readiness [ˈredinis] ferdighet, beredskap; hurtighet; letthet; beredvillighet, villighet.
reading [ˈri:diŋ] lesende; leselysten, flittig; lesning; behandling (av et lovforslag); belesthet; opplesning; forelesning; lesemåte; lesestoff, lektyre; (instrument)utslag, måletall; fortolkning; utgave. – **book** lesebok. – **matter** lesestoff.
Reading [ˈrediŋ] hovedstad i Berkshire.
readjust [ri:əˈdʒʌst] endre, forandre, tilpasse.
readmission [ri:ədˈmiʃən] gjenopptakelse.
readmit [ˈri:ədˈmit] slippe inn igjen; gjenoppta.
ready [ˈredi] rede, beredt, ferdig, parat, klar; beredvillig; for hånden, bekvem, lett, rask; omgående. – **assets** likvide midler. – **-built** ferdigbygd. – **cash** kontanter. – **-made** ferdigsydd. – **money down** pr. kontant. – **reckoner** beregningstabell. – **-to-wear** ferdigsydd. – **-to-serve** ferdiglaget (om mat). – **-witted** slagferdig.
reafforestation [ˈri:æfɔrisˈteiʃən] skogplanting.
real [ˈri:(ə)l] real, spansk mynt.
real [ˈriəl] virkelig, ekte; reell; **in** – i virkeligheten; – **estate,** – **property** fast eiendom; **the** – **thing** ekte vare. – **wages** reallønn.
realign [ˈri:əˈlain] rette ut, regulere; omstille.
realism [ˈriəlizm] realisme. **realist** [ˈriəlist] realist. **realistic** [riəˈlistik] realistisk, naturtro.
reality [riˈæliti] virkelighet, realitet, ekthet.
realization [riəl(a)iˈzeiʃən] virkeliggjøring, utførelse, iverksetting; omsetting i penger; oppfatning, forståelse.
realize [ˈriəlaiz] virkeliggjøre, iverksette, realisere; fatte, forestille seg, bli klar over, innse; anbringe i fast eiendom; avhende, realisere, tjene.
really [ˈriəli] virkelig, ordentlig; faktisk.
realm [relm] rike, verden.
realness [ˈriəlnis] virkelighet.
realtor [ˈri:əltə] (US) eiendomsmekler. **realty** [ˈriəlti] fast eiendom.
ream [ri:m] ris papir (ɔ: 20 bøker à 24 ark); rive opp; presse saften av. **-er** sitronpresse.
reanimate [ˈri(:)ˈænimeit] bringe nytt liv i, gjenopplive.
reap [ri:p] meie, skjære, høste. **reaper** [ˈri:pə] skurkar, skurkjerring; slåmaskin; – **and binder** selvbinder. **reaping hook** sigd. **reaping time** skuronn.
reappear [ri:əˈpiə] vise seg på ny, dukke opp igjen. **reappearance** [-ˈpiərəns] gjenopptreden.
reapply [ˈri:əˈplai] anvende på nytt.
reappoint [ˈri:əˈpɔint] utnevne på nytt.
rear [riə] løfte, heve, reise; dyrke, avle, ale, oppdrette; oppfostre, oppdra; fremelske; steile; kneise; reise seg på bakbeina.
rear [riə] bakerste del, bakside, rygg, hale; baktropp; bakgrunn; latrine, do; bak-; **bring up the** – danne baktroppen, komme sist; **attack the enemy in the** – angripe fienden i ryggen. – **-admiral** kontreadmiral. – **compartment** bagasjerom (i bil). – **echelon** baktropper, forsyningstropper. – **engine** hekkmotor. **-guard** baktropp; beskyttelse i ryggen.
rearm [ˈri:ˈɑ:m] oppruste. **-ament** gjenopprustning.
rearmost [ˈriəməust] bakerst.
rearrange [ˈri:əˈreindʒ] ordne på ny.
rear wheel drive bakhjulsdrift.
reason [ˈri:zn] grunn, fornuftsgrunn; fornuft; tenkeevne, forstand; årsak, rett, rimelighet; gjøre fornuftslutninger, anstille betraktninger, resonnere, tenke, overveie, argumentere, drøfte; dømme, slutte; **by** – **of** på grunn av; **for this** – av denne grunn; **the** – **of** (eller **for) his going away** eller **the** – **why** (eller **that) he went away** grunnen til at han gikk bort; **as** – **was** som rimelig var; **by** – **of** på grunn av; **it stands to** – det er svært rimelig, det er greit, det er klart; **see** – komme til fornuft; **with** – med rette.
reasonable [ˈri:znəbl] fornuftig, rimelig. **reasoner** [ˈri:znə] tenker. **reasoning** [ˈri:zniŋ] fornuftslutning, resonnement, tankegang.
reassemblage [ri:əˈsemblidʒ] ny samling. **reassemble** [-ˈsembl] samle(s) på ny; montere på ny, remontere.
reassert [ˈri:əˈsə:t] hevde el. forsikre på nytt. **-ion** [ˈri:əˈsə:ʃən] gjentatt forsikring.
reassume [ri(:)əˈs(j)u:m] fortsette, gjenoppta. **reassumption** [-ˈsʌm(p)ʃən] gjenopptakelse.
reassurance [ri:əˈʃuərəns] gjentatt forsikring; reassuranse; beroligelse.
reassure [ri(:)əˈʃuə] berolige; gjenforsikre.
Réaumur [ˈreiəmjuə].
rebars [ˈri:ba:z] armeringsjern.
rebate [ˈri:beit, riˈbeit] rabatt, avslag. **rebate** [riˈbeit] slå av, gi rabatt.
rebel [ˈrebl] opprørsk, opprørs-; opprører.
rebel [riˈbel] gjøre opprør **(against** imot).
rebellion [riˈbeljən] opprør, oppstand.
rebellious [riˈbeljəs] opprørsk.
rebirth [ˈri:ˈbə:θ] gjenfødelse.
rebound [riˈbaund] prelle av, kastes tilbake; det å prelle av, sprette tilbake; tilbakeslag; omslag.
rebuff [riˈbʌf] tilbakeslag, tilbakestøt; avvisning, avslag; slå tilbake, stagge, stanse; avvise.
rebuild [ˈri:bild] gjenoppbygge; ombygge. **rebuilding** [-iŋ] gjenoppbygging; ombygging.
rebuke [riˈbju:k] irettesette, dadle; irettesettelse, daddel.
rebut [riˈbʌt] motbevise; avvise, avslå. **-tal** motbevis, innsigelse.
recalcitrant [riˈkælsitrənt] gjenstridig, trassig; gjenstridig person.
recall [riˈkɔ:l] kalle tilbake; si opp; tilbakekalle; minnes, tilbakekalle i erindringen; tenke tilbake på; minne om; tilbakekalling; fremkalling; **past** – ugjenkallelig.
recant [ri(:)ˈkænt] tilbakekalle, ta i seg, ta tilbake; ta sine ord tilbake. **recantation** [rikænˈteiʃən] tilbakekalling, avsverging.
recap [ˈri:kæp] banepålagt dekk; [-ˈkæp] toppgummiere, banelegge (dekk).
recapitulate [ri:kəˈpitjuleit] gjenta i korthet, oppsummere. **recapitulation** [ri:kəpitjuˈleiʃən] kort gjengivelse, oppsummering, sammendrag. **recapitulatory** [ri:kəˈpitjulətəri] gjentakende, oppsummerende.
recapture [ˈri:ˈkæptʃə] gjenerobre, gjenvinne; gjenerobring.
recast [ˈri:ˈkɑ:st] støpe om; omarbeide; regne over; omstøpning; omarbeiding.
recede [riˈsi:d] gå tilbake; vike tilbake; utviskes, sløres; helle bakover; falle; dale; retirere. **-ing** hellende, vikende.
receipt [riˈsi:t] mottakelse; kvittering, oppskrift; inntekt; kvittere for, kvittere; **be in** – **of** ha mottatt; **on** – **of** ved mottakelsen av. – **book** [riˈsi:tbuk] kvitteringsbok; oppskriftsbok.

receivable [riˈsi:vəbl] mottakelig; antagelig.
receive [riˈsi:v] motta, få; anta, oppta, vedta, erkjenne, fatte; – **stolen goods** begå heleri.
received [riˈsi:vd] alminnelig antatt, vedtatt; mottatt; **R. English** betegnelse for den uttalenorm som brukes i BBC, standardengelsk.
receiver [riˈsi:və] mottaker; heler; kurator, bobestyrer; skatteoppkrever, kemner; mottakerapparat; kombinert radio og forsterker; (høre)rør, mikrofon; beholder; toalettbøtte.
receiving [riˈsi:viŋ] mottakelse; heleri; mottaker-. – **house** lite postkontor, brevhus. – **office** innleveringskontor. – **ship** losjiskip.
recency [ˈri:snsi] nyhet, ferskhet.
recension [riˈsenʃən] revisjon (av tekst), kritikk; revidert tekst, utgave.
recent [ˈri:sənt] ny, fersk, sist, nylig skjedd, nylig kommet. **recentness** = **recency.**
recently [ˈri:səntli] nyss, nylig, i det siste.
receptacle [riˈseptəkl] blomsterbunn; beholder; gjemmested.
receptibility [riˈseptiˈbiliti] antagelighet.
receptible [riˈseptibl] mottakelig, antagelig.
reception [riˈsepʃən] mottakelse; mottakerforhold; velkomst. – **hall** resepsjon, lobby. **-ist** portier; forværelsesdame. – **room** dagligstue; mottakingsværelse.
receptive [riˈseptiv] mottakelig, lærenem.
receptivity [ri:sepˈtiviti] opptakelsesevne, nemne, mottakelighet.
recess [riˈses] det å tre tilbake, tilbakegang; ferie, frikvarter, fritime, pause, avbrytelse; fordypning, nisje, krok, avkrok, krå; tilflukt, tilfluktssted; dyp, fordypning, grop; kove; bukt; innskjæring.
recession [riˈseʃən] det å tre tilbake, tilbaketrekning; det å avstå; nedgang, tilbakeslag (om konjunkturer); forsenkning. **recessional hymn** [riˈseʃənəl him] ≈ utgangssalme.
recharge [ˈri:ˈtʃɑ:dʒ] lade opp på nytt.
recharterer [ˈri:tʃɑ:tərə] underbefrakter.
recherché [rəˈʃɛəʃei] utsøkt, elegant; søkt.
recidivist [riˈsidivist] vaneforbryter.
recipe [ˈresipi] oppskrift, kokeboksoppskrift; botemiddel; (gml.) resept.
recipient [riˈsipjənt] mottaker; beholder.
reciprocal [riˈsiprəkl] tilsvarende, motsvarende, gjensidig, innbyrdes; resiprok. **reciprocality** [riˈsiprəˈkæliti] gjensidighet. **reciprocate** [riˈsiprəkeit] skifte, veksle; gjøre gjengjeld; gjengjelde. **reciprocation** [riˈsiprəˈkeiʃən] veksling, skifting; gjengjeld. **reciprocity** [resiˈprɔsiti] vekselvirkning; gjensidighet.
recital [riˈsaitəl] fremsigelse, opplesning; foredrag; fortelling, beretning; konsert. **recitation** [resiˈteiʃən] resitasjon, fremsigelse, deklamasjon, opplesning. **recitative** [resitəˈti:v] resitativ.
recite [riˈsait] si fram, resitere, deklamere; berette; si fram noe; anføre, nevne. **reciter** [riˈsaitə] bok med opplesningsstykker; deklamator.
reck [rek] bekymre seg om, bry seg om, ense, akte; vedrøre, angå; **it -s me not** det bryr jeg meg ikke om.
reckless [ˈreklis] likegyldig (for følgene, for andres mening); uvøren, skjødesløs, hensynsløs; uforsvarlig. **recklessness** [-nis] likegyldighet, hensynsløshet.
reckon [ˈrekən] regne, telle; beregne; anse for, holde for; regne med; anta; gjøre regnskap, bøte; – **without one's host** gjøre regning uten vert. **reckoner** [ˈrekənə] beregner; regner; tabell.
reckoning [ˈrekəniŋ] regning, beregning; tidsregning; avregning; oppgjør; regnskap, dom; vurdering.
reclaim [riˈkleim] kalle tilbake; temme, avrette; forbedre, omvende; innvinne; drenere, tørrlegge; kreve tilbake; frelse, redning. **reclaimable** [riˈkleiməbl] som kan temmes, forbedres, el. gjenvinnes (fra skrap el. spill).
reclamation [rekləˈmeiʃən] innvinning, drenering; tørrlegging; nydyrking; forbedring, omvendelse; tilbakeføring, rehabilitering; reklamasjon, tilbakefordring; innsigelse, protest.
reclination[rekliˈneiʃən] hvilende stilling.
recline [riˈklain] bøye, helle, lene tilbake; bøye seg bakover; ligge bakover, hvile. **-r** liggestol.
recluse [riˈklu:s] ensom, isolert; eneboer.
reclusion [riˈklu:ʒən] ensomhet, eneboerliv.
recognition [rekəgˈniʃən] gjenkjennelse, anerkjennelse; tilståelse; påskjønnelse, erkjentlighet; besvarelse.
recognizable [ˈrekəgˈnaizəbl] gjenkjennelig; merkbar. **recognizance** [riˈkɔnizəns] (jur.) skriftlig forpliktelse; kausjon; anerkjennelse. **recognize** [ˈrekəgnaiz] gjenkjenne, skjelne, oppdage, vedkjenne seg, erkjenne; anerkjenne, påskjønne.
recoil [riˈkɔil, rəˈkɔil] fare tilbake, vike tilbake; det å vike tilbake; tilbakeslag, rekyl, tilbakestøt.
re-collect [ˈri:kəˈlekt] samle igjen.
recollect [rekəˈlekt] gjenkalle i minnet, huske, minnes; – **oneself** samle seg, huske, sanse seg. **recollected** [rekəˈlektid] fattet, sindig. **recollection** [rekəˈlekʃən] erindring, minne; fatning, konsentrasjon; **-s** (pl.) memoarer, minner.
recommence [ˈri:kəˈmens] begynne igjen, gjenoppta. **recommencement** [-mənt] begynnelse, gjenopptagelse, ny start.
recommend [rekəˈmend] anbefale, rå til. **recommendable** [-ˈmendəbl] anbefalelsesverdig; prisverdig. **recommendation** [rekəmənˈdeiʃən] anbefaling, lovord, tilråding, framlegg, henstilling, innstilling. **recommendatory** [rekəˈmendətəri] anbefalende, anbefalings-.
recommission [ˈri:kəˈmiʃən] sette i tjeneste igjen; gjeninnkalle.
recommit [ˈri:kəˈmit] sende tilbake (til fornyet utvalgsbehandling); betro igjen; begå igjen.
recompense [ˈrekəmpens] erstatte, belønne, lønne; erstatning, vederlag, belønning, lønn.
recompose [ˈri:kəmˈpəuz] sette sammen igjen, omordne; berolige, bilegge.
reconcilable [ˈrekən(ˈ)sailəbl] forsonlig. **reconcile** [ˈrekənsail] forsone, forlike; forene, bilegge, skille; – **oneself to** forsone seg med. **reconcilement** [-mənt] forsoning. **reconciler** [-ə] forsoner.
reconciliation [rekənsiliˈeiʃən] forsoning, forlikelse, forlik; forening. **reconciliatory** [rekənˈsiljətəri] forsonende, forsonings-.
recondite [riˈkɔndait, ˈrekəndait] hemmelig; skjult; dunkel, dyp, lite kjent.
recondition [ˈri:kənˈdiʃən] bygge om, overhale, fornye.
reconnaissance [riˈkɔnisəns] rekognosering.
reconnoitre [rekəˈnɔitə] rekognosere, utforske.
reconquer [ˈri:ˈkɔŋkə] gjenerobre, ta igjen.
reconsider [ˈri:kənˈsidə] overveie igjen, gjenoppta. **reconsideration** [-sidəˈreiʃən] fornyet overveielse, ny drøfting.

reconsign [ˈri:kənˈsain] omdirigere; omadressere; ombestemme.
reconstitute [ˈri:ˈkɔnstitju:t] rekonstruere; reorganisere.
reconstruct [ˈri:kənˈstrʌkt] gjenoppbygge, gjenreise, gjenopprette; omdanne, rekonstruere. **reconstruction** [-ˈstrʌkʃən] ombygging; omdanning, gjenreising.
record [riˈkɔ:d] bringe i erindring; feste i minnet; opptegne, skrive ned, bokføre; protokollere; innspille, ta opp (på bånd el. plate); berette; fastslå. **record** [ˈrekɔ:d] opptegnelse, dokument; rulleblad; grammofonplate, innspilling, opptak; protokoll; rekord; **bear – to** bevitne, dokumentere; **he has the – of being** han har ord for å være; **travel out of the –** gå bort fra saken; **off the –** uoffisielt; **keep to the –** holde seg til saken; **worthy of –** som fortjener å opptegnes; **keeper of the -s** arkivar; **it is on –** det står på trykk; man kan lese seg til det; det er vitterlig; **the greatest general on –** den største general historien kjenner. **– changer** plateskifter.
recorder [riˈkɔ:də] nedskriver, opptegner, opptaker; protokollfører; byrettsdommer; båndopptaker; blokkfløyte.
recording nedtegning, nedskriving; grammofonel. båndopptak; opptaks-.
record | level opptaksnivå. **– office** offentlig arkiv. **– player** platespiller.
re-count [riˈkaunt] berette, fortelle. **recount** [ˈri:ˈkaunt] telle om igjen; gjenopptelling.
recoup [riˈku:p] erstatte, holde skadesløs, gjenvinne.
recourse [riˈkɔ:s] tilflukt; regress, dekning; **have – to** ta sin tilflukt til; holde seg til, søke dekning hos.
re-cover [ˈri:ˈkʌvə] dekke på ny, trekke.
recover [riˈkʌvə] få tilbake; gjenvinne; innkassere; gjenopprette; innhente, forvinne; oppnå, få; komme seg, friskne til; komme til seg selv; **-ed** restituert; **– damages** bli tilkjent erstatning; **– his breath** få pusten igjen; **– his senses** komme til bevissthet; **– himself** fatte seg.
recoverable [riˈkʌv(ə)rəbl] erholdelig; gjenopprettelig; som står til å redde, helbredelig.
recovery [riˈkʌv(ə)ri] gjenervervelse; gjenfinnelse; opptagelse; bedring, rekonvalesens; helbredelse; oppgang, stigning; **beyond –** redningsløst fortapt. **– vehicle** kranbil, servicebil. **– ward** postoperativ avdeling.
recreancy [ˈrekriənsi] feighet; frafall, troløshet.
recreant [ˈrekriənt] feig; frafallen; kryster.
recreate [ˈrekrieit] kvikke opp, forfriske, opplive igjen; oppmuntre, rekreere, rekreere seg.
recreation [rekriˈeiʃən] morskap, oppmuntring, atspredelse, hobby; store frikvarter (på skolen); **read for –** lese for hyggens skyld. **– centre** fritidssenter. **– ground** idrettsplass, lekeplass.
recreative [ˈrekriətiv] forfriskende, atspredende, hyggelig; fritids-, hobby-.
recrement [ˈrekrimənt] avfall.
recriminate [riˈkrimineit] fremføre motbeskyldninger. **recrimination** [riˈkrimiˈneiʃən] motbeskyldning.
recrudescence [ri:kruˈdesəns] nytt frembrudd, utbrudd. **recrudescent** som bryter fram på ny.
recruit [riˈkru:t] fornye, utfylle; styrke, forfriske; forsterke; rekruttere; komme til krefter; forfriske seg; fornyelse, styrkelse; nytt medlem, rekrutt. **recruiter** [-ə] verver. **recruiting** rekruttering, verving. **recruitment** [-mənt] rekruttering.
rectangle [ˈrektæŋgl] rektangel. **rectangular** [rekˈtæŋgjulə] rettvinklet, rektangulær.
rectifiable [ˈrektifaiəbl] som lar seg beriktige. **rectification** [rektifiˈkeiʃən] beriktigelse, rettelse, retting. **rectifier** [ˈrektifaiə] beriktiger; likeretter. **rectify** [ˈrektifai] beriktige, rette, korrigere; avhjelpe, bøte på. **rectitude** [ˈrektitju:d] rettskaffenhet.
rector [ˈrektə] sogneprest (i den engelske kirke, som til forskjell fra vicar får begge tiender); (i Skottland:) skolebestyrer, rektor.
rectorate [ˈrektərit] sognekall; rektorat.
rectorship [ˈrektəʃip] = **rectorate.**
rectory [ˈrektəri] sognekall; prestegård.
recumbence [riˈkʌmbəns] liggende stilling; hvile. **recumbent** [riˈkʌmbənt] liggende, hvilende, tilbakelent.
recuperate [riˈkju:pəreit] styrke, restituere; komme seg, komme til krefter; gjenvinne sin helse. **recuperation** [rikju:pəˈreiʃən] gjenvinning; rekonvalesens, helbredelse. **recuperative** [riˈkju:pərətiv] helbredende, styrkende; spenstig, full av livskraft.
recur [riˈkə:] komme tilbake, komme igjen; dukke opp; gjenta seg. **recurrence** [riˈkʌrəns] tilbakekomst; gjentagelse; tilbakefall. **recurring** [riˈkə:riŋ] tilbakevendende, periodisk.
recusancy [riˈkju:zənsi] vegring; gjenstridighet, trass. **recusant** [riˈkju:zənt] som vegrer seg; stribukk; dissenter; gjenstridig. **recusation** [rekjuˈzeiʃən] det å forskyte; vegring.
red [red] rød; rød farge, rødt; rød radikaler; kommunist; revolusjonær; koppercent, rød øre; **be in the –** ha underskudd, gå med tap.
redaction [riˈdækʃən] redaksjon.
redactor [riˈdæktə] redaktør.
redan [riˈdæn] redan (festningsverk).
red|bait (US) provosere, terge, erte. **– -blooded** blodfull; sterk. **– brick** teglstein, murstein; **– -brick university** nyere, moderne universitet (motsatt Oxford og Cambridge). **-cap** militærpolitisoldat; (US) bærer (på stasjon). **– -cheeked** rødkinnet. **-coat** (hist.) rødjakke, britisk soldat. **the R. Cross** Røde Kors. **– copepod** rødåte. **– currant** rips. **-den** rødme. **-dish** rødlig.
reddition [riˈdiʃən] tilbakegivelse, tilbakelevering.
reddle [ˈredl] rød oker, rødkritt, rødstein, jernmønje.
redecorate [ˈri:ˈdekəreit] pusse opp.
redeem [riˈdi:m] kjøpe tilbake, løse inn; løse ut, løskjøpe; bøte for; opprette; frelse, forløse; **-ing feature** forsonende trekk. **redeemable** [riˈdi:məbl] som kan løskjøpes; innløselig. **redeemer** [-mə] innløser; innfrier; **Redeemer** forløser, gjenløser, frelser.
redeless [ˈri:dlis] rådløs, uklok, hjelpeløs.
redemption [riˈdem(p)ʃən] innløsning, løsning; innfriing, amortisering; løskjøping; befrielse, frelse, forsoning; **beyond –** håpløs, fortapt. **redemptive** [riˈdem(p)tiv] innløsende, innløsnings-. **redemptory** [riˈdem(p)təri] innløsende, innløsnings-.
redeploy [ˈri:diˈplɔi] omgruppere, omplassere.
red|eye sørv (fisk). **– -eyed** rødøyd. **– -faced** rød i ansiktet, rødmusset. **-fish** fisk med rødt kjøtt, eks. laks. **– guard** rødegardist. **– -handed** på fersk gjerning; **be caught – -handed** bli grepet på fersk

gjerning. **– -headed** rødhåret. **– heat** rødglødhete. **– -hot** rødglødende.
redial [ˈri:ˈdaiəl] ringe opp på nytt, slå nummeret igjen.
red Indian indianer.
redintegrate [reˈdintigreit] gjenopprette, fornye. **redintegration** [redintiˈgreiʃən] fornying, gjenoppretting.
redirect [ˈri:diˈrekt] omadressere, omdirigere.
rediscover [ˈri:disˈkʌvə] gjenoppdage.
redistribute [ˈri:disˈtribjut] fordele på ny.
redistribution [ˈri:distriˈbju:ʃən] ny utdeling.
redivivus [rediˈvaivəs] gjenoppstått.
red lead [ˈredˈled] mønje.
red-letter [ˈredletə] betegne med røde bokstaver; **red-letter day** merkedag.
redness [ˈrednis] rød farge; glohete; rødme.
red-nosed [ˈrednəuzd] rødneset.
redolence [ˈredələns] duft, ange. **redolent** [ˈredələnt] duftende, angende.
redouble [riˈdʌbl] fordoble, mangfoldiggjøre; mangfoldiggjøres; forsterke.
redoubt [riˈdaut] lukket feltskanse, redutt.
redoubtable [riˈdautəbl] fryktelig; respektabel, formidabel.
redound [riˈdaund] føre til, tilflyte, komme til gode, tjene **(to** til); **it -s to his honour** det tjener ham til ære.
redraft [ˈri:ˈdrɑ:ft] omredigere, tegne på ny; omredigering, ny tegning; returveksel, rekambioveksel.
redraw [ˈri:ˈdrɔ:] tegne om igjen, sette opp på nytt; trekke motveksel.
redress [riˈdres] rette på, se igjennom, erstatte, opprette, gi oppreisning, avhjelpe; rettelse, oppreisning; hjelp; **beyond –** ubotelig. **redressive** [riˈdresiv] avhjelpende.
red|skin [ˈredskin] rødhud. **– -start** rødstjert.
redtape [ˈredteip] rødt bånd til dokumentpakker; kontorpedanteri, byråkrati, papirmølle; formdyrking. **red-tape** formell, pirket, omsvøpsfull, byråkratisk.
red-tiled [ˈredtaild] med rødt teglsteinstak.
reduce [riˈdju:s] føre tilbake, bringe tilbake; forringe, innskrenke, sette ned, forminske; svekke; formilde, innordne, ordne; redusere; slanke seg; fortynne; **– by 5 per cent** sette ned med 5%; **– to the ranks** degradere til menig; **be -d to** være henvist til. **reduced** [riˈdju:st] forringet, forminsket; redusert, medtatt; **in – circumstances** i trange kår.
reducible [riˈdjusibl] som kan reduseres. **reducing** reduserende, avmagrende, slanke-; reduksjons-.
reduction [riˈdʌkʃən] nedsettelse, nedskjæring, reduksjon, forminsking, innskrenkning, rabatt, avslag; **-s** nedsatte priser; **be allowed a –** få moderasjon; **at a –** til nedsatte priser. **– ratio** utvekslingsforhold. **– works** søppelforbrenningsanlegg.
reductive [riˈdʌktiv] tilbakeførende; innskrenkende; oppløsningsmiddel.
redundancy [riˈdʌndənsi] overflødighet, overflod, overskudd; **seasonal –** sesongmessig arbeidsløshet. **redundant** [-dənt] overflødig, flus; ordrik; vidløftig.
reduplicate [riˈdju:plikeit] fordoble; reduplisere. **reduplication** [ridju:pliˈkeiʃən] fordobling; reduplikasjon. **reduplicative** [riˈdju:plikətiv] fordoblende; redupliserende.
redwing [ˈredwiŋ] rødtrost.
redworm [ˈredwə:m] (alminnelig) meitemark.
re-echo [ˈri:ˈekəu] kaste tilbake; gjenlyde, ljome.
reed [ri:d] rør, rørfløyte; pil; (fig.) halmstrå; vevskje; munnstykke; tekke med rør. **– bed** sivkratt. **– flute** rørfløyte.
re-edit bearbeide, omarbeide; utgi på nytt. **re-edition** ny utgave.
reed|ling skjeggmeis. **– mace** dunkjevle. **– stop** rørstemme (i orgel). **– warbler** rørsanger. **-y** [ˈri:di] røraktig; rørbevokst.
reef [ri:f] rev, grunne, skjær.
reef [ri:f] rev (i seil); reve; **he must take a – or two** han må ta rev i seilene.
reefer [ˈri:fə] en som rever; pjekkert; gruvearbeider; marihuanasigarett.
reek [ri:k] røyk, damp, dunst, os, eim; dampe, dunste, ose, stinke. **reeky** [ˈri:ki] røykfylt, svart, smussig; stinkende, osende.
reel [ri:l] garnvinde, rull, trommel, spole; hespel; snelle; reel (skotsk dans); haspe, vinde, spole, rulle; danse reel; rave, vakle, slingre; sjangle; **– off (out)** hespe av seg, ramse opp, lire av seg.
re-elect [ˈri:iˈlekt] gjenvelge. **re-election** [ˈri:iˈlekʃən] gjenvalg.
reel-to-reel recorder spolebåndopptaker.
re-embark [ˈri:emˈbɑ:k] innskipe (seg) igjen; **re-embarkation** [ˈri:embɑ:ˈkeiʃən] gjeninnskiping.
re-enact [ˈri:iˈnækt] beslutte, el. vedta på nytt.
re-engage [ˈri:inˈgeidʒ] engasjere seg på nytt; koble inn igjen.
re-enlist [ˈri:inˈlist] la seg verve på nytt; føre inn igjen.
re-enter [ˈri:ˈentə] komme inn igjen.
re-establish [ˈri:isˈtæbliʃ] gjenopprette. **re-establishment** [-mənt] gjenoppretting, rehabilitering, attføring; **– centre** attføringssenter.
reeve [ri:v] (gl.) foged.
reeve [ri:v] brushøne.
re-examination [ˈri:igzæmiˈneiʃən] ny undersøkelse. **re-examine** [-ˈzæmin] undersøke på ny.
re-exchange [ˈri:eksˈtʃein(d)ʒ] bytte på ny; gjenutveksling.
ref. fk. f. **reference; referred; reformed.**
ref [ref] fk. f. **referee** dommer, oppmann.
re|face [ˈri:ˈfeis] pusse opp (murhus); forsyne med nytt belegg. **-fashion** gi ny form, omskape.
Ref. Ch. fk. f. **Reformed Church.**
refection [riˈfekʃən] måltid, forfriskning.
refectory [riˈfektəri] spisesal, spisestue.
refer [riˈfə:] bringe tilbake; henvise; henstille, bringe inn, henføre; henvende seg til, henholde seg; vise til, peke på, sikte til, ymte om; se etter i; omtale. **referable** [riˈfə:rəbl, ˈref(ə)rəbl] som kan henvises til.
referee [refəˈri:] voldgiftsmann; oppmann; (i sport, srl. fotball) dommer.
reference [ˈref(ə)rəns] henvisning; oversending, forbindelse; hensyn; hentydning, ymting; referanse; **book of –** oppslagsbok; **with – to** angående, med henvisning til.
referendum [refəˈrendəm] folkeavstemning.
referential [refəˈrenʃəl] henvisnings-.
refill [ˈri:fil] fylle igjen, etterfylle; ny påfylling, ny forsyning, refill, patron (til kulepenn o. l.).
refine [riˈfain] rense, lutre; raffinere, koke; danne, forfine, foredle; renses, la seg rense; forfines, foredles. **refined** [riˈfaind] forfinet, fin; dan-

net; raffinert. **refinement** [ri'fainmənt] rensing, lutring; raffinering; forfinelse; foredling; dannelse; raffinement; spissfindighet. **refiner** [ri'fainə] renser, raffinør. **refinery** [ri'fain(ə)ri] raffineri.
refit ['ri:'fit] reparere, sette i stand; ruste ut på ny. **refitment** [-mənt] utbedring. **refitting** [-iŋ] reparasjon, istandsetting.
reflect [ri'flekt] kaste tilbake; reflektere, gjenspeile; tenke på; betenke; gi gjenskinn; tenke tilbake; **– on** kaste skygge på. **reflecting** som kaster tilbake, reflekterende; tenksom.
reflection [ri'flekʃən] tilbakekasting, refleksjon; betraktning, ettertanke, overveielse; tenkning; tanke; kritikk; skarp bemerkning; speilbilde; refleks; **on –** ved nærmere ettertanke. **– marker** refleksmerke. **– tag** refleksbrikke. **reflective** [ri'flektiv] som kaster tilbake; reflekterende, tenkende, spekulativ. **reflector** [ri'flektə] reflektor, refleksjonsspeil; refleks, kattøye; lampeskjerm.
reflex ['ri:fleks] som vender bakover; tilbakevirkende; innadvendt; refleks; speilbilde, gjenskinn; refleksbevegelse. **– camera** speilreflekskamera. **reflexible** som kan kastes tilbake. **reflexive** [ri'fleksiv] tilbakevisende, refleksiv.
refloat ['ri:'fləut] bringe el. komme flott igjen.
refluence ['refluəns] det å flyte tilbake, tilbakestrømning, tilbakegang; fall. **refluent** [-ənt] som flyter el. strømmer tilbake; fallende.
reflux ['ri:flʌks] tilbakestrømming; **flux and –** flo og fjære.
re-form ['ri:'fɔ:m] danne på ny, lage om.
reform [ri'fɔ:m] omdanne, nydanne; forbedre, reformere, rette på; forbedre seg; omvende seg; omdanning, nydanning; forbedring; reform; omvendelse. **reformation** [refə'meiʃən] reformering, forbedring; avhjelp; omvendelse; reformasjon.
reformative [ri'fɔ:mətiv] reformerende, reform-. **reformatory** [ri'fɔ:mətəri] reform-, forbedrende; forbedringsanstalt. **– school** forbedringsanstalt, skolehjem. **the Reformed Church** Den reformerte kirke. **reformer** [ri'fɔ:mə] reformator. **reformist** [ri'fɔ:mist] reformvenn; reformistisk.
refract [ri'frækt] bryte. **refraction** [ri'frækʃən] brytning. **refractive** [ri'fræktiv] brytende.
refractory [ri'fræktəri] gjenstridig, trassig, vrang; motstandsdyktig; ildfast.
refrain [ri'frein] omkved, etterstev, refreng.
refrain [ri'frein] holde tilbake, holde styr på; holde seg tilbake, styre seg, la være **(from** å).
refresh [ri'freʃ] forfriske, kvikke opp; leske; fornye, reparere, friske opp; forfriske seg; komme seg, kvikne til. **refresher** [ri'freʃə] oppstrammer, oppkvikker; **– course, – training** repetisjonskurs.
refreshing [ri'freʃiŋ] forfriskende, oppkvikkende, velgjørende.
refreshment [ri'freʃmənt] forfriskning. **– room** restaurant, buffet (på en jernbanestasjon).
refrigerant [ri'fridʒərənt] kjølende; kjølevæske. **refrigerate** [-reit] avkjøle, nedkjøle, svale. **refrigerating plant** fryseanlegg. **refrigeration** [rifridʒə'reiʃən] avkjøling. **refrigerator** [ri'fridʒəreitə] kjøleapparat, isskap, kjøleskap, kjøleanlegg, frysemaskin. **refrigeratory** [ri'fridʒərətəri] kjøle-, avkjølende-.
reft [reft] imperf. og perf. pts. av **reave.**
refuel ['ri:'fjuəl] fylle drivstoff, bunkre.
refuge ['refju:dʒ] tilflukt, tilfluktssted, fristed; utvei; herberge; ly; refuge, øy (for fotgjengere i gata); (politisk) asyl; (fugle)reservat; **take – in** søke tilflukt i, søke ly i.
refugee [refju'dʒi:] flyktning, flyktninge-; eksil-.
refulgence [ri'fʌldʒəns] stråleglans.
refulgent [ri'fʌldʒənt] strålende, skinnende.
refund [ri'fʌnd] betale tilbake, refundere; tilbakebetaling, refusjon. **-ment** refundering, refusjon.
refurbish ['ri:'fə:biʃ] gjenoppusse, pynte på.
refurnish ['ri:'fə:niʃ] ommøblere; gi på nytt.
refusable [ri'fju:zəbl] som kan avslås.
refusal [ri'fju:zəl] avslag, vegring, nei; fortrinnsrett, forkjøpsrett.
refuse [ri'fju:z] avslå, avvise; nekte; vegre seg, unnslå seg; si nei.
refuse ['refju:s] kassert; avfalls-; avfall, boss, søppel, skrap, herk, utskudd. **– bin** søppelbøtte, søppeldunk. **– collection truck** renovasjonsbil. **– destructor** søppelforbrenningsanlegg. **– dump** søppelfylling. **– heap** avfallsdynge. **– iron** skrapjern. **– shoot** søppelsjakt.
refusion [ri'fju:ʒən] refusjon, tilbakebetaling.
refutable ['refjutəbl, ri'fju:təbl] gjendrivelig.
refutation [refju'teiʃən] gjendrivelse, motsigelse, motbevis **(of** av, mot).
refute [ri'fju:t] gjendrive, motbevise, motsi.
Reg. fk. f. **Regina; Regiment.**
reg. fk. f. **regent; registere(ed); regulation.**
regain [ri'gein] gjenvinne, nå tilbake til.
regal ['ri:gl] kongelig, konge-.
regale [ri'geili] kongelig rettighet.
regale [ri'geil] traktement; traktere; fryde; delikatere seg, fryde seg. **regalement** [-mənt] traktement.
regalia [ri'geiliə] regalier, kronjuveler; kongelige verdighetstegn; insignier.
regality [ri'gæliti] kongelighet.
regard [ri'gɑ:d] se på, betrakte, legge merke til; akte, ense; vedkomme; blikk; betraktning, iakttagelse, oppmerksomhet; aktelse, anseelse; hensyn, omsyn; **as -s** når det gjelder, hva angår; **in – to** med hensyn til; **with – to** med hensyn til; **in – of** i betraktning av; **-s** hilsen, hilsener; **give my -s to the family!** hils familien! **all unite in kindest -s!** alle sender deg sine beste hilsener!
regardful [ri'gɑ:df(u)l] oppmerksom **(of** overfor).
regarding [ri'gɑ:diŋ] med hensyn til, angående.
regardless [ri'gɑ:dlis] uten å bry seg om, likegyldig, likesæl, hensynsløs.
regatta [ri'gætə] regatta; kapproing, kappseilas.
regency ['ri:dʒənsi] regentskap; **the Regency** (prins Georg av Wales' regentskap 1811 – 20).
regenerate [ri'dʒenəreit] frembringe på ny, gjenreise, gjenskape; gjenføde. **regenerate** [-rit] fornyet; gjenfødt. **regeneration** [ridʒenə'reiʃən] fornyelse; gjenfødelse. **regenerative** [ri'dʒen(ə)rətiv] fornyende; gjenfødende. **regenerator** [ri'dʒenəreitə] fornyer; regenerator.
regent ['ri:dʒənt] regjerende; regent, riksforstander. **regentship** ['ri:dʒəntʃip] regentskap.
regicidal [redʒi'saidl] kongemordersk.
regicide ['redʒisaid] kongemorder; kongemord.
régie [rei'ʒi:] statsmonopol.
régime [re'ʒi:m] regime, regjering, styremåte, system, ordning.

regimen [ˈredʒimen] (foreskrevet) diett, kur; styrelse (i grammatikk).
regiment [ˈredʒimənt] regiment; dele inn i regimenter; gruppere, disiplinere. **regimental** [redʒiˈmentəl] regiments-; militær; uniforms-. **regimentals** uniform. **regimentation** [redʒimenˈteiʃən] organisering, disiplinering.
Regina [riˈdʒainə] dronning.
region [ˈri:dʒən] strøk, egn, område, region. **regional** [ˈri:dʒənəl] lokal, distrikts-, regional. **-ism** regionalisme; desentralisering.
register [ˈredʒistə] bok, protokoll; liste; kartotek; regulator; spjeld; register; skipsliste; valgliste; nasjonalitetsbevis; telleapparat, måler; **cash –** kasseapparat; **the General Registers Office** folkeregistret; **parish** (eller **church) –** ministerialbok, kirkebok; **hotel –** gjestebok; **– ton** registertonn; **keep a – of** føre bok over; **be on the –** stå på manntallslisten; **place on the –** protokollere.
register [ˈredʒistə] bokføre, føre inn, protokollere, føre til protokolls; innregistrere; tinglese; skrive inn (reisegods); opptegne i historien; patentere; la rekommandere; vise; registrere; uttrykke; **the thermometer -ed many degrees of frost** termometret viste mange graders kulde; **– a vow** love seg selv; **– one's vote** avgi sin stemme; **the barometer -s low** barometret står lavt.
registered [ˈredʒistəd] innskrevet, registrert, bokført. **– company** selskap anmeldt til firmaregistret. **– letter** rekommandert brev. **– nurse** sykesøster, sykepleier.
register office festekontor; registreringskontor.
registership [ˈredʒistəʃip] registratorpost.
registrar [ˈredʒistrə] registrator, protokollfører; underdommer; byfoged; reservelege.
registration [redʒiˈstreiʃən] bokføring, innregistrering; matrikulering; innrullering; tinglysing; rekommandering. **– card** legitimasjonskort. **– fee** innmeldingsgebyr. **– letter** kjenningsbokstav. **– list** valgliste.
registry [ˈredʒistri] bokføring, innskriving, innregistrering; **– office** innskrivningskontor, dommer- el. sorenskriverkontor; **be married at a – office** la seg borgerlig vie.
Regius [ˈri:dʒiəs] kongelig; **– professor** kongelig professor ɔ: innehaver av et professorat opprettet av kronen.
regnant [ˈregnənt] regjerende, herskende.
regress [riˈgres] gå tilbake tilbake, snu, vende; tilbakegang; regress(rett).
regression [riˈgreʃən] tilbakegang.
regressive [riˈgresiv] tilbakevendende, regressiv.
regret [riˈgret] beklage; savne; lengte tilbake til; **I – to tell you that** jeg må dessverre si Dem at. **regret** [riˈgret] beklagelse, sorg, savn, anger, lengsel. **regretful** [riˈgretf(u)l] sorgfull, angrende. **regretfully** dessverre, beklageligvis. **regrettable** [riˈgretəbl] beklagelig, beklagelsesverdig, å beklage.
regroup [ˈri:ˈgru:p] omgruppere.
Regt. fk. f. **regiment; regent.**
regulable [ˈregjuləbl] regulerbar.
regular [ˈregjulə] regelmessig, regelrett; fast; jevn, konstant; skikkelig; veritabel; vedtektsmessig; forsvarlig, ordentlig, dyktig; fast gjest, kunde, el. passasjer; ordensgeistlig; regulær soldat; profesjonell soldat.
regularity [regjuˈlæriti] regelmessighet.
regularization [regjuləraiˈzeiʃən] regularisering, ordning. **regularize** [ˈregjuləraiz] regularisere; legitimere, legalisere.
regulate [ˈregjuleit] regulere, ordne, styre.
regulation [regjuˈleiʃən] regulering; ordning; styring; forskrift, forordning, regel, vedtak; reglementert. **regulative** [ˈregjulətiv] regulerende. **regulator** [ˈregjuleitə] regulator.
regulus [ˈregjuləs] småkonge; fuglekonge.
regurgitate [riˈgə:dʒiteit] spy ut igjen.
rehabilitate [ri:(h)əˈbiliteit] gjeninnsette i tidligere stilling el. rettighet, rehabilitere, gi oppreisning; bringe til ære og verdighet igjen; attføre. **rehabilitation** [ri:(h)əbiliˈteiʃən] gjeninnsetting; oppreisning, æresoppreisning, rehabilitering; attføring.
rehash [ˈri:ˈhæʃ] lage oppkok av; oppkok.
rehearing [ˈri:ˈhiəriŋ] (jur.) fornyet behandling.
rehearsal [riˈhə:səl] gjentagelse; fremsigelse; fortelling; innstudering, prøve, øve; **put into –** innstudere; **full** (eller **last) –** generalprøve.
rehearse [riˈhə:s] regne opp, gjengi, si fram; øve, innstudere, holde prøve på.
reign [rein] regjering, regjeringstid; regjere, herske, styre; **– supreme** være eneהersker.
reimburse [ˈri:imˈbə:s] tilbakebetale, refundere; amortisere; **– oneself** ta seg betalt. **reimbursement** [-mənt] tilbakebetaling, dekning.
reimport gjeninnføre, reimportere.
reimpression [ˈri:imˈpreʃən] opptrykk (av bok).
rein [rein] tom, tøyle; tømme, tøyle; holde igjen mot; **to – in the horse** stoppe hesten; **keep a tight – on** kjøre med stramme tøyler.
reincarnate [ˈri:inˈkɑ:neit] legemliggjøre på ny, reinkarnere.
reindeer [ˈreindiə] rein, reinsdyr.
reinforce [ˈri:inˈfɔ:s] forsterke; **-d concrete** armert betong. **reinforcement** [-mənt] forsterkning; armering.
reins [reinz] (egl.:) nyrer; nå alm.: indre, hjerte; **the – and the heart** hjerte og nyrer.
reinstate [ˈri:inˈsteit] gjeninnsette. **reinstatement** [-mənt] gjeninnsetting.
reinsurance [ˈri:inˈʃuərəns] reassuranse, fornyet forsikring. **reinsure** [ˈri:inˈʃuə] reassurere.
reintegrate [ˈri:ˈintigreit] gjenopprette, reintegrere. **reintegration** [ˈri:intəˈgreiʃən] gjenoppretting, reintegrering.
reintroduce [ˈri:intrəˈdju:s] gjeninnføre.
reiterate [ˈri:ˈitəreit] ta opp igjen (og opp igjen). **reiteration** [ri:itəˈreiʃən] gjentakelse.
reject [riˈdʒekt] forkaste, vrake; støte fra seg, vise bort, avslå, avvise; noe som kasseres, vrak-; **be -ed** få avslag, få kurven, forkastes. **rejectable** [riˈdʒektəbl] som kan avvises. **rejection** [riˈdʒekʃən] avvising, forkasting, vraking, kassering; avslag.
rejoice [riˈdʒɔis] glede seg, fryde seg, glede, gjøre glad. **rejoiced** glad.
rejoicings [riˈdʒɔisiŋz] jubel.
rejoin [riˈdʒɔin] igjen bringe sammen, gjenforene; igjen slutte seg til; svare; duplisere.
rejoinder [riˈdʒɔində] svar, gjenmæle, duplikk.
rejuvenate [riˈdʒu:vineit] forynge(s).
rejuvenation [ridʒu:viˈneiʃən] foryngelse.
rejuvenescence [ridʒu:vəˈnesəns] foryngelse.
rekindle [ˈri:ˈkindl] tenne igjen.
rel. fk. f. **relative(ly); religion.**

relapse [ri'læps] falle tilbake; ha et tilbakefall; tilbakefall.
relate [ri'leit] fortelle, berette; sette i sammenheng, bringe forbindelse mellom; **– to** angå, vedkomme. **related** [ri'leitid] beslektet, skyldt. **relater** [ri'leitə] forteller, beretter.
relation [ri'leiʃən] fortelling, beretning; forbindelse, samband, forhold; slektskap; slektning; **in – to** i forhold til; med hensyn til; **with – to** med hensyn til.
relationship [ri'leiʃənʃip] slektskap; forbindelse, forhold.
relative ['relətiv] som står i forbindelse; relativ; gjensidig, innbyrdes; pårørende, slektning; relativt pronomen; **be – to** vedrøre, være avpasset til. **relatively** ['relətivli] forholdsvis.
relativity [relə'tiviti] relativitet; **theory of –** relativitetsteori.
relax [ri'læks] slappe; slappes, løsne; lempe seg; være mindre streng; søke atspredelse el. hvile, slappe av, koble av.
relaxation [rilæk'seiʃən] atspredelse, avslapping; lempning; avspenning.
relaxed [ri'lækst] avslappet, slapp.
relay [ri'lei] forsyning, forråd, depot; skysskifte, avløsning, ny forsyning; relais (i telegrafi); stafettløp; relé (elektrisk); bringe videre; avløse; **work by -s** arbeide på skift; **re-lay** ['ri:'lei] omlegge; legge om.
relay | coil reléspole. **– race** stafettløp. **– station** reléstasjon, mellomstasjon.
releasable [ri'li:səbl] som kan slippes fri; som kan ettergis. **release** [ri'li:s] slippe fri, sette i frihet, løslate; befri; utløse; offentliggjøre; sende ut på markedet; frafalle, oppgi; ettergi; frigivelse, løslating; frikjenning; frigjøring, befrielse; offentliggjøring, utsendelse; utløser. **– date** sperrefrist. **– lever** utløser (håndtak). **releasement** [ri'li:smənt] befrielse, forløsning. **releaser** [ri'li:sə] befrier; utløser.
relegate ['religeit] fjerne, forvise, relegere; overdra, henvise; henføre.
relegation [reli'geiʃən] relegering, forvisning.
relent [ri'lent] formildes, gi etter, la seg formilde. **relenting** ogs. bløt; forsonligere stemning. **relentless** [-lis] hard, stri, ubøyelig, ubarmhjertig.
relet ['ri:'let] leie ut igjen, fremleie.
relevance ['relivəns] anvendelighet, forbindelse med saken. **relevancy = relevance. relevant** [-ənt] anvendelig, relevant, aktuell, som vedkommer saken.
reliability [rilaiə'biliti] pålitelighet.
reliable [ri'laiəbl] pålitelig. **reliableness** [-nis] pålitelighet. **reliance** [ri'laiəns] tillit, tiltro, fortrøstning; **have** (el. **place** el. **feel) – upon** (el. **on** el. **in)** ha tillit til, lite på, stole på. **reliant** [ri'laiənt] tillitsfull, som stoler på.
relic ['relik] levning, rest, relikvie; erindring, minne; **relics** rester; jordiske levninger.
relict ['relikt] enke (bare med **of** (etter) eller et annet eiendomsuttrykk); levning.
relief [ri'li:f] lindring, lette, lettelse; befrielse, beroligelse, lise, trøst; avveksling; avlastning, hjelp, understøttelse; rettshjelp; fattighjelp, fattigunderstøttelse, forsorg, unnsetning; avløsning; skifte; relieff, opphøyd arbeid; hjelpe-; avløsnings-; ekstra-, reserve-; **be on –** få sosialhjelp el. -stønad; **with a feeling of –** med lettet hjerte; **the hour of –** befrielsens time; **heave a sigh of –** dra et lettelsens sukk; **come to his –** komme ham til unnsetning; **bring** (eller **throw, force) into –** la komme skarpt fram, fremheve.
relievable [ri'li:vəbl] som kan lindres, lettes.
relieve [ri'li:v] lindre, mildne, dulme, lette, døyve; avhjelpe, hjelpe, frita, understøtte; unnsette; avløse; variere, bringe avveksling inn i; forrette sin nødtørft, tre av på naturens vegne; **– him of responsibility** frita ham for ansvar. **-d** lettet. **reliever** [ri'li:və] lindrer; hjelper; befrier; avløser.
relieving [ri'li:viŋ] lindrende. **– army** unnsetningshær. **– officer** forsorgsforstander.
relight ['ri:'lait] lyse opp igjen, tenne på ny.
religion [ri'lidʒən] religion; gudsfrykt, fromhet; klosterliv; **enter –** gå i kloster. **-ism** gudelighet. **-ist** religiøs svermer. **religiosity** [rilidʒi'ɔsiti] religiøsitet.
religious [ri'lidʒəs] religiøs; kristelig; gudfryktig, from; samvittighetsfull; bundet av munkeløfte; munk, nonne; religions-. **-ly** religiøst; omhyggelig, trofast. **religiousness** [-nis] religiøsitet.
relinquish [ri'liŋkwiʃ] slippe, oppgi, forlate; frafalle. **relinquishment** [-mənt] oppgivelse, avståelse.
reliquary ['relikwəri] relikvieskrin. **relique** [ri'li:k, 'relik] relikvie. **reliquiae** [ri'likwii:] jordiske levninger, rester.
relish ['reliʃ] finne smak i, like; sette smak på; finne glede ved; smake, smake godt, ha smak; velsmak, smak; matlyst, matglede; anelse, anstrøk; krydder; appetittvekker; fryd, velbehag, nytelse. **relishable** ['reliʃəbl] velsmakende.
reload ['ri:'ləud] lade på ny; laste på ny. **-er** omladeapparat.
relocate ['ri:lə'keit] forflytte, omplassere; evakuere, internere.
reluctance [ri'lʌktəns] motvilje, ulyst, liten lyst.
reluctant [ri'lʌktənt] motstrebende, uvillig, tilbakeholdende; **be – to** nødig ville, kvie seg for.
rely [ri'lai] **on** stole på, lite på; være avhengig av.
remain [ri'mein] være igjen, bli tilbake; bli, forbli; vedbli, bestå, fortsette å være; **-s** (pl.) levning, rest, etterlatenskaper; jordiske rester; **– single** forbli ugift; **I – yours truly** (jeg forblir) Deres ærbødige ...; **the word -s in Essex** ordet finnes ennå i Essex; **the worst -ed to come** det verste stod ennå tilbake; **it -s with him to make them happy** det står til ham å gjøre dem lykkelige; **it -s to be seen** vi får se; **– till called for** poste restante.
remainder [ri'meində] rest, levninger, restopplag, restbeløp.
remaining [ri'meiniŋ] resterende, tiloversblitt.
remake ['ri:'meik] omskape, gjenskape.
remand [ri'mɑ:nd] sende tilbake (især til varetektsarresten); avsi (ny) fengslingskjennelse over; varetekt, varetektsfengsling; **prisoner on –** varetektsfange. **– cell** varetektsarrest. **– centre, – home** skolehjem, sikringsanstalt.
remanence ['remənəns] det å bli tilbake, være tilbake, vedbli, i rest, remanens. **remanent** [-nənt] som blir el. er tilbake.
remark [ri'mɑ:k] iakttakelse, bemerkning, ytring; bemerke; iaktta; ytre; gjøre bemerkninger, omtale, uttale; kritisere.
remarkable [ri'mɑ:kəbl] bemerkelsesverdig; betydelig; fremragende; merkelig, merkverdig, påfallende. **remarkableness** [-nis] merkverdighet.

remarriage [ˈri:mæridʒ] nytt ekteskap.
remarry [ˈri:ˈmæri] gifte seg igjen.
remediable [riˈmi:djəbl] som kan rettes på, helbredelig. **remedial** [-djəl] helbredende, lægende; forebyggende, hjelpe-; **– gymnastics** sykegymnastikk.
remedy [ˈremidi] legemiddel; hjelpemiddel, middel, råd, hjelp, avhjelping; avhjelpe, råde bot på; **there is a – for everything** det er råd for alt; **in – of** for å avhjelpe.
remelt [ˈri:ˈmelt] smelte om.
remember [riˈmembə] erindre, minnes, huske; minne om; **this will be -ed against no one** dette skal ikke komme noen til skade; **– me to him!** hils ham fra meg! **rememberable** [riˈmemb(ə)rəbl] minneverdig. **rememberer** [riˈmemb(ə)rə] en som husker på, minnes. **remembering** [-b(ə)riŋ] erindring.
remembrance [riˈmembrəns] erindring, minne (ɔ: det å huske); hukommelse; støtte for erindringen, suvenir; (i flertall) hilsener; **in – of** til minne om. **remembrancer** [riˈmembrənsə] påminner; minne, erindring, huskeseddel.
remind [riˈmaind] minne **(of** om, **that** om å); **that -s me of** det minner meg om, får meg til å tenke på. **reminder** [riˈmaində] påminner, påminning; huskeseddel; kravbrev, rykkerbrev. **remindful** [riˈmaindf(u)l] som minnes; påminnende.
reminiscence [remiˈnisəns] erindring; (i pluralis også) memoarer; reminisens, levning. **reminiscent** [-sənt] som erindrer, minnes; minnerik.
remise [riˈmaiz] vognremise; leievogn; (jur.) overdragelse.
remiss [riˈmis] slapp, likeglad, doven, forsømmelig; lunken. **remissibility** [riˈmisiˈbiliti] tilgivelighet. **remissible** [riˈmisibl] tilgivelig. **remission** [riˈmiʃən] frafall, oppgivelse; ettergivelse; tilgivelse, forlatelse; nedgang; slappelse. **remissive** [riˈmisiv] avtagende; som frafaller; som tilgir. **remissness** [-nis] slapphet, skjødesløshet, forsømmelighet.
remit [riˈmit] sende tilbake; oversende, innsende, remittere, tilstille; sette i arresten igjen; overgi, henstille; slappe, la avta, formilde, forminske, redusere, dempe; ettergi; forlate, tilgi; avta. **remitment** [-mənt] tilbakesending, gjeninnsetting; ettergivelse, forlatelse, tilgivelse; remisse. **remittal** [riˈmit(ə)l] oversending; ettergivelse; henvisning. **remittance** [riˈmitəns] remisse. **remitter** [riˈmitə] ettergiver; tilgiver; avsender av remisse, avsender (av postanvisning).
remnant [ˈremnənt] rest; levning.
remodel [ˈri:ˈmɔdl] omdanne, omforme.
remonstrance [riˈmɔnstrəns] forestilling, advarsel; formaning(er), bebreidelse(r); protest, innvending; **a paper of –** en protestskrivelse. **remonstrant** [-strənt] bebreidende, advarende, protesterende; remonstrant. **remonstrate** [riˈmɔnstreit] forestille, gjøre forestillinger; anføre grunner; protestere, bebreide.
remontant [riˈmɔntənt] remonterende (ɔ: som blomstrer igjen samme år).
remorse [riˈmɔ:s] samvittighetsnag, anger. **remorseful** [-f(u)l] angerfull, angrende. **remorseless** [-lis] hjerteløs, ubarmhjertig, grusom.
remote [riˈməut] fjern; fjerntliggende; avsides; vidt forskjellig; utilnærmelig. **– control** fjernstyring. **remoteness** [-nis] fjernhet; avsides beliggenhet.
remould [ˈri:ˈməuld] omdanne, omforme; omstøpe; regummiere, banelegge.
remount [ri(:)ˈmaunt] bestige igjen; skaffe nye hester; stige opp igjen; remonte(hest).
removability [riˈmu:vəˈbiliti] flyttbarhet; avsettelighet. **removable** [riˈmu:vəbl] som kan flyttes; avsettelig, som kan avskjediges; utskiftbar.
removal [riˈmu:vl] fjerning; avtakelse, forflytting; avskjedigelse; flytting, overflytting, oppflytting; det å rydde bort; bortvisning; opphevelse; avløsning. **– van** flyttevogn.
remove [riˈmu:v] flytte, få bort, fjerne; rydde bort; forflytte; flytte opp (på skolen); avskjedige; avhjelpe; flytte seg; flytting; rett (av mat); avstand, mellomrom, trinn, grad; årgang; oppflytting. **remover** [riˈmu:və] flytter.
remunerability [riˈmju:nərəˈbiliti] det å være fortjenstlig. **remunerable** [riˈmju:nərəbl] fortjenstlig. **remunerate** [-reit] lønne, gi vederlag, belønne. **remuneration** [rimju:nəˈreiʃən] lønn, godtgjørelse, vederlag, belønning. **remunerative** [riˈmju:nərətiv] gjengjeldende; utbyttegivende, lønnsom, rentabel. **remuneratory** [-təri] gjengjeldende; lønnende.
renaissance [riˈneisəns] renessanse.
renal [ˈri:nəl] som angår nyrene, nyre-.
rename [ˈri:ˈneim] omdøpe.
renard [ˈrenəd] ≈ Mikkel rev.
renascence [riˈnæsəns] gjenfødelse, renessanse; ny glansperiode. **renascent** [-sənt] som gjenfødes; gjenfødt; gjenoppdukkende.
rencounter [renˈkauntə] møte; duell; trefning; sammenstøt; treffes, råke, støte sammen.
rend [rend] sønderrive, splintre, splitte.
render [ˈrendə] gi tilbake, yte, gi; gjøre; overgi, gjengi, tolke, utføre; pusse (utvendig) med sement; oversette; ytelse, avgift; (sement)puss; **– into Norwegian** gjengi på norsk; **– me a service** gjøre meg en tjeneste.
rendering [ˈrendəriŋ] gjengivelse, ytelse; oversettelse; bilde; det å avlegge **(of accounts** regnskap); grunnpuss; utsmelting.
rendezvous [ˈrɔndivu:, ˈrɑ̃:ndeivu:, plur.: -z] møtested; stevnemøte, rendezvous; møtes.
rendition [renˈdiʃən] overgivelse; utlevering; gjengivelse, tolking.
renegade [ˈrenigeid] renegat, frafallen, overløper.
renerve [ˈri:ˈnə:v] styrke igjen.
renew [riˈnju:] fornye, skifte ut, forlenge; gjenoppta; begynne igjen. **renewable** [riˈnju:əbl] som kan fornyes, utskiftbar. **renewal** [-əl] fornyelse, utskifting; forlengelse; **– bill** prolongasjonsveksel. **renewer** [-ə] fornyer.
reniform [ˈrenifɔ:m] nyreformet.
renitent [ˈrenitənt] oppsetsig.
rennet [ˈrenit] løype, kjese (osteaktig melk, kalvemage); renetteple.
renounce [riˈnauns] fornekte; oppgi, forsake, slutte med; frasi seg; avsverge; vise renons (i); renons (i kortspill). **renouncement** [riˈnaunsmənt] frasigelse, avkall, oppgivelse; fornekting, forsakelse.
renovate [ˈrenəveit] fornye, modernisere. **renovation** [renəˈveiʃən] fornyelse,modernisering. **renovator** [ˈrenəveitə] fornyer.
renown [riˈnaun] ry, berømthet.
renowned [riˈnaund] navnkundig, berømt.

rent [rent] revne, sprekk; flerre, rift; brudd.
rent [rent] imperf. og perf. pts. av **rend.**
rent [rent] leie, husleie, avgift, landskyld; leie, utleie, forpakte; bortleies; bortforpaktes. **rentable** [ˈrentəbl] som kan leies ut. **rental** [ˈrentəl] jordebok; leieinntekt; -utleie f. eks. bilutleie.
rent | **control** husleiekontroll. **-er** leietaker, leier. **– -free** avgiftsfri. **– tribunal** husleienemnd.
renunciation [rinʌnsiˈeiʃən] = **renouncement.**
reopen [ˈriːˈəupn] åpne igjen.
reorganization [ˈriːɔːgənaiˈzeiʃən] reorganisasjon, omdanning. **reorganize** [ˈriːˈɔːgənaiz] reorganisere, omdanne; (merk.) sanere.
reorientate omskolere. **reorientation** omskolering, nyorientering.
rep [rep] rips (en slags tøy); uthaler, laban.
Rep. fk. f. **Representative; Republic(an).**
rep. fk. f. **repeat; report; reporter.**
repaint male på ny; pusse opp.
repair [riˈpɛə] gå, begi seg; tilfluktssted.
repair [riˈpɛə] istandsetting; reparasjon, utbedring, vedlikehold; oppreisning; sette i stand, reparere, utbedre; opprette, avhjelpe; gjenopprette; **in good –** i god stand; **out of –** i dårlig stand. **repairable** [riˈpɛərəbl] som kan settes i stand. **repairer** [riˈpɛərə] istandsetter, reparatør, utbedrer. **repair kit** verktøykasse.
reparable [ˈrepərəbl] som lar seg reparere; opprettelig; som kan gjøres god igjen.
reparation [repəˈreiʃən] istandsetting, reparasjon; oppreisning, erstatning.
repartee [repɑːˈtiː] kvikt svar; slagferdighet.
repartition [ˈriːpɑːˈtiʃən] ny fordeling.
repass [ˈriːˈpɑːs] passere på ny.
repast [riˈpɑːst] måltid.
repatriat|e [-ˈpæt-] hjemsende, repatriere. **-ion** [-ˈeiʃən] repatriering.
repay [riːˈpei] betale tilbake, gjengjelde; erstatte. **repayable** [riˈpeiəbl] som skal betales tilbake. **repayment** [riˈpeimənt] tilbakebetaling; innfriing. **interest and –** renter og avdrag.
repeal [riˈpiːl] oppheve; tilbakekalle; opphevelse; tilbakekalling. **repealable** [riˈpiːləbl] opphevelig; som kan tilbakekalles. **repealer** [riˈpiːlə] opphever; unionsoppløser, en som vil oppløse unionen mellom Storbritannia og Irland.
repeat [riˈpiːt] si igjen; si fram, foredra; forsøke igjen; gjenta, repetere; gjentakelse; reprise, nyutsending; da-capo nummer; **– order** etterbestilling; **repeating rifle** repetergevær; **repeating watch** repeterur. **repeatedly** [riˈpiːtidli] gjentatte ganger, gang på gang.
repeater [riˈpiːtə] repeterur; repetergevær; vaneforbryter; periodisk desimalbrøk.
repel [riˈpel] drive tilbake; frastøte, avvise, avverge, vise tilbake. **repellent** [riˈpelənt] tilbakedrivende; frastøtende; som fordriver; -avstøtende.
repent [ˈriːpənt] krypende (om plante).
repent [riˈpent] angre, trege; **– of** angre på.
repentance [riˈpentəns] anger. **repentant** angrende, angerfull, botferdig synder.
repercussion [ripəˈkʌʃən] tilbakekasting; tilbakeslag; gjenlyd; ettervirkning, etterdønning.
répertoire [ˈrepətwɑː] repertoar.
repertory [ˈrepətəri] repertoar; skattkammer, forråd, magasin, samling; **– theatre** teater som baseres på et repertoar, ikke på tallrike oppførelser av enkelte kassestykker.
repetition [repiˈtiʃən] gjentakelse, repetisjon; gjenpart, kopi; fremsigelse; gjengivelse; utenatlæring.
repine [riˈpain] gremme seg (**at** over), vise utilfredshet med; knurre. **repiner** [riˈpainə] en som er utilfreds. **repining** ergrelse, gremmelse.
replace [riˈpleis] legge (stille, sette) tilbake; gjeninnsette; tilbakebetale; erstatte, avløse; bytte ut, skifte ut. **replacement** [-mənt] tilbakesetting; gjeninnsetting, utskifting; erstatning; erstatnings-, reserve-. **– order** suppleringsordre. **– part** reservedel.
replant [ˈriːˈplɑːnt] plante igjen, omplante, plante til på ny.
replay [ˈriːplei] omkamp; repetisjon, gjentakelse.
replenish [riˈpleniʃ] etterfylle, komplettere, fylle på. **replenishment** [-mənt] utfylling, påfylling; komplettering.
replete [riˈpliːt] full, oppfylt; overmett, stappfull. **repletion** [riˈpliːʃən] overflod; **filled to –** fylt til overmål.
replevin [riˈplevin] gjenervervelse mot kausjon; klage over selvtekt; ordre om tilfølgetakelse av selvtektsklage.
replica [ˈreplikə] kopi, avtrykk, etterlikning.
replication [repliˈkeiʃən] svar; replikk; gjenlyd; reproduksjon, kopi, motstykke. **replier** [riˈplaiə] en som svarer.
reply [riˈplai] svare (**to** på; **that** at), ta til gjenmæle, imøtegå; svar; svarskriv; **in –** som svar. **– card** svarbrevkort. **– voucher** svarkupong.
repocket [ˈriːˈpɔkit] stikke i lommen igjen.
repolish [ˈriːˈpɔliʃ] polere om igjen.
report [riˈpɔːt] rapportere, melde tilbake, innberette; melde, fortelle; avgi beretning el. betenkning; melding, rapport, opplysning, innberetning; årsberetning; innstilling; referat; rykte; omdømme; vitnesbyrd; knall, smell; **– oneself** melde seg; **by current –** etter hva det alminnelig forlyder; **know him from –** kjenne ham av omtale. **– book** rapportbok; meldingsbok. **– card** karakterkort. **-ed speech** indirekte tale.
reporter [riˈpɔːtə] referent, journalist, reporter.
repose [riˈpəuz] hvile, hvile ut; støtte; ligge; ro, hvile, fred; **– confidence in** stole på.
reposeful [riˈpəuzful] rolig, fredfull.
reposit [riˈpɔzit] anbringe, forsvare, gjemme, legge. **reposition** [ˈriːpəˈziʃən] anbringelse, forvaring; henleggelse. **repository** [riˈpɔzitəri] gjemme, gjemmested, oppbevaringssted, lager.
repossess [ˈriːpəˈzes] gjenvinne, bemektige seg på ny. **repossession** [-ˈzeʃən] fornyet besittelse, gjenerobring.
repost [ˈriːˈpɔst] forflytte, overføre.
repot [ˈriːˈpɔt] plante i ny(e) potte(r), plante om.
repoussé [rəˈpuːsei] drevet, hamret; driving, drevet, hamret arbeid.
reprehend [repriˈhend] laste, dadle, klandre. **reprehensible** [-sibl] lastverdig. **reprehension** [-ʃən] daddel, klander; irettesetting. **reprehensive** [-siv], **reprehensory** [-səri] dadlende.
represent [repriˈzent] fremstille, sette fram igjen, forestille, bety; beskrive; representere; bemerke, anføre; stå for, bety; utgjøre. **representation** [reprizenˈteiʃən] forestilling, fremstilling; beskrivelse; representasjon.
representative [repriˈzentətiv] som forestiller, som fremstiller; representerende, representativ; typisk; representant; **House of Representatives** Representantenes hus i De Forente Staters kon-

gress. **represented speech** (gram.) fri indirekte tale.

repress [ri'pres] trenge tilbake, betvinge; kue, døyve, undertrykke; holde nede; hemme, stanse; tøyle, holde styr på. **represser** [ri'presə] betvinger, underkuer, undertrykker. **repression** [ri'preʃən] undertrykkelse, tvang, bekjemping. **repressive** [ri'presiv] kuende, dempende, undertrykkende; **– measures** tvangstiltak.

reprieve [ri'pri:v] gi en frist, befri for en tid, utsette; benåde for livsstraff; frist, utsettelse; henstand; benådning for livsstraff.

reprimand [repri'ma:nd, 'reprima:nd] irettesette, gi en skrape; irettesettelse, skrape.

reprint ['ri:'print] avtrykke igjen, trykke opp; opptrykk; billigutgave; særtrykk.

reprisal [ri'praizl] gjengjeld, represalier; **-s** gjengjeldelsestiltak, motforholdsregler; **make -s** ta represalier.

reprise [ri'praiz] reprise; gjentakelse.

reproach [ri'prəutʃ] bebreide, klandre, laste; bebreidelse, daddel; skam, skjensel; **– him with it** bebreide ham det; **without fear and without –** uten frykt og daddel. **reproachful** [-f(u)l] bebreidende, dadlende; beskjemmende; skammelig, skjendig. **reproachless** [-lis] daddelfri, udadlelig, ulastelig.

reprobate ['reprəbeit] forkaste, avvise, vrake; fordømme. **reprobate** ['reprəbit] fordømt; fordervet, ryggesløs; fortapt. **reprobation** [reprə'beiʃən] forkasting, vraking; avsky; fordømming.

reproduce [ri:prə'dju:s] frembringe igjen; fremstille igjen, reprodusere, kopiere; fornye; gjengi, gjenfortelle; forplante, få avkom. **reproduction** [riprə'dʌkʃən] ny frembringelse, fremstilling; fornyelse; gjengivelse, gjenfortelling, reproduksjon, avbildning; formering, forplantning. **reproductive** [-'dʌktiv] som frembringer på ny; forplantningsdyktig, reproduksjons-.

reproof [ri'pru:f] daddel, irettesettelse, klander. **reprovable** [ri'pru:vəbl] daddelverdig, lastverdig. **reproval** [-vəl] daddel. **reprove** [ri'pru:v] dadle, irettesette, laste, klandre. **reprover** [-ə] dadler.

reptant ['reptənt] krypende, kryp-. **reptile** ['reptail] krypdyr; kryp; krypende (også fig.). **reptilian** [rep'tiliən] krypdyr-, kryp-; reptil.

republic [ri'pʌblik] republikk; **the – of letters** den lærde verden. **republican** [ri'pʌblikən] republikansk; republikaner; **the Republicans** det republikanske parti i USA.

republish ['ri:'pʌbliʃ] offentliggjøre på ny.

repudiate [ri'pju:dieit] forkaste; forskyte, la seg skille fra; nekte, fornekte. **repudiation** [ripju:di'eiʃən] forkasting; forstøtelse; fornekting, avvisning. **repudiator** [ri'pju:dieitə] forkaster.

repugnance [ri'pʌgnəns] uoverensstemmelse, inkonsekvens; aversjon, uvilje, motvilje; avsky. **repugnant** [-nənt] motstrebende, motstridende, uforenlig; motbydelig, usmakelig, støtende.

repulse [ri'pʌls] tilbakevisning, tilbakestøt; avslag, avvisning; jage bort, drive, kaste tilbake; avvise. **repulsion** [-ʃən] tilbakestøt, tilbakedriving, frastøtning. **repulsive** [ri'pʌlsiv] tilbakestøtende; motbydelig, ekkel, frastøtende. **repulsiveness** [ri'pʌlsivnis] frastøtende vesen, usmakelighet.

reputable ['repjutəbl] aktverdig, aktet, hederlig. **reputation** [repju'teiʃən] omdømme, rykte, reputasjon, godt navn, anseelse, vørnad; **have the – of being** ha ry (el. ord) for å være; **have a – for** ha ry for.

repute [ri'pju:t] anse for, holde for; omdømme, anseelse, godt navn. **reputedly** [-idli] etter ryktet.

request [ri'kwest] anmodning, bønn, søknad; etterspørsel, begjær; anmode, be om, utbe seg; **by –** på oppfordring, etter anmodning; **in –** etterspurt; **make a –** fremsette en anmodning; **accede to (comply with, grant) a –** innvilge, etterkomme en anmodning. **– programme** ønskekonsert, ønskeprogram. **– stop** stoppested hvor det bare stoppes på signal.

requicken ['ri:'kwikən] gjenopplive.

requiem ['rekwiəm] rekviem (sjelemesse).

require [ri'kwaiə] forlange, kreve, behøve, fordre, trenge til; **delete as -d** stryk det som ikke passer. **requirement** [ri'kwaiəmənt] krav, fordring; betingelse; behov, fornødenhet.

requisite ['rekwizit] fornøden, nødvendig; fornødenhet, nødvendighet; rekvisitt. **requisiteness** [-nis] fornødenhet, nødvendighet.

requisition [rekwi'ziʃən] begjæring, fordring; betingelse, vilkår; forlangende, krav; rekvisisjon; legge beslag på; anmode, kreve, forlange, rekvirere. **– form** bestillingsseddel.

requital [ri'kwaitəl] belønning, gjengjeldelse **(of** av, for), lønn, gjengjeld, erstatning, vederlag **(of** for).

requite [ri'kwait] gjengjelde, lønne, erstatte.

reread ['ri:'ri:d] lese om igjen.

reredos ['riədɔs] reredos (en skjerm som bakgrunnsvegg bak et alter), alteroppsats, altertavle.

reroute ['ri:'ru:t] omdirigere.

rerun ['ri:'rʌn] gjenoppførelse, nyutsending (av f.eks. en film).

rescind [ri'sind] avskaffe; oppheve; omstøte, annullere. **rescindable** [ri'sindəbl] omstøtelig. **rescission** [ri'siʒən] opphevelse; omstøtelse, tilbakekalling.

rescript ['ri:skript] reskript; forordning, påbud.

rescue ['reskju] frelse, redde, berge; befri, utfri **(from** fra); frelse, redning, unnsetning, hjelp; befrielse, utfrielse. **– party** redningsmannskap. **rescuer** ['reskjuə] redningsmann; befrier. **rescuing** ['reskjuiŋ] rednings-, unnsetnings-.

research [ri'sə:tʃ] undersøkelse, forskning, granskning; undersøke (eller gjennomsøke) på ny, granske; fornyet undersøkelse; **-er** forsker. **– centre** forskningssenter. **– worker** forsker.

reseat ['ri:'si:t] gjeninnsette; sette nytt sete i; sette ny bak i; sette igjen, få til å sette seg igjen.

resell ['ri:'sel] selge igjen. **-er** videreforhandler.

resemblance [ri'zembləns] likhet, samsvar **(between** mellom; **to** med); likhetspunkt.

resemble [ri'zembl] ligne.

resent [ri'zent] oppta ille, anse som fornærmelse, føle seg fornærmet over, harmes over, bli fortørnet over; **he -ed my words** han ble meget sint for det jeg sa. **resentful** [ri'zentf(u)l] pirrelig; vanskelig; fornærmet, harm, fortørnet, langsint.

resentment [ri'zentmənt] krenkelse, harme, bitterhet, ergrelse, vrede.

reservation [rezə'veiʃən] reservasjon, forbehold; bestilling, reservering; reservat, reservert stykke land (især US om land som er reservert for indianere); **mental –** stilltiende forbehold.

reserve [ri'zə:v] gjemme, spare, holde tilbake; bevare, forbeholde, reservere; forbeholde seg; tilbakeholdelse, bevaring, bevarelse; behold-

ning, reserve; forråd; unntakelse, forbehold; tilbakeholdenhet, forsiktighet; reservat.
reserved [riˈzəːvd] reservert, forsiktig, tilbakeholden. **reservedness** [-vidnis] forsiktighet, reservasjon, tilbakeholdenhet.
reservist [riˈzəːvist] reservesoldat, reservist.
reservoir [ˈrezəvwɑː] beholder; vannreservoar, forråd, lager.
reset [ˈriˈset] det å sette tilbake; tilbakestillingsmekanisme; tilbakeføre; nullstille, el. sette tilbake til utgangspunkt; sette i på ny, sette i ledd igjen.
reset [riˈset] (skot., jur.) skjule (f.eks. tyvegods); hele.
resettle [ˈriːˈsetl] atter anbringe, bringe til ro igjen, komme til ro igjen.
reshape [ˈriːˈʃeip] forme på ny, omforme.
resheathe [ˈriːˈʃiːð] stikke i sliren (igjen).
reship [ˈriːˈʃip] skipe ut igjen, omlaste.
reshipment [ˈriːˈʃipmənt] gjenutskipet last; ny forsendelse.
reshuffle [ˈriːˈʃʌfl] blande på nytt, omdanne; omdannelse, ny blanding.
reside [riˈzaid] oppholde seg, bo; holde hoff, residere; ligge, ha sitt sete.
residence [ˈrezidəns] opphold, bosettelse, bosted, bolig, bopel; residens, residensby; fast opphold i distriktet. **– hall** (student)internat. **– permit** oppholdstillatelse.
residency [ˈrezidənsi] residens, residentskap.
resident [ˈrezidənt] bofast, fastboende, bosatt; innvåner, beboer, borger; embetsmann som bor i sitt distrikt; ministerresident, resident (engelsk utsending ved indisk hoff).
residential [reziˈdenʃəl] beboelses-, bosteds-, residens-; som angår fast bopel. **– area** boligstrøk. **– centre** boligsenter; drabantby. **– development** boligreising. **– unit** boligenhet.
residual [riˈzidjuəl] tiloversblitt, tilbakeværende, rest.
residuary [riˈzidjuəri] rest-, resterende. **residue** [ˈrezidjuː] rest; avfall, bunnfall; (jur.) dødsbo, restbo. **residuent** biprodukt, avfallsprodukt.
resign [riˈzain] overgi; avstå, legge ned; ta avskjed, melde seg ut, fratre; **– himself** overgi seg; hengi seg; **– oneself to** avfinne seg med.
resignation [rezigˈneiʃən] oppgivelse, avståelse, nedlegging; avskjed, utmelding; hengivelse, resignasjon; forsakelse; **send in one's –** sende inn sin avskjedssøknad.
resigned [riˈzaind] resignert, tålmodig; **be – to** finne seg tålmodig i, underkaste seg.
resilience [riˈziliəns] spenstighet. **resilient** [riˈziliənt] spenstig, elastisk.
resin [ˈrezin] harpiks, kvae. **resinous** [ˈrezinəs] harpiksholdig, kvae-; negativ (om elektrisitet).
resist [riˈzist] motstå, sette seg imot, gjøre motstand imot; motarbeide, motvirke; være motstandsdyktig overfor; **I could not – asking** jeg kunne ikke la være å spørre.
resistance [riˈzistəns] motstand **(against** el. **to** imot); ledningsmotstand.
resistant [riˈzistənt] ensom gjør motstand; motstandsdyktig, fast, bestandig. **resister** [riˈzistə] en som motsetter seg. **resistibility** [riˈzistiˈbiliti] motstandsdyktighet, bestandighet. **resistible** [riˈzistibl] som kan stå imot. **resistless** [riˈzistlis] uimotståelig; hjelpeløs. **resistor** motstander; (elektrisk) motstand.
resole såle igjen, halvsåle (sko).
resolute [ˈrezəl(j)uːt] bestemt, fast, standhaftig; djerv, kjekk, beslutsom, rådsnar, resolutt. **resoluteness** [-nis] bestemthet, rådsnarhet.
resolution [rezəˈl(j)uːʃən] oppløsning, spaltning; bestemthet, fasthet; rask opptreden, beslutsomhet; løsning, svar, resolusjon, beslutning, bestemmelse, vedtak. **– chart** prøvebilde (TV).
resolvability [rizɔlvəˈbiliti] oppløselighet.
resolvable [riˈzɔlvəbl] oppløselig.
resolve [riˈzɔlv] løse opp, oppløse; løse; beslutte, avgjøre, vedta, gjøre vedtak om, bestemme seg til; resolvere; løse seg opp, konstituere seg; beslutning, bestemmelse. **resolved** [-d] besluttet, bestemt. **resolvent** [-ənt] oppløsende; fordelende; oppløsningsmiddel.
resonance [ˈrezənəns] gjenlyd, gjenklang, resonans. **resonant** [ˈrezənənt] gjenlydende, klangfull.
resorb [ˈriːˈsɔːb] suge opp igjen, resorbere.
resort [riˈzɔːt] gå, begi seg, ty til, gripe til, ta sin tilflukt; søkning, besøk, tilhold, tilholdssted; oppholdssted; kursted; forlystelsessted; utvei; jurisdiksjon; instans.
resound [riˈzaund] la gjenlyde; lyde, ljome, gjenlyde; **resounding board** resonansbunn, klangbunn.
resource [riˈsɔːs] kilde, forråd; hjelpemiddel; tilflukt, utvei; **-s** midler, pengemidler, ressurser; **natural -s** naturrikdommer. **resourceful** [-f(u)l] oppfinnsom, idérik, rådsnar. **resourcefulness** rådsnarhet, oppfinnsomhet. **resourceless** [-lis] fattig på utveier, rådløs.
resp. fk. f. **respective; respectively.**
respect [riˈspekt] akte, respektere, overholde; vedrøre; ta hensyn til; gjelde, vedkomme, angå; aktelse, respekt; hensyn; henseende; **I – his feelings** jeg respekterer hans følelser; **– oneself** ha selvaktelse; **as -s** hva angår; **respecting** angående, med hensyn til; **out of – to him** av aktelse for ham; **send one's -s to** sende sin ærbødige hilsen til; **our -s** vår skrivelse; **in many -s** i mange henseender.
respectability [rispektəˈbiliti] aktverdighet, anstendighet. **respectable** [riˈspektəbl] aktverdig, respektabel, anselig; pen, skikkelig. **respectful** [riˈspektf(u)l] ærbødig; **yours respectfully** ærbødigst (foran underskriften i brev). **respecting** med hensyn til, angående. **respective** [riˈspektiv] hver sin, respektive; **put them in their – places** anbringe dem hver på sitt sted. **respectively** henholdsvis.
respirable [riˈspairəbl] som kan innåndes. **respiration** [ˈrespiˈreiʃən] åndedrett. **respirator** [ˈrespireitə] respirator. **respiratory** [riˈspairətəri, ˈrespi-] åndedretts-. **respire** [riˈspaiə] ånde, puste; innånde, utånde.
respite [ˈrespit] frist, henstand, utsettelse, pusterom; gi frist, utsette.
resplendence [riˈsplendəns] glans, prakt.
resplendent [riˈsplendənt] strålende, prektig.
respond [riˈspɔnd] svare (især om menighetens svar til presten); holde svartalen **(to** til); **– to** besvare med tilslutning, reagere på, følge (i handling), gjøre etter, lyde, lystre, sympatisere med; stemme med; **– with** svare med, gjengjelde med.
respondent [riˈspɔndənt] innstevnte (i skilsmissesaker); svarende **(to** til).
response [riˈspɔns] svar; menighetens svar ved gudstjenesten; svartale; positiv reaksjon; tilslutning, medhold.

responsibility [riˈspɔnsiˈbiliti] ansvarlighet; ansvar; ansvarsfølelse; forpliktelse, ansvarsområde.
responsible [riˈspɔnsibl] ansvarlig; trygg, vederheftig, pålitelig; ansvarsfull; innestå for.
responsive [riˈspɔnsiv] svarende; forståelsesfull, som står i samsvar (**to** med); sympatisk.
responsory [riˈspɔnsəri] svarende, svar-; svarsang, vekselsang.
rest [rest] hvile, hvil; ro, fred; støtte, hvilepunkt; pause; stativ, bukk; hvile, raste, holde hvil, roe seg; bygge, stole på; hvile, la hvile. **give it a –!** ta deg en pause! slutt med det der nå!
rest [rest] rest; forbli; være tilbake; **and (all) the – (of it)** og så videre; (i samme retning); **for the –** for resten.
restart [ˈri:ˈstɑ:t] starte på nytt.
restate [ˈri:ˈsteit] gjenta, hevde på nytt.
restaurant [ˈrestərənt] restaurant. **– keeper** restauratør. **– car** spisevogn.
rested [ˈrestid] uthvilt. **restful** [ˈrestf(u)l] rolig, beroligende, som stiller.
rest garden (US) gravlund.
restitution [restiˈtju:ʃən] gjenoppretting, tilbakegivelse, tilbakelevering, erstatning; vederlag, skadebot.
restive [ˈrestiv] sta, stri; hårdnakket; **be –** slå seg vrang; stritte imot.
restless [ˈrestlis] rastløs, hvileløs; urolig, nervøs. **-ness** rastløshet.
restock [ˈri:ˈstɔk] komplettere, fornye lagerbeholdning.
restorable [riˈstɔ:rəbl] som lar seg sette i stand, reparere el. fornye; opprettelig; helbredelig.
restoration [restəˈreiʃən] istandsetting, reparasjon, restaurering; gjenoppbygging; fornying; gjenoppretting; tilbakebringelse; tilbakegivelse; tilbakelevering; utlevering; erstatning; helbredelse, restituering; **the Restoration** gjeninnsetting av Stuartene i 1660 etter republikken.
restorative [riˈstɔ:rətiv] forfriskende, styrkende; gjenopplivende (middel).
restore [riˈstɔ:] sette i stand, reparere, restaurere; fornye; gjenopprette; gjeninnføre; gjeninnsette, få tilbake; gi tilbake; utlevere; gjengi; helbrede, restituere. **restorer** [riˈstɔ:rə] gjenoppretter; tilbakebringer; konservator.
restrain [riˈstrein] holde tilbake, styre, tøyle, beherske, betvinge, legge bånd på, døyve, kue; **restrainable** [-nəbl] betvingelig. **restrained** behersket. **restrainer** [-ə] betvinger, demper.
restraint [riˈstreint] tvang, age, styr; innskrenkning, bånd, tilbakeholdenhet, selvbeherskelse; bundethet, ufrihet; **be under –** være under tvang; sperre inne, sikre; være tvangsinnlagt (om sinnssyk).
restrict [riˈstrikt] begrense, innskrenke, holde styr på. **-ed** begrenset, avgrenset. **restriction** [riˈstrikʃən] innskrenkning, begrensning, restriksjon, forbehold. **restrictive** [riˈstriktiv] innskrenkende. **– practices** konkurransebegrensning.
rest room (US) ventesværelse; toalett.
restuff [ˈri:ˈstʌf] stoppe om (møbler).
result [riˈzʌlt] oppstå, fremgå, komme av, følge, resultere, få et utfall, ende; resultat, utslag, følge, utfall, virkning; **– from** følge av; **– in** ende med; **without –** fruktesløs.
resultant [riˈzʌltənt] resulterende; resultant.
resultless [riˈzʌltlis] fruktesløs, fåfengt.
resume [riˈz(j)u:m] ta tilbake, gjeninnta; gjenoppta, ta på seg igjen; begynne igjen, atter ta ordet, ta opp igjen tråden, fortsette.
resumé [ˈrezjumei] resymé, utdrag.
resumption [riˈzʌm(p)ʃən] tilbaketakelse; gjenopptakelse. **resumptive** [riˈzʌm(p)tiv] tilbaketakende, gjenopptakende.
resurface [ˈri:ˈsə:fis] dukke opp igjen; gi ny overflatebehandling.
resurge [ˈri:ˈsə:dʒ] gjenoppstå, dukke opp igjen. **-nce** gjenoppstandelse. **-nt** fornyet.
resurrect [rezəˈrekt] kalle til live igjen, gjenopplive; grave opp igjen.
resurrection [rezəˈrekʃən] oppstandelse, gjenopplivelse; rett laget av rester; likrøveri. **-ist** en som gjenoppliver; en som tror på oppstandelsen. **– man** likrøver. **– pie** rett laget av rester.
resuscitate [riˈsʌsiteit] gjenopplive; livne opp igjen. **resuscitation** [riˈsʌsiˈteiʃən] gjenopplivning. **resuscitative** [riˈsʌsitətiv] gjenopplivende, opplivnings-. **resuscitator** [riˈsʌsiteitə] gjenoppliver.
ret [ret] bløte opp, bløte ut (lin, hamp etc.).
ret. fk. f. **retired; returned.**
retail [riˈteil] selge i detalj, i smått; gjenfortelle, bære videre, diske opp med; småhandel, detalj(salg); **by –** i detalj, i smått; **recommended – price** veiledende pris; **– dealer** detaljhandler. **retailer** [riˈteilə] detaljist; kolportør, slarvekopp.
retain [riˈtein] holde tilbake; beholde; bevare, bibeholde; anta, engasjere, sikre seg; huske.
retainable [riˈteinəbl] som kan holdes tilbake. **retainer** [riˈteinə] tjener; klient; tilhenger; engasjement, engasjering; forskuddshonorar (til advokat); kuleholder, festeinnretning; **– pin** låsestift. **retaining fee** forskuddshonorar.
retaliate [riˈtælieit] gjengjelde. **retaliation** [ritæliˈeiʃən] gjengjeld; hevn; represalier. **retaliatory** [riˈtæliətəri] gjengjeldende, hevngjerrig, straffe-, gjengjeldelses-.
retard [riˈtɑ:d] forsinke, hefte, forhale; bremse, sakne; stille tilbake (ur). **retardation** forsinkelse, forminskelse av hastighet; forhaling; hindring. **retardative** [riˈtɑ:dətiv] forsinkende, forhalende. **retarded** [riˈtɑ:did] forsinket; tilbakestående, evneveik. **– ignition** lav tenning.
retch [retʃ, ri:tʃ] brekke seg; kaste opp.
retell [ˈri:ˈtel] gjenfortelle, gjenta.
retemper [ˈri:ˈtempə] atter herde.
retention [riˈtenʃən] tilbakeholdelse; bibehold; forvaring, det å holde på plass; hukommelse, minne; egenandel, selvassuranse. **retentive** [riˈtentiv] som beholder; som har god hukommelse.
reticence [ˈretisəns] taushet, fåmælthet, forbeholdenhet; diskresjon.
reticent [ˈretisənt] taus, fåmælt, forbeholden.
reticle [ˈretikl] nettverk; trådkors (i kikkert). **reticulate** [riˈtikjulit] nettaktig, rutet. **reticulated** [riˈtikjuleitid] nettaktig. **– glass** trådglass. **reticulation** [ritikjuˈleiʃən] nettaktig forgrening, nettverk.
reticule [ˈretikju:l] pompadur (dameveske); arbeidspose.
retiform [ˈri:tifɔ:m] nettformet, nettaktig.
retina [ˈretinə] netthinne.
retinitis [retiˈnaitis] betennelse i netthinnen.
retinue [ˈretinju] klienter; følge, suite, sveit.
retire [riˈtaiə] innfri (en veksel); trekke seg tilbake; fjerne seg; fortrekke, retirere; tre tilbake, gå av, ta sin avskjed, legge opp; vike tilbake. **retired** [riˈtaiəd] avsidesliggende, avsides, ensom;

som har trukket seg tilbake, som lever av sine midler, pensjonert, avgått. **retiree** [reti'ri:] pensjonist. **retirement** [ri'taiəmənt] avgang, fratredelse; ensomhet, tilbaketrukkethet, tilfluktssted; pensjonering, otium. – **age** pensjonsalder. – **pension** pensjon.

retiring [ri'taiəriŋ] som trekker seg tilbake; fratredende; tilbakeholden, beskjeden; pensjons-. – **age** aldersgrense, pensjonsalder.

retooling ['ri:'tu:liŋ] anskaffelse av nytt maskineri for produksjonsforandring el. -omlegging.

retort [ri'tɔ:t] gi tilbake; svare, sende tilbake; gjengjelde; gjengjeld, svar på tiltale, skarpt svar; retorte, kolbe.

retortion [ri'tɔ:ʃən] retorsjon, represalier.

retouch [ri'tʌtʃ] retusjere, retusj(ering); (fig.) finpusse.

retrace [ri(:)'treis] fare over igjen; spore tilbake, følge tilbake, forfølge; – **one's steps** gå samme vei tilbake.

retract [ri'trækt] trekke tilbake, trekke inn; ta tilbake, tilbakekalle, ta i seg igjen; ta sine ord tilbake. **retractable** [ri'træktəbl] som kan kalles el. trekkes tilbake. **retractation** [ri'træk'teiʃən] tilbakekalling. **retractible** [ri'træktibl] som kan trekkes tilbake. **retraction** [ri'trækʃən] tilbaketrekking; sammentrekning; dementi. **retractive** [ri'træktiv] tilbaketrekkende.

retrain ['ri:trein] gjenopplære, omskolere.

retranslate ['ri:trɑ:ns'leit] oversette tilbake, oversette igjen. **retranslation** ['ri:trɑ:ns'leiʃən] oversettelse tilbake, fornyet oversettelse.

retread [ri'tred] regummiere. ['ri-] regummiert dekk.

retreat [ri'tri:t] tilbaketog, tilbakegang; retrett; det å trekke tilbake; tappenstrek; tilflukt; tilfluktssted; pleie- el. sikringshjem (for sinnssyke); trekke seg tilbake, vike; fjerne seg; **beat the** – slå retrett; **sound the** – blåse retrett.

retrench [ri'trenʃ] skjære bort; beskjære; begrense, innskrenke; innskrenke seg. **retrenchment** [-mənt] innskrenkning; begrensning; nedskjæring, innsparing; forskansning.

retrial ['ri:'traiəl] ny saksbehandling.

retribution [retri'bju:ʃən] gjengjeldelse; straff.

retributive [ri'tribjutiv] gjengjeldende.

retributory [ri'tribjutəri] gjengjeldende.

retrievable [ri'tri:vəbl] gjenopprettelig; som kan fås igjen.

retrieval [ri'tri:vəl] det å finne igjen; gjenvinning; frelse, redning; gjenoppretting; erstatning.

retrieve [ri'tri:v] gjenfinne; gjenvinne; vinne inn igjen; gjenopprette; råde bot på; rette på; apportere. **retriever** [ri'tri:və] støver; retriever (hunderase).

retro- ['retrəu-] tilbake; bak-.

retroactive [retrəu'æktiv] tilbakevirkende.

retrocede [retrəu'si:d] gi tilbake; gå tilbake. **retrocession** [retrəu'seʃən] avståelse på nytt.

retrogradation [retrəugrə'deiʃən] tilbakegående bevegelse. **retrograde** ['retrəgreid] i tilbakegang; gå tilbake; – **step** tilbakeskritt.

retrospect ['ri:trəspekt, 'ret-] se tilbake; tilbakeblikk. **retrospective** [-'spektiv] tilbakeseende; tilbakevirkende.

retroversion [retrə'və:ʃən] retroversjon, tilbakeføring (til originalspråket); tilbakebøyning (især av livmoren).

return [ri'tə:n] vende tilbake, snu, komme igjen; returnere; svare; gjenta; bringe tilbake, innsende, sende tilbake; betale tilbake; innbringe, kaste av seg; betale, gjengjelde; melde tilbake; innberette, melde, deklarere; føre opp (i manntall); sende, velge (til parlamentet); tilbakevending, tilbakereise; tilbakekomst, hjemkomst; retur; tilbakelevering, returnering; betaling, remisse; gjengjeldelse, gjengjeld, erstatning; svar; (inn)-beretning, rapport, melding, valg; avkastning; utbytte; **-s** returnerte varer, returgods; – **home** vende hjem; – **a lead** besvare en invitt (i kortspill); – **a call** gjengjelde en visitt; – **thanks** takke (bl. a. for maten, om bordbønn); – **an answer** gi et svar; – **a verdict** avgi en kjennelse; **he was -ed for** han ble valgt til parlamentsmedlem for; **in** – til gjengjeld, som takk; **in** – **to** som svar på; **by** – **of post** omgående; **many happy -s of the day** til lykke med fødselsdagen; **income-tax** – selvangivelse.

returnable [ri'tə:nəbl] som kan leveres tilbake.

returner [ri'tə:nə] tilbakevender; remittent.

return game returkamp.

returning officer valgstyrer.

return | key tilbaketast (på skrivemaskin). – **postage** returporto. – **ticket** returbillett.

Reuben ['ru:bin] Ruben.

reunification ['ri:ju:nifi'keiʃən] gjenforening.

reunion ['ri:'ju:njən] gjenforening; møte.

reunite ['ri:ju'nait] gjenforene; komme sammen igjen.

rev fk. f. **revolution;** sl. – **up** øke omdreiningstallet el. farten. – **counter** turteller.

Rev. fk. f. **Revelation; Reverend.**

rev. fk. f. **revenue; review; revise; revision; revolution.**

revaluation ['ri:vælju'eiʃən] overtakst, omtakst; omvurdering, revaluering.

reveal [ri'vi:l] avsløre, åpenbare, vise, røpe. **revealable** [-əbl] som kan avsløres.

reveille [ri'veli] revelje.

revel ['revəl] svire, ture, rangle, holde leven, slå seg løs; fryde seg, gotte seg **(in** over); kalas, turing, rangel; (i pluralis også:) moro.

revelant ['revilənt] som åpenbarer.

revelation [revi'leiʃən] avsløring, åpenbaring.

reveller ['revələ] svirebror, ranglefant.

revelry ['revəlri] turing, drikkelag, rangel.

revenge [ri'ven(d)ʒ] hevne; hevn; revansje; **act of** – hevnakt; – **oneself upon** el. **be -d upon** hevne seg på; **have one's** – få hevn; **take** – **upon** hevne seg på; **give him his** – gi ham revansje. **revengeful** [ri'ven(d)ʒf(u)l] hevngjerrig.

revenue ['revinju] inntekt, utbytte, statsinntekter, toll. – **department** finansdepartement. – **duty** fiskaltoll. – **officer** tollbetjent. – **stamp** stempelmerke. – **vessel** tollfartøy.

reverberate [ri'və:bəreit] kaste tilbake; kastes tilbake; gjenlyde, ljome; gi gjenklang. **reverberation** [rivə:bə'reiʃən] gjenlyd, gjenklang. – **chamber** klangrom. **reverberatory** [ri'və:bərətəri] tilbakekastende, reflekterende.

revere [ri'viə] hedre, ære, akte, holde i ære.

reverence ['rev(ə)rəns] ærefrykt, ærbødighet, pietet; reverens, kompliment; velærverdighet, ærverdighet; ære, ha ærbødighet for.

reverend ['rev(ə)rənd] ærverdig; **the Rev. Amos Barton** herr pastor Amos Barton; **the Very Reverend** hans høyærverdighet (om prost osv.);

(the) Right Reverend hans høyærverdighet (om biskop); **(the) Most Reverend** (om erkebiskop).
reverent [ˈrev(ə)rənt], **reverential** [revəˈrenʃəl] ærbødig; full av ærefrykt.
reverie [ˈrevəri] drømmerier, grubleri.
revers [riˈviə, riˈvɛə] oppslag, brett.
reversal [riˈvə:səl] omstyrting, omstøting, annullering; forandring, omslag.
reverse [riˈvə:s] dreie tilbake; vende om, vrenge, endevende; snu opp ned på, forandre fullstendig; omstyrte, omstøte, annullere, forkaste; reversere, rygge, bakke; motsatt side; motsetning, omslag; uhell, nederlag, motgang; bakside, revers; reversering, rygging; motsatt, omvendt. **– call** noteringsoverføring (telefon).
reversibility [rivə:siˈbiliti] det å kunne vendes; omstøtelighet. **reversible** [riˈvə:sibl] som kan vendes, reversibel; omstillbar; omstøtelig.
reversing key strømskifter.
reversion [riˈvə:ʃən] det å vende tilbake; omvending; reversering; tilbakefall; atavisme; hjemfall; hjemfallsrett.
reversionary [riˈvə:ʃən(ə)ri] hjemfalls-, arve-; senere tilfallende, fremtidig; atavistisk; **– annuity** oppsatt livrente; overlevelsesrente.
revert [riˈvə:t] vende om, snu, vende tilbake.
revertible [riˈvə:tibl] hjemfallen.
revertive [riˈvə:tiv] tilbakevendende, skiftende.
revet [riˈvet] kle (med murverk).
revetment [riˈvetmənt] bekledningsmur.
review [riˈvju:] gjennomgå, se igjennom, betrakte; mønstre; bedømme, anmelde; inspisere, holde mønstring over; tilbakeblikk; mønstring, betraktning, oversyn, gjennomsyn; bedømmelse, anmeldelse, melding; revy; magasin, tidsskrift.
reviewer [riˈvju:ə] anmelder, kritiker.
revile [riˈvail] forhåne, spotte, overfuse.
revisal [riˈvaizəl] gjennomsyn, revisjon.
revise [riˈvaiz] se igjennom, lese igjennom; revidere; revisjon; **the Revised Version** den reviderte engelske bibeloversettelse (besørget 1870–1885); **the Revised Standard Version** den reviderte amerikanske bibeloversettelse (1952).
reviser [riˈvaizə] korrekturleser; bibelutgiver.
revision [riˈviʒən] gjennomsyn, korrektur; revidering, retting; revidert el. korrigert utgave.
revisit [ˈri:ˈvizit] besøke igjen; fornyet besøk.
revival [riˈvaivəl] gjenoppliving, fornyelse, gjenoppvekkelse; (religiøs) vekkelse; gjenopptakelse, reprise; **the – of learning** (el. **letters)** renessansen. **revivalist** [riˈvaivəlist] vekkelsespredikant.
revive [riˈvaiv] livne opp igjen, få nytt liv, kvikne til; våkne, fornye, få nytt liv i, gjenopplive, vekke. **reviver** [riˈvaivə] gjenoppliver; oppstrammer.
revocability [revəkəˈbiliti] gjenkallelighet.
revocable [ˈrevəkəbl] som kan tilbakekalles.
revocation [revəˈkeiʃən] tilbakekalling, opphevelse, annullering. **revoke** [riˈvəuk] tilbakekalle; oppheve, avskaffe; ikke følge farge (i kortspill); forsømmelse av å bekjenne farge; **make a –** ikke bekjenne farge.
revolt [riˈvəult] gjøre opprør; reise seg; protestere; jage på flukt; få til å gjøre opprør; opprøres, vemmes; oppstand, revolte, opprør, reisning; vemmelse, avsky. **revolted** [-id] opprørsk; **revolting** [-iŋ] opprørsk; opprørende, avskyelig.
revolution [revəˈl(j)u:ʃən] omløp, rotasjon, omdreining; revolusjon, omveltning. **revolutionary** [revəˈl(j)u:ʃən(ə)ri] revolusjons-; revolusjonær.
revolutionist [revəˈl(j)u:ʃənist] revolusjonsmann.
revolutionize [revəˈl(j)u:ʃənaiz] revolusjonere.
revolve [riˈvɔlv] dreie seg, rotere; dreie om; overveie, tenke over. **revolver** [riˈvɔlvə] revolver. **revolving** [-iŋ] omdreiende, roterende, svingbar. **– cannon** (el. **gun)** revolverkanon. **– door** svingdør. **– light** blinkfyr. **– stage** dreiescene.
revue [riˈvju:] revyteater, revy.
revulsion [riˈvʌlʃən] omslag, skifte.
revulsive [riˈvʌlsiv] avledende.
reward [riˈwɔ:d] gjengjelde, belønne, lønne; lønn; gjengjeld, belønning; erstatning; dusør; **in – for** som belønning for. **rewarding** givende; takknemlig.
rewind [ˈri:ˈwaind] spole tilbake; vikle om.
rewrite [ˈri:ˈrait] skrive om igjen, revidere, omskrive, omarbeide.
Rex [rex] konge.
Reynard [ˈrenəd] **the Fox** ≈ Mikkel rev.
R. F. fk. f. **Royal Fusiliers.**
R. F. A. fk. f. **Royal Field Artillery.**
R. F. C. fk. f. **Royal Flying Corps.**
R. G. A. fk. f. **Royal Garrison Artillery.**
R. H. fk. f. **Royal Highlanders; Royal Highness.**
R. H. A. fk. f. **Royal Horse Artillery.**
rhapsodical [ræpˈsɔdikəl] rapsodisk, høyttravende, svulstig.
Rhenish [ˈreniʃ] Rhin-; rhinsk; rhinskvin.
rhetoric [ˈretərik] retorikk, talekunst.
rhetorical [riˈtɔrikl] retorisk.
rheum [ru:m] snue; slim. **rheumatic** [ruˈmætik] reumatisk, giktisk; **-s** reumatisme. **rheumaticky** [ruˈmætiki] (sl.) reumatisk. **rheumatism** [ˈru:mətizm] reumatisme.
R. H. G. fk. f. **Royal Horse Guards.**
rhine [rain] vanngrav, grøft, veit.
Rhine [rain]; **the –** Rhinen. **-stone** rhinstein. **– wine** rhinskvin.
rhino [ˈrainəu] = **rhinoceros** [raiˈnɔsərəs] neshorn.
Rhodes [rəudz] Rhodos (øy og by); (Cecil) Rhodes. **Rhodesia** [rəuˈdi:zjə] Rhodesia.
rhododendron [rəudəˈdendrən] rhododendron, alperose.
rhomb [rɔm] rombe.
rhubarb [ˈru:bɑ:b] rabarbra; prek; krangel.
rhumb [rʌm] kompass-strek, strek.
rhyme [raim] rim; vers, poesi; rime; sette på rim; **without – or reason** helt meningsløst. **-d couplet** rimpar. **-d epistle** rimbrev. **rhymeless** [-lis] rimfri. **rhymer** [ˈraimə] rimsmed. **rhymery** [ˈraim(ə)ri] rimeri. **rhyming** [ˈraimiŋ] rimende. **rhymester** [ˈraimstə] rimsmed, versemaker.
rhythm [riθm] rytme, takt; **in –** i takt.
rhythmic(al) [ˈriθmik(l)] rytmisk; taktfast.
R. I. fk. f. **Rhode Island.**
rib [rib] ribbein, sidebein; ribbe, spant; spile; (sl.) kone; jentunge; forsyne med ribbein; ribbe, danne med ribber; strikke rett og vrang.
ribald [ˈribəld] gemen, rå, grov; råtamp.
ribaldry [ˈribəldri] råskap; rått snakk.
riband [ˈribənd] se **ribbon.**
ribbon [ˈribən] bånd; remse, strimmel; ordensbånd, sløyfe; pynte med bånd; stripe; **the blue –** Hosebåndsordenens ordensbånd; det blå bånd (til sjøs); **the Ribbon Society** et hemmelig irsk samfunn; **torn to -s** revet i filler. **ribbon | building** rekkebebyggelse. **– chaser** ordensjeger.

– **development** randbebyggelse. – **loom** båndvev. – **saw** båndsag. – **window** blyinnfattet vindu.
R. I. C. fk. f. **Royal Irish Constabulary.**
rice [rais] ris. **-bran** riskli. – **flour** rismel. – **husk** risskall. – **milk** risvelling.
rich [ritʃ] rik; rikelig; verdifull; flott; kaloririk, fet (om mat); fyldig, tung; varm, dyp (farge).
Richard [ˈritʃəd].
riches [ˈritʃiz] rikdom, rikdommer.
richly [ˈritʃli] rikelig; – **deserves it** fortjener det ærlig og redelig.
Richmond [ˈritʃmənd].
richness [ˈritʃnis] rikdom.
rick [rik] stakk, såte, høystakk, kornstakk; stakke.
rickets [ˈrikits] engelsk syke, rakitt.
rickety [ˈrikiti] lealaus, gebrekkelig, skrøpelig.
rickshaw [ˈrikʃɔ:] rickshaw.
rick|stand halmstakk. **-yard** stakkplass.
ricochet [ˈrikəʃet] rikosjett; rikosjettere.
rid [rid] befri, frigjøre, kvitte; fri, befridd, uhindret; **be – of, get – of** bli kvitt. **riddance** [ˈridəns] befrielse; **he is a good** – det er godt å bli kvitt ham.
ridden [ˈridn] perf. pts. av **ride; -ridden** (som endelse) plaget av, besatt; eks. **guilt-ridden** skyldbetynget, se **ride.**
riddle [ˈridl] grovt såld; sikte, sile; gjennomhulle.
riddle [ˈridl] gåte; tale i gåter.
ride [raid] ri; kjøre; ligge til ankers; ri på; beherske, kue, plage, hundse; ritt, ridetur; kjøretur; seiltur; ridevei; **bed-ridden** sengeliggende; **priest-ridden** under prestetyranni; **take for a** – bortføre og myrde; lure, svindle; – **down** ri ned; beseire; – **easy** ta det makelig.
rideau [riˈdəu] (terreng-)forhøyning.
rider [ˈraidə] ridende, rytter; berider(ske); passasjer; tillegg, redaksjonell tilføyelse, hale; forlengelse, anhang; kjørende; passasjer.
ridge [ridʒ] rygg, høydedrag, ås, kam, rabbe; rev; plogvelte; møne, takås; toppe seg, heve seg i rygger; pløye slik at det dannes rygger, hyppe, fure. **-hoe** hyppejern. – **tile** mønepanne. **ridgy** [ˈridʒi] furet; rygget, bakket.
ridicule [ˈridikju(:)l] latter, spott; latterliggjøring; spotte, latterliggjøre, gjøre narr av; **turn into** – spotte over; **hold up to** – gjøre latterlig. **ridiculous** [riˈdikjuləs] latterlig, meningsløs.
riding [ˈraidiŋ] tredjedel, (administrativ inndeling av Yorkshire) ≈ distrikt.
riding [ˈraidiŋ] ridning; ridevei; ridende; ride-. – **crop** ridepisk. – **habit** ridedrakt (for damer). – **hood** ridehette, ridekåpe; **Little Red R. H.** lille Rødhette. – **horse** ridehest. – **house** ridehus, manesje. – **school** rideskole. – **whip** ridepisk.
rife [raif] hyppig, fremherskende; full **(with** av); **be – with** full av, stinn av. **rifeness** [-nis] det å være vanlig, alminnelighet.
riffle [ˈrifəl] krusning; elvestryk; kruse (seg); danne elvestryk.
riffraff [ˈrifræf] søppel, rusk; pakk, utskudd.
rifle [ˈraifl] snappe bort; rane, røve; plyndre.
rifle [ˈraifl] rifle, gevær; rifleskytter, skytter; rifle, fure, rille; **-s** (pl.) geværtropp, geværavdeling. – **barrel** geværløp. – **bore** geværløp; riflegang. – **club** skytterlag. – **-green** grågrønn, mørkegrønn. **-man** geværmann; skarpskytter. – **pit** skyttergrav. – **range** skytebane; skuddhold. – **shot** geværskudd; rifleskytter; børseskudd (avstanden).
rift [rift] revne, rift, kløft; rive; risse; revne.
rig [rig] rigge, rigge til, ordne, utstyre; fikse på forhånd, svindle; – **up,** – **out** spjåke til, maie ut; rigg, takkelasje; utstyr, greier, saker, boreutstyr (for oljeboring), boreplattform; antrekk, mundur; puss, spikk, knep, list, svindel; **run a** – fare med svindel; kjøretøy med forspann, langtransport-trailer.
Riga [ˈri:gə].
rigger [ˈrigə] rigger, takler; reimskive.
rigging [ˈrigiŋ] rigg, takkelasje; antrekk.
riggish [ˈrigiʃ] kåt, utsvevende.
right [rait] rett, strak; riktig; høyre; **all** – ganske riktig; i orden; klar, ferdig; (til en kusk) kjør vekk; ingen årsak (som svar på en unnskyldning); **be** – være riktig; ha rett; **by – of** i kraft av; **come** – komme i orden; gå i orden; bli godt igjen; **make it** – klare det, få det i orden. **set** – sette i stand, rette; bringe på rett kjøl; **Mr. Dick sets us all** – hjelper oss alle til rette; **do – to every one** gjøre rett og skjell mot alle; – **and left** til høyre og venstre; – **away** straks; – **off** straks; **he could read anything – off** fra bladet; – **out** like fram, rent ut, endefram.
right [rait] rett, rettighet; atkomst; høyre side; høyre; rette, rettside; **by the – of the strongest** med den sterkestes rett; **it is yours by every** – med full rett; **be in the** – ha rett, ha retten på sin side; **in – of his wife** ved sitt giftermål; **if you come to the -s of it** når alt kommer til alt; – **of way** forkjørsrett; ferdselsrett; **within one's -s** være i sin fulle rett.
right [rait] rette; rette på; beriktige; skaffe rett; **see him -ed** skaffe ham rett.
rightabout [ˈraitəˈbaut], **to the** – helt om; **turn to the** – gjøre helt om; **send him to the** – vise ham døra, skysse på porten, avvise ham.
right | angle rett vinkel. – **-angled** rettvinklet. – **away** straks, med en gang. – **down** ordentlig; i høy grad.
righteous [ˈraitʃəs] rettferdig, rettvis. **righteousness** [-nis] rettferdighet.
righter [ˈraitə] retter, beriktiger; forbedrer; beskytter, forsvarer.
rightful [ˈraitf(u)l] rettferdig, rettvis; rett; rettmessig, lovlig.
right-hand [ˈraithænd] høyre, på høyre side; – **man** høyre sidemann; høyre hånd (uunnværlig hjelper). **right-handed** [ˈraitˈhændid] retthendt (motsatt keivhendt); som går til høyre; høyregjenget (om skrue). **right-hander** [ˈraithændə] person som fortrinnsvis benytter høyre hånd; slag med høyre hånd.
right-hearted [ˈraitˈhɑ:tid] rettsindig.
Right Honourable høyvelbåren (tittel som brukes om adelige og medlemmer av **Privy Council).**
right|ist [ˈraitist] høyreorientert, konservativ. **-less** rettløs.
rightly [ˈraitli] rett, riktig, med rette.
right|-minded rettsindig, rettenkende. **-ness** [ˈraitnis] rettskaffenhet, riktighet. **-o** [ˈraitˈəu] javel; javisst. – **whale** grønlandshval; nordkaper.
rigid [ˈridʒid] stiv, hard, streng, ubøyelig.
rigidity [riˈdʒiditi] stivhet, strenghet.
rigmarole [ˈrigmərəul] forvirret sludder, vas, skravl.
rigor [ˈraigɔ:] stivhet; – **mortis** dødsstivhet. **rigo-**

rism [ˈrigərizm] stivhet, strenghet. **rigorist** [ˈrigərist] rigorist, streng mann. **rigorous** [ˈrigərəs] streng, hard. **-ness** [-nis] strenghet, skarphet. **rigour** [ˈrigə] stivhet; strenghet, hardhet.
rig-out [ˈrig(ˈ)aut] utstyr, antrekk.
rile [rail] ergre.
rill [ril] liten bekk, småbekk; renne, sildre.
rim [rim] rand, kant; innfatning, felg, ring, brilleinnfatning; brem; kante, rande; innfatte.
rime [raim] rim; rimfrost; rime; dekke med rim.
rime [raim] = **rhyme.**
rimple [ˈrimpl] rynke, kruse; kruse seg.
rimy [ˈraimi] rimfrossen, rimet.
rind [raind] bark, skall, skrell, skorpe, svor.
rinderpest [ˈrindəpest] kvegpest, busott.
ring [riŋ] ring; bane, veddeløpsbane; sportsplass, kampplass; arena, manesje; krets, klikk; omgi med en ring, slå ring om; forsyne med en ring; omfatte; ringe.
ring [riŋ] la lyde, varsle med ringing, ringe med; ringe på; ringe; klinge, kime, ljome, lyde; gjenlyde, runge; **– false** ha en uekte klang; **– for** ringe på, ringe etter; **give me a –** slå på tråden; **– off** legge på (telefonen); **– out** lyde, ringe.
ring [riŋ] klang, lyd, ljom, ringing; gjenlyd; preg, tone; klokkespill; tonefall. **ringed** innringet, omringet; ringprydet. **ringer** [ˈriŋə] ringer. **ringing** [ˈriŋiŋ] ringende, klingende; ringing.
ringleader [ˈriŋli:də] anfører, hovedmann.
ringlet [ˈriŋlit] liten ring; lokk, krøll.
ring lock [ˈriŋlɔk] ringlås, bokstavlås.
ring| mail [ˈriŋmeil] ringbrynje. **-man** bookmaker. **– ouzel** ringtrost. **– road** ringvei. **– screw** øyeskrue. **– -shaped** ringformet.
ringworm [ˈriŋwə:m] ringorm.
rink [riŋk] bane; kunstig skøytebane, innendørs skøytebane, rulleskøytebane, curlingbane.
rinse [rins] skylle; skylling; skyllevann; hårtonemiddel. **rinsing** [ˈrinsiŋ] skylling; skyllevann.
riot [ˈraiət] tøylesløshet, tumult, ståhei; opptøyer; leven, røre, oppløp; kjempesuksess; larme, tumle vilt; bråke, svire, leve vilt, ture, rangle; skape oppløp, lage bråk, få til oppløp; **that dress is a –** den kjolen er fantastisk; **run –** løpe grassat; slå seg løs, løpe løpsk. **– act** opprørslov. **rioter** [ˈraiətə] fredsforstyrrer; opprører; utsvevende person, ranglefant. **riotous** [ˈraiətəs] tøylesløs, opprørsk, bråkende.
rip [rip] flenge, sprette, rive; sprette opp; revne, rakne, sprekke; gå opp; rift, spjære; øk, gamp; levemann; libertiner; **let things –** la skure, la det stå til; **– into** angripe voldsomt.
R. I. P. fk. f. **Requiesca(n)t in pace** hvil i fred.
riparian [raiˈpɛəriən] som hører til en elvebredd, elve-, strand-; **– rights** strandrettigheter.
rip cord utløsersnor (fallskjerm).
ripe [raip] moden, fullvoksen; **– for** parat til, moden for. **ripen** [ˈraipn] modne, bli moden; utvikle seg. **ripeness** [ˈraipnis] modenhet. **ripening** [ˈraipniŋ] modning.
riposte [riˈpəust] motstøt, svar på tiltale.
ripper [ˈripə] oppspretter; kjernekar, praktstykke.
ripping [ˈripiŋ] makeløs, storartet, fantastisk, utrolig, svært. **– bar** brekkjern.
ripple [ˈripl] kruse seg; skvulpe; risle, sildre; kruse; hekle (lin); krusning; skvulping, risling. **– cloth** heklet tøy. **– mark** bølgeslagslinje.
ripply [ˈripli] kruset; skvulpende; bølgende.
rip-roaring [ˈriprɔ:riŋ] løssloppen.
ripsaw [ˈripsɔ:] håndsag, lang vedsag.
rise [raiz] heve seg, stige, reise seg; avslutte møtet; ta ferier; komme opp, stå opp, oppstå; avansere, komme fram; løfte seg, gå, ese (om deig); heve, slutte beleiringen; svulme opp, svelle, trutne; sette seg opp imot, gjøre oppstand; sprette; tilta; stigning; lønnsøkning, pålegg; oppstandelse; utspring, opprinnelse, opphav; det å tilta, vekst, oppgang, solrenning; bakke, høyde, høgd; **give – to** gi anledning til; **be on the –** være i oppgang; **– to the occasion** være seg situasjonen voksen; **– against** gjøre opprør mot. **rising** [ˈraiziŋ] stigende; oppgående; tiltagende; stigning; oppgang; reisning, opprør; oppstandelse; hevelse.
risibility [riziˈbiliti] lattermildhet. **risible** [ˈrizibl] lattermild; latter-.
rising [ˈraiziŋ] stigende, oppgående; stigning; (sol)oppgang; opprør, oppstand.
risk [risk] våge, risikere, utsette for fare, sette på spill; risiko, fare. **– money** tellepenger. **risky** risikabel, betenkelig.
rite [rait] ritus, kirkeskikk; seremoni.
ritual [ˈritjuəl] rituell, som hører til gudstjenesten; ritual; kirkeskikker.
rival [ˈraivl] rival, medbeiler, rivalinne; rivaliserende; rivalisere med; kappes med, tevle med. **rivalry** [ˈraivlri] rivalisering; konkurranse, kappestrid, tevling.
rive [raiv] kløyve, splitte; kløvne, revne; kløft.
river [ˈrivə] elv, flod; **sell down the –** forråde. **– bank** elvebredd. **– basin** [-beisn] elvebekken. **– bed** elveleie. **– craft** elvefartøy. **-side** [ˈrivəsaid] elvebredd; **by the –** ved elven. **-wash** elveavleiring.
rivet [ˈrivit] klinknagle; nitte, klinke, nagle; befeste; fastholde, feste; **-s** (sl.) grunker, skiver (ɔ: penger). **-er** klinkhammer; klinker. **– head** naglehode. **riveting** nagling, klinking. **– punch** nagledor.
rivulet [ˈrivjulit] bekk, liten elv.
R. M. fk. f. **Resident Magistrate; Royal Mail; Royal Marines.**
R. M. A. fk. f. **Royal Marine Artillery; Royal Military Academy.**
R. M. C. fk. f. **Royal Military College.**
R. M. L. I. fk. f. **Royal Marine Light Infantry.**
R. M. S. fk. f. **Royal Mail Steamer.**
R. M. S. P. fk. f. **Royal Mail Steampacket Co.**
R. N. fk. f. **Royal Navy.**
R. N. A. S. fk. f. **Royal Naval Air Service.**
r'n b (mus.) fk. f. **rythm and blues.**
roach [rəutʃ] mort (fisk); kakerlakk.
road [rəud] vei, red; turné; **by –** langs veien, landverts; **one for the –** avskjedsdrink; **hit the –** ta landeveien fatt; haike; **high –** hovedvei; (fig.) den brede vei.
roadability [rəudəˈbiliti] kjøreegenskaper, veiegenskaper (om bil).
road | accident trafikkulykke. **– accident insurance** trafikkulykkesforsikring. **-bed** veilegeme. **-block** veisperring. **-book** veibok. **– cart** gigg. **– grader** veihøvel. **– grip** veigrep. **– haulage** veitransport. **– hog** bilbølle. **-house** veikro. **– safety** trafikksikkerhet. **-side** veikant; landeveis-. **– sign** veiskilt.
roadsted [ˈrəudsted] red.

roadster [ˈrəudstə] skip på reden; landeveishest, skysshest; landeveissykkel, toseters sportsvogn.
road | system veinett. – **test** prøvekjøring av bil på landeveien. – **traffic act** veitrafikklov. **-way** kjørebane, veibane. **-worthy** trafikksikker.
roam [rəum] vandre om, streife om, flakke om, dra omkring; gjennomstreife. **roamer** [ˈrəumə] omstreifende person; vagabond.
roan [rəun] skimlet; skimmel.
roan [rəun] saueskinn garvet med sumak og brukt som bokbind; saffianlær.
roan tree [ˈrəuntri:] rogn (tre).
roar [rɔ:] brøle, bure, skrike, vræle, rope, gaule; larme, bruse, dure, buldre; brøl, vræl, brøling; skrik; brus, dur; brak, dunder, larm.
roarer [ˈrɔ:rə] brøler, buldrer, skrålhals.
roaring [ˈrɔ:riŋ] brøl; brølende; stormende; uordentlig, tøylesløs, vill; **do a – business** gjøre glimrende forretninger; – **drunk** sprøytefull; **the – forties** det stormfulle belte 40 – 50° nord og sør for ekvator.
roast [rəust] steke (på rist el. spidd); brenne, riste; stekes; spotte; stekt; stek; – **beef** oksestek; – **leg of pork** svinestek, skinkestek.
roaster [ˈrəustə] steker; stekerist.
roasting [ˈrəustiŋ] steking, risting; steke-; – **jack** stekevender, dreiespidd. – **pan** stekepanne.
rob [rɔb] røve; plyndre; stjele fra; plyndre ut.
robber [ˈrɔbə] røver, tyv, ransmann.
robbery [ˈrɔbəri] utplyndring, tyveri, ran.
robe [rəub] galladrakt, embetsdrakt, lang kappe, gevant; robe, kjole; kle, ta på; iføre; **gentlemen of the long** – advokater, advokatstand, rettslærde.
Robert [ˈrɔbət] Robert; politimann.
robin [ˈrɔbin] rødstrupe, rødkjelke. **R. Goodfellow** nisse. – **redbreast** rødstrupe, rødkjelke.
roborant [ˈrɔbərənt] styrkende; styrkemiddel.
robot [ˈrəubɔt] maskinmenneske, robot. – **plane** førerløst fly.
Robt. fk. f. **Robert.**
robust [rəˈbʌst] hardfør, sterk, traust, kraftig. **robustness** [-nis] hardførhet; kraft.
roc [rɔk] rokk (kjempemessig fugl i orientalske eventyr), ≈ Fugl Dam.
Rochdale [ˈrɔtʃdeil].
Rochester [ˈrɔtʃistə].
rochet [ˈrɔtʃit] messeskjorte.
rock [rɔk] rokkehode, håndtein, rokk.
rock [rɔk] vugge, vogge, rugge, gynge, rokke, slingre; (fig.) bringe ut av balanse, få til å vakle; vugging; – **to sleep** vugge i søvn; **-ed by the waves** vugget av bølgene.
rock [rɔk] klippe, berg, fjell; skjær, båe, flu; bergart; stein; edelstein, juvel; **be on the** – være i en knipe; være pengelens. **whisky on the -s** bar whisky med isterninger. – **basin** fjellgryte. – **bed** fjellgrunn. – **bit** feisel. – **bottom** absolutt laveste, bunn-. – **candy** kandissukker. – **carving** helleristning. – **crystal** bergkrystall. – **drill** steinbor, feisel.
rocker [ˈrɔkə] gyngestol; gyngehest; vugge, vogge; vuggemei; **he is off his** – helt spenna gærn. – **arm** vippearm. – **cam** vippekam. – **switch** vippebryter.
rockery [ˈrɔkəri] steinhaug, steinparti (i hage).
rocket [ˈrɔkit] dagfiol; nattfiol.
rocket [ˈrɔkit] rakett, rakettmotor; overhaling, kjeft; fare til værs; **-ry** rakettvitenskap, rakett-.
rockiness [ˈrɔkinis] berglende.
rocking chair [ˈrɔkiŋtʃεə] gyngestol.
rocking horse [ˈrɔkiŋhɔ:s] gyngehest.
rock | lobster langust. – **oil** jordolje. – **plant** steinbedsplante. – **-ribbed** sterk, fast. – **salmon** sei. – **salt** steinsalt. – **seal** steinkobbe. **-slide** steinras, skred. – **wool** steinull, mineralull.
rocky [ˈrɔki] bergfull, berglendt; hard som fjell; vaklevoren, ustø; **R. Mountains** el. **Rockies** fjellkjede i Nord-Amerika.
rococo [rəˈkəukəu] rokokko.
rod [rɔd] kjepp, stav, påk; stang; målestang; fiskestang; ladestokk; visker (til kanon); lynavleder; embetsstav; skyter, skytejern; **Black R.** kongelig overseremonimester, embetsmann i Overhuset med svart embetsstav; **have a – in pickle for** ha en grundig avstraffelse i beredskap for; **kiss the** – kysse riset; **make a – for one's own back** lage ris til sin egenbak.
rode [rəud] imperf. av **ride.**
rodent [ˈrəudənt] gnager (dyreart). **-icide** [rəuˈdentisaid] rottegift.
rodeo [rəuˈdeiəu] stevne, mønstring, fesjå, cowboyoppvisning; innfanging av storfe.
rod mill trådvalseverk, finvalseverk.
rodomontade [rɔdəmɔnˈteid] kyt, skryt; skryte.
roe [rəu] rogn; (hos fisk); **hard** – rogn; **soft** – melke (hos hannfisk).
roe [rəu] rådyr; hind. – **buck** råbukk. – **calf** råkalv.
Roehampton [rə(u)ˈhæm(p)tən] (forstad til London).
Roentgen, roentgen [ˈrɔntjən] Röntgen, røntgen(-). **roentgen|ize** røntgen|behandle. **-ogram** -bilde. **-oscopy** -undersøkelse. – **ray** -stråle.
rogation [rəˈgeiʃən] bønn; lovforslag (i Roma); **R. days** de tre dager før Kristi himmelfartsdag; **R. Sunday** femte søndag etter påske; **R. week** himmelfartsuken.
Roger [ˈrɔdʒə] Roger; javel, alt i orden, oppfattet; **Jolly R.** sjørøverflagg; **Sir R. de Coverley** navnet på en godseier i Addisons «Spectator»; en folkedans.
rogue [rəug] landstryker; skøyer; svindler, kjeltring. **roguery** [ˈrəug(ə)ri] kjeltringstreker; skøyerstreker. **rogues' gallery** forbryteralbum. **roguish** [ˈrəugiʃ] kjeltringaktig; skøyeraktig.
roil [rɔil] grumse; ergre, irritere.
roister [ˈrɔistə] larme, bråke, holde leven, skryte, braute. **roisterer** [ˈrɔistərə] bråker, villstyring; svirebror.
role [rəul] rolle.
roll [rəul] rulle, trille, slingre; rulle sammen; tulle inn, pakke inn; valse, kjevle; slå trommevirvler; gå rundt; rulle, trille av sted; rulling, slingring; rulle; rull; valse; liste, fortegnelse, protokoll, rulleblad; dundring, rummel; virvelslag; rundstykke; (i pl.) arkiv; – **one's eyes** rulle med øynene; – **down** brette ned; – **in** gå til køys; – **on** rinne bort, lide, li (om tid); – **up** brette opp; **be on the -s** stå i rullene; **put on the -s** føre inn i rullene.
roll|able [ˈrəuləbl] som kan valses. **-back** (US) prisnedsettelse (etter regjeringsvedtak). – **call** navneopprop; avstemning (ved navneopprop).
roller [ˈrəulə] rulle; valse; tromle, kjevle; forbinding, rullebindsel; (svær) bølge, rullesjø. – **bearing** rullelager. – **blind** rullegardin. – **coast-**

er berg- og dalbane. – **skate** rulleskøyte. – **towel** håndkle som går på en rulle.

rollick [ˈrɔlik] overstadighet; slå seg løs, leve glade dager, tumle seg. **rollicking** [ˈrɔlikiŋ] lystig, glad, løssloppen.

rolling [ˈrəuliŋ] rullende; bølgeformig; rulling; valsing. – **bearing** rullelager. – **chair** rullestol. – **door** sjalusidør. – **mill** valseverk. – **pin** kjevle. – **plant** el. – **stock** rullende materiell (på jernbane). – **-top desk** skrivebord med rullesjalusi.

roll-over bar, (el.) **roll-over protection standard** veltebøyle.

roly-poly [ˈrəuliˈpəuli] innbakt frukt; rund, liten og tykk, ≈ smørbukk.

Romaic [rəˈmeiik] nygresk.

Roman [ˈrəumən] romersk; romersk-katolsk; romer; romerinne. – **alphabet** latinsk alfabet. – **arch** rundbue. – **balance** bismervekt. – (el. **roman) letters** (el. **type)** antikva.

Romance [rəˈmæns] romansk.

romance [rəˈmæns] romanse, ballade, (eventyrlig) roman; oppdikting, løgn, fabel, skrøne; romantisk opplevelse, svermeri, romantikk; skrive romaner; lyve, dikte, fable, overdrive. **romancer** [-ə] romandikter; løgner, skrønemaker.

Romanesque [rəuməˈnesk] rundbuestil; bygd i rundbuestil.

Romanic [rəˈmænik] romansk.

Romanish [ˈrəuməniʃ] romersk-katolsk. **Romanism** [-nizm] katolisisme; papisteri. **Romanist** [-nist] romersk-katolsk. **Romanize** [-naiz] romanisere; konvertere til katolisismen.

Romansch [rəˈmænʃ] reto-romansk (i Sveits).

romantic [rəˈmæntik] romanaktig, romantisk; fabelaktig, fantastisk. **romanticism** [-tisizm] romantikk. **romanticist** [-tisist] romantiker.

Romany [ˈrɔməni] romani; sigøynerspråk.

Rome [rəum] Roma.

Romeo [ˈrəumiəu].

Romish [ˈrəumiʃ] (romersk-)katolsk.

romp [rɔmp] villkatt, villstyring, flokse; ståk, stim; boltre seg, tumle seg, stime, hoppe, danse. **-er suit** lekedrakt. **romping** [-iŋ] overgiven. **rompish** [ˈrɔmpiʃ] overgiven, vill av seg, kåt, forfløyen.

Röntgen [ˈrʌntjən, ˈrɔntjən] se **Roentgen.**

rood [ru:d] (Kristi) kors, krusifiks; som mål = **1/2 acre;** teig, jordstykke. – **arch** korbue. – **loft** pulpitur. – **screen** korgitter.

roof [ru:f] tak; hvelving; bygge tak over, dekke, tekke; – **of the mouth** (den harde) gane.

roofing [ˈru:fiŋ] takmateriale; takverk, tak; – **felt** takpapp. – **nail** pappspiker, stift. – **paper** takpapp. – **slate** takskifer. – **tile** takstein. **roofless** [ˈru:flis] uten tak; husvill. **roof | rack** takgrind (på bil). **-top** hustak. **-tree** mønebjelke. – **truss** takstol. **roofy** [ˈru:fi] med tak.

rook [ruk] tårn (i sjakk); bedrager, svindler; kornkråke; svindle, bedra (i spill).

rookery [ˈru:k(ə)ri] kråkelund; fuglevær, fuglefjell; fattig og overbefolket kvarter el. hus, slum; røverreir.

rookie [ˈruki] nybegynner; rekrutt.

room [ru:m, rum] rom, plass, sted, værelse, stue; anledning, grunn, leilighet, høve; ha værelse; bo; **keep his** – holde seg inne; **in the** – **of** istedenfor; **in his** – i hans sted; – **and board** kost og losji. **-iness** rommelighet. **-mate** værelsekamerat.

roomy [ˈru:mi] rommelig; med mange værelser.

roost [ru:st] vagle, pinne, stang (til å sitte på); hvilested; soveværelse, seng; sette seg til hvile; vagle seg; ha køyet seg; **go to** – gå til ro, gå til køys; **at** – sovende; **rule the** – dominere.

rooster [ˈru:stə] hane.

root [ru:t] rot; løk, blomsterløk, knoll; -s (pl.) rotfrukter, røtter; feste rot, slå rot; rotfeste; **take** – el. **strike** – slå rot; **pull up by the -s** rykke opp med rota; **strike at the -s of** undergrave, angripe innenfra; – **and branch** grundig, med rota; – **and fibre** tvers igjennom; **square** – el. **second** – kvadratrot.

root [ru:t] rote (i jorda); rote i.

root|ball rotklump. – **beer** (alkoholfri leskedrikk) rotøl. – **borer** rotgnager.

rooted [ˈru:tid] rotfestet; rotfast; inngrodd. **rooter** [ˈru:tə] rothogger, utrydder. **rootless** [ˈru:tlis] rotløs. **rootlet** [-lit] liten rot. **rootstalk** rotstengel. **rooty** [ˈru:ti] full av røtter.

rope [rəup] reip, tau, line, strikke, snor; tøye seg ut i tråder, være seig; binde med reip, slå tau om; binde, tjore, fange; hale, trekke; **a** – **of sand** (fig.) svakt bånd, blendverk; **be at the end of one's** – ha løpt linen ut; **give him** – gi frie tøyler; **know the -s** kjenne sakene grundig; **-dancer** linedanser. – **end** tamp. – **ladder** taustige. **-maker** reipslager. **-making** reipslaging. – **pull** snortrekk.

roper [ˈrəupə] reipslager.

ropery [ˈrəup(ə)ri] reperbane.

rope's end [ˈrəupsˈend] tau; tamp.

rope|walk [ˈrəupwɔ:k] reperbane. **-walker** linedanser. **-way** taubane. **-work** tauverk. **ropily** [ˈrəupili] trådaktig, seigt. **ropiness** [ˈrəupinis] seighet.

ROPS fk. f. **roll-over protection standard.**

ropy [ˈrəupi] klebrig, seig, tyktflytende.

rorqual [ˈrɔ:kwəl] finnhval, rørhval.

rosary [ˈrəuzəri] rosenkrans; rosebed.

rose [rəuz] rose; rosa; rosett; rosevindu; dyse, spreder; kompassrose; rosen (sykdom); gjøre rosenrød. **-ate** rosenfarget, rosa. **-bud** rosenknopp. – **bush** rosenbusk. – **colour** [ˈrəuzˈkʌlə] rosenfarge, rosa. – **mallow** stokkrose.

rosemary [ˈrəuzməri] rosmarin.

roseola [rəuˈzi:ələ] røde hunder.

rosette [rəˈzet] rosett.

rose | water [ˈrəuzwɔ:tə] rosenvann (slags rosenparfyme); søtlatenhet, blidhet; søtladen, altfor fin. **-wood** rosentre.

rosied [ˈrəuzid] smykket med roser, rosenfarget.

rosin [ˈrɔzin] harpiks, kolofonium.

rosiness [ˈrəuzinis] rosenfarge.

rostrum [ˈrɔstrəm] talerstol, prekestol, podium.

rosy [ˈrəuzi] rosen-; blomstrende.

rot [rɔt] råtne; vase, sludre, vrøvle, tøve; bringe i forråtnelse; forråtnelse; vas, sludder.

rota [ˈrəutə] liste over personer som skal utføre visse plikter; turnus.

rotary [ˈrəutəri] roterende, omdreiende; dreie-; **R. Club** rotaryklubb. – **current** flerfasestrøm. – **dryer** sentrifuge. – **engine** rotasjonsmotor, wankelmotor. – **hoe** jordfreser. – **plough** snøfreser. – **press** rotasjonspresse. – **table** dreiebord, drivskive.

rotate [ˈrəuteit] rotere, dreie seg, snu, svive; skifte, veksle; gå etter tur; la rotere, la gå rundt.

rotation [rəˈteiʃən] rotasjon, omdreining; omgang; **by** – skiftevis; – **of crops** vekselbruk.

rotator [rə'teitə] omdreiende redskap; dreiemuskel; svingdør.
rotatory ['rəutətəri] roterende, omdreiende.
R.O.T.C. fk. f. **Reserve Officers' Training Corps.**
rote [rəut] rams; **by –** på rams, på pugg.
rotgut ['rɔgʌt] skvip, søl.
Rothschild ['rɔθtʃaild].
rotor ['rəutə] rotor; løpehjul.
rotten ['rɔtn] råtten, bedervet, skjemt; dårlig; morken; skjør; svak, skrøpelig, elendig; korrupt. **rottenness** [-nis] råttenskap.
Rotten Row ['rɔtn'rəu] (ridesti i Hyde Park).
rottenstone trippelstein.
rotter ['rɔtə] døgenikt, stymper, drittsekk.
rotund [rə'tʌnd] rund, avrundet, svulmende, trinn; ordrik. **rotundity** [ro'tʌnditi], **rotundness** [rə'tʌndnis] rundhet.
rouble ['ru:bl] rubel.
rouge [ru:ʒ] rød sminke; sminke seg; sminke.
rouge-et-noir ['ru:ʒei'nwɑ:] rouge-et-noir (et hasardspill).
rough [rʌf] ramp, pøbel; utkast, kladd; ulende, område utenfor fairwayen (i golf); ujevn, ujamn, ru; knudret, uveisom, humpet, steinet; uslepet, utilhogd; uferdig; opprørt (hav); hardt (vær); stormende, urolig; rå, uvøren; barsk; grov, simpel; grovkornet; hardhendt; lurvet, ragget, bustet; tarvelig; omtrentlig, løselig, opprinnelig, primitiv; naiv, likefrem, ukunstlet; djerv; hard, skarp; skurrende, skjærende, ubehagelig; uvennlig; mattslipe; skarpsko (hest); fare rått fram; oppføre seg bøllete; **– copy** kladd; **– materials** råmaterialer; **– plan** løst henkastet skisse; **at a – estimate** etter et løselig overslag; **a – voyage** en hard overreise; **in the –** i uferdig tilstand; i råstoffet; **– it** leve primitivt; ta til takke med simpel kost; gå for lut og kaldt vann; **– up** maltraktere; jule opp; gjøre ru.
rough-and-ready ['rʌfən'redi] formløs; improvisert; klar til bruk, parat; uvøren, likesæl.
rough-and-tumble ['rʌfən'tʌmbl] vill, ustyrlig; slagsmål, brudulje.
rough | boards uhøvlede bord. **– book** kladdebok. **-cast** utkast; rapping, grovpuss; lage utkast, skissere; rappe. **– coat** grunningstrøk (maling). **– draft** kladd, utkast. **-draw** skissere.
roughen ['rʌfn] gjøre ujevn; bli ujevn.
rough | estimate løselig overslag. **– file** grovfil. **– gait** urent trav. **–-hew** grovhogge. **-house** leven, slagsmål; gi medfart. **-ish** ujevn, temmelig grov. **-ly** cirka, omtrent. **-neck** bølle, ramp; boredekksmann (på boreplattform).
roughness ['rʌfnis] ujevnhet, ruhet; opprør; barskhet; råhet; skarphet; heftighet.
rough|rider ['rʌfraidə] hestetemmer; uvøren rytter; irregulær kavalerist. **-shod** skarpskodd.
roulade [ru:'lɑ:d] roulade.
rouleau ['ru:ləu] rull; pengerull.
roulette [ru:'let] rulette (hasardspill).
Roumania [ru'meinjə] Romania.
Roumanian [ru'meinjən] rumener; rumensk.
round [raund] rund, lubben; hel; omfattende, betydelig, dugelig, kraftig, stor, avrundet; åpen, oppriktig, likefrem, ærlig; rundt om, omkring, om; overalt; krets, sirkel, runding, runde, skive, ring; kule; rekke, kretsløp; runde, inspeksjon, visitt; runddans; omgang; rundsang; patron, skudd; salve, glatt lag; trinn (på stige), tverrtre; gjøre rund, runde, avrunde; omgi, gå rundt om, svinge; komplettere, avslutte; **– off** avrunde, avslutte; **– on** vende seg mot, angi; **– up** samle inn; omringe, arrestere; **all the year –** hele året rundt; **come –** komme seg; **come – to his way of thinking** la seg ombestemme av ham; **to – the corner** dreie om hjørnet; **a – lie** en loddrett løgn.
round [raund] hviske; hvisking.
round about til alle kanter, rundt omkring; cirka, bortimot, omtrent.
roundabout rundkjøring; omvei; rundtur; utenomsnakk, omsvøp; karusell; overfrakk, pjekkert; **in a – way** indirekte, via krokveier.
roundelay ['raundilei] rundsang, runddans.
round|head ['raundhed] rundhode, puritaner. **-house** politiarrest; hytte (på seilskip). **roundish** ['raundiʃ] rundaktig.
roundlet ['raundlit] liten sirkel.
roundly ['raundli] rundt; likefrem, rent ut; stort sett, i det store og hele.
roundmeal ['raundmi:l] havregryn.
roundness ['raundnis] rundhet; runding; likefremhet; raskhet.
round | steak lårstek. **–-table conference** rundebordskonferanse. **– the clock** døgnet rundt. **– trip** rundreise. **–-trip ticket** returbillett. **-up** drive sammen (kveg); politirazzia, opprulling (av en politisak). **– worm** rundorm.
rouse [rauz] vekke, vekke opp; oppmuntre; jage opp; våkne opp, bli våken; fullt glass; gilde, kalas, drikkelag. **rouser** ['rauzə] en som vekker.
roustabout ['raustəbaut] bryggearbeider, hjelpemann, sjauer, altmuligmann, (olje)riggarbeider. **– pusher** arbeidsleder.
rout [raut] stort selskap; sverm; hop, flokk, berme; oppløp; nederlag; det å slå på flukt, vill flukt; kaste på flukt; **put to –** jage på flukt.
route [ru:t] vei, rute; dirigere, sende.
routine [ru:'ti:n] alminnelige forretninger, forretningsgang; ferdighet, øvelse, øving, rutine.
rove [rəuv] streife om, vandre om; gjennomstreife. **rover** ['rəuvə] flakker, vandrer, landstryker; røver, pirat; ustadig menneske. **roving** ['rəuviŋ] omflakkende, omstreifende; streifing.
row [rəu] rad, rekke; (strikke)omgang, pinne; husrekke, gate. [rau] spetakkel, tumult, opptøyer, strid, trette, slagsmål, ståk, bråk; gjøre opptøyer, larme, ståke; **kick up a –** gjøre bråk (eller vrøvl), ta på vei, krangle.
row [rəu] ro; roing, rotur. **-boat** robåt.
rowan ['rəuən] rogn; **– berry** rognebær.
rowdy ['raudi] brutal, grov, voldsom; slusk, bølle, bråkmaker, slamp. **-ism** rampestreker.
rower ['rəuə] roer.
rowlock ['rʌlək; 'rəulɔk] tollegang; åregaffel.
royal ['rɔiəl] kongelig, konge-; **R. Academy** kongelig kunstakademi; **R. Society** Det kongelige vitenskapenes selskap. **– decree** kongelig resolusjon; **the – household** hoffet.
royalist ['rɔiəlist] rojalistisk, kongeligsinnet; rojalist.
royalty ['rɔiəlti] kongelighet; kongeverdighet; kongedømme; konge, majestet; kongelig rettighet; avgift, leie, tantieme, prosenter, forfatterhonorar.
R. P. fk. f. **reply paid.**
r. p. m. fk. f. **revolutions per minute.**
rpt. fk. f. **repeat; report.**
R. S. O. fk. f. **railway sub-office.**

R. S. P. C. A. fk. f. **Royal Society for the Prevention of Cruelty to Animals.**
R. S. V. P. fk. f. **répondez s'il vous plaît** svar utbes.
Rt. Hon. fk. f. **Right Honourable.**
Rt. Rev. fk. f. **Right Reverend.**
rub [rʌb] gni, gnikke, rive, skure, skrubbe, viske, stryke, skrape, slipe, pusse; hamre inn; gnage på; skure imot, gni seg mot, skubbe seg; irritere, ergre; gnidning, ujevnhet, friksjon, hindring, vanskelighet, knute; **– along** klare seg, få det til; **– down** frottere; strigle; **– elbows** (eller **shoulders) with** være gode venner med; klenge seg innpå; **– in** gni inn, smøre inn; gi det inn med skjeer, innprente; **– the wrong way** stryke mot hårene, irritere.
rubber [ˈrʌbə] en som gnir, massør, frotterhåndkle; pussefille, skureredskap; viskelær; gummi; (sl.) kondom; robber (i kortspill); sarkasme, spydighet. **– band** gummistrikk. **– cement** solusjon. **– check** ugyldig sjekk, uten dekning. **– solution** solusjon. **– stamp** gummistempel; leder uten noen reell myndighet, nikkedukke, liksom-. **– tube** gummislange.
rubbing [ˈrʌbiŋ] gnidning; avtrykk; slipe-, polér-. **– board** vaskebrett. **– compound** slipemasse.
rubbish [ˈrʌbiʃ] avfall, boss, søppel, grus, murgrus; fyll, skrammel, rask, skrot, rot; røre; sludder, vas, vev; **talk –** sludre, vrøvle. **rubbishing** [ˈrʌbiʃiŋ] avfalls-; skrap-.
rubble [ˈrʌbl] murbrokker; bruddstein, naturstein, kult, steinfyll. **– masonry** natursteinmur, råkoppmur.
rubby [ˈrʌbi] ru, skrubbet.
rub-down [ˈrʌbdaun] grundig skuring; massasje; juling, bank, omgang.
rubella [ru:ˈbelə] røde hunder.
rubeola [ru:ˈbi:ələ] røde hunder; meslinger.
rubescence [ruˈbesəns] rødming; rødme.
rubescent [ruˈbesənt] rødmende, rødlig.
Rubicon [ˈru:bikɔn] Rubikon; **cross** (el. **pass) the –** ta det avgjørende skritt.
rubicund [ˈru:bikənd] rød, rødlig, rødmusset.
rubric [ˈru:brik] merket eller skrevet med rødt; rubrikk; rød overskrift; tittel; (liturgisk) forskrift; rød; rubrisert; rituell. **rubricate** [ˈru:brikeit] merke med rødt; rubrisere; fastsette, fastslå.
ruby [ˈru:bi] rubin; rubinrødt; kvise; blod (i bokserslang); slags liten skrift (typografisk).
ruche [ru:ʃ] rysj.
ruck [rʌk] rynke; krølle; folde; rynke; fold; haug, hop, stabel; **the –** feltet (i veddeløp).
rucksack [ˈrʌksæk] ryggsekk, meis.
ruckus [ˈrʌkəs] (sl.) leven, bråk, rabalder.
ruction [ˈrʌkʃən] urolighet, oppstyr, vrøvl.
rud [rʌd] rødhet, rødme; rødkritt, rød oker.
rudder [ˈrʌdə] ror.
ruddle [ˈrʌdl] rødkritt.
ruddy [ˈrʌdi] rød, rødlett, rødmusset; fordømt.
rude [ru:d] primitiv, rå, plump, upolert, simpel, grov; uvitende; udannet, uoppdragen, ubehøvlet; uhøflig, barsk, heftig, ubarmhjertig; grov, ubehandlet; robust. **rudeness** [-nis] råhet, grovhet, plumphet, uhøflighet; uvitenhet; heftighet.
rudiment [ˈru:dimənt] grunnlag, begynnelse; **-s** (pl.) elementære prinsipper. **rudimental** [ru:diˈmentəl] begynnelses-, rudimentær. **rudimentary** [-ˈmentəri] = **rudimental.**
Rudyard [ˈrʌdjəd].
rue [ru:] angre, angre på; ynkes over, sørge **(for** over); sorg, anger.
rue [ru:] rute (plante; sorgens symbol).
rueful [ˈru:f(u)l] bedrøvelig, sorgfull, sørgelig.
ruff [rʌf] pipestrimmel, pipekrave, kruset halskrave; fjærboa; brushane; kruse, pjuske.
ruffian [ˈrʌfjən] brutal person, banditt, voldsmann; brutal, rå, røver-. **ruffianism** [ˈrʌfjənizm] råskap, bandittvesen.
ruffle [ˈrʌfl] folde, rynke, kruse, pipe; besette med rynkede mansjetter; sette i bevegelse, opprøre; bringe i uorden, sette i ulag, bringe ut av likevekt, krenke, såre, plage, erte, terge; pjuske; ruske; bruse, kruse seg, opprøres, bli opprørt; strimmel, rynket mansjett, kalvekryss; sammenstøt, fektning, kamp, strid; forstyrrelse, opphisselse; dempet trommevirvel.
ruffler [ˈrʌflə] storskryter; fredsforstyrrer.
rufous [ˈru:fəs] rødbrun (hår).
rug [rʌg] grovt ullent teppe; dekken; reiseteppe, kaminteppe, rye, sengeforlegger; (sl.) parykk, tupé.
Rugby [ˈrʌgbi] Rugby; rugbyfotball.
rugged [ˈrʌgid] ru, ujevn, ulendt; knortet, knudret, klumpet, kantet; kupert; strihåret; krevende; grov, simpel; barsk, hard, gretten, sur, uvennlig; robust, kraftig.
rugger [ˈrʌgə] rugbyfotball.
rugose [ˈru:gəus], **rugous** [ˈru:gəs] rynket.
ruin [ˈru:in] fall, ruin, undergang, ødeleggelse; ruinere, forspille, ødelegge, gjøre ulykkelig, styrte i fordervelse. **ruination** [ru:iˈneiʃən] ødeleggelse. **ruined** [ˈru:ind] som er falt ned, som ligger i ruiner; ruinert, ødelagt. **ruinous** [ˈru:inəs] ødeleggende, fordervelig; forfallen, falleferdig.
rule [ru:l] regjering, herredømme, styre; regel, forskrift; ordensregel; linjal, tommestokk; orden, god oppførsel; regjere, beherske, styre, prege; avsi kjennelse, bestemme; forsyne med linjer, linjere; herske; **– out** utelukke. **– of three** reguladetri. **– of thumb** tommelfingerregel, ≈ øyemål.
ruler [ˈru:lə] regent, hersker; styrer; bestyrer; linjal. **-ship** herredømme. **– -straight** snorrett.
ruling [ˈru:liŋ] herskende, rådende; herredømme, regjering. **– pen** rissefjær.
rum [rʌm] rom (slags brennevin).
rum [rʌm] pussig; merkelig, snodig.
Rumania [ruˈmeinjə] Romania.
Rumanian [ruˈmeinjən] rumener; rumensk.
rumble [ˈrʌmbl] rumle, buldre, ramle, skrangle; drønne; rumling; baksete, tjenersete; bagasjerom; gateslagsmål, oppgjør. **– -bumble** smørje, rot.
rumbler [ˈrʌmblə] noe som ramler; drosje.
ruminant [ˈru:minənt] drøvtygger. **ruminate** [ˈru:mineit] tygge drøv, jorte; gruble, tenke; ruge; tenke på, tenke over. **rumination** [ru:miˈneiʃən] jorting; drøvtygging. **ruminator** [ˈru:mineitə] grubler, grublende.
rummage [ˈrʌmidʒ] grundig ettersyn, visitasjon; romstering; greier, saker og ting; visitere, se etter i; lete gjennom; se etter, romstere, rote. **– sale** oppryddingsauksjon, oppryddingssalg; auksjon over uavhentede saker.
rummy [ˈrʌmi] pussig, snodig; fyllik; rom-.
rumour [ˈru:mə] rykte, folkesnakk; bære utover,

spre ut; **it is -ed** man sier, det går det ord. – **-monger** ryktesmed.
rump [rʌmp] bakende, rumpe; ende, kryss, lend, lårstykke; gump; (sjelden:) slump, rest; vende ryggen, ignorere, overse; **the – (Parliament)** Rumpparlamentet, under Cromwell.
rumple [ˈrʌmpl] krølle, skrukke, ruske.
rump steak [ˈrʌmpsteik] isbeinstek.
rumpus [ˈrʌmpəs] (sl.) jubalon, bråk, leven. – **room** møtesal, festsal.
run [rʌn] renne, springe, løpe, svive; renne, flyte, strømme; væske; gå, oppføres, spilles; smelte, bråne; strekke seg; lyde; løpe sammen, blande seg, løpe ut; la løpe, løpe om kapp med; kjøre, støte, jage; drive (fabrikk, maskin); vise (film el. teaterstykke); stille som kandidat; gå i rute, gå i fart; **bills having twelve months to –** med tolv måneders løpetid; **– a bath** fylle badekaret; **– a chance** ta en sjanse; **– cold** stivne; **– mad** bli gal; **it -s in the family** det ligger til familien; **– into debt** stifte gjeld; **their income -s into four figures** deres inntekter løper opp i et firesifret tall. **– out of** ikke ha mer igjen av, slippe opp for.
run [rʌn] løp, renn, gang; ferd, fremgangsmåte; popularitet, kurs; suksess, antall oppførelser, tilløp; sterk etterspørsel; avsetning, rift; kappløp; panikk; storm; fart, tur, reise, strekning; overfart, overreise; fri adgang; **have a – of a hundred nights** oppføres hundre ganger; **in the long –** i lengden; **out of the common –** utenfor det alminnelige; **have a – for one's money** få noe igjen for pengene.
runabout [ˈrʌnəbaut] omstreifer; liten lett bil.
runagate [ˈrʌnəgeit] flyktning; renegat.
runaway [ˈrʌnəwei] bortløpen; flyktning, rømling.
run-down medtatt, nedslitt, forfallen, stanset; sammendrag.
rune [ru:n] rune.
rung [rʌŋ] perf. pts. av **ring.**
rung [rʌŋ] trinn (på stige), sprosse, tverrtre, eike (i hjul).
runic [ˈru:nik] rune-, beskrevet med runer. – **characters** (el. **letters)** runer. – **wand** runestav.
runnel [ˈrʌnəl] småbekk; rennestein.
runner [ˈrʌnə] løper, bud, agent; (gml.) politifunksjonær; matros (som har betaling for reisen, ikke månedshyre); smugler, blokadebryter; løper, overstein (i kvern); drivhjul; sledemei; utløper, renning (på plante); prydbønne; skyver (på paraply); raknet (strømpe)maske; **be – -up** komme inn som nummer to, ta annenplass.
running [ˈrʌniŋ] veddeløps-; hurtigseilende; uavbrutt; løpende, i trekk, i sammenheng, på rad; skyndsom, snøgg, flytende, lett; rynkning; smugling; løp, kappløp, utholdenhet. – **board** stigbrett (på bil). – **bowline** løpestikk. – **days** løpedager, certepartidager. – **down clause** kollisjonsansvarsklausul. **– -in** innkjøring. – **noose** renneløkke. – **track** veddeløpsbane. – **trap** vannlås.
run-of-the-mill hverdagslig, ordinær, normal.
runt [rʌnt] småkveg; misfoster; spjæling. **runty** vanskapt, misdannet.
runway [ˈrʌnwei] startbane, rullebane, kjørebane, tilløpsbane.
rupee [ru:ˈpi:] rupi, indisk mynt.
rupture [ˈrʌptʃə] sprengning, opphevelse; brudd, brist, sprekke; (underlivs-)brokk; slite, sprenge, få til å briste; briste, brotne.
rural [ˈruərəl] landlig, land-, landsens; bonde-, bygde-. **ruralism** [ˈruərəlizm] landlighet. **ruralist** [-ist] en som lever et landsens liv; landligger. **rurality** [ruˈræliti] landlighet. **ruralize** [ˈruərəlaiz] gjøre landlig, bli landlig. **ruralness** [ˈruərəlnis] landlighet.
ruse [ru:z] list, knep.
rush [rʌʃ] siv; (fig.) døyt.
rush [rʌʃ] fare av sted, styrte, storme, ruse; fremstyrting, fremrusing, jag, tilstrømming, kjas, mas, rush; stormangrep.
rush | candle (gml.) talglys; stormlykt. **the – hours** rushtid. – **job** hastesak; hastverksarbeid. – **light** (gml.) talglys; stormlykt. – **order** ekspressordre. – **work** hastverksarbeid.
rushy [ˈrʌʃi] sivbevokst; siv-.
rusk [rʌsk] slags kavring.
Ruskin [ˈrʌskin].
Russell [ˈrʌsl].
russet [ˈrʌsit] rødbrun; grov, simpel, hjemmegjort; vadmels-; hjemmegjorte klær.
Russia [ˈrʌʃə] Russland; russelær. **Russian** [ˈrʌʃən] russisk; russer. – **leather** russelær. **-ize** russifisere.
rust [rʌst] rust; brann (på korn); **green –** irr; sløvhet; ruste, anløpe; sløves; gjøre rusten. – **colour** rustfarge.
rustic [ˈrʌstik] landlig, landsens, lands-; bondsk, grov, plump, rå, ukunstlet, likefrem, endefrem, enkel, ærlig, enfoldig; simpel; bonde.
rusticate [ˈrʌstikeit] bo på landet, sende på landet; relegere fra universitetet. **rustication** [rʌstiˈkeiʃən] opphold på landet; bortvising.
rusticise [ˈrʌstisaiz] rustifisere.
rusticity [rʌˈstisiti] landlighet; bondskhet.
rustily [ˈrʌstili] rustent. **rustiness** [-nis] rustenhet.
rustle [ˈrʌsl] rasle; rasle med, knitre; mase, kjase; **– up some food** rote fram noe mat; (US) stjele kveg. **rustler** [ˈrʌslə] kvegtyv.
rusty rusten; sløvet, ute av øvelse; forsømt, vanstelt; loslitt; hes, hås; rustfarget; muggen, sur, harsk.
rut [rʌt] hjulspor; (fig.) gammel vane; danne spor i (en vei).
rut [rʌt] brunst; være brunstig, løpe.
ruth [ru:θ] medlidenhet; sorg; anger. **ruthless** [ˈru:θlis] ubarmhjertig, hard, hensynsløs.
rutty [ˈrʌti] full av hjulspor, oppkjørt; rutinepreget.
R. V. fk. f. **Revised Version.**
R. V. C. fk. f. **Rifle Volunteer Corps.**
Ry. fk. f. **Railway.**
rye [rai] rug; (US) rugwhisky. – **bread** rugbrød. – **grass** raigress; marehalm.
ryme [raim] = **rhyme.**
ryot [ˈraiət] bonde, jorddyrker (i India).
rythm [riθm] = **rhythm.**

S

S, s [es] S, s.
$ tegn for **dollar(s).**
S. fk. f. **Saint; Saturday; Scotch; Secretary; Socialist; South(ern); Sunday; see; shilling(s); sun.**
s. fk. f. **second(s); see; shilling(s); silver; singular; sire; steamer; substantive; sun.**
Sa. fk. f. **Saturday.**
S. A. fk. f. **Salvation Army; South Africa** (el. **America, Australia); Society of Antiquaries; Sex Appeal.**
Sabaoth [sæˈbeiɔθ] Sebaot; **the Lord of –** den Herre Sebaot, hærskarenes Gud.
sabbatarian [sæbəˈtɛəriən] sabbats-, sabbatarier, streng overholder av hviledagen. **Sabbath** [ˈsæbəθ] sabbat. **Sabbatic, sabbatic, -al** [səˈbætik(l)] som hører til sabbaten; **– year** tjenestefri hvert sjuende år. **sabbatism** [ˈsæbətizm] helligholdelse av sabbaten.
sable [ˈseibl] sobel; sørgeklær; mørk, svart.
sabot [ˈsæbəu] tresko; sko, skoning; fylling.
sabotage [ˈsæbətɑ:ʒ] sabotasje; sabotere.
sabre [ˈseibə] ryttersabel; sable ned. **– -rattling** sabelrasling. **sabretache** [ˈsæbətæʃ] sabeltaske.
saccharine [ˈsækərin] sakarin, sukker-; søt, klisset, vammel.
sacerdotal [sæsəˈdəutəl] prestelig. **-ism** [sæsəˈdəutəlizm] prestevesen.
SACEUR fk. f. **Supreme Allied Commander Europe.**
sachem [ˈseitʃəm] indianerhøvding; sjef, leder.
sachet [ˈsæʃei] luktepose.
sack [sæk] sekk, pose; kappe, jakke, sekkekjole; seng, loppekasse; utplyndring; fylle i sekk; plyndre, herje; kaste, kvitte seg med. **get the –** få avskjed; få sparken.
sackage [ˈsækidʒ] plyndring.
sack|cloth [ˈsækklɔθ] sekkestrie; **in – and ashes** i sekk og aske. **– coat** kontor(ist)jakke. **-ful** sekkfull. **-ing** sekkestrie. **– race** sekkeløp.
Sackville [ˈsækvil].
SACLANT fk. f. **Supreme Allied Commander Atlantic.**
sacral [ˈseikrəl] (relig.) sakral; kryssbeins-.
sacrament [ˈsækrəmənt] sakrament; **give him the last –** gi ham den siste olje; nattverd. **sacramental** [sækrəˈmentl] sakramental; **– service** altergang.
sacred [ˈseikrid] hellig, innviet; religiøs, åndelig. **– cow** hellig ku. **– history** bibelhistorie; kirkehistorie. **– music** kirkemusikk. **-ness** [-nis] hellighet. **S. Writ** Den hellige skrift.
sacrifice [ˈsækrifais] ofre, oppofres; ofring, offer; blot; salg til underpris, tap. **sacrificial** [sækriˈfiʃəl] offer-.
sacrilege [ˈsækrilidʒ] vanhelligelse, helligbrøde; kirkeran. **sacrilegious** [sækriˈli:dʒəs] vanhellig. **sacrilegist** [ˈsækrilidʒist] kirkeraner.
sacring [ˈseikriŋ] vigsel. **– -bell** klokke som det ble ringt med når alterbrød ble viet.
sacristan [ˈsækristən] kirketjener, sakristan.
sacristy [ˈsækristi] sakristi.
sacrosanct [ˈsækrəsæŋkt] sakrosankt, hellig, ukrenkelig.
sad [sæd] bedrøvet, tungsindig, sturen, sørgelei, lei, trist; mørk, avdempet, rolig (om farger). **sadden** [ˈsædn] bli bedrøvet, bedrøve.
saddle [ˈsædl] sal (på hest); sete; rygg (på slakt); høvre; sale, kløvje; bebyrde. **-back** bakke- el. åskam med søkk i midten; salrygg, svairygg; havmåke. **-backed** salrygget. **-bag** saltaske; et plysjmønster. **– bow** [-bəu] salbue. **– cloth** saldekken. **– gall** salgnag, salbrudd. **– horse** ridehest. **– maker** salmaker.
saddler [ˈsædlə] salmaker; ridehest.
saddlery [ˈsædləri] seletøy; salmakerforretning.
Sadducean [sædjuˈsi:ən] sadduseisk.
Suddecee [ˈsædjusi:] sadduseer.
sadism [ˈseidizm] sadisme. **sadist** [ˈseidist] sadist.
sadness [ˈsædnis] sørgmodighet; sørgelighet.
S. A. E. fk. f. **Society of Automotive Engineers.**
safe [seif] sikker, uskadd, i god behold; ufarlig; forsiktig; betryggende, trygg, pålitelig; sikkert gjemmested, pengeskap, flueskap, isskap. **-breaker** skapsprenger. **– -conduct** fritt leide, pass. **– -deposit box** bankboks. **-guard** beskyttelse, betryggelse, vern, sikkerhetstiltak, fritt leide, pass; beskytte, verne. **-keeping** forvaring, varetekt. **-ly** sikkert, uskadd, i sikkerhet; forsiktig. **-ness** [-nis] sikkerhet, pålitelighet.
safety [ˈseifti] sikkerhet, trygghet, forvaring; sikring (på våpen). **– arch** støttebue. **– belt** sikkerhetsbelte el. sele; livbelte. **– catch** (mil.) sikring (på våpen). **– code** sikkerhetsforskrifter. **– curtain** jernteppe (i teater). **– fund** reservefond. **– glass** trådglass; sikkerhetsglass. **– helmet** styrthjelm. **– hook** karabinkrok. **– island** fotgjengerøy. **– pin** sikkerhetsnål. **– razor** barberhøvel. **– valve** sikkerhetsventil. **– zone** fotgjengerfelt.
saffron [ˈsæfrən] safran, safrangul.
sag [sæg] sige ned, synke ned, gi seg, slakne; ha avdrift; bli kjølsprengt; få til å synke ned; sig, nedgang, fall; kjølsprengthet.
saga [ˈsɑ:gə] saga.
sagacious [səˈgeiʃəs] skarpsindig, gløgg, klok. **sagacity** [səˈgæsiti] skarpsindighet, kløkt.
sagaman [ˈsɑ:gəmən] sagaforteller.
sagamore [ˈsægəmɔ:] indianerhøvding.
sage [seidʒ] klok, vis; vismann; **the S. of Chelsea** om Thomas Carlyle.
sage [seidʒ] salvie.
sageness [ˈseidʒnis] visdom.
Sagitta [səˈgitə] Pilen (stjernebildet).
sagittal pilformet, pil-. **Sagittarius** Skytten.
sago [ˈseigəu] sago. **– palm** [ˈseigəupɑ:m] sagopalme.
Sahara [səˈhɑ:rə]: **the –** Sahara.
Sahib [ˈsɑ:(h)ib] (indisk) herre.
saic [ˈsɑ:ik] saike (tomastet gresk eller tyrkisk seilfartøy).
said [sed] imperf. og perf. pts. av **say**; tidligere nevnte, omtalte, eks. **the – Mr. Brown.**

sail [seil] seile, befare; seil, seilskip, skip, seiltur; **strike –** stryke seil, gi tapt. **– cloth** seilduk.
sailer [ˈseilə] seiler; **a fast –** en hurtigseiler.
sailing [ˈseiliŋ] seiltur, seilas. **– barge** jakt. **– -boat** seilbåt. **– master** navigasjonsoffiser.
sailor [ˈseilə] sjømann, matros; **be a good –** være sjøsterk. **– suit** matrosdress.
saint [seint] helgen; sankt, hellig-; kanonisere, lyse hellig.
Saint Albans [səntˈɔ:lbənz].
Saint Andrews [səntˈædru:z] (skotsk by og universitet).
sainted [ˈseintid] kanonisert; hellig; salig.
Saint George [sənˈdʒɔ:dʒ] Sankt Georg.
Saint Gothard [sənˈgɔθəd] Sankt Gotthard.
Saint Helena [səntiˈli:nə] Sankt Helena (øya).
sainthood [ˈseinthud] helgenverdighet.
Saint James's Court (offisiell betegnelse for det britiske hoff).
saintlike [ˈseintlaik] helgenaktig.
saintly [ˈseintli] helgenaktig, hellig, from.
Saint Patrick [s(ə)nˈpætrik] St. Patrick (Irlands skytshelgen).
Saint Paul [s(ə)nˈpɔ:l] Paulus; **-'s (Cathedral)** St. Paulskirken.
saintship [ˈseintʃip] helgenverdighet; hellighet.
sake [seik] skyld, årsak; **for God's –** for Guds skyld; **for the – of** av hensyn til.
sake [ˈsɑ:ki] (japansk risbrennevin).
salaam [səˈlɑ:m] orientalsk hilsen; hilse dypt.
salacious [səˈleiʃəs] vellystig, geil, kåt; rå. **salacity** [səˈlæsiti] vellyst, lidderlighet; råskap.
salad [ˈsæləd] salat; råkost; **my – days** min grønne ungdom. **– oil** provenceolje, matolje, salatolje.
salamander [sæləˈmændə] salamander; ildsluker.
salamandrine [sæləˈmændrin] salamanderaktig.
salaried [ˈsælərid] lønnet, fastlønnet, gasjert; **– worker** funksjonær.
salary [ˈsæləri] lønn, gasje; lønne.
sale [seil] salg, avsetning, utsalg; auksjon; **account of the sales** el. **account sales** salgsregning; **for** (el. **on**) **–** til salgs; **offer for –** falby; **– now on** «utsalg». **-able** salgbar, kurant.
salep [ˈsælip] salep(rot).
saleroom [ˈseilru:m] auksjonslokale.
sales | book [ˈseilzbuk] salgsbok. **– clerk** ekspeditør. **– ledger** debitorreskontro. **-man** selger. **– manager** salgssjef. **-manship** selgeregenskaper. **– promotion** salgsfremmende tiltak, salgsarbeid. **– tax** omsetningsavgift. **-woman** ekspeditrise.
salicylic [sæliˈsilik] salisyl. **– acid** salisylsyre.
salience [ˈseiljəns] noe som springer fram; fremtredende egenskap.
salient [ˈseiljənt] fremspringende, fremtredende, fremragende; fremspring; **– point** springende punkt; **the S.** den fremskutte del av fronten ved Ypres i den første verdenskrigen.
saliferous [səˈlifərəs] saltholdig. **salification** [sælifiˈkeiʃən] saltdannelse.
saline [səˈlain] salt-; saltsjø, saltverk.
saliva [səˈlaivə] spytt. **salival** [səˈlaivəl], **salivary** [ˈsælivəri] spytt-. **salivate** [ˈsæliveit] utsondre spytt; sikle.
sallow [ˈsæləu] selje, vidje, pil; gusten, gulblek.
sally [ˈsæli] utfall, kvikt påfunn, vits; eskapade; streiftog; gjøre et utfall.
salmagundi [sælməˈgʌndi] ≈ sildesalat; miskmask, sammensurium.
salmon [ˈsæmən] laks; laksefarge. **– fry** laksyngel. **– leap** laksetrapp. **– trout** ørret.
saloon [səˈlu:n] salong, sal, kahyttsplass, salongvogn; (US) vertshus, bevertning, utskjenkingssted. **– bar** fin skjenkestue (fineste delen av en pub). **– car** (US) salongvogn; sedan. **– carriage** salongvogn. **– rifle** salonggevær.
saloonist [səˈlu:nist] (US) vertshusholder.
salt [sɔ:lt] salt, saltkar, saltbøsse; penger; smak, vittighet, salt; salte, stikke penger til side, legge på kistebunnen; (merk.) fuske med; **below the –** nedenfor saltkaret ɔ: ved den nederste bordenden; **he is worth his –** han er sin lønn verd; **an old –** en gammel sjøulk; **take a thing with a grain of –** oppfatte noe med en klype salt (cum grano salis).
salt acid saltsyre.
saltant [ˈsæltənt] springende, hoppende, dansende.
saltation [sælˈteiʃən] springing, hopping, dansing; plutselig skifte; hoppe-. **saltatory** [ˈsæltətəri] springende, hoppende; springe-, hoppe-; sprangvis.
salt|-bearing saltførende. **– box** stort saltkar, saltbinge. **– castor** saltbøsse. **-cellar** saltkar.
salted [ˈsɔ:ltid] saltet, nedsaltet; dreven, erfaren. **– down** død.
salter [ˈsɔ:ltə] saltkoker, salthandler.
salt | herring spekesild. **– junk** salt kjøtt, saltmat. **– lick** saltstein. **-ness** salthet.
saltpetre [ˈsɔ:ltpi:tə] salpeter. **saltpetrous** [sɔ:ltˈpi:trəs] salpeterholdig.
salt | water saltvann, sjøvann. **– -water** saltvanns-. **-works** saltkokeri.
salty [ˈsɔ:lti] saltaktig, salt; bitende, skarp.
salubrious [səˈlu:briəs] sunn, helsebringende.
salubrity [səˈlu:briti] sunnhet.
salutary [ˈsæljutəri] sunn, helsebringende; gagnlig.
salutation [sæljuˈteiʃən] hilsen, helsing.
salute [səlˈ(j)u:t] hilsen, honnør; salutt; hilse, gjøre honnør, saluttere.
salvage [ˈsælvidʒ] berging, redning; heving (av skip); bergelønn; bergegods; vrakgods; redde, berge. **– corps** redningskorps. **– tug** bergingsfartøy, slepebåt.
salvation [sælˈveiʃən] frelse, salighet, redning; **the S. Army** Frelsesarméen. **salvationism** [sælˈveiʃənizm] Frelsesarméens grunnsetninger. **salvationist** [sælˈveiʃənist] frelsessoldat.
salve [sɑ:v] salve, balsam; smiger; (fig.) plaster; salve, lege.
salve [sælv] berge, redde.
salver [ˈsælvə] presenterbrett.
salvo [ˈsælvəu] forbehold; unnskyldning; skuddsalve, salve; klappsalve, bifall.
sal volatile [sælvəˈlætəli] luktesalt, kullsur ammoniakk.
salvor [ˈsælvə] berger, bergingsbåt.
SAM fk. f. **surface-to-air missile.**
Sam [sæm); **stand –** betale gildet, rive i.
Samaria [səˈmɛəriə]. **Samaritan** [səˈmæritən] samaritansk; samaritan.
same [seim] samme; **the – as** (eller **with)** det samme som; **one and the – with** en og den samme som; **the very –** den selvsamme; **all the –** like godt, likevel; **it is all the – to me** det er akkurat det samme for meg; **I wish you the – !** (el. **the – to you!)** i like måte; **he is the – as**

ever han er den gamle; **if it is the – to you** hvis De ikke har noe imot det; **it comes to the –** det kommer ut på ett.
sameness [ˈseimnis] ensformighet.
Sam Hill (sl.) helvete.
Samnite [ˈsæmnait] samnitter; samnittisk.
Samoa [səˈməuə].
samovar [sæməuˈvɑ:] samovar.
sampan [ˈsæmpæn] kinesisk elvebåt, husbåt.
sample [ˈsɑ:mpl] prøve, vareprøve, stikkprøve, mønster; vise el. ta prøver av; være prøve på.
sampler [ˈsɑ:mplə] prøver; navneduk.
sample room [ˈsɑ:mplru:m] prøvelager.
sampling [ˈsɑ:mpliŋ] stikkprøveuttaking; stikkprøve.
Samuel [ˈsæmjuəl].
sanability [sænəˈbiliti] helbredelighet. **sanable** [ˈsænəbl] helbredelig. **sanative** [ˈsænətiv] helbredende, gagnlig.
sanatorium [sænəˈtɔ:riəm] sanatorium, kuranstalt. **sanatory** [ˈsænətəri] helbredende.
sanctification [sæŋktifiˈkeiʃən] helliggjørelse, innvielse, vigsel. **sanctify** [ˈsæŋktifai] innvie, vigsle, hellige; rettferdiggjøre; **sanctified airs** skinnhellighet; **the end sanctifies the means** hensikten helliger middelet.
sanctimonious [sæŋktiˈməunjəs] skinnhellig. **sanctimony** [ˈsæŋktiməni] skinnhellighet.
sanction [ˈsæŋkʃən] sanksjon, godkjenning, stadfesting; forordning; hjemmel; bestemmelse om straff eller belønning knyttet til en lov; sanksjonere, stadfeste, støtte, billige, bekrefte.
sanctity [ˈsæŋktiti] hellighet, fromhet, ukrenkelighet.
sanctuary [ˈsæŋktʃuəri] helligdom, tilfluktssted, fristed; **bird –** fuglereservat.
sanctum [ˈsæŋktəm] helligdom, lønnkammer, aller helligste.
sand [sænd] sand; sandbanke; (US) mot, tak, to, karakter; (US) sandstein; penger, gryn; dekke med sand, sandstrø, blande med sand; pusse med sandpapir; pl. **-s** sandstrekning(er), sandørken(er), sandstrand; timeglassets sand; **sanded** [ˈsændid] sandet, tilsandet; **sanded paper** sandpapir.
sandal [ˈsændl] sandal, sandalreim. **sandalled** iført sandaler.
sandalwood [ˈsændlwud] sandeltre.
sand|bag sandsekk; barrikadere med sandsekker. **– bank** sandbanke. **– belt** slipebånd. **-blast** sandstråle; sandblåse. **-blasting** sandblåsing. **-box** sandkasse. **– -cast** sandstøpe. **– dune** sanddyne, klitt. **– eel** småsil (fisk). **-er** slipemaskin, sandblåser. **– glass** timeglass. **– jet** sandstråle, sandblåst. **-man** Ole Lukkøye. **– martin** sandsvale. **-paper** sandpapir; slipe med sandpapir. **-piper** snipe. **– pit** sandtak; stor sandkasse. **– quarry** sandtak. **– reed** marehalm. **-stone** sandstein.
sandwich [ˈsændwidʒ, -witʃ] brødstykke, lagt dobbelt med pålegg imellom; vandrende dobbeltskilt; annonsemann; anbringe imellom, skyte inn, legge lagvis. **– course** utdannelse der teori og praktiske øvelser veksler. **– lunch** matpakke. **– man** smørbrødselger; plakatbærer (med plakat på rygg og bryst). **– paper** matpapir.
sandy [ˈsændi] sandet, full av sand; sandaktig. **– -haired** [ˈsændihɛəd] rødblond.
sane [sein] sunn, normal; vettig, ved sine fulle fem. **– -minded** forstandig. **-ness** [-nis] sunnhet, tilregnelighet.
San Francisco [sænfrənˈsiskəu].
sang-froid [ˈsɑ̃:ŋˈfrwɑ:] koldblodighet.
sanguiferous [sæŋˈgwifərəs] blodførende. **sanguification** [sæŋgwifiˈkeiʃən] bloddanning. **sanguifier** [ˈsæŋgwifaiə] bloddanner. **sanguify** [ˈsæŋgwifai] danne blod. **sanguigenous** [sæŋˈgwidʒinəs] bloddannende. **sanguinary** [ˈsæŋgwinəri] blodig, blodtørstig; røllik. **sanguine** [ˈsæŋgwin] blodfull; fyrig, sangvinsk; tillitsfull; blodrød; rødmusset; farge med blod. **sanguineous** [sæŋˈgwiniəs] blodfull, bloddannende, blodrød. **sanguinivorous** [sæŋgwiˈnivərəs] blodsugende. **sanguinolent** [sæŋˈgwinələnt] blodfarget. **sanguisuge** [ˈsæŋgwisu:dʒ] blodigle. **sanguisugent** [sæŋgwiˈsu:dʒənt] blodsugende.
sanitarian [sæniˈtɛriən] hygieniker; sanitær.
sanitary [ˈsænitəri] sanitær, sunnhets-; hygiene-; sanitets-. **the – officer** stadsfysikus. **– towel** sanitetsbind. **– ware** sanitærutstyr, el. -porselen. **sanitation** [sæniˈteiʃən] sunnhetspleie, helsestell, renhold; sanitærinstallasjoner.
sanity [ˈsæniti] sunnhet, sunn sans, vett, tilregnelighet, forstandighet.
sansculotte [sænzkjuˈlɔt] sanskulott.
Sanskrit [ˈsænskrit] sanskrit (hinduenes gamle språk). **sanskritist** [ˈsænskritist] sanskritkjenner.
Santa Claus [sæntəˈklɔ:z] Santa Claus, julenissen.
Santal [sɑ:nˈtɑ:l]; **the mission to the –** Santalmisjonen.
sap [sæp] saft (i plante), sevje; kraft; tosk, idiot; løpegrav; pugghest, slit, pugg; batong, politikølle; tappe for saft, maktstjele, margstjele; undergrave, underminere; pugge, terpe; slå ned, overfalle.
sap | flow sevjestrøm. **– green** saftgrønn. **– -happy** møkk full. **-head** begynnelse på løpegrav; grauthue, dust.
sapid [ˈsæpid] velsmakende; frisk; tiltalende. **-ness** [-nis] velsmak. **sapidity** [səˈpiditi] velsmak.
sapience [ˈseipjəns] visdom, klokskap. **sapient** [ˈseipjənt] vis (mest ironisk), allvitende.
sapless [ˈsæplis] saftløs; tørr; kraftløs.
sapling [ˈsæpliŋ] ungt tre; ungt menneske.
saponaceous [sæpəˈneiʃəs] såpeaktig; glatt.
saponification [səpɔnifiˈkeiʃən] såpedannelse.
sapper [ˈsæpə] sappør, menig ingeniørsoldat; (fig.) undergraver.
sapphire [ˈsæfaiə] safir; safirblått; safirblå.
sapphism [ˈsæfizm] lesbisk kjærlighet. **Sappho** [ˈsæfəu] Sapfo.
sapping [ˈsæpiŋ] (under)minering, sappering.
sappy [ˈsæpi] saftig, sevjerik; (fig.) grønn, ung; energisk, seig; dum. **sap | rot** tørråte (i tømmer). **-wood** yte, splintved (på trær).
saraband [ˈsærəbænd] sarabande.
Saracen [ˈsærəsn, ˈsærəsin] sarasener.
sarcasm [ˈsɑ:kæzm] sarkasme, finte, spydighet.
sarcastic [sɑ:ˈkæstik] spydig, sarkastisk.
sarcophagous [sɑ:ˈkɔfəgəs] kjøttetende.
sarcophagus [sɑ:ˈkɔfəgəs] sarkofag.
sardine [ˈsɑ:ˈdi:n] sardin; **like -s in a tin** som sild i en tønne.
Sardinia [sɑ:ˈdinjə].
sardonic [sɑ:ˈdɔnik] sardonisk, spotsk.
sarge [sɑ:dʒ] = **sergeant.**
sari [ˈsɑ:ri(:)] (indisk kvinnedrakt) sari.
sarong [səˈrɔŋ] (malayisk klesplagg) sarong.

sartorial [sɑ:ˈtɔ:riəl] som hører til skredderfaget; skredder-.
S. A. S. fk. f. **Special Air Service** (eng. antiterroriststyrke).
sash [sæʃ] vindusramme; skyvevindu (som glir opp og ned i fuger); skjerf, skulderskjerf. – **bar** vindussprosse. – **cramp** skrutvinge. – **lock** vindushaspe, stormkrok. – **line** vindussnor. – **saw** grindsag. – **window** skyvevindu, guillotinevindu.
sassy [ˈsæsi] (US) frekk, nesevis.
sat [sæt] imperf. av **sit.**
Sat fk. f. **Saturday.**
Satan [ˈseitən] satan. **satanic** [səˈtænik] satanisk. **-ical, -ically** satanisk, djevelsk.
satchel [ˈsætʃəl] taske, skoleveske, mappe.
Satchmo [ˈsætʃməu] = Louis Armstrong.
sate [sæt, seit] gml. for **sat** satt.
sate [seit] mette, tilfredsstille, overfylle.
sateen [sæˈti:n] sateng.
satellite [ˈsætilait] drabant, følgesvenn, ledsager; måne, biplanet, satellitt. – **dish** parabolantenne. – **town** drabantby.
satiable [ˈseiʃ(i)əbl] som kan mettes. **satiate** [ˈseiʃieit] mette, overmette. **satiation** [seiʃiˈeiʃən] metthet, mette. **satiety** [səˈtaiəti] mette, lede, avsmak.
satin [ˈsætin] atlask, sateng; satinere.
satire [ˈsætaiə] satire. **satirical** [səˈtirikl] satirisk; kabaret el. revy med satirisk grunntema. **satirist** [ˈsætirist] satiriker. **satirize** [ˈsætiraiz] satirisere over.
satisfaction [sætisˈfækʃən] tilfredsstillelse, tilfredshet, oppreisning, fyldest, erstatning, vederlag.
satisfactorly [sætisˈfæktəri], **-ily** [-ili] tilfredsstillende, fullgod.
satisfy [ˈsætisfai] tilfredsstille, fyldestgjøre; stille (sult, tørst), mette; forvisse (seg om); godtgjøre, bevise.
satrap [ˈsætrəp] satrap. **satrapy** [-i] satrapi.
saturate [ˈsætʃəreit] mette; gjennomvæte.
saturation [sætʃuˈreiʃən] metting, metning.
Saturday [ˈsætədi, -dei] lørdag.
Saturn [ˈsætə:n].
Saturnalian [sætəˈneiljən] saturnalsk; vill, tøylesløs. **saturnine** [ˈsætə:n(a)in] mørk, tung, innesluttet.
satyr [ˈsætə] satyr. **-ic** [səˈtirik] satyraktig.
sauce [sɔ:s] saus; uforskammethet; sause, krydre; være uforskammet el. nesevis. **-boat** sauseskål. **-box** nesevis person.
saucepan [ˈsɔ:spən] kasserolle (med håndtak).
saucer [ˈsɔ:sə] skål, fat; **flying** – flygende tallerken. – **-eyed** med tallerkenøyne.
sauce tureen [ˈsɔ:stəri:n] sauseskål.
saucy [ˈsɔ:si], **saucily** [-li] uforskammet, nesevis. **sauciness** [-nis] uforskammethet, frekkhet.
sauna [ˈsaunə] finsk badstue.
saunter [ˈsɔ:ntə] slentre, spasere, slenge, drive, reke; spasertur. **-er** [-rə] dagdriver, flanør.
saurian [ˈsɔ:riən] øgle; som hører til øglene.
sausage [ˈsɔsidʒ] pølse; tøys, pølsevev.
savage [ˈsævidʒ] vill, rå, ukultivert; grusom; voldsom; villmann, barbar. **-ness** [-nis] villhet. **savagery** [ˈsævidʒəri] vill tilstand; villskap, råhet, grusomhet. **savagism** [ˈsævidʒizm] villmannstilstand.
savannah [səˈvænə] savanne.
savant [ˈsævənt] lærd.
save [seiv] frelse, redde, berge, bevare; verne, trygge; spare, gjemme; spare opp; ha liggende; rekke, nå, komme tidsnok til; unntagen, unntatt; – **for** hvis ikke; **(God)** – **the mark** Gud bevare oss vel, Gud bedre; med respekt å melde; **a penny -d is a penny gained** penger spart er penger tjent; – **appearances** bevare skinnet; **the S. the Children Fund** (organisasjonen) Redd Barna.
save-all [ˈseivɔl] lyssparer (løs forlengelse av lysestake med en spiss til å stikke lysstumpen på); oljespillkopp.
saveloy [ˈsævilɔi] servelatpølse.
saver [ˈseivə] frelser, redningsmann; økonom; -besparende.
saving [ˈseiviŋ] frelsende, sparsommelig, som nettopp dekker utgiftene; unntagen, unntatt; besparelse; frelse, redning; **his** – **angel** reddende engel; **a** – **bargain** en forretning som man så vidt unngår tap på; **he has no** – **point** forsonende trekk; – **clause** unntaksbestemmelse; – **your presence** el. – **your reverence** med respekt å melde, rett ut sagt. **-ly** med sparsommelighet. **-ness** sparsommelighet.
savings [ˈseiviŋz] sparepenger. – **account** sparekonto. – **bank** sparebank. – **box** sparebøsse. – **group** spareforening.
saviour [ˈseivjə] frelser.
savoir faire [ˈsævwɑ:ˈfεə] takt, konduite.
savoir vivre [ˈsævwɑ:ˈvi:vr] gode manerer, folkeskikk; levemåte.
savour [ˈseivə] smak; lukt, dåm, duft; salvelse i prekenen; smake, lukte (**of** av), nyte; minne om. **savouriness** [ˈseivərinis] aroma. **savourless** [ˈseivəlis] smakløs, flau. **savoury** [ˈseivəri] velsmakende, velluktende, delikat, pikant.
Savoy [səˈvɔi] Savoia; **the** – hotell og teater i London. **-ard** [-əd] savoiard.
saw [sɔ:] utsagn, sentens, ordtak, fyndord.
saw [sɔ:] sag; sage, skjære; – **your timber!** pakk Dem, av sted! – **blade** [-bleid] sagblad. **-bones** [-bəunz] kirurg. **-buck** [ˈsɔ:bʌk] sagbukk, sagkrakk. **-dust** [ˈsɔ:dʌst] sagflis, sagmugg. **-er** [ˈsɔ:ə] sagskjærer. **-fish** sagfisk. **-fly** bladveps. **-jack** sagkrakk. **-mill** sag, sagbruk. **-pit** saggrop (for to menn med langsag). – **tooth** sagtann. **sawyer** [ˈsɔ:jə] sagskjærer.
saxatile [ˈsæksətil] stein-, berg-, ur-.
Saxe [sæks] Sachsen (i smstn.).
Saxe-Weimar [ˈsæksˈvaimɑ:] Sachsen-Weimar.
saxifrage [ˈsæksifridʒ] saksifraga, bergsildre.
Saxon [ˈsæksən] saksisk; sakser. **-ism** [ˈsæksənizm] saksisk språkegenhet. **-ist** kjenner av saksisk. **Saxony** [ˈsæksəni] Sachsen.
saxony [ˈsæksəni] saksoni (et slags tøy).
saxophone [ˈsæksəfəun] saksofon.
say [sei] prøve; probere.
say [sei] si; si fram; mene, bety; utsagn, replikk; **that is to** – det vil si; **he is said to have been absent** han skal ha vært fraværende; **it -s in the New Testament that ...** det heter; **to** – **nothing of** for ikke å snakke om; **I** –! hør her! hør nå! – **on Wednesday** for eksempel på onsdag; **I'll** – det skal være sikkert; **you don't** – **(so)** det er da vel ikke mulig! **that goes without -ing** det sier seg selv; **I have had my** – jeg har sagt hva jeg har å si; **have the** – ha det avgjørende ord; **he has no** – **in this** han har ikke noe med dette å gjøre; ikke noe han skal ha sagt; – **grace** be bordbønn; – **when!** si stopp! si når du har fått nok; **-ing** [ˈseiiŋ] fremsigelse;

ytring; sentens, ordtak, ordtøke, ord; **-ing and doing are two things** ett er å love, et annet å holde. **– -so** påstand, utsagn.
'sblood [zblʌd] **Good's blood** død og pine.
scab [skæb] skorpe, ruve; skurv; skabb; streikebryter; skarv, slyngel; sette skorpe.
scabbard [ˈskæbəd] slire, skjede; stikke i sliren.
scabbed [skæbd] skorpet; skabbet; ussel.
scabbing [ˈskæbiŋ] streikebryteri.
scabby [ˈskæbi] se **scabbed.**
scabies [ˈskeibii:z] fnatt, skabb.
scabrous [ˈskeibrəs] ru, grov, ujevn; uharmonisk; strabasiøs; uanstendig.
scads [skædz] hauger, masser; massevis.
scaffold [ˈskæfəld] plattform, stillas, tribune, skafott; avstive, forsyne med stillas. **-ing** stillas, stillasmaterialer; tørkestativ.
scald [skɔ:ld] skald, dikter.
scald [skɔ:ld] skålde, skambrenne, koke; skåldsår; **a -ed cat fears cold water** brent barn skyr ilden.
scald [skɔ:ld] hodeskurv. **-berry** bjørnebær. **-crow** alminnelig kråke. **– head** hodeskurv.
scalding [skɔ:ldiŋ] skålding; skåldhet. **– tears** bitre tårer.
scale [skeil] skjell, skall, flass; glødeskall; tannstein; kjelestein; skalle av; dette av.
scale [skeil] stige, trapp; skala, målestokk, system; tariff, regulativ; bestige; klyve, storme; veie, måle; **-s** vektskål, vekt; **– down (up)** ned(opp)trappe. **– armour** skjellpanser. **– beam** vektarm. **-board** tynn finérplate. **– drawing** tegning i målestokk. **– insect** skjoldlus. **– line** delestrek, skalastrek.
scalene [skəˈli:n] ulikesidet; ulikesidet trekant.
scaling inndeling i skala; tannrensing; kjelerensing; bestigning. **– down** reduksjon, nedtrapping. **– hammer** rusthammer. **– ladder** [ˈskeiliŋlædə] stormstige; brannstige, redningsstige.
scallop [ˈskɔləp] kammusling; harpeskjell; terteskjell; utskjæring, tunge; gratengform.
scallywag [ˈskæliwæg] vantrivsel (om kveg); slamp, døgenikt.
scalp [skælp] hodehud, skalp; skalpejeger; spekulant, billetthai; skalpere.
scalpel [ˈskælpəl] skalpell, disseksjonskniv.
scaly [ˈskeili] skjellet, skjellformet; lurvet.
scamp [skæmp] slubbert; sjuske, fuske med.
scamper [ˈskæmpə] slarv, slask, fusker; hodekulls flukt; flykte over hals og hode, løpe, fare, jage.
scampi [ˈskæmpi] (pl.) store middelhavsreker, scampi.
scan [skæn] skandere, avsøke; granske, forske, prøve nøye, se nøye på, mønstre; kikke fort på; bla igjennom; **– the horizon** se ut over horisonten.
Scan., Scand. fk. f. **Scandinavia(n)**.
scandal [ˈskændəl] anstøt, forargelse, skandale, baktalelse; baktale; **give – to** vekke anstøt hos; **talk –** baktale; **The School for S.** Baktalelsens skole (stykke av Sheridan). **scandalize** [ˈskændəlaiz] forarge, støte, baktale. **scandalous** [ˈskændələs] forargelig, skandaløs; baktalersk. **scandal sheet** skandaleblad.
Scandinavia [skændiˈneivjə] Skandinavia (Skandinaviske halvøy). **Scandinavian** skandinavisk; skandinav.
Scania [ˈskeinjə] Skåne.
scanner skanderer; (radar) skanner; avsøker (TV); optisk leser. **scanning** skandering; skanning; avsøking; optisk avlesing; prøvende.
scansion [ˈskænʃən] skandering; avsøking.
scansorial [skænˈsɔ:riəl] egnet til klatring, klatre-, klyve-.
scant [skænt] knapp, snau, sparsom; knappe av, innskrenke, knipe på. **-ily** knapt. **-iness** [-inis] knapphet.
scantling [ˈskæntliŋ] lite stykke, snev; mål, dimensjon, prøve, kaliber; bukk.
scanty [ˈskænti] knapp, snau, mager, skrinn; påholden.
scape [skeip] stilk, blomsterstengel.
scape [skeip] fk. f. **escape.**
scapegallows [ˈskeipgæləuz] galgenfugl.
scapegoat [ˈskeipgəut] syndebukk.
scapegrace [ˈskeipgreis] laban, slamp, døgenikt.
scapula [ˈskæpjulə] skulderblad.
scapular [ˈskæpjulə] skapular, skulderklede.
scar [skɑ:] skramme, flerre, arr; sette arr, merke.
scar [skɑ:] berg, hammer, stup, fjellskrent.
scarab [ˈskærəb], **scarabee** [ˈskærəbi:] tordivel; skarabé.
scaramouch [ˈskærəmautʃ] narr, bajas.
Scarborough [ˈskɑ:b(ə)rə].
scarce [skεəs] knapp, sjelden, sjeldsynt; **money is –** det er knapt med penger; **a work now very –** som nå er meget sjeldent; **make yourself –!** forsvinn! vekk med deg! hopp i havet!
scarcely [ˈskεəsli] neppe, snaut, knapt, nesten ikke; **– any** nesten ingen; **– when** neppe før; **he can – have been here** han kan visst ikke ha vært her.
scarceness [ˈskεəsnis] sjeldenhet.
scarcity [ˈskεəsiti] knapphet, mangel, skort, sjeldenhet, dyrtid.
scare [skεə] skremme, støkke; skrekk, støkk, forskrekkelse, panikk; **– away** skremme bort; **– up** skremme opp. **– buying** panikkoppkjøp.
scarecrow [ˈskεəkrəu] fugleskremsel.
scarf [skɑ:f] skjerf, tørkle, slips; skjøte (tre-, metall- el. lærstykker) ved å skjære endene til slik at de ligger over hverandre uten at tykkelsen forøkes; laske; skjøt, lask. **-pin** slipsnål. **– weld** lappsveising.
scarification [skεərifiˈkeiʃən] riss i huden. **scarificator** [ˈskεərifikeitə] skarifikator. **scarify** [ˈskεərifai] risse i huden, klore; såre, kritisere sterkt, plukke i stykker.
scarlatina [skɑ:ləˈti:nə] skarlagensfeber.
scarlet [ˈskɑ:lit] skarlagenrød; skarlagen; purpur. **– bean** prydbønne. **– fever** skarlagensfeber; tilbøyelighet til å bli forelsket i (de rødkledde) soldater. **– hat** kardinalshatt; kardinalsverdighet. **– runner** prydbønne. **the – woman** skjøgen som er kledd i purpur og skarlagen (fra Johannes' åpenbaring).
scarp [skɑ:p] bratt skråning el. brekke; eskarpe; gjøre bratt. **scarper** [ˈskɑ:pə] desertere, stikke av.
scarred [skɑ:d] skrammet, arret.
scary [ˈskεəri] nervøs, redd; foruroligende.
scat [skæt] fordrive, skremme bort; scatsang.
scathe [skeið] skade; mén, skade. **scathing** bitende, skarp. **scatheless** [ˈskeiðlis] uskadd; ustraffet.
scatter [ˈskætə] spre, splitte, spre seg, strø.
scatter-brained [ˈskætəbreind] atspredt, tankeløs, vimset.
scatty [ˈskæti] vimset, forstyrret, gal, sprø.
scavenge [ˈskævindʒ] tømme søppel, renovere,

rydde, spyle. **scavenger** [ˈskævin(d)ʒə] gatefeier, renovasjonsarbeider, søppelkjører; **-'s cart** renovasjonskjerre.
scenario [siˈnɑ:riəu] scenarium, filmmanuskript, dreiebok.
scene [si:n] skueplass, scene (ikke teaterscene = **stage**), åsted; opptrinn, hending; dekorasjon, kulisse, maleri, syn; krangel, oppvask, scene; **– of action** sted, åsted; **behind the -s** bak kulissene.
scenery [ˈsi:n(ə)ri] sceneri, kulisser; naturomgivelser, natur, landskap. **scenic** [ˈsi:nik, ˈsenik] scenisk, teater-; naturskjønn.
scent [sent] lukte, være, ha teft av, spore; parfymere; lukt, duft, ange, spor; **get – of** få teften av; **on the –** på sporet; **on the wrong –** på villspor. **scented** [ˈsentid] duftende, parfymert.
sceptic [ˈskeptik] skeptisk; tviler. **-al, -ally** [ˈskeptikəl(i)] skeptisk. **scepticism** [skeptisizm] skeptisisme.
sceptre [ˈseptə] septer; utstyre med septer.
sceptred [ˈseptəd] septerbærende, kongelig.
SCF fk. f. **standard cubic foot.**
schedule [ˈʃedju:l, amr. ˈskedʒul] liste, dokument, regjeringsfortegnelse, katalog, tabell; plan, ruteplan; balanse, status; sette på liste, sette opp liste over; fastsette tidspunkt, planlegge; **on -d service** i fast rute.
scheme [ski:m] system, plan, prosjekt, utkast, figur (i astrologi); skjema; intrige, renke; planlegge, spekulere, pønske ut; intrigere, smi renker. **schemer** [ˈski:mə] prosjektmaker; renkesmed. **scheming** [ˈski:miŋ] renkefull, intrigant.
schism [ˈsizm] skisma, splittelse, kirkestrid.
schismatic [sizˈmætik] skismatisk, splittet.
schismatical [sizˈmætikl] skismatisk.
schist [ʃist] skifer. **schistose** [ˈʃistəus] skiferaktig, lagdelt.
schizophrenia [skitsəˈfri:njə] schizofreni, ungdomssløvsinn.
scholar [ˈskɔlə] vitenskapsmann, lærd (srl. humanistiske fag); elev, stipendiat; **a good French –** flink i fransk; **he is a –** han har studert; **my son was bred a –** fikk en lærd utdannelse.
scholarly [ˈskɔləli] lærd, vitenskapelig.
scholarship [ˈskɔləʃip] lærdom; stipendium.
scholastic [skəˈlæstik] skolemessig, spissfindig.
scholasticism [skɔˈlæstisizm] skolastikk, pedanteri.
scholiast [ˈskəuliæst] skoliast, fortolker.
scholium [ˈskəuliəm] randbemerkning.
school [sku:l] skole, fakultet, faggruppe, selskap (av kunstnere); (ånds)retning; eksamen; lære, opptukte, skolere; **leave –** slutte skolen; **pass the -s** ta sine eksamener; **life at –** skolelivet; **we were boys (girls) at – together** vi var skolekamerater; **an edition for -s** skoleutgave; **go to –** gå på skolen; **be sent to –** begynne på skolen.
school [sku:l] stim (av fisk); stime.
school | attendance skolegang; fremmøte på skolen. **– board** skolestyre. **– camp** leirskole. **– -example** skoleeksempel (**of** på). **– fee** skolepenger. **-girl** skolepike. **-house** skole, skolebygning.
schooling [ˈskuliŋ] opplæring, undervisning, skolegang; irettesetting, reprimande.
school | journey skoletur, skolevei. **– -leaving age** den alder da man normalt slutter skolen. **-man** skolemann; skolastiker. **-marm** (el. **ma'am**) skolefrøken, lærerinnetype. **-master** lærer; skolemester. **-mate** skolekamerat. **-mistress** lærerinne, skolefrøken. **– report** vitnemål, karakterkort. **-room** klasserom. **– safety patrol** skolepatrulje. **-teacher** lærer(inne).
schooner [ˈsku:nə] skonnert; (US) stort ølglass.
schottische [ʃɔˈti:ʃ] schottish (en dans).
sciagraph [ˈsaiəgrɑ:f] profil; skyggeriss; vertikalsnitt. **sciagraphy** [saiˈægrəfi] skyggetegning.
sciatic [saiˈætik] hofte-; hoftenerve. **sciatica** [saiˈætikə] hoftegikt, isjias.
science [ˈsaiəns] vitenskap, fysikk; **a man of –** vitenskapsmann; **the seven -s** de sju frie kunster; **Christian S.** en moderne sekt som helbreder ved tro; **exact –** eksakt vitenskap; **moral –** etikk; **natural –** naturvitenskap. **– fiction** fremtidsroman, fantastisk (fremtidsrettet) litteratur.
scientific [saiənˈtifik] vitenskapelig, metodisk.
scientist [ˈsaiəntist] vitenskapsmann.
scilicet [ˈsailiset] nemlig.
Scilly [ˈsili], **the – Islands** Scilly(øyene).
scimitar [ˈsimitə] krumsabel.
scintilla [sinˈtilə] glimt; antydning, spor; **not a – of** ikke spor av.
scintillate [ˈsintileit] gnistre, funkle, glitre. **scintillation** [sintiˈleiʃən] glitring.
sciolism [ˈsaiəulizm] halvstuderthet. **sciolist** halvstudert person.
scion [ˈsaiən] podekvist; avlegger, skudd, ætling.
scissor [ˈsizə] klippe, skjære (med saks). **-ings** utklipp. **scissors** [ˈsizəz] (pl.) saks; **a pair of –** en saks.
scissure [ˈsiʃə] kløft, spaltning, snitt.
Sclav [sklɑ:v, sklæv] se **Slav.**
sclerosis [skliəˈrəusis] forkalkning, sklerose.
sclerotic [skliəˈrɔtik] hard, inntørket, tørr; **– coat** senehinne.
scobs [skɔbz] sagmugg, sagflis, filspon.
scoff [skɔf] spotte, håne; spott. **-er** spotter.
scoffing [ˈskɔfiŋ] spotsk, spottende; spott.
scold [skəuld] skjelle, skjenne; skjenne på; arrig troll, kjeftause. **-ing** skjenn, kjeft, overhaling. **-ingly** med skjell og smell.
scolopendra [skɔləˈpendrə] skolopender.
sconce [skɔns] skanse; lyspipe, lampett.
scone [skəun] bolle, flat tekake; **potato –** lompe.
scoop [sku:p] øse, skuffe, øsekar; god fangst, kupp; øse, skuffe, måke, lense; hule ut; skovle; **a -ed dress** en utringet kjole; **air –** luftinntak. **– bucket** skovl. **– net** håv.
scoot [sku:t] fare, stikke av.
scooter [ˈsku:tə] sparkesykkel; **motor –** scooter.
scope [skəup] mål, formål; synsvidde; råderom, spillerom, frihet; (radar)skop; (mikro)skop.
scorbutic [skɔ:ˈbju:tik] som lider av skjørbuk; skjørbukspasient.
scorch [skɔ:tʃ] svi, brenne, skålde; svi av; angripe med spott; bli svidd, bli forbrent; skyte en rasende fart; brannsår, sviing, svimerke; **the car -ed down the street** bilen raste ned gaten. **-er** brennhet dag; bitende spott. **-ing** sviende, bitende, brennende.
score [skɔ:] merke, skår, hakk, strek (brukt som talltegn på en karvestokk), regning; regnskap, gjeld, grunn, årsak; poengtall, poeng; kjensgjerning; snes; partitur; filmmusikk; streke, sette streker i, gjøre hakk i, merke; avmerke med strek, notere, nedtegne, føre påregning; score, skyte, få poeng; utsette i partitur; vinne, seire (i spill); føre regnskap; **on the – of** på grunn av; **– out** stryke ut; **keep –** holde regnskap;

quit **-s** avslutte regningen; **run up a –** ta på kreditt; **by -s** i snesevis; **long –** stor regning; **short –** liten regning; **in –** i partitur; **pay one's –** betale det man skylder; **the – is 2 – 1** stillingen er 2 – 1. **– board** poengtavle.
scorer [ˈskɔ:rə] regnskapsfører, markør; målscorer.
scoria [ˈskɔ:riə] slagg. **scorification** [skɔ:rifiˈkeiʃən] slaggdannelse. **scorify** [ˈskɔ:rifai] forvandle til slagg.
scorn [skɔ:n] forakte, håne; forakt, hån; gjenstand for forakt; **put to –** beskjemme; **laugh to –** le ut; **hold up to –** vise fram til spott og spe. **scornful** [ˈskɔ:nful] hånlig, foraktelig.
scorpion [ˈskɔ:piən] skorpion.
scot [skɔt] kontingent; **lot and –** skatt.
Scot [skɔt] skotte; **Mary Queen of Scots** Maria Stuart; **great –!** du store allverden!
Scotch [skɔtʃ] skotsk; skotsk whisky.
scotch [skɔtʃ] såre lett, rispe, snitte; skramme, skår, hakk.
scotch [skɔtʃ] underlag; støtte, stø under; bremse.
Scotch | bonnet, – cap skottelue. **– collops** bankekjøtt. **– cousin** fjern slektning. **-man** skotte; skamfilingslist. **– mist** yr, regntåke. **– tape** (varem.) limbånd. **-woman** skotsk kvinne.
scot-free [ˈskɔtˈfri:] skattefri, avgiftsfri; helskinnet, fri for alle ulemper.
Scotland [ˈskɔtlənd] Skottland; **– Yard** hovedstasjonen for Londons politi; politiet.
Scots [skɔts] skoter; skotsk; skotsk språk.
Scotsman [ˈskɔtsmən] skotte.
Scott [skɔt] Scott; **great –!** du store allverden!
Scotticism [ˈskɔtisizm] skotsk uttrykk.
Scottish [ˈskɔtiʃ] skotsk.
scoundrel [ˈskaundrəl] slyngel, skurk, kjeltring. **-ism** skurkaktighet. **-ly** skurkaktig.
scour [ˈskauə] skure, skrubbe, rense, vaske ut, skure vekk, skrubbe av; tilintetgjøre; gjennomsøke, gjennomstreife, fare over; **– of** rense for. **-er** rensemiddel, (gryte)skrubb. **-ing** rensning.
scourge [skə:dʒ] svepe; (fig.) svøpe, plage; piske, denge, plage. **scourger** tuktemester. **scourging** [-iŋ] pisking.
scout [skaut] speider; kollegietjener (i Oxford); vakt, utkikk; speide, utspeide; **he is a good –** han er en hyggelig, ærlig fyr; **be on the –** være på utkikk.
scout [skaut] spotte, avvise med hån.
scout | camp speiderleir. **– car** oppklaringsvogn. **-ing** rekognosering, speiding. **-master** (speider)-troppsfører. **– promise** speiderløfte.
scow [skau] pram, flatbunnet båt, lorje.
scowl [skaul] skule; skumlende blikk. **-ingly** med skumlende blikk, truende.
scrabble [ˈskræbl] rable, klore, krafse; krabbe; rabling, rabbel, kråketær.
scrag [skræg] skrangel, beinrangel, rekel, misfoster; hals; kverke.
scraggy [ˈskrægi] skranglet, stranten, knoklet; lurvet.
scram [skræm] forsvinn! pigg av!
scramble [ˈskræmbl] krabbe, krabbe seg, klatre, klyve, skrape; gramse, krafse; løpe om kapp; kravling; slagsmål, vilt kappløp; **scrambled eggs** eggerøre; offisersdistinksjoner. **scrambling** uregelmessig, tilfeldig.
scran [skræn] mat; levninger, rester, smuler; **bad – to you!** pokker ta deg!
scranch [skrænʃ] knase mellom tennene.
scrap [skræp] stump, lapp, bete, rest, levning; glansbilde; utklipp; avfall, skrap; kassere; **a – of paper** papirlapp; **–s** utklipp; levninger, matrester.
scrap [skræp] slagsmål, basketak; slåss.
scrapalbum [ˈskræpælbəm] utklippsalbum.
scrapbook [ˈskræpbuk] utklippsbok.
scrape [skreip] skrape, skure, krasse, gni, radere, stryke ut; bukke og skrape; skraping, gnikking; skrapende lyd; knipe, klemme; forlegenhet, dypt bukk; barbering; **get into a sad –** komme i en lei knipe; **– through** slå seg igjennom; **– acquaintance** søke å innsmigre seg. **–-gut** gatemusikant, felegnikker. **–-penny** [ˈskreipˈpeni] gnier. **scraper** gnier, skrape (redskap).
scrap heap [ˈskræphi:p] avfallsdynge, søppelhaug; kaste på avfallsdyngen.
scraping [ˈskreipiŋ] avskraping, skuring; (pl.) **-s** sammenskrapte skillinger; avfall, spon; subb, berme; skrapende, skurende.
scrapper [ˈskræpə] brutal fyr, slåsskjempe.
scrappy [ˈskræpi] som består av småstykker el. rester, alleslags; planløs, rotet; **– meal** måltid av rester, «ukerevy».
scratch [skrætʃ] klore, ripe, krafse, rispe; klø, smøre (skrive fort og dårlig), rable sammen; stryke ut; kassere; avlyse, trekke tilbake, vrake; risp, rift, ripe, fure, skrubb; startstrek, mållinje; flaks, svinehell; (i pl.) mugg; **come to the –** komme bort til streken, våge seg fram; komme til stykket; **won't you come to the –?** blir det så til noe? **start from –** begynne helt forfra; **Old S.** pokker, fanden. **– awl** rissefjær, rissenål. **-back** kløpinne. **-cat** ondskapsfull person. **-ers** fjærfe. **– line** startstrek; planke (i lengdehopp). **– pad** kladdeblokk. **– race** kappløp med fellesstart. **– wig** parykk som bare dekker en mindre del. **-y** ujevn, nedrablet; sammenrasket, tilfeldig; skrapende (lyd).
scrawl [skrɔ:l] rable, rable ned; rabbel, krusedull, smøreri. **scrawlings** [ˈskrɔ:liŋz] kråketær, rabbel. **scrawly** [ˈskrɔ:li] stygt skrevet, rablet.
scrawny [ˈskrɔ:ni] knoklet, skranglet.
scray [skrei] terne (fuglen).
screak [skri:k] hyle, knirke; hyl, knirk.
scream [skri:m] hvin; skrike, hvine; kollidere (om farger). **-er** morsom historie el. person; tårnsvale; bombe. **-ing** skrikende.
screech [skri:tʃ] skrike, gnelle; skrik, hvin. **– owl** tårnugle. **– thrush** duetrost.
screed [skri:d] (lang) preken, harang, tirade.
screen [skri:n] skjerm, skjermbrett, skjul; lerret (på kino); skjerme, skjule; sikte, skille ut; filmatisere, vise fram. **– door** dør med fluenetting. **-ing** filmfremvising; sortering, utvelging. **-ing committee** bedømmelseskomité. **-play** (film)manus. **– test** prøvefilm. **– writer** filmforfatter.
screever [ˈskri:və] fortausmaler.
screw [skru:] skruegjenge, skrue, propell; omdreining (av skrue); korketrekker; gnier; utsuger; gasje, lønn; skrue; slutter, fangevokter; tvinge, presse, tvinne; dreie, vri; suge ut, pine ut; spinke; (vulg.) knulle, pule. **– up** skru opp, heve; **put on the –** bli mer forsiktig; **put under the –** presse; **there is a – loose** det er noe galt; **cork-** [ˈkɔ:kskru:] korketrekker. **– alley** propellgang. **-ball** tulling, dust, særling. **– cap** skrukork. **-driver** skrutrekker.

screwed [skru:d] skrudd; gjenget; full, beruset, pussa; snytt, lurt.
screw | key skrunøkkel. **– nut** mutter. **-ship** propellskip. **-sman** innbruddstyv. **– spanner** skrunøkkel. **– thread** skruegjenge. **– vice** skrue-stikke.
scribble [ˈskribl] rable, smøre sammen; smøreri; **scribbler** [ˈskriblə] skribler.
scribe [skraib] skriver; skriftklok; rissestift; risse merke i.
scrimmage [ˈskrimidʒ] klammeri, slagsmål, mølje.
scrimp [skrimp] knipe på, knusle med; knipen, snau.
scrimshank [ˈskrimʃæŋk] skulke, sluntre unna.
scrip [skrip] seddel, liste, dokument, interimsbevis; (gml.) taske, veske.
script [skript] skrift, håndskrift; skriftsystem; manus, tekst. **scriptural** [ˈskriptʃərəl] bibelsk. **the Scripture** [ˈskriptʃə] Den hellige skrift.
scriptwriter [ˈskriptraitə] tekstforfatter, manusforfatter.
scrivener [ˈskriv(ə)nə] notarius; mekler.
scrofula [ˈskrɔfjulə] kjertelsyke. **scrofulous** [ˈskrɔfjuləs] kjertelsyk.
scroll [skrəul] rull (papir); liste, fortegnelse; snirkel, krusedull; **-ed** [ˈskrəuld] snirklet. **– saw** løvsag, kontursag. **-work** løvsagarbeid.
scroop [skru:p] skurre, skrape; skraping.
scrounge [skraundʒ] kvarte, rappe, stjele; orge, fikse.
scrub [skrʌb] skrubbe, skure; stryke, forkaste, avlyse; skrubbekost, kratt; undermåler; tufs, tass; slave, sliter.
scrubbing brush [ˈskrʌbiŋbrʌʃ] skurebørste, skrubber.
scrubby [ˈskrʌbi] dekke med lave busker, kratt-; forkrøplet, ussel, tufset.
scruff [skrʌf] (nakke)skinn; avfall, skitt; **– of the neck** nakke. **-y** elendig, ussel; flasset.
scrumptious [ˈskrʌmpʃəs] storartet, førsteklasses.
scrunch [skrʌnʃ] knuse, knase.
scruple [ˈskru:pl] tvil, skruppel; ubetydelighet, tøddel, grann; nære betenkeligheter. **scrupulous** [ˈskru:pjuləs] engstelig, samvittighetsfull. **-ly** forsiktig, pinlig nøyaktig.
scrutinize [ˈskru:tinaiz] utforske, granske, studere, gå etter i sømmene. **scrutiny** [ˈskru:tini] undersøkelse, gransking, saumfaring, ransaking, fintelling (ved valg).
scuba-diving [ˈsku:bə] froskemannsdykking (m. surstoffapparat).
scud [skʌd] fare, smette, smutte; lense; ilsom flukt, drivende skyer, regnbyge, vindkast.
scuff [skʌf] sjokke, subbe, tasse; slite, skrape; sjokking, tassing; **-s** (pl.) tøfler.
scuffle [ˈskʌfl] slagsmål, basketak; subbing, tassing; slåss; subbe, tasse.
scull [skʌl] håndåre; vrikkeåre; liten båt; ro, vrikke; **-er** [ˈskʌlə] liten båt, sculler.
scullery [ˈskʌləri] oppvaskrom, grovkjøkken.
scullion [ˈskʌljən] kjøkkengutt; tufs, stakkar.
sculptor [ˈskʌlptə] billedhogger.
sculpture [ˈskʌlptʃə] skulptur, billedhoggerkunst el. -arbeid; hogge ut, meisle, skjære ut.
scum [skʌm] skum; berme, avskum; skumme.
scumble [ˈskʌmbl] gi mattere fargetone; avdempe de skarpe linjene (i en tegning).
scummer [ˈskʌmə] skumsleiv. **scummy** [ˈskʌmi] skumdekt, skummende; sjofel, tarvelig.
scupper [ˈskʌpə] spygatt (på skip).
scurf [skə:f] skurv, skjell, flass. **-y** [ˈskə:fi] skurvet, flasset.
scurrilous [ˈskʌriləs] grov, plump, simpel.
scurry [ˈskʌri] hastverk, jag, fei; jage, fare, stikke av, pigge av.
scurvied [ˈskə:vid] som lider av skjørbuk.
scurvy [ˈskə:vi] skurvet; nedrig, sjofel; skjørbuk.
scut [skʌt] kort hale, halestump; stakkar, tufs.
scutch [skʌtʃ] skake lin; ruskelin; skaketre.
scutcheon [ˈskʌtʃən] våpenskjold; navneplate; nøkkelskilt.
scuttle [ˈskʌtl] kullboks; liten luke, ventil, takluke; bore hull i, bore i senk.
scuttle [ˈskʌtl] pile, renne; renn, løp.
scythe [saið] ljå; meie, slå. **-man** slåttekar.
s. d. fk. f. **several dates.**
S. D. F. fk. f. **Social Democratic Federation.**
S. E. fk. f. **south-east.**
sea [si:] hav, sjø; sjøgang; kyst; **by –** til sjøs. **– bag** skipssekk. **– bank** strandbredd, strand. **– bed** havbunn. **– bent** marehalm. **– blubber** glassmanet. **-board** kystlinje. **– boots** sjøstøvler. **– -borne** sjøveien, sjøverts. **– captain** skipsfører, sjøkaptein. **-coast** kyst. **-fare** skipskost. **-farer** sjøfarer. **– fish** saltvannsfisk. **– fishing** havfiske. **– foam** havskum; merskum. **– food** fiskemat; skalldyr. **– forces** sjøstridskrefter. **– front** strandpromenade. **– -going** havgående. **– gull** måke. **– hawk** tjuvjo. **– hog** nise. **– horse** sjøhest; havhest; hvalross.
seal [si:l] sel; drive selfangst.
seal [si:l] signet, segl; plombering; besegling, garanti; lukke, besegle, forsegle, lakke.
Sealand [ˈsi:lənd] Sjælland.
sea lane skipsrute, seilløp, led.
sealant [ˈsi:lənt] fugemasse, tetningsmasse.
sealed [si:ld] forseglet, tett, lufttett.
sea legs sjøbein; **find one's – –** bli sjøsterk.
sealer [ˈsi:lə] selfangstskute; selfanger; (kvist)lakk.
sealing [ˈsi:liŋ] selfangst; forsegling, plombering, tetting. **– compound** tetningsmasse. **– tape** isolerbånd. **– wax** segllakk.
seam [si:m] søm; fuge, sammenføyning, skjøt, nat; lag; skramme, arr; sømme, sy sammen, sammenføye, false.
sea | maid havfrue; havgudinne. **-man** matros, sjømann. **-manship** sjømannskap, sjømannsdyktighet. **-mark** sjømerke. **– mew** fiskemåke. **– mile** sjø- el. kvartmil. **– mist** havskodde.
seam|less [ˈsi:mlis] uten søm, sømløs. **– stitch** vrangstrikking. **-stress** [ˈsemstris] syerske, sydame. **– weld** sveiseskjøt. **-y** [ˈsi:mi] furet, rynket; med sømmer; **on the -y side** på vrangen; (fig.) på baksiden.
séance [ˈseiɑ̃:ns] seanse; spiritistisk seanse.
sea | needle horngjel. **– nettle** manet, kobbeklyse. **– onion** strandløk. **– otter** havoter. **– ox** hvalross. **– parrot** lunde. **– pie** tjeld (fugl). **-piece** sjøbilde, marinebilde. **– pink** fjærekoll, strandnellik. **-plane** sjøfly, hydroplan.
seaport [ˈsi:pɔ:t] havneby, havn, sjøby.
seapower [ˈsi:pauə] sjømakt.
sear [siə] ro, avtrekkerknast (i geværlås).
sear [siə] tørr, fortørket; svi, fortørke, brenne, brennemerke; gjøre følelsesløs, forherde; **fall into the –** (poetisk) visne.
search [sə:tʃ] ransake, undersøke, lete, gjen-

nomsøke, visitere, sondere, granske, prøve, forske, (i bergverksdrift) skjerpe; søking, leting, ettersøking; gransking, ransaking, gjennomsøking, visitasjon; **his house was -ed** det ble gjort husundersøkelse hos ham; **– into** undersøke; **– me** jeg har ikke peiling, spør ikke meg; **– out** søke fram; **– for** (el. **after)** granske etter; **in – of** for å søke, på jakt etter; **right of –** visitasjonsrett (i krig). **-er** søker; etterforsker; skjerper **(-er of mines);** gjennomsøker, visitator, visiterende tollbetjent; undersøkelsesredskap.
searching [ˈsə:tʃiŋ] gjennomborende, gjennomtrengende, skarp, bitende, inntrengende; **a – question** et inngående spørsmål. **search|light** søkelys, lyskaster. **– party** letemannskaper. **– warrant** ransakingsordre.
sea | risks sjørisiko. **– route** led, sjøvei. **– rover** sjørøver, pirat. **– service** sjøtjeneste. **-shore** strand, kyst, fjære. **-sick** sjøsyk. **-sickness** sjøsyke. **-side** kyst, kyst-.
season [ˈsi:zn] årstid, sesong; krydre, sette smak på; lagre; akklimatisere, venne **(to** til); mildne; røyke inn; **close –** fredningstid; **open –** jakttid; **in –** i rette tid.
seasonable [ˈsi:znəbl] beleilig, betimelig, høvelig. **seasonal** [ˈsi:zənəl] sesong-, sesongpreget, periodisk. **seasoned** krydret; lagret; tilvent.
seasoning [ˈsi:zniŋ] krydder; lagring; akklimatisering.
season ticket [ˈsi:znˈtikit] abonnementskort, sesongbillett.
sea star [ˈsi:sta:] sjøstjerne (dyr); ledestjerne.
sea swallow terne (fugl).
seat [si:t] sete, benk, stol, beliggenhet, plass, residens, landsted; plass, mandat, medlemskap; feste, fundament; sette, anvise en plass; skaffe plass, romme; **be -ed** sett deg! **take a –** sett deg! sitt ned! **– belt** sikkerhetsbelte.
sea term [ˈsi:tə:m] sjømannsuttrykk.
seating [ˈsi:tiŋ] sete, bakdel (av klær); stoltrekk; bordplassering; underlag, fundament, leie.
SEATO fk. f. **Southeast Asia Treaty Organization.**
Seattle [siˈætl].
sea | urchin sjøpinnsvin. **– valve** bunnventil. **– wall** dike. **-ward** mot sjøen, sjøverts, fralands-. **-way** sjøvei, led, seilrute; sjøgang. **– weed** tang, tare. **– wind** pålandsvind. **– wolf** steinbitt, havkatt; (poet.) viking. **-worthiness** sjødyktighet.
sebaceous [siˈbeiʃəs] feit, fettet, fett-, talg-.
sec. fk. f. **secretary; second; section.**
secant [ˈsi:kənt] skjæringslinje, sekant.
secede [siˈsi:d] tre ut, skille lag, løsrive.
secern [siˈsə:n] sondre, skille ut; avsondre.
secession [siˈseʃən] utskillelse, det å tre ut.
seclude [siˈklu:d] utelukke, avsondre, isolere. **-d** ensom. **seclusion** [siˈklu:ʒən] avsondring, ensomhet, avsondret sted.
second [ˈsekənd] annen, andre, nummer to, neste; hjelper, sekundant, sekund; øyeblikk; annetgir (bil); **-s** (pl.) sekundavarer; hjelpe, understøtte; **be – to none** være den beste; **a – time** en gang til.
secondary [ˈsekəndəri] senere, etterfølgende **(to** etter); underordnet, bi-; avledet. **– action** bivirkning. **– education** høyere skolevesen. **– industry** foredlingsindustri. **– modern school** ≈ realskole. **– road** bivei. **– school** høyere skole.
second-best [ˈsekəndˈbest] nestbest.
second-class [ˈsekəndˈkla:s] av annen klasse.
second-hand [ˈsekənd ˈhænd] annenhånds, ikke ny, brukt; antikvarisk.
second-rate [ˈsekənd ˈreit] annenrangs.
second | sight synskhet. **– sighted** synsk, fremsynt.
second thoughts, at – – ved nærmere ettertanke.
secrecy [ˈsi:krisi] hemmelighet, hemmeligholdelse; diskresjon, det å tie med noe; hemmelighetsfullhet; **I rely on your –** jeg stoler på Deres diskresjon.
secret [ˈsi:krit] hemmelig; hemmelighet.
secretary [ˈsekrətəri] **1** sekretær; **2** (daglig leder av et kontor etc.) ≈ kontorsjef; avdelingsleder; **assistant –** fullmektig, konsulent; **3** minister; **4** sekretær (møbel). **– -general** generalsekretær. **– hand** skjønnskrift. **Secretary | of Agriculture** (US) landbruksminister. **– of Commerce** (US) handelsminister. **– of Labor** (US) arbeidsminister. **– of State** (US) utenriksminister; statsråd, minister; departementssjef. **– of State for Foreign Affairs** (el. **Foreign –**) (eng.) utenriksminister. **– of State for Home Department** (el. **Home –**) (eng.) innenriksminister; justisminister; **– of State for War** (el. **War –**) (eng.) krigsminister. **– of the Interior** (US) innenriksminister. **– of the Treasury** (US) finansminister. **secretaryship** sekretærstilling; (stilling el. embetstid som *secretary*) statsrådperiode, ministerstilling.
secrete [siˈkri:t] skjule; avsondre, skille ut.
secretion [siˈkri:ʃən] avsondring; det å skjule.
secretive [siˈkri:tiv] taus, tagal; hemmelighetsfull; avsondrende.
sect [sekt] sekt. **-arian** [-ˈɛəriən] sekterisk; sekterer. **-arianism** [-ˈɛəriənizm] sektvesen.
sectary [ˈsektəri] sekterer; sekterisk.
section [ˈsekʃən] del, skjæring, oppskjæring; bit, stykke; strekning; avdeling; snitt, utsnitt, gjennomsnitt, (US) seksjon (640 acres); paragraf (i lovtekst); avsnitt (i bok).
sectional [ˈsekʃənəl] gjennomsnitts, snitt-; som består av selvstendige deler; (US) lokalpatriotisk. **-ism** fraksjonspolitikk, særpolitikk.
section | bar profiljern. **– leader** lagfører, avdelingsleder. **– mark** paragraftegn (§). **– paper** millimeterpapir. **– plane** snittflate.
sector [ˈsektə] sektor, avsnitt, del, område.
sectorial [sekˈtɔ:riəl] **tooth** rovtann.
secular [ˈsekjulə] hundreårs-, timelig, verdslig; **Russia's – ambition** Russlands sekelgamle ærgjerrighet; **the – arm** den verdslige makt; **the – clergy** den ordinerte geistlighet; **– marriage** borgerlig ekteskap. **-ization** [sekjuləraiˈzeiʃən] verdsliggjøring. **-ize** [ˈsekjuləraiz] sekularisere, verdsliggjøre.
secure [siˈkjuə] sikker, trygg, fast; sikre, feste, sikre seg; **– arms** bære et gevær med munningen ned; sikre et våpen; **-d debt** prioritetsgjeld.
security [siˈkjuəriti] sikkerhet, dekning, kausjon; (i pl. også): verdipapirer. **the S. Council** Sikkerhetsrådet i FN. **– measure** sikkerhetsforanstaltning.
sedan [siˈdæn] bærestol; sedan (biltype).
sedate [siˈdeit] sedat, rolig, sindig, satt.
sedative [ˈsedətiv] beroligende (middel).
sedentary [ˈsedntəri] stillesittende; fastsittende; fastboende, stavnsbundet.
sederunt [siˈdiərənt] møte.
sedge [sedʒ] storr, starr, siv. **– bird (– warbler,**

– **wren)** sivsanger. – **fly** vårflue. **sedgy** ['sedʒi] bevokst med starr, sivbevokst.
sediment ['sedimənt] bunnfall; avleiring, kjelestein. **-ation** [sedimən'teiʃən] dannelse av bunnfall, avleiring; blodsenkning.
sedition [si'diʃən] oppvigleri. **seditious** [si'diʃəs] opprørsk, opphissende.
seduce [si'dju:s] forføre, lokke, forlede. **-ment** forføring. **-r** forfører. **seduction** [si'dʌkʃən] forføring. **seductive** [si'dʌktiv] forførerisk.
sedulous ['sedjuləs] flittig, iherdig.
see [si:] bispesete; **the Holy (Apostolic, Papal) S.** den hellige stol, pavestolen.
see [si:] se, innse, forstå, skjønne, være oppmerksom på; forestille seg; oppleve; inspisere, se til, sørge for, se innom til, søke, henvende seg til, besøke, se hos seg, ta imot, følge; **see?** forstår du? **have -n a shot fired** ha luktet kruttet; **none of us may – the day** kanskje ingen av oss opplever den dagen; **– a thing done** la noe gjøre; **– after** passe; **they did not – much of him** de så ikke mye til ham; **– to** sørge for; **– through** gjennomskue; **Oh, I –!** nå så!
seed [si:d] sæd, såkorn, frø, settepoteter; avkom, ætt, slekt; spire, opphav; sette frø, frø seg, så til, så; gå i frø. **– ball** frøkapsel. **– bed** frøbed; (fig.) grobunn. **– cake** krydderkake. **– case** frøhus. **– corn** såkorn. **-er** såmann; såmaskin. **– fish** gytefisk. **– grain** såkorn. **-iness** frørikdom; slapphet; lurvethet. **-less** frøløs; steinfri.
seedling ['si:dliŋ] frøplante, kimplante. **– apple** villeple.
seed | pearl frøperle (minste slags perle). **– pod** frøhus, frøgjemme. **-sman** såmann; frøhandler. **– vessel** frøhus, frøgjemme.
seedy ['si:di] full av frø, gått i frø; loslitt, forkommen, lurvet; slapp, dårlig, utilpass, utidig.
seeing ['si:iŋ] synsevne, syn; **– (that)** i betraktning av at, siden, ettersom.
seek [si:k] søke, lete etter, forsøke, ty til, prøve, ansøke, forlange; **– out** oppsøke, finne. **-er** søkende, søker, ansøker.
seem [si:m] synes, tykkes, late til; **it -s** det synes, det ser ut til; **it -s to me** jeg synes; **I still – to hear** jeg synes ennå at jeg hører. **-er** en som later. **-ing** utseende, skinn; **in all -ing** tilsynelatende. **-ingly** tilsynelatende.
seemly ['si:mli] sømmelig, høvelig, korrekt.
seen [si:n] perf. pts. av **see.**
seep [si:p] sive, tyte. **-age** ['si:pidʒ] (gjennom)siving, tyting.
seer [si:ə] seende; seer. **-ess** [-res] seerske.
seersucker ['siəsʌkə] stripet bomullsstoff; kretong.
seesaw ['si:sɔ:] vipping, husking; vippe, vippehuske, vippelek; vippe, huske; vippende, gyngende, dumpende.
seethe [si:ð] koke, syde; koking.
segment ['segmənt] del, stykke, segment; leddele, segmentere. **-ed animal** leddyr.
segrega|te ['segrigeit] utskille, isolere; innføre raseskille; utskilt, isolert. **-tion** [segri'geiʃən] utskillelse, isolasjon, isolering; raseskille; isolert del.
seigneur ['seinjə], **seignior** ['seinjə] lensherre, herremann; **the grand –** storherren, den tyrkiske sultan; fornem herre.
seine [sein] fiskegarn, not, snurrevad; fiske med not; **purse –, – net** snurpenot. **– -netting** snurpenotfiske. **seiner** snurpefisker.
seismograph ['saizmɔgra:f] el. **seismometer** [saiz'mɔmitə] seismograf.
sei whale seihval.
seizable ['si:zəbl] som kan gripes el. fattes.
seize [si:z] gripe, ta, bemektige seg, anholde, pågripe, fakke; inndra, konfiskere, beslaglegge; begripe, fatte, forstå; bendsle, surre; **be -d with** være grepet av (en lengsel); angrepet av (en sykdom); **– upon** bemektige seg.
seizure ['si:ʒə] det å gripe, grep; bemektigelse, oppbringing, anholdelse, konfiskasjon, beslaglagte varer; slagtilfelle, anfall.
seldom ['seldəm] (adv.) sjelden; **– or never** sjelden eller aldri.
select [si'lekt] velge ut; utvalgt, utsøkt, fin.
selection [si'lekʃən] utvelging, valg; utvalg.
selectivity [silek'tiviti] utvelgingsevne, selektivitet.
selector [si'lektər] utvelger, velger, girvelger, girstang.
selenium [si'li:niəm] selén.
self [self] selv; jeg. **– -abandonment** selvoppgivelse. **– -abasement** selvfornedrelse. **– abnegation** selvfornekting. **– -acquired** selververvet. **– -acting** selvvirkende, automatisk. **– -adhesive** selvklebende. **– -appointed** selvutnevnt, selvbestaltet. **– -asserting** selvhevdende. **– -assurance** selvsikkerhet. **– -binding harvester** selvbinder. **– -centered** selvopptatt, egosentrisk. **– -coloured** ensfarget. **– -command** selvbeherskelse. **– -conceited** innbilsk. **– -conscious** selvbevisst; genert. **– -contained** innesluttet, som er seg selv nok; komplett, uavhengig. **– -defence** nødverge, selvforsvar. **– -denial** selvfornekting. **– -determination** selvbestemmelsesrett. **– -devotion** selvoppofrelse. **– -effacement** selvutslettelse. **– -fulfilment** selvutfoldelse. **– -governing** selvstyrende. **-hood** selviskhet; individualitet, jeg-het. **– -imposed** som en har pålagt seg selv. **– -indulgence** nytelsessyke. **– -interest** egennytte.
selfish ['selfiʃ] egenkjærlig, egoistisk, selvisk.
selfless ['selflis] uselvisk.
self-made ['selfmeid] selvgjort; **– man** selvhjulpen mann, mann som er kommet fram ved egen hjelp.
self|-opinion egensindighet; store tanker om seg selv. **– -opinionated** selvklok, egensindig. **– -ordained** selvbestaltet. **– -pity** selvmedlidenhet. **– -possessed** fattet, behersket. **– -praise** selvros; **– -praise is open disgrace** selvros stinker. **– -preservation** selvoppholdelse. **– -propelled** selvdrevet, motorisert. **– -reliance** selvtillit. **– -reproach** selvbebreidelse, skyldfølelse. **– -respect** selvrespekt. **– -restraint** selvbeherskelse.
self|same ['selfseim] selvsamme. **– -sealing** selvtettende. **– -seeker** egoist. **– -seeking** egoistisk; selvsøkende. **– -service** selvbetjening. **– -starter** selvstarter. **– -styled** påstått, foregiven. **– -sufficient** suffisant, innbilsk. **– -supporting** selvforsørgende; selvbærende. **– -timer** selvutløser. **– -tuition** selvstudium. **– -will** egenrådighet. **– -willed** egenrådig.
sell [sel] selge, handle, selges, gå (av); ha avsetning; forråde, utlevere; **– out** selge ut; **– up** selge; **– him up** la hans eiendeler selge ved tvangsauksjon. **-er** selger, ting som går. **-ing out** utsalg. **-ing price** salgspris.
sellout ['selaut] utsalg; utsolgt forestilling; forræderi, det å la noe el. noen i stikken, unnfallenhet.

seltzer [ˈseltsə] selters.
selvage [ˈselvidʒ] kant, list, jare (på tøy).
selves [selvz] pl. av **self.**
semantics [siˈmæntiks] betydningslære.
semaphore [ˈseməfɔ:] semafor, semaforflagg; semaforere.
semasiology [simeisiˈɔlədʒi] semasiologi.
semblance [ˈsembləns] utseende, skikkelse, likhet, skinn; **if he made out any – of a case** om han tilsynelatende skaffet beviser.
semen [ˈsi:mən] sæd; frø.
semester [siˈmestə] semester, halvår.
semi- [ˈsemi] halv-, i smstn. **-annual** halvårlig. **-annular** halvrund. **-breve** [-bri:v] helnote. **-circle** halvsirkel. **-colon** semikolon. **-conscious** halvt bevisstløs. **-detached** [semidiˈtætʃt] halvveis frittstående, rekke-; **-detached house** vertikaldelt tomannsbolig. **-goods** blandet (gods- og passasjer). **-lunar** [semiˈlu:nə] halvmåneformet.
seminal [ˈseminəl] frø-, sæd-; opprinnelig.
seminarist [ˈseminərist] seminarist; elev ved en presteskole. **seminary** [ˈseminəri] seminar; presteseminar, jesuittskole.
semination [semiˈneiʃən] frøspredning.
semiquaver [ˈsemikweivə] sekstendelsnote.
semi submersible halvt nedsenkbar.
Semite [ˈsemait] semitt; semittisk. **Semitic** [siˈmitik] semittisk.
semitone [ˈsemitəun] halvtone.
semitrailer [ˈsemiˈtreilə] tilhenger.
semivowel [ˈsemiˈvauəl] halvvokal.
semolina [seməˈli:nə] semule(gryn).
sempiternal [sempiˈtə:nəl] uendelig, evig.
sempstress [ˈsem(p)stris] syerske, sydame.
sen. fk. f. **senate; senator; senior.**
senate [ˈsenit] senat. **– house** senat, rådhus. **senator** [ˈsenitə] senator. **senatorial** [senəˈtɔ:riəl] senator-.
send [send] sende, sende bud; gjøre; sette, stampe (om skip); stamping; **God – it!** Gud gi det!; **it nearly sent him crazy** det drev ham nesten fra vettet; **– him victorious** unne ham seier; **– him wild** gjøre ham rasende; **– word** sende bud; **– for** sende bud etter; **– forth, – out** sende ut; **– off** sende bort; **– round** la sirkulere; **– up** drive i været, dimittere, sende en elev opp til rektor til avstraffelse.
sender [ˈsendə] avsender; senderapparat.
send-off avskjed, fremmøte ved reise; avskjedsfest; sending; **– notice** nekrolog.
senescence [siˈnesəns] begynnende alderdom.
senescent [siˈnesənt] aldrende.
seneschal [ˈseniʃəl] seremonimester, hushovmester.
senile [ˈsi:nail] oldingaktig, senil. **senility** [siˈniliti] alderdomssløvhet, senilitet.
senior [ˈsi:njə] senior, eldre, eldst. **he is my – by a year** et år eldre enn jeg. **– counsel** skrankeadvokat. **– high school** (US) gymnas (10 – 12 skoleår). **seniority** [si:niˈɔriti] ansiennitet; seniorat. **the senior service** marinen (i England).
senna [ˈsenə] sennesplante; **syrup of –** sennasirup (avføringsmiddel).
Sennacherib [seˈnækərib] Sanherib.
sennight [ˈsenit] uke.
sennit [ˈsenit] flettet strå; platting.
senr. fk. f. **senior.**
sensation [senˈseiʃən] fornemmelse, følelse; røre, sensasjon; **cause (make, create) a –** vekke oppsikt. **sensational** [senˈseiʃnl] følelses-, oppsiktsvekkende, spennende. **sensationalism** [senˈseiʃənəlizm] sensasjonell karakter; sensasjonsjag.
sense [sens] fornemme, føle, sanse; sansning, erkjennelse, oppfatning, sans, forstand, vett, følelse; betydning, fornuftig mening; **the five -s of** (de fem sanser) **feeling, sight, hearing, smell, and taste; the general – of** (stemningen i) **the assembly; common –** sunn sans; **a – for economy** økonomisk sans; **a – of beauty (duty; humour; locality)** skjønnhetssans (pliktfølelse; humoristisk sans; stedsans); **make –** gi mening; **he lost his -s** han gikk fra forstanden; **in one's -s** ved sine fulle fem; **out of one's -s** fra vettet, fra sans og samling. **-less** [-lis], **-lessly** [-lisli] følelsesløs, bevisstløs, urimelig, meningsløs, vettløs. **-lessness** [-lisnis] følelsesløshet, bevisstløshet, urimelighet.
sensibility [sensiˈbiliti] følsomhet, følelse.
sensible [ˈsensibl] følelig, merkbar, mottagelig; oppmerksom; fornuftig; bevisst; **no – person** ikke noe forstandig menneske; **be – of** ha en følelse av, innse, være klar over.
sensitive [ˈsensitiv] sanselig, sanse-; følsom, sensibel, fintfølende, fin; **– paper** (lys)følsomt papir; **– plant** følsom mimosa. **sensitivity** følsomhet (**to** overfor).
sensory [ˈsensəri] sanse-, føle-, sensorisk.
sensual [ˈsenʃuəl] sanselig, sensuell. **-ism** sanselighet, sensualisme. **-ist** vellysting, sensualist. **-ity** [senʃuˈæliti] sanselighet.
sensuous [ˈsenʃuəs] sanse-, sanselig; som hører til sansene, som henvender seg til sansene.
sent [sent] imperf. og perf. pts. av **send.**
sentence [ˈsentəns] dom, straff; sentens, setning; ordtak; dømme; **the – of this court is** ti kjennes for rett; **– of death** dødsdom; **pass – on** domfelle; **under – of death** dødsdømt; **principal –** hovedsetning; **subordinate** (eller **accessory**) **–** bisetning; **subsequent –** ettersetning.
sentential [senˈtenʃəl] setningsmessig, setnings-.
sententious [senˈtenʃəs] full av ordtak, fyndig.
sentiment [ˈsentimənt] følelse, mening, synspunkt, skjønn, oppfattelse, tanke, sentens; kortskåltale, sentimentalitet; **the general –** stemningen; **give a –** utbringe en skål; **national –** nasjonalfølelse el. sinnelag.
sentimental [sentiˈmentəl] følelsesfull, sentimental. **– value** affeksjonsverdi. **sentimentality** [sentimenˈtæliti] sentimentalitet, føleri.
sentinel [ˈsentinl] skiltvakt; (EDB) flagg; stå vakt over.
sentry [ˈsentri] skiltvakt. **– box** skilderhus.
sepal [ˈsi:pəl] begerblad.
separable [ˈsep(ə)rəbl] atskillelig.
separate [ˈsepəreit] skille, skille ut, fjerne, skilles, gå fra hverandre.
separate [ˈsep(ə)rit] særskilt, egen, individuell; **republish separately** gi ut i særtrykk.
separation [sepəˈreiʃən] atskillelse, utskillelse; skilsmisse, separasjon.
separator [ˈsepəreitə] separator.
sepia [ˈsi:piə] blekksprut, sepia; sepiabrunt.
sepoy [ˈsi:pɔi] sepoy, innfødt indisk soldat som står i europeisk makts tjeneste.
sept [sept] ætt, klan (i Irland); avlukke.
Sept. fk. f. **September.**
septangular [sepˈtæŋgjələ] sjukantet.
September [sepˈtembə] september.

septennial [sepˈtenjəl] sjuårig.
Septentriones [septentriˈəuni:z] Karlsvognen. **septentrional** nordbo; nordlig.
septic [ˈseptik] septisk, betent, som bevirker forråtnelse, fortærende. – **tank** septiktank. – **wound** betent sår.
septuagenary [septjuˈædʒinəri] som består av sytti; syttiårig.
Septuagint [ˈseptjuədʒint] Septuaginta (en oversettelse til gresk av det gamle testamente).
septuple [ˈseptjupl] sjudobbelt, sjudoble.
sepulchral [siˈpʌlkrəl] grav-; gravlignende. **sepulchre** [ˈseplkə] grav, gravminne; jorde, gravlegge. **sepulture** [ˈsepltʃə] begravelse.
sequacious [siˈkweiʃəs] føyelig, smidig, svak, veik; følgeriktig, konsekvent.
sequel [ˈsi:kwəl] fortsettelse; etterspill; følge; **in the –** i det følgende.
sequence [ˈsi:kwəns] rekkefølge, orden; sekvens, avsnitt; **the – of events** begivenhetenes rekkefølge; **in – to** som en fortsettelse av. – **switch** trinnbryter.
sequent [ˈsikwənt] følgende; følge.
sequester [siˈkwestə] avsondre; beslaglegge.
sequestrate [siˈkwestreit] beslaglegge, ta utlegg.
sequestration [sekwiˈstreiʃən] sekvestrasjon.
sequestrator [ˈsekwistreitə] sekvestrator.
sequin [ˈsi:kwin] zecchino, sekin (gammel venetiansk gullmynt); paljett.
sequoia [siˈkwɔiə] ekte kjempegran.
seraglio [seˈrɑ:liəu] serail, harem.
seraph [ˈserəf] seraf (overengel); (pl.) **-im.**
Serb [sə:b] serbisk; serber; serbisk (språk).
Serbia [ˈsə:bjə]. **Serbian** serbisk; serbier.
serenade [seriˈneid] serenade; synge en serenade. **serenata** [seriˈnɑ:tə] serenade.
serene [siˈri:n] klar, ren, skyfri; stille, rolig, fredelig, uforstyrret, koldblodig; (som tittel foran tyske fyrstenavn:) durchlauchtig, høy; **all –!** alt i orden! **Your S. Highness** Deres Høyvelbårenhet; **most –** fyrstelig. **-ly** klart, koldblodig; **-ly beautiful** opphøyd og skjønn.
serenity [siˈreniti] klarhet, stillhet, sinnsro; høyhet.
serf [sə:f] livegen. **-age** el. **-dom** livegenskap.
serge [sə:dʒ] sars, sterkt ullstoff.
sergeant [ˈsɑ:dʒənt] sersjant; politifunksjonær, overbetjent; advokat (alminneligere: serjeant eller serjeant-at-law); **colour- –** en sersjant som har tilsyn med fanen ≈ fanejunker. **– -major** [-ˈmeidʒə] sersjantmajor, kommandersersjant.
serial [ˈsiəriəl] rekke-, serie-, ordnet i rekke, som utkommer i hefter; føljetong, roman som går gjennom flere nummer av et blad; **-ly numbered** fortløpende nummerert. – **production** serieproduksjon.
serialize [ˈsiəriəlaiz] sende ut heftevis.
seriate [ˈsiəriit] (ordnet) i rekkefølge.
seriatim [siəriˈeitim] i rekkefølge, rekkevis.
series [ˈsiəri(i)z] serie, rekke(følge), klasse.
serio-comic(al) [ˈsiəriəu ˈkɔmik(l)] halvt alvorlig, halvt komisk, tragikomisk.
serious [ˈsiəriəs] alvorlig; seriøs; **I am –** det er mitt alvor; **I am quite –** det er mitt ramme alvor; **matters begin to look –** det begynner å se betenkelig ut. **-ly ill** alvorlig syk. **-ness** [-nis] alvorlighet, alvor.
Serjeant [ˈsɑ:dʒənt] **-at-Law** høyesterettsadvokat. **– -at-Arms** ordensmarsjall, væpnet herold (i parlamentet). **– -Surgeon** kongens livlege.
sermon [ˈsə:mən] preken; preke. **preach** (el. **deliver**) **a –** holde en preken; **the S. on the Mount** bergprekenen. **-izer** moralpredikant.
serpent [ˈsə:pənt] slange, orm; serpent (glt. trehorn). **-arium** slangegård.
serpentine [ˈsə:pəntain] slangeaktig, buktet; bukte seg; serpentin; **the S.** liten innsjø i Hyde Park, London.
serrate [ˈserit] sagtakket, sagtannet.
serration [səˈreiʃən] sagtakker, sagtenner.
serried [ˈserid] tettsluttet, tett.
serum [ˈsiərəm] (pl.) **sera** serum, blodvæske.
servant [ˈsə:vənt] tjener, tjenestepike, hushjelp, oppasser; funksjonær, tjenestemann, embetsmann; **the -s** tjenerskapet, tjenestefolkene. – **girl** el. – **maid** tjenestepike, hushjelp; – **man** tjener, tjenestegutt. **-ry** tjenerskap.
serve [sə:v] tjene, tjene hos, betjene, greie, oppvarte, anrette, servere, ekspedere, hjelpe til, nytte, gagne, fremme; utdele, forsyne; tilføye, gjøre; behandle, rette seg etter; tjenstgjøre, gjøre tjeneste, passe, være nok, greie seg, besørge, forrette gudstjeneste, utvirke, spille ut; gå i rute; serve (i tennis); kle, serve (tau); **– him right** (eller: **it -s him right** eller **he is rightly -d**) det har han godt av (eller: nå kan han ha det så godt); **if my memory -s me well** hvis jeg husker riktig; **Mylady is -d** Deres nåde, det er servert; **it isn't good but it will –** .. men det kan brukes; **– a sentence** sone en fengselsstraff; **– a warrant** utføre en arrestordre; **– a summons on a person** forkynne en en stevning; **– up** sette fram, diske opp med; **– out** utlevere (proviant). **-r** messehjelper, utspiller; serveringsskje, serveringsbrett.
Servia [ˈsə:viə] Serbia.
Servian [ˈsəviən] serber; serbisk; serbisk språk.
service [ˈsə:vis] tjeneste, arbeid, yrke, post, stilling; krigstjeneste, militærtjeneste, forsvar, forsvarsgren; ettersyn, kontroll; oppvartning, betjening; tjenestetid, villighet; kundebetjening, service, bistand, hjelp, nytte, gagn; offentlig el. statstjeneste; ærbødig hilsen; gudstjeneste, ritual, kirkebønn; oppdekning, servise, stell; rute, fart; (tennis)serve, serving; -vesen, -verk; utspill; betjene, yte service til, etterse; **the civil –** det sivile embetsverk; **sanitary –** sunnhetsvesen; **a – of plate** et plettservise; **a – of peril** en farefull tjeneste; **her -s to literature** hennes innsats for litteraturen; **do (render) him a –** gjøre ham en tjeneste; **perform –** holde gudstjeneste; **I am at your –** jeg står til Deres tjeneste; **write a letter on – to him** skrive tjenstlig til ham.
serviceable [ˈsə:visəbl] nyttig; brukbar, fyllestgjørende; tjenstvillig.
service | book alterbok, bønnebok. – **cap** militær skyggelue. – **ceiling** operasjonshøyde (fly). – **charge** gebyr (for spesiell ytelse). **-corps** intendanturkorps. – **court** servefelt (tennis). – **door** personalinngang. – **dress** tjenesteuniform. – **fee** honorar. – **life** brukstid, levetid. **-man** soldat (i alle våpengrener). – **matter** tjenestesak. – **pipe** siderør, stikkrør. – **record** rulleblad. – **speed** marsjfart. – **trade** tjenesteyrke. – **tree** rogn (tre). – **voltage** driftsspenning.
serviette [sə:viˈet] serviett.

servile [ˈsə:vail] slave-, slavisk, krypende, servil, underdanig.
servility [səˈviliti] servilitet, kryping.
serving [ˈsə:viŋ] porsjon (mat). – **hatch** serveringsluke. – **pantry** anretning. – **spoon** suppeøse. – **table** anretningsbord.
servitor [ˈsə:vitə] tjener; friplasstudent (i Oxford, måtte tidligere varte opp ved bordet).
servitude [ˈsə:vitju:d] slaveri, trelldom.
sesame [ˈsesəmi] sesam.
session [ˈseʃən] sete, sesjon, samling, ting; parlamentssesjon, rettssesjon, møte, studieår; menighetsråd (i Skottland); **-s of the peace** fredsdommerting; **be in –** være samlet; **remain in –** (sitter sammen) **til the end of September; Court of S.** høyesterett (i sivilsaker).
set [set] sette, feste, innfatte (en edelsten **a precious stone),** la stivne, fastsette (en tid til et møte **a time for a meeting**), bestemme, anslå, avpasse, innstille, stille (et ur etter **a clock by**), sette melodi til (**– to music**), sette i ledd, besette (med juveler **with jewels**), slipe, sette opp (en barberkniv **a razor**), gi seg til, begi seg; gå ned, synke, gla (om himmellegemer), bli fast el. stiv, størkne, jage med fuglehund; **– about to** ta fatt på; **– going** sette i gang, sette i omløp; **– a hen** legge en høne på egg; **– the land** peile landet; **she – her lips firmly** hun knep leppene fast sammen; **– against** stille opp imot; **– aside** tilsidesette; **– at ease** berolige; **– before oneself** foresette seg; **– down** skrive ned, notere, oppføre; **– forth** fremstille, vise, utvikle, forklare; **– forward** forfremme; **– off** utskille, fremheve, utheve; **– off** starte, dra av sted; fyre av, få til å eksplodere; utlikne, oppveie (et tap); **– off to advantage** fremheve fordelaktig; **– on** tilskynde, oppmuntre, egge; **– out** anvise, fastsette, pryde, vise, fremsette; dra avgårde, gå ut; **– to** ta fatt på; **– to work** sette i arbeid; **– up** oppføre, grunnlegge, begynne, fremsette (en ny lære **a new doctrine**), hjelpe på fote, stramme opp (en rekrutt); **– up one's back** skyte rygg; **– up a committee** nedsette en komité; **– up a cry** sette i et skrik; **– up a shop** åpne en forretning; **– him up in business** etablere ham; **– free** sette fri; **– open** lukke opp; **– right** (el. **to right**) hjelpe til rette; **– wrong** forvirre; **– oneself about arranging** gå i gang med å ordne; **the -ting sun** den nedgående sol; **– about one's work** ta fatt på arbeidet; **darkness -s in** mørket faller på; **– out for London** reise til L.; **– out upon a journey** begi seg ut på en reise.
set [set] stiv, stivnet, fast, stø, satt, anbrakt; stadig (vær); bestemt, regelmessig, vel gjennomtenkt, sammensatt; fastsatt, foreskrevet, berammet; **square-–** firskåren; **all –** alt klart, alt i orden; **his eyes were –** han stirret stivt fram for seg; **a – phrase** en stående vending.
set [set] synking, nedgang, ende; sett (stoler **of chairs),** samling, stell (**– of china** porselensservise), rad, rekke, suite; garnityr; apparat (**a radio –**); parti (i tennis), lag, krets; fransese, omgangskrets, klikk, bande, gjeng; dekorasjon, kulisse; avlegger, anfall; snitt, fasong; **a – of rogues** en skøyerklikk, noen skøyere alle sammen; **the rise and – of the sun** soloppgang og solnedgang; **– of teeth** gebiss, tannsett. **-back** motstrøm, bakevje; tilbakeslag, reaksjon, nederlag, hindring, stans. **– dance** turdans. **-down** knusende svar, skrape. **–-off** [ˈsetˈɔ(:)f] middel til å fremheve, prydelse, pynt, motkrav, vederlag; **as a –-off** til gjengjeld. **-out** oppstyr; arrangement; avreise, begynnelse. **-screw** settskrue; stillskrue. **– square** vinkelhake.
sett [set] gatestein, brustein.
settee [seˈti:] sofa, kanapé; transportfartøy i Middelhavet.
setter [setə] setter, fuglehund; stråmann; komponist. **–-forth** forkynner. **–-on** anstifter.
setting [ˈsetiŋ] innsetning; nedgang (sol), jakt med fuglehund; ramme, innfatning, iscenesetting; bakgrunn, miljø, åsted; innstilling, justering; strømretning, vindretning; **his – of** hans musikk til; **the – of** (rammen om) **their lives.** – **board** plate for preparerte insekter. – **hammer** setthammer. – **rule** settelinje. – **screw** innstillingsskrue, settskrue. – **stick** vinkelhake (i setteri).
settle [ˈsetl] sette, befeste, bosette, etablere, kolonisere; ordne, rette på; bunnfelle; berolige; bestemme, avgjøre, fastsette; betale (en regning **an account),** gjøre opp, gjøre det av med, ekspedere; bebygge; festne seg, komme til ro, sette seg, nedsette seg, slå seg ned, falle til ro, sette penger fast; synke, sige ned, legge seg, stilne; langbenk; **– a business** avgjøre en forretning; **– a claim** avgjøre en fordring; **– the dispute** skille tretten; **that -s it** det avgjør saken; **– the land** senke (el. slippe, miste) landet; **the house was -d upon her** hun beholdt huset som særeie; **– a pension on** fastsette en pensjon for; **– down** falle til ro; komme i gjenge, ordne seg; **– down in a country** slå seg ned i et land; **– for** akseptere, avfinne seg med; **– in life** gifte seg; **– in** (el. **to) business** nedsette seg som forretningsmann; **– out of court** avgjøre det i minnelighet.
settled [ˈsetld] fast, stadig; forsørget, avgjort, betalt; bebodd, kolonisert; **married and -d** gift og kommet til ro.
settlement [ˈsetlmənt] anbringelse, nedsettelse, kolonisering; forlik, avgjørelse, oppgjør, avregning, utbetaling; fastsettelse av arvefølge, livrente, pensjon, forsørgelse, koloni; **act of –** tronfølgelov; **deed of –** ekteskapskontrakt; **the law of –** loven om hjemstavnsrett; **– out of court** minnelig ordning, forlik.
settler [ˈsetlə] kolonist, nybygger, bureiser.
settling [ˈsetliŋ] kolonisering; endring, synkning; bilegging. – **day** forfallsdag, avregningsdag. – **price** likvidasjonskurs. **settlings** bunnfall, berme.
set-to sammenstøt, slagsmål, krangel.
set-up [ˈsetʌp] innretning; struktur, oppbygning, arrangement; situasjon, stilling; sportskamp der resultatet er bestemt på forhånd, fikset.
seven [ˈsevn] sju; sjutall. **-fold** [-fəuld] sjufold, sjudobbelt. **-teen** [ˈsevnˈti:n] sytten. **-teenth** [-ˈti:nθ] syttende. **-th** [ˈsevnθ] sjuende, sjuendedel. **-thly** [ˈsevnθli] for det sjuende. **-tieth** [ˈsevnti:θ] syttiende. **-ty** [ˈsevnti] sytti.
sever [ˈsevə] skille, løsrive, kløve, splitte, skjære over el. i stykker, dele.
several [ˈsevrəl] atskillige, flere, en del; respektive; **– more** atskillig flere; **they went their – ways** de gikk hver sin vei; **collective and – responsibility** solidarisk ansvar.
severally [ˈsevrəli] hver for seg, respektive.
severance [ˈsev(ə)rəns] atskillelse; løsriving.
severe [siˈviə] streng, stri, skarp, hard, smertelig,

heftig, sterk, voldsom, alvorlig, nøyaktig, kortfattet, fyndig; **a – loss** et følelig tap; **a – blow** et hardt slag; **– truths** drøye sannheter. **-ly** strengt, hardt, heftig; **the loss was -ly felt** det var et hardt tap.
severity [si'veriti] strenghet, hardhet, voldsomhet, vanskelighet; (pl.) **severities** strenghet, hard behandling.
sew [səu] sy; **– on a button** sy i en knapp; **– up** sy sammen.
sewage ['sju:idʒ] kloakkinnhold, kloakkvann, kloakksystem. **– disposal plant** kloakkrenseanlegg.
sewer ['səuə] syer(ske).
sewer ['sjuə] kloakk; anlegge kloakk. **-age** ['s(j)uəridʒ] kloakkanlegg; kloakkinnhold.
sewing ['səuiŋ] sying; sytøy, søm. **– bee** (US) syklubb, symøte, «kvinneforening». **– circle** syklubb. **– machine** symaskin. **– needle** synål. **– silk** sysilke. **– thread** sytråd.
sewn [səun] perf. pts. av **sew.**
sewn-up utmattet, beruset, medtatt.
sex [seks] kjønn; kjønnsliv; kjønns-, seksual-; **the fair –** det smukke kjønn; **the softer (sterner) –** det svake (sterke) kjønn; **to have –** ha samleie, ligge med.
sexagenary [sek'sædʒin(ə)ri] sekstiårig.
sexangular [sek'sængjulə] sekskantet.
sex | appeal ['seksə'pi:l] erotisk tiltrekningskraft. **– crime** sedelighetsforbrytelse.
sexed [sekst] kjønns-, kjønnspreget.
sexennial [sek'senjəl] seksårig.
sexiness ['seksinis] erotisk tiltrekningskraft.
sexless ['sekslis] kjønnsløs.
sextant ['sekstənt] sekstant.
sexton ['sekstən] graver, kirketjener. **-ship** stilling som kirketjener.
sextuple ['sekstjupl] seksdobbelt; seksdoble.
sexual ['sekʃuəl] kjønns-, kjønnslig, seksuell. **– desire** kjønnsdrift. **– intercourse** kjønnslig omgang. **sexy** ['seksi] erotisk tiltrekkende.
Sgt., sgt. fk. f. **sergeant.**
shabbiness ['ʃæbinis] loslitthet, lurvethet.
shabby ['ʃæbi] lurvet, loslitt, fattigslig, sjofel.
shabby-genteel ['ʃæbidʒən'ti:l] fattig-fornem.
shabrack ['ʃæbræk] saldekken, skaberakk.
shack [ʃæk] (amr.) hytte, koie, skur, krypinn.
shackle ['ʃækl] lenke, sjakle sammen; (fot)lenke; metallbøyle, kjettinglås; sjakkel.
shad [ʃæd] maifisk, stamsild.
shaddock ['ʃædək] kjempesitron, pompelmus.
shade [ʃeid] skygge, skygging, skyggeside, beskyttelse, ly, skjerm; glasskuppel, (US) persienne, rullegardin; gjenferd; fargetone, avskygning, nyanse, lite grann; skygge, sjattere, skravere; skjule, (av)skjerme. **– card** fargekort.
shadow ['ʃædəu] skygge, slagskygge, skyggeparti (i maleri), uadskillelig ledsager, skyggebilde, gjenferd, ly; anelse, antydning; skygge (for), sjattere, beskytte, antyde, fremstille billedlig, følge som en skygge, følge og bevokte; **he is -ed** hans skritt bevoktes, han blir skygget. **shadowy** ['ʃædəui] skyggefull, skyggeaktig, mørk, døkk, dim, uvirkelig; **have a – existence** føre en skinntilværelse.
shady ['ʃeidi] skyggefull, kjølig; lyssky, uhederlig, tvetydig, tvilsom; **on the – side of forty** på den gale siden av de førti.
shaft [ʃɑ:ft] skaft, vognstang, skåk, spydskaft, pil, spir, sjakt, aksel; **drudge in the –** henge i (selen); **-ed** ['ʃɑ:ftid] med skaft. **– furnace** masovn.
shag [ʃæg] stritt hår, ragg, grov lo, plysj, shagtobakk; toppskarv; gjøre ragget. **– carpet** langflosset teppe.
shaggy ['ʃægi] stri, lodden, ragget; ustelt.
shagreen [ʃə'gri:n] sjagreng (lær).
shah [ʃɑ:] sjah, konge i Iran.
Shak. fk. f. **Shakespeare.**
shake [ʃeik] ryste, ruske, riste; sjokkere, skake opp; vibrere, dirre, riste av, rokke, svekke; skjelve, vakle; slå triller; risting, skaking, rystelse, støt, håndtrykk, trille (i musikk); **-down** midlertidig seng, flatseng; **– hands** ta hverandre i hånden; komme til enighet; **– off** frigjøre seg for; **a fair –** en real sjanse. **shaken** sjokkert, rystet; vaklende. **shaker** cocktailshaker; strøboks f. eks. for sukker.
Shakespeare ['ʃeikspiə] Shakespeare; Shakespeare-utgave; Shakespeare-eksemplar.
Shakespearean [ʃeiks'piəriən] shakespearsk.
shako ['ʃækəu] sjako (slags militærlue).
shaky ['ʃeiki] skjelven; ustø, vinglet, usikker; sprukken.
shale [ʃeil] skiferleire, leirskifer.
shall [ʃæl], alm. uten trykk [ʃ(ə)l] skal; **I am not the first, and – not be the last** (og blir ikke den siste); **– you be at home to-night?** er De hjemme i aften?
shallop ['ʃæləp] sjalupp; pram.
shallot [ʃə'lɔt] sjalottløk.
shallow ['ʃæləu] grunn, overfladisk, lavbunnet; grunt vann, grunne, grunning; gjøre grunn. **–-brained** lavpannet, innskrenket. **–-draught** gruntgående (båt). **-ness** [-nis] liten dybde.
shalt [ʃælt]; **thou –** (gml.) du skal.
sham [ʃæm] skinn, humbug, komediespill; imitasjon; skinn-, fingert; narre, bedra, føre bak lyset; forstille seg, hykle; **discern wrong from right, and -s** (skinn) **from realities; – door** blinddør; **– fight** skinnfektning; **– illness** forstilt sykdom; **– sleep** late som om man sover; **– stupid** gjøre seg dum.
shamble ['ʃæmbl] sjokke, subbe, dra benene etter seg; tassing.
shambles ['ʃæmblz] slaktehus, slakteri; kjøttorg; rot, uorden, rotehus.
shame [ʃeim] skam, skamfølelse, skjensel; beskjemme, gjøre skam på, gjøre til skamme; gjøre skamfull, vanære, skamme seg; **for –** fy! **for very –** for skams skyld; **he is dead to all –** han har bitt hodet av all skam; **put to –** gjøre til skamme; **– on you!** skam deg! **cry – upon** skamme ut, stemple som en skjendighet; **put – upon** gjøre ... skam; **it is a –** det er synd.
shamefaced ['ʃeimfeist] skamfull, unnselig. **-ness** [-nis] unnseelse. **shameful** ['ʃeimful] skjendig, skammelig. **shameless** ['ʃeimlis] skamløs, frekk.
shammy ['ʃæmi] pusseskinn; vaskeskinn.
shampoo [ʃæm'pu:] såpevaske og gni, sjamponere; sjampo, hårvask.
shamrock ['ʃæmrɔk] trebladet hvitkløver (irsk nasjonalsymbol).
shamus ['ʃæməs] (US) detektiv, (politi)konstabel.
shandrydan ['ʃændridæn] en slags gammeldags vogn; skranglekjerre.
shandy(gaff) ['ʃændi(gæf)] blanding av øl og ingefærøl el. øl og limonade; (fig.) blanding.

Shanghai [ʃæŋ'hai].
shanghai [ʃæŋ'hai] sjanghaie (ɔ: drikke full og narre om bord for å tvangsforhyre), narre.
shank [ʃæŋk] skank, legg, (skinn)bein; stokk, stilk, skaft; (fig.) siste del; **ride shank's** (el. **shanks') mare** bruke apostlenes hester.
shan't [ʃɑ:nt] fk. f. **shall not.**
shanty ['ʃænti] brakke, hytte, skur, koie; oppsang. **-man** skogsarbeider (som bor i koie); forsanger. **-town** fattig og primitiv forstad, rønneby, bølgeblikkby.
SHAPE fk. f. **Supreme Headquarters, Allied Powers in Europe.**
shape [ʃeip] skape, danne, forme, hogge til, innrette, avpasse, innrette; fasong; skap, form, skikkelse, snitt, figur; forfatning, tilstand.
shapeless ['ʃeiplis] uformelig.
shapely ['ʃeipli] velformet, velskapt.
I. shard [ʃɑ:d] brott, skår, potteskår, flis.
II. shard [ʃɑ:d] gjødsel, kuruke. **– beetle** tordivel.
share [ʃɛə] plogskjær, plogjern.
share [ʃɛə] del, andel, part; aksje; innskudd (i leilighet); dele, skifte ut, fordele; ha sammen **(with** med), ta del **(in** i); **fall to my –** falle i min lodd; **go -s** spleise **(in** til); **preferred** (el. **preference) –** preferanseaksje.
share|broker aksjemekler. **– certificate** aksjebrev. **– crop** (US) den delen av avlingen som forpakteren skal svare. **-holder** aksjonær, partshaver. **-holders' committee** representantskap. **– -out** fordeling, utdeling. **– warrant** ihendehaveraksje.
shark [ʃɑ:k] hai; svindler; bondefanger; snyte, flå.
sharp [ʃɑ:p] skarp, kvass, spiss; gløgg, våken; besk, bitter, ram; dyp, intens; brå, sterk; markert; lur, ful; dur, med kryss foran, en halv tone høyere; presis; skarp tone, kryss; spisst våpen; ekspert, skarping; skjerpe, snyte; **look –** passe på, skynde seg; **at five o'clock –** klokka fem presis.
sharpen ['ʃɑ:pən] skjerpe, kvesse, spisse, skjerpes; forhøye en halv tone; **pencil -er** blyantspisser.
sharper ['ʃɑ:pə] bedrager, falskspiller.
sharp-set ['ʃɑ:pset] grådig, meget sulten.
sharpshooter ['ʃɑ:pʃu:tə] skarpskytter.
shatter [ʃætə] splintre, slå i stykker, knuse, smadre, ødelegge, sprenge; gå i stykker; bryte; **-ed health** nedbrutt helse. **-brained** ['ʃætəbreind], **-pated** [-peitid] atspredt, tankeløs, skrullet. **-proof** [-pru:f] splintsikker.
shave [ʃeiv] skave, skrape, høvle, sneie, barbere, streife, plyndre; barbering; spon, flis; svindelstrek; **it was a narrow** (el. **close) –** det knep, det var på et hengende hår, det var så vidt. **shaven** barbert; **close- –** glattbarbert.
shaver ['ʃeivə] liten knekt, pjokk; snyter; barber, barbermaskin.
shaving ['ʃeiviŋ] spon, flis; skraping; barbering. **– brush** barberkost. **– case** barberetui. **– cream** barberkrem. **– cup (mug, pot)** såpekopp. **– kit, – set** barberstell. **– stick** barbersåpe.
shawl [ʃɔ:l] sjal. **-ed** inntullet i et sjal.
shawm [ʃɔ:m] skalmeie (et musikkinstrument).
shay [ʃei] en slags vogn.
she [ʃi:] hun, den, det; hunn-, kvinne-; **– -friend** venninne; **– -goat** geit.
sheaf [ʃi:f] nek, kornband; bunt, knippe; binde (korn); **– of arrows** kogger med piler; (pl.) **sheaves** bunker, hauger.
shear [ʃiə] klippe (srl. sau); klipping; skjær, skjæreblad; **a two – ram** en toårs vær; **a pair of -s** en sauesaks, hagesaks. **– angle** skjæringsvinkel. **-ing-time** klippetid. **-man** klipper, overskjærer.
sheath [ʃi:θ] slir, slire, balg; hylster; **protective –** kondom.
sheathe [ʃi:ð] stikke i sliren, omslutte, bekle.
sheathing ['ʃi:ðiŋ] bekledning; metallforhudning; metallhud. **– paper** takpapp.
sheave [ʃi:v] blokkskive, reimskive; bunte, samle i knipper; skåte (robåt).
sheaves [ʃi:vz] pl. av **sheaf.**
Sheba ['ʃi:bə] Saba.
shebang [ʃə'bæŋ] (US) greie, dings, affære; hytte, kåk.
shebeen [ʃi'bi:n] gaukesjapp, bule, kneipe.
shed [ʃed] utgyte; spre; kaste (lys), felle (løv, tenner, horn); utgytelse; skille, dele; **– a tear** felle en tåre; **– one's teeth** felle tennene.
shed [ʃed] skur, skjul, lagerskur, hangar.
she'd [ʃi:d] fk. f. **she had, she would.**
sheen [ʃi:n] skinnende, klar; skinn, glans. **sheeny** ['ʃi:ni] skinnende, glansfull.
sheep [ʃi:p] sau, får, sauer; tosk; saueskinn; **a wolf in -'s clothing** en ulv i fåreklær. **make** (el. **cast) -'s eyes at** sende forelskede blikk. **-cot** sauekve. **-dip** sauevask. **– dog** gjeterhund, fårehund. **-fold** sauekve. **-foot** tiriltunge (plante). **-hook** krum gjeterstav.
sheepish ['ʃi:piʃ] unnselig, sjenert, blyg, fåret.
sheep | run ['ʃi:prʌn] sauebeite (især i Australia). **-skin** saueskinn, saueskinnsfell, saueskinnsjakke; diplom, pergamentdokument. **-walk** sauebeite.
sheer [ʃiə] skjær, ren; stupbratt; rent, bent; flortynn, gjennomsiktig; **out of – weariness** av bare, skjære tretthet.
sheer [ʃiə] vike til siden; **– off** gå av veien.
sheet [ʃi:t] flak, flate, plate, laken, seil, ark, blad (srl. i pl.), skjøt; dekke (med laken); skjøte. **– anchor** nødanker. **– copper** kopperblikk. **– film** platefilm. **– glass** maskinglass. **– ice** pakkis.
sheeting ['ʃi:tiŋ] lakenlerret; belegg, dekke. **sheet | iron** jernblikk. **– lead** blyplate. **– lightning** kornmo. **– music** noter. **– sleeping bag** lakenpose.
Sheffield ['ʃefi:ld].
sheik(h) [ʃeik, ʃi:k] sjeik (arabisk høvding). **sheikdom** sjeikdømme.
shekel ['ʃekl] penger, mynt (egl. en jødisk mynt).
sheldrake ['ʃeldreik] gravand, gravandrik.
shelduck ['ʃeldʌk] gravand.
shelf [ʃelf] hylle, avsats; sandbanke, grunne, båe, avsats, rev; **continental –** kontinentalsokkel; **(laid) on the –** lagt på hylla, avdanket, pantsatt; **get on the –** bli gammel jomfru; **set of shelves** [ʃelvz] **full of books** en reol full av bøker.
shelf | life lagringstid, holdbarhet. **– rest** hylleknekt. **– sea** grunnbrott.
shell [ʃel] skall, skolm, belg; mantel, deksel; skjell, konkylie, musling, patronhylster (helt ut; **cartridge –),** patron, granat; (gammelt:) bombe; mellomklasse; lyre; skalle(s), pille, bombardere, beskyte.
shellac ['ʃelæk] skjellakk.

Shelley [ˈʃeli]
shell|fish [ˈʃelfiʃ] skalldyr. – **game** snyting, bondefangertrick. – **heap** kjøkkenmødding. – **hole** granathull.
shell | jacket [ˈʃelˈdʒækit] kort uniformsjakke. – **plating** platekledning. **-proof** bombesikker, splintsikker. – **shock** granat- el. bombesjokk.
shelly [ˈʃeli] skall-, skallbærende; rik på muslinger; skallaktig.
shelter [ˈʃeltə] ly, vern, beskyttelse, tilfluktsrom; dekke, verne, gi ly, lune, huse, søke ly. – **deck** shelterdekk. – **plant** leplante.
shelty, sheltie [ˈʃelti] shetlandsponni.
shelve [ʃelv] forsyne med hyller; henlegge.
shelve [ʃelv] skråne, helle.
shelves [ʃelvz] pl. av **shelf.**
shelving [ˈʃelviŋ] hyllematerialer; skråning; skrinlegging, henlegging.
Shem [ʃem] (bibelsk) Sem.
shepherd [ˈʃepəd] hyrde, sauegjeter; gjete, røkte, passe på, lede, føre.
shepherdess [ˈʃepədis] hyrdinne, gjeterjente.
sherbet [ˈʃə:bit] sorbett, en slags halvfrossen dessert.
sherd [ʃə:d] se **shard I.**
sheriff [ˈʃerif] sheriff, foged, lensmann, (i England: en ulønnet, av kongen utnevnt funksjonær, som representerer sitt grevskap ved større anledninger. De virkelige forretninger utføres av en **undersheriff;** i Skottland: grevskaps øverste dommer). – **clerk** [-klɑ:k] rettsskriver. **-'s officer** rettsbetjent.
Sherlock [ˈʃə:lək].
sherry [ˈʃeri] sherry. – **cobbler** [-ˈkɔblə] (leskedrikk av sherry, sukker, sitron og is).
she's [ʃi:z] fk. f. **she is** el. **she has.**
Shetland [ˈʃetlənd]: **the -s** Shetlandsøyene; shetlandsponni; shetlandsk. – **pony** shetlandsponni. – **wool** shetlandsull.
shew [ʃəu] vise (gammel stavemåte for **show). -bread** skuebrød.
shibboleth [ˈʃibəleθ] kjenningsord, løsen.
shield [ʃi:ld] skjold, vern, forsvar, beskytter; beskytte, verge, skjerme. **– -bearer** [-bɛərə] skjoldbærer. – **hand** venstre hånd. **-less** forsvarsløs. – **of arms** våpenskjold.
shift [ʃift] skifte, omlegge, flytte på, forandre seg, forskyve seg, kle seg om, greie seg, finne utveier, bruke utflukter; skift; arbeidsskift, arbeidstid; forandring, omslag; hjelpemiddel, knep, utvei, nødhjelp, list; klesskift, ren skjorte, rent undertøy; – **about** vende seg om; – **off** søke å unndra seg, bli kvitt; **he makes – to live** han hangler igjennom. **-er** maskinmann; lurendreier. **-iness** foranderlighet; **-ing** foranderlig, ustø, vinglet; knep, kunstgrep. **-ing boards** slingrebrett. **-ing sand** flygesand. **-less** hjelpeløs, upraktisk.
shifty [ˈʃifti] upålitelig, lumsk, ful.
shikaree [ʃiˈkæri] jeger.
shillelagh [ʃiˈleilə] knortekjepp.
shilling [ˈʃiliŋ] shilling (12 gamle pence); **take the (Queen's) King's –** la seg verve, motta håndpenger. – **stroke** skråstrek.
shilly-shally [ˈʃiliˈʃæli] ikke kunne bestemme seg; ubeslutsom; ubeslutsomhet.
shimmer [ˈʃimə] flimre, skinne (svakt); flimring.
shimmy [ˈʃimi] serk; shimmy (dans); vibrasjon, skjelving.
shin [ʃin] skinnebein, legg, skank; klyve, klatre (opp i), sparke; – **of beef** okseskank; **he was more -ned against than -ning** han fikk flere spark enn han gav. **-bone** skinneben.
shindig [ˈʃindig] (US) fest, dansemoro.
shindy [ˈʃindi] huskestue, ståk, bråk, fest.
shine [ʃain] skinne, stråle, pusse; skinn, solskinn, glans; **cause his face to – upon** være gunstig stemt for; **take the – off it** ta glansen av det; – **up** pusse, blanke.
shiner [ˈʃainə] skopusser; blåveis (blått øye).
shingle [ˈʃiŋgl] takspon; grus, singel; shingel; spontekke; klippe jevnt, shingle; smi ned jern til mindre stykker. – **ballast** grusballast. **shingler** taktekker.
shingles [ˈʃiŋglz] helvetesild (sykdom).
shingling spontak. – **hammer** stor hammer, et hammerverk.
shingly [ˈʃiŋli] singel-, singelstrødd.
shininess [ˈʃaininis] glansfullhet.
Shinto [ˈʃintəu] shintoisme (japansk religion).
shiny [ˈʃaini] skinnende, blank, elegant.
ship [ʃip] skip; luftfartøy, fly; skipe, innskipe; ta inn (last); hyre, mønstre på; – **a sea** få en sjø over seg; – **the oars** gjøre årene klar. **-board** skipsplanke; **on -board** om bord. **-boy** skipsgutt. **-broker** skipsmekler. **-builder** skipsbygger. **-builder's yard** skipsverft. **-building** skipsbygging. – **chandler** skipshandler. **-load** skipslast. **-master** skipskaptein, skipsfører; hyrebas.
shipment [ˈʃipmənt] innskiping, utskiping; transport, forsendelse; parti, sending.
ship | money en skatt som tidligere ble pålagt til utrusting av krigsskip. **-owner** reder.
shipper [ˈʃipə] utskiper, avskiper, eksportør, speditør.
shipping [ˈʃipiŋ] skipning, forsendelse; skipsfarts-, skipsfart, antall skip, tonnasje. – **articles** hyrekontrakt. – **business** spedisjonsfirma. – **charges** forsendelsesomkostninger. – **company** rederi. – **disasters** sjøulykker. – **exchange** fraktbørs. – **line** (el. **trade**) skipsfart (især virksomhet som reder, skipsmegler eller speditør). – **master** hyreagent. – **office** rederikontor; hyrekontor; spedisjonskontor. – **trade** sjøfart, skipsfart.
shipshape [ˈʃipʃeip] i god orden.
shipway [ˈʃipwei] bedding.
shipworm [ˈʃipwə:m] pæleorm.
shipwreck [ˈʃiprek] skibbrudd; lide skibbrudd; gå til grunne; forlise. **shipwrecked** [ˈʃiprekt] skibbrudden. **shipwright** [ˈʃiprait] skipsbygger. **shipyard** [ˈʃipjɑ:d] verft.
shire [ˈʃaiə, i smstn.: ʃiə, ʃə] grevskap, fylke.
shirk [ʃə:k] skulke unna, sluntre unna; skulker, simulant; **catch him -ing** gripe ham i pliktforsømmelse; – **off** smette unna. **-y** skulkesyk.
shirt [ʃə:t] skjorte; skjortebluse; fotballtrøye; gi skjorte på; **a white –** mansjettskjorte; **keep one's – on** hisse seg ned; **he hasn't got a – to his back** han eier ikke nåla i veggen. – **of mail** panserskjorte. **-band** halslinning. – **collar** snipp, skjortekrave. – **frill** kalvekryss. – **front** skjortebryst. **-ing** skjorter, skjortetøy, sjirting. **-less** skjorteløs.
shirt|sleeve [ˈʃə:tsli:v] skjorteerme; **in his -s** i skjorteermer. **-tail** skjorteflak.
shirty [ˈʃə:ti] sint, ergerlig.
shit [ʃit] dritt, skitt, lort; sludder, tøys; (sl.) hasjisj; skite.

shivaree [ʃivəˈri:] pipekonsert; rabaldermusikk.
shiver [ˈʃivə] stump, splint; splintre.
shiver [ˈʃivə] skjelve, hutre, kulse; gysing, hutring, kuldegysing; **a cold – went through me** det løp kaldt nedover ryggen på meg; **-ing** gysing. **shivery** [ˈʃivəri] skjelven, kulsen, kald.
shivery [ˈʃivəri] skjør; kulsen, skjelvende.
shoal [ʃəul] sverm, stim; grunne, grunning, gå i stim; være grunt (om vann). **-iness** [ˈʃəulinis] det å være full av grunner. **-y** [ˈʃəuli] grunn.
shock [ʃɔk] (korn)stakk; lurv, stri lugg; **a – of hair** en kraftig manke.
shock [ʃɔk] støt, skaking, risting, rystelse, sjokk, støkk, kvepp, forargelse; støte, ryste, sjokkere, forarge. **– absorber** støtdemper. **– effect** sjokkvirkning. **– head** bustehue, med tykt hår.
shocking [ˈʃɔkiŋ] (adj.) rystende, forferdelig; anstøtelig; (adv. foran **bad**) **a – bad hat** en meget dårlig hatt.
shock | resistant støtsikker. **– therapy** sjokkbehandling. **– troops** støttropper.
shoddy [ˈʃɔdi] jernspiss, kunstull; fillekram, skrap; uekte, forloren; forarbeide til shoddi.
shoe [ʃu:] sko, lav støvel, støvlett; skoning; beslå; **cast a –** miste en sko (om hest); **I should not like to stand in your -s** jeg ville nødig være i dine bukser; **another pair of -s** noe helt annet; **where the – pinches** hvor skoen trykker; **die in his -s** bli hengt; **stand in my -s** tre i mine fotspor; **slip into his -s** overta hans stilling; **she stole upstairs without her -s** hun listet seg opp på sokkelesten. **-binding** nåtling. **-black** skopusser. **-boy** skopusser. **-horn** skohorn.
shoeing [ˈʃu:iŋ] skoning; skotøy.
shoe|lace skolisse. **-leather** skolær; skotøy; **save -leather** unngå å bruke beina.
shoe|maker [ˈʃu:meikə] skomaker. **-strap** skoreim. **-string** skobånd, -reim, -lisse; som har begrensede midler til disposisjon; **we married on a -string** vi hadde meget dårlig råd. **– tree** lest (til å stikke i sko). **-vamp** overlær. **-vamper** lappeskomaker.
shone [ʃɔn] imperf. og perf. pts. av **shine.**
shoo [ʃu:] husj! (utrop for å skremme bort); jage, skremme (bort).
shook [ʃuk] imperf. av **shake; – up** (US) fra seg av glede.
shoot [ʃu:t] skyte, fyre av, gå på jakt, jage; fosse, sprute; kaste (om terninger); kaste, slenge; fotografere; skyve; styrte av, lesse av, tømme; kanthøvle; passere hurtig, sprenge forbi; spire fram, fare av sted, stikke; skudd; jakt, jaktdistrikt; fylling, søppeltomt; skråbrett, tømmerrenne, stryk (i elv); **– the moon** flytte om natten uten å betale husleien; **– at** skyte på; **– out** rage fram.
shooter [ˈʃu:tə] jeger; skytevåpen, skytter; stjerneskudd.
shooting [ˈʃu:tiŋ] jakt, jaktrett; skyting; filmopptak; jagende fornemmelse, sting; **– boots** jaktstøvler. **– box** jakthytte. **– brake** stasjonsvogn. **– distance** skuddhold. **– gallery** skytebane. **– ground** skytebane. **– line** skytterlinje. **– match** premieskyting. **– range** skytebane. **– star** stjerneskudd. **– stick** jaktstol.
shop [ʃɔp] butikk, forretning, verksted; plass; fagprat; handle, gå i butikker, gjøre innkjøp; **come to the wrong –** gå til feil adresse; **keep a –** ha butikk; **talk –** snakke butikk. **– assistant** ekspeditør, -trise. **-bill** handlendes reklame (i vinduet). **-board** verkstedbord. **– boy** butikkgutt. **-breaker** innbruddstyv. **– committee** tillitsmannsutvalg. **– drawing** arbeidstegning. **– foreman** verksmester. **-girl** butikkdame. **-keeper** kjøpmann, butikkinnehaver; kremmer. **-lifter** butikktyv. **-like** simpel. **-man** ekspeditør, kremmer. **-ping** innkjøp. **-pish** opptatt av forretninger. **-py** [ˈʃɔpi] butikk-, faglig, full av fagprat. **–-soiled** skitten; (fig.) forslitt. **– steward** tillitsmann. **– union** verkstedsklubb. **-walker** [ˈwɔ:kə] butikkinspektør. **– woman** ekspeditrise.
shore [ˈʃɔ:] støtte, skråstiver; stive av.
shore [ˈʃɔ:] kyst, strand; elvebredd; **a bold –** bratt kyst; **lee –** le land; **from – to –** fra strand til strand; **the wind is in –** det er pålandsvind; **on –** i land, til lands, på grunn.
shore | battery kystbatteri. **– bird** strandfugl. **-face** strandbelte. **– fast** fortøyning. **– leave** landlov. **– seine** landnot. **-ward** mot kysten.
shorn [ʃɔ:n] perf. pts. av **shear.**
short [ʃɔ:t] kort, stutt, liten av vekst; kortvarig; kortfattet; avvisende, brysk; sprø, skjør; plutselig, hurtig; mangel, manko; bruddstykke; kortslutning; kort begrep; **in –** kort sagt; **– of** som kommer til kort med, utilstrekkelig forsynt med; mindre enn; **nothing – of** intet mindre enn; **fall –** ikke strekke til; **go –** mangle; **stop –** stanse plutselig. **-age** [ˈʃɔ:tidʒ] skort, underskudd. **-bread** [ˈʃɔ:tbred], **-cake** mørdeigkake; **– change** for lite penger igjen. **– circuit** kortslutning. **-coming** feil, mangel, lyte, skort. **– commons** smal kost. **–-crust pastry** mørdeig. **– current** kortslutning. **– cut** snarvei. **–-dated** kortvarig, flyktig.
shorten [ˈʃɔ:tn] forkorte, innskrenke, knappe av; **– sail** minske seil. **-ing** [ˈʃɔ:tniŋ] forkortelse; matfett.
shorthand [ˈʃɔ:thænd] stenografi; **take** (el. **do**) – stenografere. **– writer** stenograf.
short|handed [ˈʃɔ:tˈhændid] med for få folk; **be –** ha for lite mannskap. **– haul** nærtransport.
shorthorns korthornskveg.
short-lived [ˈʃɔ:tˈlivd] kortvarig, flyktig.
shortly [ˈʃɔ:tli] snart, i nær fremtid; **– before** kort før; **– after** kort etter; **very –** i nærmeste fremtid. **shortness** korthet.
shorts [ʃɔ:ts] knebukser, idrettsbukser, shorts; underbukser.
short|-sighted [ˈʃɔ:tˈsaitid] nærsynt, kortsynt. **–-spoken** kort, avvisende; lakonisk. **– story** novelle. **–-tempered** oppfarende, hissig. **–-term** korttids-. **–-waisted** kort i livet. **–-winded** [-windid] kortpustet. **–-witted** [-witid] enfoldig.
shot [ʃɔt] imperf. og perf. pts. av **shoot.**
shot [ʃɔt] skudd, prosjektil(er), hagl; kule (til kulestøt); innsprøytning, sprøyte; drink, glass; sjanse; skuddvidde, rekkevidde; skytter, garnkast, notkast, garntrekning; øyeblikksfotografi; filmscene, enkeltopptak; isprengt, changeant; **a dead –** en blinkskytter; **out of –** utenfor skuddvidde; **fire with –** skyte med skarpt; **put the –** støte kule; **he made a bad –** det var dårlig gjetning; **there is no – in the locker** det er ikke en øre i kassen; **have a – at it!** gjør et forsøk!
shot [ʃɔt] regning; **stand –** betale.
shotfree [ˈʃɔtfri:] helskinnet.
shotgun [ˈʃɔtgʌn] haglgevær.
shotproof [ˈʃɔtpru:f] skuddfast, skuddsikker.

shot put(ting) [ˈʃɔtput(iŋ)] kulestøt.
shot tower [ˈʃɔttauə] tårn til haglfabrikasjon, hagltårn.
should [ʃud] skulle (av **shall**).
shoulder [ˈʃəuldə] skulder, aksel, herd, bog (av slakt); avsats, veikant, bankett; ta på skuldrene; påta seg; skubbe til; **have broad -s** (ogs. fig.) ha brede skuldre; stå for en støyt; **– to –** skulder ved skulder, rygg mot rygg, side om side; **rub -s (with)** komme i nær berøring (med); **soft -s** svake veikanter; **speak straight from the –** snakke rett ut, ta bladet fra munnen; **– out** skubbe ut. **– belt** skulderskjerf; bandolær; **– blade** (eller **– bone**) skulderblad. **– strap** skulderstropp, skulderklaff.
shout [ʃaut] rope, juble; brøle; rop, brøl, skrik; **– at** rope etter; **– for** rope på; **-ing** [ˈʃautiŋ] roping, skriking, brøling.
shove [ʃʌv] skubbe, skumpe, skyve; skubb; **– off** stikke av, pigge av.
shovel [ˈʃʌvl] skovl, skuffe; prestehatt; skovle, måke; **– hat** (engelsk) prestehatt (med brem som er bøyd opp på sidene).
show [ʃəu] vise, syne; angi; påvise, godtgjøre; stille til skue, legge fram, vise seg; skue, utstilling, fremvising, skuespill; skinn, utseende; **– of hands** håndsopprekking; **– off** gjøre seg viktig med, glimre, vise seg; **– up** avsløre, utlevere; **good –!** bravo! **– bill** reklameplakat. **– biz** = **– business.** **– boat** teaterbåt. **– box** perspektivkasse. **the – business** underholdningsbransjen. **-bread** skuebrød. **-down** å vise kortene; (fig.) full åpenhet, oppgjør.
shower [ˈʃəuə] fremviser.
shower [ˈʃauə] byge, skur, styrtregn, strøm; dusj; massevis; la det regne, la hølje; dusje. **– bath** dusjbad. **-less** regnfri. **-y** regnfull.
showgirl [ˈʃəugə:l] sparkepike, showgirl.
showing [ˈʃəuiŋ] fremvisning, forevisning. **– -off** det å vise seg, blærethet.
showman [ˈʃəumən] fremviser; underholdningsmann; leder av et menasjeri o. l.
showpiece utstillingsgjenstand.
showroom [ˈʃəuru:m] utstillingslokale.
showy [ˈʃəui] pralende, som gjerne vil vise seg, som tar seg ut.
shown [ʃəun] perf. pts. av **show.**
shrapnel [ˈʃræpnəl] shrapnel, granatkardeske.
shred [ʃred] skjære i strimler, trevle opp; stump, remse, fille, strimmel. **-der** råkostjern; maskin som river istykker el. trevler opp, makuleringsmaskin.
shrew [ʃru:] spissmus, musskjær.
shrew [ʃru:] troll (til kvinnfolk), sint kjerring, kjeftesmelle; **The Taming of the S.** Troll kan temmes (skuespill av Shakespeare).
shrewd [ʃru:d] skarpsindig, gløgg, klok, smart, dreven; ondskapsfull; skarp, kvass. **-ness** gløgghet, skarpsindighet.
shrewish [ˈʃru:iʃ] arrig.
shrewmouse [ˈʃru:maus] spissmus, musskjær.
Shrewsbury [ˈʃru:zbəri, ˈʃrəu-].
shriek [ʃri:k] skrik, hyl; skrike, hvine, hyle.
shrift [ʃrift] skriftemål; (brukes nå bare i forb.) **give short –** ekspedere (inn i evigheten) uten videre, gjøre det av med straks.
shrike [ʃraik] tornskrike, varsler (en fugl).
shrill [ʃril] skingrende, skarp, gjennomtrengende; hvine, gneldre.
shrimp [ʃrimp] reke; pusling, tufs; fange reker; **-er** rekefisker. **-ing net** reketrål.
shrine [ʃrain] helgenskrin, helligdom, alter; skrinlegge, bevare som en helligdom.
shrink [ʃriŋk] krympe sammen, krype, svinne inn, visne bort; kvie seg for, vike tilbake; krymping, innskrumping; det å vike tilbake. **shrinkage** [ˈʃriŋkidʒ] svinn; sammenskrumping. **shrinking** [ˈʃriŋkiŋ] krymping, kryping; blyghet; blyg, nølende. **shrinkproof** krympefri.
shrive [ʃraiv] skrifte.
shrivel [ˈʃrivl] skrumpe inn, visne. **-led** rynket, skrukket.
shriven [ˈʃrivn] perf. pts. av **shrive.**
Shropshire [ˈʃrɔpʃə].
shroud [ʃraud] likskrud, liksvøp; vant (på skip), skorsteinsbardun; svøpe et lik, tilhylle, innhylle, dekke. **– line** fallskjermsnor.
shrove [ʃrəuv] imperf. av **shrive.**
Shrove [ʃrəuv] fastelavn (bare i sammensetninger); **– Monday** fastelavnsmandag. **– Tuesday** fetetirsdag. **Shrovetide** [ˈʃrəuvtaid] fastelavn.
shrub [ʃrʌb] busk, kratt; rense for kratt. **-bery** [ˈʃrʌbəri] buskas, kjerr. **-by** [ˈʃrʌbi] busket.
shrug [ʃrʌg] skyte i været; trekke på skuldrene; skuldertrekk; kort damejakke, bolero; **– off** riste av seg; **he -ged his shoulders** han trakk på skuldrene.
shrunk [ʃrʌŋk] imperf. og perf. pts. av **shrink.**
shrunken [ˈʃrʌŋkən] innskrumpet (av **shrink**).
shuck [ʃʌk] hylster, belg, skolm, hams.
shucks [ʃʌks] tøys, tøv; fillern.
shudder [ˈʃʌdə] gyse, grøsse; gysing; **I – to think of it** jeg gyser ved tanken på det. **-ingly** [ˈʃʌdəriŋli] med gysing.
shuffle [ʃʌfl] blande, stokke (kort); skaffe på sett og vis, lempe (**away** vekk), bruke knep, søke utflukter, sjokke, tasse; dytte, skubbe; sleping, subbing; kortblanding, sammenblanding, knep, utflukt; **– off** frigjøre seg for, få av veien; lure seg unna; **– up** raske sammen. **shuffler** [ˈʃʌflə] kortblander, lurendreier. **shuffling** [ˈʃʌfliŋ] vinglet, ful, lur, unnvikende; slepende, subbende; utflukt, påskudd; (EDB) datasanering.
shun [ʃʌn] sky, unngå.
shunt [ʃʌnt] dreie av, vike til siden, skifte (ut på et sidespor), rangere, få av veien; parallellkople; rangerspor, vikespor; rangering; shunt (gren av elektrisk strømledning). **-er** sporskifter. **-ing yard** ranger el. skiftestasjon.
shut [ʃʌt] lukke, lukkes, lukke seg; lukket; lukking; sveising; **– the door** lukke døra; **– down** lukke, stanse arbeidet; **– in** innelukke; **– off** stenge av, slå av, sperre; **– out** utelukke; **– up** sperre til, få til å tie, stoppe kjeften på, holde munn. **-down** stans (av arbeid osv.). **– -eye** blund, lur. **-off** avsperring.
shutter [ˈʃʌtə] skodde, vinduslem, lukker (i fotografiapparat); rullesjalusi (til skrivebord); lukke med vinduslemmer; **put up the -s** ha fyrabend, ta kvelden, stenge. **– release** lukkerutløser.
shuttle [ˈʃʌtl] bevege seg fram og tilbake, pendle, gå i rutefart; skyttel. **-cock** [-kɔk] fjærball. **– service** pendelfart, rutefart.
shy [ʃai] bli sky, skvette, bli redd; sky, skvetten, fryktsom, blyg, mistenksom, upålitelig; **fight – of a person** søke å unngå en persons selskap; **once bitten, twice –** brent barn skyr ilden.

shy [ʃai] kast, hipp, utfall, forsøk; kyle, hive, kaste, gi et hipp.
Shylock [ˈʃailɔk] Shylock; ågerkarl.
S. I. fk. f. **Order of the Star of India; Staten Island.**
Siam [saiˈæm]. **-ese** [saiəˈmi:z] siameser; siamesisk; siamesisk språk.
sib [sib] slektning; beslektet (**to** med).
Siberia [saiˈbiəriə] Sibir. **Siberian** [saiˈbiəriən] sibirer; sibirsk. **– tit** lappmeis.
sibilant [ˈsibilənt] vislende, vislelyd. **sibilation** [sibiˈleiʃən] visling.
sibling [ˈsibliŋ] søster el. bror; **-s** søsken.
sibyl [ˈsibil] sibylle, volve, spåkjerring. **sibylline** [siˈbilain] sibyllinsk.
siccative [ˈsikətiv] tørkemiddel; tørkende.
sice [sais] sekser (på terning).
Sicilian [siˈsiljən] siciliansk; sicilianer. **Sicily** [ˈsisili] Sicilia.
sick [sik] syk (i denne betydning brukes ordet på engelsk nesten bare foran substantiv, i US også som predikatsord); sjøsyk, kvalm, som har kvalme; kraftesløs, matt, lei og kei (**of** av); sykelig, makaber; **be –** være kvalm, kaste opp, brekke seg; **fall –** bli syk; **turn –** få kvalme. **– bay** sykelugar. **-bed** sykeseng. **– call** sykebesøk. **– certificate** sykeattest. **– chamber** sykestue. **– club** sykekasse.
sicken [ˈsikn] bli syk, sykne, få kvalme, bli kvalm (**at** av); bli lei (**at** av); bli beklemt; kvalme, gjøre syk. **-er** noe som gjør en syk. **-ing** vemmelig, kvalmende; motbydelig.
sickle [ˈsikl] sigd, krumkniv.
sick leave [ˈsikˈli:v] sykepermisjon.
sickliness [ˈsiklinis] sykelighet, svakelighet; usunnhet; vammelhet; motbydelighet; matthet.
sick list [ˈsikˈlist] sykeliste.
sickly [ˈsikli] (adj.) sykelig, skrøpelig, svakelig; usunn; vammel, kvalmende; matt; (adv.) sykt.
sickness [ˈsiknis] sykdom; illebefinnende; kvalme, brekning(er); matthet, kraftesløshet. **– benefit** sykepenger.
sick | nurse sykepleier(ske). **– pay** sykepenger, lønn under sykdom. **– quarters** sykestue. **-room** sykerom, sykesal.
side [said] side, kant, parti; viktighet, overlegenhet; til siden, side-; ta parti (**with** for), holde med; komme opp på siden av; sette til side; **put on –** spille overlegen. **– action** bivirkning. **– aisle** sidegang, sideskip. **– arms** sidevåpen. **– blow** sidestøt. **-board** [-bɔ:d] buffet, skjenk. **– box** sidelosje. **-burns** kinnskjegg, bakkenbarter. **-car** sidevogn (til motorsykkel). **– effect** bivirkning. **– -glance** sideblikk. **-light** streiflys, sidelys, parkeringslys (på bil). **-line** sidelinje; **sit on the -line** sitte med hendene i fanget, være tilskuer. **-long** side-, skrå-, til siden, sidelengs, på skrå. **– note** randbemerkning. **sider** partigjenger, tilhenger.
sidereal [saiˈdiəriəl] stjerne-.
side | saddle damesal; på damesal. **– scene** (side-)kulisse. **-splitting** til å le seg fordervet av. **-track** sidespor, vikespor; rangere inn på sidespor; skubbe til side; få på avveier; komme på avveier. **– view** syn fra siden, profil, sideprospekt. **-walk** (især US) fortau. **-wall** sidevegg. **-wards** [ˈsaidwədz] til siden. **-ways** [ˈsaidweiz] til siden, sidelengs. **– -whiskers** bakkenbarter. **– wind** sidevind. **-winder** klapperslangeart. **-wise** til siden.
siding [ˈsaidiŋ] sidespor, vikespor; sidebekledning, panel, bordkledning.
sidle [ˈsaidl] gå sidelengs, gå i skrå retning; nærme seg (el. gå) beskjeden og sjenert.
Sidney [ˈsidni].
siege [si:dʒ] beleiring; **lay – to** beleire, begynne å beseire; **declare a state of –** erklære beleiringstilstand; **raise the –** heve beleiringen.
siesta [siˈestə] siesta, middagslur.
sieve [si:v] sil, dørslag, såld, sikt; sikte, sile. **– cloth** sikteduk.
sift [sift] sikte; strø, drysse; undersøke, vurdere; **– out** sikte fra. **-er** sikt; strøboks, drysser. **-ing** sikting. **-ings** frasiktede deler, siktemel.
sig. fk. f. **signal; signature.**
sigh [sai] sukke; sukk; **fetch (heave, draw) a deep –** utstøte (el. dra) et dypt sukk.
sight [sait] syn, synsevne, øyne; synsvidde; sikt (om veksel), observasjon; severdighet, syn for guder; en hel mengde; sikte, siktehull, kikhull, siktemiddel, sikteskår, siktekorn på skytevåpen; utsikt, sjanse, få øye på, få i sikte; sette sikte på, sikte inn, innstille, rette (skytevåpen); forevise, presentere (veksel); observere; **a – for sore eyes** en fryd for øyet; **know him by –** kjenne ham av utseende; **catch – of** få øye på; **get** (el. **gain**) **– of** få øye på, få i sikte; **it's a long – better than** det er mye bedre enn; **lose – of** tape av syne; **keep – of** holde øye med; **after –** etter sikt (om veksler); **at –** straks; ved sikt, a vista; **love at first –** kjærlighet ved første blikk; **play at –** spille fra bladet; **read at –** ekstemporere med letthet; **in –** i sikte; for øye; **be in – of** ha i sikte; **come in – of** få i sikte; **out of –** ute av syne; **out of –, out of mind** ute av øye, ute av sinn; **rise in –** komme i sikte; **-ed** seende, -synt (i smstn. f. eks. shortsighted). **– bill, – draft** siktveksel, a vistaveksel. **-ing notch** sikteskår (på skytevåpen). **-ing shot** prøveskudd. **-less** blind, uten syn, som ingenting ser, åndsfraværende, død. **-liness** penhet. **-ly** pen, tekkelig. **– -seeing** på jakt etter severdigheter; beskuelse av severdigheter. **– -seer** [ˈsi:ə] skuelysten, turist. **– singing** sang fra bladet. **– translation** ekstemporaloversettelse.
sigil [ˈsidʒil] sigill, segl.
sign [sain] tegn, merke, minnesmerke, skilt; vink, varsel; interpunksjonstegn; stjernebilde, underskrift; gjøre tegn; merke opp, merke, betegne, undertegne; **– away** gi avkall på, fraskrive seg; **– for** tegne seg for; **– on** engasjere, ansette; **– over** overdra.
signal [ˈsignəl] signal, signal-, sambands-, meldings-; signalisere; merkelig, utmerket, eklatant, grundig, grepa. **– box** stillverk. **S. Corps** hærens sambandstjeneste.
signalize [ˈsignəlaiz] signal(is)ere; utmerke, understreke.
signally [ˈsignəli] særdeles, overordentlig.
signal/noise ratio signal/støyforhold.
signatory [ˈsignətəri] underskriver; signatarmakt.
signature [ˈsignətʃə] underskrift, navnetrekk; signere.
signboard [ˈsainbɔ:d] skilt.
signet [ˈsignit] signet; mindre kongelig segl.
significance [sigˈnifikəns] viktighet, betydning.
significant [sigˈnifikənt] betydningsfull, viktig,

talende. **signification** [signifiˈkeiʃən] betydning. **significative** [sigˈnifikətiv] betegnende.
signify [ˈsignifai] bety, tyde, betegne, tilkjennegi; ha betydning, ha å si.
sign painter [ˈsainpeintə] skiltmaler.
signpost [ˈsainpəust] skiltstolpe; avviser, veiviser; rettledning.
Sikh [si:k] sikh (indisk sekt).
Silas [ˈsailəs].
silence [ˈsailəns] taushet, stillhet; stille! bringe til taushet, forstumme, få til å tie, døyve; **break –** bryte tausheten; **command** (eller **order**) **–** slå til lyd; **keep** (eller **observe**) **–** tie; **put** (eller **reduce**) **to –** få til å tie; **– is consent** den som tier samtykker.
silencer [ˈsailənsə] lyddemper (i motor).
silent [ˈsailənt] stumfilm; taus, tagal, stille, fåmælt, stilltiende; stum; **be –** tie; **– as death** taus som graven; **he dropped –** han forstummet. **-ly** stilltiende. **– partner** passiv medinteressent. **-ness** [-nis] taushet.
Silesia [saiˈli:ziə] Schlesien.
silhouette [siluˈet] silhuett; tegne i silhuett.
silica [ˈsilikə] silicium-dioksyd, kiselsyreanhydrid, kiseljord. **silicate** [ˈsilikit] silikat, kiselsurt salt. **silicated** [ˈsilikeitid] kiselsur. **siliceous** [siˈliʃəs] kiselholdig.
silicon [ˈsilikən] silisium. **– chip** silisium brikke.
silicone [ˈsilikən] silikon.
silk [silk] silke, silkegarn, silketøy, silkestoff; (i pl.) silkevarer, sorter silke, silkeklær, silkestrømper; **raw-** råsilke; **refuse –** silkeavfall; **spun –** silkegarn; **sewing -s** sysilke; **take the –** få silkekappen (bli King's el. Queen's Counsel s.d.). **– breeder** silkeavler. **– cotton** halvsilke; planteull. **– culture** silkeavl. **-en** silke-, av silke, silkeaktig, silkebløt, silkekledd. **-ette** [silˈket] kunstsilke. **– gown** silkekjole. **-iness** silkeaktighet. **– mercer** silkehandler. **– moth** silkespinner (insekt). **– paper** silkepapir. **– -screen print** silketrykk. **– shag** silkeplysj. **– stocking** silkestrømpe. **– worm** silkeorm. **-y** [ˈsilki] silkeaktig, silkebløt, silkeglinsende.
sill [sil] svill, terskel, vinduskarm, fotstykke (i mur).
sillabub [ˈsiləbʌb] en slags rett av fløte eller melk med vin og sukker.
silliness [ˈsilinis] dumhet.
silly [ˈsili] tosket, enfoldig, dum; tosk, fe. **– billy** dummepetter, (din) tosk. **the – season** agurktid (massemediaenes dødperiode om sommeren).
silo [ˈsailəu] silo.
silt [silt] slam, mudder, dynn.
silvan [ˈsilvən] skogrik, skog-.
silver [ˈsilvə] sølv, sølvpenger; av sølv, sølvfarget; sølvblank; forsølve; **born with a – spoon in one's mouth** begunstiget av lykken. **– beater** sølvhamrer. **– -coated** foliert (om speil); sølvbelagt, forsølvet. **– collection** sølvsamling; ≈ kronerulling (innsamling). **– cord** navlesnor. **-ed** belagt med sølv; sølvblank. **– eel** blankål. **-er** forsølver. **– fir** edelgran. **– glance** sølvglans. **– grey** sølvgrå. **– -headed** sølvhåret, med sølvhode, sølvknappet. **-iness** sølvaktighet. **-ing** forsølving. **-ise** forsølve. **– leaf** bladsølv. **-less** pengelens. **– -lining** (egl. sølvfôr), utsikt til lysere dager; **every cloud has a – lining** ≈ etter regn kommer sol. **– mine** sølvgruve. **– plate** plettere; forsølving; sølvplett. **– polish** sølvpuss. **– smith** sølvsmed. **– things** sølvtøy. **– touch** probering av sølv på prøvestein. **-ware** sølvtøy. **– wedding** sølvbryllup. **– wire** sølvtråd. **– works** sølvverk. **-y** sølv-, sølvklar, sølvblank.
silvicultural [silviˈkʌltʃərəl] skogbruks-, forst-.
silviculture skogbruk, forstvitenskap.
simian [ˈsimiən] ape-, apelignende.
similar [ˈsimilə] liknende, ens. **-ity** [simiˈlæriti] likhet. **-ly** [ˈsimiləli] på liknende måte.
simile [ˈsimili] liknelse, sammenlikning.
similitude [siˈmilitju:d] likhet, liknelse; skikkelse, bilde; sammenlikning.
similor [ˈsimilɔ:] talmi(gull), fransk gull.
simmer [ˈsimə] småkoke, putre; småkok, putring, surring; (fig.) ulme.
Simon [ˈsaimən] Simon; **Simple –** dummepetter.
simony [ˈsiməni] simoni (handel med prestekall).
simoom [siˈmu:m] samum (tørr og varm ørkenvind).
simper [ˈsimpə] smile affektert, være smørblid; fjollet smil; **-ingly** smiskende.
simple [ˈsimpl] enkel, primitiv, klar, jevn, innlysende, lettfattelig, endefrem, grei, enfoldig, naiv, troskyldig; lægeplante; person av enkel herkomst; dumrian; ulærd person. **– equation** likning av første grad. **– fraction** ubrudden brøk. **– larceny** simpelt tyveri. **– life** fordringsløst liv (hvor det frivillig gis avkall på oppvartning og luksus). **– -hearted** troskyldig; oppriktig. **– -minded** troskyldig, enfoldig.
simpler [ˈsimplə] plantesamler.
simpleton [ˈsimpltən] tosk, dust, treskalle.
simplicity [simˈplisiti] enkelhet, lettfattelighet, jevnhet, likefremhet, enfoldighet.
simplification [ˈsimplifiˈkeiʃən] forenkling.
simplify [ˈsimplifai] forenkle, simplifisere.
simply [ˈsimpli] simpelthen, likefrem, bare.
simulacrum [simjuˈleikrəm] tom skygge, skinn; etterlikning, attrapp.
simulate [ˈsimjuleit] simulere, hykle, fingere; **– illness** gjøre seg syk. **simulation** [simjuˈleiʃən] forstillelse. **simulator** [ˈsimjuleitə] hykler, simulant; simulator.
simultaneity [siməltəˈniəti] samtidighet.
simultaneous [siməlˈteinjəs] samtidig. **-ly** på samme tid. **-ness** [-nis] samtidighet.
sin [sin] synd; synde **(against** imot); **deadly** (el. **mortal) –** dødssynd; **actual –** personlig synd; **original –** arvesynd; **for my -s** for mine synders skyld; **it is a – and a shame** det er synd og skam; **commit a –** synde; **– one's mercies** ikke skjønne på hvor godt man har det.
since [sins] siden; ettersom; **ever –** like siden; **long –** for lenge siden.
sincere [sinˈsiə] oppriktig, ekte; **yours -ly** Deres hengivne (under brev). **sincerity** [sinˈseriti] oppriktighet.
sine [sain] sinus (matematikk).
sine [ˈsaini] (lat.) uten; **– die** på ubestemt tid.
sinecure [ˈsainikjuə] sinekyre, embete uten forretninger. **sinecurist** [ˈsainikjuərist] sinekyrist.
sinew [ˈsinju] sene; kraft, nerve; forbinde, knytte sammen; gi fasthet el. styrke. **-less** [-lis] kraftløs. **sinewy** [ˈsinjui] senesterk.
sinful [ˈsinf(u)l] syndig. **-ness** syndighet.
sing [siŋ] synge, besynge; synges, la seg synge, (US) røpe, tilstå, synge ut; **– another song** (el. **tune)** anslå en beskjednere tone; **– the blues**

jamre seg; – **out** stemme i, synge ut; – **small** stemme tonen ned, holde opp med å skryte, spakne.
singe [ˈsin(d)ʒ] svi; lettere brannsår; sviing.
singer [ˈsiŋə] sanger, sangerinne.
singing [ˈsiŋiŋ] sang; syngende. – **bird** sangfugl. – **book** sangbok. – **kettle** fløytekjele. – **master** sanglærer. – **voice** sangstemme.
single [ˈsiŋgl] enkelt, enkeltvis, usammensatt, eneste, enslig, ugift; alene; enkelt-; sunn, ufordervet; utvelge; **live in – blessedness** leve ugift. **– -breasted** enkeltknappet. **– -eyed** uegennyttig, åpen og ærlig; enøyd. **– -family house** enebolig. – **feature** helaftenstykke (teater). – **file** gåsegang, etter hverandre. **– -handed** med én hånd; uten hjelp. **– -hearted** ærlig, oppriktig. **– -lens-reflex camera** enøyd speilrefleks kamera. **– -minded** med én ting for øye, målbevisst. **-ness** [-nis] enkelthet, oppriktighet. – **rate** fast pris; flat beskatning. **-t** singlet, undertrøye. **-ton** en eneste, ett kort i fargen. **– -tracked** ensporet; enkeltsporet.
singlings [ˈsiŋgliŋz] (pl.) fusel.
singly [ˈsiŋli] enkeltvis; **misfortunes never come –** en ulykke kommer sjelden alene.
singsong [ˈsiŋsɔŋ] ensformig; ensformig tone, messing, dur, klingklang; sammenkomst med sang.
singular [ˈsiŋgjulə] sjelden, ualminnelig, besynderlig, utmerket, eneste; entall, singularis. **singularity** [siŋgjuˈlæriti] særegenhet. **singularly** [ˈsiŋgjuləli] særdeles.
Sinhalese [sinhəˈli:z] singalesisk; singaleser.
sinister [ˈsinistə] uhellsvanger, uhyggelig, skummel, sørgelig, forkastelig, ond; (især i heraldikk) venstre, i venstre side av våpenskjold (av betrakteren sees det som høyre). **– -looking** skummel. **sinistral** [ˈsinistrəl] venstre; venstresnodd.
sink [siŋk] synke, søkke, senke; skråne, helle, bore i senk, gjemme, legge bort; anbringe (penger); fornedre, forminske; fordypning, søkk; avløp(srenne), vask (i kjøkken). **-er** søkke; stempelskjærer. **-ing fund** amortisasjonsfond. – **seine** synkenot.
sinless [ˈsinlis] syndefri. **sinner** [ˈsinə] synder, synderinne.
Sinn Fein [ˈʃinˈfein] irsk bevegelse og parti.
sin offering [ˈsinɔfəriŋ] sonoffer.
sinologist [siˈnɔlədʒist] el. **sinologue** [ˈsinəlɔg] kjenner av kinesisk, sinolog.
sinology [siˈnɔlədʒi] kjennskap til kinesisk.
sinter [ˈsintə] tuff (mineral).
sinuosity [sinjuˈɔsiti] buktethet, bølgeformethet. **sinuous** [ˈsinjuəs] buktet, slynget.
sinus [ˈsainəs] bukt, fold, krumming, åpning; hule, bihule. **-itis** bihulebetennelse.
Sioux [su:] siouxindianer.
sip [sip] nippe (til); suge inn; nipp, tår, slurk.
siphon [ˈsaifən] sifong; hevert; lede gjennom hevert; lede vekk; **plunging –** stikkhevert. – **trap** vannlås.
sippet [ˈsipit] brødterning.
Sir, sir [sə:, sə] herre, herr, min herre; brukes som tiltaleord til høyerestilte og foresatte, og er da oftest å gjengi med herr med navn eller tittel etter; – i formell stil, særlig brevstil, til menn av enhver stand; **Dear –** ærede herre. **Dear -s** De herrer; – også tilrettevisende til underordnede («far»): **what is that to you, –?** Hva kommer det Dem ved? – som parlamentarisk innledning: herr president (idet enhver taler henvender seg til presidenten el. formannen); – foran en baronets el. ridders fornavn, f. eks. **Sir Walter Scott. Sir?** Hva behager?
sirdar [ˈsə:dɑ:] den britiske øverstkommanderende over den egyptiske hær.
sire [saiə] far, opphav, stamfar, herre konge! avle; **land of my -s** mine fedres land; **sired by** falt etter.
siren [ˈsairin] sirene; tåkelur. – **call** (fig.) lokketone. – **suit** ≈ overalls, kjeledress.
sirloin [ˈsə:lɔin] mørbrad(stek).
sirocco [siˈrɔkəu] sirokko (Middelhavs-vind).
sirrah [ˈsirə] far, (din) knekt!
sirop, sirup [ˈsirəp] sirup.
siskin [ˈsiskin] sisik.
sissy [ˈsisi] jentegutt, mammadalt, stakkar; sippete, stakkarslig.
sister [ˈsistə] søster; nonne, diakonisse; sykepleierske; **the three sisters** el. **the sisters three** el. **the fatal sisters** de tre skjebnegudinner; – **of Charity** barmhjertig søster. – **country** ≈ broderland. **-hood** [-hud] søsterskap, søsterorden. **– -in-law** svigerinne. **-like, -ly** søsterlig. – **plaintiff** medsaksøkerske.
Sistine [ˈsistin] sixtinsk.
Sisyphean [sisiˈfi:ən] sisyfos-.
Sisyphus [ˈsisifəs] Sisyfos.
sit [sit] sitte, ligge, ruge; passe (om klær); være barnevakt; holde møte, hvile på; – **a horse** sitte på en hest; – **at table** sitte til bords; – **down** sette seg (ned); – **down to** (sette seg til) **the piano;** – **for one's picture** la seg male; **the parliament -s** Parlamentet er samlet; – **up** sitte oppreist, sette seg opp, sitte oppe, være oppe; – **up with a sick person** våke over en syk; **a council of war sat on them** det ble holdt krigsrett over dem; **the doctors – upon him** legene holder en konferanse angående hans sykdom; – **upon petitions** behandle søknader; **he lets everybody – upon him** han lar seg kue av alle og enhver; – **out to** (forbli samlet til) **the end of September;** – **through** bli sittende. **– -down strike** sitdownstreik, streik hvor man forblir på arbeidsplassen.
site [sait] beliggenhet; plass, byggetomt; sted, åsted; plassere, anbringe. – **value** grunnverdi.
siting [ˈsaitiŋ] plassering.
sitter [ˈsitə] (levende) modell; liggehøne; barnevakt. **– -in** blindemann (i kortspill).
sitting [ˈsitiŋ] sitting, seanse, rettssesjon, møte, ruging, sitteplass; **at a –** på én gang, i ett kjør. – **box** rugekasse. – **duck** lett offer, takknemlig offer. **– -room** dagligstue.
situated [ˈsitjueitid] beliggende; stilt, situert; **thus –** slik stilt; i den stilling.
situation [sitjuˈeiʃən] beliggenhet, situasjon, forhold, stilling; (forening av) omstendigheter; ansettelse, post.
sitz bath [ˈsitsbɑ:θ] sittebad; bidet.
six [siks] seks, sekstall; undertiden d. s. s. sixpennyworth: **two and –** to shilling og seks pence; **be at sixes and sevens** ligge hulter til bulter; helt fortumlet. **sixfold** [ˈsiksfəuld] seksdobbelt. **sixfooter** [ˈsiksˈfutə] person som er seks fot høy, kjempekar. **sixpack** kartong med seks flasker.
six|pence [ˈsikspəns] seks (gamle) pence. **-penny** [-pəni] sekspence; (fig.) godtkjøps, billig. **-penny-**

worth [ˈsikspəniwəθ] så mye som kan fås for seks pence. – -shooter seksløper.
sixteen [ˈsiksˈti:n] seksten. **sixteenth** [ˈsiksˈti:nθ] sekstendel, sekstende.
sixth [siksθ] sjette, sjettedel.
sixthly [ˈsiksθli] for det sjette.
sixtieth [ˈsiksti:θ] sekstiende, sekstidel.
sixty [ˈsiksti] seksti; **in the sixties** i sekstiårene.
sizable [ˈsaizəbl] svær, dryg, anselig.
sizar [ˈsaizə] student med fri kost ved Cambridge og Dublin universiteter, stipendiat. **-ship** stipendium.
size [saiz] størrelse, format, mål, dimensjon, nummer, avmålt porsjon; sortere (etter størrelsen), måle, avpasse, tilpasse; – **up** taksere; justere, danne seg et bilde av. **sized** [saizd] av størrelse; **middlesized** av middelsstørrelse.
size [saiz] lim; lime. – **colour** [ˈsaizkʌlə] limfarge.
sizel [ˈsizl] sølv-avfall.
sizzle [ˈsizl] brase, frese, syde, putre. **sizzling** stekende.
sjambok [ˈʃæmbɔk] pisk av flodhestskinn.
skate [skeit] ekte rokke; skate (fisk).
skate [skeit] skøyte, rulleskøyte; slamp; gammelt øk; løpe på skøyter; skøyte; (fig.) fare over. **-board** rullebrett.
skater skøyteløper. **skating** skøyteløp. – **rink** skøytebane, (ofte) rulleskøytebane.
Skaw [skɔ:]; **the** – Skagen.
skedaddle [skiˈdædl] stikke av, rømme.
skein [skein] fedd, dukke (garn).
skeletal [ˈskelətəl] skjelett-, bein-.
skeleton [ˈskelitən] skjelett, beinbygning; (fig.) beinrangel; kort utkast; **a – in the cupboard** ubehagelig familiehemmelighet; **worn to a –** avpillet som et skjelett. – **key** dirk; hovednøkkel. – **suit** en guttedress med benklærne knappet på trøya. **-ize** [ˈskelitənaiz] skissere opp.
skerry [ˈskeri] skjær (over vannet), flu.
sketch [sketʃ] skisse, riss, ukast, grunnriss; skissere, ta (tegne, male) en skisse av. – **book** skissebok. **-er** [ˈsketʃə] skisserer. **sketchy** [ˈsketʃi] skissert, løst henkastet, overfladisk.
skew [skju:] skjev, skakk, skrå, vind; skjevhet; skjele.
skewbald [ˈskju:bɔ:ld] droplet, spraglet.
skewer [ˈskjuə] stekespidd; sette stekespidd i, spidde; spile.
ski [ski:] ski; gå (løpe, stå) på ski.
skid [skid] hemsko; underlag; lunne; glidning, skrens(ing); bremsekloss; sette hemsko på; gli, bremse, skrense. – **chain** snøkjetting. – **depth** mønsterdybde.
skidoo [skiˈdu:] stikke av, forsvinne.
skid | mark bremsespor. – **pan** glatt kjørebane. – **row** (US) slumkvarter.
skier [ˈski:ə] skiløper(ske).
skiff [skif] jolle, pram.
skiing [ˈski:iŋ] skisport.
skilful [ˈskilf(u)l] dyktig. **-ly** med dyktighet. **-ness** [-nis] dyktighet.
skill [skil] dyktighet, ferdighet; yrke. **skilled** [skild] dyktig, faglært, fag-, utlært.
skillet [ˈskilit] kasserolle, gryte, stekepanne.
skilly [ˈskili] tynn velling el. suppe, vassvelling (især servert i fengsler).
skim [skim] skumme, skumme av, stryke (el. fare) lett over; skum, snerk, tynt lag. **-mer** skumskje, skumsleiv. **-med** el. – **milk** skummet melk. **-mings** skum.
skimp [skimp] knipe på, spare på, knusle med, holde knapt med; sjaske fra seg. **-ing** knuslet, knapp, snau; sjusket. **skimpy** [ˈskimpi] knipen, knuslet, gjerrig, gniet; knepen, snau; tynn, kort; sjusket.
skin [skin] skinn, hud, pels, hinne, overflate; svindle; flå, skrelle, dekke med hud, gro; – **and all** med hud og hår; **get under his –** gjøre ham sint, ergre ham; **by the – of one's teeth** med nød og neppe. – **cancer** hudkreft. – **-deep** overfladisk. – **disease** [-diˈzi:z] hudsykdom. – **-diver** dykker (m. svømmeføtter og maske, men uten surstoffapparat) ≈ froskemann. – **dresser** buntmaker.
skinflint [ˈskinflint] gjerrigknark.
skin | grafting hudtransplantasjon. **-less** [ˈskinlis] hudløs. – **magazine** pornoblad. **-ned** [skind] -hudet. **-ner** flåer, buntmaker.
skinny [ˈskini] hudaktig, skrinn, skinnmager. – **-dipping** (US) nakenbading.
skip [skip] hopp, byks, sprett, spring, overspringning (i bøker); avfallscontainer, dumpercontainer; hoppe, springe, hoppe tau, springe over, hoppe over, sløyfe; lese med overspringning; kaste smutt, rikosjere; – **over** springe over, utelate.
skipjack [ˈskipdʒæk] hoppedokke (leketøy); oppkomling.
skipper [ˈskipə] skipper, kaptein, lagkaptein; føre, lede.
skipping [ˈskipiŋ] hopping (særl. å hoppe tau); – **rope** hoppetau.
skirl [skə:l] hvin; gnelle, skrike, hvine.
skirmish [ˈskə:miʃ] skjærmyssel; forpostfektning, trefning; slåss i spredt orden, småslåss. **-er** tiraljør. – **line** skytterlinje.
skirt [skə:t] skjørt, stakk, nederdel; kantning, søm, ytterkant; (frakke)skjøt; skjørt, kvinnfolk; innfatte, kante, gå langs med; være i ytterkanten; – **band** skjørtelinning. – **chaser** skjørtejeger.
skirting skjørtetøy, kant, kanting. – **board** gulvlist.
skit [skit] sketsj el. parodi (**of, on** på); moro.
ski | tow skiheis. – **track,** – **trail** skispor, skiløype.
skittish [ˈskitiʃ] sky, skvetten, urolig, lettsindig, kipen, kåt.
skittle [ˈskitl] kjegle; **skittles** kjeglespill, kjegler; **life is not all beer and -s** livet er ikke bare en dans på roser; **-s!** vrøvl! – **alley** el. – **ground** kjeglebane.
skivvy [ˈskivi] tjenestepike.
skua [ˈskju:ə] storjo (fugl).
skulduggery [skʌlˈdʌgəri] lureri, snyteri.
skulk [skʌlk] gjemme seg; snike seg, luske; skulke. **-er** lurende person; skulker.
skull [skʌl] (hode)skalle, hjerneskalle, kranium, hode. **skullcap** [ˈskʌlkæp] hue, lue, kalott; – **membrane** seierslue.
skunk [skʌŋk] stinkdyr; (gemen) pøbel, ramp; skunk, stinkdyrskinn; slå i spill, vinne. **-ish** stinkende.
sky [skai] himmel, luft; himmelstrøk; **in the –** på himmelen; **open –** klar himmel. – **-blue** himmelblå. – **-coloured** himmelblå.
Skye [skai] Skye (en av Hebridene).
skye [skai] Skye-terrier.
sky-high [ˈskaihai] himmelhøy(t).
skylark [ˈskailɑ:k] lerke (fugl); holde leven.

skylight [ˈskailait] skylight, takvindu, glugge, vindu i loftet, overlys.
skyscraper [ˈskaiskreipə] skyskraper, meget høyt hus.
sky-tinctured himmelblå.
skywards [ˈskaiwədz] til værs, opp mot himmelen.
skywriting [ˈskairaitiŋ] røykskrift (av et fly på himmelen).
slab [slæb] (stein)plate, helle, flis; vedski; brødblings; flislegge, dele i plater.
slabber [ˈslæbə] sikle, sleve.
slack [slæk] slapp, slakk, løy, langsom, treg, trå, flau; dødgang, slark, spillerom; stans, hviletid, stillstand; kullstøv, småkull; slappe, svekke, avta; **a – pace** et langsomt tempo; **– rope** slapp line; **– in stays** sen i vendingen; **-ed lime** lesket kalk. **-en** [ˈslækn] (= **slack**) slappe, saktne, sakke, svekke, avta, minske. **-er** lathans, dovenpels. **-ness** [-nis] slapphet.
slacks [slæks] slacks, lange benklær.
slack water stille vann (mellom flo og fjære).
slag [slæg] slagg; bli til slagg; **-ging** slaggdannelse, slagging. **– wool** mineralull.
slain [slein] perf. pts. av **slay.**
slake [sleik] leske, slokke (tørst), leske (kalk); mudder, leirvelling.
slalom [ˈsleiləm, ˈslɑ:ləm] slalåm.
slam [slæm] slag, smell, slem (i whist og bridge); smelle med, smekke i (døren osv.).
slander [ˈslɑ:ndə] baktaling, ærekrenkelse; baktale. **-er** [ˈslɑ:ndərə] bakvasker. **slanderous** [ˈslɑ:ndərəs] baktalende, ærekrenkende.
slang [slæŋ] slang, sjargong, uvøren dagligtale. **-ing** skyllebøtte, skjellsord.
slangwhang [ˈslæŋwæŋ] skråle, skvaldre.
slangy [ˈslæŋi] slangeaktig, simpel.
slank [slæŋk] imperf. av **slink.**
slant [slɑ:nt] skrå; skråning; skråne, helle, gi skrå retning, vippe. **– -eyed** skjevøyd. **-ing** skrå, skråstilt. **slantwise** [ˈslɑ:ntwaiz] på skrå.
slap [slæp] slå, klaske; slag, rapp, klask; smekk; plutselig; vips, fluksens, like lukt. **– -bang** med brak, bums, voldsomt. **-dash** forhastet, hastverks-; slurv. **-happy** uklar, groggy, sprø, punchdrunk. **-stick** grov farse, lavkomisk, bløtkakehumor. **-ping** svær, diger, storveis. **-up** fin, prima, toppmoderne.
slash [slæʃ] flenge i, skjære opp, hogge; slå vilt om seg; bevege seg hurtig; hogg, flenge, flerre, splitt, snittsår; piskeslag; nedskjæring, nedgang; kvist og kvas, glenne (i skog); **-ed** [slæʃt] oppskåret, oppsplittet (om klær).
slashing [ˈslæʃiŋ] flengende, knusende (om kritikk); drastisk, veldig; kvist og kvas.
slat [slæt] tremme, list; spile (i persienne); slå, daske.
S. lat. fk. f. **south latitude.**
slate [sleit] skifer, tavle, skiferhelle; skifergrått; rakke ned på, sable ned, hudflette; avtale, sette på liste; skifertekke, skrive på tavle; **start with a clean –** begynne på nytt, sette strek over det gamle; **he has a – loose** han har en skrue løs. **– pencil** griffel. **– quarry** skiferbrudd. **slater** [ˈsleitə] skifertekker.
slattern [ˈslætən] sjusket kvinne, sjuske.
slaty [ˈsleiti] skiferaktig.
slaughter [ˈslɔ:tə] slakting, blodbad, mannefall; myrde, nedsable. **-er** slakter; morder. **– hog** slaktegris. **-house** slaktehus. **-ous** [ˈslɔ:tərəs] blodtørstig.
Slav [slɑ:v] slaver; slavisk.
slave [sleiv] slave, trell; trelle; **be a – to the hour** henge i urviseren. **– -born** slavefødt. **– dealer** slavehandler. **– driving** menneskeplageri, slavedriving. **– -like** slaveaktig. **– market** slavemarked.
slaver [ˈsleivə] slavehandler; slaveskip.
slaver [ˈslævə] sikl; sikle, sleve.
slavery [ˈsleivəri] slaveri; **the abolition of –** avskaffelsen av slaveriet; **sell into –** selge som slave.
slave | ship [ˈsleivʃip] slavehandlerskip. **– trade** slavehandel.
slavey [ˈslævi, ˈsleivi] tjenestepike.
Slavic [ˈslævik] slavisk (om nasjonen og språket).
slavish [ˈsleiviʃ] slavisk; **– imitation** slavisk etterlikning.
Slavonia [sləˈvəunjə]. **Slavonian** [sləˈvəunjən] slavon; slavonisk. **Slavonic** [sləˈvɔnik] slavisk; slavonsk.
slaw [slɔ:] råsalat av kål.
slay [slei] slå i hjel, drepe; utrydde, knuse. **-er** drapsmann.
SLBM fk. f. **submarine-launched ballistic missile.**
sleave [sli:v] floke, flossilke; greie ut (tråder).
sleazy [ˈsli:zi] løs, tynn, slasket, sjusket.
sled [sled] slede, kjelke. **-der** sledehest. **-ding** sledekjøring; sledeføre. **– dog** sledehund.
sledge [sledʒ] slede; kjelke; ake. **– apron** sledeteppe.
sledge [sledʒ] eller **– hammer** slegge.
sleek [sli:k] glatt, glinsende; glatte, gli. **-ness** [-nis] glatthet. **-y** glatt; slesk.
sleep [sli:p] søvn; blund, lur; sove; **go to –** falle i søvn, sovne; **in one's –** i søvne; **– like a log** (el. **top**) sove som en stein; **– the – of the just** sove de rettferdiges søvn; **– an hour away** sove bort en time; **– a headache away** (el. **off**) sove av seg en hodepine.
sleeper [ˈsli:pə] sovende (person); sovevogn; jernbanesville; **-s** nattøy; **I am a good** (el. **sound**) **–** jeg har et godt sovehjerte; **be a bad –** ligge meget søvnløs; **be a heavy –** sove tungt; **be a light –** sove lett; **a great –** en sjusover; **the seven -s (of Ephesus)** sjusoverne.
sleepiness [ˈsli:pinis] søvnighet.
sleeping [ˈsli:piŋ] sovende, sove-. **– accommodation** soveplass. **– bag** sovepose. **– beauty** Tornerose. **– car** sovevogn. **– carriage** sovevogn. **– draught** sovedrikk. **– partner** passiv kompanjong. **– policeman** fartsdemper (i veibanen). **– room** soveværelse. **– sickness** sovesyke.
sleep|less søvnløs. **-lessness** søvnløshet. **– -walker** søvngjenger.
sleepy søvnig; **– disease** søvesyke.
sleet [sli:t] sludd; sludde.
sleeve [sli:v] erme; muffe, bøssing; hylse, plateomslag; **laugh in one's –** le i skjegget; **turn up one's -s** brette opp ermene; **wear his heart upon his –** bære tankene sine utenpå seg, være åpen; **hang on the – of** blindt rette seg etter; **have something up his –** ha noe (en overraskelse) i bakhånd. **– button** ermeknapp. **– garter** ermestrikk. **-less** [-lis] ermeløs; urimelig, tåpelig. **– -link** mansjettknapp.
sleigh [slei] slede, kane, kjelke.

sleight [slait] taskenspillerkunst, knep, list; **– of hand** taskenspillerkunst; **to – away** la forsvinne.
slender ['slendə] slank, tynn, spinkel, spe, sped, svak, skral, ringe, knapp; **a – rod** en tynn stang; **a – waist** en smekker midje; **– means** sparsomme midler; **of – parts** skrøpelig begavet; **with – success** uten synderlig hell. **-ness** [-nis] tynnhet, knapphet.
slept [slept] imperf. og perf. pts. av **sleep.**
Sleswick ['sleswik] Slesvig.
sleuth, -hound ['slu:θhaund] blodhund; (fig.) snushane. **sleuth** [slu:θ] (etter)spore.
slew [slu:] imperf. av **slay.**
slice [slais] skjære i tynne skiver, skrelle, flekke; partere, stykke ut; blings, skive; flat skje, sleiv, spatel, sparkel; **– it where you like** uansett hvordan man snur og vender på det. **– bar** brekkstang, ovnsrake. **slicer** skjæremaskin, kniv, ostehøvel.
slick [slik] (US) glatt flate; svindler; glattjern; glatte; **oil –** oljeflekk; **– up** pynte, stivpynte; glatt, sleip, fet; flott, smart; dyktig. **-er** svindler; glattejern.
slid [slid] imperf. og perf. pts. av slide.
slide [slaid] gli (av sted), skride, rase (ned), skli (på is), skyve, smutte vekk, fordufte, la gli, skubbe, skyve, skyte; gliding, skliing, ras, skred, glidning, gradvis overgang, glidebane, sklie, tømmerløype, tømmerskott, bakke, renne (til kulisse osv.), slede (til rappert), skyteinnretning, skyvehylse, skyvesikte, skyveglass, kulisse, glider (på dampmaskin), glidesete, bilde (til stereoskop), lysbilde, diapositiv; trekk (i basun osv.); **– in** smyge inn, liste inn; **– over** gli lett over.
slide | bolt skåte. **– film** billedbånd. **– head** support (på dreiemaskin). **– lathe** dreiebenk. **– potentiometer** skyvepotensiometer. **– projector** lysbildefremviser.
slider ['slaidə] skyver (glidende del).
slide | rail tunge (i pens). **– rest** support, slede (i dreiebenk). **– rod** gliderstang (på dampmaskin). **– rule** skyve-tommestokk, regnestav. **– valve** glider, sleid (på dampmaskin). **– -valve engine** sleidmotor. **– window** skyvevindu.
sliding ['slaidiŋ] glidende; glide-, skyve-; lengdedreining; sluring. **– bolt** skåte. **– door** skyvedør. **– duty** varierende avgift. **– roof** solskinnstak (på bil). **– rule** skyvetommestokk; regnestav. **– scale** glideskala (på tommestokk); varierende skala (av toll etc.). **– seat** glidesete (i kapproingsbåt). **– throttle** skyvespjeld.
slight [slait] tynn, spe, svak, spinkel, ubetydelig, ringe, lett; vise ringeakt, se ned på, vanvøre; tilsidesetting, forbigåelse, fornærmelse, ringeaktende behandling; **not the -est idea of it** ikke den fjerneste idé om det; **some – errors** noen småfeil; **-ly built** spinkel; **– over** slurve fra seg; **in a -ing way** på en avfeiende måte; **– his offered advances** overse hans tilnærming; **we consider it a – upon our firm** vi anser det for en hensynsløshet mot vårt firma. **-ingly** med forakt, avfeiende.
slim [slim] smekker, slank, skrøpelig, mager, tynn; sleip, smart; være på slankekur, slanke seg.
slime [slaim] slim, dynn, gjørme.
slimming ['slimiŋ] slankekur; slankende.
slimy ['slaimi] slimet, gjørmet.
sling [sliŋ] slynge, sprettert, kast, bind, skulderreim, stropp, (gin)toddi; slynge, kaste, henge i et bånd, slenge, heise; **carry his arm in a –** gå med armen i fatle; **– ink** være blekksmører; **– off** skjelle ut. **– backs** sko med hælrem. **– chair** fluktstol. **-shot** sprettert.
slink [sliŋk] snike seg, liste seg (**away** vekk).
slip [slip] gli, skli, skrense; smutte, smette, liste seg; feile; la gli, forsømme, la fare, løslate, slippe, smutte bort fra; skjære av; glidning, ras, feiltrinn, feil, stikling, renning, avlegger, (spedt) ungt menneske; strimmel; underkjole, overtrekk, var (til pute); utrørt leire, brynje, smal benk i en kirke (el. teater), bedding, slipp; **give the –** løpe (smutte) bort fra; **– on** fare fort (i klærne); **– up** gjøre et feiltrinn (også fig.); **a – of the tongue** en forsnakkelse; **a – of a girl** bare en liten jentunge.
slipform glideforskaling.
slipper ['slipə] tøffel, slipper, morgensko; (lett) sko, ballsko; hemsko; glidende person; smekke med en tøffel.
slippery ['slipəri] glatt, sleip, slibrig, fettet; falsk, upålitelig. **– slope** (fig.) skråplan.
slippy ['slipi] glatt; **look –** skynde seg.
slip road tilkjørsels-, innkjøringsvei.
slipshod ['slipʃɔd] som tasser i tøfler; sjusket, skjøtesløst, slurvet.
slipslop ['slipslɔp] skvip, skval; tøys, vas; slurvet, sjusket, vaset; sabbe, subbe.
slit [slit] flekke, spalte; spalte, rift, revne.
slither ['sliðə] gli; glidning, rutsjing. **-y** glatt, sleip; glidende.
sliver ['slivə] splintre; splint, flis, remse, bånd.
slob [slɔb] slamp, sjuske; krek, slusk.
slobber ['slɔbə] sikle, sleve; sikl; tøv, tøys.
sloe [sləu] slåpebær, slåpetorn.
slog [slɔg] delje, slå hardt; traske; slavearbeid.
slogan ['sləugən] slagord, motto (benyttet f. eks. i reklame); (oppr. høyskotsk) krigsrop.
sloop [slu:p] slupp, jakt, korvett.
sloosh [slu:ʃ] skvulpe; skvulping.
slop [slɔp] spille, søle; skvalpe over, skvette; sjokke, slaske; sølevann; skvip, skval; polis, purk. **– basin** spilkum.
slope [sləup] skråning, fjellskråning, hell, bakke; rømning; skrå, skråne, stige skrått opp; rømme, stikke av; holde skrått, senke, skjære skrått til; **– the standard** hilse med fanen; **– arms!** hvil gevær!
sloping ['sləupiŋ] skrå, skrånende.
slop pail ['slɔppeil] toalettbøtte.
sloppy ['slɔpi] sølet, slurvet, sjusket; søtladen.
slops [slɔps] spillvann; ferdigsydde klær.
slop shop ['slɔpʃɔp] klesmagasin.
slop water ['slɔpwɔ:tə] spillvann.
slopwork ['slɔpwə:k] ferdigsydde klær; sjuskearbeid.
slosh [slɔʃ] sørpe, slaps; skvip; subbe, vasse, plaske, skvulpe; farte omkring; skylle ned.
slot [slɔt] slå, bolt, falldør; sprekk el. åpning (i en automat), samlingsmuffe; spor, far (etter dyr). **– telephone** telefonautomat. **-ting machine** ['slɔtiŋmə'ʃi:n] maskin til å hogge ut huller i metall.
sloth [sləuθ] dorskhet, lathet; dovendyr. **-ful** ['sləuθful] lat.
slot | machine ['slɔtmə'ʃi:n] (spille- el. salgs-)automat.
slouch [slautʃ] henge slapt, lute, slentre, trykke

ned (srl. om en hatt); klosset gang, subbing, slentring; klosset fyr, slamp, stymper; **-ing** slentrende, med klosset gang; **a -ed hat** en hatt med bred nedhengende brem.
slough [slau] mudderpøl, sump; myrhull.
slough [slʌf] ham, slangeham, skorpe, dødkjøtt; løsne, falle av.
sloughy [ˈslaui] sumpet, myret, gjørmet.
sloughy [ˈslʌfi] skorpeaktig, hamaktig.
sloven [ˈslʌvn] sjusket mannfolk, slarv, svin.
Slovene [sləˈvi:n] slovener.
slovenly [ˈslʌvnli] sjusket, svinsk.
slow [sləu] langsom, sen, tung, tungnem, treg, kjedelig, triviell; saktne, sette ned farten; **– down** saktne. **-down** nedgangsperiode; nedsatt arbeidstempo (som protestform). **– -footed** som sleper seg avsted. **– match** (langsom) lunte. **– motion** sakte film. **– -paced** langsom. **-poke** somlepave. **– -winged** langsomt flyvende. **– -witted** treg, tungnem. **-worm** stålorm, sleve.
sloyd [slɔid] sløyd.
SLR fk. f. **single-lens-reflex (camera).**
slubber [ˈslʌbə] forspinnemaskin.
slubber [ˈslʌbə] søle til; jaske ferdig; slubre.
sludge [slʌdʒ] gjørme, søle, snøslaps, slam. **-r** slampumpe. **– hole** renseluke. **– ship** mudderpram. **sludgy** [ˈslʌdʒi] sølet, gjørmet, slafset.
slue [slu:] dreie, sveive, vende, kantre; omdreining.
slug [slʌg] snegle (uten hus), naken snegle; skvett, slurk; skostift; kule; spillemynt (til automat); daustokk, lathans; dovne seg, drive. **– -a-bed** sjusover.
sluggard [ˈslʌgəd] daustokk, dovning, lathans.
slugger [ˈslʌgə] en som slår hardt; råsterk fyr.
sluggish [ˈslʌgiʃ] doven, treg, treven, langsom.
sluice [slu:s] sluse, kanal, renne; sende inn gjennom en sluse, slippe vann, skylle over, skylle. **– gate** sluseport. **– way** sluseåpning.
slum [slʌm] slum; bakgate, fattigkvarter; misjonere i fattigkvarterene; **– clearance** slumsanering; **– officer** slumoffiser (i Frelsesarmeen); **– sister** slumsøster.
slumber [ˈslʌmbə] slummer; slumre, dorme. **-er** [ˈslʌmbərə] slumrende. **– land** drømmeland. **-ous** søvndyssende, døsig, søvnig.
slump [slʌmp] dumpe, falle; sitte sammensunket; fall, fiasko, plutselig prisfall, dårlige tider, lavkonjunktur.
slur [slə:] sjuske med, slurve, uttale utydelig, la gå i ett; synge legato; gå lett hen over, sløre til; snakke nedsettende om; plett, skamplett; legatospill, bindebue; **put a – upon** sette en plett på.
slurp [slə:p] slurpe, smatte, slafse.
slush [slʌʃ] smøre, kline til; slaps; søle; tøys. – **fund** smørekonto.
slut [slʌt] sjuske, slurve; tøs; tispe (om hund). **-tish** [-iʃ] sjusket.
sly [slai] slu, listig, lur, lumsk; **on the –** i smug. **slyboots** [ˈslaibu:ts] luring, fuling.
S. M. fk. f. **sergeant major.**
smack [smæk] smake, dufte; smak, snev, antydning; (US sl.) heroin.
smack [smæk] smekke, smaske, kysse; smekk, smasking, smellkyss; **the -ing of whips** piskesmell; **– his face** gi ham en på øret.
smack [smæk] fiskekvase; fiskeskøyte.
smacker [ˈsmækə] smask, smellkyss.
small [smɔ:l] liten, små, ubetydelig, sped; lavmælt; smal del; **the – of the leg** smalleggen; **the – of the back** smalryggen; **feel –** føle seg liten; **look –** være forlegen; **mince up –** finhakke; **– arms** håndskytevåpen; **– beer** tynt øl; (fig.) bagatell; **he doesn't think – beer** (har ikke små tanker) **of himself; – hand** alminnelig håndskrift, fin håndskrift; **the – hours** de små timer; **a – matter** en bagatell, småting.
small change småpenger, skillemynt; bagateller, småsnakk.
smallclothes [ˈsmɔ:lkləuðz] (gammeldags) knebukser; småplagg, barnetøy.
small|holder husmann. **-holding** husmannsplass. **– intestine** tynntarm.
smallish [ˈsmɔ:liʃ] nokså liten, småvoren.
smallness [ˈsmɔ:lnis] litenhet.
smallpox [ˈsmɔ:lpɔks] kopper (sykdommen); **the – had set its mark on him** koppene hadde merket ham.
smalls [smɔ:lz] knebukser; småplagg, undertøy; småting, småtteri; annen eksamen (i Oxford).
smallsword [ˈsmɔ:lsɔ:d] kårde.
small talk [ˈsmɔ:ltɔ:k] småsnakk, småprat.
small-toothed [ˈsmɔ:ltu:θt] med fine tenner; **a – comb** finkam.
smallwares [ˈsmɔ:lwɛəz] småting; kortevarer.
smalt [smɔ:lt] koboltblått.
smart [smɑ:t] smerte, svie; smerte, gjøre vondt, føle svie, lide; smertelig, bitende, skarp, vittig, dyktig; rappkjeftet; dreven, lur; oppvakt, kvikk, pyntet, nett, fiks, smart; smarting; **– under sufferings** lide; **my eyes -ed** det sved i øynene; **– aleck** en som tror han er smart, viktigper; **a – breeze** en strykende bør; **it has such a – look** det tar seg så snertent ut; **– things** kvikke innfall; **be –** skynd deg.
smarten [ˈsmɑ:tn] pynte, fikse opp.
smart money [ˈsmɑ:tˈmʌni] løskjøpingspenger, skadeserstatning, urimelig stor skadebot; erstatning for tort og svie.
smartness [ˈsmɑ:tnis] skarphet, netthet osv.
smash [smæʃ] slå i stykker, smadre, knuse, sprenge; slå til, bli ruinert; slag, brak, sammenstøt, katastrofe, tilintetgjøring, fallitt; **a -er** noe usedvanlig stort el. fenomenalt, kjempekar. **– hit** knallsuksess. **-ing** knusende, veldig, strålende. **– -up** sammenstøt, krakk, katastrofe.
smatter [ˈsmætə] snakke overfladisk, plapre. **-er** halvstudert. **-ing** overfladisk kunnskap; **he has (got) a -ing of Latin** han har snust litt borti latinen.
smear [smiə] smøre, søle, kline til; nedrakke, bakvaske; smøring, flekk. **– -sheet** skandaleblad. **– word** skjellsord.
smeary [ˈsmiəri] klebrig, klisset; tilsvint.
smell [smel] lukte, dufte, stinke; spore, merke, få teft av; lukt; **– out** snuse opp, være. **– feast** [ˈsmelfi:st] snyltegjest. **-ing** lukt(esans). **-ing bottle** lukteflaske. **-ing salts** luktesalt.
smelt [smelt] imperf. og perf. pts. av **smell.**
smelt [smelt] smelte (malm). **-er** smeltearbeider. **-ing house, -ery** smeltehytte.
smile [smail] smile; smil; **good fortune now begins to – upon** (tilsmile) **him; – him into good humour** få ham i godt humør ved hjelp av munterhet; **– at** smile til.
smirch [smə:tʃ] kline til; grise til; flekk.
smirk [smə:k] smiske, smile hullsalig; affektert smil, glis, flir.

smite [smait] slå, drepe, ramme, beseire, hjemsøke, straffe, gripe; slag; **his conscience smote him** han fikk dårlig samvittighet; – **terror into his mind** slå ham med redsel; – **to the heart** gå til hjertet, røre dypt; – **off** hogge av.
smith [smiθ] smed; smie. **-craft** smedhåndverk.
smithereens [smiðəˈri:nz] stumper og stykker, filler, knas.
smithery [ˈsmiθəri] smedarbeid; smie.
smithing [ˈsmiθiŋ] smedarbeid.
smithy [ˈsmiði, ˈsmiθi] smie.
smitten [ˈsmitn] (perf. pts. til **smite)** slått, rammet, grepet, betatt **(with** av).
smock [smɔk] serk, lerretsbluse, kittel. **– -faced** jenteaktig, jomfrunalsk. – **frock** lerretskittel. – **mill** hollandsk vindmølle.
smog [smɔg] røyktåke, røykskodde.
smoke [sməuk] røyk; sigarett, blås; ryke, dampe; gyve, røyke, fare av sted, spore opp; gjennomhegle. – **abatement** røykbekjempelse. – **bonnet** røykfang. **– -dry** røyke. **– -dried ham** røykt skinke. **-house** røykeri. **-jack** selvvirkende stekevender. **-less** [-lis] røykfri. – **pall** røykteppe.
smoker [ˈsməukə] røyker, røykekupé; pipestativ; **a great** – en storrøyker.
smoke|stack [ˈsməukstæk] skorstein (på dampskip el. fabrikk). **-stand** pipestativ.
smoking [ˈsməukiŋ] røyking, tobakksrøyking; røykekupé; rykende, osende, røykende; **no – allowed** røyking forbudt. – **compartment** røykekupé. – **set** tobakksstell; røykestell.
smoky [ˈsməuki] rykende, osende, tilbøyelig til å ryke; røykliknende; røykfylt, røykfarget, tilrøykt.
smooth [smu:ð] glatt, slett, jevn, jamn, bløt, smul, mild, rolig, behagelig; glatt del, glatting; glatte, rydde, jevne, jamne, gjøre bløt, formilde, smykke, bli glatt; bli smul; stilne; **run** – løpe jevnt. **– -chinned** glatthaket, skjeggløs.
smooth|e [smu:ð] glatte, jevne. **– -faced** med et glatt ansikt. **– -haired** glatthåret. **-ing iron** strykejern. **-ing plane** sletthøvel. **-ness** [-nis] glatthet, finhet, rolighet, letthet. **– -running** lettgående, lettløpende. **– -spoken** beleven.
smote [sməut] imperf. av **smite.**
smother [ˈsmʌðə] kvele, være nær ved å kvele, dempe, dekke over, dysse ned, kveles, kovne; røyk, os, kvelning; **he was -ed in gifts** han ble neddynget med gaver.
smouch [smautʃ] (gi et) smellkyss, kline; rappe, naske.
smoulder [ˈsməuldə] ulme, ryke.
smudge [smʌdʒ] flekk; flekke, skitne.
smug [smʌg] nett, sirlig, dydsiret, selvgod; selvtilfreds, dydsmønster. **– -faced** med et glatt og falskt ansikt, dydsiret, selvtilfreds.
smuggle [ˈsmʌgl] smugle. **smuggler** smugler. **smuggling** smugling.
smut [smʌt] (sot)flekk, smuss; griseprat, svineri; brann, rust (på plante); sote, smusse. **smutty** [ˈsmʌti] smussig, skitten.
snack [snæk] matbite, lite måltid; smakebit; spise lett; dele likt. **-bar** spisested for hurtigservering av småretter, snackbar.
snaffle [ˈsnæfl] munnbitt; styre ved munnbitt, styre.
snafu [snæˈfu:] fk. f. **situation normal all fouled up** håpløst rot, ineffektivitet; forkludre.
snag [snæg] fremstående knast, tagg, stubb, stump; vanskelighet, ulempe, hindring; rift; slump; hogge greinene av; **there is a** – det er en hake ved det, det ligger noe under.
snagged [snægd], **snaggy** [ˈsnægi] knudret, stubbet, knortet.
snail [sneil] snegle (med hus); **edible** (eller **great vine)** – vinbergsnegle; **move at a -'s pace** snegle seg fram. – **shell** sneglehus.
snake [sneik] snok, slange, orm; **common** (eller **ringed)** – alminnelig snok; **venomous** (eller **poisonous)** – giftslange. – **charmer** slangetemmer. **-skin** slangeskinn. **-wise** slangeaktig.
snakish [ˈsneikiʃ] slangeaktig.
snap [snæp] snappe, glefse, bite, bite av, smekke med, knipse med, trykke av, smelle, knalle, brekke, briste; snapping, glefs, tak, bit; knekk, smekk, knepp, smell, knips, lås, futt, fart; overilt, forhastet; – **into it!** få opp farten; – **out of it** komme ut av dårlig humør. – **bean** prydbønne.
snapdragon [ˈsnæpˈdrægən] løvemunn (plante); julelek med rosiner som nappes ut av brennende konjakk.
snap | lock [ˈsnæplɔk] smekklås. **-per** en som snapper; kastanjett; piskesnert; bitende replikk. **-pish, -pishly** [ˈsnæpiʃ(li)] bisk, morsk. **-pishness** [-iʃnis] biskhet. **-py** rask, kvikk; smart, fiks.
snapshot [ˈsnæpʃɔt] øyeblikksfotografi.
snare [snɛə] snare; fange i snare, lokke.
snarl [snɑ:l] floke, vase; ugreie, strid, forvirring.
snarl [snɑ:l] snerre, knurre; knurring.
snatch [snætʃ] snappe, trive, rive bort, kidnappe, kvarte, rappe, stjele, bite etter; napp, rykk, kort ri; stump, bruddstykke, glimt, tørn; **by -es** støtvis; **-es of sunshine** solglimt; – **an hour of sleep** lure seg til en times søvn. **snatchingly** støtvis. **snatchy** rykkevis, ujevn, ujamn.
sneak [sni:k] snike seg, krype for, fisle, sladre; luske, lure; kryper, slisker, sladderhank. **-er** en som lusker; **-ers** (pl.) turnsko, tennissko. **-ing, -ingly** snikende, luskende; krypende, slesk; lumsk, lumpen.
sneer [sni:ə] rynke på nesen, kimse, ironisere **(at** over), spotte; spotsk smil, kaldflir. **-er** [-rə] spotter. **-ingly** [-riŋli] spotsk, hånlig.
sneeze [sni:z] nyse, nys; – **at** rynke på nesen av.
snell [snel] fortom (på fiskesnøre).
snick [snik] snitt, hakk; snitte, hakke.
snicker [ˈsnikə] knise, fnise; fnis, knis.
sniff [snif] snøfte, snuse, snufse, sniffe; snøft, snufsing, snusing. **sniffle** [ˈsnifl] snuse, snufse.
snifter [ˈsniftə] drink, dram; stort konjakkglass.
snigger [ˈsnigə] knise, kaldflire; knis, kaldflir.
snip [snip] klippe, snitt, klipp; andel, part; **go -s with** dele med. **-per** skredder.
snipe [snaip] skyte ned (fienden) en for en.
snipe [snaip] snipe, bekkasin; sigarettstump, sneip; gå på snipejakt.
sniper [ˈsnaipə] snikskytter. **-scope** kikkertsikte.
snippet [ˈsnipit] bit, småstykke, stump. **-y** bitevis, fragmentarisk; liten, kort.
snitch [snitʃ] stjele; angi, tyste; angiver, tyster.
snivel [ˈsnivl] snott; snørr; snufsing; ha snue, snufse, sutre. **-ler** klynker. **-ling** sutring.
snob [snɔb] snobb, en som aper etter de fine; filister (ikke-student). **-bery** snobbethet. **-bish, -bishly** snobbet. **-bishness** [-iʃnis] snobbethet. **-bism** snobberi.
snook [snuk]: **cock a** – peke nese.

snooker ['snu:kə] form for biljard.
snoop [snu:p] spionere, snuse omkring. **-er** snushane, spion.
snooze [snu:z] blunde, dubbe; blund, lur.
snore [snɔ:] snorke; snorking.
snort [snɔ:t] pruste, fnyse; fnysing. **-ing** enorm, diger, veldig.
snot [snɔt] snott, snørr. **-rag** snotteklut, snytefille, lommetørkle. **snotty** ['snɔti] snottet, snørret, tarvelig; kadett.
snout [snaut] snute, tryne, snabel, snyteskaft; ende, tut, spiss. **– beetle** snutebille.
snow [snəu] snø, snøfall; snø (kokain); (v.) snø. **-ball** snøball; kaste snøball; vokse i omfang. **– -blind** snøblind. **-blower** snøfreser. **-bound** innsnødd. **– -broth** snøslaps, sørpe. **-capped, -clad** snøkledd. **– chains** snøkjettinger.
Snowdon ['snəudn].
snowdrift ['snəudrift] snøfonn, snøfane.
snow|drop snøklokke. **-fall** snøfall. **-field** snømark. **-finch** snøfinke. **-flake** snøfnugg, snøfille. **– flurry** snøfokk, snøkave. **– limit** snøgrense. **– line** snøgrense. **– owl** snøugle. **-plough** snøplog. **-shoe** truge. **-slide** lavine. **-storm** snøfokk, snøstorm. **-thrower** snøfreser. **– tyre** vinterdekk, snødekk. **– -white** snøhvit. **S. White** Snøhvit. **-y** snødekt, snøhvit, ren.
snub [snʌb] irettesetting, smekk; snute, oppstoppernese; bite av, irettesette. **– nose** stumpnese, oppstoppernese.
snuff [snʌf] tanne, utbrent veke; snyte (et lys); **– out** ta livet av, dø. **– it** dø.
snuff [snʌf] snuse; snus; fornærmelse; **take a pinch of –** ta en pris; **up to –** ikke tapt bak en vogn. **– box** snusdåse. **– brown** snusfarget.
snuffer ['snʌfə] en som bruker snus; **-s** lyseslukker; **a pair of -s** lysesaks.
snuffle ['snʌfl] snøvle, snøfte; snuse, snøvling.
snuffles ['snʌflz] snue.
snuffy ['snʌfi] snuset, tilsølt av snus; gretten, sur.
snug [snʌg] tettsluttende, lun, nett, hyggelig, koselig; lune, ligge lunt, ligge tett inn til; **sit – by the fire** sitte der lunt og godt ved varmen; **as – as a bug** ≈ som plommen i egget; **fit -ly** ettersittende, som passer godt; **a – berth** en sikker stilling; **a – little party** en liten fortrolig krets; **make – sums** tjene pene summer.
snuggery ['snʌgəri] hyggelig sted, koselig hybel.
snuggle ['snʌgl] ligge lunt, legge tett opp til, kjæle for.
so [səu] så, således, slik, altså; når bare; **– fortunate as to** så heldig å; **he felt – (much) hurt by** (så støtt over) **the comparison that; after an hour or –** etter en times tid; **how –?** hvorledes det? **why –?** hvorfor det? **the more – as** så meget mer som; **even –** enda, likevel; **she was ever – happy** hun var hoppende glad; **– there** dermed basta; **and – did we** og det gjorde vi også; **I believe –** jeg tror det; **I should – like to see him** jeg ville så gjerne se (snakke med) ham; **– please Your Majesty** med Deres Majestets tillatelse.
soak [səuk] bløte, legge i bløt, gjennomvæte, suge inn, ligge i bløt, suge ut, drikke; pimpe, ture; slå, straffe; **-ed (through)** gjennombløtt; **water -s into the earth** det siver vann ned i jorda; **put washing to –** legge tøy i bløt. **-age** ['səukidʒ] utbløting. **-er** dranker. **-ing** gjennombløtende; oppbløting, bløtlegging. **-y** gjennombløtt.
so-and-so ['səuənsəu] den og den, det og det; så som så; **Mr. –** herr N. N.
soap [səup] såpe; såpe inn, smigre, smiske, bestikke; **soft –** bløt såpe; især grønnsåpe (også: **green –**); **yellow –** gul ulltøysåpe; **cake** (eller **cube** eller **tablet) of –** stykke såpe, såpestykke. **-boiler** såpekoker. **-box** såpekasse. **-box orator** folketaler. **– bubble** såpeboble. **-stone** kleberstein. **-suds** såpeskum, såpevann.
soapy ['səupi] såpeaktig; glatt, slesk.
soar [sɔ:] fly høyt, sveve, heve seg, stige, fare i været (om priser); høy flukt. **-ing** ['sɔriŋ] høytflyvende; (høy) flukt.
sob [sɔb] hulke, hikste; hulking; **sobs** hulkende gråt, hikstegråt.
sobeit [səu'bi:it] når bare (gammeldags).
sober ['səubə] edru, edruelig, rolig, dempet, besindig, sindig, stø, nøktern; gjøre edru, bli edru. **– -blooded** kaldblodig. **– -minded** nøktern, rolig. **-ness** [-nis] nøkternhet. **– -sides** alvorsmann. **– -suited** kledd i diskrete farger, i ærbar drakt.
sobriety [sə'braiiti] nøkternhet, edruelighet.
sobriquet ['səubrikei] økenavn, oppnavn.
soc. fk. f. **socialist; society.**
socage ['sɔkidʒ] arvefeste (selveiendom med avgift).
soccer ['sɔkə] (vanlig) fotball.
sociability [səuʃə'biliti] selskapelighet. **sociable** ['səuʃəbl] selskapelig, omgjengelig; holstensk vogn. **sociableness** ['səuʃəblnis] selskapelighet. **sociably** ['səuʃəbli] selskapelig.
social ['səuʃəl] sosial, selskapelig, samfunns-; **– asset** samfunnsgode. **– caseworker** sosialarbeider. **– climber** streber. **– conventions** omgangsformer. **– democrat** sosialdemokrat. **– evil** samfunnsonde. **– intercourse** selskapeligsamkvem. **– love** nestekjærlighet. **– philosophy** statsøkonomi. **– insurance** sosialtrygd.
socialism ['səuʃəlizm] sosialisme. **socialist** ['səuʃəlist] sosialist. **socialistic** [səuʃə'listik] sosialistisk.
sociality [səuʃi'æliti] selskapelighet.
socialize ['səuʃəlaiz] omgå selskapelig; sosialisere.
social | science samfunnsvitenskap. **– security** sosial sikring; (US) sosialtrygd. **– service** sosialomsorg, velferd. **– worker** sosialarbeider.
society [sə'saiiti] selskap, samfunn; samfunnet; forening, sosietet, den fine verden; **mix in –** delta i selskapslivet; **a man of –** en selskapsmann; **S. of Friends** kvekerne.
sociology [səusi'ɔlədʒi] samfunnslære, sosiologi.
sock [sɔk] en lett, lavhælet sko som de komiske skuespillere brukte, komedie; sokk, strømpe, halvstrømpe, innleggssåle; **– away money** legge seg opp penger.
sock [sɔk] slag, bank, juling; kaste, slå, treffe.
socket ['sɔkit] fordypning, grop, hulning, holder, sokkel; stikkontakt, lysepipe, øyenhule, hofteskål; tannhule. **– wrench** pipenøkkel.
socle ['səukl] sokkel, fotstykke, fotpanel.
Socrates ['sɔkrəti:z] Sokrates. **Socratic(al)** [sə'krætik(l)] sokratisk.
sod [sɔd] gresstorv; krek, stakkar, drittsekk; homoseksuell; begrave, dekke med gresstorv. **-dy** dekket med gresstorv.
soda ['səudə] soda, natron, sodavann; **carbonate of –** soda. **– fountain** isbar, mineralvannautomat. **– lime** natronkalk.
sodality [sə'dæliti] brorskap.

soda | **pop** mineralvann, brus. – **water** mineralvann, sodavann.
sodden [ˈsɔdn] gjennomtrukken, vasstrukken, gjennombløt, bløt, løs, svampet, pløsen; råstekt; fordrukken, full; oppløst; slurvet, halvgod.
sodium [ˈsəudjəm] natrium; – **bicarbonate** natriumbikarbonat; **-chloride** klornatrium, koksalt.
Sodom [ˈsɔdəm] Sodoma. **sodomite** [ˈsɔdəmait] homoseksuell, sodomitt. **sodomy** [ˈsɔdəmi] sodomi.
Sodor [ˈsəudə]; **the Bishop of – and Man** biskopen av Suderøyene og Man.
soever [səuˈevə] som helst, enn; **how great –** hvor stor enn.
sofa [ˈsəufə] sofa; **sit on** (eller **in) the –** sitte i sofaen. – **bed** sovesofa. – **box** puff.
soffit [ˈsɔfit] soffitt, underside av bjelkeloft, loftsdekorasjon (i teater).
Sofia [ˈsəufiə].
soft [sɔ(:)ft] bløt, myk, glatt, fin, sakte, linn, mild, dempet, lett, makelig, blid, var, fryktsom, svak; godtroende, dumsnill; dum, bløt i knollen; – **goods (or wares)** manufakturvarer; **a – place** et bløtt sted, et svakt punkt; **the – sex** det svake kjønn; **be – on** være forelsket i; **go –** bli bløt.
soft|ball en slags baseball. – **-boiled** bløtkokt; sentimental. – **-brained** bløt i knollen. – **drink** alkoholfri drikk.
soften [ˈsɔfn, sɔ:fn] bløtgjøre, mildne, lindre, døyve, myke opp, dempe, røre, forkjæle, formildes, mildne. **-er** lindrer; bløtemiddel. **-ing** bløtgjørende; formildende; hjernebløthet.
soft | **fruit** bærfrukt. – **goods** manufakturvarer. **-headed** naiv, dumsnill.
softie [ˈsɔfti] pyse, svekling, tosk.
soft | **iron** bløtt jern. **-ness** bløthet, mildhet, svakhet. – **-nosed bullet** dumdumkule. – **roe** melke (i fisk). – **shoulder** svak veikant. – **-solder** tinnlodde. – **-spoken** elskverdig; behagelig stemme. – **spot** svakt punkt; **have a – spot** være svak for. – **ware** programvare, programutstyr, maskininstrukser for en datamaskin. **-wood** bløtt tre (gran el. furu).
soggy [ˈsɔgi] vasstrukken, gjennomvåt, søkkvåt; tung, treg.
Soho [ˈsəuhəu] (bydel i London).
soil [sɔil] jord, jordbunn, jordsmonn, grunn; gjødning, gjødsel; tilgrising; smuss, søle, flekk, møkk; skitne til, søle til; gjø, fôre med grønnfôr. – **erosion** jorderosjon. – **exhaustion** jordtretthet; rovdrift.
soirée [ˈswɑ:rei] soare.
sojourn [ˈsɔdʒə:n, ˈsʌdʒə:n] opphold; oppholde seg.
solace [ˈsɔləs] oppmuntre, trøste, lindre, døyve; oppmuntring, trøst; lindring. **-ment** trøst, beroligelse, lindring.
solar [ˈsəulə] sol-; – **flowers** blomster som åpner og lukker seg daglig til visse tider; – **tables** astronomiske tabeller.
solarium [səuˈlɛəriəm] solarium.
solar|oil solarolje. – **topee** tropehjelm.
sold [səuld] imperf. og perf. pts. av **sell.**
solder [ˈsɔldə, ˈsɔ:də, ˈsɔdə] lodde, sammenføye; loddemiddel. **-ing** [-riŋ] lodding; **hard –** slaglodd.
soldier [ˈsəuldʒə] soldat, militær; være soldat; simulere, skulke; **common** (el. **private) –** menig soldat; **dead –** tomflaske; **an old –** en gammel praktikus; skulker, simulant; **go** (eller **enlist) for a –** la seg verve; **die a -'s death** falle på ærens mark. – **crab** eremittkreps. – **of fortune** lykkeridder.
soldiering [ˈsəuldʒəriŋ] krigerhåndverk. **soldierlike** [ˈsəuldʒəlaik], **soldierly** [ˈsəuldʒəli] soldatmessig. **soldiership** [ˈsəuldʒəʃip] militær dyktighet. **soldiery** [ˈsəuldʒəri] krigsfolk, soldater (som klasse).
sold | **note** sluttseddel. – **-out** utsolgt.
sole [səul] sjøtunge (flyndre).
sole [səul] fotsåle; skosåle; såle. – **leather** sålelær.
sole [səul] alene, eneste, utelukkende, ugift; – **agent** eneagent, enerepresentant; – **bill** solaveksel.
solecism [ˈsɔlisizm] språkfeil, bommert.
solecist [ˈsɔlisist] språkforderver.
solely [ˈsəulli] alene, bare, utelukkende.
solemn [ˈsɔləm] høytidelig; (fig.) stiv. **-ity** [səˈlemniti] høytidelighet. **-ize** [ˈsɔləmnaiz] høytideligholde, feire. **-ly** høytidelig. **-ness** [-nis] høytidelighet.
Solent [ˈsəulənt]; **the –** Solentkanalen.
Sol. Gen. fk. f. **Solicitor General.**
solicit [səˈlisit] be om, anmode om; forlange, kreve; lokke, forlede. **-ant** ansøker. **-ation** anmodning, appellering.
solicitor [səˈlisitə] (rådgivende) advokat (som fører saker ved lavere rettsinstanser og forbereder saker for the barrister); (gml.) sakfører; (US) ≈ juridisk rådgiver; ansøker. **S. General** ≈ riksadvokat (som bistår the Attorney-General).
solicitous [səˈlisitəs] bekymret; ivrig; omhyggelig. **solicitude** [səˈlisitju:d] bekymring, iver, omsorg.
solid [ˈsɔlid] fast, traust, massiv, solid, ekte, grundig, pålitelig, alvorlig; fast legeme; **-s** (pl.) tørrstoff, faste deler. – **alcohol** tørrsprit.
solidarity [sɔliˈdæriti] solidaritet, samfølelse.
solid | **body** fast legeme. – **cast** helstøpt. – **-forged** helsmidd. – **fuel** fast brensel.
solidification [sɔlidifiˈkeiʃən] stivning, størkning. **solidify** [səˈlidifai] bli fast, størkne.
solidity [səˈliditi] tetthet, soliditet.
soliloquize [səˈliləkwaiz] snakke med seg selv.
soliloquy [səˈliləkwi] enetale.
soliped [ˈsɔliped] enhovet.
solitaire [sɔliˈtɛə] eneboer; solitær (edelstein som innfattes alene); enmannsspill (bl. a. brettspill for en enkelt person), kortkabal.
solitariness [ˈsɔlitərinis] ensomhet.
solitary [ˈsɔlit(ə)ri] ensom, avsides, isolert; enestående, eneste; eneboer. – **confinement** enecelle, isolat.
solitude [ˈsɔlitju:d] ensomhet.
solo [ˈsəuləu] solo; – **part** soloparti. **soloist** [ˈsəuləuist] solist.
Solomon [ˈsɔləmən] Salomo; **the Proverbs of –** Salomos ordspråk; **the Song of –** Salomos høysang; **-'s seal** storkonvall.
Solon [ˈsəulən].
solstice [ˈsɔlstis] solverv, solvending. **solstitial** [sɔlˈstiʃəl] solvervs-.
solubility [sɔljuˈbiliti] oppløselighet. **soluble** [ˈsɔljubl] oppløselig.
solus [ˈsəuləs] alene (i sceneanvisninger).
solution [səˈl(j)u:ʃən] oppløsning; forklaring, løsning; solusjon.
solvability [sɔlvəˈbiliti] oppløselighet.
solvable [ˈsɔlvəbl] oppløselig.
solve [sɔlv] løse, klare, greie.

solvency [ˈsɔlvənsi] betalingsevne, solvens.
solvent [ˈsɔlvənt] solvent; oppløsningsmiddel.
somatology [səuməˈtɔlədʒi] somatologi (legemslære).
sombre [ˈsɔmbə] mørk, trist, melankolsk, dyster.
sombrero [sɔmˈbrɛərəu] sombrero (bredskygget solhatt).
sombreous [ˈsɔmbrəs] mørk, dyster.
some [sʌm (sterk form), səm, sm (svake former)]. **1** (adj.) en eller annen, et eller annet, noe; noen, visse, somme; (foran tallord å oversette med omtrent, cirka, en; sånn). **2** (subst.) noen (personer), en del mennesker. **3** (adv.) noe, i noen grad, litt. **1 lend me – book** lån meg en eller annen bok; **– books** noen bøker; **this is – book** det kan man kalle en bok, det er litt av en bok; **– twenty years** et snes år; **– 20 miles off** cirka 20 miles borte; **– few** noen få. **2 – say one thing and others another** noen sier det og andre det. **3 he was annoyed –** han var temmelig ergerlig.
somebody [ˈsʌmbədi] noen, en eller annen; en person av betydning; **– has been here before** her har vært noen i forveien; **think oneself to be –** innbille seg å være noe stort; **you are – after all** det er likevel noe ved deg.
somehow [ˈsʌmhau] på en eller annen måte, hvordan det nå er (el. var) eller ikke; **it scares me –** det gjør meg redd på en måte.
someone [ˈsʌmwʌn] noen, en eller annen.
somersault [ˈsʌməsɔ(:)lt] saltomortale, rundkast; **cast** (eller **throw, turn) a –** slå en saltomortale.
Somerset [ˈsʌməsit] Somerset. **– House** ≈ folkeregisteret.
something [ˈsʌmθiŋ] noe, et eller annet; **tell me –** fortell meg noe, si meg en ting; **little, yet –** lite, men likevel noe; **– new** noe nytt; **– blue** noe blått; **there is – in it** det er noe (ɔ: noe sant) i det; **that is –** det er (da alltid) noe (f. eks. noen trøst); **he is – in the Customs** han er noe i tollvesenet; **he was made a captain or –** han ble utnevnt til kaptein eller noe slikt; **– like** ikke ulik; **it looked – awful** det så nokså forferdelig ut.
sometime [ˈsʌmtaim] fordum, tidligere, forhenværende; en eller annen gang.
sometimes [ˈsʌmtaimz] undertiden, av og til, iblant.
somewhat [ˈsʌmwɔt] (adv.) noe, i noen grad; (s.) noe; **he is – deaf** han er noe døv; **it loses – of its force** det mister noe av sin kraft.
somewhere [ˈsʌmwɛə] et eller annet sted; om lag, cirka; **he may be – near** han er kanskje etsteds i nærheten.
somnambulism [sɔmˈnæmbjulizm] søvngjengeri. **somnambulist** [sɔmˈnæmbjulist] søvngjenger. **somniferous** [sɔmˈnifərəs], **somnific** [sɔmˈnifik] søvndyssende. **somnolence** [ˈsɔmnələns] søvnighet. **somnolent** [ˈsɔmnələnt] søvnig, døsig, dorsk.
son [sʌn] sønn; **S. of Man** Menneskesønnen. **– -in-law** svigersønn. **-ship** sønneforhold.
sonar [ˈsəunɑ:] fk. f. **sound navigation ranging** sonar.
sonata [səˈnɑ:tə] sonate.
song [sɔŋ] sang, vise; **the usual –** den gamle visen; **at a –, for an old –** til spottpris, for en slikk og ingenting. **-bird** sangfugl. **-book** sangbok. **-fulness** sangrikdom, lyst til å synge. **-ster** [ˈsɔŋstə] sanger. **-stress** [ˈsɔŋstris] sangerinne. **– thrush** sangtrost. **-writer** visedikter, tekstforfatter.
sonic [ˈsɔnik] lyd-, sonisk-. **– barrier** lydmur.
sonnet [ˈsɔnit] sonett. **-eer** [sɔniˈtiə] sonettdikter.
sonny [ˈsʌni] liten gutt (især i tiltale): små'n.
sonority [səˈnɔriti] klang, klangfylde. **sonorous** [səˈnɔ:rəs] klangfull, sonor. **-ness** [-nis] velklang.
sonsy [ˈsɔnsi] tilfreds, trivelig, pen; skikkelig.
soon [su:n] snart, tidlig; hurtig, fort; **as – as** så snart som; **better – than sorry** jo før jo heller, nå eller aldri; **I would as –** jeg ville likeså gjerne; **no -er** aldri så snart.
soot [sut] sot; sote; **-ed** sotet. **-y** sotet.
soothe [su:ð] formilde, berolige, roe, godsnakke med, smigre. **soother** [ˈsu:ðə] narresmokk.
soothing [ˈsu:ðiŋ] innsmigrende, beroligende.
soothsayer [ˈsu:θseiə] sannsier(ske), spåmann, spåkvinne.
sop [sɔp] oppbløtt stykke, lekkerbisken, trøst; valgflesk; dyppe, bløte ut; sive; **– up** suge opp, tørke opp.
Sophia [səˈfaiə, ˈsəufiə] Sofie; Sofia.
sophism [ˈsɔfizm] sofisme. **sophist** [ˈsɔfist] sofist. **sophistic** [səˈfistik] sofistisk. **sophisticate** [səˈfistikeit] fordreie, forfalske, vrenge, vri på. **sophisticated** [səˈfistikeitid] fin, forfinet, avansert; raffinert, kunstlet, affektert. **sophistication** [səfistiˈkeiʃən] forfinelse, raffinement, kunstlethet; forfalskning. **sophistry** [ˈsɔfistri] sofisteri.
Sophocles [ˈsɔfəkli:z] Sofokles.
sophomore [ˈsɔfəmɔ:] (US) annet års student. **sophomoric** [sɔfəˈmɔrik] umoden, overfladisk, ≈ gymnasial.
Sophy [ˈsəufi] Sofie.
soporific [səupəˈrifik] søvndyssende; sovemiddel.
soppy [ˈsɔpi] søkkvåt; tåredryppende, søtladen; pyset.
soprano [səˈprɑ:nəu] sopran.
sorb [sɔ:b] haverogn, rognebær.
sorcerer [ˈsɔ:sərə] trollmann. **sorceress** [ˈsɔ:səris] trollkvinne. **sorcery** [ˈsɔ:səri] trolldom.
sordid [ˈsɔ:did] lav, smålig; skitten, smussig; gjerrig, knuslet, luset.
sordine [ˈsɔ:di(:)n] sordin.
sore [sɔ:] sår, byll, svull, ømt sted; sår, øm, smertelig, hard, ømtålig, pirrelig, fornærmet, irritert; **– eyes** dårlige (el. betente) øyne; **the – spot** det ømme punkt; **a – throat** vondt i halsen; **a – trial** en hard prøvelse. **-head** grinebiter. **-ly** smertelig, sterkt, meget, hardt. **-ness** [-nis] ømhet, pirrelighet.
sorn [sɔ:n] tvangsgjesting, snylting; snylte.
sororal [səˈrɔ:rəl] søsterlig, søster-.
sorority [səˈrɔriti] søsterskap; (US) forening for kvinnelige akademikere.
sorrel [ˈsɔrəl] syre, rumex; gaukesyre (plante); brunblakk, rødbrun; rødbrunt dyr.
sorrily [ˈsɔrili] bedrøvelig, jammerlig.
sorrow [ˈsɔrəu] sorg, bedrøvelse; sørge; **feel – for** føle sorg over. **-ful** [ˈsɔrəuful] sorgfull, sørgelig. **-fulness** [-nis] sørgmodighet. **-less** [-lis] sorgfri. **– -stricken** [ˈsɔrəustrikn] sorgtynget.
sorry [ˈsɔri] sørgelig; bedrøvet; elendig, ussel; kjedelig, beklagelig; **a – customer** en dårlig makker; **a – horse** en skottgamp; **I am – to say** dessverre; **I am – for him** jeg har vondt av ham; **I am very –** jeg beklager meget.
sort [sɔ:t] sort, slags, stand, måte, vis, sett; sortere, ordne, stille sammen, være forent, forene

seg, passe, falle ut, ende, lykkes; **all -s, kinds, and descriptions** alle mulige slags; **this – of dog, these -s of dogs** dette (disse) hundeslag; **he's a good –** det er en snill fyr; **he's the right –** han er den rette; **nothing of the –** aldeles ikke; **of -s** i visse retninger, i noen henseender; **a dinner of -s** et slags middag; **be out of -s** være forstemt, være i ulag; **be in -s** være i godlag; **-able** [-əbl] som lar seg sortere, passende. **-er** sorterer.

sortie [ˈsɔ:ti:] utfall; enkelttokt (fly).

sortilege [ˈsɔ:tilidʒ] spåing ved loddtrekning.

sorting [ˈsɔ:tiŋ] sortering, ordning.

SOS [es əu es] nødsignal; etterlysning, SOS.

so-so [ˈsəusəu] så som så, så middels.

sot [sɔt] drukkenbolt, fyllebøtte; drikke, supe.

sottish [ˈsɔtiʃ] fordrukken, forfylt.

sotto voce [ˈsɔtəu ˈvəutʃi] dempet.

Soudan [su(:)ˈdæn]; **the –** Sudan.

soufflé [ˈsu:flei] sufflé.

sough [sʌf] suse (om vinden); sus, pust, sukk.

sough [sʌf] lukket grøft, grunnveit.

sought [sɔ:t] imperf. og perf. pts. av **seek.**

soul [səul] sjel, følelse, hjerte; **keep body and – together** oppholde livet; **heart and –** med liv og sjel. **– bell** dødsklokke. **– -doctor** sjelesørger. **– -felt** dypt følt. **-ful** sjelfull. **– -hardened** forherdet. **-less** [-lis] sjelløs. **-mass** sjelemesse. **– -searching** selvransaking. **– -sick** sjelesyk. **– -stirring** gripende.

sound [saund] sunn, frisk, ekte, sterk, trygg, traust, fast, dyp (om søvn), uforstyrret, gyldig, lovlig; rettroende; solid, skikkelig, god; **a – whipping** en god drakt pryl; **safe and –** i god behold; **if the calculations are –** dersom beregningene holder stikk.

sound [saund] sund; **the (Baltic) Sound** Øresund.

sound [saund] svømmeblære.

sound [saund] sonde; sondere, lodde (vannets dybde), prøve, få til å røpe.

sound [saund] lyd, klang; lyde, høres, låte, klinge, blåse, la lyde; gi signal til; **– a trumpet** blåse i en trompet; **– the charge** blåse til angrep. **– barrier** lydmur. **-board** klangbunn.

sounding [ˈsaundiŋ] lydende, det å gi lyd; velklingende; lyd, klang.

sounding [ˈsaundiŋ] lodding; i plur. loddskudd, (loddede) dybder, dybdeforhold; kjent farvann.

sounding board [ˈsaundiŋbɔ:d] resonansbunn.

sounding lead [ˈsaundiŋled] lodd.

sound | insulation lydisolasjon. **– intensity** lydstyrke. **-less** lydløs; som ikke kan loddes. **– level** lydnivå. **-proof** lydtett; lydisolere. **– reproduction** lydgjengivelse. **– track** lydspor (film). **– wave** lydbølge.

soup [su:p] suppe; graut, suppe (om vær); **-up** sette fart i; **be in the –** sitte med skjegget i postkassa; **– plate** dyp tallerken; **-ed-up** trimmet (om motor); dramatisert, anspent.

sour [ˈsauə] sur, gretten, bitter; noe surt, syre; gjøre sur, forbitre, surne, bli bitter.

source [sɔ:s] kilde, oppkomme, olle, utspring.

sour|crout [ˈsauəkraut] surkål. **– crude** sur (svovelrik) råolje. **– -faced** sur i masken. **– grapes** sur, furten. **-ish** [-riʃ] syrlig. **-ly** surt, bittert. **-ness** [-nis] surhet, bitterhet.

souse [saus] dukkert; saltlake; grisesylte; fyllik; rangel; legge ned i lake, dukke, sylte, dyppe, øse, skvette.

souse [saus] daske, delje til; slå ned (som en rovfugl).

souteneur [su:təˈnə:] alfons, sutenør.

south [sauθ] sør, søretter, sønnavind, Syden; søndre; mot sør, fra sør.

Southampton [sauˈθæmptən].

southeast [ˈsauθˈi:st] sørøst, mot sørøst.

southeastern [ˈsauθˈi:stən] sørøstlig.

southerly [ˈsʌðəli] sørlig; sørfra; sønnavind.

southern [ˈsʌðən] sør-, sørlandsk, sørlig; **the Southern Cross** Sydkorset.

southerner [ˈsʌðənə] sørenglender; sydlending; sørstatsmann.

southernmost [ˈsʌðənməust] sørligst.

southing [ˈsauðiŋ] bevegelse sørpå; sørlig deklinasjon; breddeforandring sørover.

south|most sørligst. **-west** [ˈsauθˈwest] sørvest. **-wester** [sauθˈwestə] sørveststorm; sydvest (regnlue) (= **southwest hat). -western** sørvestlig. **-ward** [ˈsauθwəd] mot sør, sørpå; sør.

Southwark [ˈsʌðək].

souvenir [ˈsu:v(ə)niə] erindring(stegn), minne.

sov. fk. f. **sovereign.**

sovereign [ˈsɔvrin] høyest, suveren, kraftig; regent, hersker, sovereign (en engelsk gullmynt av verdi 1 pund sterling). **-ly** høyst. **-ty** [-ti] suverenitet, herredømme.

Soviet [ˈsɔvjet] Sovjet; Sovjet-; sovjetisk.

sow [sau] sugge, purke; avlang metallblokk, rujernsblokk, renne fra smelteovn til former; skrukketroll.

sow [səu] så, så til, så ut.

sower [ˈsəuə] såmann; såmaskin.

sown [səun] perf. pts. av **sow.**

soy [sɔi] soyabønne, soya. **– sauce** soyasaus. **-bean** soyabønne.

spa [spɑ:] mineralkilde, mineralbad, kurbad.

space [speis] rom, mellomrom, areal, plass; tidsrom; verdensrommet; stund, spatium, rubrikk; anbringe med mellomrom. **– age** romalder. **– bar** ordskiller (skrivemaskin). **-craft** romfartøy. **-port** romstasjon. **– -saving** plassbesparende. **-ship** romskip. **-shuttle** romferge. **– suit** romdrakt. **– travelling** romfart.

spacious [ˈspeiʃəs] vid, rommelig, utstrakt.

spaciousness [ˈspeiʃəsnis] rommelighet.

spade [speid] gjelding; gjelk.

spade [speid] spade; spar (i kortspill); spa (opp); flense; **call a – a –** kalle tingen med sitt rette navn; **– graft** spadestikk; **– bone** skulderblad. **– work** grovarbeid, forarbeid.

spadiceous [spəˈdiʃəs] kastanjebrun; kolbeblomstret.

spaghetti [spəˈgeti] spaghetti.

Spain [spein] Spania.

spake [speik] poetisk imperf. av **speak.**

spall [spɔ:l] splint, flis; skalle av.

spam [spæm] boksekjøtt.

span [spæn] spann, ni engelske tommer; spann (hester), spennvidde, spenn, kort tid, salstropp; spenne, spenne om, måle, surre.

span [spæn] gammel imperf. av **spin.**

spang [spæŋ] flunkende, splinter-, helt.

spangle [ˈspæŋgl] paljett, flitterstas; besette med paljetter, glitre, spille; **star-spangled** [ˈstɑ:spæŋgld] oversådd med stjerner; **the Star-Spangled Banner** (US) stjernebanneret.

Spaniard [ˈspænjəd] spanjer, spanjol.

spaniel ['spænjəl] vaktelhund, fuglehund; krype for, logre.
Spanish ['spæniʃ] spansk (også om språket). – **castles** luftkasteller. – **fly** spanskflue. – **paprika** spansk pepper. – **work** svartsøm.
spank [spæŋk] daske, klaske, gi juling; denge, dask, klask.
spanker ['spæŋkə] hurtig traver; sprek hest; sveisen kar; mesan.
spanking ['spæŋkiŋ] dask, juling; rask, hurtig; feiende flott.
spanner ['spænə] skrunøkkel.
spar [spɑ:] sperre, raft, rundholt; stang, stake, lekte; spat (mineral); slå ut (med armene), bokse, fekte; kjekle, krangle.
spare [spɛə] spare på, unnvære, avse, spare seg, la være, skåne, spare, forskåne for, tilstå, skjenke, leve sparsomt, være skånsom, være medlidende, unnlate; sparsom, knapp, snau, tarvelig, mager, ledig, overflødig, reserve, ekstra. – **bed** gjesteseng. – **bedroom** gjesteværelse. – **-built** spinkel. – **hours** fritimer. – **money** penger som man har til overs. – **parts** reservedeler (til maskiner). – **rib** ribbestek.
sparing ['spɛəriŋ] sparsom, sjelden, snau. **-ly** med måte, sparsomt.
spark [spɑ:k] gnist; telegrafist, gnist; laps, sprade, elsker; gnistre; anspore, oppildne. – **arrester** gnistfanger. – **coil** tennspole. – **knock** tenningsbank.
sparkle ['spɑ:kl] gnist, glans; gnistre, funkle, glimre, perle, sprake ut; mussere, skumme, perle.
sparklet ['spɑ:klit] liten gnist; boble, perle.
sparkling ['spɑ:kliŋ] funklende, livlig, sprakende; perlende, musserende.
spark|over overslag. – **plug** tennplugg; (fig.) få opp farten. – **welding** lysbuesveising.
sparring ['spɑ:riŋ] treningsboksing; (fig.) forpostfektninger.
sparrow ['spærəu] spurv.
sparse [spɑ:s] spredt, grissen, sparsom.
Sparta ['spɑ:tə] Sparta. **Spartacist** ['spɑ:təsist] spartakist. **Spartan** ['spɑ:tən] spartaner, spartansk.
spasm [spæzm] krampe(trekning). **spasmodic** [spæz'mɔdik] krampaktig, støtvis. **spastic** ['spæstik] spastiker; spastisk.
spat [spæt] imperf. og perf. pts. av **spit.**
spat [spæt] østersyngel; stenk, skvett; yngle; skvette, stenke.
spat [spæt] gamasje (srl. i pl.); ta på gamasjer.
spatter ['spætə] skvette (til), sprøyte (over); skvett, sprut. **-dashes** gamasjer.
spatula ['spætjulə], **spattle** ['spætl] spatel, palettkniv.
spavin ['spævin] spatt (en hestesykdom).
spawn [spɔ:n] rogn, melke, egg (av fisk, frosk), gott; rotskudd, avkom; gyte, legge, yngle, avle, oppstå. **-er** rognfisk. **-ing time** gytetid.
speak [spi:k] tale, snakke, ytre, si fram, uttale, forkynne, tiltale; vitne om, røpe. – **up** snakke høyt, si sin mening. **-able** ['spi:kəbl] som kan sis, omgjengelig.
speakeasy ['spi:ki:zi] (US) ulovlig brennevinsutsalg, gaukesalg, smuglerbar.
speaker ['spi:kə] taler; hallomann; president i underhuset (tilt. som **Mr. Speaker); loud-** høyttaler.
speaking snakking, taling; talende; tale-; **be on – terms** kunne snakke med hverandre, være på talefot med hverandre; **strictly –** strengt tatt; **a – likeness** en slående likhet. – **pipe** talerør. – **trumpet** ropert. – **tube** talerør.
spear [spiə] spyd, lanse, lyster; pumpestang; spire; drepe med et spyd, spidde. **-head** spydodd; (fig.) gå i spissen for. **-man** lansedrager. **-mint** grønnmynte; peppermyntesukkertøy el. tyggegummi. – **side** sverdside, mannsside.
spec [spek] spekulasjon.
special ['speʃəl] særegen, spesiell, særdeles, ualminnelig, utmerket, sær-, ekstra-; særegenhet, ekstranummer. – **act** særlov, unntakslov. – **constable** frivillig politikonstabel.
specialist ['speʃəlist] spesialist, fagmann.
speciality [speʃi'æliti] spesialitet, særegenhet.
specialization [speʃəlai'zeiʃən] spesialisering.
specialize ['speʃəlaiz] spesialisere (seg).
specialty ['speʃəlti] særbeskjeftigelse, særstudium, spesialitet, kontrakt, gjeldsbevis.
specie ['spi:ʃi] klingende mynt, myntetmetall.
species ['spi:ʃi(:)z] art, slags.
specific [spi'sifik] særegen, eiendommelig, spesifikk; spesifikt middel, særmiddel. **-ation** [spesifi'keiʃən] spesifisering. – **gravity,** – **weight** egenvekt, spesifikk vekt.
specify ['spesifai] spesifisere, fastsette.
specimen ['spesimən] prøve, eksemplar.
specious ['spi:ʃəs] tilsynelatende god (el. rimelig), plausibel, bestikkende, skinn-.
speck [spek] liten flekk, stenk, skvett; grann, tøddel; spekk; (pl.) dropler; flekke, gjøre droplet.
speckle ['spekl] liten flekk, prikk, skvett; spette, gjøre spraglet, gjøre droplet. **speckled** ['spekld] spettet; broket.
specs [speks] (pl.) briller.
spectacle ['spektəkl] skue, syn, skuespill, opptog; (pl.) briller; **make a – of oneself** gjøre skandale; **a pair of -s** et par briller; **-d** ['spektəkld] med briller.
spectacular [spek'tækjulə] flott, praktfull, iøynefallende, betydelig; flott show, lysreklame.
spectator [spek'teitə] tilskuer.
spectral ['spektrəl] spektral; åndeaktig, spøkelses-. – **analysis** spektralanalyse.
spectre ['spektə] gjenferd, spøkelse, ånd.
spectroscope ['spektrəskəup] spektroskop.
spectrum ['spektrəm] spektrum.
specular ['spekjulə] speil-, avspeilende.
speculate ['spekjuleit] spekulere, gruble.
speculation [spekju'leiʃən] spekulasjon.
speculative ['spekjulətiv] spekulativ.
speculator ['spekjuleitə] tenker; spekulant.
speculum ['spekjuləm] speil (srl. av metall).
speech [spi:tʃ] taleevne, tale, språk, replikk; **deliver one's maiden –** holde sin jomfrutale (første tale); **make a –** holde en tale, si en replikk. **-craft** talekunst. – **day** årsavslutning, avslutningsfest. – **defect** talefeil. **-ify** holde (lange) taler. – **impediment** talevanske. **-less** målløs, taus. **-maker** (profesjonell) taler. **-way** språkvane.
speed [spi:d] ile, haste, skynde seg, fare; forsere; fremskynde, sette fart i, fremme, hjelpe, ønske lykke til, si farvel til, ekspedere; hast, hurtighet, fart; gir; lykke; løp, galopp. – **boat** racerbåt. **-er** råkjører. **-ily** hurtig, raskt. **-light** elektronblitz. – **limit** fartsgrense.

speedometer [spi'dɔmitə] speedometer, fartsmåler (i bil).
speed | ramp fartsdemper (i veien). – **restriction** hastighetsbegrensning. – **skate** lengdeløpsskøyte. – **skating** lengdeløp på skøyter. – **-up** fremskynde. **-walk** rullende fortau. **-way** motorbane (til hastighetsløp); (US) motorvei.
speedy ['spi:di] rask, hurtig, kvikk; prompte, snarlig.
spell [spel] fortrylle; stave, bokstavere, skrive, stave seg igjennom, lese dårlig; skrives, bety, mene; trylleformular, trolldom, fortryllelse.
spell [spel] avløse i arbeidet, hvile; avløsning, skift, tørn, tur, økt, hjelp, tjeneste, stund; ri, anfall; **give him a** – gi ham en håndsrekning; **by -s** skiftevis, etter tur.
spellbound ['spelbaund] fortryllet, fjetret.
spelling ['speliŋ] stavemåte, rettskrivning.
spelling book ['speliŋbuk] abc.
spelt [spelt] imperf. og perf. pts. av **spell.**
spelt [spelt] spelt (plante).
spence [spens] utlegg, kostnad; matbu, matskap.
spencer ['spensə] spencer (gammeldags kort jakke); gaffelseil.
Spencer ['spensə].
spend [spend] bruke, forbruke, gi ut, koste ut, tilbringe, øde, ødsle bort, bruke opp, spandere; utmatte; bli oppbrukt, tæres opp; **-er** øder, ødeland; storforbruker.
spending ['spendiŋ] forbruk; utgift. – **money** lommepenger. – **power** kjøpekraft.
spendthrift ['spendθrift] ødeland; ødsel.
Spenser ['spensə].
Spenserian ['spen'siəriən]; – **stanza** Spenserstrofe.
spent [spent] imperf. og perf. pts. av **spend;** utkjørt, oppbrukt.
sperm [spə:m] sæd (av mennesker og dyr).
spermaceti [spə:mə'si:ti] spermasett, kaskelott; – **whale** kaskelott, spermasetthval.
spew [spju:] spy, brekke seg; fosse ut, velte ut, sive; spy, oppkast.
sphacelus ['sfæsələs] koldbrann.
sphere [sfiə] sfære, kule, klode, stjerne, himmellegeme, globus; virkefelt, fagområde, synskrets, fatteevne; gjøre rund, sette i en krets.
spheric ['sferik], **-al, -ally** sfærisk, kule-.
sphinx [sfiŋks] sfinks; aftensvermer.
spica ['spaikə] aks; spore.
spice [spais] krydderi, krydder; aroma, smak, anstrøk; krydre. **-nut** peppernøtt. **-r** speserihandler. **spicery** ['spaisəri] krydderier.
spick [spik] meis (fugl); fin, ny, smart; – **and span** splinter ny.
spicule ['spikju:l] lite aks.
spicy ['spaisi] krydret, aromatisk, pikant.
spider ['spaidə] edderkopp; stekerist, jerntrefot, stekepanne (med bein); dirk. **-like** edderkoppaktig. – **web** spindelvev. **spidery** ['spaidəri] edderkoppaktig; meget tynn.
spiel [spi:l] (US) historie, prat, snakk.
spiff [spif]: – **up** pynte seg. **-ed** stivpyntet, fin; småfull, pussa.
spigot ['spigət] tapp, plugg, spuns, tappekran.
spike [spaik] spiss, pigg, brodd, spiker; aks, skudd; spisse, spikre, nagle fast; **-d** [spaikt] med aks, forsynt med spiss, fastnaglet. **-d helmet** pikkelhue. **-d shoe** piggsko. **-d tyre** isdekk (for isbanerace). **-let** [spaiklit] lite aks. – **nail** (lang) spiker. **-nard** [-nɑ:d] nardus, nardussalve.
spiky ['spaiki] spiss, med spisser, pigget, kvass.
spile [spail] splint, propp, spuns; spunse, tappe.
spill [spil] pinne, flis, spik; fidibus.
spill [spil] spille, søle, la renne; slå ned, ødelegge, ødsle, spre ut, strø, bli spilt, kaste av; fall (fra hest el. vogn).
spillikin ['spilikin] pinne, (i pl. også:) pinnespill.
spilt [spilt] imperf. og perf. pts. av **spill;** – **milk** spilt melk, et uhell som det ikke nytter å gråte over.
spin [spin] spinne, trekke, tøye (ut), forhale; kjøre fort; gå i spinn, dreie, dreie seg, snurre rundt, surre, svive rundt, strømme hurtig, suse; hvirvling, snurring (rundt); fart, tur, svipptur; – **a yarn** spinne en ende (ɔ: fortelle en skrøne); – **out the time** trekke tiden ut.
spinach ['spinidʒ] spinat.
spinal ['spainəl] ryggrads-, spinal-. – **column** ryggsøyle. – **cord** ryggmarg.
spindle ['spindl] tein, stang, spindel, lang og tynn stengel; skyte ut i lange stengler. – **legs,** – **shanks** pipestilker, rekel.
spindrift ['spindrift] sjørokk, skumsprøyt.
spin-dry sentrifugere, tørke ved sentrifugering.
spine [spain] ryggrad; bergrygg, fjellrygg; pigg; torn. **-less** hvirvelløs, bløtfinnet; utornet; (fig.) holdningsløs, karakterløs.
spinet ['spinit] spinett.
spiniferous [spai'nifərəs] tornet.
spiniform ['spainifɔ:m] torneformet.
spinner ['spinə] spinner, spinnerske; edderkopp; propellnavkapsel. **spinning | frame** spinnemaskin. – **jenny** spinnemaskin. – **wheel** rokkehjul, rokk.
spin off biprodukt, tilleggsresultat, ekstrautbytte.
spinosity [spai'nɔsiti] tornethet.
spinous ['spainəs] tornet, besatt med pigger; formet som en torn.
spinster ['spinstə] spinnerske; ugift kvinne, gammel jomfru, peppermøy; (adj.) ugift.
spiny ['spaini] tornet; vanskelig. – **-finned** piggfinnet.
spiracle ['sp(a)irəkl] åndehull (insekter), blåsehull (hval).
spireaea [spai'ri:ə] spirea, mjødurt.
spiral ['spairəl] spiralformet, spiralsnodd; skrue, spiral.
spire ['spaiə] vinding, spiral, krøll, spiss, topp, spir; spire, skudd, gresstrå; løpe spiss opp, spire. **spired** ['spaiəd] med spir.
Spires ['spaiəz] Speyer (tysk by).
spirit ['spirit] ånd; sinnelag, sinn, sinnsstemning, liv, humør, lyst, mot; spøkelse; livlighet; alkohol, sprit, spirituøs drikk; begeistre, oppmuntre, lokke; **-s** (pl.) spiritus, sprit, lune, humør; **the (Holy) Spirit** Den Hellige Ånd; **the – of the age** tidsånden; **a man of high** – en mann med æresfølelse; **in high** (el. **good) -s** opprømt, munter; i godt humør; **in low** (el. **bad) -s** nedslått, forstemt, i ulag; – **away** lokke bort, la forsvinne; – **of salt** saltsyre; – **of wine** ren sprit. **-ed** ['spiritid] åndrik, livlig, energisk, modig, djerv, sprek. **-edness** [-idnis] livlighet, mot, kveik. **-ism** [-izm] spiritisme. **-ist** spiritist. – **lamp** spritlampe. **-less** [-lis] forsagt, motløs, sløv, slakk. – **level** libelle, vaterpass. – **rapping** åndebanking.
spiritual ['spiritʃuəl] åndelig, åndig, geistlig; negro spiritual. – **court** geistlig domstol. **-ism** [-izm] spiritisme. **-ist** spiritist. **-ity** [spiritʃu'æliti] åndelighet. **-ize** ['spiritʃuəlaiz] åndeliggjøre, lutre, gi

en åndelig betydning, gjøre spirituøs. **spirituel** [spiritju'el] åndrik, spirituell.
spirituous ['spiritʃuəs] spirituøs, spritholdig.
spirt [spə:t] sprute, sprøyte; anstrenge seg til det ytterste; sprut, sprøyt, stråle; plutselig anstrengelse, rykk, spurt; **put on a –** legge alle krefter i.
spiry ['spairi] spiralformet; spir-, formet som et spir; full av spir.
spissitude ['spisitju:d] tykkhet.
spit [spit] spidd, tange,odde; spidde.
spit [spit] spytte; spytt; **dead –** el. **– and image** uttrykte bilde.
spite [spait] ondskap, hat, agg, nag; gjøre ugagn, ergre, trosse, trasse, hate, fortørne; **in – of** til tross for, trass i, uaktet. **-ful** ondskapsfull. **-fulness** ondskap.
spitfire ['spitfaiə] sinnatagg, kruttkjerring; **S.** (engelsk jagerfly fra 2. verdenskrig).
spitting box ['spitiŋbɔks] spyttebakk.
spitting mug ['spitiŋmʌg] spyttekrus.
spittle ['spitl] spytt.
spittoon [spi'tu:n] spyttebakk.
spitz [spits] spisshund.
Spitzbergen [spits'bə:gən] Spitsbergen, Svalbard.
spiv [spiv] elegant småkjeltring, svartebørshai.
splash [splæʃ] skvette, søle til, plaske; plask, skvetting, skvett, pudder; anstrengelse, krafttak; effekt, stas; plask! **make a –** vekke sensasjon.
splash|board ['splæʃbɔ:d] forskjerm (på vogn), skvettskjerm. **– headline** svær overskrift. **– net** kastenot.
splashy ['splæʃi] klattet, flekket, sølet; prangende; plaskende, plask-.
splay [splei] forvri, bringe av ledd, bre seg; vende ut, skrå, sneie av; skrå, bred, sprikende; skråkant, skråning. **– -footed** uttilbeins. **– -mouthed** [-mauðid] bredmunnet, breikjefta, flåkjefta.
spleen [spli:n] milt; melankoli, humørsyke; hypokondri, tungsinn, spleen, vrede, ergrelse; **vent one's – upon** la sitt dårlige humør gå ut over, øse sin vrede ut over.
splendent ['splendənt] strålende, lysende.
splendid ['splendid] glimrende, storartet, gild.
splendiferous [splen'difərəs] storartet, gild.
splendour ['splendə] glans, prakt.
splenetic [spli'netik] milt-; humørsyk, gretten, melankolsk; gretten person.
splice [splais] spleise, skjøte; spleising, lask.
splint [splint] splint, pinne, flis, spik, spon, spjelk, beinskinne. **-er** splint, flis, spon, beinskinne; splintre, splintres, la hvile i skinner. **-er group** utbrytergruppe, fraksjonsgruppe. **-ery** ['splintəri] splintret, fliset.
split [split] splitte, kløyve, spalte, dele, slå i stykker, slås i stykker; bli uenig (med); grunnstøtt, forlist; revne, brudd, sprekk, spalte; andel (av utbytte); liten flaske; angiver, tyster; **– one's sides with laughter** holde på å revne av latter. **– infinitive** infinitiv skilt fra **to** ved adv. **– peas** flekkede gule erter. **– pin** splittnagle, splint. **– roof** spontak. **– second** brøkdel av et sekund. **– -up** splittelse.
splodge [splɔdʒ] flekk, klatt,klyse.
splotch [splɔtʃ] flekk, klatt; flekke, klatte.
splutter ['splʌtə] snakke fort, sprute; larm, spruting, oppstyr, røre.
spoffy ['spɔfi], **spoffish** ['spɔfiʃ] geskjeftig.
spoil [spɔil] bytte, rov, fangst, vinning, (US) politisk belønning, bein; kastet ham, oppkastet mudder el. grus; plyndre, berøve, forderve, spolere, ødelegge, bli skjemt, forkjæle; **a -t** (el. **-ed) child** et bortskjemt barn. **-age** ['spɔilidʒ] spolering, ødeleggelse; makulatur. **-er** en som ødelegger; bremseklaff (fly, sportsbil); **-ing for a fight** kampivrig, i krigshumør.
spoilsman ['spɔilzmən] levebrødspolitiker. **spoilsport** ['spɔilspɔ:t] gledesdreper.
spoke [spəuk] eike (i hjul), trinn, knagg (på ratt); hemsko; **put a – in his wheel** (fig.) stikke en kjepp i hjulet for ham.
spoke [spəuk] imperf. av **speak.**
spoken ['spəukn] (perf. pts. av **speak**) talt, muntlig, -talende; **kind-spoken** vennligtalende; **civil-spoken** beleven i sin tale; **– English** det engelske dagligspråk.
spokesman ['spəuksmən] talsmann, ordfører.
spoliation [spəuli'eiʃən] plyndring.
spondaic [spɔn'deiik] spondeisk. **spondee** ['spɔndi:] spondé (versfot).
sponge [spʌn(d)ʒ] svamp; svampet masse, (æset) deig, sukkerbrød; snyltegjest; viske ut med en svamp, presse ut av (som fra en svamp), tilsnike seg, suge inn (som en svamp), snylte; **set a –** sette en deig bort for å la den heve seg; **throw up the –** erkjenne seg overvunnet, oppgi kampen; **– out** viske ut. **– bag** toalettpose. **– cake** sukkerbrødkake. **-r** snylter.
sponging house ['spʌndʒiŋhaus] (gml.) midlertidig gjeldsfengsel, ofte i rettsbetjentens hus, for å gi skyldneren leilighet til ved venners hjelp å betale sin gjeld.
spongy ['spʌn(d)ʒi] svampaktig, svampet, porøs, bløt, sugende; fordrukken.
sponsal ['spɔnsəl] bryllups-, brude-.
sponsion ['spɔnʃən] kausjon, tilsagn, løfte.
sponson ['spɔnsn] hjulkasse; plattform.
sponsor ['spɔnsə] kausjonist, garantist; annonsør, en som i radio el. fjernsyn betaler et kommersielt program; fadder, gudfar; være kausjonist, påta seg ansvaret for; stå fadder, støtte; **-ship** fadderskap, kausjon.
spontaneity [spɔntə'ni:iti] umiddelbarhet, spontanitet.
spontaneous [spɔn'teinjəs] spontan, umiddelbar, uvilkårlig, frivillig. **– combustion** selvantennelse. **-ness** [-nis] - **spontaneity.**
spoof [spu:f] hokuspokus, snyteri, juksing.
spook [spu:k] spøkelse; spøke, skremme. **-y** uhyggelig, spøkelsesaktig.
spool [spu:l] spole, rull; trådsnelle; vikle.
spoom [spu:m] skumme, lense.
spoon [spu:n] skje; skovl, grabb; hule ut, **have his – in the soup** ha en finger med i spillet; **be past the –** ha trådt sine barnesko.
spoon [spu:n] tosk; forelsket narr; forelsket, enfoldig, være forelsket (**on** i), utveksle kjærtegn; **it's a case of -s with them** de er forelsket i hverandre.
spoonerism ['spu:nərizm] det å bytte om lyd i ord som følger etter hverandre, «å bake snakkvendt», f. eks. blushing crow istf. crushing blow el. lette tremmer istf. trette lemmer.
spooney ['spu:ni] meget forelsket (**on** i).
spoonfed ['spu:nfed] matet med skje; holdt kunstig oppe; **be –** få det inn med skjeer.
spoon meat ['spu:nmi:t] skjemat, barnemat.
spoony ['spu:ni] forelsket (**on** i), vill (**on** etter); (forelsket) narr.

spoor [spuə] spor, far; forfølge spor (av).
sporadic [spɔ:'rædik] sporadisk, spredt.
spore [spɔ:] spre(celle), spore.
sport [spɔ:t] atspredelse, lek, moro, fornøyelse, idrett, sport, jakt, fiske; knoppmutasjon; leke, drive sport, more, spille, forestille, vise, gå med, prale med, flotte seg med; avvike, vise mutasjon (biologisk); **for** (el. **in**) – for spøk; **he is a good –** han er en real kar, en god sportsmann; **make a – of him** holde moro med, drive gjøn med; **-ful** lystig, spøkefull. **-ing** sports-, idretts-; sport, jakt; **a -ing chance** en fair sjanse; **a -ing character** en sportsmann (av fag); **-ing door** ytterdør. **-ingly** for spøk. **-ive** ['spɔ:tiv] munter, leken, overgiven. **-iveness** [-nis] munterhet. **-less** [-lis] gledesløs, sørgelig. **-sman** ['spɔ:tsmən] sportsmann, jeger. **-smanlike** sportsmannsmessig. **-smanship** god sportsånd; dyktighet som idrettsmann el. jeger. **-swoman** idrettskvinne.
spot [spɔt] flekk, plett; filipens, kvise; dråpe, smule, stenk; sted; flekke, besmitte; oppdage, bite merke i, gjenkjenne; **be in a –** være i knipe, i fare; **on the –** på stedet, straks. **– check** stikkprøve. **– film** reklamefilm. **-less** [-lis] plettfri. **-lessness** [-nis] plettfrihet, renhet. **-light** prosjektør, søkelys. **-ted** plettet, flekket, skjoldet. **-ted fever** flekktyfus. **-ter** pletter, besmitter; flekkrenser; observatør; detektiv, spion. **-ty** flekket, spettet, besmittet; kviset. **– welding** punktsveising.
spousal ['spauzl] bryllups-; **-s** giftermål, bryllup.
spouse [spauz] ektefelle. **-less** [-lis] ugift.
spout [spaut] tut, renne, rør, skybrudd, skypumpe; pantelånerbutikk, stampen; sprøyte, springe, deklamere, pantsette; **up the –** pantsatt; i stykker, ødelagt. **-er** stortaler, skvadronør. **-ing** spruting; deklamasjon.
S.P.Q.R. fk. f. **senatus populusque Romanus; small profits & quick returns.**
sprag [spræg] bremsekloss; vedkubbe; grein, svær spiker; stanse, bremse.
sprain [sprein] forstrekke, forstue, vrikke (ankelen); forstuing; distorsjon.
sprang [spræŋ] imperf. av **spring.**
sprat [spræt] brisling; fiske brisling.
sprawl [sprɔ:l] ligge henslengt, ligge og strekke seg; sprelle, kravle, spre seg; **-ing** som flyter ut el. brer seg ut uregelmessig.
spray [sprei] kvist, kvister; dusk, yr, drev, sjøsprøyt, fint rokk, dusj, dusjapparat, sprøyte, sprøytevæske; overstenke, sprøyte ut, dusje; sprøytemale. **-er** sprøyter, sprøytemaler; sprøytepistol; sprayboks. **– head** sprøytedyse.
spread [spred] spre, spreie, utbre, strekke, tøye ut, fordele, dekke, spre seg, sprike, utbre seg; utstrekning, omfang, utbredelse, noe som bres som dekke, bordteppe, sengeteppe; **bread –** pålegg som smøres på brødet; **– the table** dekke bordet. **– eagle** ['spred'i:gl] ørn med utspilte vinger; stortalende, sjåvinistisk. **-er** ['spredə] spredeapparat, spreder; spredemiddel; smørekniv.
spree [spri:] lystighet, raptus, ri, moro, kalas, rangel; holde leven, ture, rangle; **on the –** på rangel.
sprig [sprig] kvist, skudd; dykkert, stift, nudd; pode, ung spire; jypling; pynte med greiner, feste med stifter. **-gy** full av kvister.
sprightly ['spraitli] munter, livlig, lystig.
spring [spriŋ] springe, sprette, bykse, springe fram; oppstå, spire, bryte fram, vokse, fly opp; slå seg (om tre); jage opp, la bryte fram, finne på med ett, sprenge, få (en lekk); sprang, hopp, sprett, kilde, opprinnelse; fjær, drivfjær, spennkraft; løvsprett, vår; skudd, plante; **– to one's feet** sprette opp og bli stående; **– a trap** smelle igjen en felle. **– bed** springfjærmadrass. **-board** springbrett. **-bok, -buck** springbukk, sørafrikansk gasell. **– cart** fjærvogn.
springe [sprin(d)ʒ] snare, felle; fange i snare.
springer ['spriŋə] springer; springbukk; ribbe (i buehvelv); (ark.) vederlag, motlag(stein).
spring|halt ['spriŋhɔ:lt] hanesteg (en hestesykdom). **-head** kilde, oppkomme.
springing ['spriŋiŋ] bl. a. springing, utspring, (ark.) kemferlinje, kemfer (i bygning), bues fot. **– stone** kemfer.
spring | lock ['spriŋlɔk] smekklås. **– mattress** springmadrass. **– steel** fjærstål. **– tide** springflod. **– washer** sprengskive, fjærskive.
sprinkle ['spriŋkl] stenke, skvette, strø, drysse, væte, dusje, bestrø; stenk, skvett, dusj. **sprinkler** stenker, sprøyte, sprøytevogn; sprinkleranlegg (til brannslokking); vievannskost. **sprinkling** stenk, skvett; snev, svakt anstrøk, dåm; vann-.
sprint [sprint] springe av all makt, spurte; spurt, kapp-. **– race** sprinterløp.
sprit [sprit] sprette, spire; spire, skudd; spristake; baugspryd.
sprite [sprait] ånd; alv, fe, nisse.
sprocket ['sprɔkit] tann på kjedehjul. **– holes** filmperforering.
sprout [spraut] spire, gro, skyte, vokse; spire; skudd; **sprouts** el. **Brussels sprouts** rosenkål.
spruce [spru:s] gran. **– beer** sirupsøl med granessens.
spruce [spru:s] nett, flott, fin, fjong, pyntet; pynte, fikse.
sprung [sprʌŋ] perf. pts. av **spring. – mass** avfjæret vekt (av bil).
spry [sprai] rask, livlig, kvikk.
spud [spʌd] liten spade, ugress-spade; potet; liten klump, stump.
spume [spju:m] skum; skumme. **spumous** ['spju:məs], **spumy** ['spju:mi] skummende.
spun [spʌn] imperf. og perf. pts. av **spin.**
spunk [spʌŋk] mot, mannsmot, futt; fenge; **-y** fyrig, livlig, kjekk.
spur [spə:] spore, brodd; utstikker, streber, forgreining (av en fjellkjede); spore, anspore, fremskynde, ile; **on the – of the moment** på stående fot. **– gall** [-gɔ:l] såre med sporen; sporehogg.
spurious ['spjuəriəs] uekte, falsk.
spurn [spə:n] (gml.), sparke; (nå:) avvise med forakt, forsmå, vrake; hånlig avvisning; **-er** forakter.
spurrier ['spə:riə] sporemaker.
spurt [spə:t] sprøyte; stråle, sprut, utbrudd.
spurt [spə:t] gjøre en kraftanstrengelse, spurte; kraftanstrengelse, spurt; **put on a –** ta et skippertak.
sputter ['spʌtə] spytte, sprute, snakke fort og usammenhengende, stotre; frese, sprake; spruting, spytt, larm, spetakkel.
spy [spai] speider, spion; speide, utspionere, oppdage. **-glass** lommekikkert. **-hole** kikkhull, judasøye.
sq. fk. f. **square.**
squab [skwɔb] lubben, klumpet, tykk og feit; dueunge; tykkas; stoppet pute, kanapé; dette

dumpt ned, plumpe; bardus, bums, pladask; – **pie** postei (av kjøtt, løk og epler).

squabble [ˈskwɔbl] trette, kjekle; kjekl.

squad [skwɔd] avdeling, lag (soldater); **awkward –** (uøvet) rekruttavdeling. **– car** politipatruljebil. **– leader** lagfører.

squadron [ˈskwɔdrən] skvadron; eskadron, eskadre. **– leader** major i flyvåpenet.

squalid [ˈskwɔlid] smussig, skitten; sjofel.

squall [skwɔ:l] skrike, skråle, vræle; skrål, gaul; vindstøt, byge; (fig.) hardt vær, vanskeligheter; **be struck by a –** få en byge over seg; **look out for -s** være på sin post. **-y** byget; støtvis.

squalor [ˈskwɔlə] urenslighet, smuss; elendighet.

squamous [ˈskweiməs] skjellet, skjelldekt.

squander [ˈskwɔndə] ødsle bort, sløse; spre, splitte. **-er** [-rə] ødeland.

square [ˈskwɛə] firkantet, kvadratisk, rettvinklet, kantet, firhogd, firskåren, undersetsig, sterk; passende, ærlig, grei, real, endefram; gammeldags, dum, kantet (om person); kvitt, skuls, oppgjort (om mellomværende); firkant, kvadrat, rute, åpen plass; husblokk, kvartal; vinkelhake, vinkel; skaut, hodetørkle; orden, riktig forhold, likhet; gjøre firkantet, kvadrere, danne en rett vinkel med, tilpasse, stemme, gjøre opp, ordne, utlikne; passe, bringe overens; sette seg i forsvarsstilling; **– accounts with** gjøre opp (regnskapet) med; **all –!** alt i orden! **act on the –** gå åpent til verks; **be on the – with** være likestilt med, ikke skylde noe; **– up to** stille seg i kampstilling mot. **– brackets** hakeparenteser. **– -built** firskåren, firkantet, undersetsig. **– dance** turdans. **– -figured** [-ˈfigəd] firskåren. **-head** skandinavisk innvandrer i USA; dumskalle. **-ly** rett ut, helt og holdent. **– -made** firkantet. **– mile** eng. kvadratmil. **– number** kvadrattall. **– root** kvadratrot. **– -set** firskåren. **– -toed** breisnutet (om støvler); pedantisk; gammeldags.

squash [skwɔʃ] kryste, mase, presse; knekke, kue, undertrykke; plaske, skvalpe; plask, plump, noe bløtt el. umodent; melongresskar; (frukt)drikk, limonade ≈ saft; slags tennis; **-y** bløt, sølet, gjørmet.

squat [skwɔt] huke seg ned, sitte på huk, nedsette seg på jord hvor man ikke har hjemmel; sittende på huk, kort og tykk, undersetsig; sammenkrøpet stilling; **sit at –** sitte på huk.

squatter [ˈskwɔtə] australsk saueavler, nybygger, rydningsmann; en som ulovlig bebor en eiendom el. et hus, husokkupant.

squaw [skwɔ:] indianerkone; kvinnfolk.

squawk [skwɔ:k] gnelle, skrike; gnelt skrik. **– box** høyttaler, calling anlegg.

squeak [skwi:k] skrike, pipe, hvine, kvine; skrik, hvin, kvin. **-er** skrikhals.

squeal [skwi:l] hvine, pipe, skrike; sladre, fisle; hvin, kvin, skrik. **-er** tyster, angiver.

squeamish [ˈskwi:miʃ] som lett får kvalme, kresen, prippen, snerpet, fin (på det), vanskelig, ømfintlig. **-ly** med betenkeligheter. **-ness** [-nis] kvalme, vemmelse, kresenhet, ømfintlighet.

squeeze [skwi:z] presse, trykke, klemme, trenge (igjennom), trenge seg; trykk, klem, press; omfavnelse; tilstramming; avtrykk; **it was a tight –** det var på nære nippet; **– through** hangle gjennom. **– bottle** plastflaske.

squelsh [skwelʃ] knuse, tilintetgjøre, tyne, surkle, skvalpe, svuppe; tungt fall.

squib [skwib] kruttkjerring (fyrverkeri); smedeskrift; satirisere, spotte. **-bish** [ˈskwibiʃ] kåt.

squid [skwid] tiarmet blekksprut; antiubåtvåpen; pilk, kunstig agn; pilke.

squiffy [ˈskwifi] bedugget, brun, småfull.

squiggle [ˈskvigl] rable, kludre; krusedull.

squint [skwint] skjele, blingse; skjelende blikk; tendens, hang; skjelende. **– -eyed** skjeløyd; mistenksom, misunnelig.

squire [ˈskwaiə] våpendrager, væpner, følgesvenn, storbonde, godseier; ledsage, følge. **-archy** [ˈskwaiərɑ:ki] godseieraristokrati, storbønder.

squirm [skwə:m] vri seg, sno seg, krympe seg; klatre, klyve, entre; vridning, tvinning.

squirrel [ˈskwirəl] ekorn. **– cup** blåveis.

squirt [skwə:t] sprøyte; sprut, stråle; viktigper, blære, pusling. **– gun** vannpistol. **-y** liten og skittviktig.

Sr. fk. f. **senior.**

SRBM fk. f. **short range ballistic missile.**

S. S. fk. f. **screw steamer; steamship; Secret Service.**

SS. fk. f. **Saints.**

SSE fk. f. **south-southeast.**

SSW fk. f. **south-southwest.**

St. fk. f. **Saint; Street.**

st. fk. f. **stone** (om vekt).

stab [stæb] stikke, gjennombore, såre, dolke; (fig.) falle i ryggen, skade; stikk, støt, slag, sår; **– at** stikke etter. **stabber** [ˈstæbə] snikmorder; seilmakerpren.

stability [stəˈbiliti] fasthet, stabilitet. **stabilize** [ˈstæbilaiz] stabilisere, gjøre fast; **-r** stabilisator; haleplan (fly).

stable [ˈsteibl] stabil, fast, stø, trygg, standhaftig.

stable [ˈsteibl] stall; fjøs; sette på stallen. **lock the – door when the horse is stolen** ≈ dekke brønnen når barnet er druknet. **-boy** stallgutt. **-man** stallkar. **stabling** [ˈsteibliŋ] det å sette på stallen; stallrom. **stables** [ˈsteiblz] stall, stallbygning.

stablish [ˈstæbliʃ] se **establish.**

staccato [stəˈkɑ:təu] stakkato.

stack [stæk] stabel, (korn-, høy-, torv-)stakk, hesje, dynge, haug; skorstein; haug, masse(vis); geværpyramide; sette i stakk, stable; hope opp; blande (kort) på uærlig vis; **– of arms** geværpyramide; **form -s** kople geværer; **break -s** avkople geværer. **-ing chairs** stablestoler. **– room** bokmagasin. **-yard** stakkeplass.

stadium [ˈsteidiəm] stadion, idrettsplass.

staddle [ˈstædl] sette igjen (ungskogen), sette igjen ungtrærne (i en skog).

staff [stɑ:f] stukk, gipskalk.

staff [stɑ:f] (pl.) **staves** [steivz] stav, stang, skaft, stokk, embetsstav, støtte, notesystem; (i følgende bet. (pl.) **staffs):** stab, generalstab, personale, funksjonærer; forsyne med personale. **– map** generalstabskart. **– sergeant** stabssersjant. **– surgeon** stabslege.

stag [stæg] hjort, kronhjort; hann (om dyr); herreselskap; børsspekulant; jobbe; spionere på, skygge; **turn –** vitne mot sine medskyldige. **– beetle** eikehjort.

stage [steidʒ] stillas, plattform; åsted, val, skueplass, scene, teater; landgangsbrygge, stasjon, skysskifte, postvogn; etappe, stykke; standpunkt, grad; fase, stadium; foranstalte, arrangere, sette opp, vise fram på scenen; **go on the –**

gå til scenen; **by short -s** med korte dagsreiser. **– box** orkesterlosje. **-coach** diligence. **-craft** sceneteknikk. **– direction** sceneanvisning. **– driver** diligencekusk. **– fright** lampefeber. **– hand** scenearbeider. **– management** regi.
stager [ˈsteidʒə] praktikus, erfaren person.
stage | rights oppføringsrettigheter. **– -struck** teatergal. **– whisper** teaterhvisking.
stagflation [stægˈfleiʃən] (merk.) stagflasjon (periode m. både stagnasjons- og inflasjonstendenser).
stagger [ˈstægə] rave, sjangle, vakle, være i tvil, betenke seg, vingle, miste motet, få til å vakle, gjøre urolig, forbløffe; raving, vakling. **-er** hardt slag. **-ingly** [-riŋli] vaklende, vinglende, tvilrådig. **-s** svimmelhet.
stagnancy [ˈstægnənsi] stillstand. **stagnant** [ˈstægnənt] stillestående. **stagnate** [ˈstægneit] stagnere. **stagnation** [stægˈneiʃən] stagnasjon, stillstand.
stag party herreselskap, ungkarslag.
stagy [ˈsteidʒi] teatralsk, beregnet på å gjøre inntrykk, tilgjort, uekte.
staid [steid] stø, satt, rolig, likevektig.
stain [stein] farge, beise, flekke, vanære; farge, beis, flekk, anstrøk, skam; **-ed glass** glassmaleri; **-ed paper** kulørt papir. **-less** [-lis] plettfri; **-less steel** rustfritt stål.
stair [stɛə] trappetrin; **-s** trapp; **above -s, up -s** opp, ovenpå, hos herskapet; **below -s, down -s** ned, i kjelleren, blant tjenerne; **up one flight** (eller **run** el. **pair) of -s** en trapp opp. **– carpet** trappeløper. **-case** trapp, trappegang. **– rail** trappegelender. **-way** trapp, trappegang.
staith [steiθ] anløpsbru, kai.
stake [steik] stake, påle, staur, pinne; kjetterbål, marterpæl; andel, interesse, innsats; fare, kapprenn; støtte med staker, merke med pæler; binde opp (planter); risikere, våge, sette på spill; **perish at the –** dø på bålet; **at –** på spill; omhandlet, som det gjelder. **-out** politivakt.
stalactite [ˈstæləktait] dryppstein (nedhengende).
stalagmite [ˈstæləgmait] stalagmitt, dryppstein (som vokser oppover).
stale [steil] bedervet, flau, doven, sur, muggen, gammelt (brød), fortersket, forslitt; surt øl; **a – demand** et foreldet krav; **a – joke** en forslitt vits.
stalemate [ˈsteilmeit] matt (i sjakk), dødpunkt; sette matt; gå i stå.
stalk [stɔ:k] stilk, strå; **-ed** stilket.
stalk [stɔ:k] liste seg; spanke; stille seg, lure seg fram; stille, drive snikjakt, snikjakt. **-er** spanker, jeger som jager fra skjul. **-ing horse** jakthest, dressert til å danne skjul for jeger som «stiller»; skalkeskjul.
stalky [ˈstɔ:ki] stilket, stilkaktig.
stall [stɔ:l] bås, spiltau, utsalgsbu, korstol, parkettplass; hylster, smokk; sette på stallen (el. båsen), sette inn, ta inn, bo, få til å stanse, få motorstopp. **-age** [ˈstɔ:lidʒ] buavgift. **– bars** ribber (gymnastikk). **– -feed** stallfôre.
stallion [ˈstæljən] hingst, grahest.
stalwart [ˈstɔ:lwət] kraftig, djerv; solid, modig, stø, traust, kraftkar, stø partimann.
stamen [ˈsteimin] støvdrager.
stamina [ˈstæminə] motstandskraft, marg, utholdenhet, tæl, sisu.
stammer [ˈstæmə] stamme, stotre, stamme fram. **-er** [-rə] stammende. **-ing** [-riŋ] stammende.
stamp [stæmp] stampe, trampe, stanse ut, påtrykke, frankere, innprege, stemple, prege; stamping, stempel, preg, avtrykk, frimerke, stemplet papir, karakter, slags; **– out** stanse ut; utrydde, knuse, få slutt på. **– act** stempellov. **– duty** stempelavgift.
stampede [stæmˈpi:d] panikk, vill flukt; skremme, jage på flukt.
stamper [ˈstæmpə] brevstempler; stempel; stampeverk.
stamp|ing ground (US) enemerker, tilholdssted. **-ing mill** stampeverk. **– machine** frimerkeautomat. **– mill** stampeverk, pukkverk. **– pad** stempelpute.
stance [stæns] fotstilling; stilling, holdning.
stanch [stɑ:nʃ] stanse, stemme (blodet).
stanch [stɑ:nʃ] stigbord.
stanch [stɑ:nʃ] sterk og tett, fast, traust, stø, standhaftig, trofast, pålitelig.
stanchion [ˈstænʃən] strever, søyle, stiver, støtte, stender; trafikkskilt på fot; scepter.
stand [stænd] stå, stå stille, ligge (om bygning, by), innstille seg (som kandidat), befinne seg, være, måle, bero, gjelde, utstå, tåle, motstå, bestå, holde fast på, forsvare, traktere med; standplass, holdeplass, post, stansning, holdt, opphold; standpunkt, syn; vitneboks; bod, bu, kiosk; forlegenhet, motstand, stativ oppsats; **be at a –** være i forlegenhet; stå i stampe; **make a –** holde stand; **-point** standpunkt; **– in need of** behøve; **– to one's ground** holde stand; **– on end** reise seg (om hårene); **– treat** spandere, traktere, rive i; **– trial** stå for retten; **– aside** gå av veien; **– by** være til stede, være, parat; gjøre plass, holde seg til, understøtte; **– down** trekke seg tilbake, vike plassen; **– for** stå modell for; stå for, symbolisere; trakte etter, stille seg som kandidat for; representere, holde på, gjelde for; **– in** være med, ta parti, koste; **– off** tre tilbake, holde seg på avstand, avstå fra, vegre seg, heve seg; **– out** rage fram, skille seg ut; holde stand; **– out for** forsvare, kreve, virke for; **– to** vedstå; **– under** utholde; **– up** reise seg, stå fram; **– sb. up** la noen i stikken, svikte; **– up for** forsvare; **– upon** insistere på, stå på; legge vekt på; bero på, støtte seg på.
standard [ˈstændəd] fane, banner, merke; frittstående tre; mål, myntfot, målestokk, norm, mønster, standard; normal, mønstergyldig; **– of accommodation** boligstandard; **– author** klassisk forfatter; **the – of life** levestandarden; **– bearer** [ˈstændədˈbɛərə] fanebærer, bannerfører. **– deviation** standardavvik. **– English** engelsk normalspråk, riksmål. **-ize** [ˈstændədaiz] standardisere, normalisere.
standby [ˈstændbai] hjelper, hjelp, reserve.
stand-in stedfortreder.
standing [ˈstændiŋ] stående, stillestående, blivende, stadig, stø, varig, fast; stilling, anseelse, rang; varighet; **– army** stående hær; **– committee** stående utvalg; **– conundrum** uløselig gåte; **– jest** stående vittighet; **quarrel of long –** gammel strid. **– order** (merk.) løpende ordre. **– room** ståplass.
stand-offish [ˈstændˈɔfiʃ] tilbakeholdende, reservert, sky, utilnærmelig.
standpoint [ˈstændpɔint] standpunkt; synspunkt.

standstill [ˈstændstil] stillstand, stans; **be at a –** stå i stampe; **come to a –** gå i stå.
stand-up [ˈstændˈʌp] oppstående (f. eks. snipp); stående; holdbarhet, bestandighet; ordentlig, real, djerv.
stanhope [ˈstænəp] lett, åpen vogn.
stank [stæŋk] imperf. av **stink.**
stannary [ˈstænəri] tinngruve. **stannic** [ˈstænik] tinn-. **stannum** [ˈstænəm] tinn.
stanza [ˈstænzə] vers, strofe.
staple [ˈsteipl] hefte, stifte; stift, krampe; stapelplass, hovedartikkel, råstoff, bonitet; stabel-, viktigst, fast; **a – commodity** en hovedartikkel.
stapler, stapling machine heftemaskin, stiftemaskin.
star [ˈstɑ:] stjerne; stråle; sette merke ved; opptre i hovedrollen; **-s and garters** ordensstjerner og bånd; **the Stars and Stripes** stjernebanneret; **my good – would have it** (ville) **that ...; falling –, shooting –** stjerneskudd; **the Star Chamber** stjernekammeret, en kriminaldomstol uten jury (opphevd under Karl I); **– it** glimre, spille stjernerolle.
starboard [ˈsta:bəd] styrbord; styrbords; legge styrbord.
starch [stɑ:tʃ] stivelse, klister; tæl, futt; stivhet; stive. **-ed shirt** stiveskjorte. **-edness** [ˈstɑ:tʃidnis] stivhet. **-er** [ˈstɑ:tʃə] stiver, strykekone. **-y** [ˈstɑ:tʃi] stivelsesaktig, stiv.
stare [stɛə] stirre, glo, glane, skjære i øynene; stirring, glaning; **– at** stirre på; **– hard** stirre stivt; **– him in the face** se stivt på ham; ligge (snublende) nær. **-r** [ˈstɛərə] glaner; (i pl.) stanglorgnett.
starfish [ˈstɑ:fiʃ] sjøstjerne, korstroll.
stargazer [ˈstɑ:ˈgeizə] stjernekikker; fantast.
staring [ˈstɛəriŋ] stirrende; sterkt iøynefallende; grell; aldeles; **stark – mad** splittergal.
stark [stɑ:k] stiv, skarpt avtegnet, bar, naken, krass, ubetinget, ren, skjær, aldeles; **– lunacy** det rene vanvidd; **– blind** helt blind; **– mad** splittergal; **are you – staring mad** er du spikende gal, jeg tror fanden plager deg; **– naked** splitternaken.
star|let [ˈstɑ:let] liten stjerne; ung filmstjerne. **-light** stjerneskinn; stjerneklar. **-ling** [ˈstɑ:liŋ] stær (fuglen). **– part** glansrolle. **– piece** praktstykke. **-red** [stɑ:d] stjernesådd; stjerneformet.
starry [ˈstɑ:ri] stjerneklar; lysende som en stjerne; **– -eyed** romantisk; naiv, verdensfjern.
star-spangled [ˈstɑ:ˈspæŋgld] stjernebesatt; **the Star-Spangled Banner** stjernebanneret, De Forente Staters flagg.
start [stɑ:t] fare opp, fare sammen, støkke, skvette, stusse, dukke plutselig opp, fare til siden, bli sky, ta av sted, legge i vei, begynne (et løp), starte, gå ut (fra); forskrekke (gml. el. dial.); jage opp, komme fram med; finne på, sette i gang; løsne, gi seg; vekke, forrykke; stussing, sprett, støkk, plutselig bevegelse, sett, rykk, anfall, innfall, begynnelse, start, forsprang; startsted, startplass; **get the –** ha forsprang, komme i forkjøpet; **– for** begi seg på veien til, melde seg som ansøker til; **– off** begynne, ta fatt; **– out to** sette seg fore å; **-er** starter, startbryter, selvstarter; støver (-hund). **-ing** start-, starte-; **-ing pay** begynnerlønn. **-ingly** støtvis. **-ing point** utgangspunkt.
startle [ˈstɑ:tl] jage opp, skremme, støkke, overraske, forskrekke.
star turn glansnummer.
starvation [stɑ:ˈveiʃən] sult, hunger(snød). **– line** sultegrense. **– wages** sultelønn.
starve [stɑ:v] sulte (i hjel), lide nød; la sulte, uthungre, svekke. **starved** forsulten.
starveling [ˈstɑ:vliŋ] forsulten (person).
stash [stæʃ] gjemme, legge bort; stanse, stoppe; gjemmested, noe som er skjult.
state [steit] tilstand, stilling, standpunkt; gods, besittelse, stat, stand, rang, samfunnsklasse; stas, prakt, høysete, trone, rangsperson, (pl.) riksstender; fastsette, fremsette, erklære, si, melde; festlig, høytidelig galla; **the States** De Forente Stater i Nord-Amerika; (gammelt:) Nederlandene; **lie in –** ligge på parade. **– affair** statssak. **– apartments** (pl.) representasjonslokaler. **-craft** statsmannskunst. **-d** [ˈsteitid] bestemt, fast. **-ly** [ˈsteitli] staselig, anselig, prektig, stolt, verdig. **-ment** [ˈsteitmənt] beretning, utsagn, fremstilling, utgreiing, erklæring; (merk.) oppgjør, kontoutdrag. **– of the art** siste nytt (innen et (fag)område), eks.: **ten years ago quadrophonic sound was – of the art. -room** stasstue, salong. **-sman** [ˈsteitsmən] statsmann. **-smanlike** diplomatisk. **-manship** statsmannskunst. **– trial** riksrett(ssak).
static [ˈstætik] statisk; **-s** likevektslære, statikk.
station [ˈsteiʃən] stasjon, stoppested, stilling, stand, standpunkt, post, embete, rang; stille, postere, anbringe. **-ary** [ˈsteiʃən(ə)ri] stillestående, stasjonær, blivende. **-er** [ˈsteiʃənə] papirhandler; **-ers' Hall** innregistreringskontor for bøker (til sikring av forfatterretten). **-ery** [ˈsteiʃən(ə)ri] skrivesaker, papirvarer, brevpapir.
station | master [ˈsteiʃənmɑ:stə] stasjonsmester. **– wagon** (US) stasjonsvogn.
statistic [stəˈtistik] statistisk. **statistician** [stætiˈstiʃən] statistiker. **statistics** [stəˈtistiks] (pl.) statistikk.
statuary [ˈstætjuəri] billedhogger, gipshandler, billedhoggerkunst; skulpturell, statue-.
statue [ˈstætju] statue; stille som en statue; **-d** forsynt med statuer.
stature [ˈstætʃə] statur, høyde, vekst.
status [ˈsteitəs] status, stilling, posisjon, rang. **– report** kredittopplysning.
statute [ˈstætjut] vedtekt, statutt. **– law** (skreven) lov (motsatt: **common law). statutory** [ˈstætjutəri] lovfestet, lovbestemt, lov-. **– offence** lovbrudd.
staunch [stɔ:nʃ, stɑ:nʃ] se **stanch** III.
stave [steiv] (tønne)stav, sprosse, linjesystem (i musikk), strofe; slå i stykker, slå hull i, forsyne med staver, sette sprosser i; **– off** jage bort, forhale; utsette, avverge.
stay [stei] stanse, (for)bli, oppholde seg, bo (midlertidig); vente, avvente, stole, lite **(upon** på), hindre, berolige, støtte, vente på, oppebie, bivåne; stagvende; stans, opphold; (jur.) utsettelse; hindring, forsiktighet, varighet, standhaftighet, støtte; stag, bardun; **-s** snøreliv, korsett **(a pair of -s); – away** utebli, bli borte, ikke komme (i selskap, til møte etc.); **– for** vente på; **– out** bli ute, ikke komme hjem; bli lenger enn; **– till** (el. **for) dinner** el. **– and dine** bli til middag; **– the night** overnatte; **– put** sitte fast, bli hvor man er; **-ed** satt, rolig.
stay [stei] brille (i dreiebenk).
stay-at-home; a – man et hjemmemenneske.

s. t. d. fk. f. **subscriber trunk dialling** (telefon)-fjernvalg.
stead [sted] sted; stå bi, hjelpe; **stand in –** være til hjelp; **be in no –** være til ingen nytte; **in – of** istedenfor; **in his –** i hans sted.
steadfast [ˈstedfəst] fast, trofast, stø, traust; **look -ly at** se ufravendt på. **-ness** fasthet.
steady [ˈstedi] stadig, stø, fast, jevn, solid, stabil, sikker, rolig, vedholdende; holde stille, berolige, roe; stive av, støtte; forsiktig! holdt! «steddi» så! **go –** ha fast følge.
steak [steik] biff; stekefisk i skiver.
steal [sti:l] stjele; liste, stjele seg; **– away** liste seg bort; **– upon** lure seg på; **– a march upon one** lure seg forbi en; **-ing** listende, lurende; tyveri.
stealth [stelθ]: **by –** hemmelig, i stillhet.
stealthy [ˈstelθi] listende, snikende, hemmelig.
steam [sti:m] damp, vanndamp, dogg, dunst; dampe, dunste, dampkoke; **let off –** avreagere. **– bath** dampbad. **– boat** dampbåt. **– boiler** dampkjel. **– engine** dampmaskin.
steamer [ˈsti:mə] dampskip; dampkokeapparat; dampsprøyte.
steam | kitchen [ˈsti:mˈkitʃən] dampkjøkken. **-navigation** dampfart. **– roller** dampveivals.
steamship [ˈsti:mʃip] dampskip. **steam tug** slepebåt, taubåt.
steam whistle dampfløyte.
steamy [ˈsti:mi] dampende, dampfylt, dogget.
stearin [ˈstiərin] stearin.
steed [sti:d] ganger, paradehest.
steel [sti:l] stål, slipestål, våpen, sverd; hardhet; herde til stål, belegge med stål, forherde. **– band** stålbånd; calypsoband. **-ing** stålsetting; forståling. **– mill** stålverk. **– pen** stålpenn. **– wire** ståltråd. **– works** stålverk.
steely [ˈsti:li] stållignende, stålhard.
steelyard [ˈsti:ljɑ:d] bismervekt.
steep [sti:p] steil, bratt; brå, voldsom; urimelig; skrent, stup.
steep [sti:p] dyppe, legge i bløt, bløte ut, la trekke (f. eks. te); senke ned; bad, beis.
steepen [ˈsti:pn] bli bratt(ere).
steeple [ˈsti:pl] spisstårn, kirketårn. **-chase** steeplechase, terrengritt, hinderløp. **-d** [ˈsti:pld] med spir.
steer [stiə] ung okse, gjeldstut; råd, vink.
steer [stiə] styre, geleide, navigere; lystre roret. **steerage** [ˈstiəridʒ] styring; tredje klasse (på skip), mellomdekksplass. **– passenger** dekkspassasjer.
steering | chain rorkjetting. **– column** rattstamme. **– rod** styrestang. **– wheel** ratt.
steeve [sti:v] pakke tett, stue tett.
stein [stain] krus, seidel.
stellar [ˈstelə] stjerne-, stjernebesatt.
stem [stem] stamme, stilk, stett (på glass); stamme (i språk); befri for stilker.
stem [stem] forstavn; sette stavnen mot; vinne fram imot.
stem [stem] stoppe til; stemme, demme opp; stanse.
stench [stenʃ] stank, dunst.
stencil [ˈstensil] stensil; trykke med stensil, stensilere, sjablonere.
stenograph [ˈstenəgrɑ:f] stenografere. **stenographer** [stˈnɔgrəfə] stenograf. **stenography** [steˈnɔgrəfi] stenografi. **stenographic(al)** [stenəˈgræfik(l)] stenografisk.
stentorian [stenˈtɔ:riən] stentor-.
step [step] trine, tre, gå, skride fram, skritte, sette (foten); steppe; komme; **– off** skritte opp; trinn, skritt, steg, fotspor, gang, trappetrinn, fremgang; **a set of -s** en trappestige; **– down** stige ned; trekke seg tilbake; **– forward** tre fram; **– in** ta affære; stige inn; **– into** tre inn i, tiltre; **– out** skritte ut, gå med lange skritt; **– up** øke gradvis, tilskynde; forfremme.
step|child [ˈsteptʃaild] stebarn. **-brother** stebror. **-daughter** stedatter. **-father** stefar. **-ladder** [ˈsteplædə] trappestige, gardintrapp. **-mother** stemor. **-parent** stemor el. stefar.
steppe [step] steppe.
stepping|-stone [ˈstepiŋstəun] stein til å trå på, overgangsstein; (fig.) springbrett. **– -up** øking, opptrapping.
stepsister [ˈstepsistə] stesøster. **stepson** [ˈstepsʌn] stesønn.
stereo [ˈstiəriəu] stereoskopisk, stereofonisk; stereoanlegg. **-scope** [ˈstiəriəskəup] stereoskop. **-scopic** [ˈstiəriəˈskɔpik] stereoskopisk. **-type** [ˈstiəriətaip] stereotypi; stereotypere; stereotyp. **-typer** [ˈstiəriətaipə] stereotypist.
sterile [ˈsterail] steril, gold. **sterility** [steˈriliti] sterilitet, goldhet. **sterilize** [ˈsterilaiz] sterilisere.
sterling [ˈstə:liŋ] etter britisk myntfot, fullgod, gedigen, ekte; sterling britisk mynt.
stern [stə:n] streng, morsk, barsk, hard.
stern [stə:n] akterspeil, akterstavn, hekk.
Sterne [stə:n].
stern | fast [ˈstə:nfɑ:st] akterfortøyning, aktertrosse. **– light** akterlanterne. **-most** akterst. **-post** akterstavn, akterstevn. **– shaft** propellaksel. **– sheets** akterrom, akterende.
sternum [ˈstə:nəm] brystbein.
sternutation [stə:njuˈteiʃən] nysing, nys.
sternwards [ˈstə:nwədz] akter.
stertorous [ˈstə:tərəs] snorkende.
stet [stet] (i korrektur) ingen retting.
stethoscope [ˈsteθəskəup] stetoskop, hørerør (til brystundersøkelse).
stevedore [ˈsti:vidɔ:] stuer, laste- og lossearbeider.
stew [stju:] østersplantasje, fiskedam.
stew [stju:] stue, koke, småkoke (langsomt og med lite væske); være stuet sammen; slite, svette; kokt kjøtt, frikassé, ragu; sinnsbevegelse, angst; **-ed prunes** sviskekompott; **Irish –** rett av sauekjøtt, løk og poteter; **he is in a fine –** han er gått helt i spinn, mistet fatningen; **let him – in his own juice** la ham steke i sitt eget fett.
steward [ˈstjuəd] forvalter, hushovmester, intendant, økonom, hovmester; stuert, restauratør; **Lord High Steward** hoffmarskalk; **steward's mate** oppvarter; **purser's steward** proviantskriver. **stewardess** [-dis] flyvertinne, stewardess, restauratrise, trise, oppvartningspike. **stewardship** forvaltning, forvalterstilling.
stewpan [ˈstju:pæn] kasserolle.
St. Ex. fk. f. **Stock Exchange.**
stibium [ˈstibiəm] antimon.
stick [stik] vers, linje.
stick [stik] stokk, pinne, stang, stake, rør, skaft, kvist, taktstokk; mast; kloss, daustokk; stikk; (pl.) bohave, pistoler, et spill; klebeevne; stikke, feste, flå opp; stengle (erter osv.); anbringe, plassere, legge, putte; tåle, holde ut; besette, sit-

te fast, klebe, klistre, forbli, stanse, være forlegen; – **and carrot** ros og ris; **he got stuck** han ble tatt ved nesen; **I'm stuck** jeg er ferdig; – **around** holde seg i nærheten; – **at** bli stående ved, ha betenkeligheter ved; – **by** bli ved, holde fast ved; – **out** være fremstående, unndra seg; – **it out** finne seg i, tåle; – **to** holde fast ved, være trofast mot; – **up for** forsvare, gå i bresjen for; – **up to** opptre imot; møte (som en mann); – **upon** henge ved.

stick|age klebrighet, klebing. **-er** plakatklistrer, stuemenneske; hard nøtt å knekke; klebemerke, gummiert etikett; **-er price** listepris, utsalgspris. **-iness** klebrighet. **-ing** klistring, håndarbeid, avfall, kjøttstumper. **-ing plaster** heftplaster.

stickle [ˈstikl] kjempe, kives, krangle, bråke. **-r** ivrig forsvarer, ivrer, pedant.

stickleback [ˈstiklbæk] stikling (fisk).

stick-up [ˈstikʌp] overfall, ran; oppklebet.

sticky [ˈstiki] klebrig, klissen; klam, lummer; vanskelig, treg; vrien, vrang; ømtålig, delikat, pinlig; stiv, høytidelig. – **tape** limbånd.

stiff [stif] stiv, lemster, hardnakket, stri, tvungen, unaturlig; sterk, vanskelig; stiv (pris); lik, kadaver; gjerrigknark, tverrpomp. **-en** [ˈstifn] gjøre stiv, stive; stivne, bli stiv. **-ish** temmelig stiv. **– -necked** [ˈstifnekt] hardnakket, strilyndt.

stifle [ˈstaifl] kvele, kue, undertrykke, slå ned. **-d** kvalt, halvkvalt.

stigma [ˈstigmə] brennemerke, skamplett. **stigmatize** [ˈstigmətaiz] brennemerke.

stile [stail] klyveled, stett, dreiekors.

stiletto [stiˈletəu] stilett, liten dolk; stikke.

still [stil] ennå, enda; dog; likevel.

still [stil] stille, rolig, taus; få stille, stagge, berolige, roe; stillfoto, scenebilde; – **waters run deep** stille vann har dypest grunn.

still [stil] destillasjons-; destillérkar, brenneri.

still|birth dødfødsel; dødfødt barn. **-born** dødfødt. – **hunt** snikjakt. – **life** stilleben. **-ness** stillhet. **-room** destillasjonsrom, brenneri; (gml.) spiskammer; fatebur; **-room maid** husjomfru.

stilt [stilt] stylte; heve, oppstylte. **stilted** [ˈstiltid] oppstyltet, stiv, kunstlet.

Stilton [ˈstiltən] Stilton-ost.

stilty [ˈstilti] stiv, oppstyltet.

stimulant [ˈstimjulənt] stimulerende, pirrende; oppstiver, stimulans. **stimulate** [ˈstimjuleit] stimulere, pirre, egge, anspore. **stimulation** [stimjuˈleiʃən] tilskynding, stimulering. **stimulative** [ˈstimjulətiv] se **stimulant. stimulator** [ˈstimjuleitə] ansporer. **stimulus** [ˈstimjuləs] spore, drivfjær, stimulans.

sting [stiŋ] stikke, såre, pine, erte, brenne, svi; egge; snyte, ta overpris; brodd, nag. **-er** [ˈstiŋə] brodd, bitende replikk, sviende slag. **-less** broddløs.

sting ray piggrokke.

stingy [ˈstiŋi] stikkende, skarp.

stingy [ˈstin(d)ʒi] gjerrig, knuslet, knipen.

stink [stiŋk] stinke; være beryktet; stank; rabalder, bråk; skandale.

stinkard [ˈstiŋkəd] teledu, stinkdyr.

stint [stint] begrense, innskrenke, knipe på, spare på, avknappe; begrensning, gjerrighet, grense, andel, bestemt mål; **with no -ed hand** med rund hånd. **-er** innskrenker, påholdent menneske. **-less** uten innskrenkning, ustanselig.

stipe [staip] stengel, stilk.

stipend [ˈstaipend] lønn, gasje, vederlag.

stipendiary [staiˈpendiəri] lønnet.

stipple [ˈstipl] prikke, punktere, stiple; prikking, stipling.

stipulate [ˈstipjuleit] fastsette, komme overens om, betinge, avtale; – **for** betinge seg. **stipulation** [stipjuˈleiʃən] avtale, kontrakt, overenskomst, forpliktelse, betingelse. **stipulator** [ˈstipjuleitə] stipulerende, kontrahent.

stir [stə:] røre, lee på, rikke, røre opp i, rote i, kare; bringe på bane; opphisse, egge, vekke oppsikt; røre seg, være i bevegelse, stå opp; røre, liv, bevegelse, støy, spetakkel, opprør; – **up** opphisse, oppvekke. **-less** ubevegelig, sakte. **-rer** [ˈstə:rə] tilskynder, agitator; visp; **an early -rer** morgenfugl. **-rer-up** agitator, oppvigler. **-ring** [ˈstə:riŋ] gripende, betagende, bevegende, driftig, interessant, spennende.

stirrup [ˈstirəp] stigbøyle; pert. – **cup** glass på fallrepet, avskjedsbeger. – **leather** stigreim.

stitch [stitʃ] sy, sy sammen, hefte sammen; sting, maske (ved strikking); klut; sting, hold (i siden); – **a book** hefte en bok; – **up** sy sammen; **drop a –** miste en maske; **take up a –** ta opp en maske; **a –** (sting) **in time saves nine** ≈ bedre føre var enn etter snar.

stithy [ˈstiði] ambolt, ste, smie.

stiver [ˈstaivə] styver.

stoat [stəut] hermelin, røyskatt.

stock [stɔk] levkøy.

stock [stɔk] (s.) **1** stokk, stamme, stubbe, kubbe, blokk; **2** klodrian; **3** ætt, stamfar, slekt; **4** skaft, skjefte, ankerstokk, nav; **5** (pl.) stapel, bedding; **6** halsbind; **7** aksjer, statsobligasjoner, fonds, materiale, driftskapital; **8** inventar, redskaper, varelager, forråd, beholdning, kreaturbesetning; **9** gelé, buljong, kjøttkraft; **10** strømper; **11** (pl.) stokk, gapestokk; adj. som er i stadig bruk, ferdig til enhver tid, fast, stående; (v.) **1** skjefte, stokke; **2** forsyne seg med, føre, ha på lager, samle, oppbevare; **3** sette i gapestokk; – **of knowledge** kunnskapsforråd; **in –** på lager; – **in bank** bankkapital; – **in trade** handelskapital; **be in –** ha penger, ha på lager; **keep in –** føre (på lager); **on the -s** på beddingen; **take –** foreta en vareopptelling, gjøre opp status; **take – of one** gi nøye akt på en; – **piece** kassestykke; **dead –** inventar, innbo; – **a farm** forsyne en gård med kveg; – **a pond** forsyne en dam med fisk; – **up** supplere et lager; – **down** tilså med gressfrø.

stockade [stɔˈkeid] palisade, pæleverk; militært fengsel, kakebu; befeste med palisader.

stock | book lagerprotokoll. **-breeder** feoppdretter. **-broker** børsmekler, fondsmekler. – **car** krøttervogn; standardbil, standardmodell; olabil; **– -car racing** olabilløp; billøp med standardbiler hvor det ofte er lov å dytte konkurrenten av banen. – **company** aksjeselskap. – **dove** skogdue. – **exchange** fondsbørs. **-fish** tørrfisk. **-holder** aksjonær.

Stockholm [ˈstɔkhəum].

stockinet [stɔkiˈnet] trikot, glattstrikket vare.

stocking [ˈstɔkiŋ] lagring; strømpe, hose; sokk (på en hest); **a pair of-s** et par strømper; **in one's -s** el. **in one's stocking feet** på strømpelesten, uten sko på. – **stitch** glattstrikking.

stock-in-trade [ˈstɔkinˈtreid] varelager; driftsmidler.

stock|jobber aksjespekulant, børsjobber. **-jobbing** børsspekulasjon, børsjobbing. **-keeper** lagermann. **-man** kvegoppdretter, fjøskar; lagerarbeider. **– market** fondsbørs; børskurs. **-pile** varebeholdning, lager, forråd, haug; hamstre, samle opp. **– plant** morplante. **– raising** feavl. **-room** lager. **– -still** bomstille. **-taking** vareopptelling, vurdering. **-turn** (lager)omløpshastighet, omsetningshastighet. **-whip** kortskaftet kvegpisk.

stocky [ˈstɔki] undersetsig, kraftig; kompakt.

stockyard [ˈstɔkjɑ:d] lagertomt; krøtterinnhegning.

stodge [stɔdʒ] mat, tung kost; spise grådig.

stodgy [ˈstɔdʒi] tung, ufordøyelig; fullstappet.

stoic [ˈstəuik] stoisk filosof; stoisk; **-al** stoisk; **-ism** [ˈstəuisizm] stoisisme.

stoke [stəuk] fyre, fylle på brensel; fylle, proppe. **– -hold, -hole** fyrrom.

stoker [ˈstəukə] fyrbøter.

STOL fk. f. **short take-off and landing.**

stole [stəul] stola; romersk kvinnekjortel; hvitt skulderbånd (hos katolske prester); **Groom of the S.** første kammerherre (hos kongen av England).

stole [stəul] imperf. av **steal.**

stolen [ˈstəulən] perf. pts. av **steal.**

stolid [ˈstɔlid] tung, sløv, upåvirkelig; snusfornuftig.

stomach [ˈstʌmək] magesekk, mage; appetitt, lyst, vrede, stolthet; føle uvilje mot; **I can't – it** jeg orker ikke, tåler det ikke; **on an empty –** på fastende hjerte. **– ache** mageknip. **-al** magestyrkende (middel).

stomacher [ˈstʌməkə] brystkstykke, forklesmekke, stor brosje.

stomach|ic [stəˈmækik] magestyrkende. **– pump** magepumpe. **– tooth** melkeundertann. **– warmer** varmebekken.

stone [stəun] stein, edelsten, en vekt (is. = 14 pd.); stein-, av stein; steine, ta steinene ut av, rense for stein, skure (med en skurestein), forherde, forsteine; **leave no – unturned** gjøre alt hva det er mulig å gjøre; **leave no – standing** ikke la stein bli tilbake på stein; **throw -s** kaste med stein. **– age** steinalder. **– -blind** stokk blind. **– bottle** steinkrukke. **-break** bergsildre, saxifraga. **– breaker** steinpukker, steinknuser. **-chat, -chatter** (brunstripet) skvett (fugl). **– cutting** steinhoggerarbeid. **– -dead** steindød. **– -deaf** stokkdøv. **– fruit** steinfrukt; **-d fruit** frukt som steinene er tatt ut av.

Stonehenge [ˈstəunˈhendʒ].

stone|less [ˈstəunlis] steinfri. **– pit** steinbrudd. **– pitching** steinsetting. **– -rich** styrtrik. **stone's cast** el. **stone's throw** steinkast (avstand). **– -still** bomstille. **-ware** steintøy. **-work** murverk (av naturlig stein).

stony [ˈstəuni] steinaktig, steinet, av stein, hard.

stood [stud] imperf. og perf. pts. av **stand.**

stooge [stu:dʒ] hjelper, assistent; lokkedue; syndebukk.

stook [stuk] kornstakk, stabel av nek; stable, stakke.

stool [stu:l] taburett, krakk, feltstol, kontorstol, skammel; nattstol, avføring; kontorplass; rotskudd, grunnstamme; skyte avleggere; ha avføring. **– of humiliation** (el. **of repentance**) botsskammel. **– pigeon** lokkefugl, lokkedue; politispion, angiver.

stoop [stu:p] bøye seg, lute; slå ned (om rovfugl); gi etter, underkaste seg, nedlate seg, senke, bringe til å underkaste seg; bøyning, foroverbøyd stilling, lutende holdning, nedverdigelse, nedlatelse, nedfart, nedslag (om rovfugl); fjols, fe, tosk; gatetrapp, veranda; **-ing** foroverbøyd, lutende, rundrygget.

stop [stɔp] stoppe, holde opp, slutte, stoppe til, stanse, plombere, fylle, sparkle; få til å tie, hindre, undertrykke, gripe på (en streng); oppholde seg; bli; stans, stopp, stoppested; stopper, plugg, propp; opphør, avbrytelse, avsats, grep (i strengene), klaff, register, skilletegn; **– away** holde seg borte; **– dead** bråstoppe; **– down** redusere blenderåpningen; **– for** oppebie, bli til; **– over** gjøre opphold underveis; **– short** bråstoppe; **make a –** holde stille; **make a full –** sette punktum; **come to a –** stanse. **– cock** stoppekran. **-gap** [ˈstɔpgæp] fyllekalk, nødmiddel. **-less** uten stans. **– light** stopplys, bremselys. **– -off** avbrudd, opphold. **– -over** rast, opphold (på reisen).

stoppage [ˈstɔpidʒ] stans, stopping, driftsstans, arbeidsstans; trekk, lønnstrekk; blenderinnstilling; avholdelse, tilstopping, pause, avkorting; **– of payment** innstilling av betaling; **– of work** arbeidsstans; **put under –** knappe av beløpet i ens lønn, lønnstrekk.

stopper [ˈstɔpə] stopper, kork, propp, sparkelmasse; stoppe, korke til, sette propp i.

stopping [ˈstɔpiŋ] fylling, plombe; sparkling.

stopple [ˈstɔpl] propp, kork; proppe til, korke til.

storage [ˈstɔ:ridʒ] opplagring, oppbevaring; magasin; lagerrom; pakkhusleie.

store [ˈstɔ:] forråd, mengde, magasin, opplag, lager, depot; lagerbygning, pakkhus; (US) butikk; oppdynget; oppbevare, lagre, proviantere, forsyne, fylle; **set – by** skatte høyt; **in –** på lager; **be in – for** forestå, vente; **what the future has in – for us** hva fremtiden vil bringe oss. **-house** magasin, pakkhus. **-keeper** pakkhusforvalter, lagerformann, materialforvalter. **-room** lagerrom, forrådskammer. **– ship** depotskip. **-r** [ˈstɔ:rə] innsamler, magasinforvalter.

storey [ˈstɔ:ri] etasje; **1st –** annen etasje; **2nd –** tredje etasje; **one-storeyed** enetasjes.

storied [ˈstɔ:rid] historisk kjent, sagnomsust, prydet med historiske bilder; se **storeyed.**

stork [stɔ:k] stork. **-'s bill** storkenebb; pelargonium (plante).

storm [stɔ:m] storm, uvær, tordenvær, stormangrep, opprør, larm; storme, angripe med storm, rase, larme. **-iness** stormfullhet, voldsomhet. **– porch** vindfang. **-y** stormfull, voldsom, heftig.

story [ˈstɔ:ri] se **storey; one-storied** enetasjes.

story [ˈstɔ:ri] historie, fortelling, anekdote, intrige, handling, eventyr, fabel, skrøne; fortelle; **stories from** (fortelling fra) **the history of England.** **-book** historiebok, samling av fortellinger, eventyrbok. **-teller** historieforteller, løgnhals.

stoup [stu:p] beger, staup; (relig.) kar.

stout [staut] kraftig, sterk, traust, tapper, standhaftig, stolt, hårdnakket; tykk, før; porter (sterkt øl). **-ness** styrke, fyldighet, tapperhet, stolthet, trossighet.

stove [stəuv] ovn, tørkehus, drivhus; varme opp, svette, sette i drivhus; **tiled –** kakkelovn. **– black** ovnsverte. **– pipe** ovnsrør; flosshatt.

stow [stəu] anbringe, stue sammen, pakke, gjem-

me. **-age** [ˈstəuidʒ] anbringelse, stuing, pakking, lagerrom, stuerpenger, stuegods. **-away** [ˈstəuəwei] blindpassasjer.
straddle [ˈstrædl] sprike med bena, skreve, sitte overskrevs, stå med ett ben i hver leir, opptre tvetydig; bombe, skyte seg inn.
strafe [strɑ:f, (US) streif] intens beskytning av bakkemål fra fly, gjengjeldelsesaksjon; overhaling, skrape; beskyte, gi en overhaling.
straggle [ˈstrægl] streife om, vandre (atspredt), skille lag, vandre sin egen vei; spre seg, vokse vilt, ligge hist og her; stå alene. **straggler** [ˈstræglə] ledig person, etternøler, etterligger, landstryker, vagabond, marodør, vilt skudd, forvillet eksemplar. **straggling** uregelmessig, spredt, som opptrer alene, ute uten permisjon.
straight [streit] rett, strak, rank; glatt (hår); rettlinjet, ærlig, skikkelig, pålitelig; ublandet, bar, ren; i orden, rett ut; rett linje, rett veistykke, langside, oppløpsside; **get –** bringe i orden, komme på fote; **go –** holde seg lovlydig; **keep a – face** holde seg alvorlig; gjøre gode miner til slett spill; **see –** se klart, holde seg til saken. **– angle** like vinkel (180°). **– away** på stående fot. **-edge** rettholt, linjal.
straighten [ˈstreitn] rette, strekke, stramme; rydde opp i; **– out** rette opp, glatte over.
straightforward ærlig, redelig, endefram, direkte, regelrett; enkel, liketil.
straight | jet rent jetfly (uten propell). **– rate** fast pris el. avgift. **– shooter** gjennom ærlig person. **– time** fast lønn. **– tip** riktig opplysning; stalltips. **-way** straks, direkte, rett.
strain [strein] spenne, stramme, tøye, trykke, anstrenge, røyne på, leite på, forstue, vrikke, forstrekke, overspenne, utsette for påkjenning, belaste, presse, trykke, overdrive, anstrenge seg meget, filtreres; spenning, anspennelse, belastning, press, påkjenning; tone, melodi, tonefall; deformasjon, forstrekning; stemning.
strain [strein] herkomst, rase, slag, art, sort; drag, snev, hang, karaktertrekk, anlegg.
strainer [ˈstreinə] filtrerapparat, dørslag, sil.
strait [streit] stram, snever, streng, vanskelig; knapp; sund, strede (ofte pl. **straits**), knipe, forlegenhet; **the Straits Settlements** de tidlige koloniene ved Malakkastredet; **-jacket** el. **– -waistcoat** tvangstrøye.
straiten [ˈstreitn] snevre inn, gjøre trangere, gjøre opprådd, sette i forlegenhet; **-ed circumstances** trange kår.
straitlaced [ˈstreitˈleist] sneversynt, snerpet.
strake [streik] plankegang, hjulbeslag.
stramonium [strəˈməunjəm] piggeple; stramoniumblad (middel mot astma).
strand [strænd] strand; sette på land, grunnstøte; strande; **the S.** (gate i London).
strand [strænd] streng (i snor); kordel (i tau); tråd; fiber; lokk; **-ed wire** ståltrådtau, -slått.
strange [strein(d)ʒ] underlig, merkelig, rar, besynderlig; fremmed; **– to say** rart nok. **– -looking** besynderlig (av utseende). **-ness** besynderlighet.
stranger [ˈstrein(d)ʒə] fremmed; ukjent person; **be a – to** være fremmed for, ikke kjenne noe til; **the little –** den lille nyfødte. **-'s gallery** tilhørergalleri i Parlamentet.
strangle [ˈstræŋgl] kvele, strupe, kverke; (fig.) undertrykke. **-hold** strupetak. **strangulate** [ˈstræŋgjuleit] kverke, kvele, stoppe. **strangulation** [stræŋgjuˈleiʃən] kvelning, innsnøring.
strap [stræp] stropp, reim, strykereim; slå med reim; spenne fast; stryke; arbeide strengt. **-less** stroppløs (kjole).
strapper [ˈstræpə] stallgutt; kraftkar; sliter.
strapping [ˈstræpiŋ] røslig, kraftig; remmer, heftplaster.
stratagem [ˈstrætidʒəm] krigslist; puss, knep.
strategic [strəˈti:dʒik] strategisk. **strategy** [ˈstrætidʒi] krigskunst, strategi.
strath [stræθ] bred elvedal, dalføre.
strathspey [stræθˈspei] en skotsk dans.
stratification [strætifiˈkeiʃən] lagdeling. **stratify** [ˈstrætifai] danne i lag.
stratum [ˈstreitəm] lag (pl. **strata**).
straw [strɔ:] strå, halm, halmstrå; stråhatt; sugerør; ubetydelighet; **he doesn't care a –** (el. **two -s**) han bryr seg ikke det grann om det; **it was the last –** det fikk begeret til å flyte over; **catch** (el. **clutch**) **at a –** (el. **at -s**) gripe etter et halmstrå.
straw|berry [ˈstrɔ:bəri] jordbær. **– colour** halmfarge. **– cutter** hakkelsmaskin. **– poll** meningsmåling, prøveavstemning. **– stack** halmstakk.
stray [strei] streife (om), fare vill, forville seg, gå seg bort, omflakking; herreløs, omflakkende, rømt, tilfeldig; forvillet dyr, rømling; villfarelse. **– dog** løsbikkje, løshund. **-er** villfarende.
streak [stri:k] strek, stripe, strime, trekk; anstrøk, snev; streke, stripe, fare, suse av sted. **-ed** [stri:kt] stripet. **-y** [ˈstri:ki] stripet.
stream [stri:m] strøm, elv, bekk; strømme, la strømme; øse; flagre; **-er** flagg, vimpel; nakkebånd (på lue); (i pl.) serpentiner. **-let** bekk. **-line** strømlinje. **-y** elverik, strømmende.
street [stri:t] gate (også om dem som bor i gata); folkelig, by-, gate-; **the –** (især US) børsen (om forretninger gjort etter lukketid); **in the –** på gata; **into the –** ut på gata; **on the –** (US) på gata; **be on the streets** drive gatetrafikk, være hore; **the man in the –** den alminnelige mann; **that's not up my –** det er ikke noe for meg; **– Arab** hjemløst barn, gategutt. **– band** trupp av gatemusikanter. **-car** (US) sporvogn. **– door** gatedør. **– lamp** gatelykt. **– organ** lirekasse. **– pitcher** gatehandler, gatekunstner. **– sweeper** gatefeier, sopemaskin. **– tunes** gateviser. **– walker** gatetøs.
strength [streŋθ] styrke; krefter, krigsmakt; **turn out in –** møte mannsterkt opp; **on the –** i rullene; **on the – of** i kraft av, i tillit til; **– of mind** åndskraft.
strengthen [ˈstreŋθən] styrke, befeste, bli sterk, forsterke, bestyrke. **-er** styrkemiddel.
strenuous [ˈstrenjuəs] anstrengende, besværlig; ivrig, iherdig, kraftig.
stress [stres] trykk, ettertrykk, viktighet; spenning, belastning; stress, psykisk belastning; belaste, påvirke; fremheve, understreke; legge ettertrykk på, betone; **lay – upon** legge vekt på, betone; **the – is on** trykket ligger på.
stretch [stretʃ] strekke, tøye, spenne, blokke ut; stramme, anstrenge, overspenne, strekke seg, overdrive; elastisitet; tidsrom, periode, strekning, utstrekning; strekk, anstrengelse, overdrivelse; (sl.) fengselsopphold; **do a –** sitte i fengsel; **at a –, on a –** i ett kjør, i spenning, i uavbrutt anstrengelse; **– out** hale ut på årene. **-er**

strekker, strammer; spile, sprosse; ambulansebåre. **-er-bearer** sykebærer.
strew [stru:] strø, bestrø, strø ut.
stria [ˈstraiə] strime, stripe, fure. **striate** [ˈstraiit] strimet, stripet.
stricken [ˈstrikn] slått, rammet, hjemsøkt; **– in years** høyt oppe i årene, alderstegn; **– hour** full klokketime.
strict [strikt] stram, nøye, nøyaktig; streng, uttrykkelig. **-ly speaking** strengt tatt.
stricture [ˈstriktʃə] kritisk bemerkning; **pass -s on** rette kritikk mot; (sykelig) forsnevring.
stride [straid] skritt; framskritt, forsprang; langt skritt, gå med lange skritt, skritte ut, skreve over; **get into one's –** komme i sving med.
strident [ˈstraidnt] skjærende, skingrende, grell.
strife [straif] strid, ufred.
strike [straik] stryke (et flagg, et seil osv.), ta ned, slå, treffe, prege, gjøre sterkt inntrykk på, støte mot, støte på grunn, straffe, slå løs, tenne (en fyrstikk); finne, oppdage (olje, gull); angripe, gå til angrep; nappe (fisk); legge ned arbeidet, streike; arbeidsstans; streik; napp (fisk); (rikt) funn; **– a balance** (merk.) gjøre opp status. **– blind** slå en blind, blinde en; **– a blow for** slå et slag for; **– cuttings** sette stiklinger; **– dead** drepe på stedet; **– dumb** gjøre målløs, få en til å miste mål og mæle; **– a bargain** slutte en handel; **– fire** slå varme; **– a jury** velge ut en jury; **– an account** gjøre opp en regning; **– hands with** gi håndslag; **– oil** finne olje; gjøre et kupp; **– root** slå rot; **– tents** bryte leir; **– terror into** innjage skrekk; **the clock -s** klokka slår; **– work** legge ned arbeidet; **– at** slå etter, angripe; **– down** felle, legge i bakken; **– for** begi seg uoppholdelig på veien til, ile til; **– home** ramme ettertrykkelig; **– in** falle inn; **– in with** forene seg med; **– off** slette ut, hogge av; **– out** slette ut, finne på; **– up** slå i været, spille opp. **– benefit** streikebidrag. **-bound** streikerammet. **-breaker** streikebryter.
striking [ˈstraikiŋ] påfallende, skarp; **present a – contrast** fremby en slående motsetning. **– hammer** storslegge. **– power** slagkraft. **– surface** riveflate (på fyrstikkeske). **– work** slagverk (i klokke).
string [striŋ] streng, snor, hyssing, lisse, reim; knippe; rekke; spenne, forsyne med strenger, stemme, stille, tre på en snor; **– of pearls** perlekjede; **have two -s to one's bow** ha mer enn én utvei; **have him on a –** ha ham i sin lomme; **put him on a –** narre ham, holde ham for narr; **with no -s attached** uten reservasjoner; **– along** narre, drive gjøn med; **– out** strekke, spenne ut; **– together** knytte sammen. **– up** klynge opp; gjøre nervøs. **– bag** bærenett, shoppingnett. **– bean** snittebønne,voksbønne. **-ed** strenge-, stryke-.
stringency [ˈstrindʒənsi] strenghet, stringens.
stringent [ˈstrindʒənt] bindende, streng, stram.
stringy [ˈstriŋi] trevlet; senet; seig.
strip [strip] trekke av, flå, skrelle, kle av, blotte, demontere, skrelle; berøve, røve, plyndre, kle av seg; strimmel, remse; tegneserie; **tear to -s** rive i stykker, i sund.
stripe [straip] stripe; distinksjonstresse, distinksjoner, stilling; slag, type; gjøre stripet; **-d** stripet.
strip | iron båndjern. **-light** lysrør, rørformet lampe. **-ling** jypling; ungt menneske. **-per** stripteasedanserinne. **– poker** klespoker, plagg. **– steel** båndstål. **-tease** nakendans, avkledningsdans.
stripy [ˈstraipi] stripet, randet.
strive [straiv] streve, anstrenge seg, gjøre seg fore, stri, kappes; **– at effect** jage etter effekt.
striving [ˈstraiviŋ] strevende; strid. **strivingly** [-li] med anstrengelse, for alvor.
strobe [strəub] blitzlys; stroboskob.
strobile [ˈstrɔbil] kongle.
strode [strəud] imperf. (og gammel perf. pts.) av **stride.**
stroke [strəuk] slag, hogg, støt; stempelslag, slaglengde, takt (i motor); kjærtegn, strøk, penselstrøk, trekk, utslag, virkning; stroke, taktåre; klappe, stryke, glatte, formilde, smigre; **give the finishing – to** legge siste hånd på; **a – of genius** genistrek; **– of grace** nådestøt. **– oar** taktåre, den akterste åre i kapproingsbåt, den som ror den akterste åre. **– volume** slagvolum. **stroker** [ˈstrəukə] en som stryker, smigrer. **strokesman** [ˈstrəuksmən] akterste roer.
stroll [strəul] streife om, slentre, reke, vandre, spasere; omflakking, tur. **-er** landstryker, omreisende skuespiller **(strolling actor** eller **player). -ing company** omreisende skuespillerselskap.
strong [strɔŋ] sterk, kraftig, stor, god, vektig, handlekraftig, mektig, ivrig, befestet; **a 5-– band** et 5-manns band; **– language** grovheter; **run –** gå stri. **–-backed** med sterk rygg. **–-bodied** [ˈstrɔŋˈbɔdid] kraftig. **-box** pengeskap, pengeskrin. **–-fisted** håndfast. **–-handed** mannsterk. **-hold** festning, tilfluktssted; (fig.) høyborg. **–-minded** viljesterk, åndskraftig. **– room** bankhvelv. **-set** undersetsig. **–-willed** viljesterk.
strop [strɔp] strykereim; stropp; stryke (en kniv).
strophe [ˈstrəufi] strofe. **strophic** [ˈstrɔfik] strofisk.
stropper [ˈstrɔpə] strykereim.
strove [strəuv] imperf. av **strive.**
stroud [straud] grovt teppe, filleteppe. **strouding** [-ŋ] en slags grovt tøy.
strow [strəu] strø.
struck [strʌk] imperf. og perf. pts. av **strike.**
structural [ˈstrʌktʃərəl] strukturell, struktur-, konstruksjons-, bygnings-. **– designer** konstruktør. **– iron** profiljern. **– timber** boks, firkant.
structure [ˈstrʌktʃə] bygningsmåte, bygning, oppbygning, struktur.
struggle [ˈstrʌgl] kjempe, slite, streve, baske, kave (med noe); anstrengelse, kamp, strev, basketak; **the – for life** kampen for tilværelsen. **-r** en som kjemper osv., strever. **struggling** kamp.
strum [strʌm] klimpre; klimpring.
strumpet [ˈstrʌmpit] skjøge, hore, tøs.
strung [strʌŋ] imperf. og perf. pts. av **string; high –** overnervøs, anspent.
strut [strʌt] strutte, spankulere; stive av; spanking, kneising; strever, stiver; **-ter** viktig person. **-tingly** kneisende, med viktig mine.
strychnine [ˈstrikni:n] stryknin.
Sts. fk. f. **Saints.**
Stuart [ˈstjuət].
stub [stʌb] stubb, stump; talong (i sjekkbok); grave opp, ta opp (stubber); avstubbe; stumpe (sigarett); **-bed** avstumpet, undersetsig; full av stubber. **-bedness** undersetsighet.
stubbiness [ˈstʌbinis] stubblende; undersetsighet.

stubble [ˈstʌbl] stubb, kornstubb, ljåstubb. **– -field** stubbmark.
stubborn [ˈstʌbən] stiv, stri, hard, gjenstridig, hårdnakket. **-ness** hårdnakkethet.
stubby [ˈstʌbi] full av stubber; avstumpet, kort og stiv.
stubnail [ˈstʌbneil] gammel hesteskosøm, avstumpet spiker.
stucco [ˈstʌkəu] stukk, gips, stukkatur; gipse, dekorere med stukkatur. **– pointer** stukkatør. **-work** stukk, stukkatur.
stuck [stʌk] imperf. og perf. pts. av **stick; be (get) –** sitte fast, gå i stå; **be – for** ikke ha, være i beit for; **be – on** være forelsket i.
stud [stʌd] stolpe; breihodet søm, nagle, bolt, pigg, knott, dobbeltknapp (krageknapp eller mansjettknapp); **press-** trykknapp; beslå med små spiker, overså, fylle.
stud [stʌd] avlsdyr (hest); stutteri, stall.
studbook stutteribok, stambok (for rasehester).
studded [ˈstʌdid] beslått, besatt (med nagler, spiker). **– tyre** piggdekk.
student [ˈstju:d(ə)nt] studerende; student, elev, boklærd mann, forsker, gransker; studie-. **-ship** stipendium.
studied [ˈstʌdid] studert, lærd; tilstrebet, planlagt, overlagt.
studio [ˈstju:diəu] atelier; studio.
studious [ˈstju:diəs] studerende, flittig, oppmerksom, omhyggelig. **-ly** omhyggelig, med flid. **-ness** lyst til å studere, flid.
study [ˈstʌdi] studering, studium, fag; fundering, grubling, dype tanker, anstrengelse, studerkammer, arbeidsværelse, kontor; avhandling, studie; etyde; lese på, undersøke, studere, gruble, bestrebe seg, innstudere, være oppmerksom på; ta hensyn til; **in a brown –** i dype tanker; borte i en annen verden; **with studied** (tilstrebet eller affektert) **indifference; studied** (tilsiktet) **insult. – circle** studiesirkel. **– debts** studiegjeld. **– hall** lesesal.
stuff [stʌf] stoff, emne, materiale(r); saker, greier; medisin, bohave, skrammel, tøy; sludder; farse, fyll; narkotika; stappe, stoppe, fylle, stoppe ut, forstoppe, proppe seg; skrøne full, proppe full. **-ed shirt** viktigper, blære.
stuffing [ˈstʌfiŋ] polstring(smateriale), stopp, fyll; farse; fyllekalk.
stuffy [ˈstʌfi] innelukket, trykkende, kvelende; stiv, snerpet, gammeldags; dorsk, treg; hoven.
stultify [ˈstʌltifai] gjøre narr av, latterliggjøre; svekke troverdigheten av; erklære for sinnssyk; **– oneself** vrøvle; erklære seg for utilregnelig.
stum [stʌm] most, ugjæret druesaft.
stumble [ˈstʌmbl] snuble, trå feil, begå en feil, treffe tilfeldigvis, støte, forvirre, hindre; snubling, feiltrinn, feil. **-bum** klossmajor.
stumbling block [ˈstʌmbliŋblɔk], **stumblingstone** [ˈstʌmbliŋstəun] anstøtsstein, vanskelighet.
stump [stʌmp] stump, stubb, stubbe, stokk, bein; improvisert talerstol; hogge av, humpe; holde valgtaler; bringe ut av fatning; **stir your -s!** ta med deg beina! **– up** rykke ut med pengene, punge ut. **– clearing** stubbebryting, nybrott. **-ed** ute av spillet, ruinert. **– oratory** valgtale. **stumpy** [ˈstʌmpi] stumpet, stubbet.
stun [stʌn] bedøve, svimeslå, fortumle, forbause; bedøvelse, fortumlethet.
stung [stʌŋ] imperf. og perf. pts. av **sting.**
stunk [stʌŋk] imperf. og perf. pts. av **stink.**
stunner [ˈstʌnə] prakteksemplar, noe makeløst; svimeslag; uventet hendelse.
stunning [ˈstʌniŋ] overveldende, makeløs.
stunt [stʌnt] forkrøple, forkue, stanse, hemme; vantrives; vantrivsel, forkrøpling, forkrøplethet. **-ed** forkrøplet, hemmet.
stunt [stʌnt] kunststykke, særlig anstrengelse, kraftutfoldelse, trick, nummer; (pl.) kunster, streker. **– flying** kunstflyging. **– man** stedfortreder (for filmskuespiller) når vanskelige el. farlige scener skal filmes.
stupe [stju:p] varmtvannsomslag.
stupefaction [stju:piˈfækʃən] bedøvelse, bestyrtelse, målløshet, forbauselse. **stupefy** [ˈstju:pifai] bedøve, forbløffe.
stupendous [stju:ˈpendəs] veldig, enorm.
stupid [ˈstju:pid] sløv, dum, dorsk, kjedelig; tosk, dusting, fjols.
stupidity [stjuˈpiditi] sløvhet, dumhet.
stupor [ˈstju:pə] bedøvelsestilstand, sløvhet.
sturdiness [ˈstə:dinis] hårdnakkethet, dristighet, grovhet, fasthet, kraft. **sturdy** [ˈstə:di] hårdnakket, traust, staut, kraftig, sterk, robust, solid.
sturgeon [ˈstə:dʒən] stør.
stutter [ˈstʌtə] hakke, stamme; stotre; stamming. **-er** en som stammer. **-ingly** stammende.
sty [stai] grisebinge, grisehus; (fig.) svinesti, sette i grisebinge.
sty [stai] sti (på øyet).
Stygian [ˈstidʒiən] stygisk, mørk; ubrytelig (om ed).
style [stail] stift, griffel, viser (på et solur), grammofonstift; stil, skrivemåte, språk, fremstillingsmåte, manér, måte, tittel, tidsregning; stil, mote; titulere, benevne; formgi, gi stilpreg; **– of court** rettspraksis; **in the –** stilfullt; **live in –** føre et stort hus; **be -d** bære firmanavnet.
stylet [ˈstailit] stilett, liten dolk.
stylish [ˈstailiʃ] moderne, flott, stilig.
stylist [ˈstailist] stilist, språkkunstner; formgiver, tegner; **hair –** ≈ frisør.
stylite [ˈstailait] stylitt, søylehelgen.
stylization [stailiˈzeiʃən] stilisering. **stylize** [ˈstailaiz] stilisere.
stylograph [ˈstailəgrɑ:f] stylograf (slags fyllepenn).
stylus [ˈstailəs] grammofonstift, griffel, skrivestift.
stymie [ˈstaimi] hindre, forpurre; sette i vanskelig stilling; dekket stilling (golf).
styptic [ˈstiptik] blodstillende middel.
suable [ˈs(j)u:əbl] som kan saksøkes.
suasible [ˈsweisibl] som kan overtales. **suasion** [ˈsweiʒən] overtalelse.
suave [swɑ:v] søt, yndig, blid, forekommende; elegant, urban.
suavity [ˈswɑ:viti] høflighet, forekommenhet.
sub. fk. f. **subaltern; submarine; substitute.**
sub [sʌb] (srl. i smstn.) under-, underordnet, sub-, nesten, nedenfor.
subacid [sʌbˈæsid] syrlig.
subaerial [sʌbˈɛəriəl] i lufta, over jorda.
subagent [ˈsʌbˈəidʒənt] underagent.
subalpine [ˈsʌbˈælpain] subalpin.
subaltern [ˈsʌbltən] lavere; underordnet; offiser under kaptein.
subaquatic [sʌbəˈkwætik], **subaqueous** [sʌbˈeikwiəs] undersjøisk, undervanns-.
subaudition [sʌbɔ:ˈdiʃən] underforståelse.
subcategory [sʌbˈkætigəri] underavdeling.

subcharter [ˈsʌbtʃɑ:tə] subcerteparti; underbefrakte.
subcommittee [ˈsʌbkəmiti] underkomité.
subconciliator [ˈsʌbkənˈsilieitə] meklingsmann.
subconscious [sʌbˈkɔnʃəs] underbevisst. **-ness** underbevissthet.
subcontract [sʌbkənˈtrækt] overta en del av kontrakten; underentreprise.
subcontrary [sʌbˈkɔntrəri] i ringere grad motsatt.
subcutaneous [sʌbkjuˈteinjəs] underhuds-.
subcuticular [sʌbkjuˈtikjulə] under overhuden.
subdeacon [sʌbˈdi:kn] underdiakon, hjelpeprest.
subdivide [sʌbdiˈvaid] dele igjen.
subdivision [sʌbdiˈviʒən] underavdeling.
subduce [səbˈdju:s], **subduct** [sʌbˈdʌkt] ta bort, subtrahere.
subdue [səbˈdju:] betvinge, undertrykke, dempe. **subdued** [səbˈdju:d] kuet, dempet, stillferdig, diskret, dus.
sub-editor [ˈsʌbˈeditə] redaksjonssekretær.
subfuse [ˈsʌbfʌsk] mørkfallen, mørk; trist.
subheading [ˈsʌbhediŋ] undertittel.
subhuman [ˈsʌbˈju:mən] umenneskelig, som er lavere enn mennesket.
subj. fk. f. **subject, subjunctive.**
subjacent [sʌbˈdʒeisənt] underliggende.
subject [ˈsʌbdʒikt] underlagt, undergiven, underkastet, underdanig, utsatt, ansvarlig, tilbøyelig, til grunn liggende; undersått, gjenstand, emne, tema, sak, vesen, person; statsborger; subjekt; **on the –** i denne anledning; **– to** under forutsetning av, med forbehold av; **– to confirmation** uten forbindtlighet.
subject [səbˈdʒekt] underkaste, undertvinge, utsette, gjøre ansvarlig.
subjection [səbˈdʒekʃən] underkastelse.
subjective [səbˈdʒektiv] subjektiv. **subjectivity** [sʌbdʒekˈtiviti] subjektivitet.
subjoin [sʌbˈdʒɔin] tilføye, vedlegge; **-ed** vedlagt.
subjugate [ˈsʌbdʒugeit] undertvinge, betvinge.
subjugation [sʌbdʒuˈgeiʃən] undertvinging.
subjunction [səbˈdʒʌŋkʃən] tilføyelse, tillegg.
subjunctive [səbˈdʒʌŋktiv] konjunktiv.
sublease [ˈsʌbˈli:s] fremleie.
sublet [ˈsʌbˈlet] fremleie, utleie på annen hånd; fremleie; **-ting** fremleie.
sublibrarian [ˈsʌblaiˈbrɛəriən] underbibliotekar.
sublieutenant [sʌblefˈtenənt] sekondløytnant.
sublimate [ˈsʌblimit] sublimat; sublimert.
sublimation [sʌbliˈmeiʃən] sublimering; rensing.
sublime [səˈblaim] opphøyd, begeistret, stolt; det opphøyde, det store; opphøye, foredle, sublimere.
sublimity [səˈblimiti] høyhet, det opphøyde; **His S.** hans høyhet (sultanen).
subliminal [sʌbˈliminəl] underbevisst, ubevisst.
sublingual [sʌbˈliŋgwəl] som er under tungen.
sublittoral [sʌbˈlitərəl] under kysten.
sublunary [ˈsʌbl(j)u:nəri] (som er) under månen, jordisk.
submachine gun maskinpistol.
submarine [sʌbməˈri:n] undersjøisk, undervanns-; undervannsdyr (eller -plante); undervannsbåt, ubåt. **– pen** ubåtbunker.
submerge [səbˈmə:dʒ] dukke ned, senke under vannet. **submergence** [səbˈmə:dʒəns] nedsenking, oversvømmelse, flom. **submersible** [sʌbˈmə:sibl] som kan senkes under vann.
submersion [sʌbˈmə:ʃən] det å sette under vann, oversvømmelse; neddykking.
submission [səbˈmiʃən] underkastelse, underdanighet, lydighet. **submissive** [səbˈmisiv] underdanig, ydmyk, lydig, føyelig.
submit [səbˈmit] underordne, underkaste, forelegge, avgi, legge fram, henstille; finne seg (**to** i), underkaste seg, bøye seg (**to** for).
submultiple [ˈsʌbˈmʌltipl] mål, faktor.
subnormal [ˈsʌbˈnɔ:məl] ikke helt normal; evneveik.
subocular [sʌbˈɔkjulə] under øyet.
suboffice [ˈsʌbɔfis] filial; underpostkontor.
subordinate [səˈbɔ:dinit] underordnet; undergiven. **– clause** bisetning. **subordinate** [səˈbɔ:dineit] underordne. **subordination** [səbɔ:diˈneiʃən] underordning, subordinasjon, underordnet forhold.
suborn [səˈbɔ:n] bestikke; forlokke (især til falsk vitneutsagn). **-ation** [sʌbɔ:ˈneiʃən] forlokkelse, bestikkelse.
subpoena [sʌbˈpi:nə] stevning; innstevne.
subquadrate [sʌbˈkwɔdrit] nesten kvadratisk.
subreption [səbˈrepʃən] innsetting i en annens sted.
subscribe [səbˈskraib] skrive under, innvilge, godkjenne, billige; subskribere, abonnere, tinge, tegne seg for, skrive seg for; tegne; **– to** (el. **for**) **a book** subskribere på en bok.
subscriber [səbˈskraibə] underskriver, bidragsyter, subskribent, abonnent, medlem.
subscription [səbˈskripʃən] underskrift, subskripsjon, abonnement, bidrag, kontingent, godkjennelse, billigelse, aksjetegning; **open a –** sette i gang en innsamling. **– call** abonnementssamtale. **– library** leiebibliotek.
sub sea engineer undervannsingeniør.
subsection [ˈsʌbˈsekʃən] underavdeling, avsnitt (i lovparagraf).
subsequence [ˈsʌbsikwəns] følge.
subsequent [ˈsʌbsikwənt] følgende, senere; **– sentence** ettersetning. **-ly** siden, deretter.
subserve [səbˈsə:v] tjene, være til nytte for. **subservience** [səbˈsə:vjəns], **subserviency** [-vjənsi] tjenlighet, nytte, gagn; undergivenhet; medvirkning.
subservient [səbˈsə:viənt] tjenlig, gagnlig; underordnet, undergiven; underdanig; krypende; **-ly** til fremme (**to** av).
subside [səbˈsaid] synke til bunns, senke seg, avta, stilne. **subsidence** [səbˈsaidəns] synking, nedgang, det å avta, reduksjon.
subsidiary [səbˈsidjəri] hjelpende, hjelpe-, støtte-; forbundsfelle. **– company** datterselskap. **– subject** bifag. **subsidiaries** hjelpetropper.
subsidize [ˈsʌbsidaiz] understøtte med pengebidrag, subsidiere. **subsidy** [ˈsʌbsidi] pengehjelp, (stats)stønad, tilskudd, subsidie.
subsist [səbˈsist] bestå, ernære seg, leve, eksistere, underholde; **– on** leve av.
subsistence [səbˈsistəns] utkomme, tilværelse, eksistens. **– allowance** diett, kostpenger; forskudd. **– department** intendantur (US). **– economy** naturalhusholdning. **– level** ≈ eksistensminimum.
subsistent [səbˈsistənt] eksisterende; iboende.
subsoil [ˈsʌbsɔil] undergrunn, dypere jordlag; **– water** grunnvann.
subsonic [ˈsʌbˈsɔnik] under lydens hastighet, underlyds-.

subst. fk. f. **substantive; substitute.**
substance [ˈsʌbstəns] substans, stoff, vesen, hovedinnhold, kjerne, formue; **in –** i hovedsaken; **a man of –** en formuende mann.
substantial [səbˈstænʃəl] vesentlig, virkelig, faktisk, håndgripelig, rikelig, solid, legemlig, sterk, kraftig, velhavende. **-ity** [səbstænʃiˈæliti] virkelighet, legemlighet, styrke.
substantiate [səbˈstænʃieit] underbygge, dokumentere, gjøre virkelig, bevise, bestyrke.
substantival [sʌbstənˈtaivəl] substantivisk.
substantive [ˈsʌbstəntiv] substantivisk, selvstendig, noe som faktisk eksisterer, vesentlig, betydelig, traust, fast; substantiv, navnord.
substitute [ˈsʌbstitju:t] sette istedenfor, vikariere; stedfortreder, varamann, surrogat, substitutt, innbytter.
substitution [sʌbstiˈtju:ʃən] innsetting i en annens sted, erstatning. **-al** som trer isteden. **-ally** som erstatning.
substratum [səbˈstreitəm] substrat, underlag.
substruction [sʌbˈstrʌkʃən], **substructure** [sʌbˈstrʌktʃə] grunnlag, underbygning.
subsume [səbˈs(j)u:m] innbefatte, innordne, underordne.
subtenant [ˈsʌbˈtenənt] underforpakter; en som bor på fremleie.
subtend [səbˈtend] være motstående til (om vinkler).
subterfuge [ˈsʌbtəfju:dʒ] utflukt, påskudd.
subterranean [sʌbtəˈreinjən] under jorda; underjordisk, underjords-, undergrunns-.
subtile [ˈsʌtl] tynn, fin, skarp, listig, intrikat.
subtilize [ˈsʌtilaiz] fortynne, forfine; være spissfindig.
subtilty [ˈsʌtilti] finhet, listighet.
subtitle [ˈsʌbtaitl] undertittel; den skrevne teksten på filmen.
subtle [ˈsʌtl] fin, lett, spissfindig, subtil, vanskelig å gripe, skarpsindig, listig, dyktig, flink. **-ty** [ˈsʌtlti] finhet, skarpsindighet, finesse, listighet, spissfindighet.
subtopia [sʌbˈtəupjə] forstad, drabantby.
subtract [səbˈtrækt] trekke fra, subtrahere, forminske. **subtraction** [səbˈtrækʃən] fradrag, subtraksjon.
subtrahend [ˈsʌbtrəhend] subtrahend.
subtranslucent [sʌbtrænzˈlu:snt] svakt gjennomskinnende.
subtransparent [sʌbtrænsˈpɛərənt] svakt gjennomsiktig.
subtropical [ˈsʌbˈtrɔpikl] subtropisk; **the subtropics** subtropene.
suburb [ˈsʌbə(:)b] forstad, drabantby.
suburban [səˈbə:bən] forstads-, omegns-. **suburbanite** [səˈbə:bənait] forstads-, drabantbyboer. **suburbia** [səˈbə:bjə] forstedene, forsteder; drabantby-, forstads-.
subvention [səbˈvenʃən] understøttelse, hjelp, stønad; statstilskudd.
subversion [səbˈvə:ʃən] omstyrtelse, ødeleggelse. **subversive** [səbˈvə:siv] nedbrytende, ødeleggende. **subvert** [səbˈvə:t] kullkaste, ødelegge; omstyrte; undergrave, nedbryte. **subvertible** [səbˈvə:tibl] som kan kullkastes.
subway [ˈsʌbwei] tunnel, underjordisk gang; (US) undergrunnsbane.
succade [sʌˈkeid] kandisert frukt, sukat.
succedaneum [sʌksiˈdeinjəm] erstatningsmiddel, surrogat.
succeed [səkˈsi:d] følge, avløse, tiltre (embete); ha suksess, få til, lykkes, være heldig, oppnå sitt ønske, la lykkes; **– to** følge etter, avløse, arve; **he -ed in coming** det lyktes ham å komme. **-er** etterfølger.
success [səkˈses] utfall, følge; godt resultat, lykke, hell. **-ful** heldig, vellykket, fremgangsrik. **-fulness** lykkelig fremgang, hell.
succession [səkˈseʃən] følge, rekke, rekkefølge, arvefølge, tronfølge, slektslinje, etterkommere; **in –** etter hverandre, på rad. **-al** rekkefølge-, arvefølge-.
successive [səkˈsesiv] suksessiv, som følger i orden, i trekk, på rad. **-ly** etter hverandre, i rekkefølge, suksessiv.
successor [səkˈsesə] etterfølger, avløser; arving, arvtaker.
succinct [səkˈsiŋkt] kortfattet, fyldig.
succory [ˈsʌkəri] sikori.
succour [ˈsʌkə] understøtte, komme til hjelp, unnsette; hjelp, unnsetning, hjelper. **-less** hjelpeløs.
succulence [ˈsʌkjuləns] saftighet.
succulent [ˈsʌkjulənt] saftig.
succumb [səˈkʌm] bukke under, ligge under **(to** for).
succussion [səˈkʌʃən] rystelse, risting, skaking.
such [sʌtʃ] sådan, sånn, den slags, sånt noe, slik, den, det, de; **– and –** den og den, det og det, en viss, et visst; **– as** sånne som, de som; f.eks.
suchlike [ˈsʌtʃlaik] desslike, slike, den slags; sådant.
suck [sʌk] suge, suge inn, patte, die, suge ut; suging; melk, die, slurk; **– in** narre; **– up to** innsmigre seg hos; **give –** gi die. **-er** suger, sugerør, stempel, pumpesko; sugeskål; renning, rotskudd; tosk, naiv person, dust, gudsord fra landet; fjerne rotskudd, narre, bedra; **he was had for a -er** han ble skikkelig lurt; **--in** røre, rot; svindel, snyteri. **-ing bottle** tåteflaske. **-ingpig** pattegris.
suckle [ˈsʌkl] die, amme.
suckling [ˈsʌkliŋ] pattebarn, spedbarn.
suction [ˈsʌkʃən] suging; pimping; suge-, innsugnings-. **– cleaner** støvsuger.
suctorial [sʌkˈtɔ:riəl] suge-.
Sudan [suˈdɑ:n], **the –** Sudan. **Sudanese** [su:dəˈni:z] sudanesisk, sudaneser.
sudarium [s(j)uˈdɛəriəm] svetteduk.
sudatory [ˈs(j)u:dətəri] svette-, som får svetten ut; dampbad.
sudden [ˈsʌdn] plutselig, brå, uventet; **all of a –** (el. **on a –)** plutselig, med ett. **suddenly** [ˈsʌdnli] plutselig, med ett.
Sudetic [sjuˈdetik], **the – Mountains** Sudetene.
sudorific [s(j)u:dəˈrifik] som driver ut svetten, svettemiddel. **sudoriferous** [s(j)u:dəˈrifərəs] svette-.
suds [sʌdz] såpeskum, såpevann, skum; **be in the –** være i knipe; **leave in the –** la i stikken.
sue [s(j)u:] følge, saksøke, anklage, anlegge søksmål mot; utvirke, be, anmode, beile til, søke å vinne; **– out** ansøke om, utvirke.
suede [sweid] semsket skinn.
suet [ˈs(j)u:it] nyrefett, talg. **-y** fett-.
Suez [ˈsu:iz].
suffer [ˈsʌfə] lide **(from** av), utstå, bære, tåle,

tillate, la, lide straff, lide skade, lide døden. **-able** utholdelig, tillatelig.
sufferance [ˈsʌfərəns] tålmodighet, overbærenhet, tillatelse; **on –** ved stilltiende tillatelse; på nåde.
sufferer [ˈsʌfərə] lidende, skadelidt, en som taper, en som får svi.
suffering [ˈsʌfəriŋ] lidende; lidelse.
suffice [səˈfais] være tilstrekkelig, strekke til, greie seg, tilfredsstille. **sufficiency** [səˈfiʃənsi] tilstrekkelig mengde, nøgd; brukbarhet.
sufficient [səˈfiʃənt] tilstrekkelig, tilfredsstillende, god nok, dyktig nok, gyldig; formuende.
suffix [səˈfiks] sette til (i enden av et ord).
suffix [ˈsʌfiks] suffiks, endelse, ending.
suffocate [ˈsʌfəkeit] kvele, kveles. **suffocation** [sʌfəˈkeiʃən] kvelning. **suffocative** [ˈsʌfəkətiv] kvelende.
Suffolk [ˈsʌfək].
suffragan [ˈsʌfrəgən] underbiskop.
suffrage [ˈsʌfridʒ] valgrett, stemmerett; menighetens bønn (i kirken); **universal –** alminnelig stemmerett; **adult –** alminnelig stemmerett for begge kjønn.
suffragette [sʌfrəˈdʒet] stemmerettskvinne, suffragette.
suffragist [ˈsʌfrədʒist] tilhenger av stemmerett for kvinner (også: **woman suffragist**), suffragist.
suffumigate [səˈfju:migeit] desinfisere med røyk.
suffuse [səˈfju:z] fylle, overgyte, overstrømme, overøse, gjennomstrømme.
suffusion [səˈfju:ʒən] overgyting, gjennomstrømming, bloduttredelse, rødming.
sugar [ˈʃugə] sukker; gryn, penger; skatt, kjæreste; ha sukker i el. på, sukre, smigre. **-basin** sukkerskål. **– beet** sukkerroe. **– candy** kandis(sukker). **– cane** sukkerrør. **-coat** dekke med sukker, glasere; (fig.) sukre. **– daddy** eldre kavaler som spanderer på jentene. **-ed** søt, sukkersøt; forbauset. **– house** sukkerfabrikk. **-loaf** sukkertopp. **– nippers** sukkersaks, sukkerklype. **– pea** sukkerert. **– plum** sukkertøy, sukkerkule, bonbon. **– refinery** sukkerraffineri. **– sifter** sukkerbøsse, strøskje. **– tongs** sukkerklype.
sugary [ˈʃu:gəri] søt, altfor søt, sukkersøt; som er glad i sukker.
suggest [səˈdʒest] inngi, bibringe, la formode, foreslå, la hemmelig vite, ymte om, minne om, slå på, antyde, hentyde til, henstille, gi et vink om, gi anledning til. **-ed price** veiledende pris.
suggestible [səˈdʒestibl] suggestibel, som kan foreslås, lett påvirkelig.
suggestion [səˈdʒestʃən] forslag, idé, henstilling, vink, halvkvedet vise, foranledning; påminnelse; suggestion.
suggestive [səˈdʒestiv] som inneholder et vink, tankevekkende, stemningsvekkende, megetsigende; **be – of** kalle fram forestillinger om.
suicidal [s(j)u:iˈsaidəl] selvmords-, selvmorderisk.
suicide [ˈs(j)u:isaid] selvmord; selvmorder.
suit [s(j)u:t] rekke, følge, sett; drakt, dress; ansøkning, frieri, bønn, saksøkning, rettssak; ordne, tilpasse, gjøre tilfreds; kle, ta på en drakt; stemme overens, høve, passe, tilfredsstille; **– to** avpasse etter; **bring a –** anlegge sak; **follow –** bekjenne farge; (fig.) følge opp; **out of -s** ikke i samsvar. **-ability** hensiktsmessighet, velegnethet. **-able** passende, høvelig, egnet, overensstemmende. **-ableness** passelig karakter, overensstemmelse, samsvar. **-ably** passende, passe.
suitcase [ˈsju:tkeis] (flat) håndkoffert.
suite [swi:t] følge, rekkefølge, sett, rekke; rekke værelser, suite; møblement.
suitor [ˈs(j)u:tə] ansøker, søker, frier; saksøker, prosederende.
sulcate [ˈsʌlkit] furet, spaltet.
sulk [sʌlk] furte, surmule; dårlig humør, furting; **be in the -s** være i dårlig humør.
sulky [ˈsʌlki] furten, gretten, mutt, olm, tverr, treven; sulky, lett enspenner (især til travkjøring).
sullen [ˈsʌlin] mørk, trist, utilfreds, treg, sta, tverr, muggen, gretten, uvennlig. **-ness** uvennlighet, utilfredshet, egensindighet, ondskapsfullhet.
Sullivan [ˈsʌlivən].
sully [ˈsʌli] søle til, besudle, flekke, plette; plettes; smuss, flekk.
sulpha [ˈsʌlfə] sulfa-. **sulphate** [ˈsʌlfeit] sulfat.
sulphur [ˈsʌlfə] svovel; røyke ut med svovel. **-ate** [ˈsʌlfəreit] svovle, svovelbleike. **-ation** svovling, svovelbleiking. **sulphureous** [ˈsʌlˈfjuəriəs] svovlet, svovelgul. **sulphuretted** [ˈsʌlfjuretid] innsatt med svovel, svovlet, svovel-. **sulphuric** [sʌlˈfjuərik] **acid** svovelsyre. **sulphurous** [ˈsʌlfjurəs] **acid** svovelsyrling.
sultan [ˈsʌltən] sultan. **sultana** [sʌlˈtɑ:nə] sultaninne; slags rosin. **sultanate** [ˈsʌltənit] sultanat.
sultriness [ˈsʌltrinis] lummerhet. **sultry** [ˈsʌltri] lummer, trykkende; grov, uanstendig.
sum [sʌm] sum, hele beløpet; regnestykke; pengesum, hovedinnhold, høyeste grad; telle sammen, summere opp, regne, sammenfatte; **do a –** regne et stykke; **set a –** gi et regnestykke til; **in –** i korthet; **– up** summere opp, resymere, fremstille kortfattet; (om dommer) gi rettsbelæring.
sumach [ˈsu:mæk] sumak.
Sumatra [suˈmɑ:trə].
summa cum laude (US) præceteris, utmerkelse.
summarily [ˈsʌmərili] i korthet, uten videre. **summarist** [ˈsʌmərist] en som gjør et utdrag. **summarize** [ˈsʌməraiz] summere opp, resymere. **summary** [ˈsʌməri] kortfattet, summarisk; kortfattet innbegrep, kort utdrag, resymé.
summation [sʌˈmeiʃən] sammenlegning, addisjon, totalsum, resymé, sammendrag.
summer [ˈsʌmə] en som summerer opp; bærebjelke, hovedbjelke.
summer [ˈsʌmə] sommer; tilbringe sommeren; **a – day** el. **a -'s day** en sommerdag; **-ite** (US) feriegjest; sommergjest. **– lightning** kornmo; **St. Luke's –** mild oktober. **-fallow** sommerbrakk; sommerpløye. **– house** sommerhus, lysthus. **– time** sommertid (innført som normaltid om sommeren). **-time** sommersesongen.
summing-up resymé, sammendrag; rettsbelæring.
summit [ˈsʌmit] topp, største høyde. **– meeting** toppmøte.
summon [ˈsʌmən] kalle inn, stevne, oppfordre, oppby; **– up one's courage** ta mot til seg. **-er** stevningsmann. **-s** oppfordring, kallelse, stevning.
sump [sʌmp] gruvebunn(vann); **oil –** bunnpanne, oljetrau (i bil).
sumpter [ˈsʌm(p)tə] lastdyr, pakkhest, kløvhest; bylt, saltaske.
sumptuary [ˈsʌm(p)tʃuəri] utgifts-, luksus-; **– laws** lover mot overdådighet.

sumptuous [ˈsʌm(p)tʃuəs] kostbar, prektig; luksuriøs; **-ness** kostbarhet, prakt.
sun [sʌn] sol; sole, sole seg. **-bath** solbad. **-beam** solstråle. **-blind** markise. **– bonnet** solhatt. **-bright** solklar. **-burnt** solbrent, solsvidd. **-clad** strålende.
Sunda [ˈsʌndə] Sunda; **the Strait of –** Sundastredet.
sundae [ˈsʌndei] iskrem med frukt.
Sunday [ˈsʌndi] søndag; holde søndag; søndags-, peneste; **Low –** første søndag etter påske; **– best** søndagsklær, kisteklær; **– out** frisøndag; **a month of -s** en lang tid, en hel evighet. **– driver** søndagsbilist. **– painter** amatørmaler. **– school** søndagsskole. **– supplement** søndagstillegg, -bilag.
sunder [ˈsʌndə] avsondre, skille, dele; deling i to stykker; **a-, in –** i sund, i stykker.
sun|dew [ˈsʌndju:] soldogg (plante). **-dial** solskive, solur. **-dog** parhelion, bisol; solglorie. **-down** solnedgang. **– -dried** soltørket, solsvidd.
sundry [ˈsʌndri] atskillige, flere; **sundries** diverse utgifter, forskjellige slags ting, diverse saker.
sunfast [ˈsʌnfɑ:st] lysekte, solekte.
sunflower [ˈsʌnflauə] solsikke, solvendel.
sung [sʌŋ] perf. pts. av **sing.**
sun|god [ˈsʌngɔd] solgud. **– gear** solhjul. **-glasses** solbrille. **– helmet** tropehjelm.
sunk [sʌŋk] perf. pts. av **sink.**
sunken [ˈsʌŋkn] gammel pts. av **sink** sunken, senket, undervanns-; innsunken, innfallen; **– rock** blindskjær, båe, flu.
sun | lamp høyfjellssol. **-light** solskinn. **-lit** solbelyst. **sunny** [ˈsʌni] solbelyst, solfylt, strålende, glad, lett, sol-; **– side** solside. **– -side up egg** (US) speilegg.
sun|proof lysekte; lystett. **-rash** soleksem. **-ray** solstråle. **-rise** soloppgang. **-set** solnedgang. **-shade** solskjerm, markise, parasoll. **-shine** solskinn. **-spot** solflekk. **-stroke** solstikk; heteslag. **-tan** solbrenthet; **-tan lotion** solbadolje. **-up** (US) soloppgang. **– visor** solskjerm. **-wise** solrett, med sola. **– worship** soldyrking.
sup [sʌp] drikke, supe, slubre i seg; spise aftens; munnfull, tår; **– on porridge** spise graut til kvelds.
sup. fk. f. **superior; supplement; supply; supreme.**
super [ˈs(j)u:pə-] (i smstn.) over, omfram, hyper-, ekstra-, til overmål, super.
super [ˈs(j)u:pə] statist; særlig fin, utsøkt.
superable [ˈs(j)u:pərəbl] overvinnelig, overkommelig. **superabound** [ˈs(j)u:pərəˈbaund] finnes i overflod, være flust med, ha overflod på, myldre, kry. **superabundance** [-ˈbʌndəns] overflod, overmål. **superabundant** [-ˈbʌndənt] i overflod, overvettes.
superadd [ˈs(j)u:pərˈæd] tilføye ytterligere. **-ition** [ˈs(j)u:pərəˈdiʃən] ny tilføyelse.
superannuate [s(j)u:pəˈrænjueit] svekke (ved alder), la gå av med (el. sette på) pensjon, pensjonere. **-d** avlegs, uttjent, avdanket. **superannuation** [s(j)u:pərænjuˈeiʃən] alderdomssvakhet, avgang, pensjonering; **national – scheme** folkepensjon, folketrygd.
superb [s(j)uˈpə:b] prektig, herlig, fortrinnlig.
supercargo [ˈs(j)u:pəkɑ:gəu] superkargo, kargadør.
supercharge [ˈs(j)u:pətʃɑ:dʒ] forkomprimere; overlade.
supercilious [s(j)u:pəˈsiljəs] overmodig, hoven, hånlig.
supercriminal [ˈs(j)u:pəkriminəl] storforbryter.
superduper [ˈs(j)u:pəˈd(j)u:pə] flott, finfin.
supereminent [s(j)u:pərˈeminənt] særlig fremragende, makeløs.
supererogation [s(j)u:pərerəˈgeiʃən] overdreven pliktoppfyllelse. **supererogatory** [s(j)u:pəreˈrɔgətəri] som går ut over den strenge plikt, overflødig.
superfecundity [s(j)u:pəfiˈkʌnditi] overvettes fruktbarhet.
superficial [s(j)u:pəˈfiʃəl] flate-, overfladisk; **– measure** flatemål. **-ity** [s(j)u:pəfiʃiˈæliti] overfladiskhet. **superficies** [s(j)u:pəˈfiʃ(i)i:z] overflate.
superfine [ˈs(j)u:pəˈfain] overordentlig fin, ekstra fin, finfin.
superfluity [s(j)u:pəˈflu:iti] overflod.
superfluous [s(j)u:ˈpə:fluəs] overflødig.
superhuman [s(j)u:pəˈhju:mən] overmenneskelig.
superimpose [s(j)u:pərimˈpəuz] legge ovenpå; kopiere inn (film). **superimposition** avleiring ovenpå, påklistring.
superincumbent [s(j)u:pərinˈkʌmbənt] som ligger ovenpå, overliggende.
superinduce [s(j)u:pərinˈdju:s] legge til, tilføye.
superintend [s(j)u:pərinˈtend] se til, lede, forestå. **superintendence** [s(j)u:pərinˈtendəns] tilsyn, ledelse. **superintendent** [s(j)u:pərinˈtendənt] tilsynshavende, bestyrer, direktør, kontrollør, inspektør, avdelingssjef i politiet.
superior [s(j)uˈpiəriə] over-, høyere, øverst, overlegen; overmann, foresatt, prior; utmerket, meget fin; **be – to** være bedre enn, overgå, være hevet over; **a – air** en overlegen mine; **– court** overrett. **-ity** [s(j)upiəriˈɔriti] overlegenhet, fortrinn, forrang.
superjacent [s(j)u:pəˈdʒeisənt] som ligger ovenpå, overliggende.
superlative [sjuˈpə:lətiv] høyest; ypperlig, superlativ.
superman [ˈs(j)u:pəmæn] overmenneske.
supermarket [ˈs(j)u:pəmɑ:kit] kjøpesenter.
supermundane [s(j)u:pəˈmʌndein] overjordisk.
supernal [s(j)uˈpə:nəl] høyere, overjordisk, hinsidig, himmelsk.
supernatant [s(j)u:pəˈneitənt] som svømmer (el. flyter) oppå.
supernational [s(j)u:pəˈnæʃənəl] overstatlig, overnasjonal.
supernatural [s(j)u:pəˈnætʃərəl] overnaturlig. **-ism** [-izm] overnaturlighet; supranaturalisme.
supernumerary [s(j)u:pəˈnju:mərəri] overkomplett, overtallig, reserve-, ekstra-; ekstraskriver, reservehest, statist; **– officer** offiser à la suite, surnumeræ r.
supernutrition [s(j)u:pənjuˈtriʃən] overernæring.
superpose [s(j)u:pəˈpəuz] legge ovenpå. **superposition** [s(j)u:pəpəˈziʃən] det å legge (el. ligge) ovenpå.
supersaturate [s(j)u:pəˈsætʃəreit] overmette.
superscribe [s(j)u:pəˈskraib] overskrive, skrive utenpå (et brev). **superscription** [s(j)u:pəˈskripʃən] overskrift, adressering.
supersede [s(j)u:pəˈsi:d] erstatte, fortrenge, avløse, komme i stedet for, fjerne, avskaffe, oppheve, avskjedige, overflødiggjøre, sette ut av kraft. **superseding signal** signal til at kommandoen skal overgis til en annen.

supersedeas [s(j)u:pə'si:diəs] suspensjonsbefaling, ordre til å stanse rettssaken.
supersensual [s(j)u:pə'senʃuəl] oversanselig.
supersession [s(j)u:pə'seʃən] avskjedigelse, avløsning, erstatning.
supersonic ['s(j)u:pə'sɔnik] hurtigere enn lyden, overlyds-, supersonisk.
supersound ['s(j)u:pəsaund] ultralyd.
superstition ['s(j)u:pə'stiʃən] overtro.
superstitious [s(j)u:pə'stiʃəs] overtroisk.
superstructure ['s(j)u:pəstrʌktʃə] overbygning.
supertax ['s(j)u:pətæks] ekstraskatt.
superterrestrial [s(j)upəte'restriəl] overjordisk, himmelsk.
supervene [s(j)u:pə'vi:n] komme til, støte til, inntre, oppstå. **supervention** [s(j)u:pə'venʃən] det å komme til, støte til, inntreden.
supervise ['s(j)u:pəvaiz] ha oppsyn med, se til, overvåke. **supervision** [s(j)u:pə'viʒən] oppsyn, tilsyn, kontroll. **supervisor** ['s(j)u:pəvaizə] tilsynsmann, inspektør, kontrollør, forstander(inne); kontrollinstrument.
supination [s(j)u:pi'neiʃən] utoverdreining. **supine** [s(j)u'pain] liggende på ryggen, tilbakebøyd, skrå; likegyldig, makelig, lat, slakk. **supine** ['s(j)u:pain] supinum. **supineness** latskap, slapphet, makelighet.
supp. fk. f. **supplement.**
supper ['sʌpə] aftensmat, kveldsmat; **the last –** påskemåltidet i lidelsesuken; **the Lord's S.** den hellige nattverden. **-less** uten aftensmat.
supplant [sə'plɑ:nt] fortrenge, stikke ut.
supplantation [sʌplɑ:n'teiʃən] fortrengsel.
supple ['sʌpl] myk, bøyelig, smidig, ettergivende, krypende; gjøre smidig, bøye, bli bløt. **-ness** bøyelighet, smidighet.
supplement ['sʌplimənt] supplement, tillegg, bilag; supplere, utfylle. **-al** [sʌpli'mentəl], **-ary** [-'mentəri] supplerende, tilleggs-, utfyllende.
suppliant ['sʌpliənt] ydmyk, bønnlig.
supplicant ['sʌplikənt] ansøker, søker.
supplicate ['sʌplikeit] bønnfalle, be om.
supplication [sʌpli'keiʃən] bønn, trygling.
supplier [sə'plaiə] leverandør.
supply [sə'plai] utfylle, supplere, skaffe, levere, yte, forsyne, forstrekke med, erstatte; utfylling, forsyning, levering, tilførsel, tilbud, forråd, pengebevilgning; **Committee of** (el. **on) S.** finansutvalg (av hele underhuset) for utgiftsbudsjettet. **–ship** forsyningsskip.
support [sə'pɔ:t] bære, holde oppe, understøtte, stø, utholde, spille, utføre, holde, støtte, underholde, forsørge, forsvare, opprettholde, fortsette, føre, akkompagnere, ledsage; understøttelse, underhold, forsørgelse, erverv, støtte, stønad, tilslutning. **-able** utholdelig, holdbar. **-er** [-ə] støtte, tilhenger, understøtter, skjoldbærer, fremstiller.
supposable [sə'pəuzəbl] antakelig, tenkelig.
suppose [sə'pəuz] anta, formode, gå ut fra, forutsette, [ofte: spəuz] som imperativ: sett at, hva om; **I –** formodentlig, vel. **supposed** formodet, antatt, angivelig, foregitt. **supposing** forutsatt at.
supposition [sʌpə'ziʃən] antakelse, forutsetning, formodning. **suppositional** [sʌpə'ziʃənəl] antatt, tenkt. **supposititious** [səpɔzi'tiʃəs] tenkt, hypotetisk, uekte, falsk, fingert. **suppositive** [sə'pɔzitiv] antatt, forutsatt; betingelseskonjunksjon.
suppository [sə'pɔzitəri] stikkpille, suppositorium.
suppress [sə'pres] undertrykke, dempe, kue, døyve, avskaffe, inndra, stanse, utelate, fortie, skjule, holde hemmelig. **-ion** [sə'preʃən] undertrykkelse, opphevelse, stansing, fortielse, utelatelse. **-ive** [-iv] undertrykkende. **-or** [-ə] undertrykker, begrenser.
suppuration [sʌpju'reiʃən] materie, puss, våg.
supranational ['sju:prə'næʃənəl] overnasjonal.
supremacy [s(j)u'preməsi] overhøyhet; overlegenhet; **oath of –** supremat-ed (hvorved kongens kirkelige overhøyhet erkjennes).
supreme [s(j)u'pri:m] høyest, øverst; enestående, fremragende; **the S. (Being)** den høyeste (det høyeste vesen, Gud); **the – court** høyesterett. **-ly** i høyeste grad.
Supt. fk. f. **superintendent.**
surcharge [sə:'tʃɑ:dʒ] overlesse, overlaste (et skip); ['sə:-] for stort lass, ekstrabetaling, ekstragebyr, tillegg.
surcingle ['sə:siŋgl] overgjord, belte.
surcoat ['sə:kəut] våpenkjole; kåpe; frakk.
surd [sə:d] irrasjonal; irrasjonal størrelse.
sure [ʃuə] sikker, trygg, viss, tilforlatelig, bundet ved et løfte; **be – and tell him** fortell ham endelig, glem nå ikke å fortelle ham; **– enough** ganske riktig; **I don't know, I'm –** det vet jeg virkelig ikke; **to be –** uten tvil, ganske visst, ja visst, nei visst; **he is – to come** han kommer sikkert; **be – of** være sikker på; **feel – of** være sikker på; **make – of** sikre seg. **– -enough** (US) ordentlig, riktig. **-fire** (US) sikker, pålitelig. **– -footed** stø på foten. **-ly** sikkert, ganske visst; javisst!
surety ['ʃuərəti] sikkerhet, visshet, kausjon, kausjonist, gissel. **-ship** (selvskyldner-)kausjon.
surf [sə:f] brott, brenning.
surface ['sə:fis] overflate, flate; overflatebehandle, polere, pusse; dukke opp (om ubåt); plandreie; **surfacing** plandreining; det å søke etter gull i overflaten.
surface|-fermentation overgjæring. **– plate** retteplate; planskive (på dreiebenk). **– water** overflatevann, flomvann.
surf|board brett, planke til surfriding. **-boat** brenningsbåt.
surfeit ['sə:fit] overfylle, overmette, fråtse, få for mye; bli matlei; overmetting, forspising; avsmak. **-er** [-ə] fråtser.
surf-riding ['sə:fraidiŋ] surfriding, ri over og langs brenningene med brett el. planke.
surge [sə:dʒ] brottsjø, båre, stor bølge; (fig.) bølge, brus; bølge, båre, bruse, stige, heve seg.
surgeon ['sə:dʒən] kirurg, sårlege, militærlege, skipslege. **-cy** [-si] kirurgstilling.
surgery ['sə:dʒəri] kirurgi, operasjonsstue, konsultasjonsrom. **surgical** ['sə:dʒikl] kirurgisk, operativ.
surgy ['sə:dʒi] høyt svulmende.
surliness ['sə:linis] surhet, tverrhet.
surly ['sə:li] sur, gretten, tverr.
surmise [sə'maiz] formode, gjette, gisse på, tenke seg; ['sə:-] formodning, anelse, mistanke. **-r** [-ə] en som formoder, gjetter.
surmount [sə'maunt] overgå, overvinne, anbringe oppå; rage opp over. **-able** overstigelig, overkommelig.
surname ['sə:neim] tilnavn, etternavn; kalle med etternavn, gi et tilnavn.
surpass [sə'pɑ:s] overgå. **-able** fortreffelig. **-ing** fortrinnlig, framifrå. **-ingly** i ualminnelig grad.

surplice [ˈsə:plis] korkåpe, messeskjorte. **-d** [ˈsə:plist] i messeskjorte.
surplus [ˈsə:pləs] overskudd, overskudds-, mer-, ekstra. **surplusage** [ˈsə:pləsidʒ] overskudd, overflødighet.
surprise [səˈpraiz] overraske, overrumple, forbause; overraskelse, overrumpling, forbauselse; **by –** ved overrumpling; **in –** overrasket; **to my –** til min overraskelse; **I am -d at you** det hadde jeg ikke ventet av deg (som skjenn).
surrealism [səˈriəlizəm] surrealisme.
surrender [səˈrendə] overgi, utlevere, gi opp, overgi seg, oppgi, avstå, overdra; overgivelse, kapitulasjon; oppgivelse; overdragelse, avståelse.
surreptitious [sʌrəpˈtiʃəs] hemmelig, underfundig; uekte.
Surrey [ˈsʌri] Surrey. **surrey** lett firehjuls vogn.
surrogate [ˈsʌrəgit] stedfortreder, varamann, fullmektig; erstatning, surrogat.
surround [səˈraund] omringe, omgi. **-ing** omgivelse; **-ings** omgivelser, miljø.
surtax [ˈsə:tæks] ekstraskatt, tilleggsskatt; ekstrabeskatte.
surtout [sə:ˈtu:] surtout, overfrakk, kappe.
surveillance [səˈveiləns] oppsyn, overvåking.
survey [səˈvei] overskue, bese, se over, besiktige, inspisere, taksere, mønstre, ha oppsyn med, måle opp, kartlegge.
survey [ˈsə:vei] overblikk, besiktigelse, inspeksjon, skjønn, takst, oppmåling, kartlegging. **– course** oversiktskursus. **– department** oppmålingsvesen.
surveyor [səˈveiə] oppsynsmann, besiktigelsesmann, inspektør; landmåler. **-ship** post som landmåler etc.
survival [səˈvaivəl] overleving; rudiment; **the – of the fittest** det at de best skikkede blir igjen.
survive [səˈvaiv] overleve, slippe fra det med livet; bli igjen.
survivor [səˈvaivə] lengstlevende, overlevende.
Susan [ˈsu:zn].
susceptibility [səseptiˈbiliti] mottakelighet, følsomhet, ømfintlighet.
susceptible [səˈseptibl] mottakelig, følsom.
susceptive [səˈseptiv] mottakelig, ømfintlig.
suspect [səˈspekt] ha mistanke, ane, mistenke, nære mistanke til; [ˈsʌs-] mistenkt, mistenkelig. **-edly** mistenkelig.
suspend [səˈspend] henge opp, strekke, la avhenge, gjøre avhengig, la være uavgjort, avbryte, stanse, utsette, forbeholde seg; suspendere, sette ut av kraft, midlertidig oppheve; innstille sine betalinger. **-ed lamp** taklampe, hengelampe. **-ed sentence** betinget dom.
suspender [səsˈpendə] strømpeholder. **-s** (pl.) bukseseler. **– belt** hofteholder.
suspense [səˈspens] uvisshet, spenning; oppsetting, henstand. **– account** (merk.) sperret konto.
suspension [səˈspenʃən] opphenging, avfjæring; utsettelse, avbrytelse, innstilling, suspensjon, tvil. **– of arms** våpenstillstand. **– of payment** innstilling av sine betalinger. **– bridge** hengebru. **– lamp** hengelampe.
suspensor [səˈspensə] suspensorium; kimtråd.
suspensory [səˈspensəri] hengende, opphengt, tvilsom, utsettende; suspensorium.
sus. per col. fk. f. **suspensio per collum (= hanging by the neck).**
suspicion [səˈspiʃən] mistanke; liten smule; antydning, snev.
suspicious [səˈspiʃəs] mistenksom, mistenkelig.
Sussex [ˈsʌsiks].
sustain [səˈstein] bære, støtte, bekrefte, holde oppe, hevde, opprettholde, vedlikeholde, underholde, forsørge, hjelpe, tåle, holde ut, lide (skade). **-able** utholdelig. **-ed** vedvarende, langvarig; gjennomført. **-er** forsørger; opprettholder, støtte.
sustenance [ˈsʌstinəns] underhold, livsopphold, fødemidler, mat, matvarer.
sustentation [sʌstenˈteiʃən] støtte, stønad, hjelp; opphold, forsørgelse.
susurration [sju:səˈreiʃən] mumling, hvisking.
sutler [ˈsʌtlə] marketenter.
suttee [sʌˈti:] sutti, indisk enkebrenning, enke som brennes.
suttle [ˈsʌtl] nettovekt.
suture [ˈs(j)u:tʃə] syning, søm, sutur; sammenføye.
suzerain [ˈsu:zərein] overherre. **suzerainty** [ˈsu:zəreinti] overhøyhet.
svelte [svelt] slank, myk, smidig.
SW fk. f. **southwest, Sw** fk.f. **Sweden, Swedish. S.W.** fk. f. **South Wales. S. W. A.** fk. f. **South West Africa.**
swab [swɔb] vattpinne, tampong, svaber, kanonvisker; epålett; grønnskolling; skrubbe, svabre, pensle.
swabber [ˈswɔbə] svabergast, sjømann; tulling.
swaddle [ˈswɔdl] svøpe inn, sveipe, tulle, reive; svøp, reiv.
swag [swæg] knytte, tull; bytte; pikk og pakk; duving, slingring; utbytte, tjuvegods; girlande.
swagger [ˈswægə] skvaldre, skryte, braute, spankulere; skvalder, brauting, sprading; flott, fin. **– cane** pyntestokk, (offisers)stokk. **-er** [-rə] skryter, skvadronør. **swagman** (austr.) landstryker.
swain [swein] (poet.) bondegutt; elsker, frier. **-ish** landlig, bondsk.
swallow [ˈswɔləu] svale; **one – does not make a summer** én svale gjør ingen sommer.
swallow [ˈswɔləu] svelgje, synke, sluke; bite i seg, finne seg i, tåle; begripe, fatte; munnfull, svelg, avgrunn; **– one's words** ta sine ord i seg igjen.
swallowtail [ˈswɔləuteil] svalehale; snippkjole, kjole (for herrer).
swam [swæm] imperf. av **swim.**
swamp [swɔmp] myr, sump; senke ned; fylle, bringe til å synke, overvelde, overfylle, oversvømme, styrte i uløselige vanskeligheter. **-y** sumpet, myrlendt.
swan [swɔn] svane; skald, dikter; **– of Avon** ɔ: Shakespeare; **– of Ayr** ɔ: Robert Burns.
swank [swæŋk] viktighet, skryt; skryte, sprade; flott, lapset.
swan|nery [ˈswɔnəri] svanegård. **-'s down** [ˈswɔnzdaun] svanedun. **– shift** svaneham. **– song** svanesang.
swap [swɔp] bytte, bytte til seg, bytte bort; bytting, bytte; **– with him** bytte med ham; **– horses while crossing stream** skifte hest midt i vadestedet, skifte regjering under en krise; **get the –** få løpepass.
sward [swɔ:d] grønnsvær, gresstorv; kle med gresstorv.
swarf [swɔ:f, swɑ:f] (metall)spon.
swarm [swɔ:m] sverm, vrimmel, mylder; sverme, myldre, yre, kry; entre, klatre, klyve.

swart [swɔ:t] svart, mørk. **swarthy** ['swɔ:θi] mørk, mørkhudet.
swash [swɔʃ] plasking, skvalder; plaske.
swashbuckler ['swɔʃbʌklə] storskryter.
swastika ['swɔstikə] hakekors, svastika.
SWAT (team) (US) fk. f. **Special Weapons And Tactics** (antiterror) beredskapsstyrke.
swat [swɔt] klaske, smekke; slite, streve.
swatch [swɔtʃ] haug, gjeng, bande, hurv; (stoff)-prøve; flekk.
swath [swɔ:θ] skåre (av gress el. korn).
swathe [sweið] svøp, forbinding; svøpe, innhylle.
swatter ['swɔtə] fluesmekker.
sway [swei] svaie, svinge, helle; ha overvekt, herske, styre, råde, beherske, heise, hive; svaiing, sving, overvekt, innflytelse, styre, makt.
swear [swεə] sverge, ta i ed, edfeste, bekrefte ved ed, banne; **– in** edfeste; **– off drinking** avsverge drikk; **– to** sverge, banne på. **-er** en som sverger.
sweat [swet] svette, slit og slep, svettetokt; svette, svette ut, få til å svette; **no –** så lett som bare det; **– out** svette ut; vente utålmodig på.
sweater ['swetə] utbytter; sweater, slags genser.
sweating ['swetiŋ] svetting; utbytting. **sweating bath** dampbad.
sweat | shirt treningsgenser, T-skjorte. **– suit** treningsdrakt.
sweaty ['sweti] svett, møysommelig, strevsom.
Swede [swi:d] svenske. **Sweden** ['swi:dn] Sverige. **Swedish** ['swi:diʃ] svensk.
swede [swi:d] kålrot, kålrabi.
sweep [swi:p] feie, sope, måke; vinne overveldende; fare henover, stryke langsmed, sokne langsetter, slepe, bestryke, ta et hurtig overblikk over; fare forbi, streife, jage bort; feiing, soping, sving, feiende bevegelse, streifing, strøk, ødeleggelse, feier; erobring, seier; rekkevidde, spennvidde, strekning, stort område; **– along** rive med; **– away** skylle, rive bort.
sweep|er ['swi:pə] feier, feiemaskin. **-ing** feiing, feiende, brusende; omfattende, drastisk. **-ings** søppel, avfall.
sweepstake(s) ['swi:psteik(s)] sweepstakes (veddemål hvor samtlige innsatser går til den seirende).
sweet [swi:t] søt, duftende, velluktende, melodisk, yndig, fersk, frisk, blid; sødme, behagelighet, duft; elskling, skatt; søtsmak, sukkertøy, snop, konfekt; dessert; **-s** slikkeri, gotter; **be – on** være forelsket i; **he has a – tooth** han er glad i søte saker.
sweetbread ['swi:tbred] brissel, bukspyttkjertel.
sweet|briar ['swi:t'braiə] vinrose. **– chestnut** edelkastanje. **– corn** sukkermais.
sweeten ['swi:tn] gjøre søt, sukre, forsøte, mildne, formilde; parfymere; gjøre frisk, gjøre fruktbar; bli søt; fjerning og/el. omforming av svovelforbindelser i olje el. gass.
sweet gas svovelfri (hydrokarbon)gass.
sweetheart ['swi:thɑ:t] kjæreste, skatt.
sweeting ['swi:tiŋ] søteple.
sweetish ['swi:tiʃ] søtlig.
sweetmeat ['swi:tmi:t] sukkertøy, snop, drops.
sweetness søthet, vellukt, ynde, mildhet.
sweet | oil olivenolje, matolje. **– pea** blomsterert. **– roll** rulade. **– -scented** velluktende. **-shop** gotteributikk. **– stuff** søtsaker. **– -tempered** elskverdig. **sweety** sukkertøy, snop, skatten (min).
swell [swel] svulme, svelle, trutne, hovne; briske seg, være svulstig, opphisse, vokse, øke, stige, blåse opp, forsterke; svulming, trutning, forhøyning, kul, hevelse; utbuling; intensitet, kraft, terrengbølge, crescendo, matador, fin kar, staskar, stasdame, laps, smukkas; dønning; **the great -s in literature** litteraturens matadorer; **– mob** fin tyv, gentlemansforbrytere. **-ing** svulmende; svulming, oppblåsthet, forhøyning, oppbrusing, utbrudd. **-ism** finhet, flotthet.
swelter ['sweltə] være lummer, forsmekte, forgå, forgå av varme; ødelegge med varme, svette ut; stekende varme, hete.
swept [swept] imperf. og perf. pts. av **sweep. – -back wing** tilbakestrøket vinge (om fly).
swerve [swə:v] dreie til siden, bøye av, vike ut, avvike, skjene; dreining, avvikelse, sidekast.
Swift [swift].
swift [swift] hurtig, rask; garnvinde, kardetrommel; firfisle (om flere mindre arter); tårnseiler (tidl. tårnsvale). **-air** ekspress(luft)post. **– -footed** rappfotet, rask til beins.
swig [swig] ta slurker av; slurk.
swill [swil] tylle i seg, skylle; slurk, fyll; vasking, spyling. **– tub** skylledunk.
swim [swim] svømme, ta en svømmetur el. dukkert, flyte, drive, sveve; svimle; være oversvømmet, svømme over; svømming, svømmetur, svømmeblære; **be in the –** være med i det som foregår. **-mer** svømmer, svømmefugl. **-ming** svømming; svimmelhet. **-mingly** svømmende, glatt, fint. **-ming pool** svømmebasseng. **-suit** badedrakt. **-wear** badetøy.
Swinburne ['swinbə(:)n].
swindle ['swindl] svindle, bedra; svindel.
swindler ['swindlə] svindler, bedrager.
swindling ['swindliŋ] svindel, bedrageri.
swine [swain] gris, svin; griser; svine-. **-herd** svinerøkter, grisegjeter. **– pox** vannkopper. **-ry** ['swainəri] grisehus, svineri.
swing [swiŋ] svinge, vippe, dingle; sving, sleng, svingning, utslag; huske, slenghuske, husketur, fritt løp, frihet, gang, bevegelse, spillerom, svingdør; swing (dans); **in full –** i full gang. **– bridge** svingbru. **– chair** hengesofa, hammock. **– cot** balansevugge. **– door** svingdør.
swinge [swin(d)ʒ] piske, pryle, denge, slå. **swingeing** ['swindʒiŋ] veldig, dundrende, enorm, uhyre, knallende.
swinger ['swindʒə] dundrende løgn, diger skrøne.
swing|er ['swiŋə] en som svinger. **– gate** stor svingdør. **-ing** ['swiŋiŋ] svingende, sving-, svinging. **-le** ['swiŋgl] skakekniv; skake (lin); slagvol. **– -over** omslag. **– seat** hengesofa, hammock. **– shift** (US) kveldsskift (på arbeidsplass). **– wing** fly med vinger som kan justeres etter flyets hastighet.
swinish ['swainiʃ] svinsk, dyrisk; simpel.
swipe [swaip] brønnvippe, pumpestang; stallkar, hestepasser; slå kraftig; delje til; slag.
swipes [swaips] skvip, tynt øl.
swirl [swə:l] virvle av sted, snurre; vindsel, spole; virvar, virvel, virveldans.
swish [swiʃ] la suse, svinge, smekke, piske, slå; susing, visling, rasling, smekk, svepeslag.
Swiss [swis] sveitsisk; sveitser; (det samme i plur. som er sjelden unntagen med **the**). **– roll** swissroll, rulade.
switch [switʃ] tynn kjepp, myk påk, pisk; sporskifte, pens, rangering; (elektrisk) strømvender,

strømbryter, veksel, velger; (løs) flette; gi av kjeppen, piske; svinge, dreie, skifte, pense, rangere; **– off** bryte, slå av (strøm), slokke (lys); **– on** slå på, sette på, tenne.
switch|back [ˈswitʃbæk] rutsjebane, berg-og-dalbane; slyngvei. **-blade** springkniv. **-board** strømfordelingstavle; instrumentbord; sentralbord. **– box** bryterboks. **– button** bryterknapp. – **indicator** (EDB) flagg.
switching fordeling, omkopling; pensing. **– track** skiftespor.
switch|man sporskifter, pensemann. **– -over** overgang, omstilling. **-yard** rangerstasjon.
Switzerland [ˈswitsələend] Sveits.
swivel [ˈswivl] virvel, bevegelig tapp; svinge, dreie seg, virvle (seg) rundt. **– chair** svingstol. **– pin** svingbolt; kingbolt (bil). **– window** vippevindu.
swiv(v)et [ˈswivit]; **in a –** oppskjørtet, helt forstyrret.
swizzle stick champagnevisper.
swollen, swoln [ˈswəuln] oppsvulmet, svullen.
swoon [swu:n] besvime, dåne; besvimelse.
swoop [swu:p] slå ned på, gripe; komme feiende, nedslag, grep, raskt angrep.
swop se **swap.**
sword [sɔ:d] sverd, sabel; **put to the –** la springe over klingen, drepe; **he kills himself on his –** han faller på sitt sverd. **– arm** høyre arm, militærmakt. **– bayonet** sabelbajonett. **– -bearer** sverddrager. **-fish** sverdfisk. **– knot** portepée, sabelkvast, kårdekvast. **-sman** fektemester. **-smanship** fektekunst. **– player** fekter. **– stick** kårdestokk. **– swallower** sverdsluker.
swore [swɔ:] imperf. av **swear.**
sworn [swɔ:n] perf. pts. av **swear;** svoren, edsvoren; inkarnert, uforbederlig, rendyrket.
swot [swɔt] pugghest, sliter, strev, pugging; slite med, terpe.
Sybarite [ˈsibərait] sybaritt. **sybaritic** [sibəˈritik] sybarittisk, overdådig.
sycamore [ˈsikəmɔ:] platanlønn; morbær-fikentre.
sycophancy [ˈsikəfənsi] spyttslikkeri.
sycophant [ˈsikəfənt] spyttslikker, smigrer. **sycophantic** [sikəˈfæntik] slesk, krypende, falsk.
Sydenham [ˈsidnəm].
Sydney [ˈsidni].
syllabic, -al [siˈlæbik, -l] stavelses-. **syllabi(fi)cation** [silæbi(fi)ˈkeiʃən] stavelsesdeling.
syllable [ˈsiləbl] stavelse.
syllabus [ˈsiləbəs] studieplan, pensum.
syllogism [ˈsilədʒizm] syllogisme, slutning.
syllogize [ˈsilədʒaiz] slutte, dra slutninger.
sylph [silf] sylfe, luftånd; nymfe. **sylphid** [ˈsilfid] sylfide, liten sylfe.
symbol [ˈsimbəl] symbol, sinnbilde, tegn, bekjennelse. **-ical** [simˈbɔlikl], **-ically** [simˈbɔlikəli] symbolsk. **-ics** [simˈbɔliks] symbolsk teologi. **-ism** [ˈsimbəlizəm] symbolikk; symbolisme. **-ize** [ˈsimbəlaiz] symbolisere, betegne symbolsk.
symmetrical [siˈmetrikl] symmetrisk.
symmetry [ˈsimitri] symmetri.
sympathetic [simpəˈθetik], **-al**[-l], **-ally** [-əli] sympatetisk, sympatisk, deltakende, medfølende. **– ink** usynlig blekk. **– strike** sympatistreik.
sympathize [ˈsimpəθaiz] sympatisere, vise medfølelse; kondolere.
sympathy [ˈsimpəθi] sympati, medfølelse; positiv innstilling. **– strike** sympatistreik.
symphonious [simˈfəuniəs] harmonisk. **symphonize** [ˈsimfənaiz] harmonere. **symphony** [ˈsimfəni] harmoni, samklang, symfoni.
symposium [simˈpəuziəm] symposium, gjestebud, vitenskapelig konferanse; samling av flere meningsuttalelser.
symptom [ˈsim(p)təm] symptom, tegn **(of** på).
syn. fk. f. **synonym.**
synagogue [ˈsinəgɔg] synagoge.
synchronism [ˈsiŋkrənizm] samtidighet. **synchronize** [ˈsiŋkrənaiz] falle sammen i tid; synkronisere, samkjøre. **synchronous** [ˈsiŋkrənəs] samtidig, synkron.
syncopate [ˈsiŋkəpeit] synkopere, forkorte. **syncopation** [siŋkəˈpeiʃən] forkorting. **syncope** [ˈsiŋkəpi] synkope, sammentrekking av ord (ved utskyting av lyd i midten), forskyting av rytme; avmakt, besvimelse.
syndetic [sinˈdetik] forbindende.
syndic [ˈsindik] syndikus.
syndicate [ˈsindikit] syndikat, konsortium. **syndication** [sindiˈkeiʃən] danning av et konsortium. **syndicalism** [ˈsindikəlizm] syndikalisme. **syndicalist** [ˈsindikəlist] syndikalist.
syne [sain] siden; **auld lang –** for lenge siden.
synod [ˈsinəd] synode, kirkemøte. **synodal** [ˈsinədəl] synodal, synodaldekret.
synodic [siˈnɔdik] synodal; forhandlet i kirkemøte.
synonym [ˈsinənim] éntydig ord, synonym. **synonymous** [siˈnɔniməs] éntydig, synonym. **synonymy** [siˈnɔnimi] éntydighet.
synopsis [siˈnɔpsis] oversikt, utdrag.
syntactical [sinˈtæktikl] syntaktisk.
syntax [ˈsintæks] syntaks, ordføyningslære.
synthesis [ˈsinθisis] syntese, sammensetning. **synthesizer** [ˈsinθisaizə] slags elektronisk musikkinstrument, synthesizer. **synthetic** [sinˈθetik] syntetisk, sammenføyende.
syphilis [ˈsifilis] syfilis. **syphilitic** [sifiˈlitik] syfilitisk; syfilitiker.
Syria [ˈsiriə]. **Syriac** [ˈsiriæk] gammelsyrisk. **Syrian** [ˈsiriən] syrisk; syrer.
syringa [siˈriŋgə] syrin, uekte sjasmin.
syringe [ˈsirin(d)ʒ] sprøyte; sprøyte (inn).
syrinx [ˈsiriŋks] panfløyte.
syrup [ˈsirəp] sukkerholdig ekstrakt, sukkersaft, sukkeroppløsning; renset sirup.
system [ˈsistəm] system, ordning, metode, plan. **-atic** [sistəˈmætik], **-atical** [sistəˈmætikl], **-atically** [sistəˈmætikəli] systematisk. **-atize** [ˈsistəmətaiz] systematisere.
systole [ˈsistəli] sammentrekking (især av hjertet).

T

T, t [ti:] T; t; **cross the t's** legge siste hånd på verket; **suit to a T** passe på en prikk; fk. f. **Testament; Tuesday; telephone; temperature; time; ton(s).**
't fk. f. **it.**
ta [tɑ:] (barnespråk og cockney) takk!
Taal [tɑ:l], **the –** Kapp-hollandsk.
tab [tæb] hempe, stropp, løs ende; distinksjon; etikett, merkelapp, (kassa)bong, lapp; (US) regnskap; forsyne med merkelapp. **-s** (pl.) ører; **keep -s on** kontrollere, notere, holde øye med.
tabard [ˈtæbəd] våpenkjole.
tabaret [ˈtæbəret] en slags atlask.
tabby [ˈtæbi] vatret, stripet; moiré; stripet katt, katte, kjette; gammel jomfru, sladrekjerring; **– cat** stripet katt.
tabefaction [tæbiˈfækʃən] hentæring.
tabernacle [ˈtæbənækl] paulun, telt, tabernakel, avlukke i alteret, nisje; bo, holde til, gjemme.
tabes [ˈteibi:z] (ryggmargs)tæring.
tablature [ˈtæblətʃə] tabulatur (i musikk).
table [teibl] tavle, bord, taffel, kost; tabell, liste, register, innholdsfortegnelse, brettspill, platå; ordne tabellarisk, katalogisere; legge på bordet, legge fram; forelegge; utsette, henlegge; **turn the -s** vende bladet, gi saken en annen vending; **at –** til bords, under måltidet.
tableau [ˈtæbləu] tablå.
table | beer [ˈteiblbiə] alminnelig øl som brukes til bords, **– bell** bordklokke. **– book** tabellverk. **– centre** bordløper, brikke. **– clearer** ryddegutt (i restaurant). **– cloth** bordduk. **– cover** bordteppe. **– d'hôte** [ˈtɑ:blˈdəut] table d'hôte. **-land** høyslette. **– leg** bordben. **– linen** dekketøy. **– manners** bordskikk. **– mat** kuvertbrikke. **– service** bordbestikk. **-spoon** spiseskje.
tablet [ˈtæblit] plate, liten tavle, tablett, blokknoter.
table | talk [ˈteibltɔ:k] bordkonversasjon, gjengivelse av kjent persons tale ved bordet. **– tennis** bordtennis. **– top** bordplate. **– turning** borddans. **-ware** dekketøy, servise.
tabloid [ˈtæblɔid] tablett; avis i tabloidformat; tablett-; (fig.) konsentrert.
taboo [təˈbu:] tabu, forbud; fredlyse, forby bruken av; unevnelig, forbudt.
tabor [ˈteibə] (gammelt:) tromme.
tabouret [ˈtæbərit] taburett, broderramme.
tabu = **taboo.**
tabular [ˈtæbjulə] tavleformet, tavlet; tabell-, tabellarisk. **tabulate** [ˈtæbjuleit] planere; ordne i tabellform, tabulere. **tabulation** [tjæbjuˈleiʃən] tabulering; ordning i tabellform.
tachometer [tæˈkɔmitə] takometer, turteller.
tachygraphy [təˈkigrəfi] stenografi.
tacit [ˈtæsit] stilltiende; taus, uuttalt.
taciturn [ˈtæsitə:n] ordknapp, fåmælt.
taciturnity [tæsiˈtə:niti] ordknapphet.
tack [tæk] stift, liten spiker, nudd; (mar.) hals; baut, slag; tråklesting, nest; leiekontrakt; politikk; feste, stifte, hefte med stifter, hefte sammen; tilføye; endre kurs, stagvende, gå baut; **on the same –** på samme baug; **get on a new –** slå inn på en ny fremgangsmåte; **on a wrong –** på falsk spor. **-er** stiftemaskin.
tacket [ˈtækit] skosøm.
tackiness [ˈtækinis] klebrighet.
tackle [ˈtækl] takkel, talje, rigg; redskap, greier, utstyr; takle (i fotball); takle, feste; gi seg i kast med, gå løs på, fikse, klare. **-d** [ˈtækld] laget av tau. **tackling** [ˈtækliŋ] takkelasje, tauverk.
tacky [ˈtæki] klebrig; forkommen person.
tact [tækt] berøring, følelse, takt, fint skjønn, finfølelse, grep; **want of –** taktløshet; **-ful** taktfull.
tactic, tactical [ˈtæktik(l)] taktisk. **tactician** [tækˈtiʃən] taktiker. **tactics** [tæktiks] taktikk.
tactile [ˈtæktail] følbar, føle-. **tactility** [tækˈtiliti] følbarhet. **taction** [ˈtækʃən] berøring.
tactless [ˈtæktlis] taktløs. **-ness** taktløshet.
tactual [ˈtæktjuəl] følelses-, berørings-.
tadpole [ˈtædpəul] rumpetroll.
tael [teil] tael (kinesisk vekt- og myntenhet).
taenia [ˈti:njə] bånd; bendelorm.
taffeta [ˈtæfitə], **taffety** [ˈtæfiti] taft.
taffrail [ˈtæfreil] hakkebrett (øverste flateplanke på skansekledningen akter).
Taffy [ˈtæfi] waliser.
tag [tæg] spiss, tipp, snipp, nebb, hempe, stropp, dopp (på lisse), tillegg, tilheng, merkelapp, etikett, prislapp; forslitt vending, floskel, omkved, moral, stikkord, refreng; pakk; pøbel, sisten (en lek); sette (nebb, spiss etc.) på, henge på, feste, henge etter, være påtrengende; **-ger** påhefter; den som har sisten.
tagrag [ˈtægræg] eller **tagrag and bobtail** pøbel.
Tagus [ˈteigəs], **the –** Tajo.
Tahiti [təˈhiti]. **-an** tahitier; tahitisk.
tail [teil] hale, svans, ende, rumpe, hestehale, spord, pisk (i nakken); snippkjole; kø, kjoleslep, skjorteflak; berme, bunnfall; begynnelsen (av en løpegrav); bakside, revers (av mynt); sette hale på, komme etter som en hale, skygge; svinne, bli svakere; **head or –** mynt eller krone; **get his – down** stikke halen mellom bena; **– off** stikke av; **– in** (el. **on)** feste med enden i en mur; **turn –** snu ryggen til, flykte bort; **twist his –** irritere ham.
tail [teil] fideikommissarisk båndleggelse; båndlagt; **estate –** fideikommiss.
tail|board bakfjel, baklem. **– coat** (snipp)kjole; snibel.
tailed med hale.
tail | end haletipp, bakpart, avslutning. **– feather** halefjær, styrefjær. **– gate** rampe; sluseport; (US) bakfjel, baklem; bakdør, hekkdør (bil). **-gate** kjøre tett opp til bilen foran; **don't -gate!** (US) hold avstand! **– gunner** akterskytter. **– -heavy** baktung.
tailing [ˈteiliŋ] innmurt (mur)stein; sand, slam.
tail | lamp baklys, baklykt. **-less** haleløs. **– light = – lamp.**

tailor [ˈteilə] skredder; sy, være skredder; avpasse **(to** til), skreddersy. **– bird** skredderfugl. **-ing** [-riŋ] skredderarbeid, skredderyrke. **– -made** skreddersydd; skreddersydd drakt; (fig.) laget etter ønske.
tail|piece [ˈteilpi:s] bakdel, endestykke; sluttvignett; baktunge (på fele). **– pipe** utblåsningsrør; sugerør (i pumpe). **– plane** haleplan (fly).
tailstock [ˈteilstɔk] pinoldokke, bakdokke (i dreiebenk).
taint [teint] forderve, forpeste, forgifte, smitte, angripe, plette; bli smittet; plett, smitte, besmittelse, infeksjon, fordervelse, sykdom; snert, anstrøk; **a scrofulous –** kjertelsykdom. **-less** ubesmittet, plettfri.
take [teik] ta, gripe, fange, arrestere, fakke, overfalle, innta, beta, oppta, treffe, ramme, motta, ta med, bringe, føre, følge, ledsage, bruke, anta, besørge, greie, klare, fatte, skjønne, lure, narre, kreve; gjøre lykke, gjøre virkning, virke, slå an, ta fatt, pådra seg; tatt mengde; fangst; **be -n ill** bli syk; **– (the) air** trekke frisk luft; **– (up) arms** gripe til våpen; **– breath** dra pusten; **– care** være forsiktig, vise omsorg; **– the chair** innta formannsplassen; **– one's chance** våge; **– a course** ta en kurs; **– delight** glede seg over; **– a disease** bli smittet; **– effect** gjøre virkning; **– the field** dra i felten; **– fire** fenge; **– heart** fatte mot; **– a hint** forstå en halvkvedet vise; **– horse** stige til hest; **– a likeness** tegne et portrett; **– measure** ta mål; **– measures** ta forholdsregler; **– notice** forstå (om barn); **– notice of** legge merke til; **– an oath** avlegge en ed; **– pains** gjøre seg umak; **– place** finne sted; **– pleasure in** finne fornøyelse i, ha moro av; **– a pride in** sette sin ære i; **– shame** skamme seg; **– a summons** ta ut en stevning; **– a walk** gå en tur; **– the waters** ligge ved bad; **– one's word for it** stole på det; **–** i forb. med preposisjon eller adverbium; **be -n aback by** bli forbløffet over; **– after** etterlikne, likne, slekte på; **– along with one** ta med seg, tilegne seg; **– away** ta bort, berøve; **– down** føre til bords; undertrykke, skrive ned; rive ned, demontere; **– from** ta bort, berøve, nedsette, forminske, svekke; **– in** ta inn, forminske, omfatte, ta med, få med, anta, oppta, holde (f. eks. et blad), oppfatte; narre, bedra; føre til bords; **– in hand** ta seg for; **– in vain** (bil.) ta forfengelig. **– off** ta bort, fjerne, forminske, slå av, holde tilbake, drikke ut, kjøpe; kopiere, etterape; gå opp (om fly); **– on** ta på seg, gjøre fordring på å være, ta seg nær av, ta på vei, skape seg; **– out** ta ut; **– it out on** la det gå ut over; **– to** gi seg til, oppofre seg for, ta tilflukt til, gjøre bruk av; ha sympati for, like, være glad i; **– to the collar** gå godt i seletøyet; **– to heart** ta seg nær av; **– to pieces** ta fra hverandre; **– up** oppta, påta seg, låne, begynne, fortsette, underbinde, gripe, irettesette, omfatte, samle inn; **– up an offer** ta imot et tilbud, akseptere; **I'll – you up on that** jeg godtar, aksepterer det (du sier); **– up for** beskytte; **– up with** være tilfreds med, bo hos, gi seg i lag med; **– upon** påta seg, tillate seg; **be -en with** bli betatt av.
take|down demontering; svindel, juks; leksjon. **– -home pay** nettolønn. **– -in** lureri, bedrag. **– -off** karikatur, parodi; sats- el. startplass; start, letting (fly); utgangspunkt. **-over** (merk.) overtakelse; **-over bid** oppkjøp av aksjemajoritet.
taker [ˈteikə] overtaker, kjøper, erobrer.
taking [ˈteikiŋ] inntagende; smittsom (også fig.); arrest(asjon), fangst; (pl.): inntekt; opphisselse.
talao [təˈlau] (fra hindu) dam, reservoar.
talc [tælk] talkum.
tale [teil] beretning, fortelling, historie, eventyr; sladder, rykte; (samlet) antall; **hereby hangs a –** til dette knytter det seg en historie; **tell -s (out of school)** sladre, fisle, ikke kunne holde tett. **-bearer** sladderhank. **-bearing** sladring.
talent [ˈtælənt] talent, anlegg, begavelse. **-ed** talentfull, begavet.
tales [ˈteili:z] jurysuppleanter.
tale teller [ˈteiltelə] sladderhank; forteller.
talion [ˈtæljən] gjengjeldelsesrett.
taliped [ˈtæliped] med klumpfot, klumpfotet; klumpfot.
talisman [ˈtælismən] talisman, tryllemiddel.
talk [tɔ:k] tale, snakke, fortelle, prate, skravle, diskutere, røpe, sladre; prat, snakk, samtale, foredrag, kåseri, konferanse, drøftelse, prek, rykte, folkesnakk, samtaleemne; **be the – (of)** være på folkemunne; **– big** skryte; **– down** snakke i senk; **– him out of it** snakke ham fra det, overtale; **– up** oppreklamere; si kraftig fra; **– shop** snakke fag, prate butikk.
talkative [ˈtɔ:kətiv] snakksom, pratsom.
talkee-talkee [ˈtɔ:kiˈtɔ:ki] snakk, pjatt, skravl.
talker [ˈtɔ:kə] vrøvlehode, skravlebøtte; konversasjonstalent; taler, kåsør.
talkie [ˈtɔ:ki] lydfilm.
talking-to [ˈtɔ:kiŋtu:] irettesettelse, skjennepreken.
tall [tɔ:l] høy, lang, stor, svær, diger, høyttravende, eventyrlig, forbløffende, overdrevet, usannsynlig, urimelig, drøy. **-boy** dragkiste, chiffonniere. **-ness** høyde.
tallow [ˈtæləu] talg; talge, smøre (m. talg). **– candle** talglys. **– chandler** lysestøper. **– face** bleikfjes, bleikfis. **-er** talghandler. **-ish** talgaktig, fettet.
tallowy [ˈtæləui] talgaktig, fet; **– complexion** blek ansiktsfarge.
tally [ˈtæli] karvestokk, merke som betyr et bestemt tall, tilsvarende del, make, sidestykke, motstykke, gjenpart, merkelapp, etikett, kontrollmerke, regnskap, telling; karve, skjære merker i, tilpasse, passe sammen, telle, føre regnskap med; **– with** stemme (overens) med.
tally-ho [ˈtæliˈhəu] rop, en jegers rop til hundene; heie.
tally|man teller, regnskapsfører, kredittsalgkjøpmann. **– shop** avbetalingsbutikk.
Talmud [ˈtælməd] talmud, avhandlinger og forklaringer til den jødiske teologi og rett. **Talmudic** [tælˈmʌdik] talmudisk. **Talmudist** [ˈtælmədist] talmudist.
talon [ˈtælən] en rovfugls klo; talong (i kortspill).
taluk (indisk) jordegods, skattedistrikt.
talukdar (indisk) foged, godseier.
talus [ˈteiləs] ankelbein, vrist; skråning; ur.
tamable [ˈteiməbl] som kan temmes.
tamarind [ˈtæmərind] tamarinde.
tamarisk [ˈtæmərisk] tamarisk, klåved, klåris.
tambour [ˈtæmbuə] tromme; broderramme; tamburin-broderi; tambur; sylindrisk stein i søyle; arbeid på broderramme.
tambourine [tæmbəˈri:n] tamburin.

tame [teim] tam, spak, spakferdig, motfallen, matt; temme, kue. **-less** utemt. **-ly** tamt, likegyldig, spakferdig. **-ness** tamhet, ydmykhet, matthet. **tamer** [ˈteimə] temmer.
Tamil [ˈtæmil] tamil; tamilsk.
Tammany [ˈtæməni] **Society** (eller **Ring** eller **Hall**), navn på en organisasjon av demokrater i New York, ofte nevnt som innbegrep av politisk korrupsjon.
tam-o'-shanter [tæməˈʃæntə] rund skottelue.
tamp [tæmp] fylle, tette igjen (et hull); pakke, stampe, ramme ned.
tamper [ˈtæmpə] prøve, eksperimentere, spille under dekke med, forkludre, klisse med, gi seg av med, pille ved, klusse ved; forfalske.
tampion [ˈtæmpiən] propp (av tre til kanon).
tampon [ˈtæmpən] tampong (i sår); tamponere.
tan [tæn] garvebark, barkfarge, solbrenthet, gyllenbrunt; barke, garve, gjøre brun, gjøre solbrent; pryle. **– bed** barkbed.
tandem [ˈtændəm] spent etter hverandre, sittende etter hverandre; tvibeite (med den ene hesten etter den andre); tandem.
tang [tæŋ] tang, sjøtang.
tang [tæŋ] ettersmak, bismak, skarp smak.
tang [tæŋ] tange på kniv, klunk, tone; la klinge, klinge, klunke.
Tanganyika [tæŋgəˈnji:kə].
tangency [ˈtændʒənsi] tangering, berøring.
tangent [ˈtændʒənt] tangent, tangens; berørings-, berørende; **go** el. **fly off at a –** ryke av sporet, slå plutselig om (i en ganske annen retning); komme plutselig ut av det. **– balance** pendelvekt. **-ial** [tænˈdʒenʃəl] tangential, tangent-; periferisk, flyktig.
tangerine [tændʒəˈri:n] liten appelsin, mandarin; dyp oransjefarget.
tangibility [tændʒiˈbiliti] følbarhet, håndgripelighet, påtakelighet. **tangible** [ˈtændʒibl] følbar, følelig, påtakelig, konkret, virkelig; **– property** rørlig gods.
tangle [ˈtæŋgl] sammenfiltre, floke, innvikle, besnære, være innviklet; floke, vase, ugreie; (fig.) villnis, rot. **-d** sammenfiltret, floket.
tango [ˈtæŋgəu] tango.
tank [tæŋk] beholder, tank, sisterne, akvarium; stridsvogn; drukkenbolt; anbringe i beholder(e), tanke, fylle opp; (anglo-indisk:) dam, sjø. **tankage** [ˈtæŋkidʒ] kapasitet.
tankard [ˈtæŋkəd] seidel, krus (med lokk).
tanker [ˈtæŋkə] tankbåt, tankbil.
tank top singlet.
tanner [ˈtænə] garver; (i slang) seks pence. **tannery** [ˈtænəri] garveri. **tannin** [ˈtænin] garvestoff, garvesyre.
tanning [ˈtæniŋ] barkgarving; det å bli solbrent; **– solution** garvestoffoppløsning.
tan pit [ˈtænpit] garvekule; barkved.
tan stove [ˈtænstəuv] drivhus med barkbed.
tansy [ˈtænzi] reinfann (plante).
tantalism [ˈtæntəlizm] tantaluskval. **tantalization** [tæntəliˈzeiʃən] kval, pine, straff. **tantalize** [ˈtæntəlaiz] tantalisere, pine, erte. **tantalus** [ˈtæntələs] brennevinsoppsats hvor karaflene blir låst inn; tantalus (slags stork).
tantamount [ˈtæntəmaunt] enstydende, jevngod (**to** med).
tantivy [tænˈtivi] rasende fart; hurtig; fare.
tantrum [ˈtæntrəm], **fly into a –** bli rasende (illsint, anfall, lune).
tan vat [ˈtænvæt] barkekar.
tan yard [ˈtænja:d] garveri.
tap [tæp] banke (lett) på, kakke, pikke, berøre; steppe (danse); dask; lett slag, banking; **there was a – at the door** det banket på døra.
tap [tæp] tapp, tønnetapp, vannkran, kran, ture, skjenkestue; gjengetapp, elektrisk uttak; tappe, ta hull på, anstikke; utnytte, avlytte, snappe opp (telegram el. telefonbeskjed fra ledningen); slå for penger.
tap | dance steppdans. **– -dance** steppe.
tape [teip] bendel, bånd, målesnor, papirstrimmel (i telegrafapparat), isolasjonsbånd, limbånd, lydbånd; feste med (lim)bånd, måle; **red –** byråkrati, departementalt sommel; **breast the –** bryte snora, komme inn (i mål). **– cartridge** båndkassett. **– cassette** båndkassett. **– counter** telleverk (på båndspiller). **– deck** bånddekk, tapedeck (båndspiller uten utgangsforsterker). **– guidance** båndføring, båndløp. **-line** målesnor. **– player** båndspiller.
taper [ˈteipə] vokslys, kjerte; kjegleformig, tilspisset, avsmalnende, fintformet, tynn; gradvis avta i tykkelse, løpe ut i en spiss, spisse til, smalne, avta, minke; lyse opp med vokslys.
tape|-record spille inn på bånd. **– recorder** lydbåndopptaker. **– recording** lydbåndopptak.
tapering [ˈteipəriŋ] tilspisset, smal, konisk.
tapestry [ˈtæpistri] gobelin, veggteppe, billedvev, åkle.
tape| transport båndføring, båndløp. **– unit** båndspiller, båndstasjon.
tapeworm [ˈteipwə:m] bendelorm.
tap house [ˈtæphaus] kneipe, bar.
tapir [ˈteipə] tapir.
tapis [ˈtæpi:] teppe; **be on the –** være på tapetet, stå på dagsordenen, være i gang.
tapper [ˈtæpə] bankende person; telegrafnøkkel.
tappet [ˈtæpit] medbringer, ventilløfter.
tapping [ˈtæpiŋ] avtapping, gjengeskjæring; telefonavlytting.
tap|room [ˈtæpru:m] skjenkestue, bar. **-root** pælerot.
tapster [ˈtæpstə] vintapper, øltapper.
tar [ta:] tjære; matros, sjøgutt; tjære, tjærebre; **an old –** en sjøulk.
taradiddle [ˈtærədidl] liten løgn, skrøne.
tarantella [tærənˈtelə] tarantella (en dans).
tarantula [təˈræntjulə] tarantell (edderkopp).
taraxacum [təˈræksəkəm] løvetann, medisin av løvetannrot.
tar|board tjærepapp. **– brush** tjærekost; **a touch of the – brush** ha litt negerblod i årene.
tardiness [ˈta:dinis] langsomhet.
tardy [ˈta:di] langsom, sen, sendrektig, treg.
tare [tεə] vikke, (bibelsk) klinte.
tare [tεə] tara (vekt av emballasje).
target [ˈta:git] skyteskive; gjenstand, mål, skive, målsetning; **– for their scorn** gjenstand for deres hån. **– designation** målangivelse. **– practice** skyteøvelse. **– range** skytebane.
tariff [ˈtærif] tariff, tolltariff, toll, takst, prisliste. **– area** tollområde. **– barrier** tollmur. **– reform** tollreform, (især om en) politikk som går ut på å innføre beskyttelsestoll. **– war** tollkrig.
tarlatan [ˈtʌ:lətən] tarlatan (musselin).

tarmac [ˈtɑ:mæk] tjæremakadam, asfaltvei; asfaltert startbane (fly).
tarn [tɑ:n] tjern, lite fjellvann.
tarnish [ˈtɑ:niʃ] ta glansen av, flekke, fordunkle, anløpe, falme, miste glansen.
taroc [ˈtærək] tarokk (et slags kortspill).
tarpaulin [tɑ:ˈpɔ:lin] presenning; tjæret matroshatt, sydvest, matros; sjøgast.
tarry [ˈtɑ:ri] tjære-, tjæret, sjømannsmessig.
tarry [ˈtæri] (gml.) nøle, bie, dryge, dvele, vente på.
tart [tɑ:t] terte; (i slang) ludder, tøyte, tøs.
tart [tɑ:t] sur, skarp, bitende, bitter.
tartan [ˈtɑ:tən] tartan, skotskrutet tøy; skotskrutet.
Tartar [ˈtɑ:tə] tatar; tyrk, ren satan, drage; **catch a –** få med sin overmann å bestille, finne sin overmann, treffe den rette.
tartar [ˈtɑ:tə] vinstein; tannstein. **-ic** [tɑ:ˈtærik] vinstein; **-ic acid** vinsyre. **-ise** [ˈtɑ:təraiz] behandle med vinstein. **-ous** vinsteinaktig.
Tartary [ˈtɑ:təri] Tataria.
tartish [ˈtɑ:tiʃ] litt skarp, syrlig; ludderaktig.
tartlet [ˈtɑ:tlit] liten terte.
tartness [ˈtɑ:tnis] skarphet.
task [tɑ:sk] (pålagt) arbeid, plikt, verv, lekse, oppgave, gjerning, yrke; sette i arbeid, plage, legge beslag på; **take to –** ta i skole. **– force** kampenhet; arbeidsgruppe.**-master** arbeidsgiver, oppsynsmann; plager. **-work** pliktarbeid, akkordarbeid.
Tasmania [tæzˈmeinjə].
tassel [ˈtæsl] dusk, kvast; merkebånd (i en bok); besette med kvaster; toppe, ta toppen(e) av.
tastable [ˈteistəbl] som kan smakes, velsmakende.
taste [teist] smake, prøve, ha smak, nyte, like, smake på; smak, anstrøk, snev, sans; **in bad –** smakløs; **in good –** smakfull; **to my –** i min smak. **– bud** smaksknopp. **-ful** velsmakende, smakfull. **-less** uten smak, smakløs.
taster [ˈteistə] prøver, smaker; munnskjenk.
tasty [ˈteisti] smakfull, med smak.
tat [tɔt]; **tit for –** like for like.
tat [tæt] slå nupereller.
ta-ta [ˈtæˈtɑ:] (i barnespråk; tal.) morna, farvel.
Tatar [ˈtɑ:tə] se **Tartar.**
Tate [teit] **Gallery** malerisamling i London.
tats [tæts] filler, kluter; **milky –** hvite kluter.
tatter [ˈtætə] rive i filler; fille. **-demalion** [-diˈmæljən] fillefant. **-ed** fillet, forrevet.
Tattersall [ˈtætəsəl]; **-'s** hestemarkedi London. **tattersall** rutet, spraglet, kulørt.
tatting [ˈtætiŋ] nupereller, slags filering, arbeidet med å slå nupereller.
tattle [ˈtætl] skravle, sladre; sladder, prek. **tattler** [ˈtætlə] pratmaker, skravlebøtte; snipe. **tattletale** [ˈtætlteil] sladderhank.
tattling [ˈtætliŋ] skravlet.
tattoo [tæˈtu:] tappenstrek; militær drilloppvisning; banking, dundring; tatovering; tromme med fingrene el. føttene; slå tappenstrek; tatovere.
taught [tɔ:t] imperf. og perf. pts. av **teach.**
taunt [tɔ:nt] håne, spotte; snert, hån, spe, spott. **-er** spotter. **-ingly** hånende, spottende.
taurine [ˈtɔ:ri:n] tyreliknende, okse-.
Taurus [ˈtɔ:rəs] Taurus; Tyren (stjernebildet).
taut [tɔ:t] tott, stram, spent; ordentlig, nett, fin; **haul –** hale tott. **-en** strammes, totne.
tautological [tɔ:təˈlɔdʒikl] tautologisk, unødig gjentakende. **tautology** [tɔ:ˈtɔlədʒi] tautologi.
tautophony [tɔ:ˈtɔfəni] gjentakelse av samme tone, mislyd.
tavern [ˈtævən] gjestgiveri, vertshus, kro. **-er** restauratør, gjestgiver. **– haunter** stamgjest.
taw [tɔ:]hvitgarve.
taw [tɔ:] (klinke)kule, kulespill; spillelinje.
tawdriness [ˈtɔ:drinis] glødende farger, flitterstas.
tawdry [ˈtɔ:dri] billig, prangende, spraglet, gloret.
tawer [ˈtɔ:ə] garver, hvitgarver.
tawny [ˈtɔ:ni] brunlig, solbrent, gulbrun.
tax [tæks] skatt, byrde, krav; skattlegge, pålegge skatt, bebyrde, dadle, klandre, beskylde **(with** for), anstrenge; **direct –** direkte skatt; **indirect –** indirekte skatt. **taxable** [ˈtæksəbl] skattepliktig. **tax arrears** restskatt. **taxation** [tækˈseiʃən] beskatning, skattlegging, skatt.
tax cart [ˈtækskɑ:t] lett kjerre.
tax | collector [ˈtækskəlektə] skatteoppkrever. **– concessions** (pl.) skattelettelser. **– dodger, evader** skattesnyter. **– exemption** skattefritak. **– -free** skattefri. **– gatherer** skatteoppkrever.
taxi [ˈtæksi] el. **taxicab** [ˈtæksikæb] drosje, bil (oppr. med taksameter); takse (om fly).
taxidermist [ˈtæksidə:mist] utstopper, preparant. **taxidermy** [ˈtæksidə:mi] utstopping.
taximeter [ˈtæksimi:tə] taksameter.
taxi rank drosjeholdeplass.
tax|payer [ˈtækspeiə] skattebetaler, skatteyter. **– provision** skattebestemmelse. **– rate** skatteøre. **– relief** skattelettelse. **– subject** skattebetaler.
T. B. fk. f. **torpedo boat; tuberculosis.**
T. B. D. fk. f. **torpedo-boat destroyer.**
T-bone steak T-beinstek.
tbs.; tbsp. fk. f. **tablespoon.**
T. C. fk. f. **Tank Corps; temporary constable; Trinity College.**
tea [ti:] te, tebusk, ekstrakt; drikke te, traktere med te; **take (or have) –** drikke te; **that's not my cup of –** det er ikke noe for meg. **– bag** tepose. **– board** tebrett. **– caddy** tedåse.
teach [ti:tʃ] lære, undervise; **– school** undervise i skolen; **go and – your grandmother** egget vil lære høna å verpe. **-able** lærvillig, lærenem. **-ableness** lærevillighet, mottakelighet for undervisning.
teacher [ˈti:tʃə] lærer, lærerinne. **– training** lærerutdanning. **teaching** [ˈti:tʃiŋ] undervisning; lære, teori. **– opportunities** undervisningstilbud.
tea | cloth teduk; kjøkkenhåndkle. **– cosy** tevarmer, tehette. **-cup** tekopp. **– fight** teselskap; hurperace, **– garden** terestaurant (i hage). **– gown** ettermiddagskjole.
teak [ti:k] teaktre.
teal [ti:l] krikkand.
team [ti:m] flokk, spann, kobbel, beite; skift, lag, mannskap, gruppe; **– up** danneet lag, spenne sammen. **– mate** lagkamerat. **– spirit** lagånd. **-ster** kusk, spannkjører; (US) transportarbeider. **-wise** lagvis. **-work** samvirke, samarbeid.
tea party [ˈti:pɑ:ti] teselskap.
teapot [ˈti:pɔt] tekanne.
tear [tiə] tåre; **in tears** gråtende; **shed tears** gråte; **burst into tears** briste i gråt. **– bomb** tåregassbombe.
tear [tεə] rive, rive i stykker, slite, rive bort, revne, springe, storme, styrte, fare, rase; rift, revne, spjære; rasende fart; **wear and –** slitasje;

– along fare av sted. **-er** en som river, buldrebasse.
tearful [ˈtiəful] tårefylt; gråtende, med tårer.
tearing [ˈtɛəriŋ] heftig, voldsom.
tearless [ˈtiəlis] uten tårer.
tea | -room konditori, tesalong. **– rose** terose.
tear-shell [ˈtiəʃel] tåregassbombe el. -granat.
tear-stained [ˈtiəsteind] forgrått, tårevåt.
tease [ti:z] erte, sjikanere, småerte; plage, tigge; karde; ertekrok, plageånd; vrien oppgave.
teasel [ˈti:zl] karde-borre, karde-tistel; karde opp, loe opp.
teaser [ˈti:zə] ertekrok, plageånd; en som egger el. pirrer; floke, vanskelig spørsmål el. arbeid.
teaspoon [ˈti:spu:n] teskje.
teat [ti:t] brystvorte, spene, patte; tåtesmokk, narresutt.
tea|-things [ˈti:θiŋz] testell, teservise. **-time** tetid (særl. 16 – 17). **– towel** kjøkkenhåndkle. **– trolley** rullebord. **– urn** temaskin, samovar.
teaze = tease.
tec [tek] slang for **detective.**
tech. fk. f. **technical; technology.**
technical [ˈteknikl] teknisk, fag-, fagmessig. **– paper** teknisk avhandling. **– term** faguttrykk.
technicality [tekniˈkæliti] teknisk karakter, faglighet, formalitet; faguttrykk; faglig finesse. **technician** [tekˈniʃən] tekniker; ekspert.
technicolour [ˈteknikʌlə] (varem.) fargefilm.
technics [ˈtekniks] teknikk.
technique [tekˈni:k] teknikk, teknisk ferdighet; fremgangsmåte.
techno|chemical teknisk-kjemisk.**-cracy** [tekˈnɔkrəsi] teknokrati. **-logical**[teknəˈlɔdʒikəl] teknologisk, teknisk. **-logy** [tekˈnɔlədʒi] teknisk vitenskap, teknologi; fagterminologi.
tectonic [tekˈtɔnik] tektonisk; bygnings-, (arki)tektonisk.
Ted [ted] fk. f. **Edward** el. **Theodore.**
ted [ted] breie (høy). **-der** høyvender.
Teddy [ˈtedi] fk. f. **Edward; Theodore. teddy | bear** teddybjørn, bamse. **– boy** bråkjekk, tøff ungdom, aparte kledd og ikke sjelden bråkmaker.
Te Deum [ti:ˈdi:əm] Te Deum (den ambrosianske lovsang), takkegudstjeneste.
tedious [ˈti:djəs] trettende, kjedelig, kjedsommelig, vidløftig, langtekkelig, langsom. **-ness** kjedelighet. **tedium** [ˈti:djəm] kjedsommelighet.
tee [ti:] underlag for ballen i golf, hvorfra første slag gjøres, mål (i visse spill, f. eks. curling); anbringe ballen på underlaget; **– off** gjøre det første slag i golf, spille ut, begynne noe.
tee [ti:] bokstaven T; noe T-formet; **to a –** nøyaktig, på prikken.
teel [ti:l] sesamplante, sesamfrø. **– oil** sesamolje.
teem [ti:m] yngle, formere seg, bære frukt, være drektig, være full, yre, myldre, kry **(with** av), føde, frembringe; **-ing and lading** lossing og lasting. **-er** fødende. **-less** ufruktbar.
teen-ager [ˈti:neidʒə] tenåring.
teens [ti:nz] alder fra og med 13 til og med 19 år; **she is in her –** hun er i tenårene.
teeny(-weeny) [ˈti:ni (ˈwi:ni)] bitte liten, bitte små.
teeter [ˈti:tə] (amr.) vippe opp og ned, huske, gynge; vipping, husking; (fig.) vakling, usikkerhet.
teeth [tiθ] tenner (pl. av **tooth).**
teethe [ti:ð] få tenner; **teething troubles** vondt for tennene; (fig.) ha barnesykdommer.
teetotaller [ti:ˈtəutlə] totalist, avholdsmann.
teetotalism [ti:ˈtəutlizəm] totalavhold.
teetotum [ˈti:təuˈtʌm] snurrebass, «jakob», topp.
t. e. g. fk. f. **top edge gilt.**
tegular [ˈtegjulə] tegl-, teglsteins-, taklagt.
tehee [ti:hi:] knis; fnise, knise, le hånlig.
teil [ti:l], **– tree** lind, lindetre.
tel. fk. f. **telegram; telephone.**
telary [ˈteləri] vevd, spunnet.
tele [ˈteli] fk. f. **television;** fjern-, fjernsyns-. **-cast** [ˈtelikɑ:st] sende i fjernsyn; fjernsynsending. **-control** fjernstyring. **-gram** [ˈteligræm] telegram.
telegraph [ˈteligrɑ:f] telegraf; telegrafere. **– clerk** telegrafist. **-er** telegrafist. **-ese** [teligrəˈfi:z] telegramstil.
telegraphic [teliˈgræfik] telegrafisk, telegram-; **– bureau** telegrambyrå.
telegraphist [tiˈlegrəfist] telegrafist.
telegraphy [tiˈlegrəfi] telegrafi.
Telemachus [tiˈleməkəs] Telemakhos.
teleologic(al) [ˈteliəˈlɔdʒik(l)] teleologisk. **teleology** [teliˈɔlədʒi] teleologi (læren om verdensordenens hensiktsmessighet).
telepathic [teliˈpæθik] telepatisk. **telepathy** [tiˈlepəθi] telepati.
telephone [ˈtelifəun] telefon; telefonere; **ring up on the –** ringe opp; **answer the –** ta telefonen; **ring off the –** ringe av. **– booth** telefonboks el. -kiosk. **– call** telefonoppringning. **– directory** telefonkatalog. **– exchange** telefonsentral. **– operator** telefonist, telefondame. **– receiver** mikrofon, (høre)telefon. **– shower** hånddusj. **telephonic** [teliˈfɔnik] telefonisk. **telephonist** [tiˈlefənist] telefondame, telefonist(inne). **telephony** [tiˈlefəni] telefonering.
telephotography [ˈtelifəˈtɔgrəfi] telefotografi.
teleplasma [teliˈplæsmə] teleplasma.
teleprinter [ˈteliprintə] fjernskriver.
telescope [ˈteliskəup] kikkert, teleskop. **telescopic** [teliˈskɔpik] teleskopisk, som kan skyves sammen, inn i hverandre. **– ladder** skyvestige. **– sight** kikkertsikte. **– umbrella** veskeparaply.
tele|vise [ˈtelivaiz] fjernfotografere; sende el. motta i fjernsyn. **-vision** [teliˈviʒən] fjernsyn. **-vision aerial** fjernsynsantenne. **-vision addict** fjernsynsslave. **-vision receiver** fjernsynsapparat.
tell [tel] la vite, fortelle; si (til), be, by, befale; sladre, fisle; avgjøre, bestemme; kjenne, oppdage, skjelne; gjøre virkning **(on** på), monne, leite, røyne, ta **(on** på), virke nedbrytende (på); **be told** få vite, få beskjed om; **who told you?** hvem har fortalt det til deg? **– on (of)** sladre på; **you're-ing me** jasså gitt, du sier ikke det; **– me** si meg; **I cannot –** jeg vet ikke; **– off** gi en skrape, lese teksten; **– him to do it** si til ham at han skal gjøre det; **he was told to go** man bad ham om å gå, man sa til ham at han skulle gå; **every expression told** hvert ord gjorde sin virkning; **every shot -s** hver kule treffer. **-er** forteller, beretter; angiver; teller, kasserer, stemmeoppteller. **-ing** virkningsfull, treffende.
telltale [ˈtelteil] sladderhank; telleapparat; tegn, bevis; sladderaktig, forrædersk.
telluric [telˈjuərik] jordisk.
telly [ˈteli] fjernsyn.
telpher [ˈtelfə] taubane, svevebane (til varer). **tel-**

pherage [ˈtelfəridʒ] automatisk elektrisk taubanetransport.

temerarious [temiˈrɛəriəs] ubesindig, uvøren. **temerity** [tiˈmeriti] overmot, dumdristighet.

temper [ˈtempə] blande, elte sammen, formilde, mildne, dempe, temperere, sette sammen, avpasse, stemme, anløpe, herde; (passende) blanding, herding, hardhetsgrad, legems- og sinnsbeskaffenhet, natur, sinn, lynne, gemytt, stemning, lune, fatning, sinnsro, godt humør, heftighet, sinne; **in a good (bad) –** i godt (dårlig) humør; **when the – is on him** når hissigheten løper av med ham; **have -s** lide av humørsyke.

temperament [ˈtempərəment] indre beskaffenhet, temperament, lynne, natur, konstitusjon. **temperamental** [ˈtempərəˈmentəl] temperamentsbestemt, temperamentsfull.

temperance [ˈtempərəns] avhold, måtehold; edruelighet; **– hotel** avholdshotel. **temperate** [ˈtempərit] temperert, måteholden. **-ness** temperert beskaffenhet, måtehold.

temperature [ˈtempərətʃə] temperatur; **have a –** ha feber.

tempest [ˈtempist] storm, uvær, opprør (i sinnet). **-uous** [temˈpestjuəs] stormfull, stormende. **-uousness** [temˈpestjuəsnis] stormfullhet.

Templar [ˈtemplə] tempelherre; jurist; goodtemplar, avholdsmann.

temple [ˈtempl] tempel; **the Temple** navnet på to bygningskomplekser i London ved den tidligere byport; **the Inner** og **Middle –** to advokat- og dommerkorporasjoner i London.

temple [ˈtempl] tinning. **– bone** tinningben.

tempo [ˈtempəu] tempo, fart.

temporal [ˈtemp(ə)rəl] timelig, verdslig, jordisk; tids-, tidsmessig-; tinning-. **-ity** [-ˈræliti] timelig velferd, verdslige inntekter, temporalier; lekfolk.

temporary [ˈtempərəri] midlertidig, provisorisk, kortvarig, flyktig. **temporariness** midlertidighet.

temporize [ˈtempəraiz] se tiden an, forsøke å vinne tid, forhalings-, rette seg etter tid og omstendigheter. **temporizer** opportunist, værhane.

tempt [temt] forlede, overtale, forføre, friste. **-ation** [temˈteiʃən] fristelse. **-er** frister. **-ing** fristende. **-ress** forførerske.

ten [ten] ti, tier; **The Upper T. (thousand)** spissene i samfunnet; **– in the hundred** ti prosent.

tenable [ˈtenəbl] holdbar, som kan forsvares. **-ness, tenability** [tenəˈbiliti] holdbarhet.

tenacious [tiˈneiʃəs] klebrig, seig, stri, hardnakket, sikker; **– of life** seiglivet. **tenacity** [tiˈnæsiti] hårdnakkethet, klebrighet, seighet.

tenancy [ˈtenənsi] besittelse, forpakting, leie.

tenant [ˈtenənt] innehaver, besitter, leier, forpakter, bruker, leilending, oppsitter, beboer; forpakte, bebo, besitte, leie, sitte med; **– for life** bygselmann på livstid. **– at will** forpakter på åremål. **– farmer** forpakter. **– in capite** [-inˈkæpiti] kronforpakter, kronvasall. **– -in-chief** kronvasall. **– right** forpakters kontraktrettigheter. **tenantry** [ˈtenəntri] forpaktere, leilendinger.

tench [tenʃ] suder (en fisk).

tend [tend] ha en viss retning, gå i en viss retning, tendere, strebe, sikte på, tjene til; **– to** være tilbøyelig til, tjene til å; **– towards** tendere mot.

tend [tend] betjene, varte opp, passe, stelle, røkte, pleie, ledsage; **– upon** varte opp, pleie. **-ance** betjening, oppvartning, passing.

tendency [ˈtendənsi] tendens, retning, tilbøyelighet.

tender [ˈtendə] gjeter, pleier, vokter; tender (bl.a. jernbanevogn med brensel til lokomotiv); depotskip, hjelpefartøy. **bar-** (US) oppvarter, bartender.

tender [ˈtendə] tilby, gjøre tilbud, fremføre; tilbud, anbud, forslag; **put out to –** legge ut til anbud; **legal –** lovlig betalingsmiddel.

tender [ˈtendə] bløt, mør, øm, mild, ømskinnet, sped, sart, fin, følsom, nennsom, var, varsom, omsorgsfull, rank; elsket; elske, sette pris på, ta hensyn til, vokte; **a – strain** ømme toner; **a – subject** et ømtålelig emne.

tenderer [ˈtendərə] anbudsdeltaker.

tender|foot [ˈtendəfut] nykomling, grønnskolling. **-footed** forsiktig, fryktsom, ny (i stillingen), grønn. **-hearted** bløthjertet, kjærlig. **-ling** kjæledegge; blauting; første horn (på rådyr). **-loin** [ˈtendəlɔin] filet, mørbrad. **-ness** bløthet, følsomhet, svakhet, ømhet, nennsomhet.

tendinous [ˈtendinəs] senet.

tendon [ˈtendən] sene. **– sheath** seneskjede.

tendril [ˈtendril] slyngtråd, klatretråd.

tenebrific [teniˈbrifik] formørkende, skyggende.

tenebrous [ˈtenibrəs] mørk, skummel, dyster.

tenebrosity [teniˈbrɔsiti] mørke, skummelhet.

tenement [ˈtenimənt] leilighet, bolig; **– house** leiegård, boligkompleks. **-al** [-ˈmentəl], **-ary** [-ˈmentəri] som kan bortforpaktes, som kan leies.

tenet [ˈtenit] grunnsetning, læresetning, trossetning, dogme.

tenfold [ˈtenfəuld] tifold, tidobbelt.

tenner [ˈtenə] tipundseddel; tidollarseddel.

Tennessee [tenəˈsi:].

tennis [ˈtenis] tennis. **– court** [-kɔ:t] tennisbane. **– ground** tennisplass.

Tennyson [ˈtenisən].

tenon [ˈtenən] tapp; sinke, skjære tapp(er) i, tappe sammen.

tenor [ˈtenə] gang, løp, forløp, måte, vesen, innhold, tendens, ånd; tenor. **-violin** bratsj.

tense [tens] tid, tempus (i grammatikk).

tense [tens] spent, stram, stiv, anstrengt. **-ness** stramhet, spenning. **tensible** [ˈtensibl], **tensile** [ˈtensail] strekkelig, strekkbar; **– strength** strekkfasthet. **tension** [ˈtenʃən] spenning, stramming, anspenthet; strekk, spenn, spennkraft. **tensive** [ˈtensiv] strammende. **tensor** [ˈtensə] strekkmuskel.

tent [tent] telt, bolig; folie (under edelsteiner); ligge i telt, kampere; **pitch a –** slå opp et telt; **strike a –** bryte leir, ta ned et telt.

tent [tent] sonde, charpi; sondere, prøve.

tentacle [ˈtentəkl] værhår, følehorn, fangarm.

tentative [ˈtentətiv] som prøver (seg fram), foreløpig, forsøks-, forsøksvis; (forsiktig) forsøk.

tenter [ˈtentə] en som ligger i telt.

tenter [ˈtentə] klesramme, strekke- el. tørkeramme (til tøy); spenne på en ramme.

tenterhooks [ˈtentəhuks] kroker på tørkestativ; **on –** i pinlig spenning, utålmodig, som på nåler.

tenth [tenθ] tiende; tiendedel. **tenthly** [ˈtenθli] for det tiende.

tentlike [ˈtentlaik] teltformet.

tentmaker [ˈtentmeikə] teltmaker.

tent | peg [ˈtentpeg] teltplugg. **– skirt** ≈ gresskant (nederst på teltet).

tent stitch (broderi) petit point.

tenuity [ti'nju:iti] tynnhet, finhet. **tenuous** ['tenjuəs] tynn, grann, fin, spinkel.
tenure ['tenjə] lensbesittelse, forpaktning, besittelse, eiendomsforhold, vilkår for forpaktning, tjenesteforhold.
tepee ['ti:pi:] indianertelt (spisst).
tepefaction [tepi'fækʃən] lunking. **tepefy** ['tepifai] lunke; bli lunken. **tepid** ['tepid] lunken, kuldslått. **tepidity** [te'piditi] lunkenhet.
terebrate ['teribreit] bore (gjennom).
tergiversation [tə'dʒivə'seiʃən] utflukt, vankelmodighet, vingling; frafall, svikt.
term [tə:m] grense, ende, termin, frist, periode, tid, semester, kvartal, betalingsdag; ord, vending, uttrykk, ledd; rettens sesjonstid, rettstermin, fordring, (i pl.) vilkår, betingelse, pris; (fig.) fot; benevne, kalle; **come to -s with** komme overens med, slutte forlik med; **on equal -s** på like fot; **to be on good -s with** å være god venn med, stå på god fot med; **in -s of dollars** uttrykt i dollar. **-er** ['tə:mə] en som innfinner seg ved rettsterminer, markedsgjøgler, forpakter på åremål; straffange.
termagant ['tə:məgənt]furie, hurpe, huskors.
term|inable ['tə:minəbl] begrensbar, opphevelig, oppsigelig. **-inal** ['tə:minəl] ende-; ytter-, ytterst, termin, grense-, utgangs-; avslutning, endepunkt, endestasjon, polklemme, polsko. **-inal case** pasient i siste stadium av en dødelig sykdom. **-inate** ['tə:mineit] begrense, ende, avslutte, opphøre. **-ination** [tə:mi'neiʃən] begrensning, ende, slutning, opphør, utløp. **-inative** ['tə:minətiv] avsluttende, avgjørende, endelig, absolutt. **-inology** terminologi, nomenklatur.
terminus ['tə:minəs] pl. **termini** ['tə:minai] grense, endestasjon, terminal; endepunkt, mål.
termitary ['tə:mitəri] termittue. **termite** ['tə:mait] termitt.
termless ['təm:lis] endeløs, grenseløs; vilkårsløs.
term paper tentamens|besvarelse, -oppgave.
tern [tə:n] terne (fuglen).
ternary ['tə:nəri] tre-; treer, gruppe av tre.
Terpsichore [tə:p'sikəri] Terpsikhore, korsangens og dansens muse.
terrace ['teris] terrasse, avsats, flatt tak, altan, gate med én husrekke; legge terrassevis.
terra | cotta ['terə'kɔtə] terrakotta. **– firma** fast grunn, fastland.
terrain ['terein] terreng, lende.
terrapin ['terəpin] sumpskilpadde.
terraqueous [tə'reikwiəs] som består av land og vann.
terrene [tə'ri:n] jord-, jordisk; (fig.) verdslig.
terrestrial [tə'restriəl] jord-, jordisk; jordboer.
terrible ['teribl] fæl, forferdelig, fryktelig. **-ness** ['teriblnis] fryktelighet, grusomhet, gru.
terrier ['teriə] terrier; jordebok.
terrific [tə'rifik] fryktelig, skrekkinnjagende; enorm, veldig, kjempe-. **terrified** ['terifaid] forferdet, vettskremt. **terrify** ['terifai] forferde, skremme.
territorial [teri'tɔ:riəl] territorial; landvernssoldat. **– waters** territorialfarvann. **territory** ['teritəri] territorium, område.
terror ['terə] skrekk, redsel. **-ism** ['terərizm] terrorisme, redselsherredømme. **-ist** ['terərist] voldsherre, terrorist. **-ize** ['terəraiz] terrorisere. **– -stricken, – -struck** redselsslagen.
terry ['teri] løkke (i stoff); **– cloth** frottéstoff. **– towel** frottéhåndkle.
terse [tə:s] fin, enkel, fyndig, klar, rammende.
tertian ['tə:ʃən] annendagsfeber.
tertiary ['tə:ʃəri] tertiær; tredje, i tredje rekke. **the T. period** tertiærtiden.
tessellate ['tesileit] gjøre ternet el. rutet; innlegge med mosaikk.
tessera ['tesərə] firkant, terning, rute, billett.
test [test] prøvedigel, prøvemiddel, prøvestein; prøve, undersøkelse; probere, prøve, undersøke, kontrollere, etterprøve; **take the –** avlegge eden, nemlig på ikke å være katolikk; **put to the –** sette på prøve; **stand the –** bestå prøven; **Test Act** ['test'ækt] Testakten, forordning om religionsed (1673).
Test. fk. f. **Testament.**
testa ['testə] skall; frøskall. **testacean** [te'steiʃən] skalldyr.
testament ['testəmənt] testament, siste vilje, **the Old (New) T.** Det gamle (nye) testament. **-ary** [testə'mentəri] testamentarisk.
testator [te'steitə] testator, arvelater.
testamur [te'steimə] eksamensbevis, eksamensvitnesbyrd, vitnemål, testimonium.
testate ['testit] (person) som har skrevet sitt testament. **testator** [tes'teitə] **(testatrix)** mannlig (kvinnelig) arvelater.
test | ballot prøveavstemning. **– ban treaty** (atombombe) prøvestansavtale. **-card** (TV) prøvebilde.
tester ['testə] inspektør, kontrollør, en som prøver, undersøker; prøveapparat; baldakin, sengehimmel.
testify ['testifai] bevitne, vitne, attestere, bekrefte.
testimonial [testi'məunjəl] vitnesbyrd, vitnemål-, attest; minnegave, monument; som angår vitnesbyrd.
testimony ['testiməni] vitnesbyrd, vitnemål, bevis; vitneutsagn; vitneprov, vitneerklæring.
testiness ['testinis] pirrelighet, grettenhet.
test | match landskamp (cricket). **– paper** opptaksprøve, oppgave. **– pattern** (TV) prøvebilde. **– sample** stikkprøve. **– tube** reagensglass.
testudo [tes'tju:dəu] skjoldtak, skjoldborg.
testy ['testi] arg, gretten, amper, irritabel.
tetanus ['tetənəs] stivkrampe.
tetchy ['tetʃi] pirrelig, gretten, ømtålig.
tête-à-tête ['teitɑ:'teit] samtale under fire øyne; fortrolig.
tether ['teðə] tjor; tjore, binde; **be at the end of one's –** ha strakt seg så langt som mulig, være ved grensen, ha nådd bunnen.
tetrarch ['tetrɑ:k] tetrark, fjerdingsfyrste.
tetter ['tetə] utslett; smitte med utslett.
Teuton ['tju:tən] teutoner, germaner; tysker. **Teutonic** [tju:'tɔnik] teutonsk; germansk; tysk.
tew [tju:] bearbeide, banke, garve.
Tex. fk. f. **Texas. Texan** ['teksən] texaner; texansk.
text [tekst] tekst, utgave, versjon, emne; skriftsted. **-book** tekstbok, lærebok.
textile ['tekstail] vevd; vevd stoff, tekstil(varer). **– printing** stofftrykk.
textual ['tekstʃuəl] tekst-, om el. i teksten; ordrett, bokstavelig. **-ism** tekstkritikk.
texture ['tekstʃə] vevning, vev, sammensetning, struktur.
T. F. fk. f. **Territorial Force.**
Th. fk. f. **Thursday.**

Thackeray [ˈθækəri].
Thalia [θəˈlaiə] Thalia, komediens muse.
Thames [temz], **the** – Temsen; **he will never set the – on fire** han har ikke oppfunnet kruttet.
than [ðæn, alm. svakt ðən] enn; **we need go no farther –** (enn til) **France; he showed more courage –** (enn det) **was to be expected.**
thane [θein] (hist.) than, thegn, angelsaksisk stormann.
thank [θæŋk] takke; **– you!** takk! **no, – you!** nei takk! **– you very much!** mange takk! **– you for nothing!** (nei) ellers takk; ikke noe å takke for; **-s to** takket være.
thankful [ˈθæŋkful] takknemlig.
thankless [ˈθæŋklis] utakknemlig.
thanks [θæŋks] takk, takksigelser; **many – to you!** mange takk! **render –** si takk.
thanksgiving [ˈθæŋksgiviŋ] takksigelse, takkebønn; **T. (Day)** (US) takkefest, siste torsdag i november.
thankworthy [ˈθæŋkwə:ði] påskjønnelsesverdig.
that [ðæt] **1** (påpekende pronomen) den, det, den (el. det) der, (i pl. **those** de). **2** [ðət] relativt pronomen) som (nesten bare brukt i nødvendige relativsetninger). **3** [ðət] (konjunksjon) at, så at, for at; fordi; gid. **4** [ðæt] (adverbium) så. Eksempler: **1 that's a good girl** så er du snill jente; **that which** det som, hva som; **there are those who** (dem, som) **say that** som sier det; **in that** idet, forsåvidt, fordi. **2 all that** alt hva; **those that love us** de som er glad i oss; **the books that you lent me** de bøkene som du lånte meg. **3 I know that it is so** jeg vet at det forholder seg slik; **I am so tired, that I cannot go on** jeg er så trett at jeg ikke kan fortsette; **4 I was that tired** jeg var så trett.
thatch [θætʃ] tekkehalm, halmtak; halmtekke. **-er** halmtekker. **– -roofed** halmtekt.
thaw [θɔ:] tø, tine opp; tøvær, mildvær, linne.
the [foran vokal og ofte foran [j]-lyd ði, foran konsonant ðə, med sterk betoning ði:] den, det, de; -(e)n, -(e)t, (e)ne; dess, desto, jo; **– boy** gutten; **– big boy** den store gutten; **– boy who** den gutten som; **is he –** (den kjente) **Dr. Johnson? – less** så meget mindre; **– sooner – better** jo før jo heller.
theatre [ˈθi(:)ətə] teater, skueplass; dramatikk; auditorium, sal, anatomisk forelesningssal. **– of war** krigsskueplass. **– -goer** teatergjenger. **– sister** operasjonssøster.
theatrical [θiˈætrikl] teatralsk, teater-, teatermessig; (i pl.) teatersaker, forestillinger; **private -s** dilettantkomedie; amatørteater, eksperimentscene.
thee [ði:] (gammelt:) deg; (i dialekt og kvekerspråk:) du.
theft [θeft] tjuveri.
their [ðεə] deres; sin; **– money** deres penger.
theirs [ðεəz] deres; sin; **the money is –** pengene er deres.
theism [ˈθi:izm] teisme. **theist** [θi:ist] teist (tilhenger av teismen).
them [ðem, alm. svakt ðəm] dem (etter prep. også) seg.
theme [θi:m] tema, motiv, oppgave, avhandling, stil; (i grammatikk) stamme; kjenningsmelodi.
themselves [ðəmˈselvz] seg; seg selv; (dem) selv; (de) selv; **they defend –** de forsvarer seg.
then [ðen] da, dengang, på den tid, deretter, derpå, så, derfor, i det tilfelle; daværende; **– and there** på stående fot, på stedet, straks; **by –** da, inntil da; **from – onwards** fra den tid av; **till –** inntil da; **the –** (daværende) **governor; in my – mood of mind** i min daværende stemning; **in my – state of confusion** forvirret som jeg var; **all right –!** javel, så sier vi det! **what –?** hva så?
thence [ðens] derfra, derav, av det, deretter, fra den tid, derfor; **from –** derfra. **-forth** [ˈðensˈfɔ:θ], **-forward** [ðensˈfɔ:wəd] fra den tid av.
theol. fk. f. **theology.**
theologian [θiəˈləudʒən] teolog. **theologic(al)** [θiəˈlɔdʒik(l)] teologisk. **theologist** [θiˈɔlədʒist] teolog. **theology** [θiˈɔlədʒi] teologi.
theorem [ˈθiərem] teorem, læresetning.
theoretic(al) [θiəˈretik(l)] teoretisk. **theoretician** [θiərəˈtiʃən] teoretiker. **theorize** [θiəraiz] teoretisere. **theory** [ˈθiəri] teori.
theosophic(al) [θiəˈsɔfik(l)] teosofisk. **theosophist** [θiˈɔsəfist] teosof. **theosophy** [θiˈɔsəfi] teosofi.
therapeutic [θerəˈpju:tik] terapeutisk, legende. **therapist** [ˈθerəpist] terapeut. **therapy** [ˈθerəpi] terapi.
there [ðεə, svakt ðə] der, dit; **-'s a good boy** så er du snill; **– you are!** vær så god, se så! **– he is** der er han; **– is** det er; **– it is!** slik er det nå engang. **-about** der omkring. **-after** deretter. **-at** derved. **-by** derved. **-fore** derfor, følgelig. **-from** derfra. **-in** [ðεəˈrin] deri. **-inafter** [ðεərinˈɑ:ftə] i det følgende. **-of** [ðεərˈɔv] derav. **-to** dertil. **-tofore** tidligere, inntil da. **-under** i henhold til det, derunder. **-unto** dertil. **-upon** derpå, på grunnlag av det, derfor, straks deretter. **-with** dermed. **-withal** [ðεəwiˈðɔ:l] dermed.
therm [θə:m] (fysisk) varmeenhet = kilogramkalori; (om gass) = 100 000 Btu. **-ae** [ˈθə:mi:] varme kilder. **-al** varme-, varm, termisk, termo-.
thermo [ˈθə:məu] termo-, varme-. **-dynamic** termodynamisk. **-electric(al)** termoelektrisk. **-logy** [θəˈmɔlədʒi] varmelære. **-meter** [θəˈmɔmitə] termometer. **-nuclear** termonukleær, kjernefysisk. **-s (bottle)** termosflaske. **-stat** [ˈθə:məstæt] termostat. **-waste** spillvarme.
thesaurus [θi(:)ˈsɔ:rəs] skattkammer; ordbok.
these [ði:z] disse (pl. av **this).**
thesis [ˈθi:sis] tese, oppgave, (doktor)avhandling.
thew [θju:] muskelkraft. **-y** [ˈθju:i] muskuløs.
they [ðei] de; man, en, folk.
thick [θik] tykk, tett, uklar, grumset, gjørmet; grøtet; det tykke; kjøtthue; **lay it on –** smøre tykt på; **speak –** snakke utydelig; **– of hearing** tunghørt; **be – with** være gode venner med; **in the – of** midt i; **– and fast** slag i slag, i rask rekkefølge; **– and thin** som går med i tykt og tynt, svoren, trofast.
thicken [ˈθikn] gjøre tykk, bli tykk, tykne, formere(s), tilta. **-ing** fortykkelse; jevning.
thicket [ˈθikit] tykning, kratt, skogsnar.
thick|headed [ˈθikhedid] «tjukk i hue». **-ish** [ˈθikiʃ] nokså tykk, tykkfallen, lubben. **-ness** tykkhet, tykkelse; lag; **-ness of hearing** tunghørthet. **-set** tett besatt, rikelig utstyrt; undersetsig, firskåren. **– -witted** tungnem, treg.
thief [θi:f] tyv, tjuv. **– -proof** sikker mot tyver. **thieve** [θi:v] stjele. **thieves** [θi:vz] tyver, tjuver. **thieving** tyvaktighet. **thievish** tyvaktig.
thigh [θai] lår. **– -bone** lårbein. **– boot** vadestøvel.
thill [θil] skåk, vognstang.

thimble [ˈθimbl] fingerbøl; kaus; bøssing. **-ful** fingerbølmål, skvett, dråpe. **-rigger** juksemaker, taskenspiller, svindler.
thin [θin] tynn, smal, skrinn; mager, fin; grissen; fortynne, tynne ut, spe, rydde opp i; bli tynnere. **– -bellied** utsultet, mager.
thine [ðain] (gml.) din, ditt, dine.
thing [θiŋ] ting, sak, greie, tingest, eiendel, vesen, stakkar; **poor little –** stakkars liten; **she is a proud little –** hun er et stolt lite vesen; **I am not quite the –** jeg føler meg ikke helt vel; **have a – about** ha en forkjærlighet for, ha en vill idé om; **a close –** på nære nippet; **other -s being equal** under ellers like forhold; **how are -s?** står til? hvordan går det? **-s** pl. ting, greier, reisetøy; **good -s** vittigheter; god mat.
thingumabob [ˈθiŋəmibɔb], **thingummy** [ˈθiŋəmi] greie, sak, tingest (om en ting som man har glemt navnet på); han (el. hun) derre, hva det nå er han (el. hun) heter; noksagt (om person).
think [θiŋk] tenke, tenke seg om, tro, ha i sinne, anse for, synes, innbille seg; **– of** tenke på, tenke om; **– on** tenke over, pønse på; **– much of** ha store tanker om; **– up** finne på; **– with** mene det samme som; **I – not** det synes jeg ikke; **I should – so** det skulle jeg tro, det kan du stole på. **-able** tenkelig. **-er** tenker. **-ing** tenksom; tenkning, tanker, mening. **– tank** hjernetrust, ekspertutvalg, idébank.
third [θə:d] tredje, tredjedel, ters. **-ly** for det tredje.
thirst [θə:st] tørst; tørste; **– for** tørste etter.
thirsty [ˈθə:sti] tørst.
thirteen [ˈθə:ti:n] tretten. **-th** [ˈθə:ˈti:nθ] trettende, trettendedel.
thirtieth [ˈθə:tiiθ] trettiende, trettidel. **thirty** [ˈθə:ti] tretti.
this [ðis] i pl. **these** [ði:z] denne, dette, (pl.) disse; brukt substantivisk er **this** bare upersonlig: dette, **these** derimot også personlig; **by –** hermed, nå; **by – time** nå; **– morning** imorges, i formiddag; **at – day** (ennå) den dag i dag; **– day week** i dag åtte dager, i dag for åtte dager siden; **– (last) half-hour** i den siste halve time; **like –** således, slik, på denne måte; **– much** så meget, dette (iallfall); **leave –** dra herfra; **these forty years** nå i førti år.
thistle [ˈθisl] tistel.
thither [ˈðiðə] dit, dit bort, derhen; borteste, fjerneste; hin. **-to** inntil den tid. **-ward** dit over, dit bort.
thole [θəul] tåle.
thole [θəul] åretoll, tollepinne; **the -s** tollegangen.
Thomas [ˈtɔməs].
Thom(p)son [ˈtɔmsən].
thong [θɔŋ] reim, stropp, piskesnert; piske.
thorax [ˈθɔ:ræks] bryst-, brystkasse.
thorn [θɔ:n] torn, vedtorn, hagtorn; thorn (bokstaven þ); **a – in the side** en torn i øyet. **– apple** piggeple. **thorny** [ˈθɔ:ni] tornefull, tornet.
thorough [ˈθʌrə] fullstendig, inngående, gjennomgripende, grundig, real, skikkelig. **-bred** veloppdragen, fullblods, rasehest, gjennomkultivert. **-fare** gjennomgang, ferdselsåre, (hoved)gate. **-going** fullstendig, grundig. **-ly** ganske, fullkommen, grundig, gjennomført. **-ness** fullstendighet, grundighet. **-paced** grundig trenet, helt utlært; vaskekte, erke-.
Thos. fk. f. **Thomas.**
those [ðəuz] de, dem, hine (pl. av **that).**
thou [ðau] (gml.) du; si du til, dutte.
though [ðəu] skjønt, enda, enskjønt; selv om; (sist i setningen) likevel; **as –** som om; **even –** selv om; **what –** hva om; **it is dangerous –** det er likevel farlig; **did she –** gjorde hun virkelig.
thought [θɔ:t] tanke, tenkeevne, tenkning, omtanke; en liten smule. **-ful** tankefull, hensynsfull, oppmerksom, bekymret, alvorlig. **-less** tankeløs, tanketom, atspredt, ubekymret, likegyldig. **– -out** gjennomtenkt, uttenkt. **– reading** tankelesning. **– transference** tankeoverføring, telepati.
thousand [ˈθauz(ə)nd] tusen; **by -s** i tusenvis. **-th** [ˈθauz(ə)nθ] tusendel; tusende.
thraldom [ˈθrɔ:ldəm] trelldom, slaveri.
thrall [θrɔ:l] trell, trelldom; trelle.
thrash [θræʃ] treske; banke, jule, denge; tresker, treskeverk; revehai; **– out** gjennomdrøfte. **-er** en som denger; treskemaskin; revehai. **-ing** også: juling. **-ing floor** treskegolv. **-ing machine** treskeverk.
thread [θred] tråd, lintråd, garn; skruegjenge; træ(en nål), trenge igjennom. **-bare** loslitt, forslitt. **-ing** skjæring; gjenging; det å træ noe. **– paper** vindsel, tynn (strant). **-worm** trådorm. **-y** trådaktig, trevlet, trådtynn; klebrig, seig.
threat [θret] trusel, fare. **threaten** [ˈθretn] true (med). **-ing** truende.
three [θri:] tre, treer, tretall. **-fold** trefold; tredobbel. **– -foot** treføtt. **-pence** [ˈθri:pəns ˈθrʌ-, ˈθru-] tre pence. **-penny** som er verdt tre pence; juggel-, godtkjøps. **– -phase** trefase(t). **– -piece costume** drakt og kåpe i samme stoff, komplet. **-score** seksti. **– -speed** med tre hastigheter, tregirs. **– -stage** tretrinns-.
threne [θri:n] klage. **threnode** [ˈθrenədi] klagesang.
thresh [θreʃ] osv. se **thrash.**
threshold [ˈθreʃəuld] terskel, dørstokk, svill, inngang, begynnelse.
threw [θru:] imperf. av **throw.**
thrice [θrais] tre ganger (nå mest: **three times).**
thrift [θrift] sparsommelighet, økonomi. **-iness** sparsommelighet. **-less** ødsel. **– society** spareforening. **-y** sparsommelig, velstående, kraftig.
thrill [θril] gysing, grøss, sitring, spenning; gyse, grøsse, skake, gjennombeve(s), beta, begeistre, dirre; **it sent a – of regret through me** det fikk meg til å skjelve av sorg; **a – of horror** en redselsgysing; **– to the bone** gå gjennom marg og bein. **-er** grøsser, spennende film (bok o.l.). **-ing** ogs. gjennomtrengende, spennende, gripende.
thrive [θraiv] trives, blomstre, være heldig, slå seg opp. **thriving** oppblomstrende; blomstring.
throat [θrəut] svelg, strupe, hals, trang åpning, inngang, munning; **cut a person's –** skjære halsen over på en; **have a sore –** ha vondt i halsen. **– pipe** luftrør; **-y** guttural, hes.
throb [θrɔb] banke, slå, dunke (om puls, hjerte), banke hurtig; banking, slag, pulsering; **with a -bing** (hurtig bankende) **pulse.**
throe [θrəu] kval, smerte, stikk, sting, verk, pine, fødselsve; pines; pine.
thrombosis [θrɔmˈbəusis] trombose. **thrombus** [ˈθrɔmbəs] blodpropp; (pl.): **thrombi** [ˈθrɔmbai].
throne [θrəun] trone; sette på tronen, trone; **drive** (støte) **her from the –; place him in the –, place (put, set) him on the –** på tronen; **come to** (på) **the –. – room** tronsal.

throng [θrɔŋ] trengsel, skare, mengde, flokk, stim; stime, flokkes.
throstle [ˈθrɔsl] trost, måltrost; **a crow among -s** en spurv i tranedans.
throttle [ˈθrɔtl] kvele, kveles; reguleringsspjeld, chocker, struper; **at full –** for full gass, med klampen i bånn.
through [θru:] igjennom, gjennom, i løpet av, ved, på grunn av; igjennom, til ende; **– and –** fra ende til annen; **be –** være ferdig; **carry –** gjennomføre; **get – to** få forbindelse med. **– bill of lading** gjennomgangskonnossement. **– connection** gjennomgående forbindelse. **-ly** grundig, fullstendig.
throughout [θru:ˈaut] helt igjennom; helt.
through|road hovedtrafikkåre, gjennomgangsvei, motorvei. **– street** (US) forkjørsvei. **– ticket** gjennomgangs-, overgangsbillett.
throve [θrəuv] imperf. av **thrive.**
throw [θrəu] kaste, slynge, slenge, hive, slå, sno, tvinne, styrte, kaste av, føde, motstå; kast, terningkast, forskyvning; sjal, (senge)teppe; **– many hands idle** gjøre mange arbeidere brødløse; **– about** slå om seg; **– away** miste, øde, forkaste; **– back** avvise, sette tilbake; **– by** kaste, legge vekk; **– down** rive over ende, styrte; **– in** kaste ut, la gå med; tilføye, innskyte; **– into** kaste inn i, bringe i, ofre på; **– off** kaste av, fordrive, henkaste, slå av (i prisen), skille seg med; **– on** velte over på, vise til; **– open** åpne på vidt gap, slå opp; **– out** sende ut, avvise, fortrenge, styrte, la falle, forvirre, distansere; **– over** kaste ut over, henge ut, legge ut, slå hånden av, oppgi; **– together** føre sammen; **– up** løfte, kaste opp, oppgi, fremheve; løfte, smelle opp (en bygning), bygge fort.
throwaway [ˈθrəuəwei] flygeblad, sirkulære, reklametrykksak.
throwback [ˈθrəubæk] tilbakeslag; hindring, motgang; atavisme, atavistisk individ (som forsvunne egenskaper dukker opp igjen hos); etterlevning.
thrown [θrəun] perf. pts. av **throw.**
thrum [θrʌm] grovt garn, trådende(r), (i pl.) aving(er), frynser; spekk (til matter); veve, spekke, flette, besette med frynser; klimpre, klunke; tromme; nynne, sulle.
thrush [θrʌʃ] trost, måltrost.
thrush [θrʌʃ] trøske (sykdom).
thrust [θʌst] støte, bore, stikke, dytte, puffe; tilskynde, påtvinge, trenge, trenge seg; støt, puff, stikk, angrep, utfall, trykk, skyvkraft; **– at** stikke etter; **– on** velte over på, påtvinge.
thrustle [ˈθrʌsl] trost.
thru|road (US) motorvei. **– traffic** gjennomgangstrafikk.
Thucydides [θju(:)ˈsididi:z] Tukydid.
thud [θʌd] dump lyd, dump, tungt (dumpt) slag; dunke, daske, lyde dumpt, drønne, suse med dumpe støt.
thug [θʌg] røver, morder, kjeltring. **-gery** bandittvirksomhet.
thumb [θʌm] tommelfinger, tommeltott; fingre med, ta på med fingrene, tilsmusse; skitne ut; **twiddle one's -s** tvinne tommeltotter; **I have him under my –** jeg har ham i min makt; **a green –** håndlag med planter, være flink med planter; **Tom Thumb** Tommeliten; **Thumbelina** Tommelise; **by rule of –** etter øyemål, på slump; **under his –** i hans makt. **-kins** tommeskrue. **– mark** fingermerke (i bok). **-nail** tommelfingernegl; meget liten, miniatyr-. **– nut** vingemutter. **-print** tommelfingeravtrykk. **-screw** tommeskrue; vingeskrue. **-tack** tegnestift.
thump [θʌmp] dumpt, tungt slag; dunke, støte. **-ing** svær, tung, diger, dryg.
thunder [ˈθʌndə] torden, tordenbrak, bulder; tordne, dundre. **-bolt** lynstråle; bannstråle; **-bolt of excommunication** bannstråle. **-clap** tordenskrall. **-peal** tordenskrall. **– shower** tordenbyge. **-storm** tordenvær. **-struck** lynslått; målløs.
thurible [ˈθjuəribl] røykelseskar.
Thursday [ˈθə:zdei el. ˈθə:zdi] torsdag.
thus [ðʌs] så(ledes), på denne måte; derfor.
thwack [θwæk] slå, daske til; slag.
thwart [θwɔ:t] på tvers; tofte; motarbeide, legge seg i veien for, hindre, krysse, forpurre; **-ing** som legger seg på tverke, motsatt, vrangvillig.
thy [ðai] (gml.) din, ditt, dine.
thyme [taim] timian. **thymy** [ˈtaimi] rik på timian, duftende.
thyroid [ˈθairɔid] skjoldbruskkjertel; skjoldbrusk-.
thyself [ðaiˈself] (gml.) du selv, deg selv; (refleksivt) deg.
tiara [taiˈɛərə] tiara.
Tibet [tiˈbet] Tibet. **-an** [tiˈbetən] tibetaner; tibetansk.
tick [tik] blodmidd, flått; **sheep –** sauelus.
tick [tik] dynevar, putevar, sengetrekk.
tick [tik] kneppe, tikke; virke, funksjonere; knepp, tikking; **keep it -ing over** holde det gående.
tick [tik] prikk, merke; merke av, krysse av, sette prikk ved.
ticker [ˈtikə] børstelegraf; tambak, klokke. **– tape** telegrafstrimmel, hullbånd.
ticket [ˈtikit] billett, adgangskort, loddseddel, bong, seddel, merke, etikett, merkelapp, prislapp, lønnsslipp, attest; stemple, etikettere; forsyne med billett(er); **that's the –** sånn skal det være; **here's just your –** her er nettopp noe for Dem; **– of leave** løslatelsespass (som gir fange friheten på betingelser); **get a –** få (rød) lapp (for feilparkering).
ticket | agency billettkontor. **– collector** billettør. **– day** dagen for avregningsdagen (på børsen). **– fine** bot. **– night** beneficeforestilling (teater). **– office** billettkontor. **– punch** billettsaks. – **scalper** billett|hai, -børser. **– taker** (US) billettør. **– writer** reklameplakat-maler.
ticking [ˈtikiŋ] dynevar, bolster, dreiel.
tickle [ˈtikl] kile, kildre, krisle, pirre, behage, more, være kilen. **tickler** en som kiler, ertekrok, huskelapp, forfallsbok, problem, gåte. **tickling** kiling, pirring. **ticklish** kilen; ømskinnet; delikat, kilden, ømtålig, usikker. **ticklishness** kilenhet.
tid [tid] bløt, lekker. **-bit** lekkerbisken.
tidal [ˈtaidəl] tidevanns. **– flow** tidevannsstrøm. **– lands** tidevannsbelte. **– waters** farvann med store tidevannsforskjeller.
tide [taid] tid; tidevann, flo og fjære; vannstand; strøm, retning, bevegelse; drive med strømmen, stige med tidevannet; **high –** flo, **low –** fjære; **– over a difficulty** komme over en vanskelighet. **-gate** sluse. **-mill** tidevannsmølle. **-sman, -waiter** tolloppsynsmann; værhane, op-

portunist. **-water** tidevann. **-wave** flodbølge. **-surveyor** [-səˈveiə] tollkontrollør.
tidiness [ˈtaidinis] ordenssans, orden, pertentlighet.
tidings [ˈtaidiŋz] tidender, etterretninger, nytt, bud.
tidy [ˈtaidi] nett, pen, velstelt, ordentlig; pynte, ordne, rydde opp; antimakassar, møbelskåner.
tie [tai] binde, knytte, forbinde, forplikte, stå likt med; knute, sløyfe, bånd, slips; forbindelse, hemsko, klamp, bindebue (i musikk), sville, tverrtre; likt resultat, lik stilling; **shoot -s** skyte like godt; **shoot off a –** skyte om igjen for å få et endelig resultat; **black –** smoking; **white –** snippkjole; **– up** binde opp, binde fast, forbinde, hindre; **– down** binde, forplikte.
tier [tiə] rekke, rad, lag; (fig.) klasse, lag; ordne el. arrangere i rekker, radvis.
tierce [tiəs] ters, tredelt felt.
tie | rod parallellstag (i styring); strekkstang. **– shoe** snøresko. **– -up** bilkø, trafikkstans; tilknytning. **– wig** (fin) parykk (bundet med sløyfe i nakken).
tiff [tif] knute på tråden, liten strid; sup, tår; være fornærmet, småkrangle; ta seg en sup.
tiffany [ˈtifəni] silkeflor, musselin.
tiffin [ˈtifin] (anglo-indisk) frokost.
tige [ti:ʒ] stengel, stilk; søyleskaft.
tiger [ˈtaigə] tiger, jaguar, puma; (fig.) villdyr; tjener i livré, (utsvevende) banditt, fæl fant. **– moth** bjørnesommerfugl. **– shark** tigerhai. **tigress** [ˈtaigris] hunntiger. **tigrine** [ˈtaigrin] tigeraktig. **tigrish** [ˈtaigriʃ] tigeraktig.
tight [tait] tett, fast, stram, trang, tettsittende, knipen, påholden; full, drukken; flink, livlig; vanskelig å skaffe; **sit –** holde munn, ikke røpe seg; **– waistcoat** tvangstrøye; **money is –** det er trangt om penger; **the fellow is –** han er full; **in a – place** i knipe; **a -rope dancer** en linedanser(inne); **-en** tette, stramme, tetne, strammes; (fig.) skjerpe, stramme inn. **-ener** strammer. **-fisted** gjerrig, gnien. **-fitting** stramtsittende. **– -lipped** med sammenpressede lepper; ordknapp. **-ness** tetthet, fasthet, pengeknipe.
tights [taits] trikot; strømpebukser.
tike [taik] fillebikkje, slamp, skarv.
tilbury [ˈtilbəri] tilbury (tohjulet enspenner).
tile [tail] tegl, teglstein, golvflis, hatt; tegltekke, flislegge; **have a – loose** ha en skrue løs; **on the -s** på galeien. **tiler** [ˈtailə] tegltekker; dørvokter (i en frimurerlosje); tjuv.
till [til] til, inntil; **– now** inntil nå, hittil; **– then** til den tid, inntil da; **not –** ikke før, først.
till [til] pengeskuff, kassaskuff; kontanter.
till [til] dyrke, pløye, dyrke opp. **-able** dyrkbar. **-age** dyrking.
tiller [ˈtilə] åkerdyrker.
tiller [ˈtilə] rorpinne, styrvol, rorkult.
tiller [ˈtilə] skyte rotskudd; rotskudd, renning.
tilt [tilt] presenning, kalesje, telt, regnseil; dekke, legge telt over.
tilt [tilt] helle, bikke, vippe, sette på kant, falle forover; hamre, felle, turnere, støte (med lanse), fekte, styrte fram; fare løs på; støt, turnering, dyst, helling, hell; **run a –** bryte en lanse; **– at windmills** (fig.) slåss med vindmøller. **-ed** på skrå, skråstilt, skjev. **-er** turneringsridder; dumphuske.
tilth [tilθ] oppdyrking; overgrunn; avling; dyrket land.
tiltyard [ˈtiltjɑ:d] turneringsplass.
timbal [ˈtimbəl] pauke.
timber [ˈtimbə], tømmer, tømmerskog, trelast, emne, stoff, hinder, bjelke; (fig.) type, kaliber; tømre, forsyne med tømmer; **take –** klare hinderet. **-ed** tømret, bygd; skogvokst, skogkledd.
timber | floating tømmerfløting. **– grapple** tømmerklo. **– head** spantetopp, pullert. **– line** tregrense. **– mill** sagbruk. **– -toed** med trebein. **– trade** trelasthandel. **-yard** trelasttomt.
timbre [ˈtimbə] klangfarge; våpenmerke.
timbrel [ˈtimbrəl] (gammeldags) tamburin.
time [taim] tid, klokkeslett, henstand, takt, gang; avpasse, tilpasse, regulere, ta tiden, beregne, slå takt, holde takt; **beat the –** slå takt; **it is about –** det er på tide, det er høy tid; **against –** i rasende fart, på spreng; **between -s** nå og da, stundom; **make –** ta igjen en forsinkelse; holde ruten; **pass –** tilbringe, fordrive tiden; **serve –** sitte i fengsel, sitte inne; **speak against –** snakke for å hale ut tiden; **two at a –** to om gangen; **at this –** på denne tid; **at -s** i noen tid, en tid; **from – to –** fra tid til annen; **in –** til rett tid, med tiden; **in no –** i et nå, straks; **in a short –** om kort tid; **on –** presis, i rett tid; **out of –** i utide, ute av takt; **– out of mind** i uminnelige tider; **he had a bad – of it** han hadde det vondt, det gikk ham dårlig; **– is up** tiden er ute; det er stengetid; **what – is it?** el. **what is the –?** hva er klokka? **– bill** (merk.) veksel. **– bomb** tidsinnstilt bombe. **– card** stemplingskort. **– charter** tidsbefraktning. **– -consuming** tidkrevende. **– -honoured** hevdvunnen, gammel. **– lag** tidsforskjell, tidsintervall. **-ly** betimelig, **i rett tid.** **-piece** klokke, ur. **– rate** timelønn. **– release** selvutløser; **– schedule** tidsplan. **– sheet** timeseddel, arbeidsseddel. **– spirit** tidsånd. **-table** timeplan, ruteplan, togtabell; **-table-tour** pakketur. **– work** timebetalt arbeid. **-worn** slitt, medtatt, gammeldags.
timid [ˈtimid] fryktsom, forsagt, sky, redd av seg. **-ity** [tiˈmiditi], **-ness** [ˈtimidnis] fryktsomhet, unnseelse.
timing [ˈtaimiŋ] tidsberegning, innstilling, justering. **– chain** registerkjede. **– screw** innstillingsskrue.
timorous [ˈtimərəs] fryktsom, forknytt, engstelig, redd. **-ness** fryktsomhet.
timothy [ˈtiməθi] timotei, kjevlegras.
tin [tin] tinn, blikk, blikkboks, dåse, boks, kanne; (i slang) penger; fortinne; preservere, legge ned hermetisk; **– hat** (i slang) soldats stålhjelm; **T. Lizzie** (i slang) gammel Ford, skranglekasse.
tincal [ˈtiŋkəl] boraks, tinkal.
tinct [tiŋkt] farge, flekk.
tinctorial [tiŋkˈtɔ:riəl] farge-, fargende.
tincture [ˈtiŋktʃə] fargenyanser, skjær, anstrøk, snev, tinktur, essens; gi et skjær el. anstrøk, farge.
tinder [ˈtində] tønder, knusk. **– box** fyrtøy. **tindery** knuskaktig, lettfengelig.
tine [tain] tind (på gaffel og horn), gren, spiss.
tinfoil [ˈtinˈfɔil] tinnfolie, «sølvpapir».
ting [tiŋ] ringle, klinge; klang, ringing.
tinge [tindʒ] farge, blande, gi et anstrøk; fargeskjær, anstrøk, snev, bismak.
tingle [ˈtiŋgl] krible, dirre, suse; synge; **my ears**

– det ringer for ørene mine; **his fingers -d** det kriblet i fingrene på ham.
tinhorn [ˈtinhɔ:n] verdiløs, ubetydelig, gloret, jugglet; spradebasse, laps.
tinker [ˈtiŋkə] kjeleflikker, tusenkunstner, kløne, fusker; være kjeleflikker, fuske, fikle, klusse, pusle med.
tinkle [ˈtiŋkl] klirre, klinge, ringe, ringle, single, ringe med, klimpre på; klang, klirring, skrangling, rangling.
tinman [ˈtinmən] blikkenslager. **-'s solder** loddetinn.
tinny [ˈtini] tinnaktig (især i klangen), billig, gloret, spinkel, blikk-; stinn av penger, velbeslått.
tin | opener bokseåpner. **– -pan** larmende, støyende. **-plate** fortinne; hvitblikk. **-pot** tinnkrus; ubetydelig, elendig. **– roof** blikktak.
tinsel [ˈtinsl] glitter, flitterstas; flitter-, falsk; pynte med glitter, utmaie.
tin|smith [ˈtinsmiθ] blikkenslager. **– solder** tinnlodd(ing). **– soldier** tinnsoldat.
tint [tint] farge, gi et anstrøk, tone; fargeskjær.
tintinnabulary [tintiˈnæbjuləri] klingende, ringende. **tintinnabulum** [-ləm] (dom)bjelle, klokke.
tinware [ˈtinwɛə] blikktøy, tinnvarer.
tiny [ˈtaini] ørliten, bitte liten; **just a – bit** en bitte liten smule, bitte lite grann.
tip [tip] spiss, tipp, tupp, ende; brodd, pigg; lett slag, berøring, smikk, drikkepenger, dusør; vink, hint, råd, hemmelig underretning, nyss; vippegreie; søppelplass; beslå (i spissen), berøre, slå lett på, vippe, velte, helle, lesse av, losse, tippe, gi drikkepenger; forsyne med spiss, tupp; **– over** velte; **a straight –** pålitelig vink.
tipcart [ˈtipkɑ:t] tippvogn.
tipcat [ˈtipkæt] pinne (spillet, den pinne som brukes til det).
tipoff [ˈtipɔf] hint, advarsel, tipp, vink.
Tipperary [tipəˈrɛəri].
tipper (truck) tippvogn, lastebil m. tipp.
tippet [ˈtipit] skulderslag, skinnkrage, stola.
tipple [ˈtipl] drikke, pimpe; (berusende) drikk. **-d** beruset, full. **-r** svirebror. **tippling** pimping.
tipsify [ˈtipsifai] gjøre beruset, drikke full.
tipsy [ˈtipsi] beruset, pussa, på en snurr, ustø.
tiptoe [ˈtipˈtəu] tåspiss; **on –** på tå; spent.
tiptop [ˈtipˈtɔp] utmerket, fin; høyeste punkt.
tirade [taiˈreid] tirade, ordflom.
tire [ˈtaiə] (US) hjulring, luftring; gummiring; legge ring på.
tire [ˈtaiə] utmatte, kjede, trette, bli trett; **– out** utmatte. **tired** [ˈtaiəd] trett, lei **(of** av). **tiredness** tretthet, kjedsommelighet. **tiresome** trettende, kjedelig, irriterende, plagsom. **tiresomeness** kjedsommelighet.
tirewoman [ˈtaiəwumən] kammerjomfru; pyntekone, påkléderske (ved teater).
tiro [ˈtaierəu] (ny)begynner.
T-iron T-jern.
tirwhit [ˈtə:wit] vipe.
tisane [tiˈzæn] avkok av urter, urtebrygg.
tissue [ˈtiʃu] spinn, vev, tøy, gull- el. sølvbrokade; silkepapir; spinne, veve; **cellular –** cellevev. **– paper** silkepapir; renseserviett, papirlommetørkle.
tit [tit] liten hest, liten pike, meisefugl, piplerke; brystvorte, knott, knapp; **– for tat** like for like.
Titan [ˈtaitən]. **titan** kjempe, gigant; veldig, gigantisk. **titanic** [taiˈtænik] titanisk.
titbit [ˈtitbit] lekkerbisken, godbit.
titchy [ˈtitʃi] liten.
tithe [taið] tiendedel, tiende; få (el. gi) tiende.
tither [ˈtaiðə] tiendetager, tiendepliktig.
titillate [ˈtitileit] kildre, kile, pirre. **titallation** [titiˈleiʃən] kiling.
titlark [ˈtitlɑ:k] piplerke.
title [ˈtaitl] tittel, navn, benevnelse, tekst, kapittel; fordring, rett, atkomst, hjemmel; titulere, benevne. **– deed** skjøte. **– holder** tittelinnehaver. **– page, – leaf** tittelblad.
titmouse [ˈtitmaus] meis (fugl).
titter [ˈtitə] fnise, knise; fnising.
tittle [ˈtitl] tøddel, snev.
tittle-tattle [ˈtitlˈtætl] pjatt, skravl; skravle.
tittup [ˈtitʌp] vilter jentunge, tøs; svanse, gjøre krumspring. **-y** kåt, vilter, sprelsk.
titular [ˈtitjulə] tittel-, titulær, nominell; titulær innehaver. **-ity** [titjuˈlæriti] titulær beskaffenhet. **-y** se **titular.**
tizzy [ˈtizi] skjelving, nervøsitet, ståhei; sekspennystykke.
T. O. fk. f. **turn over; Telegraph Office; Transport Officer.**
to [tu, tə] til, mot, på (om klokkeslett), i forhold til, i sammenligning med, for; å, for å, til å; **what – do?** hva skal man gjøre? **what – say?** hva skal man si? **– and fro** fram og tilbake, att og fram; **to-day** eller **today** [təˈdei] i dag; den dag i dag; **to-morrow** eller **tomorrow** [təˈmɔrəu] i morgen, morgendagen; **tomorrow morning** i morgen tidlig; **on the day after tomorrow** i overmorgen; **to-night** eller **tonight** [təˈnait] i natt, i aften, i kveld; denne natt, denne aften; **I would – God** Gud give; **here is – you!** skål!
toad [təud] padde. **-eater** spyttslikker. **-fish** paddefisk, marulk. **-flax** torskemunn. **– -in-a-hole** innbakt kjøtt; annonsemann. **-stool** agaricus, (flue)sopp. **-y** [ˈtəudi] snyltegjest, spyttslikker; logre, smigre, sleske. **-yism** [ˈtəudiizm] spyttslikkeri, slesking.
toast [təust] riste, brune; skåle for, drikke for; riste brød; skål, skåltale. **-er** [ˈtəustə] brødrister.
toasting fork [ˈtəustiŋfɔ:k] ristegaffel (til å riste brød på).
toastmaster [ˈtəustmɑ:stə] seremonimester (som ordner skåltalene etc.), magister bibendi.
toast rack [ˈtəustræk] stativ til ristet brød.
tobacco [təˈbækəu] tobakk. **-nist** [təˈbækənist] tobakkshandler, tobakksfabrikant. **– pipe** tobakkspipe. **– pouch** tobakkspung. **– stopper** pipestopper.
to-be [təˈbi:] vordende; fremtiden, det kommende.
toboggan [təˈbɔgən] kjelke; aketur, aking; ake på kjelke. **– chute, – slide** akebakke.
Toby [ˈtəubi] Tobias; **– jug** gammeldags ølkrus formet som en mann med trekantet hatt.
toco [ˈtəukəu] en drakt pryl, juling.
tocsin [ˈtɔksin] (ringing med) stormklokke.
tod [tɔd] tott, tett busk; en ullvektenhet = 28 pund; rev; avgi en viss vekt ull.
to-day, today [təˈdei] i dag, i våre dager; den dag i dag, våre dager; **from –** fra i dag av; **today's** dagens; **of to-day's date** av dags dato.
toddle [ˈtɔdl] vakle, trippe, stabbe, gå usikkert (som et barn); usikker gang. **toddler** [ˈtɔdlə] stump, pjokk.

toddy [ˈtɔdi] toddi. – **ladle** skje til å øse toddi av bollen.
to-do [təˈdu: el. tuˈdu:] oppstyr, ståk, bråk.
tody [ˈtəudi] todi, flatnebb (fugl).
toe [təu] tå, tåspiss, skosnute, knast, tapp; røre med tåen, sparke til; **go -s up** vende nesen i været; **on one's -s** på tærne, på tå hev – **the line** holde seg på matta, innordne seg; – **the mark** komme helt bort til merket. – **board** stigbrett, fotbrett. – **box** tåkappe. **-hold** fotfeste. – **-in** spissing (av forhjulene på bil). **-nail** tånegl; skråspiker i bordende.
toff [tɔf] fin herre, fin fant; laps, sprade; **the toffs** de høyere klasser, sossen.
toffee [ˈtɔfi] sukkertøy, karamell; – **apple** glassert eple; **not for –!** ikke tale om!
toft [tɔft] tomt, grunn, liten eiendom.
tog [tɔg] kle opp, rigge til; klesplagg.
toga [ˈtəugə] toga.
together [təˈgeðə] sammen, tilsammen, i forening, i trekk, etter hverandre, samtidig. **-ness** samhørighet(sfølelse).
toggery [ˈtɔgəri] klær, hyre, antrekk.
toggle [ˈtɔgl] ters, knevel, mothake; stropp. – **joint** knekedd. – **switch** vippebryter.
togs [tɔgz] d.s.s. **toggery.**
toil [tɔil] (især i pl.) garn, snare, nett.
toil [tɔil] slite, slepe, streve; hardt arbeid, slit, slep, strev. **-er** sliter.
toilet [ˈtɔilit] toalett, antrekk, påkledning; toalett, wc. – **case** toalettveske, toalettbag, reiseetui. – **roll** toalettrull. **-ry** toalettartikler. – **-table** toalettbord.
toil|ful [ˈtɔilful] slitsom, besværlig. **-some** anstrengende, slitsom. **-worn** sliten, forslitt.
Tokay [təuˈkei] tokaier(vin).
token [təukn] tegn, merke, minne, erindring, spillemynt, merke (som gjelder for penger), polett; tilkjennegivelse, bevis, symbol. **by the same** – til og med, og dertil, enda til, à propos, siden vi snakker om det; **in – of** til tegn på; – **tax** symbolsk skatt.
toledo [tɔˈli:dəu] toledoklinge.
tolerable [ˈtɔlərəbl] tålelig, utholdelig, passabel. **tolerance** [ˈtɔlərəns] toleranse, fordragelighet, tålsomhet. **tolerant** [ˈtɔlərənt] tolerant, fordragelig.
tolerate [ˈtɔləreit] tåle, finne seg i, tolerere, være tolerant. **toleration** [tɔləˈreiʃən] toleranse, fordragelighet.
toll [təul] ringe, klemte, ringe med; klemting.
toll [təul] avgift, toll, gebyr, rikstelefongebyr; (fig.) offer, pris; betale toll, ta toll. **-able** avgiftspliktig. **-age** betaling av avgift; avgift. – **bar** tollbom; veibom. – **call** nærtrafikksamtale; (US) rikstelefonsamtale. – **-free** tollfri, avgiftsfri. **-gate** tollgrind, tollbom. – **gatherer** tollforvalter. **-man** bomvokter. – **road** bomvei; vei med bompenger.
Tolstoy [tɔlˈstɔi].
Tom [tɔm] Tom; –, **Dick and Harry** Per og Pål, gud og hvermann, kreti og pleti.
tom [tɔm] han, især hankatt.
tomahawk [ˈtɔməhɔ:k] tomahawk, indiansk stridsøks; drepe med tomahawk.
tomato [təˈmɑ:təu] tomat.
tomb [tu:m] grav, gravmæle.
tombac [ˈtɔmbæk] tambak.
tombola [ˈtɔmbələ] tombola.
tomboy [ˈtɔmbɔi] villkatt, galneheie, guttejente.
tombstone [ˈtu:mstəun] gravstein.
tomcat [ˈtɔmkæt] hankatt; skjørtejeger.
tome [təum] bind, del (av et større verk).
tomfool [ˈtɔmˈfu:l] narr, dummepetter, tosk; fjollet, dumt; oppføre seg narraktig. **tomfoolery** [tɔmˈfu:ləri] narrestreker, dumme streker.
Tommy [ˈtɔmi] diminutiv av **Thomas;** – el. – **Atkins** navn på den britiske soldat. **tommy** [ˈtɔmi] (i slang) mat; betaling i varer. – **gun** maskinpistol. **-master** arbeidsgiver som betaler med varer el. med anvisning til handlende. **-rot** sludder, vanvidd. – **shop** forretning som betaler med varer.
tomorrow [təˈmɔrəu] i morgen; morgendagen, fremtiden; – **morning** i morgen tidlig; **(on) the day after** – i overmorgen; – **in the morning** i morgen tidlig; – **week** i morgen om en uke.
Tom Thumb Tommeliten.
tomtit [ˈtɔmtit] titt, (blå)meis.
tom-tom [ˈtɔmtɔm] (primitiv) tromme, tamtam.
ton [tʌn] tonn, 2240 lb. = 1016 kg; (i U.S.A. og Canada) 2000 lb. = 907,2 kg.
ton [tɔn] god tone, folkeskikk; **of ton** fin.
tone [təun] tone, koral, klang: elastisitet, spennkraft, stemning, tonefall; betoning, ettertrykk, syngende tone el. tale; preg, karakter; si fram med en affektert stemme; stille, gi tone; – **down** dempe, avsvekke, mildne; – **up** forsterke, tone opp. **-al balance** klangbalanse. – **arm** pickuparm. – **colour** klangfarge. **-d** med en tone, klingende. **-less** tonløs, umusikalsk.
tongs [tɔŋz] tang, ildtang; **a pair of** – en tang.
tongue [tʌŋ] tunge; tungemål, språk, mål; kolv (klokke, bjelle); pløse (sko); vogndrag, skåk; nes, landtunge; skjelle, snakke; **hold one's** – holde munn; **a person of smooth** – et glattunget menneske. – **-lashing** skrape, overhaling. **-less** uten tunge, målløs. – **-shaped** tungeformet. **-tie** gjøre målløs. – **twister** ord som er vanskelig å uttale. **-y** munnrapp, snakkesalig.
tonic [ˈtɔnik] styrkende, oppstrammende; tone-; grunntone; styrkende middel (medisin).
to-night el. **tonight** [təˈnait] i aften, i kveld; i natt.
tonnage [ˈtʌnidʒ] tonnasje, drektighet, flåte; tonnasjeavgift; ha en drektighet av. – **certificate** målebrev. – **deck** målingsdekk.
tonneau [ˈtɔnəu] baksete i (gammeldags) todelt bil.
tonsil [ˈtɔnsil] mandelkjertel, tonsill, mandel.
tonsure [ˈtɔnʃə] kronraking, tonsur; kronrake.
tony [ˈtəuni] fin, storsnutet, smart; **the** – de rike.
too [tu:] altfor, for, svært, veldig; også, tillike.
took [tuk] imperf. av **take.**
tool [tu:l] verktøy, redskap; håndlanger, leiesvenn; stempel, forsiring av et bokbind; bearbeide, forsyne med produksjonsutstyr; forsire, siselere; **a poor** – en pjalt, klosset person; **machine** – verktøymaskin. – **box** el. – **chest** redskapskiste. – **holder** stålholder (på dreiebenk). – **kit** verktøy|kasse, -sett. **-pusher** boresjef. **-room** verktøybur. **-room fitter** verktøymaker. – **shed** redskapsskur.
toot [tu:t] tute, blåser; tuting, støt; fest, kalas. **-er** blåser.
tooth [tu:θ] pl. **teeth** [ti:θ] tann, tagg, tind (på en rive); bite, gnage; forsyne med tenner, tinde (en rive), la gripe inn; ha smak for; **have a sweet** – være glad i søtsaker; – **and nail** med hender og føtter, med nebb og klør; **false teeth** gebiss; **cast it in his teeth** slenge ham det opp i

ansiktet; **show one's teeth** vise tenner; **by the skin of one's teeth** med nød og neppe; **in the teeth of** til tross for, trass i. **-ache** tannpine, tannverk. **-brush** tannbørste. **-comb** finkam. **– -drawer** tannlege. **-ed** med tenner; tagget. **-ed whale** tannhval. **-ed wheel** tannhjul. **-ful** dråpe, liten tår. **-less** tannløs. **-paste** tannkrem. **-pick** tannpirker. **– powder** tannpulver. **-some** velsmakende. **-y** lekker; forsluken; med utstående tenner.

tootle [ˈtu:tl] tute (svakt el. gjentagende).

top [tɔp] topp, øverste del, spiss, overside, hode, isse, hårtopp, mers, toppunkt; snurrebass; lang ullfiber; (pl.) skaftestøvler; øverst, først, prima; heve seg, rage opp, være fremherskende, overgå, toppe, nå til topps, stige opp til; kappe; **– off** runde av, avslutte; **– up** sette kronen på verket, fullende, fylle opp, etterylle; **at the – of his voice** så høyt han kan, i villen sky; **-s and bottoms** kavringer; **be on – of** ha alt under kontroll; **blow one's –** fly i flint, eksplodere; **go over the –** gå for langt; rable for. **sleep like a –** sove som en stein.

topaz [ˈtəupæz] topas.

top | beam hanebjelke. **– boot** skaftestøvel, langstøvel. **the – brass** de høyeste offiserene; sjefene. **-coat** overfrakk. **– copy** originaleksemplar. **the – dog** den som har overtaket; sjefen. **– -drawer** meget viktig; førsteklasses. **– -dressing** overgjødsling.

tope [təup] gråhai; lund, treklynge; relikviehus, helligdom.

tope [təup] drikke, svire; **–!** skål! **-er** fyllik, drikkebror.

topee [ˈtəupi:] tropehjelm.

top | fermentation overgjæring. **– -flight** i toppklassen. **-gallant** bakkdekk; bramstang, bram-. **– gear** høygir. **– -grade** førsteklasses. **– hat** flosshatt; høy hatt. **– -heavy** for tung oventil; rank, ustø; overadministrert. **– -hole** prima, super.

topiary [ˈtəupiəri] beklippet, kunstig formet.

topic [ˈtɔpik] hovedemne, emne, tema, gjenstand, lokalt legemiddel, topikk (læren om å finne bevisgrunner). **-al** lokal, aktuell; **-al evidence** sannsynlighetsbevis; **-al poem** leilighetsdikt.

topknot [ˈtɔpnɔt] topp, hårsløyfe, hårtopp, oppsatt frisyre.

top | layer veidekke. **-less** toppløs. **-lofty** oppblåst, storsnutet. **-mast** mersestang. **-most** høyest, øverst. **– -notch** prima, best.

topographer [təˈpɔgrəfə], **topographist** [təˈpɔgrəfist] topograf, stedsbeskriver. **topographical** [tɔpəˈgræfikl] topografisk, stedsbeskrivende. **topography** [təˈpɔgrəfi] topografi, stedsbeskrivelse.

topping [ˈtɔpiŋ] fortrinnlig, finfin; toppstykke, overdel; pynt; dessert, kaker.

topple [ˈtɔpl] falle forover, ramle ned, kaste ned, vakle, velte, styrte.

top-ranking (meget) høytstående.

top rate toppris, høyeste pris, topp-.

tops [tɔps] prima, finfin, glimrende.

topsail [ˈtɔpsl] toppseil, mersseil.

top | sawyer [ˈtɔpˈsɔ:jə] den øverste av to som arbeider med en langsag; førstemann, bas, leder. **– -secret** hemmelig. **– -shaped** omvendt kjegleformet. **-sides** skipsskroget over vannlinjen. **– soil** matjord.

topsy-turvy [tɔpsiˈtə:vi] opp ned, på hodet, rotet, kaotisk; rot, forvirring, kaos; **turn –** vende opp ned på, endevende.

toque [təuk] toque (slags damehatt); barett.

tor [tɔ:] klett, fjellknaus, nut.

torch [tɔ:tʃ] fakkel, lommelykt, blåselampe. **– battery** lommelyktbatteri. **-bearer** fakkelbærer. **-light** fakkellys. **-light procession** fakkeltog.

tore [tɔ:] imperf. av **tear.**

tore [tɔ:] vissent gress, blomsterbunn.

toreador [ˈtɔriədɔ:] toreador.

torment [tɔ:ˈment] pine, plage; vri, tvinge. [ˈtɔ:ment] kval, pinsel, plage. **-er, -or** [tɔ:ˈmentə] plageånd, bøddel, mishandler. **-ingly** grusomt.

torn [tɔ:n] perf. pts. av **tear.**

tornado [tɔ:ˈneidəu] tornado, hvirvelstorm, skypumpe.

torpedo [tɔ:ˈpi:dəu] elektrisk rokke; torpedo; angripe med torpedo, torpedere. **– boat** torpedobåt. **– (-boat)catcher** torpedojager. **– (-boat) destroyer** torpedobåtjager, destroyer. **– tube** torpedoutskytningsrør.

torpid [ˈtɔ:pid] stivnet, stiv, følelsesløs, sløv, treg; annen klasses kapproingsbåt. **-ity** [tɔ:ˈpiditi] dvale, følelsesløshet, sløvhet. **torpify** [ˈtɔ:pifai] virke bedøvende på, sløve. **torpor** [ˈtɔ:pə] dvaletilstand; sløvhet.

torque [tɔ:k] vridning, vridningsmoment; halsbånd. **– converter** oljekopling, momentomformer.

torrefaction [tɔriˈfækʃən] tørring; rosting. **torrefy** [ˈtɔrifai] roste (malm); tørre, tørke inn.

torrent [ˈtɔrənt] strøm, foss, stryk; regnskyll, striregn. **-ial** stri, fossende, rivende.

torrid [ˈtɔrid] brennende het, glovarm, solstekt; **the – zone** den hete sone. **-ness** brennende hete.

torsion [ˈtɔ:ʃən] torsjon, dreining, vridning, tvinning. **-al** vridnings-, torsjons-.

torsk [tɔ:sk] brosme.

torso [ˈtɔ:səu] torso.

tort [tɔ:t] forvoldt skade, skadeshandling.

torticollis [tɔ:tiˈkɔlis] med stiv nakke; halsskjevhet.

tortile [ˈtɔ:tail] vridd, snodd.

tortilla [tɔ:ˈti:ja:] maispannekake.

tortious [ˈtɔ:ʃəs] krenkende, skadevoldende.

tortoise [ˈtɔ:təs] skilpadde. **-shell** skilpaddeskall, skilpadde; skilpaddefarget.

tortuosity [tɔ:tjuˈɔsiti] slyngning, bøyning, krokethet; bukt, krok.

tortuous [ˈtɔ:tjuəs] vridd, buktet, kroket, vridd, snirklet; innviklet. **-ness** d.s.s. **tortuosity.**

torture [ˈtɔ:tʃə] tortur, pine, kval, lidelse; legge på pinebenken, pine, plage. **torturer** torturist, plageånd. **torturing** pinlig.

Tory [ˈtɔ:ri] tory, konservativ (nå mest erstattet av **Conservative). -ism** konservatisme.

tosh [tɔʃ] (sl.) sludder, vas, tøv.

toss [tɔs] kaste, slenge, kaste med, kippe, svinge, kaste hit og dit, tumle om; forurolige, nage, pine; gjennomdrøfte, debattere i det vide og brede; rulle, kaste seg hit og dit, tumles om, gynge opp og ned; kast, sleng, loddkasting, omtumling, kast med nakken; **– the head** slå med nakken; **– off** stikke ut, rive av seg, lage i en fart, få unna; **– up** kaste i været, få i stand i en fart, spille mynt og krone **(for** om); **– one** spille mynt og krone med en; **argue the –** debattere i det vide og brede, krangle; **take a –** bli kastet av (om rytter).

tot [tɔt] slump, stubb, pjokk; tår, sup.
tot [tɔt] addisjonsstykke, summering, regne sammen; **– up** legge sammen, summere.
total [ˈtəutəl] fullstendig, hel, total; samlet sum; beløpe seg til, utgjøre.
totalitarian [təutæliˈtɛəriən] totalitær; tilhenger av et totalitært styresett. **-ism** diktatur.
totality [təuˈtæliti] helhet, totalitet; **in –** i alt.
totalizator [ˈtəutəlaizeitə] totalisator.
totalize [ˈtəutəlaiz] fullstendiggjøre; addere, oppsummere; nytte totalisator. **totalizer** [ˈtəutəlaizə] totalisator.
tote fk. f. **totalizator.**
tote [təut] bære, dra på; byrde.
totem [ˈtəutəm] totembilde, stammesymbol, merke. **-ism** totemtro.
totter [ˈtɔtə] vakle, stavre, sjangle. **-y** vaklende.
toucan [ˈtu:kən] tukan (søramerikansk fugl).
touch [tʌtʃ] røre, berøre, ta på, føle på, klinke, skåle, nå, rekke, tangere, komme opp mot, krenke, såre, bevege, antyde, henkaste, skissere, spille, angå, befatte seg med; anløpe, gå innom; berøring, følelse, følesans, føling, tilknytning; hogg, strøk, anslag, penselstrøk, pennestrøk, trekk, anstrøk, drag, preg, streif, stenk; **a four-penny –** noe til 4 pence, til en verdi av 4 pence; **he has the golden –** alt han rører ved blir til gull (lykkes); **keep in – with** bevare kontakten med; **put to the –** sette på prøve; **– at** anløpe; **– off** henkaste; utløse, detonere. **– on** røre ved, berøre; **– to the quick** såre (ens følelser dypt); **– the bell** ringe; **– up** friske opp, rette på, restaurere, retusjere; sette fart i; **– wood** banke i bordet (for å avvende nemesis, når man har skrytt av sitt hell e. l.). **– -and-go** løs, overfladisk, lett og livlig, uvøren, upålitelig; berøring, usikkerhet, overfladiskhet, letthet. **– -and-run** sisten. **-down** landing (fly). **-ed** beveget, rørt; skrullet.
toucher [ˈtʌtʃə] noe som er meget nær ved å skje; **a near –** el. **as near as a –** på et hengende hår.
touchhole [ˈtʌtʃhəul] fenghull.
touchiness [ˈtʌtʃinis] irritabilitet, nærtagenhet.
touch|ing [ˈtʌtʃiŋ] rørende; angående. **– needle** probérnål. **– paper** salpeterpapir. **-stone** probérstein, prøvestein. **-tag** sisten. **– -type** skrive på maskin etter touchmetoden. **-wood** knusk. **-y** pirrelig, nærtagende, ømfintlig, følsom; ømtålig, delikat.
tough [tʌf] seig, drøy, dryg, vanskelig, vrien, barsk, krass; bølle, gangster, hardhaus. **– buck** surt tjente penger. **-en** gjøre seig, bli seig, herde. **-ish** temmelig seig. **– luck** uflaks. **– -minded** usentimental, realistisk. **-ness** seighet, stahet, hardhet.
toupée el. **toupet** [ˈtu:pei] toupet, liten parykk.
tour [tuə] rundreise, reise, tur, turné; reise, dra på turné med. **-ing** [ˈtuəriŋ] reise omkring, rundreise; reise-, turist-. **-ist** [ˈtuərist] turist. **-ist agency** reisebyrå. **-ist court** motell. **– ticket** rundreisebillett.
tournament [ˈtuənəment] turnering.
tourney [ˈtuəni] turnering; turnere.
tourniquet [ˈtuənikei] årepresse.
tourpusher [ˈtuəpuʃə] junior boresjef.
tousle [ˈtauzl] bringe i uorden, sammenfiltre, buste, forpjuske, ruske i.
tout [taut] stå på utkikk, spionere, kapre kunder, rapportere, rope ut; agent, pågående ansøker; spion (ved hesteveddeløp).
tow [təu] stry, strie.
tow [təu] slepetau, slep, buksering; buksere, slepe, taue. **-age** [ˈtəuidʒ] buksering; betaling for buksering.
toward [ˈtəuəd] (gml. adj.) forestående, i anmarsj.
toward [tɔ:d, təˈwɔ:d] (prep.) henimot, mot.
towardly [ˈtəuədli] (gml.) lovende, lærevillig.
towards [tɔ:dz; təˈwɔ:dz] henimot, i retning av, mot, til, nær ved.
tow|boat [ˈtəubəut] slepebåt, taubåt. **– car** kranbil, servicebil.
towel [ˈtauəl] håndkle; bruke håndkle på, tørke, frottere; **throw in one's –** kaste håndkledet inn i ringen, gi opp. **– horse** håndkleholder. **-ling** håndklestoff.
tower [ˈtauə] tårn, borg, festning; vern, støtte; høyspentmast; heve seg, kneise; **a – of strength** et trygt vern; **the T. (of London)** Tower (Londons gamle borg). **– block** høyhus, punkthus. **– clock** tårnur. **-ed** tårnet, tårn-. **-ing** tårnhøy, kneisende, overveldende. **-y** tårnet.
towing [ˈtəuiŋ] buksering, tauing, sleping. **– -bitts** slepepuller. **– boat** slepebåt, taubåt. **– hook** slepekrok. **– path** trekkvei, slepevei (langs elv el. kanal). **– rope** buksertau, sleper.
towline [ˈtəulain] buksertau, sleper, slepetau.
tow linen [ˈtəulinən] strie.
town [taun] by, stad, (by)sentrum, **the –** hovedstaden, hovedstadens fornemme strøk, det fornemme selskap; **man about –** levemann. **– clerk** byskriver; rådmann. **– council** bystyre. **– councillor** bystyremedlem. **– crier** utroper. **– hall** rådhus. **– house** hus i byen, (mots. **country house).** **-ish** bymessig. **-let** småby. **– planning** byplanlegging; **-ship** bydistrikt; bysamfunn; kommune; (US) herred, areal av en viss størrelse. **-sman** bymann, borger, bysbarn. **– talk** bysnakk; gjenstand for alminnelig omtale.
tow|path [ˈtəupɑ:θ] trekkvei, slepevei (langs elv el. kanal). **-plane** slepefly (som trekker seilfly). **-rope** buksertau, sleper, slepetau.
towse og **towsle** se **touse** og **tousle.**
towy [ˈtəui] stry-, stryaktig.
toxic [tɔksik], **toxical** [ˈtɔksikl] giftig, gift-. **toxication** [tɔksiˈkeiʃən] forgiftning. **toxicology** [tɔksiˈkɔlədʒi] toksikologi, giftlære. **toxin** [ˈtɔksin] toksin, gift.
toxophilite [tɔkˈsɔfilait] bueskytter.
toy [tɔi] leke, leketøy; bagatell, småting, små-, spøk, tøys, innfall, lune; leke, spøke, tøyse (med). **– bank** sparebøsse. **– dog** leketøyshund; skjødehund. **-man** leketøyshandler.
Toynbee [ˈtɔinbi:].
tr. fk. f. **track; train; transit; translation; transport.**
trace [treis] dragreim, dragtau, vognstang, skåk; antydning, snev, spor, far, fotspor, merke; spore, etterspore, følge, skjelne, tilbakelegge, gjennomvandre; tegne, markere, risse, skissere, sjablonere, kalkere, gjøre utkast til. **-able** som kan etterspores, påviselig.
tracer [ˈtreisə] en som sporer, følger spor; tegner, kalkør; sporlysammunisjon. **– point** kalkerstift. **– shell** sporlysgranat.
tracery [ˈtreisəri] steinprydelser, masverk (i gotikk), flettverk, fint mønster.
trachea [trəˈkiə] luftrør. **tracheal** luftrørs-.

tracing [ˈtreisiŋ] kalkering.
track [træk] spor, far, fotspor, hjulspor, tråkk; løpebane, veddeløpsbane; vei, råk, sti; skinnegang, linje; (US) jernbanelinje; trasé, rille (i grammofonplate), spor (på lydbånd); farvann, kjølvann; etterspore, forfølge; slepe, taue; spore, følge; plotte (en kurs); **– down** oppsore (og fange); **double –** dobbeltspor; **make -s** ta beina på nakken, legge på sprang. **-age** sleping, tauing; banenett. **– athlete** friidrettsmann, løper. **-er** forfølger, (etter)sporer, søker. **-hound** sporhund. **-ing** sporlek; sporing, målsøking. **-less** sporløs, uveisom. **-man** banearbeider. **– race** baneløp (sport). **– shoe** piggsko. **– suit** treningsdrakt.
tract [trækt] egn, strøk, strekning; småskrift, avhandling; organer, system.
tractability [træktəˈbiliti] medgjørlighet.
tractable [ˈtræktəbl] medgjørlig, villig, lydig.
Tractarianism [trækˈtɛəriənizm] traktarianerisme (høykirkelig anglokatolsk retning, innledet ved noen traktater, utgitt i Oxford).
tractile [ˈtræktail] strekkbar, tøyelig.
traction [ˈtrækʃən] trekking, trekk, trekkraft. **– engine** trekkmaskin, lokomobil, traktor. **– motor** trekkmotor. **– wheel** drivhjul.
tractive [ˈtræktiv] trekkende, trekk-.
tractor [ˈtræktə] traktor, trekkredskap.
trad fk. f. **tradition; traditional.**
trade [treid] handel, forretning, håndverk, fag, yrke, levevei, næringsvei, bransje, forretningsfolk; fart, seilas; passat; fag-, nærings-, yrkes-; bytte(handel); drive handel, handle, forhandle, bytte, utveksle; **– in** gi i bytte; **– on** benytte seg av; **Board of T.** handelsdepartementet; (US) handelskammeret. **– agreement** handelsavtale. **– bill** kundeveksel. **– custom** forretningsskikk. **– description** varefakta. **– directory** handelskalender. **– in** gjenstand som gis i innbytte. **– mark** firmamerke, varemerke. **– name** varenavn; firmanavn. **– -outlook** konjunktur. **– price** engrospris.
trader [ˈtreidə] næringsdrivende, kjøpmann; handelsskip.
trade | school yrkesskole, fagskole. **-s council** arbeidernes fellesorganisasjon. **-sfolk** forretningsdrivende. **-sman** handelsmann; håndverker. **The Trades Union Congress** sentralorg. for den britiske fagbevegelse ≈ Landsorganisasjonen. **– union** fagforening. **– -unionist** fagforeningsmedlem. **– value** markedsverdi. **– waste** industriavfall. **– wind** passatvind.
trading [ˈtreidiŋ] handel; handels-.
tradition [trəˈdiʃən] overlevering, tradisjon, sagn. **-al, -ary** muntlig overlevert, tradisjonell, sagnmessig. **-ally** tradisjonelt.
traduce [trəˈdju:s] baktale. **-ment** baktaling.
Trafalgar [trəˈfælgə].
traffic [ˈtræfik] handel, omsetning, trafikk, ferdsel, samkvem; trafikkere; handle, avsette, omsette. **-able** farbar, kjørbar. **– bollard** trafikkfyr. **– indicator** blinklys (på bil). **– island** trafikkøy. **– jam** trafikkork. **-ker** handler. **– lane** kjørefelt, fil. **– manager** trafikkdirektør. **– warden** parkometervakt, trafikkbetjent.
tragedian [trəˈdʒi:djən] tragedieforfatter, tragisk skuespiller. **tragedy** [ˈtrædʒidi] tragedie, sørgespill. **tragic** [ˈtrædʒik] tragisk. **tragical** [ˈtrædʒikl] tragisk, sørgelig. **tragicomedy** [ˈtrædʒiˈkɔmidi] tragikomedie. **tragicomic** [ˈtrædʒiˈkɔmik] tragikomisk.
trail [treil] slepe, trekke, uttale slepende, trekkes ut i lengden, strekke seg, dra seg, krype, etterspore, oppspore; narre, lure; hale, slep, stripe, vei, spor, slag, veifar; dorg; **– arms!** i hånden gevær! **– blazer** en som finner vei; (fig.) banebryter, pioner.
trailer [ˈtreilə] krype- eller slyngplante, lian, hengende grein; tilhengervogn (til sporvogn), campingvogn; forfilm (på kino) om neste film.
train [trein] slepe, trekke, oppdra, lære opp, innøve, trene, eksersere, dressere, innstille, rette mot; slep, hale, kjede, rekke, rad, følge, opptog; tog, jernbane; lokkemat, felle, kruttrenne; **take the –** dra med jernbanen; **– of artillery** artilleripark; **– of thoughts** tankegang; **in –** i gang. **-band** borgervæpning. **-bearer** en som bærer slepet. **-ed** opplært, faglært, skolert; med slep. **-ee** [treiˈni:] lærling, elev, praktikant. **-er** trener. **-ing** oppdragelse, opplæring, trening, dressur. **-ing college** seminar, lærerskole. **-ing ground** ekserserplass. **-ing school** seminar, lærerskole. **-ing ship** skoleskip.
train oil [ˈtreinɔil] tran, hvalolje.
trait [trei, US treit] trekk, ansiktstrekk, karaktertrekk.
traitor [ˈtreitə] forræder. **-ous** [ˈtreitərəs] forrædersk, troløs. **-ousness** forræderi, troløshet.
trajectory [trəˈdʒektəri] (prosjektils) bane; (planets) bane.
tram [træm] trikk, sporvogn, sporveis-; vagge, kullvogn; reise med trikk; **to – it** trikke.
tram [træm] tramsilke, islettsilke.
tramcar [ˈtræmkɑ:] sporvogn, trikk.
trammel [ˈtræməl] garn, bånd; lenke, hindring; belemre, hefte, lenke, hindre.
tramontane [trəˈmɔntein] fremmed, usivilisert.
tramp [træmp] trampe, bereise til fots, vandre, traske; tramping, fottur, reise, landstryker, fant, omstreifer, farende svenn. **– steamer** trampbåt (ikke i fast rute); **be on the –** være på vandring, vagabondere.
trample [ˈtræmpl] trampe, trå ned; tramping; **– on sb.** (fig.) tråkke på noen.
tram|rail [ˈtræmreil] sporveisskinne. **-road** sporvei. **-way** sporvei, trikk; sporveis-.
trance [trɑ:ns] transe, ekstase, henrykkelsestilstand.
tranquil [ˈtræŋkwil] rolig. **-lity** [træŋˈkwiliti] ro, rolighet, stillhet. **-lization** [træŋkwiliˈzeiʃən] beroligelse. **-lize** [ˈtræŋkwilaiz] berolige. **-lizer** en som bringer ro; beroligende middel.
transact [trænˈsækt, trɑ:n, trən-] behandle, forhandle, utføre, greie, drive, underhandle. **-ion** utførelse, forretning, begivenhet, sak, underhandling, transaksjon. **-or** leder, underhandler.
transalpine [ˈtrænzˈælpain, ˈtrɑ:nz-] transalpinsk, nord for Alpene.
transatlantic [ˈtrænzətˈlæntik, ˈtrɑ:n-] transatlantisk, atlanterhavs-.
transceiver [trænˈsi:və] radioanlegg, sender-mottaker(apparat), walkie talkie.
transcend [trænˈsend, trɑ:n-] overskride, heve seg over, overgå. **-ence, -ency** transcendens, oversanselighet. **-ent** oversanselig, opphøyd, fortrinnlig. **-ental** [trɑ:nsənˈdentəl, træn-] fortrinnlig, oversanselig, dunkel, uklar. **-entalism** [trɑ:nsənˈdentəlizm, træn-] transcendental filosofi.

transcontinental [ˈtrænskɔntiˈnentəl] (US) som går fra Atlanterhavet til Stillehavet.
transcribe [trɑːnˈskraib, træn-] skrive av, skrive ut, transkribere. **-r** avskriver. **transcript** [ˈtrɑːn-skript, ˈtræn-] avskrift, gjenpart, kopi; gjengivelse. **transcription** [trɑːnˈskripʃən, træn-] avskriving, omskrivning, transkripsjon; lydskrift; lydbånd- el. plateopptak. **– unit** grammofon, båndspiller. **transcriptively** [trɑːnˈskriptivli, træn-] i avskrift.
transducer [trænsˈdjuːsə] (kraft)overføringsenhet; ultralydkapsel.
transept [trænsept, ˈtrɑːn-] tverrskip, korsarm.
transfer [trænsˈfəː, trɑːns-] overføre, overdra, forflytte, forvandle; girere; avhende, overdra; skifte, bytte.
transfer [ˈtrænsfəː, ˈtrɑːns-] overdraging, overføring, forflytting; overgangsbillett; avtrykk, avtrykksbilde, overføringsbilde; girering; omstigning, overgang; avståelse, avhending; overflyttet soldat; **– ticket** overgangsbillett.
transferability [trænsfəːrəˈbiliti, trɑːns-] det å kunne overføres; (merk.) avhendelighet, overførbarhet.
transferable [trænsˈfəːrəbl, trɑːns-] som kan overføres (el. overdras), omsettelig, avhendelig.
transferee [trænsfəˈriː, trɑːns-] en til hvem overdragelse skjer, cesjonar.
transference [ˈtrɑːnsfərəns, ˈtræns-] overdraging, overføring.
transfiguration [trɑːnsfigjuˈreiʃən, træns-] forklaring (srl. som Kristus); forklaret skikkelse; forvandling. **transfigure** [-ˈfigə] forvandle, omdanne, forklare.
transfix [trɑːnsˈfiks, træns-] gjennombore, stikke, nagle fast. **-ion** gjennomboring.
transform [trænsˈfɔːm, trɑːns-] forvandle, omdanne, transformere, omforme, forvandle seg. **-ation** [-ˈmeiʃən] forvandling, omskaping, omvendelse. **-ative** [-ˈfɔːmətiv] forvandlende, forvandlings-. **-er** transformator.
transfuse [trɑːnsˈfjuːz, træns-] overføre, tappe om, inngyte, fylle. **transfusible** [-ˈfjuːzibl] som kan overføres. **transfusion** [-ˈfjuːʒən] omtapping, (blod)overføring, transfusjon.
transgress [trɑːnsˈgres, træns-] overtre, bryte, forse seg. **-ion** overtredelse, synd; overskridelse. **-ional** overtredende. **-or** overtreder, synder.
transience [ˈtrænziəns] flyktighet, ustadighet. **transient** [ˈtrænziənt] forbigående, flyktig. **– response** transientgjengivelse. **-ly** forbigående.
transistor [trænˈsistə] transistor; transistorradio.
transit [ˈtrænsit, ˈtrɑːnsit, ˈtrænzit] overgang, transitt, gjennomgang, overfart, transport, gjennomreise, førselsvei, forsendelse, sending; **by rapid –** med hurtig befordring. **– duty** transitt-toll.
transition [trænˈsiʒən, trɑːn-] overgang. **-al** overgangs-.
transitive [ˈtrɑːnsitiv, ˈtræn-] transitiv.
transitory [ˈtrænsitəri, ˈtrɑːn-] forgjengelig, kortvarig, forbigående.
translate [trænsˈleit, trɑːns-] overføre, forflytte, omforme, forvandle; oversette, omsette, fortolke, forklare. **translation** [trɑːnsˈleiʃən, træns-] overføring, forflytting; oversettelse, omsetting, opptakelse (til himmelen). **translator** [trænsˈleitə, trɑːns-] translatør, oversetter, omsetter. **translatory** [-ˈleitəri] overførings-, oversettelses-, omsettings-. **translatorese** [-ˈriːz] oversettersjargong.
transliterate [trænzˈlitəreit] omskrive, omstave (til et annet alfabet).
translucency [trɑːnsˈljuːsənsi, træns-] gjennomskinnelighet, klarhet. **translucent** gjennomskinnelig.
transmarine [trænsməˈriːn, trɑːns-] oversjøisk.
transmigrate [ˈtrænzmaiˈgreit, trɑːnz-] utvandre, flytte; vandre over (om sjelevandring). **transmigration** [trænzmaiˈgreiʃən, trɑːn-] utvandring; sjelevandring. **transmigrator** [ˈtrænsmaigreitə, ˈtrɑːn-] utvandrer.
transmissible [trænzˈmisəbl, trɑːn-] som kan oversendes, overførbar. **transmission** [trænzˈmiʃən, trɑːn-] forsendelse, overlevering, videresending, overføring; (radio)sending, overføring; transmisjon, gir. **– belt** drivreim. **– ratio** utvekslingsforhold. **– shaft** transmisjonsaksel.
transmit [trænzˈmit, trɑːn-] oversende, sende, lede, kringkaste, overføre, overlevere, befordre, forplante. **transmittal** [-ˈmitəl] oversendelse. **transmitter** [-ˈmitə] oversender, senderapparat (ved telegraf og telefon). **transmittable** [-ˈmitəbl] som kan oversendes.
transmogrification [trænzmɔgrifiˈkeiʃən] forvandling, omdanning.
transmutable [trænzˈmjuːtəbl, trɑːnz-] foranderlig. **transmutation** [-mjuˈteiʃən] forvandling, omdanning. **transmute** [-mjuːt] forvandle, omdanne. **transmuter** [-ˈmjuːtə] forvandler.
transom [ˈtrænsəm] tverrstykke, losholt, tverrsprosse; hekkbjelke. **– window** halvrundt vindu over dør.
transparence [trænsˈpɛərəns, trɑːn-]. **transparency** [-si] gjennomsiktighet, transparent; lysbilde, diapositiv. **transparent** [-ˈpɛərənt] gjennomsiktig, klar; åpen(bar).
transpiration [trænspiˈreiʃən, trɑːn-] utdunsting, svette. **transpire** [trænˈspaiə, trɑːn-] utdunste, svette, transpirere, sive ut, forlyde, komme for dagen; (vulg.) hende.
transplant [trænsˈplɑːnt, trɑːns-] plante om; transplantasjon. **-ation** [-plɑːnˈteiʃən] omplanting, transplantasjon. **-er** [-ˈplɑːntə] omplanter, plantemaskin.
transpontine [trænzˈpɔntain] på den andre siden av brua; (i London:) fra Surreysiden; simpel, mindre fin.
transport [trænsˈpɔːt,trɑːn-] forsende, sende, føre, transportere, flytte, befordre; dømme til deportasjon; beta, henrykke, rive med.
transport [ˈtrænspɔːt, ˈtrɑːn-] forsendelse, sending, transport, tren; henrykkelse, betatthet, anfall; transportskip el. -fly. **Transport Workers** transportarbeidere (en fagforening). **Minister of Transport** samferdselsminister.
transportable [trænsˈpɔːtəbl, trɑːn-] transportabel, forsendelig, som kan sendes; dømt til deportasjon.
transport|ation [trænspɔːˈteiʃən, trɑːns-] forsendelse, transport; deportasjon. **-edly** [-idli] henrykt, ute av seg selv. **-er** en som overfører, transportør; varebil. **-ing** betagende, overvettes.
transposal [trænsˈpəuzəl, trɑːns-] omsetning, forflytting. **transpose** [trænsˈpəus, trɑːns-] omsette, omflytte; forvandle, omdanne; bytte om.
transposition [trænspəˈziʃən, trɑːn-] omflytting, forandring. **-al** som angår omflytting.
transship [trɑːnsˈʃip, træns-] laste om, skipe om. **-ment** omlasting, omskiping.
transubstantiate [trænsəbˈstænʃieit, trɑːn-] for-

vandle. **transubstantiation** [-stænʃiˈeiʃən] forvandling.
transudation [trænsjuˈdeiʃən, trɑːns-] transsudasjon, gjennomsivning; væske som tyter ut. **transudatory** [-ˈsjuːdətəri] som tyter ut, gjennomsivende. **transude** [-ˈsjuːd] sive igjennom.
Transvaal [ˈtrænzvɑːl, ˈtrɑːn-]; **the** – Transvaal.
transversal [trænzˈvəːsəl, trɑːn-] tverr-, som går på tvers.
transverse [trænzˈvəːs, trɑːn-] tverr-, som går på tvers; transversal. **-ly** på tvers.
Transylvania [trænsilˈveinjə, trɑːn-] Transsylvania.
trap [træp] felle, snare, saks, teine, ruse, vannlås, fall-lem, et nordengelsk ballspill, kjøretøy (av forskjellig slags); (sl.) politi, purk; kjeft; fange, besnære, lokke (i felle), sette opp felle; stanse, holde tilbake; **be -ped** være fanget, sitte i saksen.
trap [træp] trapp; trappdannet (om basaltklipper).
trap [træp] pynte, utstaffere. **-s** saker, pakkenelliker, greier, redskaper.
trapan [trəˈpæn] besnære; besnærer; felle.
trap door [ˈtræpdɔː] lem, luke, fall-lem, fall-luke.
trapes [treips] farte, reke, slenge, traske.
trapeze [trəˈpiːz] trapes (til gymnastikk).
trapezium [trəˈpiːzjəm] trapes (uregelmessig firkant).
trap net bunngarn; ruse.
trapper [ˈtræpə] pelsjeger, villdyrjeger.
trappings [ˈtræpiŋz] staselig ridetøy, pynt, stas, utstyr, utstaffering.
Trappist [ˈtræpist] trappist(munk).
trash [træʃ] søppel, skitt, subb, kvas, rusk, rask, avfall, herk, skrap, sludder; skrape, kaste, kassere. – **can** søppelkasse. – **heap** avfallsdynge.
trashy [ˈtræʃi] verdiløs, unyttig.
trauma [ˈtrɔːmə] sår, skade, traume. **traumatic** [trɔːˈmætik] traumatisk, sår-.
travail [ˈtræveil] ligge i fødselssmerter; arbeide tungt; slit og slep, mas, kjas; fødselssmerter.
travel [ˈtrævl] reise (i), være på reise, gå, beferde, trafikkere, vandre, bereise, dra gjennom, tilbakelegge; (om lyd, ild etc.) fare, forplante seg; reise, reisebeskrivelse; – **third** reise på tredje klasse. – **agency** reisebyrå. – **association** turistforening. – **bag** reiseveske. – **folder** reisebrosjyre. **-led** beferdet, bereist, bevandret.
travel|ler [ˈtrævlə] reisende, passasjer, bereist mann, også: handelsreisende. **-ler's book** fremmedbok. **-ler's cheque** reisesjekk. **-ling** reisende, reise-. **-ling crane** løpekran. **-og(ue)** reisebeskrivelse, reiseforedrag. – **poster** turistplakat. – **sickness** reisesyke. – **-worn** reisetrett.
traverse [ˈtrævəs] på tvers, over kors; korslagt; tverr-; noe som legges på tvers, forheng, uventet hindring, strek i regningen, uhell, innsigelse, tverrskanse; krysse gjennom, dra gjennom, reise gjennom, bereise, krysse, hindre; gjendrive, benekte, bestride; gjøre sidebevegelser el. sideutfall, skråhøvle, siderette (kanon). **traversable** som kan krysses, som lar seg benekte. **traverser** benekter, forsvarer; skyvebru.
travesty [ˈtrævisti] travestere, parodiere, kle ut i en latterlig form; travesti, parodi.
trawl [trɔːl] trål, sopevad, bunngarn, sildenot; fiske med sopevad, tråle. **-er** [ˈtrɔːlə] tråler.
tray [trei] lite trau; brett, brevkurv, vektskål.
treacherous [ˈtretʃərəs] forrædersk, troløs. **treachery** [ˈtretʃəri] forræderi, svik.
treacle [ˈtriːkl] sirup, melasse, innkokt sukkerholdig saft; smiger, søte ord.
tread [tred] tre, trå, tråkke (på), gå, vandre, betre, trampe på; trinn, skritt, gang, trappetrinn, slitebane el. -flate (skosåle, bildekk o. l.), sporvidde; fuglers parring; – **water** trå vannet. – **design,** – **pattern** dekkmønster, banemønster.
treadle [ˈtredl] trøe (i vev), fotbrett, pedal.
treadmill [ˈtredmil] tredemølle.
tread wear indicator slitasjevarsler.
treason [ˈtriːzn] forræderi; **high** –, el. – **felony** høyforræderi; **petit** el. **petty** – mord (begått av en kone på sin mann, av en tjener på sin husbond osv.). **-able** forrædersk.
treasure [ˈtreʒə] skatt, klenodie, rikdommer; samle, dynge opp, gjemme på, skatte, verdsette.
treasure | house [ˈtreʒəhaus] skattkammer. – **chest** skattkiste. – **hunt** skattejakt.
treasurer [ˈtreʒərə] skattmester, kemner, kvestor, kasserer; **Lord High T.** (gml.) riksskattmester. **-ship** skattmesterembete. **treasuress** kassererske.
treasure seeker [ˈtreʒəˈsiːkə] skattegraver.
treasure trove [ˈtreʒəˈtrəuv] skattefunn, funnet skatt, rikt funn.
treasury [ˈtreʒəri] skattkammer, finansdepartement; **the T.** statskassen, finansdepartementet. **First Lord of the T.** første skattkammerlord (nominell overfinansminister; tittelen innehas oftest av statsministeren). (US) **Secretary of the T.** finansminister. **the T. Bench** ministerbenk (i underhuset). **the T. Department** (US) finansdepartementet.
treat [triːt] behandle, traktere, varte opp, underhandle, forhandle, tale om, handle om, gi, traktere, spandere; noe lekkert, godbit; traktement, barneselskap; sjelden nytelse, fryd; **a rich** – en rik nytelse; **it's my** – det er min tur (til å traktere, spandere).
treatise [ˈtriːtiz, -is] avhandling.
treatment [ˈtriːtmənt] behandling, medfart.
treaty [ˈtriːti] overenskomst, forhandling, traktat; **be in** – **with** ligge i underhandling med.
treble [ˈtrebl] tredobbelt; gjøre tredobbelt, bli tredobbelt; diskant, sopran. – **clef** G-nøkkel.
tree [triː] tre, stamtre; støvelblokk; jage opp i et tre, ta form av et tre; sette på lest, blokke (sko); **up a** – i knipe, i forlegenhet. – **frog** løvfrosk. **-nail** trenagle. – **of life** livstre. – **primrose** nattlys. – **ring** årring.
trefoil [ˈtriːfɔil] kløver.
trek [trek] utvandre, vandre; utvandring, vandring (i Sør-Afrika).
trellis [ˈtrelis] gitter, traleverk, tremmeverk, sprinkelverk, espalier. **-ed** med gitter, tremme-.
tremble [ˈtrembl] skjelve, beve, dirre; være på det uvisse, frykte; skjelving, dirring, beving, sitring. **trembling** [ˈtrembliŋ] skjelvende, rystende, ristende; – **poplar** bevreosp.
tremendous [triˈmendəs] fryktelig, skrekkelig, veldig, voldsom; **a** – **lot** en enorm mengde.
tremor [ˈtremə] skjelving, risting, sitring, gys.
tremulous [ˈtremjuləs] skjelvende, dirrende; engstelig, redd. **-ness** skjelving.
trench [trenʃ] grøft, dike, veit, renne, løpegrav, skyttergrav; grave skyttergrav el. grøft, skjære inn i, drenere, grøfte; – **upon** gjøre inngrep i.

trenchant [ˈtrenʃənt] skarp, bitende, avgjørende, tydelig.
trench | bomb håndgranat. – **coat** kraftig poplin regnfrakk med militært preg.
trencher [ˈtrenʃə] spikkefjel, brødfjel. – **cap** studentlue. **-man** matkrok; snyltegjest.
trench | foot skyttergravsfot (fotlidelse). – **knife** kommandokniv. – **plough** undergrunnsplog. – **warfare** skyttergravskrig.
trend [trend] bøye, dreie, strekke seg, løpe, gå i en viss retning; retning, tendens, utviklingslinje. **-y** moderne, moteriktig.
trental [ˈtrentəl] tretti sjelemesser, klagesang.
trepan [triˈpæn] trepan; trepanere.
trepan [triˈpæn] felle, bedrager; lokke (i felle).
trepidation [trepiˈdeiʃən] skjelving, angst.
trespass [ˈtrespəs] overtre, forse seg, gå inn på annenmanns enemerker, gjøre inngrep, overskride; overtredelse, eiendomskrenking, inngrep, overgrep. **-er** overtreder, uvedkommende; **-ers will be prosecuted** uvedkommende forbys adgang; (egentlig: uvedkommende som ferdes her, vil bli anmeldt).
tress [tres] krølle, lokk, flette. **-ed** krøllet, med krøller, lokket.
tressel [ˈtresl], **trestle** [ˈtresl] bukk (av tre), understell.
tret [tret] godtgjørelse for svinn, refaksje.
trevet [ˈtrevit] trefot.
T. R. H. fk. f. **Their Royal Highnesses.**
triable [ˈtraiəbl] som kan forsøkes, prøves; (jur.) som kan prøves for retten.
triad [ˈtraiəd] triade, trehet, samling av tre; treklang.
trial [ˈtraiəl] prøve, undersøkelse, prøvelse, forsøk; hjemsøkelse; fristelse; rettslig behandling, domsbehandling, domsforhandling, behandlingsmåte, rettergang; rettsforhandling, sak, prosess; **on** – på prøve; **make a – of** gjøre en prøve med; **put to** (el. **on)** – sette på prøve; stille for retten; **give him a** – stille ham for retten; **he is on** – hans sak er for retten; – **by fire** ildprøve; – **by jury** jurybehandling, prosess for lagmannsretten. – **marriage** prøveekteskap. – **order** prøveordre, prøvebestilling. – **run** prøvekjøring.
triangle [ˈtraiæŋgl] trekant, triangel, vinkel(hake), bukk (ved prylestraff). **-d** trekantet. **triangular** [traiˈæŋgjulə] trekantet. **triangulate** [traiˈæŋgjuleit] gjøre triangulær, dele i triangler; som består av trekanter.
tribal [ˈtraibl] stamme-, familie-, ætt-. **tribe** [traib] stamme; ætt, slekt, folkeferd; (sl.) gjeng, skare. **tribesman** [ˈtraibzmən] stammefrende.
tribulation [tribjuˈleiʃən] prøvelse, motgang, trengsel.
tribunal [tr(a)iˈbju:nəl] domstol, rett; nemnd.
tribune [ˈtribju:n] tribun (hos romerne), talerstol. **-ship, tribunate** [ˈtribjunit] tribunat.
tributary [ˈtribjutəri] skattskyldig, betalt i skatt, underordnet, bi-; skattskyldig, bielv. **tribute** [ˈtribju:t] skatt, tributt, anerkjennelse, hyllest.
tricar [ˈtraikɑ:] trehjuls kjøretøy.
trice [trais] hale opp; **in a** – i en håndvending, på en to tre. **tricing line** opphalertau.
tricennial [traiˈseniəl] tredveårig, trettiårig.
tricentary [traiˈsentəri] tidsrom av tre hundre år.
trichina [triˈkainə] trikin. **trichinosis** [trikiˈnəusis] trikinsykdom, trikinose.
trichord [ˈtraikɔ:d] trestrenget (instrument).
trick [trik] knep, fiff, narrestrek, fantestykke, puss, behendighetskunst, list, underfundighet, kunstgrep, kunst, egenhet, lag, vane, uvane, evne; stikk (i kortspill); narre, lure, bedra, leve av bedrageri; **how's -s?** hvordan går det? – **of the trade** forretningsknep.
trick [trik] pynte, utstaffere, stase opp.
trickery [ˈtrikəri] lurendreieri, juks, unatur.
trickish [ˈtrikiʃ] slu, listig; kinkig, vrien.
trickle [ˈtrikl] sildre, sile, piple, dryppe; tynn liten strøm, siving.
trickster [ˈtrikstə] lurendreier, svindler.
tricksy [ˈtriksi] lurendreieraktig, skøyeraktig, skjelmsk; lur, snedig, fiffig.
tricktrack [ˈtriktræk] trikktrakk (et brettspill).
tricky [ˈtriki] listig, slu, fiffig; vanskelig å utføre, vrien, innviklet, kinkig.
tricolour [ˈtrikʌlə] trefarget flagg, trikolor.
tricorne [ˈtraikɔ:n] tresnutet (hatt).
tricot [ˈtrikəu] trikot, trikotasje.
tric-trac [ˈtriktræk] se **tricktrack.**
tricycle [ˈtraisikl] trehjulssykkel.
trident [ˈtraidənt] trefork, tregreinet gaffel (el. lyster).
triennial [traiˈeniəl] treårig, treårlig, treårs. **triennium** [traiˈenjəm] treårsperiode.
trier [ˈtraiə] kontrollør, prøver; søker (verktøy).
trifle [ˈtraifl] bagatell, småtteri, ubetydelighet, småting, litt, slant; charlottekake; spøke, fjase; **catch at -s** henge seg i småting; – **away** fjase bort, vase bort; – **with** tøyse med, leke med. **-r** tøysekopp, narr, barnaktig person.
trifling [ˈtraifliŋ] ubetydelig, tøvet; fjas, lek.
trifoliate [traiˈfəuliit] trebladet.
triform [ˈtraifɔ:m] i tredobbelt skikkelse.
trig [trig] stanse, bremse, stoppe; bremse, stopper, bremsekloss.
trigger [ˈtrigə] utløser, avtrekker; **pull the** – trekke av; – **off** (fig.) utløse, starte. – **guard** avtrekkerbøyle. – **-happy** skyteglad, kvikk på avtrekkeren; krigshissig.
trigonometric(al) [trigənəˈmetrik(l)] trigonometrisk. **trigonometry** [-ˈnɔmitri] trigonometri.
trigraph [ˈtraigrɑ:f] trigraf, triftong.
trilateral [traiˈlætərəl] tresidet, trekantet.
trilingual [traiˈliŋgwəl] i tre språk, trespråklig.
trill [tril] trille, dryppe, slå triller.
trillion [ˈtriljən] trillion; (US) billion.
trilogy [ˈtrilədʒi] trilogi, rekke av tre verk.
trim [trim] trimme, bringe i orden, lempe til rette, ta seg av, pynte, pusse, stelle, staffere, telgje, frese, beskjære, klippe, stusse, gjøre i stand, innpasse, stille, rette, bringe på rett kjøl, ta ordentlig i skole, balansere, vippe, slingre, kjefte, skjelle ut; velordnet, velstelt, soignert, nett, fiks; orden, stand, form, hårklipp, trimming, utrustning, pynt, stas, drakt; – **the sails** stille seilene; **in perfect** – fiks og ferdig, i full stand. **-mer** en som ordner, pusser, lampepusser, vindusdekoratør; opportunist, værhane, vendekåpe; **-ming** klipping, beskjæring, fresing; overhaling, skyllebøtte; ordning, utstaffering, besetning, pynt; (pl.) tilbehør, garnityre. **-ness** netthet, velsoignert utseende.
trinal [ˈtrainəl], **trine** [train] tredobbelt.
tringle [ˈtriŋgl] gardinstang.
Trinitarian [triniˈtɛəriən] treenighets-; trinitarianer.
Trinity [ˈtriniti] treenighet, trinitatis; **Trinity Col-**

lege navn på universitetskollegium i Oxford, Cambridge, London og Dublin; **Trinity House** (brit.) los- og fyrvesenets bygning (i London).
trinket [ˈtriŋkit] smykke, småting, nipsgjenstand.
trio [ˈtriəu] trio, tersett.
trip [trip] trippe, ta en tur, reise, utflukt; snuble, falle, feile, forse seg, forsnakke seg; svikte, få til å snuble, spenne bein for, fange; utløse, frigjøre; tripp, tur, utflukt, reise; beinkrok; feil, feiltagelse; **– up** snuble, gå i surr; spenne bein for en; **fetch –** ta tilløp.
tripartite [triˈpɑ:tait] tredelt, tresidig, avsluttet mellom tre. **– pact** tremaktspakt. **tripartition** [traipɑ:ˈtiʃən] tredeling.
trip | control el. **– counter** trippteller, turteller (i bil).
tripe [traip] innvoller, innmat, kallun; skitt, skrot, søppel; vrøvl, tøys.
tripetalous [traiˈpetələs] med tre kronblad, trebladet.
triphthong [ˈtrifθɔŋ] triftong, trelyd. **-al** [-ˈθɔŋgəl] triftongisk.
triplane [ˈtraiplein] triplan, tredekker.
triple [ˈtripl] tredobbelt, trefoldig; gjøre tredobbelt, utgjøre det tredobbelte av; **the T. Alliance** trippelalliansen.
triplet [ˈtriplit] samling av tre, tre rimlinjer; triol; i plur.: trillinger.
triplicate [ˈtriplikit] tredobbelt, trefoldig; triplikat, annen avskrift. **triplication** [tripliˈkeiʃən] tredobling. **triplicity** [triˈplisiti] tredobbelthet. **triply** [ˈtripli] tredobbelt, tre ganger.
tripod [ˈtraipɔd] trefot, (trebeint kamera)stativ. **-al** [ˈtripədəl] trefotet, trebeint.
Tripoli [ˈtripəli] Tripolis.
tripoli [ˈtripəli] polerkritt, trippel.
tripos [ˈtraipəs] bakkalaureateksamen med utmerkelse. **classical – examination** klassisk filologisk eksamen. **– paper** sensurliste for triposeksamen.
tripper [ˈtripə] turist, reisende; utløsermekanisme.
tripping [ˈtripiŋ] lett på foten, trippende, lett, grasiøs; utløsnings-; tripping, dansing.
triptych [ˈtriptik] tredelt altertavle, triptykon.
tripwire [ˈtripwaiə] snubletråd (for å utløse en mekanisme).
trireme [ˈtrairi:m] treradåret skip, triere.
trisect [traiˈsekt] tredele.
trisection [traiˈsekʃən] tredeling.
trisyllabic [traisiˈlæbik], **-al** trestavings-.
trisyllable [traiˈsiləbl] trestavingsord.
trite [trait] forslitt, fortersket, banal, hverdagslig. **-ness** forslitthet, trivialitet.
Triton [ˈtraitɔn], en sjøhalvgud; **a minnow among -s** en spurv i tranedans.
trituration [tritjuˈreiʃən] knusing, finmaling.
triumph [ˈtraiəmf] triumf, seier, triumfering, høydepunkt; triumfere, seire, vinne. **-al** [traiˈʌmfəl] triumf-, triumferende. **-ant** [traiˈʌmfənt] triumferende, seirende, triumf-, seiers-.
triumvir [traiˈʌmvə] triumvir. **-ate** [traiˈʌmvirit] triumvirat.
triune [ˈtraiju:n] treenig; treenighet, triade.
trivet [ˈtrivit] trefot, krakk med tre bein.
trivia [ˈtriviə] uvesentligheter, småting, bagateller.
trivial [ˈtrivjəl] alminnelig, hverdagslig, ubetydelig, ordinær. **– name** artsnavn. **-ness, -ity** [triviˈæliti] ubetydelighet, likegyldighet.
trivium [ˈtriviəm] trivium (de tre vitenskaper: grammatikk, logikk, retorikk).
trochaic [trəˈkeiik] trokéisk; trokéisk vers. **trochee** [ˈtrəuki] troké, (versfot som består av en lang (el. betont) og en kort (el. ubetont) staving.
trod [trɔd] imperf. av **tread. trodden** [trɔdn] perf. pts. av **tread.**
troglodyte [ˈtrɔglədait] troglodytt, huleboer.
Troic [ˈtrəuik] troisk, trojansk.
troika [ˈtrɔikə] troika (russisk vogn), trespann.
Trojan [ˈtrəudʒən] trojansk; trojaner.
troll [trəul] tralle, synge, skråle; fiske med sluk, fiske, dorge; dorg, sluk; allsang, kanon.
troll [trɔl] troll.
trolley [ˈtrɔli] liten kjerre; dresin, tralle; trillebord; (US) trikk, trolleybuss; kontaktrulle, kontakttrinse. **– line** [ˈtrɔlilain] elektrisk sporvogn med luftledning. **– table, – -waiter** trillebord.
trolling [ˈtrəuliŋ] slukfiske, dorging.
trollop [ˈtrɔləp] slurve, sluske; gatetøs, ludder.
Trollope [ˈtrɔləp].
trombone [trɔmˈbəun] basun, trombone; **slide –** trekkbasun.
tromp(e) [trɔmp] blåsemaskin.
troop [tru:p] tropp, flokk, skare, ryttertropp, liten eskadron, (pl.) tropper, krigsfolk; gå flokkevis, samle seg i flokker, stimle, marsjere, dra fort av sted; **– the colours** vaktparade for fanen. **– carrier** troppetransportfly el. -skip; pansret personellvogn.
trooper [ˈtru:pə] kavalerist, soldat; ridende el. motorisert konstabel.
troopship [ˈtru:pʃip] troppetransportskip.
trope [trəup] trope, billedlig uttrykk.
trophied [ˈtrəufid] trofésmykket.
trophy [ˈtrəufi] trofé, seierstegn, premie.
tropic [ˈtrɔpik] vendekrets. **-al** tropisk, trope-.
trot [trɔt] trave, lunte, dilte, traske, la trave; trav, humpende gang; rolling; gammel kjerring.
troth [trəuθ] (gml.) sannhet; tro, ord; trolove.
trotter [ˈtrɔtə] traver (om hest); fot, labb.
trotting [ˈtrɔtiŋ] trav, travsport.
trottoir [ˈtrɔtwɑ:] fortau.
troubadour [ˈtru:bəduə] trubadur.
trouble [ˈtrʌbl] opprøre, sette i bevegelse, røre opp (vann), forstyrre, forurolige, engste, bry, plage, besvære, umake, gjøre uleilighet, uleilige seg, plage seg; forstyrrelse, uro, bekymring, sorg, besvær, kluss, trøbbel, strev, plage, bry, uleilighet, motgang; **that's just the –** det er nettopp ulykken. **-d** bekymret, engstelig, urolig. **-maker** bråkmaker. **-shoot** feilsøking. **-shooter** feilsøker, reparatør. **-some** besværlig, brysom, vidløftig. **-someness** brysomhet. **– spot** urosenter.
troublous [ˈtrʌbləs] urolig, opprørt, forvirret; engstende.
trough [trɔf] trau, møllerenne, kanal, fordypning, bølgedal.
trounce [trauns] banke, pryle, denge.
troupe [tru:p] trupp (av skuespillere e. l.); bande, gjeng. **trouper** [ˈtru:pə] omreisende skuespiller.
trousering [ˈtrauzəriŋ] buksetøy.
trousers [ˈtrauzəz] benklær, bukser.
trouser-suit buksedrakt.
trousseau [ˈtru:səu] brudeutstyr.
trout [traut] aure, ørret; gamling, gammel stakkar; **– -coloured** ørretfarget, droplet. **-let, -ling** småaure, yngel.
trove [trəuv] funn.
trow [trəu] flatbunnet båt, trau.

trowel [ˈtrauəl] murskje, planteskje; legge på med murskje, arbeide med murskje; **lay it on with a –** (fig.) smøre på tykt, smiske.
troy [trɔi] gull- el. sølvvekt, apotekervekt.
Troy [ˈtrɔi] Troja.
truancy [ˈtru:ənsi] skulking. **truant** [ˈtru:ənt] skulkende; skulker, skofter; skulke, drive; **play –** skulke skolen.
truce [tru:s] våpenstillstand, opphør, hvile, kort frist; **flag of –** parlamentærflagg.
truck [trʌk] drive tuskhandel, bytte bort, tuske; bytte, tuskhandel; skrot, skrap.
truck [trʌk] raperthjul, blokkhjul, boggi; (US) lastebil, tralle, transportvogn, godsvogn, tralle til bagasje på jernbaneperrong, (mar.) flaggknapp, masteknapp; (US) grønnsaker; kjøre med lastevogn, transportere.
truckage [ˈtrʌkidʒ] transport; betale for transport.
trucker [ˈtrʌkə] lastebilsjåfør; handelsgartner.
truckle [ˈtrʌkl] lite hjul, trinse; trille, rulle, krype, bøye seg ydmykt, logre.
truck system [ˈtrʌkˈsistem] betaling av arbeidslønn med varer.
truculence [ˈtrʌkjuləns] villhet, råhet, barskhet, bryskhet, fryktelig utseende. **truculent** [ˈtrʌkjulənt] barbarisk, vill, fæl, fryktelig, barsk, brysk, gretten, krakilsk, sur.
trudge [trʌdʒ] traske; trasking.
true [tru:] tro, sann, rett, trofast, riktig, ekte, nøyaktig; **come –** gå i oppfyllelse; **it is –** sant nok, riktignok, vel; **a – bill** en begrunnet anklage. **– -blue** tro som gull, ekte; grunnærlig sjel. **– -born** ektefødt, ekte. **-bred** av ekte rase, gjennomdannet. **– -hearted** tro, trofast, oppriktig. **-love** inderlig elsket, hjertenskjær. **-love knot, -lover's knot** kjærlighetsknute. **-ness** sannferdighet, riktighet, sikkerhet.
truffle [ˈtrʌfl] trøffel. **-d** tillaget med trøfler.
truism [ˈtru:izm] selvinnlysende sannhet, trivialitet, banalitet.
truly [ˈtruli] i sannhet, sannelig, oppriktig, forbindtligst; trofast; nøyaktig, sant, virkelig; unektelig; **I can – say** jeg kan med sannhet si; **yours –** ærbødigst (foran underskriften i et brev); **– thankful** oppriktig takknemlig.
trump [trʌmp] trumf; knupp, kjernekar; stikke med trumf, spille trumf, trumfe; **put on** el. **to the -s** drive til det ytterste; **-s may turn up** utsiktene kan lysne; **– up** finne på, dikte opp; **-ed-up** falsk, oppdiktet.
trump [trʌmp] trompet, basun, trompetstøt. **the – of doom** dommedagsbasunen.
trumpery [ˈtrʌmpəri] skrap, juks; sludder; forloren, intetsigende, skarve, simpel, tarvelig.
trumpet [ˈtrʌmpit] trompet, trakt, tut, trompetlyd; forkynne, skralle, utbasunere, trumpetere; **speaking –** talerør, ropert; **the last –** dommedagsbasunen. **– call** trompetstøt.
trumpeter [ˈtrʌmpitə] trompeter, trompetist; **be one's own –** skryte, rose seg selv.
trumpet | flower kaprifolium. **– fly** brems (insekt). **– shell** tritonshorn. **– sounding** trompetsignal.
truncate [ˈtrʌŋkeit] avstumpe, skjære av, avstubbe, avbryte, lemleste. **truncation** [trʌŋˈkeiʃən] avstumping, avskjæring, lemlesting.
truncheon [ˈtrʌnʃən] (kommando)stav, politikølle.
trundle [ˈtrʌndl] rulle, trille; rull, trinse, valse. **– head** kvernhjul.
trunk [trʌŋk] stamme, kropp, hoveddel, koffert, bagasjerom (i bil), kanal; (elefants) snabel; (pl.) bukser, badebukse, bukser som rekker fra livet til midt på låret. **– call** rikstelefon(samtale). **– dialling** fjernvalg. **-fish** koffertfisk. **– hose** [ˈtrʌŋkhəuz] pludderbukser. **– line** hovedbane, hovedlinje; telefonlinje fra by til by. **– road** hovedvei, stamvei. **-s** telefonsentral for fjernvalg **– top** singlet.
trunnel [ˈtrʌnil] nagle.
trunnion [ˈtrʌnjən] sylindertapp, svingtapp; tapp (på kanon).
truss [trʌs] knippe, bunt; brokkbind; (mar.) rakke; tømmerverk, fagverk, takstol; binde opp, pakke sammen, klynge opp; henge, avstive, armere. **– hoop** tønnebånd.
trust [trʌst] tillit, tiltro, trygt håp, kreditt, forvaring, varetekt, tillitsverv, tillitsforhold, plikt, bestilling; trust, ring, sammenslutning; betrodd gods, forvaltningsformue; tro, ha tillit til, stole på, lite på, gi på kreditt, betro. **I don't – him an inch** jeg stoler ikke på ham for fem øre; **leave in – to** betro ... til forvaltning; **hold in –** ha i forvaring; **– in** sette sin lit til, stole på; **– to** stole på; **I can't – myself to** ogs. jeg tør ikke; **– him to come late** selvfølgelig måtte han komme for sent. **– company** investeringsselskap. **– deed** forvaltningsfullmakt.
trustee [trʌˈsti:] tillitsmann, kurator, verge, bobestyrer; **– in bankruptcy** bestyrer av konkursbo. **public –** ≈ overformynder, overformynderi. **-ship** egenskap som tillitsmann, forvalter, verge. **trust|ful** [ˈtrʌstful] tillitsfull, pålitelig. **– funds** betrodde midler, båndlagt kapital. **-less** upålitelig, troløs; mistroisk. **– territory** tilsynsområde. **-worthy** [-wə:ði] pålitelig, tilforlatelig.
trusty [ˈtrʌsti] pålitelig, stø, trofast, tro, traust.
truth [tru:θ] sannhet; sanndruhet, sannferdighet; troskap; riktighet; **in –** i sannhet; **to say** (el. **tell**) **the –** sant å si; **– in advertising** ærlig reklame. **-ful** sannferdig, sanndru. **-fulness** sannferdighet. **-less** usann, troløs. **-lessness** usannhet, troløshet. **-telling** sanndru.
try [trai] prøve, forsøke, undersøke, avhøre, stille for en domstol, tiltale; rense(metall), smelte om (talg); sette på prøve; anstrenge, leite på, røyne på; prøve, forsøk; **give it a –, have a –** gjøre et forsøk; **– hard** prøve av all kraft; **– back** prøve om igjen; **– by a courtmartial** stille for en krigsrett; **– out** gjennomprøve. **trying** vanskelig, ubehagelig, plagsom. **– plane** langhøvel, sletthøvel. **try-on** prøving, prøve; forsøk på å lure. **tryout** prøveforestilling, prøve.
tryst [trist] stevnemøte, møtested; sette stevne.
tsar [zɑ:] se **czar.**
T-section T-jern.
tsetse [ˈtsetsi] tsetseflue.
T. S. H. fk. f. **Their Serene Highnesses.**
TSO fk. f. **town suboffice.**
tsp. fk. f. **teaspoon(s).**
T. T. fk. f. **teetotaller; teletype; tuberculin tested.**
Tu. fk. f. **Tuesday.**
T. U. fk. f. **Trade Union.**
tub [tʌb] balje, stamp, bøtte, (smør)butt (også som mål), badekar, badebalje, bad; kasse, balje, holk (båt); tykksak, tjukkas (om person); legge i tønne, sette i en balje; bade, vaske; **tale of a –** (gml.) ammestuefortelling. **-bing** sjaktfôring.

-by hultlydende, tykk og rund, tønneformet, tønnerund.
tuba [ˈtju:bə] tuba.
tubby [ˈtʌbi] tykk, tykkmaget.
tube [tju:b] rør, (luft)slange, munnstykke, kikkert; kar (i dyre- el. plante-legemer); fengrør; (farge)tube; undergrunnsbane, tunnelbane; radiorør. **– clasp** slangeklemme. **– culture** prøverørskultur. **-less tyre** slangeløst dekk.
tuber [ˈtju:bə] knoll, rotknoll, utvekst.
tubercle [ˈtju:bə:kl] knute; tuberkel.
tubercular [tju:ˈbə:kjulə], **tubercolous** [-ləs] småknutet, knudret; tuberkuløs. **tuberculosis** [tju(:)bə:kjuˈləusis] tuberkulose.
tuberous [ˈtju:bərəs] knollet, knollformet, knortet. **– plant** knollvekst.
tube | set rørmottaker (radio). **– wrench** rørnøkkel.
tub-thumper [ˈtʌbθʌmpə] svovelpredikant.
tubular [ˈtju:bjulə] rørformet; rundstrikket; **– bells** rørklokker. **– boiler** rørkjele. **– scaffold** rørstillas. **– steel furniture** stålrørsmøbler.
T. U. C. fk. f. **Trades Union Congress.**
tuck [tʌk] legg (på klær), avkorting; matvarer, måltid; gotter, slikkerier; låring (båt); kraft, futt, tæl; legge opp, brette opp, plissere, folde under, putte el. stikke under, tulle inn, trekke sammen, gjemme; **– away** gjemme, anbringe; **– in** folde, stappe inn; legge i seg, gafle (mat); **– up** brette opp, tulle inn.
tuckaway [ˈtʌkəwei] som kan gjemmes; gjemmested.
tucker [ˈtʌkə] skjortebryst, løsbryst, halsrysj; mat; **in one's best bib and –** i sin fineste stas.
tucker [ˈtʌkə] mase, trette ut, utmase.
tucket [ˈtʌkit] trompetstøt, fanfare.
tuck-in [ˈtʌkˈin] måltid; klaff, innbrett.
tuck-out [ˈtʌkˈaut] måltid.
Tudor [ˈtju:də].
tuefall [ˈtju:fɔ:l] halvtekke, skur.
Tuesday [ˈtju:zdi] tirsdag.
tufa [ˈtju:fə] tuffstein. **tufaceous** [tjuˈfeiʃəs] tuffaktig.
tuft [tʌft]dusk, kvast, dott; lund, treklynge; fippskjegg; utstyre med dusker, ordne i dusker; **-ed** samlet i dusker, kvastet, dottet. **– -hunter** snylter. **-y** dottet, samlet i dusker.
tug [tʌg] hale, trekke, slepe, taue, slite; trekk, rykk; bukserbåt, slepebåt; anstrengelse, basketak, trekkkraft; **– of war** tautrekking; nappetak, styrkeprøve. **-ger** en som trekker. **-gingly** med slit og slep.
tuition [tjuˈiʃən] undervisning, undervisningshonorar. **-ary** undervisnings-.
tulip [ˈtju:lip] tulipan.
tulle [tju:l] tyll.
tumble [ˈtʌmbl] tumle, rulle, falle, ramle ned, dratte ned; styrte sammen, kaste seg fram og tilbake, boltre seg, slå kollbøtter, kaste, velte, rote i, forkrølle, bringe i uorden; rundkast, fall, rot, virvar. **-bug** skarabé. **– cart** tippvogn. **– -down** falleferdig, forfallen.
tumbler [ˈtʌmblə] akrobat, gjøgler; ogs. en slags leketøysfigur; ølglass, vannglass; (gammelt:) tumling (slags drikkeglass), ogs. tumling (en slags due); knast, kam; tørketrommel.
tumbrel [ˈtʌmbrəl] møkk-kjerre, ammunisjonskjerre; bøddelkjerre, rakkerkjerre; kjerre.
tumefy [ˈtju:mifai] hovne opp, danne svulst. **tumescence** [tjuˈmesəns] oppsvulming.
tumid [ˈtju:mid] opphovnet, svulstig. **-ity** [tjuˈmiditi], **-ness** [ˈtju:midnis] hovenhet, svulstighet.
tummy [ˈtʌmi] mage, masse (i barnespråk).
tumour [ˈtju:mə] svulst. **-ed** hoven.
tumult [ˈtju:mʌlt] tumult, tummel, forvirring, opprør, sterk opphisselse; (pl.) uroligheter, opptøyer, leven; bråke, lage leven. **-uariness** [tju:ˈmʌltjuərinis] tumult, opprørsk ferd. **-uary** [tju:ˈmʌltjuəri], forvirret, stormende, opprørsk. **-uous** [tjuˈmʌltjuəs] forvirret, vill, stormende, opprørt, heftig. **-uousness** forvirring, opprør, heftighet.
tumulus [ˈtju:mjuləs] haug, gravhaug.
tun [tʌn] tønne, (vin)fat; (som mål = 1146 l); fylle på tønner.
tuna [ˈtju:nə] tunfisk, makrellstørje.
tunable [ˈtju:nəbl] som kan stemmes, avstembar; musikalsk, harmonisk.
Tunbridge [ˈtʌnbridʒ].
tundra [ˈtʌndrə] tundra.
tune [tju:n] melodi, tone, låt, koral, stemning, lag, harmoni; stemme, avstemme, istemme, nynne; justere, fininnstille; **– in** stille inn (en radio); **be in –** være stemt, spille rent; **call the –** slå an tonen; **in – with** i samsvar med; **out of –** falsk, uopplagt. **-ful** velklingende, melodisk, musikalsk. **-less** uharmonisk, umusikalsk.
tuner [ˈtju:nə] stemmer; avstemmer; kanalvelger (TV), radiomottaker (uten utgangsforsterker), tuner. **tuning** [ˈtjuniŋ] innstilling, søking, avstemming. **– range** frekvensbånd.
tungsten [ˈtʌŋstən] wolfram; wolfram-.
tunic [ˈtju:nik] tunika, overkjole, bluse, våpenkjole, arbeidstrøye; hinne.
tuning [ˈtju:niŋ] avstemning, innstilling. **– fork** stemmegaffel. **– hammer** stemmenøkkel (som brukes av pianostemmer).
Tunis [ˈtju:nis] (byen). **-ia** [tju(:)ˈniziə] (landet), **-ian** [tju(:)ˈniziən] tuneser; tunesisk.
tunnel [ˈtʌnl] tunnel; bygge en tunnel under.
tunny [ˈtʌni] størje, makrellstørje, tunfisk.
tup [tʌp] vær, saubukk; bedekke (sauer).
tuppence [ˈtʌpəns] = **twopence.**
tu quoque [ˈtju:ˈkwəukwi] svar på en beskyldning ved å beskylde anklageren for det samme: «det kan du selv være».
turban [ˈtə:bən] turban. **-ned** med turban.
turbary [ˈtə:bəri] torvmyr; torvrett.
turbid [ˈtə:bid] grumset, gjørmet, uklar. **-ity** uklarhet, grumsethet, gjørmethet.
turbinated [ˈtə:bineitid] snodd, spiralformet.
turbination [tə:biˈneiʃən] virvelløp.
turbine [ˈtə:bin] turbin.
turbo [ˈtə:bəu] turbo, turbo-.
turbot [ˈtə:bət] piggvar.
turbulence [ˈtə:bjuləns] forvirring, uro, turbulens, virvelbevegelse. **turbulent** [ˈtə:bjulənt] opprørt; urolig, opprørsk, ustyrlig.
Turcoman [ˈtə:kəmən] turkoman.
tureen [tjuˈri:n] terrin.
turf [tə:f] grønnsvær, torv, gressplen, veddeløpsbane, hesteveddeløp; dekke med torv; **– it** dø; **gentlemen of the –** hestesportsmenn; veddeløpsinteresserte; **on the –** som gir seg av med veddeløp, som stryker om på gata. **– accountant** bookmaker. **– iron** torvspade.
turfite [ˈtə:fait] hestesportsmann, veddeløpsinteressert.

turf | **moss** torvmyr. – **seat** gressbenk.
turfy [ˈtə:fi] gressrik, rik på torv; veddeløps-, hestesports-, sports-.
turgent [ˈtə:dʒənt] oppsvulmende, oppsvulmet.
turgescence [tə:ˈdʒesəns] oppsvulming.
turgid [ˈtə:dʒid] oppsvulmet, svulstig, hoven. **turgidity** [tə:ˈdʒiditi] oppstyltethet, hovenhet, svulst(ighet).
Turk [tə:k] tyrker; tyrkisk hest; villbasse (om barn).
Turkestan [tə:kiˈsta:n] Turkestan.
Turkey [ˈtə:ki] Tyrkia; tyrkisk. **turkey** kalkun; **talk** – snakke åpent. – **buzzard** kalkungribb. – **cock** kalkunhane. – **hen** kalkunhøne. – **leather** oljegarvet lær.
Turkish [ˈtə:kiʃ] tyrkisk; – **bath** tyrkisk bad.
Turkoman [ˈtə:kəmən] turkoman.
turmoil [ˈtə:mɔil] opprør, ståk, uro, forstyrrelse; tumle med, forurolige.
turn [tə:n] dreie, vende, snu, svinge, passere, runde; turnere, formulere, skape, omdanne, omvende, forandre, omstemme, oversette, gjøre forrykt, gjøre sur, jage bort, omgå (en fiende), dreie (el. snu, vende) seg; forandre seg, bøye av; bli; surne, skilles; dreining, omdreining, krumning, vending, omskifting, omslag; bøyning, sving; runde, liten tur, slag; tørn; preg, form, tilbøyelighet, anlegg; tjeneste, puss, forskrekkelse, støt, rekke, tur, gjengjeld, tilfelle, leilighet, fordel; – **his brain** gjøre ham forstyrret i hodet; – **one's coat** vende kåpen etter vinden; – **the corner** dreie om hjørnet; – **his head** fordreie hodet på ham; – **the stomach** gjøre at en blir kvalm; **he had -ed sixteen years of age** han var over seksten år gammel; – **the trick** lykkes, klare å gjennomføre; – **pale** bli blek; – **away** vise bort; – **back** sende tilbake, vende tilbake; – **by** forbigå, forkaste; – **down** skru ned, dempe; forkaste, vrake; brette ned; – **in** vende inn, brette inn, legge sammen, gå til køys, gå i seng; levere inn; forråde, angi; – **off** lede bort, slokke, skru av; vise bort, oppgi, fullende, bøye av; – **on** skru på, sette på; overfalle; avhenge av; opphisse, egge; – **him loose upon the world** sende ham ut i den vide verden; – **out of doors** jage på dør; – **out** vise seg å være, få et visst utfall; kalle (vakten) ut; – **over** bla gjennom, snu, gjennomsøke, slå hånden av, overdra, overveie; avlevere, overlevere; velte; – **over a new leaf** ta skjeen i en annen hånd; – **to** vende til, bli til, ta fatt på; – **up** vende opp, trekke opp, vise seg uventet, hende, oppgi, løpe bort; **have the nose -ed up** (el. **a -ed up nose)** ha oppstoppernese; **to a** – nøyaktig, akkurat, fullkommen; **by -s** skiftevis, etter tur; **in his** – etter tur, da turen kommer til ham også; **my own** – **comes** turen kommer til meg selv; – **for** – like for like; – **of expression** uttrykksmåte. **-about** dreining, vending; opportunist; vendbart plagg. **-around** overhaling, ettersyn; bråvending; omlastnings- el. mellomlandingsopphold. **-buckle** vindushasp; strekkfisk, vantskrue. **-cap** (bevegelig) røykhette. **-coat** opportunist. **-down** avslag.
turner [ˈtə:nə] dreier.
turnery [ˈtə:nəri] dreierarbeid; dreierverksted.
turning [ˈtə:niŋ] dreining; omdreining, gatehjørne, sving; omgående bevegelse; (pl.) dreiespon. – **lathe** dreiebenk. – **plate** svingskive, dreieskive. – **point** vendepunkt. – **table** dreieskive. – **tool** dreiestål.
turnip [ˈtə:nip] nepe; kålrot; turnips. – **cabbage** kålrabi, kålrot. – **top** nepegress, nepekål.
turn|key [ˈtə:nki:] fangevokter, slutter. **-off** dreining, avkjøring, sidevei. **-out** utseende, utstyr, ekvipasje, arbeidsnedlegging, nettoinntekt, produksjon, utrykning, tilskuermengde. **-over** omsetning; vending; velting; forandring, omorganisering; **-over tax** omsetningsskatt. **-pike** veibom; bomvei; (US) avgiftsbelagt motorvei. **-screw** skrujern. – **-sick** svimmel; dreiesyke. **-spit** stekvender; grevlinghund. **-stile** korsbom, svingbom; telleapparat. **-table, -plate** dreieskive, platetallerken; platespiller. – **-up** oppslag, oppbrett.
turpentine [ˈtə:pəntain] terpentin.
turpitude [ˈtə:pitju:d] skjendighet, lavhet.
turquoise [ˈtə:kwa:z] turkis; turkisfarget.
turret [ˈtʌrit] litetårn, kanontårn; revolverhode (i dreiebenk). **-ed** tårnformet, med tårn.
turtle [ˈtə:tl] havskilpadde; turteldue; **turn** – stupe kråke, velte. **green** – spiselig skilpadde. **-dove** turteldue. **-neck sweater** genser med rullekrave, høyhalset genser. – **shell** skilpaddeskall, skilpadde. – **soup** skilpaddesuppe.
Tuscan [ˈtʌskən] toskansk; toskaner; – **order** toskansk arkitektur.
tush [tʌʃ] blås! pøh! snakk!
tusk [tʌsk] hoggtann, støttann. **-ed** med hogg-el. støttenner. **tusker** [ˈtʌskə] voksen elefant. **tusky** [ˈtʌski] forsynt med hoggtenner.
Tussaud [təˈsɔ:d, ˈtju:səu] Tussaud; **Madame Tussaud's (Waxworks)** vokskabinett i London.
tussle [ˈtʌsl] basketak, nappetak, dyst; nappes.
tussock [ˈtʌsək] dott, tust, gresstust.
tut [t, tʌt] pøh! blås! vas! hysj!
tutelage [ˈtju:tilidʒ] formynderskap, vergemål. **tutelar** [-lə] som har formynderskap, formynder-, verge-; beskyttende, skyts-.
tutor [ˈtju:tə] lærer, huslærer (hovmester), manuduktør, privatlærer, kollegieforstander; undervise, lære opp, manudusere. **-ess** lærerinne, guvernante. **tutorial** [tjuˈtɔ:riəl] lærer-, hovmester-. **tutorship** [ˈtju:təʃip] lærerstilling, veiledning; (skot.) formynderskap.
tu-whit, tu-whoo [tuˈwit, tuˈwu:] hu-hu! (ugleskrik); ule, tute.
tuxedo [tʌkˈsi:dəu] (US) smoking.
TV [ˈti:ˈvi:] fk. f. **television** TV, fjernsyn.
TVA fk. f. **Tennessee Valley Authority.**
TV-addict TV-slave.
twaddle [ˈtwɔdl] vrøvle, vase, tøve; sludder, vas, vrøvl. **-r** vasekopp.
twain [twein] (poet.) tvenne, to; **in** – i stykker.
twang [twæŋ] klinge, skurre, snøvle, la klinge, klirre med, klimpre på; klimpring, klunking, skarp lyd, snøvling.
twangle [ˈtwæŋgl] klimpre; klimpring, klunking.
'twas [twɔs, twəz] det var.
twattle [ˈtwɔtl] = **twaddle.**
tweak [twi:k] klemme, knipe, klype; knip(ing), klyp.
tweed [twi:d] tweed, en slags ullstoff.
tweedle [ˈtwi:dl] håndtere lett, berøre, fikle med.
tweedledum and tweedledee [ˈtwi:dlˈdʌm ənd ˈtwi:dlˈdi:]; **the difference between** – en likegyldig forskjell, hipp som happ.
tweeny [ˈtwi:ni] hjelpepike.
tweet [twi:t] kvitre; kvitring.

tweeter [ˈtwi:tə] diskanthøyttaler.
tweezers [ˈtwi:zəz] nebbetang, pinsett; **a pair of –** pinsett.
twelfth [twelfθ] tolvte; tolvtedel; duodesim. **T. Day** helligtrekongersdag. **T. Night** helligtrekongersaften. **T. Tide** helligtrekongers(dag).
twelve [twelv] tolv. **-mo** [ˈtwelvməu] el. **12 mo** duodes. **-month** år.
twentieth [ˈtwentiiθ] tjuende; tjuendedel.
twenty [ˈtwenti] tjue; et snes, mange. **--four** tjuefire; ark falset i tjuefire blader.
twibill [ˈtwaibil] hellebard; rotøks.
twice [twais] to ganger, dobbelt; **– two is four** to ganger to er fire; **– as much** dobbelt så mye; **has – the strength** er dobbelt så sterk; **I did not wait** (el. **have) to be told –** det lot jeg meg ikke si to ganger; **it's the same thing – over** smør på flesk. **--told** gjentatt, forslitt.
twiddle [ˈtwidl] snurre, dreie lekende, leke med, fikle med.
twig [twig] kvist, pinne; **prime –** i beste velgående.
twig [twig] forstå, se, skjønne, bemerke.
twiggy [ˈtwigi] full av kvister, kvistlignende; radmager, tynn.
twilight [ˈtwailait] tusmørke, grålysning, skumring; dunkel, halvmørk; belyse dempet.
twill [twil] vend i tøy; tøy med vend; veve el. vevd med vend.
twin [twin] tvilling, make, sidestykke; føde tvillinger, fødes som tvillinger, passe sammen, sette sammen (to og to); dobbelt. **-born** tvillingfødt. **– brother** tvillingbror.
twine [twain] sno, tvinne, omslynge, spinne, slynge seg sammen, bukte seg; sammenslyngning, ranke, tvinning, slyng, floke, seilgarn.
twin-engine(d) tomotors.
twinge [twindʒ] knipe, klype, stikke, føle en stikkende smerte; stikk, klyp, rykking, stikkende smerte, anfektelse; **my side -s** det stikker i siden på meg; **a – of conscience** et stikk i samvittigheten.
twinkle [ˈtwiŋkl] blinke, blunke, blinke med, tindre, funkle, glitre; blink, blunk, øyeblikk. **twinkling** [ˈtwiŋkliŋ] blinking, øyeblikk.
twin|-screw med topropeller, dobbeltskrue. **– set** cardigansett.
twirl [twə:l] virvle, dreie seg rundt, snurre, tvinne; omdreining, virvel, vinding.
twist [twist] vri, sno, tvinne, flette, omvinde, forvri, vrikke, forvrenge, sno seg; snoing, vridning, dreining; kremmerhus; pussegarn, tvist, silketråd, snor, liten tobakksrull, tvinning, forvridning; retning, uventet vending; lune, hang, drag, tilbøyelighet. **– drill** spiralbor. **-ed** snodd, forvridd; lur, sleip, slu. **-er** en som snor osv., repslager, skruball, ordkløver, svindler; et innviklet problem, nøtt.
twit [twit] erte, spøke; tullprat, erting; tosk.
twitch [twitʃ] nappe, rykke; napp, rykk, rykning, trekning.
twitter [ˈtwitə] skjelve, beve; kvitre; skjelving, spenning, nervøsitet; kvitter, kvitring; **my heart -s** mitt hjerte bever; **be all in a –** være ganske nervøs.
'twixt fk. f. **betwixt** imellom.
two [tu:] to; totall; **– bits** billig, godtkjøps; som koster 25 cent; **one or –** en eller to, to-tre; **in –** i stykker; i to deler; **by twos** to og to, parvis; **put – and – together** stave og legge sammen; forstå sammenhengen.
two|-chamber system tokammersystem. **--cycle** totakts-. **--decker** todekker. **--edged** tveegget. **--engined** tomotors. **--faced** med to flater, dobbeltsidig; (fig.) falsk. **--figure** tosifret. **-fold** dobbelt. **--handed** tohendig, tohånds. **--minded** usikker, ubesluttsom. **– pair** annenetasjes; toetasjes. **-pence** to pence. **I don't care -pence** det gir jeg ikke fem øre for. **-penny** som koster to pence; billig, gloret, simpel. **-penny-worth** for to pence. **--piece** todelt (om drakt el. kjole). **--ply** dobbeltvevd, dobbelt, med to lag. **--point** topunkts-; topolet. **--pronged** togrenet. **--seater** toseter (bil).
twosome [ˈtu:səm] par.
two|-speed togirs, med to hastigheter. **--stage** totrinns-. **--step** twostep (dans); dobbelttak (på ski). **--stroke** totakts-. **--tier bed** etasjeseng. **--time** bedra, narre; utro. **--way** toveis-. **--wheeler** tohjuls-; tohjuling, tohjuler.
tycoon [taiˈku:n] finansfyrste, industrileder, kakse, pamp.
tying [ˈtaiiŋ] present pts. av **tie.**
tyke [taik] kjøter; slamp, simpel fyr; **Yorkshire –** Yorkshiremann.
tympan [ˈtimpən] trommehule, trommehinne; dørfylling.
tympanum [ˈtimpənəm] se **tympan.**
Tyne [tain]; **the –** elva Tyne; **Tyneside** Tynedistriktet.
type [taip] type, forbilde, mønster, preg; skrift, type, sats; skrive på maskin, typebestemme, klassifisere. **– approval** typegodkjenning.
typesetter [ˈtaipsetə] setter, settemaskin.
typewrite [ˈtaiprait] maskinskrive, skrive på maskin. **typewriter** [ˈtaipraitə] skrivemaskin.
typhoid [ˈtaifɔid] **fever** tyfoidfeber, tyfus.
typhoon [taiˈfu:n] tyfon, virvelstorm.
typhus [ˈtaifəs] tyfus; flekktyfus; **– recurrence** rekurrensfeber.
typical [ˈtipikl] typisk, karakteristisk **(of** for).
typ|ification [tipifiˈkeiʃən] typisk fremstilling, forbilde. **-ify** [ˈtipifai] fremstille typisk, være et typisk eksempel på, representere. **-ist** [ˈtaipist] maskinskriver(ske). **-ographer** [taiˈpɔgrəfə] typograf. **-ographical** [taipəˈgræfikəl] typografisk. **-ography** [taiˈpɔgrəfi] typografi.
tyrannic [taiˈrænik], **-al** tyrannisk. **tyrannicide** [taiˈrænisaid] tyrann-mord, -morder. **tyrannize** [ˈtirənaiz] tyrannisere **(over** over). **tyranny** [ˈtirəni] tyranni. **tyrant** [ˈtairənt] tyrann.
Tyre [taiə] Tyrus.
tyre [taiə] hjulring, hjulkrans; bil-, sykkeldekk; legge på dekk. **– chain** snøkjetting. **– gauge** lufttrykksmåler (for dekk). **– pressure** lufttrykk (i dekk). **– wall** dekkside.
Tyrian [ˈtiriən] tyrisk, dypfiolett; tyrier.
tyro [ˈtairəu] (ny)begynner.
Tyrol [ˈtirəl, tiˈrəul]; **the –** Tyrol. **Tyrolean** [tiˈrəuliən] tyrolsk, tyroler. **Tyrolese** [tirəˈli:z] tyrolsk; tyroler(inne).

U, u [ju:] U, u.
U fk. f. **union; universal certificate** = for alle (om film) ɔ: tillatt for barn; **university.**
UAR fk. f. **United Arab Republic.**
uberous [ˈju:bərəs] fruktbar.
uberty [ˈju:bəti] fruktbarhet.
Ubiquitarian [ju:bikwiˈtɛəriən] ubikvitarier, hyller av læren om Kristi allestedsnærværelse.
ubiquitous [juˈbikwitəs] allestedsnærværende.
ubiquity [juˈbikwiti] allestedsnærværelse.
U-boat [ˈju:bəut] undervannsbåt.
U. D. A. fk. f. **Ulster Defence Association.**
U. D. C. fk. f. **Union of Democratic Control; Urban District Council; upper dead centre.**
udder [ˈʌdə] jur.
udometer [juˈdɔmitə] regnmåler.
U F O fk. f. **Unidentified Flying Object** (flygende tallerken etc.).
Uganda [ju(:)ˈgændə]. **-n** ugander; ugandisk.
ugh [uh, ə:h] uh, fy, uff.
ugliness [ˈʌglinis] stygghet.
ugly [ˈʌgli] heslig; stygg, slem, nifs; stygging, styggen; redsel; reisehette (for damer).
UHF, U. H. F. fk. f. **ultrahigh frequency.**
Uitlander [ˈeitlændə] ikke-naturalisert kolonist i Sør-Afrika, utlending.
U. K. fk. f. **United Kingdom.**
ukase [juˈkeis] (russisk) ukas, ordre, påbud.
Ukraine [ju:ˈkrein]; **the –** Ukraina.
ukulele [ju:kəˈleili] ukulele.
ULCC fk. f. **ultra large crude carrier.**
ulcer [ˈʌlsə] ulcus, magesår, åpent sår. **-ate** [-reit] ulcerere; sette verk i. **-ation** [-ˈreiʃən] sårdanning. **-ous** [-rəs] ulcerøs, angrepet av sår.
ulema [ˈu:limə] ulema, i Tyrkia geistlige, rettslærde og dommere.
uliginous [juˈlidʒinəs] som gror på gjørmete steder; myrlendt.
ullage [ˈʌlidʒ] tomrom, manko, svinn (i vinfat).
ulmacious [ʌlˈmeiʃəs] almaktig, alm-.
ulna [ˈʌlnə] ulna, albuebein.
Ulster [ˈʌlstə] Ulster, Nord-Irland.
ulster [ˈʌlster] ulster (frakk).
ult. fk. f. **ultimo** forrige måned.
ulterior [ʌlˈtiəriə] ytterligere, videre; fjernere; senere; skjult. **– motive** baktanke.
ultima [ˈʌltimə] ytterst, sist; siste staving. **– Thule** det ytterste Thule.
ultimate [ˈʌltimit] endelig, sist, ytterst, maksimal, opprinnelig, først, udelelig, grunn-.
ultimatum [ʌltiˈmeitəm] ultimatum, siste erklæring.
ultimo [ˈʌltiməu] forrige måned, ultimo.
ultra [ˈʌltrə] ekstrem, radikal, ultra-, ytterliggående, radikaler. **-ism** [ˈʌltrəizm] radikalisme. **-ist** radikal. **-marine** ultramarin (en blå farge). **-montane** [ʌltrəˈmɔntein] fra den andre siden av fjellene, fremmed; paveligsinnet. **-mundane** utenfor denne verden. **-sonic** supersonisk, ultrasonisk. **-sound** ultralyd.
ululate [ˈju:ljuleit] hyle, tute. **ululation** [ˈju:ljuleiʃən] hyl, tuting.
Ulysses [juˈlisi:z] Ulysses, Odyssevs.
umbel [ˈʌmbəl] skjerm. **-late** [ˈʌmbəlit] skjermblomstret, skjermformet. **-lifer** [ʌmˈbelifə] skjermplante.
umber [ˈʌmbə] umbra, en brun jordart.
umbilic [ʌmˈbilik] navle-. **-al cord** navlestreng. **-ate** navleformet. **-us** navle.
umbles [ˈʌmblz] innmat av dyrevilt.
umbra [ˈʌmbrə] skygge. **umbrage** [ˈʌmbridʒ] misfornøyelse, misnøye, mistro; fornærmelse, anstøt; (poet.) skygge; løvverk; **take –** fatte mistanke, ta anstøt. **umbrageous** [ʌmˈbreidʒəs] skyggefull; mistenksom, sårbar.
umbrella [ʌmˈbrelə] paraply, parasoll; flybeskyttelse. **– stand** paraplystativ.
umlaut [ˈumlaut] omlyd.
ump [ʌmp] (US) dømme. **umpirage** [ˈʌmpairidʒ] dommerverv. **umpire** [ˈʌmpaiə] voldgiftsmann, meklingsmann, kampdommer, dommer.
umpteen [ˈʌmˈti:n] atskillige, temmelig mange, uendelig; **for the -th time** for jeg vet ikke hvilken gang.
un [ʌn] forstavelse til en mengde ord; det uttales med svakt trykk, når det svarer til norsk av-, opp-, ut-, men med sterkt trykk, når det svarer til norsk u-, ikke; f. eks. **undressed** [ʌnˈdrest] avkledd, men [ˈʌnˈdrest] upåkledd. Forstavelsen brukes 1) foran verber for å forandre deres betydning til det motsatte f. eks. **unbutton** knappe opp; 2) foran adj., adv. og subst. i betydn. u-, ikke, f. eks. **unkind** uvennlig; 3) foran verber dannet av subst. for å betegne: berøve (el. fjerne) det som subst. nevner, f. eks. **unhorse** kaste av hesten.
UN, U. N. fk. f. **United Nations** FN, De forente nasjoner.
unabashed [ˈʌnəˈbæʃt] uforknytt, utrettelig.
unabated [ˈʌnəbeitid] usvekket, uforminsket.
unable [ˈʌnˈeibl] udyktig, ute av stand (**to** til).
unabridged [ˈʌnəˈbridʒd] uforkortet.
unaccented [ˈʌnækˈsentid] trykkløs, ubetont.
unacceptable [ˈʌnəkˈseptəbl] uantakelig, uvelkommen.
unaccommodating [ˈʌnəˈkɔmədeitiŋ] umedgjørlig.
unaccomplished [ˈʌnəˈkɔmpliʃt] ikke gjennomført, uferdig.
unaccountability [ˈʌnəkauntəˈbiliti] uansvarlighet, uforklarlighet. **unaccountable** [ˈʌnəˈkauntʌbl] uansvarlig; uforklarlig.
unaccustomed [ʌnəˈkʌstəmd] uvant (**to** med); uvanlig.
unacquainted [ˈʌnəˈkweintid] ukjent; uvitende.
unadulterated [ˈʌnəˈdʌltəreitid] uforfalsket, ren, ublandet.
unadvisable [ˈʌnədˈvaizəbl] uklok, forhastet.
unadvised [ˈʌnədˈvaizd] ubetenksom, uklok.
unaffected [ˈʌnəˈfektid] uberørt, uangrepet, uskrømtet, ukunstlet, uaffektert, naturlig.
unafraid [ˈʌnəˈfreid] uredd, fryktløs.

unaided [ˈʌnˈeidid] uten hjelp.
unallied [ˈʌnˈælaid] uten forbindelse, ubeslektet, uensartet.
unalloyed [ˈʌnəˈlɔid] ublandet; ulegert.
unalterable [ˈʌnˈɔ:ltərəbl] uforanderlig.
unambiguous [ˈʌnəmˈbigjuəs] utvetydig, klar.
unambitious [ˈʌnəmˈbiʃəs] ikke ærgjerrig, fordringsløs.
unamiable [ˈʌnˈeimjəbl] uelskverdig.
unanimated [ˈʌnˈænimeitid] livløs.
unanimity [ju:nəˈnimiti] enstemmighet.
unanimous [juˈnæniməs] enig, enstemmig.
unanswerable [ˈʌnˈɑ:nsərəbl] ubesvarlig, uimotsigelig, ugjendrivelig; ikke ansvarlig. **unanswered** ubesvart.
unappealable [ˈʌnəˈpi:ləbl] inappellabel.
unappeasable [ˈʌnəˈpi:zəbl] umettelig.
unappreciative [ˈʌnəˈpri:ʃjətiv] lite takknemlig.
unapproachable [ˈʌnəˈprəutʃəbl] utilnærmelig, reservert; enestående.
unappropriated [ˈʌnəˈprəuprieitid] herreløs.
unapt [ˈʌnˈæpt] uskikket, udyktig; dorsk, sløv.
unargued [ˈʌnˈɑ:gju:d] ubestridt.
unarmed [ˈʌnˈɑ:md] ubevæpnet, forsvarsløs.
unartful [ˈʌnˈɑ:tfəl] uten kløkt, simpel.
unarticulated [ˈʌnɑ:ˈtikjuleitid] uartikulert.
unascertainable [ˈʌnæsəˈteinəbl] som ikke kan vites med visshet.
unashamed [ˈʌnəˈʃeimd] uten skam, skamløs.
unasked [ˈʌnˈɑ:skt] ikke spurt, uoppfordret.
unaspiring [ˈʌnəsˈpaiəriŋ] fordringsløs, beskjeden.

unassailable [ˈʌnəˈseiləbl] uangripelig.
unassisted [ˈʌnəˈsistid] uten hjelp.
unassuaged [ˈʌnəˈsweidʒd] uformildet.
unassuming [ˈʌnəˈs(j)u:miŋ] fordringsløs, beskjeden, jevn, liketil.
unatonable [ʌnəˈtəunəbl] uforsonlig.
unattached [ˈʌnəˈtætʃt] ikke bundet, ikke tilknyttet, løs, ufestet, løs og ledig.
unattainable [ˈʌnəˈteinəbl] uoppnåelig.
unattended [ˈʌnəˈtendid] forlatt, ubevoktet; uten følge.
unattending [ʌnəˈtendiŋ] uoppmerksom.
unattractive [ʌnəˈtræktiv] uskjønn, lite pen.
unauthorized [ˈʌnˈɔ:θəraizd] uten fullmakt, uautorisert; uberettiget.
unavailable [ˈʌnəˈveiləbl], **unavailing** [ˈʌnəˈveiliŋ] unyttig, fruktesløs, gagnløs, ugyldig, ubrukbar; utilgjengelig.
unavenged [ˈʌnəˈvendʒd] uhevnet.
unavoidable [ˈʌnəˈvɔidəbl] uunngåelig.
unaware [ˈʌnəˈwɛə] ikke oppmerksom (**of** på).
unawares [ˈʌnəˈwɛəz] uforvarende, uventet.
unbacked [ˈʌnˈbækt] som ikke er ridd inn (om hest); som ingen holder på (ved veddeløp); uten støtte, uten (økonomisk) dekning.
unbalanced [ˈʌnˈbælənst] ulikevektig; ubalansert.
unbar [ʌnˈbɑ:] lukke opp, åpne.
unbashful [ˈʌnˈbæʃful] skamløs.
unbear [ʌnˈbɛə] ta av tøylene (tømmene).
unbearable [ʌnˈbɛərəbl] utålelig, ulidelig.
unbearded [ˈʌnˈbiədid] skjeggløs.
unbearing [ˈʌnˈbɛəriŋ] ufruktbar.
unbeaten [ˈʌnˈbi:tn] uslått, uovervunnet.
unbecoming [ˈʌnbiˈkʌmiŋ] upassende, usømmelig, ukledelig.
unbegot [ˈʌnbiˈgɔt] ufødt.
unbelief [ˈʌnbiˈli:f] vantro, mistro (**in** til).
unbelieving [ˈʌnbiˈli:viŋ] vantro.
unbend [ˈʌnˈbend] spenne ned, slappe, slakke, løsne, gjøre løs; atspre; **-ing** [ˈʌnˈbendiŋ] stiv, ubøyelig; **-ing** [ˈʌnbendiŋ] som blir slapp.
unbenign [ˈʌnbinain] uvennlig.
unbent [ʌnˈbent] nedspent, ikke anstrengt.
unbeseeming [ˈʌnbiˈsi:miŋ] usømmelig.
unbiased [ˈʌnˈbaiəst] uhildet, fordomsfri, saklig, objektiv.
unbidden [ˈʌnˈbidn] uoppfordret, ubuden.
unbind [ˈʌnˈbaind] ta båndet av, løse, frigjøre.
unblamable [ˈʌnˈbleiməbl] ulastelig, uskyldig.
unbleached [ˈʌnˈbli:tʃt] ubleket.
unblemishable [ˈʌnˈblemiʃəbl] plettfri, uplettet.
unblessed [ˈʌnˈblest] uinnviet, ikke velsignet; ond, forbannet; elendig.
unblown [ˈʌnˈbləun] ikke utslokket, ikke blåst opp.
unblushing [ˈʌnˈblʌʃiŋ] uten skam, uten å rødme.
unbolt [ˈʌnˈbəult] åpne, skyve slåen fra.
unbooked [ˈʌnˈbukt] ikke innført; ledig, ureservert; ulærd.
unboot [ʌnˈbu:t] ta støvlene av.
unborn [ˈʌnˈbɔ:n] ufødt; **as innocent as the babe –** så uskyldig som barn i mors liv.
unbosom [ʌnˈbuzəm, ˈʌn-] betro, åpne seg.
unbound [ˈʌnˈbaund] ubundet, uinnbundet.
unbounded [ʌnˈbaundid] ubegrenset, grenseløs.
unbowel [ʌnˈbauəl] sprette opp.
unbrace [ˈʌnˈbreis] slappe, løsne.
unbreakable [ˈʌnˈbreikəbl] ubrytelig, uknuselig.
unbred [ˈʌnˈbred] uoppdragen, udannet.
unbridle [ʌnˈbraidl] ta bisselet av. **unbridled** uten bissel, utøylet, tøylesløs, sprelsk.
unbroken [ˈʌnˈbrəukn] uavbrutt; utemt; hel, uberørt, udelt.
unbuckle [ˈʌnˈbʌkl] løsne, spenne opp.
unburden [ʌnˈbə:dn] lesse av, lette (**of** for).
unbutton [ʌnˈbʌtn] knappe opp; demontere.
uncalled [ˈʌnˈkɔ:ld] uoppfordret, ukallet; **– for** ikke krevet, unødig, i utrengsmål, ubetimelig.
uncanny [ʌnˈkæni] uhyggelig, nifs; fabelaktig.
uncared-for [ˈʌnˈkɛədfɔ:] upåaktet, forsømt, vanskjøttet.
uncase [ʌnˈkeis] blotte, utfolde.
uncashed [ˈʌnˈkæʃt] uinnløst (sjekk).
unceasing [ʌnˈsi:siŋ] uopphørlig.
unceremonious [ʌnseriˈməunjəs] likefram, endefram, utvungen, uformell.
uncertain [ʌnˈsə:tn] usikker, uviss, utrygg; omskiftelig. **-ty** uvisshet, tvil.
uncertificated [ˈʌnsə:ˈtifikeitid] uten attest.
unchain [ʌnˈtʃein] løse.
unchallenged [ˈʌnˈtʃælindʒd] upåtalt, uimotsagt.
unchangeable [ˈʌnˈtʃein(d)ʒəbl] uforanderlig. **unchanging** [ˈʌnˈtʃein(d)ʒiŋ] uforanderlig, stadig.
uncharge [ˈʌnˈtʃɑ:dʒ] lesse av. **-d** ikke debitert; uladd; ubelastet.
uncharitable [ʌnˈtʃæritəbl] umild, streng, dømmesyk.
unchaste [ˈʌnˈtʃeist] ukysk.
unchastity [ˈʌnˈtʃæstiti] ukyskhet.
unchristian [ˈʌnˈkristʃən] ukristelig.
unchristianize [ʌnˈkristʃənaiz] avkristne.
uncivil [ˈʌnˈsivil] uhøflig. **-ized** rå, vill, usivilisert; ukultivert.
unclaimed [ˈʌnˈkleimd] uavhentet, uoppkrevd.
unclasp [ʌnˈklɑ:sp] hekte opp, åpne.
uncle [ˈʌŋkl] onkel (ogs. om eldre menn). **Uncle Sam** ɔ: De Forente Stater (ved en egen tydning

av U. S.). **uncle-in-law** tantes mann; hustrus onkel; manns onkel; **my watch is at uncle's** klokken min er i stampen ɔ: «hos onkel».
unclean [ˈʌnˈkli:n] uren.
unclench [ʌnˈklenʃ] åpne (seg).
unclog [ʌnˈklɔg] befri, frigjøre, stake opp.
unclose [ʌnˈkləuz] åpne, bryte, åpenbare.
uncloud [ʌnˈklaud] klare opp.
unco [ˈʌŋkəu] (i skotsk) ukjent, rar, underlig; unormalt, overmåte.
uncock [ʌnˈkɔk] spenne ned hanen på.
uncoffined [ˈʌnˈkɔfind] ikke lagt i kiste.
uncoil [ʌnˈkɔil] vikle opp, rulle opp, spole av.
uncoloured [ˈʌnˈkʌləd] fargeløs, usminket.
uncombined [ˈʌnˈkəmbaind] usammensatt, fri.
uncomely [ʌnˈkʌmli] utekkelig, stygg, usømmelig; tarvelig.
uncomfortable [ʌnˈkʌmf(ə)təbl] ubehagelig, ubekvem, uvel, i ulag, ille til mote, trist, urolig.
uncommitted [ˈʌnkəˈmitid] uengasjert, uforpliktet, som står fritt, alliansefri.
uncommon [ˈʌnˈkɔmən] ualminnelig.
uncommunicative [ˈʌnkəˈmju:nikətiv] umeddelsom.
uncomplaining [ˈʌnkəmˈpleiniŋ] tålmodig, uten klage.
uncomplicated [ˈʌnˈkɔmplikeitid] enkel, ukomplisert.
uncomplimentary [ˈʌnkɔmpliˈmentəri] lite smigrende, ugalant.
uncomplying [ˈʌnkəmˈplaiiŋ] ubøyelig, stiv.
uncompromising [ʌnˈkɔmprəmaiziŋ] fast, steil, kompromissløs, uforsonlig.
unconcern [ˈʌnkənˈsə:n] ubekymrethet, uberørthet, ro. **unconcerned** [ˈʌnkənˈsə:nd] uinteressert, uberørt, ubekymret.
unconditional [ˈʌnkənˈdiʃənəl] ubetinget, betingelsesløs.
unconfined [ˈʌnkənˈfaind] uinnskrenket, fri.
unconformable [ˈʌnkənˈfɔ:məbl] uoverensstemmende, som ikke kan tilpasses.
uncongenial [ˈʌnkənˈdʒi:njəl] utiltalende, uharmonisk; ubeslektet.
unconnected [ˈʌnkəˈnektid] uten forbindelse; usammenhengende.
unconquerable [ˈʌnˈkɔŋkərəbl] uovervinnelig.
unconscientious [ˈʌnkɔnʃiˈenʃəs] samvittighetsløs.
unconscionable [ʌnˈkɔnʃənəbl] urimelig; samvittighetsløs.
unconscious [ˈʌnˈkɔnʃəs] bevisstløs, ubevisst, intetanende; **be – of** ikke være seg bevisst, ikke merke, ikke vite om (el. til).
unconsidered [ˈʌnkənˈsidəd] uoverlagt, uoverveid.
unconspicuous [ˈʌnkənˈspikjuəs] uanselig.
unconstitutional [ˈʌnkɔnstiˈtju:ʃənəl] forfatningsstridig, som er mot grunnloven.
unconstrained [ˈʌnkənˈstreind] utvungen, fri.
unconstraint [ˈʌnkənˈstreint] utvungenhet.
uncontested [ˈʌnkənˈtestid] uomtvistet, ubestridt.
uncontrollable [ˈʌnkənˈtrəuləbl] ustyrlig, uimotståelig, ubendig, grenseløs, uavvendelig. **uncontrolled** [ˈʌnkənˈtrəuld] ubehersket, uregulert.
unconversant [ˈʌnkənˈvə:sənt] ubevandret.
unconvincing [ˈʌnkənˈvinsiŋ] ikke overbevisende, usannsynlig.
unco-operative ikke samarbeidsvillig, passiv.
uncord [ʌnˈkɔ:d] løse opp.
uncork [ʌnˈkɔ:k] trekke opp (flaske); (fig.) gi luft for.
uncounted [ˈʌnˈkauntid] utallig.
uncouple [ʌnˈkʌpl] kople av, kople fra, løse.
uncourteous [ˈʌnˈkɔ:tʃəs] uhøflig.
uncourtly [ˈʌnˈkɔ:tli] ufin, uhøvisk, grov.
uncouth [ʌnˈku:θ] besynderlig, underlig, rar, klosset, primitiv, udannet, grov.
uncover [ʌnˈkʌvə] avdekke, ta lokket av, ta hatten av, blotte; avsløre, røpe; **stand -ed** stå med blottet hode; udekket.
uncrowned [ˈʌnˈkraund] ukronet.
unction [ˈʌŋkʃən] salve, salving, salvelse; velbehag; **extreme –** den siste olje. **unctuous** [ˈʌŋktʃuəs] fettet, oljeaktig; salvelsesfull.
uncultivated uoppdyrket, ubearbeidet.
uncurl [ʌnˈkə:l] glatte, få krøllene ut av.
uncus [ˈʌŋkəs] krok, hake.
uncustomed [ˈʌnˈkʌstəmd] ikke fortollet.
uncut [ˈʌnˈkʌt] uoppskåret, ubeskåret, uslipt.
undamped [ˈʌnˈdæm(p)t] ikke fuktet; ufortrøden.
undated [ˈʌnˈdeitid] udatert.
undated [ˈʌndeitid] bølget.
undaunted [ˈʌnˈdɔ:ntid] uforferdet, uforsagt.
undebatable uomtvistelig, udiskutabel.
undeceive [ˈʌndiˈsi:v] rive ut av villfarelsen, si sannheten; **be -d** få øynene opp.
undecided [ˈʌndiˈsaidid] uavgjort, ubestemt, på det uvisse; **leave –** la stå hen.
undecipher [ˈʌndiˈsaifə] tyde, dechiffrere. **-able** som ikke kan tydes.
undecked [ʌnˈdekt] upyntet; åpen.
undefiled [ˈʌndiˈfaild] ren.
undefinable [ˈʌndiˈfainəbl] ubestemmelig.
undemonstrable [ˈʌndiˈmɔnstrəbl] upåviselig.
undemonstrative [ˈʌndiˈmɔnstrətiv] tilbakeholden, tilknappet, stillfarende, reservert.
undeniable [ˈʌndiˈnaiəbl] unektelig, ubestridelig.
undenominational [ˈʌndinɔmiˈneiʃənəl] bekjennelsesløs, konfesjonsløs, almenkristelig.
undependable [-ˈpen-] upålitelig.
under [ˈʌndə] under; nede, nedenfor; underordnet, under-; **– existing conditions** under de rådende forhold; **– Elizabeth** under Elisabet, under Elisabets regjering; **– this (day's) date** (under) dags dato; **– Heaven** under solen, her på jorden; **– the name of** under navnet; **– an oath** bundet av en ed; **– consideration** under overveielse; **– God** nest Gud; med Guds hjelp; **– age** mindreårig, umyndig; **speak – one's breath** snakke ganske lavt; **– his own hand** egenhendig.
under|bid [ˈʌndəˈbid] underby; skamby. **-body** buk; underdel, understell; underskip. **-bred** [ˈʌndəˈbred] halvdannet. **-build** underbygge, fundamentere. **-buy** kjøpe billigere enn reell verdi. **-carriage** understell; **-carriage treatment** understellsbehandling (mot rust). **-coat** grunning, mattering; rustbehandling. **-cover** skjult, hemmelig; **-cover man** spion. **-current** [ˈʌndəkʌrənt] understrøm. **-developed** underutviklet, utviklingshemmet. **-do** [ˈʌndəˈdu:] steke (koke) for lite. **-dog** den svake part, taper. **-done** halvrå. **-estimate** undervurdere. **-feed** sultefôre. **-foot** [ʌndəˈfut] under føttene; hemmelig, skjult; **the roads were dry -foot** veiene var tørre å gå på. **-go** [ʌndəˈgəu] gjennomgå, utstå, lide.
under|graduate [ʌndəˈgrædjuit] student. **-ground** [ˈʌndəˈgraund] underjordisk, undergrunn. **the -ground** tunnelbanen, undergrunnsbanen; **-growth** [ˈʌndəgrəuθ] underskog. **-hand** [ˈʌndəhænd] med hånden vendt opp, med underarmskast; hemmelig, snikende; **-hand bowling** under-

armskasting. **-handed** underbemannet; hemmelig, i skjul. **-hung** fremskutt, fremstående. **-let** [ʌndəˈlet] leie under verdien, fremleie. **-lie** [ʌndəˈlai] ligge under, ligge til grunn. **-line** [ʌndəˈlain] understreke, utheve.

under|linen [ˈʌndəlinən] undertøy, linnet. **-ling** [ˈʌndəliŋ] underordnet, dårlig kar, stakkar. **-lying** bærende, grunn-. **-manned** underbemannet. **-mentioned** følgende, nedennevnt. **-mine** [ʌndəˈmain] underminere, undergrave, hule ut. **-most** [ˈʌndəməust] underst, nederst. **-neath** [ʌndəˈni:θ] (neden)under, nedentil; på bunnen. **-nourish** underernære. **-paid** underbetalt. **-part** [ˈʌndəpɑ:t] underordnet rolle; nederdel, underside. **-pass** fotgjengerundergang, veiundergang. **-pay** [ʌndəˈpei] betale for lite, utbytte. **-pay** [ˈʌndəpei] sultelønn. **-pin** [ʌndəˈpin] understøtte. **-plot** [ˈʌndəplɔt] bihandling. **-powered** med for liten motor. **-price** underpris. **-privileged** forfordelt, underprivilegert. **-prize** [ˈʌndəˈpraiz] undervurdere. **-rate** [ʌndəˈreit] undervurdere. **-rate** [ˈʌndəreit] spottpris. **-run** [ʌndəˈrʌn] løpe under, underhale; understrøm. **-score** fremheve, understreke; fremheving. **-scrub** underskog. **-sea** undervanns-. **-seal** understellsbehandling (mot rust). **-set** [ʌndəˈset] understøtte; fremleie, forpakte. **-set** [ˈʌndəset] understrøm. **-shirt** [ˈʌndəʃə:t] (US) undertrøye.

undersign [ʌndəˈsain] undertegne, signere.

undersized [ˈʌndəsaizd] undermåls, for liten.

under|soil [ˈʌndesɔil] undergrunn. **-song** [ˈʌndəsɔŋ] omkved, refreng. **-staffed** underbemannet. **-stamped** utilstrekkelig frankert.

understand [ʌndəˈstænd] forstå, skjønne, innse, vite, være klar over, oppfatte, kjenne, mene, få vite, erfare, høre, underforstå; **he -s his business** han kan sine ting; **he does not – a joke** han er ikke til å spøke med; **it passes me to – how** det går over min forstand, hvorledes ...; **he gave it to be understood** han lot seg forstå med; **it is an understood thing that** det sier seg selv at; **he can make himself understood in English** han kan gjøre seg forstått på engelsk; **we –** det forlyder, etter forlydende. **-able** forståelig. **-ably** forståelig (nok).

understanding [ʌndəˈstændiŋ] forstand, vett, forståelse; dømmekraft, skjønn; betingelse, forutsetning; forstandig; **it passes all –** det overgår all forstand; **to my poor –** etter mitt ringe skjønn.

under|state [ˈʌndəˈsteit] gjøre for lite av, fremstille utilstrekkelig, bruke et svakt uttrykk. **-statement** [-ˈsteitmənt] svakt uttrykk, mildnende betegnelse, underdrivelse. **-steering** understyring. **-strapper** [-stræpə] medhjelper; ubetydelig person. **-study** [ˈʌndəstʌdi] reserveskuespiller (-inne), hjelper, vikar; en som dublerer en bestemt rolle; [ˈʌndəˈstʌdi] dublere, besette en teaterrolle dobbelt, med to som kan avløse hverandre. **-take** [-ˈteik] påta seg, foreta, overta, forplikte seg til. **-taker** [ˈʌndəteikə] entreprenør; innehaver av begravelsesbyrå, bedemann; **his -taker's face** hans bedemannsansikt. **-taking** [ʌndəˈteikiŋ] foretagende, forpliktelse, garanti, løfte, tilsagn; [ˈʌndəteikiŋ] begravelsesfaget. **–-the-counter** underhånds, underhånden. **-time** undereksponere. **-tone** [ˈʌndətəun] dempet stemme. **-tow** [ˈʌndətəu] understrøm. **-value** [ˈʌndəˈvælju] undervurdere. **-wear** [-wɛə] undertøy. **-wood** [ˈʌndəwud] underskog. **-work** [ˈʌndəˈwə:k] arbeide billigere enn, i stillhet undergrave. **-write** [ʌndəˈrait] skrive under; tegne (polise, om assurandør). **-writer** [ˈʌndəraitə] assurandør, sjøassurandør, tegningsgarant.

undescribable [ˈʌndiˈskraibəbl] ubeskrivelig.

undeserved [ˈʌndiˈzə:vd] ufortjent.

underserving [ˈʌndiˈzə:viŋ] uverdig.

undesigned [ˈʌndiˈzaind] uforsettlig, utilsiktet.

undesigning [ˈʌndiˈzainiŋ] troskyldig, ærlig, likefrem.

undesirable [ˈʌndiˈzairəbl] mindre ønskelig, uønsket, brysom, plagsom, i veien.

undetermined [ˈʌndiˈtə:mind] ubestemt, uviss, ikke fastslått; ubegrenset.

undeterred [ˈʌndiˈtə:d] uforknytt, fryktløs.

undeveloped [ˈʌndiˈveləpt] uutviklet, ubebygd.

undeviating [ʌnˈdi:vieitiŋ] usvikelig, fast, stø.

undies [ˈʌndiz] (pl.) (dame)undertøy.

undigested [ˈʌndiˈdʒestid] ufordøyd.

undignified [ˈʌnˈdignifaid] lite verdig, uverdig.

undiluted [ˈʌndaiˈlju:tid] ufortynnet.

undiminished usvekket, uforminsket.

undimmed [ˈʌnˈdimd] klar (som før), ufordunklet.

undine [ʌnˈdi:n] undine (kvinnelig vannånd).

undirected [ˈʌndiˈrektid] uadressert, planløs.

undiscerning [ˈʌndiˈsə:niŋ] ukritisk.

undisciplined [ˈʌnˈdisiplind] udisiplinert.

undisguised [ˈʌndisˈgaizd] utilslørt, uforstilt.

undisposed utilbøyelig (**to** til).

undisputed [ˈʌndisˈpju:tid] ubestridt.

undissembling [ˈʌndiˈsembliŋ] uforstilt.

undistinguishable [ˈʌndiˈstiŋgwiʃəbl] ukjennelig.

undistinguished [ʌndiˈstiŋgwiʃt] karakterløs, ganske alminnelig, jevn, pregløs.

undisturbed [ˈʌndiˈstə:bd] uforstyrret.

undivided [ˈʌndiˈvaidid] udelt, full, hel.

undo [ʌnˈdu:] oppheve, løse, åpne, omgjøre; ødelegge. **-ing** ulykke, ødeleggelse. **undone** [ʌnˈdʌn] tilintetgjort; åpnet, ugjort.

undoubted [ʌnˈdautid], **-ly** [-li] utvilsomt, uten tvil.

undress [ʌnˈdres] kle av, ta forbinding av, kle av seg. **undress** [ˈʌnˈdres] hverdagsklær; neglisjé; daglig uniform. **-ed** pjusket (hår); upåkledd, sjusket; ubehandlet.

undue [ˈʌnˈdju:] utilbørlig, overdreven, upassende; ennå ikke forfalt (til betaling).

undulate [ˈʌndjuleit] bølge, svanse, svinse, sette i bølgebevegelse, undulere.

undulation [ʌndjuˈleiʃən] bølgebevegelse, bølgegang; undulasjon.

unduly [ˈʌnˈdju:li] urimelig; ulovlig, urettferdig.

unearned income arbeidsfri inntekt (renter, utbytte o. l.).

unearth [ʌnˈɔ:θ] grave opp, avdekke; åpenbare.

unearthly [ʌnˈɔ:θli] overnaturlig, uhyggelig, nifs.

uneasy [ˈʌnˈi:zi] ubehagelig, urolig, engstelig, usikker, ubekvem, tvungen, sjenerende.

uneatable [ˈʌnˈi:təbl] uspiselig.

uneconomic uøkonomisk, ikke rentabel.

unedifying lite oppbyggelig.

uneducated udannet, uvitende.

unembarrassed [ˈʌnimˈbærəst] utvungen; (jur.) ubeheftet; ubekymret.

unembodied [ˈʌnimˈbɔdid] ulegemlig.

unemotional [ˈʌniˈməuʃənəl] kald, prosaisk, upåvirkelig.

unemployed [ˈʌnimˈplɔid] arbeidsløs. **unemployment** [ˈʌnimˈplɔimənt] arbeidsløshet, arbeidsle-

dighet. – **benefit** arbeidsløshetsunderstøttelse. – **insurance** -trygd.
unending [ˈʌnˈendiŋ] endeløs.
unengaged [ˈʌnenˈgeidʒd] fri, ledig, uforlovet.
un-English [ˈʌnˈiŋgliʃ] uengelsk.
unenterprising [ˈʌnˈentəpraiziŋ] intitiativløs.
unequal [ˈʌnˈiːkwəl] ulike, ujevn, udyktig (til); **be – to a task** ikke makte en oppgave. **-led** uovertruffet, makeløs.
unequivocal [ˈʌniˈkwivəkəl] utvetydig, klar.
unerring [ˈʌnˈəːriŋ] ufeilbar, usvikelig.
UNESCO fk. f. **the United Nations Educational, Scientific, and Cultural Organization.**
unessential [ˈʌniˈsenʃəl] uvesentlig.
uneven [ˈʌnˈiːvn] ujevn, kupert, ru; ulike.
uneventful [ˈʌniˈventful] begivenhetsløs.
unexampled [ˈʌnigˈzɑːmpld] enestående, uten like.
unexceptionable [ˈʌnikˈsepʃənəbl] udadlelig, ulastelig, uangripelig. **unexceptional** [ˈʌnikˈsepʃənəl] alminnelig, uten unntak.
unexpected [ˈʌnikˈspektid] uventet.
unfadable [ˈʌnˈfeidəbl] fargeekte, som ikke falmer.
unfailing [ʌnˈfeiliŋ] ufeilbar(lig); årviss; uuttømmelig.
unfair [ˈʌnˈfɛə] uærlig, urettferdig, partisk, urimelig, utilbørlig; ubillig, ikke pen.
unfaithful [ˈʌnˈfeiθful] utro.
unfaltering [ʌnˈfɔːltəriŋ] urokkelig.
unfamiliar [ˈʌnfəˈmiljə] ukjent, uvant, fremmed. **-ity** fremmedartethet.
unfasten [ʌnˈfɑːsn] løse opp, åpne, løsne.
unfathomable [ˈʌnˈfæðəməbl] uutgrunnelig, bunnløs.
unfavourable [ˈʌnˈfeivərəbl] ugunstig, uheldig.
unfeasible [ˈʌnˈfiːzəbl] ugjørlig, umulig.
unfeeling [ʌnˈfiːliŋ] ufølsom, hardhjertet.
unfeigned [ʌnˈfeind] oppriktig, uforstilt.
unfetter [ʌnˈfetə] løse, frigjøre, befri.
unfilial [ˈʌnˈfiljəl] ikke sønnlig el. datterlig.
unfit [ˈʌnˈfit] uskikket, upassende, uhøvelig; dårlig (fysisk) form, dårlig kondis.
unfix [ˈʌnˈfiks] løse, ta av; forrykke.
unfixed [ˈʌnˈfikst] løs, vaklende, ufestet.
unflagging [ˈʌnˈflægiŋ] utrettelig, usvikelig.
unflattering [ˈʌnˈflætəriŋ] lite smigrende.
unfledged [ˈʌnˈfledʒd] umoden, ikke flyvedyktig.
unflinching [ˈʌnˈflinʃiŋ] uforferdet, djerv.
unfold [ʌnˈfəuld] åpne, brette ut, rulle opp, utfolde, åpenbare, forklare, fremstille.
unforgettable uforglemmelig.
unforgiving uforsonlig.
unformed [ˈʌnˈfɔːmd] oppløst, uformelig, uformet.
unforeseen uforutsett.
unforthright uoppriktig, uredelig.
unfortunate [ʌnˈfɔːtʃənit] uheldig, ulykkelig. **-ly** uheldigvis, dessverre.
unfounded [ˈʌnˈfaundid] ugrunnet, løs.
unfrequent [ʌnˈfriːkwənt] sjeldnere, mindre hyppig. **-ly** sjelden, en sjelden gang.
unfriended [ˈʌnˈfrendid] venneløs, uten venner.
unfriendly [ˈʌnˈfrendli] uvennlig, ugunstig.
unfrock [ˈʌnˈfrɔk] frata presteverdigheten.
unfulfilled [ˈʌnfulˈfild] uoppfylt.
unfurl [ʌnˈfəːl] utfolde, slå ut.
unfurnished umøblert.
ungainly [ʌnˈgeinli] klosset, kluntet, keitet, underlig, frastøtende.
ungarbled [ˈʌnˈgɑːbld] likefrem, uforvansket.
ungenerous [ˈʌnˈdʒenərəs] lumpen, smålig.
ungenial [ˈʌnˈdʒiːnjəl] usympatisk, umild.
ungentlemanlike [ˈʌnˈdʒentlmənlaik] udannet.
ungentlemanly [ʌnˈdʒentlmənli] udannet.
un-get-at-able [ˈʌngetˈætəbl] utilgjengelig.
ungird [ʌnˈgəːd] løse gjorden av, løse, ta av.
ungladden [ʌnˈglædn] bedrøve, nedslå.
unglove [ˈʌnˈglʌv] ta hansken(e) av.
ungodly [ʌnˈgɔdli] ugudelig, gudløs.
ungovernable [ʌnˈgʌvənəbl] uregjerlig.
ungraceful [ˈʌnˈgreisful] ugrasiøs, klønet.
ungracious [ˈʌnˈgreiʃəs] unådig, ubehagelig, uvillig, uvennlig.
ungrateful [ˈʌnˈgreitful] utakknemlig.
ungratified utilfredsstilt; uoppfylt.
unground [ˈʌnˈgraund] umalt, uslipt. **-ed** ubegrunnet, ukyndig; ikke jordet (ledning).
ungrudging [ˈʌnˈgrʌdʒiŋ] villig, uforbeholden.
ungual [ˈʌŋgwəl] negleaktig, med negler (klør).
unguarded [ˈʌnˈgɑːdid] ubevoktet, uforsiktig, uaktsom, overilt, tankeløs.
unguent [ˈʌŋgwənt] salve.
unguided ikke styrt, uten ledelse.
unguis [ˈʌŋgwis] hov, klo, negl. **ungulate** [ˈʌŋgjuleit] hov-, med hover; hovdyr.
unhallowed [ˈʌnˈhæləud] vanhellig, profan.
unhand [ʌnˈhænd] slippe, la gå.
unhandsome [ˈʌnˈhændsəm] uskjønn.
unhandy [ˈʌnˈhændi] uhendig, ubekvem.
unhang [ʌnˈhæŋ] ta ned.
unhappiness ulykke. **unhappily** uheldigvis; ulykkeligvis. **unhappy** [ʌnˈhæpi] ulykkelig, uheldig.
unharness [ˈʌnˈhɑːnis] sele av, spenne fra.
unhealthy [ʌnˈhelθi] usunn, sykelig, svak.
unheard [ˈʌnˈhəːd] uten å bli hørt; [ʌnˈhəːd] uhørt, eksempelløs. **unheard-of** [ʌnˈhəːdəv] uhørt, makeløs, eksempelløs.
unheeding [ˈʌnˈhiːdiŋ] uaktsom, tankeløs.
unhesitating [ʌnˈheziteitiŋ] uten betenkning.
unhinge [ʌnˈhinʒ] løfte av hengslene, rokke, forvirre, skake opp.
unhitch [ʌnˈhitʃ] spenne fra, løse, løsne.
unholy [ʌnˈhəuli] vanhellig; ugudelig, ond.
unhook [ˈʌnˈhuk] ta av kroken, hekte av.
unhoped-for [ʌnˈhəuptfɔː] uventet.
unhorse [ˈʌnˈhɔːs] kaste av hesten, styrte; spenne fra hesten.
unhung [ʌnˈhʌŋ] (ennå) ikke hengt.
unhurried sindig, rolig, langsom.
unhurt [ˈʌnˈhəːt] uskadd, uten men.
unhusk [ʌnˈhʌsk] d. s. s. **husk.**
UNICEF fk. f. **United Nations International Children's Emergency Fund.**
unicellular [juːniˈseljulə] éncellet.
unicoloured ensfarget.
unicorn [ˈjuːnikɔːn] enhjørning.
unideal [ˈʌnaiˈdiəl] prosaisk; uideell.
unidiomatic [ˈʌnidjəˈmætik] uidiomatisk.
unification [juːnifiˈkeiʃən] forening, samling.
uniform [ˈjuːnifɔːm] ensformig, ensartet, uforanderlig; uniform; gjøre ensartet, uniformere.
uniformity [juːniˈfɔːmiti] ensartethet, overensstemmelse; **The Act of Uniformity** uniformitetsakten, en eng. kirkeanordning av 1662, hvorved en mengde geistlige ble drevet ut av folkekirken.
unify [ˈjuːnifai] samle, forene.
unigenous [juːˈnidʒinəs] ensartet.
unilateral [ˈjuːniˈlætərəl] unilateral, ensidig.
unimaginable [ˈʌniˈmædʒinəbl] utenkelig.
unimaginative [ˈʌniˈmædʒinətiv] fantasiløs.

unimpaired uskadd, usvekket, uforminsket.
unimpeachable [ˈʌnimˈpiːtʃəbl] uangripelig, upåklagelig, ulastelig.
unimpeded [ˈʌnimˈpiːdid] uhindret, uhemmet.
unimportant [ˈʌnimˈpɔːtənt] uviktig.
unimpressed [ˈʌnimˈprest] uimponert. **unimpressible** [ˈʌnimˈpresibl] uimottagelig. **unimpressive** uanselig.
unimprovable [ˈʌnimˈpruːvəbl] uforbederlig.
unimproved [ˈʌnimˈpruːvd] uforbedret, udannet; ubebygd, ubrukt.
uninflammable ikke brennbar.
uninfluenced [ˈʌnˈinfluenst] upåvirket.
uninfluential [ˈʌninfluˈenʃəl] uten innflytelse.
uninformed [ˈʌninˈfɔːmd] uvitende.
uninforming [ˈʌninˈfɔːmiŋ] lite opplysende.
uninhabitable [ˈʌninˈhæbitəbl] ubeboelig.
uninhabited [ˈʌninˈhæbitid] ubebodd.
uninitiated [ˈʌninˈiʃieitid] uinnvidd.
uninjured [ˈʌnˈindʒəd] uskadd.
uninspired [ˈʌninˈspaiəd] uinspirert, åndløs.
uninsured [ˈʌninˈʃuəd] uforsikret, udekket.
uninsulated [ˈʌnˈinsjuleitid] blank, uisolert.
unintegrated [ˈʌnˈintigreitid] splittet.
unintelligent [ˈʌninˈtelidʒənt] uintelligent, dum.
unintelligible [ˈʌninˈtelidʒibl] uforståelig.
unintended [ˈʌninˈtendid], **unintentional** [ˈʌninˈtenʃənəl] utilsiktet, uforsettlig, ufrivillig.
uninterested [ˈʌnˈintərestid] uegennyttig. **uninteresting** [ˈʌnˈintərestiŋ] uinteressant.
unintermittent [ˈʌnintəˈmitənt] uavbrutt.
uninterrupted [ˈʌnintəˈrʌptid] uavbrutt.
union [ˈjuːnjən] forening, lag, sammenslutning, forbund, enighet, samhold, union, overensstemmelse, samband, ekteskap, giftermål; fattigdistrikt, fattighus; fagforening; **monetary –** myntkonvensjon, valutaforbund; **The Union** (om en studentforening i Oxford og Cambridge; om Englands og Skottlands forening til ett rike og Irlands med Storbritannia; om den nordamerikanske union); **– is strength** enighet gjør sterk; **Union Jack** det britiske unionsflagg. **– card** fagforeningsbok. **– contract** tariffavtale. **– dues** fagforeningskontingenter. **– flag** unionsflagg. **-ism** samfølelse, fellesskap, fagbevegelse, unionisme. **-ist** [-nist] unionist (motstander av irsk selvstyre); fagforeningsmedlem, organisert arbeider. **– rate, – scale** tariffsats. **– suit** (US) combination.
uniparous [juːˈnipərəs] som føder én unge om gangen.
unipartite [juːniˈpɑːtait] udelt.
unipolar [juːniˈpəulə] énpolet, énpols-.
unique [juˈniːk] enestående, uten sidestykke.
unisex clothes (moteretning med) klær som er like for menn og kvinner.
unison [ˈjuːnisən] harmoni, enighet; samklang.
unit [ˈjuːnit] ener, enhet, element, seksjon, avdeling, gruppe.
Unitarian [juːniˈtɛəriən] unitar, unitarisk.
unite [juˈnait] forene, samle; forene seg; **united** [juːˈnaitid] forent; **the United Brethren** herrnhutene; **the United Kingdom** det forente kongerike; Storbritannia og (Nord-)Irland; **the United Nations** De forente nasjoner; **the United States (of America)** De forente stater.
unit price enhetspris.
unity [ˈjuːniti] enhet, enighet; identitet; harmoni; overensstemmelse.
univ. fk. f. **university; universe.**
universal [juːniˈvəːsl] allmenn, alminnelig, allsidig; allmennsetning. **– agent** generalagent. **-ity** [juːnivəˈsæliti] alminnelighet, allmenngyldighet. **– partnership** formuesfellesskap. **– pliers** (pl.) universaltang. **– shaft** kardangaksel. **– suffrage** alminnelig stemmerett.
universe [ˈjuːnivəːs] univers, verden.
university [juːniˈvəːsiti] universitet; akademisk; **– man** akademiker.
univocal [ˈjuːniˈvəukl] utvetydig, enslydende.
unjust [ˈʌnˈdʒʌst] urettferdig. **unjustifiable** [ˈʌnˈdʒʌstiˈfaiəbl] uforsvarlig, utillatelig, uberettiget, utilbørlig.
unkempt [ˈʌnˈkem(p)t] ukjemt, lurvet, ustelt.
unkind [ˈʌnˈkaind] ukjærlig, uvennlig, hard.
unknit [ʌnˈnit] trevle opp, glatte.
unknowing [ˈʌnˈnəuiŋ] uvitende, uavvitende.
unknown [ˈʌnˈnəun] ukjent, uvitterlig.
unlaboured [ˈʌnˈleibəd] lett, naturlig.
unlace [ʌnˈleis] snøre opp, løse.
unlade [ʌnˈleid] losse, lesse av, tømme.
unladylike [ˈʌnˈleidilaik] upassende for en dame.
unlawful [ˈʌnˈlɔːful] ulovlig, urettmessig.
unlearn [ˈʌnˈləːn] glemme, viske ut av hukommelsen. **-ed** ulærd, uvitende.
unleash [ˈʌnˈliːʃ] løse, slippe løs.
unleavened [ˈʌnˈlevnd] usyret.
unless [ʌnˈles] medmindre, uten, hvis ikke.
unlettered [ˈʌnˈletəd] ulærd.
unlicensed [ˈʌnˈlaisənst] uautorisert, uten rett.
unlicked [ˈʌnˈlikt] grønn, umoden.
unlike [ˈʌnˈlaik] ulik, motsatt.
unlikelihood usannsynlighet.
unlikely [ˈʌnˈlaikli] usannsynlig, urimelig, lite lovende.
unlimited [ˈʌnˈlimitid] ubegrenset, uinnskrenket.
unlink [ʌnˈliŋk] løse opp, ta lenken av.
unlisted [ˈʌnˈlistid] (merk.) unotert (om verdipapir); ikke oppført (på liste); **– telephone number** hemmelig telefonnummer.
unload [ʌnˈləud] lesse av, losse, avlaste.
unlock [ʌnˈlɔk] lukke opp, låse opp, åpne.
unlooked-for [ʌnˈluktfɔː] uventet, uforutsett.
unlucky [ˈʌnˈlʌki] uheldig.
unm. fk. f. **unmarried.**
unmake [ˈʌnˈmeik] tilintetgjøre; oppheve, gjøre om (igjen); styrte (en konge).
unman [ʌnˈmæn] ta motet fra, nedslå, overvelde; fjerne betjeningen fra, avfolke.
unmanageable [ˈʌnˈmænidʒəbl] uhåndterlig, ustyrlig, gjenstridig; uten styring.
unmanful [ˈʌnˈmænful], **unmanlike** [ˈʌnˈmænlaik], **unmanly** [ˈʌnˈmænli] umandig.
unmanned [ˈʌnˈmænd] ubemannet; umandig.
unmannered [ˈʌnˈmænəd], **unmannerly** [ʌnˈmænəli] uoppdragen, ubehøvlet.
unmanningly overveldende.
unmapped ikke kartlagt.
unmarked [ˈʌnˈmɑːkt] umerket; ubemerket.
unmarred [ˈʌnˈmɑːd] uskadd.
unmarried [ˈʌnˈmærid] ugift.
unmask [ʌnˈmɑːsk] demaskere, avsløre (seg).
unmatched [ˈʌnˈmætʃt] uforliknelig, enestående, uten like.
unmeaning [ˈʌnˈmiːniŋ] meningsløs, innholdsløs, intetsigende, tom. **unmeant** [ˈʌnˈment] utilsiktet.
unmeasurable [ʌnˈmeʒərəbl] grenseløs, overveldende, overdreven.

unmeet [ˈʌnˈmi:t] uskikket.
unmentionable [ˈʌnˈmenʃənəbl] unevnelig.
unmerciful [ʌnˈmə:siful] ubarmhjertig.
unmindful [ʌnˈmain(d)ful] som glemmer, uten tanke (**of** på), uoppmerksom, likegyldig (**of** med).
unmingled [ʌnˈmiŋgld] ublandet.
unmistakable [ˈʌnmisˈteikəbl] umiskjennelig, ufeilbarlig.
unmitigated [ʌnˈmitigeitid] uformildet, uforsonlig, fullstendig, absolutt, ublandet, rendyrket, ren og skjær, absolutt.
unmixed [ˈʌnˈmikst] ublandet, ren.
unmodified uforandret, uendret.
unmodish umoderne.
unmolested [ˈʌnməˈlestid] uantastet.
unmoor [ʌnˈmuə] kaste loss, løsgjøre fortøyningene.
unmounted ikke ridende; uten innfatning, uten ramme, umontert.
unmoved [ˈʌnˈmu:vd] ubevegelig, uanfektet.
unnamed [ˈʌnˈneimd] unevnt, unevnelig.
unnational [ˈʌnˈnæʃənəl] unasjonal, ufolkelig.
unnatural unaturlig, naturstridig; umenneskelig.
unnavigable [ˈʌnˈnævigəbl] useilbar, ufarbar.
unnecessary [ˈʌnˈnesisəri] unødvendig.
unneeded [ˈʌnˈni:did] unødig, uønsket.
unnerve [ʌnˈnə:v] avkrefte, lamme.
unnoticed [ˈʌnˈnəutist] ubemerket, uomtalt.
unnumbered unummerert, uten nummer, talløs.
unobjectionable [ˈʌnəbˈdʒekʃənəbl] uforkastelig, uanstøtelig.
unobliging [ˈʌnəˈblaidʒiŋ] lite imøtekommende.
unobserved [ˈʌnəbˈzə:vd] ubemerket.
unobstructed [ˈʌnəbˈstrʌktid] uhindret.
unobtainable [ˈʌnəbˈteinəbl] uoppnåelig.
unobtrusive [ˈʌnəbˈtru:siv] beskjeden, smålåten. **-ness** beskjedenhet.
unoccupied [ˈʌnˈɔkjupaid] ledig; ubesatt, arbeidsløs, ubeskjeftiget.
unoffending [ˈʌnəˈfendiŋ] uskyldig, sakesløs.
unoffensive [ˈʌnəˈfensiv] harmløs.
unofficial [ˈʌnəˈfiʃəl] ikke tjenstlig, uoffisiell.
unofficious [ˈʌnəˈfiʃəs] utjenstvillig.
unostentatious [ˈʌnɔstenˈteiʃəs] bramfri, jevn og liketil, stillfarende, fordringsløs.
unowed [ˈʌnˈəud] som man ikke skylder.
unowned [ˈʌnˈəund] herreløs; ikke tilstått.
unpack [ʌnˈpæk] pakke ut (el. opp), lesse (el. kløvje) av.
unpaid [ˈʌnˈpeid] ubetalt, ufrankert, ulønnet.
unpaint [ʌnˈpeint] utslette.
unpalatable [ʌnˈpælətəbl] usmakelig.
unparalleled [ʌnˈpærəleld] uten sidestykke.
unpardonable [ʌnˈpɑ:dənəbl] utilgivelig.
unparented foreldreløs.
unparliamentary [ˈʌnpɑ:liˈmentəri] uparlamentarisk.
unpatriotic upatriotisk, unasjonal.
unpaved uten fast dekke, grusvei.
unpen [ʌnˈpen] slippe løs.
unpeople [ʌnˈpi:pl] avfolke.
unperceived [ˈʌnpəˈsi:vd] ubemerket.
unperformed [ˈʌnpeˈfɔ:md] uoppfylt.
unperturbed [ˈʌnpə(:)ˈtə:bd] uforstyrret.
unpick [ʌnˈpik] sprette opp, plukke opp.
unpitying [ˈʌnˈpitiiŋ] ubarmhjertig, nådeløs.
unplaced [ˈʌnˈpleist] uanbrakt, uten embete, uplassert, uordnet, forvirret.

unpleasable [ˈʌnˈpli:zəbl] ufornøyelig. **unpleasant** [ʌnˈplezənt] ubehagelig, usympatisk. **unpleased** [ˈʌnˈpli:zd] misfornøyd. **unpleasing** [ˈʌnˈpli:ziŋ] ubehagelig.
unpliable [ˈʌnˈplaiəbl] ubøyelig.
unpliant [ˈʌnˈplaiənt] ubøyelig, stiv.
unpoetic [ˈʌnpəuˈetik], **-al** [-l] upoetisk.
unpoised [ˈʌnˈpɔizd] ute av likevekt.
unpolished upusset, upolert, uelegant.
unpolluted uforurenset, ubesmittet, ren.
unpopular [ˈʌnˈpɔpjulə] upopulær.
unportioned [ˈʌnˈpɔ:ʃənd] medgiftsløs, fattig.
unposted upostet, ikke sendt; uinformert.
unpracticed uøvd, uerfaren; ikke praktisert.
unprecedented [ʌnˈpresidentid] uhørt, enestående, uovertruffet, makeløs.
unpredictable uberegnelig, uoverskuelig.
unprejudiced [ˈʌnˈpredʒudist] fordomsfri, upartisk, nøytral.
unpremeditated [ˈʌnpriˈmediteitid] uoverlagt.
unprepared uforberedt, improvisert.
unprepossessing [ˈʌnpri:pəˈzesiŋ] som ser mindre godt ut, ikke inntagende, lite tiltalende.
unpresuming [ˈʌnpriˈzju:miŋ] beskjeden, smålåten, fordringsløs.
unpretending [ˈʌnpriˈtendiŋ] beskjeden, smålåten, fordringsløs.
unprevailing [ˈʌnpriˈveiliŋ] svak.
unprevalent [ˈunˈprevələnt] sjelden.
unprincipled [ˈʌnˈprinsipld] prinsippløs.
unproductive [ˈʌnprəˈdʌktiv] ufruktbar, uproduktiv.
unprofitable [ˈʌnˈprɔfitəbl] ufordelaktig, ulønnsom.
unprogressive [ˈʌnprəˈgresiv] stillestående.
unpromising [ˈʌnˈprɔmisiŋ] lite lovende.
unprompted på eget initiativ, uten tilskyndelse.
unprop [ʌnˈprɔp] ta bort støtten.
unpropitious [ˈʌnprəˈpiʃəs] uheldig, ugunstig.
unprotected [ˈʌnprəˈtektid] ubeskyttet, ugardert.
unproved [ˈʌnˈpru:vd] ubevist, uprøvd.
unprovided [ˈʌnprəˈvaidid] uforsynt; **– for** uforsørget.
unprovoked [ˈʌnprəˈvəukt] uutfordret, umotivert, uprovosert.
unpublished [ˈʌnˈpʌbliʃt] ikke offentliggjort, utrykt.
unpunctual [ˈʌnˈpʌŋktʃuəl] upresis.
unpunished[ˈʌnˈpʌniʃt] ustraffet.
unqualified [ʌnˈkwɔlifaid] udyktig, uskikket, ukvalifisert; som ikke har avlagt den ed som kreves, ubeediget; absolutt, ubetinget.
unquenchable [ʌnˈkwenʃəbl] uslokkelig.
unquestionable [ʌnˈkwestʃənəbl] ubestridelig, utvilsom, avgjort. **unquestioned** [ʌnˈkwestʃənd] ubestridt, uomtvistelig.
unquiet [ˈʌnˈkwaiət] urolig, opprørt, hvileløs.
unravel [ʌnˈrævl] utrede, greie ut (el. opp), løse; løse seg opp.
unread [ˈʌnˈred] ulest, ubelest. **unreadable** [ˈʌnˈri:dəbl] uleselig.
unready [ˈʌnˈredi] uferdig; rådvill, sen, somlet.
unreal [ˈʌnˈri:əl] uvirkelig.
unreality [ˈʌnriˈæliti] uvirkelighet.
unrealizable urealiserbar, uoppfyllelig.
unreason [ˈʌnˈri:zn] dumhet, ufornuft. **-able** [ʌnˈri:znəbl] urimelig, overdreven. **unreasoning** [ʌnˈri:zniŋ] tankeløs, kritikkløs.
unreciprocated [ˈʌnriˈsiprəkeitid] ugjengjeldt.

unrecognizable [ˈʌnˈrekəgnaizəbl] ugjenkjennelig.
unrecorded [ˈʌnriˈkɔ:did] uopptegnet; ikke innspilt.
unredeemable [ˈʌnriˈdi:məbl] uinnløselig, uoppsigelig. **unredeemed** [ˈʌnriˈdi:md] uinnløst; uoppfylt; ufrelst.
unreel [ʌnˈri:l] hespe av, rulle av, vikle av.
unrefined uraffinert, urenset; udannet.
unreflecting [ˈʌnriˈflektiŋ] tankeløs, kritikkløs.
unrefuted [ˈʌnriˈfju:tid] ugjendrevet.
unregarded [ˈʌnriˈgɑ:did] upåaktet, forsømt.
unregardful [ˈʌnriˈgɑ:dful] uaktsom, forsømmelig.
unregistered urekommandert (post); uregistrert.
unregretted [ˈʌnriˈgretid] som ikke blir savnet el. sørget over.
unregulated [ˈʌnˈregjuleitid] uregulert, uregelmessig.
unrelated ikke beslektet; uten forbindelse.
unrelenting [ˈʌnriˈlentiŋ] ubøyelig, ubønnhørlig, uforsonlig; utrettelig.
unreliable [ˈʌnriˈlaiəbl] uvederheftig, upålitelig.
unremitting [ˈʌnriˈmitiŋ] uopphørlig, utrettelig.
unremunerative [ˈʌnriˈmju:nərətiv] ulønnsom.
unrepaired [ˈʌnriˈpεəd] ikke istandsatt.
unrepenting [ˈʌnriˈpentiŋ] uten anger.
unrepining [ˈʌnriˈpainiŋ] uten klage; taus.
unreprovable [ˈʌnriˈpru:vəbl] ulastelig.
unrequited ulønnet; ugjengjeldt; ustraffet.
unreserve [ˈʌnriˈzə:v] frimodighet, uforbeholdenhet. **unreserved** [ˈʌnriˈzə:vd] uforbeholden; likefrem; ikke reservert.
unresisting [ˈʌnriˈzistiŋ] uten motstand, passiv.
unresolved [ˈʌnriˈzɔlvd] uløst, ubesluttsom.
unrespectful [ˈʌnriˈspektful] uærbødig.
unresponsive som ikke reagerer, passiv.
unrest uro, røre, gjæring.
unrestrained [ˈʌnriˈstreind] uinnskrenket, tøylesløs, uhemmet, fri, ubundet.
unrestricted uinnskrenket, uhemmet, fri.
unretentive [ˈʌnriˈtentiv] som beholder lite, upålitelig.
unrevenged [ˈʌnriˈvendʒd] uhevnet.
unrevered [ˈʌnriˈviəd] uæret.
unreverend [ˈʌnˈrevərənd] ikke ærverdig.
unrewarding utakknemlig, ulønnsom.
unrhymed [ˈʌnˈraimd] urimet, rimfri.
unriddle [ʌnˈridl] forklare, løse, oppklare.
unrig [ʌnˈrig] avtakle, rigge ned; kle av.
unrighteous [ʌnˈraitʃəs] urettferdig, ond, syndig. **-ness** [-nis] urettferdighet, ondskap, synd, syndighet; **the mammon of -ness** den urette mammon.
unrip [ʌnˈrip] sprette opp.
unripe [ˈʌnˈraip] umoden.
unrivalled [ʌnˈraivld] uten like, uforlignelig.
unrivet [ʌnˈrivit] ta naglen ut, løsne, rokke.
unrobe [ʌnˈrəub] kle av, ta av seg embetsdrakten.
unroll [ʌnˈrəul] rulle ut (el. opp), åpne.
unroof [ʌnˈru:f] løfte taket av.
unroot [ʌnˈru:t] rykke opp.
UNRRA fk. f. **United Nations Relief and Rehabilitation Administration.**
unruffle [ʌnˈrʌfl] komme til ro, bli glatt.
unruffled [ˈʌnˈrʌfld] uforstyrret, rolig, uanfektet, stille (om havet).
unruled [ˈʌnˈru:ld] uregjert; ulinjert.
unruly [ʌnˈru:li] uregjerlig, ustyrlig.
UNRWA fk. f. **United Nations Relief and Works Administration.**
unsaddle [ʌnˈsædl] sale av; kaste av salen.
unsafe [ˈʌnˈseif] usikker, utrygg, upålitelig, vågsom, farlig, risikabel.
unsaid [ˈʌnˈsed] usagt.
unsailorly [ˈʌnˈseiləli] ikke sjømannsmessig.
unsalable usalgbar, ukurant.
unsalaried [ˈʌnˈsælərid] ulønnet.
unsalted [ˈʌnˈsɔ:ltid] usaltet, utvannet.
unsanitary usanitær, uhygienisk.
unsatisfactory [ˈʌnsætisˈfæktəri] utilfredsstillende.
unsatisfying [ˈʌnˈsætisfaiiŋ] utilfredsstillende.
unsavoury [ˈʌnˈseivəri] usmakelig, flau, vammel; ekkel, motbydelig.
unsay [ˈʌnˈsei] ta tilbake, ta i seg igjen; **it is said, and you cannot – it,** det er sagt, og du kan ikke ta det i deg igjen.
unscalable [ˈʌnˈskeiləbl] ubestigelig.
unscaly [ʌnˈskeili], **unscaled** [ˈʌnˈskeild] skjelløs.
unscanned [ˈʌnˈskænd] uskandert; uoverlagt.
unscared [ˈʌnˈskεəd] ikke skremt.
unscathed [ˈʌnˈskeiðd] uskadd.
unscattered [ʌnˈskætəd] ikke spredt.
unscholarly [ˈʌnˈskɔləli] uvitenskapelig, ufilologisk.
unschooled [ˈʌnˈsku:ld] ustudert, ulærd.
unscientific [ˈʌnsaiənˈtifik] uvitenskapelig.
unscoured [ˈʌnˈskauəd] uskurt, upusset.
unscreened [ˈʌnˈskri:nd] ikke skjermet.
unscrew [ʌnˈskru:] skru løs (el. ut, opp); ta skruen ut.
unscriptural [ˈʌnˈskriptʃərəl] ubibelsk.
unscrupulous [ˈʌnˈskru:pjuləs] hensynsløs, samvittighetsløs.
unseal [ʌnˈsi:l] ta seglet av el. fra, bryte, brekke, åpne.
unseam [ʌnˈsi:m] sprette opp.
unsearchable [ʌnˈsə:tʃəbl] uransakelig, uutgrunnelig.
unseasonable [ʌnˈsi:znəbl] i utide, ubetimelig, ubeleilig, uheldig, upassende; unormal; **at an – time of night** først sent på natten.
unseasoned [ˈʌnˈsi:znd] uvant, utillaget, ukrydret, ikke tørret, umoden; (fig.) uerfaren, grønn.
unseat [ʌnˈsi:t] berøve setet, kaste av salen; ta stilling som tingmann fra, kaste.
unseaworthy [ˈʌnˈsi:wə:ði] ikke sjødyktig.
unseconded [ˈʌnˈsekəndid] ikke understøttet.
unsecular [ʌnˈsekjulə] ikke verdslig.
unsecured [ˈʌnsiˈkjuəd] ikke sikret; **– claim** (merk.) uprioritert fordring.
unseeing [ʌnˈsi:iŋ] blind, som ikke ser, stirrende, åndsfraværende.
unseemliness [ˈʌnˈsi:mlinis] usømmelighet.
unseemly [ʌnˈsi:mli] usømmelig, upassende.
unseen [ˈʌnˈsi:n] usett, usynlig, ubemerket; ekstemporal, ulest tekst.
unseized [ˈʌnˈsi:zd] ikke tatt i besittelse.
unselfish [ˈʌnˈselfiʃ] uegennyttig, uselvisk.
unsent [ˈʌnˈsent] usendt; **– for** ukallet.
unserviceable [ˈʌnˈsə:visəbl] ubrukelig.
unset [ˈʌnˈset] ikke satt, ikke innfattet, ikke gått ned, uordnet; **the -ting sun** midnattssolen.
unsettle [ʌnˈsetl] rokke ved, forrykke, forvirre, gjøre usikker; komme av lage, bli usikker. **unsettled** [ˈʌnˈsetld] ubygd, ikke kolonisert; ubetalt, ubefestet, ustadig, ustø, usikker.
unsevered [ˈʌnˈsevəd] ikke atskilt, udelt.
unsew [ʌnˈsəu] sprette opp.

unsex [ʌnˈseks] gjøre kjønnsløs, gjøre ukvinnelig; **– oneself** bli ukvinnelig. **unsexed** ukvinnelig.
unshackle [ʌnˈʃækl] løse (av lenke), frigjøre.
unshaded [ˈʌnˈʃeidid] uten skygge, som det ikke blir kastet skygge på.
unshadowed [ˈʌnˈʃædəud] ikke skygget, uformørket.
unshaken [ˈʌnˈʃeikn] urokket, urokkelig.
unshamed [ˈʌnˈʃeimd] ubeskjemmet.
unshamefaced [ˈʌnˈʃeimfeist] uforskammet, skamløs.
unshapable [ˈʌnˈʃeipəbl] uformelig. **unshaped** [ˈʌnˈʃeipt], **unshapen** [ˈʌnˈʃeipn] vanskapt, heslig. **unshapely** [ˈʌnˈʃeipli] ikke velskapt, stygg.
unshared [ˈʌnˈʃɛəd] udelt.
unshaved [ˈʌnˈʃeivd], **unshaven** [ˈʌnˈʃeivn] ubarbert.
unsheathe [ʌnˈʃi:ð] vikle ut (av svøp), dra ut av sliren, trekke blank; **– the sword** begynne krigen.
unshed [ˈʌnˈʃed] ikke utgytt.
unshell [ʌnˈʃel] skalle av.
unsheltered [ˈʌnˈʃeltəd] ubeskyttet, udekt, utsatt.
unshielded [ˈʌnˈʃi:ldid] ikke skjermet, udekt.
unshiftable [ˈʌnˈʃiftəbl] ubehjelpsom, upraktisk.
unship [ʌnˈʃip] losse, landsette, avskipe, utskipe, ta av, ta inn (årene), avmønstre (mannskapet); **– your oars!** årene inn! **he -ped his rudder** han fikk roret huket av, mistet roret; **– the tiller** ta av rorpinnen. **-ment** [-mənt] lossing. **-ping** avtaging. **-shape** [ˈʌnˈʃipʃeip] ikke sjømannsmessig; ikke forskriftsmessig.
unshocked [ˈʌnˈʃɔkt] ikke støtt, ikke fornærmet.
unshod [ˈʌnˈʃɔd] uten sko, uskodd, barføtt.
unshoe [ˈʌnˈʃu:] sko av, ta skoen(e) av (en hest).
unshorn [ˈʌnˈʃɔ:n] uklipt, langhåret.
unshot [ʌnˈʃɔt] ta ladningen ut av; [ˈʌnˈʃɔt] ikke truffet.
unshrinkable [ˈʌnˈʃriŋkəbl] krympefri. **unshrinking** [ʌnˈʃriŋkiŋ] uforsagt, uforferdet.
unshrouded [ˈʌnˈʃraudid] udekt, ubeskyttet.
unshrunk [ˈʌnˈʃrʌŋk] ikke sammenkrympet.
unshut [ˈʌnˈʃʌt] ikke lukket.
unsifted [ˈʌnˈsiftid] usiktet; uprøvd, uforsøkt.
unsight [ˈʌnˈsait]; **buy it –, unseen** kjøpe det usett. **-able** usynlig, usiktbar. **-liness** mindre vakkert utseende. **-ly** stygg, uskjønn.
unsigned [ˈʌnˈsaind] ikke underskrevet.
unsilt [ˈʌnˈsilt] mudre opp (kanal).
unsilvered [ˈʌnˈsilvəd] uforsølvet.
unsinew [ʌnˈsinju] avkrefte, maktstjele.
unsinkable [ˈʌnˈsiŋkəbl] synkefri.
unskilful [ˈʌnˈskilful], **-ly** [-li] udyktig, klosset, kløнet. **-ness** [-nis] udyktighet.
unskilled [ˈʌnˈskild] ikke faglært; **– labour** ufaglært arbeid.
unslaked [ˈʌnˈsleikt] ulesket (kalk); uslokket (tørst).
unsmirched [ˈʌnˈsmə:tʃt] uplettet (ogs. fig.).
unsociable [ʌnˈsəuʃəbl] uselskapelig. **unsocial** uselskapelig, utilnærmelig, avvisende.
unsoiled [ˈʌnˈsɔild] ubesudlet, ren.
unsold [ˈʌnˈsəuld] ikke solgt.
unsolder [ˈʌnˈsɔ:də] løse opp (i loddingen); skille.
unsolicited [ˈʌnsəˈlisitid] uanmodet, spontan.
unsolved [ˈʌnˈsɔlvd] uløst, ikke oppklart.
unsophisticated [ˈʌnsəˈfistikeitid] ublandet, uforfalsket, ren, naturlig, uerfaren.
unsound [ˈʌnˈsaund] usunn, sykelig, skrøpelig, skadd, bedervet, dårlig, ikke rettroende, uriktig, løs, uholdbar.
unsparing [ʌnˈspɛəriŋ] rundhåndet, gavmild, skånselløs, streng.
unspeakable [ʌnˈspi:kəbl] usigelig, ubeskrivelig.
unspecified [ˈʌnˈspesifaid] ikke nærmere betegnet, uspesifisert.
unspoiled, unspoilt ufordervet; ikke bortskjemt.
unspoken [ˈʌnˈspəukn] ikke uttalt, unevnt; **– of** uomtalt.
unspool vikle av, spole av.
unsporting, unsportsmanlike usportslig.
unspotted [ˈʌnˈspɔtid] uplettet, plettfri.
unstable [ˈʌnˈsteibl] usikker, ustø, ustadig.
unstaid [ˈʌnˈsteid] ustadig, flyktig.
unstained flekkfri, uplettet.
unstamped [ˈʌnˈstæmpt] ustemplet, ufrankert.
unsteadfast [ˈʌnˈstedfəst] vaklende, ikke standhaftig.
unsteady [ˈʌnˈstedi] ustø, ustadig, vaklende, ujevn; gjøre usikker.
unstick løsne.
unstinted [ʌnˈstintid] ikke sparsom, raus, rikelig; uforbeholden.
unstitch [ʌnˈstitʃ] sprette opp, pille opp.
unstop [ʌnˈstɔp] åpne, klare, rydde.
unstow [ʌnˈstəu] losse.
unstrained ufiltrert, usilt; naturlig, utvungen.
unstressed [ˈʌnˈstrest] ubetont, trykkløs; ubelastet.
unstring [ʌnˈstriŋ] ta strengene av, spenne ned, slakke, slappe. **unstrung** [ʌnˈstrʌŋ] i ulage; uten streng.
unstudied [ˈʌnˈstʌdid] ikke studert, uforberedt, ukyndig; uaffektert, naturlig.
unsubmission [ˈʌnsəbˈmiʃən] oppsetsighet, gjenstridighet. **unsubmissive** [-ˈmisiv] oppsetsig, stri, gjenstridig.
unsubstantial uvesentlig, usolid, spinkel, lett, utilstrekkelig. **unsubstantiated** ikke bekreftet.
unsuccessful [ˈʌnsəkˈsesful] uheldig, feilslått; **return –** vende tilbake med uforrettet sak.
unsuggestive [ˈʌnsəˈdʒestiv] uten noen antydning, lite lærerik, som sier lite.
unsuitable [ˈʌnˈs(j)u:təbl] uskikket, upassende.
unsullied [ˈʌnˈsʌlid] ubesudlet, ubesmittet, fri.
unsupported [ˈʌnsəˈpɔ:tid] ikke understøttet.
unsure [ˈʌnˈʃuə] usikker.
unsurpassed [ˈʌnsəˈpɑ:st] uovertruffet, uovertreffelig.
unsuspected [ˈʌnsəˈspektid] ikke mistenkt, uanet. **unsuspecting** [-tiŋ] umistenksom, intetanende, troskyldig, godtroende. **unsuspicious** [ˈʌnsəˈspiʃəs] ikke mistenksom, troskyldig, umistenkelig.
unsustainable uholdbar.
unswathe [ʌnˈsweið] ta svøpet av, vikle ut.
unswear [ʌnˈswɛə] tilbakekalle sin ed.
unswerving usvikelig, urokkelig.
unsympathetic udeltakende, avvisende.
UNTAA fk. f. **United Nations Technical Aid Agency.**
untainted plettfri, lytefri, ufordervet.
untalked-of [ʌnˈtɔ:ktɔv] uomtalt.
untangle [ʌnˈtæŋgl] greie ut, løse.
untarnished [ˈʌnˈtɑ:niʃt] uanløpet, med uforminsket glans, ufalmet, plettfri, uplettet.
untasked [ˈʌnˈtɑ:skt] uten pålagt arbeid, ledig.
untaught [ˈʌnˈtɔ:t] ulært, ulærd; medført, naturlig.
untax [ʌnˈtæks] oppheve skatten på, befri for skatt.
unteach [ʌnˈti:tʃ] få til å glemme, venne av med, lære om igjen, lære noe annet.

unteam [ʌnˈti:m] spenne fra.
untell [ʌnˈtel] ta tilbake (det fortalte). **-able** usigelig.
untemptible [ˈʌnˈtemtibl] hevet over fristelse.
untenantable [ˈʌnˈtenəntəbl] ubeboelig.
untenanted [ˈʌnˈtenəntid] ubebodd.
untended ubevoktet, uten tilsyn, ustelt.
unthankful [ˈʌnˈθæŋkful] utakknemlig.
unthinkable [ʌnˈθiŋkəbl] utrolig, utenkelig. **-ing** tankeløs, ubetenksom, kritikkløs. **unthought** [ʌnˈθɔ:t] utenkt; **– of** glemt, uant, uventet.
unthread [ˈʌnˈθred] ta en tråd av; løse, finne vei igjennom, utrede.
unthrifty [ˈʌnˈθrifti] ødsel, uøkonomisk.
untidy [ˈʌnˈtaidi] uordentlig, usoignert, ustelt.
untie [ˈʌnˈtai] løse opp, knytte opp.
untight utett, lekk; slakk, løs.
until [ʌnˈtil] inntil, til; **not –** ikke førenn, først da.
untile [ʌnˈtail] ta teglsteinene av. **-d** utekket.
untimely [ʌnˈtaimli] altfor tidlig, ubeleilig, brå, malplassert, ubetimelig.
untirable [ʌnˈtairəbl], **untiring** [-riŋ] utrettelig.
untitled [ˈʌnˈtaitld] ubetitlet, uberettiget.
unto [ˈʌntu, ˈʌntə] (især bibelsk:) til.
untold [ˈʌnˈtəuld] ufortalt, usagt, utalt, talløs, usigelig.
untomb [ʌnˈtu:m] ta opp (av grav).
untouchable som ikke må røres, urørlig; utstøtt, kasteløs.
untoward [ʌnˈtəuəd] forherdet, gjenstridig, vrang, klosset, upassende, lei, trassig, ubehagelig.
untraceable [ˈʌnˈtreisəbl] som ikke lar seg følge tilbake, sporløs, uransakelig.
untrained [ˈʌnˈtreind] uopplært, uøvd, uskolert.
untrammelled [ʌnˈtræməld] uhindret, ubesværet.
untranslatable [ˈʌntrænsˈleitəbl] uoversettelig.
untravelled [ʌnˈtrævld] ubereist.
untreated [ˈʌnˈtri:tid] ubehandlet.
untried [ˈʌnˈtraid] uforsøkt, uprøvd, uavgjort, upådømt **(case** sak).
untrim [ʌnˈtrim] ta pynten av, bringe i uorden. **-med** ustelt, uflidd.
untrodden [ˈʌnˈtrɔdn] ubetrådt, ubanet.
untrue [ˈʌnˈtru:] usann, utro, uriktig; illojal.
untrustful [ˈʌnˈtrʌstful] mistroisk, mistenksom, upålitelig.
untruth [ˈʌnˈtru:θ] usannhet; uriktighet. **-ful** usannferdig, løgnaktig.
untunable [ˈʌnˈtju:nəbl] falsk, uharmonisk.
untune [ʌnˈtju:n] forstemme; bringe ut av justering.
untutored [ˈʌnˈtju:təd] ulært, ulærd, enfoldig.
untwine [ʌnˈtwain] løse opp, tvinne opp, rulle opp.
untwist [ʌnˈtwist] vikle opp, tvinne opp, løse.
unused [ˈʌnˈju:zd] ubrukt, ledig; uvant.
unusual [ˈʌnˈju:ʒuəl] ualminnelig, usedvanlig. **-ly** ualminnelig, særlig, i stor grad.
unutterable [ʌnˈʌtərəbl] usigelig, ubeskrivelig; **-s** unevnelige, bukser.
unvaried [ʌnˈvɛərid] uforanderlig, uendret, stadig, ensformig.
unvarnished [ˈʌnˈvɑ:niʃt] ufernissert; usminket, usmykket.
unveil [ʌnˈveil] ta sløret av, avsløre, avduke.
unveracious [ˈʌnviˈreiʃəs] usannferdig.
unveracity [ˈʌnviˈræsiti] usannferdighet.
unverifiable ukontrollerbar.
unversed ukyndig, ubevandret **(in** i).
unvoice gjøre ustemt. **-d** ustemt; uuttalt.
unwall [ʌnˈwɔ:l] ta ut av muren, bryte muren fra. **-ed** åpen, uten murer.
unwanted uønsket.
unwarlike [ˈʌnˈwɔ:laik] ukrigersk.
unwarp [ʌnˈwɔ:p] rette (ut). **-ed** uhildet, upartisk.
unwarrantable [ʌnˈwɔrəntəbl] uberettiget, ubeføyd, uforsvarlig, ulovlig, uautorisert.
unwary [ˈʌnˈwɛəri] uforsiktig, ubesindig.
unwashed [ˈʌnˈwɔʃt] uvasket, skitten.
unwatched ubevoktet, uten tilsyn.
unwatered [ˈʌnˈwɔ:təd] uten vann; lens, tørr; skitten; ufortynnet.
unwavering [ʌnˈweivəriŋ] ikke vaklende, (karakter)fast.
unwearied [ʌnˈwiərid] ikke trett, utrettelig, ufortrøden. **unwearying** [ʌnˈwiəriiŋ] utrettelig, iherdig.
unweave [ʌnˈwi:v] trevle opp.
unwelcome [ʌnˈwelkəm] uvelkommen, ubehagelig.
unwell [ˈʌnˈwel] uvel, utilpass.
unwholesome [ˈʌnˈhəulsəm] usunn.
unwieldy [ʌnˈwi:ldi] besværlig, tung, tungvint.
unwill [ʌnˈwil] oppheve, tilbakekalle. **-ing** [ˈʌnˈwiliŋ] uvillig, motstrebende. **-ingly** ugjerne, nødig. **-ingness** uvillighet, utilbøyelighet.
unwind [ʌnˈwaind] vikle av, rulle ut; greie ut.
unwise [ˈʌnˈwaiz] uforstandig, uklok.
unwished [ʌnˈwiʃt] uønsket.
unwitting [ʌnˈwitiŋ] uvitende, uforvarende.
unwonted [ʌnˈwəuntid] uvant, ualminnelig.
unwork [ʌnˈwə:k] gjøre om igjen. **-able** uhåndterlig; ugjennomførlig. **-ing** uvirksom. **-manlike** slurvet, ufagmessig.
unworldly overjordisk, ujordisk.
unworthy [ˈʌnˈwə:ði] uverdig.
unwrap [ʌnˈræp] vikle ut, ta dekket av, pakke ut, blotte.
unwreathe [ʌnˈri:ð] vikle opp.
unwring [ʌnˈriŋ] vri av.
unwrite [ʌnˈrait] tilbakekalle. **unwritten** [ˈʌnritn] uskrevet, muntlig, ubeskrevet.
unwrought [ˈʌnˈrɔ:t] ubearbeidet; uforedlet, rå-.
unwrung [ˈʌnˈrʌŋ] ikke vridd; uskadd.
unyielding [ˈʌnˈji:ldiŋ] ubøyelig, stiv, stri, steil; ikke innbringende.
unyoke [ʌnˈjəuk] spenne fra (åket), atskille, løse, holde opp (med arbeidet).
unzip [ˈʌnˈzip] åpne glidelås.
up [ʌp] oppe, opp, oppad, oppover, opp i, oppe på, oppe i; forhøye, øke, sette opp; oppadgående, stigende; **-s and downs** medgang og motgang; **on the – grade** på vei oppover; **– (the) country** inn el. inne i landet; **-stream** oppover strømmen; **it is all – with him** det er ute med ham; **what's –?** hva er det på ferde? **the game is –** spillet er tapt; **the time is –** tiden er utløpet, omme; **his spirit was –** hans mot var stort; **he is – for reelection** han stiller seg til gjenvalg; **– in arms** under våpen; i opposisjon; **be – to** forstå seg på, svare til, makte, spekulere på, ha fore, gjøre; **– to** opp til, bort til; **be – with him** være på høyde med ham; **grow –** bli voksen; **go – to town** reise inn til London.
U. P. fk. f. **United Presbyterian; United Press.**
u. p. fk. f. **under proof.**
up / and about oppe, på beina, frisk (igjen), **– -and -coming** lovende, foretaksom. **– and doing** i full virksomhet, være frampå; **– and down** opp

og ned; fram og tilbake, på kryss og tvers. – **and** – skvær, real.
upbear [ʌpˈbɛə] holde i været, løfte opp, støtte.
upbeat [ˈʌpbiːt] opptakt, oppslag; (US) fargerik, livlig.
upbraid [ʌpˈbreid] bebreide, klandre, skjenne på; – **one with (for) a thing** bebreide en noe. **-er** en som bebreider. **-ing** bebreidelse.
upbringing [ˈʌpˈbriŋiŋ] oppdragelse.
upcast [ˈʌpkɑːst] oppadvendt.
upcoming nær forestående, kommende.
update ajourføre, føre à jour.
upgrade forfremme, sette i en høyere gruppe; helling, skråning.
upheaval [ʌpˈhiːvl] hevning, oppskaking, omveltning.
uphill [ʌpˈhil] oppover bakke, oppadgående, besværlig, tung.
uphold [ʌpˈhəuld] holde oppe, vedlikeholde, støtte; godkjenne, tolerere; – **the day** holde kampen gående. **-er** støtte; forsvarer.
upholster [ʌpˈhəulstə] stoppe, polstre, trekke, tapetsere. **upholsterer** [ʌpˈhəulstərə] salmaker, møbeltapetserer. **upholstery** [ʌpˈhəulstəri] tapetserarbeid, tapetsering, tapeter, gardiner; innvendig trekk, salmakerarbeid (i bil); møbel-.
UPI fk. f. **United Press International.**
upkeep [ˈʌpkiːp] vedlikehold, pass, stell.
upland [ˈʌplənd] høyland, høytliggende land; oppland, innland; høylendt, høylands-. **-er** høylender.
uplift [ˈʌplift] hevning, løfting, reisning; [ʌpˈlift] løfte, heve, høyne.
upmost [ˈʌpməust], se **uppermost.**
upon [əˈpɔn]; – **the whole** i det hele tatt, overhodet; **live** – leve av.
upper [ˈʌpə] øvre, høyere, over-; innerste, øverste; overlær; (sl.) medikament med oppstemmende effekt; **down on one's -s** (fig.) på knærne, loslitt; **he is wrong in his – story** han er ikke riktig i den øverste etasjen. – **bunk** overkøye. – **circle** annen losjerad. – **-class** overklasse-. – **crust** skorpe; overklasse, fintfolk. – **dead centre** øvre dødpunkt, toppstilling. – **hand** overtak, overhånd. – **house** overhus. **keep a stiff – lip** bevare fatningen, ikke gi seg over. **the – ten (thousand)** den høyeste overklasse. **-most** øverst, herskende; **say whatever comes -most** si det som først faller en inn.
uppish [ˈʌpiʃ] kjepphøy, viktig, stolt.
uprear [ʌpˈriə] løfte opp, reise, reise seg.
upright [ˈʌprait] opprett, opprettstående, rett, rak, rank; rettskaffen, redelig. **-ness** opprett stilling, rankhet, rettskaffenhet.
uprise [ˈʌpraiz] oppkomst, fremkomst, oppgang. **uprising** [ʌpˈraiziŋ] oppgang, stigning; reisning, oppstand, opprør.
uproar [ˈʌprɔː] oppstyr, røre, larm, spetakkel. **uproarious** [ˈʌprɔːriəs] larmende, stormende, voldsom.
uproot [ʌpˈruːt] rykke opp med rot; utrydde.
upset [ʌpˈset] stille opprett; velte, styrte, kantre; forstyrre, bringe i uorden, forrykke; oppskjørte, forulempe.
upset [ˈʌpset] velting, ubehagelighet, forstyrrelse, forvirring, uorden, oppskaking; oppsatt; – **price** oppropspris, minste pris (på auksjon).
upshot [ˈʌpʃɔt] ende, slutning, resultat, utfall.
upside-down [ˈʌpsaidˈdaun] endevendt, forkjært, bakvendt, opp ned, på hodet.
upstairs [ˈʌpˈstɛəz] ovenpå, oppe, opp trappen(e); overetasje.
upstanding [ʌpˈstændiŋ] oppstående, rank, rak; rettskaffen, hederlig.
upstart [ˈʌpstɑːt] fersk, nybakt; oppkomling, parveny.
upstream [ˈʌpˈstriːm] oppover elva.
upsurge økning, oppsving; reisning, opprør.
uptake [ˈʌpteik] løftning; oppfatning, begripelse; **quick in the** – snar, rask i oppfatningen.
up-to-date [ˈʌptəˈdeit] à jour, tidsmessig, moderne.
uptown villakvarter, boligstrøk.
upturn [ʌpˈtəːn] stigning; omveltning.
up-valuation oppskrivning.
upward [ˈʌpwəd] oppadvendt, stigende, oppadgående. **upward** [ˈʌpwəd], **-s** oppad, oppover, oventil; mer, derover; – **of** mer enn; **three years and** – tre år og mer; – **of three years** over tre år.
Ural [ˈjuərəl], **the -s** Uralfjellene.
Urania [juˈreinjə] (astronomiens muse).
uranium [juˈreinjəm] uran, uran-. **uranous** [ˈjuərənəs] uranholdig.
Uranus [ˈjuərənəs].
urate [ˈjuəret] urat (urinsurt salt).
urban [ˈəːbən] by-, bymessig.
urbane [əːˈbein] beleven, dannet, kultivert. **urbanity** [əːˈbæniti] urbanitet, belevenhet, høflighet, fint vesen. **urbanization** omdanning til by, urbanisering.
urchin [ˈəːtʃin] (skøyer)unge, knekt, tøs; **sea** – sjøpinnsvin.
Urdu [əːˈduː, uəˈduː].
urea [ˈjuəriə] urinstoff.
urethra [juəˈriːθrə] urinrør.
urge [əːdʒ] drive, tilskynde, anbefale, slå til lyd for, gjøre gjeldende, bearbeide, overhenge; anmode, henstille, be innstendig, trenge seg fram, egge; bli ved, fremholde sterkt, ivre for, fremføre påstander; trang, sterk (indre) drift; – **him more closely** gå ham nærmere på klingen.
urgency [ˈəːdʒənsi] press, trykk, iver, iherdighet, innstendige bønner, trygling, påtrengende viktighet, nødvendighet; **the – of the request** den innstendige anmodning. **urgent** [ˈəːdʒənt] ivrig, påtrengende, inntrengende, presserende, nødvendig, som haster. – **call** ekspressamtale. **urger** [ˈəːdʒə] en som driver fram, en som presser på, tilskynder, talsmann, trygler.
Uriah [juˈraiə] Urias.
uric [ˈjuərik] **acid** urinsyre.
urinal [ˈjuərinəl] pissoar. **urinary** [ˈjuərinəri] urin-; gjødselvannkum, landkum. **urinate** [ˈjuərineit] late vannet, urinere. **urine** [ˈjuərin] urin.
urn [əːn] urne; kaffetrakter, samovar, temaskin.
ursine [ˈəːsain] bjørne-, bjørneaktig.
urtica [ˈəːtikə] nesle. **urtical** [ˈəːtikl] nesle-.
urticant [ˈəːtikənt] brennende.
Uruguay [ˈurugwai, ˈjuərugwai]. **-an** [uruˈgwaiən] uruguayansk; uruguayaner.
urus [ˈjuərəs] urokse.
us [ʌs] oss.
U. S. fk. f. **Uncle Sam; Under-Secretary. U.S., US, United States.**
U. S. A., USA fk. f. **United States of America; United States Army.**
usable [ˈjuːzəbl] brukelig, brukbar, nyttig.
U.S.A.F., USAF fk. f. **United States Air Force.**

usage [ˈju:zidʒ] bruk, behandling, medfart, sedvane, skikk og bruk, språkbruk.
usance [ˈju:zəns] uso, (vedtatt) løpetid; **bill at –** usoveksel.
use [ju:s] bruk, benyttelse, bruksrett, anvendelighet, brukbarhet, praksis, øvelse, øving, gagn, nytte, sedvane, skikk og bruk; **– and wont** skikk og bruk; **in –** i bruk, brukelig; **make – of** gjøre bruk av; **of –** til nytte; **put to –** gjøre bruk av, utnytte.
use [ju:z] bruke, benytte, anvende, nytte, behandle, venne, søke, søke til; ha for vane, pleie (bare i fortid).
used [ju:st] (adj.) vant **(to** til); **we are not – to that** det er vi ikke vant til.
used [ju:st] pleide, var vant (imperf. av **use** pleie; brukes ofte til å fremheve noe fortidig mot noe senere); **I – to live there** jeg har bodd der før.
used [ju:zd] brukt; **– car** bruktbil; brukte, benyttet (imperf. av **use** bruke); **he – his best efforts** han gjorde sitt beste.
useful [ˈju:sful] nyttig, gagnlig; **come in –** komme til god nytte. **– effect** virkningsgrad. **– load** nyttelast.
usefulness [ˈju:sfulnis] nytte, gagn.
useless [ˈju:slis] unyttig; nytteløs; **– request** forgjeves henvendelse. **uselessness** unyttighet.
user [ˈju:zə] bruker, forbruker, konsument.
usher [ˈʌʃə] dørvokter, seremonimester, rettstjener, hjelpelærer; anvise plass, være dørvakt; varsle inn, spå, være en forløper for. **-ette** plassanviserske (på kino o.l.). **-ship** seremonimesterstilling, hjelpelærerpost.
U.S.M.C., USMC fk. f. **United States Marine Corps.**
U.S.N., USN fk. f. **United States Navy.**
U.S.O., USO fk. f. **United Service Organization** soldatenes velferdstjeneste.
usquebaugh [ˈʌskwibɔ:] whisky.
U. S. S. R., USSR fk. f. **Union of Soviet Socialist Republics.**
usual [ˈju:ʒuəl] sedvanlig, vanlig; **as –** som sedvanlig; **more than –** mer enn alminnelig; **on the – terms** på vanlige vilkår.
usually [ˈju:ʒuəli] sedvanligvis; **he – takes a bus** han pleier å ta buss.
usualness [ˈju:ʒuəlnis] alminnelighet.
usufruct [ˈju:zjufrʌkt] bruksrett; ha til bruk.
usufructuary [ju:zjuˈfrʌktjuəri] (jur.) brukshaver.
usurer [ˈju:ʒərə] ågerkarl. **usurious** [juˈʒuəriəs] ågeraktig, som driver åger.
usurp [juˈzə:p] rane til seg, rive til seg, usurpere. **-ation** [ju:zəˈpeiʃən] bemektigelse, egenmektig tilegnelse, usurpasjon, maktran. **-atory** [juˈzə:pətəri] egenmektig, urettmessig. **-er** [juˈzə:pə] usurpator, tronraner.
usury [ˈju:ʒəri] åger.
Ut. fk. f. **Utah.**
Utah [ˈju:tɑ:, -tə].
utensil [juˈtensil] redskap, verktøy, -ting, greier, saker; **domestic –** husgeråd; **kitchen –** kjøkkentøy.
uterine [ˈju:tərain] livmor-; (jur.) født av samme mor.
uterus [ˈju:tərəs] livmor.
utilitarian [ju:tiliˈtɛəriən] nytte-, bruks-; utilitarist.
utility [juˈtiliti] gagn, nytte, anvendelighet, brukbarhet; nyttegjenstand; (offentlig) institusjon, off. vesen. **– actor** en som spiller alle mulige roller. **– man** en som er brukelig til alt mulig, altmuligmann. **– tyre** helårsdekk. **– value** bruksverdi. **– wagon** kombivogn.
utilization [ju:tilaiˈzeiʃən] utnytting. **utilize** [ˈju:tilaiz] utnytte, bruke, benytte.
utmost [ˈʌtməust] ytterst, høyest; det ytterste, det høyeste; **do one's –** gjøre sitt ytterste; **use one's – exertions** oppby alle sine krefter.
Utopia [juˈtəupiə] Utopia; idealsamfunn, utopi, lykksalig drøm. **Utopian** [juˈtəupiən] utopisk, fantastisk, innbilt; utopist, upraktisk idealist.
utter [ˈʌtə] fullstendig, absolutt, ubetinget.
utter [ˈʌtə] ytre, uttale, si, uttrykke; utstøte; utsende, utbre.
utter|able [ˈʌtərəbl] som kan uttrykkes, som kan uttales. **-ance** utsending (av falske penger); uttalelse, utsagn; uttrykksmåte, ytring. **-er** en som sier, utgiver.
utterly [ˈʌtəli] aldeles, helt, ganske, fullstendig, komplett, til det ytterste.
uttermost [ˈʌtəməust] ytterst, høyest, sist.
U-turn U-sving, 180° sving (med bil); hårnålssving.
uvula [ˈju:vjulə] drøpel. **uvular** [ˈju:vjulə] uvular, som hører til (el. blir frembrakt) med drøpelen.
uxorial [ʌkˈsɔ:riəl] som sømmer seg for en hustru. **uxorious** [ʌkˈsɔ:riəs] sterkt opptatt av sin kone.

V, v [vi:] V, v.
V. (eller **v.**) fk. f. **Venerable; Vicar; Viscount; verb; verse; versus; vide; viscount; volt(s); volume.**
Va. fk. f. **Virginia.**
V.A. fk. f. **(Royal Order of) Victoria and Albert; vice-admiral.**
v. a. fk. f. **verb active** (transitivt verbum).
vacancy [ˈveikənsi] tomhet, tomrom, mellomrom, ledig tid, fritid, ledig plass, ledig stilling, ledighet, vakanse, sløvhet; **stare into –** stirre ut i lufta.
vacant [ˈveikənt] tom, ledig, yrkesløs, ubesatt, uopptatt, tanketom, intetsigende, herreløs.
vacate [vəˈkeit] gjøre tom el. ledig, fratre, romme, fraflytte, oppgi; (jur.) annullere, oppheve.

vacation [və'keiʃən] ferie; fratredelse; feriere. **-er** feriegjest.
vaccinate ['væksineit] (koppe)vaksinere. **vaccination** [væksi'neiʃən] vaksinasjon. **vaccinator** ['væksineitə] vaksinatør.
vaccine ['væksi:n] vaksine; vaksinasjons-; **the – disease** kukoppene.
vacillant ['væsilənt] vaklende, ustadig, ustø. **vacillate** ['væsileit] vakle. **vacillation** [væsi'leiʃən] slingring, vakling, vingling, holdningsløshet.
vacuity [və'kju:iti] tomhet, tanketomhet, tomrom.
vacuous ['vækjuəs] tom, intetsigende.
vacuum ['vækjuəm] tomrom, vakuum, lufttomt rom, vakuums-, støvsuger; støvsuge. **– bottle** termosflaske. **– brake** vakuumbrems. **– cleaner** støvsuger. **– flask** termosflaske. **– jug** termokanne. **– -packed** vakuumpakket.
vade mecum ['veidi'mi:kəm] lommehåndbok.
vagabond ['vægəbənd] omstreifende; landstryker, vagabond. **-age** [-idʒ] løsgjengeri.
vagary [və'gɛəri] grille, innfall, lune.
vagina [və'dʒainə] skjede. **-l** [və'dʒainəl] skjede-, skjedeaktig; livmor-.
vagrancy ['veigrənsi] løsgjengeri, omstreifing.
vagrant ['veigrənt] omflakkende, vandrende; landstryker, løsgjenger, loffer.
vague [veig] vag, ubestemt, svevende, usikker. **-ness** ubestemthet, uklarhet.
vail [veil] bøye, senke; ta av; nytte, gagne.
vain [vein] tom, hul, intetsigende, forgjeves, fåfengt, frukteslløs, forfengelig, pralende; **in –** forgjeves; **take in –** ta forfengelig. **-glorious** [-'glɔ:riəs] forfengelig, oppblåst, kry. **-glory** forfengelighet. **-ness** tomhet, fruktesløshet.
valance ['væləns] gardin|brett, -kappe; forheng, volang, omheng.
vale [veil] (især poet.) dal.
valediction [væli'dikʃən] farvel, avskjedshilsen. **valedictory** [væli'diktəri] avskjeds-.
Valentine ['væləntain] Valentin; kjæreste (valgt på St. Valentins dag, den 14. februar, da etter gammel folketro fuglene begynte å parre seg). **valentine** kjæreste, valentinkort, valentinbrev, elskovshilsen.
valerian [və'liəriən] baldrian, vendelrot, valeriana (plante); **wild –** legebaldrian.
valet ['vælit] kammertjener; være kammertjener hos.
valetudinarian ['vælitju:di'nɛəriən] skranten, sykelig; sykelig menneske, svekling, hypokonder.
valiancy ['væljənsi] tapperhet. **valiant** ['væljənt] tapper.
valid ['vælid] gyldig, lovlig; velbegrunnet; ekte, sterk. **-ate** gjøre gyldig, godkjenne. **-ity** [və'liditi] gyldighet, holdbarhet.
valise [və'li:s] lærtaske, reiseveske, vadsekk; ransel; koffert.
valley ['væli] dal; **– of tears** jammerdal.
valorous ['vælərəs] tapper, modig. **valour** ['vælə] tapperhet, mot.
valuable ['væljuəbl] kostbar, verdifull, kjær; kostbarhet. **valuation** [vælju'eiʃən] vurdering, verdsetting, takst. **valuator** ['væljueitə] takstmann, verdsetter.
value ['vælju] verdi, verd, valør, valuta; vurdere, verdsette, taksere, skatte, sette pris på. **Value Added Tax** merverdiavgift, moms. **-less** verdiløs. **valuer** ['væljuə] takstmann, verdsetter, en som setter pris på.
valve [vælv] fløy, dørfløy; ventil, klaff, spjeld; radiorør.
valvular ['vælvjulə] ventil-, klaff-.
vamoose [və'mu:s], **vamose** [və'məus] stikke av, fordufte.
vamp [væmp] overlær; lapp, bot; (sl.) vampyr, forførerisk kvinne, vamp; flikke på, pusse opp, lappe sammen, pynte på; bringe i stand, få til, lage; akkompagnere etter gehør.
vamper ['væmpə] lappeskomaker, flikker.
vampire ['væmpaiə] vampyr; (fig.) blodsuger. **vampirism** ['væmp(a)irizm] tro på vampyrer; utsuging.
van [væn] fortropp; transportvogn, flyttevogn, varevogn, kassevogn, godsvogn.
van [væn] (poet.) vinge.
Vancouver [væn'ku:və].
Vandal, vandal ['vændəl] vandalsk; vandal. **vandal|ic** [væn'dælik] vandalsk. **-ism** ['vændəlizm] vandalisme.
vane [vein] vindfløy; værhane, vinge (på vindmølle); fane (på fjær); turbinskovl; diopter, sikte.
vanguard ['vængɑ:d] avantgarde, fortropp.
vanilla [və'nilə] vanilje; **– cream sauce** vaniljekrem. **vanillic** [-'nil-] vanilje-.
vanish ['væniʃ] forsvinne, bli borte, la forsvinne. **-ing act** forsvinningsnummer. **-ing cream** ≈ dagkrem. **-ing point** forsvinningspunkt (i perspektiv); ingenting, siste rest.
vanity ['væniti] forfengelighet, tomhet, intethet. **– bag** selskapsveske; kosmetikkpung. **– case** toalettveske. **V. Fair** Forfengelighetens marked (roman av Thackeray).
vanquish ['væŋkwiʃ] beseire, overvinne, gjendrive.**-er** overvinner.
vantage ['vɑ:tidʒ] fordel; nå bare brukt i tennis og i uttrykket: **– ground** el. **– point** fordelaktig terreng, fordelaktig stilling.
vapid ['væpid] doven, flau, emmen; intetsigende, banal. **-ity** flauhet, emmenhet.
vapor|able ['væpərəbl] som kan fordampe. **-ization** [veipərai'zeiʃən] fordamping, forstøving. **-ize** ['veipəraiz] fordampe, forstøve. **-ous** ['veiprəs] full av damp, tåket; oppblåsende, oppblåst; luftig, tom.
vapour ['veipə] damp, eim, tåke, dunst; (fig.) fantasifoster; (pl. gml.) hypokondri; fordampe; skryte, tøve, sludre. **– bath** dampbad. **-ings** skryt, tåkeprat. **– trail** røykstripe, kondensstripe (etter fly). **vapoury** ['veipəri] dampende, dampaktig, tåket; (fig.) uklar, tåket.
vaquero [vɑ:'kɛərəu] (US) kvegpasser, cowboy.
var. fk. f. **variant; variation; various.**
variability [vɛəriə'biliti] foranderlighet. **variable** ['vɛəriəbl] foranderlig, ustadig, skiftende, vekslende, ujevn; variabel.
variance ['vɛəriəns] forandring, forskjell; tvist, strid, uoverensstemmelse; **at – with** i strid med; avvike fra.
variant ['vɛəriənt] forskjellig; avart, variant.
variation [vɛəri'eiʃən] avvikelse, avvik, forandring, forskjell, misvisning, variasjon, avart; **by way of –** til en forandring.
varicella [væri'selə] vannkopper.
varicose ['værikəus] **veins** åreknuter.
varied ['vɛərid] forskjelligartet, avvekslende, variert.

variegated [ˈvɛərigeitid] broket, mangefarget. **variegation** [vɛəriˈgeiʃən] brokethet.
variety [vəˈraiiti] forskjellighet, avveksling, forandring, mangfoldighet, varietet, avart, sort; varieté(forestilling). **– artist** varietékunstner.
variola [vəˈraiələ] kopper, barnekopper, småkopper.
various [ˈvɛəriəs] forskjellig, mange forskjellige, diverse, flere, foranderlig, broket, avvekslende, avvikende; **with – success** med vekslende hell.
varix [ˈvɛəriks] pl. **varices** [ˈværisi:z] åreknute.
varlet [ˈvɑ:lit] (gml.) tjener, væpner; slyngel.
varmint [ˈvɑ:mint] (sl.) kjeltring, laban, skadedyr, utøy; (jaktslang) reven.
varnish [ˈvɑ:niʃ] ferniss, glans; fernissere, besmykke, pynte på. **-er** fernisserer, besmykker.
varnishing-day fernisseringsdag (på maleriutstilling), dagen før utstillingen, vernissasje.
varsity [ˈvɑ:siti] (i daglig tale for **university)** universitet.
vary [ˈvɛəri] forandre, variere, bringe avveksling i; forandre seg, skifte, avvike, være forskjellig; **prices –** prisene varierer; **with -ing success** med vekslende hell.
vascular [ˈvæskjulə] vaskulær, vaskuløs, kar-.
vase [vɑ:z] vase, kar, blomsterbeger.
vaseline [ˈvæzili:n] (varemerke) vaselin.
vassal [ˈvæsəl] vasall, tjener; redskap. **-age** [ˈvæsəlidʒ] vasallforhold, len, undergivenhet, avhengighet; trelldom.
vast [vɑ:st] uhyre, veldig, umåtelig, enorm; vidstrakt flate, vidde. **-ly** veldig, uhyre, enormt. **-ness** umåtelighet, uhyre størrelse.
V.A.T., VAT fk. f. **Value Added Tax** moms; MVA.
vat [væt] stort kar, fat, tank, beholder, fargekjel.
Vatican [ˈvætikən]; **the –** Vatikanet.
vaticination [vætisiˈneiʃən] spådom, profeti.
vaudeville [ˈvəudvil] vådeville, lite skuespill med sanger og danser. **– theatre** (US) varieté.
vault [vɔ:lt] hvelv, hvelving, kjellerhvelving, gravhvelving, bankhvelv, boksavdeling; hopp, sprang, oversprang; hvelve, lage i form av hvelv, lage hvelv over; springe, svinge seg, hoppe over, voltigere; **pole –** stavsprang. **-er** akrobat, voltigør. **-ing** hopp, sprang, voltigering. **-ing horse** hest (gymnastikkapparat).
vaunt [vɔ:nt] skryte, braute, blære seg, rose seg av; praleri, skryt, store ord. **-er** praler, blære. **-ful, -ing** pralende.
Vauxhall [ˈvɔksˈhɔ:l].
V. C. fk. f. **Vice-Chancellor; Vice-Consul; Victoria Cross.**
V. C. R. fk. f. **video cassette recorder.**
V-cut V-utringning (på kjole), V-snitt.
V. D. fk. f. **Volunteer Decoration; venereal disease. V-day = Victory Day** V-dagen.
VDU fk. f. **visual display unit** dataskjerm.
veal [vi:l] kalvekjøtt; **roast –** kalvestek.
vector [ˈvektə] vektor; (fly)kurs; smittebærer; dirigere, angi kurs.
Veda [ˈveidə, ˈvi:də] veda (hinduenes hellige bøker).
vedette [viˈdet] vedett, ridende forpost.
veer [viə] snu, vende seg (om vind); svinge, skifte standpunkt; fire, slakke; dreining, vending.
vegetable [ˈvedʒitəbl] plante-, vegetabilsk; plante, vokster, kjøkkenvokster; (i pl.) plantekost, grønnsaker og røtter; **cabbage, peas, and other -s** kål, erter og andre grønnsaker; **– earth** moldjord; **the – kingdom** planteriket; **– marrow** gresskar; **– world** flora, planteverden.
vegetal [ˈvedʒitl] plante-, vokster-, vekst-. **vegetarian** [vedʒiˈtɛəriən] vegetarianer, vegetar-. **vegetate** [ˈvedʒiteit] vokse, spire, vegetere, føre et uvirksomt liv; spise, drikke og sove. **vegetation** [vedʒiˈteiʃən] vegetasjon, planteliv, planter, vegeterende tilværelse. **vegetative** [ˈvedʒitətiv] vegetativ, som fremmer planteveksten, som er i vekst, vegeterende, uten høyere interesser.
vehemence [ˈvi:əməns] heftighet, voldsomhet. **vehement** [ˈvi:əmənt] heftig, voldsom.
vehicle [ˈvi:ikl] kjøretøy, vogn; bindemiddel (i maling); redskap, formidler, hjelpemiddel.
vehicular [viˈhikjulə] transport-, vogn-, som tjener til redskap (el. organ); **– traffic** vognferdsel.
veil [veil] slør, forheng; sløre til, sløre, tilhylle.
vein [vein] blodåre, vene, åre; nerve, åre (i tre, blad, insektvinger osv.); vannåre; stripe; anstrøk, tendens, anlegg, retning, stemning, lune; åre, gang; **a – of poetry** en poetisk åre; **in the –** i stemning, opplagt. **-stone** gangbergart, bergart. **-y** året, åresprengt.
velcro [ˈvelkrɔ] (varem.) borrelås.
veldt [velt] veldt, (sørafrikansk) gresslette.
velleity [vəˈli:iti] tilløp til vilje, svak (begynnende) vilje, ønske.
vellum [ˈveləm] velin, fint pergament.
velocity [viˈlɔsiti] hastighet, fart.
velours [vəˈluə] velur; velurhatt.
velum [ˈvi:ləm] ganeseil, bløt gane; hinne.
velutinous [viˈlju:tinəs] fløyelsaktig, fløyels-.
velvet [ˈvelvit] fløyel; vinning, profitt; fløyels-, fløyel-; **be on –** ha det som plommen i egget. **-een** bomullsfløyel. **-ing** fløyelsstoffer; lo (på fløyel). **-y** fløyels-, fløyelsaktig.
venal [ˈvi:nəl] som kan kjøpes, til salgs, til fals, bestikkelig, korrupt. **venality** [viˈnæliti] salgbarhet, bestikkelighet.
venary [ˈvi:nəri] jakt-.
vend [vend] forhandle, selge, avsette. **-ee** [venˈdi:] kjøper. **-er** [ˈvendə] selger. **-ible** [ˈvendibl] salgbar. **-ibility** [vendiˈbiliti] salgbarhet. **-ing machine** salgsautomat. **-or** [ˈvendɔ:] selger, leverandør, salgsautomat.
veneer [vəˈniə] finere, innlegge; finér; (fig.) tynt lag, ferniss. **veneering** [vəˈniəriŋ] finering.
venerable [ˈvenərəbl] ærverdig. **venerate** [ˈvenəreit] ære, holde i ære. **veneration** [venəˈreiʃən] ærbødighet, ærefrykt. **venerator** [ˈvenəreitə] beundrer, tilbeder.
venereal [viˈniəriəl] venerisk, kjønnslig.
venery [ˈvenəri] jakt; kjønnslig omgang.
venesection [veniˈsekʃən] årelating.
Venetian [viˈni:ʃiən] venetiansk; venetianer; **– blind** persienne, sjalusi.
Venezuela [veniˈzwei:lə].
vengeance [ˈvendʒəns] hevn; **take – on sb. for sth.** hevne seg på en for noe; **with a –** med fynd, så det forslår. **vengeful** [ˈvendʒful] hevnende, hevngjerrig.
venial [ˈvi:niəl] unnskyldelig, tilgivelig.
veniality [vi:niˈæliti] tilgivelighet.
Venice [ˈvenis] Venezia.
venison [ˈvenizən] vilt, dyrekjøtt.
venom [ˈvenəm] gift; (fig.) ondskap; **vent one's –** spy edder og galle. **-ous** giftig. **-ousness** giftighet.

venous [ˈvi:nəs] venøs, vene-.
vent [vent] lufthull, trekkhull, fritt løp, luft, avløp; fenghull; splitt (i klær); gatt, tarmåpning (fisk); lage hull i; slippe ut, gi luft, utløse, uttale, offentliggjøre; **find – for** finne utløsning for; **give – to** gi luft.
venter [ˈventə] underliv, livmor.
venthole [ˈventhəul] lufthull, ventil; fenghull.
ventiduct [ˈventidʌkt] luftrør.
ventilate [ˈventileit] vifte, rense, lufte ut; drøfte, sette under debatt, undersøke, uttale. **ventilation** [ventiˈleiʃən] vifting, rensing, ventilasjon, diskusjon, uttalelse. **ventilator** [ˈventileitə] ventil, ventilasjonsinnretning, vifte.
vent pipe avtrekksrør.
ventral [ˈventrəl] underlivs-, buk-, mave-; **– fin** bukfinne.
ventricle [ˈventrikl] ventrikkel; **– of the heart** hjertekammer; **– of the brain** hjernehule.
ventrilocution [ventriləˈkju:ʃən], **ventriloquism** [venˈtriləkwizm] buktaling, buktalerkunst. **ventriloquist** [venˈtriləkwist] buktaler. **ventriloquize** [venˈtriləkwaiz] opptre som buktaler.
venture [ˈventʃə] vågestykke, slumpelykke, tilfelle, sjanse, spekulasjon, risiko; våge, risikere, våge seg, løpe en risiko, satse, spekulere; **at a –** på lykke og fromme; **try the –** våge forsøket; **– at (on, upon)** våge, innlate seg på; **– to** tillate seg å, driste seg til å. **– capital** (merk.) risikovillig kapital.
venturer [ˈventʃərə] ensom våger, spekulant.
venturesome [ˈventʃəsəm] dristig, risikabel.
venturous [ˈventʃərəs] dristig.
venue [ˈvenju:] åstedets (eller hjemstedets) rettskrets, jurisdiksjon; rettssted; møtested.
Venus [ˈvi:nəs] Venus; aftenstjernen, morgenstjernen.
veracious [vəˈreiʃəs] sannferdig, sanndru. **veracity** [vəˈræsiti] sannferdighet, pålitelighet.
veranda(h) [vəˈrændə] veranda.
verb [və:b] verb, verbum.
verbal [ˈvə:bəl] muntlig, ord-, ordrett, verbal; verbalsubstantiv; **a – dispute** en strid om ord. **-ism** verbalisme, ordgyteri; uttrykk. **-ist** bokstavelig fortolker, ordkløver.
verbatim [vəˈbeitim] ord for ord, ordrett.
verbena [vəˈbi:nə] verbena, jernurt.
verbiage [ˈvə:biidʒ] ordskvalder, tomme ord.
verbose [və:ˈbəus] ordrik, vidløftig. **verbosity** [vəˈbɔsiti] ordrikhet, vidløftighet, ordflom.
verdancy [ˈvə:dənsi] grønnfarge, grønske; grønnhet (ogs. fig.). **verdant** [ˈvə:dənt] grønn(kledd); uerfaren. **verd antique** [ˈvə:dænˈti:k] patina.
Verde [və:d]: **Cape –** Det Grønne Forberg; **the Cape – Islands** Kapp Verde-øyene.
verderer [ˈvə:dərə] (gammeldags:) kongelig forstmester, skogvokter.
verdict [ˈvə:dikt] dom, erklæring, kjennelse; **bring in** (eller **deliver, give, return) a –** avsi en kjennelse; **– of acquittal** frikjennelse; **the jury brought in a – of' not guilty'** juryen avgav kjennelsen' ikke skyldig'.
verdigris [ˈvə:digri:s] irr, kobberrust.
verdure [ˈvə:dʒə] grønnfarge, grønske, grønt, grønn vegetasjon; friskhet; dekke med grønt. **verdurous** [ˈvə:dʒərəs] grønn, frisk, grønnkledd.
verge [və:dʒ] stav, embetsstav; rand, kant, grenselinje, grense; område; **on the – of** på kanten (el. randen) av, på spranget til; **on the – of tears** gråteferdig.
verge [və:dʒ] skråne, helle, nærme seg; **– on** grense til, nærme seg.
verger [ˈvə:dʒə] «stavbærer» (som bærer biskops embetsstav), kirketjener.
veridical [veˈridikəl] sann, korrekt, ekte.
veriest [ˈveriist] sup. av **very** renest, størst, minst, verst.
verification [verifiˈkeiʃən] prøve, bevis, bekreftelse, stadfesting, prov. **verifier** [ˈverifaiə] undersøker, bekrefter. **verify** [ˈverifai] bevise, bekrefte, verifisere, etterprøve, justere.
verisimilitude [verisiˈmilitju:d] sannsynlighet.
veritable [ˈveritəbl] sann, virkelig, veritabel.
verity [ˈveriti] sannhet; **of a –** i sannhet.
verjuice [ˈvə:dʒu:s] sur saft; (fig.) surhet.
vermicelli [və:miˈseli] vermicelli, slags trådaktig makaroni.
vermicide [ˈvə:misaid] markmiddel.
vermicular [və:ˈmikjulə] ormformet, ormaktig, orm-, mark-. **vermiculation** [və:mikjuˈleiʃən] ormaktig bevegelse; slangeornamentikk. **vermiculous** [və:ˈmikjuləs] full av orm, ormaktig. **vermifugal** [və:ˈmifjugəl] markdrivende. **vermifuge** [ˈvə:mifju:dʒ] markmiddel; markdrivende.
vermillion [vəˈmiljən] rød farge, sinoberrødt; farge rød.
vermin [ˈvə:min] skadedyr, utøy. **-ation** [və:miˈneiʃən] formering av utøy; lusesyke.
vermouth [ˈvə:məθ, və:ˈmu:θ] vermut.
vernacular [vəˈnækjulə] hjemlig, fedrelands-, fedre-, folkelig, folke-; stedlig, lokal; landets språk, morsmål, målføre, dialekt, fagsjargong. **-ism** egenhet ved morsmålet. **-ly** på morsmålet.
vernal [ˈvə:nəl] vår-, vårlig. **– equinox** vårjevndøgn.
veronal [ˈverənl] veronal.
Veronica [vəˈrɔnikə] tørkle med avbildning av Frelserens ansikt; Veronikabilde; veronika, flismegress.
verruca [veˈru:kə] vorte. **-cose, -cous** vortet.
versant [ˈvə:sənt] skråning, fall, helling.
versatile [ˈvə:sətail] mangesidig, allsidig; åndssmidig; bevegelig, dreielig; foranderlig, ustadig. **versatility** [və:səˈtiliti] mangesidighet, allsidighet; bevegelighet, dreielighet; ustadighet.
verse [və:s] vers, verslinje, poesi; på vers, poetisk; **in –** på vers; **– oneself in** sette seg inn i; **a volume of –** en diktsamling. **versed** [və:st] bevandret, kyndig, hjemme (**in** i).
versicolour(ed) [ˈvə:sikʌlə(d)] av forskjellige farger, broket; regnbuefarget.
versification [və:sifiˈkeiʃən] versekunst, versebygning, versifikasjon. **versifier** [ˈvə:sifaiə] versemaker, dikter, versifikator. **versify** [ˈvə:sifai] skrive vers, sette på vers.
version [ˈvə:ʃən] vending, oversettelse, tolkning, formulering, versjon, gjengivelse, utgave, beretning.
versus [ˈvə:səs] mot, kontra.
vert [və:t] (heraldisk:) grønt; (jur.) skogvegetasjon.
vert. fk. f. **vertical.**
vertebra [ˈvə:tibrə] ryggvirvel (pl. **-e). vertebral** virvel-, ryggvirvel-; virveldyr. **vertebrate** [ˈve:tibrit] virveldyr.
vertex [ˈvə:teks] spiss, topp, isse, senit.

vertical [ˈvə:tikl] loddrett, vertikal, stående, oppreist; loddlinje.
vertiginous [vəːˈtidʒinəs] svimlende, svimmel.
vertigo [ˈvə:tigəu] svimmelhet, vertigo.
verve [və:v] liv, kraft, begeistring, fart.
very [ˈveri] meget (forsterker adj. i positiv), aller (forsterker superlativ); sann; virkelig, fullkommen, riktig, selve, nettopp; **– good** meget god; **– well** meget vel; javel, så sier vi det; **– much** særdeles meget; **– easily** meget lett; **a – child** et rent barn, bare barnet; **this – day** ennå i dag; **for – joy** av lutter glede; **under his – nose** like for nesen på ham; **it's the – thing** nettopp hva vi ønsker.
vesicant [ˈvesikənt] blæretrekkende; trekkplaster.
vesicate [ˈvesikeit] danne blærer (på); legge trekkplaster på. **vesication** [vesiˈkeiʃən] blæredannelse; behandling med trekkmidler.
vesicle [ˈvesikl] liten blære.
vesper [ˈvespə] aftenstjerne, aften, kveld. **-s** aftensang, vesper. **-tine** aften-.
vespiary [ˈvespiəri] vepsebol, vepsereir.
vessel [ˈvesl] kar, beholder, fat, tank, kjele; blodkar; båt, skip, fartøy.
vest [vest] undertrøye, ulltrøye; (især amr.) vest; bekle, ikle; forlene, overdra, tilfalle, være i ens besittelse; **flannel –** ulltrøye. **-ed** fast, sikker, hevdvunnen.
vesta [ˈvestə] voksfyrstikk.
vestal [ˈvestəl] vestalsk, jomfruelig, kysk. **– virgin** vestalinne.
vested kledd, iført; sikret, fast; **– interests** kapitalmakten, kapital- og grunneierinteressene.
vestibular [vesˈtibjulə] som hører til en forhall, vestibyle-. **vestibule** [ˈvestibju:l] forhall, entré, forgård, vestibyle. **– train** gjennomgangstog.
vestige [ˈvestidʒ] spor, fotefar; levning, rest.
vestment [ˈvestmənt] klesplagg, kledning, klær; (pl.) **-s** messedrakt.
vestry [ˈvestri] sakristi; menighetsråd, sognestyre, kommunestyre. **– board** sognestyre. **– clerk** sekretær i sognestyret. **-man** medlem av sognestyret.
vesture [ˈvestʃə] kledning, drakt, bekledning.
Vesuvian [viˈsu:vjən] vesuviansk. **-ius** Vesuv.
vet [vet] dyrlege, veterinær; veteran; undersøke, legebehandle.
vetch [vetʃ] vikke. **-y** bevokst med vikker.
veteran [ˈvetərən] erfaren, stridsvant, øvd, prøvet; veteran.
veterinarian [vetəriˈnɛəriən] dyrlege. **veterinary** [ˈvetərinəri] dyrlege-, veterinær; **– surgeon** dyrlege.
veto [ˈvi:təu] veto, forkastelse, forbud; forby, nedlegge veto imot.
vex [veks] ergre, irritere, uroe, plage; opprøre; **-ation** [vekˈseiʃən] ergrelse, plaging, erting; sjikane; plage. **-atious** ergerlig, fortredelig, brysom, trettekjær, besværlig, sjikanøs.
vexed [vekst] foruroliget, ergerlig; omstridt; **a – question** et omstridt spørsmål.
vexil [ˈveksil] fane (på fjær). **-lary** [vekˈsiləri] fanebærer.
v. f. fk. f. **very fair.**
v. g. fk. f. **very good.**
VHF, V.H.F. fk. f. **very high frequency.**
v. i. fk. f. **verb intransitive.**
via [ˈvaiə] via, over.
viability [vaiəˈbiliti] levedyktighet. **viable** [ˈvaiəbl] levedyktig.
viaduct [ˈvaiədʌkt] viadukt, bru.
vial [ˈvaiəl] medisinglass, medisinflaske (liten), ampulle; **the -s of the wrath of God** (bibelsk) Guds vredes skåler.
viands [ˈvaiəndz] levnetsmidler, mat(varer).
viatic [vaiˈætik] reise-. **viaticum** [vaiˈætikəm] reisepenger, reiseproviant; viatikum, alterets sakrament til døende.
vibrate [ˈvaibreit] vibrere, svinge, dirre, sitre. **vibration** [vaiˈbreiʃən] vibrasjon, svingning, dirring. **vibrative** [ˈvaibrətiv], **vibratory** [-təri] svingende.
viburnum [vaiˈbə:nəm] krossved, snøballtre.
Vic. [vik] fk. f. **Vicar; Victoria.**
vicar [ˈvikə] sogneprest (som har mindre tiendeinntekter enn rector); stedfortreder, vikar; **– apostolic** apostolisk vikar (katolsk misjonær).
vicarage [ˈvikəridʒ] prestegård, prestekall. **vicarial** [viˈkɛəriəl] preste-. **vicariate** [viˈkɛəriit] vikariat; vikarierende. **vicarious** [viˈkɛəriəs] stedfortredende, konstituert. **vicarship** [ˈvikəʃip] presteembete, vikarstilling.
vice [vais] last, lyte, feil, mangel; sletthet.
vice [vais] skruestikke, skruefeste; skru fast, klemme (som) i en skruestikke.
vice [ˈvaisi] istedenfor; **– versa** [ˈvə:sə] omvendt.
vice [vais] vise- (i sammensetninger). **-gerent** [ˈvaisˈdʒerənt] konstituert; stedfortreder, varamann. **-regal** [ˈvaisˈri:gəl] visekongelig. **-roy** [ˈvaisrɔi] visekonge, stattholder. **-royalty** visekonges verdighet, stattholderskap.
vice squad sedelighetspoliti.
Vichy [ˈvi:ʃi:, ˈviʃi].
vicinal [ˈvisinəl] tilstøtende, lokal, nabo-. **vicinity** [viˈsiniti] nærhet, grannelag, naboskap.
vicious [ˈviʃəs] lastefull, lytefull, mangelfull; fordervet, slett; arrig, vrang, lei, ondskapsfull. **– circle** ond sirkel. **-ness** lastefullhet.
vicissitude [viˈsisitju:d] omskifting, omveksling. **vicissitudinary** [viˈsisiˈtju:dinəri], **vicissitudinous** [viˈsisiˈtju:dinəs] foranderlig, skiftende.
victim [ˈviktim] slakteoffer, offer. **-ize** [-aiz] gjøre til sitt offer, bedra, narre, la gå ut over; diskriminere.
victor [ˈviktə] seierherre, seiervinner, seirende; **come off –** gå av med seieren.
Victoria [vikˈtɔ:riə] Viktoria. **-n** som hører til dronning Viktorias tid, viktoriansk.
victorine [viktəˈri:n] skinnkrave, boa (for damer); slags fersken.
victorious [vikˈtɔ:riəs] seierrik, seirende, seiers-. **-ness** seier, triumf.
victory [ˈviktəri] seier.
victual [ˈvitl] (i pl.) **-s** levnetsmidler, matvarer, proviant; proviantere. **-ler** [ˈvitlə] vertshusholder, proviantleverandør; proviantskip.
vide [ˈvaidi:] (latin) se!
videlicet [v(a)iˈdi:liset] nemlig (srl. fork. til **viz.** som oftest leses **namely**), det vil si.
video [ˈvideiəu] fjernsyn; fjernsyns-, video-. **– recorder** videoopptaker. **-tape** videobånd. **-tex** teledata.
vie [vai] kappes, tevle (**with** med).
Vienna [viˈenə] Wien. **Viennese** [viəˈni:z] wiener(-), fra Wien; mann (kvinne, folk) fra Wien.
Vietnam [ˈvjetˈnæm, -ˈnɑ:m]. **Vietnamese** [vjetnəˈmi:z] vietnamesisk; vietnameser.
view [vju:] bese, se på, betrakte; beskuelse, betraktning, syn, blikk, synsvidde, utsikt, pro-

spekt, overblikk; mening, anskuelse, hensikt; forespeiling, forventning; **exchange of -s** meningsutveksling; **field of –** synsfelt; **point of –** synspunkt; **take a different – of** se i et annet lys; **in –** synlig, for øye; **in – of** med henblikk på; **on –** utstilt; **take a – of** bese, besiktige; **with that –** i denne hensikt. **-er** iakttaker; inspektør; fjernsynsseer. **-finder** søker (på fotografiapparat). **– halloo** [ˈvju:həˈləu] «hei, se reven!» utrop på jakt når reven kommer fram. **-ing screen** billedskjerm. **-less** usynlig; uten mening. **-point** synspunkt. **-y** svermerisk, full av upraktiske idéer; pen, som tar seg (godt) ut.

vigil [ˈvidʒil] våkenatt, våking, nattgudstjeneste. **-ance** årvåkenhet, vaktsomhet. **-ant** våken, årvåken.

vignette [vinˈjet] vignett.

vigorous [ˈvigərəs] sprek, sterk, kraftig. **vigour** [ˈvigə] kraft, styrke, livskraft; **still in the – of life** ennå i den kraftige alder.

viking [ˈvaikiŋ] viking.

vile [vail] verdiløs, slett, gemen, råtten, nederdrektig, skammelig, nedrig, ekkel, sjofel. **vilification** [vilifiˈkeiʃən] bakvaskelse. **vilifier** [ˈvilifaiə] bakvasker. **vilify** [ˈvilifai] bakvaske.

villa [ˈvilə] villa. **-dom** villabeboer-mentalitet; småborgerlighet, besteborgerlighet.

village [ˈvilidʒ] landsby; landsby-, land-. **– library** folkeboksamling. **– pond** landsbydam. **-r** [ˈvilidʒə] landsbyboer.

villain [ˈvilən] skurk, kjeltring. **villainous** [ˈviləncs] slyngelaktig, elendig; grusom, fæl. **villainy** [ˈviləni] slyngelstrek.

villein [ˈvilin] livegen; husmann; **– service** hoveriarbeid. **villeinage** [ˈvilinidʒ] livegenskap.

vim [vim] energi, kraft, futt, tæl.

viminal [ˈviminəl] kvist-, med bøyelige greiner.

vimineous [viˈminiəs] laget av kvister, flettet.

vinaceous [viˈneiʃəs] vin-, drue-, vinfarget.

vinaigrette [viniˈgret] lukteflaske; vinaigrettesaus.

vincibility [vinsiˈbiliti] overvinnelighet.

vindicate [ˈvindikeit] forsvare, hevde, godtgjøre, forfekte, kreve, gjøre krav på, rettferdiggjøre. **vindication** [vindiˈkeiʃən] forsvar, hevdelse, hevding, rettferdiggjøring. **vindicative** [ˈvindikeitiv] forsvars-, rettferdiggjørende. **vindicator** [ˈvindikeitə] forsvarer, hevder. **vindicatory** [ˈvindikətəri] forsvarende, hevdende, gjengjeldende, straffende.

vindictive [vinˈdiktiv] hevngjerrig. **-ness** hevngjerrighet.

vine [vain] vinranke, vinstokk; slyngplante, klatreplante, vin. **– dresser** dyrker. **– fretter** vinlus.

vinegar [ˈvinigə] eddik; vinaigre; bruke eddik til, ha eddik i; (fig.) sur som eddik, pottesur. **– plant** eddiktre. **– works** eddikbryggeri. **vinegary** [ˈvinigəri] eddiksur.

vinery [ˈvainəri] drivhus for vinranker; vinhus.

vineyard [ˈvinjəd] vingård, vinberg.

vinous [ˈvainəs] vin-, vinaktig; glad i vin.

vintage [ˈvintidʒ] vinhøst; årgang. **– car** veteranbil. **– race** veteranbilløp. **– wine** årgangsvin. **vintner** [ˈvintnə] vinhandler.

vintry [ˈvintri] vinlager.

viny [vaini] vinaktig, vinproduserende.

viola [viˈəulə] bratsj. [ˈvaiələ] fiol.

violaceous [vaiəˈleiʃəs] blåfiolett, fiolettblå.

violate [ˈvaiəleit] krenke, overtre, bryte, misligholde, forbryte seg mot. **violation** [vaiəˈleiʃən] krenking, brudd, overtredelse, skjending, voldtekt. **violator** [ˈvaiəleitə] krenker, overtreder.

violence [ˈvaiələns] voldsomhet, vold, voldshandling, oppstand. **violent** [ˈvaiələnt] voldsom, voldelig; kraftig.

violet [ˈvaiəlit] fiol; fiolett.

violin [vaiəˈlin] fiolin; fiolinist. **violinist** [vaiəˈlinist] fiolinist, felespiller.

violoncello [vaiələnˈtʃeləu] fiolonsell, cello.

VIP, V.I.P. [ˈvi:aiˈpi:] fk. f. **very important person** høytstående, betydningsfull person, VIP.

viper [ˈvaipə] hoggorm, giftslange, slange. **-ine** hoggorm-, ormaktig. **-ous** ormaktig, giftig.

virago [viˈrɑ:gəu] mannhaftig kvinne; rivjern, drage, troll.

virescence [viˈresns] grønnhet; grønnfarging.

Virg. fk. f. **Virginia.**

Virgil [ˈvə:dʒil].

virgin [ˈvə:dʒin] jomfru, møy; jomfruelig, jomfru-; ubrukt, uberørt; **– speech** jomfrutale, en delegats første tale (i parlamentet o. l.); **the (Blessed) V.** jomfru Maria. **virginal** [ˈvə:dʒinəl] jomfruelig, uberørt; virginal.

Virginia [vəˈdʒiniə] Virginia. **virginia** [vəˈdʒiniə] virginiatobakk.

virginity [vəˈdʒiniti] jomfruelighet, møydom. **Virgo** [ˈvə:gəu]; **the –** Jomfruen (astr.).

viridity [viˈriditi] grønnhet, grønske, grønn farge.

virile [ˈvirail] manns-, mandig, viril, mannlig. **virility** [viˈriliti] manndom, mandighet, virilitet.

virtu [və:ˈtu:] kunstsans; kunstsaker, sjeldenheter, kuriositeter; **article of –** kunstgjenstand.

virtual [ˈvə:tjuəl] iboende, virkelig, faktisk. **-ly** praktisk talt, faktisk.

virtue [ˈvə:tʃu:] dyd, ærbarhet, kraft, tapperhet, verd, fortreffelighet; **by** (el. **in) – of** i kraft av, i medfør av, ved hjelp av.

virtuosity [və:tjuˈɔsiti] virtuositet; (overdreven) kunstinteresse. **virtuoso** [və:tju:ˈəuzəu] kunstkjenner; virtuos, mester.

virtuous [ˈvə:tʃuəs] dydig, ærbar, rettskaffen.

virulence [ˈviruləns] giftighet; ondskap, bitterhet. **virulent** [-ənt] giftig, ondartet; bitter, hatsk.

vis [vis] kraft, makt.

Vis. fk. f. **Viscount(ess).**

visa [ˈvi:zə] visum, påtegning på pass; visere, påtegne pass.

visage [ˈvizidʒ] ansikt, fjes. **-visaged** med – ansikt, eks. **sad-visaged** med trist ansikt.

vis-à-vis [ˈvi:zɑ:vi:] vis-à-vis, like overfor.

viscera [ˈvisərə] innvoller. **-l** innvolls-.

viscid [ˈvisid] klebrig, tyktflytende. **viscidity** [viˈsiditi] klebrighet.

viscose [ˈviskəus] viskose; viskøs. **viscosity** [visˈkɔsiti] viskositet, tykkhetsgrad (om væske).

viscount [ˈvaikaunt] vicomte, (adelsmann i rang etter **earl). -ess** vicomtesse.

viscous [ˈviskəs] klebrig, tyktflytende, seig.

visé [ˈvi:zei] visum; visere. **-ing** visering, påtegning.

visibility [viziˈbiliti] synlighet; sikt(barhet); synsvidde. **visible** [ˈvizəbl] synlig.

Visigoth [ˈvizigɔθ] vestgoter.

vision [ˈviʒən] syn, synsevne, synskrets; klarsyn, fremsynthet; visjon, drømmebilde, drøm, fantasi. **-al** som hører til et syn, syns-, fantastisk. **-ary** som har syner, svermerisk, fantastisk, urimelig; åndeseer, svermer, drømmer, fantast.

visit [ˈvizit] besøke, ferdes hos, visitere, inspise-

re, hjemsøke, avlegge besøk, vanke, gå på visitt; besøk, visitt, reise, tur, opphold, midlertidig opphold, visitering; **pay** el. **make a –** avlegge et besøk. **-able** som kan visiteres, severdig. **-ant** besøkende, gjest. **-ation** [vizi'teiʃən] besøkelse, gjesting, besøk, visitasjon, undersøkelse, hjemsøkelse. **-atorial** [vizitə'tɔ:riəl] inspeksjons-, kontrollerende.
visiting | card ['vizitiŋkɑ:d] visittkort. **– hours** besøkstid. **– housekeeper** husmorvikar. **– lecturer** gjesteforeleser. **– nurse** hjemmesykepleier. **– student** hospitant. **be on – terms** omgås, ha omgang med.
visitor ['vizitə] besøkende, gjest, fremmed, tilreisende; tilsynsmann; **visitor's book** fremmedbok, gjestebok.
visor ['vaizə] visir, hjelmgitter, lueskygge, solskjerm (i bil).
vista ['vistə] utsikt; allé.
Vistula ['vistjulə], **the –** Wisła (Weichsel).
visual ['viʒuəl] syns-, synlig, synbar, visuell. **the – arts** de bildende kunster. **-ize** gjøre synlig, anskueliggjøre; danne seg et klart bilde. **-izer** idémann.
vital ['vaitl] livs-, vital, nødvendig, vesentlig; **-s** livsorganer, edle deler. **-ity** [vai'tæliti] vitalitet, livskraft; nødvendighet. **-ization** [vaitəlai'zeiʃən] levendegjøring. **-ize** ['vaitəlaiz] levendegjøre, opplive, sette liv i.
vitamin ['vitəmin] vitamin. **– -deficient** vitaminfattig. **– -enriched** vitaminisert.
vitiate ['viʃieit] skjemme, forderve, ødelegge, forurense, besmitte, forvanske, gjøre ugyldig. **vitiation** [viʃi'eiʃən] fordervelse, forurens(n)ing, besmittelse; ugyldiggjørelse, ugyldighet.
viticulture ['vitikʌltʃə] vindyrking.
vitreous ['vitriəs] glass-, glassaktig. **– china** sanitærporselen. **– electricity** positiv elektrisitet. **– enamel** glassert emalje. **– humour** (el. **body)** glassvæske (i øyet). **-ness** glassaktighet.
vitrescent [vi'tresənt], **vitrescible** [vi'tresibl] som lar seg forvandle til glass. **vitrifaction** [vitri'fækʃən] forglassing.
vitriol ['vitriəl] vitriol. **-ic** [vitri'ɔlik] vitriol-; (fig.) skarp, giftig, krass.
vituline ['vitjulain] kalve-.
vituperable [vi'tju:pərəbl] daddelverdig. **vituperate** [-reit] dadle, skjelle ut, klandre, kritisere. **vituperation** [vitju:pə'reiʃən] daddel. **vituperative** [vi'tju:pərətiv] dadlende, kritiserende.
Vitus ['vaitəs], **St. –** St. Veit, St. Vitus; **St. -'s dance** sanktveitsdans.
viva ['vaivə] vivat! leve! leverop; muntlig (eksamen); **have a –** være oppe til muntlig.
vivacious [vi'veiʃəs] levende, livlig. **vivacity** [vi'væsiti] liv, livlighet.
vivandier [vi:vɑ̃:ŋdi'ei] marketenter. **vivandière** [-ɛə] marketenterske.
vivarium [vai'vɛəriəm] sted hvor man holder levende ville dyr, dyrehage, terrarium.
viva voce ['vaivə'vəusi] muntlig; muntlig eksamen.
vivid ['vivid] levende, livlig, livaktig. **-ness** livlighet, liv, livaktighet. **vivify** ['vivifai] levendegjøre; sette liv i.
viviparous [vai'vipərəs] som føder levende unger.
vivisect ['vivisekt] vivisekere. **vivisection** [vivi'sekʃən] viviseksjon.
vixen ['viksn] revetispe; troll til kvinnfolk, hespetre. **-ish** bisk, sur, krakilsk.
viz. [vi'di:liset, viz, 'neimli] fk. f. **videlicet.**
vizier [vi'ziə] vesir (tyrkisk minister).
VLCC fk. f. **very large crude carrier.**
V. L. F. fk. f. **very low frequency.**
V. O. fk. f. **Victorian Order.**
vocable ['vəukəbl] ord, glose. **vocabulary** [və'kæbjuləri] ordsamling, ordliste, ordbok, ordforråd. **– entry** oppslagsord.
vocal ['vəukl] stemme-, talende, muntlig, klingende, vokal-, sang-, melodisk, ørefallende, lydelig, stemt; **– cords** stemmebånd; **– performer** sanger(-inne); **– pitch** stemmeleie. **-ize** ['vəukəlaiz] uttale, la lyde, vokalisere, merke med vokaltegn (f. eks. hebraisk), synge, gjøre stemt. **-ist** [-list] sanger, sangerinne. **-ity** taleevne, uttale, vokalisk karakter, klang, stemthet. **-ly** med stemmen, i ord, tydelig.
vocation [və'keiʃən] kallelse, kall, yrke. **vocational** [vəu'keiʃənəl] faglig, fag-, yrkes-. **– guidance** yrkesveiledning. **– school** yrkesskole, fagskole. **– study** fagstudium.
vocative ['vɔkətiv] vokativ; vokativisk.
vociferate [və'sifəreit] skråle, gaule, skrike. **vociferation** [vəsifə'reiʃən] skrål, roping. **vociferous** [və'sifərəs] skrålende, høyrøstet, høymælt, støyende. **-ness** skråling, høyrøstethet.
vogue [vəug] mote, popularitet, skikk; **be in –** være på moten, moderne, i vinden.
voice [vɔis] stemme, røst, mål, mæle, mening, medbestemmelsesrett, ord, uttrykk, (verbal)-form; uttale; uttrykke, gi uttrykk for, være et uttrykk for, stemme, regulere tonen i; **give – to** uttrykke; **if I have any –** hvis jeg skal ha noe å si; **be in –** være pr. stemme; **in a low –** lavt, med lav stemme; **the active –** aktiv; **the passive –** passiv. **– coil** tonespole. **-d** stemt. **-less** stemmeløs, ustemt, stum.
void [vɔid] tom, blottet, ledig, ugyldig; tomrom, hulrom, mellomrom; savn; (EDB) fargeluke; tømme, tømme ut, rydde, forlate, gå fra, avsondre, gjøre ugyldig; **– of** blottet for, uten. **-able** som kan tømmes, som kan erklæres ugyldig, omstøtelig. **-ance** (jur.) annullering; ledighet. **-ness** tomhet, ugyldighet.
vol. fk. f. **volume.**
volant ['vəulənt] flyvende, lett, rapp, snar.
volar ['vəulə] som angår håndflaten el. fotsålen.
volatile ['vɔlətail] flyktig (om væske); (fig.) livlig, flyktig. **volatility** [vɔlə'tiliti] flyktighet. **volatilize** [vɔ'lætilaiz] forflyktige, fordampe.
volcanic [vɔl'kænik] vulkansk. **volcanism** ['vɔlkənizm] vulkansk aktivitet. **volcano** [vɔl'keinəu] vulkan.
vole [vəul] jordrotte; markmus.
vole storeslem; vinne storeslem.
volitation [vɔli'teiʃən] flyging, flukt; flygeevne.
volition [və'liʃən] det å ville, vilje, viljesakt.
volitive ['vɔlitiv] med evnen til å ville, vilje-.
volley ['vɔli] salve, geværskudd, utbrudd, flom, strøm; tilbakeslag i flukten (av ball i tennis); fyre av, slynge ut; **-ed** utskutt med bulder, buldrende.
volplane ['vɔl'plein] glideflukt; foreta glideflukt.
vols. fk. f. **volumes** bind.
volt [vəult] volte, vending (i ridning eller fektning).
volt [vəult] volt (målingsenhet for elektrisk spenning). **-a-electric** galvanisk. **-age** spenning. **-aic** galvanisk, volta-. **-aism** ['vɔltəizm] galvanisme.

volte-face [ˈvɔltˈfa:s] omslag, kuvending.
volubility [vɔljuˈbiliti] tungeferdighet, veltalenhet.
voluble [ˈvɔljubl] flytende, tungerapp, veltalende.
volume [ˈvɔljum] bind, del, bok, årgang; masse; kvantum; (radio) lydstyrke; volum; innhold, omfang; **in a way that expressed -s** på den mest talende måte; **volumed** i rullende masser; veldig, svær, svulmende.
voluminous [vəlˈju:minəs] bindsterk, omfangsrik, produktiv, langtrukken, vidløftig.
voluntary [ˈvɔləntəri] frivillig, forsettlig; vilkårlig; tilhenger av frivillig system; fantasi (musikk).
volunteer [vɔlənˈtiə] frivillig; tilby el. påta seg frivillig, komme av seg selv, tjene som frivillig, gå inn som frivillig.
voluptuary [vəˈlʌptʃuəri] vellysting. **voluptuous** [vəˈlʌptʃuəs] vellystig, overdådig. **-ness** vellyst, yppighet.
volution [vəˈlju:ʃən] spiral, vinding.
vomit [ˈvɔmit] kaste opp, spy (ut); brekning, oppkast, spy; brekkmiddel. **vomition** [vəˈmiʃən] oppkasting. **vomitive** [ˈvɔmitiv] brekkmiddel. **vomitory** [ˈvɔmitəri] brekkmiddel.
voodoo [ˈvu:du:] (vestindisk) magi, voodoo; heks, heksedoktor; voodoo-trolldom; fetisj.
voracious [vəˈreiʃəs] grådig, glupende, glupsk. **-ness, voracity** [vəˈræsiti] grådighet.
vortex [ˈvɔ:teks] virvel, strømvirvel, malstrøm. **vortical** [ˈvɔ:tikl] virvel-, virvlende.
Vosges [vəuʒ], **the –** Vogesene.
votaress [ˈvəutəris] (kvinnelig form av) **votary** [ˈvəutəri] innviet; bundet av et løfte; tilbeder, dyrker, ivrig tilhenger.
vote [vəut] stemme, votum, stemmegivning, votering, avstemning, stemmetall, stemmeseddel, stemmerett, beslutning; avstemme, stemme, votere, vedta, stemme for, foreslå; **– of confidence** tillitsvotum; **– of censure** mistillitsvotum; **– of thanks** takkeadresse, takk; **cast one's –** avgi sin stemme, votere; **have a –** ha stemmerett; **pass a –** vedta en beslutning; **take a –** sette saken under avstemning; **– by ballot** stemme skriftlig; **– down** stemme ned. **– -getting** valgflesk. **voter** stemmeberettiget, velger. **voting paper** stemmeseddel.
votive [ˈvəutiv] votiv-, gitt ifølge et løfte.
vouch [vautʃ] kalle til vitne, bevitne, bekrefte, støtte, vitne, innestå for **(for). voucher** [ˈvautʃə] vitne; skriftlig bevismiddel, kvittering, bong, regnskapsbilag; anvisning.
vouchsafe [vautʃˈseif] bevilge, tillate, forunne, skjenke, verdige(s). **-ment** bevilling, nådebevisning.
vow [vau] (høytidelig) løfte, ekteskapsløfte; avlegge løfter, love (høytidelig), sverge; **take the -s** avlegge (kloster)løfte.
vowel [ˈvauəl] vokal, selvlyd; vokal-, vokalisk.
voyage [ˈvɔiidʒ] reise, sjøreise; reise, fare, bereise. **– charter** reisebefraktning.
voyeur [vwɔiˈjə:] titter, kikker.
V. P. fk. f. **Vice-President.**
V. R. fk. f. **Victoria Regina** dronning Viktoria.
v. refl. fk. f. **verb reflexive.**
V. S. fk. f. **Veterinary Surgeon. vs.** fk. f. **versus.**
Vt. fk. f. **Vermont. v. t.** fk. f. **verb transitive.**
VTOL fk. f. **vertical take-off and landing.**
Vulcan [ˈvʌlkən] Vulkan (romernes gud for ilden). **vulcanite** [ˈvʌlkənait] vulkanitt, ebonitt. **vulcanize** [ˈvʌlkənaiz] vulkanisere.
vulgar [vʌlgə] alminnelig, allmenn, almue-, folkelig, folke-; simpel, tarvelig, rå, vulgær; **the –** den store masse, almuen, menigmann; folkespråket. **– fraction** alminnelig brøk. **-ism** simpelhet, vulgarisme, vulgært ord, vulgært uttrykk. **-ity** [vʌlˈgæriti] plumphet, simpelhet, smakløshet, platthet. **-ize** [ˈvʌlgəraiz] alminneliggjøre, nedverdige, forsimple, forflate.
vulnerability [vʌlnərəˈbiliti] sårbarhet, angripelighet. **vulnerable** [ˈvʌlnərəbl] sårbar, angripelig.
vulnerary [ˈvʌlnərəri] sårlegende; sårmiddel.
vulpine [ˈvʌlpain] reve-, reveaktig, slu.
vulture [ˈvʌltʃə] gribb. **vulturine** [-rain], **vulturous** gribbe-, gribbaktig, grådig.
vulva [ˈvʌlvə] vulva. **-r, -l** som hører til vulva.
v. v. fk. f. **vice versa.**

W, w [ˈdʌblju:] W, w.
W. fk. f. **Watt; Wales; Warden; Washington; West(ern); Welsh.**
w. fk. f. **watt; week; weight; west; wide; with.**
W.A.A.C., Waac [wæk] fk. f. **Women's Army Auxiliary Corps.**
W.A.A.F., Waaf [wæf] fk. f. **Women's Auxiliary Air Force.**
wabble [ˈwɔbl] rave, slingre, vakle, være ustø, sjangle; riste, skake; slingring, sjangling.
WAC, wac [wæk] (US) **Women's Army Corps.**
wacko [ˈwækəu], **wacky** (US) rar, snodig, original, skrullet, sprø.
wad [wɔd] dott, propp; bit, klump; stopp (i klær), vattplate; forladning; (US) seddelbunke; lage en dott, stoppe, fôre med vatt, vattere, ha forladning i. **wadding** [ˈwɔdiŋ] vattering, vatt; forladning.
waddle [ˈwɔdl] vralte, vagge, rugge; subbing, stolpring, vraltende gang; **-r** en som vralter.
wade [weid] va, vasse, stolpre seg fram, vade over; **– in, – into** angripe, ta fatt, intervenere.
wader [ˈweidə] vader, vadefugl; (i pl.) vadestøvler, sjøstøvler.
wadi [ˈwɔdi] elveleie, periodisk elv.
wadset [ˈwɔdset] pant; pantsette.
WAF, Waf [wæf] (US) **Women in the Air Force.**

wafer [ˈweifə] oblat; hostie; iskjeks, krumkake; lukke med oblat; **– -thin** løvtynn.
waffle [ˈwɔfl] vaffel; vaffelsydd, vaflet; tull, tøv, tøys; tøyse.
waft [wɑ:ft] blåse, bære, føre (gjennom luft el. vann), vifte, sveve; vift, pust, vindgufs.
wag [wæg] bevege lett, lee på, svinge, riste på, logre med, dingle, bevege seg, lee seg, vakle av sted, skulke, gå sin vei; rugging; spøkefugl, skøyer.
wage [weidʒ] pantsette, vedde om, føre, drive; hyre, sold, (srl. i pluralis:) arbeidslønn, lønn, gasje; **the -s of sin** syndens sold; **– war with** (el. **against** el. **(up)on)** føre krig med. **– bill** lønnsutgifter. **– bracket** lønnsklasse. **– contract** lønnsavtale. **– drift** lønnsglidning. **– -earner** lønnsmottaker. **– freeze** lønnsstopp. **– level** lønnsnivå. **– packet** lønningspose. **– -price guidelines** (US) inntektspolitikk.
wager [ˈweidʒə] innsats, veddemål; vedde, vedde om, sette på spill.
wage rate lønnssats. **– scale** lønnsskala. **– sheet** lønningsliste. **– talks** lønnsforhandlinger.
waggery [ˈwægəri] skøyeraktighet, spas, spøk.
waggish [ˈwægiʃ] spøkefull. **-ness** spøkefullhet.
waggle [ˈwægl] rugge, vagge, lee på seg, vralte, riste, svinge; virring, risting, rugging.
wagon [ˈwægən] vogn, lastevogn, arbeidsvogn, godsvogn; **the –** svartemarja. **the W.** Karlsvognen; **to be on the –** være på vannvogna, være avholdsmann. **-age** kjørepenger, vognleie. **-er** kjører, kjørekar, trenkusk. **– -lit** [ˈvægɔ:nˈli:] sovevogn. **-load** vognlass. **– vault** tønnevelv.
wagtail [ˈwægteil] linerle.
waif [weif] hittegods, herreløst gods; hjemløs; **-s and strays** hjemløse (skapninger), hittebarn, samfunnets stebarn; løse eksistenser.
wail [weil] jamre seg, klage, jamre over; jammer, klage. **-ing** jamring; **the Wailing Wall** klagemuren.
wain [wein] vogn, lastevogn.
wainscot [ˈweinskət] panel(ing), eikepanel; bordkledning; panele, bordkle, eikemale.
wainwright [ˈweinrait] vognmaker.
waist [weist] liv, midje, beltested. **-band** bukselinning, livreim, belte. **-cloth** lendeklede. **-coat** vest. **-ed** innsvinget i livet. **-line** livlinje, livvidde.
wait [weit] vente, bie, se tiden an; servere, varte opp; ligge på lur, vente på, vente med; venting, ventetid, bakhold; **– at table** varte opp; **– for** vente på; **– on (upon)** varte opp, gjøre sin oppvartning, betjene, stå til tjeneste; **lie in –** ligge i bakhold, lure.
waiter [ˈweitə] oppvarter, tjener, kelner; presenterbrett.
waiting [ˈweitiŋ] ventende, oppvartende; oppvartning, tjeneste. **– list** venteliste, ekspektanseliste. **– -maid, – -woman** kammerpike. **– -man** tjener. **– period** ventetid; karenstid. **– -room** venteværelse.
waitress [ˈweitris] oppvartningspike, oppvarterske, servitør (kvinnelig).
waiv|e [weiv] oppgi, la fare, frasi seg, se bort fra; utsette; **-ed** forlatt. **-er** (jur.) avkall, oppgivelse. **-er clause** (ass.) unntaksregel. **-ing** bortsett fra.
wake [weik] vekke, våkne, vakne, våke ved, være våken; våking, likvake, våkenatt, kirkefest.
wake [weik] kjølvann.
Wakefield [ˈweikfi:ld].
wakeful [ˈweikful] våken, vaken, årvåken, søvnløs. **-ness** våking, årvåkenhet, søvnløshet. **wakeless** dyp (søvn).
waken [ˈweikn] våkne, vakne, vekke.
wale [weil] opphøyd stripe, opphovnet stripe (etter slag); (mar.) barkholt; merke med striper.
Wales [weilz].
walk [wɔ:k] gå, spasere, vandre, gå i skritt, gå i søvne, gå igjen, spøke, gå sin vei, gå igjennom, la gå, skaffe mosjon, bevege; gang, skrittgang, spasertur, promenade, vei, spasersti, gressgang, hamn (til dyr); livsførsel, virkekrets, ferd, oppførsel, område, bane; rute, runde; kappgang; **– away from** distansere (med letthet); **take a –** gå en tur; **– into** gå løs på, få bukt med, skjelle ut, ødelegge, hogge løs på, ta til seg (av mat); **– off** forsvinne, dra avgårde; **– over him** (fig.) tråkke på ham; **– out** nedlegge arbeidet, streike; forlate, svikte; **– over** tråkke på; vinne en lett seier; **– over him** behandle ham overlegent og hensynsløst, slå seg til ridder på ham; **– the plank** gå planken; bli utmanøvrert, gå til grunne, dø. **-alator** rullende fortau. **– -away** [ˈwɔ:kəwei] lett seier. **-er** fotgjenger, spaserende, oppsynsmann, bud, oppvarter, hundeoppdretter, fugl med gangføtter. **(hookey) –** tullprat, det kan du innbille bønder. **-er-on** statist. **-ie-talkie** transportabel radiotelefon, walkie-talkie. **-ing** gang, spasering; gående. **-ing gentleman** statist. **-ing-match** kappgang. **-ing-on part** statistrolle. **-ing papers** (sl.) løpepass. **-ing stick** spaserstokk. **-ing tour** [ˈwɔ:kiŋtuə] fottur. **-man** (varem.) lommedisco.
walk|out streik. **– -over** lett seier, valg uten motkandidat (egl. spasertur over banen, idet man selv bestemmer farten, når det ikke er noen dyktige konkurrenter).
wall [wɔ:l] mur, vegg, voll, gjerde, vern; mure, omgi med mur, befeste, stå som en mur omkring; **– off** avskjære; **– up** mure til, mure inne; **take the –** gå nærmest husveggen, gå foran; **drive to the –** trekke det korteste strå, kastes til side, få i en klemme; **push to the –** skubbe til side.
wallaby [ˈwɔləbi] krattkenguru; (tal.) australier.
wall | bars ribbevegg (gymnastikk). **-board** sponplate, panelplate.
wallet [ˈwɔlit] seddelbok, lommebok; liten veske; vadsekk.
wall-eye [ˈwɔ:lai] glassøye, blindt øye, øye med hvit hornhinne. **wall-eyed** [ˈwɔ:laid] glassøyd, blind; skjeløyd.
wall|-flower [ˈwɔ:lflauə] gyllenlakk; veggpryd (dame som sitter over). **– -fruit** espalierfrukt. **-ing** murmaterialer.
Walloon [wɔˈlu:n] vallon; vallonsk.
wallop [ˈwɔləp] juling, slag; denge, jule; vralte, humpe, rulle. **-ing** juling; svær, diger.
wallow [ˈwɔləu] rulle seg, velte seg; rulling, velting; sølehull, gjørmet sted hvor dyr velter seg; **– in** (fig.) velte seg i, fråtse i.
wall | painting veggmaleri. **-paper** tapet. **– plate** murlekte; veggplate. **– plug** stikkontakt. **– seat** veggbenk. **– -sign** veggreklame. **– socket** stikkontakt. **W. Street** gate i New York, det amerikanske finanssentrum. **– -to-wall carpet** heldekkende teppe, vegg-til-vegg-teppe. **– tree** espaliertre. **-wort** sommerhyll.

walnut [ˈwɔ:lnʌt] valnøtt, valnøtt-tre.
walrus [ˈwɔ:lrəs] hvalross.
waltz [wɔ:ls] valg; valse, danse vals. **-er** valsdanser.
wampum [ˈwɔmpəm] vampum, indianersmykker; penger.
wan [wɔn] blek, gusten.
wand [wɔnd] vånd, stav, embetsstav, tryllestav, taktstokk.
wander [ˈwɔndə] vandre, flakke, streife om, avvike, komme bort fra saken, komme ut på viddene, gå vill, fantasere; **his mind-s** han taler i ørske. **-er** [ˈwɔndərə] vandringsmann. **-ing** vandrende, ustadig; usammenhengende, røret; flakking, vandring, omstreifing, ørske, fantasering. **the -ing Jew** den evige jøde, Jerusalems skomaker; **the -ings of a madman** en gal manns usammenhengende snakk. **-ingly** på en ustadig måte, usammenhengende.
wane [wein] avta, minke, synke, dale; avtagende, minking, nedgang, forfall; **on the –** i avtagende, dalende, på hell.
wangle [ˈwæŋgl] oppnå, fiske, ordne, skaffe seg (især ved fiffighet eller ved å simulere god og dydig); **he -d his leave all right** han fikset det slik at han fikk permisjon.
wanness [ˈwɔnnis] blekhet.
wannish [ˈwɔniʃ] noe blek.
want [wɔnt] mangle, trenge, behøve, ha bruk for; savne, sakne, være opprådd for, ønske, ville, ville ha; savnes, være borte; mangel, skort, trang, savn, behov, nød, armod; **it -s** det trengs, det kreves; **it wants 2 minutes to 5** klokka er 2 på 5; **be -ed** være ettersøkt (av politiet); **for – of** i mangel av, av mangel på. **– ad** rubrikkannonse. **-age** underskudd, mangel. **-ing** manglende, som er borte; **he is a little -ing** han er ikke riktig vel bevart; **that only was -ing** det manglet bare.
wanton [ˈwɔntən] løs, som beveger seg løst, lystig, kåt, vilter, overgiven, utemt, tøylesløs; lettsindig, lettferdig, yppig, løsaktig, usedelig; formålsløs, ansvarsløs, hensynsløs; liderlig; lettferdig person; flokse, tøs; flagre, sverme, boltre seg, tøyse, fjase, leke, spøke. **-ness** kåthet, lystighet, tøylesløshet.
war [wɔ:] krig, ufred, strid, uvennskap, krigskunst; stride, krige, føre krig; **declare – on** erklære krig mot; **make – on** føre krig med; **be at –** ligge i krig, stå på krigsfot; **powers at –** krigførende makter; **man of –** orlogsmann, krigsskip; **council of –** krigsråd; **the fortune of –** krigslykken; **– to the knife** krig på kniven; **W. Office** forsvarsdepartement.
warble [ˈwɔ:bl] knute, kul, bremsebyll; bremselarve, verre; oksebremse.
warble [ˈwɔ:bl] slå triller, synge; trille, sang. **warbler** sanger(inne), sangfugl. **warbling** [ˈwɔ:bliŋ] triller, sang.
war|craft krigskunst; krigsfartøy. **– crimes** (pl.) krigsforbrytelser. **– crimes tribunal** krigsforbryterdomstol. **– cry** krigsrop.
ward [wɔ:d] bevokte, beskytte, avverge, holde vakt, verge seg, parere; bevoktning, vakt, oppsyn, beskyttelse, vern, forvaring; parade (fekting); formynderskap, myndling, kvarter (av en by), skogdistrikt, krets, distrikt, herred, rote; sal, avdeling, stue (i hospital); låsgjenge; **a – in Chancery, a – of court** en umyndig under kanslerrettens vergemål; **private –** enerom; **casualty –** legevakt; **– off** avparere.
ward (ofte brukt som etterstavelse med betydningen:) vendt imot, henimot f.eks. **seaward** el. **seawards.**
war dance [ˈwɔ:dɑ:ns] krigsdans.
warden [ˈwɔ:dn] vokter, vakt, oppsynsmann, tilsynsmann, forstander, bestyrer, rektor; (US) fengselsdirektør; **church –** kirkeverge; **game –** skogvokter.
warder [ˈwɔ:də] (fange)vokter; portvakt; kommandostav.
wardrobe [ˈwɔ:drəub] garderobe, klesskap, klær; soveværelse. **– dealer** marsjandisehandler. **– trunk** garderobekuffert.
ward room [ˈwɔ:drum] offisersmesse.
wardship [ˈwɔ:dʃip] formynderskap; umyndighet.
ware [wεə] ta seg i akt for; var, forsiktig.
ware [wεə] vare, varer, -tøy, -varer. **-house** pakkhus, lager, lagerbygning; anbringe i pakkhus, lagre. **-house book** lagerbok. **-house charges** pakkhusleie. **-house goods** varer på lager. **-house keeper** lagersjef. **-houseman** eier av lager, lagermann, lagersjef. **-house receipt** lagerbevis. **-house rent** lageravgift. **-house room** lagerrom.
wareroom [ˈwεərru:m] magasin, lager.
war | establishment krigsstyrke, krigsoppsetning. **-fare** krigsførsel, krig, kamp. **– game** krigsspill. **– head** sprenghode, sprengladning. **– horse** stridshest.
wariness [ˈwεərinis] forsiktighet, varsomhet.
warlike [ˈwɔ:laik] krigersk, krigs-. **-ness** krigersk karakter.
warlock [ˈwɔ:lɔk] trollmann.
war lord krigsherre, øverste krigsherre.
warm [wɔ:m] varm, lun, inderlig, varmhjertet, lidenskapelig, ivrig, hissig, heftig, begeistret; holden, formuende, velhavende; varme, varme opp, gjøre ivrig, interessere, bli varm, komme i ånde, begeistres; **you are getting –** tampen brenner. **– -blooded** varmblodig. **-ing** juling, bank. **-ing-pan** varmebekken; vikar.
warmonger [ˈwɔ:mʌŋgə] krigshisser.
warmth [wɔ:mθ] varme; begeistring.
warn [wɔ:n] advare, formane, underrette, varsle, innkalle; **– off** holde unna, nekte adgang til. **-er** advarer, formaner. **-ing** advarsel, varsel, oppsigelse, innvarsling.
war office [ˈwɔ:rɔfis] forsvarsdepartement.
warp [wɔ:p] forvri, få til å slå seg (om tre), forkvakle, forvende, fordreie, gi en skjev retning; gjødsle ved å sette under vann; slå seg (om tre), bli skjev (el. vridd), forkvakles, forderves, virke uheldig, varpe seg, kaste (kalv); kastning, (vind)skjevhet, rennegarn, dynn, varp, varpetrosse. **-ing** kastning, dynngjødsling.
war | paint [ˈwɔ:peint] krigsmaling; (i daglig tale også) full puss. **-path** [ˈwɔ:pɑ:θ] krigssti. **-plane** krigsfly, kampfly.
warrant [ˈwɔrənt] bekrefte, svare for, forsikre, innestå for, garantere, hjemle, berettige, rettferdiggjøre; bekreftelse, sikkerhet, fullmakt, berettigelse, bemyndigelse, hjemmel, garanti, forsikringsbrev, lagerbevis, arrestordre; **– of attorney** fullmakt til en sakfører. **-able** forsvarlig, tillatelig, rettmessig. **-ably** med rette. **-er** en som gir fullmakt, mandant, selger. **– officer** høyeste underoffisersgrad i det brit. forsvar. **-or** garantist. **-y** garanti; berettigelse, hjemmel.

warren [ˈwɔrin] kanin- el. viltgård; (fig.) tettbefolket område, overfylt leiegård.
warrener [ˈwɔrənə] oppdretter (srl. av kaniner).
war-rich krigsprofitør, spekulant.
warring stridende, kjempende, krigførende.
warrior [ˈwɔriə] kriger; **the Unknown W.** (el. **Soldier)** den ukjente soldat.
Warsaw [ˈwɔ:sɔ:] Warszawa.
war | scare krigsfrykt. **-ship** krigsskip.
wart [wɔ:t] vorte; **paint him with his -s** gi et bilde av ham som han er. **-ed** vortet. **– hog** [-hɔg] vortesvin. **-y** vortet.
wartime krigstid, krigs-. **– measures** krigstiltak.
war | victim krigsoffer. **– -weary** krigstrett.
Warwickshire [ˈwɔrikʃə].
wary [ˈwɛəri] forsiktig, varsom, var.
was [wɔz, wəz] imperf. av **be** (1. og 3. pers. sing.).
Wash. fk. f. **Washington.**
wash [wɔʃ] vaske, skylle, overskylle, spyle, overtrekke (med et tynt lag), overstryke, vaske seg, holde seg i vask, tåle vask, være vaskeekte, bestå prøven, duge; vask, vasking, vasketøy, skylling, bølgeslag, plask, skvulp, skvalp, vannerosjon; grunne, marskland, myr; tynt overtrekk, strøk (med farge); kjølvann, skumming (av båt el. propell), oppskyllet el. avsatt dynn; avfall, berme, skyller, skvip, søl, skyllevann, hårvann, munnvann, skjønnhetsmiddel, åreblad; **it won't –** det holder ikke (i vask), det duger ikke; **– one's hands** gå på toalettet; **– out** vaske vekk; stryke til en eksamen; viske ut; utelukke; **– one's hands of** fralegge seg alt ansvar for; **– one's dirty linen in public** vaske sitt skittentøy i alles påsyn, bringe private uoverensstemmelser fram for offentligheten; **it will all come out in the –** alt kommer for en dag.
wash|able vaskbar. **– -basin** vaskeservant, håndvask. **– -board** vaskebrett; (mar.) skvettbord. **-bowl** vaskekum, vaskevannsfat. **-cloth** oppvaskklut. **– dirt** drivverdig grus. **– drawing** lavert tegning, akvarellmaleri.
washed-out utvasket, vassen, utvannet; trett, sliten, utkjørt.
washer vasker, en som vasker, vaskemaskin; stoppskive, pakning. **-woman** vaskekone. **-y** vaskeri.
wash | goods vaskbare stoffer. **-hand basin** vaskeservant, vaskekum. **-hand stand** vaskeservant. **-house** bryggerhus, vaskehus; vaskeri.
washing vask, vasking, vasketøy, skylling, vaske-; slemming, tynt belegg; overskylt sted. **– machine** vaskemaskin. **– powder** vaskepulver. **– soda** krystallsoda.
Washington [ˈwɔʃiŋtən].
washing-up oppvask; oppvask-.
wash | leather [ˈwɔʃleðə] vaskeskinn, pusseskinn. **-out** bortskylling (ved flom), utvasking; stryk, dumping; fiasko, bomskudd. **-room** vaskerom, toalett. **-stand** vaskeservant. **-tub** vaskebalje. **-y** [ˈwɔʃi] vassen, fuktig, utvannet, oppspedd, tynn.
wasp [wɔsp] veps, vepse; **have his head full of -s** ha fluer i hodet. **-ish** vepseaktig, pirrelig, arrig, bisk. **– waist** vepsetalje.
wassail [ˈwɔsl] drikkelag; drikk av øl eller vin med tilsetninger; skåle, holde drikkelag, ture.
wast [wɔst] gml. 2. pers. sing. imperf. av **be.**
wastage [ˈweistidʒ] svinn, spill.
waste [weist] ødelegge, spille, forøde, herje, ødelegge, sløse, ødsle med, fortære, forminskes, gå til spille, ta av, hentæres, svinne inn, visne; (US sl.) drepe; øde, ødslig, vill, udyrket, ubrukt, unyttig; dårlig, avfalls-, spill-; ødelegging, unyttig anvendelse, ødselhet, sløsing, sløseri, spill, spillvann, svinn, tap, skade; avfall; øde, ørken, ødemark. **-basket** papirkurv. **– bin** søppelbøtte. **– book** kladdebok. **– disposer** avfallskvern. **-ful** ødsel. **-fulness** ødselhet. **-land** uoppdyrket land, ødeland. **-paper** makulatur. **-paper basket** papirkurv. **– pipe** avløpsrenne, spillvannsrør. **-r** forøder, ødeland; feilvare; noen som ødelegger. **– sheets** makulatur.
wastrel [ˈweistrəl] døgenikt, ødeland; avfallsprodukt.
watch [wɔtʃ] våking, vakt, vakthold, utkikk, oppmerksomhet; ur, lommeur, klokke; se på, se, se til, iaktta, speide, vokte, holde øye med, våke over, vareta, avvente, passe på, våke; **– after** (US) vareta; **– for** holde utkikk etter; **– out** passe på, se opp; **relieve the –** avløse vakten. **– below** frivakt. **– box** vaktstue. **-case** urkasse. **– chain** urkjede. **-dog** gårdshund, vakthund. **– fire** vaktild, vaktbluss. **-ful** årvåken, påpasselig, varsom. **-fulness** årvåkenhet. **– glass** urglass, klokkeglass. **– guard** urkjede, klokkekjede. **– gun** vaktskudd. **– hand** urviser. **-house** vakthus, vakt, vaktarrest, kakebu. **-maker** urmaker. **-man** vekter, vaktmann. **-tower** vakttårn. **-word** feltrop, parole. **– work** urverk.
water [ˈwɔ:tə] vann, vann-, -vann, (pl.) vannmasser, farvann, tidevann, mineralsk kilde, kilde, bad; vanne, ta inn vann, spe opp, tynne ut, avsvekke, blande med vann, løpe i vann, renne, forsyne seg med vann; vatre; nominell aksjeoppskriving; **in deep –** i knipe; **get into hot –** komme i vanskeligheter; **throw cold – on** avfeie, forkaste; ta motet fra; **turn on the -s** ta til tårene; **by –** til vanns; med skip; **the teeth –** tennene løper i vann; **her eyes -ed** hun fikk tårer i øynene; **hold –** holde vann, være tett, duge til noe; stå for kritikk. **-age** [ˈwɔ:təridʒ] sjøveis transport. **– bearer** vannbærer; **the W. Bearer** (astr.) Vannmannen. **– -bearing** vannholdig. **– bed** vannseng; vannførende jordlag. **– beetle** vannkalv. **– blister** vannblemme. **– boatman** ryggsvømmer. **– -borne** som flyter på vannet; transport sjøveien. **– bottle** vannflaske, feltflaske. **– breaker** bølgebryter. **-buck** vannbukk. **– bus** elvebuss, havneferje. **– butt** vanntønne, vanntank. **– carrier** vannbærer; **the W. Carrier** (astr.) Vannmannen. **– cart** vannvogn. **– chute** vannrutsjebane. **– closet** vannklosett. **– colour** vannfarge, akvarellfarge. **– -cooled** vannavkjølt. **– -course** vassdrag, kanal. **– crane** vannkran. **-cress** vannkarse. **– crow** fossekall. **– cure** vannkur, brønnkur. **– dog** sjøulk.
watered fortynnet, utvannet; fuktig, bløt, våt.
water|fall foss. **– flag** gul sverdlilje, iris. **– flea** vannloppe. **-fowl** sjøfugl, svømmefugl. **– front** sjøside (av by); havnestrøk. **– funk** person med vannskrekk. **– gate** sjøvei, led; sluseport. **– gauge** vannstandsmåler. **– glass** drikkeglass; vannkikkert; (kjem.) vannglass. **– gruel** vassvelling. **– haul** sjøtransport; spilt møye. **– head** kilde, utspring. **-hen** vannhøne. **– ice** vannis, fruktis. **-ing** vanning; vatring, moarering; vannings-. **-ing can** vannkanne, hagesprøyte. **-ing place** vanningssted; badested, kurbad. **-ing trough** vanningstrau. **-ish** vassen, fuktig. **– jacket** vannkap-

pe. – **jet** vannstråle. – **level** vannskorpe, vannflate; vannstand. – **lily** vannlilje. – **line** vannlinje; strandlinje. – **-logged** vasstrukken, vannfylt; myrlendt. – **main** hovedvannledning. **-man** ferjemann; hestevanner; roer. **-mark** vannstandsmerke; vannmerke (i papir). **-melon** vannmelon. – **meter** vannmåler. – **nymph** vannnymfe; vannlilje; øyenstikker (insekt). – **ordeal** vannprøve. – **ouzel** fossekall. – **parting** vannskille. – **pipe** vannrør; vannpipe. – **plane** sjøfly; vannflate. – **pollution** vannforurensning. – **power** vannkraft. – **pox** vannkopper. **-proof** vanntett; impregnert stoff, regnfrakk; gjøre vanntett. **-proofing** impregnering(sstoff). – **rail** vannrikse. – **ram** hydraulisk vær. – **rat** vannrotte; (fig.) havnerotte. – **rights** vassdragsrettigheter. **-shed** vannskille. **-shoot** vannrenne, nedløpsrenne. **-side** kyst, bredd; havne-. – **-ski** vannski; stå på vannski. – **snake** vannsnok. – **softener** vannbløtningsmiddel. – **-soluble** vannoppløselig. **-spout** spreder, munnstykke; skypumpe. – **stain** beis. – **supply** vannforsyning. **-way** kanal, led. **-works** vannverk.

watery [ˈwɔ:təri] vann-, vannholdig, vassen, våt, fuktig.

watt [wɔt] watt. **-age** wattforbruk. – **meter** wattmåler.

wattle [ˈwɔtl] kvist, kvistfletning, risgjerde; hudlapp (på hane), skjegg (på fisk); omgjerde (el. dekke) med kvistfletning, flette.

waul [wɔ:l] mjaue, vræle, skrike.

wave [weiv) bølge, båre, sjø; bølge, fall (i håret); vatring, vift, vifting, bølge, flagre, vaie, svinge, vakle, vinke, vifte, gjøre bølgeformig, sette i bølgebevegelse, vinke med; – **aside** avvise, feie til side; – **his hand** vinke med hånden, slå ut med hånden. – **band** bølgebånd (radio). – **crest** bølgekam. – **guide** bølgeleder (radio). – **length** bølgelengde. **-less** uten en bølge, stille, blank. **-let** liten bølge.

waver [ˈweivə] spille ustadig, blafre, være usikker, vakle. **-er** en som vakler, er vankelmodig. **-ing** [ˈweivəriŋ] vaklende, tvilrådig; vakling, slingring. **-ingness** vakling, vingling.

wave | surface bølgefront. – **system** koordinert trafikksystem, grønn bølge. – **trough** bølgedal.

wavy [ˈweivi] bølgende, bølget, båret.

wax [wæks] hissighet, sinne.

wax [wæks] vokse, stige, tilta, bli.

wax [wæks] voks, lakk, bek; vokse, bone, lakke, beke. – **chandler** vokslys-støper. – **cloth** voksduk.

waxen [wæksn] voksaktig, voksbløt, voksblek.

wax | end bektråd. – **vesta** voksfyrstikk. **-wing** sidensvans. **-work** voksarbeid, voksfigur. **-works** vokskabinett. **-y** voksaktig, bløt, blek; (i slang) sinna, hissig.

way [wei] vei, gate, bane, veistykke, strekning, lei, kant, retning, gjennomgang; middel, måte, utvei; vis, skikk, vane, manér, vesen, lune, fart, bransje; **by the** – i forbigående, à propos; **by – of apology** som unnskyldning; **by a great** – uten sammenligning; **under** – i gang, under oppseiling; **come one's -s** komme fram; **get his own** – få sin vilje; **get out of one's** – gjøre seg umak; **give** – vike, gi etter; **she was quite in a – about it** hun tok rent på vei for det; **in a small** – i all beskjedenhet; **in the family** – gravid; **in the – of** i retning av, når det gjelder; – **of life** livsform; **in a – of speaking** til en viss grad, så å si; **in the** – i veien, til hinder; **every** – i enhver henseende; **no -(s)** på ingen måte; **once in a** – for en gangs skyld; **make** – gjøre plass, gå av veien; **make one's** – bane seg vei, arbeide seg fram, gjøre lykke; **-s and means** måter og midler, budsjett; **Committee of Ways and Means** underhuskommisjon, som drøfter hvordan staten kan skaffe seg inntekter, finansutvalg.

way|back fjern, fjern fortid; **-bill** [ˈweibil] fraktbrev, fraktseddel, følgebrev, borderå. **-farer** veifarende. **-faring** veifarende. **-lay** ligge på lur etter, passe opp. **-layer** etterstreber. – **mark** avviser, veiviser. – **out** utgang, utvei. – **post** veiviser. **-side** veikant. – **-up** (US) ypperlig, finfin. **-ward** egensindig, lunefull. **-wardness** egensindighet. **-worn** reisetrett.

W.C. fk. f. **West Central** (postdistrikt i London).

w. c. fk. f. **water closet.**

W. C. A. fk. f. **Women's Christian Association.**

we [wi:] vi.

weak [wi:k] svak, skrøpelig, sykelig, holdningsløs, matt, kraftløs, veik, tynn, mager; ubetont; **the -er sex** det svake kjønn. **-en** svekke, avkrefte, bli svak el. svakere, spe opp, tynne ut. **-ener** en el. noe som svekker. **-ening** svekkelse, avkreftelse. – **-eyed** svaksynt. – **-hearted** fryktsom, redd av seg. **-ling** svekling, stakkar. **-ly** svakt, av svakhet, i et svakt øyeblikk. – **-minded** innskrenket, åndssvak; viljesvak. **-ness** svakhet, sykelighet.

weal [wi:l] opphovnet stripe (etter slag), strime; merke med striper.

weal [wi:l] vel, velferd; **in – and woe** i gode og onde dager; **the public** – det allmenne vel, det felles beste.

weald [wi:ld] mo, åpent land, vidde; **the W.** (en strekning i Kent, Surrey og Sussex).

wealth [welθ] rikdom, formue, fylde. **-iness** rikdom. **wealthy** [ˈwelθi] rik; – **in** rik på.

wean [wi:n] venne av; – **from** venne fra, venne av med; (dial.:) pjokk, unge.

weapon [ˈwepən] våpen. **-ed** bevæpnet, væpnet. **-less** våpenløs.

wear [wiə] demning, dam; fiskedam.

wear [wɛə] bære, ha på seg, gå med, bruke, slite, tære på, ta på, tilbringe på en kjedelig måte, slite ut, holde seg, være holdbar, brukes, bli slitt, slepe seg hen (om tiden); bruk, slitasje, slit, antrekk, drakt, -klær, -tøy; holdbarhet; **all my** – alt det jeg har på meg; – **and tear** slit og slep; tidens tann; – **away** slite opp, fordrive; – **down** slite(s) ut, slite ned; – **off** slites av, gå over; – **out** slite ut, henslepe; – **thin** bli tynnslitt; – **well** holde seg godt, være sterk. **-ability** slitestyrke. **-er** en som bærer el. har på, noe som sliter. **-ing** som bæres, oppslitende, slitsom; bruk, slitasje, holdbarhet.

wear indicator slitasje|måler, -varsler.

weariness [ˈwiərinis] tretthet, lede, kjedsommelighet; – **of life** livslede.

wearing | apparel [ˈwɛəriŋəˈpærəl] gangklær. – **course** veidekke, slitebane. – **-down** utmattings-.

wearisome [ˈwiərisəm] trettende, besværlig.

weary [ˈwiəri] trett, sliten, kjed, lei, utålmodig, trettende; trette, kjede, plage, besvære, bli trett, lengte; **for such a – while** i så langsommelig tid; **be wearied out of patience** miste tålmodigheten.

weasand [ˈwi:zənd] (gml.) strupe, luftrør.

weasel [ˈwi:zl] røyskatt; snømus; beltebil, snøtraktor; (US) snik, feiging.
weather [ˈweðə] vær, uvær (i poesi): lovart; lo; vind-; utsette for vind og vær, tørre, værslå, forvitre; klare, greie; overstå; gå til lovart; **– out** klare, overstå; **– through** greie seg gjennom; **– a point** klare en odde, overvinne vanskeligheter. **– bar** tetningslist. **– -beaten** medtatt av været, forvitret, værbitt, værslått, barket, omtumlet. **– board** vindside; panelbord. **– boarding** bordkledning. **– -bound** værfast. **– chart** værkart. **– cloth** presenning. **-cock** værhane. **-glass** barometer. **-proof** som holder været ute, som været ikke biter på. **– report** værmelding. **– satellite** værvarslingssatelitt. **– service** værvarsling. **– spy** værprofet. **– strip** tetningslist. **-tight** vindtett, regntett. **– vane** værhane, vindfløy. **– -wise** værkyndig. **– -working days** dager da været er slik at skipet kan lastes eller losses.
weave [wi:v] veve, danne, lage sammen, flette, flette inn; vev, vevnad. **-r** [ˈwi:və] vever.
weazen [ˈwi:zn] vissen, tør, skrinn, innskrumpet, mager.
web [web] vev, spindelvev, nett, spinn; hinne, vev, svømmehud, fane (på fjær), papirrull (til avis). **– equipment** webbutstyr, (mil.) belte, stropper, anklets o.l.
webbed [webd] med svømmehud, svømme-.
webbing strimmel, bånd; mellomhud; webbutstyr.
web|foot svømmefot. **– press** rotasjonspresse. **– saw** grindsag. **– wheel** platehjul.
wed [wed] ekte, gifte seg med, ektevie, gifte seg, forbinde, forene; fengsle, lenke; **wedded pair** ektepar; **her wedded life** hennes ekteskap.
wedding [ˈwediŋ] bryllup; **silver –** sølvbryllup; **golden –** gullbryllup; **diamond –** diamantbryllup; **be at his –** være til stede ved hans bryllup. **– anniversary** bryllupsdag. **– band** (US) giftering. **– bouquet** brudebukett. **– cake** bryllupskake. **– cards** nygiftes (sammenhengende) visittkort. **– celebration** bryllupsfeiring. **– ceremony** vielse. **– day** bryllupsdag. **– dress** brudedrakt, brudekjole. **– favour** brudesløyfe. **– ring** vielsesring.
wedge [wedʒ] kile; kløve, sprenge med kile, kile fast, kile inn.
Wedgwood [ˈwedʒwud]; **– ware** Wedgwoodporselen.
wedlock [ˈwedlɔk] ektestand(en), ekteskap; **born in (out of) –** født i (utenfor) ekteskap; **enter upon –** tre inn i ektestanden.
Wednesday [ˈwenzdi] onsdag.
weds [wedz]: **the newlyweds** de nygifte, brudeparet.
wee [wi:] bitte liten, ørliten; smule, grann, øyeblikk; **the – folk** de underjordiske, haugfolk; **the – hours** grålysningen.
weed [wi:d] ukrutt, ugress; tynn person, spjæling; tobakk, sigar; luke, luke bort, rydde ut; **ill -s grow apace** ukrutt forgår ikke så lett. **-er** luker, lukeredskap. **-ing hook** lukehakke. **– killer** ugressdreper.
weeds [wi:dz] (enkes) sørgedrakt; sørgebånd.
weedy [ˈwi:di] full av ugress; dårlig, svak, skranten, skral.
week [wi:k] uke; **this day –** i dag om en uke; **that day –** åtte dager etterpå; **be in by the –** være ansatt for en uke; **a – of Sundays** lang tid, en evighet; **it is worth a shilling any day of the –** det er virkelig verdt en skilling; **the Great Week** den stille uke. **-day** hverdag, ukedag. **– -end** helg, weekend; lørdag-søndag ferie; week-end. **– -ender** weekend-ferierende. **-ly** en gang om uken, ukentlig; ukeblad, tidsskrift.
ween [wi:n] (gml.) mene, tro.
weeny [ˈwi:ni] bitte liten, knøttliten.
weep [wi:p] gråte, gråte for; svette, utsondre, væske; gråt, gråteanfall; svetting, utsondring. **-er** gråtende; gråtekone, sørgeflor. **-ing** gråtende; gråt.
weevil [ˈwi:vil] snutebille. **-led, -ly** markstukken.
weft [weft] islett, veft, vev, vevning; vimpel.
weigh [wei] veie, overveie, prøve, lette anker, lette, veie, ha vekt; **– one's expressions** veie sine ord; **– (the) anchor** lette anker; **– down** tynge, trykke; **– in** bli veid (i sport). **-able** som lar seg veie, som selges etter vekt. **-age** veiepenger. **-bridge** bruvekt. **-er** veier. **-ing house** veiebu. **-ing scale** vektskål.
weight [weit] vekt, lodd, byrde, tyngde, vektklasse; betydning, viktighet, (pl.) vektskål; belaste, tynge; **sell by the –** selge etter vekt; **carry –** veie tungt, være viktig; **lose –** gå ned i vekt; **put on –** legge på seg; **pull one's –** gjøre sin del, ta sin tørn; **clock –** urlodd; **letter** el. **paper –** brevpresse. **-iness** vekt, tyngde, viktighet. **-ing** betydning; belastning. **-less** vektløs. **– -lifting** vektløfting. **-y** tung, vektig, betydningsfull.
weir [wiə] demning, dam; fiskedam.
weird [wiəd] skjebne, spådom, fortryllelse; spåmann, sannsier; overnaturlig, trolsk, uhyggelig, selsom, underlig; latterlig, rar, artig; forutsi; **the – sisters** skjebnegudinnene.
Welch [welʃ], se **Welsh.**
welcome [ˈwelkəm] velkommen; velkomst(hilsen), mottakelse; by velkommen, motta (vennlig); **I would – that** det ville jeg sette pris på; **bid –** ønske velkommen; **you are – to it** De må gjerne ha det, bare ha det, det er Dem vel unt; **you're –** takk i like måte; ingen årsak; å, jeg ber.
weld [weld] sveise; la seg sveise; sveising, sveisefuge; **– together** sveise sammen. **-able** sveisbar. **-er** sveiseapparat; sveiser. **-ing blowpipe** sveisebrenner. **-ing set** (punkt)sveiseapparat. **– steel** sveisestål.
welfare [ˈwelfɛə] velferd, lykke, vel; -forsorg. **– chiseler** ≈ trygdemisbruker. **– state** velferdsstat.
welkin [ˈwelkin] himmel, himmelvelv.
well [wel] kilde, ile, oppkomme, brønn, hulning, fordypning, hulrom, hull, fiskebrønn, øserom; borehull, oljekilde, minebrønn, heisesjakt, trapperom, advokatlosje (i rettssal); velle fram, strømme, springe fram, sende ut.
well [wel] (adverbium:) godt, vel, riktig, ordentlig, atskillig; (ved **may:)** nok; (innledende:) jaja, nåvel, nå, tja; (adjektiv, bare brukt som predikatsord, unntagen i dialekt og US:) frisk, bra, riktig; godt; **be –** ha det godt, være lykkelig, være i gunst; **be – off** være velstilt, være velstående; **be – with** stå seg godt med; **it's all very – for you to say that** det kan saktens du si; **it may – be that** det kan godtvære at; **let – alone** la saken være som den er; **as – as** så vel som, likeså godt som, både ... og; **– within an hour** langt mindre enn en time.
welladay [ˈweləˈdei] akk! å jøye meg! å jøye!
well|-advised [ˈwelədˈvaizd] klok, velbetenkt. **–**

-aimed velrettet. – -affected velsinnet, velvillig, hengiven. – -appointed velutrustet; velordnet. – -attended godt besøkt. – -attested vitnefast. – -balanced likevektig, avbalansert. – -behaved veloppdragen. – -being velvære. – -beloved høyt elsket. – boat brønnbåt. – borer brønnborer. – -born [ˈwelbɔ:n] av god familie. – -bred veloppdragen, dannet; av god rase (dyr). – -conditioned dannet; sunn og frisk; elskverdig. – -conducted veloppdragen; velledet, bra. – -connected med gode forbindelser. – -cut velsittende. – -directed velrettet. – -disposed vennligsinnet. – -doer rettskaffent menneske, velgjører. – -doing rettskaffenhet, velgjørenhet; velbefinnende. – -done gjennomstekt el. -kokt. – drain sluk, uttak. – -earned velfortjent.

welled [weld] forsynt med brønn.

well|-favoured [ˈwelˈfeivəd] vakker, som ser godt ut. – **-fed** velnært, fet. – **-fitting** velsittende. – **-founded** velfundert, velbegrunnet. – **-groomed** velpleid. – **hatchway** fiskeluke. **-head** kilde, oppkomme. – **-informed** velunderrettet, kunnskapsrik.

Wellington [ˈweliŋtən]; **wellingtons** skaftestøvler, gummistøvler.

well|-intentioned [ˈwelinˈtenʃənd] velmenende, velment. – **-judged** veloverveid, velberegnet. – **-knit** tettbygd, fast, kraftig. – **-known** velkjent. – **-lined** velspekket. – **-made** velgjort, velbygd. – **-mannered** veloppdragen. – **-marked** tydelig. – **-meaning** velmenende, velment. – **-met** [-ˈmet] vel møtt! – **-minded** [-ˈmaindid] veltenkt, godtenkt. – **-nigh** [ˈwelnai] nesten. – **-read** [ˈwelˈred] belest. – **-reputed** velrenommert.

well room [ˈwelru:m] brønnsal; øserom.

well|-seasoned vellagret. – **-set** kraftig, tettbygd. – **-spent** [ˈwelˈspent] velanvendt. – **-spoken** velvalgt, treffende, som taler godt, beleven. – **-tasted** velsmakende. – **-thumbed** slitt, velbrukt (om bok). – **-timed** som skjer i rette tid, velberegnet, betimelig. – **-to-do** velstående, velstilt. – **-wisher** velynder, venn. – **-worn** forslitt, utslitt.

welsh [welʃ] bedra, snyte; **-er** bedrager.

Welsh [welʃ] som hører til Wales; walisisk; **the –** waliserne; **a – comb** de fem fingrer; **like a – comb** i det uendelige. **-man** waliser. – **rarebit** (el. **rabbit**) ristet ost og brød. – **wig** strikket lue av ull.

welt [welt] rand, kanting; kante, randsy.

welter [ˈweltə] rulle, velte, velte seg; velting, rulling, opprør, forvirring, røre, rot, virvar, dynn, pøl.

wen [wen] svulst, utvekst, kul, hevelse.

wench [wenʃ] pike, jente (især om tjenestepike, bondejente eller spøkende); tøs, tøyte; **go -ing** fly med jenter.

wend [wend] vende; (gammelt:) gå; – **one's way** vandre, begi seg, ta veien.

Wend [wend] vender. **Wendic** [ˈwendik] vendisk (også om språket). **Wendish** [ˈwendiʃ] vendisk.

wennish [ˈweniʃ] svulstlignende; laget av svulster.

went [went] gikk; imperf. av **go.**

wept [wept] imperf. og perf. pts. av **weep.**

were [wə:, wɛə, wə] var (av **be).**

were [wiə] dam, demning.

we're [wiə] fk. f. **we are.**

werewolf [ˈwiəwulf], **werwolf** varulv.

Wesley [ˈwezli]. **-an** wesleyansk; wesleyaner. **-anism** wesleyansk metodisme.

Wessex [ˈwesiks].

west [west] el. **West** vest; Vesten; Vesterlandene, den vestlige halvkule; vestlig, vestre, fra vest, vesta-; imot vest; **go –** gå vest, krepere, pigge av, gå dukken; **the Far W.** det fjerne Vesten (ɔ: det vestligste av U. S.); **in the –** i vest; **on the –** på vestsiden, i vest; **to the –** mot vest; **to the – of** vest for; **W. End** vestkanten (den finere del av London); **the – Wind** vestavinden; **the W. Indies** el. **W. India** Vestindia. **-bound** med kurs mot vest. – **-ender** en som bor på vestkanten. **-er** gå mot vest, (om sola:) dale. **-erliness** vestlighet. **-erly** vestlig, vestavind, vestover, vestfra.

western [ˈwestən] vestlig, vestre, vest-; **the Western Church** den romersk-katolske kirke; **the Western Empire** det vestromerske rike; **the western front** vestfronten (i verdenskrigen krigsskueplassen i Frankrike); **the Western Powers** vestmaktene.

westerner [ˈwestənə] vesterlending, europeer; vestamerikaner.

westernize [ˈwestənaiz] innføre Vestens sivilisasjon og idéer, europeisere.

westernmost [ˈwestənməust] vestligst.

Westminster [ˈwestminstə]; – **School** en gammel public school; – **Palace** parlamentsbygningen.

Westmoreland [westˈmɔ:lənd].

westmost [ˈwestməust] vestligst.

Westphalia [westˈfeiljə] Westfalen.

westward [ˈwestwəd] mot vest, vestover, vestlig, i vest; vest; – **ho!** (gml. ferjemannsrop på Themsen). **westwards = westward.**

wet [wet] våt, fuktig, regnfull; drikkfeldig, småfull; sentimental; (US) sprø, bløt; væte, nedbør, regnvær; væte, bløyte; antiforbudsmann; – **through** gjennomvåt. – **blanket** demper, gledesdreper. – **bargain** handel avsluttet med kjøpskål.

wether [ˈweðə] gjeldvær.

wet | fish fersk fisk. – **gas** våtgass (naturgass m. høyt innhold av flerkarbonholdige forbindelser). – **-grind** vannslipe. – **-nurse** amme. – **-printing** flerfarget rotasjonstrykk. – **yeast** flytende gjær.

W. G. fk. f.**Westminster Gazette.**

W. Ger. fk. f. **West Germany.**

wh. fk. f. **watt-hour.**

whack [wæk] banke, denge, pryle; (sl.) få i stand, dele; slag, bank, kilevink; del, andel; **have a – at** prøve, forsøke. **-ed** utmattet, pumpet. **-er** juling, omgang; kjempeløgn. **-ing** juling; diger, svær.

whale [weil] hval; fange hval; **a – of a party** en kjempe(fin) fest. **-boat** hvalfanger(båt). **-bone** hvalbarde, fiskebein. **whaler** [ˈweilə] hvalfanger. **whaling** [ˈweiliŋ] hvalfangst; hvalfanger-.

wham [wæm] slå hardt; (interj.) bang!

whang [wæŋ] slag, klask, kilevink; slå.

whangee [wæŋˈgi:] bambus (spaserstokk).

wharf [wɔ:f] brygge, losseplass, opplagsplass, pakkhus; forankre, legge til, losse. **-age** bryggepenger. **-ing** bryggeanlegg. **wharfinger** [ˈwɔ:findʒə] plassformann, bryggesjef, bryggeeier.

what [wɔt] hva, hva for en, hvilken, hvilke; hva der; noe; hvilken! **I'll tell you –** jeg skal si deg noe; **I gave him – money I had** jeg gav ham de pengene jeg hadde; – **he?** hva for en han? – **folly!** for en tåpelighet! – **if** hva om? tenk om? – **of him?** hva er det med ham? **and – all** og hva vet jeg, og jeg vet ikke hva; **or – have you** og den slags, og alt det der(re); **I know –** jeg

har en idé; **so –?** ja, hva så? **– though** selv om, forutsatt at; **– by force, – by policy** dels ved makt, dels ved smidighet; **– between** (el. **with) grief and illness** dels av sorg, dels av sykdom. **-ever** [-ˈevə] alt hva der, alt hva, alt det som, hvilken som helst som, hvilken enn; hva i all verden? (adv.) som helst.
what-not [ˈwɔtnɔt] etasjère; dings, greie, sak.
whatsoever [wɔtsəuˈevə] alt hva der, alt det som; hvilken som helst som, hvilken enn; (adv.) som helst; **nothing –** absolutt ingenting.
wheal [wi:l] blemme, kvise; opphovnet stripe.
wheat [wi:t] hvete. **-ear** steinskvett. **-en** hvete-, av hvete. **– germ** hvetekim.
wheedle [ˈwi:dl] lokke, smigre, sleske for, rundsnakke. **wheedler** [ˈwi:dlə] smigrer. **wheedling** [ˈwi:dliŋ] godsnakking, smiger, sleskhet.
wheel [wi:l] hjul, spinnerokk, pottemakerskive, ratt, pinebenk, omdreining, svingning, kretsløp; kjøre, trille, la svinge, rulle, dreie seg, kretse, svinge; **break upon the –** radbrekke; **grease the -s of** sette fart i, bestikke; **-s within -s** svært innviklede forhold. **– alignment** hjulinnstilling. **-barrow** trillebør. **– base** hjulavstand. **– chair** rullestol. **– drag** hemsko.
wheeled [wi:ld] forsynt med hjul, hjul-.
wheeler [ˈwi:lə] kjørende, syklist; hjulmaker; stanghest; -hjuler.
wheel | flange hjulflens. **– horse** stanghest. **-house** styrehus. **-ing** veiforhold; kjøring; vending. **– load** hjulbelastning. **-man** rorgjenger; syklist; bilist. **– nave** hjulnav. **– suspension** hjuloppheng-ning. **– window** rundt vindu. **-work** hjulverk. **-wright** hjulmaker.
wheeze [wi:z] puste tungt, hvese, gispe, pipe; hvesing, piping.
wheezy [ˈwi:zi] gispende, pipende, astmatisk.
whelk [welk] snegl; filipens, kvise, kong.
whelm [welm] overskylle, overvelde.
whelp [welp] hvalp, unge; hvalpe.
when [wen] da, når, og deretter, når? **say –!** si stopp!
whence [wens] hvorfra, hvorfor, hovrav; **from –** hvorfra. **whencesoever** [wenssəuˈevə] hvorfra enn.
whenever [weˈnevə] når i all verden? når som helst enn, alltid når. **whensoever** [wensəuˈevə] når som helst enn, alltid når.
where [wɛə] hvor; **– are you going?** hvor skal du hen? **near –** nær det sted hvor. **-abouts** hvor omtrent; oppholdssted, tilholdssted, beliggenhet. **-as** mens derimot, ettersom; (sjeldnere:) såsom. **-at** [ˈ-æt] hvorover, hvorved. **-by** [-ˈbai] hvorved. **-fore** hvorfor; grunn. **-in** hvori. **-into** hvori. **-of** hvorav, hvorom, hvorfor. **-on** hvorpå. **-soever** hvor enn, hvorhen enn. **-through** hvorigjennom. **-to** hvortil. **-under** hvorunder. **-upon** hvorpå, hvoretter.
wherever [wɛərˈevə] hvor enn, hvor som helst, hvorhen enn, overalt hvor; hvor i all verden?
wherewith [wɛəˈwið] hvormed; middel. **-al** (gml.) hvormed; (økonomiske) midler.
wherry [ˈweri] ferjepram, lett flatbunnet båt.
whet [wet] kvesse, skjerpe, bryne; kvessing, sliping; delikatesse, appetittvekker, dram.
whether [ˈweðə] enten, hva enten; om, hvorvidt.
whetstone [ˈwetstəun] slipestein, bryne.
whew [hwu:] (interj.) huff, uff, fy; takk skjebne.
whey [wei] valle, myse; tynn, blek. **-ey** [-i], **-ish** [-iʃ] valleaktig, myseaktig.
which [witʃ] **1** (spørrende pron. i begrensede spørsmål) hvem, hva, hvilken, (hvilket, hvilke) (av et bestemt antall); **– of you?** hvem av dere? **– remedy can help me, this one or that one?** hvilket legemiddel kan hjelpe meg, dette her eller det der? **2** (relativt pron.) hvilket, som, noe, som, hva der (i genitiv: **of which,** sjeldnere **whose); he gave me nothing, – was bad** han gav meg ingen ting, noe som var ille. **-ever** [(h)witʃˈevə] hvilken enn, hvilken som helst som; hvilken i all verden. **-soever** hvilken enn.
whicker [ˈwikə] vrinske; breke; fnise.
whiff [wif] pust, vift, gufs, drag (av sigar); anstrøk; lukte, puste, blåse, dampe.
whiffle [ˈwifl] spre (med et pust), blåse ujevnt; svinge, ombestemme, vakle, være ustø, vimre. **whiffler** [ˈwiflə] vimsekopp, opportunist.
Whig [wig] eng. liberal; Us nasjonalist; whig-. **-gish** whiggisk, whig-.
while [wail] tid, stund; mens, så lenge som, selv om; fordrive; **at -s** stundom; **the –** imens, dermed; **once in a –** en gang imellom; **was this worth –?** var dette umaken verd? **– away time** fordrive tiden. **whilom** [ˈwailəm] (poet.) fordums.
whilst [wailst] mens.
whim [wim] grille, lune, nykke, innfall; hestegang, geipel (i gruve); **enter into the – of the scene** være med.
whimper [ˈwimpə] sutre, klynke; sutring, klynking. **-ing** sutrende; klynking.
whim|sey [ˈwimzi] lune, innfall. **-sical** [ˈwimzikl] lunefull, snurrig, underlig. **-sicality** [wimziˈkæliti] lunefullhet, pussighet.
whimsy [ˈwimzi] lune, innfall, grille.
whim-wham [ˈwimwæm] visvas, nonsens; lune, påfunn.
whinberry [ˈwinbəri] blåbær.
whine [wain] jamre, klynke, sutre; klynking, hyl, klynkende tone. **whiner** [ˈwainə] klynker, sippe.
whinny [ˈwini] knegge, vrinske; knegg.
whip [wip] pisk, svepe, piskeslag; kusk; innpisker, pådriver, partipolitisk fremmøteordre; møllevinge; kjøkkenvisp; (mar.) jolle; lang vimpel; piske, slå, vispe, banke, rise, hudflette, refse; neste, tråkle, kaste med flue, surre, omvikle, vikle, gripe, snappe, trive, slenge, fare, smette hurtig, springe. **– and spur** sporenstreks. **– cord** piskesnor. **– hand** høyre hånd, overtak, fordel; **get the – hand over** få under pisken. **– -lash** piskesnert. **-ed cream** (pisket) krem. **-ed running stitch** kastesøm.
whipper [ˈwipə] pisker, bøddel.
whipper-in [ˈwipəˈrin] pikør; innpisker (som samler partifeller til avstemning).
whippersnapper [ˈwipəsnæpə] spirevipp, spjert, liten viktigper, laps, sprade.
whippet [ˈwipit] (krysning mellom mynde og terrier); (militært) hurtig lett tank.
whipping [ˈwipiŋ] omgang, juling; nederlag, tap; surring, takling. **– boy** syndebukk, hoggestabbe. **– cream** kremfløte. **– post** gapestokk, kak. **– top** snurrebass. **– twine** (mar.) taklegarn.
whippoorwill [ˈwippuəwil] natteravn.
whip | rod surret fiskestang. **– -round** innsamling. **-saw** langsag. **– socket** svepeholk. **-ster** spirrevipp, frekkas. **-stitch** kastesting; skredder; tråkle, kaste over. **-stock** svepeskaft.
whir [wə:] snurre, svirre; snurring, svirring.

whirl [wə:l] virvle, virvle rundt, svinge, svinges, svirre; spinning, spinn, omvirvling, virvlende fart, virvel; **in -s of snow** i fykende snøvær; **set my head in a –** fikk tankene til å virvle rundt i hodet på meg. **-about** karusell; virvling. **-bone** kneskjell. **-igig** [ˈwə:ligig] karusell, snurrebass. **-pool** strømvirvel, malstrøm. **-wind** virvelvind.
wirr [wə:] travelhet; surring, dur; surre, dure.
whisk [wisk] visk, dott, støvekost, visp, strøk, streif, feiing; viske, feie, sope, streife, piske, slå, slenge, svinge, fare, stryke av sted. **– broom** sopelime. **-ers** børster, værhår, kinnskjegg. **-ery** med kinnskjegg.
whiskey [ˈwiski] (irsk el. US) whisky.
whiskified drukken, påvirket av whisky.
whisky [ˈwiski] whisky; lett gigg; **– and soda** whiskypjolter. **– jack** (US) hydraulisk jekk.
whisper [ˈwispə] hviske, kviskre, ymte om; hvisking, hemmelig vink. **-er** en som hvisker, ryktesmed. **-ing** hvisking; **dark -ings** skumlerier.
whist [wist] stille! hysj! whist (kortspillet).
whistle [ˈwisl] plystre, pipe, hvine, fløyte, blåse på fløyte; plystring, pipesignal, fløyte, pipe; **as clean as a –** så nydelig som dertil; **pigs and -s** pokker'n! **he paid for his –** (fig.) det ble en dyr spøk for ham; **he may – for it** det kan han skyte en hvit pinne etter. **-r** [ˈwislə] en som plystrer; brennevinsgauk. **– stop** lite sted, melkerampe, ubetydelig stoppested. **whistling** piping, fløyting, plystring; **– kettle** fløytekjele.
whit [ˈwit] smitt, smule, grann, det ringeste; **every –** alt, aldeles, fullkommen, i enhver henseende; **every – as great** i enhver henseende, likeså stor.
white [wait] hvit, kvit, blek, hvithåret; ren, uskyldig; (US) hvit, hvithet, eggehvite; renhet, uskyld; hvit (motsatt neger), flormel; gjøre hvit, hvitte. **– ant** termitt. **-bait** småsild, småfisk. **-beard** gråskjegg, gammel mann. **– book** hvitbok. **– bread** hvetebrød, loff. **-cap** skumtopp, skumskavl. **– coffee** kaffe med fløte. **– -collar** hvitsnipp-. **– elephant** sjelden, men brysom eiendel. **– ensign** britisk orlogsflagg. **– -faced** blek, hvit i ansiktet; med bliss (hest). **– feather, W. Feather Brigade** sammenslutning av kvinner som under verdenskrigen fikk menn til å melde seg til krigstjeneste, bl.a. ved å anbringe en hvit fjær på dem. **-fish** matfisk (især hvitting, torsk, kolje, sik). **W. Friars** hvitebrødre, karmelittermunker. **– frost** rimfrost. **– game** fjellryper (i vinterdrakt). **– goods** hvitevarer. **– grouse** fjellrype. **– -haired** hvithåret.
Whitehall [ˈwaithɔ:l] Londongate med flere av regjeringskontorene; (fig.) regjeringen.
white|-headed hvithåret, lyslugget. **– heat** hvitglødende hete. **a – hen** et lykkebarn, en som alltid er heldig. **– horses** skummende bølger. **– -hot** hvitglødende. **the W. House** Det hvite hus (presidentboligen i U.S.A.). **– iron, – latten** hvitblikk. **– lead** blyhvitt. **– lie** hvit løgn, nødløgn. **– -livered** feig; sykelig blek. **– man** hvit mann; real, hederlig fyr. **– meat** hvitt, lyst kjøtt; godbit, lekkerbisken.
whiten [ˈwaitn] gjøre hvit, bleke, kalke; bli hvit, blekne; (fig.) hvitvaske, renvaske. **whiteness** hvithet.
whitening [ˈwaitniŋ] bleking, hvitting, kalking; blekemiddel; slemmekritt.
white|-of-egg eggehvite. **– rope** utjæret tauverk. **W. Russia** Hviterussland. **W. Russian** hviterusser; hviterussisk. **– scourge** tuberkulose, tæring. **– slave** offer for hvit slavehandel. **– slavery** hvit slavehandel. **– smith** blikkenslager. **– spirit** mineralterpentin. **– stone** granulitt. **– stuff** (sl.) kokain, sne; krittmasse. **– -tailed eagle** havørn. **-thorn** hagtorn. **-throat** tornsanger. **– tie** hvit sløyfe; kjole og hvitt.
whitewash [ˈwaitwɔʃ] hvittekalk, kalkmaling; (fig.) renvasking, hvitmaling; kalke, kritte; (fig.) renvaske, dekke over feil.
whither [ˈwiðə] (poet. eller gml.) hvorhen.
whithersoever [wiðəsəuˈevə] hvorhen enn.
whiting [ˈwaitiŋ] pussekritt; hvitting (fisken).
whitish [ˈwaitiʃ] hvitlig, hvitaktig.
Whitley [ˈwitli]; **– council** en slags industriell samarbeidskomité.
whitlow [ˈwitləu] betent neglerot, verkefinger.
Whitmonday [ˈwitˈmʌndi] annen pinsedag.
Whitsun [ˈwitsən] pinse. **-day** pinsedag. **-holidays** pinseferie. **-tide** pinse.
whittle [ˈwitl] spikke, skjære, skrelle av, snitte; (fig.) redusere, skjære ned **(down, away)**; slakterkniv, lommekniv.
whity [ˈwaiti] hvit-, hvitaktig.
whiz [wiz] suse, hvisle, hvine, pipe, svirre; sus, hvin, piping; (US) srl. noe som er helt supert, flott. **– -bang** granattype.
W H O fk. f. **World Health Organization.**
who [hu:] hvem, hvem som, som, den som, enhver som; **as – should say** som om man ville si; liksom.
whoa [wəu] (interj.) ptro! (til hest).
whodunit [hu:ˈdʌnit] (US) (sl.) detektivhistorie.
whoever [hu(:)ˈevə] hvem som enn, enhver som, hver den som; hvem i all verden?
whole [həul] hel, fullstendig, alle, samtlige; hele, helhet; **– and entire** helt og holdent; **the – army** hele hæren; **as a –** under ett; **upon the –** i det hele tatt, overhodet, stort sett. **– -grain bread** helkornbrød. **– -hearted** (udelt) hjertelig, ubetinget, uforbeholden. **– hogger** en som tar skrittet fullt ut. **– -length** bilde i hel figur. **– life insurance** livsvarig livsforsikring. **-meal bread** helkornbrød. **-ness** helhet. **-sale** salg i det store, en gros; i fleng, for fote; selge i det store, en masse. **-sale dealer** grosserer. **-sale murderer** massemorder. **wholesaler** [həulseilə] grosserer, grossist.
wholesome [ˈhəulsəm] sunn, gagnlig.
wholly [ˈhəulli] helt, aldeles, ganske.
whom [hu:m] hvem, som (avhengighetsform av **who).**
whoop [hu:p] rop, heiing, huiing, hyl; kiking (ved hoste); rope, huie, hyle; kike, hive etter pusten; **not worth a –** fullstendig verdiløs; **– it** holde leven, feste.
whoopee [ˈwu:pi:] hei, hoi! gøy, leven; **make a –** ha en real fest, slå seg løs.
whooping cough [ˈhu:piŋkɔf] kikhoste.
whoosh [wuʃ] suse; susing.
whoosis [ˈhu:zis] hva han nå heter.
whop [wɔp] banke, denge, jule. **-per** en diger en, en som har vasket seg, en diger skrøne. **-ping** veldig, diger; juling.
whore [hɔ:] hore, ludder; bedrive hor. **-dom** hor. **-master, -monger** horebukk, horkarl. **-son** løsunge, horunge; slyngel.
whorl [wə:l] spiral, ring, vinding; spinnehjul,

svingskive; krans (om blader el. blomster); virvel. **-ed** med vindinger, spiralsnodd, kransstilt.
whortleberry [ˈwə:tlberi] blåbær; **red –** tyttebær.
whose [hu:z] hvis (genitiv av **who** eller **which**).
whosoever [hu:səuˈevə] hvem som enn, enhver som.
why [wai] hvorfor; nå! å! jo for, vet du hva? **that is –** det er grunnen; **–, there he is!** nå, der er han jo!
W. I. fk. f. **West Indies.**
wick [wik] veke, veike.
wick [wik] i smstn. by, landsby, stad.
wicked [ˈwikid] ond, vond, slett, ondskapsfull, slem, skadefro. **-ness** ondskap, ugudelighet, ondskapsfullhet, sletthet; ertelyst.
wicker [ˈwikə] vidje, kurvarbeid, vidjekurv; gjort av vidjer, kurv-, korg-. **– basket** vidjekurv. **– bed** kurvseng. **– bottle** kurvflaske. **– cradle** kurvvugge. **-work** kurvarbeid.
wicket [ˈwikit] grind, led, port, halvdør, luke, sluseport, gjerde (i cricket-spill).
wide [waid] vidde, slette; vid, rommelig, bred, brei, vidstrakt, avvikende; vidt, langt; stor, omfattende; **to the –** helt, fullstendig; **far and –** vidt og bredt; **his eyes were – with horror** øynene hans var oppspilt av skrekk; **– awake** lys våken, på sin post, slu; bløt filthatt, speiderhatt; **be – awake to** ha åpent øye for. **-ly** viden om, vidt, vidt og bredt, meget. **-n** gjøre bredere, vide ut, vide seg ut. **-ness** vidde, bredde, stor utstrekning. **-ning** utvidelse. **– -open** vidt åpen. **– -ranging** vidtfavnende. **-spread** (vidt) utbredt, vidstrakt, omfattende; oppspilt.
widgeon [ˈwidʒən] blissand, brunnakke. **– grass** ålegress.
widow [ˈwidəu] enke; gjøre til enke el. enkemann; **be the – of** være enke etter. **-er** [ˈwidəuə] enkemann. **-erhood** [ˈwidəuəhud] enkemannsstand. **-hood** [ˈwidəuhud] enkestand. **-'s allowance** enketrygd. **-'s veil** enkeslør.
width [widθ] vidde, bredde, spenn(vidde).
wield [wi:ld] føre, håndtere, bruke, utøve.
wife [waif] kone, hustru, kjerring, kvinnfolk, vertinne; **all the world and his –** alle mulige mennesker, gud og hvermann. **– -beating** konemishandling. **-hood** konestand. **-ly** hustru-; som passer for en hustru.
wig [wig] parykk; ta på parykk; overhøvle, skjelle ut. **-ged** [wigd] med parykk. **wigging** [ˈwigiŋ] overhaling, irettesetting.
wiggle [ˈwigl] sno seg, sprelle, vagge, rugge, vrikke. **wiggly** sprellende.
Wight [wait].
wight [wait] fyr, menneske.
wigwag [ˈwigwæg] vifte (med), signalisere; vifting, signalisering.
wigwam [ˈwigwæm] wigwam, indianerhytte.
wild [waild] vill, udyrket, usivilisert, natur-, uberørt, stormfull, urolig, vilter, tøylesløs, ustyrlig, lettsindig, forrykt, heftig, ergerlig; villmark; **play the –** slå seg løs; **sow one's – oats** renne hornene av seg; **– about** gal etter; rasende over. **– boar** villsvin. **– cat, -cat** villkatt; (US) gaupe, kuguar; farlig person, overilt, spekulasjons-, vågsom, ulovlig. **-ebeest** gnu.
wilder [ˈwildə] føre vill, forville.
wilderness [ˈwildənis] villnis, ørken, virvar.
wild-eyed [ˈwaildaid] vill i blikket, fanatisk.
wildfire [ˈwaildfaiə] gresk ild; kornmo, lyktemann; rosen (sykdom); som sprer seg hurtig; **like –** lynsnart, som en løpeild; **sell like –** gå som varmt hvetebrød.
wildfowl fuglevilt, villfugler.
wild goose grågås, villgås; **wild-goose chase** meningsløst foretagende; vanvittig jag **(after** etter).
wilding [ˈwaildiŋ] vill vekst, vill frukt, villeple; særling, original person.
wild | parsley hundekjeks (planten). **– pink** fjærnellik. **the W. West** Det ville vesten. **-wood** villskog, urskog.
wile [wail] list, knep, bedrag; narre, svindle.
wilful [ˈwilful] egensindig, stivsinnet, forsettlig. **-ly** med overlegg. **-ness** egensindighet, stivsinn, forsettlighet.
will [wil] vilje, viljestyrke, behag, lyst, testamente; ville, ønske, ville ha, by, pleie (ofte), testamentere; **if I could work my –** gikk det etter mitt hode; **at –** etter behag, etter eget ønske; **with a –** med hjertens lyst, med kraft, med fynd og klem; **I –** jeg vil, det skal jeg, ja.
Will [wil] fk. f. **William** [ˈwiljəm].
willies [ˈwiliz], **it gives me the –** det er til å få frysninger av, det går meg på nervene.
willing [ˈwiliŋ] villig; **be – to** ville, være villig til; **God –** om Gud vil. **-ly** med glede, gjerne. **-ness** villighet.
will-o'-the-wisp [ˈwiləðwisp] lyktemann, vettelys, blålys.
willow [ˈwiləu] pil, piletre. **– grouse** lirype. **– herb** geitrams; mjølke. **– hoop** tønnebånd. **– tit** granmeis. **-warbler** løvsanger. **-weed** fredløs (planten).
willowy [ˈwiləui] pilbevokst; pilaktig, smidig og slank.
will power viljestyrke, viljekraft.
willy-nilly [ˈwiliˈnili] enten man vil eller ikke, ubesluttsom, vinglet.
wilt [wilt], **thou –** du vil (gammelt av **will).**
wilt [wilt] visne, tørke inn, slappes; tørke, bringe til å visne, slappe; visning, inntørking.
wily [ˈwaili] listig, slu, utspekulert, lur.
wimble [ˈwimbl] bor, borvinde; bore.
Wimbledon [ˈwimbldən].
wimple [ˈwimpl] hodeklede, nonneslør; tilsløre, dekke med hodeklede; falle i folder.
win [win] vinne, vinne for seg, seire, nå fram til; seier, gevinst; **– by** vinne med; **– one's way** (fig.) lykkes, ha suksess.
wince [wins] være urolig, støkke, skvette, kvekke til, krympe seg; nervøst rykk, smertelig trekning; **without wincing** uten å nøle.
wincey [ˈwinsi] verken (tøy).
winch [winʃ] spark.
winch [winʃ] sveiv, vinde; gangspill, vinsj.
Winchester [ˈwin(t)ʃistə].
wind [wind, poet. ofte waind] vind, vinddrag, pust, blåst, åndedrett, vær, teft, støt i blåseinstrument, blåseinstrumenter, tomme ord, prat, prek; lufte, tørke, gjøre andpusten, la puste ut; blåse i, få teften av; luft i magen; **have the – of** ha teften av; **get – of** få nyss om, komme ut, bli kjent; **get the – of** komme til lovart av; **by** (el. **on) the –** bidevind; **be in (good) –** ha god pust; **be in the –** være i gjære, under oppseiling; **between – and water** i vanngangen; på det ømmepunkt; **in the -'s eye** stikk imot vinden; **raise the –** oppdrive penger.
wind [waind] vinde, tvinne, sno, vikle, hespe,

flette, omslutte, omslynge, omvikle, sno seg; bukte seg; slyng, sving, bukt; – **off** vinde av; – **up** vinne opp, avvikle, gjøre opp, avslutte, trekke opp (et ur), sette i gang igjen, gi ny kraft, spenne, slutte; **my feelings were wound up almost to bursting** jeg var på bristepunktet av spenning.

wind|bag [ˈwindbæg] skrythals, blære. – **band** blåseorkester. – **belt** lebelte. – **-blown** forblåst. – **-bound** værfast. **-break** lebelte; vindfang; vindskjerm. **-breaker** vindjakke. – **-broken** stakkåndet, astmatisk. – **cone** vindpølse, vindsekk. – **-egg** vindegg, bløtegg.

winder [ˈwaində] vindsel; snørevindsel, hespetre, spoler, vikler, spole; vindeltrapp; slyngplante.

Windermere [ˈwindəmiə].

windfall [ˈwindfɔ:l] vindfall (nedblåst tre), nedblåst frukt; uventet fordel. **windfallen** [ˈwindˈfɔ:ln] nedblåst.

windflower [ˈwindflauə] anemone.

windhover [ˈwindhʌvə] tårnfalk.

winding [ˈwaindiŋ] omdreining, sving, bukt, kveil, bøyning, vikling; buktet, slynget. – **engine** vinsj. – **sheet** liksvøp. – **staircase,** – **stairs** vindeltrapp. – **-up** avslutning, avvikling, likvidasjon.

wind | instrument blåseinstrument. **-jammer** seilskute; skravlekjerring. **-lass** heisespill, vinsj; ankerspill, gangspill. – **leaver** [waind] opptrekksarm, fremspolingsarm (fotoapparat). **-less** vindstille, uten vind. **-mill** vindmølle; helikopter.

window [ˈwindəu] vindu, rute; sette vinduer i. – **bar** vindussprosse; vindushasp; (i pl.) vindusgitter. – **box** blomsterkasse. – **decoration** vindusdekorasjon el. -utstilling. – **display** vindusutstilling. – **dressing** vindusdekorasjon; (fig.) fasade, forskjønnelse. – **envelope** vinduskonvolutt. – **ledge** vinduskarm. – **pane** vindusrute. – **sash** vindusramme. – **-shop** gå og kikke i butikkvinduer (uten å kjøpe). – **sill** vinduspost.

windpipe [ˈwindpaip] luftrør.

windscreen [ˈwindskri:n] frontglass (i en bil). – **wiper** vindusvisker. **windshield = windscreen.**

Windsor [ˈwinzə].

windsurf|er seilbrett, windsurfer. **-ing** brettseiling.

wind-swept [ˈwindswept] som vinden feier igjennom, forblåst.

wind tight [ˈwindtait] vindtett.

windward [ˈwindwəd] på vindsiden, i lovart; lovart, vindside; **the Windward Islands** De små antillene.

windy [ˈwindi] vindig, blåsende, forblåst, stormende, oppblåst, tom.

wine [wain] vin; vinglass; traktere med vin, rive i vin på. – **bag** vinsekk; fyllebøtte. – **bar** vinstue, bodega. **-bibber** vinpimper. – **cooler** vinkjøler. – **merchant** vinhandler. **-ry** vingård; vinkjeller. – **steward** kjellermester. – **vault** vinkjeller.

wing [wiŋ] vinge, fløy, sidekulisse; (bil)skjerm; filial; flanke; fløy, fraksjon; gi vinger, forsyne med fløyer, fly, vingeskyte, såre; **on the** – flyvende, i flukten, på farten, under oppseiling; **beat the** – slå med vingen; **take** – fly opp, dra, flykte. – **chair** ørelappstol. – **-clipped** stekket; vingeskutt. – **commander** ≈ oberstløytnant (i luftforsvaret). – **compasses** buepasser. **-ding** (US) nykke, grille, innfall; anfall, ri; leven, bråk. **-ed** vinget, vingeskutt, bevinget, opphøyd. – **flap** vingeklaff, flap. – **-footed** rappfotet. **-less** vingeløs. **-y** vinget, flyvende. – **nut** vintemutter. – **quill** svingfjær. – **tip** vingespiss. – **wall** fløymur.

wink [wiŋk] blinke, blunke, gi et vink, se gjennom fingrene; blafre og slukke; blink, blunk, tegn (med øynene); lur, hvil; – **his eye at** blunke til; **I could not sleep a** – jeg kunne ikke lukke et øye. **-er** en som blinker; skylapp.

winner [ˈwinə] vinner, seierherre.

Winnie the Pooh [ˈwiniðəˈpu:] Ole Brum.

winning [ˈwiniŋ] vinnende, inntagende; gevinst. – **post** (i sport) dommerpæl, målstolpe; (i videre betydning) mål.

winnow [ˈwinəu] rense, skille (korn fra agnene), drøfte, sikte, granske. **-er** rensemaskin (til korn). **-ing machine** rensemaskin.

wino [ˈwainəu] vindranker, fyllik.

winsome [ˈwinsəm] vinnende, inntagende, tiltalende; yndig. **-ness** vinnende vesen, tekkelighet.

winter [ˈwintə] vinter; overvintre, tilbringe vinteren; vinterfôre. – **apple** vintereple. – **garden** vinterhage. **-ing** overvintring. – **quarters** vinterkvarter.

wintry [ˈwintri] vinter-, vinterlig; (fig.) kjølig.

winy [ˈwaini] vinaktig, vin-; beruset (av vin).

wipe [waip] viske, tørke, gni, stryke av; pusse, rense, narre; avtørking, irettesetting, spydighet; slag, dask; rapp; lommetørkle; – **off** tørke bort (el. av), avgjøre, betale; – **one of his money** narre pengene fra en; – **out** viske ut, kvitte, stryke, fjerne; tilintetgjøre, utslette. – **up** tørke opp. **-r** visker, vinduspusser (bil), tørkefille, pussegreie, håndkle.

wire [ˈwaiə] metalltråd, ledningstråd, telegraftråd, streng, trosse, bardun, kabel; telegram; feste med ståltråd, sette stålgjerde rundt; fange i snare; legge inn elektriske ledninger, telegrafere; **pull the -s** trekke i trådene, stå bak (og øve innflytelse); **by** – pr. telegram. – **brush** stålbørste. – **cloth** metallduk. – **cutter** trådklipper, avbiter. **-dancer** linedanser. **-draw** trekke tråd av metall; trekke i langdrag, tøye ut; fordreie. – **gauze** [-gɔ:z] trådgas. – **grating** trådgitter. – **guard** ståltrådskjerm. **-less** trådløs; trådløs telegraf, radio; radiotelegram; sende ut over radio. – **netting** ståltrådnett. **-puller** marionettspiller, trådtrekker (bak kulissene), hemmelig påvirker. **-pulling** marionettspill; trekking i trådene, virke i det skjulte. – **rope** ståltrådtau, wire. – **tack** trådstift. **-tap** avlytte telefonsamtaler; telefonavlytting. – **wool** stålull. **-work** ståltrådarbeid; trådduk, trådnett. – **-wove** velinpapir; laget av trådfletting.

wiring [ˈwaiəriŋ] ledningsnett; telegrafering. – **diagram** koplingsskjema.

wiry [ˈwairi] ståltråd-, som ståltråd, seig, tettbygd, (sene)sterk, utholdende.

wisdom [ˈwizdəm] visdom, klokskap. – **tooth** visdomstann.

wise [wais] vis, måte; **(in) no** – på ingen måte; **in this** – på denne måte.

wise [waiz] vis, forstandig, klok.

wiseacre [ˈwaizeikə] selvklok dumrian, bedreviter; (i pl.) kloke høns, kloke hoder (ironisk).

wisecrack [ˈwaizkræk] vittighet, kvikk bemerkning; komme med en vittig bemerkning.

wise | guy bedreviter, en som tror han har så mye bedre greie på noe, blære, smarting. – **man** vismann. – **woman** klok kone.

wish [wiʃ] ønske, begjæring, hilsen; ønske, ville

gjerne, trå etter; **have one's –** få sitt ønske oppfylt; **I – (that)** jeg ville ønske at, gid; **I – to God** (el. **Heaven)** Gud gi; **– for** ønske, nære ønske om, lengte etter, trå etter; **– on** pålegge, påtvinge; **– sb. st.** ønske en noe; **– sb. well** nære gode ønsker for en. **-bone** ønskebein, gaffelbein (på fugl). **-ful** ønskende, ivrig, lengselsfull; **-ful of pleasing** el. **-ful to please** ivrig etter å behage; **-ful thinking** ønsketenkning. **-fulness** ønske, iver, lengsel. **-ing cap** ønskehatt.

wish-wash [ˈwiʃwɔʃ] søl, skvip; sprøyt. **wishy-washy** vassen, tynn; flau, falmet, vammel.

wisp [wisp] dott, visk (av høy, halm osv.); flis, strimmel, streif; sprett, spjæling (person); viske av, gni.

wistful [ˈwistful] taus, tankefull, lengtende, lengselsfull, forventningsfull; vemodig.

wit [wit] vite; **to –** nemlig, det vil si; **do to –** gjøre vitterlig.

wit [wit] el. (pl.) **-s** vidd, vett, forstand, klokskap, åndrikhet, vittig hode, åndrik mann, skjønnånd; **an after-– is everybody's –** baketter er alle kloke; **be out of one's -s** ikke være riktig klok; **break one's small – upon** gjøre til offer for sitt vidd; **bought – is best** av skade blir man klok; **the five -s** de fem sanser, den sunne sans; **live by his -s** leve av det som tilfeldig byr seg, leve på bløff; **there he was at his -'s end** der stod hans forstand stille, han ante ikke sin arme råd; **work his -s** bruke sin forstand, bruke vettet; **frighten him out of his -s** skremme ham fra sans og samling, vettskremme ham.

witch [witʃ] heks, trollkjerring; forhekse, fortrylle. **-craft** hekseri, trolldom, tryllekunster, tryllemakt. **-ery** hekseri, fortryllelse. **– hunt** heksejakt; klappjakt, hets. **-ing** troll-, forheksende, hekse-; hekseri. **– trial** hekseprosess.

witenagemot [ˈwitənəgiˈməut] gammelengelsk riksforsamling.

with [wið] med, hos; tross, foruten; omfram; ved, av; **live –** bo hos; **angry – him** sint på ham; **tired –** trett av; **eat – him** spise med ham; **– that** dermed.

withal [wiˈðɔ:l] dessuten, også, tillike, dertil, trass i alt, på samme tid.

withdraw [wiðˈdrɔ:] ta tilbake, trekke bort, inndra, ta ut (penger), trekke seg tilbake, tre ut, gå av; **– his glance** ta øynene til seg. **-al** tilbakekalling, unndragelse, uttredelse, tilbaketrekning, utmelding; uttak (av penger). **-er** en som trekker seg tilbake. **-n** tilbakeholden, reservert; avsides.

withe [wiθ el. wið] vidje, vidjebånd.

wither [ˈwiðə] visne, hentæres, sykne bort, forgå, la visne, tære bort, ødelegge. **-ing** drepende, knusende.

withers [ˈwiðəz] manke, ryggkam (på hest).

withhold [wiðˈhəuld] holde tilbake, nekte, hindre. **-er** en som holder tilbake. **-ing tax** forskuddstrekk (av skatt).

within [wiˈðin] innenfor, inni, innen; innvendig, innvortes, i sitt indre; heri; hjemme; **– a few days** innen noen dager, på noen dager nær, for noen dager siden; **– this half hour** for mindre enn en halv time siden; **– a trifle** på litt nær; **from –** innenfra; **they left – a week of each other** de reiste med en ukes mellomrom.

without [wiˈðaut] utenfor, uten; uten at, medmindre, utvendig, utvortes, ute; **from –** utenfra; **be –** være foruten, mangle.

withstand [wiðˈstænd] motstå, motarbeide, gjøre motstand.

withy [ˈwiði] vidjepil, piletre; vidje-, smidig.

witless [ˈwitlis] vettløs, uforstandig. **-ness** uforstandighet.

witness [ˈwitnis] vitnesbyrd, vitneprov, vitne, vitterlighetsvitne; være vitne til, oppleve, vitne om, vise, bevitne; **bear –** avlegge vitnesbyrd; **in – whereof** og til bekreftelse på det; **with a –** til gagns.

witted [ˈwitid] med forstand; srl. i smstn.; **half-** enfoldig, halvfjollet; **quick-** oppvakt, snartenkt.

witticism [ˈwitisizm] vittighet, vits.

wittiness [ˈwitinis] vittighet, vidd, åndrikhet.

witting [ˈwitiŋ] forsettlig, bevisst. **-ly** med vitende (og vilje).

witty [ˈwiti] vittig, spirituell; utspekulert.

wizard [ˈwizəd] trollmann, heksemester, taskenspiller; fantastisk (flink) person, vidunder; trollkyndig, magisk; strålende, fantastisk. **-ry** hekseri, trolldom, taskenspillerkunster, enestående dyktighet.

wizen [ˈwizn] vissen, tørr, innskrumpet, sammenskrumpet, mager; skrumpe sammen, tørke inn.

wk. fk. f. **week; work.**

wkly. fk. f. **weekly.**

W/L, w.l. fk. f. **wave length.**

Wm. fk.f. **William.**

W. N. W. fk. f. **west north-west.**

W. O. fk. f. **War Office.**

wo se **woe.**

wo! [wəu] ptro! (til hester); stopp!

wobble [wɔbl] snurre rundt, slingre, være ustø, dirre, bevre, slenge, rave, vakle; raving, vakling, slingring; usikkerhet! slark, sleng (i aksel el. hjul). **wobbly** usikker, ustø, vinglet.

Woden [ˈwəudn] Odin.

woe [wəu] ve, smerte, sorg, ulykke, forbannelse, (pl.) elendighet, ve! **– is (to) me** ve meg, akk dessverre; **– be to** ve over!

woebegone [ˈwəubigɔn] fortvilt, ulykkelig.

woeful [ˈwəuful] sørgmodig, ulykkelig, sørgelig, elendig.

wog [wɔg] (nedsettende) snusket, liten orientaler.

woke [wəuk] imperf. og perf. pts. av **wake.**

wold [wəuld] åpent land, snau slette.

wolf [wulf] (i pl.): **wolves** [wulvz] ulv, skrubb, varg, gråbein; også lupus (sykdommen); skjørtejeger, løve, jentefut; sluke, kjøre i seg; gå på ulvejakt; **have** (el. **hold) a – by the ears** være i en farlig stilling; **have a – in the stomach** være skrubbsulten; **keep the – from the door** eller **keep the – off** livberge seg, skaffe mat til de sultne munner. **– cub** ulveunge. **– dog** ulvehund. **– fish** steinbitt, havkatt. **-ish** ulveaktig, ulve-, grådig, glupsk. **– pack** ulvekoppel.

wolf|sbane [ˈwulfsbein] munkhette, stormhatt (plante). **-'s claw** [ˈwulfsklɔ:] kråkefot (plante). **– tooth** [ˈwulftu:θ] (overtallig) kinntann (hos hest). **-trap** [ˈwulftræp] ulvesaks, glefse.

Wolsey [ˈwulzi].

wolverene [wulvəˈri:n] jerv.

wolves [wulvz] pl. av **wolf.**

woman [ˈwumən] (plur. **women** [ˈwimin]) kvinne, dame, kone, kjerring, kvinnemenneske, kvinnfolk; tjenestejente; (i smstn. ofte) jente, pike; kvinne-, kvinnelig, -inne. **– -chaser** skjørtejeger. **-hater** kvinnehater. **-hood** kvinnelighet, voksen (kvinnes) alder, kvinner, dameverden. **-ish** kvinneaktig. **-ism** kvinnevis. **-ize** gjøre til kvinne, gjøre kvinnelig; (sl.) gå på jakt etter kvinner, skjørtejakt. **-kind** kvinnekjønn, kvinner, damer. **-like** kvinnelig, på kvinnevis. **-liness** kvinnelighet. **-ly** kvinnelig. **– -power** kvinnelig arbeidskraft. **-'s magazine** dameblad.

womb [wu:m] morsliv, skjød; livmor. **in the – of futurity** i fremtidens skjød. **– -to-tomb** fra vugge til grav.

women|folk(s) [ˈwiminfəuk(s)] kvinnfolk, kvinner. **-'s lib(eration)** kvinne|sak, -emansipasjon, nyfeminisme. **-'s rights** kvinnenes likestilling, kvinnesak. **-'s wear** dameklær.

wonder [ˈwʌndə] under, vidunder, underverk, forundring; undres, forundre seg; spekulere på; **I –** jeg gad vite; **I – whether she will come** Gud vet om hun kommer; **I – whether** skal tro om, mon; **no –** intet under, det er ikke så rart; **-s never cease** miraklenes tid er ikke forbi; **how in the name of –!** hvordan i all verden...! **for a –** underlig nok. **-er** en som undrer seg, forundret. **– drug** vidundermiddel. **-ful** vidunderlig, forunderlig. **-ing** undrende; under, undring.

wonder|land [ˈwʌndəlænd] vidunderland, eventyrland. **-ment** forundring; vidunder. **-work** undergjerning. **– -working** undergjørende.

wondrous [ˈwʌndrəs] vidunderlig, makeløs.

won't [wəunt] fk. f. **will not.**

wont [wəunt, wʌnt] vant; pleie, vane, skikk. **-ed** vanlig, vant.

woo [wu:] beile til, fri, be. **-er** beiler, frier.

wood [wud] skog, tre, tømmer, ved, trevirke; fat, tønne; treblåser; plante skog; forsyne seg med ved; **in a –** i forlegenhet. **– anemone** hvitveis, kvitsymre. **– ant** rød skogmaur. **-bine** [ˈwudbain] kaprifolium, vivendel. **– carver** billedskjærer, xylograf. **– chisel** hoggjern, stemjern. **-chopper** tømmerhogger. **-chuck** skogmurmeldyr. **-cock** rugde. **-craft** sløyd, snekkerhåndverk; forstvesen, skogvesen. **-cut** tresnitt. **– cutter** vedhogger, treskjærer. **– cutting** vedhogging, tømmerhogst, treskjæring. **-ed** skogvokst. **-en** tre-, av tre; treaktig, stiv, klosset; **-en leg** trebein; **-en spoon** treskje; **-en shoes** tresko. **– engraver** xylograf, treskjærer. **– hole** vedskjul. **-land** skoglende, skogstrøk; skog-, skogvokst. **– lark** trelerke. **-less** skogløs. **– lot** skogteig, skogstykke. **-man** forstmann, skogsarbeider, tømmerhogger, jeger. **-pecker** spette, hakkespett. **– pigeon** ringdue. **-pile** vedstabel. **– player** treblåser. **– pulp** tremasse. **-ruff** [ˈwudrʌf] myske. **-shaving** høvelspon. **-shed** vedskjul. **-sman** skogsarbeider; forstmann; skogmann. **– spirit** tresprit, metanol. **– warbler** bøksanger. **-ware** trevarer. **-wind** treblåseinstrument. **– work** tresløyd, snekkerarbeid. **-wose** satyr, faun.

woody [ˈwudi] skogrik, skogkledd, treaktig.

wooer [ˈwu:ə] frier, beiler.

woof [wu:f] islett, innslag, veft, vev; brumming, gjøing; basstone; gjø, knurre, brumme.

woofer [ˈwu:fə] basshøyttaler.

woofy [ˈwu:fi] tettvevd, tett; rungende, dyp.

wool [wul] ull, ullgarn, ullsort, ullstoff, ullhår; **dyed in the –** (fig.) uforfalsket, ekte, grundig; **keep your – on!** ta det helt rolig! **– card** karde. **– cuff** pulsvante. **– -dyed** ullfarget. **– fat** ullfett, lanolin. **-fell** fell, pels. **– -gathering** drømmende, adspredt, distré; åndsfraværelse, drømmeri. **– grease** ullfett. **– grower** ullprodusent, saueavler. **-en** ullen, ull-; (i pl.) ullvarer, ullstoffer, ulltøy. **-ly** plagg av ull, ullsweater; ullen, ull-, ullaktig; (fig.) tåket, grøtet, forvirret, uklar; (i pl.) **-lies** ullundertøy, hjallis. **– needle** kanevasnål. **– picker** ullrenser (også maskinen). **-sack** ullsekk; **the -sack** lordkanslerens sete i Overhuset. **-sey** verkenstoff. **– stapler** ullhandler, ullsorterer.

Woolwich [ˈwulitʃ].

woolwork ullbroderi; strikketøy, strikket tøy.

Woolworth [ˈwulwəθ].

woozy [ˈwu:zi] skjelvende, ør, omtåket.

wop [wɔp] (US sl.) degos; slask.

Worcester [ˈwustə]; **– sauce** slags skarp saus. **-shire** [-ʃ(i)ə].

word [wə:d] ord, glose, bemerkning, utsagn, løfte, kommando, feltrop, bud, beskjed, melding, tale, motto, Guds ord, (pl.) tekst; ordlegge, uttrykke med ord, avfatte, formulere; **send –** sende bud; **bring –** bringe beskjed, melde; **the – is with you** De har ordet; **they had -s** de hadde et ordskifte; **say the –** gi beskjed, si fra; **take his –** tro ham; **in a –** med ett ord, i korthet; **by – (of mouth)** muntlig; **my –!** du store min! **-s fail me!** nå har jeg ikke hørt på maken! jeg er målløs! **the – went around that** det gikk rykter om at; **– for –** ord for ord; **upon my –** på æresord. **– -catcher** ordkløyver. **-iness** ordrikdom. **-ing** uttrykksmåte, avfattelse, form, ordlyd. **-less** taus, stum; ubeskrivelig. **– order** ordstilling. **– -perfect** ordrett, utenat. **-play** ordspill, ordlek. **– processing** (EDB) tekstbehandling. **-splitting** ordkløveri.

Wordsworth [ˈwə:dzwə(:)θ].

wordy [ˈwə:di] ordrik; ord-.

wore [wɔ:] imperf. av **wear.**

work [wə:k] arbeide, gå, virke, funksjonere, holde stikk, vise seg heldig, innvirke, være i sterk bevegelse, arbeide seg, brodere, la arbeide, arbeide med, drive, bearbeide, tilvirke, håndtere, betjene, dyrke; gjære; gjøre, utrette; forårsake, bevirke; arbeid, verk, gjerning, yrke, gang, broderi, (pl.) mekanisme, verk, anlegg, fabrikkanlegg, verksted, fabrikk; **the -s** alt, hele greia; **at –** i arbeid, i gang; **be in –** være i arbeid, ha arbeid; **be in the -s** være under forberedelse; **– away** drive på; **it -s both ways** det kan slå begge veier; **– one's way** arbeide seg fram; **– harm** gjøre skade; **– a street** gå fra hus til hus og handle; **– out** arbeide seg fram, gjøre seg gjeldende, vise seg; utarbeide, gjøre ferdig, utføre, regne ut; **– up** arbeide opp, heve, bearbeide; **the dirty –** grovarbeidet; **get the -s** få juling, få en hard medfart; **nice –!** flott gjort! **make short – of** gjøre kort prosess med.

workable [ˈwə:kəbl] som kan utføres; bearbeidbar, lønnende; arbeidsdyktig; påvirkelig.

workaday [ˈwə:kədei] hverdags-; **in the – world** i denne prosaiske verden.

work|aholic [wə:kəˈhɔlik] arbeidsnarkoman. **-bag** arbeidspose. **-basket** arbeidskurv, sytøyskurv. **-box** syskrin. **-day** hverdag; hverdags-. **-ed** forarbeidet, bearbeidet.

worker [ˈwə:kə] arbeider.

work|folk(s) arbeidsfolk. **– force** arbeidsstokk. **-girl** arbeiderske. **– horse** arbeidshest, sliter. **-house** arbeidsanstalt, fattighus.

working [ˈwə:kiŋ] arbeidende; arbeids-, drifts-; arbeid; drift, gang; gjæring, urolig bevegelse. **–**

capital driftskapital. – **class** arbeiderklasse(n). – **day** arbeidsdag. – **drawing** arbeidstegning. – **instructions** arbeidsinstruks; bruksanvisning. – **load** arbeidsbyrde; arbeidsbelastning. **-man** arbeider. – **-out** utregning, løsning, utarbeiding. – **paper** diskusjonsgrunnlag. – **party** arbeidsgjeng; arbeidsutvalg. – **plant** driftsmateriell. – **profits** driftsoverskudd. – **stock** driftsmateriell. – **year** driftsår; arbeidsår.

work|-in-progress igangværende arbeid. – **junkie** (tal.) arbeidsnarkoman. **-less** arbeidsløs.

work|man [ˈwə:kmən] arbeider. **-manlike** som ligner en arbeider, godt utført, mesterlig. **-manship** fagdyktighet, dyktighet, utførelse, stykke arbeid. **-out** trim, treningskamp, øvelse; prøve. **-people** arbeidere, arbeidsfolk. – **permit** arbeidstillatelse. **-room** verksted; hobbyrom; atelier. **-s council** bedriftsråd. **-shop** verksted; kurs, seminar; arbeidsgruppe. **-s management** bedriftsledelse. – **stoppage** arbeidsnedleggelse. – **studies** arbeidsstudier. – **-to-rule** arbeide etter boka, følge reglementet (slavisk). **-week** arbeidsuke.

world [wə:ld] verden, jorden; folk; **the – of Belaggio** alle mennesker i B.; – **without end** fra evighet til evighet; **not for the –** ikke for alt i verden; **all the riches in the –** all verdens rikdom; **every day in the –** hver evige dag; **man of the –** verdensmann; **she thinks a – of them** hun setter dem umåtelig høyt. – **-famous** verdensberømt. **-liness** verdslighet, egennytte. **-ling** verdensbarn. **-ly** verdslig; jordisk, timelig. **-ly-minded** verdsligsinnet. – **-wide** som strekker seg over hele verden, verdens-, global.

worm [wə:m] orm, mark, åme, larve; kryp, stakkar; snekke, skruegjenge, kjølerør; tungeorm; lirke, liste, lure, fritte ut; sno, åle, krype; – **himself into** lure seg inn i; – **a gun** ta ladningen ut av en kanon. – **cast** mark-lort. – **-eaten** ormstukket, markspist; mosegrodd, utgammelt. – **gear** snekkedrev, snekkeutveksling. **-ling** liten orm. **-wood** malurt.

wormy [ˈwə:mi] markspist, markbefengt; ormeaktig; (fig.) ussel, krypende.

worn [wɔ:n] perf. pts. av **wear;** utslitt, forslitt, medtatt; – **-out** forslitt, utslitt.

worry [ˈwʌri] rive og slite i, rive sund, forfølge, plage, engste, bry, uroe, erte, plage seg selv, ta seg nær av alt; plage, uro, bry, mas, besvær. **worrier** [ˈwʌriə] plageånd; pessimist, en som gremmer seg.

worse [wə:s] verre, slettere; **the –** desto verre; noe verre; **be the – for** har tatt skade av, ha tapt på; **the – for drink** synlig beruset; **you'll not be the – for it** De taper ikke noe på det; **get the – of the talk** ligge under i konversasjonen; **none the –** ikke verre, ikke dårligere. **worsen** forverre, gjøre verre.

worship [ˈwə:ʃip] gudsdyrking, tilbedelse, andakt; tittel for visse øvrighetspersoner, omtrent: velbårenhet; dyrke, tilbe, ære, holde gudstjeneste. **-ful** ærverdig, tilbedelsesverdig, velbåren. **-per** tilbeder, dyrker, kirkegjenger.

worst [wə:st] verst (superlativ til **bad, ill, evil**); **at the –** i verste fall; **if the – comes to the –** i verste fall, om galt skal være; **get** (el. **have**) **the – of it** trekke det korteste strå; **do one's –** gjøre den skade en kan.

worst [wə:st] overvinne, beseire.

worsted [ˈwustid] kamgarn; **-s** (pl.) kamgarnsvarer. – **work** ullbroderi, kanevasbroderi.

wort [wə:t] plante, urt; vørter.

worth [wə:θ] vorde, skje; **woe – the man!** (gml.) ve den mann!

worth [wə:θ] verdi, verd, gode egenskaper, fortjenester; verd, som eier, som fortjener; **all he is –** hva han eier og har, alt det han kan; **-less** verdiløs, ubrukelig, gagnløs, dårlig, karakterløs. **-lessness** verdiløshet, ubrukelighet, sletthet. – **-while** som er umaken verd, som lønner seg.

worthy [ˈwə:ði] verdig, bra, aktverdig, som fortjener, fortjenestefull, fortreffelig; utmerket mann, hedersmann, stormann; storhet; – **of** verdig til, som fortjener.

would [wud] ville, ville ønske, gid! pleide (se **will**); **he – pay us a visit** han pleide å besøke oss; **I – we could** gid vi kunne; – **(to) God** Gud gi. – **-be** som vil være, som aspirerer til å bli, fremtidig, ... in spe; tilstrebet, mislykket.

wound [waund] imperf. og perf. pts. av **wind.**

wound [wu:nd] sår, skade; krenkelse; såre, skade, krenke. **-er** en som sårer.

woundwort [ˈwu:ndwə:t] gullris; svinerot.

wove [wəuv] imperf. av **weave.**

woven [ˈwəuvn] vevd. – **board** flettgjerde. – **wire** metallduk.

wove paper velinpapir.

wow [wau] (US) begeistre, imponere; fulltreffer, kjempesuksess; (uønsket) langsom frekvenssvai ved avspilling av grammofon og lydbånd.

wowser [ˈwauzə] (US) meget puritansk person; skinnhellig person, snerpe.

W. P. fk. f. **weather permitting.**

W. P. B. fk. f. **wastepaper basket.**

W. R. fk. f. **West Riding.**

wrack [ræk] tang, havplanter; vrak(gods). – **grass** tang.

WRAF fk. f. **Women's Royal Air Force.**

wraith [reiθ] vardøger, dobbeltgjenger, (som ses kort før eller etter en persons død), ånd, gjenferd, syn.

wrangle [ˈræŋgl] kives, trette, krangle; krangel, kjekl, trette. **-r** trettekjær person; (US) cowboy; ved høyere matematisk eksamen i Cambridge: **senior -r** nummer en, bestemann. **-rship** utmerkelse til matematisk eksamen.

wrangling [ˈræŋgliŋ] kjekl, krangel.

wrap [ræp] (om)vikle, svøpe, hylle inn, omgi, pakke inn; innpakning(spapir), dekke, omslag; sjal, pledd; **-ped in thought** fordypet i betraktninger; – **up** svøpe inn, hylle inn; **be -ped up in** være knyttet til, være opptatt av. **-per** en som innhyller, omslag, emballasje, overtrekk, sjal, morgenkjole. **-ping** innpakning, emballasje, hylster, drakt.

wrath [rɔθ] sinne, vrede, forbitrelse. **-ful** sint, vred, oppbrakt, rasende. **-y** sint, forbitret.

wreak [ri:k] tilfredsstille, utøve, tilføye, hevne, la gå ut over. **-ful** hevngjerrig, vred. **-less** ustraffet.

wreath [ri:θ] krans; vinding, virvel (av røyk etc); **funeral –** begravelseskrans.

wreathe [ri:ð] binde, flette, omvinde, omslutte, kranse, være sammenflettet, kranse seg, slynge seg sammen; **-d in smiles** lutter smil.

wreathy [ˈri:θi] vundet, flettet, spiral-.

wreck [rek] undergang, ødeleggelse, stranding, skibbrudd, forlis; stumper, vrak; tilintetgjøre,

gjøre til vrak, ødelegge, strande, forlise, få til å strande, havarere, krasje; (fig.) ødelegge, ruinere; **be -ed** forlise, lide skibbrudd; **go to –** gå til grunne. **-age** skibbrudd, forlis; vrakgods, vrakdeler, rester, stumper. **-er** strandrøver, vrakplyndrer; bergingsfartøy, servicebil. **– master** strandfoged, vrakinspektør.
wren [ren] gjerdesmett.
wrench [renʃ] vri, rykke, bryte, brekke, rive, slite; fordreie, forvanske; rykk, vrid, skarp dreining, slit, forvridning; smerte, stikk; skrunøkkel.
wrest [rest] rykke, vriste, tvinge, fravriste; fordreie, forvanske; vri, rykk; stemmenøkkel.
wrestle [ˈresl] brytes, kjempe, slåss; brytekamp. **-r** bryter, atlet. **wrestling** [ˈrestliŋ] brytekamp, styrkeprøve, strid.
wretch [retʃ] ulykkelig menneske, stakkar, usling, niding; pusling, spjæling.
wretched [ˈretʃid] ulykkelig, stakkars, elendig, ussel, ynkelig; fryktelig, motbydelig; **these – women** disse elendige kvinnfolka. **-ness** elendighet, usselhet, fortvilelse.
wrick [rik] vrikking, forstuing; vrikke, forstue.
wriggle [ˈrigl] vrikke, vri seg, vrikke med, sno, sprelle; vrikking, snirkel, krusedull.
wright [rait] arbeider (mest i sammensetninger: -maker, f. eks. **wheelwright** hjulmaker).
wring [ring] vri, trykke, kryste, knuge, sammensnøre, pine, såre, fordreie, avpasse, vri seg; vriing, vridning, knuging; **– from** fravriste; **– out** vri opp. **-er** vrider, vrimaskin. **-ing machine** vrimaskin.
wrinkle [ˈriŋkl] rynke, skrukk, ujevnhet, vink, godt råd, vink, tipp; knep, fiff; krølle, rynke, gjøre ujevn, slå rynker, skrukke. **wrinkly** [ˈriŋkli] rynket, som lett får rynker.
wrist [rist] håndledd; mansjett, håndlinning; **bridle –** (rytters) venstre hånd. **-band** håndlinning, mansjett. **-let** bånd om håndleddet, armbånd. **– watch** armbåndsur.
writ [rit] skrift, befaling, ordre, skrivelse, stevning, valgskript; **the Holy W.** den hellige skrift; **serve the – on him** forkynne ham stevningen; **take out a – against** ta ut stevning mot.
write [rait] skrive, innskrive, prente, bokstavere; beskrive, uttrykke; **– one's name on** innvie, være den første som bruker; **– down** skrive ned, rakke ned på, nedvurdere; **– him down a fool** gi ham attest for å være en tosk; **– off** avskrive; rable ned; **– out** utferdige, skrive ut; **– oneself** skrive seg, kalle seg.
writer [ˈraitə] skribent, forfatter, skriver, kontorist; lærebok, stilbok.
writhe [raið] vri seg; vridning.
writing [ˈraitiŋ] skrivning, håndskrift, innskrift, skrift, verk, dokument, stil; skrive-; **in –** skriftlig. **– case** skrivemappe. **– desk** skrivepult. **– master** skrivelærer. **– pad** skriveblokk. **– paper** skrivepapir. **– stand** skrivestell. **– table** skrivebord.
written [ritn] perf. pts. av **write;** skriftlig.
WRNS fk. f. **Women's Royal Naval Service.**
wrong [rɔŋ] forkjært, vrang, gal, uriktig, urett, feilaktig, som har urett; (adv.) galt; urett, forurettelse, urettferdighet, rettsbrudd; krenke, forurette, gjøre urett imot; **be –** ha urett, ta feil; **get it –** ta feil, misforstå; **what's –?** hva er det i veien? **have –** lide urett; **be in the –** ha urett. **-doer** en som gjør urett, fornærmer, forbryter, brottsmann. **-doing** urett, uriktig forhold, forseelse, forurettelse. **-er** foruretter. **-ful** uriktig, urettmessig, urettferdig. **–-headed** urimelig, stridig, sta; fordreid, vrang. **-ly** galt, uriktig. **–-minded** urimelig, forskruet. **–-timed** ubetimelig, ubeleilig.
wrote [rəut] imperf. av **write.**
wroth [rəuθ, rɔ:θ] sint, vred, harm.
wrought [rɔ:t] (av **work**) formet, bearbeidet, forarbeidet; utsmykket, brodert; smidd; opphisset, rystet, oppskaket; **he has – me to it** han har brakt meg til det. **– iron** smijern. **– steel** smidd stål, sveisstål. **– timber** tilhogd tømmer.
wrung [rʌŋ] imperf. og perf. pts. av **wring.**
wry [rai] forvridd, skjev, skakk, fordreid; fordreie; ironisk, besk; **make a – face** skjære ansikter. **–-mouthed** skjevmunnet, lite smigrende. **–-necked** skjevhalset. **-ness** skjevhet.
W. S. fk. f. **Writer to the Signet.**
W. S. P. U. fk. f. **Women's Social and Political Union.**
W. S. W. fk. f. **west-south-west.**
wt. fk. f. **weight.**
w. w.days fk. f. **weather-working days.**
Wyandotte [ˈwaiəndɔt] en hønserase.
Wycherley [ˈwitʃəli].
Wyclif(fe) [ˈwiklif] Wiclif.
wynd [waind] (skot.) strede, smug, veit.
Wyndham [ˈwindəm].

X, x [eks] X, x; kryss; ikke for barn under 16 år (om film); (symbol for) kyss.
xanthic [ˈzænθik] **acid** xantogensyre.
Xanthippe [zænˈθipi] Xantippe, troll til kjerring.
xanthous [ˈzænθəs] gusten, gul; blond (hår).
xenium [ˈzi:niəm] (pl. **xenia**) gjestegave.
xenophobe [ˈzenəfəub] fremmedhater. **xenophobia** [zenəˈfəubjə] fremmedhat.
xerasia [ziˈreiziə] tørrhet i hårbunnen.
xeromyrum [zirəˈmairəm] tørr salve.
xerophagy [ziˈrɔfədʒi] tørrspising (i fastetiden hos de første kristne), streng faste.

xerotes [ˈziərəti:z] tørr og mager legemsbeskaffenhet.
xerox [ˈzi:rɔks] (varem.) fotostatkopiere. **– copy** fotostatkopi.
Xerxes [ˈzə:ksi:z].
X-flash lukker synkronisert til elektronblitz.
xiphias [ˈzifiæs] sverdfisk, sverdformet komet.
X/L fk. f. **excess loss** skadeeksedent.
Xmas fk. f. **Christmas.**
X-ray [ˈeksˈrei] røntgenstråle; (i pl.) røntgenlys; røntgenfotografering; røntgenfotografere, røntgenbehandle. **– emanation** røntgenutstråling. **– tube** røntgenrør.
xylograph [ˈzailəgrɑ:f] xylografi, tresnitt. **-er** [zaiˈlɔgrəfə] xylograf, treskjærer. **-y** [zaiˈlɔgrəfi] treskjærerkunst, xylografering.
xystus [ˈzistəs] en slags gang til gymnastiske øvelser, skyggefull hagegang.

Y, y [wai] Y, y.
y. fk. f. **year; yard.**
yacht [jɔt] yacht, lystjakt; drive lystseilas. **-er** yachtfører. **-ing** yacht-seilas, seilsport; **-ing-cap** seilerlue. **– racing** regatta, kappseilas. **-sman** lystseiler.
yackety-yak [ˈjækitiˈjæk] skravling, prating; skravle, prate.
yager [ˈjeigə] (tysk) jeger.
yah [jɑ:] (interj.) uff! æsj! (US) ja.
Yahoo [jəˈhu:] Yahoo (vemmelig vesen i Gulliver's Travels).
yak [jæk] grynteokse, jakokse.
Yale [jeil].
yam [jæm] yamsrot.
yank [jæŋk] nappe, rykke; napp, rykk.
Yankee [ˈjænki] yankee, mann fra New-England; nordamerikaner; (hist.) nordstatssoldat; amerikansk, amerikaner-, nordstats-.
yap [jæp] bjeffe (hund); skravle, vrøvle; bjeff; skravl, vrøvl; kjeft; fk. f. **young aspiring professional** yap, japp, «de unge fremadstormende».
yard [jɑ:d] gård, gårdsrom, opplagsplass, tomt; verft; (amr.) hage; **the Y.** = **Scotland Yard;** lukke inne i en gård.
yard [jɑ:d] rå (skipsrå).
yard [jɑ:d] yard, eng. lengdemål = **3 feet** = 0,914 meter. **-stick** ≈ metermål, tommestokk.
Yarmouth [ˈjɑ:məθ].
yarn [jɑ:n] garn, tråd; historie, fortelling; fortelle historier, spinne en ende.
yashmak, yashmac [ˈjæʃmæk] jasmak (muhammedansk kvinnes slør).
yatagan [ˈjætəgæn] jatagan, kort tyrkisk sabel, dolk, verge.
yaw [jɔ:] gire, slingre (om båt og fly); giring, holde ustø kurs.
yawl [jɔ:l] hyle, mjaue.
yawl [jɔ:l] jolle, liten fiskerbåt; yawl.
yawn [jɔ:n] gape, være åpen, gjespe; gaping, vid åpning, avgrunn; gjesp; **-ing** gjespende, søvnig; gjesping.
yawp [jɔ:p] skrike, rope, kjefte; skrik, rop, kjefting.
Y. B. fk. f. **Yearbook.**
yd. fk. f. **yard.**
ye [ji:] (gammelt:) I, eder, dere.
ye [ji: el. som **the**] gml. = **the.**
yea [jei] ja.
yeah [jɛə] (US) ja, jo, jaså, javisst.
yean [ji:n] lamme, få lam. **-ling** lam, kje.
year [jiə] år; årgang, kull; **once a –** en gang om året; **this –** i år; **last –** i fjor; **in -s** til års; **for -s** i årevis. **-ling** årgammel, fjorgammel, årsunge. **-ly** årlig, ettårig.
yearn [jə:n] brenne (av lengsel), hige, lengte. **-ing** lengtende, lengselsfull; lengsel.
yeast [ji:st] gjær; skum; gå, æse, gjære. **– dough** gjærdeig. **-y** [ˈji:sti] gjæraktig, skummende; overfladisk, tankeløs.
yegg(man) [ˈjeg(mæn)] (US) skapsprenger, tjuv.
yell [jel] hyle, skrike; skrik, hyl.
yellow [ˈjeləu] gul, gul farge; eggeplomme; feiging, kujon; skandaleblad, sensasjonspresse; gulne(s), gjøre gul; misunnelig, sjalu, melankolsk, feig, ussel. **-back** billigbok, pocketbok. **–-bellied** feig. **the – body** (med.) det gule legeme. **– dog** kjøter. **– fever** gul feber. **– flag** karanteneflagg. **– gum** (med.) barnegulsott. **– hammer** gulspurv. **-ish** gullig, gulaktig. **– streak** snev av feighet. **-weed** fargereseda (plante); gullris. **– wren** løvsanger. **-y** gulaktig.
yelp [jelp] bjeff, hyl; bjeffe, hyle.
yen [jen] (japansk mynt).
yen [jen] lengsel, begjær; **have a – for** være vill etter.
yeoman [ˈjəumən] underkammerherre, tjener; ridende frivillig, livgardist; fri bonde, selveierbonde; frivillig kavalerist; **– of the guard** kongelig livgardist. **– service** trofast, verdifull tjeneste. **-ry** selveierstand, bønder; kongelig livgarde, frivillig kavaleri.
yep [jep] (US) ja.
yerk [jə:k] sparke bakut, sparke; rykk, spark.
yes [jes] ja, jo; (også spørrende: nå?). **–-man** medløper, servil person, etterplapler.
yester [ˈjestə] gårs-, forrige. **-day** gårsdag(en); i går. **-night** i går kveld, i går aftes, i natt.
yestreen [jesˈtri:n] (skot.) i går kveld.
yet [jet] ennå, enda, likevel, dog, allerede, nå, atter, enda; **as –** ennå; **not –** ennå ikke; **nor –** heller ikke.
yew [ju:] barlind, barlindtre.
yid [jid] jøde. **Yiddish** [ˈjidiʃ] jødisk, jiddisch.
yield [ji:ld] yte, gi, innbringe, bære, kaste av seg, overgi, oppgi, tillate, gi etter, bøye seg, gi

tapt, vike, overgi seg; utbytte, ytelse, avkastning; det å gi etter; – **the floor** frafalle ordet; – **the hand** slappe tøylen; – **the point** gi etter; – **right of way** gi forkjørsrett; – **submission** underkaste seg; – **up** utlevere; – **up the ghost** oppgi ånden, dø; – **to** gi etter for, etterkomme, bukke under for, stå tilbake for. **-er** en el. noe som yter osv. **-ing** ytende, ettergivende, bøyelig, føyelig; ettergivenhet, underkastelse.

Y. M. C. A. fk. f. **Young Men's Christian Association;** norsk: K. F. U. M.

yob [jɔb] fyr, krabat, laban.

yodel [ˈjəudl] jodle; jodling.

yo-ho! [jəuˈhəu] halloi! hei! hal i! hivohoi!

yoke [jəuk] åk, bånd, bæretre, bærestykke (på drakt), lenke, spann, beite, par; krysshode; spenne i åk, forene, pare, bringe under åket, trekke sammen, være forent. **-fellow** felle, kamerat, ektefelle.

yokel [ˈjəukəl] bondetamp, idiot.

yoke line (mar.) styreline.

yokemate [ˈjəukmeit] felle, kamerat, ektefelle.

yolk [jəuk] eggeplomme; ullfett. – **sack** plommesekk.

yon [jɔn], **yonder** [ˈjɔndə] den, hin, den der, der borte, hist.

yore [jɔ:] fordum, i gamle dager; **of** – fordums, gamledager; **in days of** – i gamle dager.

Yorkshire [ˈjɔ:kʃə]; **when I come into my – estates** når jeg får min store arv; – **pudding** slags bakverk, servert sammen med stek; **come – over him** snyte ham.

you [ju:] du, deg, dere, De, Dem, man, en; – **foolish thing!** din tosk! – **never can tell** en kan aldri vite.

young [jʌŋ] ung, ungdoms-, uerfaren, ny, fersk, grønn; unge; **a – one** en ung, en unge; – **people** unge mennesker, ungdom. **-ish** yngre, temmelig ung. **-ling** ungdommelig; ungt menneske, yngling; nybegynner. **-ster** ungt menneske, unggutt, tenåring.

your [jɔ:, juə] (alltid attributivt) din, ditt, dine, deres, Deres; ens (genitiv til en, man), (ofte:) den velkjente, vår gode, denne hersens.

yours [jɔ:z, juəz] (alltid substantivisk) din, ditt, dine, deres, Deres; **yours truly** (el. **faithfully** el. **sincerely**) Deres hengivne, ærbødigst (foran underskrift i brev); **a friend of** – en venn av deg.

yourself [jɔ:ˈself, juəˈself] **1** selv, sjølv (som apposisjon til **you**), du (eller deg, De, Dem) selv, sjølv. **2** (refleksivt:) deg, Dem; seg (svarende til **you** i betydningen: man, en).

yourselves [jɔ:ˈselvz, juəˈselvz] (pl. av **yourself**) selv, sjølv; dere (Dere, De, Dem) selv; (refleksivt:) dere, Dem.

youth [ju:θ] ungdom, ungt menneske, unge mennesker, ungdommen, ungdomstiden; **a friend of my** – en ungdomsvenn av meg. – **centre** ungdomsklubb. – **employment officer** yrkesrettleder. **-ful** ungdoms-, ung, ungdommelig, kraftig. **-fulness** ungdommelighet. – **hostel** ungdomsherberge.

Yugoslav [ˈju:gəuˈslɑ:v] jugoslavisk; jugoslav. **Yugoslavia** [ˈju:gəuˈslɑ:vjə] Jugoslavia.

yule [ju:l] (gml.) jul; – **log** jule-kubbe (som etter gammel skikk legges på peisen julaften). **-tide** juletid.

yuppies [ˈjʌpis] (US) fk. f. **young upwardly mobile professionals = yap.**

Y. W. C. A. fk. f. **Young Women's Christian Association;** norsk: K. F. U. K.

Z

Z, z [zed] Z, z.

zain [zein] ensfarget hest.

Zaire [zaˈi:r]. **-an** zair(i)sk.

zany [ˈzeini] bajas, narr, tosk; tosket. **-ism** bajasstilling, narrestreker.

zeal [zi:l] iver, tjenstiver, nidkjærhet.

Zealand [ˈzi:lənd] Sjælland; Zeeland (hollandsk provins).

zealot [ˈzelət] ivrer, svermer, fanatiker. **zealotical** [ziˈlɔtikl] ivrig, fanatisk. **zealotry** [ˈzelətri] iver, fanatisme. **zealous** [ˈzeləs] ivrig, nidkjær.

zebra [ˈzi:brə] sebra. – **crossing** stripet fotgjengerovergang.

zebu [ˈzi:bju] zebu, indisk pukkelokse.

zed [zed] bokstaven z.

Zend [zend] zend (det gammelpersiske språk).

zenith [ˈzeniθ] senit; høyde, høydepunkt.

zephyr [ˈzefə] sefyr, vestenvind; sefyrgarn.

Zep [zep] fk. f. **Zeppelin.**

Zeppelin [ˈzepəlin]; zeppeliner, zeppelinsk (stivt) luftskip.

zero [ˈziərəu] null, nullpunkt, frysepunkt; – **in** innstille, skyte inn (et våpen). – **growth** nullvekst. – **hour** starttid, tidspunkt for angrep.

zest [zest] (fig.) krydder, iver, lyst; – **for life** appetitt på livet.

Zeus [zju:s].

zigzag [ˈzigzæg] siksak-, som går i siksak, gå el. løpe i siksak.

Zimbabwe [zimˈbæbwə]. **-an** zimbabwer; zimbabwisk.

zinc [ziŋk] sink; belegge med sink, galvanisere. – **blende** sinkblende. – **bloom** [ˈblu:m] sinkoksyd. – **coating** sinkbelegg. **-iferous** [ziŋˈkifərəs] sinkholdig. **zinking** [ˈziŋkiŋ] galvanisering. **zincographer** [ziŋˈkɔgrəfə] sinketser. **-ography** [-fi] sinkografi, sinketsing. – **ointment** sinksalve. **-ous** [ˈziŋkəs] sink-.

zing [ziŋ] futt, pepp; hvin, fløyt.

Zion [ˈzaiən]. **Zionism** [ˈzaiənizm] sionisme. **Zionist** [ˈzaiənist] sionist.

zip [zip] hvin, pip, visling; glidelås; pepp, futt,

kraft; hvine, pipe, visle, rase av sted; – **up** lukke (med) glidelås; holde kjeft. – **bag** veske med glidelås. – **code** postnummer(kode). – **fastener** glidelås. – **fuel** jetdrivstoff. – **-gun** hjemmelaget skytevåpen. **-per** glidelås; spretten fyr.
zircon [ˈzə:kən] zirkon(iumsilikat).
zither [ˈziðə] sitar.
zob [zɔb] (US) stakkar, tufs.
zodiac [ˈzəudiæk], **the** – zodiaken, dyrekretsen; **sign of the** – himmeltegn.
zombie [ˈzɔmbi] sløv person, robot, ≈ levende lik.
zone [zəun] sone, belte, område, distrikt; inndele i soner, legge belte om.
Zoo, zoo [zu:] zoologisk hage, dyrehage.
zoographer [zəuˈɔgrəfə] dyrebeskriver. **zoography** [-fi] dyrebeskrivelse.
zoological [zəuəˈlɔdʒikl] zoologisk; – **garden** zoologisk hage. **zoologist** [zəuˈɔlədʒist] zoolog. **zoology** [-dʒi] zoologi.
zoom [zu:m] stige bratt (fly), summe; lage sensasjon; bratt stigning (fly). – **lens** zoomlinse.
zoophagous [zəuˈɔfəgəs] kjøttetende.
Zoroaster [zɔrəuˈæstə] Zarathustra.
Zouave [zuˈɑ:v] (fr.) suav.
zounds [zaundz] gudsdød (egl. **God's wounds).**
ZPG fk. f. **zero population growth.**
Zulu [ˈzu:lu:] zulukaffer; zuluspråk.
Zurich [ˈz(j)uərik] Zürich.
zwieback [ˈzwi:bæk] (US) kavring.
zygoma [zaiˈgəumə] kinnbein.
zymology [zaiˈmɔlədʒi] gjæringsfysiologi.

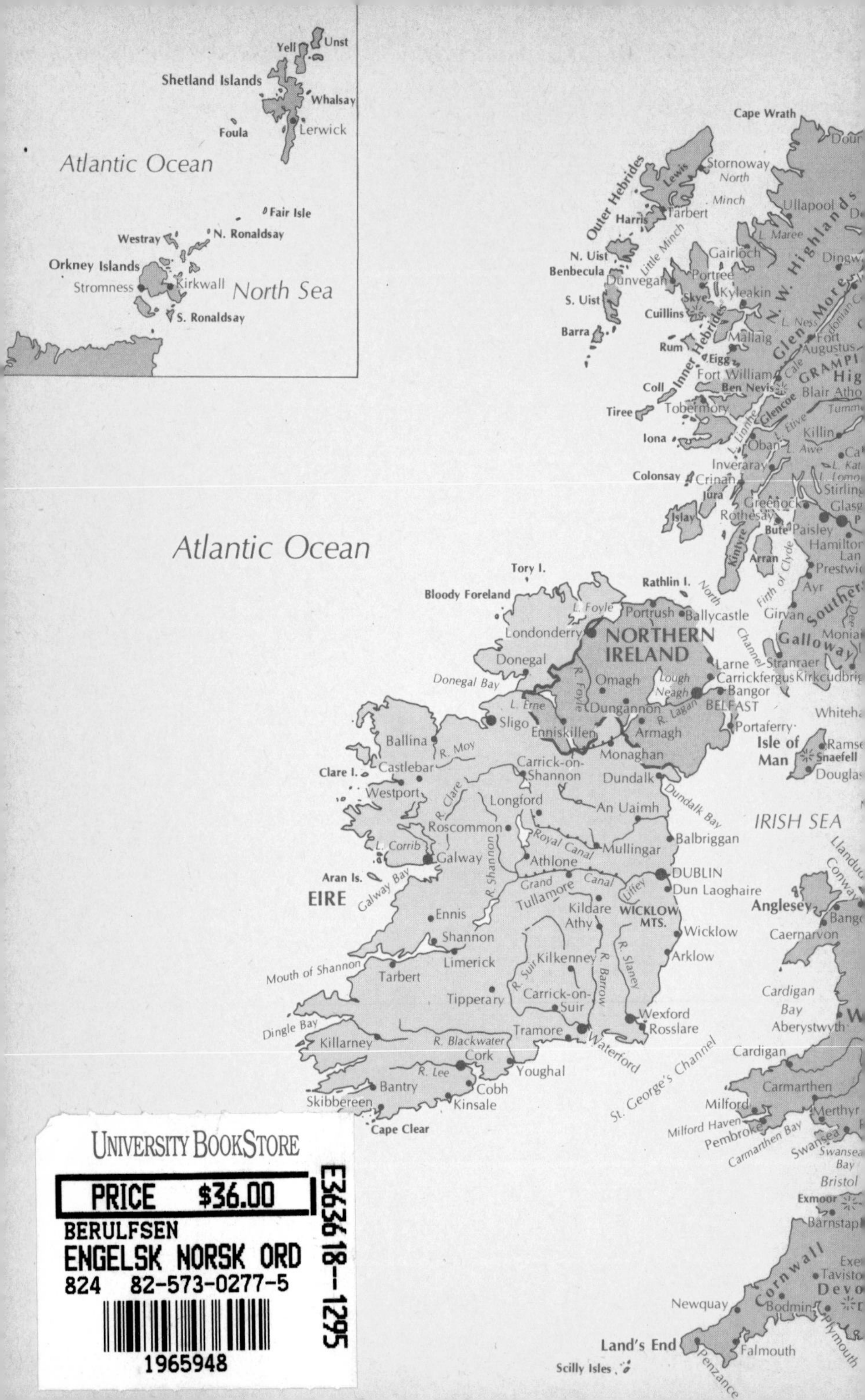

Yell
Unst
Shetland Islands
Whalsay
Foula
Lerwick
Atlantic Ocean
Fair Isle
Westray
N. Ronaldsay
Orkney Islands
Stromness
Kirkwall
North Sea
S. Ronaldsay
Cape Wrath
Outer Hebrides
Lewis
Stornoway
North Minch
Harris
Tarbert
Ullapool
N. W. Highlands
L. Maree
N. Uist
Benbecula
Little Minch
Gairloch
Dunvegan
Portree
Kyleakin
S. Uist
Skye
Cuillins
Inner Hebrides
L. Ness
Glen More
Fort Augustus
Barra
Rum
Mallaig
Eigg
Fort William
Ben Nevis
Coll
Tiree
Tobermory
Glencoe
Blair Atho
Iona
L. Linnhe
Oban
Killin
L. Awe
Inverarary
Colonsay
Crinan
Jura
Stirling
Greenock
Islay
Rothesay
Bute
Paisley
Kintyre
Arran
Hamilton
Firth of Clyde
Prestwic
Ayr
Atlantic Ocean
Tory I.
Rathlin I.
North Channel
Bloody Foreland
L. Foyle
Portrush
Ballycastle
Girvan
Londonderry
NORTHERN IRELAND
Galloway
Donegal
Larne
Stranraer
Omagh
Lough Neagh
Carrickfergus
Kirkcudbri
Donegal Bay
R. Foyle
Bangor
L. Erne
Dungannon
R. Lagan
BELFAST
Sligo
Enniskillen
Armagh
Portaferry
Ballina
R. Moy
Monaghan
Isle of Man
Snaefell
Clare I.
Castlebar
Carrick-on-Shannon
Dundalk
Douglas
Westport
R. Clare
Longford
Dundalk Bay
An Uaimh
IRISH SEA
Roscommon
Royal Canal
Balbriggan
L. Corrib
Mullingar
Galway
Athlone
R. Shannon
Aran Is.
Galway Bay
Grand Canal
Tullamore
DUBLIN
Liffey
Dun Laoghaire
EIRE
Kildare
Athy
WICKLOW MTS.
Anglesey
Ennis
Wicklow
Caernarvon
Shannon
Limerick
R. Slaney
Arklow
Kilkenny
R. Suir
R. Barrow
Mouth of Shannon
Tarbert
Cardigan Bay
Tipperary
Carrick-on-Suir
Wexford
Dingle Bay
Tramore
Rosslare
Aberystwyth
Killarney
R. Blackwater
Waterford
Cork
Cardigan
R. Lee
Youghal
St. George's Channel
Bantry
Cobh
Carmarthen
Skibbereen
Kinsale
Milford
Cape Clear
Milford Haven
Pembroke
Carmarthen Bay
Swansea
Swansea Bay
Bristol
Exmoor
Barnstap
Cornwall
Newquay
Bodmin
Land's End
Falmouth
Penzance
Plymouth
Scilly Isles